U0895939

中国思想政治工作年鉴

（2012年3月～2013年2月）

全国思想政治工作科学专业委员会
《中国思想政治工作年鉴》编撰委员会 编

中共中央党校出版社
2013年6月

责任编辑 井　琪
封面设计 刘广通
版式设计 刘广通
责任校对 王惠丽　崔可陶　李　陶

图书在版编目(CIP)数据

中国思想政治工作年鉴. 2012年3月~2013年2月 / 张蔚萍主编. —北京:中共中央党校出版社,2013. 7
ISBN 978-7-5035-5106-2

Ⅰ.①中… Ⅱ.①张… Ⅲ.①政治工作—中国—2012~2013—年鉴 Ⅳ.①D64-54

中国版本图书馆CIP数据核字(2013)第117950号

中共中央党校出版社出版发行
社址:北京市海淀区大有庄100号
电话:(010)62805800(办公室)(010)62805816(发行部)
邮编:100091 网址:www.dxcbs.net
新华书店经销
天津市武清区雍阳印刷厂印刷装订
2013年7月第1版 2013年7月第1次印刷
开本:787毫米×1092毫米 1/16 印张:92
字数:2500千字 印数 1—3000册

ISBN 978-7-5035-5106-2
D·2535 **定价:490.00元**

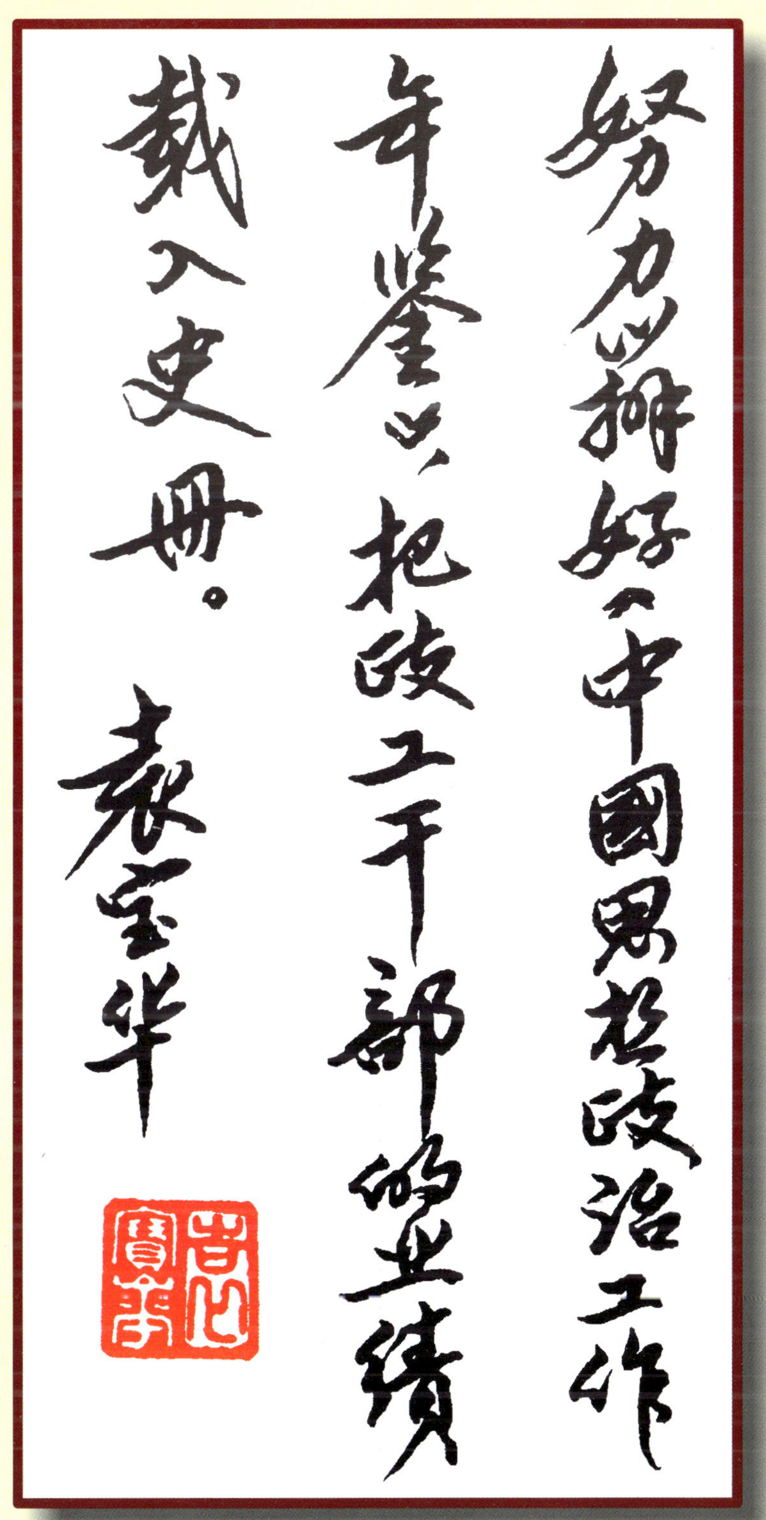

中国思想政治工作研究会原会长、原国家经委主任袁宝华为年鉴题词："努力办好《中国思想政治工作年鉴》，把政工干部的业绩载入史册。"

加强育人用人研究
培育选拔高素质人才

张全景

中共中央组织部原部长、全国党建研究会会长张全景为年鉴题词：“加强育人用人研究培育选拔高素质人才。”

编好"中国思想政治工作
年鉴"为提高政工干部
素质加强与改进思想
政治工作服务

赵荫华

中国思想政治工作研究会原常务副会长、原国家经委副主任赵荫华为年鉴题词:"编好'中国思想政治工作年鉴'为提高政工干部素质加强与改进思想政治工作服务。"

1994年9月23日，时任中共中央政治局常委、书记处书记的胡锦涛同志，在中共中央党校与出席全国思想政治工作科学专业委员会第一次特约研究员会议的全体代表合影。（资料照片）

全国思想政治工作科学专业委员会第19届年会于2012年7月26日在郑州市召开。图为参加会议的代表合影。

《中国思想政治工作年鉴》
编撰委员会

《中国思想政治工作年鉴》

目　　录

第一部分　政工重要文献

第二部分　政工大事纪实

第三部分　学习贯彻党的十八大精神

第四部分　政工学会与政工职评专辑

第五部分　中国共产党省、自治区、直辖市代表大会(按行政区划序号排序)

第六部分　建设学习型、服务型、创新型马克思主义执政党

第七部分　党的执政能力建设、先进性和纯洁性建设

第八部分　创先争优活动和基层组织建设年

第九部分　思想政治工作创新

第十部分　反腐倡廉建设

第十一部分　政工干部和学者论坛

第十二部分　军队政治工作与现代化建设

第十三部分　高校党的建设与思想政治教育

第十四部分　企业政工、企业文化与企业党建

第一部分

政工重要文献

在纪念中国共产主义青年团成立90周年大会上的讲话

（2012年5月4日）

胡锦涛

青年朋友们，同志们：

今天是五四青年节。我们在这里隆重集会，纪念中国共产主义青年团成立90周年，共同回顾中国青年运动波澜壮阔的历史，共同瞻望我们伟大祖国灿烂美好的未来，共同抒发我国各族青年奋发有为的情怀。

首先，我代表党中央，向全国各族团员青年和各级共青团组织、广大共青团干部，致以热烈的祝贺和诚挚的问候！

90年前，在中国革命风云激荡的历史变革中，在伟大五四运动的深刻影响下，中国共产主义青年团宣告成立。这是中国共产党为动员广大青年投身中国社会伟大变革而采取的重大行动，表明我们党充分认识到青年在中国社会发展进步中的重要地位和作用。从此，在党的领导下，在中国人民争取民族独立、人民解放和国家富强、人民富裕的长期奋斗中，中国青年运动展开了浩浩荡荡的发展征程。

90年来，在中国革命、建设、改革各个历史时期，中国共产党始终高度重视青年、关怀青年、信任青年，对青年一代寄予殷切期望。毛泽东同志赞扬青年是“早晨八、九点钟的太阳”，强调希望寄托在青年身上，号召广大青年走与工农群众相结合的道路。邓小平同志满怀深情地指出，“青年一代的成长，正是我们事业必定要兴旺发达的希望所在”，希望广大青年争当有理想、有道德、有文化、有纪律的一代新人。江泽民同志强调，“青年兴则国家兴，青年强则国家强”，希望广大青年为党和人民事业坚韧不拔开拓前进。党的十六大以来，党中央要求全党都“关注青年、关心青年、关爱青年”，希望广大青年充分发挥聪明才智、尽情展现人生价值，让青春在为党和人民建功立业中焕发出绚丽光彩。这充分表明，中国共产党从来都把青年看作是民族的希望、祖国的未来，从来都把青年作为党和人民事业发展朝气蓬勃的推动力量，从来都热情鼓励和坚定支持青年在人民前进的伟大实践中实现人生理想和远大抱负。

90年来，在中国共产党领导下，一代又一代青年用青春和热血书写了彪炳史册的壮丽篇章。在新民主主义革命时期，广大青年冲锋在前，为争取民族独立、人民解放浴血奋战、赴汤蹈火。在社会主义革命和建设时期，广大青年发愤图强，为改变国家一穷二白面貌勇挑重担、艰苦创业。在改革开放新的历史时期，广大青年锐意进取，为推进改革开放和社会主义现代化建设顽强拼搏、再立新功。一代又一代青年茁壮成长、发奋成才，涌现出一个个可歌可泣的英模人物，谱写出一首首感人至深的青春凯歌。实践充分表明，广大青年确实是我国社会最积极、最活跃、最有生气的一支力量，确实是值得信赖、堪当重任、大有希望的！

90年来，共青团组织始终发扬“党有号召、团有行动”的优良传统，自觉围绕党在各个历史时期的中心任务，发挥自身优势，团结带领广大团员青年，推动中国青年运动始终沿着与民族同命运、与祖国共奋进、与时代齐发展的方向前进。特别是改革开放以来，共青团组织主动适应新形势新任务，积极探索、大胆创新，组织带领广大青年为改革开放和社会主义现代化建设赤诚奉献，开创了共青团事业发展新局面。实践充分表明，共青团不愧是党的忠实助手和后备军，不愧是党联系青年的牢固桥梁和纽带，不愧是社会主义国家政权的重要社会支柱。

中国青年运动90年的历史发展，留下了极为宝贵的经验和启迪，我们要牢牢记取、倍加珍惜。

——必须始终坚持中国共产党的领导。中国共产党是团结带领全国各族人民夺取事业胜利的坚强领导核心。一部中国青年运动史，说到底，就是一部广大青年在党的领导下不懈奋斗的历史。只有坚持中国共产党的领导，广大青年才能朝着正确方向奋勇前进，中国青年运动才能沿着正确道路蓬勃发展。

——必须始终弘扬爱国主义精神。爱国主义是伟大民族精神的集中体现，是伟大五四精神的核心内容。爱国主义旗帜感召和凝聚了一代又一代青年为祖国和人民忘我奉献。只有弘扬爱国主义精神，广大青年才能激发出经久不息的奋斗热情，中国青年运动才能获得源源不断的精神力量。

——必须始终走在时代前列。青年的前进步伐从来都与时代的前进步伐紧密相连。与时代并肩前行，走在祖国和人民前进队伍的行列中，是青年成长发展、大有作为的前提条件。只有走在时代前列，广大青年才能成就远大抱负，中国青年运动才能为推动社会发展进步作出积极贡献。

——必须始终投身人民伟大实践。人民是推动历史前进的根本动力。人民创造历史的丰富实践，是青年磨砺意志、增长才干的最好课堂。与人民相结合，拜人民为师，向人民学习，是青年健康成长的必由之路。只有投身人民伟大实践，广大青年才能站稳最基本最扎实的政治立场，中国青年运动才能拥有最强大最深厚的前进动力。

——必须始终尊重青年主体地位。青年是青年运动的主体，青年运动是青年人的事业。必须尊重青年、理解青年、相信青年、依靠青年，充分照顾青年特点、发挥青年优势。只有尊重青年主体地位，广大青年才能焕发出极大的创造热情，中国青年运动才能始终保持勃勃的生机活力。

青年朋友们、同志们！

经过中国共产党人和全国各族人民前赴后继、顽强奋斗，一个生机盎然的社会主义中国已经巍然屹立在世界东方，13亿中国人民正在中国特色社会主义伟大旗帜指引下，满怀信心推进全面建设小康社会进程，加快推进社会主义现代化，中华民族伟大复兴展现出前所未有的光明前景。同时，也要清醒地看到，我们虽然取得了举世瞩目的发展成就，但我国仍然处于社会主义初级阶段，仍然是世界上最大的发展中国家，发展中不平衡、不协调、不可持续问题依然突出，人民生活水平还不高，前进道路上面对着这样那样的风险和挑战，实现社会主义现代化和全体人民共同富裕还有很长的路要走，还需要付出极大的努力。

当代青年是无比幸运的一代，又是责任重大的一代。祖国发展的巨大成就为青年成长进步创造了良好条件，祖国建设的艰巨任务为青年大展身手提供了广阔舞台。广大青年要以邓小平理论和“三个代表”重要思想为指导，深入贯彻落实科学发展观，牢记光荣使命，珍惜宝贵机遇，以坚定的信念、宽广的胸怀、创造的激情、务实的态度，踊跃投身改革开放和社会主义现代化建设伟大实践，努力做科学发展的奋力推动者、和谐社会的积极构建者，用自己的双手为全面建设小康社会、建成富强民主文明和谐的社会主义现代化国家奉献力量，谱写中国青年运动浓墨重彩的新篇章。这里，我给广大青年提5点希望。

第一，希望广大青年坚持远大理想。理想是指引人生的灯塔。青年时期牢固树立远大理想，人生道路就会越走越宽广，无论遇到怎样的艰难险阻，都能义无反顾、勇往直前。中国特色社会主义是当代中国发展进步的根本方向，是全国各族人民的共同理想。广大青年一定要高举中国特色社会主义伟大旗帜，坚定不移走中国特色社会主义道路，努力掌握和运用中国特色社会主义理论体系，坚信中国特色社会主义制度具有巨大优越性和强大生命力，把个人奋斗同人民为实现中国特色社会主义共同理想的奋斗紧密结合起来,不为任何风险所惧、不为任何干扰所惑,矢志不渝朝着崇高理想奋进,在为党和人民事业的奋斗中创造人生辉煌。

第二,希望广大青年坚持刻苦学习。青年是学习的黄金时期,学习是青年的首要任务。面对日趋激烈的国际竞争,面对艰巨繁重的改革发展任务,我们能不能始终把握未来发展的主动权,很重要的一条就是看青年一代整体素质强不强、拔尖人才多不多。广大青年一定要面向现代化、面向世界、面向未来,以只争朝夕的紧迫感,如饥似渴地学习,既认真学好基础知识又及时进行知识更新,既刻苦钻研专业知识又广泛涉猎其他知识,既重视学习文化知识又努力掌握实用技能,不断充实自己、提高自己、丰富自己。同时,要深入了解国情,自觉到基层一线去,到艰苦环境中去,到祖国和人民最需要的地方去,在实践的熔炉中增长见识、砥砺品质、强化本领,努力成为可堪大用、能负重任的栋梁之材。

第三,希望广大青年坚持艰苦奋斗。没有艰苦奋斗精神的民族难以自立自强,没有艰苦奋斗精神的国家难以发展进步,没有艰苦奋斗精神的青年难以担当重任。青年要干成一番事业,就必须不畏艰难、矢志奋斗。广大青年一定要牢记"忧劳兴国、逸豫亡身"的道理,敢于吃苦、勇挑重担,不怨天尤人、不贪图安逸,依靠自己的辛勤努力开辟人生和事业的前进道路;一定要牢记"天下大事、必作于细"的道理,从小事做起、从基础做起,不沉湎幻想、不好高骛远,用埋头苦干的行动创造实实在在的业绩;一定要牢记"艰难困苦、玉汝于成"的道理,迎难而上、百折不挠,不畏惧挫折、不彷徨退缩,在千磨万击中历练人生、收获成功。

第四,希望广大青年坚持开拓创新。创新是时代的主旋律。我们面对的是日新月异的世界,我们从事的是前无古人的事业,创新是掌握民族发展命运的关键之举,是战胜各种风险挑战的制胜之道。青年最具创新热情和创造潜力。广大青年一定要大力发扬以改革创新为核心的时代精神,有那么一种勇立潮头的浩气,有那么一种超越前人的勇气,有那么一种与时俱进的朝气,立足岗位、立足实际,讲求科学、讲求方法,把创新潜能充分发挥出来,为推动理论创新、制度创新、科技创新、文化创新以及其他各方面创新贡献聪明才智。只要青年一代的创造热情极大增强、创造能力极大提高、创造活力极大迸发,我国改革开放和社会主义现代化事业一定能够不断开辟新的发展空间、取得新的突破性进展。

第五,希望广大青年坚持高尚品行。我们要建设的现代化,是物质文明和精神文明全面发展的社会主义现代化。青年从来都是开风气之先的力量,应该主动走在建设社会主义核心价值体系的前列,为开创社会新风发挥积极作用。广大青年一定要把正确的道德认知、自觉的道德养成、积极的道德实践紧密结合起来,提高品德修养,弘扬传统美德,倡导新风正气,用高尚的道德行为推动全社会文明程度的提高。要争当诚实守信的模范,带头履行社会责任,努力营造守信光荣、失信可耻的社会氛围;争当奉献社会的模范,带头学雷锋,积极参加志愿服务活动,多做扶贫济困、扶弱助残的实事好事,大力传播我为人人、人人为我的社会公德;争当促进和谐的模范,带头弘扬社会主义法治精神,推动形成依法办事的行为规范、理性平和的社会心态、礼让宽容的人际关系,自觉维护安定团结的社会大局。广大青年要通过自己的实际行动,让爱国主义、集体主义、社会主义思想更加深入人心,让社会主义荣辱观更好引领社会风尚。

共青团作为党领导的先进青年的群众组织,肩负着团结带领广大青年为党和人民事业而奋斗的光荣任务。共青团组织一定要适应新形势,以改革创新精神推进各项工作和自身建设,更好履行组织青年、引导青年、服务青年、维护青少年合法权益的职能,不断提高共青团工作科学化水平。要着力把牢正确政治方向,把党的理论路线方针政策和中央决策部署贯彻落实到共青团各项工作中去，增强青年思想政治工作的针对性和实效性，引导广大团员青年真心实意紧跟党走中国特色社会主义道路。要着力提高服务青年能力，把为青年服务作为共青团一切工作的出发点和落脚点，为广大团员青年学习、工作、生活提供实实在在的帮助，让他们真正感受到党和政府的关怀、团组织的关爱。要着力创新活动方式，把贴近实际、贴近生活、贴近青年作为开展工作的重要原则，提高团的活动对广大团员青年的吸引力和感召力，推动共青团工作提升整体水平、实现全面活跃。要着力夯实基层基础，把加强团的基层建设当作全团的重点工程来抓，增强基层活力和战斗力，努力使团的基层组织网络覆盖全体青年，使团的各项工作和活动影响全体青年。广大团干部是推动共青团事业发展的骨干力量，要以增强政治意识、提高业务本领、转变工作作风、坚持严格自律为重点，加强团干部队伍建设，努力打造一支让党放心、让青年满意的高素质团干部队伍。

代表广大青年，赢得广大青年，依靠广大青年，是中国共产党不断从胜利走向胜利的重要保证。各级党委务必把青年工作作为一项带有根本性、战略性的工作，倾听青年心声，关心青年疾苦，鼓励青年成长，支持青年创业，及时制定和完善政策措施，尽力为青年身心健康、事业发展、生活幸福提供良好环境和条件。要加强对共青团的领导，及时研究解决共青团事业发展中的实际问题，关心帮助共青团干部锻炼成长，更好发挥共青团组织在改革发展稳定各项工作中的重要作用。

青年朋友们、同志们！

伟大的时代召唤着青年，辉煌的事业期待着青年。党和人民坚信，我国各族青年一定会不负重托、不辱使命，在全面建设小康社会、坚持和发展中国特色社会主义、实现中华民族伟大复兴的征程上创造更加壮美的青春业绩。

祖国的未来属于中国青年！

民族的光荣属于中国青年！

维护持久和平　促进共同繁荣

——在上海合作组织成员国元首理事会第十二次会议上的讲话

（2012年6月7日）

胡锦涛

尊敬的各位同事：

在上海合作组织发展进入第二个十年之际，我们在这里举行本组织第十二次元首峰会，共谋和平发展大计。本次峰会是继往开来的大会，对上海合作组织未来发展具有重要意义。

过去十年里，各成员国团结协调，共同推动上海合作组织发展，取得举世瞩目的成果。我们完善组织机制建设，签署上百份重要合作文件，吸收观察员和对话伙伴国，为本组织发展打下坚实基础，扩大了本组织的国际影响。

面对国际形势风云变幻，我们成功应对阿富汗战争、伊拉克战争、国际金融危机及西亚北非局势动荡给本地区和平与发展带来的挑战，同时顺应和平发展潮流，根据本组织各成员国诉求，共同贯彻“上海精神”，缔结《长期睦邻友好合作条约》，弘扬世代友好的和平理念，开创了区域合作新模式，取得了一系列重大合作成果。特别应该指出的是，我们共同打击恐怖主义、分裂主义、极端主义“三股势力”以及毒品走私和跨国有组织犯罪，有力维护了成员国安全利益和发展利益，维护了地区和平、安全、稳定。上海合作组织已经成为和平发展的旗帜，得到各成员国人民广泛拥护和支持，国际影响和地位显著提高。

当前，国际和地区形势复杂多变，国际金融危机深层次影响依然存在，地区热点问题此起彼伏，西亚北非局势持续动荡，给本地区形势带来诸多不稳定不确定因素。上海合作组织发展面临新的机遇和挑战。本组织各成员国均面临艰巨的发展任务，需要稳定的内部环境和和平安宁的外部环境，我们只有加强合作、团结一致，坚定不移推动上海合作组织发展，真正抓住和用好机遇，才能有效应对面临的挑战和问题，才能维护本地区和平稳定、实现共同发展繁荣。

上海合作组织正站在新的起点上。我们应该脚踏实地，制定并努力落实未来十年上海合作组织发展目标，明确发展方向，规划具体步骤和措施，确保上海合作组织更好更快发展，给各成员国带来实实在在的利益，为地区乃至世界和平与发展作出新的贡献。

——我们要把上海合作组织建设成为和谐和睦的家园。各成员国应该加强沟通和磋商，增进相互理解和信任，全面落实《长期睦邻友好合作条约》，本着相互尊重、平等协商、互谅互让的精神解决存在的问题，努力构建和谐地区，为本地区各国人民建设和谐和睦的家园。为此，中方建议成立上海合作组织睦邻友好合作委员会，推动成员国民间交往，打牢上海合作组织发展的民意基础和社会基础。

——我们要把上海合作组织建设成为地区安全稳定的有力保障。各成员国应该深入落实《打击恐怖主义、分裂主义和极端主义上海公约》，建立并完善安全合作机制，采取协调一致的行动，打压“三股势力”活动空间，铲除毒品走私和跨国有组织犯罪等黑恶势力。要以修订应急机制条例为契机，全面提高组织行动能力和快速反应能力。本地区各国内部事务应该由各国人民自己作主，我们坚决反对以任何借口干涉成员国内政，坚定支持各国为维护主权独立、领土完整、安全稳定所作的努力。

——我们要把上海合作组织建设成为地区

经济发展的推动力量。本组织地跨欧亚，幅员辽阔，资源丰富，发展潜力巨大。我们应该从地区经济形势特点和各国发展实际需求出发，充分利用上海合作组织这一有效平台，发挥各自优势，坚定不移推进务实合作，努力实现共同发展繁荣。各成员国要努力建成铁路、公路、航空、电信、电网、能源管道互联互通工程，为古老的"丝绸之路"赋予新的内涵。我们要建立开发银行、粮食安全合作机制、种子库和农业示范推广基地、能源俱乐部，推动贸易和投资便利化，全面促进各国经济发展。我们要加强科技、文化、教育、卫生等领域合作，开发高技术产品，发展高技术产业，全面提高各国经济在未来全球经济中的竞争力。

今后 3 年，中方将为其他成员国培训 1500 名专家。今后 10 年，中方将为其他成员国提供 3 万个政府奖学金名额，邀请 1 万名孔子学院师生来华研修。为促进成员国发展，支持上海合作组织框架内经济合作项目，中方决定向其他成员国再提供 100 亿美元贷款。

——我们要把上海合作组织建设成为开展国际交往、扩大国际影响力的有效平台。各成员国在许多重大国际和地区问题上有着共同利益和广泛共识。我们应该通过这一平台同国际和地区组织加强磋商，维护和平，促进发展，推进世界多极化和国际关系民主化。在重大国际和地区问题上，各成员国要加强沟通、协调立场，根据事情本身的是非曲直和成员国共同利益发出协调一致的声音，为维护世界和平稳定、促进各国共同发展作出新的更大的贡献。

各位同事！

一年来，各成员国给予中方巨大支持和帮助，为确保本次峰会成功并取得积极成果付出了不懈努力。在这里，我向大家表示诚挚谢意。中方将本着积极务实、友好合作的精神支持下一任主席国吉尔吉斯斯坦的工作，愿同各成员国一道，全面落实元首理事会会议达成的共识，稳步推进本组织各项合作，携手并进，开拓进取，共同开创上海合作组织发展的未来。

谢谢各位。

在中国科学院第十六次院士大会 中国工程院第十一次院士大会上的讲话

（2012 年 6 月 11 日）

胡锦涛

各位院士，同志们：

中国科学院第十六次院士大会、中国工程院第十一次院士大会今天隆重开幕了。首先，我代表党中央、国务院，向两院院士大会的召开，表示热烈的祝贺！

2010 年 6 月，我们召开了中国科学院第十五次院士大会、中国工程院第十次院士大会。会议强调要坚定不移走中国特色自主创新道路，切实把科学技术摆在优先发展的战略地位，把增强自主创新能力作为战略基点，把科技进步与国家发展战略、经济社会发展目标、人民日益增长的物质文化需要紧密结合起来，构建完整的创新体系，下大气力解决影响我国未来发展的重大科学和关键技术问题，大力发展与民生相关的科学技术，牢牢把握发展主动权，抢占未来发展先机。

两年来，两院院士和广大科技工作者紧紧围绕我国发展重大战略需求，瞄准世界科技前沿，开拓进取，锐意创新，奋勇拼搏，我国科技工作取得一系列新成就新进展。天宫一号与神舟八号交会对接成功，蛟龙号载人潜水器创下 5188 米的下潜记录，实现了我国空间海洋技术新跨越。首座实验快堆成功并网运行，“天河一号”超级计算机研制成功，煤制乙二醇和甲醇制烯烃实现工业化应用，风能、光伏发电、储能电池等关键技术取得新突破，宽带无线移动互联网、量子通信实用化取得新进展。百亩超级杂交稻试验田亩产突破 900 公斤，食品安全检验检测技术、重大药物创制和低成本医疗设备研发等提高了保障和改善民生能力。基础前沿领域取得了中微子振荡、铁基超导、拓扑绝缘体等一批世界领先的科学成果，量子信息、纳米科技、干细胞和再生医学、生命起源和进化等若干重要和新兴领域的前沿探索进入世界前列。两院作为科学技术思想库，积极推进决策科学化，为国家相关决策提供了重要科学依据。我代表党中央、国务院，向为我国科技事业作出突出贡献的两院院士和广大科技工作者，致以诚挚的问候！

当前，世界主要国家为了摆脱国际金融危机影响和推动经济复苏增长，克服全球共同面临的能源资源环境等重大问题，纷纷加大科技投入，抢占科技制高点，争取发展主动权。科技竞争在综合国力竞争中的地位更加突出，科学技术日益成为经济社会发展的主要驱动力。信息技术、生物技术、纳米科技、认知科技呈现群发突破的生动景象，知识创新、技术创新和产业创新深度融合催生新一代技术群和新产业生长点。能源资源科技将推动能源结构战略性调整、促进可持续能源和资源体系的形成，材料和制造技术将加速绿色化、智能化、可再生循环的进程，空间海洋和平利用和开发将为可持续发展提供巨大增量资源，生态环境保护能力提升将有力促进人与自然和谐相处。量子世界的调控，暗物质、暗能量的探测，生命现象系统整体的认知，都有可能引发科学知识体系的结构性变革。

“十二五”时期，我国仍处于发展的重要战略机遇期。国家制定了“十二五”规划纲要，强调要以科学发展为主题、以加快转变经济发展方式为主线、以调整需求结构和扩大内需为导向，确立了经济平稳较快发展、经济结构战略性调整取得重大进展、城乡居民收入普遍较快增长、社会建设明显加强、改革开放不断深化等重大目标。党的十七届五中全会强调,要推动我国经济发展更多依靠科技创新驱动,全面落实国家中长期科技、教育、人才规划纲要,大力提高科技创新能力。形势和任务对两院院士和广大科技工作者提出了新的更高的要求,也提供了大显身手的广阔舞台。

两院院士和广大科技工作者要肩负起自己的使命和责任,以邓小平理论和“三个代表”重要思想为指导,深入贯彻落实科学发展观,坚定不移走中国特色自主创新道路,坚持自主创新、重点跨越、支撑发展、引领未来的方针,把推动科技创新驱动发展作为重要任务,紧紧围绕改革开放和社会主义现代化建设的紧迫需求,抓住新科技革命的战略机遇,大幅提高自主创新能力,增强共性、核心、关键技术突破能力,促进科技成果向现实生产力转化,大力推动科技惠及民生,推动我国经济社会发展尽快走上创新驱动的轨道。这里,我对两院院士提几点希望。

第一,希望两院院士坚持勇于创新,积极引领科技加快发展。实现创新驱动发展,最根本的是要依靠科技的力量,最关键的是要大幅提高自主创新能力。只有具备强大科技自主创新能力,才能在全球日益激烈的竞争中牢牢把握发展主动权,才能真正建成创新型国家,进而向世界科技强国进军。包括两院院士在内的广大科技工作者要着力提高自主创新能力,不断取得基础性、战略性、原创性的重大成果。要加快推进国家重大科技专项,深入实施知识创新和技术创新工程,增强原始创新、集成创新和引进消化吸收再创新能力。要加强战略高技术创新,发展空天战略高技术,保证我国有效进出与和平利用空间;发展海洋战略高技术,提高我国海洋经济水平,保护海洋航运安全,开发深海资源;发展生物安全应对技术,有效防控对人民生活和生态环境的生物威胁;发展信息网络战略高技术,建设基于网络信息的社会态势预警、分析、监控、应急体系,维护信息基础设施和网络安全。要加强基础研究和原始科学创新,在生命科学、空间海洋、地球科学、纳米科技等领域力争取得原创性突破。要加强先导技术研究,在关系长远发展的信息技术、生物技术、能源技术等关键领域力争取得重大创新成果。

第二,希望两院院士坚持服务发展,积极推动科技与经济紧密结合。实现创新驱动发展,最关键的是要促进科技与经济紧密结合,既要从经济社会发展需求中找准科技创新主攻方向,又要把科技成果迅速转化为现实生产力。要牢固树立服务发展意识,更加积极地投身经济社会发展主战场。要面向重点产业转型升级,加强系统集成创新,推进信息化与工业化融合,实现关键工艺技术、高端产品研发重大突破,从根本上扭转重点产业关键核心技术严重依赖国外的局面。要面向培育发展高技术产业和新兴产业,加快科技成果转移转化,促进高技术产业向技术创新引领型转变,从产业链低端向产业链高端延伸,力争在战略性新兴产业若干方面引领世界技术和产业发展方向。要面向推进农业现代化,推动农业发展方式转变,发展高产、优质、高效、绿色农业,满足对农产品总量、质量、安全和多功能需求,延伸农业产业链,提高农业综合生产力。要面向建设可持续能源资源体系,加快科技创新和成果应用,促进能源结构调整,加强传统化石能源高效清洁安全利用,加快新能源产业化,提高油气资源、重要矿产资源、水资源的勘探、开发、综合利用能力。

第三,希望两院院士坚持创新为民,积极促进科技成果造福人民。实现创新驱动发展,必须坚持把以人为本贯穿科技工作始终,让广大人民群众共享科技创新成果,让广大人民生活得更健康、更舒适、更安全、更幸福。要面向民生重大需求,加强关系人民衣食住行的科技创新,努力解决人民群众高度关注的食品安全、饮水安全、空气质量的科技问题，努力解决多发病、常见病、急性传染病诊断和治疗药物问题，发展早期监测、早期干预技术，努力攻克对人民群众有严重危害的重大慢性疾病医疗技术，发展应对人口老龄化的科学技术。要面向生态环境保护重大需求，发展城乡环境保护、治理、修复技术，着力解决环境污染、垃圾处理等突出问题，开展示范和推广应用，促进城镇化健康发展和新农村建设，提高自然灾害监测预报和防灾减灾能力。要自觉弘扬科学精神、传播科学知识，努力提高全民科学素质和全社会创新意识，激发全社会创造活力。要运用先进科学技术手段，创新文化载体，促进现代文化产业发展，满足人民群众多样化文化需求。

第四，希望两院院士坚持锐意改革，积极推动科技发展体制机制创新。实现创新驱动发展，必须建立健全科学合理、富有活力、更有效率的国家创新体系。改革开放以来，我国科技体制改革不断深入，极大解放和发展了科技生产力。同时，我们也必须清醒认识到，我国科技体制与加快转变经济发展方式、抢占未来发展制高点的迫切需要仍不适应，与新一轮科技革命和科技创新驱动发展的新要求仍不适应，与社会主义市场经济体制仍不适应，必须继续深化科技体制改革。中央正在制订《关于深化科技体制改革、加快国家创新体系建设的意见》。深化科技体制改革，要以促进科技与经济社会紧密结合、支撑引领可持续发展为核心，着力解决制约科技创新的突出问题，加强科学研究与高等教育有机结合，建设国家创新体系，强化基础性、前沿性技术和共性技术研究平台建设，加强军民科技资源集成融合，推进各具特色的区域创新体系建设，鼓励发展科技中介服务，深化科研经费管理制度改革，完善科技成果评价奖励制度。大家工作在科技创新第一线，对科技工作的特点和规律比较了解，对科技体制存在的问题有切身感受。希望两院院士站在全局高度，积极探索符合规律的新机制新模式，正确处理好个人和集体、局部和整体、当前和长远的关系，积极支持和投身科技体制改革。

第五，希望两院院士坚持甘为人梯，积极培养和提携优秀青年才俊。实现创新驱动发展，人才为本。一部科技发展的历史，也是一代代科学家不断继承创新、超越前人的历史。拥有一大批创新型青年人才，是国家创新活力之所在，也是科技发展希望之所在。两院院士都是学有建树的学术带头人，许多同志既是科学家也是教育家，发现、培养、提携青年人才是大家的一项重任。要善于发现青年人才，不拘一格，慧眼识才，坚持科学标准，客观公正评价人才，热情关心和支持有科学潜质的优秀青年人才。要积极培养青年人才，身体力行，言传身教，坚持科学研究和人才培养紧密结合，遵循创新型人才成长规律，积极探索培养创新型人才新思路新方法。要大力提携青年人才，虚怀若谷，举贤荐能，着力营造包容兼蓄、和谐有序的人才成长环境，真诚尊重人、细致关心人、充分信任人，发扬学术民主，提倡不同学术观点的平等讨论，鼓励青年人才敢于发表和坚持自己的学术见解、敢于质疑和超越老师的学术思想、敢于开辟新的研究方向，营造多出成果、多出人才的学术环境。要建设好学术梯队，放手使用优秀青年人才，以更加开放的心态广揽英才，为他们奋勇创新提供舞台，为他们加快成才铺路搭桥，促进优秀人才脱颖而出、在实践中茁壮成长。

第六，希望两院院士坚持建言献策，积极发挥决策咨询重要作用。实现创新驱动发展需要科学决策，科学决策需要科学咨询。两院要发挥国家科学技术思想库作用，紧紧围绕应对全球性重大挑战、突破我国现代化进程中的发展瓶颈、破解科学技术发展中的重大问题，深入开展咨询研究，客观独立发表意见，坦率真诚提出建议。两院和国家有关部门要积极构建有利于发挥院士专家咨询作用的体制和程序。两院院士作为我国科技界的领军人才，要前瞻新科技革命方向，善于从我国经济社会发展的战略需求中提炼重大科学技术问题，引导我国科技工作提升创新起点、优化学科布局、凝炼前沿方向。

各位院士、同志们！

院士称号是我国科技界的最高学术荣誉，院士的一言一行都会对社会风尚和学术风气产生很大影响。希望两院院士牢固树立追求真理、造福人类、服务国家的理念，继承中华民族“先天下之忧而忧，后天下之乐而乐”的传统美德，传承老一代科学家爱国奉献、淡泊名利的优良品质，以身作则，严格自律，模范遵循学术规范和科学伦理，自觉抵制学术不端行为和不正之风，加强科研诚信建设，团结带领全国科技界为加快建设国家创新体系、建设创新型国家而努力奋斗，以优异成绩迎接党的十八大胜利召开！

在庆祝香港回归祖国15周年大会暨香港特别行政区第四届政府就职典礼上的讲话

（2012年7月1日）

胡锦涛

同胞们，朋友们：

今天，我们怀着喜悦的心情在这里隆重集会，庆祝香港回归祖国15周年。首先，我代表中央政府和全国各族人民，向全体香港市民，致以诚挚的问候！向刚刚宣誓就职的香港特别行政区第四任行政长官梁振英先生和第四届政府主要官员、行政会议成员，表示热烈的祝贺！向所有关心香港、为香港顺利回归并保持繁荣稳定作出贡献的海内外同胞和国际友人，表示衷心的感谢！

香港回归祖国是彪炳中华民族史册的伟大业绩，也是上个世纪末具有重大国际影响的历史事件。从回归祖国那一刻起，香港就进入了新的时代、开启了新的航程。15年来，“一国两制”、“港人治港”、高度自治的方针得到全面贯彻落实。香港同胞当家作主，自行管理特别行政区自治范围内的事务。香港居民享有的民主权利和自由比历史上任何时候都更为广泛。在经历了国际金融危机等冲击后，香港经济平稳发展，继续保持国际金融、贸易、航运中心的地位，一直被公认为全球最自由开放、最具竞争力的经济体和最具发展活力的地区之一。香港社会事业全面进步，就业水平持续提高，社会保障明显改善。香港同祖国内地的交流全方位扩展，经贸关系更加紧密，各领域合作不断深化。香港继续为国家改革开放和现代化建设作出独特贡献，并从祖国内地获得越来越多的发展机遇和源源不断的发展动力。香港同胞对国家、民族的认同和感情与日俱增，在各种严重灾难面前与祖国内地人民同舟共济、守望相助，充分体现出血浓于水的同胞亲情。香港对外交往更为活跃，国际影响进一步扩大。

这一切充分证明，“一国两制”是历史遗留的香港问题的最佳解决方案，也是香港回归后保持长期繁荣稳定的最佳制度安排；推进“一国两制”事业，符合香港同胞利益和愿望，也符合国家和民族根本利益。在“一国两制”伟大实践中，香港这颗璀璨的明珠放射出更加绚丽的色彩。

“一国两制”事业是前无古人的伟大创举，需要在实践中不断开拓前进。30年前，邓小平同志创造性地提出“一国两制”的伟大构想，亲自领导制定了中央对香港的一系列基本方针政策，直接指导了中英香港问题谈判和香港基本法起草工作，为香港回归祖国、实现祖国和平统一大业作出了奠基性的贡献。以江泽民同志为核心的中国共产党的第三代中央领导集体，妥善应对香港回归前后出现的各种复杂矛盾和挑战，确保了香港顺利交接和平稳过渡，为全面贯彻落实“一国两制”方针做了大量开创性的工作。这些年来，中央政府把保持香港长期繁荣稳定作为新时期治国理政的重大课题，鼓励和支持香港特别行政区政府和社会各界人士集中精力发展经济、切实有效改善民生、循序渐进推进民主、包容共济促进和谐，进一步丰富和发展了“一国两制”理论和实践。在已经取得成就的基础上不断探索，把“一国两制”事业继续推向前进，是中央政府、香港特别行政区政府和社会各界人士的共同使命。

中央政府对香港的一系列方针政策和重大举措，根本出发点和落脚点就是维护国家主权、安全、发展利益，保持香港长期繁荣稳定。这是在香港实践“一国两制”的核心要求和基本目标。为此,必须坚持全面准确理解和贯彻“一国两制”方针,严格按照基本法办事,把坚持“一国”原则和尊重两制差异、维护中央权力和保障特别行政区高度自治权、维护国家整体利益和保障香港社会各界利益、支持香港积极开展对外交往和反对外部势力干预香港事务等有机结合起来,任何时候都不能偏废。

同胞们、朋友们!

我们在充分肯定香港回归祖国15年来取得巨大成就的同时,也要清醒地看到香港社会仍然存在一些深层次矛盾和问题。未来5年对香港长远发展具有重要影响,是必须紧紧抓住而且可以有所作为的重要机遇期。在这里,我向香港特别行政区新一届政府和社会各界提出4点希望。

第一,努力促进社会和谐稳定。和谐稳定是发展之基,改善民生是和谐稳定之本。香港特别行政区新一届政府要坚持以人为本的施政理念,准确把握社情民意,采取切实有效措施,积极稳妥解决民生问题和其他社会矛盾,更加注重机会公平,更加关注弱势群体,更加关心年轻一代,使全体市民共享发展成果、提高生活水平。香港社会各阶层各界别人士要以大局为重,在爱国爱港旗帜下实现最广泛的团结,齐心支持新一届政府依法有效施政,共同增强香港社会凝聚力。

第二,努力维护基本法的权威。法治是香港的核心价值。基本法在香港特别行政区具有最高法律地位,是依法治港的基石。要全面落实基本法各项规定,完善与基本法实施相关的制度和机制。香港特别行政区行政、立法、司法机关都要带头严格遵守基本法,坚决维护基本法,依照基本法规定行使职权。香港回归祖国以来,政制民主循序渐进,并取得长足进展。要按照基本法和全国人大常委会有关决定的规定,继续推进香港民主进程。

第三,努力提升竞争力。香港要在日益激烈的国际和地区竞争中立于不败之地,必须在提升自身竞争力上下功夫。要加强香港长远发展的战略谋划,更好发挥政府促进经济社会发展作用。要更新发展理念,鼓励和支持各类创新活动,不断提高服务业水平,培育新的经济增长点。要把握世界经济格局的深刻变化,充分发挥香港国际联系广泛等方面优势,抢占发展先机。同时,更要善于借助祖国内地经济的蓬勃发展,拓展香港与祖国内地交流合作的广度和深度,促进优势互补、互利双赢、共同发展。

第四,努力加强人才培养。人才是最重要的战略资源,当今世界的竞争最核心的是人才竞争。要大力发展教育、科技、文化事业,全方位、多层次培养造就各项事业发展所需要的大量高素质人才。要高度重视爱国爱港人才特别是优秀年轻政治人才培养,为他们增长才干、脱颖而出提供机会和平台,使爱国爱港传统薪火相传、“一国两制”事业后继有人。

同胞们、朋友们!

中央政府实行“一国两制”、“港人治港”、高度自治方针将毫不动摇,全力支持香港特别行政区行政长官和政府依法施政将毫不动摇,同香港各界人士一道维护和促进香港长期繁荣稳定将毫不动摇。我们坚信,在中央政府、香港特别行政区政府和社会各界人士共同努力下,“一国两制”实践一定会越来越丰富,香港与祖国内地共同繁荣发展的道路一定会越走越宽广!

坚定不移沿着中国特色社会主义道路前进 为全面建成小康社会而奋斗

——在中国共产党第十八次全国代表大会上的报告

（2012年11月8日）

胡锦涛

同志们：

现在，我代表第十七届中央委员会向大会作报告。

中国共产党第十八次全国代表大会，是在我国进入全面建成小康社会决定性阶段召开的一次十分重要的大会。大会的主题是：**高举中国特色社会主义伟大旗帜，以邓小平理论、“三个代表”重要思想、科学发展观为指导，解放思想，改革开放，凝聚力量，攻坚克难，坚定不移沿着中国特色社会主义道路前进，为全面建成小康社会而奋斗。**

此时此刻，我们有一个共同的感觉：经过九十多年艰苦奋斗，我们党团结带领全国各族人民，把贫穷落后的旧中国变成日益走向繁荣富强的新中国，中华民族伟大复兴展现出光明前景。我们对党和人民创造的历史伟业倍加自豪，对党和人民确立的理想信念倍加坚定，对党肩负的历史责任倍加清醒。

当前，世情、国情、党情继续发生深刻变化，我们面临的发展机遇和风险挑战前所未有。全党一定要牢记人民信任和重托，更加奋发有为、兢兢业业地工作，继续推动科学发展、促进社会和谐，继续改善人民生活、增进人民福祉，完成时代赋予的光荣而艰巨的任务。

一、过去五年的工作和十年的基本总结

十七大以来的五年，是我们在中国特色社会主义道路上奋勇前进的五年，是我们经受住各种困难和风险考验、夺取全面建设小康社会新胜利的五年。

十七大对推进改革开放和社会主义现代化建设、实现全面建设小康社会宏伟目标作出全面部署。为贯彻十七大精神，中央先后召开七次全会，分别就深化行政管理体制改革、推进农村改革发展、加强和改进新形势下党的建设、制定“十二五”规划、推进文化改革发展等关系全局的重大问题作出决定和部署。五年来，我们胜利完成“十一五”规划，顺利实施“十二五”规划，各方面工作都取得新的重大成就。

经济平稳较快发展。综合国力大幅提升，二〇一一年国内生产总值达到四十七点三万亿元。财政收入大幅增加。农业综合生产能力提高，粮食连年增产。产业结构调整取得新进展，基础设施全面加强。城镇化水平明显提高，城乡区域发展协调性增强。创新型国家建设成效显著，载人航天、探月工程、载人深潜、超级计算机、高速铁路等实现重大突破。生态文明建设扎实展开，资源节约和环境保护全面推进。

改革开放取得重大进展。农村综合改革、集体林权制度改革、国有企业改革不断深化，非公有制经济健康发展。现代市场体系和宏观调控体系不断健全，财税、金融、价格、科技、教育、社会保障、医药卫生、事业单位等改革稳步推进。开放型经济达到新水平，进出口总额跃居世界第二位。

人民生活水平显著提高。改善民生力度不断加大，城乡就业持续扩大，居民收入较快增

长，家庭财产稳定增加，衣食住行用条件明显改善，城乡最低生活保障标准和农村扶贫标准大幅提升，企业退休人员基本养老金持续提高。

民主法制建设迈出新步伐。政治体制改革继续推进。实行城乡按相同人口比例选举人大代表。基层民主不断发展。中国特色社会主义法律体系形成，社会主义法治国家建设成绩显著。爱国统一战线巩固壮大。行政体制改革深化，司法体制和工作机制改革取得新进展。

文化建设迈上新台阶。社会主义核心价值体系建设深入开展，文化体制改革全面推进，公共文化服务体系建设取得重大进展，文化产业快速发展，文化创作生产更加繁荣，人民精神文化生活更加丰富多彩。全民健身和竞技体育取得新成绩。

社会建设取得新进步。基本公共服务水平和均等化程度明显提高。教育事业迅速发展，城乡免费义务教育全面实现。社会保障体系建设成效显著，城乡基本养老保险制度全面建立，新型社会救助体系基本形成。全民医保基本实现，城乡基本医疗卫生制度初步建立。保障性住房建设加快推进。加强和创新社会管理，社会保持和谐稳定。

国防和军队建设开创新局面。中国特色军事变革取得重大成就，军队革命化现代化正规化建设协调推进、全面加强，军事斗争准备不断深化，履行新世纪新阶段历史使命能力显著增强，出色完成一系列急难险重任务。

港澳台工作进一步加强。香港、澳门保持繁荣稳定，同内地交流合作提高到新水平。推动两岸关系实现重大转折，实现两岸全面直接双向“三通”，签署实施两岸经济合作框架协议，形成两岸全方位交往格局，开创两岸关系和平发展新局面。

外交工作取得新成就。坚定维护国家利益和我国公民、法人在海外合法权益，加强同世界各国交流合作，推动全球治理机制变革，积极促进世界和平与发展，在国际事务中的代表性和话语权进一步增强，为改革发展争取了有利国际环境。

党的建设全面加强。党的执政能力建设和先进性建设继续推进，思想理论建设成效明显，学习实践科学发展观活动取得重要成果，党的建设改革创新迈出重要步伐。党内民主进一步扩大。干部队伍建设取得重要进展，人才工作开创新局面。创先争优活动和学习型党组织建设深入进行，基层党组织不断加强。党风廉政建设和反腐败斗争取得新成效。

同时，必须清醒看到，我们工作中还存在许多不足，前进道路上还有不少困难和问题。主要是：发展中不平衡、不协调、不可持续问题依然突出，科技创新能力不强，产业结构不合理，农业基础依然薄弱，资源环境约束加剧，制约科学发展的体制机制障碍较多，深化改革开放和转变经济发展方式任务艰巨；城乡区域发展差距和居民收入分配差距依然较大；社会矛盾明显增多，教育、就业、社会保障、医疗、住房、生态环境、食品药品安全、安全生产、社会治安、执法司法等关系群众切身利益的问题较多，部分群众生活比较困难；一些领域存在道德失范、诚信缺失现象；一些干部领导科学发展能力不强，一些基层党组织软弱涣散，少数党员干部理想信念动摇、宗旨意识淡薄，形式主义、官僚主义问题突出，奢侈浪费现象严重；一些领域消极腐败现象易发多发，反腐败斗争形势依然严峻。对这些困难和问题，我们必须高度重视，进一步认真加以解决。

过去五年的工作，是十六大以来全面建设小康社会十年实践的重要组成部分。

这十年，我们紧紧抓住和用好我国发展的重要战略机遇期，战胜一系列重大挑战，奋力把中国特色社会主义推进到新的发展阶段。进入新世纪新阶段，国际局势风云变幻，综合国力竞争空前激烈，我们深化改革开放，加快发展步伐，以加入世界贸易组织为契机，变压力为动力，化挑战为机遇，坚定不移推进全面建设小康社会进程。前进过程中，我们战胜突如其来的非典疫情，认真总结我国发展实践，准确把握我国发展的阶段性特征，及时提出和全面贯彻科学发展观等重大战略思想，开拓了经济社会发展的广阔空间。二〇〇八年以后，国际金融危机使我国发展遭遇严重困难，我们科学判断、果断决策，采取一系列重大举措，在全球率先实现经济企稳回升，积累了有效应对外部经济风险冲击、保持经济平稳较快发展的重要经验。我们成功举办北京奥运会、残奥会和上海世博会，夺取抗击汶川特大地震等严重自然灾害和灾后恢复重建重大胜利，妥善处置一系列重大突发事件。在十分复杂的国内外形势下，党和人民经受住严峻考验，巩固和发展了改革开放和社会主义现代化建设大局，提高了我国国际地位，彰显了中国特色社会主义的巨大优越性和强大生命力，增强了中国人民和中华民族的自豪感和凝聚力。

十年来，我们取得一系列新的历史性成就，为全面建成小康社会打下了坚实基础。我国经济总量从世界第六位跃升到第二位，社会生产力、经济实力、科技实力迈上一个大台阶，人民生活水平、居民收入水平、社会保障水平迈上一个大台阶，综合国力、国际竞争力、国际影响力迈上一个大台阶，国家面貌发生新的历史性变化。人们公认，这是我国经济持续发展、民主不断健全、文化日益繁荣、社会保持稳定的时期，是着力保障和改善民生、人民得到实惠更多的时期。我们能取得这样的历史性成就，靠的是党的基本理论、基本路线、基本纲领、基本经验的正确指引，靠的是新中国成立以来特别是改革开放以来奠定的深厚基础，靠的是全党全国各族人民的团结奋斗。

在这里，我代表中共中央，向全国各族人民，向各民主党派、各人民团体和各界爱国人士，向香港特别行政区同胞、澳门特别行政区同胞和台湾同胞以及广大侨胞，向一切关心和支持中国现代化建设的各国朋友，表示衷心的感谢！

总结十年奋斗历程，最重要的就是我们坚持以马克思列宁主义、毛泽东思想、邓小平理论、"三个代表"重要思想为指导，勇于推进实践基础上的理论创新，围绕坚持和发展中国特色社会主义提出一系列紧密相连、相互贯通的新思想、新观点、新论断，形成和贯彻了科学发展观。科学发展观是马克思主义同当代中国实际和时代特征相结合的产物，是马克思主义关于发展的世界观和方法论的集中体现，对新形势下实现什么样的发展、怎样发展等重大问题作出了新的科学回答，把我们对中国特色社会主义规律的认识提高到新的水平，开辟了当代中国马克思主义发展新境界。科学发展观是中国特色社会主义理论体系最新成果，是中国共产党集体智慧的结晶，是指导党和国家全部工作的强大思想武器。科学发展观同马克思列宁主义、毛泽东思想、邓小平理论、"三个代表"重要思想一道，是党必须长期坚持的指导思想。

面向未来，深入贯彻落实科学发展观，对坚持和发展中国特色社会主义具有重大现实意义和深远历史意义，必须把科学发展观贯彻到我国现代化建设全过程、体现到党的建设各方面。全党必须更加自觉地把推动经济社会发展作为深入贯彻落实科学发展观的第一要义，牢牢扭住经济建设这个中心，坚持聚精会神搞建设、一心一意谋发展，着力把握发展规律、创新发展理念、破解发展难题，深入实施科教兴国战略、人才强国战略、可持续发展战略，加快形成符合科学发展要求的发展方式和体制机制，不断解放和发展社会生产力，不断实现科学发展、和谐发展、和平发展，为坚持和发展中国特色社会主义打下牢固基础。必须更加自觉地把以人为本作为深入贯彻落实科学发展观的核心立场，始终把实现好、维护好、发展好最广大人民根本利益作为党和国家一切工作的出发点和落脚点，尊重人民首创精神，保障人民各项权益，不断在实现发展成果由人民共享、促进人的全面发展上取得新成效。必须更加自觉地把全面协调可持续作为深入贯彻落实科学发展观的基本要求，全面落实经济建设、政治建设、文化建设、社会建设、生态文明建设五位一体总体布局，促进现代化建设各方面相协调，促进生产关系与生产力、上层建筑与经济基础相协调，不断开拓生产发展、生活富裕、生态良好的文明发展道路。必须更加自觉地把统筹兼顾作为深入贯彻落实科学发展观的根本方法，坚持一切从实际出发，正确认识和妥善处理中国特色社会主义事业中的重大关系，统筹改革发展稳定、内政外交国防、治党治国治军各方面工作，统筹城乡发展、区域发展、经济社会发展、人与自然和谐发展、国内发展和对外开放，统筹各方面利益关系，充分调动各方面积极性，努力形成全体人民各尽其能、各得其所而又和谐相处的局面。

解放思想、实事求是、与时俱进、求真务实，是科学发展观最鲜明的精神实质。实践发展永无止境，认识真理永无止境，理论创新永无止境。全党一定要勇于实践、勇于变革、勇于创新，把握时代发展要求，顺应人民共同愿望，不懈探索和把握中国特色社会主义规律，永葆党的生机活力，永葆国家发展动力，在党和人民创造性实践中奋力开拓中国特色社会主义更为广阔的发展前景。

二、夺取中国特色社会主义新胜利

回首近代以来中国波澜壮阔的历史，展望中华民族充满希望的未来，我们得出一个坚定的结论：全面建成小康社会，加快推进社会主义现代化，实现中华民族伟大复兴，必须坚定不移走中国特色社会主义道路。

道路关乎党的命脉，关乎国家前途、民族命运、人民幸福。在中国这样一个经济文化十分落后的国家探索民族复兴道路，是极为艰巨的任务。九十多年来，我们党紧紧依靠人民，把马克思主义基本原理同中国实际和时代特征结合起来，独立自主走自己的路，历经千辛万苦，付出各种代价，取得革命建设改革伟大胜利，开创和发展了中国特色社会主义，从根本上改变了中国人民和中华民族的前途命运。

以毛泽东同志为核心的党的第一代中央领导集体带领全党全国各族人民完成了新民主主义革命，进行了社会主义改造，确立了社会主义基本制度，成功实现了中国历史上最深刻最伟大的社会变革，为当代中国一切发展进步奠定了根本政治前提和制度基础。在探索过程中，虽然经历了严重曲折，但党在社会主义建设中取得的独创性理论成果和巨大成就，为新的历史时期开创中国特色社会主义提供了宝贵经验、理论准备、物质基础。

以邓小平同志为核心的党的第二代中央领导集体带领全党全国各族人民深刻总结我国社会主义建设正反两方面经验，借鉴世界社会主义历史经验，作出把党和国家工作中心转移到经济建设上来、实行改革开放的历史性决策，深刻揭示社会主义本质，确立社会主义初级阶段基本路线，明确提出走自己的路、建设中国特色社会主义，科学回答了建设中国特色社会主义的一系列基本问题，成功开创了中国特色社会主义。

以江泽民同志为核心的党的第三代中央领导集体带领全党全国各族人民坚持党的基本理论、基本路线，在国内外形势十分复杂、世界社会主义出现严重曲折的严峻考验面前捍卫了中国特色社会主义，依据新的实践确立了党的基本纲领、基本经验，确立了社会主义市场经济体制的改革目标和基本框架，确立了社会主义初级阶段的基本经济制度和分配制度，开创全面改革开放新局面，推进党的建设新的伟大工程，成功把中国特色社会主义推向二十一世纪。

新世纪新阶段，党中央抓住重要战略机遇期，在全面建设小康社会进程中推进实践创新、理论创新、制度创新，强调坚持以人为本、全面协调可持续发展，提出构建社会主义和谐社会、加快生态文明建设，形成中国特色社会主义事业总体布局，着力保障和改善民生，促进社会公平正义，推动建设和谐世界，推进党的执政能力建设和先进性建设，成功在新的历史起点上坚持和发展了中国特色社会主义。

在改革开放三十多年一以贯之的接力探索中，我们坚定不移高举中国特色社会主义伟大旗帜，既不走封闭僵化的老路、也不走改旗易帜的邪路。中国特色社会主义道路，中国特色社会主义理论体系，中国特色社会主义制度，是党和人民九十多年奋斗、创造、积累的根本成就，必须倍加珍惜、始终坚持、不断发展。

中国特色社会主义道路，就是在中国共产党领导下，立足基本国情，以经济建设为中心，坚持四项基本原则，坚持改革开放，解放和发展社会生产力，建设社会主义市场经济、社会主义民主政治、社会主义先进文化、社会主义和谐社会、社会主义生态文明，促进人的全面发展，逐步实现全体人民共同富裕，建设富强民主文明和谐的社会主义现代化国家。中国特色社会主义理论体系，就是包括邓小平理论、"三个代表"重要思想、科学发展观在内的科学理论体系，是对马克思列宁主义、毛泽东思想的坚持和发展。中国特色社会主义制度，就是人民代表大会制度的根本政治制度，中国共产党领导的多党合作和政治协商制度、民族区域自治制度以及基层群众自治制度等基本政治制度，中国特色社会主义法律体系，公有制为主体、多种所有制经济共同发展的基本经济制度，以及建立在这些制度基础上的经济体制、政治体制、文化体制、社会体制等各项具体制度。中国特色社会主义道路是实现途径，中国特色社会主义理论体系是行动指南，中国特色社会主义制度是根本保障，三者统一于中国特色社会主义伟大实践，这是党领导人民在建设社会主义长期实践中形成的最鲜明特色。

建设中国特色社会主义，总依据是社会主义初级阶段，总布局是五位一体，总任务是实现社会主义现代化和中华民族伟大复兴。中国特色社会主义，既坚持了科学社会主义基本原则，又根据时代条件赋予其鲜明的中国特色，以全新的视野深化了对共产党执政规律、社会主义建设规律、人类社会发展规律的认识，从理论和实践结合上系统回答了在中国这样人口多底子薄的东方大国建设什么样的社会主义、怎样建设社会主义这个根本问题，使我们国家快速发展起来，使我国人民生活水平快速提高起来。实践充分证明，中国特色社会主义是当代中国发展进步的根本方向，只有中国特色社会主义才能发展中国。

发展中国特色社会主义是一项长期的艰巨的历史任务，必须准备进行具有许多新的历史特点的伟大斗争。我们一定要毫不动摇坚持、与时俱进发展中国特色社会主义，不断丰富中国特色社会主义的实践特色、理论特色、民族特色、时代特色。

在新的历史条件下夺取中国特色社会主义新胜利，必须牢牢把握以下基本要求，并使之成为全党全国各族人民的共同信念。

——必须坚持人民主体地位。中国特色社会主义是亿万人民自己的事业。要发挥人民主人翁精神，坚持依法治国这个党领导人民治理国家的基本方略，最广泛地动员和组织人民依法管理国家事务和社会事务、管理经济和文化事业、积极投身社会主义现代化建设，更好保障人民权益，更好保证人民当家作主。

——必须坚持解放和发展社会生产力。解放和发展社会生产力是中国特色社会主义的根本任务。要坚持以经济建设为中心，以科学发展为主题，全面推进经济建设、政治建设、文化建设、社会建设、生态文明建设，实现以人为本、全面协调可持续的科学发展。

——必须坚持推进改革开放。改革开放是坚持和发展中国特色社会主义的必由之路。要始终把改革创新精神贯彻到治国理政各个环节，坚持社会主义市场经济的改革方向，坚持对外开放的基本国策，不断推进理论创新、制度创新、科技创新、文化创新以及其他各方面创新，不断推进我国社会主义制度自我完善和发展。

——必须坚持维护社会公平正义。公平正义是中国特色社会主义的内在要求。要在全体人民共同奋斗、经济社会发展的基础上，加紧建设对保障社会公平正义具有重大作用的制度，逐步建立以权利公平、机会公平、规则公平为主要内容的社会公平保障体系，努力营造公平的社会环境，保证人民平等参与、平等发展权利。

——**必须坚持走共同富裕道路**。共同富裕是中国特色社会主义的根本原则。要坚持社会主义基本经济制度和分配制度，调整国民收入分配格局，加大再分配调节力度，着力解决收入分配差距较大问题，使发展成果更多更公平惠及全体人民，朝着共同富裕方向稳步前进。

——**必须坚持促进社会和谐**。社会和谐是中国特色社会主义的本质属性。要把保障和改善民生放在更加突出的位置，加强和创新社会管理，正确处理改革发展稳定关系，团结一切可以团结的力量，最大限度增加和谐因素，增强社会创造活力，确保人民安居乐业、社会安定有序、国家长治久安。

——**必须坚持和平发展**。和平发展是中国特色社会主义的必然选择。要坚持开放的发展、合作的发展、共赢的发展，通过争取和平国际环境发展自己，又以自身发展维护和促进世界和平，扩大同各方利益汇合点，推动建设持久和平、共同繁荣的和谐世界。

——**必须坚持党的领导**。中国共产党是中国特色社会主义事业的领导核心。要坚持立党为公、执政为民，加强和改善党的领导，坚持党总揽全局、协调各方的领导核心作用，保持党的先进性和纯洁性，增强党的创造力、凝聚力、战斗力，提高党科学执政、民主执政、依法执政水平。

我们必须清醒认识到，我国仍处于并将长期处于社会主义初级阶段的基本国情没有变，人民日益增长的物质文化需要同落后的社会生产之间的矛盾这一社会主要矛盾没有变，我国是世界最大发展中国家的国际地位没有变。在任何情况下都要牢牢把握社会主义初级阶段这个最大国情，推进任何方面的改革发展都要牢牢立足社会主义初级阶段这个最大实际。党的基本路线是党和国家的生命线，必须坚持把以经济建设为中心同四项基本原则、改革开放这两个基本点统一于中国特色社会主义伟大实践，既不妄自菲薄，也不妄自尊大，扎扎实实夺取中国特色社会主义新胜利。

只要我们胸怀理想、坚定信念，不动摇、不懈怠、不折腾，顽强奋斗、艰苦奋斗、不懈奋斗，就一定能在中国共产党成立一百年时全面建成小康社会，就一定能在新中国成立一百年时建成富强民主文明和谐的社会主义现代化国家。全党要坚定这样的道路自信、理论自信、制度自信！

三、全面建成小康社会和全面深化改革开放的目标

综观国际国内大势，我国发展仍处于可以大有作为的重要战略机遇期。我们要准确判断重要战略机遇期内涵和条件的变化，全面把握机遇，沉着应对挑战，赢得主动，赢得优势，赢得未来，确保到二〇二〇年实现全面建成小康社会宏伟目标。

根据我国经济社会发展实际，要在十六大、十七大确立的全面建设小康社会目标的基础上努力实现新的要求。

——**经济持续健康发展**。转变经济发展方式取得重大进展，在发展平衡性、协调性、可持续性明显增强的基础上，实现国内生产总值和城乡居民人均收入比二〇一〇年翻一番。科技进步对经济增长的贡献率大幅上升，进入创新型国家行列。工业化基本实现，信息化水平大幅提升，城镇化质量明显提高，农业现代化和社会主义新农村建设成效显著，区域协调发展机制基本形成。对外开放水平进一步提高，国际竞争力明显增强。

——**人民民主不断扩大**。民主制度更加完善，民主形式更加丰富，人民积极性、主动性、创造性进一步发挥。依法治国基本方略全面落实，法治政府基本建成，司法公信力不断提高，人权得到切实尊重和保障。

——**文化软实力显著增强**。社会主义核心价值体系深入人心，公民文明素质和社会文明程度明显提高。文化产品更加丰富，公共文化服务体系基本建成，文化产业成为国民经济支

柱性产业，中华文化走出去迈出更大步伐，社会主义文化强国建设基础更加坚实。

——人民生活水平全面提高。基本公共服务均等化总体实现。全民受教育程度和创新人才培养水平明显提高，进入人才强国和人力资源强国行列，教育现代化基本实现。就业更加充分。收入分配差距缩小，中等收入群体持续扩大，扶贫对象大幅减少。社会保障全民覆盖，人人享有基本医疗卫生服务，住房保障体系基本形成，社会和谐稳定。

——资源节约型、环境友好型社会建设取得重大进展。主体功能区布局基本形成，资源循环利用体系初步建立。单位国内生产总值能源消耗和二氧化碳排放大幅下降，主要污染物排放总量显著减少。森林覆盖率提高，生态系统稳定性增强，人居环境明显改善。

全面建成小康社会，必须以更大的政治勇气和智慧，不失时机深化重要领域改革，坚决破除一切妨碍科学发展的思想观念和体制机制弊端，构建系统完备、科学规范、运行有效的制度体系，使各方面制度更加成熟更加定型。要加快完善社会主义市场经济体制，完善公有制为主体、多种所有制经济共同发展的基本经济制度，完善按劳分配为主体、多种分配方式并存的分配制度，更大程度更广范围发挥市场在资源配置中的基础性作用，完善宏观调控体系，完善开放型经济体系，推动经济更有效率、更加公平、更可持续发展。加快推进社会主义民主政治制度化、规范化、程序化，从各层次各领域扩大公民有序政治参与，实现国家各项工作法治化。加快完善文化管理体制和文化生产经营机制，基本建立现代文化市场体系，健全国有文化资产管理体制，形成有利于创新创造的文化发展环境。加快形成科学有效的社会管理体制，完善社会保障体系，健全基层公共服务和社会管理网络，建立确保社会既充满活力又和谐有序的体制机制。加快建立生态文明制度，健全国土空间开发、资源节约、生态环境保护的体制机制，推动形成人与自然和谐发展现代化建设新格局。

如期全面建成小康社会任务十分艰巨，全党同志一定要埋头苦干、顽强拼搏。国家要加大对农村和中西部地区扶持力度，支持这些地区加快改革开放、增强发展能力、改善人民生活。鼓励有条件的地方在现代化建设中继续走在前列，为全国改革发展作出更大贡献。

四、加快完善社会主义市场经济体制和加快转变经济发展方式

以经济建设为中心是兴国之要，发展仍是解决我国所有问题的关键。只有推动经济持续健康发展，才能筑牢国家繁荣富强、人民幸福安康、社会和谐稳定的物质基础。必须坚持发展是硬道理的战略思想，决不能有丝毫动摇。

在当代中国，坚持发展是硬道理的本质要求就是坚持科学发展。以科学发展为主题，以加快转变经济发展方式为主线，是关系我国发展全局的战略抉择。要适应国内外经济形势新变化，加快形成新的经济发展方式，把推动发展的立足点转到提高质量和效益上来，着力激发各类市场主体发展新活力，着力增强创新驱动发展新动力，着力构建现代产业发展新体系，着力培育开放型经济发展新优势，使经济发展更多依靠内需特别是消费需求拉动，更多依靠现代服务业和战略性新兴产业带动，更多依靠科技进步、劳动者素质提高、管理创新驱动，更多依靠节约资源和循环经济推动，更多依靠城乡区域发展协调互动，不断增强长期发展后劲。

坚持走中国特色新型工业化、信息化、城镇化、农业现代化道路，推动信息化和工业化深度融合、工业化和城镇化良性互动、城镇化和农业现代化相互协调，促进工业化、信息化、城镇化、农业现代化同步发展。

（一）全面深化经济体制改革。深化改革是加快转变经济发展方式的关键。经济体制改革的核心问题是处理好政府和市场的关系，必须更加尊重市场规律，更好发挥政府作用。要毫不动摇巩固和发展公有制经济，推行公有制

多种实现形式，深化国有企业改革，完善各类国有资产管理体制，推动国有资本更多投向关系国家安全和国民经济命脉的重要行业和关键领域，不断增强国有经济活力、控制力、影响力。毫不动摇鼓励、支持、引导非公有制经济发展，保证各种所有制经济依法平等使用生产要素、公平参与市场竞争、同等受到法律保护。健全现代市场体系，加强宏观调控目标和政策手段机制化建设。加快改革财税体制，健全中央和地方财力与事权相匹配的体制，完善促进基本公共服务均等化和主体功能区建设的公共财政体系，构建地方税体系，形成有利于结构优化、社会公平的税收制度。建立公共资源出让收益合理共享机制。深化金融体制改革，健全促进宏观经济稳定、支持实体经济发展的现代金融体系，加快发展多层次资本市场，稳步推进利率和汇率市场化改革，逐步实现人民币资本项目可兑换。加快发展民营金融机构。完善金融监管，推进金融创新，提高银行、证券、保险等行业竞争力，维护金融稳定。

（二）实施创新驱动发展战略。科技创新是提高社会生产力和综合国力的战略支撑，必须摆在国家发展全局的核心位置。要坚持走中国特色自主创新道路，以全球视野谋划和推动创新，提高原始创新、集成创新和引进消化吸收再创新能力，更加注重协同创新。深化科技体制改革，推动科技和经济紧密结合，加快建设国家创新体系，着力构建以企业为主体、市场为导向、产学研相结合的技术创新体系。完善知识创新体系，强化基础研究、前沿技术研究、社会公益技术研究，提高科学研究水平和成果转化能力，抢占科技发展战略制高点。实施国家科技重大专项，突破重大技术瓶颈。加快新技术新产品新工艺研发应用，加强技术集成和商业模式创新。完善科技创新评价标准、激励机制、转化机制。实施知识产权战略，加强知识产权保护。促进创新资源高效配置和综合集成，把全社会智慧和力量凝聚到创新发展上来。

（三）推进经济结构战略性调整。这是加快转变经济发展方式的主攻方向。必须以改善需求结构、优化产业结构、促进区域协调发展、推进城镇化为重点，着力解决制约经济持续健康发展的重大结构性问题。要牢牢把握扩大内需这一战略基点，加快建立扩大消费需求长效机制，释放居民消费潜力，保持投资合理增长，扩大国内市场规模。牢牢把握发展实体经济这一坚实基础，实行更加有利于实体经济发展的政策措施，强化需求导向，推动战略性新兴产业、先进制造业健康发展，加快传统产业转型升级，推动服务业特别是现代服务业发展壮大，合理布局建设基础设施和基础产业。建设下一代信息基础设施，发展现代信息技术产业体系，健全信息安全保障体系，推进信息网络技术广泛运用。提高大中型企业核心竞争力，支持小微企业特别是科技型小微企业发展。继续实施区域发展总体战略，充分发挥各地区比较优势，优先推进西部大开发，全面振兴东北地区等老工业基地，大力促进中部地区崛起，积极支持东部地区率先发展。采取对口支援等多种形式，加大对革命老区、民族地区、边疆地区、贫困地区扶持力度。科学规划城市群规模和布局，增强中小城市和小城镇产业发展、公共服务、吸纳就业、人口集聚功能。加快改革户籍制度，有序推进农业转移人口市民化，努力实现城镇基本公共服务常住人口全覆盖。

（四）推动城乡发展一体化。解决好农业农村农民问题是全党工作重中之重，城乡发展一体化是解决“三农”问题的根本途径。要加大统筹城乡发展力度，增强农村发展活力，逐步缩小城乡差距，促进城乡共同繁荣。坚持工业反哺农业、城市支持农村和多予少取放活方针，加大强农惠农富农政策力度，让广大农民平等参与现代化进程、共同分享现代化成果。加快发展现代农业，增强农业综合生产能力，确保国家粮食安全和重要农产品有效供给。坚持把国家基础设施建设和社会事业发展重点放在农村，深入推进新农村建设和扶贫开发，全面改善农村生产生活条件。着力促进农民增收，保持农民收入持续较快增长。坚持和完善农村基本经营制度,依法维护农民土地承包经营权、宅基地使用权、集体收益分配权,壮大集体经济实力,发展农民专业合作和股份合作,培育新型经营主体,发展多种形式规模经营,构建集约化、专业化、组织化、社会化相结合的新型农业经营体系。改革征地制度,提高农民在土地增值收益中的分配比例。加快完善城乡发展一体化体制机制,着力在城乡规划、基础设施、公共服务等方面推进一体化,促进城乡要素平等交换和公共资源均衡配置,形成以工促农、以城带乡、工农互惠、城乡一体的新型工农、城乡关系。

(五)全面提高开放型经济水平。适应经济全球化新形势,必须实行更加积极主动的开放战略,完善互利共赢、多元平衡、安全高效的开放型经济体系。要加快转变对外经济发展方式,推动开放朝着优化结构、拓展深度、提高效益方向转变。创新开放模式,促进沿海内陆沿边开放优势互补,形成引领国际经济合作和竞争的开放区域,培育带动区域发展的开放高地。坚持出口和进口并重,强化贸易政策和产业政策协调,形成以技术、品牌、质量、服务为核心的出口竞争新优势,促进加工贸易转型升级,发展服务贸易,推动对外贸易平衡发展。提高利用外资综合优势和总体效益,推动引资、引技、引智有机结合。加快走出去步伐,增强企业国际化经营能力,培育一批世界水平的跨国公司。统筹双边、多边、区域次区域开放合作,加快实施自由贸易区战略,推动同周边国家互联互通。提高抵御国际经济风险能力。

我们一定要坚定信心,打胜全面深化经济体制改革和加快转变经济发展方式这场硬仗,把我国经济发展活力和竞争力提高到新的水平。

五、坚持走中国特色社会主义政治发展道路和推进政治体制改革

人民民主是我们党始终高扬的光辉旗帜。改革开放以来,我们总结发展社会主义民主正反两方面经验,强调人民民主是社会主义的生命,坚持国家一切权力属于人民,不断推进政治体制改革,社会主义民主政治建设取得重大进展,成功开辟和坚持了中国特色社会主义政治发展道路,为实现最广泛的人民民主确立了正确方向。

政治体制改革是我国全面改革的重要组成部分。必须继续积极稳妥推进政治体制改革,发展更加广泛、更加充分、更加健全的人民民主。必须坚持党的领导、人民当家作主、依法治国有机统一,以保证人民当家作主为根本,以增强党和国家活力、调动人民积极性为目标,扩大社会主义民主,加快建设社会主义法治国家,发展社会主义政治文明。要更加注重改进党的领导方式和执政方式,保证党领导人民有效治理国家;更加注重健全民主制度、丰富民主形式,保证人民依法实行民主选举、民主决策、民主管理、民主监督;更加注重发挥法治在国家治理和社会管理中的重要作用,维护国家法制统一、尊严、权威,保证人民依法享有广泛权利和自由。要把制度建设摆在突出位置,充分发挥我国社会主义政治制度优越性,积极借鉴人类政治文明有益成果,绝不照搬西方政治制度模式。

(一)支持和保证人民通过人民代表大会行使国家权力。人民代表大会制度是保证人民当家作主的根本政治制度。要善于使党的主张通过法定程序成为国家意志,支持人大及其常委会充分发挥国家权力机关作用,依法行使立法、监督、决定、任免等职权,加强立法工作组织协调,加强对“一府两院”的监督,加强对政府全口径预算决算的审查和监督。提高基层人大代表特别是一线工人、农民、知识分子代表比例,降低党政领导干部代表比例。在人大设立代表联络机构,完善代表联系群众制度。健全国家权力机关组织制度,优化常委会、专委会组成人员知识和年龄结构,提高专职委员比例,增强依法履职能力。

(二)健全社会主义协商民主制度。社会主义协商民主是我国人民民主的重要形式。要

完善协商民主制度和工作机制，推进协商民主广泛、多层、制度化发展。通过国家政权机关、政协组织、党派团体等渠道，就经济社会发展重大问题和涉及群众切身利益的实际问题广泛协商，广纳群言、广集民智，增进共识、增强合力。坚持和完善中国共产党领导的多党合作和政治协商制度，充分发挥人民政协作为协商民主重要渠道作用，围绕团结和民主两大主题，推进政治协商、民主监督、参政议政制度建设，更好协调关系、汇聚力量、建言献策、服务大局。加强同民主党派的政治协商。把政治协商纳入决策程序，坚持协商于决策之前和决策之中，增强民主协商实效性。深入进行专题协商、对口协商、界别协商、提案办理协商。积极开展基层民主协商。

（三）完善基层民主制度。在城乡社区治理、基层公共事务和公益事业中实行群众自我管理、自我服务、自我教育、自我监督，是人民依法直接行使民主权利的重要方式。要健全基层党组织领导的充满活力的基层群众自治机制，以扩大有序参与、推进信息公开、加强议事协商、强化权力监督为重点，拓宽范围和途径，丰富内容和形式，保障人民享有更多更切实的民主权利。全心全意依靠工人阶级，健全以职工代表大会为基本形式的企事业单位民主管理制度，保障职工参与管理和监督的民主权利。发挥基层各类组织协同作用，实现政府管理和基层民主有机结合。

（四）全面推进依法治国。法治是治国理政的基本方式。要推进科学立法、严格执法、公正司法、全民守法，坚持法律面前人人平等，保证有法必依、执法必严、违法必究。完善中国特色社会主义法律体系，加强重点领域立法，拓展人民有序参与立法途径。推进依法行政，切实做到严格规范公正文明执法。进一步深化司法体制改革，坚持和完善中国特色社会主义司法制度，确保审判机关、检察机关依法独立公正行使审判权、检察权。深入开展法制宣传教育，弘扬社会主义法治精神，树立社会主义法治理念，增强全社会学法尊法守法用法意识。提高领导干部运用法治思维和法治方式深化改革、推动发展、化解矛盾、维护稳定能力。党领导人民制定宪法和法律，党必须在宪法和法律范围内活动。任何组织或者个人都不得有超越宪法和法律的特权，绝不允许以言代法、以权压法、徇私枉法。

（五）深化行政体制改革。行政体制改革是推动上层建筑适应经济基础的必然要求。要按照建立中国特色社会主义行政体制目标，深入推进政企分开、政资分开、政事分开、政社分开，建设职能科学、结构优化、廉洁高效、人民满意的服务型政府。深化行政审批制度改革，继续简政放权，推动政府职能向创造良好发展环境、提供优质公共服务、维护社会公平正义转变。稳步推进大部门制改革，健全部门职责体系。优化行政层级和行政区划设置，有条件的地方可探索省直接管理县（市）改革，深化乡镇行政体制改革。创新行政管理方式，提高政府公信力和执行力，推进政府绩效管理。严格控制机构编制，减少领导职数，降低行政成本。推进事业单位分类改革。完善体制改革协调机制，统筹规划和协调重大改革。

（六）健全权力运行制约和监督体系。坚持用制度管权管事管人，保障人民知情权、参与权、表达权、监督权，是权力正确运行的重要保证。要确保决策权、执行权、监督权既相互制约又相互协调，确保国家机关按照法定权限和程序行使权力。坚持科学决策、民主决策、依法决策，健全决策机制和程序，发挥思想库作用，建立健全决策问责和纠错制度。凡是涉及群众切身利益的决策都要充分听取群众意见，凡是损害群众利益的做法都要坚决防止和纠正。推进权力运行公开化、规范化，完善党务公开、政务公开、司法公开和各领域办事公开制度，健全质询、问责、经济责任审计、引咎辞职、罢免等制度，加强党内监督、民主监督、法律监督、舆论监督，让人民监督权力，让权力在阳光下运行。

（七）巩固和发展最广泛的爱国统一战线。

统一战线是凝聚各方面力量,促进政党关系、民族关系、宗教关系、阶层关系、海内外同胞关系的和谐,夺取中国特色社会主义新胜利的重要法宝。要高举爱国主义、社会主义旗帜,巩固统一战线的思想政治基础,正确处理一致性和多样性的关系。坚持长期共存、互相监督、肝胆相照、荣辱与共的方针,加强同民主党派和无党派人士团结合作,促进思想上同心同德、目标上同心同向、行动上同心同行,加强党外代表人士队伍建设,选拔和推荐更多优秀党外人士担任各级国家机关领导职务。全面正确贯彻落实党的民族政策,坚持和完善民族区域自治制度,牢牢把握各民族共同团结奋斗、共同繁荣发展的主题,深入开展民族团结进步教育,加快民族地区发展,保障少数民族合法权益,巩固和发展平等团结互助和谐的社会主义民族关系,促进各民族和睦相处、和衷共济、和谐发展。全面贯彻党的宗教工作基本方针,发挥宗教界人士和信教群众在促进经济社会发展中的积极作用。鼓励和引导新的社会阶层人士为中国特色社会主义事业作出更大贡献。落实党的侨务政策,支持海外侨胞、归侨侨眷关心和参与祖国现代化建设与和平统一大业。

中国特色社会主义政治发展道路是团结亿万人民共同奋斗的正确道路。我们一定要坚定不移沿着这条道路前进,使我国社会主义民主政治展现出更加旺盛的生命力。

六、扎实推进社会主义文化强国建设

文化是民族的血脉,是人民的精神家园。全面建成小康社会,实现中华民族伟大复兴,必须推动社会主义文化大发展大繁荣,兴起社会主义文化建设新高潮,提高国家文化软实力,发挥文化引领风尚、教育人民、服务社会、推动发展的作用。

建设社会主义文化强国,必须走中国特色社会主义文化发展道路,坚持为人民服务、为社会主义服务的方向,坚持百花齐放、百家争鸣的方针,坚持贴近实际、贴近生活、贴近群众的原则,推动社会主义精神文明和物质文明全面发展,建设面向现代化、面向世界、面向未来的,民族的科学的大众的社会主义文化。

建设社会主义文化强国,关键是增强全民族文化创造活力。要深化文化体制改革,解放和发展文化生产力,发扬学术民主、艺术民主,为人民提供广阔文化舞台,让一切文化创造源泉充分涌流,开创全民族文化创造活力持续迸发、社会文化生活更加丰富多彩、人民基本文化权益得到更好保障、人民思想道德素质和科学文化素质全面提高、中华文化国际影响力不断增强的新局面。

(一)加强社会主义核心价值体系建设。社会主义核心价值体系是兴国之魂,决定着中国特色社会主义发展方向。要深入开展社会主义核心价值体系学习教育,用社会主义核心价值体系引领社会思潮、凝聚社会共识。推进马克思主义中国化时代化大众化,坚持不懈用中国特色社会主义理论体系武装全党、教育人民,深入实施马克思主义理论研究和建设工程,建设哲学社会科学创新体系,推动中国特色社会主义理论体系进教材进课堂进头脑。广泛开展理想信念教育,把广大人民团结凝聚在中国特色社会主义伟大旗帜之下。大力弘扬民族精神和时代精神,深入开展爱国主义、集体主义、社会主义教育,丰富人民精神世界,增强人民精神力量。倡导富强、民主、文明、和谐,倡导自由、平等、公正、法治,倡导爱国、敬业、诚信、友善,积极培育和践行社会主义核心价值观。牢牢掌握意识形态工作领导权和主导权,坚持正确导向,提高引导能力,壮大主流思想舆论。

(二)全面提高公民道德素质。这是社会主义道德建设的基本任务。要坚持依法治国和以德治国相结合,加强社会公德、职业道德、家庭美德、个人品德教育,弘扬中华传统美德,弘扬时代新风。推进公民道德建设工程,弘扬真善美、贬斥假恶丑,引导人们自觉履行法定义务、社会责任、家庭责任,营造劳动光荣、创造伟大的社会氛围，培育知荣辱、讲正气、作奉献、促和谐的良好风尚。深入开展道德领域突出问题专项教育和治理，加强政务诚信、商务诚信、社会诚信和司法公信建设。加强和改进思想政治工作，注重人文关怀和心理疏导，培育自尊自信、理性平和、积极向上的社会心态。深化群众性精神文明创建活动，广泛开展志愿服务，推动学雷锋活动、学习宣传道德模范常态化。

（三）丰富人民精神文化生活。让人民享有健康丰富的精神文化生活，是全面建成小康社会的重要内容。要坚持以人民为中心的创作导向，提高文化产品质量，为人民提供更好更多精神食粮。坚持面向基层、服务群众，加快推进重点文化惠民工程，加大对农村和欠发达地区文化建设的帮扶力度，继续推动公共文化服务设施向社会免费开放。建设优秀传统文化传承体系，弘扬中华优秀传统文化。推广和规范使用国家通用语言文字。繁荣发展少数民族文化事业。开展群众性文化活动，引导群众在文化建设中自我表现、自我教育、自我服务。开展全民阅读活动。加强和改进网络内容建设，唱响网上主旋律。加强网络社会管理，推进网络依法规范有序运行。开展“扫黄打非”，抵制低俗现象。普及科学知识，弘扬科学精神，提高全民科学素养。广泛开展全民健身运动，促进群众体育和竞技体育全面发展。

（四）增强文化整体实力和竞争力。文化实力和竞争力是国家富强、民族振兴的重要标志。要坚持把社会效益放在首位、社会效益和经济效益相统一，推动文化事业全面繁荣、文化产业快速发展。发展哲学社会科学、新闻出版、广播影视、文学艺术事业。加强重大公共文化工程和文化项目建设，完善公共文化服务体系，提高服务效能。促进文化和科技融合，发展新型文化业态，提高文化产业规模化、集约化、专业化水平。构建和发展现代传播体系，提高传播能力。增强国有公益性文化单位活力，完善经营性文化单位法人治理结构，繁荣文化市场。扩大文化领域对外开放，积极吸收借鉴国外优秀文化成果。营造有利于高素质文化人才大量涌现、健康成长的良好环境，造就一批名家大师和民族文化代表人物，表彰有杰出贡献的文化工作者。

我们一定要坚持社会主义先进文化前进方向，树立高度的文化自觉和文化自信，向着建设社会主义文化强国宏伟目标阔步前进。

七、在改善民生和创新管理中加强社会建设

加强社会建设，是社会和谐稳定的重要保证。必须从维护最广大人民根本利益的高度，加快健全基本公共服务体系，加强和创新社会管理，推动社会主义和谐社会建设。

加强社会建设，必须以保障和改善民生为重点。提高人民物质文化生活水平，是改革开放和社会主义现代化建设的根本目的。要多谋民生之利，多解民生之忧，解决好人民最关心最直接最现实的利益问题，在学有所教、劳有所得、病有所医、老有所养、住有所居上持续取得新进展，努力让人民过上更好生活。

加强社会建设，必须加快推进社会体制改革。要围绕构建中国特色社会主义社会管理体系，加快形成党委领导、政府负责、社会协同、公众参与、法治保障的社会管理体制，加快形成政府主导、覆盖城乡、可持续的基本公共服务体系，加快形成政社分开、权责明确、依法自治的现代社会组织体制，加快形成源头治理、动态管理、应急处置相结合的社会管理机制。

（一）努力办好人民满意的教育。教育是民族振兴和社会进步的基石。要坚持教育优先发展，全面贯彻党的教育方针，坚持教育为社会主义现代化建设服务、为人民服务，把立德树人作为教育的根本任务，培养德智体美全面发展的社会主义建设者和接班人。全面实施素质教育，深化教育领域综合改革，着力提高教育质量，培养学生社会责任感、创新精神、实践能力。办好学前教育，均衡发展九年义务教育，基本普及高中阶段教育，加快发展现代职业教育，推动

高等教育内涵式发展,积极发展继续教育,完善终身教育体系,建设学习型社会。大力促进教育公平,合理配置教育资源,重点向农村、边远、贫困、民族地区倾斜,支持特殊教育,提高家庭经济困难学生资助水平,积极推动农民工子女平等接受教育,让每个孩子都能成为有用之才。鼓励引导社会力量兴办教育。加强教师队伍建设,提高师德水平和业务能力,增强教师教书育人的荣誉感和责任感。

(二)推动实现更高质量的就业。就业是民生之本。要贯彻劳动者自主就业、市场调节就业、政府促进就业和鼓励创业的方针,实施就业优先战略和更加积极的就业政策。引导劳动者转变就业观念,鼓励多渠道多形式就业,促进创业带动就业,做好以高校毕业生为重点的青年就业工作和农村转移劳动力、城镇困难人员、退役军人就业工作。加强职业技能培训,提升劳动者就业创业能力,增强就业稳定性。健全人力资源市场,完善就业服务体系,增强失业保险对促进就业的作用。健全劳动标准体系和劳动关系协调机制,加强劳动保障监察和争议调解仲裁,构建和谐劳动关系。

(三)千方百计增加居民收入。实现发展成果由人民共享,必须深化收入分配制度改革,努力实现居民收入增长和经济发展同步、劳动报酬增长和劳动生产率提高同步,提高居民收入在国民收入分配中的比重,提高劳动报酬在初次分配中的比重。初次分配和再分配都要兼顾效率和公平,再分配更加注重公平。完善劳动、资本、技术、管理等要素按贡献参与分配的初次分配机制,加快健全以税收、社会保障、转移支付为主要手段的再分配调节机制。深化企业和机关事业单位工资制度改革,推行企业工资集体协商制度,保护劳动所得。多渠道增加居民财产性收入。规范收入分配秩序,保护合法收入,增加低收入者收入,调节过高收入,取缔非法收入。

(四)统筹推进城乡社会保障体系建设。社会保障是保障人民生活、调节社会分配的一项基本制度。要坚持全覆盖、保基本、多层次、可持续方针,以增强公平性、适应流动性、保证可持续性为重点,全面建成覆盖城乡居民的社会保障体系。改革和完善企业和机关事业单位社会保险制度,整合城乡居民基本养老保险和基本医疗保险制度,逐步做实养老保险个人账户,实现基础养老金全国统筹,建立兼顾各类人员的社会保障待遇确定机制和正常调整机制。扩大社会保障基金筹资渠道,建立社会保险基金投资运营制度,确保基金安全和保值增值。完善社会救助体系,健全社会福利制度,支持发展慈善事业,做好优抚安置工作。建立市场配置和政府保障相结合的住房制度,加强保障性住房建设和管理,满足困难家庭基本需求。坚持男女平等基本国策,保障妇女儿童合法权益。积极应对人口老龄化,大力发展老龄服务事业和产业。健全残疾人社会保障和服务体系,切实保障残疾人权益。健全社会保障经办管理体制,建立更加便民快捷的服务体系。

(五)提高人民健康水平。健康是促进人的全面发展的必然要求。要坚持为人民健康服务的方向,坚持预防为主、以农村为重点、中西医并重,按照保基本、强基层、建机制要求,重点推进医疗保障、医疗服务、公共卫生、药品供应、监管体制综合改革,完善国民健康政策,为群众提供安全有效方便价廉的公共卫生和基本医疗服务。健全全民医保体系,建立重特大疾病保障和救助机制,完善突发公共卫生事件应急和重大疾病防控机制。巩固基本药物制度。健全农村三级医疗卫生服务网络和城市社区卫生服务体系,深化公立医院改革,鼓励社会办医。扶持中医药和民族医药事业发展。提高医疗卫生队伍服务能力,加强医德医风建设。改革和完善食品药品安全监管体制机制。开展爱国卫生运动,促进人民身心健康。坚持计划生育的基本国策,提高出生人口素质,逐步完善政策,促进人口长期均衡发展。

(六)加强和创新社会管理。提高社会管理科学化水平,必须加强社会管理法律、体制机制、能力、人才队伍和信息化建设。改进政府提供公共服务方式，加强基层社会管理和服务体系建设，增强城乡社区服务功能，强化企事业单位、人民团体在社会管理和服务中的职责，引导社会组织健康有序发展，充分发挥群众参与社会管理的基础作用。完善和创新流动人口和特殊人群管理服务。正确处理人民内部矛盾，建立健全党和政府主导的维护群众权益机制，完善信访制度，完善人民调解、行政调解、司法调解联动的工作体系，畅通和规范群众诉求表达、利益协调、权益保障渠道。建立健全重大决策社会稳定风险评估机制。强化公共安全体系和企业安全生产基础建设，遏制重特大安全事故。加强和改进党对政法工作的领导，加强政法队伍建设，切实肩负起中国特色社会主义事业建设者、捍卫者的职责使命。深化平安建设，完善立体化社会治安防控体系，强化司法基本保障，依法防范和惩治违法犯罪活动，保障人民生命财产安全。完善国家安全战略和工作机制，高度警惕和坚决防范敌对势力的分裂、渗透、颠覆活动，确保国家安全。

全党全国人民行动起来，就一定能开创社会和谐人人有责、和谐社会人人共享的生动局面。

八、大力推进生态文明建设

建设生态文明，是关系人民福祉、关乎民族未来的长远大计。面对资源约束趋紧、环境污染严重、生态系统退化的严峻形势，必须树立尊重自然、顺应自然、保护自然的生态文明理念，把生态文明建设放在突出地位，融入经济建设、政治建设、文化建设、社会建设各方面和全过程，努力建设美丽中国，实现中华民族永续发展。

坚持节约资源和保护环境的基本国策，坚持节约优先、保护优先、自然恢复为主的方针，着力推进绿色发展、循环发展、低碳发展，形成节约资源和保护环境的空间格局、产业结构、生产方式、生活方式，从源头上扭转生态环境恶化趋势，为人民创造良好生产生活环境，为全球生态安全作出贡献。

（一）优化国土空间开发格局。国土是生态文明建设的空间载体，必须珍惜每一寸国土。要按照人口资源环境相均衡、经济社会生态效益相统一的原则，控制开发强度，调整空间结构，促进生产空间集约高效、生活空间宜居适度、生态空间山清水秀，给自然留下更多修复空间，给农业留下更多良田，给子孙后代留下天蓝、地绿、水净的美好家园。加快实施主体功能区战略，推动各地区严格按照主体功能定位发展，构建科学合理的城市化格局、农业发展格局、生态安全格局。提高海洋资源开发能力，发展海洋经济，保护海洋生态环境，坚决维护国家海洋权益，建设海洋强国。

（二）全面促进资源节约。节约资源是保护生态环境的根本之策。要节约集约利用资源，推动资源利用方式根本转变，加强全过程节约管理，大幅降低能源、水、土地消耗强度，提高利用效率和效益。推动能源生产和消费革命，控制能源消费总量，加强节能降耗，支持节能低碳产业和新能源、可再生能源发展，确保国家能源安全。加强水源地保护和用水总量管理，推进水循环利用，建设节水型社会。严守耕地保护红线，严格土地用途管制。加强矿产资源勘查、保护、合理开发。发展循环经济，促进生产、流通、消费过程的减量化、再利用、资源化。

（三）加大自然生态系统和环境保护力度。良好生态环境是人和社会持续发展的根本基础。要实施重大生态修复工程，增强生态产品生产能力，推进荒漠化、石漠化、水土流失综合治理，扩大森林、湖泊、湿地面积，保护生物多样性。加快水利建设，增强城乡防洪抗旱排涝能力。加强防灾减灾体系建设，提高气象、地质、地震灾害防御能力。坚持预防为主、综合治理，以解决损害群众健康突出环境问题为重点，强化水、大气、土壤等污染防治。坚持共同但有区别的责任原则、公平原则、各自能力原则，同国际社会一道积极应对全球气候变化。

(四)加强生态文明制度建设。保护生态环境必须依靠制度。要把资源消耗、环境损害、生态效益纳入经济社会发展评价体系,建立体现生态文明要求的目标体系、考核办法、奖惩机制。建立国土空间开发保护制度,完善最严格的耕地保护制度、水资源管理制度、环境保护制度。深化资源性产品价格和税费改革,建立反映市场供求和资源稀缺程度、体现生态价值和代际补偿的资源有偿使用制度和生态补偿制度。积极开展节能量、碳排放权、排污权、水权交易试点。加强环境监管,健全生态环境保护责任追究制度和环境损害赔偿制度。加强生态文明宣传教育,增强全民节约意识、环保意识、生态意识,形成合理消费的社会风尚,营造爱护生态环境的良好风气。

我们一定要更加自觉地珍爱自然,更加积极地保护生态,努力走向社会主义生态文明新时代。

九、加快推进国防和军队现代化

建设与我国国际地位相称、与国家安全和发展利益相适应的巩固国防和强大军队,是我国现代化建设的战略任务。我国面临的生存安全问题和发展安全问题、传统安全威胁和非传统安全威胁相互交织,要求国防和军队现代化建设有一个大的发展。必须坚持以国家核心安全需求为导向,统筹经济建设和国防建设,按照国防和军队现代化建设"三步走"战略构想,加紧完成机械化和信息化建设双重历史任务,力争到二〇二〇年基本实现机械化,信息化建设取得重大进展。

国防和军队现代化建设,必须以毛泽东军事思想、邓小平新时期军队建设思想、江泽民国防和军队建设思想、党关于新形势下国防和军队建设思想为指导。要适应国家发展战略和安全战略新要求,着眼全面履行新世纪新阶段军队历史使命,贯彻新时期积极防御军事战略方针,与时俱进加强军事战略指导,高度关注海洋、太空、网络空间安全,积极运筹和平时期军事力量运用,不断拓展和深化军事斗争准备,提高以打赢信息化条件下局部战争能力为核心的完成多样化军事任务能力。

坚持以推动国防和军队建设科学发展为主题,以加快转变战斗力生成模式为主线,全面加强军队革命化现代化正规化建设。毫不动摇坚持党对军队的绝对领导,坚持不懈用中国特色社会主义理论体系武装全军,持续培育当代革命军人核心价值观,大力发展先进军事文化,永葆人民军队性质、本色、作风。坚定不移把信息化作为军队现代化建设发展方向,推动信息化建设加速发展。加强高新技术武器装备建设,加快全面建设现代后勤,培养大批高素质新型军事人才,深入开展信息化条件下军事训练,增强基于信息系统的体系作战能力。加大依法治军、从严治军力度,推动正规化建设向更高水平发展。

紧跟世界新军事革命加速发展的潮流,积极稳妥进行国防和军队改革,推动中国特色军事变革深入发展。坚持以创新发展军事理论为先导,着力提高国防科技工业自主创新能力,深入推进军队组织形态现代化,构建中国特色现代军事力量体系。

坚持走中国特色军民融合式发展路子,坚持富国和强军相统一,加强军民融合式发展战略规划、体制机制建设、法规建设。加快建设现代化武装警察力量。增强全民国防观念,提高国防动员和后备力量建设质量。巩固和发展军政军民团结。

中国奉行防御性的国防政策,加强国防建设的目的是维护国家主权、安全、领土完整,保障国家和平发展。中国军队始终是维护世界和平的坚定力量,将一如既往同各国加强军事合作、增进军事互信,参与地区和国际安全事务,在国际政治和安全领域发挥积极作用。

十、丰富"一国两制"实践和推进祖国统一

香港、澳门回归以来,走上了同祖国内地优

势互补、共同发展的宽广道路,“一国两制”实践取得举世公认的成功。中央政府对香港、澳门实行的各项方针政策,根本宗旨是维护国家主权、安全、发展利益,保持香港、澳门长期繁荣稳定。全面准确贯彻“一国两制”、“港人治港”、“澳人治澳”、高度自治的方针,必须把坚持一国原则和尊重两制差异、维护中央权力和保障特别行政区高度自治权、发挥祖国内地坚强后盾作用和提高港澳自身竞争力有机结合起来,任何时候都不能偏废。

中央政府将严格依照基本法办事,完善与基本法实施相关的制度和机制,坚定支持特别行政区行政长官和政府依法施政,带领香港、澳门各界人士集中精力发展经济、切实有效改善民生、循序渐进推进民主、包容共济促进和谐,深化内地与香港、澳门经贸关系,推进各领域交流合作,促进香港同胞、澳门同胞在爱国爱港、爱国爱澳旗帜下的大团结,防范和遏制外部势力干预港澳事务。

我们坚信,香港同胞、澳门同胞不仅有智慧、有能力、有办法把特别行政区管理好、建设好,也一定能在国家事务中发挥积极作用,同全国各族人民一道共享做中国人的尊严和荣耀。

解决台湾问题、实现祖国完全统一,是不可阻挡的历史进程。和平统一最符合包括台湾同胞在内的中华民族的根本利益。实现和平统一首先要确保两岸关系和平发展。必须坚持“和平统一、一国两制”方针,坚持发展两岸关系、推进祖国和平统一进程的八项主张,全面贯彻两岸关系和平发展重要思想,巩固和深化两岸关系和平发展的政治、经济、文化、社会基础,为和平统一创造更充分的条件。

我们要始终坚持一个中国原则。大陆和台湾虽然尚未统一,但两岸同属一个中国的事实从未改变,国家领土和主权从未分割、也不容分割。两岸双方应恪守反对“台独”、坚持“九二共识”的共同立场,增进维护一个中国框架的共同认知,在此基础上求同存异。对台湾任何政党,只要不主张“台独”、认同一个中国,我们都愿意同他们交往、对话、合作。

我们要持续推进两岸交流合作。深化经济合作,厚植共同利益。扩大文化交流,增强民族认同。密切人民往来,融洽同胞感情。促进平等协商,加强制度建设。希望双方共同努力,探讨国家尚未统一特殊情况下的两岸政治关系,作出合情合理安排;商谈建立两岸军事安全互信机制,稳定台海局势;协商达成两岸和平协议,开创两岸关系和平发展新前景。

我们要努力促进两岸同胞团结奋斗。两岸同胞同属中华民族,是血脉相连的命运共同体,理应相互关爱信赖,共同推进两岸关系,共同享有发展成果。凡是有利于增进两岸同胞共同福祉的事情,我们都会尽最大努力做好。我们要切实保护台湾同胞权益,团结台湾同胞维护好、建设好中华民族共同家园。

我们坚决反对“台独”分裂图谋。中国人民绝不允许任何人任何势力以任何方式把台湾从祖国分割出去。“台独”分裂行径损害两岸同胞共同利益,必然走向彻底失败。

全体中华儿女携手努力,就一定能在同心实现中华民族伟大复兴进程中完成祖国统一大业。

十一、继续促进人类和平与发展的崇高事业

当今世界正在发生深刻复杂变化,和平与发展仍然是时代主题。世界多极化、经济全球化深入发展,文化多样化、社会信息化持续推进,科技革命孕育新突破,全球合作向多层次全方位拓展,新兴市场国家和发展中国家整体实力增强,国际力量对比朝着有利于维护世界和平方向发展,保持国际形势总体稳定具备更多有利条件。

同时,世界仍然很不安宁。国际金融危机影响深远,世界经济增长不稳定不确定因素增多,全球发展不平衡加剧,霸权主义、强权政治和新干涉主义有所上升,局部动荡频繁发生,粮食安全、能源资源安全、网络安全等全球性问题

更加突出。

人类只有一个地球，各国共处一个世界。历史昭示我们，弱肉强食不是人类共存之道，穷兵黩武无法带来美好世界。要和平不要战争，要发展不要贫穷，要合作不要对抗，推动建设持久和平、共同繁荣的和谐世界，是各国人民共同愿望。

我们主张，在国际关系中弘扬平等互信、包容互鉴、合作共赢的精神，共同维护国际公平正义。平等互信，就是要遵循联合国宪章宗旨和原则，坚持国家不分大小、强弱、贫富一律平等，推动国际关系民主化，尊重主权，共享安全，维护世界和平稳定。包容互鉴，就是要尊重世界文明多样性、发展道路多样化，尊重和维护各国人民自主选择社会制度和发展道路的权利，相互借鉴，取长补短，推动人类文明进步。合作共赢，就是要倡导人类命运共同体意识，在追求本国利益时兼顾他国合理关切，在谋求本国发展中促进各国共同发展，建立更加平等均衡的新型全球发展伙伴关系，同舟共济，权责共担，增进人类共同利益。

中国将继续高举和平、发展、合作、共赢的旗帜，坚定不移致力于维护世界和平、促进共同发展。

中国将始终不渝走和平发展道路，坚定奉行独立自主的和平外交政策。我们坚决维护国家主权、安全、发展利益，决不会屈服于任何外来压力。我们根据事情本身的是非曲直决定自己的立场和政策，秉持公道，伸张正义。中国主张和平解决国际争端和热点问题，反对动辄诉诸武力或以武力相威胁，反对颠覆别国合法政权，反对一切形式的恐怖主义。中国反对各种形式的霸权主义和强权政治，不干涉别国内政，永远不称霸，永远不搞扩张。中国将坚持把中国人民利益同各国人民共同利益结合起来，以更加积极的姿态参与国际事务，发挥负责任大国作用，共同应对全球性挑战。

中国将始终不渝奉行互利共赢的开放战略，通过深化合作促进世界经济强劲、可持续、平衡增长。中国致力于缩小南北差距，支持发展中国家增强自主发展能力。中国将加强同主要经济体宏观经济政策协调，通过协商妥善解决经贸摩擦。中国坚持权利和义务相平衡，积极参与全球经济治理，推动贸易和投资自由化便利化，反对各种形式的保护主义。

中国坚持在和平共处五项原则基础上全面发展同各国的友好合作。我们将改善和发展同发达国家关系，拓宽合作领域，妥善处理分歧，推动建立长期稳定健康发展的新型大国关系。我们将坚持与邻为善、以邻为伴，巩固睦邻友好，深化互利合作，努力使自身发展更好惠及周边国家。我们将加强同广大发展中国家的团结合作，共同维护发展中国家正当权益，支持扩大发展中国家在国际事务中的代表性和发言权，永远做发展中国家的可靠朋友和真诚伙伴。我们将积极参与多边事务，支持联合国、二十国集团、上海合作组织、金砖国家等发挥积极作用，推动国际秩序和国际体系朝着公正合理的方向发展。我们将扎实推进公共外交和人文交流，维护我国海外合法权益。我们将开展同各国政党和政治组织的友好往来，加强人大、政协、地方、民间团体的对外交流，夯实国家关系发展社会基础。

中国人民热爱和平、渴望发展，愿同各国人民一道为人类和平与发展的崇高事业而不懈努力。

十二、全面提高党的建设科学化水平

我们党担负着团结带领人民全面建成小康社会、推进社会主义现代化、实现中华民族伟大复兴的重任。党坚强有力，党同人民保持血肉联系，国家就繁荣稳定，人民就幸福安康。形势的发展、事业的开拓、人民的期待，都要求我们以改革创新精神全面推进党的建设新的伟大工程，全面提高党的建设科学化水平。

全党必须牢记，只有植根人民、造福人民，党才能始终立于不败之地；只有居安思危、勇于进取，党才能始终走在时代前列。新形势下，党面临的执政考验、改革开放考验、市场经济考验、外部环境考验是长期的、复杂的、严峻的，精神懈怠危险、能力不足危险、脱离群众危险、消极腐败危险更加尖锐地摆在全党面前。不断提高党的领导水平和执政水平、提高拒腐防变和抵御风险能力，是党巩固执政地位、实现执政使命必须解决好的重大课题。全党要增强紧迫感和责任感，牢牢把握加强党的执政能力建设、先进性和纯洁性建设这条主线，坚持解放思想、改革创新，坚持党要管党、从严治党，全面加强党的思想建设、组织建设、作风建设、反腐倡廉建设、制度建设，增强自我净化、自我完善、自我革新、自我提高能力，建设学习型、服务型、创新型的马克思主义执政党，确保党始终成为中国特色社会主义事业的坚强领导核心。

(一)坚定理想信念，坚守共产党人精神追求。对马克思主义的信仰，对社会主义和共产主义的信念，是共产党人的政治灵魂，是共产党人经受住任何考验的精神支柱。要抓好思想理论建设这个根本，学习马克思列宁主义、毛泽东思想、中国特色社会主义理论体系，深入学习实践科学发展观，推进学习型党组织创建，教育引导党员、干部矢志不渝为中国特色社会主义共同理想而奋斗。抓好党性教育这个核心，学习党的历史，深刻认识党的两个历史问题决议总结的经验教训，弘扬党的优良传统和作风，教育引导党员、干部牢固树立正确的世界观、权力观、事业观，坚定政治立场，明辨大是大非。抓好道德建设这个基础，教育引导党员、干部模范践行社会主义荣辱观，讲党性、重品行、作表率，做社会主义道德的示范者、诚信风尚的引领者、公平正义的维护者，以实际行动彰显共产党人的人格力量。

(二)坚持以人为本、执政为民，始终保持党同人民群众的血肉联系。为人民服务是党的根本宗旨，以人为本、执政为民是检验党一切执政活动的最高标准。任何时候都要把人民利益放在第一位，始终与人民心连心、同呼吸、共命运，始终依靠人民推动历史前进。围绕保持党的先进性和纯洁性，在全党深入开展以为民务实清廉为主要内容的党的群众路线教育实践活动，着力解决人民群众反映强烈的突出问题，提高做好新形势下群众工作的能力。完善党员干部直接联系群众制度。坚持问政于民、问需于民、问计于民，从人民伟大实践中汲取智慧和力量。坚持实干富民、实干兴邦，敢于开拓，勇于担当，多干让人民满意的好事实事。坚持艰苦奋斗、勤俭节约，下决心改进文风会风，着力整治庸懒散奢等不良风气，坚决克服形式主义、官僚主义，以优良党风凝聚党心民心、带动政风民风。支持工会、共青团、妇联等人民团体充分发挥桥梁纽带作用，更好反映群众呼声，维护群众合法权益。

(三)积极发展党内民主，增强党的创造活力。党内民主是党的生命。要坚持民主集中制，健全党内民主制度体系，以党内民主带动人民民主。保障党员主体地位，健全党员民主权利保障制度，开展批评和自我批评，营造党内民主平等的同志关系、民主讨论的政治氛围、民主监督的制度环境，落实党员知情权、参与权、选举权、监督权。完善党的代表大会制度，提高工人、农民代表比例，落实和完善党的代表大会代表任期制，试行乡镇党代会年会制，深化县(市、区)党代会常任制试点，实行党代会代表提案制。完善党内选举制度，规范差额提名、差额选举，形成充分体现选举人意志的程序和环境。强化全委会决策和监督作用，完善常委会议事规则和决策程序，完善地方党委讨论决定重大问题和任用重要干部票决制。扩大党内基层民主，完善党员定期评议基层党组织领导班子等制度，推行党员旁听基层党委会议、党代会代表列席同级党委有关会议等做法，增强党内生活原则性和透明度。

(四)深化干部人事制度改革，建设高素质执政骨干队伍。坚持和发展中国特色社会主义，关键在于建设一支政治坚定、能力过硬、作风优良、奋发有为的执政骨干队伍。要坚持党管干部原则，坚持五湖四海、任人唯贤，坚持德才兼备、以德为先，坚持注重实绩、群众公认，深化干部人事制度改革，使各方面优秀干部充分涌现、各尽其能、才尽其用。全面准确贯彻民主、公开、竞争、择优方针，扩大干部工作民主，提高民主质量，完善竞争性选拔干部方式，提高选人用人公信度，不让老实人吃亏，不让投机钻营者得利。完善干部考核评价机制，促进领导干部树立正确政绩观。健全干部管理体制，从严管理监督干部，加强党政正职、关键岗位干部培养选拔，完善公务员制度。优化领导班子配备和干部队伍结构，注重从基层一线培养选拔干部，拓宽社会优秀人才进入党政干部队伍渠道。推进国有企业和事业单位人事制度改革。加强和改进干部教育培训，提高干部素质和能力。加大培养选拔优秀年轻干部力度，重视培养选拔女干部和少数民族干部，鼓励年轻干部到基层和艰苦地区锻炼成长。全面做好离退休干部工作。

（五）坚持党管人才原则，把各方面优秀人才集聚到党和国家事业中来。广开进贤之路，广纳天下英才，是保证党和人民事业发展的根本之举。要尊重劳动、尊重知识、尊重人才、尊重创造，加快确立人才优先发展战略布局，造就规模宏大、素质优良的人才队伍，推动我国由人才大国迈向人才强国。统筹推进各类人才队伍建设，实施重大人才工程，加大创新创业人才培养支持力度，重视实用人才培养，引导人才向科研生产一线流动。充分开发利用国内国际人才资源，积极引进和用好海外人才。加快人才发展体制机制改革和政策创新，建立国家荣誉制度，形成激发人才创造活力、具有国际竞争力的人才制度优势，开创人人皆可成才、人人尽展其才的生动局面。

（六）创新基层党建工作，夯实党执政的组织基础。党的基层组织是团结带领群众贯彻党的理论和路线方针政策、落实党的任务的战斗堡垒。要落实党建工作责任制，强化农村、城市社区党组织建设，加大非公有制经济组织、社会组织党建工作力度，全面推进各领域基层党建工作，扩大党组织和党的工作覆盖面，充分发挥推动发展、服务群众、凝聚人心、促进和谐的作用，以党的基层组织建设带动其他各类基层组织建设。健全党的基层组织体系，加强基层党组织带头人队伍建设，加强城乡基层党建资源整合，建立稳定的经费保障制度。以服务群众、做群众工作为主要任务，加强基层服务型党组织建设。以增强党性、提高素质为重点，加强和改进党员队伍教育管理，健全党员立足岗位创先争优长效机制，推动广大党员发挥先锋模范作用。严格党内组织生活，健全党员党性定期分析、民主评议等制度。改进对流动党员的教育、管理、服务。提高发展党员质量，重视从青年工人、农民、知识分子中发展党员。健全党员能进能出机制，优化党员队伍结构。

（七）坚定不移反对腐败，永葆共产党人清正廉洁的政治本色。反对腐败、建设廉洁政治，是党一贯坚持的鲜明政治立场，是人民关注的重大政治问题。这个问题解决不好，就会对党造成致命伤害，甚至亡党亡国。反腐倡廉必须常抓不懈，拒腐防变必须警钟长鸣。要坚持中国特色反腐倡廉道路，坚持标本兼治、综合治理、惩防并举、注重预防方针，全面推进惩治和预防腐败体系建设，做到干部清正、政府清廉、政治清明。加强反腐倡廉教育和廉政文化建设。各级领导干部特别是高级干部必须自觉遵守廉政准则，严格执行领导干部重大事项报告制度，既严于律己，又加强对亲属和身边工作人员的教育和约束，决不允许搞特权。严格规范权力行使，加强对领导干部特别是主要领导干部行使权力的监督。深化重点领域和关键环节改革，健全反腐败法律制度，防控廉政风险，防止利益冲突，更加科学有效地防治腐败。加强反腐败国际合作。严格执行党风廉政建设责任制。健全纪检监察体制，完善派驻机构统一管理，更好发挥巡视制度监督作用。始终保持惩治腐败高压态势，坚决查处大案要案，着力解决发生在群众身边的腐败问题。不管涉及什么人，不论权力大小、职位高低，只要触犯党纪国法，都要严惩不贷。

（八）严明党的纪律，自觉维护党的集中统一。党的集中统一是党的力量所在，是实现经济社会发展、民族团结进步、国家长治久安的根本保证。党面临的形势越复杂，肩负的任务越艰巨，就越要加强党的纪律建设，越要维护党的集中统一。各级党组织和广大党员、干部特别是主要领导干部一定要自觉遵守党章，自觉按照党的组织原则和党内政治生活准则办事，任何人都不能凌驾于组织之上。要坚决维护中央权威，在思想上政治上行动上同党中央保持高度一致，坚决贯彻党的理论和路线方针政策，保证中央政令畅通，决不允许“上有政策、下有对策”，决不允许有令不行、有禁不止。加强监督检查，严肃党的纪律特别是政治纪律，对违反纪律的行为必须认真处理，切实做到纪律面前人人平等、遵守纪律没有特权、执行纪律没有例外，形成全党上下步调一致、奋发进取的强大力量。

同志们！在中国特色社会主义道路上实现中华民族伟大复兴，寄托着无数仁人志士、革命先烈的理想和夙愿。在长期艰苦卓绝的奋斗中，我们党紧紧依靠人民，付出了最大牺牲，书写了感天动地的壮丽史诗，不可逆转地结束了近代以后中国内忧外患、积贫积弱的悲惨命运，不可逆转地开启了中华民族不断发展壮大、走向伟大复兴的历史进军，使具有五千多年文明历史的中华民族以崭新的姿态屹立于世界民族之林。在新的征程上，我们的责任更大、担子更重，必须以更加坚定的信念、更加顽强的努力，继续实现推进现代化建设、完成祖国统一、维护世界和平与促进共同发展这三大历史任务。

面对人民的信任和重托，面对新的历史条件和考验，全党必须增强忧患意识，谦虚谨慎，戒骄戒躁，始终保持清醒头脑；必须增强创新意识，坚持真理，修正错误，始终保持奋发有为的精神状态；必须增强宗旨意识，相信群众，依靠群众，始终把人民放在心中最高位置；必须增强使命意识，求真务实，艰苦奋斗，始终保持共产党人的政治本色。

中国特色社会主义事业是面向未来的事业，需要一代又一代有志青年接续奋斗。全党都要关注青年、关心青年、关爱青年，倾听青年心声，鼓励青年成长，支持青年创业。广大青年要积极响应党的号召，树立正确的世界观、人生观、价值观，永远热爱我们伟大的祖国，永远热爱我们伟大的人民，永远热爱我们伟大的中华民族，在投身中国特色社会主义伟大事业中，让青春焕发出绚丽的光彩。

中国特色社会主义事业需要全体中华儿女万众一心、团结奋斗。团结就是大局，团结就是力量。全党同志要用坚强的党性保证团结，用共同的事业促进团结，自觉维护全党的团结统一，巩固全国各族人民大团结，加强海内外中华儿女大团结，促进中国人民同世界各国人民大团结。

让我们高举中国特色社会主义伟大旗帜，更加紧密地团结在党中央周围，为全面建成小康社会而奋斗，不断夺取中国特色社会主义新胜利，共同创造中国人民和中华民族更加幸福美好的未来！

携手促进世界和平与共同发展

胡锦涛

女士们,先生们,同志们,朋友们:

新年钟声就要敲响,2013 年即将来临。我很高兴通过中国国际广播电台、中央人民广播电台和中央电视台,向全国各族人民,向香港特别行政区同胞和澳门特别行政区同胞,向台湾同胞和海外侨胞,向世界各国和各地区的朋友们,致以新年的祝福!

2012 年,是中国改革开放和现代化建设取得显著成绩的一年。中国人民同心协力、攻坚克难,中国经济社会发展呈现稳中有进的良好态势,各项事业全面推进,人民生活持续改善。中国继续开展全方位外交,加强同各国的交流合作,积极参与解决国际和地区热点问题,为世界和平与发展作出了新的贡献。

2012 年,是中国发展进程中具有重大而深远意义的一年。前不久召开的中国共产党第十八次全国代表大会和十八届一中全会,描绘了全面建成小康社会和深化改革开放的宏伟蓝图,顺利实现了中国共产党中央领导机构新老交替。当前,中国各族人民正紧密团结在以习近平同志为总书记的党中央周围,万众一心,锐意进取,为全面建成小康社会而奋斗。

2013 年,中国政府和人民将高举中国特色社会主义伟大旗帜,坚持以科学发展为主题、以转变经济发展方式为主线,继续把握好稳中求进的工作总基调,全面推进改革开放和社会主义现代化建设,为实现党的十八大确定的目标任务开好局、起好步。我们将坚定不移贯彻“一国两制”、“港人治港”、“澳人治澳”、高度自治方针,深化交流合作,促进香港、澳门长期繁荣稳定。我们将继续推动两岸关系和平发展,造福两岸同胞,维护中华民族根本利益。

当前,国际形势继续发生深刻复杂变化。和平、发展、合作、共赢是各国人民的共同愿望,各国相互依存日益紧密。同时,国际金融危机影响深远,世界经济低速增长态势仍将延续,一些国家和地区动荡不安,世界仍然很不安宁。

人类只有一个地球,各国共处一个世界。世界和平与发展需要各国人民同舟共济、共同推进。中国人民始终是促进世界和平与发展的坚定力量。无论国际风云如何变幻,中国人民走和平发展道路的坚定决心决不会动摇。中国将一如既往在和平共处五项原则的基础上积极发展同各国的友好合作,积极推动采用和平方式妥善解决国际和地区热点问题,努力促进世界经济强劲、可持续、平衡增长,发挥负责任大国作用。

我相信,只要遵循各国人民意愿、顺应世界发展潮流,大家共同努力,就一定能把世界和平与发展的崇高事业不断推向前进,就一定能把各国人民福祉不断提高到新的水平。

最后,我从北京祝大家在新的一年里幸福安康!

(此文是胡锦涛同志 2012 年 12 月 31 日发表的 2013 年新年贺词)

扎实做好保持党的纯洁性各项工作

习近平

今年我们党将召开第十八次全国代表大会。今年又是实施“十二五”规划承上启下的重要一年，我们将在复杂多变的国际环境和艰巨繁重的国内改革发展任务双重考验下努力实现稳中求进。光荣的使命和艰巨的任务，对加强和改进党的建设、做好保持党的先进性和纯洁性工作提出了新的要求。胡锦涛同志在十七届中央纪委七次全会上发表重要讲话，突出强调了在新形势下保持党的纯洁性问题，具有重大而深远的意义，大家要深刻学习领会、认真贯彻执行。

一、保持党的纯洁性是马克思主义政党的本质要求

马克思、恩格斯创立的共产主义者同盟，是世界上第一个工人阶级政党。在同盟创立初期，同盟章程就对保持党的纯洁性作出严格规定，要求每一个支部对它所接受的会员的品质纯洁负责。列宁在创建俄国工人阶级政党的过程中也特别注重党的纯洁性，强调“我们的任务是要维护我们党的坚定性、彻底性和纯洁性。我们应当努力把党员的称号和作用提高、提高、再提高”。马克思主义政党之所以高度重视保持党的纯洁性，从根本上说是为了永葆党的政治本色，永葆党的生机活力，从而更好地肩负起自己的历史使命。

中国共产党作为马克思主义政党，在中国革命、建设、改革各个历史时期，始终把保持党的纯洁性作为党的建设的根本问题和重要目标。毛泽东同志早就明确指出，我们要建设的是“一个有纪律的、思想上纯洁的、组织上纯洁的党，合乎统一的标准的党”。党的纯洁性，体现在党的思想、政治、组织和作风各个方面。体现在思想上，就是要求各级党组织和广大党员、党的领导干部必须坚持把马克思主义及其中国化的理论成果作为指导思想，坚持把为社会主义、共产主义奋斗作为理想信念，坚持马克思主义实事求是的思想路线，坚决抵制各种反马克思主义思想的侵蚀，坚决同各种违背马克思主义的错误思想作斗争；体现在政治上，就是要求各级党组织和广大党员、党的领导干部必须坚决执行党的纲领、章程和路线方针政策，在社会主义初级阶段必须坚持以经济建设为中心、坚持四项基本原则、坚持改革开放的基本路线，坚决抵制和反对一切违背党的基本路线的错误政治倾向；体现在组织上，就是要求各级党组织和广大党员、党的领导干部必须坚持贯彻党的民主集中制原则和遵守党的组织纪律的要求，自觉维护党的团结统一，坚决反对一切危害和分裂党的行为，严格坚持党章所规定的共产党员标准和领导干部条件，坚决把背离党纲党章、危害党的事业、已经丧失共产党员资格的蜕化变质分子和腐败分子清除出党；体现在作风上，就是要求各级党组织和广大党员、党的领导干部必须坚持发扬党的理论联系实际、密切联系群众、批评和自我批评以及谦虚谨慎、不骄不躁、艰苦奋斗等优良作风，坚持贯彻党的从群众中来到群众中去的工作路线和调查研究的工作方法，坚决反对主观主义、官僚主义、形式主义、以权谋私、弄虚作假和个人专断、追求奢华等不正之风。始终保持党的纯洁性，是由我们党的性质和宗旨决定的。我们党是中国工人阶级的先锋队、

同时是中国人民和中华民族的先锋队，党除了工人阶级和最广大人民群众的利益没有自己特殊的利益，党在任何时候都把人民群众的利益放在第一位，全心全意为人民服务。党的这种性质和宗旨，既决定了党的先进性，也决定了党的纯洁性。党的纯洁性同党的先进性相辅相成、密不可分。纯洁性是先进性的前提和基础，先进性是纯洁性的体现和保证，二者在本质上是一致的。我们党成立90多年来的历史证明，党的坚强有力和事业发展取决于多种因素，党的纯洁性对党的创造力、凝聚力、战斗力有着根本性影响。什么时候党的纯洁性保持得好，党就更加坚强有力，党的事业就能健康发展；什么时候党的纯洁性受到影响和削弱，党的战斗力就会下降，党的事业就会遭受损失。

当前，我国正处在全面建设小康社会的关键时期和深化改革开放、加快转变经济发展方式的攻坚时期，党所面临的执政考验、改革开放考验、市场经济考验、外部环境考验更加突出，所面临的精神懈怠的危险、能力不足的危险、脱离群众的危险、消极腐败的危险更加凸显。保持党的先进性和纯洁性，是我们党在改革开放和社会主义现代化建设进程中应对和经受住各种考验、化解和战胜各种危险的重要法宝。现在，我们党的队伍总体上是纯洁、团结、有战斗力的，这是中国特色社会主义事业不断取得伟大成就的根本保证。但是也要看到，在深刻变化的国内外环境中，管党治党的任务越来越艰巨，如何保持党的纯洁性也面临不少新情况新问题。特别是胡锦涛同志在讲话中指出的理想信念不坚定、作风不正、原则性不强、为政不廉等不符合党的纯洁性要求的问题，在一些党员和党的干部中不同程度地存在，这必然影响党在人民群众中的威信和削弱党的战斗力。我们要从保证党永不变色、保证国家长治久安的高度，从应对新形势下党面临的风险和挑战出发，充分认识保持党的纯洁性的极端重要性和紧迫性，不断增强党的意识、政治意识、危机意识、责任意识，为保持党的纯洁性而不懈努力。

二、始终保持党在思想上组织上作风上的纯洁性

在新形势下保持党的纯洁性，要按照胡锦涛同志讲话提出的要求，坚持党要管党、从严治党，坚持强化思想理论武装和严格队伍管理相结合、发扬党的优良作风和加强党性修养与党性锻炼相结合、坚决惩治腐败和有效预防腐败相结合、发挥监督作用和严肃党的纪律相结合，不断增强自我净化、自我完善、自我革新、自我提高能力，始终保持党的思想纯洁、组织纯洁、作风纯洁。

保持党在思想上的纯洁性，是保证党的正确政治方向和党的团结统一的思想基础。思想是导向，是灵魂。如果我们的党员和党的领导干部思想不纯洁，理想信念不可能坚定，是非认识必然模糊，政治立场很容易动摇。在新的历史条件下，一定要坚持发扬我们党注重思想建党的优良传统，坚持对党员和党的干部加强思想政治教育特别是中国特色社会主义理论体系教育，帮助他们做到真学真懂真信真用，牢固树立正确的世界观、权力观、事业观，带头践行社会主义核心价值体系，在大是大非面前保持清醒认识，在大风大浪面前坚持正确立场，在各种诱惑面前筑牢思想防线。保持思想纯洁，最重要的是保持对共产主义的坚定信仰、对中国特色社会主义的坚定信念。我们既要脚踏实地地办好今天的事情，又不能忘记远大目标。党员和党的干部有了这样的理想信念，无论从事什么样的工作，都会有一种崇高的使命感和神圣感。革命战争年代，无数共产党人为了革命的成功，南征北战，流血牺牲，靠的正是坚定正确的政治信仰。和平建设时期，无数共产党人为了社会主义事业，艰苦奋斗，无私奉献，靠的还是坚定正确的政治信仰。改革开放以来，无数共产党人为了国家富强和民族振兴，顽强拼搏，勇往直前，靠的仍然是坚定正确的政治信仰。

信仰的力量是无穷的。信仰纯洁是共产党人最根本的纯洁。现在，有些党员和党的领导干部在市场经济大潮中晕晕乎乎、头脑发热，不能正确认识价值问题，不能正确对待个人利益，导致精神支柱坍塌、人生方向迷失，有的甚至守不住党纪国法的底线，最终走向腐败堕落，教训是极其深刻的。在国家、人民和社会、个人的多层次利益格局中，党员和党的干部当然也有个人的正当利益，实现自身价值应该受到尊重。但是，我们共产党人的最高利益和核心价值是全心全意为人民服务、诚心诚意为人民谋利益。作为党员和党的干部，都要经常思考和解决好入党为了什么、当干部干些什么、身后留下什么的问题，决不可为个人或少数人谋私利，而应该始终坚守共产党人全心全意为人民服务的精神家园。

保持党在组织上的纯洁性，是保持全党步调一致和增强党的创造力、凝聚力、战斗力的组织保证。我们党现在是一个拥有8000多万党员、380多万个基层组织的大党，又处在长期执政和改革开放的环境下，保持党员队伍和党的干部队伍的纯洁，比以往任何时候都更为困难又更为重要。各级党组织要严格管理党员队伍和党的干部队伍，严把入口、加强教育、强化监督、畅通出口。现在有的人入党、当干部，不是因为信仰马克思主义，不是要矢志为中国特色社会主义、共产主义事业奋斗终身，而是认为入党、当干部能给自己带来好处，把入党、当干部作为个人或家庭、亲属获取利益的政治资本。列宁曾经指出，“徒有其名的党员，就是白给，我们也不要”。发展新党员，必须认真分析入党动机，严格掌握标准和程序，确保质量，切忌“带病入党”。培养、任用和提拔党的干部，也必须严格把关，坚持按照五湖四海、任人唯贤原则和德才兼备、以德为先用人标准选好干部配好班子。要认真落实中组部制定的《关于加强对干部德的考核意见》，以对党忠诚、服务人民、廉洁自律为重点，加强对干部政治品质和道德品行的考核，切忌“带病提拔”。近年来，有些地方和部门在对党员队伍和党的干部队伍管理上不同程度地存在失之于宽、失之于软的问题，导致不良倾向得不到及时纠正，小毛病演变成大问题，小事情酿成大事件，损害党在人民群众中的形象。常言道，“小洞不补，大洞吃苦”。经常的教育提醒是最好的防微杜渐。对出现的苗头性、倾向性问题早发现、早提醒、早纠正，才能防患于未然。要建立健全党员党性定期分析、民主评议党员等制度。对于党员和党的干部中那些屡经教育仍不悔悟和改正的人，要按照党章和其他党内法规的规定予以严肃处理，对那些无可救药的蜕化变质分子、腐败分子要坚决从党的队伍中清除出去。

保持党在作风上的纯洁性，是保持党同人民群众血肉联系和不断从人民群众实践中吸取经验、智慧和力量的固本之道。加强和改进党的作风，坚持发扬党的优良作风，保持党的作风纯洁，核心是密切联系群众，始终与人民群众同呼吸、共命运，始终代表人民群众的意志和利益，始终依靠人民群众来推动历史前进。这是保证党永不变色的根本所在。在建设中国特色社会主义整个过程中，要不断加强党的宗旨教育和群众路线教育，引导党员和党的干部牢固树立立党为公、执政为民理念，坚持马克思主义群众观点，把实现好、维护好、发展好最广大人民根本利益作为检验作风纯洁性的试金石，切实做好宣传群众、组织群众、服务群众、团结和带领群众前进的工作，坚决反对一切脱离群众、不关心群众疾苦的不良现象。如果我们的党员和党的领导干部高高在上，不关心群众的生产和生活，不了解群众的需求和愿望，不虚心向群众学习，不总结群众在实践中创造的经验，关起门来想问题、作决策，习惯于“想当然”地发号施令，就会犯主观主义、官僚主义、形式主义的错误，就会给党和人民事业造成极大的损失。保持党的作风纯洁，必须及时整治党风建设中存在的突出问题，其中要十分注意治理庸懒散和好人主义等不良风气。好人主义盛行，有问题不指出，有过错不批评，这种庸俗作风盛行之处，往往就是党组织和领导上政治软弱、作风涣散的地方，就是党员、干部中出问题多的地方。批评和自我批评是我们党的优良传统和作风，一定要结合新的实际长期坚持、不断发扬光大，以不断增强党内生活的政治性和原则性。

三、领导干部要以身作则带头保持纯洁性

保持党的纯洁性，关键在党的各级领导干部。党的领导干部既是保持党的纯洁性的组织者和领导者，又是保持党的纯洁性的执行者和实践者。领导干部处在党和人民事业的领导岗位上，这就决定了在保持党的纯洁性方面负有极为重要的责任，由此也决定了务必时时、处处用党的纯洁性要求对照自己、检点自己、修正自己、提高自己，要求别人做的自己带头做到，要求别人不做的自己带头不做，以自己率先垂范的实际行动充分体现党的纯洁性。

党的纯洁性同一切腐败现象是根本对立的，反腐倡廉就是要同各种腐败现象作斗争，维护党的肌体健康，维护党的纯洁性。作为党的领导干部，一定要以正确的世界观立身、以正确的权力观用权、以正确的事业观做事，带头遵守廉洁自律各项规定，以淡泊之心对待个人名利和权位，以敬畏之心对待肩负的职责和人民的事业，任何情况下都要稳住心神、管住行为、守住清白，做到一尘不染、一身正气，始终保持共产党人的高尚品格和清廉形象。有些领导干部所以走向违纪违法、腐化堕落的深渊，从根本上讲是世界观、人生观这个“总开关”出了问题，丧失了拒腐防变的能力。这些前车之鉴，每个领导干部都要引以为戒。不管是哪一级哪一个岗位上的领导干部，都要自觉加强党性修养和党性锻炼，秉公用权、廉洁从政，自觉弘扬中华民族和我们党勤俭节约、艰苦奋斗的优良作风，自觉抵制拜金主义、享乐主义、极端个人主义，做到为官一任既要发展一方、又要始终保持清正廉洁。

严格的监督是防止党员和党的干部腐化变质、维护党的纯洁性的重要途径。上级对下级、下级对上级、群众对领导干部以及干部之间，都要敢于进行有效的监督。各级领导干部要纠正那种监督就是不信任的观念，增强主动接受监督的意识和依法依规保护监督的意识，自觉把自己置于党和人民事业所要求的各种监督之下。凡是重大事项的决策，必须严格贯彻党的民主集中制原则，不能搞“一言堂”，不能由个人或少数人说了算，而应该搞“群言堂”，依靠集体智慧和严格程序来决定；凡是与群众利益密切相关的重大事项，能公开的都要依照法律和规定向群众公开，充分听取群众意见。特别是在行使选拔任用干部权、行政审批权和在经济方面行使财政资金使用、固定资产运营、金融资本运作、土地使用权出让等重要权力时，更要自觉接受监督，防止权力失控、决策失误和行为失范。

严明的纪律是维护党的纯洁性的有力保证。各级领导干部都要增强纪律意识，切实把党的政治纪律、组织纪律、经济工作纪律、群众工作纪律和廉政纪律的规定转化为自己的行为规范。尤其要严格遵守党的政治纪律，提高政治敏锐性和政治鉴别力，毫不动摇地坚持党的领导，毫不动摇地坚持走中国特色社会主义道路，毫不动摇地坚持把改革开放推向前进，在思想上政治上行动上自觉同党中央保持高度一致。党的各级领导干部还要担负起加强纪律建设的责任，严肃查处违反纪律的行为包括各类腐败案件，切实做到纪律面前人人平等，遵守纪律没有特权，执行纪律没有例外，努力使党的纪律真正成为全党同志在任何时候任何情况下都必须遵守的统一的铁的纪律。

我们国家正处在改革开放和社会主义现代化建设伟大进程中，机遇与挑战并存，困难与希望同在，任重而道远。许多新的问题需要在探索中解决，许多重要工作需要在创新中发展。这就要求党的各级领导干部必须始终认真地履行自己的领导职责，始终自觉地担当做好改革发展稳定工作的领导责任，不可有任何懈怠和

摇摆。是否具有担当精神，是否能够忠诚履责、尽心尽责、勇于担责，这是检验每一个领导干部身上是否真正体现了共产党人先进性和纯洁性的重要方面。如果一事当前，不是首先想到自己应该担当起什么样的责任，作出什么样的贡献，而是一味考虑和计较个人得失，遇到矛盾绕道走，碰到问题不敢抓，面对风险不敢闯；如果热衷于做表面文章，热衷于哗众取宠和追逐个人功利；如果不思进取，那么不仅党和人民事业难以向前推进，而且会损害党的形象，会让人民失望进而丧失对我们的信任。敢于担当，既是党和人民事业的要求，也是共产党人应该具备的精神状态。我们要在推进干部队伍建设和人才队伍建设中大力倡导担当精神，努力形成勇于担当、敢于负责的用人导向。要全面贯彻党的干部政策，全面考察干部的德才表现，特别注意选拔那些经过实践锻炼、原则性强、对群众感情深、一身正气、敢抓善管和工作中有思路、有激情、有韧劲、有实绩的干部。

党的纯洁性同党的先进性一样，都不是静止的，也不可能一劳永逸。其内容和要求，都是随着时代的前进、随着党和人民事业的发展而发展的。加强党的自身建设，保持党的纯洁性，是一篇永无止境、在实践中常做常新的大文章。各级党组织要认真贯彻落实胡锦涛同志重要讲话精神，坚持不懈地把保持党的纯洁性这篇文章做实做深做好，不断交出党和人民满意的答卷。

（此文是习近平同志2012年3月1日在中央党校春季学期开学典礼上的讲话）

坚持实事求是的思想路线

习近平

同志们出入中央党校大门时,都会看到花岗岩上镌刻的“实事求是”四个大字。这四个字,是毛泽东同志为中央党校题写的校训。大家在学习和工作中,要注意深刻理解实事求是的科学含义和精神实质,正确掌握实事求是这个马克思主义的精髓和灵魂,始终按实事求是的要求办事。

一、充分认识坚持实事求是的重大意义

马克思、恩格斯没有直接用过“实事求是”这个词汇,但他们创立的辩证唯物主义和历史唯物主义,突出强调的就是实事求是。实事求是,是毛泽东同志用中国成语对辩证唯物主义和历史唯物主义世界观和方法论所作的高度概括。坚持实事求是,就是坚持一切从实际出发来研究和解决问题,坚持理论联系实际来制定和形成指导实践发展的正确路线方针政策,坚持在实践中检验真理和发展真理。

我们党是靠实事求是起家和兴旺发展起来的。正如邓小平同志指出的:“过去我们搞革命所取得的一切胜利,是靠实事求是;现在我们要实现四个现代化,同样要靠实事求是。”实事求是作为党的思想路线,它始终是马克思主义中国化理论成果的精髓和灵魂,即是毛泽东思想的精髓和灵魂,是包括邓小平理论、“三个代表”重要思想以及科学发展观在内的中国特色社会主义理论体系的精髓和灵魂;它始终是中国共产党人认识世界和改造世界的根本要求,是我们党的基本思想方法、工作方法和领导方法,是党带领人民推动中国革命、建设、改革事业不断取得胜利的重要法宝。回顾我们党90多年的历史可以清楚地看到,什么时候坚持实事求是,党就能够形成符合客观实际、体现发展规律、顺应人民意愿的正确路线方针政策,党和人民事业就能够不断取得胜利;反之,离开了实事求是,党和人民事业就会受到损失甚至严重挫折。胡锦涛同志在庆祝中国共产党成立90周年大会上的讲话中对坚持实事求是的重要性作了精辟论述。他说:“在历史上的一些时期,我们曾经犯过错误甚至遇到严重挫折,根本原因就在于当时的指导思想脱离了中国实际。我们党能够依靠自己和人民的力量纠正错误,在挫折中奋起,继续胜利前进,根本原因就在于重新恢复和坚持贯彻了实事求是。”实践反复证明,坚持实事求是,就能兴党兴国;违背实事求是,就会误党误国。

坚持实事求是,就必须坚持一切从实际出发。为什么想问题、作决策、办事情必须从实际出发,而不能从本本出发呢?因为实际事物是具体的,而本本是对实际事物研究、抽象的结果,不能成为研究问题和作决策的出发点,出发点只能是客观实际。要了解客观实际,就必须深入群众、深入实践进行调查研究,把客观存在的事实搞清楚,把事物的内部和外部联系弄明白,从中找出能够解决问题、符合群众要求的办法来。所以,调查研究是从实际出发的中心一环。没有调查就没有发言权,没有调查也没有决策权。

坚持实事求是,就必须坚持理论联系实际。为什么理论与实际必须联系而不能互相脱离呢?因为理论是从实践中产生的,理论是否正确还要接受实践检验并要在实践中得到丰富和发展;同时,理论只有与实际紧密联系,才能发

挥对实践的指导作用，实现自身的价值和意义。理论如果脱离了实际，就会成为僵化的教条，就会失去其活力与生命力。理论家如果脱离了社会实践，只是从书本上来到书本上去，就会成为空洞的理论家，而不可能成为党和人民所要求的实际的理论家。党和人民希望我们的理论工作者，能够对当今中国和世界的经济、政治、文化、社会等领域的重大问题给予科学的理论说明，能够提供解决问题的正确方案，真正成为理论联系实际的理论家。对待马克思主义经典著作和世界社会主义运动的历史经验，要坚持学习和运用，但决不能脱离中国具体实际而盲目照抄照搬。在这方面，我们党的历史上是有过沉痛教训的。对待西方经济学、政治学等方面的理论著作和资本主义经济发展的经验，要注意分析、研究并借鉴其中于我们有益的成分，但决不能离开中国具体实际而盲目照搬照套。

现在，在我们党内，贯彻执行实事求是思想路线的状况总体是好的。各级党组织自觉坚持以实事求是的思想路线指导工作，积累了不少新的经验。广大党员和干部解放思想、实事求是、与时俱进、开拓创新，展示了共产党人追求进步、追求真理的科学态度和良好形象。同时也要清醒地看到，一些党员和干部在坚持实事求是的思想路线方面还存在一些必须引起注意的问题。比如，有的长年坐在办公室，很少下基层，很少接触群众，对下情若明若暗，接“地气”不够；有的一切从本本出发，唯上、唯书、不唯实；有的固步自封、因循守旧，思想和工作落后于客观形势的要求；有的不按客观规律办事，急功近利，急于求成以至蛮干、瞎干；有的为了迎合或满足某种需要，说假话、大话、空话，甚至弄虚造假；有的怕担风险，明哲保身，明知是错的，却听之任之，不批评制止；有的不喜欢听真话、实话，不愿意修正错误、择善而从。凡此种种，都违背了实事求是的要求，虽然不是主流，但如果不重视、不警惕、不纠正，其消极影响和后果不可低估。

我国已进入全面建设小康社会的关键时期和深化改革开放、加快转变经济发展方式的攻坚时期，我们面临的国内外形势更加复杂多变，新情况新问题新矛盾层出不穷。这些都对我们坚持和更好地贯彻实事求是的思想路线提出了新的要求。各级党员干部特别是领导干部要更加清醒地认识所面临的形势和任务，自觉坚持实事求是，不断提高自己的思想水平、工作水平和领导水平。

二、真正把握坚持实事求是的基本要求

毛泽东同志曾对“实事求是”作过精辟的概括，他指出：“‘实事’就是客观存在着的一切事物，‘是’就是客观事物的内部联系，即规律性，‘求’就是我们去研究。”这一论断，深刻揭示了实事求是的科学内涵和基本要求。

坚持实事求是，最基础的工作在于搞清楚“实事”，就是了解实际、掌握实情。这就要求我们必须不断对实际情况作深入系统而不是粗枝大叶的调查研究，使思想、行动、决策符合客观实际。去年11月16日，我在中央党校秋季学期第二批入学学员开学典礼上，曾专门讲了调查研究问题。只有通过调查研究，努力掌握全面、真实、丰富、生动的第一手材料，真正搞清楚本地区本部门本单位的实际情况，真正搞清楚影响改革发展稳定的突出问题，真正及时了解人民群众的所思所盼，我们才能真正掌握客观实际中的“实事”，做到耳聪目明、心中有数。而这始终是我们进行一切科学决策所必需的也是唯一可靠的前提和基础。

这里我要着重强调一点，就是我们了解实际、掌握实情，最重要的是要清醒认识和准确把握我国社会主义初级阶段的基本国情。我们现在的基本国情，主要是人口多，底子薄，发展很不平衡。经过新中国60多年的发展，现在人口总量已达到13亿多。要解决这么多人口的小康和富裕问题，是非常艰巨复杂的历史任务。“底子薄”，就是旧中国留给我们的基础非常落后。新中国成立以来特别是改革开放以来，我

国社会主义事业取得举世瞩目的伟大成就，但底子薄的状况还未得到根本改变，要达到发达国家的经济文化发展水平，将是一个相当长的奋斗历程。始终牢记和准确把握这个基本国情非常重要。比如，我们在考虑和解决城镇化问题的时候，对国外城镇化的经验应该研究和借鉴，但必须看到我国有13亿多人口，而且半数人口在农村，因而就不能拿外国的城镇化经验来简单对比和套用。又比如，我们是社会主义发展中大国，同西方资本主义发达国家相比，社会制度不同，经济文化发展水平也不同。因此，我们在改革和发展两方面，既要借鉴和利用西方资本主义发达国家那些对我们有益的东西，又要鉴别和摒弃那些不符合中国特色社会主义道路和不适合我国现阶段生产力发展要求的东西。总之，我们想问题、作决策、办事情，都不能忘记、忽视我国社会主义初级阶段的基本国情和基本特点。

我们还应该看到，改革开放30多年来，我国的经济社会发展已经出现了不少新情况新变化。我国经济总量已跃居世界第二，但人均国内生产总值仍排在世界100位左右；经济持续快速增长，但发展中不平衡、不协调、不可持续的问题突出；人力资源丰富，但高层次创新型人才匮乏，人口老龄化进程加速，劳动力低成本优势减弱；工业化、城镇化、农业现代化步伐加快，但工业大而不强，农业基础仍然薄弱、农村发展相对滞后、农民增收困难的问题依然不少；全国人民生活总体达到小康水平，但城乡、区域和居民收入分配差距仍然较大，部分群众生活仍然困难；社会创造活力普遍增强，但影响社会和谐稳定的各种矛盾还不少，等等。对这些新情况新变化，要全面地看，辩证地分析。既要充分看到这些年来我国发展成绩巨大，有利条件不断增多，这是我们继续前进的坚实基础；又要清醒看到发展中的困难、问题和不利因素，继续前进还面临不少制约和障碍。列宁说过，辩证地全面地看问题，这种全面性的要求是唯物辩证法的第一要求。因而，它也是实事求是的科学态度的最基本要求。增强忧患意识，充分看到发展中的困难、问题和不利因素，不是消极泄气，而是要避免犯脱离实际、超越阶段而急于求成、急躁冒进的错误，真正做到既尽力而为又量力而行，推动经济社会又好又快发展。这是我们在社会主义初级阶段处理发展问题要始终注意的一个重大问题。

坚持实事求是，关键在于“求是”，就是探求和掌握事物发展的规律。对事物客观规律的认识，只能在实践中完成。勇于实践、善于实践，在实践中积累经验、进行理论升华，再用以指导实践、推动实践，在实践中使认识得到检验、修正、丰富和发展，这是认识客观规律的根本途径，也是把握客观规律的必由之路。我们作决策、办事情、谋发展，都要认识规律、遵循规律。从这个意义上说，能否坚持实事求是，能否按客观规律办事，这是决定我们的工作特别是领导工作有无主动权和得失成败的关键所在。

坚持实事求是，必须始终坚持一切为了群众、一切依靠群众，从群众中来、到群众中去的群众路线。群众路线是我们党的根本工作路线，它同党的实事求是的思想路线是相辅相成、在本质要求上完全统一的。正如江泽民同志指出的，真正掌握和实践了群众观点、群众路线，也就能真正掌握和实践历史唯物主义和党的实事求是的思想路线。从马克思主义认识论来看，坚持群众路线是坚持实事求是的认识和实践基础。一方面，实事求是是在实践基础上认识世界的过程，这一过程要通过“从群众中来”才能实现。人民的伟大实践是认识的真正源泉。只有切实尊重人民首创精神，倾听人民呼声，反映人民意愿，及时发现、总结、概括人民创造的新鲜经验，才能获得正确反映客观规律的真理性认识，才能制定出符合客观规律的科学决策。另一方面，实事求是又是在实践基础上改造世界的过程，这一过程只有通过“到群众中去”才能实现。人民是历史的创造者，是改造世界的主体和力量源泉。党的奋斗目标与人民的根本利益、经济社会发展规律是根本一致的。马克思主义政党只有充分调动和发挥人民的积极性和创造性，才能实现自己的历史使命。这就必须把从群众中集中起来的意见、办法，拿到群众中去实践和验证，使正确的意见和真理性认识为群众所掌握，成为群众实践的思想武器，转化为改造世界的实际行动。所有这些说明，只有坚持群众路线，才能真正做到实事求是。我们要把坚持实事求是的思想路线与坚持从群众中来、到群众中去的根本工作路线紧密结合和统一起来，把对上级负责与对群众负责紧密结合和统一起来，坚持一切从人民根本利益出发，深入基层了解情况，深入群众听取意见，使各项决策和各方面工作符合实际情况、符合客观规律、符合人民意愿。这样，我们的工作，党和人民事业，就会无往而不胜。

三、领导干部要努力做坚持实事求是的表率

领导干部对党和人民事业肩负着光荣而重大的领导责任，始终贯彻执行党的实事求是的思想路线，对于推动科学发展、促进社会和谐至关重要。各级领导干部要把实事求是贯彻到领导工作全过程，自觉做坚持实事求是的表率。

领导干部一定要打牢马克思主义理论功底，这是坚持实事求是的理论基础。道理很清楚，没有科学理论功底，不掌握科学的世界观和方法论，就不能透过事物的现象看本质，就不能把握事物的内在联系，就容易陷于盲目性、片面性、被动性，也就很难做到实事求是。因此，领导干部必须努力学习马克思主义理论，在学习中国特色社会主义理论体系特别是在学习实践科学发展观上下功夫，牢牢掌握认识世界、认识客观规律的思想武器。要弘扬理论联系实际的学风，善于运用马克思主义立场、观点、方法分析和解决面临的实际问题，借鉴历史经验和总结新鲜经验，不断增强工作的原则性、系统性、预见性、创造性。

领导干部一定要加强党性修养，坚持一切以人民利益和党的事业为重，这是坚持实事求是的思想基础。敢不敢坚持实事求是，考验着我们的政治立场，考验着我们的道德品质，始终是领导干部党性纯不纯、强不强的一个重要体现。要做到实事求是，不仅要有正确的思想方法和工作方法，还必须有公而忘私和不计个人得失的品格。所以，领导干部必须带头加强党性修养，带头践行全心全意为人民服务的根本宗旨，为了人民利益敢于坚持真理、修正错误，自觉为党分忧、为国尽责、为民奉献，以坚强的党性来保证做到实事求是。

领导干部一定要求真务实，大力弘扬我们党优良的思想作风和工作作风，讲老实话、办老实事、做老实人，这是坚持实事求是的作风保证。坚持求真务实，既要在“求真”上下功夫，更要在“务实”上做文章，尤其要做到讲实情、出实招、办实事、求实效。讲实情，就是讲事物的本来面貌，讲真话、讲真理。讲真话是一个领导干部真理在身、正义在手和有公心、有正气的重要体现。讲真话，前提是要听真话。听真话是一种智慧。英国哲学家培根曾讲过：能够听到别人给自己讲实话，使自己少走或不走弯路，少犯错误或不犯大的错误，这实在是福气和造化。《古文辑要》上记载了这样一个故事：初唐名臣裴矩在隋朝做官时，曾经阿谀逢迎，溜须拍马，想方设法满足隋炀帝的要求；可到了唐朝，他却一反故态，敢于当面跟唐太宗争论，成了忠直敢谏的诤臣。司马光就此评论说：“裴矩佞于隋而诤于唐，非其性之有变也。君恶闻其过，则诤化为佞；君乐闻其过，则佞化为诤。”这个故事告诉我们，人们只有在那些愿意听真话、能够听真话的人面前，才敢于讲真话，愿意讲真话，乐于讲真话。我们的领导干部一定要本着“言者无罪，闻者足戒”的原则，欢迎和鼓励别人讲真话。出实招，就是要求按照实际情况决定工作方针，不提不切实际的口号，不提超越阶段的目标，不做不切实际的事情。办实事，就是要求从点滴入手、从具体事做起，力戒形式主义、官僚主义，力戒空谈。求实效，就是要求

雷厉风行、狠抓落实，不抓则已、抓则必成，做出实实在在的业绩，不好大喜功、不做表面文章、不搞花架子。如果我们的各级领导干部在各自的工作岗位上，时时处处都坚持讲实情、出实招、办实事、求实效，实事求是的要求就会在各个地方、各个部门、各个单位变成实实在在的行动！

领导干部一定要坚持解放思想，开拓进取，这是坚持实事求是的内在要求。解放思想与实事求是是辩证统一的，就是要求我们的思想认识符合客观实际，冲破落后的传统观念和主观偏见的束缚，改变因循守旧、不接受新事物的精神状态，与时俱进地把我们的事业和各项工作不断推向前进。只有解放思想，才能真正做到实事求是；只有实事求是，才是真正解放思想。改革开放30多年来的伟大实践充分证明，只有把二者有机统一起来，不唯书、不唯上、只唯实，才能冲破教条主义和经验主义的禁锢，才能纠正僵化的形而上学的思维方式，正确认识和把握客观事物的内在联系、本质和规律，也才能制定正确的政策，作出正确的决策。客观实际是不断发展变化的，我们对客观事物及其规律的认识是不断深化的，实事求是永无止境，解放思想也永无止境。当前，世情、国情、党情继续发生深刻变化，前进中还会遇到各种可以预见和难以预见的矛盾和问题。各级领导干部要继续解放思想、坚持实事求是，以科学态度对待马克思主义，用发展着的马克思主义指导新的实践，始终坚持真理、修正错误，勇于变革、勇于创新，永不僵化、永不停滞，不为任何风险所惧，不被任何干扰所惑，在深入研究新情况、不断解决新问题的实践中努力开创各项工作新局面。

（此文是习近平同志2012年5月16日在中央党校春季学期第二批入学学员开学典礼上的讲话）

在全国创先争优理论研讨会上的讲话

习近平

在党的基层组织和党员中深入开展创先争优活动，是党的十七大和十七届四中全会提出的加强党的建设的一项重要举措。两年来，各地各部门按照中央的统一部署和要求，牢牢把握科学发展这个主题和加快转变经济发展方式这条主线，指导创先争优活动取得了显著成绩。广大基层党组织和广大党员在积极参加创先争优活动中，在努力推动改革和发展的各项工作中，具体而生动地彰显了党的先进性和纯洁性。

今天，中央创先争优活动领导小组和全国党的建设研究会在这里召开全国创先争优理论研讨会，围绕保持党的先进性和纯洁性，总结创先争优活动经验，探讨党在长期执政和改革开放条件下自身建设规律，研究推动创先争优经常化长效化的思路和举措，这是很有意义的。我对会议的召开表示祝贺！向出席会议的全体同志致以诚挚问候！

先进性和纯洁性是马克思主义政党的本质属性。这种先进性和纯洁性，不是空洞抽象的，而是具体实在的，它们贯穿于党的性质、宗旨、任务和全部工作中，体现在各级党组织和全体党员的实际行动上；不是固定不变的，而是与时俱进、随着形势和任务的发展变化而不断丰富与发展的；不是一劳永逸的，而是必须通过坚持不懈地加强党的自身建设才能保持与发展的。回顾马克思主义诞生以来的历史，在马克思主义政党中，既有许多政党依靠自身的先进性和纯洁性及其形成的强大战斗力而取得社会主义革命、社会主义建设不断胜利的成功经验，也有不少政党由于丧失了自身的先进性和纯洁性而失去党心民心导致丢掉社会主义政权、社会主义事业遭到失败的沉痛教训。这种正反两方面的历史经验深刻表明，保持、发展先进性和纯洁性始终是马克思主义政党根本的思想政治任务，关系党的生死存亡和前途命运。

我们党90多年的历史，是党领导中国人民不断赢得革命、建设、改革胜利的历史，也是党不断实现、保持、发展自身先进性和纯洁性的历史。90多年的历史说明，我们党始终保持、发展先进性和纯洁性，党在人民群众中就会有崇高的威望，党和人民事业就兴旺发达。90多年的历史也说明，党的先进性和纯洁性的保持和发展，不断面临着各种困难和风险的挑战与考验。过去如此，现在和将来也会如此。正如胡锦涛同志在庆祝中国共产党成立90周年大会上的讲话所指出的："执政考验、改革开放考验、市场经济考验、外部环境考验是长期的、复杂的、严峻的。精神懈怠的危险，能力不足的危险，脱离群众的危险，消极腐败的危险，更加尖锐地摆在全党面前。"对于这些考验和危险，各级领导干部务必保持清醒的认识。经受考验、化解危险，最根本的是要加强党的自身建设，始终保持党的先进性和纯洁性。这次创先争优活动，是在新的形势下保持党的先进性和纯洁性的一次有益探索。通过开展创先争优活动，提高了基层党组织的战斗力和党员队伍的素质，密切了党群、干群关系，增强了各级党委聚精会神抓党建和重视基层、加强基层、服务基层的自觉性，为加强党的先进性和纯洁性建设提供了新的经验和重要启示。我们要认真总结和运用这次创先争优活动的经验，以更大的力度继续加强党的先进性和纯洁性建设。

一、坚持从思想教育入手，努力提高党员和干部的思想理论道德素质，从思想上政治上加强党的先进性和纯洁性建设

保持党员和干部在思想上政治上的先进和纯洁，是保持党的先进性和纯洁性的根本。这次创先争优活动的一个重要内容，就是教育引导广大党员努力加强马克思主义理论特别是马克思主义中国化最新成果的学习，在提高理论素养和思想政治素质上取得新的进步。两年来，结合建设学习型党组织，在基层党组织和广大党员中普遍开展了理论学习研讨、党性党史教育、革命传统教育等形式多样的活动，开展了学习郭明义、杨善洲等先进人物模范事迹和崇高精神的活动。通过这些思想教育活动，增强了党员和干部创先进、争优秀的意识和内生动力，为创先争优活动取得成效提供了思想保证。

实践告诉我们，加强思想教育，必须抓好党员和干部的理论武装。要教育引导党员和干部认真学习并实践中国特色社会主义理论体系特别是科学发展观，做到真学真懂真信真用，牢固树立正确的世界观、权力观、事业观，坚定社会主义、共产主义理想信念，自觉划清马克思主义同反马克思主义等重大是非界限，坚决抵制各种错误思想理论的影响，自觉排除来自各方面的杂音噪音，在大是大非问题上立场坚定、旗帜鲜明。

加强思想教育，必须抓好党员和干部的党性修养与党性锻炼。要教育引导党员和干部通过加强党性修养与党性锻炼，不断提高政治敏锐性和政治鉴别力，切实做到讲政治、顾大局、守纪律，始终站稳党和人民的政治立场，正确把握党的基本理论、基本路线、基本纲领、基本经验，坚持正确的政治方向，自觉维护党的集中统一，在思想上政治上行动上同党中央保持高度一致。

加强思想教育，还必须抓好党员干部的道德培养。要教育引导党员和干部模范践行社会主义核心价值体系，带头弘扬以爱国主义为核心的民族精神和以改革创新为核心的时代精神，做社会主义道德的示范者、诚信风尚的引领者、公平正义的维护者，切实把社会主义道德要求转化为保持自身先进和纯洁的行为规范与自觉行动。

二、进一步建立健全联系群众、服务群众的长效机制，密切党同人民群众的血肉联系，从巩固党的阶级基础和群众基础上加强党的先进性和纯洁性建设

我们党是中国工人阶级的先锋队，同时是中国人民和中华民族的先锋队。全心全意依靠工人阶级、全心全意为人民服务，是党的先进性和纯洁性的重要体现。我们开展创先争优活动，就是要以服务群众、改善民生的实际成效来满足人民群众的要求和愿望。各地以解决社会矛盾、解决实际问题为重点，通过党员和干部进厂驻村蹲点、结成对子帮扶、完善服务设施等方式，有力地提升了服务群众的水平，增强了服务群众的效果。广泛开展的窗口单位和服务行业“为民服务创先争优”等活动，广大党员和干部进厂走村入户直接听取群众意见、为群众济困解忧，都让群众切身感受到了创先争优活动带来的新变化。

实践告诉我们，想问题、作决策、办事情、谋发展，只有处处相信群众、依靠群众、为了群众，坚持以最广大人民群众满意为导向，充分体现党的全心全意为人民服务宗旨，我们的各项工作、各项事业才能得到人民群众真心实意的支持，党的先进性和纯洁性才能真正体现并得到人民群众的广泛认同。当前，我国正处于发展的重要战略机遇期和社会矛盾凸显期，我们党联系群众、服务群众、带领群众前进的任务十分艰巨。务必任何时候都把人民利益放在第一位，把实现好、维护好、发展好最广大人民根本利益作为检验先进性和纯洁性的试金石，一切工作都坚持从人民利益出发，努力做到与经济社会发展要求相适应，与广大人民群众期盼相

符合。要教育引导党员和干部牢固树立群众观点，坚持执行群众路线，带着感情做群众工作，从解决人民最关心最直接最现实的利益问题着手，精心做好每一件具体工作。要注意创新联系和服务群众的工作方式，建立健全党政机关广大干部和各级领导干部直接联系群众的制度，务必使我们的领导机关和领导干部工作重心下移，确保能够经常深入实际、深入基层、深入群众，真正了解群众所思、所想、所忧、所盼，在时时处处为群众排忧解难、造福人民的实践中具体地体现党的先进性和纯洁性。

三、建设好领导干部队伍，发挥好领导干部的表率作用，从提高领导骨干素质上加强党的先进性和纯洁性建设

保持党的先进性和纯洁性，关键在党的各级领导干部。这次创先争优活动中，凡是领导机关、领导干部自身要求高和示范力度大的地方、部门、单位，上下级关系和党群关系、干群关系就比较融洽，创先争优的成效也比较明显。

实践告诉我们，领导干部为保持党的先进性和纯洁性自觉发挥表率作用，就一定会在广大党员和干部中产生重要的示范影响和效应。因此，在加强党的先进性和纯洁性建设中，一定要把增强领导干部队伍的先进性和纯洁性摆在首要位置。首先要选好领导干部、配好领导班子，坚持五湖四海、任人唯贤，坚持德才兼备、以德为先，坚持在实践中培养、考察、锻炼、使用干部，把那些政治坚定、有真才实学、实绩突出、群众公认的优秀干部选拔到领导岗位上来。严格要求、严格教育、严格管理、严格监督，对督促领导干部保持自身的先进和纯洁非常重要，各级党组织要像重视干部选拔任用一样抓好这方面工作。党的每一个领导干部，都要充分认识到自己在保持党的先进性和纯洁性方面负有的责任，务必时时处处用党的先进性和纯洁性要求对照自己、提高自己，要求别人做的自己带头做到，要求别人不做的自己带头不做。特别要带头遵守廉洁自律的各项规定，正确对待个人名利和权位，自觉坚守对党和人民事业的高度责任心与使命感，自觉抵制各种不正之风和不良习气，切实管好配偶、子女和身边工作人员。还要把自己置于党和人民事业所要求的各种监督之下，努力做到立身不忘做人之本，为政不移公仆之心，用权不谋一己之私，以率先垂范的实际行动体现党的先进性和纯洁性。

四、坚持做好抓基层、打基础工作，充分发挥基层党组织的战斗堡垒作用和党员的先锋模范作用，从夯实组织基础上加强党的先进性和纯洁性建设

党的基层组织是党的全部工作和战斗力的基础，党员是党的一切活动的主体。党的先进性和纯洁性，要通过工作和生活在广大工人、农民、知识分子和其他群众中的基层党组织和党员发挥作用来广泛体现。在创先争优活动中，各地各部门积极改进组织设置，加大投入改善基层党组织工作条件，采取多种措施加强基层党建工作，提高了基层党组织的战斗力，激发了党员干事创业的热情。

实践告诉我们，抓好基层、打牢基础，对保持党的先进性和纯洁性极为重要。现在，我们党有400多万个基层党组织，有8200多万名党员，这是世界上任何其他政党都不可能具有的强大组织资源。把基层党建工作抓好了，我们的基层党组织牢不可破，我们的党员队伍坚不可摧，党的执政地位就坚如磐石，党和人民事业就无往而不胜。我们必须把抓基层、打基础作为一项永久的战略任务坚持不懈地抓下去，不断提高基层党建工作科学化水平。要把创先争优与推进基层党建工作创新紧密结合起来，引导、激励基层党组织和广大党员深入持久地创先进、争优秀。要建立健全基层党建工作长效机制，强化基层党建目标管理机制，建设党群共建机制，督促各级党组织书记切实履行第一责任人职责，落实好基层党建工作各项任务，使基层党组织真正成为推动发展、服务群众、凝聚人心、促进和谐的坚强堡垒。要建立健全基层党

务工作者选拔培养和激励保障机制，加强基层党组织书记队伍建设，搞好教育培训，并解决好他们的工作待遇和生活保障等问题。加强党员队伍建设，首先要严把入口，重视发展党员质量，成熟一个发展一个，把各领域的先进分子吸收到党内来。还要疏通出口，及时处置不合格党员，解决干部能上不能下、能进不能出的问题。

五、坚持党要管党、从严治党，增强自我净化、自我完善、自我革新、自我提高能力，从健全完善党内制度及工作机制上加强党的先进性和纯洁性建设

在创先争优活动中，各地各部门广泛开展了群众评议、党员互评、领导点评等活动，进行了加强基层党风廉政建设、纯洁党员队伍、建立健全党的建设制度等工作，都取得了明显成效。所有这些，为推动基层党组织和广大党员、干部创先争优提供了重要保证。

实践告诉我们，必须坚持党要管党、从严治党，不断建立健全自我净化、自我完善的制度和机制，才能始终保持党的生机和活力，也才能保持党的先进性和纯洁性。毛泽东同志说过："房子是应该经常打扫的，不打扫就会积满灰尘；脸是应该经常洗的，不洗也就会灰尘满面。我们同志的思想，我们党的工作，也会沾满灰尘的，也应该打扫和洗涤。"这里说的"打扫"和"洗涤"，就是解决自身存在的问题，也就是自我净化。现在，我们党处在改革开放条件下和错综复杂的国际环境中，各种错误思想和腐朽生活方式不可避免地会侵蚀党的肌体，影响我们一些党员和干部。在这种情况下，唯有不断地增强自我免疫能力，才能拒腐蚀、永不沾。胡锦涛同志在中央纪委七次全会上提出不断增强"四自"能力即自我净化、自我完善、自我革新、自我提高能力的思想，对加强党的先进性和纯洁性建设具有重要指导意义。

增强"四自"能力，要靠加强思想教育、加强科学管理、加强严格监督，还要靠健全的党内生活和有效的党内制度。制度更带有根本性、全局性、稳定性、长期性。我们要把制度建设贯穿党的思想建设、组织建设、作风建设和反腐倡廉建设之中，健全以党章为根本、以民主集中制为核心的制度体系，坚持用制度管权管事管人，为增强"四自"能力、保持党的先进性和纯洁性提供制度保证。

保持党的先进性和纯洁性，任务艰巨，意义重大，影响深远。全面加强我们党的自身建设，归根到底都是为了始终保持党的先进性和纯洁性。只有这样，才能保证我们党永不变质，始终具有强大的创造力、凝聚力、战斗力，始终保持坚强的团结统一，也才能巩固党的执政地位，实现党的执政使命。就是说，保持党的先进性和纯洁性是党的建设一项长期而又常新的战略任务，需要不断地结合新形势新任务从理论和实践的结合上进行研究。希望各级党组织和广大理论工作者加强和深化这方面研究，不断取得新的成果。希望与会同志紧扣会议主题，畅所欲言、深入切磋，把这次研讨会开成一个为继续加强党的先进性和纯洁性建设而集思广益的高水准、高质量会议。

（此文是习近平同志2012年5月21日在全国创先争优理论研讨会上的讲话，发表时略有删节）

在中央党校2012年秋季学期开学典礼上的讲话

习近平

中央党校2012年秋季学期今天开学了。我代表中央党校校委，对全体学员表示热烈欢迎。同志们进党校，主要任务是学习。今天，我围绕党校学员的学习讲三个问题。

一、关于党校学习的重要性

知识就是力量、就是财富。知识可以改变一个人的命运，也可以改变一个民族、一个国家的命运。古今中外，传承知识、创新知识、学习知识、运用知识，始终与历史进步相伴、与社会发展共存，是人类提高自己的重要阶梯，是国家发展兴盛的重要基础。在中央党校2009年春季学期开学典礼上，我专门讲过“领导干部要爱读书读好书善读书”问题，就是强调领导干部加强学习的必要性和重要性。

领导干部抽一段时间到党校学习，有什么必要和好处呢？我有如下体会。

第一，有利于补充和丰富知识。领导干部肩负领导责任，知识水平如何直接影响工作水平、领导水平和思想政治水平。对于领导干部来说，学习不只是个人的问题，也不是一般性的问题，而是关系到党和国家工作的推进、社会主义现代化事业的发展和党的执政地位的巩固问题。当今时代，知识增长、更新很快，新知识新事物层出不穷。面对这种情况，领导干部如果不加强学习，不加强知识武装，就可能跟不上形势的发展而落伍。古人云：“温故而知新。”现在既要“温故知新”，又要“学新知新”，这样我们的本领才能不断增强，我们的思想才能保持活力与时俱进，才能更好地胜任所肩负的领导工作。领导干部工作任务繁重，平常主要靠中心组学习和自学，很难有整段时间系统学习，如果不安排系统学习补充和丰富知识，就可能“透支”原来的知识储备，对工作带来影响。大家能够集中一段时间到党校进行系统学习，是补充和丰富知识的一种很好的机会与方式。

第二，有利于总结和提高。善于对思想和工作情况进行总结，对一个领导干部的进步和提高很重要。大家平时工作忙，难得静下心来深入总结，到党校学习有助于解决这个问题。好多事情通过认真总结会有豁然开朗的感觉。我们常说“吃一堑，长一智”，“一智”是怎么长的？通过总结，认识到“一堑”为何，从中吸取了教训、引为鉴戒，这样才会长“一智”。由“堑”到“智”的转化，是通过总结实现的，总结是这种转化的认识之桥，没有这座桥，“堑”就无法转化为“智”。工作中的经验是财富，工作中的教训也是财富，关键在于是否善于总结。安排领导干部到党校学习，就是为大家在工作“热运行”中提供一个“冷思考”的宝贵时机，创造一个能静下心来“踱方步”的宝贵时机，使大家有时间来回顾和总结自己以往的工作与生活，从中汲取经验与教训，坚持真理、修正错误，使自己的认识和工作立于新的起点，以利实现新的提高。希望大家利用好这个难得时机，结合工作经历和通过读书学习冷静思考和深谋远虑，这对于增加我们领导工作中的战略智慧和主动权是很有益处的。

第三，有利于相互交流和学习。党校学员来自不同地方、不同部门和不同工作领域，来自四面八方、五湖四海，大家的知识积累、经验积累和个人经历、政治阅历也都不同。这种学员构成，给大家提供了一个相互交流、相互学习的良好环境。孔子说："三人行必有我师焉，择其善者而从之，择其不善者而改之"；"见贤思齐焉，见不贤而内自省也。"《礼记》中说："独学而无友，则孤陋而寡闻。"诸葛亮说："集众思，广忠益。"这些古语说明了什么呢？一是说明人与人之间要进行交流思想、交流学识、交流经验的学习活动；二是对交流出来的东西要进行分析、比较和辨别，凡是好的就学习遵从，不好的就自省自戒，这样就可以达到相互学习、取长补短、共同提高的目的。古人这种交流学习的经验，值得借鉴和应用。大家在党校学习过程中，交流工作经验、畅谈心得体会、切磋研究成果，肯定能够取得集思广益的效果。

二、关于党校学习的主要任务

延安时期，毛泽东同志亲自兼任中央党校校长，他在一次讲话中说："我们办党校，就是要使我们同志的政治水平和理论水平提高一步，使我们党更加统一。"毛主席这段话，把党校教学的重点和学员学习的目的讲得很明确，就是通过学习提高领导干部的政治水平和理论水平，把大家的思想统一到党的路线方针政策上来，更加自觉地维护党的统一。这在今天和今后的党校学习中仍然适用。

中央党校是轮训培训党的高中级干部和理论骨干的最高学府，是学习、研究、宣传马克思列宁主义、毛泽东思想、邓小平理论、"三个代表"重要思想以及科学发展观的重要阵地，是进行党性锻炼的重要渠道。领导干部进党校，最重要的是学习党的基本理论，提高理论素养。这是党校姓党的重要体现，也是党校同普通高等学校的主要区别。现在在我们的干部特别是年轻干部中，最重要也是最需要注意并切实解决好的是理想信念问题和思想作风问题，最需要加强的是理论教育。领导干部无论在党校学习还是在平时工作中学习，都要高度重视理论学习，自觉提高政治水平和理论水平。理论修养是干部综合素质的核心，理论上的成熟是政治上成熟的基础。可以这样说，学习和掌握理论的深度，直接影响甚至决定着一个领导干部的政治敏感程度、思维视野广度和思想境界高度。各级领导干部一定要进一步提高对学习理论重要性的认识，坚持不懈地学习党的基本理论，努力掌握马克思主义立场、观点、方法，增强坚持中国特色社会主义道路、理论体系、制度的自觉性坚定性。同时，要坚持不懈地学习党的优良传统和优良作风，牢固树立正确的世界观、权力观、事业观，养成宽阔的胸襟和眼界、高尚的思想情趣、艰苦朴素的生活作风，永做人民的忠实公仆。培养一个领导干部不容易。一个领导干部在一生中始终坚持正确政治立场，保持艰苦奋斗作风，保持与人民群众的密切联系，保持清正廉洁，同样不容易。如果一朝不慎，便会一失足而成千古恨，这样的教训太多了。面对种种诱惑，我们的领导干部务必保持古人所说的"夙夜震畏、不敢荒宁"的清醒认识，正确对待手中的权力，珍重自己的人格，珍爱自己的声誉，珍惜自己的形象，始终保持一个共产党员的本色。大家应照此毕生为之追求、为之努力。

我们在干部教育培训工作中，在突出抓好理论教育和党性教育的同时，还要坚持抓好干部的能力培训。到中央党校学习的高中级干部，对于那些有益于掌握工作技巧、有益于提高驾驭工作能力的一般知识和经验，是需要注意学习的。但我在这里强调的是，还要注意学习正确认识客观事物、做好领导工作所必须具有的辩证思维、战略思维、全局思维、创新思维等方面的知识和经验。毛泽东同志等老一辈革命家，能够在我国革命和建设过程中领导我们党一次又一次地转危为安，就是因为他们是马克思主义政治家、战略家，具有辩证思维、战略思维、全局思维、创新思维，具有远大眼光，因而能够作出正确的判断和决策，制定并坚持正确的路线、方针和战略。现在,我们要全面建成小康社会和实现社会主义现代化,有许许多多的重大问题需要进行战略谋划。凡是涉及我国经济、政治、文化、社会、生态、外交、国防和党的建设等全局性的重大问题,都需要从战略上进行思考、研究和筹谋;凡是涉及改革发展稳定工作中的各种重大问题,也都需要从战略上拿出治本之策。同志们来中央党校学习,一定要注重在养成辩证思维、战略思维、全局思维、创新思维能力上下功夫。大家要在听课研讨的基础上,通过读书、案例研究、从政经验交流等活动,学习历史的和现实的领导工作经验,努力提高自己的领导水平和领导能力。尤其要努力学会运用马克思主义世界观、方法论观察世界全局和时代发展趋势,努力掌握更多的国际问题基本知识和战略科学知识,努力增强工作的原则性、系统性、预见性、创造性,努力提高对现实问题进行战略思考和政治决断的能力。

中央党校一直重视对学员新知识的培训,周一晚上的知识讲座、校园网络课程,安排了不少这方面的内容,大家要充分利用好这一学习资源,多学一些,学深一些。知识多了,见识广了,才能使自己成为领导科学发展的行家里手。

三、关于学习、思考和应用

大家到党校学习,时间一般都比较短。要真正学有所得、学有所成,就必须下一番苦工夫。我们的先人有许多勤学苦读的动人故事,如悬梁刺股、凿壁偷光、囊萤映雪等等,一直传为美谈,这种刻苦学习的精神值得汲取。大家要安下心来,心无旁骛、专心致志地看书学习,深入进行研讨。“学而不思则罔,思而不学则殆。”孔子这句话讲得好。学习与思考、勤学与善思是相互联系和相辅相成的,不可把二者割裂开来。在学习过程中,要结合自己的工作实际,脑子里经常装几个问题,反复思考。这对于培养和提高自己的理论思维和战略思维能力很有好处。中央党校在每学期教学安排中,都有学员论坛和从政经验交流活动,这有助于大家深入研究和切磋执政经验。大家还可以利用课间休息、茶余饭后交流学习体会,在相互交流、相互启发中分享经验。

一切学习都不是为学而学,学习的目的全在于应用。宋代学者朱熹说过:“为学之实,固在践履。苟徒知而不行,诚与不学无异。”这句话的意思是说,学习的目的在于实践,如果只是明白道理而不去做,那么学与不学就没有什么区别了。大家要按照实事求是的党校校训要求,坚持理论联系实际,坚持学以致用、用以促学。一方面,大家要把学习党的基本理论、基本路线、基本纲领、基本经验同全面建设小康社会和社会主义现代化建设的实践紧密联系起来,从理论与实践的结合上研究和解决改革发展稳定中的重大问题,提高运用党的基本理论解决实际问题的能力,不断拓宽领导工作思路,推动经济社会又好又快发展。另一方面,大家要把学习党的基本理论同增强党性锻炼结合起来,紧密联系自己的思想实际自觉加强思想修养,始终坚守中国共产党人应该具有的精神境界和道德情操。在认识和改造客观世界的过程中不断推进认识和改造主观世界,通过认识和改造主观世界不断推进认识和改造客观世界,这是中国共产党人推动党和人民事业前进的规律,也是领导干部成长进步的规律。大家在党校的学习中,要坚持把理论与实践、学习与应用、改造客观世界与改造主观世界很好地结合起来,努力取得实实在在的新进步。通过在党校的学习,进一步把掌握的理论转化为牢固确立科学世界观和方法论的思想力量,把学到的知识和经验转化为丰富做好领导工作的智慧和能力的储备,把党对领导干部的党性要求转化为培养高尚品德和发扬优良作风的自觉性。

党校学员中不少同志是地方和部门的主要

负责人，在党校学习期间，大家要潜心学习。同志们在原来单位无论担任什么领导职务，到了党校都是学员，都要按照党校的规定和要求去学习。地方上来的学员利用空闲时间到部委走访，商谈一些事情，可以理解。学员建立友谊，交为朋友，这也正常。但不能把这些当作来党校学习的目的，更不能把时间花在拉关系和请客吃饭上。大家知道，当年沈阳市的马向东在中央党校学习期间，一面写着反腐倡廉的文章，一面利用双休日到澳门赌博。这虽属个别极端的例子，但应从中吸取教训，严加防范。中央党校要始终坚持从严治校，加强对学员的管理，严格校纪校规。广大学员也要积极配合党校的管理，自觉遵守纪律，维护中央党校的声誉。

我就讲这些。最后，祝同志们在党校期间学习好、生活好、身体好，以良好的学习成果迎接党的十八大胜利召开！

（此文载《中直党建》2012年第10期）

始终坚持和充分发挥党的独特优势

习近平

在中国共产党成立91周年即将到来之际，中央决定召开这次大会，表彰全国创先争优先进基层党组织、优秀共产党员和创先争优活动先进县（市、区、旗）党委，号召各级党组织和广大党员向先进集体和优秀个人学习，为夺取全面建设小康社会新胜利而奋斗，这是很有意义的。两年多来，创先争优活动围绕推动科学发展、促进社会和谐、服务人民群众、加强基层组织这个总要求，在全国基层党组织和党员中广泛而深入地开展，取得了丰硕成果。这次受表彰的先进集体和优秀个人，都是经过各推荐单位采取自下而上、上下结合的方式推选出来的，对优秀个人还进行了全国网上投票推荐和网上公示，具有扎实的群众基础。刚才，胡锦涛同志亲切会见受表彰的代表，体现了党中央对创先争优活动取得成绩的肯定，是对全体共产党员和基层党组织的关心和鼓励。在这里，我向受表彰的先进集体和优秀个人表示热烈的祝贺，向全国各行各业的共产党员致以节日的问候！

中国共产党成立91年来，领导中国人民进行新民主主义革命、进行社会主义革命和建设、进行改革开放，目的就是把积贫积弱的半殖民地半封建的旧中国改造成为欣欣向荣的社会主义的新中国，彻底实现民族独立和人民解放，实现国家富强和人民富裕，实现中华民族伟大复兴。这是前无古人、惊天动地的历史伟业，中国共产党为此付出了巨大的牺牲，建立了永不磨灭的功勋，因而赢得了全国各族人民的衷心拥护和支持。历史已经反复证明，无论遇到什么样的风险、危机和艰难险阻，我们党都能领导人民战胜它们，不断从胜利走向胜利。这是因为我们党是坚持为真理而斗争、坚持全心全意为人民服务的马克思主义政党，始终同人民群众保持最密切的联系，形成了自己的独特优势。这种优势具有决定性的意义和力量，是我们党始终保持先进性和纯洁性的根本法宝。

回顾我们党的历史可以清楚地看到，在长期奋斗中党所形成的独特优势是全面的，包括理论优势、政治优势、组织优势、制度优势和密切联系群众的优势。这些优势，保证了我们党坚持马克思主义中国化并用中国化的理论成果武装起来，独立自主、自力更生地不断开创事业发展新局面；保证了我们党坚持远大理想与具体历史阶段奋斗纲领相统一，始终站在时代前列引领着中国社会前进的正确方向；保证了我们党能够集中中国工人阶级和中国人民、中华民族的先进分子，集中全国各个领域中德才兼备的优秀人才，充分发挥出他们在人民群众中的先锋模范作用；保证了我们党坚持按照民主集中制原则建立严密的组织体系和铁的纪律，形成又有民主又有集中基础上的坚强团结统一，因而具有强大的战斗力。正是这些优势的全面形成和坚持发挥，使我们党能够由小到大、由弱到强，团结带领全国各族人民谱写了中国革命、建设、改革的壮丽篇章，根本改变了中国人民和中华民族的前途和命运。我们一定要十分珍惜这些优势，一定要在建设中国特色社会主义历史进程中始终坚持和充分发挥这些优势。

第一，要充分发挥党的理论优势，最重要的就是必须坚持马克思主义，不断推进马克思主义中国化时代化大众化，努力提高广大党员和干部的思想理论素质，从理论上保持和发展党的先进性和纯洁性

我们党成立时就把马克思主义鲜明地写在自己的旗帜上，作为党的指导思想。正是因为我们党成功找到了马克思主义，并且坚持把马克思主义基本原理同中国具体实际相结合，认识和掌握中国社会发展的客观规律，才能克服各种错误倾向，不断形成革命、建设、改革的正确路线方针政策，不断开辟中国人民救国、建国、兴国的正确道路；也正是因为我们党坚持用科学理论武装党员、教育人民，才能指引和鼓舞全党同志团结带领人民群众一往无前地为实现国家富强和民族振兴而奋斗。可以这样说，我们党进行革命、建设、改革的整个过程，就是坚持以马克思主义为指导不断认识世界、改造世界的过程；就是坚持立足中国的具体实际、实现和推进马克思主义中国化并不断创造出中国化的理论成果和实践成果的过程；就是用科学理论武装起来的中国共产党人和中国人民不断解放思想、实事求是、与时俱进的过程。

历史经验告诉我们，要充分发挥党的理论优势，必须坚持理论联系实际、理论与实践相结合、学习理论与运用理论相结合。这就要求我们必须准确把握我国基本国情和世界发展大势，深入研究党和国家事业发展各个历史阶段的阶段性特征，及时总结党领导人民在革命、建设、改革进程中解决重大问题的经验，作出新的理论概括，不断丰富和发展理论，永葆指导思想的旺盛生命力。同时，还要求我们必须按照建设马克思主义学习型政党的要求，教育引导广大党员、干部深入学习和掌握马克思列宁主义、毛泽东思想，深入学习和掌握包括邓小平理论、“三个代表”重要思想以及科学发展观等重大战略思想在内的中国特色社会主义理论体系，牢固树立辩证唯物主义、历史唯物主义的世界观和方法论，自觉用科学理论指导客观世界和主观世界的改造，在大是大非面前保持清醒认识，在大风大浪面前坚持正确立场，不断增强工作的原则性、系统性、预见性、创造性。

第二，要充分发挥党的政治优势，最重要的就是必须通过强有力的思想政治工作，教育广大党员和干部坚定中国特色社会主义信念，坚持贯彻艰苦奋斗、勤俭建国的方针，从政治上保持和发展党的先进性和纯洁性

坚定崇高的政治理想和政治信念以及由此产生的百折不挠的革命意志，始终是中国共产党人战胜各种艰难险阻，不断夺取革命、建设、改革胜利的强大力量源泉，也是我们党的巨大政治优势。革命战争年代，千千万万的共产党人不为官、不为钱，不怕艰苦、不怕坐牢，慷慨赴难、从容就义，真正做到了为主义和信仰而奋斗而献身。正如邓小平同志所说的：“过去我们党无论怎样弱小，无论遇到什么困难，一直有强大的战斗力，因为我们有马克思主义和共产主义的信念。有了共同的理想，也就有了铁的纪律。无论过去、现在和将来，这都是我们的真正优势。”现在我们党执政的条件好了，有些党员和领导干部却在矛盾面前畏缩不前，在困难面前悲观失望，有的甚至抵挡不住权力、金钱、美色的诱惑而堕落为腐败分子，根本原因就是政治理想、政治信念出了问题。各级党组织一定要加强对党员和干部的思想政治教育，使他们坚定对马克思主义的信仰，坚定对中国特色社会主义的信念，坚定对改革开放和社会主义现代化建设的信心。每个共产党员都要志存高远，把远大理想落实到脚踏实地做好本职工作上，满怀信心地为中国特色社会主义事业不懈奋斗。

坚持艰苦奋斗、勤俭建国，是新中国一成立我们党就确定的一条重要建国方针，也是党的政治优势的重要体现。实行这一方针，发挥这一政治优势，不只是因为我国人口多、底子薄，要尽快改变“一穷二白”的落后面貌，全党同志和全国各族人民必须艰苦奋斗、勤俭办一切事业，而且也是由我们党的性质和宗旨所决定的。改革开放以来，绝大多数党员和干部在艰苦奋斗、勤俭建国方面做得是好的。但是也要看到，确有一些党员和干部把艰苦奋斗、勤俭建国的方针渐渐淡忘了，大手大脚花钱，讲阔气、摆排场，搞所谓个人政绩，追求个人享乐。有的党员和干部甚至沉湎于灯红酒绿，以致跌入奢侈腐败的深渊，教训是十分深刻的。我们的经济再发展、国力再提高、生活再富裕，我们的党员和干部仍然要坚持艰苦奋斗、勤俭建国的方针。要精打细算地节约一切可以节约的开支，集中更多的财力、物力用在改善人民群众的物质文化生活上，用在发展社会公益事业上，用在关系国计民生的国家重点工程、战略工程的建设上，用在基础科学和高端应用科学技术的研究与开发上，用在国家持续发展和综合国力的提高上。古人说："历览前贤国与家，成由勤俭败由奢。"这是古今中外治国理政的一条共有的警世箴言，我们共产党人更应该引为鉴戒。广大党员和干部要始终坚持勤俭为荣、浪费可耻和艰苦为荣、奢侈可鄙的良好风尚，任何时候都不能丢掉艰苦奋斗、勤俭建国这个党和国家的传家宝。

第三，要充分发挥党的组织优势，最重要的就是必须坚持健全党的组织体系和完善党的组织方式，努力建设高素质干部队伍和人才队伍，切实做好抓基层打基础工作，从组织上保持和发展党的先进性和纯洁性

马克思主义政党力量的凝聚和运用，在于科学的组织。我们党按照马克思主义建党原则，建立了由党的中央组织、地方组织和基层组织构成的科学严密的组织体系，使全党形成一个统一整体，为实现共同目标而奋斗。现在，我们党已发展成为拥有400多万个基层组织、8200多万名党员的大党，集中了全国数量众多的先进分子和各方面优秀人才，具有强大的组织动员力。这是巨大的组织资源和组织优势。充分运用党的组织资源，把各级党委的核心领导作用和基层党组织的战斗堡垒作用进一步发挥好，把广大党员的先锋模范作用和领导干部的骨干带头作用进一步发挥好，党和国家事业发展就有了可靠的组织保证。

要充分发挥党的组织优势，必须建设一支高素质、能够担当重任、经得起风浪考验的干部队伍，特别是要培养和锻炼党的中高级领导干部，形成坚定走中国特色社会主义道路、善于研究新情况和解决新问题、干练而充满活力的各级领导层。这就要求我们以更宽的视野和更大的气魄广开进贤之路，把那些政治坚定、有真才实学、实绩突出、群众公认的干部及时发现出来、合理使用起来，让他们充分发挥自己的聪明才智。各级领导干部要自觉加强党性锻炼和实践锻炼，努力使自己成为对党忠诚、为民奉献的表率，成为坚持真理、讲求实效的表率，成为为了国家和人民的利益勇于担当、敢于负责的表率，成为严于律己、清正廉洁的表率。

要充分发挥党的组织优势，还必须进一步巩固和加强党的基层组织，使之成为推动发展、服务群众、凝聚人心、促进和谐的坚强战斗堡垒。要适应经济结构和党员流向的发展变化，按照便于党员参加活动、党组织发挥作用的原则调整优化基层党组织设置，健全基层组织体系，不断扩大基层党组织覆盖面。要结合经常性创先争优，加强和改进对党员的教育管理，教育和引导广大党员始终牢记党的宗旨，心系人民群众，自觉为改革发展稳定贡献自己的全部力量。

第四，要充分发挥党的制度优势，最重要的就是必须坚持民主基础上的集中和集中指导下的民主相结合，不断巩固党的团结统一和增强党的创造活力，从制度上保持和发展党的先进性和纯洁性

民主集中制是我们党的根本组织制度和领导制度，它正确规范了党内政治生活、处理党内关系的基本准则，是反映、体现全党同志和全国人民利益与愿望，保证党的路线方针政策正确制定和执行的科学的合理的有效率的制度。因此，这是我们党最大的制度优势。我们要结合新的实际发挥好这个优势，把切实推进党内民主、促进党内和谐与维护党的纪律、增进党的团结有机统一起来，充分发挥各级党组织和广大党员的积极性创造性，努力在党内造成又有集中又有民主、又有纪律又有自由、又有统一意志又有个人心情舒畅、生动活泼的政治局面。

党内民主是党的生命，其实质是按照党章

的规定在党内生活中实现党员人人平等，并且共同参与讨论、决定和管理党内事务。各级党组织要认真落实党章和党内规章赋予党员的知情权、参与权、选举权和监督权等各项民主权利，使广大党员在党内生活中真正发挥主体作用。要积极营造党内民主讨论的环境和健康宽松的氛围，倡导党员讲真话、反映真实情况，要求领导干部倾听真话、了解真实情况，在广开言路中集中智慧，在民主讨论中形成共识。

集中统一是党的力量凝聚和行动一致的保证。我国是幅员辽阔、人口众多的发展中大国，我们党面临着艰巨复杂的改革发展稳定任务，维护党和国家的集中统一极为重要。特别要看到，我国社会经济成分、组织形式、就业方式、利益关系和分配方式日益多样化，只有做到民主基础上的集中，形成正确的方针政策和重大决策，形成全党的统一意志，才能增强党的创造力、凝聚力、战斗力，才能保证国家统一、民族团结和社会稳定，才能保障改革开放和社会主义现代化建设顺利进行。各级党组织和全体党员要严格遵守党的纪律特别是政治纪律，自觉在思想上政治上行动上同党中央保持高度一致，维护中央权威，确保中央政令畅通、令行禁止。

要建设和管理好一个有几千万党员的大党，制度更带有根本性、全局性、稳定性、长期性。我们要坚持以党章为根本，以民主集中制为核心，坚持和完善党的领导制度，改革和完善党的领导方式和执政方式，积极稳妥推进党务公开，完善党代表大会制度和党内选举制度，完善党内民主决策机制，坚决克服违反民主集中制原则的个人独断专行和软弱涣散现象。要加强地方党委领导班子运行机制建设，真正形成领导班子团结协作、高效运转、能及时发现解决存在的问题与矛盾的工作机制和管理机制。

第五，要充分发挥党密切联系群众的优势，最重要的就是必须坚持党的根本宗旨，贯彻党的群众路线，使党的一切工作充分体现人民群众的意志、利益和要求，从作风上保持和发展党的先进性和纯洁性

我们党是在同人民群众的密切联系中成长、发展、壮大起来的。人民是党的力量之源和胜利之本。没有人民的支持，党就不可能生存和发展，就一事无成。因此，密切联系群众是我们党的最大优势。我们任何时候都不能削弱和丢掉这个优势，否则党的一切工作就会成为无源之水、无本之木，就会招致挫折和失败。

我们党执政以后，有了更好地为人民服务的条件和密切联系群众的环境，同时由于党的历史方位和社会环境的变化，也增加了脱离群众的危险。这种危险以及其他危险和考验，需要引起高度重视。正如胡锦涛同志在庆祝中国共产党成立 90 周年大会上的讲话所指出的："执政考验、改革开放考验、市场经济考验、外部环境考验是长期的、复杂的、严峻的。精神懈怠的危险，能力不足的危险，脱离群众的危险，消极腐败的危险，更加尖锐地摆在全党面前。"全党同志特别是各级领导干部务必保持清醒的头脑，强化政治意识、大局意识、责任意识、忧患意识，增强自我净化、自我完善、自我革新、自我提高能力，充分发挥党密切联系群众的优势，经受住"四个考验"，为党和人民事业不断作出自己的贡献。

始终坚持全心全意为人民服务的根本宗旨，是我们党始终得到人民拥护和爱戴的根本原因，对于充分发挥党密切联系群众的优势至关重要。我们任何时候都必须把人民利益放在第一位，把实现好、维护好、发展好最广大人民根本利益作为一切工作的出发点和落脚点，诚心诚意为人民群众谋利益。在实行改革开放和发展社会主义市场经济条件下，共产党员仍然要讲奉献，讲个人利益服从集体利益、局部利益服从全局利益、当前利益服从长远利益；仍然要坚持把人民利益放在最高位置，尊重人民主体地位，尊重人民首创精神，想群众之所忧，急群众之所难，谋群众之所需，从人民最关心最直接最现实的利益问题入手，实实在在为群众解难事、办好事，把党的宗旨落实到各项工作中。

党的群众路线是实现党的思想路线、政治

路线和组织路线的根本工作路线，必须贯穿于党的全部工作中。各级领导干部要坚持工作重心下移，经常深入实际、深入基层、深入群众，真诚倾听群众呼声，真实反映群众愿望，真情关心群众疾苦，拜群众为师，向群众问计，从群众的实践中汲取营养、增长智慧，不断提高新形势下做好群众工作的本领。

中国共产党已经走过了91年光辉的不平凡的历程。按照既定的奋斗目标，我们党要团结带领人民到中国共产党成立100年时建成惠及十几亿人口的更高水平的小康社会，到新中国成立100年时把我国建成富强民主文明和谐的社会主义现代化国家。回首过去，成就辉煌，我们深感自豪；展望未来，前景光明，我们信心百倍。让我们紧密团结在以胡锦涛同志为总书记的党中央周围，高举中国特色社会主义伟大旗帜，以邓小平理论和"三个代表"重要思想为指导，深入贯彻落实科学发展观，全面推进党的建设新的伟大工程，在中国特色社会主义伟大事业中充分发挥党的各方面优势，为全面建成小康社会、实现中华民族伟大复兴而努力奋斗，以优异成绩迎接党的十八大胜利召开！

（此文是习近平同志2012年6月28日在全国创先争优表彰大会上的讲话）

认真学习党章　严格遵守党章

（2012年11月16日）

习近平

刚刚闭幕的中国共产党第十八次全国代表大会，从继续推进党的理论创新、推进党和国家事业发展、推进党的建设新的伟大工程出发，对中国共产党章程进行修改，把我们党在推进中国特色社会主义伟大事业和党的建设新的伟大工程中取得的重大实践成果、理论成果、制度成果体现在党章中，实现了党章又一次与时俱进。

党章是党的总章程，集中体现了党的性质和宗旨、党的理论和路线方针政策、党的重要主张，规定了党的重要制度和体制机制，是全党必须共同遵守的根本行为规范。没有规矩，不成方圆。党章就是党的根本大法，是全党必须遵循的总规矩。在各级党组织的全部活动中，都要坚持引导广大党员、干部特别是领导干部自觉学习党章、遵守党章、贯彻党章、维护党章，自觉加强党性修养，增强党的意识、宗旨意识、执政意识、大局意识、责任意识，切实做到为党分忧、为国尽责、为民奉献。

我们党历来高度重视制定和完善党章。党的一大制定了党纲，党的二大制定了我们党的第一部党章。在90多年的奋斗历程中，我们党总是认真总结革命建设改革的成功经验，及时把党的实践创新、理论创新、制度创新的重要成果体现到党章中，从而使党章在推进党的事业、加强党的建设中发挥了重要指导作用。

党的十八大通过的党章修正案，把科学发展观同马克思列宁主义、毛泽东思想、邓小平理论、"三个代表"重要思想一道，确立为党的行动指南；在党章中完整表述了中国特色社会主义道路、中国特色社会主义理论体系、中国特色社会主义制度，全面揭示了中国特色社会主义的科学内涵；把生态文明建设纳入中国特色社会主义事业总体布局；把加强党的执政能力建设、先进性和纯洁性建设，整体推进党的思想建设、组织建设、作风建设、反腐倡廉建设、制度建设，全面提高党的建设科学化水平，建设学习型、服务型、创新型的马克思主义执政党等内容写入党章，并对党员义务、党的基层组织和党的干部的要求作了充实。通过这次修改，党章这个党的总章程更加完善，必将在推进党的事业和党的建设中更好发挥根本性规范和指导作用。

认真学习党章、严格遵守党章，是学习贯彻党的十八大精神的重要内容。要把学习党章同学习党的十八大精神紧密结合起来，同学习中国特色社会主义理论体系紧密结合起来。要深刻理解把科学发展观同马克思列宁主义、毛泽东思想、邓小平理论、"三个代表"重要思想一道确立为党的指导思想的重大意义，深入领会科学发展观的精神实质，增强贯彻落实科学发展观的自觉性和坚定性，坚定不移走科学发展之路。要深刻理解在党章中完整表述中国特色社会主义道路、中国特色社会主义理论体系、中国特色社会主义制度的重大意义，深入领会中国特色社会主义的科学内涵，增强道路自信、理论自信、制度自信，坚定不移推进中国特色社会主义伟大事业。要深刻理解把生态文明建设纳入中国特色社会主义事业总体布局的重大意义，深入领会生态文明建设的指导原则和主要着力点，自觉把生态文明建设融入经济建设、政治建设、文化建设、社会建设各方面和全过程。要深刻理解党章增写党的建设总体要求新内容和关于党员、党的基层组织、党的干部新要求的重大意义，深入领会各项新内容新要求的科学内涵,坚持用党章指导和规范党的建设各项工作,全面提高党的建设科学化水平。

认真学习党章、严格遵守党章,是加强党的建设的一项基础性经常性工作,也是全党同志的应尽义务和庄严责任,对强化全党党章意识,增强党的创造力、凝聚力、战斗力具有极为重要的作用。要以党的十八大党章修正案颁布为契机,在全党兴起学习党章、遵守党章的热潮。

要全面掌握党章基本内容。党章对党的性质、宗旨、指导思想、奋斗纲领和重大方针政策作出了明确规定,对党员权利和义务作出了明确规定,对党的制度和各级党组织的行为规范作出了明确规定,对党的各级领导干部的基本条件作出了明确规定,对党的纪律作出了明确规定。对这些重要内容,全党同志都要全面了解和掌握。要把党章学习教育作为经常性工作来抓,通过日常学习、专题培训等形式,组织党员学习党章。要把学习党章作为各级党校、干校培训党员领导干部的必备课程。要把检查学习和遵守党章情况作为组织生活会、民主生活会的重要内容。通过学习教育,使全党同志对党章内化于心、外化于行。

要严格遵守党章各项规定。全党要牢固树立党章意识,真正把党章作为加强党性修养的根本标准,作为指导党的工作、党内活动、党的建设的根本依据,把党章各项规定落实到行动上、落实到各项事业中。建立健全党内制度体系,要以党章为根本依据;判断各级党组织和党员、干部的表现,要以党章为基本标准;解决党内矛盾,要以党章为根本规则。要加强对遵守党章、执行党章情况的督促检查,对党章意识不强、不按党章规定办事的要及时提醒,对严重违反党章规定的行为要坚决纠正,全党共同来维护党章的权威性和严肃性。

党员领导干部要做学习党章、遵守党章的模范。各级领导干部要把学习党章作为必修课,走上新的领导岗位的同志要把学习党章作为第一课,带头遵守党章各项规定。凡是党章规定党员必须做到的,领导干部要首先做到;凡是党章规定党员不能做的,领导干部要带头不做。要严格按照党章规定的党员领导干部必须具备的六项基本条件,提高自身素质和能力,经常检查和弥补自身不足。特别是要在坚定理想信念、坚持实事求是、推动科学发展、密切联系群众、加强道德修养、严守党的纪律等方面为广大党员作出表率。要严格执行党章关于民主集中制的各项规定,并落实到制定决策、选人用人等领导工作各个环节。要带头执行党的政治纪律,自觉维护中央权威,厉行工作规程,做到令行禁止,保证中央政令畅通。要严格执行党章关于党内政治生活的各项规定,敢于坚持原则,勇于开展批评和自我批评,带头弘扬正气、抵制歪风邪气。要坚持党的群众路线,从群众中来、到群众中去,深入基层调查研究,亲近群众,联系群众,服务群众,做好新形势下的群众工作,朝气蓬勃地带领人民为全面建成小康社会、坚持和发展中国特色社会主义而共同奋斗。

紧紧围绕坚持和发展中国特色社会主义 学习宣传贯彻党的十八大精神

（2012年11月17日）

习近平

党的十八大报告勾画了在新的历史条件下全面建成小康社会、加快推进社会主义现代化、夺取中国特色社会主义新胜利的宏伟蓝图，是我们党团结带领全国各族人民沿着中国特色社会主义道路继续前进、为全面建成小康社会而奋斗的政治宣言和行动纲领，为我们这一届中央领导集体的工作指明了方向。中央已经发出关于认真学习宣传贯彻党的十八大精神的通知，各级党委要按照通知要求，把学习宣传贯彻党的十八大精神引向深入。

党的十八大强调要高举中国特色社会主义伟大旗帜，强调中国特色社会主义是党和人民90多年奋斗、创造、积累的根本成就，必须倍加珍惜、始终坚持、不断发展，号召全党不懈探索和把握中国特色社会主义规律，永葆党的生机活力，永葆国家发展动力，奋力开拓中国特色社会主义更为广阔的发展前景。可以说，坚持和发展中国特色社会主义是贯穿党的十八大报告的一条主线。我们要紧紧抓住这条主线，把坚持和发展中国特色社会主义作为学习贯彻党的十八大精神的聚焦点、着力点、落脚点，只有这样，才能把党的十八大精神学得更加深入、领会得更加透彻、贯彻得更加自觉。

为什么我要强调这一点？这是因为，党和国家的长期实践充分证明，只有社会主义才能救中国，只有中国特色社会主义才能发展中国。只有高举中国特色社会主义伟大旗帜，我们才能团结带领全党全国各族人民，在中国共产党成立100年时全面建成小康社会，在新中国成立100年时建成富强民主文明和谐的社会主义现代化国家，赢得中国人民和中华民族更加幸福美好的未来。

紧紧围绕坚持和发展中国特色社会主义学习宣传贯彻党的十八大精神，我体会，应该从理论和实践的结合上把握好以下几个方面。

第一，深刻领会中国特色社会主义是党和人民长期实践取得的根本成就。中国特色社会主义是改革开放新时期开创的，也是建立在我们党长期奋斗基础上的，是由我们党的几代中央领导集体团结带领全党全国人民历经千辛万苦、付出各种代价、接力探索取得的。我们党紧紧依靠人民，从根本上改变了中国人民和中华民族的前途命运，不可逆转地结束了近代以后中国内忧外患、积贫积弱的悲惨命运，不可逆转地开启了中华民族不断发展壮大、走向伟大复兴的历史进军，使具有5000多年文明历史的中华民族以崭新的姿态屹立于世界民族之林。

我们要永远铭记党的三代中央领导集体和以胡锦涛同志为总书记的党中央为中国特色社会主义作出的历史性贡献。以毛泽东同志为核心的党的第一代中央领导集体，为新时期开创中国特色社会主义提供了宝贵经验、理论准备、物质基础。以邓小平同志为核心的党的第二代中央领导集体，成功开创了中国特色社会主义。以江泽民同志为核心的党的第三代中央领导集体，成功把中国特色社会主义推向二十一世纪。新世纪新阶段，以胡锦涛同志为总书记的党中央，成功在新的历史起点上坚持和发展了中国特色社会主义。可以看出，中国特色社会主义，承载着几代中国共产党人的理想和探索，寄托着无数仁人志士的夙愿和期盼，凝聚着亿万人民的奋斗和牺牲，是近代以来中国社会发展的必然选择，是发展中国、稳定中国的必由之路。

实践充分证明，中国特色社会主义是中国共产党和中国人民团结的旗帜、奋进的旗帜、胜利的旗帜。我们要全面建成小康社会、加快推进社会主义现代化、实现中华民族伟大复兴，必须始终高举中国特色社会主义伟大旗帜，坚定不移坚持和发展中国特色社会主义。党的十八大要求全党坚定对中国特色社会主义的道路自信、理论自信、制度自信，其根本原因就在这里。

第二，深刻领会中国特色社会主义是由道路、理论体系、制度三位一体构成的。党的十八大阐明了中国特色社会主义道路、中国特色社会主义理论体系、中国特色社会主义制度的科学内涵及其相互联系，强调：中国特色社会主义道路是实现途径，中国特色社会主义理论体系是行动指南，中国特色社会主义制度是根本保障，三者统一于中国特色社会主义伟大实践。这是中国特色社会主义的最鲜明特色。

这个概括告诉我们：中国特色社会主义是实践、理论、制度紧密结合的，既把成功的实践上升为理论，又以正确的理论指导新的实践，还把实践中已见成效的方针政策及时上升为党和国家的制度。所以，中国特色社会主义特就特在其道路、理论体系、制度上，特就特在其实现途径、行动指南、根本保障的内在联系上，特就特在这三者统一于中国特色社会主义伟大实践上。在当代中国，坚持和发展中国特色社会主义，就是真正坚持社会主义。

中国特色社会主义道路，是实现我国社会主义现代化的必由之路，是创造人民美好生活的必由之路。中国特色社会主义道路，既坚持以经济建设为中心，又全面推进经济建设、政治建设、文化建设、社会建设、生态文明建设以及其他各方面建设；既坚持四项基本原则，又坚持改革开放；既不断解放和发展社会生产力，又逐步实现全体人民共同富裕、促进人的全面发展。

中国特色社会主义理论体系，是马克思主义中国化最新成果，包括邓小平理论、“三个代表”重要思想、科学发展观，同马克思列宁主义、毛泽东思想是坚持、发展和继承、创新的关系。马克思列宁主义、毛泽东思想一定不能丢，丢了就丧失根本。同时，我们一定要以我国改革开放和现代化建设的实际问题、以我们正在做的事情为中心，着眼于马克思主义理论的运用，着眼于对实际问题的理论思考，着眼于新的实践和新的发展。在当代中国，坚持中国特色社会主义理论体系，就是真正坚持马克思主义。

中国特色社会主义制度，坚持把根本政治制度、基本政治制度同基本经济制度以及各方面体制机制等具体制度有机结合起来，坚持把国家层面民主制度同基层民主制度有机结合起来，坚持把党的领导、人民当家作主、依法治国有机结合起来，符合我国国情，集中体现了中国特色社会主义的特点和优势，是中国发展进步的根本制度保障。

应该看到，中国特色社会主义制度是特色鲜明、富有效率的，但还不是尽善尽美、成熟定型的。中国特色社会主义事业不断发展，中国特色社会主义制度也需要不断完善。邓小平同志 1992 年在视察南方重要谈话中指出：“恐怕再有三十年的时间，我们才会在各方面形成一整套更加成熟、更加定型的制度。”党的十八大强调，要把制度建设摆在突出位置，充分发挥我国社会主义政治制度优越性。我们要坚持以实践基础上的理论创新推动制度创新，坚持和完善现有制度，从实际出发，及时制定一些新的制度，构建系统完备、科学规范、运行有效的制度体系，使各方面制度更加成熟更加定型，为夺取中国特色社会主义新胜利提供更加有效的制度保障。

第三，深刻领会建设中国特色社会主义的总依据、总布局、总任务。党的十八大强调，建设中国特色社会主义，总依据是社会主义初级阶段，总布局是五位一体，总任务是实现社会主义现代化和中华民族伟大复兴。这“三个总”的概括，高屋建瓴，提纲挈领，言简意赅。深刻领会和把握这个新概括，有助于我们深刻领会和把握中国特色社会主义的真谛和要义。

强调总依据,是因为社会主义初级阶段是当代中国的最大国情、最大实际。我们在任何情况下都要牢牢把握这个最大国情,推进任何方面的改革发展都要牢牢立足这个最大实际。不仅在经济建设中要始终立足初级阶段,而且在政治建设、文化建设、社会建设、生态文明建设中也要始终牢记初级阶段;不仅在经济总量低时要立足初级阶段,而且在经济总量提高后仍然要牢记初级阶段;不仅在谋划长远发展时要立足初级阶段,而且在日常工作中也要牢记初级阶段。党在社会主义初级阶段的基本路线是党和国家的生命线。我们在实践中要始终坚持“一个中心、两个基本点”不动摇,既不偏离“一个中心”,也不偏废“两个基本点”,把践行中国特色社会主义共同理想和坚定共产主义远大理想统一起来,坚决抵制抛弃社会主义的各种错误主张,自觉纠正超越阶段的错误观念和政策措施。只有这样,才能真正做到既不妄自菲薄、也不妄自尊大,扎扎实实夺取中国特色社会主义新胜利。

强调总布局,是因为中国特色社会主义是全面发展的社会主义。我们要牢牢抓好党执政兴国的第一要务,始终代表中国先进生产力的发展要求,坚持以经济建设为中心,在经济不断发展的基础上,协调推进政治建设、文化建设、社会建设、生态文明建设以及其他各方面建设。随着我国经济社会发展不断深入,生态文明建设地位和作用日益凸显。党的十八大把生态文明建设纳入中国特色社会主义事业总体布局,使生态文明建设的战略地位更加明确,有利于把生态文明建设融入经济建设、政治建设、文化建设、社会建设各方面和全过程。这是我们党对社会主义建设规律在实践和认识上不断深化的重要成果。我们要按照这个总布局,促进现代化建设各方面相协调,促进生产关系与生产力、上层建筑与经济基础相协调。

强调总任务,是因为我们党从成立那天起,就肩负着实现中华民族伟大复兴的历史使命。我们党领导人民进行革命建设改革,就是要让中国人民富裕起来,国家强盛起来,振兴伟大的中华民族。按照现代化建设“三步走”的战略部署,建设富强民主文明和谐的社会主义现代化国家,是我们党和国家在整个社会主义初级阶段的奋斗目标。我们党的庄严使命、改革开放的根本目的、我们国家的奋斗目标,都聚焦于这个总任务、归结于这个总任务。我们要紧紧扭住这个总任务,一代一代锲而不舍干下去。

我们党在不同历史时期,总是根据人民意愿和事业发展需要,提出富有感召力的奋斗目标,团结带领人民为之奋斗。党的十八大根据国内外形势新变化,顺应我国经济社会新发展和广大人民群众新期待,对全面建设小康社会目标进行了充实和完善,提出了更具明确政策导向、更加针对发展难题、更好顺应人民意愿的新要求。这些目标要求,与党的十六大提出的全面建设小康社会奋斗目标和党的十七大提出的实现全面建设小康社会奋斗目标新要求相衔接,也与中国特色社会主义事业总体布局相一致。全党全国要同心同德、埋头苦干,锐意创新、开拓进取,共同为实现党的十八大提出的全面建成小康社会和全面深化改革开放的目标而奋斗。

第四,深刻领会夺取中国特色社会主义新胜利的基本要求。党的十八大提出了在新的历史条件下夺取中国特色社会主义新胜利必须牢牢把握的基本要求。这些基本要求是根据党的基本理论、基本路线、基本纲领、基本经验,深刻总结60多年来我国社会主义建设特别是中国特色社会主义建设实践提出的,是最本质的东西,是体现共产党执政规律、社会主义建设规律、人类社会发展规律的东西,表明我们党对中国特色社会主义规律的认识达到了新水平。

党的十八大提出的基本要求,进一步回答了在新的历史征程上怎样才能夺取中国特色社会主义新胜利的基本问题。中国特色社会主义是亿万人民自己的事业,所以必须发挥人民主人翁精神,更好保证人民当家作主。解放和发展社会生产力是中国特色社会主义的根本任务，所以必须坚持以经济建设为中心，以科学发展为主题，实现以人为本、全面协调可持续的科学发展。改革开放是坚持和发展中国特色社会主义的必由之路，所以必须始终把改革创新精神贯彻到治国理政各个环节，不断推进我国社会主义制度自我完善和发展。公平正义是中国特色社会主义的内在要求，所以必须在全体人民共同奋斗、经济社会发展的基础上，加紧建设对保障社会公平正义具有重大作用的制度，逐步建立社会公平保障体系。共同富裕是中国特色社会主义的根本原则，所以必须使发展成果更多更公平惠及全体人民，朝着共同富裕方向稳步前进。社会和谐是中国特色社会主义的本质属性，所以必须团结一切可以团结的力量，最大限度增加和谐因素，增强社会创造活力，确保人民安居乐业、社会安定有序、国家长治久安。和平发展是中国特色社会主义的必然选择，所以必须坚持开放的发展、合作的发展、共赢的发展，扩大同各方利益汇合点，推动建设持久和平、共同繁荣的和谐世界。中国共产党是中国特色社会主义事业的领导核心，所以必须加强和改善党的领导，充分发挥党总揽全局、协调各方的领导核心作用。

党的十八大提出的基本要求，是对当前我国经济社会发展中存在的突出问题、改革攻坚和加快转变经济发展方式面临的难点问题、干部群众普遍关注的热点问题的积极回应，是对我国进入全面建成小康社会决定性阶段改革发展稳定、内政外交国防、治党治国治军的正确指引。这些基本要求，既涉及生产力和生产关系、又涉及经济基础和上层建筑，既涉及中国特色社会主义伟大事业、又涉及党的建设新的伟大工程，同时还涉及统筹国内国际两个大局。党的十八大对各项工作的谋划和部署都是遵循和体现这些基本要求的。抓住了这些基本要求，就能更好凝聚力量、攻坚克难，继续推动科学发展、促进社会和谐，继续改善人民生活、增进人民福祉，完成时代赋予的光荣而艰巨的任务。

第五，深刻领会确保党始终成为中国特色社会主义事业的坚强领导核心。党的十八大强调，我们党担负着团结带领人民全面建成小康社会、推进社会主义现代化、实现中华民族伟大复兴的重任。党坚强有力，党同人民保持血肉联系，国家就繁荣稳定，人民就幸福安康。形势的发展、事业的开拓、人民的期待，都要求我们以改革创新精神全面推进党的建设新的伟大工程，全面提高党的建设科学化水平。治国必先治党，治党务必从严。为此，党的十八大提出了新形势下全面提高党的建设科学化水平的总要求和各项任务。全党要深刻学习领会、逐条贯彻落实。

党的十八大提出的党的建设总要求，既是着眼于继承和弘扬我们党90多年来保持和发展马克思主义政党先进性的根本点提出来的，又是着眼于顺应和应对新形势下世情、国情、党情的新变化提出来的。这些年来，我们全面推进党的建设新的伟大工程，党的执政能力得到新的提高，党的先进性和纯洁性得到保持和发展，党的领导得到加强和改善。同时，与国内外形势发展变化相比，与党所承担的历史任务相比，党的领导水平和执政水平、党组织建设状况和党员干部素质、能力、作风都还有不小差距。特别是新形势下加强和改进党的建设面临"四大考验"、"四种危险"，落实党要管党、从严治党的任务比以往任何时候都更为繁重更为紧迫。全党要增强紧迫感和责任感，牢牢把握党的建设总要求，不断提高党的领导水平和执政水平、提高拒腐防变和抵御风险能力，使我们党在世界形势深刻变化的历史进程中始终走在时代前列，在应对国内外各种风险和考验的历史进程中始终成为全国人民的主心骨，在坚持和发展中国特色社会主义的历史进程中始终成为坚强领导核心。

坚定理想信念，坚守共产党人精神追求，始终是共产党人安身立命的根本。对马克思主义的信仰，对社会主义和共产主义的信念，是共产党人的政治灵魂，是共产党人经受住任何考验的精神支柱。形象地说，理想信念就是共产党人精神上的"钙",没有理想信念,理想信念不坚定,精神上就会"缺钙",就会得"软骨病"。现实生活中,一些党员、干部出这样那样的问题,说到底是信仰迷茫、精神迷失。全党要按照党的十八大部署,深入学习实践中国特色社会主义理论体系特别是科学发展观,讲党性、重品行、作表率,矢志不渝为实现中国特色社会主义共同理想而奋斗。

密切党群、干群关系,保持同人民群众的血肉联系,始终是我们党立于不败之地的根基。一个政党,一个政权,其前途和命运最终取决于人心向背。如果我们脱离群众、失去人民拥护和支持,最终也会走向失败。我们要适应新形势下群众工作新特点新要求,深入做好组织群众、宣传群众、教育群众、服务群众工作,虚心向群众学习,诚心接受群众监督,始终植根人民、造福人民,始终保持党同人民群众的血肉联系,始终与人民心连心、同呼吸、共命运。要从人民伟大实践中汲取智慧和力量,办好顺民意、解民忧、惠民生的实事,纠正损害群众利益的行为。党的十八大提出,要在全党深入开展以为民务实清廉为主要内容的党的群众路线教育实践活动。中央将对这项活动进行部署,各级党委要切实抓好落实,着力解决人民群众反映强烈的突出问题,保证活动取得实效。

反对腐败、建设廉洁政治,保持党的肌体健康,始终是我们党一贯坚持的鲜明政治立场。党风廉政建设,是广大干部群众始终关注的重大政治问题。"物必先腐,而后虫生。"近年来,一些国家因长期积累的矛盾导致民怨载道、社会动荡、政权垮台,其中贪污腐败就是一个很重要的原因。大量事实告诉我们,腐败问题越演越烈,最终必然会亡党亡国!我们要警醒啊!近年来我们党内发生的严重违纪违法案件,性质非常恶劣,政治影响极坏,令人触目惊心。各级党委要旗帜鲜明地反对腐败,更加科学有效地防治腐败,做到干部清正、政府清廉、政治清明,永葆共产党人清正廉洁的政治本色。各级领导干部特别是高级干部要自觉遵守廉政准则,既严于律己,又加强对亲属和身边工作人员的教育和约束,决不允许以权谋私,决不允许搞特权。对一切违反党纪国法的行为,都必须严惩不贷,决不能手软。

党的十八大强调指出,发展中国特色社会主义是一项长期的艰巨的历史任务,必须准备进行具有许多新的历史特点的伟大斗争。全党同志一定要以更加坚定的信念、更加顽强的努力,毫不动摇坚持、与时俱进发展中国特色社会主义,不断丰富中国特色社会主义的实践特色、理论特色、民族特色、时代特色,团结带领全国各族人民,努力实现全面建成小康社会各项目标任务,继续实现推进现代化建设、完成祖国统一、维护世界和平与促进共同发展这三大历史任务。这是我们这一代共产党人的历史重任,我们要为之付出全部智慧和力量。

(此文是习近平同志在十八届中共中央政治局第一次集体学习时的讲话)

在首都各界纪念现行宪法公布施行30周年大会上的讲话

（2012年12月4日）

习近平

同志们，朋友们：

1982年12月4日，五届全国人大五次会议通过了《中华人民共和国宪法》。我国现行宪法公布施行至今已经30年了。今天，我们在这里隆重集会，纪念这一具有重大历史意义和现实意义的事件，就是要保证宪法全面有效实施、推动全面贯彻党的十八大精神。

历史总能给人以深刻启示。回顾我国宪法制度发展历程，我们愈加感到，我国宪法同党和人民进行的艰苦奋斗和创造的辉煌成就紧密相连，同党和人民开辟的前进道路和积累的宝贵经验紧密相连。

我国现行宪法可以追溯到1949年具有临时宪法作用的《中国人民政治协商会议共同纲领》和1954年一届全国人大一次会议通过的《中华人民共和国宪法》。这些文献都以国家根本法的形式，确认了近代100多年来中国人民为反对内外敌人、争取民族独立和人民自由幸福进行的英勇斗争，确认了中国共产党领导中国人民夺取新民主主义革命胜利、中国人民掌握国家权力的历史变革。

1978年，我们党召开具有重大历史意义的十一届三中全会，开启了改革开放历史新时期，发展社会主义民主、健全社会主义法制成为党和国家坚定不移的基本方针。就是在这次会议上，邓小平同志深刻指出："为了保障人民民主，必须加强法制。必须使民主制度化、法律化，使这种制度和法律不因领导人的改变而改变，不因领导人的看法和注意力的改变而改变。"根据党的十一届三中全会确立的路线方针政策，总结我国社会主义建设正反两方面经验，深刻吸取十年"文化大革命"的沉痛教训，借鉴世界社会主义成败得失，适应我国改革开放和社会主义现代化建设、加强社会主义民主法制建设的新要求，我们制定了我国现行宪法。同时，宪法只有不断适应新形势、吸纳新经验、确认新成果，才能具有持久生命力。1988年、1993年、1999年、2004年，全国人大分别对我国宪法个别条款和部分内容作出必要的、也是十分重要的修正，使我国宪法在保持稳定性和权威性的基础上紧跟时代前进步伐，不断与时俱进。

我国宪法以国家根本法的形式，确立了中国特色社会主义道路、中国特色社会主义理论体系、中国特色社会主义制度的发展成果，反映了我国各族人民的共同意志和根本利益，成为历史新时期党和国家的中心工作、基本原则、重大方针、重要政策在国家法制上的最高体现。

30年来，我国宪法以其至上的法制地位和强大的法制力量，有力保障了人民当家作主，有力促进了改革开放和社会主义现代化建设，有力推动了社会主义法治国家进程，有力促进了人权事业发展，有力维护了国家统一、民族团结、社会稳定，对我国政治、经济、文化、社会生活产生了极为深刻的影响。

30年来的发展历程充分证明，我国宪法是符合国情、符合实际、符合时代发展要求的好宪法，是充分体现人民共同意志、充分保障人民民主权利、充分维护人民根本利益的好宪法，是推动国家发展进步、保证人民创造幸福生活、保障中华民族实现伟大复兴的好宪法，是我们国家和人民经受住各种困难和风险考验、始终沿着中国特色社会主义道路前进的根本法制保证。

再往前追溯至新中国成立以来60多年我国宪法制度的发展历程,我们可以清楚地看到,宪法与国家前途、人民命运息息相关。维护宪法权威,就是维护党和人民共同意志的权威。捍卫宪法尊严,就是捍卫党和人民共同意志的尊严。保证宪法实施,就是保证人民根本利益的实现。只要我们切实尊重和有效实施宪法,人民当家作主就有保证,党和国家事业就能顺利发展。反之,如果宪法受到漠视、削弱甚至破坏,人民权利和自由就无法保证,党和国家事业就会遭受挫折。这些从长期实践中得出的宝贵启示,必须倍加珍惜。我们要更加自觉地恪守宪法原则、弘扬宪法精神、履行宪法使命。

在充分肯定成绩的同时,我们也要看到存在的不足,主要表现在:保证宪法实施的监督机制和具体制度还不健全,有法不依、执法不严、违法不究现象在一些地方和部门依然存在;关系人民群众切身利益的执法司法问题还比较突出;一些公职人员滥用职权、失职渎职、执法犯法甚至徇私枉法严重损害国家法制权威;公民包括一些领导干部的宪法意识还有待进一步提高。对这些问题,我们必须高度重视,切实加以解决。

同志们、朋友们!

党的十八大强调,依法治国是党领导人民治理国家的基本方略,法治是治国理政的基本方式,要更加注重发挥法治在国家治理和社会管理中的重要作用,全面推进依法治国,加快建设社会主义法治国家。实现这个目标要求,必须全面贯彻实施宪法。

全面贯彻实施宪法,是建设社会主义法治国家的首要任务和基础性工作。宪法是国家的根本法,是治国安邦的总章程,具有最高的法律地位、法律权威、法律效力,具有根本性、全局性、稳定性、长期性。全国各族人民、一切国家机关和武装力量、各政党和各社会团体、各企业事业组织,都必须以宪法为根本的活动准则,并且负有维护宪法尊严、保证宪法实施的职责。任何组织或者个人,都不得有超越宪法和法律的特权。一切违反宪法和法律的行为,都必须予以追究。

宪法的生命在于实施,宪法的权威也在于实施。我们要坚持不懈抓好宪法实施工作,把全面贯彻实施宪法提高到一个新水平。

第一,坚持正确政治方向,坚定不移走中国特色社会主义政治发展道路。改革开放以来,我们党团结带领人民在发展社会主义民主政治方面取得了重大进展,成功开辟和坚持了中国特色社会主义政治发展道路,为实现最广泛的人民民主确立了正确方向。这一政治发展道路的核心思想、主体内容、基本要求,都在宪法中得到了确认和体现,其精神实质是紧密联系、相互贯通、相互促进的。国家的根本制度和根本任务,国家的领导核心和指导思想,工人阶级领导的、以工农联盟为基础的人民民主专政的国体,人民代表大会制度的政体,中国共产党领导的多党合作和政治协商制度、民族区域自治制度以及基层群众自治制度,爱国统一战线,社会主义法制原则,民主集中制原则,尊重和保障人权原则,等等,这些宪法确立的制度和原则,我们必须长期坚持、全面贯彻、不断发展。

坚持中国特色社会主义政治发展道路,关键是要坚持党的领导、人民当家作主、依法治国有机统一,以保证人民当家作主为根本,以增强党和国家活力、调动人民积极性为目标,扩大社会主义民主,发展社会主义政治文明。我们要坚持国家一切权力属于人民的宪法理念,最广泛地动员和组织人民依照宪法和法律规定,通过各级人民代表大会行使国家权力,通过各种途径和形式管理国家和社会事务、管理经济和文化事业,共同建设,共同享有,共同发展,成为国家、社会和自己命运的主人。我们要按照宪法确立的民主集中制原则、国家政权体制和活动准则,实行人民代表大会统一行使国家权力,实行决策权、执行权、监督权既有合理分工又有相互协调,保证国家机关依照法定权限和程序行使职权、履行职责,保证国家机关统一有效组织各项事业。我们要根据宪法确立的体制和原则，正确处理中央和地方关系，正确处理民族关系，正确处理各方面利益关系，调动一切积极因素，巩固和发展民主团结、生动活泼、安定和谐的政治局面。我们要适应扩大人民民主、促进经济社会发展的新要求，积极稳妥推进政治体制改革，发展更加广泛、更加充分、更加健全的人民民主，充分发挥我国社会主义政治制度优越性，不断推进社会主义政治制度自我完善和发展。

第二，落实依法治国基本方略，加快建设社会主义法治国家。宪法确立了社会主义法制的基本原则，明确规定中华人民共和国实行依法治国，建设社会主义法治国家，国家维护社会主义法制的统一和尊严。落实依法治国基本方略，加快建设社会主义法治国家，必须全面推进科学立法、严格执法、公正司法、全民守法进程。

我们要以宪法为最高法律规范，继续完善以宪法为统帅的中国特色社会主义法律体系，把国家各项事业和各项工作纳入法制轨道，实行有法可依、有法必依、执法必严、违法必究，维护社会公平正义，实现国家和社会生活制度化、法制化。全国人大及其常委会要加强重点领域立法，拓展人民有序参与立法途径，通过完备的法律推动宪法实施，保证宪法确立的制度和原则得到落实。国务院和有立法权的地方人大及其常委会要抓紧制定和修改与法律相配套的行政法规和地方性法规，保证宪法和法律得到有效实施。各级国家行政机关、审判机关、检察机关要坚持依法行政、公正司法，加快推进法治政府建设，不断提高司法公信力。国务院和地方各级人民政府作为国家权力机关的执行机关，作为国家行政机关，负有严格贯彻实施宪法和法律的重要职责，要规范政府行为，切实做到严格规范公正文明执法。我们要深化司法体制改革，保证依法独立公正行使审判权、检察权。全国人大及其常委会和国家有关监督机关要担负起宪法和法律监督职责，加强对宪法和法律实施情况的监督检查，健全监督机制和程序，坚决纠正违宪违法行为。地方各级人大及其常委会要依法行使职权，保证宪法和法律在本行政区域内得到遵守和执行。

第三，坚持人民主体地位，切实保障公民享有权利和履行义务。公民的基本权利和义务是宪法的核心内容，宪法是每个公民享有权利、履行义务的根本保证。宪法的根基在于人民发自内心的拥护，宪法的伟力在于人民出自真诚的信仰。只有保证公民在法律面前一律平等，尊重和保障人权，保证人民依法享有广泛的权利和自由，宪法才能深入人心，走入人民群众，宪法实施才能真正成为全体人民的自觉行动。

我们要依法保障全体公民享有广泛的权利，保障公民的人身权、财产权、基本政治权利等各项权利不受侵犯，保证公民的经济、文化、社会等各方面权利得到落实，努力维护最广大人民根本利益，保障人民群众对美好生活的向往和追求。我们要依法公正对待人民群众的诉求，努力让人民群众在每一个司法案件中都能感受到公平正义，决不能让不公正的审判伤害人民群众感情、损害人民群众权益。我们要在全社会加强宪法宣传教育，提高全体人民特别是各级领导干部和国家机关工作人员的宪法意识和法制观念，弘扬社会主义法治精神，努力培育社会主义法治文化，让宪法家喻户晓，在全社会形成学法尊法守法用法的良好氛围。我们要通过不懈努力，在全社会牢固树立宪法和法律的权威，让广大人民群众充分相信法律、自觉运用法律，使广大人民群众认识到宪法不仅是全体公民必须遵循的行为规范，而且是保障公民权利的法律武器。我们要把宪法教育作为党员干部教育的重要内容，使各级领导干部和国家机关工作人员掌握宪法的基本知识，树立忠于宪法、遵守宪法、维护宪法的自觉意识。法律是成文的道德，道德是内心的法律。我们要坚持把依法治国和以德治国结合起来，高度重视道德对公民行为的规范作用，引导公民既依法维护合法权益，又自觉履行法定义务，做到享有权利和履行义务相一致。

第四，坚持党的领导，更加注重改进党的领导方式和执政方式。依法治国，首先是依宪治国；依法执政，关键是依宪执政。新形势下，我们党要履行好执政兴国的重大职责，必须依据党章从严治党、依据宪法治国理政。党领导人民制定宪法和法律，党领导人民执行宪法和法律，党自身必须在宪法和法律范围内活动，真正做到党领导立法、保证执法、带头守法。

我们要坚持党总揽全局、协调各方的领导核心作用，坚持依法治国基本方略和依法执政基本方式，善于使党的主张通过法定程序成为国家意志，善于使党组织推荐的人选成为国家政权机关的领导人员，善于通过国家政权机关实施党对国家和社会的领导，支持国家权力机关、行政机关、审判机关、检察机关依照宪法和法律独立负责、协调一致地开展工作。各级党组织和党员领导干部要带头厉行法治，不断提高依法执政能力和水平，不断推进各项治国理政活动的制度化、法律化。各级领导干部要提高运用法治思维和法治方式深化改革、推动发展、化解矛盾、维护稳定能力，努力推动形成办事依法、遇事找法、解决问题用法、化解矛盾靠法的良好法治环境，在法治轨道上推动各项工作。我们要健全权力运行制约和监督体系，有权必有责，用权受监督，失职要问责，违法要追究，保证人民赋予的权力始终用来为人民谋利益。

同志们、朋友们！

全党全国各族人民要紧密团结在党中央周围，高举中国特色社会主义伟大旗帜，坚持以邓小平理论、“三个代表”重要思想、科学发展观为指导，坚持依法治国、依法执政、依法行政共同推进，坚持法治国家、法治政府、法治社会一体建设，扎扎实实把党的十八大精神落实到各项工作中去，为全面建成小康社会、开创中国特色社会主义事业新局面而努力奋斗！

全面贯彻落实党的十八大精神要突出抓好六个方面工作

习近平

党的十八大是在我国进入全面建成小康社会决定性阶段召开的一次十分重要的大会，是一次高举旗帜、继往开来、团结奋进的大会，对凝聚党心军心民心、推动党和国家事业发展具有十分重大的意义。大会高举中国特色社会主义伟大旗帜，以马克思列宁主义、毛泽东思想、邓小平理论、"三个代表"重要思想、科学发展观为指导，分析了国际国内形势的发展变化，回顾和总结了过去五年的工作和党的十六大以来的奋斗历程及取得的历史性成就，确立了科学发展观的历史地位，提出了夺取中国特色社会主义新胜利必须牢牢把握的基本要求，确定了全面建成小康社会和全面深化改革开放的目标，对新的时代条件下推进中国特色社会主义事业作出了全面部署，对全面提高党的建设科学化水平提出了明确要求。报告描绘了全面建成小康社会、加快推进社会主义现代化的宏伟蓝图，为党和国家事业进一步发展指明了方向，是全党全国各族人民智慧的结晶，是我们党团结带领全国各族人民夺取中国特色社会主义新胜利的政治宣言和行动纲领，是马克思主义的纲领性文献。大会通过的党章修正案，体现了党的理论创新和实践发展的成果，体现了党的十八大确立的重大理论观点和重大工作部署，对以改革创新精神全面推进党的建设新的伟大工程、提高党的建设科学化水平提出了明确要求。

当前和今后一个时期，新一届中央领导集体的首要政治任务，就是全面贯彻落实党的十八大精神，为实现党的十八大确定的目标任务而努力奋斗。要突出抓好以下六个方面工作。

第一，高举中国特色社会主义伟大旗帜。中国共产党从成立起就肩负着实现中华民族伟大复兴的历史使命。90多年来，我们党坚持把马克思主义基本原理同中国具体实际和时代特征结合起来，独立自主走自己的路，历经千辛万苦，付出各种代价，胜利完成了新民主主义革命、社会主义革命，胜利进行了改革开放新的伟大革命，开创和发展了中国特色社会主义，从根本上改变了中国人民和中华民族的前途命运。中国特色社会主义，承载着几代中国共产党人的理想和探索，寄托着无数仁人志士的意愿和期盼，凝聚着千千万万革命先烈的奋斗和牺牲，凝聚着全国各族人民的奋斗和实践，是近代以来中国社会发展的必然选择，是历史和人民的选择。中国特色社会主义伟大实践，不仅使我们国家快速发展起来，使我国人民生活水平快速提高起来，使中华民族大踏步赶上时代前进潮流、迎来伟大复兴的光明前景，而且使中国人民和中华民族为世界和平与发展作出了重大贡献。事实雄辩地证明，要发展中国、稳定中国，要全面建成小康社会、加快推进社会主义现代化，要实现中华民族伟大复兴，必须坚定不移坚持和发展中国特色社会主义。

在前进道路上，我们一定要坚定不移高举中国特色社会主义伟大旗帜，坚持和拓展中国特色社会主义道路，坚持和丰富中国特色社会主义理论体系，坚持和完善中国特色社会主义制度。我们党在坚持和发展中国特色社会主义实践中，先后形成了党的基本理论、基本路线、基本纲领、基本经验，党的十八大又提出夺取中国特色社会主义新胜利必须牢牢把握的"八个必须”基本要求，这是对我们党坚持和发展中国特色社会主义新鲜经验的科学总结，用新的理论认识和实践经验进一步回答了坚持和发展中国特色社会主义这个重大问题，是我们党探索共产党执政规律、社会主义建设规律、人类社会发展规律取得的重大理论成果。党的基本理论、基本路线、基本纲领、基本经验、基本要求是管全局、管方向、管长远的，大家要深刻领会、认真贯彻，咬定青山不放松，不为任何风险所惧，不为任何干扰所惑。

第二，加强中国特色社会主义理论体系学习实践。我们党在领导中国革命、建设、改革的长期实践中，不断推进马克思主义中国化，实现了两次历史性飞跃。第一次飞跃发生在新民主主义革命时期，形成了被实践证明了的关于中国革命和建设的正确的理论原则和经验总结——毛泽东思想。第二次飞跃发生在党的十一届三中全会以后，形成了被实践证明了的关于在中国建设、巩固、发展社会主义的正确的理论原则和经验总结，这就是包括邓小平理论、“三个代表”重要思想、科学发展观在内的中国特色社会主义理论体系。中国特色社会主义理论体系是对马克思列宁主义、毛泽东思想的坚持和发展。在当代中国，坚持中国特色社会主义理论体系，就是真正坚持马克思主义。

在前进道路上，我们一定要加强全党的理论武装，按照建设马克思主义学习型政党的要求，深入学习和掌握马克思列宁主义、毛泽东思想，深入学习和掌握中国特色社会主义理论体系，牢固树立辩证唯物主义和历史唯物主义世界观和方法论。党的十八大把科学发展观同马克思列宁主义、毛泽东思想、邓小平理论、“三个代表”重要思想一道确立为党必须长期坚持的指导思想。我们要按照党的十八大的要求，全面把握科学发展观的科学内涵，牢牢把握解放思想、实事求是、与时俱进、求真务实这一科学发展观最鲜明的精神实质，把科学发展观贯彻到我国现代化建设全过程、体现到党的建设各方面。要通过理论武装，推动全党特别是各级领导干部坚定理想信念，增强为党和人民事业不懈奋斗的自觉性和坚定性，真正做到坚定不移、矢志不渝。

第三，全面推进建设小康社会各项事业。党的十八大按照中国特色社会主义事业五位一体总体布局对党和国家事业进行了全面部署。这些部署都是在深入调查研究的基础上，着眼于解决当代中国发展面临的重大理论和实践问题提出来的，具有很强的针对性、战略性、指导性，我们要紧密结合实际，把各项任务贯彻好、落实好。

在前进道路上，我们一定要坚持以科学发展为主题、以加快转变经济发展方式为主线，切实把推动发展的立足点转到提高质量和效益上来，促进工业化、信息化、城镇化、农业现代化同步发展，全面深化经济体制改革，推进经济结构战略性调整，全面提高开放型经济水平，推动经济持续健康发展。我们要继续发展社会主义民主政治，坚定不移走中国特色社会主义政治发展道路，坚持党的领导、人民当家作主、依法治国有机统一，继续积极稳妥推进政治体制改革，坚持和完善人民代表大会制度、中国共产党领导的多党合作和政治协商制度、民族区域自治制度以及基层群众自治制度，巩固和发展最广泛的爱国统一战线，发展更加广泛、更加充分、更加健全的人民民主。我们要继续坚持走中国特色社会主义文化发展道路，推动社会主义文化大发展大繁荣，深化文化体制改革，提高国家文化软实力，加强社会主义核心价值体系建设，丰富人民群众精神文化生活，增强人民精神力量。我们要继续加强社会建设，切实推进各项社会事业，加强和创新社会管理，使发展成果更多更公平惠及全体人民，努力形成全体人民各尽其能、各得其所而又和谐相处的局面。我们要继续推进生态文明建设，坚持节约资源和保护环境的基本国策，把生态文明建设放到现代化建设全局的突出地位，把生态文明理念深刻融入经济建设、政治建设、文化建设、社会建设各方面和全过程，从根本上扭转生态环境恶化趋势，确保中华民族永续发展，为全球生态安全作出我们应有的贡献。

第四，着力保障和改善民生。我们党领导人民全面建设小康社会、进行改革开放和社会主义现代化建设的根本目的，就是要通过发展社会生产力，不断提高人民物质文化生活水平，促进人的全面发展。检验我们一切工作的成效，最终都要看人民是否真正得到了实惠，人民生活是否真正得到了改善，这是坚持立党为公、执政为民的本质要求，是党和人民事业不断发展的重要保证。

在前进道路上，我们一定要坚持从维护最广大人民根本利益的高度，多谋民生之利，多解民生之忧，在学有所教、劳有所得、病有所医、老有所养、住有所居上持续取得新进展。我们要坚持党的群众路线，坚持人民主体地位，时刻把群众安危冷暖放在心上，及时准确了解群众所思、所盼、所忧、所急，把群众工作做实、做深、做细、做透。要正确处理最广大人民根本利益、现阶段群众共同利益、不同群体特殊利益的关系，切实把人民利益维护好、实现好、发展好。要认真贯彻落实中央各项惠民政策，把好事办好、实事办实，让群众时刻感受到党和政府的关怀。对涉及群众切身利益的重大决策，要认真进行社会稳定风险评估，充分听取群众意见和建议，充分考虑群众的承受能力，把可能影响群众利益和社会稳定的问题和矛盾解决在决策之前。对群众反映强烈的突出问题，都要通过强化责任、健全制度、落实到人，推动有关方面形成合力，妥善加以解决。对损害群众权益的失职渎职和违纪违法行为，要坚决查处，决不姑息。

第五，全面推进党的建设新的伟大工程。新形势下，我们党的自身建设面临一系列新情况新问题新挑战，落实党要管党、从严治党的任务比以往任何时候都更为繁重、更为紧迫。我们必须以更大的决心和勇气抓好党的自身建设，确保党在世界形势深刻变化的历史进程中始终走在时代前列，在应对国内外各种风险和考验的历史进程中始终成为全国人民的主心骨，在发展中国特色社会主义的历史进程中始终成为坚强的领导核心。

在前进道路上，我们一定要按照党的十八大的部署，增强紧迫感和责任感，牢牢把握加强党的执政能力建设、先进性和纯洁性建设这条主线，坚持解放思想、改革创新，坚持党要管党、从严治党，全面加强党的思想建设、组织建设、作风建设、反腐倡廉建设、制度建设，增强自我净化、自我完善、自我革新、自我提高能力，建设学习型、服务型、创新型的马克思主义执政党。要突出抓好党的十八大提出的重点任务，进一步坚定理想信念，进一步保持党同人民群众的血肉联系，进一步积极发展党内民主，进一步夯实党执政的组织基础，进一步搞好党风廉政建设，进一步严明党的纪律，加紧建立健全保证党科学执政、民主执政、依法执政的体制机制，抓紧解决党内存在的突出矛盾和问题。只要全党同志以更加奋发有为的精神状态推进党的建设，我们党就一定能够更好把握历史大势、勇立时代潮头、引领社会进步。

第六，深化改革开放。改革开放是党在新的历史条件下领导人民进行的新的伟大革命，是决定当代中国命运的关键抉择。中国特色社会主义之所以具有蓬勃生命力，就在于是实行改革开放的社会主义。我国过去30多年的快速发展靠的是改革开放，我国未来发展也必须坚定不移依靠改革开放。只有改革开放才能发展中国、发展社会主义、发展马克思主义。中国特色社会主义在改革开放中产生，也必将在改革开放中发展壮大。

在前进道路上，我们一定要坚定不移坚持党的十一届三中全会以来的路线方针政策，坚持不懈把改革创新精神贯彻到治国理政各个环节，奋力把改革开放推向前进。要坚持社会主义市场经济的改革方向，提高改革决策的科学性，增强改革措施的协调性，找准深化改革开放的突破口，明确深化改革开放的着力点，不失时机地推进重要领域和关键环节改革，继续解放和发展社会生产力，继续推动我国社会主义制度自我完善和发展，坚决破除一切妨碍科学发展的思想观念和体制机制弊端。党的十八大提出了深化经济体制改革、政治体制改革、文化体制改革、社会体制改革、生态体制改革的要求，明确提出了深化改革的具体任务。我们要坚定不移推进改革开放，不断在制度建设和创新方面迈出新步伐，不断促进生产关系和生产力、上层建筑和经济基础相适应，促进经济社会各个领域、各个方面、各个环节相协调。

贯彻落实党的十八大精神，要高度重视学习党章。党章是我们立党、治党、管党的总章程，是全党最基本、最重要、最全面的行为规范。对我们这个拥有8000多万党员的大党来说，把全党同志的思想统一到党章上来，自觉按党章行动，具有十分重大的意义。党的十八大根据形势和任务发展变化，对党章进行了修改。学习贯彻党章，是学习贯彻党的十八大精神的题中应有之义。我们要切实把党章学习好、遵守好、贯彻好，扎实推进党的工作和党的建设制度化、规范化、程序化。

同志们！在中国特色社会主义道路上实现中华民族伟大复兴，是无比壮丽的崇高事业，需要一代又一代中国共产党人带领人民接续奋斗。今天，历史的接力棒传到了我们手里。历史和人民既赋予我们重任，也检验我们的行动。崇高信仰始终是我们党的强大精神支柱，人民群众始终是我们党的坚实执政基础。只要我们永不动摇信仰、永不脱离群众，我们就能无往而不胜。我们十八届中央委员会一定要不负重托，忠于党、忠于祖国、忠于人民，以自己的最大智慧、力量、心血，做出无愧于历史、无愧于时代、无愧于人民的业绩。

（此文是习近平同志在党的十八届一中全会上讲话的一部分）

在全国政协新年茶话会上的讲话

（2013 年 1 月 1 日）

习近平

同志们，朋友们：

今天是 2013 年元旦。一元复始，万象更新，我们欢聚一堂，畅叙友情，展望未来，感到非常高兴。首先，我代表中共中央、国务院和中央军委，向各民主党派、工商联和无党派人士、各人民团体，向全国广大工人、农民、知识分子、干部和各界人士，向人民解放军指战员、武警官兵和公安民警，向香港特别行政区同胞、澳门特别行政区同胞、台湾同胞和海外侨胞，向关心和支持中国现代化建设的国际友人，致以节日的祝福！祝大家新年好！

刚刚过去的 2012 年，在我国发展征程上具有特殊重要的意义。面对严峻的国际经济形势和繁重的国内改革发展稳定任务，全党全国各族人民紧密团结、开拓前进，推动我国经济社会发展呈现稳中有进的良好态势。社会主义经济建设、政治建设、文化建设、社会建设、生态文明建设和党的建设都取得新进展，国防和军队现代化建设取得新成效。香港、澳门继续保持繁荣稳定，两岸交流合作进一步深化。对外交流合作全方位开展，为维护世界和平与促进共同发展作出了新的贡献。

一个多月前，中共十八大胜利召开。这次大会高举旗帜、继往开来、团结奋进，全面勾画了我国未来一个时期改革发展的宏伟蓝图，选举产生了新一届中央委员会，为坚持和发展中国特色社会主义提供了坚强政治和组织保证。

最近一段时间，各民主党派、工商联相继召开全国代表大会，明确今后一个时期主要任务，选举产生新一届领导班子和领导机构，一批年富力强的同志充实进来，我国多党合作和工商联事业必将进一步向前发展。

2013 年，是全面贯彻落实中共十八大精神的开局之年，是实施“十二五”规划承前启后的关键一年，是为全面建成小康社会奠定坚实基础的重要一年。我们要深入学习和全面贯彻落实中共十八大精神，坚持以邓小平理论、“三个代表”重要思想、科学发展观为指导，稳中求进，开拓创新，扎实开局，促进经济持续健康发展和社会和谐稳定，加快推进国防和军队现代化建设，不断提高党的建设科学化水平。我们要坚持“一国两制”、“港人治港”、“澳人治澳”、高度自治的方针，团结广大港澳同胞，保持香港、澳门长期繁荣稳定。我们要坚持“和平统一、一国两制”方针，巩固和发展两岸关系和平发展的基础，造福两岸同胞。我们要高举和平、发展、合作、共赢的旗帜，在和平共处五项原则基础上全面发展同各国的友好合作，同各国人民携手推进人类和平与发展的崇高事业。

同志们、朋友们！

过去的一年里，人民政协高举爱国主义、社会主义旗帜，牢牢把握团结和民主两大主题，围绕中心、服务大局，认真履行职能，积极开展调查研究，积极建言献策，积极反映社情民意，为国家各项事业发展作出了新的重大贡献。

“众人拾柴火焰高。”中共十八大对巩固和发展最广泛的爱国统一战线作出了部署，赋予人民政协更重大的责任、更光荣的使命。参加人民政协的各党派团体和各族各界人士要切实把思想和行动统一到中共十八大精神上来，坚持和完善中国共产党领导的多党合作和政治协商制度，发挥人民政协协调关系、汇聚力量、建言献策、服务大局的重要作用，促进政党关系、民族关系、宗教关系、阶层关系、海内外同胞关系的和谐，最大限度调动一切积极因素，共同致力于实现中华民族伟大复兴。

同志们、朋友们！

中国特色社会主义事业是造福人民的美好事业，也是需要我们为之付出智慧和力量的艰辛事业。现在，全面建成小康社会的号角已经吹响，关键是要树立起攻坚克难的坚定信心，凝聚起推进事业的强大力量，紧紧依靠全国各族人民，推动党和国家事业不断从胜利走向新的胜利。

这里，我想起毛泽东同志当年写下的词句："东方欲晓，莫道君行早。踏遍青山人未老，风景这边独好。"辉煌成就已载入民族史册，美好未来正召唤着我们去开拓创造。让我们更加紧密地团结起来，朝着全面建成小康社会、加快实现社会主义现代化的宏伟目标奋勇前进！

在澳门社会各界纪念澳门基本法颁布20周年启动大会上的讲话

(2013年2月21日)

吴邦国

同胞们，朋友们：

在新春佳节之际，我很高兴来到澳门，与大家在这里见面，首先向你们，并通过你们向全体澳门居民致以新春的问候和良好的祝愿！

澳门特别行政区虽然面积不大，人口不多，但在祖国大家庭中具有特殊的地位。到澳门看望广大澳门同胞，了解澳门特别行政区成立以来的建设发展情况，感受这里的历史文化和生活气息，一直是我的心愿。"百闻不如一见"，看到澳门的生机活力，看到澳门社会的安宁和谐，看到澳门同胞昂扬奋进的精神面貌，看到澳门回归后迅速走上与祖国内地优势互补、共同发展的道路，我深受感染，十分高兴。

1999年12月20日澳门回归祖国，这是澳门历史发展的里程碑。13年来，澳门特别行政区取得的建设和发展成就同样是历史性的。第一，广大澳门同胞第一次真正实现了在法律面前人人平等，充分享有基本法和法律保障的基本权利和自由，成为澳门的主人，也是国家的主人，第一次享有当家作主的民主权利。第二，澳门特别行政区依法建立了行政、立法和司法机关，进行了三任行政长官选举、三届立法会选举，实现了"澳人治澳"，有效地行使基本法赋予的高度自治权。第三，澳门经济出现了历史上前所未有的高速增长，城市面貌发生了天翻地覆的变化。从2000年到2011年，本地生产总值从490亿澳门元增加到2920.9亿澳门元，人均本地生产总值由1.4万美元增长到6.6万美元，居亚洲第二。整体经济增长超过六倍，预计2012年本地生产总值还有10%的增长。截至2011年，累计财政结余超过2100亿澳门元，外汇储备达到了340.3亿美元。第四，广大澳门居民个人收入成倍增长，在原有的社会保障制度基础上，澳门历史上第一次建立了惠及全体居民的社会福利制度，包括社会保障制度、中央公积金制度、社会福利制度、教育福利制度和医疗福利制度，全面提高了澳门居民的生活水平。现在的澳门，社会和谐，人民幸福，对未来充满希望。第五，在外交权属于中央的原则下，澳门第一次享有在经济、贸易、文化等领域依法处理对外事务的权力，对外交往日益扩大，与世界各国各地区和有关国际组织建立了广泛的经济文化联系。

澳门特别行政区的建设和发展成就，是中央政府和内地各地方大力支持的结果，是前任行政长官何厚铧先生、现任行政长官崔世安先生和特区政府与广大澳门居民一起攻坚克难、团结奋斗的结果，更是全面贯彻落实"一国两制"方针和澳门基本法的结果。这里，我代表中央政府充分肯定澳门回归13年来取得的成绩，相信澳门的明天会更美好。

今年是澳门基本法颁布20周年，澳门特别行政区政府和基本法推广协会筹划了一系列纪念活动，新春伊始就在这里隆重集会，宣传和推广基本法，在全社会牢固树立基本法意识和法制观念，抓住了澳门长期繁荣稳定的根本，具有重大的意义。关于澳门基本法，我想强调三点：

一是，宣传推广基本法，一定要始终坚持中央政府对澳门实行的各项方针政策的根本宗旨。

中央政府对澳门实行的各项方针政策，根本宗旨是两条，一是维护国家主权、安全、发展利益，二是保持澳门长期繁荣稳定。上个世纪八十年代中，邓小平同志领导制定了解决澳门问题的三条基本方针：一是，一定要在2000年以前收回澳门，并恢复行使主权；二是，在恢复行使主权的前提下，保持澳门的稳定和发展；三是，恢复行使主权后，按照“一个国家，两种制度”的指导思想和中国宪法第31条的规定，在澳门设立特别行政区，继续实行资本主义制度，50年不变。为贯彻落实这三条基本方针，中央政府从澳门实际出发，制定了在澳门实行的各项方针政策，其核心是对澳门恢复行使主权，其关键是保持澳门的稳定和发展，其途径是采取“一国两制”的办法。维护国家主权、安全、发展利益，保持澳门长期繁荣稳定，是中央政府对澳门基本方针政策的出发点和落脚点，是贯穿其中的根本宗旨。

在江泽民同志的卓越领导下，中央根据这一根本宗旨，妥善处理基本法起草和筹备成立特别行政区所遇到的重大政治法律问题，确保了澳门政权顺利交接和平稳过渡。澳门回归后，中央政府坚定不移地坚持“一国两制”方针，按照基本法处理澳门事务，无论是处理政治法律问题，还是支持特别行政区发展经济、改善民生，贯穿其中的也是维护国家主权、安全、发展利益，保持澳门长期繁荣稳定这一根本宗旨。胡锦涛同志明确指出，中央政府对澳门采取的任何方针政策措施，都始终坚持有利于保持澳门长期繁荣稳定，有利于增进澳门全体居民的福祉，有利于推动澳门和国家共同发展的原则。坚持这一根本宗旨，并以此作为依法处理澳门事务的指导原则，这已成为“一国两制”在澳门成功实践的重要经验。

基本法是“一国两制”方针的法律体现，是澳门长期繁荣稳定的法律保障。基本法的生命在于实施，基本法的权威也在于实施。中央政府对澳门实行的各项方针政策的根本宗旨，既要贯穿基本法实施的全过程，还要作为是否忠实执行基本法的重要检验标准。对基本法各项规定的理解和执行，必须始终坚持以有利于维护国家主权、安全、发展利益，有利于保持澳门长期繁荣稳定为指导原则。这是维护基本法权威地位的要求，也是既保持基本法稳定，又与时俱进、不断丰富基本法理论和实践的要求。

需要强调的是，维护国家主权、安全、发展利益，保持澳门长期繁荣稳定这个根本宗旨，是由特别行政区是中央下辖的地方行政区域的法律地位所决定的，也是由澳门发展是国家发展重要组成部分的性质所决定的。广大澳门同胞与我国其他地方的人民群众一样，都是国家的主人，都是国家的建设者。保持澳门长期繁荣稳定，是澳门同胞的根本利益所在，也是国家的根本利益所在；维护国家主权、安全、发展利益，是国家根本利益所在，也是澳门同胞的根本利益所在。

二是，宣传推广基本法，一定要深刻认识澳门特别行政区实行的制度。

澳门基本法序言规定，“根据中华人民共和国宪法，全国人民代表大会特制定中华人民共和国澳门特别行政区基本法，规定澳门特别行政区实行的制度，以保障国家对澳门基本方针政策的实施。”因此，基本法的内容就是规定澳门特别行政区实行的制度。这包括基本法规定的国家设立和管理澳门特别行政区的基本原则，中央与澳门特别行政区的关系，澳门居民的基本权利和义务，澳门特别行政区的政治体制，经济、文化和社会事务，对外事务，以及基本法的解释和修改等，这构成了完整的澳门特别行政区制度。从澳门特别行政区成立之日起，一方面国家对澳门行使主权，中央对澳门具有的权力，主要体现在这套制度里面，另一方面澳门特别行政区实行“澳人治澳”、高度自治，也主要体现在这套制度里面。

中央与特别行政区的关系是这套制度的一项重要内容。首先，国家对澳门具有主权权力，是中央政府对澳门特别行政区享有管治权的前提，也是授予澳门特别行政区高度自治权的前提。其次，澳门特别行政区的高度自治权是中央授予的，澳门特别行政区有多大的高度自治权，应当遵循什么程序行使这些权力，都要以基本法规定为依据。中央通过基本法作出授权，是十分严肃的，中央的行为也要受基本法约束，这充分保障了澳门特别行政区高度自治权。第三，澳门特别行政区在其高度自治权范围，可以自行处理有关事务，中央不干预。与此同时，基本法也规定了必要的机制，以确保澳门特别行政区行使高度自治权符合基本法的规定。这些机制包括，行政长官负责执行基本法，既要对澳门特别行政区负责，也要对中央人民政府负责；澳门特别行政区立法机关制定的法律要报全国人大常委会备案，全国人大常委会在法定范围内可以将有关法律发回，被发回的法律立即失效；澳门特别行政区法院在审理案件时，在法定情况下，终审法院需要提请全国人大常委会对基本法有关条款作出解释等等。深刻认识中央与澳门特别行政区的权力关系，就是既要维护中央权力，也要保障澳门特别行政区高度自治权，从而使这两方面权力都落到实处，以实现澳门的良好管治。

1984年邓小平同志在论述“一国两制”时曾经说过，“我们提出这个构想时，人们觉得这是个新语言，是前人未曾说过的。也有人怀疑这个主张是否行得通。这就要拿事实来回答。现在看来是行得通的，至少中国人是坚信行得通的。”“再过十三年、再过五十年，会更加证明‘一国两制’是行得通的。”澳门回归以来，澳门特别行政区政府与广大澳门同胞一起，忠实执行基本法，用实际行动证明了邓小平同志关于“一国两制”完全行得通的论断。宣传推广基本法，就是要促进澳门社会全面地认识在澳门特别行政区实行的制度，不断增强“一国两制”理论自信、制度自信，不断增强维护“一国两制”和基本法的自觉性，推进澳门不断向前发展。

三是，宣传推广基本法，一定要全面理解国家主体实行社会主义和澳门实行资本主义的关系。

在统一的中华人民共和国内，国家主体实行社会主义制度，香港、澳门实行资本主义制度，这是一项史无前例的伟大创举。“一国两制”事业是祖国内地与香港、澳门共同发展繁荣的事业，也是中华民族伟大复兴事业的重要组成部分。

“一国两制”方针政策之所以能够行得通，具有强大的生命力，首先在于，无论是实行社会主义的国家主体、还是实行资本主义的澳门，都有一个共同的目标，这就是实现国家富强、人民富裕，实现中华民族伟大复兴。新中国成立以来尤其是改革开放后，我国选择的社会制度、发展道路，制定的建设目标、发展战略，以及采取的重大举措，都是为了让中国人民富裕起来，国家强盛起来，振兴伟大的中华民族。中央对澳门实行的基本方针政策同样以此为目标。其次在于，国家主体实行社会主义，澳门实行资本主义，是基于我国国情和澳门实际的历史选择。目前世界发达国家的总人口大约是13亿，我国的总人口是13亿多。我们这样一个过去贫穷落后的大国要在100年时间内基本实现国家现代化，在人类历史上还没有过先例，这决定了我国的发展与建设，不可能有任何先例可循，必须走出一条自己的道路，这就是我国各族人民经过艰苦探索开辟的，并且已经为实践所检验的中国特色社会主义道路。国家主体实行社会主义，是历史的选择，人民的选择。同时，在国家主体坚持社会主义的前提下，澳门实行资本主义制度，是基于澳门的历史与现实情况作出的选择，是保持澳门长期繁荣稳定的唯一可行办法，是我国坚持走自己的道路在处理澳门问题上的反映。第三，在澳门实行资本主义是以国家主体实行社会主义为前提的。用邓小平同志的话来说，“‘一国两制’除了资本主义，还有社会主义，就是中国的主体、十亿人口地区坚定不移地实行社会主义。主体地区是十亿人口，台湾是近两千万，香港是五百五十万，这就有个十亿同两千万和五百五十万的关系问题。主体是很大的主体，社会主义是在十亿人口地区的社会主义，这是个前提，没有这个前提不行。在这个前提下，可以容许在自己身边，在小地区和小范围内实行资本主义。我们相信，在小范围内容许资本主义存在，更有利于发展社会主义。”

全面理解“一国两制”下国家主体实行社会主义和澳门实行资本主义的关系，坚持一国原则才能落到实处，尊重两制差异才能成为自觉行动，从而保持两种制度都不变，把国家和澳门建设好、发展好。

同胞们，朋友们，

2012 年我国政治生活中的一件大事，是胜利召开了中国共产党第十八次全国代表大会，选举产生了以习近平同志为总书记的新一届中央领导集体，开始了全面建成小康社会的新征程。习近平同志指出，实现中华民族伟大复兴，是中华民族近代以来最伟大的梦想。这个梦想，凝聚着几代中国人的夙愿，体现了中华民族和中国人民的整体利益，是每一个中华儿女的共同期盼。经过鸦片战争以来 170 多年的持续奋斗，中华民族伟大复兴展现出光明的前景。现在，我们比历史上任何时期都更接近中华民族伟大复兴的目标，比历史上任何时期都更有信心、有能力实现这个目标。目前澳门同祖国内地一样，正处于历史上最好的发展时期，让我们共同努力，把澳门建设得更美好，为国家现代化和中华民族伟大复兴作出更大贡献。

让权力在阳光下运行

温家宝

一个政府要让人民满意，必须做到为民、务实、清廉。多年来，我们坚持在政府各项工作中全面贯彻反腐倡廉的要求，加强政府改革建设，实行科学民主决策，坚持依法行政，加强对权力运行的监督制约，有针对性地解决突出问题，注重抓好长期性基础性工作，创造条件让人民群众监督政府。

一、政府改革建设和反腐倡廉工作取得新成效

（一）加强政府制度建设。邓小平同志讲过，制度带有根本性、全局性、稳定性和长期性。适应改革开放和经济社会发展新形势，近些年我们着力推进政府管理改革和制度建设，促进职能转变、创新管理方式，强化对权力运行的监督和制约。一是建立健全科学民主决策制度。不断完善重大事项集体决策、调查研究、专家咨询、公开征求群众意见的制度，推进决策科学化、民主化、法制化。二是推进行政审批制度改革。十年来，国务院部门取消调整行政审批事项共计2183项，占原有总数的60.6%，地方政府取消调整的行政审批事项占原有总数的一半以上。三是探索建立政府绩效管理制度。到2011年，全国有8个省份、6个国务院部门开展了政府绩效管理试点工作。四是建立并严格执行以行政首长为重点的行政问责制度，加大对行政不作为、乱作为行为的问责力度。这些改革措施和制度建设，有力促进了政府反腐倡廉建设。

（二）坚持依法行政。发展社会主义民主政治是我们党始终不渝的奋斗目标，依法治国是社会主义民主政治的基本要求。2004年国务院发布《全面推进依法行政实施纲要》，提出了建设法治政府的目标和要求。2010年国务院又下发了《关于加强法治政府建设的意见》。我们强调政府各项工作都必须尊重、遵守宪法和法律，严格按照法定权限和程序行使权力、履行职责。加强行政立法工作，建立科学立法、民主立法、依法立法的制度和机制，进一步对行政立法进行规范，提高透明度。行政法规和规章草案，除依法不能公开的，都向社会公开征求意见，创造条件让公众广泛参与，使立法更好地体现人民意愿。行政执法是各级政府的经常性工作，直接涉及人民群众和企业、社会机构的利益。近些年来，我们不断深化行政执法体制改革，完善执法程序，规范执法行为，推进综合执法。建立了行政执法依据、权限、过程、结果等公示制度，有效遏制了暗箱操作和执法腐败。推行行政执法责任制，违法行使职权或行使职权不当的，依法承担责任；损害群众利益的，依法予以赔偿。加强依法行政和法治政府建设，有力推动了行政权力规范运行。

（三）推进政务公开。公开透明、让权力在阳光下运行，是反腐倡廉的有效措施。我们提出把政务公开作为政府施政的基本准则，要求所有政府工作都要以公开为原则、不公开为例外，除涉及国家秘密、商业秘密和个人隐私的事项，一律向社会公开。2007年国务院制定了《中华人民共和国政府信息公开条例》，推动政务公开走上法制轨道，各级政府的政务公开不断规范和深化。近年来我们着力推进财政预算决算公开，要求各级政府财政总预算和总决算、部门预算和决算，以及政府性基金、国有资本经营等方面的预算和决算都向社会公开。特别是

各部门的行政经费，包括出国出境、公务接待、公务用车、会议等支出，都要详细公开。各类预算执行和决算的审计报告也要向社会公开。2011年，有92个中央部门公开了部门预算，90个中央部门公开了部门决算，98个中央部门和北京、上海、广东、陕西等省市公开了"三公"经费使用情况，全国审计机关向社会发布预算执行及财政收支等方面审计结果公告8000多篇。实行这些举措，让人民群众知道政府的钱是怎么花的，办了什么事，使人民群众更方便地了解和监督政府工作，对于防治腐败发挥了重要作用。

(四)加强政风行风建设。政风是政府的形象，行风是行业的形象，政风行风建设是反腐倡廉建设的重要任务。近年来，在政风建设方面，我们坚持厉行节约，遏制奢侈浪费和形式主义。大力压缩行政开支，"三公"经费支出连年下降。认真清理评比达标表彰活动，全国共撤销评比达标表彰项目73726个。规范商业预付卡管理，开展"小金库"专项治理和公务用车问题专项治理，取得明显成效。在行风建设方面，我们着力纠正一些重点行业的不正之风，认真解决侵害群众利益的突出问题。针对教育、医疗、安全生产、征地拆迁、环境保护、食品药品安全、工程建设等领域的突出问题，开展专项治理和跟踪审计，建立健全一系列法规和制度，完善维护群众权益的体制机制。深入开展民主评议政风行风活动，每年直接参与的各界群众6000多万人次。总体上看，行业作风有所好转。

(五)加强领导干部廉洁从政监督管理。反腐倡廉建设，领导干部是重点。我们要求各级领导干部自觉遵守廉政准则，同时加强监督检查。认真落实领导干部报告个人有关事项制度和对配偶子女均已移居国(境)外的国家工作人员加强管理的制度，完善领导干部任期经济责任审计制度。坚决整治领导干部违规收受礼金、违规多占和买卖住房、利用职权以委托理财等形式谋取不正当利益等问题。加强国有企业负责人廉洁自律的监督管理，规范国有企业负责人职务消费行为，整治国有企业负责人通过同业经营或关联交易为本人、亲属或特定关系人谋取不正当利益的问题。查处案件始终是反腐倡廉建设最有效、最直接的手段。我们坚持以查办领导机关和领导干部以权谋私、权钱交易等违纪违法案件为重点，加大查处腐败案件的力度，严肃查处了一批涉及高级领导干部的大案要案，查处了一批涉案金额巨大、影响恶劣的案件，严厉惩治了一批腐败分子。

但是还要清醒看到，虽然我们在反腐倡廉建设方面采取了不少措施，也取得一些成效，但与人民群众的期待仍有较大差距。反腐败形势依然严峻，腐败现象在行政权力集中的审批、执法等部门和资金资源管理权集中的领域易发多发，社会事业、国有企业等领域腐败案件逐渐增多，发生在领导干部中的腐败问题依然突出，大案要案、串案窝案时有发生，有些腐败案件涉案金额巨大、影响极坏。这些问题得不到根本有效解决，一个重要原因是一些部门权力过于集中而又得不到有效监督制约。我们要深刻认识到，执政党的最大危险就是腐败。这个问题解决不好，政权的性质就可能改变，就会"人亡政息"。这是我们面临的一个极为严峻的重大考验。

二、2012年政府反腐倡廉建设的重点任务

2012年是本届政府任期的最后一年，政府各项工作不能有丝毫懈怠。要全面贯彻落实中央关于党风廉政建设和反腐败斗争的决策部署，深化改革，加强制度建设，重点抓好以下几方面工作。

(一)深入推进行政审批制度改革。行政审批是行政权力最为集中的领域。要以深化行政审批制度改革为突破口，推动政府职能转变和反腐倡廉建设取得实质性进展。一要进一步清理、取消和调整行政审批事项。政府管理总的方向是减少审批事项，减少直接管理和介入微观经济活动，更好地发挥市场配置资源的基

础性作用。要对国务院部门和地方政府现有的管理职能和审批事项逐一审核，今年再取消和调整一批审批事项。重点放开对社会资本投资的限制，打破垄断，扩大开放，公平准入，鼓励竞争，最大限度地调动人们创新创业的积极性。二要完善并严格执行审批项目设定和实施制度。设定任何审批事项都要于法有据，涉及人民群众切身利益的，要广泛听取意见。没有法律法规依据，任何行政机关不得设定或变相设定审批事项，尤其不得以“红头文件”等形式，增加公民、企业和其他社会组织的责任和义务。对违法设定和实施行政审批事项、侵害当事人合法权益的，要依法追究责任，并给予当事人合理赔偿。三要加强对审批权力的监督制约。依法进一步规范、简化审批程序，推进审批过程、结果公开。完善行政审批事项动态管理制度，健全廉政风险防控机制，强化全过程监控。

（二）推进公共资源配置市场化改革。这是完善社会主义市场经济体制、促进社会公平正义的要求，也是反腐倡廉的要求。一要进一步完善国有土地使用权和矿业权出让制度，治理国有建设用地出让中规避“招拍挂”、违反规定设置出让条件等问题。特别要着力解决领导干部违反规定插手干预土地使用权、矿业权出让的问题。二要深化政府采购制度改革。加快出台并认真实施政府采购法实施条例，完善采购预算、招标投标、专家评审、供应商管理等制度，严格采购程序，规范采购行为，降低采购成本。加快建设全国统一的电子化政府采购管理交易平台，实现政府采购业务全流程电子化操作。三要进一步推进招标投标管理改革。整合各部门分散设立的招投标市场，加快建立健全统一规范的招投标和公共资源交易市场，不仅政府投资和使用国有资金的工程建设项目招投标要进入有形市场，政府采购、国有产权交易、国有土地使用权和矿业权出让等，也要进入有形市场。要认真执行《中华人民共和国招标投标法》及其实施条例，依法严格规范招投标活动，严格禁止利用权力干预、操纵招投标活动。这要作为一条“高压线”，谁碰就依法处理谁。四要打破垄断，促进竞争。逐步铲除因垄断影响社会公平和滋生腐败的土壤。鼓励引导社会资本进入铁路、市政、金融、能源、电信、教育、医疗等领域投资、建设、运营。特许经营、配额管理领域也要推进改革，主要采用公开招标方式，提高透明度，促进公平竞争。

（三）深化财政管理体制改革。财政资金一分一厘都是人民的汗水换来的，必须取之于民、用之于民。一要进一步完善财政转移支付制度。总的要求是逐步减少专项转移支付，扩大一般性转移支付规模。对现有专项转移支付项目，要进一步清理整合。同时要从严控制新增专项转移支付项目，确有必要设立的，须经国务院审批。要完善转移支付项目资金管理办法、资金分配过程和结果公开制度，以公开透明来促进规范管理，遏制腐败行为。二要深化部门预算管理制度改革。预算编制是财政资金管理的源头。要推进基本支出和项目支出改革，提高部门预算编制科学化、精细化水平。各部门的每一项支出都要分解落实到基层单位和具体用途。加强预算执行管理，完善并落实好预算执行通报制度。严格控制预算事项和支出调整，严防挪用、套取、骗取项目资金。三要进一步推进国库集中收付制度改革，确保今年年底前县以上各级预算单位、有条件的乡级预算单位全部实行这项制度。四要大力推进预算决算公开。进一步扩大公开范围，细化公开内容。报送全国人大审查部门预算的国务院部门和单位，要公开全部预算决算表格，并细化到款级科目；教育、医疗卫生、社会保障和就业、三农、保障性住房等支出，细化到项级科目。要进一步规范公开的期限和方式，推进预算决算公开规范化，让老百姓看得懂，更好地接受社会监督。

（四）推进行政经费使用管理改革。艰苦奋斗是我们党和政府的光荣传统，任何时候、办任何事情都要勤俭节约，精打细算，坚决反对铺张浪费和大手大脚。一要严格控制“三公”经费，今年继续实行零增长。所有预算单位的

“三公”经费都要编报预算。深入推进会议费、差旅费管理和公务接待改革。严格执行公务接待标准,各级干部特别是领导干部出差,要一律按规定标准住宿、吃工作餐。各地不准超标准接待。禁止用公款购买香烟、高档酒和礼品。要进一步完善和细化这方面的标准和要求并严格执行。今后各级政府、国有企业事业单位一律不许将超标准接待、食宿和购买香烟、高档酒、礼品的费用入账报销。要加强车辆编制管理,严格按标准配备车辆,禁止超编制、超标准配备,更不能一个人占用多部车辆。要清理和规范越野车购置和使用。各级领导干部要自觉遵守有关规定,为广大干部群众作出表率。要深入推进“三公”经费使用情况公开。各单位公务接待费用、公务车购置和运行费用、出国出境经费要详细公开。二要严格控制行政机关、国有企业事业单位修建装修办公楼等楼堂馆所。严格执行领导干部和工作人员办公室使用标准,禁止超标准使用和豪华装修。严格执行办公家具配备标准,严禁频繁更换,严禁配备名贵家具。禁止使用公款和利用机关影响购置、搜罗奇花异石和高档艺术品装饰办公区域。有关部门要研究制定这方面的制度,加强监督管理。三要继续严格控制和规范庆典、研讨会、论坛等活动。要从经费预算管理、审批程序和责任追究等关键环节入手加以治理,重点是节庆类活动、公祭类活动、博览会以及财政经费支持的研讨会、论坛等。国有及国有控股企业、国有金融机构不得赞助与本企业经营无关的上述活动。对邀请党和国家领导人、外国政要或前政要出席的,要严格报批程序、控制规模。

(五)加强行政机关和国有企业事业单位财务管理。健全财务制度,严格监督管理,对预防腐败具有重要意义。要把健全财务制度与反腐倡廉建设的要求紧密结合起来。一要扩大公务卡制度实施范围。今年年底前,要在各级政府及所属预算单位全面推行公务卡结算制度改革。中央预算单位要严格执行强制公务卡结算目录,切实减少公务支出中现金提取和使用。各级地方政府也要加快研究制定本地区的公务卡强制结算目录。二要加强现金管理。有关部门要进一步研究制定限制大额现金提取和使用的管理制度,减少大额现金直接流通和资金账外循环。三要健全国有企业和金融机构负责人职务消费约束机制和监管机制。抓紧制定国有企业和金融机构负责人职务消费的禁止性规定。所有国有企业和金融机构都要尽快制定职务消费的具体项目和标准,严格报销程序,报监管部门备案。四要进一步完善发票管理和财务报销制度。严格按照有关规定管理和使用发票,杜绝使用假发票和虚开发票套取公款。

(六)扎实抓好反腐倡廉长期性基础性工作。全面加强反腐倡廉建设,必须统筹兼顾、突出重点,把抓好长期性基础性工作与解决群众反映强烈的突出问题相结合。一是加强领导干部廉洁自律。深入治理领导干部廉洁自律方面的突出问题。严格执行领导干部报告个人有关事项制度、对配偶子女均已移居国(境)外的国家工作人员加强管理的制度,加强督促检查,研究推进领导干部报告个人有关事项在一定范围内公开。严禁领导干部参加可能影响公正执行公务或用公款支付的高消费活动。继续整治领导干部违规收取礼金、有价证券、支付凭证、商业预付卡问题;整治违规建房或多占住房、买卖和出租经济适用房或廉租住房等问题;整治违规放贷以及利用职权以委托理财等形式谋取不正当利益等问题。继续开展领导干部任期经济责任审计,逐步建立任期内轮审制度。二是大力加强政风建设。加强对中央重大决策部署执行情况的监督检查,切实做到令行禁止,确保政令畅通,提高行政执行力。要突出整治行政机关懒散问题和不作为、乱作为等不良风气。各级政府工作人员都要强化责任意识,兢兢业业做好工作,说实话、办实事、求实效,坚决克服形式主义、官僚主义,改进文风会风。现在会议多、文件长,发言讲话套话多,可以说是久治不愈的顽症。各级政府、各部门都要下决心采取有效措施切实加以解决,国务院要带头。三是坚决纠正损害群众利益的不正之风。清理规范银行、电信、流通等领域的收费,坚决取消不合法、不合理的收费项目,切实减轻企业和群众负担。继续治理涉农乱收费和教育乱收费,纠正医疗服务和药品购销中的不正之风,维护群众合法权益。深入治理征地拆迁、住房保障、土地管理、食品药品安全、环境保护、安全生产等方面的突出问题。严格执行《国有土地上房屋征收与补偿条例》,抓紧制定出台农村集体土地征收补偿条例,强化对农村土地权益保障和城乡征地拆迁的监管。对保障性安居工程实行全过程跟踪审计,认真解决保障性住房建设、分配、运营、管理等方面的问题,坚决纠正骗购骗租、变相福利分房等行为,把保障性安居工程真正建成民心工程、阳光工程、廉洁工程。四是从严查处腐败案件。要始终保持查办腐败案件、惩治腐败分子的高压态势。坚决查办发生在领导机关和领导干部中以权谋私、权钱交易、贪污受贿、失职渎职的案件;坚决查办发生在工程建设、房地产开发、土地管理、矿产资源开发等领域的案件;坚决查办国有企业、金融机构中内幕交易、关联交易、利益输送的案件;严肃查办商业贿赂案件。对腐败分子要一查到底,决不姑息。

三、把反腐倡廉部署落到实处

加强反腐倡廉建设,中央作出了新的部署,提出了更高要求,各地区、各部门要切实增强责任感和紧迫感,加强领导,抓好工作落实。

(一)切实把反腐倡廉建设摆到更加重要位置。加强反腐倡廉建设,关系改革开放和社会主义现代化建设事业全局。有效预防和坚决惩治腐败,是我们完成各项任务的重要保证,也是人民群众的期盼。各级政府和领导干部一定要提高认识,把反腐倡廉建设与各项业务工作和制度建设紧密结合,把中央关于反腐倡廉的部署和要求贯彻到具体业务工作中去。制定法律法规、制定经济社会发展政策、出台重大改革措施,都要充分体现和落实反腐倡廉的要求,注重从源头上防治腐败。

(二)严格落实党风廉政建设责任制。各部门和各级政府要进一步细化任务,明确职责要求,扎实推进本部门本地区的反腐倡廉工作。各部门、各级政府的主要领导是本部门、本级政府廉政建设的第一责任人,要切实负起责任,做到有部署、有督查、有落实。领导班子成员要认真履行职责,抓好分管领域的廉政建设。要强化问责,对于工作不力、发生重大案件和对腐败案件查处不及时的部门、地方,要按有关规定严格追究责任。

(三)进一步加强民主监督。只有在广泛有效的监督之下,政府才不会懈怠,才能有效遏制滥用权力和以权谋私。要自觉接受人大监督和人民政协民主监督。加强政府层级监督,加大行政监察和审计监督力度。自觉接受人民群众和社会监督,尊重并依法保护公民、法人和其他组织的监督权。对人民群众举报、社会舆论和新闻媒体反映的问题,要及时回应,认真调查核实,依法处理,处理结果要进行反馈或向社会公布。

反腐倡廉,责任重大。我们要在以胡锦涛同志为总书记的党中央领导下,以邓小平理论和“三个代表”重要思想为指导,深入贯彻落实科学发展观,以更坚定的信心、更坚决的态度、更有力的举措,推动廉政建设和反腐败斗争取得新的进展和成效。

(此文根据温家宝同志2012年3月26日在国务院第五次廉政工作会议上的讲话整理)

积极迎接新科技革命的曙光和挑战

——在中国科学院第十六次院士大会和中国工程院第十一次院士大会上的讲话

（2012年6月11日）

温家宝

今天在座的有许多老一辈科学家，也有许多中青年科学家，都是新中国科技发展的见证人和实践者。我年轻时曾经是一名地质工程师，对科学事业非常热爱，许多老科学家的感人事迹常常激励着我，曾一心向往做一名科学家。到中央工作以后，我一直对科技工作倾注了自己的热情。从上个世纪八十年代，我就开始联系科技工作，我感到很高兴，也感到责任重大。从那时起到2003年的十多年间，我一直联系科协，中间经历了钱学森、朱光亚、周光召三任科协主席，并和宋健同志长期合作共事。这些年，我和许多科学家结下了深厚友谊，经常向他们请教中国科技事业的发展，他们也愿意跟我说心里话。我手头有近百封和科学家的通信，大部分是谈科学技术发展和科技工作的。担任总理近10年来，科技发展始终是萦绕我心头的一件大事。我深知，没有科学技术的发展就没有中国的今天，也没有中国的明天。我们必须依靠科学技术，依靠科学精神，才能全面建成惠及十几亿人口的小康社会，才能建成富强民主文明和谐的社会主义现代化国家。下面，我结合这些年的亲身实践，谈谈对我国科技工作几件大事的看法，与大家讨论。

第一件事是对科技体制改革的探索。

科技体制改革的根本目标，就是建立与社会主义市场经济体制相适应、符合科技发展规律的现代科技体制，让科技更好地为经济社会发展和现代化建设服务，更好承担起支撑和引领国家发展的使命。从多年实践看，必须解决好以下几个重要问题：一是促进科技与经济社会发展紧密结合，切实解决科技经济“两张皮”问题；二是充分发挥市场配置资源的基础性作用，促进科技资源优化配置和高效利用；三是最大限度调动广大科技人员积极性、创造性，激发全社会创新活力；四是培养人才、吸引人才，营造有利于人才成长和发挥作用的学术环境和社会环境。解决这些问题，必须系统地对我国的科技管理体制、决策体制、评价体系、组织结构、人员管理制度等，有步骤地进行改革。

我对科技体制改革的调查研究工作，是从对“中关村电子一条街”的调研开始的。1980年，在北京中关村地区发生了一件新鲜事：中国科学院物理研究所研究员陈春先等一批科技人员，组成了一个“北京先进技术服务部”，目标是探索在中国发展类似美国硅谷和128号公路的“技术扩散”模式。这是中关村地区科技企业最早的雏形。几年后，中关村地区各种类型的科技企业如雨后春笋，越来越多，形成了“中关村电子一条街”。中关村的发展冲击了旧观念，冲击了科技与经济脱节的旧体制，探索了经济与科技相结合和高技术产业发展的新路子，为科技体制改革提供了新思路。这件事在社会上引起很大震动，中央也非常重视。1987年12月，中央书记处决定，由我负责组成“中关村电子一条街”联合调查组，对中关村进行调查研究。经过两个月的调研，我们认为中关村的新型科技企业有三个方面值得肯定：第一，科技成果转化为商品，解决了多年没有解决的科技与经济脱节问题；第二，科技人员收入普遍提高，生活得到改善，解决了企业的经济效益问题；第三，更重要的是体制变了，死钱变成了活钱，闲人变成了忙人，科技人员的积极性得到充分调动，创造性得到充分发挥。中央肯定了调查组的意见，决定建立由北京市、中科院、有关高等院校组成的中关村地区科技企业协调委员会，原则上同意筹建“北京新技术产业开发试验区”。20多年过去了，中关村已经今非昔比。实践充分证明，当时中央的决策是十分正确的。现在中关村已经有近2万家高新技术企业，每年新创办的企业超过3000家，还有100多家创业投资机构，有近200家世界500强企业的分支机构和研发中心。2011年，实现总收入1.96万亿元。中关村的企业拥有一大批核心技术，诞生了TD－SCDMA移动通信技术标准、超千万亿次超级计算机、甲型H1N1流感疫苗、高温气冷堆、基于通信的列车控制系统等一大批创新成果。

此后数年，我经常到科研院所调查研究，几乎走遍了中科院在北京的所有院所。1991年10月24日，我到半导体所看望黄昆、林兰英、王守武先生，并和科学家座谈。当时半导体所已开始探索改革，实行“一所两制”和“开放开发”，取得明显成效，正在探索科研、生产、产业结合的途径。这次调研使我认识到，在高科技研究和产业化之间缺乏一个促进转化的机制。要把经济建设真正转移到依靠科技进步和提高劳动者素质的轨道上来，必须解决好科技与经济紧密结合的机制问题。

1996年4月12日，我到高能物理所调研，听取对发展高科技的意见。我认识到，发展高科技与实现产业化，是相互结合、相互促进的。发展高科技要在国家发展战略和产业政策引导下，更多地发挥市场作用。国防科技是高科技的重要领域，必须贯彻军民融合、以民为主的方针。当时在科研院所进入大型企业方面，电子部六所进入彩虹集团是一个比较成功的典型，这是我们在科技体制改革上迈出的重要一步，也是经济与科技结合的有益探索。1996年4月17日，我去那里调研，与科技人员座谈。大家反映，科研院所和企业结合，使科研院所“如鱼得水”，使企业“如虎添翼”，是互利共赢的好事。

在联系科技和相关调研工作中，我越来越感到必须高度重视企业的科技发展和创新。担任总理后，我每年都多次到企业了解技术研发创新情况。国有企业、民营企业，高新技术企业、传统产业领域的企业，我都多次去过。特别是在我国遭受国际金融危机冲击最严重的时候，去企业会更加明显地发现，凡是重视技术创新、掌握自主知识产权、有新技术新产品的企业，日子都比较好过。2009年4月20日，我在深圳考察了一家皮具公司。这家公司只有1600多名员工，研发人员就有100多人。在研发中心，我看到几十名技术人员在电脑前精心设计新产品。2008年，这家公司的销售额达3.5亿元。我还看了中兴公司，这是一家国内外知名的通信设备制造企业。我去时，累计申请专利已达1.7万项。就是依靠技术创新，在国际金融危机中，企业逆势而上。他们对我说，2009年的销售额要增长30%。当时我有感而发，说了这样的话：无论多么严峻的形势，无论多么激烈的竞争，都挡不住创新的产品和有竞争力的产品；只有创新，才能抓住机遇，才能立于不败之地；只有创新，企业才能发展，国家才能兴旺发达。

科技体制改革的关键，就是建立以企业为主体、市场为导向、产学研相结合的技术创新体系。这是我国科技发展战略的一个重大调整，是推进中国特色国家创新体系建设的突破口。企业是市场主体，直接参与市场竞争，对产业和产品的技术创新最为敏感。企业主导技术研发和创新，才能加快技术创新成果转化应用，才能有效整合产学研力量，才能真正解决科技与经济“两张皮”问题。企业不仅要成为科技成果产业化的主体，更要成为技术研发和创新的主体。要鼓励企业设立研发中心，鼓励科研机构、高校与企业共建工程实验室和技术研发平台，鼓励广大科技人员以多种形式与企业合作开展技术研发创新。以应用为目的的国家重大科技项目，要建立由企业牵头实施的机制。

条块分割、互相封闭、科技投入效率低和资源浪费也是科技领域存在的一个大问题。1991年11月1日，我到遥感应用研究所调研，这个所在中科院是比较年轻的，但发展很快。遥感作为基础研究的一个重点，在三个五年计划当中都被列为重点攻关项目。就是在那里，陈述彭先生跟我谈到科技资源和科技成果的封闭问题。他说，我们发射一颗卫星代价不小，但得不到充分利用。他还谈到科研项目重复安排、科研设备重复引进造成很大浪费的问题。他建议，一些实验室、一些设备要开放，有些设备要24小时运转。我们习惯于自成一统，下班以后把门一锁，我的设备别人不能用，这个状况要改变。实现资源共享和高效配置，看似是管理问题，实际上也是体制问题，必须通过深化改革来解决。

建立以企业为主体的技术创新体系，要处理好基础研究、公益性研究与应用技术研究开发的关系。1992年8月21日，我到数学所、系统科学所、应用数学所调研，与科研人员座谈。当时科技体制改革正在探索之中，国家科委提出要稳住基础研究这一头，放开应用开发这一片，叫做“稳住一头，放开一片”。数学所的一些科研人员担心“放开一片”后，搞基础研究和搞应用开发的科研人员收入差距会拉大，对基础研究造成冲击，担心没有人愿意潜心搞数学研究。在座谈时，我讲了两者间的关系。我说，基础科学是科学技术应用的先导和源泉。今天的基础科学就是明天科学技术的应用。不稳住基础科学研究这一头，科技的应用开发就不会有后劲。但不重视科技的应用和开发，科学技术不与经济建设紧密结合，也不能发挥科学技术第一生产力的作用，长此以往，基础研究也不会有持久的后劲。我们不能因为强调一方面而忽视另一方面，两者相辅相成、相互联系、相互促进。“稳住一头”使“放开一片”有坚实的基础，“放开一片”有利于集中力量，保证重点，更好地“稳住一头”。

1994年10月20日，在古脊椎动物和古人类研究所庆祝北京猿人头盖骨发现65周年之际，我去所里看望科研人员，就社会公益性研究问题进行调研。我在座谈时讲，社会公益性研究是整个科学研究不可缺少的重要组成部分，应当得到重视。“稳住一头”，包括基础研究和社会公益性研究，就是要有稳定的研究课题、稳定的研究人员、稳定的经费来源。

通过调查研究，我们得出了一个基本结论：基础研究和公益性研究、高新技术及其产业、科学技术应用开发是紧密联系的整体，但管理体制、投入机制上都应当有所不同。这就需要厘清政府和企业、市场的职能分工。在市场经济条件下，政府履行职能的重点要放到加强宏观决策、制定规划和政策、创造良好环境上来。政府投入要重点支持基础与前沿研究、事关国家全局的战略高技术研究和事关民生的公益性科技研究，引导和支持企业突破核心关键技术、共性技术，支持新技术新产品推广应用。

我国的科技体制改革已经取得很大进展，但要看到，这是一个渐进的过程。科技体制改革必须持续推进、不断深化。去年，中央根据新的形势发展要求，决定对2020年前我国科技体制改革进行部署，成立了21个部门、单位和地方参加的调研和文件起草组，形成了《关于深化科技体制改革、加快建设国家创新体系的意见》，即将以党中央、国务院文件下发。

第二件事是制定实施重大科技发展规划。

根据国家发展阶段的要求制定科技规划，是指导科技工作、促进科技发展的一条重要经验。新中国成立以来，我们制定过11个科技发展规划，其中1956年开始实施的“12年科技规划”影响最为深远。当时新中国成立不久，百废待兴，面对西方国家的重重封锁，老一辈领导人高瞻远瞩，提出制定科技发展远景规划，周恩来总理、聂荣臻元帅亲自领导和参与。“12年科技规划”的实施，产生了以“两弹一星”为标志的一系列重大成果，谱写了我国科技发展史上辉煌灿烂的篇章，极大地振奋了民族精神，提高了我国的国际地位，同时也为我国凝聚和培养了大批一流科学家。

我们一直重视从宏观上、战略上、整体上研究我国的科学技术发展问题。现在看，这方面的工作依然薄弱。我国是一个有十几亿人口的发展中大国，不能、也不可能依附其他国家发展。我们必须在科技发展的前沿领域有所作为，引领我国的发展，并为世界科技发展作出贡献。真正的核心技术是买不来的，在关键领域，我们必须依靠自己解决问题。加强科技发展战略规划，对我们这样一个大国来说非常重要。要真正把“虚”的务透，这样才能明确方向，才能抓住重点把“实”的真正做实。加强科技发展的顶层设计和战略规划，要进一步完善科技发展的决策体制和咨询制度，要有一批战略科学家，有一个精干的机构来做这方面的组织协调工作。

近十多年来，我们下了很大功夫，搞了几个重大规划。这里我讲两个重要的：第一个是在本世纪初，研究制定了《农业科技发展纲要》。1999年底开始，用了一年多时间。按照中央部署，科技部、农业部牵头，28个部门参与，从国情出发，提出了新世纪第一个10年我国农业科技发展的总目标和总任务，强调以推进新的农业科技革命为主题，以为农业、农村、农民服务为方向，以科技体制改革和创新为动力，以有力的政策措施为保障，实现技术跨越，加速推进农业现代化。

第二个是2006年开始实施的《国家中长期科学和技术发展规划纲要》。制定这个规划是党的十六大提出的一项重大任务，是我们党深刻分析新世纪新阶段的形势任务作出的重大决策。从2003年6月开始，国务院专门成立了领导小组，组织全国科技界、教育界、经济界、企业界2000多名专家学者，分20个专题，对我国科技和经济社会发展各个方面的问题，进行了长达一年多的战略研究，形成了120万字的研究报告。在此基础上，又用了一年的时间起草规划纲要。可以说，这个《规划纲要》是在充分发扬民主、集思广益、科学论证的基础之上制定出来的，是全党、社会各方面和广大科技工作者集体智慧的结晶。《规划纲要》把加强自主创新作为我国科技发展的战略基点，确定了“自主创新、重点跨越、支撑发展、引领未来”的指导方针，提出了建设创新型国家的总体目标。并从8个方面明确了具体发展目标，确定了5个方面的战略重点和16个重大专项，明确了2020年前我国科技工作的着力点和主攻方向。

还有一些重大的战略研究做得也很好：第一个是由中国工程院院士钱正英、宋健同志组织的“中国可持续发展水资源战略研究”。研究历时一年，有近300位专家参加，其中有43位两院院士，形成了9个专题报告和一个综合报告。主要研究成果概括起来就是一句话：要突出提高水资源的利用效率，建立节水型的工业、节水型的农业、节水型的社会。这句话后来写入了“十五”计划。与这项研究相关联的还有钱正英同志主持的“西北地区水资源配置、生态环境建设和可持续发展战略研究”。可以说是“中国可持续发展水资源战略研究”的继续和深入。报告提出，西北地区经济社会可持续发展，重要前提是水资源的可持续利用。报告还提出了西北地区生态环境建设、水资源合理配置和高效利用的战略思路及10项对策。这些意见，对西北地区经济社会发展具有重要指导意义。

第二个是由中国林科院江泽慧院长牵头的“林业可持续发展战略研究”。这项研究从2001年开始，有数百位包括两院院士在内的专家学者参与，历时两年，取得了重大成果，完成了《中国可持续发展林业战略研究报告》，提出林业必须确立以生态建设为主的可持续发展道路，建立以森林植被为主体、林草结合的国土生态安全体系，提出了以六大林业重点工程为载体、科技创新为先导、体制改革为动力，推动林业跨越式发展的思路。

第三个是由侯祥麟老先生领衔的“中国可持续发展油气资源战略研究”。这是一个事关国家能源安全的重大战略问题。课题组由中国工程院31位院士和相关单位120位专家学者组成。这项研究是2003年开始的，当时先生已经91岁了，是我请他出山的。就在国务院听取汇报那天上午，重病中的侯老夫人生命已进入最后时刻，但她不让身边的人告诉侯老，怕影响他汇报。当侯老从中南海出来赶到医院时，夫人已处于弥留之际。令人感动的是，在相濡以沫的夫人离开后不久，哀痛中的侯老又提出，需要进一步研究2020年至2050年的油气供需和替代问题。一个90多岁的老人，想的是半个世纪后的国家大事，这是一种多么感人的情怀和崇高的思想境界啊！我这里之所以讲这些，是想表达对学富五车、心忧天下的老一辈科学家的崇高敬意和怀念。

第三件事是推动实施重大科技行动。

改革开放以来，我们把科教兴国和可持续发展确立为我国经济社会发展的国家战略，把加快推进科技进步放在经济社会发展的关键地位。我们先后组织实施科技攻关计划、863计划、星火计划、火炬计划、973计划和国家中长期科技发展规划纲要确定的重大专项，取得了一大批在国际上产生广泛影响、对经济社会发展有重大意义的成果。

我们坚持面向经济建设主战场，围绕经济社会发展中急需解决的重大科技问题，卓有成效地组织实施了“六五”、“七五”、“八五”科技攻关计划。科技攻关是实现科技与经济结合的重大措施。通过科技攻关，使科技由潜在生产力变为现实生产力，有力地推动了经济和社会发展。

邓小平同志提出，中国必须发展自己的高科技，在世界高科技领域占有一席之地。1986年我们实施了863计划。这个计划是由王大珩、王淦昌、陈芳允、杨嘉墀四位老科学家倡议的。他们分析了当时世界科技发展趋势，根据我国经济社会发展的实际和需求，向中央提出了十分重要的建议。邓小平同志高瞻远瞩，抓住了科技发展和现代化建设中的这一重大问题，及时作出了决断。863计划的制定和实施，是科学民主决策的过程，是集中力量办大事的过程，这是一条非常重要的经验。

1986年，我们在全国农村实行星火计划。星火计划把先进实用的科学技术引向农村，是科技与农业、科技人员与农民紧密结合的成功模式，是科技为农民服务的一条有效途径，是以急需、实用、见效快的科技开发项目促进农村经济发展的重要措施，为农业和农村经济发展注入了新的活力。星火计划的实践告诉我们，农业和农村经济的发展，必须紧紧依靠科技进步和提高农民素质。

1988年，国务院批准实施火炬计划。这是一个在总结中关村科技园区建设和民营科技企业发展经验基础上，促进科技成果商品化、产业化的科技计划。主要是通过在智力相对密集的地方设立高新技术产业开发园区、发展高新技术企业服务中心（即科技企业孵化器）、实施鼓励高新技术企业发展和科技人员创办领办高新技术企业的优惠政策等措施，引导社会力量参与高新技术发展、促进科技成果商品化、产业化。现在，我们已经有了像联想、海尔、华为、中兴、中联重科、腾讯、阿里巴巴等一批国际知名科技企业，有了遍布全国的具有市场竞争力和创新活力的科技型企业群体，涌现出北京中关村、武汉东湖等一批科技园区。

1997年，我们采纳科学家们的意见，决定制定实施国家重点基础研究发展规划，这就是大家熟悉的973计划。当时主要是围绕农业、能源、信息、资源与环境、人口与健康、材料、综合交叉等领域，面向国家重大需求，开展重点基础研究和前沿研究，现在这项研究计划已经大大拓展了。说到这项计划，就使我想到周光召同志。他是“两弹”元勋，是德高望重的科学家。光召同志从1998年开始担任973计划专家顾问组组长，历时13年之久。他以战略家的视野，敏锐注视世界科学前沿的发展态势，从国家长远利益出发，提出了一系列富有远见的意见和建议。去年11月15日，光召同志在出席973计划顾问组会时，突发脑溢血住进医院，至今尚未康复。我们衷心祝愿他早日恢复健康。

从1998年开始，中国科学院组织开展知识创新工程，重点是加强原始性创新，加强关键技术创新，取得了一系列重大创新成果，主要有：载人航天工程应用系统、“创新一号”小卫星、“龙芯”系列高性能处理器芯片、“曙光”和联想“深腾”系列大型计算机、甲醇制烯烃、煤制乙二醇、煤合成油、储能电池、燃料电池、量子通信、中微子振荡、铁基超导、诱导多功能干细胞全能性证明等。在空间遥感、信息安全、海洋装备和碳纤维材料等科研领域也取得了一系列重大突破。

国家中长期科技发展规划纲要确定了16个重大专项，涉及信息、生物、能源、资源、环境、人民健康等重大紧迫问题和战略性产业领域，还涉及军民两用技术和国家尖端技术。这些重大专项都是经过慎重考虑、反复论证才确定下来的。当然，科技在不断发展，形势在不断变化，重大专项也不能一成不变。比如，航空发动机和燃气轮机重大专项，是后来经师昌绪先生建议列上的。

第四件事是重视解决关系经济社会发展的重大科技问题。

科学技术始终与人类文明进步紧密相关。在当代社会，科学技术作为第一生产力，直接关系经济社会发展和人民福祉。这些年来，我们坚持以推进科技创新为动力，着力解决一些关系经济社会发展全局和直接涉及民生的重大科学技术研究和应用推广问题。

一是围绕解决粮食安全和农业发展问题，推进农业科学技术创新。农业科学技术是整个农业发展的基础。我国农业能否再上台阶，在很大程度上取决于农业科学技术的重大突破。我曾多年分管农业和农村工作，与农业科技工作者结下了深厚的友谊，多次和他们座谈科技兴农，向他们请教农业科技问题。我每次到农村考察时，都要到省里的农科院或者县里的农科所及农技推广站去看看。1995年7月13日，我到中国科学院与部分研究所所长座谈，调研农业科技发展问题。我曾多次和李振声院士交谈农业科技问题；多次和水稻育种专家袁隆平院士探讨水稻育种问题，到过他在湖南的实验室和试验田，还请他到我的办公室来谈发展杂交水稻问题。现在，杂交稻种植面积占我国水稻种植面积50%以上，每年增产的稻谷能养活6000万人。2003年开始推广超级稻，超级稻产量的潜力是每亩1600—2000斤，现在推广了1.12亿亩，可以增产稻谷145亿斤。

我国人多地少、人多水少，人均耕地只相当于世界平均水平的1/3，水资源只有1/4，而且有限的资源还在减少。我国水资源分布极不均衡，长江以南地区水资源约占全国的70%，耕地面积仅占全国的31%，而长江以北地区水资源仅占30%，耕地却占69%。目前能调出粮食的省区主要在北方，北粮南运，为此我们付出了很大代价。现在我们面临两难境地，一方面，要保十几亿人口的饭碗，保证粮食和其他农产品不出问题。随着人们生活水平不断提高，要进一步增加农业产出。另一方面，工业化、城镇化还要占用耕地，非农业用水也越来越多。在这样一个资源条件下，要养活十几亿人口，农业的发展必须依靠科技，主要是提高单产来解决总量问题。

还有一个问题，是我国的农业生产成本高、浪费严重、效益低。化肥和农药用量大，既污染环境，又影响食品安全，主要问题是有效利用率低，目前都不到40%，发达国家已达到60%—80%。我国一方面严重缺水，一方面很多地方还是大水漫灌，农业灌溉用水有效利用率也不到40%，发达国家已达到70%—80%。我国农产品加工转化增值率低，初级农产品加工率仅在20%左右，发达国家已达到80%—90%。我国农产品加工业产值与农业产值比率仅为0.3:1，发达国家能达到4:1。我国农产品加工主要还是生产传统加工品，深加工、新产品少。这是我国农业效益低的一个重要原因。降低生产成本，实现转化增值，关键要有科技支撑。

在国家中长期科技发展规划纲要中，我们

把农业作为重要内容，规划了新品种培育、动物疫病防治、农产品精深加工和储运、环保型肥料农药、农业装备与设施、农业精准作业与信息化等九个方面的内容，并把转基因生物新品种培育列入重大专项。这些科技项目是未来我国农业发展强有力的支撑。从实际情况看，迫切需要解决的问题：一是大力发展农业生物技术。这是涉及到良种培育、种植养殖、施肥灌溉、植保防疫等各个农业领域的高技术，发展的战略重点是为动植物育种和发展高附加值现代农业产业提供技术支撑。二是实现传统农业技术全面升级。传统农业技术仍将是我国未来农业技术的主体，而当前的主要问题是资源投入高和生产效率低，必须改造升级。三是通过深度开发技术，解决农产品深加工问题，提高农业的附加值。四是推进农业信息化建设。建立区域性农业科技中心。完善农业技术推广体系。发展一批具有国际竞争力的农业高科技企业。此外，还要培养大批有文化、懂技术、会经营的新型农民，提高农民接受科技的能力。这些问题解决好了，就会推动农业增长方式转变，全面提高我国农业发展水平。

二是围绕解决资源环境约束和可持续发展问题，推进高新技术和战略性新兴产业发展。我们国家发展到现在这个阶段，资源能源的可持续能力和环境的可承载能力，成为一个大问题。我们提出调整经济结构、转变经济发展方式，一个很重要的考虑，就是突破资源环境约束，实现可持续发展。特别是最近这场国际金融危机，加深了我们对依靠科技创新，加快转变经济发展方式重要性、紧迫性的认识。

国际金融危机发生以来，我经常思考一个问题，就是怎样推动中国经济在更长时期内全面协调可持续发展，尽快走上创新驱动、内生增长的轨道。为此，我做了三年多的调研。我觉得，战略决策、科技创新、领军人才和产业化这四个方面决定着未来。在这些方面，国家已经作出并将继续完善战略部署。我们制定了国家中长期科技发展规划纲要，把建设创新型国家作为战略目标，把可持续发展作为战略方向，把争夺经济科技制高点作为战略重点，逐步使战略性新兴产业成为引导未来经济社会发展的重要力量。

战略性新兴产业是新兴科技和新兴产业的深度融合，既代表科技创新的方向，也代表产业发展的方向。经过调查研究和深入论证，我们把发展战略性新兴产业，作为应对金融危机冲击的重要措施，作为转变经济发展方式的重要抓手，作为引领我国可持续发展的重大战略。科学选择战略性新兴产业非常关键。选对了就能跨越发展，选错了将会贻误时机。

为此，我主持召开了三次座谈会。有47位经济、科技专家，围绕新能源、节能环保、电动汽车、新材料、新医药、生物育种和信息产业发展进行了热烈的讨论，提出了很好的意见和建议。最后，我们确定了以下七个重点产业领域：一是节能环保产业，二是新一代信息技术产业，三是生物产业，四是高端装备制造产业，五是新能源产业，六是新材料产业，七是新能源汽车产业。选择这些产业领域的主要考虑：一是重大发展需求。我们要找到解决我国发展面临突出问题、实现我国长远可持续发展的突破口，能够引领我国产业和经济社会发展的方向。这些产业领域的任何一项重要技术突破，都会推动我国相关领域实现跨越式发展。二是世界科技革命和产业革命的机遇。这些产业领域都是世界主要国家发展新兴科技和新兴产业的主攻方向，其中一些重要领域一旦实现重大技术突破，完全可能推动新一轮产业革命。我们必须紧紧把握世界科技革命和产业革命的脉动，科学部署，在新一轮科技革命和产业革命中赢得主动。三是科技和产业基础。我们从国情出发，同时考虑需求和可能两个方面，做到有所为、有所不为。经过多年的积累，可以说在这些领域，我们已经具备了一定的研究、人才和产业基础。最近，国务院常务会议审议通过了《“十二五”国家战略性新兴产业发展规划》，明确提出了“十二五”时期上述七个重点领域的重点发展方向和主要任务。

三是围绕解决重大疾病预防控制和公共卫生问题，推进卫生健康科技创新。这是一个重大的民生问题，直接关系人民群众健康和生命安全。传染病扩散没有国界，新老传染病的威胁依然存在。世界卫生组织公布的数据显示，全球每年有1600万人被传染病夺去生命。这一点在2003年抗击非典中我们体会最深。2003年，我与钟南山同志在泰国参加非典防治国际会议期间，就探讨了重大传染性疾病的预防控制问题。非典后，我们用短短的两三年时间，在全国健全了疾病预防控制体系。从更深层次上讲，我们的治国施政理念发生了很大改变，那就是更加重视经济社会协调发展，更加重视发展社会事业，更加重视保障和改善民生。

在重大疾病防治方面，2003年“六一”儿童节前夕，我到北京儿童医院看望患病儿童时，儿科疾病专家胡亚美同志建议设立北京儿童血液肿瘤中心，卫生部和北京市很重视，现在这件事已在进行。2009年2月我到天津出差时，在火车站碰见了来自河北张家口的2岁白血病患儿李瑞小朋友，引起我对儿童白血病的重视，后来成立了一个儿童白血病救助基金。我曾多次同武汉大学附属医院的桂希恩教授探讨艾滋病防治工作。在他困难的时候，我到他家中看望他，为他热心艾滋病防治事业的崇高精神深深感动，从此，他成了我的一位挚友。去年9月，我去看望86岁的王忠诚院士时，他提出我国神经外科医生少，建议建一个神经外科研究中心，这件事我们已经同意了。这些事对我个人的触动很大，对我们的决策帮助也很大。

这些年来，我们一方面重视疾病预防控制及其医学科学技术的研究工作，另一方面通过推进医药卫生体制改革和加强制度建设，来解决城乡居民的医疗卫生和健康保障问题。今年，我们开始全面推开儿童白血病等8类大病保障，并将肺癌等12类大病纳入保障试点范围。我们相信，经过若干年的不懈努力，中国人民的健康状况一定会得到明显改善。

当前，我国重大疾病防控任务十分艰巨，公共卫生体系和医学科研能力亟待加强。一是重点研究疾病发生发展规律，基础和临床相结合，预防控制艾滋病、肝炎、结核、血吸虫等传染病，心脑血管病、癌症、糖尿病、精神病等重大慢性疾病。二是重点研究监测、筛选、发现技术，早诊早治技术，疾病模型、数学医疗技术，多技术整合平台等关键技术。三是重点研究医药生物研发技术，后基因组技术，再生医学和替代医学相关技术，生物医学工程及远程技术等生物医药技术相关的高新技术。四是重点研究现代中医诊治技术，中药资源可持续利用技术，中药制药、筛选、评价技术以及中医药信息技术等。总之，科学技术要在维护人民健康和医药产业发展方面发挥更大作用。这需要从事医疗科技工作的同志们不懈努力，在座的各位院士中有不少是从事医学及其有关方面研究的，要担当起这一重任。

四是围绕应对气候环境变化和防灾减灾，推进环境生态科技创新。气候环境变化是近年来最热门的全球性话题之一，也是联合国大会及一系列国际会议的重要话题。气候变化会引发一系列环境问题，导致一些地区发生越来越多的风暴、干旱、冰雪、洪涝等自然灾害，对世界各国的经济社会发展将产生重要影响。应对气候变化、保护人类共有的生存环境，已经成为全人类共同面对的问题。2010年，我专门出席哥本哈根气候变化会议，在会上提出了我国自主减排的目标，表明中国支持《哥本哈根协议》的态度。

我国是一个自然灾害频发的国家。每年自然灾害都给我国造成巨大损失。加强对各类自然灾害的研究，探索自然灾害的规律、有效防范各类自然灾害，运用科学技术加强防灾减灾工作，是科学研究的一项重大任务。自然界对人类来说还有许多不可知的东西，例如短期临震预报就是一个世界性难题。一次成功的大灾预报具有难以估量的意义。我国位于环太平洋地震带和欧亚地震带之间，地震十分频繁，对地震发生发展的周期性规律及分布进行系统研究十分重要，对于防震减灾、保障人民生命财产安全，对于经济社会发展具有重大意义。这一点在2008年汶川抗震救灾和灾后重建中感触最深。

第五件事是积极迎接新科技革命的曙光和挑战。

科学技术发展与经济社会发展是相辅相成、相互推动的。一方面，每一次科技革命都会带给人们生产方式、生活方式和社会文明发展的革命性变化。马克思、恩格斯在评价第一次工业革命时说，资产阶级在它不到一百年的阶级统治中所创造的生产力，比过去一切世代创造的全部生产力还要多、还要大。另一方面，科学技术的重大突破离不开经济社会发展的需求。恩格斯说过，社会一旦有技术上的需要，则这种需要就会比十所大学更能把科学推向前进。可以说这是科技发展的基本规律，我们要充分认识和尊重这一规律，实现科技与经济社会良性互动发展。

历史经验表明，经济最困难的时期，往往也是技术和产业革命酝酿的关键时期；而科学发明和技术创新，又为经济发展开辟出新的领域，推动社会发生革命性的变化。回顾200多年来发生的几次科技革命，无论电力和内燃机的广泛应用，还是信息技术的跨越，都是在世界经济面临新一轮周期性调整时期酝酿的。正是科技上的重大突破和创新，推动经济结构的重大调整，提供新的增长引擎，使经济重新恢复平衡并提升到更高的水平。谁能在科技创新方面占据优势，谁就能够掌握发展的主动权，率先复苏并走向繁荣。

面对这场国际金融危机，各国正在进行抢占科技制高点的竞赛，全球将进入空前的创新密集和产业振兴时代。美国着眼于可持续发展和高质量就业，两次发布“美国创新战略”，提出将研发投入提高到占GDP 3%这一历史最高水平，力图在新能源、无线网络、先进车辆、医疗卫生信息技术、基础科学和航天等领域取得突破；最近又提出科技创新的主攻方向，包括节能环保、智慧地球、大数据、重振制造业等。欧盟提出智慧增长、包容增长、可持续增长，支持卓越科学研究，保障产业创新领导力，宣布2013年前投资1050亿欧元发展绿色经济，保持在绿色技术领域的世界领先地位。德国一方面竭力维持其在重型机械、高端制造等领域的世界领先地位，另一方面大力发展风能、生物能等可再生能源和各类节能环保技术，明确提出2020年绿色能源将占其能源总需求的35%。英国从高新科技特别是生物制药、绿色能源等方面，加强产业竞争的优势，发展知识密集型产业。日本重点开发能源、环境技术和老龄化相关科技。俄罗斯提出促进经济由资源型向创新型转变，开发纳米和核能技术。我们必须目光远大，把握机遇，在这场竞争中努力实现跨越式发展，缩小与发达国家在经济和科技方面的差距。

应该说，我们对通过科技创新应对国际金融危机的认识还是比较到位的。2009年3月，正是应对国际金融危机冲击最艰难的时刻，国务院决定调整优化科技重大专项和国家科技计划财政投入结构，2009年、2010年两年中央和地方财政集中1000亿元，加强科技创新。实施两年新增4万亿元的投资计划，中央财政累计安排投资资金2.02万亿元，新增1.18万亿元，其中自主创新、结构调整、节能减排和生态环境建设占16.1%，自主创新的投入占5%以上。

当今世界正处于新科技革命的时代，新产业革命初现端倪，一些重要科技领域显现出发生革命性突破的先兆。美欧学者近期预言称，一种建立在互联网和新材料、新能源相结合基础上的第三次工业革命即将来临，它以“制造业数字化”为核心，将使全球技术要素和市场要素配置方式发生革命性变化。一些专家认为，美德等国已取得先导性技术突破，有可能占据此次革命的制高点，重新划分全球分工。可以肯定的是，新科技革命将依赖现代化进程和国际竞争的强大需求拉动，也必将与新兴产业发展更加密切融合、互相促进。

我多次讲过，作为一个大国，我国必须有自己的基础和前沿研究。没有基础和前沿领域的原始创新，科技创新就没有根基，就谈不上建设创新型国家。改革开放之初，我国就成立了自然科学基金委员会，开辟专门资金渠道，重点支持自由探索和基础研究，着力培养创新思想和创新人才。在即将进入21世纪的时候，我们实施了国家重点基础研究发展计划，即973计划，面向国家发展的重大需求，着力解决制约我国经济社会发展的重大科学问题。2006年国家中长期科技发展规划纲要实施后，又启动了4项重大科学研究和8项前沿研究计划。4项重大科学研究计划是纳米、蛋白质、量子调控、发育与生殖，8项科学前沿研究是生命过程的定量研究和系统整合、凝聚态物质与新效应、物质深层次结构和宇宙大尺度物理学研究、核心数学及其在交叉领域的应用、地球系统过程与资源环境和灾害效应、脑科学与认知科学等。这些重大科学研究计划和项目都是当今世界科学发展的前沿领域，而且我国也具有一定的科研基础和能力，有望获得重要进展。

今天在座的有科学家、院士、科技管理工作者，我想借这个机会对科学界的同志提几点希望。

一要增强责任感、使命感和忧患意识。科技发展根本上要靠广大科技工作者、靠在座科学家们的努力和奉献。我们清醒地看到，面对激烈的国际竞争和经济社会发展的紧迫要求，我国科学技术总体能力和水平还存在着相当的差距。我国人均发明专利累计授权量远远低于发达国家的水平，重大技术的研究开发和装备制造能力还比较落后，原始创新占世界总量的比重很小。我这里举一个例子：目前中国互联网用户已突破5亿，全球排名第一，但主要用来管理互联网主目录的根服务器全世界共13台，1台主根服务器在美国，其余12台辅根服务器9台在美国，2台在欧洲，1台在日本，没有一台在中国。美国的互联网用户数量还不到我国的一半，但网络主机数量是中国的28倍。各位院士都承担着重要科研领域的领军任务，要有使命感，为我国在世界科技前沿占有一席之地贡献聪明才智。

二要提倡学术争鸣和创新。要提倡富有生气、不受约束、敢于发明和创造的学术自由。学术研究要鼓励争鸣，因为只有争鸣，才能激发批判思维的产生。批判思维是现代社会不可缺少的精神状态，是一种独立思考精神，它不迷信任何权威，只尊重真理和规律；不盲目接受任何一种观念和经验，而是经过认真的比较和分析，根据当时与当地的实际，取其有用成分，除其过时或不适宜的部分。批判思维是创造的基础，没有批判，不可能有创造。要尊重个性。一个没有个性的社会是没有生命力和创造力的。大家按一个调子唱歌，没有创新，产生不了新的科技成果，也不会有生产力的发展。一个国家、一个民族能否繁荣昌盛，关键在于人民群众中蕴藏的巨大创造潜力和独立思考精神能否得到发挥。否则，社会进步就会停滞或遭到扼杀，这是客观规律，不以人的意志为转移。没有思想解放和人的全面发展，科技进步是做不到的，即使做到一些，也是有限度的。在激烈的国际竞争和复杂的国际环境中，没有人民主动性的国家，必然在竞争中失败。

三要把培养发现人才放在重要位置。我们的院士大都承担着国家重大科技项目和工程，不但要在科研上有重大突破，而且要使科研项目成为凝聚拔尖人才、培养科学家的大熔炉，成为历练科技领军人物的主战场。要放手让青年人施展才干，他们最有活力，也最少保守思想，敢想别人不敢想、敢做别人不敢做的事。科学的重要发现许多出自青年，我们必须为青年人成才创造条件。老一代科学家要在提挈后学、培养人才方面发挥更大作用。我前些年去看望钱老，他几乎每次都反复提到，创新型人才不足是制约科技发展的瓶颈。他提出要更加注重培养具有创新能力的人才。他说，中国现在没有发展起来，一个重要原因是没有按照培养科技发明创造人才的方式办学，培养不出杰出人才。

知识是无可穷竭的。要提倡青年人敢于发现和提出问题。从一定意义上讲,发现一个问题比解决一个问题还要重要。我们要把培养创新型人才作为教育发展的重要目标,这需要从娃娃抓起。只有培养一批又一批、一代又一代各类人才,特别是创新型人才,中国才有希望。

四要重视和亲身参与科学普及工作。科普工作是一项崇高而神圣的事业,不仅是传承科技薪火,更重要的是传播科学思想、弘扬科学精神、提高全民族科学素质。一个普及科学的民族,才能真正摆脱愚昧和迷信;一个崇尚科学、具有科学精神的民族,才能真正有生机和希望。中国的生存和发展,在很大程度上取决于国民素质的提高,这是一个长期的历史任务,也是现实的迫切任务。要把传播科学思想、弘扬科学精神作为社会主义先进文化建设的重要内容。各位院士在各自研究领域都有很深的造诣,对科学精髓认识透彻,对科学知识把握准确,对科学精神领悟深刻,不仅要在科技领域作出贡献,也应当在发展先进文化方面作出贡献。

五要多为政府工作出谋划策。坚持科学民主决策,是政府工作的基本准则之一。重视听取专家的意见,是政府决策科学化、民主化的重要体现。这些年,我们组织各方面科学家在许多领域进行了若干重大战略研究,在政府决策和推动可持续发展方面发挥了重要作用。今后我们还将就经济社会发展中的一些重大课题,组织有关专家研究论证。希望广大科技工作者利用自己的专业知识和学术专长,多为政府工作提出宝贵意见和建议。

在全国教师工作暨“两基”工作总结表彰大会上的讲话

(2012年9月7日)

温家宝

在第28个教师节即将来临之际，我们在这里隆重召开全国教师工作暨“两基”工作总结表彰大会。我代表党中央、国务院向受到表彰的先进集体和先进个人表示热烈祝贺！向全国教师致以崇高敬意！祝大家教师节愉快！下面，我讲几点意见。

一、“两基”攻坚取得历史性辉煌成就

教育兴国是几代中国人的梦想。普及基础教育之梦在我国已有百余年历史。旧中国由于政治腐败、经济落后、社会动荡，根本不可能普及基础教育。1949年之前，全国学龄儿童入学率仅为20%，人口文盲率达到80%。15岁以上人口平均受教育年限只有1.6年，人民群众受教育程度总体上很低。

新中国成立后，百废待兴、百业待举，党和国家把普及教育、扫除文盲提上重要日程，动员全党、全社会和全国各族人民的力量，开展大规模的扫盲运动，大力普及初等教育，这也体现了老一代革命家的远见卓识。改革开放以来，1985年中央作出《关于教育体制改革的决定》，首次提出实行九年义务教育。随后颁布《义务教育法》、《扫除文盲工作条例》，以法律形式对实施九年义务教育和扫除青壮年文盲作出明确规定。经过全国上下艰苦努力，到2000年，我国在85%以上的人口地区基本普及了九年义务教育，基本扫除了青壮年文盲。

在初步实现“两基”的基础上，党的十六大以来，我们在推进教育发展、促进教育公平方面，主要做了三件大事。

第一件大事，是实施西部地区“两基”攻坚计划。当时尚未实现“两基”的400多个县级行政区域，主要集中在西部地区。针对这些地区经济发展滞后、自然条件差、教育基础薄弱的状况，国家投入数百亿元，实施农村中小学校舍改造、农村寄宿制学校建设、农村中小学现代远程教育等重大教育工程，到2007年，全面完成了“两基”攻坚任务，农村地区特别是西部地区农村办学条件得到显著改善，义务教育基础薄弱的状况得到了扭转。如今，在我国的许多边远山区，最好的建筑就是学校。

第二件大事，是在全国城乡全面实施真正免费义务教育。从2003年开始，国家对中西部农村地区义务教育阶段家庭经济困难学生，实施免杂费、免费提供教科书、补助住宿生活费的“两免一补”政策，并逐步推向全国，到2008年城市也开始实行免费义务教育。在经费保障方面，2005年开始将农村义务教育全面纳入了财政保障范围。对农民工随迁子女，实施以流入地为主、以公办学校为主的“两为主”政策，免除学杂费、不收借读费，初步解决了这些孩子接受义务教育的问题。2010年农村义务教育阶段中小学公用经费基准定额全部落实到位。至此，全国城乡真正实现了九年义务教育，1亿多适龄儿童少年上学不花钱成为现实。

第三件大事，是建立健全国家助学制度。通过完善和实施国家助学金、奖学金制度和提供助学贷款等方式，为城乡家庭经济困难学生提供帮助，保证学生不会因经济原因而中断学业。同时引导社会参与，共同为家庭经济困难学生提供支持。从2006年到2011

年六年间，国家财政投入从53.6亿元增加到674.1亿元，增加了近13倍，累计投入2429.5亿元；其中中央财政投入从20.1亿元增加到317.4亿元，增加了近16倍。全社会投入助学资金总额更是达到3638.8亿元。

艰难困苦，玉汝于成。从1985年我们提出目标算起，经过几届政府和全社会25年的不懈努力，到2011年全国所有省级行政区、所有县级行政单位全部通过普及九年制义务教育和扫除青壮年文盲国家验收，人口覆盖率达到100%，青壮年文盲率下降到1.08%。这些历史性成就的取得，是全党、全国各族人民共同奋斗的结果，广大教育工作者作出了突出贡献。

教育公平是社会公平的基石。在我们这样一个发展中的大国，让每个孩子都有学上、上得起学，保障他们平等接受教育、平等发展的权利，充分体现了社会主义制度的优越性。这不但成就了亿万孩子的人生梦想，而且对于提高全民素质、改善民生、缩小城乡差距等，都具有十分深远的意义。这是我国教育发展史上的重要里程碑，也是中华民族伟大复兴道路上浓墨重彩的绚丽篇章。

二、在新的起点上推进教育改革发展

完成了"两基"攻坚这一历史性任务，我国教育发展站在了新的历史起点上。我们基本解决了"有学上"问题，但更大的挑战是"上好学"。今后要适应人民群众接受更好教育的新期盼，把教育发展的重点放到提高质量、促进均衡发展上来，加快实现基本教育公共服务均等化，努力办好每一所学校，培养好每一个孩子。这是教育事业发展的需要，也是一个重大的民生问题。要全面贯彻落实《国家中长期教育改革和发展规划纲要》，继续坚持教育优先战略，推进教育更好更快发展，让教育更好地惠及全民。这里，重点讲三个方面：

（一）大力推进义务教育均衡发展。义务教育作为初始的学校教育和国家提供的基本公共服务，是教育公平最重要的领域。衡量义务教育公平性的主要标志，就是均衡发展。当前，我国教育资源配置不均衡问题比较突出，城乡之间、地区之间差异较大，即使在同一区域的不同学校之间，师资力量、基础设施、教学设施等资源配置的差距也很悬殊，由此出现"择校热"等突出问题，形成了新的不公平，人民群众和社会各界意见很大。加快解决教育资源特别是优质教育资源均衡配置问题，是人民群众的强烈愿望。

由于各地经济社会发展水平的差异，义务教育发展不均衡问题短期内还难以根本消除，但我们推进教育均衡发展的目标不能动摇。一是大力推进义务教育学校标准化建设。要保证学校的师资配备和基础设施、教学设施、图书资料等配置基本达标，逐步实现同一区域不同学校软硬件配置基本无差异。要适应城市化、信息化的新形势，调整完善学校布局，逐步解决一些地方中小学"大班额"和"超级大校"的问题。农村要保留并办好必要的村小和教学点，尽量让孩子们就近上学。财政投入要优先用于农村地区、中西部地区和城乡薄弱学校建设。中央财政要加大对革命老区、民族地区、边疆地区和贫困地区的支持力度。二是着力缩小校际师资差距。教师是教育的第一资源，"择校"很大程度上是"择师"。要建立县（区）域内教师、校长交流制度。继续实施"特岗教师"、免费师范生教育等政策措施，拓宽农村和中西部地区教师补充渠道。国家教师培训项目也要重点向农村和中西部地区倾斜。三是更加有效地保障特殊群体平等接受义务教育的权利。要加强农村寄宿制学校建设管理，解决好留守儿童上学问题。认真落实以流入地为主、以公办学校为主的政策，解决好农民工随迁子女在城市就学问题。对城乡低保和经济困难家庭寄宿生生活费，按政策给予补助。此外，要办好特殊教育学校，保障残疾儿童少年公平接受义务教育权利。做好孤儿照顾和教育工作。

（二）全面推进素质教育。教育的根本目的，是促进人的自由全面发展，培养经济社会发展需要的各类人才。当前迫切需要把教育从应试和高考指挥棒下解放出来，解放学生、解放教师、解放学校。只有这样，学生、教师、学校才能按素质教育的要求去学习、去教学、去管理，真正提高教育质量。一要更新教育观念。教育不仅要传授知识，更重要的是培养有创造性、有想象力、身心健康的人才。不能用一个模式办教育，更不能用一个标准去衡量、评价学生。要树立人人皆可成才的观念，做到因材施教，尊重、鼓励个性发展。二要改变教学方式。要采用启发式、探究式、讨论式、参与式的教学方式，引导学生掌握学习方法、自主学习、独立思考和判断，鼓励创新思维、激励个人兴趣。三要合理设置课程。各阶段教育都要遵循学生身心发展规律，合理设置课程和课程标准，切实解决课程和作业偏多、偏深、偏难问题，减轻学生课业负担和学习压力，让学生有更多时间锻炼身体、参加社会活动、发展个人兴趣爱好。四要加快建立以课程标准和学生全面发展标准为主的评价体系。当前考试分数和升学率几乎成了评价学生、教师和学校的唯一标准，不仅学生压力大，教师和学校的压力也很大。必须加快建立科学的、多元化的教育评价体系。只有把学生、教师和学校从应试教育中解脱出来，教育事业发展才能有更广阔的天地。

（三）深入推进教育改革。改革创新是教育发展的强大动力。要基本实现教育现代化、成为人力资源强国，必须不断深化改革。这里强调几点：一要加快建立现代学校制度。要推进政校分开、管办分离，实行依法办学、民主管理和监督，增强学校办学自主权。二要倡导教育家办学。教育应当由懂教育的人办，要培养一大批有志于献身教育事业的教育家。不但大学应由教育家来办，中小学也应由教育家来办。要改变学校行政化管理模式，取消学校的行政级别。不同类型的学校应有不同的管理和办学模式。三要完善升学考试制度。考试制度不改革，应试教育就很难破除。改革总的方向是，在保证公平公正这个根本前提下，全面考核学生的学业水平和整体素质，并让学生有多次选择机会，克服一考定终身的弊端。四要大力发展民办教育。这是解决教育资源特别是优质教育资源不足、增强教育发展活力的必然要求。政府在教育发展方面最重要的职责是保基本、促公平。要加快形成以政府办学为主体、全社会积极参与、公办和民办共同发展的格局。不但要有民办高校，中小学也应当有一定数量的社会办学。进一步清理对民办学校的各类歧视性政策，落实民办学校、学生、教师与公办学校、学生、教师平等的法律地位，引导社会资金以多种方式进入教育领域。

三、建设一支高素质教师队伍

教师是立教之本。有高水平的教师，才能有高水平的教育。中华民族历来有尊师重教的传统。早在战国时代，荀子就有“国将兴，必贵师而重傅；国将衰，必贱师而轻傅”的至理名言。我多次说过，教师是太阳底下最光辉的职业，能够照亮一代又一代新人。长期以来，广大教师勤勤恳恳、无私奉献，为我国教育改革发展作出了巨大贡献，祖国和人民是不会忘记的。

党的十六大以来，我们采取了一系列重大政策举措加强教师队伍建设，特别是在农村教师队伍建设方面办了几件实事。一是建立健全中小学教师工资保障机制，将农村中小学教职工工资全额纳入财政预算。在义务教育阶段率先实施绩效工资制度，使1000多万义务教育学校教师的收入水平有了可靠保障，特别是农村教师工资增长速度明显快于城镇教师。二是在教育部六所直属师范大学实施师范生免费教育。5年累计招收5.5万名免费师范生，已毕业的两届2万多名毕业生全部到中小学任教。湖南、江西、新疆等18个省区也开展了师范生免费教育试点。三是实施“特岗计划”，鼓励高校毕业生到农村任教。2006年以来招聘近30万名特岗教师到中西部“两基”攻坚县和国家扶贫重点县3万多所农村学校任教,服务期满留任比例连续三年达到87%以上,一大批优秀大学毕业生自愿到祖国最艰苦的地方施展才华。四是启动实施"中小学和幼儿园教师国家级培训计划"。近两年中央财政投入26亿元、培训了350万名中西部农村中小学、幼儿园教师,许多农村教师第一次有了进城学习培训的机会。五是积极推进中小学教师职称制度改革试点。试点覆盖近百个地级市,将中小学教师的最高职称提高到正高级。这是对广大中小学教师价值的认可,是鼓励更多高学历、高素质人才从事中小学教育的重要举措。六是实施边远艰苦地区农村学校教师周转宿舍建设。近两年中央投入56亿元、建设宿舍10.5万套,有效改善了农村教师的工作生活条件。七是加强高校教师队伍建设,特别是加大高校青年教师培养力度。实施"千人计划"和"长江学者"、创新团队、新世纪优秀人才等计划。到2011年,高校共引进"千人计划"创新人才1171人,占全国总数的64.4%。八是职业教育教师队伍建设取得新进展,教师学历水平、职称结构有了大幅改善,近40%的专业教师成为"双师型"教师。2011年启动"职业院校教师素质提高计划",计划"十二五"投入26亿元,支持45万名骨干教师参加培训、2万名青年教师到企业实践。通过这些措施,教师的经济和社会地位明显提高,教师的职业吸引力明显增强,全社会尊师重教的氛围更加浓厚。

但我们必须看到,我国教师队伍的整体水平还亟待进一步提高,区域、城乡、校际之间教师资源配置还不平衡,中西部农村教师队伍相对薄弱,教师结构不尽合理,管理体制机制有待完善。建设一支高素质教师队伍,充分保护、调动和发挥广大教师的积极性创造性,是我国教育改革发展的要求,也是满足人民群众接受更好教育的需要。这里,结合贯彻落实国务院近日下发的《关于加强教师队伍建设的意见》,谈几点看法。

第一,坚持教书与育人并重。教师所从事的是一项高尚事业,学为人师、行为世范。教师要把教书放在第一位。只有"教"才能成为"师"。教书是教师的基本职责,只有教好书,才能育好人。大学教授特别是名教授,要坚持进课堂,给本科生上课。中小学特级、高级教师要始终深入教学第一线。要把教好书作为教师评价、晋升的主要依据。学校教师搞科研、发表论文要更好地为教学服务。同时,教师要时刻加强师德修养,做到"既美其道,又慎其行",以自己的学识、品行和人格,影响和塑造学生,做好学生健康成长的引路人。

第二,提高教师专业化水平。要根据各级各类教育的特点,建立健全教师专业发展标准体系,规范教师和各级各类校长的任职资格,严格准入制度。全面实施教师资格考试和定期注册制度。建设高水平专业化的教师队伍,必须办好师范教育,师范教育要造就大批教育家。要继续发挥教育部直属师范大学师范生免费教育的示范引领作用,鼓励支持地方结合实际实施师范生免费教育。健全并严格执行各级各类学校教师定期参加培训制度,健全教师培养培训体系,为教师交流学习、更新知识、提高专业水平提供保障。

第三,改革完善教师管理制度。根据各级各类教育的特点研究完善教师编制标准。中小学教师的编制要逐步实行城乡统一标准。边远地区、边疆地区和少数民族地区的教师编制,要考虑当地特殊情况,能够满足当地教育发展需求。严禁挤占、挪用教师编制。加快推进教师职务职称制度改革。建立统一的中小学教师职务职称系列,完善符合村小和教学点实际的教师职务职称评定标准。推进学校和教师人事管理改革,实行按需设岗、竞聘上岗、按岗聘用、合同管理,建立能进能出的聘用机制。

第四,加强农村教师队伍建设。农村教师薄弱问题仍是当前突出问题。要继续实施农村教师"特岗计划",探索建立省级统筹补充农村教师的机制。要将农村教师住房纳入当地住房保障范围,并加快农村学校教师周转宿舍建设。

要增加农村教师津补贴，提高农村和艰苦边远地区教师待遇。总之，政府和全社会都要关心农村教师的生活和成长，使他们进得来、留得住、干得好。对长期在农村和艰苦地区任教、贡献突出的教师，要给予奖励和表彰。

尊师重教是社会文明进步的体现。加快发展教育事业，加强教师队伍建设，各级政府责无旁贷，一定要大有作为。让我们在以胡锦涛同志为总书记的党中央领导下，以邓小平理论和“三个代表”重要思想为指导，深入贯彻落实科学发展观，解放思想，开拓创新，扎实工作，开创我国教育事业改革发展的新局面。

在全国新型农村和城镇居民社会养老保险工作总结表彰大会上的讲话

（2012 年 10 月 12 日）

温家宝

同志们：

今天，我们召开总结表彰大会，全面总结新型农村社会养老保险和城镇居民社会养老保险工作，隆重表彰做出突出贡献的先进单位和个人。我代表党中央、国务院，向受到表彰的先进单位和个人表示热烈祝贺！向辛勤工作在基层一线的广大干部职工表示诚挚的问候！希望受到表彰的单位和个人珍惜荣誉，戒骄戒躁，更加努力地工作。希望全国社会保障战线的同志们以他们为榜样，更好地履行职责，为健全城乡社会养老保险制度做出新贡献。

社会保障是现代国家一项基本的社会经济制度，是社会安定的重要保障，也是社会文明进步的重要标志。党中央、国务院高度重视社会保障工作。特别是党的十六大以来，我们坚持以人为本、全面协调可持续的科学发展观，更加注重保障和改善民生，在社会保障制度建设方面迈出新步伐。我们建立了城镇居民基本医疗保险制度、新型农村合作医疗制度；实行城乡医疗救助制度，在新医改中大幅度提高基本医疗保障水平；建立农村最低生活保障制度；继续完善城镇职工基本养老保险制度，大力推进基金省级统筹和养老保险跨地区转移接续工作；养老保险基金规模不断扩大，并有效实现保值增值；连续 8 年增加企业退休人员养老金；在全国范围内解决了关闭破产国有企业退休人员参加医保、老工伤待遇、集体企业退休人员参加养老保险等一批历史遗留问题。这些制度的建立和完善，让越来越多的城乡居民享受到实惠，使我们距离人人享有基本社会保障的目标越来越近。

实现“老有所养”是广大人民群众的热切期盼，也是社会保障的重要目标。根据党的十七大和十七届三中全会做出的决策部署，近年来我们下大力气建立城乡社会养老保险制度。2009 年下半年，国务院决定开展新型农村社会养老保险试点，2011 年启动城镇居民社会养老保险试点。今年上半年，国务院决定在全国所有县级行政区全面开展新型农村社会养老保险和城镇居民社会养老保险工作。至此，我国覆盖城乡居民的社会养老保障体系基本建立。

基本实现社会养老保险制度全覆盖。从 2009 年算起，到今年 7 月 1 日，我们仅用 3 年时间基本实现了社会养老保险制度全覆盖，比原来预期的 10 年左右时间大大提前。这填补了农村居民和城镇非就业居民养老保险长期以来的制度空白，人人享有养老保险成为现实。这是我国社会保障事业发展的重要里程碑。

城乡居民参保人数不断增加。截至今年 9 月底，全国城乡居民两项养老保险的参保人数达到 4.49 亿人，加上企业职工养老保险，总计覆盖人数超过 7 亿人。我们已建立了世界上最大的社会养老保险体系。

养老保险制度运行平稳。各级财政积极筹措资金，努力按时足额支付基础养老金。3 年来各级财政共拨付两项养老保险补助资金超过 1700 亿元。目前全国有 1.24 亿城乡居民领取基础养老金。

社会保险经办服务能力不断提升。各地社会养老保险的基础设施建设不断推进，经办服务体系初步建立，信息化程度不断提高，各项管理制度进一步完善。

我们高兴地看到，建立新型农村社会养老保险和城镇居民社会养老保险制度工作推进顺利、进展迅速、成绩显著，超出预期。这说明，中央建立这两项制度的重大决策得民心、顺民意、解民忧，得到了广大农民和城镇居民的衷心拥护，也得到了各方面的大力支持。3年来，在推进两项制度试点工作中，我们坚持从国情出发，确定了“保基本、广覆盖、有弹性、可持续”的基本指导方针。这既考虑了我国城乡居民养老保险的现实需要，也考虑了各级财政和城乡居民的实际承受能力。实践证明，这个指导方针是两项保险制度得以顺利推进的基本保障。我们坚持政府引导、自愿参保的原则，引导和鼓励广大城乡居民积极参保，各级财政加大投入，对居民参保缴费实施补贴，鼓励多缴费、长缴费。政府的强力引导，有效地调动了群众的参保积极性，大大加快了两项保险制度全覆盖的步伐。我们坚持试点先行，稳步推进。2009年下半年在全国部分县市启动新农保试点，2010年扩大试点面，2011年开展第3批试点，并部署了城镇居民社会养老保险试点。通过积极稳妥的试点，发现问题，解决问题，积累经验。今年7月份开始在全国全面推开两项保险制度，可以说是水到渠成。

基本实现社会养老保险制度的全覆盖，把数亿城乡居民纳入到基本养老保险覆盖范围，这是一个了不起的成就。但也必须认识到，在世界上人口最多的发展中国家，建立健全社会养老保险体系，真正实现全体人民“老有所养”目标，要走的路还很长，任务还很艰巨。当前，我国城乡居民基础养老金保障水平偏低，保障基本生活的功能有限；政策体系和参保缴费激励机制有待完善，中青年群体参保积极性不高；多种养老保险制度并行，制度之间衔接不畅；基层经办服务能力总体不足，不能很好地满足参保人员缴费、查询、领取养老金等方面的需要；基金管理层次比较低，监管难度大，保值增值风险大。对这些问题，要加紧研究解决。我们要怀着对广大人民群众的深厚感情，进一步提高认识、完善制度、改进工作，推动养老保险制度建设取得新进展。

要稳步提高保障水平。过去几年，我们主要是致力于制度建设，努力填补城乡养老保险制度空白。下一步，要更加注重提高保障水平。要继续坚持政府引导和个人负担并重。政府宁肯少上几个项目，也要确保对社会养老保险制度的投入。要根据经济发展、财政收入、物价变动等因素，建立科学合理的保障水平调整机制。进一步加强政策宣传，使广大农民和城镇居民真正认识到个人获得养老保险的基本前提是参保并承担缴费义务，鼓励和支持群众早缴费、多缴费、长缴费，增加个人账户积累，以保证将来得到更高水平的养老保障。同时，坚持多层次、多渠道解决养老问题。鼓励和引导有条件的居民建立个人和家庭养老计划，购买商业养老保险。弘扬中华民族优良传统，发挥好家庭在经济供养和情感慰藉等方面的作用，充分发挥社会慈善在养老保障方面的积极作用。

要继续完善政策体系。要对制度运行状况及时总结评估，根据实际情况进行政策调整和创新。进一步完善参保激励机制，真正做到多缴多补、长缴多得，调动农民和城镇居民的参保积极性，不断扩大覆盖面，增加基金积累。研究解决城乡居民养老保险与企业职工基本养老保险制度之间的衔接整合问题，消除中青年群体的参保疑虑，吸引他们主动踊跃参保。坚持城乡统筹，选择合适的时机，研究出台整合新型农村社会养老保险和城镇居民社会养老保险制度的政策。

要增强经办服务能力。要适应农民和城镇居民的特点，提供更加方便、快捷、高效的服务，切实做到“记录一生、服务一生、保障一生”。按照精简效能的原则，整合现有公共服务和社会保险经办管理资源，建立健全统一的社会保险经办机构，并通过购买服务等措施，增强基层经办服务能力。各级财政要适当加大基层经办能力建设投入，支持基层充实经办力量，加强基础设施建设。加快提高社会保险信息化水平，健全信息网络，大力推行社会保障"一卡通"。

要加强基金监督管理。社会保障基金是城乡居民的"保命钱"，必须确保安全。要依法加强对基金的监督管理，任何人、任何机构都不得滥用、挪用基金。探索实行基金监管和运营的省级管理制度，成立新的机构或委托现有机构进行基金投资运营，努力实现基金的保值增值。

同志们，做好新型农村社会养老保险和城镇居民社会养老保险工作，意义深远，责任重大。让我们紧密团结在以胡锦涛同志为总书记的党中央周围，齐心协力，开拓进取，扎实工作，加快健全中国特色社会养老保险体系，更好地保障和改善民生，全面建成小康社会。

在第四届海峡论坛大会上的致辞

（2012 年 6 月 17 日）

贾庆林

各位同胞，各位朋友，

女士们，先生们：

大家上午好！

盛夏时节，美丽的厦门万木葱茏、生机盎然。今天，我很高兴与新老朋友们一道，共同参加第四届海峡论坛。受胡锦涛总书记委托，我代表中共中央，对第四届海峡论坛的举办表示热烈的祝贺！向所有前来参加论坛的两岸同胞特别是来自宝岛台湾的乡亲们表示诚挚的问候！

2009 年，在两岸关系实现历史性转折的新形势下，为了促进两岸民间尤其是基层民众的交流，两岸 50 多个单位和民间团体共同发起创办了海峡论坛。这是两岸交流的一个创举，顺应了两岸同胞加强交流合作的迫切愿望，为两岸基层民众搭建了一个相互学习借鉴的重要平台。三年来，海峡论坛始终以“扩大民间交流、加强两岸合作、促进共同发展”为主题，始终坚持面向基层、面向民众的务实方向，始终保持民间性、大众性、广泛性的鲜明特色。在两岸各有关方面和广大民众的共同努力和积极参与下，海峡论坛已经成为规模最大、参与人数最多、形式最多样、内容最丰富的两岸民间交流盛会，发挥了促进两岸关系和平发展的独特功能和重要作用。每年上万名台湾民众前来参与海峡论坛，是两岸民间交流蓬勃活力和旺盛生命力的生动写照。

各位乡亲、各位朋友！

两岸关系发展事关中华民族的长远利益，也与海峡两岸每一位同胞的切身福祉息息相关。过去四年，两岸双方在反对“台独”、坚持“九二共识”的共同基础上，建立政治互信，保持良性互动，推动两岸关系实现了历史性转折，开创了两岸关系和平发展新局面。两岸实现了全面直接双向“三通”，圆了两岸民众 30 年的夙愿。两岸签署了包括经济合作框架协议（ECFA）在内的 16 项协议，推进了两岸交流合作制度化。两岸经济合作不断深化，文化交流精彩纷呈。两岸人民往来规模迅速扩大，去年突破了 700 万人次。两岸民间交流蓬勃开展，遍及各界别、各领域，特别是基层民众交流迅速兴起，两岸市县乡镇之间，工会、农会、渔会、水利会、妇女、青年等各类民间团体，签署了数百项交流合作协议。两岸大交流形成了全方位、宽领域、多层次的格局和形式多样、内容丰富、参与广泛的态势。

过去的一年，在两岸同胞共同努力下，两岸关系实现了稳中有进，又迎来了新的发展机遇。在两岸关系面临严峻考验的时候，在事关两岸关系发展前景的重大抉择面前，台湾同胞认识到坚持“九二共识”对于稳定台海局势的重要意义，表达了期盼两岸扩大交流合作、持续推进协商的愿望，最终选择了坚定支持两岸关系和平发展。事实再次证明，两岸关系和平发展是一条正确道路，符合两岸同胞的共同期待和根本利益。

当前，两岸关系和平发展由开创期进入了巩固深化的新阶段。我们将继续贯彻推动两岸关系和平发展的各项方针政策，以持续推进两岸关系和平发展为主题，以广泛团结广大台湾同胞为主线，巩固增强反对“台独”、认同“九二共识”的共同基础，积极推进两岸经济合作和 ECFA 后续商谈，持续深化两岸文化教育交流，努力让更多台湾民众尤其是基层民众在两岸交流合作中受益，进一步筑牢两岸关系和平发展的政治、经济、文化和社会基础，不断开创两岸各领域互利合作新局面。

各位乡亲、各位朋友！

两岸关系和平发展，有利于台海地区保持安定祥和，有利于两岸同胞增进利益福祉，有利于中华民族走向伟大复兴。不断促进两岸关系和平发展，是两岸同胞的共同事业和共同责任。我相信，两岸广大民间组织和基层民众应该也完全能够为此发挥更大的作用，作出更大的贡献。这里，我就新形势下扩大和深化两岸民间交流，谈四点意见。

第一，进一步保持两岸民间交流蓬勃发展的良好势头。两岸关系虽历经风雨坎坷，但总体上不断向前发展。其中一个重要原因，就是两岸民间交流始终没有中断，对推动两岸关系发展发挥了不可替代的重要作用。多年来，两岸同胞积极开展各领域交流往来，不断打破旧的樊篱限制，不断消除彼此的误解隔阂，不断开辟新的合作道路。如今，两岸往来之便捷、经济联系之密切、各项交流之活跃、同胞感情之融洽、共同利益之广泛，都是前所未有的。两岸关系发展的动力来自民间，发展的潜力也蕴藏于民间。扩大深化两岸民间交流，是推进两岸关系和平发展的重要途径，是两岸同胞相互理解、彼此借鉴、取长补短、互利共赢的最好方式。新形势下，我们要采取更积极的措施，支持和鼓励两岸各领域、各界别、各行业的广大民众更加广泛、深入地开展交流合作，尤其要进一步扩大和加强两岸基层交流，促使更多的基层民众投身于两岸大交流大合作。我们热忱欢迎更多的台湾乡亲到大陆参访交流，同时也鼓励更多的大陆各界人士深入台湾基层，广交台湾朋友。期待两岸民间交流合作继续成为融洽两岸同胞感情的“连心桥”，推进两岸关系和平发展的“发动机”。

第二，进一步发挥两岸民间交流汇聚民意的积极作用。多年来，两岸民众通过交流合作，不但增进了彼此的感情融合，而且形成了发展两岸关系的许多重要共识。认同两岸同胞同属中华民族，反对“台独”势力分裂国土和破坏台海和平，支持两岸加强交流合作和推进平等协商，已经成为两岸同胞的普遍共识，成为台湾社会的主流民意。越来越多的台湾同胞认识到两岸关系良性发展与自身利益息息相关，“台独”是一条走不通的死路，台湾的前途系于两岸关系和平发展、系于中华民族伟大复兴。我们希望，两岸同胞在彼此交往和互利合作的过程中，不断增进思想感情的深度交流，不断化解彼此间的隔阂疑虑，不断增强两岸同胞一家人的观念，不断凝聚支持两岸关系发展的共同意志，努力形成大团结的新局面，为巩固深化两岸关系和平发展提供强有力的民意支撑。

第三，进一步通过两岸民间交流增进广大民众的福祉。两岸交流合作的蓬勃发展，给两岸同胞带来了实实在在的利益，越来越多的台湾同胞从中受益。两岸各地、各领域、各界别、各行业的民间组织应当更广泛地建立联系，寻求合作机会，共谋互利双赢，增进民众福祉。我们希望两岸双方共同为民间交流提供更便利的条件和更多的政策支持。大陆各地各部门都有责任努力为台湾同胞办实事、做好事、解难事、谋福祉。要更多了解包括中小企业和农渔业者在内的台湾基层民众的需求，继续实施并适时扩大对台惠民政策，使更多的台湾民众在两岸关系和平发展中受益。要积极鼓励两岸青少年更广泛地开展交流，为台湾学生来大陆就读提供更加有利的条件，为台湾学生和其他台湾居民在大陆就业创造更有利的环境。越来越多的台湾同胞成为两岸关系和平发展的参与者、推动者和受益者，日益将个人的切身利益和事业前途与两岸关系发展更紧密地联系在一起，两岸关系和平发展就一定能不断获得新的动力，两岸关系前进的道路就会越走越宽广。

第四，进一步提高两岸民间交流的质量和水平。经过多年的发展，两岸民间交流合作已达到相当的规模，打下很好的基础。今后，我们要适应巩固深化两岸关系和平发展的新形势，听取两岸同胞的意见，顺应两岸民众的期待，更加注重提高交流的质量和水平，更加注重回应基层民众的需求，更加注重双方的实际需要，更加注重求真务实、真抓实干。各方面的交流合作都要找准对接点，提高实效性，不断充实内涵、创新形式，加强机制化建设，使两岸民间交流合作更加广泛、深入、持久和常态化地开展下去。

各位乡亲、各位朋友！

“天下之势，以渐而成；天下之事，以积而固。”过去四年，两岸关系和平发展的新局面，是两岸同胞共同努力的结果。今后一个时期，巩固深化两岸关系和平发展，是两岸同胞应当承担的共同责任。两岸民间交流越红火，两岸关系的前景就越光明；两岸民间交流越深入，两岸关系的道路就越广阔。让我们把握机遇、携手合作，共同开创中华民族的美好未来。

最后，祝第四届海峡论坛取得圆满成功！

祝各位同胞、各位乡亲身体健康、万事如意！

谢谢大家。

在第八届两岸经贸文化论坛开幕式上的致辞

(2012年7月28日)

贾庆林

尊敬的吴伯雄荣誉主席，
各位嘉宾，各位朋友，
女士们，先生们：
大家上午好！

今天，海峡两岸各界有识之士相聚在美丽的松花江畔，隆重举行第八届两岸经贸文化论坛，共商两岸关系和平发展大计。我应邀出席本届论坛，见到不少老友新朋，感到十分高兴。首先，我谨代表中共中央和胡锦涛总书记，对本届论坛的召开表示热烈的祝贺，向与会的各位嘉宾表示诚挚的问候！

两岸经贸文化论坛是由中国共产党和中国国民党两党领导人在2005年倡议举办的，迄今已成功举办七届，成为两岸各党派团体和各界人士交流对话、凝聚共识的重要平台，为促进两岸关系发展发挥了重要的先导作用。过去的七届论坛紧扣两岸同胞共同关心的重大现实议题，提出了许多切合实际、可操作性强的共同建议，多数建议已被两岸相关部门采纳，成为实际的政策措施，为推动两岸关系发展作出了重要贡献。本届论坛以“深化和平发展，造福两岸民众”为主题，就和平发展回顾与前瞻、深化经贸合作、扩大文教交流三项议题展开研讨，目的是为了回顾过去、总结经验，深入思考和认真规划今后的两岸关系发展。我衷心希望，两岸与会嘉宾围绕本届论坛主题和议题坦诚交流研讨，发表真知灼见，为进一步拓展两岸关系新局面作出积极贡献。

各位嘉宾、各位朋友！

过去四年，是台海局势最为安定祥和、两岸关系改善发展取得成果最为丰硕的四年，是两岸关系发展进程中具有里程碑意义的四年。2008年5月以来，两岸关系实现历史性转折，取得突破性进展。两岸双方在反对“台独”、坚持“九二共识”的共同基础上建立政治互信，实现良性互动，保持了两岸关系发展的正确方向和良好势头。两岸同胞期盼30年之久的全面直接双向“三通”得以实现，为两岸人民往来和经济合作创造了便捷有利的条件。海协会与台湾海基会相继签署包括两岸经济合作框架协议(ECFA)在内的16项协议，解决了事关两岸同胞切身利益的一系列实际问题，促进了两岸交往的制度化和规范化。两岸经济关系更趋密切，进一步扩大了两岸同胞的共同利益，为两岸经济共同发展和抵御国际金融危机提供了有力支撑。两岸全方位、宽领域、多层次的大交流局面已经形成，两岸同胞交往遍及社会各界各领域，文化教育交流更加活跃，基层民众交流方兴未艾。两岸人民往来规模迅速扩大，去年达到710万人次的空前水平。两岸关系开创了和平发展新局面，焕发出蓬勃的生机和活力，已经并将继续对台海局势及其发展趋势产生深刻影响，具有重大而深远的意义。

四年多来两岸关系和平发展取得的成就，是国共两党、两岸双方和两岸同胞共同努力的结果。这一全新的实践，给我们带来许多有益的启示，积累了十分宝贵的经验。

第一，两岸关系和平发展符合两岸同胞的共同期待和中华民族的根本利益，是一条正确的康庄大道。2008年5月，在台湾局势发生重大积极变化的新形势下，国共两党和两岸双方就遵循和落实“两岸和平发展共同愿景”、改善和发展两岸关系、开创两岸关系新局面，达成一致意见。四年多来，两岸关系和平发展的重要思想和政策主张，成为引领我们在新形势下推动两岸关系发展的重要指针。两岸关系和平发展取得的重大成果，给两岸民众带来了越来越多实实在在的利益，得到了两岸同胞的普遍认同和国际社会的广泛欢迎。今年初，在事关两岸关系发展前景的重大抉择面前，台湾同胞清晰表达了希望台海局势稳定和两岸交流合作继续扩大、协商谈判持续推进的愿望，坚定选择了支持两岸关系和平发展。事实表明，两岸关系和平发展是一条正确的道路，我们要坚定不移地走下去。

第二，在建立政治互信基础上求同存异、良性互动，是两岸关系改善发展的重要条件。在反对“台独”、坚持“九二共识”的共同基础上建立政治互信、搁置争议、求同存异，保持良性互动，是两党和两岸双方彼此交往的一条基本经验，确保了两岸关系大局稳定和持续发展。两岸关系的政治基础不容损害，也不可动摇。珍惜得来不易的发展机遇，深化共同构建的政治基础，两岸关系发展就有了坚实保障。在相互尊重中善意互动，在增进共识中化解分歧，在解决问题中携手合作，两岸关系改善发展就能不断取得新的成就。

第三，按照先易后难、循序渐进的思路推进两岸协商和各领域交流，是拓展两岸关系的有效途径。两岸关系发展涉及各方面复杂因素，需要解决的问题轻重缓急不同、难易程度不一。我们既要总揽全局，统筹规划，又要审时度势，把握好积极有为与有序推进的关系。四年多来，按照先易后难、先经后政、把握节奏、循序渐进的思路，双方务实推动两岸协商谈判，取得了重要成果。今后，我们要继续坚持这一行之有效的方法，从两岸民众关切的现实需要出发，从解决紧迫的问题着手，稳健扎实推进，逐步累积成果，不断拓展两岸关系前进的道路。

第四，两岸同胞的广泛参与和普遍支持，是两岸关系持续发展的根本动力。两岸民众是推动两岸关系和平发展的主体力量，也是两岸关系积极成果的最终受益者。四年多来，广大台湾民众日益认识到两岸关系改善发展与自身利益息息相关，投身两岸各领域交流的民众人数越来越多，范围越来越广，规模越来越大，热情越来越高，不断汇聚成不可阻挡的主流民意。珍惜、巩固这种民意与热情，鼓励更多的两岸民众更广泛地加强交流合作，两岸关系持续发展就会拥有源源不竭的动力支撑。

各位嘉宾、各位朋友！

当前，两岸关系和平发展已是人心所向、大势所趋，面临着新的机遇，拥有比以往更好的基础和更有利的条件。虽然两岸关系和平发展的进程不会一帆风顺，前进道路上还将遇到各种困难和挑战，但我们坚信，只要最广泛地团结两岸同胞，沿着这条道路坚定不移地走下去，就一定能不断开辟两岸关系和平发展更加光明的前景。这里，我愿提出四点意见。

一是巩固政治基础，保持和平发展势头。巩固共同政治基础，不断增进互信，是保持两岸关系正确方向和良好势头的首要关键。当前，增进政治互信就是要维护和巩固一个中国的框架。两岸虽然尚未统一，但中国的领土和主权没有分裂。一个中国框架的核心是大陆和台湾同属一个国家，两岸关系不是国与国的关系。两岸从各自现行规定出发，确认这一客观事实，形成共同认知，就确立、维护和巩固了一个中国框架。在此基础上，双方可以求同存异，增强彼此的包容性。两岸双方应当本着对历史、对人民负责的态度，充分发挥政治智慧，采取更多实际行动，巩固和深化双方的“同”，搁置并包容彼此的“异”，积极探讨国家尚未统一特殊情况下的两岸政治关系，为逐步解决两岸关系中的深层次问题开辟道路。在此过程中，应摒弃各种不合时宜的对立思维，积极促进两岸民众增强“两岸一家人”的观念。

二是深化经贸合作，扩大和平发展成效。当前，世界经济格局正在经历深刻复杂的变化，经济全球化趋势继续对各国各地区的经济社会发展产生深远影响，区域经济一体化进程不断加快。同时，国际金融危机仍未结束，欧洲主权债务危机还在持续，发达国家经济复苏艰难，新兴经济体增速放缓，给两岸经济发展带来严峻的外部压力和挑战。今年以来，两岸经济运行总体平稳，但都面临着外需趋紧、结构调整不易、中小企业经营困难等共同问题。我们应当放眼世界、着眼长远，化挑战为机遇，不失时机地促进两岸优势互补和互利合作，共同提高经济竞争力，在日益激烈的国际经济竞争中携手抢占新的制高点。为此，我们应该继续把深化两岸经贸合作作为推动两岸关系发展的优先和重点，努力促进和平发展红利进一步增加、成效进一步扩大，不仅要使两岸经贸关系发展成果惠及更多的企业和普通民众，同时应该加快构筑有利于深化两岸经济合作的各种长效机制，创造有利于两岸优势互补的要素条件。我们要进一步发挥两岸经济合作委员会的作用，对经济合作作出长远和通盘规划。我们要加快ECFA后续协商进程，努力推进两岸金融合作，深化两岸产业合作。我们要鼓励两岸企业共同打造中华民族自有品牌，携手开拓世界市场。我们要在继续协助和扶持大陆台资企业发展的同时，积极鼓励大陆企业赴台投资，共同完善投资环境，促进两岸投资均衡发展，加强人才、技术、资金等要素的整合，提高两岸企业核心竞争力。

三是加强文教交流，拓展和平发展内涵。文化是一个民族的灵魂。悠久灿烂的中华文化哺育滋养着两岸中国人，具有强大的感召力和凝聚力，也是中华民族创造力的重要源泉。在两岸关系和平发展进程中，两岸民众要增进共同利益，更要加强精神纽带，加深感情融合。两岸同胞只有发扬光大中华文化优秀传统，不断增强民族认同感，把实现中华民族伟大复兴作为共同奋斗目标，才能真正成为不可割舍、相互扶持的命运共同体，两岸关系和平发展才能真正具有旺盛的生机活力和深厚的人文内涵。为此，我们应当不断深化两岸文化、教育、新闻、出版、影视、艺术、宗教以及民俗和民间信仰等领域的交流合作，巩固交流机制，创新交流形式，提高交流质量，注重交流效果，共同传承和弘扬中华文化，增强同为炎黄子孙的自豪感，凝聚实现民族复兴的共同意志，为深化两岸关系和平发展夯实思想基础、提供精神支撑。

四是造福两岸同胞，汇聚和平发展力量。我们推动两岸关系发展的根本目的是为了增进两岸同胞的福祉，实现全民族的团结、和谐、兴盛，实现中华民族的伟大复兴。我们真诚希望台湾社会安定、经济发展、人民安居乐业，热忱欢迎和鼓励台湾同胞与大陆同胞携手奋斗，实现两岸经济社会共同发展进步。今后，我们要继续秉持以人为本、为民谋利的理念，继续坚持寄希望于台湾人民的方针，设身处地考虑两岸民众尤其是台湾基层民众的现实需求，继续扩大实施对台惠民措施，真心诚意为台湾同胞多办好事、多做实事，使更多的台湾民众在两岸交流合作中受益，为更多的台湾民众尤其是年轻一代在大陆施展抱负、实现人生价值创造有利条件，不断汇聚推动两岸关系和平发展的主流民意，不断增强两岸同胞共同实现中华民族伟大复兴的内在动力。

各位嘉宾、各位朋友！

古人云："众力并，则万钧不足举也；群智用，则庶绩不足康也。"两岸同胞是血脉相连、命运与共的一家人。只要我们都以中华民族的根本利益为重，都能够从一家人的角度来考虑问题，两岸之间就没有什么事情不好商量，没有什么问题不可以解决，任何困难都阻碍不了我们不断开辟两岸关系和平发展的前进道路。我衷心希望，两岸同胞携手同心，积极投身两岸关系和平发展的时代潮流，共同开创中华民族的美好未来。

最后，预祝本届论坛取得圆满成功！

谢谢大家。

在纪念钱伟长同志诞辰100周年座谈会上的讲话

（2012年10月9日）

贾庆林

同志们，朋友们：

今天，我们怀着十分崇敬的心情，在这里举行座谈会，纪念钱伟长同志诞辰100周年，深切缅怀他为我国科技教育事业和多党合作事业作出的杰出贡献，追思和学习他为国家富强和民族振兴不懈奋斗的崇高风范。

钱伟长同志是我国近代力学奠基人之一，著名的科学家、教育家，杰出的社会活动家，中国民主同盟的卓越领导人，中国共产党的亲密朋友，中国人民政治协商会议第六届、七届、八届、九届全国委员会副主席，中国民主同盟第五届、六届、七届中央委员会副主席和第七届、八届、九届名誉主席，中国科学院资深院士、上海大学校长。他一生热爱祖国、献身科学、服务人民，深受人们的尊敬和爱戴。

100年前的今天，钱伟长同志出生于江苏省无锡市。他从青年时代起就立下了救国救民的远大抱负，1931年以优异成绩考入清华大学历史系。“九·一八”事变爆发后，目睹国家危难、日寇入侵，他立志为国防建设作贡献，决心弃文从理，毅然转入物理系学习。在清华大学期间，他刻苦学习钻研，开创了我国稀土元素研究的先河，受到国际物理学界的重视。他还积极投身抗日救亡活动，参加了“一二·九”运动，是清华大学民族解放先锋队发起人之一。1940年，他赴加拿大多伦多大学学习。期间，他和导师研究提出了弹性板壳的内禀理论，该理论给出的薄板薄壳非线性内禀方程后来被科学界称为“钱伟长方程”。1942年，他获得多伦多大学理学博士学位后，转入美国加州理工学院喷射推进研究所任研究工程师，师从世界著名科学家冯·卡门教授从事航空航天领域的研究工作，参加火箭和导弹实验，并发表了世界上第一篇关于奇异摄动理论的论文。

1946年，他谢绝冯·卡门的挽留，放弃国外优厚的工作生活条件，冲破阻力只身回国。回国后，他担任清华大学教授，兼北京大学、燕京大学教授，参与创建了北京大学力学系，开设了我国大学里第一个力学专业，创办了中国科学院数学研究所力学研究室，出版了中国第一本弹性力学专著，为我国的机械工业、土木建筑、航空航天和军工事业建立了不朽的功勋。新中国成立后，他积极开展科学研究，提出的有关圆薄板大挠度问题的参数摄动解法被称为“钱氏摄动法”。他还参与制定了我国《1956—1967年科学技术发展远景规划》，并与钱学森合作创办中国科学院力学研究所和自动化研究所，周恩来总理曾赞誉他和钱学森、钱三强为我国科学界的“三钱”。他在“文化大革命”的艰苦环境中，仍然坚持进行飞机、潜艇和化工等方面的研究和设计工作，许多成果被运用到实践中。

改革开放后，钱伟长同志夜以继日、全身心地投入科研领域，取得了丰硕成果。1978年至1992年的15年中，他在国内外杂志发表近100篇科学论文，出版多本科学专著，多次参加国内外科学研讨交流活动，举办科学讲座，还创办了《应用数学和力学》杂志。他不仅在力学研究方面取得了巨大成就，还广泛涉猎中文信息处理、高能电池、三角级数求和公式等领域。1982年，他因广义变分原理研究获得国家自然科学二等奖。1984年，他提出被称为“钱码”的汉字宏观字形编码，提升了中文信息处理水平。

在长期科研和教育实践中，钱伟长同志深

感高等教育和人才培养在推动国家发展和社会进步中的基础性作用，萌生了办好一所高水平大学的强烈愿望。1983 年，邓小平同志亲自批示调任他为上海工业大学校长。他把培养自强不息、全面发展、具有创新精神的人才作为根本目标，提出了破除学校与社会之间、教与学之间、各院系与学科之间、教学与科研之间"四堵墙"的口号，推行学分制、选课制和短学期制，促进了学生的全面发展和素质培养，有力推动了高校教学管理改革。1994 年，已是耄耋之年的钱伟长同志又担任新组建的上海大学校长。在任上海工业大学和上海大学校长的 27 年里，他始终辛勤耕耘，乐在其中，一直是不拿学校工资、不要学校住房的"义务校长"。

钱伟长同志长期担任全国政协副主席和中国民主同盟领导人。他始终坚持中国共产党领导的多党合作和政治协商制度，贯彻中共中央关于统一战线和人民政协的方针政策，积极参加国家政治生活，团结带领政协委员和民盟成员认真履行政治协商、民主监督、参政议政职能，为我国多党合作事业和人民政协事业发展作出了重要贡献。他坚持深入基层开展调查研究，提出了福建马尾港"束水攻沙"的治理方法，参与了贵州毕节试验区规划实施，指导了"遂宁市经济发展战略研究"课题，并就发展高等教育、保护历史文物、建立黄河三角洲经济开发区等重大问题提出了许多重要意见和建议。1996 年，他从多党合作事业长远发展的大局出发，主动请辞民盟中央副主席职务，为顺利实现民主党派领导班子新老交替和政治交接作出了表率。钱伟长同志坚定支持祖国和平统一大业，坚决反对"台独"、反对分裂，先后担任香港特别行政区基本法起草委员会委员、澳门特别行政区基本法起草委员会副主任委员、中国和平统一促进会执行会长、中国海外交流协会会长等职务，为香港、澳门顺利回归和平稳过渡做了大量工作，为促进祖国完全统一贡献了自己的力量。

钱伟长同志的一生，是爱国的一生、奋斗的一生、奉献的一生。他的光辉业绩和历史贡献，永远值得我们铭记；他的高尚品格和无私奉献精神，永远值得我们学习。

我们纪念钱伟长同志，就要学习他热爱祖国、情系人民的崇高品德。钱伟长同志一生历经多次艰难抉择和重大考验。无论是在抗日救亡的危难时刻弃文从理，还是在国外学习工作功成名就后毅然放弃优厚待遇回国效力；无论是在新中国成立初期以强烈的爱国热忱参与社会主义各项建设，还是在改革开放之后以时不我待、只争朝夕的精神积极致力国家科技教育事业发展，他都始终秉持爱国治学、振兴中华的强烈信念。在他晚年时期，仍然以"桑榆未晚，欣逢盛世；爱我中华，自强不息"的信条勉励自己。"活着不是为了自己，而是为了我们的祖国，为了我们的同胞"，是他一生求索奉献的生动写照。我们向钱伟长同志学习，就是要胸怀崇高理想、矢志奉献人民，积极投身中国特色社会主义宏伟事业，自觉地把个人的事业追求与国家的前途命运紧密联系在一起，为实现中华民族伟大复兴贡献全部智慧和力量。

我们纪念钱伟长同志，就要学习他与中国共产党风雨同舟、真诚合作的坚定信念。钱伟长同志曾说：我虽然不是党员，但我将把党的事业作为我的终生事业。早在 1936 年，他就参加了民族解放先锋队等中国共产党的外围组织，在寻求救国救民真理过程中，深化了对中国共产党的认识和感情。钱伟长同志一生坚持和拥护中国共产党的领导，在重大原则问题上始终与我们党保持高度一致，是中国共产党志同道合的亲密朋友和统一战线德高望重的代表人士。他说，"中国共产党海纳百川的博大胸怀和全心全意为国家、为人民办事的精神，真正使得党外人士在中国共产党领导下建言有纳、议政有途、大有可为"。我们向钱伟长同志学习，就是要把老一辈民主党派人士同中国共产党肝胆相照、荣辱与共、真诚合作、团结奋斗的优良传统继承下来并不断发扬光大，自觉坚持和完善中国共产党领导的多党合作和政治协商制度，坚定不移地走中国特色社会主义政治发展道路。

我们纪念钱伟长同志，就要学习他勤于钻研、勇于创新的科学精神。钱伟长同志一生追求科学真知，博学多思，勇于创新。他说"自己不是天才，也不要相信天才论，关键在于刻苦和努力"，"我主张探索新问题，要有新发现，有所创新"。从青年时期主攻物理到后来转攻应用数学，从工程研究转到基础力学研究，他刻苦学习各种科学知识，不断开辟新的研究领域，提出了许多创新性思想和理论。他还注重把创新思维运用到思维科学和教育科学等领域，推动高等院校改革，提出了许多独到见解。我们向钱伟长同志学习，就是要按照建设学习型社会和创新型国家的要求，站在时代发展前列，追踪世界科技前沿，努力掌握和运用一切先进的新思想新知识新经验，大力提高自主创新能力，加快建设中国特色国家创新体系，为建设世界科技强国奠定坚实基础。

我们纪念钱伟长同志，就要学习他倾心教育、甘为人梯的大家风范。投身教育事业、培养杰出人才，是钱伟长同志的夙愿。早在美国留学时，他就与同窗好友憧憬未来："将来我们一定要回国办一个比美国加州理工学院还要好的大学，让美国人到中国来留学。"在担任上海工业大学校长后，他高瞻远瞩、大刀阔斧地实施了一系列高校教学管理改革。他在对上海大学发展规划的设想中，鲜明地提出了加强实践教育的思想。这些都为我国高等学校如何培养全面、实用的高素质人才提供了重要经验。他还就加大对经济落后地区的教育投入、因地制宜兴办地方性高等院校、提高中小学校教师待遇等，提出了许多宝贵的意见和建议。他长期担任"义务校长"，从不计较个人名利，对于科技人才和青年大学生总是热情关怀、倾心扶持，帮助解决实际困难。我们向钱伟长同志学习，就是要全面贯彻党的教育方针，树立先进的教育理念，顺应人民群众对接受更多更好教育的新期待，为优秀人才脱颖而出创造良好条件，保证我们的事业后继有人、兴旺发达。

同志们、朋友们！

当前，全国各族人民正满怀信心地迎接中国共产党第十八次全国代表大会的胜利召开，我国的发展又站在一个新的历史起点上。实现国家富强、民族振兴，既是钱伟长同志等先辈们的毕生追求，也是全体中华儿女的共同心愿。让我们更加紧密地团结在以胡锦涛同志为总书记的中共中央周围，高举中国特色社会主义伟大旗帜，坚持以邓小平理论和"三个代表"重要思想为指导，深入贯彻落实科学发展观，继承和弘扬钱伟长同志的崇高思想和奋斗精神，同心同德、锐意进取，为开创中国特色社会主义事业新局面、实现中华民族伟大复兴而努力奋斗！

在全国深入开展学雷锋活动座谈会上的讲话

（2012年3月2日）

李长春

同志们：

这次全国深入开展学雷锋活动座谈会，是党中央批准召开的一次重要会议。会议的主要任务是：深入学习贯彻党的十七届六中全会精神，认真落实《中共中央办公厅关于深入开展学雷锋活动的意见》，明确新形势下学雷锋活动的主要任务和基本要求，推动学雷锋活动常态化、机制化，促进社会主义核心价值体系建设不断向广度和深度发展。刚才，授予了郭明义同志"当代雷锋"荣誉称号。解放军总政治部、教育部、团中央、辽宁省委、湖南省委负责同志作了很好的发言，听了很受教育、很受启发。在这里，我代表党中央向郭明义同志表示热烈祝贺，向长期以来关心支持和积极参与学雷锋活动的各界人士表示崇高敬意！

一、充分认识新形势下开展学雷锋活动的重要意义

党的十七届六中全会明确提出："深入开展学雷锋活动，采取措施推动学习活动常态化。"这是党中央科学分析社会思想道德建设新形势、适应时代发展新要求、顺应人民群众新期待提出的一项重要任务，是推进社会主义核心价值体系建设、打牢全党全国各族人民团结奋斗共同思想道德基础的一项重大举措。雷锋同志是全国人民学习的光辉榜样，他以对党的无尚忠诚、对祖国的无比热爱、对人民的无限深情，谱写了光彩夺目的人生诗篇，树立了历久弥新的思想道德标杆。1963年3月2日，毛泽东同志"向雷锋同志学习"的亲笔题词，刊登在《中国青年》杂志上。3月5日，全国各大报纸都刊登了毛泽东同志的题词手迹，全国迅速兴起了学雷锋活动热潮。近半个世纪以来，在毛泽东、邓小平、江泽民、胡锦涛等中央领导同志的亲切关怀和大力倡导下，学雷锋活动在全国各地蓬勃开展、长盛不衰，雷锋的名字响彻神州大地、传遍大江南北，雷锋精神广为传扬、深入人心。雷锋是一名普通战士，是在人民军队大熔炉中成长起来的英模人物。几十年来，全军和武警部队坚持把传承雷锋精神作为思想政治建设的重要内容，有力推动了社会主义核心价值体系建设。在雷锋精神的感召下，全国涌现出了一大批雷锋式的先进人物，"当代雷锋"郭明义就是其中的杰出代表。2010年8月，胡锦涛总书记就学习宣传郭明义同志作出重要批示。他指出："郭明义同志是助人为乐的道德模范，是新时期学习实践雷锋精神的优秀代表。要大力宣传和弘扬郭明义同志的先进事迹和崇高品德，为构建社会主义和谐社会提供强大精神力量。"胡锦涛总书记的重要批示，充分体现了党中央对学习实践雷锋精神的高度重视，对以郭明义同志为代表的道德模范和先进人物的关心关怀，为在新时期深入开展学雷锋活动指明了方向。郭明义同志的先进事迹感人至深，在全社会引起强烈反响，这充分表明，随着时代进步和社会发展，雷锋精神不但没有过时、没有褪色，而且不断与民族传统美德相承接、与社会进步潮流相契合、与党的先进本色相融汇，越来越焕发出引领时代风气之先的独特魅力，成为全党全社会共有的宝贵精神财富。在新的历史条件下广泛深入开展学雷锋活动，既是在各种思想文化相互激荡的时代条件下坚持社会主义先进文化前进方向的迫切需要，又顺应了人民群众对加强社会主义思想道德建设的强烈呼

史使命，充分发挥讴歌人民、昭示光明、凝聚力量、鼓舞人心的重要作用。回顾在《讲话》精神指引下中国文艺70年的辉煌历程，站在新的历史起点上展望未来，我们对社会主义文艺的美好前景充满信心。去年，我们党胜利召开了十七届六中全会，明确提出坚持中国特色社会主义文化发展道路、努力建设社会主义文化强国的战略目标。这是新中国成立特别是改革开放以来我国文化建设实践探索的基本结论，鲜明回答了新的历史条件下我国文化改革发展走什么样的路、朝什么样的目标迈进这个带有方向性、战略性的重大问题，是对中国特色社会主义道路的丰富和发展，是我们党理论创新和实践创新的又一重大成果，为我们党在新的历史条件下领导文化工作提供了根本遵循。这次全会，是我们党领导文化工作又一具有里程碑意义的大事。以党的十七届六中全会为标志，我国文化改革发展进入了新的历史性阶段。

在新的历史条件下继承和弘扬《讲话》精神，最重要的就是坚持中国特色社会主义文化发展道路。中国特色社会主义文化发展道路，凝结着中华民族优秀历史文化传统，吸收了人类文明进步有益成果，是中国特色社会主义道路的重要组成部分，是鼓舞中华儿女不断增强文化自觉和文化自信、凝聚全社会智慧力量推动文化科学发展的正确道路。这条道路，贯穿了《讲话》中蕴涵的马克思主义立场、观点和方法，既与《讲话》精神在思想内涵、精神实质、根本要求等方面一脉相承，又紧密结合发展了的实际与时俱进，体现出鲜明的实践特色、民族特色、时代特色。广大文化工作者要从全局和战略的高度认清肩负的崇高责任和神圣使命，高举中国特色社会主义伟大旗帜，以邓小平理论和“三个代表”重要思想为指导，深入贯彻落实科学发展观，更加自觉地继承和弘扬《讲话》精神，更加积极地响应党的十七届六中全会号召，提升文化自觉，增强文化自信，以科学发展为主题，以建设社会主义核心价值体系为根本任务，以满足人民精神文化需求为出发点和落脚点，以改革创新为动力，沿着中国特色社会主义文化发展道路开拓奋进，不断开创我国文化繁荣发展的新局面。

一、坚持中国特色社会主义文化发展道路，必须以马克思主义为指导，始终用马克思主义中国化的最新成果引领文化发展方向

毛泽东同志在《讲话》中指出，“马克思列宁主义是一切革命者都应该学习的科学，文艺工作者不能是例外”，强调要“用辩证唯物论和历史唯物论的观点去观察世界，观察社会，观察文学艺术”。在新的历史条件下继承和弘扬《讲话》精神、奋力开拓中国特色社会主义文化发展道路，最重要的就是坚持以马克思主义为指导，坚持以社会主义先进文化为引领，这是中国特色社会主义文化发展道路的本质特征。马克思主义是我们立党立国的根本指导思想。我们党从诞生之日起就始终高举马克思主义的旗帜，并在同中国实际相结合的过程中不断推进马克思主义中国化时代化大众化。正是有了马克思主义的科学指导，中国革命、建设、改革才不断从胜利走向新的胜利，社会主义文化才不断从繁荣走向新的繁荣。在社会主义市场经济日益发展和对外开放不断扩大的新形势下，我国社会思潮更加多元多样，只有毫不动摇地坚持马克思主义的指导地位，用发展着的马克思主义指导实践、引领思潮，才能打牢中国特色社会主义文化建设的思想基础，才能使我们在错综复杂的形势中始终把握文化发展的正确方向。

中国特色社会主义理论体系是马克思主义中国化的最新成果。坚持以马克思主义为指导，最根本的是要把中国特色社会主义理论体系贯彻落实到文艺创作、文艺活动、文艺评论等各个方面。要深刻领会中国特色社会主义理论体系的科学内涵和精神实质，掌握贯穿其中的马克思主义立场、观点、方法，用中国特色社会主义理论体系研究解决文化改革发展面临的问

题，充分发挥科学理论武装头脑、指导实践、推动工作的巨大作用。要深入开展马克思主义文艺观学习实践活动，引导文艺工作者深入学习马克思主义经典著作，运用辩证唯物主义和历史唯物主义指导文艺创作，正确反映五千年中华文明史，正确反映近代中国革命史，正确反映党领导人民的奋斗史、创业史、改革开放史，展示社会主义现代化建设的辉煌成就，激发人们爱党爱国的热情，坚定走中国特色社会主义道路的信念和信心。要加强马克思主义文艺理论研究，根据时代变化的新要求，研究回答新时期文艺创作面临的重大理论和现实问题，构建符合中国实际的马克思主义文艺思想体系和美学体系，探索建立中国特色社会主义文艺评价体系，使文艺发展建立在深厚理论基础之上。要紧密联系文艺创作实践开展积极健康的文艺评论，关注热点焦点问题，褒优贬劣、激浊扬清，形成有利于先进思想文化传播的良好氛围。要积极探索用马克思主义引领文化思潮的有效途径，深入研究不同阶层、不同群体思想活动的差异性，在纷繁复杂的文化生态中辨析主流与支流、区分先进与落后，在事关方向、原则的重大问题上，旗帜鲜明地表达党的文艺立场、文艺方针，理直气壮地批评不良倾向和错误观点，努力在多样化文化思潮中立主导、谋共识，不断巩固马克思主义的指导地位。

二、坚持中国特色社会主义文化发展道路，必须大力建设社会主义核心价值体系，巩固全党全国各族人民团结奋斗的共同思想道德基础

《讲话》在中国革命形势最为严酷的时刻呼唤革命文艺承担起“打倒我们民族的敌人，完成民族解放的任务”，对文艺工作发挥团结凝聚亿万中国人民的作用提出了明确要求，强调要使文艺“作为团结人民、教育人民、打击敌人、消灭敌人的有力的武器，帮助人民同心同德地和敌人作斗争。”在新的历史条件下继承和弘扬《讲话》精神、奋力开拓中国特色社会主义文化发展道路，就要大力建设社会主义核心价值体系，凝魂聚气、强基固本，推动在全社会形成统一指导思想、共同理想信念、强大精神力量和基本道德规范，这是中国特色社会主义文化发展道路的根本任务。社会主义核心价值体系是兴国之魂，是社会主义先进文化的精髓，决定着中国特色社会主义的发展方向。文艺事业是中国特色社会主义事业的重要组成部分，是社会主义文化建设的重要内容。当代中国文艺作为民族精神的火炬、人民奋进的号角，必须自觉体现和传播社会主义核心价值体系，赋予精神文化产品更加丰富、更加深刻的思想内涵，推动全社会形成良好思想道德风尚和积极健康的文化氛围，激发亿万人民群众奋发向上的精神力量，建设中华民族共有精神家园，为中华民族伟大复兴提供有力文化支撑。

广大文艺工作者要承担起弘扬社会主义核心价值体系的历史使命，自觉把正确的价值追求同崇高的艺术追求统一起来，在践行社会主义核心价值体系的过程中进行艺术创造。纵观古今中外的文化发展史，任何文化都是其精神价值与承载这些精神价值的物质基础和传播形态之间的有机统一。精神价值是文化的“魂”，决定着文化的性质和方向。承载文化精神价值的物质基础和传播形态是文化的“体”，决定着文化精神价值的传播力和影响力。每一次文化的繁荣发展，都是文化“魂”与“体”完美结合的结果。我们要深刻认识和把握文化建设“魂”与“体”的辩证关系，努力寻找社会主义核心价值体系与人们情感世界的契合点，通过生动感人的形式表现社会主义核心价值体系，以丰富多样的题材、鲜明生动的形象、个性化的艺术创新和有效的传播形式来培育和弘扬正确的价值导向，让人们在美的享受中得到陶冶、受到启迪，增强社会主义核心价值体系的感召力和影响力。要准确把握时代脉搏、紧扣党和国家工作主线，推出更多热情讴歌改革开放和现代化建设伟大成就、生动展示中国人民奋发有为精神风貌和宏伟业绩的文艺作品，用内容更加丰

富、形式更加多样、影响更加广泛的文化活动，唱响在中国共产党领导下、走中国特色社会主义道路、实现中华民族伟大复兴的时代最强音。要把以爱国主义为核心的民族精神和以改革创新为核心的时代精神作为文艺作品的突出主题，大力弘扬中华民族自强不息、艰苦奋斗、百折不挠、敢于胜利的优秀传统，深刻反映当代中国人民顽强拼搏、开拓创新的进取精神。要通过各种形式的文艺创作，倡导中华民族优秀传统道德和社会主义精神文明，倡导正确的世界观、人生观和价值观，弘扬真善美、贬斥假恶丑，引导人们增强道德判断力和道德荣誉感，把积极的人生追求、高尚的情感境界、健康的生活情趣传递给人民，在全社会形成践行社会主义荣辱观的良好风尚。

三、坚持中国特色社会主义文化发展道路，必须贴近实际、贴近生活、贴近群众，牢固树立以人民为中心的创作导向

《讲话》旗帜鲜明地提出“为什么人的问题，是一个根本的问题，原则的问题”，强调“我们的文学艺术都是为人民大众的”，“一切革命的文学家艺术家只有联系群众，表现群众，把自己当作群众的忠实的代言人，他们的工作才有意义”。这是毛泽东同志从中国革命文艺运动的实际出发，运用马克思主义唯物史观对“文艺为什么人服务”这个根本问题作出的科学回答，开辟了马克思主义文艺理论的新境界，不仅对我国文艺事业发展而且对整个文化建设都具有重大指导作用，是《讲话》这座精神灯塔中最耀眼的光芒。在新的历史条件下继承和弘扬《讲话》精神、奋力开拓中国特色社会主义文化发展道路，就要坚持以人为本、人民至上，这是中国特色社会主义文化发展道路的根本方向和最终目的。历史和现实充分证明，人民是历史的创造者，也是文化发展最深厚的力量源泉。一切伟大的文化工作者无不具有深厚的人民情怀，一切伟大的精神文化产品无不具有深刻的人民性，当文化工作者的心与人民的心紧紧贴在一起的时候，文化产品就会拥有感人至深的力量，就会拥有传之久远的生命力。我们建设的社会主义文化，是人民大众的文化。中国特色社会主义文化发展道路，是人民群众共建共享的道路，社会主义文化建设与整个社会主义事业的价值追求有着高度的内在一致性，那就是文化源于人民、文化为了人民、文化属于人民。这就要求我们必须牢固树立马克思主义的群众观点，牢记文化建设的根基和力量在人民，自觉走与人民结合的道路，站稳群众立场，培养群众感情，坚持文化发展为了人民、文化发展依靠人民、文化发展成果由人民共享，实现好维护好发展好广大人民的文化权益。

广大文艺工作者要继承发扬文艺为人民服务、为社会主义服务的光荣传统，更加自觉主动地承担起为人民抒写、为人民放歌的历史责任。要坚持以人为本，树立以人民为中心的创作导向，让人民成为文艺作品的主角，忠实生动地记录普通群众创造美好生活的伟大实践，浓墨重彩地歌颂各行各业劳动者可歌可泣的事迹，满怀热忱地反映他们的精神世界。要坚持贴近实际、贴近生活、贴近群众，积极投身“走基层、转作风、改文风”活动，全心全意、真心实意地到人民群众中去，到改革开放和现代化建设的第一线，向实践学习，拜人民为师，关心人民命运，体察人民愿望，从人民群众的火热生活中挖掘素材，从人民群众的实践创造中提炼主题，从人民群众的审美需求中汲取灵感，把握生活的主流，展示社会的积极面，展现人生的美好前景，让人们在文艺作品中看到光明、看到进步、看到希望。要坚持面向基层、重心下移，把发展先进文化作为保障和改善民生的重要内容，以满足人民精神文化需求为出发点和落脚点，多创作生产基层群众喜闻乐见的文艺作品，多开展群众乐于参与、便于参与的文艺活动，把更多优秀作品投向基层，把更多文化服务延伸到基层，让文化发展成果惠及全体人民。要充分发挥人民在文化建设中的主体作用，尊重人民的首创精

神，开辟渠道、搭建平台、创造条件，开展多层次、多形式的群众性文化活动，挖掘基层的文化资源，支持群众自办文化，激发群众的智慧和力量，让蕴藏于人民中的文化创造活力竞相迸发、充分涌流。

四、坚持中国特色社会主义文化发展道路，必须牢牢把握科学发展这个主题，把科学发展观的要求贯穿到文化工作的各个方面

《讲话》深刻地指出，“为什么人服务的问题解决了，接着的问题就是如何去服务”。在新的历史条件下继承和弘扬《讲话》精神、奋力开拓中国特色社会主义文化发展道路，就要坚持把科学发展观的要求贯穿到文化工作的各个方面。科学发展是党和国家工作的鲜明主题，也是中国特色社会主义文化发展道路的鲜明主题。当今世界，文化在综合国力竞争中的地位和作用更加凸显，维护国家文化安全的任务更加艰巨，增强国家文化软实力、扩大中华文化国际影响力的要求更加紧迫，只有通过科学发展，文化建设才能不断获得新的发展动力和增长空间，实现与经济建设、政治建设、社会建设以及生态文明建设的协调发展。要充分认识中国特色社会主义文化发展道路是文化的科学发展之路，牢固树立符合科学发展观要求的新的文化发展理念，紧紧抓住科学发展这一主题，激活文化发展内生动力，不断增强文化发展后劲，实现文化又好又快发展。

站在新的历史起点上，我们要努力把握当今文化发展趋势和文化建设规律，始终把发展作为第一要务，用发展的办法解决前进中的问题，强化机遇意识、发展意识，紧紧抓住难得的重要战略机遇期，解决好影响文化科学发展的突出问题，推动文化持续快速健康发展。要坚持一手抓公益性文化事业，一手抓文化产业，推动文化事业和文化产业相互促进、共同发展。一方面坚持政府主导，按照公益性、基本性、均等性、便利性的要求，加快文化基础设施建设，优先安排与群众切身利益紧密相关的文化项目，深入实施好重点文化惠民工程，完善覆盖全社会的公共文化服务体系，让群众广泛享有免费或优惠的基本公共文化服务。另一方面，以推动文化产业成为国民经济支柱性产业为目标，实施重大文化产业项目带动战略，提高文化产业规模化、集约化、专业化水平，推动文化产业跨越式发展，使之成为发展现代服务业的重要抓手、新的经济增长点、经济结构战略性调整的重要支点、转变经济发展方式的重要着力点，为推动文化科学发展提供重要支撑。要坚持统筹兼顾，加快转变文化发展方式，力争在发展中促转变、在转变中谋发展。要处理好数量与质量的关系，把提高文化产品创作生产质量放在更加突出的位置，深入实施精品战略，充分发挥“五个一工程”、重大革命和历史题材创作工程、重点文学艺术作品扶持工程等的示范带动作用，推出更多思想性艺术性观赏性相统一的精品力作。要处理好繁荣与管理的关系，在促进繁荣的过程中改进和创新管理，通过科学有效的管理为繁荣文化提供健康有序的制度环境。要处理好社会效益与经济效益的关系，无论是文化事业还是文化产业，都要突出以文化人的功能，坚持把社会效益放在首位，实现社会效益和经济效益的有机统一。

五、坚持中国特色社会主义文化发展道路，必须解放思想、实事求是、与时俱进，始终以改革创新为强大动力

《讲话》深刻指出，“作为观念形态的文艺作品，都是一定的社会生活在人类头脑中的反映的产物。”毛泽东同志还反复强调，革命文艺事业必须随着实践的发展而发展。在新的历史条件下继承和弘扬《讲话》精神、奋力开拓中国特色社会主义文化发展道路，就要坚持解放思想、实事求是、与时俱进，深化改革、勇于创新，这是中国特色社会主义文化发展道路越走越宽广的根本保证。这些年文化领域取得的一切进步，最根本的原因就是改革创新，最鲜明的标志

也是改革创新，改革创新是推动文化大发展大繁荣、建设社会主义文化强国的不竭动力。实践证明，在社会主义市场经济条件下，只有通过改革创新，建立起有利于发挥市场在文化资源配置中积极作用的体制机制，才能充分解放和发展文化生产力，推动文化单位和文艺工作者遵循艺术规律，焕发创造活力，更好地贴近群众、贴近市场，丰富文化产品服务，繁荣城乡文化市场，最大限度地满足人民日益增长的精神文化需求，在新的历史条件下切实解决好“为什么人”的问题。可以说，深化文化体制改革是继承和弘扬文艺为人民服务这一《讲话》核心思想的本质要求，与《讲话》精神一脉相承并赋予了新的时代内涵。

我们要紧紧围绕文化发展为了人民、依靠人民、服务人民、由人民评判、为人民共享这一根本要求，深化文化体制改革，加快建立贴近群众、贴近市场的体制机制，切实提高社会主义市场经济条件下满足人民精神文化需求的能力和水平。要进一步创新公共文化服务体制机制，按照“增加投入、转换机制、增强活力、改善服务”的要求，深化公益性文化单位内部劳动人事制度、收入分配制度等改革，完善服务方式、改进服务质量，不断提高保障人民基本文化权益的能力。要进一步创新有利于加快文化产业发展的体制机制，在国有经营性文化单位转企改制的基础上，把改革改组改造与加强管理结合起来，加快培育一批富有活力、实力和竞争力的合格市场主体，催生新型文化业态，提高文化产品和服务供给能力，更好地满足人民多样化、多层次、多方面的精神文化需求。要进一步创新文化产品的评价体系，坚持把遵循先进文化前进方向、人民满意作为评价作品的最高标准，把群众评价、专家评价和市场检验统一起来，催生更多“既叫好又叫座”的精神文化产品。要进一步创新有利于推动广大文艺工作者服务群众、面向市场的体制机制，坚持公有制为主体、多种所有制共同发展的文化产业格局，引导和鼓励越来越多的文艺工作者在服务基层、服务群众的过程中各展所长、建功立业。要大力营造有利于文化创新的浓厚氛围，保护创新热情，完善创新机制，鼓励原创，使一切创新的观念得到尊重，一切创新的举措得到支持，不断把文化创新的丰硕成果奉献给人民群众。

六、坚持中国特色社会主义文化发展道路，必须积极吸收世界优秀文明成果，推动中华文化走向世界

《讲话》指出，“对于中国和外国过去时代所遗留下来的丰富的文学艺术遗产和优良的文学艺术传统，我们是要继承的”，同时“批判地吸收其中一切有益的东西。”在新的历史条件下继承和弘扬《讲话》精神、奋力开拓中国特色社会主义文化发展道路，就要努力形成以民族文化为主体、吸收外来有益文化、推动中华文化走向世界的文化开放格局，要坚持以我为主、为我所用，学习借鉴一切有利于加强我国社会主义文化建设的有益经验、一切有利于丰富我国人民文化生活的积极成果、一切有利于发展我国文化事业和文化产业的经营管理理念和机制，广泛参与世界文明对话，共同维护文化多样性，这是发展中国特色社会主义文化、为人类文明作出新的更大贡献的重要历史使命。中华文化源远流长、博大精深，是世界文化的重要组成部分，反映了鲜明的民族个性和审美特征，积淀着深厚的精神追求，是中华民族生生不息、团结奋进的不竭动力，是发展中国特色社会主义文化的深厚基础，也为世界文化多样性发展作出了积极贡献。中国特色社会主义文化发展道路是开放的道路，我们要立足中华文化的深厚沃土，努力推动中华文化走出去、增强中华文化在世界上的感召力和影响力，促进世界各民族文化和谐共存、互鉴发展。

广大文化工作者要担负起弘扬中华文化的崇高使命，继承中华优秀传统文化，弘扬五四运动以来形成的革命文化传统，适应社会发展进步的新要求，不断赋予中华文化以新的活力，使古老的中华文明之树开出新的时代之花，进一

步增强民族凝聚力向心力。要正确对待外来文化，坚持辩证取舍，兼收并蓄、博采众长，提高转化再造能力，吸收借鉴一切国外文化有益成果，推出更多具有中国特色、中国风格、中国气派的精品力作。要积极推动双边、多边文化往来，促进文化相互借鉴，使文化成为加深中国人民与世界人民相互了解和友谊的精神纽带。要推动国际文化产品贸易交易和文化服务平台建设，发挥文化产业和文化企业在推动文化走出去中经常性、持久性的优势和作用，培育一批具有较强实力和国际竞争力的外向型文化企业，努力构建以政府为主导、以企业为主体、以市场化运作为主要方式的文化走出去新格局。要把政府交流和民间交流结合起来，发挥非公有制文化企业、文化非营利机构在对外文化交流中的作用，支持海外侨胞积极开展中外人文交流。要遵循国际文化交流规律，适应国际文化市场需求，改进对外文化传播方式方法，加快建设现代传播体系，既充分展现中华民族优秀文化内涵、体现当代中国价值观念和文化建设的最新成果，又符合国外受众的思维方式、审美特点和接受习惯，努力做到“中国内涵、国际表达”，充分展示中国人民改革创新、和平发展、文明进步的精神风貌和良好形象，提升中华文化的辐射力和影响力，推动形成与我国国际地位相适应的文化软实力。

加强和改进党的领导，是坚持中国特色社会主义文化发展道路的根本政治保证。各级党委和政府要进一步提高对文化建设地位和作用的认识，把思想统一到党的十七大和十七届六中全会精神上来，进一步增强政治意识、责任意识、大局意识，把文化建设摆在全局工作重要位置，纳入经济社会发展总体规划，纳入科学发展考核评价体系，与经济社会发展一同研究部署、一同组织实施、一同督促检查。要切实担负起推进文化改革发展的政治责任，深入研究文化改革发展重大问题，掌握文化改革发展领导权。坚持德才兼备、以德为先的用人标准，加强文化领域领导班子和党组织建设。建立健全党委统一领导、党政齐抓共管、宣传部门组织协调、有关部门分工负责、社会力量积极参与的工作体制和工作格局，形成文化建设强大合力。

推动文化事业繁荣发展，关键在人才。要牢固树立“人才资源是第一资源”的观念，把队伍建设摆在更加突出的位置，加大工作力度，努力造就一批有影响的文化名家、文化大师和各领域领军人物，建设一支宏大的文化人才队伍。要加强文艺院校建设，努力培养更多优秀青年文艺工作者。要关心爱护文艺工作者，政治上充分信任、创作上热情支持、生活上真诚关怀，努力为他们办实事、解难事。要尊重劳动、尊重知识、尊重人才、尊重创造，营造团结鼓劲、和谐奋进的良好氛围，建立和完善有利于优秀人才健康成长和脱颖而出的体制机制，最大限度地调动广大文艺工作者的积极性主动性创造性。要引导作家艺术家努力践行文艺界“爱国、为民、崇德、尚艺”的核心价值观，自觉遵守《中国文艺工作者职业道德公约》，珍惜时代提供的舞台，珍重社会给予的关爱，严肃对待作品的社会效果，热心公益、弘扬正气，以德艺双馨的公众形象，争作恪守职业道德的表率，更好地完成党和人民赋予的神圣使命。

“随着经济建设的高潮的到来，不可避免地将要出现一个文化建设的高潮。”毛泽东同志的这个预言已经变成现实，中华民族的伟大复兴必将伴随着中华文化的繁荣兴盛，社会主义文化建设正在迎来繁荣发展的黄金时期。让我们更加紧密地团结在以胡锦涛同志为总书记的党中央周围，高举中国特色社会主义伟大旗帜，以邓小平理论和“三个代表”重要思想为指导，深入贯彻落实科学发展观，继承和弘扬毛泽东同志《在延安文艺座谈会上的讲话》精神，肩负起庄严的历史使命和时代责任，以高度的文化自觉和文化自信，在中国特色社会主义文化发展道路上创造中华文化的新辉煌，为建设社会主义文化强国而努力奋斗！

在马克思主义理论研究和建设工程工作会议上的讲话

（2012 年 6 月 2 日）

李长春

这次马克思主义理论研究和建设工程工作会议，是在深入贯彻党的十七届六中全会精神、迎接党的十八大的新形势下召开的一次重要会议。会议的主题是：深入贯彻落实党的十七届六中全会精神，全面总结马克思主义理论研究和建设工程实施以来的工作，分析形势，明确任务，以高度的理论自觉和理论自信深入推进工程，更好地推动党的思想理论建设，推动哲学社会科学繁荣发展。

一、马克思主义理论研究和建设工程取得重大阶段性成果，成为党的十六大以来我国思想理论建设的标志性工程，为推进党和国家事业发展作出了重要贡献

实施马克思主义理论研究和建设工程，是以胡锦涛同志为总书记的党中央，从深入推进马克思主义中国化时代化大众化、坚持和发展中国特色社会主义的战略高度，作出的一项重大决策，也是十六大以来我们党实施的最重大、最基础、最具深远意义的思想理论建设工程。自2004 年工程启动以来，在党中央的高度重视和直接领导下，工程主管部门和有关单位精心组织、大力实施，广大专家学者积极参与、认真负责，基本完成阶段性任务，取得了丰硕成果，在推进党的思想理论建设、繁荣发展哲学社会科学方面发挥了龙头作用、基础作用和导向作用。

1. 马克思主义经典著作编译和基本观点研究取得重大突破，为坚持和发展马克思主义提供了重要依据。工程专门设立马克思主义经典作家重点著作译文审核和修订课题组，于 2009 年底推出了 10 卷本《马克思恩格斯文集》和 5 卷本《列宁专题文集》，为学习研究马克思、恩格斯、列宁的重要著作提供了更加准确、权威的译本。2011 年，以两部文集为基础，联系实际推出了《马列主义经典著作选编》及其《学习导读》，为党员干部学习经典著作提供了重要读物。组织编写了毛泽东、邓小平、江泽民和胡锦涛同志《论文化建设》、《论党的群众工作》重要论述摘编，用发展着的马克思主义指导新的实践。工程专门设立了马克思主义经典著作基本观点研究课题组，设立了 18 个子课题进行分类研究，推出了一批有价值的研究成果，并运用到工程教材编写、理论宣传和重大课题研究中，帮助人们分清哪些是必须长期坚持的马克思主义基本原理，哪些是需要结合新的实际加以丰富发展的理论判断，哪些是必须破除的对马克思主义的教条式的理解，哪些是必须澄清的附加在马克思主义名下的错误观点。这些工作，有力地促进了马克思主义理论的学习和研究，推进了马克思主义学习型政党建设，为提高全党和理论界的马克思主义理论水平发挥了重要作用。

2. 不断深化对中国特色社会主义理论体系的学习研究和宣传，有力推动了用马克思主义中国化最新成果武装头脑、统一思想、凝聚共识、坚定信念。结合改革开放新的实践和我国发展新的阶段性特征，不断深化对邓小平理论的学习研究和宣传。深入研究阐释“三个代表”重要思想的时代背景、实践基础、科学内涵、精神实质和历史地位，把学习贯彻“三个代表”重要思想的活动不断引向深入。深入学习研究宣传科学发展观，深刻阐明科学发展观的科学内涵、精神实质、根本要求，深入总结各地各部门推动科学发展的实践经验，为深入贯彻

落实科学发展观提供了重要的理论保障。组织编写《中国特色社会主义理论体系学习读本》、《科学发展观学习读本》和《社会主义核心价值体系学习读本》,为学习马克思主义中国化最新成果提供了重要辅助材料。组织制作播出《复兴之路》、《旗帜》等一批电视理论专题片,为宣传中国特色社会主义提供了具有吸引力和感染力的教材。这些工作,有力推动了用中国特色社会主义理论体系武装全党、教育人民,进一步坚定了广大干部群众对中国特色社会主义的信心和信念。

3. 紧密结合改革开放和现代化建设的实际,围绕干部群众关心的重大问题加强引导,为服务党和国家工作大局作出了积极贡献。组织中央有关部门和专家学者,确立一大批专门课题,深入研究深化社会主义市场经济体制改革、应对国际金融危机冲击、加快转变经济发展方式等重大问题,深入研究中国特色社会主义政治理论、法治理论、政党理论等重大问题,深入研究中国特色社会主义文化发展道路、社会主义核心价值体系、社会主义和谐社会建设、生态文明建设和党的建设等重大问题,推出了一系列重要研究成果和对策建议。编写推出《理论热点面对面》系列通俗理论读物,深入浅出、有针对性地回答干部群众关心的热点难点和切身利益问题,帮助人们加深对党和政府决策部署的理解,探索了理论指导实践、理论走进群众的有效方式。针对近年来出现的错误思潮,组织发表一大批重点文章,推出《六个为什么——对几个重大问题的回答》、《划清"四个重大界限"学习读本》等重要理论读物,引导干部群众划清是非界限、澄清模糊认识。这些工作,密切了理论与实际的联系,促进了理论与群众的结合,增进了人民群众对党和政府的信心和信任,充分发挥了引导社会热点、疏导社会情绪、促进社会和谐、服务党和国家工作大局的积极作用。

4. 哲学社会科学学科体系和教材体系建设深入推进,为哲学社会科学繁荣发展奠定了重要基础。将马克思主义理论设为一级学科,下设6个二级学科,突出了马克思主义学科的地位。推动中国社会科学院和许多高校成立了马克思主义研究院和学院,设立了一批马克思主义理论学科博士点、硕士点,汇聚了一大批研究和教学力量,壮大了马克思主义理论队伍。制定高校哲学社会科学重点教材《总体规划》,组织编写重点教材,编写工作取得重要的阶段性成果。从已出版的教材来看,基本达到了中央提出的"三个充分反映"的要求,即充分反映马克思主义中国化最新成果、充分反映中国特色社会主义丰富实践、充分反映本学科领域最新进展。从教学实践看,无论思想水平还是学术水平,在现有同类教材中都是一流的,特别是在马克思主义三大组成部分哲学、政治经济学和科学社会主义方面形成了充分体现马克思主义中国化最新成果的主干教材,进一步打牢了马克思主义教学的重要基础。这些工作,为马克思主义理论研究和教学提供了有力保证,极大地推进了哲学社会科学学科体系和教材体系建设,为创新发展哲学社会科学奠定了坚实基础。

5. 高校思想政治理论课建设全面加强,从根本上扭转了高校思想政治理论课教学一度弱化的状况。切实贯彻中央关于加强和改进高校思想政治理论课的指示精神,将原来的7门必修课调整为4门,并将教材编写和教师培训纳入工程。2006年9月起,《毛泽东思想和中国特色社会主义理论体系概论》等4本新教材陆续在全国高校投入使用。配合使用新教材,工程组织和推动了任课教师培训、教学方法改革等工作。有关部门还印发了一系列相关教学参考资料,提供了一大批有参考价值的权威书籍和影像资料,组织思想政治理论课教师到国内外参观考察,帮助广大教师开阔视野。在教学过程中,运用案例式、互动式、情景式教学方法,拓展国情教育和实践教学,一大批省部级干部和劳动模范为大学生作形势报告。2010年,中央又批准了硕士、博士研究生思想政治理论课教学改革方案,按照新方案编写的教学大纲将于今年秋季投入使用。这些工作,大大提高了

高校思想政治理论课教学质量，任课教师的精神面貌和业务水平有了很大改观，大学生的学习兴趣和满意程度显著提高，高校思想政治理论课作为大学生思想政治教育的主渠道作用得到充分发挥。

6. 高度重视人才培养和队伍建设，为凝聚和造就马克思主义理论人才搭建了重要平台。工程始终把培养理论人才特别是中青年理论人才作为重要任务，坚持把课题立项与凝聚人才结合起来，把理论研究与培养人才结合起来，把学科建设与队伍建设结合起来，造就了一大批理论骨干和拔尖人才。目前，工程组建了160多个课题组，直接参与工程工作的专家学者3000多人，间接参与的有数万人，涵盖了哲学社会科学的各个重要领域。工程实施以来，由中央有关部门联合举办的哲学社会科学教学科研骨干研修班已达46期，培训了5000多人，成为理论队伍特别是人文社科骨干教师队伍建设的名牌项目。同时，加大地方研修工作力度，目前全国已培训7万多人。工程还组织1500多人次开展国情调研，组织100多人次出国考察，邀请几十个国家200多位知名学者来华交流。这些工作，进一步团结和凝聚了广大理论工作者，激发了他们学习研究马克思主义的热情，增强了对党的理论路线方针政策的深入理解，提高了思想政治素质和业务能力，为推动理论创新和学术创新提供了人才保障。

作为一项重大理论创新工程，马克思主义理论研究和建设工程以其成功的实践、丰硕的成果，展示了强大的影响力和凝聚力，对新形势下推进党的思想理论建设和哲学社会科学繁荣发展，具有重大而深远的意义。通过实施这一工程，进一步高扬了马克思主义旗帜，鲜明地昭示了中国共产党坚持马克思主义指导地位不动摇、用发展着的马克思主义指导新的实践的决心和信心；整合了理论研究资源、创新了理论研究机制，实现了理论工作部门和实际工作部门、基础学科领域和应用学科领域的深度结合；打开了繁荣发展哲学社会科学的突破口，第一次形成了中国自己的较为完整的哲学社会科学教材体系，有力推动了马克思主义中国化最新成果进教材、进课堂、进头脑；搭建了培养马克思主义理论人才的重要平台，培养造就了一批政治坚定、学贯中西、勇于创新、在国内外有广泛影响的马克思主义理论家特别是中青年理论家。实践证明，以胡锦涛同志为总书记的党中央作出实施马克思主义理论研究和建设工程的决策，是完全正确的。马克思主义理论研究和建设工程，不愧是关系中国特色社会主义事业发展全局的战略工程、生命工程、基础工程。

二、认真贯彻党的十七届六中全会精神，从增强理论自觉和理论自信的高度，深刻认识新形势下深入推进马克思主义理论研究和建设工程的重大意义

我们党是一个由科学理论孕育催生、用科学理论武装发展的马克思主义政党，高度的理论自觉和理论自信是党的鲜明特征和根本优势。90多年的历史实践充分表明，我们党正是靠着高度的理论自觉和理论自信坚持和发展马克思主义，才团结和带领全国各族人民不断夺取革命、建设、改革的一个又一个重大胜利，实现了国家繁荣昌盛、人民幸福安康。党的十七届六中全会指出，要发展面向现代化、面向世界、面向未来的，民族的科学的大众的社会主义文化，培养高度的文化自觉和文化自信。理论建设是文化建设的核心，理论自觉和理论自信是文化自觉和文化自信的基础。深入推进马克思主义理论研究和建设工程，是新的历史起点上我们党坚持和发展马克思主义的重要举措，也是新形势下贯彻落实党的十七届六中全会精神、增强文化自觉和文化自信的必然要求。

1. 深入推进这一工程，是在新的实践探索中增强理论自觉和理论自信，推进中国特色社会主义实践创新、理论创新和制度创新的必然要求。马克思主义从来不是空洞、僵化、刻板的教条，必须随着实践发展而不断丰富和发展。只有立足中国特色社会主义伟大实践，以高度

的理论自觉和理论自信推进实践创新、理论创新和制度创新，才能坚持和发展中国特色社会主义。我们党成立91年、在全国执政63年、领导改革开放34年以来，推动中国经济社会发生了深刻变革和快速发展，创造了人类历史上少有的发展奇迹，开辟和拓展了中国特色社会主义道路，创立和发展了中国特色社会主义理论体系，形成和完善了中国特色社会主义制度，这是中国共产党领导全国各族人民进行的重大创新，是人类文明史上的伟大创举，是中国对世界的历史性贡献。与此相对照，我们的一些理论研究和学术创新还落后于这一伟大实践，一些人没有立足于这一伟大实践进行理论研究和学术创新。如何在学习借鉴人类文明成果的基础上，用中国的理论研究和话语体系解读中国实践、中国道路，不断概括出理论联系实际的、科学的、开放融通的新概念、新范畴、新表述，打造具有中国特色、中国风格、中国气派的哲学社会科学学术话语体系，是理论界和学术界面临的重大而紧迫的时代课题。这就迫切需要我们以高度的理论自觉和理论自信，及时总结党领导人民创造的新鲜经验，不断深化对经济社会发展的规律性认识，不断升华中国特色社会主义实践成果、理论成果、制度成果，不断赋予中国特色社会主义鲜明的实践特色、民族特色和时代特色。

2. 深入推进这一工程，是在机遇与挑战并存的国际国内复杂形势下增强理论自觉和理论自信，巩固和发展马克思主义在意识形态领域指导地位，增强话语权、提高我国软实力的必然要求。随着中国特色社会主义不断取得新的重大成就，马克思主义日益显现出强大的生命力，深入推进马克思主义理论研究和建设工程面临难得的大好机遇。受国际金融危机深度冲击，西方发达国家经济复苏步伐缓慢，暴露出诸多方面的矛盾和问题。与此形成鲜明对比的是，我国成功应对国际金融危机冲击、率先实现经济回升向好，成为全球瞩目的世界经济复苏引擎。中国人民的民族自尊心、自信心、自豪感空前增强，对坚持中国特色社会主义旗帜、道路、理论体系和制度充满信心。同时，坚持马克思主义指导地位仍然受到诸多方面的干扰，面临各种严峻挑战。从国际上看，当今世界正处于大发展大变革大调整时期，争取发展主动权的竞争和价值观的较量日趋激烈。从国内看，社会思潮复杂多变，干部群众中还存在不少模糊认识和思想疑惑，统一思想、凝聚力量的任务更加艰巨。这就迫切需要我们以高度的理论自觉和理论自信，理直气壮地坚持马克思主义，坚持不懈地发展马克思主义，不断增强马克思主义的创造力、说服力、感召力，进一步扩大中国发展道路在国际上的影响力。

3. 深入推进这一工程，是在加强社会主义核心价值体系建设过程中增强理论自觉和理论自信，不断巩固全党全国各族人民团结奋斗共同思想道德基础的必然要求。文化的灵魂是核心价值体系，核心价值体系的基础是科学理论。不断增强理论自觉和理论自信，坚持以马克思主义为指导，大力建设社会主义核心价值体系，在全党全社会形成统一指导思想、共同理想信念、强大精神力量和基本道德规范，是思想理论建设的一项重大任务。一方面要看到，经过改革开放特别是党的十六大以来的不懈努力，我国思想道德领域的主流是积极健康的，全国各族人民的共同理想信念更加牢固，全社会的精神风貌更加昂扬向上，全民族的思想道德水平不断提升，践行社会主义核心价值体系的自觉性坚定性不断增强。另一方面也要看到，一些人理想信念动摇、价值取向扭曲，一些领域道德失范、诚信缺失等问题较为突出，一些地方封建迷信、黄赌毒等社会丑恶现象沉渣泛起，拜金主义、享乐主义、极端个人主义有所滋长。这就迫切需要我们以高度的理论自觉和理论自信，积极探索用社会主义核心价值体系引领社会思潮的有效途径和载体，在多元中立主导、在多样中谋共识、在多变中把握正确方向，进一步巩固全党全国各族人民团结奋斗的共同思想道德基础。

4. 深入推进这一工程，是在应对各种风险考验中增强理论自觉和理论自信，保持党的先

进性和纯洁性的必然要求。思想理论建设是党的建设的首要任务，党的先进性和纯洁性首先表现在理论上、思想上的先进和纯洁。这些年来，我们党坚持不懈地用党的创新理论武装全党，坚持以领导班子和党员干部为重点，以提高思想理论素养为根本，以建设学习型党组织为抓手，大力推进马克思主义学习型政党建设，广大党员干部的理论素养不断提高，党的意识、宗旨意识、执政意识、大局意识、责任意识不断强化，党的领导水平和执政水平、拒腐防变和抵御风险能力明显提高。但也要清醒看到，在新的形势下，我们党面临许多前所未有的新情况新问题新挑战，执政考验、改革开放考验、市场经济考验、外部环境考验是长期的、复杂的、严峻的；精神懈怠的危险、能力不足的危险、脱离群众的危险、消极腐败的危险，更加尖锐地摆在全党面前，落实党要管党、从严治党的任务比以往任何时候都更为繁重、更为紧迫。这就迫切需要我们以高度的理论自觉和理论自信，深入分析党的执政环境发生的深刻变化，科学总结世界上执政党兴衰成败的经验教训，全面把握和自觉运用马克思主义执政党建设规律，引导广大党员坚定理想信念，增强为党和人民事业不懈奋斗的自觉性坚定性。

三、深入推进马克思主义理论研究和建设工程，为党的十八大胜利召开营造良好思想理论氛围

实施马克思主义理论研究和建设工程，是党在思想理论战线的一项长期任务。当前，全党全国各族人民正以各项工作的优异成绩迎接党的十八大胜利召开。营造良好思想理论氛围，是确保党的十八大胜利召开的重要一环，也是当前宣传思想战线的首要政治任务。马克思主义理论研究和建设工程要紧紧围绕这一首要政治任务，认真贯彻落实党的十七届六中全会提出的要求，扎扎实实地做好各项工作，把工程不断引向深入。

1. 以对党对人民对历史高度负责的精神，继续推进充分反映马克思主义中国化最新成果的哲学社会科学教材体系建设。要把坚持质量和保证进度有机结合起来，进一步加大组织协调力度，动员更多的力量，调动各方面的积极性，在党的十八大前后基本完成既定的教材编写任务。要始终把政治导向和学术质量放在第一位，确保达到一流水准，经得起历史和实践的检验。要在已有工作的基础上，继续深化对马克思列宁主义、毛泽东思想基本观点的研究，深入研究阐释中国特色社会主义理论体系，特别要深入研究阐释科学发展观的历史地位、基本内涵、实践要求和指导意义，把相关研究成果及时应用于教材的编写和修订中。要一手抓教材的编写、一手抓教材的使用，把工程教材的统一使用作为高校的重要任务，作为教学工作检查、评估的重要内容和指标。要加强对工程教材任课教师的培训，帮助他们掌握教材的编写意图、主要内容和教学方法，提高工程教材使用的成效。要广泛听取高校师生的意见，认真组织好教材的修订完善，使工程教材真正成为体现时代发展、适应教学实践、深受学生欢迎的精品。要加大督促检查力度，掌握工程教材编写和使用的情况，发现问题，及时指导，最大限度地发挥好工程教材的应有作用。

2. 加强对重大理论和现实问题的研究阐释，引导干部群众更好地统一思想、凝聚共识。要针对当前干部群众中出现的一些思想疑虑和困惑，针对人们关心的重大理论和现实问题，深入研究阐释，帮助干部群众明辨是非、澄清认识，把思想统一到中央精神上来。要深刻阐明只有坚持以马克思主义为指导，用发展着的马克思主义指导实践，中国特色社会主义事业才能始终沿着正确方向胜利前进。要继续围绕“六个为什么”、划清“四个重大界限”，围绕根本政治制度、基本政治制度、基本经济制度等重大问题，从理论与实际、历史与现实、国内与国际的紧密结合上，深刻阐明马克思主义的科学性和真理性，阐明中国特色社会主义道路是创造人民美好生活的必由之路，阐明中国特色社

会主义理论体系是实现中华民族伟大复兴的正确理论，阐明中国特色社会主义制度是当代中国发展进步的根本制度保障。要针对人民群众普遍关心的收入分配、医疗住房、道德风气、食品安全等方面的问题，继续编写好通俗理论读物，解疑释惑、化解矛盾，为改革发展稳定营造有利环境。

3. 进一步加大工程的宣传力度，充分展示党的思想理论建设的丰硕成果。要把宣传展示工程研究成果，作为迎接党的十八大成就宣传和理论宣传的重要内容，精心设计、精心安排，增强宣传的实效性和感染力。各级各类媒体、理论刊物、新闻网站等，要紧紧围绕工程在马克思主义基本原理、中国特色社会主义理论体系、重大理论和现实问题等方面所取得的重要研究成果开展宣传，使工程形成的一系列重要理论观点和重要思想认识产生更加广泛的社会影响。要组织一批专家学者到高校、机关、企业、社区举办理论报告会，深入浅出地宣讲工程研究成果，使这些成果更好地为全社会所共享。同时，也要宣传好工程工作取得的积极进展，宣传工程在学科体系建设和教材体系建设上取得的重要成果，宣传工程推进高校思想政治理论课建设取得的良好成效，宣传工程人才队伍建设的可喜局面，引导社会各界更加深入地了解工程，更加积极地支持工程。

4. 深入开展对外交流，努力扩大我国在国际学术领域的话语权和影响力。要充分发挥工程作为国际学术交流平台的作用，主动宣传我们党领导人民推进改革开放和现代化建设取得的巨大成就、理论成果和宝贵经验，宣传我坚持走和平发展道路、坚持互利共赢开放战略的理念，宣传我推动建设持久和平、共同繁荣的和谐世界的主张，增进国际社会对我国基本国情、发展理念、内外政策的了解和认识，充分展现我和平发展、民主进步、文明友善的国家形象，为党的十八大召开营造良好的外部思想舆论环境。要善于运用国外受众易于理解和接受的形式和手段，努力做到“中国立场、国际表达”，讲好讲活讲深中国故事，不断增强中国哲学社会科学在国际上的亲和力、感染力和影响力。要加强与国际学术机构、知名学术团体特别是国外智库的交流，把“走出去”与“引进来”结合起来，让更多的国外专家学者增加对当代中国的了解和认识。

5. 继续发挥工程的纽带和桥梁作用，大力加强马克思主义理论队伍建设。要把培养马克思主义理论家特别是中青年理论家作为战略任务，引导广大理论工作者坚定马克思主义信仰，坚定中国特色社会主义共同理想，自觉践行社会主义核心价值体系，忠于党、忠于祖国、忠于人民。要继续办好哲学社会科学教学科研骨干研修班和高校思想政治理论课骨干教师研修班，继续组织工程专家开展国情调研，考察了解改革开放和现代化建设取得的新成就，考察了解各地贯彻落实科学发展观取得的新进展。要充分发挥老专家的传帮带作用，发挥中青年学者的创新热情和创造潜力，努力形成优秀人才脱颖而出、人尽其才的良好局面。要支持一些既有丰富国内国际实际工作经验，又有一定理论造诣的实际工作者参加理论研究，鼓励他们在理论和实际的结合上有所建树，使他们成为理论建设的一支重要力量。要坚持“百花齐放、百家争鸣”的方针，尊重理论工作者的创造性劳动，发扬学术民主，提倡不同学术观点、不同学术流派的相互切磋、平等讨论，鼓励大胆探索，努力营造生动活泼、求真务实、多出成果的良好学术环境。要充分调动广大理论工作者的积极性主动性创造性，在政治上充分信任和依靠他们，在学习、工作、生活上多关心他们，帮助解决实际困难，使他们全身心投入到工作中。

中国特色社会主义伟大事业，热切呼唤着党的思想理论建设和哲学社会科学创新发展，热切呼唤着马克思主义理论研究和建设工程深入推进。让我们紧密团结在以胡锦涛同志为总书记的党中央周围，以饱满的热情、创新的精神、务实的作风，全面深入推进工程各项工作，以优异的成绩迎接党的十八大胜利召开。

深化中非合作 提升发展中国家间合作水平

——在首届中非地方政府合作论坛开幕式上的致辞

（2012 年 8 月 27 日）

李克强

尊敬的乌干达副总统爱德华·塞坎迪阁下，
尊敬的布隆迪第一副总统泰朗斯·西农古鲁扎阁下，
尊敬的各位贵宾，女士们、先生们、朋友们：

很高兴参加首届中非地方政府合作论坛，与大家共商中非合作发展大计。非洲是一个具有独特魅力的大陆，也是一个富有蓬勃活力的大陆。非洲正在加快发展，中非合作前景广阔。深化中非合作，不仅有利于双方发展，而且有利于提升发展中国家之间的合作水平。本次论坛对推动中非关系全面深入发展会起到重要作用。在此，我谨代表中国政府和人民，对论坛的召开表示热烈祝贺！对远道而来的嘉宾表示诚挚欢迎！

中非人民的友好交往源远流长。长期以来，中非双方在争取民族解放、谋求国家振兴的进程中相互同情、相互帮助，结下了深厚的情谊。进入新世纪后，伴随着中非新型战略伙伴关系的确立和发展，中非关系步入硕果累累的新阶段。目前，中国是非洲第一大贸易伙伴，2011 年双边贸易额比 2000 年增加 15 倍；中国对非投资累计已达 150 多亿美元，合作项目遍及非洲 50 个国家；中国对非援助总额达到 1100 多亿元人民币。这些从一个侧面表明，中非各层次的交流合作日益热络，中非人民的传统友谊历久弥坚。

中非合作是发展中国家之间的合作。中国是世界上最大的发展中国家，非洲是世界上最大的发展中国家集团，中非在发展阶段上具有一定的相似性。据世界银行最新统计，非洲有 24 个国家属于中高收入或中低收入国家，还有 29 个国家处于低收入水平。中国也存在较明显的区域发展不平衡性。中非合作是面对相似发展境遇和共同发展使命而开展的合作，具有很强的建设性和成长性。这种合作是中国和非洲携手振兴经济、共谋发展进步的有效途径，可以促进国际社会更加关注非洲，更加关注发展中国家，也有助于实现世界的共同发展与持续繁荣。

中非合作是相互尊重、平等相待的合作。非洲有 50 多个国家、1500 多个民族、2000 多种语言，不同的民族和宗教、不同的经济和社会制度等，共同构成了多彩的非洲，这反映了世界的多元化和文明的多样性。中国一贯主张，国家不论大小，都是国际大家庭的平等一员；在对外合作中，应当尊重各国探索符合本国国情发展道路的努力，不干涉别国内政。中国对非援助不附加任何政治条件。我们秉持开放包容的理念，乐见并愿与其他国家和国际组织一道，参与和推进非洲的发展建设，努力维护非洲地区和平稳定。

中非合作是互为机遇、互利共赢的合作。中国和非洲人口加起来占世界人口的 1/3，近年来双方都是世界上经济发展速度较快的国家和地区。中国和非洲经济各具特色、各有优势，中国成熟适用的技术设备、相对充裕的资金与非洲国家的市场容量、人力成本、资源优势相得益彰。中非双方在推进合作中注重优势互补、各展其长，把自身的发展融入对方的发展之中，给对方带来的是机遇。这种合作是扩大利益汇合点、共同发展与实现双赢的合作，是兄弟般的伙伴合作，是切实造福中非人民的合作，也有利于世界的和平发展，因而是可持续的合作。

女士们、先生们！

当今世界正在发生深刻调整与变化。一方面，国际金融危机持续发酵，国际环境不稳定、不确定性因素增多，世界经济增长缓慢并呈长期化趋势，正成为国际社会面临的最大现实问题。同时，贫困、疾病、战乱、灾害等诸多问题给各国尤其是发展中国家带来严峻挑战。另一方面，经济全球化在曲折中深入推进，新一轮科技革命正在孕育，发展中国家的整体实力和国际地位稳步上升。新的形势下，中非双方合作既面临十分复杂的局面，更具有乘势而上的发展机遇。

——从发展潜力看，中国正在协调推进工业化、城镇化和农业现代化，将释放巨大的发展潜能；非洲经济增长前景看好，有很多发展的商机；中非经济持续增长会进一步催生合作的内在要求。

——从结构调整看，中非产业层次各异，都在积极融入国际产业分工，产业的转移和承接具有很强的匹配性。

——从相互开放看，中国深入实施"走出去"战略；非洲国家正在加大资金、技术的引进力度，相互需求在增多；中非蓬勃向上的发展趋势，蕴涵着广阔的合作空间。

面向未来，双方应把握机遇，登高望远，以建设性态度深化全方位合作，把中非新型战略伙伴关系提升到新的水平，关键是要"互信"、"互利"、"互动"。

第一，增强战略互信。这是中非友好合作的坚实保障。双方应立足共同战略利益，光大传统友谊，加强高层互访，促进治国理政经验交流，继续扩大中非政党间、立法机构、地方政府等多层面交往，增进政治互信。中非应携起手来，在维护发展中国家利益上仗义执言，在参与国际体系变革、应对气候变化等问题上增进协调。

第二，实现经济互利。这是中非友好合作长盛不衰的动力。中非经贸合作应在巩固传统优势的同时，拓宽合作领域，创新合作方式，更加注重农业、制造业、中小企业等非资源领域合作与开发，并与资源领域合作齐头并进，更加注重改善民生福祉，更加注重生态环境保护。双方共同努力，把中非合作论坛第五届部长级会议达成的协议和相关合作项目落实好。

第三，促进人文互动。这是中非友好合作的民意基础。近年来，中非人文交流异彩纷呈、卓有成效。去年中国赴非旅游人数超过100万人，目前非洲在华留学生超过2万人，中国已累计为非洲培训4万多名各类人才。双方应继续加强教育、卫生、文化、旅游等领域的交流，密切青年、妇女、民间团体的联系，促进中非两大文明交流互动。

女士们、先生们！

中非地方政府合作已经走过30个年头，成为中国同非洲国家双边关系的重要组成部分。目前，中非之间共缔结了110多对友好城市，合作领域从最初的人员交流、代表团互访，逐步扩展到经济、社会、文化等各个方面。这不仅为区域发展注入活力、使中非人民直接受益，也把中非友谊从高层向基层、从政府向民间延伸，为中非合作奠定更加坚实的基础。

中方愿一如既往同非洲国家加强地方政府合作，不断拓展合作的广度和深度。今后5年，我们将积极推动中非友好城市数量再翻一番，为非洲培训更多的地方各类人才。互学互鉴，促进双方互派1000名地方管理人员、企业家和各界人士到对方国家访问交流。

中国和非洲都是人类文明的摇篮，中非振兴发展的征程将持续推进。我们有理由相信，中非人民的手会握得更紧，中非合作发展必将迎来更加光明的未来！

最后，祝首届中非地方政府合作论坛圆满成功！祝各位嘉宾工作顺利、生活愉快、身体健康！

谢谢大家。

认真学习深刻领会全面贯彻党的十八大精神 促进经济持续健康发展和社会全面进步

李克强

党的十八大高举中国特色社会主义伟大旗帜，以邓小平理论、“三个代表”重要思想、科学发展观为指导，系统总结了党的十六大、十七大以来我国发展取得的历史性成就和宝贵经验，深刻分析了国内外形势，对我国改革开放和社会主义现代化建设作出了全面部署。

胡锦涛同志代表十七届中央委员会在党的十八大上所作的报告（以下简称《报告》）指出，十六大以来的十年，我们紧紧抓住和用好我国发展的重要战略机遇期，战胜一系列重大挑战，奋力把中国特色社会主义推进到新的发展阶段，巩固和发展了改革开放和社会主义现代化建设大局，提高了我国国际地位，彰显了中国特色社会主义的巨大优越性和强大生命力，增强了中国人民和中华民族的自豪感和凝聚力。十七大以来的五年，是我们在中国特色社会主义道路上奋勇前进的五年，是我们经受住各种困难和风险考验、夺取全面建设小康社会新胜利的五年，各方面工作都取得新的重大成就。这为我们全面建成小康社会打下了坚实基础。

《报告》强调，总结十年奋斗历程，最重要的就是我们坚持勇于推进实践基础上的理论创新，围绕坚持和发展中国特色社会主义提出一系列紧密相连、相互贯通的新思想、新观点、新论断，形成和贯彻了科学发展观。科学发展观是中国特色社会主义理论体系最新成果，是中国共产党集体智慧的结晶，是指导党和国家全部工作的强大思想武器。科学发展观同马克思列宁主义、毛泽东思想、邓小平理论、“三个代表”重要思想一道，是党必须长期坚持的指导思想。我们必须把科学发展观贯彻到我国现代化建设全过程、体现到党的建设各方面。

正如《报告》所指出，中国特色社会主义道路，中国特色社会主义理论体系，中国特色社会主义制度，是党和人民90多年奋斗、创造、积累的根本成就，是当代中国发展进步的根本方向。我们必须倍加珍惜、始终坚持、不断发展。坚持和发展中国特色社会主义，是贯穿党的十八大报告的一条主线。我们只有紧紧抓住这条主线，牢牢把握这条主线，把坚持和发展中国特色社会主义，作为学习贯彻十八大精神的聚焦点、着力点、落脚点，我们对十八大精神的学习才能更加深入，领会才能更加透彻，贯彻才能更加自觉，从而奋力开拓中国特色社会主义更为广阔的发展前景。

这次《报告》还提出，建设中国特色社会主义，必须全面落实经济建设、政治建设、文化建设、社会建设、生态文明建设五位一体总体布局。要以改革创新精神全面推进党的建设新的伟大工程，全面提高党的建设科学化水平。我们要认真学习、深刻领会、全面贯彻党的十八大精神，促进经济持续健康发展和社会全面进步，夺取中国特色社会主义新胜利。确保到二〇二〇年实现全面建成小康社会宏伟目标，进而到本世纪中叶建成富强民主文明和谐的社会主义现代化国家。

一、深刻认识我国发展面临的重要机遇和风险挑战

《报告》指出，我国进入全面建成小康社会决定性阶段，世情、国情、党情继续发生深刻变化，我们面临的发展机遇和风险挑战前所未有。

这是对我国发展环境和阶段作出的重大判断。

综观国际国内大势，我国发展仍处于可以大有作为的重要战略机遇期。世界多极化、经济全球化深入发展，国际大环境总体上对我国发展有利，我国发展长期向好趋势没有改变。

一是我们已站在可以发挥综合优势的发展新起点。改革开放以来，我国现代化建设取得举世瞩目的伟大成就，经济发展不断跨上新台阶，人民生活持续改善，为继续前进奠定了雄厚的物质基础。工业化、信息化、城镇化、农业现代化深入发展，国内市场和区域开发空间广阔，经济结构转型加快，科技教育整体水平提高，劳动力素质改善，资金供给充裕，基础设施日益完善，生产要素综合优势将长期存在。我们有信心也有能力保持经济持续健康发展与社会全面进步。

二是经济发展日益成为各国利益交汇点。当前，国际金融危机影响仍然笼罩全球，发达经济体面临主权债务危机等问题。这对我们既是挑战，又是机遇。在应对金融危机中，各国都把发展经济作为优先课题。和平发展合作仍然是时代主题和趋势。中国的发展需要世界，世界的发展也需要中国。国家之间可能有竞争、有摩擦，但更需要合作，互利共赢是彼此利益的交汇处，这有利于我们在和平稳定的国际环境下发展自己。同时，世界经济政治格局发生深刻变化，全球合作向多层次全方位拓展，新兴市场国家和发展中国家整体实力增强，国际力量对比正朝着有利于维护世界和平方向发展。我国长期坚持开放合作的发展，自身的经济实力和国际影响力日益提升，已成为世界经济的重要力量。我们与各方利益汇合点会进一步集聚和扩大。

全面审视国内外环境，我国发展也处于面临诸多风险的矛盾凸显期。我国已进入深化改革开放、加快转变经济发展方式的攻坚时期，前进道路上的困难、问题和风险增多。国际竞争空前激烈，全球性矛盾和问题更加突出。这些都给我们带来许多重大挑战。

一是发展中不平衡不协调不可持续问题依然突出。我国已成为经济大国，但还不是经济强国。主要问题是，产业结构不合理，科技创新能力不强，经济增长过多依靠投资拉动，消费特别是居民消费不足，内需外需还不协调，城乡区域发展差距仍然较大。更为突出的是，能源资源消耗多，环境污染重，增长的质量和效益不高。这都表明，长期以来高投入、高消耗、高污染、低效益的增长方式已不可为继。不加快转变经济发展方式和调整经济结构，发展就难以持续。

二是进一步发展面临新的重大结构性问题。在我们这样一个有十几亿人口的发展中大国实现现代化，是一项前无古人的伟大事业，同时也面临着从未遇到的严峻挑战。世界上不少国家进入中等收入阶段后，出现了经济增长徘徊不前、贫富差距扩大、社会矛盾增多等重大结构性问题，这往往被称为“中等收入陷阱”。我国人均国内生产总值已达到中等收入国家水平，同样也面临这类挑战。在发展进程中，经济增长的制约条件增加，利益格局正在发生深刻变化，居民收入分配差距较大，影响群众切身利益的问题较多。同时，人民群众对提高生活质量、加强和改善公共服务提出了新期待。

三是国际环境不稳定不确定因素增多。目前，全球经济和贸易持续低迷，各种形式的保护主义抬头，金融市场和大宗商品价格剧烈波动，世界经济复苏将是一个缓慢而复杂的过程。与此同时，全球发展不平衡加剧，国际金融危机对原有的经济发展模式带来很大冲击，引发全球增长方式、供需关系、治理结构大的调整变化。发达国家在经济科技上占优势的压力将长期存在，全球产业和技术革命在给我们带来机遇的同时也带来挑战。此外，全球面临贫困、粮食安全、能源资源安全以及网络安全等非传统安全方面的挑战。世界仍然很不安宁，我国发展面临的外部环境严峻复杂。

总之，我国仍处于并将长期处于社会主义初级阶段的基本国情没有变，人民日益增长的

处理16607人,立案件数、结案件数和党纪政纪处分人数逐年增长;共查办商业贿赂案件50244件,涉案金额125.4亿元。党的十七大以来,中央纪委监察部严肃查处了刘志军、陈绍基、王华元、黄松有、王益、康日新、黄瑶、宋勇、许宗衡等一批大案要案,各地区各部门也查处了一批在本地区本部门有重要影响的案件。通过查办案件,有力震慑了腐败分子,彰显了我们党反对腐败的鲜明态度和坚强决心,增强了人民群众对反腐败斗争的信心。在加大办案力度、严惩腐败分子的同时,我们坚持依纪依法、安全文明办案,督促各级纪检监察机关改进办案方式方法、规范办案工作程序、加强内部监督制约、严肃办案纪律、提高办案人员业务能力,使办案质量和效率有了新的提高。我们注重发挥查办案件的治本功能,建立健全"一案两报告"等制度,加强案件剖析和情况通报,有针对性地总结教训、建章立制、堵塞漏洞,力求达到查处一起案件、教育一批干部、完善一批制度、深化一批改革的效果。我们坚持讲求政策策略,把握总体形势,改进宣传报道,确保查办案件工作取得良好的政治、法纪和社会效果。

这些年来,通过坚持不懈地开展党风廉政建设和反腐败斗争,有力地保证了党和国家工作的顺利进行,维护了改革发展稳定大局;捍卫了党纪国法的尊严,维护了社会公平正义;纯洁了党的组织和队伍,增强了党的创造力、凝聚力、战斗力;密切了党同人民群众的血肉联系,巩固了党的执政基础。据国家统计局民意调查显示,人民群众对反腐败工作成效的满意度2003年为51.9%,2008年为65.5%,2010年达到70.6%;人民群众认为消极腐败现象得到不同程度遏制的比例2003年为68.1%,2008年为81.6%,2010年达到83.8%,均呈逐年上升趋势。国际社会也对我国的反腐败工作给予积极评价,认为中国的反腐败成绩是"足以同在中国这样一个世界上人口最多的国家解决温饱问题、极大地消除贫困相提并论的一个巨大贡献"。

第二,要清醒认识当前消极腐败现象的严重性。在充分肯定反腐倡廉建设取得明显成效的同时,我们必须清醒地看到,当前消极腐败现象仍然比较严重,党风廉政建设和反腐败斗争面临不少新情况新问题。

一是腐败行为在一些领域仍然易发多发。主要表现在:权力集中部门和岗位腐败案件依然多发,资金密集领域和行业商业贿赂、内幕交易等现象严重,土地、矿产资源和工程建设领域腐败现象易发多发,监管薄弱领域违纪违法问题突出,教育科研、医疗卫生、社会保障等领域腐败案件逐渐增多,一些社会中介组织违纪违规问题时有发生。

二是党员领导干部违纪违法现象依然严重。一些领导干部利用职权或职务影响谋取非法利益问题突出,"一把手"腐败问题仍然严重。从2007年11月至2010年底,共处分县处级以上干部16082人,其中,处分党政机关县处级以上"一把手"3362人,占同期处分党政机关县处级以上干部的38.4%。同时,一些基层管理部门和基层干部严重违纪违法案件增多。从2007年11月至2010年底,共处分基层站所工作人员38464人。比如,山西省临汾市蒲县煤炭局原局长郝鹏俊,利用职权违规从事煤炭生产经营活动,谋取巨额利益,同时犯有逃税罪、非法买卖爆炸物罪、贪污罪、挪用公款罪,违纪金额巨大,社会影响十分恶劣,被依法判处有期徒刑20年。

三是一些腐败案件涉案金额巨大,社会影响恶劣。比如,首都机场集团原董事长李培英,贪污公款8250万元,索要、收受有关单位和个人款项共计折合人民币2661万元;先后多次到境外赌博,赌资特别巨大。李培英被依法判处死刑。

四是一些腐败分子同时具有多种违纪违法行为,集政治上蜕变、经济上贪婪、生活上腐化于一身。比如,国家开发银行原副行长王益,政治上丧失理想信念、目无党纪国法;经济上贪得无厌,为谋取个人私利不择手段,利用职务便利为数名请托人谋取利益，索取或收受财物共计折合人民币1196万元；生活上极其糜烂。王益被依法判处死刑、缓期2年执行。

五是窝案、串案、案中案明显增多，有的大案要案涉及几十人甚至上百人，有的一个领导班子中多人被查处。比如，在安徽省古井集团高管人员严重违纪违法案件中，原集团董事长兼总裁王效金，集团副总裁、房地产公司董事长李运杰，古井贡酒股份公司总经理甘绍玉等10名高管人员涉案。王效金被依法判处无期徒刑，其他人员也受到相应的刑事处罚。

六是腐败案件类型、性质和作案手段等出现新变化，违纪违法行为日趋复杂化、隐蔽化、智能化，新兴经济领域案件和利用高新技术手段作案有所增加。比如，商务部条法司原巡视员郭京毅单独或伙同商务部、工商总局、国家外汇管理局的多名司局级干部，以及一些中介组织工作人员，利用各自在外资审批、监管、服务等方面的权力，通过正常工作协调机制相互串通勾结谋取私利，犯罪行为具有较强的专业性和高度的隐蔽性。郭京毅因受贿罪被依法判处死刑、缓期2年执行，其他涉案人员也分别受到相应的刑事处罚。

此外，一些党员领导干部作风和廉洁自律方面仍然存在不少问题，损害群众利益的突出问题和不正之风仍然比较严重。一些领导干部宗旨意识淡薄、工作作风漂浮，形式主义、官僚主义严重，对群众反映的问题漠不关心，甚至失职渎职、酿成严重后果。比如，国家食品药品监督管理局原局长郑筱萸，“监守自盗”，除利用职权收受贿赂600多万元外，还违反重大事项请示报告制度和民主决策程序，草率决定在全国范围内开展统一换发药品批准文号工作，且疏于职守、部署不周、监管不力，致使药品注册管理秩序混乱，全国假药劣药事件频发，严重危害了人民群众用药安全。郑筱萸因受贿罪、玩忽职守罪被依法判处死刑。同时，一些领导干部作风简单粗暴，在土地征用、城镇拆迁、城市管理等过程中违规操作、粗暴执法，甚至滥用强制手段，引发群体性事件和个人极端事件；一些领导干部贪图安逸，奢侈浪费，享乐主义严重；一些领导干部在廉洁自律方面要求不严，违规收送红包礼金、超标准住房、从事营利性活动等问题屡禁不止，等等。另外，从这些年查处的一些群体性事件和重大责任事故看，背后往往隐藏着官商勾结、以权谋私等问题。比如，2008年山西省临汾市襄汾县“9·8”溃坝事故，造成277人死亡。经过调查，临汾市公安局原常务副局长段波、临汾市原副市长周杰、襄汾县原县长张金凤等5名领导干部因利用职权为发生事故的新塔矿业公司非法生产提供便利、收受贿赂等严重违纪违法问题受到严肃查处。

第三，要深入分析一些领域腐败现象易发多发的原因。腐败现象是一个具有复杂深刻的社会历史根源、古今中外都存在的世界性难题。当前，我国社会存在腐败现象的原因，我感到主要有以下5个方面。

一是我国仍处于并将长期处于社会主义初级阶段，处于经济体制深刻变革、社会结构深刻变动、利益格局深刻调整、思想观念深刻变化和各种社会矛盾凸显的历史时期，各方面体制机制还不完善，有着不少缺陷和漏洞，存在着滋生腐败现象的土壤和条件。从世界各国发展历程看，西方发达国家建立和完善市场经济体制大都经历了上百年甚至更长时间，而我国用短短几十年时间跨越了其他国家上百年的发展历程，各方面体制机制制度必然要经历一个不断健全完善的过程。即使市场经济体制比较健全的西方发达国家，也都为不断发生的腐败问题和政治丑闻所困扰。近年来突尼斯、埃及、利比亚等国家相继发生的政权更迭和政治动乱也都与腐败问题密切相关。

二是在全方位对外开放的条件下，资本主义腐朽思想文化影响乘机而入，同我国历史上遗留下来的封建残余思想影响相结合，侵蚀着党员干部的思想，一些党员干部宗旨意识淡薄，拜金主义、享乐主义、极端个人主义思想滋长。比如，广西壮族自治区政府原副主席孙瑜为满足自己的高消费，收受贿赂328万元，伙同他人骗取国家资金400余万元，被依法判处有期徒刑18年。孙瑜在其忏悔书中说：贪图享乐，无限制地追求高消费，是我违法犯罪的重要原因。

三是随着工业化、信息化、城镇化、市场化、国际化深入发展，多元利益主体在我国市场上的竞争日趋激烈，不法分子通过商业贿赂攫取非法利益，拉拢腐蚀公职人员。比如，广东省政协原主席陈绍基因受贿2959万元，被依法判处死刑、缓期2年执行。他在检查中说：在改革开放、市场经济条件下，体现在领导干部身上腐蚀与反腐蚀的斗争是如此尖锐和复杂。说复杂，是指对领导干部的腐蚀，在温情脉脉、杯光酒影中就能得逞，让你在不知不觉、舒舒服服中演变过去。

四是干部队伍构成发生很大变化，一些党员干部理想信念发生动摇，不少中青年干部缺少严格党内生活锻炼和重大政治风浪考验，容易受腐败病毒感染。一些领导干部没有树立马克思主义的世界观、人生观、价值观和正确的权力观、地位观、利益观，有的心态浮躁、贪图虚名，一门心思用在谋求更高的职位上；有的在收入和待遇上盲目攀比，感到自己的付出与回报不成比例，因而产生"心理失衡"，走上以权谋私、权钱交易的违法犯罪道路；有的甚至利欲熏心、私欲膨胀，公然索贿受贿、侵吞公共资产和国家、集体资金，等等。比如，宁夏回族自治区政府原副主席李堂堂，就是在2002年陕西省政府换届和2005年届中调整时未被提拔使用，感到自己吃了亏，产生了为自己捞好处、留后路的想法并付诸实施。2007年曾因拉票贿选、违反换届纪律，受到党内严重警告处分并通报批评。与此同时，本人或通过其弟收受贿赂共计折合人民币760余万元。李堂堂因受贿罪一审被依法判处无期徒刑。

五是反腐倡廉建设中仍然存在薄弱环节，一些地方和单位管理失之于软、失之于宽，教育不够扎实，制度不够健全，监督不够得力，预防不够有效，好人主义盛行，应该及时提醒的没有及时提醒，应该坚决制止的没有坚决制止，应该严厉惩处的没有严厉惩处，有的甚至包庇腐败和犯罪。就纪检监察工作来讲，还存在一些薄弱环节，比如在思想观念、工作机制、工作方式等方面与新形势新任务的要求还不完全适应，从源头上防治腐败的措施和办法还不够多，等等。

我到中央纪委工作以来，参与研究处理的中管干部有几十个。这些干部中的大多数可以说最初的表现还是好的，也是通过勤奋工作、清白做人赢得组织和群众信任，一步一步走上领导岗位的，其中有些人的能力和贡献还比较突出。但后来随着职务的提升和权力的增大，放松了主观世界的改造，加上社会上各种各样的诱惑，最终经受不住考验，把党和人民赋予的权力作为谋取私利的工具，从而滑入腐败深渊。这些人的违纪违法行为，不仅损害了党的形象、给国家造成严重损失，而且最终使自己落得个身败名裂甚至家破人亡的下场，的确让人感到既痛恨和气愤，又痛心和惋惜！

第四，要充分认识深入推进反腐败斗争的有利条件，坚定抓好反腐倡廉建设的信心。首先，我们有党中央的坚强领导。我们党是全心全意为人民服务的马克思主义政党，党的性质和宗旨决定了我们党同各种消极腐败现象是水火不相容的。党中央历来高度重视党风廉政建设和反腐败工作，中央政治局和中央政治局常委会每年都多次召开专门会议研究部署反腐倡廉工作，江泽民同志先后10次、胡锦涛同志先后10次出席中央纪委全会并发表重要讲话；国务院每年都召开廉政工作会议，对政府系统反腐倡廉工作作出部署；中央还专门设立中央党建工作领导小组和中央反腐败协调小组、中央巡视工作领导小组直接指导和协调反腐倡廉工作。这些都为我们推进反腐败斗争提供了重要政治和领导保证。

其次，我们有社会主义制度的政治优势。腐败现象从本质上讲是私有观念和剥削制度的产物。我国实行的社会主义制度作为区别于历史上任何剥削制度的崭新社会制度，为从根本上消除腐败奠定了制度基础。特别是经过改革开放30多年的发展，我国综合国力极大增强，中国特色社会主义法律体系已经形成，为深入推进党风廉政建设和反腐败斗争提供了坚实的物质基础和法制保障。近年来，我在率团出访期间与各国领导人会谈时，感到他们对我国的发展成就高度赞赏，同时对我们的发展理念、发展道路、发展模式特别是中国共产党的领导、社会主义制度等表现出极大的兴趣。比如，一位西方发达国家的政府首脑就对我说，中国现行的政治体制适合中国特殊的国情需要，现阶段的中国需要一个开明的领导层和一个强有力的领导核心，以便就重大问题作出决断。可见，社会主义制度有着巨大优越性，我们完全有能力依靠自己的力量解决自身存在的腐败问题。

其三，我们有一支优秀的党员干部队伍。长期以来，广大党员干部牢记宗旨、恪尽职守、默默无闻、无私奉献，为改革开放和社会主义现代化建设作出了重要贡献。最近几年，我们国家大事多、难事多、急事多，我们之所以能在众多风险和挑战面前取得经济社会发展的巨大成就，靠的就是广大党员干部的先锋模范作用和表率带头作用。这是我们党员干部队伍建设和反腐倡廉建设取得显著成效的最有力证明。不承认这一点，就难以解释我们今天取得的举世瞩目成就。因此可以说，我们党员干部队伍的主流是好的，是值得党和人民信赖和依靠的，腐败分子只是极少数。近年来每年受到党纪处分的党员约11万人，只占党员总数的1.4‰，其中因贪污贿赂类问题受到处分的仅占党员总数的0.3‰。

其四，我们有人民群众的大力支持和积极参与。人民群众是我们党的力量源泉和胜利之本，是推进反腐败斗争的重要力量。随着人民群众参与反腐倡廉渠道的不断拓宽和揭露腐败问题能力的不断提高，人民群众在反腐倡廉建设中的积极作用将得到更加充分的发挥。

其五，我们有长期以来反腐倡廉建设实践积累的宝贵经验。改革开放以来，我们党在实践中探索形成了符合我国国情的反腐倡廉指导思想、基本原则、工作方针、工作格局、领导体制和工作机制以及法规制度体系，走出了一条中国特色反腐倡廉道路，为深入推进党风廉政建设和反腐败工作奠定了坚实基础。

总之，消极腐败现象违背社会主义民主政治原则、干扰社会主义市场经济正常运行、助长不良社会风气、危害社会公平正义，是消磨党的意志、瓦解党的队伍、削弱党的战斗力、破坏党同人民群众血肉联系的腐蚀剂。正如胡锦涛总书记所指出的，在和平建设时期，如果说有什么东西能够对党造成致命伤害的话，腐败就是很突出的一个。坚决反对腐败，防止党在长期执政条件下腐化变质，是党必须始终抓好的重大政治任务。我们一定要从事关党的生死存亡、国家长治久安和中国特色社会主义事业兴衰成败的全局和战略高度深刻认识反腐败斗争的重要性和紧迫性，以更加坚定的信心、更加坚决的态度、更加有力的措施推进反腐倡廉各项工作，不断取得党风廉政建设和反腐败斗争的新成效，为夺取全面建设小康社会新胜利、开创中国特色社会主义事业新局面提供坚强保障。

（此文是贺国强同志2011年4月1日在中共中央党校所作专题报告的第一部分，2012年5月21日《人民日报》发表时作了适当删改）

着力解决发生在群众身边的10个方面腐败问题 不断以反腐倡廉建设新成效取信于民造福于民

贺国强

基层党风廉政建设是基层党的建设和国家政权建设的重要内容，在党风廉政建设和反腐败工作全局中具有基础性地位，发挥着非常重要的作用。我们要认真贯彻落实中央要求和部署，大力加强基层党风廉政建设，着力解决发生在群众身边的腐败问题，不断以反腐倡廉建设实际成效取信于民、造福于民。

一、充分认识加强基层党风廉政建设、着力解决发生在群众身边腐败问题的重要性和紧迫性

近些年来，中央在继续加大力度查办大案要案特别是高中级干部违纪违法案件的同时，多次强调要加强基层党风廉政建设、着力解决发生在群众身边的腐败问题，并作出一系列重要部署，这主要是基于以下4个方面的考虑：首先，这是由党的性质和宗旨决定的。我们党是全心全意为人民服务的马克思主义政党，党的性质和宗旨决定了我们党同各种消极腐败现象是水火不相容的。加强基层党风廉政建设、着力解决发生在群众身边的腐败问题，是在党风廉政建设和反腐败工作中贯彻以人为本、执政为民要求的具体体现，是保持和发展党的先进性和纯洁性的重要举措。其次，这是由基层党组织和党员干部在党和国家工作中的地位和作用决定的。党的基层组织是党的全部工作和战斗力的基础，是党在社会基层组织中的战斗堡垒；基层党员干部是党在基层执政的骨干力量，是党和政府联系群众的桥梁纽带。党和国家的路线方针政策和各项工作任务要靠广大基层党组织和党员干部带领人民群众去落实，人民群众的意见、诉求和利益要靠广大基层党组织和党员干部去反映和维护。只有坚持抓基层打基础，加强基层党风廉政建设、着力解决发生在群众身边的腐败问题，才能不断巩固党的执政基础、完成党的执政使命。其三，这是由当前我国改革发展的阶段性特征决定的。当前我国正处于改革的关键期、发展的机遇期，同时也是各种社会矛盾的凸显期，人民群众的民主意识、法制意识、维权意识不断增强，对涉及自身利益和社会公平的问题更加敏感、更加关注。近几年来一些地方发生的群体性事件，原因虽然十分复杂，但共同的一点就是当地干群关系紧张，群众权益受到损害。这更加提醒我们只有加强基层党风廉政建设、着力解决发生在群众身边的腐败问题，进一步密切党同人民群众的血肉联系，才能适应新形势、顺应新期待、应对新挑战，努力维护社会公平正义，促进社会和谐稳定。其四，这是由发生在群众身边的腐败问题的危害性决定的。对于消极腐败现象，人民群众看得最清、感受最深，也最有发言权。广大群众往往是通过身边党员干部的言行来评价党和政府的。发生在群众身边的腐败问题，直接侵害群众切身利益，群众对此意见很大，这已成为影响党群干群关系、损害党和政府形象的一个重要因素。只有从人民群众反映最强烈的问题抓起、从人民群众最不满意的地方改起、从人民群众最盼望的事情做起，切实解决发生在群众身边的腐败问题，才能不断以党风廉政建设和反腐败工作的实际成效取信于民、造福于民，增强人民群众对反腐败斗争的信心，赢得人民群众的信任、支持和拥护。

党的十七大以来，我们把加强基层党风廉政建设、着力解决发生在群众身边的腐败问题，作为纪检监察工作的一项重要任务来抓，每年的中央纪委全会都对此提出要求、作出部署，先后制定实施廉政准则及农村基层干部廉洁履职、国有企业领导人员廉洁从业等规定，在继续抓好治理教育乱收费、纠正医药购销和医疗服务中的不正之风、减轻农民负担、治理公路"三乱"等工作的同时，深入开展公款出国（境）旅游问题、"小金库"问题、工程建设领域突出问题、公务用车问题以及庆典研讨会论坛过多过滥问题等专项治理，取得了积极进展和明显成效。当前，党的基层组织和党员干部队伍总体上是好的、有战斗力的。广大基层干部立足岗位、默默无闻、艰苦奋斗、辛勤工作，为改革发展稳定作出了重要贡献，模范践行了党的先进性和纯洁性，赢得了人民群众的广泛赞誉，涌现出沈浩、王瑛、李林森、潘作良等一大批先进典型。

但是也要清醒地看到，随着我国经济社会的快速发展以及党风廉政建设和反腐败斗争的深入推进，基层党风廉政建设也面临许多新情况新问题，损害群众利益的腐败问题时有发生。从近年来查处的基层违纪违法案件看，主要有以下特点：一是量大面广。据统计，从 2007 年 11 月至今年 2 月，全国基层纪检监察机关共立案 51.85 万件，占同期立案总数的 88%；处分 54.03 万人，占同期处分人数的 86.8%。二是基层权力相对集中、资金相对密集、监管相对薄弱的单位和领域腐败问题易发多发，群众反映强烈。比如，湖北省武汉市江岸区后湖街岱山村原党总支书记、村委会主任邓大双违纪案，江西省樟树市福城街道办事处财政所原所长谢林林挪用公款案。另外，随着国家对民生领域和社会领域投入的增加，学校、医院等公共事业单位的腐败问题也有所上升。比如，浙江省永康市部分中小学校长受贿案，江苏省南京市江宁区第二人民医院原院长周军骗取医保基金案。三是涉案金额巨大。基层单位特别是村居"两委""一把手"和关键岗位人员级别虽低、权力很大，利用职权"寻租"现象时有发生，有的涉案金额巨大，社会影响十分恶劣。比如，广东省近年来查处镇、村党员干部 1792 人，其中村居"两委"的"一把手"就有 427 人。再比如，辽宁省抚顺市国土资源局顺城分局原副局长罗亚平贪污受贿案。四是手段多样。涉案人员单纯收受钱物与日趋多样化、复杂化、智能化的作案手法并存，"期权化"腐败增多，潜伏期延长。比如，安徽省合肥市庐阳区海棠街道藕塘社区原党总支书记刘怀寅贪污贿赂案。一些单位、部门集体腐败问题严重，窝案、串案明显增多，经常是查处一个、带出一串。比如，湖南省耒阳市矿产品税费征收管理办公室集体腐败案。五是危害严重。这些发生在群众身边的腐败问题，直接侵害群众利益，极易引发激烈矛盾冲突，导致个人极端事件或者群体性事件。比如，广东省去年发生的乌坎事件。一些基层干部或司法执法人员与黑恶势力勾结，横行乡里，欺压群众，民愤极大。比如，山西省阳泉市城区公安分局巡警大队原大队长关建军刑事犯罪案。

以上情况说明，加强基层党风廉政建设、着力解决发生在群众身边的腐败问题，形势依然严峻，任务依然艰巨。我们要从政治和全局的高度充分认识这项工作的重要性和紧迫性，增强工作责任感和紧迫感，把这项工作摆在更重要的位置，进一步采取有效措施，切实抓紧抓好抓出成效。

二、坚决查办发生在群众身边的腐败问题

党的十七大以来，在党中央、国务院坚强领导下，各级纪检监察机关始终保持查办案件工作的强劲势头，在坚决查办大案要案的同时，严肃查办了一大批发生在群众身边的腐败案件，得到中央的充分肯定和社会各界的广泛好评。通过查办案件，严厉惩治了腐败分子，发挥了震慑、诫勉和警示作用，有力遏制了发生在群众身边腐败问题滋生蔓延的势头。各地区各部门要继续把查办发生在基层的违纪违法案件工作摆

在重要位置，坚持实事求是、因地制宜，突出重点、抓住关键，认真查找发生在群众身边的腐败问题，切实做到发现一起查处一起，决不手软、决不姑息，坚决维护群众的合法权益。根据调查了解和社情民意反映的情况，就全国来讲，我感到在查处面上各类案件的同时，要着力查处以下10个方面发生在群众身边的腐败问题。

一是要严肃查处征地拆迁中的腐败问题。随着我国工业化、城镇化步伐加快，征地拆迁中损害群众利益的问题有所增多，一些地方甚至出现因暴力征地拆迁造成人员伤亡等恶性事件，社会影响十分恶劣。为此，去年中央纪委监察部下发了《关于加强监督检查进一步规范征地拆迁行为的通知》，严肃查处并公开曝光了一批强制拆迁致人伤亡案件。今后，要进一步规范征地拆迁行为，严肃查处以暴力、威胁和断水电等非法手段强制征地拆迁的案件，严肃查处违反国家征地拆迁补偿安置政策和标准以及贪污、截留、挪用征地拆迁补偿资金的案件，严肃查处征地拆迁中官商勾结、权钱交易的案件，坚决遏制征地拆迁中腐败案件易发多发的势头。同时，要认真解决保障性住房建设、分配、运营、管理等方面存在的问题，坚决纠正骗购骗租、变相福利分房等行为。

二是要严肃查处矿产资源开发等领域的腐败问题。随着我国经济社会发展对资源能源的需求不断增加，矿产资源开发在保障地方经济发展的同时，也成为各类资本竞相进入的热门领域，以致这一领域腐败案件易发多发，严重破坏矿产资源开发秩序，导致国有资产和集体资产流失，生态环境遭到破坏，重大安全生产事故时有发生。我们要采取切实有效的措施，严肃查处违规审批探矿权、采矿权以及利用矿产资源开发整合谋取非法利益的案件，严肃查处矿产资源出让中违反有关规定和程序、低价出让或擅自变更开发规划的案件，严肃查处基层干部违规违纪参股办矿的案件，严肃查处重特大安全生产事故背后的腐败案件，坚决治理矿产资源开发等领域中的各种腐败问题。

三是要严肃查处各类学校办学中乱收费问题。近年来，我们会同有关部门对教育乱收费问题进行了清理规范，取得了积极进展。但一些地方和学校乱收费问题屡禁不止，并且手段更加隐蔽、形式不断翻新，给学生家长带来沉重负担，严重影响学校的形象和声誉。因此，要严肃查处各类学校特别是学前教育和义务教育阶段学校以各种名目乱收费的案件，严肃查处学校在招生录取、基建招标投标、教学设备和教材教辅资料采购、后勤服务等环节以权谋私、收受贿赂等案件，确保校园成为教书育人的圣洁净土。我这里还要强调的是，去年开始中央财政每年拨款160多亿元用于农村学生改善营养，社会各界对此高度评价，并十分关注这笔钱能否管好用好。各相关部门、单位和工作人员要以党性和良知作保证，过细工作，严格监督，真正把党和政府的关爱落到实处，确保每一分钱都吃到孩子嘴里。

四是要严肃查处医药购销和医疗服务中的腐败问题。近年来，医务人员收受病患“红包”、开“大处方”、吃“回扣”等问题，一直是社会关注的热点问题之一。医院是救死扶伤、关爱生命的最后一道守护线，发生在医务人员身上的这些腐败问题，不仅败坏了医德医风和医院的声誉，而且造成医患关系紧张。今后要在深化医疗卫生体制改革的同时，严肃查处医务人员以各种名目开单提成、收受“红包”的案件，严肃查处药品和医疗器械采购、工程招标投标、项目合作等环节收受贿赂的案件，切实解决群众看病难、看病贵等问题，维护人民群众的健康权益和合法利益。

五是要严肃查处食品药品制假售假的腐败问题。食品药品安全事关人民群众身体健康和生命安全。近年来，我们会同有关部门严肃查处了问题奶粉、“瘦肉精”、地沟油等一批食品药品安全事件。最近媒体又披露了一些企业生产和使用有毒药用空心胶囊的问题，让人触目惊心、十分气愤。要进一步加大惩治力度，严肃查处制售假冒伪劣食品药品的案件，严肃查处食品药品安全监管中失职渎职、纵容放任制假售假并造成严重后果的案件,严肃查处制售假劣种子和农资、坑农害农的案件,确保广大群众吃的安全、用的放心。

六是要严肃查处国有企业领导人员侵占国家、集体利益和侵害职工群众权益的腐败问题。近年来,国有企业领导人员贪污贿赂案件屡有发生,给国家资产造成重大损失,人民群众反响十分强烈。最近,一份材料反映了内蒙古一起"巨贪吃垮企业"案件。内蒙古乾坤金银精炼股份有限公司原董事长、总裁宋文代,涉嫌贪污5290多万元、黄金58.9公斤,挪用公款2100万元,使这家几度被评为"中国黄金行业之首"的大型国有企业濒临绝境。对此,我们要认真汲取教训,严格执行国有企业领导人员廉洁从业有关规定,严肃查处国有企业领导人员违反"三重一大"集体决策制度、损害国有资产权益的案件,严肃查处在企业重组改制、资产评估、产权交易、资本运营和经营管理中隐匿、侵占、转移国有资产的案件,严肃查处搞同业经营、关联交易以及利用企业内幕消息、商业秘密等谋取非法利益的案件,严肃查处企业生产经营活动中的商业贿赂案件。

七是要严肃查处基层干部吃拿卡要、收受财物的腐败问题。当前,一些基层干部以权谋私、以职谋私、以业谋私,吃拿卡要、不给好处不办事、给了好处乱办事等问题比较突出,人民群众对这方面问题的举报上访也比较集中。特别是近些年来,国家对民生领域投入很大,有关部门要切实加强监管,严肃查处贪污、挪用、挤占强农惠农富农资金、扶贫资金、救灾救济资金、住房公积金、社保基金的案件,同时要严肃查处基层干部以权谋私、索贿受贿、侵吞国家和集体财产的案件,严肃查处违规收受礼金、有价证券、支付凭证等案件,切实纠正损害群众利益的不正之风。

八是要严肃查处执法不公、为黑恶势力充当"保护伞"的腐败问题。近年来,少数地方基层干部和司法执法人员与黑恶势力相互勾结,欺行霸市、横行霸道的案件时有发生,严重损害社会公平正义、影响社会大局稳定。我们要严肃查处基层干部特别是司法执法人员执法不公、以案谋私、贪赃枉法的案件,严肃查处基层干部和司法执法人员收受贿赂和礼金为黑恶势力充当"保护伞"的案件,切实维护党纪国法的尊严。

九是要严肃查处基层干部买官卖官、拉票贿选等腐败问题。针对这两年地方各级党委集中换届的实际,我们严明换届纪律,加大监督检查力度,严肃查处并通报了一批违反换届纪律的案件,保证了地方换届工作顺利进行。今后,要认真贯彻落实中央要求,严肃查处基层选人用人和换届选举中买官卖官、拉票贿选的案件,严肃查处利用宗教宗族家族势力、黑恶势力干扰、操纵、破坏基层选举的案件,严肃查处基层公务员考录、国有企事业单位招聘及大学生村官选聘中的违纪违规行为,坚决整治和匡正选人用人风气。

十是要严肃查处基层干部作风粗暴、欺压群众、奢侈浪费等腐败问题。针对当前存在的一些基层干部作风不正、办事不公、行为不廉等问题,要严肃查处基层干部玩忽职守、滥用职权,给国家、集体和人民群众造成重大损失的案件,严肃查处基层干部作风粗暴、态度生硬、欺压群众并造成严重后果的案件,严肃查处基层干部奢靡享乐、生活腐化、奢侈浪费造成严重影响的案件。

三、建立健全解决发生在群众身边腐败问题的长效机制

加强基层党风廉政建设、解决发生在群众身边的腐败问题,是一项长期、复杂的任务,既要注重治标,加大惩治力度,更要注重治本,建立健全长效机制,有效防治同类问题反复发生。

一是要加强对基层干部的教育。要针对新形势下基层干部队伍建设面临的新情况新问题,切实加强和改进思想政治教育,教育引导基层干部坚持以中国特色社会主义理论体系特别

是科学发展观武装头脑、指导实践、推动工作，在政治上思想上行动上同以胡锦涛同志为总书记的党中央保持高度一致；教育引导基层干部增强党性观念和法治意识，自觉遵守党纪国法，严格按法律法规和政策办事，不断提高做好新形势下群众工作的本领，不断提高维护社会和谐稳定的能力；教育引导基层干部牢固树立以人为本、执政为民的理念，自觉加强党性修养、树立和弘扬良好作风，坚决克服官僚主义、形式主义、弄虚作假、心浮气躁等不良风气，真心实意为群众办实事、做好事、解难事，进一步密切党群干群关系。

二是要加强对基层干部的管理。要加强日常管理，健全群众民主评议和民主测评制度，完善基层干部考核评价机制和干部退出机制，切实把从严管理的要求贯穿于基层干部的教育培养、选拔任用、监督管理的全过程和各个环节；要规范履职行为，特别是要认真清理基层执法项目，规范行政裁量权，坚决纠正在执法中态度粗暴、方法简单、办事不公、滥用职权、假公济私等行为；要加大问责力度，建立健全并严格执行问责制，认真落实岗位责任制、首问负责制、限时办结制、绩效管理制等制度，对因不履行或不正确履行职责严重侵害群众利益的，要追究领导干部和有关人员的责任。

三是要加强对基层干部的监督。要健全权力运行监督制约机制，严格执行述职述廉、诫勉谈话、函询等制度，强化对基层干部工作实绩考核和经济责任审计，深入开展民主评议基层站所、评议部门和行业风气等工作，总结推广一些地方通过建立村民监督委员会、健全村务监督机制的经验，促进基层权力规范运行。要推进基层事务公开透明，把实行党的基层组织党务公开和政务公开、司法公开、厂务公开、村(居)务公开、公共事业单位办事公开结合起来，完善公开内容、提高公开实效，切实让基层各项权力在阳光下运行。要充分发挥群众监督作用，把党内监督和党外监督、专门机关监督和群众监督等结合起来，拓宽群众监督渠道，健全群众监督机制，注重发挥舆论监督的积极作用，加强对反腐倡廉舆情特别是网络信息的收集、研判和处置，形成监督合力、增强监督实效。

四是要完善基层各项制度。要进一步完善农村集体"三资"管理、村居"两委"集体决策和村民议事等制度，促进村级民主管理和监督规范化、制度化；要进一步健全国有企业"三重一大"集体决策制度和权力运行制衡约束机制，完善以职工代表大会为基本形式的企业民主管理制度，规范国有企业领导人员薪酬管理、股权激励和职务消费；要进一步健全学校、医院等公共事业单位的管理制度，完善相关职业规范和权力制衡约束机制；要健全城市社区居民民主议事协商和重大事项民主决策等制度，提高社区管理和服务水平。在健全完善制度的同时，要严格执行各项制度，严肃处理违反制度的行为，提高制度执行力、增强制度实效性。

五是要深入推进改革。要积极推进行政审批、干部人事、财政税收、投融资体制制度等重点领域和关键环节改革，深入推进和规范基层公共资产、资源交易市场建设，积极稳妥地推进事业单位分类改革，加强和创新社会管理，不断从源头上铲除基层滋生腐败现象的条件和土壤。

广大基层干部身处改革发展稳定第一线，工作责任大、任务重，十分辛苦。我们在对基层干部严格要求、教育、管理、监督的同时，要真正重视、真情关怀、真心爱护基层干部，理解基层工作的难处，体谅基层干部的艰辛，做到政治上关心、工作上支持、生活上照顾、精神上激励，充分调动他们的工作积极性和主动性，为他们创造良好的工作环境和条件。

四、切实形成加强基层党风廉政建设、解决发生在群众身边腐败问题的整体合力

加强基层党风廉政建设、着力解决发生在群众身边的腐败问题，涉及领域广、工作任务

重，必须加强组织领导、明确责任分工、密切协调配合，形成齐抓共管的良好局面。

一是要认真落实党风廉政建设责任制。各级党委、政府要切实担负起抓基层党风廉政建设的领导责任，把基层党风廉政建设纳入党委和政府的总体工作规划和基层党建工作部署，与基层改革发展稳定工作一同部署、一同检查、一同落实；党委、政府主要负责同志要切实履行第一责任人的责任，对基层党风廉政建设的重要工作亲自部署，对发生在群众身边的典型腐败案件亲自过问、亲自协调，推动问题尽快解决。党委、政府职能部门要坚持谁主管、谁负责，一级抓一级，层层抓落实，认真抓好本部门本系统的党风廉政建设工作，同时要充分发挥职能优势，积极抓好所承担的基层党风廉政建设各项任务的落实。各级纪检监察机关要认真履行职责，积极主动地协助党委、政府，把着力解决好发生在群众身边的腐败问题作为当前加强基层党风廉政建设的重点任务，制定专项工作方案，加强组织协调、分类指导和监督检查，推动各项任务落实。基层党组织作为基层党风廉政建设的主体，要明确目标任务，细化工作责任，完善工作机制，狠抓工作落实。

二是要加强基层党组织建设。加强基层党风廉政建设的各项任务说到底要靠基层党组织来落实。各级党组织要按照中央关于创先争优的要求，结合不同领域、不同行业基层党组织特点，着力解决基层党组织建设中的突出问题，创新活动内容和方式，扩大党的组织和工作覆盖，充分发挥基层党组织推动发展、服务群众、凝聚人心、促进和谐的作用。

三是要加强基层纪检监察组织建设。各级纪检监察机关要深入贯彻落实《关于加强地方县级纪检监察机关建设的若干意见》、《关于加强和改进中央企业和中央金融机构纪检监察组织建设的若干意见》、《关于加强乡镇纪检组织建设的指导意见》和《关于进一步加强和改进纪检监察干部队伍建设的若干意见》，健全组织机构，完善工作机制，选好配强班子，充实工作人员，提高队伍素质，努力建设一支政治坚强、公正廉洁、纪律严明、业务精通、作风优良的基层纪检监察干部队伍，为深入推进党风廉政建设和反腐败斗争提供有力组织保证。

（此文是贺国强同志2012年4月23日在加强基层党风廉政建设座谈会上的讲话，发表时作了适当删改）

向时代楷模学习致敬　让时代楷模引领风尚

刘云山

党的十六大以来，以胡锦涛同志为总书记的党中央高度重视思想道德建设，作出一系列重大部署，采取有力措施加以推动。各地区、各部门认真贯彻中央要求，以建设社会主义核心价值体系为根本，大力弘扬民族精神和时代精神，深入推进社会主义荣辱观宣传教育，广泛开展道德模范评选表彰和学雷锋活动，深化拓展群众性精神文明创建和志愿服务，公民道德素质和社会文明程度不断提升，涌现出像郭明义、沈浩、杨善洲等一批又一批先进典型和道德模范，彰显了当代中国人民的良好精神风貌。

最近一个时期，张丽莉、吴斌、高铁成等一个又一个英雄人物接连涌现、灿若群星，在中华大地广为传颂，在人民群众中引起强烈反响。他们用自己的爱心和善行，用自己的坚守和执着，在危急时刻做出了英雄壮举，在生死关头展现了人间大爱，感动了全社会，感动了全中国。他们被誉为"最美教师"、"最美司机"、"最美卫士"，是"最美的中国人"。他们的"美"，美在爱心、美在善良、美在奉献，体现了当代社会的道德高度，不愧为当今中国的"时代楷模"。他们的先进事迹和高尚品德，植根于中华民族深厚的道德积淀，植根于中国特色社会主义伟大事业的实践沃土，是雷锋精神的接力传承，是社会主义核心价值体系的生动诠释，是我国社会思想道德主流的真实写照。

伟大的时代呼唤伟大的精神，崇高的事业需要崇高的追求。当前，我国已进入全面建设小康社会的关键时期和深化改革开放、加快转变经济发展方式的攻坚时期，推动科学发展、促进社会和谐，迫切需要大力弘扬社会主义核心价值体系，大力弘扬先进模范人物的崇高精神，巩固全党全国各族人民团结奋斗的思想道德基础。要深入贯彻落实党的十七届六中全会精神，广泛开展向时代楷模学习活动，发挥时代楷模引领作用，培育文明社会道德风尚，进一步凝聚起促进改革建设的强大精神力量。

向时代楷模学习，就要学习他们热爱祖国、热爱人民的思想境界。"以热爱祖国为荣"、"以服务人民为荣"，是社会主义荣辱观的核心内容，是每一个公民应当秉持的基本价值取向和行为准则。张丽莉、吴斌、高铁成等英雄人物，面对危险挺身而出、奋勇担当，义无反顾做出自己无悔的选择，展现的是对祖国的深深挚爱、对人民的大情大义。爱莫高于爱祖国、爱人民，心里装着祖国、装着人民，才能以国家和人民利益为重，以自己的付出和牺牲促进社会进步、增进人民幸福。我们向时代楷模学习，就要像他们那样，满怀对祖国对人民的无限热爱之情，自觉把个人价值追求与党和人民的事业紧紧联系在一起，把个人的奋斗融入国家富强、民族振兴的历史进程，为实现全面建设小康社会宏伟目标、创造人民幸福生活贡献智慧和力量。

向时代楷模学习，就要学习他们乐于助人、无私奉献的高尚品格。助人为乐是中华民族传统美德，无私奉献体现着社会主义道德要求。从雷锋到郭明义、吴菊萍，到张丽莉、吴斌、高铁成，再到张文华、彭伟平、周冲等，他们所处环境、工作岗位各不相同，但都把助人为乐视为做人的本分，把无私奉献当作最大的幸福。正是有了这样的精神境界和道德品格，他们才能勇于伸出援手，做出不平凡的善行义举，把希望带给他人、把危险留给自己，把真情献给他人、把困难留给自己。我们向时代楷模学习，就要像他们那样，树立助人使人幸福、奉献使人快乐的幸福观，追求高尚的人生价值，弘扬宝贵的利他精神，在关心他人、帮助他人中找到真正的快乐、实现内心的充实、获得人生的美满，以春天般的温暖促进社会的和谐和睦。

向时代楷模学习，就要学习他们立足平凡、追求崇高的美好情怀。张丽莉、吴斌、高铁成等时代楷模，都是普普通通的劳动者，可以说是大家的同事、邻居、朋友。他们平平常常、朴素无华，默默无闻地工作着学习着生活着，默默无闻地坚守着道德标准、涵养着道德情操，以点点滴滴的积累，以持之以恒的追求，成就了平凡中的伟大，汇聚了不寻常的道德力量，铸就了关键时刻的坚强意志。从这些平民英雄身上可以看到，无私与善良就在自己身边，无畏与勇敢就在自己身边，平凡和伟大之间没有绝对的界限，把小事做好就是不平凡。我们向时代楷模学习，就要像他们那样，"勿以善小而不为"，认认真真做好身边事，力所能及帮助周围人，从自己做起、从小事做起、从举手之劳做起，崇德尚义、积小成大，自觉做中华民族传统美德的传承者、社会主义道德规范的实践者。

向时代楷模学习，就是要学习他们爱岗敬业、忠于职守的职业精神。爱岗敬业、恪尽职守，满腔热情地投入工作，把工作岗位作为实现人生价值的舞台，是时代楷模的一个鲜明特征。张丽莉全身心投入教书育人的岗位，在车祸瞬间保护自己的学生，诠释了对教育事业的忠诚和热爱；吴斌连续十多年安全行驶一百多万公里，在遭受突如其来的重创后，用生命履行了自己的工作职责；高铁成三次勇闯火海，以大无畏的牺牲精神展示了当代革命军人的风采。这一个个壮举背后，是他们对职业理想的追求，对职业精神的坚守。他们崇高的职业操守，托起了生命的方舟，升华了民族的美德，成为激励人们奋发有为、不断前进的强大精神动力。我们向时代楷模学习，就要像他们那样恪守职业道德、弘扬职业精神，干一行爱一行，钻一行精一行，立足本职、扎实工作，以对事业高度负责的精神，在推进改革发展中创造一流业绩。

我们的时代是英雄辈出的时代，每一个时代楷模就是一面鲜艳的旗帜。发挥好时代楷模示范引领作用，是培育文明新风的时代要求，是推进社会主义核心价值体系建设的重要途径。要充分发挥报刊、广播、电视、通讯社以及互联网等大众传媒的作用，把宣传时代楷模作为一项经常性工作，以发现伟大的眼光和崇尚先进的情怀，挖掘闪光事例、报道先进典型，大力营造学习先进、争当先进的浓厚氛围。要注重以文化人、以德育人，运用文艺作品、宣讲报告、公益广告等多种形式，生动展示时代楷模的感人事迹，热情讴歌时代楷模的高尚情操，让人们从中汲取精神养分、感悟道德力量。要坚持知行统一，深入开展道德实践活动，广泛搭建平台、丰富渠道载体，把学习时代楷模与精神文明创建、志愿服务、送温暖献爱心、扶贫济困、互帮互助等活动结合起来，使时代楷模的崇高精神转化为人们的实际行动。要充分发挥政策法规的导向作用，完善相关激励机制，礼敬时代楷模、关爱时代楷模，褒扬良好道德行为、制约不道德现象，推动形成好人好报的良好风气，形成尊重时代楷模、学习时代楷模的社会环境。要进一步健全文明委统筹协调、有关部门各负其责、社会团体积极配合、各方面广泛参与的工作格局，完善工作措施、建立长效机制，推动学习宣传时代楷模活动深入持久开展下去，使我们的社会更加文明祥和、更加温暖和谐。

（此文是刘云山同志2012年6月13日在学习时代楷模座谈会上的讲话，发表时有删节）

科学发展观的历史地位和指导意义

刘云山

党的十八大站在历史和时代的高度,着眼中国特色社会主义事业长远发展,顺应全党全国人民的共同意愿,把科学发展观同马克思列宁主义、毛泽东思想、邓小平理论、“三个代表”重要思想一道,确立为党必须长期坚持的指导思想并写入党章,实现了党的指导思想的又一次与时俱进。我们要充分认识党的十八大这一历史性决策的重大意义,在以习近平同志为总书记的党中央坚强领导下,坚持不懈地用科学发展观武装头脑、指导实践、推动工作,在科学发展道路上奋力开拓中国特色社会主义更为广阔的发展前景。

一、深入领会科学发展观是我们党必须长期坚持的指导思想

党的十六大以来,以胡锦涛同志为总书记的党中央,高举中国特色社会主义伟大旗帜,坚持以邓小平理论和“三个代表”重要思想为指导,在带领党和人民推进全面建设小康社会进程中,大力推进实践基础上的理论创新,集中全党智慧创立了科学发展观,开辟了当代中国马克思主义发展新境界,开创了中国特色社会主义事业新局面。

(一)科学发展观是马克思主义同当代中国实际和时代特征相结合的产物,同邓小平理论和“三个代表”重要思想一脉相承而又与时俱进,是中国特色社会主义理论体系最新成果

科学发展观是以马克思列宁主义、毛泽东思想、邓小平理论、“三个代表”重要思想为指导,立足社会主义初级阶段基本国情,总结我国发展实践,借鉴国外发展经验,适应新的发展要求提出来的,既坚持了马克思主义基本原理,又根据新的实践和时代发展推进了马克思主义中国化。科学发展观和邓小平理论、“三个代表”重要思想,是中国特色社会主义理论体系三个紧密联系的有机组成部分,是既一脉相承又与时俱进的统一的科学体系。说一脉相承,是因为它们面对着共同的时代课题,面临着共同的历史任务,都贯穿了中国特色社会主义这个主题,都坚持辩证唯物主义和历史唯物主义的世界观方法论,都坚持党的最高纲领和最低纲领的统一,都坚持代表最广大人民根本利益,在理论主题、思想基础、政治理想、根本立场上一以贯之。说与时俱进,是因为科学发展观用一系列具有鲜明时代特点的新思想、新观点、新论断,对坚持和发展中国特色社会主义作出了历史性的贡献,是对邓小平理论、“三个代表”重要思想的创造性发展,是中国特色社会主义理论体系的重要创新成果,赋予当代中国马克思主义勃勃生机。在新的历史条件下,深入贯彻落实科学发展观,就是对邓小平理论、“三个代表”重要思想的最好坚持和最好实践。

(二)科学发展观是马克思主义关于发展的世界观和方法论的集中体现,对新形势下实现什么样的发展、怎样发展等重大问题作出了新的科学回答,把我们对中国特色社会主义规律的认识提高到新的水平

发展是党执政兴国的第一要务,中国特色社会主义是靠发展来巩固、在发展中推进的。进入新世纪新阶段,我国经济社会发展呈现出一系列新的阶段性特征,进入了发展关键期、改革攻坚期、矛盾凸显期。我们具备非常有利的发展条件,同时发展中不平衡、不协调、不可持续问题比较突出,长期积累的深层次矛盾日益

显露，制约发展的体制机制障碍增多，发展方式粗放、发展效益不高、发展代价过大，传统的经济增长模式难以为继。在这样的情况下，如何解决好发展中的突出矛盾和问题，保持我国发展的良好势头，成为一项重大而紧迫的课题。科学发展观紧紧围绕实现什么样的发展、怎样发展的问题，作出一系列新的理论概括，提出坚持以人为本，实现全面、协调、可持续发展；提出构建社会主义和谐社会，加快推进生态文明建设，全面落实中国特色社会主义事业总体布局；提出建设社会主义核心价值体系，建设社会主义文化强国；提出建设社会主义新农村，建设创新型国家；提出坚持走和平发展道路，推动建设和谐世界；提出坚持统筹兼顾，正确认识和妥善处理中国特色社会主义事业中的重大关系；提出加强党的执政能力建设、先进性和纯洁性建设等重大战略思想。这些重大战略思想，准确把握我国发展的阶段性特征，科学总结实践新创造，深入回答时代新课题，继承和发展了马克思主义关于发展的基本观点，集中体现了我们党在发展中国特色社会主义一系列重大问题上取得的新成果，使我们对共产党执政规律、社会主义建设规律、人类社会发展规律的认识达到新高度，把中国特色社会主义理论体系推进到新境界。

（三）科学发展观是指导党和国家全部工作的强大思想武器，引领我国经济社会发展取得新的历史性成就，在实践中显示了科学理论的强大真理力量

科学发展观的形成和发展，是一个理论创新和实践创新、理论发展和实践发展紧密结合、相互促进的过程。党的十六大以来，我们党深入贯彻落实科学发展观，制定一系列战略部署，实施一系列重大举措，全面推进经济建设、政治建设、文化建设、社会建设、生态文明建设，为全面建成小康社会打下坚实基础。这10年，我们走过了很不平坦的道路，战胜了一系列重大挑战，创造了科学发展的辉煌业绩，把中国特色社会主义推进到新的发展阶段，在中华民族复兴史上谱写了浓墨重彩的崭新篇章。10年来，我国社会生产力、经济实力、科技实力迈上一个大台阶，人民生活水平、居民收入水平、社会保障水平迈上一个大台阶，综合国力、国际竞争力、国际影响力迈上一个大台阶。我们有效应对国际金融危机的严重冲击，成功举办北京奥运会、残奥会和上海世博会，战胜突如其来的非典疫情，夺取抗击汶川特大地震等严重自然灾害和灾后恢复重建重大胜利，妥善处置一系列重大突发事件，巩固和发展了改革开放和社会主义现代化建设大局，彰显了中国特色社会主义的巨大优越性和强大生命力，增强了中国人民和中华民族的自豪感和凝聚力。实践充分证明，科学发展观是指导全面建设小康社会、发展中国特色社会主义的正确理论，是我们经受考验、化危为机、赢得主动的精神支柱。

二、深入贯彻落实科学发展观的重大战略意义

科学发展观在从实践到理论、再从理论到实践的卓有成效的创造中，形成了涵盖改革发展稳定、内政外交国防、治党治国治军各方面的系统科学理论。实践昭示我们，科学发展观不仅是指导经济建设的理论，而且是指导各方面建设的理论；不仅是指导发展的理论，而且是指导党和国家全部工作的理论；不仅是指导实践推动工作的有力武器，而且是帮助人们认识和把握社会发展规律的世界观方法论。面向未来，深入贯彻落实科学发展观，对于全党全国各族人民在新的历史征程上继往开来、与时俱进具有重大而深远的意义。

（一）夺取中国特色社会主义新胜利，必须深入贯彻落实科学发展观

中国特色社会主义是党和人民90多年奋斗的根本成就，从根本上改变了中国人民和中华民族的前途命运。改革开放以来我们国家之所以能快速发展起来，我国人民生活水平之所以能快速提高起来，就是因为我们成功开创和不断发展了中国特色社会主义。历史和现实表

明,中国特色社会主义是当代中国发展进步的根本方向,是实现社会主义现代化和中华民族伟大复兴的必由之路。在新的时代条件下要进一步发展中国、造福人民、振兴中华,就必须毫不动摇地坚持、与时俱进地发展中国特色社会主义。当前,中国特色社会主义事业站在一个新的历史起点上,面临前所未有的发展机遇,也面对前所未有的风险挑战。特别是我国人均国内生产总值已超过5000美元,经济社会发展新的阶段性特征更加明显。我们正处于一个爬坡过坎的关键阶段,短期矛盾和长期矛盾叠加,结构性因素和周期性因素并存,国际国内问题相互影响,各种潜在的风险和困难凸显。科学发展观深入总结党的十六大以来的新鲜经验,从理论和实践的结合上对中国特色社会主义作出一系列新概括新阐述,进一步回答了什么是中国特色社会主义、怎样建设中国特色社会主义,为我们破解改革发展难题、夺取中国特色社会主义新胜利进一步提供了理论指导。只有深入贯彻落实科学发展观,才能引导广大干部群众全面把握坚持和发展中国特色社会主义的丰富内涵,全面把握建设中国特色社会主义的总依据总布局总任务,全面把握夺取中国特色社会主义新胜利"八个必须坚持"的基本要求,切实增强坚持中国特色社会主义道路、理论体系和制度的自觉性和坚定性,增强推动科学发展、促进社会和谐的自觉性和坚定性,在战胜各种风险挑战中牢牢掌握发展的主动权,扎扎实实夺取中国特色社会主义新胜利,不断丰富中国特色社会主义的实践特色、理论特色、民族特色、时代特色。

(二)实现全面建成小康社会宏伟目标,必须深入贯彻落实科学发展观

全面建成小康社会,是中国特色社会主义事业的一个重要里程碑,是我们党对人民的庄严承诺。党的十八大根据我国经济社会发展实际和人民群众新期待,综合考虑未来国际国内发展趋势和条件,在党的十六大、十七大确立的全面建设小康社会目标的基础上,明确提出到2020年全面建成小康社会要努力实现的新要求,强调要使经济持续健康发展、人民民主不断扩大、文化软实力显著增强、人民生活水平全面提高和资源节约型、环境友好型社会建设取得重大进展。这个由"建设"到"建成"的目标,是更加注重经济社会全面发展的综合性系统性目标,是与推进社会主义现代化相统一的目标。同时,党的十八大着眼为全面建成小康社会提供可靠制度保障,提出了全面深化改革开放的目标,强调要加快完善社会主义市场经济体制,加快推进社会主义民主政治制度化、规范化、程序化,加快完善文化管理体制和文化生产经营机制,加快形成科学有效的社会管理体制,加快建立生态文明制度。围绕这样的目标要求,党的十八大对推进经济建设、政治建设、文化建设、社会建设、生态文明建设等作出全面部署,提出了一系列重大任务和重大举措。应该说,党的十八大关于全面建成小康社会的目标任务,集中体现了科学发展的理念和原则,体现了把科学发展观贯彻到改革开放和现代化建设各领域的总体要求。只有深入贯彻落实科学发展观,才能引导广大干部群众准确领会全面建成小康社会的新内涵和新要求,准确领会全面深化改革开放的正确方向和基本思路,准确领会党的十八大关于党和国家各方面工作的战略部署和政策举措,切实增强工作的前瞻性、预见性、系统性,加大各项任务的推进和落实力度,为如期实现全面建成小康社会宏伟目标打下具有决定性意义的基础。

(三)全面提高党的建设科学化水平,必须深入贯彻落实科学发展观

办好中国的事情,关键在党;把党的十八大的部署真正落到实处,关键也在党。党的十六大以来,我们党坚持以改革创新精神全面推进党的建设新的伟大工程,党的创造力、凝聚力、战斗力不断增强,为全面建设小康社会、加快推进社会主义现代化提供了有力政治保障。现在,我们党已经拥有8260多万名党员,2007年以来新入党的达1480多万。新形势下党所处历史方位和执政条件、党员队伍组成结构都发生了重大变化,党的领导方式和执政方式同党肩负的使命还不完全适应,党员、干部队伍还存在不少突出问题。党面临的执政考验、改革开放考验、市场经济考验、外部环境考验是长期的、复杂的,精神懈怠危险、能力不足危险、脱离群众危险、消极腐败危险更加尖锐地摆在全党面前。科学发展观把加强党的建设同推动科学发展贯通起来,对加强和改进党的建设提出了一系列重要新思想新要求,是新的时代条件下加强和改进党的建设的科学指南。党的十八大以科学发展观为指导,针对党的建设面临的新挑战新课题,提出了全面提高党的建设科学化水平的总体要求、重点任务和重大举措。只有深入贯彻落实科学发展观,才能把党的建设新的伟大工程同党领导的伟大事业更加紧密地结合起来,坚持以科学的理论、方法和制度推进党的建设,全面提高党的建设科学化水平,使党的各项工作更好地体现时代性、把握规律性、富于创造性,使党的建设成效体现到增强党的自我净化、自我完善、自我革新、自我提高能力上来,体现到建设学习型、服务型、创新型的马克思主义执政党上来,不断巩固党的执政地位、实现党的执政使命,确保党始终成为中国特色社会主义事业的坚强领导核心。

三、准确把握科学发展观的实践要求

党的十八大报告在十七大全面阐述科学发展观的基础上,对科学发展观的实践要求进一步作出精辟概括。深入学习和贯彻落实科学发展观,关键是要进一步加深对科学发展观的理解,使我们对科学发展观的认识达到党的十八大所要求的新高度。

(一)准确把握深入贯彻落实科学发展观的第一要义,更加自觉地推动经济社会发展

发展是当代中国的主题,是解决中国一切问题的“总钥匙”。改革开放30多年来,我们创造了发展的“中国奇迹”,但我国仍处于并将长期处于社会主义初级阶段的基本国情没有变,人民日益增长的物质文化需要同落后的社会生产之间的矛盾这一社会主要矛盾没有变,我国是世界最大发展中国家的国际地位没有变。因此,发展,对于全面建成小康社会、加快推进社会主义现代化,仍然具有决定性意义。要以科学发展为主题,以加快转变经济发展方式为主线,牢牢扭住经济建设这个中心,坚持聚精会神搞建设、一心一意谋发展,深入实施科教兴国战略、人才强国战略、可持续发展战略,不断解放和发展社会生产力,为坚持和发展中国特色社会主义打下牢固基础。同时,要着力把握发展规律、创新发展理念、破解发展难题,着力激发各类市场主体发展新活力、增强创新驱动发展新动力、构建现代产业发展新体系、培育开放型经济发展新优势,促进工业化、信息化、城镇化、农业现代化同步发展,加快形成符合科学发展要求的发展方式和体制机制,不断实现科学发展、和谐发展、和平发展。

(二)准确把握深入贯彻落实科学发展观的核心立场,更加自觉地坚持以人为本

全心全意为人民服务是党的根本宗旨,党的一切奋斗和工作都是为了造福人民。以人为本、执政为民是我们党的根本宗旨和执政理念的集中体现,是检验党一切执政活动的最高标准。要始终把实现好、维护好、发展好最广大人民根本利益作为党和国家一切工作的出发点和落脚点,坚持人民主体地位,尊重人民首创精神,保证人民当家作主,最广泛地动员和组织人民依法管理国家事务和社会事务、管理经济和文化事业、积极投身社会主义现代化建设。要切实保障人民各项权益,坚持维护社会公平正义,坚持走共同富裕道路,保证人民平等参与、平等发展权利,把保障和改善民生放在更加突出的位置,解决好人民最关心最直接最现实的利益问题,使发展成果更多更公平惠及全体人民,在学有所教、劳有所得、病有所医、老有所养、住有所居上持续取得新进展,在实现发展成果由人民共享、促进人的全面发展上不断取得新成效。

(三)准确把握深入贯彻落实科学发展观的基本要求,更加自觉地坚持全面协调可持续

科学发展观所追求的发展,不是片面的发展、不计代价的发展、竭泽而渔式的发展,而是全面协调可持续发展,是又好又快发展。全面,是指各个方面都要发展,要注重发展的整体性;协调,是指各个方面的发展要相互适应,要注重发展的均衡性;可持续,是指发展进程要有持久性、连续性,要注重当前发展和长远发展的结合。要按照中国特色社会主义事业五位一体总体布局要求,全面推进经济建设、政治建设、文化建设、社会建设、生态文明建设,促进现代化建设各方面相协调,促进生产关系与生产力、上层建筑与经济基础相协调,促进速度和结构质量效益相统一、经济发展与人口资源环境相协调,不断开拓生产发展、生活富裕、生态良好的文明发展道路。

(四)准确把握深入贯彻落实科学发展观的根本方法,更加自觉地坚持统筹兼顾

统筹兼顾是我们党在建设社会主义长期实践中形成的重要历史经验,是我们处理各方面矛盾和问题必须坚持的重大战略方针。统筹兼顾,就是要总揽全局、兼顾各方,统筹谋划、综合平衡,把立足当前和着眼长远相结合,把全面推进和重点突破相结合。要切实掌握和运用这一科学思想方法和工作方法,坚持一切从实际出发,正确认识和妥善处理中国特色社会主义事业中的重大关系,统筹改革发展稳定、内政外交国防、治党治国治军各方面工作,统筹城乡发展、区域发展、经济社会发展、人与自然和谐发展、国内发展和对外开放,统筹各方面利益关系,充分调动各方面积极性,努力形成全体人民各尽所能、各得其所而又和谐相处的局面。

四、坚定不移把科学发展观贯彻到我国现代化建设全过程、体现到党的建设各方面

必须看到,深入贯彻落实科学发展观仍然是一项长期艰巨的任务,面临着一系列极具挑战性的矛盾和困难。我们要从新的思想和政治高度出发,以更加坚定的决心、更加有力的举措、更加完善的制度来贯彻落实科学发展观,真正把科学发展观转化为推动经济社会又好又快发展的强大力量。

(一)增进政治和思想认同,在不断增强贯彻落实科学发展观的自觉性坚定性上下功夫

思想自觉是行动自觉的前提。深入贯彻落实科学发展观,首先要解决好思想认识问题。要认真学习领会党的十八大报告,认真学习领会党的十八大通过的《中国共产党章程(修正案)》,进一步提高对坚持党的指导思想的决定性作用的认识,提高对实现党的指导思想与时俱进重大意义的认识,提高对科学发展观的历史地位和理论贡献的认识,确立对科学发展观的高度政治和思想认同。要坚持不懈用中国特色社会主义理论体系特别是科学发展观武装全党、教育人民,引导干部群众深刻领会科学发展观同马克思列宁主义、毛泽东思想、邓小平理论、"三个代表"重要思想一脉相承而又与时俱进的内在关系,深刻领会科学发展观的时代背景、实践基础、科学内涵、精神实质和实践要求,深刻领会贯穿其中的马克思主义立场观点方法。要紧密结合党的十六大以来我们党实践和理论探索的历程,认真学习胡锦涛同志一系列重要讲话,学习党的十六大以来中央一系列重要文献,学习党和国家一系列重大方针政策和战略部署,既从总体上掌握科学发展观的科学体系,又从各个领域深入理解其基本内容。通过扎实深入的学习教育,引导广大干部群众把思想和行动统一到科学发展观和党的十八大精神上来,统一到坚持中国特色社会主义道路、理论体系和制度上来,统一到为实现党的十八大提出的各项任务而奋斗上来。

(二)坚持理论联系实际,在运用科学发展观指导和推动全面建成小康社会实践上下功夫

理论的价值在于指导实践、在于实际运用。要大力弘扬理论联系实际的马克思主义学风,

紧密联系各地区各部门的工作实际,联系广大干部群众的思想实际,把科学发展观贯穿于全面建成小康社会的全过程,落实到全面建成小康社会的各个方面,体现在社会主义现代化建设的各个领域中,体现在改革发展稳定的各项工作上。要切实按照科学发展观要求进一步理清发展思路,明确具体奋斗目标,完善相关政策举措,不断推动经济社会发展迈上新台阶。要把贯彻落实科学发展观同研究落实党的十八大作出的一系列重大部署结合起来,同研究解决各地区各部门工作中的突出矛盾和问题结合起来,同研究解决人们普遍关注的热点难点问题结合起来,使贯彻落实科学发展观的过程成为促进经济社会又好又快发展的过程,成为继续改善人民生活、增进人民福祉的过程。总之,要把学习贯彻科学发展观的成果,转化为促进科学发展的方针政策,转化为干部群众的自觉行动,转化为符合科学发展要求的发展方式和体制机制。

(三)加大改革创新力度,在进一步完善有利于科学发展的体制机制上下功夫

改革创新是推动事业发展的根本动力,也是实现科学发展的必由之路。实现科学发展,必然涉及生产力和生产关系、经济基础和上层建筑领域的深刻变革,必然涉及思想观念、体制机制、利益格局的深度调整,是一场攻坚战、持久战。必须坚持解放思想、改革开放、凝聚力量、攻坚克难,以更大的决心和勇气推进改革创新,把改革创新精神贯彻到治国理政各个环节,坚决破除一切妨碍科学发展的思想观念和体制机制弊端,为科学发展提供持久推动力量。要按照党的十八大关于全面深化改革开放的目标和部署,着力推进各方面体制机制改革创新,加快完善经济建设、政治建设、文化建设、社会建设、生态文明建设的各项制度,构建系统完备、科学规范、运行有效的制度体系,使各方面制度更加成熟更加定型。要抓住经济社会发展中的深层次矛盾和问题,抓住长期制约科学发展的体制机制障碍,不失时机地打好改革攻坚战,努力在重要领域和关键环节实现改革的新突破。要提高改革决策的科学性,增强改革措施的协调性,正确处理改革发展稳定的关系,使改革始终得到人民拥护和支持。

(四)着力强化能力素质,在提高党员干部推动科学发展的能力上下功夫

深入贯彻落实科学发展观,党员干部是骨干、是中坚。要使科学发展的任务落到实处、产生实效,关键是要把科学发展观落实到广大党员干部的思想和行动中去,体现到党的工作和党的建设中去,引导党员干部更加自觉、更加主动地学习实践科学发展观,坚持用科学发展眼光观察问题,用科学发展方法分析问题,努力做科学发展的实践者、推动者、组织者。要引导党员干部以正确政绩观践行科学发展观,建立完善体现科学发展观要求的政绩考核评价和监督体系,贯穿到干部考察、评价和使用的全过程,推动形成有利于科学发展的用人导向、政策导向、制度导向。要把加强党员干部教育培训、提高党员干部素质作为战略任务,强化学习培训和实践锻炼,创新发展思路、创新工作举措、创新领导方法,不断提高谋划发展、统筹发展、优化发展、推动发展的能力。要引导党员干部自觉践行以人为本、执政为民,切实贯彻党的群众路线,着力解决人民群众反映强烈的突出问题,多干让人民群众满意的好事实事,特别是多到困难大、群众意见多的地方去,在化解难题、服务群众的过程中增长才干。

(此文选自人民出版社出版的《十八大报告辅导读本》)

深入学习贯彻党的十八大精神 努力开创党风廉政建设和反腐败斗争新局面

——在中国共产党第十八届中央纪律检查委员会第二次全体会议上的工作报告

(2013 年 1 月 21 日)

王岐山

我代表第十八届中央纪律检查委员会常务委员会向第二次全体会议作工作报告,请予审议。

这次全会的主要任务是:高举中国特色社会主义伟大旗帜,以邓小平理论、“三个代表”重要思想、科学发展观为指导,深入贯彻党的十八大精神,研究部署 2013 年党风廉政建设和反腐败工作。党中央对这次全会高度重视,中央政治局和中央政治局常委会议审议了这个报告,习近平同志将发表重要讲话,我们要认真学习领会,坚决贯彻落实。

党的十八大对当前和今后一个时期党风廉政建设和反腐败工作作出新的部署,强调反对腐败、建设廉洁政治,是党一贯坚持的鲜明政治立场,是人民关注的重大政治问题,要坚持中国特色反腐倡廉道路,做到干部清正、政府清廉、政治清明;深入开展以为民务实清廉为主要内容的党的群众路线教育实践活动,着力解决人民群众反映强烈的突出问题,着力整治庸懒散奢等不良风气;党面临的形势越复杂,肩负的任务越艰巨,就越要加强党的纪律建设,越要维护党的集中统一。党的十八届一中全会以来,习近平同志多次强调,加强党风廉政建设要从领导干部做起,下大气力解决党内存在的问题,尤其是一些党员干部贪污腐败、脱离群众的问题;要自觉学习党章、遵守党章、贯彻党章、维护党章;要改进工作作风、密切联系群众,与人民心心相印、同甘共苦、团结奋斗。这些新部署新要求,为深入推进党风廉政建设和反腐败斗争指明了方向。新形势下,我们党面临复杂严峻的考验,精神懈怠危险、能力不足危险、脱离群众危险、消极腐败危险更加尖锐地摆在全党面前。少数党员干部宗旨意识淡薄,形式主义、官僚主义问题突出,奢侈浪费现象严重,一些领域消极腐败现象易发多发,个别领导干部特别是高级干部严重违纪违法。广大人民群众对我们党解决这些问题充满期待。我们必须增强忧患意识、风险意识、责任意识,既要坚定果断刹风整纪,加大办案力度,坚决遏制腐败现象蔓延势头;又要树立长期作战思想,注重深化改革,健全体制机制,加强源头治理,逐步铲除滋生腐败的土壤和条件,不断以反腐倡廉实际成效推进廉洁政治建设。

2013 年是全面贯彻落实党的十八大精神的开局之年,做好党风廉政建设和反腐败工作意义重大。我们要按照党的十八大部署和要求,坚持党要管党、从严治党,坚持标本兼治、综合治理、惩防并举、注重预防,着力严明党的纪律特别是政治纪律,切实转变领导机关和领导干部工作作风,认真解决反腐倡廉中的突出问题,明确重点、狠抓落实,改革创新、攻坚克难,推动党风廉政建设和反腐败斗争向纵深发展。

一、坚决维护党章的权威性和严肃性

党章是立党治党管党的总章程,是全党必须共同遵守的根本行为规范。认真学习党章、严格遵守党章,是全体党员的庄严责任。广大

党员要对照党章规定的八项义务，认真查找和纠正党性党风党纪方面存在的问题，加强党性修养和党性锻炼，增强党员意识，做合格党员。党员领导干部要按照党章规定的六项基本条件，开展批评和自我批评，经常检查和弥补自身不足，讲党性、重品行、作表率，模范遵守党纪国法。党的纪律检查机关要按照保持党的先进性和纯洁性要求，切实维护党章和其他党内法规，加强对党的政治纪律、组织纪律、宣传纪律、群众工作纪律执行情况的督促检查，做到党章规定的就必须不折不扣执行，党章禁止的就必须坚决查处和纠正。

政治纪律是我们党最重要的纪律，严明党的纪律首先要严明政治纪律。要深入开展政治纪律教育，进一步坚定中国特色社会主义道路自信、理论自信、制度自信，在思想上政治上行动上同以习近平同志为总书记的党中央保持高度一致，维护中央权威，保证党的集中统一。各级纪律检查机关要把维护政治纪律放在首位，严肃查处违反政治纪律行为，决不允许公开发表同中央决定相违背的言论，决不允许“上有政策、下有对策”，决不允许有令不行、有禁不止。今年是全国人大、全国政协和省级人大、政府、政协换届之年，要严肃组织人事工作纪律特别是换届纪律，确保换届风清气正。

检查党的路线方针政策和决议执行情况是各级纪委的重要职责。要贯彻党的十八大和中央一系列重要会议精神，按照建设中国特色社会主义五位一体总体布局和中央关于经济工作的指导思想、方针政策，围绕科学发展这个主题和加快转变经济发展方式这条主线，重点开展对加强和改善宏观调控、加大经济结构战略性调整力度、实施创新驱动发展战略、保障和改善民生等重大决策执行情况的监督检查，开展对节能减排和环境保护、水资源保护和水利改革发展、耕地保护和节约集约用地、做好“三农”工作等政策落实情况的监督检查。依法发挥行政监察职能作用，开展执法监察、效能监察，推进绩效管理，严格实施问责，加强对职能部门履行职责情况的监督检查，保证中央政令畅通，推动工作落实。

二、不折不扣落实中央关于改进工作作风、密切联系群众的八项规定

领导干部特别是高级干部作风如何，对党风政风乃至整个社会风气具有重要影响。中央的八项规定，切合实际、明确具体，符合党心民意。中央领导同志身体力行、率先垂范，充分体现了党要管党、从严治党的坚强意志，体现了求真务实、转变作风的坚定决心。要深入开展以为民务实清廉为主要内容的党的群众路线教育实践活动，认真贯彻落实八项规定，正文风、改会风，转作风、树新风，做到言必信、行必果。

要密切联系群众，反对形式主义、官僚主义。督促各级领导机关和领导干部改进调查研究，深入了解真实情况，解决实际问题，切忌走过场；下基层轻车简从、减少陪同、简化接待。切实改进会风，精简会议活动，能不开的坚决不开，可以合并的坚决合并；提高会议实效，开短会、讲短话，力戒空话、套话。切实改进文风，精简文件简报，无实质内容、可发可不发的文件简报一律不发。弘扬勤勉务实、敢于负责、勇于担当的作风，不推诿、不扯皮、不懈怠。多做打基础、利长远的事，不准搞劳民伤财的“形象工程”、“政绩工程”。

要厉行勤俭节约，制止奢侈浪费。认真执行中央有关规定，加大财政预算公开力度，从严控制行政经费支出。严肃整治公款大吃大喝行为，落实公务接待有关规定，严禁以各种名义用公款互相宴请和安排高消费娱乐活动。严肃整治公款旅游行为，严禁借开会、调研、考察、检查、培训等名义变相旅游。继续从严控制党政机关办公楼、接待场所等楼堂馆所建设，禁止违反规定购建、装修办公用房和配置高档办公用品。继续做好公务用车问题专项治理，规范公务用车管理。规范领导干部出访活动，坚决制止公款出国（境）旅游。进一步精简大型综合性体育运动会，规范博览会（展会）举办行为，

巩固清理规范评比达标表彰活动、治理庆典研讨会论坛过多过滥和“小金库”等专项工作成果，防止反弹。

要严格执行廉洁从政有关规定，纠正以权谋私行为。认真落实《中国共产党党员领导干部廉洁从政若干准则》。各级领导干部特别是高级干部既要严于律己、作出表率，又要加强对亲属和身边工作人员的教育约束，决不允许搞特权。严禁违反规定干预和插手市场经济活动，严禁违规收送礼金、有价证券和支付凭证，严禁利用职权和职务影响为配偶、子女及其配偶以及其他亲属经商办企业提供便利条件。严格执行住房、车辆配备等有关规定。规范领导干部离职或退休后从业行为。继续做好规范公务员津贴补贴工作。加强对配偶子女均已移居国（境）外的国家工作人员的管理和监督。认真执行领导干部报告个人有关事项制度，并开展抽查核实工作。

各级党组织要深刻领会中央八项规定的精神实质，结合实际情况，制定针对性强、便于操作的落实办法，做到贯彻中央要求动作要快、行动要真，执行坚决、令行禁止；建立抓落实的长效机制，每年年底前进行专项检查并将检查结果报告上级党组织，防止走形式、搞变通。纪检监察机关要把监督八项规定贯彻落实作为一项经常性工作，出实招、动真格、见实效，制定监督检查办法和纪律处分规定，认真受理群众举报，强化日常监督，对违反规定的要责令整改，对情节严重的要严肃处理并予以通报。各级领导干部要从自身做起、从现在做起、从具体事项做起，认真执行各项规定，自觉接受监督。

在改进领导机关和领导干部工作作风的同时，要切实加强基层党风廉政建设，认真解决发生在群众身边的不正之风和腐败问题。抓好农村党风廉政建设，严格执行《农村基层干部廉洁履行职责若干规定（试行）》，加强农村集体资金资产资源管理，建立健全村务监督机构。抓好城市社区党风廉政建设，健全居民议事协商、民主评议和重大事项民主决策等制度。抓好国有企业、金融机构党风建设和反腐倡廉工作，认真执行《国有企业领导人员廉洁从业若干规定》，落实“三重一大”决策制度，进一步规范并严格执行国有企业、金融机构领导人员职务消费、薪酬管理等制度。抓好高校和科研院所党风廉政建设，着力解决学术诚信、基建工程、科研经费等方面存在的突出问题。

二、坚持惩治和预防腐败两手抓、两手都要硬

加强反腐倡廉建设、遏制腐败现象滋生蔓延势头，必须坚持标本兼治、惩防并举，不断加大治本力度，使惩治更加有力、预防更加有效。要把全面推进惩治和预防腐败体系建设放在更加突出位置，抓紧制定实施《建立健全惩治和预防腐败体系2013—2017年工作规划》，抓好责任分解和检查考核，建立健全督查机制和考核结果运用机制，保证惩治和预防腐败体系建设任务落实。

要保持惩治腐败高压态势。坚持有案必查、有腐必惩，做到有群众举报的要及时处理，有具体线索的要认真核实，违反党纪国法的要严肃查处。进一步突出办案重点，严肃查办发生在领导机关和领导干部中滥用职权、玩忽职守、贪污贿赂、腐化堕落案件，严重损害群众合法经济权益、政治权益和人身权利案件；严肃查办发生在重点领域和关键环节的腐败案件，群体性事件和重大责任事故背后的腐败案件；严肃查办商业贿赂案件，加大对行贿行为的惩处力度。健全腐败案件揭露、查处机制，畅通信访举报渠道，完善保护证人、举报人制度。建立健全查办案件组织协调机制。完善国（境）外办案合作机制，加大防逃追逃追赃力度，决不让腐败分子逍遥法外。严格依纪依法、安全文明办案，加强案件审理和监督管理工作，保障被审查人员合法权益。加强对典型案件的剖析，建章立制、堵塞漏洞。要抓早抓小、防微杜渐，对反映党员干部的苗头性、倾向性问题，及时谈话提醒、诫勉、函询、教育，防止小错酿成大错。对反

映失实的要及时澄清，对诬告陷害的要追究责任，保护党员干部干事创业积极性。

要深入开展纠风和专项治理。重点纠正金融、电信等公共服务行业和教育、医疗、涉农、征地拆迁、涉法涉诉等领域损害群众利益的不正之风和突出问题，继续纠正食品药品安全、保障性住房、环境保护、安全生产、公务员考录和国有企事业单位招聘等方面不正之风和突出问题。集中治理基层行政执法和服务中的突出问题。深化工程建设领域突出问题专项治理，强化建筑市场动态监管。从今年开始，集中开展市场中介领域突出问题专项治理，促使其规范有序发展。

要采取有效措施加大预防腐败工作力度。一是加强反腐倡廉教育。围绕社会主义核心价值体系建设，深入开展理想信念教育、宗旨教育和廉政法规教育，重点抓好政治品质和道德品行教育、岗位廉政教育和警示教育。深入开展廉政文化创建活动。二是加强对权力运行的制约和监督。认真落实党内监督条例，严格执行民主集中制，扩大党内民主，强化党委全委会决策和监督作用，加强对领导干部特别是主要领导干部的监督。进一步深化领导干部经济责任审计。突出巡视工作重点，改进巡视工作方式，增强发现问题能力，加强巡视成果运用。完善纪检监察派驻机构统一管理，加强对驻在部门领导班子及其成员的监督。督促指导基层纪检监察组织切实履行职责。探索加强纪委对同级党委常委会成员进行有效监督的途径和方法。加强民主监督、法律监督和舆论监督。做好反腐倡廉网络舆情收集研判、应对处置和引导工作。大力推进党务公开、政务公开、厂务公开、村(居)务公开和各领域办事公开，让权力在阳光下运行。深入开展廉政风险防控工作，建立健全防止利益冲突制度，注重运用科技手段防治腐败。三是深入研究并实施体制机制制度创新。深化经济体制改革，进一步削减、调整和规范行政审批事项，促进政府职能转变，建立和完善统一规范的公共资源交易市场，防止行政权力对微观经济活动的违规干预。深化干部人事制度改革，扩大干部工作民主，提高民主质量，加强对干部选拔任用工作的监督，提高选人用人公信度。深化司法体制改革，支持司法机关依法独立行使职权，加强对司法活动的监督和制约，规范自由裁量权，促进公正高效廉洁执法。四是深入推进反腐倡廉法规制度建设。加强反腐败国家立法。健全事关反腐倡廉工作全局的重要法规，制定《中国共产党纪律处分条例》和《行政机关公务员处分条例》的配套规定。开展法规制度执行情况监督检查，提高法规制度执行力。做好实施《联合国反腐败公约》履约审议工作，加强反腐败国际交流与合作。

四、用铁的纪律打造人民满意的纪检监察干部队伍

打铁还需自身硬。纪检监察机关承担着维护党纪政纪、推进反腐败斗争的重要职责，必须以更高的标准、更严的纪律要求自己。中央要求全党做到的我们首先做到，中央明令禁止的我们坚决不做。

中央纪委常委会要在加强自身建设方面作出表率，带头贯彻执行党的路线方针政策，坚决完成中央交给的任务；带头加强学习，认真研究解决反腐倡廉中的突出问题，提高反腐倡廉建设科学化水平；带头坚持民主集中制，严格按程序、按规则、按集体意志办事；带头改进工作作风、密切联系群众，深入基层调查研究，掌握真实情况，了解群众意愿；带头遵守党纪国法，严于律己，加强对亲属和身边工作人员的教育约束。

信任不能代替监督。各级纪检监察机关要把完善监督制约机制作为自身建设的重要内容，切实加强对重要岗位和关键环节的监督，严格工作程序和业务流程，健全岗位责任体系，加大干部轮岗、交流、培训力度，完善回避、保密制度，自觉接受党组织、人民群众和新闻舆论的监督。加强纪检监察组织建设，提高履职监督能

力。纪检监察干部要坚持党性原则，严格遵守党的各项纪律，不准发表与党的路线方针政策和决定相违背的言论，不准越权批办、催办或干预有关单位的案件处理等事项，不准以案谋私、办人情案，不准跑风漏气、泄露工作中的秘密。对不适合从事纪检监察工作的要坚决调离，对违纪违法的要严肃查处，树立纪检监察干部忠诚可靠、服务人民、刚正不阿、秉公执纪的良好形象。

坚决惩治和有效预防腐败，是全党全社会的共同任务。各级党委要严格执行党风廉政建设责任制，担负起反腐倡廉的政治责任；党政主要负责人要认真履行第一责任人的职责，领导班子其他成员要抓好职责范围内的反腐倡廉工作；对不负责任、不抓不管导致发生重大违纪违法问题的，要严肃追究责任。坚持和完善反腐败领导体制和工作机制，做到党委统一领导、党政齐抓共管、纪委组织协调、部门各负其责、依靠群众的支持和参与，形成全党全社会推进反腐倡廉工作的强大合力。

同志们，深入推进党风廉政建设和反腐败工作责任重大、使命光荣。让我们高举中国特色社会主义伟大旗帜，紧密团结在以习近平同志为总书记的党中央周围，统一思想、坚定信心，开拓进取、扎实工作，努力开创党风廉政建设和反腐败斗争新局面，为完成党的十八大各项战略决策部署、实现全面建成小康社会奋斗目标作出新的更大贡献！

关于深入开展学雷锋活动的意见

为贯彻落实党的十七届六中全会精神，深入开展学雷锋活动，推动学雷锋活动常态化，大力弘扬雷锋精神，促进社会主义核心价值体系建设，不断提升公民道德素质和社会文明程度，经中央同意，现提出如下意见。

一、深入开展学雷锋活动的重要意义

雷锋是实践社会主义、共产主义思想道德的楷模，以短暂的一生谱写了无比壮丽的人生诗篇，树起了一座令人景仰的思想道德丰碑，是全国人民学习的光辉榜样。雷锋精神是中华民族精神的重要内容，哺育和激励了一代又一代人成长。几十年来，在毛泽东、邓小平、江泽民、胡锦涛等中央领导同志亲切关怀和大力倡导下，学雷锋活动在全国各地蓬勃开展，雷锋精神在广大干部群众中广为传扬，涌现出了一大批雷锋式的先进集体和模范人物，产生了广泛而深远的社会影响。雷锋精神体现了中华民族的传统美德，顺应了社会进步的时代潮流，彰显了我们党的先进本色，内涵十分丰富、意蕴十分深刻，是一面永不褪色、永放光芒的旗帜。当前，要大力弘扬雷锋热爱党、热爱祖国、热爱社会主义的崇高理想和坚定信念，弘扬雷锋服务人民、助人为乐的奉献精神，弘扬雷锋干一行爱一行、专一行精一行的敬业精神，弘扬雷锋锐意进取、自强不息的创新精神，弘扬雷锋艰苦奋斗、勤俭节约的创业精神。新形势下深入开展学雷锋活动，大力弘扬雷锋精神，对于激发人们思想道德建设热情，倡导文明新风，匡正道德失范，矫正诚信缺失，提升社会道德水平，引导人们做中华民族传统美德的传承者、社会主义道德规范的实践者、良好社会风尚的创造者；对于弘扬民族精神和时代精神，促进社会主义核心价值体系建设，形成全民族奋发向上的精神力量；对于凝聚干部群众的意志和力量，全面建设小康社会，实现中华民族伟大复兴，具有十分重要的意义。

二、开展学雷锋活动的总体要求

认真贯彻落实党的十七届六中全会精神，以邓小平理论和“三个代表”重要思想为指导，深入贯彻落实科学发展观，着眼于建设社会主义核心价值体系，着眼于推进社会公德、职业道德、家庭美德、个人品德建设，着眼于提升公民思想道德素质和社会文明程度，以传承和弘扬雷锋精神为主题，以青少年为重点，以社会志愿服务为载体，贴近实际、贴近生活、贴近群众，创新内容、创新形式、创新手段，广泛进行雷锋事迹、雷锋精神和雷锋式模范人物的宣传教育，广泛开展学雷锋实践活动和社会志愿服务活动，广泛普及爱国、敬业、诚信、友善基本道德规范，推动学雷锋活动常态化、机制化，形成践行雷锋精神、争当先进模范的生动局面，形成我为人人、人人为我的良好氛围。

三、学雷锋活动的常态化项目

1. 每年3月5日，围绕毛泽东同志等老一辈革命家向雷锋同志学习的题词，在全社会集中组织开展学雷锋实践活动。

2. 每年3月，举办中国公民道德论坛，研讨公民道德建设的形势和任务，展示公民道德建设的进展和成效，推进公民道德建设不断发展。每年总结推广一批学雷锋活动的先进经验。每两年组织开展一次全国道德模范评选表彰活动。组织道德模范代表到基层巡讲。开展走访帮扶道德模范活动。

3. 发挥青少年学雷锋的骨干作用。各级各类学校要把弘扬雷锋精神作为校园文化建设的重要内容,广泛开展学雷锋主题班日、主题队日、主题团日等活动,广泛开展学雷锋主题演讲、报告座谈、读书征文、诗歌朗诵、展览展示、文艺演出、网上互动等活动,广泛开展各类学雷锋主题实践活动。

4. 广泛开展社会志愿服务,推动建立参与广泛、形式多样、活动经常、机制健全的社会志愿服务体系。贴近人们生产生活需求,开展扶老助残、帮困解难、应急救助、便民利民的社会志愿服务,开展倡导文明礼仪、维护秩序、保护环境的社会志愿服务。面向留守老人、留守儿童、农民工、残疾人等特殊群体,开展志愿帮扶活动。面向边远地区、民族地区,开展教育、科技、文化、卫生等方面的社会志愿服务。

5. 重点加强辽宁省抚顺市雷锋纪念馆、湖南省长沙市雷锋纪念馆、沈阳军区雷锋纪念馆建设,丰富展陈内容,综合运用科技、艺术等多种手段,使展陈形式更加富于时代气息,更好地发挥纪念馆的教育功能和辐射影响。依托辽宁省抚顺市雷锋纪念馆、湖南省长沙市雷锋纪念馆,建设雷锋精神网站,开设雷锋精神网上展馆,打造传播雷锋精神的网络平台。每年3月,辽宁、湖南等地组织开展敬献花篮、座谈研讨等形式多样的纪念活动,举行雷锋纪念馆基本陈列流动展览。

6. 成立雷锋精神研究的学术性社会组织。结合时代要求和群众关切,开展对雷锋精神的研究,不断作出时代阐释、赋予时代内涵。列出一批重点课题,纳入社科研究规划,推出有分量的研究成果。加强对各类学雷锋团体的沟通联络,总结交流群众性学雷锋活动的经验和做法。

7. 企业要结合自身改革发展和生产经营,广泛开展"岗位学雷锋、争做好员工"活动,把雷锋精神转化为企业精神和企业文化。商场、集市、宾馆、医院、银行、邮局、电信、电力等窗口单位,公园、广场、车站、机场、港口、码头、旅游景区等公共场所,要广泛开展"学雷锋、树新风"活动,使之成为传播雷锋精神的窗口。社区要适应居民需求,广泛开展"学习雷锋、奉献爱心"服务活动,促进邻里关爱、建设和谐社区。

8. 加强对学雷锋活动的新闻宣传。大力宣传学雷锋活动的重要意义,宣传雷锋事迹、雷锋精神和雷锋式模范人物,宣传社会各界学雷锋活动的进展和成效,宣传各地区各部门学雷锋活动的先进经验。举办学雷锋网上系列活动,在人民网、新华网、中国网络电视台、中国文明网等中央重点新闻网站以及商业网站开设学雷锋活动专栏和微博,运用网站举办雷锋精神网上谈,与网民进行互动交流。制作反映雷锋精神的手机短片,编创弘扬雷锋精神的手机短信。

9. 运用文艺形式传扬雷锋精神。组织创作一批弘扬雷锋精神的歌曲、影视剧和文学作品。向基层单位赠送有关雷锋故事和雷锋精神的优秀图书、影视剧,使雷锋精神进学校、进企业、进社区、进村镇。

四、抓好学雷锋活动的组织实施

1. 加强组织领导。充分认识新形势下开展学雷锋活动的重要意义,把学雷锋活动摆上重要日程,周密安排部署,精心组织实施。建立精神文明建设指导委员会统一领导、党委宣传部门牵头、有关部门各负其责、社会团体积极配合、各方面广泛参与的工作机制,加强统筹协调,加强工作指导,加强督促检查,做到措施到位、责任到位、保障到位,确保学雷锋活动有力有效开展。各行业和群众团体、各雷锋纪念馆和学雷锋团体要结合自身实际,发挥自身优势,积极主动地开展学雷锋活动。各级教育行政部门和共青团组织要切实担负起在青少年中开展学雷锋活动、弘扬雷锋精神的重要职责。

2. 营造良好氛围。新闻媒体要重视学雷锋活动的宣传报道,制定学雷锋活动新闻宣传方案,形成常态化的学雷锋活动宣传报道机制。报刊、通讯社、广播、电视、互联网等媒体,要拿出重要版面时段、频率频道,通过新闻报道、言论评论、专家点评、群众讨论等多种形式,扩大学雷锋活动的覆盖面和影响力。着力办好思想道德建设栏目节目和频率频道，加大思想道德建设正面宣传力度，营造抑恶扬善的舆论环境。组织各种形式的道德模范和德艺双馨文化名人的报告会、人物专访、公益广告等活动，发挥道德模范、德艺双馨文化名人对社会的动员和引导作用。注重运用群众喜闻乐见的文艺形式，艺术地表现雷锋的光辉形象，生动诠释雷锋精神的真谛，让雷锋精神深入人心。

3. 注重群众参与。坚持面向基层、面向群众、面向青少年，多运用群众喜闻乐见的方式，多搭建群众便于参与的平台，多开辟群众乐于接受的渠道，吸引广大群众参与到学雷锋活动中来。充分调动群众的积极性主动性，把统一组织活动与群众自发开展活动结合起来，把集中活动与日常工作结合起来，使学雷锋活动、志愿服务活动开展到农村、社区、企业、学校、军营和非公有制经济组织、新社会组织等基层单位中，开展到公园、广场、商场、集市、宾馆、医院、车站、机场、港口、码头等公共场所中，让学雷锋活动成为人们感悟崇高精神、提升价值追求的生动过程。

4. 增强实际效果。各地区各部门要结合自身特点、行业特色、群体特征，提出学雷锋活动的具体要求和工作措施。突出重点、区分对象，加强分类指导，强化学雷锋活动的特色，增强工作的针对性实效性。把学雷锋活动与道德模范评选表彰、先进典型学习宣传结合起来，与学习型党组织建设、发挥党员先锋模范作用结合起来，与各类精神文明创建、社会志愿服务、讲文明树新风等活动结合起来，实现学雷锋活动同其他工作相互融合、协调推进。防止在学雷锋活动中搞形式主义。

5. 不断改进创新。坚持以创新精神推进学雷锋活动，使学雷锋活动常做常新，不断焕发出生机活力。在总结和继承长期以来学雷锋活动好做法好经验的基础上，适应时代的发展变化，积极拓展活动内容，不断赋予学雷锋活动以新的时代内涵；积极创新活动载体，不断赋予学雷锋活动以新的形式；积极打造活动特色，不断赋予学雷锋活动以新的吸引力。充分发挥互联网、手机等新兴媒体的优势，充分运用新的传播手段和新的文化样式，宣传雷锋事迹，弘扬雷锋精神，使学雷锋活动深入千家万户，产生广泛而持久的影响。

（此《意见》由中共中央办公厅于2012年2月9日印发）

中共中央、国务院关于分类推进事业单位改革的指导意见

为全面贯彻落实党的十七大和十七届二中、三中、四中、五中全会精神，推动公益事业更好更快发展，不断满足人民群众日益增长的公益服务需求，现就分类推进事业单位改革提出如下意见。

一、改革的重要性和紧迫性

1. 事业单位是经济社会发展中提供公益服务的主要载体，是我国社会主义现代化建设的重要力量。改革开放特别是党的十六大以来，各地区各有关部门积极探索事业单位改革，不断创新事业单位体制机制，稳步推进教育、科技、文化、卫生等行业体制改革，积累了有益经验，取得了明显成效，为进一步推进改革奠定了基础。事业单位提供公益服务总量不断扩大，服务水平逐步提高，在促进经济社会发展、改善人民群众生活方面发挥了重要作用。

2. 当前，我国正处于全面建设小康社会的关键时期，加快发展社会事业、满足人民群众公益服务需求的任务更加艰巨。面对新形势新要求，我国社会事业发展相对滞后，一些事业单位功能定位不清，政事不分、事企不分，机制不活；公益服务供给总量不足，供给方式单一，资源配置不合理，质量和效率不高；支持公益服务的政策措施还不够完善，监督管理薄弱。这些问题影响了公益事业的健康发展，迫切需要通过分类推进事业单位改革加以解决。

3. 分类推进事业单位改革，是深入贯彻落实科学发展观、构建社会主义和谐社会的必然要求，是推进政府职能转变、建设服务型政府的重要举措，是提高事业单位公益服务水平、加快各项社会事业发展的客观需要。必须从改革开放和社会主义现代化建设全局的高度，充分认识分类推进事业单位改革的重大意义，切实增强责任感和紧迫感，坚定不移地把这项改革推向深入。

二、改革的指导思想、基本原则和总体目标

4. 指导思想。高举中国特色社会主义伟大旗帜，以邓小平理论和“三个代表”重要思想为指导，深入贯彻落实科学发展观，按照政事分开、事企分开和管办分离的要求，以促进公益事业发展为目的，以科学分类为基础，以深化体制机制改革为核心，总体设计、分类指导、因地制宜、先行试点、稳步推进，进一步增强事业单位活力，不断满足人民群众和经济社会发展对公益服务的需求。

5. 基本原则。坚持以人为本，把提高公益服务水平、满足人民群众需求作为出发点和落脚点；坚持分类指导，根据不同类别事业单位的特点，实施改革和管理；坚持开拓创新，破除影响公益事业发展的体制机制障碍，鼓励进行多种形式的探索和实践；坚持着眼发展，充分发挥政府主导、社会力量参与和市场机制的作用，实现公益服务提供主体多元化和提供方式多样化；坚持统筹兼顾，充分发挥中央和地方两个积极性，注意与行业体制改革、政府机构改革等相衔接，妥善处理改革发展稳定的关系。

6. 总体目标和阶段性目标。到2020年，建立起功能明确、治理完善、运行高效、监管有力的管理体制和运行机制，形成基本服务优先、供

给水平适度、布局结构合理、服务公平公正的中国特色公益服务体系。今后5年,在清理规范基础上完成事业单位分类,承担行政职能事业单位和从事生产经营活动事业单位的改革基本完成,从事公益服务事业单位在人事管理、收入分配、社会保险、财税政策和机构编制等方面改革取得明显进展,管办分离、完善治理结构等改革取得较大突破,社会力量兴办公益事业的制度环境进一步优化,为实现改革的总体目标奠定坚实基础。

三、科学划分事业单位类别

7. 清理规范现有事业单位。对未按规定设立或原承担特定任务已完成的,予以撤销。对布局结构不合理、设置过于分散、工作任务严重不足或职责相同相近的,予以整合。

8. 划分现有事业单位类别。在清理规范基础上,按照社会功能将现有事业单位划分为承担行政职能、从事生产经营活动和从事公益服务三个类别。对承担行政职能的,逐步将其行政职能划归行政机构或转为行政机构;对从事生产经营活动的,逐步将其转为企业;对从事公益服务的,继续将其保留在事业单位序列、强化其公益属性。今后,不再批准设立承担行政职能的事业单位和从事生产经营活动的事业单位。

9. 细分从事公益服务的事业单位。根据职责任务、服务对象和资源配置方式等情况,将从事公益服务的事业单位细分为两类:承担义务教育、基础性科研、公共文化、公共卫生及基层的基本医疗服务等基本公益服务,不能或不宜由市场配置资源的,划入公益一类;承担高等教育、非营利医疗等公益服务,可部分由市场配置资源的,划入公益二类。具体由各地结合实际研究确定。

四、推进承担行政职能事业单位改革

10. 严格认定标准和范围。根据国家有关法律法规和中央有关政策规定,按照是否主要履行行政决策、行政执行、行政监督等职能,从严认定承担行政职能的事业单位。

11. 区分不同情况实施改革。结合行政管理体制改革和政府机构改革,特别是探索实行职能有机统一的大部门体制,推进承担行政职能事业单位改革。涉及机构编制调整的,不得突破政府机构限额和编制总额,主要通过行政管理体制和政府机构改革中调剂出来的空额逐步解决。对部分承担行政职能的事业单位,要认真梳理职能,将属于政府的职能划归相关行政机构;职能调整后,要重新明确事业单位职责、划定类别,工作任务不足的予以撤销或并入其他事业单位。对完全承担行政职能的事业单位,可调整为相关行政机关的内设机构,确需单独设置行政机构的,要按照精简效能原则设置。已认定为承担行政职能、但尚未调整到位的事业单位,在过渡期内继续按照现行法律法规和政策规定履行职责,使用事业编制且只减不增,人事、财务、社会保险等依照国家现行政策规定实施管理。

五、推进从事生产经营活动事业单位改革

12. 推进转企改制。周密制定从事生产经营活动事业单位转企改制工作方案,按照有关规定进行资产清查、财务审计、资产评估,核实债权债务,界定和核实资产,由同级财政部门依法核定国家资本金。转制单位要按规定注销事业单位法人,核销事业编制,进行国有资产产权登记和工商登记,并依法与在职职工签订劳动合同,建立或接续社会保险关系。事业单位转企改制后,要按照现代企业制度要求,深化内部改革,转变管理机制,并依照政企分开、政资分开的原则,逐步与原行政主管部门脱钩,其国有资产管理除国家另有规定外,由履行国有资产出资人职责的机构负责。

13. 完善过渡政策。为平稳推进转制工作,可给予过渡期,一般为5年。在过渡期内,对转

制单位给予适当保留原有税收等优惠政策,原有正常事业费继续拨付。在离退休待遇方面,转制前已离退休人员,原国家规定的离退休费待遇标准不变,支付方式和待遇调整按国家有关规定执行;转制前参加工作、转制后退休的人员,基本养老金的计发和调整按照国家有关规定执行,保证离退休人员待遇水平平稳衔接。在医疗保障方面,离休人员继续执行现行办法,所需资金按原渠道解决;转制前已退休人员,转制后继续按规定享受职工基本医疗保险、补充医疗保障等待遇。有条件的转制单位,可按照有关规定为职工建立补充医疗保险和企业年金。要进一步做好离退休人员的服务管理工作。

六、推进从事公益服务事业单位改革

14. 明确改革目的。强化事业单位公益属性,进一步理顺体制、完善机制、健全制度,充分调动广大工作人员的积极性、主动性、创造性,真正激发事业单位生机与活力,不断提高公益服务水平和效率,促进公益事业大力发展,切实为人民群众提供更加优质高效的公益服务。

15. 改革管理体制。实行政事分开,理顺政府与事业单位的关系。行政主管部门要加快职能转变,创新管理方式,减少对事业单位的微观管理和直接管理,强化制定政策法规、行业规划、标准规范和监督指导等职责,进一步落实事业单位法人自主权。对面向社会提供公益服务的事业单位,积极探索管办分离的有效实现形式,逐步取消行政级别。对不同类型事业单位实行不同的机构编制管理,科学制定机构编制标准,合理控制总量,着力优化结构,建立动态调整机制,强化监督管理。

16. 建立健全法人治理结构。面向社会提供公益服务的事业单位,探索建立理事会、董事会、管委会等多种形式的治理结构,健全决策、执行和监督机制,提高运行效率,确保公益目标实现。不宜建立法人治理结构的事业单位,要继续完善现行管理模式。

17. 深化人事制度改革。以转换用人机制和搞活用人制度为核心,以健全聘用制度和岗位管理制度为重点,建立权责清晰、分类科学、机制灵活、监管有力的事业单位人事管理制度。加快推进职称制度改革。对不同类型事业单位实行分类人事管理,依据编制管理办法分类设岗,实行公开招聘、竞聘上岗、按岗聘用、合同管理。

18. 深化收入分配制度改革。以完善工资分配激励约束机制为核心,健全符合事业单位特点、体现岗位绩效和分级分类管理要求的工作人员收入分配制度。结合规范事业单位津贴补贴实施绩效工资,进一步做好义务教育学校、公共卫生与基层医疗卫生事业单位实施绩效工资工作;对其他事业单位按照分类指导、分步实施、因地制宜、稳慎推进的原则,实施绩效工资。各地区各部门要根据改革进程,探索对不同类型事业单位实行不同的绩效工资管理办法,分步实施到位。完善事业单位工资正常调整机制。

19. 推进社会保险制度改革。完善事业单位及其工作人员参加基本养老、基本医疗、失业、工伤等社会保险政策,逐步建立起独立于单位之外、资金来源多渠道、保障方式多层次、管理服务社会化的社会保险体系。事业单位工作人员基本养老保险实行社会统筹和个人账户相结合,养老保险费由单位和个人共同负担,个人缴费全部记入个人账户。养老保险基金单独建账,实行省级统筹,基本养老金实行社会化发放。实行"老人老办法、新人新制度、中人逐步过渡",对改革前参加工作、改革后退休的人员,妥善保证其养老待遇水平平稳过渡、合理衔接,保持国家规定的待遇水平不降低。建立事业单位工作人员职业年金制度。统筹考虑企业、事业单位、机关离退休人员养老待遇水平。

20. 加强对事业单位的监督。建立事业单位绩效考评制度,考评结果作为确定预算、负责人奖惩与收入分配等的重要依据。加强审计监督和舆论监督。面向社会提供公益服务的事业单位要建立信息披露制度，重要事项和年度报告要向社会公开，涉及人民群众切身利益的重大公益服务事项要进行社会公示和听证。

21. 全面加强事业单位党的建设。按照党章和有关规定，及时调整党的组织设置，理顺隶属关系，选好配强党组织领导班子，加强党员教育、管理、服务，做好思想政治工作，推进精神文明建设，领导工会、共青团等群众组织开展工作，充分发挥党组织在促进事业发展、完成本单位中心任务中的领导核心或政治核心作用，保证党的基本路线方针政策在事业单位的贯彻执行。

七、构建公益服务新格局

22. 大力发展公益服务。适应经济社会发展和人民群众需要，不断拓展公益服务领域，增加公益服务品种，扩大公益服务供给总量。发挥政府主导作用，引导社会力量广泛参与，引入市场竞争机制，充分调动各方面积极性，不断增强公益事业发展活力。通过改革，形成提供主体多元化、提供方式多样化的公益服务新格局，努力为人民群众提供广覆盖、多层次的公益服务。

23. 强化政府责任。按照逐步实现基本公共服务均等化的要求，优先发展直接关系人民群众基本需求和国家安全、社会稳定的公益服务，促进公益服务公平公正。加快发展农村、欠发达地区和民族地区公益事业，缩小城乡之间、地区之间公益服务水平差距，切实满足广大农民和城市低收入群体医疗、教育、文化等公益服务需求。优化公益服务资源配置，合理规划布局，科学设置事业单位，打破条块分割和行政区划界限，推进资源共享。创新公益服务提供方式，完善购买服务机制，提高服务质量和效率。

24. 鼓励社会力量兴办公益事业。完善相关政策，放宽准入领域，推进公平准入，鼓励社会力量依法进入公益事业领域。对社会力量兴办公益事业的，在设立条件、资质认定、职业资格与职称评定、税收政策和政府购买服务等方面，与事业单位公平对待，并切实加强监管，引导其健康发展。完善和落实税收优惠政策，鼓励企业、社会团体和公民个人捐赠公益事业。大力倡导和发展志愿服务。

25. 充分发挥市场机制作用。完善扶持政策，充分发挥市场在公益事业领域资源配置中的积极作用，为社会资本投资创造良好环境，推动相关产业加快发展，满足人民群众多层次、多样化服务需求。

八、完善支持公益事业发展的财政政策

26. 加大财政对公益事业发展支持力度。加快建立健全公共财政体系，调整支出结构，加大投入力度，着力构建财政支持公益事业发展长效机制。制定和完善支持社会力量兴办公益事业的财政政策，形成多渠道筹措资金发展公益事业的投入机制。对事业单位的财政资金使用情况进行绩效考评，严格资金管理，提高使用效益。

27. 改革和完善财政支持方式。按照国家政策和以事定费的原则，结合不同事业单位的具体特点和财力，对不同类型事业单位实行不同的财政支持办法，合理制定标准，实行动态调整，健全监管制度，充分发挥财政资金的效用。对公益一类，根据正常业务需要，财政给予经费保障；对公益二类，根据财务收支状况，财政给予经费补助，并通过政府购买服务等方式予以支持。

28. 推进预算管理、政府采购和国有资产管理改革。研究建立事业单位资产配置标准体系，促进资产管理与预算编制有机结合，强化事业单位政府采购预算管理与执行，规范政府采购操作执行行为。加强行政事业性收费管理，严格收费项目和标准审批。建立健全事业单位财务会计和国有资产管理制度，加强财务监督，确保财政资金和国有资产使用规范、安全和有效。

九、认真做好组织实施工作

29. 加强领导。分类推进事业单位改革事关经济社会发展全局，是一场广泛而深刻的变革，任务复杂艰巨。各地区各部门要高度重视，坚定信心，精心组织，攻坚克难，确保改革顺利推进。为加强对改革工作的领导，建立中央分类推进事业单位改革工作部际联席会议制度，负责交流改革情况、研究共性问题、提出工作建议等工作，具体工作由中央编办承担。教育、科技、文化、卫生、新闻出版等部门要按照现行的领导体制和政策规定，继续推动行业体制改革。中央和国家机关负责组织所属事业单位进行改革。中央编办、财政部、人力资源社会保障部等部门要各司其职，密切配合，指导做好相关工作。各省（区、市）党委和政府对本地区的改革负总责，要建立领导小组，健全工作机制，结合实际研究制定实施意见并抓好组织落实。

30. 稳步实施。坚持分类指导、分业推进、分级组织、分步实施的工作方针，注意把握节奏，加强统筹协调，做到条块结合、上下结合，条件成熟的可率先改革，暂不具备条件的允许过渡，不搞“一刀切”。要继续深化改革试点，不断总结试点经验，完善相关政策措施。严禁突击提拔干部、严禁超职数配备干部或违反规定提高干部职级待遇。切实加强新闻宣传和思想政治工作，正确引导社会舆论，营造良好改革氛围，确保社会和谐稳定，确保国有资产不流失，确保公益事业健康发展。

（此《指导意见》由新华社 2012 年 4 月 16 日授权发布）

关于加强和改进非公有制企业党的建设工作的意见(试行)

非公有制企业是发展社会主义市场经济的重要力量。加强和改进非公有制企业党的建设工作,是坚持和完善我国基本经济制度、引导非公有制经济健康发展、推动经济社会发展的需要,是加强和创新社会管理、构建和谐劳动关系、促进社会和谐的需要,是增强党的阶级基础、扩大党的群众基础、夯实党的执政基础的需要,是以改革创新精神提高党的基层组织建设科学化水平、全面推进党的建设新的伟大工程的需要。根据党章和公司法等有关法律法规,现就加强和改进非公有制企业党的建设工作提出如下意见。

一、明确非公有制企业党组织的功能定位

1. 地位作用。非公有制企业党组织是党在企业中的战斗堡垒,在企业职工群众中发挥政治核心作用,在企业发展中发挥政治引领作用。

2. 主要职责。(1)宣传贯彻党的路线方针政策。组织党员深入学习马克思列宁主义、毛泽东思想、邓小平理论和"三个代表"重要思想,认真贯彻落实科学发展观,宣传贯彻执行党的路线方针政策、上级党组织和本组织的决议,教育党员和职工群众自觉遵守国家法律法规和有关规章制度,引导和监督企业合法经营,自觉履行社会责任。(2)团结凝聚职工群众。加强和改进思想政治工作,密切联系群众,注重人文关怀和心理疏导,主动关心、热忱服务党员和职工群众,帮助解决实际困难,把广大职工群众团结在党组织周围。(3)维护各方合法权益。积极反映群众诉求,畅通和拓宽表达渠道,依法维护职工群众合法权益,协调各方利益关系,及时化解矛盾纠纷,构建和谐劳动关系,促进企业和社会稳定。(4)建设先进企业文化。坚持用社会主义核心价值体系引领企业文化建设,组织开展丰富多彩的企业文化活动,塑造积极向上的企业精神,树立高尚的职业道德,促使企业诚信经营。(5)促进企业健康发展。组织带领党员和职工群众围绕企业发展创先争优,发挥党组织和党员先进模范作用,促进生产经营。(6)加强自身建设。完善组织设置,健全工作制度,推进学习型党组织建设,坚持党的组织生活,做好发展党员和教育、管理、监督、服务工作,充分发挥纪检组织在维护和执行党的纪律中的职能作用,提高党务工作者素质,领导工会、共青团等群众组织,支持和带动群众组织发挥作用,进一步增强党组织的创造力、凝聚力、战斗力。

二、建立健全领导体制和工作机制

3. 健全领导机构和管理体系。县以上地方党委一般要有非公有制企业党建工作机构,统筹负责非公有制企业党建工作。具备条件的,可单独为实体工作机构,并内设纪检机构;不具备条件的,可依托或挂靠有关职能部门,做到有人员编制、有经费保障,建立健全沟通协调、督促检查、考核评价等制度。

非公有制企业相对集中的各类开发区(园区),应设立企业党委或综合党委,负责非公有制企业党建工作。对大量分散的规模以下企业,要充分发挥乡镇(街道)、村(社区)党组织作用,实行区域化、网格化管理。对专业性、行业性较强的企业,可依托相关管理部门或行业协会(商会)建立党组织,实行归口管理。

4. 建立直接联系工作机制。对规模以上非公有制企业党组织，在不改变党组织隶属关系的情况下，可由县以上地方党委组织部门或非公有制企业党建工作机构直接联系，重点指导党组织领导班子思想政治建设、党组织书记培养选拔和教育培训。对一些社会影响大、党员数量多的大型企业党组织，可改变隶属关系，由县以上党组织直接管理。

三、努力推进党的组织和工作覆盖

5. 明确目标要求。加大工作力度，努力实现职工 50 人以上的非公有制企业有党员；具备建立党组织条件的企业，实现党的组织覆盖；因条件暂不具备尚未建立党组织的企业，实现党的工作覆盖。

6. 扩大组织覆盖。按照保持党员队伍先进性和纯洁性的要求，严格把关，注重质量，加大在非公有制企业生产一线职工、专业技术骨干及经营管理人员中发展党员的工作力度，重视在农民工中发展党员，注意培养发展符合条件的企业出资人入党。企业规模和社会影响较大的出资人，可由县以上党组织做好教育、引导和培养工作，吸收入党时，应征求同级党委统战部门意见。引导和督促流动党员及时转接组织关系。有 3 名以上正式党员、条件成熟的，要单独建立党组织。暂不具备单独组建条件的，要以开发区（园区）、乡镇（街道）、村（社区）、专业市场、商业街区、商务楼宇等为单位，组建区域性党组织，或依托行业协会（商会）、个体私营企业协会和龙头企业、专业经济合作组织组建行业性党组织。联合党组织中具备单独组建条件的，要及时单独建立党组织。发挥党员服务中心、党建工作站“孵化器”作用，为建立党组织创造条件。

7. 扩大工作覆盖。对未建立党组织的非公有制企业，可通过选派党建工作指导员、确定党建工作联络员、建立工会和共青团组织等方式，积极开展党的工作，推动企业建立党组织。对兼并重组的企业，注意保持党的工作连续性，妥善做好职工群众的分流安置和思想稳定工作。积极协调有关职能部门，推动党的政策进企业、政府服务进企业、先进文化进企业。

四、探索党组织和党员发挥作用的有效途径

8. 建立双向互动工作机制。按照企业需要、党员欢迎、职工赞成的原则，注意取得非公有制企业出资人理解和支持，把党组织活动与企业生产经营管理紧密结合起来，实现目标同向、互促共进。建立党组织与企业管理层共同学习制度，熟悉党和国家政策法规、了解上级决策部署、沟通企业生产经营情况。探索建立党组织书记参加或列席企业管理层重要会议制度、党组织与企业管理层沟通协商和恳谈制度。党组织要邀请企业出资人、经营管理人员参加相关活动，注重发挥企业管理层中党员和党员工会主席的作用，做好党的工作。

9. 探索开展开放式党组织活动。认真落实党的组织生活制度，督促指导非公有制企业党组织按期换届。创新党组织活动方式，除党章规定的党内活动外，提倡党群活动一体化。推动企业党组织与其他单位党组织开展结对共建活动。提倡开设网上党建园地、网上党校、党建微博、网上论坛等，把党的活动阵地拓展到网络上，增强党组织活动的吸引力和影响力。

10. 创新党员教育管理服务。尊重党员主体地位，保障和落实党员的知情权、参与权、选举权、监督权。加强党员教育培训，注重把党员培养成生产经营骨干，把生产经营骨干培养成党员。探索流动党员“一方隶属、多重管理”模式，对已确认身份但未及时转接组织关系的党员，应组织其参加企业党组织活动，发挥先锋模范作用。推进党员管理信息化，健全城乡一体、流入地党组织为主、流出地党组织配合的流动党员教育管理服务工作制度，实行具有多种服务功能、便于党员参加党组织活动的党员信息卡制度。从思想、工作、生活上关心党员，及时反映涉及党员切身利益的重要情况，健全党内

激励、关怀、帮扶机制,注重解决老党员和生活困难党员实际问题,增强党员的归属感和荣誉感。

11. 深入开展创先争优活动。结合非公有制企业实际,以党建强、发展强为目标,按照生产经营好、企业文化好、劳动关系好、党组织班子好、党员队伍好、社会评价好的标准,广泛开展“双强六好”党组织创建活动和党员示范岗、党员责任区、党员公开承诺活动,促进企业党组织履职尽责创先进、广大党员立足岗位争优秀。各地要逐级培育选树一批“双强六好”企业党组织,纳入直接联系和重点管理范围,发挥其示范带动作用。

五、加强以党组织书记为重点的党务工作者队伍建设

12. 选优配强党组织书记。按照守信念、讲奉献、重品行,懂经营、会管理、善协调,热爱党务工作和熟悉群众工作的标准,选优配强非公有制企业党组织书记。党组织书记一般从企业内部选举产生,注意从生产、经营、管理骨干中推荐人选,也可从党政机关干部、国有企事业单位经营管理人员、党务工作者和复转军人、大学生“村官”中推荐人选,或面向社会公开招聘党务工作人才,再通过党内选举程序任职。重视选派优秀专职党务工作者担任联合党组织书记。提倡机关优秀年轻党员干部到企业挂职从事党建工作。规模大、党员数量多的企业主要出资人担任党组织书记的,应配备专职副书记。提倡不是企业出资人的党组织书记、副书记通过法定程序兼任工会主席、副主席;也可以由党员工会主席通过法定程序担任党组织书记、副书记。

非公有制企业党组织书记要立足本职,率先垂范,做学习宣传党的路线方针政策、贯彻执行上级党组织和本组织决议的组织者,承担急难险重任务、促进企业健康发展的推动者,凝聚服务党员和职工群众、维护企业和谐稳定的践行者,推进基层党建创新、增强生机活力的引领者。

13. 壮大党务工作者队伍。通过多样化选用、规范化管理、专业化培训、制度化激励等途径和方式,建设一支素质优良、结构合理、数量充足、专兼职结合的非公有制企业党务工作者队伍。重视建立党务工作者人才库。规模大、党员数量多的企业,要配备专职党务工作者。探索设立党建工作论坛,为党务工作者搭建工作交流平台。加强党建工作指导员队伍建设,充分发挥其组织宣传、联系服务、协调指导作用。

14. 提升能力素质。把非公有制企业党务工作者纳入党员干部教育培训总体规划,依托各级党校、行政学院和高校开展培训工作。党务工作者的培训主要由县级党组织负责,市级以上党组织抓好示范培训。党组织书记每年至少参加 1 次集中培训,累计时间不少于 3 天。对新任党组织书记要进行任职培训。重点加强党的路线方针政策、党务知识、群众工作、企业生产经营管理等方面的培训,提高做好群众工作本领和服务企业发展能力。有计划地选派优秀党组织书记到党政机关、国有企事业单位挂职学习锻炼。

15. 强化管理和激励。建立健全非公有制企业党组织书记向上级党组织和本单位党员群众报告工作以及述职评议等制度。研究制定符合企业特点的党组织书记综合考核评价办法。推动企业建立健全党组织书记薪酬待遇保障制度,使他们干事有平台、待遇有保障、干好有发展。有条件的地方,上级党组织可给予党组织书记和党务工作者适当的工作津贴。推荐符合条件的党组织书记作为各级党代会代表、人大代表、政协委员人选。建立党组织书记劳动合同变更、解除或终止前向上级党组织备案制度。党组织书记因坚持原则遭受不公正待遇时,上级党组织应及时了解情况,给予帮助和支持。

六、加强对非公有制企业出资人的教育引导

16. 加强教育培训。建立非公有制企业出

资人教育培训制度，着力加强中国特色社会主义理论体系、党的知识和国家法律法规教育。对党员出资人，要教育引导他们遵守党规党纪和执行党的决议，自觉履行党员义务，服从党组织的教育、管理和监督。对非党员出资人，要教育引导他们树立中国特色社会主义共同理想，在党的领导下坚定走中国特色社会主义道路，努力成为中国特色社会主义事业合格建设者。各级党委组织、统战部门要共同抓好企业出资人教育培训工作。

17. 搞好服务管理。各级党委组织部门和非公有制企业党建工作机构可直接联系一批知名度较高、社会反映好的非公有制企业，经常听取他们对加强党建工作的意见建议；有关方面在研究制定相关经济社会发展政策法规时，要注意听取企业出资人意见，帮助企业解决在发展中遇到的难题。对企业出资人的评先选优、政治安排，要事先征求企业党组织和非公有制企业党建工作机构、地方工会组织的意见，党委统战、组织部门要严格审查把关，重点考察其思想政治表现、遵纪守法、道德品质、履行社会责任、支持党建工作等方面情况。对政治方向有偏差、履行社会责任不积极、社会评价不良的企业出资人，要批评教育；对违纪违法的，有关部门和单位要依纪依法进行查处。

七、强化非公有制企业党建工作保障

18. 加强组织领导和工作指导。地方各级党委要把非公有制企业党建工作纳入本地区党的建设总体布局，并作为市、县委书记履行基层党建工作责任制专项述职和相关部门领导班子考核评价的重要内容，建立健全目标管理、定期研究、情况通报、领导干部联系点等制度。党委组织部门要加强统筹协调和工作指导，纪检机关和统战、工商、财政、商务、工商联等部门和单位要结合各自职能，协同做好有关工作。区别不同类型企业，加强分类指导，不断研究新情况，探索解决新问题。采取多种形式，大力宣传非公有制企业党建工作典型，定期评选表彰先进，形成全社会关注、支持非公有制企业党建工作的良好氛围。

19. 加强经费保障。将非公有制企业党组织工作经费纳入企业管理费用，建立并落实税前列支制度。建立党费拨返制度，企业党员交纳的党费可全额返还企业党组织，用于开展党建活动；还可从各级党组织留存党费中，按照一定比例，采取以奖代补等方式，支持非公有制企业党建工作。有条件的地方，可对非公有制企业党建工作给予必要的经费支持。探索采取企业赞助、党员自愿捐助等方式，多渠道解决经费问题。

20. 加强场所建设。按照有场所、有设施、有标志、有党旗、有书报、有制度的“六有”标准，加强非公有制企业党组织活动场所规范化建设。采取资源整合、企业自筹、上级党组织支持相结合的方式，帮助党员数量较多、条件具备的企业，建设相对固定的活动场所。倡导国有企事业单位、机关和乡镇（街道）、村（社区）党组织与非公有制企业党组织活动场所共用、资源设施共享。有条件的地方，特别是在非公有制企业集聚的区域，要科学规划，合理布局，统一建设区域性、开放性、综合性的党群活动服务中心。

各地区各有关部门要结合实际，制定贯彻落实本意见的具体措施。

（此《意见》由中共中央办公厅于2012年3月8日印发）

关于在推进事业单位改革中加强和改进党的建设工作的意见

认真落实《中共中央、国务院关于分类推进事业单位改革的指导意见》精神，积极稳妥推进事业单位改革，促进公益事业更好更快发展，必须坚持和加强党的领导，全面加强党的建设，充分发挥党组织在事业单位中的政治、思想、组织保证作用。现就在推进事业单位改革中加强和改进党的建设工作提出如下意见。

一、准确把握在推进事业单位改革中加强和改进党的建设工作的总体要求与目标任务

1. 总体要求。高举中国特色社会主义伟大旗帜，以邓小平理论和"三个代表"重要思想为指导，深入贯彻落实科学发展观，紧紧围绕加强党的执政能力建设和先进性建设，以确保事业单位改革正确方向、推动事业单位健康发展为目标，以改革创新为动力，全面加强事业单位党的思想、组织、作风、制度和反腐倡廉建设，着力健全事业单位党的领导体制和工作机制，不断提高事业单位党的建设科学化水平，保证党的路线方针政策在事业单位全面贯彻落实。

2. 目标任务。把党的建设工作与事业单位改革发展紧密结合起来，同步规划，同步推进。围绕分类推进事业单位改革阶段性目标要求，对承担行政职能的事业单位和从事生产经营活动的事业单位，已转为行政机构或企业的，要分别按照机关党建工作和企业党建工作的要求，及时调整和优化党组织设置，理顺隶属关系，开展党组织活动，实现党建工作平稳过渡、有序衔接；已明确转为行政机构或企业但尚未调整到位的，以及明确予以撤销或调整的单位，在过渡期内要继续按照现有规定和要求抓好党建工作，确保党的工作不间断、党组织作用不削弱，党员先锋模范作用得到充分发挥。对继续保留、从事公益服务的事业单位，要根据不同行业、不同类型、不同管理体制的特点和要求，进一步加强和改进党的建设工作，使党组织体系健全、设置合理、制度完善、机制灵活，领导班子和人才队伍充满活力，基层党组织和党员队伍作用充分发挥，形成与中国特色公益服务体系相适应的事业单位党建工作新格局。

二、进一步明确事业单位党组织的职责要求

3. 实行党委领导下的行政领导人负责制的事业单位，党组织发挥领导核心作用。认真履行党章和有关规定明确的职责任务，按照把方向、议大事、管全局的要求，统一领导本单位工作。坚持和完善民主集中制，改进领导方式和工作方式，健全议事规则和决策程序，坚持重大问题集体讨论决定，不断提高科学决策、民主决策、依法决策水平。健全集体领导和个人分工负责相结合制度，正确处理党政关系，既充分发挥党组织的领导核心作用，又切实保证行政领导人充分行使职权。党组织特别是书记要把抓班子带队伍、抓党建强基础摆在突出位置，切实做好党的建设各项工作。行政领导人要自觉接受党组织领导，认真贯彻党组织决议、决定，按照分工抓好集体决策事项的组织实施。设立党组的事业单位，党组要按照党章和其他党内法规的有关规定，充分发挥领导核心作用。

4. 实行行政领导人负责制的事业单位，党组织发挥政治核心作用。认真履行党章和有关规定明确的职责任务，按照参与决策、推动发

展、监督保障的要求，会同行政领导班子共同做好本单位工作。凡涉及本单位改革发展稳定和事关职工群众切身利益的重大决策、重要人事任免、重大项目安排、大额度资金使用事项，党组织必须参与决策。决策前，党政主要领导对决策议题要充分酝酿、沟通协调，党组织要及时召开会议研究讨论，形成集体意见；决策时，参加会议的党组织领导成员要认真履行职责，保证党组织的意见得到充分表达和体现；决策后，党组织要发动党员团结带领职工保证决策顺利实施。各单位要将党组织参与重大问题决策的内容和程序具体化、制度化。采取党政联席会议等方式对本单位重大问题进行决策的，要在实践中不断完善联席会议运行机制。坚持党管干部原则，在选人用人中发挥党组织的主导作用，按照干部管理权限切实履行把握用人条件、提出推荐人选、做好组织考察、加强管理监督、培养后备人才等职责。围绕确保党的路线方针政策和国家法律法规在本单位贯彻执行，完善相关制度和措施，积极发挥监督保障作用。行政领导人要强化组织观念和纪律意识，坚持民主决策，定期向党组织通报有关工作，紧紧依靠党组织和广大职工群众共同做好单位改革发展稳定工作。对不符合党的路线方针政策、国家法律法规或不按程序进行决策的做法，党组织要及时提出意见或向上级党组织报告。

三、不断提高事业单位领导班子和领导人员推动科学发展、做好公益服务的能力水平

5. 着力选好配强事业单位领导班子。坚持五湖四海、任人唯贤，坚持德才兼备、以德为先，坚持民主、公开、竞争、择优，进一步深化事业单位人事制度改革，大力选拔政治坚定、业务过硬、敢抓善管、廉洁奉公、实绩突出、群众公认的优秀人才进入领导班子。根据不同行业、不同类型事业单位的特点和改革发展稳定的要求，选好配强党组织书记和行政主要领导人，优化班子结构，增强整体功能。实行党委领导下的行政领导人负责制的事业单位，应配备党组织专职书记和副书记，党员行政主要领导人一般应担任党组织领导职务。实行行政领导人负责制的事业单位，党组织书记和行政主要领导由同一人担任的，一般应配备1名专职副书记；党组织书记和行政主要领导分开任职的，党组织书记一般应兼任行政副职，党员行政主要领导人一般应进入党组织领导班子。建立法人治理结构的事业单位，要健全“双向进入、交叉任职”配备方式，党组织领导班子成员按照事业单位章程进入理事会和管理层，理事会和管理层中的党员领导人员按照党内有关规定进入党组织领导班子。理事会和管理层成员的任用与管理，按照干部管理权限和事业单位章程办理。

6. 加强事业单位领导班子思想政治建设。加强中国特色社会主义理论体系学习教育，引导领导班子成员增强政治意识、大局意识、责任意识，树立正确的世界观、权力观、事业观，加强自我修养，带头践行社会主义核心价值体系。加强群众观点和群众路线学习教育，引导领导班子成员从群众利益出发，强化服务意识，改进工作作风，克服短期行为，提高为人民群众做好公益服务的水平。加强民主集中制学习教育，引导领导班子成员发扬民主、坚持原则，顾大局、守纪律、讲团结，严格按制度和规定办事，增强领导班子的凝聚力和战斗力。完善领导班子中心组学习等制度，加强对学习情况的督促、检查和考核，不断提高领导班子成员的思想政治素质。

7. 加强对事业单位领导人员的管理。抓紧研究制定符合不同行业特点的事业单位领导人员管理办法和综合考核评价办法，明确要求，规范程序，改进方法，严肃纪律，强化管理。结合事业单位特点，有针对性地开展领导人员在职岗位培训、任职培训和专业培训。建立健全交流制度，大力推进事业单位与党政机关、国有企业之间领导人员的合理流动和优化配置。认真执行民主生活会、组织生活会、述职述廉、诫勉谈话、函询、巡视等制度，建立健全领导班子民

主决策制度和领导人员责任追究制度，充分发挥党内监督、专门机关监督、群众监督和舆论监督作用，防止权力滥用。完善惩治和预防腐败体系，认真抓好领导人员廉洁自律工作，严肃查办各类违纪违法案件，扎实推进反腐倡廉建设。

8. 加强事业单位人才队伍建设。完善政策措施，整合工作力量，营造良好环境，加强和改进党对事业单位人才工作的领导。深入贯彻落实《国家中长期人才发展规划纲要（2010—2020年）》，制定并实施行业人才队伍建设规划，突出培养社会事业各行业、各领域领军人才和创新人才，大力开发紧缺人才和专门人才，重视培养和大胆使用青年人才，统筹推进各类人才队伍建设。针对各行业、各领域人才的不同特点和成长规律，完善育才、引才、聚才、用才工作机制，建立健全与教育、科技、文化、卫生等社会事业发展要求相适应的人才管理制度。事业单位党组织要紧紧围绕人才培养、吸引、使用等关键环节，改进人才管理和服务方式，不断激发人才干事创业活力，使各类人才在推动公益事业发展中充分施展才干。

四、着力增强事业单位基层党组织创造力、凝聚力和战斗力

9. 积极推进事业单位基层党组织工作创新。适应事业单位改革发展要求，进一步增强基层党组织服务功能，通过为本单位中心工作服务、为广大党员服务、为职工群众服务，把党建工作的成效体现到推动发展、服务群众、凝聚人心、促进和谐上来。大力推进学习型党组织建设，积极拓展学习内容、途径和渠道，不断在武装头脑、指导实践、推动工作上取得新进展。把党的建设与推动社会主义文化大发展大繁荣紧密结合起来，努力建设和弘扬先进文化，自觉抵制各种错误思想影响，切实增强文化自觉和文化自信，为事业单位改革发展提供精神动力。加强党内基层民主建设，推进党务公开，建立健全党内情况通报等制度，扩大党员对党内事务的了解和参与，切实保障党员的民主权利。充分运用网络、手机等手段，推进基层党建工作信息化，构建开放互动的基层党组织活动平台。

10. 改进事业单位党员教育、管理、服务和发展党员工作。以增强党性、提高素质为目标，建立和完善党员轮训制度，拓宽党员培训渠道，加强对党员的党性教育和业务培训。严格党的组织生活，落实“三会一课”制度，建立和完善党员党性定期分析制度，做好民主评议党员工作，及时处置不合格党员，保持党员队伍纯洁性。健全党内激励、关怀、帮扶机制，注意发现、培养和树立先进典型，加强对老党员、生活困难党员的关怀帮扶，进一步做好流动党员服务管理工作。严格标准、注重质量，加大在青年岗位能手、优秀青年知识分子中发展党员力度，重视在学科带头人、业务骨干中发展党员，不断优化党员队伍结构。

11. 加强和改进事业单位思想政治工作。事业单位党组织要从本单位实际出发，创新思想政治工作内容、方法和载体，增强针对性和实效性。围绕推进事业单位改革，加强学习宣传和思想教育，有针对性地做好解疑释惑工作，引导党员、职工正确认识、大力支持、积极参与改革。紧密联系工作实际，深入开展社会主义核心价值体系教育，大力加强职业道德建设和作风建设，不断增强党员、职工服务社会、服务群众的责任感。重视党员、职工提出的合理要求，及时做好矛盾化解和情绪疏导等工作，切实维护他们的合法权益。积极发挥基层党组织在加强和创新社会管理中的重要作用，主动了解掌握社会和群众对公益服务的意见建议，努力为群众办实事、做好事、解难事，不断增强党组织的感召力和影响力。充分发挥工会、共青团等群众组织的桥梁和纽带作用，共同做好经常性思想政治工作。

12. 深入开展创先争优活动。根据事业单位特点找准为民服务的着力点，不断深化和拓展创先争优活动。围绕增强服务意识、提高服务水平，精心设计贴近实际、特色鲜明的争创主题和形式多样、务实管用的活动载体，充分发挥

基层党组织战斗堡垒作用和党员先锋模范作用，带动所在单位和职工努力做好服务社会、服务群众工作。完善公开承诺、群众评议、党员互评、领导点评等制度，建立健全激发创先争优内生动力的长效机制，使为民服务创先争优成为广大党员、职工的共同价值追求。

五、加强对事业单位党的建设工作的领导

13. 全面落实事业单位党建工作责任制。地方各级党委和行业主管部门党组（党委）要把事业单位党建工作摆上重要位置，健全党委统一领导、组织部门牵头协调、主管部门具体负责、有关方面齐抓共管的领导体制和工作格局，一级抓一级，层层抓落实。各地区、各行业主管部门要结合各自实际，制定本地区、本行业加强和改进事业单位党建工作实施意见。事业单位党组织要全面抓好党建工作各项任务落实，党组织书记要切实履行党建工作第一责任人职责，担任党内职务的行政领导人要落实“一岗双责”要求，积极做好党建工作。

14. 建设一支政治坚定、素质优良、精干高效的党务工作队伍。根据单位规模和党员人数，健全党组织工作机构，配备必要工作人员，保证专职党务工作人员编制和职级待遇，为他们开展工作和成长进步创造良好条件。加强对党务工作人员教育培训和实践锻炼，努力使他们成为既精通党务和思想政治工作、又熟悉业务和管理工作的复合型人才。把党务工作岗位作为培养人才的重要平台，注重选拔有党务工作经历的同志担任行政领导人，注重从业务骨干中选拔优秀人才充实党务工作队伍。

15. 为事业单位党建工作创造良好条件。加大党建工作投入，将党建工作经费列入事业单位年度经费预算，保障党组织工作和活动正常开展，具体额度根据实际情况确定。强化阵地建设，通过单独建、联合建等方式健全党员学习和活动场所。尊重和鼓励事业单位党组织勇于实践、积极探索，及时总结和推广事业单位党建工作的好经验好做法，定期评选和表彰事业单位先进党组织和党务工作者，充分发挥典型示范带动作用，促进整体工作水平提高。根据不同行业、不同类型事业单位的特点和实际，加强调查研究，实施分类指导，有针对性地提出加强和改进党建工作的意见和措施，使党的建设在改革中不断加强、在创新中不断发展。

（此《意见》由中共中央办公厅于2012年3月8日印发）

关于广泛开展向张丽莉、吴斌、高铁成同志学习活动的通知

省、自治区、直辖市和新疆生产建设兵团精神文明建设委员会，中央精神文明建设指导委员会各成员单位：

近期，黑龙江省女教师张丽莉舍身勇救学生、浙江省客车司机吴斌恪尽职守保障乘客生命安全、北京卫戍区某团班长高铁成勇闯火海阻爆排险救人的感人事迹传遍大江南北，他们的英雄壮举感动了亿万群众。

张丽莉，1984 年 1 月生，中共预备党员，黑龙江佳木斯市第十九中学语文教师。2012 年 5 月 8 日晚，张丽莉和学生们刚走出校门，一辆失控客车突然冲向他们，生死攸关时刻，张丽莉挺身而出，奋力将学生推开，保护了他们，自己却被卷入车轮下，造成双腿高位截肢。

吴斌，1965 年 3 月生，生前系浙江杭州市长途运输客运二公司司机。2012 年 5 月 29 日上午，吴斌驾驶大客车行驶在高速公路上，被突如其来穿破挡风玻璃的不明金属块击中，胸腹部受到重创。此时的吴斌强忍剧痛，将车停稳，车上 24 名乘客安然无恙，他却因伤势过重抢救无效不幸去世。

高铁成，1988 年 3 月生，中共党员，北京卫戍区某团班长。2012 年 5 月 18 日晚，哈尔滨市一家餐馆突发煤气爆燃事故。危急时刻，探亲休假的高铁成迅速冲进厨房关闭阀门，被烈焰灼伤。他忍着剧痛，连续两次冲入火海，切断电源，防止了更大事故发生。高铁成最终因伤晕倒在地，被送往医院急救后苏醒，面部、颈部和双上肢被严重烧伤。

张丽莉、吴斌、高铁成是时代楷模，他们的感人事迹，体现了中华民族的传统美德，诠释了社会主义核心价值体系，塑造了中国人民崇德向善的良好形象。

为深入学习宣传张丽莉、吴斌、高铁成的感人事迹，弘扬他们的崇高精神，激励干部群众践行社会主义核心价值体系，形成向上向善的精神力量，中央精神文明建设指导委员会决定，在全社会广泛开展向张丽莉、吴斌、高铁成同志学习活动。

学习张丽莉、吴斌、高铁成，就是要学习他们见义勇为、舍己救人的高尚情操。他们在生与死的危急关头，把生的希望留给别人，把死的危险留给自己，用生命谱写人间大爱，闪耀人性光辉。学习张丽莉、吴斌、高铁成，就是要学习他们爱岗敬业、恪尽职守的优秀品质。在生与死的危急关头，张丽莉展现了教师爱学生的美好师德，吴斌展现了司机爱乘客的职业操守，高铁成展现了军队爱人民的军人品格。学习张丽莉、吴斌、高铁成，就是要学习他们关爱他人、乐于助人的无私情怀。在生与死的危急关头，他们的价值判断是利他、是助人、是忘我，展示了一个平凡人不平凡的精神境界。

各地各部门要充分运用多种形式，深入学习宣传张丽莉、吴斌、高铁成同志的感人事迹和崇高精神，在全社会形成学习先进、关爱先进、崇尚先进、争当先进的浓厚氛围。要与深入推进社会主义核心价值体系建设紧密结合，引导人们进一步坚定理想信念，树立正确道德取向，增强对主流价值观念的认同感和践行力，夯实社会主义核心价值体系建设的群众基础。要与正在广泛开展的学雷锋活动和志愿服务活动紧密结合，大力

普及爱国、敬业、诚信、友善基本道德规范，形成践行雷锋精神、争当先进模范的生动局面。要与道德模范学习宣传紧密结合，充分运用广播、电视、报纸等媒体和网络传媒等多种形式，形成崇尚道德的浓厚社会氛围，激发人们的道德自觉，提升人们的道德境界，引导人们为实现全面建设小康社会宏伟目标团结奋斗，为构建社会主义和谐社会贡献力量，以优异成绩迎接党的十八大胜利召开！

（此《通知》由中央精神文明建设指导委员会于2012年6月13日印发）

关于深化科技体制改革加快国家创新体系建设的意见

为加快推进创新型国家建设，全面落实《国家中长期科学和技术发展规划纲要（2006—2020年）》（以下简称科技规划纲要），充分发挥科技对经济社会发展的支撑引领作用，现就深化科技体制改革、加快国家创新体系建设提出如下意见。

一、充分认识深化科技体制改革、加快国家创新体系建设的重要性和紧迫性

科学技术是第一生产力，是经济社会发展的重要动力源泉。党和国家历来高度重视科技工作。改革开放30多年来，我国科技事业快速发展，取得历史性成就。特别是党的十六大以来，中央作出增强自主创新能力、建设创新型国家的重大战略决策，制定实施科技规划纲要，科技投入持续快速增长，激励创新的政策法律不断完善，国家创新体系建设积极推进，取得一批重大科技创新成果，形成一支高素质科技人才队伍，我国整体科技实力和科技竞争力明显提升，在促进经济社会发展和保障国家安全中发挥了重要支撑引领作用。

当前，我国正处在全面建设小康社会的关键时期和深化改革开放、加快转变经济发展方式的攻坚时期。国际金融危机深层次影响仍在持续，科技在经济社会发展中的作用日益凸显，国际科技竞争与合作不断加强，新科技革命和全球产业变革步伐加快，我国科技发展既面临重要战略机遇，也面临严峻挑战。面对新形势新要求，我国自主创新能力还不够强，科技体制机制与经济社会发展和国际竞争的要求不相适应，突出表现为：企业技术创新主体地位没有真正确立，产学研结合不够紧密，科技与经济结合问题没有从根本上解决，原创性科技成果较少，关键技术自给率较低；一些科技资源配置过度行政化，分散重复封闭低效等问题突出，科技项目及经费管理不尽合理，研发和成果转移转化效率不高；科技评价导向不够合理，科研诚信和创新文化建设薄弱，科技人员的积极性创造性还没有得到充分发挥。这些问题已成为制约科技创新的重要因素，影响我国综合实力和国际竞争力的提升。因此，抓住机遇大幅提升自主创新能力，激发全社会创造活力，真正实现创新驱动发展，迫切需要进一步深化科技体制改革，加快国家创新体系建设。

二、深化科技体制改革、加快国家创新体系建设的指导思想、主要原则和主要目标

（一）指导思想。高举中国特色社会主义伟大旗帜，以邓小平理论和“三个代表”重要思想为指导，深入贯彻落实科学发展观，大力实施科教兴国战略和人才强国战略，坚持自主创新、重点跨越、支撑发展、引领未来的指导方针，全面落实科技规划纲要，以提高自主创新能力为核心，以促进科技与经济社会发展紧密结合为重点，进一步深化科技体制改革，着力解决制约科技创新的突出问题，充分发挥科技在转变经济发展方式和调整经济结构中的支撑引领作用，加快建设中国特色国家创新体系，为2020年进入创新型国家行列、全面建成小康社会和新中国成立100周年时成为世界科技强国奠定坚实基础。

（二）主要原则。一是坚持创新驱动、服务发展。把科技服务于经济社会发展放在首位，

大力提高自主创新能力,发挥科技支撑引领作用,加快实现创新驱动发展。二是坚持企业主体、协同创新。突出企业技术创新主体作用,强化产学研用紧密结合,促进科技资源开放共享,各类创新主体协同合作,提升国家创新体系整体效能。三是坚持政府支持、市场导向。统筹发挥政府在战略规划、政策法规、标准规范和监督指导等方面的作用与市场在资源配置中的基础性作用,营造良好环境,激发创新活力。注重发挥新型举国体制在实施国家科技重大专项中的作用。四是坚持统筹协调、遵循规律。统筹落实国家中长期科技、教育、人才规划纲要,发挥中央和地方两方面积极性,强化地方在区域创新中的主导地位,按照经济社会和科技发展的内在要求,整体谋划、有序推进科技体制改革。五是坚持改革开放、合作共赢。改革完善科技体制机制,充分利用国际国内科技资源,提高科技发展的科学化水平和国际化程度。

(三)主要目标。到2020年,基本建成适应社会主义市场经济体制、符合科技发展规律的中国特色国家创新体系;原始创新能力明显提高,集成创新、引进消化吸收再创新能力大幅增强,关键领域科学研究实现原创性重大突破,战略性高技术领域技术研发实现跨越式发展,若干领域创新成果进入世界前列;创新环境更加优化,创新效益大幅提高,创新人才竞相涌现,全民科学素质普遍提高,科技支撑引领经济社会发展的能力大幅提升,进入创新型国家行列。

"十二五"时期的主要目标:一是确立企业在技术创新中的主体地位,企业研发投入明显提高,创新能力普遍增强,全社会研发经费占国内生产总值2.2%,大中型工业企业平均研发投入占主营业务收入比例提高到1.5%,行业领军企业逐步实现研发投入占主营业务收入的比例与国际同类先进企业相当,形成更多具有自主知识产权的核心技术,充分发挥大型企业的技术创新骨干作用,培育若干综合竞争力居世界前列的创新型企业和科技型中小企业创新集群。二是推进科研院所和高等学校科研体制机制改革,建立适应不同类型科研活动特点的管理制度和运行机制,提升创新能力和服务水平,在满足经济社会发展需求以及基础研究和前沿技术研发上取得重要突破。加快建设若干一流科研机构,创新能力和研究成果进入世界同类科研机构前列;加快建设一批高水平研究型大学,一批优势学科达到世界一流水平。三是完善国家创新体系,促进技术创新、知识创新、国防科技创新、区域创新、科技中介服务体系协调发展,强化相互支撑和联动,提高整体效能,科技进步贡献率达到55%左右。四是改革科技管理体制,推进科技项目和经费管理改革、科技评价和奖励制度改革,形成激励创新的正确导向,打破行业壁垒和部门分割,实现创新资源合理配置和高效利用。五是完善人才发展机制,激发科技人员积极性创造性,加快高素质创新人才队伍建设,每万名就业人员的研发人力投入达到43人年;提高全民科学素质,我国公民具备基本科学素质的比例超过5%。六是进一步优化创新环境,加强科学道德和创新文化建设,完善保障和推进科技创新的政策措施,扩大科技开放合作。

三、强化企业技术创新主体地位,促进科技与经济紧密结合

(四)建立企业主导产业技术研发创新的体制机制。加快建立企业为主体、市场为导向、产学研用紧密结合的技术创新体系。充分发挥企业在技术创新决策、研发投入、科研组织和成果转化中的主体作用,吸纳企业参与国家科技项目的决策,产业目标明确的国家重大科技项目由有条件的企业牵头组织实施。引导和支持企业加强技术研发能力建设,"十二五"时期国家重点建设的工程技术类研究中心和实验室,优先在具备条件的行业骨干企业布局。科研院所和高等学校要更多地为企业技术创新提供支持和服务,促进技术、人才等创新要素向企业研发机构流动。支持行业骨干企业与科研院所、

高等学校联合组建技术研发平台和产业技术创新战略联盟,合作开展核心关键技术研发和相关基础研究,联合培养人才,共享科研成果。鼓励科研院所和高等学校的科技人员创办科技型企业,促进研发成果转化。

进一步强化和完善政策措施,引导鼓励企业成为技术创新主体。落实企业研发费用税前加计扣除政策,适用范围包括战略性新兴产业、传统产业技术改造和现代服务业等领域的研发活动;改进企业研发费用计核方法,合理扩大研发费用加计扣除范围,加大企业研发设备加速折旧等政策的落实力度,激励企业加大研发投入。完善高新技术企业认定办法,落实相关优惠政策。建立健全国有企业技术创新的经营业绩考核制度,落实和完善国有企业研发投入的考核措施,加强对不同行业研发投入和产出的分类考核。加大国有资本经营预算对自主创新的支持力度,支持中央企业围绕国家重点研发任务开展技术创新和成果产业化。营造公平竞争的市场环境,大力支持民营企业创新活动。加大对中小企业、微型企业技术创新的财政和金融支持,落实好相关税收优惠政策。扩大科技型中小企业创新基金规模,通过贷款贴息、研发资助等方式支持中小企业技术创新活动。建立政府引导资金和社会资本共同支持初创科技型企业发展的风险投资机制,实施科技型中小企业创业投资引导基金及新兴产业创业投资计划,引导创业投资机构投资科技型中小企业。完善支持中小企业技术创新和向中小企业技术转移的公共服务平台,健全服务功能和服务标准。支持企业职工的技术创新活动。

(五)提高科研院所和高等学校服务经济社会发展的能力。加快科研院所和高等学校科研体制改革和机制创新。按照科研机构分类改革的要求,明确定位,优化布局,稳定规模,提升能力,走内涵式发展道路。公益类科研机构要坚持社会公益服务的方向,探索管办分离,建立适应农业、卫生、气象、海洋、环保、水利、国土资源和公共安全等领域特点的科技创新支撑机制。基础研究类科研机构要瞄准科学前沿问题和国家长远战略需求,完善有利于激发创新活力、提升原始创新能力的运行机制。对从事基础研究、前沿技术研究和社会公益研究的科研机构和学科专业,完善财政投入为主、引导社会参与的持续稳定支持机制。技术开发类科研机构要坚持企业化转制方向,完善现代企业制度,建立市场导向的技术创新机制。

充分发挥国家科研机构的骨干和引领作用。建立健全现代科研院所制度,制定科研院所章程,完善治理结构,进一步落实法人自主权,探索实行由主要利益相关方代表构成的理事会制度。实行固定岗位与流动岗位相结合的用人制度,建立开放、竞争、流动的用人机制。推进实施绩效工资。对科研机构实行周期性评估,根据评估结果调整和确定支持方向和投入力度。引导和鼓励民办科研机构发展,在承担国家科技任务、人才引进等方面加大支持力度,符合条件的民办科研机构享受税收优惠等相关政策。

充分发挥高等学校的基础和生力军作用。落实和扩大高等学校办学自主权。根据经济社会发展需要和学科专业优势,明确各类高等学校定位,突出办学特色,建立以服务需求和提升创新能力为导向的科技评价和科技服务体系。高等学校对学科专业实行动态调整,大力推动与产业需求相结合的人才培养,促进交叉学科发展,全面提高人才培养质量。发挥高等学校学科人才优势,在基础研究和前沿技术领域取得原创性突破。建立与产业、区域经济紧密结合的成果转化机制,鼓励支持高等学校教师转化和推广科研成果。以学科建设和协同创新为重点,提升高等学校创新能力。大力推进科技与教育相结合的改革,促进科研与教学互动、科研与人才培养紧密结合,培育跨学科、跨领域的科研教学团队,增强学生创新精神和创业能力,提升高等学校毕业生就业率。

(六)完善科技支撑战略性新兴产业发展和传统产业升级的机制。建立科技有效支撑产业发展的机制，围绕战略性新兴产业需求部署创新链，突破技术瓶颈，掌握核心关键技术，推动节能环保、新一代信息技术、生物、高端装备制造、新能源、新材料、新能源汽车等产业快速发展，增强市场竞争力，到2015年战略性新兴产业增加值占国内生产总值的比重力争达到8%左右，到2020年力争达到15%左右。以数字化、网络化、智能化为重点，推进工业化和信息化深度融合。充分发挥市场机制对产业发展方向和技术路线选择的基础性作用，通过制定规划、技术标准、市场规范和产业技术政策等进行引导。加大对企业主导的新兴产业链扶持力度，支持创新型骨干企业整合创新资源。加强技术集成、工艺创新和商业模式创新，大力拓展国内外市场。优化布局，防止盲目重复建设，引导战略性新兴产业健康发展。在事关国家安全和重大战略需求领域，进一步凝炼重点，明确制约产业发展的关键技术，充分发挥国家重点工程、科技重大专项、科技计划、产业化项目和应用示范工程的引领和带动作用，实现电子信息、能源环保、生物医药、先进制造等领域的核心技术重大突破，促进产业加快发展。加大对中试环节的支持力度，促进从研究开发到产业化的有机衔接。

加强技术创新，推动技术改造，促进传统产业优化升级。围绕品种质量、节能降耗、生态环境、安全生产等重点，完善新技术新工艺新产品的应用推广机制，提升传统产业创新发展能力。针对行业和技术领域特点，整合资源构建共性技术研发基地，在重点产业领域建设技术创新平台。建立健全知识转移和技术扩散机制，加快科技成果转化应用。

（七）完善科技促进农业发展、民生改善和社会管理创新的机制。高度重视农业科技发展，发挥政府在农业科技投入中的主导作用，加大对农业科技的支持力度。打破部门、区域、学科界限，推进农科教、产学研紧密结合，有效整合农业相关科技资源。面向产业需求，围绕粮食安全、种业发展、主要农产品供给、生物安全、农林生态保护等重点方向，构建适应高产、优质、高效、生态、安全农业发展要求的技术体系。大力推进农村科技创业，鼓励创办农业科技企业和技术合作组织。强化基层公益性农技推广服务，引导科研教育机构积极开展农技服务，培育和支持新型农业社会化服务组织，进一步完善公益性服务、社会化服务有机结合的农业技术服务体系。

注重发展关系民生的科学技术，加快推进涉及人口健康、食品药品安全、防灾减灾、生态环境和应对气候变化等领域的科技创新，满足保障和改善民生的重大科技需求。加大投入，健全机制，促进公益性民生科技研发和应用推广；加快培育市场主体，完善支持政策，促进民生科技产业发展，使科技创新成果惠及广大人民群众。加强文化科技创新，推进科技与文化融合，提高科技对文化事业和文化产业发展的支撑能力。

加快建设社会管理领域的科技支撑体系。充分运用信息技术等先进手段，建设网络化、广覆盖的公共服务平台。着力推进政府相关部门信息共享、互联互通。建立健全以自主知识产权为核心的互联网信息安全关键技术保障机制，促进信息网络健康发展。

四、加强统筹部署和协同创新，提高创新体系整体效能

（八）推动创新体系协调发展。统筹技术创新、知识创新、国防科技创新、区域创新和科技中介服务体系建设，建立基础研究、应用研究、成果转化和产业化紧密结合、协调发展机制。支持和鼓励各创新主体根据自身特色和优势，探索多种形式的协同创新模式。完善学科布局，推动学科交叉融合和均衡发展，统筹目标导向和自由探索的科学研究，超前部署对国家长远发展具有带动作用的战略先导研究、重要基础研究和交叉前沿研究。加强技术创新基地建设，发挥骨干企业和转制院所作用，提高产业关键技术研发攻关水平，促进技术成果工程化、

产业化。完善军民科技融合机制,建设军民两用技术创新基地和转移平台,扩大民口科研机构和科技型企业对国防科技研发的承接范围。培育、支持和引导科技中介服务机构向服务专业化、功能社会化、组织网络化、运行规范化方向发展,壮大专业研发设计服务企业,培育知识产权服务市场,推进检验检测机构市场化服务,完善技术交易市场体系,加快发展科技服务业。充分发挥科技社团在推动全社会创新活动中的作用。建立全国创新调查制度,加强国家创新体系建设监测评估。

(九)完善区域创新发展机制。充分发挥地方在区域创新中的主导作用,加快建设各具特色的区域创新体系。结合区域经济社会发展的特色和优势,科学规划、合理布局,完善激励引导政策,加大投入支持力度,优化区域内创新资源配置。加强区域科技创新公共服务能力建设,进一步完善科技企业孵化器、大学科技园等创新创业载体的运行服务机制,强化创业辅导功能。加强区域间科技合作,推动创新要素向区域特色产业聚集,培育一批具有国际竞争力的产业集群。加强统筹协调,分类指导,完善相关政策,鼓励创新资源密集的区域率先实现创新驱动发展,支持具有特色创新资源的区域加快提高创新能力。以中央财政资金为引导,带动地方财政和社会投入,支持区域公共科技服务平台建设。总结完善并逐步推广中关村等国家自主创新示范区试点经验和相关政策。分类指导国家自主创新示范区、国家高新技术产业开发区、国家高技术产业基地等创新中心完善机制,加强创新能力建设,发挥好集聚辐射带动作用。

(十)强化科技资源开放共享。建立科研院所、高等学校和企业开放科研设施的合理运行机制。整合各类科技资源,推进大型科学仪器设备、科技文献、科学数据等科技基础条件平台建设,加快建立健全开放共享的运行服务管理模式和支持方式,制定相应的评价标准和监督奖惩办法。完善国家财政资金购置科研仪器设备的查重机制和联合评议机制,防止重复购置和闲置浪费。对财政资金资助的科技项目和科研基础设施,加快建立统一的管理数据库和统一的科技报告制度,并依法向社会开放。

五、改革科技管理体制,促进管理科学化和资源高效利用

(十一)加强科技宏观统筹。完善统筹协调的科技宏观决策体系,建立健全国家科技重大决策机制,完善中央与地方之间、科技相关部门之间、科技部门与其他部门之间的沟通协调机制,进一步明确国家各类科技计划、专项、基金的定位和支持重点,防止重复部署。加快转变政府管理职能,加强战略规划、政策法规、标准规范和监督指导等方面职责,提高公共科技服务能力,充分发挥各类创新主体的作用。完善国家科技决策咨询制度,重大科技决策要广泛听取意见,将科技咨询纳入国家重大问题的决策程序。探索社会主义市场经济条件下的举国体制,完善重大战略性科技任务的组织方式,充分发挥我国社会主义制度集中力量办大事的优势,充分发挥市场在资源配置中的基础性作用,保障国家科技重大专项等顺利实施。

(十二)推进科技项目管理改革。建立健全科技项目决策、执行、评价相对分开、互相监督的运行机制。完善科技项目管理组织流程,按照经济社会发展需求确定应用型重大科技任务,拓宽科技项目需求征集渠道,建立科学合理的项目形成机制和储备制度。建立健全科技项目公平竞争和信息公开公示制度,探索完善网络申报和视频评审办法,保证科技项目管理的公开公平公正。完善国家科技项目管理的法人责任制,加强实施督导、过程管理和项目验收,建立健全对科技项目和科研基础设施建设的第三方评估机制。完善科技项目评审评价机制,避免频繁考核,保证科研人员的科研时间。完善相关管理制度,避免科技项目和经费过度集

中于少数科研人员。

（十三）完善科技经费管理制度。健全竞争性经费和稳定支持经费相协调的投入机制，优化基础研究、应用研究、试验发展和成果转化的经费投入结构。完善科研课题间接成本补偿机制。建立健全符合科研规律的科技项目经费管理机制和审计方式，增加项目承担单位预算调整权限，提高经费使用自主权。建立健全科研经费监督管理机制，完善科技相关部门预算和科研经费信息公开公示制度，通过实施国库集中支付、公务卡等办法，严格科技财务制度，强化对科技经费使用过程的监管，依法查处违法违规行为。加强对各类科技计划、专项、基金、工程等经费管理使用的综合绩效评价，健全科技项目管理问责机制，依法公开问责情况，提高资金使用效益。

（十四）深化科技评价和奖励制度改革。根据不同类型科技活动特点，注重科技创新质量和实际贡献，制定导向明确、激励约束并重的评价标准和方法。基础研究以同行评价为主，特别要加强国际同行评价，着重评价成果的科学价值；应用研究由用户和专家等相关第三方评价，着重评价目标完成情况、成果转化情况以及技术成果的突破性和带动性；产业化开发由市场和用户评价，着重评价对产业发展的实质贡献。建立评价专家责任制度和信息公开制度。开展科技项目标准化评价和重大成果产出导向的科技评价试点，完善国家科技重大专项监督评估制度。加强对科技项目决策、实施、成果转化的后评估。发挥科技社团在科技评价中的作用。

改革完善国家科技奖励制度，建立公开提名、科学评议、实践检验、公信度高的科技奖励机制。提高奖励质量，减少数量，适当延长报奖成果的应用年限。重点奖励重大科技贡献和杰出科技人才，强化对青年科技人才的奖励导向。根据不同奖项的特点完善评审标准和办法，增加评审过程透明度。探索科技奖励的同行提名制。支持和规范社会力量设奖。

六、完善人才发展机制，激发科技人员积极性创造性

（十五）统筹各类创新人才发展和完善人才激励制度。深入实施重大人才工程和政策，培养造就世界水平的科学家、科技领军人才、卓越工程师和高水平创新团队。改进和完善院士制度。大力引进海外优秀人才特别是顶尖人才，支持归国留学人员创新创业。加强科研生产一线高层次专业技术人才和高技能人才培养。支持创新人才到西部地区特别是边疆民族地区工作。支持35岁以下的优秀青年科技人才主持科研项目。鼓励大学生自主创新创业。鼓励在创新实践中脱颖而出的人才成长和创业。重视工程实用人才、紧缺技能人才和农村实用人才培养。

建立以科研能力和创新成果等为导向的科技人才评价标准，改变片面将论文数量、项目和经费数量、专利数量等与科研人员评价和晋升直接挂钩的做法。加快建设人才公共服务体系，健全科技人才流动机制，鼓励科研院所、高等学校和企业创新人才双向交流。探索实施科研关键岗位和重大科研项目负责人公开招聘制度。规范和完善专业技术职务聘任和岗位聘用制度，扩大用人单位自主权。探索有利于创新人才发挥作用的多种分配方式，完善科技人员收入分配政策，健全与岗位职责、工作业绩、实际贡献紧密联系和鼓励创新创造的分配激励机制。

（十六）加强科学道德和创新文化建设。建立健全科研活动行为准则和规范，加强科研诚信和科学伦理教育，将其纳入国民教育体系和科技人员职业培训体系，与理想信念、职业道德和法制教育相结合，强化科技人员的诚信意识和社会责任。发挥科研机构和学术团体的自律功能，引导科技人员加强自我约束、自我管理。加强科研诚信和科学伦理的社会监督，扩大公众对科研活动的知情权和监督权。加强国家科研诚信制度建设，加快相关立法进程，建立

科技项目诚信档案,完善监督机制,加大对学术不端行为的惩处力度,切实净化学术风气。

引导科技工作者自觉践行社会主义核心价值体系,大力弘扬求真务实、勇于创新、团结协作、无私奉献、报效祖国的精神,保障学术自由,营造宽松包容、奋发向上的学术氛围。大力宣传优秀科技工作者和团队的先进事迹。加强科学普及,发展创新文化,进一步形成尊重劳动、尊重知识、尊重人才、尊重创造的良好风尚。

七、营造良好环境,为科技创新提供有力保障

(十七)完善相关法律法规和政策措施。落实科技规划纲要配套政策,发挥政府在科技投入中的引导作用,进一步落实和完善促进全社会研发经费逐步增长的相关政策措施,加快形成多元化、多层次、多渠道的科技投入体系,实现2020年全社会研发经费占国内生产总值2.5%以上的目标。

完善和落实促进科技成果转化应用的政策措施,实施技术转让所得税优惠政策,用好国家科技成果转化引导基金,加大对新技术新工艺新产品应用推广的支持力度,研究采取以奖代补、贷款贴息、创业投资引导等多种形式,完善和落实促进新技术新产品应用的需求引导政策,支持企业承接和采用新技术、开展新技术新工艺新产品的工程化研究应用。完善落实科技人员成果转化的股权、期权激励和奖励等收益分配政策。

促进科技和金融结合,创新金融服务科技的方式和途径。综合运用买方信贷、卖方信贷、融资租赁等金融工具,引导银行等金融机构加大对科技型中小企业的信贷支持。推广知识产权和股权质押贷款。加大多层次资本市场对科技型企业的支持力度,扩大非上市股份公司代办股份转让系统试点。培育和发展创业投资,完善创业投资退出渠道,支持地方规范设立创业投资引导基金,引导民间资本参与自主创新。积极开发适合科技创新的保险产品,加快培育和完善科技保险市场。

加强知识产权的创造、运用、保护和管理,"十二五"期末实现每万人发明专利拥有量达到3.3件的目标。建立国家重大关键技术领域专利态势分析和预警机制。完善知识产权保护措施,健全知识产权维权援助机制。完善科技成果转化为技术标准的政策措施,加强技术标准的研究制定。

认真落实科学技术进步法及相关法律法规,推动促进科技成果转化法修订工作,加大对科技创新活动和科技创新成果的法律保护力度,依法惩治侵犯知识产权和科技成果的违法犯罪行为,为科技创新营造良好的法治环境。

(十八)加强科技开放合作。积极开展全方位、多层次、高水平的科技国际合作,加强内地与港澳台地区的科技交流合作。加大引进国际科技资源的力度,围绕国家战略需求参与国际大科学计划和大科学工程。鼓励我国科学家发起和组织国际科技合作计划,主动提出或参与国际标准制定。加强技术引进和合作,鼓励企业开展参股并购、联合研发、专利交叉许可等方面的国际合作,支持企业和科研机构到海外建立研发机构。加大国家科技计划开放合作力度,支持国际学术机构、跨国公司等来华设立研发机构,搭建国内外大学、科研机构联合研究平台,吸引全球优秀科技人才来华创新创业。加强民间科技交流合作。

八、加强组织领导,稳步推进实施

(十九)加强领导,精心组织。各级党委和政府要把深化科技体制改革、加快国家创新体系建设工作摆上重要议事日程,把科技体制改革作为经济体制改革的重要内容,同部署、同落实、同考核。发挥专家咨询作用,充分调动广大科技工作者和全社会积极参与,共同做好深化科技体制改革工作。

(二十)明确责任,落实任务。在国家科技教育领导小组的领导下,建立健全工作协调机制,分解任务,明确责任,狠抓落实。各有关方

面要增强大局意识、责任意识，加强协调配合，抓好各项任务实施。加强分类指导和评价考核，定期督促检查。各有关部门和单位要按照任务分工和要求，结合实际制定具体改革方案和措施，按程序报批。有关职能部门要尽快制定完善相关配套政策，加强政策落实情况评估。

（二十一）统筹安排，稳步推进。注重科技体制改革与其他方面改革的衔接配合，处理好改革发展稳定关系，把握好改革节奏和进度，认真研究和妥善解决改革中遇到的新情况新问题，对一些重大改革措施要做好试点工作，积极稳妥地推进改革。加强宣传和舆论引导，大力宣传科技发展的重大成就，宣传深化科技体制改革的重要意义、工作进展和先进经验，及时回应社会关切，引导社会舆论，形成支持改革的良好氛围。

（此《意见》由中共中央、国务院于2012年7月2日印发）

关于进一步加强党管人才工作的意见

为加强和改进党对人才工作的领导，根据《国家中长期人才发展规划纲要（2010—2020年）》，现就进一步加强党管人才工作提出如下意见。

一、充分认识进一步加强党管人才工作的重要意义

1. 党管人才是人才工作的重要原则。党和国家历来高度重视人才工作。进入新世纪新阶段，中央作出实施人才强国战略的重大决策，确立了党管人才原则。党管人才主要是管宏观、管政策、管协调、管服务，包括规划人才发展战略，制定并落实人才发展重大政策，协调各方面力量形成共同参与和推动人才工作的整体合力，为各类人才干事创业、实现价值提供良好服务等。党管人才是党的组织制度的重要组成部分，是人才工作沿着正确方向前进的根本保证。

2. 新形势新任务要求进一步加强党管人才工作。世界多极化和经济全球化的深入发展，使人才在综合国力竞争中的地位和作用更加凸显。我国正处于全面建设小康社会的关键时期和深化改革开放、加快转变经济发展方式的攻坚时期，人才越来越成为推动科学发展的关键因素。随着我国人才队伍规模不断扩大、构成趋于多样、流动显著加快，对各类人才服务、支持和管理的力度需要进一步加大。近年来，各级党委和政府认真贯彻党管人才原则，人才工作取得了新成绩，积累了新经验，为经济社会发展提供了有力的人才支撑。但一些领导干部对党管人才认识不到位、党管人才体制机制不够健全、党管人才方式方法不够适应、党管人才保障不够有力等问题，在一些地方和单位还不同程度存在。新形势新任务要求进一步加强党管人才工作，加强和改进党对人才工作的领导，把各类优秀人才团结凝聚在党的事业周围，促进人才强国战略的更好实施和建设人才强国宏伟目标的顺利实现。

二、加强党管人才工作的指导思想和总体要求

3. 指导思想。高举中国特色社会主义伟大旗帜，以邓小平理论和“三个代表”重要思想为指导，深入贯彻落实科学发展观，紧紧围绕党和国家工作大局，创新党管人才领导体制机制，改进党管人才方式方法，不断提高人才工作科学化水平，为更好地实施人才强国战略提供坚强的政治和组织保证。

4. 总体要求。着眼于培养造就宏大的高素质人才队伍，统筹兼顾，突出重点，改革创新，分类指导，强化服务，注重实效，正确处理党管人才与尊重人才成长规律、发挥市场在人才资源配置中基础性作用的关系，充分调动社会各方面力量参与人才工作的积极性。通过进一步加强党管人才工作，使党对人才工作的领导更加有力，全社会重视人才工作、支持人才发展的氛围更加浓厚，努力形成人才辈出、人尽其才、才尽其用的生动局面。

三、健全党管人才领导体制和工作格局

5. 加强党委统一领导。发挥党委（党组）在人才工作中的核心领导作用，保证党的人才工作方针政策全面贯彻落实。确立人才优先发展战略布局，坚持人才资源优先开发、人才结构优先调整、人才投资优先保证、人才制度优先创新。党委（党组）要及时研究部署人才工作，谋划大局，把握方向，解决问题，整合力量。党委

（党组）书记要带头抓好人才工作，党委常委（党组成员）要按照分工抓好分管领域或系统的人才工作。县级以上地方党委建立人才工作领导小组。由党委或政府主要负责同志担任人才工作领导小组组长的，党委组织部部长和政府分管领导同志担任副组长；由党委组织部部长担任人才工作领导小组组长的，政府分管领导同志担任副组长。领导小组成员由党委、政府人才工作职能部门的主要负责同志担任。党委、政府所属系统内人才资源规模比较大的职能部门，可以根据实际需要建立人才工作领导小组。

6. 发挥组织部门牵头抓总作用。各级党委组织部门要在党委领导下，切实担负起人才工作牵头抓总的责任，当好参谋，创新实践，整合资源，示范引领。要坚持牵头不包办，抓总不包揽，统筹不代替，积极支持配合其他部门在职责范围内开展工作。中央和省级组织部门要重点抓好战略思想研究、总体规划制定、重要政策统筹、创新工程策划、重点人才培养、重大典型宣传等工作。

7. 促进职能部门各司其职、密切配合。按照统一领导、分类管理的原则，根据部门职能，科学划分有关部门在人才工作和人才队伍建设中的职责。人力资源社会保障部门要在制定人才政策法规、构建人才服务体系、培育和发展人才资源市场等方面积极发挥作用。承担党政人才、企业经营管理人才、专业技术人才、高技能人才、农村实用人才和社会工作人才队伍建设的主要责任部门要明确职责，各司其职。各党政职能部门和企事业单位要齐抓共管、通力合作，共同推动人才工作各项任务的落实。

8. 切实发挥用人单位主体作用。引导和督促各用人单位认真贯彻执行党的人才工作方针政策，自觉做好本单位人才培养、引进和使用工作。不断深化干部选拔任用制度改革，扩大干部工作民主，拓宽选人用人渠道，促进优秀人才脱颖而出。深化国有企业和事业单位人事制度改革，创新管理体制，完善用人机制，尊重和落实单位用人自主权。鼓励和引导非公有制经济组织和新社会组织认真落实所在地方党委、政府人才发展规划，以灵活机制做好人才服务和管理工作。

9. 调动社会各方面力量参与人才工作的积极性。引导和支持工会、共青团、妇联、科协、文联、作协等人民团体和各民主党派、工商联、无党派人士等各方面力量积极参与人才工作。鼓励和支持各类人才培训机构、中介机构以及从事国际人才交流的民间机构创新服务方式和内容，为人才提供个性化和多样化服务。

四、完善党管人才工作运行机制

10. 建立科学决策机制。凡涉及人才工作的重要文件、重要活动安排等，都要提交人才工作领导小组审议，重大事项要报同级党委（党组）审定。提请人才工作领导小组审议的文件和事项，要事先征求相关部门意见。涉及经济社会发展全局的重大事项，要面向社会广泛征求意见，听取专家意见和建议。研究制定人才工作重大决策和部署，要注意上下衔接和政策配套。

11. 完善分工协作机制。人才工作领导小组按照同级党委（党组）人才工作部署，及时将年度人才工作要点、重点工作任务分解到各有关部门，明确工作质量和进度要求。有关部门要细化任务分工，提出具体落实措施，部门之间要加强协作配合。

12. 建立沟通交流机制。建立人才工作领导小组例会制度，交流工作进展情况，研究解决重点难点问题。人才工作领导小组各成员单位要确定联络员，加强同领导小组和其他成员单位的工作联系。加强人才工作信息交流。

13. 健全督促落实机制。人才工作领导小组采取年度检查与日常督查相结合的方式，对本地区本部门工作落实情况进行检查，检查结果以适当形式通报。加强重点工作跟踪指导和专项督查，探索建立通过第三方对人才发展情况进行监测、分析和评估的有效办法。

五、创新党管人才方式方法

14. 统筹兼顾，推动人才资源整体开发。各级党委要根据经济社会发展需要，统筹经济社会发展和人才发展，围绕中心工作制定人才工作目标和措施。以高层次和高技能人才为重点，统筹推进各类人才队伍建设。统筹城乡、区域人才资源开发，大力支持农村基层和革命老区、民族地区、边疆地区、贫困地区人才培养开发，积极引导人才向农村基层和艰苦边远地区流动。统筹国内国际两种资源，坚持自主培养开发人才与引进海外人才和智力并举。

15. 把握和遵循人才成长规律，加强人才工作分类指导。根据不同类型人才特点，有针对性地制定培养措施、评价标准和激励办法，促进人岗相适、才尽其用。指导机关、企事业单位和社会组织根据各自特点开展人才工作。

16. 充分发挥市场作用，把党管人才与市场配置人才资源有机结合起来。发挥党的思想政治优势、组织优势和密切联系群众优势，加强对人才工作的宏观管理和综合协调。尊重社会主义市场经济规律，健全人才市场体系，充分发挥市场在人才资源配置中的基础性作用，实现人才资源高效配置。

17. 大力改革创新，增强人才工作生机与活力。引导各类用人主体在总结运用人才工作传统经验的同时，不断推进人才工作实践创新、理论创新、制度创新。及时总结推广人才工作的新鲜经验。鼓励各地探索建立人才管理改革试验区。探索运用现代科技手段特别是网络信息技术开展人才工作。

六、加强党管人才工作的保障措施

18. 落实工作责任。实行县级以上地方党政领导班子人才工作目标责任制。科学设置考核指标，建立完善考核办法，合理运用考核结果，推动人才工作任务落实。

19. 加强人才工作机构和队伍建设。省（自治区、直辖市）、市（地）和有条件的县（市），党委组织部门要建立健全人才工作机构，配齐配强工作力量。暂无条件设立专门机构的县（市），要有专人负责人才工作。党委、政府有关职能部门可根据实际需要建立人才工作机构。加强人才工作队伍的教育培训和实践锻炼，不断提高队伍能力素质。

20. 强化理论指导。大力宣传普及科学人才观，深入开展人才理论研究，重视研究成果运用，提高成果转化率。加强人才学科、研究机构和研究队伍建设。

21. 保证人才投入。坚持人才投资优先保证，建立健全政府、社会、用人单位和个人多元化投入机制。加大人才发展资金投入力度，保障重大人才项目实施。鼓励支持企业和社会组织建立人才发展基金。

22. 营造良好环境。加强政策引导和舆论宣传，大力营造尊重人才、见贤思齐的社会环境，鼓励创新、宽容失败的工作环境，待遇适当、无后顾之忧的生活环境，公开平等、竞争择优的制度环境。推进人才工作法制建设，形成有利于人才发展的法制环境。

（此《意见》由中共中央办公厅于2012年8月6日印发）

中共政协全国委员会党组关于《中共中央关于加强人民政协工作的意见》贯彻落实情况的报告

（2012 年 8 月 20 日）

《中共中央关于加强人民政协工作的意见》（以下简称《意见》）颁发实施 5 年来，各级党委和各级人民政协组织高举中国特色社会主义伟大旗帜，以邓小平理论和“三个代表”重要思想为指导，深入贯彻落实科学发展观，按照中央关于加强人民政协工作的各项决策部署，坚持和完善中国共产党领导的多党合作和政治协商制度，充分履行人民政协政治协商、民主监督、参政议政职能，推动人民政协工作取得了新的显著成绩。经中共中央同意，2010 年下半年，全国政协组成调研组，由贾庆林等领导同志带队，分别赴浙江、辽宁、重庆、湖北、广东、河南等省市，就各地贯彻落实《意见》精神情况进行了调研检查。同时各地普遍开展了自查，省级和副省级城市政协向全国政协报送了专项报告。现将主要情况报告如下。

一、《意见》颁发以来人民政协事业取得的主要进展

《意见》颁发后，各地党委常委会、理论学习中心组开展专题学习，推动党内外干部系统学习；普遍召开政协工作会议，制定出台实施意见；结合庆祝新中国成立 60 周年和人民政协成立 60 周年等重大活动，深入推动贯彻落实；加大宣传报道力度，营造良好的舆论环境和社会氛围，有力推动了人民政协各项事业取得新发展。

（一）各级党委对政协工作的领导更加有力，形成了党委重视、政府支持、政协主动、各方配合、社会关注的良好局面。把政协工作纳入党委工作整体布局，党委常委会定期研究政协工作，党政主要领导分工联系政协、参加政协重要会议和活动，政协主席列席党政有关重要会议。重大问题在政协协商、重要情况向政协通报、党政职能部门与政协专门委员会沟通联络初步形成机制。地方党委主动给政协出题目、交任务，委托政协开展重大课题调研，邀请政协委员参加重大项目论证，建立政协调研成果采纳落实机制，推动参政议政成果转化。各地还积极为政协开展工作创造条件，推动干部交流，保障工作和活动经费，改善办公条件。

（二）人民政协制度化、规范化、程序化建设更加深化，逐步形成了较为完备的制度体系。坚持把政治协商纳入党委决策程序，部分地方党委制定了政治协商意见或规程，做到重大问题协商于决策之前。许多地方组织专题协商会、专题资政会、界别协商会，探索网络协商议政，形成全体会议、常委会议、主席会议、专题协商会议、秘书长会议、专门委员会会议多层次协商的工作机制。各地不断完善民主监督知情、沟通、反馈、落实等工作制度，积极探索民主监督的有效形式，提高民主监督的质量和成效。许多地方政协积极探索与有关方面联合开展调研视察，建立政协建议案和重点提案公示制度、向党委和政府反映重要意见和建议的“直通车”制度，及时提供决策参考信息。

（三）人民政协履行职能成效更加显著，形成了踊跃为推动科学发展、促进社会和谐献计出力的生动局面。坚持把围绕中心、服务大局作为人民政协履行职能的重要原则，加强对我国经济社会发展进程中一些重大问题的考察调研和讨论协商，为党和政府科学决策、民主决策

提供重要依据和参考。5 年来,各级政协围绕应对国际金融危机冲击、制定“十二五”规划、转变经济发展方式、保障和改善民生等重大问题,特别是在完善国家区域发展战略布局、应对气候变化、抗震救灾和灾后恢复重建、加快构建社会保障体系、推动医疗卫生体制改革、促进义务教育均衡发展、保证食品质量和安全等方面积极建言献策,为各级党委和政府提供了重要决策参考。全国政协收到提案 26584 件,承办单位已经采纳和拟采纳的有 21545 件。各级政协还在做好新形势下群众工作、加强同港澳台同胞和海外侨胞的团结联谊、拓展对外交流合作等方面发挥了重要作用。

(四)人民政协思想理论建设更加深入,形成了学习研究和教育培训的长效机制。各级政协始终把思想理论建设作为重大政治任务来抓。系统梳理和研究以毛泽东、邓小平、江泽民同志为核心的中共中央三代领导集体和以胡锦涛同志为总书记的中共中央关于人民政协的重要思想,坚持用科学理论指导人民政协实践。加强人民政协理论研究工作,成立人民政协理论研究会,初步建立全国、省区市和中心城市三级理论研究网络,构建起全国政协和地方政协协调互动、政协系统和高校科研院所优势互补的研究格局。各地分期分批组织委员开展学习培训,深入开展学习实践科学发展观、践行社会主义核心价值体系主题教育活动,各党派团体和各族各界人士团结合作的共同思想政治基础不断巩固。

(五)人民政协自身建设更加扎实,形成了深化党派合作、突出界别特色、发挥委员主体作用、加强专门委员会建设、加强机关建设“五位一体”协同推进的态势。民主党派成员和无党派人士在政协委员、常务委员和政协领导成员中占有较大比例的要求得到落实,政协各专门委员会均有民主党派成员和无党派人士参加,政协机关中有一定数量的民主党派成员和无党派人士担任专职领导职务,并做到有职有权有责有为。逐步建立健全界别联系人和界别委员联系群众、政协机关和专门委员会联系界别、界别工作考核激励等机制。充分发挥政协委员主体作用,设立政协委员工作委员会,建立联系委员制度和委员履职考评、动态管理等机制。进一步发挥政协专门委员会基础作用,切实提高议政建言的质量和水平。各级政协机关深入开展保持共产党员先进性教育、学习实践科学发展观、创先争优活动,积极推进“学习型、服务型、创新型、和谐型”机关建设,干部队伍结构得到改善,干部综合素质有所提升,政务性和事务性服务能力以及统筹协调水平不断提高。

各地在贯彻落实《意见》过程中也存在一些问题,主要有:在对人民政协认识方面,有的党政领导干部对多党合作和人民政协的重要地位作用认识不足,对人民政协事业发展面临的新情况新问题重视和研究不够,存在政策落实有差距、工作开展不平衡等情况。在人民政协工作制度化建设方面,政治协商不同程度存在表面化、随意性等现象,民主监督作用发挥不够,参政议政的意见反馈和成果转化不够规范。在政协委员作用发挥方面,有些地方对政协委员提出的意见建议重视不够,部分委员参与政协工作的积极性主动性不高,对少数不能履职的委员缺乏有效的督促机制。在人民政协自身建设方面,界别特点和优势需要进一步发挥,专门委员会设置需要规范,政协机关干部交流难,基层政协普遍存在人员编制紧缺等问题。

二、《意见》颁发以来人民政协工作积累的重要经验

各地在贯彻落实《意见》过程中,不断增强对人民政协在党和国家事业全局中地位和作用的认识,深化对人民政协事业发展特点和规律的认识。5 年来的实践进一步证明,人民政协这一中国特色政治组织和民主形式,是我国社会主义民主政治建设的伟大创造,对于实现人民民主、调动全民族积极性主动性创造性、凝聚各方面智慧和力量,对于推动科学发展、促进社会和谐,对于巩固党的执政基础、完成党的执政

使命,具有不可替代的重要作用。在新的形势下,开创中国特色社会主义事业新局面,必须进一步加强和改进人民政协工作,不断增强人民政协生机活力,使人民政协在推动党和国家事业发展中发挥更大作用、作出更大贡献。

5年来,各地在贯彻落实《意见》的实践中,探索形成了一些重要经验,需要在今后工作中始终坚持和丰富发展。主要是:

(一)必须不断巩固人民政协的共同思想政治基础。人民政协作为大团结大联合的组织,涵盖各党派、各团体、各民族、各阶层和各界人士。实践充分证明,人民政协团结联合的范围越宽、程度越深,越需要坚持中国共产党的领导,坚持团结和民主两大主题,在尊重多样性中保持一致性。要在思想上同心同德,以中国特色社会主义理论体系增进共识;在目标上同心同向,以全面建设小康社会和中华民族伟大复兴宏伟目标坚定信念;在行动上同心同行,以推动科学发展、促进社会和谐生动实践汇聚力量。

(二)必须准确把握人民政协的性质和方向。人民政协是中国人民爱国统一战线的组织,是中国共产党领导的多党合作和政治协商的重要机构,是我国政治生活中发扬社会主义民主的重要形式。这是对人民政协性质的科学界定,反映了人民政协的鲜明特征,体现了人民政协的独特优势,指明了人民政协事业的发展方向。无论国际风云如何变幻,无论国内经济社会如何变革,都要毫不动摇地坚持人民政协的性质和方向,坚定不移地走中国特色社会主义政治发展道路,始终坚持完善中国共产党领导的多党合作和政治协商制度,绝不搞西方多党制、两院制,切实发挥我国社会主义政治制度的特点和优势。

(三)必须着眼党和国家工作全局发挥人民政协作用。人民政协事业是中国特色社会主义事业的重要组成部分,其作用发挥体现于围绕中心、服务大局的履职成效中。要坚持把促进科学发展作为履行职能的第一要务,围绕改革开放和社会主义现代化建设谋事,紧扣服务科学发展、促进社会和谐干事,努力在全面建设小康社会中成事。要运用好界别组织的结构优势、民主协商的功能优势、联系广泛的渠道优势,充分发挥协调关系、汇聚力量、建言献策、服务大局的重要作用,为促进经济社会又好又快发展、为推进祖国统一大业凝聚强大力量。

(四)必须把维护最广大人民的根本利益作为人民政协工作的出发点和落脚点。以人为本、履职为民是人民政协固有属性的体现,是人民政协履行职能的应有之义。把关心群众、服务群众的工作切实做好,才能从人民群众创造历史的伟大进程中汲取智慧和力量,为人民政协事业发展注入不竭动力。要树立群众观点,把履行职能的实践与最广大人民的根本利益紧密联系起来,以群众利益为重、以群众期盼为念,常谋富民之策,常为利民之举。要走群众路线,深入了解民情,充分反映民意,广泛集中民智,团结凝聚各界群众为全面建设小康社会共同奋斗。

(五)必须充分发挥政协委员的主体作用。发挥委员主体作用,是人民政协"五位一体"自身建设的关键。要充分尊重委员主体地位,维护委员民主权利,不断强化委员的责任意识,激发他们履职尽责的积极性、议政建言的主动性。要统筹运用全国政协和地方政协两支力量,加强上下联动、优势互补、成果共享,积极为广大委员履职创造有利条件,努力提高他们自身素质和履职能力,真正做到用事业凝聚委员、用实践锻炼委员、用机制激励委员。

(六)必须以改革创新精神推进人民政协事业。面对新形势新任务,人民政协事业实现新发展,关键在于在继承中开拓,在创新中前进,推动各项工作常做常新。要始终保持改革创新的魄力和勇气,积极推进人民政协理论创新,着力把握人民政协服务科学发展和实现自身科学发展的规律;推进人民政协制度创新,将有效做法和成功经验上升为制度性规定,建立健全履行职能的长效机制;推进人民政协工作创新,完善工作载体,改进工作方式,不断提高人民政协工作水平。

三、进一步推动《意见》精神深入贯彻落实

《意见》是指导新世纪新阶段人民政协事业发展的纲领性文件，全面贯彻落实文件精神是一项长期任务。要着眼新的形势和任务，加强对《意见》精神的再学习、再宣传、再落实，并与贯彻落实中央对新形势下人民政协工作的新要求特别是胡锦涛同志在庆祝人民政协成立60周年大会上的重要讲话精神结合起来，与服务"十二五"规划实施的新任务结合起来，努力推动人民政协事业实现新的更大发展。

（一）进一步加强和改善党对人民政协的领导。支持人民政协依照章程独立负责、协调一致地开展工作，是中国共产党加强和改善党的领导的重要方面，也是《意见》提出的重要政治任务。要按照党总揽全局、协调各方的原则，把政协工作纳入党委重要议事日程，听取政协党组的工作汇报，发挥政协组织中共产党员的先锋模范作用，及时研究并统筹解决人民政协工作中的重大问题。要把是否重视人民政协工作、能否发挥好人民政协的作用作为检验各级党委领导水平和执政能力的一项重要内容，把对人民政协的宣传列入各级党委宣传部门的工作计划，把人民政协理论列入各级党校、行政学院、干部学院、社会主义学院的教学计划。适时研究制定实施意见，巩固发展全党全社会重视和支持人民政协工作的局面。

（二）进一步加强人民政协的思想理论建设。人民政协是中国共产党把马克思列宁主义统一战线理论、政党理论、社会主义民主政治理论同中国具体实践相结合的伟大创造。要着眼于马克思主义理论的运用，毫不动摇地坚持中国特色社会主义理论体系，准确把握人民政协理论研究的正确方向，加快重点课题研究，努力探索、科学回答人民政协事业发展中的重大理论和实践问题，不断完善人民政协理论体系。要立足我国国情和人民政协实际情况，把握人民政协的性质、特点和规律，借鉴人类政治文明的有益成果，积极引导和推动参加人民政协的各党派、各团体、各民族、各阶层、各界人士始终坚持走中国特色社会主义政治发展道路。

（三）进一步坚持和完善人民政协民主形式。人民通过选举、投票行使权利和人民内部各方面在重大决策之前进行充分协商，尽可能就共同性问题取得一致意见，是我国社会主义民主的两种重要形式。人民政协这种民主形式融协商、监督、合作、参与于一体，极大丰富了我国社会主义民主的内涵，成为协商民主的重要渠道。要立足坚持和完善中国共产党领导的多党合作和政治协商制度，善于运用人民政协这一政治组织和民主形式，加强对重大问题的政治协商。研究规范在政协进行政治协商的具体运行机制，适时出台实施意见，使政治协商更加有制可依、有章可循。充分发挥人民政协在扩大公民有序政治参与中的重要平台作用，广泛吸收各党派、各团体、各民族、各阶层、各界人士参与国事，丰富专题协商、对口协商、界别协商、提案办理协商的内容和形式，增强协商的广泛性和实效性。

（四）进一步完善人民政协履行职能的制度规定。推进政治协商、民主监督、参政议政的制度化规范化程序化，是人民政协开展工作的重要保障。要将人民政协制度建设纳入社会主义政治制度自我完善和发展的总体布局加以推进。要研究制定规范政治协商、民主监督、参政议政的具体意见，细化政协履行职能的内容、形式、程序，明确具体可行、相互衔接配套的操作规范。进一步健全提案、视察、调研、反映社情民意等经常性工作制度，建立综合协调、信息沟通、绩效评估、督查落实等工作机制，努力形成科学管用的制度体系。认真总结政协组织开展群众工作的好经验好做法，逐步完善政协组织、政协委员和界别联系群众的工作机制，努力成为密切联系群众、反映群众意见诉求的重要渠道，成为党和政府舆情汇集和分析机制的重要方面，发挥政协在加强和创新社会管理方面的

作用。

（五）进一步加强政协委员队伍建设。贯彻落实《意见》精神，推动人民政协事业发展，要充分发挥政协党组在政协委员队伍建设中的作用，为委员履职创造有利条件并加强管理服务。政协委员所在单位要支持其参加政协活动，保障其各项待遇不因参加政协活动而受到影响。加强政协与党政有关部门的联系与沟通，建立健全政协委员意见建议的跟踪办理及反馈机制。严把政协委员的素质关，既注重委员的代表性又注重委员的履职能力，既强调委员的荣誉更强调委员的责任，真正把有代表性、责任感强、廉洁守法、有议政建言能力的人士推荐到政协组织中。研究制定政协委员管理的指导性意见，建立健全履职情况统计制度、考核机制和激励机制，促进政协委员全面提高素质、有效履行职责。

（六）进一步提升政协工作科学化水平。这是贯彻落实《意见》精神的重要方面，也是人民政协履行职能、发挥作用的必然要求。建立健全民主党派和无党派人士在人民政协履行职能的工作机制，为他们在政协中发挥作用创造条件。突出界别特色，适应改革开放和经济社会结构发展变化，研究并进一步合理设置界别，更充分地体现和反映社会各界的愿望诉求，增进社会各阶层和不同利益群体的和谐。加强专门委员会工作和建设，切实成为政协履行职能的重要基础部门。党委有关部门要把政协干部培养选拔使用纳入干部队伍建设总体规划，推进政协组织和党委、政府之间的干部交流，认真解决基层政协开展工作面临的实际困难和问题。

党的十七大以来大事记

为迎接中国共产党第十八次全国代表大会胜利召开，中共中央党史研究室编写了《党的十七大以来大事记》。党的十七大以来，以胡锦涛同志为总书记的党中央团结带领全党全国各族人民，以邓小平理论和"三个代表"重要思想为指导，深入贯彻落实科学发展观，全面推进中国特色社会主义伟大事业和党的建设新的伟大工程，各方面工作都取得了新的重要进展。《大事记》集中反映了5年来党和国家走过的辉煌历程和取得的巨大成就。

2007年

10月15日—21日　中国共产党第十七次全国代表大会举行。大会正式代表2213人，特邀代表57人，代表全国7300多万党员。胡锦涛作《高举中国特色社会主义伟大旗帜，为夺取全面建设小康社会新胜利而奋斗》的报告。大会总结过去5年的工作和改革开放以来的宝贵经验；强调要坚定不移地高举中国特色社会主义伟大旗帜，坚持中国特色社会主义道路和中国特色社会主义理论体系；全面阐述科学发展观的科学内涵、精神实质和根本要求；提出实现全面建设小康社会奋斗目标的新要求。大会通过《关于〈中国共产党章程(修正案)〉的决议》，将科学发展观写入党章。大会选举产生第十七届中央委员会和中央纪律检查委员会。

10月22日　中共十七届一中全会举行。胡锦涛主持会议并讲话。全会选举产生新一届中央政治局，选举胡锦涛、吴邦国、温家宝、贾庆林、李长春、习近平、李克强、贺国强、周永康为中央政治局常委，胡锦涛为中央委员会总书记；决定胡锦涛为中央军事委员会主席；通过中央书记处成员；批准中央纪律检查委员会书记、副书记和常委人选，贺国强为书记。

同日　十七届中央纪委一次全会举行。贺国强主持会议。全会选举中央纪律检查委员会书记、副书记和常委，报中央委员会批准。

10月23日　十七届中央政治局召开第一次会议，对学习宣传贯彻党的十七大精神进行研究部署。会议要求把全党全国各族人民的思想统一到党的十七大精神上来，把力量凝聚到实现党的十七大确定的各项任务上来。

10月24日　我国第一个月球探测器嫦娥一号成功发射，中国进入世界具有深空探测能力的国家行列。(2010年10月1日，嫦娥二号月球探测器成功发射)。

11月15日　国务院发出通知，决定以2008年12月31日为标准时点，开展第二次全国经济普查。(2009年12月25日，普查主要数据公报发布)。

11月17日　国务院批转节能减排统计监测及考核实施方案和办法，将能耗降低和污染减排完成情况纳入各地经济社会发展综合评价体系，实行严格的问责制。

11月18日—21日　温家宝对新加坡进行正式访问，并出席在新加坡举行的第十一次东盟与中日韩(10+3)领导人会议、第十一次中国与东盟(10+1)领导人会议、第三届东亚峰会及第八次中日韩领导人会晤。

11月中旬—12月下旬　中国国民党革命委员会、中国民主同盟、中国民主建国会、中国民主促进会、中国农工民主党、中国致公党、九三学社、台湾民主自治同盟等8个民主党派中央和中华全国工商业联合会分别进行换届选举。

11月27日　十七届中央政治局以完善中国特色社会主义法律体系和全面落实依法治国基本方略为题进行第一次集体学习。(至2012

年10月，共进行集体学习33次）。

12月3日—5日　中央经济工作会议召开。胡锦涛、温家宝讲话。会议强调，要紧紧围绕转变经济发展方式和完善社会主义市场经济体制，继续加强和改善宏观调控，积极推进改革开放和自主创新，着力优化经济结构和提高经济增长质量，切实加强节能减排和生态环境保护，更加重视改善民生和促进社会和谐，推动国民经济又好又快发展。

12月14日　国务院公布修改后的《全国年节及纪念日放假办法》。清明节、端午节、中秋节等列入法定节假日。

同日　国务院公布《职工带薪年休假条例》。

12月17日—21日　新进中央委员会的委员、候补委员学习贯彻党的十七大精神研讨班举行。胡锦涛、习近平讲话。胡锦涛强调，在高举中国特色社会主义伟大旗帜、坚持中国特色社会主义道路和中国特色社会主义理论体系问题上，中央领导集体要坚定不移，全党同志要坚定不移，全国人民要坚定不移。

12月18日　国务院印发《关于促进资源型城市可持续发展的若干意见》。

12月24日—25日　全国政法工作会议召开。胡锦涛同会议代表和全国大法官、大检察官座谈时强调，政法战线的全体同志是中国特色社会主义事业的建设者、捍卫者，要不断开创政法工作新局面，为全面建设小康社会、加快推进社会主义现代化提供强有力的政法保障。周永康在会上讲话。

12月29日　十届全国人大常委会第三十一次会议通过《关于香港特别行政区2012年行政长官和立法会产生办法及有关普选问题的决定》。

12月31日　中共中央、国务院印发《关于切实加强农业基础建设进一步促进农业发展农民增收的若干意见》。

2008年

年初　南方部分地区遭受严重低温雨雪冰冻灾害。在中共中央、国务院、中央军委领导下，广大军民团结奋战，保交通、保供电、保民生，取得了抗灾斗争的胜利。

1月3日　国务院发出《关于促进节约集约用地的通知》。

1月8日　国家科学技术奖励大会举行。党的十七大以来，共举行5次奖励大会。胡锦涛先后向闵恩泽、吴征镒、王忠诚、徐光宪、谷超豪、孙家栋、师昌绪、王振义、谢家麟、吴良镛颁发国家最高科学技术奖。

1月14日—16日　十七届中央纪委二次全会举行。胡锦涛讲话强调，要着力加强以完善惩治和预防腐败体系为重点的反腐倡廉建设。贺国强作工作报告。

1月16日　贾庆林会见全国宗教工作系统先进集体和先进工作者，强调要积极主动地做好宗教工作，促进宗教关系的和谐，努力把宗教界人士和信教群众团结在党和政府周围。

1月21日—23日　全国宣传思想工作会议召开。胡锦涛、李长春讲话。胡锦涛强调，要坚持高举旗帜、围绕大局、服务人民、改革创新，推动社会主义文化大发展大繁荣，提高国家文化软实力。

2月3日　国务院发出《关于做好促进就业工作的通知》。

2月7日　国务院批复《国家海洋事业发展规划纲要》。

2月16日　中共中央印发《关于进一步完善地方党委领导班子配备改革后工作机制的意见》。

2月17日—19日　全国组织工作会议召开。胡锦涛、习近平讲话。胡锦涛强调，要坚持以改革创新精神全面推进党的建设新的伟大工程，使党的建设工作更富有时代气息、更富有实际成效。

2月22日　西气东输二线工程开工。（至2011年6月，干线工程全线贯通。2012年10月16日，西气东输三线工程开工）。

2月25日—27日　中共十七届二中全会

举行。全会审议通过《关于深化行政管理体制改革的意见》和《国务院机构改革方案》，提出到2020年建立起比较完善的中国特色社会主义行政管理体制。胡锦涛讲话。

3月1日　习近平在中共中央党校春季开学典礼上讲话强调，在新的历史起点上坚持和发展中国特色社会主义理论体系，奋力开拓中国特色社会主义更为广阔的发展前景，是当代中国共产党人的庄严责任。

3月3日—14日　全国政协十一届一次会议举行。贾庆林作全国政协十届常委会工作报告。会议选举贾庆林为全国政协主席。

3月5日—18日　十一届全国人大一次会议举行。吴邦国作十届全国人大常委会工作报告。温家宝作政府工作报告。会议选举胡锦涛为国家主席、国家中央军委主席，吴邦国为全国人大常委会委员长，习近平为国家副主席；决定温家宝为国务院总理。会议批准《国务院机构改革方案》。

3月10日　胡锦涛出席十一届全国人大一次会议解放军代表团全体会议时指出，富国和强军都是我国现代化建设的战略任务，是发展中国特色社会主义、实现中华民族伟大复兴的重要基石。要走出一条中国特色军民融合式发展路子。

3月14日—15日　全国政协十一届常委会第一次会议举行。贾庆林主持并讲话。（至2012年10月，全国政协十一届常委会共举行18次会议）。

3月中旬　西藏拉萨等地发生打砸抢烧严重暴力犯罪事件。党和政府果断采取措施，依法妥善进行处置，控制了事态发展，恢复了正常社会秩序。

3月19日　十一届全国人大常委会举行第一次会议。吴邦国讲话强调，要坚持党的领导、人民当家作主、依法治国有机统一，把人民代表大会制度坚持好、完善好，把依法治国基本方略贯彻好、落实好，把最广大人民的根本利益实现好、维护好。（至2012年10月，十一届全国人大常委会共举行29次会议）。

3月28日　中共中央、国务院印发《关于促进残疾人事业发展的意见》。（2011年5月16日，国务院批转《中国残疾人事业“十二五”发展纲要》）。

4月7日—9日　全国社会治安综合治理工作会议召开。会议研究部署加强社会管理、推动社会建设、落实社会治安综合治理各项措施、深入推进平安建设工作。周永康讲话。

4月11日—13日　博鳌亚洲论坛2008年年会举行。胡锦涛出席开幕式并发表《坚持改革开放，推进合作共赢》的演讲。

4月24日—26日　欧盟委员会主席巴罗佐对中国进行正式访问。25日，首次中欧经贸高层对话在北京举行。

4月29日　胡锦涛会见中国国民党荣誉主席连战时指出，两岸双方应当共同努力，建立互信、搁置争议、求同存异、共创双赢，切实为两岸同胞谋福祉、为台海地区谋和平，开创两岸关系和平发展新局面。

5月5日　中共中央印发《中国共产党全国代表大会和地方各级代表大会代表任期制暂行条例》。

5月6日—10日　胡锦涛对日本进行国事访问。双方发表《中日关于全面推进战略互惠关系的联合声明》。

5月7日　国务院批复《太湖流域水环境综合治理总体方案》。

5月8日　中共中央宣传部、中共中央党校、光明日报社联合召开纪念关于真理标准问题的讨论30周年座谈会。李长春讲话。

5月12日　四川汶川发生里氏8级特大地震。灾区总面积约50万平方公里、受灾群众4625万多人，造成69227名同胞遇难、17923名同胞失踪，直接经济损失8451亿多元。（18日，国务院发布公告，决定19日至21日为全国哀悼日。在中共中央、国务院、中央军委领导下，广大军民众志成城、迎难而上，迅速组织了我国历史上救援速度最快、动员范围最广、投入力量最大的抗震救灾活动，奋勇夺取了抗震救灾斗争的重大胜利。中共中央、国务院制定灾区灾后恢复重建的方针，决定用3年时间完成灾后恢复重建任务，并动员全国力量实行对口支援。10月8日，全国抗震救灾总结表彰大会举行。胡锦涛讲话指出，要在全党全社会大力弘扬伟大抗震救灾精神，使之转化为艰苦奋斗、重建家园的坚定意志，转化为推动经济社会又好又快发展的强大力量。至2010年9月底，3年恢复重建任务在两年内基本完成）。

同日　国务院印发《关于加强市县政府依法行政的决定》。

5月13日　中共中央印发《建立健全惩治和预防腐败体系2008—2012年工作规划》。

5月18日　中共中央组织部要求做好交纳"特殊党费"用于支援抗震救灾工作。（至11月5日，全国共有4550多万名共产党员自愿交纳"特殊党费"97.3亿元）。

5月23日—24日　俄罗斯总统梅德韦杰夫对中国进行国事访问。胡锦涛同梅德韦杰夫举行会谈并签署《中俄关于重大国际问题的联合声明》。

5月28日　胡锦涛同中国国民党主席吴伯雄举行会谈，双方就新形势下发展两党和两岸关系达成多项共识。胡锦涛强调，希望国共两党和两岸双方共同努力，继续依循并切实落实"两岸和平发展共同愿景"，以富有成效的努力，扎扎实实推动两岸关系不断取得实际进展。

6月5日　国务院印发《国家知识产权战略纲要》。

6月8日　中共中央、国务院印发《关于全面推进集体林权制度改革的意见》，要求用5年左右时间，基本完成明晰产权、承包到户的改革任务；规定林地的承包期为70年，承包期届满可以按照国家有关规定继续承包。（2009年6月22日至23日，中央林业工作会议召开，温家宝会见与会代表并讲话）。

6月10日—13日　中国共产主义青年团第十六次全国代表大会举行。李长春代表党中央致祝词。（14日，胡锦涛同团中央新一届领导班子成员和团十六大部分代表座谈，希望全国广大青年坚定理想信念、勤奋刻苦学习、勇于艰苦创业、培养高尚品德）。

6月11日—14日　台湾海峡交流基金会董事长江丙坤率代表团访问北京。海峡两岸关系协会会长陈云林与江丙坤举行会谈，中断9年的两会制度化协商正式恢复。（至2012年8月，会谈共举行8次，签署协议18项）。

6月19日—20日　第五届亚欧议会伙伴会议在北京举行。吴邦国出席开幕式并发表演讲。会议通过《第五届亚欧议会伙伴会议宣言》。

6月20日　胡锦涛到人民日报社考察，并通过人民网与网友在线交流。胡锦涛强调，要把提高舆论引导能力放在突出位置，加强主流媒体建设和新兴媒体建设，形成舆论引导新格局。

6月23日　胡锦涛在中国科学院第十四次院士大会、中国工程院第九次院士大会上讲话强调，要把增强自主创新能力作为发展科学技术的战略基点、作为调整产业结构和转变发展方式的中心环节，把建设创新型国家作为面向未来的重大战略选择，更加自觉、更加坚定地走中国特色自主创新道路。（党的十七大以来，中国科学院、中国工程院召开了3次院士大会）。

7月6日—8日　习近平赴香港检查北京奥运会、残奥会马术比赛筹办工作并在香港考察。

7月7日—9日　胡锦涛出席在日本北海道举行的八国集团同发展中国家领导人对话会议，以及中国、印度、巴西、南非、墨西哥发展中五国领导人集体会晤，经济大国能源安全和气候变化领导人会议。

7月21日　中国和俄罗斯两国政府签署《关于中俄国界线东段的补充叙述议定书》及其附件。至此，中俄长达4300多公里的边界全线勘定。

7月24日　全国农村环境保护工作电视电话会议召开。李克强讲话。

7月25日　面对复杂多变的经济形势，中央政治局会议决定将宏观调控的首要任务调整为“保持经济平稳较快发展、控制物价过快上涨”。

8月1日　京津城际铁路正式投入运营。（此后，武广、郑西、京沪等高速铁路相继开通运营）。

8月8日—24日、9月6日—17日　第二十九届奥运会、第十三届残奥会先后在北京举行。中国政府坚持贯彻绿色奥运、科技奥运、人文奥运理念，发挥举国体制作用，依靠广大人民群众，积极开展国际交流合作，为北京奥运会、残奥会的成功举办提供了坚强保障。204个国家和地区的代表团、11000多名运动员参加本届奥运会，147个国家和地区的4000多名运动员参加本届残奥会。中国体育代表团在奥运会上获得51枚金牌、21枚银牌、28枚铜牌，居金牌榜第一位；在残奥会上获得89枚金牌、70枚银牌、52枚铜牌，居金牌榜和奖牌榜第一位。（9月29日，北京奥运会、残奥会总结表彰大会举行。胡锦涛讲话，全面总结北京奥运会、残奥会的成功经验，要求大力弘扬北京奥运会、残奥会培育的崇高精神）。

8月12日　国务院发出《关于做好免除城市义务教育阶段学生学杂费工作的通知》。从本年秋季学期开始，全部免除城市义务教育阶段公办学校学生学杂费。至此，全面普及城乡免费义务教育。（2012年9月5日，国务院印发《关于深入推进义务教育均衡发展的意见》）。

8月20日　中共中央、国务院印发《关于地方政府机构改革的意见》。（改革于2009年底基本完成。2009年1月27日，中共中央办公厅、国务院办公厅转发《中央机构编制委员会办公室关于深化乡镇机构改革的指导意见》）。

8月25日—30日　胡锦涛对韩国、塔吉克斯坦、土库曼斯坦进行国事访问，并出席在塔吉克斯坦杜尚别举行的上海合作组织成员国元首理事会第八次会议。

9月3日　中共中央印发《中国共产党党校工作条例》。

9月7日　国务院印发《关于进一步推进长江三角洲地区改革开放和经济社会发展的指导意见》。（党的十七大以来，国家深入实施区域发展总体战略和全国主体功能区规划，继续推进西部大开发、振兴东北地区等老工业基地、促进中部地区崛起和鼓励东部地区率先发展，出台了一系列区域性政策文件和规划）。

9月13日　国务院启动国家重大食品安全事故Ⅰ级响应，严肃处理三鹿牌婴幼儿奶粉事件。（2010年2月6日，国务院设立食品安全委员会。2012年6月23日，国务院印发《关于加强食品安全工作的决定》）。

9月14日　中共中央印发《关于在全党开展深入学习实践科学发展观活动的意见》。19日至23日，全党深入学习实践科学发展观活动动员大会暨省部级主要领导干部专题研讨班举行。胡锦涛、温家宝、习近平讲话。（2009年1月23日，中央政治局召开会议，听取中央政治局常委参加深入学习实践科学发展观活动专题民主生活会情况的通报。学习实践活动从2008年9月开始，分3批展开，每批半年左右，至2010年2月底基本结束）。

9月16日　我国首台超百万亿次超级计算机曙光5000A在天津下线。（2009年，我国第一台千万亿次超级计算机系统“天河一号”研制成功）。

9月18日　国务院公布《中华人民共和国劳动合同法实施条例》。

9月23日　庆祝宁夏回族自治区成立50周年大会在银川召开。中共中央、全国人大常委会、国务院、全国政协、中央军委致电祝贺。贺国强讲话。

9月23日—25日　温家宝出席在纽约联合国总部举行的联合国千年发展目标高级别会

议和第六十三届联合国大会一般性辩论。24日,在联大作《坚持改革开放,坚持和平发展》的发言。

9月24日　胡锦涛会见全军大单位党委书记座谈会代表并讲话,强调坚持从严治党要在思想教育上从严、在贯彻党章和党的制度上从严、在遵守党的纪律上从严、在干部教育和管理上从严。

9月25日—28日　神舟七号载人航天飞行获得圆满成功。航天员翟志刚在刘伯明、景海鹏协助下成功完成首次空间出舱任务,中国成为世界上第三个独立掌握空间出舱关键技术的国家。

10月6日　国务院印发《全国土地利用总体规划纲要(2006—2020年)》。

10月9日—12日　中共十七届三中全会举行。全会审议通过《中共中央关于推进农村改革发展若干重大问题的决定》,强调要大力推进改革创新,加强农村制度建设;积极发展现代农业,提高农业综合生产能力;加快发展农村公共事业,促进农村社会全面进步;加强和改善党对农村改革发展的领导。胡锦涛代表中央政治局向全会报告工作并讲话,指出我国农村改革发展已进入重在制度建设的新阶段,把成熟的改革措施制度化,探索建立新制度,是完善社会主义市场经济体制的重要任务,也是健全农村制度体系的迫切需要。

10月17日—21日　中国工会第十五次全国代表大会举行。习近平代表党中央致祝词。21日,胡锦涛同全国总工会新一届领导班子成员和工会十五大部分代表座谈,希望全国广大职工群众始终以国家主人翁的姿态积极投身改革创新的伟大实践,坚定不移地为改革开放伟大事业贡献力量。

10月24日—25日　第七届亚欧首脑会议在北京举行。胡锦涛发表《亚欧携手,合作共赢》的讲话。会议发表《关于国际金融形势的声明》、《可持续发展北京宣言》和《主席声明》。

10月28日　十一届全国人大常委会第五次会议通过《中华人民共和国企业国有资产法》。

10月28日—31日　中国妇女第十次全国代表大会举行。贺国强代表党中央致祝词。(11月1日,胡锦涛同全国妇联新一届领导班子成员和妇女十大部分代表座谈,希望广大妇女切实增强使命感、责任感、紧迫感,以自己的实际行动,努力创造无愧于时代的新业绩)。

11月5日　国务院常务会议研究分析国际金融危机对我国的影响,落实中央确定的积极的财政政策和适度宽松的货币政策,确定进一步扩大内需、促进经济增长的10项措施,制定两年投资4万亿元人民币的计划。(10日,省区市人民政府和国务院部门主要负责同志会议召开。温家宝讲话强调,实施这些措施,总的要求是出手要快、出拳要重、措施要准、工作要实)。

同日　中国政府首次正式发表《中国对拉丁美洲和加勒比政策文件》。

11月14日—26日　胡锦涛出席在美国华盛顿举行的二十国集团领导人金融市场和世界经济峰会、在秘鲁利马举行的亚太经济合作组织第十六次领导人非正式会议,并对哥斯达黎加、古巴、秘鲁、希腊进行国事访问。15日,在峰会发表《通力合作,共度时艰》的讲话。

12月5日　中共中央转发《中央政法委员会关于深化司法体制和工作机制改革若干问题的意见》。

12月8日—10日　中央经济工作会议召开。胡锦涛、温家宝讲话。会议强调,针对国际金融危机的严重冲击,要把保持经济平稳较快发展作为首要任务,立足扩大内需保持经济平稳较快增长,加快发展方式转变和结构调整提高可持续发展能力,深化改革开放增强经济社会发展活力和动力,加强社会建设加快解决涉及群众利益的难点热点问题,促进经济社会又好又快发展。

12月11日　庆祝广西壮族自治区成立50周年大会在南宁召开。中共中央、全国人大常委会、国务院、全国政协、中央军委致电祝贺。周永康讲话。

12月13日　温家宝出席在日本福冈举行的首次10+3框架外中日韩领导人会议。三国领导人签署联合声明，决定建立面向未来、全方位合作的伙伴关系。

12月15日　海峡两岸分别在北京、天津、上海、福州、深圳以及台北、高雄、基隆等城市同时举行海上直航、空中直航以及直接通邮的启动和庆祝仪式。两岸“三通”迈出历史性步伐。

12月17日　国务院常务会议决定，从2009年1月1日起，在全国义务教育学校实施绩效工资，确保义务教育教师平均工资水平不低于当地公务员平均工资水平。(2009年9月2日，国务院常务会议决定在公共卫生与基层医疗卫生事业单位和其他事业单位实施绩效工资)。

12月18日　纪念党的十一届三中全会召开30周年大会举行。胡锦涛讲话，全面回顾和总结改革开放30年的伟大历程和辉煌成就，高度评价十一届三中全会的重要意义和历史功绩，系统阐述改革开放“十个结合”的宝贵经验，明确指出继续推进改革开放伟大事业的前进方向。强调30年的历史经验归结到一点，就是把马克思主义基本原理同中国具体实际相结合，走自己的路，建设中国特色社会主义。

同日　国务院发出通知，决定实施成品油价格和税费改革，逐步有序取消政府还贷的二级公路收费。

12月20日　国务院办公厅印发《关于促进房地产市场健康发展的若干意见》，决定加大保障性住房建设力度，进一步鼓励普通商品住房消费。

同日　国务院办公厅发出《关于切实做好当前农民工工作的通知》。

12月20日—21日　第四届两岸经贸文化论坛在上海举行。贾庆林出席开幕式并发表《把握两岸关系发展历史机遇，全面深化两岸经济交流合作》的演讲。

12月23日　中共中央办公厅转发《中央人才工作协调小组关于实施海外高层次人才引进计划的意见》。(至2012年8月，已分8批引进海外高层次人才2793人)。

12月24日　胡锦涛在军队一次重要会议上提出“忠诚于党，热爱人民，报效国家，献身使命，崇尚荣誉”的当代革命军人核心价值观，要求全军把大力培育当代革命军人核心价值观作为思想政治建设的重要基础工程来抓。

12月26日　中国海军舰艇编队由海南三亚出发，赴亚丁湾、索马里海域执行护航任务。这是我国首次使用军事力量赴海外维护国家战略利益，首次组织海上作战力量赴海外履行国际人道主义义务，首次在远海运用军事力量保护重要运输线安全。

12月30日　国务院办公厅印发《关于搞活流通扩大消费的意见》。在此前后，国家相继实施了家电下乡、汽车下乡、家电汽车以旧换新、汽车购置税减半等一系列搞活流通促进消费的政策措施。

12月31日　胡锦涛在纪念《告台湾同胞书》发表30周年座谈会上讲话，全面阐述两岸关系和平发展的重要思想，提出推动两岸关系和平发展的6点意见。

同日　中共中央、国务院印发《关于2009年促进农业稳定发展农民持续增收的若干意见》。

同日　国务院批复《珠江三角洲地区改革发展规划纲要(2008—2020年)》。(2010年和2011年，《粤港合作框架协议》和《粤澳合作框架协议》先后在北京签署，粤港澳合作进一步深化)。

2009年

1月1日　增值税转型改革在全国推行。

1月12日—14日　十七届中央纪委三次全会举行。胡锦涛讲话强调，要加强领导干部党性修养，大力树立和弘扬良好作风。贺国强作工作报告。

1月14日　国务院常务会议原则通过汽车产业、钢铁产业调整和振兴规划。（此后，又相继通过纺织、装备制造、船舶、电子信息、轻工、石化、有色金属、物流等重点产业调整和振兴规划）。

1月14日、16日　中央军委召开深入学习实践科学发展观活动专题民主生活会。胡锦涛主持会议并讲话。

1月18日　中共中央办公厅、国务院办公厅转发《关于领导干部定期接待群众来访的意见》等3个文件，分别就地方干部接访、中央机关干部下访、矛盾纠纷排查化解工作制度化建设提出明确要求。

1月27日　中国首个南极内陆科学考察站昆仑站建成。

1月27日—2月2日　温家宝对瑞士、德国、西班牙、英国和欧盟总部进行正式访问。28日，在瑞士达沃斯出席世界经济论坛2009年年会，发表《坚定信心，加强合作，推动世界经济新一轮增长》的特别致辞。

2月3日　国务院发出《关于做好当前经济形势下就业工作的通知》。

2月10日　中共中央印发《2009—2020年全国党政领导班子后备干部队伍建设规划》。

2月28日　十一届全国人大常委会第七次会议通过《中华人民共和国食品安全法》。

3月3日—12日　全国政协十一届二次会议举行。贾庆林作全国政协常委会工作报告。

3月5日—13日　十一届全国人大二次会议举行。吴邦国作全国人大常委会工作报告。温家宝作政府工作报告，提出2009年政府工作要以应对国际金融危机、促进经济平稳较快发展为主线，统筹兼顾，突出重点，全面实施促进经济平稳较快发展的一揽子计划。

3月13日　国务院印发《关于发挥科技支撑作用促进经济平稳较快发展的意见》。同日，批复同意支持中关村科技园区建设国家自主创新示范区。

3月17日　中共中央、国务院印发《关于深化医药卫生体制改革的意见》。18日，国务院印发《医药卫生体制改革近期重点实施方案（2009—2011年）》。（4月10日，深化医药卫生体制改革工作会议召开。李克强讲话强调，要切实有效地把基本医疗卫生制度作为公共产品向全民提供）。

3月28日　西藏庆祝百万农奴解放纪念日大会在拉萨举行。（此前，1月19日，西藏自治区九届人大二次会议通过决议，决定每年3月28日为西藏百万农奴解放纪念日）。

4月1日　国务院常务会议决定正式启动全国中小学校舍安全工程。（8日，国务院办公厅印发《全国中小学校舍安全工程实施方案》）。

4月1日—2日　胡锦涛出席在英国伦敦举行的二十国集团领导人第二次金融峰会，发表《携手合作，同舟共济》的讲话。

4月8日　国务院常务会议决定在上海市和广东省广州、深圳、珠海、东莞4城市开展跨境贸易人民币结算试点。（至2011年8月，跨境贸易人民币结算境内地域范围扩大至全国）。

4月14日　国务院印发《关于推进上海加快发展现代服务业和先进制造业建设国际金融中心和国际航运中心的意见》。

4月23日　庆祝人民海军成立60周年海上阅兵活动在青岛举行。胡锦涛检阅由中国海军和多国海军组成的舰艇编队，并会见参加活动的29国海军代表团团长。（24日，会见海军老同志和英模代表并讲话）。

4月24日　中共中央办公厅、国务院办公厅发出《关于加强和改进村民委员会选举工作的通知》。

5月4日　纪念五四运动90周年大会举行。胡锦涛等出席，李长春讲话。

5月6日　国务院印发《关于支持福建省加快建设海峡西岸经济区的若干意见》。

5月15日—22日　首届海峡论坛在福建举行。贾庆林发表《扩大两岸民间交流，促进两岸合作发展》的致辞。

5月26日　胡锦涛同中国国民党主席吴伯雄会谈，提出在新的起点上进一步推动两岸关系向前发展的6点意见。

6月12日—13日　全国少数民族文化工作会议召开。（7月5日，国务院印发《关于进一步繁荣发展少数民族文化事业的若干意见》）。

6月14日—20日　胡锦涛出席在俄罗斯叶卡捷琳堡举行的上海合作组织成员国元首理事会第九次会议和金砖四国领导人首次正式会晤，并对俄罗斯、斯洛伐克、克罗地亚进行国事访问。其间，出席中俄建交60周年庆祝大会。

6月23日　中共中央办公厅印发《2009—2013年全国党员教育培训工作规划》。

6月24日　国务院常务会议通过《横琴总体发展规划》，决定将横琴岛纳入珠海经济特区范围。（27日，十一届全国人大常委会第九次会议通过《关于授权澳门特别行政区对设在横琴岛的澳门大学新校区实施管辖的决定》）。

6月30日　中共中央办公厅、国务院办公厅印发《关于实行党政领导干部问责的暂行规定》。

7月2日　中共中央印发《中国共产党巡视工作条例（试行）》。

7月5日　新疆乌鲁木齐发生打砸抢烧严重暴力犯罪事件。党和政府果断采取措施，依法妥善进行处置，控制了事态发展，维护了社会稳定。

7月17日—20日　第十一次驻外使节会议召开。胡锦涛、温家宝讲话。胡锦涛指出，要高举和平、发展、合作旗帜，坚持统筹国内国际两个大局，不断提高外交工作能力和水平，努力使我国在政治上更有影响力、经济上更有竞争力、形象上更有亲和力、道义上更有感召力，为全面建设小康社会、加快推进社会主义现代化营造良好国际环境和外部条件。

7月20日　中共中央办公厅印发《关于建立促进科学发展的党政领导班子和领导干部考核评价机制的意见》。

7月23日　中央政治局会议要求，继续把促进经济平稳较快发展作为经济工作的首要任务，保持宏观经济政策的连续性和稳定性，全面落实和充实完善刺激经济的一揽子计划和相关政策措施，巩固经济企稳回升势头。

7月27日—28日　首轮中美战略与经济对话在美国华盛顿举行。

8月17日　国务院印发《文化产业振兴规划》。

8月22日—25日　胡锦涛在新疆考察工作并在自治区干部大会上讲话，指出做好新疆工作关键是要处理好发展和稳定的关系，始终坚持一手抓改革发展，一手抓团结稳定，自觉做到坚持以经济建设为中心不动摇，坚持维护社会大局稳定不动摇，坚持各民族共同团结奋斗、共同繁荣发展不动摇。

8月27日　十一届全国人大常委会第十次会议通过《关于积极应对气候变化的决议》。

9月1日　国务院印发《关于开展新型农村社会养老保险试点的指导意见》。

9月9日　国务院印发《关于进一步实施东北地区等老工业基地振兴战略的若干意见》。

9月14日　胡锦涛等党和国家领导人会见“100位为新中国成立作出突出贡献的英雄模范人物和100位新中国成立以来感动中国人物”代表座谈会全体代表。

9月15日—18日　中共十七届四中全会举行。全会审议通过《中共中央关于加强和改进新形势下党的建设若干重大问题的决定》。全会强调，要建设马克思主义学习型政党，坚持和健全民主集中制，深化干部人事制度改革，做好抓基层打基础工作，弘扬党的优良作风，加快推进惩治和预防腐败体系建设，不断提高党的建设科学化水平。胡锦涛代表中央政治局向全会报告工作并讲话，指出提高党的建设科学化水平，说到底是要不断把握和自觉运用马克思主义执政党建设规律，努力在以科学理论指导党的建设、以科学制度保障党的建设、以科学方法推进党的建设上见到实效。

9月19日　十七届中央纪委四次全会举行。贺国强作工作报告。

同日　国务院印发《关于进一步促进中小企业发展的若干意见》。

9月20日　庆祝中国人民政治协商会议成立60周年大会举行。胡锦涛讲话指出，人民政协要牢牢把握团结和民主两大主题，紧紧围绕党和国家工作大局，继续扎实有效地履行好政治协商、民主监督、参政议政职能，切实发挥好协调关系、汇聚力量、建言献策、服务大局的重要作用。

9月21日　第十一届精神文明建设“五个一工程”表彰座谈会召开，电影《梅兰芳》等164部作品获奖。（2012年9月25日，第十二届精神文明建设“五个一工程”（2009—2012）获奖作品名单公布，电影《建国大业》等176部作品获奖）。

9月21日—25日　胡锦涛出席在美国纽约举行的联合国气候变化峰会、第六十四届联合国大会一般性辩论、安理会核不扩散与核裁军峰会和在美国匹兹堡举行的二十国集团领导人第三次金融峰会。23日，在联大一般性辩论时发表《同舟共济，共创未来》的讲话。25日，在金融峰会上发表《全力促进增长，推动平衡发展》的讲话。

9月29日　国务院第五次全国民族团结进步表彰大会举行。胡锦涛讲话指出，60年的经验归结到一点，就是必须坚持一切从我国民族问题实际出发，坚定不移走中国特色解决民族问题的正确道路。

10月1日　首都各界庆祝中华人民共和国成立60周年大会举行。胡锦涛讲话，回顾新中国成立60年来取得的伟大成就，总结新中国60年发展进步的成功经验，展望祖国美好发展前景。20万军民参加阅兵仪式和群众游行。胡锦涛检阅受阅部队。

同日　中共中央办公厅印发《关于进一步从严管理干部的意见》。

11月6日—8日　温家宝对埃及进行正式访问，并出席在埃及沙姆沙伊赫举行的中非合作论坛第四届部长级会议开幕式，发表《全面推进中非新型战略伙伴关系》的讲话，宣布对非合作8项新举措。

11月10日—15日　胡锦涛对马来西亚、新加坡进行国事访问，并出席在新加坡举行的亚太经济合作组织第十七次领导人非正式会议。

11月11日　人民空军成立60周年庆祝大会举行。（此前，8日，胡锦涛会见空军老同志、英模和飞行员代表并讲话）。

11月15日—18日　美国总统奥巴马对中国进行国事访问。胡锦涛同奥巴马举行会谈，双方发表《中美联合声明》，重申致力于建设21世纪积极合作全面的中美关系，并将采取切实行动稳步建立应对共同挑战的伙伴关系。

11月17日　国务院印发《关于加快供销合作社改革发展的若干意见》。

12月1日　国务院印发《关于加快发展旅游业的意见》。

12月2日　国务院常务会议决定，从2009年秋季学期起，对公办中等职业学校全日制在校学生中农村家庭经济困难学生和涉农专业学生逐步免除学费。（2012年10月10日，国务院常务会议决定，自2012年秋季学期起，将中等职业教育免学费范围扩大到所有农村（含县镇）学生、城市涉农专业学生和家庭经济困难学生）。

12月3日　中共中央办公厅印发《2010—2020年深化干部人事制度改革规划纲要》。

12月5日—7日　中央经济工作会议召开。胡锦涛、温家宝讲话。会议强调，继续实施积极的财政政策和适度宽松的货币政策，根据新形势新情况着力提高政策的针对性和灵活性，特别是要更加注重提高经济增长质量和效益，更加注重推动经济发展方式转变和经济结构调整，更加注重推进改革开放和自主创新、增强经济增长活力和动力，更加注重改善民生、保持社会和谐稳定，更加注重统筹国内国际两个大局，努力实现经济平稳较快发展。

12月17日—18日　温家宝出席在丹麦举行的哥本哈根气候变化会议领导人会议，发表《凝聚共识，加强合作，推进应对气候变化历史进程》的讲话。

12月18日　中央巡视工作领导小组第一次会议召开。贺国强讲话。

同日　全国政法工作电视电话会议召开。周永康讲话强调，要深入推进社会矛盾化解、社会管理创新、公正廉洁执法，为经济社会又好又快发展提供更加有力的法治保障。

12月20日　胡锦涛出席庆祝澳门回归祖国10周年大会暨澳门特别行政区第三届政府就职典礼并讲话，强调必须全面准确理解和贯彻“一国两制”方针，严格依照澳门基本法办事，集中精力推动发展，坚持维护社会和谐稳定，着力培养各类人才。

12月23日　《邓小平年谱（1904—1974）》出版发行。

12月25日　中共中央办公厅印发《关于推进学习型党组织建设的意见》。

12月26日　十一届全国人大常委会第十二次会议通过《中华人民共和国侵权责任法》和《中华人民共和国海岛保护法》。

12月31日　中共中央、国务院印发《关于加大统筹城乡发展力度进一步夯实农业农村发展基础的若干意见》。

同日　国务院印发《关于推进海南国际旅游岛建设发展的若干意见》。

12月　《马克思恩格斯文集》和《列宁专题文集》出版发行。

2010年

1月1日　中国—东盟自由贸易区正式全面启动。

1月11日—13日　十七届中央纪委五次全会举行。胡锦涛讲话强调，必须重点抓好反腐倡廉制度建设。贺国强作工作报告。

1月18日　中共中央印发《中国共产党党员领导干部廉洁从政若干准则》。

1月18日—20日　中央第五次西藏工作座谈会召开。胡锦涛、温家宝、贾庆林讲话。胡锦涛强调，要坚持中国共产党领导，坚持社会主义制度，坚持民族区域自治制度，坚持走有中国特色、西藏特点的发展路子，紧紧抓住发展和稳定两件大事，确保经济社会跨越式发展，确保国家安全和西藏长治久安，确保各族人民物质文化生活水平不断提高，确保生态环境良好，努力建设团结、民主、富裕、文明、和谐的社会主义新西藏。

1月29日　第四次全国边海防工作会议召开，胡锦涛、温家宝、李长春、周永康会见全体代表。（12月21日，中共中央、国务院、中央军委印发《关于加强新形势下边海防工作的意见》）。

2月3日—7日　省部级主要领导干部深入贯彻落实科学发展观加快经济发展方式转变专题研讨班举行。胡锦涛、温家宝、习近平、李克强讲话。胡锦涛强调，要毫不动摇地加快经济发展方式转变，在后国际金融危机时期的国际竞争中赢得主动。

2月26日　十一届全国人大常委会第十三次会议通过《中华人民共和国国防动员法》。

2月　《江泽民思想年编（1989—2008）》出版发行。（在此前后，《江泽民文选》（全3卷）线装本、民族文版及第一、二卷外文版，江泽民《论中国信息技术产业发展》、《中国能源问题研究》中文版、英文版分别出版发行）。

3月3日—13日　全国政协十一届三次会议举行。贾庆林作全国政协常委会工作报告。

3月5日—14日　十一届全国人大三次会议举行。吴邦国作全国人大常委会工作报告。温家宝作政府工作报告。会议通过《关于修改〈中华人民共和国全国人民代表大会和地方各级人民代表大会选举法〉的决定》，实行城乡按相同人口比例选举人大代表。

3月7日　纪念三八国际劳动妇女节100周年大会举行。胡锦涛讲话。

同日　中共中央办公厅印发《党政领导干部选拔任用工作责任追究办法(试行)》。

3月20日—30日　习近平对俄罗斯、白俄罗斯、芬兰、瑞典进行正式访问。23日,出席在莫斯科举行的中俄执政党对话机制第二次会议开幕式并发表讲话。

3月31日—4月1日　首届中美政党高层对话在北京举行,中国共产党与美国民主、共和两党机制化交往正式启动。

4月1日　中共中央、国务院印发《国家中长期人才发展规划纲要(2010—2020年)》。(5月25日至26日,全国人才工作会议举行。胡锦涛、温家宝、习近平讲话。胡锦涛强调,切实做好人才工作,加快建设人才强国)。

4月5日　中共中央办公厅转发《中央组织部、中央宣传部关于在党的基层组织和党员中深入开展创先争优活动的意见》。

4月6日　全党深入学习实践科学发展观活动总结大会召开。胡锦涛讲话,全面总结学习实践活动的特点和成果,深刻阐述学习实践活动的经验和启示,对以改革创新精神加强党的建设提出明确要求。

同日　国务院印发《关于进一步做好利用外资工作的若干意见》。

4月12日—15日　胡锦涛出席在美国华盛顿举行的核安全峰会以及在巴西巴西利亚举行的金砖四国领导人第二次会晤,并对巴西进行访问。

4月14日　青海玉树发生里氏7.1级地震,给当地人民生命财产造成重大损失。在中共中央、国务院、中央军委领导下,广大军民团结奋战,夺取了抗震救灾斗争的重大胜利。(5月27日,国务院印发《关于支持玉树地震灾后恢复重建政策措施的意见》,提出用3年时间基本完成恢复重建的主要任务)。

4月17日　国务院发出《关于坚决遏制部分城市房价过快上涨的通知》。

4月27日　2010年全国劳动模范和先进工作者表彰大会召开。胡锦涛讲话强调,要在全社会大力弘扬劳模精神,用劳模的先进事迹感召人民群众,用劳模的优秀品质引领社会风尚。

5月1日—10月31日　中国2010年上海世界博览会举行,主题是"城市,让生活更美好"。246个国家和国际组织参展。中外参观者达7308万人次,创造了世博会历史上的新纪录。(12月27日,胡锦涛在世博会总结表彰大会上讲话指出,上海世博会精神是伟大中华民族精神在当代中国的又一次集中展示)。

5月5日　周永康会见我国第八支赴海地维和警察防暴队全体队员并讲话。(至2012年10月,我国累计向联合国30项维和行动派出各类人员2.1万人次,为维护世界和平作出重要贡献)。

5月7日　国务院印发《关于鼓励和引导民间投资健康发展的若干意见》。

5月13日—14日　中国—阿拉伯国家合作论坛第四届部长级会议在天津举行,发表《天津宣言》,宣示在论坛框架内建立全面合作、共同发展的中阿战略合作关系。

5月17日—19日　中央新疆工作座谈会召开。胡锦涛、温家宝、周永康讲话。胡锦涛强调,全党全国必须充分认识做好新疆工作对党和国家工作全局的重大意义,深刻理解邓小平同志"两个大局"战略思想和中央西部大开发战略决策的重大意义,切实做好新形势下新疆工作,推进新疆跨越式发展和长治久安,不断开创新疆工作新局面。

5月19日　中共中央办公厅、国务院办公厅印发《关于对配偶子女均已移居国(境)外的国家工作人员加强管理的暂行规定》。

5月21日　全国深化医药卫生体制改革工作会议暨省部级领导干部深化医药卫生体制改革专题研讨班结业式举行。李克强讲话强调,要把保基本、强基层、建机制作为医改工作的重心。

5月24日—25日　首届中欧政党高层论坛在北京举行。李长春出席开幕式并发表《加强政党对话，推动共同发展》的主旨讲话。

5月26日　中共中央办公厅、国务院办公厅印发《关于领导干部报告个人有关事项的规定》。

6月9日—12日　胡锦涛出席在乌兹别克斯坦塔什干举行的上海合作组织成员国元首理事会第十次会议，并对乌兹别克斯坦、哈萨克斯坦进行国事访问。

6月17日　中共中央办公厅印发《2010—2020年干部教育培训改革纲要》。

6月18日—19日　全国社会治安综合治理工作会议召开。周永康讲话指出，要加强社会建设，创新社会管理，维护重要战略机遇期社会和谐稳定。

6月19日　中共中央印发《关于加强和改进新形势下党史工作的意见》。（7月21日至22日，中共中央召开全国党史工作会议。胡锦涛、李长春、习近平、贺国强会见与会代表。习近平讲话强调，要切实加强对党史工作的领导，努力提高党史工作科学化水平）。

6月23日—27日　胡锦涛对加拿大进行国事访问，并出席在加拿大多伦多举行的二十国集团领导人第四次峰会，发表《同心协力，共创未来》的讲话。

6月24日　十一届全国人大常委会第十五次会议结合审议2009年中央决算报告，首次开展专题询问。

6月29日　中共中央、国务院印发《关于深入实施西部大开发战略的若干意见》，对今后10年深入实施西部大开发战略作出部署。（7月5日至6日，西部大开发工作会议召开。胡锦涛、温家宝、李克强讲话）。

同日　海峡两岸关系协会与台湾海峡交流基金会在重庆签署《海峡两岸经济合作框架协议》。

6月30日　深入开展创建先进基层党组织、争当优秀共产党员活动座谈会召开。胡锦涛会见与会代表并讲话。

7月7日—20日　吴邦国对法国、塞尔维亚、瑞士进行正式友好访问，并出席在日内瓦举行的第三次世界议长大会，作《实现千年发展目标国际社会义不容辞》的发言。

7月8日　中共中央、国务院印发《国家中长期教育改革和发展规划纲要（2010—2020年）》。（13日至14日，全国教育工作会议召开。胡锦涛、温家宝讲话。胡锦涛强调，必须坚持教育优先发展，确保到2020年我国基本实现教育现代化，基本形成学习型社会，进入人力资源强国行列）。

7月15日—18日　德国总理默克尔对中国进行正式访问。胡锦涛、温家宝分别与默克尔会见、会谈，就全面推进中德战略伙伴关系达成重要共识。

7月19日　国务院发出《关于进一步加强企业安全生产工作的通知》。

7月22日—24日　全军党的建设座谈会召开。胡锦涛会见座谈会代表时强调，要以创先争优活动为抓手加强基层党组织建设，不断提高军队党的建设科学化水平。

7月25日　国务院批复《全国林地保护利用规划纲要（2010—2020年）》。

8月8日　甘肃舟曲发生特大山洪泥石流灾害，给当地人民生命财产造成重大损失。在中共中央、国务院、中央军委领导下，广大军民团结奋战，夺取了抢险救灾的重大胜利。（10月18日，国务院印发《关于支持舟曲灾后恢复重建政策措施的意见》）。

8月9日　中共中央印发新修订的《中国人民解放军政治工作条例》。

8月13日—14日　全国援外工作会议召开。胡锦涛、温家宝会见与会代表，温家宝讲话。

8月18日　中共中央办公厅印发《关于建立党委新闻发言人制度的意见》。

8月26日　中共中央办公厅、国务院办公厅印发《关于加强和改进城市社区居民委员会建设工作的意见》。

8月27日　全国依法行政工作会议召开。温家宝讲话指出，贯彻依法治国基本方略，推进依法行政，建设法治政府，是我们党治国理政从理念到方式的革命性变化，是我国政治体制改革迈出的重要一步。（10月10日，国务院印发《关于加强法治政府建设的意见》）。

8月28日　十一届全国人大常委会第十六次会议通过《关于批准〈中华人民共和国香港特别行政区基本法附件一香港特别行政区行政长官的产生办法修正案〉的决定》，对《中华人民共和国香港特别行政区基本法附件二香港特别行政区立法会的产生办法和表决程序修正案》予以备案。

同日　国务院印发《关于促进企业兼并重组的意见》。

9月3日　纪念中国人民抗日战争胜利65周年活动举行。胡锦涛等党和国家领导人同首都各界群众代表一起参观中国人民抗日战争纪念馆，并向抗日烈士敬献花篮。李长春出席纪念中国人民抗日战争胜利65周年座谈会并讲话。

9月6日　深圳经济特区建立30周年庆祝大会举行。胡锦涛讲话，要求经济特区继续解放思想，坚持改革开放，努力当好推动科学发展、促进社会和谐的排头兵。

9月15日　中共中央办公厅印发《关于党的基层组织实行党务公开的意见》。

同日　国务院常务会议原则通过《中国生物多样性保护战略与行动计划（2011—2030年）》。（2012年6月4日，李克强在中国生物多样性保护国家委员会第一次会议上讲话，要求加强生物多样性保护和科学合理利用，提高生态文明水平和可持续发展能力）。

9月16日　中共中央、国务院印发《关于加强和改进新形势下工商联工作的意见》。

9月17日　李克强出席加快保障性安居工程建设工作座谈会，强调着力推进保障性安居工程，加快发展公共租赁住房，促进人民群众安居乐业。

9月21日—23日　温家宝出席在纽约联合国总部举行的联合国千年发展目标高级别会议和第六十五届联合国大会一般性辩论。先后发表《为实现千年发展目标而奋斗》和《认识一个真实的中国》的讲话。

9月22日　中共中央发出《关于全国省、市、县和乡四级党委换届自下而上、适当集中安排的通知》。

10月10日　国务院印发《关于加快培育和发展战略性新兴产业的决定》。（2012年7月9日，国务院印发《“十二五”国家战略性新兴产业发展规划》）。

10月12日　中共中央办公厅、国务院办公厅印发《党政主要领导干部和国有企业领导人员经济责任审计规定》。

10月15日—18日　中共十七届五中全会举行。全会审议通过《中共中央关于制定国民经济和社会发展第十二个五年规划的建议》。会议强调，“十二五”时期是全面建设小康社会的关键时期，是深化改革开放、加快转变经济发展方式的攻坚时期。制定“十二五”规划，要以科学发展为主题，以加快转变经济发展方式为主线，深化改革开放，保障和改善民生，巩固和扩大应对国际金融危机冲击成果，促进经济长期平稳较快发展和社会和谐稳定，为全面建成小康社会打下具有决定性意义的基础。胡锦涛代表中央政治局向全会报告工作并讲话，指出我国发展仍处于重要战略机遇期，要坚持科学发展，加快转变经济发展方式。全会增补习近平为中央军委副主席。

10月19日　国务院常务会议决定，在全国集中开展打击侵犯知识产权和制售假冒伪劣商品专项行动。（2011年11月13日，国务院印发《关于进一步做好打击侵犯知识产权和制售假冒伪劣商品工作的意见》）。

10月25日　纪念中国人民志愿军抗美援朝出国作战60周年座谈会召开。胡锦涛会前会见抗美援朝老同志和英模代表。

10月28日　十一届全国人大常委会第十七次会议决定习近平为国家中央军委副主席，通过《中华人民共和国社会保险法》。

11月1日　第六次全国人口普查开始。(2011年4月28日,国家统计局公布人口普查主要数据,截至2010年11月1日零时,全国总人口为1370536875人,其中普查登记的大陆31个省(自治区、直辖市)和现役军人的人口共1339724852人)。

11月4日—7日　胡锦涛对法国、葡萄牙进行国事访问。中法两国决定建设互信互利、成熟稳定、面向全球的新型全面战略伙伴关系；中葡两国一致同意共同努力推动全面战略伙伴关系全面深入发展。

11月9日—10日　英国首相卡梅伦对中国进行正式访问。胡锦涛、温家宝分别与卡梅伦会见、会谈,李克强会见卡梅伦并共同出席中英工商峰会。

11月10日　中共中央、国务院印发新修订的《关于实行党风廉政建设责任制的规定》。

11月11日—14日　胡锦涛出席在韩国首尔举行的二十国集团领导人第五次峰会和在日本横滨举行的亚太经济合作组织第十八次领导人非正式会议。

11月12日—27日、12月12日—19日　第十六届亚运会、首届亚残运会在广州举办。45个国家和地区的14000多名官员和运动员参加本届亚运会,41个国家和地区的2500多名残疾人运动员参加本届亚残运会。中国体育代表团居金牌榜和奖牌榜首位。

11月13日—14日　中国—葡语国家经贸合作论坛第三届部长级会议在澳门举行。温家宝出席开幕式并发表主旨演讲。

11月19日　学习型党组织建设工作座谈会召开。李长春讲话。

同日　国务院发出《关于稳定消费价格总水平保障群众基本生活的通知》。

11月21日　国务院印发《关于当前发展学前教育的若干意见》。

12月10日—12日　中央经济工作会议召开。胡锦涛、温家宝讲话。会议强调,要正确把握国内外形势新变化新特点,以科学发展为主题,以加快转变经济发展方式为主线,实施积极的财政政策和稳健的货币政策,增强宏观调控的针对性、灵活性、有效性,加快推进经济结构调整,大力加强自主创新,切实抓好节能减排,不断深化改革开放,着力保障和改善民生,巩固和扩大应对国际金融危机冲击成果,保持经济平稳较快发展,促进社会和谐稳定。

12月31日　中共中央、国务院印发《关于加快水利改革发展的决定》,提出力争通过5年到10年努力,从根本上扭转水利建设明显滞后的局面;到2020年,基本建成防洪抗旱减灾等体系。(2011年7月8日至9日,中央水利工作会议召开。胡锦涛、温家宝讲话)。

12月　胡锦涛在军队一次重要会议上提出,全军和武警部队要以推动国防和军队建设科学发展为主题,以加快转变战斗力生成模式为主线,不断增强有效履行新世纪新阶段军队历史使命能力,为全面建设小康社会提供重要力量支撑和坚强安全保障。

本年度　我国国内生产总值达到401513亿元,成为世界第二大经济体。

2011年

1月4日　国务院批复《山东半岛蓝色经济区发展规划》。(此后,又先后批复浙江海洋经济发展示范区、广东海洋经济综合试验区发展规划)。

1月9日—11日　十七届中央纪委六次全会举行。胡锦涛讲话强调,要深入贯彻落实以人为本、执政为民理念,扎实开展党风廉政建设和反腐败斗争。贺国强作工作报告。

1月11日　《中国共产党历史》第二卷(1949—1978)出版发行,《中国共产党历史》第一卷(1921—1949)修订重印。

1月18日—21日　胡锦涛对美国进行国事访问并同美国总统奥巴马会谈,就推动积极合作全面的中美关系继续向前发展提出5点建议。两国发表《中美联合声明》,致力于共同努力建设相互尊重、互利共赢的中美合作伙伴关系。

1月21日　国务院公布《国有土地上房屋征收与补偿条例》。

1月24日　形成中国特色社会主义法律体系座谈会召开。吴邦国讲话指出,以宪法为统帅,以宪法相关法、民法商法等多个法律部门的法律为主干,由法律、行政法规、地方性法规等多个层次的法律规范构成的中国特色社会主义法律体系已经形成。

1月30日　党外人士迎春座谈会召开。胡锦涛讲话指出,思想上同心同德,目标上同心同向,行动上同心同行,是中国共产党领导的多党合作和政治协商制度最鲜明的特质,是不断夺取革命、建设、改革事业胜利的有力保证。

2月15日　国务院印发《全民健身计划(2011—2015年)》。

2月19日—23日　省部级主要领导干部社会管理及其创新专题研讨班举行。胡锦涛、习近平、周永康讲话。胡锦涛阐述了加强和创新社会管理的重要性和紧迫性,强调要牢牢把握最大限度激发社会活力、最大限度增加和谐因素、最大限度减少不和谐因素的总要求,提出新形势下加强和创新社会管理、做好群众工作的总体思路和重点任务。(5月30日,中央政治局会议研究加强和创新社会管理问题。7月5日,中共中央、国务院印发《关于加强和创新社会管理的意见》)。

2月22日—3月5日　因利比亚国内形势发生重大变化,中国政府分批组织中国在利比亚人员(包括港澳台同胞)35860人安全有序撤离。这是新中国成立以来最大规模的有组织撤离海外中国公民行动。

2月25日　十一届全国人大常委会第十九次会议通过《中华人民共和国刑法修正案(八)》。

2月26日　国务院办公厅发出《关于积极稳妥推进户籍管理制度改革的通知》。

3月3日—13日　全国政协十一届四次会议举行。贾庆林作全国政协常委会工作报告。

3月5日—14日　十一届全国人大四次会议举行。吴邦国作全国人大常委会工作报告。温家宝作政府工作报告。会议批准《中华人民共和国国民经济和社会发展第十二个五年规划纲要》。

3月23日　中共中央、国务院印发《关于分类推进事业单位改革的指导意见》,转发《中央宣传部、司法部关于在公民中开展法制宣传教育的第六个五年规划(2011—2015年)》。

4月10日　中共中央办公厅印发《关于加强市(地、州、盟)党政正职管理的若干规定》。

同日　第八颗北斗导航卫星成功进入太空预定转移轨道,北斗区域卫星导航系统的基本系统建设完成。

4月14日　金砖国家领导人第三次会晤在海南三亚举行。胡锦涛主持并发表《展望未来,共享繁荣》的讲话。(2010年12月,金砖四国吸收南非作为正式成员加入金砖国家合作机制,金砖四国由此称为金砖国家)。

4月19日　中共中央、国务院、中央军委印发《关于加强新形势下国防教育工作的意见》。

4月24日　庆祝清华大学建校100周年大会举行。胡锦涛讲话。(此前,2008年5月3日,在北京大学建校110周年之际,胡锦涛前往该校考察。2010年9月9日,第二十六个教师节即将到来之际,胡锦涛前往中国人民大学及附属中学,看望慰问师生员工,会见教育系统先进模范代表,代表党中央、国务院向全国广大教师和教育工作者致以节日问候)。

5月23日　中共中央办公厅、国务院办公厅印发《农村基层干部廉洁履行职责若干规定(试行)》。

5月27日　中共中央、国务院印发《中国农村扶贫开发纲要(2011—2020年)》。(11月29日至30日,中央扶贫开发工作会议召开。

胡锦涛、温家宝讲话。会议决定将国家扶贫标准由2009年的1196元提高到2300元,2010年不变价)。

5月31日　国务院发出《关于进一步做好普通高等学校毕业生就业工作的通知》。

6月8日　中共中央办公厅、国务院办公厅印发《关于深化政务公开加强政务服务的意见》。

6月12日—20日　胡锦涛对哈萨克斯坦、俄罗斯、乌克兰进行国事访问,并出席在哈萨克斯坦阿斯塔纳举行的上海合作组织成员国元首理事会第十一次会议、在俄罗斯圣彼得堡举行的第十五届圣彼得堡国际经济论坛。成员国元首签署《上海合作组织十周年阿斯塔纳宣言》。中俄决定致力于发展平等信任、相互支持、共同繁荣、世代友好的全面战略协作伙伴关系。

6月13日　国务院印发《关于加强地质灾害防治工作的决定》。

6月29日　国务院印发《关于进一步加大财政教育投入的意见》。

6月30日　十一届全国人大常委会第二十一次会议通过关于修改个人所得税法的决定,自本年9月1日起,将个人所得税减除费用标准由每月2000元提高到3500元;通过《中华人民共和国行政强制法》。

7月1日　庆祝中国共产党成立90周年大会举行。胡锦涛讲话,回顾中国共产党90年的光辉历程和取得的伟大成就,总结党和人民创造的宝贵经验,提出新的历史条件下提高党的建设科学化水平的目标任务,阐述在新的历史起点上把中国特色社会主义伟大事业全面推向前进的大政方针。强调要高举中国特色社会主义伟大旗帜,坚持和拓展中国特色社会主义道路,坚持和丰富中国特色社会主义理论体系,坚持和完善中国特色社会主义制度。吴邦国主持大会。习近平宣读《中共中央关于表彰全国先进基层党组织和优秀共产党员、优秀党务工作者的决定》。

同日　城镇居民社会养老保险试点在全国范围内启动,与新型农村社会养老保险试点同步推进。(至2012年7月,基本实现社会养老保险制度全覆盖)。

7月1日—2日　纪念中国共产党成立90周年理论研讨会召开。李长春讲话。

7月2日—16日　贺国强对法国、波兰、塞尔维亚、阿联酋、伊朗进行正式友好访问。4日,出席法国"汉语年"开幕式并发表讲话。

7月11日　胡锦涛会见武警部队第二次党代会代表时强调,要全面推进现代化武警力量建设,努力开创武警部队建设科学发展的新局面。

7月19日　庆祝西藏和平解放60周年大会在拉萨举行。中共中央、全国人大常委会、国务院、全国政协、中央军委致电祝贺。习近平讲话。

7月30日　国务院印发《中国妇女发展纲要(2011—2020年)》和《中国儿童发展纲要(2011—2020年)》。(11月27日至28日,第五次全国妇女儿童工作会议召开。温家宝讲话)。

8月2日　中共中央办公厅、国务院办公厅印发《关于进一步深化事业单位人事制度改革的意见》。

8月9日　中共中央宣传部等5部门对新闻战线开展"走基层、转作风、改文风"活动作出部署。

8月16日—18日　李克强赴香港出席国家"十二五"规划与两地经贸金融合作发展论坛和香港大学百年校庆典礼,并视察香港特别行政区。

8月21日　中共中央办公厅、国务院办公厅发出《关于中央社会治安综合治理委员会更名为中央社会管理综合治理委员会的通知》。(9月16日,周永康主持召开委员会第一次全体会议并讲话)。

8月31日　国务院印发《"十二五"节能减排综合性工作方案》。(9月27日,全国节能减排电视电话会议召开。温家宝讲话)。

9月17日　国务院印发《中国老龄事业发展“十二五”规划》。

9月28日　国务院办公厅印发《关于保障性安居工程建设和管理的指导意见》。

9月29日　中国自主研制的天宫一号目标飞行器发射成功。（11月1日，神舟八号飞船成功发射，3日与天宫一号成功实现首次无人交会对接，17日顺利返回着陆）。

10月5日　13名中国籍船员驾驶两艘商贸船在湄公河水域遭劫持遇害。中国与有关国家联合展开侦破工作，并决定建立中老缅泰湄公河流域执法安全合作机制，在该水域展开联合巡逻执法。

10月9日　纪念辛亥革命100周年大会举行。胡锦涛讲话，高度评价辛亥革命的伟大意义，强调实现中华民族伟大复兴，必须坚定不移高举中国特色社会主义伟大旗帜，必须坚定不移高举爱国主义伟大旗帜，必须坚定不移高举和平、发展、合作旗帜。

10月15日—18日　中共十七届六中全会举行。全会审议通过《中共中央关于深化文化体制改革推动社会主义文化大发展大繁荣若干重大问题的决定》，明确文化改革发展的指导思想、重要方针、目标任务和政策举措。胡锦涛代表中央政治局向全会报告工作并讲话，强调要培养高度的文化自觉和文化自信，坚持中国特色社会主义文化发展道路，努力建设社会主义文化强国。全会决定党的十八大于2012年下半年在北京召开。

10月19日　周永康在中央政法委第二十一次会议上讲话指出，政法干警核心价值观概括起来就是“忠诚、为民、公正、廉洁”。

同日　中共中央印发《关于党的十八大代表选举工作的通知》。

10月30日—11月4日　胡锦涛对奥地利进行国事访问，并出席在法国戛纳举行的二十国集团领导人第六次峰会，发表《合力推动增长，合作谋求共赢》的讲话。

11月10日—14日　胡锦涛出席在美国夏威夷举行的亚太经济合作组织第十九次领导人非正式会议并发表讲话。

11月14日　深入推进行政审批制度改革工作电视电话会议召开。温家宝讲话强调，行政审批制度改革是行政管理体制改革的重要内容，是民主政治建设的重要内容，是政府职能转变的关键环节，一定要坚定不移地继续推进，进一步破除制约经济社会发展的体制和机制障碍。

11月22日—25日　中国文学艺术界联合会第九次全国代表大会、中国作家协会第八次全国代表大会召开。胡锦涛、李长春讲话。

11月26日　国务院印发《关于坚持科学发展安全发展促进安全生产形势持续稳定好转的意见》。

12月11日　胡锦涛出席中国加入世界贸易组织10周年高层论坛并讲话，充分肯定10年取得的成就，强调要实行更加积极主动的开放战略。

12月12日—14日　中央经济工作会议召开。胡锦涛、温家宝讲话。会议强调，要突出把握好稳中求进的工作总基调，继续实施积极的财政政策和稳健的货币政策，着力扩大国内需求，着力加强自主创新和节能减排，着力深化改革开放，着力保障和改善民生，保持经济平稳较快发展和物价总水平基本稳定，保持社会和谐稳定。

12月20日　全国精神文明建设工作表彰大会召开。李长春讲话。

12月20日—21日　第七次全国环境保护大会召开。李克强讲话强调，要坚持在发展中保护、在保护中发展，积极探索环境保护新道路，切实解决影响科学发展和损害群众健康的突出环境问题。

12月27日—28日　中央农村工作会议召开。温家宝讲话，回顾总结党的十六大以来农业农村发展取得的巨大成就，阐述在推进工业化城镇化进程中继续做好“三农”工作需要把握好的若干重大问题。（31日，中共中央、国务院印发《关于加快推进农业科技创新持续增强农产品供给保障能力的若干意见》)。

12月29日　中共中央办公厅、国务院办公厅印发《国家“十二五”时期文化改革发展规划纲要》。

2012年

1月1日　从今日起,为2011年12月31日前已经办理退休手续并按月领取基本养老金的企业退休人员再次提高基本养老金水平。按照2011年企业退休人员月人均基本养老金的10%左右确定调整水平。至此,企业退休人员基本养老金标准实现“八连增”。

1月6日—7日　全国金融工作会议召开。温家宝讲话强调,要坚持金融服务实体经济的本质要求,坚持市场配置金融资源的改革导向,坚持创新与监管相协调的发展理念,坚持把防范化解风险作为金融工作生命线,坚持自主渐进安全共赢的开放方针。

1月8日—10日　十七届中央纪委七次全会举行。胡锦涛讲话强调,切实做好保持党的纯洁性各项工作,深入推进党风廉政建设和反腐败斗争。贺国强作工作报告。

1月12日　国务院印发《关于实行最严格水资源管理制度的意见》。

1月17日　国家统计局发布数据:2011年底中国大陆城镇人口为69079万,农村人口为65656万。城镇人口占总人口比重达到51.27%,首次超过农村。

2月2日　中共中央印发《关于加强新形势下党外代表人士队伍建设的意见》。

2月6日　李克强主持召开保障性住房公平分配工作座谈会并讲话。

2月7日—8日　全国社会管理创新综合试点工作座谈会召开。周永康讲话。

2月9日　中共中央办公厅印发《关于深入开展学雷锋活动的意见》。(3月2日,深入开展学雷锋活动座谈会召开。李长春讲话。中央精神文明建设指导委员会授予鞍山钢铁集团职工郭明义“当代雷锋”荣誉称号)。

2月13日—22日　习近平对美国、爱尔兰、土耳其进行正式访问。14日,中美双方发布《关于加强中美经济关系的联合情况说明》。

3月3日—13日　全国政协十一届五次会议举行。贾庆林作全国政协常委会工作报告。

3月5日—14日　十一届全国人大五次会议举行。吴邦国作全国人大常委会工作报告。温家宝作政府工作报告。会议通过《关于修改〈中华人民共和国刑事诉讼法〉的决定》,将尊重和保障人权写入该法总则。

3月8日　中共中央办公厅印发《关于加强和改进非公有制企业党的建设工作的意见(试行)》、《关于在推进事业单位改革中加强和改进党的建设工作的意见》。

3月14日　中央决定张德江兼任重庆市委委员、常委、书记,薄熙来不再兼任重庆市委书记、常委、委员职务。(4月10日,中央决定停止薄熙来的中央政治局委员、中央委员职务,并由中央纪委对其立案调查)。

同日　国务院印发《“十二五”期间深化医药卫生体制改革规划暨实施方案》。(4月17日,全国深化医药卫生体制改革工作会议召开。李克强讲话强调,深化医改要抓住医保、医药、医疗3个重点环节,实行“三轮驱动”)。

3月22日　胡锦涛会见中国国民党荣誉主席吴伯雄,共同回顾和充分肯定过去4年两岸关系取得的成果,并就新形势下进一步推动两岸关系和平发展达成重要共识。

3月25日—4月2日　胡锦涛出席在韩国首尔举行的核安全峰会、在印度新德里举行的金砖国家领导人第四次会晤,并对柬埔寨进行国事访问。

3月28日　国务院常务会议批准实施《浙江省温州市金融综合改革试验区总体方案》。

4月5日　国务院公布《校车安全管理条例》。

同日　中共中央办公厅、国务院办公厅印发《关于进一步加强人民政协提案办理工作的意见》。

4月13日—25日 贾庆林对新西兰、文莱、泰国进行正式友好访问。

4月15日—28日 李长春对英国、加拿大、哥伦比亚、印度尼西亚进行正式友好访问。15日,出席伦敦国际书展“市场焦点”中国主宾国开幕式并致辞。

4月19日 国务院印发《关于进一步支持小型微型企业健康发展的意见》。

4月26日—5月4日 李克强对俄罗斯、匈牙利、比利时和欧盟总部进行正式访问。4月28日,出席在莫斯科举行的中俄贸易和投资促进会议开幕式并发表《推动中俄贸易和投资合作再上新水平》的讲话。5月3日,与欧盟委员会主席巴罗佐签署《中欧城镇化伙伴关系共同宣言》。

5月4日 纪念中国共产主义青年团成立90周年大会举行。胡锦涛讲话,希望广大青年坚持远大理想、坚持刻苦学习、坚持艰苦奋斗、坚持开拓创新、坚持高尚品行。

5月23日 纪念毛泽东同志《在延安文艺座谈会上的讲话》发表70周年座谈会召开。李长春讲话。

5月30日—31日 第三次全国对口支援新疆工作会议召开。胡锦涛、温家宝、习近平、李克强、周永康会见与会代表。李克强、周永康讲话。

6月2日 马克思主义理论研究和建设工程工作会议召开。李长春讲话指出,工程自2004年启动以来,取得重大阶段性成果,成为党的十六大以来我国思想理论建设的标志性工程。会议强调,要以高度的理论自觉和理论自信深入推进工程,更好地推动党的思想理论建设,推动哲学社会科学繁荣发展。

6月6日—7日 上海合作组织成员国元首理事会第十二次会议在北京举行。成员国元首签署《关于构建持久和平、共同繁荣地区的宣言》等文件。

6月14日—19日 胡锦涛对丹麦进行国事访问,并出席在墨西哥洛斯卡沃斯举行的二十国集团领导人第七次峰会,发表《稳中求进,共促发展》的讲话。

6月16日 载有景海鹏、刘旺、刘洋三位航天员的神舟九号载人飞船成功发射,中国首位女航天员进入太空。(18日和24日先后与天宫一号实现自动和手控交会对接,29日顺利返回着陆)。

6月20日—26日 温家宝出席在巴西里约热内卢举行的联合国可持续发展大会,并对巴西、乌拉圭、阿根廷、智利进行正式访问。20日,出席联合国可持续发展大会并发表《共同谱写人类可持续发展新篇章》的演讲,出席联合国可持续发展大会高级别圆桌会并发表讲话。21日,出席“最不发达国家与里约+20”高级别边会和中国环境与发展国际合作委员会成立20周年主题边会。26日,在联合国拉丁美洲和加勒比经济委员会发表《永远做相互信赖的好朋友》的演讲。

6月21日 民政部发布公告,国务院批准设立地级三沙市,管辖西沙群岛、中沙群岛、南沙群岛的岛礁及其海域。三沙市人民政府驻西沙永兴岛。(7月24日,三沙市成立大会暨揭牌仪式举行)。

6月27日 蛟龙号载人潜水器最大下潜深度达到7062米,实现了我国深海装备和深海技术的重大突破。

6月28日 全国创先争优表彰大会召开。胡锦涛、习近平、贺国强会见与会代表。习近平讲话指出,中国共产党在91年的奋斗中形成了自己的理论优势、政治优势、组织优势、制度优势和密切联系群众的优势。这种独特优势,是我们党始终保持先进性和纯洁性的根本法宝。

同日 国务院印发《关于支持赣南等原中央苏区振兴发展的若干意见》。(此前,3月2日,国务院批复《陕甘宁革命老区振兴规划》)。

6月29日 中央政府与香港特别行政区政府签署《〈内地与香港关于建立更紧密经贸

关系的安排〉补充协议九》。

6月30日 十一届全国人大常委会第二十七次会议通过《关于批准〈中华人民共和国澳门特别行政区基本法附件一澳门特别行政区行政长官的产生办法修正案〉的决定》,对《中华人民共和国澳门特别行政区基本法附件二澳门特别行政区立法会的产生办法修正案》予以备案。

同日 十一届全国人大常委会举行《现代农业发展视野下的国家粮食安全战略》专题讲座,吴邦国主持。(至此,十一届全国人大常委会共举行26次专题讲座)。

同日 中共中央组织部公布党内统计数据。至2011年底,中国共产党党员总数达8260.2万名,党的基层组织总数达402.7万个。

7月1日 胡锦涛出席庆祝香港回归祖国15周年大会暨香港特别行政区第四届政府就职典礼并讲话,强调中央政府实行"一国两制"、"港人治港"、高度自治方针将毫不动摇,全力支持香港特别行政区行政长官和政府依法施政将毫不动摇,同香港各界人士一道维护和促进香港长期繁荣稳定将毫不动摇。他还向香港特别行政区新一届政府和社会各界提出4点希望。

7月2日 中共中央、国务院印发《关于深化科技体制改革加快国家创新体系建设的意见》。(6日至7日,全国科技创新大会举行。胡锦涛、温家宝讲话)。

同日 中央政府与澳门特别行政区政府签署《〈内地与澳门关于建立更紧密经贸关系的安排〉补充协议九》。

7月4日 三峡工程最后一台70万千瓦巨型机组正式交付投产。(至此,世界装机容量最大水电站——三峡电站32台机组全部投产)。

7月10日 国务院印发《关于促进红十字事业发展的意见》。

7月19日—20日 中非合作论坛第五届部长级会议在北京举行。胡锦涛出席开幕式并发表《开创中非新型战略伙伴关系新局面》的讲话,宣布今后3年采取措施在5个重点领域支持非洲和平与发展事业。

7月20日—21日 全国社会管理综合治理工作会议召开。周永康讲话强调,要坚持民生优先、服务为先、基层在先,进一步从源头上、根本上、基础上搞好社会管理,努力实现社会管理工作的良性循环和科学发展。

7月23日—24日 省部级主要领导干部专题研讨班举行。胡锦涛在开班式上讲话强调,高举中国特色社会主义伟大旗帜,以邓小平理论、"三个代表"重要思想为指导,深入贯彻落实科学发展观,解放思想,改革开放,凝聚力量,攻坚克难,坚定不移沿着中国特色社会主义道路前进,为全面建成小康社会而奋斗。胡锦涛指出,中国特色社会主义是当代中国发展进步的旗帜,也是全党全国各族人民团结奋斗的旗帜,必须毫不动摇以邓小平理论、"三个代表"重要思想为指导,深入贯彻落实科学发展观,坚持和发展中国特色社会主义。必须抓紧工作,抓紧落实,在未来5年为到2020年如期实现全面建成小康社会目标打下具有决定性意义的基础,进而到本世纪中叶基本实现社会主义现代化。习近平主持开班式并在结业式上作总结讲话。

7月27日—8月12日、8月29日—9月9日 中国体育代表团在英国伦敦举行的第三十届奥运会上获得38枚金牌、27枚银牌、23枚铜牌,金牌和奖牌总数均列第二位;在第十四届残奥会上获得95枚金牌、71枚银牌、65枚铜牌,居金牌榜和奖牌榜第一位。

7月31日 中央政治局召开会议,分析研究上半年经济形势和下半年经济工作,要求努力实现经济社会发展预期目标。

8月6日 中共中央办公厅印发《关于进一步加强党管人才工作的意见》。

同日 国务院批复《国家海洋事业发展"十二五"规划》。

8月17日　中共中央组织部等11个部门联合发出通知,启动国家高层次人才特殊支持计划(简称"国家特支计划"或"万人计划")。

8月20日　国务院印发《关于加强教师队伍建设的意见》。(9月7日,全国教师工作暨"两基"工作总结表彰大会召开。胡锦涛致贺信,温家宝讲话)。

8月22日　国务院常务会议决定取消和调整314项部门行政审批项目,批准广东省在行政审批制度改革方面先行先试。(至此,国务院10年来分6批共取消和调整了2497项行政审批项目,占总数的69.3%)。

8月24日　中央党的建设工作领导小组会议召开。会议听取中央有关部门落实党的十七大和十七届四中全会关于党的建设重要举措情况的汇报,对迎接党的十八大、继续抓好党的建设各项部署提出明确要求。习近平、贺国强讲话。

8月27日　中央司法体制改革领导小组第五次全体会议暨司法体制机制改革第十二次专题汇报会召开。周永康讲话。

同日　国务院印发《关于大力实施促进中部地区崛起战略的若干意见》。

8月28日—30日　埃及总统穆尔西对中国进行国事访问。胡锦涛与穆尔西举行会谈。双方一致同意秉承友好传统,加强全方位合作,推动中埃战略合作关系迈上新台阶。

8月30日　国务院办公厅转发《关于做好进城务工人员随迁子女接受义务教育后在当地参加升学考试工作的意见》。

9月1日　国务院印发《关于进一步加强和改进最低生活保障工作的意见》、《关于促进企业技术改造的指导意见》。

9月6日—9日　胡锦涛出席在俄罗斯符拉迪沃斯托克举行的亚太经济合作组织第二十次领导人非正式会议并发表讲话。9日,胡锦涛同日本首相野田佳彦交谈时,就当前中日关系和钓鱼岛问题表明中方立场。

9月9日—23日　吴邦国对伊朗、缅甸、斯里兰卡、斐济进行正式友好访问。

9月10日　中国政府发表《关于钓鱼岛及其附属岛屿领海基线的声明》。同日,外交部发表声明,对日本政府宣布"购买"钓鱼岛及其附属的南小岛和北小岛、实施所谓"国有化"表示坚决反对和强烈抗议。(13日,中国常驻联合国代表向联合国秘书长交存钓鱼岛及其附属岛屿领海基点基线坐标表和海图。15日,中国公布钓鱼岛及其部分附属岛屿地理坐标。21日,中国公布钓鱼岛海域部分地理实体标准名称。25日,国务院新闻办公室发表《钓鱼岛是中国的固有领土》白皮书)。

9月11日—13日　世界经济论坛2012年新领军者年会(第六届夏季达沃斯论坛)在天津举行。温家宝出席开幕式并致辞。

9月19日—20日　温家宝出席在比利时布鲁塞尔举行的第十五次中欧领导人会晤,并对比利时进行正式访问。

9月21日　中央反腐败协调小组第二十二次会议召开。贺国强讲话强调,始终保持查办违纪违法案件强劲势头,决不让任何腐败分子逃脱党纪国法的惩处。

9月21日—25日　周永康对新加坡、阿富汗、土库曼斯坦进行正式友好访问,并出席在新加坡举行的"2012中新社会管理高层论坛"。

9月25日　中国第一艘航空母舰辽宁舰正式交付海军。胡锦涛出席交接入列仪式并登舰视察,温家宝宣读中共中央、国务院、中央军委贺电。

9月26日　全国文化体制改革工作表彰大会召开。李长春讲话。会议指出,经过10年不懈探索,基本完成中央确定的阶段性改革任务,文化建设开创了新局面,初步走出了一条中国特色社会主义文化发展道路。

9月28日　中央政治局召开会议,决定中国共产党第十七届中央委员会第七次全体会议于2012年11月1日在北京召开。中共中央政治局将向党的十七届七中全会建议,中国共产党第十八次全国代表大会于2012年11月8日在北京召开。会议审议并通过中共中央纪律检查委员会《关于薄熙来严重违纪案的审查报告》,决定给予薄熙来开除党籍、开除公职处分,对其涉嫌犯罪问题及犯罪问题线索移送司法机关依法处理。

10月11日　莫言获2012年诺贝尔文学奖。李长春致信中国作协表示祝贺。

10月22日　中央政治局召开会议,研究拟提请十七届七中全会讨论的十七届中央委员会向党的第十八次全国代表大会的报告稿和《中国共产党章程(修正案)》稿。会议要求,全党全国各族人民更加紧密地团结起来,扎扎实实做好改革发展稳定各项工作,以优异成绩迎接党的十八大胜利召开。

中国共产党第十八次全国代表大会关于十七届中央委员会报告的决议

（2012年11月14日中国共产党第十八次全国代表大会通过）

中国共产党第十八次全国代表大会批准胡锦涛同志代表十七届中央委员会所作的报告。报告高举中国特色社会主义伟大旗帜，以马克思列宁主义、毛泽东思想、邓小平理论、“三个代表”重要思想、科学发展观为指导，分析了国际国内形势的发展变化，回顾总结了过去五年的工作和党的十六大以来的奋斗历程及取得的历史性成就，确立了科学发展观的历史地位，提出了夺取中国特色社会主义新胜利的基本要求，确定了全面建成小康社会和全面深化改革开放的目标，对新的时代条件下推进中国特色社会主义事业作出了全面部署，对全面提高党的建设科学化水平提出了明确要求。报告描绘了全面建成小康社会、加快推进社会主义现代化的宏伟蓝图，为党和国家事业进一步发展指明了方向，是全党全国各族人民智慧的结晶，是我们党团结带领全国各族人民夺取中国特色社会主义新胜利的政治宣言和行动纲领，是马克思主义的纲领性文献。

大会认为，报告阐明的大会主题对我们党带领人民继往开来、奋勇前进具有十分重大的意义。全党要高举中国特色社会主义伟大旗帜，以邓小平理论、“三个代表”重要思想、科学发展观为指导，解放思想，改革开放，凝聚力量，攻坚克难，坚定不移沿着中国特色社会主义道路前进，为全面建成小康社会而奋斗。

大会强调，当前，世情、国情、党情继续发生深刻变化，我们面临的发展机遇和风险挑战前所未有。全党一定要牢记人民信任和重托，更加奋发有为、兢兢业业地工作，继续推动科学发展、促进社会和谐，继续改善人民生活、增进人民福祉，完成时代赋予的光荣而艰巨的任务。

大会高度评价十七届中央委员会的工作。十七大以来的五年，是我们在中国特色社会主义道路上奋勇前进的五年，是我们经受住各种困难和风险考验、夺取全面建设小康社会新胜利的五年，各方面工作都取得新的重大成就。

大会同意十七届中央委员会对十六大以来十年奋斗历程的基本总结，认为我们紧紧抓住和用好我国发展的重要战略机遇期，战胜一系列重大挑战，奋力把中国特色社会主义推进到新的发展阶段，巩固和发展了改革开放和社会主义现代化建设大局，提高了我国国际地位，彰显了中国特色社会主义的巨大优越性和强大生命力，增强了中国人民和中华民族的自豪感和凝聚力。

大会强调，总结十年奋斗历程，最重要的就是我们坚持勇于推进实践基础上的理论创新，围绕坚持和发展中国特色社会主义提出一系列紧密相连、相互贯通的新思想、新观点、新论断，形成和贯彻了科学发展观。科学发展观是马克思主义同当代中国实际和时代特征相结合的产物，是马克思主义关于发展的世界观和方法论的集中体现，对新形势下实现什么样的发展、怎样发展等重大问题作出了新的科学回答，把我们对中国特色社会主义规律的认识提高到新的水平，开辟了当代中国马克思主义发展新境界。科学发展观是中国特色社会主义理论体系最新成果，是中国共产党集体智慧的结晶，是指导党和国家全部工作的强大思想武器。科学发展观同马克思列宁主义、毛泽东思想、邓小平理论、“三个代表”重要思想一道，是党必须长期坚持的指导思想。

大会指出，九十多年来，我们党紧紧依靠人民，把马克思主义基本原理同中国实际和时代特征结合起来，独立自主走自己的路，历经千辛万苦，付出各种代价，取得革命建设改革伟大胜利，开创和发展了中国特色社会主义，从根本上改变了中国人民和中华民族的前途命运。中国特色社会主义道路，中国特色社会主义理论体系，中国特色社会主义制度，是党和人民九十多年奋斗、创造、积累的根本成就，必须倍加珍惜、始终坚持、不断发展。在新的历史条件下夺取中国特色社会主义新胜利，要牢牢把握以下基本要求：必须坚持人民主体地位，必须坚持解放和发展社会生产力，必须坚持推进改革开放，必须坚持维护社会公平正义，必须坚持走共同富裕道路，必须坚持促进社会和谐，必须坚持和平发展，必须坚持党的领导。只要我们顽强奋斗、艰苦奋斗、不懈奋斗，就一定能在中国共产党成立一百年时全面建成小康社会，就一定能在新中国成立一百年时建成富强民主文明和谐的社会主义现代化国家。全党要坚定这样的道路自信、理论自信、制度自信！

大会认为，根据我国经济社会发展实际，要在十六大、十七大确立的全面建设小康社会目标的基础上努力实现新的要求：经济持续健康发展，人民民主不断扩大，文化软实力显著增强，人民生活水平全面提高，资源节约型、环境友好型社会建设取得重大进展。全面建成小康社会，必须以更大的政治勇气和智慧，不失时机深化重要领域改革，坚决破除一切妨碍科学发展的思想观念和体制机制弊端，构建系统完备、科学规范、运行有效的制度体系，使各方面制度更加成熟更加定型。

大会同意报告关于我国社会主义经济建设、政治建设、文化建设、社会建设、生态文明建设的部署。大会强调，要加快完善社会主义市场经济体制和加快转变经济发展方式，把推动发展的立足点转到提高质量和效益上来，着力激发各类市场主体发展新活力，着力增强创新驱动发展新动力，着力构建现代产业发展新体系，着力培育开放型经济发展新优势，使经济发展更多依靠内需特别是消费需求拉动，更多依靠现代服务业和战略性新兴产业带动，更多依靠科技进步、劳动者素质提高、管理创新驱动，更多依靠节约资源和循环经济推动，更多依靠城乡区域发展协调互动，不断增强长期发展后劲，促进工业化、信息化、城镇化、农业现代化同步发展；要坚持走中国特色社会主义政治发展道路和推进政治体制改革，发展更加广泛、更加充分、更加健全的人民民主，坚持党的领导、人民当家作主、依法治国有机统一，以保证人民当家作主为根本，以增强党和国家活力、调动人民积极性为目标，扩大社会主义民主，健全社会主义协商民主制度，完善基层民主制度，加快建设社会主义法治国家，健全权力运行制约和监督体系，发展社会主义政治文明；要扎实推进社会主义文化强国建设，坚持社会主义先进文化前进方向，推动社会主义文化大发展大繁荣，兴起社会主义文化建设新高潮，提高国家文化软实力，发挥文化引领风尚、教育人民、服务社会、推动发展的作用；要在改善民生和创新管理中加强社会建设，从维护最广大人民根本利益的高度，以保障和改善民生为重点，提高人民物质文化生活水平，多谋民生之利，多解民生之忧，加快健全基本公共服务体系，加强和创新社会管理，推动社会主义和谐社会建设；要大力推进生态文明建设，树立尊重自然、顺应自然、保护自然的生态文明理念，把生态文明建设融入经济建设、政治建设、文化建设、社会建设各方面和全过程，加大自然生态系统和环境保护力度，努力建设美丽中国，实现中华民族永续发展。大会强调，必须坚持以国家核心安全需求为导向，按照国防和军队现代化建设"三步走"战略构想，加紧完成机械化和信息化建设双重历史任务，建设与我国国际地位相称、与国家安全和发展利益相适应的巩固国防和强大军队。

大会强调，全面准确贯彻"一国两制"、"港人治港"、"澳人治澳"、高度自治的方针，必须把坚持一国原则和尊重两制差异、维护中央权力和保障特别行政区高度自治权、发挥祖国内地坚强后盾作用和提高港澳自身竞争力有机结合起来。必须坚持“和平统一、一国两制”方针，巩固和深化两岸关系和平发展的政治、经济、文化、社会基础，开创两岸关系和平发展新前景，团结台湾同胞维护好、建设好中华民族共同家园，为和平统一创造更充分的条件。

大会同意报告对国际形势的分析和提出的对外工作方针，强调中国将继续高举和平、发展、合作、共赢的旗帜，坚定奉行独立自主的和平外交政策，始终不渝走和平发展道路，始终不渝奉行互利共赢的开放战略，坚决维护国家主权、安全、发展利益，坚持在和平共处五项原则基础上全面发展同各国的友好合作，推动建设持久和平、共同繁荣的和谐世界，同各国人民一道为人类和平与发展的崇高事业而不懈努力。

大会强调，形势的发展、事业的开拓、人民的期待，都要求我们以改革创新精神全面推进党的建设新的伟大工程，全面提高党的建设科学化水平。全党要增强紧迫感和责任感，牢牢把握加强党的执政能力建设、先进性和纯洁性建设这条主线，坚持以人为本、执政为民，坚持解放思想、改革创新，坚持党要管党、从严治党，全面加强党的思想建设、组织建设、作风建设、反腐倡廉建设、制度建设，增强自我净化、自我完善、自我革新、自我提高能力，建设学习型、服务型、创新型的马克思主义执政党，确保党始终成为中国特色社会主义事业的坚强领导核心。

大会强调，反对腐败、建设廉洁政治，是党一贯坚持的鲜明政治立场，是人民关注的重大政治问题。反腐倡廉必须常抓不懈，拒腐防变必须警钟长鸣。要坚持中国特色反腐倡廉道路，坚持标本兼治、综合治理、惩防并举、注重预防方针，全面推进惩治和预防腐败体系建设，做到干部清正、政府清廉、政治清明。

大会强调，党的集中统一是党的力量所在，是实现经济社会发展、民族团结进步、国家长治久安的根本保证。党面临的形势越复杂，肩负的任务越艰巨，就越要加强党的纪律建设，越要维护党的集中统一，形成全党上下步调一致、奋发进取的强大力量。

大会强调，面对人民的信任和重托，面对新的历史条件和考验，全党必须增强忧患意识，谦虚谨慎，戒骄戒躁，始终保持清醒头脑；必须增强创新意识，坚持真理，修正错误，始终保持奋发有为的精神状态；必须增强宗旨意识，相信群众，依靠群众，始终把人民放在心中最高位置；必须增强使命意识，求真务实，艰苦奋斗，始终保持共产党人的政治本色。

大会号召，全党全国各族人民高举中国特色社会主义伟大旗帜，更加紧密地团结在党中央周围，为全面建成小康社会而奋斗，不断夺取中国特色社会主义新胜利，共同创造中国人民和中华民族更加幸福美好的未来！

中国共产党第十八次全国代表大会关于中央纪律检查委员会工作报告的决议

（2012年11月14日中国共产党第十八次全国代表大会通过）

中国共产党第十八次全国代表大会审查、批准中央纪律检查委员会的工作报告。大会充分肯定了十七届中央纪律检查委员会的工作。

大会认为，党的十七大以来，在党中央坚强有力的领导下，经过全党全社会的共同努力，党风廉政建设和反腐败工作取得新的明显成效，为党和国家事业发展提供了有力保障。

大会要求，中央和地方各级纪律检查委员会，要高举中国特色社会主义伟大旗帜，以邓小平理论、"三个代表"重要思想、科学发展观为指导，全面履行党章赋予的职责，坚持围绕中心、服务大局，坚持标本兼治、综合治理、惩防并举、注重预防方针，紧紧围绕党的先进性和纯洁性建设，认真做好惩治和预防腐败各项工作，深入推进党风廉政建设和反腐败斗争。各级党委要继续加强对纪律检查工作的领导，把党风廉政建设和反腐败工作放在更加突出的位置，着力加强以保持党同人民群众血肉联系为重点的作风建设，深入推进以完善惩治和预防腐败体系为重点的反腐倡廉建设，认真解决反腐倡廉建设中人民群众反映强烈的突出问题，进一步提高反腐倡廉建设科学化水平，做到干部清正、政府清廉、政治清明，为落实党的十八大作出的各项重大决策和战略部署提供有力保证。

中国共产党第十八次全国代表大会关于《中国共产党章程(修正案)》的决议

(2012年11月14日中国共产党第十八次全国代表大会通过)

中国共产党第十八次全国代表大会审议并一致通过十七届中央委员会提出的《中国共产党章程(修正案)》,决定这一修正案自通过之日起生效。

大会认为,十六大以来,以胡锦涛同志为主要代表的中国共产党人,坚持以邓小平理论和"三个代表"重要思想为指导,根据新的发展要求,深刻认识和回答了新形势下实现什么样的发展、怎样发展等重大问题,形成了以人为本、全面协调可持续发展的科学发展观。科学发展观,是同马克思列宁主义、毛泽东思想、邓小平理论、"三个代表"重要思想既一脉相承又与时俱进的科学理论,是马克思主义关于发展的世界观和方法论的集中体现,是马克思主义中国化最新成果,是中国共产党集体智慧的结晶,是党必须长期坚持的指导思想。大会一致同意在党章中把科学发展观同马克思列宁主义、毛泽东思想、邓小平理论、"三个代表"重要思想一道确立为党的行动指南。大会要求全党同志更加深入地学习科学发展观,进一步增强贯彻落实科学发展观的自觉性和坚定性,不断完善贯彻落实科学发展观的体制机制,把科学发展观贯彻到我国现代化建设全过程、体现到党的建设各方面。

大会认为,中国特色社会主义道路,中国特色社会主义理论体系,中国特色社会主义制度,是党和人民长期奋斗、创造、积累的根本成就。全面建成小康社会,加快推进社会主义现代化,实现中华民族伟大复兴,必须坚定不移走中国特色社会主义道路。把中国特色社会主义制度同中国特色社会主义道路、中国特色社会主义理论体系一道写入党章,有利于全党深化对中国特色社会主义的认识、全面把握中国特色社会主义的内涵。大会强调,全党同志要倍加珍惜、长期坚持和不断发展党历经艰辛开创的这条道路、这个理论体系、这个制度,坚定道路自信、理论自信、制度自信,奋力夺取中国特色社会主义新胜利。

大会认为,建设生态文明,是关系人民福祉、关乎民族未来的长远大计。必须把生态文明建设放在突出地位,融入经济建设、政治建设、文化建设、社会建设各方面和全过程,坚持生产发展、生活富裕、生态良好的文明发展道路,努力建设美丽中国,实现中华民族永续发展。大会同意将生态文明建设写入党章并作出阐述,使中国特色社会主义事业总体布局更加完善,使生态文明建设的战略地位更加明确,有利于全面推进中国特色社会主义事业。促进工业化、信息化、城镇化、农业现代化同步发展,是我国经济社会发展面临的重大课题,是全面建成小康社会的一项重大战略举措;发展更加广泛、更加充分、更加健全的人民民主,完善中国特色社会主义法律体系,是坚持走中国特色社会主义政治发展道路、积极稳妥推进政治体制改革、加强社会主义法治国家建设的客观需要;建设社会主义文化强国,加强社会主义核心价值体系建设,是推动社会主义文化大发展大繁荣、提高国家文化软实力的必然要求;构建社会主义和谐社会,必须保障和改善民生,使发展成果更多更公平惠及全体人民,加强和创新社会管理。将这些内容写入党章,丰富了社会主义经济建设、政治建设、文化建设、社会建设的内容，对全党同志更加自觉、更加坚定地贯彻党的基本理论、基本路线、基本纲领、基本经验、基本要求，全面推进社会主义市场经济、社会主义民主政治、社会主义先进文化、社会主义和谐社会、社会主义生态文明建设，团结带领全国各族人民不断夺取中国特色社会主义新胜利具有十分重要的作用。

大会认为，改革开放是强国之路，是新时期最鲜明的特点。我国过去30多年的快速发展靠的是改革开放，未来发展也必须坚定不移依靠改革开放。只有改革开放，才能发展中国、发展社会主义、发展马克思主义。把这方面内容写入党章，有利于全党更加深刻地认识坚持改革开放的重大意义，更加自觉、更加坚定地推进改革开放。

大会认为，十七大以来，随着党的建设实践发展，我们党对马克思主义执政党建设规律的认识不断深化，正视党面临的考验和风险，重视加强党的执政能力建设、先进性和纯洁性建设，整体推进党的思想建设、组织建设、作风建设、反腐倡廉建设、制度建设，全面提高党的建设科学化水平。根据实践发展，党的十八大提出建设学习型、服务型、创新型的马克思主义执政党的新要求。适应新的形势，全党要用邓小平理论、"三个代表"重要思想、科学发展观和党的基本路线统一思想、统一行动，切实做到求真务实，尊重党员主体地位，加强对主要领导干部的监督。大会同意把这些新成果、新认识、新要求充实到党章关于党的建设总体要求中，使党的建设的主线、总体布局、总体目标更加完善，有利于全面推进党的建设新的伟大工程。

大会认为，总结吸收近年来党的建设的成功经验，并与总纲部分的修改相衔接，对党章部分条文作适当修改十分必要。认真学习马克思列宁主义、毛泽东思想、邓小平理论、"三个代表"重要思想和科学发展观，是广大党员应尽的义务；积极创先争优，组织党员认真学习马克思列宁主义、毛泽东思想、邓小平理论、"三个代表"重要思想和科学发展观，是党的基层组织的基本任务；选拔干部要按照德才兼备、以德为先的原则，坚持五湖四海、任人唯贤；党要更加重视监督干部；党的各级领导干部要坚持原则，讲党性、重品行、作表率。把这些内容写入党章，有利于全党同志坚持党的指导思想、增强学习贯彻科学发展观的自觉性和坚定性；有利于更好坚持公道正派的用人作风、树立正确用人导向、提高选人用人公信度，促进干部健康成长；有利于推动干部队伍特别是主要领导干部进一步提高各方面素质，更好发挥表率作用。

大会要求，党的各级组织和全党同志高举中国特色社会主义伟大旗帜，以马克思列宁主义、毛泽东思想、邓小平理论、"三个代表"重要思想和科学发展观为指导，更好学习党章、遵守党章、贯彻党章、维护党章，坚持党要管党、从严治党，进一步加强党的执政能力建设、先进性和纯洁性建设，以改革创新精神全面推进党的建设新的伟大工程，全面提高党的建设科学化水平，坚定不移沿着中国特色社会主义道路前进，为全面建成小康社会而奋斗。

中国共产党章程

（中国共产党第十八次全国代表大会部分修改，2012 年 11 月 14 日通过）

总　纲

中国共产党是中国工人阶级的先锋队，同时是中国人民和中华民族的先锋队，是中国特色社会主义事业的领导核心，代表中国先进生产力的发展要求，代表中国先进文化的前进方向，代表中国最广大人民的根本利益。党的最高理想和最终目标是实现共产主义。

中国共产党以马克思列宁主义、毛泽东思想、邓小平理论、“三个代表”重要思想和科学发展观作为自己的行动指南。

马克思列宁主义揭示了人类社会历史发展的规律，它的基本原理是正确的，具有强大的生命力。中国共产党人追求的共产主义最高理想，只有在社会主义社会充分发展和高度发达的基础上才能实现。社会主义制度的发展和完善是一个长期的历史过程。坚持马克思列宁主义的基本原理，走中国人民自愿选择的适合中国国情的道路，中国的社会主义事业必将取得最终的胜利。

以毛泽东同志为主要代表的中国共产党人，把马克思列宁主义的基本原理同中国革命的具体实践结合起来，创立了毛泽东思想。毛泽东思想是马克思列宁主义在中国的运用和发展，是被实践证明了的关于中国革命和建设的正确的理论原则和经验总结，是中国共产党集体智慧的结晶。在毛泽东思想指引下，中国共产党领导全国各族人民，经过长期的反对帝国主义、封建主义、官僚资本主义的革命斗争，取得了新民主主义革命的胜利，建立了人民民主专政的中华人民共和国；建国以后，顺利地进行了社会主义改造，完成了从新民主主义到社会主义的过渡，确立了社会主义基本制度，发展了社会主义的经济、政治和文化。

十一届三中全会以来，以邓小平同志为主要代表的中国共产党人，总结建国以来正反两方面的经验，解放思想，实事求是，实现全党工作中心向经济建设的转移，实行改革开放，开辟了社会主义事业发展的新时期，逐步形成了建设中国特色社会主义的路线、方针、政策，阐明了在中国建设社会主义、巩固和发展社会主义的基本问题，创立了邓小平理论。邓小平理论是马克思列宁主义的基本原理同当代中国实践和时代特征相结合的产物，是毛泽东思想在新的历史条件下的继承和发展，是马克思主义在中国发展的新阶段，是当代中国的马克思主义，是中国共产党集体智慧的结晶，引导着我国社会主义现代化事业不断前进。

十三届四中全会以来，以江泽民同志为主要代表的中国共产党人，在建设中国特色社会主义的实践中，加深了对什么是社会主义、怎样建设社会主义和建设什么样的党、怎样建设党的认识，积累了治党治国新的宝贵经验，形成了“三个代表”重要思想。“三个代表”重要思想是对马克思列宁主义、毛泽东思想、邓小平理论的继承和发展，反映了当代世界和中国的发展变化对党和国家工作的新要求，是加强和改进党的建设、推进我国社会主义自我完善和发展的强大理论武器，是中国共产党集体智慧的结晶，是党必须长期坚持的指导思想。始终做到“三个代表”，是我们党的立党之本、执政之基、力量之源。

十六大以来，以胡锦涛同志为主要代表的中国共产党人，坚持以邓小平理论和“三个代表”重要思想为指导，根据新的发展要求，深刻认识和回答了新形势下实现什么样的发展、怎样发展等重大问题，形成了以人为本、全面协调可持续发展的科学发展观。科学发展观，是同马克思列宁主义、毛泽东思想、邓小平理论、“三个代表”重要思想既一脉相承又与时俱进的科学理论，是马克思主义关于发展的世界观和方法论的集中体现，是马克思主义中国化最新成果，是中国共产党集体智慧的结晶，是发展中国特色社会主义必须坚持和贯彻的指导思想。

改革开放以来我们取得一切成绩和进步的根本原因，归结起来就是：开辟了中国特色社会主义道路，形成了中国特色社会主义理论体系，确立了中国特色社会主义制度。全党同志要倍加珍惜、长期坚持和不断发展党历经艰辛开创的这条道路、这个理论体系、这个制度，高举中国特色社会主义伟大旗帜，为实现推进现代化建设、完成祖国统一、维护世界和平与促进共同发展这三大历史任务而奋斗。

我国正处于并将长期处于社会主义初级阶段。这是在经济文化落后的中国建设社会主义现代化不可逾越的历史阶段，需要上百年的时间。我国的社会主义建设，必须从我国的国情出发，走中国特色社会主义道路。在现阶段，我国社会的主要矛盾是人民日益增长的物质文化需要同落后的社会生产之间的矛盾。由于国内的因素和国际的影响，阶级斗争还在一定范围内长期存在，在某种条件下还有可能激化，但已经不是主要矛盾。我国社会主义建设的根本任务，是进一步解放生产力，发展生产力，逐步实现社会主义现代化，并且为此而改革生产关系和上层建筑中不适应生产力发展的方面和环节。必须坚持和完善公有制为主体、多种所有制经济共同发展的基本经济制度，坚持和完善按劳分配为主体、多种分配方式并存的分配制度，鼓励一部分地区和一部分人先富起来，逐步消灭贫穷，达到共同富裕，在生产发展和社会财富增长的基础上不断满足人民日益增长的物质文化需要，促进人的全面发展。发展是我们党执政兴国的第一要务。各项工作都要把有利于发展社会主义社会的生产力，有利于增强社会主义国家的综合国力，有利于提高人民的生活水平，作为总的出发点和检验标准，尊重劳动、尊重知识、尊重人才、尊重创造，做到发展为了人民、发展依靠人民、发展成果由人民共享。跨入新世纪，我国进入全面建设小康社会、加快推进社会主义现代化的新的发展阶段。必须按照中国特色社会主义事业总体布局，全面推进经济建设、政治建设、文化建设、社会建设、生态文明建设。在新世纪新阶段，经济和社会发展的战略目标是，巩固和发展已经初步达到的小康水平，到建党一百年时，建成惠及十几亿人口的更高水平的小康社会；到建国一百年时，人均国内生产总值达到中等发达国家水平，基本实现现代化。

中国共产党在社会主义初级阶段的基本路线是：领导和团结全国各族人民，以经济建设为中心，坚持四项基本原则，坚持改革开放，自力更生，艰苦创业，为把我国建设成为富强民主文明和谐的社会主义现代化国家而奋斗。

中国共产党在领导社会主义事业中，必须坚持以经济建设为中心，其他各项工作都服从和服务于这个中心。要抓紧时机，加快发展，实施科教兴国战略、人才强国战略和可持续发展战略，充分发挥科学技术作为第一生产力的作用，依靠科技进步，提高劳动者素质，促进国民经济又好又快发展。

坚持社会主义道路、坚持人民民主专政、坚持中国共产党的领导、坚持马克思列宁主义毛泽东思想这四项基本原则，是我们的立国之本。在社会主义现代化建设的整个过程中，必须坚持四项基本原则，反对资产阶级自由化。

坚持改革开放，是我们的强国之路。只有改革开放，才能发展中国、发展社会主义、发展马克思主义。要从根本上改革束缚生产力发展的经济体制，坚持和完善社会主义市场经济体制；与此相适应，要进行政治体制改革和其他领域的改革。要坚持对外开放的基本国策，吸收和借鉴人类社会创造的一切文明成果。改革开放应当大胆探索，勇于开拓，提高改革决策的科学性，增强改革措施的协调性，在实践中开创新路。

中国共产党领导人民发展社会主义市场经济。毫不动摇地巩固和发展公有制经济，毫不动摇地鼓励、支持、引导非公有制经济发展。发挥市场在资源配置中的基础性作用，建立完善的宏观调控体系。统筹城乡发展、区域发展、经济社会发展、人与自然和谐发展、国内发展和对外开放，调整经济结构，转变经济发展方式。促进工业化、信息化、城镇化、农业现代化同步发展，建设社会主义新农村，走中国特色新型工业化道路，建设创新型国家。

中国共产党领导人民发展社会主义民主政治。坚持党的领导、人民当家作主、依法治国有机统一，走中国特色社会主义政治发展道路，扩大社会主义民主，健全社会主义法制，建设社会主义法治国家，巩固人民民主专政，建设社会主义政治文明。坚持和完善人民代表大会制度、中国共产党领导的多党合作和政治协商制度、民族区域自治制度以及基层群众自治制度。发展更加广泛、更加充分、更加健全的人民民主，切实保障人民管理国家事务和社会事务、管理经济和文化事业的权利。尊重和保障人权。广开言路，建立健全民主选举、民主决策、民主管理、民主监督的制度和程序。完善中国特色社会主义法律体系，加强法律实施工作，实现国家各项工作法治化。

中国共产党领导人民发展社会主义先进文化。建设社会主义精神文明，实行依法治国和以德治国相结合，提高全民族的思想道德素质和科学文化素质，为改革开放和社会主义现代化建设提供强大的思想保证、精神动力和智力支持，建设社会主义文化强国。加强社会主义核心价值体系建设，坚持马克思主义指导思想，树立中国特色社会主义共同理想，弘扬以爱国主义为核心的民族精神和以改革创新为核心的时代精神，倡导社会主义荣辱观，增强民族自尊、自信和自强精神，抵御资本主义和封建主义腐朽思想的侵蚀，扫除各种社会丑恶现象，努力使我国人民成为有理想、有道德、有文化、有纪律的人民。对党员还要进行共产主义远大理想教育。大力发展教育、科学、文化事业，弘扬民族优秀传统文化，繁荣和发展社会主义文化。

中国共产党领导人民构建社会主义和谐社会。按照民主法治、公平正义、诚信友爱、充满活力、安定有序、人与自然和谐相处的总要求和共同建设、共同享有的原则，以保障和改善民生为重点，解决好人民最关心、最直接、最现实的利益问题，使发展成果更多更公平惠及全体人民，努力形成全体人民各尽其能、各得其所而又和谐相处的局面。加强和创新社会管理。严格区分和正确处理敌我矛盾和人民内部矛盾这两类不同性质的矛盾。加强社会治安综合治理，依法坚决打击各种危害国家安全和利益、危害社会稳定和经济发展的犯罪活动和犯罪分子，保持社会长期稳定。

中国共产党领导人民建设社会主义生态文明。树立尊重自然、顺应自然、保护自然的生态文明理念，坚持节约资源和保护环境的基本国策，坚持节约优先、保护优先、自然恢复为主的方针，坚持生产发展、生活富裕、生态良好的文明发展道路。着力建设资源节约型、环境友好型社会，形成节约资源和保护环境的空间格局、产业结构、生产方式、生活方式，为人民创造良好生产生活环境，实现中华民族永续发展。

中国共产党坚持对人民解放军和其他人民武装力量的领导，加强人民解放军的建设，切实保证人民解放军履行新世纪新阶段军队历史使命，充分发挥人民解放军在巩固国防、保卫祖国和参加社会主义现代化建设中的作用。

中国共产党维护和发展平等团结互助和谐的社会主义民族关系，积极培养、选拔少数民族干部，帮助少数民族和民族地区发展经济、文化和社会事业，实现各民族共同团结奋斗、共同繁荣发展。全面贯彻党的宗教工作基本方针，团结信教群众为经济社会发展作贡献。

中国共产党同全国各民族工人、农民、知识分子团结在一起，同各民主党派、无党派人士、各民族的爱国力量团结在一起，进一步发展和壮大由全体社会主义劳动者、社会主义事业的建设者、拥护社会主义的爱国者、拥护祖国统一的爱国者组成的最广泛的爱国统一战线。不断加强全国人民包括香港特别行政区同胞、澳门特别行政区同胞、台湾同胞和海外侨胞的团结。按照“一个国家、两种制度”的方针，促进香港、澳门长期繁荣稳定，完成祖国统一大业。

中国共产党坚持独立自主的和平外交政策，坚持和平发展道路，坚持互利共赢的开放战略，统筹国内国际两个大局，积极发展对外关系，努力为我国的改革开放和现代化建设争取有利的国际环境。在国际事务中，维护我国的独立和主权，反对霸权主义和强权政治，维护世界和平，促进人类进步，努力推动建设持久和平、共同繁荣的和谐世界。在互相尊重主权和领土完整、互不侵犯、互不干涉内政、平等互利、和平共处五项原则的基础上，发展我国同世界各国的关系。不断发展我国同周边国家的睦邻友好关系，加强同发展中国家的团结与合作。按照独立自主、完全平等、互相尊重、互不干涉内部事务的原则，发展我党同各国共产党和其他政党的关系。

中国共产党要领导全国各族人民实现社会主义现代化的宏伟目标，必须紧密围绕党的基本路线，加强党的执政能力建设、先进性和纯洁性建设，以改革创新精神全面推进党的建设新的伟大工程，整体推进党的思想建设、组织建设、作风建设、反腐倡廉建设、制度建设，全面提高党的建设科学化水平。坚持立党为公、执政为民，坚持党要管党、从严治党，发扬党的优良传统和作风，不断提高党的领导水平和执政水平，提高拒腐防变和抵御风险的能力，不断增强党的阶级基础和扩大党的群众基础，不断提高党的创造力、凝聚力、战斗力，建设学习型、服务型、创新型的马克思主义执政党，使我们党始终走在时代前列，成为领导全国人民沿着中国特色社会主义道路不断前进的坚强核心。党的建设必须坚决实现以下四项基本要求：

第一，坚持党的基本路线。全党要用邓小平理论、“三个代表”重要思想、科学发展观和党的基本路线统一思想，统一行动，并且毫不动摇地长期坚持下去。必须把改革开放同四项基本原则统一起来，全面落实党的基本路线，全面执行党在社会主义初级阶段的基本纲领，反对一切“左”的和右的错误倾向，要警惕右，但主要是防止“左”。加强各级领导班子建设，选拔使用在改革开放和社会主义现代化建设中政绩突出、群众信任的干部，培养和造就千百万社会主义事业接班人，从组织上保证党的基本理论、基本路线、基本纲领、基本经验的贯彻落实。

第二，坚持解放思想，实事求是，与时俱进，求真务实。党的思想路线是一切从实际出发，理论联系实际，实事求是，在实践中检验真理和发展真理。全党必须坚持这条思想路线，积极探索，大胆试验，开拓创新，创造性地开展工作，不断研究新情况，总结新经验，解决新问题，在实践中丰富和发展马克思主义，推进马克思主义中国化。

第三，坚持全心全意为人民服务。党除了工人阶级和最广大人民群众的利益，没有自己特殊的利益。党在任何时候都把群众利益放在第一位，同群众同甘共苦，保持最密切的联系，坚持权为民所用、情为民所系、利为民所谋，不允许任何党员脱离群众，凌驾于群众之上。党在自己的工作中实行群众路线，一切为了群众，一切依靠群众，从群众中来，到群众中去，把党的正确主张变为群众的自觉行动。我们党的最大政治优势是密切联系群众，党执政后的最大危险是脱离群众。党风问题、党同人民群众联系问题是关系党生死存亡的问题。党坚持标本兼治、综合治理、惩防并举、注重预防的方针，建立健全惩治和预防腐败体系，坚持不懈地反对腐败，加强党风建设和廉政建设。

第四，坚持民主集中制。民主集中制是民

主基础上的集中和集中指导下的民主相结合。它既是党的根本组织原则,也是群众路线在党的生活中的运用。必须充分发扬党内民主,尊重党员主体地位,保障党员民主权利,发挥各级党组织和广大党员的积极性创造性。必须实行正确的集中,保证全党的团结统一和行动一致,保证党的决定得到迅速有效的贯彻执行。加强组织性纪律性,在党的纪律面前人人平等。加强对党的领导机关和党员领导干部特别是主要领导干部的监督,不断完善党内监督制度。党在自己的政治生活中正确地开展批评和自我批评,在原则问题上进行思想斗争,坚持真理,修正错误。努力造成又有集中又有民主,又有纪律又有自由,又有统一意志又有个人心情舒畅的生动活泼的政治局面。

党的领导主要是政治、思想和组织的领导。党要适应改革开放和社会主义现代化建设的要求,坚持科学执政、民主执政、依法执政,加强和改善党的领导。党必须按照总揽全局、协调各方的原则,在同级各种组织中发挥领导核心作用。党必须集中精力领导经济建设,组织、协调各方面的力量,同心协力,围绕经济建设开展工作,促进经济社会全面发展。党必须实行民主的科学的决策,制定和执行正确的路线、方针、政策,做好党的组织工作和宣传教育工作,发挥全体党员的先锋模范作用。党必须在宪法和法律的范围内活动。党必须保证国家的立法、司法、行政机关,经济、文化组织和人民团体积极主动地、独立负责地、协调一致地工作。党必须加强对工会、共产主义青年团、妇女联合会等群众组织的领导,充分发挥它们的作用。党必须适应形势的发展和情况的变化,完善领导体制,改进领导方式,增强执政能力。共产党员必须同党外群众亲密合作,共同为建设中国特色社会主义而奋斗。

第一章　党　　员

第一条　年满十八岁的中国工人、农民、军人、知识分子和其他社会阶层的先进分子,承认党的纲领和章程,愿意参加党的一个组织并在其中积极工作、执行党的决议和按期交纳党费的,可以申请加入中国共产党。

第二条　中国共产党党员是中国工人阶级的有共产主义觉悟的先锋战士。

中国共产党党员必须全心全意为人民服务,不惜牺牲个人的一切,为实现共产主义奋斗终身。

中国共产党党员永远是劳动人民的普通一员。除了法律和政策规定范围内的个人利益和工作职权以外,所有共产党员都不得谋求任何私利和特权。

第三条　党员必须履行下列义务:

(一)认真学习马克思列宁主义、毛泽东思想、邓小平理论、“三个代表”重要思想和科学发展观,学习党的路线、方针、政策和决议,学习党的基本知识,学习科学、文化、法律和业务知识,努力提高为人民服务的本领。

(二)贯彻执行党的基本路线和各项方针、政策,带头参加改革开放和社会主义现代化建设,带动群众为经济发展和社会进步艰苦奋斗,在生产、工作、学习和社会生活中起先锋模范作用。

(三)坚持党和人民的利益高于一切,个人利益服从党和人民的利益,吃苦在前,享受在后,克己奉公,多做贡献。

(四)自觉遵守党的纪律,模范遵守国家的法律法规,严格保守党和国家的秘密,执行党的决定,服从组织分配,积极完成党的任务。

(五)维护党的团结和统一,对党忠诚老实,言行一致,坚决反对一切派别组织和小集团活动,反对阳奉阴违的两面派行为和一切阴谋诡计。

(六)切实开展批评和自我批评,勇于揭露和纠正工作中的缺点、错误,坚决同消极腐败现象作斗争。

(七)密切联系群众,向群众宣传党的主张,遇事同群众商量,及时向党反映群众的意见和要求,维护群众的正当利益。

（八）发扬社会主义新风尚，带头实践社会主义荣辱观，提倡共产主义道德，为了保护国家和人民的利益，在一切困难和危险的时刻挺身而出，英勇斗争，不怕牺牲。

第四条　党员享有下列权利：

（一）参加党的有关会议，阅读党的有关文件，接受党的教育和培训。

（二）在党的会议上和党报党刊上，参加关于党的政策问题的讨论。

（三）对党的工作提出建议和倡议。

（四）在党的会议上有根据地批评党的任何组织和任何党员，向党负责地揭发、检举党的任何组织和任何党员违法乱纪的事实，要求处分违法乱纪的党员，要求罢免或撤换不称职的干部。

（五）行使表决权、选举权，有被选举权。

（六）在党组织讨论决定对党员的党纪处分或作出鉴定时，本人有权参加和进行申辩，其他党员可以为他作证和辩护。

（七）对党的决议和政策如有不同意见，在坚决执行的前提下，可以声明保留，并且可以把自己的意见向党的上级组织直至中央提出。

（八）向党的上级组织直至中央提出请求、申诉和控告，并要求有关组织给以负责的答复。

党的任何一级组织直至中央都无权剥夺党员的上述权利。

第五条　发展党员，必须经过党的支部，坚持个别吸收的原则。

申请入党的人，要填写入党志愿书，要有两名正式党员作介绍人，要经过支部大会通过和上级党组织批准，并且经过预备期的考察，才能成为正式党员。

介绍人要认真了解申请人的思想、品质、经历和工作表现，向他解释党的纲领和党的章程，说明党员的条件、义务和权利，并向党组织作出负责的报告。

党的支部委员会对申请入党的人，要注意征求党内外有关群众的意见，进行严格的审查，认为合格后再提交支部大会讨论。

上级党组织在批准申请人入党以前，要派人同他谈话，作进一步的了解，并帮助他提高对党的认识。

在特殊情况下，党的中央和省、自治区、直辖市委员会可以直接接收党员。

第六条　预备党员必须面向党旗进行入党宣誓。誓词如下：我志愿加入中国共产党，拥护党的纲领，遵守党的章程，履行党员义务，执行党的决定，严守党的纪律，保守党的秘密，对党忠诚，积极工作，为共产主义奋斗终身，随时准备为党和人民牺牲一切，永不叛党。

第七条　预备党员的预备期为一年。党组织对预备党员应当认真教育和考察。

预备党员的义务同正式党员一样。预备党员的权利，除了没有表决权、选举权和被选举权以外，也同正式党员一样。

预备党员预备期满，党的支部应当及时讨论他能否转为正式党员。认真履行党员义务，具备党员条件的，应当按期转为正式党员；需要继续考察和教育的，可以延长预备期，但不能超过一年；不履行党员义务，不具备党员条件的，应当取消预备党员资格。预备党员转为正式党员，或延长预备期，或取消预备党员资格，都应当经支部大会讨论通过和上级党组织批准。

预备党员的预备期，从支部大会通过他为预备党员之日算起。党员的党龄，从预备期满转为正式党员之日算起。

第八条　每个党员，不论职务高低，都必须编入党的一个支部、小组或其他特定组织，参加党的组织生活，接受党内外群众的监督。党员领导干部还必须参加党委、党组的民主生活会。不允许有任何不参加党的组织生活、不接受党内外群众监督的特殊党员。

第九条　党员有退党的自由。党员要求退党，应当经支部大会讨论后宣布除名，并报上级党组织备案。

党员缺乏革命意志，不履行党员义务，不符合党员条件，党的支部应当对他进行教育，要求他限期改正；经教育仍无转变的，应当劝他退党。劝党员退党，应当经支部大会讨论决定，并报上级党组织批准。如被劝告退党的党员坚持不退，应当提交支部大会讨论，决定把他除名，并报上级党组织批准。

党员如果没有正当理由，连续六个月不参加党的组织生活，或不交纳党费，或不做党所分配的工作，就被认为是自行脱党。支部大会应当决定把这样的党员除名，并报上级党组织批准。

第二章　党的组织制度

第十条　党是根据自己的纲领和章程，按照民主集中制组织起来的统一整体。党的民主集中制的基本原则是：

（一）党员个人服从党的组织，少数服从多数，下级组织服从上级组织，全党各个组织和全体党员服从党的全国代表大会和中央委员会。

（二）党的各级领导机关，除它们派出的代表机关和在非党组织中的党组外，都由选举产生。

（三）党的最高领导机关，是党的全国代表大会和它所产生的中央委员会。党的地方各级领导机关，是党的地方各级代表大会和它们所产生的委员会。党的各级委员会向同级的代表大会负责并报告工作。

（四）党的上级组织要经常听取下级组织和党员群众的意见，及时解决他们提出的问题。党的下级组织既要向上级组织请示和报告工作，又要独立负责地解决自己职责范围内的问题。上下级组织之间要互通情报、互相支持和互相监督。党的各级组织要按规定实行党务公开，使党员对党内事务有更多的了解和参与。

（五）党的各级委员会实行集体领导和个人分工负责相结合的制度。凡属重大问题都要按照集体领导、民主集中、个别酝酿、会议决定的原则，由党的委员会集体讨论，作出决定；委员会成员要根据集体的决定和分工，切实履行自己的职责。

（六）党禁止任何形式的个人崇拜。要保证党的领导人的活动处于党和人民的监督之下，同时维护一切代表党和人民利益的领导人的威信。

第十一条　党的各级代表大会的代表和委员会的产生，要体现选举人的意志。选举采用无记名投票的方式。候选人名单要由党组织和选举人充分酝酿讨论。可以直接采用候选人数多于应选人数的差额选举办法进行正式选举。也可以先采用差额选举办法进行预选，产生候选人名单，然后进行正式选举。选举人有了解候选人情况、要求改变候选人、不选任何一个候选人和另选他人的权利。任何组织和个人不得以任何方式强迫选举人选举或不选举某个人。

党的地方各级代表大会和基层代表大会的选举，如果发生违反党章的情况，上一级党的委员会在调查核实后，应作出选举无效和采取相应措施的决定，并报再上一级党的委员会审查批准，正式宣布执行。

党的各级代表大会代表实行任期制。

第十二条　党的中央和地方各级委员会在必要时召集代表会议，讨论和决定需要及时解决的重大问题。代表会议代表的名额和产生办法，由召集代表会议的委员会决定。

第十三条　凡是成立党的新组织，或是撤销党的原有组织，必须由上级党组织决定。

在党的地方各级代表大会和基层代表大会闭会期间，上级党的组织认为有必要时，可以调动或者指派下级党组织的负责人。

党的中央和地方各级委员会可以派出代表机关。

党的中央和省、自治区、直辖市委员会实行巡视制度。

第十四条　党的各级领导机关，对同下级组织有关的重要问题作出决定时，在通常情况下，要征求下级组织的意见。要保证下级组织能够正常行使他们的职权。凡属应由下级组织处理的问题，如无特殊情况，上级领导机关不要干预。

第十五条　有关全国性的重大政策问题，

只有党中央有权作出决定，各部门、各地方的党组织可以向中央提出建议，但不得擅自作出决定和对外发表主张。

党的下级组织必须坚决执行上级组织的决定。下级组织如果认为上级组织的决定不符合本地区、本部门的实际情况，可以请求改变；如果上级组织坚持原决定，下级组织必须执行，并不得公开发表不同意见，但有权向再上一级组织报告。

党的各级组织的报刊和其他宣传工具，必须宣传党的路线、方针、政策和决议。

第十六条　党组织讨论决定问题，必须执行少数服从多数的原则。决定重要问题，要进行表决。对于少数人的不同意见，应当认真考虑。如对重要问题发生争论，双方人数接近，除了在紧急情况下必须按多数意见执行外，应当暂缓作出决定，进一步调查研究，交换意见，下次再表决；在特殊情况下，也可将争论情况向上级组织报告，请求裁决。

党员个人代表党组织发表重要主张，如果超出党组织已有决定的范围，必须提交所在的党组织讨论决定，或向上级党组织请示。任何党员不论职务高低，都不能个人决定重大问题；如遇紧急情况，必须由个人作出决定时，事后要迅速向党组织报告。不允许任何领导人实行个人专断和把个人凌驾于组织之上。

第十七条　党的中央、地方和基层组织，都必须重视党的建设，经常讨论和检查党的宣传工作、教育工作、组织工作、纪律检查工作、群众工作、统一战线工作等，注意研究党内外的思想政治状况。

第三章　党的中央组织

第十八条　党的全国代表大会每五年举行一次，由中央委员会召集。中央委员会认为有必要，或者有三分之一以上的省一级组织提出要求，全国代表大会可以提前举行；如无非常情况，不得延期举行。

全国代表大会代表的名额和选举办法，由中央委员会决定。

第十九条　党的全国代表大会的职权是：

（一）听取和审查中央委员会的报告；

（二）听取和审查中央纪律检查委员会的报告；

（三）讨论并决定党的重大问题；

（四）修改党的章程；

（五）选举中央委员会；

（六）选举中央纪律检查委员会。

第二十条　党的全国代表会议的职权是：讨论和决定重大问题；调整和增选中央委员会、中央纪律检查委员会的部分成员。调整和增选中央委员及候补中央委员的数额，不得超过党的全国代表大会选出的中央委员及候补中央委员各自总数的五分之一。

第二十一条　党的中央委员会每届任期五年。全国代表大会如提前或延期举行，它的任期相应地改变。中央委员会委员和候补委员必须有五年以上的党龄。中央委员会委员和候补委员的名额，由全国代表大会决定。中央委员会委员出缺，由中央委员会候补委员按照得票多少依次递补。

中央委员会全体会议由中央政治局召集，每年至少举行一次。中央政治局向中央委员会全体会议报告工作，接受监督。

在全国代表大会闭会期间，中央委员会执行全国代表大会的决议，领导党的全部工作，对外代表中国共产党。

第二十二条　党的中央政治局、中央政治局常务委员会和中央委员会总书记，由中央委员会全体会议选举。中央委员会总书记必须从中央政治局常务委员会委员中产生。

中央政治局和它的常务委员会在中央委员会全体会议闭会期间，行使中央委员会的职权。

中央书记处是中央政治局和它的常务委员会的办事机构；成员由中央政治局常务委员会提名，中央委员会全体会议通过。

中央委员会总书记负责召集中央政治局会议和中央政治局常务委员会会议，并主持中央书记处的工作。

党的中央军事委员会组成人员由中央委员会决定。

每届中央委员会产生的中央领导机构和中央领导人，在下届全国代表大会开会期间，继续主持党的经常工作，直到下届中央委员会产生新的中央领导机构和中央领导人为止。

第二十三条　中国人民解放军的党组织，根据中央委员会的指示进行工作。中央军事委员会的政治工作机关是中国人民解放军总政治部，总政治部负责管理军队中党的工作和政治工作。军队中党的组织体制和机构，由中央军事委员会作出规定。

第四章　党的地方组织

第二十四条　党的省、自治区、直辖市的代表大会，设区的市和自治州的代表大会，县（旗）、自治县、不设区的市和市辖区的代表大会，每五年举行一次。

党的地方各级代表大会由同级党的委员会召集。在特殊情况下，经上一级委员会批准，可以提前或延期举行。

党的地方各级代表大会代表的名额和选举办法，由同级党的委员会决定，并报上一级党的委员会批准。

第二十五条　党的地方各级代表大会的职权是：

（一）听取和审查同级委员会的报告；

（二）听取和审查同级纪律检查委员会的报告；

（三）讨论本地区范围内的重大问题并作出决议；

（四）选举同级党的委员会，选举同级党的纪律检查委员会。

第二十六条　党的省、自治区、直辖市、设区的市和自治州的委员会，每届任期五年。这些委员会的委员和候补委员必须有五年以上的党龄。

党的县（旗）、自治县、不设区的市和市辖区的委员会，每届任期五年。这些委员会的委员和候补委员必须有三年以上的党龄。

党的地方各级代表大会如提前或延期举行，由它选举的委员会的任期相应地改变。

党的地方各级委员会的委员和候补委员的名额，分别由上一级委员会决定。党的地方各级委员会委员出缺，由候补委员按照得票多少依次递补。

党的地方各级委员会全体会议，每年至少召开两次。

党的地方各级委员会在代表大会闭会期间，执行上级党组织的指示和同级党代表大会的决议，领导本地方的工作，定期向上级党的委员会报告工作。

第二十七条　党的地方各级委员会全体会议，选举常务委员会和书记、副书记，并报上级党的委员会批准。党的地方各级委员会的常务委员会，在委员会全体会议闭会期间，行使委员会职权；在下届代表大会开会期间，继续主持经常工作，直到新的常务委员会产生为止。

党的地方各级委员会的常务委员会定期向委员会全体会议报告工作，接受监督。

第二十八条　党的地区委员会和相当于地区委员会的组织，是党的省、自治区委员会在几个县、自治县、市范围内派出的代表机关。它根据省、自治区委员会的授权，领导本地区的工作。

第五章　党的基层组织

第二十九条　企业、农村、机关、学校、科研院所、街道社区、社会组织、人民解放军连队和其他基层单位，凡是有正式党员三人以上的，都应当成立党的基层组织。

党的基层组织，根据工作需要和党员人数，经上级党组织批准，分别设立党的基层委员会、总支部委员会、支部委员会。基层委员会由党员大会或代表大会选举产生，总支部委员会和支部委员会由党员大会选举产生，提出委员候选人要广泛征求党员和群众的意见。

第三十条　党的基层委员会每届任期三年至五年，总支部委员会、支部委员会每届任期两年或三年。基层委员会、总支部委员会、支部委员会的书记、副书记选举产生后，应报上级党组织批准。

第三十一条　党的基层组织是党在社会基层组织中的战斗堡垒，是党的全部工作和战斗力的基础。它的基本任务是：

（一）宣传和执行党的路线、方针、政策，宣传和执行党中央、上级组织和本组织的决议，充分发挥党员的先锋模范作用，积极创先争优，团结、组织党内外的干部和群众，努力完成本单位所担负的任务。

（二）组织党员认真学习马克思列宁主义、毛泽东思想、邓小平理论、“三个代表”重要思想和科学发展观，学习党的路线、方针、政策和决议，学习党的基本知识，学习科学、文化、法律和业务知识。

（三）对党员进行教育、管理、监督和服务，提高党员素质，增强党性，严格党的组织生活，开展批评和自我批评，维护和执行党的纪律，监督党员切实履行义务，保障党员的权利不受侵犯。加强和改进流动党员管理。

（四）密切联系群众，经常了解群众对党员、党的工作的批评和意见，维护群众的正当权利和利益，做好群众的思想政治工作。

（五）充分发挥党员和群众的积极性创造性，发现、培养和推荐他们中间的优秀人才，鼓励和支持他们在改革开放和社会主义现代化建设中贡献自己的聪明才智。

（六）对要求入党的积极分子进行教育和培养，做好经常性的发展党员工作，重视在生产、工作第一线和青年中发展党员。

（七）监督党员干部和其他任何工作人员严格遵守国法政纪，严格遵守国家的财政经济法规和人事制度，不得侵占国家、集体和群众的利益。

（八）教育党员和群众自觉抵制不良倾向，坚决同各种违法犯罪行为作斗争。

第三十二条　街道、乡、镇党的基层委员会和村、社区党组织，领导本地区的工作，支持和保证行政组织、经济组织和群众自治组织充分行使职权。

国有企业和集体企业中党的基层组织，发挥政治核心作用，围绕企业生产经营开展工作。保证监督党和国家的方针、政策在本企业的贯彻执行；支持股东会、董事会、监事会和经理（厂长）依法行使职权；全心全意依靠职工群众，支持职工代表大会开展工作；参与企业重大问题的决策；加强党组织的自身建设，领导思想政治工作、精神文明建设和工会、共青团等群众组织。

非公有制经济组织中党的基层组织，贯彻党的方针政策，引导和监督企业遵守国家的法律法规，领导工会、共青团等群众组织，团结凝聚职工群众，维护各方的合法权益，促进企业健康发展。

实行行政领导人负责制的事业单位中党的基层组织，发挥政治核心作用。实行党委领导下的行政领导人负责制的事业单位中党的基层组织，对重大问题进行讨论和作出决定，同时保证行政领导人充分行使自己的职权。

各级党和国家机关中党的基层组织，协助行政负责人完成任务，改进工作，对包括行政负责人在内的每个党员进行监督，不领导本单位的业务工作。

第六章　党的干部

第三十三条　党的干部是党的事业的骨干，是人民的公仆。党按照德才兼备、以德为先的原则选拔干部，坚持五湖四海、任人唯贤，反对任人唯亲，努力实现干部队伍的革命化、年轻化、知识化、专业化。

党重视教育、培训、选拔、考核和监督干部，特别是培养、选拔优秀年轻干部。积极推进干部制度改革。

党重视培养、选拔女干部和少数民族干部。

第三十四条　党的各级领导干部必须模范

地履行本章程第三条所规定的党员的各项义务，并且必须具备以下的基本条件：

（一）具有履行职责所需要的马克思列宁主义、毛泽东思想、邓小平理论的水平，认真实践"三个代表"重要思想，带头贯彻落实科学发展观，努力用马克思主义的立场、观点、方法分析和解决实际问题，坚持讲学习、讲政治、讲正气，经得起各种风浪的考验。

（二）具有共产主义远大理想和中国特色社会主义坚定信念，坚决执行党的基本路线和各项方针、政策，立志改革开放，献身现代化事业，在社会主义建设中艰苦创业，树立正确政绩观，做出经得起实践、人民、历史检验的实绩。

（三）坚持解放思想，实事求是，与时俱进，开拓创新，认真调查研究，能够把党的方针、政策同本地区、本部门的实际相结合，卓有成效地开展工作，讲实话，办实事，求实效，反对形式主义。

（四）有强烈的革命事业心和政治责任感，有实践经验，有胜任领导工作的组织能力、文化水平和专业知识。

（五）正确行使人民赋予的权力，坚持原则，依法办事，清正廉洁，勤政为民，以身作则，艰苦朴素，密切联系群众，坚持党的群众路线，自觉地接受党和群众的批评和监督，加强道德修养，讲党性、重品行、作表率，做到自重、自省、自警、自励，反对官僚主义，反对任何滥用职权、谋求私利的不正之风。

（六）坚持和维护党的民主集中制，有民主作风，有全局观念，善于团结同志，包括团结同自己有不同意见的同志一道工作。

第三十五条　党员干部要善于同党外干部合作共事，尊重他们，虚心学习他们的长处。

党的各级组织要善于发现和推荐有真才实学的党外干部担任领导工作，保证他们有职有权，充分发挥他们的作用。

第三十六条　党的各级领导干部，无论是由民主选举产生的，或是由领导机关任命的，他们的职务都不是终身的，都可以变动或解除。

年龄和健康状况不适宜于继续担任工作的干部，应当按照国家的规定退、离休。

第七章　党的纪律

第三十七条　党的纪律是党的各级组织和全体党员必须遵守的行为规则，是维护党的团结统一、完成党的任务的保证。党组织必须严格执行和维护党的纪律，共产党员必须自觉接受党的纪律的约束。

第三十八条　党组织对违犯党的纪律的党员，应当本着惩前毖后、治病救人的精神，按照错误性质和情节轻重，给以批评教育直至纪律处分。

严重触犯刑律的党员必须开除党籍。

党内严格禁止用违反党章和国家法律的手段对待党员，严格禁止打击报复和诬告陷害。违反这些规定的组织或个人必须受到党的纪律和国家法律的追究。

第三十九条　党的纪律处分有五种：警告、严重警告、撤销党内职务、留党察看、开除党籍。

留党察看最长不超过两年。党员在留党察看期间没有表决权、选举权和被选举权。党员经过留党察看，确已改正错误的，应当恢复其党员的权利；坚持错误不改的，应当开除党籍。

开除党籍是党内的最高处分。各级党组织在决定或批准开除党员党籍的时候，应当全面研究有关的材料和意见，采取十分慎重的态度。

第四十条　对党员的纪律处分，必须经过支部大会讨论决定，报党的基层委员会批准；如果涉及的问题比较重要或复杂，或给党员以开除党籍的处分，应分别不同情况，报县级或县级以上党的纪律检查委员会审查批准。在特殊情况下，县级和县级以上各级党的委员会和纪律检查委员会有权直接决定给党员以纪律处分。

对党的中央委员会和地方各级委员会的委员、候补委员，给以撤销党内职务、留党察看或开除党籍的处分，必须由本人所在的委员会全体会议三分之二以上的多数决定。在特殊情况下，可以先由中央政治局和地方各级委员会常务委员会作出处理决定，待召开委员会全体会议时予以追认。对地方各级委员会委员和候补委员的上述处分，必须经过上级党的委员会批准。

严重触犯刑律的中央委员会委员、候补委员，由中央政治局决定开除其党籍；严重触犯刑律的地方各级委员会委员、候补委员，由同级委员会常务委员会决定开除其党籍。

第四十一条　党组织对党员作出处分决定，应当实事求是地查清事实。处分决定所依据的事实材料和处分决定必须同本人见面，听取本人说明情况和申辩。如果本人对处分决定不服，可以提出申诉，有关党组织必须负责处理或者迅速转递，不得扣压。对于确属坚持错误意见和无理要求的人，要给以批评教育。

第四十二条　党组织如果在维护党的纪律方面失职，必须受到追究。

对于严重违犯党的纪律、本身又不能纠正的党组织，上一级党的委员会在查明核实后，应根据情节严重的程度，作出进行改组或予以解散的决定，并报再上一级党的委员会审查批准，正式宣布执行。

第八章　党的纪律检查机关

第四十三条　党的中央纪律检查委员会在党的中央委员会领导下进行工作。党的地方各级纪律检查委员会和基层纪律检查委员会在同级党的委员会和上级纪律检查委员会双重领导下进行工作。

党的各级纪律检查委员会每届任期和同级党的委员会相同。

党的中央纪律检查委员会全体会议，选举常务委员会和书记、副书记，并报党的中央委员会批准。党的地方各级纪律检查委员会全体会议，选举常务委员会和书记、副书记，并由同级党的委员会通过，报上级党的委员会批准。党的基层委员会是设立纪律检查委员会，还是设立纪律检查委员，由它的上一级党组织根据具体情况决定。党的总支部委员会和支部委员会设纪律检查委员。

党的中央纪律检查委员会根据工作需要，可以向中央一级党和国家机关派驻党的纪律检查组或纪律检查员。纪律检查组组长或纪律检查员可以列席该机关党的领导组织的有关会议。他们的工作必须受到该机关党的领导组织的支持。

第四十四条　党的各级纪律检查委员会的主要任务是：维护党的章程和其他党内法规，检查党的路线、方针、政策和决议的执行情况，协助党的委员会加强党风建设和组织协调反腐败工作。

各级纪律检查委员会要经常对党员进行遵守纪律的教育，作出关于维护党纪的决定；对党员领导干部行使权力进行监督；检查和处理党的组织和党员违反党的章程和其他党内法规的比较重要或复杂的案件，决定或取消对这些案件中的党员的处分；受理党员的控告和申诉；保障党员的权利。

各级纪律检查委员会要把处理特别重要或复杂的案件中的问题和处理的结果，向同级党的委员会报告。党的地方各级纪律检查委员会和基层纪律检查委员会要同时向上级纪律检查委员会报告。

各级纪律检查委员会发现同级党的委员会委员有违犯党的纪律的行为，可以先进行初步核实，如果需要立案检查的，应当报同级党的委员会批准，涉及常务委员的，经报告同级党的委员会后报上一级纪律检查委员会批准。

第四十五条　上级纪律检查委员会有权检查下级纪律检查委员会的工作，并且有权批准和改变下级纪律检查委员会对于案件所作的决定。如果所要改变的该下级纪律检查委员会的决定，已经得到它的同级党的委员会的批准，这种改变必须经过它的上一级党的委员会批准。

党的地方各级纪律检查委员会和基层纪律检查委员会如果对同级党的委员会处理案件的决定有不同意见，可以请求上一级纪律检查委员会予以复查；如果发现同级党的委员会或它的成员有违犯党的纪律的情况，在同级党的委员会不给予解决或不给予正确解决的时候，有权向上级纪律检查委员会提出申诉，请求协助处理。

第九章　党　　组

第四十六条　在中央和地方国家机关、人民团体、经济组织、文化组织和其他非党组织的领导机关中，可以成立党组。党组发挥领导核心作用。党组的任务，主要是负责贯彻执行党的路线、方针、政策；讨论和决定本单位的重大问题；做好干部管理工作；团结党外干部和群众，完成党和国家交给的任务；指导机关和直属单位党组织的工作。

第四十七条　党组的成员，由批准成立党组的党组织决定。党组设书记，必要时还可以设副书记。

党组必须服从批准它成立的党组织领导。

第四十八条　对下属单位实行集中统一领导的国家工作部门可以建立党委，党委的产生办法、职权和工作任务，由中央另行规定。

第十章　党和共产主义青年团的关系

第四十九条　中国共产主义青年团是中国共产党领导的先进青年的群众组织，是广大青年在实践中学习中国特色社会主义和共产主义的学校，是党的助手和后备军。共青团中央委员会受党中央委员会领导。共青团的地方各级组织受同级党的委员会领导，同时受共青团上级组织领导。

第五十条　党的各级委员会要加强对共青团的领导，注意团的干部的选拔和培训。党要坚决支持共青团根据广大青年的特点和需要，生动活泼地、富于创造性地进行工作，充分发挥团的突击队作用和联系广大青年的桥梁作用。

团的县级和县级以下各级委员会书记，企业事业单位的团委员会书记，是党员的，可以列席同级党的委员会和常务委员会的会议。

第十一章　党徽党旗

第五十一条　中国共产党党徽为镰刀和锤头组成的图案。

第五十二条　中国共产党党旗为旗面缀有金黄色党徽图案的红旗。

第五十三条　中国共产党的党徽党旗是中国共产党的象征和标志。党的各级组织和每一个党员都要维护党徽党旗的尊严。要按照规定制作和使用党徽党旗。

中共中央纪律检查委员会
向党的第十八次全国代表大会的工作报告

（2012 年 11 月 14 日中国共产党第十八次全国代表大会通过）

中国共产党第十七次全国代表大会以来，中央纪律检查委员会和各级纪律检查委员会在党中央的领导下，高举中国特色社会主义伟大旗帜，以邓小平理论和“三个代表”重要思想为指导，深入贯彻落实科学发展观，按照党的十七大和十七届历次中央全会精神，全面履行党章赋予的职责，扎实推进党风廉政建设和反腐败工作，为党和国家事业发展提供了有力保障。现将五年来工作情况和今后工作建议，向党的第十八次全国代表大会报告如下，请予审查。

一、五年来党风廉政建设和反腐败工作回顾

党的十七大以来的五年，是我们党带领人民在中国特色社会主义道路上奋勇前进的五年，是我们党经受住各种困难和风险考验、夺取全面建设小康社会新胜利的五年。面对风云变幻的国际形势和艰巨繁重的国内改革发展稳定任务，以胡锦涛同志为总书记的党中央高举中国特色社会主义伟大旗帜，坚持和拓展中国特色社会主义道路，坚持和丰富中国特色社会主义理论体系，坚持和完善中国特色社会主义制度，大力加强经济建设、政治建设、文化建设、社会建设和生态文明建设。坚持以改革创新精神全面推进党的建设新的伟大工程，继续加强党的执政能力建设和先进性建设，作出加强和改进新形势下党的建设若干重大问题的决定，在全党开展深入学习实践科学发展观活动和创先争优活动，扎实推进党的思想建设、组织建设、作风建设、反腐倡廉建设和制度建设。党中央的这些重大决策部署，有力地指导和推动了党风廉政建设和反腐败斗争的深入开展。

在党中央、国务院坚强领导下，各级党委、政府和纪检监察机关坚持标本兼治、综合治理、惩防并举、注重预防方针，严格执行党风廉政建设责任制，大力加强以保持党同人民群众血肉联系为重点的作风建设，大力加强以完善惩治和预防腐败体系为重点的反腐倡廉建设，认真落实建立健全惩治和预防腐败体系实施纲要及2008—2012 年工作规划，深入推进党风廉政建设和反腐败斗争长期性、基础性工作，着力解决反腐倡廉建设中人民群众反映强烈的突出问题。经过全党全社会共同努力，党风廉政建设和反腐败工作方向更加明确、思路更加清晰、措施更加有力、成效更加明显，呈现良好发展态势。

（一）加大监督检查力度，推动中央重大决策部署贯彻落实。坚持把严格执行和维护党的纪律特别是政治纪律放在首位，加强政治纪律教育，严肃查处违反政治纪律的行为，坚决维护党的集中统一。把检查党的路线、方针、政策和中央重大决策部署贯彻执行情况作为重要职责，组织开展对中央关于加快转变经济发展方式决策部署、扩大内需促进经济增长政策落实情况的监督检查，开展对汶川特大地震等抗灾救灾和灾后恢复重建工作的监督检查，开展对中央关于西藏、新疆工作重大决策部署落实情况的监督检查，开展对北京奥运会、上海世博会、广州亚运会筹办运行工作的监督检查。同时，注重总结实践经验，健全规章制度，对中央重大决策部署贯彻执行情况监督检查长效机制初步形成。通过开展多种形式的监督检查，及

时发现和纠正了工作中存在的问题,有效预防和减少了腐败现象的发生,有力推动了各项工作健康顺利开展,切实维护了中央权威,保证了中央政令畅通。

（二）扎实推进党的作风建设,进一步密切党同人民群众的血肉联系。把作风建设与保障和改善民生、加强和创新社会管理等紧密结合,着力解决党政机关和领导干部作风方面存在的突出问题。大力开展联系和服务群众各项工作,建立健全维护群众权益机制和领导干部定期接访、下访、深入基层调研等制度。严肃组织人事工作纪律特别是换届纪律,防止和纠正选人用人上的不正之风,严厉整治跑官要官、买官卖官、拉票贿选和换届前突击提拔干部等问题。认真落实厉行节约要求,严格控制“三公”经费支出,坚决整治奢侈浪费等不良风气。许多地方和部门还结合实际开展作风建设年、治理庸懒散等专项活动。深入推进基层党风廉政建设,加强农村集体资金资产资源管理,建立健全村务监督机制,完善国有企业“三重一大”决策制度,着力解决高等学校在招生录取、基建工程、物资采购、科研经费等方面存在的突出问题,加强公共事业单位、城市社区党风廉政建设,进一步巩固党的执政基础。

（三）坚决查办违纪违法案件,维护党纪国法的严肃性。把查办案件放在突出位置,重点查办领导机关和领导干部中滥用职权、贪污贿赂、腐化堕落、失职渎职案件,涉案人员职级不高但数额巨大、影响恶劣的案件,以及发生在群众身边的腐败案件。2007 年 11 月至 2012 年 6 月,全国纪检监察机关共立案 643759 件,结案 639068 件,给予党纪政纪处分 668429 人。涉嫌犯罪被移送司法机关处理 24584 人。全国共查办商业贿赂案件 81391 件,涉案金额 222.03 亿元。坚决查处了薄熙来、刘志军、许宗衡等一批重大违纪违法案件,表明了我们党反对腐败的坚强决心。建立健全防逃追逃追赃机制,协调有关部门成功将赖昌星等一批外逃的重大案件涉案人员缉捕归案。坚持依纪依法、安全文明办案,加强案件审理、申诉复查和案件监督管理工作,保障党员干部的合法权益。信访举报渠道更加畅通,查办案件组织协调机制更加健全。剖析违纪违法案件,建章立制,堵塞漏洞,查办案件治本功能进一步发挥。

（四）加强反腐倡廉宣传教育和廉洁自律工作,进一步规范领导干部从政行为。围绕社会主义核心价值体系建设,加强对领导干部的理想信念和宗旨教育、党性党风党纪教育、从政道德教育。广泛宣传反腐倡廉决策部署和成果经验,发布《中国的反腐败和廉政建设》白皮书。建立完善反腐倡廉网络舆情收集、研判、处置、引导机制。深入开展廉政文化创建活动,廉政文化的影响力不断扩大。修订颁布《中国共产党党员领导干部廉洁从政若干准则》并开展专项检查,重点整治领导干部违规收受礼金、违规多占和买卖住房、利用职权以委托理财等形式谋取不正当利益等问题。颁布《关于领导干部报告个人有关事项的规定》、《关于对配偶子女均已移居国（境）外的国家工作人员加强管理的暂行规定》并组织开展申报工作。制定或修订农村基层干部廉洁履行职责、国有企业领导人员廉洁从业等规定,促进了领导干部廉洁自律。

（五）健全制约监督机制,促使领导干部正确行使权力。认真执行党内监督条例,落实述职述廉、谈话、诫勉、函询等制度。颁布实施《中国共产党巡视工作条例（试行）》及一系列配套文件,巡视领导体制、工作机制和制度不断健全,巡视监督网络初步形成,监督效能有新的提高。深入推进纪检监察派驻机构统一管理,派驻机构的监督作用进一步发挥。颁布实施《关于实行党政领导干部问责的暂行规定》,2010 年以来全国共问责党政领导干部 18227 人。加强对党政主要领导干部和国有企业领导人员的经济责任审计。积极稳妥推进党务公开,党的基层组织党务公开全面实行,党的地方组织党务公开联系点和县委权力公开透明运行试点工作稳步推进。政务公开力度加大,政务服务体系建设全面加强，财政预算决算和“三公”经费公开积极推行。司法公开、厂务公开、村（居）务公开和公共企事业单位办事公开深入开展。各项公开制度的实施和完善，提高了权力运行的透明度，为人民群众更好行使民主权利创造了条件。

（六）深化制度建设和改革创新，提高防治腐败工作水平。加强反腐败国家立法，出台刑法修正案（七）和修正案（八），修改刑事诉讼法、行政监察法等法律，制定或修订《关于实行党风廉政建设责任制的规定》等党内法规，反腐倡廉法规制度体系基本形成。大力推进反腐倡廉改革创新，总结推广了一批典型经验，廉政风险防控全面推行，防止利益冲突试点、社会信用体系建设、制度廉洁性评估等工作取得积极进展。推进建设统一规范的公共资源交易市场，铁路、水利、交通运输等工程建设项目进入地方公共资源交易市场集中交易。深入推进行政审批制度改革，行政审批项目进一步减少和规范。干部人事制度和司法、财税、金融、投资、国有资产经营管理体制改革继续深化。国家预防腐败机构的职能作用进一步发挥。

（七）深入开展专项治理，解决反腐倡廉建设中人民群众反映强烈的突出问题。开展制止公款出国（境）旅游专项工作，加强因公出国（境）管理，全国党政干部因公出国（境）团组、人次和经费数大幅下降。开展工程建设领域突出问题专项治理，排查工程建设项目 42.51 万个，查办违纪违法案件 2.43 万件。开展“小金库”专项治理，清理出“小金库”60722 个，涉及金额 315.86 亿元。开展庆典、研讨会、论坛过多过滥问题专项治理，取消了一批活动，节约资金 12.2 亿元。开展公务用车问题专项治理，清理出违规车辆 19.96 万辆。加大纠风工作力度，坚决纠正教育、医疗、征地拆迁、土地和矿产资源管理、食品药品安全、环境保护、安全生产、保障性住房建设和管理、执法司法等方面损害群众利益的行为，深入开展民主评议政风行风活动，切实维护人民群众合法权益，取得了良好社会效果。

（八）全面履行纪检监察两项职能，进一步强化行政监察工作。坚持和完善纪检监察合署办公体制，在做好党的纪律检查工作的同时，切实加强行政监察工作。全面开展执法监察、廉政监察和效能监察，加强对国家行政机关及其工作人员履行职责、依法行政、廉洁从政的监督。积极开展政府绩效管理工作，在部分国务院部门和地方政府进行试点。运用现代科技手段推进反腐倡廉工作，电子监察等工作深入进行。加强反腐败国际交流与合作，做好《联合国反腐败公约》履约相关工作，积极与有关国家和国际组织开展执法、司法合作。

（九）坚持严格要求、严格教育、严格管理、严格监督，加强纪检监察机关自身建设。始终把加强纪检监察机关自身建设作为基础性工程来抓，深入开展学习实践科学发展观活动、创先争优活动和“做党的忠诚卫士、当群众的贴心人”主题实践活动，制定和实施加强纪检监察干部队伍建设的意见，广泛宣传王瑛等先进典型，引导纪检监察干部做到对党和国家无限忠诚、对腐败分子和消极腐败现象坚决斗争、对广大干部和群众关心爱护、对自己和亲属严格要求。制定和落实关于加强地方县级纪检监察机关、乡镇纪检组织以及中央企业和中央金融机构、中央和国家机关纪检监察组织建设的意见，进一步夯实了纪检监察组织建设基础。推进学习型机关建设，纪检监察干部能力素质不断提高。明确提出并认真落实“监督者更要带头接受监督”的要求，严格执行各项纪律规定，纪检监察干部管理和监督得到加强。

五年来，党风廉政建设和反腐败斗争深入开展，惩治和预防腐败体系基本框架初步形成，反腐倡廉建设科学化水平不断提高，一些领域消极腐败现象滋生蔓延势头得到遏制，人民群众对反腐倡廉取得的成效给予肯定。同时也要清醒地看到，在世情、国情、党情发生深刻变化的新形势下，我们党面临的执政考验、改革开放考验、市场经济考验、外部环境考验是长期的、复杂的、严峻的，精神懈怠危险、能力不足危险、脱离群众危险、消极腐败危险更加尖锐地摆在全党面前。当前，腐败现象在一些地方和部门仍然易发多发，有的案件涉案金额巨大、涉及人员众多，特别是高级干部中发生的腐败案件影响恶劣；腐败行为更加复杂化、隐蔽化，监督机制和预防腐败手段还不健全，揭露和查处难度加大；一些领导干部利用职权或职务影响，为配偶、子女、其他亲属和身边工作人员谋取非法利益问题突出；少数领导干部理想信念动摇，宗旨意识淡薄，缺乏艰苦奋斗精神，严重脱离群众，形式主义、官僚主义和铺张浪费问题比较严重；个别领导干部无视党纪国法，甚至严重违法乱纪。反腐倡廉工作还存在一些薄弱环节。坚决惩治和有效预防腐败，是一场关系党和国家前途命运的严重政治斗争。我们要正确认识反腐败斗争形势，坚持党的领导，坚持依靠人民群众，坚持中国特色反腐倡廉道路，充分发挥中国特色社会主义政治优势，坚定不移地把党风廉政建设和反腐败斗争引向深入。

二、党风廉政建设和反腐败工作的基本经验

党风廉政建设和反腐败工作的新发展新成效，是在以胡锦涛同志为总书记的党中央坚强领导下，在中国特色社会主义理论体系正确指导下，深入贯彻落实科学发展观取得的。党的十六大以来，胡锦涛同志多次发表重要讲话，先后十次出席中央纪委全会，深刻阐述了一系列反腐倡廉新要求新观点新论断：在反腐倡廉重要性方面，强调在和平建设时期，如果说有什么东西能够对党造成致命伤害的话，腐败就是很突出的一个；坚决惩治和有效预防腐败，关系人心向背和党的生死存亡，是党必须始终抓好的重大政治任务；必须从保持党的先进性和纯洁性的高度充分认识反腐倡廉建设的重要性和紧迫性。在反腐倡廉形势判断方面，深刻指出当前党风廉政建设和反腐败斗争的总体态势是，成效明显和问题突出并存，防治力度加大和腐败现象易发多发并存，群众对反腐败期望值不断上升和腐败现象短期内难以根治并存，反腐败斗争形势依然严峻、任务依然艰巨。在反腐倡廉方针原则方面，强调要把反腐倡廉建设放在更加突出的位置，坚持标本兼治、综合治理、惩防并举、注重预防方针，在坚决惩治腐败的同时，更加注重治本，更加注重预防，更加注重制度建设，不断拓展从源头上防治腐败工作领域。在反腐倡廉工作思路方面，强调坚决惩治腐败是我们党执政能力的重要体现，有效预防腐败更是我们党执政能力的重要标志；要以完善惩治和预防腐败体系为重点加强反腐倡廉建设，努力形成拒腐防变教育长效机制、反腐倡廉制度体系、权力运行监控机制；推进反腐倡廉理念思路、体制机制、工作内容、方式方法创新，不断提高反腐倡廉建设科学化水平。在反腐倡廉任务部署方面，强调党风廉政建设和反腐败工作是一项系统工程，重在建设、贵在落实，必须进一步抓好领导干部教育、监督和廉洁自律，抓好大案要案查处，抓好纠正损害群众利益不正之风，抓好反腐倡廉工作体制机制创新，把反腐倡廉寓于各项重要政策措施之中，从源头上预防和解决腐败问题。在反腐倡廉组织领导方面，强调坚持党的领导是加强反腐倡廉建设的根本政治保证，各级党委和政府要严格执行党风廉政建设责任制，切实担负起全面领导党风廉政建设和反腐败工作的政治责任，等等。这些重要思想是科学发展观的重要组成部分，进一步发展了马克思主义党的建设理论，丰富了中国特色反腐倡廉道路的内涵，为深入开展党风廉政建设和反腐败斗争指明了方向。

各级党委、政府和纪检监察机关认真贯彻落实党中央战略决策和工作部署，积极探索、勇于创新，深入推进党风廉政建设和反腐败工作，积累了宝贵经验。

第一，必须坚持以中国特色社会主义理论体系为指导，深入贯彻落实科学发展观，确保党风廉政建设和反腐败斗争始终沿着正确方向前进。中国特色社会主义理论体系是包括邓小平

理论、“三个代表”重要思想和科学发展观在内的科学理论，是指导党风廉政建设和反腐败斗争的强大思想武器。必须以科学理论为指导，深入贯彻落实科学发展观，紧紧围绕保障和推动经济社会发展这个第一要义，贯彻以人为本这个核心立场，按照全面协调可持续的基本要求和统筹兼顾的根本方法，深入研究新形势下党风廉政建设和反腐败斗争的特点和规律，科学判断形势，正确制定政策，推动反腐倡廉工作平稳有序深入开展，不断提高反腐倡廉建设科学化水平。

第二，必须坚持党要管党、从严治党，始终把党风廉政建设和反腐败斗争作为重大政治任务来抓。党执政时间越长，越是改革开放，越是发展社会主义市场经济，越要从严管党治党，坚决反对和防止腐败。必须着眼于保持党的先进性和纯洁性，加强对各级党组织和广大党员干部特别是领导干部的教育、管理和监督，始终保持惩治腐败高压态势，坚持党纪国法面前人人平等，不管涉及什么人，不论权力大小、职位高低，只要触犯党纪国法，都要依纪依法严肃惩处。必须认真落实党风廉政建设责任制，坚持和完善反腐败领导体制和工作机制，进一步强化各级领导班子和领导干部管党治党的政治意识和政治责任，把反腐倡廉工作放在重要位置抓紧抓好。必须适应新形势新任务新要求，切实加强纪检监察机关领导班子和干部队伍建设，为深入推进反腐倡廉工作提供坚强的组织保证。

第三，必须坚持着眼于党和国家工作全局履行职责，为推动经济社会又好又快发展提供有力保障。围绕中心、服务大局，是推进党风廉政建设和反腐败工作的重要原则。必须把反腐倡廉工作放到经济社会发展全局和党的建设总体布局中来思考、谋划和推进，把加强对党的路线方针政策和中央重大决策部署执行情况的监督检查作为纪检监察机关首要职责，对党和国家的重大决策、重要工作、重大活动、重大事件及时跟进、积极参与，切实做好服务、监督、保障工作，确保中央决策部署落到实处和政令畅通。

第四，必须坚持把以人为本、执政为民贯彻落实到党风廉政建设和反腐败工作之中，着力解决群众反映强烈的突出问题。以人为本、执政为民是我们党性质和宗旨的集中体现，是检验反腐倡廉工作成效的根本标准。必须以密切党同人民群众的血肉联系为重点，大力加强和改进党的作风建设，切实实现好、维护好、发展好最广大人民的根本利益。必须顺应群众期待、回应社会关切，抓住反腐倡廉建设中人民群众反映强烈的突出问题，有针对性地开展专项治理，着力解决发生在群众身边的腐败问题，以反腐倡廉实际成效取信于民。

第五，必须坚持惩治和预防工作一起抓，整体推进以完善惩治和预防腐败体系为重点的反腐倡廉建设。惩治和预防是反腐倡廉工作相辅相成、相互促进的两个方面。必须坚持惩治于已然、防患于未然，既坚决查办违纪违法案件，又加大预防腐败工作力度，努力把腐败现象减少到最低程度。必须把构建惩治和预防腐败体系放在基础的、全局的、战略的地位，坚持阶段性任务与战略性目标相结合，统筹推进、重在建设，认真做好教育、制度、监督、改革、纠风、惩治等各方面工作，切实增强反腐倡廉建设的系统性、协调性、实效性。

第六，必须坚持完善权力制约监督机制，保证人民赋予的权力始终得到正确行使。建立健全权力制约监督机制是反腐倡廉建设的重要任务，也是防止权力滥用的重要制度保证。必须按照决策权、执行权、监督权既相互制约又相互协调的原则，把对权力的科学配置与对干部的有效监督结合起来，建立健全按照法定权限和程序行使权力的制约机制，推进权力公开透明运行。必须认真落实党内监督各项制度，健全党内民主监督机制，保障党员知情权、参与权、选举权、监督权。必须坚持党内监督与党外监督、专门机关监督与群众监督相结合，拓宽人民群众参与反腐倡廉建设的渠道，发挥舆论监督作用，增强监督合力。

第七，必须坚持以改革创新精神推进工作，始终保持反腐倡廉建设的生机和活力。改革创新是时代精神的核心，也是深入推进反腐倡廉工作的强大动力。必须把反腐倡廉工作与各项重要改革措施相结合，以重点领域和关键环节为突破口，通过深化改革最大限度地减少体制障碍和制度漏洞。必须注重反腐倡廉工作实践创新、理论创新、制度创新，总结推广基层和群众创造的有益做法和新鲜经验，加强现代科技手段尤其是信息技术的运用，努力提高有效防治腐败的能力。

这些基本经验，既是对反腐倡廉建设规律的深刻认识，也是深入推进党风廉政建设和反腐败斗争必须遵循的重要原则，我们要倍加珍惜并在新的实践中不断丰富、完善和发展。

三、进一步加强党风廉政建设和反腐败工作的建议

坚决反对腐败、建设廉洁政治，是我们党一贯坚持的鲜明政治立场，是人民关注的重大政治问题。在新的历史条件下，落实党要管党、从严治党的任务比以往任何时候都更为繁重、更为紧迫，全党同志一定要居安思危，增强忧患意识，深刻认识反腐败斗争的长期性、复杂性、艰巨性，坚持反腐倡廉常抓不懈、拒腐防变警钟长鸣。当前和今后一个时期，我们要高举中国特色社会主义伟大旗帜，以邓小平理论、“三个代表”重要思想、科学发展观为指导，全面履行党章赋予的职责，坚持围绕中心、服务大局，坚持标本兼治、综合治理、惩防并举、注重预防方针，紧紧围绕党的先进性和纯洁性建设，着力加强以保持党同人民群众血肉联系为重点的作风建设，深入推进以完善惩治和预防腐败体系为重点的反腐倡廉建设，认真解决反腐倡廉建设中人民群众反映强烈的突出问题，坚定信心、加大力度，与时俱进、改革创新，进一步提高反腐倡廉建设科学化水平，做到干部清正、政府清廉、政治清明，为落实党的十八大作出的各项重大决策和战略部署提供有力保证。

（一）严明党的政治纪律，保证党的路线方针政策和重大决策部署的贯彻落实

党面临的形势越复杂，肩负的任务越艰巨，就越要加强党的纪律建设。各级党组织和广大党员干部特别是主要领导干部一定要自觉遵守党章，自觉按照党的组织原则和党内政治生活准则办事。要准确把握和深入贯彻党的基本理论、基本路线、基本纲领、基本经验，在思想上政治上行动上同党中央保持高度一致，坚决维护中央权威，保证中央政令畅通，决不允许公开发表同中央决定相违背的言论，决不允许搞“上有政策、下有对策”，决不允许有令不行、有禁不止。要坚持正确政治立场和政治方向，提高政治敏锐性和政治鉴别力，在重大问题上头脑清醒、旗帜鲜明，在关键时刻和重大事件中经得起考验，自觉维护党的形象，坚决反对自由主义，决不允许泄露党和国家秘密，决不允许参加各种非法组织和非法活动，决不允许编造和传播政治谣言。各级纪委要切实维护党的章程和其他党内法规，加强对政治纪律执行情况的监督检查，严肃查处违反政治纪律的行为，坚决维护党的集中统一。

要把学习贯彻党的十八大精神作为首要政治任务，加强监督检查，保证党中央作出的各项战略决策部署得到落实。紧紧围绕科学发展这个主题和加快转变经济发展方式这条主线，加强对中央关于经济社会发展重大决策部署执行情况的监督检查，确保各项目标任务落到实处。认真总结经验，建立健全监督检查长效机制，不断提高监督检查工作科学化、制度化、规范化水平。

（二）加强和改进党的作风建设，促使党员干部弘扬优良作风

优良的党风是凝聚党心民心的强大力量。要按照党的十八大部署，围绕保持党的先进性和纯洁性，在全党深入开展以为民务实清廉为主要内容的党的群众路线教育实践活动，着力解决人民群众反映强烈的突出问题，提高做好新形势下群众工作的能力。坚持群众路线，落

实和完善服务群众、联系群众各项制度，建立健全党和政府主导的维护群众权益机制，坚决纠正领导干部脱离群众的行为。坚持求真务实，促使领导干部树立正确政绩观，反对形式主义和官僚主义，坚决制止搞劳民伤财的“形象工程”和沽名钓誉的“政绩工程”。坚持艰苦奋斗，厉行勤俭节约，下决心改进文风会风，严格控制楼堂馆所建设和“三公”经费支出，严肃整治公款大吃大喝、公款旅游等行为。坚持发扬民主，增强党内生活的原则性，认真开展批评和自我批评，克服好人主义，坚决抵制和纠正上下级之间和干部之间逢迎讨好、相互吹捧、搞“小圈子”等庸俗作风。坚持开拓进取，教育督促党员干部敢于负责、勇于担当，更加奋发有为、兢兢业业地开展工作，着力整治庸懒散奢等不良风气。

要以思想教育、完善制度、集中整顿、严肃纪律为抓手，督促党员干部加强理论学习，注重实践锻炼，增强党性修养。建立健全领导干部作风状况评价机制，把作风建设情况纳入党风廉政建设责任制考核范围，并将考核结果作为选拔任用干部的重要依据。加大对党政机关和领导干部作风方面突出问题的整顿力度，对作风不正、不负责任并造成严重后果的，要严肃处理。

（三）深化反腐倡廉教育和廉政文化建设，加强领导干部廉洁自律工作

加强教育、增强党员干部拒腐防变能力，是防治腐败的重要基础。要牢牢把握社会主义核心价值体系这个兴国之魂，深入开展理想信念和宗旨教育、党性党风党纪教育、法制教育、诚信教育，加强党员领导干部从政道德教育，开展道德领域突出问题专项教育和治理。广大党员干部特别是各级领导干部要牢固树立正确的世界观、权力观、事业观，做践行社会主义荣辱观的模范。要深化示范教育、警示教育、岗位廉政教育，建立健全分层分类施教机制，着力增强教育的针对性和实效性。把廉政文化建设纳入社会主义文化建设总体布局，广泛深入开展廉政文化创建活动。将廉洁教育纳入国民教育体系，使廉洁价值理念深入人心。加强反腐倡廉宣传工作，发挥报刊、广播、电视等传统媒体和互联网、手机等新兴媒体的积极作用。

各级领导干部特别是高级干部必须自觉遵守廉政准则，既严于律己，又加强对亲属和身边工作人员的教育和约束，决不允许搞特权。坚决纠正领导干部违规收受礼金、有价证券、支付凭证、商业预付卡等问题。严格执行领导干部住房管理的有关规定，切实纠正党政机关和领导干部在集资建房、低价购房、多占住房等方面的违规违纪行为。严禁领导干部违反规定为配偶、子女及其他特定关系人在经商办企业等方面谋取利益。认真落实并不断完善领导干部报告个人有关事项制度、对配偶子女均已移居国（境）外的国家工作人员加强管理的有关规定。

（四）加大查办违纪违法案件工作力度，保持惩治腐败的高压态势

查办违纪违法案件是纪检监察机关的重要职责，是推进党风廉政建设和反腐败斗争的重要任务。要坚持有案必查、有腐必惩，以对党和人民事业高度负责的态度，严肃查办违纪违法案件，严厉惩处腐败分子，决不姑息、决不手软。进一步突出办案重点，严肃查办发生在领导机关和领导干部中滥用职权、贪污贿赂、腐化堕落、失职渎职案件，严重损害群众合法经济权益、政治权益和人身权利的案件。严肃查办发生在重点领域和关键环节的腐败案件。严肃查办商业贿赂案件，完善并严格执行惩处行贿行为的相关规定。深入研究新形势下违纪违法案件发生的特点和规律，健全腐败案件揭露、查处机制和查办案件组织协调机制，拓宽和畅通信访举报渠道，切实增强突破大案要案的能力。支持协调有关部门完善国（境）外办案合作和防逃追逃追赃机制。严格依纪依法、安全文明办案，保障被审查人员合法权益。加强对重大典型案件的剖析研究，发挥查办案件的治本功能。

（五）深化体制机制改革和制度创新，进一步拓宽从源头上防治腐败工作领域

制度更带有根本性、全局性、稳定性和长期性。要坚持把从严治党和依法治国结合起来，加强反腐败国家立法，健全反腐败法律制度。对现有的法规制度，过时的要及时废止，不完善的要适时修订完善，需要细化的要尽快制定实施细则，需要制定配套制度的要抓紧制定。结合制定落实惩治和预防腐败体系 2013—2017 年工作规划，建立健全反腐倡廉各项制度，不断完善内容科学、程序严密、配套完备、有效管用的反腐倡廉制度体系。开展制度廉洁性评估，加强对制度执行情况的监督检查，建立健全制度执行监督和问责机制，严肃查处违反制度的行为，提高制度执行力。各级领导干部特别是高级干部要模范遵守国家法律和党的纪律，坚决同一切违法乱纪行为作斗争。

深化重点领域和关键环节改革，是从源头上防治腐败的根本举措。要继续深化社会主义市场经济体制改革，减少腐败现象滋生蔓延的土壤和条件。进一步简政放权，减少行政审批事项，规范审批程序和行为；推进财政预算决算公开，完善财政转移支付制度和国库集中收付制度；规范政府投资管理，完善工程建设项目招标投标制度；落实金融账户实名制，完善反洗钱防控工作机制，加快社会信用体系建设；完善国有资产监管体制机制，全面推进风险管理；深化现代市场体系建设，建立和完善统一规范的公共资源交易市场，充分发挥市场在资源配置中的基础性作用。继续深化干部人事制度改革，匡正选人用人风气。完善竞争性选拔干部方式，促进优秀人才脱颖而出和健康成长；完善体现科学发展观和正确政绩观要求的干部考核评价体系，有效发挥考核对干部的激励约束作用；加强对干部选拔任用工作的监督，深入整治跑官要官、买官卖官、拉票贿选等问题，防止干部“带病上岗”、“带病提拔”，坚决遏制选人用人上的不正之风，不断提高选人用人公信度。继续深化司法体制改革，促进公正廉洁执法。深入推进司法公开，完善案件听证制度、人民陪审员和人民监督员制度；优化司法职权配置，健全执法监督管理、办案责任追究制度，规范执法司法行为；加强对司法活动的监督和保障，防止和纠正执法不严、司法不公、徇私枉法等问题。要深入推进廉政风险防控机制建设，建立健全防止利益冲突制度。注重运用现代科技手段防治腐败。发挥国家预防腐败机构职能作用。加强反腐败国际交流与合作，继续做好《联合国反腐败公约》履约相关工作。

（六）强化对权力的制约和监督，促进权力规范透明运行

强化对权力的制约和监督是有效预防腐败的关键。要严格执行民主集中制，完善党委（党组）会议事规则和决策程序，坚决反对个人独断专行。认真落实党内监督条例，严格执行述职述廉、谈话、诫勉、询问、质询等制度，积极探索加强和改进监督的新途径新办法，切实加强对领导干部特别是主要领导干部行使权力的监督，加强对权力集中部门和资金、资源密集领域的监督。探索加强纪委对同级党委常委会成员进行有效监督的途径，加强纪检监察派驻机构对驻在部门领导班子及其成员的监督。进一步发挥巡视制度的监督作用，增强发现问题的能力，提高巡视工作质量，注重巡视成果运用。坚持做好对党政主要领导干部和国有企业领导人员的经济责任审计，加强对重点专项资金和重大投资项目的审计。完善党务公开、政务公开和各领域办事公开制度，合理分解和科学配置权力，推进权力运行公开化、规范化，形成比较完善的权力运行监控机制。深入开展执法监察、廉政监察和效能监察，推进政府绩效管理，建立健全问责制度和工作机制。坚持党内监督与党外监督相结合，进一步发挥人大监督、政府专门机关监督、政协民主监督、司法监督的作用；加强群众监督，尊重和保障群众的知情权、参与权、表达权、监督权，健全信访举报工作机制，让人民监督权力；加强舆论监督，支持新闻媒体开展科学监督、依法监督和建设性监督，及时处理和回应新闻媒体及网络舆情反映的问题。各级领导干部要正确对待群众监督和舆论监督，增强主动接受监督的自觉性。

（七）加强基层党风廉政建设，着力维护人民群众切身利益

基层党风廉政建设关系群众切身利益，关系党的执政基础。要教育引导基层党员干部增强党性观念和法治意识，严格按法律法规和政策办事。加强对基层党员干部的管理和监督，规范基层执法行为，切实解决发生在群众身边的腐败问题。坚持标本兼治、纠建并举，深入开展民主评议部门、行业风气和基层站所等工作，坚决纠正损害群众利益的不正之风。严格执行农村基层干部廉洁履行职责若干规定，完善农村集体资金资产资源管理以及村（居）委会集体决策和村民议事等制度，充分发挥村务监督委员会作用。落实国有企业“三重一大”决策制度和领导人员廉洁从业规定，加强对境外国有资产的监管。健全学校、医院等公共事业单位的管理制度，完善相关职业规范和监督制约机制。继续推进城市社区党风廉政建设，探索非公有制经济组织和社会组织防治腐败的有效途径和办法。

（八）严格执行党风廉政建设责任制，巩固和发展全党动手抓党风廉政建设和反腐败工作的良好局面

党风廉政建设责任制是深入推进反腐倡廉工作的重要制度保障。要坚持和完善党委统一领导、党政齐抓共管、纪委组织协调、部门各负其责、依靠群众支持和参与的反腐败领导体制和工作机制，形成推进党风廉政建设和反腐败工作的强大合力。各级领导干部特别是主要领导干部要坚持原则、敢抓敢管，切实抓好职责范围内的反腐倡廉工作。坚持把党风廉政建设纳入领导班子、领导干部目标管理考核，完善考核机制，加大监督检查力度，强化考核结果运用。把执行党风廉政建设责任制与党政领导干部问责制结合起来，加大对违反责任制行为的追究力度。认真听取社会各方面意见和建议，进一步畅通群众参与反腐倡廉建设的渠道，发挥人民群众在反腐倡廉建设中的重要作用。

建设一支忠诚可靠、服务人民、刚正不阿、秉公执纪的纪检监察干部队伍，是新形势下开展党风廉政建设和反腐败斗争的重要组织保证。要抓住思想政治建设这个根本，引导广大纪检监察干部加强理论学习和党性修养，自觉用中国特色社会主义理论体系武装头脑、指导实践、推动工作。要抓住能力建设这个关键，加强调查研究，完善工作思路，改进方式方法，不断提高科学履职的能力和水平。要抓住组织建设这个基础，进一步健全纪检监察体制，加强各级纪检监察组织机构、领导班子和干部队伍建设，完善纪检监察机关内部机构设置，强化派驻机构统一管理，加强上级纪检监察机关对下级纪检监察机关的领导和工作指导。要抓住作风建设这个重点，完善纪检监察干部职业道德规范，健全内部监督制约机制，引导广大纪检监察干部增强自觉接受监督意识，维护可亲、可信、可敬的良好形象。各级党委、政府要重视和支持纪检监察工作，关心和爱护纪检监察干部。

反腐倡廉使命光荣，责任重大。我们要高举中国特色社会主义伟大旗帜，以邓小平理论、“三个代表”重要思想、科学发展观为指导，勇于进取，扎实工作，不断把党风廉政建设和反腐败斗争引向深入，为圆满完成党的十八大各项战略决策部署、实现全面建成小康社会的奋斗目标作出更大贡献！

中国共产党第十八届中央委员会第一次全体会议公报

（2012 年 11 月 15 日中国共产党第十八届中央委员会第一次全体会议通过）

中国共产党第十八届中央委员会第一次全体会议，于 2012 年 11 月 15 日在北京举行。

出席会议的有中央委员 205 人，候补中央委员 171 人。中央纪律检查委员会委员列席会议。

习近平同志主持会议并作了重要讲话。

全会选举了中央政治局委员、中央政治局常务委员会委员、中央委员会总书记；根据中央政治局常务委员会的提名，通过了中央书记处成员，决定了中央军事委员会组成人员；批准了十八届中央纪律检查委员会第一次全体会议选举产生的书记、副书记和常务委员会委员人选。名单如下：

一、中央政治局委员

（按姓氏笔画为序）

习近平 马 凯 王岐山 王沪宁
刘云山 刘延东（女） 刘奇葆
许其亮 孙春兰（女） 孙政才
李克强 李建国 李源潮 汪 洋
张春贤 张高丽 张德江 范长龙
孟建柱 赵乐际 胡春华 俞正声
栗战书 郭金龙 韩 正

二、中央政治局常务委员会委员

习近平 李克强 张德江 俞正声
刘云山 王岐山 张高丽

三、中央委员会总书记

习近平

四、中央书记处书记

刘云山 刘奇葆 赵乐际 栗战书
杜青林 赵洪祝 杨 晶（蒙古族）

五、中央军事委员会主席、副主席、委员

主 席 习近平
副主席 范长龙 许其亮
委 员 常万全 房峰辉 张 阳
赵克石 张又侠 吴胜利
马晓天 魏凤和

六、中央纪律检查委员会书记、副书记、常务委员会委员

书 记 王岐山
副书记 赵洪祝 黄树贤 李玉赋
杜金才 吴玉良 张 军
陈文清 王 伟
常务委员会委员（按姓氏笔画为序）
王 伟 王岐山 刘 滨 江必新
杜金才 李玉赋 吴玉良 邱学强
张 军 张纪南 陈文清 周福启
赵洪祝 侯 凯 俞贵麟 姚增科
黄树贤 黄晓薇（女） 崔少鹏

关于认真学习宣传贯彻党的十八大精神的通知

为深入学习宣传贯彻党的十八大精神，把全党全国各族人民的思想统一到党的十八大精神上来，把力量凝聚到实现党的十八大确定的各项任务上来，现通知如下。

一、充分认识学习宣传贯彻党的十八大精神的重大意义

中国共产党第十八次全国代表大会于11月8日至14日在北京举行。这是在我国进入全面建成小康社会决定性阶段召开的一次十分重要的大会，是一次高举旗帜、继往开来、团结奋进的大会，对凝聚党心军心民心、推动党和国家事业发展具有十分重大的意义。大会高举中国特色社会主义伟大旗帜，以马克思列宁主义、毛泽东思想、邓小平理论、“三个代表”重要思想、科学发展观为指导，分析了国际国内形势的发展变化，回顾和总结了过去5年的工作和党的十六大以来的奋斗历程及取得的历史性成就，确立了科学发展观的历史地位，提出了夺取中国特色社会主义新胜利必须牢牢把握的基本要求，确定了全面建成小康社会和全面深化改革开放的目标，对新的时代条件下推进中国特色社会主义事业作出了全面部署，对全面提高党的建设科学化水平提出了明确要求。胡锦涛同志代表十七届中央委员会作的《坚定不移沿着中国特色社会主义道路前进，为全面建成小康社会而奋斗》的报告，描绘了全面建成小康社会、加快推进社会主义现代化的宏伟蓝图，为党和国家事业进一步发展指明了方向，是全党全国各族人民智慧的结晶，是我们党团结带领全国各族人民夺取中国特色社会主义新胜利的政治宣言和行动纲领，是马克思主义的纲领性文献。大会通过的《中国共产党章程（修正案）》，体现了党的理论创新和实践发展的成果，体现了党的十八大确立的重大理论观点和重大工作部署，对以改革创新精神全面推进党的建设新的伟大工程、提高党的建设科学化水平提出了明确要求。

党的十八届一中全会选举产生了以习近平同志为总书记的新一届中央领导集体，一批经验丰富、年富力强、德才兼备、奋发有为的同志进入中央领导机构，实现了党的中央领导集体的又一次新老交替，充分显示了中国特色社会主义事业蓬勃兴旺、薪火相传、后继有人。

认真学习宣传贯彻党的十八大精神，关系党和国家工作全局，关系中国特色社会主义事业长远发展，对动员全党全国各族人民在以习近平同志为总书记的党中央领导下，高举中国特色社会主义伟大旗帜，满怀信心为全面建成小康社会、夺取中国特色社会主义新胜利而奋斗，具有重大现实意义和深远历史意义。

二、全面准确学习领会党的十八大精神

学习宣传贯彻党的十八大精神，首先要认真研读党的十八大文件，原原本本学习党的十八大报告和党章，学习习近平同志在党的十八届一中全会上的重要讲话精神。要着重把握以下几个方面。

1.要深刻领会党的十八大的主题。高举中国特色社会主义伟大旗帜，以邓小平理论、“三个代表”重要思想、科学发展观为指导，解放思想，改革开放，凝聚力量，攻坚克难，坚定不移沿着中国特色社会主义道路前进，为全面建成小康社会而奋斗。这是党的十八大的主题，鲜明回答了我们党举什么旗帜、走什么道路、保持什么样的精神状态、朝着什么样的目标继续前进的重大问题。中国特色社会主义是当代中国发

展进步的旗帜，也是全党全国各族人民团结奋斗的旗帜。解放思想是推动党和人民事业发展的强大思想武器，改革开放是推动党和人民事业发展的强大动力，凝聚力量、攻坚克难是坚持和发展中国特色社会主义的基本要求，全面建成小康社会是党和国家到2020年的奋斗目标，是全国各族人民的根本利益所在。

2. 要深刻领会过去5年和10年党和国家事业取得新的历史性成就。党的十七大以来的5年，是我们在中国特色社会主义道路上奋勇前进的5年，是我们经受住各种困难和风险考验、夺取全面建设小康社会新胜利的5年。过去5年的工作，是党的十六大以来全面建设小康社会10年实践的重要组成部分。这10年，我们紧紧抓住和用好我国发展的重要战略机遇期，战胜一系列重大挑战，奋力把中国特色社会主义推进到新的发展阶段。这10年，社会生产力、经济实力、科技实力迈上一个大台阶，人民生活水平、居民收入水平、社会保障水平迈上一个大台阶，综合国力、国际竞争力、国际影响力迈上一个大台阶，国家面貌发生新的历史性变化，是我国经济持续发展、民主不断健全、文化日益繁荣、社会保持稳定的时期，是着力保障和改善民生、人民得到实惠更多的时期。同时，必须清醒看到，我们工作中还存在许多不足，前进道路上还有不少困难和问题，面对前所未有的风险挑战，我们必须高度重视，居安思危，进一步认真加以解决。

3. 要深刻领会科学发展观的历史地位和指导意义。科学发展观是马克思主义同当代中国实际和时代特征相结合的产物，是马克思主义关于发展的世界观和方法论的集中体现，对新形势下实现什么样的发展、怎样发展等重大问题作出了新的科学回答，把我们对中国特色社会主义规律的认识提高到新的水平，开辟了当代中国马克思主义发展新境界。科学发展观是中国特色社会主义理论体系最新成果，是中国共产党集体智慧的结晶，是指导党和国家全部工作的强大思想武器。科学发展观同马克思列宁主义、毛泽东思想、邓小平理论、“三个代表”重要思想一道，是党必须长期坚持的指导思想。面向未来，深入贯彻落实科学发展观，对坚持和发展中国特色社会主义具有重大现实意义和深远历史意义，必须把科学发展观贯彻到我国现代化建设全过程、体现到党的建设各方面。全党必须更加自觉地把推动经济社会发展作为深入贯彻落实科学发展观的第一要义，必须更加自觉地把以人为本作为深入贯彻落实科学发展观的核心立场，必须更加自觉地把全面协调可持续作为深入贯彻落实科学发展观的基本要求，必须更加自觉地把统筹兼顾作为深入贯彻落实科学发展观的根本方法。解放思想、实事求是、与时俱进、求真务实，是科学发展观最鲜明的精神实质。

4. 要深刻领会中国特色社会主义的丰富内涵，深刻领会夺取中国特色社会主义新胜利的基本要求。中国特色社会主义是当代中国发展进步的根本方向，只有中国特色社会主义才能发展中国。中国特色社会主义道路，中国特色社会主义理论体系，中国特色社会主义制度，是党和人民90多年奋斗、创造、积累的根本成就，必须倍加珍惜、始终坚持、不断发展，坚定道路自信、理论自信、制度自信。中国特色社会主义道路是实现途径，中国特色社会主义理论体系是行动指南，中国特色社会主义制度是根本保障，三者统一于中国特色社会主义伟大实践，这是党领导人民在建设社会主义长期实践中形成的最鲜明特色。建设中国特色社会主义，总依据是社会主义初级阶段，总布局是五位一体，总任务是实现社会主义现代化和中华民族伟大复兴。在新的历史条件下夺取中国特色社会主义新胜利要牢牢把握以下基本要求：必须坚持人民主体地位，必须坚持解放和发展社会生产力，必须坚持推进改革开放，必须坚持维护社会公平正义，必须坚持走共同富裕道路，必须坚持促进社会和谐，必须坚持和平发展，必须坚持党的领导，并使之成为全党全国各族人民的共同信念。党的基本路线是党和国家的生命线，要坚持把以经济建设为中心同四项基本原则、改革开放这两个基本点统一于中国特色社会主义伟大实践,扎扎实实夺取中国特色社会主义新胜利。

5.要深刻领会全面建成小康社会和全面深化改革开放的目标。党的十八大根据我国经济社会发展实际,提出了全面建成小康社会和全面深化改革开放的目标。要在党的十六大、十七大确立的全面建设小康社会目标的基础上努力实现新的要求,即:经济持续健康发展,人民民主不断扩大,文化软实力显著增强,人民生活水平全面提高,资源节约型、环境友好型社会建设取得重大进展。要加快完善社会主义市场经济体制,加快推进社会主义民主政治制度化、规范化、程序化,加快完善文化管理体制和文化生产经营机制,加快形成科学有效的社会管理体制,加快建立生态文明制度,构建系统完备、科学规范、运行有效的制度体系,使各方面制度更加成熟更加定型。

6.要深刻领会社会主义经济建设、政治建设、文化建设、社会建设、生态文明建设等方面的重大部署。在经济建设上,必须坚持发展是硬道理的战略思想,以科学发展为主题,以加快转变经济发展方式为主线,坚持走中国特色新型工业化、信息化、城镇化、农业现代化道路,打胜全面深化经济体制改革和加快转变经济发展方式这场硬仗,把我国经济发展活力和竞争力提高到新的水平。在政治建设上,必须坚持走中国特色社会主义政治发展道路,继续积极稳妥推进政治体制改革,坚持党的领导、人民当家作主、依法治国有机统一,发展更加广泛、更加充分、更加健全的人民民主。在文化建设上,必须走中国特色社会主义文化发展道路,加强社会主义核心价值体系建设,积极培育和践行社会主义核心价值观,丰富人民精神文化生活,提高国民素质,增强文化整体实力和竞争力,扎实推进社会主义文化强国建设。在社会建设上,必须加快健全基本公共服务体系,加强和创新社会管理,以保障和改善民生为重点,多谋民生之利,多解民生之忧,解决好人民最关心最直接最现实的利益问题,在学有所教、劳有所得、病有所医、老有所养、住有所居上持续取得新进展。在生态文明建设上,必须树立尊重自然、顺应自然、保护自然的生态文明理念,坚持节约资源和保护环境的基本国策,着力推进绿色发展、循环发展、低碳发展,形成节约资源和保护环境的空间格局、产业结构、生产方式、生活方式,努力建设美丽中国,实现中华民族永续发展。党的十八大还对加快推进国防和军队现代化、丰富"一国两制"实践和推进祖国统一、继续促进人类和平与发展的崇高事业等方面作出重要部署。

7.要深刻领会全面提高党的建设科学化水平。新形势下,党面临的执政考验、改革开放考验、市场经济考验、外部环境考验是长期的、复杂的、严峻的,精神懈怠危险、能力不足危险、脱离群众危险、消极腐败危险更加尖锐地摆在全党面前。要牢牢把握加强党的执政能力建设、先进性和纯洁性建设这条主线,坚持解放思想、改革创新,坚持党要管党、从严治党,全面加强党的思想建设、组织建设、作风建设、反腐倡廉建设、制度建设,增强自我净化、自我完善、自我革新、自我提高能力,建设学习型、服务型、创新型的马克思主义执政党,确保党始终成为中国特色社会主义事业的坚强领导核心。

三、认真做好党的十八大精神的宣传

要全面准确、深入系统地宣传党的十八大精神,使之更好地为广大干部群众所掌握。

1.切实抓好学习培训。要通过举办各种形式的培训班、研讨班,组织广大党员干部认真学习党的十八大精神。中央将于年内举办新进中央委员会的委员、候补委员学习贯彻党的十八大精神研讨班。各级党委(党组)理论学习中心组要把学习党的十八大精神作为中心内容,制定系统学习培训计划,列出专题进行研讨,力求学深学透、融会贯通。各地要集中一段时间分期分批把县处级以上领导干部轮训一遍。基层党组织要采取多种形式，组织广大党员干部认真学习党的十八大精神。要注意抓好离退休人员中党员的学习，抓好偏远地区农村党员的学习，抓好失业人员和流动人口中党员的学习。要抓好党的十八大精神进教材、进课堂、进学生头脑的工作，把学习党的十八大精神作为学校思想政治教育和课堂教学的重要内容。

2. 集中开展宣讲活动。从现在起到明年初，在全国范围内集中开展党的十八大精神宣讲活动。中央将组织学习党的十八大精神宣讲团，赴各地开展宣讲。各地要参照这一做法，抽调有演讲能力的理论和实际工作者组成宣讲团，深入城乡基层开展面对面宣讲。要组织专门宣讲团到高校进行宣讲。各级领导干部要带头宣讲，以实际行动带动广大干部群众的学习。

3. 精心组织新闻宣传。各级党报、党刊、电台、电视台要精心策划、集中报道，大力宣传党的十八大精神，宣传广大干部群众在学习贯彻党的十八大精神过程中解决实际问题的新成效新进展。要深入解读党的十八大提出的重大理论观点、重大方针政策、重大工作部署，增强舆论引导能力。要推出一批有分量有深度的报道、综述、社论、评论和理论文章。要结合“走基层、转作风、改文风”活动，组织新闻工作者深入基层一线，推出一批来自群众、生动鲜活的报道。

4. 积极开展网络宣传。要组织网络媒体通过系列报道、在线访谈、论坛跟帖等方式，开展具有网络特点的宣传报道，积极引导网上舆论，有效回应网民关切，形成网上正面宣传强势。注重运用微博客、社交网络和移动多媒体等新技术新手段，调动网民参与积极性，增强网络宣传的实效性和影响力。

四、坚持联系实际、推动工作

学习宣传贯彻党的十八大精神，要紧密联系改革开放和社会主义现代化建设实际，联系本地区本部门工作实际，联系广大干部群众思想实际，与深入调查研究紧密结合，坚持学以致用、用以促学，把党的十八大精神落实到经济社会发展各方面，体现到做好今年各项工作和安排好明年工作之中。

1. 要落实到推动科学发展、加快完善社会主义市场经济体制和加快转变经济发展方式上来。牢牢把握科学发展这个主题和加快转变经济发展方式这条主线，坚持稳中求进的工作总基调，把稳增长放在更加重要的位置，积极应对世界经济波动冲击。推进经济结构战略性调整，加快形成新的经济发展方式，促进经济持续健康发展，推进社会主义民主法制建设，推动社会主义文化大发展大繁荣，推进生态文明建设。要坚持社会主义市场经济的改革方向，提高改革决策的科学性，增强改革措施的协调性，找准深化改革开放的突破口，明确深化改革开放的着力点，不失时机地推进重要领域和关键环节改革，继续解放和发展社会生产力，继续推动我国社会主义制度自我完善和发展，坚决破除一切妨碍科学发展的思想观念和体制机制弊端。深化经济体制改革、政治体制改革、文化体制改革、社会体制改革、生态体制改革，不断在制度建设和创新方面迈出新步伐，不断促进生产关系和生产力、上层建筑和经济基础相适应，促进经济社会各个领域、各个方面、各个环节相协调。

2. 要落实到促进社会和谐、保障和改善民生上来。把保障和改善民生放在更加突出的位置，努力办好人民满意的教育，推动实现更高质量的就业，千方百计增加居民收入，统筹推进城乡社会保障体系建设，提高人民健康水平，加强和创新社会管理。着力解决教育、就业、社会保障、医疗、住房、生态环境、食品药品安全、安全生产、社会治安、执法司法等关系群众切身利益的问题，维护社会公平正义，使发展成果更多更公平惠及全体人民，让人民群众通过辛勤劳动过上更加美好生活。正确处理改革发展稳定关系，着力化解人民内部矛盾和不和谐因素，最大限度增加和谐因素。

3. 要落实到全面推进党的建设新的伟大工程上来。形势的发展、事业的开拓、人民的期待，都要求我们以改革创新精神全面推进党的建设新的伟大工程，全面提高党的建设科学化水平。要按照加强和改进党的建设的总体要求，以改革创新精神全面推进党的建设新的伟大工程，全面提高党的建设科学化水平，保持党的先进性和纯洁性。要突出抓好党的十八大提出的重点任务，进一步坚定理想信念，进一步保持党同人民群众的血肉联系，进一步积极发展党内民主，进一步夯实党执政的组织基础，进一步搞好党风廉政建设，进一步严明党的纪律，加紧建立健全保证党科学执政、民主执政、依法执政的体制机制，抓紧解决党内存在的突出矛盾和问题。广大党员干部要自觉遵守党章，自觉按照党的组织原则和党内政治生活准则办事。党员干部要自觉做坚定理想信念的表率，自觉做认真学习实践的表率，自觉做坚持民主集中制的表率，自觉做弘扬优良作风的表率。

4. 要落实到解放思想、改革开放、凝聚力量、攻坚克难上来。准确把握我国发展的重要战略机遇期内涵和条件的变化，充分认识如期全面建成小康社会任务十分艰巨，着力解放思想、改革开放、凝聚力量、攻坚克难，勇于实践、勇于变革、勇于创新。增强忧患意识、风险意识、责任意识，坚定必胜信念，积极开拓进取，全面做好改革发展稳定各项工作，着力解决经济社会发展中的突出矛盾和问题，有效防范各种潜在风险，努力促进经济社会发展，努力保持社会和谐稳定。

五、切实加强组织领导

学习宣传贯彻党的十八大精神，是全党全国当前和今后一个时期的首要政治任务。各级党委要把学习宣传贯彻党的十八大精神摆上重要议事日程，切实加强组织领导。

1. 切实负起领导责任。各级党委要按照中央的部署，结合本地区本部门实际，作出专题部署，提出具体要求，着力抓好落实，迅速兴起学习宣传贯彻党的十八大精神的热潮。要着力抓好县处级以上领导干部的学习培训。要加强工作指导，加强督促检查，务求取得实效，切忌形式主义。各级组织、宣传部门和其他有关部门，要在党委统一领导下，密切配合。组织部门要把学习宣传贯彻党的十八大精神与干部教育培训工作、加强领导班子建设和基层党组织建设结合起来。宣传部门要扎实做好党的十八大精神宣传工作，营造学习宣传贯彻党的十八大精神的浓厚氛围。工会、共青团、妇联等人民团体要充分发挥自身优势，开展各具特色的学习教育活动。

2. 牢牢把握正确导向。要坚持团结稳定鼓劲、正面宣传为主的方针，着力用党的十八大精神统一思想、凝聚力量。要及时了解干部群众的思想状况，密切关注社会舆情，有针对性地做好工作。加强对敏感问题和热点问题的正面引导，解疑释惑，最大限度凝聚社会共识。加强对宣传思想文化阵地的管理，绝不给错误思想言论提供传播渠道。

3. 不断创新方式方法。要坚持贴近实际、贴近生活、贴近群众，创新形式载体，探索方法手段，努力增强学习宣传贯彻党的十八大精神的吸引力感染力和针对性实效性。善于运用群众乐于参与、便于参与的方式，采取富有时代特色、体现实践要求的方法，在拓展广度深度上下功夫。善于运用新科技手段创造性地开展工作，努力扩大工作的覆盖面和影响力。

各地区各部门要及时将学习宣传贯彻党的十八大精神的情况报告中央。

（此《通知》由中共中央于2012年11月以中发〔2012〕10号文件印发）

关于加快发展现代农业进一步增强农村发展活力的若干意见

全面贯彻落实党的十八大精神，坚定不移沿着中国特色社会主义道路前进，为全面建成小康社会而奋斗，必须固本强基，始终把解决好农业农村农民问题作为全党工作重中之重，把城乡发展一体化作为解决“三农”问题的根本途径；必须统筹协调，促进工业化、信息化、城镇化、农业现代化同步发展，着力强化现代农业基础支撑，深入推进社会主义新农村建设。

党的十六大以来，我们深入贯彻落实科学发展观，全面推进“三农”实践创新、理论创新、制度创新，全面确立重中之重、统筹城乡、“四化同步”等战略思想，全面制定一系列多予少取放活和工业反哺农业、城市支持农村的重大政策，全面构建农业生产经营、农业支持保护、农村社会保障、城乡协调发展的制度框架，农业生产得到很大发展、农村面貌得到很大改善、农民群众得到很大实惠，农业农村发展实现了历史性跨越，迎来了又一个黄金期，初步探索出一条中国特色农业现代化道路。粮食产量实现“九连增”，农业综合生产能力迈上新台阶。农民增收实现“九连快”，农村贫困人口生存和温饱问题基本解决。农村民生加速改善，办了许多深得民心的大事好事。农村综合改革和集体林权制度改革取得重大进展，城乡分割的体制障碍加快破除。农村党群干群关系明显改善，农村社会保持和谐稳定。农业农村形势好，为我国综合国力在国际风云变幻中大幅提升，为现代化建设在重重风险挑战中昂首迈进，为党和国家事业在各种困难考验中兴旺发达，注入了强劲动力，增添了应对底气，赢得了战略主动。实践证明，中央推动农村改革发展的大政方针完全正确，出台的强农惠农富农政策卓有成效。

伴随工业化、城镇化深入推进，我国农业农村发展正在进入新的阶段，呈现出农业综合生产成本上升、农产品供求结构性矛盾突出、农村社会结构加速转型、城乡发展加快融合的态势。人多地少水缺的矛盾加剧，农产品需求总量刚性增长、消费结构快速升级，农业对外依存度明显提高，保障国家粮食安全和重要农产品有效供给任务艰巨；农村劳动力大量流动，农户兼业化、村庄空心化、人口老龄化趋势明显，农民利益诉求多元，加强和创新农村社会管理势在必行；国民经济与农村发展的关联度显著增强，农业资源要素流失加快，建立城乡要素平等交换机制的要求更为迫切，缩小城乡区域发展差距和居民收入分配差距任重道远。我们必须顺应阶段变化，遵循发展规律，增强忧患意识，举全党全国之力持之以恒强化农业、惠及农村、富裕农民。

2013 年农业农村工作的总体要求是：全面贯彻党的十八大精神，以邓小平理论、“三个代表”重要思想、科学发展观为指导，落实“四化同步”的战略部署，按照保供增收惠民生、改革创新添活力的工作目标，加大农村改革力度、政策扶持力度、科技驱动力度，围绕现代农业建设，充分发挥农村基本经营制度的优越性，着力构建集约化、专业化、组织化、社会化相结合的新型农业经营体系，进一步解放和发展农村社会生产力，巩固和发展农业农村大好形势。

一、建立重要农产品供给保障机制，努力夯实现代农业物质基础

确保国家粮食安全，保障重要农产品有效

供给,始终是发展现代农业的首要任务。必须毫不放松粮食生产,加快构建现代农业产业体系,着力强化农业物质技术支撑。

1. 稳定发展农业生产。粮食生产要坚持稳定面积、优化结构、主攻单产的总要求,确保丰产丰收。继续开展粮食稳定增产行动,着力加强800个产粮大县基础设施建设,推进东北四省区节水增粮行动、粮食丰产科技工程。支持优势产区棉花、油料、糖料生产基地建设。扩大粮棉油糖高产创建规模,在重点产区实行整建制推进,集成推广区域性、标准化高产高效模式。深入实施测土配方施肥,加强重大病虫害监测预警与联防联控能力建设。加大新一轮“菜篮子”工程实施力度,扩大园艺作物标准园和畜禽水产品标准化养殖示范场创建规模。以奖代补支持现代农业示范区建设试点。推进种养业良种工程,加快农作物制种基地和新品种引进示范场建设。加强渔船升级改造、渔政执法船艇建造和避风港建设,支持发展远洋渔业。

2. 强化农业物质技术装备。落实和完善最严格的耕地保护制度,加大力度推进高标准农田建设。加快大中型灌区配套改造、灌排泵站更新改造、中小河流治理,扩大小型农田水利重点县覆盖范围,大力发展高效节水灌溉,加大雨水集蓄利用、堰塘整治等工程建设力度,提高防汛抗旱减灾能力。加大财政对小型水库建设和除险加固支持力度。及时足额计提并管好用好从土地出让收益中提取的农田水利建设资金。加快落实农业灌排工程运行管理费用由财政适当补助的政策。加强农业科技创新能力条件建设和知识产权保护,继续实施种业发展等重点科技专项,加快粮棉油糖等农机装备、高效安全肥料农药兽药研发。推进国家农业科技园区和高新技术产业示范区建设。

3. 提高农产品流通效率。统筹规划农产品市场流通网络布局,重点支持重要农产品集散地、优势农产品产地市场建设,加强农产品期货市场建设,适时增加新的农产品期货品种,培育具有国内外影响力的农产品价格形成和交易中心。加快推进以城市标准化菜市场、生鲜超市、城乡集贸市场为主体的农产品零售市场建设。加强粮油仓储物流设施建设,发展农产品冷冻贮藏、分级包装、电子结算。健全覆盖农产品收集、加工、运输、销售各环节的冷链物流体系。大力培育现代流通方式和新型流通业态,发展农产品网上交易、连锁分销和农民网店。继续实施“北粮南运”、“南菜北运”、“西果东送”、万村千乡市场工程、新农村现代流通网络工程,启动农产品现代流通综合示范区创建。支持供销合作社、大型商贸集团、邮政系统开展农产品流通。深入实施商标富农工程,强化农产品地理标志和商标保护。

4. 完善农产品市场调控。充分发挥价格对农业生产和农民增收的激励作用,按照生产成本加合理利润的原则,继续提高小麦、稻谷最低收购价,适时启动玉米、大豆、油菜籽、棉花、食糖等农产品临时收储。优化粮食等大宗农产品储备品种结构和区域布局,完善粮棉油糖进口转储制度。健全重要农产品市场监测预警机制,认真执行生猪市场价格调控预案,改善鲜活农产品调控办法。完善农产品进出口税收调控政策,加强进口关税配额管理,健全大宗品种进口报告制度,强化敏感品种进口监测。推动进口来源多元化,规范进出口秩序,打击走私行为。加强和完善农产品信息统计发布制度,建立市场调控效果评估制度。扩大农资产品储备品种。

5. 提升食品安全水平。改革和健全食品安全监管体制,加强综合协调联动,落实从田头到餐桌的全程监管责任,加快形成符合国情、科学完善的食品安全体系。健全农产品质量安全和食品安全追溯体系。强化农业生产过程环境监测,严格农业投入品生产经营使用管理,积极开展农业面源污染和畜禽养殖污染防治。支持农产品批发市场食品安全检测室(站)建设,补助检验检测费用。健全基层食品安全工作体系,加大监管机构建设投入,全面提升监管能力和水平。

二、健全农业支持保护制度，不断加大强农惠农富农政策力度

适应农业进入高投入、高成本、高风险发展时期的客观要求，必须更加自觉、更加坚定地加强对农业的支持保护。要在稳定完善强化行之有效政策基础上，着力构建"三农"投入稳定增长长效机制，确保总量持续增加、比例稳步提高。

1. 加大农业补贴力度。按照增加总量、优化存量、用好增量、加强监管的要求，不断强化农业补贴政策，完善主产区利益补偿、耕地保护补偿、生态补偿办法，加快让农业获得合理利润、让主产区财力逐步达到全国或全省平均水平。继续增加农业补贴资金规模，新增补贴向主产区和优势产区集中，向专业大户、家庭农场、农民合作社等新型生产经营主体倾斜。落实好对种粮农民直接补贴、良种补贴政策，扩大农机具购置补贴规模，推进农机以旧换新试点。完善农资综合补贴动态调整机制，逐步扩大种粮大户补贴试点范围。继续实施农业防灾减灾稳产增产关键技术补助和土壤有机质提升补助，支持开展农作物病虫害专业化统防统治，启动低毒低残留农药和高效缓释肥料使用补助试点。完善畜牧业生产扶持政策，支持发展肉牛肉羊，落实远洋渔业补贴及税收减免政策。增加产粮（油）大县奖励资金，实施生猪调出大县奖励政策，研究制定粮食作物制种大县奖励政策。增加农业综合开发财政资金投入。现代农业生产发展资金重点支持粮食及地方优势特色产业加快发展。

2. 改善农村金融服务。加强国家对农村金融改革发展的扶持和引导，切实加大商业性金融支农力度，充分发挥政策性金融和合作性金融作用，确保持续加大涉农信贷投放。创新金融产品和服务，优先满足农户信贷需求，加大新型生产经营主体信贷支持力度。加强财税杠杆与金融政策的有效配合，落实县域金融机构涉农贷款增量奖励、农村金融机构定向费用补贴、农户贷款税收优惠、小额担保贷款贴息等政策。稳定县（市）农村信用社法人地位，继续深化农村信用社改革。探索农业银行服务"三农"新模式，强化农业发展银行政策性职能定位，鼓励国家开发银行推动现代农业和新农村建设。支持社会资本参与设立新型农村金融机构。改善农村支付服务条件，畅通支付结算渠道。加强涉农信贷与保险协作配合，创新符合农村特点的抵（质）押担保方式和融资工具，建立多层次、多形式的农业信用担保体系。扩大林权抵押贷款规模，完善林业贷款贴息政策。健全政策性农业保险制度，完善农业保险保费补贴政策，加大对中西部地区、生产大县农业保险保费补贴力度，适当提高部分险种的保费补贴比例。开展农作物制种、渔业、农机、农房保险和重点国有林区森林保险保费补贴试点。推进建立财政支持的农业保险大灾风险分散机制。支持符合条件的农业产业化龙头企业和各类农业相关企业通过多层次资本市场筹集发展资金。

3. 鼓励社会资本投向新农村建设。各行各业制定发展规划、安排项目、增加投资要主动向农村倾斜。引导国有企业参与和支持农业农村发展。鼓励企业和社会组织采取投资筹资、捐款捐助、人才和技术支持等方式在农村兴办医疗卫生、教育培训、社会福利、社会服务、文化旅游体育等各类事业，按规定享受税收优惠、管护费用补助等政策。落实公益性捐赠农村公益事业项目支出所得税前扣除政策。鼓励企业以多种投资方式建设农村生产生活基础设施。

三、创新农业生产经营体制，稳步提高农民组织化程度

农业生产经营组织创新是推进现代农业建设的核心和基础。要尊重和保障农户生产经营的主体地位，培育和壮大新型农业生产经营组织，充分激发农村生产要素潜能。

1. 稳定农村土地承包关系。抓紧研究现有土地承包关系保持稳定并长久不变的具体实现形式，完善相关法律制度。坚持依法自愿有偿

原则，引导农村土地承包经营权有序流转，鼓励和支持承包土地向专业大户、家庭农场、农民合作社流转，发展多种形式的适度规模经营。结合农田基本建设，鼓励农民采取互利互换方式，解决承包地块细碎化问题。土地流转不得搞强迫命令，确保不损害农民权益、不改变土地用途、不破坏农业综合生产能力。探索建立严格的工商企业租赁农户承包耕地（林地、草原）准入和监管制度。规范土地流转程序，逐步健全县乡村三级服务网络，强化信息沟通、政策咨询、合同签订、价格评估等流转服务。加强农村土地承包经营纠纷调解仲裁体系建设。深化国有农垦管理体制改革，扩大国有农场办社会职能改革试点。稳步推进农村综合改革示范试点。

2. 努力提高农户集约经营水平。按照规模化、专业化、标准化发展要求，引导农户采用先进适用技术和现代生产要素，加快转变农业生产经营方式。创造良好的政策和法律环境，采取奖励补助等多种办法，扶持联户经营、专业大户、家庭农场。大力培育新型农民和农村实用人才，着力加强农业职业教育和职业培训。充分利用各类培训资源，加大专业大户、家庭农场经营者培训力度，提高他们的生产技能和经营管理水平。制定专门计划，对符合条件的中高等学校毕业生、退役军人、返乡农民工务农创业给予补助和贷款支持。

3. 大力支持发展多种形式的新型农民合作组织。农民合作社是带动农户进入市场的基本主体，是发展农村集体经济的新型实体，是创新农村社会管理的有效载体。按照积极发展、逐步规范、强化扶持、提升素质的要求，加大力度、加快步伐发展农民合作社，切实提高引领带动能力和市场竞争能力。鼓励农民兴办专业合作和股份合作等多元化、多类型合作社。实行部门联合评定示范社机制，分级建立示范社名录，把示范社作为政策扶持重点。安排部分财政投资项目直接投向符合条件的合作社，引导国家补助项目形成的资产移交合作社管护，指导合作社建立健全项目资产管护机制。增加农民合作社发展资金，支持合作社改善生产经营条件、增强发展能力。逐步扩大农村土地整理、农业综合开发、农田水利建设、农技推广等涉农项目由合作社承担的规模。对示范社建设鲜活农产品仓储物流设施、兴办农产品加工业给予补助。在信用评定基础上对示范社开展联合授信，有条件的地方予以贷款贴息，规范合作社开展信用合作。完善合作社税收优惠政策，把合作社纳入国民经济统计并作为单独纳税主体列入税务登记，做好合作社发票领用等工作。创新适合合作社生产经营特点的保险产品和服务。建立合作社带头人人才库和培训基地，广泛开展合作社带头人、经营管理人员和辅导员培训，引导高校毕业生到合作社工作。落实设施农用地政策，合作社生产设施用地和附属设施用地按农用地管理。引导农民合作社以产品和产业为纽带开展合作与联合，积极探索合作社联社登记管理办法。抓紧研究修订农民专业合作社法。

4. 培育壮大龙头企业。支持龙头企业通过兼并、重组、收购、控股等方式组建大型企业集团。创建农业产业化示范基地，促进龙头企业集群发展。推动龙头企业与农户建立紧密型利益联结机制，采取保底收购、股份分红、利润返还等方式，让农户更多分享加工销售收益。鼓励和引导城市工商资本到农村发展适合企业化经营的种养业。增加扶持农业产业化资金，支持龙头企业建设原料基地、节能减排、培育品牌。逐步扩大农产品加工增值税进项税额核定扣除试点行业范围。适当扩大农产品产地初加工补助项目试点范围。

四、构建农业社会化服务新机制，大力培育发展多元服务主体

建设中国特色现代农业，必须建立完善的农业社会化服务体系。要坚持主体多元化、服务专业化、运行市场化的方向，充分发挥公共服务机构作用，加快构建公益性服务与经营性服

务相结合、专项服务与综合服务相协调的新型农业社会化服务体系。

1. 强化农业公益性服务体系。不断提升乡镇或区域性农业技术推广、动植物疫病防控、农产品质量监管等公共服务机构的服务能力。继续实施基层农技推广体系改革与建设项目，建立补助经费与服务绩效挂钩的激励机制。继续实施农业技术推广机构条件建设项目，不断改善推广条件。支持高等学校、职业院校、科研院所通过建设新农村发展研究院、农业综合服务示范基地等方式，面向农村开展农业技术推广加强乡镇或小流域水利、基层林业公共服务机构和抗旱服务组织、防汛机动抢险队伍建设。充分发挥供销合作社在农业社会化服务中的重要作用。加快推进农村气象信息服务和人工影响天气工作体系与能力建设，提高农业气象服务和农村气象灾害防御水平。

2. 培育农业经营性服务组织。支持农民合作社、专业服务公司、专业技术协会、农民用水合作组织、农民经纪人、涉农企业等为农业生产经营提供低成本、便利化、全方位的服务，发挥经营性服务组织的生力军作用。采取政府订购、定向委托、奖励补助、招投标等方式，引导经营性服务组织参与公益性服务，大力开展病虫害统防统治、动物疫病防控、农田灌排、地膜覆盖和回收等生产性服务。推进科技特派员农村科技创业行动。培育会计审计、资产评估、政策法律咨询等涉农中介服务组织。对符合条件的农业经营性服务业务免征营业税。

3. 创新服务方式和手段。鼓励搭建区域性农业社会化服务综合平台。发展专家大院、院县共建、农村科技服务超市、庄稼医院、专业服务公司加合作社加农户、涉农企业加专家加农户等服务模式，积极推行技物结合、技术承包、全程托管服务，促进农业先进适用技术到田到户。开展农业社会化服务示范县创建。整合资源建设乡村综合服务社和服务中心。加快用信息化手段推进现代农业建设，启动金农工程二期，推动国家农村信息化试点省建设。发展农业信息服务，重点开发信息采集、精准作业、农村远程数字化和可视化、气象预测预报、灾害预警等技术。

五、改革农村集体产权制度，有效保障农民财产权利

建立归属清晰、权能完整、流转顺畅、保护严格的农村集体产权制度，是激发农业农村发展活力的内在要求。必须健全农村集体经济组织资金资产资源管理制度，依法保障农民的土地承包经营权、宅基地使用权、集体收益分配权。

1. 全面开展农村土地确权登记颁证工作。健全农村土地承包经营权登记制度，强化对农村耕地、林地等各类土地承包经营权的物权保护。用5年时间基本完成农村土地承包经营权确权登记颁证工作，妥善解决农户承包地块面积不准、四至不清等问题。加快包括农村宅基地在内的农村集体土地所有权和建设用地使用权地籍调查，尽快完成确权登记颁证工作。农村土地确权登记颁证工作经费纳入地方财政预算，中央财政予以补助。各级党委和政府要高度重视，有关部门要密切配合，确保按时完成农村土地确权登记颁证工作。深化集体林权制度改革，提高林权证发证率和到户率。推进国有林场改革试点，探索国有林区改革。加快推进牧区草原承包工作，启动牧区草原承包经营权确权登记颁证试点。

2. 加快推进征地制度改革。依法征收农民集体所有土地，要提高农民在土地增值收益中的分配比例，确保被征地农民生活水平有提高、长远生计有保障。加快修订土地管理法，尽快出台农民集体所有土地征收补偿条例。完善征地补偿办法，合理确定补偿标准，严格征地程序，约束征地行为，补偿资金不落实的不得批准和实施征地。改革和完善农村宅基地制度，加强管理，依法保障农户宅基地使用权。依法推进农村土地综合整治，严格规范城乡建设用地增减挂钩试点和集体经营性建设用地流转。农

村集体非经营性建设用地不得进入市场。

3. 加强农村集体“三资”管理。因地制宜探索集体经济多种有效实现形式，不断壮大集体经济实力。以清产核资、资产量化、股权管理为主要内容，加快推进农村集体“三资”管理的制度化、规范化、信息化。健全农村集体财务预决算、收入管理、开支审批、资产台账和资源登记等制度，严格农村集体资产承包、租赁、处置和资源开发利用的民主程序，支持建设农村集体“三资”信息化监管平台。鼓励具备条件的地方推进农村集体产权股份合作制改革。探索集体经济组织成员资格界定的具体办法。

六、改进农村公共服务机制，积极推进城乡公共资源均衡配置

按照提高水平、完善机制、逐步并轨的要求，大力推动社会事业发展和基础设施建设向农村倾斜，努力缩小城乡差距，加快实现城乡基本公共服务均等化。

1. 加强农村基础设施建设。加大公共财政对农村基础设施建设的覆盖力度，逐步建立投入保障和运行管护机制。“十二五”期间基本解决农村饮水安全问题。农村电网升级改造要注重改善农村居民用电和农业生产经营供电设施，中央投资继续支持农村水电供电区电网改造和农村水电增效扩容改造。推进西部地区、连片特困地区乡镇、建制村通沥青(水泥)路建设和东中部地区县乡公路改造、连通工程建设，加大农村公路桥梁、安保工程建设和渡口改造力度，继续推进农村乡镇客运站网建设。加快宽带网络等农村信息基础设施建设。促进农村沼气可持续发展，优化项目结构，创新管理方式，鼓励新技术研发应用。加大力度推进农村危房改造和国有林区(场)棚户区、国有垦区危房改造，加快实施游牧民定居工程和以船为家渔民上岸安居工程。健全村级公益事业一事一议财政奖补机制，积极推进公益性乡村债务清理化解试点。科学规划村庄建设，严格规划管理，合理控制建设强度，注重方便农民生产生活，保持乡村功能和特色。制定专门规划，启动专项工程，加大力度保护有历史文化价值和民族、地域元素的传统村落和民居。农村居民点迁建和村庄撤并，必须尊重农民意愿，经村民会议同意。不提倡、不鼓励在城镇规划区外拆并村庄、建设大规模的农民集中居住区，不得强制农民搬迁和上楼居住。加强山洪、地质灾害防治，加大避灾移民搬迁投入。

2. 大力发展农村社会事业。完善农村中小学校舍建设改造长效机制。办好村小学和教学点，改善办学条件，配强师资力量，方便农村学生就近上学。设立专项资金，对在连片特困地区乡、村学校和教学点工作的教师给予生活补助。深入实施农村重点文化惠民工程，建立农村文化投入保障机制。健全农村三级医疗卫生服务网络，加强乡村医生队伍建设。继续提高新型农村合作医疗政府补助标准，积极推进异地结算。健全新型农村社会养老保险政策体系，建立科学合理的保障水平调整机制，研究探索与其他养老保险制度衔接整合的政策措施。加强农村最低生活保障的规范管理，有条件的地方研究制定城乡最低生活保障相对统一的标准。完善农村优抚制度，加快农村社会养老服务体系建设。加大扶贫开发投入，全面实施连片特困地区区域发展与扶贫攻坚规划。搞好农村人口和计划生育工作。

3. 有序推进农业转移人口市民化。把推进人口城镇化特别是农民工在城镇落户作为城镇化的重要任务。加快改革户籍制度，落实放宽中小城市和小城镇落户条件的政策。加强农民工职业培训、社会保障、权益保护，推动农民工平等享有劳动报酬、子女教育、公共卫生、计划生育、住房租购、文化服务等基本权益，努力实现城镇基本公共服务常住人口全覆盖。各级党委、政府和社会各界要高度重视农村留守儿童、留守妇女、留守老人问题，加强生产扶持、社会救助、人文关怀，切实保障他们的基本权益和人身安全。

4. 推进农村生态文明建设。加强农村生态建设、环境保护和综合整治,努力建设美丽乡村。加大三北防护林、天然林保护等重大生态修复工程实施力度,推进荒漠化、石漠化、水土流失综合治理。巩固退耕还林成果,统筹安排新的退耕还林任务。探索开展沙化土地封禁保护区建设试点工作。加强国家木材战略储备基地和林区基础设施建设,提高中央财政国家级公益林补偿标准,增加湿地保护投入,完善林木良种、造林、森林抚育等林业补贴政策,积极发展林下经济。继续实施草原生态保护补助奖励政策。加强农作物秸秆综合利用。搞好农村垃圾、污水处理和土壤环境治理,实施乡村清洁工程,加快农村河道、水环境综合整治。发展乡村旅游和休闲农业。创建生态文明示范县和示范村镇。开展宜居村镇建设综合技术集成示范。

七、完善乡村治理机制,切实加强以党组织为核心的农村基层组织建设

顺应农村经济社会结构、城乡利益格局、农民思想观念的深刻变化,加强农村基层党建工作,不断推进农村基层民主政治建设,提高农村社会管理科学化水平,建立健全符合国情、规范有序、充满活力的乡村治理机制。

1. 强化农村基层党组织建设。切实发挥基层党组织战斗堡垒作用,夯实党在农村的执政基础。扩大农村党组织和党的工作覆盖面,加强基层党组织带头人队伍建设。强化村干部"一定三有"政策,健全村级组织运转和基本公共服务经费保障机制,提升推动农村发展、服务农民群众能力。加强农民合作社党建工作,完善组织设置,理顺隶属关系,探索功能定位。加强农村党风廉政建设,强化农村基层干部教育、管理和监督,开展集中查办和预防涉农惠农领域贪污贿赂等职务犯罪专项工作,坚决查处发生在农民身边的腐败问题。

2. 加强农村基层民主管理。进一步健全村党组织领导的充满活力的村民自治机制,继续推广"四议两公开"等工作法。充分发挥村务监督委员会作用,逐步建立责权明晰、衔接配套、运转有效的村级民主监督机制。不断完善村务公开民主管理,以县(市、区)为单位统一公开目录和时间,丰富公开内容,规范公开程序,实现村务公开由事后公开向事前、事中延伸。深入推进乡镇政务公开,推行乡镇财政预算、公共资源配置、重大建设项目、社会公益事业等领域的信息公开。有序发展民事调解、文化娱乐、红白喜事理事会等社区性社会组织,发挥农民自我管理、自我服务、自我教育、自我监督的作用。

3. 维护农民群众合法权益。坚持党和政府主导,依法维护、统筹兼顾广大农民群众多种利益,畅通和规范诉求表达、利益协调、权益保障渠道,加强农村信访工作,引导群众依法理性维护自身权益。通过人民调解、行政调解、司法调解等有效途径,妥善处理农村各种矛盾纠纷。依法保障外出村民在本村、外来人口在居住村的民主权利和物质利益。推进和谐矿区建设。建立减轻农民负担长效机制。巩固乡镇机构改革成果,加强社会管理和公共服务职能,推动乡镇干部直接联系服务群众。

4. 保障农村社会公共安全。加强农村抗灾救灾、警务消防、疫病防控等设施建设,严格执行农村学校、医院等公共设施建筑质量标准,增强农村突发公共事件和自然灾害的应对处置能力。深化农村平安建设,完善立体化社会治安防控体系,落实在农村警务室连续工作一定年限人员的有关激励政策。加强农村交通安全管理,创建平安畅通县市。依法打击乡村黑恶势力、黄赌毒和各种刑事犯罪。切实加强农村精神文明建设,深入开展群众性精神文明创建活动,全面提高农民思想道德素质和科学文化素质。加强农村法制宣传教育,落实党的民族和宗教政策,树立健康文明、遵纪守法的社会新风尚。

各级党委和政府要切实加强和改善对"三农"工作的领导,确保劲头不松懈、力度不减弱、力量有加强。各级党政领导干部要把熟悉

党的“三农”政策和国情农情作为必修课，把善于做好新时期“三农”工作当作基本功，切实转变工作作风，深入基层调查研究，不断提高“三农”工作水平。要坚持从实际出发，因地制宜、分类指导各地推动“三农”工作。各地区各部门要明确职责分工，加强监督检查，实施绩效评价，开展强农惠农富农政策执行情况“回头看”，确保不折不扣落到实处。尊重农民首创精神，鼓励各地积极探索、勇于改革、大胆创新，做好农村改革试验区工作，及时总结推广各地成功经验。

加快发展现代农业，进一步增强农村发展活力，意义重大、任务繁重。让我们紧密团结在以习近平同志为总书记的党中央周围，奋力拼搏，锐意进取，求真务实，再创农村改革发展新的辉煌！

（此《若干意见》由中共中央、国务院于2012 年 12 月 31 日印发）

中国共产党第十八届 中央纪律检查委员会第二次全体会议公报

（2013年1月22日中国共产党第十八届中央纪律检查委员会第二次全体会议通过）

中国共产党第十八届中央纪律检查委员会第二次全体会议，于2013年1月21日至22日在北京举行。出席会议的中央纪委委员129人，列席295人。

中央纪律检查委员会常务委员会主持了会议。全会深入贯彻党的十八大精神，高举中国特色社会主义伟大旗帜，以邓小平理论、“三个代表”重要思想、科学发展观为指导，分析了当前反腐倡廉形势，研究部署了2013年党风廉政建设和反腐败工作。全会审议通过了王岐山同志代表中央纪委常委会所作的《深入学习贯彻党的十八大精神，努力开创党风廉政建设和反腐败斗争新局面》的工作报告。

中共中央总书记、中央军委主席习近平出席全会第二次大会并发表重要讲话。李克强、张德江、俞正声、刘云山、王岐山、张高丽等党和国家领导人出席会议。有关方面负责同志参加了会议。

全会认真学习了习近平同志的重要讲话，一致认为，讲话从党和国家事业发展全局和战略的高度，强调要认真学习贯彻党的十八大精神，以邓小平理论、“三个代表”重要思想、科学发展观为指导，深入推进党风廉政建设和反腐败斗争；要严明政治纪律，自觉维护党的团结统一，党的各级纪检机关要把维护党的政治纪律放在首位，加强对政治纪律执行情况的监督检查；要抓好“八项规定”落实，下大气力改进作风，密切联系群众，坚决抵制享乐主义和奢靡之风，各级纪检监察机关要执好纪、问好责、把好关；要依纪依法严惩腐败，继续全面加强惩治和预防腐败体系建设，着力解决群众反映强烈的突出问题，反对特权思想、特权现象。讲话充分肯定了广大纪检监察干部为加强党风廉政建设作出的重要贡献，强调“打铁还需自身硬”，要加强干部队伍建设，提高履行职责能力和水平，做严守纪律、改进作风、拒腐防变的表率，维护纪检监察干部可亲、可信、可敬的良好形象。习近平同志的重要讲话，对加强党的纪律建设、作风建设和反腐倡廉建设，全面提高党的建设科学化水平，具有重大而深远的意义。全党同志特别是广大纪检监察干部一定要认真学习领会，坚决贯彻落实。

全会指出，党的十八大对当前和今后一个时期党风廉政建设和反腐败工作作出新的部署，十八届一中全会以来习近平同志一系列重要讲话对加强反腐倡廉提出明确要求。全党必须增强忧患意识、风险意识、责任意识，既要坚定果断刹风整纪，坚决遏制腐败现象蔓延势头；又要树立长期作战思想，逐步铲除滋生腐败的土壤和条件，不断以反腐倡廉实际成效推进廉洁政治建设。

全会强调，2013年是全面贯彻落实党的十八大精神的开局之年，做好党风廉政建设和反腐败工作意义重大。要按照党的十八大部署和要求，坚持党要管党、从严治党，坚持标本兼治、综合治理、惩防并举、注重预防，着力严明党的纪律特别是政治纪律，切实转变领导机关和领导干部工作作风，认真解决反腐倡廉中的突出问题，明确重点、狠抓落实，改革创新、攻坚克难，推动党风廉政建设和反腐败斗争向纵深发展。

第一，坚决维护党章的权威性和严肃性。

广大党员特别是党员领导干部要认真学习党章、严格遵守党章。党的纪律检查机关要切实维护党章和其他党内法规，加强对党的纪律执行情况的督促检查。要把维护政治纪律放在首位，深入开展政治纪律教育，严肃查处违反政治纪律行为，保证党的集中统一。严肃组织人事工作纪律特别是换届纪律，确保换届风清气正。围绕科学发展这个主题和加快转变经济发展方式这条主线，检查党的路线方针政策和决策部署执行情况，保证中央政令畅通。

第二，不折不扣落实中央关于改进工作作风、密切联系群众的"八项规定"。反对形式主义、官僚主义，督促各级领导机关和领导干部改进调查研究和会风文风。厉行勤俭节约，制止奢侈浪费，严肃整治公款大吃大喝和公款旅游行为，继续从严控制党政机关办公楼、接待场所等楼堂馆所建设，规范公务用车管理和领导干部出访活动。严格执行廉洁从政有关规定，纠正以权谋私行为。认真执行领导干部报告个人有关事项制度，并开展抽查核实工作。纪检监察机关要把监督"八项规定"贯彻落实作为一项经常性工作，制定监督检查办法和纪律处分规定，认真受理群众举报，强化日常监督，保证各项要求落到实处。加强基层党风廉政建设，认真解决发生在群众身边的不正之风和腐败问题。

第三，坚持惩治和预防腐败两手抓、两手都要硬。全面推进惩治和预防腐败体系建设，制订《建立健全惩治和预防腐败体系2013—2017年工作规划》并抓好落实。保持惩治腐败高压态势，坚持有案必查、有腐必惩，严肃查办发生在领导机关和领导干部中滥用职权、玩忽职守、贪污贿赂、腐化堕落案件，严肃查办发生在重点领域和关键环节的腐败案件，严肃查办商业贿赂案件。深入开展纠风和专项治理，重点纠正金融、电信等公共服务行业和教育、医疗、涉农、征地拆迁、涉法涉诉等领域损害群众利益的不正之风和突出问题，深化工程建设领域突出问题专项治理，开展市场中介领域突出问题专项治理。加大预防腐败工作力度，加强反腐倡廉教育和廉政文化建设，强化对权力运行的制约和监督，研究并实施体制机制制度创新，推进反腐倡廉法规制度建设。

第四，用铁的纪律打造人民满意的纪检监察干部队伍。信任不能代替监督。各级纪检监察机关要完善监督制约机制，严格执行各项纪律，自觉接受党组织、人民群众和新闻舆论的监督，建设一支忠诚可靠、服务人民、刚正不阿、秉公执纪的纪检监察干部队伍。

全会强调，坚决惩治和有效预防腐败，是全党全社会的共同任务。各级党委要严格执行党风廉政建设责任制，担负起反腐倡廉的政治责任。坚持和完善反腐败领导体制和工作机制，形成全党全社会推进反腐倡廉工作的强大合力。

全会号召，全党要紧密团结在以习近平同志为总书记的党中央周围，统一思想、坚定信心，开拓进取、扎实工作，努力开创党风廉政建设和反腐败斗争新局面，为完成党的十八大各项战略决策部署、实现全面建成小康社会奋斗目标作出新的更大贡献！

关于深化收入分配制度改革的若干意见

为贯彻落实党的十八大提出的“实现发展成果由人民共享，必须深化收入分配制度改革”要求，深入推进“十二五”规划实施，完善收入分配结构和制度，增加城乡居民收入，缩小收入分配差距，规范收入分配秩序，现提出以下意见：

一、充分认识深化收入分配制度改革的重要性和艰巨性

改革开放以来，我国收入分配制度改革逐步推进，破除了传统计划经济体制下平均主义的分配方式，在坚持按劳分配为主体的基础上，允许和鼓励资本、技术、管理等要素按贡献参与分配，不断加大收入分配调节力度。经过三十多年的探索与实践，按劳分配为主体、多种分配方式并存的分配制度基本确立，以税收、社会保障、转移支付为主要手段的再分配调节框架初步形成，有力地推动了社会主义市场经济体制的建立，极大地促进了国民经济快速发展，城乡居民人均实际收入平均每十年翻一番，家庭财产稳定增加，人民生活水平显著提高。实践证明，我国收入分配制度是与基本国情、发展阶段总体相适应的。

特别是党的十六大以来，按照科学发展观和构建社会主义和谐社会的要求，充分发挥再分配调节功能，加大对保障和改善民生的投入，彻底取消农业税，大幅增加涉农补贴，全面实施免费义务教育，加快建立社会保障体系，深入推进医药卫生体制改革，大力加强保障性住房建设，城乡最低生活保障标准和扶贫标准大幅提升，企业退休人员基本养老金水平持续提高，近年来农村居民收入增速快于城镇居民，城乡收入差距缩小态势开始显现，居民收入占国民收入比重有所提高，收入分配制度改革取得新的进展。

同时，也要看到收入分配领域仍存在一些亟待解决的突出问题，主要是城乡区域发展差距和居民收入分配差距依然较大，收入分配秩序不规范，隐性收入、非法收入问题比较突出，部分群众生活比较困难，宏观收入分配格局有待优化。这些问题的产生，既与我国基本国情、发展阶段密切相关，具有一定的客观必然性和阶段性特征，也与收入分配及相关领域的体制改革不到位、政策不落实等直接相关。

当前，我国已经进入全面建成小康社会的决定性阶段。深化收入分配制度改革，优化收入分配结构，构建扩大消费需求的长效机制，是加快转变经济发展方式的迫切需要；深化收入分配制度改革，切实解决一些领域分配不公问题，防止收入分配差距过大，规范收入分配秩序，是维护社会公平正义与和谐稳定的根本举措；深化收入分配制度改革，处理好劳动与资本、城市与农村、政府与市场等重大关系，推动相关领域改革向纵深发展，是完善社会主义市场经济体制的重要内容；深化收入分配制度改革，使发展成果更多更公平惠及全体人民，为逐步实现共同富裕奠定物质基础和制度基础，是体现社会主义本质的必然要求。

我国仍处于并将长期处于社会主义初级阶段，是世界上人口最多的发展中国家，区域之间发展条件差异大，城乡二元结构短期内难以根本改变，工业化、信息化、城镇化和农业现代化还在深入发展。要充分认识到，当前收入分配领域出现的问题是发展中的矛盾、前进中的问题，必须通过促进发展、深化改革来逐步加以解决。解决这些问题，也是城乡居民在收入普遍增加、生活不断改善过程中的新要求新期待。

同时也应该看到，深化收入分配制度改革，是一项十分艰巨复杂的系统工程，涉及方方面面利益调整，不可能一蹴而就，必须从我国基本国情和发展阶段出发，立足当前、着眼长远，克难攻坚、有序推进。

二、准确把握深化收入分配制度改革的总体要求和主要目标

1. 总体要求。

全面贯彻落实党的十八大精神，以邓小平理论、“三个代表”重要思想、科学发展观为指导，立足基本国情，坚持以经济建设为中心，在发展中调整收入分配结构，着力创造公开公平公正的体制环境，坚持按劳分配为主体、多种分配方式并存，坚持初次分配和再分配调节并重，继续完善劳动、资本、技术、管理等要素按贡献参与分配的初次分配机制，加快健全以税收、社会保障、转移支付为主要手段的再分配调节机制，以增加城乡居民收入、缩小收入分配差距、规范收入分配秩序为重点，努力实现居民收入增长和经济发展同步，劳动报酬增长和劳动生产率提高同步，逐步形成合理有序的收入分配格局，促进经济持续健康发展和社会和谐稳定。

2. 主要目标。

——城乡居民收入实现倍增。到2020年实现城乡居民人均实际收入比2010年翻一番，力争中低收入者收入增长更快一些，人民生活水平全面提高。

——收入分配差距逐步缩小。城乡、区域和居民之间收入差距较大的问题得到有效缓解，扶贫对象大幅减少，中等收入群体持续扩大，“橄榄型”分配结构逐步形成。

——收入分配秩序明显改善。合法收入得到有力保护，过高收入得到合理调节，隐性收入得到有效规范，非法收入予以坚决取缔。

——收入分配格局趋于合理。居民收入在国民收入分配中的比重、劳动报酬在初次分配中的比重逐步提高，社会保障和就业等民生支出占财政支出比重明显提升。

三、继续完善初次分配机制

完善劳动、资本、技术、管理等要素按贡献参与分配的初次分配机制。实施就业优先战略和更加积极的就业政策，扩大就业创业规模，创造平等就业环境，提升劳动者获取收入能力，实现更高质量的就业。深化工资制度改革，完善企业、机关、事业单位工资决定和增长机制。推动各种所有制经济依法平等使用生产要素、公平参与市场竞争、同等受到法律保护，形成主要由市场决定生产要素价格的机制。

3. 促进就业机会公平。大力支持服务业、劳动密集型企业、小型微型企业和创新型科技企业发展，创造更多就业岗位。完善税费减免和公益性岗位、岗位培训、社会保险、技能鉴定补贴等政策，促进以高校毕业生为重点的青年、农村转移劳动力、城镇困难人员、退役军人就业。完善和落实小额担保贷款、财政贴息等鼓励自主创业政策。借鉴推广公务员招考的办法，完善和落实事业单位公开招聘制度，在国有企业全面推行分级分类的公开招聘制度，切实做到信息公开、过程公开、结果公开。

4. 提高劳动者职业技能。健全面向全体劳动者的职业培训制度，足额提取并合理使用企业职工教育培训经费，保障职工带薪最短培训时间。新增财政教育投入向职业教育倾斜，逐步实行中等职业教育免费制度。建立健全向农民工免费提供职业教育和技能培训制度。完善社会化职业技能培训、考核、鉴定、认证体系，规范职业技能鉴定收费标准。提高技能人才经济待遇和社会地位。

5. 促进中低收入职工工资合理增长。建立反映劳动力市场供求关系和企业经济效益的工资决定及正常增长机制。完善工资指导线制度，建立统一规范的企业薪酬调查和信息发布制度。根据经济发展、物价变动等因素，适时调整最低工资标准，到2015年绝大多数地区最低工资标准达到当地城镇从业人员平均工资的40%以上。研究发布部分行业最低工资标准。

以非公有制企业为重点，积极稳妥推行工资集体协商和行业性、区域性工资集体协商，到2015年，集体合同签订率达到80%，逐步解决一些行业企业职工工资过低的问题。落实新修订的劳动合同法，研究出台劳务派遣规定等配套规章，严格规范劳务派遣用工行为，依法保障被派遣劳动者的同工同酬权利。

6. 加强国有企业高管薪酬管理。对部分过高收入行业的国有及国有控股企业，严格实行企业工资总额和工资水平双重调控政策，逐步缩小行业工资收入差距。建立与企业领导人分类管理相适应、选任方式相匹配的企业高管人员差异化薪酬分配制度，综合考虑当期业绩和持续发展，建立健全根据经营管理绩效、风险和责任确定薪酬的制度，对行政任命的国有企业高管人员薪酬水平实行限高，推广薪酬延期支付和追索扣回制度。缩小国有企业内部分配差距，高管人员薪酬增幅应低于企业职工平均工资增幅。对非国有金融企业和上市公司高管薪酬，通过完善公司治理结构，增强董事会、薪酬委员会和股东大会在抑制畸高薪酬方面的作用。

7. 完善机关事业单位工资制度。建立公务员和企业相当人员工资水平调查比较制度，完善科学合理的职务与职级并行制度，适当提高基层公务员工资水平；调整优化工资结构，降低津贴补贴所占比例，提高基本工资占比；提高艰苦边远地区津贴标准，抓紧研究地区附加津贴实施方案。结合分类推进事业单位改革，建立健全符合事业单位特点、体现岗位绩效和分级分类管理的工资分配制度。

8. 健全技术要素参与分配机制。建立健全以实际贡献为评价标准的科技创新人才薪酬制度，鼓励企事业单位对紧缺急需的高层次、高技能人才实行协议工资、项目工资等。加强知识产权保护，完善有利于科技成果转移转化的分配政策，探索建立科技成果入股、岗位分红权激励等多种分配办法，保障技术成果在分配中的应得份额。完善高层次、高技能人才特殊津贴制度。允许和鼓励品牌、创意等参与收入分配。

9. 多渠道增加居民财产性收入。加快发展多层次资本市场，落实上市公司分红制度，强化监管措施，保护投资者特别是中小投资者合法权益。推进利率市场化改革，适度扩大存贷款利率浮动范围，保护存款人权益。严格规范银行收费行为。丰富债券基金、货币基金等基金产品。支持有条件的企业实施员工持股计划。拓宽居民租金、股息、红利等增收渠道。

10. 建立健全国有资本收益分享机制。全面建立覆盖全部国有企业、分级管理的国有资本经营预算和收益分享制度，合理分配和使用国有资本收益，扩大国有资本收益上交范围。适当提高中央企业国有资本收益上交比例，“十二五”期间在现有比例上再提高5个百分点左右，新增部分的一定比例用于社会保障等民生支出。

11. 完善公共资源占用及其收益分配机制。建立健全资源有偿使用制度和生态环境补偿机制。完善公开公平公正的国有土地、海域、森林、矿产、水等公共资源出让机制，加强对自然垄断行业的监管，防止通过不正当手段无偿或低价占有和使用公共资源。建立健全公共资源出让收益全民共享机制，出让收益主要用于公共服务支出。

四、加快健全再分配调节机制

加快健全以税收、社会保障、转移支付为主要手段的再分配调节机制。健全公共财政体系，完善转移支付制度，调整财政支出结构，大力推进基本公共服务均等化。加大税收调节力度，改革个人所得税，完善财产税，推进结构性减税，减轻中低收入者和小型微型企业税费负担，形成有利于结构优化、社会公平的税收制度。全面建成覆盖城乡居民的社会保障体系，按照全覆盖、保基本、多层次、可持续方针，以增强公平性、适应流动性、保证可持续性为重点，不断完善社会保险、社会救助和社会福利制度，稳步提高保障水平，实行全国统一的社会保障卡制度。

12. 集中更多财力用于保障和改善民生。加大对教育、就业、社会保障、医疗卫生、保障性住房、扶贫开发等方面的支出，进一步加大对中西部地区特别是革命老区、民族地区、边疆地区和贫困地区的财力支持。严格控制行政事业单位机构编制，“十二五”期间中央和地方机构编制总量只减不增，减少领导职数，降低行政成本。坚决反对铺张浪费，严格控制“三公”经费预算，全面公开“三公”经费使用情况。“十二五”时期社会保障和就业支出占财政支出比重提高2个百分点左右。

13. 加大促进教育公平力度。合理配置教育资源，重点向农村、边远、贫困、民族地区倾斜。全面落实九年义务教育免费政策，严格规范教育收费行为。进一步完善普通高中、普通本科高校、中等职业学校和高等职业院校家庭经济困难学生国家资助政策，逐步提高补助标准。为家庭经济困难儿童、孤儿和残疾儿童接受学前教育提供补助。切实解决农民工随迁子女平等接受义务教育和参加当地中考、高考问题。

14. 加强个人所得税调节。加快建立综合与分类相结合的个人所得税制度。完善高收入者个人所得税的征收、管理和处罚措施，将各项收入全部纳入征收范围，建立健全个人收入双向申报制度和全国统一的纳税人识别号制度，依法做到应收尽收。取消对外籍个人从外商投资企业取得的股息、红利所得免征个人所得税等税收优惠。

15. 改革完善房地产税等。完善房产保有、交易等环节税收制度，逐步扩大个人住房房产税改革试点范围，细化住房交易差别化税收政策，加强存量房交易税收征管。扩大资源税征收范围，提高资源税税负水平。合理调整部分消费税的税目和税率，将部分高档娱乐消费和高档奢侈消费品纳入征收范围。研究在适当时期开征遗产税问题。

16. 完善基本养老保险制度。全面落实城镇职工基本养老保险省级统筹，“十二五”期末实现基础养老金全国统筹。分类推进事业单位养老保险制度改革，研究推进公务员养老保险制度改革。提高农民工养老保险参保率。健全城镇居民和新型农村社会养老保险制度。建立兼顾各类人员的养老保障待遇确定机制和正常调整机制。发展企业年金和职业年金，发挥商业保险补充性作用。扩大社会保障基金筹资渠道，建立社会保险基金投资运营制度。

17. 加快健全全民医保体系。提高城镇居民基本医疗保险和新型农村合作医疗筹资和待遇水平，整合城乡居民基本医疗保险制度。稳步推进职工医保、城镇居民医保和新农合门诊统筹。“十二五”期末基本医疗保险政策范围内医保基金支付水平达到75%以上，明显缩小与实际住院费用报销支付比例的差距。建立城乡居民大病保险制度，完善城乡医疗救助制度。全面实现统筹区域和省内异地就医即时结算。逐步增加人均基本公共卫生服务经费，提高基本公共卫生服务水平。

18. 加大保障性住房供给。建立市场配置和政府保障相结合的住房制度，加强保障性住房建设和管理，满足困难家庭基本需求。“十二五”期末全国城镇保障性住房覆盖面达到20%左右，按质量标准完成农村困难家庭危房改造1000万户以上，实现全国游牧民定居目标。

19. 加强对困难群体救助和帮扶。健全城乡低收入群体基本生活保障标准与物价上涨挂钩的联动机制，逐步提高城乡居民最低生活保障水平。提高优抚对象抚恤补助标准。建立健全经济困难的高龄、独居、失能等老年人补贴制度。完善孤儿基本生活保障制度，推进孤儿集中供养，建立其他困境儿童生活救助制度。建立困难残疾人生活补贴和重度残疾人护理补贴制度。

20. 大力发展社会慈善事业。积极培育慈善组织，简化公益慈善组织的审批程序，鼓励有条件的企业、个人和社会组织举办医院、学校、养老服务等公益事业。落实并完善慈善捐赠税收优惠政策,对企业公益性捐赠支出超过年度利润总额12%的部分,允许结转以后年度扣除。加强慈善组织监督管理。

五、建立健全促进农民收入较快增长的长效机制

坚持工业反哺农业、城市支持农村和多予少取放活方针,加快完善城乡发展一体化体制机制,加大强农惠农富农政策力度,促进工业化、信息化、城镇化和农业现代化同步发展,促进公共资源在城乡之间均衡配置、生产要素在城乡之间平等交换和自由流动,促进城乡规划、基础设施、公共服务一体化,建立健全农业转移人口市民化机制,统筹推进户籍制度改革和基本公共服务均等化。

21. 增加农民家庭经营收入。健全农产品价格保护制度,稳步提高重点粮食品种最低收购价,完善大宗农产品临时收储政策。着力推进农业产业化,大力发展农民专业合作和股份合作,培养新型经营主体,支持适度规模经营,加大对农村社会化服务体系的投入,促进产销对接和农超对接,使农民合理分享农产品加工、流通增值收益。因地制宜培育发展特色高效农业和乡村旅游,使农民在农业功能拓展中获得更多收益。

22. 健全农业补贴制度。建立健全农业补贴稳定增长机制,完善良种补贴、农资综合补贴和粮食直补政策,增加农机购置补贴规模,完善农资综合补贴动态调整机制,新增农业补贴向粮农和种粮人户倾斜。完善林业、牧业和渔业扶持政策。逐步扩大农业保险保费补贴范围,适当提高保费补贴比例,进一步细化和稳步扩大农村金融奖补政策。

23. 合理分享土地增值收益。搞好农村土地确权、登记、颁证工作,依法保障农民的土地财产权。按照依法自愿有偿原则,允许农民以多种形式流转土地承包经营权,确保农民分享流转收益。完善农村宅基地制度,保障农户宅基地用益物权。改革征地制度,依法保障农民合法权益,提高农民在土地增值收益中的分配比例。

24. 加大扶贫开发投入。大幅增加财政专项扶贫资金,新增部分主要用于支持集中连片特殊困难地区扶贫攻坚,加大以工代赈力度,努力实现贫困地区农民人均收入增长幅度高于全国平均水平。"十二五"时期,对240万生存条件恶劣地区的农村贫困人口实施异地扶贫搬迁;按照人均2300元(2010年不变价)的扶贫标准,到2015年扶贫对象减少8000万人左右。

25. 有序推进农业转移人口市民化。制定公开透明的各类城市农业转移人口落户政策,探索建立政府、企业、个人共同参与的市民化成本分担机制,把有稳定劳动关系、在城镇居住一定年限并按规定参加社会保险的农业转移人口逐步转为城镇居民,重点推进解决举家迁徙及新生代农民工落户问题。实施全国统一的居住证制度,努力实现城镇基本公共服务常住人口全覆盖。

六、推动形成公开透明、公正合理的收入分配秩序

大力整顿和规范收入分配秩序,加强制度建设,健全法律法规,加强执法监管,加大反腐力度,加强信息公开,实行社会监督,加强基础工作,提升技术保障,保护合法收入,规范隐性收入,取缔非法收入。

26. 加快收入分配相关领域立法。研究出台社会救助、慈善事业、扶贫开发、企业工资支付保障、集体协商、国有资本经营预算、财政转移支付管理等方面法律法规,及时修订完善土地管理、矿产资源管理、税收征管、房产税等方面法律法规。建立健全财产登记制度,完善财产法律保护制度,保障公民合法财产权益。

27. 维护劳动者合法权益。健全工资支付保障机制,将拖欠工资问题突出的领域和容易发生拖欠的行业纳入重点监控范围,完善与企业信用等级挂钩的差别化工资保证金缴纳办

法。落实清偿欠薪的工程总承包企业负责制、行政司法联动打击恶意欠薪制度、保障工资支付属地政府负责制度。完善劳动争议处理机制,加大劳动保障监察执法力度。

28. 清理规范工资外收入。严格规范党政机关各种津贴补贴和奖金发放行为,抓紧出台规范改革性补贴的实施意见。加强事业单位创收管理,规范科研课题和研发项目经费管理使用,严格公务招待费审批和核算等制度规定。严格控制国有及国有控股企业高管人员职务消费,规范车辆配备和使用、业务招待、考察培训等职务消费项目和标准,职务消费接受职工民主监督,相关账目要公开透明。

29. 加强领导干部收入管理。全面落实《关于领导干部报告个人有关事项的规定》,严格执行各级领导干部如实报告收入、房产、投资、配偶子女从业等情况的规定,对隐报瞒报、弄虚作假等行为,通过抽查、核查,及时纠正,严肃处理。继续规范领导干部离职、辞职或退(离)休后的个人从业行为,严格按照有关程序、条件和要求办理兼职任职审批事项。

30. 严格规范非税收入。按照正税清费的原则,继续推进费改税,进一步清理整顿各种行政事业性收费和政府性基金,坚决取消不合法、不合理的收费和基金项目,收费项目适当降低收费标准。建立健全政府非税收入收缴管理制度。

31. 打击和取缔非法收入。围绕国企改制、土地出让、矿产开发、工程建设等重点领域,强化监督管理,堵住获取非法收入的漏洞。严厉打击走私贩私、偷税逃税、内幕交易、操纵股市、制假售假、骗贷骗汇等经济犯罪活动。严厉查处权钱交易、行贿受贿行为。深入治理商业贿赂。加强反洗钱工作和资本外逃监控。

32. 健全现代支付和收入监测体系。大力推进薪酬支付工资化、货币化、电子化,加快现代支付结算体系建设,落实金融账户实名制,推广持卡消费,规范现金管理。完善机关和国有企事业单位发票管理和财务报销制度,全面推行公务卡支付结算制度。整合公安、民政、社保、住房、银行、税务、工商等相关部门信息资源,建立健全社会信用体系和收入信息监测系统,完善个人所得税信息管理系统。建立城乡住户收支调查一体化制度。

七、加强深化收入分配制度改革的组织领导

33. 统一认识,加强领导。各地区、各部门要深入学习和全面贯彻落实党的十八大精神,充分认识深化收入分配制度改革的重大意义,将其列入重要议事日程,建立统筹协调机制,把落实收入分配政策、增加城乡居民收入、缩小收入分配差距、规范收入分配秩序作为重要任务,纳入日常考核。各有关部门要深入调查研究,加强工作指导,强化监督检查,认真总结经验,及时解决改革中出现的突出矛盾和问题。

34. 突出重点,强化实施。收入分配制度改革要与国有企业、行政体制、财税金融体制等相关重点领域改革有机结合、协同推进。各有关部门要围绕重点任务,明确工作责任,抓紧研究出台配套方案和实施细则,及时跟踪评估政策实施效果。各地区要结合本地实际,制定具体措施,确保改革各项任务落到实处。鼓励部分地区、部分领域先行先试,积极探索。

35. 深入宣传,注重引导。坚持正确的舆论导向,引导全社会从基本国情和发展阶段出发,正确认识当前存在的收入分配问题,深入宣传坚持科学发展是解决收入分配问题的根本途径,实现社会公平正义是我们坚定不移的目标。切实做好各项改革政策的解读工作,加深对收入分配制度改革艰巨性、复杂性的认识,引导社会预期,回应群众关切,凝聚各方共识,形成改革合力,为深化收入分配制度改革营造良好的社会环境。

(此《若干意见》由国务院于2013年2月3日以国发〔2013〕6号文件批转下发)

中国共产党第十八届中央委员会第二次全体会议公报

（2013 年 2 月 28 日中国共产党第十八届中央委员会第二次全体会议通过）

中国共产党第十八届中央委员会第二次全体会议，于 2013 年 2 月 26 日至 28 日在北京举行。

出席这次全会的有中央委员 204 人，候补中央委员 168 人。有关负责同志列席了会议。

全会由中央政治局主持。中央委员会总书记习近平作了重要讲话。

全会听取和讨论了习近平受中央政治局委托作的工作报告，审议通过了中央政治局在广泛征求党内外意见、反复酝酿协商的基础上提出的拟向十二届全国人大一次会议推荐的国家机构领导人员人选建议名单和拟向全国政协十二届一次会议推荐的全国政协领导人员人选建议名单，决定将这两个建议名单分别向十二届全国人大一次会议主席团和全国政协十二届一次会议主席团推荐。审议通过了在广泛征求意见的基础上提出的《国务院机构改革和职能转变方案》。李克强就《国务院机构改革和职能转变方案（讨论稿）》向全会作了说明。全会建议国务院将这个方案提交十二届全国人大一次会议审议。

全会充分肯定党的十八届一中全会以来中央政治局的工作。一致认为，面对严峻复杂的国际环境和艰巨繁重的国内改革发展稳定任务，中央政治局全面贯彻党的十八大和十八届一中全会精神，高举中国特色社会主义伟大旗帜，以邓小平理论、“三个代表”重要思想、科学发展观为指导，团结带领全党全军全国各族人民，解放思想，改革开放，凝聚力量，攻坚克难，按照稳中求进的工作总基调，着力转变工作作风，着力推动经济持续健康发展，实施“十二五”规划纲要，全面推进社会主义经济建设、政治建设、文化建设、社会建设、生态文明建设，全面推进党的建设新的伟大工程，各项工作取得新进展。

全会认为，开好十二届全国人大一次会议和全国政协十二届一次会议，对进一步动员全党全国各族人民为全面建成小康社会、不断夺取中国特色社会主义新胜利而团结奋斗，具有重大意义。

全会强调，行政体制改革是推动上层建筑适应经济基础的必然要求，要深入推进政企分开、政资分开、政事分开、政社分开，健全部门职责体系，建设职能科学、结构优化、廉洁高效、人民满意的服务型政府。全会通过的《国务院机构改革和职能转变方案》，贯彻党的十八大关于建立中国特色社会主义行政体制目标的要求，以职能转变为核心，继续简政放权、推进机构改革、完善制度机制、提高行政效能，稳步推进大部门制改革，对减少和下放投资审批事项、减少和下放生产经营活动审批事项、减少资质资格许可和认定、减少专项转移支付和收费、减少部门职责交叉和分散、改革工商登记制度、改革社会组织管理制度、改善和加强宏观管理、加强基础性制度建设、加强依法行政等作出重大部署。要深刻认识深化行政体制和政府机构改革的重要性和紧迫性，处理好政府和市场、政府和社会、中央和地方的关系，深化行政审批制度改革，减少微观事务管理，以充分发挥市场在资源配置中的基础性作用、更好发挥社会力量在管理社会事务中的作用、充分发挥中央和地方两个积极性，加快形成权界清晰、分工合理、权责一致、运转高效、法治保障的国务院机构职能体系，切实提高政府管理科学化水平。要坚持以人为本、执政为民,在服务中实施管理,在管理中实现服务。要加强公务员队伍建设和政风建设,改进工作方式,转变工作作风,提高工作效率和服务水平,提高政府公信力和执行力。国务院机构改革和职能转变任务艰巨,事关改革发展稳定大局,事关社会主义市场经济体制完善,要精心组织实施,确保改革顺利进行。

全会认为,进一步把学习宣传贯彻党的十八大精神引向深入,对做好党和国家各项工作具有重大意义。要继续把学习宣传贯彻党的十八大精神作为全党全国的首要政治任务,在学习理解上深化,在宣传阐释上深化,在贯彻落实上深化,确保把党的十八大确定的各项任务落到实处。把学习宣传贯彻活动引向深入,重在领导带头,贵在深入持久,关键在进一步转变作风、端正学风、改进文风,在求实、务实、落实上下功夫,在学以致用、学用结合、学用相长上下功夫。要坚持用党的十八大精神武装头脑、指导实践、推动工作,着力回答和解决实际问题。

全会强调,当前,国际形势依然复杂多变,国内改革发展稳定任务依然艰巨繁重,我们具有做好工作的许多有利条件,但也面对着许多严峻挑战。全党同志要增强忧患意识和风险意识、保持清醒头脑,增强工作前瞻性、进取性、创造性。要进一步保持经济发展良好势头,紧紧围绕以科学发展为主题、以加快转变经济发展方式为主线,坚持稳中求进,坚持扩大内需,加大统筹城乡发展力度,强化创新驱动,加快产业结构战略性调整,继续实施区域发展总体战略和主体功能区战略,积极稳妥推进城镇化,加强节能减排,推动经济持续健康发展。要进一步做好保障和改善民生工作,时刻把群众安危冷暖放在心上,落实好各项惠民政策,完善基本公共服务体系,加大对扶贫对象和贫困地区的扶持力度,不断在实现全体人民学有所教、劳有所得、病有所医、老有所养、住有所居目标上取得实实在在的进展。要进一步深化改革开放,尊重人民首创精神,深入研究全面深化体制改革的顶层设计和总体规划,把经济、政治、文化、社会、生态等方面的体制改革有机结合起来,把理论创新、制度创新、科技创新、文化创新以及其他各方面创新有机衔接起来,构建系统完备、科学规范、运行有效的制度体系。要进一步加强党的建设,突出党要管党、从严治党,增强自我净化、自我完善、自我革新、自我提高能力,全面加强党的思想建设、组织建设、作风建设、反腐倡廉建设、制度建设。对党内存在的突出矛盾和问题,不能视而不见,不能回避,不能文过饰非,必须下大气力加以解决。要持之以恒抓好改进工作作风各项工作,建立健全管用的体制机制,不断取得人民满意的成效,以此带动党的建设各方面工作。

全会号召,全党全国各族人民更加紧密地团结起来,在以习近平同志为总书记的党中央领导下,坚定不移坚持和发展中国特色社会主义,锐意进取,扎实工作,团结奋进,为实现党的十八大确定的目标任务而共同奋斗。

第二部分

政工大事纪实

2012 年 3 月

2012 年对台工作会议举行

2 月 29 日至 3 月 1 日,2012 年对台工作会议在北京举行。贾庆林出席并讲话,戴秉国主持会议,王毅作工作报告。

贾庆林指出,过去一年,各地各部门认真贯彻落实中央决策部署,推动两岸关系稳中有进,对台工作取得新进展新成效,维护了两岸关系和平发展成果,保持了两岸关系正确方向和良好势头。各有关方面和对台工作系统全体同志作出了突出贡献。贾庆林强调,各地各部门要坚持中央对台工作大政方针,继续深入贯彻胡锦涛总书记"12·31"重要讲话精神,以持续推进两岸关系和平发展为主题,以深入贯彻寄希望于台湾人民的方针为主线,进一步扎实有效做好各项对台工作,进一步巩固深化两岸关系和平发展,为实现祖国和平统一大业创造有利条件。

各地各部门要按照中央的要求,围绕持续推进两岸关系和平发展这一主题开展各项工作,把贯彻寄希望于台湾人民的方针落到实处,积极进取,务求实效,推动两岸关系取得更扎实的进展、更丰硕的成果。要巩固大陆和台湾同属一个中国的框架,努力增进两岸政治互信,继续反对和遏制"台独"分裂活动,使台湾民众进一步认识到台湾和大陆不能对立和分割,维护两岸关系继续稳定发展的宏观环境。要务实推进两岸协商,全面深化经济合作,促进两岸经济合作框架协议后续商谈取得新进展,并且继续为今后破解两岸政治难题创造条件。要大力促进各领域交流,继续加强文化教育交流,积极扩大两岸人民往来,努力为两岸同胞谋福祉,使交流合作的成果惠及更多台湾基层民众。要不断团结和汇聚一切支持两岸关系和平发展的各界人士,不断筑牢两岸关系和平发展的政治、经济、文化、社会基础,继续构建两岸关系和平发展框架。

中央党校举行 2012 年春季学期开学典礼

3 月 1 日,中央党校举行 2012 年春季学期开学典礼,习近平出席并讲话。李源潮、何勇、令计划出席,李景田主持开学典礼。

习近平强调,保持党的纯洁性是马克思主义政党的本质要求。中国共产党在革命、建设、改革各个历史时期,始终把保持党的纯洁性作为党的建设的根本问题和重要目标。我们党 90 多年来的历史证明,党的坚强有力和事业发展取决于多种因素,党的纯洁性对党的创造力、凝聚力、战斗力有着根本性影响。什么时候党的纯洁性保持得好,党就更加坚强有力,党的事业就能健康发展;什么时候党的纯洁性受到影响和削弱,党的战斗力就会下降,党的事业就会遭受损失。

党的纯洁性体现在党的思想、组织、作风等各个方面。保持党在思想上的纯洁性,是保证党的正确政治方向和党的团结统一的思想基础。保持党在组织上的纯洁性,是保持全党步调一致和推进党的事业发展的组织保证;保持党在作风上的纯洁性,是保持党同人民群众血肉联系和不断从人民群众实践中吸取经验、智慧和力量的固本之道。保持党的纯洁性,关键在党的各级领导干部。领导干部要时时、处处用党的纯洁性要求对照自己、检点自己、修正自己、提高自己，要求别人做的自己带头做到，要求别人不做的自己带头不做，以率先垂范的实际行动充分体现党的纯洁性。要自觉加强党性修养和党性锻炼，秉公用权、廉洁从政，坚决抵制拜金主义、享乐主义、极端个人主义，做到为官一任既要发展一方、又要始终保持清正廉洁。要增强主动接受监督的意识和依法依规保护监督的意识，自觉把自己置于党和人民事业所要求的各种监督之下。要增强纪律意识，切实把党的各项纪律规定转化为行为规范，尤其要严格遵守党的政治纪律，在思想上政治上行动上自觉同党中央保持高度一致。

中宣部中央文明办部署“弘扬雷锋精神、开展志愿服务”工作

3月1日，中宣部、中央文明办在北京召开视讯会议，研究部署“弘扬雷锋精神、开展志愿服务”工作。会议强调，要把志愿服务活动摆在精神文明创建工作至为重要的位置，以社会主义核心价值体系建设为根本，以弘扬雷锋精神为主题，建立完善参与广泛、形式多样、活动经常、机制健全的社会志愿服务体系，推动学雷锋活动常态化，培育我为人人、人人为我的良好风尚，为党的十八大胜利召开营造文明和谐的社会环境。

第四期县委书记任职培训班在中央党校举办

3月1日至12日，第四期县委书记任职培训班在中共中央党校举办。李源潮与培训班学员座谈，李景田主持座谈会，沈跃跃等参加座谈。

李源潮指出，县委书记要有为民之心、务实之行、清廉之求，把服务群众、造福百姓放在心中最高位置，创造经得起实践检验、人民检验和历史检验的政绩。

这次省市县乡党委集中换届，全国新任职的县委书记有900多名。从去年9月开始，中组部分期对换届后新任县委书记进行任职培训，来自20个省区市的440多名新任县委书记参加这期培训。学员们在座谈时一致认为，通过培训开阔了眼界、开阔了思路、开阔了胸襟，加强了党性锻炼，强化了廉洁从政意识，表示要牢记宗旨、履职尽责，不辜负组织重托和人民期望。

中央精神文明建设指导委员会授予郭明义同志“当代雷锋”荣誉称号

3月2日，中央精神文明建设指导委员会作出决定，授予郭明义同志“当代雷锋”荣誉称号。

决定指出，2010年8月，胡锦涛总书记对鞍山钢铁集团郭明义同志先进事迹作出重要批示：郭明义同志是助人为乐的道德模范，是新时期学习实践雷锋精神的优秀代表。要大力宣传和弘扬郭明义同志的先进事迹和崇高品德，为构建社会主义和谐社会提供强大精神力量。

郭明义同志参加工作30多年来，牢记全心全意为人民服务的宗旨，坚定中国特色社会主义理想信念，满腔热情地对待党和人民的事业，模范践行社会主义道德，时时处处以雷锋为榜样，忠于职守、爱岗敬业，关爱他人、无私奉献，勤俭节约、艰苦奋斗，在平凡的岗位上做出了不平凡的业绩。为发挥先进模范的示范引领作用，激励广大人民群众自觉践行雷锋精神、热情参与学雷锋活动，形成全民族奋发向上的精神力量，中央精神文明建设指导委员会决定，授予郭明义同志“当代雷锋”荣誉称号。

中央办公厅印发《关于深入开展学雷锋活动的意见》

3月2日，为贯彻落实党的十七届六中全会精神，深入开展学雷锋活动，推动学雷锋活动常态化，大力弘扬雷锋精神，促进社会主义核心价值体系建设，不断提升公民道德素质和社会文明程度，中共中央办公厅印发《关于深入开展学雷锋活动的意见》。意见就深入开展学雷锋活动的重要意义、开展学雷锋活动的总体要

求、学雷锋活动的常态化项目和抓好学雷锋活动的组织实施，分别作了阐述和部署，要使学雷锋活动深入千家万户，产生广泛而持久的影响。

全国深入开展学雷锋活动座谈会召开

3月2日，中央精神文明建设指导委员会在北京召开深入开展学雷锋活动座谈会。李长春出席并讲话，刘云山主持会议，刘延东宣读了《中央精神文明建设指导委员会关于授予郭明义同志“当代雷锋”荣誉称号的决定》。陈奎元出席会议，李继耐、袁贵仁、陆昊、王珉、周强作了发言。

李长春在讲话中指出，雷锋精神是党和人民极为宝贵的精神财富，是以爱国主义为核心的民族精神和以改革创新为核心的时代精神的重要组成部分，是建设社会主义核心价值体系的丰厚精神资源。在新的历史条件下弘扬雷锋精神，就要学习雷锋爱党爱国的坚定信念，激励人们成为中国特色社会主义共同理想的坚定信仰者；就要学习雷锋助人为乐的宝贵品格，激励人们成为社会主义道德规范的模范践行者；就要学习雷锋敬业奉献的高尚情操，激励人们成为社会主义现代化事业的优秀建设者；就要学习雷锋锐意创新的进取精神，激励人们成为建设创新型国家的自觉推动者；就要学习雷锋艰苦奋斗的优良作风，激励人们成为全面建设小康社会的积极创业者。

各级党委和政府要加强领导、精心部署、狠抓落实，充分调动全社会开展学雷锋活动的积极性、主动性、创造性，深入挖掘和宣传人民群众中涌现出的感人事迹和先进经验，使学雷锋活动成为群众自我教育的大课堂。要建立健全学雷锋活动的常态化机制，切实把学雷锋活动纳入贯彻落实党的十七届六中全会精神的统一部署，纳入精神文明建设和公民道德建设的总体安排，摆上重要议事日程，确保学雷锋活动深入持久、扎实有效地开展下去。要以创新精神推进学雷锋活动，拓展活动内容，创新活动载体，突出活动特色，不断增强学雷锋活动的吸引力和感染力。要加大宣传力度，营造学雷锋活动的良好氛围。

全国组织系统视频会召开

3月2日，全国组织系统视频会召开，动员组工干部以“迎接党的十八大，争当‘三服务’优秀标兵、争创‘两满意’模范部门”为主题，深入开展讲党性、重品行、作表率活动。李源潮出席并讲话，沈跃跃主持会议并作部署。农业部，安徽、云南、浙江和四川万源市党委组织部负责同志发言。

2011年，各级组织部门把换届作为讲党性、重品行、作表率的最大实践，大力加强组工干部党性教育，深入开展向李林森学习活动，深化“万名组织部长下基层”活动，狠抓从严治部、从严律己、从严带队伍，为换届风清气正提供了有力保证。

李源潮指出，组织部门讲党性，最重要的是保持政治上的坚定性。要严守党的政治纪律和组织人事纪律，做到自身要求特别从严、制度约束特别从严、监督检查特别从严，旗帜鲜明地抵制各种错误思想，旗帜鲜明地抵制用人上的不正之风。组织部长要带头下基层，联系基层，服务基层。要开展新一轮干部谈心谈话，深入地关心、帮助和考察干部。要更好地为基层组织建设服务，建立基层支部联系点，人下到支部，工作指导到支部，把“基层组织建设年”各项任务落到实处。要带头落实直接联系群众制度，更直接地了解民情，为普通群众特别是困难党员、群众解决实际困难。

全国政协十一届五次会议在北京召开

3月3日至13日，中国人民政治协商会议第十一届全国委员会第五次会议在北京召开。开幕式上，贾庆林代表政协第十一届全国委员会常务委员会，向大会报告工作。林文漪代表政协第十一届全国委员会常务委员会，向大会报告政协十一届四次会议以来提案工作情况。

会议通过了政协第十一届全国委员会第五

次会议关于常务委员会工作报告的决议、政协第十一届全国委员会提案委员会关于政协十一届五次会议提案审查情况的报告、政协第十一届全国委员会第五次会议政治决议。

会议号召,人民政协的各级组织、各参加单位和广大政协委员,更加紧密地团结在以胡锦涛同志为总书记的中共中央周围,高举中国特色社会主义伟大旗帜,以邓小平理论和“三个代表”重要思想为指导,深入贯彻落实科学发展观,坚定信心,攻坚克难,开拓前进,为全面建设小康社会、加快推进改革开放和社会主义现代化建设事业作出新的更大贡献。

十一届全国人大五次会议在北京召开

3月5日至14日,第十一届全国人民代表大会第五次会议在北京召开。开幕式上温家宝代表国务院向大会作政府工作报告,报告共分三部分:一、2011年工作回顾;二、2012年工作总体部署;三、2012年主要任务。温家宝从九个方面报告了2012年的主要任务:促进经济平稳较快发展;保持物价总水平基本稳定;促进农业稳定发展和农民持续增收;加快转变经济发展方式;深入实施科教兴国战略和人才强国战略;切实保障和改善民生;促进文化大发展大繁荣;深入推进重点领域改革;努力提高对外开放的质量和水平。

14日,会议表决通过了关于政府工作报告的决议。表决通过了关于2011年国民经济和社会发展计划执行情况与2012年国民经济和社会发展计划的决议,决定批准关于2011年国民经济和社会发展计划执行情况与2012年国民经济和社会发展计划草案的报告,批准2012年国民经济和社会发展计划;表决通过了关于2011年中央和地方预算执行情况与2012年中央和地方预算的决议,决定批准关于2011年中央和地方预算执行情况与2012年中央和地方预算草案的报告,批准2012年中央预算。表决通过了全国人民代表大会关于修改刑事诉讼法的决定;表决通过了关于十二届全国人大代表名额和选举问题的决定、香港特别行政区选举十二届全国人大代表的办法和澳门特别行政区选举十二届全国人大代表的办法;表决通过了关于全国人大常委会工作报告的决议;表决通过了关于最高人民法院工作报告的决议、关于最高人民检察院工作报告的决议。

全国政协新闻出版界与中国新闻文化促进会举行研讨会

3月6日,全国政协新闻出版界与中国新闻文化促进会在北京举行题为“担负文化繁荣重任推进新闻文化事业”的联合研讨会,贾庆林致信祝贺。

参加会议的150多位全国新闻出版及文化界知名人士认为,文化是媒体的灵魂,媒体是文化的翅膀,推进社会主义文化大发展大繁荣,新闻文化工作者责任重大。会议还提出了当前新闻文化建设面临两个重要任务,一是营造新闻文化发展的良好环境;二是树立新闻人的核心价值体系,形成传输快捷、技术先进、覆盖全面的新闻传播格局。

中国新闻文化促进会会长李东东表示,中国新闻文化促进会将与全国政协新闻出版界委员加强联系,携手合作,进一步团结广大新闻界和文化界同仁,积极联络广大新闻传播媒体,加强新闻人文化素养建设,肩负起发展和提高新闻事业、推广振兴民族文化的历史使命,努力成为新闻出版业大发展大繁荣的积极推动力量。

孙家正和迟浩田应邀担任中国新闻文化促进会名誉会长。

全国三八红旗手(集体)表彰大会召开

3月7日,全国三八红旗手(集体)表彰大会在北京举行。会前,王兆国、刘延东等会见了受表彰的全国三八红旗手标兵及全国三八红旗手和集体、城乡妇女岗位建功先进集体和个人代表。王兆国在会见时发表讲话,陈至立出席会议并讲话。

王兆国首先代表党中央向全国各族各界妇

女和广大妇女工作者致以“三八”国际妇女节的祝贺。他指出，妇女是推动国家发展和社会进步的一支伟大力量。在新中国建立60多年、改革开放30多年来的火热实践中，广大妇女勇立时代潮头、尽展巾帼风采，为促进经济发展、推进社会变革、弘扬文明风尚发挥了不可替代的重要作用。今天受表彰的妇女先进典型，就是当代中国妇女的优秀代表。

陈至立在讲话中称赞受表彰的先进集体和个人是当代中国妇女的杰出代表，是令人敬佩的巾帼英雄。她号召广大妇女以先进典型为榜样，坚定信念、团结一致，跟党走中国特色社会主义道路；发挥优势、弘扬美德，为促进社会文明和谐作贡献；立足岗位、建功立业，为推进经济社会发展贡献力量；加强学习、提升素质，大力弘扬女性“四自”精神，在服务祖国和人民的实践中实现自身全面发展，以优异成绩迎接党的十八大胜利召开。

受表彰代表天津天纺投资控股有限公司棉纺织工厂一织造车间织布帮接工张兵兵，上海市柏万青志愿者工作室负责人柏万青，中国航天科技集团公司第五研究院508所回收着陆技术室降落伞组组长竺梅芳，黑龙江省哈尔滨市双城市周家镇东跃村农民刘彩华，山西省太原高速公路有限责任公司小店女子收费站收费员秦茜茜作了大会发言。

《做纯洁的共产党员》出版

3月16日，《做纯洁的共产党员》一书由中国方正出版社出版发行，在社会上引起了良好反响。

《做纯洁的共产党员》对党的纯洁性进行了深刻阐述，围绕保持党的纯洁性这一主题收录了郭明义、杨善洲、李林森、沈浩等10余位先进人物的感人事迹，充分展现了优秀共产党员思想纯洁、作风纯洁、清正廉洁的一面，为广大党员、干部保持党的纯洁性树立了一面面镜子，扬起了一面面旗帜，引导、教育广大党员、干部以先进为榜样，做一名纯洁的共产党员。该书语言深入浅出，内容形象生动，具有很强的可读性、教育性和示范性。

全军学雷锋活动先进典型座谈会召开

3月16日，全军学雷锋活动先进典型座谈会召开。徐才厚出席并讲话，李继耐主持会议。

徐才厚指出，党中央、胡主席对新形势下深入开展学雷锋活动高度重视，作出一系列决策部署，我们要认真学习贯彻，进一步提高对新形势下深入开展学雷锋活动重要意义的认识，切实以强烈的政治责任感和高度自觉性弘扬雷锋精神、当好雷锋传人。新形势下，军队深入开展学雷锋活动，必须紧贴时代发展、紧贴使命任务、紧贴官兵实际，在铸魂育人、履行使命的生动实践中传承和弘扬雷锋精神，为推动部队建设科学发展，完成党和人民赋予的各项任务提供强大动力。要大力弘扬雷锋爱党、爱国、爱社会主义的精神，更加坚定自觉地高举旗帜、听党指挥，深入推进中国特色社会主义理论体系武装，坚持不懈地用党的创新理论建连育人，深入持久培育当代革命军人核心价值观，始终保持部队纯洁巩固和高度集中统一。

第十三次全国民政会议举行

3月19日，第十三次全国民政会议在北京举行。会前，胡锦涛亲切会见全体与会代表，向勤奋工作在民政事业第一线的全国民政干部职工致以诚挚的问候，向受到表彰的先进单位和个人表示热烈的祝贺。温家宝参加会见并在座谈会上讲话。习近平、李克强参加会见。

温家宝在讲话中说，改革开放以来，我国民政事业加快发展。特别是近些年来，我们坚持以人为本，更加注重保障和改善民生、促进社会公平正义，民政事业取得了突破性的重大成就。一是建立覆盖城乡居民的社会救助制度，为城乡困难群众提供了基本保障。二是建立灾害救助制度，把救灾工作纳入科学化、法制化轨道。三是建立流浪乞讨人员救助制度，有效维护了他们的合法权益和人格尊严。四是建立孤儿国家保障制度，使这个最弱小、最困难的群体能够生有所养、病有所医、住有所居、学有所教，在祖国大家庭里健康成长。五是建立新型退役士兵安置制度，充分体现了国家和全社会对退役军人的尊重和优待。

当前民政事业面临新的机遇和挑战。全面加强民政工作，必须坚持以人为本，构建政府管理与社会自治相结合、政府主导与社会参与相结合的社会管理和公共服务体制，最大限度地调动各方面积极性，激发社会活力。优化政府机构设置和职能配置，整合资源，构建直接面向基层、面向社区、面向家庭和群众、职能有机统一的管理服务体制。一要发展基层民主，增强社会自治功能。二要加强城乡社区建设，提高基层社会管理服务效能。三要加快完善社会救助和社会福利体系，完善制度，提高保障水平，解决好城乡困难群众基本生活问题。四要进一步完善政策措施，积极支持发展社会互助团体和组织，鼓励企业、团体、家庭及个人开展社会互助和慈善活动。

本次会议的主要任务是，总结近年来民政事业改革发展情况，研究部署今后一个时期的民政工作，表彰为民政事业作出贡献的先进单位和个人。中央各有关部门，各省（区、市）、计划单列市人民政府和新疆生产建设兵团有关负责人，全国民政系统先进集体、先进工作者和劳动模范、“孺子牛奖”获得者代表等出席会议。

中央政法委员会召开第二十二次全体会议

3 月 19 日，周永康主持召开中央政法委员会第二十二次全体会议。王乐泉、孟建柱、王胜俊、曹建明出席会议并讲话。

会上，最高人民法院、最高人民检察院、公安部、国家安全部、司法部等中央政法各单位主要负责人汇报了学习贯彻全国两会精神的初步情况和工作安排，与会同志进行了讨论。

在听取发言后，周永康说，全国两会审议批准了最高人民法院、最高人民检察院工作报告，对司法工作以至整个政法工作给予了充分肯定。这说明我们一年来所做的努力、取得的进步得到了人民群众的认可，也进一步增强了我们做好政法工作的决心和信心。同时要看到，面对中国特色社会主义法律体系形成后的新要求，面对人民群众日益增长的司法需求，面对开放透明和信息化的社会环境，政法机关在执法理念、能力、作风等方面还不完全适应。人大代表、政协委员对此提出了很多积极中肯的意见。中央政法各单位要认真梳理分析，积极吸收采纳，不断改进工作，并逐一做好汇报、答复工作，推动政法工作取得新进步。要求各级政法机关，一要紧紧围绕主题主线，为实现稳中求进提供更加有力的司法保障。二要把保障和改善民生作为政法工作的根本出发点和落脚点，维护好人民群众合法权益。三要加大社会管理创新力度，提高社会管理科学化水平。四要全力维护社会稳定，为党的十八大胜利召开营造和谐稳定的社会环境。五要认真学习贯彻修改后的刑事诉讼法，更好地依法惩治犯罪、保障人权。六要坚持不懈地抓好政法队伍建设，更好地担负起中国特色社会主义事业建设者捍卫者的神圣使命。

会议还审议并原则通过了《关于依法妥善处理民间借贷纠纷和非法集资活动的意见》、《关于完善涉法涉诉信访终结机制的意见》。

中国浦东、井冈山、延安三所干部学院举行春季开学典礼

3 月 20 日，中国浦东、井冈山、延安三所干部学院举行 2012 年春季开学典礼。李源潮出席并讲话。

李源潮指出，中国共产党人的高尚思想道德，是我们党赢得人民群众拥护的重要法宝。干部的思想道德对全社会具有重要的示范和导向作用。党的干部要做追求社会进步的模范，坚定中国特色社会主义理想信念，牢固树立科学发展观，积极追求先进生产力、追求先进文

化、追求中国人民的根本利益。要做为人民服务的模范，自觉与人民群众打成一片，对群众的酸甜苦辣、安危冷暖感同身受，尽心竭力为群众排忧解难。

不计名利、甘于奉献是中国共产党人的高尚品格。党的干部只有追求奉献，才能立信于人、立功于民、立德于世。市场经济承认个人利益、等价交换，但党的干部为党和人民工作不能搞等价交换，不能向党斤斤计较职务、计较报酬、计较待遇。要坚决抵制拜金主义、享乐主义，以艰苦奋斗为荣，以骄奢淫逸为耻，始终保持艰苦创业的革命精神。要严格执行廉洁自律各项规定，在任何情况下都稳得住心神、管得住行为、守得住清白。

改革创新是时代精神的核心，是一个国家、一个地区发展进步的不竭动力。实践是创新的源泉，学习是创新的前提。党的干部要解放思想、知难而进、勇于担当，用改革创新的思路和办法破解前进道路上的各种难题。要做学习的表率，不断开阔眼界、开阔思路、开阔胸襟，带动全社会形成热爱学习、勇于创新之风。

中央创先争优活动领导小组发出通知 要求学习贯彻两会精神 推进创先争优活动

3月20日，中央创先争优活动领导小组发出通知，要求各地区各部门各单位把学习好贯彻好全国两会精神作为创先争优活动的一项重要内容，进一步组织引导基层党组织和广大党员在推动中心工作、履行岗位职责、服务人民群众中奋力创先争优，为促进经济平稳较快发展、保持社会和谐稳定提供动力和保证，以优异成绩迎接党的十八大胜利召开。

通知要求，要紧紧围绕科学发展中心任务创先争优，组织引导基层党组织和广大党员紧扣主题主线，认真做好稳增长、控物价、调结构、惠民生、抓改革、促和谐的各项工作，为促进经济平稳较快发展多作贡献。要深入开展党政机关和干部下基层活动，建立健全干部直接联系服务群众制度，充分发挥基层党组织和党员直接做群众工作的作用，切实维护社会和谐稳定。要围绕保障和改善民生，多办顺民意、解民忧、惠民生的实事好事，加大对生活困难群众的帮扶力度，深入推进窗口单位和服务行业为民服务创先争优活动，让群众切实感受到创先争优带来的变化和实惠。要以“强组织、增活力，创先争优迎十八大”为主题，按照“抓落实、全覆盖、求实效、受欢迎”的工作要求，有序推进基层组织建设年，全面提升基层党建工作水平。

全国非公有制企业党建工作会议召开

3月21日，全国非公有制企业党的建设工作会议在北京召开。习近平会见代表并讲话，李源潮参加会见并在会议上讲话。

习近平指出，党的十六大以来，在以胡锦涛同志为总书记的党中央领导下，非公有制企业党的建设在探索中前进、在创新中加强，取得显著成绩。同时也要看到，非公有制企业仍属于党建工作新领域，新情况新问题多，工作基础薄弱，需要下大力气来抓。中央办公厅日前印发的《关于加强和改进非公有制企业党的建设工作的意见》，总结多年实践经验，明确了非公有制企业党建工作许多重大问题，各级党委要认真贯彻落实，推动非公有制企业党建工作不断取得新进步。

加强和改进非公有制企业党建工作，抓好“两个覆盖”、发挥好党组织“两个作用”、加强“两支队伍”建设很重要。非公有制企业面广量大、类型多样，各级党委要切实加强领导、落实责任，健全机构、配强力量，对民营、外资等不同规模、不同类型企业要注重分类指导，增强工作的针对性和实效性。

胡锦涛总书记致信 祝贺中华书局成立100周年

3月22日，中华书局成立100周年庆祝大会在北京人民大会堂举行。胡锦涛致信中华书局，向全体员工和离退休同志表示热烈的祝贺和诚挚的问候。温家宝也向中华书局成立100周年表示祝贺。李长春参加会见并讲话。刘云山、刘延东出席大会。

胡锦涛在贺信中指出，百年来，中华书局恪守传承文明职责，秉持守正出新宗旨，在一代又一代员工的不懈努力下，整理、出版了一大批古籍经典和学术新著，受到广大读者的普遍赞誉和充分信任，为弘扬中华文化、促进学术繁荣、提高民族素质、推动社会进步作出了重要贡献。

李长春在会见与会代表时指出，胡锦涛总书记的贺信充分肯定了中华书局长期以来作出的重要贡献，殷切希望中华书局进一步做好新形势下的出版工作，体现了党中央对中华书局的高度重视和亲切关怀。这也是对全国出版战线的巨大鼓舞和鞭策。李长春希望全国出版界，特别是中国出版集团公司和中华书局以学习贯彻胡锦涛总书记贺信为契机，兴起深入贯彻落实党的十七届六中全会精神新热潮，高举旗帜、围绕大局、服务人民、改革创新，坚持先进文化前进方向，不断创新体制机制，推进文化与科技相融合，进一步增强整体实力和市场竞争力，出版更多思想性、知识性、可读性相统一的优秀作品，更好地弘扬中华优秀文化，增强时代感和吸引力，推动中华文化走出去，在新的起点上再接再厉，以优异成绩迎接党的十八大胜利召开。

会上，新闻出版总署署长柳斌杰、中国出版集团公司总裁谭跃、中华书局总经理李岩、中华书局作者代表袁行霈、中华书局合作单位代表陈万雄作了发言。

全国政法宣传工作会议在上海召开

3月22日，全国政法宣传工作会议在上海召开。周永康致信对做好当前政法宣传工作提出要求，王乐泉出席会议并讲话。

周永康指出，近年来，在以胡锦涛同志为总书记的党中央正确领导下，政法、宣传两条战线的同志们团结协作，创造性地做好政法宣传工作，为政法机关忠实履行法定职责创造了良好舆论环境。面对新形势，望坚持正确的舆论导向，深入宣传社会主义法治理念，统筹把握新闻传播规律和政法工作规律，统筹建设好、运用好传统媒体和新兴媒体，不断增强政法宣传工作的覆盖面和传播力，更好地满足人民群众对政法工作的知情权、参与权、表达权、监督权，为促进政法事业发展进步、维护社会和谐稳定、保障社会公平正义、推动社会主义法治国家建设作出新贡献。

王乐泉强调，各地各部门要认真贯彻落实周永康同志的批示精神，充分认识新形势下加强政法宣传工作的重要性紧迫性，切实增强责任感使命感，着眼于维护社会和谐稳定大局，紧紧围绕政法中心工作，坚持团结稳定鼓劲、正面宣传为主，唱响主旋律、打好主动仗，努力实现新闻舆论效果与法律效果、社会效果的有机统一。要深入开展社会主义法治理念宣传和普法教育活动，不断增强广大群众的法治意识和法律素养，努力形成人人崇尚法律、遵守法律、维护法律权威的良好社会氛围。要加强先进典型宣传，紧密结合“忠诚、为民、公正、廉洁”政法干警核心价值观教育实践活动，用公正廉洁执法的先进典型感召人、激励人、鼓舞人，树立政法队伍在人民群众心目中可亲可敬可信的良好形象。要加强政法信息发布，要适应信息化条件下政法工作面临的新形势，满足人民群众对政法工作的新期待新要求。不断加大执法司法信息公开力度，积极回应群众关切，以公开促公正、以透明保廉明，增强人民群众对政法机关的信任度、满意率。要虚心接受社会各界和新闻媒体的监督，对反映的问题核查属实的，要及时依法依纪查处极少数害群之马，第一时间作出回应，给社会一个交待，对舆论监督内容不实或者有偏差的，要第一时间作出澄清，争取更多群众的理解和支持。要加强重大主题宣传，认真宣传政法工作的重要安排、重大决策、重点工作和创新举措，生动展示政法事业发展进步的丰硕成果，突出反映政法工作改革创新的特色亮点，使广大人民群众通过全面认识政法工作，进一步增强对党和政府的信任和信心,为促进社会和谐稳定提供有力的思想保证、舆论支持、精神动力。

纪念韩光同志诞辰100周年座谈会举行

3月23日,纪念韩光同志诞辰100周年座谈会在北京人民大会堂举行。贺国强出席座谈会,何勇在座谈会上讲话。李忠杰、王德瑛、李延芝分别在座谈会上发言。

韩光同志是中国共产党的优秀党员,久经考验的忠诚的共产主义战士,无产阶级革命家,我党纪律检查战线的杰出领导人。

何勇高度评价了韩光同志革命、奋斗、无私奉献的一生。他说,韩光同志把毕生精力献给了中国人民的解放事业和社会主义建设事业,为中国革命、建设和改革作出了卓越贡献。我们缅怀韩光同志的光辉业绩,就要学习他坚定信念、坚持真理、忠贞不渝的政治本色,学习他实事求是、坚持原则、刚正不阿的优秀品质,学习他热爱人民、心系人民、服务人民的高尚情怀,学习他严于律己、廉洁奉公、艰苦朴素的优良作风。纪念韩光同志,就要继承和发扬老一辈无产阶级革命家的优良传统和作风,更加紧密地团结在以胡锦涛同志为总书记的党中央周围,坚定不移地高举中国特色社会主义伟大旗帜,坚持以邓小平理论和"三个代表"重要思想为指导,深入贯彻落实科学发展观,坚定不移地开展党风廉政建设和反腐败斗争,推动经济社会又好又快发展,以优异成绩迎接党的十八大胜利召开。

全面提高高等教育质量会议召开

3月23日,全面提高高等教育质量工作会议召开,刘延东出席并讲话。

刘延东指出,提高高等教育质量是立足我国现代化建设阶段性特征和国际发展潮流提出的深刻命题,是当前我国高等教育改革发展最核心最紧迫的任务。要围绕培养什么人、怎么培养人的问题,确立人才培养的中心地位,抓住一切为了学生成长成才这一关键,系统推进,务求实效。一要打造高水平师资队伍。二要加快教育教学改革。三要提高高校科学研究、社会服务和文化传承创新能力,形成相互支撑、整体提升质量的格局。四要建设优良校风教风学风。

全面提高高等教育质量必须坚持改革创新,克服不敢改、不愿改、不会改的畏难情绪,摒弃安于现状、小富即安的惰性思维,敢于突破思想观念和体制机制障碍。要完善质量评估评价体系,加强分类管理,建设优势学科,引导高校办出特色、办出水平。要改革高等教育管理体制,加快建设现代大学制度,扩大高校办学自主权,鼓励社会参与,推进高校依法民主管理。要坚持开放办学,大力引进国外优质教育资源,积极参与中外人文交流,提高我国高等教育国际化水平。

据悉,我国目前有2700多所高校、3000多万在校生,居世界第一。

雷锋生前所在团先进事迹报告会在北京举行

3月23日,中宣部、总政治部、共青团中央和辽宁省委在人民大会堂联合举行雷锋生前所在团先进事迹报告会。徐才厚在会前会见报告团成员,代表胡锦涛主席和军委其他领导,向报告团全体成员表示诚挚的问候,李继耐参加会见。

徐才厚指出,雷锋是伟大的共产主义战士,是实践社会主义、共产主义思想道德的楷模。近半个世纪以来,在毛泽东、邓小平、江泽民、胡锦涛等中央领导同志的亲切关怀和大力倡导下,学雷锋活动在全国全军蓬勃开展、长盛不衰,雷锋的名字和雷锋精神广为传扬、深入人心。全国全军涌现出大批学雷锋先进集体和英模人物,雷锋生前所在团是其中的杰出代表。希望雷锋生前所在团继续高扬学雷锋的旗帜,珍惜荣誉、发扬成绩,履行好弘扬雷锋精神的光荣职责,把新形势下学雷锋活动搞得更加深入扎实、富有成效，继续走在全国全军的前列，当好学雷锋的排头兵。

全国哲学社会科学规划领导小组会议召开

3 月 24 日，全国哲学社会科学规划领导小组会议在北京召开。刘云山主持会议并讲话，陈奎元出席会议。

会议审议了 2012 年度国家社科研究基金预算。会议认为，党的十六大以来，国家社科基金管理工作认真贯彻中央精神，注重服务经济社会发展，坚持以改革开放和社会主义现代化建设重大现实问题为主攻方向，重点资助体现国家发展战略需求的研究课题，在加快经济结构调整和转变经济发展方式、推进文化大发展大繁荣、改进创新社会管理以及加强党的建设等方面推出一批优秀成果，带动培养一批优秀人才，较好地发挥了社科界的思想库、智囊团作用。近些年，国家社科基金每年都有大幅增加，充分体现了党中央对哲学社会科学工作的高度重视，为繁荣发展哲学社会科学提供了有力保障。会议要求，一定要认真做好规划，突出资助重点，严格标准、严格程序、严格要求，加强项目研究全程管理，确保基金增长与使用效益同步提高。

国务院召开第五次廉政工作会议

3 月 26 日，国务院召开第五次廉政工作会议。温家宝出席并讲话，李克强、回良玉、王岐山、刘延东、梁光烈、孟建柱出席会议，马凯主持会议。贺国强、何勇应邀出席会议。

温家宝指出，多年来，我们坚持在各项工作中全面贯彻反腐倡廉的要求，加强制度建设，坚持依法行政，推进政务公开，加强政风行风建设，加强领导干部廉洁从政监督管理，政府改革建设和反腐倡廉工作取得明显进展。十年来，国务院部门取消调整行政审批事项共计 2183 项，占原有总数的 60.6%，地方政府取消调整的行政审批事项占原有总数的一半以上。国务院先后下发了《全面推进依法行政实施纲要》和《关于加强法治政府建设的意见》，制定行政法规和规章，除依法不能公开的，都向社会公开征求意见。实施《政府信息公开条例》，目前已有 92 个中央部门公开了部门预算，90 个中央部门公开了部门决算，98 个中央部门和部分省市公开了“三公”经费使用情况。2011 年审计机关向社会发布预算执行及财政收支等方面审计结果公告 8000 多篇。查处了一批涉案金额巨大、影响恶劣的案件，严厉惩治了一批腐败分子。

当前反腐倡廉建设与人民群众的期待仍有较大差距，腐败现象在行政权力集中的部门和资金资源管理权集中的领域易发多发，今年要重点抓好以下几方面工作：（一）深入推进行政审批制度改革。（二）推进公共资源配置市场化改革。（三）深化财政管理体制改革。（四）推进行政经费使用管理改革。（五）加强行政机关和国有企业事业单位财务管理。（六）扎实抓好反腐倡廉长期性基础性工作。温家宝强调，要把反腐倡廉建设与政府各项业务工作和制度建设紧密结合起来。严格落实党风廉政建设责任制，做到有部署、有督查、有落实。要进一步加强民主监督，对群众举报、社会舆论和新闻媒体反映的问题，要及时回应，认真调查核实，依法处理，结果要反馈或向社会公布。

全国政法委书记首期培训班在北京举办

3 月 26 日至 31 日，全国政法委书记首期培训班在北京举办。周永康出席开班式并讲话，王乐泉主持开班式并讲话。孟建柱、王胜俊、曹建明出席。首期培训班为期 6 天，有省、市、县三级党委政法委书记 462 人参加学习。

周永康指出，中央政法委决定对全国 3300 多名政法委书记分期分批进行集中培训，是在深刻分析当前国际国内形势基础上，考虑到省、市、县领导班子相继换届后一大批领导干部新任政法委书记这个实际，作出的一项重要决策，目的是为了让各级政法委书记更加准确地理解中央关于政法工作的一系列决策部署，更加自觉地贯彻执行党的路线方针政策，尽快熟悉政法业务，尽快胜任岗位职责要求，努力建设一支政治上靠得住、工作上有本事、作风上过得硬、人民群众信得过的高素质政法领导干部队伍。为此，周永康提出六点希望：一要把好政治方向。二要服从服务大局。三要带头依法办事。四要密切联系群众。五要狠抓基层基础。六要带好政法队伍。

王乐泉出席结业式并讲话。他强调，要全面贯彻落实周永康同志在全国政法委书记首期培训班开班式上的重要讲话精神，结合各地政法工作实际，在如何创造性地干、怎样干得更出色上做文章、下功夫，真正把丰富的学习收获转化为实实在在的工作成果，不断开创政法工作新局面。

中宣部召开理论宣传工作座谈会

3 月 30 日，中宣部在北京召开理论宣传工作座谈会。刘云山出席会议并讲话。

刘云山指出，理论宣传是加强党的思想理论建设的重要内容，是让党的理论最迅速最广泛同群众见面的基本途径。在国际国内形势和思想文化领域发生深刻变化的情况下，理论宣传工作的作用更加凸显、任务更加繁重、责任更加重大。在当代中国，中国特色社会主义是引领中国发展进步的旗帜，是全党全国各族人民团结奋斗的旗帜。做好新形势下的理论宣传工作，最根本、最核心的，就是要牢牢把握正确方向，坚持用中国特色社会主义伟大旗帜凝聚力量，在多元中立主导、多样中谋共识，坚定人们的共同理想追求。要紧密联系马克思主义中国化的历史进程，认真实施中国特色社会主义理论体系普及计划，大力推进中国特色社会主义理论体系的宣传阐释，不断增强人们坚持中国特色社会主义旗帜、道路、理论体系和制度的自觉性坚定性。加强理论宣传工作，必须紧跟时代变化，贴近受众需求，增强工作创造性，提高宣传实效性。要紧密联系改革发展实践，深入回答群众关注、社会关切的时代课题，着力架起理论与实践、认知与行动之间的桥梁，在服务社会实践、满足群众需求中更好地实现理论的价值。要大力改进创新，遵循宣传规律，讲究宣传艺术，切实改进文风，不断提高理论宣传的吸引力感染力。要加强阵地建设，发挥好传统理论宣传阵地的作用，积极拓展新的理论传播阵地，构筑多层次、立体化的理论宣传平台。要高度重视人才队伍培养，不断壮大理论宣传力量，形成一支专兼结合、结构合理的理论宣传队伍，为理论宣传工作提供有力保障。要完善工作机制，调动各方力量，形成工作合力，更好地把理论宣传的各项任务落到实处。

全国政务公开领导小组召开第十二次会议

3 月 30 日，全国政务公开领导小组第十二次会议在北京召开。何勇出席会议并讲话，马驭主持会议。

何勇指出，这些年来，在党中央、国务院的正确领导下，各级党委、政府高度重视，政务公开工作全面推行，逐步走上制度化轨道，并在实践中不断创新发展。

2012 年，要按照十七届中央纪委第七次全会和国务院第五次廉政工作会议的部署，围绕中心、服务大局，求真务实、改革创新，全面落实《关于深化政务公开加强政务服务的意见》，进一步拓展政务公开领域，不断丰富政务公开内容，扎实推进政务公开制度建设，积极完善政务服务体系，切实保障人民群众知情权、参与权、表达权和监督权，为推动科学发展、促进社会和谐服务。要紧紧围绕党和国家工作大局推进政务公开，推动中央重大决策部署的贯彻落实。要围绕社会热点难点问题加大公开力度，为营造和谐稳定的社会环境服务。要大力加强政务服务体系建设，逐步建立健全省、市、县、乡、村五级联动的综合政务服务体系，加快建立健全统一规范的招投标和公共交易市场。要深入推进行政权力公开透明运行，认真落实《关于加强廉政风险防控的指导意见》，逐步完善政府部门内部权力监督制约机制。要积极推进政务公开方式方法创新，大力加强电子政务建设，努力提高政务公开的质量和水平。

中央创先争优活动领导小组召开第九次会议

3 月 31 日，中央创先争优活动领导小组第九次会议在北京召开。李源潮出席并讲话，沈跃跃出席会议。

李源潮指出，为党的十八大召开营造良好环境、创造优异成绩，是今年创先争优的主题。要切实抓好基层组织建设年各项工作落实，确保取得实效。要把工作抓到支部，在分类定级基础上，指导每个支部提出创先争优的具体目标和措施，重点抓好后进支部整顿，抓好"一定三有"、"四议两公开"等政策措施的落实。要抓好基层党组织带头人队伍建设，选派机关干部特别是优秀年轻干部到难点村、贫困村、后进村担任党组织书记，注意在大学生村官中发现优秀苗子，培养有文化、有抱负、有眼界、有胸怀的新一代农村党组织带头人。要建立干部直接联系群众制度，下基层改进作风、了解实情，指导基层组织建设。要坚持条块结合，充分发挥行业部门指导作用，形成加强基层组织建设合力。

2012 年 4 月

博鳌亚洲论坛 2012 年年会召开

4 月 2 日至 3 日,博鳌亚洲论坛 2012 年年会在海南省召开,本届年会的主题是"变革世界中的亚洲:迈向健康与可持续发展"。

李克强发表了题为《凝聚共识 促进亚洲健康可持续发展》的主旨演讲。意大利总理蒙蒂、哈萨克斯坦总理马西莫夫、巴基斯坦总理吉拉尼分别在开幕式上讲话。伊朗副总统穆罕默迪扎德、泰国副总理吉滴叻、越南副总理黄中海等贵宾出席开幕式。曾培炎出席开幕式。

本次年会受到亚洲内外各界的广泛关注,参会正式代表 1432 人,中外媒体记者 835 人。逾 50 位国际组织负责人和各经济体的部长级官员出席年会。

年会期间还举行了东盟分论坛、印度经济分论坛、收入分配与经济转型、"变革世界中的亚洲:迈向健康与可持续发展"主题晚餐会、"世界经济展望 2012:确定性与不确定性"主题早餐会等会议。与会代表紧紧围绕亚洲面临的机遇与挑战,就如何实现可持续发展等议题展开了深入探讨。

党和国家领导人
参加首都义务植树活动

4 月 3 日,党和国家领导人胡锦涛、吴邦国、温家宝、贾庆林、李长春、习近平、李克强、贺国强、周永康等,前往北京市丰台区永定河畔,同少先队员一起参加首都义务植树活动。

植树过程中,胡锦涛总书记向国家林业局负责同志了解了全国造林绿化情况,对 30 多年来植树造林、绿化国土取得的显著成就给予充分肯定。胡锦涛强调,开展全民义务植树活动,是应对气候变化、改善生态环境、实现绿色增长的有效途径。我们要年复一年地把全民义务植树活动开展下去,广泛动员干部群众,充分发挥科技作用,积极扩大绿化面积,努力巩固植树成果,为祖国大地披上美丽绿装,为科学发展提供生态保障。

省委组织部副部长和市委
组织部长任职培训班在北京举办

4 月 5 日,李源潮在全国组织干部学院与省委组织部副部长和市委组织部长任职培训班学员座谈,沈跃跃主持座谈会。

李源潮说,组织部长是管干部的干部,管干部首先要公道。公道才能服众,才能出风清气正、出干部积极性、出群众满意度。识别人要公道,出于公心、实事求是。评价人要公道,坚持德才兼备、以德为先标准,不以个人喜好定优劣。选拔人要公道,重用那些敢于坚持原则、敢于担当责任、敢于改革创新,埋头苦干不搞歪门邪道的干部。处理人要公道,以事实为依据、以法规为准绳,惩前毖后、治病救人,在纪律面前人人平等,最大限度地化消极因素为积极因素。组织部长要正正派派地做人,坚持五湖四海、不分亲疏,坚持原则、不徇私情,甘为人梯、不妒不忌,严守纪律、不谋私利。

组织部长要敢于和善于选贤任能。选贤首先要看干部的政治立场,听其言、观其行;看干部的品德,首先是政治品德,同时还要了解干部遵守职业道德、社会公德、家庭美德的情况;看干部的作风,是否求真务实、联系群众、艰苦奋斗、清正廉洁;看干部关键时刻的表现,在大事难事、急事危事面前是否经得起考验，对名利地位特别是进退留转的态度。任能要看干部的实绩，重点是科学发展的实绩、造福百姓的实绩、打基础利长远的实绩；看干部的经验，鼓励干部到基层去、到一线去、到艰苦复杂环境中去，砥砺意志、增长才干；看干部的公论，扩大干部工作中的民主，充分尊重民意；看干部攻坚克难的本领，善于发现那些有激情、有韧劲，勇于迎难而上、开拓创新的干部。

170多位近两年来新任职的省委组织部副部长和市委组织部长参加了这期培训班。

公安部举办全国公安机关“清网行动”先进事迹报告会

4月6日，公安部举办全国公安机关“清网行动”先进事迹报告会。

去年5月至12月，全国公安机关开展了以抓捕网上逃犯为内容的“清网行动”，取得丰硕成果。近日，胡锦涛作出重要指示，强调“清网行动”成效显著，有力促进了社会稳定，维护了群众利益。望继续坚持“人民公安为人民”的宗旨，把追逃工作做得更加扎实有效。温家宝、贺国强也就“清网行动”作出指示。周永康在人民大会堂会见了全国公安机关“清网行动”先进事迹报告团成员并同大家座谈，孟建柱参加会见和座谈。

周永康在座谈时说，公安部部署开展“清网行动”以来，公安机关充分运用信息技术手段，通过全警动员、协同作战，在200多天时间里抓获一大批逃犯，侦破积案4.5万多起，消除了社会治安的重大隐患，伸张了社会正义、捍卫了法律尊严，这是新时期公安工作和公安队伍建设成果的一次集中展现。在这次“清网行动”中涌现出一大批可歌可泣、感人至深的英雄人物和先进事迹。实践再次证明，公安队伍无愧为光荣的共和国之盾，党和人民感谢你们。

座谈会上，广东省汕头市潮南区副区长兼公安分局局长陈志伟、河南省安阳市公安局殷都派出所民警田爱军等先后发言，畅谈了参加“清网行动”的心得体会。

学习型党组织建设理论研讨会在海口召开

4月7日，学习型党组织建设理论研讨会在海口召开。刘云山出席会议并讲话，雒树刚主持会议。入选会议论文的22位作者代表在研讨会上发言。

刘云山指出，我们党作为一个执政60多年、推进改革开放30多年的马克思主义政党，领导人民创造了不凡的执政业绩，赢得了人民广泛拥护。但随着时代条件和执政环境的深刻变化，我们党面临的新情况新问题不断增多。只有深入推进学习型党组织建设，更加重视学习、善于学习，才能更好地顺应时代潮流、完善执政方略，才能更好地增强工作本领、深化执政实践，才能更好地保持党的先进性和纯洁性、巩固执政基础。建设学习型党组织，赋予学习更深的内涵、更高的要求。建设学习型党组织，就要有高度的学习自觉，树立主动学习、全员学习、终身学习的理念，使学习成为各级党组织和党员干部的鲜明品格。加强学习型党组织建设，必须按照马克思主义学习型政党的总要求来推进。要紧紧围绕具有世界眼光的要求，拓展国际视野、培养战略思维，努力掌握和运用一切科学的新思想、新知识、新经验。要紧紧围绕善于把握规律的要求，引导党员干部在向历史学习、向实践学习、向群众学习中不断升华规律性认识，把执政本领的增强扎根于人民群众的实践之中。要紧紧围绕富有创新精神的要求，以勇于开拓进取的态度研究新情况、解决新问题，提高谋划和推动科学发展的能力。要坚持党员领导干部带头，加强制度建设，加强宣传引导，加强组织协调，形成学习型党组织建设的强大推动力。

第六届世界华侨华人社团联谊大会召开

4月9日，第六届世界华侨华人社团联谊大会在北京人民大会堂召开，胡锦涛会见大会全体代表。胡锦涛代表党中央、国务院，向前来出席本届联谊大会的各位侨胞、各位朋友表示诚挚的欢迎，向世界各地的华侨华人表示亲切的问候。贾庆林、习近平、李克强参加会见。戴秉国出席大会开幕式并致辞，李海峰在开幕式上作主题报告。

本届世界华侨华人社团联谊大会的主题是："弘扬中华优秀文化·展示侨胞良好形象。"来自110个国家和地区的约570名华侨华人社团负责人出席大会。

世界华侨华人社团联谊大会是全球华侨华人社团联谊交流的平台，其宗旨是增进友谊与团结、促进合作与发展。本届联谊大会由国务院侨务办公室、中国海外交流协会共同主办。

中共中央决定对薄熙来同志严重违纪问题立案调查

4月10日，鉴于薄熙来同志涉嫌严重违纪，中央决定，依据《中国共产党章程》和《中国共产党纪律检查机关案件检查工作条例》的有关规定，停止其担任的中央政治局委员、中央委员职务，由中共中央纪律检查委员会对其立案调查。

"中国特色社会主义工会发展道路"专题学习班开班

4月10日，"中国特色社会主义工会发展道路"专题学习班在中央党校开班，并经中央组织部批准列入中央党校培训计划，王兆国会见学员并讲话。

王兆国说，当前国际国内形势复杂多变，工会干部特别是高级领导干部，必须以政治家的标准，不断提升应对复杂形势的能力和驾驭全局工作的水平，站在全局、宏观的高度把握工会发展方向，从党的要求和职工群众的愿望出发谋划工会工作。要增强政治意识、大局意识、责任意识、忧患意识，始终保持理论上的清醒、政治上的坚定和行动上的自觉，坚定不移地走中国特色社会主义工会发展道路，坚持中国工运事业的正确方向，切实维护广大职工的根本利益和具体利益，努力凝聚各方面积极因素，共同坚持和发展中国特色社会主义，不断巩固党的执政地位和社会主义制度。中国特色社会主义工会发展道路来之不易，必须倍加珍惜，始终坚持，毫不动摇。

王玉普为学习班授课，作了题为"学习宣传实践中国特色社会主义工会发展道路是中国工会的历史责任"的专题报告。

全国基层党组织书记示范培训班开班

4月11日，全国基层党组织书记示范培训班在北京开班。李源潮出席开班式并讲话，沈跃跃主持开班式。

今年是基层组织建设年。中组部决定从4月开始至年底，分层分类全面开展基层党组织书记轮训。中组部会同11个中央部门将直接举办5批16个示范培训班。来自全国31个省区市和新疆生产建设兵团的乡村、街道社区、中小学校、医药卫生行业的490多名基层党组织书记参加了第一批示范培训。

李源潮指出，全面建设小康社会，基础在基层，重点难点也在基层。基层党组织书记要以推动科学发展、造福百姓为己任，带领党员、群众创先争优，发展农村经济，建设和谐社区，完成好本单位中心任务。要心系群众，加强与群众的沟通交流和直接联系，真心实意帮扶困难群众。要办事公道，公平公正处理基层矛盾纠纷，公开办事程序、结果，以公开求公道，让群众满意。要有民主作风，认真听取群众意见，遇事多同大家商量。要不怕吃亏、甘于奉献，一心为群众谋利益，不斤斤计较个人得失，追求问心无愧、大家公认的好名声。基层的发展变化很快，党组织书记要注意学习、提升素质。爱学习的书记才能审时度势、做好工作。

发扬"走转改"精神　深化"走转改"活动研讨会召开

4月11日，新闻战线"三项学习教育"活动领导小组在北京召开发扬"走转改"精神、深化"走转改"活动研讨会。刘云山出席会议并讲话,雒树刚主持会议。

刘云山指出,"走转改"是马克思主义新闻观的鲜活实践,是实现"三贴近"的有效途径,进一步深化了对新闻宣传工作的规律性认识。要深刻认识新闻工作的主体和服务对象是人民,只有深入人民群众、贴近普通百姓,才能赢得广泛共鸣、发挥应有的作用;深刻认识新闻报道的源头活水是实践,只有深入基层一线、深入火热生活,新闻报道才会有现场的温度、有思想的深度;深刻认识真实是新闻的生命、导向是新闻的灵魂,做好新闻宣传必须坚持马克思主义唯物史观,把宣传党的主张和反映人民心声统一起来。在"走转改"活动中,要注意把感性认识上升到理性思考,把好的实践成果转化为工作遵循,更好地用中国特色社会主义新闻理论指导实践。

《求是》杂志发表温家宝文章《让权力在阳光下运行》

4 月 16 日出版的第 8 期《求是》杂志,发表温家宝的重要文章:《让权力在阳光下运行》。

文章分三部分:一、政府改革建设和反腐倡廉工作取得新成效;二、2012 年政府反腐倡廉建设的重点任务;三、把反腐倡廉部署落到实处。文章指出,一个政府要让人民满意,必须做到为民、务实、清廉。多年来,我们坚持在政府各项工作中全面贯彻反腐倡廉的要求,加强政府改革建设,实行科学民主决策,坚持依法行政,加强对权力运行的监督制约,有针对性地解决突出问题,注重抓好长期性基础性工作,创造条件让人民群众监督政府,反腐倡廉建设取得新的进展和成效。

全国市地以上新任统战部长培训班开班

4 月 16 日,全国市地以上新任统战部长培训班在北京开班。杜青林在开班式上强调,要深入贯彻中共中央《关于加强新形势下党外代表人士队伍建设的意见》精神,高层次谋划,全方位推动,努力把党外代表人士队伍建设工作提高到新的水平,以更大作为向党的十八大献礼。

杜青林说,《意见》充分体现了坚持和完善我国基本政治制度的内在要求,有力彰显了我们党治国理政的政治优势,深刻揭示了发挥统一战线法宝作用的根基所在,鲜明指出了加强统 战线战略性基础工程的着力方向。领会《意见》精神,基点是充分发挥社会主义政治制度的特点和优势,根本是培养一支与我们党同心同德、同心同向、同心同行的党外代表人士队伍,关键是把握党外代表人士的成长规律和工作规律,重点是抓住党外代表人士发现、培养、使用、管理四个环节,要义是掌握联谊交友的工作方法。要深刻理解、准确把握《意见》新的重要理论观点和政策完善,切实增强学习贯彻的主动性自觉性。

全国司法所建设工作总结表彰电视电话会议召开

4 月 17 日,司法部在北京召开全国司法所建设工作总结表彰电视电话会议。会前,周永康会见建设工作先进集体和先进个人,并同部分代表座谈。他代表党中央、国务院向受到表彰的 100 个"全国模范司法所"、299 个"全国先进司法所"、394 名"全国模范司法所长"、310 个"全国司法所建设工作先进单位"表示热烈祝贺,向广大基层司法行政干警表示亲切慰问!

座谈时,广西田阳县田州司法所所长唐伟智、宁夏中卫市司法局局长党宝杰等先后发言。周永康说,司法所是最基层的司法行政单位,是整个司法行政工作的重要基础。近年来,在党中央、国务院的领导下,各级司法行政机关大力推进司法所建设,取得显著成效。目前,司法所在全国的乡镇、街道已经普遍建立,总数达到 4 万多个,规范化建设水平明显提升,服务大局、服务基层、服务群众的能力明显提高。广大司法所工作人员牢记宗旨,扎根基层,尽职尽责,为预防化解社会矛盾、维护社会和谐稳定、促进国家法治建设、服务经济社会发展作出了积极贡献。为此，提出三点希望。第一，政治上要清醒坚定。第二，工作要尽心尽力。第三，能力水平要不断提高。

全国深化医药卫生体制改革工作会议召开

4月17日，李克强出席全国深化医药卫生体制改革工作会议并讲话。

会上，北京、吉林、山东、河南、陕西、青海等省市政府负责人分别发言。大家认为，医改是事关我国经济和社会、发展和民生的重大改革。3年来，在党中央、国务院坚强领导下，各方迎难而上、协力同心，探索符合国情的医改路径和体制机制，取得了明显进展，5项重点任务如期完成，构建起世界上最大的基本医保网，促进了社会公平，人民群众特别是基层困难群众得到了实惠。

在听取大家发言后，李克强指出，医改是一个世界性难题，没有现成模式可循，已取得的成效坚定了我们的信心，但下一步任务仍然艰巨，医改已进入“深水区”，如逆水行舟、不进则退。进一步深化医改，是全面建设小康社会的紧迫任务，是把转方式贯穿于经济社会发展全过程和各领域的重要内容，是关系人人的重大民生和发展工程。3年来的实践充分表明，医改不仅可以增进十几亿中国人的健康福祉，解除后顾之忧，而且有利于激发内需活力，创造更大消费空间，增强经济发展的持续动力。要充分认识深化医改的重要性、紧迫性和复杂性，奋力打好这场攻坚战和持久战。要认真贯彻落实中央的决策部署，巩固3年医改成果，全面实施“十二五”医改规划，加快形成病有所医的制度保障，努力解决看病难、看病贵问题，使全体人民共享改革发展成果。

带头创先争优争做人民满意公务员活动经验交流视频会召开

4月18日，中央组织部、人力资源和社会保障部、国家公务员局召开带头创先争优争做人民满意公务员活动经验交流视频会。李源潮出席并讲话，沈跃跃等出席会议，尹蔚民作工作部署。

创先争优活动开展以来，各地区各部门各系统确定特色鲜明的活动主题，组织公务员围绕中心、服务大局，带头创先争优，有力推动了各项工作任务落实。广泛开展业务竞赛和岗位练兵，下基层、接地气、大走访、办实事，解决了一批关系群众切身利益的突出问题，加强了公务员队伍的能力素质和作风建设。

李源潮指出，深化带头创先争优、争做人民满意公务员活动，要把建立领导机关公务员直接联系群众制度作为重要内容。中央和省级机关公务员要深入基层、深入群众，调查研究、推动工作，加强与群众的直接联系。特别要注意选派缺乏基层工作经历的年轻同志到基层锻炼。领导干部要带头到群众中去，到矛盾多困难大的地方去，听民声、知民情、解民忧。基层一线和各个系统窗口单位公务员要深化为民服务创先争优，为群众多办实事好事，以促进人心的舒畅和社会的安定。要主动排查存在的问题和薄弱环节，强化服务意识、改进服务作风、提高服务效能。要探索建立请人民群众评判和监督公务员的机制，继续推行“三亮三比三评”等有效做法。要大力宣传公务员先进典型，形成学习先进、争当先进、赶超先进的浓厚氛围。

共青团新媒体和文化成果交流展览会举办

4月19日，王兆国、刘云山到北京展览馆参观共青团新媒体和文化成果交流展览会，陆昊陪同参观。展览会分为综合展区和分展区两部分，全国各省（区、市）团委和部分系统团委以及社会文化单位参加展览会。展览会利用文字、图片和数据，通过网站网页、影视、音乐、动漫游戏、图书报刊等丰富多样的展品，从不同角度、不同层面集中呈现了共青团近年来运用新媒体和文化手段开展青少年工作取得的新进展和新成果。

王兆国、刘云山对共青团新媒体和文化成果交流展览会给予充分肯定,指出互联网、手机等新媒体迅猛发展和广泛普及,给经济社会带来深刻影响,成为人们特别是广大青年学习、工作、生活的重要交流渠道。共青团积极运用新媒体和文化载体开展工作,是贯彻落实党的十七届六中全会精神的重要举措,是深入推进社会主义核心价值体系建设的有益探索。今年是中国共青团成立90周年,希望各级共青团组织按照胡锦涛总书记提出的“两个全体青年”的目标要求,紧跟时代发展步伐,创新工作途径方式,积极适应青年学习知识、接受信息渠道的新变化,适应青年精神文化生活的新期待,大力推进富有时代特色、符合青年需求的新媒体建设。要坚持以文化人、以文育人,创作更多青年喜闻乐见的优秀文化产品,打造传播社会主义核心价值体系的新载体新平台,进一步提高团组织的吸引力、凝聚力、影响力,使团的工作和团的活动更好地贴近青年、融入青年、服务青年。

中国思想政治工作网
在南宁召开第三次会议

4月27日至30日,为了改进中国思想政治工作网的工作,提高质量和效益,加强管理、完善制度、增强影响力,中国思想政治工作网在广西南宁市召开第三次会议暨《科学发展》栏目采编部揭牌仪式。张蔚萍、程连昌、戴俭明、段若鹏及网站骨干出席会议。

会议研究了新形势下如何提高地方工作站、专栏的质量和工作效益问题,讨论修改了《关于地方工作站和专栏采编部工作的若干暂行规定》,同时,还为《科学发展》栏目采编部举行了揭牌仪式,并为中国思想政治工作网2011—2012年度“先进个人”、“优秀地方工作站”、“优秀专栏采编部”颁奖。

2012 年 5 月

中央创先争优活动领导小组、共青团中央发出《通知》

5 月 3 日，中央创先争优活动领导小组、共青团中央发出《通知》，要求以纪念建团 90 周年为契机，深入推进基层团组织和广大团员青年创先争优。

《通知》指出，今年是共青团建立 90 周年。以纪念建团 90 周年为契机，进一步加强团的基层组织建设和基层基础工作，对于以创先争优为抓手促进共青团重点工作，深入广泛持久开展学雷锋活动，形成更加浓厚的创先争优氛围，以优异成绩迎接党的十八大胜利召开，具有重要意义。

《通知》要求，各级团组织要认真落实基层组织建设年的部署，努力扩大基层团组织对青年的有效覆盖。要坚持抓组织建设与抓作用发挥并重，进一步增强基层团组织活力。要坚持党建带团建，推动建立创先争优长效机制。要认真贯彻落实《关于加强新形势下基层党建带团建工作的意见》，带团干部队伍建设、带基层组织建设、带创先争优活动。

第十六届“中国青年五四奖章”评选揭晓

5 月 3 日，在纪念建团 90 周年前夕，为树立和宣传当代青年的优秀典型，引导和激励全国广大青年树立崇高理想追求，立足本职创先争优，共青团中央、全国青联决定，授予王锡章等 25 名同志第十六届“中国青年五四奖章”、沈阳军区某集团军工兵团汽车连等 3 个青年集体“中国青年五四奖章集体”、马海兰等 8 名同志第十六届“中国青年五四奖章”提名奖。

获第十六届“中国青年五四奖章”称号的是：福建省公安厅刑侦总队副总队长王锡章，中国船舶重工集团公司第 702 研究所水下工程研究开发室总体结构组副组长叶聪，甘肃省夏河县桑科乡达久滩卫生室医生旦正草（女，藏族），浙江大学医学院附属第二医院教授、博士生导师田梅（女），国家海洋局北海分局潜航员管理办公室潜航员付文韬，中国证券登记结算有限责任公司北京数据技术分公司数据服务部总监冯艺东，乌鲁木齐铁路局库尔勒电务段安全员尼红（女，蒙古族），江西农业大学动物生物技术重点实验室副主任任军，中国人民解放军 75738 部队 87 分队队长刘珪，安徽省岳西县毛尖山乡留守儿童服务中心主任、板舍敬老院院长刘磊，中国工程物理研究院激光聚变研究中心副主任许乔，新疆维吾尔自治区石河子市石河子乡努尔巴克村农民许登金，广东省深圳市关爱行动组委会办公室工作人员孙影（女），中国航天科技集团公司六院 7103 厂钳工组组长杨峰，上海闸环灵石环境卫生工程有限公司公厕班班长李影（女），中国科学院西安光学精密机械研究所国家重点实验室副主任李学龙，武警广西总队北海市支队政治处主任何方礼，中国人民解放军 93793 部队 51 分队正连职飞行员何晓莉（女），山西师范大学临汾学院中文系 07A1 班学生孟佩杰（女），中国石油天然气集团公司大庆油田公司 1205 钻井队队长胡志强，河南省渑池县文联聘用人员、农民赵仁伟，贵州省黔西南州贞丰县龙场镇龙河村卫生室卫生员钟晶(女,布依族),浙江省慈溪市宁波双源纺织厂职工热汗古丽·依米尔(女,维吾尔族),广西壮族自治区横县马山乡克安村党总支书记助理、团支部书记郭炜靖,湖北省英山县草盘地镇党委委员、副镇长、居委会党支部第一书记高金磊。

获“中国青年五四奖章集体”称号的是:沈阳军区某集团军工兵团汽车连(“雷锋连”),海南省鹦哥岭自然保护区工作站青年团队,中国平煤神马集团平煤股份六矿综采四队大学生采煤班。

获“中国青年五四奖章”提名奖的是:山东省潍坊市中级人民法院民事审判第一庭副庭长马海兰(女),中国科学院大气物理研究所大气边界层物理和大气化学国家重点实验室主任王自发,南京大学计算机软件新技术国家重点实验室常务副主任周志华,复旦大学附属华山医院神经外科主任助理赵曜,中国石油天然气股份有限公司大港油田分公司第三采油厂地质研究所副所长夏国朝,河北省唐山市丰润区岔河镇中学教师郭玉梅(女),贵州省六盘水市公安局禁毒支队大队长詹勇,湖南省湘潭市华顺人力资源有限公司派遣工裴永红。

另外,共青团中央近日决定,授予刘小鼎等158名同志2011年度“全国优秀共青团员”称号,授予刘哲等124名同志2011年度“全国优秀共青团干部”称号,授予北京苏宁电器有限公司团委等323个基层团组织2011年度“全国五四红旗团委(团支部)”称号。

“中央国家机关青年五四奖章”表彰会举行

5月3日,“中央国家机关青年五四奖章”表彰会暨“根在基层 走进一线”调研实践活动启动仪式在北京举行。马凯出席并讲话。

马凯指出,长期以来,中央国家机关青年干部紧紧围绕党和国家工作大局以及各部门中心任务,爱岗敬业、勇于创新、扎实工作,为中央国家机关完成各项任务发挥了积极作用。组织干部下基层是坚持党的群众路线的具体体现,也是从战略高度加强青年干部队伍建设的重要举措。他对中央国家机关青年干部开展“根在基层 走进一线”调研实践活动提出四点要求:一要在坚定理想信念上下功夫,努力从历史、现实、理论的高度充分认识走中国特色社会主义道路的必然性,筑牢为党和人民的事业忠诚履职的信仰基础。二要在增进群众感情上下功夫,强化为人民服务的宗旨意识,自觉把为党和人民建功立业作为人生目标和价值追求,做人民公仆。三要在增强过硬本领上下功夫,主动到艰苦边远地区和困难多、任务重的地方接受锻炼,向基层同志学习求教。四要在锤炼意志作风上下功夫,着力锤炼求真务实、艰苦奋斗和廉洁自律的作风。

纪念中国共产主义青年团成立90周年大会隆重举行

5月4日,是全国各族团员青年的节日,纪念中国共产主义青年团成立90周年大会在北京人民大会堂隆重举行。胡锦涛出席大会并发表讲话,吴邦国、温家宝、贾庆林、李长春、习近平、李克强、贺国强、周永康出席大会。

胡锦涛说,当代青年是无比幸运的一代,又是责任重大的一代。祖国发展的巨大成就为青年成长进步创造了良好条件,祖国建设的艰巨任务为青年大展身手提供了广阔舞台。广大青年要以邓小平理论和“三个代表”重要思想为指导,深入贯彻落实科学发展观,牢记光荣使命,珍惜宝贵机遇,以坚定的信念、宽广的胸怀、创造的激情、务实的态度,踊跃投身改革开放和社会主义现代化建设伟大实践,努力做科学发展的奋力推动者、和谐社会的积极构建者,用自己的双手为全面建设小康社会、建成富强民主文明和谐的社会主义现代化国家奉献力量,谱写中国青年运动浓墨重彩的新篇章。

陆昊和青年典型代表,武汉理工大学管理学院青年教师郎坤、王玉普先后在纪念大会上发言。

团中央全国青联全国学联召开座谈会

5月5日，团中央、全国青联、全国学联在北京召开座谈会，认真学习贯彻胡锦涛总书记在纪念中国共产主义青年团成立90周年大会上的重要讲话精神。

陆昊在讲话中指出，在中国共青团成立90周年之际，胡锦涛发表重要讲话，中共中央政治局常委全体同志出席纪念中国共产主义青年团成立90周年大会，这充分体现了党中央对青年一代的亲切关怀和对共青团工作的高度重视。胡锦涛总书记的重要讲话思想深刻、内涵丰富、语重心长，充分肯定了90年来我国青年在党的领导下为革命、建设、改革事业作出的突出贡献，高度评价了90年来各级团组织带领团员青年为党和人民事业不懈奋斗的光荣历程，深刻揭示了党与青年、国家民族与青年的关系，进一步指明了当代青年的历史责任、成长道路和共青团的基本职能、目标任务，是当代青年按照党的要求健康成长的行动指南，是推动新时期共青团事业实现新发展的纲领性文献。全团要把学习宣传贯彻胡锦涛总书记的重要讲话精神，作为当前和今后一个时期的重要政治任务。在学习中既要原原本本研读，又要有深入思考的过程、针对问题的过程；要注重交流和研讨，既要谈体会，又要重引导，既要碰问题，还要碰思想；要突出重点、有深度地开展宣教引导，把学习讲话精神融入到开展各项主题教育活动之中。以胡锦涛总书记重要讲话精神为指导，进一步统一全团的思想和行动，推动共青团事业不断开创新局面。

中华职业教育社举行成立95周年纪念大会

5月6日，中华职业教育社成立95周年纪念大会在北京举行。贾庆林发来贺信。

贾庆林在贺信中指出，95年来，中华职业教育社秉持“使无业者有业，使有业者乐业”的宗旨，致力于研究、宣传和推广职业教育，在职业教育领域和国家政治生活中发挥了重要作用。改革开放以来，中华职教社坚持服务党和国家工作大局，积极推进职业教育改革发展，大力实施温暖工程，做了许多为国分忧、为民效力的实事，为国家经济发展和社会进步作出了重要贡献。他希望中华职教社认真贯彻落实“十二五”规划纲要、国家中长期教育改革和发展规划纲要，大力弘扬优良传统，充分发挥自身优势，强化服务职能，拓宽服务领域，扩大对外交流，加强自身建设，为全面建设小康社会作出新的更大贡献。

刘延东也发来贺信。她在贺信中指出，中华职业教育社高举爱国主义的伟大旗帜，在职业教育方面做了大量特色鲜明、卓有成效的工作，希望进一步发挥联系广泛、人才荟萃的优势，围绕职业教育的改革和发展，积极建言献策，拓宽服务领域，促进国际交流合作，提升工作科学化水平，为建设创新型国家、加快推进社会主义现代化作出新的更大贡献。

杜青林出席会议并讲话。他指出，中华职业教育社因应时代而生、顺应潮流而进，在职业教育方面具有独特优势、作出重要贡献。站在新起点、面对新任务，需要抓住时代契机，勇担历史使命，着眼国家所需育同心之才，大力培养产业转型升级和农村发展必备的实用技术人才；围绕民生所急谋同心之举，集中打造契合社会需求、影响大、效果好的民心工程；突出交流所长聚同心之力，协助党和政府开辟社会力量参与职业教育的新渠道，在全面建设小康社会中发挥更大作用、实现更大作为。

文化部举办纪念《在延安文艺座谈会上的讲话》发表70周年系列活动

5月8日，为继承和弘扬《讲话》精神，文化部将从5月初至6月上旬，组织开展纪念毛泽东同志《在延安文艺座谈会上的讲话》发表70周年优秀剧目展演、美术作品展、“为农民工塑像”大型原创画展。与此同时,文化部直属的 9 个国家艺术院团和国家画院将陆续开展形式多样的下基层慰问演出、创作采风活动。

其中,5 月 4 日至 6 月 7 日,由文化部主办的纪念毛泽东同志《在延安文艺座谈会上的讲话》发表 70 周年优秀剧目展演在北京举办。5 月 21 日至 6 月 8 日,由文化部主办、中国美术馆承办的“从延安走来——纪念毛泽东同志《在延安文艺座谈会上的讲话》发表 70 周年美术作品展”将举办。5 月 22 日,由中国艺术研究院主办、中国艺术研究院中国画院承办的“同在蓝天下——为农民工塑像”大型原创画展将在国家博物馆举办。

全国纪检监察系统反腐倡廉法规制度建设理论研讨会召开

5 月 9 日,全国纪检监察系统反腐倡廉法规制度建设理论研讨会在北京召开。何勇出席会议并讲话。

何勇指出,党的十六大以来,经过各方面共同努力,支撑反腐倡廉教育、监督、预防、惩治以及领导体制和工作机制等方面的法规制度已基本齐全,内容科学、程序严密、配套完备、有效管用的反腐倡廉法规制度体系已基本形成,反腐倡廉工作基本实现有法可依,为深入推进党风廉政建设和反腐败斗争提供了制度保障。

要深入推进反腐倡廉法规制度建设,进一步健全服务和保障党和国家中心工作的反腐倡廉法规制度,确保中央重大决策部署的贯彻落实;进一步完善反腐倡廉教育制度,增强反腐倡廉教育的科学性、规范性、有效性;进一步完善党员领导干部廉洁从政制度,规范党员领导干部从政行为;进一步完善监督制度,切实加强对党员干部特别是领导干部的监督;进一步完善预防腐败制度,把预防腐败的要求落实到权力结构和运行机制各个环节;进一步完善惩治腐败制度,不断加大惩治腐败工作力度。

学习贯彻《关于加强和改进中央和国家机关纪检监察组织建设的意见》座谈会召开

5 月 11 日,中央纪委、监察部在北京召开学习贯彻《关于加强和改进中央和国家机关纪检监察组织建设的意见》座谈会。贺国强出席会议并讲话,何勇主持会议。

贺国强指出,中央和国家机关在党和国家工作全局中处于重要地位、承担着重要职责,做好中央和国家机关党风廉政建设和反腐败工作,直接关系到党的路线方针政策和中央重大决策部署的贯彻落实,关系到党的领导水平和执政能力的提高,关系到党和政府的形象。经中央批准,今年 2 月中办、国办下发了《意见》,就加强和改进中央和国家机关纪检监察组织建设提出了一系列新要求、新举措。

加强和改进中央和国家机关纪检监察组织建设,一是要健全组织机构,加强工作力量。二是要明确职责任务,完善体制机制。三是要加强队伍建设,提高工作水平。四是要加强组织领导,狠抓工作落实。中央和国家机关各部门党组(党委)要切实担负起加强本部门纪检监察组织建设的领导责任,主要负责同志要大力支持纪检监察工作和纪检监察组织建设,各部门纪检监察组织要对照《意见》要求抓好工作落实。

道德领域突出问题专项教育和治理活动视讯会议召开

5 月 14 日,中央精神文明建设指导委员会在北京召开道德领域突出问题专项教育和治理活动视讯会议。刘云山出席会议并讲话,雒树刚主持会议。

会议认为,党的十六大以来,以胡锦涛同志为总书记的党中央高度重视思想道德建设,并作出一系列重要部署。各地各部门认真贯彻中央精神,深入开展社会主义荣辱观宣传教育,不断深化精神文明创建和志愿服务,组织开展全国道德模范评选表彰，切实加强未成年人思想道德建设，有力促进了公民道德素质的提升，巩固发展了积极健康向上的思想道德主流。同时，当前社会道德领域还存在不少亟待解决的突出问题，人民群众反映强烈，必须采取有力措施及时加以解决。要从推动科学发展、促进社会和谐的高度，从维护群众切身利益、创造人们美好生活的高度，充分认识开展道德领域突出问题专项教育和治理的重大意义，以强烈的责任感使命感做好工作，推动形成知荣辱、讲正气、促和谐的良好风尚。

刘云山指出，开展道德领域突出问题专项教育和治理，是顺应群众期待、回应社会关切的重要举措。要围绕增强道德荣誉感，广泛开展公民道德教育，引导人们牢固树立有德光荣、失德可耻的理念，使基本道德规范成为全体公民的自觉遵循。要围绕加强诚信建设，集中治理群众反映强烈的突出问题，切实纠正行业不正之风，大力营造恪守诚信的社会环境。要围绕发挥重点人群的示范作用和基础作用，深入推进道德实践活动，引导广大党员干部努力做全社会的表率，引导广大青少年树立正确的道德观念，推动形成我为人人、人人为我的良好氛围。要围绕树立正确的道德取向，继续实施以净化荧屏声频和强化文化市场监管为重点的“文化环保”工程，大兴网络文明之风，为推进道德建设创造良好社会文化环境。

中央创先争优活动领导小组印发《意见》

5月15日，中央创先争优活动领导小组印发了《关于各地区各部门各单位建立健全创先争优长效机制的指导意见》。《意见》的印发和实施，对于巩固和扩大创先争优活动成果，推动创先争优常态化长效化，保持党的先进性和纯洁性，具有重要意义。

《意见》指出，各地区各部门各单位要把握务实管用、突出重点、集思广益、创新完善的基本要求，认真总结提炼创先争优实践中创造的好经验好做法，结合工作实际，研究建立行之有效的创先争优制度。要求各地区各部门各单位要根据各自的实际和特点，按照创先争优的目标要求，围绕中心任务和日常工作，明确长效机制的主要内容。在推动科学发展、促进社会和谐、服务人民群众、加强基层组织方面建立承诺践诺评诺、“网格化管理、组团式服务”、机关干部直接联系群众、窗口单位和服务行业“三亮三比三评”、城乡基层党组织结对共建、基层党建责任制等制度。

中央党校举行春季学期第二批学员开学典礼

5月16日，中共中央党校举行2012年春季学期第二批入学学员开学典礼。习近平出席并讲话，李源潮、令计划出席典礼，李景田主持典礼。

习近平指出，实事求是是马克思列宁主义的精髓和灵魂，是毛泽东思想的精髓和灵魂，是包括邓小平理论、“三个代表”重要思想以及科学发展观在内的中国特色社会主义理论体系的精髓和灵魂。坚持实事求是，就是坚持一切从实际出发来研究和解决问题，坚持理论联系实际来制定和形成指导实践发展的正确路线方针政策，坚持在实践中检验真理和发展真理。党员干部特别是各级领导干部要深刻理解实事求是的科学含义和精神实质，始终按实事求是的要求办事。

坚持实事求是，最基础的工作在于真正摸清楚本地区本部门本单位的实际情况，真正摸清楚影响改革发展稳定的突出问题，真正及时了解人民群众的所思所盼，这样才能真正掌握客观实际，真正做到耳聪目明、心中有数。这里最重要的，是要清醒认识和准确把握我国社会主义初级阶段的基本国情和基本特点，全面看待和辩证分析我国经济社会发展出现的新情况新变化，真正做到既尽力而为又量力而行，推动经济社会又好又快发展。坚持实事求是，关键在于探求和掌握事物发展的规律。作决策、抓工作、办事情、谋发展，都要认识规律、遵循规律，这样才能使我们的工作真正取得主动权，保证改革发展不断取得胜利。

中国文联举行纪念《讲话》发表70周年座谈会

5月17日，中国文联在北京举行座谈会，纪念毛泽东《在延安文艺座谈会上的讲话》发表70周年。

孙家正出席座谈会并讲话。他说，纪念《在延安文艺座谈会上的讲话》发表70周年，对于引导广大文艺工作者继承弘扬《讲话》精神，发扬党的文艺工作优良传统，深入贯彻落实党的十七届六中全会和全国九次文代会精神，坚持“二为”方向、“双百”方针和“三贴近”原则，以饱满的热情投身先进文化建设，努力开创文艺事业新局面，为建设社会主义文化强国贡献力量，具有十分重要的意义。他希望广大文艺工作者时刻把《讲话》的精神记在心头，真正把“爱国、为民、崇德、尚艺”的文艺界核心价值观体现在文艺作品中。

尚长荣、王晓棠、侯一民、李准、姜昆、冯双白、赵长青、宋祖英、王一川等9位艺术家、评论家结合自己的艺术实践和研究，畅谈了对《讲话》精神内涵和指导意义的理解，表达了践行文艺界核心价值观，以及为人民抒写、为人民放歌的信念。

全国城乡共建精神文明座谈会召开

5月17日至18日，全国城乡共建精神文明座谈会在山东省烟台市召开。刘云山对会议作出重要批示，强调各地区各部门要进一步增强责任感、使命感，深入贯彻落实党的十七届六中全会精神，贯彻落实中办、国办印发的《关于进一步加强新形势下农村精神文明建设工作的意见》，以社会主义核心价值体系建设为根本，坚持依靠群众、动员群众、服务群众，把推动城乡共建精神文明作为加强农村精神文明建设的重要举措，摆上重要位置，采取有效办法，推动农村精神文明建设工作迈上新台阶，取得新成效，以优异成绩迎接党的十八大胜利召开。

会议指出，党的十六大以来，各地各部门深入贯彻落实科学发展观，按照中央关于加快形成城乡经济社会发展一体化新格局的战略部署，大力开展以城带乡、城乡共建工作，通过机关、企业、学校、社会组织与农村结对共建等形式，引导资金、技术、人力、智力等社会资源向农村倾斜，着力改善农村生产生活环境，丰富农民精神文化生活，有力地促进了农村改革发展各项事业，推动了社会主义新农村建设。推进城乡共建精神文明，是贯彻落实科学发展观、统筹城乡发展、推动形成城乡经济社会发展一体化新格局的迫切需要，是加快城乡文化一体化发展，满足农民精神文化需求、保障农民基本文化权益的迫切需要，是广泛动员社会各方面力量、整合各方资源、共同关心支持农村精神文明建设的迫切需要，是发挥群众性精神文明创建活动优势、切实改变农村相对落后状况的迫切需要。要把社会主义核心价值体系建设的各项要求，融入城乡共建精神文明活动中，通过生动具体的实践，使人们潜移默化地感悟、践行社会主义核心价值体系。要围绕道德建设、促进发展、改善环境、文化引领等，进一步创新共建载体、拓展共建领域，广泛开展党政机关、企事业单位、大专院校、社会团体以及新经济组织与农村结对共建活动，形成常态化工作机制。要把城乡共建精神文明的工作情况作为文明城市、文明单位测评的重要内容，组织动员大中城市特别是文明城市、文明单位带头支持农村精神文明建设，努力开创城乡共建精神文明工作的新局面。

会议学习考察了山东省蓬莱市刘沟镇海头村、马家沟村，龙口市芦头镇芦头村、东江镇南山村，招远市阜山镇九曲蒋家新村等实施乡村文明行动、多措并举推进城乡共建精神文明的情况。14个地方代表作了大会交流发言，15个地方代表作了大会书面交流。

全国公安系统英雄模范立功集体表彰大会在北京举行

5月18日，全国公安系统英雄模范立功集体表彰大会在北京人民大会堂举行。会前，胡锦涛会见全体与会代表，向受到表彰的全国公安系统英雄模范和立功集体表示热烈的祝贺，向奋战在维护国家安全和社会稳定第一线的广大公安民警、武警官兵表示诚挚的问候。温家宝、习近平参加会见。周永康参加会见并在大会上讲话。

周永康说，党的十七大以来，在以胡锦涛同志为总书记的党中央正确领导下，全国公安机关紧紧围绕全面建设小康社会的总目标，牢牢把握维护重要战略机遇期社会稳定的总要求，为巩固党的执政地位、维护国家长治久安、保障人民安居乐业、服务经济社会发展作出了突出贡献。今年是我国发展进程中具有特殊重要意义的一年，我们党将召开十八大。为十八大胜利召开创造和谐稳定的社会环境，是公安机关的首要政治任务。各级公安机关和广大公安民警要清醒认识当前国际国内形势的复杂性，清醒认识做好今年维护稳定工作的特殊重要性，以胡锦涛总书记等中央领导同志接见公安英模和立功集体为动力，进一步提高打击犯罪、服务人民、维护国家安全和社会稳定的能力水平，为加快建设社会主义法治国家、积极构建社会主义和谐社会、确保如期全面建成小康社会作出新贡献。

会上宣读了表彰决定，并向受到表彰的全国公安系统英雄模范和立功集体颁奖。河北省公安厅高速公路交警总队保定支队副支队长兼涿州大队大队长古怀岗、湖北省武汉市公安局汉阳分局洲头街派出所副所长王群、甘肃省兰州市公安局刑警支队一大队大队长张金刚等代表获奖者发言。

文化与科技融合座谈会在深圳召开

5月18日，中宣部、科技部在深圳市召开文化与科技融合座谈会。刘云山出席会议并讲话，雒树刚主持会议。

刘云山指出，文化与科技紧密相关，科学技术的每一次重大进步，都会给文化发展带来革命性变化。当今时代，科学技术迅猛发展，不断孕育和催生着新的重大突破。当代中国，正在深入实施建设创新型国家战略，推动经济社会发展走上科技创新驱动的轨道。抓住科技发展进步的难得机遇，加快推进文化与科技的融合，是实施创新型国家战略的应有之义，是建设社会主义文化强国的必然要求，有利于转变文化发展方式、促进文化又好又快发展，有利于丰富文化样式业态、满足人们多样化文化需求，有利于掌握文化发展的主动权、提升中华文化的影响力。

文化与科技融合是一项创新性的重大课题，必须抓住重点领域和关键环节，持续深入地加以推进。要着眼于拓展文化与科技融合的广度深度，更加注重运用高新技术改造传统文化产业，培育新的文化业态，增强文化产品的表现力、吸引力和感染力，努力把科技进步的最新成果贯穿到文化事业文化产业发展的各个方面。要着眼于提高文化与科技融合的集约化水平，集成资源、集聚优势，努力打造一批带动性强的文化科技企业和企业集团，打造一批特色突出、产业链完备的文化与科技融合示范基地，培育一批拥有自主知识产权、具有核心竞争力的文化科技品牌。要着眼于抢占文化与科技融合发展的制高点，坚持产学研相结合，加强文化科技基础技术研发，加强高新技术引进、吸收、再创新，加强科技成果转化应用，不断提升我国文化科技的自主创新能力。要着眼于形成与我国经济社会发展水平相称的传播能力，加快构建现代文化传播体系，积极推进电信网、广电网、互联网融合发展，提升文化传播的数字化、网络化水平，保障信息传播的高效快捷和安全有序。

座谈会上，科技部负责同志通报有关工作情况，有关部门、地区和单位代表作了发言。会上还发布了首批国家级文化和科技融合示范基地、第四届“文化企业30强”名单。

第八届文博会在深圳开幕

5月18日，第八届中国（深圳）国际文化产业博览交易会在深圳会展中心隆重开幕。刘云山宣布大会开幕。本届文博会由文化部、商务部、国家广播电影电视总局、新闻出版总署、中国国际贸易促进委员会、广东省人民政府和深圳市人民政府联合主办。

文博会主会场在深圳会展中心举办，展出面积10.5万平方米；同时设立了40家分会场，数量与上一届持平。主展馆共计1928个政府组团、企业和机构参展，比上一届增加32个；全国内地31个省、自治区、直辖市和港澳及台湾地区全部参展，不仅再次实现政府组团“满堂红”，而且龙头文化企业品牌云集，华侨城集团、中国出版集团、华强文化科技、湖南鸿梦卡通传播有限公司等知名文化企业遍布各展馆。本届文博会继续重视权威配套活动，总活动492项，包括文化和科技融合座谈会、中国（国际）新媒体短片节、中国文化产业投融资项目推介会、数字出版高峰论坛、中欧文化创意产业合作研讨会等。与上届相比，本届文博会投融资项目涉及的领域、层次更趋多样化，主展馆各政府组团均加强了投融资项目交易内容，各分展馆也优先选择产业化较高的展品参展。据不完全统计，本届文博会已征集到3319个文化产业投融资项目，内容涵盖影视音像、传媒出版、娱乐演艺、动漫游戏等12个行业。同时，文化部产业司还发布了《中国文化产业2012投融资项目手册》。

深圳文博会是我国唯一一个国家级、国际化、综合性文化产业博览交易会，也是我国唯一一个获得国际展览联盟认证的综合性文化产业博览交易会。从2004年至今，文博会已举办了七届，累计成交额超过5000亿元；同时，专业化、国际化水平不断提升，产品项目投融资交易日益活跃，在海内外产生了广泛而深远的影响。

刘云山同地方党委宣传部长培训班学员座谈

5月21日，刘云山同第三十七期地方党委宣传部长培训班学员座谈，雒树刚主持座谈会。

刘云山指出，重视并善于做宣传思想文化工作，是我们党的优良传统，也是一大政治优势。现在，我国社会主义现代化建设进入新的阶段，党和国家事业站在一个新的起点上，宣传思想文化的重要作用进一步凸显。

宣传思想文化工作始终同国际国内形势的变化联系在一起，同党和国家事业的发展联系在一起。做好宣传思想文化工作，必须树立全局意识，深刻认识当今世界的形势、国内发展的趋势、社会思想变化的态势，始终保持清醒的政治头脑，坚决贯彻中央决策部署，切实做到以经济建设为中心不动摇、服从服务于改革发展稳定大局不动摇。时代的发展和实践的推进，对宣传思想文化工作者的能力素养提出了更高要求。要勤于学习，把学习作为一种政治责任、生活方式，突出实践特色、注重实际效果，不断提高理论素养、丰富知识积累、完善知识结构，使学习真正成为提升精神境界、提高工作水平的不竭动力。要勇于创新，牢记文化是引领风气之先的工作，积极适应社会结构的新变化、发展社会主义市场经济的新要求，切实推进内容形式创新、体制机制创新、传播手段创新，增强宣传思想文化工作的吸引力感召力和针对性实效性。要善于务实，大力弘扬求真务实精神，走基层、转作风、改文风，一分布置、九分落实，把工作往深里做、往实里做、往群众心坎里做，使各方面工作经得起历史、实践和人民的检验。

全国创先争优理论研讨会召开

5月21日至22日，全国创先争优理论研讨会在北京召开。习近平出席会议并讲话，李源潮主持会议，刘云山出席会议，沈跃跃作会议总结，雒树刚、虞云耀出席会议。研讨会共有288篇论文入选。

习近平指出，先进性和纯洁性是马克思主义政党的本质属性，贯穿于党的性质、宗旨、任务和全部工作中，体现在各级党组织和全体党员的实际行动上。要从思想上政治上加强党的先进性和纯洁性建设，坚持从思想教育入手，教育引导党员和干部认真学习并实践中国特色社会主义理论体系特别是科学发展观，加强党性修养和党性锻炼，模范践行社会主义核心价值体系，做共产主义远大理想和中国特色社会主义共同理想的坚定信仰者和忠实执行者；要从巩固党的阶级基础和群众基础上加强党的先进性和纯洁性建设，始终把实现好、维护好、发展好最广大人民根本利益作为检验先进性和纯洁性的试金石，进一步建立健全联系群众、服务群众的长效机制，在时时处处为群众排忧解难、造福人民的实践中体现党的先进性和纯洁性；要从提高领导骨干素质上加强党的先进性和纯洁性建设，建设好领导干部队伍，坚持在实践中培养、考察、锻炼、使用干部，推动领导干部以率先垂范的实际行动体现党的先进性和纯洁性；要从夯实组织基础上加强党的先进性和纯洁性建设，把抓基层、打基础作为一项永久的战略任务坚持不懈地抓下去，不断提高基层党建工作科学化水平，充分发挥基层党组织的战斗堡垒作用和党员的先锋模范作用；要从完善党内制度及工作机制上加强党的先进性和纯洁性建设，坚持党要管党、从严治党，增强自我净化、自我完善、自我革新、自我提高能力，健全以党章为根本、以民主集中制为核心的制度体系，为保持党的先进性和纯洁性提供制度保证。保持党的先进性和纯洁性是党的建设一项长期而又常新的战略任务，需要不断地结合新形势新任务从理论和实践结合上进行研究。他希望各级党组织和广大理论工作者加强和深化这方面研究，不断取得新的成果。

创先争优活动是党的十七大部署的两项全党性活动之一，是深入学习实践科学发展观活动的延展和深化。两年多来，各地各部门紧紧围绕推动科学发展、促进社会和谐、服务人民群众、加强基层组织的总体目标，扎实开展创先争优，取得了显著成效。研讨会上，大家一致认为，创先争优是新形势下加强党的先进性和纯洁性建设的有效载体，要认真总结创先争优活动的经验，建立健全长效机制，不断焕发党在基层生机勃勃的活力。

纪念毛泽东同志《在延安文艺座谈会上的讲话》发表70周年座谈会在北京召开

5月23日，纪念毛泽东同志《在延安文艺座谈会上的讲话》发表70周年座谈会在北京人民大会堂举行。胡锦涛作出指示，李长春出席并讲话，刘云山主持座谈会，刘延东出席座谈会。

胡锦涛指出，毛泽东同志《在延安文艺座谈会上的讲话》，把马克思主义基本原理同中国革命文艺实践创造性地结合起来，是我们党领导文艺事业的经典文献。70年来，在《讲话》精神指引下，一代又一代文艺工作者自觉投身人民群众创造历史的伟大实践，创作出一大批具有正确政治立场、深刻思想内涵、感人艺术魅力的优秀作品，推动文艺事业健康发展，为我国革命、建设、改革提供了强大精神力量。70年的历史充分表明，《讲话》始终闪耀着伟大的真理光芒，《讲话》所指明的方向和道路始终是我国文艺事业发展必须遵循的正确方向和道路。

胡锦涛勉励广大文艺工作者在新的历史条件下，认真重温《讲话》精神，按照党的十七届六中全会提出的要求，坚持中国特色社会主义文化发展道路，全面贯彻“二为”方向和“双百”方针，牢牢把握以人民为中心的创作导向，切实尊重文艺规律，大力推进改革创新，更加自觉地贴近实际、贴近生活、贴近群众，为人民奉献更多思想性艺术性观赏性高度统一的精品力作，为推动社会主义文化大发展大繁荣、建设社会主义文化强国贡献智慧和力量。

会上，文化部部长蔡武、老艺术家于蓝、作曲家印青、作家迟子建先后发言。

陈超英同志先进事迹报告会在北京举办

5月23日，中央纪委监察部、国务院国资委和湖南省委在人民大会堂联合举办陈超英同志先进事迹报告会。贺国强在报告会前亲切会见了陈超英同志亲属和报告团成员，向大家表示问候和感谢，向陈超英同志的亲属表示深切慰问。

贺国强说，陈超英同志长期工作在国有企业第一线，她恪尽职守、爱岗敬业，认真完成组织交给的各项工作任务，为企业改革发展稳定作出了积极贡献；她坚持原则、秉公执纪，认真履行纪委书记职责，顶住压力查处多起违纪违法案件，维护了国有资产安全和党纪国法尊严；她情系职工、一心为民，尽心竭力为职工办实事、解难事，与群众建立起深厚的感情，被职工亲切地称为“大姐书记”；她淡泊名利、清正廉洁，从不计较个人得失，从未利用职权为亲友谋取不正当利益；她积极向上、热爱生活，走到哪里就把欢声笑语带到哪里。陈超英同志是国有企业干部的优秀代表，也是纪检监察干部的优秀代表，她用自己的模范行动和生命历程生动诠释了新时期共产党员先进性和纯洁性的深刻内涵，树立了纪检监察干部可亲、可信、可敬的良好形象。我深深为我们党有陈超英同志这样的好党员感到骄傲，为我们纪检监察战线有陈超英同志这样的好干部感到自豪。

陈超英同志生前担任中建五局土木公司党委副书记、纪委书记、工会主席，2011年6月13日深夜在赴外地慰问职工家属返程途中，因交通意外不幸因公殉职，年仅53岁。中央纪委、人力资源和社会保障部、监察部追授陈超英同志“全国纪检监察系统先进工作者”荣誉称号。

中央办公厅印发《关于加强和改进非公有制企业党的建设工作的意见(试行)》

5月24日，中共中央办公厅印发了《关于加强和改进非公有制企业党的建设工作的意见(试行)》，并发出通知，要求各地区各部门结合实际认真贯彻执行。

国务院召开全国政府信息公开工作会议

5月24日，国务院在北京召开全国政府信息公开工作电视电话会议。马凯出席并讲话。

马凯指出，近年来，各地区各部门认真落实《政府信息公开条例》，依法依规公开政府信息，积极稳妥办理政府信息公开申请，一些重点领域信息公开取得重要突破，政府信息公开工作取得明显成效，人民群众和社会各方面给予充分肯定。同时，《政府信息公开条例》施行时间还不长，政府信息公开工作面临着新形势、新要求，需要进一步加强。推进政府信息公开，是人民政府的本质要求，是建设法治政府和服务政府的重要内容，是加强反腐倡廉建设的重要举措。各地区、各部门要认真贯彻落实国务院办公厅印发的《2012年政府信息公开重点工作安排》，重点做好以下五方面工作：一是着力推进公共财政资金管理与使用的政府信息公开，继续抓好预算决算、“三公”经费和行政经费的公开，力争取得更大进展。二是着力推进民生领域的政府信息公开工作。要把保障性住房的规划、建设、分配、管理等各环节和全过程向社会公开；继续加大生产安全事故应对、处置、调查、处理信息的公开力度；所有征地拆迁项目，都要严格依法履行公告、告知、论证和听取意见等程序，全面公布补偿方案、补偿标准和补偿结果等各环节信息；推进食品安全和环境保护信息公开。三是着力推进招投标信息公开。政府投资项目以及国有资金占控股或者主导地位、依法必须进行招标的项目，其招投标信息、投标单位及从业人员信用信息等，都要向社会公开。四是着力推进价格和收费信息公开。政府制定的价格和收费标准调整时，要公开调整的原因、标准、执行期限等，依法举行听证，严格执行经营服务性收费、行政事业性收费公示制度。五是着力推进政府信息公开制度和公开渠道建设。健全依申请公开工作机制，充分发挥政府网站、广播电视、报刊杂志等信息渠道的作用，方便社会公众及时获取政府信息。

中共中央宣传部举办开放日活动

5月24日，中宣部举办“走进中共中央宣传部”开放日活动，邀请部分驻华使节参加。刘云山会见了参加活动的各国使节，并进行了深入交流。活动是中联部与中共中央有关部门合作组织的“走进党的部门”系列主题开放日活动之一。

在与各国使节的交流中，刘云山说，宣传工作是中国共产党工作的重要组成部分，是中国共产党的优良传统和政治优势，在中国革命、建设、改革的各个历史时期都发挥了不可替代的作用。中国共产党新时期宣传工作的主要任务可以概括为四个方面：一是以科学的理论武装人，始终把理论建设作为根本建设，把用科学理论武装全党、教育人民作为宣传工作第一位的任务，坚持党的理论创新每前进一步，理论武装就跟进一步，学习教育就深化一步；二是以正确的舆论引导人，鼓励和支持媒体切实担负起社会责任，弘扬社会正气、传播先进文化，不断提高舆论引导的时效性和公信力；三是以高尚的精神塑造人，坚持以建设社会主义核心价值体系为根本，大力加强思想道德建设，大力弘扬民族精神和时代精神，大力倡导文明和谐的社会风尚，努力提高人们的思想道德素质和社会文明水平；四是以优秀的作品鼓舞人，坚持以改革促发展、促繁荣，通过体制机制创新，推动文化事业文化产业的加快发展，加强对文化产品创作生产的引导，推出群众欢迎的精品力作，满足人们文化需求。

来自49个国家和欧盟的驻华使节参加了活动，听取了中宣部的情况介绍，参观考察了中宣部的有关局室，观摩了有关工作现场。活动持续了近3个小时，现场气氛活跃、交流热烈，各国使节对活动给予高度评价。许多使节表示，这次走进中宣部不仅直接了解了中国共产党的宣传工作，而且亲身感受到了中国共产党开明开放的良好形象和对外开展友好合作的真诚意愿。

中央政治局召开会议，研究深化科技体制改革、加快国家创新体系建设

5月28日，中共中央政治局召开会议，研究深化科技体制改革、加快国家创新体系建设，胡锦涛主持会议。

会议指出，建设创新型国家，加快转变经济发展方式，实现我国发展的战略目标，最根本的是要靠科技的力量，最关键的是要大幅提高自主创新能力。当前，我国进入全面建设小康社会的关键时期和深化改革开放、加快转变经济发展方式的攻坚时期。科技在经济发展中的作用日益凸显，新科技革命和全球产业变革步伐加快，我国科技发展既面临重要战略机遇，也面对严峻挑战。必须在深化科技体制改革上取得新的重要进展，建立健全科学合理、富有活力、更有效率的创新体系，激发全社会创造活力，实现创新驱动发展。

深化科技体制改革要突出重点、务求实效。要围绕科技与经济紧密结合这个核心问题，强化企业技术创新主体地位，加快建立企业主导产业技术研发创新的体制机制。要提高科研院所和高等学校创新服务能力，强化协同创新，加强统筹协调，优化结构布局，推进科研院所分类改革，强化科技资源开放共享，建立基础研究、应用研究、技术创新、成果转化协调发展的机制，提高国家创新体系整体效能。要统筹发挥政府调控作用和市场在资源配置中的基础性作用，完善科技项目、经费管理制度和科技评价、奖励制度，形成激励创新正确导向。要加强高水平领军人才和青年科技人才培养，引进海外优秀人才，支持归国留学人才创新创业。要建立健全科学合理的人才评价标准，加强科研诚信建设，营造科学民主、宽松包容的学术氛围，进一步激发广大科技人员积极性和创造性。要

落实和完善相关法律法规和政策措施，为科技创新发展提供有力保障。

铁道部原部长、党组书记刘志军严重违纪被开除党籍

5月28日，依据《中国共产党纪律处分条例》等规定，经中央纪委常委会议研究并报中共中央政治局会议审议，决定给予刘志军开除党籍处分，待召开中央委员会全体会议时予以追认；给予刘志军开除的行政处分由监察部按程序报国务院审批后，另行作出；收缴其违纪所得；将其涉嫌犯罪问题移送司法机关依法处理。经中共中央批准，2011年2月以来，中共中央纪委对刘志军严重违纪问题进行了立案检查。经查，刘志军滥用职权帮助北京博宥投资管理集团公司董事长丁羽心获取巨额非法利益，造成重大经济损失和恶劣社会影响；收受他人巨额贿赂和贵重物品；道德败坏；对铁路系统出现的严重腐败问题负有主要领导责任。刘志军的上述行为已构成严重违纪，有的问题已涉嫌犯罪。

中共中央政治局举行第三十三次集体学习

5月28日，中共中央政治局就坚持走中国特色新型工业化道路和推进经济结构战略性调整进行第三十三次集体学习，胡锦涛主持学习。中国电子信息产业发展研究院罗文研究员、中国社会科学院工业经济研究所金碚研究员就这个问题进行讲解，并谈了他们的意见和建议。

胡锦涛在主持学习时发表了讲话。他指出，新中国成立以来特别是改革开放以来，我们在长期实践中探索和走出了中国特色新型工业化道路，我国工业建设取得举世瞩目的成就，建成了门类齐全、独立完整的现代工业体系和国民经济体系，实现了从农业大国向工业大国的历史性转变。同时，我们也必须看到，我国工业发展长期依靠高投入、高消耗，存在着发展方式粗放、结构不合理、核心技术受制于人、资源环境约束强化、区域发展不平衡等深层次矛盾和问题。这些矛盾和问题解决不好，不仅会影响我国工业健康发展，而且会给整个经济发展带来不利影响。

要着力推进工业发展制度环境建设，加强战略谋划和顶层设计，加强促进工业发展的制度建设，加强重大问题研究，完善政策体系，增强消费对工业发展的拉动作用，发挥工业产品在扩大内需中的积极作用，营造各方面关心、支持工业发展的良好氛围。要着力推进现代产业体系建设，根据工业转型升级总体要求，围绕改造提升制造业、培育发展战略性新兴产业、大力发展生产性服务业，瞄准重点领域和方向，集中力量尽快取得实质性突破，提高工业制造基础能力、新产品开发能力、品牌创建能力、产业集中度，促进全产业链整体升级，切实提高产业核心竞争力和经济效益，增强工业可持续发展能力。要着力推进创新驱动，抓住新一轮世界科技革命带来的战略机遇，深入实施科教兴国战略和人才强国战略，加快建设创新型国家，大力增强科技创新能力，为坚持走中国特色新型工业化道路奠定坚实科技和人力资源基础。要着力推进融合发展，深化信息技术在工业领域的集成应用，加快构建下一代国家信息基础设施，加快推动制造模式向数字化、网络化、智能化、服务化转变，统筹经济建设和国防建设。要着力推进协调发展，深入实施区域发展总体战略和主体功能区战略，健全跨区域合作机制，引导地区间产业合作和有序转移，促进产业集聚、集群发展，切实防止盲目扩张和重复建设，优化产业空间结构，发挥工业对农业的支撑带动作用，促进城乡协调发展。要着力推进改革开放，坚持社会主义市场经济的改革方向，坚持和完善公有制为主体、多种所有制经济共同发展的基本经济制度，推进行政体制改革，转变政府职能，充分发挥市场在资源配置中的基础性作用，突破制约工业发展的体制机制障碍，营造有利于实体经济发展的财税政策体系，健全工业经济和金融良性互动发展机制，统筹国内产业发

展和国际产业分工，促进我国发展和各国共同发展良性互动。

中国宋庆龄基金会成立30周年纪念大会在北京举行

5月29日，中国宋庆龄基金会成立30周年纪念大会在北京人民大会堂举行。贾庆林出席大会并讲话。

贾庆林首先代表中共中央向大会的召开表示热烈的祝贺，向长期以来关心支持中国宋庆龄基金会的各位理事、各界朋友表示诚挚的问候。他说，宋庆龄先生是伟大的爱国主义者，是为新中国的建立和发展作出杰出贡献的政治家，是在国际上具有重大影响和享有崇高声誉的社会活动家。作为国际上公认的20世纪最伟大的女性之一，宋庆龄先生为世界和平和人类进步作出了杰出贡献，深受中国人民和世界人民的尊敬和爱戴。在邓小平同志倡导下，经中共中央批准，1982年5月正式成立了中国宋庆龄基金会。这是新中国成立后唯一一个以党和国家领导人的名字命名的基金会，对于弘扬宋庆龄精神、传承她的未竟事业具有重大而深远的意义。中国宋庆龄基金会成立30年来，紧紧围绕党和国家工作大局，始终秉持“和平、统一、未来”的建会宗旨，认真履行人民团体和公益机构双重职能，取得了令人振奋的可喜成绩，在海内外产生了积极影响。实践充分证明，宋庆龄基金会不愧为促进我国公益事业发展的重要团体，不愧为推动祖国和平统一的重要桥梁，不愧为拓展我国民间外交的重要平台。

周铁农、杜青林和何鲁丽、顾秀莲等出席纪念大会。胡启立在大会上致辞。宋秀岩、王宜林、苏天明分别致贺词。

中组部召开基层组织建设年工作推进会

5月29日，中组部召开基层组织建设年工作推进会。李源潮出席并讲话，沈跃跃主持会议。

基层组织建设年工作开展以来，各地区各部门高度重视、扎实推进，形成了上下联动、齐心协力抓基层的良好氛围。现在，调查摸底、分类定级已基本完成，进入整改提高、晋位升级阶段。中组部5月初专门下发文件，对整改提高工作作出了部署。

李源潮指出，整改提高要坚持抓两头带中间，充分发挥先进典型的示范引领作用，突出抓好后进支部整顿转化这个重点。要根据查找出来的问题，制定有针对性的整改方案，向党员、群众公开，接受监督和评议。要总结推广先进基层党组织的经验，组织后进和一般的党组织对标定位、比学赶超。要选派责任心强、能力素质好、群众认可度高的优秀党员担任基层党组织书记，按照分级负责、分类实施的要求抓好对基层党组织书记的普遍轮训。要明确基层党组织书记的岗位职责，加强考核监督和激励保障。要层层落实基层党建工作责任，把基层组织建设年各项任务一抓到底。要提高支部建设质量，使基层组织建设年在支部落实、在支部见效。

纪念《讲话》发表70周年暨全军文学创作座谈会举行

5月29日，纪念毛泽东同志《在延安文艺座谈会上的讲话》发表70周年暨全军文学创作座谈会在北京举行。

徐才厚在会见与会代表时强调，全军广大文艺工作者要深刻学习领会、模范落实《讲话》精神、党的十七届六中全会作出的决定和胡锦涛主席的重要指示，坚持以中国特色社会主义理论体系为指导，深入贯彻国防和军队建设主题主线，努力为发展先进军事文化、推动国防和军队现代化建设，为建设社会主义文化强国作出新的更大贡献。李继耐一同看望与会代表。

中央国家机关召开党代表会议选举出席党的十八大代表

5月29日至30日，中共中央国家机关工

委在北京召开中央国家机关党代表会议，选举产生中央国家机关出席党的十八大代表，马凯出席会议并讲话。

中央国家机关各级党组织和广大党员高度重视党的十八大代表选举工作。按照中央要求和中央国家机关工委统一安排，以高度的政治责任感和严谨细致的工作作风，精心组织、周密部署，认真做好十八大代表推荐提名等选举前期工作。会议期间，出席会议的360名代表认真行使民主权利，在酝酿讨论的基础上，差额选举产生了184名中央国家机关出席党的十八大代表。选举产生的代表中，既有各级党员领导干部，又有工作第一线的党员，还有一定数量的女党员、少数民族党员和专业技术人员党员，具有政治先进性和党员代表性。整个选举过程严格按照党章办事，充分体现党内民主，是加强党性教育和民主集中制教育的重要过程。

第三次全国对口支援新疆工作会议在北京召开

5月30日，第三次全国对口支援新疆工作会议在北京人民大会堂召开。会前，胡锦涛会见与会代表，向参加对口援疆工作的各地区各部门各单位和广大干部职工表示诚挚问候和衷心感谢。温家宝、习近平参加了会见，李克强参加会见并在会上讲话，周永康参加会见并出席会议。

李克强在讲话中说，两年来，19个支援省市、中央和国家机关、有关企业和新疆维吾尔自治区、新疆生产建设兵团认真贯彻中央的决策部署，团结协作，开展了规模空前的对口援疆，取得了令人瞩目的巨大成就。在对口援疆的强力推动下，天山南北形成了大建设、大开放、大发展的局面。回顾两年来的工作，关键是做到了全面援疆、民生优先，同时坚持科学推进、规划先行，制定特殊支持政策调动各方面积极性，形成了互动互利的援疆热潮。新疆地域辽阔、资源丰富、发展潜力巨大，是实施扩大内需战略的主战场之一，是深入推进西部大开发的重点所在，也是承接国内产业转移的重要区域。进一步做好对口援疆工作、推动新疆实现跨越式发展和长治久安，对于培育西部地区开发开放新的增长极，对于稳定经济增长，对于调整优化区域经济结构，都具有重要现实意义。

会上，新疆维吾尔自治区、新疆生产建设兵团、北京市、吉林省、上海市、江苏省、山东省、河南省、湖北省、广东省负责人先后发言，介绍了两年来对口援疆工作的进展情况、经验做法和下步打算。

胡锦涛签署命令：追授严高鸿同志“模范理论工作者”荣誉称号

5月31日，胡锦涛签署命令，追授南京政治学院科研部学报编辑部原主编、教授严高鸿“模范理论工作者”荣誉称号。

严高鸿，男，1948年4月出生，1968年3月入伍，1969年2月入党，安徽省广德县人。2010年12月18日，他在参加学院研究生学位论文开题报告会时，因突发心脏病，以身殉职。

命令指出，严高鸿同志把毕生精力献给了国防教育事业和马克思主义理论教育研究事业，是一名优秀的马克思主义理论工作者。他从事政治理论教学研究31年，刻苦钻研党的创新理论，先后发表55篇学术论文、主持完成8项国家和军队科研规划课题、出版17部专著和教材，为马克思主义哲学、军事哲学、军事思维学研究作出显著贡献，获得军队杰出专业技术人才奖等多个奖项。他主持编写的《中国社会主义建设概论》教材，在理论教育研究领域产生重要影响；提出的“纳入人类实践的自然环境作为构成生产力的重要因素，通过生产力系统参与对社会发展的决定性作用”观点，被学术界称为“严高鸿命题”。他积极宣传党的创新理论，每年授课250课时以上，开设的13门课程成为学院的精品课或特色课，先后到军地单位作报告600多场次，受到听众的普遍称赞。他躬身实践党的创新理论，几十年如一日忘我工作，主编《南京政治学院学报》13年，坚持把办刊与提高教学科研水平、与培养理论骨干人才有机结合起来，为推进马克思主义中国化时代化大众化作出了应有贡献。学报连续两次被评为“全国三十佳社科学报”，连续五次入选全国中文核心期刊。他指导培养的23名博士和15名硕士研究生个个品学兼优，成为各自领域的工作骨干。他不计名利、甘于奉献，始终以优秀的人品师德教书育人，在教学科研岗位上自觉践行党的先进性要求，实践了他自己“宁可透支生命，决不拖欠使命”的誓言。严高鸿同志不愧为践行当代革命军人核心价值观的时代先锋，不愧为用生命传播党的创新理论的忠诚战士。中央军委决定，追授严高鸿同志“模范理论工作者”荣誉称号。

中宣部召开部署“科学发展 成就辉煌”主题宣传工作视频会议

5月31日，中宣部召开部署“科学发展 成就辉煌”主题宣传工作视频会议。刘云山出席会议并讲话，雒树刚主持会议。

刘云山指出，科学发展观是十六大以来党的理论创新成果的集中体现，推动科学发展是当代中国的鲜明主题。这些年来，我们在攻坚克难中取得辉煌成就，党的执政能力进一步提升，一个重要原因就是深入贯彻落实科学发展观、坚持走科学发展之路。在迎接党的十八大过程中，开展“科学发展 成就辉煌”主题宣传，充分展示经济社会又好又快发展的生动实践，展示党和国家的发展进步，对于凝聚共识、振奋精神，发展团结和谐的大好局面、激发开拓进取的强大力量，具有十分重要的意义。

做好“科学发展 成就辉煌”主题宣传，要坚持团结稳定鼓劲、正面宣传为主，把展示辉煌成就与揭示根本原因结合起来，着力增强人们对中国特色社会主义道路、理论体系和制度的自觉自信。要深入宣传中央推动科学发展、深化改革开放、促进社会和谐的决策部署，宣传各地区各部门贯彻落实的实际举措，宣传我国经济、政治、文化、社会建设和生态文明建设以及党的建设取得的伟大成就，生动反映科学发展给人们生产生活带来的巨大变化。要深刻阐明党的理论创新成果的独特价值，阐明我国发展道路的鲜明特征，阐明我国制度体制的内在优势，引导人们坚定中国特色社会主义理想信念。要积极做好社会热点难点问题的引导，把解决问题的进展成效讲充分，把群众的利益安排讲明白，辩证全面地看、科学求实地办，更好地促进改革发展、维护和谐稳定。要聚焦主题、创新形式，有声有色进行集中性宣传报道，广泛深入开展群众性宣传教育，精心组织精神文化产品创作生产，形成良好思想舆论环境和浓厚社会文化氛围。要统筹国际国内两个大局，有针对性地做好对外宣传工作，充分展示我国文明民主开放进步的良好形象。

2012年6月

纪念胡乔木同志诞辰100周年座谈会在北京举行

6月1日，纪念胡乔木同志诞辰100周年座谈会在北京人民大会堂举行。李长春出席座谈会，刘云山在座谈会上讲话。刘延东出席座谈会，陈奎元主持座谈会。冷溶、欧阳淞、王伟光、罗志军在会上发言。

胡乔木同志是中国共产党的优秀党员，久经考验的忠诚的共产主义战士，无产阶级革命家，杰出的马克思主义理论家、政论家和社会科学家，思想理论宣传文化战线的卓越领导人。

刘云山指出，胡乔木同志的一生是英勇奋斗、无私奉献的一生，是追求真理、光明磊落的一生。在长达60多年的革命生涯中，胡乔木同志坚定理想信念，忠诚于党，热爱祖国和人民，把毕生精力奉献给中国革命、建设和改革事业。胡乔木同志为党和国家许多重大决策的确立竭尽智慧才华，为党的思想理论建设和宣传文化工作作出卓越贡献，为党的文献编纂和党史研究工作倾注大量心血，为推动新时期哲学社会科学事业繁荣发展发挥了重要作用。我们纪念胡乔木同志，就要学习他坚持真理、献身理想的崇高追求，学习他实事求是、勇于创造的探索精神，学习他求知若渴、好学不倦的高尚志趣，学习他尊重知识、爱才惜才的远见卓识，学习他无私奉献、谦虚谨慎的优良品德。刘云山强调，要大力弘扬胡乔木等老一辈革命家的崇高精神，更加紧密地团结在以胡锦涛同志为总书记的党中央周围，坚持以马克思列宁主义、毛泽东思想、邓小平理论和“三个代表”重要思想为指导，深入贯彻落实科学发展观，开拓进取、扎实工作，以良好的精神状态和优异的工作业绩，迎接党的十八大胜利召开，为中国特色社会主义事业作出新的更大贡献。

马克思主义理论研究和建设工程工作会议召开

6月2日，马克思主义理论研究和建设工程工作会议在北京召开，对8年来的工作进行系统总结，对深入推进工程进行全面部署。李长春出席会议并讲话，刘云山主持会议，陈奎元出席会议。

李长春指出，实施马克思主义理论研究和建设工程，是以胡锦涛同志为总书记的党中央从深入推进马克思主义中国化时代化大众化、坚持和发展中国特色社会主义事业的战略高度，作出的一项重大决策。工程实施8年来，在党中央的高度重视和直接领导下，取得了重要阶段性成果，为推进党和国家事业发展作出了贡献。通过工程实施，进一步高扬了马克思主义旗帜，创新了理论工作机制，打开了繁荣发展哲学社会科学的突破口，搭建了培养马克思主义理论人才的重要平台，有力促进了党的思想理论建设和哲学社会科学繁荣发展。马克思主义理论研究和建设工程，不愧是关系中国特色社会主义事业发展全局的战略工程、生命工程、基础工程。

深入推进马克思主义理论研究和建设工程，是新的历史起点上我们党坚持和发展马克思主义的重要举措，也是贯彻落实党的十七届六中全会精神的必然要求。必须充分认识深入推进工程对党和国家事业长远发展的战略意义，以对党对人民对历史高度负责的精神，把马克思主义理论研究和建设工程不断引向深入，加强理论创新和学术创新，继续推进充分反映马克思主义中国化最新成果的哲学社会科学学科体系和教材体系建设；加强对重大理论和现实问题的研究阐释，引导干部群众更好地统一思想、凝聚共识；进一步加大工程的宣传力度，充分展示党的思想理论建设的丰硕成果；深入开展对外交流，努力扩大我国在国际学术领域的话语权和影响力；继续发挥工程的纽带和桥梁作用，大力加强马克思主义理论队伍建设。各级党委和有关部门要把工程摆在重要位置，加强领导，作出部署，精心组织，使这项重大战略部署得到更好的贯彻落实。

全国科学道德和学风建设宣讲教育工作会议召开

6月5日，中国科协、教育部、中国科学院、中国社会科学院、中国工程院在北京联合召开全国科学道德和学风建设宣讲教育工作会议。韩启德出席会议并讲话。

中国科协与教育部自2011年起联合采取措施，共同推动在高校和科研机构的研究生新生中开展科学道德和学风建设宣讲教育，基本覆盖了2011级全部新入学的研究生，31个省（区、市）共邀请了包括43位院士在内的68位著名专家学者开展宣讲教育。

韩启德指出，近年来，科研领域学风浮躁、学术不端行为滋长，加强科学道德和学风建设已经是当前一项刻不容缓的急迫任务。韩启德强调，科学道德和学风建设要做到“双覆盖”，即覆盖所有的教育和科研单位，覆盖所有学生和科研人员，努力实现宣讲教育和制度建设相结合；科技界、教育界要通力协作，把宣讲教育推向深入，打好科学道德和学风建设这场攻坚战和持久战。

袁贵仁和陈希对2011年科学道德和学风建设宣讲教育工作进行了系统总结，并对2012年工作进行了部署。

上海合作组织峰会在北京举行

6月7日，上海合作组织成员国元首理事会第十二次会议在人民大会堂举行。中国国家主席胡锦涛、哈萨克斯坦总统纳扎尔巴耶夫、吉尔吉斯斯坦总统阿坦巴耶夫、俄罗斯总统普京、塔吉克斯坦总统拉赫蒙、乌兹别克斯坦总统卡里莫夫出席会议。胡锦涛作为主席国元首主持会议。与会领导人就深化成员国友好合作以及重大国际和地区问题深入交换意见，并对上海合作组织未来发展作出规划，达成新的重要共识。

胡锦涛发表题为《维护持久和平 促进共同繁荣》的重要讲话。各方高度评价中方为推动上海合作组织发展作出的重要贡献，相信本次峰会将成为本组织发展历程中新的里程碑。

会议结束后，成员国元首签署《上海合作组织成员国元首关于构建持久和平、共同繁荣地区的宣言》，关于《上海合作组织中期发展战略规划》的决议、关于《上海合作组织关于应对威胁本地区和平、安全与稳定事态的政治外交措施及机制条例》的决议、关于《上海合作组织成员国打击恐怖主义、分裂主义和极端主义2013年至2015年合作纲要》的决议等重要文件，并共同会见记者。

第八次中越两党理论研讨会在越南召开

6月7日至9日，主题为“中国经济发展方式的转变和越南经济增长模式的革新”的第八次中越两党理论研讨会在越南广宁省下龙市召开。刘云山和越共中央政治局委员、中央书记处书记、中央宣教部部长丁世兄出席开幕式并分别作主旨报告。

刘云山着重介绍了中国加快经济发展方式转变的实践。刘云山说，加快转变经济发展方式，是中国党和政府适应国际经济发展大势和我国发展新的阶段性特征作出的重大决策，是深入贯彻落实科学发展观的战略部署。我们坚持加强统筹协调、把握战略重点，以经济结构调整为主攻方向，以增强自主创新能力为战略支撑，以保障和改善民生为根本目的，以深化改革开放为强大动力，在加快转变经济发展方式上取得了积极进展，增强了我国经济发展的质量、效益和后劲，积累了有益经验。中越两国都是发展中的社会主义国家，在改革开放和革新开放过程中，两国经济均实现了较快增长，也都面临着提升发展质量和效益的紧迫课题，双方就转变经济方式等问题进行深入研讨，交流研究成果，相互学习借鉴，有助于我们深化对经济社会发展规律的认识，更好推进两国社会主义现代化建设。

丁世兄在主旨报告中介绍了越南革新经济增长模式的主要做法和经验。

中共中央直属机关党代表会议举行选举产生出席党的十八大代表

6月10日，中共中央直属机关党代表会议在北京举行，选举产生中央直属机关出席党的十八大代表。令计划出席会议并讲话。

令计划在讲话中强调，党的十八大是我们党在我国进入全面建设小康社会关键时期和深化改革开放、加快转变经济发展方式攻坚时期召开的一次十分重要的代表大会。中直机关各级党组织和广大党员干部一定要站在党和国家事业发展全局和战略的高度，充分认识开好党的十八大的重大意义，切实把智慧和力量凝聚到为迎接和服务党的十八大作贡献上来。要进一步增强政治意识，把牢政治方向，站稳政治立场，严守政治纪律，坚决贯彻中央决策，自觉维护中央权威，始终在思想上政治上行动上同以胡锦涛同志为总书记的党中央保持高度一致。要紧紧围绕科学发展主题和加快转变经济发展方式主线，牢牢把握稳中求进的总基调，深入开展创先争优活动，不断提高工作科学化水平，以出色的工作业绩为党旗增光添彩。要大力弘扬党的优良作风，牢固树立群众观点，倡导求真务实精神，带头做到廉洁自律，用过硬作风保证各项任务完成。

做好代表选举工作，是开好党的十八大的重要基础。他希望中直机关党代表会议代表按照党章规定和中央要求，高度负责地做好中直机关出席党的十八大代表选举工作，充分发扬民主，正确行使权利，严把思想政治素质关，真正把具有坚定理想信念、正确政治立场、良好品德作风、优秀工作业绩、较强履职能力的同志选出来。

中国科学院第十六次院士大会、中国工程院第十一次院士大会隆重开幕

6月11日，中国科学院第十六次院士大会、中国工程院第十一次院士大会在人民大会堂隆重开幕。胡锦涛出席会议并讲话，吴邦国、温家宝、贾庆林、习近平、李克强、周永康出席会议。大会由周济主持，白春礼致开幕词。

胡锦涛在讲话中首先代表党中央、国务院向大会的召开表示热烈的祝贺，向为我国科技事业作出突出贡献的两院院士和广大科技工作者致以诚挚的问候。就实现创新驱动发展对两院院士提出6点希望。第一，坚持勇于创新，积极引领科技加快发展。第二，坚持服务发展，积极推动科技与经济紧密结合。第三，坚持创新为民，积极促进科技成果造福人民。第四，坚持锐意改革，积极推动科技发展体制机制创新。第五，坚持甘为人梯，积极培养和提携优秀青年才俊。第六，坚持建言献策，积极发挥决策咨询重要作用。

胡锦涛最后强调，院士称号是我国科技界的最高学术荣誉，院士的一言一行都会对社会风尚和学术风气产生很大影响。希望两院院士牢固树立追求真理、造福人类、服务国家的理念，以身作则，严格自律，模范遵循学术规范和科学伦理，自觉抵制学术不端行为和不正之风，加强科研诚信建设，团结带领全国科技界为加快建设国家创新体系、建设创新型国家而努力

奋斗。

《国家人权行动计划（2012—2015年）》发布

6月11日，经国务院授权，国务院新闻办公室发布《国家人权行动计划（2012—2015年）》。这是我国第二个以人权为主题的国家规划。为了持续全面推进中国人权事业发展，这个计划对今后4年中国人权发展的目标、任务和具体措施作出了规划。

国家人权行动计划分为导言，经济、社会和文化权利，公民权利和政治权利，少数民族、妇女、儿童、老年人和残疾人的权利，人权教育，国际人权条约义务的履行和国际人权交流与合作，以及实施和监督等7个部分。制定新一期《行动计划》，对于巩固中国人权事业已取得的重大进步和成就，继续解决好当前存在的问题，积极应对新的挑战；对于从立法、行政、司法等各个环节进一步完善人权保障措施，提升人权保障的制度化和法治化水平；对于进一步落实尊重和保障人权的宪法原则，保障人民的经济、政治、社会和文化权利，实现中国人权事业全面发展；对于推动科学发展，促进社会更加公正、和谐，努力使每一个社会成员生活得更有尊严、更加幸福，努力实现全面建设小康社会宏伟目标，具有重要意义。

第四届全国少数民族文艺会演在北京开幕

6月12日，第四届全国少数民族文艺会演在国家体育馆隆重开幕。胡锦涛、温家宝、贾庆林、李长春出席观看开幕式文艺晚会。文艺会演由国家民委、文化部、广电总局和北京市人民政府联合主办。

演出开始前，胡锦涛等党和国家领导人亲切会见了演职人员代表。这些代表中，有深受群众喜爱的著名少数民族艺术家，有来自少数民族地区的民间歌舞艺术家，还有来自香港、澳门特别行政区和台湾地区的少数民族文艺界人士。胡锦涛等来到身着鲜艳民族服装的演职人员代表中间，同他们亲切握手、热情交谈。勉励大家坚持唱响民族团结进步的主旋律，为繁荣发展少数民族文艺事业作出新的更大贡献。

政法干警核心价值观教育实践活动汇报会在北京举行

6月12日，政法干警核心价值观教育实践活动汇报会暨《政法干警核心价值观教育读本》首发式在人民大会堂举行，周永康出席并讲话，王乐泉、王胜俊出席会议。

会上，最高人民法院、最高人民检察院、公安部、国家安全部、司法部和北京市、四川省、福建省龙岩市、广东省肇庆市、河北省三河市党委政法委负责人先后发言，汇报了开展政法干警核心价值观教育实践活动的情况，畅谈了体会和下步打算。

周永康说，中央政法委部署开展政法干警核心价值观教育实践活动以来，各级政法机关高度重视、精心组织，推出一批先进典型，形成学先进、争先进的浓厚氛围，促进了政法工作和政法队伍建设，取得了阶段性成效，实现了良好开局。要深入开展政法干警核心价值观教育实践活动，加快建设一支政治坚定、业务精通、作风优良、执法公正的政法队伍，更好地履行宪法和法律赋予的各项职责。为此，对广大政法干警提出四点要求：一要讲政治，始终不渝地捍卫党的领导和中国特色社会主义事业。二要讲宗旨，始终不渝地维护群众合法权益。三要讲法治，始终不渝地维护社会公平正义。四要讲操守，始终不渝地维护政法机关良好形象。各级政法机关要对教育实践活动进行再动员再部署，在增强针对性、实效性上下功夫。着力加强学习教育，结合《政法干警核心价值观教育读本》，深刻领会核心价值观的精髓要义；着力解决突出问题，以实际成效取信于民；着力促进当前工作，为党的十八大胜利召开创造和谐稳定的社会环境；着力建立长效机制，推动教育实践活动常态化；着力营造良好氛围，增进社会各界和人民群众对政法干警核心价值观的了解、对政法工作和政法队伍建设的支持。

上海文艺出版社迎来60周年华诞

6月12日，上海文艺出版社迎来成立60周年华诞。吴邦国、俞正声、陈至立分别发来贺词、贺信。

上海文艺出版社成立于1952年6月1日。60年来，上海文艺出版社坚持“为人民服务，为社会主义服务”的出版方针，推出了一大批在海内外产生广泛影响的图书，团结了一大批优秀的作家和学者，影响了一代又一代的读者。特别是近年来，上海文艺出版社原创文学图书出版硕果累累，长篇小说《蛙》、长篇纪实文学《山高水长——回忆父亲聂荣臻》等力作先后荣获“五个一工程”奖、中国出版政府奖、茅盾文学奖、鲁迅文学奖等国家级重要奖项。揭秘“两弹一星”研制过程的长篇纪实文学《国家命运》去年底出版后，引起社会广泛关注。

北京人艺举行建院60周年座谈会

6月12日，北京人民艺术剧院建院60周年座谈会在北京人民大会堂举行。李长春、刘淇、刘云山、刘延东发来贺信。

李长春在贺信中说，60年来，北京人艺始终坚持社会主义先进文化前进方向，认真贯彻落实党的文艺方针政策，在继承中创新，在创新中发展，创作出许多深受人民喜爱的精品剧目，涌现出一大批德艺双馨的艺术家，培养出一代代艺术新人，为满足人民精神文化生活、繁荣我国文艺事业、推动中华文化走向世界做出了重要贡献。今天的北京人艺，已经成为享誉世界的著名文化品牌，成为具有重要国际影响力的艺术殿堂。

北京人民艺术剧院成立于1952年6月12日，是具有独特表演风格的国家级话剧院，戏剧大师曹禺首任剧院院长。60年来，北京人艺秉承艺术源于生活，艺术为人民服务的宗旨，努力在现实主义与民族化、体验与体现、再现审美与表现审美上达到完美的结合，形成了鲜明的艺术风格，创建了独具特色的“北京人艺演剧学派”，成为了一座兼具艺术性、理论性和人民性的国家级艺术殿堂。60年来，北京人艺排演了《茶馆》、《雷雨》、《龙须沟》、《骆驼祥子》、《狗儿爷涅槃》、《天下第一楼》、《李白》、《窝头会馆》、《我们的荆轲》、《我爱桃花》、《有一种毒药》、《屠夫》、《关系》等300多部中外剧目，演出场次数以万计。

学习时代楷模座谈会在北京举行

6月13日，中央宣传部、中央文明办、教育部、解放军总政治部、全国总工会、共青团中央、全国妇联在北京联合召开学习时代楷模座谈会。刘云山出席并讲话。

刘云山指出，党的十六大以来，公民道德建设扎实推进，社会道德水平不断提升，产生了一大批道德建设先进人物，彰显了时代精神风貌。最近一个时期，张丽莉、吴斌、高铁成等一个又一个英雄人物接连涌现、灿若群星，在社会上产生热烈反响，被群众誉为“最美的中国人”，当之无愧地成为“时代楷模”。向时代楷模学习，就要学习他们热爱祖国、热爱人民的思想境界，自觉把个人的价值追求与党和人民的事业紧紧联系在一起，把个人的奋斗融入到国家富强、民族振兴的历史进程，为实现全面建设小康社会目标贡献智慧和力量；学习他们乐于助人、无私奉献的高尚品格，树立助人使人幸福、奉献使人快乐的幸福观，追求高尚人生价值，弘扬利他精神，以春天般的温暖促进社会和谐和睦；学习他们立足平凡、追求崇高的美好情怀，“勿以善小而不为”，认认真真做好身边事，自觉做中华民族传统美德的传承者、社会主义道德规范的实践者；学习他们爱岗敬业、忠于职守的职业精神，干一行爱一行，钻一行精一行，立足本职、扎实工作，在推进改革发展中创造一流业绩。

会上，宣读了中央文明委《关于广泛开展向张丽莉、吴斌、高铁成同志学习活动的通知》。教育部、解放军总政治部、全国总工会、共青团中央、全国妇联和人民日报社、新华社、中央电视台负责同志,专家学者代表,以及张丽莉、吴斌、高铁成的同事作了发言。

中央军委追授严高鸿荣誉称号命名大会在南京举行

6月14日,中央军委追授严高鸿同志"模范理论工作者"荣誉称号命名大会在南京举行。李继耐出席大会并讲话,向严高鸿同志的妻子颁发了授予严高鸿同志的一级英模奖章和证书。

李继耐指出,严高鸿同志是践行当代革命军人核心价值观的时代先锋,是用生命传播党的创新理论的忠诚战士。全军和武警部队广大官兵,要积极响应胡主席和军委的号召,深入开展向严高鸿同志学习活动,大力弘扬严高鸿同志的崇高精神。要把学习严高鸿与开展"赞颂科学发展成就、忠实履行历史使命"和"讲政治、顾大局、守纪律"两项重大教育活动结合起来,确保取得扎实成效。要自觉以严高鸿同志为榜样,争当党的创新理论的坚定信仰者、积极传播者和模范实践者,以优异成绩迎接党的十八大胜利召开。

严高鸿,男,1948年4月出生,1968年3月入伍,1969年2月入党,安徽省广德县人,生前是解放军南京政治学院科研部学报编辑部主编。2010年12月18日,他在参加学院研究生学位论文开题报告会时,因突发心脏病,以身殉职。他从事政治理论教学研究31年,刻苦钻研党的创新理论,先后发表55篇学术论文,主持完成8项国家和军队科研规划课题,出版17部专著和教材,为马克思主义哲学、军事哲学、军事思维学研究作出显著贡献,获得军队杰出专业技术人才奖等多个奖项。

温家宝向新聘任的国务院参事和中央文史研究馆馆员颁发聘书

6月15日,温家宝在中南海向新聘任的国务院参事徐一帆、邓小虹、何星亮、杜学芳、邓小南和新聘任的中央文史研究馆馆员杨福家、梁晓声、叶嘉莹、王永炎、刘大钧、陈来、吴静山、李燕、李小可颁发聘书,并同参事、馆员座谈。马凯宣读国务院聘任通知。

随后,温家宝在国务院小礼堂主持召开座谈会,任玉岭、吴宗鑫、牛文元、张洪涛、汤敏、石定环、姚景源、程大利、袁行霈等先后就改革分配制度、建设集约型城市、西部大开发、改善宏观调控以及文化"走出去"等建言献策。

在听取发言后,温家宝说,决策民主化科学化并不是现在才提出来的。作为政治体制改革的一个重要方面,它伴随我国改革开放的历史进程不断丰富和发展。近十年来,在党中央的领导下,各级政府在建立深入了解民情、充分反映民意、广泛集中民智、切实珍惜民力的决策机制方面进行了不懈努力。在谈到进一步推进决策民主化科学化时强调,要鼓励从实际出发,勇于探索和创新。邓小平同志在南方谈话中曾指出:"恐怕再有三十年的时间,我们才会在各方面形成一整套更加成熟、更加定型的制度。"二十年过去了,我们在建设中国特色社会主义进程中,积累了许多经验,也形成了一系列法规和制度。而真正形成一整套成熟的、定型的制度,还有许多工作要做。我们强调决策民主化科学化,首先是鼓励解放思想、实事求是、勇于探索。要讲真话、听真话,善于从各种声音中汲取智慧。批评性意见可以使我们头脑更清醒,更加重视那些容易被忽视的问题,有利于避免决策失误。要发挥网络新媒体在了解民情、汇聚民智中的积极作用,加快形成依法管理、行业自律、社会监督、规范有序的传播秩序。要有效发挥专家和智库的作用。专家和智库要增强社会责任感,独立思考、崇尚真理,使研究成果经得起实践和历史的检验。要加强对决策的监督和问责,既要完善法律监督和行政监督,又要重视人民群众监督和社会舆论监督。

我们党之所以发展民主、健全法治,就是要把党内民主和国家政治社会生活的民主加以制度化、法律化，并使宪法和法律具有任何人必须严格遵守的不可侵犯的力量，建立一个有效制约权力、并创造条件让人民监督的制度。这是社会主义民主政治建设的一项重要任务。如果民主法治不健全，权力得不到有效制约，有的人就会利用手中的权力侵犯甚至践踏法律。这是需要我们非常警醒的。关于建国以来党的若干历史问题的决议对这方面的教训作了非常深刻的总结，我们应该牢牢记取。

第二届中国人才发展论坛在深圳开幕

6月15日，第二届中国人才发展论坛在深圳开幕。李源潮出席开幕式并与专家座谈。本届中国人才发展论坛以“创新创业人才开发理论与实践”为主题。著名物理学家、诺贝尔物理学奖获得者李政道专门发来贺辞。尹蔚民主持开幕式并作主旨发言，朱小丹致辞。

李源潮指出，人才是科技创新创业的主要承载者，大力培养、引进和支持人才创新创业是我国坚定不移的战略选择。加快创新创业人才开发，必须不断变革不合时宜的阻碍创新创业人才发展的观念，不断改革创新人才开发体制机制。要立足中国实际和实践探索，借鉴国际有益经验，积极推进中国特色创新创业人才开发体系的建立。创新创业人才开发是一项系统工程。要根据国家经济发展转型、产业结构升级和参与国际竞争需要，确定人才开发的目标和重点。要以用为本，建立有利于人才潜心研究和创新创业的人才评价、流动、激励、保障科学机制。要高端引领，大力培养、引进领军人才、骨干人才、青年拔尖人才和重点领域急需紧缺的高层次人才。要产学研紧密结合，充分发挥企业在人才开发中的主体作用，不断提高学校和科研院所人才培养质量。要大力引进海外高层次人才，提高人才的国际化水平和国际竞争力。要不拘一格，鼓励人人成才。要加大政府人才投资，积极引导企业和社会加大人才资本投入，形成多元化的人才投入机制。

神舟九号载人飞船发射成功

6月16日，执行我国首次载人交会对接任务的神舟九号载人飞船，在酒泉卫星发射中心发射升空后准确进入预定轨道，顺利将3名航天员送上太空。正在丹麦进行国事访问的胡锦涛闻讯后，第一时间发来贺电。吴邦国等前往酒泉卫星发射中心观看发射。刘延东现场宣读了胡锦涛总书记发来的贺电。

16日下午18时37分，随着一声“点火”的口令，火箭在震天的轰鸣声中腾空而起，承载着神舟九号飞船和3名航天员飞向苍穹。火箭升空后，吴邦国等步入试验指挥大厅，观看巨型电子屏幕上显示的火箭和飞船飞行情况。扬声器里，工作人员不时向大家报告通过陆、海、天基测控通信网跟踪监测到的火箭和飞船运行状态：助推器分离、整流罩分离、船箭分离、飞船进入预定轨道、太阳能帆板展开、航天员飞行乘组状态良好……18时56分，载人航天工程总指挥常万全宣布，神舟九号载人飞船发射圆满成功。顿时，试验指挥大厅内一片欢腾。

按照计划，神舟九号载人飞船在轨运行期间将与天宫一号目标飞行器先后进行一次自动交会对接和一次由航天员手动控制完成的交会对接。3名航天员将进入天宫一号目标飞行器驻留，并开展科学实验和技术试验。目前，在轨运行260天的天宫一号目标飞行器已进入高度约343千米的近圆对接轨道，迎接神舟九号载人飞船的到来。

全国公安厅局长座谈会在苏州召开

6月16日，全国公安厅局长座谈会在江苏苏州召开。周永康作出重要批示。他指出，历史和现实的经验反复告诉我们，公安工作的重点在基层基础，难点在基层基础，水平也在基层基础。这次全国公安厅局长座谈会，通过现场会的形式，看先进、学先进，并有针对性地对新形势下基层基础工作作出部署，十分重要。希望各级公安机关认真总结交流经验,落实各项部署要求,腾出更多的精力加强和改进基层基础工作,不断提高公安机关的履职能力和水平。

这次全国公安厅局长座谈会的主要任务是,认真总结近年来各地公安机关加强基层基础工作的经验做法,深入分析当前公安工作面临的形势和基层基础工作存在的问题,就进一步扎实做好党的十八大安全保卫工作,进一步深化"三项重点工作"和"三项建设",不断加强和改进基层基础工作,着力提升新形势下特别是动态化、信息化条件下基层基础工作水平进行研究部署。

第四届海峡论坛大会在厦门举行

6月17日,第四届海峡论坛大会在厦门海峡会议中心隆重举行。贾庆林出席并致辞。

受胡锦涛总书记的委托,贾庆林代表中共中央,对第四届海峡论坛的举办表示热烈祝贺。贾庆林说,海峡论坛创办3年来,始终以"扩大民间交流、加强两岸合作、促进共同发展"为主题,始终坚持面向基层、面向民众的务实方向,始终保持民间性、大众性、广泛性的鲜明特色,成为规模最大、人数最多、形式最多样、内容最丰富的两岸民间交流盛会,发挥了促进两岸关系和平发展的独特功能和重要作用。就新形势下如何扩大和深化两岸民间交流,提出四点意见:第一,进一步保持两岸民间交流蓬勃发展的良好势头。第二,进一步发挥两岸民间交流汇聚民意的积极作用。第三,进一步通过两岸民间交流增进广大民众的福祉。第四,进一步提高两岸民间交流的质量和水平。

洪秀柱、王毅、杨明风、孙春兰、孙大伟、杜江、游海涛、林启沧、廖武治、吴义德等分别在大会上发言。

陈至立、黄孟复、张榕明、林文漪、顾秀莲,及来自台湾的新党主席郁慕明、亲民党秘书长秦金生、无党团结联盟主席林炳坤、中国统一联盟主席纪欣、人民最大党主席许荣淑等两岸各界人士共1700余人出席大会。

李源潮与年轻干部党性教育培训班学员座谈

6月17日,李源潮在延安干部学院与年轻干部党性教育专题培训班学员座谈,沈跃跃主持座谈会。

李源潮说,大力培养年轻干部是党和国家事业发展的需要。在改革开放和长期执政的历史条件下,我们党需要德才兼备、以德为先的干部,实干为民、群众公认的干部,改革创新、眼界开阔的干部,了解实际、经验丰富的干部。年轻干部任重道远,要以此为努力方向,按照党和人民事业发展的需要塑造自己。

年轻干部要加强党性修养,坚持先进追求、增强宗旨意识、培养群众作风、服从组织需要,提高思想道德素质。要加强理论学习,深入学习马克思主义尤其是中国特色社会主义理论,学习经济、科技、文化、社会和工作所需的专业理论知识,养成理性思维习惯,提高政治领导水平。要加强实践锻炼,到基层去、到艰苦地区、复杂环境、关键岗位砥砺品质、积累经验,提高解决实际问题的能力。年轻干部要严以律己,自重、自省、自警、自励。要防止贪欲缠身的陷阱,慎始慎微,自觉抵制官名利、权钱色的诱惑;防止骄傲自满的陷阱,任何时候都不能把自己做出的成绩作为向组织伸手的资本;防止心浮气躁的陷阱,保持实干精神,耐得住寂寞、受得住委屈、经得起考验;防止脱离群众的陷阱,从感情上、行动上保持与人民群众的密切联系。要继承党的优良作风,始终坚持实事求是、群众路线、艰苦奋斗、谦虚谨慎。

第二届中非青年领导人论坛在北京开幕

6月18日,第二届中非青年领导人论坛在北京开幕。贾庆林出席并发表主旨讲话。论坛由中国共产党与纳米比亚人组党联合举办。

贾庆林首先代表中国共产党、中国政府和人民,向论坛的举办表示热烈祝贺,向开创中非友谊的老一代领导人和参加论坛的青年领导人致以崇高敬意和亲切问候。他说，举办中非青年领导人论坛是中非青年交往史上一大创举，本届论坛以“中非合作与青年发展”为主题，顺应了中非合作蓬勃发展的大势，反映了广大青年参与中非合作、实现自身发展、推动各自国家繁荣富强的迫切愿望，必将对中非青年事业的发展和中非合作的深化产生广泛而深远的影响。

贾庆林就中非青年传承中非友谊、密切中非合作提出三点希望：一是弘扬传统，努力做中非友谊的有力推动者。希望中非青年深刻认识加强中非关系的战略意义，更加积极地了解中非友谊的历史，更加自觉地坚持真诚友好、平等相待、相互支持、共同发展的原则，更加广泛地宣传中非友好的成果，为推动中非友谊深入发展作出更大贡献。二是开拓进取，努力做中非合作的积极促进者。希望中非青年解放思想、勇于探索，发挥聪明才智，积极投身中非合作事业，为拓展和深化中非合作作出更大贡献。三是胸怀天下，努力做世界和平与正义的坚定维护者。希望中非青年着眼全局，与各国有识之士和进步力量一道，共同推进南南合作，积极维护发展中国家权益，促进国际关系民主化，为实现世界持久和平与共同繁荣作出更大贡献。

陆昊，以及坦桑尼亚革命党副主席姆塞夸、纳米比亚人组党总书记伊塔娜、赞比亚爱国阵线总书记卡林巴、南非总统府部长沙巴纳等出席开幕式。来自非洲 38 个国家和中国的近 200 名青年领导人代表与会。

《军营理论热点怎么看·2012》出版座谈会召开

6 月 18 日，《军营理论热点怎么看·2012》出版暨军队理论宣传普及工作座谈会在北京召开。徐才厚就围绕迎接党的十八大，组织官兵学好用好《军营理论热点怎么看》，推动中国特色社会主义理论体系在军队的宣传普及提出要求。李继耐会见与会代表。

这次会议的主要任务是学习贯彻党中央、中央军委和胡主席有关指示精神，总结编写通俗理论读物、推进科学理论大众化的经验，研究部署进一步加强军队中国特色社会主义理论体系宣传普及工作，为党的十八大召开营造良好思想理论氛围。

会议要求全军和武警部队要切实用胡主席一系列重要指示精神统一思想，进一步深化中国特色社会主义理论体系的宣传普及，搞好官兵关心关注的重大理论问题和热点敏感问题的研究阐释和引导，积极创新改进理论宣传普及工作的方法手段，努力推动军队理论宣传普及工作科学发展。

文化体制改革工作座谈会在兰州召开

6 月 19 日，文化体制改革工作座谈会在兰州召开。刘云山出席会议并讲话，雒树刚主持座谈会。

会议认为，党的十七届六中全会以来，各地各部门认真贯彻中央决策部署，强化领导责任、完善政策举措、全力攻坚克难，推动文化体制改革取得新的突破，文化事业文化产业发展迈出新的步伐，兴起了文化改革发展热潮。当前，文化体制改革总的进展顺利，大多数地区已完成或接近完成既定的改革目标。同时也要看到，一些地方的改革还存在不小差距，继续推进改革的任务还很重。必须进一步增强责任感使命感，增强自觉性主动性，抓住机遇、乘势而上，深入推进文化改革发展，以优异成绩和丰硕成果向党的十八大献礼。

刘云山在讲话中指出，要紧紧抓住重点难点，把解决认识问题与破解改革难题结合起来，把实现转企改制与推动资源整合结合起来，坚持分类指导、严格程序标准，完成国有文艺院团和非时政类报刊改革任务，切实把文化发展的市场主体培育好、体制机制建设好。要巩固提升已有成果，以建立现代企业制度为重点，进一步深化已转制文化企业改革，以强化服务功能为重点进一步深化文化事业单位改革，以提高管理效能为重点进一步深化文化市场综合执法改革，保持改革全面拓展良好态势，让新的体制机制优势得到充分发挥。要统筹改革与发展，注重创新发展思路、转变发展方式、调整发展结构，把文化资源优势转化为文化发展优势，提高文化发展的质量和效益，推出更多深受群众喜爱的文化精品，以文化发展成果展示和检验文化体制改革的成效。

改革越是深化拓展、越是攻坚克难，越要加强组织领导、提供有力保障。要加强统筹协调，充分发挥各部门各方面的积极性，形成推进文化改革发展的强大合力。要落实和完善配套政策，在用好用足现有政策的基础上研究制定新的政策措施，不断优化文化改革发展的政策环境。要强化督促检查，细化目标任务，落实工作责任，切实做好深入细致的思想政治工作，充分调动广大文化工作者的积极性主动性创造性，确保文化改革发展的各项任务落到实处、取得实效。

《第一资源——科学人才观简明读本》出版座谈会召开

6月19日，《第一资源——科学人才观简明读本》出版座谈会在北京召开。李源潮出席并讲话。

《第一资源——科学人才观简明读本》由江苏省人才工作领导小组和凤凰出版传媒集团编写出版。参加座谈的同志一致认为，该书比较全面系统、深刻生动地阐述了科学人才观的理论来源、主要内涵、实践意义，深入浅出、通俗易懂，是一本很好的科学人才观普及读本。

李源潮指出，科学人才观来源于我国创新人才发展的实践，是科学发展观在人才工作领域的具体应用。要把宣传和普及科学人才观贯穿于实施国家中长期人才发展规划的全过程，让人才是科学发展第一资源、人才要优先发展、人才发展以用为本、人人皆可成才等核心价值理念真正深入人心。要以科学人才观为指导，抓好人才发展规划提出的各项重大任务落实，解决人才发展中遇到的新矛盾新问题。当前制约人才成长和发挥作用的保守思想和体制机制障碍还不少，进一步解放思想、解放人才、解放科技生产力是一项重要而长期的任务。要以科学人才观为指导，开阔眼界、开阔思路、开阔胸襟，更好地认识人才、集聚人才、使用人才。要认真总结基层的实践创造，充分吸收国际人才发展的先进思想理念，不断创新完善人才发展体制机制，努力提高我国人才国际竞争力。

全国农村党风廉政建设工作经验交流会召开

6月19日，全国农村党风廉政建设工作经验交流会在北京召开，何勇出席会议并讲话，吴玉良主持会议。

何勇充分肯定了党的十六大以来农村党风廉政建设工作取得的成绩。他指出，党中央高度重视农村党风廉政建设，中央纪委历次全会把加强农村党风廉政建设作为一项重要任务进行部署。建设社会主义新农村、实现农村改革发展目标任务，必须深入推进农村党风廉政建设。要加强监督检查，推动中央关于农业农村改革发展各项方针政策和决策部署的贯彻落实。要深入贯彻落实《农村基层干部廉洁履行职责若干规定（试行）》，促进农村基层干部切实改进作风、认真履行职责。要坚决维护农民群众切身利益，促进农村和谐稳定。要加强农村基层民主建设，保障农村党员、群众知情权、参与权、管理权和监督权。要加强干部队伍建设，努力建设一支守信念、讲奉献、有本领、重品行的农村基层干部队伍。

习近平就加强和改进高校党建工作在北京高校进行调研

6月19日至20日，习近平先后到北京大学、中国人民大学、清华大学就加强和改进高校党建工作进行调研，并召开座谈会听取意见。习近平强调，加强和改进高校党的建设要继续坚持和贯彻好正确的指导原则，紧紧围绕服务大局和促进高等教育事业科学发展这一主题来开展，围绕培养中国特色社会主义事业合格建设者和可靠接班人这一根本来推进，围绕贯彻好党委领导下的校长负责制这一领导体制来加强，围绕抓好基层打牢基础这一重要支撑来深化，为高校改革发展稳定提供坚强保证。

20 日上午，习近平在清华大学主持召开高校党建工作座谈会，在听取教育部负责人和北京大学等 5 所高校党委书记的发言后作了讲话。习近平指出，高校是重要的教育阵地，也是重要的思想文化阵地。各级党委要牢牢把握社会主义大学的办学方向，切实加强和改进高校思想政治工作，强化大学生思想政治教育，强化教师队伍特别是青年教师队伍的思想政治建设，加强辅导员队伍建设，加强党员队伍建设，坚持党建带团建，不断提高高校党建工作科学化水平。

教书育人楷模先进事迹报告会在北京举行

6 月 20 日，教书育人楷模先进事迹首场报告会在北京人民大会堂举行。会前，李长春亲切看望了报告团成员和 2011 中国大学生年度人物，向教书育人楷模致以崇高敬意，向获奖大学生表示热烈祝贺，向全国广大师生致以诚挚问候。他强调，要深入宣传教书育人楷模和大学生先进人物的事迹，形成崇尚先进、学习先进、争当先进的鲜明导向，在全社会大力营造爱岗敬业、尊师重教和促进学生健康成长的良好环境，为推进社会主义核心价值体系建设、促进教育事业科学发展提供有力的思想保证、精神动力和舆论支持。刘延东参加看望。

2011 中国大学生年度人物评选活动由中宣部、教育部、团中央、人民日报社共同指导，人民网、大学生杂志社联合主办。通过网络投票、专家评审和网上公示的方式，评选出“2011 中国大学生年度人物”10 名、提名奖 20 名、特别奖 1 名。教书育人楷模先进事迹报告团宣讲活动由教育部、光明日报社联合主办。报告会上，报告团成员深情讲述了他们牢记神圣使命、潜心教书育人的工作经历和真切感受，深深感动了全场听众。首都高校 700 余名师生代表参加报告会。首场报告会后，报告团还将分赴一些城市作巡回报告。

《乔石谈民主与法制》出版座谈会在北京举行

6 月 20 日，由人民出版社、中国长安出版社出版的《乔石谈民主与法制》一书出版座谈会在北京举行，王兆国出席会议。

《乔石谈民主与法制》收录了从 1985 年到 1998 年乔石担任党和国家领导人期间，有关民主与法制的重要讲话、报告、谈话、文章共 102 篇，约 44 万字，其中直接涉及人大制度和人大工作的文稿有 40 多篇，内容包括坚持和完善人民代表大会制度，加强人大立法工作、监督工作、代表工作、对外交往和自身建设，推进依法治国，推进社会主义民主政治建设等。编入书中的文稿，绝大部分是第一次公开发表。全书分上下两集，反映了乔石在探索社会主义民主与法制建设的实践中所作的深入思考，展现了我国改革开放以来民主法制建设的一段重要历程，为学习研究社会主义民主法制建设伟大历程提供了珍贵史料，对于进一步推进我国社会主义民主与法制建设的深入开展与研究、做好新形势下的人大工作具有重要意义。

中组部召开老干部工作座谈会

6 月 20 日，中组部在北京召开总结干部离退休制度建立 30 年来老干部工作座谈会。李源潮指出，要认真总结干部离退休制度建立以来老干部工作的实践和经验，深入研究老干部工作面临的新形势新任务，不断推进观念创新、方法创新、制度创新，把老干部工作提高到新的水平，以优异成绩迎接党的十八大胜利召开。沈跃跃出席座谈会并讲话。

座谈会回顾干部离退休制度建立以来老干部工作的发展历程，提出了做好新形势下老干部工作的思路和措施。强调要更加注重加强对离退休干部的政治教育、更加注重加强离退休干部党组织建设、更加注重落实离退休干部的政治待遇、更加注重加强对离退休干部的个性化服务、更加注重发挥离退休干部的作用,努力开创老干部工作的新局面。

全国公安边防部队先进集体先进个人表彰大会在北京举行

6月20日,全国公安边防部队先进集体先进个人表彰大会在北京举行。孟建柱出席大会并会见与会代表。

孟建柱指出,公安边防部队担负着捍卫国家主权、维护边境稳定、保障人民安居乐业的重要职责。党的十七大以来,全国公安边防部队为维护国家安全和边境地区稳定作出了突出贡献。要始终坚持政治建警的根本方针,坚持不懈地用中国特色社会主义理论武装广大官兵头脑,牢固树立人民警察核心价值观,永葆忠于党、忠于祖国、忠于人民、忠于法律的政治本色,永远做党和人民的忠诚卫士。要始终牢记守边固防的重大职责,大力加强边境和口岸管理,集中整治边境地区突出治安问题,依法坚决打击跨国跨境违法犯罪活动,全力维护边境地区治安秩序。要始终坚守执法为民的宗旨意识,时刻把人民放在心中最高位置,进一步深化爱民固边战略,寓管理于服务之中,真心为群众办实事、解难事、做好事,以广大官兵的实际行动,把党和政府的关怀和温暖送到群众心坎上。要始终树立固本强基的指导思想,坚持心系基层、服务基层,进一步加强和改进边防基层基础建设,为广大官兵快乐工作、幸福生活创造良好的环境。

中央综治委召开第二次全体会议

6月21日,周永康在北京主持召开中央综治委第二次全体会议。王乐泉、回良玉、马凯、孟建柱出席会议并讲话。

会上,中央综治委派出的6个调研组分别汇报了赴全国社会管理创新综合试点地区蹲点调研的情况,中央综治办负责同志就有关文件稿作了说明,与会同志积极发言,就推进工作、综治考评意见等展开了讨论。

在听取大家发言后,周永康说,中央综治委去年更名组建以来,按照中央的决策部署,先后召开全体会议、全国电视电话会议和4次专题会议、4个地方片会、综合试点工作座谈会等,梳理需要研究解决的重大问题,组织开展调查研究,提出加强和创新社会管理的一系列工作思路、政策措施和指导意见,指导推进综合试点、典型培育和面上工作。各专项组和成员单位按照职责分工制定工作计划,研究出台了一批重要政策文件,组织开展了一系列专项工作,有力地推动了各地的探索实践。各地结合实际制定了综合规划、实施方案,加强了组织领导,建设了一批基础性项目,在破解难题、开展试点等方面取得了阶段性成效,创造了一批各具特色的经验。加强和创新社会管理呈现出党委政府高度重视、各部门齐抓共管、全社会广泛参与的良好局面,促进了经济发展、民生改善、社会和谐稳定。要通过总结推广成功经验进一步加强和创新社会管理。要通过解决重点难点问题进一步加强和创新社会管理。要通过深化综合试点进一步加强和创新社会管理。

为党的十八大胜利召开创造良好社会环境,是当前加强和创新社会管理工作的重要任务。要深入开展领导干部接访下访活动,深入做好矛盾纠纷排查化解工作,深入推进社会治安综合治理,依法妥善处置突发事件,巩固和发展社会和谐稳定的良好局面。

庆祝香港特别行政区成立十五周年成就展开幕

6月27日,"迈向更好明天——庆祝香港特别行政区成立十五周年成就展"在国家博物馆开幕。习近平出席开幕式并参观展览。在开幕式前,习近平还会见了香港特别行政区行政长官曾荫权、候任行政长官梁振英。

展览由香港特别行政区政府主办，包括前言、香港回归及“一国两制”、内地与香港携手合作共创双赢、我们走过的日子、香港——亚洲国际都会、更好明天共六个部分。展览通过图片、文字和实物，配合新颖的多媒体影音技术，以活泼生动的形式，全面反映了香港特别行政区成立15年来取得的巨大成就。

全军基层建设工作会议召开

6月27日，郭伯雄会见全军基层建设工作会议代表，徐才厚一同会见。梁光烈、陈炳德、李继耐、廖锡龙、常万全、靖志远、吴胜利、许其亮参加会见。

郭伯雄首先代表胡主席和中央军委，向出席全军基层建设工作会议的代表表示诚挚的问候，向受到表彰的基层建设先进单位和个人表示热烈的祝贺。他指出，近年来，全军和武警部队按照胡主席和军委的决策部署，适应新的形势和情况，认真贯彻落实“五句话”总要求和《军队基层建设纲要》，取得了历史性的重大成果，创造了宝贵的新鲜经验，开创了基层建设的新局面。这次全军基层建设工作会议认真总结工作、交流经验、分析形势、研究措施，对于进一步加强基层建设，必将起到有力的推动作用。要抓住根本，坚持不懈地用党的创新理论建连育人，不断强化军魂意识，持续培育当代革命军人核心价值观，大力发展先进军事文化，确保部队坚决听党指挥、绝对忠诚可靠。要聚焦使命，坚持战斗力标准，努力提高以打赢信息化条件下局部战争能力为核心的完成多样化军事任务的能力，坚决完成党和人民赋予的各项任务。要建强组织，着力抓好基层党组织和干部骨干队伍建设，充分发挥党支部的战斗堡垒作用和党员的先锋模范作用。要从严治军，严格贯彻落实条令条例和各项规章制度，确保部队高度集中统一和安全稳定。各级领导机关要积极研究新情况、认识新规律、创造新方法，推进基层建设全面协调可持续发展。

《中国共产党历史日志》出版发行

6月28日，在中国共产党成立91周年之际，中央对外宣传办公室、中央党史研究室编写的《中国共产党历史日志》，由中共党史出版社出版，全国公开发行。

《中国共产党历史日志》全书共编录2900余个条目，32万余字。条目编写坚持以史为据、实事求是，既全面展示党史脉络，又注重把握党的历史发展主流；既体现党史宣讲的严肃性、权威性，又突出重点、简明扼要，具有较强的可读性。在运用以往党史资料的同时，《中国共产党历史日志》还吸收了近年来党史研究的最新成果，具有十分重要的史料价值。《中国共产党历史日志》的出版，对于广大党员、干部、群众和青少年更多了解党的历史，深化对党的认识，进一步坚定在党的领导下走中国特色社会主义道路的自觉性坚定性，在推进中国特色社会主义事业、实现中华民族伟大复兴中作出更大贡献，以优异成绩迎接党的十八大胜利召开，将起到积极的促进作用。

全国创先争优表彰大会召开

6月28日，全国创先争优表彰大会在北京人民大会堂召开。会前，胡锦涛亲切会见与会的全国创先争优先进基层党组织、优秀共产党员和创先争优活动先进县（市、区、旗）党委代表。胡锦涛总书记代表党中央，向全国8200万名共产党员表示诚挚问候，向受到表彰的创先争优先进基层党组织和优秀共产党员表示热烈祝贺。习近平、贺国强参加会见并出席表彰大会。大会由李源潮主持。

习近平在表彰大会上讲话时说，两年多来，创先争优活动围绕推动科学发展、促进社会和谐、服务人民群众、加强基层组织这个总要求，在全国基层党组织和党员中广泛而深入地开展，取得了丰硕成果。在中国共产党成立91周年即将到来之际，中央决定召开大会，表彰全国创先争优先进集体和优秀个人，就是号召各级党组织和广大党员向先进学习，在改革发展稳定中充分发挥各级党委的核心领导作用、基层党组织的战斗堡垒作用和共产党员的先锋模范作用，为夺取全面建设小康社会新胜利而奋斗。

会上宣读了表彰决定，并为受表彰代表颁奖。江苏省扬州市广陵区曲江街道文昌花园社区党委书记郑翔，大庆油田钻探工程公司1205钻井队队长、党支部书记李新民，陕西省安塞县委书记程引弟在会上发了言。

习近平出席共产党员网、共产党员电视栏目和共产党员手机报开通仪式

6月30日，在中国共产党成立91周年到来之际，中央组织部在北京举行共产党员网、共产党员电视栏目、共产党员手机报开通仪式。习近平视察共产党员网、共产党员电视栏目、共产党员手机报平台建设情况并出席开通仪式。

共产党员网、共产党员电视栏目、共产党员手机报由中组部党员教育中心分别联合央视网、山东省有关部门和单位、人民网共同主办，将坚持导向鲜明、教育及时、服务有效的创办方针，为基层党组织和广大党员提供优质高效的教育服务管理功能。

李源潮在开通仪式上讲话。他说，开办共产党员网、共产党员电视栏目、共产党员手机报三个党员教育平台，是以改革创新精神加强组织工作的重要举措。中组部党员教育中心将同有关部门和单位一起，围绕党的中心任务，紧贴基层工作实际，根据广大党员的需求来办网、办报、办电视节目，努力把它们办成党员欢迎、组织满意、群众爱看的共产党员的学习平台、交流平台、服务平台、表彰平台，及时传达中央精神，及时反映基层经验，及时回应党员关切，多出好节目、好报道、好典型、好评论，在浩如烟海的电子传媒当中办出水平、办出品牌、办出影响力，成为全国400多万基层党组织、8000多万名共产党员的共同精神家园。

全国党员总数8260.2万名 党的基层组织总数402.7万个

6月30日，来自中央组织部的最新党内统计数据显示，截至2011年底，中国共产党党员总数达8260.2万名，比上年增加233.3万名，增长2.9%；党的基层组织总数达402.7万个，比上年增加13.5万个，增长3.5%。各项数据表明，2011年党员队伍不断壮大，结构不断优化，素质不断提高；党的基层组织设置方式不断创新，覆盖面不断扩大，组织体系不断健全，呈现出蓬勃生机和旺盛活力。

从党员队伍构成看，全国有女党员1925万名，占党员总数的23.3%；少数民族党员556.2万名，占党员总数的6.7%；具有大专以上学历的党员3191.3万名，占党员总数的38.6%；35岁以下的党员2062.2万名，占党员总数的25%。

从党员的职业看，工人704.7万名，农牧渔民2483.4万名，党政机关工作人员699.9万名，企事业单位管理人员、专业技术人员1925万名，学生277.8万名，离退休人员1518.2万名，其他职业人员651.3万名。

从基层党组织分布看，全国7135个城市街道、3.3万个乡镇、8.4万个社区（居委会）、59.1万个建制村建立了党组织。公有制企业、机关单位党组织覆盖面达到99.96%。事业单位党组织覆盖率达到99.2%，比上年增长0.3个百分点。98.3万户非公有制企业建立了党组织，占具备建立党组织条件的非公有制企业数的99.91%。2.65万个社会团体建立了党组织，占具备建立党组织条件的社会团体数的97.43%。2.74万个民办非企业单位建立了党组织，占具备建立党组织条件的民办非企业单位数的99.33%。

2012 年 7 月

庆祝香港回归祖国 15 周年大会暨香港特别行政区第四届政府就职典礼隆重举行

7 月 1 日，庆祝香港回归祖国 15 周年大会暨香港特别行政区第四届政府就职典礼在香港会展中心隆重举行。胡锦涛出席并讲话。

在胡锦涛监誓下，梁振英首先宣誓就职。接着，在梁振英带领下，香港特别行政区第四届政府主要官员宣誓就职。随后，由梁振英监誓，香港特别行政区行政会议成员宣誓就职。

仪式后，胡锦涛发表讲话。他代表中央政府和全国各族人民，向全体香港市民致以诚挚问候，向刚刚宣誓就职的香港特别行政区第四任行政长官梁振英先生和第四届政府主要官员、行政会议成员表示热烈祝贺，向所有关心香港、为香港顺利回归并保持繁荣稳定作出贡献的海内外同胞和国际友人表示衷心感谢。

香港回归祖国是彪炳中华民族史册的伟大业绩，也是上个世纪末具有重大国际影响的历史事件。15 年来的一切充分证明，“一国两制”是历史遗留的香港问题的最佳解决方案，也是香港回归后保持长期繁荣稳定的最佳制度安排；推进“一国两制”事业，符合香港同胞利益和愿望，也符合国家和民族根本利益。在“一国两制”伟大实践中，香港这颗璀璨的明珠放射出更加绚丽的色彩。“一国两制”事业是前无古人的伟大创举，需要在实践中不断开拓前进。在已经取得成就的基础上不断探索，把“一国两制”事业继续推向前进，是中央政府、香港特别行政区政府和社会各界人士的共同使命。中央政府对香港的一系列方针政策和重大举措，根本出发点和落脚点就是维护国家主权、安全、发展利益，保持香港长期繁荣稳定。这是在香港实践“一国两制”的核心要求和基本目标。

梁振英在致辞中表示，他会以施政成效答谢中央政府和香港市民对他的信任，全力以赴实践他的竞选承诺，带领香港稳中求变，发展经济，改善民生，促进民主，建立更繁荣、更进步、更公义的社会。香港回归祖国以来，国家一直大力支持香港，庞大的机遇引导和推动着香港的发展。新一届特别行政区政府将继往开来，落实“一国两制”、“港人治港”，保持高度自治，维护国家和香港的利益，加强团结社会各界、凝聚民心。梁振英还阐述了新一届政府的施政理念和重点，并表示相信，只要我们齐心一意，必定能够将香港打造成儿童茁壮成长、青年实现理想、壮年人一展所长、长者安享晚年、七百万市民安居乐业的理想家园，香港这颗“东方之珠”必定能够光芒再现，更形璀璨。

全国运动员文化教育和运动员保障工作会议召开

7 月 3 日，全国运动员文化教育和运动员保障工作电视电话会议召开。刘延东出席并讲话。

刘延东指出，广大运动员作为发展体育事业的一支重要力量，为提高我国竞技体育水平、促进全民健身行动的开展作出了不可替代的贡献。国办转发体育总局等部门《关于进一步加强运动员文化教育和运动员保障工作的指导意见》两年来，在党和国家亲切关怀和高度重视下，各地区各有关部门努力探索实践，采取有效措施，运动员文化教育和保障工作取得积极成效。运动员的职业生涯具有阶段性特征，因此，加强运动员文化教育，切实做好运动员保障工作，是坚持以人为本、落实科学发展观在体育工作中的具体体现，是促进体育事业健康、可持续发展、体现社会文明进步的客观要求，是体育事业中的民心工程。各级政府及相关部门要深化体教结合，健全不同学历层次办学体系，确保每个运动员依法接受文化教育。要将体教结合纳入教育发展规划，保证教育经费投入，合理配备文化课教师，推动体校与优质中小学共建、联办，整合优质资源，提高教育质量。要健全国家队和省（区、市）运动队文化测试制度，5 年内实现全国性青少年比赛赛前文化课测试全覆盖。要完善涉及收入分配、就业安置、伤病防治、社会保险等运动员保障工作机制，确保年内运动员在役期间工伤保险全覆盖，逐步实现运动员社会保障全覆盖，进一步做好退役运动员就业安置。要借鉴国外和地方的好经验好做法，深入研究探索完善体育人才培养模式，加强大型体育场馆的运营管理。要加强领导，明确责任，完善政策，强化督导，确保各项制度措施落到实处。她希望广大体育工作者继续大力弘扬中华体育精神，扎实做好伦敦奥运会备战参赛工作，力争取得运动成绩和精神文明双丰收。

李源潮与中央党校中青年干部培训班学员座谈

7 月 3 日，李源潮在中组部与第 32 期中央党校中青年干部培训班学员座谈。他指出，中青年干部要按照胡锦涛总书记要求，把成长进步的根深深扎在人民群众之中，为人民谋利益，与人民有感情，向人民学本领，为人民干实事，始终保持同人民群众的血肉联系。

这期中青班有 80 多位学员。座谈会上，大家围绕中青年干部健康成长问题谈经历、谈体会、谈建议，发言踊跃。李源潮说，中青年干部要健康成长，一要坚定理想信念、对党忠诚，二要对人民负责、为人民谋利。要深刻认识人民群众是历史的创造者和选择者，为人民谋利益是党的立党之本，群众路线是党不断胜利的主要法宝。要始终牢记党的宗旨，把为人民谋利益放在第一位，发扬密切联系群众的优良传统，防止脱离群众的危险。

全国新任市县公安局长专题培训班结业仪式举行

7 月 3 日，全国新任市县公安局长首期专题培训班结业仪式举行。孟建柱出席并讲话。

在认真听取专题培训班学员代表发言后，孟建柱强调，各级公安机关领导干部要坚持高举旗帜、坚定信念，讲政治、顾大局、守纪律，忠实践行“忠诚、为民、公正、廉洁”的人民警察核心价值观，着力做中国特色社会主义事业的建设者、捍卫者。要坚持牢记宗旨、心系百姓，树立公安机关既是执法机关又是群众工作机关、公安民警既是执法者又是群众工作者的理念，切实加强和改进新形势下的群众工作，积极回应人民群众对社会平安、公共服务、公平正义的新期待，努力把各项工作做到老百姓的心坎上，进一步密切同人民群众的血肉联系。要坚持重心下移、强基固本，以深化公安信息化、执法规范化、和谐警民关系“三项建设”为载体，以加强派出所等基层所队和社区警务工作为重点，以强化信息应用和创新警务机制为动力，以健全完善科学合理的制度为保障，坚持不懈、持之以恒地抓好打基础、管长远、利全局的事情，着力提升动态化信息化条件下的公安基层基础工作水平。要坚持创新理念、完善机制，着力提升新形势下维护国家安全和社会稳定的能力。要坚持从严治警、从优待警，毫不动摇地坚持“两手抓、两手都要硬”方针，在严明纪律、整肃作风的同时，更加注重人文关怀，着力提升公安队伍的凝聚力和战斗力。要明确目标任务，强化工作措施，加强统筹协调，扎扎实实抓好安保工作措施的落实，为党的十八大胜利召开创造和谐稳定的社会环境。

从今年 6 月下旬开始，公安部将分三期在北京对2010年以来新任的1400余名市县两级公安局长进行集中培训，首期专题培训班于6月26日至7月3日举行。

全国村务公开民主管理工作会议在运城召开

7月3日，全国村务公开民主管理工作会议在山西省运城市召开。何勇出席会议并讲话，李立国主持会议。会议通报了“全国村务公开民主管理示范单位”名单。山西省、北京市密云县等9个单位代表作了大会发言。会议代表现场观摩了运城市阳光农廉网建设和村务公开情况。

何勇指出，党的十七大以来，在党中央、国务院的坚强领导下，全国村务公开协调小组加强组织协调和工作指导，各成员单位认真履行职责，各地区各有关部门扎实开展工作，村务公开民主管理工作不断取得新进展新成效，为促进农村改革发展稳定作出了重要贡献。随着农村经济社会不断发展，农村利益格局深刻调整，农村社会结构和组织形式发生深刻变化，农民群众多元化、多层次需求不断增加，对村务公开民主管理工作提出了新的更高要求。要着力落实和完善基层群众自治制度，加强对制度执行情况的监督检查，确保现有的各项民主管理制度不折不扣落到实处；着力加强村级民主监督，建立健全村务监督委员会，完善民主监督的制度保障，确保农民群众的知情权和监督权；着力加强农村基层党风廉政建设，认真解决农民群众反映强烈的问题，建立健全长效机制，从源头上铲除腐败现象滋生的土壤；着力构建乡村治理机制，完善农村治理结构，强化社会自治功能，逐步建立与创新社会管理要求相适应的农村基层组织体系；着力加强村级干部队伍建设，把那些组织信任、农村需要、群众拥护的优秀人才选进村级班子，不断提高他们带领农民维护稳定、发展生产的本领和依法办事、民主管理、服务群众的能力。

全国巡视工作理论研讨会召开

7月6日，全国巡视工作理论研讨会在北京召开。贺国强出席并讲话，李源潮主持会议，何勇出席会议。

在认真听取与会同志的发言后，贺国强指出，这些年来特别是党的十七大以来，在党中央的坚强领导下，经过各方面的共同努力，巡视工作取得重要进展和显著成效，中央统一领导、分级负责的巡视工作领导体制和工作机制不断健全完善，以巡视工作条例为核心、相关法规文件为框架、一系列制度规定相互衔接协调的巡视工作制度体系初步形成，巡视工作重点更加突出、领域不断拓展，发现和解决了一批突出问题，在加强党内监督、全面推进党的建设新的伟大工程、维护改革发展稳定大局中的作用更加显现，得到了中央的充分肯定和广大干部群众的支持拥护，巡视工作进入了制度化、规范化发展的新阶段。实践证明，中央关于建立健全巡视制度的重大决策是完全正确的，各级党委（党组）及巡视机构的工作是卓有成效的。

全国科技创新大会在北京举行

7月6日至7日，全国科技创新大会在北京举行。胡锦涛、吴邦国、贾庆林、李长春、习近平、李克强、贺国强、周永康出席会议。胡锦涛、温家宝在会议上讲话，李克强主持第一次全体会议，刘延东作总结讲话

胡锦涛强调，科技是人类智慧的伟大结晶，创新是文明进步的不竭动力。当今世界，科技创新更加广泛地影响着经济社会发展和人民生活，科技发展水平更加深刻地反映出一个国家的综合国力和核心竞争力。我们要推进改革开放和社会主义现代化，实现全面建成小康社会目标，不断提高人民生活水平，实现中华民族伟大复兴，必须从国家发展全局的高度，集中力量推进科技创新。到2020年，我们要达到的目标是：基本建成适应社会主义市场经济体制、符合科技发展规律的中国特色国家创新体系，原始

创新能力明显提高，集成创新、引进消化吸收再创新能力大幅增强，关键领域科学研究实现原创性重大突破，战略性高技术领域技术研发实现跨越式发展，若干领域创新成果进入世界前列；创新环境更加优化，创新效益大幅提高，创新人才竞相涌现，全民科学素质普遍提高，科技支撑引领经济社会发展能力大幅提升，进入创新型国家行列。胡锦涛还就深化科技体制改革、加快创新型国家建设提出6点意见。第一，进一步推动发展更多依靠创新驱动，坚持把科技摆在优先发展的战略位置，把科技创新作为经济发展的内生动力，激发全社会创造活力，推动科技实力、经济实力、综合国力实现新的重大跨越。第二，进一步提高自主创新能力，大力培育和发展战略性新兴产业，运用高新技术加快改造提升传统产业，加快农业科技创新，发展关系民生和社会管理创新的科学技术，推进基础前沿研究。第三，进一步深化科技体制改革，着力强化企业技术创新主体地位，提高科研院所和高等学校服务经济社会发展能力，推动创新体系协调发展，强化科技资源开放共享，深化科技管理体制改革。第四，进一步完善人才发展机制，坚持尊重劳动、尊重知识、尊重人才、尊重创造的重大方针，统筹各类人才发展，建设一支规模宏大、结构合理、素质优良的创新人才队伍。第五，进一步优化创新环境，完善和落实促进科技成果转化应用的政策措施，促进科技和金融结合，加强知识产权创造、运用、保护、管理，在全社会进一步形成讲科学、爱科学、学科学、用科学的浓厚氛围和良好风尚。第六，进一步扩大科技开放合作，提高我国科技发展国际化水平，在更高起点上推进自主创新。

温家宝对增强企业创新能力提出了具体要求。一要支持企业建设高水平研发中心。二要以企业为主导深化产学研结合。三要建立科技资源开放共享机制。四要创造公平开放的市场环境，使各类企业公平获得创新资源。要在政策上最大限度地支持企业创新，要抓好现有政策的贯彻落实，并进一步完善，重点解决政策之间的协调性问题，增强政策的针对性和实效性。要建立健全财政性科技投入稳定增长机制，完善财政资助、贴息和税收减免政策，鼓励和支持企业增加研发投入。引导金融机构综合运用买方信贷、卖方信贷、融资租赁等方式，加大对科技型中小企业的信贷支持。充分发挥资本市场支持科技型中小企业创新创业的重要作用。完善产业技术政策，支持企业采用新技术、新工艺。适应科技与产业融合发展的趋势，改进高新技术企业认定办法。改革科研机构、高等院校人事管理制度，建立开放、竞争、流动的用人机制。鼓励科技人员在企业与科研院所、高等院校之间双向兼职和流动，支持他们创新创业，特别是创办科技型中小企业。健全技术要素参与分配的机制，健全与岗位责任、工作业绩、实际贡献紧密联系的激励机制，使科技人员的创造性劳动获得与其价值相称的收入，得到社会的认可和尊重。

全国供销合作社系统先进集体、劳动模范和先进工作者表彰大会举行

7月9日，全国供销合作社系统先进集体、劳动模范和先进工作者表彰大会在北京人民大会堂隆重举行。回良玉出席会议并讲话，司马义·铁力瓦尔地、白立忱出席会议。

回良玉指出，近年来，供销合作社系统大力推进经营创新、组织创新、服务创新，着力夯实基层工作，流通现代化水平显著提升，发展条件、服务条件日益改善，经济实力、服务水平、发展活力显著增强。供销社运用现代流通方式改造传统经营网络，不断拓展综合服务功能，基本构建起覆盖全国的农业生产资料、日用消费品、农副产品、再生资源等新型经营服务网络，为农业农村发展作出重要贡献。供销社不断深化重点领域和关键环节的改革，着力转变联合社职能，基本建立起适应社会主义市场经济要求的体制机制，全系统改革创新取得重大进展。供销合作社系统要准确把握经济社会发展的新变

化，把握农业农村的新形势，深入贯彻中央关于加强“三农”工作部署，大胆探索，奋力拼搏，努力成为农业社会化服务的骨干力量、农村现代流通的主导力量、农民专业合作的带动力量。一要牢牢把握主题主线，在推动经济社会又好又快发展中积极贡献力量。二要始终坚持为农服务宗旨，在竭诚服务“三农”中发挥更大作用。三要着力深化改革创新，为供销合作事业科学发展不断注入新动力。四要积极参与社会管理创新，为构建社会主义和谐社会添砖加瓦。

会议表彰了全国供销合作社系统先进集体、劳动模范和先进工作者。

党外中青年骨干专题培训班结业式举行

7 月 9 日，党外中青年骨干专题培训班结业式在北京举行。杜青林出席并讲话。

杜青林指出，加强党外干部培养是贯彻落实《中共中央关于加强新形势下党外代表人士队伍建设的意见》的重要举措。党外干部作为国家干部和党外代表人士，增强代表性事关在国家政治生活中的特殊身份，事关在坚持和完善多党合作制度中的特殊责任，事关在推进统一战线事业发展中的特殊作用。党外干部增强代表性、发挥示范性，要强化理论武装，坚持中国特色社会主义道路、理论体系和制度，引导各自党派成员和所联系群众始终与中国共产党同心同德、同心同向、同心同行。要强化实践锻炼，把肩负的责任勇敢担当起来，赋予的职权有效行使起来，分管的工作全力开展起来，在为国分忧、为民解困中展示良好形象。要强化群众观念，把造福人民群众作为最大责任和追求，关心群众冷暖、关注民生热点，以利民为民的实际贡献树立威信。要强化品德修养，以老一辈党外人士为楷模，树立正确的价值观、权力观、事业观，真正给单位留下敬业的好影响，给群众留下能干的好口碑，给自己留下坦荡的好品格。要强化组织观念，推动党派加强思想、组织和能力建设，促进党派组织团结和谐、参政议政水平提升。

这次培训班首次采取“集中学习 + 岗位实践 + 调查研究 + 集中学习”培训模式，坚持政治性和权威性并重、理论学习和实践调研并举、集中授课与互动交流并行，体现了高定位、高质量、高效能的培训特色。

道德领域突出问题专项教育和治理活动座谈会召开

7 月 12 日，中央精神文明建设指导委员会在北京召开道德领域突出问题专项教育和治理活动座谈会，总结前段工作情况，交流成功经验，部署下步任务。刘淇、刘云山出席并讲话。

会议认为，今年 5 月中央文明委部署开展专项教育和治理活动以来，各地各有关部门积极响应，全国文明城市、文明城区率先行动，大力弘扬正气、推广先进典型、践行道德规范，抓紧治理群众反映强烈的诚信缺失、公德失范等突出问题，取得了积极进展和阶段性成效。开展专项教育和治理活动是一项十分艰巨的任务，取得让人民群众满意的工作效果，还需要付出艰苦努力。一定要加大力度、深化措施，把中央决策部署落实到位，不负人民期望。

中央文明委成员单位和国务院有关部门负责同志，中央宣传文化单位主要负责同志，各省（区、市）、新疆生产建设兵团文明办主任和全国文明城市（区）的文明委主要负责人，文明办主任参加会议。3 个中央部委和 9 个全国文明城市的负责同志在会上作了发言。

中央党校举行 2012 年春季学期毕业典礼

7 月 13 日，中共中央党校举行 2012 年春季学期毕业典礼。习近平出席毕业典礼，并为学员颁发毕业证书。李源潮、何勇、令计划出席毕业典礼。李景田在毕业典礼上讲话。

中央党校本期毕业学员共 740 人。另有中直机关分校、中央国家机关分校、部队分部和国务院国资委分校的 3300 多名学员同期毕业。

学员们普遍反映，通过参加学习培训，增强了保持和发展党的先进性与纯洁性、坚持实事求是思想路线的自觉性和坚定性，提升了党性修养；深化了对马克思列宁主义、毛泽东思想特别是中国特色社会主义理论体系的学习理解，夯实了理论功底；加深了对当前世界大势和我国大政方针的理解认识，丰富了知识，强化了世界眼光和战略思维；汲取了理论联系实际、学以致用的智慧和力量，增强了工作本领。

第七次全国信访工作会议召开

7月13日至14日，第七次全国信访工作会议在北京召开。会前，胡锦涛亲切会见与会代表，向受到表彰的先进集体和先进个人表示热烈的祝贺，向辛勤工作在信访事业第一线的全国广大信访工作者致以诚挚的问候。温家宝、习近平、李克强参加会见。周永康参加会见并在会上讲话，李建国参加会见并主持会议。

周永康在讲话中充分肯定了近年来信访工作取得的显著成绩。他说，在以胡锦涛同志为总书记的党中央正确领导下，各地各部门紧紧围绕党和国家中心工作，着力推动事要解决和源头治理，在畅通信访渠道、化解社会矛盾、维护信访秩序等方面做了大量艰苦细致、富有成效的工作，实现了信访形势持续向好，为维护群众权益、密切党群干群关系、推动科学发展、促进社会和谐稳定作出了重要贡献。广大信访干部职工认真践行全心全意为人民服务的根本宗旨，忠实履行为党分忧、为民解难的神圣职责，深入细致地做好信访工作，付出了大量心血和汗水，涌现出了吴天祥、张云泉、陈淳、潘作良、李海景等一大批先进典型，充分展示了为民服务窗口单位的良好形象。并提出5点工作要求：一要着力加强源头预防。二要着力解决突出问题。三要着力夯实基层基础。四要着力创新体制机制。五要着力完善工作格局。

会议表彰了全国信访系统100个先进集体、100名先进工作者，分别授予305人全国信访系统优秀信访局长、优秀办信员、优秀接谈员、优秀督查员和优秀信访工作者称号，并向从事信访工作25年以上的信访工作者颁发荣誉证书。

全国党校校长会议在北京开幕

7月17日，全国党校校长会议在北京开幕。习近平出席开幕式并讲话，李源潮、何勇、令计划出席开幕式，李景田主持开幕式。

习近平指出，党的十七大以来的五年，是党校工作继往开来、与时俱进、大有作为的五年。全国各级党校认真落实全国党校工作会议精神和《中国共产党党校工作条例》，充分发挥干部教育培训主渠道作用和思想库作用，推动党校各方面工作取得新的成绩和进步。这些成绩和进步，是以胡锦涛同志为总书记的党中央高度重视和正确领导的结果，是地方各级党委和政府切实关心和大力支持的结果，是全国党校系统教职员工开拓奋进、辛勤工作的结果。各级党校要切实运用党校工作积累的成功经验，深刻认识和把握党校教育规律，更好地指导和推进党校工作。第一，坚持把党校姓党作为党校的灵魂，贯穿于教学、科研、行政、后勤各个方面工作之中，融入到党校教员和管理人员的思想与行动之中。第二，坚持党校的科学定位，发挥好党校教育的自身优势，突出服务大局的特色、理论教育和党性教育的特色、思想库的特色。第三，坚持质量立校，把高标准办学作为党校各项工作的重要抓手，通过扎实持久的工作使教学科研、基础设施、人才队伍、管理服务、学风校风的质量和水平不断得到改进和提高。第四，坚持把深化改革作为党校各项工作的强大动力，进一步转变培训观念，创新培训内容，改进培训方式，整合培训资源，优化培训队伍，在推进党校各方面改革上取得新进展。第五，坚持制度管校，严格按照《党校工作条例》办学，进一步提高党校工作的制度化、规范化、科学化水平。第六，坚持抓好学风校风建设，把从严治校作为党校各项工作的重要方针，推动形成良好的学风校风，保证党校教育目标的实现。第七，坚持人才强校，进一步形成尊重人才、爱护人才、用好人才的氛围和导向，努力营造充满活力、富有效率、更加开放的人才制度环境。第八，坚持上级党校对下级党校的指导，加强中央党校与地方党校之间以及地方各级党校相互之间在教学、科研、管理服务等方面的通力合作，充分发挥党校系统的整体优势。第九，坚持党委对党校的领导，在政治思想上更加关心，在财力物力上加大支持力度，在组织人才上加强保障，在领导方法上注意改进，把党委的领导和支持作为做好党校各项工作的根本保障。

全国维护社会稳定工作会议召开

7 月 17 日，全国维护社会稳定工作电视电话会议召开。周永康出席并讲话，王乐泉主持会议并讲话，孟建柱出席会议。

周永康指出，今年以来，面对复杂多变的国际形势和国内艰巨繁重的改革发展稳定任务，在以胡锦涛同志为总书记的党中央领导下，各地各部门牢牢把握稳中求进的工作总基调，认真履行维护稳定的第一责任，实现了社会大局持续稳定，促进了经济社会健康发展。再过几个月，党的十八大就要召开了。这是在全面建设小康社会关键时期和深化改革开放、加快转变经济发展方式攻坚时期召开的一次十分重要的会议，举国关心，举世瞩目。确保社会大局和谐稳定，是开好十八大的重要前提，是各地各部门各单位的首要政治任务和重大政治责任。要充分发挥我们的制度优势，借鉴运用多年来办成一系列喜事大事、应对一系列急事难事积累的成功经验，统筹抓好改革发展稳定各项工作。为此，一要着力保障和改善民生。二要着力排查化解矛盾纠纷。三要着力维护国家安全。四要着力维护公共安全。五要着力加强舆论引导。

会上，北京、内蒙古、吉林、江苏、广东等 5 个省区市的主要负责同志作了发言。

全国检察长座谈会在上海召开

7 月 17 日，全国检察长座谈会在上海召开。俞正声出席并致辞，曹建明主持会议并讲话。

俞正声在致辞时说，检察机关是我国重要的法律监督机关，检察事业是中国特色社会主义事业的重要组成部分。长期以来，上海检察机关认真贯彻中央精神，在上海市委和最高检的领导下，在全国检察机关的有力支持下，坚持法律监督的宪法定位，坚持服从服务于改革发展稳定大局，坚持立检为公、执法为民，忠实履行宪法和法律赋予的神圣职责，为维护社会和谐稳定、促进社会公平正义、推动上海经济社会发展作出了重要贡献。

曹建明指出，各级检察机关一定要从国家法治建设全局和检察事业长远发展的高度，积极正确把握刑诉法修改对检察工作的有力推动，既要清醒认识面临的新形势新问题新挑战，切实增强责任感和紧迫感，又要充分看到检察事业有利条件和发展机遇，特别是要看到党和国家及人民群众对检察工作的高度重视和充分肯定，看到近年来检察机关坚持不懈地强化法律监督、强化自身监督、强化队伍建设积累的宝贵经验，看到正确应对挑战给检察机关更新执法理念、完善工作机制、转变办案方式、提升监督能力带来的重大机遇，确保修改后刑诉法在检察工作中得到全面正确有效贯彻落实。

孟建柱批示要求宣传学习李博亚英雄事迹

7 月 17 日，孟建柱就铁道警官高等专科学校学生李博亚舍己救人事迹作出批示，要求全力做好救治和抚恤等相关工作，大力宣传学习李博亚的英雄事迹，并签署命令授予李博亚“全国公安系统二级英雄模范”称号，以表彰先进、弘扬正气。

受孟建柱和公安部党委的委托，公安部有关负责同志 17 日专程赶赴河北省秦皇岛市第二医院看望慰问了李博亚及亲属。公安部有关负责同志听取了医院关于李博亚病情和救治情况的介绍，并在征得医生同意后进入重症监护病房，向李博亚转达了孟建柱和公安部党委的亲切慰问和崇高敬意，宣读了公安部《关于授予李博亚同志全国公安系统二级英雄模范称号的命令》。

公安部有关负责同志说，李博亚舍己救人的英雄壮举，生动诠释了“忠诚可靠、秉公执法、英勇善战、纪律严明、无私奉献”的新时期人民警察精神，集中体现了忠于党、忠于祖国、忠于人民、忠于法律的政治本色，彰显了“共和国预备警官”的良好精神风貌，是全国公安院校在校学生学习的榜样。公安部已发出通知，要求在全国公安院校在校学生中深入开展向李博亚学习活动。

新版《马克思画传》、《恩格斯画传》和《列宁画传》出版座谈会召开

7月17日，新版《马克思画传》、《恩格斯画传》和《列宁画传》出版座谈会在北京召开。刘云山致信祝贺，充分肯定画传出版的意义和作用，并对加强马克思主义经典著作的学习、研究和宣传提出要求。

会议认为，马克思主义经典著作深刻蕴含和集中体现着马克思主义基本原理，包含着经典作家汲取人类探索真理的丰富思想成果。加强马克思主义经典著作的学习运用，始终是党的思想理论建设的一项根本战略任务。要坚持突出重点、精选精学，加强对经典著作的选编，推出适合不同读者对象的读本，帮助干部群众有重点地进行学习，努力掌握贯穿其中的马克思主义立场观点方法。要坚持联系实际、学以致用，把学习的收获转化为推动实践的能力，把解决实际问题作为促进学习的动力，增强经典著作学习的针对性实效性。要坚持深入研究、科学阐释，继续深化经典著作基本观点研究，推出更多有分量、有影响的研究成果，为学习掌握马克思主义基本观点提供坚实支撑。要坚持改进文风、创新形式，用群众听得懂、听得进的话语阐释经典著作，用群众乐于接受的形式展现经典著作，着力推进经典著作的宣传普及，深化马克思主义中国化最新成果的宣传教育，为迎接党的十八大胜利召开营造良好的思想理论氛围。

雒树刚在座谈会上讲话，杨胜群、李君如、郛书林、顾海良、何东平、庄福龄在座谈会上发言。中央编译局和重庆市委宣传部有关负责同志介绍了画传编纂出版的情况。

第十一届全国见义勇为英雄模范表彰大会举行

7月19日，第十一届全国见义勇为英雄模范表彰大会在人民大会堂举行。周永康在会前亲切会见英雄模范代表，并同他们座谈。他强调，要深入贯彻落实党的十七届六中全会精神，学习宣传见义勇为英雄模范，大力弘扬见义勇为精神，努力在全社会形成扶正祛邪、扶危济困的良好风尚，不断巩固全国各族人民团结奋斗的思想道德基础。

座谈时，山东省莱州市个体工商户李京珊和吉林省长春市赴朝鲜经商人员阮兴望代表受到表彰的群体和个人作了发言。周永康首先代表党中央、国务院，向荣获“全国见义勇为英雄”荣誉称号的7名同志和荣获“全国见义勇为英雄群体”荣誉称号的3个群体、17名同志表示热烈祝贺，向因见义勇为而不幸牺牲的烈士表示深切哀悼，向负伤致残的英雄及烈士家属表示亲切慰问。

随后，中宣部、中央综治办、公安部、解放军总政治部、全国总工会、共青团中央、全国妇联、中华见义勇为基金会召开了表彰大会。

王乐泉、刘云山、陈至立、贾春旺、孟建柱参加了会见、座谈和表彰大会。孟建柱在表彰大会上讲话。

国防大学举行2012学年夏季毕业典礼

7月19日，国防大学举行2012学年夏季毕业典礼，徐才厚出席并代表胡锦涛主席和中央军委，对全体毕业学员圆满完成学业表示热

烈祝贺，向国防大学领导和教职员工致以诚挚问候。他勉励大家牢记肩负的职责使命，按照党中央、中央军委和胡主席的决策指示，紧紧围绕国防和军队建设主题主线，进一步加强学习和实践锻炼，不断增强素质能力，以饱满的政治热情狠抓各项建设和工作，为推动部队建设科学发展、加快转变战斗力生成模式、有效履行我军历史使命作出应有贡献，以优异成绩迎接党的十八大胜利召开。李继耐一同出席。

全国社会管理综合治理工作会议召开

7月20日至21日，全国社会管理综合治理工作会议在北京召开。周永康出席会议并讲话，回良玉作总结讲话。王乐泉、刘云山、马凯分别主持了有关会议。孟建柱、钱运录出席会议。

会上，浙江宁波市、湖北宜昌市、贵州贵阳市、江苏南通市、河南新郑市、广东深圳市、河北肃宁县采取大会发言与播放专题片相结合的方式，介绍了本地区近年来开展社会管理创新综合试点的探索实践、取得的丰富成果，中央综治委调研组介绍了北京、上海、天津、重庆加强和创新社会管理的经验，中央综治委8个专项组负责人分别介绍了下步工作的安排。

周永康在讲话中说，党的十七大以来，以胡锦涛同志为总书记的党中央正确把握世情、国情、党情、社情的深刻变化，从全局和战略高度，对加强和创新社会管理作出了一系列重大决策部署，我国社会管理工作沿着中国特色社会主义道路不断探索创新，取得了重大进展，管理格局不断健全，规划部署更加科学，综合治理扎实推进，攻坚克难初见成效，实践探索亮点纷呈，体系建设全面展开，为推动科学发展、促进社会和谐作出了重要贡献。要适应新形势新任务，抓住突出问题和关键环节，努力实现社会管理工作的良性循环和科学发展。一要坚持民生优先，从源头上改进社会管理。二要坚持服务为先，从根本上改进社会管理。三要坚持基层在先，从基础上夯实社会管理。大力推行网格化管理，建立社会管理综合信息系统，加强社会矛盾排查调处工作，建立完善社会治安防控体系，不断增强群众安全感、满意度。

胡锦涛在省部级主要领导干部专题研讨班开班式上发表重要讲话

7月23日至24日，省部级主要领导干部专题研讨班在北京举行。胡锦涛在开班式发表重要讲话。吴邦国、温家宝、贾庆林、李长春、李克强、贺国强、周永康出席开班式，习近平主持开班式，并在结业式上作总结讲话。

胡锦涛指出，中国特色社会主义是当代中国发展进步的旗帜，也是全党全国各族人民团结奋斗的旗帜，我们必须毫不动摇以邓小平理论、“三个代表”重要思想为指导，深入贯彻落实科学发展观，坚持和发展中国特色社会主义。我们必须抓紧工作，抓紧落实，在未来5年为到2020年如期实现全面建成小康社会目标打下具有决定性意义的基础，进而到本世纪中叶基本实现社会主义现代化。

党的十六大以来，我们走过了很不平坦的道路。综观这10年，国际形势风云变幻，国内改革发展稳定任务繁重，我们紧紧抓住和用好我国发展的重要战略机遇期，战胜一系列严峻挑战，奋力把中国特色社会主义事业推进到一个新的发展阶段。深入贯彻落实科学发展观仍然是一项长期艰巨的任务，面临着一系列极具挑战性的矛盾和困难。我们必须以更加坚定的决心、更加有力的举措、更加完善的制度来贯彻落实科学发展观，真正把科学发展观转化为推动经济社会又好又快发展的强大力量。

全党同志必须牢记，我国过去30多年的快速发展靠的是改革开放，我国未来发展也必须坚定不移依靠改革开放。只有改革开放才能发展中国、发展社会主义、发展马克思主义。新形势下，党所处历史方位和执政条件、党员队伍组成结构都发生了重大变化，来自外部的风险前所未有，党的建设方面特别是党员、干部队伍出现了许多亟待解决的突出问题。全党要增强紧迫感和责任感，坚持党要管党、从严治党，全面加强党的思想建设、组织建设、作风建设、反腐倡廉建设、制度建设，确保党始终成为中国特色社会主义的坚强领导核心。要继续推进党的建设新的伟大工程，坚定理想信念，保持党同人民群众的血肉联系，积极发展党内民主，深化干部人事制度改革，夯实党执政的组织基础，坚定不移反对腐败，自觉维护党的集中统一。全党要更加紧密地团结在党中央周围，扎扎实实做好各方面工作，以优异成绩迎接党的十八大胜利召开。

习近平作总结讲话，对研讨班取得的成果给予充分肯定。他说，胡锦涛同志在研讨班开班式上的重要讲话，从坚持和发展中国特色社会主义的政治高度和宽广视野，精辟分析了我国面临的新形势新任务，科学阐述了事关党和国家全局的若干重大问题，深刻回答了党和国家未来发展的一系列理论和实践问题，对于团结动员全党全国各族人民解放思想、实事求是、与时俱进、开拓创新，满怀信心地为全面建成小康社会而奋斗具有十分重要的意义。各级党组织和广大党员、干部要深入学习领会胡锦涛同志重要讲话精神，把思想和行动更好地统一到中央重大决策上来，踏踏实实地做好当前改革发展稳定各项工作，以优异成绩迎接党的十八大胜利召开。

中央机关、中管企业与地方中青年干部双向交流任职培训班举行

7月25日，中央机关、中管企业与地方中青年干部双向交流任职培训班在北京举行。李源潮出席开班式并讲话，勉励交流任职干部认真学习胡锦涛总书记重要讲话精神，深刻体会中央推进中青年干部双向交流任职的战略意图，知全局、懂本行、干实事，在新的岗位上经受锻炼和考验，为党和人民多作贡献。沈跃跃主持开班式。

党的十七大以来，中组部按照中央要求已连续3批集中开展中央单位与地方中青年干部双向交流任职，今年是第三批。参加这批双向交流任职的干部有72人，是按照出一进一、进出平衡、双向选择、统筹安排原则，用改革的办法差额择优产生的，其中有24位中央单位干部交流到中西部地区工作。

全国宣传部长座谈会召开

7月25日，全国宣传部长座谈会在北京召开。刘云山出席会议并讲话，雒树刚主持会议。

刘云山指出，胡锦涛总书记的重要讲话从坚持和发展中国特色社会主义的政治高度和宽广视野，科学阐述了事关党和国家全局的若干重大问题，深刻回答了党和国家未来发展的一系列理论和实践问题，对于团结动员全党全国各族人民解放思想、实事求是、与时俱进、开拓创新，满怀信心地为全面建成小康社会而奋斗具有十分重要的意义。要深刻把握讲话的总要求，把握深入贯彻落实科学发展观、坚持和发展中国特色社会主义的重大意义和实践要求，把握推进经济建设、政治建设、文化建设、社会建设以及生态文明建设和党的建设的重大部署，切实用讲话精神统一思想认识、推动宣传思想文化各项工作。

各级宣传部门和新闻单位要精心组织、周密安排，利用多种形式、多种渠道，集中深入地进行宣传。要大力宣传胡锦涛总书记讲话的重大意义，宣传讲话的一系列重要论述，及时报道全党全社会的热烈反响，报道各地区各部门学习贯彻的实际行动。要推出一批有深度、有说服力的文章、评论、言论，帮助人们更好地理解和掌握讲话的精神实质，增强贯彻落实科学发展观的自觉性坚定性，增强走中国特色社会主义道路的信念信心。

中宣部等表彰全国军民共建社会主义精神文明先进单位

7月25日，中共中央宣传部、中央文明办和解放军总政治部联合下发《关于表彰全国军

民共建社会主义精神文明先进单位的决定》。

《决定》指出，在全面建设小康社会、加快推进国防和军队现代化建设的新形势下，各地各部队坚持以邓小平理论和“三个代表”重要思想为指导，深入贯彻落实科学发展观，遵照党中央、中央军委关于加强社会主义精神文明建设的决策部署，紧紧围绕建设社会主义核心价值体系和培育当代革命军人核心价值观，广泛深入地开展军民共建社会主义精神文明活动，推动了精神文明建设各项任务落实到基层，促进了广大军民思想道德素质和社会文明程度不断提升，进一步密切了同呼吸、共命运、心连心的新型军政军民关系，涌现出一大批富有时代特色的先进典型。为表彰先进、树立典型、推动军民共建社会主义精神文明活动持续深入开展，中共中央宣传部、中央文明办、解放军总政治部决定，授予北京市北海公园管理处、中国人民解放军61035部队等200个单位“全国军民共建社会主义精神文明先进单位”称号。

胡锦涛致信祝贺三联书店创建80周年

7月26日，在三联书店创建80周年之际，胡锦涛致信三联书店，向全体员工和离退休老同志表示热烈的祝贺和诚挚的问候。吴邦国、温家宝、李长春、习近平、李克强分别表示祝贺。

胡锦涛指出，80年来，三联书店始终秉持爱国进步立场，在我国革命、建设、改革各个历史时期，编辑出版了一大批优秀图书和刊物，赢得了一大批忠实读者，为传播先进思想、弘扬优秀文化、促进社会发展作出了积极贡献。在深化文化体制改革、推动社会主义文化大发展大繁荣的新形势新任务面前，希望三联书店坚持走中国特色社会主义文化发展道路，以创建80周年为契机，创新体制机制，发挥特色优势，不断推出思想性、知识性、可读性有机统一的精品出版物，为建设社会主义文化强国贡献新的力量。

26日下午，三联书店创建80周年庆祝大会在北京人民大会堂举行。会前，李长春会见了与会人员，并同大家合影留念。刘云山出席并讲话，在讲话中充分肯定了三联书店创建80年来取得的显著成绩和作出的重要贡献，希望三联书店和出版界深入贯彻落实党的十七届六中全会精神，按照胡锦涛总书记在贺信中提出的要求，弘扬优良传统，坚持特色品位，不懈开拓创新，自觉肩负起传播社会主义先进文化的重要责任，推动出版业实现新的跨越。要牢记出版使命，把建设社会主义核心价值体系作为根本任务，宣传先进思想理论，倡导文明道德风尚，更好地以先进文化引领社会发展进步。要竭诚服务读者，深入研究读者多层次多样化的阅读需求，丰富题材种类，降低消费门槛，为人民群众提供更好更多的精神食粮。要坚持一流水准，着眼世界学术文化发展前沿，立足中国哲学社会科学发展实际，推出更多体现中国视角、具有中国气派的学术文化精品。要继续深化改革，大力推进体制机制、内容形式和传播方式创新，推动出版业与现代信息技术融合，更好地激发出版业的创造活力和发展动力。要加强队伍建设，遵循人才成长规律，着力培养一批学术造诣深厚的编辑人才、一批懂经营善管理的复合型人才、一批适应出版业走出去的国际化人才，为出版业繁荣发展提供有力支撑。

中共中央召开党外人士座谈会

7月26日，中共中央在中南海召开党外人士座谈会，就当前经济形势和下半年经济工作听取各民主党派中央、全国工商联领导人和无党派人士的意见和建议。胡锦涛主持座谈会并发表讲话。温家宝、贾庆林、习近平、李克强出席座谈会。温家宝通报了上半年经济工作有关情况，介绍了中共中央、国务院关于做好下半年经济工作的考虑。

座谈会上，民革中央主席周铁农、民盟中央第一副主席张梅颖、民建中央主席陈昌智、民进中央主席严隽琪、农工党中央主席桑国卫、致公党中央主席万钢、九三学社中央主席韩启德、台盟中央主席林文漪、全国工商联主席黄孟复、无党派人士林毅夫先后发言。他们赞同中共中央、国务院对当前我国经济形势的分析和对下半年经济工作的考虑，并就加强和改善宏观调控、增强消费对经济稳定发展的支撑作用、落实结构性减税政策、加快推动金融体制改革、促进创新成果转化和产业化、推进城镇化进程、发展文化旅游产业、深化医药卫生体制改革、加强经济安全研究和风险防范等提出意见和建议。

在认真听取了大家的发言后，胡锦涛表示，大家在发言中充分肯定了今年上半年以来经济工作取得的成绩，并围绕做好全年经济工作提出了具有针对性和可操作性的意见和建议，对我们做好下半年经济工作很有帮助，我们将认真研究。做好下半年经济工作，任务艰巨，需要各方面共同努力。希望各民主党派中央、全国工商联和无党派人士准确把握中共中央关于当前经济形势的判断和稳增长的各项决策部署，深入调查研究，积极建言献策，做好各自成员和所联系群众的团结稳定工作，为实现今年各项工作目标广泛凝聚共识、汇聚力量。

全国思想政治工作科学专业委员会召开第十九届年会

7月26日，全国思想政治工作科学专业委员会第十九届年会在河南省郑州市召开。程连昌、戴俭明、张蔚萍、田敏等出席会议，段若鹏主持会议。

本次会议的主题是：深入贯彻落实十七届六中全会精神，迎接党的十八大胜利召开，着重研究新形势下思想文化建设面临的新课题及对策措施。会议回顾了过去一年来学会的工作，并对新形势下思想文化建设面临的新课题及其战略新任务进行了专题研究。来自各个不同行业的学会特约研究员代表就党建工作、思想政治工作最新发展成果、师德建设和企业政研工作等课题作了专题发言。一致认为，思想政治工作是我们党的传家宝和政治优势，是一门治党治国的科学，要以改革精神推进和不断创新。

与会代表表示，希望通过学会这个阵地，把广大政工研究工作者和热爱党的思想政治工作的同志团结起来，推动思想政治工作教学和科研的深入开展，推动党政人才的培养和政工队伍素质的提高，推动思想政治工作在各条战线的开展，为党的思想政治工作科学研究和中国特色社会主义现代化事业作出应有的贡献，迎接党的十八大胜利召开。

胡锦涛会见天宫一号与神舟九号载人交会对接任务航天员及参研参试人员代表

7月27日，胡锦涛在北京人民大会堂会见天宫一号与神舟九号载人交会对接任务航天员及参研参试人员代表，代表党中央、国务院、中央军委，向胜利完成任务的3名航天员，向所有参加这次任务的科技工作者、干部职工和解放军指战员，表示热烈祝贺和诚挚问候，勉励大家大力弘扬载人航天精神，团结拼搏、开拓奋进，推动我国航天事业不断取得新的更大成绩。吴邦国、温家宝、贾庆林、李长春、习近平、李克强、贺国强、周永康参加会见。

神舟九号飞船6月16日发射升空，6月29日返回舱着陆，在轨运行期间先后与天宫一号目标飞行器成功进行自动和手控交会对接，实现了我国空间交会对接技术的重大突破，标志着我国载人航天工程第二步战略目标取得具有决定性意义的重要进展。

中国思想政治工作网召开第四次工作会议

7月28日，中国思想政治工作网在河南省鲁山召开第四次工作会议。会议的主旨是总结交流中国思想政治工作网各地网站的工作经验，进一步提高网站的质量和影响力。张蔚萍、田敏、雷常新、王桂英、张邦柱以及网站骨干出席了会议，雷常新主持会议。

张蔚萍代表网站编委会作主题报告。报告分为三个部分：第一，网站创立以来的艰难历程和工作任务；第二，充分认识提高采编质量和效率的紧迫性;第三,积极探索提高采编质量和效率的对策措施。在回顾了网站成立近4年的历程后指出,网站的具体工作任务主要有6个方面:一是宣传党中央和国务院的方针政策和会议精神,宣传中央领导的讲话精神和重要活动;二是宣传省市委和政府部门的重要决定、重要会议、重要活动,包括省市领导的讲话精神和重要活动;三是报导和宣传省、市、县和基层单位的先进典型,包括先进人物和先进事迹;四是反映和解答社会的热点难点问题,抨击社会阴暗面,颂扬同坏人坏事进行斗争的英雄人物;五是征集优秀稿件在《年鉴》和网上发表,积极发行《年鉴》,以扩大《年鉴》和网站在党内和社会上的影响;六是配合学会和总网召开年会和其他重要会议,帮助有关部门培训干部,举办有意义的社会活动。在谈到提高网站采编质量和效率的紧迫性时指出,这种紧迫性首先来源于大形势的催促,其次来源于现实中的各种压力,三是来自兄弟网站竞争的压力。必须加强学习、增强信心,勇于实践、提高能力,健全制度、严格管理,积极适应新形势和新任务的需要。

会议一致通过了《关于地方工作站和专栏采编部工作的若干暂行规定》。

中央军委举行晋升上将军衔警衔仪式

7月30日,中央军委在北京八一大楼隆重举行晋升上将军衔警衔仪式。胡锦涛向晋升上将军衔警衔的同志颁发命令状。郭伯雄主持晋衔仪式,徐才厚出席。

这次晋升上将军衔警衔的6位高级军官警官是:总政治部副主任杜金才,国防大学政治委员刘亚洲,济南军区政治委员杜恒岩,成都军区政治委员田修思,武警部队司令员王建平、政治委员许耀元。

江泽民为《简明中国历史读本》作序

7月30日,江泽民为《简明中国历史读本》撰写了题为“高度重视学习中华民族发展史”的序言。江泽民在序言中指出,要使我们的国家、我们的民族发展得更好,必须认真总结和发扬改革开放和社会主义现代化建设的成功经验,也必须注重汲取和运用历史经验,科学把握和正确运用历史规律,正确借鉴历代治乱兴衰的经验教训。

《简明中国历史读本》由中国社会科学院历史研究所组织编写。该书以中国历史发展脉络为线索,以马克思主义唯物史观为指导,深入浅出叙说上自远古人类与文明起源、下迄1911年辛亥革命爆发的中国历史,为广大干部、群众提供了一本中国历史的普及型读物。

全国省市县乡四级党委换届圆满完成

7月30日,根据党章规定和中央统一部署,从2011年第四季度至2012年7月初,全国31个省、自治区、直辖市党委集中进行了换届。在此之前,从2010年12月至2012年4月底,全国应换届的374个市(州)、2789个县(市、区、旗)、33368个乡镇党委已经完成换届。至此,这次全国省市县乡四级党委换届有序、健康、平稳,取得圆满成功。

本次换届,选出新一届省区市党委常委404人,平均年龄54岁,50岁以下105人;女干部37人,少数民族干部50人;大学及以上学历398人,其中研究生290人。新提名省区市党委常委中,担任过市县党政正职的占63%,具有高校、企业、科研院所等任职经历的占42.5%,从基层成长起来的占61.6%。选举产生新一届市级党委常委4384人、县级党委常委30028人、乡镇党委委员275205人。新一届市、县党委领导班子成员具有基层工作经历的分别占51.7%、66.1%;具有大学及以上学历的分别占90.0%、90.6%。市党政正职具有下一级党政正职经历的占66.8%,县委书记具有县级领导班子或乡镇领导工作经历的占86.4%。从选举结果看,一大批了解基层,年富力强,熟悉经济建设、社会管理、群众工作的优秀干部充实到了市、县领导班子，较好地实现了班子配备的目标要求，增强了领导科学发展的功能和合力。

中共中央政治局召开会议
讨论研究当前经济形势和经济工作

7月31日，中共中央政治局召开会议，分析研究上半年经济形势和下半年经济工作。胡锦涛主持会议。

会议认为，今年以来，国际政治经济环境复杂多变，国内经济发展面临的困难增多。各地区各部门在党中央、国务院正确领导下，按照稳中求进的工作总基调，正确处理保持经济平稳较快发展、调整经济结构、管理通胀预期的关系，加强和改善宏观调控，加大预调微调力度，经济社会发展总的形势是好的。下半年经济工作各地区各部门要加强和改善宏观调控，继续实施积极的财政政策和稳健的货币政策，加大结构性减税政策力度，保持货币信贷平稳适度增长；着力扩大国内需求，改善居民消费能力和环境，积极促进绿色产品和服务消费，在优化投资结构的同时扩大有效投资，落实促进民间投资的政策措施，加大对国家重大项目建设的支持；加快推进经济结构调整，强化创新驱动作用，促进产业升级，毫不放松抓好节能减排，大力支持小微企业和服务业发展，推进区域协调发展和城镇化；加强农业基础地位，抓好粮食等主要农产品生产，努力实现农业再获丰收；做好重要商品供需调节，保持物价总水平基本稳定；促进对外经济稳定发展，落实和完善稳定外贸政策，实施市场多元化战略，积极培育国际竞争新优势；深化财税、金融、价格、医药卫生、教育文化等领域改革，力争在健全体制机制方面不断取得新进展；坚定不移贯彻执行房地产市场调控政策，坚决抑制投机投资性需求，切实防止房价反弹，增加普通商品房特别是中小套型住房供应，抓好保障性安居工程建设，满足居民合理的自住性住房需求；大力保障和改善民生，着力稳定和扩大就业，落实并完善社会保障政策，加强教育、文化、卫生等基本公共服务，创新社会管理，维护社会和谐稳定。

国防部举行招待会庆祝建军85周年

7月31日，国防部在人民大会堂举行盛大招待会，热烈庆祝中国人民解放军建军85周年。胡锦涛、吴邦国、温家宝、贾庆林、李长春、习近平、李克强、贺国强、周永康等党和国家领导人出席招待会。

招待会开始时梁光烈上将致祝酒辞。他首先代表党中央、国务院、中央军委，向中国人民解放军指战员、武装警察部队官兵、预备役军人和广大民兵，致以节日祝贺！向辛勤工作在国防科技工业战线的同志们，致以诚挚问候！向为我军建设作出重要贡献的军队离退休老同志、转业退伍军人、革命伤残军人和烈军属，表示亲切慰问！向长期关心支持国防和军队建设的各级党政机关、社会团体和全国各族人民，表示衷心感谢！向出席招待会的各国驻华使节、武官和夫人及各位来宾，表示热烈欢迎！他强调，全军和武警部队要更加紧密地团结在以胡锦涛同志为总书记的党中央周围，高举中国特色社会主义伟大旗帜，以邓小平理论和“三个代表”重要思想为指导，深入贯彻落实科学发展观，以高度负责、奋发有为的精神扎实工作，为建设巩固国防和强大军队不懈奋斗，坚决完成党和人民赋予的神圣使命，以优异成绩迎接党的十八大胜利召开！

2012 年 8 月

周永康与交流任职的公安厅局长集体谈话

8 月 1 日，经有关省区市人大常委会表决通过，近期交流任职的省区市公安厅局长已全部通过法律程序，正式到任上岗。交流调动前，周永康与交流任职的部分省区市公安厅局长人选进行了集体谈话，李源潮主持谈话会并讲话，孟建柱出席谈话会并讲话。

周永康指出，公安机关担负着惩治犯罪、保护人民、服务社会、维护稳定的重要职责；公安厅局长既是公安工作的决策者、指挥者，也是公安队伍建设的领军人、带头人。为此，提出四点希望：一是政治上要特别坚定。二是工作上要特别努力。三是带队伍要特别用心。四是廉洁上要特别严格。

会上，近期交流任职的省区市公安厅局长和相关省区市党委组织部部长先后作了发言。

中央创先争优活动领导小组下发通知要求学习宣传彭秀英等同志先进事迹

8 月 1 日，中央创先争优活动领导小组下发通知，号召各级党组织和广大共产党员学习宣传被中央组织部追授为“全国创先争优优秀共产党员”荣誉称号的彭秀英等 14 名同志的先进事迹。

通知指出，彭秀英等 14 名同志是新时期共产党员的优秀代表，他们的先进事迹和崇高精神，具有鲜明的时代特点和示范作用，是最近一段时间社会上出现的一系列“最美”现象中的共产党员的先进典型，他们以自己的宝贵生命诠释了共产党员的坚强党性，在广大人民群众中引起强烈反响，感动了社会。广泛学习宣传彭秀英等 14 名同志的先进事迹，对于进一步展示新时期共产党人的良好形象和精神风貌，引领社会风尚具有十分重要的意义。广大共产党员要学习彭秀英等 14 名同志对党忠诚，牢记宗旨，坚持党和人民的利益高于一切的政治品质；学习他们视灾情如命令、视群众如亲人，把保护人民生命财产安全放在第一位的高尚情操；学习他们临危不惧、舍生忘死、勇往直前，不惜牺牲个人一切的英雄气概；学习他们立足本职岗位，踏实工作、恪尽职守、鞠躬尽瘁的优秀品格；学习他们以奉献为美，服务人民、服务社会、助人为乐的大爱情怀。

中央组织部下拨党费 1000 万元

8 月 2 日，为支持遭遇暴雨洪涝灾害的北京等省（区、市）做好防汛抗洪抢险救灾工作，体现党中央对灾区基层党组织、共产党员和广大群众的关怀，中央组织部从代中央管理的党费中向北京、河北、内蒙古、江西、山东、湖北、湖南、重庆、贵州等 9 省（区、市）下拨党费 1000 万元，用于帮助灾区党员群众防汛抗洪抢险救灾，解决生产生活困难。

纪念南昌起义 85 周年学术座谈会举行

8 月 2 日，为纪念南昌起义 85 周年，由中国中共文献研究会、周恩来思想生平研究会和朱德思想生平研究会联合举办的“缅怀先辈殊勋，发扬优良传统”学术座谈会在北京召开。来自中央文献研究室、中央党史研究室、中国社会科学院、国防大学、军事科学院等单位的专家学者，以及周恩来、朱德、贺龙、刘伯承、陈毅等领导和参加过南昌起义的老一辈革命家亲属、身边工作人员等，共130人出席了座谈会。

与会同志深切缅怀周恩来、朱德等老一辈革命家的丰功伟绩，回顾人民军队的光辉历程，从不同角度分析、阐述了南昌起义在党史和军史上的历史贡献、地位和意义，以及纪念南昌起义85周年的重大现实意义。与会同志认为，南昌起义对中国革命道路的探索具有重要意义，它和井冈山革命根据地的建立，是我们党创立中国化马克思主义的伟大开篇。革命先辈们在南昌起义中所表现出来的坚定信念和大无畏革命精神，是我们攻坚克难的强大武器，我们要永远学习，使之发扬光大。

第四届全国职工职业技能大赛决赛开幕

8月4日，由中华全国总工会、科学技术部、人力资源和社会保障部、工业和信息化部共同举办的第四届全国职工职业技能大赛决赛在长春开幕。王兆国向大赛组委会发来贺信。

王兆国在贺信中指出，工人阶级是推进中国特色社会主义伟大事业的主力军。广泛开展职工技能比赛，对于弘扬工人阶级伟大品格和劳模精神，激发广大职工的劳动热情和创造潜能，推动形成劳动光荣、知识崇高、人才宝贵、创造伟大的社会风尚；对于引导和帮助广大职工掌握现代科学技术，提高劳动技能和综合素质，增强学习能力、创新能力、竞争能力和创业能力，培养和造就一支高素质的职工队伍，都具有十分重要的意义。广大职工要努力践行社会主义核心价值观，以强烈的历史使命感和高度的主人翁责任感，勤奋学习、刻苦钻研，不断提高思想道德素质和科学文化素质，提高劳动能力和劳动水平，努力成为掌握新知识、新技能、新本领的知识型职工和一线创新人才，为提高企业自主创新能力和核心竞争力，建设创新型企业和创新型国家，顺利实施“十二五”规划，加快推进社会主义现代化建设作出新的贡献。

本届技能大赛共设车工、钳工、铣工、数控机床装调维修工、焊工、维修电工、计算机程序设计等7个工种，其中计算机程序设计工种是首次全国性比赛。据不完全统计，有4000万职工参与了各个层次的技能比赛。

全国职工职业技能大赛是国家一类技能比赛当中规模最大的比赛。全国总工会将授予各工种决赛前三名选手“全国五一劳动奖章”；人力资源和社会保障部将授予前5名选手“全国技术能手”称号，并直接晋升技师职业资格，已具有技师职业资格的，可晋升高级技师职业资格。第6—20名的选手，可直接晋升高级工职业资格，已具有高级工职业资格的，可晋升技师职业资格。决赛前20名选手将获得不同数额的奖金。

习近平会见北戴河暑期休假专家

8月5日，习近平在北戴河会见了参加暑期休假活动的优秀专家和基层一线人才，向全国各条战线各个领域的专家和广大基层一线人才表示诚挚问候和崇高敬意，勉励大家为党和国家事业作出新的更大贡献，以优异成绩迎接党的十八大胜利召开。

党中央、国务院对各领域高级专家和专门人才十分关心。暑期邀请专家到北戴河休假，是中央关心、联系和服务人才的一项重要制度性安排。2001年以来，已分10批次共邀请600多名专家携家属休假。为体现对广大一线基层人才的关心爱护，党中央、国务院专门邀请62位长期工作在教学、科研和生产一线，特别是长年扎根在艰苦边远地区、边疆民族地区和革命老区的优秀专家和人才代表参加。休假专家中，有勇攀科技高峰、作出突出贡献的两院院士，有为祖国铸利器、保和平的国防科技专家，有潜心研究、著述等身的社科专家，有辛勤耕耘、桃李满天下的教学名家，有德艺双馨、为群众喜爱的文艺名家，有刻苦钻研、技术精湛的知识型人才，有自学成才、革新多项工艺的农民发明家，有无私奉献、感动中国的最美乡村教师和最美边疆医生，有“上九天揽月”归来的“神舟”航天员，他们是全国各地各行业各领域广大基层一线人才的优秀代表。

马克思主义理论研究和建设工程开展今年第一批国情考察

8月7日，马克思主义理论研究和建设工程组织专家赴浙江、福建，开展今年第一批国情考察。马克思主义理论研究和建设工程是加强党的思想理论建设、繁荣发展哲学社会科学的重大工程。为帮助工程专家加深对我国国情的了解，加深对党的理论和路线方针政策的了解，工程自2004年启动以来，每年组织专家赴各地进行国情调研考察。

国情考察期间，专家们深入城乡社区、厂矿企业，与当地干部群众座谈交流，深入了解党的十六大以来各地深入贯彻落实科学发展观、加快转变发展方式、推动经济社会又好又快发展的情况，了解当地非公有制经济发展、文化产业发展、革命老区建设的情况，了解各地推动哲学社会科学繁荣发展的情况，并征求对深入实施马克思主义理论研究和建设工程的意见建议。

西藏人才工作座谈会在拉萨召开

8月9日，中央人才工作协调小组在拉萨召开西藏人才工作座谈会。会议研究制定出台特殊支持政策和措施，加大西藏发展紧缺人才的培养力度，吸引更多高层次人才到西藏创新创业，推动西藏人才快速发展，为实现西藏跨越式发展和长治久安提供有力人才支撑。

会议印发了《中央人才工作协调小组关于国家人才发展规划重大人才工程为西藏提供重点支持的意见》。《意见》按照国家人才发展规划部署，根据人才工程不同特点，针对西藏实际和特殊需求，采取专项方式，为西藏提供重点支持。

出席中国共产党第十八次全国代表大会代表全部选出

8月13日，按照党中央的统一部署，党的十八大代表选举工作已经顺利完成。2012年4月至7月，全国各选举单位分别召开党代表大会或党代表会议，选举产生了2270名出席党的十八大代表。

党的十八大代表是严格按照党章和中央关于做好代表选举工作的要求选举产生的。代表人选的推荐提名和代表的选举过程符合程序规定，坚持了党的民主集中制原则，充分发扬了党内民主。当选代表符合中央规定的代表应具备的条件。代表结构比例符合中央的要求，具有广泛的代表性。他们中既有党员领导干部，又有生产和工作第一线的党员，有经济、科技、国防、政法、教育、宣传、文化、卫生、体育和社会管理等各方面的代表。

出席党的十八大代表资格，届时还需经党的十八大代表资格审查委员会确认。

贾元友先进事迹报告会在北京举行

8月15日，中宣部、解放军总政治部、共青团中央在人民大会堂举行北京军区某机步团四级军士长贾元友同志先进事迹报告会。徐才厚在报告会前会见报告团成员，高度肯定贾元友同志的工作业绩和先进事迹，要求全军官兵以贾元友同志为学习榜样，以高度负责、奋发有为的精神状态履职尽责，扎扎实实做好各项工作，努力为推动国防和军队建设科学发展、为全面建成小康社会作出新的更大贡献，以优异成绩迎接党的十八大胜利召开。李继耐参加会见。

徐才厚指出，今年5月23日，胡主席在北京军区第十次党代会上，亲切会见了贾元友等基层官兵代表，勉励大家一定要把肩负的任务完成好。贾元友同志是立足本职学信息化、钻信息化、干信息化的优秀士官，是模范践行当代革命军人核心价值观的先进典型，是在贯彻国防和军队建设主题主线、推进我军由机械化向信息化转型实践中涌现出来的过硬标兵。他的先进事迹和可贵精神，不仅为部队官兵包括各级领导干部树立了榜样，也值得广大青年学习。

全国老龄工作委员会召开全体会议

8月16日，全国老龄工作委员会在北京召开全体会议。回良玉在会上强调，要充分认识我国人口老龄化对经济社会发展的深远影响，切实增强发展老龄事业的责任感、紧迫感和使命感，树立积极老龄观，把解决单纯的养老问题提升到全面应对人口老龄化问题上来，主动适应人口老龄化的客观要求，抓紧做好全局规划，全面实施有中国特色的积极应对人口老龄化战略，推动我国老龄事业又好又快发展。

会议听取了李立国关于国家应对人口老龄化战略研究工作汇报，决定在此基础上编制《国家中长期老龄事业发展规划纲要》。

胡锦涛会见中国体育代表团全体成员

8月17日，胡锦涛在北京人民大会堂亲切会见第30届奥林匹克运动会中国体育代表团全体成员，代表党中央、国务院，欢迎代表团载誉归来，向全体运动员、教练员和工作人员表示热烈祝贺和诚挚问候，勉励大家认真总结经验，继续顽强拼搏，为推动我国体育事业科学发展、建设体育强国贡献更大力量。吴邦国、温家宝、贾庆林、李长春、习近平、李克强、贺国强、周永康参加会见。

在英国伦敦举办的第30届奥林匹克运动会上，中国体育代表团表现出色，收获38枚金牌、27枚银牌、23枚铜牌，位居金牌榜和奖牌榜前列。

周恩义同志先进事迹报告会在北京举行

8月17日，周恩义同志先进事迹报告会在北京人民大会堂举行。报告会开始前，李长春看望了周恩义同志和报告团成员，转达胡锦涛总书记的亲切问候，并向全国宣传思想战线的同志们表示敬意。他强调，要深入开展向周恩义同志学习活动，引导全社会特别是宣传思想战线学习他坚定理想、忠诚事业的政治品格，扎根基层、服务群众的人生追求，脚踏实地、求真务实的优良作风，淡泊名利、无私奉献的高尚情操，激励广大干部群众学习先进、崇尚先进、关爱先进、争当先进，以优异成绩迎接党的十八大胜利召开。刘云山参加看望。

周恩义是辽宁省盘锦市兴隆台区委原常委、宣传部长，2011年3月退休后，任区思想政治工作研究会会长、关工委常务副主任。他在部队从事思想政治工作23年，在地方宣传思想工作岗位工作20年。无论是在部队还是在地方，无论是在职期间还是退休之后，他始终牢记党的宗旨，忠诚党的宣传事业，时刻不忘为基层和群众办实事、做好事、解难事，用实际行动密切了党的宣传工作与人民群众的血肉联系。

贯彻落实《建立健全惩治和预防腐败体系2008—2012年工作规划》工作成果交流会召开

8月21日，贯彻落实《建立健全惩治和预防腐败体系2008—2012年工作规划》工作成果交流会召开。贺国强出席并讲话，何勇主持会议。

在认真听取与会同志的发言后，贺国强指出，党的十六大以来，以胡锦涛同志为总书记的党中央从全局和战略高度出发，作出了建立健全惩治和预防腐败体系的重大决策。这是对改革开放以来我国反腐倡廉建设经验的科学总结，是以中国特色社会主义理论体系特别是科学发展观指导反腐倡廉建设的重要体现，是新形势下反腐倡廉建设的工作重点和重要抓手，是党和国家事业健康顺利发展的重要保证，标志着我们党对反腐倡廉建设规律的认识达到了新的高度。我们要从理论和实践的结合上进一步深刻认识惩治和预防腐败体系建设的重要地位和作用，坚定不移、坚持不懈地把这项工作抓紧抓好。实践证明，中央关于建立健全惩治和预防腐败体系的重大决策是完全正确的，各地区各部门各单位推进惩治和预防腐败体系建设的工作是有力有效的。回顾近年来推进惩治和预防腐败体系建设的实践，我们主要有5个方面的体会：一是必须坚持围绕中心、服务大局，把惩治和预防腐败体系建设与党和国家中心工作紧密结合起来，严明党的政治纪律，加强对中央重大决策部署落实情况的监督检查，找准工作切入点和着力点。二是必须坚持整体推进、系统治理，全面贯彻反腐倡廉战略方针，坚持标本兼治、惩防并举、堵疏结合，注重用系统的思维、统筹的观念、科学的方法推进惩治和预防腐败体系建设，把教育的说服力、制度的约束力、监督的制衡力、改革的推动力、纠风的矫正力、惩治的威慑力有机结合起来，增强工作整体效能。三是必须坚持突出重点、抓住关键，把解决反腐倡廉建设中人民群众反映强烈的突出问题作为推进惩治和预防腐败体系建设的重要任务，深入开展专项治理，既做到以重点带全面、逐步完善惩治和预防腐败体系，又不断以反腐倡廉建设实际成效取信于民。四是必须坚持解放思想、改革创新，及时总结推广各地区各部门各单位创造的新鲜经验，深入研究惩治和预防腐败体系建设的重大理论和实际问题，不断探索惩治和预防腐败的新思路新办法新举措。五是必须坚持加强领导、形成合力，认真贯彻落实党风廉政建设责任制，坚持和完善反腐败领导体制和工作机制，通过抓组织领导、抓任务落实、抓监督检查，增强惩治和预防腐败体系建设整体合力，推动惩治和预防腐败体系建设深入发展。

全国地方政协工作经验交流会开幕

8月22日，全国地方政协工作经验交流会在北京开幕。贾庆林出席开幕会，王刚出席并讲话。

王刚强调，各级政协组织和广大政协委员要认真学习贯彻胡锦涛总书记在省部级主要领导干部专题研讨班上的重要讲话精神，进一步增强做好人民政协工作的责任感和紧迫感，振奋精神、开拓进取，努力开创人民政协事业新局面。地方政协是整个人民政协事业的重要组成部分，具有重要地位和作用。及时总结和推广地方政协的工作经验，是人民政协的优良传统，也是全国政协加强与地方政协联系、进行工作指导的重要方式。要深入总结人民政协工作的成功经验，积极探索做好新形势下人民政协工作的新思路新举措，以更加有力的举措、更加完善的制度推进政协工作，增强履职实效，不断提高人民政协工作科学化水平。

钱运录、李金华分别主持上午开幕会和下午交流会。杜青林、陈奎元、阿不来提·阿不都热西提、张榕明、孙家正、罗富和出席会议。17位地方政协负责同志在会议上作了发言。

习近平主持召开中央党的建设工作领导小组会议

8月24日，习近平主持召开中央党的建设工作领导小组会议，贺国强出席会议并讲话，李源潮、令计划、王沪宁出席会议。

会上，中央纪委、中央办公厅、中央组织部、中央宣传部等14家牵头单位汇报了贯彻实施党的十七大和十七届四中全会关于党的建设重要举措分工方案的情况，习近平在听取汇报后作了重要讲话。他指出，抓落实是领导工作中一个极为重要的环节，是党的思想路线和群众路线的根本要求。党的十七大之后5年来，中央党的建设工作领导小组认真贯彻胡锦涛同志狠抓落实的要求，坚持定下来的事情抓紧去办，一步一步向前推进工作。各牵头单位和参与单位对落实分工方案高度重视、责任到位，确保每项任务有布置、有检查、有成果。在党中央正确领导下，落实分工方案的工作取得明显成效，有明确时间要求和成果形式的项目绝大部分已经完成，属于经常性抓落实的项目也都取得明显进展和成效。当前党的建设形势总的很好，同时也面临不少新情况新问题。适应改革发展稳定对党的建设的新要求和人民群众对党的工作的新期待，各级党组织必须以更大的力度和更加扎实的作风进一步加强党的建设。中央党的建设工作领导小组各成员单位和中央有关部门要增强忧患意识、责任意识、大局意识，对贯彻落实中央关于党的建设重大决策部署要聚精会神、一抓到底。特别是对分工方案中尚未最后完成的任务，要抓紧制定落实措施，善始善终抓好相关工作，确保各项任务全面完成，以优异成绩迎接党的十八大胜利召开。

中央人才工作协调小组召开会议研究部署加强党管人才工作

8 月 24 日，中央人才工作协调小组召开会议，研究部署加强党管人才工作。李源潮指出，要认真落实中央最近下发的《关于进一步加强党管人才工作的意见》，健全党管人才工作体制机制，提高党管人才工作水平，扎实推进人才强国战略，落实国家人才发展规划，为全面建成小康社会提供有力人才保证，以优异成绩迎接党的十八大胜利召开。

《意见》总结了改革开放特别是党的十六大、十七大以来加强党管人才工作的实践经验，进一步明确了加强党管人才工作的指导思想、总体要求，对建立健全党委统揽全局、协调各方，政府部门各司其职、密切配合，充分发挥用人育人单位主体作用，调动社会各方面力量积极参与的党管人才工作体制机制作出了比较系统的规定，是新形势下加强党管人才工作的制度性文件。

中央司法体制改革领导小组召开第五次全体会议

8 月 27 日，中央司法体制改革领导小组第五次全体会议暨司法体制机制改革第十二次专题汇报会在北京召开。周永康主持会议并讲话，王乐泉、孟建柱、王胜俊、曹建明出席会议并讲话。

会上，播放了近年来中央政法各单位推进执法规范化建设的专题片，最高人民法院、最高人民检察院、公安部、司法部分别汇报了建立案例指导制度、改革和完善对羁押场所执法监管活动的监督机制、加强执法规范化建设、改革律师制度等改革事项的进展情况，中央司法体制改革领导小组办公室汇报了今年以来的改革情况和下步工作意见，与会人员进行了热烈讨论。

随后，周永康作了讲话。他说，党的十七大提出深化司法体制改革的任务以来，60 项改革任务都得到有效推进，取得了丰硕成果。改革实现了预期目标，在提高政法队伍凝聚力、战斗力和政法机关公信力上见到了明显成效，在破解制约政法事业发展进步的体制性、机制性、保障性难题上取得了新进展，在建设公正高效权威的社会主义司法制度上迈出了新步伐，进一步彰显了中国特色社会主义制度的优越性。回顾 5 年改革历程，我们探索积累了一些宝贵的经验做法。一是必须始终坚持党的领导和中国特色社会主义方向，全面把握党的事业至上、人民利益至上、宪法法律至上的要求，立足于我国社会主义司法制度的自我发展完善，注重顶层设计，搞好总体规划，确保司法体制改革始终沿着正确方向前进。二是必须始终坚持从我国国情出发，既借鉴其他国家的有益经验、又不盲目照抄照搬，既坚持与时俱进、又不超越现阶段实际提出过高要求，确保司法体制改革积极稳妥、实事求是、循序渐进地顺利进行。三是必须始终坚持执法为民，坚持群众路线，充分听取广大群众和社会各界的意见建议，充分尊重基层的首创精神，自觉接受群众监督和实践检验，使各项改革举措体现人民意愿、符合基层实际，确保取得人民满意的实效。四是必须始终坚持统筹协调、密切配合，充分发挥各方面积极性，既在中央领导下进行自上而下的体制性改革，又鼓励地方自下而上探索机制性改革，既注重发挥政法单位的主导作用和相互之间的协调配合，又积极争取各有关方面的大力支持，确保形成推进改革的强大合力。五是必须始终坚持依法推进，严格遵守宪法法律，凡是与现行法律法规冲突的改革举措，要在修改相关法律法规后再推动实施，确保社会主义法制的统一和权威。

他对下步工作提出四点要求。一要把改革成果惠及到广大群众，深入推进执法规范化建设，落实便民利民措施，扩大司法救助和法律援助范围，强化司法公开和司法民主，保证群众对司法工作的知情权、参与权、监督权。二要把各项改革措施落实到基层，转化为一线干警的自觉行动，进一步提高他们执法办案、保障人权、维护稳定、促进和谐的水平。三要把改革精神贯穿到各项工作，深入查找本部门本单位业务工作和队伍建设中存在的不适应、不符合、不完善问题，以改革创新的举措加以改进。四要广泛宣传司法体制改革成效，用事实说话、用典型说话、用数字说话、用群众的切身感受说话，让国内外充分感受到我国法治建设的发展进步。

第二届基层党建创新典型案例评选开始网上投票

8 月 27 日，由中国浦东干部学院、人民网·中国共产党新闻网、中国组织人事报社、上海组织人事报社主办的“第二届全国基层党建创新典型案例”评选活动已于 2011 年 7 月 19 日正式启动。评选案例以党的十七大以来基层党的建设创新实践为重点；涵盖农村、城市社区、国有企业、机关、院校、科研院所、“两新”组织等各个领域基层党建的创新案例；突出学习型党组织建设、党的群众工作、干部人事制度改革、党内基层民主建设、反腐倡廉建设、创先争优活动和党建信息化建设等方面的创新实践。今天开始在人民网·中国共产党新闻网举行网上投票活动。

中央组织部召开省区市党委组织部干部监督工作座谈会

8 月 28 日，中央组织部召开省区市党委组织部干部监督工作座谈会，通报了前段对地方换届风气的督导情况，对下一步严肃换届纪律工作作出具体安排。

截至今年 7 月，全国省市县乡四级党委换届圆满完成，实现了风清气正。为进一步抓好省级人大、政府、政协换届中严肃换届纪律工作，中央组织部制定印发《工作方案》和《操作规程》，强调要进一步严密部署、严肃教育、严格监督、严厉查处、严加考核，把严肃换届纪律的螺丝钉拧得更紧，巩固和发展风清气正的换届环境，确保换届自始至终健康顺利进行。要坚持教育在先、警示在先、预防在先，严格执行“5 个严禁、17 个不准、5 个一律”的纪律要求，坚决整治跑官要官、买官卖官、拉票贿选等不正之风。为了加强对换届风气的监督，中央组织部将会同中央纪委继续对尚未完成市县人大、政府和市县政协换届的省区的换届风气进行巡回督导，对省级人大、政府、政协换届选举风气进行现场督导。换届期间，中央组织部举报中心坚持专人值守制度，及时受理干部群众反映违反换届纪律问题的举报，并认真查核、严肃处理。

《中国廉政史鉴》出版

8 月 28 日，《中国廉政史鉴》由文化艺术出版社和国家图书馆出版社联合出版。

《中国廉政史鉴》全书分为思想理论卷、典章制度卷和历史人物卷，约 400 多万字，共 16 分册。思想理论卷荟萃了历史上重要政治家和思想家廉政思想的精华。典章制度卷对各个历史时期的廉政制度进行了比较系统的梳理。历史人物卷精选了从先秦到清代 300 多位著名历史人物的廉政事迹，并附有部分贪墨人物典型。这部书的出版，将对以史为鉴，资政育人，加强反腐倡廉建设，起到积极作用。

全国组织系统讲党性重品行作表率活动总结会议举行

8 月 29 日，全国组织系统讲党性、重品行、作表率活动总结会议在北京举行。习近平会见与会代表，并参观了“为了党和人民满意——全国组织系统讲党性重品行作表率活动专题展”。李源潮出席会见、参观展览并在总结会议上讲话。

习近平指出，讲党性、重品行、作表率是党的十七大对全体党员特别是领导干部提出的明确要求。党的十七大之后5年来，各级组织部门紧密结合自身职责带头落实中央这一要求，围绕建设模范部门、打造过硬队伍，持续深入地开展讲党性、重品行、作表率活动，取得显著成效。通过这一活动，进一步促进了组工干部党性的增强、作风的转变和能力素质的提高，有力推动了组织部门的各项工作。这次受到表彰的先进集体和先进个人，集中体现了组工干部对党忠诚、公道正派的政治品质，改革创新、求真务实的优良作风，甘为人梯、清正廉洁的精神境界。各级组织部门和广大组工干部都应当向受到表彰的优秀代表学习。组织系统讲党性、重品行、作表率活动虽然告一段落，但讲党性、重品行、作表率作为一个永恒主题，在组织系统要长期坚持下去。各级组织部门要认真总结开展这次活动的经验，在建立健全长效机制上下功夫，使讲党性、重品行、作表率的要求融入自身建设的全过程和各个方面，做到常态化、长效化。要深入学习贯彻胡锦涛同志在省部级主要领导干部专题研讨班上的重要讲话精神，进一步统一思想、奋发进取、扎实工作，以组织工作的优异成绩迎接党的十八大胜利召开。

会上，中央组织部、人力资源和社会保障部联合授予100个单位"全国组织系统先进集体"荣誉称号，授予50名同志"全国组织系统先进个人"荣誉称号，追授肖明、王辉、强秋3名同志"全国组织系统先进个人"荣誉称号，并对150名同志给予嘉奖。

反腐倡廉专项治理工作汇报会召开

8月29日，反腐倡廉专项治理工作汇报会召开。贺国强出席并讲话，何勇主持会议。

在认真听取与会同志的发言后，贺国强指出，近几年来，中央纪委监察部全面贯彻反腐倡廉战略方针，在扎实做好党风廉政建设和反腐败斗争各项长期性、基础性工作的同时，坚持把开展专项治理、解决反腐倡廉建设中人民群众反映强烈的突出问题作为重点任务来抓。十七届中央纪委历次全会工作报告都把这项工作作为重要任务进行部署，2008年、2009年连续两年把"严厉整治一批严重损害群众利益的不正之风"作为"五个一批"工作部署的重要内容之一，2010年明确提出切实解决反腐倡廉建设中人民群众反映强烈的6个方面突出问题，2011年进一步提出从4个方面下功夫解决好反腐倡廉建设中人民群众反映强烈的突出问题，2012年要求重点抓好3项专项治理，特别是在今年4月召开的加强基层党风廉政建设座谈会上，鲜明提出要着力查处发生在群众身边的10个方面腐败问题。今年以来，中央纪委监察部指导和推动各地区各部门各单位继续开展了工程建设领域突出问题、庆典研讨会论坛过多过滥问题、公务用车问题3项专项治理，取得了新的进展和成效。

回顾近年来开展专项治理、解决反腐倡廉建设中人民群众反映强烈突出问题的工作实践，我们主要有以下5个方面的体会。一是关注社情民意，确定工作任务。二是突出工作重点，抓住关键环节。三是认真督查整改，严格执行纪律。四是强化成果应用，健全长效机制。五是加强组织领导，形成工作合力。强化领导责任，加强工作指导，注重统筹协调，确保专项治理工作有力有序推进。

中组部召开组织系统讲党性、重品行、作表率活动总结会

8月29日，中组部召开组织系统讲党性、重品行、作表率活动总结视频会。李源潮出席并讲话，沈跃跃主持会议。

党的十七大以来，全国组织系统响应中央号召，带头开展"讲重作"活动，一年一个主题，一省一个重点。广大组工干部进一步提高了党性觉悟、增强了改革创新意识、提升了能力素质、改进了工作作风、树立了公道正派清正廉洁的形象，涌现出李林森、王彦生、杜洪英等一批组工干部先进典型。

李源潮指出,5 年来的实践充分说明,组织部门讲党性、重品行、作表率,要把服务大局作为主要实践,主动为党分忧、为国尽责、为民奉献;把让全党满意、让人民满意作为价值取向,切实解决干部群众反映强烈的突出问题;把增强党性作为核心任务,带头抵制选人用人上不正之风,提高选人用人公信度;把提升能力素质作为基础工程,不断开阔眼界、开阔思路、开阔胸襟;把改革创新、破解难题作为着力点,努力提高组织工作科学化水平;把从严治部、从严律己、从严带队伍作为有力抓手,用铁的纪律保证风清气正。

新闻战线“走转改”活动理论研讨会在北京举行

8 月 30 日,在“走转改”活动开展一年之际,中宣部在北京举行新闻战线“走基层、转作风、改文风”活动理论研讨会。蔡名照主持会议并讲话。张德修、周树春、谭健、张振华、方正辉、丁士、杨华、严力强、徐炯、王立文、邹贤启、尹韵公等新闻单位和新闻研究机构的代表先后在会上作了发言。

2011 年 8 月起,全国新闻战线开展了“走基层、转作风、改文风”活动。为进一步总结经验、提高认识、深化拓展“走转改”活动,中央新闻单位、社科研究机构、高校新闻传播院系等组织力量对一年来的“走转改”实践进行了深入研究,形成了 130 余篇研究论文。研讨会上,26 位新闻工作者和专家学者进行了交流发言,通过多媒体展示、案例剖析等形式交流了研究成果。

与会代表一致认为,“走转改”活动开展以来,一大批源于基层实际、内容生动鲜活、文风清新质朴的优秀作品给人们留下深刻印象,一大批奔走现场一线、善于调查研究、密切联系群众的优秀记者脱颖而出。在如此短的时间里,形成如此大的报道规模,涌现如此多的新人佳作,是我国新闻界多年来少有的现象,“走转改”活动开创了我国新闻宣传工作新局面。

中国企业文化论坛在北京召开

8 月 30 日,第七届“中国企业文化论坛”在北京召开。论坛由中国思想政治工作研究会、中宣部思想政治工作研究所主办,北京市委宣传部、北京市思想政治工作研究会承办。

与会代表认真学习了胡锦涛总书记在省部级主要领导干部专题研讨班开班式上的重要讲话,一致认为,胡锦涛总书记的重要讲话,从坚持和发展中国特色社会主义的政治高度和宽广视野,科学阐述了事关党和国家全局的若干重大问题,深刻回答了党和国家未来发展的一系列理论和实践问题,对于团结动员全党全国各族人民解放思想、实事求是、与时俱进、开拓创新,满怀信心地为全面建成小康社会而奋斗具有十分重要的意义。大家认为,建设社会主义文化强国,是我们党把握时代和形势发展变化、积极回应各族人民精神文化需求作出的重大战略决策。企业文化是社会主义文化的重要组成部分,广大企业文化工作者要深刻领会胡锦涛总书记的重要讲话精神,切实把思想和行动统一到中央重大决策部署上来,以高度的文化自觉和文化自信建设中国特色企业文化,为推动社会主义文化大发展大繁荣、建设社会主义文化强国作出积极贡献。

2012年9月

中央党校举行2012年秋季学期开学典礼

9月1日,中共中央党校举行2012年秋季学期开学典礼。习近平出席,并围绕党校学员的学习作了讲话。李源潮、何勇、令计划出席典礼,李景田主持开学典礼。

习近平指出,领导干部集中一段时间到党校学习,很有必要,很有好处。一是有利于补充和丰富知识。二是有利于总结和提高。三是有利于相互交流和学习。领导干部进党校,最重要的是学习党的基本理论,提高理论素养。这是党校姓党的重要体现,也是党校同普通高等学校的主要区别。现在在干部特别是年轻干部中,最重要也是最需要注意并切实解决好的是理想信念问题和思想作风问题,最需要加强的是理论教育。党校学习时间一般都比较短。要真正学有所得、学有所成,就必须下一番苦工夫。党校学员要安下心来,心无旁骛、专心致志地看书学习,深入进行研讨。要结合工作实际,脑子里经常装几个问题,反复思考,这对于培养和提高理论思维和战略思维能力很有好处。要按照实事求是的党校校训要求,坚持理论联系实际,坚持学以致用,提高运用党的基本理论解决实际问题的能力,不断拓宽领导工作思路,同时把学习理论同增强党性锻炼结合起来,自觉加强思想修养。通过在党校的学习,进一步把掌握的理论转化为牢固确立科学世界观和方法论的思想力量,把学到的知识和经验转化为丰富做好领导工作的智慧和能力的储备,把党对领导干部的党性要求转化为培养高尚品德和发扬优良作风的自觉性。

国家行政学院举行2012年秋季开学典礼

9月2日,国家行政学院2012年秋季开学典礼暨省部级领导干部和市长"推进城镇化建设"专题研讨班开班式在北京举行。马凯出席并讲话,并为学院新聘任的兼职教授颁发了聘书。李建华主持开学典礼。

马凯指出,积极稳妥推进城镇化进程,是全面建设小康社会和实现社会主义现代化的重大战略任务。当前和今后一个时期,我国城镇化发展处于一个关键时期,要切实转变城市发展方式,着力提高城市发展质量,坚持集约发展、多元形态、三化同步、两手结合、以人为本,努力走出一条符合科学发展观要求的中国特色城镇化道路。国家行政学院要坚持正确的政治方向,始终与党中央保持高度一致。要坚持围绕中心、服务大局,进一步提高教学培训水平,使广大学员准确把握中央精神,深刻领会党和政府工作的要求、政策方针和具体措施,不断提高工作能力;进一步提高科研咨询水平,更加注重解决党和政府工作中带有长期性、全局性和战略性的问题以及重点、难点和热点问题。要加强学院自身建设,大胆解放思想,奋力开拓创新,努力向有特色高水平国际一流行政学院的目标迈进。

第十八次全国地方立法研讨会召开

9月3日,第十八次全国地方立法研讨会在北京召开。会前,吴邦国在人民大会堂会见全体与会代表,向前来参加会议的各省(区、市)人大常委会负责同志、法制委法工委负责同志，向辛勤工作在立法工作第一线的全国广大立法工作者致以亲切问候，并与他们合影留念。王兆国出席开幕式并讲话，李建国主持开幕式。

王兆国在讲话中充分肯定了党的十六大以来我国立法工作取得的成就。指出当前和今后一个时期，立法工作的任务仍然相当繁重，立法工作的难度更为突出，完善法律体系任重道远，立法工作只能加强不能削弱。要进一步发挥立法在中国特色社会主义事业中的引领和推动作用，提高立法的针对性、及时性和系统性；进一步发挥人大及其常委会在立法中的主导作用，切实加强对立法工作的统筹协调；进一步完善立法体制、工作机制和立法程序，不断提高科学立法、民主立法的成效；进一步保障宪法和法律的有效实施，使宪法和法律真正成为推进依法执政、依法治国的依据，成为促进依法行政、公正司法的准绳，成为全社会一体遵循的行为规范。着力培养高素质的立法工作人才，既是当前的紧迫需要，也是长远的战略任务。要切实加强立法工作队伍建设，为不断完善中国特色社会主义法律体系提供坚实的人才保障和智力支持。

这次会议的主要任务是，在中国特色社会主义法律体系形成的新起点上，按照坚持和完善中国特色社会主义制度的总体要求，全面总结近10年来特别是十一届全国人大以来的立法工作成就和经验，深入探讨今后一个时期进一步加强和改进立法工作、完善立法程序、提高立法质量的工作重点和举措，为贯彻落实党的十八大精神、积极推进新形势下立法工作做好准备。

中央社会主义学院举行秋季开学典礼

9月3日，中央社会主义学院2012年秋季开学典礼暨“同心”思想专题研讨班开班式在北京举行。严隽琪出席并讲话，叶小文主持开学典礼，张裔炯讲话。他说，广大民主党派成员和无党派人士要认真学习领会胡锦涛总书记重要讲话精神，深入贯彻“同心”思想，坚定不移地保持对中国特色社会主义高度自信，自觉把推进社会主义现代化建设、全面建成小康社会作为共同目标，结合党派特色优势，继续开展多种形式的“同心”实践，共同致力于中国特色社会主义伟大事业和中华民族伟大复兴。

人民政协理论研究工作座谈会开幕

9月4日，人民政协理论研究工作座谈会在北京开幕。这次会议的主要任务是，认真学习贯彻胡锦涛总书记在省部级主要领导干部专题研讨班上的重要讲话精神，深入总结十届全国政协以来人民政协理论创新的重要成果，积极探索人民政协理论研究工作的特点和规律，谋划部署进一步加强人民政协理论建设的重大举措，为丰富和发展人民政协理论、推进人民政协事业发展作出新的贡献。贾庆林出席开幕式并发表讲话，郑万通主持会议。

贾庆林在讲话中全面回顾了人民政协事业在中国共产党创立的人民政协理论指引下不断发展的光辉历程，着重阐释了中国特色社会主义人民政协理论的基本框架和内涵，进一步明确了人民政协理论建设的方向和任务。十届全国政协以来，人民政协在中国特色社会主义人民政协理论指引下，努力用理论创新推动实践创新，各项工作取得长足发展，显示了理论创新对实践发展的巨大指导和推动作用。需要继续大力加强人民政协理论建设。要始终坚持正确政治方向，加快推进人民政协理论建设工程，坚持以实际问题为中心开展研究，形成协调配合的长效工作机制，不断开创人民政协理论建设新局面，为人民政协事业的发展和社会主义民主政治建设作出应有的贡献。

张丽莉同志先进事迹报告会在北京举行

9月4日，张丽莉同志先进事迹报告会在北京人民大会堂举行。报告会前，李长春看望了张丽莉同志和报告团全体成员，代表党中央和胡锦涛总书记对张丽莉同志表示亲切问候和崇高敬意。他强调，要以张丽莉同志为榜样，坚定理想信念、培养高尚情操、弘扬新风正气，努力做社会主义核心价值体系的模范践行者，做良好社会风尚的积极推动者，以优异成绩迎接党的十八大胜利召开。刘云山、刘延东参加会见。

张丽莉是黑龙江省佳木斯市第十九中学教师，今年5月8日在交通事故发生的危急时刻为抢救学生被轧断双腿。她的先进事迹在全社会引起强烈反响，人们牵挂她的病情并为她的精神所深深感动。经过多方共同努力，目前张丽莉已经脱离生命危险，身体正在逐渐恢复。

报告会由中央宣传部、教育部和黑龙江省委联合举办。报告会开始前，张丽莉同现场听众见面，向关心支持救助她的人表示感谢。报告团5位成员结合自己的亲身经历，深情讲述了张丽莉爱生如子、舍己救人的先进事迹和崇高精神，报告感人肺腑、催人泪下，深深感染了现场听众，会场不时响起热烈掌声。

孟祥民先进事迹报告会在北京举行

9月5日，孟祥民先进事迹报告会在北京举行。会前，李克强在人民大会堂会见了孟祥民先进事迹报告团。他强调，要按照科学发展和加快转变经济发展方式的要求，把经济社会发展与环境保护更好地结合起来，在发展中保护，在保护中发展，在全社会弘扬生态文明理念，促进转型发展和民生改善。姜异康、周生贤等参加了会见。

报告团成员介绍了孟祥民同志的先进事迹。孟祥民生前是山东省淄博市一名基层环保工作者，他忠于职守，秉公执法，对环保违法敢于碰硬，对企业污染防治热情服务，在身患癌症的情况下，仍坚守岗位，为家乡多一片碧水蓝天而忘我工作，在平凡的岗位上创造了不平凡的业绩。李克强向孟祥民的亲属表示慰问，他说，孟祥民同志的高尚情操，树立了新时期环保卫士的形象。我国环保事业的发展，离不开广大环保工作者的辛勤努力和亿万人民群众的积极参与。要激励大家学习先进，立足本职，为提高我国生态文明水平贡献力量。会见活动结束后，中宣部、环境保护部和山东省委联合举行了孟祥民先进事迹报告会。报告团5位成员以亲身经历，分别从不同角度讲述了孟祥民同志的先进事迹和崇高精神。

全国教育信息化工作会议召开

9月5日，全国教育信息化工作电视电话会议召开。刘延东出席并讲话，袁贵仁主持会议。

刘延东指出，教育信息化是教育理念和教学模式的深刻变革，是促进教育公平、提高教育质量的有效手段，是实现终身教育、构建学习型社会的必由之路。要深刻把握新形势新要求，将教育信息化作为国家信息化的战略重点优先部署，切实加快教育信息化进程。要明确发展导向，坚持育人为本、应用驱动，统筹兼顾、有序推进，优先保障农村和边远地区，加快缩小城乡、区域、校际间的“数字差距”。要推动“宽带网络校校通”，多管齐下加快推进学校接入宽带，探索建立可持续的运营维护机制，完善学校教育信息化基础设施。要推动“优质资源班班通”，重点建设名师和名校网络课堂，集中开发音乐、美术、英语等短缺课程，加快优质教育资源共享。要推动“网络学习空间人人通”，教师率先使用，职业教育率先部署，发达地区率先示范，促进教学方式与学习方式变革，实现教与学、教与教、学与学的有效互动。要建设教育资源和管理两大公共服务平台，加强信息技术人才队伍建设，为教育信息化提供保障。刘延东要求各级政府、各有关部门和学校要明确责任、齐心协力，狠抓落实、务求实效，深化改革、创新机制，推动教育信息化科学发展。

“走基层、转作风、改文风”大型主题采访活动动员会举行

9月6日，“走基层、转作风、改文风”大型

主题采访活动视频动员会在北京举行。刘云山出席会议并讲话，雒树刚主持会议。人民日报、新华社、中央电视台和北京、福建、湖北等地党委宣传部负责同志在会上发言。

刘云山指出，开展“走基层、转作风、改文风”活动是宣传思想文化战线适应时代发展要求、贯彻党的群众路线的一项重要举措。去年8月以来，这项活动在新闻宣传战线率先展开、不断拓展、逐步深化，取得丰硕成果，一大批生动鲜活、感人至深的精品佳作集中涌现，一系列关系群众切身利益的突出问题得到解决。一年来的实践使我们更加深刻地体会到，“走基层、转作风、改文风”，贵在走、难在转、重在改。要继续总结成功经验、深化实践探索，让“走转改”成为一种基本理念和价值取向，成为新闻宣传工作的常态和机制，不断提高新闻宣传战线服务大局、服务人民的能力和水平。

做好迎接党的十八大宣传，是当前新闻宣传战线的首要政治任务。要紧紧围绕迎接党的十八大这一主题，全面落实“走转改”要求，走进城乡基层、各行各业，生动反映各级党组织和广大干部群众学习贯彻胡锦涛总书记“7·23”重要讲话精神的实际行动，全面展示科学发展的成功实践和辉煌成就，深刻揭示成就背后的根本原因，深入阐明我国制度体制的内在优势，深入展示伟大实践昭示的发展方向，增强人们贯彻落实科学发展观的自觉性坚定性。

全国教师工作暨“两基”工作总结表彰大会召开

9月7日，第二十八个教师节到来之际，全国教师工作暨“两基”工作总结表彰大会在北京召开。胡锦涛发来贺信。胡锦涛的贺信中说，经过全党全社会的不懈努力，我国已经全面实现普及义务教育和扫除青壮年文盲的“两基”目标。这是我国教育发展史上的重要里程碑，对于促进教育公平、提高国民整体素质、推动经济社会又好又快发展都具有重要意义。希望各地区各部门坚持把教育摆在优先发展的战略地位，认真总结“两基”工作经验，切实巩固“两基”工作成果，加快建成覆盖城乡的基本公共教育服务体系，逐步实现基本公共教育服务均等化，真正办好人民满意的教育。

温家宝出席大会并讲话。他强调，要适应人民群众接受更好教育的新期盼，把教育发展的重点放到提高质量、促进均衡发展上来，加快实现基本教育公共服务均等化，努力办好每一所学校，培养好每一个孩子。

刘延东在大会总结时说，要深入学习贯彻胡锦涛总书记贺信和温家宝总理讲话精神，认真落实教育改革发展规划纲要，深化教育改革，创新体制机制，努力开创义务教育均衡发展和教师队伍建设新局面。要落实政府职责，把均衡发展作为新阶段义务教育的战略性任务，促进教育公平，提高教育质量，保障所有适龄儿童少年平等接受优质义务教育。要均衡配置教育资源，向薄弱学校、农村和中西部倾斜，规范学校布局调整，推进标准化建设，建立资源共享机制，缩小城乡、区域和校际差距。要关爱留守儿童，加强特殊教育学校建设。要全面实施素质教育，改革人才培养模式、教育教学方法、学校管理制度和督导评价体系，切实减轻课业负担，促进学生全面发展。1400万人民教师是办好教育的主体，要把教师队伍建设作为教育事业发展最重要的基础性工作，加大教师培养培训力度，大力提升师德水平和业务能力，创新教师管理制度，保障教师合法权益和待遇，继续营造尊师重教的社会氛围，以一流的师资支撑一流的教育、培养一流的人才。

会前，温家宝等领导同志参观了“奠基中国——‘两基’成就图片展”。300个全国“两基”工作先进单位、500名先进个人和80个先进地区受到表彰。

学习周恩义同志先进事迹座谈会在北京举行

9月7日，学习周恩义同志先进事迹座谈会在北京人民大会堂举行。座谈会由中宣部、解放军总政治部和辽宁省委联合主办。刘云山出席会议并讲话,雒树刚主持会议,申维辰宣读《中共中央宣传部关于开展向周恩义同志学习活动的通知》。张研农、李从军、杜金才、王珉等10位同志在座谈会上发言。

刘云山指出,周恩义同志把事业当生命、视工作为使命,扎根基层、服务群众,满腔热情地付出、全心全力地投入,以自己的心血汗水,以卓有成效的工作,为党的宣传事业作出了贡献、增添了光彩。作为一名基层领导干部、宣传部长,周恩义同志用自己的模范行动,生动诠释了共产党人的先进性质和党的宣传干部的优秀品质,自觉践行了社会主义核心价值体系的内在要求,不愧为全社会学习的榜样,不愧为宣传思想文化战线的楷模。

周恩义同志的先进事迹和崇高精神,很好回答了怎样做好宣传工作、怎样当好人民宣传员的问题,给我们带来许多思考和启示。做一名优秀的宣传干部,就要有一种坚定理想、忠于职守的追求,对党的宣传事业充满执着和热爱,把做好宣传工作当作光荣的责任,带着感情、兢兢业业去做工作,不断为党的宣传事业书写新的篇章;就要有一种舍得付出、甘于奉献的境界,不争名、不争利、不争功、不争地位,经得起诱惑、耐得住寂寞、抵得住浮躁,恪守宣传干部的精神高地,用自己的人格力量感染他人,用自己的模范行动引导群众;就要有一种沉得住气、沉得下去的心态,从最基础的工作抓起,从群众最需要的事情做起,多办顺民意、解民忧、增民利的实事好事,把宣传工作做到群众心坎上,在平凡岗位上创造不平凡的业绩;就要有一种乐于钻研、善于创新的精神,跟上形势和任务发展变化的要求,不断解放思想、勤于学习思考、勇于改革创新,不断提高工作的科学化水平,更好地体现时代性,把握规律性,富于创造性。

中宣部要求全国宣传战线向周恩义同志学习

9月7日,为深入学习周恩义同志的先进事迹,大力弘扬周恩义同志的崇高精神,使更多周恩义式的优秀宣传干部涌现出来,中共中央宣传部下发了《关于开展向周恩义同志学习活动的通知》,要求全国宣传思想文化战线向周恩义同志学习。

周恩义现任辽宁省盘锦市兴隆台区思想政治工作研究会会长、区关工委常务副主任,曾先后担任区委宣传部副部长,区委常委、宣传部长,区委副书记。从事基层宣传工作几十年,周恩义以对党的事业的坚定信仰和无比热爱,以高度的政治自觉和务实的工作作风,为党的宣传思想文化工作倾注了全部心血,忠实履行了一名宣传干部的神圣职责,推动基层宣传工作实现新的发展、新的跨越,赢得了干部群众的信任和拥护。

全国公安厅局长座谈会在大连市召开

9月8日,全国公安厅局长座谈会在辽宁省大连市召开。

会议总结近年来全国公安机关在应急处突工作中积累的经验,就进一步提高公安机关应对处置突发事件的能力水平,为经济社会发展、人民群众安居乐业创造良好社会环境进行部署。周永康作出重要批示。他强调,各级公安机关要认真学习贯彻胡锦涛总书记在省部级主要领导干部专题研讨班上的重要讲话精神,统筹国内国际两个大局,深入总结借鉴国内外应对处置突发事件的经验教训,科学把握新形势下的规律特点,在党委政府的统一领导下,进一步提高运用法律政策的能力,进一步提高做群众工作的能力,进一步提高现场处置的能力,进一步提高正确引导舆论的能力,坚决维护社会大局稳定、维护人民根本利益、维护国家法制权威,为党的十八大胜利召开创造安全稳定的社会环境。孟建柱出席会议并讲话。

国家互联网信息办召开经验交流会

9月9日,国家互联网信息办公室在深圳召开会议,总结推广有关地区和部门积极运用微博客等社交网络服务社会、联系群众、引导舆论，推动社交网络健康有序发展的工作经验，要求全力做好迎接党的十八大网上宣传管理工作，为党的十八大胜利召开创造良好的网上舆论环境。王晨出席会议并讲话。

会议提出，推动社交网络健康发展，要坚持重在建设，积极主动作为，做大做强主流舆论，以正面声音引领多元多样多变的网上舆论。要大力倡导社会主义核心价值体系，善于发现和放大社交网络中的“美丽网事”、“点滴感动”，推出更多体现时代精神、引领道德风尚的“平凡英雄”，宣传“最美人物”、倡导“最美精神”，着力弘扬社会正气、培育文明新风。

目前，我国社交网络上传播谣言和虚假信息，拜金炫富、低俗恶搞，攻击谩骂、网络暴力等现象仍不时出现，危害网络环境，损害人们对社交网络的信任，社会各界反响强烈。要认真落实属地化管理和“谁主管谁负责”、“谁经营谁负责”的要求，坚持日常管理和应急管理相结合，依法管理与技术防范相结合，行政监管与行业自律、公众监督相结合，突出管理重点，克服薄弱环节，切实规范社交网络传播秩序，坚决制止违法有害信息在网上传播。要加强社交网络管理制度建设，夯实社交网络管理基础。各类社交网站要切实落实信息安全责任，强化从业人员大局意识、法律意识、诚信意识，积极推进文明办网、文明上网，倡导社交网络公序良俗，形成社交网络文明有序的良好风貌。

全军基层文化工作会议在杭州召开

9月10日，全军基层文化工作会议在杭州召开。徐才厚就开好这次会议、加强军队基层文化建设，专门作出批示，提出要求。

徐才厚指出，军队基层文化是先进军事文化的基础和活力源泉，加强基层文化建设是深入贯彻落实科学发展观、巩固提高部队战斗力、促进官兵全面发展的必然要求，也是加强基层建设的重要内容。全军部队要深入学习贯彻胡锦涛主席7月23日在省部级主要领导干部专题研讨班开班式上的重要讲话精神，紧紧围绕国防和军队建设主题主线，紧贴部队担负的使命任务大力加强基层文化建设，深入持久培育当代革命军人核心价值观，坚持弘扬我军听党指挥、服务人民、英勇善战的优良传统和作风，不断强化官兵战斗精神，持续激发官兵扎根基层、建功基层的使命责任意识，努力在新的起点上推动基层文化建设科学发展，有效履行我军新的历史使命，以优异成绩迎接党的十八大胜利召开。

这次会议的主要任务是，认真学习贯彻胡主席和中央军委关于加强军营文化建设的指示要求，总结交流近年来基层文化建设的成效经验，着重研究军营文化活动开展、骨干队伍培养、设施装备建设等问题，不断增强基层文化建设的规范性、系统性、科学性，努力开创基层文化建设新局面。

第六届夏季达沃斯论坛在天津开幕

9月11日，世界经济论坛2012年新领军者年会（第六届夏季达沃斯论坛）在天津梅江会展中心开幕。温家宝出席开幕式并致辞。世界经济论坛主席施瓦布、卢旺达总统卡加梅、丹麦首相托宁·施密特、拉脱维亚总理东布罗夫斯基、立陶宛总理库比柳斯、巴基斯坦总理阿什拉夫、哥斯达黎加副总统利伯曼、津巴布韦副总理穆坦巴拉和澳大利亚前总理陆克文、新加坡荣誉国务资政吴作栋、英国前首相布朗等出席开幕式。张高丽、黄孟复、万钢也参加了会议。

为期3天的这届论坛以“塑造未来经济”为主题，与会者围绕创造性应对当前挑战，认识科技领域新前沿等议题展开讨论。

温家宝在致辞中回顾了10年来中国经济社会发展的历程。重点介绍了就业和社会保障、教育、医疗、扶贫等民生领域的重大进展。还总结了近5年应对国际金融危机的做法和体会。在介绍了2012年5月以来集中出台的政策措施后，温家宝说，从宏观经济各项指标的组合看，中国经济增速仍保持在年初确定的预期目标区间内，呈现出缓中趋稳的态势。随着政策措施落实到位并发挥作用，中国经济有望进一步趋稳。我们将根据经济运行的态势，进一步加大预调微调力度，着力刺激消费需求，着力扩大有效投资特别是激活民间投资活力，着力稳定外部需求，着力促进实体经济发展。

展望世界经济前景，温家宝说，国际社会一定要进一步加强宏观经济政策协调，推进全球治理体系改革，坚决反对贸易投资保护主义，提升贸易投资自由化、便利化水平，共同推动世界经济尽快稳定复苏。希望各国企业家大力加强技术研发、产品创新，大力发展节能环保等绿色产业，创造新的市场需求，培育新的经济增长点，实现企业成长、行业壮大、经济发展和社会进步的多赢目标。

中组部召开大学生村官工作会议

9 月 12 日，中组部召开大学生村官工作会议。李源潮出席并讲话，要求认真总结大学生村官工作的经验，完善政策、健全机制，促进大学生村官健康成长，更好地为新农村建设培养骨干力量，为加强基层干部队伍建设提供优秀人才。沈跃跃主持会议。

大学生村官工作是中央着眼于为新农村建设培养骨干力量，改善基层党政干部来源作出的重大决策。全国已累计选聘大学生村官 30 万名，目前在岗 21.2 万名，有 8.2 万名担任村“两委”干部，5000 多人担任村党支部书记、村委会主任，有 4 位大学生村官当选党的十八大代表。

会议认真总结了十七大以来选聘高校毕业生到村任职工作的经验，强调要认真贯彻落实中组部、中编办、教育部、财政部、人社部、国家公务员局等 6 个部门联合下发的《关于进一步加强大学生村官工作的意见》，把大学生村官工作作为促进城乡人才相向对流，为农业和农村现代化输送人才资源的重要举措，充分发挥大学生村官观念新、知识多、思路宽、信息灵的优势，为农民提供信息、技术、政策、法律等多方面服务，带头并带领农民创业致富，使大学生村官真正成为新农村建设的骨干力量。

江苏、安徽、山西、北京、云南 5 省市，清华大学、中国农业银行、神华集团等单位和 2 名大学生村官代表在会上发言。

中国新闻社举行成立 60 周年纪念大会

9 月 13 日，中国新闻社成立 60 周年纪念大会在北京举行。温家宝为中国新闻社题词。李长春、李克强分别发来贺信。刘云山出席纪念大会并讲话。万钢出席大会。

温家宝为中国新闻社题词：“传播中国声音，留下历史记忆。”李长春在贺信中向中国新闻社的全体同志表示热烈祝贺和亲切慰问。他指出，中国新闻社成立 60 年来，始终服务党和国家工作大局，已经成为向海外华文媒体提供中国新闻和资讯的重要渠道，成为促进海峡两岸和全球华人新闻交流的纽带和桥梁。希望中国新闻社加快打造国际一流媒体，努力做到“中国立场、国际表达”，不断提高新闻信息的原创率、首发率、落地率，不断增强新闻宣传的针对性、时效性和吸引力、感染力，不断巩固和扩大在海外华人社会中的影响。李克强在贺信中指出，面对世界渴望更加全面深入准确认知中国的新形势，希望中国新闻社着力增强国际影响力，占领世界华文资讯制高点，开创国际传播新征程。

刘云山在讲话中指出，60 年来，中国新闻社坚持不懈向海外介绍党和国家的方针政策，宣传我国改革开放和社会主义现代化建设的辉煌成就，展示当代中国人民的良好精神风貌，为营造于我有利国际舆论环境作出积极贡献，在对外宣传特别是侨务外宣中发挥了不可替代的重要作用。希望中国新闻社以建社 60 周年为新的起点，坚持正确舆论导向，把握自身定位、发挥自身优势，不断扩大在海外华侨华人和国际社会中的影响，为营造良好外部舆论环境作出新的更大贡献。

中国新闻社是在廖承志等党和国家领导人的亲切关怀和推动下，由中国新闻界和侨界知名人士发起，于 1952 年 9 月 14 日成立的。目前，中国新闻社有 48 个境内外分社和记者站，员工队伍 2000 余人，建立了 24 小时不间断的信息发布系统，拥有文字、图片、特稿、网络、期刊、供版、视频七大主干新闻产品体系，形成了覆盖海外大多数华文媒介的用户网络。

全国科普日北京主场活动举行

9 月 15 日，全国科普日北京主场活动在中国农业大学举行。习近平、王兆国、刘云山、刘延东、李源潮、何勇、令计划、韩启德等领导同志同首都群众和大学生一起参加。习近平强调，要广泛普及食品与健康相关知识，推动全社会更加关注食品安全，坚决遏制各类食品安全违法犯罪行为，提高群众消费安全感和满意度。

今年全国科普日活动以“节约能源资源、保护生态环境、保障安全健康、促进创新创造”为主题，旨在推动《全民科学素质行动计划纲要》和全国科技创新大会精神的贯彻落实。围绕这一主题，各省、自治区、直辖市将组织开展 5200 多项主题科普活动。北京主场活动的主题是“食品与健康”。

发展中国家科学院第二十三届院士大会开幕

9 月 18 日，发展中国家科学院第十二次学术大会暨第二十三届院士大会在天津隆重开幕，胡锦涛出席开幕式并致词。刘延东、张高丽、韩启德、万钢、王志珍出席开幕式，白春礼主持开幕式。巴西科学院院长、发展中国家科学院院长帕里斯，联合国教科文组织，意大利，瑞典等国际组织和国家的代表在开幕式上发言。来自 60 多个国家和地区的 400 余位科学家出席了大会。

在开幕式上，胡锦涛向获得发展中国家科学院科学奖的 19 位获奖者颁奖。胡锦涛致词时强调，世界科技正处于新一轮革命的前夜，经济社会发展的强大需求拉动，知识和技术体系的内生驱动，科技和经济、社会、文化、教育的深度融合，共同推动科技呈现出多点突破、交叉汇聚的生动景象。对广大发展中国家来说，科学技术更是改变国家命运、开创美好未来、创造幸福生活必须依靠的强大力量。发展中国家必须奋起直追、锐意创新，高度重视科技的作用，大力发展科学技术。

第五届全国少数民族文学创作会议召开

9 月 18 日至 20 日，第五届全国少数民族文学创作会议在北京召开。开幕式上，李长春亲切会见全体与会代表，代表党中央、国务院对会议召开表示热烈祝贺，向广大少数民族作家和文学工作者致以诚挚问候，勉励大家深入贯彻落实党的十七届六中全会精神，坚持贴近实际、贴近生活、贴近群众，创作推出更多精品力作，为繁荣发展少数民族文化事业、满足各族人民群众精神文化需求、加快建设社会主义文化强国作出更大贡献。回良玉、刘云山、刘延东、乌云其木格、阿不来提·阿不都热西提参加会见。

会议总结回顾 2003 年第四届全国少数民族文学创作会议以来我国少数民族文学工作，交流文学创作经验，并对进一步繁荣发展少数民族文学进行研究部署。会议期间，还举行全国第十届少数民族文学创作“骏马奖”颁奖典礼。来自全国各省、自治区、直辖市的各民族作家、诗人、评论家、翻译家和理论工作者以及作家协会负责人，第十届“骏马奖”获奖作家和评委等，共约 300 人参加会见并出席会议。

中央办公厅印发《关于在推进事业单位改革中加强和改进党的建设工作的意见》

9 月 19 日，中共中央办公厅印发了《关于在推进事业单位改革中加强和改进党的建设工作的意见》，并发出通知，要求各地区各部门结合实际认真贯彻执行。

省部级领导干部推进城镇化建设研讨班举行学员座谈会

9月19日，由中央组织部、国家发展和改革委员会、国家行政学院共同举办的省部级领导干部推进城镇化建设研讨班举行学员座谈会。李克强出席并讲话。他强调，要按照科学发展观的要求，顺应我国现代化建设的规律，协调推进工业化、城镇化、农业现代化，发挥城镇化综合效应，释放内需巨大潜力，促进经济长期平稳较快发展与社会和谐进步。

座谈会上，国家行政学院介绍了研讨班举办概况，黑龙江、浙江、河南、云南等省及青岛市政府负责人作为学员代表，谈了本地城镇化情况和建议。大家认为，研讨班题目选得好，时机选得好，研讨深入，很有收获。在听取发言后，李克强说，积极稳妥推进城镇化是一个事关长远的大战略，要放在实现现代化和经济社会发展的大趋势中来思考。特别是在国际经济环境发生深刻变化、我国发展进入新阶段以及面临经济下行压力的形势下，研讨城镇化科学发展问题十分重要。

李克强指出，城镇化是现代化的应有之义和基本之策。城镇化是我们最大的内需潜力所在。城镇化是长期的历史任务，也是复杂的系统工程，有许多重大课题需要探讨。城镇化需要工业化来带动，也会给工业化提供支撑。推进城镇化，要始终绷紧粮食安全这根弦。推进城镇化需要统筹谋划布局。改革是经济社会发展的强大动力，协调推进工业化、城镇化和农业现代化必须依靠改革。推进城镇化，要努力在改革攻坚中破解深层次矛盾。围绕城镇化发展中面临的发展方式转变和结构调整、土地节约集约利用、户籍和社会管理、资源支撑和生态环保等问题，与时俱进，开拓进取，实现体制机制创新，正确处理好各方面的利益关系，为持续发挥城镇化效应提供有效的制度保障。

纪检监察机关自身建设调研座谈会召开

9月19日，纪检监察机关自身建设调研座谈会在北京召开。贺国强出席并讲话。

在认真听取与会同志的发言后，贺国强指出，纪检监察机关作为党内监督和行政监察的专门机关，肩负着推进党风廉政建设和反腐败斗争的神圣职责。党和政府对纪检监察干部寄予厚望，社会也高看一眼。近年来，各级纪检监察机关始终把加强纪检监察机关自身建设作为一项基础性工程来抓，取得了积极进展和明显成效。认真总结近年来的实践经验，进一步加强和改进纪检监察机关自身建设，要牢牢把握以下7个方面：一是必须坚持把以中国特色社会主义理论体系特别是科学发展观为指导、服务党和国家工作大局作为加强纪检监察机关自身建设的根本要求，始终保持理论上的清醒、政治上的坚定、行动上的自觉，坚决同以胡锦涛同志为总书记的党中央保持高度一致，确保纪检监察机关自身建设的正确方向。二是必须坚持把深入开展集中学习教育活动和主题实践活动作为加强纪检监察机关自身建设的重要载体，切实把“做党的忠诚卫士、当群众的贴心人”的庄严承诺和“四个对”的基本要求转化为广大纪检监察干部的自觉追求和实际行动。三是必须坚持把加强领导班子和干部队伍建设作为加强纪检监察机关自身建设的中心任务，坚持德才兼备、以德为先的用人标准，选好配强纪检监察机关领导班子，以提高能力素质为重点加强纪检监察干部队伍建设。四是必须坚持把加强纪检监察组织建设作为加强纪检监察机关自身建设的基础工程，着力在健全机构设置、明确职责定位、发挥职能作用、整合工作力量上下功夫，形成基本覆盖、上下贯通、左右衔接的组织体系。五是必须坚持把严格要求、严格教育、严格管理、严格监督作为加强纪检监察机关自身建设的重要保障，督促广大纪检监察干部发扬优良作风，认真落实“五严守、五禁止”纪律要求，牢固树立监督者更要带头接受监督的意识，自觉接受党组织、党员和人民群众的监督，接受社会和新闻舆论的监督。六是必须坚持把推进干部人事制度改革作为加强纪检监察机关自身建设的重要动力，坚持正确用人导向，扩大干部公开选拔和竞争上岗范围，加大干部轮岗交流和挂职锻炼力度，健全干部考核评价制度，严厉整治用人上的不正之风。七是必须坚持把推进工作方式方法创新作为加强纪检监察机关自身建设的重要途径，注重完善领导体制和工作机制，积极创新工作方式方法，充分发挥各方面积极性。

全国政协文史工作座谈会召开

9月21日，全国政协文史工作座谈会在北京召开。贾庆林会见与会代表并讲话。

贾庆林指出，人民政协文史资料工作是一项富有统战、政协特点的经常性、基础性工作。半个多世纪以来，在广大政协委员的积极参与和文史资料工作者的共同努力下，先后征集了80多亿字的文史资料文稿，出版了50多亿字的文史资料选辑和专题史料图书。党的十六大以来，全国政协高度重视文史资料工作，专门制定了《政协全国委员会关于加强文史资料工作的意见》，全国和地方各级政协以大协作的方式集中力量、整合资源，编辑出版了“共和国亲历亲见亲闻书系”等一大批富有时代特点和统战政协特色的专题文史图书；积极拓展与台湾史学界的学术交流，深化征集香港、澳门和海外文史资料工作，充分发挥了文史资料“存史、资政、团结、育人”的社会功能，为统一战线和人民政协事业发展作出了重要贡献。

贾庆林还参观了当天投入使用的中国政协文史馆。他说，中国政协文史馆的建成使用，实现了广大政协委员的夙愿，在人民政协文史事业发展史上具有重要意义。要结合统一战线和人民政协的特点和优势，扎实做好文史资料征集、收藏、研究、利用等方面工作，切实把中国政协文史馆管理好、运用好、发展好，不断推进人民政协的文史工作迈上新台阶。要充分发挥政协文史馆作为展示窗口的重要作用，大力宣传我国的政党制度和人民政协的优势，不断丰富展示内容，创新展示手段；要充分发挥政协文史馆作为研究园地的重要作用，积极运用丰富的馆藏资源，大力开展各种形式的学术活动；要充分发挥政协文史馆作为交流平台的重要作用，坚持开门办馆，主动扩大与社会各界的交流与合作，加强与海内外同行的联系，推进中外文化交流，真正达到以史团结人、以史影响人、以史教育人的目的。要充分发挥政协智力密集和联系广泛的优势，建设一支高水平的文史工作人才队伍。

中央文化体制改革和发展工作领导小组召开会议

9月21日，中央文化体制改革和发展工作领导小组召开全体会议，深入贯彻落实党的十七届六中全会精神，总结党的十六大以来文化体制改革和文化事业文化产业发展的成效经验，研究部署当前工作。刘云山主持会议并讲话，刘延东出席会议并讲话。

会议认为，党的十六大以来，以胡锦涛同志为总书记的党中央高度重视文化体制改革，作出一系列重大决策部署，为推进文化改革发展指明了前进方向、提供了基本遵循。在中央的坚强领导下，中央文化体制改革和发展工作领导小组加强协调指导、完善配套政策，各地各部门解放思想、开拓进取、攻坚克难，在经营性文化单位转企改制、组建文化市场综合执法机构和综合文化行政责任主体、构建公共文化服务体系、培育现代文化市场体系、创新文化走出去模式等方面，全面完成了中央确定的阶段性改革任务。

经过10年来不懈探索与实践，文化体制改革取得丰硕成果和显著成效，有力促进了文化生产力的解放发展，有力促进了文化的发展繁荣，有力促进了经济发展方式的加快转变，有力促进了国家文化软实力的不断提升，有力促进了各类文化人才竞相涌现，文化领域整体面貌和发展格局焕然一新，在已有基础上开创了文化建设新局面，走出了一条中国特色社会主义文化发展道路。10 年来的文化体制改革历程很不平凡、成绩来之不易、经验弥足珍贵。

全国非公有制经济组织创先争优活动开展成效显著

9 月 21 日，从中央统战部了解到，全国非公有制经济组织创先争优活动开展两年半来成效显著，60 万个非公有制经济组织基层党组织和 400 万名党员参加了这一活动，非公有制企业新组建党组织 17.7 万个。在全国非公有制经济组织创先争优活动中，非公有制经济组织建立领导干部企业联系点 22.2 万余家，选派党建指导员 36.4 万名，培训党建指导员、党组织书记、企业出资人 92 万人次，提出合理化建议 206 万余条，取得技术革新成果 353 万余个。

目前，全国共有 21 个省(区、市)、60% 的市(地、州)、70% 的县建立了非公有制企业党建工作专门机构。

《中华人民共和国史稿》出版发行

9 月 23 日，经中央批准，当代中国研究所编写的多卷本《中华人民共和国史稿》，由人民出版社、当代中国出版社出版，在全国发行。

《中华人民共和国史稿》共四卷，记述了中华人民共和国自 1949 年 10 月成立到 1984 年 10 月党的十二届三中全会召开这 35 年的历史。该书坚持以马克思列宁主义、毛泽东思想、邓小平理论、“三个代表”重要思想为指导，深入贯彻落实科学发展观，以中央《关于若干历史问题的决议》、《关于建国以来党的若干历史问题的决议》和中央有关重要文献为依据，展示了党紧紧依靠人民完成社会主义革命、开展社会主义建设、进行改革开放和现代化建设、开创中国特色社会主义道路的历史进程。

政法委政法队伍建设调研座谈会在福州召开

9 月 23 日至 24 日，部分省(区、市)政法委政法队伍建设调研座谈会在福州召开。正在福建省考察调研的王乐泉会见会议代表并讲话。

王乐泉指出，总结近年来特别是十七大以来的政法队伍建设工作，至少有五条基本经验。一是必须始终牢牢把握政法队伍建设的正确方向；二是必须把人民群众是否满意作为评判政法队伍建设成效的根本标准；三是必须坚持素质强警与从严治警相结合；四是必须不断强化基层组织建设，建立人往基层走、钱往基层用的好机制；五是必须通过体制机制的完善解决根本性、长远性问题。

面对日益繁重的政法维稳任务和纷繁复杂的社会环境，全体政法干警一定要经受住坚定性、忠诚度的考验；经受住公正性、廉洁性的考验；经受住适应力、驾驭力的考验；经受住信息化、公开化的考验。要进一步强化思想政治工作，确保政法干警做到立场坚定、无比忠诚，进一步促进队伍执法能力水平与形势任务要求相适应，切实提高队伍应对风险挑战、驾驭复杂局面的能力。要进一步统筹好政法队伍建设与业务建设，善于从政法工作的苗头性、倾向性问题中，预测队伍建设面临的困难和挑战，不断增强队伍建设的预见性、主动性。要切实通过抓队伍建设促进执法问题的解决，通过解决执法突出问题推动队伍执法水平的提高。

第十二届精神文明建设“五个一工程”颁奖晚会举行

9 月 24 日，第十二届精神文明建设“五个一工程”颁奖晚会在北京中央电视台新址举行。李长春出席观看，并为获奖代表颁奖。他勉励广大文化工作者全面贯彻“二为”方向、“双百”方针和“三贴近”原则，始终坚持以人民为中心的创作导向，努力创作生产更多思想性艺术性观赏性相统一、人民群众喜闻乐见的优秀作品，为推动文化大发展大繁荣、建设社会主义文化强国作出新的更大贡献。刘淇、刘云山、刘延东、陈奎元、孙家正一同观看。

第十二届精神文明建设“五个一工程”自

2012年7月起组织实施评选，在广泛听取群众意见的基础上，共评选出电影《建国大业》、电视剧《我们的法兰西岁月》、动画片《兔侠传奇》、戏剧《郭明义》、歌曲《走向复兴》、广播剧《伟大的转折》、文艺类图书《解放战争》等176部优秀作品，同时还评选出组织工作奖21家。

中央创先争优活动领导小组印发《关于党支部建立创先争优制度的指导意见》

9月24日，中央创先争优活动领导小组印发了《关于党支部建立创先争优制度的指导意见》，并发出通知，要求各地区各部门各单位结合实际认真贯彻落实。

《意见》的印发和实施，旨在巩固和扩大创先争优活动成果，推动创先争优常态化长效化，切实加强党的基层组织建设。《意见》要求，要紧紧围绕推动发展、服务群众、凝聚人心、促进和谐的职能任务，以创建“五个好”先进党支部、争当“五带头”优秀共产党员为目标，根据农村、社区、国有企业、机关、高校、事业单位、非公有制经济组织和社会组织等领域的实际，分别提出党支部建立创先争优制度的主要内容。要把党支部建立创先争优制度作为加强党的基层组织建设的重要举措，作为保持创先争优常态化长效化的重要保证，县市区党委要加强领导，基层党委要具体抓；要健全基层民主，认真落实党员的知情权、参与权、选举权、监督权，充分调动广大党员创先争优积极性；要完善基本保障，加大投入力度，为党支部落实制度、开展工作提供必要的物质条件；要加强督促检查，及时总结交流经验，切实改进薄弱环节，定期考核制度实施情况，组织群众评议，推动创先争优常态化长效化。

我国第一艘航空母舰正式交付海军

9月25日，我国第一艘航空母舰“辽宁舰”已按计划完成建造和试验试航工作，在中国船舶重工集团公司大连造船厂正式交付海军。胡锦涛向海军接舰部队授予军旗和命名证书并登舰视察。温家宝一同出席并宣读党中央、国务院、中央军委的贺电。贺电指出，我国发展航空母舰，是党中央、国务院、中央军委着眼国家安全和发展全局作出的重大战略决策。第一艘航空母舰顺利交接入列，对于提高我军现代化水平，促进国防科技工业技术进步和能力建设，增强国防实力和综合国力，对于振奋民族精神，激发爱国热情，鼓舞全党全军全国各族人民奋力夺取全面建成小康社会新胜利、开创中国特色社会主义事业新局面，具有重大而深远的意义。郭伯雄、徐才厚、马凯、常万全、吴胜利出席仪式并陪同视察。

国家公共文化示范区创建经验交流会召开

9月25日，文化部在江苏省张家港市召开国家公共文化示范区创建工作现场经验交流会，考察学习张家港市“网格化”公共文化服务典型经验，同时总结交流不同区域的示范区创建工作。

张家港市立足城市化进程中公共文化服务体系建设面临的新形势、新问题，以保障人民群众基本文化权益为宗旨，以延伸基层公共文化服务层级为突破口，在社区以下合理划分“文化网格”，通过建立一支扎根基层、服务群众、乐于奉献的“网格文化员”队伍，率先探索实施“网格化”公共文化服务模式，形成了市、镇（区）、村（社区）、网格四级公共文化服务新体系，促进了公共文化服务均等化，形成了公共文化服务体系建设“张家港经验”，在国家公共文化示范区创建和公共文化服务体系建设工作中具有较强的示范性。

自2011年文化部、财政部正式启动实施国家公共文化示范区创建工作，特别是创建工作写入十七届六中全会《决定》以来，示范区创建工作已经成为各地推动公共文化服务体系建设的重要抓手，一些长期制约城乡文化事业发展的突出矛盾得到加快解决。首批中央财政3.05亿元示范区创建补助资金撬动了31个城市财政资金投入超过100亿元，部分创建示范区2011年文化事业费投入比2010年实现了翻一番；创建工作推动了许多城市将重大公共文化设施项目列入“十二五”规划。许多创建示范区探索实施公共文化服务政府采购制度、公共图书馆总分馆制、流动文化服务等一系列新的公共文化服务方式，有效提升了公共文化服务能力。

全国宣传部长座谈会召开

9月25日，全国宣传部长座谈会在北京召开。刘云山出席并讲话，雒树刚主持会议。

刘云山指出，科学发展是十六大以来党和国家各项工作的鲜明主题，也是迎接党的十八大宣传的鲜明主题。要聚焦主题、深化内涵，唱响科学发展的主旋律。要进一步深化“走转改”主题采访活动，深入一线挖掘报道素材，深入群众发现典型事例，以基层的鲜活实践展示社会进步，以人们的亲身体会反映发展变化，使宣传报道更加深入人心。

形成迎接十八大宣传的热潮，必须集中各种资源、运用各种形式，努力扩大宣传效应。要用好各类媒体资源，发挥党报党刊、通讯社、电台电视台的主力军作用，发挥晚报都市报和互联网、手机等新兴媒体的积极作用，突出特色、各展所长，切实做到相辅相成、相映成辉。要用好社会宣传资源，利用各级党校、市民学校、社区和乡镇文化站等阵地，通过理论宣讲、主题教育、形势报告等形式，使宣传教育热在基层、热在群众。要用好文化资源，推出一批歌颂党和祖国、歌颂改革开放、歌颂人民美好生活的优秀文艺作品，做好“五个一工程”获奖作品的展播展映展演工作，广泛开展群众性文化活动，着力营造喜庆热烈、文明和谐的社会文化环境。

中央办公厅印发《关于进一步加强党管人才工作的意见》

9月26日，中共中央办公厅印发了《关于进一步加强党管人才工作的意见》，并发出通知，要求各地区各部门结合实际认真贯彻执行。

通知指出，党管人才是人才工作的重要原则。落实好这一原则，进一步加强党对人才工作的领导，对于保证人才工作的正确方向，促进人才强国战略的更好实施和建设人才强国目标的顺利实现意义重大。通知要求，各地区各部门要按照中央的要求，切实加强党对人才工作的领导，健全党管人才领导体制和工作格局，完善党管人才工作运行机制，创新党管人才方式方法，加强人才工作机构和队伍建设，不断提高人才工作科学化水平，为实现全面建成小康社会奋斗目标、加快推进社会主义现代化提供强有力人才保障。

全国文化体制改革工作表彰大会在北京举行

9月26日，全国文化体制改革工作表彰大会在北京人民大会堂举行。会前，胡锦涛亲切会见全体与会代表，向受到表彰的全国文化体制改革工作先进地区、先进单位、先进个人表示热烈的祝贺，向全国广大文化工作者表示诚挚的问候。温家宝、习近平、李克强参加会见，李长春参加会见并在会上讲话，刘云山主持大会，刘延东、陈奎元出席大会。

李长春在讲话中全面回顾了党的十六大以来深化文化体制改革的不平凡历程，系统总结了文化改革发展取得的历史性成就。他指出，在推进文化改革发展的进程中，我们不断深化对文化建设规律的认识，积累了一系列宝贵经验。概括起来就是：必须坚持党的领导，为坚持文化建设正确方向、有力推进文化改革发展提供坚强保证；必须坚持解放思想、实事求是、与时俱进，牢固树立符合科学发展观要求的新的文化发展理念；必须坚持一手抓公益性文化事业、一手抓经营性文化产业，把社会效益放在首位、社会效益和经济效益相统一，做到两加强、两促进；必须坚持从实际出发，区别对待、分类指导、循序渐进、逐步推开，积极稳妥推进各项改革；必须坚持以人为本，充分调动人民群众和广大文化工作者投身文化建设的积极性、主动性、创造性；必须坚持统筹兼顾，正确认识和处理好文化改革发展中的一系列重大关系，不断提高文化改革发展的科学化水平。当前我国正处于全面建设小康社会的关键时期和深化改革开放、加快转变经济发展方式的攻坚时期，这也是文化改革发展的重要战略机遇期。站在新的历史起点上，全党全社会要继续深入贯彻落实党的十七届六中全会精神和中央一系列决策部署，不断增强文化自觉和文化自信，进一步深化文化体制改革，兴起文化建设新高潮，坚定不移走中国特色社会主义文化发展道路，奋力开拓社会主义文化强国建设的新局面。

会上宣读了表彰决定，并向受到表彰的32个全国文化体制改革工作先进地区、296个先进单位和198名先进个人代表颁发了奖牌和证书。

纪念中国法学会恢复重建30周年大会在北京召开

9月26日，纪念中国法学会恢复重建30周年大会在北京人民大会堂召开。周永康出席并讲话，王乐泉、孟建柱、曹建明、王汉斌、罗豪才出席活动。会议由韩杼滨主持。陈冀平宣读了关于表彰“全国杰出资深法学家”和全国地方法学会系统先进集体、先进个人的决定，周永康等领导同志向受表彰代表颁奖，中国人民大学法学院教授高铭暄、辽宁省法学会常务副会长国长青分别作了发言。

周永康说，60多年前，作为最早共同发起召开全国政治协商会议的单位之一，中国法学会应运而生；30年前，中国法学会在改革开放中恢复重建，迎来了中国法学新的春天。30年来，在以邓小平同志、江泽民同志为核心的党的第二代、第三代中央领导集体和以胡锦涛同志为总书记的党中央领导下，中国法学会高举中国特色社会主义伟大旗帜，围绕党和国家工作大局，认真履行人民团体、群众团体、学术团体和政法战线重要组成部分的职能，充分发挥桥梁纽带作用，团结广大法学、法律工作者在繁荣法学研究、服务法治实践、加强法制宣传、培养法律人才、拓展对外交流等方面做了大量卓有成效的工作，为探索开辟中国特色社会主义法治道路，建立中国特色社会主义法学理论体系、法律体系、司法制度，作出了重要贡献。实践证明，法学会组织和广大法学、法律工作者是推动我国社会主义法治建设发展进步的一支重要力量。中国法学会作为党和政府联系法学界、法律界的桥梁和纽带，要把发现人才、培养人才、团结人才、用好人才、服务人才作为一项战略任务，努力做到用事业凝聚人才、用实践造就人才、用机制激励人才，使法学会真正成为法学、法律工作者之家。各级法学会要主动适应新形势新任务，加强自身建设，团结引领法学、法律工作者在繁荣发展马克思主义法学、服务参与社会主义法治实践中不断创造新的业绩。

“机关党建科学化十佳案例”评选揭晓

9月26日，为深入贯彻落实中央要求，提高机关党建科学化水平，总结推广机关党建先进经验，中央国家机关工委《紫光阁》杂志社和全国党建研究会机关专委会共同发起了“机关党建科学化十佳案例”评选活动。经过半年的案例征集和集中评审，人民日报社总编室党总支“金台读书会”、国家人口计生委宣教司党支部“党员主体工作法”、广东省直机关工委“一年一个主题”等10个案例入选“十佳案例”；教育部直属机关党委、浙江慈溪市直机关工委等机关党组织申报的30个案例入选优秀案例。这些案例是近年来各地各部门机关党建创新成果的集中反映。

侯伯宇同志先进事迹报告会在北京举行

9月27日，由中央宣传部、教育部和陕西省委联合举办的侯伯宇同志先进事迹首场报告会在北京人民大会堂举行。报告会前，刘延东会见了报告团全体成员。她强调，广大教师和教育工作者要认真贯彻落实全国教师工作会议精神，学习侯伯宇同志的先进事迹和崇高精神，努力做学生健康成长的引导者、科学探索的开拓者、良好风尚的推动者、社会主义核心价值体系的践行者，以优异成绩迎接党的十八大胜利召开。袁贵仁、赵乐际参加会见。

侯伯宇同志生前系西北大学现代物理研究所教授、博士生导师、理论物理学家。他扎根西北45年，坚持教书育人并重，培养了一批优秀拔尖创新人才，所创"侯氏理论"等学术成果为理论物理和数学物理的前沿领域作出了开创性贡献。2010年10月，侯伯宇同志因病逝世。

中国干部网络学院正式开通

9月27日，中国干部网络学院正式开通。李源潮出席开通仪式并讲话。他指出，要充分利用信息网络技术加强干部教育培训，满足干部多样化、个性化的学习需求，努力把中国干部网络学院办成受干部欢迎、让干部受益的网上大学校，更好地为科学发展服务、为干部成长服务。沈跃跃主持开通仪式。

中国干部网络学院（www. cela. gov. cn）是依托互联网建设的国家级干部网络学习和管理平台，具有信息发布、在线学习、教学考评、培训管理、课程共享、交流互动等功能，可方便干部通过多种方式参加学习。网络学院将以县处级以上领导干部为重点对象，开展专题培训、定制培训、衔接培训和干部选学。第一步先在中央和国家机关、北京市开通，2015年扩展到全国所有司局级干部，2017年扩展到所有县处级干部，逐步建设成为满足全国所有干部参与在线学习的平台。

解放军四总部发布《军队文职人员管理规定》

9月27日，经中央军委批准，总参谋部、总政治部、总后勤部、总装备部近日发布《军队文职人员管理规定》，自2013年1月1日起施行。

《规定》共9章73条，以《中国人民解放军文职人员条例》和国家、军队有关政策规定为依据，对文职人员招聘、续聘、解聘办法，文职人员岗位等级设置，文职人员工资、住房、社会保险、福利待遇，文职人员教育管理、考核和奖惩制度，文职人员培训、着装、证件以及专业技术资格评定办法等，作出了具体明确的规定。《规定》的发布施行，对于加强军队文职人员队伍建设，完善我军新型用人机制，为国防和军队建设提供有力人才支撑，具有重要意义。

中共中央政治局召开会议

9月28日，中共中央政治局召开会议，研究中国共产党第十七届中央委员会第七次全体会议和中国共产党第十八次全国代表大会筹备工作，审议中共中央纪律检查委员会向党的第十八次全国代表大会的工作报告稿。胡锦涛主持会议。

会议决定，中国共产党第十七届中央委员会第七次全体会议于2012年11月1日在北京召开。中共中央政治局将向党的十七届七中全会建议，中国共产党第十八次全国代表大会于2012年11月8日在北京召开。会议同意将中共中央纪律检查委员会向党的第十八次全国代表大会的工作报告稿提交党的第十七届七中全会讨论。

中共中央决定给予薄熙来开除党籍、开除公职处分

9月28日，中共中央政治局会议审议并通过中共中央纪律检查委员会《关于薄熙来严重违纪案的审查报告》，决定给予薄熙来开除党籍、开除公职处分，对其涉嫌犯罪问题及犯罪问题线索移送司法机关依法处理。

2012年4月10日，中共中央政治局召开会议，听取了对重庆市原副市长王立军私自进入美国驻成都总领事馆滞留事件（王立军事件）调查和对薄谷开来（薄熙来之妻）涉嫌投毒杀害英国公民尼尔·伍德案件复查情况的汇报。鉴于薄熙来在王立军事件和薄谷开来涉嫌故意杀人案件中的错误和责任，且在上述两起

案件(事件)调查和复查过程中还发现了薄熙来的其他违纪线索,中央决定,停止薄熙来担任的中央政治局委员、中央委员职务,并由中央纪委对其立案检查。

中央强调,对薄熙来严重违纪问题的查处,进一步体现了我们党从严治党的根本要求和依法治国的执政理念,进一步表明了我们党反对腐败的鲜明立场和坚定决心。

郝万忠同志先进事迹报告会在北京举行

9月28日,内蒙古自治区准格尔旗公安局原局长郝万忠同志先进事迹报告会在北京人民大会堂举行。会前,周永康亲切会见郝万忠同志亲属及先进事迹报告团成员并同大家座谈。刘云山、何勇参加活动。

座谈会上,内蒙古自治区鄂尔多斯市公安局副局长刘杰结合自己的亲身经历讲述了郝万忠同志的先进事迹,公安部常务副部长杨焕宁介绍了开展向郝万忠同志学习活动的情况,郝万忠同志的姐姐谈了感言。

周永康听完大家发言后深情地说,去年5月,郝万忠同志因常年超负荷工作,积劳成疾,不幸牺牲在工作岗位上,把年仅41岁的生命献给了人民公安事业。参加工作以来,郝万忠同志一直坚守在公安基层一线,从一名普通民警逐渐成长为刑侦大队长、公安局副局长和局长。郝万忠同志生前有句话给我留下深刻印象。他说:“公安,公安,心中有公,人民才安。人民警察,在警察的前面加上人民二字,就是要为人民办好事、办实事。”他是这么说的,更用行动践行了自己的诺言。从警17年,他始终忠于职守,冲锋在前,把危险留给自己,把安全留给战友,直接参与和指挥破获刑事案件2200多起,打掉犯罪团伙800多个,抓获犯罪嫌疑人3000多名,为保一方平安作了大贡献。工作中,他对群众来信必批、群众来访必接、群众有难必帮、侵犯群众权益的事必查,被老百姓亲切地称为“好局长”。他在当地党委政府的领导下,为促进资源开发地区经济发展、社会平安稳定,探索了一系列行之有效的公安工作新思路新办法,是个自觉服务大局的公安局长。他始终坚守清正廉洁,决不多花公家一分钱,决不为金钱动私心,决不用原则作交易,树立了一个执法者坚守职业底线、捍卫法律尊严的良好形象。郝万忠同志短暂而光辉的一生,充分体现了一个共产党员对党的无限忠诚、一个人民警察对人民的无比热爱、一名基层公安局长对公安事业的不懈追求。郝万忠同志是践行“忠诚、为民、公正、廉洁”政法干警核心价值观的先进典型,是任长霞式的优秀基层公安局长,是广大公安干警特别是领导干部学习的楷模。

外文出版社成立60周年座谈会举行

9月28日,“新中国对外出版事业从这里走向辉煌——外文出版社成立60周年座谈会”在北京举行。李长春致信祝贺,刘云山发来贺信。

李长春在贺信中指出,60年来,外文出版社紧紧围绕党和国家工作大局,自觉遵循对外传播规律,以多语种形式编辑出版了一大批向世界介绍中国的优秀图书,成为世界了解中国的重要窗口,在新中国对外传播事业和对外文化交流中发挥了主力军作用,为我国现代化建设和改革开放事业作出了积极贡献。特别是近年来,认真贯彻中央关于深化文化体制改革的决策部署,顺利完成转企改制,为发展壮大注入了新的生机活力。希望外文出版社以党的十七届六中全会精神为指导,坚持正确的出版导向,立足自身资源优势和品牌优势,大力推进体制机制创新,积极开展国际合作,努力开拓国际市场,推出更多反映当今中国、体现中国视角、贴近国外读者的精品图书,不断增强国际竞争力和影响力,为推动中华文化走出去,增强国家文化软实力,建设社会主义文化强国作出新的更大贡献。

刘云山在贺信中希望外文出版社以建社60周年为新的起点,进一步解放思想、开拓创新,立足国内国际两个市场,充分发挥外向型、国际化、多语种、多媒体对外传播的特殊优势,出版更多弘扬中华文化、展示中国形象的精品力作,为开创中国特色社会主义事业新局面营造更加有利的国际舆论环境。

外文出版社是中国外文局的重要成员单位,成立于1952年,是我国主要的对外出版机构。60年来,外文出版社用43种文字翻译出版了3万余种图书,包括领导人著作、党和政府重要文献、中国国情读物、中国文化典籍和中国文学经典等,受众覆盖世界近200个国家和地区。

国务院举行国庆招待会

9月29日,国务院在人民大会堂举行国庆招待会,热烈庆祝中华人民共和国成立63周年。胡锦涛、吴邦国、温家宝、贾庆林、李长春、习近平、李克强、贺国强、周永康等党和国家领导人与1200多名中外人士欢聚一堂,共庆佳节。马凯主持招待会。

温家宝发表了热情洋溢的讲话。他代表党中央、国务院,向全国各族人民致以节日的祝贺;向港澳同胞、台湾同胞和海外侨胞致以亲切的问候;向关心、支持中国现代化建设的国际友人表示诚挚的感谢。

2012 年 10 月

首都各界代表向人民英雄纪念碑敬献花篮

10 月 1 日,是中华人民共和国成立 63 周年纪念日。党和国家领导人胡锦涛、吴邦国、温家宝、贾庆林、李长春、习近平、李克强、贺国强、周永康等来到北京天安门广场,与首都各界代表一起,向人民英雄纪念碑敬献花篮,深切缅怀为民族独立和人民解放、国家富强和人民幸福英勇献身的革命先烈,充分表明全党全国各族人民继承先烈遗志、奋力推进中国特色社会主义伟大事业的坚定信念。

中央反腐败协调小组第二十二次会议召开

10 月 8 日,中央反腐败协调小组第二十二次会议召开。贺国强出席并讲话。李源潮、何勇、孟建柱、王胜俊、曹建明出席会议。

贺国强指出,党的十七大以来,在党中央、国务院正确领导下,各级党委、政府和纪检监察机关坚决贯彻中央关于反腐倡廉的重大决策部署,积极进取,扎实工作,反腐倡廉建设取得新进展新成效。在各方面特别是中央反腐败协调小组各成员单位的共同努力下,查办案件工作力度不断加大、领域不断拓展、质量和水平明显提高、治本功能有效发挥、领导体制和工作机制进一步完善,取得了新的成绩,积累了新的经验。一是坚持把查办案件工作摆在突出位置来抓,保持了惩治腐败的强劲势头,对腐败分子不管涉及到谁,坚决查处,决不姑息、决不手软,决不让任何腐败分子逃脱党纪国法的惩处。据统计,从 2007 年 11 月至 2012 年 6 月,全国纪检监察机关共立案 64 万多件,结案 63 万多件,给予党纪政纪处分 66 万多人,涉嫌犯罪移送司法机关处理 2.4 万多人,坚决查处了薄熙来、刘志军、许宗衡等一批重大违纪违法案件。二是坚持围绕党和国家中心任务开展查办案件工作,保证了中央重大决策部署的贯彻落实。三是坚持把查办案件与专项治理等工作紧密结合,推动解决了一批反腐倡廉建设中人民群众反映强烈的突出问题,着力解决发生在群众身边的腐败问题。四是坚持把加大办案力度与依纪依法、安全文明办案有机统一,促进了办案工作制度化和规范化。五是坚持把查办案件和发挥治本功能密切衔接,增强了惩治和预防腐败的综合效应。六是坚持以改革创新精神推进查办案件工作,提高了办案工作科学化水平。

贺国强说,反腐败协调小组是党委组织领导反腐败工作的重要机制,也是纪委协助党委组织协调反腐败工作的重要平台。查办案件是推进反腐败斗争的一个重要手段,也是伴随反腐倡廉建设始终的一项长期任务。我们要进一步搞好经验总结,加大工作力度,推进改革创新,抓好工作落实,努力提高查办案件工作的科学化水平,不断以反腐倡廉建设新成效取信于民。

纪念钱伟长同志诞辰 100 周年座谈会在北京举行

10 月 9 日,纪念钱伟长同志诞辰 100 周年座谈会在北京人民大会堂举行。贾庆林出席座谈会并讲话,王刚、刘延东、张梅颖、杨汝岱出席座谈会。杜青林主持座谈会。会上,林智敏、李重庵、方新、罗志军先后发言。

钱伟长同志是我国近代力学奠基人之一，著名的科学家、教育家，杰出的社会活动家，中国民主同盟的卓越领导人，中国共产党的亲密朋友，中国人民政治协商会议第六届、七届、八届、九届全国委员会副主席，中国民主同盟第五届、六届、七届中央委员会副主席和第七届、八届、九届名誉主席，中国科学院资深院士、上海大学校长。

贾庆林在讲话中全面回顾了钱伟长的生平业绩和卓越贡献。他说，钱伟长同志的一生，是爱国的一生、奋斗的一生、奉献的一生。他的光辉业绩和历史贡献，永远值得我们铭记；他的高尚品格和无私奉献精神，永远值得我们学习。我们纪念钱伟长同志，就要学习他热爱祖国、情系人民的崇高品德，学习他与中国共产党风雨同舟、真诚合作的坚定信念，学习他勤于钻研、勇于创新的科学精神，学习他倾心教育、甘为人梯的大家风范。

周永康主持召开会议研究部署信访工作

10月9日，周永康在北京主持召开会议，研究部署信访工作。他强调，要深入贯彻落实第七次全国信访工作会议精神，总结运用近年来处理信访突出问题的经验，坚持不懈地依法按政策化解信访问题、推进源头治理，更好地维护群众合法权益、促进社会和谐稳定。李建国、马凯出席会议并讲话。

会上，国家信访局和各联合督导组汇报了赴各地开展信访工作督导检查的情况，中纪委、中组部、中央政法委、国办、民政部、人力资源和社会保障部、国土资源部、住房和城乡建设部、国务院国资委和北京市委等单位负责人先后发言，对近年来的工作进行了总结、对当前工作安排展开了讨论。

新疆“热爱伟大祖国 建设美好家园”活动总结座谈会在北京举行

10月10日，中央宣传部、中央统战部、教育部、国家民委、新疆维吾尔自治区党委在乌鲁木齐市召开“热爱伟大祖国 建设美好家园”主题教育活动总结座谈会。李长春、周永康对主题教育活动分别作出重要批示。刘云山出席并讲话，张春贤对主题教育活动作了总结，努尔·白克力主持座谈会。

刘云山在讲话中指出，加强民族团结宣传教育，直接关系各民族的繁荣发展，关系社会的和谐稳定，关系国家的长治久安。要总结和运用好这次主题教育活动的成功经验，保持工作力度、拓展工作深度、形成工作常态，不断把民族团结宣传教育引向深入。要深化教育主题、丰富思想内涵，着力增强人们热爱伟大祖国、维护民族团结的思想自觉。要贴近群众思想实际、融入群众生产生活，把解决思想问题同解决实际问题结合起来，增强宣传教育的共鸣感和亲和力。要拓展宣传阵地、创新方法手段，用好各种教育资源，把民族团结宣传教育开展到城乡基层、覆盖到各族群众。要完善保障措施、建立长效机制，注重从政策措施、资金投入等方面提供实实在在的支持，确保民族团结宣传教育各项任务落到实处。

座谈会上，表彰了主题教育活动的先进单位和先进个人，5个基层单位代表作了经验发言。

方永刚先进事迹展览馆举行开馆仪式

10月10日，方永刚先进事迹展览馆开馆仪式在海军大连舰艇学院举行。徐才厚出席仪式并讲话，吴胜利一同出席。

方永刚同志生前系海军大连舰艇学院教授，2008年3月因积劳成疾，不幸去世。他是在全党全军深入学习贯彻邓小平理论和“三个代表”重要思想、深入学习贯彻科学发展观的伟大实践中涌现出来的重大典型，是新时期学习实践党的创新理论的时代先锋。胡锦涛主席对学习宣传方永刚同志先进事迹非常重视，称赞方永刚不仅深入学习党的理论、坚定信仰党的理论、积极传播党的理论，而且用自己的实际行动模范践行党的理论，号召广大共产党员、全军官兵向方永刚同志学习。2007 年 6 月，中央军委授予方永刚同志“忠诚党的创新理论的模范教员”荣誉称号。

国务院教育督导委员会成立暨国家督学聘任工作会议召开

10 月 11 日，国务院教育督导委员会成立暨第九届国家督学聘任工作会议召开。刘延东出席并讲话，袁贵仁主持会议。第九届国家督学共聘任 171 名。

刘延东指出，教育督导是现代教育制度的重要组成部分。国务院颁布《教育督导条例》和成立国务院教育督导委员会，是推进教育行政体制改革的重要举措，强化了教育督导机构的相对独立性，并通过跨部门的合作，形成教育决策、执行、监督相协调的教育管理体系。对政府及其职能部门履行教育职责，对各级各类学校和教育机构规范办学行为、办好人民满意教育提供了体制机制保障，能够确保监督的公开、公平和有效，改变过去“重决策、轻落实，重执行、轻监督”的状况，标志着教育督导走上了法制化、机制化轨道。要坚持依法治教，遵循教育规律，创造性开展工作，切实落实教育规划纲要的各项要求。要坚持监督与指导并重做好督政工作，推动政府履行职责，落实教育优先发展战略。要坚持以提高教育教学质量和素质教育为中心开展督学工作，完善评估体系，促进各级各类学校特色发展和学生全面发展。要组织好专项督导，推动解决义务教育均衡发展、人才培养模式等群众关注的热点难点问题。要加强对教育质量的监测和动态分析，发挥好质量监测的诊断和导向功能。

全国公安民警革命传统教育基地揭牌

10 月 11 日，“全国公安民警革命传统教育基地”揭牌仪式在河北省平山县王子村华北人民政府公安部旧址举行。孟建柱为教育基地揭牌，并瞻仰华北人民政府公安部旧址。

1948 年 9 月，党中央在平山县王子村成立了华北人民政府公安部；1949 年 7 月，中央决定将华北人民政府公安部与中央社会部的一部分合并，组建中央军委公安部；同年 11 月，在中央军委公安部的基础上，成立了中央人民政府公安部。华北人民政府公安部旧址，是继江西瑞金中华苏维埃共和国国家政治保卫局旧址、陕西延安陕甘宁边区政府保安处旧址之后，第三个全国公安民警革命传统教育基地。

中直机关召开机关文化建设座谈会

10 月 11 日至 12 日，中央直属机关工委召开中直机关文化建设座谈会，总结交流贯彻落实党的十七届六中全会精神，全力推进机关文化建设的工作经验，安排部署进一步推动中直机关文化建设的工作任务。

会议提出，中直机关文化建设硕果累累，以培育和形成机关精神为重点，扎实推进社会主义核心价值体系教育；以围绕中心、服务大局为根本，着力提高机关干部职工的思想文化素质；以加强制度文化建设为抓手，提升机关自身建设科学化水平；以建设和谐机关为动力，全面活跃机关文化生活；以推动廉政文化建设为重点，树立培育良好的机关作风。

全国新型农村和城镇居民社会养老保险工作总结表彰大会召开

10 月 12 日，全国新型农村和城镇居民社会养老保险工作总结表彰大会在北京人民大会堂召开。温家宝出席会议并讲话，并在会前会见了全体与会代表。李克强、回良玉出席会议，马凯主持会议。

温家宝在讲话中回顾了党的十六大以来我国社会保障制度建设取得的成就。2009 年下半年，国务院决定开展新型农村社会养老保险试点，2011 年启动城镇居民社会养老保险试点。今年上半年，国务院决定在全国所有县级行政区全面开展新型农村社会养老保险和城镇居民社会养老保险工作。覆盖城乡居民的社会养老保障体系基本建立，是我国社会保障事业发展的重要里程碑。截至2012年9月底，两项养老保险的参保人数达到4.49亿人，加上企业职工养老保险，总计覆盖人数超过7亿人。3年来，各级财政共拨付两项养老保险补助资金超过1700亿元。目前全国有1.24亿城乡居民领取基础养老金。

在世界上人口最多的发展中国家建立健全社会养老保险体系，真正实现全体人民"老有所养"目标，要走的路还很长，任务还很艰巨。要稳步提高保障水平。坚持政府引导和个人负担并重，政府宁肯少上几个项目，也要确保对社会养老保险制度的投入。根据经济发展、财政收入、物价变动等因素，建立科学合理的保障水平调整机制。弘扬中华民族优良传统，发挥好家庭和社会慈善在养老保障方面的作用。要继续完善政策体系。进一步完善参保激励机制，真正做到多缴多补、长缴多得，调动参保积极性，不断扩大覆盖面，增加基金积累。研究解决城乡居民养老保险与企业职工基本养老保险制度之间的衔接整合问题。要按照精简效能的原则，整合公共服务和社会保险经办管理资源，提高信息化水平，增强基层经办服务能力。依法加强基金监督管理，努力实现基金的保值增值。

大会宣读了关于表彰全国新型农村社会养老保险和城镇居民社会养老保险工作380个先进单位和480名先进个人的决定，随后为受表彰的先进单位和个人代表颁奖。6个先进单位和个人代表在会上发言。

《彭真传》、《彭真年谱》出版

10月12日，2012年是彭真同志诞辰110周年。由《彭真传》编写组编写的《彭真传》、《彭真年谱》此前已由中央文献出版社出版。《彭真传》共4卷，130余万字；《彭真年谱》共5卷，180余万字。这两部书依据翔实的历史文献和档案资料，汲取相关研究成果，记述了彭真同志为中华民族的独立和中国人民的解放，为社会主义制度的建立和巩固，为社会主义民主法制建设，为中国特色社会主义事业和共产主义理想顽强奋斗的一生及其作出的杰出贡献。

胡锦涛批示要求：努力推进创先争优常态化长效化

10月14日，胡锦涛和习近平在中央创先争优活动领导小组上报的《关于深入开展创先争优活动的总结报告》上作出批示。胡锦涛总书记批示："创先争优活动取得显著成效。要认真总结经验，巩固和扩大成果，努力推进创先争优常态化、长效化，不断提高党建科学化水平。"习近平同志批示："创先争优活动开展两年多来，基本实现了目标任务，取得显著成效。今后要在建立健全制度机制上下功夫，推动创先争优常态化、长效化。"

为学习贯彻胡锦涛总书记和习近平同志的重要批示，中央创先争优活动领导小组印发通知，要求各地区各部门各单位在集中性的创先争优活动取得显著成效的基础上，认真总结经验，巩固和扩大成果，建立健全制度机制，努力推进创先争优常态化长效化，将开展两年多来的集中性创先争优活动转入基层党组织和广大党员经常性创先争优。

马克思主义理论研究和建设工程取得重要阶段性成果

10月15日，从中宣部获悉，马克思主义理论研究和建设工程实施8年来，在党中央的高度重视和直接领导下，取得了重要阶段性成果，为推进党和国家事业发展作出了贡献。

雒树刚在接受专访时指出，实施马克思主义理论研究和建设工程，是我们党从深入推进马克思主义中国化时代化大众化、坚持和发展中国特色社会主义的战略高度作出的一项重大决策，在推进党的思想理论建设、繁荣发展哲学社会科学方面发挥了龙头作用、基础作用和导向作用。目前工程基本完成了中央确定的阶段性任务，取得了多方面的成果。主要体现在：第一，进一步高扬了马克思主义旗帜，向世人鲜明昭示了中国共产党坚持马克思主义指导地位，用发展着的马克思主义指导新的实践的决心和信念。第二，形成了一大批重要理论成果，推出了10卷本《马克思恩格斯文集》和5卷本《列宁专题文集》；编写了《中国特色社会主义理论体系学习读本》、《科学发展观学习读本》、《社会主义核心价值体系学习读本》；推出了《理论热点面对面》等理论大众化的品牌读物；制作播出了《复兴之路》、《旗帜》等多部有深度、有影响的电视理论专题片；编写出版了涉及各主要学科领域的30多种重点骨干教材，初步形成了中国特色的哲学社会科学教材体系。第三，创新了理论研究机制，实现了理论工作部门和实际工作部门、基础学科领域和应用学科领域的深度结合，集聚了雄厚的、可持续发展的智力资源。第四，发现、培养和造就了一大批政治坚定、功底深厚、勇于创新、在国内外有广泛影响的马克思主义理论人才。8年来的实践证明，工程在推动理论创新发展、推动改革开放和现代化建设方面发挥了重要作用，不愧是党的十六大以来我国思想理论建设的标志性工程，是这一时期最重大、最基础、最具深远意义的思想理论建设工程。

全国创先争优活动总结交流会议召开

10月15日，全国创先争优活动总结交流会议召开。李源潮出席并讲话，雒树刚主持会议。

这次全国基层党组织和党员集中性创先争优活动，自2010年4月开展以来，按照中央提出的“推动科学发展、促进社会和谐、服务人民群众、加强基层组织”的总要求扎实推进，取得了显著成效。李源潮指出，创先争优活动为加强党的建设提供了新的经验和启示，要坚持思想先进与行动先进的高度统一，推动创先争优成为全党的价值理念和自觉行动；坚持围绕中心、服务大局，把党的建设融入争科学发展之先、创社会和谐之优的实践之中；坚持群众满意的价值导向，在为群众办实事好事中密切党群干群关系；坚持抓基层打基础，充分激发基层党组织和党员的内生动力；坚持党内带党外、党员带群众，不断增强党组织的社会凝聚力、影响力和带动力；坚持体制机制创新，着力构建创先争优长效机制，为保持和发展党的先进性提供有力的制度保障。

李源潮指出，要推进创先争优常态化、长效化，引导基层党组织和党员牢固树立创先争优理念，把创先争优融入中心任务、融入岗位职责、融入制度建设，成为推动科学发展、促进社会和谐、服务人民群众的强大动力。要把创先争优的好经验好做法上升为制度，每个支部至少建立一项创先争优制度，留下长期起作用的成果。要落实党建工作责任制，坚持书记抓抓书记，不断提高党建科学化水平。

陕西省安塞县、湖南省岳阳市、江苏省、卫生部、中国航天科技集团公司、上海交通大学等6家单位代表发言。

2013年度全国党报党刊发行工作会议召开

10月16日，2013年度全国党报党刊发行工作视频会议在北京举行。

会议提出，要认真贯彻落实中央关于做好2013年度重点党报党刊发行工作的通知精神，采取有效措施，确保人民日报、《求是》杂志和光明日报、经济日报等中央重点党报党刊的发行工作顺利进行，以饱满的工作热情迎接党的十八大胜利召开，以良好的工作状态宣传贯彻好党的十八大精神。

《中国共产党历史画典》出版

10月16日，在党的十八大即将召开之际，中共党史出版社推出《中国共产党历史画典》。《画典》精选了现代、当代美术史上100多位美术大家和新锐画家的220多幅油画、国画、版画等作品，配以简明易懂的“美术点评”和“党史解读”，以画带史，贯穿起90多年来波澜壮阔的历史，让读者在触摸历史的同时感受艺术之美，是党史和美术颇具创意的一次结合。

新闻战线“走转改”活动图片展开幕

10月18日，中宣部、中央外宣办、国家广电总局、新闻出版总署和中国记协共同举办的“躬行大地——新闻战线‘走基层、转作风、改文风’活动图片展”在中国国家博物馆开幕。刘云山出席开幕式并参观展览。

开展“走转改”活动，是新闻战线适应时代发展要求、贯彻党的群众路线的重大举措，是坚持“三贴近”原则、改进创新新闻宣传工作的根本途径，是加强新闻队伍建设、推进中国特色社会主义新闻事业健康发展的根本措施。图片展共展出中央新闻单位和各省区市新闻单位选送的300余幅图片，全面展示了一年来新闻战线“走转改”活动走过的难忘历程和取得的丰硕成果，真实再现了新闻工作者“在路上、在基层、在现场”的风采风貌，集中荟萃了“说实话、说新话、说老百姓的话”的优秀作品，生动体现了“贵在走、难在转、重在改”的不懈探索，对不断深化拓展“走转改”活动、开创新闻宣传工作新局面具有重要作用。

林俊德同志先进事迹报告会举行

10月19日，中宣部、总政治部、总装备部和中国工程院在人民大会堂举行林俊德同志先进事迹报告会。胡锦涛作出批示，要求学习宣传林俊德院士的感人事迹和献身精神。徐才厚在报告会前会见林俊德同志亲属和报告团成员，代表胡锦涛主席和中央军委，向林俊德同志的亲属和报告团全体同志表示诚挚的问候。徐才厚指出，胡主席的重要指示是对林俊德同志的最高褒奖，也是对广大科技工作者和军队英模的亲切关怀和厚爱，我们一定要深刻学习领会，认真抓好贯彻落实。李继耐、常万全一同会见。

徐才厚指出，林俊德院士是我国爆炸力学与核试验工程领域的著名专家，是献身国防科技事业的杰出代表，是践行当代革命军人核心价值观的时代楷模。他扎根边疆52年，把青春和生命融入大漠戈壁，把全部心血和智慧奉献给国防事业，参加了我国全部核试验任务，曾获国家、军队科技进步奖和发明奖30余项，为国防和军队现代化建设作出了卓越贡献。在住院治疗期间，他依然坚持工作，战斗到生命最后一刻，生动诠释了伟大的“两弹一星”精神和马兰精神。

全国政法委书记座谈会召开

10月19日，周永康在北京主持召开全国政法委书记座谈会并讲话。会上，北京、天津、河北、山西、内蒙古、辽宁、上海、山东、西藏、新疆等10个省区市政法委书记先后发言，汇报了有关情况和工作安排。王乐泉、孟建柱出席会议并讲话。王胜俊、曹建明出席会议。

周永康指出，当前，我国形势总的是好的，全党全国各族人民正在满怀信心喜迎党的十八大胜利召开。同时必须清醒看到，各种不和谐不安全不稳定因素大量存在，做好十八大安保维稳工作面临诸多风险挑战。各级政法机关要清醒认识形势，进一步增强政治意识、责任意识、协作意识、服务意识，全力以赴，过细工作，确保各项安保维稳措施落到实处，为十八大胜利召开创造良好社会环境。

要加大矛盾纠纷排查力度，继续推进领导干部接访下访，及时有效化解信访积案，认真解决群众合理诉求，切实搞好重大决策社会稳定风险评估，从源头上预防和减少矛盾问题发生。要依法打击各类严重刑事犯罪活动，深化治安突出问题和治安混乱地区专项治理，强化社会面特别是公共场所和重点部位的巡逻防控、重要基础设施的安全防范、特殊人群的服务管理等工作。要认真做好北京周边地区的工作，适时启动环京“护城河工程”，坚持文明执勤，确保畅通有序，筑牢首都安全稳定屏障。要加强信息报告、形势研判、应急处置和舆论引导，确保社会大局平稳可控。要加强组织领导，严格落实责任，牢固树立一盘棋思想，充分发挥政法队伍的主力军作用，充分调动基层组织和群防群治队伍的积极性、主动性,共同做好工作。

周永康还代表党中央、国务院向5年来光荣牺牲的2700多名政法干警表示深切哀悼,向英勇负伤的17000多名政法干警表示亲切慰问,向辛勤工作在各个岗位的全国政法干警表示衷心感谢!

国家统计局公布全国组织工作满意度民意调查结果

10月19日,中央组织部新闻发言人公布了国家统计局所做的2012年全国组织工作满意度民意调查结果。调查数据显示,2012年民意调查选人用人公信度78.30分,防止和纠正用人不正之风满意度78.08分,组织工作满意度79.96分。这是民意调查工作开展以来,满意度各项指标连续第四次全面提高。三项指标分别比2011年提高2.20分、2.06分和1.43分。与2008年相比,选人用人公信度提高11.36分,防止和纠正用人不正之风满意度提高11.24分,组织工作满意度提高6.39分。

中央政治局召开会议研究拟提请十七届七中全会讨论的文件

10月22日,中共中央政治局召开会议,研究拟提请十七届七中全会讨论的十七届中央委员会向中国共产党第十八次全国代表大会的报告稿和《中国共产党章程(修正案)》稿。胡锦涛主持会议。

会议听取了十七届中央委员会向中国共产党第十八次全国代表大会的报告稿在党内外一定范围征求意见的情况报告,听取了《中国共产党章程(修正案)》稿在党内一定范围征求意见的情况报告,决定根据这次会议讨论的意见进行修改后把这两份文件稿提请十七届七中全会讨论。

中央宣传思想工作领导小组召开第四十六次会议

10月23日,李长春主持召开中央宣传思想工作领导小组第四十六次会议。刘云山、刘延东、陈奎元出席会议并讲话。

李长春指出,党的十七大以来,面对国际形势的深刻复杂变化和国内改革发展稳定的艰巨繁重任务,面对社会思想意识更加多元多样多变的新形势,在以胡锦涛同志为总书记的党中央坚强领导下,中央宣传思想工作领导小组认真履行职责,坚持抓大事议大事,坚持调查研究,坚持发扬民主、求真务实,保证了宣传思想文化工作始终沿着正确方向前进,充分发挥了统一思想、凝聚力量的重要作用。5年来,宣传思想文化工作在改革中发展、在开拓中前进,积累了许多宝贵经验,概括起来就是:必须始终坚持高举中国特色社会主义伟大旗帜,坚持马克思主义在意识形态领域的指导地位,坚持用社会主义核心价值体系引领社会思潮,尊重差异、包容多样,牢牢把握正确政治方向;必须始终坚持围绕中心、服务大局,为促进经济社会又好又快发展提供强大思想保证、精神动力、舆论支持和文化条件;必须始终坚持以人为本,贴近实际、贴近生活、贴近群众,满足人民日益增长的精神文化需求,促进人的全面发展;必须始终坚持解放思想、实事求是、与时俱进,积极创新思想观念、体制机制、内容形式、方法手段,不断增强亲和力、吸引力、感染力;必须始终坚持统筹国内国际两个大局,不断提高国家文化软实力,增强中华文化的国际竞争力和影响力;必须始终坚持党的领导,把宣传思想文化工作纳入经济社会发展总体规划,不断完善领导体制和工作格局,确保宣传思想文化工作健康发展。这些经验是在坚持和发展中国特色社会主义文化发展道路过程中形成的宝贵精神财富,体现了新世纪新阶段宣传思想文化工作的客观规律,要长期坚持、大力发扬,并在新的实践中不断丰富和完善。

以党的十七届六中全会胜利召开为标志,我国文化改革发展进入新的历史阶段,宣传思想文化工作掀开了新的篇章。站在新的起点上,宣传思想文化工作在党和国家大局中的地位和作用更加凸显，肩负的职责任务更加艰巨繁重。要按照即将召开的党的十八大的部署，坚持正确方向，坚持以人为本，坚持贴近实际、贴近生活、贴近群众，坚持改革创新，扎实做好各项工作，为党和国家事业发展作出新的更大贡献。

“科学发展 成就辉煌”系列丛书出版

10月23日，为迎接党的十八大胜利召开，“科学发展 成就辉煌”大型系列丛书已由人民出版社出版。系列丛书是中央组织部、中央统战部、教育部、工业和信息化部、财政部、人力资源和社会保障部、国土资源部、环境保护部、住房和城乡建设部、农业部、文化部、国家测绘局等部门共同参与编写的。丛书系统总结了党的十六大以来，我国经济社会发展的各个领域深入贯彻落实科学发展观，以全面建设小康社会为目标，以改革创新为动力，以加快转变经济发展方式为突破口，以保障和改善民生为重点，全面推进社会主义经济建设、政治建设、文化建设、社会建设以及生态文明建设和党的建设取得的辉煌成就。

国家互联网信息办部署
党的十八大网上宣传管理工作

10月24日，国家互联网信息办公室在北京召开各省区市互联网信息办主任、各有关部门和中央重点新闻网站负责人会议，进一步动员部署党的十八大网上宣传管理工作。

王晨在会上讲话，要求各地网宣网管部门全力以赴、精心组织，做好党的十八大网上宣传工作，为党的十八大胜利召开营造良好舆论氛围，掀起网上宣传热潮。

会议指出，党的十八大是在全面建设小康社会关键时期和深化改革开放攻坚时期召开的一次十分重要的大会，举国期待、举世瞩目。新闻网站和商业网站要进一步增强责任感使命感，以邓小平理论和“三个代表”重要思想为指导，深入贯彻落实科学发展观，牢牢把握正确导向，坚持团结稳定鼓劲，坚持改革创新，坚持“三贴近”，全力做好十八大网上宣传管理工作，落实好属地管理和网站管理责任。

党和国家领导人参观
“科学发展成就辉煌”大型图片展览

10月26日，在全党全国喜迎党的十八大胜利召开之际，党和国家领导人胡锦涛、吴邦国、温家宝、贾庆林、李长春、习近平、李克强、贺国强、周永康分别前往北京展览馆，参观正在那里举办的“科学发展成就辉煌”大型图片展览。展览由中共中央宣传部、国家发展和改革委员会、解放军总政治部、中共北京市委共同举办。

展览分为“序篇”、“促进国民经济又好又快发展”、“发展社会主义民主政治”、“推动社会主义文化大发展大繁荣”、“推进以改善民生为重点的社会建设”、“生态文明建设全面展开”、“开创国防和军队建设科学发展新局面”、“推进‘一国两制’实践和祖国和平统一大业”、“走和平发展道路”、“以改革创新精神推进党的建设新的伟大工程”等10个部分，通过2110张照片、204幅图表、765件实物以及视频、电子相册等多种形式，生动展示了科学发展的成功实践，充分反映了科学发展给人们生活带来的巨大变化。全面展示了以胡锦涛同志为总书记的党中央团结带领全党全军全国各族人民推进中国特色社会主义事业的不平凡历程，集中反映了党的十六大以来科学发展的成功实践和国家建设、人民生活的历史性变化。胡锦涛等领导同志走进一个个展厅，仔细观看展览，认真听取工作人员讲解。

纪念《人民法院报》
创刊20周年座谈会召开

10月26日，纪念《人民法院报》创刊20周年座谈会在人民大会堂召开。王胜俊出席座谈会强调，要充分发挥《人民法院报》司法宣传主力军、主渠道、主阵地作用，为推进人民司法事业科学发展，建设社会主义法治国家，作出新的更大的贡献。

人民日报社副总编辑谢国明，浙江省高级人民法院院长齐奇，新闻出版总署报刊司司长王国庆，中国政法大学终身教授、最高人民法院特邀咨询员陈光中，分别在会上发言，对人民法院报20年发展成就给予充分肯定，对未来发展提出良好祝愿。

《人民法院报》于1992年10月1日创刊。现为日报对开八版，发行量达40多万份。此外，报社还负责管理人民司法杂志、最高人民法院影视中心、中国法院网站，已经形成集报纸、杂志、网站与影视于一体的多媒体传播平台。

2012 年 11 月

十八大新闻中心正式启用

11 月 1 日，中国共产党第十八次全国代表大会新闻中心正式启用。十八大新闻中心主任、中国记协党组书记翟惠生说，报名采访十八大的境外记者人数较十七大有较大幅度增长，由于报名尚未截止，报名的境外记者人数还在呈上升趋势。

十八大新闻中心网站也正式开通，该网站由人民网·中国共产党新闻网承办，供记者查询大会有关资料及信息，共设中文、英文、手机适配器三个版本。网站将及时发布大会文件、大会新闻、媒体采访公告通知等重要的新闻服务信息，并对新闻发布会、记者招待会进行直播报道。外国记者和港澳台记者可以直接通过新闻中心网站提交所需的个别采访申请和参观采访活动申请。同时，人民网推出中国共产党第十八次代表大会多版本、全媒体报道专题，首页开辟十八大报道专区。

中央纪委第八次全会在北京举行

11 月 3 日至 4 日，中国共产党第十七届中央纪律检查委员会第八次全体会议在北京举行。中央纪律检查委员会委员 125 人出席会议，并列席了中国共产党第十七届中央委员会第七次全体会议。中央纪律检查委员会常务委员会主持会议，贺国强作了重要讲话。

全会审议并通过了中共中央纪律检查委员会向党的第十八次全国代表大会的工作报告，同意将报告提请党的第十八次全国代表大会审查。

全会认为，党的十七大以来，中央纪委和各级纪委在以胡锦涛同志为总书记的党中央领导下，高举中国特色社会主义伟大旗帜，以邓小平理论和“三个代表”重要思想为指导，深入贯彻落实科学发展观，坚持党要管党、从严治党方针，全面履行党章赋予的职责，扎实推进党风廉政建设和反腐败工作，取得新的进展和成效，为党和国家事业发展提供了有力保障。

全会增选张军同志为中央纪委副书记，陈文清同志为中央纪委常务委员会委员、副书记。

中共十七届七中全会在北京举行

11 月 4 日，中国共产党第十七届中央委员会第七次全体会议在北京举行。会议由中央政治局主持，胡锦涛作了重要讲话。会议决定，中国共产党第十八次全国代表大会于 2012 年 11 月 8 日在北京召开。

会议听取和讨论胡锦涛受中央政治局委托作的工作报告。全会讨论并通过党的十七届中央委员会向党的第十八次全国代表大会的报告，讨论并通过《中国共产党章程（修正案）》，决定将这两份文件提请党的第十八次全国代表大会审议。习近平就党的十七届中央委员会向党的第十八次全国代表大会的报告讨论稿和《中国共产党章程（修正案）》讨论稿向全会作说明。

全会决定增补范长龙、许其亮为中共中央军事委员会副主席。

全会审议并通过《中共中央纪律检查委员会关于薄熙来严重违纪问题的审查报告》、《中共中央纪律检查委员会关于刘志军严重违纪问题的审查报告》。

全会总结了党的十七大以来 5 年的工作。

一致认为，这5年是不平凡的5年。面对复杂多变的国际环境和艰巨繁重的改革发展稳定任务，以胡锦涛同志为总书记的党中央带领全党，紧紧依靠全国各族人民，经受住各种困难和风险考验，全面推进了党和国家各项工作。经济平稳较快发展，改革开放取得重大进展，人民生活水平显著提高，民主法制建设迈出新步伐，文化建设迈上新台阶，社会建设取得新进步，国防和军队建设开创新局面，港澳台工作进一步加强，外交工作取得新成就，党的建设全面加强，坚持和发展了中国特色社会主义。

中国共产党第十八次全国代表大会在北京召开

11月8日至14日，举世瞩目的中国共产党第十八次全国代表大会在北京召开。

大会的主题是：高举中国特色社会主义伟大旗帜，以邓小平理论、“三个代表”重要思想、科学发展观为指导，解放思想，改革开放，凝聚力量，攻坚克难，坚定不移沿着中国特色社会主义道路前进，为全面建成小康社会而奋斗。

大会开幕式由吴邦国主持，胡锦涛代表第十七届中央委员会向大会作了题为《坚定不移沿着中国特色社会主义道路前进，为全面建成小康社会而奋斗》的报告。报告分12个部分：一、过去五年的工作和十年的基本总结；二、夺取中国特色社会主义新胜利；三、全面建成小康社会和全面深化改革开放的目标；四、加快完善社会主义市场经济体制和加快转变经济发展方式；五、坚持走中国特色社会主义政治发展道路和推进政治体制改革；六、扎实推进社会主义文化强国建设；七、在改善民生和创新管理中加强社会建设；八、大力推进生态文明建设；九、加快推进国防和军队现代化；十、丰富“一国两制”实践和推进祖国统一；十一、继续促进人类和平与发展的崇高事业；十二、全面提高党的建设科学化水平。

中国共产党第十八次全国代表大会在选举产生新一届中央委员会和中央纪律检查委员会，通过关于十七届中央委员会报告的决议、关于中央纪律检查委员会工作报告的决议、关于《中国共产党章程(修正案)》的决议后，14日上午在人民大会堂胜利闭幕。胡锦涛主持大会。

大会号召，全党全国各族人民高举中国特色社会主义伟大旗帜，更加紧密地团结在党中央周围，为全面建成小康社会而奋斗，不断夺取中国特色社会主义新胜利，共同创造中国人民和中华民族更加幸福美好的未来。

胡锦涛强调，中国特色社会主义道路，中国特色社会主义理论体系，中国特色社会主义制度，是党和人民90多年奋斗、创造、积累的根本成就，必须倍加珍惜、始终坚持、不断发展。这为党和国家事业发展提供了根本遵循。全党同志要紧密团结在党中央周围，高举中国特色社会主义伟大旗帜，以邓小平理论、“三个代表”重要思想、科学发展观为指导，解放思想，改革开放，凝聚力量，攻坚克难，坚定不移沿着中国特色社会主义道路前进，坚定不移推进全面建设小康社会进程，带领人民抓住和用好我国发展的重要战略机遇期，开拓进取，扎实工作，为完成党的十八大提出的各项目标任务而团结奋斗。

党的十八届一中全会产生中央领导机构

11月15日，中国共产党第十八届中央委员会第一次全体会议在北京举行。习近平主持会议并讲话。

出席会议的有中央委员205人，候补中央委员171人。中央纪律检查委员会委员列席会议。

全会选举了中央政治局委员、中央政治局常务委员会委员、中央委员会总书记；根据中央政治局常务委员会的提名，通过了中央书记处成员，决定了中央军事委员会组成人员；批准了十八届中央纪律检查委员会第一次全体会议选举产生的书记、副书记和常务委员会委员人选。

中共中央政治局召开会议 研究部署学习宣传贯彻落实十八大精神

11月16日，十八届中共中央政治局召开会议，对学习宣传贯彻党的十八大精神进行研究部署，习近平主持会议。

会议指出，党的十八大是在我国进入全面建成小康社会决定性阶段召开的一次十分重要的会议。认真学习宣传贯彻党的十八大精神，关系党和国家工作全局，关系中国特色社会主义事业长远发展，对于动员全党全国各族人民在以习近平同志为总书记的党中央领导下，高举中国特色社会主义伟大旗帜，满怀信心为全面建成小康社会、夺取中国特色社会主义新胜利而奋斗，具有重大现实意义和深远历史意义。要认真研读党的十八大文件，原原本本学习党的十八大报告和党章，全面准确学习领会党的十八大精神。要深刻领会党的十八大的重大意义，深刻领会党的十八大的主题，深刻领会过去5年和10年党和国家取得的新的历史性成就，深刻领会科学发展观的历史地位和指导意义，深刻领会中国特色社会主义的丰富内涵，深刻领会夺取中国特色社会主义新胜利的基本要求，深刻领会全面建成小康社会和全面深化改革开放的目标，深刻领会社会主义经济建设、政治建设、文化建设、社会建设、生态文明建设等方面的重大部署，深刻领会全面提高党的建设科学化水平的重大任务。

各级党委要按照中央部署，结合本地区本部门实际，作出专题部署，提出具体要求，着力抓好落实，迅速兴起学习宣传贯彻党的十八大精神的热潮。要加强工作指导，加强督促检查，及时了解学习宣传贯彻情况，总结推广先进经验，努力增强学习宣传贯彻党的十八大精神的吸引力感染力和针对性实效性，着力用党的十八大精神统一思想、凝聚力量，把学习宣传贯彻党的十八大精神不断引向深入。

胡锦涛习近平出席 中央军委扩大会议

11月16日，胡锦涛和习近平出席了在北京召开的中央军委扩大会议。胡锦涛发表讲话，习近平主持会议并发表讲话。范长龙、许其亮、郭伯雄、徐才厚出席会议并讲话。

胡锦涛说，党的十八大和十八届一中全会已经胜利闭幕。这次中央全会选举产生了新的中央领导机构，决定了新一届中央军委组成人员，实现了党的总书记和中央军委主席的新老交替。这有利于党的事业继往开来，有利于国防和军队建设事业长远发展，有利于国家长治久安。习近平同志是合格的党的总书记，也是合格的中央军委主席。他年轻时在军队工作过一段时间，在担任地方领导期间也参与了有关地方的军队工作。党的十七届五中全会后担任了中央军委副主席，直接参与军委工作。党中央决定由习近平同志担任军委主席，是非常合适的。习近平同志一定能够挑起中央军委主席的重担，团结带领军委班子履行好肩负的重大历史责任。

我们党领导的社会主义现代化事业和中华民族伟大复兴事业前景无限美好，我国的国防和军队建设事业大有希望。我们衷心祝愿在习近平同志领导下，新一届军委班子团结带领全军官兵把国防和军队建设事业不断推向前进，取得新的更大的成绩。

习近平指出，胡主席从党、国家、军队事业发展全局考虑，主动提出不再担任中共中央总书记、中央军委主席职务。党的十八大和十八届一中全会尊重胡主席的意愿，同意了他的请求。胡主席作出这个重大决策，充分体现了他对党、国家、军队事业发展全局的深邃思考，充分体现了他作为一位马克思主义政治家和战略家的高瞻远瞩、博大胸怀、高风亮节。

军委班子和军队高级干部在领导国防和军队建设中肩负着重大历史责任。我们要始终保持清醒头脑，倍加珍惜一代代官兵不懈奋斗取得的巨大成就，倍加珍惜长期实践中积累的宝贵经验，倍加珍惜当前军队建设发展的大好局面，忠心耿耿为党和人民工作，努力把国防和军队建设不断推向前进。

中共中央政治局举行第一次集体学习

11月17日，十八届中共中央政治局就深入学习贯彻党的十八大精神进行第一次集体学习。习近平主持学习并讲话，李克强、张德江、俞正声、刘云山、王岐山、张高丽就深刻领会和贯彻落实党的十八大精神谈了体会。

习近平指出，党的十八大和十八届一中全会刚刚胜利闭幕，今天我们以学习贯彻党的十八大精神为题，举行十八届中央政治局第一次集体学习，目的是以实际行动带头学习领会、带头贯彻落实党的十八大精神。国内外都在看我们这一届中央领导集体工作会以什么来开局，我们就以深入学习宣传贯彻党的十八大精神来开好局、起好步。他就紧紧围绕坚持和发展中国特色社会主义学习宣传贯彻党的十八大精神提出了5点要求。一是要深刻领会中国特色社会主义是党和人民长期实践取得的根本成就。二是要深刻领会中国特色社会主义是由道路、理论体系、制度三位一体构成的。三是要深刻领会建设中国特色社会主义的总依据、总布局、总任务。四是要深刻领会夺取中国特色社会主义新胜利的基本要求。五是要深刻领会确保党始终成为中国特色社会主义事业的坚强领导核心。他强调，发展中国特色社会主义是一项长期的艰巨的历史任务。全党同志一定要以更加坚定的信念、更加顽强的努力，毫不动摇坚持、与时俱进发展中国特色社会主义，不断丰富中国特色社会主义的实践特色、理论特色、民族特色、时代特色，团结带领全国各族人民，努力实现全面建成小康社会各项目标任务。

中央纪委监察部机关召开全体党员干部大会

11月19日，中央纪委监察部机关召开全体党员干部大会，认真学习全面贯彻党的十八大精神。王岐山出席会议并讲话，赵洪祝主持会议。

王岐山指出，学习宣传贯彻党的十八大精神，是全党全国当前和今后一个时期的首要政治任务。各级纪检监察机关特别是中央纪委监察部机关党员干部要认真学习，作出榜样。要原原本本学习党的十八大报告、党章和习近平总书记在十八届一中全会上的重要讲话。要深刻领会党的十八大的主题，5年来的重大成就和10年来的奋斗历程，科学发展观的历史地位和指导意义，建设中国特色社会主义的总依据、总布局、总任务和“八个基本要求”，全面建成小康社会和全面深化改革开放的目标，推进中国特色社会主义事业的总体部署和主要任务，全面提高党的建设科学化水平的总体要求和主要任务。要紧密联系反腐倡廉建设实际和干部队伍实际，对纪检监察系统学习贯彻工作作出专门部署，迅速掀起学习热潮。要认真学习领会党的十八大关于反腐倡廉新思想、新观点、新要求、新举措，坚定不移把党风廉政建设和反腐败斗争引向深入。要大力加强党的作风建设，围绕保持党的先进性和纯洁性，加强群众观点、群众立场教育，下决心改进文风会风，着力整治庸懒散奢等不良风气，认真纠正损害群众利益的不正之风。要大力加强反腐倡廉建设，全面贯彻标本兼治、综合治理、惩防并举、注重预防方针，扎实推进惩治和预防腐败体系建设，坚定不移反对腐败，努力实现干部清正、政府清廉、政治清明的目标要求。要大力加强党的纪律建设，严明党的纪律特别是政治纪律，加强对中央重大决策部署执行情况的监督检查，教育引导广大党员干部特别是领导干部在思想上政治上行动上同以习近平同志为总书记的党中央保持高度一致，坚决维护中央权威。

全国综合配套改革试点工作座谈会召开

11月21日，李克强主持召开全国综合配

套改革试点工作座谈会并讲话。

座谈会上，国家发展改革委和辽宁省、湖南省及成都市、上海浦东新区政府负责人介绍了全国和各地不同类型综合配套改革试点进展情况。李克强抓住试点中的关键问题不时询问，深入了解改革遇到哪些问题、改革对企业与群众的影响如何、地方对改革有什么建议。他积极肯定试点中一些典型做法，引导大家在座谈交流中深化对改革的认识，更加明确改革的方向和任务。

李克强指出，我国30多年来取得的巨大成就，靠的是改革开放，甜头已经尝到。在新的起点上全面建成小康社会，加快转变经济发展方式，让群众过上更好生活，依然要靠改革开放。但也要看到，当前改革进入了“攻坚区”和“深水区”，改革如逆水行舟，不进则退，不干可能不犯错，但要承担历史责任。必须迎难而上、攻坚克难，坚决破除一切妨碍科学发展的体制机制弊端。进一步推进经济体制改革，既要搞好顶层设计，又要尊重群众和基层的首创精神。国务院已批准的11个综合配套改革试点地区，要认真总结经验，科学评估风险，继续在统筹城乡发展、建设“两型”社会、推动新型工业化、深化国有企业改革、完善财税金融体系等方面进行积极探索，当好改革实验的“侦察兵”、“先遣队”，为改革攻坚提供新鲜经验和实践标杆。

深化改革，不能眉毛胡子一把抓，要化繁为简，突出重点，积极寻找牵一发而动全身的突破口。现阶段推进改革不仅要继续解放思想，转变观念，在很大程度上要触动利益。调整利益格局，要善于在利益增量上作文章，在利益预期上作调整，同时稳妥推进存量利益的优化，这样可以更好地凝聚共识，减少改革的阻力。市场经济本质是法治经济，体制改革与法治建设相辅相成。推进改革要依法行事，善于运用法治思维和法治方式，规范改革程序，成熟的改革经验可按程序上升到法规和法律，用法制巩固改革成果。

中央宣讲团动员会在北京召开

11月22日，学习贯彻党的十八大精神中央宣讲团动员会在北京召开，习近平作出重要批示。他指出，组织党的十八大精神宣讲团的做法很好。希望参加宣讲团的同志们认真准备，准确领会党的十八大精神，准确领会党的十八大确立的重大理论观点、重大方针政策、重大工作部署，努力做到了然于胸、运用自如。希望同志们下去后，紧密结合实际，紧密结合干部群众所思所想，认真进行宣讲，努力做到深入浅出、入脑入心。各地各层次都要开展形式多样的宣讲活动，精心组织，确保实效，推动广大干部群众把思想统一到党的十八大精神上来、把力量凝聚到实现党的十八大确定的各项任务上来。

刘云山出席会议并讲话。他强调，深入学习宣传贯彻党的十八大精神是当前和今后一个时期的首要政治任务，要认真贯彻中央部署，认真落实习近平同志重要批示提出的要求，广泛开展面向基层、面向群众的宣讲，推动兴起学习贯彻党的十八大精神热潮，动员全党全国各族人民更好地用党的十八大精神统一思想，在以习近平同志为总书记的党中央领导下，努力实现党的十八大提出的各项任务。

中央军委举行晋升上将军衔仪式

11月23日，中央军委在北京八一大楼隆重举行晋升上将军衔仪式。习近平向晋升上将军衔的中央军委委员、第二炮兵司令员魏凤和同志颁发命令状。

范长龙宣读了习近平签署的晋升上将军衔命令，许其亮主持晋衔仪式。

习近平作出指示：学习罗阳同志优秀品质和可贵精神

11月26日，歼—15舰载机研制现场总指挥罗阳同志11月25日在大连执行任务时突发疾病逝世，习近平作出指示。

习近平指出，罗阳同志不幸因公殉职，我谨致以沉痛的哀悼，并向他的家人表示深切的慰问。罗阳同志秉持航空报国的志向，为我国航空事业发展作出了突出贡献，他的英年早逝是党和国家的一个重大损失。要很好地总结和宣传罗阳同志的先进事迹，广大党员、干部要学习罗阳同志的优秀品质和可贵精神。习近平还要求有关方面妥善照顾罗阳同志的家人。

遵照习近平的指示精神，中央组织部要求深入总结和宣传罗阳的先进事迹，号召广大党员、干部学习罗阳的优秀品质和可贵精神。中央宣传部要求主要媒体立即对罗阳先进事迹采访宣传，号召广大党员、干部向罗阳学习，为推动党和国家事业提供榜样的力量。中国航空工业集团公司决定授予罗阳“航空报国英模”称号，并在全集团深入开展向罗阳学习活动。

党外人士学习贯彻中共十八大精神座谈会召开

11 月 28 日，党外人士学习贯彻中共十八大精神座谈会召开。俞正声出席并讲话。

座谈会上，民革中央主席周铁农、民盟中央主席蒋树声、民建中央主席陈昌智、民进中央主席严隽琪、农工党中央主席桑国卫、致公党中央常务副主席王钦敏、九三学社中央主席韩启德、台盟中央主席林文漪、全国工商联主席黄孟复、无党派人士林毅夫先后发言。他们畅谈了学习中共十八大精神的体会，高度评价了十六大以来在中国共产党正确领导下，我国改革开放和现代化建设取得的辉煌成就，表示要认真学习贯彻好中共十八大精神，坚持和拥护中国共产党的领导，进一步加强自身建设、提高履职水平，始终与中国共产党在思想上同心同德、目标上同心同向、行动上同心同行，坚定不移地沿着中国特色社会主义道路奋勇前进，为全面建成小康社会作出新贡献。

俞正声在认真听取党外人士发言后说，统一战线学习贯彻中共十八大精神，最根本的是始终坚持和发展中国特色社会主义不动摇、不放松、不偏离，巩固统一战线和多党合作团结奋进的共同思想政治基础。要充分把握科学发展观的深刻内涵、精神实质和内在要求，充分发挥统一战线服务科学发展的优势作用，不断提高统一战线事业实现自身科学发展的水平。要准确把握全面建成小康社会的战略部署，立足凝聚人心、汇聚力量，在挖掘资源优势中突出特色，在创新发展思路中提升水平，在服务科学发展大局中彰显价值，为全面建成小康社会提供广泛而强大的力量支持。十八大报告全方位、多角度对统一战线方针政策进行了深刻阐述，全面反映了十六大特别是十七大以来统一战线理论创新和实践发展的重要成果，体现了中共中央对统一战线发展规律的深刻把握，为做好当前和今后一个时期的统战工作指明了方向。统一战线要在全面系统学习中共十八大精神的基础上，重点加强对统一战线新论述新要求的学习领会和贯彻落实，切实把十八大精神转化为推进统一战线事业发展的强大动力。

全军学习贯彻十八大精神宣讲团报告会举行

11 月 28 日，全军学习贯彻党的十八大精神宣讲团在八一大楼为军委、总部机关举行首场报告会。范长龙、许其亮听取报告。常万全、房峰辉、赵克石、张又侠、吴胜利、马晓天、魏凤和参加报告会，张阳主持报告会。

报告会上，宣讲团成员、国防大学教授许志功着重从党的十八大的主题、科学发展辉煌成就和科学发展观的历史地位、夺取中国特色社会主义新胜利、全面建成小康社会和全面深化改革开放的目标与战略部署、加快推进国防和军队现代化、全面提高党的建设科学化水平等 6 个方面，宣讲了党的十八大精神，对十八大提出的重大理论观点、重大战略思想、重大工作部署作了深入解读。

全军学习贯彻党的十八大精神宣讲团是经习近平主席和中央军委批准，总政治部从全军抽调知名专家组成的。10 名宣讲团成员分别来自军事科学院、国防大学等单位。他们理论功底厚实，熟悉了解部队，宣讲经验丰富，多次参加中央和军队组织的重要理论活动，有的参加过党的十六大、十七大精神宣讲团。首场报告会后，宣讲团将分5个组赴全军各大单位巡回宣讲。

中央政治局常委一同参观《复兴之路》展览

11月29日，在全党全国上下认真学习贯彻党的十八大精神的热潮中，习近平和李克强、张德江、俞正声、刘云山、王岐山、张高丽等来到国家博物馆，参观《复兴之路》基本陈列。

在十九世纪末列强割占领土、设立租借地、划定势力范围示意图前，在鸦片战争期间虎门的大炮前，在反映辛亥革命的文物和照片前，在《共产党宣言》第一个中文全译本前，在《中国共产党的第一个纲领》等反映中国共产党成立的文物和照片前，在李大钊狱中亲笔自述前，在中华人民共和国第一面五星红旗前，在党的十一届三中全会照片前，习近平等不时停下脚步，认真观看，详细询问和了解有关情况。

在参观过程中，习近平发表了重要讲话。他表示，《复兴之路》这个展览，回顾了中华民族的昨天，展示了中华民族的今天，宣示了中华民族的明天，给人以深刻教育和启示。中华民族的昨天，可以说是"雄关漫道真如铁"。近代以后，中华民族遭受的苦难之重、付出的牺牲之大，在世界历史上都是罕见的。但是，中国人民从不屈服，不断奋起抗争，终于掌握了自己的命运，开始了建设自己国家的伟大进程，充分展示了以爱国主义为核心的伟大民族精神。改革开放以来，我们总结历史经验，不断艰辛探索，终于找到了实现中华民族伟大复兴的正确道路，取得了举世瞩目的成果。这条道路就是中国特色社会主义。经过鸦片战争以来170多年的持续奋斗，中华民族伟大复兴展现出光明的前景。现在，我们比历史上任何时期都更接近中华民族伟大复兴的目标，比历史上任何时期都更有信心、有能力实现这个目标。

每个人都有理想和追求，都有自己的梦想。现在，大家都在讨论中国梦，我以为，实现中华民族伟大复兴，就是中华民族近代以来最伟大的梦想。这个梦想，凝聚了几代中国人的夙愿，体现了中华民族和中国人民的整体利益，是每一个中华儿女的共同期盼。历史告诉我们，每个人的前途命运都与国家和民族的前途命运紧密相连。国家好，民族好，大家才会好。实现中华民族伟大复兴是一项光荣而艰巨的事业，需要一代又一代中国人共同为之努力。空谈误国，实干兴邦。我们这一代共产党人一定要承前启后、继往开来，把我们的党建设好，团结全体中华儿女把我们国家建设好，把我们民族发展好，继续朝着中华民族伟大复兴的目标奋勇前进。我坚信，到中国共产党成立100年时全面建成小康社会的目标一定能实现，到新中国成立100年时建成富强民主文明和谐的社会主义现代化国家的目标一定能实现，中华民族伟大复兴的梦想一定能实现。

《复兴之路》基本陈列共分中国沦为半殖民地半封建社会、探求救亡图存的道路、中国共产党肩负起民族独立和人民解放历史重任、建设社会主义新中国、走中国特色社会主义道路5个部分，通过1200多件（套）珍贵文物、870多张历史照片，回顾了1840年鸦片战争以来中国人民在屈辱苦难中奋起抗争，为实现民族复兴进行的种种探索，特别是中国共产党领导全国各族人民争取民族独立、人民解放和国家富强、人民幸福的光辉历程。

赵乐际与参加第二期任职培训的新任市长座谈

11月29日，赵乐际与参加第二期任职培训的新任市长座谈，勉励他们学习好贯彻好十八大精神，尽心竭力履职，奋发有为工作，脚踏实地干事，在推动科学发展中不断增进群众福祉。沈跃跃主持座谈会。

为加强换届后领导班子和领导干部队伍建

设，中组部在中央党校分3批对新任市委书记、市长进行任职培训。来自26个省区市的100名新任市长参加了第二期培训班。

赵乐际指出，市长是一个地方的执政骨干。要认清肩负的历史重任，推动科学发展、加快转变经济发展方式，夯实富民强市的物质基础；保障和改善民生，在发展中既见物更见人，尊重人、依靠人、关爱人、为了人，使人民的日子越过越好；创新社会管理，积极回应群众利益诉求，发挥群众在利益调整中的主体作用；建设生态文明，敬畏自然、善待自然、顺应自然、保护自然，为群众创造良好生产生活环境。

能力素质是履职之本，充实提高是人生常态。要自觉地在思想上政治上行动上与以习近平同志为总书记的党中央保持高度一致，自觉掌握运用科学发展观的立场、观点和方法，自觉服从服务大局；贯彻民主集中制，严格按照程序、规则和集体意志办事，形成同心同向、共谋发展工作合力。要坚持人民利益至上，坚持人民主体地位，完善直接联系群众制度，尊重客观规律，创造性地贯彻中央决策部署，真抓实干、勇于承担，以廉当福、视贪为祸，切实做到为民、务实、清廉。

中共中央召开党外人士座谈会

11月30日，中共中央在中南海召开党外人士座谈会，就当前经济形势和明年经济工作听取各民主党派中央、全国工商联领导人和无党派人士意见和建议。习近平主持座谈会并讲话。温家宝、李克强、张德江、俞正声、刘云山、王岐山、张高丽出席座谈会。温家宝通报了经济工作有关情况，介绍了中共中央、国务院关于做好明年经济工作的考虑。

座谈会上，民革中央主席周铁农、民盟中央主席蒋树声、民建中央主席陈昌智、民进中央主席严隽琪、农工党中央主席桑国卫、致公党中央主席万钢、九三学社中央主席韩启德、台盟中央主席林文漪、全国工商联主席黄孟复、无党派人士林毅夫先后发言。他们赞同中共中央、国务院对当前我国经济形势的分析和对明年经济工作的考虑，并就促进居民增收、加大与民生直接相关的基础设施建设、加强生态文明建设、深化国企改革、加大战略性新兴产业扶持力度、实施创新驱动发展战略、提高财政投入效率、加快金融体制改革步伐、加快推进完善营业税改增值税试点工作、深化两岸经贸合作等提出意见和建议。

在认真听取了大家的发言后，习近平表示，在充分肯定我国经济社会发展基本面是健康的前提下，我们决不能低估当前和今后一个时期所面临的风险和挑战，主要是世界经济低速增长态势仍将延续，总需求不足和产能相对过剩的矛盾有所上升，企业生产经营成本上升和创新能力不足的问题并存，经济发展和资源环境的矛盾有所加剧。我们要坚持“两点论”，一分为二看问题，既要看到国际国内形势中有利的一面，也要看到不利的一面，从坏处着想，做最充分的准备，争取较好的结果。做好明年经济社会发展工作十分重要，要以提高经济增长质量和效益为中心，进一步深化改革开放，进一步强化创新驱动，实现经济持续健康发展和社会和谐稳定。一是要保持经济增长，继续实施积极的财政政策和稳健的货币政策，增强经济增长的内生活力和动力，增长必须是实实在在和没有水分的增长，是有效益、有质量、可持续的增长。二是要加强和巩固农业基础地位，加大对农业的支持力度，加强和完善强农惠农富农政策，加快发展现代农业，确保国家粮食和重要农产品有效供给。三是要推动结构调整取得明显进展，在稳定外需的同时努力扩大内需，加大产业结构调整升级力度，稳步推进城镇化健康发展。四是要坚持社会主义市场经济改革方向，搞好顶层设计，及时推出一些有针对性的改革措施，坚持整体渐进和局部突破相结合，大胆探索，务求实效。五是要大力保障和改善民生，重点保障低收入群众基本生活，做好高校大学生生活困难补助，注重稳定和扩大就业，加强城乡社会保障体系建设，引导群众树立通过勤劳致富改善生活的信念，从而使改善民生既是党和政府工作的方向，又成为广大人民群众自身奋斗的目标。

王岐山主持召开座谈会听取专家学者对党风廉政建设和反腐败工作的意见和建议

11 月 30 日，王岐山在北京主持召开座谈会，听取专家学者对党风廉政建设和反腐败工作的意见和建议。赵洪祝出席座谈会。

座谈会上，来自研究机构和高校的专家学者马怀德、任建明、何增科、辛鸣、周淑真、姜明安、黄苇町、程文浩分别发言。在认真听取他们的发言后，王岐山说，在党中央的坚强领导下，经过全党全社会的共同努力，党风廉政建设和反腐败工作取得了很大成绩。要清醒认识党风廉政建设和反腐败斗争的长期性、复杂性、艰巨性，坚持标本兼治、综合治理、惩防并举、注重预防的方针，坚决查处违纪违法案件，研究并实施制度创新，全面推进惩治和预防腐败体系建设。党的作风关乎人心向背，关乎党的生死存亡。要引导和督促广大党员干部特别是领导干部牢记党的理想、信念和宗旨，时刻把人民利益放在第一位。转变作风要从自身做起，从点滴做起。要切实改进文风会风，坚决反对形式主义、官僚主义。要坚持党要管党、从严治党。各级党组织、广大党员干部特别是领导干部，要严格遵守党的章程和其他党内法规，始终保持党的先进性和纯洁性。

信任不能代替监督。各级纪检监察机关必须加强自身建设，努力建设一支忠诚可靠、服务人民、刚正不阿、秉公执纪的纪检监察干部队伍。广大纪检监察干部要在学习、思考、领悟、实践中尽责奉献，不辜负党和人民的重托。

2012 年 12 月

全军高级干部学习贯彻党的十八大精神研讨班开班

12 月 3 日，经习近平主席和中央军委批准，全军高级干部学习贯彻党的十八大精神研讨班在国防大学开班。许其亮在开班动员会上发表讲话，张阳主持会议。

许其亮指出，军队要走在前列，最根本的是在高举旗帜、听党指挥上更加忠诚坚定。这是党和人民对军队的最高政治要求，也是军队学习贯彻十八大精神的核心要求。要坚定不移地以马克思列宁主义、毛泽东思想、邓小平理论、“三个代表”重要思想、科学发展观为指导，更加坚定对科学发展观的政治信仰，更加牢固确立科学发展观的指导地位。要认真学习毛泽东军事思想、邓小平新时期军队建设思想、江泽民国防和军队建设思想、党关于新形势下国防和军队建设思想，切实将其作为加强国防和军队建设的强大思想武器。要带头坚决维护党中央、中央军委和习主席权威，一切行动坚决听从党中央、中央军委和习主席指挥，任何时候任何情况下都要保持政令军令畅通，步调一致，雷厉风行，绝不能打半点折扣。

要充分认清党的十八大确立的目标任务对军队建设的内在要求，从党和国家发展全局的高度谋划指导部队建设。各级党委要负起政治责任，切实把学习贯彻党的十八大精神摆上头等重要位置。各级领导干部要带头学懂弄通、吃透精神实质，带头学以致用、提高能力素质，带头弘扬优良传统、改进思想作风，以领导班子的新气象开创部队建设新局面。

中共中央政治局召开会议审议关于改进工作作风、密切联系群众的八项规定

12 月 4 日，中共中央政治局召开会议，审议中央政治局关于改进工作作风、密切联系群众的八项规定，分析研究 2013 年经济工作。习近平主持会议。

会议一致同意关于改进工作作风、密切联系群众的八项规定。规定要求，中央政治局全体同志要改进调查研究，到基层调研要深入了解真实情况，总结经验、研究问题、解决困难、指导工作，向群众学习、向实践学习，多同群众座谈，多同干部谈心，多商量讨论，多解剖典型，多到困难和矛盾集中、群众意见多的地方去，切忌走过场、搞形式主义；要轻车简从、减少陪同、简化接待，不张贴悬挂标语横幅，不安排群众迎送，不铺设迎宾地毯，不摆放花草，不安排宴请。要精简会议活动，切实改进会风，严格控制以中央名义召开的各类全国性会议和举行的重大活动，不开泛泛部署工作和提要求的会，未经中央批准一律不出席各类剪彩、奠基活动和庆祝会、纪念会、表彰会、博览会、研讨会及各类论坛；提高会议实效，开短会、讲短话，力戒空话、套话。要精简文件简报，切实改进文风，没有实质内容、可发可不发的文件、简报一律不发。要规范出访活动，从外交工作大局需要出发合理安排出访活动，严格控制出访随行人员，严格按照规定乘坐交通工具，一般不安排中资机构、华侨华人、留学生代表等到机场迎送。要改进警卫工作，坚持有利于联系群众的原则，减少交通管制，一般情况下不得封路、不清场闭馆。要改进

新闻报道，中央政治局同志出席会议和活动应根据工作需要、新闻价值、社会效果决定是否报道，进一步压缩报道的数量、字数、时长。要严格文稿发表，除中央统一安排外，个人不公开出版著作、讲话单行本，不发贺信、贺电，不题词、题字。要厉行勤俭节约，严格遵守廉洁从政有关规定，严格执行住房、车辆配备等有关工作和生活待遇的规定。

会议强调，今年以来，面对世界经济复苏明显放缓和国内经济下行压力加大的严峻形势，在党中央、国务院正确领导下，各地区各部门坚持以科学发展为主题、以加快转变经济发展方式为主线，按照稳中求进的工作总基调，根据经济形势发展变化，加强和改善宏观调控，着力稳增长、调结构、抓改革、惠民生，我国经济趋于稳定，积极因素进一步增多，全年经济社会发展任务能够较好完成。我国仍处于可以大有作为的重要战略机遇期，明年经济社会发展具备很多有利条件和积极因素，同时经济发展面临的困难仍然较多，各种挑战不能低估。全党全国要切实增强忧患意识和紧迫感，充分估计困难和挑战，扎实做好各方面工作。要保持宏观经济政策的连续性和稳定性，着力提高针对性和有效性，适时适度进行预调微调，加强政策协调配合。要着力扩大国内需求，加快培育一批拉动力强的消费新增长点，促进投资稳定增长和结构优化，继续严格控制“两高”和产能过剩行业盲目扩张。要毫不放松抓好农业生产，落实和完善扶持政策，加大农业科技投入，鼓励发展新型农业生产经营模式，加强农田水利和防灾减灾能力建设。要加快推进产业转型升级，发挥自主创新对结构调整的带动作用，支持企业牵头实施产业目标明确的国家重大科技项目，推进产能过剩行业兼并重组、扶优汰劣，支持中小企业发展，发展生产性服务业，加强生态建设。要积极稳妥推进城镇化，增强城镇综合承载能力，提高土地节约集约利用水平，有序推进农业转移人口市民化。要深入实施区域发展总体战略，加快推进集中连片特殊困难地区发展，发展海洋经济。要不断提升对外开放水平，优化外贸结构，完善稳定出口政策，积极增加进口，抓住机遇推动企业走出去，支持内陆和沿边地区对外开放。要保持物价总水平基本稳定，促进重要商品市场供需平衡，进一步降低流通成本，规范市场价格和收费秩序。要扎实推进重点领域改革，扩大营业税改征增值税试点地区和行业范围，健全资源性产品价格形成机制，深化医药卫生体制改革，推进国有经济和农村改革，抓好科技、教育、文化、行政审批等领域改革。要大力保障和改善民生，健全城乡公共就业服务体系，稳步提高社会保障统筹层次和保障水平，发展教育、卫生、文化等社会事业，加强房地产市场调控和住房保障工作，强化社会服务和管理，维护社会和谐稳定。

首都各界举行纪念
现行宪法公布施行30周年大会

12月4日，首都各界在人民大会堂集会，隆重纪念中华人民共和国宪法公布施行30周年。习近平在大会上发表重要讲话。大会由吴邦国主持。李克强、张德江、俞正声、刘云山出席会议。

习近平发表讲话指出，历史总能给人以深刻启示。在充分肯定成绩的同时，我们也要看到存在的不足，主要表现在：保证宪法实施的监督机制和具体制度还不健全，有法不依、执法不严、违法不究现象在一些地方和部门依然存在；关系人民群众切身利益的执法司法问题还比较突出；一些公职人员滥用职权、失职渎职、执法犯法甚至徇私枉法严重损害国家法制权威；公民包括一些领导干部的宪法意识还有待进一步提高。对这些问题，我们必须高度重视，切实加以解决。

全面贯彻实施宪法，是建设社会主义法治国家的首要任务和基础性工作。宪法是国家的根本法，是治国安邦的总章程，具有最高的法律地位、法律权威、法律效力，具有根本性、全局性、稳定性、长期性。任何组织或者个人，都不得有超越宪法和法律的特权。一切违反宪法和法律的行为，都必须予以追究。

宪法的生命在于实施，宪法的权威也在于实施。一是要坚持正确政治方向，坚定不移走中国特色社会主义政治发展道路，坚持国家一切权力属于人民的宪法理念，发展更加广泛、更加充分、更加健全的人民民主，最广泛地动员和组织人民依照宪法和法律规定行使国家权力，共同建设，共同享有，共同发展，成为国家、社会和自己命运的主人。二是要落实依法治国基本方略，加快建设社会主义法治国家，以宪法为最高法律规范，维护社会主义法制的统一和尊严，全面推进科学立法、严格执法、公正司法、全民守法进程，维护社会公平正义。三是要坚持人民主体地位，切实保障公民享有权利和履行义务，宪法的根基在于人民发自内心的拥护，宪法的伟力在于人民出自真诚的信仰，只有保证公民在法律面前一律平等，尊重和保障人权，保证人民依法享有广泛的权利和自由，宪法才能深入人心，走入人民群众，宪法实施才能真正成为全体人民的自觉行动。要在全社会牢固树立宪法和法律的权威，让广大人民群众充分相信法律、自觉运用法律，使广大人民群众认识到宪法不仅是全体公民必须遵循的行为规范，而且是保障公民权利的法律武器。四是要坚持党的领导，更加注重改进党的领导方式和执政方式，依法治国首先是依宪治国，依法执政关键是依宪执政，党领导人民制定宪法和法律，党自身必须在宪法和法律范围内活动，真正做到党领导立法、保证执法、带头守法。要健全权力运行制约和监督体系，有权必有责，用权受监督，失职要问责，违法要追究，保证人民赋予的权力始终用来为人民谋利益。

要坚持依法治国、依法执政、依法行政共同推进，坚持法治国家、法治政府、法治社会一体建设，扎扎实实把党的十八大精神落实到各项工作中去，为全面建成小康社会、开创中国特色社会主义事业新局面而努力奋斗。

李适时、宋大涵、沈德咏、胡泽君、杜德印分别在大会上发言。

习近平会见第二炮兵第八次党代会代表

12月5日，习近平会见第二炮兵第八次党代表大会代表，强调要深入学习贯彻党的十八大精神，高举中国特色社会主义伟大旗帜，以邓小平理论、“三个代表”重要思想、科学发展观为指导，坚持国防和军队建设主题主线，加强部队全面建设和军事斗争准备，努力建设一支强大的信息化战略导弹部队。

范长龙、许其亮、常万全、房峰辉、张阳、赵克石、张又侠、吴胜利、马晓天、魏凤和以及靖志远参加会见。

习近平首先代表党中央、中央军委，对第二炮兵第八次党代表大会的召开表示热烈祝贺，向出席大会的各位代表和第二炮兵广大官兵致以诚挚问候。他指出，第二炮兵是我国战略威慑的核心力量，是我大国地位的战略支撑，是维护国家安全的重要基石。要坚持从思想上政治上建设部队，坚持党对军队绝对领导的根本原则和制度，坚持不懈用中国特色社会主义理论体系武装官兵，持续培育当代革命军人核心价值观，弘扬我军光荣传统和优良作风，确保部队绝对忠诚、绝对纯洁、绝对可靠，永葆人民军队的性质和本色。要自觉维护党中央、中央军委的权威，在思想上政治上行动上始终与党中央、中央军委保持高度一致，做到在任何时候任何情况下都坚决听从党中央、中央军委指挥。要坚持党要管党、从严治党，全面加强部队党的思想建设、组织建设、作风建设、反腐倡廉建设、制度建设，增强各级党组织的创造力凝聚力战斗力，把党的政治优势和组织优势转化为推动部队建设的强大力量。

要坚决完成担负的各项军事斗争任务，以国家核心安全需求为导向，按照“能打仗、打胜仗”的要求，真抓实备、常备不懈，扎实推进军事斗争准备各项工作。要大力培养联合作战指挥人才、信息化建设管理人才和导弹专业技术人才，为完成军事斗争任务提供坚强人才保证。

要扎实开展实战化军事训练，提高部队复杂困难条件下可靠遂行任务的能力。要根据第二炮兵部队自身特点，加大依法治军、从严治军力度，坚持以纪律建设为核心，着力增强法规制度执行力，坚决杜绝有法不依、执法不严、违法不究的现象。要加强部队作风建设，坚决反对和纠正各种不良现象。要认真落实安全发展理念，突出防范重大安全问题，确保部队安全稳定。

学习贯彻党的十八大精神暨党建研究所成立25周年座谈会召开

12月5日，中共中央组织部在北京召开学习贯彻党的十八大精神暨党建研究所成立25周年座谈会。赵乐际发表讲话，沈跃跃主持会议。

赵乐际充分肯定党建研究所成立25年来取得的成绩。他说，落实党的十八大提出的党的建设总要求和各项任务，党建研究责任重大。要深怀忧患之思、常持责任之心，加强重大问题研究，在提出政策建议、解决现实问题、推动工作落实上有更大作为。

解放思想、实事求是、与时俱进、求真务实，是科学发展观最鲜明的精神实质，也是党建研究的基本遵循。要坚持正确方向，把党的十八大主题作为党建研究灵魂，把党的基本理论、基本路线、基本纲领、基本经验、基本要求贯穿党建研究全过程和各方面。要突出研究重点，自觉运用马克思主义立场、观点和方法，调查研究党的建设和组织工作最需要解决、干部群众最期待解决的问题。要俯下身子搞调研、静下心来想问题，理论研究要求真、对策研究要务实、方法探索要管用。他希望党建研究工作者进一步增强政治素质，提高研究能力，营造良好研究氛围，为全面提高党的建设科学化水平作出更大努力。

第八次全国社会主义学院院长会在北京召开

12月5日，第八次全国社会主义学院院长会在北京召开。严隽琪出席并讲话。

严隽琪说，各级社院要严格遵循“社院姓社”的方针，始终坚持正确办学方向，按照中共中央的统一部署和统战部门的具体安排，结合深入贯彻《中共中央关于加强新形势下党外代表人士队伍建设的意见》和《2010—2020年党外代表人士教育培训改革和发展纲要》，继续推进社会主义学院正规化建设。

社会主义学院作为党外代表人士教育培训主阵地，要始终把政治共识教育放在首位，抓好教育培训，积极配合民主党派搞好换届后的政治交接，推动多党合作事业持续健康发展。要深入开展中国特色社会主义道路、理论体系、制度教育，把统一战线的优良传统教育纳入教学内容，向民主党派成员特别是新一代成员阐明中国共产党的先进性和中国特色政治发展道路的必然性，以多种形式引导他们自觉致力于中国特色社会主义伟大事业，为实现民族复兴贡献智慧和力量。

全国人大机关召开学习习近平纪念宪法施行30周年大会讲话座谈会

12月5日，全国人大机关召开学习习近平总书记在纪念现行宪法公布施行30周年大会上的重要讲话座谈会。李建国出席会议并讲话。

与会人员一致表示，要按照习总书记讲话的要求，坚持正确政治方向，坚定不移走中国特色社会主义政治发展道路。坚持国家一切权力属于人民的宪法理念，坚持党的领导、人民当家作主、依法治国有机统一，充分发挥人大及其常委会作为国家权力机关的作用，依法行使立法、监督、决定、任免等职权，进一步发挥人民代表大会制度的优越性。通过坚持和完善人民代表大会制度这个重要环节，发展更加广泛、更加充分、更加健全的人民民主，充分发挥我国社会主义政治制度优越性，不断推进社会主义政治制度自我完善和发展。

要适应全面建成小康社会的新形势新要

求，进一步加强立法工作，继续完善以宪法为统帅的中国特色社会主义法律体系，加强重点领域立法，拓展人民有序参与立法途径，通过完备的法律推动宪法实施，保证宪法确立的制度和原则得到落实。进一步加强对宪法和法律实施情况的监督检查，把改革发展稳定中的重大问题和关系人民群众切身利益的热点难点问题作为监督重点，健全监督机制和程序，坚决纠正有法不依、执法不严、违法不究等问题，确保宪法和法律得到正确实施。更好地代表人民意愿，切实保障公民享有的权利和自由，自觉接受人民监督，使人大的各项工作更好地反映民意、集中民智、贴近民生。

全国人大常委会机关党组成员、全国人大专门委员会和常委会工作委员会负责人、部分参加现行宪法起草和修改工作的老同志等100余人参加了座谈会。

习近平在广东考察工作

12月7日至11日，习近平在汪洋和朱小丹陪同下，来到深圳、珠海、佛山、广州，深入农村、企业、社区、部队和科研院所进行调研。习近平表示，这次调研之所以到广东来，就是要到在我国改革开放中得风气之先的地方，现场回顾我国改革开放的历史进程，将改革开放继续推向前进。

一路上，习近平反复强调，改革开放是我们党的历史上一次伟大觉醒，正是这个伟大觉醒孕育了新时期从理论到实践的伟大创造。实践证明，改革开放是当代中国发展进步的活力之源，是我们党和人民大踏步赶上时代前进步伐的重要法宝，是坚持和发展中国特色社会主义的必由之路。现在我国改革已经进入攻坚期和深水区，我们必须以更大的政治勇气和智慧，不失时机深化重要领域改革。深化改革开放，要坚定信心、凝聚共识、统筹谋划、协同推进。改革开放是决定当代中国命运的关键一招，也是决定实现“两个100年”奋斗目标、实现中华民族伟大复兴的关键一招。实践发展永无止境，解放思想永无止境，改革开放也永无止境，停顿和倒退没有出路。我们要坚持改革开放正确方向，敢于啃硬骨头，敢于涉险滩，既勇于冲破思想观念的障碍，又勇于突破利益固化的藩篱。我们要尊重人民首创精神，在深入调查研究的基础上提出全面深化改革的顶层设计和总体规划，尊重实践、尊重创造，鼓励大胆探索、勇于开拓，聚合各项相关改革协调推进的正能量。

考察结束时，习近平听取了广东省委和省政府的工作汇报。

习近平在广州战区考察

12月8日和10日，习近平在广州战区考察。

习近平先多次听取部队工作汇报和对军委工作的意见建议，并作重要讲话。他强调，要坚持把思想政治建设摆在部队各项建设的首位，始终保持部队建设坚定正确的政治方向。当前和今后一个时期，加强思想政治建设最重要的任务是学习宣传贯彻党的十八大精神。要注重联系实际，坚持学以致用，切实把党的十八大精神贯彻落实到推进部队建设、遂行军事任务的实践中。要坚持用打仗的标准推进军事斗争准备，不断强化官兵当兵打仗、带兵打仗、练兵打仗思想，坚持从实战需要出发从难从严训练部队，坚持以军事斗争准备为龙头带动现代化建设，全面提高部队以打赢信息化条件下局部战争能力为核心的完成多样化军事任务能力。要不折不扣落实依法治军、从严治军方针，培养部队严守纪律、令行禁止、步调一致的良好作风。要始终把工作重心放在基层，把部队建设和战斗力的基础打得更加牢固。

在会见驻穗部队师以上领导干部时特别指出，实现中华民族伟大复兴，是中华民族近代以来最伟大的梦想。可以说，这个梦想是强国梦，对军队来说，也是强军梦。我们要实现中华民族伟大复兴，必须坚持富国和强军相统一，努力建设巩固国防和强大军队。一是要牢记，坚决听党指挥是强军之魂，必须毫不动摇坚持党对军队的绝对领导，任何时候任何情况下都坚决听党的话、跟党走。二是要牢记，能打仗、打胜仗是强军之要，必须按照打仗的标准搞建设抓准备，确保我军始终能够召之即来、来之能战、战之必胜。三是要牢记，依法治军、从严治军是强军之基，必须保持严明的作风和铁的纪律，确保部队高度集中统一和安全稳定。他表示坚信，在实现中华民族伟大复兴的征程中，英雄的人民军队一定能够发扬传统、继往开来，有效履行肩负的历史使命。

习近平在广东主持召开经济工作座谈会

12月9日，正在广东考察工作的习近平在广州主持召开经济工作座谈会，就当前国内外经济形势、推动经济发展广泛听取广东省各方面的意见和建议。

座谈会上，广东省、东莞市、佛山市南海区、中山市小榄镇和广汽集团、美的集团、深圳研祥集团、东莞创科集团、广州白云电气集团、金发科技公司的负责人纷纷发言，结合本地本企业实际，举数据，摆事实，谈情况，提建议。他们就扩大内需、推动实施创新驱动战略、完善营业税改增值税政策、推进金融创新、支持企业扩大出口、扶持小微型企业、完善土地制度等谈了自己的看法。

习近平表示，对大家提出的问题，中央有关部门要进行认真研究，通过深化改革、完善市场经济体制机制、转变政府职能、加强法治等措施来解决。针对大家提出的关于做好经济工作的建议，要加快推进经济结构战略性调整是大势所趋，刻不容缓。国际竞争历来就是时间和速度的竞争，谁动作快，谁就能抢占先机，掌控制高点和主动权；谁动作慢，谁就会丢失机会，被别人甩在后边。我们要继续大胆探索、扎实工作，坚定不移推进体制创新、科技创新，落实创新驱动发展战略，推动经济发展方式转变，推进经济结构战略性调整，为推动科学发展增添新动力。

刘奇葆在中央新闻单位调研

12月11日，刘奇葆在中央新闻单位调研，雒树刚等参加调研。

调研中，中央新闻单位负责人认真学习了中央政治局改进作风的八项规定中关于对新闻报道、改进文风的要求，学习了习近平总书记有关重要批示精神。刘奇葆指出，新闻战线担负着宣传党的主张、通达社情民意的重要职责，一定要深刻领会、坚决贯彻中央精神，把改进文风作为当前的一项重要任务，高度重视，立即部署，大力推进。要从新闻报道、评论言论和文字风格、文章标题、版面编排等方面进行总体研究、全面改进，提倡“短、实、新”，反对“假、长、空”，切实做到言之有理、言之有物、言之有情，富有吸引力感染力。要牢记新闻媒体的职责使命，通过改进文风更好地把握正确导向、巩固主流思想舆论。要把群众满意认可作为最高标准，从实际生活中发现线索、选定题材、挖掘新闻，讲实话、讲短话、讲有用的话，使报道的内容、形式、语言、风格更加贴近群众的需求，让群众明显感受到文风方面的新气象。要完善制度机制、扎实巩固地改，认真总结“走转改”的成功经验，加强新闻队伍建设，建立长效机制，使改进文风转化为广大新闻工作者的自觉行动。新闻单位领导干部要切实把好文风关，带头写朴实生动的报道评论，以模范行为带动本单位文风的改进。

人民日报、新华社、求是杂志、光明日报、经济日报、中央人民广播电台、中央电视台、中国国际广播电台的主要负责同志介绍了本单位改进文风的情况和打算。

中央党的建设工作领导小组会议召开

12月13日，刘云山主持召开中央党的建设工作领导小组会议，研究党的十八大关于党的建设部署和任务的分解落实，研究党的建设工作贯彻落实中央政治局关于改进工作作风、密切联系群众“八项规定”的措施办法。

王岐山、赵乐际出席会议并讲话。中央纪委、中央办公厅、中央组织部、中央宣传部、中央直属机关工委、中央国家机关工委、中央党校、教育部、民政部、审计署等部门和单位结合各自职能，就贯彻落实中央政治局关于改进工作作风、密切联系群众“八项规定”作了发言。中央党的建设工作领导小组成员单位、中央和国家机关有关部门党组（党委）主要负责同志参加会议。

刘云山在讲话中指出，我们党作为马克思主义执政党，不但要有强大的真理力量、有正确理论指导，而且要有强大的人格力量、有优良作风保障。作风正、作风好，才能更好地带领全党全国各族人民团结奋进。中央政治局作出改进工作作风、密切联系群众的“八项规定”充分体现了党要管党、从严治党的要求，反映了以习近平同志为总书记的党中央弘扬党的光荣传统和优良作风的坚定决心。各级党委和领导干部要以高度的政治自觉抓好“八项规定”的贯彻落实，把加强作风建设摆在更加突出的位置，以作风建设的新成效凝聚人民群众、推动事业发展。

刘云山指出，一分部署，九分落实。好规定、好制度不落空，关键是下功夫抓落实。抓“八项规定”的落实，贵在领导带头、难在长期坚持、重在形成机制。各级领导率先垂范，就能形成正面的示范效应。要坚持从群众反映强烈的问题改起，多听群众的意见呼声，群众期盼什么就努力做好什么，让人民群众看到实实在在的变化。要坚持从最能体现良好作风的具体事情抓起，下决心改进文风会风、改进调查研究、改进出国访问、改进活动报道，力戒大而化之，力戒形式主义。领导干部改进作风不能自说自话、自我评价，要勇于接受群众监督、舆论监督、社会监督。要建立健全弘扬良好作风的机制，政绩考核要有作风标准，干部选拔要有作风导向，做到赏罚分明。要坚持一天不放松地抓，定期督促检查并向社会公布检查结果，推动作风建设常态化，而决不能虎头蛇尾、一阵风。

中央经济工作会议举行

12月15日至16日，中央经济工作会议在北京举行。习近平、温家宝、李克强、张德江、俞正声、刘云山、王岐山、张高丽出席会议。

习近平在会上发表重要讲话，分析国际国内经济形势，提出明年经济工作总体要求和主要任务。温家宝在讲话中总结今年经济工作，对明年经济工作作出部署。李克强主持会议并在会议结束时作了总结讲话。

会议指出，今年以来，面对日趋严峻的国际经济形势和国内改革发展稳定的繁重任务，党中央、国务院团结带领全党全国各族人民，坚持以科学发展为主题，以加快转变经济发展方式为主线，按照稳中求进的工作总基调，及时加强和改善宏观调控，把稳增长放在更加重要的位置，经济社会发展呈现稳中有进的良好态势。经济运行总体平稳，物价涨幅稳步回落，农业基础地位进一步稳固，社会大局保持稳定。转变经济发展方式有新进展，科技创新有新成绩，改革开放有新突破，改善民生有新成效。

会议认为，做好明年经济工作，要继续把握好稳中求进的工作总基调，立足全局，突出重点，扎扎实实开好局。会议提出了明年经济工作的主要任务。一是要加强和改善宏观调控，促进经济持续健康发展。二是要夯实农业基础，保障农产品供给。三是要加快调整产业结构，提高产业整体素质。四是要积极稳妥推进城镇化，着力提高城镇化质量。五是要加强民生保障，提高人民生活水平。六是要全面深化经济体制改革，坚定不移扩大开放。

第七届全球孔子学院大会开幕式举行

12月16日，第七届全球孔子学院大会开幕式在北京国家会议中心举行。刘延东出席并致辞，并为全球孔子学院先进个人和先进单位颁奖。

刘延东指出，2012年汉语国际推广事业实现新发展，已建立400所孔子学院、500多家孔子课堂，注册学员65万人，为各国人民开启了认识中华文化和当代中国的窗口，对沟通人民与人民之间的情感与友谊、促进不同文明间的交流互鉴发挥了重要作用。本届大会以“促进孔子学院融入大学和社区”为主题很有意义，希望孔子学院适应当地文化传统、思维习惯和学员特点，在提升教师、教材和教法水平上下工夫，激发学习兴趣，提高办学质量。发挥好综合文化交流平台的作用，增强吸引力感召力，厚植中外友好的民意基础。拓展办学空间，丰富教学内容，由大城市向其他地区延伸，由校园向社会推广，更加适应大学和社区的需要。坚持政府支持、社会参与、民间推动，与所在国的国民教育体系相结合，与学生未来职业发展相结合，实现中外双方共建共管、共享共赢。

来自108个国家和地区的大学校长、孔子学院代表共2000多人出席大会。

罗阳同志先进事迹报告会在北京举行

12月17日，罗阳同志先进事迹报告会在北京人民大会堂举行。报告会前，刘云山会见了报告团成员，代表习近平总书记、代表党中央向罗阳同志妻子王希利并通过她向罗阳同志母亲表示诚挚的慰问，颁发中央组织部授予罗阳同志的“全国优秀共产党员”证书。刘奇葆参加会见。

罗阳生前是歼—15舰载机研制现场总指挥，中航工业沈阳飞机工业（集团）有限公司董事长、总经理。今年11月25日在“辽宁舰”完成训练任务后，突发心脏病不幸以身殉职。他去世后，人们通过多种方式，表达对罗阳的崇敬与怀念。习近平总书记专门作出重要指示，要求很好地总结和宣传罗阳同志的先进事迹，号召广大党员干部学习罗阳同志的优秀品质和可贵精神。

报告会由中央宣传部、中央组织部、国务院国资委、辽宁省委和中航工业集团联合举办。各主办单位有关负责同志，中央和国家机关干部代表，在京中央企业干部职工代表，首都各界代表等700多人参加报告会。报告团成员结合亲身经历，深情讲述了罗阳同志的先进事迹和崇高精神，报告感人肺腑、催人泪下，深深感染了现场听众，会场不时响起热烈掌声。

中央政法委召开第一次全体会议

12月18日，中央政法委员会第一次全体会议在北京召开。孟建柱主持会议，王胜俊、曹建明出席会议并发言。

依法治国是我们党领导人民治理国家的基本方略，是国家长治久安的根本保证。全国政法机关和政法各部门要积极适应人民群众对社会公平正义的新期待，全面推进法治建设，坚持把严格执法、公正司法作为基本前提，坚持把公平正义、群众满意作为价值追求，着力提升执法司法公信力，让人民群众感受到公平正义就在身边。要积极回应人民群众对社会平安的新期待，加强基层基础建设，推动机制创新，着力解决影响人民群众安全感的突出问题，全面深化平安建设，确保人民安居乐业、社会安定有序。要积极回应人民群众对政法队伍的新期待，坚持政治建警、素质强警、从严治警，全面加强各级政法机关领导班子建设和思想、组织、作风、反腐倡廉和制度建设，着力打造一支忠诚可靠、执法为民、务实进取、公正廉洁的高素质政法队伍。

全国政法机关和政法各部门要以与时俱进的精神审视和反思自己，以改革创新的勇气加强和完善自己，坚持以解决人民群众反映强烈的突出问题为突破口，积极推进司法改革，规范司法行为，推进司法公开，让司法权在阳光下运行。要以能力建设为重点，着力提升做好新形势下群众工作能力，着力提升维护社会公平正义能力，着力提升新媒体时代社会沟通能力，着力提升科技信息化应用能力，着力提升政法队伍拒腐防变能力。

经济社会发展和改革调研工作座谈会召开

12月19日，经济社会发展和改革调研工

作座谈会在北京召开。李克强主持并讲话。

会上，上海、安徽、河南、青海、新疆、河北等地政府负责人纷纷发言，谈了明年经济工作面临的矛盾困难和对国家政策的建议。李克强抓住发言中提到的城镇化、地方政府融资、现代农业发展、传统产业升级、欠发达地区发展等问题与大家深入讨论，对一些关乎全局、带有普遍性的问题，他当即布置在场的有关部门研究，并鼓励地方依法先行先试，探索和创造经验。

结合大家发言，李克强说，做好明年工作，关键是要把着力点放到加快转变经济发展方式上。着重提高发展质量和效益，一是速度要实实在在，不要盲目攀比，不要有水分；二是要能增加就业，有就业老百姓心里就安稳；三是收入要和增长同步，让群众获得好处；四是速度和效益相匹配，没有效益就不可持续；五是能源资源环境可支撑，在环境优化中实现发展。面对世界经济低迷的趋势，中国作为大国要立足内需，城镇化就是最大的内需，要把这个潜力发挥出来，还要靠改革。推动城镇化，把农民工逐步转为城市市民，需要推进户籍制度改革；城镇基础设施和保障房建设，还要完善融资和管理机制；城镇化必须确保粮食安全，这关系到严格保护耕地和发展现代农业等问题，也要靠改革的办法来推动。把城镇化最大潜力和改革最大红利结合起来，形成叠加效应，中国经济就有长久持续的动力。

针对发言中提到的体制障碍，李克强说，改革要打破部门、行业利益和固有格局，抓住关键环节，做牵一发而动全身的事。要深化投融资体制改革，对规划内投资项目也要减少审批、简化程序，降低交易成本。明年财税体制改革重点要扩大营改增试点范围，促进结构调整，同时正税清费，减轻不合理负担，培育地方主体税种，增强地方自主发展力量。改革既要有勇气推进，又要有智慧把握。

中央农村工作会议召开

12 月 20 日至 22 日，中央农村工作会议在北京召开。会议认真贯彻党的十八大精神，系统总结 2012 年和过去 10 年农业农村发展成就，深刻分析“三农”工作面临的新形势新挑战，重点研究加快发展现代农业、进一步增强农村发展活力，全面部署当前和今后一个时期的农业农村工作。党中央、国务院对这次会议高度重视。会前，中央政治局常委会议、国务院常务会议和中央农村工作领导小组会议专门研究了会议文件，对农业农村工作提出了明确要求。回良玉出席会议并讲话。

会议讨论了《中共中央、国务院关于加快发展现代农业进一步增强农村发展活力的若干意见（讨论稿）》。提出明年要扎实做好以下工作：（一）继续抓好农业生产，稳定发展粮食等重要农产品生产，加强以农田水利为重点的农业基础设施建设，强化农业科技支撑，发挥市场对农业生产的带动作用；（二）继续发展农村公共事业，加强农村基础设施建设和农村社会事业发展；（三）继续深化农村改革，积极创新农业生产经营体制，稳步推进集体产权制度改革，加快推进其他各项改革；（四）继续加强和创新农村社会管理。强化以党组织为核心的农村基层组织建设，强化农村基层民主管理，强化农村社会公共安全保障。

会议强调，重中之重的战略思想不能动摇、强农惠农富农的政策力度不能减弱、农村改革发展的步伐不能放慢。要紧密团结在以习近平同志为总书记的党中央周围，举全党全国之力持之以恒强化农业、惠及农村、富裕农民，努力谱写农村改革发展新的篇章，奋力创造城乡共同繁荣新的辉煌。

马凯主持了第一次全体会议。河北、山西、吉林、浙江、山东、四川等 6 个省有关负责同志在大会上发言。

中央军委印发加强自身作风建设十项规定

12 月 21 日，中央军委下发通知，印发《中央军委加强自身作风建设十项规定》。

通知指出,《中央军委加强自身作风建设十项规定》贯彻了党的十八大精神和习近平主席关于加强作风建设的重要指示,依据《十八届中央政治局关于改进工作作风、密切联系群众的八项规定》,按照从严、从紧、高标准的要求,结合军队实际制定改进作风的具体措施,充分体现中央军委带头发扬我党我军光荣传统和优良作风的鲜明态度,体现严于律己、狠抓作风建设的坚定决心。军委同志要严格执行《十项规定》,率先垂范,从自身做起,从现在做起,说到做到,自觉接受全军官兵监督。

通知强调,各级党委和领导干部要深入学习贯彻习主席有关重要指示精神,深刻领会中央军委制定改进作风规定的重要意义,充分认识加强作风建设的极端重要性,坚决落实习主席和中央军委提出的各项要求,对照检查自身在作风建设方面存在的不足和差距,制定改进措施和办法。要坚持从军委、总部严起,以高中级干部为重点,以解决突出问题为突破口,从官兵反映强烈的问题改起,以上率下,持续用力,一抓到底,加大监督检查力度,确保各项规定不折不扣落实,以领导干部的清风正气带动部队作风明显进步。

党的建设和组织工作调研座谈会召开

12 月 23 日,刘云山在北京主持召开党的建设和组织工作调研座谈会,就如何加强作风建设、做好党的建设和组织工作听取基层党员干部的意见建议。赵乐际参加座谈会。北京、天津、河北、山西等省市党委组织部长、基层党务工作者和中央有关部门负责同志、专家学者参加座谈。

刘云山认真听取大家的意见建议,要求有关部门很好地运用到今后党的建设和组织工作中。刘云山说,作风是党的生命,重视作风建设是我们党的传统。党最大的政治优势是密切联系群众,执政后的最大危险是脱离人民群众。中央贯彻党的十八大精神,就是以加强作风建设开局、起步的。加强作风建设不能停留于一般原则号召,必须有具体措施,具体才能深入,具体才能落实。对各级领导干部来说,不仅要有思想认识的高度,更要有落实工作的力度,不仅要带头改作风,还要带头抓作风。要对照中央“八项规定”,认真查找作风方面存在的突出问题,制定切实管用的改进办法。改进作风,核心是增进同人民群众的感情,密切同群众的血肉联系。要突出为民、务实、清廉的要求,把改进作风同为群众办实事办好事结合起来,同解决经济社会发展中的实际问题结合起来,让人民群众得到实实在在的利益,见到实实在在的成效。领导干部改进作风,不能自说自话、自我评价,要让群众来监督、来评价,把人民群众满意作为检验标准。

组织部门是党的重要职能部门,是作风建设的重要职能部门。各级组织部门既要把作风建设紧紧抓在手上,又要切实加强自身建设,自觉做改进作风的表率。要认真贯彻党的干部工作路线,干部选拔要有作风导向,政绩考核要有作风标准,公道正派地选人用人,用好的作风选作风好的人、培养作风好的干部,坚决反对跑官要官,坚决抵制拉票贿选,坚决整治用人不正之风。要把开展以为民务实清廉为主要内容的群众路线教育实践活动,作为加强作风建设的重要载体,抓紧调研、提出方案,确保针对性实效性,真正让党员干部在活动中受到教育,达到在思想上作风上“照镜子、正衣冠、洗洗澡、治治病”的目的。

“科学发展观丛书”出版

12 月 23 日,国家重点图书马列主义研究著作出版规划项目“科学发展观丛书”出版座谈会在北京召开。厉无畏出席座谈会。

“科学发展观丛书”由中央和国家机关有关部委的同志、具有丰富实践经验的地方党政领导干部和国内高校、科研单位的专家学者等完成,由党建读物出版社出版发行。丛书共 10 册,包括《统筹城乡发展》、《统筹区域协调发展》、《统筹经济社会发展》、《统筹人与自然和谐发展》、《统筹国内发展和对外开放》、《构建社会主义和谐社会》、《建设学习型社会》、《资源节约与环境友好型社会建设》、《中国特色社会主义文化建设》、《中国特色社会主义政治文明建设》。

国家民委委员全体会议在北京召开

12 月 24 日，国家民委委员全体会议在北京召开。回良玉出席会议并讲话。

回良玉说，党的十六大以来，在党中央、国务院正确领导下，各地区、各有关部门紧紧围绕共同团结奋斗、共同繁荣发展的主题，紧紧围绕少数民族和民族地区跨越式发展和长治久安的目标，制定出台了兴边富民行动、扶持人口较少民族发展等一系列政策和规划，形成了比较完备的促进民族地区加快发展政策体系，民族地区基础设施和各族群众的生产生活条件取得了历史性进步，民族团结进步事业保持好的发展势头，平等、团结、互助、和谐的社会主义民族关系不断巩固和加强。当前，国内外形势发生深刻变化，民族工作的极端重要性进一步凸显。我们要坚持和完善民族区域自治制度，着力加快少数民族和民族地区经济社会发展，进一步加大保障和改善民生力度，切实维护民族团结和社会稳定。要进一步建立健全民族工作领导体制和工作机制，形成推动民族工作的强大合力。

杨晶主持会议时强调，要坚持和完善国家民委委员制度，不断总结成功经验，进一步完善运行机制，凝聚各方面力量，共同做好民族工作。

全国行政学院院长会议在北京召开

12 月 24 日，全国行政学院院长会议在北京召开。马凯出席会议并讲话。

马凯指出，党的十七大以来，各级行政学院按照建设有特色高水平行政学院的目标要求，不断探索规律，勇于改革创新，学院科学化建设取得新进展，办学能力和作用得到提升，理论研究重要基地和政府决策咨询作用不断加强，各项工作取得新成绩。当前，行政学院系统要把学习宣传贯彻党的十八大精神作为首要政治任务，一要在学得更深、掌握思想武器上下工夫，深刻把握十八大主题，全面准确领会十八大提出的新思想、新观点、新论断。二要在指导工作、提升教学科研咨询水平上下功夫，做好十八大精神进教材、进课堂、进头脑的工作，加强对十八大重大理论问题和战略任务的研究，着力破解政府工作中的难点热点问题。三要在科学建院、加强自身建设上下功夫，做到质量立院、人才强院、制度管院、从严治院、改革兴院，努力开创行政学院科学发展新局面。

习近平走访各民主党派中央和全国工商联

12 月 24 日至 25 日，习近平和俞正声一起，分别走访了中国国民党革命委员会、中国民主同盟、中国民主建国会、中国民主促进会、中国农工民主党、中国致公党、九三学社、台湾民主自治同盟中央和中华全国工商业联合会。

最近，各民主党派和全国工商联分别举行了全国代表大会，进行了换届。习近平代表中共中央，向各民主党派和全国工商联新一届领导班子成员表示衷心的祝贺，向各民主党派和全国工商联广大成员表示诚挚的问候。在各民主党派中央机关，习近平等中共中央领导同志同各民主党派中央领导人进行了座谈。民革中央主席万鄂湘、民盟中央主席张宝文、民建中央主席陈昌智、民进中央主席严隽琪、农工民主党中央主席陈竺、致公党中央主席万钢、九三学社中央主席韩启德、台盟中央主席林文漪等分别介绍了各党派的主要情况和最近召开全国代表大会的情况，并就加强和改进新形势下多党合作、加强执政党和参政党作风建设、更好发挥参政党作用、完善民主监督、加快转变经济发展方式、实施创新驱动发展战略、增强中华民族凝聚力、保障和改善民生、加强扶贫工作、深化医药卫生体制改革、建设美丽中国等问题提出意见和建议。他们表示,一定要紧密团结在以习近平同志为总书记的中共中央周围,切实履行参政党职能,始终不渝同中国共产党亲密合作,为实现中共十八大确定的目标任务贡献力量。

习近平指出,实现中华民族伟大复兴,需要全体中华儿女携手努力。中共中央将坚定不移坚持和完善中国共产党领导的多党合作和政治协商制度,坚定不移贯彻长期共存、互相监督、肝胆相照、荣辱与共的方针,加强同民主党派合作共事,支持民主党派更好履行参政议政、民主监督职能。各民主党派人才荟萃、各具优势。希望各民主党派弘扬优良传统,团结带领广大成员为全面建成小康社会、实现社会主义现代化、实现中华民族伟大复兴作出新的贡献。

在全国工商联的座谈会上,全国工商联主席王钦敏介绍了情况。习近平希望全国工商联新一届领导班子团结带领广大会员牢牢把握促进非公有制经济健康发展和非公有制经济人士健康成长的工作主题,引导非公有制经济人士做合格的中国特色社会主义事业建设者。

中央国家机关工委召开部门党组(党委)书记座谈会

12 月 25 日,中央国家机关工委在北京召开部门党组(党委)书记座谈会,交流学习宣传贯彻党的十八大精神情况。

座谈会上,国家发展改革委、人力资源和社会保障部、环境保护部、农业部、商务部、文化部党组书记结合本部门实际,分别从加快转变经济发展方式、促进就业和社会保障事业发展、推进生态文明建设、巩固和发展农业农村经济好形势、提高开放型经济水平、推进文化建设等方面,交流了学习宣传贯彻党的十八大精神的新体会、新举措。

马凯出席并讲话。他要求中央国家机关各部门学习宣传贯彻党的十八大精神要在引向深入上下工夫。要采取多种形式,深入学、反复学、持续学,着力提高效果;要与部门实际结合,切实把党的十八大的决策部署转化为部门、行业和系统改革发展的战略、规划和具体政策措施;要与加强机关党的建设结合,不断提高干部综合素质,努力改进工作作风,取得初步成效。

中宣部等 9 部委开展“三下乡”集中服务活动

12 月 25 日,中宣部、科技部、司法部、农业部、文化部、卫生部、国家人口计生委、广电总局和中国科协在安徽省六安市裕安区,开展全国文化科技卫生“三下乡”集中服务活动。

文化科技卫生“三下乡”是服务基层、服务“三农”的重要惠民活动,在促进农村经济社会发展等方面发挥了积极作用。活动当天,来自宣传、文化、科技、卫生等数十个部门的专家露天“摆摊设点”,为群众提供党的十八大精神宣传、科技大篷车、医疗义诊、法律咨询等现场服务,并举办医疗讲座、农技推广等培训。中国歌舞剧院为当地群众带来一场精彩的文艺演出。科普图书、医疗设备、电脑、药品等随着慰问小分队,被送进乡村、医院和学校。9 部门负责同志还深入农村、社区调研,并慰问老英模、老党员、道德模范代表。

申维辰在集中服务活动中指出,2013 年要按照中宣部等 14 部门下发的《关于 2013 年深入开展文化科技卫生“三下乡”活动的通知》要求,加大工作力度,切实负起责任,努力把“三下乡”活动提高到一个新水平。

全国组织部长会议在北京召开

12 月 26 日,全国组织部长会议在北京召开。刘云山出席会议并讲话,赵乐际主持会议并作工作报告。

刘云山对党的十七大以来和 2012 年党的建设和组织工作给予充分肯定,对明年党的建设和组织工作提出要求。他指出,要切实加强理想信念教育,引导党员干部进一步坚定中国特色社会主义道路自信、理论自信、制度自信,以良好精神状态为实现伟大“中国梦”而奋斗。要突出抓好作风建设,引导党员干部按照为民务实清廉的要求，进一步密切党同人民群众的血肉联系。要认真贯彻从严治党方针和党管干部、党管人才原则，着力建设高素质的执政骨干队伍和人才队伍。要着力加强基层党建工作，进一步夯实党执政的组织基础和群众基础。要坚持继承传统与改革创新相统一，不断提高党的建设和组织工作科学化水平。

选一个干部就是树一面旗帜。“用一贤人，则贤人毕进”。组织部门作为党管干部的重要职能部门，要全面考核干部的德、能、勤、绩、廉，真正把那些忠于党和人民、综合素养好、能力过得硬、群众信得过的干部选拔到领导岗位上来。要注重在各级领导班子中配备具备领导科学发展能力的干部，建立健全有利于科学发展的目标体系、考核办法、奖惩机制。要全面贯彻党的干部工作路线，公道正派地选人用人，坚决反对跑官要官，坚决纠正拉票贿选、买官卖官，切实匡正用人风气。在整治用人上的不正之风这个问题上，各级组织部门要有高度的政治觉悟、坚定的决心态度，发现一起查处一起，为做到党的十八大提出的干部清正、政府清廉、政治清明尽心尽力尽责。

第二十次全国法院工作会议在北京召开

12 月 26 日，第二十次全国法院工作会议在北京召开。孟建柱在会上指出，党的十七大以来，人民法院围绕为大局服务、为人民司法的主题，依法调节经济社会关系，全面加强审判执行工作，提高了司法质量，推进了司法改革，加强了基层基础建设。提升了思想政治素养和司法能力，为推进法治建设、维护人民根本利益、促进经济社会发展作出了重要贡献。王胜俊出席会议并讲话，曹建明等参加会议。

实现政治清明、社会公正、人心稳定、长治久安，最根本的是靠法治。要坚持中国特色社会主义法治建设道路不动摇，以保障社会公平正义为灵魂，以维护人民群众合法权益为根本任务，坚定不移做社会主义法治国家建设者、实践者。要把人民法院工作置于党和国家工作大局中来谋划，忠实履行宪法和法律赋予的职责，以忠诚、勇气、力量、素养、智慧，肩负起中国特色社会主义事业建设者、捍卫者的历史使命。要善于运用法治思维和法治方式思考、处理问题，进一步增强社会责任感，努力实现法律效果与社会效果的统一，既维护国家法制统一尊严权威，又有利于社会和谐稳定。只有以维护人民群众合法权益为生命，才能赢得人民群众发自内心的信任和支持。要坚持司法为民不动摇，建立健全司法为民工作机制，不断推出司法便民利民惠民措施，努力使司法成为联系和服务群众的过程。要以解决影响司法公正、制约司法公信力的深层次问题为突破口，深化司法改革，努力为人民群众反映正常诉求提供便利渠道，让困难群众打得起官司，让有理有据的人打得赢官司，让打赢了官司、具备执行条件的人及时实现诉权，实现好、维护好、发展好最广大人民的根本利益。

中宣部发出通知要求
贯彻十八大精神切实改进文风

12 月 26 日，在深入调查研究、广泛征询意见的基础上，中宣部发出《关于贯彻党的十八大精神切实改进文风的意见》，要求宣传思想文化战线把改进文风作为宣传贯彻党的十八大精神、落实中央政治局八项规定的重要任务，作为改进工作、提高舆论引导能力的重要机遇，下大决心大气力抓紧抓好。

《意见》指出，文风是党风的体现，关系党的形象，关系事业成败。宣传思想文化战线要坚持“三贴近”原则，发扬“走转改”精神，着力转变思想作风、工作作风，着力提高针对性实效性、亲和力感染力，提倡短、实、新，反对假、长、空。

《意见》对如何改进文风作出明确规定。各级党委宣传部和党报党刊、通讯社、电台电视台要对改进文风进行总体研究，制定具体方案，从每一篇报道、每一个栏目抓起。要建立健全工作制度机制，把改进文风的要求体现到稿件使用、业务考核、业绩评价、评奖表彰中。领导班子成员要身体力行、率先垂范，加强对采编队伍特别是年轻采编人员的教育培训，持之以恒、久久为功。中央媒体要走在前列，在改进文风上先走一步、高出一筹，发挥好示范带动作用。

韶山举行纪念毛泽东诞辰119周年活动

12月26日，是毛泽东同志诞辰119周年，数以万计的游客共聚韶山，与韶山人民一起缅怀伟人。

“万人同唱东方红”、“万人同吃‘福寿面’”和“万人长跑赛”是韶山纪念毛泽东诞辰的传统活动。为响应毛泽东提出的“发展体育运动，增强人民体质”号召，纪念毛泽东同志诞辰119周年健身长跑也于25日在韶山举行。近万名来自省直机关单位、高校和全省各地州市及韶山本地的健儿激情开跑，今年已是活动开展的第三十届。

民政工作座谈会在廊坊召开

12月27日，回良玉在河北省廊坊市主持召开民政工作座谈会，研究部署关心困难群众生活的各项工作。

会议指出，民政关乎民生，民生连着民心。岁末年初，各级民政部门要认真落实中央的部署要求，发挥为民解困、为民服务的优良传统，采取有效措施，切实加大工作力度，安排好受灾地区群众生活，及时发放救灾款物，确保受灾群众口粮、衣被、住所和取暖等得到基本保障。要扎实做好拥军优属、拥政爱民工作，组织好对老红军、老复员军人、伤残军人、军烈属等重点优抚对象的慰问活动，主动帮助他们排忧解难。要进一步做好流浪乞讨人员救助工作，确保流浪乞讨人员安全过冬。要安排好困难群众生活，尽早发放春节生活补贴，广泛开展“送温暖、献爱心”活动和志愿服务活动，保证他们过上欢乐、祥和、喜庆的节日。

中组部下发通知要求慰问生活困难党员、老党员和老干部

12月27日，中央组织部下发通知，对在元旦春节期间开展走访慰问生活困难党员、老党员和老干部活动进行部署。

通知指出，关心爱护党员，特别是关怀帮扶生活困难党员、老党员和老干部，是我们党的优良传统，也是各级党组织的重要职责。各地各部门（系统）要高度重视走访慰问活动，及时把党的关怀和温暖送到生活困难党员、老党员和老干部心坎上。要坚持领导带头、分级负责，在元旦春节期间普遍走访生活困难党员、老党员和老干部，切实帮助他们解决实际困难和问题。中央组织部将从代中央管理的党费中安排慰问资金，于近期下拨给各省（区、市）、各有关部门（系统）党委（工委）组织部，各地各部门（系统）要尽快落实配套资金，确保春节前发给慰问对象。

中央纪委监察部发出通知要求改进工作作风，加强廉洁自律

12月27日，中央纪委监察部发出通知，要求党员领导干部在2013年元旦、春节期间，切实改进工作作风，加强廉洁自律。

通知要求，要认真贯彻执行中央关于改进工作作风，密切联系群众的各项规定。大力弘扬艰苦奋斗、勤俭节约作风，坚决制止铺张浪费和奢侈享乐行为。严禁用公款购买香烟、高档酒和礼品，严禁用公款搞相互走访、送礼、宴请等拜年活动。加强对公务用车使用的管理，严禁公车私用，严禁领导干部擅自驾驶公车。严格遵守财经纪律，严禁以各种名义年终突击花钱和滥发津贴、补贴、奖金、实物。严格执行廉洁自律各项规定，严禁用公款大吃大喝、旅游和参与高消费娱乐、健身活动，严禁在公务活动中接受礼金和各种有价证券、支付凭证。严格遵守组织人事纪律，严禁利用节日之机跑官要官、买官卖官以及搞拉票贿选等非组织活动。严禁

参与任何形式的赌博活动。要自觉遵守政治纪律，维护党员干部的良好形象。

《江泽民与社会主义市场经济体制的提出》出版发行

12月28日，在党的十四大确立社会主义市场经济体制20周年之际，江泽民就《江泽民与社会主义市场经济体制的提出——社会主义市场经济20年回顾》出版发行作出批示，要求“解放思想、集思广益、温故知新、谋划未来”。该书由中央文献出版社出版发行。

这本书收入了江泽民1992年在中央党校省部级干部进修班和党的十四大上关于在我国建立社会主义市场经济体制的论述，以及十四届三中全会通过的《中共中央关于建立社会主义市场经济体制若干问题的决定》。书中还收入了回顾1991年江泽民亲自主持召开11次座谈会，研讨社会主义市场经济问题的6篇文章。这本书的出版，有助于我们更好了解社会主义市场经济体制研究和酝酿过程，深刻领会江泽民关于社会主义市场经济的重要思想，推动社会主义市场经济体制进一步完善。

全国人才工作座谈会在北京召开

12月28日，全国人才工作座谈会在北京召开。赵乐际出席并讲话。

赵乐际指出，2012年人才工作突出重点、狠抓落实，加快发展、整体推进，取得了显著成效。十八大报告把人才工作作为“全面提高党的建设科学化水平”八项任务之一作出部署，为加强和改进人才工作提供了根本遵循。各地各部门要把人才列为各类资源开发之首，谋划发展优先谋划人才发展、推动工作优先推动人才工作。要深入实施“千人计划”，稳定规模、确保质量、优化结构，加强对海外引才工作指导。要全面实施“万人计划”，严格遴选、科学培养、塑造品牌，形成国内高层次人才培养体系。要统筹各类人才队伍建设，大力实施边远贫困地区、边疆民族地区和革命老区人才支持计划，引导人才向艰苦地区和基层一线流动，促进区域人才协调发展。要加快人才发展体制机制改革和政策创新，加强顶层设计和统筹谋划，加快形成激发人才创造活力、具有国际竞争力的人才制度优势。要建设高素质人才工作队伍，营造重才用才社会环境、工作环境、政策环境、生活环境。要健全党管人才体制机制，尊重、发挥各级人才工作领导（协调）小组成员单位职能作用，充分发挥各行各业积极性主动性创造性，充分发挥用人单位主体作用，形成人才工作整体合力，开创人人皆可成才、人人尽展其才的生动局面。

全国统战部长会议在北京举行

12月29日，全国统战部长会议在北京举行。俞正声出席并讲话，令计划主持会议并作工作报告。

俞正声指出，党的十七大以来，统一战线围绕党和国家工作全局作出了重要贡献，为今后工作打下了坚实基础。在新形势下，我们党建立的一整套完备的统一战线理论政策体系需要继续学习落实，统一战线形成的团结、和谐、开拓、活跃的良好局面需要不断巩固发展，各级统战部门创造和积累的实践经验需要深入总结运用，努力推动统一战线接续发展。各领域统战工作都有各自特点，也具有共性要求，必须善于把握规律、抓住重点。要正确处理一致性和多样性的关系，始终坚持并不断增进共识，以博大的胸怀对待不同党派、民族、阶层、宗教信仰者，以及不同社会制度下的广大成员，实现和而不同基础上的团结。要充分发挥党外人士的监督作用，真心诚意地欢迎党外人士帮助我们改正工作中的缺点和错误。要广交深交党外朋友，虚心向他们学习，认真听取他们的意见，切实解决他们遇到的困难，真正为党交到一批挚友、诤友。

各级党委高度重视统战工作，认真落实中央关于加强党对统战工作领导的要求，积极为统战部门工作开展创造条件。广大统战干部要切实转变工作作风，加强理论学习，深入研究问题，不断在实践中创造新经验、实现新发展。

新年京剧晚会在北京举行

12 月 30 日，2013 年新年京剧晚会在北京国家大剧院举行。党和国家领导人习近平、李克强、张德江、俞正声、刘云山、王岐山、张高丽与首都近千名群众一起观看演出，喜迎新年的到来。

在热情奔放的《迎春曲》中，晚会的帷幕徐徐拉开。晚会上，既演唱了《锁麟囊》、《罢宴》、《状元媒》、《太真外传》、《赤桑镇》、《四郎探母》、《穆桂英挂帅》等经典名段，又演唱了新编京剧《建安轶事》、《韩玉娘》、《江姐》、《贞观盛事》选段，还表演了武戏《梁红玉》选段。让观众领略到京剧艺术不同流派的无穷韵味，展示出京剧艺术推陈出新、百花齐放的喜人景象。

国家主席胡锦涛发表
二〇一三年新年贺词

12 月 31 日，国家主席胡锦涛新年前夕通过中国国际广播电台、中央人民广播电台、中央电视台，发表了题为《携手促进世界和平与共同发展》的新年贺词。

中共中央政治局召开会议
研究部署党风廉政建设和反腐败工作

12 月 31 日，中共中央政治局召开会议，听取中央纪律检查委员会工作汇报，研究部署 2013 年党风廉政建设和反腐败工作。习近平主持会议。

会议指出，党的十八大科学判断反腐败斗争形势，对当前和今后一个时期党风廉政建设和反腐败工作作出新部署。新形势下，反腐败斗争形势依然严峻，少数党员干部宗旨意识淡薄，形式主义、官僚主义问题突出，奢侈浪费现象严重，一些领域消极腐败现象易发多发，个别领导干部特别是高级干部严重违纪违法。全党必须增强忧患意识、风险意识、责任意识，既坚定果断刹风整纪，加大办案力度，坚决遏制腐败现象蔓延势头，又树立长期作战思想，注重深化改革，健全体制机制，加强源头治理，不断铲除腐败现象滋生蔓延的土壤，不断以反腐倡廉实际成效推进廉洁政治建设。

要坚决维护党章的权威性和严肃性，加强对党的路线方针政策和决议执行情况的监督检查，加强对党的政治纪律、组织纪律、宣传纪律、群众工作纪律执行情况的督促检查，维护党的集中统一。认真落实中央关于改进工作作风、密切联系群众的八项规定，严格执行廉洁从政有关规定，反对形式主义、官僚主义，坚决制止奢侈浪费。把监督执行八项规定作为经常性工作，制定监督检查办法和纪律处分规定，强化日常监督，做到出实招、动真格、见实效。坚持有案必查、有腐必惩，严肃查办违纪违法案件，保持惩治腐败高压态势。加大预防腐败工作力度，加强反腐倡廉教育，强化对权力运行的制约和监督，推进反腐倡廉法规制度建设。加强基层党风廉政建设，深入开展纠风和专项治理，认真解决发生在群众身边的不正之风和腐败问题。用铁的纪律打造人民满意的纪检监察干部队伍，树立纪检监察干部忠诚可靠、服务人民、刚正不阿、秉公执纪的良好形象。

会议同意 2013 年 1 月召开第十八届中央纪律检查委员会第二次全体会议。

中共中央政治局举行第二次集体学习

12 月 31 日，十八届中共中央政治局就坚定不移推进改革开放进行第二次集体学习。习近平主持学习，中央党史研究室李向前研究员、国家发展改革委宏观经济研究院王一鸣研究员就这个问题进行了讲解，并谈了他们的意见和建议。

习近平在主持学习时发表了讲话。他指出，历史、现实、未来是相通的。历史是过去的现实，现实是未来的历史。必须认真总结和运用改革开放的成功经验。他就此提出 5 点意见。第一，改革开放是一场深刻革命，必须坚持正确方向,沿着正确道路推进。在方向问题上,我们头脑必须十分清醒,不断推动社会主义制度自我完善和发展,坚定不移走中国特色社会主义道路。第二,改革开放是前无古人的崭新事业,必须坚持正确的方法论,在不断实践探索中推进。摸着石头过河,是富有中国特色、符合中国国情的改革方法。摸着石头过河就是摸规律,从实践中获得真知。摸着石头过河和加强顶层设计是辩证统一的,推进局部的阶段性改革开放要在加强顶层设计的前提下进行,加强顶层设计要在推进局部的阶段性改革开放的基础上来谋划。要加强宏观思考和顶层设计,更加注重改革的系统性、整体性、协同性,同时也要继续鼓励大胆试验、大胆突破,不断把改革开放引向深入。第三,改革开放是一个系统工程,必须坚持全面改革,在各项改革协同配合中推进。改革开放是一场深刻而全面的社会变革,每一项改革都会对其他改革产生重要影响,每一项改革又都需要其他改革协同配合。要更加注重各项改革的相互促进、良性互动,整体推进,重点突破,形成推进改革开放的强大合力。第四,稳定是改革发展的前提,必须坚持改革发展稳定的统一。只有社会稳定,改革发展才能不断推进;只有改革发展不断推进,社会稳定才能具有坚实基础。要坚持把改革的力度、发展的速度和社会可承受的程度统一起来,把改善人民生活作为正确处理改革发展稳定关系的结合点。第五,改革开放是亿万人民自己的事业,必须坚持尊重人民首创精神,坚持在党的领导下推进。改革开放在认识和实践上的每一次突破和发展,改革开放中每一个新生事物的产生和发展,改革开放每一个方面经验的创造和积累,无不来自亿万人民的实践和智慧。改革发展稳定任务越繁重,我们越要加强和改善党的领导,越要保持党同人民群众的血肉联系,善于通过提出和贯彻正确的路线方针政策带领人民前进,善于从人民的实践创造和发展要求中完善政策主张,使改革发展成果更多更公平惠及全体人民,不断为深化改革开放夯实群众基础。

2013 年 1 月

全国政协举行新年茶话会

1 月 1 日，中国人民政治协商会议全国委员会在全国政协礼堂举行新年茶话会。胡锦涛、习近平、吴邦国、温家宝、贾庆林、李克强、张德江、俞正声、刘云山、王岐山、张高丽等党和国家领导人同各民主党派中央、全国工商联负责人和无党派人士代表、中央和国家机关有关方面负责人以及首都各族各界代表欢聚一堂，共庆 2013 年元旦。

习近平在茶话会上发表讲话，代表中共中央、国务院和中央军委，向各民主党派、工商联和无党派人士、各人民团体，向全国广大工人、农民、知识分子、干部和各界人士，向人民解放军指战员、武警官兵和公安民警，向香港特别行政区同胞、澳门特别行政区同胞、台湾同胞和海外侨胞，向关心和支持中国现代化建设的国际友人致以节日的祝福，祝大家新年好。

全国宣传部长会议在北京召开

1 月 4 日，全国宣传部长会议在北京召开。刘云山出席并讲话。

刘云山指出，党的十八大对宣传思想文化工作提出新的更高要求。要深入开展中国特色社会主义宣传教育，引导全党全社会进一步增强道路自信、理论自信、制度自信，在中国特色社会主义道路上为实现“中国梦”而奋斗。要巩固壮大积极健康向上的主流思想舆论，把党和政府的声音传播好，把当代社会的主流展示好，把人民群众的心声反映好。要在更高起点上深化文化体制改革，加强顶层设计、总体规划，提高改革措施的科学性协调性，推动文化实现科学发展。要深入推进社会主义核心价值体系建设，倡导崇高理想追求，弘扬伟大民族精神和时代精神，培育文明社会道德风尚。

刘奇葆主持会议并作工作部署，强调宣传思想文化战线要以学习宣传贯彻党的十八大精神为主线，在广泛深入、有效引导、深化改革、科学管理上着力。抓紧抓好首要政治任务，深化党的十八大精神学习宣传贯彻；坚持开展中国特色社会主义宣传教育，增强道路自信、理论自信、制度自信；提高媒体传播力公信力影响力，更好服务经济社会发展；积极培育践行核心价值观，树立以人民为中心的创作导向，坚定不移推进文化体制改革；加强对外宣传和文化交流，推进国际传播能力建设，发展健康向上的网络文化；转作风正学风改文风，提升宣传思想文化工作科学化水平。

新进中央委员会的委员、候补委员学习贯彻党的十八大精神研讨班开班

1 月 5 日至 7 日，新进中央委员会的委员、候补委员学习贯彻党的十八大精神研讨班在中央党校开班。习近平在开班式上发表讲话，李克强主持开班式，张德江、俞正声、刘云山、王岐山、张高丽出席。

习近平在讲话中指出，党的十八大精神，说一千道一万，归结为一点，就是坚持和发展中国特色社会主义。习近平重点从历史和现实的角度，就坚持和发展中国特色社会主义谈了自己的学习体会。他从 6 个时间段分析了社会主义思想从提出到现在的历史过程，内容包括空想社会主义产生和发展，马克思、恩格斯创立科学社会主义理论体系，列宁领导十月革命胜利并

实践社会主义，苏联模式逐步形成，新中国成立后我们党对社会主义的探索和实践，我们党作出进行改革开放的历史性决策、开创和发展中国特色社会主义。邓小平同志开创了中国特色社会主义，第一次比较系统地初步回答了在中国这样经济文化比较落后的国家如何建设社会主义、如何巩固和发展社会主义的一系列基本问题，用新的思想观点，继承和发展了马克思主义，开拓了马克思主义新境界，把对社会主义的认识提高到新的科学水平。中国特色社会主义是社会主义而不是其他什么主义，科学社会主义基本原则不能丢，丢了就不是社会主义。马克思主义必定随着时代、实践和科学的发展而不断发展，不可能一成不变，社会主义从来都是在开拓中前进的。

共产党员特别是党员领导干部要做共产主义远大理想和中国特色社会主义共同理想的坚定信仰者和忠实践行者。我们既要坚定走中国特色社会主义道路的信念，也要胸怀共产主义的崇高理想，矢志不移贯彻执行党在社会主义初级阶段的基本路线和基本纲领，做好当前每一项工作。革命理想高于天。没有远大理想，不是合格的共产党员；离开现实工作而空谈远大理想，也不是合格的共产党员。衡量一名共产党员、一名领导干部是否具有共产主义远大理想，是有客观标准的，那就要看他能否坚持全心全意为人民服务的根本宗旨，能否吃苦在前、享受在后，能否勤奋工作、廉洁奉公，能否为理想而奋不顾身去拼搏、去奋斗、去献出自己的全部精力乃至生命。一切迷惘迟疑的观点，一切及时行乐的思想，一切贪图私利的行为，一切无所作为的作风，都是与此格格不入的。

李克强在主持开班式时指出，习近平总书记的重要讲话对社会主义的历史发展进程特别是我们党探索中国特色社会主义的历史进程和伟大实践，对坚持和发展中国特色社会主义需要把握的几个重大理论问题，进行了系统而深刻的阐述。对于深入理解和贯彻落实党的十八大精神，进一步增强坚持和发展中国特色社会主义的自觉性和坚定性，具有重要的指导意义，要认真学习、深刻领会、切实贯彻。

刘云山、张高丽6日分别在新进中央委员会的委员、候补委员学习贯彻党的十八大精神研讨班上作辅导报告。

刘云山作了题为《坚定自信、增强自觉、实现自强，夺取中国特色社会主义新胜利》的辅导报告。他指出，坚持和发展中国特色社会主义是党的十八大报告的一条主线，学习贯彻党的十八大精神和习近平总书记一系列重要讲话，要切实解决好中国特色社会主义自信、自觉、自强问题。坚定自信，就是保持对中国特色社会主义伟大事业的坚定信念和必胜信心。增强自觉，就是加深对中国特色社会主义道路、理论体系、制度的认识，对中国特色社会主义真谛要义的深刻把握，对事业发展的主动精神和责任担当。实现自强，就是立足自己实际、依靠自己力量，坚定不移地走自己的路，努力实现国家富强、民族复兴、人民幸福。要始终牢记人民是创造历史的真正英雄，坚持一切为了人民、一切依靠人民；始终牢记发展是硬道理，不断解放和发展社会生产力，朝着共同富裕方向稳步前进；始终牢记改革开放是决定当代中国命运的关键抉择，以更大的政治勇气和智慧不失时机地深化重要领域改革；始终牢记关键在党、党要管党、从严治党，全面提高党的建设科学化水平；始终牢记空谈误国、实干兴邦，坚持脚踏实地、不懈奋斗，用苦干、实干实现伟大的"中国梦"。

张高丽围绕全面建成小康社会的主题，从重大意义、发展机遇和风险挑战、主要工作等三个方面作了辅导报告。他指出，全面建成小康社会是我国现代化进程中的一个重要阶段性目标，是"中国梦"的重要体现，既鼓舞人心，又切实可行。我们党所确定的小康社会目标内涵是不断丰富发展的，也是一脉相承、与时俱进的，体现了方向的一致性、战略的连续性、步骤的阶段性、实施的务实性。全面建成小康社会已进入决定性阶段。我国发展仍处于可以大有作为的重要战略机遇期，要准确判断重要战略机遇期内涵和条件的变化。看形势要坚持“两点论”,既看到有利一面,又看到不利一面,善于运用“底线思维”方法,凡事从最坏处准备,努力争取最好结果。我们要从全局和战略高度,深入分析世情、国情,紧紧抓住重要战略机遇期,及时防范化解各种风险,坚定信心,迎接挑战,争取有更大作为。全面建成小康社会,这五年是关键,任务繁重艰巨,需要做的工作很多。我们要坚持主题主线主攻方向,站在高起点、抢占制高点、达到高水平,要促进经济持续健康发展,推动经济结构优化升级,实施创新驱动发展战略,积极稳妥推进城镇化,切实保障和改善民生,全面深化改革开放,努力实现十八大确定的奋斗目标。

7日下午在中共中央党校举行结业式,刘云山出席并作总结讲话,强调要紧紧围绕坚持和发展中国特色社会主义,紧密结合党和国家事业发展进程,深化思想认识,把握真谛要义,明确实践要求,以历史的主动精神和责任担当,把党的十八大精神的学习贯彻引向深入。

研讨班期间,参加研讨班的全体学员认真研读党的十八大报告和新修订的党章,认真学习习近平总书记在开班式上的重要讲话,联系工作实际和思想实际,深入研讨交流,加深了对党的十八大精神的认识,加深了对坚持和发展中国特色社会主义的重大理论问题的认识,加深了对改革发展重大实践问题的认识,进一步增强了履行职责、做好工作的责任感使命感。结业式上,研讨班10个小组的代表分别发言,汇报交流了学习收获。

全国政法工作会议在北京召开

1月7日,全国政法工作电视电话会议召开。此前习近平就做好新形势下政法工作作出重要指示。他强调,政法机关在保障人民安居乐业、服务经济社会发展、维护国家安全和社会稳定中具有十分重要的作用。全国政法机关要全面贯彻落实党的十八大精神,坚持依法治国基本方略,以党和国家工作大局为重,以最广大人民利益为念,切实肩负起中国特色社会主义事业建设者、捍卫者的职责使命。孟建柱出席会议并讲话。

会议要求,当前和今后一个时期全国政法机关要深入学习贯彻党的十八大和习近平总书记重要指示精神,把深化平安建设、推进法治建设、加强队伍建设作为基础性工程来抓,把建设平安中国、建设法治中国、打造过硬队伍作为政法工作的奋斗目标来追求,有效回应人民群众新期待。要坚持以推动社会主义司法制度自我完善和发展为方向,以解决群众反映强烈的突出执法司法问题为重点,进一步深化司法改革,努力建设公正高效权威的社会主义司法制度,不断提升执法司法公信力。要以能力建设为重点,着力提升做好新形势下群众工作能力,着力提升维护社会公平正义能力,着力提升新媒体时代社会沟通能力,着力提升科技信息化应用能力,着力提升政法队伍拒腐防变能力。

第二十一次全国高校党的建设工作会议召开

1月8日,中共中央组织部、中共中央宣传部、中共教育部党组在北京召开第二十一次全国高校党的建设工作会议。刘延东主持会议,刘奇葆出席会议,赵乐际讲话。

赵乐际充分肯定十七大以来特别是2012年以来高校党建工作取得的成绩。他强调,高校学习贯彻十八大精神,加强党的建设,最根本的是培养造就中国特色社会主义事业合格建设者和可靠接班人。要坚持以科学理论为根本指导,以服务大局为根本原则,以立德树人为根本任务,以健全制度为根本保障,推动高等教育走内涵式发展之路。要培养选拔社会主义政治家教育家,建设善于办学理校的高素质领导班子,加强思想政治建设,推进基层服务型党组织建设,健全党建工作责任制,提高高校党的建设科学化水平,开创高等教育事业科学发展新局面。

刘延东在主持会议时强调,要以求真务实作风,认真贯彻落实好十八大精神和这次全国高校党的建设工作会议精神。

全国司法厅(局)长会议在北京召开

1月9日,全国司法厅(局)长会议召开。孟建柱出席并讲话,王胜俊、曹建明等出席会议。

孟建柱指出,要坚持中国特色社会主义道路不动摇,把司法行政工作置于党和国家工作大局中来谋划,坚定不移地做中国特色社会主义事业的建设者、捍卫者。要深化平安建设,充分发挥人民调解在化解矛盾中的优势,最大限度地把矛盾纠纷解决在基层、化解在萌芽状态。要积极推动建立社会关怀帮助体系,推进社区矫正法制化、规范化建设,促进社区矫正对象顺利融入社会,成为对社会有用的人。

要全面落实依法治国基本方略,推进法治建设,把法治宣传教育作为基础性工程来抓,深入基层、贴近群众、以案说法,让群众从鲜活的案例中学习法律知识,提升全民法治意识。要把维护公民合法权益作为法治建设的根本任务,扩大法律援助覆盖面,努力让人民群众切身感受到权益有保障、公正可预期。

全国信访局长会议在北京召开

1月10日,全国信访局长电视电话会议在北京召开。马凯出席会议并讲话,王学军主持会议并作了工作部署。

马凯充分肯定了去年及过去5年信访工作取得的成绩。强调,各地各有关部门要深刻理解信访工作是党的群众工作重要组成部分这一本质属性和职能定位,真正把来访群众当家人,把群众来信当家书,把群众反映的问题当家事,把群众工作当家业来做,千方百计解决群众的合理诉求。要在坚持行之有效的既有制度规范基础上,针对困扰信访工作科学发展的难点问题和制约因素,进一步加强制度创新,改进工作方式方法,依法规范信访工作行为。信访群众也要依法理性表达诉求。要加强对信访工作的组织领导,强化各方面保障。广大干部要心系群众冷暖、关心群众疾苦,说实话、办实事、求实效,不断提高服务信访群众的效能,切实维护和服务好改革发展稳定大局。

全国老干部局长会议在北京召开

1月11日,全国老干部局长会议在北京召开。赵乐际出席会议并讲话,沈跃跃主持会议并讲话。

赵乐际充分肯定党的十七大以来老干部工作取得的成绩,指出老干部是我国革命、建设、改革的功臣,是全面建成小康社会的重要力量,是党执政兴国的重要资源。坚持和发展中国特色社会主义,就必须尊重老干部,尊重党的光荣历史;学习老干部,学习党的优良传统;爱护老干部,爱护党和国家的宝贵财富。

要站在讲政治的高度、立在用心用情的实处、想在更细更好的深处做好老干部工作,像对待自己的父辈那样,以感恩之心,“敬爱致恭”服务老干部。要加强老干部思想政治建设和党支部建设,落实老干部政治、生活待遇,为老干部多办实事、多做好事、多解难事;坚持自觉自愿、量力而行,发挥好老干部积极作用;加强老干部工作队伍建设,充分发挥各方面积极性,努力开创老干部工作新局面。

中央党校举行
2012年秋季学期毕业典礼

1月15日,中共中央党校举行2012年秋季学期毕业典礼。刘云山出席毕业典礼,并为学员颁发毕业证书。赵乐际、栗战书、赵洪祝出席毕业典礼。

中央党校本期毕业学员604人。另有中直机关分校、中央国家机关分校、部队分校和国资委分校的2800多名学员同期毕业。学员们普遍反映,通过学习,进一步提高了把思想和行动统一到党的十八大精神上来的自觉性;夯实了理论基础,提高了理论素养;开阔了视野,完善了知识结构;提高了思维水平和领导能力;锤炼了党性,提升了思想境界。

李景田在毕业典礼上讲话，希望学员继续深入学习宣传贯彻十八大精神；坚持实干兴邦，不断开创各项工作的新局面；认真贯彻“八项规定”精神，切实改进工作作风、密切联系群众。

中组部拨党费3785万元用于元旦春节期间走访慰问生活困难党员和老党员

1月15日，为充分体现党中央对生活困难党员和老党员的关怀，经中央同意，中央组织部从代中央管理的党费中下拨3785万元给各省（区、市）党委组织部和中央有关部门（系统）党委（工委）组织部，用于2013年元旦春节期间走访慰问生活困难党员和老党员，重点是农村生活困难党员和老党员，城市下岗失业人员党员和老党员，灾区因灾致困、因灾致残的党员和抗灾救灾中因公牺牲党员的家属。

中央组织部要求各级组织部门把这项工作作为贯彻落实党的十八大精神，增强党组织凝聚力和影响力的一项重要措施来抓，精心组织，抓好落实，并从代本级党委（工委）管理党费中配套相应额度用于开展走访慰问活动，确保走访慰问覆盖面，让生活困难党员和老党员切实感受到党中央的关怀和温暖，度过欢乐祥和的节日。

共青团十六届六中全会在北京召开

1月15日，共青团十六届六中全会在北京召开。会议传达学习了中共中央书记处对共青团工作的重要指示。李源潮出席会议并讲话，陆昊主持会议。

李源潮代表党中央充分肯定过去一年共青团工作取得的成绩。他说，今年是全面贯彻十八大精神的第一年，要紧密结合青年思想、结合青年面临的实际问题，用青年人易于接受的方式和语言，让十八大精神在广大青年中入脑入心。要结合全党开展的中国特色社会主义学习教育，在青年中广泛开展“三观三热爱”主题教育，引导青年坚定不移跟党走中国特色社会主义道路。要用民族复兴的“中国梦”激励青年立足岗位创先争优，在改革开放和现代化建设中发挥生力军作用。

未来的社会在于今天的塑人，共青团、少先队担负着为未来社会塑人的重要责任。培育社会主义核心价值观，要从青少年抓起。共青团特别是学校团组织和少先队要通过思想教育、树立榜样、社会实践，引导青少年更好地认识社会责任、追求高尚理想、提升道德情操。要增强服务意识、提高服务能力，满腔热情地关爱青年、帮助青年。要以改革创新精神加强团的基层组织建设，增强团组织的凝聚力战斗力。

刘奇葆在人民日报社调研

1月17日，刘奇葆到人民日报社调研。刘奇葆说，评论是报纸的一面旗帜，是报纸的思想导向。人民日报要以评论取胜，全力办好评论专版，写好社论等品牌要论，办好各版的言论专栏。要抓住国际国内重大事件，抓住思想领域的倾向性问题，抓住群众关注的热点难点，及时推出评论文章，抢占舆论高地，掌握话语权。要讲求评论艺术，把正确的观点、严密的逻辑、生动的语言结合起来，深入浅出、小中见大，使人们愿读爱看、受到启发。

刘奇葆指出，要树立以人民为中心的新闻理念，为读者采写、为读者报道，使报道贴近读者需求，符合干部群众的口味，富有吸引力感染力。人民日报要走在改进文风的前头，坚持不懈地改、扎实有效地改，当好排头兵。要提高文章内容的思想含量，善于运用马克思主义立场观点方法观察分析问题，善于在生动实践中挖掘鲜活素材，使我们的报道评论有思想、有内容、有新意。要倡导有个性、有特色的语言风格，增强文字的亲和力和表现力，让文章更加耐读耐看。要着力建设一支过得硬、水平高的采编队伍，深入开展中国特色社会主义学习教育，开展马克思主义新闻观教育，开展职业精神职业道德教育，坚持“走转改”，深入群众，深入基层，采写更多更好的新闻作品。

中共中央国务院隆重举行国家科学技术奖励大会

1月18日，中共中央、国务院在人民大会堂隆重举行国家科学技术奖励大会。胡锦涛、习近平、温家宝、李克强、刘云山出席大会并为获奖代表颁奖。习近平主持大会。温家宝代表党中央、国务院在大会上讲话。李克强宣读奖励决定。

胡锦涛向获得2012年度国家最高科学技术奖的中国科学院院士、中国工程院院士、中国科学院力学研究所研究员郑哲敏，中国工程院院士、中国电子科技集团公司电子科学研究院研究员王小谟颁发奖励证书。随后，胡锦涛、习近平等向获得国家自然科学奖、国家技术发明奖、国家科学技术进步奖和中华人民共和国国际科学技术合作奖的代表颁奖。

习近平在主持大会时指出，党中央、国务院隆重奖励在我国科学技术事业发展中作出杰出贡献的科技工作者，充分体现了党和国家对我国科学技术事业发展的高度重视和对广大科技工作者的亲切关怀。

温家宝在讲话中指出，实现党的十八大提出的到2020年全面建成小康社会的宏伟目标，必须实施科教兴国战略，把科技创新摆在国家发展全局的核心位置。要深化科技体制改革，坚持把科研的重点放在产业发展前沿，以企业为主导深化产学研结合，下大力气攻克核心技术和关键技术，争取在高技术产品研发和市场开拓上取得重大突破。要瞄准关系全局和长远发展的战略必争领域，加强基础研究、前沿先导技术研究，为经济社会发展提供新的动力源泉。要努力营造各类创新主体平等竞争的政策环境，形成崇尚科学、遵循规律、尊重知识、尊重人才的良好风尚。

李克强在会上宣读了《国务院关于2012年度国家科学技术奖励的决定》。2012年度国家科学技术奖共授奖330个项目和7位科技专家。

中央精神文明建设指导委员会召开第一次全体会议

1月18日，中央精神文明建设指导委员会召开第一次全体会议，学习贯彻党的十八大精神，研究部署2013年工作。刘云山主持会议，刘延东、刘奇葆出席会议并讲话。

刘云山充分肯定十六大以来精神文明建设取得的显著成绩和发挥的重要作用。指出，贯彻落实十八大精神、实现党和国家未来发展目标，赋予精神文明建设工作更高要求和更大责任。要把精神文明建设放在整个经济社会发展进程中来考虑，放在全面建成小康社会、加快推进现代化建设的背景下来谋划，以更加宽广的视野、更加有力的举措来推进各项工作，在目标追求、内容内涵、方式途径上实现新的提升。

新形势下推进精神文明建设，必须抓住根本、突出重点，多做打基础利长远的工作。要加强理想信念教育，广泛开展中国特色社会主义宣传教育，坚定人们道路自信、理论自信、制度自信，凝聚实现伟大“中国梦”的精神力量。要倡导正确价值取向，积极培育和践行社会主义核心价值观，扩大社会认同、推动实践养成、完善政策导向，使核心价值体系要求成为社会群体意识和自觉行动。要深入开展道德实践，注重群众性、增强广泛性，推动学雷锋活动常态化，表彰全国道德模范，推进道德领域突出问题专项教育治理，形成健康向上的社会道德风尚。要深化群众性精神文明创建，更加注重满足人的精神需求，更加注重为民利民惠民，更加注重城乡文明共同发展，在新的起点上进一步提升公民文明素质和社会文明程度。

精神文明建设是在精神领域搞建设，贵在坚持、重在积累。精神文明建设目标是提升公民文明素质和社会文明程度，必须尊重科学，努力提高工作科学化水平。

中国共产党第十八届中央纪律检查委员会召开第二次全体会议

1月21日,中国共产党第十八届中央纪律检查委员会第二次全体会议开幕。习近平出席会议并发表讲话。李克强、张德江、俞正声、刘云山、张高丽出席会议。王岐山代表中央纪律检查委员会常务委员会作了题为《深入学习贯彻党的十八大精神努力开创党风廉政建设和反腐败斗争新局面》的工作报告。。

习近平强调,我们党员干部队伍的主流始终是好的。同时,我们也要清醒地看到,当前一些领域消极腐败现象仍然易发多发,一些重大违纪违法案件影响恶劣,反腐败斗争形势依然严峻,人民群众还有许多不满意的地方。党风廉政建设和反腐败斗争是一项长期的、复杂的、艰巨的任务。反腐倡廉必须常抓不懈,拒腐防变必须警钟长鸣,关键就在“常”、“长”二字,一个是要经常抓,一个是要长期抓。我们要坚定决心,有腐必反、有贪必肃,不断铲除腐败现象滋生蔓延的土壤,以实际成效取信于民。

我们党是靠革命理想和铁的纪律组织起来的马克思主义政党,纪律严明是党的光荣传统和独特优势。党面临的形势越复杂、肩负的任务越艰巨,就越要加强纪律建设,越要维护党的团结统一,确保全党统一意志、统一行动、步调一致前进。

工作作风上的问题绝对不是小事,如果不坚决纠正不良风气,任其发展下去,就会像一座无形的墙把我们党和人民群众隔开,我们党就会失去根基、失去血脉、失去力量。抓改进工作作风,各项工作都很重要,但最根本的是要坚持和发扬艰苦奋斗精神。改进工作作风的任务非常繁重,八项规定是一个切入口和动员令。八项规定既不是最高标准,更不是最终目的,只是我们改进作风的第一步,是我们作为共产党人应该做到的基本要求。坚定不移惩治腐败,是我们党有力量的表现,也是全党同志和广大群众的共同愿望。我们党严肃查处一些党员干部包括高级干部严重违纪问题的坚强决心和鲜明态度,向全党全社会表明,我们所说的不论什么人,不论其职务多高,只要触犯了党纪国法,都要受到严肃追究和严厉惩处,决不是一句空话。反腐倡廉建设,必须反对特权思想、特权现象。共产党员永远是劳动人民的普通一员,除了法律和政策规定范围内的个人利益和工作职权以外,所有共产党员都不得谋求任何私利和特权。这个问题不仅是党风廉政建设的重要内容,而且是涉及党和国家能不能永葆生机活力的大问题。要采取得力措施,坚决反对和克服特权思想、特权现象。

全军纪律检查工作会议在北京召开

1月22日,全军纪律检查工作会议在北京召开。许其亮出席并讲话。他强调,要切实用党的十八大精神、中央纪委二次全会精神和习近平主席重要指示统一思想、指导工作,紧紧围绕建设一支听党指挥、能打胜仗、作风优良的人民军队,认真贯彻走在前列的要求,坚持从严治党、从严治军,大力加强军队纪检监察工作,坚定不移地把党风廉政建设和反腐败工作引向深入。张阳主持会议。

许其亮指出,我军是党绝对领导下的人民军队,部队的作风和风气,不仅关系永葆人民子弟兵的政治本色,而且关系党的形象和威信。各级要从确保部队绝对忠诚、绝对纯洁、绝对可靠的高度,从对部队战斗力建设和打赢未来战争负责的高度,充分认清加强军队党的作风建设和反腐倡廉建设的重要性紧迫性,以更加扎实有力的举措,抓好各项工作落实。要下大气力改进作风、纯正风气,认真落实中央八项规定和军委十项规定,真正把从严治党、从严治军和从严治官的要求落到实处。

抓好党风廉政建设和反腐败工作,关键在党委、在主要领导。各级要肩负起抓反腐倡廉建设的政治责任,要树立“一盘棋”思想,把廉政要求寓于各领域建设和工作之中。要真正把政治强、素质好、作风正的干部用起来。要打造过硬的纪检监察干部队伍，不断把军队党风廉政建设和反腐败工作推向前进。

国防大学举行2012学年冬季毕业典礼

1月23日，国防大学举行2012学年冬季毕业典礼。范长龙出席并讲话，张阳一同出席。

毕业典礼上，范长龙代表习主席和中央军委向圆满完成学业的全体学员表示热烈祝贺，向国防大学领导机关和全体教职员工表示诚挚问候。他指出，听党指挥，是对我军的最高政治要求。要毫不动摇地坚持党对军队绝对领导的根本原则和制度，在思想上政治上行动上与党中央保持高度一致，坚决听从党中央、中央军委和习主席指挥。要坚定对马克思主义的信仰、对中国特色社会主义的信念、对党的信赖，以思想认识上的清醒保证政治上的坚定和行动上的自觉。

能打胜仗，是我军一切工作的根本出发点和落脚点。要强化当兵打仗、带兵打仗、练兵打仗思想。要把军事斗争准备往前赶、往实里抓、往深处走，尤其是各级领导干部要深度进入，把各项准备抓实抓到位，确保一旦有事，能够带领部队上得去、打得赢，坚决维护国家主权、安全和领土完整。

作风优良，是我军打得赢不变质、有效履行使命任务的重要保证。要继承发扬我党我军的光荣传统和优良作风，自觉落实从严治党、从严治军、从严治官的要求，在纠治不良风气、树立新风正气上带好头，促使部队作风建设有一个大的进步。

解放军总部机关部署“学习贯彻党章、弘扬优良作风”

1月24日，解放军总部机关“学习贯彻党章、弘扬优良作风”教育活动动员部署会在北京召开。范长龙、许其亮出席会议并讲话。房峰辉、赵克石、张又侠参加会议，张阳主持会议。

经习近平主席批准，今年在全军团以上党委机关开展“学习贯彻党章、弘扬优良作风”教育活动，目的是深入贯彻党的十八大精神和习主席决策指示，落实中央和军委加强作风建设的部署要求，使各级党委和领导干部自觉做学习党章、遵守党章的模范，为实现建设一支听党指挥、能打胜仗、作风优良的人民军队的目标，在新的起点上加快推进国防和军队现代化提供有力保证。

范长龙指出，这次动员部署会是贯彻落实习主席重要指示的实际举措，是军委下决心抓作风建设、从总部机关抓起的思想动员。总部机关是全军工作和作风建设的“领跑者”和“风向标”。坚定信念、举旗铸魂是加强作风建设最根本的、第一位的要求，要通过学习贯彻党章，加强理论武装，做中国特色社会主义坚定举旗人，坚决听从党中央、中央军委和习主席指挥。要大力传承我党我军的好传统好作风，树立与时代发展和使命任务相适应的优良作风，带头盯着使命、瞄准打赢，善谋大方略、出大主意、提升战略素养，不断提高履行使命任务能力；带头解放思想、锐意进取、攻坚克难，始终做到勇于探索、创新、超越；带头真抓实干、埋头苦干，始终做到老老实实、踏踏实实、扎扎实实；带头严格自律、勤政廉政，始终坚持秉公用权、艰苦奋斗、清正清廉。要着力整治形式主义、官僚主义，整治选人用人上的不正之风，整治铺张浪费、豪华奢侈，以权谋私、消极腐败及思想和精神懈怠等突出问题。要按照走在前列的标准要求从严从紧，党委领导带头抓带头做，切实抓好制度建设这个保证，把改进作风的成效真正体现到履职尽责、干出实绩上。

纪念黄华同志诞辰100周年座谈会在北京举行

1月25日，纪念黄华同志诞辰100周年座谈会在北京举行。吴邦国出席。

路甬祥全面回顾了黄华同志为中国革命、为社会主义建设和改革开放事业不懈奋斗、鞠躬尽瘁的光辉一生，高度评价了黄华同志的革命精神和为党和国家作出的重要贡献。他指出，我们要继承老一辈无产阶级革命家的遗志，在以习近平同志为总书记的党中央领导下，凝聚力量，攻坚克难，扎实做好改革发展稳定各项工作，为全面建成小康社会而努力奋斗。

戴秉国主持座谈会。中央党史研究室、外交部、全国人大常委会办公厅、河北省有关负责同志先后发言。有关方面负责同志和黄华同志亲属、生前好友等出席。

刘云山主持召开学习宣传贯彻党的十八大精神督查情况汇报会

1月25日，刘云山主持召开学习宣传贯彻党的十八大精神督查情况汇报会，强调学习宣传贯彻十八大精神是一项长期任务，是一个持续深化的过程，要提高思想认识，增强行动自觉，在狠抓落实、深化落实上下工夫，以更加务实有力的举措把学习宣传贯彻引向深入。刘奇葆、赵乐际、栗战书出席会议并讲话。

这次督查活动，由中央办公厅、国务院办公厅会同有关部门抽调精干力量组成8个组，分赴东、中、西部16个省区市，深入92个县(区、旗)、220多个村(社区)，召开150多个座谈会，并走访干部群众直接了解情况、听取意见。刘云山听取汇报后对督查工作给予肯定，要求有关部门对各地的好经验及时总结推广，对发现的问题认真研究解决。

中央有关部门和单位负责同志出席会议，8个督查组组长分别作了汇报。

纪念延安双拥运动70周年座谈会在北京举行

1月25日，纪念延安双拥运动70周年座谈会在人民大会堂举行。张高丽出席座谈会，许其亮出席会议并讲话，回良玉主持座谈会，司马义·铁力瓦尔地、阿不来提·阿不都热西提、张阳出席会议。

许其亮说，拥军优属、拥政爱民，是广大军民在中国共产党领导下的伟大创造，是我们的优良传统和特有政治优势。70年前，面对日本帝国主义疯狂侵略，陕甘宁边区军民在党中央和毛泽东同志倡导推动下创造性地开展了“拥军优抗、拥政爱民”运动，并在各抗日根据地蓬勃开展起来，为赢得抗日战争的最后胜利发挥了极为重要的作用。70年来，双拥工作为团结凝聚亿万军民，不断夺取中国革命、建设和改革胜利，作出了特殊重要贡献。实践充分证明，坚如磐石的军政军民团结，始终是我们战胜一切艰难险阻和强大敌人、不断从胜利走向胜利的重要法宝。

全国双拥工作领导小组，解放军四总部、驻京部队大单位政治部和北京市有关负责人，全国双拥模范城(县)、双拥模范单位和个人代表，陕西延安、江西井冈山等革命老区代表以及老同志代表参加了会议。

全国党建研究会深入学习贯彻党的十八大精神研讨会暨五届三次理事会召开

1月26日，全国党建研究会深入学习贯彻党的十八大精神研讨会暨五届三次理事会在北京召开。赵乐际出席会议并讲话，虞云耀主持会议并作工作报告。

赵乐际充分肯定全国党建研究会取得的成绩，向为党建研究倾注大量心血的老同志和党建研究工作者表示感谢。他指出，要从90多年来党的建设实践中、党建研究内在规律中、世界执政党经验教训中，把握党建研究的正确方向。围绕坚定理想信念、落实从严治党要求、严明政治纪律、组织好群众路线教育实践活动、造就高素质执政骨干队伍、建设基层服务型党组织等开展深度研究。坚持立足党建与放眼全局、理论与实践、政治性与学术性、专业研究与社会参与的统一，多出导向正确、思想深刻、务实管用的研究成果。

赵乐际就开展党的群众路线教育实践活动主持召开调研座谈会

1月26日，赵乐际在北京主持召开调研座

谈会，就开展好党的群众路线教育实践活动听取专家学者意见。来自中央党校、人民日报社、中国社会科学院、国家行政学院、北京大学、中国人民大学的10名专家学者在座谈会上积极建言献策。

赵乐际认真听取发言，并与参加座谈的同志探讨交流。他强调，对各位专家学者提出的思想观点、意见建议，要认真归纳、研究、吸收。他希望专家学者持续关注、研究、参与教育实践活动，形成交流互动的机制，经常提出意见建议，为搞好活动献计出力。

《2012年中国政府白皮书汇编》发行

1月28日，《2012年中国政府白皮书汇编》中文版由人民出版社出版，英文版已由外文出版社出版，即日起在全国新华书店发行。

本书收录了2012年国务院新闻办公室发表的5部中国政府白皮书，即《中国的稀土状况与政策》、《钓鱼岛是中国的固有领土》、《中国的司法改革》、《中国的能源政策（2012）》、《中国的医疗卫生事业》。这些白皮书全面准确地介绍中国政府在稀土资源、钓鱼岛、司法改革、能源、保障公众健康等重大问题上的政策主张、原则立场和在一些重要领域取得的进展，增进了国际社会对中国的了解和认识，受到各方面的广泛欢迎和积极评价。

中共中央政治局召开会议
研究部署加强新形势下
党员发展和管理工作

1月28日，中共中央政治局召开会议，研究部署加强新形势下党员发展和管理工作。习近平主持会议。

会议指出，党员是党的肌体的细胞和党的活动的主体，党员队伍建设是党的建设基础工程。长期以来，各级党组织认真做好党员发展和管理工作，一大批优秀分子加入到党组织中来，为党注入了新鲜血液。广大党员在推动科学发展、促进社会和谐、服务人民群众中充分发挥先锋模范作用。随着改革开放和社会主义市场经济深入发展，随着党员队伍越来越壮大，管党治党任务更加艰巨。世情、国情、党情发生的深刻变化，对党员干部队伍建设提出了许多新课题新挑战，党员发展和管理工作还存在一些不适应新形势新任务新要求的问题。主要表现是：有的党组织对发展党员把关不严，发展党员质量需要提高；党员队伍结构不尽合理，党员管理方式和手段比较单一，流动党员管理机制还不健全；少数党员理想信念动摇、宗旨意识淡薄、组织纪律不强，甚至思想蜕变、腐化堕落，等等。这些问题影响着党员队伍的生机活力，影响着党在人民群众中的形象和威信，削弱了党的创造力、凝聚力、战斗力，必须切实加以解决。

要严格坚持标准，始终把政治标准放在首位，加强入党积极分子培养教育，扩大发展党员工作中的民主，严格工作程序和纪律，提高发展党员质量。要着力在工人中发展党员，继续做好在农民中发展党员工作，重视从青年工人、农民、知识分子中发展党员，优化党员队伍结构。要加强发展党员工作宏观指导，制定和落实发展党员规划，保持党员队伍适度规模。要强化党员管理，严格党内组织生活，严明党的纪律，及时处置不合格党员，改进对流动党员的管理，健全党内激励关怀帮扶机制，构建党员联系和服务群众工作体系，增强党员队伍生机活力。要加强组织领导，明确工作责任，完善保障措施，确保各项任务落到实处。

习近平作出批示
要求厉行节约、反对浪费

1月28日，习近平近日作出批示，要求厉行节约、反对浪费。

习近平是在新华社一份《网民呼吁遏制餐饮环节“舌尖上的浪费”》的材料上作出批示的。批示指出，从文章反映的情况看，餐饮环节上的浪费现象触目惊心。广大干部群众对餐饮浪费等各种浪费行为特别是公款浪费行为反映强烈。联想到我国还有为数众多的困难群众，

各种浪费现象的严重存在令人十分痛心。浪费之风务必狠刹！要加大宣传引导力度，大力弘扬中华民族勤俭节约的优秀传统，大力宣传节约光荣、浪费可耻的思想观念，努力使厉行节约、反对浪费在全社会蔚然成风。各级党政军机关、事业单位，各人民团体、国有企业，各级领导干部，都要率先垂范，严格执行公务接待制度，严格落实各项节约措施，坚决杜绝公款浪费现象。要采取针对性、操作性、指导性强的举措，加强监督检查，鼓励节约，整治浪费。

中共中央办公厅1月20日发出通知指出，习近平同志的这一重要批示，是深入贯彻落实党的十八大精神和中央政治局关于改进工作作风、密切联系群众八项规定的新要求，反映了广大干部群众的呼声和愿望，表明了中央厉行勤俭节约、反对铺张浪费的鲜明态度和坚定决心，体现了中央关心群众生活、注重改善民生的为民情怀。各地区各部门要充分认识狠刹浪费之风的重要性和迫切性，采取有力措施落实好习近平同志重要批示。

习近平签署通令
给6个单位24名个人记功

1月28日，中国共产党中央军事委员会主席习近平日前签署通令，给6个单位、24名个人记功。

给在单位建设取得突出成绩和完成任务中作出突出贡献的总参谋部某研究所、63698部队、63752部队、海军徐州舰、96165部队、78511部队记一等功。

给在本职岗位上作出突出成绩和完成任务中表现出色的63620部队一室高级工程师李国顺、63920部队总工程师童斌、93936部队副部队长张建兴记一等功，给总政治部话剧团一级编剧孟冰、解放军总医院主任医师范利记二等功，给解放军总医院南楼临床部主任医师俞森洋、丛玉隆记三等功。

给在科研工作中做出突出成绩的61419部队研究员张宝东，总参谋部某研究所原所长樊邦奎、某研究所研究员王建新，解放军理工大学原工程兵工程学院教授钱七虎，第四军医大学副校长兼第三附属医院院长赵铱民，第四军医大学第一附属医院院长熊利泽，军事医学科学院微生物流行病研究所所长曹务春，95338部队高级工程师林茂光记一等功；给总参谋部某研究所总工程师陈左宁、某研究所研究员马根海、某研究所副所长兼总工程师吕跃广，某研究所高级工程师曹江、某研究所研究员姚富强、某研究所研究员任辉启，解放军信息工程大学原测绘学院教授王家耀，海军工程大学某研究室主任何琳，95538部队高级工程师曹定国记二等功。

习近平签署命令
授予1个单位1名个人荣誉称号

1月28日，中国共产党中央军事委员会主席习近平日前签署命令，给1个单位、1名个人授予荣誉称号。

授予西藏阿里军分区某边防连“雪域高原戍边模范连”荣誉称号。

追授某试验训练基地原研究员林俊德同志“献身国防科技事业杰出科学家”荣誉称号。

中央军委号召，全军和武警部队广大官兵要以这次授予荣誉称号的单位和个人为榜样，认真学习贯彻党的十八大精神，高举中国特色社会主义伟大旗帜，以邓小平理论、“三个代表”重要思想、科学发展观为指导，振奋精神，奋发进取，真抓实干，埋头苦干，为建设听党指挥、能打胜仗、作风优良的人民军队，维护国家主权、安全和发展利益作出新的更大贡献！

中共中央政治局举行第三次集体学习

1月28日，十八届中共中央政治局就坚定不移走和平发展道路进行第三次集体学习。习近平主持学习，外交部部长杨洁篪、中共中央对外联络部部长王家瑞、商务部部长陈德铭结合工作实际，先后就这个问题发表了意见。

习近平在主持学习时发表了讲话。他强

调，中华民族是爱好和平的民族。走和平发展道路，是中华民族优秀文化传统的传承和发展，也是中国人民从近代以后苦难遭遇中得出的必然结论。我们的和平发展道路来之不易，是新中国成立以来特别是改革开放以来，我们党经过艰辛探索和不断实践逐步形成的。我们党始终高举和平的旗帜，从来没有动摇过。在长期实践中，我们提出和坚持了和平共处五项原则，确立和奉行了独立自主的和平外交政策，向世界作出了永远不称霸、永远不搞扩张的庄严承诺，强调中国始终是维护世界和平的坚定力量。这些我们必须始终不渝坚持下去，永远不能动摇。

他说，我们要坚持走和平发展道路，但决不能放弃我们的正当权益，决不能牺牲国家核心利益。任何外国不要指望我们会拿自己的核心利益做交易，不要指望我们会吞下损害我国主权、安全、发展利益的苦果。中国走和平发展道路，其他国家也都要走和平发展道路，只有各国都走和平发展道路，各国才能共同发展，国与国才能和平相处。我们要广泛深入宣传我国坚持走和平发展道路的战略思想，引导国际社会正确认识和对待我国的发展，中国发展绝不以牺牲别国利益为代价，我们绝不做损人利己、以邻为壑的事情，将坚定不移做和平发展的实践者、共同发展的推动者、多边贸易体制的维护者、全球经济治理的参与者。

中央国家机关党的工作会议暨纪检工作会议召开

1月29日，中央国家机关第二十七次党的工作会议暨第二十五次纪检工作会议在北京召开。马凯出席会议并讲话，李智勇作工作报告。

马凯指出，严明党的纪律，是对党的历史经验的深刻总结，是当前应对复杂局面、顺利推进中国特色社会主义事业的迫切需要，对中央国家机关又具有特殊的重要意义。中央国家机关各级党组织和党员特别是党的高级干部更要坚持高标准、严要求，要求全党做到的自己要首先做到，用铁的纪律打造让党放心、让人民满意的中央国家机关干部队伍。

他说，严明党的纪律，从根本上就是维护党章的权威性和严肃性，自觉以党章规范自己的一言一行。要做严明党的政治纪律的模范，坚定中国特色社会主义道路自信、理论自信、制度自信，自觉同以习近平同志为总书记的党中央保持高度一致，坚决维护中央权威，确保中央政令畅通；要做严明党的组织纪律的模范，坚持党的民主集中制，强化程序观念和组织意识，自觉做到“四个服从”，严格按照党的组织原则和党内政治生活准则办事；要做严明党的廉政纪律的模范，带头严格执行廉洁从政各项规定，守住做人、处事、用权、交友的底线，树立为民务实清廉的良好形象。

中央军委举行慰问驻京部队老干部迎新春文艺演出

1月30日，中央军委慰问驻京部队老干部迎新春文艺演出在北京举行。习近平出席，他向在座的军队老同志和全军离退休老干部致以新春问候和祝福。

范长龙、许其亮、郭伯雄、徐才厚、张万年、迟浩田、曹刚川、梁光烈、常万全、房峰辉、张阳、赵克石、张又侠、吴胜利、马晓天、魏凤和、陈炳德、李继耐、靖志远，以及于永波、乔清晨等观看演出。

2013 年 2 月

2013 年军民迎新春文艺晚会在北京举行

2 月 1 日,2013 年军民迎新春文艺晚会在北京人民大会堂举行。党和国家领导人胡锦涛、习近平、吴邦国、温家宝、贾庆林、李克强、张德江、俞正声、刘云山、王岐山、张高丽等与首都军民欢聚一堂,共贺新春。

中共中央、全国人大、国务院、全国政协、中央军委有关负责同志观看演出。观看演出的还有中央和国家机关有关部门、全国双拥工作领导小组成员单位、北京市和解放军四总部、驻京部队各大单位、武警部队和军委办公厅的领导同志,全国双拥模范城(县)、双拥模范单位和个人代表,以及驻京部队官兵和首都各界群众代表。

这台题为《高举旗帜向未来》的晚会由全国双拥工作领导小组、民政部、广播电影电视总局和解放军总政治部联合举办。

纪念洪学智同志诞辰 100 周年座谈会在北京举行

2 月 1 日,纪念洪学智同志诞辰 100 周年座谈会在北京举行。贾庆林出席,王刚主持座谈会。

洪学智同志曾任中央军委委员、副秘书长,解放军总后勤部部长兼政委,第七届、八届全国政协副主席,1955 年和 1988 年两次被授予上将军衔。

范长龙全面回顾了洪学智同志忠诚于党、身经百战、艰苦奋斗、无私奉献的一生。他指出,我们要继承发扬我党我军的光荣传统和优良作风,振奋精神,开拓进取,扎实工作,为建设一支听党指挥、能打胜仗、作风优良的人民军队而奋斗,为维护国家主权、安全、发展利益作出应有贡献。

座谈会上,中央党史研究室、全国政协办公厅、解放军总后勤部、安徽省有关负责同志先后发言。有关方面负责同志和洪学智同志亲属、生前好友等出席。

中国思想政治工作研究会九届七次常务理事会召开

2 月 2 日,中国思想政治工作研究会第九届常务理事会第七次会议在北京召开。

会议认为,2012 年,中国政研会紧紧围绕迎接党的十八大和学习宣传贯彻十八大精神,深入推进社会主义核心价值体系建设,切实加强为地方行业思想政治工作研究会的联络服务工作和《思想政治工作研究》、“思想政治工作网”的建设,为改进创新思想政治工作发挥了积极作用,作出了重要贡献。

2013 年,中国思想政治工作研究会要把深化党的十八大精神的学习宣传贯彻作为首要政治任务,引导广大政工干部和人民群众学习贯彻落实党的十八大精神,努力做到深入浅出,入脑入心;要着力开展中国特色社会主义宣传教育,同开展实现民族复兴“中国梦”宣传教育相结合,切实增强广大干部群众对中国特色社会主义的道路自信、理论自信、制度自信;要大力推进社会主义核心价值体系建设,紧紧扣住十八大提出的“三个倡导”,下力气培育和践行核心价值观,一方面加强理论研究和概括提炼,一方面注重实践探索和培养养成,推进社会主义核心价值体系融入国民教育、精神文明建设和党的建设全过程。要深入开展学雷锋活动，采取切实有效的措施推动学习活动常态化。

习近平春节前夕赴甘肃看望各族干部群众

2月2日至5日，习近平在蛇年春节到来之际来到甘肃，看望慰问各族干部群众，并向全国各族人民表达美好的新春祝福。

习近平在王三运、刘伟平陪同下，来到酒泉、定西、临夏、兰州等地，深入乡村、企业、社区，就贯彻落实党的十八大精神、保障和改善民生、推进西部大开发、改进工作作风等调研考察。

调研期间，习近平听取了甘肃省委和省政府工作汇报，对甘肃近年来的工作给予充分肯定。他强调，贯彻落实好党的十八大精神，抓住新一轮推进西部大开发机遇，加快经济社会发展步伐，关键在于各级干部以优良作风带领人民群众不懈奋斗。要多到群众最需要的地方去解决问题，多到发展最困难的地方去打开局面。改进作风，最终要落实到各级干部特别是领导干部身上。各级党委要把作风要求贯穿于干部培养选拔和管理监督全过程。要树立正确用人导向，使那些对群众感情真挚、深得群众拥护的干部，那些说话办事有灼见、有效率的干部，那些对上对下都实实在在、不玩虚招的干部，那些清正廉洁、公众形象好的干部，得到褒奖和重用；使那些享乐思想严重、热衷于形式主义、严重脱离群众的干部，受到警醒和惩戒，用为民务实清廉的良好形象凝聚党心民心。

俞正声与全国性宗教团体负责人座谈

2月4日，俞正声邀请全国性宗教团体负责人到中南海座谈，共庆新春佳节，并代表中共中央和习近平总书记向全国宗教界人士和广大信教群众表示新春祝福。

俞正声在听取各宗教团体负责人发言后指出，2012年，在党中央的坚强领导下，全国各族人民同心协力、攻坚克难，经济社会发展稳中有进，各项事业全面发展，人民生活持续改善。宗教信仰自由得到充分尊重和保护，宗教事务管理进一步法制化、规范化，各宗教坚持独立自主自办原则，党和宗教界的爱国统一战线不断巩固和发展，宗教界人士和信教群众努力在促进经济社会发展中发挥积极作用。各宗教团体做了大量工作，为今后进一步做好工作创造了良好条件。2013年是全面贯彻落实十八大精神的开局之年，是实施“十二五”规划承前启后的关键一年。宗教界要深刻认识中国特色社会主义道路是实现中华民族伟大复兴的必由之路，不断增强道路自信、理论自信、制度自信。要围绕国家的宏观战略部署，结合宗教界的自身特点和优势，找准促发展保稳定的着力点，带领和引导广大信教群众在新的历史阶段作出新的贡献。

俞正声对各宗教团体近年来自身建设取得的成果给予充分肯定，要求进一步健全完善规章制度，提高规范化水平，大力加强中青年教职人员教育培养，使他们成为合格的宗教界代表人士。他要求各级党委、政府进一步加强和改善对宗教工作的领导，努力形成有利于宗教活动规范有序的良好法制环境和社会氛围。春节在即，要注意关心宗教团体的困难和信教群众的生活，确保广大信教群众过上欢乐、祥和的节日。

回良玉、令计划等出席座谈会。中国佛教协会会长传印、中国道教协会会长任法融、中国伊斯兰教协会会长陈广元、中国天主教爱国会主席房兴耀、中国天主教主教团主席马英林、中国基督教三自爱国运动委员会主席傅先伟、中国基督教协会会长高峰等参加座谈会。中国佛教协会副会长班禅额尔德尼·确吉杰布参加座谈。

习近平同党外人士共迎新春

2月6日，在中国人民的传统节日春节即将到来之际，习近平在中南海邀请各民主党派中央、全国工商联新老领导人和无党派人士代表欢聚一堂，共迎新春。他代表中共中央，向各民主党派、工商联和无党派人士，向统一战线广大成员，致以诚挚的问候和新春的祝福。李克强、俞正声、栗战书出席。

民革中央主席万鄂湘、民盟中央主席张宝文、民建中央主席陈昌智、民进中央主席严隽琪、农工党中央主席陈竺、致公党中央主席万钢、九三学社中央主席韩启德、台盟中央主席林文漪、全国工商联主席王钦敏、无党派人士代表林毅夫等应邀出席。

严隽琪代表各民主党派、全国工商联和无党派人士致辞。她表示，刚刚过去的一年在我国发展征程上具有极其重要的意义，中共十八大明确了中国特色社会主义的总依据、总布局、总任务。作为与中国共产党肝胆相照、风雨同舟的诤友和挚友，我们将以中共十八大精神为指导，从“为执政党助力、为国家尽责、为人民服务”出发，凝心聚力，加强自身建设，切实履行职能，为实现“中国梦”贡献才智。

刘云山就如何开展党的群众路线教育实践活动主持召开调研座谈会

2月6日，刘云山主持召开调研座谈会，就如何开展党的群众路线教育实践活动再次听取专家学者的意见建议。赵乐际出席座谈会。

为搞好教育实践活动，中央有关部门组成6个调研组于2012年12月下旬到2013年1月中旬，分别到部分省区、部委、高校、中央企业和金融机构进行了调研，深入城乡基层面对面地听取干部群众的意见。在调研座谈会上，全国党建研究会5位专家学者和内蒙古、浙江、河南、湖北、广东5省区党委组织部长作了发言。刘云山在听取发言后指出，从调研情况看，全党全社会充满期待、寄予厚望使我们对搞好教育实践活动更有信心也更感责任重大，当前基层党员群众反映强烈的突出矛盾和问题使我们明确了教育实践活动的目标要求和工作重点，各方面提出的意见建议为搞好教育实践活动提供了重要参考，基层创造的好做法好经验为开展好教育实践活动提供了有益借鉴。有关部门要把调研成果运用好，把各方面意见建议吸收好，形成一个指导思想明确、措施办法有力、针对性操作性强的工作方案，确保教育实践活动有效展开。

刘云山说，大家在座谈发言中高度评价中央关于改进作风的八项规定，充分肯定作风建设呈现的新气象，同时也反映了亟待解决的突出问题。深入贯彻中央八项规定，必须针对当前存在的问题，采取切实措施，加大工作力度，务求取得实实在在的成效。一是要解决好“不以为然”的问题。作风问题不是小事，改进作风是政治要求，不能不以为然，不能左顾右盼、观望等待，必须提高思想认识、增强行动自觉。二是要解决好“只说不做”的问题。改进作风贵在落实，不落实就会落空，一定要狠抓落实，不能雷声大、雨点小，不能虚晃一枪、走过场做样子。三是要解决好“上有政策、下有对策”的问题。对中央的每一项规定，都要有具体落实的措施，不能打折扣、搞变通，不能明里一套、暗里一套，不能有令不行、有禁不止。开弓没有回头箭，对认准的事情必须一抓到底。各地各部门一定要以踏石留印、抓铁有痕的劲头抓作风改作风，做到持之以恒、善始善终，防止虎头蛇尾、半途而废，以改进作风的实际成果取信于民。

中央领导同志看望老同志

2月7日，党和国家领导人于春节前夕分别看望或委托有关方面负责同志看望了江泽民、李鹏、万里、乔石、朱镕基、李瑞环、宋平、尉健行、李岚清、曾庆红、吴官正、李长春、罗干、贺国强、周永康和张劲夫、郑天翔、刘复之、田纪云、迟浩田、张万年、姜春云、钱其琛、王乐泉、刘淇、吴仪、曹刚川、曾培炎、王汉斌、张震、何勇、倪志福、王丙乾、邹家华、王光英、布赫、铁木尔·达瓦买提、彭珮云、周光召、曹志、李铁映、司马义·艾买提、何鲁丽、丁石孙、成思危、许嘉璐、蒋正华、顾秀莲、热地、盛华仁、唐家璇、肖扬、韩杼滨、贾春旺、叶选平、杨汝岱、任建新、宋健、钱正英、孙孚凌、万国权、胡启立、陈锦华、赵南起、毛致用、王文元、王忠禹、李贵鲜、张思卿、罗豪才、张克辉、郝建秀、徐匡迪、张怀西、李蒙、邓力群等老同志，向老同志们致以亲切的节日问候，衷心祝愿老同志们新春愉快、健康长寿。

老同志们对此表示感谢，希望全党全国各族人民紧密团结在以习近平同志为总书记的党中央周围，高举中国特色社会主义伟大旗帜，以邓小平理论、"三个代表"重要思想、科学发展观为指导，解放思想，改革开放，凝聚力量，攻坚克难，坚定不移沿着中国特色社会主义道路前进，为实现党的十八大提出的各项任务、全面建成小康社会而奋斗。

中共中央国务院举行春节团拜会

2月8日，中共中央、国务院在人民大会堂举行2013年春节团拜会。党和国家领导人胡锦涛、习近平、吴邦国、温家宝、贾庆林、李克强、张德江、俞正声、刘云山、王岐山、张高丽等同首都各界人士2000多人欢聚一堂，辞旧迎新，共庆佳节。

习近平主持团拜会。他说，在中华民族的传统节日春节即将到来之际，我们欢聚一堂，共迎新春佳节。我代表中共中央、国务院，向全国各族人民，向广大工人、农民、知识分子和干部，向人民解放军指战员、武警官兵和公安民警，向各民主党派和工商联、各人民团体和各界人士，表示诚挚的慰问！向全国离退休老干部、老同志，致以诚挚的问候！向香港特别行政区同胞、澳门特别行政区同胞、台湾同胞和海外侨胞，致以良好的祝愿！向关心和支持我国现代化建设的国际友人，表示衷心的感谢！祝大家新春愉快、身体健康、阖家幸福！

温家宝在团拜会上讲话。他说，2012年，面对严峻复杂的国际环境和艰巨繁重的改革发展任务，中国共产党带领全国各族人民团结奋斗，开拓进取，从容应对各种困难挑战，胜利实现了经济社会发展的目标，各项事业取得新的重大成就。我们胜利召开党的十八大，选举产生了新一届中央领导集体，绘制了全面建成小康社会、加快推进社会主义现代化的宏伟蓝图。社会主义中国展现出更加光明的前景。

习近平看望慰问坚守岗位的一线劳动者

2月9日，习近平在农历除夕来临之际到地铁施工现场、派出所、环卫站、出租客运公司，看望慰问坚守岗位的一线劳动者，向节日期间坚守工作岗位的各条战线劳动者致以节日的问候，向全国各族人民致以新春的祝福。王沪宁、栗战书陪同看望慰问。

"同志们辛苦了"，"大家过年好"，"给大家拜年了"，一声声问候，一句句祝福，充满着总书记关心关怀基层一线劳动者的真情。

2013年对台工作会议在北京举行

2月19日，2013年对台工作会议在北京举行。俞正声出席会议并讲话，戴秉国主持会议，王毅作工作报告。

俞正声指出，过去10年尤其是最近5年，是对台工作成果最显著、两岸关系发展最迅速时期。我们推动两岸关系实现重大转折，取得一系列重要成果，开创了两岸关系和平发展新局面。我们党在对台工作实践中形成的两岸关系和平发展重要思想，丰富了国家统一理论和中央对台工作大政方针，具有长期指导意义。推动两岸关系和平发展，是实现和平统一的必由之路，也是我国和平发展战略的重要组成部分。

各地各部门要围绕巩固深化两岸关系和平发展这一主要任务，更加积极有为地做好今年对台工作，稳步推进两岸关系全面发展。要努力增进两岸政治互信，反对"台独"分裂图谋，保持两岸关系发展正确方向。要加快两岸经济合作框架协议后续协商，加强两岸产业和金融合作，支持帮助台资企业发展，促进海西经济区建设。要坚持把团结广大台湾同胞作为对台工作主线，努力为台湾同胞多做实事、多办好事。

要进一步促进两岸人员往来，深化文化教育等各领域交流，扩大两岸基层交流。要着力提高两岸交流的质量和效益，积极推进制度化建设。要鼓励两岸学术界从民间角度就解决两岸政治问题开展对话。要切实做好台胞权益保护工作。

澳门基本法颁布20周年启动大会召开

2月21日，澳门社会各界纪念澳门基本法颁布20周年启动大会在澳门文化中心隆重举行。吴邦国出席并发表讲话。

吴邦国首先向全体澳门居民致以新春的问候和良好祝愿。他说，澳门回归13年来，特别行政区取得的建设和发展成就是历史性的。这是中央政府和内地各地方大力支持的结果，是特区政府与广大澳门居民一起团结奋斗的结果，更是全面贯彻落实“一国两制”方针和澳门基本法的结果。中央充分肯定澳门回归以来取得的成绩，相信澳门的明天会更美好。今年是澳门基本法颁布20周年。澳门特别行政区政府和基本法推广协会筹划了一系列纪念活动，宣传和推广基本法，在全社会牢固树立基本法意识和法制观念，抓住了澳门长期繁荣稳定的根本，具有重大意义。他强调，宣传和推广基本法，一要始终坚持中央政府对澳门实行的各项方针政策的根本宗旨，维护国家主权、安全、发展利益，保持澳门长期繁荣稳定，并以此作为依法处理澳门事务的指导原则。二要深刻认识澳门特别行政区实行的制度，既要维护中央权力，也要保障澳门特别行政区高度自治权，从而使这两方面权力都落到实处，以实现澳门的良好管治。三要全面理解国家主体实行社会主义和澳门实行资本主义的关系，这样坚持一国原则才能落到实处，尊重两制差异才能成为自觉行动，从而保持两种制度都不变，把国家和澳门建设好、发展好。

启动大会上，特区行政长官崔世安，澳门基本法推广协会负责人、原澳门基本法起草委员会委员代表等致辞。来自澳门特区社会各界代表850人出席大会。

中央文明委召开全国未成年人思想道德建设工作会议

2月22日，中央文明委在北京召开全国未成年人思想道德建设工作电视电话会议。刘奇葆出席会议并讲话。

刘奇葆指出，2004年以来，未成年人思想道德建设工作内容不断充实，方法手段更加有力，取得良好实际效果。要坚持育人为本、德育为先，大力开展社会主义核心价值体系学习教育，开展“中国梦”学习教育，全面实施素质教育，着力培养未成年人社会责任感、创新精神和实践能力。要关心关爱留守儿童、流浪儿童、孤残儿童等特殊群体孩子，重视未成年人心理健康教育，让每个孩子都能成为有用之才。要持之以恒地抓，一以贯之地抓，完善学校、家庭、社会“三结合”教育网络，全员育人、全方位育人，让孩子们学习得更好、生活得更好、成长得更好。

中共中央政治局召开会议决定召开十八届二中全会

2月23日，中共中央政治局召开会议，决定2013年2月26日至28日在北京召开中国共产党第十八届中央委员会第二次全体会议。习近平主持会议。

会议讨论了《国务院机构改革和职能转变方案(草案)》稿。讨论了向第十二届全国人民代表大会第一次会议推荐的国家机构领导人员建议人选和向政协第十二届全国委员会第一次会议推荐的全国政协领导人员建议人选。确定将以上两个方面的内容作为十八届二中全会的议题。

会议讨论了国务院拟提请第十二届全国人民代表大会第一次会议审议的《政府工作报告》稿。同意国务院将《政府工作报告》稿提请第十二届全国人民代表大会第一次会议审议。

中共中央政治局举行第四次集体学习

2 月 23 日，中共中央政治局就全面推进依法治国进行第四次集体学习。习近平主持学习。全国人大常委会法工委主任李适时、最高人民法院副院长沈德咏、最高人民检察院副检察长胡泽君、司法部部长吴爱英、国务院法制办主任宋大涵结合实际工作，就这个问题发表了意见。

习近平在主持学习时发表了讲话。他强调，我国形成了以宪法为统帅的中国特色社会主义法律体系，我们国家和社会生活各方面总体上实现了有法可依，这是我们取得的重大成就。要加强宪法和法律实施，维护社会主义法制的统一、尊严、权威，形成人们不愿违法、不能违法、不敢违法的法治环境，做到有法必依、执法必严、违法必究。我们提出要努力让人民群众在每一个司法案件中都感受到公平正义，所有司法机关都要紧紧围绕这个目标来改进工作，重点解决影响司法公正和制约司法能力的深层次问题。任何组织或者个人都必须在宪法和法律范围内活动，任何公民、社会组织和国家机关都要以宪法和法律为行为准则，依照宪法和法律行使权利或权力、履行义务或职责。要深入开展法制宣传教育，在全社会弘扬社会主义法治精神，引导全体人民遵守法律、有问题依靠法律来解决，形成守法光荣的良好氛围。要坚持法制教育与法治实践相结合，广泛开展依法治理活动，提高社会管理法治化水平。要坚持依法治国和以德治国相结合，把法治建设和道德建设紧密结合起来，把他律和自律紧密结合起来，做到法治和德治相辅相成、相互促进。

他说，我们党是执政党，坚持依法执政，对全面推进依法治国具有重大作用。要坚持党的领导、人民当家作主、依法治国有机统一，把党的领导贯彻到依法治国全过程。各级党组织必须坚持在宪法和法律范围内活动。各级领导干部要带头依法办事，带头遵守法律。各级组织部门要把能不能依法办事、遵守法律作为考察识别干部的重要条件。

解放军四总部联合印发《厉行节约严格经费管理的规定》

2 月 24 日，经中央军委主席习近平批准，解放军总参谋部、总政治部、总后勤部、总装备部联合印发《厉行节约严格经费管理的规定》，明确了按战斗力标准花钱办事、严格经费分配与审批、控制非急需基建投资、规范集中采购集中支付、从严管控会议集训和公务接待开支等 17 条具体规定要求。

《规定》以习主席关于加大依法治军、从严治军力度，发扬艰苦奋斗光荣传统、勤俭办一切事业的指示精神为指导，与中央军委加强自身作风建设“十项规定”相衔接，着重对“哪些钱能花、哪些钱不能花”作出明确和规范。

四总部要求，各级党委要把厉行节约、严格经费管理列入重要议事日程，定期搞好对照检查；各级领导和机关率先垂范，全军部队令行禁止，认真抓好落实。

总政治部通报表彰全军学雷锋先进单位与个人

2 月 26 日，在纪念毛泽东等老一辈革命家为雷锋同志题词 50 周年之际，解放军总政治部通报表彰了全军学雷锋先进单位和个人。

通报指出，近年来，全军和武警部队始终以走在前列的责任意识和饱满热情，深入持久开展学雷锋活动，涌现出一大批学雷锋先进典型。为鼓励先进、树立榜样，总政治部决定，通报表彰 61578 部队等 29 个学雷锋先进单位和 61401 部队工程师陈松涛等 34 名学雷锋先进个人。

通报要求，各级党委和政治机关要深入学习贯彻党的十八大精神，坚决落实习近平主席和军委一系列重要决策指示，推动学雷锋活动常态化长效化，为在新的起点上推动国防和军队现代化建设提供强大动力。全军官兵要以学雷锋先进典型为榜样，牢记肩负的责任和使命，把个人理想追求与民族复兴、国家富强、军队强大联系在一起,脚踏实地,埋头苦干,奋发有为,为建设一支听党指挥、能打胜仗、作风优良的人民军队做出新的贡献!

第十届中国公民道德论坛在长沙举行

2月26日,中宣部在长沙举办第十届中国公民道德论坛,学习贯彻党的十八大精神,总结学雷锋活动常态化的经验做法,探讨提高公民道德素质的措施办法。申维辰在会上作了讲话。

论坛指出,良好道德素质是经济社会发展的基本支撑,是社会文明程度的重要标志,是民生幸福的根本依托。要把提高公民道德素质作为推进社会主义核心价值体系建设的基础工作,作为建设社会主义文化强国的根本举措,作为全面建成小康社会、加快推进社会主义现代化的战略任务,切实增强道德建设的责任感使命感。要牢牢抓住培育践行社会主义核心价值观这一根本,努力建设与我国经济社会发展水平相适应的良好道德生态和道德环境。

湖南省长沙市、衡阳市蒸湘区、长沙市望城区公安消防大队、辽宁省辽阳市、上海普陀区、福建省厦门市、河南省汝州市、中石化江汉油田负责同志作了发言。

中国共产党第十八届中央委员会第二次全体会议举行

2月26日至28日,中国共产党第十八届中央委员会第二次全体会议在北京举行。全会由中央政治局主持,习近平作重要讲话。

全会听取和讨论了习近平受中央政治局委托作的工作报告,审议通过了中央政治局在广泛征求党内外意见、反复酝酿协商的基础上提出的拟向十二届全国人大一次会议推荐的国家机构领导人员人选建议名单和拟向全国政协十二届一次会议推荐的全国政协领导人员人选建议名单,决定将这两个建议名单分别向十二届全国人大一次会议主席团和全国政协十二届一次会议主席团推荐。审议通过了在广泛征求意见的基础上提出的《国务院机构改革和职能转变方案》。李克强就《国务院机构改革和职能转变方案(讨论稿)》向全会作了说明。全会建议国务院将这个方案提交十二届全国人大一次会议审议。

全会充分肯定党的十八届一中全会以来中央政治局的工作。一致认为,面对严峻复杂的国际环境和艰巨繁重的国内改革发展稳定任务,中央政治局全面贯彻党的十八大和十八届一中全会精神,高举中国特色社会主义伟大旗帜,以邓小平理论、"三个代表"重要思想、科学发展观为指导,团结带领全党全军全国各族人民,解放思想,改革开放,凝聚力量,攻坚克难,按照稳中求进的工作总基调,着力转变工作作风,着力推动经济持续健康发展,实施"十二五"规划纲要,全面推进社会主义经济建设、政治建设、文化建设、社会建设、生态文明建设,全面推进党的建设新的伟大工程,各项工作取得新进展。

全会号召,全党全国各族人民更加紧密地团结起来,在以习近平同志为总书记的党中央领导下,坚定不移坚持和发展中国特色社会主义,锐意进取,扎实工作,团结奋进,为实现党的十八大确定的目标任务而共同奋斗。

中共中央举行民主协商会

2月28日,中共中央在中南海怀仁堂举行民主协商会,就国务院机构改革和职能转变、中共中央拟向十二届全国人大一次会议推荐的国家机构领导人员人选建议名单和拟向全国政协十二届一次会议推荐的全国政协领导人员人选建议名单,向各民主党派、全国工商联和无党派人士通报情况,听取意见。习近平主持会议并发表重要讲话。李克强、张德江、俞正声、刘云山、王岐山、张高丽出席会议。

习近平在讲话中指出,行政体制改革是推动上层建筑适应经济基础的必然要求。实现全面建成小康社会和全面深化改革开放的目标,必须深化已进行30多年并取得重要成果的行政体制改革，破除制约经济社会发展的体制机制弊端。中共十八大从我国发展全局出发，提出了深化行政体制改革的要求和任务，强调要按照建立中国特色社会主义行政体制目标，深入推进政企分开、政资分开、政事分开、政社分开，建设职能科学、结构优化、廉洁高效、人民满意的服务型政府。国务院机构改革和职能转变在行政体制改革中起着至关重要的作用，需要首先抓紧抓好。中共中央根据中共十八大提出的任务，在深入调查研究、广泛征求意见的基础上，形成了《国务院机构改革和职能转变方案（草案）》。中共十八届二中全会审议通过后，将建议国务院提请十二届全国人大一次会议审议。

搞好新一届国家机构和全国政协人事安排特别是高层人事安排，是开好全国两会最重要的一项工作，是关系全面建成小康社会全局的大事。中共中央政治局对此高度重视，在充分发扬民主，全面考虑人选条件、各方面结构要求和工作需要的基础上，提出了建议名单。

会议上，李克强通报了《国务院机构改革和职能转变方案（草案）》的有关情况。刘云山就新一届国家机构领导人员和全国政协领导人员人选建议名单作了说明。

民革中央主席万鄂湘、民盟中央主席张宝文、民建中央主席陈昌智、民进中央主席严隽琪、农工党中央主席陈竺、致公党中央主席万钢、九三学社中央主席韩启德、台盟中央主席林文漪、全国工商联主席王钦敏、无党派人士代表郝如玉等发了言。他们认为，《国务院机构改革和职能转变方案（草案）》，新一届国家机构领导人员和全国政协领导人员人选建议名单，都是在广泛征求意见、充分酝酿协商的基础上形成的，体现了中共十八大精神，顺应全面建成小康社会新形势新任务的要求，考虑比较周全，表示拥护和赞成，并就推进国务院机构改革和职能转变等提出了意见和建议。

《中国共产党执政兴国图集》出版发行

2月28日，中央党史研究室与新华社在北京召开《中国共产党执政兴国图集》首发式。《图集》选编了1400多幅图片、撰文12万余字，全景式记录了中国共产党领导全国各族人民进行社会主义革命和建设的伟大历程，全面展现了中国特色社会主义的历史逻辑和发展轨迹。《图集》中部分历史照片首次对外公布。

第三部分

学习贯彻党的十八大精神

深入学习贯彻党的十八大精神 在新的历史起点上开创政法工作新局面

孟建柱

以党的十八大为标志，我们党和国家开启了全面建成小康社会新的伟大征程，政法工作也站在了一个新的历史起点上。2013 年，政法机关要全面贯彻党的十八大和习近平总书记关于做好新形势下政法工作重要指示精神，紧紧围绕全面建成小康社会的奋斗目标，牢牢把握坚持和发展中国特色社会主义这一主线，坚持一手抓当前维护国家安全和社会稳定工作、一手抓政法事业长远发展，以平安建设、法治建设、队伍建设“三大建设”为载体，以推进劳教制度改革、涉法涉诉信访工作改革、司法权力运行机制改革、户籍制度改革“四项改革”为重点，以提升做好新形势下群众工作能力、维护社会公平正义能力、新媒体时代社会沟通能力、科技信息化应用能力、拒腐防变能力“五个能力”为保障，进一步加强和改进政法工作和政法队伍建设，努力为全面建成小康社会、夺取中国特色社会主义新胜利创造安全稳定的社会环境、公平正义的法治环境和优质高效的服务环境。

一、牢牢把握“一条主线”，坚定不移地做中国特色社会主义事业的建设者、捍卫者

坚持和发展中国特色社会主义，既是贯穿党的十八大报告的一条主线，又是学习贯彻党的十八大精神的聚焦点、着力点、落脚点。政法战线是党领导的一条重要战线，政法事业是中国特色社会主义事业的重要组成部分，政法机关必须牢牢把握这条主线，坚定不移地做中国特色社会主义事业的建设者、捍卫者。

坚定“三个自信”，进一步提高做中国特色社会主义事业建设者、捍卫者的自觉性。道路决定命运，发展才能自强。90 多年来特别是新中国成立 60 多年、改革开放 30 多年来，我国之所以能够创造中国历史乃至世界历史上的发展奇迹，现在我国比历史上任何时候都更加接近中华民族伟大复兴的宏伟目标，最根本的原因就是坚持和发展了中国特色社会主义。尤其是在上世纪 80 年代末 90 年代初苏联解体、东欧剧变的风云变幻中，在近年来国际金融危机、欧洲主权债务危机和国内重大自然灾害的严峻考验中，中国特色社会主义彰显了巨大优越性和强大生命力。政法机关要善于从历史与现实的比较、理论与实践的结合上，教育引导政法干警不断坚定对中国特色社会主义的共同信念，坚定道路自信、理论自信、制度自信，确保政法工作始终沿着正确的政治方向前进。

牢记职责使命，进一步增强做中国特色社会主义事业建设者、捍卫者的主动性。政法工作具有很强的政治性、政策性和法律性、社会性，无论是经济建设、政治建设、文化建设、社会建设，还是生态文明建设，都与政法工作密切相关。政法机关必须更加自觉地将政法工作置于中国特色社会主义事业总体布局中来审视，把维护稳定、促进和谐作为深化改革、推动发展的重要前提，把正确处理维护秩序与激发活力的关系作为加强和创新社会管理的关键点，把打击犯罪与保障人权、严格执法与热情服务有机结合起来，确保人民群众在平安和谐、公平正义中享受幸福生活，不断增强人民群众的安全感、满意度，不断提升政法队伍的亲和力、公信力。

**发挥制度优势，进一步提升做中国特色社

会主义事业建设者、捍卫者的能力水平。实践证明，无论是推动发展、维护稳定，还是创新管理、提升服务，法治都是最可靠的手段。偏离法治轨道，不仅不能从根本上解决问题，反而会引发新的矛盾。政法机关是党领导下的执法司法力量，行使的是国家权力，服务的是人民群众，在建设法治国家、法治政府、法治社会进程中发挥着重要的作用。政法机关要从坚持和发展中国特色社会主义的高度，积极借鉴人类法治文明优秀成果，进一步深化司法改革，充分发挥社会主义司法制度的优越性，善于运用法律手段调节经济社会关系、统筹协调各种利益冲突，善于运用法律手段化解社会矛盾、维护公平正义，善于运用法律手段预防惩治犯罪、维护社会秩序，确保社会稳定。

二、着力抓好“三大建设”，有效回应人民群众新期待

政法机关学习贯彻党的十八大精神，必须围绕中心、服务大局，更加自觉地将政法工作置于全面建成小康社会的大局中来思考、来谋划，把深化平安建设、推进法治建设、加强队伍建设作为基础性工程来抓，把建设平安中国、建设法治中国、打造过硬队伍作为政法工作的奋斗目标来追求。

深化平安建设，建设平安中国。群众看政法，首先看平安。平安稳定是人民幸福安康的基本要求，是改革发展的基本前提。早在1983年，邓小平同志就描绘了对小康社会的美好愿景，其中一条就是“犯罪行为大大减少”。党的十八大对全面建成小康社会提出了一系列新要求，社会和谐稳定是其中的重要内容。我们要建成的小康社会，既是一个经济繁荣、人民富裕的社会，也是一个社会安定有序、人民充满安全感幸福感的社会。政法综治部门要从更高起点、更高层次上全面深化平安建设，努力完善立体化社会治安防范体系和公共安全体系，使人民群众安全感、满意度明显上升，社会平安稳定总体状况进入良性循环轨道，努力提高平安中国建设水平。要以人民群众对社会平安的需求为导向，加大矛盾纠纷排查化解力度，加大对严重刑事犯罪的防范打击力度，坚决维护人民群众合法权益。要以机制创新为动力，积极推进平安建设网络化、信息化、社会化，最广泛地组织动员人民群众投身平安建设，创建人民群众追求的、实实在在的平安。要进一步提升平安市、县创建活动水平，以基层平安促进大局平安，以各地平安促进中国平安建设。

推进法治建设，建设法治中国。法治是人类政治文明的重要成果。实施依法治国基本方略、建设社会主义法治国家，既是经济发展、社会进步的客观要求，也是确保国家长治久安的根本保障。在我们这样一个13亿人口的大国，要实现政治清明、社会公平、民心稳定、长治久安，最根本的还是要靠法治。法治建设推进得越持久、越深入，其成效就会成倍放大。习近平总书记在纪念现行宪法公布施行30周年大会上特别强调，要“坚持依法治国、依法执政、依法行政共同推进，坚持法治国家、法治政府、法治社会一体建设”。这既是对我国历史经验教训的深刻总结，也是对我国法治建设的更高要求。政法机关作为执法司法机关，必须坚持中国特色社会主义法治道路不动摇，紧紧围绕建设法治中国的总目标，以构建公正高效权威社会主义司法制度为重点，以切实维护公民合法权益为根本任务，把加强法治建设贯穿于政法工作全过程，肩负起社会主义法治国家建设者、实践者的重任。要把严格执法、公正司法作为基本要求，教育引导政法干警牢固树立社会主义法治理念，坚持对党负责、对人民负责与对法律负责的一致性，严格依照法定权限和程序履行职责、行使权力，维护国家法制的统一、尊严和权威。要把以人为本、公平正义作为灵魂，紧紧抓住影响司法公正和制约司法能力的关键环节，优化司法职权配置，规范执法司法行为，提升执法司法公信力。要把促进全社会学法尊法守法用法作为重要目标，推动领导干部提高运用法治思维和法治方式深化改革、推动发展、化

解矛盾、维护稳定能力，深化对群众的法制宣传教育，努力形成尊重法律、崇尚法治的良好氛围。要积极协助党委和政府，以开展“法治市县”、“法治行业”、“民主法治示范村”等法治创建活动为抓手，以加强法治文化建设为基础，推动法治中国建设不断向纵深发展。要充分发挥广大法学法律工作者、律师的重要作用，促进法学理论与法治实践的结合，为推动全体人民增强法治观念，加快建设法治国家作出新贡献。

加强队伍建设，提升整体素质。从总体上看，政法队伍是一支忠于党、忠于国家、忠于人民、忠于法律的队伍，是一支党和人民可以信赖的有坚强战斗力的队伍。同时，随着世情、国情、党情的深刻变化，政法工作任务越来越繁重，执法环境越来越复杂，对政法队伍的要求越来越高。政法机关要紧紧围绕加强党的执政能力建设、先进性和纯洁性建设这条主线，以提高专业化、职业化、正规化水平为重点，以提升创造力、凝聚力、战斗力为目标，坚持政治建警、素质强警，坚持依法治警、科学用警，坚持从严治警、从优待警，全面加强政法机关领导班子建设和思想、组织、作风、反腐倡廉与制度建设，打造一支忠诚可靠、执法为民、务实进取、公正廉洁的高素质政法队伍。要加强思想政治建设，加强对政法干警的政治轮训，进一步坚定理想信念，打牢高举旗帜、听党指挥、忠诚使命的思想基础。要加强专业化、职业化、正规化建设，建立健全政法干警教育培训体系，加强职业道德教育，完善落实职业准入、执法资格和分类管理制度，探索建立与政法干警职业特点相适应的职业保障制度，提升政法干警的职业素养和专业水平。要加强纪律作风建设，严肃查处各类违法违纪行为，坚决反对执法不公、司法腐败，始终保持队伍的纯洁性，以铁的纪律带出一支作风过硬的队伍。

三、积极推进“四项改革”，努力提高执法司法公信力

与党的十八大提出的新要求和人民群众对公平正义的新期待相比，政法工作还存在一些不适应的问题。政法机关要以推动社会主义司法制度自我完善和发展为方向，以解决群众反映强烈的突出执法司法问题为重点，努力建设公正高效权威的社会主义司法制度。

改革劳教制度。劳教制度建立以来，为维护社会治安秩序、确保社会稳定发挥了积极作用。随着社会主义民主法治建设的加快推进，社会上要求改革劳教制度的呼声日趋强烈。同时，法律法规不断完善，政法机关驾驭社会治安局势能力不断提升，也为改革劳教制度创造了有利条件。政法机关要统一思想认识，积极稳妥地改革劳教制度。

改革涉法涉诉信访工作。政法机关要站在全面推进依法治国的战略高度，从更好地维护人民群众根本利益、维护司法权威、维护社会和谐稳定出发，以实施修改后的刑事诉讼法和民事诉讼法为契机，把依法维权与依法办事有机结合起来，引导涉法涉诉信访问题在法治轨道内妥善解决，确保群众的诉求解决得更好、信访秩序维护得更好。

改革司法权力运行机制。执法不公、司法腐败，损害的是宪法和法律的权威，败坏的是党和国家的形象。政法机关要以解决影响司法公正、制约司法公信力的深层次问题为着力点，正确处理依法行使职权与依法接受监督的关系，建立健全科学合理、规范有序的司法权力运行机制，确保审判机关、检察机关依法独立公正行使审判权、检察权，确保司法公正。在政法各单位内部，要合理配置权力，建立有权必有责、用权受监督、失职要问责、违法要追究的管理体系，进一步规范自由裁量权的行使，确保司法权严格依法运行。在政法各单位之间，要进一步规范分工负责、互相配合、互相制约的内容、形式、程序，既加强配合，有效应对复杂问题，又强化制约，加强法律监督，确保司法权不被滥用。在上下级政法机关之间，要进一步规范领导、指导、监督的权限、范围，既确保国家法律统一、正确实施，又确保各层级政法单位依法独立公正

办案。在政法机关外部，要完善对违反法定程序干预的登记备案报告和通报制度，确保司法权行使不受行政机关、社会团体和个人干涉。同时，要完善规范依法接受党内监督、民主监督、法律监督、舆论监督机制，拓宽人民群众有序参与司法的渠道。除法律规定保密的情况外，要把司法依据、程序、流程、结果及时公之于众，确保司法权在阳光下运行，让“暗箱操作”没有空间，让司法腐败无处藏身。

改革户籍制度。改革开放30多年来，数以亿计的农村富余劳动力向非农产业和城镇转移，为促进经济社会发展作出了重要贡献。要积极适应工业化、信息化、城镇化、农业现代化同步发展的新形势，坚持以实现农业转移人口市民化为方向，以基本公共服务常住人口全覆盖为保障，统筹考虑各地经济社会发展水平和城市综合承载能力，区别情况、积极作为，稳妥有序推进户籍制度改革，逐步让大多数流动人口在城镇和农村安居乐业、各得其所。

四、着力提升“五个能力”，不断增强政法工作综合效能

面对新形势新任务提出的新要求新挑战，政法机关要以与时俱进的精神加强能力建设，担负起党和人民赋予的职责使命。

着力提升做好新形势下群众工作能力。密切党群、干群关系，保持同人民群众的血肉联系，始终是我们党立于不败之地的根本保证。政法机关既是执法司法机关，也是群众工作机关；政法干警既是执法司法工作者，也是群众工作者。无论环境和条件怎么变化，执法为民的宗旨不能变，专群结合的方针不能丢，必须始终把人民放在心中最高位置，坚持把提高群众工作能力作为最根本的能力来抓，把政法工作深深扎根于人民群众之中。要在增进同群众的感情上下功夫，组织政法干警深入基层、融入群众，在感同身受中不断增进同人民群众的感情，在换位思考中打牢执法为民的思想基础。要在维护群众合法权益上下功夫，坚持以人民利益为重、以人民期盼为念，着力解决人民群众最关心的公共安全问题、最关切的权益保障问题、最关注的公平正义问题，把工作做到老百姓心坎上。要在创新群众工作方法上下功夫，把传统有效做法与现代科技手段有机结合起来，提升新形势下社会沟通能力和服务群众水平。

着力提升维护社会公平正义能力。实现社会公平正义，是我们党的一贯主张，是坚持和发展中国特色社会主义的重大任务。政法机关处在保障社会公平正义的最后一道防线，必须把维护社会公平正义作为首要价值追求，坚持严格执法、公正司法，从实体、程序和时效上充分体现维护社会公平正义的要求，让人民群众感到公平正义就在身边。要完善保障社会公平正义的执法司法制度，从源头上预防随意执法、粗放执法等问题的发生。政法干警既要善于从法律视角依法办事，又要善于从社会视角处理问题，实现法律效果与社会效果的统一，努力使每一起案件的办理、每一件事情的处理都成为维护社会公平正义的具体实践。要下大气力解决执法不严、裁判不公和诉讼难、执行难等人民群众关心关注的公平正义问题，努力让经济确有困难的群众打得起官司，让有理有据的当事人赢得了官司，让打赢官司且具备条件执行的当事人及时实现胜诉权益，使当事人感受到法律的尊严和公正。

着力提升新媒体时代社会沟通能力。当今世界已进入新媒体时代。政法机关要与时俱进地转变思想观念，既切实加强对新形势下政法工作规律特点的研究，又着力加强对现代新闻传播规律的把握，善待媒体，善用媒体，提升新媒体时代与社会的沟通能力。要善于运用群众喜闻乐见的方式，把党和政府权威真实的声音及时传送到微博、社区网等互联网上的各个角落去，最大限度地增加舆论的“正能量”。要悉心体察群众所思所想所盼，主动及时回应社会关切，有效疏导公众情绪。

着力提升科技信息化应用能力。在社会信息化条件下，谁拥有先进科技手段、占据信息优

势，谁就能掌握主动、赢得未来。政法机关要牢固树立向科技要警力、向信息化要战斗力的理念，坚持把“深度建设”与“深度应用”有机结合起来，推进政法工作信息化建设，以信息化引领政法工作现代化。要加快政法信息共享共用步伐，增强信息化应用实效，推动信息化建设成果更好更快地转化为现实战斗力。要结合“智慧城市”建设，充分利用信息化手段提高社会综合服务管理水平。要以信息化促进执法规范化，把业务流、信息流与管理流有机结合起来，把信息化与公开化有机结合起来，确保执法权、司法权规范、透明运行。

着力提升政法队伍拒腐防变能力。习近平总书记反复强调“打铁还需自身硬”、“腐败问题越演越烈，最终必然亡党亡国”，要求全党必须警醒起来。政法各单位掌握着执法司法权，政法干警不是生活在真空里，面临的考验诱惑多。政法机关要毫不动摇地坚持从严治警的方针，严格落实党风廉政建设责任制，抓好班子、带好队伍，努力促进干警清正、队伍清廉、司法清明。要抓住群众反映强烈的突出问题这个重点，依法依纪严肃查处害群之马，着力解决好发生在群众身边的腐败问题。要抓住制度建设这个根本，围绕容易滋生腐败问题的重点领域和关键环节，强化廉政风险防控，从源头上预防腐败问题的发生。严是爱、松是害。要抓住领导干部这个关键，严格执行廉洁从政各项准则。各级政法领导干部要善于在监督下工作，学会在法治轨道上用权，保持清廉本色，坚守精神高地。

坚持党对政法工作的绝对领导，既是我国司法体制的重要特征和政治优势，也是政法工作不可动摇的根本政治原则。各级党委要从思想上、政治上、组织上进一步加强对政法工作的领导，建设好、管理好、使用好政法队伍。党委政法委是党委领导和管理政法工作的职能部门，是实现党对政法工作领导的重要组织形式。要进一步明确党委政法委的职能定位，创新党委政法委的领导方式，提升协调解决事关政法工作全局的重大问题的能力，提升领导政法工作的科学化、法治化水平。要进一步理顺党委政法委与政法各单位的关系，支持审判机关、检察机关依法独立公正行使审判权、检察权，支持政法各单位依照宪法和法律独立负责、协调一致地开展工作，履行好党和人民赋予的职责使命。

（作者：中共中央政治局委员、中央政法委书记）

落实党的十八大精神　深化党建研究工作

赵乐际

2013年是全面贯彻落实党的十八大精神开局之年。十八大统筹伟大事业与伟大工程，对坚持和发展中国特色社会主义作出全面部署，对全面提高党的建设科学化水平提出明确要求。党的建设是党的事业不断取得胜利的重要保证，党建研究是党的建设扎实推进的重要基础。我们要充分认识新形势下做好党建研究工作的重要性，运用马克思主义立场、观点和方法，以宽广眼界、敏锐眼光，及时发现新情况；以战略思维、前瞻思考，深入研究新问题；以求实精神、创新方法，善于提出新建议，不断开辟党建研究新境界。

一、牢牢把握党建研究的正确方向

习近平总书记最近指出，党的十八大精神，说一千道一万，归结为一点，就是坚持和发展中国特色社会主义。这为我们领会贯彻十八大精神、做好各项工作指明了方向。开展党建研究，要把坚持和发展中国特色社会主义作为聚焦点、着力点、落脚点，努力为丰富中国特色社会主义的实践特色、理论特色、民族特色、时代特色贡献智慧和力量。

一要从90多年来党的建设实践中把握方向。就是要坚持唯物史观，把历史作为最好的教科书。毛泽东同志1942年曾说过，“如果不把党的历史搞清楚，不把党在历史上所走的路搞清楚，便不能把事情办得更好”。我们要从党的辉煌历史、巨大成就、成功经验中“寻根守魂”，清醒认识党的历史、党目前所处的方位，明确党是怎样走过来的、要怎样走下去，这样才能使党建研究具有可靠的根基和不竭的动力。我们党成立90多年来，走过了极不平凡的历程。新民主主义革命时期，党带领人民历经千辛万苦、付出巨大牺牲，建立了新中国，实现了民族独立、人民解放。社会主义革命和建设时期，党艰辛探索符合中国国情的社会主义建设道路，为开创中国特色社会主义提供了宝贵经验、理论准备、物质基础。改革开放新时期，邓小平同志响亮地提出“走自己的道路，建设有中国特色的社会主义”。30多年来，中国特色社会主义不断发展、不断前进，“风景这边独好”。我们对中国特色社会主义有了深刻认知，明白这是党和人民90多年奋斗、创造、积累的根本成就，是改革开放30多年实践的根本总结，是实现中华民族伟大复兴的必由之路，才会在党建研究中，更加自觉地坚持中国特色社会主义这个根本方向，更加自觉地遵循科学社会主义基本原则这个内在要求，更加自觉地把握改革开放前后社会主义实践探索不能彼此割裂这个政治问题，更加自觉地运用马克思主义必定随着时代、实践和科学的发展而不断发展这个基本观点。站在党的事业发展的历史长河中，着眼马克思主义理论的运用，着眼对实际问题的理论思考，着眼新的实践和新的发展，使党建研究在新的历史起点上，不断有所发现、有所创造、有所建树。

二要从党建研究的内在规律中把握方向。就是要坚持科学认识论，在总结经验中探索规律。我们党是一个善于总结经验、运用规律的马克思主义政党。在党的历史上，中央先后作出两个关于历史问题的决议，即1945年4月扩大的六届七中全会通过的《关于若干历史问题的决议》，1981年6月十一届六中全会通过的《关于建国以来党的若干历史问题的决议》。

它们虽然形成于不同历史时期，但都是运用马克思主义立场、观点和方法来研究党的历史，都起到了总结历史经验、统一思想认识、团结一致向前看的重要作用。改革开放以来，我们党在坚持和发展中国特色社会主义实践中，形成了党的基本理论、基本路线、基本纲领、基本经验、基本要求，在探索共产党执政规律、社会主义建设规律、人类社会发展规律上取得一系列新的重大理论成果。党的建设有规律，党建研究也有自身规律。就全国党建研究会来说，从1992年成立以来，职能定位不断明晰，工作布局不断完善，运行机制不断健全，方式方法不断改进，在把握党建规律过程中，积累了丰富的党建研究经验，概括起来就是：必须坚持高举旗帜，以发展着的马克思主义为指导；必须坚持服务大局，紧紧围绕伟大事业和伟大工程来开展；必须坚持解放思想与实事求是的统一，积极推进实践基础上的理论创新；必须坚持理论联系实际，立足基本国情、回答现实问题；必须坚持发扬学术民主，开放包容、博采众长，集中各方面智慧和力量。这些经验，反映了党建研究的规律，体现了时代发展要求，要坚持下去，在新的实践中不断丰富和发展。

三要从世界执政党的经验教训中把握方向。就是要坚持正确比较观，拓宽研究视野。我们党对中国特色社会主义道路的探索，不是在封闭孤立的条件下进行的，而是把中国问题放在世界格局中去思考。我们开展党建研究，要以宽阔的世界眼光、以开放的战略思维，纵览世界风云的跌宕起伏、洞察世界政党的兴衰成败，在比较中鉴别优劣、在鉴别中明白得失，廓清迷雾、看清趋势、得到深刻的启迪，为进一步作好中国特色社会主义这篇大文章出计献策。要在比较中，研究怎样进一步坚定党员干部对中国特色社会主义道路、理论体系、制度的自信，研究怎样进一步使党员干部不忘根本，研究怎样进一步密切党同人民群众的联系。党建研究的责任，就是要在全球大背景下，从我国实践到多国情况、从坚持科学社会主义原理到适应历史条件的变化、从分析当前到把握未来，不断探寻发挥党的理论优势、政治优势、组织优势、制度优势、密切联系群众优势的有效途径和方式，使我们党永葆生机活力。

二、深入研究党的建设的重大问题

党建研究的价值在于发现问题、解决问题。当前和今后一个时期，要围绕落实十八大精神和习近平总书记一系列重要讲话精神，牢牢把握加强党的执政能力建设、先进性和纯洁性建设主线，牢牢盯住建设学习型、服务型、创新型马克思主义执政党的目标任务，牢牢抓住党的思想、组织、作风、反腐倡廉、制度建设的关键问题，突出优势、突出重点、突出特色，开展深度研究，推动理论创新和实践创新。

要围绕坚定理想信念开展深度研究。对马克思主义的信仰、对社会主义和共产主义的信念，是共产党人经受住任何考验的精神支柱。人生活在现实中，思想使人超越现实、构想未来，这种超越和构想，就形成了理想。理想具有无穷力量，“砍头不要紧，只要主义真”，就是理想的力量。当前，坚定理想信念，最根本的是要坚定对中国特色社会主义的自信、自觉、自强。要以马克思主义唯物史观，研究坚定理想信念的客观要求，解决少数党员干部信仰迷茫、精神迷失的问题。要从社会主义初级阶段的国情出发，阐释党的最高纲领和基本纲领的统一，引导党员干部矢志不渝贯彻中国特色社会主义基本路线。要运用马克思主义关于资本主义社会基本矛盾的科学判断，分析人类社会不可逆转的发展趋势和曲折现象，引导党员干部坚定信心，集中精力推动科学发展、扎扎实实做好当前工作。

要围绕严明政治纪律开展深度研究。具有铁的纪律，是我们党的光荣传统和独特优势。严明纪律，首要的是严明政治纪律。遵守政治纪律，最核心的，就是坚持党的领导，坚持党的基本理论、基本路线、基本纲领、基本经验、基本要求，同以习近平同志为总书记的党中央保持高度一致，自觉维护中央权威。要多宣传党章是我们党的总章程、总规矩，党员遵守和维护党章是重大的政治责任，对大是大非问题必须有鲜明立场，对背离党性的言行必须有鲜明态度，对违反政治纪律的行为必须坚决制止。要加强纪律建设的研究和宣传，多研究加强纪律教育、细化纪律规定、增强纪律刚性、强化纪律执行的有效办法，促使广大党员始终做到政治信仰不变、政治立场不移、政治方向不偏。

要围绕抓好教育实践活动开展深度研究。一个长期执政的党，总会遇到各种风险和考验，党自身也会遇到这样那样的问题，特别是随着国际国内形势深刻复杂的变化，这种情况会更突出。开展集中教育实践活动，主动查找和解决问题，是党自我净化、自我完善、自我革新、自我提高的一个好办法。要研究总结延安整风运动、十五大以来历次集中教育活动的宝贵经验，以史为镜，使这次群众路线教育实践活动开展得更扎实、更有效。要突出重点，围绕怎样把保持党的先进性和纯洁性这条主线贯穿起来、怎样把为民务实清廉这个主题突出出来、怎样把群众反映强烈的问题解决到位、怎样使党组织和党员干部做群众工作的能力得到提高、怎样达到“照镜子、正衣冠、洗洗澡、治治病”的效果等，深入调查研究，提出意见建议。

要围绕造就高素质执政骨干队伍开展深度研究。干部工作，既要看当前、理人头，又需要分析研判、加强谋划。要加强干部工作理论研究，在规律把握、政策规范、宏观管理上提出建议；加强干部队伍建设前瞻性研究，在干部队伍素质、来源、年龄、专业结构的优化方向上提出建议；加强干部人事制度改革顶层设计的研究，在健全干部选拔任用、考核评价、教育培训、管理监督、奖惩、保障机制上提出建议；加强扩大干部工作民主、提高民主质量的研究，在尊重民意与正确集中上提出建议，为建设一支政治坚定、能力过硬、作风优良、奋发有为的执政骨干队伍提供决策参考。

要围绕建设基层服务型党组织开展深度研究。十八大报告提出，要“加强基层服务型党组织建设”，这是对基层党组织功能定位认识的深化和飞跃，是党在基层执政方式和工作方法上的重大转变。要紧紧围绕这个新定位新要求，研究建设基层服务型党组织的具体载体，提出创建目标、创建内容、创建方式的对策建议。研究不同地区、不同阶层、不同方面群众的愿望和诉求，运用利益分析法，提出完善共建共享机制、分配调节利益关系、惠及更多人民群众的对策建议。研究特殊群体的个性需求，提出服务弱势群体、困难群众的对策建议。研究服务群众的新途径新方法，总结推广区域化党建、网格化管理、组团式服务等有效做法，提出整合服务资源、丰富服务内容、提高服务质量的对策建议。研究服务群众的长效化、常态化问题，提出健全和落实相关制度的对策建议。

要围绕落实从严治党要求开展深度研究。贯彻十八大关于党的建设的部署，重要的是落实好党要管党、从严治党的要求。从严治党，从一定意义上讲就是从严治吏。严则警钟长鸣，严则邪气难侵，严则队伍纯洁，严则凝聚民心。要深入研究怎样应对“四大考验”、防止“四种危险”，怎样把从严要求贯彻到干部教育培养、考核选拔、管理监督的全过程和各方面，怎样整治用人上不正之风、营造风清气正的用人环境；怎样抓好中央八项规定贯彻落实，建立长效机制，确保善始善终、善做善成，真正以作风建设的成效取信于民。反对腐败、建设廉洁政治，是从严治党的重大任务。要深入研究怎样从源头上防治腐败，怎样完善权力运行制约和监督体系，怎样用法治思维和法治方式反对腐败，怎样加强对典型案例的剖析，从中找出规律性的东西，最大限度地减少体制障碍和制度漏洞。要注重总结我们党管党治党的经验做法，为保持党的先进性和纯洁性提供借鉴。

三、以科学求实精神提高党建研究水平

党建研究政治性、思想性、应用性很强，只

有坚持科学求实精神，才能导向正确、思想深刻、务实管用，才能进一步发挥在推进党的建设新的伟大工程中的重要作用。

一是坚持立足党建与放眼全局的统一。党的建设和党建研究，历来都是同党领导的伟大事业紧密联系在一起的。眼界决定境界，登高才能望远。要深入研究世情国情党情的新变化，深入研究全球思想文化交流交融交锋的新趋势，善于把党建研究放在国际大背景下去认识、去思考。要深入研究中国特色社会主义道路、理论体系、制度的基本内涵及其相互关系，善于把党建研究放在全党全国工作大局中来谋划、来推进，做到党的事业发展到哪里，党建研究就跟进到哪里；党的建设实践推进到哪里，党建研究就延伸到哪里。

二是坚持理论与实践的统一。实践是基础、是源泉，理论是升华、是结晶，二者相辅相成、相互促进。要在掌握实情上下功夫，坚持早调研、勤调研、深调研，坚持深入农村、企业、社区，深入党员、干部、群众，注重从各级党组织和广大党员干部的实践创造中总结经验、汲取营养。要增强问题意识，有时开展研究需要问题来驱动，针对问题才能有的放矢、找到良策。要在分析研判上下功夫，善于运用辩证思维、逻辑思维、系统思维，善于运用定性定量分析等方法，精耕细作、精雕细琢，抓住问题实质、找准矛盾根源、预见变化趋势。要在认识规律上下功夫，善于把感性认识升华为理性认识，使对策建议充分考虑到全局与局部的配套、治本与治标的结合、渐进与突破的互促，更好地指导、推动党建实践。

三是坚持政治性与学术性的统一。党建研究是党的工作的一部分，必须有鲜明的党性。党建研究又是一门相对独立的学科，也应当有很强的学术性。要坚持以党的旗帜为旗帜、以党的意志为意志，始终遵循党性原则、党的政治路线、党的政治纪律。要坚持解放思想、实事求是，一切从实际出发，遵循研究规律、遵守学术规范，活跃学术空气、繁荣学术研究，在实践中检验真理、发展真理。

四是坚持专业研究与社会参与的统一。全国党建研究会要充分发挥凝聚、组织、协调作用，广泛团结理论工作者、党务工作者，加强与各级党校、高等院校、社科研究机构的联合，加强与各地区各部门各行业党建研究会、党建研究机构的协作，整合资源、形成合力。要注重培养造就高素质党建研究队伍，把更多优秀人才吸引到党建研究中来，着力培养掌握一批政治上靠得住、理论研究有水平、人民群众中有影响的党建研究领军人才，不断壮大党建研究骨干力量。

（作者：中共中央政治局委员、中央组织部部长）

中国特色社会主义是当代中国发展进步的根本方向

冷　溶

党的十八大提出“中国特色社会主义是当代中国发展进步的根本方向”的重要论断，强调要坚定不移走中国特色社会主义道路。这是总结历史、立足现实、着眼未来得出的坚定结论，是对“举什么旗、走什么路”这个根本问题最直接最深刻的回答，是夺取中国特色社会主义新胜利的关键所在。

历史发展的必然选择

中国特色社会主义是当代中国发展进步的根本方向。这首先是总结历史得出的结论。

党的十八大报告指出：“九十多年来，我们党紧紧依靠人民，把马克思主义基本原理同中国实际和时代特征结合起来，独立自主走自己的路，历经千辛万苦，付出各种代价，取得革命建设改革伟大胜利，开创和发展了中国特色社会主义，从根本上改变了中国人民和中华民族的前途命运。”

从我们党长期奋斗的历史和中华民族伟大复兴的宽广视角来看中国特色社会主义，是党的十八大报告的一个显著特点。从这样的角度进行论述，更有厚重感，更具说服力，更能反映出中国特色社会主义的坚实基础、丰富内涵和重大意义。这对于处于承前启后、继往开来，为夺取中国特色社会主义新胜利而奋斗的我们党来说，更有底气，向前迈进的步伐更加有力。

30 年前，邓小平同志在党的十二大开幕词中第一次提出“建设有中国特色的社会主义”的重大思想时，就指出这是总结长期历史经验得出的基本结论。当时总结的是建党以来 61 年的历史，党的十八大报告总结的是 91 年的历史。而这后来的 30 年，是我们在中国特色社会主义道路上取得巨大成功的 30 年。党的十七大以来，我们纪念改革开放 30 年、新中国成立 60 年、建党 90 年，不断总结历史经验。现在又经过党的十八大这次总结，使我们对这一基本结论，对中国特色社会主义是历史的必然选择这一点，认识得更加充分。

报告从中国特色社会主义开创和发展的历史进程、理论和实践成果这两个方面，对这个问题进行了深刻论述。

从历史进程看。中国特色社会主义是经过几代中国共产党人一以贯之、接力探索，形成发展起来的。报告用简明的语言，精辟阐述了党的三代中央领导集体和党的十六大以来的党中央对中国特色社会主义的历史性贡献，高度概括了每一时期我们党的实践成就和理论建树。

报告指出，以毛泽东同志为核心的党的第一代中央领导集体，为新的历史时期开创中国特色社会主义提供了宝贵经验、理论准备、物质基础。以邓小平同志为核心的党的第二代中央领导集体，成功开创了中国特色社会主义。以江泽民同志为核心的党的第三代中央领导集体，成功把中国特色社会主义推向 21 世纪。新世纪新阶段，以胡锦涛同志为总书记的党中央，成功在新的历史起点上坚持和发展了中国特色社会主义。可以看出，中国特色社会主义是在改革开放新时期开创的，是在改革开放 30 多年一以贯之的接力探索中发展起来的，同时也是建立在我们党全部历史基础上的，凝结了几代中国共产党人带领人民不懈探索实践的智慧和心血。

从理论和实践成果看。我们党 90 多年的奋斗成就了中国特色社会主义。那么，什么是中国特色社会主义呢？报告从道路、理论体系、制度这三个方面集中回答了这个问题。

报告指出，中国特色社会主义道路、中国特色社会主义理论体系、中国特色社会主义制度，是党和人民90多年奋斗、创造、积累的根本成就，必须倍加珍惜、始终坚持、不断发展。报告对道路、理论体系、制度的基本内涵和相互关系作了高度概括和精辟阐述，认为三者统一于中国特色社会主义伟大实践，这是党领导人民在建设中国特色社会主义长期实践中形成的最鲜明特色。它们与中国特色社会主义的关系是·道路是实现途径，理论体系是行动指南，制度是根本保障。报告还指出："建设中国特色社会主义，总依据是社会主义初级阶段，总布局是五位一体，总任务是实现社会主义现代化和中华民族伟大复兴。"报告从道路、理论体系、制度这三个方面，又从总依据、总布局、总任务这三个角度，对中国特色社会主义作了总的概括和全面阐发，这在党的代表大会报告中还是第一次，反映了我们党对中国特色社会主义规律认识的深化。

党的十八大报告总结了我们党90多年奋斗的历史，回顾了中国特色社会主义每一步的发展历程，又从中概括出中国特色社会主义的丰富内涵，勾勒出它的总体面貌，使我们对中国特色社会主义，对走出这样一条正确道路的必然性及其意义，有了更加清晰、更加全面、更加深刻的认识。这是党的十八大报告的重大贡献。

中国成功的根本原因

中国特色社会主义是当代中国发展进步的根本方向。这是历史告诉我们的结论，又有充分的现实根据。

我们国家在改革开放和社会主义现代化建设新时期能够快速发展，人民生活能够明显改善，综合国力和国际影响力能够显著提高，最根本的是我们始终坚持走中国特色社会主义道路。这已经成为全党和全国人民的共识。

党的十六大以来全面建设小康社会取得的新的历史性成就，进一步充分证明了这一点。党的十八大报告在回顾过去5年工作的基础上，对这10年来的实践历程和重大成就进行了总结。

这10年走过了很不平坦的道路。我们紧紧抓住和用好我国发展的重要战略机遇期，战胜一系列重大挑战，奋力把中国特色社会主义推进到新的发展阶段。回顾起来，有这样几个重要节点，给人印象深刻。一是，我们以加入世界贸易组织为契机，在国际局势风云变幻、综合国力竞争空前激烈的情况下，深化改革开放，加快发展步伐，变压力为动力，化挑战为机遇，坚定不移推进全面建设小康社会进程。二是，我们战胜突如其来的非典疫情，认真总结我国发展实践，准确把握我国发展的阶段性特征，及时提出和全面贯彻科学发展观等重大战略思想，开拓了经济社会发展广阔空间。三是，面对百年一遇的国际金融危机造成的严重困难，我们科学判断，果断决策，采取一系列重大举措，在全球率先实现经济企稳回升，积累了有效应对外部经济风险冲击、保持经济平稳较快发展的重要经验。四是，我们成功举办北京奥运会、残奥会和上海世博会，夺取抗击汶川特大地震等重大自然灾害和灾后重建重大胜利，妥善处置一系列重大突发事件。这一切彰显了中国特色社会主义的巨大优越性和强大生命力。

这10年取得了一系列新的历史性成就。报告用"三个大台阶"和"两个时期"对此作了充分阐发。指出："我国经济总量从世界第六位跃升到第二位，社会生产力、经济实力、科技实力迈上一个大台阶，人民生活水平、居民收入水平、社会保障水平迈上一个大台阶，综合国力、国际竞争力、国际影响力迈上一个大台阶，国家面貌发生新的历史性变化。""人们公认，这是我国经济持续发展、民主不断健全、文化日益繁荣、社会保持稳定的时期，是着力保障和改善民生、人民得到实惠更多的时期。"报告强调，我们能取得这样的历史性成就，靠的是党的基本理论、基本路线、基本纲领、基本经验的正确指引,靠的是新中国成立以来特别是改革开放以来奠定的深厚基础,靠的是全党全国各族人民的团结奋斗。

10年来的成功实践和重大成就,原因在哪里呢?报告强调了科学发展观的指导作用。指出:"总结十年奋斗历程,最重要的就是我们坚持以马克思列宁主义、毛泽东思想、邓小平理论、'三个代表'重要思想为指导,勇于推进实践基础上的理论创新,围绕坚持和发展中国特色社会主义提出一系列紧密相连、相互贯通的新思想、新观点、新论断,形成和贯彻了科学发展观。"

报告对科学发展观作出科学评价和新的定位,概括了科学发展观的精神实质,对新形势下深入贯彻落实科学发展观提出要求。指出:"科学发展观是中国特色社会主义理论体系最新成果,是中国共产党集体智慧的结晶,是指导党和国家全部工作的强大思想武器。科学发展观同马克思列宁主义、毛泽东思想、邓小平理论、'三个代表'重要思想一道,是党必须长期坚持的指导思想。"

确立科学发展观为党的指导思想,这是一个历史性的决策,是党的十八大的重大贡献。

建党90多年来,我们在长期的实践中不断推进马克思主义中国化,不断丰富和发展党的指导思想。党的七大把毛泽东思想写在我们党的旗帜上,确立为党的指导思想。党的十五大把邓小平理论写在我们党的旗帜上,确立为党的指导思想。党的十六大把"三个代表"重要思想写在我们党的旗帜上,确立为党的指导思想。现在,党的十八大又把科学发展观写在我们党的旗帜上,确立为党的指导思想,使我们党的旗帜更加鲜明,方向更加明确。这是我们党事业发展的必然要求,反映了我们党理论上的与时俱进,也说明我们党是一个勇于和善于进行理论创新的党,是一个思想解放、充满活力的党。在当代中国,坚持中国特色社会主义的根本方向,就是坚持科学发展的方向,深入贯彻落实科学发展观。

实现宏伟目标的关键所在

中国特色社会主义是当代中国发展进步的根本方向,更是从着眼于未来的角度讲的。

党的十八大报告进一步明确了今后的奋斗目标,提出全面建成小康社会新的要求。报告强调了两个"一定能":"一定能在中国共产党成立一百年时全面建成小康社会","一定能在新中国成立一百年时建成富强民主文明和谐的社会主义现代化国家"。为什么如此斩钉截铁地断言"一定能"?就是因为我们有中国特色社会主义这面旗帜的指引,有中国特色社会主义这个根本方向,有这样的道路自信、理论自信、制度自信。

报告向全党发出了夺取中国特色社会主义新胜利的号召。指出:"发展中国特色社会主义是一项长期的艰巨的历史任务,必须准备进行具有许多新的历史特点的伟大斗争。"为此,报告提出了在新的历史条件下夺取中国特色社会主义新胜利必须牢牢把握的八项基本要求。即:必须坚持人民主体地位;必须坚持解放和发展社会生产力;必须坚持推进改革开放;必须坚持维护社会公平正义;必须坚持走共同富裕道路;必须坚持促进社会和谐;必须坚持和平发展;必须坚持党的领导。这些基本要求,既是历史经验、实践经验的总结,又是针对现实问题、着眼未来提出来的,是中国特色社会主义在理论上的新发展。党的十三大提出党在社会主义初级阶段的基本路线,党的十四大提出党的基本理论,党的十五大提出党在社会主义初级阶段的基本纲领,党的十六大提出党领导人民建设中国特色社会主义的基本经验。现在,党的十八大又进一步提出夺取中国特色社会主义新胜利必须牢牢把握的基本要求,从原来的"四基本"发展为"五基本",丰富了中国特色社会主义的理论内涵和实践特色、理论特色、民族特色、时代特色。这是党的十八大报告的又一重大贡献。

面向未来,在前进道路上坚持中国特色社会主义的根本方向,就是要以邓小平理论、“三个代表”重要思想和科学发展观为指导,按照这八项基本要求,把报告提出的各项战略举措落到实处。要坚定不移地继续解放思想,毫不动摇地推进改革开放,把社会主义经济建设、政治建设、文化建设、社会建设、生态文明建设全面推向前进,不断提高党的建设科学化水平,在未来5年为如期实现到2020年全面建成小康社会目标打下具有决定性意义的基础,进而到本世纪中叶基本实现社会主义现代化。

面向未来,在前进道路上坚持中国特色社会主义的根本方向,一个很重要的问题,就是要坚持社会主义初级阶段理论和党的基本路线。这是报告强调的一个重要观点。社会主义初级阶段理论是党的十三大提出来的,以后历次代表大会都作了重申和阐述,党的十八大又再次加以强调,说明这个问题的极端重要性。这里,主要有两个意思:一个是,要客观地正确地认识我国现阶段的发展水平。尽管我们已经取得了巨大成就,但正如报告所说,“我国仍处于并将长期处于社会主义初级阶段的基本国情没有变,人民日益增长的物质文化需要同落后的社会生产之间的矛盾这一社会主要矛盾没有变,我国是世界最大发展中国家的国际地位没有变”。我们在任何情况下都要牢牢把握社会主义初级阶段这个最大国情,“顽强奋斗、艰苦奋斗、不懈奋斗”,继续保持谦虚谨慎,“既不妄自菲薄,也不妄自尊大”。另一个是,我们制定的所有方针政策,推进任何方面的改革发展,都要牢牢立足社会主义初级阶段这个最大实际。既要积极进取,不失时机地推进改革,也不能脱离实际,急于求成,要“不动摇、不懈怠、不折腾”。党的基本路线就是依据这样的基本国情得出的最根本的理论判断,是中国特色社会主义的核心内容。邓小平同志说:“基本路线要管一百年,动摇不得。”我们过去的成功,是因为坚持了基本路线。今后要继续成功,还要靠这个基本路线。坚持中国特色社会主义的根本方向,最重要的就是始终坚持党在社会主义初级阶段的基本路线不动摇。

总之,“中国特色社会主义是当代中国发展进步的根本方向”,这个重要论断内涵非常丰富,是历史、现实和未来告诉我们的一个根本道理。它的关键点,就在于坚持把马克思主义基本原理同中国实际和时代特征结合起来,走自己的路。正如报告所指出的:“中国特色社会主义,既坚持了科学社会主义基本原则,又根据时代条件赋予其鲜明的中国特色。”我们党的全部历史,国际共产主义运动兴衰成败的全部历史,都深刻地揭示了这个道理。在建党90多年特别是新时期30多年的探索和实践中,我们做足了“相结合”这篇文章,有了自己的特色,确实走出了自己的社会主义道路。中国特色社会主义的精髓就是实事求是,实质就是“相结合”。讲根本方向,这个方向就是“相结合”的方向。夺取中国特色社会主义新胜利,关键是要继续坚持“相结合”这个根本方向不动摇。

(作者:中共文献研究会会长、中共中央文献研究室主任)

中国特色社会主义的艰辛探索和成功实践

欧阳淞

党的十八大报告指出:在中国这样一个经济文化十分落后的国家探索民族复兴道路,是极为艰巨的任务。90多年来,我们党紧紧依靠人民,把马克思主义基本原理同中国实际和时代特征结合起来,独立自主走自己的路,历经千辛万苦,付出各种代价,取得革命建设改革伟大胜利,开创和发展了中国特色社会主义,从根本上改变了中国人民和中华民族的前途命运。深刻理解党的十八大报告的这一重要论述,准确把握中国特色社会主义的探索历程和根本成就,对于奋力把中国特色社会主义事业继续推向前进,不断夺取改革发展稳定新胜利具有重要指导意义。

一、中国特色社会主义的探索历程

中国共产党从诞生之日起,就以在半殖民地半封建的中国完成新民主主义革命进而实现社会主义、共产主义为目标;党从新中国成立之日起,就以实现向社会主义转变并探索适合中国国情的建设社会主义道路为己任;改革开放新的伟大革命开始不久,党就以在中国特色社会主义道路上实现中华民族伟大复兴为使命。社会主义特别是中国特色社会主义成为贯穿党的全部历史的一条主线。

(一)以毛泽东同志为核心的党的第一代中央领导集体,带领全党全国各族人民,成功实现了中国历史上最深刻最伟大的社会变革,为新的历史时期开创中国特色社会主义提供了宝贵经验、理论准备、物质基础

旧中国是一个经济文化十分落后的半殖民地半封建国家,革命条件特殊而复杂。以毛泽东同志为代表的中国共产党人,团结带领人民,经过艰苦实践,正确回答了中国革命的一系列基本问题,制定了新民主主义革命总路线,实施了党的建设伟大工程,开辟了以农村包围城市、最后夺取全国胜利的具有中国特色的革命道路,取得了新民主主义革命的胜利,建立了新中国,实现了近代以来无数中国人梦寐以求的民族独立和人民解放的愿望。新中国成立后,党又领导人民不失时机地提出过渡时期总路线,创造性地开辟了一条适合中国特点的社会主义改造道路,使中国这个占世界人口1/4的东方大国进入社会主义社会,实现了中国历史上最深刻、最伟大的社会变革。党领导确立了人民代表大会制度、共产党领导的多党合作和政治协商制度、民族区域自治制度,实现了生产资料公有制和按劳分配。新民主主义革命的胜利,社会主义基本制度的建立,为当代中国一切发展进步奠定了根本政治前提和制度基础。

以毛泽东同志为代表的中国共产党人,领导全国各族人民投入到崭新的社会主义建设实践之中。虽然探索中出现了在经济建设上急躁冒进和把阶级斗争扩大化的错误,特别是"大跃进"、"文化大革命"这样的严重错误,但是,在党和毛泽东同志领导下,中国社会发生了天翻地覆的变化。我国不仅建立起独立的比较完整的工业体系和国民经济体系,为社会主义现代化建设奠定了重要的物质技术基础,而且积累了在中国这样的社会生产力水平十分落后的东方大国进行社会主义建设的重要经验。

以毛泽东同志为代表的中国共产党人,努力推进马克思主义中国化,形成了毛泽东思想。毛泽东思想是马克思列宁主义在中国的创造性运用和发展,是被实践证明了的关于中国革命和建设的正确的理论原则和经验总结，是中国共产党集体智慧的结晶。毛泽东思想包含关于中国社会主义经济、政治、文化建设以及党的建设等方面的一系列独创性理论成果，为新时期开创中国特色社会主义提供了重要理论准备。

（二）以邓小平同志为核心的党的第二代中央领导集体，带领全党全国各族人民，成功开创了中国特色社会主义

“文化大革命”结束后，党和国家面临向何处去的重大历史关头。为了冲破“左”的思想禁锢，打开工作局面，邓小平同志强调毛泽东思想的精髓是实事求是，领导和支持了关于实践是检验真理唯一标准的大讨论。党的十一届三中全会果断摈弃“以阶级斗争为纲”的错误理论和实践，重新确立了马克思主义的思想路线，作出了把党和国家工作中心转移到经济建设上来、实行改革开放的历史性决策。这是中国共产党人在当时历史条件下一个了不起的伟大觉醒。

以邓小平同志为代表的中国共产党人，在总结新中国成立以来正反两方面经验、研究国际经验和世界形势的基础上，发出了“走自己的道路，建设有中国特色的社会主义”的时代强音，深刻揭示社会主义的本质是解放生产力，发展生产力，消灭剥削，消除两极分化，最终达到共同富裕；坚持以经济建设为中心，坚持四项基本原则，坚持改革开放，确立了党在社会主义初级阶段的基本路线；正确认识我国所处的发展阶段和根本任务，制定现代化建设“三步走”发展战略，分阶段、有步骤地推进各方面体制改革，勇敢地打开对外开放的大门，提出“一国两制”构想促进祖国和平统一，推动国防和军队现代化建设，打开外交工作新局面；强调加强党的领导必须改善党的领导，聚精会神抓党的建设，引领党和国家走在时代潮流的前面，使我国社会主义事业和党的建设充满新的生机和活力，领导我们党成功地走出了一条建设中国特色社会主义的新道路。

以邓小平同志为代表的中国共产党人，在科学评价毛泽东同志历史地位和毛泽东思想科学体系的基础上，抓住“什么是社会主义、怎样建设社会主义”这个根本问题，第一次比较系统地初步回答了中国这样经济文化比较落后的国家如何建设社会主义、如何巩固和发展社会主义的一系列基本问题，提出了许多对党和人民事业发展具有开创意义的思想，创立了邓小平理论，为不断开创中国特色社会主义事业新局面提供了有力的理论指导。

（三）以江泽民同志为核心的党的第三代中央领导集体，带领全党全国各族人民，成功把中国特色社会主义推向21世纪

20世纪80年代末90年代初，国内发生严重政治风波，世界社会主义出现严重曲折，我国社会主义事业发展面临空前巨大的困难和压力。以江泽民同志为代表的中国共产党人，高举邓小平理论伟大旗帜，坚持改革开放、与时俱进，在国内外严峻考验面前，紧紧依靠人民，坚持党的十一届三中全会以来的路线不动摇，成功稳住了改革和发展的大局，捍卫了中国特色社会主义。

以江泽民同志为代表的中国共产党人，始终坚持把改革开放作为推进中国特色社会主义事业各项工作的根本动力，在理论和实践上取得历史性突破。依据新的实践确立了党的基本纲领、基本经验，把坚持社会主义与发展市场经济创造性结合起来，确立了社会主义市场经济的改革目标和基本框架，确立了社会主义初级阶段的基本经济制度和分配制度，展开了从农村到城市、从经济领域到其他领域的全面改革进程，打开了从沿海到沿江沿边、从东部到中西部的对外开放大门，开创了我国经济、政治和文化发展的崭新局面，推动我国经济社会发展取得历史性成就。我国国民经济持续快速健康发展，人民生活水平实现由温饱到总体上达到小康的历史性跨越，社会主义民主政治建设成效显著，社会主义精神文明建设不断加强，国防和军队建设取得重大成绩，祖国和平统一大业取得历史性成就，外交工作取得新进展，党的建设新的伟大工程全面推进。中国特色社会主义在理论和实践上不断丰富和发展。

以江泽民同志为代表的中国共产党人，准确把握时代特征，科学判断我们党所处的历史方位，集中全党智慧，进一步回答了“什么是社会主义、怎样建设社会主义”的问题，创造性地回答了“建设什么样的党、怎样建设党”的问题，创立了“三个代表”重要思想，用一系列紧密联系、相互贯通的新思想、新观点、新论断，深化了我们党对新的时代条件下推进中国特色社会主义事业和加强党的建设规律的认识。

（四）新世纪新阶段，以胡锦涛同志为总书记的党中央，带领全党全国各族人民，成功在新的历史起点上坚持和发展了中国特色社会主义

进入新世纪新阶段，国际局势风云变幻，综合国力竞争空前激烈，以胡锦涛同志为代表的中国共产党人，紧紧抓住和用好我国发展的重要战略机遇期，深化改革开放，加快发展步伐，以加入世界贸易组织为契机，变压力为动力，化挑战为机遇。面对国际金融危机冲击给我国发展带来的严重困难，党中央科学判断，正确决断，从容应对，使我国率先在全球实现经济企稳回升。党和人民取得抗击汶川特大地震等自然灾害和灾后恢复重建工作的伟大胜利，妥善处置一系列重大突发事件，经受住严峻考验，巩固和发展了改革开放和社会主义现代化建设大局。

以胡锦涛同志为代表的中国共产党人，坚定不移推进全面建设小康社会进程，不断探索推进中国特色社会主义建设所包含的各方面目标和任务，建设社会主义市场经济、社会主义民主政治、社会主义先进文化、社会主义和谐社会，着力保障和改善民生，促进社会公平正义，建设社会主义生态文明，形成和完善了中国特色社会主义事业五位一体的总体布局，并致力于推动建设和谐世界，加强党的执政能力建设、先进性和纯洁性建设，进一步开创社会主义现代化建设和党的建设新局面。10 年间，我国经济总量实现由世界第六位到第二位的历史性跨越，我国社会生产力、经济实力、科技实力迈上一个大台阶，人民生活水平、居民收入水平、社会保障水平迈上一个大台阶，综合国力、国际竞争力、国际影响力迈上一个大台阶，为全面建成小康社会打下了坚实基础。国家面貌发生新的历史性变化，中国特色社会主义展现出光明美好的发展前景。

以胡锦涛同志为代表的中国共产党人，高举中国特色社会主义伟大旗帜，坚持以马克思列宁主义、毛泽东思想、邓小平理论和“三个代表”重要思想为指导，勇于推进实践基础上的理论创新，形成和贯彻了科学发展观。科学发展观是马克思主义同当代中国实际和时代特征相结合的产物，是马克思主义关于发展的世界观和方法论的集中体现，对新形势下实现什么样的发展、怎样发展等重大问题作出了新的科学回答，把我们对中国特色社会主义规律的认识提高到新的水平，开辟了当代中国马克思主义发展新境界。科学发展观是中国特色社会主义理论体系最新成果，是中国共产党集体智慧的结晶，是指导党和国家全部工作的强大思想武器。

90 多年来，党对社会主义特别是中国特色社会主义的不懈追求是一以贯之的，探索历程是充满艰辛的，伟大成就是举世瞩目的。这主要是因为我们党坚持把马克思主义与中国实际相结合，实现了两次历史性飞跃；坚持团结和依靠全国各族人民，汲取前进的不竭力量；坚持加强和改进党的自身建设，永葆党的生机和活力。中国共产党人和中国人民对于中国特色社会主义的艰辛探索和成功实践必将永载史册。

二、党和人民奋斗、创造、积累的根本成就

90 多年来，我们党团结带领人民完成和推进了三件大事，这就是：完成了新民主主义革命，实现了民族独立、人民解放；完成了社会主义革命，确立了社会主义基本制度；进行了改革开放新的伟大革命，开创、坚持、发展了中国特

色社会主义。党的十八大报告指出：中国特色社会主义道路，中国特色社会主义理论体系，中国特色社会主义制度，是党和人民90多年奋斗、创造、积累的根本成就，必须倍加珍惜、始终坚持、不断发展。这一重要论断，是我们党对中国特色社会主义认识的进一步深化，体现了党站在时代高度对中国特色社会主义道路、理论体系和制度的充分自信和高度自觉。

第一，中国特色社会主义在党领导人民取得的伟大成就中居于根本地位，既是其他成就的必然发展，又在更高层次上体现了其他成就。90多年来，党领导人民取得的成就是多方面的，而中国特色社会主义由90多年成就积累而成，是90多年来各方面成就的集大成。其中，中国特色社会主义道路在一定意义上是过去中国革命和建设道路的继续和发展；中国特色社会主义理论体系是毛泽东思想的继承和发展，是同马克思列宁主义、毛泽东思想既一脉相承又与时俱进的理论；中国特色社会主义制度萌芽于党局部执政时期，奠基于社会主义革命和建设时期，发展于改革开放和社会主义现代化建设新时期，是几代共产党人不懈探索的伟大成果。中国特色社会主义既是党所取得的全部成就的重要组成部分，又是对包括经济、政治、文化、社会以及生态文明建设等在内的其他一切成就的升华。

第二，中国特色社会主义的坚持和发展是巩固其他一切成就的根本保证。当前，全球经济格局、利益格局和安全格局发生重大变化，综合国力竞争空前激烈；我国处于改革攻坚期和矛盾凸显期，面临发展不平衡、不协调、不可持续等一系列突出问题；我们党面临着“四大考验”和“四种危险”。世情、国情、党情的深刻变化，对巩固和发展90多年来党所创造的成就提出了严峻挑战。只有坚持和发展中国特色社会主义，才能强基固本、凝神聚气，不为任何风险所惧，不被任何干扰所惑，为巩固和发展党90多年来创造的一切成就提供正确方向、理论指南和制度保障。否定了中国特色社会主义，就否定了党90多年一切成就的根本；动摇了中国特色社会主义，其他一切已经取得的成就就会丧失依托，甚至化为乌有。

第三，中国特色社会主义为党和人民在未来不断取得新的更大成就提供了可能。中国特色社会主义，从理论和实践的结合上，系统回答了在中国这样人口多底子薄的东方大国“建设什么样的社会主义、怎样建设社会主义”这个根本问题，为当代中国发展进步指明了前进方向。发展社会主义市场经济，推动国民经济持续快速健康发展，需要坚持中国特色社会主义；发展社会主义民主政治，保障人民依法享有更广泛的权利和自由，需要坚持中国特色社会主义；发展社会主义先进文化，促进文化事业和文化产业大发展大繁荣，需要坚持中国特色社会主义；构建社会主义和谐社会，保障和改善民生，促进社会公平正义，需要坚持中国特色社会主义；建设社会主义生态文明，实现人与自然的协调可持续发展，同样需要坚持中国特色社会主义。中国特色社会主义为今后的实践创新和理论创新提供了可能，开拓了空间。离开中国特色社会主义，一切发展进步都将无从谈起。我们党要团结带领人民继续前进，最根本的就是要高举中国特色社会主义伟大旗帜，坚持和拓展中国特色社会主义道路，坚持和丰富中国特色社会主义理论体系，坚持和完善中国特色社会主义制度。

三、坚定不移沿着中国特色社会主义道路奋勇前进

历史昭示未来。回顾中国共产党和中国人民开创、坚持、发展中国特色社会主义的艰辛历程，准确把握中国特色社会主义的历史地位，可以启迪我们更加坚定不移地沿着中国特色社会主义道路奋勇前进。

坚定不移地沿着中国特色社会主义道路前进，就要坚定对中国特色社会主义的信念。中国共产党人所追求的最高理想是共产主义，中国特色社会主义正是实现共产主义最终目标的

必经阶段；中国共产党的性质是中国工人阶级的先锋队、中国人民和中华民族的先锋队，中国特色社会主义正是中国人民和中华民族根本利益的集中体现；中国共产党的宗旨是全心全意为人民服务，中国特色社会主义事业正是造福全体中国人民的伟大事业。坚定对中国特色社会主义的信念，就是忠诚于党和人民，就是忠诚于我们伟大的祖国。

坚定不移地沿着中国特色社会主义道路前进，就要进一步坚定对中国特色社会主义的道路自信、理论自信、制度自信，充分领会和准确把握中国特色社会主义的理论依据、现实依据和历史依据。

第一，中国特色社会主义符合科学社会主义基本原则。中国特色社会主义坚持辩证唯物主义和历史唯物主义的世界观方法论，坚持共产主义的最高理想和价值追求，坚持以工人阶级政党为领导核心，坚持人民主体地位，坚持以公有制和按劳分配为社会主义经济制度的基础，坚持以人民当家作主为社会主义民主政治的本质特征，坚持马克思主义在意识形态领域的指导地位，坚持共同富裕的目标，坚持促进人的全面发展等，这些方面都体现了科学社会主义的思想精髓和本质特征。它承载着一切信仰社会主义的人们真挚的寄托，使科学社会主义在世界的东方闪耀璀璨的光芒。我们坚信：符合科学社会主义原理、充满生机活力的中国特色社会主义，必将无往而不胜。

第二，中国特色社会主义符合中国实际。中国特色社会主义理论体系在总结历史经验基础上，作出现阶段我国仍处于并将长期处于社会主义初级阶段的科学判断，并从这个最大国情实际出发，确立了社会主义初级阶段的基本理论、基本路线、基本纲领、基本经验，提出了夺取中国特色社会主义新胜利的基本要求，解决了在中国这样一个经济文化落后的东方大国如何建设社会主义的难题，为实现中华民族伟大复兴找到了一条康庄大道。我们坚信：符合中国国情，立足当代中国实际，既不妄自菲薄也不妄自尊大的中国特色社会主义，必将无往而不胜。

第三，中国特色社会主义符合三大规律。我们党在开创、坚持、发展中国特色社会主义进程中，把推进伟大事业与推进党的建设新的伟大工程结合起来，大力加强党的执政能力建设，大力加强党的先进性建设、纯洁性建设，使党的执政方略更加完善，执政方式更加科学，执政体制更加健全，执政能力更加强大，执政基础更加巩固，体现和丰富了共产党执政规律；探索和揭示了社会主义建设的发展目标、发展道路、发展阶段、发展战略、根本任务、发展动力等一系列重大问题，体现和丰富了社会主义建设规律；把共产党人的远大理想与中华民族伟大复兴结合起来，并进而对人类社会发展的方向和道路作出新思考、新探索，体现和丰富了人类社会发展规律。我们坚信：符合发展规律、代表正确方向的中国特色社会主义，必将无往而不胜。

第四，中国特色社会主义已历经历史和实践的检验。改革开放30多年来，中国共产党人和中国人民坚定不移地坚持和发展中国特色社会主义，在经济建设、政治建设、文化建设、社会建设、生态文明建设等方面取得了举世瞩目的成就。中国人民的面貌、社会主义中国的面貌、中国共产党的面貌发生了历史性变化。中国的发展，不仅使中国人民稳定地走上了富裕安康的广阔道路，而且为世界经济发展和人类文明进步作出了重大贡献。我国社会主义现代化建设的辉煌成就，充分显示了中国特色社会主义无可比拟的优越性和强大的生机活力。历史和事实雄辩地证明，只有社会主义才能救中国，只有中国特色社会主义才能发展中国。我们坚信：经受住历史和实践检验、有着光明前景的中国特色社会主义，必将无往而不胜。

（作者：中共中央党史研究室主任）

夺取中国特色社会主义新胜利必须牢牢把握的基本要求

李景田

党的十八大在总结改革开放30多年特别是十六大以来实践经验的基础上，提出了在新的历史条件下夺取中国特色社会主义新胜利必须牢牢把握的基本要求，进一步回答了在中国这样人口多底子薄的东方大国建设什么样的社会主义、怎样建设社会主义这个根本问题，进一步深化了我们党对中国特色社会主义规律的认识，为我们党继续开创事业发展新局面提供了行动指南。

一、党坚持走中国特色社会主义道路高度清醒和高度自信的重要体现

中国共产党是一个具有高度理论自觉的政党。改革开放以来，在沿着中国特色社会主义道路阔步前进的过程中，我们党不断深化对中国特色社会主义规律的认识，不断作出新概括、提出新要求，不断推动中国特色社会主义事业取得新的胜利。党的十二大，我们党明确提出“建设有中国特色的社会主义”的崭新命题；从党的十三大到党的十六大，我们党相继提出了党的基本路线、基本理论、基本纲领、基本经验；这次召开的党的十八大，又明确提出了八项基本要求。八项基本要求的提出，具有深刻的理论依据、实践依据和历史依据。

（一）提出八项基本要求的理论依据

中国特色社会主义是以马克思主义为指导的社会主义，是科学的社会主义，既没有丢掉老祖宗，又不断续写马克思主义中国化新篇章。科学社会主义基本原则，是构成八项基本要求的理论依据。科学社会主义强调，必须始终坚持以历史唯物主义为理论基石，坚持以实现共产主义为最高理想，坚持以无产阶级政党为领导核心，坚持以解放和发展生产力为根本任务，坚持代表最广大人民根本利益，坚持和完善以公有制为主体、多种所有制经济共同发展的基本经济制度，坚持以人民当家作主为社会主义民主政治的本质特征，坚持改革和完善社会主义制度与体制机制，等等。八项基本要求全面贯通着科学社会主义的精气神，同科学社会主义基本原则保持着一脉相承的继承关系。同时，我们党在坚持科学社会主义基本原则的创造性实践中，紧密结合中国具体实际和时代特征，不断丰富和发展科学社会主义基本原则，赋予科学社会主义新的时代内涵，不断开辟马克思主义中国化新境界，形成了中国特色社会主义理论体系。其中关于社会主义初级阶段的思想观点，关于社会主义本质的思想观点，关于发展社会主义市场经济的思想观点，关于发展是党执政兴国第一要务的思想观点，关于构建社会主义和谐社会的思想观点，关于推动建设持久和平、共同繁荣的和谐世界的思想观点，关于加强党的执政能力建设、先进性和纯洁性建设的思想观点，等等，成为八项基本要求的直接理论依据。

（二）提出八项基本要求的实践依据

进入新世纪新阶段，我国发展呈现出一系列新的阶段性特征，中国特色社会主义实践出现了许多新情况、提出了许多新要求。第一，经济实力显著增强，同时生产力水平总体上还不高，自主创新能力还不强，长期形成的结构性矛盾和粗放型增长方式尚未根本改变，不仅经济总量需要继续增长，更艰巨的任务是提高科技

水平和经济增长质量。第二，社会主义市场经济体制初步建立，同时影响发展的体制机制障碍依然存在，改革攻坚面临深层次矛盾和问题，如何按照贯彻落实科学发展观的要求深化改革，为全面协调可持续发展提供体制保障，是我们面临的重大课题。第三，人民生活总体上达到小康水平，同时收入分配差距拉大趋势还未根本扭转，城乡贫困人口和低收入人口还有相当数量，统筹兼顾各方面利益难度加大，更加注重民生、保证全体人民过上共同富裕生活的任务突出。第四，协调发展取得显著成绩，同时农业基础薄弱、农村发展滞后的局面尚未改变，缩小城乡区域发展差距和促进经济社会协调发展任务艰巨。第五，社会主义民主政治不断发展、依法治国基本方略扎实贯彻，同时民主法制建设与扩大人民民主和经济社会发展的要求还不完全适应，政治体制改革需要继续深化。第六，社会主义文化更加繁荣，同时人民精神文化需求日趋旺盛，人们思想活动的独立性、选择性、多变性、差异性明显增强，对发展社会主义先进文化提出了更高要求。第七，社会活力显著增强，同时社会结构、社会组织形式、社会利益格局发生深刻变化，社会建设和管理面临诸多新课题。第八，对外开放日益扩大，同时面临的国际竞争日趋激烈，发达国家在经济科技上占优势的压力长期存在，可以预见和难以预见的风险增多，统筹国内发展和对外开放要求更高。如何准确把握我国发展的阶段性特征，顺应实践发展新要求、满足人民群众新期待，有效解决经济社会发展中面临的矛盾和问题，不断开创事业发展新局面，迫切需要我们给出更加明确更加清晰更加科学的理论和实践指引。

（三）提出八项基本要求的历史依据

中国共产党是在不断总结革命、建设、改革的历史经验中成长起来的，是在不断深化对人类社会发展规律、共产党执政规律和社会主义建设规律的认识中发展壮大起来的。回顾我们党90多年的奋斗历程，可以清楚地看到，党的事业能否顺利发展，总是同我们能否及时总结和正确运用实践经验紧密相联的。在革命、建设、改革的各个历史时期，我们党的工作在起始阶段总是难免会走一些弯路，甚至会遇到一些严重挫折，其中一个重要原因就是缺少经验。随着实践的推进，我们党不断总结正反两方面经验，科学借鉴他人的成功经验，不断走向成熟，党的事业就不断从胜利走向胜利。八项基本要求，就是建立在认真总结建党90多年、新中国成立60多年、改革开放30多年特别是党的十六大以来历史经验基础之上提出来的，凝聚着我们党艰辛探索社会主义建设道路付出的各种代价，凝聚着我们党成功开创中国特色社会主义的智慧和心血，凝聚着我们党丰富和发展中国特色社会主义的新鲜经验。八项基本要求的提出，有着深厚的历史积淀，再次体现出我们党是一个善于通过总结经验，不断丰富和发展科学真理、不断开拓前进的马克思主义政党。

二、八项基本要求的丰富内涵

八项基本要求，站在历史和时代高度，把科学社会主义的基本原则与我国社会主义初级阶段的基本国情、人民群众的新期待和当代中国特色社会主义的伟大实践紧密结合，科学回答了新形势下如何坚持和发展中国特色社会主义的一系列重大问题，具有极其丰富的内涵。

（一）必须坚持人民主体地位

人民是历史的主人，中国特色社会主义是亿万人民自己的事业。坚持发展为了人民、发展依靠人民、发展成果由人民共享，我们党才能始终赢得广大人民的拥护、支持和爱戴，党领导的中国特色社会主义道路才能越走越宽广。要充分发挥人民主人翁精神，始终不渝地坚持马克思主义群众观点和党的群众路线，坚持人民主体地位，把人民利益放在第一位，把维护好、实现好、发展好最广大人民根本利益作为党和国家一切工作的出发点和落脚点。要坚持依法治国这个党领导人民治理国家的基本方略，最广泛地动员和组织人民依法管理国家事务和社会事务、管理经济和文化事业，积极投身社会主义现代化建设，更好保障人民权益，更好保证人民当家作主。

（二）必须坚持解放和发展社会生产力

生产力是人类社会发展的根本动力，解放和发展社会生产力是中国特色社会主义的根本任务。以经济建设为中心，是我们党和国家兴旺发达、长治久安的根本要求。在当代中国，发展仍是解决我国所有问题的关键，坚持发展是硬道理的本质要求就是坚持科学发展。只有推动经济持续健康发展，才能筑牢国家繁荣富强、人民幸福安康、社会和谐稳定的物质基础。必须坚持以科学发展为主题，以加快转变经济发展方式为主线，全面推进经济建设、政治建设、文化建设、社会建设、生态文明建设，实现以人为本、全面协调可持续的科学发展。

（三）必须坚持推进改革开放

改革开放是决定当代中国命运的关键抉择，是坚持和发展中国特色社会主义的必由之路。我国过去30多年的快速发展靠的是改革开放，我国未来发展也必须坚定不移依靠改革开放。必须坚持社会主义市场经济的改革方向，不失时机地推进重要领域和关键环节改革。坚持对外开放的基本国策，在对外开放中，与世界各国相互取长补短，在竞争与合作中加快自己的发展步伐。要把改革创新精神贯彻到治国理政各个环节，不断推进理论创新、制度创新、科技创新、文化创新以及其他各方面创新，不断推进我国社会主义制度自我完善和发展。

（四）必须坚持维护社会公平正义

公平正义是中国特色社会主义的内在要求。在改革开放和发展社会主义市场经济条件下，公平正义既是推动各方面改革创新的重要依据，是协调社会各阶层关系的基本准则，也是增强社会凝聚力、向心力和感召力的重要旗帜。要在全体人民共同奋斗、经济社会发展的基础上，加紧建设对保障社会公平正义具有重大作用的制度，逐步建立以权利公平、机会公平、规则公平为主要内容的社会公平保障体系，努力营造公平的社会环境，保证人民平等参与、平等发展权利。

（五）必须坚持走共同富裕道路

共同富裕是中国特色社会主义的根本原则。能否在经济发展的基础上，让全体人民共享改革发展成果，决定着改革开放和中国特色社会主义伟大事业的成败。要坚持社会主义基本经济制度和分配制度，调整国民收入分配格局，提高居民收入在国民收入分配中的比重，提高劳动报酬在初次分配中的比重，努力实现居民收入增长和经济发展同步、劳动报酬增长和劳动生产率提高同步。加大再分配调节力度，切实提高低收入者收入，推动基本公共服务均等化，完善社会保障体系，着力解决收入分配差距较大问题，使发展成果更多更公平惠及全体人民，朝着共同富裕方向稳步前进。

（六）必须坚持促进社会和谐

社会和谐是中国特色社会主义的本质属性。构建社会主义和谐社会，努力形成全体人民各尽所能、各得其所而又和谐相处的局面，是我们推进经济社会发展的重要目标，也是经济社会发展的重要保障。必须坚定不移推进社会主义和谐社会建设。要把保障和改善民生放在更加突出的位置，多谋民生之利，多解民生之忧。加强和创新社会管理，加快形成党委领导、政府负责、社会协同、公众参与、法治保障的社会管理体制。正确处理改革发展稳定关系，团结一切可以团结的力量，最大限度增加和谐因素，增强社会创造活力，确保人民安居乐业、社会安定有序、国家长治久安。

（七）必须坚持和平发展

和平发展是中国特色社会主义的必然选择。在经济全球化深入发展条件下，不断通过对外开放促进我国资源优化配置，实现开放的发展成为历史必然；核扩散、国际恐怖主义、生态环境恶化、能源短缺、流行性疾病传播等全球性问题，需要世界各国加强合作、共同面对，实现合作的发展成为大势所趋；经济全球化的深入发展和世界科技进步的突飞猛进，使各国相互依存和互有所求不断加深，共同利益日益增多,实现共赢的发展成为现实选择。因此,必须坚持开放的发展、合作的发展、共赢的发展,通过争取和平国际环境发展自己,又以自身发展维护和促进世界和平。要进一步扩大同各方利益汇合点,推动建设持久和平、共同繁荣的和谐世界。

(八)必须坚持党的领导

中国共产党是中国特色社会主义事业的领导核心。离开党的领导,坚持和发展中国特色社会主义的任务就会落空。要坚持立党为公、执政为民,加强和改善党的领导,改进党的领导方式和执政方式,坚持科学执政、民主执政、依法执政,坚持党总揽全局、协调各方的领导核心作用。要坚持党要管党、从严治党,全面加强党的各项建设,积极发展党内民主,维护党的集中统一,深入开展党风廉政建设和反腐败斗争,保持党的先进性和纯洁性,增强党的创造力、凝聚力、战斗力,确保我们党始终成为中国特色社会主义事业的坚强领导核心。

三、遵循八项基本要求,夺取中国特色社会主义新胜利

八项基本要求,为我们在新的历史条件下夺取中国特色社会主义新胜利提供了根本遵循。按照这些基本要求夺取中国特色社会主义新胜利,要特别注意把握以下4点。

(一)牢牢把握党的基本路线

冷战结束以来,国际局势风云变幻,苏联、东欧等一些社会主义政权垮台,许多发展中国家政局动荡,发达国家陷入各种危机。我国风景这边独好,中国特色社会主义事业稳步推进,成就令世人瞩目。这离不开我们坚定不移地坚持和贯彻党在社会主义初级阶段的基本路线。实践充分证明,党的基本路线是发展中国特色社会主义的理论和实践总纲,是30多年来改革开放取得一个又一个伟大胜利的根本法宝,是党和国家的生命线、人民群众的幸福线。党的十八大提出的八项基本要求是党的基本路线的逻辑展开。贯彻落实八项基本要求,一定要始终坚持党的基本路线不动摇,做到思想上坚信不疑、行动上坚定不移,决不走封闭僵化的老路,也决不走改旗易帜的邪路,而是坚定不移走中国特色社会主义道路。要坚持“一个中心、两个基本点”不动摇,坚持把以经济建设为中心同四项基本原则、改革开放这两个基本点统一于中国特色社会主义伟大实践,既不妄自菲薄,也不妄自尊大。只有这样,我们才能实现八项基本要求,扎扎实实夺取中国特色社会主义新胜利。

(二)不断增强对中国特色社会主义的道路自信、理论自信、制度自信

中国特色社会主义道路,中国特色社会主义理论体系,中国特色社会主义制度,是党和人民90多年奋斗、创造、积累的根本成就,必须倍加珍惜、始终坚持、不断发展。30多年来,中国特色社会主义的伟大实践,创造了中国历史乃至世界历史上的发展奇迹,不仅使我们国家空前活跃起来、快速发展起来,使我国人民生活水平快速提高起来,使中华民族大踏步赶上时代前进潮流、迎来伟大复兴的光明前景,而且为世界经济发展和人类文明进步作出了重大贡献,充分显示了中国特色社会主义的巨大优越性。贯彻落实八项基本要求,一定要不断增强中国特色社会主义的道路自信、理论自信、制度自信。只要全党全国各族人民坚定对中国特色社会主义的信念,胸怀中国特色社会主义理想,咬定青山不放松,就能不断夺取中国特色社会主义新胜利。

(三)把八项基本要求作为我们想问题、作决策的重要指针

改革开放以来,我们党坚持马克思主义思想路线,总结实践经验,集中全党智慧,逐步形成了党的基本理论、基本路线、基本纲领、基本经验。这“四个基本”是我们党领导人民建设中国特色社会主义伟大实践的智慧结晶,是我们做好工作的法宝,是指导我们想问题、作决策的重要指针。八项基本要求,与党的基本理论、基本路线、基本纲领、基本经验具有共同的实践

源泉、目标指向，深化了我们党对中国特色社会主义规律的认识，充分说明我们党发展中国特色社会主义的理论自觉性和实践主动性达到了一个新的高度，是我们在工作实践中想问题、作决策的重要指针。我们要倍加珍惜、自觉运用，使其真正成为夺取中国特色社会主义新胜利的新法宝。

（四）在新的实践中丰富发展八项基本要求

实践发展永无止境，认识真理永无止境，理论创新永无止境。中国特色社会主义是在实践中形成和发展的。实践在不断前进，基本要求也要不断丰富。八项基本要求没有终结对真理的认识。在坚持和拓展中国特色社会主义道路，坚持和丰富中国特色社会主义理论体系，坚持和完善中国特色社会主义制度新的伟大实践中，我们还要不断解放思想，大力发扬与时俱进、开拓创新精神，及时总结党领导人民深化改革开放、推动科学发展创造的新鲜经验，及时解决实践中遇到的各种热点难点问题，不断赋予八项基本要求新的时代内涵，继续丰富发展基本要求，永葆党的基本要求的旺盛生命力，最大限度地发挥理论对实践的指导作用，实现理论创新和实践创新的良性互动，不断谱写发展中国特色社会主义新篇章。

（作者：中共中央党校常务副校长）

建设中国特色社会主义的总依据总布局总任务

王伟光

党的十八大报告从战略的高度，以创新的视野，概括了建设中国特色社会主义的总依据、总布局和总任务，为中国特色社会主义的全面进步与继续发展指明了奋斗方向，明确了努力目标，规划了整体布局，规定了基本任务，作了科学全面的总体战略部署。

一、总依据是社会主义初级阶段

党的十八大报告强调："我们必须清醒认识到，我国仍处于并将长期处于社会主义初级阶段的基本国情没有变。"社会主义初级阶段，是当代中国最大国情，是中国共产党制定社会主义初级阶段理论路线、战略策略的基本出发点，是现阶段发展中国特色社会主义的总依据。成功地进行中国社会主义建设，必须从认识中国国情实际开始。我国改革开放事业之所以能取得巨大成就，成功地走出一条中国特色社会主义道路，说到底，就是始终清醒地认识到社会主义初级阶段这个当代中国最大国情，并以这个实际为总依据，来思考和解决当代中国的一切问题。

正确认识我国社会现在所处的历史阶段，是建设中国特色社会主义的首要问题。我们党是在长期社会主义建设实践过程中，在深刻总结社会主义各国包括我国建设的经验教训的基础上，通过对国情和社会主义的再认识，作出当代中国正处于并将长期处于社会主义初级阶段的科学论断的。1981 年，党的十一届六中全会第一次明确提出了"我们的社会主义制度还是处于初级的阶段"的论断。1982 年，党的十二大报告强调，"我国的社会主义社会现在还处在初级发展阶段"。1987 年党的十三大召开前夕，邓小平同志指出："中国社会主义是处在一个什么阶段，就是处在初级阶段，是初级阶段的社会主义。社会主义本身是共产主义的初级阶段，而我们中国又处在社会主义的初级阶段，就是不发达的阶段。一切都要从这个实际出发，根据这个实际来制订规划。"1987 年，党的十三大报告系统论述了初级阶段的主要含义、基本特征、主要矛盾，提出了党的基本路线，标志着社会主义初级阶段理论的形成。1992 年，党的十四大报告强调我国社会主义初级阶段是一个至少上百年的很长的历史阶段，制定一切方针政策都必须以这个基本国情为依据，任何时期都不能离开这个实际、超越阶段，把社会主义初级阶段理论作为建设有中国特色社会主义理论的主要内容。1997 年，党的十五大报告通过对社会主义初级阶段主要特征、发展进程、主要矛盾、根本任务、基本制度、基本纲领的系统论述，全面拓展了社会主义初级阶段理论。2002 年，党的十六大报告再次强调，"必须看到，我国正处于并将长期处于社会主义初级阶段，现在达到的小康还是低水平的、不全面的、发展很不平衡的小康"，提出了全面建设小康社会的目标。2007 年，党的十七大报告强调我国仍处于并将长期处于社会主义初级阶段的基本国情没有变，人民日益增长的物质文化需要同落后的社会生产之间的矛盾这一社会主要矛盾没有变。当前我国发展的阶段性特征，是社会主义初级阶段基本国情在新世纪新阶段的具体表现。这些都表明我们党对社会主义发展阶段认识的不断深化。

党关于社会主义初级阶段的科学判断，是建设中国特色社会主义的理论前提，是中国特色社会主义道路的科学依据，也是中国特色社会主义理论体系的逻辑起点。社会主义初级阶段理论是中国特色社会主义理论体系的重要组成部分，包含两个内容，一是我国已是社会主义，必须毫不动摇地坚持社会主义；二是当前我国社会主义还处在初级阶段，我们考虑一切问题、制定路线政策，都要从这个实际出发。社会主义初级阶段理论既是对中国国情的清醒认识，为制定社会主义初级阶段正确路线、方针、政策奠定了前提、依据和出发点，构成中国特色社会主义理论体系的基石和重要内容；又是对社会主义发展阶段问题的系统科学的回答，在马克思主义发展史上第一次明确提出了社会主义初级阶段理论，丰富和发展了马克思主义关于社会发展阶段的理论，创造性地发展了中国化的马克思主义。

当前，我国改革开放进入了一个新的发展阶段，阶段性特征日益明显，社会主义初级阶段的具体特征与30年前比有很大变化，但这并不影响我国仍处于社会主义初级阶段的总判断。经济实力虽然大大提升，但生产力水平总体上还不高，生产率较低，自主创新能力不足，还存在着一系列发展中的矛盾与问题。我们必须清醒认识到，尽管具体国情条件发生了很大变化，但当前我国仍然处于社会主义初级阶段，要牢牢把握社会主义初级阶段这个最大国情，牢牢立足社会主义初级阶段这个最大实际，牢牢抓住党的基本路线，坚持把以经济建设为中心同四项基本原则、改革开放这两个基本点统一于中国特色社会主义伟大实践，坚定不移，毫不动摇。

二、总布局是五位一体

党的十八大报告关于中国特色社会主义事业五位一体总体布局，规划了中国特色社会主义的总体部署，确定了中国特色社会主义的全面发展方向，明确了推进我国经济社会发展的基本工作方针和奋斗目标。

关于中国特色社会主义事业总体布局，自改革开放以来，我们党既有明确的指导方针，同时对总体布局的认识也随着实践的发展而逐步深化、不断完善。1986年9月，我们党提出："我国社会主义现代化建设的总体布局是：以经济建设为中心，坚定不移地进行经济体制改革，坚定不移地进行政治体制改革，坚定不移地加强精神文明建设，并且使这几个方面互相配合、互相促进。"明确提出一系列"两手抓"的战略方针，一手抓经济建设，一手抓民主法制；一手抓物质文明，一手抓精神文明。提出推进政治体制改革，建设社会主义民主政治，发展社会主义政治文明；应该有繁荣的经济，也应该有繁荣的文化。

在总结改革开放以来我们党关于中国特色社会主义事业总体布局的一系列提法的基础上，2005年2月19日，胡锦涛同志指出，中国特色社会主义事业的总体布局，"由社会主义经济建设、政治建设、文化建设三位一体发展为社会主义经济建设、政治建设、文化建设、社会建设四位一体"。党的十七大报告全面论述了四位一体的总体布局。党的十八大报告进一步明确提出要"全面落实经济建设、政治建设、文化建设、社会建设、生态文明建设五位一体总体布局，促进现代化建设各方面相协调，促进生产关系与生产力、上层建筑与经济基础相协调，不断开拓生产发展、生活富裕、生态良好的文明发展道路"。从提出四位一体总体布局到提出五位一体总体布局，反映了我们党对中国特色社会主义规律认识的深化，反映了我们党对"实现什么样的发展、怎样发展"这一科学发展重大战略问题认识的深化，是党的十八大报告的一大理论创新亮点。

1. 以经济建设为中心，发展社会主义市场经济，建设社会主义物质文明，坚持走中国特色社会主义新型工业化、信息化、城镇化、农业现代化道路。要坚持发展是硬道理的战略思想，推动经济持续健康发展。要以科学发展为主题、以加快转变经济发展方式为主线，适应国内外经济形势新变化，把推动发展的立足点转到提高质量和效益上来，全面深化经济体制改革，扎扎实实抓好实施创新驱动发展战略、推进经济结构战略性调整、推动城乡发展一体化、全面提高开放型经济水平，促进工业化、信息化、城镇化、农业现代化同步发展。打胜全面深化经济体制改革和加快转变经济发展方式这场硬仗，把我国经济发展活力和竞争力提高到新的水平。

2. 加强社会主义民主政治建设，发展人民民主，建设社会主义政治文明，走中国特色社会主义政治发展道路。坚持党的领导、人民当家作主、依法治国有机统一。社会主义政治建设说到底就是发展人民民主。社会主义民主政治建设要以保证人民当家作主为根本，以增强党和国家活力、调动人民积极性为目标，以加强党的领导为根本保证，以实行社会主义法治为基本保障，继续积极稳妥地推进政治体制改革，扩大社会主义民主，加快建设社会主义法治国家，发展社会主义政治文明。

3. 发展社会主义先进文化，构建社会主义精神文明，建设社会主义文化强国，走中国特色社会主义文化发展道路。在坚持以经济建设为中心的同时，必须始终把文化建设放在党和国家全局工作重要战略地位，坚持物质文明和精神文明两手抓，实行依法治国和以德治国相结合，促进文化事业和文化产业同发展，推动社会主义文化大繁荣大发展。深化文化体制改革，努力推动文化建设与经济建设、政治建设、社会建设、生态文明建设协调发展，以建设社会主义核心价值体系为根本任务，以满足人民精神文化需求为出发点和落脚点，全面提高公民道德素质，丰富人民精神文化生活，增强文化整体实力和竞争力，发展面向现代化、面向世界、面向未来的，民族的科学的大众的社会主义文化，努力建设社会主义文化强国。

4. 改善民生和加强社会建设，发展社会事业，建设社会主义社会文明，走中国特色社会主义社会建设道路。必须在经济发展基础上，从维护最广大人民根本利益的高度，以保障和改善民生为重点，更加注重社会建设，加快健全基本公共服务体系，解决好人民最关心最直接最现实的利益问题，在学有所教、劳有所得、病有所医、老有所养、住有所居上持续取得新进展，使发展成果更多更公平惠及全体人民，努力让人民过上更好生活，推动社会主义和谐社会建设。

5. 推进生态文明建设，构建资源节约型、环境友好型社会，建设生态文明，走中国特色社会主义生态文明发展道路。党的十八大报告提出建设生态文明，使全面建设小康社会目标的内涵更加丰富，使中国特色社会主义事业总体布局更加完善。推进生态文明建设，是涉及生产方式和生活方式根本性变革的战略任务。必须优化国土空间开发格局，全面促进资源节约，加大自然生态系统和环境保护力度，加强生态文明制度建设。必须把生态文明建设融入经济建设、政治建设、文化建设、社会建设各方面和全过程，坚持节约资源和保护环境的基本国策。必须把生态文明建设放在突出地位，着力推进绿色发展、循环发展、低碳发展，努力建设美丽中国，形成节约资源和保护环境的空间格局、产业结构、生产方式、生活方式。必须从源头扭转生态环境恶化趋势，为人民创造良好生产生活环境，为全球生态安全作出贡献，实现中华民族永续发展。

三、总任务是实现社会主义现代化和中华民族伟大复兴

党的十八大报告关于实现社会主义现代化和中华民族伟大复兴的建设中国特色社会主义总任务，指明了中国特色社会主义的奋斗目标，坚定了我们社会主义和共产主义的理想信念，明确了我们努力的方向和承担的历史责任，激励着我们不断增强为中国特色社会主义而奋斗的伟大力量。

实现中华民族伟大复兴，再创中华民族新的辉煌，是中国沦为半殖民地半封建国家以来，中华民族一切有志之士的共同信念和矢志不渝

追求的目标。在中国共产党领导下，经过30年的奋斗，取得新民主主义革命和社会主义革命的胜利，建立了社会主义新中国，确立了社会主义制度，中华民族伟大复兴成功迈出了重要一步。在社会主义建设时期，党领导全国人民完成了社会主义改造，建立了社会主义制度，初步建立了社会主义的工业体系，实现了农业合作化，社会主义建设取得了伟大成绩，为新的历史时期开创中国特色社会主义提供了宝贵经验、理论准备、物质基础。

改革开放新时期，中国共产党人解决了在中国这样落后的国家夺取政权建立社会主义制度以后，如何建设社会主义、建设什么样的社会主义问题，也就是说，找到了通过中国特色社会主义实现中华民族伟大复兴的正确道路，并且通过坚定不移地开拓这条道路而取得了改革开放的伟大成就，我国经济总量跃升到世界第二位，社会生产力、经济实力、科技实力迈上一个大台阶，综合国力、国际竞争力、国际影响力迈上一个大台阶，国家面貌发生深刻的历史性变化。正如党的十八大报告指出的那样："经过九十多年艰苦奋斗，我们党团结带领全国各族人民，把贫穷落后的旧中国变成日益走向繁荣富强的新中国，中华民族伟大复兴展现出光明前景。"中国人民的伟大实践证明，只有坚持马克思主义指导，坚持中国共产党领导，坚持社会主义，才能找到实现中华民族伟大复兴的正确途径。中国特色社会主义是当代中国发展进步的根本方向，只有中国特色社会主义才能发展中国，中国特色社会主义道路是实现中华民族伟大复兴的光明之路、成功之路。加快推进社会主义现代化，实现中华民族伟大复兴，必须坚定不移地走中国特色社会主义道路。

实现社会主义现代化与实现中华民族伟大复兴是一个问题的两个方面。实现中华民族伟大复兴，就要实现社会主义现代化，只有实现社会主义现代化，才能实现中华民族复兴。实现社会主义现代化，是世界历史进程和发展潮流对中华民族伟大复兴提出的时代要求。在中国实现现代化，就要回答"中国实现什么样的现代化、怎样实现现代化"。中国共产党人在60多年的建设实践中科学解答了这一问题。中国现代化首先是社会主义性质的现代化，同时又是中国特色的现代化，即中国特色社会主义现代化发展道路。近代以来中国的发展历史雄辩证明，要实现社会主义现代化，就必须坚持中国共产党的领导，坚持马克思主义，坚持社会主义，从中国自己的国情出发，走中国特色社会主义现代化建设道路，照搬"西化"或者其他"模式"都是无法实现中国社会主义现代化的。

1956年，毛泽东同志率先提出并初步规划了我国社会主义现代化的发展战略，明确要"将我国建设成为一个具有现代工业、现代农业和现代科学文化的社会主义国家"，他还提出国防现代化的问题："建设社会主义，原来要求是工业现代化，农业现代化，科学文化现代化，现在要加上国防现代化。"亲自规划了我国社会主义"四个现代化"的建设目标。在如何实现现代化问题上，毛泽东同志强调不能照抄照搬外国经验，要从中国国情出发，走出一条中国特色的工农并举的工业化道路。

在改革开放新时期，党深化了实现中国社会主义现代化的思想，构成了中国特色社会主义理论的重要内容：关于实现现代化的性质和道路问题，提出要搞社会主义现代化，要走中国式的社会主义现代化道路；关于中国现代化的战略地位和指导方针问题，把实现现代化提高到关系我们国家社会主义制度的巩固、国家的安全以及为共产主义社会创造物质财富的高度来认识，提出了把全党工作的重心转移到实现四个现代化上来的根本指导方针；关于中国现代化的根本任务、政治保证和基本条件问题，强调实现现代化的核心是经济建设，根本任务是发展生产力，强大动力是改革开放，政治保证和基本条件是坚持四项基本原则，坚持基本路线，保持稳定和谐；关于中国现代化的发展战略、最终目标和运行模式问题，提出"三步走"发展战略，最终目标是实现共同富裕，运行模式是社会主义市场经济。1982年，党的十二大报告明确提出了“四个现代化”的目标和“三步走”的发展战略。1987年，党的十三大报告强调：“必须集中力量进行现代化建设。”1992年，党的十四大报告号召：“为把我国建设成为富强、民主、文明的社会主义现代化国家而奋斗。”明确提出了我国经济体制改革的目标是建立社会主义市场经济体制，认为这是与加快推进社会主义现代化相统一的目标，标志着中国现代化建设进入一个新的阶段。1997年，党的十五大报告明确了现代化的实现目标：“到世纪中叶建国一百年时，基本实现现代化，建成富强民主文明的社会主义国家。”党的十六大提出全面建设惠及十几亿人口的更高水平的小康社会，再继续奋斗几十年，到本世纪中叶基本实现现代化的奋斗目标。党的十七大对推进改革开放和社会主义现代化建设、实现全面建设小康社会宏伟目标作出了全面部署，提出必须坚持全面协调可持续发展，促进现代化建设各个环节、各个方面相协调，告诫全党基本实现现代化还需要奋斗几十年，要始终保持对中华民族伟大复兴的坚定信念。

“建设中国特色社会主义，总依据是社会主义初级阶段，总布局是五位一体，总任务是实现社会主义现代化和中华民族伟大复兴。”党的十八大报告关于总依据总布局总任务思想深化了对“三大规律”的认识，回答了“什么是社会主义、怎样建设社会主义”这个首要的基本问题。只要我们按照党的十八大的总体要求，不懈努力，就一定能在中国共产党成立一百年时全面建成小康社会，就一定能在新中国成立一百年时建成富强民主文明和谐的社会主义现代化国家，就一定能实现中华民族伟大复兴。

（作者：中国社会科学院党组书记、院长）

扎实推进社会主义文化强国建设

雒树刚

党的十八大报告科学把握当今文化发展趋势和我国文化发展方位，从坚持和发展中国特色社会主义的政治高度和宽广视野，深刻阐述了加强文化建设的重要性和紧迫性，明确提出了建设社会主义文化强国的大政方针和目标要求，进一步丰富和发展了中国特色社会主义文化建设理论，为我国文化建设指明了前进方向、提供了根本遵循。我们一定要高举社会主义先进文化旗帜，树立高度的文化自觉和文化自信，扎实推进社会主义文化强国建设，开创全民族文化创造活力持续迸发、社会文化生活更加丰富多彩、人民基本文化权益得到更好保障、人民思想道德素质和科学文化素质全面提高、中华文化国际影响力不断增强的新局面。

一、充分认识推进社会主义文化强国建设的重大意义

一个文明进步的社会必定是物质文明和精神文明共同进步的社会，一个现代化的强国必定是经济、政治、文化、社会、生态文明建设全面推进的国家。建设社会主义文化强国，与我国深厚文化底蕴和丰富文化资源相匹配、与中国特色社会主义事业总体布局相适应、与建设富强民主文明和谐的社会主义现代化国家目标相承接，是我们党准确把握时代和形势发展变化、积极回应各族人民精神文化生活需要作出的重大战略决策，是中国共产党人必须承担的庄严历史责任。

（一）扎实推进社会主义文化强国建设是全面建成小康社会的必然要求

以党的十八大为标志，我国进入全面建成小康社会决定性阶段。全面建成小康社会，既要让人民过上殷实富足的物质生活，又要让人民享有健康丰富的文化生活。文化软实力显著增强，是全面建成小康社会的重要目标和重要保证。如果没有文化的繁荣发展、离开文化的支撑和保障，全面建成小康社会目标就不可能实现。现在我们达到的小康还是低水平的、不全面的、发展很不平衡的小康，其中一个重要的方面就是城乡居民的文化生活水平还比较低。特别是随着人民生活从温饱达到总体小康，文化消费进入快速增长期，人民对丰富精神文化生活的期待越来越高。只有扎实推进社会主义文化强国建设，才能凝聚起全社会推动文化改革发展的强大力量，进一步解放和发展文化生产力，显著增强国家文化软实力，更好满足人民日益增长的精神文化需求，切实保障人民基本文化权益，确保全面建成小康社会奋斗目标如期实现。

（二）扎实推进社会主义文化强国建设是夺取中国特色社会主义新胜利的必然要求

文化建设是中国特色社会主义事业五位一体总体布局的重要组成部分。没有社会主义文化繁荣发展，就没有社会主义现代化。改革开放特别是党的十六大以来，我们党始终把文化建设放在党和国家全局工作重要战略位置，推动我国文化建设取得了巨大成就，为坚持和发展中国特色社会主义提供了强大精神力量。经过这些年的发展，我们越来越深刻地认识到，无论是推动经济社会又好又快发展，还是改善民生、促进社会和谐，都要求我们必须加快文化改革发展步伐，提高国家文化软实力，兴起社会主义文化建设新高潮，建设社会主义文化强国。同样，只有扎实推进社会主义文化强国建设，才

能更好发挥文化引领风尚、教育人民、服务社会、推动发展的重要作用，推动文化建设与经济建设、政治建设、社会建设、生态文明建设协调发展，夺取中国特色社会主义新胜利。

（三）扎实推进社会主义文化强国建设是实现中华民族伟大复兴的必然要求

文化是民族的血脉，是人民的精神家园。没有文化的积极引领，一个国家、一个民族不可能屹立于世界民族之林。综观世界几千年历史，中华民族之所以历经磨难而生生不息、绵延不绝，一个重要原因就是我们有深厚的文化传统，有共同的精神家园。源远流长、博大精深的中华文化，滋养着中华民族的凝聚力，激发着中华民族的创造力，是中华民族生存和发展的根本。当今世界正处在大发展大变革大调整时期，各种思想文化交流交融交锋更加频繁，文化在综合国力竞争中的地位和作用更加凸显，维护国家文化安全任务更加艰巨，增强国家文化软实力、中华文化国际影响力要求更加紧迫。实现中华民族伟大复兴，离不开中华文化繁荣兴盛。只有扎实推进社会主义文化强国建设，才能进一步提升民族凝聚力和创造力，增强我国综合国力和中华文化国际影响力，形成具有核心竞争力的文化优势，为实现中华民族伟大复兴提供强大动力和有力支撑。

二、坚定不移走中国特色社会主义文化发展道路

中国特色社会主义文化发展道路，是我们党长期领导文化建设实践经验的集中体现，是对我国文化发展规律的深刻揭示，符合我国国情，顺应时代发展潮流，反映了新形势下党和国家事业发展对文化建设的新要求。这条发展道路，指明了我国文化建设的前进方向和发展路径，是实现建设社会主义文化强国宏伟目标唯一正确的道路。

（一）坚持以马克思主义为指导，牢牢把握社会主义先进文化前进方向

马克思主义深刻揭示了人类社会发展规律，是指引人民推动社会进步、创造美好生活的科学理论，是引领文化建设正确方向的根本指针。坚持以马克思主义为指导、以社会主义先进文化为引领，是中国特色社会主义文化最鲜明的特征，也是事关文化建设全局的根本问题。现在，我国文化领域正在发生广泛而深刻的变革，社会思想更加多样、社会价值更加多元、社会思潮更加多变，坚持以马克思主义为指导、以社会主义先进文化为引领的重要性和紧迫性更加凸显。坚持中国特色社会主义文化发展道路，必须始终坚持马克思主义在意识形态领域的指导地位，坚持用中国特色社会主义理论体系统领文化建设，不断深化对文化建设的规律性认识，不断丰富和发展具有中国特色、符合时代发展要求的文化建设理论，为文化建设提供有力理论指导，确保文化建设始终沿着正确方向前进。必须坚持为人民服务、为社会主义服务的方向，坚持百花齐放、百家争鸣的方针，坚持贴近实际、贴近生活、贴近群众的原则，正确处理弘扬主旋律和提倡多样化的关系、教育人民和满足人民多样化精神文化需求的关系、把社会效益放在首位和提高经济效益的关系，不断巩固和壮大主流思想舆论，建设面向现代化、面向世界、面向未来的，民族的科学的大众的社会主义文化。

（二）坚持以科学发展为主题，不断提高文化建设科学化水平

科学发展是党和国家工作的鲜明主题，也是文化建设的鲜明主题。坚持中国特色社会主义文化发展道路，必须坚持以科学发展观为指导，自觉把科学发展的要求贯穿到文化建设各方面和全过程。要坚持把发展作为第一要务，用发展的办法解决前进中的问题，既积极为经济建设服务，又努力实现文化自身的繁荣发展。要坚持以人为本的核心立场，以服务人民为根本宗旨，保障人民文化权益，促进人的全面发展。要坚持全面协调可持续的基本要求，着力解决影响文化科学发展的突出问题，协调好文化建设的各个领域、各个方面，促进文化持续健

康发展。要坚持统筹兼顾的根本方法，正确认识和处理文化改革发展中的各种重大关系，坚持一手抓公益性文化事业、一手抓文化产业，坚持城乡、区域文化一体化发展，统筹推进文化改革发展各项工作。推动文化科学发展，必须把着力点放到转变文化发展方式上来。要加强宏观调控、完善政策措施，着力优化文化发展的布局和结构，推动文化资源合理配置，不断提高文化发展质量和效益，增强文化发展后劲，实现文化又好又快发展。

（三）坚持以满足人民精神文化需求为出发点和落脚点，充分发挥人民群众在文化建设中的主体作用

中国特色社会主义文化是人民共建共享的文化，人民是推动社会主义文化大发展大繁荣最深厚的力量源泉。坚持中国特色社会主义文化发展道路，必须发挥人民在文化建设中的主体作用，做到文化发展为了人民、文化发展依靠人民、文化发展成果由人民共享。要坚持以人为本，以满足人民精神文化需求、促进人的全面发展为根本目的，不断提高全民族思想道德素质和科学文化素质，培育有理想、有道德、有文化、有纪律的社会主义公民。要牢固树立马克思主义群众观点，尊重人民主体地位和首创精神，充分挖掘蕴藏于人民之中的文化创造潜能，为人人成为社会主义文化建设者提供广阔舞台。要坚持面向基层、服务群众，充分考虑普通群众的文化消费能力，切实维护低收入群体和特殊群体的文化权益，鼓励创作生产更多受到群众欢迎的文化产品，让文化发展成果惠及全体人民。

（四）坚持以改革创新为动力，进一步增强文化创造活力

时代的发展呼唤着文化的与时俱进，实践的深入推动着文化的不断创新。只有深化文化体制改革，创新文化体制机制，才能不断解放和发展文化生产力，为社会主义文化繁荣发展提供强大动力。党的十六大以来，文化体制改革坚持观念创新与实践创新相促进、重点突破与全面深化相结合，走过了不平凡的历程，取得了历史性的突破。面对全面建成小康社会的新形势新任务，必须不失时机深化文化体制改革，提高改革决策的科学性，增强改革措施的协调性，坚决破除一切妨碍文化科学发展的思想观念和体制机制弊端，加快完善文化管理体制和文化生产经营机制，形成有利于创新创造的文化发展环境，大力发展文化事业和文化产业。文化是最需要创新的领域，创新是文化的本质特征。要适应时代变化和人民精神文化生活发展的要求，大力营造鼓励创新的社会环境，使一切创新举措得到支持、一切创新才能得到发挥、一切创新成果得到肯定。要发扬学术民主、艺术民主，提倡体裁、题材、形式、手段充分发展，推动观念、内容、风格、流派积极创新，增强社会主义文化的表现力、吸引力、感染力。

三、以改革创新精神落实好建设社会主义文化强国的各项任务

党的十八大在党的十七届六中全会提出建设社会主义文化强国奋斗目标的基础上，对扎实推进社会主义文化强国建设作出全面部署。我们要认真学习贯彻党的十八大精神，抓紧工作、抓紧落实，为把我国建设成为社会主义文化强国而不懈奋斗。

（一）加强社会主义核心价值体系建设

社会主义核心价值体系是兴国之魂，决定着中国特色社会主义发展方向。建设社会主义文化强国，必须把社会主义核心价值体系建设作为首要任务，融入国民教育、精神文明建设和党的建设全过程，贯穿改革开放和社会主义现代化建设各领域，体现到精神文化产品创作生产传播各方面，用社会主义核心价值体系引领社会思潮、凝聚社会共识，在全党全社会形成统一指导思想、共同理想信念、强大精神力量、基本道德规范。要坚持不懈用中国特色社会主义理论体系武装全党、教育人民，深入学习实践科学发展观；广泛开展理想信念教育，引导干部群众深刻认识中国共产党领导和中国特色

社会主义制度的历史必然性和优越性，自觉把个人理想融入中国特色社会主义共同理想之中，把广大人民团结凝聚在中国特色社会主义伟大旗帜之下；大力弘扬民族精神和时代精神，深入开展爱国主义、集体主义、社会主义教育，丰富人民精神世界、增强人民精神力量。加强社会主义核心价值体系建设，一项基础性工作就是培育和践行社会主义核心价值观。这对于更好凝聚全党全国各族人民的思想、在日趋激烈的国际思想舆论竞争中掌握主动权和话语权具有十分重要的意义。要坚持宣传教育、示范引导、实践养成与制度建设相衔接，倡导富强、民主、文明、和谐，倡导自由、平等、公平、正义，倡导爱国、敬业、诚信、友善，积极培育和践行社会主义核心价值观，并使之成为全体人民的共同价值追求。

（二）全面提高公民道德素质

一个社会是否文明进步，一个国家能否长治久安，很大程度上取决于全体社会成员的思想道德素质。全面提高公民道德素质，是社会主义道德建设的基本任务。改革开放特别是党的十六大以来，我国公民道德建设取得长足进步，社会思想道德主流积极健康向上，人民群众展示出良好的精神风貌。这可以从我国科学发展、社会和谐的良好局面中得到生动反映，从近年来举办大事喜事、应对急事难事的成功实践中得到有力印证。同时也要清醒地看到，当前社会道德领域还存在不少亟待解决的突出问题，一些领域道德失范、诚信缺失，一些社会成员理想信念淡漠、人生观价值观扭曲，是非、善恶、美丑界限混淆，拜金主义、享乐主义、极端个人主义有所滋长，以权谋私、造假欺诈、见利忘义、损人利己现象时有发生。这些问题冲击着社会的道德底线，拷问着人们的道德良知，严重败坏社会风气，损害正常经济社会秩序。建设社会主义文化强国，必须把思想道德建设作为重要内容和中心环节。要坚持依法治国与以德治国相结合，加强社会公德、职业道德、家庭美德、个人品德教育，推进公民道德建设工程，加强和改进思想政治工作，深化群众性精神文明创建活动，广泛开展志愿服务，推动学雷锋活动、学习宣传道德模范常态化，弘扬中华传统美德，弘扬时代新风，引导人们自觉履行法定义务、社会责任、家庭责任，营造劳动光荣、创造伟大的社会氛围，培育知荣辱、讲正气、作奉献、促和谐的良好风尚。要针对道德领域存在的突出问题，深入开展专项教育和治理活动，加强政务诚信、商务诚信、社会诚信和司法公信建设，强化道德修养，强化职业操守，力争使社会道德状况明显好转。

（三）丰富人民精神文化生活

让人民享有健康丰富的精神文化生活，是全面建成小康社会的重要内容。要坚持以人民为中心的创作导向，关心人民命运，体察人民愿望，反映人民心声，在人民伟大创造中汲取营养，着力提高文化产品质量，为人民提供更好更多精神食粮。要深入实施广播电视村村通、社区和乡镇综合文化站、文化信息资源共享、农村电影放映、农家书屋等重点文化惠民工程，加大对农村和欠发达地区文化建设的帮扶力度，完善公共文化服务设施向社会免费开放服务，努力做到广覆盖、高水平、重实效，让人民广泛享有免费或优惠的基本公共文化服务。要积极推进优秀传统文化传承体系建设，从源远流长的传统文化、激昂奋进的革命文化、争奇斗艳的民族民间文化中汲取营养，大力弘扬中华优秀传统文化，建设中华民族共有精神家园。发展健康向上的网络文化，是社会主义文化建设的迫切任务，也是丰富人民精神文化生活的必然要求。要认真贯彻积极利用、科学发展、依法管理、确保安全的方针，加强和改进网络内容建设，加强网络社会管理，推进网络依法规范有序运行，唱响网上主旋律，使互联网等新兴媒体真正成为社会主义先进文化新阵地、公共文化服务新平台、人们精神文化新空间。

（四）增强文化整体实力和竞争力

文化实力和竞争力是国家富强、民族振兴的重要标志，是建设社会主义文化强国的重要支撑。要坚持把社会效益放在首位、社会效益和经济效益相统一，推动文化事业全面繁荣、文化产业快速发展。要大力发展哲学社会科学、新闻出版、广播影视、文学艺术事业，加强重大公共文化工程和文化项目建设，优先安排关系人民群众切身文化利益的基础性文化设施建设，积极构建覆盖全社会的公共文化服务体系。要坚持走规模化、集约化、专业化的文化发展路子，实施重大文化产业项目带动战略，优化产业结构布局，促进文化与科技融合，打造一批骨干文化企业和文化品牌，发展新型文化业态，推动文化产业成为国民经济支柱性产业。要构建和发展技术先进、传输快捷、覆盖广泛的现代传播体系，丰富传播手段、拓展传播渠道、创新传播方式，扩大社会主义先进文化的传播力和影响力。要把改革与发展有机结合起来，增强国有公益性文化单位活力，完善经营性文化单位法人治理结构，繁荣文化市场，以改革促发展、促繁荣。要不断扩大文化领域对外开放，广泛参与世界文明对话，积极吸收借鉴国外优秀文化成果，推动中华文化走向世界，增强中华文化在世界上的感召力和影响力。要积极营造有利于高素质文化人才大量涌现、健康成长的良好环境，表彰有杰出贡献的文化工作者，造就一批人民喜爱、有国际影响的名家大师和民族文化代表人物，为社会主义文化强国建设提供有力人才支撑。

（作者：中共中央宣传部常务副部长）

努力建设更加坚强有力的高素质执政骨干队伍

沈跃跃

干部队伍是党的执政骨干，是推进党的事业的中坚力量。党的十八大报告指出，坚持和发展中国特色社会主义，关键在于建设一支政治坚定、能力过硬、作风优良、奋发有为的执政骨干队伍。这一重要论述，深刻阐明了建设高素质执政骨干队伍的极端重要性和基本要求，我们要认真贯彻落实。

一、坚持正确的选人用人标准，保持干部队伍先进性和纯洁性

干部路线是为政治路线服务的，以什么样的标准选人用人是干部路线的核心内容，是建设高素质干部队伍的首要问题。我们党在长期的革命、建设和改革实践中，始终注重从党的中心任务出发，坚持执行正确的干部路线和选人用人标准，培养造就了一批又一批、一代又一代高素质的骨干队伍，保证了党的事业不断从胜利走向胜利。党的十八大报告在认真总结我们党干部工作经验的基础上，着眼实现党的历史使命，着眼保持干部队伍的先进性和纯洁性，进一步明确了干部选拔任用标准，突出强调要坚持五湖四海、任人唯贤，坚持德才兼备、以德为先，坚持注重实绩、群众公认，为新形势下建设高素质干部队伍指明了方向。

五湖四海、任人唯贤，是我们党选人用人的优良传统，是坚持党的性质和宗旨的必然要求。我们党坚持这个崇高原则，为一切忠于人民、扎根人民、奉献人民的人们提供了施展才华的宽广舞台。新的历史时期，我们党肩负着发展中国特色社会主义的伟大使命。中国特色社会主义道路能不能越走越宽广，中华民族能不能实现伟大复兴，要看能不能不断培养造就大批优秀人才，更要看能不能让各方面优秀人才脱颖而出、施展才华。我们要以更宽的视野、更高的境界、更大的气魄，广开进贤之路，广纳天下英才，把各方面优秀人才及时发现出来、合理使用起来。要冲破各种陈旧落后思想观念的束缚，打破地域、部门、行业、身份限制，放眼各条战线、各个领域，放眼基层和生产一线，放眼条件艰苦、工作困难、矛盾复杂的地方，放眼关键岗位、重要岗位、长期默默奉献的岗位，唯贤是举、选贤任能，让所有优秀干部都能为党和人民贡献力量。

德才兼备、以德为先，是我们党一贯的选人用人思想，抓住了当前干部队伍建设的关键。现在的干部学历层次普遍提高、知识本领不断增强，但由于多数干部是改革开放以后成长起来的，客观上比较缺乏严格的党内生活锻炼和重大政治风浪考验，在党性和作风等方面呈现明显不足。一些干部出问题，不是出在才上而是出在德上，就充分说明了这一点。这就要求我们在坚持德才兼备的同时，更加突出以德为先，把德放在选人用人的首要位置。判断一个干部的德，首先是看政治品质，特别是在政治方向、政治立场、政治态度、政治纪律、党性原则等方面的表现。要重点了解干部坚持中国特色社会主义道路、理论体系和制度，执行党的路线方针政策，忠于党、忠于国家、忠于人民等方面的情况。同时，也要看干部的道德品行，了解干部的社会公德、职业道德、家庭美德、个人品德等情况。如何准确识别干部的德，一直是干部工作中的一个难点问题。要不断探索考察干部德的有效途径和方法，注重从履行岗位职责、完成急难险重任务、关键时刻表现、对待个人名利等

方面考察干部的德，努力把德考准考实。要坚持用好考德结果，优先使用德的方面表现突出的干部，教育提醒德的方面有不足的干部，坚决调整德的方面有严重问题的干部，形成以德修身、以德服众、以德领才、以德润才、德才兼备的正确导向。

注重实绩、群众公认，是我们党选人用人的重要原则，是党的群众路线在选人用人中的具体运用和体现。党的事业是干出来的，进入全面建成小康社会决定性阶段，更需要各级干部真抓实干、干事创业。要大力树立凭实绩看德才、凭德才用干部的导向，真正让想干事的人有机会、能干事的人有舞台、多干事的人受激励、干成事的人得重用。干部干得怎么样，群众看得最清楚、最有发言权。要坚持把干部实绩交给群众来评判，进一步畅通民意表达渠道，进一步健全民主推荐、民主测评、民意调查和实绩公示等制度，切实做到多数群众不赞成的不使用，引导干部创造经得起实践、人民和历史检验的实绩。

二、加强理论武装和思想教育，坚定干部队伍理想信念

党的十八大报告强调，对马克思主义的信仰，对社会主义和共产主义的信念，是共产党人的政治灵魂，是共产党人经受住任何考验的精神支柱。要坚定理想信念，坚守共产党人精神追求。这对建设高素质执政骨干队伍，具有很强的现实针对性和指导性。当今世界，不同力量之间的政治、经济和思想文化竞争日益激烈，更要求党的干部打牢理想信念根基，提高思想鉴别力，增强政治坚定性，坚定不移沿着中国特色社会主义道路前进。当代中国，深入推进改革开放和发展社会主义市场经济，既为经济社会生活注入了强大活力，也带来了一些消极腐朽的东西。如果党的干部不能坚定理想信念、坚守共产党人的精神追求，就很难抵挡形形色色的诱惑和考验。从干部队伍状况看，当前干部特别是年轻干部中，最重要也是最需要注意并切实解决好的，就是理想信念问题。少数干部之所以走上腐败道路，归根结底都是在理想信念这个“总开关”上没有把持住。

坚定理想信念，首先要抓好思想理论建设这个根本。理论上的清醒是理想信念坚定的基础。要坚持把理论武装摆在首位，组织广大干部深入学习马克思列宁主义、毛泽东思想、中国特色社会主义理论体系，深入学习实践科学发展观，教育引导党员、干部矢志不渝为中国特色社会主义共同理想而奋斗。其次，要抓好党性教育这个核心，学习党的历史，深刻认识党的两个历史问题决议总结的经验教训，弘扬党的优良传统和作风，教育引导党员、干部牢固树立正确的世界观、权力观、事业观，坚定政治立场，明辨大是大非。当前，特别是要把政治纪律教育作为党性教育的重点，教育引导党员、干部讲政治、顾大局、守纪律，自觉遵守党章，自觉按照党的组织原则和党内政治生活准则办事，坚决贯彻党的理论和路线方针政策，坚决维护中央权威，在思想上政治上行动上同党中央保持高度一致。第三，要抓好道德建设这个基础。针对群众对一些干部的道德反映比较强烈的问题，把道德建设摆在干部队伍建设更加突出的位置来抓，教育引导党员、干部模范践行社会主义荣辱观，讲党性、重品行、作表率，做社会主义道德的示范者、诚信风尚的引领者、公平正义的维护者，以实际行动彰显共产党人的人格力量。

在加强理想信念教育的同时，要加强和改进干部教育培训，增强培训的针对性、实效性，努力提高各级干部推动科学发展、促进社会和谐的本领，建设能力过硬的执政骨干队伍。

三、始终保持同人民群众的血肉联系，树立干部队伍为民务实清廉形象

党的十八大报告强调，只有植根人民、造福人民，党才能始终立于不败之地。着眼保持党同人民群众的血肉联系，着眼保持党的先进性和纯洁性，报告鲜明地提出要在全党深入开展以为民务实清廉为主要内容的党的群众路线教

育实践活动。这是进一步加强党的建设的重大举措，也是建设高素质干部队伍的有力抓手，我们要切实抓好落实。

"一切为了群众，一切依靠群众，从群众中来，到群众中去"，是我们党根本的工作路线、领导方法和工作方法。历史反复证明，什么时候群众路线执行得好，党的事业就兴旺发达；什么时候群众路线执行得不好，党的事业就会停滞甚至遭受挫折。党的群众路线，要靠全党贯彻执行，更要靠党的各级干部带头践行。总体来看，各级干部在贯彻执行党的群众路线方面做得是好的，但在长期执政、改革开放、市场经济、外部环境考验面前，也有一些干部存在脱离群众等倾向。有的宗旨意识淡薄，不能坚持以人为本、执政为民；有的政绩观不正确，形式主义、官僚主义严重；有的甚至以权谋私、侵害群众利益，严重影响了党群干群关系。我们要针对这些问题，以开展党的群众路线教育实践活动为契机，在干部队伍中大兴为民务实清廉之风，着力解决人民群众反映强烈的突出问题，提高做好新形势下群众工作的能力，使各项工作获得最广泛最可靠最牢固的群众基础和力量源泉。

要教育引导干部增强为民意识。为人民服务是党的根本宗旨，以人为本、执政为民是检验党一切执政活动的最高标准。各级干部任何时候都要牢记党的宗旨，把人民利益放在第一位，自觉站在人民的立场上想问题、办事情、作决策，把实现好、维护好、发展好最广大人民根本利益作为一切工作的出发点和落脚点，始终做到权为民所用、情为民所系、利为民所谋。

要教育引导干部多干务实之事。实干富民、实干兴邦。各级干部要牢固树立正确的政绩观，坚持求真务实、真抓实干，坚持敢于开拓、勇于担当，坚持察实情、出实招、办实事，多干打基础、利长远、惠民生的事情，多干让人民满意的好事实事。要坚决克服形式主义、官僚主义，坚决防止庸懒散奢等不良风气，下决心改进文风会风，把全部心思和精力用在干事创业上。要坚持问政于民、问需于民、问计于民，经常深入基层，直接联系群众，虚心拜人民为师，从人民伟大实践中汲取智慧和力量。

要教育引导干部保持清廉本色。共产党的性质和宗旨，决定了我们党同一切腐败现象是根本对立的。人民群众对干部腐败最痛恨，干部腐败对党的威信损害也最大。因此，要把防治腐败、保持清廉作为新形势下密切党群干群关系的一个重大政治任务来抓，教育督促各级干部始终做到艰苦奋斗、勤俭节约，始终做到秉公用权、廉洁从政，干干净净做事、清清白白做人，以清廉形象赢得人民群众的信任和支持。

四、深化干部人事制度改革，增强干部队伍生机活力

深化干部人事制度改革，是培养造就高素质干部队伍的关键举措。党的十八大报告对此作了重点部署。我们要按照报告要求，坚持党管干部原则，全面准确贯彻民主、公开、竞争、择优方针，深化干部人事制度改革，使各方面优秀干部充分涌现、各尽其能、才尽其用。

要完善干部考核评价机制，促进领导干部树立正确政绩观。干部考核是选拔任用和管理监督干部的重要基础。近年来，我们在完善干部考核评价机制上取得了积极进展，特别是通过制定实施"一个意见、三个办法"以及加强干部德的考核意见等措施，推动形成了注重品行、科学发展、崇尚实干、重视基层、鼓励创新、群众公认的导向，为建设高素质干部队伍提供了有力保证。当前，我国正处在改革发展的关键时期。推动科学发展、加快转变经济发展方式，保持和发展党的先进性和纯洁性，顺应干部群众对扩大干部工作民主的新期待，都要求我们进一步完善干部考核评价机制，更好地为建设高素质干部队伍服务，为党和国家工作大局服务。要突出考核重点，加强干部德的考核和科学发展实绩考核，促进干部重德、修德、守德、立德，促进干部以正确政绩观贯彻落实科学发展观；

改进考核办法，把平时考核、年度考核与换届考察、任职考察有机结合起来，全面深入地掌握干部的表现情况，为正确识别和使用干部提供科学依据；扩大考核工作民主，强化党内外干部群众的参与和监督，增强考核工作的公信力和考核结果的公信度；强化考核结果运用，真正发挥考核在干部队伍建设中的导向、评价和监督作用。

要完善竞争性选拔干部方式，提高选人用人公信度。这是干部人事制度改革的核心任务。近年来，围绕形成广纳群贤、人尽其才、能上能下、公平公正、充满活力的选人用人机制，我们积极完善差额选拔干部办法，大力推行公开选拔、竞争上岗等竞争性选拔干部方式，加大从基层一线选拔干部力度，深入整治用人上的不正之风，取得了明显成效。要深入总结经验，用好成熟改革举措，加快建立科学的干部选拔任用机制。扩大干部工作民主，提高民主质量，进一步规范干部任用提名制度，改进民主推荐、民主测评方法，探索多种形式的竞争性选拔办法，努力提高选人用人公信度，不让老实人吃亏，不让投机钻营者得利。进一步优化领导班子配备，注重从基层一线培养选拔干部，拓宽社会优秀人才进入党政干部队伍渠道，着力改善干部队伍的来源和经历结构。加大培养选拔优秀年轻干部力度，加强后备干部队伍建设，鼓励年轻干部到基层和艰苦地区锻炼成长，促进优秀年轻干部脱颖而出。继续探索调整不适宜担任现职干部的办法，构建干部能下能出机制。健全干部选拔任用监督机制和责任追究制度，坚决整治跑官要官、买官卖官、拉票贿选等问题，进一步匡正选人用人风气。

要健全干部管理体制，从严管理监督干部。这是干部人事制度改革的重要内容，也是建设高素质干部队伍的重要保证。要按照党的十八大报告要求，健全干部管理体制，在深化分级分类管理的基础上，加强党政正职、关键岗位干部培养选拔，重点培养、重点选配、重点管理、重点监督，着力培养造就一批坚定不移走中国特色社会主义道路、善于治党治国的政治家。同时，健全干部日常管理监督机制，落实谈心谈话、民主生活会、报告个人有关事项、诫勉函询、述职述廉等制度，及时发现和纠正干部队伍中的苗头性、倾向性问题，引导干部自觉为党分忧、为国尽责、为民奉献。

（作者：中共中央组织部常务副部长）

大会的主题是报告的灵魂

——谈深入理解十八大主题

曲青山

从历史上看，我们党自成立以来召开的历次全国代表大会，都有一个提出和确立主题的问题，也就是说，要正确分析形势，科学提出奋斗目标和行动的纲领，承担和完成特定历史时期的历史任务。大会的主题也就是大会报告的主题，是报告的眼睛，也是报告的灵魂，它犹如一面前进的旗帜，具有巨大的凝聚力、号召力、向心力，事关党的方向、党的生命、党的形象。因此，深刻理解和准确把握十八大的主题，对于深入学习和领会十八大精神，至关重要。

理论篇

十八大的主题是学习和领会十八大精神的一把钥匙，报告的每一部分内容都是大会主题的全面展开和具体论述。

党的十八大是在我国进入全面建成小康社会决定性阶段召开的一次十分重要的大会。胡锦涛同志在党的十八大上作了题为《坚定不移沿着中国特色社会主义道路前进，为全面建成小康社会而奋斗》的报告，明确提出大会的主题是："高举中国特色社会主义伟大旗帜，以邓小平理论、'三个代表'重要思想、科学发展观为指导，解放思想，改革开放，凝聚力量，攻坚克难，坚定不移沿着中国特色社会主义道路前进，为全面建成小康社会而奋斗。"

1. 十八大主题提出和强调的问题，是旗帜问题、道路问题、精神状态问题、奋斗目标问题。

十八大的主题，是在全面把握当前世情、国情、党情，全面把握我国发展新要求和人民新期待的基础上提出来的。这一主题就是要在建设中国特色社会主义的进程中，在我国进入全面建成小康社会的决定性阶段，向党内外、国内外简明鲜明地宣示我们党将举什么旗、走什么路、以什么样的精神状态、朝着什么样的目标继续前进这4个重大问题。这些问题都是关系到党和国家前途命运的问题，是旗帜问题、道路问题、精神状态问题、奋斗目标问题。

对旗帜问题，报告提出和强调"高举中国特色社会主义伟大旗帜，以邓小平理论、'三个代表'重要思想、科学发展观为指导"。对奋斗目标问题，报告提出和强调"为全面建成小康社会而奋斗"。对道路问题，报告提出和强调"坚定不移沿着中国特色社会主义道路前进"。对精神状态问题，报告提出和强调"解放思想，改革开放，凝聚力量，攻坚克难"。深刻理解十八大主题，必须准确把握确定这一主题的时代背景，清醒认识我们既面临前所未有的机遇，又面临前所未有的挑战，关键取决于我们能否牢牢把握机遇，沉着应对挑战，坚定不移和毫不动摇地沿着中国特色社会主义道路奋勇前进。

2. 准确把握十八大的主题，是深入学习和领会十八大精神的一把钥匙。

十八大报告全面回顾和科学总结了过去五年成就和十年历程，系统阐述了坚持和发展中国特色社会主义的一系列重大理论和实践问题，确定了全面建成小康社会和全面深化改革开放目标，对我国的经济建设、政治建设、文化建设、社会建设、生态文明建设和党的建设作出了全面部署，是新形势下夺取中国特色社会主义新胜利的政治宣言和行动纲领。

学习报告我们可以发现，报告的每一部分都与大会主题息息相关，都是大会主题的全面展开和具体详细论述。比如，报告的第一部分：过去五年的工作和十年的基本总结，阐述了十年奋斗历程最重要的是形成和贯彻了科学发展观。面向未来，深入贯彻落实科学发展观，全党必须做到四个“更加自觉”。这里强调了旗帜问题。第二部分：夺取中国特色社会主义新胜利，更是强调了道路的重要性，全面阐述了中国特色社会主义的基本内涵，建设中国特色社会主义的总依据、总布局、总任务，阐述了夺取中国特色社会主义新胜利必须牢牢把握的八个基本要求。这里强调的仍然是旗帜问题。第三部分：全面建成小康社会和全面深化改革开放的目标，论述的就是奋斗目标问题。第四至第八部分：加快完善社会主义市场经济体制和加快转变经济发展方式，坚持走中国特色社会主义政治发展道路和推进政治体制改革，扎实推进社会主义文化强国建设，在改善民生和创新管理中加强社会建设，大力推进生态文明建设，阐述的是中国特色社会主义建设五位一体的总体布局，是对实现奋斗目标提出的要求和作出的工作部署。第十二部分：全面提高党的建设科学化水平，直接阐述了党的建设问题、人的精神状态问题。

3. 十八大报告的显著特点和突出贡献，都涉及旗帜问题、道路问题、精神状态问题、奋斗目标问题。

我个人感觉，报告至少有 6 个方面最显著的特点和最突出的贡献：一是进一步阐述了科学发展观的时代背景、科学内涵和精神实质，确定了科学发展观在党和国家工作中的指导地位。报告指出，“科学发展观同马克思列宁主义、毛泽东思想、邓小平理论、‘三个代表’重要思想一道，是党必须长期坚持的指导思想”，这表明我们党又一次实现了指导思想的与时俱进。二是进一步阐述了中国特色社会主义道路、中国特色社会主义理论体系、中国特色社会主义制度的基本内涵及其相互关系。报告指出：中国特色社会主义道路是实现途径，中国特色社会主义理论体系是行动指南，中国特色社会主义制度是根本保障，三者统一于中国特色社会主义伟大实践，这是党领导人民在建设社会主义长期实践中形成的最鲜明特色，强调全党要坚定这样的道路自信、理论自信、制度自信。三是系统阐述了全面建成小康社会和全面深化改革开放的目标，描绘了我国未来发展的宏伟蓝图，这为实现中华民族伟大复兴提供了一个看得见、摸得着、感受得到的阶段性目标，把全面建成惠及十几亿人口的更高水平小康社会美好前景，更加清晰地呈现在全国人民面前，必将极大激发全国人民的奋斗热情。四是系统阐述了加强社会主义核心价值体系建设，从国家、社会和个人三个层面第一次提出了“三个倡导”，即倡导富强、民主、文明、和谐，倡导自由、平等、公正、法治，倡导爱国、敬业、诚信、友善，用这三个方面积极培育和践行社会主义核心价值观。五是将中国特色社会主义事业总体布局从四位一体扩展为五位一体，即经济建设、政治建设、文化建设、社会建设、生态文明建设，是对道路内容的展开和具体化。报告深入阐述了大力推进生态文明建设，提出努力建设“美丽中国”，实现中华民族永续发展。六是深入阐述了全面提高党的建设科学化水平，强调建设学习型、服务型、创新型的马克思主义执政党，这“三型”目标，表明我们党对执政党建设规律的把握更加全面、更加深刻。

这 6 个方面的显著特点和突出贡献，实际上都涉及旗帜问题、道路问题、精神状态问题、奋斗目标问题。确立科学发展观的历史地位，阐述中国特色社会主义制度的基本内涵和中国特色社会主义道路、理论体系、制度三者的辩证关系，就是要推进在实践基础上的理论创新，实现党的指导思想上的与时俱进，高高地举起中国特色社会主义伟大旗帜，胸怀理想、坚定信念，不动摇、不懈怠、不折腾，顽强奋斗、艰苦奋斗、不懈奋斗，在中国特色社会主义旗帜的引领下，坚定不移地沿着我们党已经确定的正确道路奋勇前进。全面建成小康社会和全面深化改革开放目标的提出，为我们描绘了到2020年经济社会发展的宏伟蓝图，这是我们党成立一百年时要实现的目标，是新中国成立一百年时要建成富强民主文明和谐的社会主义现代化国家需要的一个重要基础和关键台阶，是全国人民和中华民族的福祉所在。而加强生态文明建设，则丰富发展了中国特色社会主义事业的总体布局。加强社会主义核心价值体系建设，提高党的建设科学化水平，就是要使我们的全体人民做到有理想、有道德、有文化、有纪律；就是要使我们全党同志坚定理想信念，坚守共产党人的精神追求，进一步密切联系群众，严守党的纪律，永葆共产党人清正廉洁的政治本色，经受住各种困难和风险的考验，使党始终走在时代前列，始终成为全国人民的主心骨，始终成为中国特色社会主义事业的坚强领导核心。

历史篇

改革开放以来历次大会的主题，都体现了党的事业的继往开来和承前启后，反映了党的思想理论的与时俱进。

党的十一届三中全会以后，我国进入了改革开放历史新时期。期间，我们党在十八大之前召开过从十二大到十七大6次全国代表大会，产生了6个大会报告。为了深入理解十八大的主题，让我们简单回顾一下这6次大会的主题和报告的新意。

1. 十二大报告所讲的“大会的使命”，就是“大会的主题”，提出“全面开创社会主义现代化建设的新局面”。

十二大报告中没有明确地讲“大会的主题”，用的是“大会的使命”这个表述。报告指出：“这次代表大会的使命，就是要通过对过去六年历史性胜利的总结，为进一步肃清十年内乱所遗留的消极后果，全面开创社会主义现代化建设的新局面，确定继续前进的正确道路、战略步骤和方针政策。”从中我们可以看到，报告所讲的“大会的使命”即“全面开创社会主义现代化建设的新局面”就是报告的主题，只不过是用词不同而已。

十二大报告的特点和新意主要体现在：一是以7个方面的标志阐述了我们党实现了历史性的伟大转变；二是阐述了我们党在新的历史时期的总任务；三是确定了我国经济建设的战略目标、战略重点、战略步骤和一系列方针政策，提出了我国经济建设从1981年到上个世纪末，在经济效益不断提高的前提下，力争使全国工农业年总产值翻两番的总目标；四是提出了在建设高度物质文明的同时，努力建设高度的社会主义精神文明，并将此确定为建设社会主义的一个战略方针；五是提出了建设高度的社会主义民主，并将此确定为我们的根本目标和根本任务之一；六是提出了努力把党建设成领导社会主义现代化事业的坚强核心，对党的建设从健全民主集中制，改革领导机构和干部制度、实现干部队伍的“四化”，加强党在工人、农民、知识分子中的工作、密切党同群众的联系，有计划有步骤地进行整党、使党风根本好转等方面作出了部署，提出了要求。

2. 十三大报告中使用的“大会的中心任务”的表述，实际上就是“大会的主题”，提出“沿着有中国特色的社会主义道路继续前进”。

十三大报告指出：“这次大会的中心任务是加快和深化改革。改革是振兴中国的唯一出路，是人心所向，大势所趋，不可逆转。我们要总结经验，坚持和发展十一届三中全会以来的路线，进一步确定今后经济建设、经济体制改革和政治体制改革的基本方针，确定在改革开放中加强党的建设的基本方针。正确解决这个任务，将有力地促进全党团结和党与各族人民的团结，保证我们沿着有中国特色的社会主义道路继续前进。”这里，报告所讲的“中心任务”也就是“大会的主题”。

十三大报告的特点和新意主要体现在：一是深刻阐述了党在社会主义初级阶段的理论和基本路线，提出了6个具有长远意义的指导方针，即必须集中力量进行现代化建设；必须坚持全面改革；必须坚持对外开放；必须以公有制为主体，大力发展有计划的商品经济；必须以安定团结为前提，努力建设民主政治；必须以马克思主义为指导，努力建设精神文明；二是深刻阐述了我国经济建设“三步走”的发展战略，强调了解决好科技教育事业发展、保持经济总量基本平衡、进一步扩大对外开放3个重点问题；三是深刻阐述了经济体制改革，提出了当前深化改革的任务，确定了改革的目标是逐步建立起有计划商品经济新体制的基本框架；四是深刻阐述了政治体制改革，提出了政治体制改革的目的和近期目标，提出了要解决好实行党政分开进一步下放权力、改革政府工作机构、改革干部人事制度、加强社会主义法制建设等7个问题；五是提出了建设有中国特色社会主义理论的12个观点，初步回答了我国社会主义建设的阶段、任务、动力、条件、布局和国际环境等基本问题。

3. 十四大报告对大会主题的表述使用的是“大会的任务”，提出“夺取有中国特色社会主义事业的更大胜利”。

十四大报告指出：“这次代表大会的任务是：以邓小平同志建设有中国特色社会主义的理论为指导，认真总结十一届三中全会以来十四年的实践经验，确定今后一个时期的战略部署，动员全党同志和全国各族人民，进一步解放思想，把握有利时机，加快改革开放和现代化建设步伐，夺取有中国特色社会主义事业的更大胜利。”

十四大报告的特点和新意主要体现在：一是全面总结了我们党改革开放14年来的伟大实践，对建设有中国特色社会主义理论，从发展道路、发展阶段、根本任务、发展动力、外部条件、政治保证、战略步骤、领导力量和依靠力量、祖国统一等方面进行了提炼和概括；二是明确提出了我国经济体制改革的目标是建立社会主义市场经济体制，并对推动经济发展和社会全面进步关系全局的10项任务进行了阐述；三是提出了全党认真学习建设有中国特色社会主义理论的战略任务。

4. 十五大报告开门见山地点明了“大会的主题”，提出“把建设有中国特色社会主义事业全面推向二十一世纪”。

十五大报告指出：“大会的主题是：高举邓小平理论伟大旗帜，把建设有中国特色社会主义事业全面推向二十一世纪。”十五大报告除点明主题外，还对为什么要确定这个主题进行了阐述。江泽民同志在报告中强调：“旗帜问题至关紧要。旗帜就是方向，旗帜就是形象。坚持十一届三中全会以来的路线不动摇，就是高举邓小平理论的旗帜不动摇。”“把我们的事业全面推向二十一世纪，就是要抓住机遇而不可丧失机遇，开拓进取而不可因循守旧，围绕经济建设这个中心，经济体制改革要有新突破，政治体制改革要继续深入，精神文明建设要切实加强，各个方面相互配合，实现经济发展和社会全面进步。”“确定这样的主题，是时代的要求，人民的愿望。”十五大报告中点明的大会主题与报告标题是完全一致的。

十五大报告的特点和新意主要体现在：一是回顾了过去一个世纪3次历史性巨变和产生的走在时代潮流前列的3位伟人——孙中山、毛泽东、邓小平；展望了未来的新世纪，提出了中国共产党建党100年和中华人民共和国建国100年的两个奋斗目标；二是深刻阐述了邓小平理论的历史地位和指导意义；三是深刻阐述了社会主义初级阶段的基本纲领；四是明确提出了公有制为主体、多种所有制经济共同发展，是我国社会主义初级阶段的一项基本经济制度；四是强调我们坚持的是按劳分配为主体、多种分配方式并存的分配制度；五是强调了依法治国，建设社会主义法治国家；六是提出了有中国特色社会主义的文化建设；七是提出了党的建设新的伟大工程。

5. 十六大报告在报告开头开宗明义点明了“大会的主题”，提出“为开创中国特色社会主义事业新局面而奋斗”。

十六大报告指出：“大会的主题是：高举邓小平理论伟大旗帜，全面贯彻‘三个代表’重要思想，继往开来，与时俱进，全面建设小康社会，加快推进社会主义现代化，为开创中国特色社会主义事业新局面而奋斗。”

十六大报告的特点和新意主要体现在：一是总结了党的十三届四中全会以来的13年我们党领导人民建设有中国特色社会主义必须坚持的10条基本经验；二是对全面贯彻“三个代表”重要思想提出了明确要求；三是提出了全面建设小康社会的奋斗目标；四是提出了走新型工业化道路，实施西部大开发战略，坚持和完善基本经济制度等相关问题；五是提出了积极发展文化事业和文化产业，继续深化文化体制改革的任务；六是提出了坚持党要管党、从严治党的方针，进一步解决提高党的领导水平和执政水平、提高拒腐防变和抵御风险能力这两大历史性课题，加强党的执政能力建设；七是提出了党的建设四位一体的工作布局，即把党的思想建设、组织建设和作风建设有机结合起来，把制度建设贯穿其中。

6. 十七大报告在一开始就强调了“大会的主题”，提出“高举中国特色社会主义伟大旗帜”。

十七大报告强调：“大会的主题是：高举中国特色社会主义伟大旗帜，以邓小平理论和‘三个代表’重要思想为指导，深入贯彻落实科学发展观，继续解放思想，坚持改革开放，推动科学发展，促进社会和谐，为夺取全面建设小康社会新胜利而奋斗。”紧接着，报告对主题的内涵进行了阐释，指出：“中国特色社会主义伟大旗帜，是当代中国发展进步的旗帜，是全党全国各族人民团结奋斗的旗帜。解放思想是发展中国特色社会主义的一大法宝，改革开放是发展中国特色社会主义的强大动力，科学发展、社会和谐是发展中国特色社会主义的基本要求，全面建设小康社会是党和国家到二〇二〇年的奋斗目标，是全国各族人民的根本利益所在。”

十七大报告的特点和新意主要体现在：一是深刻总结了改革开放30年的伟大历史进程，对我们党的创新理论进行了整合，用中国特色社会主义理论体系进行了新的高度概括，强调了要坚定不移地高举中国特色社会主义伟大旗帜，坚持中国特色社会主义道路和中国特色社会主义理论体系；二是深入阐述了科学发展观的科学内涵，对深入贯彻落实科学发展观提出了明确要求；三是对实现全面建设小康社会奋斗目标提出了新要求；四是提出了促进国民经济又好又快发展；五是提出了推动社会主义文化大发展大繁荣，使用了提高国家文化软实力的概念；六是提出了加快推进以改善民生为重点的社会建设；七是提出了以改革创新精神全面推进党的建设新的伟大工程，以“一条主线”、“一个坚持”、“一个要求”、“五个重点”，全面加强党的思想建设、组织建设、作风建设、制度建设和反腐倡廉建设，从而形成了党的建设五位一体的工作布局。

综上所述，从十二大到十七大这6次大会报告的主题，都体现和反映了党的事业的继往开来和承前启后，体现和反映了党的思想理论的开拓创新和与时俱进。而且，从以上回顾中还可发现，自邓小平同志从十二大开幕词中提出“走自己的路，建设有中国特色的社会主义”这个命题之后，“中国特色社会主义”成为了此后几次大会主题的一个关键词。

启示篇

历次党的全国代表大会都有一个明确主题、确立主题的问题，这个问题回答和解决得好，党就前进，党的事业就发展。

在民主革命时期，我们党共召开了7次全国代表大会。党的一大的主题是定名和成立中国共产党；二大的主题是分析中国社会和革命的性质，明确反帝反封建的民主革命任务，提出党的最高纲领和最低纲领；三大的主题是确定采取党内合作形式，同国民党建立联合战线，以完成反帝反封建的国民革命任务；四大的主题是总结国共合作经验，加强对革命运动的领导，明确回答无产阶级在民主革命中的领导权和工农联盟问题；五大的主题是提出争取无产阶级对革命的领导权、实行土地革命等原则；六大的主题是依据中国革命的性质和形势，规定党的任务和政策，总结过去革命斗争的经验教训；七大的主题是在中国面临两个前途、两种命运的情况下，竭尽全力去争取光明的前途，反对黑暗的前途。其中，党的一大、二大、三大、四大、七大较好地解决和回答了我们党所面临的问题，推动了党的事业的发展。而党的五大，由于没有回答和解决好领导权和武装斗争的问题，所以没有能够在大革命危急的关头，承担起挽救革命免于失败的重任。

在社会主义革命和建设时期，我们党共召开了4次全国代表大会。党的八大的主题是“总结七大以来的经验，团结全党，团结国内外一切可能团结的力量，为了建设一个伟大的社会主义的中国而奋斗。”这顺应了时代要求，符合人民的意愿，推动了中国社会的发展。而党的九大、十大的主题都是总结“无产阶级文化大革命”的经验，巩固“无产阶级文化大革命”的成果，由于受主客观条件的影响和限制，这两次大会报告提出和确立了“无产阶级专政下继续革命”错误理论，给党、国家和人民带来沉重的灾难，留下极其惨痛的教训。党的十一大主题是宣告了“无产阶级文化大革命”结束，重申了实现“四个现代化”的奋斗目标，但由于多种原因，没有能够实现和完成历史转折的任务。

进入改革开放新时期，我们党在十八大之前召开的从十二大到十七大这6次全国代表大会，都肩负起历史的使命和重任，较好地回答和解决了所面临的重大问题，顺应了时代的要求，满足了人民的愿望，应对了面临的风险和挑战，制定了行动纲领，促进了党的事业的发展，推动了中国社会历史的前进。这6次大会和6个报告可谓是我们党改革开放以后历史前进和发展的坐标点，生动展现了我们党对中国特色社会主义旗帜是如何举起的，对中国特色社会主义道路是如何寻找的，对中国特色社会主义制度是如何完善的，对中国特色社会主义理论体系是如何构建的。大会报告都贯彻了党的解放思想、实事求是、与时俱进的思想路线，不断研究新情况、解决新问题；都立足于亿万人民进行改革开放和现代化建设的伟大实践，推进中国特色社会主义的伟大事业；都显现了中国共产党人以改革创新精神加强和改进自身建设的良好精神状态。这是一个实践的过程，是一个积累的过程，也是一个渐进和发展的过程，还是一个飞跃的过程。学习和研究党的十二大至十七大这6个报告，我们还可以得到这样的启示：每次报告都要对党的创新理论进行及时的概括和总结，这是指引我们前进的旗帜；都要明确提出今后5年乃至更长一个时期党和国家的奋斗目标，这是我们为之努力的奋斗方向；都要对改革和发展中的重大问题进行研究和部署，这是我们的时间表、路线图和施工图；都要对党的自身建设提出要求，这是我们取得胜利的关键和根本保证。

党的历史表明，历次党的全国代表大会都有一个明确主题、确立主题的问题，这个问题回答和解决得好，党就前进，党的事业就发展；反之，党就遭受挫折，党的事业就受到损失。党的十八大很好地回答和解决了主题问题——即举什么旗、走什么路，以什么样的精神状态、朝着什么样的奋斗目标继续前进等重大问题。我们坚信，在十八大精神的指引下，我们党必将带领全国各族人民在新的历史征程上不断夺取中国特色社会主义的新胜利，实现全面建成小康社会的奋斗目标。

（作者：中共中央党史研究室副主任、教授）

大视野　大智慧　大战略

李忠杰

党的十八大是一次国际国内都高度关注的大会。随着大会的结束，国际国内期待回答的诸多问题都已经有了答案。胡锦涛同志的报告回顾总结了过去5年和十六大以来的工作与成就，确立了科学发展观的历史地位，提出了夺取中国特色社会主义新胜利的基本要求，确定了全面建成小康社会和全面深化改革开放的目标，对新的时代条件下推进中国特色社会主义事业作出了全面部署，对全面提高党的建设科学化水平提出了明确要求。报告确定了中国和中国共产党进一步发展的方向、目标、任务和战略，是指引我们未来推进建设、改革、发展，夺取中国特色社会主义新胜利的纲领性文件。

从战略层面更深刻把握十八大报告精神

大会期间和结束之后，许多人都在学习、研究、解读大会的精神。媒体也做了很多节目。其中很多人都仔细寻找十八大能够帮助自己解决什么具体问题。如十八大能不能让房价降一点、让工资高一点、让道路少堵一点、让工作好找一点，等等。这些，都反映了人民的期盼，十八大应该贴近和解决人民的期盼。十八大报告里面包含了解决这些问题的思路、原则和政策。学习好、贯彻好、落实好十八大精神，肯定有助于这些问题的解决。

但与此同时，我们也要注意，党代会报告与政府工作报告是有很大不同的。两个报告在基本的思路、精神、原则、战略上是一致的。但党代会报告主要研究和决定关系中国未来5年10年发展的一些重大战略问题，研究和决定解决现实问题的战略方向、政策要求。而政府工作报告则是根据党代会和党中央的决策和意见，具体部署政府的各项工作。比较而言，党代会报告更具战略性、前瞻性。而政府工作报告则更具实时性、操作性。对房价、看病等这些具体问题和具体工作，党代会报告只能指出政策方向和原则要求。实际的操作问题，主要应由政府去研究解决，并在政府工作报告里作出部署。因此，我们研究、审议、学习、贯彻十八大精神，必须注意微观与宏观的结合，更多地注意十八大研究决定的一些重大战略问题，进一步明确未来各项工作的总体要求和政策方向。在此基础上，把十八大的要求转化为各项具体的政策和行动，从而使群众关心的实际问题逐步得到解决。所以，学习领会十八大精神，应该是宏观与微观的结合，战略方向与现实操作的结合。

对于党和国家的整体、全局以及领导者来说，是侧重于从战略层面思考和把握中国的未来。今天的中国正处在一个重要的历史节点上，中国正在从新的历史征程出发走向更加辉煌的未来。未来的中国到底是什么样的走向，不仅全国人民关注，世界也非常关注。由此，研究、解读报告，包括代表们审议报告，首先应该着眼于大局、着眼于宏观、着眼于前瞻、着眼于战略，深刻领会十八大对关系党和国家命运的大问题所作出的决策。

作为一个理论工作者，有责任与大家一起关注、思考、研究中国的未来。所以，在十八大召开前夕，我出版了一本新书——《走向未来的中国与世界》，对当前和中国未来面临的形势、任务、挑战、机遇作了一点梳理，对未来中国和世界会如何发展作了一点分析，可供参考。

举什么旗走什么路是关系中国前途命运的战略问题

中国未来的前途、命运，首先依然取决于举什么旗、走什么路的问题。这是统领其他所有具体问题的战略问题、方向问题。胡锦涛同志在报告中强调要坚定不移高举中国特色社会主义伟大旗帜，特别提到了既不走封闭僵化的老路，也不走改旗易帜的邪路。态度非常鲜明，立场非常坚定。这几句话，其实是胡锦涛同志多次说过的，这次在党代会上再一次强调，更凸显了它的意义。

纵观历史，人类的发展，在某种程度上是与“路”联系在一起的。从蛮荒时代开始，人们在生产、生活、交流中不断地需要发生自身的位移，亦即活动、走动、流动，于是，慢慢走出了一条条阡陌小路。以后，随着人类位移的扩大和社会生产力的发展、交通工具的改进，道路的形式和水平也逐步发展、变化，从土路，到沙子路、到石头路、到柏油马路，到高速铁路，到空中的航路……路的发展过程，从一个侧面折射出人类发展的过程、人类文明进步的过程。

映射到政治上，道路问题同样至关重要。在中国革命的过程中，到底走一条什么样的路？是以城市为中心的路，还是农村包围城市的路？结果大不一样。我们经过千难万险，选择了一条正确的革命道路，才取得了成功。进入新中国，如何建设社会主义？也不容易。成就相当大。围绕走一条中国式的社会主义道路问题，进行了长期的探索。曾经走过弯路，包括“文化大革命”，付出过沉重代价。“文化大革命”结束后，进入改革开放新的历史时期，走什么样的路，建设什么样的社会主义？成为一个现实的重大课题，摆在我们的面前。

总结长期的经验教训，邓小平同志在十二大上提出：走自己的道路，建设有中国特色的社会主义。一句话、一个命题，一下子把路指明了，豁然开朗。30 多年来，我们的所有成就都和这个路紧密联系在一起。今天，大家开着漂亮的小汽车，住着远比过去要大的房子，都与 30 多年坚持走中国特色社会主义道路有关。当然，现在堵车也很厉害。但回到 30 多年前，谁会想到中国人有那么多人能开自己的车子啊？所以，实行改革开放，走中国特色社会主义道路，给我们带来了历史性的变化。

当然，现在就有了一个问题，是继续走这条路呢，还是摇来摆去想走别的路？这就是一个严肃的课题了。改革开放以来，我们的成就很大，但面临的课题、问题也不少。大家都在思考怎么解决这些问题？有人说，过去那套非常好，用过去的方法就能解决所有的问题。可能吗？不可能。我们不排除老办法也有好东西，要继续用。但如果光用过去的一套老办法，是不够的。如果想走过去封闭僵化的老路，更是走不通的。照搬国外的、照搬西方的，也解决不了中国的问题。美国人、欧洲人自己还在那儿伤脑筋呢，还不知道如何解决自己的问题呢，我们还照搬它？当然不合适。该学习的要学习，但归根到底，要立足中国自己的实际，走自己的道路。

中国特色社会主义这条道路，是经过无数次实践检验之后的正路、大路、好路，是最适合中国国情的道路，因而，也是应该坚定不移走下去的道路。走出一条路来不容易，所以就不能轻易放弃、不能轻易改变。十八大再次对这样一个战略问题作出鲜明的宣示，关系中国的未来命运，一点不能含糊。

治国理政需要大视野、大智慧、大战略

中国，是有 13 亿人口的超大型国家，是世界上最大的发展中国家。经过 30 多年的改革开放，中国已经成为世界第二大经济体。中国在世界上的地位稳步提高，作用越来越大。中国的一举一动，都会影响世界。治理这样一个大国，需要非凡的素质、能力和水平。概而言之，需要有大视野、大智慧、大战略。

最近 30 多年来是中国快速发展的 30 多

年。特别是最近10年，在党中央领导下，社会生产力、经济实力、科技实力迈上一个大台阶，人民生活水平、居民收入水平、生活保障水平迈上一个大台阶，综合国力、国际竞争力、国际影响力迈上一个大台阶。中国取得的成就，有目共睹。

但是，我们面临和将要面临的挑战也非常严峻。很多课题需要妥善解决，老百姓的很多愿望需要逐步满足。怎么解决呢？怎么前进呢？怎么发展呢？首先就要理清思路，坚定方向，明确目标。

当前和未来我们遇到和需要解决的问题，其复杂性、艰巨性的程度，都难以想象。仅有一般的能力、水平，仅用一般的办法、措施，恐怕都难以解决。面对空前复杂的风险和考验，我们党必须进一步保持和发展党的先进性，提高党的执政能力和领导水平。面向未来，要继续胜利推进中国特色社会主义伟大事业，要切实解决当前和未来中国面临的许多问题，要满足人民群众不断提高的物质文化需求，要妥善处理好与世界各种不同类型国家的关系，要顺利实现全面建成小康社会的战略目标，都需要有超乎寻常的大视野、大智慧、大战略。

作为党的代表大会，研究的都是关乎中国命运的大问题，确定的都是定向、定调、定位的大路子、大战略。未来中国，根本性的大方向是中国特色社会主义，大目标是全面建成小康社会。根据这样的大方向、大目标，妥善地解决好那些复杂的现实问题，还需要我们有更多的作为，还需要实际运用我们的能力和才华。因此，无论在党代会上，还是在处理国际、国内诸多复杂问题的过程中，都特别需要这“三大”——大视野、大智慧、大战略。

走向未来的中国需要四种大视野

先从大视野说起。在中国这样的大国治国理政，不仅需要看到当前，还要看到未来；不仅需要看到微观，还要看到宏观；不仅需要看到中国，还要看到世界。

什么样的视野算是大视野？

首先，要有中国大视野。我们立足中国实际建设中国特色社会主义，所以，对中国的国情首先要有全面的认识，尤其要深刻把握它的内在本质和特点。不仅要看到局部，还要看到全局；不仅要看到表层，还要看到深层；不仅要看到现实，还要看到未来。要充分认识：中国社会是一种什么样的社会文化结构？它有什么样的历史和现实的特点？中国当前的各种问题是怎样产生的？它与中国的土壤有什么关系？等等。只有对中国的国情有了全面的而不是片面的、深刻的而不是肤浅的、长远的而不是短暂的认识，我们才能够胸有成竹，驾驭全局，科学地确定所要实施的战略，有针对性地解决各种问题。

第二，要有世界大视野。首先要坚定地立足中国的实际，但不能因此就不愿意看到外部世界。现在的中国，已经走向了世界舞台，甚至走向了世界舞台的中央。中国不可能关起门来办自己的事情、搞自己的建设。中国做的所有事情，都会对世界产生影响。世界关注中国，也回过头来对你施加影响。或者是和你进行交流，或者是和你进行博弈。在这种情况下，我们的视野光看到自己显然是不够的。要看到整个世界的基本状况，它的政治、经济、文化各有什么样的特点，人家在干些什么、想些什么，对我们会有什么样的影响。在此基础上，才可能考虑和决定我们与他们怎样进行交流、怎样进行合作、怎样进行博弈。

第三，要有未来大视野。我们要铭记过去，关注现在，同时，还要看到未来。我们要善于分析判断未来中国、未来世界发展的大势。即大形势、大格局是什么。要能够始终走在时代潮流的前列，而不能落在后头。比如说，经过金融危机之后，很多国家都在调整结构，发展科学技术。现实证明，在哪个科学技术制高点上有突破，往往就能够形成一个新的产业，进而，就能在这个领域走在前面。如苹果，多少年前它的日子也不好过。但这几年，它的产品引领时代潮流,一下子就成了世界最强、最大的品牌。面对百舸争流的世界,我们必须善于动脑子,抓紧动脑子,不断地思考如何在各方面引领世界潮流。

第四,还要有治国大视野。治国理政,要有深刻的洞察力、高超的驾驭力,缜密的组织力、敏捷的行动力。要深刻认识和把握历史发展和治国理政的规律。每天发生的事件、动态,我们当然要了解,各方面的舆情、社情要掌握。但都要透过现象看本质,洞察深层次的问题,预见可能出现的趋势,明了社会应该前进的方向。要善于应对随时遇到的问题,但更要主动、清晰、坚定地引领中国朝着一定的目标前进。十八大提出全面建成小康社会,就是引领大家朝着这个宏大的、鼓舞人心的目标前进,把大家的心气、精神、力量、智慧全聚集到这个关键的方向和焦点上来。

总之,治国理政,需要有把握中国全部国情及其特点的大视野,需要有引领中国走向未来正确方向的大视野,需要有总揽世界发展变化大势及其复杂关系的大视野。十八大报告全面分析了当前中国的形势、世界的发展趋势,据此确定我们的战略。因此,在很多方面体现了治国理政的大视野。

治国理政是一门科学也是一门艺术

除了大视野之外,治国理政还要有大智慧。如何理解?

治国理政是一门科学,也是一门艺术。科学与艺术什么关系?科学,就是按客观规律办事,严格按既定的规则、程序和思路,讲程序、讲逻辑,非常严谨、非常规范,有板有眼、稳步有序地照章办事。不能违反科学的规律,不能违反既定的规则。这就是科学的要求。但艺术就不一样了。艺术,需要突破常规,需要与众不同,需要有超凡的想象力和创造力。艺术不可能像科学一样遵循既定的规范,而要有一些超常的思维和办法,既出其不意,又在情理之中,达到意想不到的效果。所以,艺术家的思想经常是瞬间迸发的、出人意料的,出乎人的想象、超出常人的意料之外。如果是一个成功的作品,就很有震撼力、很有吸引力。如果按科学、机械的方法来操作、构想的话,就很难达到这种效果。

科学和艺术有这种明显的不同,甚至巨大的矛盾。但在现实世界中,由于种种复杂的原因,它们又往往并行不悖,甚至相互补充,珠联璧合。

治国理政也是如此。治国,首先要讲科学,讲领导科学、讲治国科学。要讲逻辑、讲规范、讲秩序、讲共同遵守的规则。但在此基础上,也要讲艺术。善于在认识规律的基础上驾驭规律,推动规律朝更加有利于国家和人民的方向发展。在一些特殊的情况下,要能够构想出一些常人难以想象的办法和战略、策略来。

实践证明,在治国理政过程中,我们不时会遇到一些特别复杂的问题。有时候用常规的办法、过去的办法,不一定能找到出路。于是,就不能不集聚智慧,构想出、设计出一种全新的办法和举措来。这种新的办法和举措,如果一下子拿出来,大家会觉得很意外:怎么没有想到哇?不可能的事情啊。但仔细一琢磨,又觉得它很妙。出乎意料之外,但又在情理之中。付诸实践,往往会达到意想不到的效果。到时候,人们往往会连称:妙哉妙哉。这就是领导和治国的艺术。

这类事情,在历史上并不少见。比如说,解放战争时期的千里挺进大别山,就是出人意料的一手好棋。刘邓大军千里跨越,像一把尖刀一下子插在大别山,逼近了国民党统治的心脏,打乱了国民党的整个部署。无论当时还是现在,谁都认为这是一手妙棋。再有,改革开放之后,提出"一国两制"的构想。如果像我们这些平常人,一下子提出一个国家搞两种制度,谁能够接受?谁能够想象?常人不敢想象,也想不出来。但邓小平同志集中集体智慧,出其不意地提出了"一国两制"的办法。大家一想,豁然开朗,都觉得是超常智慧的神来之笔。用这样的办法解决问题,好,有效,管用。于是大家都接受了。一手高棋、一手妙棋，一下盘活了全局。这就是大智慧。

面向未来，我们要解决的课题很多。我们的思维不能简单地束缚在已有的办法、已有的框框里。要大胆地思考、创新，当然要科学严谨地论证。要根据世界的新情况，采取一些大举措、大手笔，把某些复杂的问题转化为简单的问题，运用大智慧把它解决掉、解决好。未来中国的很多问题，都需要有超乎寻常的大智慧。

走向未来的中国特别需要四方面大智慧

面向未来，我们在哪些方面需要具备和运用这样的大智慧呢？

首先，要有解决复杂疑难问题的大智慧。大家现在比较关注当下社会生活当中、或者是国际舞台上的一些麻烦问题。比如说福利问题、物价问题，等等。这些问题可以用不同的办法。但从根本上，要通过发展来解决这些问题，要通过采取有力的举措治理好国家，抓住一些关键点，解决好大问题，带动其他所有问题的解决。比如说，如何深化财税体制的改革，它在解决科学发展以及民生方面就起着一个龙头的作用。不抓住这个问题，其他问题都很难解决好。诸如此类，要善于用智慧解决各种疑难复杂的问题。

第二，要有在继承中创新的大智慧。江泽民同志曾经说过，面对新情况，我们的一些干部，发现老办法不够用了，新办法又不会用。这就带来了“本领恐慌”的问题。“本领恐慌”是毛泽东同志提出来的。现在有没有“本领恐慌”问题呢？照样有。因为时代在不断发展，我们党要走在时代前列，就必须与时俱进。因而，治国理政的战略、策略、方法，既要继承和发扬过去的优良传统，如果丢了，就要把它找回来，发扬好；但是这还不够，还要更多地关注现实、关注未来、关注世界，创造出一些更新更好的办法。比如说互联网，它现在的威力多大啊，如何利用好互联网？如何管理好互联网？如何发挥好互联网对构建社会主义和谐社会的作用？对我们提高治国理政水平来说非常重要。

很多这类课题都需要研究。包括与国外互联网的关系，这也是一个国际博弈的过程。我们要想办法占据主动。应该向全世界倡议，制定一个互联网国际公约，类似海洋法国际公约一样。大家按规则办事，遵守这个规则。诸如此类，都需要智慧。把这样的设想落到实处，也需要用智慧解决很多复杂的问题。

第三，要有掌握世界经济规律的大智慧。过去我们中国是一个相对独立的经济体，要把经济建设搞好，就需要研究和掌握中国自己经济运行的规律。但经过改革开放之后，中国经济与世界经济已经紧紧地联系在一起，中国的经济状况会影响到世界，世界的经济状况也会影响到中国。比如，次贷危机、欧债危机，就影响了我们的很多出口。这就告诉我们一个深刻的道理：面向未来，我们要推动中国经济的发展，不仅要驾驭中国经济自身发展的规律，而且要驾驭好世界经济发展的规律。要把中国经济放在世界经济的运行过程中，认识规律、掌握规律、驾驭规律，中国经济才能更好更健康地发展。如果对世界经济规律一窍不通，就会出很多问题。这就需要大智慧。

第四，还要有善于进行国际博弈的大智慧。领导干部光有世界眼光还不够，还要有世界胸怀、世界能力，能够拥有从事世界博弈的智慧。

不仅要有世界眼光，还要有世界胸怀和世界能力

什么叫世界胸怀？为什么要有世界胸怀？

中国是世界的一个组成部分，中国的发展与世界的发展连在一起。所以中国不仅要关注自身的发展，也要关注别人的发展，要更好地相互促进，互利共赢。作为世界文明，也是不同类型文明的融合。所以，中国不仅要珍视自己的文明，也要善于学习、容纳别人创造的文明。要有胸怀。对别人的发展要有胸怀，对别人的文明也要有胸怀。这就是大胸怀。大胸怀当然还

表现在其他很多方面。

什么叫世界能力？为什么要有世界能力？

我们打开大门，不仅是观察人家、融入世界，而且已经是走到世界大舞台中央，与人家进行交流和合作，其中当然就有摩擦和斗争。这就好像下象棋、围棋、国际象棋。在世界舞台上下棋了，我下一步，你下一步。这就是博弈。博弈的结果，当然不是像过去一样单赢，而应该是双赢。怎样做到双赢而不是双输或单输呢？这就要有智慧。因为其中涉及到很多利益矛盾，涉及到一些领土问题，还涉及到国际组织的问题，涉及到进一步制定国际规则的问题。如果没有智慧就解决不好。

有好的战略才能更好地走向未来

走向未来的中国还需要大战略。什么样的战略算是大战略？为什么需要大战略？

中国这样的大块头，一举一动都可能牵动全局，对世界也会有很大影响。国家发展战略制定得科学不科学、合理不合理，至关紧要。我们要正确地走向未来，需要有非常好的大战略。比如，十七大之后，我到美国、加拿大宣讲十七大精神。其中一个活动，是跟美洲国家组织驻华盛顿的使节进行交流，发现他们对中国的“三步走”战略和五年规划很感兴趣，愿向中国学习。这就使我想到，中国这样一个国家，通过制定长远规划的方式，实际上就是制定了一个长远的发展战略，可以凝聚力量，有条不紊地把中国的事情办好，效果很好。邓小平同志的“三步走”战略就是一个非常宏伟的战略。他构想的不是5年、10年、20年，甚至不是50年，而是70年、100年，了不得。然而它又不是空的，而是实的。第一步翻一番，第二步翻一番，第三步是下世纪，也就是我们现在所处的新世纪。当第一步、第二步的战略目标实现的时候，十五大进一步制定了新世纪的新“三步走”战略，设想了第一个10年怎么样，第二个10年怎么样，后面的30年又怎么样。现在，新世纪的第一个10年走完了，正在走第二个10年。第二个10年完成了，再往下怎么走……有条不紊。大战略定好了，就可以减少很多弯路。

除了“三步走”的大战略外，还有依法治国战略、科教兴国战略、西部大开发战略、对外开放的互利共赢战略，等等，都是改革开放以来相继提出的大战略。这些大战略中，也包含着大视野和大智慧。大视野是大前提，然后用大智慧制定大战略。走向未来，这些既定的战略，要继续坚定不移地实施好。同时要与时俱进，研究新情况、新形势、新任务，适当地推出一些新的战略乃至大战略。比如，为了解决纷纭复杂的国际问题，越来越需要研究和制定中国自己的全球战略。要制定各种大战略，必须进一步提高战略谋划的水平。

十八大报告中蕴涵大战略

十八大报告当中，包含着一系列指导中国未来发展的大战略。

如再一次明确地宣示高举中国特色社会主义伟大旗帜，坚定不移走中国特色社会主义道路。这就是一个巨大的、关系中国命运的战略问题。虽然没有叫战略，但就是战略性的问题、战略性的方向、战略性的目标、战略性的要求，也可以说是一个大战略。

提出全面建成小康社会的战略目标。把“建设”改成了“建成”，一字之差，既反映了我们过去所走过的道路，也规定了面向未来的目标和任务，非常鼓舞人心的。这就是一个大战略。

至于其他的，比如说在政治经济文化社会生态文明建设等方面，都有一些要求，有的也具有一定的战略性。在以后的实践当中，应该还会逐渐地形成一些新的战略。当然，这种战略不能多了，不能什么都是战略。

总之，无论是大战略，还是大智慧，还是大视野，在十八大报告中，方方面面都有一些展现。

给科学发展观定位是重大战略决策

党的十八大把科学发展观列为我们党的指

导思想，给予科学发展观以正式和权威的定位，这是一个战略性的决策，具有长远的战略性的作用。

改革开放以来，我们的经济社会等各方面的发展，在不同条件下经历了不同的发展阶段，相应地有不同的要求。新时期刚开始，是要通过改革、松绑，调动大家积极性。要加快发展起来，解决温饱问题。经过多年努力之后，发展取得巨大成绩，我们也进一步走向世界，所以，江泽民同志提出"三个代表"重要思想，要求始终走在时代潮流前列，代表好最广大人民群众的根本利益。

进入新世纪之后，我们的发展到了一个新的程度和水平。温饱问题基本得到解决，大家不怎么愁吃愁穿了。于是需要更好的生活环境、更好的生活质量，需要有蓝天、青山、绿水的美好生活环境。所有这些，都提出了更高的要求。再加上我们的发展到了一定阶段之后遇到了新的瓶颈。比如说，原来只要把钢的产量搞上去就行了。后来，钢的生产能力够了，但原料又不足了，矿石又不够了，需要从国外进口，这就成为一个制约的瓶颈。在这样的形势下，单纯用过去传统的办法发展，显然就不适应新的要求了。

于是，在新形势下，胡锦涛同志提出了科学发展观的要求。科学发展观提出之后，指导我们调整结构、转变发展方式，坚持全面协调可持续发展，取得了明显的效果。

经过5年的实践，到十七大时，就有不少同志建议，把科学发展观作为党的指导思想写进报告和党章。十七大报告确实写了科学发展观，党章也写进去了。但注意，那时候，只是称之为对科学发展观作出了科学评价，还没有明确把它作为指导思想。当时胡锦涛同志指出，科学发展观提出来的时间还不长，还需要经历一个实践检验的过程，现在首要的任务还是贯彻落实好。现在，十七大过去又5年了，这5年中，我们进一步贯彻落实科学发展观，取得了更多的成效和经验，得到了实践的进一步证明。大家都对科学发展观给予了高度评价。

因此，党的十八大把科学发展观正式列入了党的指导思想，确立了它的指导地位，并且要求把科学发展观贯彻到现代化建设全过程，落实到党的建设各方面。这样一个重要的决策，是实践检验的结果，符合人民的愿望，也是国家发展的必然，对中国未来的发展具有战略性的意义。

从深层次上把握治国理政的战略思路

党代会作为党的最高领导机关，集中全党的智慧，确立了未来治国理政的大思路、大方向。我们必须首先贯彻落实好会议精神。作为个人，当然也有责任研究治国理政到底有哪些规律。所以，我在自己的书里说到了一个深层次的问题——把握好社会发展的动力和平衡机制。这里提出来供参考。

我说的是，一个社会的发展，归根到底需要动力和平衡两种机制。就像汽车一样。汽车开起来首先要有动力。没有燃油、没有动力，寸步不行。但是光有动力、没有平衡也不行。控制不了它，就不平衡，叫寸步难行。搞工科的人都明白，要设计一个机械设备、动力装置，一定要注意动力从何而来，还要注意保持它的平衡。道理看起来简单，但它是一个公理，可以解决很多复杂的问题。

就像改革，我们搞了30多年的改革。回过头来看看，为什么改革？因为过去的体制高度集中，什么事情都由国家管。包括过去工厂里盖一个厕所，还要报上级批准。主动性、创造性就难以充分发挥出来。改革之后，我们经常听到一个词"搞活"，还有一个词"松绑"。摆脱体制上的束缚，让大家的积极性充分发挥出来，解决的就是动力机制问题。实际上，这就是改革的真谛。

经过30多年的改革，动力机制大有改进，但也不是完全解决好了。在新体制下，大家为什么又出现很多不满呢？其实都归结于：当我们注重解决动力机制的问题时，平衡机制上的问题又出现了。区域之间不够平衡了，城乡之间不够平衡了，收入分配不够平衡了，人与资源的关系不够平衡了。如何解决平衡问题又成了一个现实问题。于是，科学发展观与构建和谐社会的理论应运而生。科学发展观要求全面、协调、可持续，讲的就是在发展前提下要注意平衡。至于和谐，更是平衡问题。

现在，我们运用和把握科学发展观与和谐社会理论，必须注意：当我们注意解决平衡问题的时候，不要忘记了还有动力；当我们注意解决动力问题的时候，也不要忘记了还要注意平衡。这两者是相辅相成的。

比如说征税，这是全世界都关注的一个大问题。凡是执政的党、执政的人、执政的政府，都不能不考虑征什么税？征多少？向谁征？怎么征？这其中大有讲究。关键是处理好动力和平衡的关系。税征得多，人们发展的积极性就减少。比如你对企业征的税很多，企业一算账，无利可图，我辛辛苦苦干了那么多，税一征就没了，那何必呢？挣的钱还不够交税，那就不干了。这就没有动力了，国家的经济就发展不起来。但如果少征税，征得过少，又会带来福利制度要维持、国家要办大事、对贫困的要进行救助却没有钱的问题。钱怎么来？要通过征税。不征税就失去平衡。

还有收入分配的调节，也需要用税收进行。税收某种程度上是经济社会领域里调控动力与平衡的一个杠杆。过去我们对税收，简单地说，是国家收入、积累财富、进行再分配的一个手段，这还不够。实际上，它是调节动力和平衡的一个杠杆。明白了这个道理，现在社会上很多争论问题是可以解决的。有的人觉得现在的社会怎么怎么不公平，要拉平它。如果简单地拉平，这个社会就没法发展了。任何社会都必然有一定的差距。各人的劳动不一样，所付出的不一样，得到的也不一样，这才有积极性。但反过来，如果一个社会的差别太大，分配很不平衡，还没发展就产生一大堆矛盾，出现很多不满的声音，那也没法顺利工作和发展。

所以，处理好动力与平衡的关系非常重要。治国理政，必须从深层次上把握这样一些规律和思路。

（作者：中共中央党史研究室副主任）

党的建设理论的新发展

石仲泉

十八大报告关于加强党的建设部分，同整个报告一样，涌现出了一系列紧密相连、相互贯通的新思想、新观点、新论断，择其要谈谈学习体会。

（一）从党肩负的三大历史重任高度，提出全面提高党的建设科学化水平

十八大报告在充分汲取十七大报告和2011年“七一”讲话的精辟思想的基础上，又从党肩负的三大历史重任的高度提出全面提高党的建设科学化水平。

三大历史重任就是团结带领人民全面建成小康社会，推进社会主义现代化，实现中华民族伟大复兴。到2020年全面建成小康社会，在十七大报告已经提出。十八大报告更加坚定地表示：要全面把握机遇，沉着应对挑战，赢得主动，赢得优势，赢得未来，确保到2020年实现全面建成小康社会宏伟目标；并且提出了实现它的若干新要求。从前10年已经翻了一番的发展情况看，再过10年到建党100年之际，这个重任一定能够实现。推进社会主义现代化，是建设中国特色社会主义的题中应有之义。在“夺取中国特色社会主义新胜利”部分，讲建设中国特色社会主义的总任务，首先就是实现社会主义现代化。在中国特色社会主义道路内涵中讲的奋斗目标，具体明确为“建设富强民主文明和谐的社会主义现代化国家”。若讲建设中国特色社会主义的中期奋斗目标，就是在本世纪中叶新中国成立100年之际基本实现社会主义现代化。如果说2020年全面建成小康社会和2050年基本实现现代化，是党肩负的近期和中期重任，那么实现社会主义现代化就是一个更高的奋斗目标和更长远的过程。实现中华民族伟大复兴，应当是比实现社会主义现代化更长远的过程。因为古代中国兴盛时期曾有1500年是雄踞世界之首，给世界文明的贡献率曾超过50%。实现社会主义现代化，还不一定能实现这个高度的民族复兴。报告指出：建设中国特色社会主义的总任务，是实现社会主义现代化和中华民族伟大复兴。这是一个很具新意的观点。过去对于实现中华民族伟大复兴，一般是作为未来的愿景讲的。这次明确为总任务和肩负的历史重任，就具有更直接的明确性和实在的目标性。报告站在这样新的历史高度来提出全面提高党的建设科学化水平问题，其艰难性更大，历史责任更重。

（二）首次提出建设学习型、服务型、创新型的马克思主义执政党

报告将单一型的“学习型政党”，扩展为复合型的“学习型、服务型、创新型执政党”，这是党的建设理论的重大发展。这次报告为什么要加上“服务型”呢？第一，讲“服务型”直接体现了党的全心全意为人民服务宗旨。第二，邓小平讲过“领导就是服务”。中国共产党是执政党、领导党，党的领导干部作为人民的公仆当然应当是服务，只有服务人民才能领导人民，讲“服务型”是对党和人民关系的正确表达。第三，这是针对我们党存在的“四大危险”，特别是“脱离群众的危险”而言的。为了克服这种危险，必须强调服务人民问题。

讲“创新型”，也容易理解。一则，要建设

创新型国家，作为这个国家的领导力量，首先就应当是创新型政党。这是建设创新型国家的必然要求。再则，中国共产党成立以来，特别是十一届三中全会以来，党的理论创新、实践创新、制度创新成就斐然。而实践无止境，认识无止境，作为肩负历史重任的中国共产党，创新也应无止境。这既是对党的创新历史的肯定，也是党的历史使命使然。报告讲建设学习型、服务型、创新型的马克思主义执政党，就将党的品质讲完全了；践行这“三型”，就能确保党始终成为中国特色社会主义事业的坚强领导核心，为全面建成小康社会、推进社会主义现代化、实现中华民族伟大复兴的重任而奋斗不息。

（三）将远大理想、信仰信念提到新的高度

这些年，我们国家一方面取得了举世瞩目的伟大成就，人民生活总体上走向富裕；另一方面，也出现不少社会问题，其中就有社会心理失衡，信仰信念缺失。无论是青年犯罪还是干部贪腐堕落，都与此有关。因此，十八大报告指出：要坚定理想信念，坚守共产党人精神追求。对马克思主义的信仰，对社会主义和共产主义的信念，是共产党人的政治灵魂，是共产党人经受住任何考验的精神支柱。这样的话在一般著述和媒体宣传中不难见到。但在党代会这样具有党的最高权威的特殊场合，中央主要领导人的报告对这样的问题很少讲到这个高度。

报告还指出：要抓好思想理论建设这个根本，教育引导党员、干部矢志不渝为中国特色社会主义共同理想而奋斗。思想理论建设的根本究竟是什么？在以往的宣传中，一直没有一个统一的说法。有时比较多地强调理论学习、理论武装，所谓“学习型”政党就是突出“学习”二字。学习好了，能促进信仰信念，但讲学习不能只强调学习马列知识，掌握理论，指导工作，还要讲坚定信仰信念。十八大报告强调思想理论建设的根本，是对马克思主义的信仰、对社会主义和共产主义的信念，在我看来，是讲到点子上了。它对于更好地明确学习目的，掌握理论指导工作会产生更高更长远的影响。这样讲是对信仰信念认识的深化，是对思想理论建设根本的新感悟。

（四）提出围绕保持党的先进性和纯洁性，在全党深入开展以为民务实清廉为主要内容的党的群众路线教育实践活动

强调保持共产党员的先进性，这是历来讲党的建设的一个重点。十六大强调在全党开展以实践“三个代表”重要思想为主要内容的保持共产党员先进性教育活动。十七大进一步指出：先进性是马克思主义政党的生命所系、力量所在，要扎实抓好党员队伍建设这一基础工程；并提出深入开展创先争优活动。在去年“七一”讲话中，胡锦涛同志针对目前党内存在的精神懈怠的危险、能力不足的危险、脱离群众的危险、消极腐败的危险，明确提出在新的历史条件下提高党的建设科学化水平，必须始终保持马克思主义政党的先进性和纯洁性。此后，习近平同志多次讲话，不断强调这个问题。这次报告讲围绕保持党的先进性和纯洁性，开展教育实践活动，显然是旨在落实去年“七一”讲话提出的要求，使全党接受一次坚持先进性和纯洁性的再洗礼。这次教育实践活动，所以要以为民务实清廉为主要内容，就是为了克服上面讲的“四大危险”。这可谓对症下药。

报告强调的以人为本、执政为民是检验党一切执政活动的最高标准，也是 2011 年“七一”讲话中提出的一个重要论断。科学发展观的核心既然是以人为本，它集中地体现了党的全心全意为人民服务的根本宗旨，因此，强调以人为本、执政为民是检验党一切执政活动的最高标准，是科学发展观的必然要求。十八大报告发挥了这个思想，要求任何时候都必须把人民利益放在第一位，始终与人民心连心、同呼吸、共命运，坚持问政于民、问需于民、问计于民，从人民伟大实践中汲取智慧和力量，始终依

靠人民推动历史前进。这样，报告鲜明地体现了历史唯物主义的群众史观。

（五）提出积极发展党内民主的新部署

党内民主最重要的是加强制度建设，健全和完善民主制度。报告的这一部分提出了一系列的制度建设举措。比如健全以坚持民主集中制为核心的党内民主制度体系；健全以营造党内民主平等同志关系和民主讨论政治氛围为重点的党员民主权利保障制度；完善以落实党的代表大会代表任期制，试行乡镇党代会年会制，深化县（市、区）党代会常任制等党的代表大会制度；完善规范差额选举，形成充分体现选举人意志的程序和环境的党内选举制度；完善地方党委讨论决定重大问题和任用重要干部票决制；完善党员定期评议基层党组织领导班子制度；以及完善全委会、常委会的工作制度和党内生活制度等。在报告列举的制度里，还有一个实行党代会代表提案制。这是参照人大代表、政协委员的提案制而设计的。这就改变了非领导职务的普通党员代表开完会长期无事可做的状况。新提出的一些制度，说明扩大党内民主的空间很大，健全党内民主制度体系要做的事很多。只要认真落实积极发展党内民主思想，加强制度建设大有可为。

（六）提出建设高素质执政骨干队伍

十七大报告已提出造就高素质干部队伍和人才队伍。这次报告将干部队伍和人才队伍分成两个问题讲，是一大进步。“干部队伍”，实际上是个模糊概念，内涵不十分清楚，外延可大可小。这次报告明确了，党的建设讲的“干部队伍”就是“执政骨干队伍”。它不是泛指，而是特指。不仅如此，将“干部队伍”改为“执政骨干队伍”，也突出了执政党的执政意识，更有利于加强执政骨干的执政能力建设。报告还特别强调了建设高素质执政骨干队伍的重要意义，指出坚持和发展中国特色社会主义，关键在于建设一支政治坚定、能力过硬、作风优良、奋发有为的执政骨干队伍。中国共产党是执政党，改革开放以来的实践证明，党建设中国特色社会主义的路线和重大方针政策都是正确的，要使国家长治久安，坚持和发展中国特色社会主义，实现肩负的历史重任，就必须建设一支政治坚定、能力过硬、作风优良、奋发有为的执政骨干队伍。

怎样建设一支政治坚定、能力过硬、作风优良、奋发有为的高素质执政骨干队伍？报告强调了两点。一是强调“四个坚持”：坚持党管干部原则；坚持五湖四海、任人唯贤；坚持德才兼备、以德为先；坚持注重实绩、群众公认，深化干部人事制度改革，注重从基层一线培养选拔干部，拓宽社会优秀人才进入党政干部队伍渠道，使各方面优秀干部充分涌现、各尽其能、才尽其用。这对于选拔干部、管理干部是一个重要导向。二是强调全面准确贯彻民主、公开、竞争、择优方针，鼓励年轻干部到基层和艰苦地区锻炼成长。目前不少干部习惯于蹲机关，不那么愿意跑基层，特别是到边远艰苦地区工作。长此以往，不利于干部成长，更不可能建设一支政治坚定、能力过硬、作风优良、奋发有为的高素质执政骨干队伍。因此，造就有用人才，建设高素质执政骨干队伍，必须到基层和艰苦地区锻炼。

（七）提出加快人才发展体制机制改革和政策创新，形成具有国际竞争力的人才制度优势

这是令人耳目一新的具有战略意义的重要举措。报告在过去提出的党管干部原则基础上进一步提出党管人才，广纳天下英才，加快确立人才优先发展战略布局，造就规模宏大、素质优良的人才队伍，形成具有国际竞争力的人才制度优势。这些新话展现了我们党的开阔胸怀和宏大气魄。在经济全球化形势加剧后，人才的国际化趋势愈益明显。改革开放以来，我们国家出国留学的不少，回国的只是一小部分，大多

数还在为别的国家服务。这里有成才环境和用才政策问题。要改变这个状况，实现我们党肩负的历史重任，就必须加快人才发展体制机制改革和政策创新，面向全球，广纳天下英才，形成具有国际竞争力的人才制度优势。报告提出要充分开发利用国内国际人才资源，积极引进和用好海外人才；统筹推进各类人才队伍建设，实施重大人才工程，加大创新创业人才培养支持力度，重视实用人才培养，引导人才向科研生产一线流动。只有加快人才发展体制机制改革和政策创新，才能造就规模宏大、素质优良的人才队伍，使我国由人才大国迈向人才强国。

（八）提出坚持中国特色反腐倡廉道路，做到干部清正、政府清廉、政治清明

这些年来，党和政府做了不少工作，在惩治消极腐败方面取得了不少阶段性的重大成果。但是，要将消极腐败问题遏制到最低程度很不容易。因此，出现了国人十分关心的反腐败斗争的严峻形势。十八大报告充分认识到这个形势，再次鸣起拒腐防变的警钟，总结长期以来反腐倡廉的斗争经验，在党代会报告中第一次明确提出要坚持中国特色反腐倡廉道路。同时提出要全面推进惩治和预防腐败体系建设，深化重点领域和关键环节改革，健全反腐败法律制度，更加科学有效地防治腐败，做到干部清正、政府清廉、政治清明。

这里强调加强反腐倡廉的制度建设是非常重要的。坚持中国特色反腐倡廉道路，并不排斥制度建设。制度建设对于反腐倡廉同样具有根本性。制度建设和思想教育两手抓，是中国特色反腐倡廉道路的根本特色。只有制度建设和思想教育两手抓，两手都过硬，才能更加科学有效地防治腐败，做到干部清正、政府清廉、政治清明。这“三清”，也是广大人民群众所企盼的。

（作者：中共中央党史研究室原副主任、毛泽东思想邓小平理论研究会会长）

中国特色社会主义的最鲜明特色

施芝鸿

党的十八大的重大历史和理论贡献

党的十八大是在邓小平同志提出“走自己的道路,建设有中国特色的社会主义”30周年之际召开的。这次大会能否在回顾历史、总结经验基础上,科学揭示中国特色社会主义的最鲜明特色之所在,是国人、世人共同关注的。党的十八大不负众望,精辟概括了中国共产党和中国人民历经90多年奋斗、创造、积累的根本成就;提出了中国特色社会主义是由道路、理论体系、制度三位一体构成的;提出了科学发展观是中国特色社会主义理论体系最新成果,科学发展观同马克思列宁主义、毛泽东思想、邓小平理论、“三个代表”重要思想一道,是我们党必须长期坚持的指导思想;提出了中国特色社会主义的总依据、总布局、总任务;提出了夺取中国特色社会主义新胜利的基本要求八条;提出了全党要坚定道路自信,理论自信,制度自信;提出了一定要毫不动摇坚持、与时俱进发展中国特色社会主义,不断丰富中国特色社会主义的实践特色、理论特色、民族特色、时代特色,这是党的十八大的重大历史和理论贡献。

中国共产党是善于和勤于在实践基础上进行理论思维和理论创造的党。如同新民主主义这一命题深刻揭示了我们党为推翻帝国主义、封建主义、官僚资本主义“三座大山”、建立新中国长期奋斗的理论和实践主题那样,中国特色社会主义这一命题,深刻揭示了我们党在改革开放和社会主义现代化建设历史新时期的理论和实践主题。建设中国特色社会主义,既是党和人民波澜壮阔的伟大实践,也是具有中国特色和时代特征的伟大理论创造。我们国家能在这30多年快速发展起来,人民生活水平能快速提高起来,国际地位能快速增强起来,其根本原因,就是党在接力推进中国特色社会主义伟大实践中不断丰富和完善了中国特色社会主义理论。

有比较才会有鉴别,有鉴别才会知珍惜。在上世纪80年代末90年代初苏联解体、东欧剧变的国际风云变幻中,在2008年以来国际金融危机、欧洲主权债务危机和国内一系列重大自然灾害的严峻考验中,中国特色社会主义都像定海神针那样,一再彰显了其巨大优越性和强大生命力。可以这样说,我们党领导的新民主主义革命和社会主义革命昭示了:只有社会主义才能救中国;我们党领导的改革开放这场新的伟大革命昭示了:只有中国特色社会主义才能发展中国。

那么,中国特色社会主义究竟特在何处,它的巨大优越性和强大生命力又来自何处?党的十八大报告鲜明揭示了中国特色社会主义是三位一体的,即中国特色社会主义道路、中国特色社会主义理论体系、中国特色社会主义制度;鲜明揭示了这三个组成部分的科学内涵和内在联系,即中国特色社会主义道路是实现途径,中国特色社会主义理论体系是行动指南,中国特色社会主义制度是根本保障,三者统一于中国特色社会主义伟大实践;同时鲜明揭示了“这是党领导人民在建设社会主义长期实践中形成的最鲜明特色”。也就是说,中国特色社会主义特就特在其道路上,特就特在其理论体系上,特就特在其制度上,特就特在其实现途径、行动指南、根本保障的内在联系上,特就特在这三者统一于中国特色社会主义伟大实践上。中国特色社会主义的最鲜明特色就在这里，其巨大优越性和强大生命力也来自这里！

党的十八大报告还提出了“中国特色社会主义的实践特色、理论特色、民族特色、时代特色”。这“四个特色”同“最鲜明特色”的内在联系又是怎样的呢？可以这样认为，“最鲜明特色”所概括的是中国特色社会主义本体性、本原性特色；而“四个特色”的概括，则是从知行统一、时空联系的角度，深刻揭示了中国特色社会主义“最鲜明特色”得以形成的国情特点、民族历史文化和时代特征等因素。显然，“四个特色”并不是外在于而是内化于“最鲜明特色”之中的。

任何一国的历史都不可能是另一国历史的重复，而一个国家的国情特点和民族历史文化，又总是深刻影响着这个国家的现在和未来，深刻影响着其执政党的全部理论和实践。因此，中国特色社会主义的“最鲜明特色”和“四个特色”，都是中国的国情特点和所处的时代特征共同造就的。在这个意义上，又可以说，任何一国的文化、文明，包括器物文明、制度文明、精神文明也都不可能是另一国文化、文明的复制。

近代中国是一个落后的东方大国，几千年历史文化传统使其具有特殊的政治、经济、文化、社会条件。我们党进行的革命建设改革，就是在这样的国情条件下进行的。其中，党领导的改革开放和社会主义现代化建设，还同世界多极化、经济全球化、文化多样化、社会信息化的国际环境相联系而非相脱离。我们党在实践中已经、正在和将要遇到的许多理论和实践问题，都是马克思主义经典著作中没有的，也是社会主义发展史上罕见的。这就决定了我们在自己的实践中，不但要注意学习借鉴别国经验，而且必须根据马克思主义基本原理、从中国具体实际和时代特征出发，进行一系列独立自主、独立思考、原创独创的艰辛探索，而不能把书本当教条，不能照抄照搬别国经验、别国模式。这就是中国特色社会主义得以形成自己最鲜明特色的根本由来。

中国特色社会主义道路的最鲜明特色

党的十八大报告指出：“建设中国特色社会主义，总依据是社会主义初级阶段，总布局是五位一体，总任务是实现社会主义现代化和中华民族伟大复兴。”这段话不但精辟概括了中国特色社会主义的总特征，而且把中国特色社会主义的道路特色概括得既简明又鲜明。道路关乎党的命脉，关乎国家前途、民族命运、人民幸福。我们党在90多年奋斗实践中，在相继完成新民主主义革命、社会主义革命和推进改革开放新的伟大革命这三件大事过程中，接力探索和开辟了具有中国特色的新民主主义革命道路、社会主义改造道路和社会主义建设道路。这些道路的开辟，都是党带领人民历经千辛万苦、付出各种代价换来的，都是极具中国特色的。

我们党制定的无产阶级领导的、人民大众的、反对帝国主义、封建主义、官僚资本主义的新民主主义革命总路线和以农村包围城市、最后夺取全国胜利的新民主主义革命道路，以及通过新民主主义革命走向社会主义的两步走战略，都是从旧中国半殖民地半封建的社会性质、历史方位出发的。我们党在改革开放和社会主义现代化建设历史新时期提出的以经济建设为中心，坚持四项基本原则，坚持改革开放，解放和发展社会生产力，建设社会主义市场经济、社会主义民主政治、社会主义先进文化、社会主义和谐社会、社会主义生态文明，促进人的全面发展，逐步实现全体人民共同富裕，建设富强民主文明和谐的社会主义现代化国家的中国特色社会主义道路，也是从中国仍处于并将长期处于社会主义初级阶段的社会性质、历史方位出发的。

我国社会主义初级阶段，不是泛指任何国家进入社会主义都必定会经历的起始阶段，而是特指我国在生产力落后，商品经济、市场经济不发达条件下建设社会主义必然要经历的特定阶段。这个阶段，既不同于社会主义经济基础尚未奠定的过渡时期，又不同于已经实现社会主义现代化的阶段。准确认识和牢牢把握这一点并非易事。党的十一届三中全会之前，我国社会主义建设出现严重失误的根本原因之一，就是因为提出的一些任务和政策脱离了、超越了社会主义初级阶段，而改革开放以来我们取得成功的根本原因之一，就是既自觉纠正了超越阶段的错误观念和政策措施，又坚决抵制了抛弃社会主义的各种错误主张。所以，党的十八大报告才这样重申："在任何情况下都要牢牢把握社会主义初级阶段这个最大国情，推进任何方面的改革发展都要牢牢立足社会主义初级阶段这个最大实际。"中国特色社会主义的道路特色、理论特色、制度特色，归根到底，都是由社会主义初级阶段这个最基本的特色而来的。

这条道路始终坚持以经济建设为中心。社会主义初级阶段就是生产力不发达阶段。其根本原因就在于：我国社会主义并非脱胎于发达资本主义经济形态，而是脱胎于生产力水平远远落后于发达资本主义国家的半殖民地半封建社会。所以，在整个社会主义初级阶段，都要把发展社会生产力作为党和国家全部工作的中心，坚持聚精会神搞建设、一心一意谋发展。改革开放30多年来，我国现代化建设虽然已取得举世瞩目的伟大成就，但我国仍处于并将长期处于社会主义初级阶段的基本国情没有变，人民日益增长的物质文化需要同落后的社会生产之间的矛盾这一社会主要矛盾没有变，我国是世界最大发展中国家的国际地位没有变。发展仍是解决我国所有问题的关键，我们仍然要把以经济建设为中心作为兴国之要，牢牢坚持发展是硬道理的战略思想，坚持以科学发展为主题，对内坚持科学发展、和谐发展、统筹发展，着力把我们自己的事情办好；对外坚持和平发展、开放发展、合作发展、共赢发展。对此，决不能有丝毫犹疑和动摇。

这条道路始终坚持改革开放。我国新时期最鲜明的特点是改革开放。改革开放是决定当代中国命运的关键抉择，是发展中国特色社会主义、实现中华民族伟大复兴的必由之路。只有改革开放才能发展中国、发展社会主义、发展马克思主义。我国过去30多年的快速发展靠的是改革开放，未来发展也必须坚定不移依靠改革开放。只有始终坚持社会主义市场经济的改革方向，始终坚持对外开放的基本国策，不断推进理论创新、制度创新、科技创新、文化创新以及其他各方面创新，才能不断推进我国社会主义制度自我完善和发展。那些把我国实行改革开放说成是搞中国特色资本主义或是搞所谓国家资本主义的人，可能并不懂得什么叫社会主义初级阶段，并不懂得：我们党立足社会主义初级阶段实际、勇于和善于借鉴资本主义有益经验，乃是为了更好地建设社会主义、完善社会主义，取得同资本主义相比较的优势，不断改善人民生活、增进人民福祉，同时也为人类作出更大贡献。

这条道路始终坚持四项基本原则。四项基本原则是立国之本，它同以经济建设为中心这个兴国之要和改革开放这个强国之路是相互贯通、相互依存的，是我们党和国家生存发展的政治基石。坚持以经济建设为中心，就是坚持了社会主义初级阶段我国社会主要矛盾的一元论；坚持四项基本原则和坚持改革开放这两个基本点，就是坚持了解决现阶段主要矛盾在战略举措上的两点论。离开经济建设这个中心，社会主义社会的一切发展和进步就会失去物质基础；离开四项基本原则和改革开放，经济建设就会迷失方向和丧失动力。所以，党在社会主义初级阶段基本路线是党和国家的生命线、人民群众的幸福线。只有坚持把"一个中心、两个基本点"的基本路线统一于中国特色社会主义伟大实践，坚定不移高举中国特色社会主义伟大旗帜，既不走封闭僵化的老路，也不走改旗易帜的邪路，才能在新的历史征程上坚持和发展中国特色社会主义，才能夺取中国特色社会主义新胜利。

这条道路始终坚持科学的全面的总体布局。在社会主义初级阶段，我们既要推动我国社会主义制度自我完善和发展，又要实现国家现代化和中华民族伟大复兴。完成这样的历史使命，要求我们党不懈探索和把握中国特色社会主义规律。在这个过程中，我们党相继提出的以经济建设为中心、坚定不移进行政治体制改革、坚定不移加强精神文明建设三位一体的总体布局；建设社会主义市场经济、民主政治、先进文化、和谐社会，以及经济建设、政治建设、文化建设、社会建设四位一体的总体布局，再到党的十八大提出包括生态文明建设在内的五位一体的总体布局，生动表明了我们党对中国特色社会主义规律在认识上的不断深化。按照这个总体布局更加全面扎实地推进中国特色社会主义建设，我们就一定能在中国共产党成立100年时全面建成小康社会，在新中国成立100年时建成富强民主文明和谐的社会主义现代化国家。

这条道路始终坚持社会主义现代化建设“三步走”战略。在社会主义初级阶段，我们党的奋斗目标是要带领人民依次实现温饱、小康、中等发达，这是三个相互联系的发展阶段。党的十六大从第三阶段单独划出一个全面建设小康社会新阶段。这种分阶段有步骤的发展战略，同党在新民主主义革命时期提出通过新民主主义革命走向社会主义的“两步走”战略，同在由新民主主义向社会主义的过渡时期中，党对资本主义工商业实行一系列从低级到高级的国家资本主义过渡形式，最后实现对资本主义的和平赎买，以及引导个体农业逐步向社会主义过渡一样，都体现了循序渐进的实践特色。

这条道路是由总道路和一系列具体道路构成的道路体系。中国特色社会主义道路还有一个重要特色：它是由中国特色社会主义这条总道路和一系列具体道路共同构成的道路体系。这些具体道路包括：中国特色社会主义政治发展道路、中国特色社会主义文化发展道路、中国特色新型工业化、信息化、城镇化、农业现代化道路、中国特色自主创新道路、中国特色反腐倡廉道路。

总之，中国特色社会主义道路的最鲜明特色，最简要的概括是“一二三四五”，就是：坚持社会主义初级阶段“一个中心、两个基本点”的基本路线，坚持分“三步走”、实现“四句话”的奋斗目标，坚持五位一体总体布局进行全面建设。

中国特色社会主义理论体系的最鲜明特色

党的十八大报告指出：“中国特色社会主义，既坚持了科学社会主义基本原则，又根据时代条件赋予其鲜明的中国特色，以全新的视野深化了对共产党执政规律、社会主义建设规律、人类社会发展规律的认识，从理论和实践结合上系统回答了在中国这样人口多底子薄的东方大国建设什么样的社会主义、怎样建设社会主义这个根本问题。”这深刻阐明了中国特色社会主义理论体系的最鲜明特色。

这个理论体系是马克思主义中国化第二次历史性飞跃的伟大成果。我们党在领导中国革命建设改革长期实践中，在不断推进马克思主义中国化进程中，实现了两次历史性飞跃。第一次飞跃发生在新民主主义革命时期，我们党在总结成功和失败经验的基础上，开辟了一条新民主主义革命道路，并在革命胜利后积极探索适合我国国情的社会主义建设道路，形成被实践证明了的关于中国革命和建设的正确的理论原则和经验总结——毛泽东思想。第二次飞跃发生在改革开放历史新时期，我们党在总结我国经验和时代特征的基础上，开创了中国特色社会主义，形成被实践证明了的关于中国建设、巩固、发展社会主义的正确的理论原则和经验总结，这就是包括邓小平理论、“三个代表”重要思想、科学发展观在内的中国特色社会主义理论体系。中国特色社会主义理论体系坚持和发展了马克思列宁主义、毛泽东思想。我们党举起中国特色社会主义这面伟大旗帜，就是举起了马克思列宁主义、毛泽东思想的伟大旗帜。

这个理论体系始终坚持解放思想。建设中国特色社会主义，这是马克思没有讲过、我们的前人没有做过、其他社会主义国家也没有干过的全新的事业。这个全新的事业呼唤我们党以全新的视野，勤于研究新情况、勇于解决新问题、善于创造新理论。我们党发扬马克思主义的科学精神和创造活力，既毫不动摇地坚持科学社会主义基本原则，又不断把全党思想从不合时宜的观念、做法和体制束缚中解放出来，从对马克思主义错误的和教条式理解中解放出来，从主观主义和形而上学桎梏中解放出来，善于在解放思想中统一思想，用发展着的马克思主义指导新的实践。在这个过程中，我们党既没有丢马克思主义、毛泽东思想老祖宗，又谱写了当代中国马克思主义新篇章；既继承发扬党的优良革命传统，又创造了适合新的历史条件的新经验；既借鉴人类文明一切优秀成果、借鉴其他国家兴衰成败经验教训，又不把书本上的个别论断和别国的经验当作束缚自己手脚的教条，同时也不把我们自己在实践中已见成效的东西看成完美无缺的模式，从而使当代中国马克思主义不断拓展了新视野、发展了新观念、达到了新水平、进入了新境界。

这个理论体系始终坚持实事求是。我们党在新时期建设中国特色社会主义伟大实践中，坚持一切从实际出发，坚持解放思想、实事求是，坚持尊重群众首创精神，不断深化对共产党执政规律、社会主义建设规律、人类社会发展规律的认识，不断以实践基础上的理论创新推动制度创新、科技创新、文化创新以及其他各方面创新。党在拨乱反正和全面改革实践中，用实事求是冲破了"两个凡是"，用思想解放推动了改革开放，打开了中国特色社会主义建设的崭新局面。党在领导这一伟大实践过程中，"不是靠本本，而是靠实践，靠实事求是"，既把人民拥护不拥护、赞成不赞成、答应不答应、高兴不高兴、满意不满意作为制定一切路线和方针政策的出发点和归宿，又始终尊重劳动、尊重知识、尊重人才、尊重创造，尊重人民首创精神。农村家庭联产承包、乡镇企业异军突起，开辟和建设经济特区，建设社会主义市场经济，建设社会主义新农村，等等，都是亿万人民群众和广大知识分子在实践中的伟大创造。这种尊重实践、源于实践而又高于实践、指导实践的中国特色社会主义理论，为马克思主义在当代中国新的大发展提供了深厚的群众基础和不竭的源头活水。

这个理论体系始终坚持与时俱进。一个马克思主义政党能否始终做到与时俱进，决定着这个党的前途与命运。与时俱进，就是党的全部理论和工作要体现时代性、把握规律性、富于创造性。中国特色社会主义理论体系，包括邓小平理论、"三个代表"重要思想、科学发展观，既是我们党在"摸着石头过河"的实践中，相继摸到的具有理论基石分量的三块"大石头"，又与时俱进地探索和回答了什么是社会主义、怎样建设社会主义，建设什么样的党、怎样建设党，实现什么样的发展、怎样发展等重大理论和实际问题，以一系列紧密联系、相互贯通的新思想、新观点、新论断，为当代中国发展着的马克思主义贡献了新内容、增添了新活力。它不但持续推进了马克思主义中国化，使社会主义和马克思主义在中国大地上焕发出勃勃生机，而且给人民带来更多福祉，使中华民族大踏步赶上时代前进潮流、迎来伟大复兴的光明前景。

这个理论体系始终坚持求真务实。中国特色社会主义理论体系最鲜明的精神实质是解放思想、实事求是、与时俱进、求真务实。求真务实就是追求真理、讲求实际、注重实干、更重实效。邓小平同志强调："什么叫社会主义这个问题也要解放思想"，"贫穷不是社会主义，发展太慢也不是社会主义"，"社会主义也可以搞市场经济"，这就是在"什么是社会主义、怎样建设社会主义"问题上的求真务实。江泽民同志强调："我们党必须始终代表中国先进生产力的发展要求，代表中国先进文化的前进方向，代表中国最广大人民的根本利益"，强调"我们党始终是中国工人阶级的先锋队，同时是中国人民和中华民族的先锋队"，强调"不能简单地把有没有财产、有多少财产当作判断人们政治上先进和落后的标准"，强调"放手让一切劳动、知识、技术、管理和资本的活力竞相迸发，让一切创造社会财富的源泉充分涌流，以造福于人民"，这就是在建设什么样的党、怎样建设党问题上的求真务实。胡锦涛同志强调："进一步抓好发展这个党执政兴国的第一要务"，"实现以人为本、全面协调可持续的科学发展"，"统筹城乡发展、区域发展、经济社会发展、人与自然和谐发展、国内发展和对外开放"，"做到发展为了人民、发展依靠人民、发展成果由人民共享"，这就是在实现什么样的发展、怎样发展问题上的求真务实。我们党在新时期持续弘扬求真务实精神，使中国特色社会主义这棵参天大树结出了求真务实的累累理论硕果。

总之，中国特色社会主义理论体系最鲜明的特色，就在于它体现了解放思想、实事求是、与时俱进、求真务实的精神实质；就在于它既坚持了科学社会主义基本原则，又根据时代条件赋予其鲜明的中国特色，以全新的视野深化了对共产党执政规律、社会主义建设规律、人类社会发展规律的认识；就在于它系统回答了在中国这样人口多底子薄的东方大国建设什么样的社会主义、怎样建设社会主义这个根本问题。在当代中国，坚持中国特色社会主义理论体系，就是真正坚持马克思主义。

中国特色社会主义制度的最鲜明特色

党的十八大报告强调："中国特色社会主义道路是实现途径，中国特色社会主义理论体系是行动指南，中国特色社会主义制度是根本保障。"中国特色社会主义制度的根本保障作用，集中体现在它有利于保持党和国家活力、调动广大人民群众和社会各方面积极性、主动性、创造性，有利于解放和发展社会生产力、推动经济社会全面发展，有利于维护和促进社会公平正义、实现全体人民共同富裕，有利于集中力量办大事、有效应对前进道路上的各种风险挑战，有利于维护民族团结、社会稳定、国家统一。

一个国家选择什么样的政治发展道路和政治制度模式，归根到底由这个国家的性质和国情所决定，也就是俗话所说的："鞋子是否合脚，只有穿鞋的人才知道。"中国特色社会主义制度同中国特色社会主义道路、中国特色社会主义理论体系一样，也是党和人民在长期革命建设改革实践中奋斗、创造、积累的。这样一套符合我国国情、顺应时代潮流、充满生命力的制度体系，同样是具有鲜明中国特色的。

这个制度始终坚持国家层面民主制度同基层民主制度的有机结合。人民代表大会制度的根本政治制度，中国共产党领导的多党合作和政治协商制度、民族区域自治制度以及基层群众自治制度等基本政治制度，不但体现了中国共产党的领导地位，体现了工人阶级领导的、以工农联盟为基础的社会主义国家政权性质，体现了我国单一制形式的国家结构，也体现了国家层面的民主制度同基层民主制度的有机结合。其中，人民代表大会制度是人民当家作主的重要途径和最高实现形式，人民通过普遍的民主选举产生自己的代表，人大及其常委会代表人民利益和意志，统一行使国家权力，各级人大都对人民负责、受人民监督，因而既能普遍反映人民的呼声和要求，又能有效支持和监督各级国家机关。中国共产党领导的多党合作和政治协商制度，实行共产党领导、多党派合作，共产党执政、多党派参政，既实现了广泛的民主参与，又有利于集中统一、统筹兼顾各方利益；既健全了民主制度，又丰富了民主形式，拓展了中国特色社会主义民主的深度和广度。民族区域自治制度，保证了各民族无论大小都能享有平等的经济、政治、文化、社会、生态权益，从而形成相互支持、相互帮助、共同团结奋斗、共同繁荣发展的和谐民族关系。由农村村民自治、城市社区居民自治、企事业单位职工代表大会制度构成的基层群众自治制度，是广大人民群众在中国共产党领导和支持下，在城乡基层单位和组织中依法直接行使民主选举、民主决策、民主管理、民主监督权利的民主制度，保障人民享有更多更切实的民主权利，是中国特色社会主义民主最直接和最具体的体现。

这个制度始终坚持根本政治制度、基本政治制度同基本经济制度以及各方面体制机制等具体制度的有机结合。我国的根本政治制度、基本政治制度同基本经济制度，以及建立在这些制度基础上的经济体制、政治体制、文化体制、社会体制等各项具体制度是有机结合在一起的。改革开放30多年来，我们党立足社会主义初级阶段基本国情，既毫不动摇地巩固和发展公有制经济，积极推进公有制的多种实现形式，有效发挥了国有经济的主导作用，增强了国有经济的活力、控制力、影响力；又毫不动摇地鼓励、支持、引导非公有制经济发展，保证各种所有制经济依法平等使用生产要素，公平参与市场竞争，同等受到法律保护，促进了多种所有制经济持续快速发展。与此同时，还建立了充满生机活力的社会主义经济体制、政治体制、文化体制、社会体制、生态体制，这对于建设社会主义市场经济、民主政治、先进文化、和谐社会、生态文明，对于放手让一切劳动、知识、技术、管理和资本的活力竞相迸发，让一切创造社会财富的源泉充分涌流，起到了根本意义上的鼓舞、激励和保障作用。

这个制度始终坚持党的领导、人民当家作主同依法治国的有机结合。发展社会主义民主，健全社会主义法制，是中国特色社会主义民主政治建设的重大战略任务。新中国成立60多年来，特别是改革开放30多年来，我们党领导人民制定宪法和法律，经过长期不懈努力，到2010年底，已形成一个以宪法为统帅，以宪法相关法、民法商法等多个法律部门的法律为主干，由法律、行政法规、地方性法规等多个层次的法律规范构成的中国特色社会主义法律体系。这个法律体系，不但为确保中国共产党始终成为中国特色社会主义事业的领导核心，确保国家一切权力牢牢掌握在人民手中，确保民族独立、国家主权和领土完整，确保国家统一、社会安定和各民族大团结，确保坚持独立自主的和平外交政策、走和平发展道路，确保国家永远沿着中国特色社会主义的正确方向奋勇前进提供了法律保障；而且也使国家经济建设、政治建设、文化建设、社会建设、生态建设都能够有法可依。可以说，立足中国国情和实际、适应改革开放和社会主义现代化建设需要的中国特色社会主义制度，集中体现了党和人民意志，为更好实现党的领导、人民当家作主、依法治国相统一，为全面落实依法治国基本方略、着力建设社会主义法治国家提供了坚强的法律和制度保障。

这个制度始终坚持制度继承性和制度创新性的有机结合。我们说中国特色社会主义道路、理论体系和制度是党和人民90多年奋斗、创造、积累的根本成就，这在中国特色社会主义制度建设上体现得是最为充分的。一方面，我们党自十一届三中全会以来，在新的伟大实践中形成和创立了一整套立足国情、赶上时代、与时俱进的理论、路线，并在经济、政治、科技、教育、文化、军事、外交等各个方面建立了不少新的章程；另一方面，也科学继承了党的第一代中央领导集体在奋斗、创造中积累的积极成果，包括人民民主专政的国家政权、人民代表大会制度、中国共产党领导的多党合作和政治协商制度、民族区域自治制度等。中国特色社会主义制度正是在这种继承性的和创新性的有机结合中不断健全和完善起来的。

中国特色社会主义制度是特色鲜明、务实管用的，但还不是尽善尽美、成熟定型的。邓小平同志1992年在视察南方重要谈话中指出："恐怕再有三十年的时间，我们才会在各方面形成一整套更加成熟、更加定型的制度。"我们党清醒地意识到，在同五位一体的中国特色社会主义相对应的各项操作层面的制度建设上，制度创新滞后、制度供给不足的问题还亟待解决。因此，我们必须按照党的十八大精神，既毫不动摇坚持又与时俱进发展中国特色社会主义制度。我们要以实践基础上的理论创新推动制度创新和各方面创新，不断把马克思主义中国化的理论创新成果适时转化为制度创新成果，同时把实践中已见成效的章程、政策及时上升为法律，从而为夺取中国特色社会主义新胜利提供更加系统完备、更加成熟定型、更加行之有效的制度保障。

党的十八大报告向国人、世人昭告："回首近代以来中国波澜壮阔的历史，展望中华民族充满希望的未来，我们得出一个坚定的结论：全面建成小康社会，加快推进社会主义现代化，实现中华民族伟大复兴，必须坚定不移走中国特色社会主义道路。"这是因为，"实践充分证明，中国特色社会主义是当代中国发展进步的根本方向，只有中国特色社会主义才能发展中国"。只要我们胸怀理想、坚定信念，不动摇、不懈怠、不折腾，顽强奋斗、艰苦奋斗、不懈奋斗，就一定能在中国共产党成立 100 年时全面建成小康社会，就一定能在新中国成立 100 年时建成富强民主文明和谐的社会主义现代化国家，开拓中国特色社会主义更为广阔的发展前景。

（作者：中共中央政策研究室副主任）

深入学习贯彻党的十八大精神 推进高校哲学社会科学新的繁荣发展

李卫红

党的十八大是在我国进入全面建成小康社会决定性阶段召开的一次十分重要的大会，胡锦涛同志代表十七届中央委员会向大会作的报告，回顾总结了过去五年的工作和党的十六大以来的奋斗历程及取得的历史性成就，确立了科学发展观的历史地位，提出了夺取中国特色社会主义新胜利的基本要求，确定了全面建成小康社会和全面深化改革开放的目标，对新的时代条件下全面加强党的建设，推进中国特色社会主义事业作出了整体部署。报告高屋建瓴、丰富深刻、意义重大，为党和国家事业进一步发展指明了方向，是我们党团结带领全国各族人民夺取中国特色社会主义新胜利的政治宣言和行动纲领，是马克思主义的纲领性文献。

十八大闭幕以后，教育部党组及时召开了部党组扩大会议、教育系统部分十八大代表座谈会、直属机关党员干部大会和教育系统学习贯彻党的十八大精神座谈会，下发了《中共教育部党组关于学习贯彻党的十八大精神的通知》。今天，高校社科界的部分领导和专家学者聚集一堂，畅谈学习十八大精神的心得体会，探讨学习宣传贯彻十八大精神、推动高校哲学社会科学繁荣发展的思路举措，这是教育系统学习宣传贯彻党的十八精神的一项重要内容。下面我就学习贯彻十八大精神、推动高校哲学社会科学新的繁荣发展，讲几点意见。

一、认真学习领会党的十八大精神，自觉地把思想和认识统一到十八大作出的各项重大决策和战略部署上来

当前，摆在我们面前的首要政治任务，就是要认真学习领会十八大精神，全面贯彻落实十八大精神，自觉把思想和行动统一到十八大精神上来，把智慧和力量凝聚到落实十八大提出的各项任务上来。深入学习贯彻十八大精神，关系党和国家工作全局，关系中国特色社会主义事业长远发展。对高校社科界来讲，学习好、研究好、宣传好、贯彻好十八大精神，是我们推动高校哲学社会科学新的繁荣发展的根本保证。

学习贯彻十八大精神，首先要原原本本地认真学习阅读胡锦涛同志代表党中央向大会作的报告，把握其精神实质。

第一，正确领会和把握党的十八大主题。十八大报告开宗明义地阐明了大会的主题。这一主题，简洁而又鲜明地向党内外、国内外宣示了我们党举什么旗、走什么路、以什么样的精神状态、朝着什么样的目标继续前进这四个关系党和国家工作全局的重大问题，是大会精神最集中最鲜明的体现。这一主题，是在全面把握当前世情、国情、党情，全面把握我国发展新要求和人民新期待的基础上提出来的。我们要深刻领会、准确把握这个主题，继续高举中国特色社会主义伟大旗帜，以邓小平理论、“三个代表”重要思想、科学发展观为指导，始终保持解放思想、改革开放、凝聚力量、攻坚克难的精神状态，全面推进经济建设、政治建设、文化建设、社会建设、生态文明建设和党的建设，坚定不移沿着中国特色社会主义道路前进，为全面建成小康社会而奋斗。

第二，正确领会和把握高举中国特色杜会主义伟大旗帜的重大意义。十八大报告强调，

中国特色社会主义道路，中国特色社会主义理论体系，中国特色社会主义制度，是党和人民九十多年奋斗、创造、积累的根本成就，必须倍加珍惜、始终坚持、不断发展。报告系统论述了中国特色社会主义道路、理论体系、制度的丰富内涵和相互关系，指出建设中国特色社会主义的总依据是社会主义初级阶段、总布局是五位一体、总任务是实现社会主义现代化和中华民族伟大复兴，提出了夺取中国特色社会主义新胜利的基本要求。学习贯彻党的十八大精神，要进一步增强坚持和发展中国特色社会主义的道路自信、理论自信、制度自信，既不走封闭僵化的老路，也不走改旗易帜的邪路，努力开拓中国特色社会主义更为广阔的前景。

第三，正确领会和把握科学发展观的历史定位。十八大报告强调，总结十年奋斗历程，最重要的就是形成和贯彻了科学发展观。十八大对科学发展观作了新的历史定位，把科学发展观确立为我们党必须长期坚持的指导思想。学习贯彻十八大精神，最重要的就是要深刻领会科学发展观的科学内涵、历史地位和精神实质，牢牢把握深入贯彻落实科学发展观的第一要义、核心立场、基本要求和根本方法。更加自觉地用科学发展观统领我国教育事业改革发展的全局，把科学发展观贯穿到教育工作的各个方面，努力办好人民满意的教育，为把我国建设成为人力资源强国、为实现全面建成小康社会的宏伟目标而努力奋斗。

第四，正确领会和把握全面建成小康社会和全面深化改革开放的新目标。十八大报告从全局和战略的高度，对中国特色社会主义作出了经济建设、政治建设、文化建设、社会建设、生态文明建设五位一体的总体布局，提出了全面建成小康社会和全面深化改革开放的新的目标，科学描绘了全面建成小康社会和深化改革开放的宏伟蓝图。五位一体建设布局的提出，是中国特色社会主义实践经验的总结，是中国共产党对社会主义社会发展规律新的认识结果。全面建成小康社会和全面深化改革开放，对教育提出了更新更高的要求，工业化、信息化、城镇化、农业现代化建设，经济发展方式的转变，实施创新驱动发展战略等，都需要教育提供强有力的人才支撑。努力办好人民满意的教育，是广大教育工作者神圣而光荣的使命。

第五，正确领会和把握提高党的建设科学化水平的新任务。十八大报告提出了“全面提高党的建设科学化水平”的重大任务，并就党的建设的目标、总体布局和具体任务作出一系列新部署。报告把纯洁性建设与执政能力建设、先进性建设并列为党的建设主线，强调要增强自我净化、自我完善、自我更新、自我提高能力，强调要全面加强党的思想建设、组织建设、作风建设、反腐倡廉建设、制度建设，强调要建设学习型、服务型、创新型的马克思主义执政党，并从理想信念、党群关系等八个方面部署了党建工作的具体任务，提出要开展以为民务实清廉为主题的群众路线的教育实践活动。这些对于在新形势下进一步提高党的建设科学化水平、更好地发挥党的领导核心作用指明了方向，我们要正确认识和把握提高党的建设科学化水平对中国特色社会主义事业的极端重要性，进一步加强党对教育工作的领导，加强教育系统党的建设，努力在提高党的建设科学化水平方面迈出新步伐。

第六，正确领会和把握党的十八大对教育工作提出的新要求。十八大报告把教育放在改善民生和加强社会建设之首，提出要“努力办好人民满意的教育”的目标任务，充分体现了党中央对教育事业的高度重视，对优先发展教育的坚定决心，为我国教育事业的改革发展指明了方向。报告在全面建成小康社会和全面深化改革开放的总目标中，提出了我国教育改革发展的战略性目标：全民受教育程度和创新人才培养水平明显提高，进入人才强国和人力资源强国行列，教育现代化基本实现。报告还提出我国教育的重要任务是科学发展、人民满意，对教育事业的进一步发展提出了六项具体任务，即坚持教育优先发展、坚持党的教育方针、坚持改革创新、坚持协调发展、坚持大力促进教育公平、坚持加强教师队伍建设。报告号召全党都要关注青年、关心青年、关爱青年,倾听青年心声、鼓励青年成长、支持青年创业,这对广大青年学生和教育工作者是巨大的鼓舞和鞭策,也为高校人才培养指明了方向。我们要认真学习领会十八大对教育事业提出的这些新目标、新任务和新要求,在实践中贯彻落实。

二、准确把握新形势新任务,充分认识加强高校哲学社会科学建设的重大意义

哲学社会科学是党和国家工作的重要组成部分,始终与党和国家工作大局、与国际国内形势的发展紧密联系。高校哲学社会科学是我国哲学社会科学的主要力量,学科齐全、基础厚实、成果突出。当前,国际形势正在发生深刻复杂的变化,我国也进入全面建成小康社会的决定性阶段,学习贯彻十八大精神,进一步加强高校哲学社会科学建设具有重大的意义。

第一,要从国际国内大势发展上充分认识新形势下加强高校哲学社会科学建设的重大意义。当今世界正处于大发展大变革大调整时期,当代中国正经历着空前广泛的社会变革,我国发展仍处于可以大有作为的重要战略机遇期。面对前所未有的发展机遇和风险挑战,高校哲学社会科学要走在前面,加强战略性、基础性和前瞻性问题的研究。要深入研究我国当前重要战略机遇期内涵和条件的变化,总结我国发展的成功经验,积极回应国际社会对"中国道路"、"中国经验"的关切,增进国际社会对我国国情、发展道路、内外政策的了解和认识,使中国发展道路获得更加广泛的理解和认同;要着力推进学术观点、学科体系和科研方法创新,在学习借鉴世界各国哲学社会科学研究有益成果的基础上,立足我国改革开放的丰富实践经验,加强理论提炼和概括,努力形成具有说服力、感染力、影响力的中国学术话语体系,向世界发出中国"好声音";要加强社会主义核心价值体系建设,掌握意识形态工作领导权和主导权,坚持正确导向,提升文化软实力,抵御西方敌对势力的思想渗透,壮大主流思想舆论。

第二,要从中国特色社会主义事业五位一体总体布局的要求上充分认识新形势下加强高校哲学社会科学建设的重大意义。中国特色社会主义事业发展已经站在新的历史起点上,要积极推进五位一体的总布局,迫切要求高校哲学社会科学从理论上深入分析我国发展面临的新情况新问题,围绕全面建成小康社会的奋斗目标,围绕经济建设、政治建设、文化建设、社会建设和生态文明建设,推出一批有理论性、前瞻性、指导性的成果,研究解决制约我国经济、政治、社会和文化发展的重大现实与政策问题,更加自觉地服务于党的中心工作和国家战略,更加自觉地服务于社会和人民群众,更好地提供政策建议、理论依据、解疑释惑和咨询服务,为推动经济社会又好又快发展提供学理支撑。

第三,要从办好人民满意教育的根本任务上充分认识新形势下加强高校哲学社会科学建设的重大意义。我国正处于从教育大国向教育强国、从人力资源大国向人力资源强国迈进的历史进程中。全面贯彻党的教育方针,办好人民满意的教育,努力开创教育事业科学发展的新局面,迫切要求高校哲学社会科学工作者深入研究和阐释中国特色社会主义教育发展道路、教育理论、教育制度的丰富内涵和鲜明特征,积极探索教育科学发展、教育现代化的新的思路、办法和途径,为推进教育改革发展,提升教育质量和人才培养质量,为把我国建设成为人力资源强国、人才强国、创新型国家提供有力的智力支持。

第四,要从推进哲学社会科学新的繁荣发展的历史责任上充分认识新形势下加强高校哲学社会科学建设的重大意义。推进哲学社会科学的繁荣发展,是国家大事。党的十六大以来,高校哲学社会科学紧密结合中国特色社会主义伟大实践,始终围绕党和国家工作大局,充分发挥跨学科、跨领域、高水平的群体优势,取得了

丰硕成果，积累了宝贵经验，呈现出繁荣发展的良好局面，为巩固马克思主义的指导地位、培养德智体美全面发展的社会主义建设者和接班人、提高全民族思想道德素质和科学文化素质、推动社会主义文化大发展大繁荣作出了不可替代的重要贡献。

在看到成绩的同时，也要清醒认识到，高校哲学社会科学工作同党和人民的要求还有差距，概括起来主要有：学科和教材体系还不能及时地适应经济社会的发展，反映当代马克思主义最新成果的哲学社会科学基础理论学科和教材建设还要进一步加强；在国内外有重要影响力的学术大师、学术领军人物数量明显不足，理论队伍建设特别是中青年理论人才培养还有待进一步加强；创新环境还需要进一步培育和改善，成果评价和转化机制还需要进一步健全；高水平的国际学术交流和合作还显不够，国际学术影响力和话语权还有待进一步提升；充满活力、相互衔接的制度建设还有待进一步加强，中国特色的科研体制机制还有待进一步完善。这些都迫切要求高校哲学社会科学工作者进一步增强责任感、使命感和紧迫感，把握发展机遇、适应新的形势，以创新的理念、开阔的思路、严谨的作风和扎实的工作，积极探索高校哲学社会科学发展新的办法和途径，不断开创高校哲学社会科学繁荣发展新局面。

三、坚持求真务实、改革创新，推进高校哲学社会科学新的繁荣发展

哲学社会科学是探求社会发展规律的科学。历史在发展，社会在进步。面对建设中国特色社会主义新的形势和任务，高校哲学社会科学要深入学习贯彻十八大精神，以中国特色社会主义理论体系为指导，勇担使命，做好推进高校哲学社会科学新的繁荣发展这篇大文章。

第一，按照科学发展观的要求，全面加强高校哲学社会科学建设。科学发展观是中国特色社会主义理论体系的重要组成部分，是指导党和国家全部工作的强大思想武器。高校哲学社会科学建设要深刻把握科学发展观解放思想、实事求是、与时俱进、求真务实的精神实质，更加自觉地贯彻落实发展这个第一要义，以改革推动发展，以提高质量整合发展，以促进公平引领发展，切实加强高校哲学社会科学的发展机制建设；更加自觉地贯彻落实以人为本这个核心立场，尊重劳动、尊重知识、尊重人才、尊重创造，切实加强高校哲学社会科学队伍建设；更加自觉地贯彻落实全面协调可持续这个基本要求，深化教育教学和科研管理体制改革，推进学风建设，建立和完善以创新和质量为导向的科研评价体系，拓展经费筹措渠道，加大对高校哲学社会科学的投入，切实加强高校哲学社会科学的制度建设；更加自觉地贯彻落实统筹兼顾这个根本方法，扶持基础学科、加强应用学科、发展交叉学科、培育新兴学科，切实加强高校哲学社会科学的学科建设。

第二，以高度的理论自觉和理论自信，继续推进中国特色社会主义实践创新、理论创新和制度创新。当前我国高校哲学社会科学迎来了前所未有的历史机遇。党的指导思想不断巩固和思想理论不断创新，为高校哲学社会科学的繁荣发展提供了强大的理论武器。中国特色社会主义事业蓬勃发展，为高校哲学社会科学的繁荣发展提供了丰富的实践源泉。党和国家的高度重视，一系列重大举措的出台，为高校哲学社会科学的繁荣发展提供了根本保证。我国对外开放不断深化，国际文化交流日益广泛，为高校哲学社会科学的繁荣发展拓展了国际视野。《国家中长期教育改革和发展规划纲要》的颁布实施，我国高等教育的大发展、大跨越，为高校哲学社会科学的繁荣发展注入了新的活力。我们要切实把十八大精神转化为推进哲学社会科学新的繁荣发展的强大动力和实际行动，充分发挥高校哲学社会科学学科优势和人才优势，以高度的理论自觉和理论自信，科学总结和概括中国特色社会主义的实践成就和宝贵经验，不断深化对中国特色社会主义发展规律的认识，不断丰富中国特色社会主义的实践特色、

理论特色、民族特色、时代特色。要以邓小平理论、“三个代表”重要思想、科学发展观为指导，以推进马克思主义中国化时代化大众化、建设具有中国特色中国风格中国气派的哲学社会科学为根本任务，全面提升人才培养、科学研究、社会服务、文化传承创新的能力和水平，加快建设高校哲学社会科学创新体系，努力建设适应中国特色社会主义事业需要、与我国国际地位相称的高校哲学社会科学。

第三，以培养德智体美全面发展的社会主义建设者和接班人为目标，强化高校哲学社会科学的育人功能。解决好培养什么人、如何培养人的重大问题，是教育工作的主题。高校哲学社会科学要把科学研究与人才培养紧密结合起来，把立德树人作为根本任务，深入开展社会主义核心价值体系学习教育，积极参与并认真实施马克思主义理论研究和建设工程，充分发挥高校哲学社会科学在教书育人方面的重要作用，帮助大学生树立正确的世界观、人生观、价值观，不断坚定中国特色社会主义理想信念，不断提高思想道德水平和科学文化素质。要按照中央的部署，充分发挥高校思想政治理论课的主渠道作用，大力推动党的十八大精神进教材、进课堂、进学生头脑，切实加强课堂教学，积极培育和践行社会主义核心价值观，把富强、民主、文明、和谐的观念讲透彻，把自由、平等、公正、法治的观念讲清楚，把爱国、敬业、诚信、友善的观念讲充分，使中国特色社会主义理论体系深入人心，努力把思想政治理论课打造成为学生真心喜爱、终身受益、毕生难忘的优秀课程。

第四，以重大理论和现实问题为主攻方向，着力提升高校哲学社会科学的社会服务水平。哲学社会科学的基础在社会生活，生命力在社会实践，力量在人民群众。人民群众的社会实践是形成哲学社会科学、检验哲学社会科学、发展哲学社会科学的渊源。哲学社会科学理论研究和学术创新要立足于人民群众建设和发展中国特色社会主义的实践、服务于实现中华民族伟大复兴。要紧紧围绕全面建成小康社会和全面深化改革开放的目标，结合经济全球化和科技革命的发展态势，结合改革开放30多年来中国社会生产力与生产关系、经济基础与上层建筑之间基本矛盾的变化，深入研究社会主义经济建设、政治建设、文化建设、社会建设、生态文明建设和党的建设中的重大理论和现实问题，回答中国老百姓关心关注的切实利益问题，不断推出理论研究、战略研究和对策研究的高质量成果，为党和政府科学决策、民主决策提供理论支持，切实发挥思想库和智囊团作用。

第五，围绕增强国家文化整体实力和竞争力，充分发挥高校哲学社会科学在文化传承创新中的作用。哲学社会科学是国家文化软实力的重要内容，文化传承创新是高校的重要功能。繁荣发展高校哲学社会科学，必须适应建设文化强国战略的需要，把文化传承创新作为义不容辞的重要责任。要培养和树立高度的文化自觉和文化自信，坚持马克思主义的指导，弘扬中华民族的优秀文化传统，弘扬中国共产党人在90多年的奋斗历程中形成的革命文化传统，弘扬以爱国主义为核心的民族精神和以改革创新为核心的时代精神。要增强全民族的文化创造活力，学习借鉴国外一切优秀文明成果，特别是国外文化创新有益成果，不断推出更多代表国家水准、具有世界影响、经得起实践和历史检验的优秀成果。

第六，以深入实施高等学校哲学社会科学繁荣计划为依托，加快推进高校哲学社会科学创新体系建设。建设哲学社会科学创新体系，是繁荣发展高校哲学社会科学的内在要求。去年11月，中办、国办转发了《教育部关于深入推进高等学校哲学社会科学繁荣发展的意见》，提出了繁荣发展高校哲学社会科学的总体目标、工作方针和主要任务，为推进高校哲学社会科学发展提供了行动纲领。为贯彻两办文件，教育部、财政部联合印发了《高等学校哲学社会科学繁荣计划（2011—2020年）》，教育部研究制定了《关于进一步改进高等学校哲学社会科学研究评价的意见》、《高等学校人文社会科学重点研究基地建设计划》、《高等学校哲学社会科学"走出去"计划》等配套文件，要认真抓好贯彻落实，深入实施新一轮高校哲学社会科学繁荣计划，大力推进学科体系、学术观点、科研方法、科研组织方式创新，努力构建具有中国特色中国风格中国气派的哲学社会科学。要坚持基础理论研究和应用对策研究并重，传统学科和新兴学科、交叉学科并重。加强哲学社会科学各学科之间的交流合作，加强哲学社会科学与自然科学之间的交流合作，坚持百花齐放、百家争鸣，发扬学术民主，不断消除制约哲学社会科学发展和创新的体制机制障碍，努力走出一条充满活力、富有效率、更加开放，具有中国特色的理论研究和学术创新之路。

党的十八大为全面建成小康社会制定了宏伟规划，为社会主义现代化和中华民族的伟大复兴展现了更加壮丽的前景。学习贯彻十八大精神，关系到党、国家和民族发展的根本，高校社科界要充分认识自己肩负的光荣使命，走在前面，发挥表率作用。实践发展永无止境，认识真理永无止境，理论创新永无止境。让我们紧密地团结在以习近平同志为总书记的党中央周围，高举中国特色社会主义伟大旗帜，深入推进高校哲学社会科学新的繁荣发展，努力办好人民满意的教育，为全面建成小康社会、夺取中国特色社会主义新胜利作出新的更大贡献！

（作者：教育部党组成员、副部长）

全面准确理解和把握十八大的基本精神

李洪峰

十八大报告有140多处讲到人民，可以说是一个以人为本的报告；有80多处讲到改革，可以说是一个以改革开放为主旋律的报告；有180多处讲到体制、制度、机制、体系，50多处讲到完善，可以说是一个中国特色社会主义自我完善、自我发展的报告；报告结尾一口气讲了9个团结，也可以说是一个凝聚全党全国力量和智慧的报告。

一、重大而鲜明的主题

党的十八大报告主题是：高举中国特色社会主义伟大旗帜，以邓小平理论、“三个代表”重要思想、科学发展观为指导，解放思想，改革开放，凝聚力量，攻坚克难，坚定不移沿着中国特色社会主义道路前进，为全面建成小康社会而奋斗。

习近平同志指出，党的十八大主题，简明而又鲜明地向党内外、国内外宣示了我们党将举什么旗、走什么路、以什么样的精神状态、朝着什么样的目标继续前进这4个关系党和国家工作全局的重大问题。提出和确定这样的主题，对我们党团结带领全国各族人民在新的历史征程上继往开来、与时俱进十分紧要。深刻领会、准确把握这个主题，对学习贯彻党的十八大精神至关重要。党的十八大主题，是在全面把握当前世情、国情、党情，全面把握我国发展新要求和人民新期待的基础上提出来的，是同中国特色社会主义事业五位一体总体布局紧密相联的。深刻理解党的十八大主题，必须准确把握确定这一主题的时代背景，清醒认识我们既面临前所未有的机遇、又面临前所未有的挑战，关键取决于我们能否牢牢把握机遇、沉着应对挑战。我们要继续高举中国特色社会主义伟大旗帜，始终保持解放思想、改革开放、凝聚力量、攻坚克难的精神状态，全面推进经济建设、政治建设、文化建设、社会建设、生态文明建设和党的建设，坚定不移沿着中国特色社会主义道路前进，团结一心为全面建成小康社会而顽强奋斗、艰苦奋斗、不懈奋斗。

二、理论上的重大发展、重大前进

我们党的全国代表大会对于党的理论创新具有里程碑的意义。1945年召开的党的七大，确立了毛泽东思想在全党的指导地位，使全党的认识在马克思列宁主义、毛泽东思想的基础上统一起来，达到了全党的空前团结，为新民主主义革命在全国的胜利奠定了基础。

新时期，我们党共召开了七次全国代表大会，每次代表大会在理论上都有新的前进。党的十二大，邓小平同志第一次提出了把马克思主义的普遍真理同我国的具体实际结合起来，走自己的路，建设有中国特色的社会主义这一重大政治命题和理论命题。党的十三大，系统阐述了社会主义初级阶段的理论。党的十四大，全面阐述了邓小平同志建设有中国特色社会主义理论的主要内容。党的十五大，第一次明确提出了邓小平理论的概念，深入阐述了邓小平理论的历史地位和指导意义，确立了邓小平理论在全党的指导地位，同时提出了党在社会主义初级阶段的基本纲领。党的十六大，全面阐述了“三个代表”重要思想和党领导人民建设中国特色社会主义必须坚持的基本经验，确立了“三个代表”重要思想在全党的指导地位。党的十七大，第一次提出了中国特色社会主义理论体系的重大概念，初步阐述了科学发展观。

党的十八大在理论上的重大发展、重大前进，主要体现在两个方面：

一是确立了科学发展观在全党的指导地位。报告指出，科学发展观是马克思主义同当代中国实际和时代特征相结合的产物，是马克思主义关于发展的世界观和方法论的集中体现，对新形势下实现什么样的发展、怎样发展等重大问题作出了新的科学回答，把我们对中国特色社会主义规律的认识提高到新的水平，开辟了当代中国马克思主义发展新境界。科学发展观是中国特色社会主义理论体系最新成果，是中国共产党集体智慧的结晶，是指导党和国家全部工作的强大思想武器。科学发展观同马克思列宁主义、毛泽东思想、邓小平理论、"三个代表"重要思想一道，是党必须长期坚持的指导思想。

二是第一次系统阐述了中国特色社会主义的科学内涵及其相互关系、主要特色和坚持发展中国特色社会主义的基本要求。报告指出，中国特色社会主义道路，就是在中国共产党领导下，立足基本国情，以经济建设为中心，坚持四项基本原则，坚持改革开放，解放和发展社会生产力，建设社会主义市场经济、社会主义民主政治、社会主义先进文化、社会主义和谐社会、社会主义生态文明，促进人的全面发展，逐步实现全体人民共同富裕，建设富强民主文明和谐的社会主义现代化国家。中国特色社会主义理论体系，就是包括邓小平理论、"三个代表"重要思想、科学发展观在内的科学理论体系，是对马克思列宁主义、毛泽东思想的坚持和发展。中国特色社会主义制度，就是人民代表大会制度的根本政治制度，中国共产党领导的多党合作和政治协商制度、民族区域自治制度以及基层群众自治制度等基本政治制度，中国特色社会主义法律体系，公有制为主体、多种所有制经济共同发展的基本经济制度，以及建立在这些制度基础上的经济体制、政治体制、文化体制、社会体制等各项具体制度。

报告指出，中国特色社会主义道路是实现途径，中国特色社会主义理论体系是行动指南，中国特色社会主义制度是根本保障，三者统一于中国特色社会主义伟大实践，这是党领导人民在建设社会主义长期实践中形成的最鲜明特色。

报告强调，我们要毫不动摇坚持、与时俱进发展中国特色社会主义，不断丰富中国特色社会主义的实践特色、理论特色、民族特色、时代特色。在新的历史条件下夺取中国特色社会主义新胜利，必须牢牢把握八个基本要求，即必须坚持人民主体地位；必须坚持解放和发展社会生产力；必须坚持推进改革开放；必须坚持维护社会公平正义；必须坚持走共同富裕道路；必须坚持促进社会和谐；必须坚持和平发展；必须坚持党的领导。

三、党和国家各方面工作的重大部署

一是关于全面建成小康社会和全面深化改革开放的目标。报告提出全面建成小康社会五个方面的目标要求：经济持续健康发展；人民民主不断扩大；文化软实力显著增强；人民生活水平全面提高；资源节约型、环境友好型社会建设取得重大进展。报告强调，全面深化改革开放，要加快完善社会主义市场经济体制；加快推进社会主义民主政治制度化、规范化、程序化；加快完善文化管理体制和文化生产经营机制；加快形成科学有效的社会管理体制；加快建立生态文明制度。

二是关于加快完善社会主义市场经济体制和加快转变经济发展方式。报告强调以科学发展为主题，以加快转变经济发展方式为主线，是关系我国发展全局的战略抉择。

三是关于坚持走中国特色社会主义政治发展道路和推进政治体制改革。政治体制改革是我国全面改革的重要组成部分。必须继续积极稳妥推进政治体制改革，发展更加广泛、更加充分、更加健全的人民民主。

四是关于扎实推进社会主义文化强国建设。文化是民族的血脉,是人民的精神家园。要发挥文化引领风尚、教育人民、服务社会、推动发展的作用。建设社会主义文化强国,必须走中国特色社会主义文化发展道路,坚持为人民服务、为社会主义服务的方向,坚持百花齐放、百家争鸣的方针,坚持贴近实际、贴近生活、贴近群众的原则,建设面向现代化、面向世界、面向未来的,民族的科学的大众的社会主义文化。

五是关于在改善民生和创新管理中加强社会建设。要加快健全基本公共服务体系,在学有所教、劳有所得、病有所医、老有所养、住有所居上持续取得新进展。

六是关于大力推进生态文明建设。坚持节约资源和保护环境的基本国策,坚持节约优先、保护优先、自然恢复为主的方针,着力推进绿色发展、循环发展、低碳发展。

四、对党的建设提出更严格要求

报告指出,全党必须牢记,只有植根人民、造福人民,党才能始终立于不败之地;只有居安思危、勇于进取,党才能始终走在时代前列。新形势下,党面临的执政考验、改革开放考验、市场经济考验、外部环境考验是长期的、复杂的、严峻的,精神懈怠危险、能力不足危险、脱离群众危险、消极腐败危险更加尖锐地摆在全党面前。不断提高党的领导水平和执政水平、提高拒腐防变和抵御风险能力,是党巩固执政地位、实现执政使命必须解决好的重大课题。全党要增强紧迫感和责任感,牢牢把握加强党的执政能力建设、先进性和纯洁性建设这条主线。增强自我净化、自我完善、自我革新、自我提高能力,建设学习型、服务型、创新型的马克思主义执政党。

一是坚定理想信念,坚守共产党人精神追求。要抓好思想理论建设这个根本,抓好党性教育这个核心,抓好道德建设这个基础,强调领导干部要做社会主义道德的示范者、诚信风尚的引领者、公平正义的维护者。

二是坚持以人为本、执政为民,始终保持党同人民群众的血肉联系。强调围绕保持党的先进性和纯洁性,在全党深入开展以为民务实清廉为主要内容的党的群众路线教育实践活动。完善党员干部直接联系群众制度。

三是积极发展党内民主,增强党的创造活力。强调要坚持民主集中制,健全党内民主制度体系。健全党员民主权利保障制度,完善党的代表大会制度,完善党内选举制度,完善党员定期评议基层党组织领导班子等制度。

四是深化干部人事制度改革,建设高素质执政骨干队伍。强调要建设一支政治坚定、能力过硬、作风优良、奋发有为的执政骨干队伍。要坚持党管干部原则,坚持五湖四海,坚持德才兼备,坚持注重实绩。深化干部人事制度改革,完善干部考核评价机制,完善公务员制度,推进国有企业和事业单位人事制度改革。

五是坚持党管人才原则,把各方面优秀人才集聚到党和国家事业中来。强调要尊重劳动、尊重知识、尊重人才、尊重创造。加快人才发展体制机制改革和政策创新,建立国家荣誉制度,形成激发人才创造活力、具有国际竞争力的人才制度优势。

六是创新基层党建工作,夯实党执政的组织基础。强调党的基层组织是团结带领群众贯彻党的理论和路线方针政策、落实党的任务的战斗堡垒。健全党的基层组织体系,建立稳定的经费保障制度。健全党员立足岗位创先争优长效机制。健全党员党性定期分析、民主评议等制度。健全党员能进能出机制。

七是坚定不移反对腐败,永葆共产党人清正廉洁的政治本色。强调反腐倡廉必须常抓不懈,拒腐防变必须警钟长鸣。要全面推进惩治和预防腐败体系建设,做到干部清正、政府清廉、政治清明。严格执行领导干部重大事项报告制度。健全反腐败法律制度。严格执行党风廉政建设责任制。健全纪检监察体制。

八是严明党的纪律,自觉维护党的集中统一。强调要坚决维护中央权威,决不允许“上有政策、下有对策”,决不允许有令不行、有禁不止。要加强监督检查。

按照中央要求,当前和今后一个时期的首要政治任务,就是认真学习宣传和全面贯彻落实党的十八大精神,把全党全国各族人民的思想统一到党的十八大精神上来,把力量凝聚到实现党的十八大确定的各项任务上来,为实现党的十八大确定的奋斗目标和工作任务而奋斗。要认真研读党的十八大文件,原原本本学习党的十八大报告,全面准确学习领会党的十八大精神。

学习贯彻十八大报告,必须坚持一个根本政治原则,就是必须坚决维护中央权威。维护中央权威,就是维护党的纪律和民主集中制的最高原则,就是维护党和国家的工作大局,就是维护全国各族人民的根本利益。当前维护中央权威,最重要的是全党要紧密地团结在以习近平同志为总书记的党中央周围,深入贯彻十八大精神,把思想统一到十八大精神上来,在攻坚克难中开创工作新局面,为实现十八大确定的各项奋斗目标和工作任务而奋斗。

(作者:中国政研会副会长、中央纪委驻文化部纪检组组长)

积极培育和践行社会主义核心价值观

王晓晖

积极培育和践行社会主义核心价值观,是党的十八大从坚持和发展中国特色社会主义、巩固全党全国人民团结奋斗共同思想基础的高度提出的一项战略任务。我们要深刻认识这一决策部署的重大意义,全面推进培育和践行社会主义核心价值观的各项工作,为夺取中国特色社会主义新胜利提供正确的价值引领和有力的精神支撑。

一

核心价值观是一定社会形态社会性质的集中体现,在社会思想观念体系中处于主导地位,决定着社会制度、社会运行的基本原则,制约着社会发展的基本方向。2006年召开的党的十六届六中全会第一次提出建设社会主义核心价值体系的战略任务,在全社会树立起了团结奋进的精神旗帜,有力地统一了全党思想、凝聚了社会共识。近年来,各方面普遍反映,应当在社会主义核心价值体系基础上作进一步提炼、概括,鲜明提出简明扼要、便于传播践行的社会主义核心价值观。一些地方和行业为此进行了有益探索和实践,形成了各具特色的城市精神、行业精神,有力推动了社会主义核心价值体系建设。伴随形势的不断变化、实践的不断深入、理论的不断创新,培育和践行社会主义核心价值观的任务日益突出,其重大理论和现实意义也日益凸显。

培育和践行社会主义核心价值观是坚持和发展中国特色社会主义的内在要求。中国特色社会主义是全面发展、全面进步的社会主义。它既需要不断完善经济、政治、文化、社会和生态文明等各方面制度,也需要不断探索社会主义在精神和价值层面的本质规定性;既需要为人们描绘未来社会物质生活方面的目标,也需要为人们指出未来社会精神价值的归宿。培育和践行社会主义核心价值观,是中国特色社会主义的"铸魂工程",可以从价值层面为深入回答社会主义的本质特征,为社会长远、稳定发展提供根本价值遵循,为制度设计、决策部署、法律制定提供最终价值依托,使中国特色社会主义始终沿着正确方向全面健康发展。长期以来,我们党围绕建设社会主义进行了艰苦曲折的探索,也不断深化着对社会主义意识形态和价值取向的认识。在当前国际形势风云变幻、世界社会主义仍然处于低潮的情况下,鲜明提出培育和践行社会主义核心价值观,有利于更好回应人们的思想疑虑和困惑,进一步坚定人们跟党走、建设中国特色社会主义的信心和信念。

培育和践行社会主义核心价值观是凝聚社会共识、实现团结和谐的基本途径。核心价值观蕴含着人们对世界、人生、社会等一系列重大问题的价值共识,深刻影响着每个社会成员的思想观念、思维方式、行为规范,是人们思想上精神上的灵魂旗帜。历史和现实一再表明,只有建立共同的价值目标,一个国家和民族才会有赖以维系的精神纽带,才会有统一的意志和行动,甚至越是在危机困难的时候,越能产生强大的凝聚力、向心力。我国有56个民族、13亿多人口,要把人们思想意志凝聚起来,没有一个有效发挥统摄作用的核心价值观是不可想象的。现在,我国正处在经济转轨和社会转型的加速期,思想领域日趋多元、多样、多变,各种思潮此起彼伏,各种观念交相杂陈,不同价值取向同时并存，所有这些表现出来的是具体利益、观念观点之争，但折射出来的是价值观的分歧。培育和践行社会主义核心价值观，能够找到全体社会成员在价值认同上的最大公约数，在具体利益矛盾、各种思想差异之上最广泛地形成价值共识，有效引领整合纷繁复杂的社会思想意识，有效避免利益格局调整可能带来的思想对立和混乱，形成团结奋斗的强大精神力量。

培育和践行社会主义核心价值观，是树立国家良好形象、提升国家文化软实力的迫切需要。当今世界，文化越来越成为综合国力竞争的重要因素、成为经济社会发展的重要支撑，文化软实力越来越成为争夺发展制高点、道义制高点的关键所在。而文化的力量，归根到底来自于凝结其中的核心价值观的影响力和感召力；文化软实力的竞争，本质上是不同文化所代表的核心价值观的竞争。现在，越来越多的国家把提升文化软实力确立为国家战略，核心价值观之争日趋激烈。培育和践行社会主义核心价值观，用最简洁的语言介绍和说明中国，有利于增进国际社会对中国的理解，扩大中华文化影响力，展示社会主义中国的良好形象；有利于增强社会主义意识形态的竞争力，掌握话语权，赢得主动权，逐步打破西方的话语垄断、舆论垄断，维护国家文化利益和意识形态安全。

二

党的十八大报告明确提出："倡导富强、民主、文明、和谐，倡导自由、平等、公正、法治，倡导爱国、敬业、诚信、友善，积极培育和践行社会主义核心价值观。"这一方面为培育和践行社会主义核心价值观提供了基本范畴，另一方面也进一步明确了提炼、概括社会主义核心价值观的基本原则。我们要大力弘扬这些思想、理念和精神，在凝聚全社会共识的基础上，进一步提炼、概括更为简洁、更为有力的社会主义核心价值观。

社会主义核心价值观必须坚持以马克思主义为指导，体现社会主义的本质。社会主义核心价值观首先是社会主义的。社会主义社会作为人类社会的一个发展形态，与其他社会形态相比有着自身的本质属性，而社会主义核心价值观必须是这种本质属性在价值层面的集中反映。提炼、概括社会主义核心价值观，要充分认识社会主义是在马克思主义理论指导下形成的思想体系、社会制度和实践运动，自觉坚持以马克思主义立场、观点、方法为思想武器，善于从马克思主义经典作家对社会主义本质属性的科学阐述中进行归纳概括，善于在与封建主义社会、资本主义社会等其他社会形态的对比中抓住最关键、最根本、最核心的精要，使社会主义核心价值观充分反映社会主义运动的价值导向和社会主义制度的本质属性。

社会主义核心价值观必须立足中国特色社会主义伟大实践，符合广大人民群众的期待。社会实践是核心价值观生成发展的基础，群众认同是核心价值观落地生根的关键。鲜明的实践性和广泛的认同性是社会主义核心价值观的突出特色。在建设中国特色社会主义的历史背景下，只有立足中国特色社会主义伟大实践、回答实践提出的理论和现实问题的核心价值观，才会有合理的现实基础，才会被人们普遍接受。提炼、概括社会主义核心价值观，必须坚持以我们正在做的事情为中心，紧扣中国社会发展进步的主题，结合社会主义现代化建设的经验，反映人民群众的利益诉求和价值追求，使社会主义核心价值观能够推动社会理想的实现、得到广大人民群众的认同。

社会主义核心价值观必须扎根中华历史文化土壤，传承中国传统价值的精华。价值观属于文化的范畴，不可能脱离特定的历史文化传统。核心价值观一定是在一个国家、民族长期发展中孕育形成的，反映着这个国家、民族的文化积淀、思想结晶。中华民族历史悠久，我们的祖先曾经创造了灿烂的文明，这是我们宝贵的精神财富。提炼、概括社会主义核心价值观，必须把传统价值观念作为基本的价值资源，赋予其符合时代要求的新内涵新诠释，在具体表述上也要尽可能体现中华文化特色，使社会主义核心价值观烙上中华文化的精神印记，展示出浑厚深沉的历史韵味和中国气派。

社会主义核心价值观必须广泛借鉴世界文明成果，符合人类最美好的价值追求。任何一种核心价值观都应当具有人类共性和自身个性的双重特征。社会主义核心价值观自然首先要体现并保持其独特的个性，但同时也一定要将这种个性置于整个人类文明的大背景下，自觉追求与人类文明进步方向的一致性。从历史发展来看，社会主义作为资本主义的对立物登上历史舞台，本身就是在吸收借鉴包括资本主义文明成果在内的人类一切文明成果的基础上发展起来的。提炼、概括社会主义核心价值观，必须着眼于整个人类文明的发展，吸收人类文明的共同成果和价值共识，反映人类最美好的目标理想和价值追求。我们既要反对把西方的价值观念作为“普世价值”，又不能把属于人类社会普遍追求的精神价值拱手让给西方。

社会主义核心价值观必须是国家层面、社会层面、制度层面的价值取向，规定着国家和社会发展的基本方向。社会主义核心价值观的一个显著特征就是体现国家、社会与个体的内在统一。它是一种国家制度、一个社会发展模式赖以立足和演进的价值导向，它通过塑造国家形象、彰显制度精神来获得人们的认同，并用以引导、规范社会成员的行为，凝聚不同阶层、不同认识水平的人们向着共同的目标迈进。提炼、概括社会主义核心价值观，必须着眼于为国家建设和社会发展提供先进的、根本的价值导向和理想信念，提供明确的、稳定的价值依据和评判标准，从而影响经济、政治、文化和社会生活的方方面面，引领各个领域、各个层次的具体价值观念，在中国特色社会主义事业中发挥灵魂统摄作用。

社会主义核心价值观必须依托社会主义核心价值体系，反映其精神内核和根本原则。社会主义核心价值观，是社会主义核心价值体系的精神内核及其遵循的根本原则，是这个体系的精髓。培育社会主义核心价值观是建设社会主义核心价值体系的重要举措，两者是一个相辅相成、有机统一的过程。近年来，随着中国特色社会主义事业的深入发展，随着各项宣传教育活动的不断深入，社会主义核心价值体系已为广大人民群众广泛接受，在实践中显示了强大的生命力。提炼、概括社会主义核心价值观，必须紧扣社会主义核心价值体系的四个方面内容，简洁、凝练地反映这个体系的本质，而不能离开这个体系另搞一套。当然，提炼、概括社会主义核心价值观，是对社会主义核心价值体系基本要求的凝练和升华，而不是简单地一一对应。

三

核心价值观的培育和践行，是一个逐步积累、逐步认识、逐步形成共识的过程，不可能是朝夕之功。从历史上看，封建社会核心价值观的发育成熟用了上千年，资本主义社会核心价值观从提出到确立用了几百年，社会主义核心价值观要赢得亿万群众也需要一个长期艰苦的过程。培育和践行社会主义核心价值观必须立足当前、着眼长远，从现在做起、从点滴做起。

切实把培育和践行社会主义核心价值观的工作摆上重要位置。培育和践行社会主义核心价值观是一项基础工程、灵魂工程，是全党全社会的共同责任。要充分认识这一工作的重大意义，把它作为巩固马克思主义指导地位、巩固党的执政地位的战略举措，作为关系社会和谐稳定、关系国家长治久安的千秋基业，作为坚持和发展中国特色社会主义的战略任务，扎扎实实加以推进。要把社会主义核心价值观的研究纳入马克思主义理论研究和建设工程，纳入国家哲学社会科学基金重点项目，组织专家学者深入开展理论研究，不断深化对社会主义核心价值观地位作用、科学内涵等的认识。要广泛开展调查研究，全面掌握不同群体、不同阶层人们的价值期盼，深入研究当前社会存在的价值共识和主要分歧，进一步明确提炼、概括社会主义核心价值观必须遵循的原则和要求。要制定科学合理的工作规划，将长远目标与阶段性要求结合起来，精心组织、分步实施，脚踏实地加以推进。

深入挖掘马克思主义中国化理论成果中蕴含的价值资源。改革开放以来特别是党的十六大以来，我们党把马克思主义基本原理与中国特色社会主义实践相结合，不断推进理论创新，提出了一系列新思想新观点新论断。这些马克思主义中国化的最新成果，蕴含着许多思想理念、价值观念、方针原则，从不同层次、不同角度诠释了社会主义的本质规定和价值追求，体现着我们党对社会主义本质的最新探索和最新认知，其中许多已经为广大群众所熟知、所接受。要加大对马克思主义中国化理论成果的研究，把那些最富有时代精神、最富有实践特色、最富有旺盛人气的价值理念挖掘整理出来，使其成为形成社会主义核心价值观的源头活水，使社会主义核心价值观具有鲜明的时代特色、深厚的理论根基。

充分发挥人民群众的创造精神。培育和践行社会主义核心价值观，既是促进社会全面进步的需要，也是实现人的全面发展的需要。人民是真正的英雄，人民群众中蕴藏着无穷的智慧和力量。必须坚持以人为本，尊重人民群众的主体地位，善于发现人民群众中蕴藏的积极向上的思想精神，引导群众自我教育、自我提高。要利用各种时机和场合，搭建弘扬社会主义核心价值体系的平台，形成有利于培育和践行社会主义核心价值观的生活情景和社会氛围。要尊重广大群众在思想意识、价值观念上的差异性，既鼓励先进，又照顾多数，多用典型示范、交流疏导、说服教育、民主讨论的方法，有针对性地解决群众的思想疑虑和困惑。要密切关注社会思想变化，因势利导、顺势而为，在尊重差异中扩大社会认同，在包容多样中形成思想共识，有力抵制各种错误思想和腐朽文化的影响，发展壮大积极健康向上的主流思想舆论。要针对一些人鼓吹的所谓“普世价值”，从理论上讲清楚价值观从来都是具体的、社会的，抽象的共同价值观是不存在的，完全移植西方的价值理念只会把社会主义中国搞乱。

积极探索培育和践行社会主义核心价值观的方法途径。培育和践行社会主义核心价值观，既是一个理论课题，也是一个实践课题；既需要在理论上不断深化研究，也需要在实践中不断探索积累。近年来，一些地方和行业在方方面面共同推动下，开展了各具特色的核心价值观教育实践活动，如北京提出“爱国、创新、包容、厚德”的北京精神，上海提出“海纳百川、追求卓越”的上海精神，解放军提出“忠诚于党、热爱人民、报效国家、献身使命、崇尚荣誉”的当代军人核心价值观，等等，在社会上产生了良好反响。这既是充分发扬民主、广泛听取民意的过程，也是深入进行社会主义核心价值体系教育、进一步统一思想认识的过程。要鼓励不同城市、各行各业结合实际提炼自己的行业精神、城市精神，为最终形成统一的社会主义核心价值观积累经验。要以适当方式组织对社会主义核心价值观基本范畴进行讨论，吸引专家学者、实际工作者和人民群众广泛参与，整合多样化思想意识，推动形成社会共识。

（作者：中共中央宣传部副部长）

永远高扬的旗帜　不断延伸的目标

——对十二大以来党代表大会报告主题的回顾与思考

廖可铎

党的十二大以来,我们党历次代表大会的报告,都明确提出了建设中国特色社会主义的鲜明主题。我们党走过的奋斗历程,承载的不仅仅是认识上的不断飞跃,也是实践上的大胆探索和发展上的不懈追求。现实印证主题的是,30 年的艰辛努力,我们党团结带领全国各族人民战胜了一个又一个困难,经历了一次又一次历史性的跨跃,创造了一个又一个令世人瞩目的神话,取得了一个又一个伟大的胜利。历史昭示人们的是,中国共产党始终高举旗帜不动摇,始终把握方向不偏移,始终团结拼搏不懈怠,始终与时俱进不止步,用成功实践和辉煌成就证明了中国共产党的伟大,证明了中国特色社会主义旗帜的神圣,证明了党的理论的科学、发展道路的正确和社会制度的优越。穿越时空的隧道,认真解读党的十二大以来历次代表大会报告的主题,就会发现其中的真意、深意和新意,这对于准确理解把握、深入贯彻落实党的十八大精神,坚定不移地沿着中国特色社会主义道路前进,更好地肩负起新的历史使命,具有重要的现实意义。

一、从标题看主题,理解把握目标的远大

目标昭示道路,标题体现主题。标题是报告之"魂",是报告之"睛",它不仅连着主题,而且深刻反映主题。7 次党代会的报告标题多次出现了"走中国特色社会主义道路"和"全面建设小康社会"等核心词、关键词。比如,十三大报告的标题就是:沿着中国特色的社会主义道路前进;我们党第三代领导集体的核心江泽民同志,代表党中央作过 3 次党代会报告,报告的标题都鲜明提出"夺取中国特色社会主义事业的更大胜利"、"把建设有中国特色社会主义事业全面推向 21 世纪"、"开创中国特色社会主义事业新局面"等内容;胡锦涛同志所作的十七大报告标题鲜明提出"高举中国特色社会主义伟大旗帜",十八大报告的标题又是"坚定不移地沿着中国特色社会主义道路前进"。从这些标题就不难看出,在历史进程的长河中,我们党始终放眼世界、志存高远,把全面建设小康社会、推进中国特色社会主义现代化、最终实现共产主义作为伟大的奋斗目标,薪火相传,矢志不移。

一是鲜明提出建设中国特色社会主义重大命题,充分反映了我们党的伟大觉醒和高瞻远瞩。建设中国特色社会主义的重大命题,是我们党第二代领导集体的核心邓小平同志,在党的十二大开幕词中首先提出来的。纵观党的十二大以来的 30 年,我们党制定的宏伟目标能够得以实现,各项建设事业能够又好又快发展,最根本的是把马克思主义理论与中国实际相结合,找到了一条适合我国国情发展的正确道路。最可宝贵的是,在深刻总结国内外社会主义建设经验教训中,我们党实现了新的伟大觉醒,这一觉醒,集中体现在正确回答了什么是社会主义、怎样建设社会主义的重大问题。这一觉醒,明确了我们既不能机械地运用马克思主义基本原理,照搬照抄苏联社会主义基本模式,又不能离经叛道,背离马克思主义,丢掉社会主义的旗帜。必须立足我国基本国情,结合我国具体实际,创造性地开辟一条具有中国特色的社会主义道路。这个中国特色,就是引领中华民族伟大复兴的时代特色、民族特色、理论特色和实践

特色;这条发展道路,就是实现中华民族伟大复兴的必由之路。

二是明确提出建成小康社会和实现社会主义现代化目标,充分表达了我们党顺应人民的美好期待和庄严承诺。“贫穷不是社会主义”,社会主义要更加彰显强大的生命力和巨大的优越性。党的十二大以来,在历届报告中,我们党始终把全面建设小康社会、实现社会主义现代化作为奋斗目标,写入党的代表大会报告和其他文献中,郑重承诺,忠实履责,不懈奋斗,凝神聚力搞建设,一心一意谋发展,顺应了时代发展的需要,顺应了人民群众的美好期待,充分彰显了以人为本的执政理念。这次十八大又提出到建党100年时实现小康社会,到建国100年时实现社会主义现代化的“双百”目标。宏伟目标,鼓舞人心,激励斗志,催人奋进。

三是实现我们党提出的远大目标,就必须坚持改革开放道路和贯彻主题主线重大战略思想。宏伟而远大的目标确定后,如何建设社会主义、发展社会主义,途径在哪里,我们党作出了改革开放这一决定当代中国命运的关键抉择。回顾党的历届代表大会报告我们会发现,改革开放已成为建设中国特色社会主义的鲜明特点。经过30多年的改革开放,我们实现了预期目标,取得了令世人瞩目的辉煌成就。实践反复证明,改革开放是建设和发展中国特色社会主义、实现中华民族伟大复兴的必由之路。只有社会主义才能救中国,只有改革开放才能发展中国,发展社会主义,发展马克思主义。

我们党在实现宏伟目标的历程中,在建设中国特色社会主义实践中,形成了以科学发展为主题,以加快转变经济发展方式为主线的重大战略思想。这是在实践基础上得出的理论思考,是中国特色社会主义建设的宝贵经验,也是这次党的十八大进一步加以强调的战略思想。实现我们党提出的宏伟目标,就必须一以贯之地坚持、贯彻和落实主题主线重大战略思想。

二、从旗帜看历程,理解把握信念的坚定

旗帜引领方向,旗帜凝聚力量。报告反映的是历史,见证的是现实。举什么旗、走什么路,是事关党和国家前途命运的重大问题。建设中国特色社会主义是我们党在实践中探索的方向,是党开辟的光辉道路,是永远高扬的旗帜。事实雄辩证明,30年的奋斗历程,不论国际国内环境如何变化,不管遇到何种困难挑战、无论遇到任何干扰阻力,我们党始终志如磐石、气定神凝,不为任何风险所惧,不为任何干扰所惑,坚定不移地走自己的路,充分反映了中国共产党人建设中国特色社会主义的坚定信念和必胜信心。

一是面对发展过程中的世界风云变幻,我们党以高度的政治自信,始终坚持走改革开放的道路不动摇。上个世纪80年代末90年代初发生的苏东剧变,世界15个社会主义国家只剩下5个,这在世界范围产生了强烈震荡,国际共产主义运动遭受挫折,世界社会主义进入低潮。面对国际风云变幻,我们党经受了严峻的考验,以“咬定青山不放松”的精神,坚定不移地走建设中国特色社会主义道路,坚定不移地坚持改革开放,取得了举世瞩目的成就,经济总量位居世界第二位。近10年来,我国经济保持年均10.7%的高增长率,实现了中国崛起,创造了中国模式和中国奇迹。在国际金融危机持续蔓延、很多国家遇到经济危机、经济持续低迷的情况下,我国却“风景这边独好”。这进一步证明了我们党高举中国特色社会主义伟大旗帜的正确,选择改革开放道路的英明。

二是面对前进道路上的各种干扰责难,我们党以高度的理论自信,始终高举中国特色社会主义旗帜不动摇。思想引领行动,理论指导实践。党的十二大以来,我们党之所以能排除各种干扰,冲破重重阻力,团结带领全国各族人民坚定不移地走中国特色社会主义道路,最重要的就是坚持了在实践基础上的理论创新,坚

持了科学理论的指导。信念的坚定，来自理论的清醒，来自理论的自信。十三大报告明确提出了我党的基本路线，明确了“一个中心、两个基本点”，首次作出了社会主义初级阶段的科学判断。随后，我们在建设社会主义市场经济体制中，又遇到了姓“社”姓“资”、姓“公”姓“私”的争论，党的创新理论很好地回答了这些问题。面对改革开放的不同声音，胡锦涛同志在十七大报告中充满自信地指出，“改革开放符合党心民心、顺应时代潮流，方向和道路是完全正确的，成效和功绩不容否定，停顿和倒退没有出路”，在“7·23”讲话和这次十八大报告中，都强调“必须毫不动摇推进改革开放，永不僵化、永不停滞”，并振聋发聩地宣告“我们坚定不移高举中国特色社会主义伟大旗帜，既不走封闭僵化的老路，也不走改旗易帜的邪路”，这些都充分体现了我们党高度的理论自信。

三是面对前进道路上遇到的各种风险挑战，我们党以高度的实践自信，始终领导开创社会主义现代化新局面的信心不动摇。我们党在社会主义现代化进程中，不断遇到各种风险挑战。发展的机遇期同时是矛盾的凸显期，也是改革的攻坚期。面对前进道路上的艰难险阻，我们党始终勇立潮头，凝聚力量，攻坚克难，化危为机，化险为夷。认真研究探索共产党执政规律、社会主义建设规律、人类社会发展规律，始终坚定社会主义信念不动摇，领导开创社会主义现代化建设新局面信心不动摇。我们有理由相信，党完全有能力、有信心带领全国各族人民建成小康社会，实现社会主义现代化的宏伟目标。

三、从变化看发展，理解把握创新的品质

理论指导实践，创新推动发展。党的十二大以来的30年，是中国的面貌、中国人民的面貌、中国共产党的面貌发生重大变化的30年。我们党紧跟时代的步伐，进行了一次次重要的思想解放，在大胆探索实践中，以求真的精神、务实的作风、扬弃的态度，实现了科学理论、实践道路、制度体系上的不断创新。

一是中国特色社会主义主题反复出现，思想在不断丰富深化，实现了党的理论体系的创新发展。我们党一个显著特点就是高度重视在实践基础上的理论创新，不断推进马克思主义中国化的进程。自从邓小平同志在党的十二大开幕词中提出中国特色社会主义这一重大命题后，在以后党的历次代表大会和中央全会中反复出现，但每次都不是简单的重复，而是认识在不断深化，理论在不断系统，思想在不断丰富。早在1984年的十二届三中全会上，还只是提出“有计划的商品经济”，党的十四大提出了市场经济概念。在党的十五大上，确立了邓小平理论的科学概念和指导地位。在党的十六大上，确立了“三个代表”重要思想的指导地位。这次党的十八大，把科学发展观同马克思列宁主义、毛泽东思想、邓小平理论、“三个代表”重要思想一道，作为我党必须长期坚持的指导思想，写入《党章》，写入党的历史文献。党的创新理论是一个开放的、不断充实丰富、不断进行创新、不断完善发展的理论体系。仅以科学发展观为例，在党的十六届三中全会上，表达为“坚持以人为本，树立全面协调可持续的发展观”，在党的十七大召开前夕的“6·25”讲话和十七大报告中，表达为“科学发展观，第一要义是发展，核心是以人为本，基本要求是全面协调可持续，根本方法是统筹兼顾”，把“第一要义”、“核心”、“基本要求”、“根本方法”作为科学发展观的内涵来定义。这次十八大报告又把上述四个方面作为贯彻落实科学发展观的“要求”提出来，即要求全党必须更加自觉地把推动经济社会发展作为深入贯彻落实科学发展观的第一要义，更加自觉地把以人为本作为深入贯彻落实科学发展观的核心立场，更加自觉地把全面协调可持续作为深入贯彻落实科学发展观的基本要求，更加自觉地把统筹兼顾作为深入贯彻落实科学发展观的根本方法。显然，这又是认识上的进一步深化和理论上的又一次创新。

二是中国特色社会主义建设深度探索，内容在不断延伸拓展，实现了实践道路的创新发展。实践永无止步，创新永无止境。随着中国特色社会主义建设的深度探索和展开，其内容也在不断拓展。正是因为我们党的实践创新，推动了中国特色社会主义事业的蓬勃发展，也同时推动了中国特色社会主义理论体系的丰富发展。在党的十二大上，我们党还在提“两个文明”建设，即物质文明和精神文明。到了党的十六大，江泽民同志正式在报告中提出了政治文明，并将其列为全面建设小康社会的重要目标（此前，江泽民同志在中央党校的“5·31”讲话、2002 年 7 月 16 日在中国社会科学院考察，都提出了“政治文明”的概念）。到了党的十六届五中全会，明确提出了经济建设、政治建设、文化建设、社会建设“四位一体”思想，并在后来的十七大报告中予以明确强调。这次党的十八大，又鲜明地提出了经济建设、政治建设、文化建设、社会建设、生态文明建设“五位一体”建设，使中国特色社会主义实践道路越走越宽广，内涵越来越丰富。

三是中国特色社会主义事业自我完善，体系在不断充实健全，实现了制度优势的创新发展。中国特色社会主义制度，是当代中国发展进步的根本制度保证，集中体现了中国特色社会主义的特点和优势。坚持走中国特色社会主义道路，必须始终不渝地巩固和完善社会主义制度，在经济、政治、文化、社会等各个领域形成一整套相互衔接、相互联系的制度体系，包括根本政治制度、基本政治制度、基本经济制度，以及建立在根本政治制度、基本政治制度、基本经济制度基础上的具体制度和实施机制，中国特色社会主义法律体系。由于制度本身所具有的根本性、全局性、稳定性和长期性特点，我们党在推进中国特色社会主义伟大事业的进程中，高度重视建立、完善、创新制度体系。这就从根本上、基础上和全局上保证了中国特色社会主义的建设方向，保证了中国特色社会主义的接续发展，保证了解放和发展生产力、增强党和国家的创造活力，保证了人民群众作为实践主体力量积极性、主动性和创造性的充分发挥，保证了集中力量办大事、有效应对前进道路上的风险和挑战，保证了维护和促进社会公平正义、社会稳定和各民族的团结统一。胡锦涛同志在十八大报告中特别强调指出：“全面建设小康社会，必须以更大的政治勇气和智慧，不失时机深化重要领域改革，坚决破除一切妨碍科学发展的思想观念和体制机制弊端，构建系统完备、科学规范、运行有效的制度体系，使各方面制度更加成熟更加定型。”这就为制度完善和创新进一步指明了方向。只有中国特色社会主义制度更加完善，优势更加彰显，才能更加顺应时代发展潮流，更加适应建成小康社会、推进中国特色社会主义事业发展的内在需要。

中国特色社会主义伟大旗帜，是当代中国发展进步的旗帜，是全党全国各族人民团结奋斗的旗帜，是指引我们胜利前进的旗帜。高举这面旗帜，就要对党绝对忠诚，忠实履行党和人民赋予的历史使命，为党提出的奋斗目标、为军队的建设事业贡献自己的全部力量。

（作者：天津警备区政治委员，少将）

第四部分

政工学会与政工职评专辑

全国思想政治工作科学专业委员会第十九届年会会议纪要

全国思想政治工作科学专业委员会第十九届年会于2012年7月26日在河南省郑州市举行。本届年会由全国思想政治工作科学专业委员会、《中国思想政治工作年鉴》编撰委员会、中国思想政治工作网、全国育人用人科学专业委员会共同主办，中国思想政治工作网河南工作站、郑州市少林安防实业有限公司（少林门业）、郑州源纺机械制造有限公司、中国思想政治工作网《典型报道》采编部、《中国思想政治工作年鉴》河南编辑部联合承办。

出席本届年会的有：国家人事部原常务副部长、九届全国政协常委、经济委员会副主任、学会常务理事程连昌，中共中央原副部级巡视组专员、学会常务理事戴俭明，中共中央党校原毛泽东思想研究室主任、教授、博士生导师、学会主任张蔚萍，原国家经济委员会人事局局长、国务院生产办秘书局局长、学会常务理事黄淑兰，中央组织部干部三局原巡视员、中共中央澳门工委原秘书长兼组织部长、学会常务理事田敏，学会副主任戴焰军、段若鹏、王桂英、王坚红、朱地、张邦柱，中央政策研究室正局级巡视员王得春，全国育人用人科学专业委员会常务副主任、学会副秘书长雷常新，学会副秘书长雷群和学会办公室主任杨光等。来自全国各地的80余位代表出席了会议。

上午会议由段若鹏同志主持。中国思想政治工作网河南工作站站长兰建军向来自各地的大会代表们致欢迎辞。会议的主要议程是：

一、学会副主任王桂英代表学会常务理事会向大会作一年来学会工作汇报。王桂英同志在汇报中介绍了一年来学会的主要工作：一是为了改进中国思想政治工作网的工作，相继召开了3次网站骨干工作会议；二是由张蔚萍任主编、中国思想政治工作网西安站站长郭兴鹏任常务副主编、学会几位领导参与编撰的《学习型组织建设与创先争优活动成果全书》由中央党校出版社出版；三是由张蔚萍和中国思想政治工作网常务副站长梁伟平负责编撰的《党史党建工作与贯彻“十二五”规划》一书由中央文献研究出版社出版；四是调整了学会、《年鉴》编委会和全国育人用人科学专业委员会的组织机构；五是与天津市委宣传部、政工师指南杂志社共同编撰出版了2011年3月—2012年2月《中国思想政治工作年鉴》，同时还修订了思想政治工作系列教材；六是调整了中国思想政治工作网的领导成员，开拓了新的领域，加强了同各省网站的联系；七是筹备本届年会。王桂英同志在回顾了学会的历史沿革和一年来的工作后指出，自学会成立以来，按照胡锦涛同志的指示精神开展研究和宣传工作，做到了一年召开一次年会、一年编一本《年鉴》、一年召开一到两次理论研讨会或座谈会，编写并不断修订了《思想政治工作学教程》、《思想政治工作发展史》和《新世纪思想政治工作》3本教材，为中央党校和省市党校培养研究生和18个省市评定政工专业职务提供了培训教材。

二、国家人事部原常务副部长程连昌讲话。程连昌在讲话中指出，7月23日胡锦涛总书记在中央党校省部级干部进修班上发表了重要讲话。在这一背景下，我们学会举办本届年会，对于学习贯彻胡锦涛同志的讲话精神，意义重大。程连昌说，深入贯彻科学发展观仍然是一项长期的任务，要把落实科学发展观转化为推进中国经济发展的强大动力。中国所有问题的解决，关键在于发展；而需要注意的是，必须把发展的关注点转移到效益上来。程连昌特别强调，学会必须认真贯彻胡锦涛总书记重要讲话精神，把思想政治工作融于学会的各项工作中，加强对各种社会思潮的分析、研究和解释，以统一大家的思想，把思想政治工作推向更高阶段。

三、中共中央原副部级巡视组专员戴俭明讲话。戴俭明在讲话中着重论述了如何形成廉政文化机制的问题。他指出：廉政文化作用于执政者的内心世界，形成廉洁从政的文化动力及全社会廉洁从政的文化氛围，在中华文明史上源远流长。社会主义廉政文化是在充分吸收和借鉴古今中外一切优秀文化成果基础上形成的，是我们党立党为公、执政为民的执政理念在文化形态上的反映，其目的是使廉洁价值理念内化于心、外化于形、固化于制，其表现出来的道德约束力，往往更具有持久性和稳定性。鉴于此，戴俭明就我国廉政文化机制的形成提出几点建议：一是提高对于廉政文化建设的思想认识。要认识到廉洁从政行为的背后，都有廉洁文化在支撑，廉政建设只有注入文化基因，才能赢得持久的生命力；要认识到现实经济社会环境的真实性，主要是认识社会主义初级阶段市场经济对廉政建设的正负面影响，防止和遏制腐败文化对于人们的侵袭；要认识到在廉政文化机制中齐抓共管的重要性和必要性。二是夯实群众基础，发挥"草根"宣讲者的作用，增强民众的廉洁意识。三是运用多种形式，如开展群众性的歌咏活动、编发廉政警句格言、制作影视作品、建立廉政文化馆等。四是推广典型经验，透过现象揭示本质、找出规律，使那些成功的经验得到推广。

四、学会主任张蔚萍作题为《新时代思想文化建设面临的新课题及其战略新任务》的专题报告。张蔚萍教授指出，新时代思想文化建设面临最突出的问题有四个方面：一是西方文化两面性的不断渗透；二是市场经济两重性的巨大影响；三是现代网络双重效应的不断显现；四是"四个多样化"即经济成分和经济利益多样化、就业形式和就业岗位多样化、社会组织形式和思想政治信仰多样化，以及社会交往和生活方式多样化，给人们的思想行为带来的新变化。面对上述突出问题，张蔚萍指出，当前思想文化建设必须明确三大战略性新任务。第一，大力推动经济社会又好又快的科学发展，是新时代思想文化建设的头等战略性新任务。首先，必须抓住科学发展观的核心，坚持以人为本，把调动人们的积极性放在首要位置；其次，必须抓住科学发展观的基本要求，坚持"全面、协调、可持续"发展的新思路，在统筹安排中把新思路变成科学决策；再次，必须抓住科学发展观的实质，努力实现又好又快发展。要看到，又好又快发展强调的是"好"字当头，在好中求快。这是发展思路和发展目标的重大新变化，政工部门和文化部门要引导人们适应这一变化，积极推动各行各业沿着又好又快的发展道路前进。第二，把党的政治优势转化为科学发展优势，是新时代思想文化建设面临的又一项重大战略新任务。为此，要抓住三个关键环节。一要抓人才，这是推动企事业科学发展的第一资源；二要抓创新，这是推动各行各业科学发展的内在动力；三要抓学习，这是推动各行各业科学发展的基础工程。第三，把社会主义核心价值体系融入思想教育和文化建设的全过程，是新时代思想文化建设的长期战略性任务。张蔚萍指出，融入的实质，是强调在思想文化工作的各个环节，都不能脱离和背弃社会主义核心价值体系，否则就要犯原则性和方向性的错误。最后，张蔚萍提出，在新形势下改善党对思想文化工作的领导和管理，最重要的是建设一支坚强的政工队伍和文化骨干队伍。在这里，有两个问题必须强调：一是正确认识和评定政工干部和文化工作者的劳动价值；二是要下功夫提高政工干部队伍和文化工作者的综合素质。只要提高了政工干部和文化工作者的综合素质，再加上其他得力措施，党的思想文化工作一定能够在改革和建设中继续得到加强和改进，发挥其重要保证作用。

张蔚萍教授的专题报告，得到与会代表的高度评价。

下午会议进行了专题讲座和问题解答，由王坚红同志主持。

一、学会副主任、中央党校党建部副主任戴焰军作题为《提高党的建设科学化水平》的专题讲座。他指出：提高党的建设科学化水平是总结党的建设历史经验的必然结论，是完成党的历史任务的必然要求。提高党的建设科学化水平，就要认识和遵循党的建设规律，并在此基础上形成科学的理论、制度、方法，坚持在党的建设工作中做到科学理论武装、科学制度保证和科学方法支持。

二、河南省委党校教授谢德民作题为《党的思想政治工作是一门最高级的管理学》的发言，谢德民认为，思想政治工作之所以是一门最高级的管理学，第一，思想政治工作是以人为本的工作，契合管理学的人本主义原理；第二，任何成功的管理都是文化元素含量很高的管理，而思想政治工作本质上就是以文化人的文化行为；第三，管理的最高境界是文明化管理，而思想政治工作从根本上讲就是一种文明化的追求与升华。

三、渤海船舶职业学院党委书记芮柏苓作题为《师德建设是教师队伍建设的灵魂》的发言；中铁十七局集团党建政研会秘书长秦峰作题为《紧贴企业中心任务，积极做好政研工作》的发言。他们在发言中介绍了各自单位思想政治工作的成功经验，得到了与会代表的充分肯定。

四、张蔚萍教授回答了与会代表提出的一些问题。

最后，王坚红同志作大会总结。王坚红同志在总结中指出，本届年会虽然只有一天时间，但收获很大：第一，进一步明确了当前我国面临的国际国内形势和任务，这就是我们面临的机遇前所未有，面临的挑战也前所未有。因此我们必须继续坚持以马克思列宁主义、毛泽东思想、邓小平理论和“三个代表”重要思想为指导，毫不动摇、坚定不移地深入贯彻科学发展观，坚持改革开放，迎接党的十八大的胜利召开。第二，进一步明确了新时代思想文化建设面临的新课题及其战略任务，更深刻地认识到改进党对思想文化建设的领导和管理、建设一支坚强的政工干部队伍和文化干部队伍的重要性和紧迫性；深刻认识到作为一名政工干部和文化工作者所肩负的重任，从而更加自觉地不断提高自己的综合素质。第三，对于提高党的建设的科学化水平和加强社会主义廉政文化建设有了更深刻的理解，进一步明确了加强廉政文化建设是治理腐败的一个根本性措施。第四，通过本届年会，无论是老会员，还是新会员，对于我们学会的历史、现状及今后承担的历史责任和任务，有了更全面、更深刻的认识，进一步增强了我们学会的吸引力和凝聚力。

（执笔：朱地）

全国思想政治工作科学专业委员会工作汇报

（2011 年 8 月—2012 年 7 月）

全国思想政治工作科学专业委员会常务理事会

各位领导、学会顾问，各位理事、特约研究员和各位到会的同志们：

我受学会主任张蔚萍教授委托，代表常务理事会汇报学会一年来的工作，请批评指正。

全国思想政治工作科学专业委员会第十九届年会在郑州市顺利召开，得到了河南省委领导的大力支持，中国思想政治工作网河南工作站、《典型报道》采编部为会议召开做了大量具体工作。我代表学会对省委有关领导表示衷心的感谢，同时也对中国思想政治工作网有关部门付出的辛勤劳动表示感谢！

同志们在百忙之中抽出时间来参加会议，这是对学会的支持和关怀，是对党的思想政治工作的真诚热爱。我代表学会对与会领导和同志们表示深切的敬意和感谢！

本届年会的主题是：深入贯彻落实十七届六中全会精神，迎接党的十八大胜利召开，着重研究新形势下思想文化建设面临的新课题及对策措施。

参加这次年会的同志，既有老会员和特约研究员，又有新会员和特约研究员。一些同志对学会的历史和现状了解还不多，借此机会，把学会情况简要介绍一下，然后再把最近一年来的工作作一简要汇报。

一、学会成立和研究的基本情况

学会是在中共中央党校领导和各位顾问的关怀下，适应新形势需要，于 1994 年 5 月民政部批准建立的。同年 9 月 23 日，在中央党校召开成立大会。接着召开了为期 3 天的第一届思想政治工作特约研究员会议和理论学术研讨会。在中央党校召开成立大会和研讨会时，时任中共中央政治局常委、中央党校校长胡锦涛接见了与会代表并合影留念。在合影留念前，还专门召见学会主任谈了话，对学会研究方向作了明确指示，希望加强思想政治工作这门科学研究，特别注重加强党员干部的教育规律研究，并结合党的中心任务开展研究。同时还嘱咐要与中国职工思想政治工作研究会有所分工。时任中央党校常务副校长汪家鏐作了题为《紧紧围绕党的中心任务开展思想政治工作研究》的专题报告；中国社会科学院副院长兼中国科学社会主义学会会长江流和中央党史研究室副主任李传华等领导同志作了重要讲话。会议就加强思想政治工作这门科学研究和围绕党的中心任务开展思想政治工作研究问题，以及探索党员干部的思想政治教育管理规律和干部德育等问题进行了比较深入的探讨。

自从 1994 年学会成立以来，18 年间共召开了 18 次年会，还召开了 40 多次小型专题理论研讨会和座谈会；编写了 30 多部专著、论文集和大型工具书，并先后同中央党校思想政治工作研究室和中央党校出版社共同出版了 16 册《中国思想政治工作年鉴》。

目前学会的特约研究员和会员已经由初创时的 100 多人发展到现在的 1200 多人，其中专家、教授和学者占三分之一，党政领导干部和基层政工干部占三分之一，企业、高校领导和政工干部占三分之一，这是一支理论工作者和实际工作者相结合的研究队伍。由于学会在研究上着眼现实，注重实际，尽力将实践经验系统化、科学化、理论化，因而深受党政领导和政工干部欢迎，并且在社会上的影响越来越大，反映越来越好。18 年来，学会一直在努力贯彻胡锦涛同志 1994 年 9 月 2 3 日接见学会代表时的指示精神。主要做了以下五个方面的工作。一是紧紧围绕党的中心工作和中心任务开展研究工作，坚定不移地同党中央保持一致，并把研究成果上报党的有关领导部门，供中央起草加强思想政治工作文件时参考。比如，1999 年为配合中央起草《中共中央关于加强和改进思想政治工作的若干意见》(即中央 17 号文件)，学会在调研的基础上写了题为《关于新形势下加强和改进思想政治工作的若干问题》的研究报告，被中宣部领导批准刊登在供部领导参阅的《决策参考》上，受到中央有关领导的关注和肯定。二是围绕现实生活中的热点难点问题和新时代提出的新课题进行理论研究，组织学会领导骨干和特约研究员共编了 10 多部专著和教材，如编写了《社会主义市场经济条件下思想政治工作新课题研究》、《思想政治工作热点难点研究》、《思想政治工作学教程》、《面向新世纪的思想政治工作》等。三是加强了思想政治工作这门科学的研究，如组织编写了《思想政治工作学概论》、《思想行为学概论》、《中国共产党思想政治工作发展史》等专著，还组织完成了若干课题研究，并形成了《思想政治工作的基本规律研究》、《思想政治工作在发展物质生产力和精神生产力的作用问题研究》、《领导干部思维方式和领导方式现代化问题研究》、《思想政治工作与加强党的先进性建设研究》、《思想政治工作与构建和谐社会研究》、《思想工作与树立科学发展观问题研究》、《思想政治工作与提高执政能力问题研究》、《社会主义核心价值体系研究》、《企业思想政治工作创新问题研究》等长篇论文，其中大部分都已在重要刊物发表。四是根据党政领导和政工干部的需要编写了《干部思想道德建设读本》及一些工具书，如《党委书记工作大典》、《新世纪思想政治工作大典》、《党的建设与组织人才工作全书》、《新世纪党务工作全书》、《思想政治工作知识辞典》、《思想政治工作与文化建设全书》、《学习型组织建设与创先争优活动成果全书》等。五是把理论研究与评奖活动相结合，给政工研究工作以鼓励，如学会与浙江省委宣传部、《政工月谈》杂志联合举办了 3 次全国优秀政工论文大奖赛，以及全国优秀政工论文金点子奖大赛，最近几年又对年会提供的论文进行评奖等。这些活动推动了思想政治工作理论与实践的科学研究。由于重视加强对现实重大问题和基础理论的研究，学会对政工干部和专家学者的吸引力越来越大，要求参加学会的人越来越多，在社会上的影响也越来越大。

二、学会近一年来的工作情况

自 2011 年 8 月 1 日在长春市召开第 18 届年会到现在，整整 1 年时间了。这一年来学会主要做了以下工作，现作一简要汇报。

第一，为了改进中国思想政治工作网的工作，提高文章质量、加强网站管理、完善采编制度、增强社会影响力，中国思想政治工作网分别于 2011 年 10 月、2011 年 12 月和 2012 年 4 月在广西南宁市和海南保亭县召开了 3 次网站骨干人员工作会议。会议学习贯彻了中央的最新文件精神，统一了思想认识。张蔚萍总编、程连昌部长、戴俭明副部长和段若鹏副总编分别出席了 3 次会议。在肯定网站工作的同时，也对网站今后的发展方向和需要注意的问题提出了宝贵的意见。第三次工作会议上还讨论、修改并通过了《关于地方工作站和专栏采编部工作的若干暂行规定》，为网站进一步发展奠定了良好的基础。

第二，由张蔚萍主任任主编、中国思想政治工作网西安工作站站长郭兴鹏任常务副主编，学会几位领导积极参与编撰的《学习型组织建设与创先争优活动成果全书》一书，经过 2 年多的努力，于 2012 年 3 月由中共中央党校出版社正式出版，全书共约 300 多万字。编写本书是为了全面贯彻落实党的十七届五中全会精神，大力推进学习型组织建设，深入开展创先争优活动，坚持以推动科学发展、促进社会和谐、服务人民群众为主题，深入实际，为实现“十二五”良好开局提供动力和保证，以优异成绩迎接中国共产党成立90周年，同时也为各级党政领导和广大政工干部提供了一套政治权威性、理论知识性和实践经验性相结合的书籍，得到有关同志的肯定。

第三，由张蔚萍主任和中国思想政治工作网常务副站长梁伟平亲自领导编撰，学会几位领导任副主编的《党史党建工作与贯彻“十二五”规划》一书，经过1年多的努力，于2012年5月由中央文献出版社出版，全书约200万字。该书本着服务党的建设和社会事业建设的宗旨，及时总结发展经验，促进各机关企事业单位间的学习交流与借鉴提高。

第四，调整学会、《年鉴》编委会和育人用人科学专业委员会的组织机构，发展新会员和特约研究员，除名一些长期不与学会联系、不发挥任何作用的会员和特约研究员，进一步提高了学会的威望，增强了学会的活力。

第五，与天津市委宣传部、政工师指南杂志社共同编撰出版了2011年3月—2012年2月《中国思想政治工作年鉴》，内容比以前更加充实，约250万字，并大幅度调整了编委会成员，充实了新生力量，现已由中央党校出版社出版。同时，还修订了思想政治工作系列教材，并帮助和参与了一些省市培训评定高级政工师的工作，受到高度赞扬。

第六，调整了中国思想政治工作网的领导成员，开拓了新的领域，加强了同各省网站的联系，正逐步提高网站的知名度。同时，为进一步密切中国思想政治工作网与各省市的新闻业务联系，及时准确有效地反映各省市经济社会发展中取得的成就及经验，在已建立了北京、海南、湖南、西安、广东、浙江工作站的基础上，这一年又成立了河南、四川、云南、江苏、新疆、辽宁、宁夏工作站，并在华南和西北建立了2个区域工作站。另外，还建立了石油矿业行业工作站，福建工作站正在筹备中。目前，网站还在不断地完善和改进，希望同志们献计献策，共同努力办好我们自己的网站。

第七，积极筹备本届年会，现已如期召开。

总之，自学会成立以来，我们紧紧围绕胡锦涛同志的指示精神开展研究活动，基本做到了一年召开一次年会，一年编写一本《年鉴》，一年召开1—2次理论研讨会或座谈会，并不断修订《思想政治工作学教程》、《思想政治工作发展史》和《新世纪思想政治工作》3本教材，为中央党校和省市党校培养研究生和18个省市评定政工专业职务提供培训教材。

思想政治工作是我们党的传家宝和政治优势，思想政治工作是一门治党治国的科学，希望大家通过学会这个阵地，把广大政工研究工作者和热爱党的思想政治工作的同志团结起来，推动思想政治工作教学和科研的深入开展，推动党政人才的培养和政工队伍素质的提高，推动思想政治工作在各部门的开展，更好地为党的思想政治工作科学研究和社会主义现代化事业作出应有的贡献。

新时代思想文化建设面临的新课题及其战略新任务

张蔚萍

我国已进入新世纪的新阶段，思想文化建设出现了许多新情况、新课题。认真研究这些新情况、新课题及其战略新任务，对于加强和改进新形势下的思想文化建设，迎接党的十八大胜利召开，更好地为党的中心工作服务，有着重大的现实意义。

一、新时代思想文化建设面临的新情况、新课题

我们这里说的思想文化建设，包括思想教育和文化工作两个方面。研究党的思想文化建设面临的新情况、新课题，必须着眼于国内外形势的新变化，必须着眼于改革开放出现的新情况。新情况、新变化很多，最突出的问题有以下四个方面：

（一）西方文化两面性的不断渗透，是新时代思想文化建设面临的重大新情况和新课题

西方文化的渗透具有两面性，既有好的一面，又有不好的一面。好的一面主要表现在：传播了先进的科学文化知识，传播了先进的社会文化管理，传播了先进的文学艺术和先进的生活方式，等等；不好的一面主要表现在：传播了新自由主义的经济社会学说，传播了资本主义的政治学说和核心价值观念，传播了过时的社会管理模式和腐朽的生活方式，等等。这就要求我们必须具有高度的鉴别力和应对能力。

这些年来，人们在吸收西方先进文化精华的同时，自觉不自觉地吸收了西方一些落后的和腐朽的文化残渣。邓小平同志早就说过，打开门户以后，既进来新鲜空气，又进来蚊子苍蝇。他在南巡讲话中又进一步强调："开放以后，一些腐朽的东西也跟着进来了，中国的一些地方也出现了丑恶的现象，如吸毒、嫖娼、经济犯罪等。"其实，还会带来无色无味的病毒，甚至带香味的病毒。由于很多人鉴别能力不强，往往在吸收新鲜空气时被蚊虫叮咬，甚至中毒不知毒，有毒不消毒。如果思想文化部门帮助人们消毒，有些人不仅不欢迎，还会产生反感和不满情绪。这就增加了新形势下做思想文化工作的难度。据调查，西方腐朽生活方式对中青年影响较普遍的问题是"性解放"、"性自由"思潮，加上某些文艺作品推波助澜，倡导什么"爱你没商量"，这就滋长了"性自由"思潮的泛滥。"性自由"的最大危害是对家庭稳定性的严重冲击，从而导致许多和睦家庭破裂，受害者主要是妇女和儿童。据美国学者介绍，美国倡导"性自由"几十年，造成了频繁的离婚、大量的流浪儿童和社会不安定。据我国有关部门统计，我国中青年家庭的解体率是改革开放初期的几十倍。这种"性自由"思潮不仅影响了一般的职工群众和青年学生，还影响了企业家和领导干部。据统计，90%的腐败分子都有色情问题。列宁早就说过，生活上的堕落必然导致政治上的背叛。很多人叛党叛国，生活上的腐败往往是突破口。当然，大多数人还谈不上背叛，但厌倦政治信仰却相当普遍。面对西方文化两面性的渗透，政工干部和文化工作者应提高自己的敏锐性和鉴别力，积极引导人们吸收其精华，低制其糟粕，防止西方文化腐朽的一面污染人们的灵魂。这是摆在党政领导和思想文化干部面前的一个重大新课题，必须采取有效

措施解决这个新课题。

(二)市场经济两重性的巨大影响,是新时代思想文化建设面临的突出新情况和新课题

建立市场经济初期,舆论界很少讲市场经济有两重性,主要宣传市场经济优越性,着重引导人们学习运用市场经济,这在当时是很需要的。然而随着市场经济的深入发展,它的两重性越来越明显。这就要求我们正确认识和对待它的两重性。所谓两重性,是指市场经济既有积极性又有消极性。积极性主要表现在它能合理配置社会资源,能推动生产力发展,能搞活经济运转,能调动人们生产经营的积极性。这一点已深入人心,对经济社会发展起了积极作用。然而,在长期大力宣传市场经济积极性的时候,它的消极性却被掩盖了,不少人只注意到它的积极性,忽视了其消极性,有些人根本不了解它的消极性。进入新世纪以后,中央领导同志多次提醒市场经济有两重性,强调在运用积极性时要提防它的消极性。只有提防消极性,才能有效保护积极性。党中央明确指出:“市场经济活动存在的弱点及其带来的消极影响,反映到人们的思想意识和人与人关系上来,容易诱发自由主义、分散主义和拜金主义、享乐主义、利己主义。”在社会主义初级阶段,市场经济的消极性主要表现为盲目性、滞后性和自发性。特别是这种自发性,一旦形成习惯势力,就会变成一种可怕的势力。之所以可怕,就是因为它能不知不觉地把市场经济条件下人们已经强化了的金钱观念、享乐观念、利己观念推向极端,使其变为拜金主义、享乐主义和利己主义。这是资本主义核心价值观的基本内容。所以,在市场经济条件下人们容易滋长资本主义核心价值观念。一旦这种观念腐蚀了人们的灵魂,就必然陷入腐败堕落的泥潭之中。这就告诉我们,越是发展市场经济就越要加强思想文化工作。在新形势下,思想文化工作只能加强,不能削弱。面对市场经济条件下资本主义核心价值观念的侵蚀,胡锦涛同志及时提出了社会主义核心价值体系的基本理论,强调要把它贯穿于党的思想政治教育和文化建设的全过程。尤其要看到,在市场经济不完善阶段,漏洞很多,问题很多,这就使那些党性不强和存心不良的人,钻空子的机会很多,犯错误的机会很多,腐败变质的机会很多。所以,专家学者把市场经济不完善阶段,称为人们犯错误的高发期和腐败的多发期。仅党内而言,这30年党员干部犯错误和腐败的案件就有几百万件,每年平均有十多万件。这些事实告诉我们,在市场经济不完善的条件下,加强和改进思想文化工作,不仅很重要,而且很紧迫。政工干部和所有从事文化工作的党员干部,都应有这种紧迫感。有了紧迫感,就能同心协力加强和改进思想文化工作,自觉抵制市场经济消极性的影响,从而保证经济社会持续健康发展。这是新形势下党的思想文化工作面临的又一重大新课题。解决这个新课题,将伴随整个市场经济发展的全过程,一刻也不能放松。

(三)现代网络双重效应的不断显现,是新时代思想文化建设面临的重要新情况和新挑战

随着高科技的发展,现代网络对人们思想的影响越来越大。据统计,我国的网民大约有5亿多人,再加上手机信息的影响,涉及到8亿多人。现代网络传媒具有双重效应,既有积极效应,又有消极效应。所谓积极效应,主要表现在能迅速为人们提供大量信息,促使人们观念更新,增长各种知识,交流内心情感,活跃文化思想,等等。所谓消极效应,主要表现在能传播国外敌对势力的反动言论,能传播“法轮功”等邪教组织的歪理邪说,能传播西方有害的社会思想和腐朽文化思想,能传播各种谣言和不可靠的信息,能传播色情等黄色文化和不健康的生活方式,等等。要清醒地看到,现代网络的双重效应对我国社会生活的影响日益显现。尤其是消极效应,显现得更为突出,危害也越来越大。比如,最近两年来,国内外一些网络大肆造谣《沁园春·雪》,不是毛泽东写的,而是胡乔木写的。不少人信以为真。去年夏天,我们约请胡乔木女儿胡木英写了《〈沁园春·雪〉的作者是毛泽东而非胡乔木》一文，发表在中国思想政治工作网《领袖风来》专栏（2011年9月28日）上，澄清了政治谣言，恢复了事实真相。各网站纷纷转载，引起了中央领导的关注。由于我国对因特网的控制能力和信息屏蔽能力较弱，加上一些网络领导和编辑理论水平不高，网民也多用匿名在线交流，使他人难以知其真实面目，这就为正确舆论导向造成了很大困难。由此可见，因特网恰似一把双刃剑，既给我们做思想文化工作带来难得的机遇，又使我们面临着严峻挑战。这是当前做好思想文化工作面临的又一新情况和新课题，也是一个急需解决的热点和难点问题。我们只有下大力气加强引导，强化调控，采取有力措施，才能发挥积极效应，遏制消极效应，并在网络的双重效应挑战中，把党的思想文化工作不断推向前进。

（四）“四个多样化”给人们思想行为带来了新变化，不仅为思想文化工作提出了新课题，也使思想文化工作面临新考验

我们这里讲的“四个多样化”，是指经济成分和经济利益多样化、就业形式和就业岗位多样化、社会组织形式和思想政治信仰多样化、社会交往和生活方式多样化。这“四个多样化”导致人们思想行为出现了更强的独立性、多变性、选择性、活跃性等新特点。这些新特点使党的思想政治工作和文化工作都面临着严峻考验。比如，人们思想独立性的增强，使说服教育工作难度加大；人们思想多变性的增强，使思想教育的反复性加大；人们思想选择性的增强，使单位人才稳定性受到冲击；人们思想活跃性的增强，使思想教育的内容和方法必须改进和创新。实践经验告诉我们，在“四个多样化”的新形势下，思想文化工作若不改进和创新，就无法增强党的思想文化工作的针对性和有效性，因而也无法适应经济社会科学发展的要求。所以，党中央和中宣部都要求我们大力推进党的思想政治工作和文化工作创新，在创新中实现党的思想文化工作的科学化和现代化。

二、新时代思想文化建设面临的战略性新任务

面对新情况和新课题，必须加强和改进党的思想文化工作。实践证明，要切实做到加强和改进，首先必须明确新时代思想文化工作的三大战略性新任务。只有明确这三大战略性新任务，思想文化工作才能自觉在新时代为党的中心任务服务。

（一）大力推动经济社会又好又快的科学发展，是新时代思想文化建设的头等战略性新任务

思想文化工作在新时代的生命力，就在于能推动先进生产力发展，能为先进生产力发展提供精神动力。新时代先进生产力的发展突出表现为又好又快的科学发展。然而，一些政工干部和文化工作者还没有清醒地认识到这一点。人们常说，有为才有位。只有在推动经济社会科学发展上有作为，才能在各行各业有地位。这是被实践证明了的真理。问题是如何在推动经济社会科学发展上下功夫。拿企业来说，就是如何在推动企业科学发展上下功夫。根据一些先进企业的经验，有以下三点必须紧紧抓住。首先，必须抓住科学发展观的核心，坚持以人为本，把调动人们的积极性放在首要位置。要认识到，人是生产力中最积极、最活跃的因素。只有依靠人、尊重人，一切为了人，促进人的全面发展，才能持久快速地推动企业先进生产力科学发展。其次，必须抓住科学发展观的基本要求，坚持“全面、协调、可持续”发展的新思路，在统筹安排中把新思路变成科学决策。党中央强调，要做到全面、协调、可持续发展，当务之急就要加快实现经济发展方式的转变。为此，就要搞好企业生产结构的调整，加快用高科技武装企业重要部门，大力提高企业的管理水平和职工素质。只有这样，才能把科学发展的新思路落到实处。再次，必须抓住科学发展观的实质，努力实现企业又好又快发展。胡锦涛同志指出，科学发展观的实质是实现经济社会

又好又快发展。要看到,又好又快发展强调的是“好”字当头,在好中求快。这是发展思路和发展目标的重大新变化。政工部门和文化部门要引导人们适应这一变化,积极推动各行各业沿着又好又快的发展道路前进。

(二)把党的政治优势转化为科学发展优势,是新时代思想文化建设面临的又一重大战略新任务

党组织建立在各行各业,这是中国经济社会发展的一大特色。党是政治组织,企业是经济组织,学校是教育组织,事业单位是行政组织,如何把它们融为一体,关键是要善于把党的政治优势转化为本行业的科学发展优势。什么是党的政治优势?概括起来,主要有四个方面。一是有先进的理论指导;二是有正确的纲领路线;三是有严密的组织和纪律;四是有与时俱进的创新精神。思想文化部门的一项新的战略任务,就是要把党的这些优势转化为科学发展优势,并在实现这种优势转化上发挥作用。这里有两个问题:一是要全面正确认识科学发展观,抓住它的三个要点和实质;二是要在转化上多下功夫。为此,就要抓住三个关键环节,即做到三抓:一要抓人才,这是推动企事业科学发展的第一资源。为此,思想文化部门要协助党委在发现人才、培育人才、使用人才和提高人才素质上多下功夫,积极引导人才为企事业科学发展多贡献力量。二要抓创新,这是推动各行各业科学发展的关键环节。为此,思想文化部门就要协助党政领导在创新管理体制、转变经营发展方式、加快科技创新上,积极出主意和提建议,使企业成为创新型企业,使学校成为创新型学校,使事业单位成为创新型单位。三要抓学习,这是推动各行各业科学发展的基础工程。为此,首先要高度重视学习。周恩来同志有句名言:“学习、学习、再学习;活到老、学到老、改造到老。”我们应向周总理学习。其次要协助党委在建设学习型党组织上多下功夫。当前,首先要制定好学习规划,选好学习内容,创新学习方法,建立学习制度,严格学习纪律,使各单位真正成为学习型组织。抓学习的关键是真学、真懂、真信、真用。只有做到“四真”,才能取得实际效果。

(三)把社会主义核心价值体系融入思想教育和文化建设的全过程,是新时代思想文化建设的长期战略性任务

在新时代,无论是思想教育还是文化建设,都必须把社会主义核心价值体系贯穿和融入其中。社会主义核心价值体系主要由四个方面的内容构成。一是马克思主义指导思想,这是社会主义核心价值体系的灵魂。进行思想教育和文化建设,绝不能丢弃这个灵魂。否则,就不是党的思想政治工作,也不是社会主义文化建设。二是中国特色社会主义共同理想,这是社会主义核心价值体系的主题。在新时代进行思想教育和文化建设,必须把共同理想作为主要内容。否则,思想教育和文化建设就偏离了主题、失去了方向。三是民族精神和时代精神,这是社会主义核心价值体系的精髓。这里说的民族精神是以爱国主义为核心的中华民族精神;这里说的时代精神是以改革开放为标志的与时俱进精神。党中央强调:思想教育和文化建设若抓不住这个精髓,就不可能使社会主义核心价值体系深入人心。因此,在进行思想教育和文化建设时,必须抓住爱国主义和与时俱进这个精髓。四是社会主义荣辱观,这是社会主义核心价值体系的基础。新时代的荣辱观教育必须以“八荣八耻”为基本内容,使人们明荣知耻,做一名有修养有道德的文明人。

以上四个方面的内容,构成了社会主义核心价值的完整体系。党的十七大提出,要把这四个方面的内容融入思想教育和文化建设的全过程。这不仅关系到思想教育和文化建设的性质和方向,关系到培养什么人的问题,而且关系到党的执政地位,关系到社会主义前途命运问题。融入的实质,是强调思想文化工作的每个环节都不能脱离和背弃社会主义核心价值体系。否则,就要犯原则性和方向性的错误。提出这个问题,既是针对着西方“无硝烟战争”的政治图谋，又是针对着我国现实生活存在的严重问题，同时也是总结前苏联亡党亡国的沉痛教训而得出的科学结论。各级党政领导和思想文化工作者一定要从共产党长期执政和防止“和平演变”的高度来认识和对待这个问题。

三、改进党对思想文化建设的领导和管理，建设一支坚强的思想文化工作队伍

邓小平同志说过，要加强党的领导，就必须改善党的领导。那么，在新形势下怎样改善党对思想文化工作的领导呢？根据中央文件精神和企事业单位的实践经验，主要有以下六个问题必须抓好。一是党政领导者要高度重视对思想文化工作的领导和管理，把思想文化工作摆上党政工作的重要议事日程，定期开会研究讨论，及时分析和解决问题。二是在指导思想上要围绕党的中心工作和战略任务来做好思想文化工作，不断推动思想文化工作创新，使其更好地为现代化建设和科学发展服务。三是党政领导者要同心协力抓好领导班子的思想文化建设、民主集中制建设、道德作风建设和领导能力建设，提高自身的威信和领导水平，并且要亲自做好党员、干部和职工的思想工作，不断提高他们的文化素养。四是在制度上要建立党委统一领导下党政同心协力、专职与兼职相结合、党政工团等组织齐抓共管、全体党员干部都做思想文化工作的综合管理体系。五是从领导到基层都要建立思想文化工作的责任制度和评价体系，及时进行表彰和奖励，及时提出警示和批评，并同干部的政绩联系起来，把它作为考核和晋升的一项重要内容。六是要采取有效措施改善基层政工干部和文化工作者的工作条件，不仅在思想政治上要给予关怀，而且在人力、物力、财力上要给予保障，在干部待遇上实行一视同仁的政策，以调动广大政工干部和文化工作者的积极性。

加强党对思想文化工作的领导和管理，最重要的是建设一支坚强的政工队伍和文化骨干队伍。这里有两个问题必须加以强调。第一，要正确认识和评定政工干部和文化工作者的劳动价值。应该说，他们的劳动是一种脑体兼有的综合性、奉献性的复杂劳动。这种劳动性质决定了它有三个特点：一是潜在性和周期性比较长；二是综合性和间接性比较突出；三是塑造性和奉献性比较强。他们像蜡烛一样，燃烧自己，照亮别人。所以，政工干部和文化工作者所创造的价值，不是一般意义上的商品价值，而是很高的社会价值。各级党政部门，应该给他们一视同仁的待遇，这对稳定政工队伍和文化工作队伍是大有好处的。第二，要下功夫大力提高政工队伍和文化工作者的综合素质。这是政工干部和文化工作者实现自身价值的决定性因素，也是在新形势下搞好思想文化工作的内在因素。提高思想文化工作者的综合素质，应在以下五个方面下功夫。一是提高思想政治素质，以高度的自觉维护党的纯洁性，不断增强自我净化、自我完善、自我革新、自我提高的能力，永葆共产党人的政治本色。二是提高道德作风素质，追求崇高的精神境界，不断提高抵制金钱、色情诱惑的能力，时时稳住心神，守住清白，做一个高尚的人、有益于人民的人。三是提高科学文化素质，努力掌握马列主义基础理论和现代科学知识，使自己的科学文化水平能适应新时代的需要。四是提高业务才能素质，不仅要精通政工业务，而且要熟悉所在行业的业务，同时还要具有一定的组织才能、写作才能和演讲才能。五是提高身心健康素质，不仅要身体健康，能胜任繁重的工作，而且要心理健康，能始终保持心态平和，积极应对各种事变和挫折。只要全面提高了政工干部和文化工作者的综合素质，再加上其他得力的措施，党的思想文化工作就一定能够在改革和建设中继续加强和改进，不断发挥它的重要保证作用。

加强党的领导和思想文化工作队伍建设，还必须以改革精神推进思想文化工作创新，努力实现思想文化工作者思维方式的现代化。这里所讲的改革精神，是指思想文化工作者的自

我变革和自我完善精神，其实质是强调思想文化工作者能与时俱进和创新。实践证明，要做到创新，必须抓住两个要点：一是要敢创，即有胆量和勇气创，这是创新的大前提。如果没有胆量和勇气，就谈不上创新。二是在“新”字上做文章，努力做到“六新”，即适应时代新变化、摸清现实新情况、形成决策新思路、探索实施决策新办法、开创工作新局面，为思想文化事业作出新贡献。实践经验告诉我们，只有抓住这两个要点，身体力行，不断总结，才能自觉以改革精神推进思想文化工作创新。

思想文化工作者应该清醒地认识到：人类已进入21世纪的新时代，我国的现代化事业已进入新阶段。今天的创新不是传统意义上的创新，而是现代化事业进入新阶段的创新。为此，创新者自身的思维方式必须变革和现代化。

所谓思维方式现代化，是指思想文化工作者认识事物和思考问题的方法、模式必须达到新时代的先进水平。现代化的思维方式具有鲜明的时代特征，这种鲜明的时代特征主要表现在四个方面。一是善于战略思维，即善于从全局性、长远性、根本性来思考问题，并能把握好全局性与局部性、长远性与暂时性、根本性与非根本性之间的辩证关系，在解决策略问题的过程中实现战略目标。二是善于创造性思维，即善于开创性、预见性、超前性思考问题，并能把握好机遇与挑战、继承与创新、与时俱进与稳步前进之间的辩证关系，在不断解决新课题的实践中，抓住机遇实现创新目标。三是善于立体思维，即善于从各个方面、各个角度、各个层次由浅入深地辩证思考问题，并能把握好环节与系统、表层与深层、现象与本质的辩证关系，在历史发展的、全面系统的分析问题的过程中，透过现象看本质，从而得出科学的新结论。四是善于效益思维，即善于捕捉最新信息，用最低成本、最快速度获得最佳效益。在效益思维中，关键是把握好信息的收集与加工、判断与推理、过程与结果的关系，努力在科学运筹中取得最好效果。实践证明，思维决定思路，思路决定出路。这是千真万确的真理，是新时代的强烈呼唤。只有认识和掌握了现代化思维方式这些主要特征，才能逐步实现思维方式的现代化，才能自觉地以改革精神推进思想文化工作不断创新。

（作者：中共中央党校教授、博士生导师，全国思想政治工作科学专业委员会主任，中国思想政治工作网总编）

中国思想政治工作研究会举办“学习党的十八大精神”专题研修班

沈政言

由中国思想政治工作研究会举办的地方和行业政研会负责人“学习党的十八大精神”专题研修班在全国宣传干部学院开班。本期研修班以深入学习贯彻党的十八大精神为重点，研究思想政治工作面临的新情况新任务，积极探讨推进社会主义核心价值体系建设，加强改进思想政治工作的新思路新办法。中宣部副部长、中国政研会常务副会长申维辰出席开班式并讲话，中宣部副部长王晓辉作党的十八大精神专题辅导。

申维辰说：“学习好、宣传好、贯彻好党的十八大精神，为实现十八大确定的奋斗目标和工作任务而努力奋斗，是当前和今后一个时期我们党的首要政治任务，也是思想政治工作者的重大政治任务。”他指出，要以十八大精神为指导，认真总结10年来思想政治工作创新发展的宝贵经验。党的十六大以来，思想政治工作战线以高度政治责任感、历史使命感和饱满热情，全面贯彻中央关于思想政治工作的重大决策部署，牢牢把握高举旗帜、围绕大局、服务人民、改革创新的总要求，扎实推进各项工作，为全面建设小康社会和社会主义现代化建设事业作出了积极贡献。在以往工作的基础上，思想政治工作取得了新的成绩，开创了新的局面，也积累了新的宝贵经验。要根据党的十八大提出的新任务新要求，认真总结、吸取这些经验，改进创新下一步工作，把思想政治工作提高到一个新的水平，不断开创新局面，迈上新台阶。

申维辰要求，要准确把握中国特色社会主义的最鲜明特色。改革开放30多年来，在苏联解体、东欧剧变的国际风云变幻中，在国际金融危机、欧洲主权债务危机和国内一系列重大自然灾害的严峻考验中，中国特色社会主义一再彰显了巨大优越性和强大生命力。党的十八大提出中国特色社会主义是由道路、理论体系、制度三位一体构成的新论断，即中国特色社会主义道路是实现途径，中国特色社会主义理论体系是行动指南，中国特色社会主义制度是根本保障，三者统一于中国特色社会主义伟大实践。也就是说，中国特色社会主义特就特在道路、理论体系和制度三者的有机统一上。其最鲜明特色就在这里，其巨大优越性和强大生命力也来自这里。

申维辰强调，要以积极培育和践行社会主义核心价值观为中心，开创思想政治工作新局面。党的十八大从建设社会主义现代化强国、建设社会主义文化强国的战略高度，深刻阐释了社会主义核心价值体系的重要地位，明确提出了积极培育和践行社会主义核心价值观，这既为做好新形势下思想政治工作指明了方向，也提出了更加明确、更加具体的新任务新要求。申维辰表示，积极培育和践行社会主义核心价值观，是深入推进社会主义核心价值体系建设的关键。思想政治工作要贯彻好落实好十八大精神，就要把积极培育和践行社会主义核心价值观作为全部工作的中心，进一步理清工作思路、谋划工作重点，深入推进社会主义核心价值体系建设，把思想政治工作提高到一个新水平。

来自各省、自治区、直辖市和新疆生产建设兵团政研会，全国性行业（系统）政研会以及部分副省级城市和地市政研会负责人近百人参加了本次研修学习。通过研修和分组讨论，学员们进一步认识到做好新形势下思想政治工作的重大意义，对于积极培育和践行社会主义核心价值观等形成了基本共识，进一步统一了思想，增强了做好工作的使命感责任感。学员们纷纷表示，要把研修成果带到今后的工作中，转化为做好实际工作的本领，不断为加强改进基层思想政治工作作出新的贡献。

全国文化系统思想政治工作研究会年会召开

隗瑞艳

2012年9月24日至25日，全国文化系统思想政治工作研究会年会在福建省厦门市召开。文化部党组成员、全国文化系统思想政治工作研究会会长、文化部直属机关党委书记李洪峰和福建省文化厅党组书记、厅长陈秋平，厦门市委常委、市纪委书记洪碧玲等出席会议。会议总结交流了全国文化系统思想政治工作研究成果和经验，回顾了全国文化文物系统创先争优活动情况，通报了文化部直属机关的党建工作，并对全国文化系统政研会今后的工作进行部署。来自全国文化系统思想政治工作研究会的50个会员单位、理事和年度论文获奖作者近100人参加了会议。

李洪峰在讲话中指出，按照中央要求，文化部党组高度重视在基层党组织和广大党员中深入开展创先争优活动。活动第一年突出了推动科学发展，第二年突出了服务人民群众，今年突出加强基层组织建设。文化系统通过开展创先争优活动，助推国有文艺演出院团体制改革，基本完成了国有文艺院团体制改革阶段性任务；形成了文化文物系统“为民服务创先争优”的良好氛围，改进了干部职工的工作作风；推进艺术创作繁荣发展，为人民群众提供了更多更好的精神食粮；推动公益性文化事业发展，保障了人民群众基本文化权益；加强党的基层组织建设，增强了党员队伍的生机活力。

李洪峰指出，今年以来，全国文化系统认真学习胡锦涛同志7月23日在省部级主要领导干部专题研讨班开班式上的重要讲话，深入开展党的光辉历史和丰功伟绩的宣传教育，认真开展单位核心价值理念的提炼、宣传和践行活动等，进一步夯实了党的群众基础。

李洪峰强调，全国文化系统思想政治工作在文化改革发展的进程中发挥了不可替代的重要作用。在新形势下，要建设社会主义文化强国、实现中华文化伟大复兴，要推进文化体制改革、发展社会主义先进文化，要提高党的执政能力、保持和发展党的先进性，要提高人民群众思想道德素质、实现人的全面发展，要适应科学技术的迅猛发展、应对互联网等新兴媒体的挑战，都迫切需要加强改进思想政治工作。在思想政治工作中，要辩证把握和正确处理好继承与创新、思想政治工作与中心工作、物质手段与精神手段、大众化和分众化四个关系，不断增强思想政治工作的感召力和渗透力，不断增强思想政治工作的针对性和实效性。

李洪峰要求，当前和今后一个时期，全国文化系统的思想政治工作要按照高举旗帜、围绕大局、服务人民、改革创新的总要求，坚持解放思想、实事求是、与时俱进，坚持以人为本，贴近实际、贴近生活、贴近群众，深入开展中国特色社会主义理论体系宣传普及和社会主义核心价值体系学习教育、形势政策教育、爱国主义教育、民族团结进步宣传教育等各项活动。党的十八大即将召开，要把学习贯彻十八大精神作为重大政治任务抓紧抓好，精心组织会议精神的学习宣传，迅速兴起学习宣传贯彻十八大精神的热潮，为夺取全面建设小康社会新胜利、开创中国特色社会主义事业新局面提供强大的精神动力和思想保证。

会上公布了全国文化系统思想政治工作研究会2012年度论文评选结果，在参评的68篇论文中共评出一等奖2篇、二等奖6篇、三等奖10篇，并举行了获奖论文颁奖仪式。

全国党建研究会机关专委会学习贯彻党的十八大精神报告会暨第十一次委员会议召开

王铁鹰

全国党建研究会机关专委会学习贯彻党的十八大精神报告会暨第十一次委员会议，于2012年12月10日至11日在重庆召开。来自中直机关、中央国家机关有关部门机关党委，各省（区、市）、新疆生产建设兵团和副省级城市机关工委负责同志，以及全国党建研究会机关专委会委员代表共150余人参加会议。

中央国家机关工委常务副书记李智勇、全国党建研究会副会长高世琦出席会议并讲话。

李智勇在讲话中指出，机关党建研究作为机关党建的基础性、先导性工作，要自觉把学习贯彻党的十八大精神融入机关党建研究的全过程，不断提高研究质量，形成更多反映时代特点、机关特色、实践需求的理论成果。下一步的机关党建研究工作应抓住问题、突出特点、讲求科学、务求实效，多出高质量的研究成果。重点研究两个问题：一是重点研究如何把科学发展观落实到机关党的建设中；二是重点研究如何转变机关作风等重大问题。

高世琦在讲话中表示，贯彻落实党的十八大精神，各级党政机关起着关键作用。加强机关党的建设，既是实现十八大提出的奋斗目标的重要保证，又是完成党的建设新任务的重要环节，意义尤为突出。面对新的形势和任务，希望机关专委会深入研究新形势下机关党建的重点、难点、热点问题，为推进党的建设新的伟大工程再立新功。

贵州省委副秘书长、省直工委书记、机关专委会委员申振东参加了会议。重庆市委常委、宣传部长徐海荣到会致辞。他说，在全党上下掀起学习贯彻党的十八大精神之际，全国党建研究会机关专委会第十一次委员会议在山城重庆召开，这是全国机关党委系统认真学习贯彻十八大精神的重要会议，必将对重庆市学习贯彻十八大精神产生巨大的推动作用。重庆将虚心学习借鉴兄弟省市和中央部门的好经验好做法，不断推动重庆发展。

全国党建研究会机关专委会主任委员陈祥如主持会议。

会议宣读了中央直属机关工委发来的贺信。

与会代表听取了中央党史研究室副主任李忠杰所作的学习贯彻党的十八大精神辅导报告。

会议交流、表彰了2012年度重点课题研究成果。经过专家认真评选，共评出一等奖课题16篇、优秀课题36篇。贵州省直工委选送的课题《运用贵州红色资源开展党的纯洁性建设的研究》获得一等奖。

重庆、河南、江苏、江西等4个省（市）机关工委书记，外交部、全国总工会直属机关党委负责人进行了大会交流发言。

重庆市直各机关党组织书记和部分区县机关工委书记列席此次会议。

会议还听取和通过了机关专委会2012年工作报告和财务工作报告。此后，与会代表观看了重庆市直属机关庆祝党的十八大胜利召开暨第十届职工文艺汇演。

中国科学社会主义学会举行 2012 年年会暨学习贯彻十八大精神研讨会

年　文

中国科学社会主义学会 2012 年年会于 11 月 23 日至 25 日在青岛召开。会议主题是学习贯彻党的十八大精神。来自全国各地的科学社会主义学会的代表和专家学者共 110 多人参加了这次年会。

中共中央委员、中国科学社会主义学会会长冷溶在会上作了主题报告。他指出，党的十八大是在我国进入全面建成小康社会决定性阶段召开的一次十分重要的大会，是我们党奋斗历程中又一次承前启后、继往开来的大会，是高举旗帜团结奋斗的大会。报告描绘了全面建成小康社会，加快推进社会主义现代化的宏伟蓝图，为党和国家事业的进一步发展指明了方向。报告全面总结了我们党的奋斗历程、丰功伟绩和基本经验，阐释了中国特色社会主义的道路、理论体系和制度的相互关系，并指出三者统一于中国特色社会主义伟大实践。报告分析了党的建设面临的新问题、新情况和新挑战，提出在新的历史条件下全面推进党的建设新的伟大工程，全面提高党的建设科学化水平的重要任务，明确了在前进道路上坚定不移地推进改革开放和坚持与发展中国特色社会主义的基本要求。报告反映了十六大以来，党领导全国人民在全面建设小康社会、推进中国特色社会主义事业发展中所形成的一系列新思想、新观点、新论断。报告是一篇马克思主义的光辉文献，科社学界同志要认真学习，要深入研究报告提出的关于中国特色社会主义理论和实践课题。

冷溶首先分析了报告总体框架后指出，党的十八大报告分为总论和分论。总论包括导语和第一、二部分。这是报告最重要的部分。分论包括三块内容。第一块是报告的第三至第八部分。主要论述全面建成小康社会目标和五位一体的总体布局。第二块是报告的第九至第十一部分。主要论述国防和军队现代化、港澳台工作以及对外关系。第三块是报告的第十二部分和结束语。其次，冷溶从 5 个方面谈了自己学习十八大报告的体会。1. 关于大会的主题。2. 关于科学发展观的历史地位、实践基础和指导意义。3. 关于中国特色社会主义。4. 关于我国今后的发展目标和中国特色社会主义事业总体布局。5. 关于全面提高党的建设科学化水平。最后，冷溶对科社学会学习十八大精神，尤其是宣讲十八大报告提出 4 点要求。一是要坚持马克思主义的基本原理及其立场观点方法。二是要真心拥护党的创新理论即中国特色社会主义理论体系。三是要准确把握十八大报告的基本观点。四是要以党的两个历史问题的决议为指导，解析党史上重大的历史事件。

中国科学社会主义学会副会长、中央党史研究室副主任李忠杰作了重点发言。他从世界社会主义运动的角度评述了党的十八大的历史地位及其重要作用。李忠杰还谈了自己对党的十八大报告中的重要思想和重要观点的学习体会。在会上作重点发言的还有中国科学社会主义学会副会长林炎志、黄百炼、包心鉴、宋萌荣、祝黄河。国防大学研究生院政委肖冬松少将也在会上发了言。他们的发言围绕坚持和发展中国特色社会主义这条主线，从不同角度谈了自己学习十八大文件精神的体会。

中国科学社会主义学会常务副会长严书翰在11月25日的闭幕式上向与会代表通报了中国科社学会不久前召开的常务理事会的三项内容:一是自去年南昌会议以来学会开展工作的情况。二是讨论了明年年会的主题、时间和地点,并决定会后将这些议题交由中国科社学会在京常务理事会研究决定。三是增补肖峰、马文海、李保忠三位同志为中国科学社会主义学会常务理事。

严书翰在闭幕会上还指出,冷溶会长所作的主题报告从整体上给我们介绍了十八大报告的总体框架和主要思想,并准确解读了党的十八大文件精神,是一个很权威、很准确又很朴实的学习十八大精神的辅导报告。与会代表回到单位后,应该努力为学习宣传和研究好党的十八大文件精神作出贡献。为此,他强调,承担宣讲十八大文件精神的同行要正确处理思想跟进与贯彻落实的关系,正确处理准确宣讲文件精神与个人研究成果的关系,按照中央《关于认真学习宣传贯彻党的十八大精神的通知》要求,全面准确宣讲十八大文件精神。

中国科学社会主义学会2012年年会的筹备和召开得到了中共青岛市委的高度重视和大力支持。中共青岛市委宣传部具体承办了这次会议。李群书记在11月24日上午的开幕会上作了热情洋溢的致辞。中共青岛市委还安排与会代表参观了青岛市的市容和近几年青岛市贯彻落实科学发展观的先进典型单位,给与会代表留下深刻印象。

中国历史唯物主义学会召开“历史唯物主义和当代中国发展”理论研讨会

陈向义

由中国历史唯物主义学会主办，浙江师范大学法政学院和中国社会科学院马克思主义学院承办的全国“历史唯物主义和当代中国发展”理论研讨会，于2012年9月22日—23日在浙江师范大学举行。来自中国社会科学院、中央文献研究室、国防大学、北京大学、中国人民大学等高校和研究机构的70多位专家学者参加了此次理论研讨会。中国社会科学院学部委员、中国历史唯物主义学会会长李崇富，中国历史唯物主义学会副会长、国防大学原副校长许志功出席会议并作了专题报告。

在开幕式上，浙江师范大学党委书记陈德喜致欢迎辞，中国历史唯物主义学会常务副会长、中国社会科学院马克思主义研究院原党委书记侯惠勤，浙江省社科联主席、浙江工商大学党委书记蒋承勇分别致辞。与会者运用马克思主义的立场、观点和方法，结合我国改革和发展的实践，围绕“历史唯物主义和当代中国发展”这个主题，进行了广泛而深入的理论研讨和学术交流，从而深化了对历史唯物主义有关原理及解决重大现实问题的认识，同时也提出了一些亟待深入探讨的新课题。

1. 关于坚持和完善我国社会主义初级阶段基本经济制度的研究

针对一些主张国企私有化、瓦解公有制主体地位的观点，李崇富教授在专题报告中强调，必须始终毫不动摇地坚持和完善我国现阶段的基本经济制度。他从历史唯物主义高度，分三个方面进行了阐述。第一，从促进社会生产力发展看，坚持和完善我国法定的基本经济制度具有客观必然性。因此，我们必须把坚持公有制为主体，促进非公有制经济发展，统一于社会主义现代化建设的进程中，不能把这两者对立起来，不能离开坚持和完善我国现阶段的基本经济制度，特别是不能离开坚持公有制为主体和发挥国有经济主导作用等制度性规范，过分抬高非公经济，而贬低和否定公有制经济的主体地位和作用。第二，从坚持走共同富裕道路看，我国坚持生产资料公有制为主体具有极端重要性。因为坚持公有制为主体和发挥国有经济的主导作用，是中国特色社会主义在初级阶段的经济基础，是建立和发展社会主义市场经济的根本前提，是劳动人民不再受私有资本奴役的命根子，是逐步实现共同富裕的制度保障。第三，从维护我国社会主义社会形态看，坚持生产资料公有制为主体具有绝对必要性。只有始终坚持公有制的主体地位，才能真正坚持中国特色社会主义道路，而动摇和丧失了公有制的主体地位，就没有中国特色社会主义。在社会主义初级阶段坚持和完善公有制为主体、多种所有制经济共同发展的基本经济制度，是绝对必要和不容打折扣的。其中，公有制经济的主体地位不仅必须始终坚持、不容削弱和虚化，而且应当随着现代化生产力的发展而不断地得到巩固、加强和发展。因为社会主义初级阶段在经过百余年的发展和准备以后，即我国基本实现社会主义现代化以后，还必须同迈向社会主义更高阶段、迈向完全和成熟的社会主义社会相衔接，直至最终完全到达共产主义社会。

北京大学陈志尚教授认为，马克思的唯物

辩证法要求我们，必须正视和善于利用现阶段社会主义社会中的资本主义因素，我们要正确看待资本主义因素本身所具有的二重性，充分发挥其有益作用，而减少其消极性对社会主义的影响。要科学地认识这些问题的实质，从而促进整个社会的科学发展。科学发展是一个复杂的过程，也是一项长期的艰巨任务。我国的基本国情决定了我国经济发展必须谋取新的道路，以科学发展为主题，以加快转变发展方式为主线的方针必须落到实处，科学发展才能真正地从理论的高度进入到实践的领域之中。

2. 关于增强中国特色社会主义的自信与自觉问题

许志功教授对胡锦涛总书记2012年7月23日在省部级主要领导干部专题研讨班上的讲话作了理论解读。他认为胡总书记的讲话是对丰厚历史经验的深刻总结，是在当前国内外复杂形势下庄重的历史抉择和政治宣示，是对中国特色社会主义高度自信与自觉的生动体现。只有对中国特色社会主义充满自信与自觉，我们才能在全面推进社会主义伟大事业中立场坚定、旗帜鲜明，不为任何风险所惧，不被任何干扰所惑，更好地沿着中国特色社会主义道路奋勇前进。对中国特色社会主义之所以要有高度的自信，因为它是科学社会主义基本原则同中国实际和时代特征相结合的产物；是中国共产党和中国人民长期艰辛探索的结果；它不是抽象的，而是具体的，是我们取得辉煌成就的根本保证。中国特色社会主义事业取得了举世瞩目的伟大成就，我们完全有理由感到自豪、增强自信。但自豪自信不是自满自足，而是以更大的决心、更大的勇气、更得力的举措去面对中国特色社会主义事业发展征程上遇到的各种矛盾问题，而这又是对中国特色社会主义的高度自觉。我国还处于社会主义初级阶段，该阶段的一个重要特征就是不发达，这方面我们要有高度的自觉；社会主义事业是人民群众的事业，只有相信和依靠人民群众才有社会主义，才有社会主义事业的发展，这一点我们要有高度的自觉；中国特色社会主义面对复杂的内外环境，我们要推进中国特色社会主义伟大事业，必须要有高度的自觉，沉着冷静地应对，扎扎实实地工作；中国的问题关键在党，党是领导我们事业的核心力量，毫不动摇地坚持和发展中国特色社会主义，关键是抓好党的自身建设，这一点我们要有高度的自觉。

3. 关于高举中国特色社会主义伟大旗帜的问题

侯惠勤教授指出，中国的改革步入了“深水区”。现阶段的特点既是我们全面建设小康社会的机遇期，又是矛盾的凸显期和多发期。我们必须坚定不移地依靠改革开放，以更坚定的决心、有力的举措、完善的制度贯彻落实科学发展观，在继续推进中国特色社会主义建设中不断丰富其实践特色、理论特色、时代特色。改革开放、科学发展观、中国特色社会主义都有其明确和清晰的政治内涵，不容混淆。改革开放是中国共产党领导的社会主义制度的自我调整、自我完善和自我发展，涉及的是体制机制改革，而不是根本制度、基本制度的改变，更不是全盘西化；科学发展观是马克思主义关于发展的世界观、方法论的集中体现，作为党统领经济社会发展全局的重要指导思想，具有鲜明的党性、阶级性，具有明确的政治导向性，而不是一个纯工具性的观点；中国特色社会主义是马克思主义基本原理和中国具体国情及时代特征相结合的产物，是科学社会主义在当代中国的成功实践，而不是什么另起炉灶的社会主义。今天，我们必须倍加珍惜、长期坚持和不断发展的，就是在改革开放中所形成的中国特色社会主义道路、基本制度和理论体系，我们必须警惕西方用所谓的普世价值去消解中国道路。我们不搞西方式自由民主制，根本原因不在于国情差异，更不是由于目前的条件不具备，而是基于根本不同的自由民主理念。马克思主义对于资产阶级民主的虚伪性及其局限性的批判，在今天并没有失效。在马克思主义看来，资产阶级统治的社会所能突出的自由，只能是资本的自由、金钱的自由，而不是真正的个性自由。只有在消灭了阶级的共产主义社会，人类才能真正进入个性充分自由发展的时期。

华中科技大学马克思主义学院刘家俊教授提出，为了高举中国特色社会主义伟大旗帜，就有必要更深入地研究中国特色社会主义理论体系的科学内涵，最突出的包括四个问题：一是中国特色社会主义理论体系的基本内容；二是中国特色社会主义理论体系的重大意义；三是中国特色社会主义理论体系的本质特征；四是中国特色社会主义理论体系的历史结论。

4. 关于唯物史观与社会主义核心价值观的问题

从唯物史观的思想理论高度来理解和研究社会主义核心价值观，是研讨会的一个热点问题。

重庆市委党校苏伟教授提出，社会主义核心价值体系的内容丰富，包含了马克思主义的指导思想、中国特色社会主义的共同理想、民族精神和时代精神、社会主义荣辱观等四大基本要素。如能以此为基础，进一步提炼出言简意赅的文字作为社会主义核心价值观，则能更有效地为广大群众所掌握。他认为，可以提炼为“为人、为公、民主、共富”八个字。

辽宁省政协韩学军同志认为，在当前必须坚持以唯物史观为指导，以社会主义核心价值观为统领，按照指导思想一元化与意识形态多样性相结合的原则，从加强理想信仰教育中探寻解决社会诚信缺失问题的新路径：坚持信仰的高尚性，教育共产党员坚定政治信仰；坚持信仰的现实性，引导人民群众坚守社会公德；坚持信仰的合法性，引导全体人民树立法律神圣的意识。

空军指挥学院窦爱兰副教授认为，多元、多样、多变的社会思潮要求我们积极探索以社会主义核心价值体系引领社会思潮的途径，努力在多样化思潮中确立马克思主义的主导地位，在多样化观念中寻求最大的社会共识。推进社会主义核心价值体系建设，为引领社会思潮提供思想基础；认真研究社会思潮，为引领社会思潮提供现实的针对性；加强舆论引导，为引领社会思潮提供良好的舆论氛围；注重解决民生问题，为引领社会思潮夯实群众基础。

西南大学林庭芳教授认为，社会主义核心价值体系在建设当代中国整体价值体系中居于核心地位，事关中国特色社会主义发展方向。社会主义核心价值体系教育是国民教育的重要组成部分。思想政治理论课在教育内容、教育方法、教学实践以及教师自身素质上必须改革创新，积极探索引领青年大学生对社会主义核心价值体系认同的有效措施。

5. 关于历史唯物主义与社会主义文化大发展大繁荣的问题

关于马克思主义的文化观是历史唯物主义的一个重要问题，河北师范大学李素霞教授提出，面对多元化思潮和西方文化霸权的冲击，马克思主义必须对此加以关注和深入研究。为此，必须加强马克思主义与文化问题的沟通与对话。马克思的著作中蕴涵着丰富的文化理论，马克思的文化理论对于研究当代文化问题具有重要的方法论意义。当前，党和国家越来越意识到先进文化建设的重要战略地位，在我国改革发展进入攻坚阶段的矛盾凸显期，自觉坚持马克思主义的文化观，推动社会主义文化大发展大繁荣，无疑会对中国特色社会主义事业的全面发展起到巨大的促进作用。

关于文化生产力问题，北京外国语大学陶秀璈教授提出，文化生产力的前提和基础是物质生产力，物质生产力创造了文化生产力得以产生的经济条件，同时也是文化生产力得以实现的条件。文化生产力的出现当然不能取代物质生产力，但是，物质生产力的发展也需要精神（文化）生产力的支撑。文化生产力的出现不但不能否定历史唯物主义的基本原理，反而更深刻证明，物质生产力是推动人类社会历史发展的最终力量。

关于大众文化问题，浙江师范大学郑祥福教授认为，当代西方大众文化的发展，是当代资本主义社会一场新的扩张,是为当代资本主义生产方式扩张服务的。因此,当代西方大众文化批判理论,是马克思主义对资本主义社会进行批判的继续,是马克思社会批判理论的进一步延伸,其实质是对当代资本主义生产方式的批判。同时,大众文化批判理论也是西方马克思主义发展的新阶段,有不少思想和观点值得我们马克思主义工作者重视和借鉴。

关于中国特色社会主义文化理论发展进程问题,湖南大学宁德业提出,毛泽东领导创立的新民主主义文化观和社会主义文化观,是中国特色社会主义文化理论的奠基创业篇;邓小平提出的精神文明观,是中国特色社会主义文化理论的转型开局篇;江泽民提出的先进文化观,是中国特色社会主义文化理论的与时俱进篇;胡锦涛提出的和谐文化观,是中国特色社会主义文化理论的创新繁荣篇。这些文化观既一脉相承,又与时俱进,是一个整体。

6. 关于历史唯物主义原理的研究和阐发

关于自由时间与人的全面发展问题,北京大学李士坤教授指出,马克思在《政治经济学批判》(1857—1858 年手稿)中论述了自由时间与个人发展的关系问题。在马克思那里,自由时间是社会生产力发展的结果,它为个人的充分发展创造了广阔的前景。节约劳动时间就等于增加使个人获得充分发展的时间。自由时间越多个人获得发展的余地就越大,就越能促进人的全面发展。但这必须有前提,即工人群众应当自己占有自己的剩余劳动,成为支配自由时间的自觉主人。

关于社会发展形态问题,中国社会科学院李延明研究员提出,马克思主义的社会发展五形态论与共产主义学说联系紧密,没有共产主义学说,就没有五形态论。在人类社会发展的长河中,由于各民族国家之间的相互作用,而使其中一些民族国家没有充分经历所有的发展阶段,并不表明社会形态的衔接顺序没有规律,不能证明马克思主义所揭示的社会形态衔接顺序的观点站不住脚。马克思、恩格斯对未来共产主义社会的设想是一种科学的预测。

关于殖民主义的作用问题,浙江师范大学叶险明教授提出,马克思在 19 世纪 50 年代初所提出的英国殖民主义在印度的“双重使命”思想,有其特定的话语背景和历史背景。他晚年对英国殖民主义在印度的作用只有否定意义上的评价,就是缘于这种特定的话语背景和历史背景的变化。这两种情况都是马克思科学的世界历史理论,是对当时资本主义发达的英国与殖民统治下的印度关系考察的具体运用和历史性分析,是同一个问题的两个不同侧面。其间没有所谓历史观和世界观的重大转变,更没有所谓受“欧洲中心论”影响的问题。

关于群众史观问题,上海市委党校吕会霖教授认为,群众观点是历史唯物主义的基本观点之一,是执政的共产党的政治属性和行为目的。马克思发现的这一伟大观点,在共产党成为执政党后仍然具有伟大意义。天津师范大学郝贵生教授进一步提出,群众史观理论的研究有待深化:一是群众史观与人道主义的关系;二是群众史观与历史发展客观规律性一起构成唯物史观的两大基本支柱;三是拓展和深化群众史观理论的基本内容;四是拓展和深化群众史观的理论价值和方法论意义;五是群众史观的现实意义是塑造具有主体和主人公意识的现代社会主义新人。浙江师范大学周志山教授从马克思公共性视阈中的民生问题展开探讨,提出民生问题意味着马克思主义群众史观的现实关切,公共性理论是马克思思想中不可或缺的重要维度,从公共性视阈关注和改善民生问题,符合马克思社会民生观、实践民生观、公共民生观的研究路径。

(作者单位:浙江师范大学法政学院)

全国党建研究会召开深入学习贯彻党的十八大精神研讨会暨五届三次理事会

江　琳

全国党建研究会深入学习贯彻党的十八大精神研讨会暨五届三次理事会于2013年1月26日在北京召开，中共中央政治局委员、中央组织部部长赵乐际出席会议并讲话。他强调，要深入学习贯彻十八大精神和习近平总书记一系列重要讲话精神，以科学求实精神深入研究党的建设重大问题，努力为丰富中国特色社会主义实践特色、理论特色、民族特色、时代特色贡献智慧和力量。

赵乐际充分肯定全国党建研究会取得的成绩，向为党建研究倾注大量心血的老同志和党建研究工作者表示感谢。他指出，要从90多年来党的建设实践中、党建研究内在规律中、世界执政党经验教训中，把握党建研究的正确方向。围绕坚定理想信念、落实从严治党要求、严明政治纪律、组织好群众路线教育实践活动、造就高素质执政骨干队伍、建设基层服务型党组织等开展深度研究。坚持立足党建与放眼全局、理论与实践、政治性与学术性、专业研究与社会参与的统一，多出导向正确、思想深刻、务实管用的研究成果。

全国党建研究会会长虞云耀主持会议并作工作报告。全国党建研究会理事、顾问、特邀研究员，各省区市和中央有关部门党建研究会（学会）负责同志参加会议。

中国思想政治工作网在南宁举行第三次会议暨《科学发展》栏目采编部授牌仪式

杨　光

为了改进中国思想政治工作网的工作，提高质量和效益，加强管理、完善制度、增强影响力，中国思想政治工作网于2012年4月27至30日在广西南宁市召开"中国思想政治工作网第三次会议暨《科学发展》栏目采编部授牌仪式"。

出席本次会议的有：全国思想政治工作科学专业委员会主任、中国思想政治工作网总编辑张蔚萍，国家人事部原常务副部长、全国思想政治工作科学专业委员会常务理事程连昌，中共中央原副部级巡视专员、全国思想政治工作科学专业委员会常务理事戴俭明，原国家经济委员会人事局局长、国务院生产办秘书局局长黄淑兰，中央党校研究生院原党委书记、全国思想政治工作科学专业委员会副主任、中国思想政治工作网副总编段若鹏，全国思想政治工作科学专业委员会副秘书长、全国育人用人科学专业委员会常务副主任、中国思想政治工作网常务副总编辑雷常新，全国思想政治工作科学专业委员会副主任、《中国思想政治工作年鉴》常务副主编张邦柱等。各地方工作站站长和专栏采编部主任也出席了本次会议。

会议研究了新形势下如何提高地方工作站及专栏的质量和工作效益问题，讨论修改了《关于地方工作站和专栏采编部工作的若干暂行规定》。同时，还为《科学发展》栏目采编部举行授牌仪式，为可高商贸广场举行揭牌仪式，并为中国思想政治工作网2011—2012年度"先进个人"、"优秀地方工作站"、"优秀专栏采编部"颁奖。

中国思想政治工作网第四次工作会议纪要

中国思想政治工作网第四次工作会议于2012年7月28日在河南省鲁山县举行，会期一天。这次会议的主旨是总结交流中国思想政治工作网各地网站的工作经验，进一步提高网站的质量和影响力。中国思想政治工作网总编辑张蔚萍，中央组织部干部三局原巡视员、全国思想政治工作科学专业委员会常务理事田敏，中国思想政治工作网常务副总编辑雷常新、副总编辑王桂英，全国思想政治工作科学专业委员会副主任朱地、王坚红、张邦柱，副秘书长雷群和总编助理、办公室主任杨光，以及中国思想政治工作网各地方工作站、采编部的负责人共30余人出席了会议。会议由雷常新主持。

上午的会议听取了网站总编辑张蔚萍作的主题报告。报告分为三个部分：第一，网站创立以来的艰难历程和工作任务；第二，充分认识提高采编质量和效率的紧迫性；第三，积极探索提高采编质量和效率的对策措施。张蔚萍在回顾了网站成立近四年的历程后指出：我们网站的具体工作任务主要有六个方面：一是宣传党中央、国务院的方针政策和会议精神，宣传中央领导的有关讲话精神和重要活动；二是宣传省市委和政府部门的重要决定、重要会议、重要活动，包括省市领导的讲话精神和重要活动；三是报导和宣传省、市、县和基层单位的先进典型，包括先进人物和先进事迹；四是反映和解答社会的热点难点问题，抨击社会的阴暗面，颂扬同坏人坏事进行斗争的英雄人物；五是征集优秀稿件在《年鉴》和网上发表，积极发行《年鉴》，以扩大《年鉴》和网站在党内和社会上的影响；六是配合学会和总网召开“年会”和其他重要会议，帮助有关部门培训干部，举办有意义的社会活动。在谈到提高网站采编质量和效率的紧迫性时，张蔚萍指出，首先，这种紧迫性来源于大形势的催促。所谓大形势的催促，是指国际风云变幻形势和国内伟大变革形势的催促。国际风云变幻形势主要表现在西方敌对势力在政治上、经济上和军事上对我国不断渗透和挑战。要清醒地认识到，西方敌对势力亡我之心不死，仍在继续推行“和平演变”战略，其核心是打攻心战、舆论战，其重点是演变党员领导干部和社会精英的思想观念。我们网站处于反西方舆论战、攻心战的前沿，只有清醒认识西方敌对势力的政治图谋，才能站在大局高度认识自己工作的意义和肩负的责任。国内伟大变革形势主要表面在三个方面，党中央用了三句话来概括，即“两个时期”、“四个考验”、“四个危险”。“两个时期”是指我国正处在全面建设小康社会的关键时期和深化改革开放、加快转变经济发展方式的攻坚时期。“四个考验”是指共产党始终面临着执政考验、改革开放考验、市场经济考验、外部环境考验。“四大危险”是指和平建设年代容易出现的精神懈怠的危险、能力不足的危险、脱离群众的危险和消极腐败的危险。若不从大局的高度认识这个问题，我们就不可能有自觉搞好网站的责任心。希望大家能够认识和理解这种紧迫性，自觉提高网站采编工作的质量和效益。其次，这种紧迫性还来源于现实中的各种压力。概括起来，压力来自四个方面。一是来自中央领导同志要求和期望的压力。我们网站发表的一些文章和报道，如《〈沁园春·雪〉的作者是毛泽东而非胡乔木》等3篇文章和在《华南之窗》、《海南之窗》发表的《海南省大面积毁林毁田建高尔夫球场和商住房》以及在《新闻导读》发表的《我国耕地已接近18亿亩红线》等，引起了党中央和国务院领导同志的关注,他们希望我们网站越办越好,继续编发一些有质量有分量有影响的文稿,起到舆论导向作用。中央领导的关心和期望,既是一种鼓励,又是一种压力。如果我们不采取措施提高采编质量,那就可能让中央领导失望。二是来自基层干部和地方领导的压力。最近半年来,他们多次提意见,希望转载新闻要及时一些,地方特色要突出一些,原创稿件要多一些,知识面要宽一些,吸引力要强一些。三是来自兄弟网站竞争的压力。只有开创新路,才能在竞争中前进。四是来自网站自身生存发展的压力。因为我们要求大家必须坚持社会效益与经济效益相结合,原则性与灵活性相结合,稳步前进与不断创新相结合,难度很大。另外,大家在采编工作实践中,还遇到了一些难以解决的矛盾,如总网的严格要求与自身能力不足的矛盾、任务繁重与人力不足的矛盾、聘请人才与实力不足的矛盾、兼职工作与精力不足的矛盾,等等。这些矛盾不解决,会长期困绕地方工作站和采编部,必须积极面对,想方设法加以解决。否则,就可能影响我们网站的生存发展,这是最直接最现实的压力,绝不可小视。最后,张蔚萍提出,根据形势的要求,面对艰巨的任务,必须积极探索切实有效的对策措施。这就是:加强学习,增强信心;勇于实践,提高能力;健全制度,严格管理。

张蔚萍教授的报告,引起各地方工作站和采编部负责同志的强烈反响,受到热烈欢迎。

下午的会议进行了工作交流。各地方工作站和采编部负责同志纷纷表示,回去以后,要努力落实这次会议提出的各项要求,把办好网站当做一项伟大的事业,为进一步提高采编质量及网站的影响力和知名度贡献自己的全部力量。会议还一致通过了《关于地方工作站和专栏采编部工作的若干暂行规定》。

(执笔:朱地)

天津市召开2012年度政工职评工作会议

天津市政工职评办公室

2012年3月29日至30日，天津市召开市政工职评工作会议。参加会议的有中共天津市委各工委和各区、县、局、集团公司、大专院校、医疗机构分管领导和政工职评部门负责同志共200余人。

会议传达学习了市委常委、市委宣传部部长成其圣及市政工职评工作领导小组领导、市政工职评两评委会评委对政工职评工作的有关指示和具体要求，通报了市政工职评办调研情况，对2011年全市政工职评工作进行了回顾总结，对2012年全市政工职评工作进行了全面部署，对申报工作中应注意把握的政策进行了解读。市政工职评办和与会同志进行了座谈，并就进一步加强天津市政工职评工作进行了认真讨论。大家认为，市政工职评工作领导小组领导高度重视政工职评工作的健康发展，十分关心政工队伍的全面建设，充分肯定全市政工职评部门同志的辛勤工作和取得的成绩，并对天津市政工职评工作的发展针对性地提出加强和改进意见，使大家进一步明确了方向，增强了信心。与会人员一致表示，要站在新起点，研究新问题，努力使天津市政工职评工作再上新水平、再有新突破。

会议在总结2011年政工职评工作时指出，在领导小组、市委宣传部直接领导下，全市各级党组织及其职能部门上下同心，扎实工作，高质量地完成了2011年全市政工职评工作的各项任务。评审政策进一步完善，申报评审质量进一步提高，培训效果取得新成效，办刊水平又有新起色。

会议在部署2012年全市政工职评工作时，深入分析了2012年面临的新形势、新问题，强调指出，2012年的政工职评工作要以科学发展观为指导，认真贯彻落实党的十七届六中全会和市委九届十一次、十二次会议精神，紧紧围绕天津“十二五”时期发展目标，努力完成建设文化强市的各项任务，不断深化“评训管研”四项工程，不断提高政工职评工作规范化科学化水平。要适应新形势，站在新起点，努力实现新超越；要继续弘扬优良传统，保持进取精神，努力创造新业绩；要积极发挥职能作用，圆满完成各项任务，努力作出新贡献。

一要提高评审质量，努力完善政工职评政策体系。各级政工职评部门要坚持从严把关，严格掌握评审条件和政策标准，确保评审质量。要认真执行“三倾斜、一控制”的评审原则，做到公平公正公开，把握好每一个环节，确保评审工作圆满顺利完成。要在深入调查研究的基础上，适时调整参评岗位和参评范围，针对新岗位特点，制定评审标准和条件，努力做到政工专业职务评聘工作对思想政治工作岗位的全覆盖。要在有中评委建制单位对申报（确认）初、中级人员试行“以考参评”制度。

二要突出重点，努力扩大参评范围。要在总结完善社区基层政工人员评聘政工专业职务做法经验的基础上，在全市有条件的区县、城镇社区逐步推广。要认真总结高校辅导员评聘政工专业职务的做法，待条件成熟时在全市高职高专高校推广，促进辅导员队伍专职化建设。要继续探索在农村基层政工人员中开展评审政工专业职务政策论证工作，为今后在全市农村基层开展政工职评工作奠定坚实的基础。

三要拓展培训内容，提升综合素质。要适应理论创新的需要，在做好申报人员晋升前政工理论、专业知识培训的同时，不断充实教育培训内容，特别要把学习文化大发展大繁荣的相关理论作为培训内容的重点。要运用灵活多样的学习方法，如召开学习理论心得交流会，开展思想政治工作创新征文活动，评选优秀文章，出版《思想政治工作创新成果文集》，举办高级政工师研修班等，着重在理论攻关、破解难题、学科建设、成果转化上取得新突破，推动学习型组织建设和创新能力的提高。要重点做好政工职评工作人员评审政策的培训，编撰《政工专业职务申报指南》政策培训教材，举办新任政工职评工作人员政策培训班，交流成功经验，提高政工职评工作人员思想政策水平和实际工作能力。

四要总结推广先进经验，促进政工职评工作再上新水平。要结合2012年政工职评工作"双先"评比，认真总结和推广南开区在中高级评审推荐中开展述职答辩和评前评后"双公示"、和平区申报政工专业职务述职答辩评分的成功经验。深入挖掘各单位在创新评审方法、搞好经常性继续教育、强化对政工人员考核和管理等方面的经验与做法。

五要把握办刊方向，发挥好刊物服务指导推动工作的作用。坚持正确办刊方向，准确把握时代脉搏和政工人员的需要，在增强可读性、实用性和指导性上下功夫。大力宣传党的路线方针政策，大力宣传工作中的好做法、好经验。不断扩大《政工师指南》、《中国思想政治工作年鉴》的影响力和发行量。编辑出版《高校辅导员思想政治工作案例、优秀论文选编》，做好《政工专业丛书》的编辑再版工作，编辑《城镇社区思想政治工作人员培训教材》。编好《政工师论文集》、《思想政治工作研究员材料汇编》、《高级政工师名录》等，搞好政工师协会换届工作，充分发挥政工师协会作用，为政工事业发展作出新的贡献。

会议要求全市广大政工人员深入贯彻中央和市委各项战略部署，努力增强新形势下加强和改进思想政治工作的使命感、责任感和紧迫感，锐意进取，扎实苦干，切实发挥思想政治工作服务发展、促进和谐、维护稳定的重要作用，以良好的精神状态和工作成绩迎接党的十八大胜利召开。

会议就政工延伸岗位的申报和确认、申报评审工作中在附加凭证提供、申报材料填写、卷宗装订等方面存在的问题以及相关申报评审政策进行了重点解读。

会议还通报了市政工职评办在国资委、教育系统、卫生局、农业系统及市内六区的调研情况，对调研中反映强烈的有关事业单位政工专业职务人员工资待遇等问题进行了解答，并就《政工师指南》和《思想政治工作年鉴》的学习使用发行工作提出了要求。

站在新起点　研究新课题
适应新形势　实现新跨越

——天津市政工职评办公室确定2012年工作重点

天津市政工职评办公室

2011年，全市政工职评工作认真贯彻落实市宣传思想工作会议精神，围绕中心、服务大局，锐意进取、开拓创新，深入实施“评训管研”四项工程，在提高政工职评工作水平和评审质量上下功夫，在拓展培训内容、创新学习方式上下功夫，在提升职评人员政策水平和业务能力上下功夫，充分发挥了政工职评部门职能作用，较好地完成了各项工作任务。

2012年是推动文化大发展大繁荣、促进文化强市建设，以优异成绩迎接党的十八大胜利召开的关键之年。新的一年，我们面临的改革发展稳定任务繁重，促进文化大发展大繁荣、建设文化强市任务艰巨，能否围绕中心、服务大局，担当重任、有所作为，是对全体政工人员能力水平的重要考验；新的一年，我们面临着在改革发展稳定中出现的许多新情况新问题，能否充分发挥思想政治工作的特有优势，因势利导、化解矛盾，保持稳定、促进发展，是对各级政工人员思想作风的现实考验。特别是随着形势的发展，职称评审的范围需进行调整，评审的质量需进一步提高，继续教育培训的力度和深度需进一步加强，事业单位岗位设置后政工人员合理待遇问题需进一步落实。

一、工作目标和思路

以科学发展观为指导，认真贯彻落实党的十七届六中全会和市委九届十一次、十二次会议精神，紧紧围绕天津“十二五”时期发展目标，努力完成建设文化强市的各项任务，不断深化“评训管研”四项工程，不断提高政工职评工作规范化科学化水平。要继续弘扬优良传统，保持进取精神，努力创造新业绩；要积极发挥职能作用，圆满完成各项任务，努力作出新贡献。政工职评工作要适应新形势，站在新起点，努力实现新超越。

二、主要工作和举措

一要提高评审质量，努力完善政工职评政策体系。要坚持从严把关，严格掌握政策和评审条件及标准，确保评审质量。开好市政工职评工作会议，认真传达学习市政工职评工作领导小组领导指示精神，总结经验，以会代训，培训职评工作人员，提高职评工作水平。认真执行“三倾斜、一控制”的评审原则，做到公平公正公开，把握好每一个环节，确保评审工作圆满顺利。在深入调查研究的基础上，适时调整参评岗位和参评范围，针对新岗位特点，制定评审标准和条件，努力做到政工专业职务评聘工作对思想政治工作岗位的全覆盖。在有中评委建制单位对申报（确认）初、中级人员试行“以考参评”，成绩合格者方能获取入门条件再进行正常申报政工专业职务。考核内容由主管单位结合岗位实际自行决定。

二要突出重点，努力扩大参评范围。要在总结完善河西区社区基层政工人员评聘政工专业职务做法经验的基础上，在全市有条件的区县、城镇社区逐步推广，不断总结经验，完善政策。要认真总结高校辅导员评聘政工专业职务的做法，待条件成熟时在全市高职高专高校推广，促进辅导员队伍专职化建设。继续探索在农村基层政工人员中开展政工专业职务评审政策论证工作,待条件成熟时先行试点,为今后在全市农村基层开展政工职评工作奠定良好的基础。

三要拓展培训内容,提升综合素质。按照政工职评工作要求,在做好申报人员晋升前政工理论、专业知识培训的同时,不断充实教育培训内容,适应理论创新的需要,把文化大发展大繁荣新的理论建设作为学习教育的重点。在申报高级政工职称人员中增加"管理心理学"、申报中级职称人员中增加"公文写作知识"课程讲座。运用灵活多样的学习方法,适时召开学习理论心得交流会,开展思想政治工作创新征文活动,评选优秀文章,结集出版《思想政治工作创新成果文集》,促进学习型组织建设。办好高级政工师研修班,力求在理论攻关、破解难题、学科建设上有新的成果,并做好成果转化,推动学习和创新能力的提高。要重点做好政工职评工作人员评审政策的培训,策划编撰《政工专业职务申报指南》政策培训教材,举办新任政工职评工作人员政策培训班,交流成功经验,提高政工职评工作人员思想政策水平和实际工作能力。

四要总结推广先进经验,促进政工职评工作再上新水平。要结合 2012 年政工职评工作"双先"评比,认真总结在职评工作中的好经验好做法,总结和推广南开区在中高级评审推荐中开展述职答辩和评前评后"双公示"、和平区申报政工专业职务述职答辩评分的经验。注意总结和挖掘一些单位在创新评审方法、搞好经常性继续教育、强化对政工人员考核和管理等方面的经验和做法。利用培训、交流会、刊物宣传等,创造条件,搭建平台,开展互帮互学活动。

五要把握办刊方向,发挥好刊物服务指导推动工作的作用。坚持正确办刊方向,准确把握时代脉搏和政工人员的需要,在可读性、实用性和指导性上下功夫。大力宣传党的路线方针政策,开办专题栏目,宣传好的经验和先进典型。不断扩大《政工师指南》、《中国思想政治工作年鉴》的影响力和发行量。编辑出版《高校辅导员思想政治工作案例、优秀论文选编》。组织专家学者做好《政工专业丛书》的编辑再版工作和编辑《城镇社区思想政治工作人员培训教材》。继续编好《政工师论文集》、《思想政治工作研究员材料汇编》、《高级政工师名录》等,搞好政工师协会换届工作,充分发挥政工师协会作用,为政工事业发展作出新的贡献。

全市广大政工专业人员要高举中国特色社会主义伟大旗帜,深入贯彻党中央、市委各项战略部署,努力增强新形势下加强和改进思想政治工作的使命感、责任感和紧迫感,锐意进取,扎实苦干,切实发挥思想政治工作服务发展、促进和谐、维护稳定的重要作用,以良好的精神状态和工作成绩迎接党的十八大胜利召开。

研讨工作　交流经验　共谋发展
努力做好政工职评工作

——2012 年全国政工职评工作交流会
暨《政工师指南》杂志联络会在贵州省贵阳市召开

2012 年全国政工职评工作交流会暨《政工师指南》杂志联络会于 2012 年 6 月 10 日至 14 日在贵州省贵阳市召开。参加会议的有国务院国资委、上海、天津、重庆、广东、浙江、湖南、辽宁、山西、河北、陕西、新疆、广西及新疆生产建设兵团政工职评办负责同志。西安、广州、哈尔滨、南京、沧州、秦皇岛等地、市政工职评办负责人以及山西省煤炭厅、山西晋煤集团、青岛市城市建设集团、广西自治区农垦局等大型企事业单位政工职评部门或组织人事部门的负责同志也参加了会议。

中共天津市委宣传部纪检组组长、机关党委书记赵玮出席会议并致辞，贵州省委宣传部副部长、省文明办主任杨兴举出席会议并讲话。会议是由天津市政工职评办公室、政工师指南杂志社会同部分省、市、自治区政工职评办公室共同组织发起的。这样的交流会每年组织一次，至今已成功举办了 17 次，已成为全国政工职评工作交流经验的平台、研讨工作的阵地。多年来，一直受到全国各省市自治区政工职评部门的好评与重视。

这次会议的主题是：认真贯彻《中央宣传部、国务院国资委关于加强和改进新形势下国有及国有控股企业思想政治工作的意见》，研究交流在新形势下政工职评工作如何在深入贯彻落实科学发展观、不断提高党的建设科学化水平、加强和改进思想政治工作等方面发挥应有的作用；如何通过政工职评工作调动广大政工专业人员的积极性、主动性、创造性，为促进我国经济社会又好又快发展作出应有贡献。

赵玮同志代表中共天津市委常委、市委宣传部部长成其圣致辞，对出席会议的各位代表表示热烈欢迎，对贵州省委宣传部给予会议的支持表示衷心感谢。他指出，新形势下的政工职评工作面临许多新情况、新问题，大家相聚在一起，互通信息，交流经验，深入研讨，增进友谊，必将促进政工职评工作水平的进一步提高，为加强政工专业队伍建设，加强和改进新形势下的思想政治工作，促进经济社会更好更快发展发挥不可替代的作用。赵玮同志介绍了天津市政工职评工作的一些经验与体会，并要求天津市政工职评办公室通过这次会议，学习兄弟省市的先进经验，取长补短，进一步加强和改进天津的政工职评工作。贵州省委宣传部副部长、省文明办主任杨兴举对这次会议在贵州省贵阳市召开表示热烈祝贺，对各位代表来到贵州表示热烈欢迎，并介绍了贵州省这些年的发展建设情况及开展政工职评工作的做法、经验与体会。

交流联络会上，各地代表一致表示，政工职评工作开展 22 年来，全国政工职评战线的同志们秉持“三坚”信念，坚定信心，坚守阵地，坚持发展，顽强拼搏，开拓创新，取得了可喜的成绩。首先是各级政工职评工作组织机构健全，各地各级党委支持、指导有力。其次是各级政工职评部门严格执行和不断改进、完善有关政策规定，严把评审质量关，确保了评定工作质量，树立了政工职评工作的良好形象。第三是加强了评后管理和继续教育工作，使政工专业人员整体素质全面提高。特别是20多年来，政工职评工作能够适应新形势，不断创新发展。主要体现在：评审范围扩大了，从企业、企业化管理的事业单位到部分省市在事业单位和机关公务员中评定政工专业职称；评审的职级提高了，目前已有13个省、市、自治区实现了正高级（教授级）评审等。大家认为，全国政工职评工作之所以取得明显的成绩，是与各级党委的高度重视，各级政工职评部门同志的辛勤工作和不懈努力分不开的，同时，政工职评工作也得到了组织、人事等部门的支持和广大政工专业人员的拥护。

会上，代表们对事业单位岗位设置管理问题进行了热烈的讨论。大家一致认为，要充分认识思想政治工作的重要意义和搞好政工职评工作的极端重要性，健全完善领导体系和管理体制，有关部门应承担起领导和指导全国政工职评工作的责任；要认真总结20多年来的做法和经验，坚持不懈地推进工作创新，完善政策体系，积极争取组织、人事、财政等相关部门的支持，保证政工专业人员的各项待遇落到实处；要形成全国一盘棋的工作格局，各地政工职评部门要加强沟通协调，使政工专业职称评定做到统一政策、统一标准、统一条件，确实实现公平公正、一视同仁。

会议认为，天津市政工职评办公室、政工师指南杂志社以联络员的身份，组织协调全国各省、市、自治区政工职评办负责同志每年召开一次"全国政工职评工作交流会暨《政工师指南》杂志联络会"，搭建交流经验、互通信息、深入研讨、促进发展的平台，为全国政工职评工作的坚持与发展作出了重要贡献，代表们对此深表敬意。大家建议，这种交流应长期坚持，及时总结政工职评工作的成功经验，及时对政工职评工作的突出问题展开探讨、取得共识，以逐步推动全国政工职评工作的大统一、大平衡、大协调，促进政工职评工作的科学发展。

会议对由天津市政工职评办公室、政工师指南杂志社牵头组织，中共中央党校、全国思想政治工作科学专业委员会大力支持编写的比较系统、全面、实用的政工专业培训教材——《新世纪的思想政治工作》、《思想政治工作学教程》、《思想政治工作发展史》三本书给予了高度评价。会议建议各地、各单位在培训政工专业人员时采用这套教材，发挥好培训教材应有的使用价值。会议还对如何进一步办好《中国思想政治工作年鉴》、《政工师指南》杂志提出了一些好的办法和建议，并希望各级政工职评部门和广大政工人员关心和支持《年鉴》、杂志的发展，踊跃投稿，积极订阅，建言献策，力争把《年鉴》、《政工师指南》杂志在原有基础上办出新特色，再上新台阶，真正做到服务于广大政工人员，服务于思想政治工作的创新发展。

会议最后强调，全国各级政工职评工作部门要坚持以科学发展观为统领，全面贯彻中央关于政工职评工作的有关政策要求，在以往工作的基础上，积极进取，开拓创新，努力做到思想认识到位、领导支持到位、方法措施到位、服务保障到位，开拓政工职评工作的新局面，以优异成绩迎接党的十八大胜利召开。

（作者单位：天津市政工职评办公室）

关于政工职评工作情况的调研

重庆市政工职评办公室

为进一步做好重庆市政工职评工作，充分学习借鉴全国各地政工职评工作的宝贵经验，切实提升政工职评工作的科学化、规范化、制度化水平，我们于2012年4月以电话、信函等形式开展了一次调研活动。有关调研情况简介如下。

一、基本情况

我市设置的《政工专业职务评定工作调研问卷表》，主要内容涉及政工职评的组织机构、评委会及专业组构成、评审范围、评审条件、评审工作方式、职称待遇以及有关具体做法及成功经验。本次调研问卷共寄出45份（其中省级部门30份、副省级部门15份）。

截至4月30日，共有21个单位反馈了问卷，包括北京市、天津市、上海市、河北省、山西省、吉林省、福建省、河南省、广西壮族自治区、海南省、四川省、贵州省、云南省、甘肃省、宁夏回族自治区、青海省等16个省级单位，厦门市、深圳市、宁波市、沈阳市、哈尔滨市等5个副省级单位。山西省、河南省、青海省还提供了政工专业职务评审工作政策文件汇编。

从反馈的情况来看，自1990年中办国办转发《企业思想政治工作人员专业职务试行条例》（中办发〔1990〕8号）以来，各地认真贯彻落实中央政工职评政策，在实践中解放思想、实事求是，坚定信心、坚守阵地，坚持发展、开拓创新，完善评审标准，健全管理制度，规范工作程序，兑现相关待遇，建立了科学规范的评聘工作机制，为开展思想政治工作提供了坚强的人才保证。

二、政工专业职评组织机构情况

1. 主管部门。除北京市由组织部主管外，其他省市全部由宣传部主管。

2. 政工职评办公室。大多数设置（或挂靠）在宣传部宣教处或干部处，有两个单位设置在政研会。专职工作人员最多的是天津市和河南省（5人及以上），其次是山西省和甘肃省（3人），三分之一的单位有1人，三分之一的单位没有专职人员。

3. 职评经费来源。除福建省、厦门市、深圳市、哈尔滨市为财政拨款外，有11个单位与挂靠机关经费共用，有5个单位为自收自支。

4. 高评委会。有三分之一的单位仅设立一个高评委会，负责评审正高级和副高级政工专业职称。大多数单位设置了评委库，仅4个单位未设置。

5. 专业审核组。有三分之一的单位高评委会下设了专业审核组，大部分单位未设置。

6. 中评委会。可能由于管辖范围的原因，下设中评委会的个数差异较大，少的10来个，多的40多个。绝大部分地区的中评委会以党政机关组建为主，少量由大型企事业单位组建。

三、政工专业职评范围及申报条件

1. **申报范围**。大多限于企业和自收自支实行企业化管理的事业单位。有8个地区仍在事业单位中开评，但大多不与待遇挂钩。值得关注的是，北京市、天津市和上海市的政工职评工作规范、范围较广，并已探索在社区等范围开评。

2. **评定职称级别**。有7个地区在开展评审正高级政工师(或称政工研究员、教授级高级政工师等)。

3. **对职称外语和职称计算机的要求**。约二分之一的地区有具体要求,但也有免试条件。有的是由政工职评办组织考试。

4. **高级政工师起点学历**。三分之一的地区起点学历为本科。三分之二的地区大专学历通过综合考试考核(或论文答辩)合格后可申报。

5. **申报高级职务对论文论著的要求**。大部分地区要求论文在省部级报刊(或核心期刊)发表,且有1—3篇的具体要求。有两个地区要求有论著。有两个地区要求只要政工业绩突出,论文未公开发表也可申报。

6. **申报高级职务对工作实绩的要求**。约二分之一的地区对获得国家级、省部级、市级奖励有要求。有12个地区认为只要本单位工作实绩突出,职工队伍稳定,无上级奖励也可申报。

四、政工专业职评工作流程情况

1. **平均每年高级政工专业职务评定人数**。由于管辖范围不同,9个地区年评定人数在100人以下,8个地区100—300人,3个地区400人以上。

2. **资格证书的发放**。16个地区由政工职评办盖章发放,3个地区由人力资源部门发放,两个地区由政工职评办和人力资源部门联合盖章发放。

3. **政研会或政工职评办主办刊物情况**。有9个地区编印了刊物,绝大多数系内部刊物。

五、政工专业职称待遇落实情况

1. **党政机关**。开评地区极少且只评资格,不与待遇挂钩。大部分地区未开评。

2. **事业单位**。约三分之一地区开评,但兑现待遇方面还需要继续研究落实。

3. **国有企业**。大部分地区由单位自有资金解决待遇。一般能够正常解决。

4. **非公有制企业**。大部分地区由单位自有资金解决待遇。一般能够正常解决。

六、做好重庆市政工职评工作的设想

根据《中央宣传部、国务院国资委关于加强和改进新形势下国有及国有控股企业思想政治工作的意见》精神以及历次市政工高评委会议要求,参照各地经验,结合重庆实际,市政工职评办拟做好以下工作。

1. **加强政工职评工作,优化政工队伍结构**。深入贯彻落实《中央宣传部、国务院国资委关于加强和改进新形势下国有及国有控股企业思想政治工作的意见》,认真研究借鉴各地政工职评工作经验。主动与市职改办、市政研会、市国资委沟通协作,加强政工职评工作规范化的理论研究,探索新形势下开展政工职评工作的新思路、新方法,从组织体制、教育培训、考核评估、评审程序等方面改进完善,使这项工作在培养政工专业人才、提高政工专业队伍素质、优化政工队伍结构、加强和改进思想政治工作方面发挥应有的保证作用,充分调动广大政工专业人员争当实现"十二五"规划排头兵的积极性,为促进全市经济社会又好又快发展作出应有贡献。

2. **加强业务学习培训**。一是健全学习制度。加强政工职评工作人员的政策和业务学习,使之明确任务,掌握政策,熟练把握政工职评工作的具体工作程序、操作方法。二是充分发挥市政研会的组织协调作用,加强对全市政工骨干人员的培训。每年定期举办学习培训班,凝聚全市各部门、各行业政工队伍,以学习引领思想,以评审激发热情,以培训提高素质。做到评审与教育培训有机结合,采取有效措施加强对政工队伍的管理,协调全市政工力量,有效提升全市思想政治工作的战斗力。

3. **调整健全评审组织机构**。一是合并机构。将现有的正高和副高两个高评委会合并为一个,开展评审正高、副高政工专业职称等工作。二是扩大高评委会人数，建立高评委库，适当增加专家评委的比例。三是改进完善专业审核组工作方式。今后由专家评委履行审核组职责，负责前期审核工作。四是调整健全中评委会组织机构。拟在市委两新工委建立中评委会机构，具体负责非公有制企业政工专业职务评定。

4. **规范评定工作流程**。在调整评审政策、完善评审组织、健全管理制度的基础上，制定工作标准，规范工作程序，建立科学规范的政工专业评聘工作机制。

5. **落实兑现政工专业人员职称待遇**。深入实际、深入基层、深入群众，针对政工专业人员职称待遇兑现中出现的新情况、新问题开展调查研究。耐心听取政工人员的建议与诉求，及时向有关部门反映他们的呼声，努力寻求解决政工职称兑现待遇问题的途径和措施。同时，继续探讨新形势下进一步加强和改进政工职评工作的经验、做法和体会，在尊重科学、讲究效率、提高质量、规范运行、稳定队伍等方面狠下功夫，真正做到事业留人、感情留人、待遇留人，确保政工队伍的稳定壮大，为加强新时期党的思想政治工作服务，为提高党的执政能力水平服务。

政工专业高级职务评委会专业评审组职责及工作程序

重庆市政工职评办公室

为确保政工专业职务评定工作实现科学化、专业化、规范化，根据重庆市职称改革工作领导小组《关于印发〈重庆市专业技术职务任职资格申报评审工作规范〉的通知》（渝职改〔1999〕8号）文件中关于评委会评审及工作规则的精神，按照2009年4月21日政工高评委会评审会议关于改进评审工作和聘请专家参与申报政工职务人员前期审核工作的意见，经中共重庆市委宣传部批准，决定成立重庆市政工专业高级职务评委会专业评审组（以下简称专业组），并对专业组职责及工作程序进行了明确和规范。

一、明确专业组职责和任务

专业组是政工专业高评委下设 的专业评议机构，其主要职责是对申报人的学术技术水平、业务能力、实际工作经验、理论研究成果（含著作、论文）和政工业绩进行评估，写出推荐和建议意见。

专业组任务是对同等学历申报人员提交的答辩论文、政工业务知识测试及理论研究能力进行评估，评估结论为优秀、合格及不合格；集中审核申报材料，写出同意、基本同意和不同意三种评估推荐意见，供评委参考；完成评委会及市政工职评办委托的其他工作。

二、规范政工专业职务评审工作程序

规定专业组按照以下程序开展政工专业职务评审工作。

一是整理申报材料。政工职评办核实申报材料，统一编号建档，编印《申报人员综合情况简介》，组织论文答辩工作。

二是专家审阅评估。专业组集中审阅申报材料，经集体研究后写出评估推荐意见。

三是评委分组审看。把专业组评估推荐意见和申报材料分类送达评委。评委审看申报材料，对申报人的学历、资历、水平、能力、论文、成果和贡献进行全面的审核。

四是评审会议评定。召开评审会，重点评议评委与专业组推荐意见有异议的申报人。采用无记名投票的方式进行投票表决，赞成票数超过评委会全体委员半数的为通过。

五是审批任职资格。政工专业高级职务评委会评审结束后，合格人员经市委宣传部审批，市政工职评办印发任职资格通知书。

坚定信心 坚守职责 不懈努力 创新发展

——湖南省政工职评工作情况介绍

湖南省政工职评办公室

我省政工职评工作根据中办发〔1990〕8号和中宣发文〔1990〕8号文件精神和中宣部的统一部署，在省委省政府的直接领导下，从实际出发，坚持科学发展的工作思路，努力做好新时期政工职评工作。

20多年来，我省政工职评工作始终坚持“质量第一、服务基层”的指导思想，始终坚持“严格、认真、审慎”的工作方针，始终坚持“加强领导、严格政策、把好导向、完善机制”的基本做法，提升了工作水平，树立了专业品牌，扩大了社会影响。

一、开展政工职评工作的基本情况

我省政工职评工作自开展以来，经历了一个起步顺利、过渡平稳、发展健康的过程。这个过程大致可分为五个阶段：从1990年下半年至1993年上半年为起步阶段，即首次企业政工职评阶段；从1993年下半年至1996年为过渡阶段，即企业政工职评逐步转入经常化阶段；从1997年至1999年为完善阶段，逐步建立了考、写、评相结合的评定工作机制；从2000年至2002年为拓展阶段，即延伸到事业单位并在企业和企业化管理的事业单位开展正高职称（教授级高级政工师）评定工作阶段；从2003年起为接轨阶段，即纳入省职称改革工作领导小组统一管理的阶段。

从2009年起，我省专业技术职称评审开始实行比例控制，包括政工系列在内的各个系列评审通过率一般都控制在正高30%以内、副高55%以内。到目前为止，我省企事业单位共有11万多名政工干部评定了政工专业职务，其中评定教授级高级政工师67名，高级政工师1.2万多名。政工职评工作的顺利开展，对于调动政工干部积极性，稳定政工干部队伍，推动思想政治工作专业化、科学化进程，加快富民强省建设起到了积极作用。

二、事业单位开展政工职评工作和落实待遇的情况

1. 早期的探索

从1990年起，我省在企业单位开展政工职评工作，从1992年起延伸到企业化管理的事业单位。1996年，省政工职评办提出在事业单位开展政工职评工作，但未获批准。1998年2月，省职称改革工作领导小组会议对事业单位管理人员（包括政工人员）职称待遇问题进行研究，并决定事业单位管理人员符合哪个系列的评审条件就申报哪个系列，但不增开系列。据此，一些政工人员申报并评定了一定的专业技术职务。

2. 新世纪的突破

为了贯彻落实中央和省委思想政治工作会议精神，加强新形势下企事业单位政工队伍建设，2000年7月，时任省委副书记、省政工职评领导小组组长吴向东主持召开了领导小组会议，形成了在事业单位开展政工专业职务评定工作的意见。8月27日，该会议纪要正式下发（湘办〔2000〕62号），并明确规定：“受聘担任事业单位思想政治工作人员的待遇，按照‘与担任其他系列专业技术职务的人员享受同等的工资福利和其他待遇’的精神办理。增加工资兑现的办法按其他系列有关规定执行。”2001

年，我省开展了首次事业单位政工专业职务评聘工作。

3. 不懈的努力

2001年10月，省政工职评领导小组就落实湘办〔2000〕62号文件精神、兑现事业单位政工专业职务人员工资问题向省委省政府提交了专题报告，省有关领导作了明确批示，要求按湘办〔2000〕62号文件规定予以落实，并提出了由宣传、人事、财政三部门具体行文的意见。2001年12月，领导小组就此事再次向省委省政府提交了专题报告，时任省委书记和省长都作了明确批示。

4. 纳入统一管理

2002年8月，时任省委副书记、常务副省长周伯华主持召开省委常委办公会议，研究落实我省事业单位政工专业职务待遇的有关问题。会议认为，落实我省事业单位政工专业职务待遇要本着维护国家政策，维护省委省政府威信，面对现实、保持稳定的原则来进行，既尊重历史，又面对现实，妥善解决存在的问题。会议要求由省委宣传部牵头，省委组织部、省人事厅、省财政厅参与，在调查研究的基础上，尽快拿出贯彻湘办〔2000〕62号文件精神的具体意见，并尽快提出对事业单位已经评聘政工专业职务的人员兑现工资的具体办法，一并提交省委常委办公会议讨论决定。根据这次会议精神，从2002年9月至11月，省委宣传部与省委组织部、省人事厅、省财政厅就落实湘办〔2000〕62号文件精神，兑现政工专业职务人员待遇问题进行了多次协商，初步形成了贯彻此文件精神的《实施意见》。2002年12月6日，时任省委副书记、省政工职评领导小组组长文选德主持召开省委常委办公会议，会议原则同意由省委宣传部牵头起草的《实施意见》，并要求根据本次会议议定的意见对其进一步修改完善后，按程序以省委宣传部、省委组织部、省人事厅、省财政厅等四部门联合下发。2002年12月18日，《关于贯彻湘办〔2000〕62号文件，做好企事业单位思想政治工作人员专业职务评聘工作的实施意见》（湘宣字〔2002〕32号）正式下发。至此，湘办〔2000〕62号文件在历时两年半、历经两任宣传部长，几上几下、几经反复之后终于得到落实，政工系列作为专业技术系列之一正式纳入省人事厅统一管理。2005年6月，省职称改革工作领导小组和省政工职评领导小组联合下发《关于印发〈湖南省思想政治工作人员专业职务评聘工作实施细则（试行）〉的通知》（湘职改〔2005〕3号），对政工职评的相关政策和评聘细则进行了明确。

三、事业单位岗位设置管理对政工职评工作的影响

根据《关于印发〈事业单位岗位设置管理试行办法〉的通知》（国人部发〔2006〕70号）、《关于印发〈事业单位岗位设置管理试行办法实施意见〉的通知》（国人部发〔2006〕87号）和《关于印发〈湖南省事业单位岗位设置管理实施意见（试行）〉》（湘政办发〔2008〕11号）等有关文件精神，我省于2011年全面开展事业单位岗位设置管理工作，目前大部分事业单位已经完成了此项工作。

根据《关于印发〈湖南省事业单位岗位设置管理工作有关问题的处理意见〉的通知》（湘人社函〔2011〕75号）规定，鉴于全国未将思想政治工作人员专业职务纳入专业技术职务序列，在首次岗位设置时，政工专业职务人员可列入管理岗位类别，以本单位管理岗位总量内专职从事思想政治工作和以主要精力直接从事思想政治工作的岗位数为基数，其高、中、初级岗位比例不超过本单位专业技术岗位结构比例，并按岗位设置规定程序及权限报人力资源和社会保障部门核准。管理人员兼任政工专业职务的，参照管理人员兼任其他系列专业技术职务有关政策执行。

2012年4月，我省组织召开了2011年度政工系列高级专业职务任职资格评审委员会。这是事业单位实行岗位设置管理以后首次开展的政工系列高级任职资格评审工作。根据省职

改办的统一规定，只有已完成岗位设置管理工作且有专业技术岗位空缺的事业单位才能开展职称申报评审工作，企业的职称评审工作仍按原办法执行。

从这次评审工作来看，在事业单位实行岗位设置管理的大背景下，各个系列申报人数都有大幅下降。相对来说，政工系列还比较好，全省共有334人（2010年为612人）申报高级，而有的系列全省只有几十人申报。但从我们了解的情况来看，事业单位岗位设置管理工作对政工职评工作有着重要影响。主要表现在：第一，落实待遇增加了难度。有的地方和单位在事业单位首次岗位设置中，政工职称人员只保留原工资级别不变，而不能和其他系列职称人员一样参加这次事业单位岗位设置的晋级与工资调升；将政工职称人员视为管理人员，而不是和其他系列职称人员一样作为专业技术人员来对待，因而影响了其相关专技待遇的落实。第二，发展空间有了限度。作为管理人员，现有政工职称人员不能和其他系列职称人员一样申报晋升专业技术职务，上升通道受到限制。

四、几点体会

1. 领导重视是前提

省委省政府非常重视政工职评工作，以两办文件形式下发省政工职评领导小组会议纪要，半年之内两次召开省委常委办公会议对其进行专题研究，并多次明确批示要按照两办文件落实政工专业职务待遇。省委宣传部和省政工职评领导小组为了落实事业单位政工专业职务待遇，坚持不懈向省委省政府请示，最终促成了湘宣字〔2002〕32号文件的出台。今后，要有效应对事业单位岗位设置管理工作给政工职评工作带来的各种影响，仍然有赖于各级领导的高度重视和大力支持。

2. 人事部门支持是关键

人事部门是职称工作的主管部门，政工职评纳入人事部门的统一管理是形势发展的需要，也是规范管理、落实待遇的必然要求。在落实事业单位政工专业职务待遇的过程中，要积极争取人事部门的支持。

3. "全国一盘棋"是政工职评工作持续健康发展的现实需要

目前全国政工职评工作各自为政，发展很不平衡。希望进一步加强联系和沟通，特别是希望中宣部能够重新建立起全国性政工职评领导机构，并切实加强与人社部的沟通协调，力争从国家层面将政工系列纳入人社部的统一管理，从而从根本上推动政工职评工作的持续健康发展。

湖南省政工系列职称评审制度

湖南省政工职评办公室

一、责任单位

中共湖南省委宣传部企业宣传处（省政工职评办）。

二、责任人

企业宣传处实行处长负责下的岗位分工责任制，处长主持处内全面工作，并对本处工作负全面责任，处内其他同志按照岗位分工，分别承担各自的工作任务。政工系列职称评审责任人为处长、分管副处长、承办人。

三、评审依据

1. 中共中央办公厅、国务院办公厅《关于转发〈企业思想政治工作人员专业职务试行条例〉的通知》（中办发〔1990〕8号）。

2. 中共中央宣传部、中共中央组织部、人事部、劳动部、财政部《关于实施〈企业思想政治工作人员专业职务试行条例〉的若干规定》（中宣发文〔1990〕8号）。

3. 中共湖南省委办公厅、湖南省人民政府办公厅《关于转发〈湖南省思想政治工作人员专业职务评定工作领导小组会议纪要〉的通知》（湘办〔2000〕62号）。

4. 中共湖南省委宣传部、中共湖南省委组织部、湖南省人事厅、湖南省财政厅《关于贯彻湘办〔2000〕62号文件，做好企事业单位思想政治工作人员专业职务评聘工作的实施意见》（湘宣字〔2002〕32号）。

5. 湖南省职称改革工作领导小组、湖南省政工职评领导小组《关于印发〈湖南省思想政治工作人员专业职务评聘工作实施细则（试行）〉的通知》（湘职改〔2005〕3号）。

6. 湖南省职称改革工作领导小组及其办公室出台的相关政策文件。

四、评审条件和标准

1. 企业（含非公有制经济组织）和事业单位中从事思想政治工作的专职人员和以主要精力直接从事思想政治工作的人员可以参加政工系列职称评审。

2. 截至申报之日已办理离退休手续的人员不能参评，因各种原因受到党纪、政纪、法纪处分的人员在处分期间不能参评。

3. 教授级高级政工师只在企业和实行企业化管理的事业单位开评。

4. 申报中级以上职称人员须参加全省政工专业知识考试，合格成绩五年有效。

5. 职称外语和计算机应用能力考试按省职改办的统一规定执行。

6. 大学本科毕业，中级职称满5年；博士学位获得者，中级职称满2年；长期在个体、私营等非公有制经济组织和县及县以下企事业单位工作，专科毕业，中级职称满7年可正常申报副高职称。

7. 个别在工作中做出突出成绩的政工人员，可以不受规定学历和资历的限制，破格申报中级以上职称。部队转业和党政机关调入企事业单位人员（此前无任何职称），首次申报时不受资历、台阶、外语成绩和转业、调入时间限制，可直接申报相应档次政工职称。

8. 申报副高职称人员须具有较强的研究、

写作和口头表达能力，在中级任期内公开发表政工论文国家级1篇以上，或省部级和地厅级各1篇以上，或地厅级3篇以上；并能组织、指导完成重要的综合性思想政治工作任务，取得突出的工作业绩，个人或主管的工作获得1项地厅级以上政工荣誉，或者个人或主管的工作获得3项县团级综合性政工荣誉。

9. 申报正高职称人员须具有大学本科以上学历，副高职称满5年，在副高任期内公开发表政工论文省部级3篇以上，或国家级和省部级各1篇以上，或在省部级以上出版社出版政工理论专著1本（合著2本）以上；并能领导、组织、指导完成重要的思想政治工作任务，在加强和改进思想政治工作，促进改革、发展和稳定上取得突出成绩，具备下列条件之一：①在思想政治工作实践中总结出新经验，在全省、全行业以至全国产生过重要影响；②在所负责的单位获得省部级以上综合性思想政治工作荣誉中起了主要作用；③个人获得省部级以上综合性思想政治工作荣誉。

10. 在符合基本条件和标准的基础上，根据省职改办规定的评审通过率择优评审。

五、申报程序与申报材料

1. 申报程序：基层单位将申报材料报送到市州（厅局、系统）政工职评办，市州政工职评办初审后再报送到市州职改办审查把关，最后由市州（厅局、系统）职改办统一报送到省职改办。

2. 申报材料：申报政工系列高级职称材料要求如下：

资格审查材料，包括：

①参评人员资格审查意见表

②最高学历证书原件和复印件

③任现职资格证书原件和复印件

④任现职聘任书复印件

⑤外语考试成绩单原件和复印件或免试材料

⑥计算机应用能力（模块）合格证书原件和复印件或免试材料

⑦破格报告和有关证明材料

⑧年度考核登记表复印件

⑨送审材料审核责任卡

⑩机关流动、部队转业人员证明材料

⑪延期离退休审批表

⑫处分结论等材料

评审材料，包括：

①《专业技术人员任职资格评审表》一式两份

②个人述职评议情况表

③代表作原件1份、复印件两份

④其他论文原件及复印件各1份

⑤奖励证书、荣誉证书原件和复印件各1份

⑥综合材料一式5份

⑦参评人员花名册一式两份（含职称系统压缩文件1份，由市州、厅局呈报）

六、资格审查与评审

在层层推荐把关的基础上，由省职改办对申报人员进行参评资格审查，资格审查合格人员材料提交高评委会评审；省直厅局中级申报人员由省政工职评办进行参评资格审查。

出席高评委会评委名单由省职改办在开评前两天经省人社厅监察室监督，从评委库中随机抽取。评委按照“严格、认真、审慎”的方针和“从严从紧、优中选优”的原则和先小组评审、自查，再省职改办复查，后大会实名制投票的程序，对参评人员的政治表现、学识水平、工作业绩等方面情况进行综合评审。申报正高职称和破格申报人员还须参加面试。

七、公开公示

评审工作严格按照公开公平公正的原则进行，评委须签署《评委承诺书》并实名制投票，严防暗箱操作，严禁“感情票”、“关系票”和拉票串票，并由省职改办和省委宣传部纪检组派专人现场指导和监督。

申报前,基层单位要对申报人员的基本情况进行公示,包括学历、资历、考试成绩、工作业绩、成果论文等,公示无异议的要加盖申报单位公章及经办人印章。评审通过后,除所在单位公示外,还将统一在省人事编制网站上公示,公示无异议后再正式发文确认。

八、时间要求

政工系列职称评审工作严格按照省职改办的统一部署和要求进行,一般于每年5月份组织全省政工专业知识考试,8月底或9月初集中收取申报材料,10月下旬或11月初集中评审,评审结束后及时向省职改办报送评审通过人员信息并组织公示,公示无异议后发文确认任职资格,12月份进行高级政工师岗位培训。

九、收费依据

政工系列职称评审工作严格按照省物价局核定的收费标准收取有关费用,即按湘价费〔2002〕281号文件规定收取职称考试报名考务费,按湘价费〔2003〕74号文件规定收取职称评审费。

十、责任追究

申报对象和基层单位须如实准确填写有关申报材料和送审材料审核责任卡,如有弄虚作假,一经查实即取消其参评资格或任职资格,并按有关文件规定追究相应责任。

各级政工职评和人事职改部门须认真履行工作职责,积极为参评对象服务,并严格审查把关。如有协助弄虚作假,一经查实,按有关文件规定追究有关人员的相应责任。

评委和工作人员须严格遵守评审工作纪律,如有违反将按有关文件规定追究相应责任。

附件:政工系列职称评审流程图

省政工职评办组织全省政工专业知识考试

↓

基层单位组织材料申报

↓

市州(厅局、系统)政工职评办初审

↓

市州职改办审查把关

↓

省职改办资格审查

↓

高评委会评审

↓

评审通过人员公示

↓

发文确认任职资格

↓

高级政工师岗位培训

河南省教授级高级政工师参评条件

河南省政工职评办公室

河南省企业思想政治工作人员专业职务设助理政工师、政工师、高级政工师、教授级高级政工师。其中，助理政工师为初级专业职务，政工师为中级专业职务，高级政工师为副高级专业职务，教授级高级政工师为正高级专业职务。

教授级高级政工师的参评条件是：

1. 能熟练运用马克思主义的立场、观点、方法分析和处理思想政治工作中复杂、重大的问题。

2. 有深厚的思想政治工作专业知识和广博的教育、心理、法律等相关知识，全面了解本专业国内外最新研究现状、最新信息和发展趋势，具有跟踪本专业发展前沿的能力。

3. 有较深的学术造诣，对所从事的专业有深入的研究和独到的见解。有及时发现新情况、总结新经验、解决新问题的能力和较强的应对突发事件的能力。能根据党的路线、方针、政策和本地、本单位实际，创造性地策划、组织重大思想教育活动，在全省思想政治工作战线有较大的影响。

4. 大学本科以上学历，在专职政工岗位工作累计15年以上，并担任高级政工师职务5年以上。

5. 近5年年度考核和任期考核均在合格以上。

6. 符合下列5条中的两条以上（其中(1)为必备）：

（1）在CN报刊上发表思想政治工作方面的文章5篇（其中有3篇为独著，两篇在核心期刊发表）以上。

（2）主持完成省级社会科学规划研究项目1项，或是国家级社会科学规划研究项目的主要完成人。

（3）有独立撰写、正式出版的思想政治工作方面的学术专著。

（4）作品获河南省社会科学优秀成果二等奖以上，或河南省精神文明建设“五个一”工程奖，或河南省思想政治工作优秀成果一等奖、全国思想政治工作优秀成果二等奖1项以上。

（5）获得省级以上思想政治工作或综合性政工荣誉称号，或对所在单位获得同类荣誉称号起了主要作用。

7. 破格申报参评教授级高级政工师专业职务者须符合下列要求：

（1）在运用马克思列宁主义、毛泽东思想、邓小平理论、“三个代表”重要思想和科学发展观团结人、教育人的实践中取得突出成绩，创造、总结出的思想政治工作新经验、新做法在全国有关会议上交流、宣读，并产生较强反响。

（2）近5年年度考核和任期考核均在合格以上。

（3）符合下列5条中的两条（其中①为必备）：

①在CN报刊发表思想政治工作方面的文章6篇（其中有3篇为独著，有3篇在核心期刊发表）。

②获得国家级思想政治工作或综合性政工荣誉称号。

③正式出版两部以上学术价值较高、影响较大的思想政治工作方面的著作（本人每部须撰写3万字以上）。

④获得全国、河南省精神文明建设“五个一”工程奖，或河南省社会科学优秀成果一等奖以上，或全国、河南省思想政治工作优秀成果一等奖1项以上。

⑤在所在单位获国家级思想政治工作或综合性政工荣誉中起了重要作用。

河北省正高级政工师资格申报评审条件

河北省政工职评办公室

评定标准：正高级政工师须系统掌握党在各时期政治理论的基本原理，全面掌握党的思想政治工作的基本原则、优良传统，熟悉国内外政治经济形势及有关思想、道德、法制、教育等方面的新情况、新经验。思想政治工作经验丰富，知识系统全面，具有较高的政策理论水平、良好的文化素质和优良的道德品质。熟悉新形势下做好企业思想政治工作的规律和方法，坚持科学发展观，能够全面谋划大中型企业思想政治工作，主持重要思想政治工作课题研究。在思想政治工作中业绩突出，工作经验或选树的典型在全国同行业范围内交流推广。公开发表、出版高水平的论文、著作。有培养和指导高级政工师工作的能力。

一、适用范围

本条件适用于全省企业和实行企业化管理的事业单位中专职从事党的工作、思想政治工作的人员（指党委的负责人，组、宣、办、研究、统战等部门和纪委中直接从事思想政治工作的专职人员，专职党总支、党支部书记和编制在行政序列的宣传、宣教部门中直接从事思想政治工作的专职人员）；工会中专职从事思想政治工作的人员（指工会的负责人，宣教、组织、研究、女工部门中直接从事思想政治工作的专职人员）；共青团组织中专职从事思想政治工作的人员。

二、政治思想条件

遵守国家的法律法规，具有良好的职业道德和敬业精神。认真学习并系统掌握党在各时期所要求的政治思想理论体系和科学内涵，在思想上、政治上同党中央保持一致，正确贯彻执行党的路线、方针、政策，思想品德优良，热爱思想政治工作。任现职期间年度考核合格以上。

三、学历、资历条件

大学本科毕业以上学历，从事政工专业工作，取得高级政工师资格5年以上。

四、业务、计算机条件

（一）熟练掌握政工业务理论。参加全省政工业务统一考试，成绩符合规定要求。

（二）熟练掌握计算机应用技术。参加全国或全省职称计算机考试，成绩符合规定要求。

五、思想政治工作经历（能力）条件

取得高级政工师资格后，具备下列条件：

（一）对党的思想政治工作有深入研究和独到见解，工作经验丰富，有较强的统筹谋划、开拓创新、组织指导、调查研究、专业文字能力。

（二）能够适应形势发展的需要，深入研究企业职工思想活动的新情况、新特点，探索新形势下做好企业思想政治工作的有效方法和客观规律；能够从理论和实践的结合上回答社会深层次问题，破解工作难题；能够结合实际创造性地贯彻落实上级工作部署。

六、业绩成果条件

取得高级政工师资格后，具备下列条件：

（一）获得省部级以上综合性思想政治工

作荣誉称号，或对所在单位获得省部级以上同类称号起了主要作用，或主持、承担过省、部级以上思想政治工作课题研究，其成果在一定范围内被采用、引用。

（二）开展思想政治工作的做法、经验在省部级以上党政机关被推广。

（三）所培养、树立的先进典型在全省、全行业产生过重要影响。

七、论文、著作条件

取得高级政工师资格后，公开发表、出版有较高水平的思想政治工作方面论文、著作，具备下列条件之一：

（一）由个人编著，或与人合著而本人为第一作者，由出版社正式出版。有统一书号（ISBN）的专著一部（不少于10万字）。

（二）在有国内统一刊号（CN）的省级以上专业期刊发表思想政治工作方面的重要文章5篇以上（其中3篇以上为独立完成，在核心期刊发表）。

八、破格条件

为不拘一格选拔人才，对确有真才实学，做出突出贡献并取得高级政工师资格2年以上，具备下列条件者，可破格申报：

（一）在国家级核心期刊发表思想政治工作方面的重要文章3篇以上，且引起一定的社会反响，或主编、副主编由出版社正式出版的思想政治工作方面的专著（不少于20万字），且有一定的社会影响。

（二）获得国家级思想政治工作方面的荣誉称号。

河北省规范思想政治工作人员专业职务评聘工作

河北省政工职评办公室

中共河北省委宣传部、河北省人力资源和社会保障厅于2009年8月5日发文（冀人社〔2009〕67号），就规范政工专业职务评聘工作发出通知，全文如下：

根据国家原人事部关于事业单位岗位设置管理的有关文件精神，结合我省政工专业职务评聘工作实际，为进一步规范全省政工专业职务评聘工作，经研究，现就有关问题通知如下：

一、政工专业职务申报评审工作的管理

从2009年起，我省政工专业职务评定工作，在省职称改革领导小组的统一领导下纳入省职改办统一管理，与全省职称工作同步进行。省职改办负责对全省申报高级政工专业职务人员的资格审查和高级评审委员会的组建、评审工作的指导监督、评审结果的审批发文以及对取得高、中、初级政工专业职务资格人员的证书发放及日常管理工作；各设区市职改办负责对所辖申报中、初级政工专业职务人员的资格审查和中、初级评审委员会的组建、评审、指导及日常管理工作（评审结果需报省职改办备案）；省委宣传部负责全省高级政工专业职务和省属单位中、初级政工专业职务评审及全省政工专业人员业务考试和业务培训工作。

二、政工专业职务申报评审的范围

根据国家关于事业单位改革的有关规定和中办、国办《关于转发〈企业思想政治工作人员专业职务试行条例〉的通知》（中办发〔1990〕8号）精神，从2009年起，全省申报评审政工专业职务人员的范围调整为：全省企业和实行企业化管理的事业单位中从事思想政治工作人员。

对已取得政工专业职务的人员，现在专业技术岗位工作并符合相应专业技术职务任职资格申报评审条件的，可按照有关政策规定及要求申报评审相应的专业技术职务任职资格。取得任职资格一年后，符合晋升条件的，可申报晋升高一级专业技术职务任职资格。

三、政工专业职务申报评审的条件

全省企业和实行企业化管理的事业单位中从事思想政治工作人员，申报评审相应的专业职务资格时，暂按《河北省政工专业职务评定办法》、《河北省正高级政工专业职务评定办法》执行，待对申报评审条件进一步规范完善后，按新的规定执行。计算机应用能力作为申报评审的必备条件，申报评审须参加全省统一组织的职称计算机应用能力考试，考试成绩达到规定要求的方可申报。对外语水平不作要求。

四、已批准聘用政工专业职务人员的工资待遇

在组织此次聘用时，对2006年12月30日前事业单位已取得政工专业职务资格已聘的在职在岗人员，可参照事业单位专业技术岗位设置和聘用工作的有关规定，结合本地、本部门、本单位实际，实行聘用岗位总量、结构比例和最高等级控制。各用人单位要本着择优聘用的原

则，按照规定的聘用程序，确定聘用人员后，经公示无异议的，聘用方案报省、市政工职评办核准，增加的工资从本通知下发后，批准聘用方案下月起执行。对 2007 年 1 月 1 日以后事业单位已取得政工专业职务资格并已批准聘用的在职在岗人员（含 2006 年 12 月 30 日至今已批准退休的政工专业职务人员），全部按专业技术职务最低岗位等级兑现工资待遇，从聘用方案批准下月起执行。

对所聘政工职务超过本单位专业技术岗位设置最高职务的，此次只能在下一级职务相应等级聘用。

求真务实　开拓创新
努力做好政工职评工作

广州市政工职评办公室

一、2011年广州市政工职评工作规范管理，从严把关，高质高效地完成工作任务

2011年，广州市政工职称评定工作在市委宣传部的正确领导下，在各级党委的高度重视下，坚持以邓小平理论和“三个代表”重要思想为指导，深入贯彻落实科学发展观，按照“高举旗帜、围绕大局、服务人民、改革创新”的总要求，进一步增强政治意识和责任意识，规范管理，从严把关，高质高效地完成了各项工作任务。全市共有近400人申报政工职称，其中申报助理政工师、政工员136人，通过124人，通过率为91%；申报政工师121人，通过86人，通过率为71%；申报高级政工师143人，通过67人，通过率为47%。

（一）加强组织领导，确保政工职评工作进展顺利

各方高度重视，全面推进工作。一是各级政工职评组织机构健全，各级党委大力支持、指导有力。二是各单位政工职评部门严格执行有关政策规定，不断改进、完善工作制度，严把评审质量关，确保评定工作稳妥、顺利进行。三是评后管理和继续教育工作不断加强，提高了政工专业人员整体素质。充实评委力量，提高评审质量。市政工职评办根据各级评委库评委人员职务变动和退休等情况，及时调整、充实中、高级评委库成员，由具备高级专业技术职称的专家学者、领导干部和专职政工人员组成，现中级评委库有70人，高级评委库有64人。同时，制定了新的入选评委的条件和评审纪律，及时组织评委学习新文件，掌握评审政策，规范评审要求，大大提高了评审的质量。

坚持重心下移，推动基层工作。各级政工职评办坚持面向基层，不断夯实工作基础。白云区政工职评办充分利用区属主流媒体搭建网络学习平台，通过区宣传网“理论在线”网上园地的“政工职评”栏目，及时、方便、快捷地向拟申报人员传达上级有关方针政策，广泛交流各地、各单位开展政工职评工作的经验。广州大学采取集中座谈、定期召开专题讲座等形式，从思想政治素养、理论素养等方面增强政工人员的宗旨意识、大局意识和责任意识。同时，控制参评数量，严格评审标准，提高评审工作的科学性和专业性。市建委认真制定年度计划，搞好调查摸底，鼓励符合条件的人员积极申报，并严格申报程序，对上报材料反复核对，确保客观事实清楚、卷宗材料真实明晰。广州轻工工贸集团要求政工干部找准工作定位，提高自身素质，增强服务大局的能力，并组织企业领导干部和政工人员开展研讨活动。珠江啤酒集团对当年申报人员严格把关，经党委会讨论通过的优秀人才方可报送材料，一经评上，确保与其他专业职称同等待遇。广州工程技术职业学院及时在校内公布市政工职评办相关文件，让全院教工了解政工职评政策及申报流程。市教育局实行评前评后名单公示制度，确保评审公平、公正、公开。广州建筑集团主动承担全市未成立政工职评办单位上报初级职称的认定工作，为市政工职评办分担任务，很好地完成了各项工作。

花都区、天河区、番禺区、市教育局中评委在评审过程中认真审核材料，评审会上对每位申报人的业绩进行充分讨论，保证了评审质量。各基层单位加强调查研究，搞好政策宣传，广大政工职评干部增强了荣誉感、责任感和使命感，提升了政工职评工作水平。

（二）不断创新载体，探索政工职评工作的长效机制

及时提供信息，做好政策解读。市政工职评办适应形势发展的需要，不断充实、完善和调整政工职评的相关政策。及时下发了《广东省思想政治工作人员专业资格职称评审条件》、《广州市2010年政工职评工作总结及2011年政工职评工作要求》、《关于做好2011年度广州市政工专业资格职称申报评审工作的通知》、《关于2011年申报政工专业资格人员外语和计算机应用考试的通知》、《关于做好2011年广州市政工专业人员继续教育培训和岗前培训的通知》等一系列文件，并将文件及时在中国广州网上公布，方便基层政工人员及时了解政工职评动态。

广泛征求意见，加强宏观指导。市政工职评办牢牢把握政工职评政策的正确导向，在申报评审过程中努力做到指导到位、组织到位、思考到位、把关到位、操作到位。年初，市政工职评办组织包括市人社局、市国资委、市建委、广州大学、岭南集团、纺织集团等17个部门和单位政工职评办负责人参加的座谈会，召开全市14个政工专业资格中级评审委员会座谈会，充分听取基层单位对政工职评工作的意见和建议，传达省政工职评办新的文件精神，专题部署将街道党建工作指导员、社区政工人员纳入参评范围，不断加强重点工作和改进工作方法，使全市各级政工职评工作更加科学化、规范化。6月，召开广州市政工职评工作会议，强调各级党政部门要适应新的形势变化，政工职评工作要向社区组织延伸，向非公有制经济组织拓展；评审工作要把好“入口关”、“评审关”和“监督关”。2011年首次开展高级政工师论文答辩工作，严格控制高级政工师的通过率，不断提高政工职称的含金量。

深入摸查实情，明确工作思路。根据《广东省思想政治工作人员专业资格评审条件》（粤政职评〔2011〕5号）文件的要求，参评对象扩大到非公有制经济组织、社区中从事党务工作、思想政治工作的在岗人员以及街道党建工作指导员。市政工职评办与市工商联联合召开广州市非公企业政工职评工作座谈会，下发《广州市各区、县级市社区政工人员统计表》，开展调查摸底工作。经统计，2011年广州市12个区、县级市社区政工人员分布分别为：街道、镇约1154人；村民委员会（改制公司）约3864人；社区居委会约2798人；党建工作指导员约294人，文化站长约139人；非公企业约5273人。这次统计，为进一步扩大政工职评覆盖面，推进社区和非公企业政工职评工作开展提供了有效依据。

精心组织安排，合理部署评审。为了让近两年没开评的中评委单位积累评审经验，市政工职评办在摸查全市政工师申报人数的基础上制定了中评委开评方案，确定2011年市教育局、天河区、花都区和番禺区的中评机构开评，并合理分配评审数量。市政工职评办工作人员分别到各中评委机构协助审核材料，逐份核实申报表，不符合条件的坚决把住不上评委会；对个别有疑义的材料，反复对照文件充分讨论。在市政工职评办的指导下，各中评委机构圆满完成了全市政工职称初级、中级评审工作。

（三）坚持求真务实，增强教育培训的针对性和实效性

落实上级要求，扩大培训范围。根据省政工职评办〔2011〕5号文件的精神，参照《广东省专业技术人员继续教育条例》，2011年，市政工职评办与市政府系统培训中心一起对继续教育培训工作进行了认真安排和部署，把非公经济组织、社团组织、社区政工专业人员以及街道党建工作指导员等纳入培训范围，充分利用政工继续教育培训的平台,使更多不同经济性质、不同类型单位的政工人员受到教育和培训。全年参加网络培训和面授培训的政工人员共达7690人次。

完善培训体系,创新培训形式。一是继续实施72学时和公需课、专业课、选修课的培训计划,从2011年开始实行学时不可跨年累计登记制度。二是规范选修课的形式,明确规定参加公需课、专业课学习不足72学时的,可通过选修课完成;各单位组织的政工类学习及参加局以上单位组织的政治学习不纳入学时积分。三是加强网络培训,丰富培训形式。公需课和专业课统一实行网络培训,专题讲座和岗前培训采取面授方式,每个专题在每周分设不同的授课时间,并及时公布培训内容。2011年还设置了专题讲座、网络选修课和高级研修班,共有115名政工人员参加了政工专业人员高级研修班,赴延安、井冈山、浙江大学学习,课程内容十分丰富,包括"延安精神与时代价值"、"新时期思想政治工作创新"、"经济转型的'苏东模式'与'中国模式'"、"从产品创新到商业模式创新"等专题讲授,帮助政工干部了解和掌握新时期思想政治工作的新理念和新方法,赢得了学员好评。

精选培训良师,保证培训质量。市政工职评办和市政府系统培训中心多次组织授课教师针对授课内容、形式和效果进行研讨,结合学员特点,在授课内容和方式等方面做了充分的准备。一是开设网络专业课。课程紧密结合实际,得到学员充分认可。二是结合我市经济、社会发展热点问题和政工人员的实际情况举办专题讲座。"广州'十二五'规划解读"、"纪念中国共产党成立90周年专题讲座"、"后危机时代的国际国内形势"、"企业文化的创新与发展"、"当代青年的心灵透视"、"如何当好政工师"等6个专题讲座内容丰富,信息量大,进一步提高了政工人员的理论政策水平和解决实际问题的能力。

优化培训服务,完善培训管理。市政工职评办和市政府培训中心完善网络培训平台功能,认真做好服务。一是及时公布开班通知、学员须知、课程介绍和验证要求,并转载省、市有关政工职评文件、通知和学习指南等,让政工人员随时掌握相关信息和文件精神。二是利用网络平台,简化验证程序和手续。根据验证工作量大、人员多的特点,成立了政工专业人员继续教育证书验证小组,采取人员分流、分时、分类验证的方法,并通过短信提醒和班主任课堂通知等形式宣传验证的要求和注意事项,让学员提前做好验证的准备工作。三是健全考勤制度,做好后勤服务。在面授专题讲座的考勤管理方面,参照公务员和专业技术人员培训的做法,严格按实际出勤登记学时,学员的出勤率达到70%以上才认定为参加了该门课程的学习。在培训场地方面,给学员提供了更方便、更安静、更舒适的学习环境。

(四)锐意开拓创新,试行高级政工师评审论文答辩

精心策划,扎实准备。市政工职评办在全省率先试行高级政工师论文答辩,从高评委库中随机抽出12位评委作为论文答辩组专家,分成4个答辩小组,负责高级政工师申报人答辩评审工作;强调答辩纪律,对评委和工作人员提出相关要求;评委认真审读申报人论文,就论文内容提问,并根据答辩情况写出书面评价。

认真实施,扎实推进。市政工职评办组织高级政工师论文答辩,142人参加了答辩。申报人用5分钟介绍本人基本情况和主要工作业绩,用10分钟回答专家提问。论文答辩考察了高级政工专业人员的抽象概括能力、逻辑思维能力和口头表达能力,提高了他们的综合素质。

严格评审,提高质量。一是严把材料审查关。对每位申报人员的材料严格审核,确保申报材料的规范性和真实性,着重看申报人员的工作业绩、创新能力和研究能力。二是严把评审关。坚持"宁严勿宽,宁缺勿滥"的原则,重能力、重实绩、重贡献,对参评人员作出全面、客观、公正的评价。

（五）存在的问题

广州市政工职评工作已转入经常化，如何进一步加强对政工职评工作的管理，提高政工职称评审质量，提升政工人员的素质和业务水平，调动政工人员从事思想政治工作的积极性和主动性，是各级政工职评部门面临的主要问题。

在实际评审工作中，还存在着以下三方面的问题：一是有些单位从事政工职评工作的人员对政工职评政策不熟悉，没有做好政策解答工作，没有及时传达市政工职评办下发的文件，导致符合条件的申报人员没有及时申报。二是有些单位的领导对政工职评工作不够重视，认为政工职评工作可有可无，不安排政工人员参加继续教育培训，没有将政工人员培训经费纳入当年培训经费预算。三是有些企业领导对落实政工人员职称待遇不重视，没有与其他职称专业技术人员同等待遇。

二、2012年广州市政工职评工作要突出重点，开拓创新，确保评审质量

2012年，广州市政工职评工作要坚持以邓小平理论、“三个代表”重要思想和科学发展观为指导，深入学习宣传贯彻党的十七届六中全会和省、市党代会精神，为新型城市化建设和率先转型升级、建设幸福广州提供强大思想保证和精神动力，迎接党的十八大胜利召开。围绕提高我市政工职评工作质量，加大培训力度，提升政工人员综合素质，不断提高政工职评工作规范化、科学化水平，重点做好以下六方面工作。

（一）突出重点，扩大参评范围

按照2011年《广东省思想政治工作人员专业资格职称评审条件》（粤政职评〔2011〕5号）和市委宣传部等4部门联合下发的《关于在广州市非公有制企业政工人员中开展政工职称评定工作的通知》（穗政评通〔2012〕5号）的要求，将参评对象扩大到非公有制经济组织、街道（镇）社区中从事思想政治工作的人员。各区、县级市政工职评办、工商联要广泛宣传和发动本辖区内的非公有制经济组织的政工人员和街道（镇）党建工作指导员、社区政工人员积极参加政工职称申报，并支持他们参加继续教育培训。市工商联要对全市成立党组织的非公企业中从事党务、工会、共青团等工作的政工人员进行摸查，动员政工人员积极参加政工职称申报，为他们提供评定职称的机会和平台。非公有制企业要将政工人员继续教育培训经费纳入企业培训经费。要做好政工职评政策的宣传，可先在部分非公有制企业中抓试点。对发动面广、参加学习人员多、工作做得好的区、县级市及企业，要予以表彰并及时总结经验，在全市推广。

（二）严格把关，提高评审质量

对申报人不仅要看学历、资历，更要注重实际工作能力、工作水平和工作业绩，要严格把好“五关”。一是严把申报关。认真审核每一份申报材料，对不符合申报资格条件的不予受理，并给予解释；对越档次申报的，要按照逐级申报原则重新申报；对没有完成72学时培训的，不予申报职称。二是严把考核关。注重公示情况和单位考核意见，单位考核不过关的，群众投诉意见大的，经核实事实存在的不予受理。三是严把评估关。对参评人员提供的论文和业绩材料进行认真评估，作出正确的判断，如提供的文章是否政工论文，是否发表在评审条件所列的有效刊物上，工作业绩是否突出等。四是严把答辩关。继续开展2012年申报高级政工师论文答辩工作，由评委针对论文内容提出答辩题，按规定要求进行答辩，成绩优秀的进入评审。五是严把评审关。对出席评审会的评委人数、评审程序、工作流程、投票结果进行严格把关，确保符合中央、省、市有关政策规定。

（三）加强学习，提高工作水平

政工职评是一项政策性很强的工作，涉及面广，关系到政工人员的切身利益。各单位从事政工职评工作的同志除了要有高度的责任感和认真负责的态度外，还必须要有很高的业务

水平，熟悉政策和评审程序要求。因此，各级政工职评部门、评委会成员及工作人员要认真学习中央、省、市政工职评工作文件，及时向政工人员传达上级政工职评工作精神，组织参评人员参加继续教育培训以及外语和计算机考试。要联系本单位实际开展调研，摸清本单位本地区政工人员思想动态，发现问题及时向市政工职评办汇报，对评审工作中出现的问题做好政策解答工作。

（四）贯彻文件，落实职称待遇

各单位要高度重视政工人员的待遇，按照《中共中央办公厅、国务院办公厅关于转发〈企业思想政治工作人员专业职务试行条例〉的通知》（中办发〔1990〕8号）要求，在学习培训、职称评定、职称待遇、职务晋升等方面与同级专业技术职务人员同等待遇。

（五）摸清情况，开展调研活动

市政工职评办将积极推动各单位加强调研，重点围绕“发挥高级政工人才作用的途径、方法和机制”、“加强对中、高级政工专业人员的管理和使用”、“加强政工师队伍建设的重点难点问题”等进行调研。与市政研会、广州企业文化协会联合开展“思想政治工作与企业文化建设”论文征集活动，各政工职评办要发动政工人员撰写论文，积极参与。

（六）凝聚力量，加强队伍建设

市政工职评办将组织市内各级政工职评办负责人及工作人员、高级政工师赴兄弟省市学习先进经验，开阔思路和视野；组织评选广州市2009—2011年度政工职评工作先进单位和先进个人，发挥典型的示范引领作用，推动我市政工职评工作再上新台阶。

广州市在非公有制企业开展政工专业资格职称评审工作

广州市政工职评办公室

随着改革开放的不断推进和社会主义市场经济的深入发展，我国经济社会结构发生了深刻的变化，以非公有制经济为主体的新社会阶层日益发展壮大。非公有制经济在我市经济社会发展中发挥着越来越重要的作用，成为推进全市经济发展、促进社会和谐稳定的重要力量。

思想政治工作是企业的生命线，也是非公有制企业文化建设的内核。在非公有制企业政工人员中开展政工专业资格职称评审工作，是党中央加强和改进思想政治工作，提高非公有制企业政工人员素质和待遇的重要举措。加强非公有制企业政工队伍建设，提高思想政治工作水平，是新时期、新形势、新情况、新任务的必然要求。按照广东省政工职评办下发的《广东省思想政治工作人员专业资格职称评审条件》（粤政职评〔2011〕5号）关于政工专业职称评审要贯彻“严格、认真、审慎”的方针和实事求是的原则，严格按照文件规定的标准条件和工作程序开展评审工作的要求，今年我市在全市非公有制企业中开展了政工专业资格职称申报评审工作。这是一项很严肃的工作，政策性很强。为此，我们要求各企业高度重视政工职评工作，将其作为关爱员工的一项具体行动，支持本企业政工人员申报专业资格。各单位负责政工职评工作的同志要认真组织学习政工专业职称评审系列文件，熟悉和掌握政工专业职称评审政策，并及时将文件精神传达到企业和申报人，做好政策解答工作。各区、县委宣传部政工职评工作办公室要严格审查核实有关材料，严格界定政工岗位，确保申报材料的真实性。目前，我市非公企业政工专业资格职称评审工作正在平稳有序进行。

加强继续教育培训
切实提高政工专业人员整体素质

新疆生产建设兵团农八师石河子市政工职评办公室

日前，为期20天的新疆生产建设兵团农八师石河子市（以下简称师市）2012年政工专业职务人员继续教育培训班，在石河子大学政法学院圆满结束。来自垦区各团场、企事业单位、街道社区以及驻石单位的162名政工干部顺利结业，获得了岗位培训合格证书。

建立岗位培训制度，对申报晋升政工专业职务人员进行继续教育培训，是加强对政工人员业务管理的重要方式。师市党委宣传部历来对政工专业职务人员继续教育培训工作非常重视，特别是近年来，面对国内外严峻的经济形势，他们越来越深刻认识到，思想政治工作是一门涉及到多方面知识的综合性科学，在我党的不同历史时期都曾经发挥十分重要的作用。在当前以经济建设为中心，建设中国特色社会主义的进程中，仍然需要强有力的思想政治工作作保证。为此，他们把评定政工人员专业职务的过程，作为提高政工人员自身素质的过程，作为对政工人员理论业务水平和工作实绩的一次全面考核，要求政工职评办认真部署、周密安排、狠抓落实。

一是抓教学重点，确保学有所用。因为每年的培训时间有限，教学内容不可能面面俱到，所以在学习内容的安排上，他们围绕中心任务，选择急需要、用得上的内容作为重点。除了安排兵师两级党委全委扩大会议精神、思想政治工作、学习型政党、廉政建设、精神文明创建、科学发展观及转变经济发展方式、实现科学跨越发展等必须了解掌握的内容和专题外，还结合实际重点突出了兵团精神、军垦文化以及领导能力、心理健康、执行力、团队建设与人际关系等内容，同时还开设了公文写作、网络舆情、社交礼仪、语言沟通等课程，可谓丰富多彩，深受广大政工干部的欢迎。为使培训取得好的效果，政工职评办积极征求基层意见，多方沟通联系，聘请教学经验丰富、理论水平较高的教师担任主讲老师，由于这些教师能区分层次因人施教，学员愿意听、喜欢学、接受快，取得了良好的培训效果。

二是抓严格管理，确保学习质量。安排好学习内容，请水平高的老师讲课，目的是让广大学员学有所获。为此，在每年的培训开班典礼上，师市党委宣传部领导都要对参加培训的学员提出要求，要求大家自觉保持良好的精神风貌，认真听讲，做好笔记。并要求政工职评办在教学中必须严明纪律，严格管理。每一期培训班除配有带班老师外，还要挑选素质较高、责任心较强的学员组建班委会，老师和学员相互配合，共同抓好班级管理工作。学员来自全垦区各单位，有工矿企业的，有机关的，也有街道社区的。由于平时工作很忙，难得一起学习交流，所以学员们格外珍惜这样的学习培训机会，不仅认真系统学习思想政治工作的理论和业务知识，还利用课余时间交流学习体会、切磋学习经验，大家纷纷表示要把学到的知识运用到工作实践当中去，锻炼能力，提高水平，真正做到学有所获、学有所成。

三是抓培训方式，确保取得实效。在培训中，他们十分注重采取灵活多样的学习方式，做到既严肃认真，又轻松活泼。无论是初级班还是中级班，对论文的写作，都是部领导当场命题，参训人员根据命题现场撰写完成，这样有助于真实考察学员的理论水平和联系实际的能力。同时宣传部还针对基层政工人员的现状、存在的困难和问题等进行问卷调查。在结业时根据所学内容组织考试，成绩合格、表现良好者方能发放培训合格证书。为加强交流，在每一期培训班上，他们还通过开展座谈、演讲、联谊等活动，让广大学员充分展示自己的学习成果，努力形成比学赶帮的良好氛围。通过培训，广大政工专业职务人员开拓了视野，加强了交流，增进了感情，提升了水平。

第五部分

中国共产党省、自治区、直辖市代表大会

（按行政区划序号排序）

北京市第十一次党代会报告摘要及市委、市纪委领导成员名单

全力推动首都科学发展
为建设中国特色世界城市而努力奋斗

——在中国共产党北京市第十一次代表大会上的报告(摘要)

(2012年6月29日)

刘　淇

同志们:

现在,我代表中国共产党北京市第十届委员会向大会作报告。

中国共产党北京市第十一次代表大会是在首都经济社会进入新的发展阶段召开的一次重要会议。大会的主题是:高举中国特色社会主义伟大旗帜,以邓小平理论和"三个代表"重要思想为指导,深入贯彻落实科学发展观,抓住机遇,乘势而上,团结带领全市人民,为创造更加幸福美好生活、建设中国特色世界城市而努力奋斗。

一、过去五年工作的回顾(略)

二、今后五年工作的基本要求、指导思想和奋斗目标

以北京奥运会圆满成功为标志,首都发展进入了新的阶段,推动中国特色世界城市建设,已经历史性地摆在了全市人民面前。建设中国特色世界城市,是《北京城市总体规划》的战略部署,是新世纪中央对北京工作的要求,也是首都人民的新期盼。建设中国特色世界城市,最重要的就是提升发展质量,完善城市功能,提高群众生活水平,在世界城市体系中发挥更加重要的作用,更好地服务国家的发展。我们必须紧紧抓住可以大有作为的重要战略机遇期,大力践行"北京精神",努力开创首都各项工作新局面。

在新的发展阶段,建设中国特色世界城市,一定要牢牢把握首都的工作职责。面对国家国际地位迅速提高的大势,北京作为13亿人口大国的首都,必须以更高标准履行好"四个服务"职责。首都各项工作必须更加有利于为中央党政军领导机关服务,为日益扩大的国际交往服务,为国家教育、科技、文化和卫生事业的发展服务,为市民的工作和生活服务;首都发展建设必须更加有利于发挥全国政治中心、文化中心和国际交往中心的作用。我们要以可能达到的最高标准,努力创造一流的工作成绩和工作经验,努力使各项工作走在全国的前列。

在新的发展阶段,建设中国特色世界城市,一定要牢牢把握推动首都科学发展的神圣使命。经过多年探索,我们在科学发展的道路上迈出了坚实步伐,有了较好的工作基础。在国家2020年全面建成小康社会的伟大征程中,我们有条件、也必须按照中央的部署,更好地发挥支撑、引领和示范作用,为国家作出更大贡献。要进一步提升创新能力,形成创新驱动发展模式,成为有世界影响力的科技文化创新之城,在建设创新型国家战略中发挥支撑作用;要进一步提升城市运行管理的精细化、信息化、便利化水平,大力改善生态环境,推动城乡一体化,促进区域协调发展,在国家工业化、城市化快速发展的进程中发挥引领作用;要进一步增强文化自觉自信,大力弘扬践行"北京精神",传承优

秀传统文化,创造时代精品,努力提升文化的软实力和国际影响力,把首都建设成践行社会主义核心价值体系的首善之区、文化大发展大繁荣的标志性城市,在国家实施文化强国战略中发挥首都全国文化中心示范作用。我们必须紧紧抓住世界范围科技革命和产业调整的机遇,抓住国家工业化、信息化、城镇化、市场化、国际化快速发展的机遇,抓住国家鼓励东部地区率先发展和实施首都经济圈战略的机遇,抓住成功举办奥运会、应对国际金融危机、推动科技创新文化创新带来的机遇,奋力开创首都科学发展新局面。

在新的发展阶段,建设中国特色世界城市,一定要牢牢把握加快转变经济发展方式的重要任务。加快转变经济发展方式,解决发展中不平衡、不协调、不可持续的问题,必须着力推动创新发展、包容发展、和谐发展、绿色发展、开放发展。推动创新发展,就是要解放思想,深化改革,不断创新,建立有利于科学发展的体制机制,把首都发展转向依靠科技进步、劳动者素质提高和管理创新的轨道上来。推动包容发展,就是要坚持以人为本,同步推进经济增长、社会进步和民生改善,率先实现基本公共服务均等化,为各类发展主体创造公平的发展环境。推动和谐发展,就是要充分发扬民主,健全法制,加强和创新社会建设与管理,妥善协调好各方面的利益关系,营造和谐稳定的社会环境。推动绿色发展,就是要进一步强化绿色生产、绿色消费,倡导绿色就业、绿色生活,率先把北京建设成为资源节约型和环境友好型城市。推动开放发展,就是要在更高的水平上统筹对内对外开放,提高区域合作的能力,提高利用国际资源、引进集聚国际高端资本和人才等要素的能力,进一步提高首都经济的科学发展水平。

在新的发展阶段,建设中国特色世界城市,一定要牢牢把握立党为公、执政为民的基本要求。要把以人为本理念贯穿首都工作的全过程和各个方面,牢记权力是人民赋予的,只能用来为人民谋利益,坚持一切为了群众,一切依靠群众,把实现好、维护好、发展好最广大人民的根本利益作为一切工作的出发点和落脚点。对涉及群众切身利益和实际困难的事情,再小也要竭尽全力去办。要认真总结奥运筹办过程中实施"五无"目标管理的成功经验,下力气解决群众普遍关注的民生问题。经济发展要让群众得到实惠,城市建设管理要让群众更便捷、更舒适、更安全,要不断提高基本公共服务均等化水平,保障食品药品安全,进一步提高环境质量,让群众享受良好的生态环境。

建设中国特色世界城市是一项长期的战略任务。今后五年是打基础的重要阶段,首都工作的指导思想是:高举中国特色社会主义伟大旗帜,以邓小平理论和"三个代表"重要思想为指导,深入贯彻落实科学发展观,认真学习贯彻党的十八大精神,坚持科学发展,加快转变经济发展方式,大力践行"北京精神",深入实施"人文北京、科技北京、绿色北京"战略,率先形成科技创新、文化创新"双轮驱动"的发展格局和城乡经济社会发展一体化新格局,努力让人民群众生活得更加幸福美好,向着建设中国特色世界城市迈出坚实步伐。

今后五年,推动中国特色世界城市建设的奋斗目标是:

——**经济实力显著提升**。转变经济发展方式取得突破性进展,区域协调发展水平不断提高,首都经济保持持续平稳增长的势头,着力打造"北京服务"、"北京创造"品牌,人均地区生产总值达到2万美元左右,在2020年率先形成科技创新、文化创新"双轮驱动"的发展格局,初步建成有世界影响力的科技文化创新之城。

——**城市功能持续优化**。率先形成城乡经济社会发展一体化新格局,新农村建设持续推进,生态环境建设全面加强,完成平原地区100万亩植树造林任务,全市森林覆盖率达到40%以上,主要污染物排放总量持续削减;交通拥堵得到有效治理,中心城区公交出行比例力争达到50%;"智慧城市"的基本框架初步形成,城市运行的精细化、信息化、便利化水平明显提高，城市运行管理和应急保障能力显著增强。

——社会环境更加和谐。基本公共服务均等化程度明显提高，依法治国理念更加深入人心，公民有序政治参与逐步扩大，群众利益表达渠道更加畅通，社会服务管理体系更加完善，人口管理更加科学有序，社会矛盾化解体制机制更加健全。初步建成学习型社会。

——首都文化日益繁荣。全面践行"北京精神"，市民文明素质和城市文明程度显著提升，历史文化资源得到有效保护、挖掘、传承和利用，文化事业和文化创意产业健康快速发展，公共文化设施和服务质量达到世界先进水平，文化创新活力充分彰显，全国文化中心的示范作用得到充分发挥，努力建设中国特色社会主义先进文化之都。

——改革开放不断突破。有利于推动科学发展、加快经济发展方式转变和自主创新的体制机制与制度进一步完善，重要领域和关键环节改革取得明显进展，国际化水平进一步提高，吸引和聚集国际高端要素的能力不断增强，努力建设国际活动聚集之都、世界高端企业总部聚集之都、世界高端人才聚集之都。

——市民福祉明显改善。努力实现充分就业，实现城乡居民收入与经济发展同步增长，城乡收入差距明显缩小，中低收入群众的收入水平明显提高，率先建立起与经济发展水平相适应的社会福利制度，完成5000万平方米老旧小区综合整治任务和100万套保障房建设任务，努力实现"住有所居"。基本实现义务教育资源均等化，基本满足适龄儿童入园需求，率先实现教育现代化，建立覆盖城乡的基本医疗卫生制度和养老制度，努力建设和谐宜居之都。

三、今后五年的主要任务

今后五年，要紧紧围绕着全力推动首都科学发展、建设中国特色世界城市的战略任务，努力在以下六个方面取得新的重大进展。

(一)加快转变经济发展方式

坚持首都经济发展方向，加快建立创新驱动的发展模式，进一步优化产业结构，保持经济持续平稳发展。

着力提高自主创新能力。围绕建设国家创新中心，落实科技北京行动计划，深入推进中关村国家自主创新示范区建设，发挥中关村一区多园的创新引擎作用，全面提升自主创新能力。加大科技体制改革力度，推进知识产权、标准化和商标战略，大力优化创新创业环境，完善技术创新服务体系，积极承接和推进国家重大科技专项，努力在重点领域攻克一批核心关键技术。健全重大科技成果筛选和重大项目落地服务等成果转化机制，强化企业创新主体地位，引导人才、资本、技术等创新要素向企业聚集，形成一批具有国际影响力的创新型企业和国际知名品牌。落实并发挥"千人计划"、"海聚工程"的作用，建设好中关村人才特区。充分发挥政产学研用一体化机制的作用，提升协同创新能力，充分发挥教育特别是首都高校在自主创新中的基础性作用。

着力打造"北京服务"、"北京创造"品牌。按照"优化一产、做强二产、做大三产"的方针，积极推进产业融合发展的实体经济。着力提高服务业发展水平，下力气培育"北京服务"品牌。搞好国家服务业综合改革试点区和现代服务业综合试点，发挥"京交会"品牌效应，加快推动国家服务业中心城市建设，形成与世界城市要求相适应的国际商贸中心。进一步优化首都金融发展环境，着力扶持优质品牌金融企业，加快建设国家科技金融创新中心、国家文化金融创新中心，积极推动场外市场发展，加快发展要素市场，加快建设具有国际影响力的金融中心城市。加快科技服务业发展，培育研发、设计、工程技术和科技中介等服务业态，加快"设计之都"建设。充分发挥世界旅游城市联合会的作用，按照资源多样化、管理精细化、服务便利化、市场国际化的要求，建设国际一流旅游城市，使旅游业成为重要的支柱产业。要紧紧围绕培育一批"北京创造"品牌，加快推动新一代信息技术、新能源汽车、节能环保、高端装备制造业、生物医药、新能源、新材料和航空航天等战略性新兴产业的发展，全面提升首都经济的核心竞争力。

着力推动区域协调发展。加大市级统筹力度，进一步优化首都发展空间布局，着力强化中关村的科技自主创新功能，北京经济技术开发区的高端制造业功能，金融街的国家金融中心功能，中央商务区的现代国际商务功能，临空经济区的国际航空中心核心区功能，奥林匹克公园的重大国际活动功能。加快通州高端商务服务区建设，增强对东部发展带的带动作用。加快新首钢高端产业综合服务区建设，推进西部综合服务中心区建设，增强对西部转型发展的辐射作用。加快丽泽金融商务区建设，拓展首都金融业发展的新空间，提高城南地区生产性服务业发展水平。加快北京新机场和新航城的规划建设，提前布局重大基础设施和公共服务设施，带动南部地区加快发展。加快怀柔文化科技高端产业新区建设，带动北部生态涵养发展区科学发展。尽快建成中关村科学城、未来科技城，加快建设北京科技商务区，推进北部研发服务和高新技术产业发展带的发展。在北京经济技术开发区、房山高端制造业新区打造现代制造业高地，加快建设南部高技术制造业和战略性新兴产业发展带。积极推进首都经济圈建设，建立区域发展对接机制，建立首都区域协调发展格局。按国家要求完成好对口援藏、援疆、援青等工作。

着力实施扩大内需战略。健全扩大消费需求的体制机制和政策，逐步提高居民特别是中低收入者收入，培育特色消费街区，发展文体休闲、保健养老等发展型和服务型消费，扩大电子商务消费，加强市场监管体系、社会诚信体系、企业信用体系建设，营造良好的消费环境。积极调整投资结构，引导投资向郊区、重点新城和高端产业功能区等区域转移，提高投资质量和效益。

着力推动改革开放。进一步深化行政管理体制改革，转变政府职能，推进大部门制改革，下放审批权限，推进政务公开，加快市级政务服务中心和公共资源交易平台建设，提高行政效能和服务效率。分类推进事业单位改革。深化投融资体制改革，深化税收征管改革，构建有利于转变经济发展方式的财税体制，进一步理顺市和区县政府间财政分配关系，完善转移支付制度。推进资源环境价格改革和公用事业改革，完善重要商品、服务、要素价格形成机制。完善国有资产管理体制，深化国有企业改革，培育具有核心竞争力的大企业集团，发挥国有资本在提供公共产品和产业升级中的重要作用。完善公平准入的环境，支持非公经济、中小微型企业更好发展。加强投资促进，支持企业境外投资，广泛吸引著名跨国公司、跨国金融机构、国际金融组织、大型国有企业、大型民营企业总部及其研发中心、营运中心、结算中心落户北京，促进国际活动聚集，加强国际会展城市建设，加强外事工作，加强民间国际交往，提高运用国内外优质资源的能力。

（二）加快城乡经济社会发展一体化步伐

加大统筹城乡发展力度，提高首都发展的整体实力。

完善区县功能定位实现机制。首都功能核心区要强化政治中心、文化中心、国际交往中心功能，加强历史文化名城保护，推进旧城功能优化和人口疏解，提高服务能力，着力打造政治文化中心功能承载区、历史文化名城魅力展示区。城市功能拓展区要强化科技创新、商务服务和国际交往功能，集聚高端要素，着力打造城乡统筹发展先行区、世界城市建设试验区和创新驱动引领区。城市发展新区要加快重点新城建设，完善城市功能，加大产业、人口的承接力度，着力打造宜居宜业示范区。生态涵养发展区要强化生态涵养和保护功能，发展绿色产业，实现绿色就业，着力打造绿色宜居生态发展示范区。要发挥门头沟、平谷、怀柔、密云、延庆等区县的生态优势，提高生态涵养发展水平。

加快城市化进程。进一步创新体制机制政策，落实聚焦通州战略，分类推进重点新城建设，打造功能完备的城市副中心，尽快发挥新城对区域经济社会发展的带动作用。深入推进城南行动计划，落实西部转型发展意见，下大力气抓好南中轴线、永定河绿色生态发展带建设，提升南部和西部地区基础设施、公共服务水平。稳步推进城乡结合部地区城市化，分类推进现代特色小城镇建设，推动集中居住、集约用地、服务完善、管理科学的新型农村社区建设。

提高郊区经济发展水平。统筹推动资源在城乡之间的合理配置，推动投资重点、建设重点、发展重点向郊区转移，推动优质公共服务资源向农村转移、城市基础设施向农村延伸，更好地发挥郊区的战略腹地作用。做好农村集体土地确权工作，稳步推进农村集体建设用地流转试点，统筹利用城乡建设用地，逐步建立城乡统一的建设用地市场，使集体土地要素流动起来。加大农村集体经济产权制度改革力度，积极探索农村集体资产的有效实现形式，把农民集体资产经营起来，使更多农民成为拥有集体资产的新市民。大力发展都市型现代农业，加快国家现代农业科技城和中国北京农业生态谷建设，增强首都农业的应急保障、生态休闲、科技示范等功能，树立“安全农业”品牌，下力量抓好世界种子大会、世界葡萄大会为代表的会展农业，提升郊区农业的现代化水平。加大对农民专业合作组织扶持力度，提高郊区农民的组织化程度。加强对农民的技能和就业培训，加大农民转移就业和农转非力度，提高农村社会保障水平，增加农民收入。

提高城市精细化管理水平。切实加强规划工作，发挥规划的龙头作用，优化城市功能布局。加强城市运行管理，提高水电气热安全运营和保障能力，确保城市安全运营。加快轨道交通建设，实现区区通、全覆盖，大力改善市民出行条件，进一步提高公交出行比例，加强道路微循环系统和停车设施的建设管理，缓解城市交通拥堵。推进城市无障碍环境建设，提高对残疾人的服务保障水平。健全城市应急管理体制机制，完善首都防灾减灾体系，提高城市应急能力。加快推进“智慧城市”建设，实现城市运行管理和服务保障的信息化、智能化。积极实施历史文化名城保护和利用工程，推进中轴线申遗工作和世界名园保护，统筹推动西山八大处文化景区、海淀“三山五园”历史文化景区、十三陵明文化景区建设，加强历史文化遗产的科学保护和合理利用。

（三）努力开创社会主义民主政治建设新局面

坚持中国特色社会主义政治发展道路，坚持党的领导、人民当家作主、依法治国有机统一，切实发挥社会主义政治制度的优越性，最大限度地凝聚全市人民团结奋进的力量。

大力发展社会主义民主。坚持和完善人民代表大会制度，全力支持和保障人大及其常委会依法履行职责，充分发挥人民代表大会制度的优势。坚持和完善中国共产党领导的多党合作和政治协商制度，支持人民政协围绕团结和民主两大主题，履行政治协商、民主监督、参政议政职能，发展最广泛的爱国统一战线。完善民主选举、民主决策、民主管理、民主监督机制，保障公民依法有序的政治参与。完善基层群众自治制度，加强基层政权建设，推进“四议两公开”，落实政务公开、村务公开制度。坚持全心全意依靠工人阶级方针，完善以职工代表大会为基本形式的企事业单位民主管理制度，推进厂务公开。

切实加强和创新党的统战工作。认真落实“同心”思想，推进政党关系、民族关系、宗教关系、阶层关系、海内外同胞关系的和谐。支持各民主党派、工商联、无党派人士加强自身建设，落实党外代表人士队伍建设任务，深入开展“凝心聚力”工程，为推动首都科学发展广泛凝聚社会力量。切实加强民族、宗教、侨务和台港澳工作，发挥他们在推动科学发展、促进社会和谐中的重要作用。加强工会、共青团、妇联、科协等人民团体的建设，发挥这些团体教育引导服务群众的重要作用。

全面落实依法治国基本方略。加强地方立

法工作，健全地方立法工作格局，提高地方立法质量。加大依法行政工作力度，加快建设法治政府。加强审判、检察、司法行政等工作，推进司法规范化、信息化、公开化建设，营造公正高效权威公信的司法环境。加强律师和法律援助工作，提高法律服务水平。加强政法队伍建设，牢固树立和践行“忠诚、为民、公正、廉洁”的政法干警核心价值观。深入开展“六五”普法教育，引导群众依法维护权益、理性表达诉求。加强国防教育，支持驻京解放军、武警部队建设，搞好国防后备力量建设，提高双拥共建水平，巩固军政军民团结。

（四）全力推动首都文化大发展大繁荣

加大首都文化改革发展力度，加快建设具有世界影响力的文化中心城市和中国特色社会主义先进文化之都。

大力实施思想道德引领战略。坚持以社会主义核心价值体系为统领，弘扬践行“北京精神”，筑牢全市人民团结奋斗的共同思想道德基础。以“做文明有礼的北京人”为主线，深化群众性精神文明创建活动，深入推进公共文明引导行动，扎实推进公民思想道德建设，加强和改进未成年人思想道德建设和大学生思想政治教育，加强农村精神文明建设，加强企业思想政治工作和企业文化建设，推动学雷锋、百姓宣讲等活动常态化，加强科普工作，不断提升市民文明素质和城市文明程度。牢牢把握正确舆论导向，进一步提高主流媒体的影响力，深化“走转改”，不断增强舆论引导的有效性。大力实施网络文明引导工程，扎实推进网络身份管理，加快主流网站建设，不断提升首都网站的竞争力和影响力。

着力打造文化精品。充分发挥首都优势，加强学术研究，加强首都智库建设，推进马克思主义中国化时代化大众化，繁荣发展首都哲学社会科学。坚持“二为”方向和“双百”方针，团结、鼓励和引导广大文艺工作者加强文艺创作生产，推行精品生产项目制，加大对文艺院团和文艺院校的支持力度，建立健全文化产品评价体系和激励机制，努力推出更多原创、当代、北京的精品力作。着力打造首都文化品牌，重点办好北京国际电影节、中国（北京）国际文化创意产业博览会、北京国际设计周等品牌文化活动，办好各类传统节日文化活动和群众文化活动，进一步提升首都城市文化品位。实施文化名家领军工程，完善文化人才激励机制和扶持政策，建设首都文化人才高地。

加强公共文化服务体系建设。率先建成城乡一体化公共文化服务体系，完善市、区县、街道（乡镇）、社区（村）四级服务网络，用信息化、数字化提升服务水平。加快推进国家国学中心、国家美术馆等标志性文化设施建设，坚持建、管、用并重，提高文化馆、博物馆、图书馆、档案馆、美术馆、青少年宫等的服务效能。大力实施文化惠民工程，加强公共文化体育设施建设，统筹利用中央和市属、国有和民营文化资源，充分发挥首都各文化联盟的作用，推动公共文化服务均等化，更好地保障人民群众的基本文化权益。加强历史文化资源的保护、挖掘、传承和利用，充分展示古都文化价值和内涵。

加快发展文化创意产业。进一步提升文化创意产业在首都经济中的支柱地位。推动文化与科技、金融、旅游、教育、体育等融合发展，培育提升文化消费业态。实施重大文化项目带动战略，提升文化创意产业功能区规模化、集约化、专业化水平，着力抓好中关村国家级文化和科技融合示范基地、首都核心演艺区、国家广告产业园等标志性产业园区建设，着力培育一批引领中国、影响世界的骨干文化企业和文化航母。加大对中央和地方文化资源的整合力度，鼓励以资本为纽带兼并重组、做大做强。运用国际国内两个市场、两种资源，吸引各类资本兴办文化企业、投资文化项目，形成以公有制为主体、多种所有制共同发展的文化创意产业格局。

深入推进文化改革创新。深化文化企事业单位改革，大力培育富有活力、实力和竞争力的市场主体。加强宏观管理，转变政府职能，综合运用行政、法律、经济、科技等多种手段，发挥文化产业政策、文化创新专项资金、产业投资基金和金融杠杆的作用，搭建文化创新服务平台。完善国有文化资产监督管理体制，盘活存量，扩大增量，推进文化资源的开发利用。积极培育各类文化产品市场和文化要素市场，加强文化市场监管。深入实施文化“走出去”工程，促进对外文化贸易和文化交流，不断提高首都文化的国际影响力。

（五）全面推进社会建设和服务管理创新

积极推进社会服务管理创新，努力构建具有时代特征、中国特色、首都特点的社会建设体系。

着力保障和改善民生。完善城乡一体的就业管理、就业服务和就业援助体系，实现更加充分、更加公平的就业。推进收入分配制度改革，推进企业工资集体协商，分类推进事业单位收入分配制度改革，完善公务员工资制度，完善离退休人员工资待遇动态增长机制，逐步提高基层一线职工工资水平，努力缩小收入差距。深化“大民政”建设，建立健全城乡一体、服务均等、管理精细的全面小康型社会保障体系，积极推进适度普惠型社会福利体系建设，稳步拓展社会福利保障范围，提高扶老、助残、救孤、济困的水平，加强老年人、残疾人服务体系建设，让城乡居民人人享有更高水平的基本生活保障。坚持教育优先发展，加大教育投入，大力推进教育公平，推动素质教育，强化政府学前教育管理职责，统筹、整合、优化中小学教育资源配置，提高优质高中资源的覆盖范围。加强高等教育资源整合，深化教育改革，提高教学质量，支持有条件的高校创办世界一流大学，努力提供高质量的高等教育。探索建立现代职业教育体系，积极发展特殊教育、成人教育，支持民办教育发展。积极推动“健康城市”建设，开展全民健身活动，提高人口质量和健康水平，深化医药卫生体制改革，建立覆盖城乡的基本医疗卫生制度，加强公共卫生服务体系建设，加快发展社区卫生服务，加大对远郊区县医疗机构的帮扶力度，大力提升医疗服务和疾病防控水平，优化医疗资源配置，着力解决群众的看病就医问题。完善住房保障政策，健全符合北京实际、可持续的住房保障体系，努力实现“住有所居”。着力提高社会服务管理精细化水平。推进网格化服务管理体系建设，健全支撑保障体系，把社会服务管理任务落实到网格，提高社会服务管理信息化、智能化、规范化和精细化水平。完善社区治理模式，打造“六型”社区，全面完成社区规范化建设，加强农村地区社会建设，推进村庄社区化管理，逐步实现城乡社区服务管理一体化。充分发挥“枢纽型”社会组织作用，加强商务楼宇“五站合一”建设，提高对非公经济组织、社会组织的服务管理水平，最大限度激发社会活力。加大“一刻钟服务圈”建设力度，加快推进政府购买社会组织服务，大力发展社会企业，更好地满足城乡居民多层次、多样化的服务需求。加强志愿服务体系建设，强化企业社会责任，进一步健全社会参与、社会动员体制。统筹人口宏观调控与服务管理，健全人口管理信息系统，积极探索实有人口服务管理措施，落实支持产业优化升级、加强业态调整、严格产业准入的相关规定，积极推行居住证制度，深化“以业控人、以房管人、以证管人”的管理模式。创新外籍人口的服务管理，加强国际化社区建设。

确保首都安全稳定。强化各级党政主要领导维护稳定的第一责任。完善重大决策社会稳定风险评估机制，从源头上预防和减少矛盾纠纷。健全党委政府主导的维护群众权益机制，拓宽群众诉求表达渠道，坚持用群众工作统揽信访工作，加强人民内部矛盾排查化解，深入开展领导干部大接访活动，加大信访积案化解力度，稳妥处理各类群体性事件。健全社会矛盾多元调解体系，完善人民调解、行政调解、司法调解衔接联动机制，推进行业性、专业性调解组织建设。深入推进“平安北京”建设，发挥专群结合、群防群治的优势，完善社会治安防控体系，推进科技创安工程，健全维稳处突工作机制，提高突发事件应对能力。加强食品药品安全管理，健全安全食品供应保障体系，健全安全生产监管体系，确保人民群众生命财产安全。

(六)大力加强生态文明建设

坚持生产发展、生活富裕、生态良好的文明发展道路，加快建设资源节约型、环境友好型社会，努力建设和谐宜居之都。

加强绿色生态环境建设。加强生态资源规划，建立生态价值服务体系。加快建设“山区绿屏、平原绿网、城市绿景”三大生态体系，办好国际园林博览会，抓好郊野公园、森林公园等重大项目规划建设，提高城乡绿化美化水平。加快国际山地休闲度假区、国际会都、中国乐谷、国际绿色休闲旅游产业综合示范区、世界地质公园等重大生态涵养发展项目的建设，加快京西北进京通道建设，积极争办世界园艺博览会，推动绿色北京示范区建设，发挥北部地区在建设中国特色世界城市中的重要作用。加强生态环境保护，防治土壤污染，加大垃圾、污水、噪声等污染治理力度，推广生活垃圾分类减量，提高再生资源利用水平。

大力改善大气环境质量。全面实施清洁空气行动计划，落实大气污染治理各项措施，加大以PM2.5为重点的环境治理力度。加大能源结构调整力度，推进天然气等清洁能源替代工程，推广太阳能等可再生能源应用，推进五环内城区无煤化建设，努力建设“无煤城市”，压缩郊区用煤总量，降低碳排放水平。加大机动车污染治理力度，推广使用新能源汽车。加大扬尘污染防治力度。推进区域大气治理联防联控，建立区域空气质量监测网络。

实施严格的水资源管理制度。强化“量水发展”理念，大力推进节水型社会建设，加快污水处理厂升级改造及再生水利用管网建设，提高水资源再生利用水平。加强对密云水库及其周边等重要水源区生态环境的保护和治理，继续深化生态清洁小流域建设，提高水源涵养能力。抓住南水北调工程的机遇，加快市内配套工程建设，深化区域水资源战略合作。提高海水淡化的产业化水平，加强地下水资源的储备和养护。加强河道治理、水源保护和污染防治，特别是加大跨区域河湖水系治理的全市统筹力度，进一步改善城乡水环境。

加大节能减排力度。执行最严格的能耗和环保标准，完善节能减排计量体系建设，强化目标责任考核，健全落后产能退出机制，重点抓好工业、交通、建筑、公共机构等领域节能减排。完善节能减排激励机制，鼓励低碳技术创新，鼓励节能新技术、新产品运用。落实最严格的耕地保护制度和节约用地制度，加强对区域土地利用的统筹，提高土地集约使用水平。

四、全面提高党的建设科学化水平

建设中国特色世界城市，必须以改革创新精神全面加强党的自身建设，不断提高领导水平和执政能力，始终保持先进性和纯洁性。

切实加强思想理论建设。创新党委理论中心组、党校、党课教育方式，着力建设学习型党组织。认真学习马列主义、毛泽东思想和中国特色社会主义理论体系，认真学习贯彻党的十八大精神，增强党员干部走中国特色社会主义道路的自觉性和坚定性。加强思想道德教育和政德教育，使广大党员干部树立正确的世界观、权力观、事业观。加强和改进党员干部的教育培训，着力提高推动科学发展、转变经济发展方式、加强和创新社会管理、建设中国特色世界城市的能力。

加强领导班子和干部人才队伍建设。坚持德才兼备、以德为先，统筹党政机关、企事业单位领导班子调整配备工作，切实把那些政治坚定、实绩突出、作风过硬、群众公认的干部选拔到各级领导岗位。坚持民主、公开、竞争、择优，深入推进干部人事制度改革，进一步完善领导班子和领导干部综合考核评价体系，不断提高干部工作的民主化、制度化、科学化水平。完善优秀年轻干部的选拔培养制度，做好培养女干部、少数民族干部和党外干部工作，高度重视、进一步加强老干部工作。实施首都人才战略，加强对人才发展的宏观指导和统筹协调，深入推进人才政策和工作体制机制创新，为建设中国特色世界城市提供人才支持和保障。

进一步加强基层党组织建设。建立创先争优的长效机制，不断推动基层党建工作创新。坚持把服务群众、凝聚人心、做群众工作作为基层党组织的核心任务和基层干部的基本职责，加强分类指导，不断探索基层党组织和党员干部维护实现群众根本利益的方式和途径。把引领发展作为农村基层党组织服务群众的首要任务，不断提升基层党组织带领群众共创幸福美好生活的能力和水平。结合落实网格化管理任务，加强城市社区党建工作，特别是村改社区和新建小区党建工作，积极构建区域化党建工作格局。加强非公有制经济组织和社会组织党建工作的制度化规范化建设，进一步扩大党的组织覆盖和工作覆盖。统筹抓好党政机关、国有企业、高等院校党建工作，在事业单位改革中全面加强党的建设。切实抓好基层党组织负责人队伍建设和村级后备干部队伍建设，加强在工人、农民、知识分子中发展党员的工作。继续做好流动党员教育管理和服务工作。落实党建工作责任制，探索建立区县、街乡党（工）委书记向上级党委汇报党建工作制度。加大对基层党组织的支持力度，建立起人向基层走、钱向基层投、政策向基层倾斜的机制，增强基层党组织服务群众的能力，树立基层党组织在群众中的威信。

加强以民主集中制为核心的制度建设。进一步完善党委常委会议事规则和决策程序，健全和规范常委会向全委会定期报告工作并接受监督制度，充分发挥全委会的作用，发挥党代表在党的代表大会闭会期间的作用。着力提高科学决策、民主决策、依法决策水平，健全重大决策征求意见制度，重大事项的社会公示、听证制度，重大决策评估、反馈和监督制度，重大决策责任追究制度和决策失误纠错改正机制。深入推进党内民主和党务公开，健全党内情况通报制度，坚持和完善“三会一课”等党内生活制度，提高党内民主生活的质量。完善基层党组织选举制度，逐步扩大基层党组织领导班子直接选举范围，切实保障党员主体地位和民主权利。

切实加强作风建设。加强对党员干部特别是领导干部的马克思主义群众观教育，引导党员干部牢固树立群众观点，坚持群众路线，切实提高群众工作的本领。大兴调查研究之风，深入基层，深入群众，问政于民、问需于民、问计于民，力戒脱离群众、脱离实际，确保各项工作合民情、得民心、顺民意。大兴求真务实之风，把求真务实贯彻到治党理政的各个环节，力戒空谈浮躁，治理庸懒散软，落实工作责任，心无旁骛地做好工作。大兴艰苦奋斗之风，牢记“两个务必”，力戒奢侈浪费，坚决制止讲排场、比阔气、贪图享受、不思进取的行为，奋发有为地不断开创工作新局面。

深入推进反腐倡廉建设。严格落实党风廉政建设责任制，加强具有首都特色的惩治和预防腐败体系建设。加强源头治理，深入开展廉洁从政教育，抓好党员领导干部廉洁自律工作，大力推进廉政文化建设，进一步加强从政道德教育，筑牢党员干部拒腐防变的思想道德防线。深入开展专项治理，切实解决反腐倡廉建设中人民群众反映强烈的突出问题，特别是发生在群众身边的腐败问题。健全权力运行的监督制约机制，加强和改进巡视工作，坚持党内监督和党外监督、专门机关监督与群众监督相结合，发挥好舆论监督的作用，加强对领导干部特别是党政“一把手”的监督。加大查办违纪违法案件工作力度，保持惩治腐败的强劲势头，对腐败案件要严肃查处，绝不姑息。深入推进廉政风险防控工作，抓住权力结构和运行这个关键，全力推动权力结构科学化配置、权力运行规范化监督和廉政风险信息化防控三个体系建设，形成以积极防范为核心、以强化管理为手段的科学防控机制。

同志们！北京是一座有着悠久历史、灿烂文化和光荣传统的城市，在不同的历史时期，勤劳勇敢智慧的北京人民为国家和首都发展创造了辉煌的业绩。在新的历史征程中，摆在我们面前最重要的任务就是：推动首都的科学发展，建设中国特色世界城市,让首都人民更加幸福安康。这个任务责任重大、使命光荣。每一名共产党员都要牢记使命,不负重托,努力在推动首都科学发展、促进社会和谐的各项事业中发挥先锋模范作用,努力在各自平凡的工作岗位上创造无愧于党和人民的一流业绩。各级党员领导干部更要始终保持共产党人的蓬勃朝气、昂扬锐气和浩然正气,时刻不忘党的宗旨、人民的利益、履职的责任,兢兢业业地为人民掌好权、用好权,以敢于担当、敢于碰硬、敢于创新的精神去完成党和人民交给我们的每一项任务,以只争朝夕、奋发有为的精神去应对挑战、推动发展,不辜负党和人民的信任。

同志们,推动首都科学发展,建设中国特色世界城市,是时代赋予我们的崇高使命。让我们紧密团结在以胡锦涛同志为总书记的党中央周围,高举中国特色社会主义伟大旗帜,迎接党的十八大,认真学习贯彻党的十八大精神,深入贯彻落实科学发展观,不动摇、不懈怠、不折腾,团结和带领全市各族人民,万众一心,开拓进取,夺取首都现代化建设的新胜利,谱写更加灿烂美好的新篇章!

中共北京市委常委、书记、副书记
中共北京市纪委书记、副书记、常委名单

2012 年 7 月 3 日,中国共产党北京市第十一届委员会第一次全体会议选举产生新一届中共北京市委常委、书记、副书记。

郭金龙、王安顺、吉林、叶青纯、吕锡文(女)、李士祥、牛有成、赵凤桐、鲁炜、郑传福、傅政华、陈刚(市政府)、陈刚(朝阳区)当选中共北京市委常委;郭金龙当选中共北京市委书记,王安顺、吉林当选中共北京市委副书记。

会议通过了新一届中共北京市纪律检查委员会书记、副书记、常务委员会委员人选:中共北京市纪律检查委员会书记:叶青纯,副书记:王海平、王荣军、李振奇、杨逸铮,常务委员会委员(按姓氏笔画排列):王荣军、王贵平、王海平、叶青纯、边学愚、李振奇、杨小兵、杨逸铮、宋兰刚、张才雄、钱华杰。

天津市第十次党代会报告摘要及市委、市纪委领导成员名单

进一步加快滨海新区开发开放 为把天津建设成为国际港口城市北方经济中心和生态城市而奋斗

——在中国共产党天津市第十次代表大会上的报告（摘要）

（2012年5月22日）

张高丽

同志们：

现在，我代表中国共产党天津市第九届委员会向大会作报告。

大会的主题是：高举中国特色社会主义伟大旗帜，以邓小平理论和“三个代表”重要思想为指导，深入贯彻落实科学发展观，进一步加快滨海新区开发开放，为把天津建设成为国际港口城市、北方经济中心和生态城市而奋斗。

一、过去五年的主要工作（略）

二、今后五年的奋斗目标

综观全局，今后一个时期仍然是机遇与挑战并存，机遇大于挑战。面对复杂多变的国内外大环境大背景，面对天津转型发展的新情况新问题，面对人民群众过上美好生活的新期待新要求，我们一定要围绕中央对天津的定位，增强做好工作的前瞻性、主动性和创造性，居安思危，抢抓机遇，攻坚克难，奋勇争先，在新的更高起点上实现新的跨越。

中央明确提出，到2020年将天津市逐步建设成为经济繁荣、社会文明、科教发达、设施完善、环境优美的国际港口城市、北方经济中心和生态城市。今后五年，是为实现天津定位奠定更加坚实基础的关键时期。

我们必须高举中国特色社会主义伟大旗帜，以邓小平理论和“三个代表”重要思想为指导，深入贯彻落实科学发展观，按照胡锦涛总书记对天津工作的一系列重要要求，牢牢把握主题主线主攻方向，大力实施市委“一二三四五六”的奋斗目标和工作思路，进一步加快滨海新区开发开放，统筹三个层面协调发展，全面加强社会主义经济建设、政治建设、文化建设、社会建设以及生态文明建设和党的建设，努力实现科学发展和谐发展率先发展，全面增强综合实力、创新能力、服务能力、竞争能力。

我们必须按照中央的要求，根据新形势新任务，坚持和完善市委“一二三四五六”的奋斗目标和工作思路，即成为一个排头兵，做到两个走在全国前列，构筑三个高地，实施四个战略，打好五个攻坚战，实现六个更大突破。一个排头兵是：滨海新区成为深入贯彻落实科学发展观的排头兵。两个走在全国前列是：在贯彻落实科学发展观、推动经济社会又好又快发展方面走在全国前列，在保障和改善民生、促进社会和谐方面走在全国前列。三个高地是：高端产业高地、自主创新高地、生态宜居高地。四个战略是：富民强市战略、科教兴市战略、文化强市战略、城乡一体化发展战略。五个攻坚战是：滨海新区开发开放攻坚战、结构调整优化升级攻坚战、体制机制改革创新攻坚战、文化大发展大繁荣攻坚战、保持社会和谐稳定攻坚战。六个更大突破是：经济发展方式实现更大转变，体制机制改革见到更大成效，城乡环境面貌发生更

大变化，群众生活水平得到更大提高，文化整体实力迈上更大台阶，社会管理创新取得更大进展。

我们必须切实做到：思想境界达到新高度，立足大格局，把握大趋势，以更宽广的视野、更博大的胸襟，科学谋划天津发展，使发展理念和发展思路更具时代性；创新能力达到新高度，全面推进体制创新、科技创新、文化创新、管理创新，提供更多创新示范，率先实现创新驱动、内生增长；开放层次达到新高度，树立世界眼光，实施更加积极主动的开放战略，不断拓展新的开放领域和空间，显著提高天津国际化程度；整体水平达到新高度，经济发展和社会事业，硬件建设和软件建设，都要坚持高标准，充分体现天津水平，不断扩大天津影响，全面提升天津地位，再创一个黄金发展期。

同志们，加快建设国际港口城市、北方经济中心和生态城市，是时代赋予的重大责任。再经过五年的艰苦奋斗，到2016年，全市生产总值超过2万亿元，人均生产总值超过2万美元，地方财政收入突破3000亿元，服务业增加值占生产总值的比重达到50%以上，全社会研发经费支出占生产总值比重达到3%以上。我们完全有基础、有条件、有能力战胜各种困难和挑战，实现宏伟的奋斗目标。一个发展更加科学、实力更加强大、文化更加繁荣、社会更加和谐、生态更加文明、人民更加幸福的天津将展现在世人面前！

三、更好发挥滨海新区龙头带动作用，进一步壮大区县综合实力

滨海新区正处在又好又快发展的关键时期。要全力打好滨海新区开发开放攻坚战，用新理念、新模式、新机制推动工作，充分发挥科学发展实践作用、深化改革试验作用、对外开放门户作用、区域发展服务作用、生态文明示范作用，努力成为全国最具潜力、最有活力、最为开放的现代化新区之一。要增创高端产业新优势，坚持项目集中园区、产业集群发展、资源集约利用、功能集成建设，全面加快开发区、保税区、高新区、临港经济区、南港工业区等功能区开发建设，形成具有国际影响力的现代制造业基地。要增创科技领先新优势，积极推进国家创新型试点城区、国家863计划产业化伙伴城区、国家知识产权示范园区建设，把未来科技城建设成为智慧经济城、创新先导城，使滨海新区成为我国重要的高新技术研发转化基地。要增创体制机制新优势，在重点难点领域先行先试，完成综合配套改革第二个三年实施计划，规范建设创新型交易市场，加快建设现代金融体系、金融改革创新基地和金融服务区，积极稳妥推进土地管理、收入分配、户籍制度等改革，完善“新区事新区办”机制，健全滨海新区管理体制，成为改革开放新的桥头堡。要增创服务功能新优势，发展现代物流，完善“大通关”体系，健全“无水港”网络，创新海关特殊监管区域管理制度，推动东疆保税港区向自由贸易港区转型，建设国际一流大口岸，构筑北方国际航运中心和国际物流中心。要增创生态环境新优势，加强生态功能区、生态廊道和生态组团建设，大力发展海洋经济，建设海洋经济科学发展示范区，全面加快中新天津生态城建设。要增创和谐稳定新优势，深入推进全国社会管理创新综合试点，率先建成宜居生态型新城区。

统筹滨海新区、中心城区、各郊区县联动协调发展，是实现多元增长、增强整体实力的重大战略举措。要加强规划引导，制定综合政策措施，放大滨海新区各类功能优势，探索建立产业联动、基础设施联建的机制，做到利益共享、优势互补、错位发展、整体效益最大化。要全面提升中心城区功能，高标准建设城市主中心和两个副中心等重点地区，加快发展总部经济和楼宇经济，促进城市空间的立体开发，着力提高投资强度、科技含量和产出效益，把中心城区建设成为国际化大都市的标志区。要坚持郊区县“三区”联动发展，搞好海河上游后五公里和中下游综合开发，推进北部新区和京滨综合发展轴建设，培育更多强区强县强镇。要加快社会

主义新农村建设，稳定和完善农村基本经营制度，加强土地承包经营权流转管理和服务，加大强农惠农富农政策支持力度，推动财政投入、资源要素、基础设施、公共服务向农村倾斜和延伸，提高农村工业化、农业现代化、农村城镇化水平，促进城乡一体化发展。

四、加快转变经济发展方式，进一步提高发展质量效益水平

发展是硬道理，是第一要务。要把加快转变经济发展方式作为解决深层次矛盾和问题的根本之策，以转变谋发展，以转变促跨越，努力实现转型发展。

加快调整经济结构，促进信息化和工业化深度融合，实现产业布局科学化、产业发展聚集化、产业结构优质化、产业水平高端化。要坚持以质取胜，巩固壮大实体经济，抓好高水平大项目好项目建设，推动优势支柱产业集群发展、战略性新兴产业规模发展、传统产业升级发展，做大做强先进制造业。要提升提速服务业，搞好国家和市级服务业综合改革试点，加快发展传统服务业，大力发展现代服务业，积极发展会展经济，高标准建设国家会展中心，把旅游业培育成为战略性支柱产业，提高服务业比重、层次和水平。要大力发展现代农业，进一步加强农业基础设施建设，高标准建设设施农业、生态农业、观光农业，全面实施都市型现代农业提升工程，完善社会化服务和产业化经营体系，提高农业科技水平，促进农业发展方式实现更大转变。

加快自主创新步伐，实施一批重大科技专项，努力承担国家重大科技项目，实现重点领域的技术突破，全面增强科技引领、应用转化、品牌创造、标准制定、创新服务能力，建设创新型城市。要壮大创新主体，引导和支持资金、人才、技术等创新要素向企业聚集，鼓励企业建立研发机构，大力发展科技型中小企业。要完善创新体系，打造一批公共科技创新平台，建设一批科技企业孵化器、工程中心、工程实验室和生产力促进中心，促进科技成果尽快转化为现实生产力。要聚集创新人才，继续实施“千人计划”、“131”创新型人才培养等重大人才工程，培养和引进更多领军人才、学术技术带头人和高技能人才。要优化创新环境，深入实施知识产权战略，加大财政科技支出，完善多元化投融资机制，健全科普工作体系，营造鼓励创新、保护创新的浓厚氛围，使科技优势成为天津发展的最大优势。

加快推进改革开放，注重整体设计，注重协调推进，注重互利共赢，注重成果普惠。要深入推进行政管理体制改革，坚持责权利相统一，理顺市和区县管理职能，完善行政审批制度，建设服务、责任、法治、廉洁政府。要大力推动国有企业产权多元化改造和兼并重组，完善公司法人治理结构，健全国有资产监管体系，培育一批具有较强国际竞争力的大型企业集团。要落实促进非公有制经济和小型微型企业发展的政策措施，支持中小企业和民营经济加快发展。要积极稳妥推进事业单位分类改革，增强公共服务保障能力。要深化财税、投资体制改革，推进资源性产品价格改革和要素市场建设。要加强市场监管，维护市场交易和市场竞争秩序。要加快转变外贸发展方式，大力发展服务贸易，积极开拓新兴市场，提高贸易便利化水平，保持外贸进出口稳定增长。要创新利用外资方式，改善和优化投资环境，提高利用外资质量。要鼓励和支持企业“走出去”，在境外建设原料基地、生产基地、营销网络和研发机构，积极推进境外经贸合作区建设。要深化与兄弟省区市交流合作，扩大利用内资，积极推进京津冀都市圈和环渤海地区建设，全力做好对口支援和扶贫开发工作，为促进区域经济发展作出贡献。

加快建设生态城市，进一步提高规划建设管理水平。要深入落实城市总体规划和空间发展战略，突出城市特色品位，推进城市规划立法，增强规划的科学性、先导性、权威性和稳定性。要构建现代综合交通体系，增强港口辐射服务全球的能力，建设北方大型门户枢纽机场，形成市域铁路网、中心城区环放式轨道交通网

络,完善公路路网和城市路网,加强交通管理,优先发展公共交通。要建设“智慧天津”,实施物联网示范工程,发展云计算产业,大力推进三网融合,搞好电子政务。要落实城市管理规定,加强城乡结合部管理,巩固提升综合整治市容环境成果,做到人性化服务、网格化覆盖、智能化应用、精细化管理。要积极创建国家园林城市、卫生城市和生态市,推进国家循环经济示范试点城市、国家低碳城市试点和于家堡金融区亚太经合组织首个低碳示范城镇建设,南水北调天津干线及市内配套工程建成通水,建设大型郊野公园,建立细颗粒物监测体系,加大环境保护和污染防治力度,加强水、土地等资源节约和管理,着力优化能源结构,下力量抓好节能减排,努力把天津建设成为独具特色的国际性、现代化宜居城市。

五、发展社会主义民主政治,进一步加快法治天津建设

坚定不移走中国特色社会主义政治发展道路,坚持党的领导、人民当家作主和依法治国有机统一,巩固和发展民主团结、生动活泼、安定和谐的政治局面。坚持和完善人民代表大会制度,支持人大及其常委会依法行使职权。坚持和完善中国共产党领导的多党合作和政治协商制度,支持人民政协积极履行职能。完善同民主党派、无党派人士合作共事机制,贯彻党的民族、宗教、侨务政策,进一步做好港澳、对台工作,巩固和壮大爱国统一战线。加强和改进工商联工作,充分发挥工会、共青团、妇联等人民团体的作用。发展基层民主,深化政务、厂务、村(居)务和公共企事业单位办事公开,保障人民的知情权、参与权、表达权、监督权。

大力加强社会主义法制建设,加强和改进地方立法工作,提高立法质量。推进依法行政。深化司法体制改革,支持和保证审判机关、检察机关依法独立公正地行使审判权、检察权,提高司法公信力。加强政法队伍建设,做到严格、公正、文明执法。搞好“六五”普法,增强全民法律意识和法律素质,形成自觉学法尊法守法用法的良好氛围。深入开展国防教育和双拥共建活动,加强国防后备力量建设,巩固和发展军政军民大团结。

坚持依法治市,建设法治天津,是时代的需要和重大的课题。要牢固树立社会主义法治理念,切实维护宪法和法律权威,保障人民合法权益,促进社会公平正义,实现各项工作法治化。

六、推动文化大发展大繁荣,进一步扩大天津文化影响力

实现天津的定位,既要加快建设经济强市,又要加快建设文化强市。我们要以高度的文化自觉和文化自信,推动文化建设与经济建设相辅相成、文化创新与其他创新相互促进、文化发展与人的发展紧密结合,更加注重提高经济社会发展的文化含量,更加注重提高城市规划建设的文化品位,更加注重提高全市人民的文化素养。

建设文化强市,就是要具有较高文明素质和文明程度,涌现大量文化精品力作,实现基本公共文化服务均等化,文化产业成为国民经济支柱性产业,建立比较完善的管理体制和经营机制,拥有大批优秀文化人才。要坚持中国特色社会主义文化发展道路,坚持社会主义先进文化前进方向,始终把社会效益放在首位,充分发挥文化引领风尚、教育人民、服务社会、推动发展的作用,为加快实现天津的定位提供坚强思想保证、强大精神动力、有力舆论支持、良好文化条件。

天津具有深厚的文化底蕴,必须充分挖掘文化资源,传承优秀传统文化,不断丰富时代内涵。要着力推进社会主义核心价值体系建设,建设马克思主义理论研究工程基地,实施提升市民素质五年行动计划,深入开展理想信念、民族精神、时代精神、社会主义荣辱观教育,加强青少年思想道德教育,弘扬践行天津精神,构建社会信用体系,推动学雷锋活动常态化,深化“同在一方热土、共建美好家园”等群众性精神

文明创建活动，争创更多全国文明城区。要着力加强文化创作生产引导，发展哲学社会科学，繁荣文学艺术，发展健康向上的网络文化，为人民提供更好更多的精神食粮。要着力发展公益性文化事业，加强文化遗产保护利用，深入实施重点文化惠民工程，加快文化基础设施建设，完善公共文化服务网络，促进城乡文化一体化发展。要着力推动文化产业跨越式发展，加快国家级文化产业园区建设，提升出版印刷、广告影视等传统文化产业，壮大创意设计、动漫游戏等新兴文化产业，扶持津派表演艺术、民间艺术等特色文化产业，推动文化与科技、商贸、旅游、金融等融合发展。要着力提高文化传播能力，健全舆论引导机制，加强主流媒体建设，加快发展新兴媒体，创新对外宣传方式，支持文化产品和服务走出去。要着力深化文化体制改革，培育发展文化产品和要素市场，完善行政管理、投资融资、政策保障、合作交流、人才激励等机制，推动文化改革发展走在全国前列，显著增强文化软实力，使天津成为富有独特魅力的文化名城。

七、切实保障和改善民计民生，进一步构建社会主义和谐社会

安居乐业、社会和谐是全市人民的共同愿望。要统筹发展、民生、稳定，坚持民生优先、服务为先、基层在先，坚持每年实施 20 项民心工程，加大投入和政策支持，下力量抓好事关民计民生的重点工作，实现好、维护好、发展好最广大人民的根本利益。

要抓好扩大就业工作，实施更加积极的就业政策，多渠道开发就业岗位，鼓励自主创业，开展职业技能培训，加强公共就业服务，着力解决重点人群就业问题，确保零就业家庭动态为零，努力促进充分就业，构建和谐劳动关系。

要抓好增加收入工作，加大财政再分配调节力度，完善企业职工工资协商共决和正常增长、支付保障机制，完善企业退休人员养老金、城乡居民低保标准正常调整机制，完善基本生活必需品价格上涨与困难群众生活补助联动机制，着力提高低收入群体收入，逐步提高最低工资标准，增加城乡居民财产性和经营性收入，拓宽农民增收渠道，打造“四金”农民，努力实现居民收入增长和经济发展同步、劳动报酬增长和劳动生产率提高同步。

要抓好保障性住房建设工作，完善租房补贴政策，扩大保障覆盖面，加大农村危房改造力度，两年完成外环线以内城中村改造，三年完成中心城区旧楼区居住功能综合提升改造，五年完成市区危陋房屋改造，促进房地产市场长期平稳健康发展。

要抓好社会保障工作，按照“广覆盖、保基本、多层次、可持续”的原则，健全基本养老、医疗保险和失业、工伤、生育保险制度，大力发展补充保险，加快机关事业单位养老保险制度改革，推进全民参保，提高保障标准，落实优抚安置政策，发展社会福利和慈善事业，完善社会救助体系，实现人人享有基本社会保障。

要抓好优先发展教育工作，深入实施中长期教育改革和发展规划纲要，切实推进素质教育，推动义务教育优质均衡发展、高中教育特色多样发展、高等教育内涵提升发展、职业教育改革创新发展、民办教育健康有序发展，搞好学前教育、特殊教育、继续教育，加强师资队伍建设，探索培养创新人才有效途径，进一步缩小城乡教育差距。完成校园环境和学校现代化建设标准提升工程，加快建设全国高校科技创新成果转化中心、国际青少年交流中心、国家职业教育改革创新示范区、海河教育园区二期工程、南开大学和天津大学新校区、健康产业园区，把全国职业院校技能大赛办成具有国际影响的赛事。

要抓好医疗卫生健康工作，深化医药卫生体制改革，完善基本药物制度，推进公立医院改革，鼓励社会资本办医，统筹城乡医疗卫生资源均衡布局，新建改扩建一批市级和区县级医院，加快建设全国中医药研发中心，加强医德医风、和谐医患关系建设，提高基层医疗服务能力、疾病预防控制能力、食品药品安全监管能力、卫生应急处置能力。做好人口和计划生育工作，发

展妇女儿童和残疾人事业，健全社会养老服务体系。大力发展体育事业和体育产业，办好第六届东亚运动会和第九届全国大运会，做好第十三届全运会筹备工作。

要抓好社会管理创新工作，完善社会管理格局，健全体制机制。加强社会矛盾预防和有效化解，依法维护群众权益，全面推进社会稳定风险评估，深化大调解工作体系建设。加强流动人口服务管理，健全覆盖全部实有人口的动态服务管理体系。加强对特殊人群服务管理，最大限度预防和减少重新违法犯罪。加强非公有制经济组织服务管理，完善劳动关系协调机制。加强社会组织培育发展与监督管理，促进社会组织健康有序发展。加强基层社会管理和服务体系建设，提高管理效能和服务质量。加强社区建设，提高自治和服务功能。加强信息网络建设管理，提高对虚拟社会管理水平。加强公共安全体系建设，健全监管、应急管理体制，做好防灾减灾工作。严格落实维护稳定工作责任制，搞好治安防控体系，加强国家安全工作，严密防范和依法打击各种违法犯罪活动，继续保持全国最安全稳定的地区之一。

八、加强和改进党的建设，进一步增强科学执政能力

实现宏伟目标，关键在党。要坚持党要管党、从严治党，以党的执政能力建设和先进性建设为主线，以改革创新精神全面加强和改进党的建设，坚定理想信念和正确方向，不动摇不懈怠不折腾，保持党的纯洁性，经受住执政考验、改革开放考验、市场经济考验、外部环境考验，化解精神懈怠的危险、能力不足的危险、脱离群众的危险、消极腐败的危险，不断提高党的建设科学化水平。

大力加强思想政治建设，加快建设学习型党组织，坚持集体学习制度，发扬理论联系实际的优良学风，促进学习、思考、创新有机统一。深入学习中国特色社会主义理论体系，用马克思主义中国化最新成果武装头脑，坚持党的基本理论、基本路线、基本纲领、基本经验不动摇，坚持走中国特色社会主义道路，始终同以胡锦涛同志为总书记的党中央保持高度一致，坚决维护党中央的权威。开展新一轮大规模干部培训，学习和掌握现代化建设所需要的各方面知识，提高战略思维、创新思维、辩证思维能力。精心做好迎接党的十八大工作，推动党的十八大精神贯彻落实。

大力加强领导班子建设，认真贯彻执行民主集中制，健全集体领导和分工负责制，完善议事规则和决策程序，推进决策科学化民主化。优化领导班子配备，选好配强党政正职，形成合理结构，增强班子综合素质和整体活力，提高领导科学发展、驾驭复杂局面、做好群众工作和维护社会稳定的本领。严格党内组织生活，讲政治、顾大局、守纪律，互相关心、互相支持、互相理解，不断增强领导班子的凝聚力和战斗力。

大力加强干部队伍建设，坚持正确的用人导向，坚持五湖四海、任人唯贤，坚持德才兼备、以德为先，突出政治品质、道德品行和科学发展实绩，注重选拔政治坚定、有真才实学、实绩突出、群众公认的干部，坚决不用以权谋私、投机钻营、不讲原则、不敢担当、不干实事的干部。深化干部人事制度改革，健全考核评价机制，完善竞争性选拔方式方法，加大交流力度，提高选人用人公信度。大力培养优秀年轻干部，注重培养选拔女干部、少数民族干部和党外干部，发挥不同年龄段干部的作用，做好离退休老干部工作。坚持党管人才，深入实施中长期人才发展规划纲要，创新和落实重大人才政策，充分发挥各类人才的聪明才智。

大力加强基层党组织建设，完善组织设置，扩大组织覆盖，创新活动方式，夯实基层基础工作。深入开展创先争优活动，大力推进“强基创先”工程，注重解决基层党组织经费保障和活动场所问题，认真做好党员发展和教育、管理、服务工作，加强基层党组织书记队伍建设，充分发挥基层党组织战斗堡垒作用和党员先锋

模范作用。推动城乡基层党组织互联互动，推广“一村一站一助理”等模式，建设服务型基层党组织，普遍开展部门包村、干部驻村、“城乡支部一帮一”等活动，构建城乡统筹的基层党建新格局。

大力加强党的作风建设，大兴密切联系群众、求真务实、艰苦奋斗和批评与自我批评之风，为群众办更多的实事好事，确保各项工作合民情、得民心、顺民意。进一步改进工作作风，精简会议文件和领导活动新闻报道，加强调查研究，少说多干，低调实干，抓难点、攻难关、破难题，不说大话空话假话，不搞形象工程，不做劳民伤财的事，坚决反对形式主义、官僚主义。坚持厉行节约，勤俭办一切事情，反对铺张浪费和大手大脚，自觉抵制享乐主义和奢靡之风，以优良的党风促政风带民风。

大力加强反腐倡廉建设，坚持标本兼治、综合治理、惩防并举、注重预防的方针，严格执行党风廉政建设责任制，按照板块化布局、系统化构建、网络化联动、信息化支撑的途径和方法，扎实推进惩治和预防腐败体系建设。深入开展党性党风党纪、廉洁从政和保持党的纯洁性教育，健全党内监督，增强自我净化、自我完善、自我革新、自我提高能力。保持惩治腐败高压态势，加大查办案件工作力度，加强专项治理，认真解决群众反映强烈的突出问题。深化重点领域和关键环节改革，大力推进廉政风险防控机制建设，加强和改进巡视工作，搞好监督检查，确保权力运行程序化和公开透明。各级领导干部要认真落实廉政准则，讲党性、重品行、作表率，管好自己、配偶、子女和身边工作人员，做到为民务实清廉。

同志们，我们团结一心走过了不平凡的历程，我们拼搏奋进取得了新的成绩，我们无怨无悔付出了心血汗水。我们完全相信，具有爱国诚信、务实创新、开放包容精神的天津人民，不仅能够创造令人鼓舞的过去，也一定能够开辟更加美好的未来。让我们更加紧密地团结在以胡锦涛同志为总书记的党中央周围，高举中国特色社会主义伟大旗帜，以邓小平理论和“三个代表”重要思想为指导，深入贯彻落实科学发展观，大力实施市委“一二三四五六”的奋斗目标和工作思路，团结一心，励精图治，奋发有为，满怀信心地为实现中央对天津的定位而努力奋斗，以改革开放和现代化建设的优异成绩迎接党的十八大胜利召开！

中共天津市委常委、书记、副书记
中共天津市纪委书记、副书记、常委名单

2012 年 5 月 26 日，中国共产党天津市第十届委员会第一次全体会议选举产生新一届中共天津市委常委、书记、副书记。

张高丽、黄兴国、何立峰、廖可铎、臧献甫、散襄军、崔津渡、尹德明、段春华、刘长喜、成其圣、袁桐利、朱丽萍当选中共天津市第十届委员会常委；张高丽当选中共天津市委书记，黄兴国、何立峰当选副书记。

全会通过中共天津市第十届纪律检查委员会第一次全体会议选举产生的市纪委书记、副书记、常务委员会委员。臧献甫为市纪委书记，韩启祥、闫堃、李伟、梁宝明为市纪委副书记，其他市纪委常委有：许焕通、王雅丽、宋力威、徐军、崔朝、宋作勇。

河北省第八次党代会报告摘要及省委、省纪委领导成员名单

在中国共产党河北省第八次代表大会上的报告(摘要)

(2011 年 11 月 18 日)

张庆黎

同志们：

现在，我代表中国共产党河北省第七届委员会向大会作报告。

中国共产党河北省第八次代表大会，是在全省上下认真学习贯彻胡锦涛总书记“七一”重要讲话和党的十七届六中全会精神、深入实施“十二五”规划的新形势下，召开的一次承前启后、继往开来的大会。大会的主题是：高举中国特色社会主义伟大旗帜，以邓小平理论和“三个代表”重要思想为指导，深入贯彻落实科学发展观，充分发挥环京津、沿渤海优势，着力加快转变经济发展方式，坚持以人为本，继续解放思想，深化改革开放，推动科学发展，促进和谐稳定，努力走出一条有中国特色、河北特点的发展路子，为建设经济强省、和谐河北而奋斗。

当前，河北改革开放和现代化建设已经站在新的历史起点上。凝聚全省人民的智慧和力量，紧紧围绕建设经济强省、和谐河北的战略目标，励精图治，开拓进取，不断夺取全面建设小康社会新胜利，这是时代和人民赋予我们的庄严使命！

一、过去五年的主要工作(略)

二、建设经济强省和谐河北的总体要求

现在，我们正处于全面建设小康社会的关键时期，正处于深化改革开放、加快转变经济发展方式的攻坚时期。放眼世界，国际金融危机带来的影响使外部环境更为复杂，但经济全球化的趋势以及和平、发展、合作的时代潮流没有改变，应对危机催生科技革命和重大科技创新，产业重组和产业转移步伐加快，总体有利于我们在更大范围、更宽领域、更高层次参与经济合作与竞争，实现发展的新跨越。综观全国，工业化、信息化、城镇化、市场化、国际化深入发展，经济增长的有利条件、内在优势和长期向好趋势没有改变，各地竞相加速转型升级、抢占发展先机，市场需求潜力巨大，体制活力显著增强，区域合作日益紧密。这些都有利于我们深化改革开放，加快转变经济发展方式，拓展发展的新空间。审视河北，经过努力，我省经济实力和竞争力明显提高，物质技术基础更加雄厚，基础设施日益完善，发展环境不断优化，这是我们继续前进的重要条件。京津冀区域经济一体化、首都经济圈纳入国家“十二五”规划，河北沿海地区发展规划已经上升为国家战略，冀中南地区被列为国家层面的重点开发区域，首都新机场将在北京和廊坊交界处兴建，这是我们面临的新的重大历史机遇。科学发展观深入人心，各级领导班子和干部队伍奋发有为，安定团结、生动活泼的政治局面不断巩固，这是我们办好河北事情最重要的政治保障。河北具有光荣的革命传统，广大干部群众紧紧团结在党的旗帜下，坚定不移地走中国特色社会主义道路，谋发展、奔小康、思稳定、促和谐的愿望十分强烈，这是我们推进各项事业发展的强大动力。今后五年，我们面临的机遇和挑战并存、机遇大于挑

战，是一个可以大有作为的战略机遇期，完全有条件、有能力发展得更好一些、更快一些。我们必须紧紧抓住机遇、切实用好机遇，万众一心，顽强拼搏，共同谱写建设经济强省、和谐河北的新篇章。

建设经济强省、和谐河北，是深入贯彻落实科学发展观的必然要求，是确保到2020年实现全面建设小康社会宏伟目标的战略选择，是推进河北现代化建设的重大任务。

经济强省，就是总量要大，素质要高，结构要优，活力要足，质量要好。总量是规模、是实力，代表发展基础；素质是内涵、是核心，体现发展能力；结构是体系、是构架，提供发展支撑；活力是容量、是能量，反映发展环境；质量是档次、是效益，标志发展水平。具体讲，全省经济持续较快增长，经济总量再上新台阶，努力走在全国前列；科教兴省、人才强省战略深入实施，经济发展由过度依赖资源能源消耗向科技引领、创新驱动转变，由低水平扩张向高端化升级演进，知名企业和名牌产品大量涌现；农业基础地位更加稳固，传统产业焕发生机活力，战略性新兴产业形成优势，服务业比重和水平大幅提升，具有区域特色和比较优势的现代产业体系加快建立，新型工业化、新型城镇化与农业现代化同步发展，城镇化率达到全国平均水平；有利于科学发展的体制机制日益完善，发展环境全面优化，生产要素实现无障碍流动，各类市场主体竞相发展，创造社会财富的源泉充分涌流；发展速度与结构、质量、效益相统一，经济发展与人口、资源、环境相协调，发展水平与东部沿海区位相适应，企业效益明显提升，地方财政一般预算收入占生产总值的比重稳步提高。和谐河北，就是生活品质提高，文明程度提高，社会管理水平提高，生态环境质量提高。具体讲，以改善民生为重点的社会建设加快推进，社会事业全面发展，公共服务能力明显增强，贫困人口显著减少，城乡居民收入大幅增加，社会保障水平全面提高；社会主义核心价值体系建设深入推进，遵纪守法、团结友爱、和睦相处、诚实守信、扶危济困蔚然成风，人民群众精神文化需求得到更好满足；社会管理新格局基本形成，民主法制更加健全，公平正义日益彰显，人民权益得到切实尊重和保障，各类矛盾能够及时妥善处理，首都"护城河"的屏障更为稳固，和谐稳定的大局不断巩固；资源浪费和环境污染得到有效遏制，传统生产和消费模式实现新的转变，生态质量有更大提高，使河北的天更蓝、地更绿、山更青、水更秀，人民群众的生产生活环境更美好，幸福指数明显提升。

实现建设经济强省、和谐河北的奋斗目标，关键是要走出一条有中国特色、河北特点的发展路子。这就要求我们必须坚定不移地走中国特色社会主义道路，从河北实际出发，按照优势地区聚集发展、贫困地区加快发展、城市乡村统筹发展、经济社会协调发展的总体布局，深入实施"一产抓特色、二产抓提升、三产抓拓展"的经济发展战略，用活京津优势，做大沿海经济，走出产业新路，打好扶贫硬仗，创造幸福生活，全面建设小康。

建设经济强省、和谐河北，任务艰巨而繁重，前景美好而光明。我们一定要以时不我待的紧迫感、不进则退的危机感、勇于担当的责任感、不负重托的使命感，奋力开创河北各项事业发展的新局面！

三、以加快转变经济发展方式为主线推动经济又好又快发展

发展是硬道理，是第一要务，是建设经济强省的关键所在。必须突出科学发展这一主题，围绕加快转变经济发展方式这一主线，以更大决心推动河北更好发展、更快发展、更大发展。

（一）保持经济平稳较快发展。认真贯彻中央扩大内需的方针政策，促进经济发展向投资、消费、出口协调拉动转变。坚持项目支撑，毫不放松地加大投入，高起点、高标准地抓好重点项目建设。以各类园区为平台，着力谋划和实施一批规模大、科技含量高、带动能力强、符合国家产业政策、具有支柱和引领作用的产业

项目。按照适度超前的原则，继续推进能源、信息等基础产业和基础设施建设，加快建设综合交通运输体系。切实把加快水利改革发展作为重大而紧迫的战略任务，全面落实“广开源、重节水、强治理、惠民生”的要求，突出抓好南水北调、引黄入冀等重大水利工程。坚持扩大消费需求，构建扩大消费的长效机制，培育消费热点，改善消费环境，提高居民消费能力和水平。坚持基地带动、主体拉动、品牌牵动、进出口互动，积极开拓国际市场，优化出口产品结构，重视发展服务贸易，促进外贸转型升级。

（二）推动产业结构优化升级。把优化结构作为建设经济强省的战略基点，在结构调整中促进发展，在加快发展中优化结构。要改造旧的、发展新的、培育好的，突出重点、重点突破，体现特色、特色增效，推动传统产业、战略性新兴产业、现代服务业统筹融合协调发展。坚持把传统产业改造升级作为结构调整的首要任务，坚定不移地走新型工业化道路，大力实施工业强省战略，全面推进工业提升计划，抓好对标行动、技术改造、兼并重组，促进信息化与工业化深度融合。严控钢铁总量，调整产业布局，优化产品结构，加速钢铁大省向钢铁强省迈进。装备制造业大力发展整机和成套设备，石化工业上抓能力、下抓链条，建筑建材、食品医药、纺织服装等产业着力打造特色产业集群。坚持把加快发展战略性新兴产业作为主攻方向，支持新能源、电子信息、生物医药、新材料等具有比较优势的产业扩规模、上档次，推动海洋经济、高端装备制造等具有潜在优势的产业重点突破。坚持把拓展服务业发展领域作为结构调整的战略任务，优先发展金融保险、现代物流等生产性服务业，做大做强做精旅游休闲、商贸流通等生活性服务业，大力发展研发设计、服务外包、总部经济等高端服务业，构建规模大、领域宽、水平高的现代服务业体系。坚持质量兴省，推进名牌战略，培育一批有影响的知名品牌。集中力量扶持壮大优势企业，力争有更多的大型企业集团进入中国500强和世界500强。

（三）构筑区域经济发展新格局。实现区域经济协调发展，必须推动优势地区聚集发展，促进贫困地区加快发展。充分发挥环京津、沿渤海优势，着力抓好环首都绿色经济圈、沿海经济隆起带、冀中南经济区建设。举全省之力打造曹妃甸新区和渤海新区两大增长极，加速优化港口布局，拓展港口功能和腹地纵深，大力度推动港口、产业和城市互动发展，建设具有国际竞争力的新型工业化基地和现代新型城市。实施倾斜政策，加大支持力度，促进环首都欠发达地区、张承坝上地区、燕山太行山片区、黑龙港流域加快发展。举全省之力推动贫困县乡村开发建设和贫困人口尽快脱贫致富，大力度开展水电路讯房和公共服务等基础建设，大规模发展特色优势产业，大幅度提高群众收入水平和县域经济实力。

（四）提高科技创新能力。把科技进步和创新作为调结构、转方式的中心环节，贯彻到建设经济强省的各个方面。深化科技体制改革，加大科技投入力度，大力推进集成创新和引进消化吸收再创新，促进“政产学研金介”紧密结合，发挥企业在技术创新中的主体作用。围绕提升产业核心竞争力，集中力量在支柱产业和新兴产业等重点领域，搭建一批技术创新平台，组建一批产业技术创新战略联盟，实施一批重大科技专项，突破一批核心关键技术，培育一大批科技型中小企业，加快科技成果向现实生产力转化。深入实施全民科学素质行动计划。强化人才支撑，优化人才成长环境，实施重点人才工程，抓好创新创业领军人才的培养和引进，集聚国内外尤其是京津的高端人才，形成优质创新资源汇聚河北的良好局面。

（五）加快新型城镇化进程。坚持大中小城市协调发展，加快构建环首都城市群、冀中南城市群、沿海城市带，在做大做强中心城市的同时，扶持壮大中等城市，推动小城市扩容升级，建设一批特色重点镇，促进产业向园区聚集、园区向城镇集中、人口向城镇转移。继续加强城镇改造建设，完善配套设施、提升城市功能、聚集优质产业、强化精细管理，确保城镇建设上水平。增强城市规划的科学性、前瞻性、严肃性，加大基础设施、公共设施、便民设施建设力度，形成完备体系。着眼提高综合承载能力和环境质量，坚持硬件软件一起抓、旧城改造与新区建设相结合，做好历史文化名城名镇保护开发工作。注重以产兴城，在城市规划建设中优化产业布局，提高城市的繁荣程度。实行建管并重、综合治理，下移管理重心，健全体制机制和运行模式，以人性化、标准化、精细化管理为核心，以提高市民素质为基础，全面提升城市管理水平和文明程度。

（六）狠抓环境保护与生态建设。坚持经济发展与环境保护、生态建设统筹推进，加快建设资源节约型、环境友好型社会。继续强力实施新老“双三十”节能减排示范工程，坚决落实领导责任，坚决有序淘汰落后产能，坚决禁止新建违规项目。发展循环经济、低碳技术和环保产业，推进工业节能、建筑节能和交通节能，最大限度地集约节约资源能源，最大限度地保护生态环境。坚持以大工程带动大治理，重点整治工业污染，综合治理城市大气和流域水污染，有效防治农村面源污染，严格控制海洋污染，加大环保监测和综合执法力度。加强自然保护区、水源保护区、风景名胜区等重要生态功能区的保护和管理，推进河湖水系全流域治理，继续实施京津风沙源治理、环省会生态林带等重大生态工程，做好造林绿化、水土保持、防沙治沙、防灾减灾等工作。加快建立生态补偿机制，共同促进生态文明建设。

实现经济又好又快发展，必将使全省面貌发生新的历史性变化，集中彰显河北人民的创造伟力，充分展示全面建设小康社会的美好图景！

四、以改善农民生产生活条件和增加农民收入为首要任务加快推进社会主义新农村建设

做好农业农村农民工作，事关经济社会发展全局。要始终把“三农”工作作为全部工作的重中之重，把改善农民生产生活条件、增加农民收入作为新农村建设的首要任务，全面落实强农惠农政策，以工促农、以城带乡，构建城乡一体化新格局。

（一）加强农村基础设施和公共服务体系建设。推进公共财政向农村倾斜，基础设施向农村延伸，公共服务向农村覆盖。抓好以水利为重点的农田基本建设，推进连村道路和村内街道硬化，加快农村垃圾污水处理设施建设，完成新一轮农村电网改造，完善城乡一体客运网络，促进农村通信全面升级。加强农村公共服务体系建设，完善农村现代流通网络，健全新农保、新农合和农村低保制度，推进城乡公共服务均衡发展，让农民群众得到更多实惠。顺应广大农民过上好日子的愿望，扎实推进新民居建设。

（二）着力促进农业增效农民增收。毫不放松地抓好农业生产，提高农业防灾抗灾能力和粮食综合生产能力，加快建设4000万亩粮食生产核心区，培育一批吨粮市和吨粮县。大力发展现代农业，在特色上做文章，在优质上下功夫，在高效上找出路，尤其是发展壮大畜牧、蔬菜、果品和特色水产业。推进农业产业化经营、区域化布局、标准化生产、专业化服务，抓好农产品加工项目，培育带动作用强的龙头企业，建设特色鲜明的农业产业化基地，打造叫得响的农产品品牌。健全新型农业社会化服务体系，加强农业科技和人才支撑能力建设。把农民增收作为中心任务，扩大惠农补贴范围和规模，增加政策性收入；大力发展一村一品或多村一品、一品一社，促进农产品在加工流通各环节增值，增加经营性收入；大力发展劳务经济，培育劳务品牌，多渠道、宽领域组织农村富余劳动力有序转移，增加工资性收入。

（三）深入推进农村改革。坚持农村基本经营制度，在依法自愿有偿和加强服务基础上，完善土地承包经营权流转市场，发展多种形式的适度规模经营。支持各类农民专业合作组织

加快发展,加大“农超、农资、农技、农企、农金”对接力度,提高农民进入市场的组织化程度。推动农村产权制度改革,做好确权颁证工作,逐步实现农村资源使用权可抵押、可流转、可置换、可交易,提高农村融资效率。深化农村信用社改革,规范发展小额贷款公司,创新农业保险模式。推进农村集体经济股份制改造,完善村级集体财富积累机制。加快农村征地制度、集体林权制度改革和供销合作社改革,继续搞好统筹城乡改革试点,在条件成熟的地方建立统筹城乡发展示范区。

(四)发展壮大县域经济。坚持把发展县域经济作为建设经济强省的基础,实施“腾飞计划”,突出抓好“三十强”和“三十弱”,实施分类指导,激发内在活力,力争经过五年的奋斗,实现县域经济总量倍增。鼓励各地发挥特色优势,培育壮大主导产业,抓好强县富民项目,从政策、资金、技术等方面加大支持力度。大力发展园区经济,积极承接城市产业转移,培育一批有竞争力的特色产业集群,集中力量打造引领县域经济增长的核心动力区。引导各地统筹推进一二三产业发展,特别是发展与农业生产相衔接的加工业,发展面向农村和农民的生产性服务业,发展带动就业的劳动密集型产业,形成富民与强县的良性互动。

只有农业农村的现代化,才会有全省的现代化;只有农民的全面小康,才会有全省人民的全面小康。我们要比以往任何时候都更加关心农业、关注农村、关爱农民,让广大农民群众的日子更加殷实、生活更加美好!

五、以增强发展活力为着眼点深化改革开放

改革开放是强国强省的必由之路,是经济社会发展的永恒动力。河北的现代化建设要实现活力更足、步伐更快,必须突破思想观念束缚和体制机制障碍,继续解放思想,深化改革,扩大开放,全面提高经济的市场化、国际化水平。

(一)坚持不懈地解放思想。改革开放30多年来的实践告诉我们,封闭必然导致落后,僵化只有死路一条。我们面临的形势异常复杂,改革开放的任务十分艰巨,如果不警醒起来,不解放思想,就会在时代潮流中落伍。解放思想贵在联系实际,重在解决问题,必须作为重要的思想和工作方法,落实到具体行动上,落实到项目建设上,落实到突破瓶颈制约上,落实到优化发展环境上。要坚决冲破一切妨碍科学发展的思想观念,树立沿海意识、创新思维,跳出传统发展模式的路径依赖,以更宽的视野确立发展新理念。坚决改变一切束缚科学发展的做法规定,坚持实事求是、与时俱进,从不合时宜的条条框框中解放出来,以更高的境界打开发展新思路。坚决革除一切影响科学发展的体制弊端,鼓励大胆实践、先行先试,用改革的办法解决前进中的矛盾和问题,用开放的思路借助外力发展自己,以更大的气魄开创发展新局面。

(二)加快改革攻坚步伐。深入推进行政管理体制改革,进一步转变政府职能,加强行政服务中心建设,打造服务型政府。着眼于整合资源、强化服务、提高效率、激发活力,完善各类园区管理体制。推进事业单位分类改革,增强公共服务保障能力。加快财税体制改革,推进现代公共财政体系建设,完善省直管县财政体制,实施激励性财政政策。加强国有资产监管,深化国有企业改革,推进国有企业重组上市和整体上市,提高国有资产证券化水平。推动企业跨地区、跨行业、跨所有制联合并购,加强管理创新,加快现代企业制度建设,着力提升品牌价值和资本经营水平。进一步优化金融生态环境,防范金融风险,壮大地方商业银行,大力发展证券、保险、期货、担保、融资租赁、股权投资基金等各类金融主体,积极发展直接融资,提高社会融资总规模。深化资源性产品价格和环保收费制度改革,建立排污权有偿使用和交易制度。

(三)全方位提高开放水平。强力实施开放带动战略,坚持对外开放与对内开放相结合,构建全方位、多层次、宽领域开放新格局。着力

打造秦唐沧沿海开放品牌，发挥各类开发区的示范引领、辐射带动作用，使其成为招商引资的平台和对外开放的窗口。加快推进重大合资合作项目，加强与世界500强和跨国公司合作，引导外资投向先进制造业、战略性新兴产业、现代服务业等领域。推进对外工程承包和劳务输出，积极参与国际经济技术合作。大幅度提升对内开放水平，加强与中央重要骨干企业和知名民营企业的战略合作，支持他们在我省设立区域总部、研发中心、销售中心和生产加工企业。深化与京津地区合作，在规划、产业、市场、基础设施等方面全面对接。加强与长三角、珠三角等发达地区合作。进一步做好援藏援疆工作。

（四）大力发展非公有制经济。坚持放开、放宽、放活，毫不动摇地鼓励、支持和引导非公有制经济发展，抓好各项政策措施的落实。建立健全融资担保、人才培训、科技信息、创业辅导等服务平台，支持民营企业在国内外资本市场上市，切实解决中小微企业资金、技术、用地等实际问题。实施民营企业家素质提升工程，建设一支有抱负、懂经营、善管理、敢创新的民营企业家队伍。深入推动全民创业，实行更加积极的创业政策，加强指导和服务，激发各类市场主体的创业热情和发展活力。

（五）进一步优化发展环境。营造优质高效的政务环境，精简审批项目，减少审批环节，规范审批程序，坚持公开透明，提高办事效率，为各类市场主体提供满意服务。营造公正廉洁的法治环境，坚持严格执法、文明执法，切实保护经营者的合法权益，加大对干扰、阻挠、破坏发展环境案件的查处力度，坚决制止“三乱”现象。营造公平竞争的市场环境，完善市场监管体系，大力整顿和规范市场经济秩序，严厉打击制售假冒伪劣商品行为，依法保护知识产权。营造诚实守信的人文环境，健全社会信用体系，促进公民和法人履约践诺，提高河北的信誉度和美誉度。

打开解放思想的总开关，拓宽改革开放的阳光道，把东部沿海的优势充分发挥出来，把环绕京津的潜能充分释放出来，河北的发展必将充满生机，必将充满活力！

六、以建设文化强省为目标推动文化大发展大繁荣

当今时代，文化越来越成为民族凝聚力和创造力的重要源泉，越来越成为经济社会发展的重要支撑。要全面贯彻落实党的十七届六中全会精神，坚持中国特色社会主义文化发展道路，以高度的文化自觉和文化自信，大力推动文化改革发展，全面提升河北文化凝聚力、影响力和竞争力，实现由文化资源大省向文化强省的跨越。

（一）推进社会主义核心价值体系建设。坚持马克思主义指导地位，引导广大干部群众坚定中国特色社会主义共同理想。大力弘扬以爱国主义为核心的民族精神、以改革创新为核心的时代精神和以“两个务必”为核心的西柏坡精神，鼓舞全省人民的信心和斗志。坚持用社会主义荣辱观引领社会风尚，深入开展文明城市、文明村镇、文明单位等群众性精神文明创建活动，加强社会公德、职业道德、家庭美德、个人品德教育，深化未成年人思想道德建设和大学生思想政治教育。培育奋发进取、理性平和、开放包容的社会心态，净化社会文化环境，在全社会形成积极向上的精神追求和健康文明的生活方式。深化形势政策宣传教育，引导广大群众真正明白惠在何处、惠从何来。

（二）加强精神文化产品创作生产。全面贯彻“二为”方向和“双百”方针，立足发展先进文化、建设和谐文化，激发文化创作生产活力，提高文化产品质量。坚持以人民为中心的创作导向，把学术探索和艺术创作融入建设经济强省、和谐河北的伟大事业中，推出更多具有中国气派、燕赵风韵的精品力作。繁荣发展哲学社会科学，坚持以重大现实问题为主攻方向，加强应用性对策研究。牢牢把握正确舆论导向，坚持团结稳定鼓劲、正面宣传为主，唱响主旋律、

把握主基调、打好主动仗，完善舆情分析研判和新闻应急处置机制，更好地服务中心和大局。加强对外宣传，大力提升河北形象。加强网络建设和管理，发展健康向上的网络文化，构建网络主流文化意识形态。加强宣传文化战线人才队伍建设，加大基层宣传文化队伍建设力度，培养一批高层次文化领军人物，造就一支素质过硬、结构合理、活力迸发的文化大军。

（三）完善公共文化服务体系。着眼于保障人民群众基本文化权益，健全政府为主的公共文化服务投入机制，按照公益性、基本性、均等性、便利性要求，抓好设施建设，健全服务网络，让群众广泛享有公共文化服务。加强文化馆、图书馆、博物馆等基础性文化设施建设，加快河北文化艺术中心等标志性文化设施建设，推进以市民中心、村民中心等为依托的基层文化设施建设。深入实施广播电视村村通、文化信息资源共享、城镇数字影院、农家书屋等文化惠民工程，广泛开展文化科技卫生“三下乡”等群众文化活动。加强文物和非物质文化遗产保护利用。

（四）推动文化产业成为支柱性产业。坚持把社会效益放在首位、社会效益和经济效益相统一，促进文化产业上规模、上水平。做强出版印刷、广告影视、演艺娱乐等重点产业，加快发展文化创意、数字传媒、动漫游戏等新兴产业。推动文化科技创新，促进文化与其他产业深度融合，培育复合型文化产品。实施“银企文融合工程”，形成多元投入新格局。实施重大项目带动战略，构建特色文化产业聚集区，倾力打造“红色太行、壮美长城、诚义燕赵、神韵京畿、弄潮渤海”文化品牌。加强对外文化交流，扩大文化产品和服务出口。

（五）进一步推进文化体制机制改革创新。推动文化企业建立现代企业制度，健全法人治理结构，完善管人管事管资产管导向相结合的国有文化资产管理体制。做大做强做优一批国有及国有控股大型文化企业，支持企业兼并重组、上市融资。鼓励非公有制文化企业参与国有文化单位改革，培育壮大中小型文化企业。推进公益性文化事业单位内部机制改革，增强发展活力，提高服务水平。培育扩大文化消费市场，规范文化市场秩序。创新文化内容、形式和载体，加快数字化转型。积极构建现代传播体系，运用先进技术改造提升传统媒体，加强新兴媒体的建设、管理和运用，推进电信网、广电网、互联网三网融合，打造有影响力的综合性传媒集团和网络文化品牌。完善政策保障机制，加大文化建设投入力度，保证财政性文化支出增长幅度高于财政经常性收入增长幅度。

文化凝结历史，文化引领未来。我们一定要立足于建设经济强省、和谐河北的伟大实践，让底蕴深厚、生机无限的燕赵文化，绽放出更加绚丽夺目的光彩！

七、以保障改善民生为重点加快社会建设

民生连着民心，民心顺则天下和静。要把实现好维护好发展好最广大人民群众的根本利益，作为一切工作的出发点和落脚点，让全省人民得到更多实惠，使河北大局更加和谐稳定。

（一）着力解决人民群众关切的利益问题。多做一些能够促进社会事业发展的事情，多搞一些能够直接改善群众生产生活条件的项目，多解决一些群众迫切需要解决的问题。大力度实施保障性安居工程，着重抓进度、抓质量、抓公平分配、抓管理创新，真正把好事办好。大力度实施农村饮水安全工程，严格标准，保质保量，确保三年内让群众都喝上干净卫生的水。做好市场供应保障工作，加强市场监管和价格监测，稳定市场物价。实施更加积极的就业政策，完善就业服务体系，多渠道开发就业岗位，把解决高校毕业生、农村转移劳动力、城镇就业困难人员就业问题作为工作重点，做好退役军人就业工作。深化收入分配体制改革，统筹制定增加收入的政策措施，大幅度提高城乡居民收入水平，缩小收入差距。完善职工工资调整机制，逐步提高最低工资标准，推进工资集体协

商和集体合同制度，构建和谐稳定的劳动关系。推进社会保障全覆盖，稳步提高保障水平，加快建立新型农村社会养老保险体系，完善城镇基本保险制度，健全城乡居民最低生活保障制度，让群众生活有着落、养老有保障。

（二）加快发展各项社会事业。坚持优先发展教育，合理配置公共教育资源，全面实施素质教育，加快发展学前教育，推进义务教育均衡发展，提高高中教育普及水平，大力发展职业教育，培养大批实用型、技能型人才，着力提高高等教育质量，择优建设全国知名大学，鼓励支持民办教育。深化医药卫生体制改革，加快发展医疗卫生事业，完善基本医疗卫生制度，把更多的资源向农村和城市社区倾斜，加强疾病防疫防控，切实让群众少得病、看得上病、看得起病、看得好病。积极发展体育事业，广泛开展群众性全民健身活动。全面做好人口工作，坚持优生优育，稳定低生育水平。推进养老服务体系建设，培育壮大老龄服务事业和产业。保护妇女儿童合法权益，发展残疾人事业、慈善事业。

（三）加强和创新社会管理。坚持以人为本、服务为先，努力实现社会管理与社会服务有机统一，最大限度激发社会活力，最大限度增加和谐因素，最大限度减少不和谐因素。创新社会管理体制，完善党委领导、政府负责、社会协同、公众参与的社会管理格局。健全党委政府主导的利益协调、诉求表达、矛盾调处、权益保障等机制，维护人民群众合法权益，维护社会公平正义。加强进城务工人员等流动人口和特殊人群服务管理，规范发展新经济组织和新社会组织。强化信息网络管理，提高对虚拟社会的管理水平。抓好基层基础工作，加快城市社区规范化建设，做到有人干事、有场所议事、有钱办事、有章理事。推行基层党组织、基层民主组织、经济合作组织和综治维稳组织四个覆盖，着力提高农村社会组织化程度。

（四）扎实推进民主法治建设。坚持党的领导、人民当家作主、依法治国有机统一，依法实行民主选举、民主决策、民主管理、民主监督，保障人民群众的知情权、参与权、表达权、监督权。坚持和完善人民代表大会制度，支持人大及其常委会依法履行职能，密切人大代表同人民群众的联系。深入推进依法治省，围绕建设经济强省、和谐河北，加强地方立法工作，全面推进法治政府建设和依法行政，保证司法机关依法行使职权，做到公正廉洁执法。尊重和保障人权，依法保证全体社会成员体面劳动、尊严生活。深入开展法制宣传教育，形成共同维护法律尊严、遵守法律秩序的良好氛围。坚持中国共产党领导的多党合作和政治协商制度，支持人民政协围绕团结和民主两大主题，履行好政治协商、民主监督和参政议政职能，发挥协调关系、汇集力量、建言献策、服务大局的作用。巩固壮大爱国统一战线，支持民主党派、工商联和无党派人士更好履职尽责，认真做好民族、宗教、侨务工作，加强与港澳联系，做好对台工作，促进政党关系、民族关系、宗教关系、阶层关系、海内外同胞关系的和谐。扩大基层民主，深化政务公开、厂务公开、村（居）务公开及公共企事业单位办事公开等制度。加强工会、共青团、妇联等人民团体工作，充分发挥工人阶级主力军、团员青年生力军和妇女“半边天”等作用。加强国防动员和后备力量建设，确保党对武装力量的绝对领导。推动军民融合式发展，不断提高应对多种安全威胁的能力。关心支持驻冀部队建设，落实各项优抚安置政策。深入开展双拥共建活动，巩固新型军政军民关系。

（五）努力构建大维稳格局。维护稳定是第一责任，必须构建党政统揽、部门履责、政法担当、群众参与的大维稳格局，制定配套的社会稳定指标评价考核体系。以解决人民群众反映强烈、影响社会和谐稳定的问题为突破口，集中整治社会治安突出问题和重点地区，严厉打击违法犯罪。完善城乡一体化社会治安防控体系，广泛开展平安创建活动。加强源头治理，实行重大决策、重大项目社会稳定风险评估。加强和改进新形势下群众工作，用群众工作统揽信访工作，深化“三位一体”调解体系，正确处理人民内部矛盾。健全应急处突体系,及时妥善有效处理各类突发事件。坚持安全第一、生命至上,完善公共安全防控体系,加强食品药品安全和生产安全管理。深化“护城河工程”,推进联防、联控、联打、联调机制建设,确保社会和谐稳定,为伟大祖国首都的安宁筑起一道钢铁长城。

人民是衣食父母,群众的事情比天大。我们一定要时刻把百姓的冷暖安危放在心上,尽心尽力惠民生,尽职尽责促和谐,把党的温暖送到千家万户,让全省人民更加幸福安康!

八、以提高贯彻落实科学发展观执行力为核心加强和改进党的建设

加强党的领导,是建设经济强省、和谐河北的根本保证。必须把党的执政能力建设和先进性建设作为主线,以改革的精神、创新的思维、务实的举措,全面推进党的思想建设、组织建设、作风建设、制度建设和反腐倡廉建设,不断提高贯彻落实科学发展观的能力,不断提高党的建设科学化水平。

(一)坚持思想清醒、政治坚定。始终把思想政治建设摆在党的建设首要位置。深入推进理论武装工作,坚持用马克思列宁主义、毛泽东思想、中国特色社会主义理论体系教育党员干部。加强学习型党组织建设,推动学习教育科学化、制度化。要把对党忠诚、高举旗帜作为广大党员特别是党员领导干部政治合格的最重要标准。坚定理想信念,切实加强思想道德修养和党性锻炼,增强坚持中国特色社会主义道路、理论体系和制度的自觉性坚定性;站稳政治立场,在政治上思想上行动上同党中央保持高度一致,在大是大非问题上做到认识不含糊、态度不暧昧、行动不动摇;强化党的意识、党员意识,自觉讲政治、讲党性、讲大局,不折不扣地贯彻落实党的路线方针政策,坚决维护中央的权威,维护党的集中统一,确保各项工作沿着正确方向前进。

(二)坚持建强班子、带好队伍。按照德才兼备、以德为先用人标准,大力选拔使用那些善于推动科学发展、促进社会和谐、实绩突出、群众公认的优秀干部,绝不让不事张扬、埋头苦干、重长远、打基础的人吃亏,绝不让不跑不要、竭力干事的人吃亏,绝不让长期在艰苦岗位上工作的人吃亏。完善体现科学发展观和正确政绩观要求的干部考核评价体系,加强对干部政治品质和道德品行的考核。深化干部人事制度改革,以扩大用人民主为核心,完善民主、公开、竞争、择优的选人用人机制,让更多的优秀干部脱颖而出。加强对市、县、乡党政正职和各级直属部门正职及关键岗位干部的重点管理。重视培养选拔优秀年轻干部和女干部、少数民族干部、党外干部。积极推进干部上下交流、多岗位锻炼和到发达地区挂职。继续大规模培训干部,大幅度提高干部素质。全面做好离退休干部工作。坚持党管人才原则,加大人才工作力度,培养、引进、使用并重,开创人才辈出、人尽其才、才尽其用新局面。

(三)坚持强化基层、打牢基础。深化创先争优活动,创新活动载体,形成长效机制,引导基层党组织和广大党员创科学发展之先、争社会和谐之优。制定全省基层党组织建设五年规划,精心组织、分步实施,先期开展加强基层建设年活动,为迎接党的十八大、建设经济强省和谐河北打下坚实的组织基础。加强农村基层党组织带头人队伍建设,选准、育好、配强村党组织书记。深化和落实“一定三有”、“一制三化”、“四议两公开”等机制和办法,充分调动农村干部积极性,形成完善的基层组织运行机制和治理结构。抓好农村后进党组织整顿转化、中间状态党组织提升水平工作。加强机关党的建设,推进街道社区、国有企业、高等院校、科研院所、新经济组织和社会组织等领域党建工作。加强党员队伍建设,深入实施以党性教育和能力培育为主要内容的“双育工程”。重视在工人、农民、高知识群体、大学生等重点群体中发展党员。严格落实基层党建工作责任制,不断提高基层党建工作整体水平。

（四）坚持以人为本、转变作风。把全心全意为人民服务贯穿于干部队伍建设和各项工作之中，教育引导干部始终牢记党的宗旨，把人民放在心上，把群众当亲人，带着感情做群众工作，保持同人民群众的血肉联系。大兴调查研究之风，深入基层、深入群众，向群众学习，拜人民为师，从人民群众的实践和创造中汲取智慧与力量，确保各项工作合民情、得民心、顺民意。大兴求真务实之风，坚持重实际、出实招、办实事，求科学发展规律之真，务社会和谐稳定之实，脚踏实地干工作，掷地有声抓落实，反对官僚主义、形式主义。大兴艰苦奋斗之风，牢记“两个务必”，坚持厉行节约、拼搏奉献，反对贪图享乐、不思进取。坚持工作在基层、战斗在一线，同人民群众一道攻坚克难，打开工作局面。

（五）坚持制度为根、执行为要。要以党章为根本、以民主集中制为核心，加强党的制度建设，做到办事有遵循、行为有规范、执行有尺度。严格遵守“约法八章”，完善党委内部议事规则和决策程序，推进决策科学化、民主化。切实发挥党委全委会作用，探索党代会闭会期间发挥代表作用的途径和形式。扩大党内民主，推进党务公开，保障党员主体地位和民主权利。要像爱护眼睛一样珍视团结、维护团结、增进团结，认真开展批评和自我批评。坚决维护制度的严肃性和权威性，强化制度执行力，切实做到有章必循、违章必究。

（六）坚持反腐倡廉、干事干净。认真贯彻标本兼治、综合治理、惩防并举、注重预防的方针，深入推进惩治和预防腐败体系建设。严格落实党风廉政建设责任制，完善权力运行监控机制，加强领导干部经济责任审计，整体推进教育、制度、监督、改革、纠风、惩治各方面工作。坚决惩治和有效预防腐败，坚决查处损害群众利益的突出问题，以党风廉政建设和反腐败斗争的实际成效取信于民。全面加强中央和省委重大决策部署贯彻落实情况的监督检查，为建设经济强省、和谐河北提供有力保证。教育引导广大党员干部时刻严格要求自己，清清白白做人，扎扎实实干事，切实做到自身正、自身净、自身硬，始终保持共产党人的蓬勃朝气、昂扬锐气、浩然正气。

同志们，建设经济强省、和谐河北的伟大征程已经开启，时代召唤着我们奋勇前进，人民期待着我们再创辉煌。我们一定要在以胡锦涛同志为总书记的党中央坚强领导下，高举中国特色社会主义伟大旗帜，深入贯彻落实科学发展观，团结带领全省人民坚定信心、锐意进取，同心同德、奋发图强，努力创造河北更加光辉灿烂的明天！

中共河北省委常委、书记、副书记
中共河北省纪委书记、副书记、常委名单

2011 年 11 月 22 日，中共河北省第八届委员会第一次全体会议选举张庆黎为省委书记，张庆伟、赵勇为省委副书记；新一届中共河北省委常委会由 13 人组成，依次为张庆黎、张庆伟、赵勇、史鲁泽、杨崇勇（满族）、梁滨、臧胜业、聂辰席、张越、孙瑞彬、景春华、田向利（女）、艾文礼。

会议通过中共河北省第八届纪委常委、书记、副书记人选：书记：臧胜业，副书记：商黎光、马玉蝉、吕忠国、董云鹏，其他常委：张福建、吕永志、李胜斌、李玉龙、张素敏（女）、刘志军。

山西省第十次党代会报告摘要及省委、省纪委领导成员名单

率先走出资源型地区转型跨越发展新路
为加快实现全面建设小康社会目标努力奋斗

——在中国共产党山西省第十次代表大会上的报告(摘要)

(2011 年 10 月 27 日)

袁纯清

同志们:

现在,我代表中国共产党山西省第九届委员会向大会作报告。请各位代表审议,并请列席人员提出意见。

这次大会,是在我省转型跨越发展进入关键时期召开的一次具有全局性和战略性意义的会议。大会的主题是:高举中国特色社会主义伟大旗帜,坚持科学发展,继续解放思想,深化改革开放,加快转型跨越,促进社会和谐,组织和动员全省各级党组织、广大党员和人民群众,同心同德、开拓创新,率先走出资源型地区转型跨越发展新路,为再造一个新山西、加快实现全面建设小康社会目标努力奋斗。

一、过去五年的工作(略)

二、坚定转型跨越,加快全面建设小康社会进程

转型跨越发展,实质是又好又快发展,是科学发展观在山西的具体体现。全面建设小康社会,是实现中华民族伟大复兴的奠基之举,是到建党 100 周年全国人民共同为之奋斗的总目标。我们所有的努力,转型跨越、再造一个新山西的全部追求,都是为了加快全面建设小康社会。放眼全国,东部发达省份已经或即将率先进入全面小康社会,中西部省份普遍加快全面建设小康社会进程。我省全面建设小康社会取得巨大成绩,但是全面小康实现程度低于全国平均水平 5 个百分点左右,在全国和中部地区居靠后位置。能不能尽快缩小发展差距,加快全面建设小康社会进程,现实地摆在各级党组织和全省人民面前。我们要凝心聚力,奋勇前行,唱响转型跨越主旋律,打好实现全面小康攻坚战。

在解放思想中打开视野。转型首先思想观念要大转变,跨越首先思想境界要大提升。解放思想要求我们,必须摆脱煤炭依赖、政府依赖、路径依赖的思维惯性,开辟多元发展、全民创业的新天地;必须丢弃自以为是、自我满足、自我封闭的狭隘意识,跳出山西看山西,在追求卓越中发展自己;必须改变坐而论道、空泛议论、眼高手低的行为习惯,勇于破解现实课题和棘手难题;必须摒弃不敢担当、缺乏闯劲、怕当出头鸟的保守思想,敢于走别人没有走过的路;必须跳出求稳守成、小富即安、不富亦安的心理局囿,实现再造一个新山西的历史巨变。

在坚定信心中激发动力。我省作为煤炭大省和老工业基地,转型任务之艰巨世所罕见。面对全国各地竞好争先的发展势头,面对国内外产业转移加快推进、科技进步日新月异的挑战,不进则退,慢进也是退。同时要看到,我国仍处于重要战略机遇期,正从中等收入国家向中等发达国家迈进。我省具有较好产业基础,一大批转型项目陆续建设,发展后劲和协调性

增强。基础设施的改善，山西通江达海正在变为现实，不仅延伸了发展半径，而且拉近了与发达地区的空间距离。中央支持中部地区崛起，确定山西为循环经济试点省、生态建设试点省尤其是转型综改试验区，政策效应进入深度显现期和集中释放期。山西资源富集，“有中生有”得天独厚，“无中生有”有势可倚，尤其是转型跨越正在成为全省干部群众的自觉行动，只要我们坚定信心，埋头苦干，就一定能够加快实现全面小康。

在奋力赶超中争先进位。追赶型发展是欠发达地区的不二选择。要以勇于超越的闯劲，人一我十，人十我百，敢与发达地区比肩，发挥后发优势，实现后来居上；以新的理念和机制，激发劳动、知识、资本、管理的活力，让创造财富的源泉充分涌流；跳起来摘桃子，实现超常规发展，每年追赶一个百分点，到2016年有一批市县实现全面小康，全省总体实现程度力争达到全国平均水平。

山西正站在新的历史起点上。今后五年，是大有可为、加快发展的黄金期，转型跨越的机遇期，改革开放的攻坚期，更是全面建设小康社会的关键期。全省工作的指导思想是：高举中国特色社会主义伟大旗帜，以邓小平理论和“三个代表”重要思想为指导，深入贯彻落实科学发展观，紧紧围绕转型跨越发展、再造一个新山西的总体战略，以解放思想为先导，以建设国家资源型经济转型综合配套改革试验区为龙头，深化改革开放，促进创新创业，以煤为基、多元发展，加快推进工业新型化、农业现代化、市域城镇化、城乡生态化，全面加强经济建设、政治建设、文化建设、社会建设和生态文明建设，以改革创新精神加强党的建设，团结带领全省党员干部群众，建设国家新型能源和工业基地，建设全国重要的现代制造业基地、中西部现代物流中心和生产性服务业大省，建设中部地区经济强省和文化强省，率先走出资源型地区转型跨越发展新路，为加快实现全面建设小康社会目标努力奋斗。

——**经济总量有新提升**。地区生产总值达到2万亿元，财政总收入超过4000亿元，主要经济指标在全国的排位前移。

——**产业发展有新体系**。在为国家提供能源支持的基础上，新兴产业比重和循环经济水平大幅提升，人才和科技进步对经济增长的贡献率明显提高，文化产业成为新的支柱产业，以煤为基、多元发展的产业格局基本形成。

——**区域发展有新格局**。“一核一圈三群”城镇体系加快建设，百万人口城市有新的增加，城镇化率接近60%，功能定位和产业分工更加清晰，形成一批优势明显的产业园区和区域发展板块。

——**民生福祉有新水准**。城乡居民收入分别达到3万元以上和1万元以上，一批县（市、区）农民人均纯收入突破2万元，基本消除农民人均纯收入5000元以下的县，现有贫困人口一半以上实现脱贫。社会保障体系更加健全，社会事业投入明显加大，基本公共服务均等化明显增强，人民群众的社会保障水平、收入水平、健康水平、科技教育水平明显提高。

——**社会管理有新作为**。民主法制建设全面加强，群众权益得到切实保障，公平正义充分彰显，社会管理体系更加完善，安全生产形势稳定好转，社会总体和谐稳定。

——**生态环保有新局面**。节能减排幅度高于全国平均水平，确保完成国家下达的节能减排任务，市区和县城环境空气质量达到国家二级标准，森林覆盖率每年提高1个百分点，资源节约型、环境友好型社会建设成效明显。

——**发展环境有新气象**。市场经济体系进一步完善，政府效能明显提升，全民创业氛围浓厚，人才外流状况得到扭转，非公有制经济比重大幅提高，利用外资规模不断扩大。

实现了上述目标，山西就不再是发展滞后的省份，就为2020年建成惠及全省人民的更高水平的小康社会打下决定性基础，将成为山西历史上划时代的里程碑！

三、抢抓机遇，全力推进转型综改试验区建设

资源型地区转型是一个世界性难题，历届省委、省政府团结带领全省人民在调整结构、促进转型上进行了艰辛探索。党中央、国务院批准在我省设立国家资源型经济转型综合配套改革试验区，使山西转型发展上升到国家战略层面。以区域为单元寻求突破，是改革开放不断深化的必然选择，综改试验区在一定意义上就是"新特区"。我们要用好这个大平台、大政策、大机遇，在生产力层面优化经济结构、转变发展方式，在生产关系层面深化配套改革、创新体制机制，使山西经济形态、社会形态、自然形态特别是人的全面发展发生显著变化。这是富民、强省、利国之举，是我们赢得主动、赢得优势、赢得未来的关键所在。

核心在转型。以世界眼光和战略思维拓展山西发展的广度和深度，实现以煤为基、以煤兴产、以煤兴业、多元发展。在发展形态上，实现采掘文明向制造文明转变，促进煤炭及其他原材料产业内涵式发展，加快现代制造业发展步伐，使依托煤、延伸煤、超越煤成为新的发展特征，使产业高端化、发展高质化、装备现代化、管理精细化成为新的竞争优势。在发展方式上，实现粗放高耗增长向集约绿色发展转变，强化低碳发展理念，全面实行煤炭等资源的清洁开采和高效利用，建设生态矿山，降低发展的环境生态代价，提升环境容量和生态承载力，构建具有资源型地区特点的人与自然和谐、经济与社会协调的发展模式。在发展定位上，实现煤电基地向综合能源基地和现代产业基地转变，建设一批煤电一体化、多产并举的能源综合企业，把单一优势转化为多个优势。促进产业结构合理化，推动一、二、三产协调发展，特别是大力发展第三产业，使山西成为新兴产业崛起之省。在发展方向上，实现资源大省向经济文化强省转变，统筹开发利用地下地上两种资源，做好煤与非煤两篇文章，实现资源与资本、科技、创意的结合，对矿产资源进行深精加工，对人文历史资源进行高位开发，把优势资源转化为现实生产力。在发展动力上，实现资源依赖向创新驱动转变，坚持人才强省、科教兴省，促进生产要素向创新领域集聚，以技术升级带动产业升级，以自主创新推动发展转型，以劳动者素质提升增强创新能力和发展后劲。

根本在改革。革除阻碍资源价值最大化、影响可持续发展的各种弊端，突破制约科学发展和创业活力的桎梏，搞好顶层设计，加快形成有利于资源型经济转型的体制机制和政策体系。创新产业转型促进机制，理顺煤炭等资源开发利用的体制机制，建立资源型产业与非资源型产业均衡发展机制，推进资源开发收益主要用于发展接替产业、高新技术产业和鼓励类服务业。加快推进资源税改革，按照国家政策规定制定切合山西实际的资源税税率，完善有利于资源综合利用和循环经济发展的税收政策措施。理顺资源型产品价格形成机制，完善节能节水降耗指标体系、监测体系和考核体系。创新土地管理机制，实施城乡建设用地增减挂钩政策，探索建立跨区域耕地占补平衡市场化机制，建立土地利用规划评估修订机制，统筹开发利用成片盐碱地和整合利用工矿废弃用地，大幅提高土地利用效率和产出率，拓展转型和民生项目用地空间。建立生态环境产权制度，建立碳交易和排污权交易市场，完善煤炭开采生态环境综合补偿机制，跳出先污染后治理的窠臼。加快构建与资源型经济转型相适应的资本市场，对转型领域和战略性新兴产业给予信贷倾斜，上市公司数量明显增加，发展壮大地方金融机构，发挥非银行金融机构作用，引进外资金融机构。充分发挥企业转型主体作用，深化国有企业改革，推进兼并重组，加快实施十大企业"双千亿工程"，支持优势大型国有企业尽快跨入世界500强。大力发展专、精、特、新中小企业。加大鼓励、支持和引导非公有制经济发展的力度，凡法律未禁入的行业和领域全部放开，改进对非公有制经济的服务，确保平等使用

生产要素，公平参与市场竞争，同等受到法律保护，在全社会形成支持非公有制经济大发展的良好局面。

关键在实践。先行先试是转型综改试验区的最大政策。从每个单位做起，从具体项目开始，大胆探索实践，特别是要抓紧干几件具有全局性、标志性的大事。要在重大转型项目上先行先试。实施煤层气综合利用、煤制油、煤制天然气、煤矸石发电及粉煤灰开发利用、焦炉煤气制甲醇制烯烃、高端装备制造、新能源、新材料、节能环保、新一代信息技术等十大产业工程。只要是资源就地转化项目、循环经济项目、符合科学发展的项目，都要抓紧推进。要在政策创新上先行先试。切实用好现有政策，积极争取新政策，在实践中探索创造性政策，移植推广其他综改区的好政策，学习借鉴国际上资源型地区转型的成功经验，清除不合时宜的条条框框，形成一系列推动山西发展的"晋"字牌政策。对转型综改试验走在前列的地方，给予资金、土地等方面的倾斜。对敢闯敢试、先行先试成绩突出的干部、企业家和各类人才，给予褒扬和重用。要在板块突破上先行先试。推进"一市两县"、"一市两园"、"一县一企"转型综改试点，加快扩权强县步伐，重点在减少管理层次，下放计划、财政、项目、税收、土地管理权限等方面取得突破，打造转型综改试验排头兵，取得经验后全省推广。要在破解发展难题上先行先试。着力破解生产要素过度向资源型产业集中的难题，努力改变一煤独大、结构畸重的产业格局；着力破解资源型经济导致生态大规模破坏的顽症，加快生态修复治理；着力破解环境保护约束机制和利益导向落实难的问题，持续全面改善环境；着力破解资源型经济伴生的社会矛盾，增强发展的协调性。

建设转型综改试验区，今后五年是关键。在国家批准的综改试验区中，山西是唯一的全省域试验区，也是为数不多的资源型试验区。改革开放30多年后，山西这个内陆省份和能源基地站到了改革试验创新的最前沿。"功崇惟志，业广惟勤"。我们要举全省之力、集全民之智，确保今后五年实现转型综改试验的重大突破，在全国率先走出资源型地区加快转变经济发展方式、实现科学发展的成功之路！

四、"四化"引领经济又好又快发展

山西传统产业占主导，农业立地条件差，城镇化滞后，生态环境脆弱。扎实推进工业新型化、农业现代化、市域城镇化、城乡生态化，是转型跨越的主要任务。

推进工业新型化，加快转变发展方式。一要提升资源就地转化率。在资源原材料深度加工中催生新产业，追求高效益。着力"用"好煤，努力实现全省新增煤炭一半左右就地加工转化。建设大型坑口电厂和资源综合利用电厂，努力建设1亿千瓦级电力强省，外送电装机力争达到5000万千瓦。重点煤炭企业非煤产业比重达到50%以上。推进焦炉煤气、煤焦油、粗苯等深加工，实现"以焦为主"向"焦化并举、上下联产"的转变。提高优势原材料加工能力，巩固不锈钢产业的全球领军地位，打造国家级不锈钢及铝镁合金制品基地。二要提升传统产业循环率。把循环经济作为工业新型化的基本路径，在提高产业集中度的基础上，建立循环经济激励机制，使循环经济成为我省产业的基本模式，推动企业、园区、产业、社会循环发展。五年内基本完成传统产业循环化改造，新项目新产业要把全循环作为准入门槛。构建循环技术体系，实现废物交换利用、废水循环利用、能量梯级利用，重点推进煤矸石、工业固废和废气余热、城市污水垃圾、矿井水等综合回收利用。发展循环型服务业和农业。三要提升新兴产业占比率。打造全国最大、世界知名的煤机制造基地。有重点地发展新能源汽车及零部件产业。创建轨道交通装备生产品牌。建设数个百万吨级节能节水型现代煤化工项目。发展特色食品、生物医药产业。发展节能环保产业，把环境压力变为发展动力。推进风能、太阳能、生物质能等新能源开发利用。发挥军工企业的优势和作用。运用互联网、物联网等现代信息技术提升产业水平，使信息产品和服务更好地与生产、流通、分配和消费融合。注重总体策划，强化创意开发，培育龙头企业，加快旅游资源大省向旅游经济强省迈进。发展以金融、会展、中介等为重点的现代服务业，发展现代物流、交通运输和煤炭交易等生产性服务业。提升房地产与建筑业水平。发展家庭服务业。太原和其他有条件的城市要建立以现代服务业、高新技术产业为主的产业体系。四要提升节能减排率。完善促进节能减排的产业、财税、价格、金融等政策，抑制高耗能、高排放行业过快增长。淘汰落后产能，推广节能减排技术，实施重点行业和领域节能减排工程，加强对重点排污耗能企业的监测监管。推进节能减排市场化进程，提高全民节能减排意识，建立节能减排长效机制。五要提升科技贡献率。大力实施科技创新跨越工程，弘扬创新文化，提高创新指数，加快建立山西特色创新体系。强化产学研合作，提升大中型企业研发创新能力，培育扶持更多科技创新型企业，实施一批对转型发展有引领作用的重大科技专项，促进科技成果转化。加大各级财政科技投入力度，带动全社会研发经费占 GDP 比重提高一倍以上。规划发展一批科技创新园区，建设山西省工业技术研究院，启动建设太(原)榆(次)科技创新城，打造以科技为支撑的经济增长极。

推进农业现代化，开创“三农”工作新局面。农业、农村、农民问题事关发展大局，必须始终作为重中之重。一是把确保农民收入翻番作为核心任务。完善强农惠农政策，加大财政支持力度，深化农村改革，调动保护农民生产积极性，严格保护耕地，推进农村土地综合整治，推进农业机械化和科技进步，增强农业综合生产能力，确保粮食安全。组织农民开展多种经营，有序转移富余劳动力，帮助农民扩大资本、积累财富，使农民共享公共财政阳光，确保农民收入持续大幅增加。在山老区实施“一村一井”工程，发展“五小”水利，使农业人口实现人均 1 亩水浇地。深入推进领导干部包村增收活动，重点解决 6000 余个低收入村的农民收入翻番问题。二是把“一村一品”、“一县一业”作为主攻方向。深入推进大同、晋中、运城现代农业示范区和雁门关生态畜牧经济区建设。大力发展设施农业，健全土地承包经营权流转市场，建设 1 万个“一村一品”专业村和 60 个“一县一业”基地县，深入推进“513 工程”，在标准化生产、品牌化经营基础上建设特色农产品强省。健全农村市场和农业服务体系，完善农村金融服务网络，基本实现农民专业合作组织村级全覆盖，农户入社率达到 50% 以上。加强动植物疫病防控，提高农产品质量安全水平。三是把发展县域经济作为战略举措。针对不同县域特点，制定发展规划和政策措施，一体推进工业化、城镇化和农业现代化，发展强县富民的大项目，每个县都要建成一到两个工业园区或产业集中发展区。强化激励约束机制，引导人才、资金、技术等要素向县域流动，打造 20 个以上中部和全国百强县。四是把新农村重点村建设作为基础工程。完善以工促农、以城带乡和以煤补农、以矿帮村机制，培育新型农民，在实现新的“五个全覆盖”基础上，健全农村基本公共服务体系。每年推进 100 个新农村连片示范区、3000 个新农村重点村建设，力争到 2016 年全省农村都达到重点村建设标准。五是把扶持革命老区和贫困地区加快发展作为突破重点。实施以产业开发为核心的扶贫板块推进战略，加大投入和工作力度，确保贫困地区农民人均纯收入年均增幅高于全省平均水平，五年内基本完成山庄窝铺移民搬迁。

推进市域城镇化，让“人”字型城镇框架更加富有活力。围绕“一核一圈三群”城镇化格局，坚持扩容与提质并重，形成梯次明显、优势互补、协调发展的城镇化态势，构筑适宜居住、有利发展的社会体系。一要支持太原率先发展。把太原建设成为科技创新的领先区、高端产业的聚集区、改革开放的先行区、生态文明的示范区、和谐社会的首善区，充分凸显太原都市圈在全国城市群版图中的地位和全省发展龙头作用,成为中部崛起的重要一极。建立领导协调指导机制,坚持一个规划统筹、一个标准建设,实质性推进太原—晋中同城化。太原都市圈的城镇化率、经济发展速度明显高于其他城镇群,经济总量占比明显上升,对忻州、吕梁、阳泉等地的辐射带动作用明显增强。二要加快区域性城市群的建设和融合。全面建设以大同、朔州为核心的晋北城镇群,以临汾、运城为核心的晋南城镇群,以长治、晋城为核心的晋东南城镇群。加快上党等城镇群建设步伐。通过组团式发展,加快城乡统筹,优化全省经济社会发展布局。三要实施“大县城”战略和百镇建设工程。加快县城扩容提质步伐,提高产业和人口吸纳承载力,扩大对农村的辐射力。开展扩权强镇试点,建设一批工业强镇、商贸重镇、历史文化名镇和旅游大镇。依托城镇布局,建设一批产业带、文化带、生态带。四要增强城市综合承载能力。强化规划的前瞻性和建设的创新性,塑造城市精神,推广信息化管理,重视发展公共交通,增强通达性、功能性、服务性、安全性。加快新区开发和旧城区、城中村、棚户区改造。促进“城”、“矿”互动融合,支持资源型老工业城市转型。推行城乡统一的户籍制度,实现基本公共服务由户籍人口向常住人口扩展。

推进城乡生态化,提高环境质量和生活质量。树立“环境就是生产力”的理念,坚持建设与绿化同步、经济与生态并重。致力于建设绿化山西,深入推进造林绿化工程,年完成营造林400万亩以上。建设晋北晋西北防风固沙、吕梁山黄土高原水土保持、太行山土石山区水源涵养和平川盆地防护经济林等生态屏障。实施林业生态建设、林业开发和森林资源保护工程,推广“一矿一企治理一山一沟”等造林绿化模式,完善以煤补林及绿化激励机制,推进煤矿和非煤矿山生态恢复。致力于建设气化山西,推广清洁能源,加大煤层气抽采开发力度,建立“四气”合一体制机制,完善输气管网,推进市、县、重点镇及工业园区气化全覆盖。大力发展农村沼气。致力于建设净化山西,实施“绿色生态工程”和污染减排“4+2工程”,以汾河为龙头的重点区域流域生态治理修复工程,实现每个县城有垃圾无害化处理、集中供热设施和生态公园。致力于建设健康山西,加强城乡环境综合治理,着力解决饮水不安全和空气、土壤污染等损害群众健康的问题。加强食品药品安全监管。广泛开展爱国卫生运动和全民健身运动,完善城乡公共体育设施,倡导健康生活方式。“四个山西”关系人民切身利益和我省整体形象,要扎实有效推进,携手共创更加美好的新生活!

五、以大开放推动大发展

开放水平决定发展水平。晋商纵横欧亚九千里、称雄商界五百年,展示了“货通天下”、“汇通天下”的辉煌。在经济全球化的今天,我们必须也一定能够塑造一个更加开放的新山西。开放即发展、发现即发展,要充分利用两个市场、两种资源,全面推进对内对外开放,提升经济外向度,将山西发展主动融入全国经济大循环中,加快走向世界的步伐。

招商引资引智是首要任务。重视资源的交换价值,利用地下地上优势资源换市场、换技术、换资本、换项目,形成招商引资与招才引智联动机制,“四位一体”抓好项目的储备、签约、落地、建设,吸引更多有利于转型的生产要素进入山西。充分发挥企业招商引资主体作用,推动以企引企、以商招商。大力引进国内知名企业和世界500强,发挥好驻地央企作用,加强与国际友好城市(地区)的交流合作,发展区域总部经济。支持优势企业“走出去”,加大高附加值、自主品牌商品出口,积极引进高新技术、节能环保低碳产品及关键设备。要把招商引资作为考核市县的重要指标。

打造开放平台是关键环节。加快建设内陆口岸和综合保税区,扶持发展具有复合功能的大型物流园区,以优惠的政策、齐全的功能、便捷的通关吸引战略投资者。各类经济开发区、工业园区是开发开放的第一梯队,要理顺体制机制,承接产业转移,发挥引领作用,确保招商引资年均增长30%,发展速度达到20%以上。发展服务贸易,建设服务外包基地。

扩大区域合作是重要突破口。加强与京津冀和中部省份的协作发展,主动融入环渤海经济圈。引深与长三角、珠三角地区的经济合作。我省与发达地区的原料供应、产品供需关系要上升为产业互动关系,实现经济协作联系的提档升级。加大与沿海城市的合作力度,有重点地参与港口建设。加强与呼包鄂经济圈、东北老工业基地、中原经济区、关中—天水经济区的互联互动,推动晋陕豫黄河金三角区域协调发展综合试验区建设。全面完成援疆任务,深化两省区战略合作,开拓与西北乃至欧亚地区的合作领域。

营造良好环境是制胜砝码。下大力气解决投资者反映强烈的软环境不"软"问题。开通项目审批"绿色通道",建立重大项目跟踪服务制度,创造高效便捷的政务环境。规范行政执法,推进"阳光司法",创造公平公正的法治环境。建立健全信用激励和惩戒机制,创造诚实守信的信用环境。今后五年乃至整个战略机遇期仍是基础设施攻坚期、完善期,要推进基础设施网络化协调化发展。实现县县通高速公路。建成大西客专、中南部铁路通道。完善机场布局。加快形成现代综合交通运输体系,实现"零距离换乘"和"无缝化衔接"。加快建设"大水网",用好地表水,保护地下水。加强信息化基础设施建设,推进三网融合。要在全社会培育开放文化,弘扬晋商精神,形成包容开放、互利互惠、共赢发展的人文环境,使三晋大地成为人流、物流、商流、信息流汇集之地、畅通之地、兴旺之地!

六、加强社会主义民主政治建设

坚持党的领导、人民当家作主、依法治国有机统一,进一步增强各项事业活力,充分调动全省人民群众积极性,为全面建设小康社会提供坚强保障。

(一)坚持中国特色社会主义政治发展道路,凝聚各方力量。坚持和完善人民代表大会制度,支持人大及其常委会依法行使职权,围绕转型跨越发展和转型综改试验区建设,完善地方性法规,提高立法质量,增强监督实效,强化对"一府两院"的监督,搞好决定重大事项、人事任免等工作,做好代表工作。坚持和完善中国共产党领导的多党合作和政治协商制度,支持人民政协围绕团结和民主两大主题履行职能,把政治协商纳入决策程序,完善民主监督机制,提高参政议政实效。切实做好人大代表、政协委员议案、提案办理和成果转化工作。壮大爱国统一战线,实施"同心工程",加强同民主党派和无党派人士团结合作,充分发挥工商联作用,做好侨务工作,促进晋台交流,贯彻民族宗教政策,引导非公有制经济组织和新社会组织健康发展,促进政党关系、民族关系、宗教关系、阶层关系和海内外同胞关系的和谐。支持工会、共青团、妇联等人民团体依照法律和各自章程开展工作。

(二)扩大基层民主,夯实社会主义民主政治的基础。人民依法直接行使民主权利是人民当家作主的重要体现。要健全民主制度,丰富民主形式,完善民主选举、民主决策、民主管理、民主监督机制,依法保障公民的知情权、参与权、表达权、监督权。健全基层党组织领导的充满活力的基层群众自治机制,扩大基层群众自治范围,深入推进"四议两公开",组织群众管理好基层公共事务和公益事业。全心全意依靠工人阶级,完善以职工代表大会为基本形式的企事业单位民主管理制度,推进厂务公开。发挥社会组织在扩大群众参与、反映群众诉求方面的积极作用,增强社会自治功能。加强基层政权建设,完善政务公开、村务公开等制度。

(三)加快依法治省进程,建设"法治山西"。大力弘扬社会主义法治精神,推进科学立法、严格执法、公正司法、全民守法。各级党组织都要自觉坚持在宪法和法律范围内活动,每一个党员干部都要争当维护宪法和法律的模范，不断提高党委、政府依法执政、依法行政、依法办事的能力和水平。加强宪法和法律实施，坚持公民在法律面前一律平等。深化司法体制和工作机制改革，加强政法队伍建设，扩大司法民主，强化监督制约，切实解决人民群众反映强烈的涉法涉诉问题，严肃惩处徇私枉法、执法犯法、以权压法行为，提升公正廉洁执法水平。抓好“六五”普法，推进地方和行业依法治理，增强人民群众依法办事、依法维权意识。

（四）深化行政管理体制改革，建设服务法治廉洁效能政府。健全政府职责体系，强化社会管理和公共服务，推进政企分开、政资分开、政事分开、政府与市场中介组织分开，规范行政行为。实行流程再造，推行电子政务。落实首问负责制、限时办结制、行政不作为追究制。完善统计机制，加强审计监督，强化绩效考核。精简规范各类议事协调机构，降低行政成本。积极稳妥分类推进事业单位改革。

（五）坚持党管武装原则，加强国防后备力量建设。坚持国防建设与经济建设协调发展，支持国防和驻晋部队现代化建设，深入推进军民融合式发展。增强全民国防观念，提高国防动员能力，抓好民兵预备役工作，加强人民防空建设。扎实开展双拥共建工作，巩固军政军民团结。

七、加快文化强省建设步伐

建设文化强国是党的十七届六中全会确定的宏伟目标。三晋文化是中华文化园中的一朵奇葩，建设文化强省是我们的重要使命。坚持社会主义先进文化前进方向，推动文化大发展大繁荣，把丰富多彩的历史文化、红色文化、民俗文化和现代文化资源，转化为新的发展优势，增进全省人民的文化自觉、文化自信和文化自强，为转型跨越发展提供精神动力和文化支撑。

（一）建设社会主义核心价值体系，打牢全省人民团结奋斗的共同思想基础。社会主义核心价值体系是兴国之魂。巩固马克思主义指导地位，用中国特色社会主义理论体系武装党员、教育人民，做好意识形态工作，有力抵制各种错误和腐朽思想。运用马克思主义中国化最新成果深入回答转型跨越发展、再造一个新山西面临的理论和实践问题。用以爱国主义为核心的民族精神和以改革创新为核心的时代精神鼓舞斗志，大力弘扬太行精神、吕梁精神、右玉精神等山西人民创造的宝贵精神财富。用社会主义荣辱观引领风尚，拓展群众性精神文明创建活动和文化活动，引导培育积极向上、理性平和、宽厚包容的社会心态。加强大学生思想政治教育和未成年人思想道德建设。繁荣发展哲学社会科学，建设重点学科。充分发挥主流媒体引领舆论的重要作用，加强互联网等新兴媒体的建设管理，用先进文化占领舆论阵地。

（二）深入推进文化体制改革和文化创新，进一步解放和发展文化生产力。改革带动文化大发展，创新促进文化大繁荣。着力构建充满活力、富有效率、更加开放、有利于文化科学发展的体制机制，完善扶持公益性文化事业、发展文化产业、鼓励文化创新的政策，实现经济效益和社会效益有机统一，实现文化软实力和硬实力相互支撑。实施文艺创作精品工程，更多更好地出精品。加快推进公益性文化事业单位内部改革和经营性文化单位转企改制。传承优秀传统文化，广泛吸纳有益文明成果，在文化创新中深刻表现山西人民的伟大创造和精神风貌。培养引进一大批文化领军人才，形成与转型跨越发展相适应的文化实力，与文化资源大省地位相匹配的文化优势。

（三）构建公共文化服务体系，推进文化惠民工程。不断满足人民群众日益增长的精神文化需求是我们的基本职责。按照公益性、基本性、均等性、便利性原则，以公共财政为支撑，以公益性文化事业单位为骨干，以社区、农村为重点，提高公共文化服务水平。抓好物质文化遗产和非物质文化遗产的保护开发，建设和完善市县文化馆、博物馆、图书馆、纪念馆，推动文化场馆向社会免费开放。引导鼓励社会力量参与公共文化服务。加强基层文化队伍建设。

（四）加快发展文化产业，打造文化优势企业和品牌。文化产业是建设文化强省的重要支撑，更是促进转型发展的生力军。实施“大作品表现、大集团运作、大景点支撑、大服务引领、大会展集聚”战略，形成文化产业发展新格局。文化与旅游和科技的深度融合是普遍规律，更是山西的优势和潜力所在。按照做大在文化、拓展在旅游的思路，在文化旅游水乳交融、高端嫁接、协同发展的过程中，做好做活山西“地上”这篇灿烂的大文章。制定优惠政策，鼓励资源型企业和资本进军文化产业。鼓励各地发挥优势推动文化振兴，建设文化强市、强县。推动传统文化产业优化升级，发展文化创意、数字出版、网络文化等新型文化业态，做大做强省属重点文化企业。未来五年，文化产业增加值力争超过1000亿元，占地区生产总值6%左右，文化发展主要指标、文化事业整体水平、文化产业综合实力跃居中西部领先水平。着眼对内凝聚力量，对外提升形象，打造具有山西特色、国家水准的文化品牌，推动文化产品走向全国走向世界，使三晋文化的吸引力、传播力、感染力、影响力日益增强，不断扩大！

八、以民生为重点加强社会建设、创新社会管理

空前广泛的社会变革，资源型经济的全面转型，必然会使社会建设和社会管理面临许多新课题。要谋民生之计、解民生之急、办民生之需，把就业和群众收入作为考核各地的最主要指标，推动民生工程由生存型向发展型迈进。最大限度激发社会活力，最大限度增加和谐因素，最大限度减少不和谐因素，建设人民群众安居乐业的幸福家园。

（一）实施创业就业工程，努力增加城乡居民收入。实施更加积极的就业政策，鼓励自主创业、自谋职业，使更多劳动者成为创业者。深入开展创业型城市（县）创建活动，建设市县两级创业孵化基地，推进创业培训、政策扶持、创业服务，突破小额融资和场地提供“瓶颈”，大力扶持微小型企业发展。健全城乡统一的公共就业服务体系，把高校毕业生就业放在首位，完善对就业困难群体的就业援助机制。提高居民收入在国民收入分配中的比重，提高劳动报酬在初次分配中的比重，提高一线职工工资水平，健全企业职工工资正常增长和支付保障机制，逐步提高最低工资标准，提高城乡低收入者收入，扩大中等收入群体，遏制和扭转收入分配差距扩大趋势。

（二）完善社会保障体系，让人民群众共享改革发展成果。加快统筹城乡的社会保障体系建设，两年内基本养老保险、基本医疗保险制度覆盖城乡全体人民，失业、工伤、生育保险制度覆盖所有从业人员，实现人人享有社会保障。稳步提高各项社会保险统筹层次和待遇水平。完善被征地农民社会保障政策。建设县乡两级社保服务平台，推广社会保障“一卡通”。发挥商业保险作用。健全社会救助体系，做好优抚安置工作。建立低收入农户冬季生活用煤补贴供应机制。发展残疾人事业和慈善事业。加强妇女儿童工作和老龄工作。加快保障性住房建设，建立多层次住房保障体系，两年完成城市和国有工矿集中连片棚户区改造，加快农村危房改造步伐。

（三）坚持教育优先发展，办好人民满意的教育。深化教育体制机制改革，促进各级各类教育协调发展，完善山西特色现代教育体系。基本普及学前三年教育。实施义务教育学校标准化建设，促进义务教育均衡发展。推动普通高中优质特色发展。提高高等教育质量，加快新校区建设和老校区改造，扶持对我省支柱产业、新兴产业具有重大支撑作用的优势学科。大力发展职业教育，确保每一个未能进入高中、大学的初高中毕业生都能免费接受中等职业教育。支持特殊教育发展。全面推进素质教育，减轻中小学生课业负担。健全资助体系和奖学金制度。优化结构，提高待遇，建设高素质教师队伍。确保财政教育支出增长明显高于财政经

常性收入增长幅度，占 GDP 的比重达到 4% 以上，引导社会资金兴教助学。加快发展远程教育和继续教育，支持和引导民办教育，建设全民学习、终身学习的学习型社会。

（四）加快建立基本医疗卫生制度，提高人民健康水平。把五年内全省人均预期寿命达到全国平均水平作为基本目标。深入推进医药卫生体制改革，坚持基本医疗卫生公益性质，坚持政府主导，五年内初步建立起覆盖城乡居民的基本医疗卫生制度，使全省人民人人拥有基本医疗保障，人人享有基本公共卫生服务和医疗服务。全面推进县域医药卫生一体化综合改革，发挥县医院的龙头作用，筑牢农村三级卫生服务网络。加强基层卫生服务体系和能力建设，全面实施基本药物制度。健全妇幼保健网络，健全重大疾病防控体系和卫生监督体系，健全卫生应急机制。稳定人口低生育水平，提高人口素质。

（五）加强和创新社会管理，维护社会和谐稳定。积极应对矛盾凸显期社会管理面临的新情况新问题，把握资源型地区加强和创新社会管理的特点规律，坚持民生为基、服务为先、管理为要，实现权益有保障、诉求有渠道、矛盾能化解、怨气可释放、危机能控制，确保社会既充满活力又和谐稳定。要夯实基层基础。推进社会管理观念、举措、方法创新，把社会管理与各项建设和工作有机结合起来，提高引领社会、组织社会、管理社会、服务社会能力，不断为减少和化解矛盾培植物质基础、增强精神力量、完善政策措施、强化制度保障。精力向基层倾注，资源向基层倾斜，完善基层社会管理和服务体系，强化城乡社区自治和服务功能，确保有人干事、有钱办事、能够办好事。构建和谐劳动关系，依法维护劳动者权益。要健全体制机制。完善党委领导、政府负责、社会协同、公众参与的社会管理格局，形成党委和政府与社会力量互联、互补、互动的社会管理和公共服务体系。完善党和政府主导的维护群众权益机制，以群众工作统揽信访工作，落实领导干部接访、下访、回访制度。完善信息网络管理机制，提高舆情应对处置能力和虚拟社会引导管理水平。要提高防控能力。建立重大工程项目建设和重要政策制定的社会稳定风险评估机制，健全矛盾纠纷排查化解网络，构建人民调解、行政调解、司法调解相互衔接的大调解机制，强化社会矛盾源头治理，认真解决群众反映的问题，及时发现化解苗头性、倾向性、潜在性问题。加强对流动人口的管理和服务，做好农民工权益保护工作。改进特殊人群管理和服务，加强重点人群心理疏导。提高突发公共事件应急管理能力，有效预防和化解无直接利益冲突。强化防灾减灾工作，健全自然灾害应急救援体系。完善社会治安防控体系，对城乡治安复杂地区进行重点整治，严密防范和依法打击各种违法犯罪活动，广泛开展平安和谐创建活动，建设平安三晋。

（六）坚持不懈狠抓安全生产，树立安全发展新形象。发展是第一要务，安全是第一责任。没有安全保障什么事也干不成，任何时候都要绷紧安全生产这根弦。着眼于全面安全、本质安全、持久安全，始终坚持从零开始，健全安全生产体制机制，落实政府安全监管和企业安全生产主体责任，确保安全生产投入，严格安全生产目标考核和责任追究，推进安全生产标准化建设，弘扬安全文化，提高企业整体安全素质。煤矿全面推行机械化生产、信息化管理，严格落实规章制度，提升安全装备水平，推进煤炭安全生产责任保险，确保煤炭百万吨死亡率稳定在国内先进水平。深入开展交通、消防、非煤矿山、危险化学品、民爆物品等行业和领域的安全生产专项整治。要人人讲安全、时时抓安全、事事重安全，巩固和发展我省来之不易的安全生产良好局面，实现安全生产形势持续稳定好转直至根本好转，为转型跨越发展提供可靠安全保障。

九、着力提高党的建设科学化水平

胡锦涛总书记在庆祝中国共产党成立 90 周年大会上的重要讲话，为我们加强和改进新形势下党的建设进一步指明了方向。党面对的“四个考验”，是对每个共产党员的考验；党面临的“四种危险”，每个共产党员必须时刻警示在心。山西是北方地区较早建立党组织的省份，有着光荣革命传统和宝贵党建经验。要坚持党要管党、从严治党，完善党建工作格局，以改革创新精神加强党的执政能力建设和先进性建设，充分发挥各级党组织和广大党员在转型跨越中的领导核心、战斗堡垒和先锋模范作用。

（一）加强理论武装，坚定理想信念。我们党是有崇高理想和坚定信念的党，对每个党员来说，理想是前进之炬，信念是力量之源。要从战略高度抓好党员干部教育培训，加强理想信念教育和思想道德建设，引导党员干部把握共产党执政规律、社会主义建设规律、人类社会发展规律，坚定对共产主义远大理想和中国特色社会主义共同理想的信仰，成为践行社会主义核心价值体系的模范。引深学习型党组织建设，创新党委（党组）中心组学习，实施“党员干部读书工程”，工作学习化、学习工作化，在学习中提高理论水平，提升思想境界，增强工作能力，完善综合素质。发挥党校和行政学院主渠道作用，利用红色资源加强党性教育，引深干部选学和在线学习。大力弘扬理论联系实际的学风，使广大党员干部自觉做科学发展观的忠实执行者、转型跨越的积极推进者。

（二）认真执行民主集中制，建设坚强有力、奋发有为的领导班子。把提高领导水平和执政能力作为各级领导班子建设的核心内容，优化班子结构，增强整体功能，坚持和完善集体领导与个人分工负责相结合制度。“一把手”要以身作则、作风民主、正确集中，班子成员要密切配合、相互补台、团结共事，不断增强班子的决策力、执行力、创新力、凝聚力、战斗力。完善党委常委会议事规则和决策程序，建立健全深入了解民情、充分反映民意、广泛集中民智、切实珍惜民力的决策机制，重大决策、重要干部任免实行常委会和全委会票决制。加强市县乡党委书记培养选拔和能力建设，着力提升政治素质和抓班子、带队伍、干事业水平。抓好后备干部队伍建设。积极发展党内民主，尊重党员主体地位，保障党员民主权利，落实党员的知情权、参与权、选举权和监督权，提高党员对党内事务的参与度。落实和完善党代表大会代表任期制，建立党代表大会代表提案制。推进党务公开，健全党内信息公布制度和党委新闻发言人制度。完善党委常委会向全委会定期报告工作并接受监督制度。探索改革党内选举制度，积极稳妥地开展基层党组织领导班子公推直选。党员领导干部要自觉遵守党的政治纪律，确保政令畅通。

（三）创新选人用人机制，打造一支在转型跨越发展上有激情、有能力、有思路、有作为的干部队伍和人才队伍。转型跨越关键在干部。坚持德才兼备、以德为先用人标准，重视选用政治坚定、有真才实学、实绩突出、群众公认的优秀干部。重在“赛场选马”，注重在科学发展主战场，在急难险重任务面前，在应对复杂局面、处置疑难问题的关键时刻，在新形势下群众工作的现实考验中，识别和选拔干部。特别注重培养和选拔适应转型跨越发展要求的干部，长期在基层一线工作的干部，在关键岗位有作为的干部，在艰苦地方和环境默默工作的干部，具有较强潜质的干部，取得突出成绩的干部，让吃苦的人吃香，让有为的人有位。多岗位锻炼干部，推进干部交流。加大培养和选用年轻干部力度，有计划、有重点选用优秀年轻干部到艰苦地方、重要岗位任职。深化干部人事制度改革，健全初始提名制度，增强民主推荐、民主测评的科学性和真实性，完善对干部德的考评办法，探索实行干部实绩公示制度，建立差额选拔干部制度，提高选人用人公信力。加大竞争性选拔领导干部力度，定期面向全国公开选拔省管干部。加强干部选拔任用工作全过程监督，健全选人用人责任追究制度。重视培养选拔女干部、党外干部和少数民族干部。调整不胜任现职干部，完善干部退出机制。做好离退休干部工作。注重从基层和生产一线选拔优秀干部充实各级党政机关。健全干部管理机制，完善谈心谈话制度，对干部存在的苗头性问题早发现、早提醒、早纠正。严格年度目标责任考核。

大力实施人才强省战略，树立人人都可以成才的观念，加大人才开发投入，健全人才培养、引进、评价和激励机制，优化人才发展环境。建立引进培育并举、生活补贴和项目资助并重、待遇与贡献挂钩的高层次人才开发使用机制，大力引进转型跨越发展亟需的新兴产业企业家人才和高端创新人才，在引进海外高层次人才上取得突出成效。统筹抓好党政人才、企业经营管理人才、专业技术人才、高技能人才、农村实用人才以及社会工作人才队伍建设，形成人才集聚、人才辈出、人才大展身手的生动局面。

（四）加强党的基层组织，抓好党员队伍建设。基层扎实，坚如磐石。引深创先争优活动和三级联创活动，引导各级党组织和广大党员立足本职岗位，创科学发展之先、争转型跨越之优。着眼于建设服务型党组织，全面推进农村、企业、城市社区和机关、学校等基层党组织建设。以党的组织和党的工作全覆盖为目标，抓好非公有制经济组织和新社会组织党的建设。符合条件的农村、社区、国有企业党组织书记，可以通过法定程序担任村委会主任、居委会主任、企业董事长。加强和改进流动党员管理。通过联建、帮建和选派干部，实现城乡基层党建资源优化配置，健全城乡一体化党员动态管理机制。加强以党支部为核心的村级组织建设，充分发挥农村干部和党员在新农村建设特别是农民收入翻番中的带动作用。完善选聘高校毕业生到农村（社区）任职工作机制。鼓励机关干部到农村（社区）工作。增强基层组织活动场所功能，健全基层组织工作经费保障机制。推进党群共建，构建党员联系和服务群众工作体系。注重在生产一线培养发展党员，实施村村都有新党员工程、社区入党积极分子队伍扩容工程。以关心帮扶老党员、困难党员和农村基层干部为重点，落实党内激励关怀帮扶机制。严格党内组织生活，坚持民主评议党员制度。

（五）加强作风建设，始终保持与人民群众的血肉联系。人民是我们党生存的根据、力量的根源、执政的根基。越是条件好，越要时刻惦记群众疾苦；越是工作千头万绪，越要把为群众办实事放在第一位；越是担任领导职务，越要主动深入基层，接好“地气”。把学习弘扬右玉精神不断引向深入，教育领导干部树立正确政绩观。深入开展领导干部下乡住村包村活动，县以上领导干部尤其是党政主要领导每年都要到农村、企业住几天，与群众同吃同住同劳动。在广大党员干部中提倡求真务实之风、真抓实干之为，狠刹闲话生非的不良风气，拉拉扯扯的庸俗风气，吃拿卡要的恶劣风气，对效能低下、懒政怠政、不负责任、执行不力、弄虚作假、奢侈浪费的人和事要敢抓敢管。大兴调查研究之风，改进文风会风。广大共产党员特别是领导干部要用真情真干真表率，焕发全省人民的智慧和热情，汇聚再造一个新山西的强大合力。

（六）提高反腐倡廉水平，构建山西特色惩治和预防腐败体系。加强党风廉政建设，坚决同各种消极腐败现象作斗争，是我们党必须始终抓好的生命工程。把反腐倡廉建设摆在更加突出位置，与经济社会发展同部署、同落实、同检查、同考核。加强对转型跨越发展、转型综改试验区建设、重大民生工程落实情况的监督检查，确保中央和省委重大决策部署落到实处。强化廉政教育，建设廉政文化。领导干部要自觉讲党性、重品行、作表率，严格执行《廉政准则》等规定，勤政为民，公道为政，廉洁为官，决不用党和人民赋予的权力谋一己之私，决不在各种考验面前打败仗，决不放任和纵容任何消极腐败现象。深入推进煤焦领域反腐败专项斗争，坚决纠正损害群众利益的不正之风，进一步加强农村基层党风廉政建设。坚决查处违纪违法案件，不论什么人，不论职务高低，只要触犯党纪国法，都要依纪依法惩处，决不姑息。加强制度建设和创新，健全拒腐防变教育长效机制、反腐倡廉制度体系、权力运行监控机制，注重廉政风险防控,铲除滋生腐败的土壤和条件。加强党内监督,完善巡视制度。领导干部要正确对待组织监督、群众监督和舆论监督,自觉在监督下行使权力、开展工作。严格执行党风廉政建设责任制,以更加坚定的信心,更加坚决的态度,更加有力的举措,坚定不移把反腐败斗争进行到底!

同志们,山西有着悠久历史、灿烂文化和光荣传统,山西人民勤劳、智慧、淳朴,特别能吃苦、特别能进取、特别能奉献。山西人民在血与火的战争洗礼中,在建设和改革的伟大实践中,为民族独立、人民解放和国家建设作出巨大贡献,在加快转型跨越、再造一个新山西的征程中,一定会创造新的辉煌。今后五年乃至更长一段时期,我们要办好两件大事:一件是在全面建设小康社会进程中,力争全面小康实现程度五年达到全国平均水平;一件是抓住建设转型综改试验区的机遇,率先走出资源型地区转型跨越发展新路。这两件大事是全省人民的共同事业,是历史赋予我们的崇高使命,是国家对我们的期望和重托!

面向未来,我们必须增强机遇意识,珍惜国家给予我们的政策支持,鼓起时不我待、先行先试的勇气;必须增强忧患意识,适应中部崛起和全国竞相发展的逼人态势,激发负重爬坡、敢创一流的胆气;必须增强创新意识,面对新一轮技术革命、产业升级浪潮,保持奋发图强、勇攀高峰的锐气;必须增强责任意识,不畏任何艰难险阻和风险挑战,树立敢于担当、成事创业的志气,想大发展、谋大发展、干大发展,努力开创转型跨越发展新局面!

同志们,转型跨越使命光荣,全面小康前景灿烂。让我们紧密团结在以胡锦涛同志为总书记的党中央周围,高举中国特色社会主义伟大旗帜,坚持以邓小平理论和“三个代表”重要思想为指导,深入贯彻落实科学发展观,万众一心、励精图治,开拓创新、真抓实干,团结带领3500万三晋儿女,率先走出资源型地区转型跨越发展新路,为加快实现全面建设小康社会目标努力奋斗!

中共山西省委常委、书记、副书记
中共山西省纪委书记、副书记、常委名单

2011年11月1日,中共山西省委十届一次全会选举了十届省委常委和书记、副书记,袁纯清当选为省委书记,王君、金道铭当选为省委副书记,李小鹏、胡苏平、高建民、汤涛、李兆前、陈川平、张少华、王建明、聂春玉、杜善学当选为省委常委。

会议批准省纪律检查委员会第一次全体会议选举产生的书记、副书记和常委人选:纪委书记:李兆前,纪委副书记:杨森林、李正印、冯改朵、贾毓杰,其他纪委常委:荀志坚、张秀萍、康建成、孟萧、因新中、孙兴武。

内蒙古自治区第九次党代会报告摘要及自治区委、区纪委领导成员名单

坚持科学发展　推进富民强区
努力把内蒙古建设得更加繁荣富裕和谐美好

——在中国共产党内蒙古自治区第九次代表大会上的报告(摘要)

(2011年11月10日)

胡春华

同志们:

现在,我代表中国共产党内蒙古自治区第八届委员会向大会作报告。

这次大会的主题是:高举中国特色社会主义伟大旗帜,以邓小平理论和"三个代表"重要思想为指导,深入贯彻落实科学发展观,坚持科学发展,推进富民强区,努力把内蒙古建设得更加繁荣富裕、和谐美好。

高举中国特色社会主义伟大旗帜,坚定不移地走中国特色社会主义道路,是我们必须坚持的前进方向;深入贯彻落实科学发展观,进一步推动内蒙古科学发展,是时代发展的新要求;加快富民强区进程,把内蒙古建设得更加繁荣富裕、和谐美好,是各族人民的新期待。全区各级党组织和广大共产党员要努力肩负起这一光荣使命,以奋发有为的精神状态,在新的历史时期奋力开创我区改革开放和现代化建设的新局面。

一、过去五年的经济社会发展(略)

二、坚持科学发展、推进富民强区的总体要求

我们已经进入了全面推进科学发展的新阶段。新世纪第一个十年,我们着力加快发展,较好地解决了总量不大的问题。今后一个时期,我们要着力推进科学发展,在继续做大总量的同时,切实解决发展水平不高的问题。要通过全区各族人民的团结奋斗,加快改变欠发达面貌,率先在西部地区全面建成小康社会。

今后五年全区工作的总体要求是:高举中国特色社会主义伟大旗帜,以邓小平理论和"三个代表"重要思想为指导,深入贯彻落实科学发展观,牢牢把握科学发展主题和加快转变经济发展方式主线,坚持发展第一要务不动摇,坚持富民与强区并重、富民优先,加快构建多元发展的现代产业体系、多极支撑的城镇体系和健全完善的基本公共服务体系,筑牢我国北方重要生态安全屏障和祖国北疆安全稳定屏障,解放思想,抓住机遇,不断深化改革,全方位扩大对内对外开放,全面加强社会主义经济建设、政治建设、文化建设、社会建设以及生态文明建设和党的建设,把内蒙古建设得更加繁荣富裕、和谐美好。

我们已经顺利实现了"十二五"发展的良好开局,团结带领全区各级党组织和广大干部群众全面实现"十二五"奋斗目标,是新一届党委的第一要务。主要目标是:地区生产总值年均增长12%以上,地方财政总收入年均增长15%,经济发展综合水平、经济增长质量效益明显提高;城镇居民人均可支配收入和农牧民人均纯收入年均增长12%,"十二五"末城乡居民收入和基本公共服务达到全国平均水平;基础设施瓶颈制约明显缓解,生态恶化趋势有效遏

制，节能节水减排实现预期目标，发展保障能力和可持续发展能力显著增强。

做好今后五年工作，必须牢牢抓住科学发展、富民强区这个中心任务，着眼全局，把握和坚持好以下原则：

——**坚持推动经济平稳较快发展**。我们要改变欠发达面貌，早日实现全面建成小康社会目标，必须把推动经济平稳较快发展作为首要任务，紧紧扭住经济建设中心不动摇，继续保持高于全国平均水平的增长速度，努力把经济平稳较快发展势头长期保持下去。

——**坚持调整优化经济结构**。我们要实现更长时间、更高水平、更好质量的发展，必须把经济结构调整作为加快转变经济发展方式的主攻方向，增强科技创新能力，促进产业结构优化升级，缩小区域、城乡发展差距，努力在发展中促转变、在转变中谋发展。

——**坚持保障和改善民生**。我们要顺应各族人民过上美好生活的新期待，必须把保障和改善民生作为根本出发点和落脚点，坚持富民与强区并重、富民优先，着力实现好维护好发展好各族人民的根本利益，使改革发展成果充分惠及各族人民。

——**坚持走生态文明发展之路**。我们要增强发展的可持续性，必须牢固树立生态文明理念，坚持在保护中开发、在开发中保护，着力提高资源开发和环境保护水平，促进生产发展、生活富裕和生态良好有机统一，努力实现美丽与发展双赢。

——**坚持促进社会和谐稳定**。我们要把内蒙古建设得更加繁荣富裕、和谐美好，必须把维护稳定作为基本前提，统筹抓好发展与稳定两件大事，巩固发展社会主义新型民族关系，加强和创新社会管理，以繁荣发展促进团结稳定，以团结稳定保障繁荣发展。

——**坚持加强和改进党的建设**。我们要坚持科学发展、推进富民强区，必须把抓好党的建设作为根本保证，以执政能力建设和先进性建设为主线，充分发挥各级党委总揽全局、协调各方的领导核心作用，全面加强党的思想、组织、作风、制度和反腐倡廉建设，不断提高党的建设科学化水平。

推动内蒙古经济社会又好又快发展，实现科学发展、富民强区，我们面临许多重要机遇和有利条件。我国仍处于可以大有作为的重要战略机遇期，我区发展面临良好的环境。国家新一轮西部大开发、振兴东北地区等老工业基地战略的深入实施，特别是国务院促进内蒙古经济社会又好又快发展的意见，进一步明确了我区发展的战略定位和努力方向，为我们各项事业发展提供了有力的政策支持。我区经济主要靠国内需求拉动，随着国家扩大内需战略深入实施和工业化、城镇化加快推进，国内需求持续扩大，消费结构不断升级，我们将拥有更为广阔的发展空间。国际国内产业分工深刻调整，生产要素流动和产业转移加快，沿海地区资本和产业北上西移，为我们扩大对内对外开放、加快自身发展提供了现实机遇。更为重要的是，新世纪以来内蒙古持续积累的物质基础和不断改善的发展环境，全区上下干事创业、奋力赶超的发展氛围，为我们实现新的更大发展奠定了坚实基础、提供了强大动力。把握好科学发展的新要求，抓住经济结构战略性调整带来的新机遇，加快转变经济发展方式，高水平地推进我区经济社会建设，我们完全可以在新时期实现内蒙古发展的新跨越。

我们必须清醒地看到，前进道路上还有许多风险和挑战，还会有许多不可预见的困难，但是任何风险都不能动摇我们坚持科学发展的信心，任何困难都不能阻挡我们推进富民强区的步伐。今后五年对内蒙古的发展至关重要，我们担负着承前启后的重任，要通过扎实有效的工作，巩固已经形成的好的发展势头，开启内蒙古科学发展的新征程。一个地区的发展，往往取决于关键几步，现在就是内蒙古发展的关键时期。全区广大党员干部要进一步增强责任感和紧迫感，增强机遇意识和忧患意识，坚定信心，振奋精神，以脚踏实地的奋斗开创内蒙古科学发展的新局面。

三、全面提高经济综合发展水平

大力调整优化经济结构，统筹城乡、区域协调发展，加快构建多元发展的现代产业体系，切实增强科技创新能力和发展保障能力，全方位扩大对内对外开放，推动全区经济向更高水平发展。

(一)巩固提高第一产业。坚持现代农牧业发展方向，加快转变农牧业发展方式，增强农牧业综合生产能力、抵御风险能力和市场竞争能力，巩固和加强农牧业基础地位。调整优化农牧业结构，大力发展高产、优质、高效、生态、安全现代农牧业，合理规划、重点建设一批优势农畜产品基地和产业带，稳定发展粮食、肉类、乳类等主要农畜产品生产。加强农牧业基础建设，大力发展设施农牧业，发展林沙草产业。进一步推进农牧业产业化经营，做大做强农畜产品加工和流通企业，打造更多农畜产品优质品牌，提升农牧业规模化、集约化、品牌化发展水平。稳定和完善农村牧区基本经营制度，依法推进土地和草牧场经营权有序流转，积极发展多种形式的适度规模经营。加强农牧业社会化服务体系建设，扶持引导农牧民专业合作组织发展。加快新农村新牧区建设步伐，制定完善新农村新牧区建设规划，加大政策扶持和示范引导、组织实施力度，努力促进城乡协调发展。

(二)优化提升第二产业。以构建多元发展现代产业体系为目标，大力提升资源型产业层次、提高非资源型产业比重，推进信息化与工业化深度融合，进一步增强我区工业经济实力。加快推动资源型产业延伸升级，采用新技术、新设备、新工艺延长产业链条，大力发展煤化工、氯碱化工精深加工，加快钢铁产品结构调整和升级换代，推进有色金属探、采、选、冶、加一体化发展，提高农畜产品转化程度和精深加工水平，努力把资源型产业做强做优，把我区建设成为国家重要的能源、新型化工、有色金属和绿色农畜产品生产加工基地。大力发展非资源型产业，积极承接发达地区产业转移，加快发展机械设备、汽车制造、零部件生产等装备制造业，培育发展新能源、新材料、生物医药、信息技术、节能环保等战略性新兴产业，打造一批新的支柱产业。推动工业经济集群化发展，大力实施“双百亿工程”和“千户中小企业成长工程”，加快沿黄河沿交通干线产业带和重点工业园区建设，合理引导企业兼并重组，推动优势企业向重点园区、优质资源向重点企业集中，进一步提高产业集中度和企业竞争力。加强建筑行业管理，培育壮大建筑业龙头企业，促进建筑业健康快速发展。进一步优化产业布局，加快呼包鄂一体化进程，支持东部盟市加强产业建设，推动盟市产业协作，提高区域协调发展水平。

(三)发展壮大第三产业。把发展服务业作为产业结构优化升级的重点，大力推进生产性服务业和生活性服务业发展，培育新的支柱产业，推动服务业发展提速、比重提高、竞争力提升和结构优化。加快发展现代物流业，加强市场流通体系和物流基础设施建设，依托煤炭、化工、农畜产品等资源产品优势和口岸优势，建设一批区域性物流节点城市和物流中心，加快构建现代物流体系。积极发展旅游业，提升草原、森林、沙漠、地质奇观等重点旅游景区水平，推出一批国内外驰名的黄金旅游线路和精品旅游景区，促进历史文化、民俗风情与旅游业融合发展，建设草原文化旅游大区。培育壮大金融业，做大做强地方金融机构，积极引进区外金融机构和外资金融机构，进一步发展银行、证券、保险、信托、期货等金融服务，加强融资平台建设与管理，切实防范和化解金融风险。制定完善鼓励服务业发展的投融资、税收、用地、价格等政策，放宽市场准入，鼓励、支持和引导非公有制经济进入服务业领域，扶持服务业中小企业发展，为服务业发展创造良好环境。

(四)进一步加强基础设施建设。按照统筹规划、适度超前的原则，以提高交通运输能力、能源外送能力和水资源保障能力为重点，全面抓好各类基础设施建设。加快快速铁路客运通道、铁路煤运通道、高等级公路、民航机场和跨境铁路、重点口岸公路等出区通道建设，提高区内公路通达深度和公路等级，根本上解决高等级公路出区通道不畅问题，到“十二五”末基本形成连接内外、覆盖城乡的现代化综合交通运输体系。完善重点输电通道和联网工程，加快特高压电网建设，推进天然气、煤基燃料等运输管道建设，构建立体化综合能源输送网络。加强骨干水利工程、重点水利枢纽工程、大中型灌区和小型微型水利设施建设，实施病险水库除险加固和黄河防凌防洪工程，优化水资源配置，有效缓解资源性、工程性缺水状况。健全防灾减灾体系，增强抵御自然灾害能力。加强信息基础设施建设，推进信息化与产业发展、民生改善、社会管理有机融合，加快经济社会信息化进程。

（五）加快提高科技创新能力。更加注重发挥科技在转变经济发展方式中的支撑作用，推动我区经济社会发展步入创新驱动、内生增长轨道。紧扣经济社会发展急需和制约长远发展的科技难题，集中高等院校、科研院所等各方面力量组织实施一批科技重大专项，加强稀土、新型煤化工、新能源、冶金、装备制造、新材料研发及应用等重点产业领域关键共性技术攻关，努力在更多领域实现技术突破。加强科技基础设施、创新平台和创新载体建设，培育建设大型数据中心、重点工程实验室、工程技术研究中心和企业技术中心，努力提高自主创新能力。强化企业在科技创新中的主体地位，加快建立以企业为主体、市场为导向、产学研相结合的技术创新体系，引导和支持创新要素向企业集聚，鼓励企业推进新产品研发，培育知名品牌，加快科技成果产业化。开展群众性技术创新活动。加大科技事业发展投入，加强科技人才培养、引进和使用工作，重视知识产权保护，为推动科技进步、促进经济社会发展提供有力保障。

（六）全方位扩大对内对外开放。充分发挥内蒙古的区位优势，全面加强与国内外的合作交流，更加主动地融入全国发展大局，更加积极地走向世界。要以融入周边发展为重点，全方位扩大对内开放。进一步加强同周边省区市的互利合作，建立健全合作机制，拓展合作领域，推进跨地区重大基础设施建设，合作建设出海通道和临港产业基地，建设能源产业集聚区和重点经济区，形成区域合作发展新格局。主动加强同各省区市的联合与协作，积极承接发达地区产业转移，推进各领域交流合作，形成全方位对内开放新局面。要以建设我国向北开放重要桥头堡为目标，全方位扩大对外开放。继续巩固扩大与俄蒙的合作交流，加快满洲里、二连浩特开发开放试验区建设，加强重点口岸、合作园区和国际通道建设，大力发展边境贸易和口岸经济。积极推进内陆港建设。进一步扩大国际合作交流范围，积极参与东北亚、中亚、东欧等国际区域合作，巩固发展传统市场，积极开拓新兴市场，把我区对外开放提高到一个新水平。

四、切实保障和改善民生

民生建设是党和政府最重要的职责，我们所做的一切，都是为了让各族人民生活得更美好。实现“两个同步”、“两个达到”，是自治区“十二五”规划确定的重要目标，也是我们对全区各族人民作出的郑重承诺，必须坚持不懈地抓紧抓好，确保各项民生工作目标任务落到实处。

（一）千方百计扩大就业。就业是民生之本，要始终放在经济社会发展优先位置来抓。加快调整经济结构，大力发展服务业、劳动密集型产业、非公有制经济，充分发挥中小企业吸纳就业的重要作用，促进经济增长和就业增长相协调。实施更加积极的就业政策，建立健全促进就业和支持创业的长效机制，加强公共就业创业服务体系建设，完善城乡人力资源市场，努力开发公益性岗位，统筹解决好高校毕业生、城镇就业困难人员、新生劳动力和农村牧区富余劳动力就业问题。以就业需求为导向，大规模推进劳动者职业技能培训，调整优化高等教育、职业教育布局和学科专业设置，努力培养更多适应经济社会发展需要的合格建设者。

（二）加大收入分配调节力度。要大力提高城乡居民收入水平，合理调整收入分配关系，努力提高居民收入在国民收入中的比重，提高劳动报酬在初次分配中的比重，把改善民生落到真金白银上。充分挖掘农牧业增收潜力，引导农村牧区富余劳动力向二、三产业转移，认真落实各项惠农惠牧政策，促进农牧民稳定增收。大力推行企业工资集体协商，完善最低工资制度和工资正常增长、支付保障机制，逐步提高一线职工工资水平。进一步规范公务员津补贴，推进事业单位绩效工资制度改革，逐步缩小我区与国内发达地区以及区内地区间工资和津补贴差距。认真落实中小企业和个体工商户税费减免政策，精减规范行政事业性收费。完善资源开发、征地拆迁补偿办法，创造条件让更多群众拥有财产性收入。大力实施整村推进、集中连片开发和产业化扶贫工程，努力消除绝对贫困。加大转移支付力度，继续实施对口帮扶，帮助困难地区改善发展条件，提高基本公共服务和群众收入水平。

（三）健全完善社会保障体系。加快推进覆盖城乡居民的社会保障体系建设，在扩大覆盖范围、提高保障水平、提升统筹层次和实现制度统一等方面迈出更大步伐。进一步完善基本养老、基本医疗等社会保险制度，推进城乡居民社会养老保险全覆盖。按照先保后征原则，将被征地农牧民纳入社会保障范围。积极争取国家支持，逐步增加财政投入，努力解决关闭破产集体企业退休人员和困难企业职工参加医疗保险、国有企业和集体企业老工伤人员纳入工伤保险统筹管理等历史遗留问题。高度重视困难群众的生活，加强对困难群众的救助，合理确定、逐步提高城乡居民最低生活保障标准。积极发展社会福利、慈善事业。加大保障性安居工程建设和农村牧区危旧房改造力度，进一步规范管理，切实解决好中低收入群众住房困难问题。

（四）推动文化大发展大繁荣。坚持社会主义先进文化前进方向，加快文化改革发展步伐，努力促进民族文化大区向民族文化强区跨越。加强社会主义核心价值体系宣传教育和学习实践，在全社会形成统一指导思想、共同理想信念、强大精神力量、基本道德规范。做好关心下一代工作，加强青少年思想道德教育和大学生思想政治工作。加大基层公共文化设施建设力度，实施重点文化惠民工程，加快构建覆盖城乡的公共文化服务体系，保障人民群众基本文化权益。制定实施文化产业发展规划，加快文化产业园区等重大文化产业项目建设，培育壮大出版发行、影视制作、演艺娱乐和动漫等文化产业，推动文化产业成为支柱性产业。突出社会主义时代精神和民族文化特色，加强哲学社会科学研究，繁荣文艺创作，打造民族文化和草原文化品牌，提升我区文化影响力。坚持团结稳定鼓劲、正面宣传为主，壮大主流舆论，加强新兴媒体的建设和管理，积极有效引导网上舆论，提高舆论引导的及时性、权威性和公信力、影响力。加强对民族历史文化的挖掘，加大文化遗产保护力度，积极开展文化对外交流，传承发展民族优秀文化。广泛开展群众性精神文明创建活动，深入推进社会公德、职业道德、家庭美德和个人品德建设，加强诚信体系建设，倡导文明健康生活方式，不断提升公民素质和社会文明程度。

（五）加快发展社会事业。教育是民族振兴的基石，要努力办好人民满意的教育。坚持教育优先发展，深化教育改革，加大教育投入，强化素质教育，提高教育质量，促进教育公平。加大统筹城乡基础教育发展力度，巩固提升九年义务教育成果，全面普及高中阶段免费教育。优先重点发展民族教育，实施民族教育发展工程，保持民族教育国内先进水平。大力发展职业教育，逐步扩大城乡劳动者接受职业教育的覆盖面。重视高等教育发展，全面提高人才培养质量和科技创新能力。积极发展继续教育，关心和支持特殊教育。医疗卫生关系千家万户的幸福，要加快发展医疗卫生事业，深化医药卫生体制改革，重点加强农村牧区三级医疗卫生服务网络和以社区为基础的新型城市医疗卫生服务体系建设，提高重大疾病预防控制能力和医疗救治能力。加快发展蒙医药、中医药事业。推进体育事业发展，加强体育公共服务设施建设，广泛开展全民健身活动。加强人口和计划生育工作，稳定低生育水平，提高出生人口素质。积极发展妇女、儿童和老龄事业，关心和支持残疾人事业。

五、努力实现生态保护与发展双赢

内蒙古是我国北方重要生态安全屏障，生态地位十分重要，生态环境非常脆弱。保护好生态环境，既是维护国家生态安全的需要，也是实现我区经济社会可持续发展的要求。今后一个时期，我们必须把生态建设和环境保护作为一项十分重要的任务，在坚定不移地推进工业化、城镇化和农牧业现代化的同时，坚持不懈地加强生态建设和环境保护，努力走出一条具有内蒙古特色的生态文明发展之路。

（一）协调推进工业发展和环境保护。工业化的快速推进必然会加重生态环境压力，我区工业以资源型产业为主，尤其要重视解决好工业化和资源环境约束之间的矛盾。加强资源开发的科学规划和依法保护，有效控制资源开采的节奏、进度、规模，坚决摒弃无节制、粗放型开发方式，切实解决产业布局分散、资源开发布点过多等问题。积极构建循环工业体系，下大力抓好节能节水减排，努力实现低消耗、低排放、低污染，推动形成一体化的循环产业链，使能源资源得到最充分的利用。以园区建设为载体，坚持工业项目向园区集中，积极推行有利于节约资源、保护环境的生产方式，建设一批国家和自治区级循环经济园区，实现集约发展。进一步加大环保投入，强化技术创新，大力推广节能环保新技术，加强相关设施建设，提高“三废”集中处理水平。加强水资源保护，严禁抽取地下水发展高耗水产业。

（二）切实减轻传统农牧业对生态的影响。广种薄收、超载过牧是内蒙古生态退化的重要原因。要加快推进传统农牧业向现代农牧业转变，切实减轻我区的生态环境压力。推行农牧业规模集约经营，调整农牧业种养结构，在保障供给、提高效益的基础上，使更多不宜种养的土地退耕退牧、还林还草。稳步推进生产力布局调整，积极推动农村牧区人口向城镇集中，推动种植业向水资源条件较好地区集中。加快转变畜牧业发展方式，大力发展农区畜牧业，稳定发展草原畜牧业，加快发展规模化标准化养殖业，促进草原休养生息。加大草原森林保护执法检查力度，严禁滥垦滥伐、乱采乱挖。

（三）积极构建有利于生态保护的多极支撑城镇体系。内蒙古地域广阔、东西狭长、人口分散，难以形成由一、两个大型城市带动的城镇化格局，从环境承载来讲也不宜发展特大型城市。必须坚持从实际出发，充分考虑生态环境承载能力，以发展盟市所在地中心城区为重点，着力打造一批规模适度、宜居宜业的区域中心城市，加快构建多极支撑的生态型城镇体系。要结合地区特色，强化城镇的生态特点，适度拉大框架，增加林草绿地，完善配套设施，加快生态城镇建设。要按照城市标准抓好县城建设，增强县城对周边地区的辐射带动能力，吸纳更多农牧民就地转移，充分发挥县城统筹城乡、保护生态的重要作用。

（四）进一步加大生态环境保护力度。全面落实草原生态保护补助奖励政策，严格执行草畜平衡、禁牧休牧轮牧制度，扎实推进风沙源治理、生态移民等工程建设，探索建立基本草原保护制度。加强森林保护建设，实施重点林业生态工程，认真落实大小兴安岭林区生态保护与经济转型规划和国家重点公益林补偿政策，建设好我国北方最大的森林生态功能区。加强重要江河及中小河流域治理，搞好重点流域水污染防治工作。加强矿区生态保护与环境综合治理，建立重金属防治和事故应急体系。加强生态管理，健全和落实生态补偿机制，建设我国重要的碳汇基地。生态建设和环境保护人人有责。要在全社会牢固树立生态文明理念，动员人民群众共同参与、积极行动，保护我们的草原，保护我们的森林，保护我们的环境，让青山绿水长在、美丽与发展共赢。

六、扎实推进和谐内蒙古建设

内蒙古地处祖国北部边疆，是我国民族区域自治制度的发源地。进一步巩固发展民族团结、社会稳定、边疆安宁的政治局面，关系国家安全稳定大局，关系内蒙古改革发展全局，关系全区各族人民的根本利益。我们要高度重视、切实抓好和谐内蒙古建设，更好地肩负起维护团结和谐稳定的重大政治责任。

（一）切实加强社会主义民主法制建设。坚持和完善人民代表大会制度，支持各级人大及其常委会依法履行职能。坚持和完善中国共产党领导的多党合作和政治协商制度，支持人民政协充分发挥政治协商、民主监督、参政议政职能。巩固和壮大最广泛的爱国统一战线，最大限度地团结和调动一切积极力量投身内蒙古建设。积极发展基层民主，保障人民享有更多更切实的民主权利。加强和改进地方立法工作，制定和完善符合民族地区特点、促进科学发展与社会和谐的地方性法规。推进依法行政和公正司法，推动各级国家机关严格按照法定权限和程序办事，保证审判机关、检察机关依法独立公正地行使审判权、检察权。深入开展社会主义法制宣传教育，拓展和规范法律服务，完善法律援助和司法救助制度，在全社会形成知法守法、依法办事的良好氛围。深化国防教育，完善国防动员体制机制，加强国防后备力量建设和边防建设，深入开展双拥共建活动，进一步巩固加强军政军民团结。

（二）深入推进民族团结进步事业。我们要倍加珍惜内蒙古民族团结的光荣传统，巩固发展我区民族团结的良好局面。坚持不懈地开展马克思主义民族理论、党的民族政策和民族团结进步教育，深入开展民族团结进步创建活动，发展社会主义新型民族关系，推动各民族和睦相处、和衷共济、和谐发展，促进各民族共同团结奋斗。坚持和完善民族区域自治制度，认真贯彻民族区域自治法，充分行使民族区域自治权利，切实用足用好国家支持少数民族和民族地区发展的各项政策，加大对人口较少民族、少数民族聚居区和边境旗市发展的扶持力度，促进各民族共同繁荣发展。全面贯彻党的宗教工作基本方针，积极引导宗教与社会主义社会相适应，促进宗教关系和谐。

（三）进一步加强和创新社会管理。我们处在深化改革的攻坚期和社会矛盾的凸显期，面临许多新情况新问题，必须高度重视社会管理。要加快健全完善党委领导、政府负责、社会协同、公众参与的社会管理格局，形成强有力的社会建设管理领导体制和工作合力。加强基层基础工作，强化苏木乡镇街道社会管理服务职能，发挥城乡社区区域性社会管理服务作用，增强基层社会管理服务能力。支持工青妇等人民团体和群众组织做好直接联系服务群众工作，促进社会组织健康有序发展，引导和促进企业切实履行社会责任，实现社会管理多元参与、共同治理。健全重大决策社会稳定风险评估机制，畅通社情民意表达渠道，深入持久排查化解社会矛盾纠纷，完善突发事件应急管理机制，最大限度地减少不和谐不稳定因素。把做好新形势下群众工作与加强和创新社会管理紧密结合起来，建立健全科学有效的利益协调机制、诉求表达机制、矛盾调处机制和权益保障机制，着力解决群众最关心最直接最现实的利益问题，切实维护群众合法权益，紧紧依靠群众做好社会管理工作。

（四）全力维护社会稳定。要坚持把维护稳定摆到突出位置，作为各级领导必须履行好的第一责任，“一把手”负总责、亲自抓，切实筑牢祖国北疆安全稳定屏障。深入开展平安创建活动，加强社会治安综合治理，建立健全常态化社会面管控机制，提高社会治安防控能力。排查整治群众反映强烈的突出治安问题，严密防范和依法打击各种违法犯罪活动，始终保持对刑事犯罪的高压态势，维护社会秩序和市场秩序，增强人民群众的安全感。严厉打击敌对势力的渗透破坏活动，牢牢掌握对敌斗争主动权，切实履行好维护国家安全重大责任。牢固树立安全发展理念，认真落实安全生产责任制，加强食品药品安全监管，抓好各类安全隐患排查治理，有效防止重特大事故发生，确保人民群众生命财产安全。加强维稳力量建设，增强预防和处置突发事件能力。

七、不断加强和改进党的建设

在世情、国情、党情发生深刻变化的新形势下，党的自身建设面临许多新情况新问题新挑战，精神懈怠的危险、能力不足的危险、脱离群众的危险、消极腐败的危险更加尖锐地摆在我们面前，落实党要管党、从严治党任务比过去任何时候都更为繁重和紧迫。我们必须适应新形势新任务的要求，以改革创新精神全面加强党的建设，切实提高管党治党能力，为科学发展、富民强区提供坚强有力保证。

（一）坚持不懈地抓好理论武装工作。把思想政治建设放在首位，坚定自觉地与党中央在思想上政治上行动上保持高度一致。坚持用中国特色社会主义理论体系武装头脑，加强党的理论创新成果宣传普及工作，推动学习实践科学发展观向深度和广度拓展。党的十八大召开后，要认真抓好大会精神的学习宣传和贯彻落实。加强理想信念、革命传统和思想道德教育，引导广大党员干部牢固树立正确的世界观、人生观、价值观。大力弘扬理论联系实际的学风，用科学理论指导实践、推动工作，切实增强学习教育的针对性和实效性。结合开展学习型党组织和学习型领导班子创建活动，大规模进行干部教育培训，不断提高各级领导干部和广大党员的思想政治素质。把开展学习情况作为考核评价领导班子的重要内容，作为考核评价党员干部的重要依据，形成促进学习的长效机制。

（二）着力加强领导班子和干部队伍建设。按照科学执政、民主执政、依法执政的要求，改善党的领导方式和执政方式，下大力提高各级领导班子和领导干部谋划发展、统筹发展、优化发展、推动发展的本领，提高群众工作、公共服务、社会管理、维护稳定的本领，增强新形势下依法办事的能力和应急管理、舆论引导、新兴媒体运用、做好民族宗教工作的能力。坚持贯彻民主集中制原则，积极推进党内民主，保障党员主体地位，落实党员民主权利，完善党内民主决策机制，提高决策的科学化、民主化、制度化水平。优化各级领导班子配备，选好配强党政正职领导干部，加大优秀年轻干部选拔使用力度，注重培养少数民族干部、女干部、党外干部，增强班子整体功能和合力。深化干部人事制度改革，坚持正确的用人标准和导向，深入推进选人用人公信度提升工程，规范干部初始提名，推行差额选拔任用干部制度，加大竞争性选拔干部力度，形成充满活力的选人用人机制。深入实施“草原英才”工程，坚持重在使用、以用为本，充分发挥现有人才作用，大力培养本土人才，积极引进高层次人才和高技能人才，重视企业经营管理人才的培养，壮大企业家队伍，把各方面人才集聚到我区改革开放和现代化事业中来。

（三）切实增强基层党组织的凝聚力和战斗力。深入开展创先争优活动，扎实推进“北疆基层党组织固本工程”，把服务群众、做群众工作作为基层党组织的核心任务和基层干部的基本职责，使基层党组织成为推动科学发展、促进社会和谐、加强民族团结、维护社会稳定的坚强战斗堡垒。围绕建设社会主义新农村新牧区，深化“三级联创”活动，加强乡村两级党组织带头人队伍建设，及时整顿软弱涣散嘎查村党组织，着力解决农村牧区党员队伍老化、嘎查村民委员会成员党员比例偏低等问题，夯实党在农村牧区的执政基础。适应城镇化快速推进和党员分布的新变化，加强和改进街道社区党组织建设，优化组织设置，创新活动方式，更好地为辖区居民提供服务。全面加强机关、学校和国有企业党建工作，加大在非公有制经济组织、新社会组织中建立党组织力度，不断扩大党的工作的覆盖面和影响力。以提高素质为重点，加强和改进发展党员工作。把基层一线作为培养锻炼干部的基础阵地，注重从基层选拔优秀干部充实党政领导机关，鼓励党政机关干部到基层工作，完善选聘高校毕业生到嘎查村、社区任职工作机制。建立稳定规范的基层政权建设经费保障制度，加强基层组织活动场所建设，改善基层工作条件，合理提高基层干部报酬待遇。

（四）深入推进反腐倡廉建设。我们要深刻认识反腐败斗争的长期性和艰巨性，以坚定决心和有力举措，扎实推进反腐倡廉建设。坚持标本兼治、综合治理、惩防并举、注重预防的方针，认真落实党风廉政建设责任制，健全完善教育、制度、监督并重的惩治和预防腐败体系，着力从源头上预防和治理腐败。深化党性党风党纪教育，加强廉政文化建设，筑牢党员干部拒腐防变的思想防线。严格执行党员领导干部廉洁从政各项规定，切实规范领导干部从政行为。加强和改进巡视工作，推进政务公开和经济责任审计，强化对权力运行的监督制约。深入开展专项治理，坚决纠正损害群众利益的不正之风。始终保持惩治腐败的高压态势，严肃查办违纪违法案件，坚决惩处腐败分子。各级领导干部要坚持讲党性、重品行、作表率，自觉加强党性锻炼，正确行使手中权力，始终做到为民务实清廉。

优良的作风体现着党的形象，是凝聚党心民心的巨大力量。在坚持科学发展、推进富民强区的进程中，必须大力发扬党的优良作风，切实加强党员干部的作风建设。全区各级党组织和广大共产党员，要以时不我待的进取精神、奋发有为的精神状态、求真务实的工作作风，深入基层一线，密切联系群众，立足本职岗位，脚踏实地做好每一件事情，扎扎实实抓好各项工作的落实，团结带领全区各族人民，在内蒙古大地创造新的业绩、谱写新的篇章。

同志们！建设现代化内蒙古，走进我国发展前列，寄托着几代中央领导集体的殷切期望，凝结着全区各族人民的热切期盼。经过 60 多年的艰苦奋斗特别是新世纪以来的努力拼搏，内蒙古取得了令人瞩目的成就，发生了翻天覆地的变化。今天，这一美好的前景已不再遥远，将通过我们的接力奋斗去实现。我们有理由为肩负的使命而自豪，我们有责任把承担的各项工作做得更好。今后一个时期对内蒙古的发展至关重要。全区各级党组织和广大共产党员，一定要肩负起历史重任，和各族人民一道，不动摇、不懈怠、不折腾，坚定不移地把我区改革开放和现代化建设推向前进，经过新世纪又一个十年的扎实奋斗，奋力走进我国现代化进程的前列。

让我们更加紧密地团结在以胡锦涛同志为总书记的党中央周围，高举中国特色社会主义伟大旗帜，以邓小平理论和“三个代表”重要思想为指导，深入贯彻落实科学发展观，锐意进取、埋头苦干，为把内蒙古建设得更加繁荣富裕、和谐美好而努力奋斗！

中共内蒙古自治区委常委、书记、副书记
中共内蒙古自治区纪委书记、副书记、常委名单

2011 年 11 月 14 日，中共内蒙古自治区第九届委员会第一次会议选举胡春华为自治区党委书记，巴特尔（蒙古族）、李佳为自治区党委副书记，当选为自治区党委常委的还有刘志刚、

潘逸阳、张力、乌兰（女 蒙古族）、李鹏新、符太增、王素毅（蒙古族）、曹征海、那顺孟和（蒙古族）、杜梓。

会议通过中国共产党内蒙古自治区第九届纪律检查委员会书记、副书记、常务委员会委员人选：张力为自治区纪委书记，李杰、额尔德尼（蒙古族）、韩世华、巴建光（蒙古族）为自治区纪委副书记。常务委员会委员：张力、李杰、额尔德尼（蒙古族）、韩世华、巴建光（蒙古族）、乔建东、任青原、温树忠、朱俐萍（女 满族）、苑瑞先（女）、包波（蒙古族）。

辽宁省第十一次党代会报告摘要及省委、省纪委领导成员名单

坚持科学发展　实现全面振兴
为建设富庶文明幸福新辽宁而奋斗

——在中国共产党辽宁省第十一次代表大会上的报告(摘要)

(2011 年 10 月 10 日)

王　珉

各位代表,同志们:

现在,我代表中共辽宁省第十届委员会作报告。

一、辽宁老工业基地全面振兴取得重大阶段性成就(略)

二、在科学发展道路上建设富庶文明幸福新辽宁

进入新世纪第二个十年,世界经济政治格局和国情党情发生深刻变化,我国总体上仍处于发展的重要战略机遇期,同时也面临诸多挑战。今后五年,是辽宁老工业基地全面振兴的决胜期和全面建设小康社会的关键期。全省各级党组织要高举中国特色社会主义伟大旗帜,以邓小平理论和"三个代表"重要思想为指导,深入贯彻落实科学发展观,以科学发展创新发展和谐发展为主题,以加快转变经济发展方式和创新社会管理为主线,坚持走具有辽宁特色的老工业基地全面振兴之路,不断深化改革开放,坚持增量带动结构优化、创新促进产业升级、发展保障民生改善,保持经济又好又快发展,推动文化改革繁荣,促进社会和谐文明,全面提高党的建设科学化水平,为实现全面振兴、建设富庶文明幸福新辽宁而努力奋斗。

建设富庶文明幸福新辽宁,是全省人民过上更加美好生活的新期待,涵盖了经济、政治、文化、社会和生态文明建设各个方面,是必须为之不懈奋斗的宏伟目标。力争到 2016 年,全省人均生产总值、财政一般预算收入再翻一番,城乡居民收入实现倍增,总体发展水平进入东部沿海发达省份行列;公民思想道德、科学文化和健康素质持续提高,诚信建设成效明显,民主法制建设更加完善,生态和人居环境显著改善;促进就业与社会保障能力不断增强,社会公平正义、安定和谐,共创共享幸福生活。辽宁老工业基地在全面振兴的基础上,向提前全面建成小康社会阔步迈进。

建设富庶文明幸福新辽宁,必须突出科学发展创新发展和谐发展。这是在未来发展中激活新引擎、争创新优势、实现新跨越的关键所在。坚持把发展作为第一要务,以创新发展为引领,以和谐发展为保障,不断推动科学发展实现新突破。

建设富庶文明幸福新辽宁,必须加快转变经济发展方式和创新社会管理。这是确保经济长期平稳较快发展和社会和谐稳定的必由之路。切实把经济发展方式转换到内生增长、创新驱动的轨道,切实把社会管理方式转换到以人为本、服务为先的轨道。

建设富庶文明幸福新辽宁,必须坚持增量调结构、创新促升级、发展保民生。这是紧密结合辽宁实际,加快实现富民强省的重大战略导向。坚持依托增量扩大总量,为优化结构拓展

空间;集聚创新资源和要素,提升核心竞争力;发展保障民生改善,让发展成果惠及全省人民。

建设富庶文明幸福新辽宁,必须诚心诚意为人民谋幸福。这是我们一切工作的出发点和落脚点。坚持一切为了人民、一切依靠人民,竭力满足人民日益增长的物质和精神文化需求,不断提升道德素养和文明水平,切实提高群众的满意度和幸福感。

各位代表,同志们,在科学发展道路上建设富庶文明幸福新辽宁,是民心所向、使命所系。只要我们鼓足前进动力,保持蓬勃活力,就一定能够实现更大发展、赢得美好未来!

三、加快转变经济发展方式增强经济实力和竞争力

加快转变经济发展方式,是经济社会领域的一场深刻变革,是辽宁加快振兴发展的重大任务。要坚持以经济结构战略性调整为主攻方向,更加注重经济增长的质量和效益,在发展中促转变,在转变中谋发展。

立足扩大内需战略,促进经济长期平稳较快发展。积极构建扩大内需长效机制,提高城乡居民消费能力,完善消费政策,拓展新兴服务消费,为更多依靠消费拉动经济增长创造条件。发挥有效投资的重要作用,以投资结构优化促进产业和区域结构优化,提高生产性投资的经济效益和公益性投资的社会效益,防范政府性债务风险,提高民间投资比重,遏制低端产能扩张和重复建设。完善能源、交通等现代基础设施体系,加快水利改革发展和重大项目建设,为全省新一轮发展提供支撑。

提高产业丰厚度,发展现代产业体系。坚持走新型工业化道路,加速信息化与工业化深度融合,着眼产业完善和产业创新,提高产业丰厚度,拉长拓展产业链,推动产业结构优化升级。突出骨干行业中坚作用,巩固重化工业优势,积极发展轻型工业。以提高重大装备制造成套能力和关键部件配套能力为重点,建设具有国际竞争力的先进装备制造业基地。按照规模化、一体化、集约化方向建设高加工度原材料基地,增强就地转化原材料能力。继续大力发展农产品加工业。加快发展战略性新兴产业,瞄准方向、突出特色,重点在高端装备制造、新一代信息技术、新材料、新能源、生物医药等领域抢占先机、率先突破,尽快成为支柱性产业。积极促进服务业发展提速、结构优化、比重提升,优先发展现代物流、金融保险、工业软件等生产性服务业,创新发展旅游、商贸等生活性服务业,鼓励发展总部经济,推动现代服务业与制造业联动发展。实施产业集群化、品牌化战略,培育创新能力强、市场占有率高、牵动力大的产业集群。

发展壮大县域经济,加速推进新农村建设。坚持工业化、城镇化、农业现代化同步推进,实施县域经济倍增计划,培育特色主导产业和工业产业集群,推动县域经济跃上新台阶。巩固和强化农业基础地位,坚持以工促农、以城带乡方略,切实转变农业发展方式,大力发展以高效农业为主的现代农业,实施粮食丰产和科学储粮工程,落实"米袋子"、"菜篮子"负责制,提高农业综合生产能力。加快农业科技创新,壮大农业龙头企业,提升农业产业化经营水平,大力发展绿色、安全食品生产。加大农村基础设施建设投入和环境治理力度,加强村屯规划和建设,改善农村生产生活条件,推动新农村建设取得实质性进展。

深入实施三大区域发展战略,不断提高城镇化水平。以大连为龙头高水平推进沿海经济带开发建设,把沿海经济带作为增量调结构的重点区域,着力建设产业结构高级化的先导区和经济社会发展先行区,打造东北地区对外开放重要平台。以支持沈阳建设国家中心城市为核心,加快以沈抚同城为重点的沈阳经济区同城化一体化步伐,加快先进制造、高新技术和现代服务产业集聚,建设国家新型工业化示范区和具有较强竞争力的城市群。实施更加优惠政策,强力支持突破辽西北,加强资源勘探和开发利用,加快特色产业基地和生态建设,使其尽快

成为活力迸发的新增长区。发挥沈大经济带的战略轴线功能,完善区域协调机制,促进要素整合,实现三大区域良性互动发展。创新区域经济组织方式,推进区划调整。落实扶持城区发展政策,做大做强城区经济。积极落实主体功能区规划。推进陆海统筹,发展海洋经济。支持阜新等市争创国家资源型城市转型示范市。坚持走新型城镇化之路,推动农村城镇化和城市现代化并进,积极稳妥推进新城新市镇建设。进一步提高城市规划、建设和管理水平,完善城市道路等市政公用设施,搞好老城区改造特别是地下管网改造和建设,加快提升城市综合发展能力和承载力。引导农村人口有序向城镇转移,为农民工进城就业定居创造条件。

加强资源节约与生态环境保护,增强可持续发展能力。大力倡导绿色、低碳生产方式和消费模式,以节能减排为重点,加快构建资源节约型和环境友好型社会。坚持资源开发和节约并重,有序开发特色资源,因地制宜发展农村新能源,全面推进节能降耗,强化节约用水,节约集约利用土地。加强耕地保护,严厉整治乱占耕地现象。大力发展循环经济,推进清洁生产,抓好循环经济试验区建设,提高资源综合利用水平。重点解决突出环境问题,严格控制重金属、工业污水等排放,加强环境保护监督管理,创造宜居宜业优美环境。积极创建全国环境建设样板城。加强海洋环境保护,科学利用和保护自然岸线。全面推进生态省建设,完善生态补偿机制和水资源保护区扶持机制,实施青山绿水重大生态修复工程,开展造林绿化,保护森林资源,加强辽河、凌河等江河治理保护,打造沿河生态带、旅游带和城镇带。加强防灾减灾体系建设。

四、全力改善民生创新社会管理增进人民福祉

社会建设与管理同人民幸福安康息息相关。要着力完善保障和改善民生的制度安排,形成以人为本的社会管理新模式。

坚持民生优先成果共享,显著提高人民生活水平。合理调整收入分配关系,逐步提高最低工资标准,建立职工工资集体协商机制、正常增长机制、支付保障机制,完善公务员工资制度和事业单位分配制度,切实提高中低收入群体收入水平,努力实现居民收入增长与经济发展同步。完善再分配调节机制,调整财政收支结构,鼓励增加经营性收入和财产性收入,缩小不同群体、不同地区收入差距,促进共同富裕。实施更加积极的就业政策,多渠道开发就业岗位,大力推动全民创业,积极鼓励科技人员、高校毕业生和青年创业,发挥创业带动就业的倍增效应,促进充分就业、公平就业、稳定就业。大力推进和谐劳动关系建设,深入开展和谐劳动关系企业创建活动,切实维护劳动者合法权益。坚持广覆盖、保基本、多层次、可持续方针,进一步健全城乡居民社会保障体系,增加社会保障投入,逐步提高统筹层次和保障水平。完善城乡最低生活保障和社会救助制度,实施社会救助和保障标准与物价上涨挂钩联动机制,加强价格调控与监管。落实好国家房地产调控政策,强化保障性住房建设、分配及管理的政府责任,缓解部分群众住房困难。加大扶贫开发力度,加快推进贫困地区脱贫致富。

积极发展社会事业,提高公共服务保障水平。坚持教育优先发展战略,确保财政投入,强化素质教育。重视发展学前教育,推进义务教育均衡发展,创新普通高中发展模式,大力发展职业教育,提升高等教育质量,鼓励发展民办教育,构建终身教育体系,加快建设教育强省。完善基本医疗卫生制度,巩固基层医疗卫生机构改革成果,积极推进公立医院改革,建立全科医生制度,鼓励社会资本兴办医疗机构,切实解决群众看病难、看病贵问题。全面做好人口工作,坚持计划生育基本国策,发展妇女儿童事业,加强未成年人保护,加快发展社会养老服务,推进养老产业发展。健全残疾人社会保障体系和服务体系。创新公共服务提供方式,推进基本公共服务均等化。

提升社会管理创新能力，营造和谐安定发展环境。完善党委领导、政府负责、社会协同、公众参与的社会管理格局，推进社会管理制度、体制机制和方法创新，促进社会公平正义，确保社会既充满活力又和谐稳定。积极创建柔性服务、精细管理、常态治理、民主管理机制和信息系统，强化城乡社区自治和服务功能，提高全社会的管理服务能力。完善党政主导的群众利益协调、诉求表达、矛盾调处和权益保障机制，明确责任，加大力度，切实解决好群众关注、涉及民生、关系稳定的重大社会问题。以群众工作统揽信访工作，主动回应群众合理诉求，提高做好群众工作的本领。努力做好人民调解、行政复议、司法调解等工作，最大限度把矛盾解决在基层、化解在萌芽状态。完善社会治安防控体系，积极预防和依法惩治各种违法犯罪活动，继续深化系列平安创建活动，维护社会和谐稳定。加强流动人口和特殊人群服务管理。创新社会组织管理体制，推动各类社会组织健康有序发展。积极利用和依法管理互联网，确保网络健康发展。加强公共安全体系建设，完善突发事件应急管理机制，以解决煤矿、交通和危险化学品安全等问题为重点，落实企业主体责任，强化安全生产监管，采取更加有力措施确保食品药品安全，保障经济社会健康发展。

五、坚持改革开放创新进一步激活发展动力

在新形势下推动科学发展创新发展和谐发展，必须坚持解放思想，始终不渝地把改革开放创新作为动力之源。要坚决破除体制机制弊端，以更大决心和勇气推进改革，全面提升对外开放水平，不断增强科技创新能力。

加大体制转型攻坚力度，推进重要领域和关键环节改革。深化行政管理体制改革，进一步转变政府职能，加快建设法治政府和服务型政府，提高行政效率，营造良好发展环境。积极稳妥推进事业单位分类改革。切实搞好绥中、昌图扩权强县等改革。深化国有企业公司制股份制改革，推进重点行业骨干企业重组，完善国有资产管理体制。积极稳妥推进厂办大集体改革。大力实施民营经济腾飞计划，推动民营经济自主创新和转型升级，继续加大对小型微型企业扶持力度。鼓励重点园区在体制机制创新上率先突破。深化农村综合改革，建立健全土地承包经营权流转市场，大力发展农民合作组织，促进农村现代流通体系建设。深化财政体制改革，进一步健全公共财政体系。扩大社会融资总规模，加快区域性金融中心建设，做强地方法人金融机构，改善中小企业金融服务。培育发展资本市场，推动优质企业和高成长性企业上市，努力把大连商品交易所建成亚洲重要期货交易中心。积极推进沈阳经济区综合配套改革，鼓励先行先试，率先形成新型工业化发展模式，为全省改革发展提供示范。

充分发挥沿海优势，构筑对外开放新格局。加快大连东北亚国际航运中心、物流中心及沿海港口群建设，促进港口、临港工业和城市联动发展，把我省建成东北亚经贸枢纽和功能服务区。积极争取国家支持设立长兴岛自由贸易园区和营口保税港区。积极推进黄金坪、威化岛境外经济区合作开发，加快沿边开放和兴边富民步伐，提升北黄海对外开放层次。以引进新兴产业、高附加值产业大项目为重点，着力提高利用外资水平，让有限的资本和土地发挥更大作用。进一步稳定和拓展外需，培育以技术、品牌、质量、服务为核心竞争力的出口新优势。优化进口结构，积极引进高技术产品和先进装备。按照市场导向和企业自主决策原则，务实推进“走出去”战略，鼓励各类企业开展跨国投资经营，积极收购科技型企业和引进研发团队。大力推进对内开放，积极参与东北及内蒙古四省区经济合作，促进环渤海以及与“长三角”、“珠三角”地区交流，努力实现互利共赢。做好支援西藏、新疆、青海等工作。

提高自主创新能力，加快创新型辽宁建设。充分发挥科技对产业升级的引领和支撑作用，增强原始创新、集成创新、引进消化吸收再创新

能力。以“大学科技城”、“生态科技创新城”、特色产业基地和高新区为载体,推进国家技术创新工程试点省建设。依托骨干企业和重大工程,实施技术创新和产业化项目,大力发展高技术产业。发挥高等院校和科研机构潜力,重点突破一批核心关键技术,形成一批具有自主知识产权的重大战略产品,促进产业转型升级。加快提高企业创新能力,使企业真正成为技术创新的主体;构建产业技术创新战略联盟,完善产学研相结合的技术创新体系。加大科技投入,发展创业风险投资,推动科技人力资本股份化,促进科技与金融、资本、资源、市场融合,加速科技成果转化,提高科技创新贡献率。

六、深化文化体制改革推动文化大发展大繁荣

大力发展社会主义先进文化,是实现全面振兴的迫切需要。要继续推进文化改革发展,促进文化创造活力持续迸发、社会文化生活更加丰富多彩,努力建设文化强省。

加强社会主义核心价值体系建设,巩固全省人民团结奋斗的共同思想道德基础。坚持用马克思主义中国化最新成果武装党员、教育人民,宣传普及中国特色社会主义理论体系。大力弘扬雷锋精神,深入宣传学习“当代雷锋”郭明义等模范人物,加强思想道德建设,引导人们自觉履行法定义务、社会责任、家庭责任,弘扬优秀传统文化,深化群众性精神文明创建活动。牢固树立遵纪守法意识,大力推进政务诚信、商务诚信、社会诚信和司法公信建设,培育理性平和的社会心态。加强青少年思想教育和爱国主义教育基地建设,用先进文化塑造一代新人。搞好重大主题宣传,扩大思想文化阵地,提高舆论引导能力。繁荣发展哲学社会科学。大力普及科学知识。

繁荣文化事业,满足人民群众不断增长的精神文化需求。加快构建覆盖城乡、惠及全民的现代公共文化服务体系,深入推进各项文化惠民工程建设,加快重点文化设施建设,不断提高公共文化产品和服务的供给能力。坚持以发展群众文化为基础,以正确鲜明的文艺批评为导向,大力培育具有辽宁特色的群众文化品牌,鼓励创作思想性艺术性现实性相统一的优秀文艺作品,推动文化成果共享。加强文化遗产保护传承和利用,加快牛河梁红山文化遗址申遗步伐。

壮大文化产业,增强辽宁文化竞争力和影响力。以重点文化企业为龙头,做大做强出版印刷、报刊发行、广播影视、演艺娱乐、文化旅游、动漫等主导文化产业。培育一批特色鲜明的文化产业示范基地和文化企业,带动文化产业跨越式发展。加快广电网络资源整合与“三网融合”,促进网络信息化、产业化发展。提升文化产业综合竞争力,推动文化产业成为我省支柱性产业。加强对外文化交流。

深化文化体制改革,推进文化创新发展。全面完成国有经营性文化事业单位转企改制,推动文化企业建立现代企业制度,培育文化市场主体,规范文化市场经营秩序。稳步推进公益性文化事业单位改革,增强公共文化服务能力。推进中部城市群文化体制综合改革试验区建设,实施跨区域跨领域跨行业整体改革和资源整合。积极推动文化创新,引领时代进步,促进社会和谐文明。

全力承办好第十二届全运会,促进群众体育、竞技体育和体育产业协调发展,提高城市文明程度。

七、以改革创新精神提高党的建设科学化水平

建设富庶文明幸福新辽宁,关键在党。我们一定要深入贯彻胡锦涛总书记在庆祝建党90周年大会上的重要讲话精神,经受住执政、改革开放、市场经济和外部环境的重大考验,防范精神懈怠、能力不足、脱离群众和消极腐败的危险,以执政能力和先进性建设为重点,全面提高党的建设科学化水平,为辽宁实现新发展提供坚强保证。

以理论武装为先导，提高全省党员干部思想政治水平。教育党员干部坚定正确理想信念，增强为党和人民事业不懈奋斗的自觉性和坚定性。认真实施学习型党组织建设“排头兵”工程，加强理论学习，注重理论创新，以理论上的与时俱进引领行动上的锐意进取，以思想上的坚定统一保证工作中的步调一致，始终坚持实事求是、一切从实际出发，切实把科学发展观的要求转化为谋划发展的思路、促进发展的措施和领导发展的能力。

坚持五湖四海、任人唯贤，培养造就高素质领导班子和干部人才队伍。坚持正确用人导向和德才兼备、以德为先用人标准，选拔任用那些政治坚定、有真才实学、实绩突出、群众公认的优秀干部。优化领导班子结构，着力选好配强市县党政正职，注重培养选拔女干部、少数民族干部和党外干部，大力培养选拔优秀年轻干部，鼓励年轻干部到艰苦地区、复杂环境、关键岗位砥砺品质、锤炼作风、增长才干。推进干部教育培训改革创新，持续开展干部系列培训，提高干部素质。深化干部人事制度改革，建立和完善科学的干部选拔任用、考核评价、管理监督、激励保障机制，提高干部工作的群众满意度。坚持党管人才，实施人才重大工程，培养造就高层次科技创新创业人才和高技能人才，以良好的环境吸引、留住和用好人才。进一步关心关爱老干部。

密切党同人民群众血肉联系，加强基层党组织建设。各级党员领导干部要始终铭记党的根本宗旨，坚持以人为本、执政为民，时刻把人民利益放在第一位，坚定不移依靠群众，真诚倾听群众呼声，真实反映群众愿望，真情关心群众疾苦，切实做到防懈怠、防平庸、防脱离群众、防贪腐。大力弘扬求真务实作风，经常深入基层、深入实际，力戒浮躁、浮夸、弄虚作假。要讲真话、办实事，提倡开短会、讲短话、发短文，重在干事创业抓落实。继续发扬艰苦奋斗精神，严禁铺张浪费、奢靡享乐，自觉讲党性、重品行、作表率。落实地方党委抓基层党建责任制，深入实施基层党建创新工程，持续开展创先争优活动，增强党员意识，把服务群众作为基层党组织的核心任务和基层干部的基本职责。完善党的基层组织体系，全面推进农村、企业、城市社区和机关、学校、非公有制经济组织、新社会组织等党的基层组织建设。健全党内激励、关怀、帮扶机制和党员教育管理服务长效机制。

完善惩治和预防腐败体系，深入开展党风廉政建设和反腐败斗争。坚决惩处和有效预防腐败，关系人心向背和党的生死存亡，是必须始终抓好的重大政治任务。要认真贯彻落实《中国共产党党员领导干部廉洁从政若干准则》，通过教育和监督增强党员领导干部廉洁自律意识。深入推进“五大系统”建设，建立健全廉政风险防范机制，紧紧抓住对行政权力运行的制约和监督、企事业单位和社会组织的规范以及公民道德和诚信建设，推进覆盖全社会的惩防体系建设。坚决纠正损害群众利益的不正之风，坚决查办违纪违法案件，始终保持惩治腐败的高压态势。贯彻《中国共产党巡视工作条例》和领导干部经济责任审计规定，加强对领导班子和领导干部的组织监督与审计监督。严格执行党风廉政建设责任制，努力形成全党全社会共同推动反腐倡廉建设的良好局面。

加强党的制度建设，坚持用制度管权管事管人。要始终把制度建设贯穿党的思想、组织、作风和反腐倡廉建设之中，坚持以党章为根本、以民主集中制为核心，构建内容协调、程序严密、配套完备、有效管用的制度体系。完善党的代表大会代表任期制。发展党内民主，推进党务公开，增强党的创造活力，不断推进党的建设制度化、规范化、程序化。

建设富庶文明幸福新辽宁，必须大力推进社会主义民主政治建设。要坚持党的领导、人民当家作主、依法治国有机统一，进一步发挥人大政协作用，支持人大及其常委会依法履行职责，加强立法工作，增强监督实效，讨论决定重大事项；支持人民政协切实履行职能，把政治协商纳入决策程序，健全民主监督机制，提高参政议政实效。加强同各民主党派、工商联和无党派人士的团结合作，巩固和壮大爱国统一战线。加强民族、宗教、侨务、外事和对台等工作。支持工会、共青团、妇联等人民团体依照法律和各自章程开展工作。健全民主制度，加强法制建设，推进依法行政，确保司法公正。坚持军民融合式发展，完善国防动员体制机制，增强国防意识，加强国防建设，深入开展双拥共建活动，巩固军政军民团结。

各位代表，同志们，肩负光荣使命责任重大，展望光明前景催人奋进。让我们紧密团结在以胡锦涛同志为总书记的党中央周围，在科学发展创新发展和谐发展的实践中，更加满怀激情，更加奋发有为，为实现全面振兴、建设富庶文明幸福新辽宁而努力奋斗！

中共辽宁省委常委、书记、副书记
中共辽宁省纪委书记、副书记、常委名单

2011 年 10 月 13 日，中国共产党辽宁省第十一届委员会第一次全体会议选举产生新一届中共辽宁省委常委、书记、副书记。

王珉、陈政高、夏德仁、许卫国、王俊莲（女）、曾维、唐军、周忠轩、辛桂梓、张江、张林、赵国红（女）、苏宏章当选中共辽宁省委常委；王珉当选中共辽宁省委书记，陈政高、夏德仁当选中共辽宁省委副书记。

会议通过新一届中共辽宁省纪委书记、副书记、常委人选：书记：王俊莲（女），副书记：成刚、孟祥锋、李宇光、韩玉起，其他常委：杨锡怀、王雅娴（女）、王德波、王冬石、甄杰、张进平。

吉林省第十次党代会报告摘要及省委、省纪委领导成员名单

科学发展　加快振兴　让城乡居民生活得更加美好

——在中国共产党吉林省第十次代表大会上的报告(摘要)

(2012年5月3日)

孙政才

同志们:

现在,我代表中国共产党吉林省第九届委员会向大会作报告。

这次大会的主题是:高举中国特色社会主义伟大旗帜,以邓小平理论和"三个代表"重要思想为指导,深入贯彻落实科学发展观,努力实现"科学发展、加快振兴,让城乡居民生活得更加美好"。

一、过去五年的工作(略)

二、坚定不移地走科学发展道路,努力实现又好又快发展

未来五年,是深化改革开放、加快转变发展方式的攻坚阶段,是全面建设小康社会的关键时期。和平、发展、合作仍是时代潮流,我国仍处在可以大有作为的重要战略机遇期,外部环境总体有利于我省科学发展、加快振兴。特别是中央继续加大对东北地区的政策支持力度,为我们创造了难得的历史机遇。经过改革开放特别是实施振兴东北战略近十年来的快速发展,我们已经走出举步维艰的困难时期,进入了持续平稳较快发展的新阶段。总体上,吉林正处在夯实基础、积蓄能量、调整结构,加快发展方式转变的关键节点;统筹城乡发展,推动工业化、城镇化、农业现代化相互支撑、相互融合、互动发展的关键节点;破除体制机制深层次矛盾,激发创新发展活力,加快形成经济内生增长机制的关键节点。我们必须科学把握世情国情省情,牢牢抓住发展机遇,凝心聚力、乘势而上,在振兴发展的新征程上迈出更加坚实的步伐。

今后五年全省工作的总体要求是:高举中国特色社会主义伟大旗帜,以邓小平理论和"三个代表"重要思想为指导,深入贯彻落实科学发展观,抓住用好发展机遇期,妥善应对矛盾凸显期,突出"发展"和"民生"两个关键,统筹推进工业化、城镇化和农业现代化,着力实施投资拉动、项目带动和创新驱动战略,强化改革开放和自主创新动力支撑,加快经济社会发展转型,全面推进社会主义经济建设、政治建设、文化建设、社会建设和生态文明建设,不断提高党的建设科学化水平,让城乡居民生活得更加美好,为全面建成小康社会打下决定性基础。

今后五年的奋斗目标概括起来就是:"两翻番"、"双倍增"、"七跃升"。

"两翻番",就是到2016年,全省地区生产总值在2011年的基础上翻一番,达到20000亿元以上;一般预算全口径财政收入和地方级财政收入在2011年的基础上翻一番,分别达到3300亿元和1700亿元以上。

"双倍增",就是到2016年,全省城镇居民人均可支配收入、农民人均纯收入在2011年的基础上增加一倍,分别达到35000元和15000元以上。

"七跃升",就是通过发展内生动力、自主创新能力、绿色低碳发展、公共服务体系、社会

文明程度、法治社会建设和社会管理创新的“跃升”，促进经济社会发展转型，实现又好又快发展。

归根结底，就是让城乡居民过上更加殷实富裕、自信尊严、充实快乐、和谐安全、舒适健康的美好生活。

在新的历史起点上，实现“科学发展、加快振兴，让城乡居民生活得更加美好”，最根本的是要始终坚持正确的政治方向，自觉同以胡锦涛同志为总书记的党中央保持高度一致，坚定不移地走中国特色社会主义道路，坚定不移地坚持以经济建设为中心，坚定不移地推进改革开放；最关键的是要做好“结合”文章，坚决执行党中央的决策部署，不断深化对省情的认识，推动思想解放的成果由观念层面向实践层面转化，努力走出一条体现科学发展观要求、符合吉林实际的发展道路；最重要的是要切实加强党的领导，以改革创新精神全面加强党的建设，始终保持党的先进性和纯洁性，提高党的执政能力。

——必须坚持科学发展。牢牢扭住发展这个第一要务，突出主题主线，更加重视结构调整，更加重视扩大内需，更加重视发展的速度、质量和效益有机统一，更加重视促进可持续发展，推动经济综合实力实现新跨越。

——必须坚持改革开放。坚持社会主义市场经济改革方向，全面提高对外开放水平，加快构建充满活力、富有效率、更加开放、有利于科学发展的体制机制，切实为振兴发展注入强大动力。

——必须坚持民生优先。把让城乡居民生活得更加美好作为一切工作的出发点和落脚点，更加注重保障改善民生，更加注重凝聚民心民力，真正做到发展为了人民、发展依靠人民、发展成果由人民共享。

——必须坚持统筹经济社会发展。注重把加强社会建设、创新社会管理和做好新形势下群众工作结合起来，促进社会公平正义，推动社会全面进步，精心维护社会和谐稳定。

——必须坚持总揽全局、协调各方。切实把各方面的积极性和创造性调动起来、凝聚起来、发挥出来，共同推动事业发展进步。

“科学发展、加快振兴，让城乡居民生活得更加美好”，是时代的要求、人民的期盼，是我们面向未来作出的庄严承诺。全省各级党组织和全体党员一定要以一往无前的精神和脚踏实地的工作，不负重托、不辱使命，努力创造出无愧于时代、无愧于人民的新业绩。

三、统筹推进“三化”，加快实现老工业基地全面振兴

统筹推进工业化、城镇化、农业现代化，是扩大国内需求、转变发展方式、实现又好又快发展的战略选择。必须坚持统筹兼顾，突出吉林特色，努力探索一条“三化”深度融合、互动发展的新路子。

1. 推进新型工业化。工业化是统筹推进“三化”的核心环节。当前，我省仍处在工业化中期，必须围绕扩大总量、优化结构、提高效益、增强后劲，以增强综合实力和核心竞争力为目标，以增量带动结构优化，以创新促进产业升级，全面落实“十二五”东北振兴规划，实施十大产业发展计划，促进非农产业不断发展壮大，切实增强对城镇化、农业现代化的支撑和反哺能力。加快建设新型工业基地。进一步做大做强汽车、石化、农产品加工等支柱产业，加快把轨道客车等装备制造业培育发展成为新的支柱产业，建设国内占据领先地位、国际具有较强竞争力的产业高地。推动医药、冶金、建材、轻纺等优势产业加快发展。大力发展战略性新兴产业，立足产业基础和市场需求，突出新能源、新能源汽车、生物化工、生物医药、新材料、光电子等最具潜力的领域，抢占未来发展制高点。大力发展特色资源产业，充分利用优势矿产资源和独特生态资源，加大开发转化力度，提高资源产出率、实现效益最大化，加快形成新的产业支撑。推动服务业实现跨越发展。大力发展现代物流、服务外包、信息、会展等生产性服务业，积

极发展家政服务、健康保健、商贸、养老、社区等生活性服务业，培育发展电子商务、物联网等新型业态，加快服务业与工业、农业融合发展。进一步挖掘、整合、提升旅游和文化产业，尽快培育成为新的支柱产业。促进集群配套发展。加强产业园区建设，推进企业兼并重组，提高本地配套率，进一步提升产业的丰厚度、关联度和集聚度。大力发展民营经济。毫不动摇地鼓励、支持、引导民营经济健康发展，大力推进全民创业，积极扶持小型微型企业加快发展，推动民营经济实现新的跨越。

2. 推进特色城镇化。城镇化是统筹推进"三化"的关键载体。它与"工"一体、与"农"相连，是扩大内需和改善民生的重要战略基点，是经济社会发展总体布局中的一篇大文章。必须坚持以规划为引领、以产业为支撑、以创新为动力，按照强化中部、构筑支点、区域联动的思路，加大组织推动、体制创新和政策落实力度，推动全省城镇化协调快速健康发展。突出战略重点。全力推动长吉一体化、带动中部城市群发展，围绕城乡规划、基础设施、产业发展、市场体系、公共服务、社会管理等关键领域，完善城市联动发展机制，促进长吉两市互动共兴、增强辐射带动功能，加快形成中部经济隆起带，带动和支撑长吉图先导区发展。大力推进区域中心城市、重要节点城市、县城和小城镇建设。增强承载能力。立足当前、着眼长远、突出特色，高水平搞好城镇规划。进一步强化产业支撑，以产兴城、依城促产，实现产城融合互动。全面推进市政公用设施建设，大力提高公共服务水平，增强城市综合承载能力。提高发展质量。完善城市功能，改善市容环境，提升文化内涵，提高管理水平，增强居民的认同感和归属感。

3. 推进农业现代化。农业现代化是统筹推进"三化"的重要基础。必须始终坚持"以农民为本"的原则，在统筹推进"三化"中加强和改进"三农"工作，扎实推进吉林特色农业现代化和社会主义新农村建设。坚持和完善农村基本经营制度。坚持现有农村土地承包关系稳定并长久不变，加快农村土地所有权和承包经营权确权登记，按照"依法自愿有偿"原则，积极稳妥推进土地流转，深化农村综合改革，切实提高农业组织化程度。大力提高农业综合生产能力。狠抓粮食生产不放松，加强耕地保护，建设高标准基本农田，加强农田水利等农业基础设施建设，扎实推进千万亩高效节水灌溉工程，加快发展全程农业机械化，力争粮食产量达到700亿斤的阶段性水平。切实推动畜牧业、林业产业、园艺特产业加快发展。实施"农业走出去"战略。加快构建现代农业产业体系。优化农业产业布局，推进农业结构调整，形成优势突出、特色鲜明的农产品产业带。大力推进农业产业化经营，进一步强化龙头企业带动作用，促进产业转型升级，推动农业专业化、标准化、规模化和集约化。发展农民专业合作组织，完善农业社会化服务体系和农产品市场体系。推动农业科技进步。加大农业科技投入，整合农业科技资源，创新农业科技体制机制，推进现代农业产业技术体系建设，提升科技对现代农业的支撑能力。着力增加农民收入。坚持政策增收、产业增收、务工增收、财产增收等多措并举，加强农村劳动力农业技能和转移就业培训，发展休闲农业和乡村旅游，深挖增收潜力，逐步建立促进农民增收长效机制。不断改善农民生产生活条件。深入实施"千村示范、万村提升"工程，全面提高农村基础设施和公共服务水平，推进城乡基础设施一体化和公共服务均等化，建设农民幸福生活新家园。切实加大农村扶贫工作力度。坚持开发式扶贫方针，大幅提高扶贫标准，增强贫困地区自我发展能力，加快解决集中连片特殊困难地区贫困问题，确保实现新阶段扶贫开发目标。

4. 促进"三化"深度融合、互动发展。互促共进、良性互动，是统筹推进"三化"的根本要求。必须牢牢把握"三化"联动的结合点、推进工作的着力点、政策措施的切入点、改革创新的关键点，努力提高发展的质量和效益。大力实施"三动"战略。继续实施投资拉动、项目带动、创新驱动，更加注重投资方向和次序、质量和效益，更加注重投资与消费协调拉动，更加注重优化项目选择，更加注重释放各类创新要素，充分发挥“三动”战略在统筹推进“三化”中的重要支撑作用。着力优化空间发展布局。加强产业发展、土地利用、主体功能区和城市发展等规划有序衔接，促进生产力布局与城镇化布局相融合、行政区划与经济功能区相协调，推动土地、资本、劳动等优化组合，促进资源、产业、人口等有效配置。加强区域合理分工、协调联动发展，形成优势互补、相互促进的良性机制。加快重要经济板块和重要区域节点发展，更好地释放辐射带动作用。充分发挥县域在统筹推进“三化”中的重要作用，突出抓好县城、工业集中区和特色经济发展，为县放权、给县让利、让县搞活，支持有条件的县城发展成为中等城市，推动县域经济实现新的跨越。切实加强统筹推进“三化”的制度安排。从减少农民、善待农民、提升农民、富裕农民的角度出发，探索推动农村土地、农村产权、城乡户籍、公共服务、城乡管理等基础性改革，探索建立资源要素合理配置、工农城乡利益协调、土地节约集约利用和农村人口有序转移的机制，尽快形成统筹推进“三化”的制度支撑体系。促进城乡共同繁荣发展。增加不同层次城市的人口规模，壮大城市消费群体，释放消费潜力，增强对经济增长的拉动作用。加快建立新型城乡、工农关系，推动城乡公共资源和公共服务均衡配置，促进生产要素在城乡间平等交换和自由流动，完善城乡消费流通网络平台，加快城乡市场一体化，不断提高农民的消费能力和水平。

5. 增强统筹推进“三化”的保障能力。基础设施、生态资源、金融支撑、发展环境和人才队伍，是统筹推进“三化”的重要保障。加快基础设施建设。形成“五纵五横三环四联”高速公路网、“五纵三横”铁路网和“一主多辅”机场格局，构建现代综合立体交通网络。深化水利改革发展，完善抗洪减灾体系，推进重点地区、重要城市水源工程和水资源调配工程建设，构建水资源优化配置体系。加大重要矿产资源的勘探开发保护和统筹调配力度，调整电源结构、构建现代电网体系，加强新型能源建设，加快推进“气化吉林”工程，切实提高能源保障能力。加强信息设施建设，推进“三网融合”，打造“数字吉林”。加强生态吉林建设。树立绿色低碳发展理念，注重节能减排与结构调整、技术改造、民生改善有机结合，推动资源型城市经济转型，加强低碳产业示范园区建设，确保实现节能减排目标。深入推进重点流域水污染治理，实施第二个十年绿化美化吉林大地、草原湿地保护、黑土地保护、长白山林区生态保护等生态工程，加强城乡环境建设，构筑我国东北生态安全重要屏障。我们一定要精心保护这片蓝天绿地、碧水青山，让全体人民同居大自然、共享现代化。推进金融创新发展。大力发展新型金融业态，积极发展资本市场，不断完善金融服务体系，扩大社会融资总量，加强金融监管，维护金融稳定，提高金融服务经济发展的能力。切实改善发展环境。着力解决影响发展环境的突出问题，打造良好的市场、政策、社会、法治、人文和舆论环境，使吉林成为安商、扶商、富商之地。大力实施人才兴业战略。深入推进“双百千万”人才计划，统筹推进各类人才队伍建设，营造尊重劳动、尊重知识、尊重人才、尊重创造的社会环境，努力形成人才辈出、人尽其才、才尽其用的生动局面。

6. 强化统筹推进“三化”的动力支撑。改革开放和自主创新是统筹推进“三化”的根本动力。必须坚持以改革开放和制度创新推动发展和转型，以自主创新和成果转化引领发展和转型。以更大的决心和勇气推进改革开放。坚持正确方向，加强顶层设计，鼓励先行先试，坚持标本兼治，注重统筹协调，深入推进国有企业、厂办大集体、集体林权、行政管理体制、财税体制、地方金融体制、资源性产品价格、收入分配制度以及社会管理体制等重点领域和关键环节改革，加快建立有利于科学发展的体制机制。坚持“引进来”与“走出去”并举、利用外资与国内合作并重、参与国际合作与开拓国际市场并行，积极发展对外贸易。大力推进长吉图开发开放先导区建设，充分发挥中国图们江区域（珲春）国际合作示范区、长春兴隆综合保税区以及各类开发区、特色园区的重要作用，畅通对外通道、创新体制机制，推动对外合作，加快形成多层次、宽领域对外开放格局。不断提高自主创新能力。重视科技就是重视吉林的明天，投资科技就是投资吉林的未来。坚持创新驱动和市场驱动并举，强化企业主体地位和政府引导功能，实施重大科技成果转化和重大科技攻关项目，着力提升区域创新能力，促进科技成果加快向现实生产力转化。进一步完善体制机制，健全创新体系，推动产学研紧密衔接，着力打造一批具有核心技术和自主品牌、具有较强竞争力的高新技术企业，把科技优势转化为竞争和发展优势。

统筹推进“三化”，是经济社会发展的大势所趋、必由之路，是实现“科学发展、加快振兴，让城乡居民生活得更加美好”的关键举措、希望所在。我们一定要坚定不移、大胆探索，努力在统筹推进“三化”上有新的作为、新的创造，开创新的工作局面。

四、全面加强以保障和改善民生为重点的社会建设，确保人民安居乐业、社会和谐稳定

没有人民生活的持续改善，我们的一切工作都毫无意义；没有社会大局的和谐稳定，我们就什么事情也干不成。必须把社会建设摆上更加突出的位置，协调推动经济社会发展转型，巩固发展安定和谐的政治和社会局面。

1. 切实保障和改善民生。改善民生、加快富民，是我们共产党人的政治理想和奋斗目标。必须紧紧围绕生存性、发展性、安全性民生问题，谋民生之计，解民生之急，办民生之需，尽力而为、坚持不懈地抓好民生工作，让全体人民共享改革发展成果。不断增加城乡居民收入。坚持综合推动、多措并举，加快推进富民工程，调节收入分配关系，缩小收入差距，促进共同富裕。着力提高就业水平。实施更加积极的就业政策，坚持科学发展保就业、全民创业促就业，重点解决高校毕业生、农村转移劳动力、退役军人、城镇就业困难人员等群体就业问题。构建和谐劳动关系，维护劳动者权益。努力保持物价总水平基本稳定。坚持促生产、活流通、强监管综合施策，保持物价在总体合理、平稳、可控的区间内运行；不断完善社会救助和保障标准与物价上涨挂钩的联动机制，切实保障困难群众的基本生活。进一步完善社会保障体系。扩大覆盖面，提升统筹层次，提高保障水平，完善城镇职工基本养老、基本医疗、失业、工伤、生育保险以及城市居民医疗保险和新型农村合作医疗保险制度，实现“新农保”和“城居保”全覆盖。健全社会救助体系，稳步提高保障标准和救助水平。逐步改善居住条件。推动实施保障性安居工程，促进房地产业稳定健康发展，建立符合省情的住房体制机制和政策体系。继续实施“暖房子”工程，建立覆盖全体居民的供热保障机制，努力让城乡群众特别是困难群众住有所居、住得温暖。大力发展社会事业。坚持教育优先发展，加大教育投入，深化教育改革，合理配置教育资源，全面实施素质教育，促进各级各类教育健康发展，努力办好人民满意的教育。深化医药卫生体制改革，健全城乡基本医疗保障体系和公共卫生服务体系，促进基本公共卫生服务均等化，进一步提高医疗卫生保障水平和服务能力。广泛开展全民健身活动。做好人口工作。发展社会福利、慈善、妇女儿童、残疾人和老龄事业。加强未成年人保护。

2. 加强和创新社会管理。和谐稳定是民心所向、发展所倚、事业所需。必须加强和创新社会管理，最大限度激发社会活力，最大限度增加和谐因素，最大限度减少不和谐因素。深入开展平安建设。加强社会治安防控体系建设，依法打击各类重大刑事犯罪和重大经济犯罪。严格落实安全生产责任制，坚决防止重特大事故发生。大力加强食品药品安全监管，以最坚决

的态度和措施，严格准入、严格监管、严格执法，严厉处罚、严厉打击、严厉问责，让人民群众吃上安全放心食品药品。加大矛盾纠纷排查化解力度。深入推进重大决策、重大项目社会稳定风险评估，强化源头预防。完善矛盾纠纷多元调解体系和大调解工作机制，确保矛盾纠纷化解在基层、不稳定因素消除在萌芽状态。加强和改进信访工作，着力解决群众反映的合理诉求。及时妥善处置重大突发事件。加强基层基础工作。推进城乡社区建设，构建新型社区服务管理体制，把社会管理服务的触角延伸到社会末梢，把更多的人力物力财力投向基层。完善社会管理方面的地方性法规和制度安排，不断提高社会管理法治化、规范化水平。突出解决社会管理新问题。在解决流动人口服务管理、特殊人群服务管理、非公有制经济组织和社会组织服务管理、信息网络服务管理等新问题上取得新的成效。社会管理就是在做群众的工作，要牢记群众观点，站稳群众立场，说群众听得懂的话，办群众得实惠的事，健全群众民主参与社会管理机制、教育和引导群众机制、联系和服务群众机制、群众诉求表达机制和群众权益维护机制，全面提高群众工作科学化水平。

3. 加强社会主义民主政治建设。坚定不移地走中国特色社会主义政治发展道路，坚持党的领导、人民当家作主和依法治国有机统一，发展社会主义民主政治，保障人民的知情权、参与权、表达权、监督权，不断巩固安定团结的政治局面。扩大社会主义民主。坚持和完善人民代表大会制度，支持各级人大及其常委会依法履行职能，保障人大代表依法行使职权。坚持和完善中国共产党领导的多党合作和政治协商制度，支持人民政协依照章程独立负责、协调一致地开展工作，充分发挥协调关系、汇聚力量、建言献策、服务大局的重要作用。深入实施“同心”工程，巩固和壮大最广泛的爱国统一战线。积极发展基层民主，完善基层群众自治制度和企事业单位民主管理制度，保证人民依法行使民主权利。支持工会、共青团、妇联等人民团体依照法律和章程开展工作。加强国防动员和后备力量建设，深入开展双拥共建活动，重视加强国防教育，增强全民国防观念，进一步巩固加强军政军民团结。全面推进依法治省。加强宪法和法律实施，坚持公正高效办案、和谐司法为民，保障人民群众合法权益，维护社会公平正义。加强地方立法工作，提高立法质量和水平。推进依法行政，实施“六五”普法规划，在全省形成知法守法、依法办事的良好氛围。

4. 加强民族、宗教和边境地区工作。站在全局和战略的高度，进一步巩固和发展民族团结、宗教和谐、边疆安宁的政治局面。深入推进民族团结进步事业。坚持和完善民族区域自治制度，牢牢把握各民族共同团结奋斗、共同繁荣发展主题，推动民族地区经济社会加快发展，促进各民族和睦相处。切实加强宗教工作。全面贯彻党的宗教工作基本方针，加强爱国宗教团体建设，防范抵御境外敌对势力利用宗教对我国进行渗透，充分发挥宗教界人士和信教群众在促进经济社会发展中的积极作用。加强边境建设管理。健全党政军警民“五位一体”合力治边机制，深入实施“强基富民固边”工程，确保边疆繁荣稳定和国家安全。

实现吉林全面振兴，发展为要、民生为重、稳定为基。我们一定要始终牢记党的宗旨，一心一意谋发展、全心全意惠民生、尽心竭力保稳定，努力使改革发展成果更好地惠及全体人民。

五、大力加强文化建设，推动吉林文化大发展大繁荣

社会主义先进文化是马克思主义政党思想精神上的旗帜，也是科学发展的重要内容。必须坚持政府扶持和体制改革两手抓、文化事业和文化产业两加强，以高度的文化自觉和文化自信，推动文化大发展大繁荣，不断提升吉林文化软实力，为振兴发展提供硬支撑。

1. 推动社会主义核心价值体系建设。社会主义核心价值体系是兴国之魂。建设社会主义先进文化，必须把社会主义核心价值体系建设

融入国民教育、精神文明建设和党的建设全过程。筑牢共同思想基础。始终坚持用马克思主义中国化最新成果武装党员、教育人民，用中国特色社会主义共同理想凝聚力量，用以爱国主义为核心的民族精神和以改革创新为核心的时代精神鼓舞斗志，用社会主义荣辱观引领社会风尚。提高社会文明程度。深入开展“学雷锋”活动，广泛开展各种形式的道德实践和志愿服务活动，深入推进社会公德、职业道德、家庭美德、个人品德建设。加强有利于发展社会主义先进文化的制度建设。褒扬“凡人善举”，鼓励“见义勇为”，倡导“创新、公正、包容、守法、诚信”等正确价值取向，使之成为全体社会成员普遍接受、遵守奉行的价值理念和自觉行动。充分发挥共青团、关工委等组织在加强青少年思想教育工作中的重要作用。坚持正确舆论导向。坚持什么反对什么、倡导什么抵制什么，都要旗帜鲜明、毫不含糊。加强和改进新闻宣传工作，繁荣发展哲学社会科学，提高主流文化传播能力，增强舆论引导的及时性、权威性和公信力、影响力。高度重视、大力加强网络等新兴媒体建设与管理，唱响网上思想文化主旋律。

2. 全面发展文化事业。不断满足人民群众的基本文化需求，是社会主义文化建设的基本任务。切实保障人民基本文化权益。坚持以政府为主导，以公共财政为支撑，以公益性文化单位为骨干，以全体人民为服务对象，加强公共文化基础设施建设，构建公共文化服务网络，加快完善覆盖城乡的公共文化服务体系。深入推进文化强基惠民工程。加大城乡基层文化建设力度，推动农村文化大院、社区文化活动室等文化活动平台建设，促进城乡文化一体化发展，确保城乡居民能够就近、经常、有选择地参加文化活动。深入开展军地共建边防文化。进一步繁荣文化创作。加强吉林地域历史文化建设，打造“长白山文化”品牌，推动优秀传统文化传承保护和创新发展，推出更多高水准、有特色、深受人民群众喜爱的优秀作品。推动文化“走出去”，不断提高吉林文化的影响力。

3. 大力发展文化产业。坚持做大总量和优化结构并重、提升存量和扩大增量并进、发展产业和繁荣市场并举，为人民群众提供更多更好的精神食粮。加快构建现代文化产业体系。巩固发展影视、出版、期刊、歌舞、动漫等文化产业优势，培育新生文化企业和新兴文化业态，加强重大文化产业项目建设，支持重点骨干文化企业发展壮大，推动中小文化企业加快成长，大力推进文化产业带、产业基地和产业园区建设。完善文化市场体系，培育、拓展文化要素和大众文化消费市场。着力提高核心竞争力。大力推进文化科技创新，推动文化产业不同业态间、文化产业与其它产业融合发展，延伸文化产业链，提高产品附加值。建设高素质文化人才队伍，完善文化人才激励机制，激发文化创造活力。整合发掘各类文化资源，把具有吉林特色的“文化现象”打造成具有市场竞争力的优势产业。

4. 继续深化文化体制改革。改革创新是文化的生命力，也是推动文化事业和文化产业繁荣发展的根本动力。深化国有文化单位改革。全面完成经营性文化单位转企改制，加快文化企业公司制股份制改造、跨地区重组，做大做强做优一批国有及国有控股大型文化企业，引导社会资本有序进入文化产业领域，鼓励和引导各种非公有制文化企业健康发展。创新文化管理体制。理顺文化行政管理部门与文化企事业单位、中介组织关系，健全文化市场综合行政执法机构。全面推进公益性文化单位内部改革。创新文化企业投融资体制，拓宽多元化融资渠道。

文化的繁荣发展，是让城乡居民生活得更加美好的重要内容和有力支撑。我们要坚定崇高的文化信念和文化追求，兴起社会主义文化建设新高潮，使社会文化生活更加丰富多彩、群众文化权益得到更好保障、人民精神面貌更加昂扬向上，努力打造美好精神家园、凝聚发展强大动力。

六、全面推进党的建设新的伟大工程，为振兴发展提供坚强的政治和组织保证

面对世情国情党情发生的深刻变化，经受“四个考验”、化解“四个危险”，实现“科学发展、加快振兴，让城乡居民生活得更加美好”，最根本的就是要以改革创新精神全面加强党的自身建设。

1. 加强思想政治建设。党的先进性首先表现在思想上的先进，党的纯洁性首先体现在思想上的纯洁。深入推进理论武装工作。坚持用马克思主义中国化最新成果武装头脑、指导实践，不断加强广大党员干部特别是领导干部的思想素质和党性修养，增强走中国特色社会主义道路的自觉性和坚定性，推动学习贯彻科学发展观向深度和广度拓展。大力加强学习型党组织建设。坚持理论联系实际，完善学习制度，健全长效机制，营造浓厚氛围，进一步提高党员干部推动改革发展的本领，做到学以立德、学以增智、学以创业。切实加强各级党校建设。继续推动解放思想。切实把思想解放的成果由观念层面转化到实践层面，坚决破除一切不合时宜的陈旧观念、思维定势和行为习惯，营造敢于负责、敢于担当、敢于叫真、敢于碰硬的良好氛围。

2. 加强领导班子和干部队伍建设。推动振兴发展宏伟事业，关键要靠各级领导班子和广大党员干部。强化正确的用人导向。坚持德才兼备、以德为先，坚持五湖四海、任人唯贤，坚持求真务实、注重实绩，切实把那些政治坚定、实绩突出、作风过硬、群众公认的优秀干部及时发现出来、合理使用起来，真正让那些肯干事的受尊敬、能干事的有机会、干成事的有舞台。加强领导班子建设。优化领导班子配备，选好配强党政正职领导干部，健全民主集中制，完善议事决策机制，强化班子整体功能和合力，建设善于领导科学发展、促进社会和谐的坚强集体。注重在基层和一线选拔锻炼干部，大力培养年轻干部，重视培养选拔女干部、少数民族干部和党外干部。加强后备干部队伍建设。加大干部交流力度。深入推进干部人事制度改革。创新和完善干部选拔任用、考核评价、管理监督和激励保障机制，不断提高选人用人公信度和群众满意度。建设高素质干部队伍。深入实施大规模干部培训计划，加强干部能力培养和实践锻炼，着力提高党员干部特别是领导干部推动科学发展、服务人民群众、做好社会工作、处理复杂问题的本领以及依法办事、应急管理、舆论引导、新兴媒体运用等各方面能力。

3. 加强基层党组织建设。基础不牢，地动山摇。必须加大力度、创新载体、强化基层、夯实基础，充分发挥党的基层组织在促发展、惠民生、增和谐、转作风中的积极作用。深入开展创先争优活动。丰富活动内容，突出实践特色，建立长效机制，激励基层党组织和党员争科学发展之先、创社会和谐之优。全面提高基层党建水平。高标准启动新一轮农村基层组织建设“三项工程”，大力实施城市社区基层组织建设“五有一创”工程，深入推进非公有制企业和社会组织党建工作“双覆盖双增强”工程，切实加强机关、学校、企事业单位等基层组织和党员队伍建设，加快构建城乡统筹的基层党建新格局。进一步创新方式方法，拓宽党代表发挥作用的渠道。着力在服务群众上下功夫。深入开展“三帮扶”活动，整合帮扶资源，巩固帮扶成果，实现“一改善、三加强、一促进”的目标。要把服务群众、做好群众工作作为基层党组织的核心任务，进一步拓宽党员联系服务群众的渠道，做到哪里有群众哪里就有党的工作，哪里有党员哪里就有党组织，哪里有党组织哪里就有健全的组织生活和党组织作用的充分发挥。基层党员干部长期工作在第一线，肩负着推动发展、服务群众、促进和谐的重任，要真心爱护、真情关怀他们，解决他们的实际困难，帮助他们更好地成长。

4. 加强党员干部作风建设。完成艰巨繁重任务、开创新的发展局面，必须有良好的作风作

保障。要大兴紧密联系实际之风、务实重行之风、改革创新之风、艰苦奋斗之风、密切联系群众之风，以优良的党风促政风、正行风、带民风。始终保持同人民群众的血肉联系。坚持问政于民、问需于民、问计于民，切实保障人民群众经济、政治、文化、社会等各方面权益，真正做到与群众血脉相连、鱼水情深，使我们的工作获得最广泛最可靠最牢固的群众基础和力量源泉。着力营造务实重行、真抓实干的工作氛围。坚持深入基层、深入群众、深入一线，广泛开展调查研究，全面了解工作实情和群众所需所盼，使我们的各项决策更加符合客观实际、符合群众意愿。引导党员干部在"快、实、细、新"上下功夫，加快工作节奏，做实工作措施，细化工作组织，创新工作路数，在推动振兴发展中有所作为、有所创造、有所贡献。各级党员干部务必做到"胸中始终有大局，心里时刻有群众"，以昂扬的精神面貌、优良的工作作风，推动事业不断前进，造福一方人民群众。

5. 加强反腐倡廉建设。坚决惩治和有效预防腐败，关系人心向背和党的生死存亡。必须坚持标本兼治、综合治理、惩防并举、注重预防的方针，全面落实党风廉政建设责任制，以更加坚定的信心、更加坚决的态度、更加有力的举措，全面扎实推进惩治和预防腐败体系建设。深入开展反腐倡廉教育。广泛开展示范教育、警示教育和岗位廉政教育，严格落实《廉政准则》，切实推进廉政文化建设，筑牢拒腐防变思想道德防线。大力加强反腐倡廉制度建设。建立健全反腐倡廉制度体系，坚持用制度管权管事管人，加强廉政风险防控和规范权力运行，继续开展"五权"工作，推行农村党风廉政建设"3+1"模式，铲除腐败滋生的土壤。不断增强监督实效。认真执行《党内监督条例》，深入开展巡视工作，加强党政主要领导干部经济责任审计工作和党政领导干部问责工作。切实加强党风政风行风建设。认真解决群众反映强烈的突出问题，坚决纠正损害群众利益的不正之风。坚决查处违纪违法案件。保持惩治腐败的高压态势，严肃查办各类腐败案件，进一步发挥查办案件的治本功能，努力实现政治、社会和法纪效果的统一。各级领导干部要始终牢记，我们手中的权力是人民赋予的，只能用来为人民谋利益。一定要始终保持一颗敬畏心、亮起一盏"红绿灯"，做到立身不忘做人之本，为政不移公仆之心，用权不谋一己之私，以清正廉洁的形象取信于民，永葆共产党人的政治本色。

全面推进党的建设新的伟大工程，必须突出重点，抓住关键，进一步增强党的凝聚力、政府的公信力、干部的执行力和制度的约束力。要增强党的凝聚力，坚持共同思想基础、共同奋斗目标和统一意志，使各级党组织始终成为领导事业的坚强核心、广大党员成为推动发展的先锋模范。要增强政府的公信力，以为民赢公信、以公正建公信、以高效树公信、以公开促公信、以廉洁保公信，以良好的执政形象和工作业绩赢得人民群众的信任和支持。要增强干部的执行力，把精力集中在加快发展上，把心思用在改善民生上，把功夫下到狠抓落实上，一步一个脚印地推动事业发展。要增强制度的约束力，不断提高工作的科学化、规范化水平，为推动各项事业顺利前进、健康发展提供有力保障。

党的自身建设，关系党的执政能力和事业兴衰。全省各级党组织、每一名共产党员都要切实增强党的意识，常怀忧党之心，恪尽兴党之责，开拓进取、真抓实干，始终走在时代前列、引领社会进步，不断开创各项事业新局面。

同志们，坚定不移走中国特色社会主义道路，是必须始终坚持的正确方向；科学发展、加快振兴，是完成新时期历史使命的根本要求；深化改革开放，是推动振兴发展的不竭动力；让城乡居民生活得更加美好，是全省各族人民的殷切期盼。伟大的事业、崇高的使命、神圣的职责，要求我们进一步增强责任感和使命感，坚定路子、盯住目标、与时俱进，不动摇、不懈怠、不折腾，创造出经得起历史和人民检验的一流业绩。

让我们紧密团结在以胡锦涛同志为总书记

的党中央周围，高举中国特色社会主义伟大旗帜，以邓小平理论和“三个代表”重要思想为指导，深入贯彻落实科学发展观，团结带领全省各族人民，万众一心，励精图治，顽强拼搏，为实现“科学发展、加快振兴，让城乡居民生活得更加美好”而努力奋斗！

中共吉林省委常委、书记、副书记
中共吉林省纪委书记、副书记、常委名单

2012年5月6日，中共吉林省第十届委员会第一次全体会议选举孙政才为省委书记，王儒林、竺延风为省委副书记，当选为省委常委的还有黄燕明、马俊清、高广滨、金振吉（朝鲜族）、房俐（女）、陈伦、张安顺、陈伟根、陈红海、庄严。

会议批准了中共吉林省第十届纪委常委、书记、副书记人选：陈伦、尹政、杨亚杰、王绍俭、王长久、孟文琪、邱大明、孙恒山、孙继光、李成林、董天波为省纪委常委，陈伦为省纪委书记，尹政、杨亚杰、王绍俭、王长久为省纪委副书记。

黑龙江省第十一次党代会报告摘要及省委、省纪委领导成员名单

深入贯彻落实科学发展观 奋力谱写全省人民幸福美好生活新篇章

——在中国共产党黑龙江省第十一次代表大会上的报告(摘要)

(2012 年 4 月 20 日)

吉炳轩

同志们:

现在,我代表中国共产党黑龙江省第十届委员会向大会报告工作。

中国共产党黑龙江省第十一次代表大会的主题是:高举中国特色社会主义伟大旗帜,以邓小平理论和“三个代表”重要思想为指导,深入贯彻落实科学发展观,全面加强经济建设、政治建设、文化建设、社会建设以及生态文明建设和党的建设,动员全省各级党组织和党员干部群众,坚定不移走符合龙江实际的科学发展道路,加快建设“八大经济区”,大力实施“十大工程”,扎实推动经济社会更好更快更大发展,奋力谱写全省人民幸福美好生活新篇章。

符合龙江实际的科学发展道路,是我们在深入贯彻落实科学发展观实践中,坚持从省情实际出发实施“八大经济区”发展战略和“十大工程”发展举措的集中概括,是经过实践证明能够引领龙江科学发展的正确道路。经济社会更好更快更大发展,是科学发展观在龙江的具体落实,是我们在新的历史征程上推动科学发展的新要求。让全省人民过上幸福美好生活,是我们一切工作的出发点和落脚点,是我们始终孜孜以求的奋斗目标。

当今世界正在发生广泛而深刻的变化,当代中国正在发生广泛而深刻的变革,面对国际国内不断出现的新机遇、新挑战,面对人民群众日益增长的新期待、新要求,我们只有坚定不移走符合龙江实际的科学发展道路,扎实推动经济社会更好更快更大发展,奋力谱写全省人民幸福美好生活新篇章,才能践行好党的宗旨,真正把立党为公、执政为民的要求落到实处。确定这样的主题,是时代赋予我们的庄严使命和神圣职责。

一、过去五年发展成就和基本经验(略)

二、未来五年发展趋势和奋斗目标

龙江发展面临重大机遇。尽管当前世界经济复杂多变、增长乏力、危机犹在,但经济全球化、一体化的大趋势没有变,和平、发展、合作作为当今时代的主题没有变,世界经济繁荣发展是全人类的共同愿望,世界经济你中有我、我中有你,依存性、互补性、协作性越来越强,为每一个国家提供了广阔发展空间,特别是发展中国家利用国际资源和国际市场加快发展自己仍然面临重大发展机遇。我国虽然发展压力加大、挑战增多、任务繁重,但仍处于可以大有作为重要战略机遇期,经济平稳较快发展的势头依然十分强劲,随着经济发展方式的加快转变,发展的协调性、内生性和稳定性明显增强,今后一个时期我国经济会朝着又好又快、更好更快的方向阔步前行。国际国内形势对于龙江未来发展十分有利,只要我们进一步增强快发展、大发展

的紧迫感、责任感，坚定信心、埋头苦干，就一定能够在未来发展中取得更大成效。

龙江发展优势潜力巨大。我省有粮食、石油、木材、煤炭、电力等物质资源，在国际国内资源越来越紧缺、经济发展越来越受到资源限制的情况下，龙江资源丰富的优势越来越明显，为未来发展积蓄了后劲。我省有江河、湖泊、森林、草原、湿地等生态资源，在国际国内生态环境日趋恶化、经济发展越来越受到环境约束的情况下，龙江生态良好的潜力越来越明显，为未来发展提供了保障。我省高等学校和科研院所较多，在国际国内科技发展越来越迅猛、经济发展越来越依赖科技进步的情况下，龙江科技力量的作用越来越明显，为未来发展提供了动力。我省"八大经济区"和"十大工程"建设成效显著，农业基础地位更加巩固，工业支柱作用更加突出，商贸流通渠道更加畅通，基础设施建设更加完善，在国际国内结构调整力度越来越大、经济发展越来越注重实体经济的情况下，龙江发展的物质基础越来越稳固坚实，为未来发展创造了条件。我们的主要经济指标逐年稳定增长，呈现出更好更快更大发展之势。特别是全省上下干事创业的热情和积极性空前高涨，对龙江未来发展充满信心，形成了聚精会神搞建设、一心一意谋发展的强大合力。这都是龙江未来发展的优势所在、潜力所在、希望所在。可以预见，未来五年龙江的比较优势将会越来越明显，只要我们把这些优势和潜力挖掘好、利用好、发挥好，扎扎实实地按照科学发展观的要求，走好符合龙江实际的科学发展道路，发展速度将会越来越快，质量效益也会越来越好，就一定能够在未来发展中快速崛起、奋勇争先。

今后的五年，是黑龙江实现更好更快更大发展的重要战略机遇期，全省各级党组织要高举中国特色社会主义伟大旗帜，以邓小平理论和"三个代表"重要思想为指导，深入贯彻落实科学发展观，以科学发展为主题，以加快转变经济发展方式为主线，以弘扬"创业、创新、创优"精神为动力，坚持发展经济不动摇、坚持改革开放不动摇、坚持改善民生不动摇、坚持扩大民主不动摇、坚持繁荣文化不动摇、坚持促进和谐不动摇、坚持保护环境不动摇、坚持反腐倡廉不动摇，充分调动全省党员和干部群众积极性和创造性，坚定不移走符合龙江实际的科学发展道路，加快建设"八大经济区"，大力实施"十大工程"，扎实推动经济社会更好更快更大发展，奋力谱写全省人民幸福美好生活新篇章。

奋力谱写全省人民幸福美好生活新篇章，就是要通过五年努力，在建设富强龙江上实现新跨越。全省经济综合实力大幅度提升，到2016年地区生产总值达到25000亿元、年均增长12%以上，地方财政收入达到3300亿元、年均增长15%以上，全社会固定资产投资达到28000亿元、年均增长30%以上。城镇居民人均可支配收入达到28000元、年均增长12%以上，农村居民人均纯收入达到14000元、年均增长12%以上。两大平原农业综合开发试验区加快建设，千亿斤粮食产能巩固提高工程深入推进，粮食综合生产能力达到1500亿斤。城镇化建设和社会主义新农村建设步伐加快，城乡经济社会发展一体化新格局初步形成。哈大齐工业走廊建设区、东部煤电化基地建设区、东北亚经济贸易开发区、北国风光特色旅游开发区、哈牡绥东对俄贸易加工区、高新科技产业集中开发区建设成效显著，现代交通网络建设工程、重点产业大项目建设工程、贸易旅游综合开发工程、科教人才强省富省工程成果丰硕，基础设施更加完善，传统产业巩固壮大，"十大重点产业"快速发展，龙江经济的质量效益、综合实力和可持续发展能力明显提高。

奋力谱写全省人民幸福美好生活新篇章，就是要通过五年努力，在建设文明龙江上实现新跨越。精神文明建设进一步加强，以创建"三优"文明城市工程为载体的群众性精神文明活动取得明显成效，社会主义先进文化大力弘扬，社会主义核心价值体系建设大力推进，公民思想道德素质明显提升。文化改革发展成效显著，覆盖全社会的公共文化服务体系基本建成,文化产业成为经济支柱性产业,文化大发展大繁荣良好局面蓬勃兴起。各级各类教育全面发展,教育资源配置更加合理,国民教育水平普遍提高。城乡公共医疗卫生服务体系更加完善,体育事业全面发展,人民群众身体健康素质明显增强。党的建设科学化水平全面提高,党组织的凝聚力、战斗力、创造力不断增强,社会主义民主政治建设积极推进。全社会形成积极进取、奋发向上,开拓创新、共兴大业的生动局面。

奋力谱写全省人民幸福美好生活新篇章,就是要通过五年努力,在建设和谐龙江上实现新跨越。社会主义民主法制更加完善,依法治国基本方略得到全面落实,人民的权益得到切实尊重和保障。城乡收入差距扩大的趋势逐步扭转,合理的收入分配格局基本形成,公平正义得到切实维护。改革开放迈出更大步伐,有利于科学发展的体制机制初步形成,全社会创造能量充分释放、创新成果不断涌现、创业活动蓬勃开展。社会管理和服务水平全面提高,充满活力、和谐稳定的新型社会管理和服务体系基本形成。和谐创建活动广泛开展,家庭和睦、人际和顺、社风和畅的生动局面进一步形成,树立起民主法治、公平正义、诚信友爱、充满活力、安定有序的和谐龙江形象。

奋力谱写全省人民幸福美好生活新篇章,就是要通过五年努力,在建设大美龙江上实现新跨越。生态文明建设水平显著提升,大小兴安岭生态功能保护区建设和生态环境建设保护工程深入推进,平原半平原绿化全面完成,全省森林覆盖率进一步提高。粮食、石油、煤炭、林木、电力等资源能源的开发利用更加节约,产业链条进一步延伸,循环经济大力推进。各类污染防治取得实效,土地、江河、湖泊、森林、草原、湿地、大气等生态环境受到更好保护,资源节约型和环境友好型社会基本建立,山清水秀、林茂草盛、天蓝云白、土沃粮丰、人与自然和谐相处的大美生态之省名扬四海。

奋力谱写全省人民幸福美好生活新篇章,就是要通过五年努力,在建设幸福龙江上实现新跨越。保障和改善人民生活工程扎实推进,城乡新生劳动力就业更加充分。社会保障体系更加完善,城镇职工基本养老保险、医疗保险待遇水平和城乡最低生活保障标准与经济发展同步提高,城镇居民和新型农村社会养老保险实现全覆盖。保障性住房建设和农村泥草房改造全部完成,城乡中低收入群体住房条件显著改善。城乡居民收入加快增长,全省人民生活水平和质量进一步提升、幸福感不断增强。我们要让全省人民感到骄傲和自豪。

三、更好更快更大发展的主要任务

实现未来五年发展奋斗目标,必须深入贯彻落实科学发展观,始终坚持以经济建设为中心,紧紧抓住发展这个第一要务,加快建设"八大经济区",大力实施"十大工程",突出工作重点,明确主攻方向,促进经济社会更好发展、更快发展、更大发展。

一是大力发展现代化大农业。坚持以两大平原农业综合开发试验区为牵动,以千亿斤粮食产能巩固提高工程为抓手,紧紧围绕保障国家粮食安全、打牢龙江发展基础、促进农民持续增收,着力推进水利化、机械化、科技化、合作化、产业化、市场化、城镇化、生态化建设,加快建设现代农业产业体系,不断提高农业综合生产能力、抗风险能力和市场竞争能力。加快建设大水利,全面完成中小河流治理和病险水库加固,组织实施一批重点江河水源控制、农田水利、高效节水灌溉工程,着力改造中低产田,大规模建设旱涝保收田、高产稳产田。普及应用大农机,推进农机装备制造基地建设,加快装备大马力农业机械,积极发展现代农机专业合作社,全面提高全省农业综合机械化水平。积极推广大科技,建设国家级粳稻、大豆、玉米、马铃薯优质高产高效示范基地,加快先进实用农业科技成果推广应用,完善农业科技创新服务体系,大幅提升农业科技进步贡献率。广泛开展大合作,促进垦地、林农以及金融、农机、水利、科技、畜牧等涉农部门之间的全方位、多层次合作，积极发展农民专业合作组织，坚持依法、自愿、有偿原则，促进土地合理流转和适度规模经营，加快提高农业社会化大生产组织程度。科学调整农业产业结构，积极扩大优质、高效、环保、有机农作物种植面积，大力发展果蔬、花卉、蓝莓、木耳、北药、苗木等高效优质经济作物，加快发展棚室经济和林下经济，广辟农民增收渠道，提高农业综合效益。加快发展现代畜牧业，深入实施千万吨奶和五千万头生猪战略工程，扩大优质牧草种植面积，下力把我省建设成为全国优质畜产品供应基地和畜产品对外出口基地，持续提高畜牧业在农业总产值中的比重。努力发展北方寒地淡水养殖，打造特色鲜明、品质优良的龙江渔业。加快发展农村商贸、物流、旅游等第三产业，广开农民就业渠道，引导农村富余劳动力向城镇转移，千方百计增加农民收入。加快农业产业化发展步伐，发展壮大农产品加工龙头企业，促进农副产品精深加工，全面提升农业产业化经营水平。推动农垦跨越发展，加快建设国家级现代化大农业示范区，做大做强北大荒集团，积极参与国际竞争，在现代化大农业发展中发挥示范引领作用。

二是大力构筑现代产业体系。坚持以哈大齐工业走廊建设区、东部煤电化基地建设区、北国风光特色旅游开发区、高新科技产业集中开发区为牵动，以重点产业大项目建设工程、贸易旅游综合开发工程、科教人才强省富省工程为抓手，加快建设结构合理、技术先进、安全环保、竞争力强、市场前景好的现代产业体系。改造提升传统优势产业，增强技术创新、产品开发和精深加工能力，做强做大装备、能源、石化、食品等支柱产业。鼓励引导企业兼并重组，提高钢铁、医药、食品、装备等重点行业和领域产业集中度，加速发展一批拥有知名品牌和核心竞争力的大企业大集团。深入推进老工业基地调整改造，支持资源型城市转型发展，加快发展接续替代产业。大力发展战略性新兴产业，突出抓好“十大重点产业”，加快推进“十大重点产业”集群发展，建设一批特色工业园区，实施一批产业大项目，形成产业规模效益和集聚功能，为“八大经济区”和“十大工程”建设提供强力支撑。积极发展现代服务业，重点培育金融保险、现代物流、高技术服务、商务服务等生产性服务业，重点发展家政、养老、健身、社区服务等生活性服务业，提高服务业发展水平和比重。加快发展旅游业，完善冰雪、生态、边境三大旅游体系，着力打造旅游经济大省。加快转变经济发展方式，更加注重科技创新，积极推动科技成果向现实生产力转化，不断提高经济增长质量效益和可持续发展能力。我们要以项目建设为抓手构筑现代产业体系，坚持上大项目、上好项目，让更多的战略性新兴产业项目在龙江大地生根、开花、结果，为龙江经济腾飞提供强力支撑！

三是大力促进城乡统筹发展。坚持以城镇化建设试点工程、社会主义新农村建设工程和现代交通网络建设工程为抓手，统筹城乡规划、产业发展、基础建设、公共服务、劳动就业和社会管理，加快构建大中城市、小城镇和新农村统筹协调发展的龙江现代化城镇体系，促进城乡经济社会发展一体化和基本公共服务均等化。增强大中城市辐射带动作用，明确城市功能定位，加快城市提档升级，积极构建哈尔滨大都市圈，推进哈尔滨、大庆现代化国际化大城市建设，打造齐齐哈尔、牡丹江、佳木斯和鹤岗区域中心较大城市，建设鸡西、七台河、双鸭山东部中等城市带，塑造伊春绿色林都新形象，繁荣黑河边贸旅游明星城，加快绥化、加格达奇区域中心城市建设，形成各具特色的城市发展格局。积极推进农垦建三江管理局、农垦九三管理局和绥芬河、抚远、北安现代化新兴城市建设，探索以城带乡的新路子。努力增强县域城镇承载功能，积极发挥辐射带动作用，促进县域经济繁荣发展。加快垦区、林区小城镇建设，率先实现城镇化，带动城乡一体化发展。加快旅游名镇建设，完善功能，创出品牌，成为新的发展支撑。全面完成双峰农场与裴德镇、鹤山农场与双山镇场镇共建试点任务，基本实现沿乌苏里江四县(市)率先实现区域城镇化。增强新农村示范引领作用，抓好中心村和示范村建设，打造一批特色村庄和新型农村社区。进一步完善现代立体交通网络，重点推进铁路客运专线、准高速铁路建设及铁路扩能提速改造，加快形成以哈尔滨为中心辐射周边地区的2小时经济圈。统筹抓好铁路、公路、机场、水运建设与管理，提高城乡一体化发展运输能力和整体效益。

四是大力深化改革扩大开放。坚持围绕解决制约发展的体制性障碍和结构性问题，以更大决心和勇气全面推进各个领域改革，着力构建充满活力、富有效率、利于科学发展的体制机制，进一步解放和发展社会生产力。毫不动摇地巩固和发展公有制经济，深化国有企业产权制度改革，探索公有制多种实现形式，充分发挥国有经济主导作用。毫不动摇地鼓励、支持、引导非公有制经济发展，营造更加宽松政策环境，促进民营企业加快发展，形成各种所有制经济平等竞争、相互促进的新格局。深化行政管理体制改革，进一步转变政府职能，提高行政效能，增强服务能力。积极推进事业单位分类改革，增强事业单位发展活力。推进财税体制改革，增收节支、繁荣经济、改善民生、发展事业。建立新型投融资体制，积极推动企业上市融资，引导民间融资健康发展，为产业发展和城市建设提供资金保障。深化统筹城乡发展体制机制改革，探索打破城乡二元、行政分割、行业壁垒的体制机制，建设城乡一体化公共服务平台，推动垦区、林区、油区、矿区与地方深度合作。实施更加积极主动的开放战略，全面提高对外开放水平。构建多元化贸易新格局，巩固俄、日、韩、欧、美等传统市场，拓展东盟、中东、非洲、拉美等新兴市场。推进对俄经贸合作向更宽领域、更深层次发展，积极构建绥满沿边开放带，加快陆海铁海联运通道建设，以中俄旅游年为契机，着力打造对俄合作的桥头堡、枢纽站。积极推进境内外进出口加工园区建设，重点扶持有较强带动能力的外向型产业项目，不断提高进出口资源和产品加工能力。积极实施“走出去”战略，鼓励企业对外直接投资和跨国经营，扩大对外工程承包和劳务合作。要通过深化改革开放，让发展活力竞相迸发，让发展环境更加优越，使龙江成为创新创造的福地、投资兴业的热土！

五是大力推动文化发展繁荣。坚持社会主义先进文化前进方向，大力实施文化改革发展“八大工程”，着力推进社会主义文化大发展大繁荣，为促进龙江科学发展提供坚强思想保证、强大精神动力、有力舆论支持和良好文化条件。深入推进社会主义核心价值体系建设，坚持用中国特色社会主义理论体系武装全党、教育人民，用以爱国主义为核心的民族精神和以改革创新为核心的时代精神鼓舞斗志，用社会主义荣辱观引领社会风尚，大力弘扬龙江优秀精神，筑牢全省人民团结奋斗的共同思想基础。深入挖掘抗联文化、创业文化等龙江特色文化资源，促进文化遗产保护、传承、利用和发展。积极打造文化精品力作，大力繁荣哲学社会科学，加强和改进新闻舆论工作，为人民群众提供更多更好的精神食粮。扎实开展群众性精神文明创建活动，深化“三优”文明城市建设，提升基层群众文化活动的层次和水平。大力发展公益性文化事业，加强文化基础设施建设，完善公共文化服务体系，推动城乡文化事业协调发展。着力提升文化产业竞争力，坚持以大开发带动文化产业大发展，推动文化与城建、科技、旅游等产业融合发展，培育一批有实力、有竞争力的骨干文化企业。进一步深化文化体制改革，构建现代文化市场体系，建立健全党委领导、政府管理、行业自律、社会监督、企事业单位依法运营的文化管理体制和富有活力的文化产品生产经营机制。充分发挥口岸城市作用，积极开展对外文化交流与文化贸易。注重加强文化人才培养，造就一支德才兼备、锐意创新、结构合理、规模宏大的高素质文化人才队伍。

六是大力保障改善人民生活。坚持以保障和改善人民生活工程为抓手，着力解决好人民群众最关心、最直接、最现实的利益问题，努力让龙江人民业有所就、学有所教、劳有所得、病有所医、老有所养、住有所居，生活水平和质量不断提高。实施更加积极的就业政策，完善就业服务体系，多渠道开发就业岗位，大力推进以创业带动就业，突出抓好高校毕业生、农民工、就业困难人员、残疾人等重点群体就业工作。理顺收入分配关系，建立与经济社会发展相适应的工资正常增长机制，不断提高企业最低工资标准，完善公务员工资制度，深化事业单位收入分配制度改革，创造条件增加居民财产性收入，努力扭转城乡、区域、行业和社会成员之间收入差距扩大趋势。健全社会保障体系，提高社会保险统筹层次和保障水平，逐步推进跨区域、跨城乡、跨隶属关系的全省统筹，完善城乡社会救助制度，建设城乡社会养老服务体系，努力实现人人享有基本社会保障、人人基本生活均有保障。大力推进新阶段扶贫开发，以农村、林区、矿区、城市困难群众为重点，加快城乡贫困人口脱贫致富步伐。大规模开展保障性安居工程建设和农村泥草房改造，进一步改善城乡居民住房条件。加大教育投入力度，统筹推进各类教育协调发展，不断提高教育质量，办好人民满意教育。着力提高人民群众健康水平，建立覆盖城乡居民的基本医疗卫生制度，为群众提供安全、有效、方便、价廉的医疗卫生服务。加快发展体育事业，深入开展群众体育活动，巩固提高竞技体育水平。统筹做好人口和计划生育、妇女、儿童、慈善、残疾人和老龄等工作。我们要通过大力实施保障和改善人民生活工程，让龙江人民生活得更加富裕、更加幸福、更有尊严，这是对全省人民作出的庄严承诺！

七是大力提升社会管理水平。坚持依法治国、以人为本、民生为大、科学执政、重在基层、安全至上，切实加强和创新社会管理，不断完善党委领导、政府负责、社会协同、公众参与的社会管理格局，全面提高社会管理科学化水平，努力建设平安和谐幸福龙江。着力化解社会矛盾，深入开展领导干部接访下访活动，落实社会稳定风险评估机制，完善大调解工作体系，努力把问题解决在基层、矛盾化解在萌芽。健全公共安全监管机制，完善安全生产责任体系，加强食品药品安全监督管理，深化煤矿、道路交通、消防等重点领域安全专项治理，坚决遏制重特大安全事故发生。完善应急管理体制机制，建立综合应急指挥平台，建设精干高效应急救援队伍，着力提高危机管理和风险管理能力。健全社会治安防控体系，加强重点地区、重点场所社会治安综合治理，严密防范和依法打击各种违法犯罪活动，切实保障人民生命财产安全。加强流动人口服务管理，健全特殊人群救助制度，不断提高人口服务管理水平。大力弘扬诚信文化，积极推进政务诚信、商务诚信、社会诚信建设。构建非公有制经济组织和谐劳动关系，推动各类社会组织健康有序发展。加强和完善信息网络管理，落实互联网管理责任，正确引导网上舆论。加强法制宣传，提升司法公信力，推动依法治省。加强以社区为重点的基层基础建设，健全基层组织、壮大基层队伍、改善基层条件、强化基层效能，着力提高基层社会管理服务能力。加强国防教育，实施安边、兴边、富边战略，保证边境地区和谐安宁。

八是大力加强生态建设保护。坚持以大小兴安岭生态功能保护区为牵动，以生态环境建设保护工程为抓手，不断提高生态文明建设水平，努力使龙江的天更蓝、山更绿、水更清、景更美。大力开展植树造林，继续推进国有林区、平原半平原和城镇村屯绿化，加大防沙治沙力度，大规模发展生态经济林，积极推进碳汇造林、生物质能源林建设。扎实做好节能减排工作，推广先进节能技术和产品，抓好重点领域节能管理，加大新能源开发利用力度，抑制高耗能、高排放行业发展，淘汰一批落后产能。加快发展循环经济，构建覆盖城乡的资源循环利用回收体系，推动重点企业、园区、城镇逐步实现循环发展。全面强化生态保护，合理开发矿产资源，加强重点生态功能区和生态环境脆弱区保护，实施黑土区水土流失治理、矿山地质环境恢复治理、重点水源地保护和界江国土安全保护，加大耕地和湿地保护力度，加快草原生态功能恢复。推动林区转型发展，加强森林资源保护和培育，大力实施天然林资源保护工程，积极发展生态主导型经济，推进大兴安岭国家级低碳经济示范区建设。加强城乡环境保护，加快县城和重点建制镇污水、垃圾处理设施建设，推进主要河流、工业点源和农业面源污染治理，开展城镇低空大气污染整治，有效控制城市噪声污染。加强生态文明教育，倡导文明、节约、绿色、低碳生产消费理念，推动形成资源节约、环境友好的生产方式和消费模式。我们要保护好、建设好赖以生存的美好家园，让青山常在、绿水长流，造福龙江、无愧子孙！

四、全面提高党的建设科学化水平

新形势新任务对党的建设提出了新的更高要求。我们必须着眼于继续解放思想、坚持改革开放、推动科学发展、促进社会和谐，着眼于提高党的执政能力、保持党的先进性和纯洁性，着眼于增强更好更快更大发展的使命感和责任感，坚持党要管党、从严治党方针，大力推进思想建设、组织建设、作风建设、制度建设和反腐倡廉建设，全面提高党的建设科学化水平，为推动龙江经济社会更好更快更大发展提供政治保证。

一是坚持用马克思主义中国化最新成果武装头脑，不断提高党员干部思想政治水平。思想理论建设是党的根本建设。认真学习马列主义、毛泽东思想、邓小平理论和“三个代表”重要思想，深入贯彻落实科学发展观，系统掌握中国特色社会主义理论体系，坚持运用中国化马克思主义的立场、观点、方法来认识问题、分析问题、解决问题，始终做到解放思想、实事求是、与时俱进、开拓创新。加强党性修养和党性锻炼，始终站稳政治立场，坚定不移地同以胡锦涛同志为总书记的党中央保持高度一致，坚定不移地贯彻落实党的路线方针政策和各项决策部署，始终做到严守党的纪律、听从党的指挥，与党同心同德、为党尽心尽力。加强学习型党组织建设，引导广大党员干部牢记共产党人的使命责任，牢固树立正确的世界观、人生观、价值观，牢固树立正确的名位观、权力观、政绩观，带头弘扬以爱国主义为核心的民族精神和以改革创新为核心的时代精神，模范践行社会主义荣辱观，树立良好道德风尚，成为社会主义道德的示范者、诚信风尚的引领者、公平正义的维护者。

二是坚持正确用人导向，着力锻造领导班子和领导干部领导科学发展的过硬本领。领导班子和领导干部的德才能力，是决定党的事业兴衰成败的关键。始终坚持正确用人导向，按照德才兼备、以德为先的用人标准，在“八大经济区”和“十大工程”等经济社会发展的主战场考察选拔干部，真正把那些在推动科学发展、改善人民生活、促进社会和谐上实绩突出、群众公认的优秀干部选拔到领导岗位上来。深化干部人事制度改革，建立健全民主、公开、竞争、择优的选人用人机制；建立健全干部选拔任用、考核评价、管理监督和激励保障等机制，提高选人用人的科学化、民主化、制度化水平。提高各级领导班子和领导干部领导科学发展、破解发展难题、深化改革开放、构建和谐社会、处理复杂问题、正确选人用人、保持清正廉洁、勇于开拓创新等工作能力。全面开展干部培训，选派一批干部到重点建设工程、艰苦边远地区、复杂工作环境和基层一线接受锻炼。推进干部双向任职挂职交流，进行多岗位培养锻炼。重视培养选拔优秀年轻干部和女干部、少数民族干部、党外干部，加大人才培养、交流、使用工作力度，使黑龙江成为人才辈出、大有作为的良田沃土。

三是坚持抓基层打基础，切实发挥基层党组织战斗堡垒作用和党员先锋模范作用。党的基层组织是我们党全部工作和战斗力的基础。深入开展以创业创新创优为主题的创先争优活动，着力强化基层组织建设，教育引导各级党组织和广大党员创科学发展之先、争服务保障之优，创改善民生之先、争多办实事之优，创平安龙江之先、争社会和谐之优，创精神文明之先、争“三优”村镇之优，创反腐倡廉之先、争廉政建设之优，创学习风气之先、争读书求知之优，充分发挥推动发展、服务群众、凝聚人心、促进和谐的战斗堡垒作用和先锋模范作用。适应新的形势和新的变化，积极创新基层党组织设置方式和工作机制，加强和改进农村、国有企业、高等院校、机关事业单位、非公有制经济组织、社会组织和外出务工人员的党建工作，以更好地发挥党的核心领导作用。加强党员队伍建设，改进发展党员工作，提升流动党员管理水平，建立健全党员教育、管理、服务长效机制，切实提高基层党组织的凝聚力和战斗力。

四是坚持弘扬唯真求实的优良作风，在全省上下进一步形成真抓实干的浓厚氛围。党的作风关系党的形象，关系党和人民事业的兴衰成败。坚持不懈地推进以唯真求实、真抓实干为主要内容的作风建设，以优良作风和良好形象凝聚党心、服务人民。大力弘扬唯真求实之风，想问题、办事情、做决策坚持从龙江实际出发、有利科学发展、符合人民意愿。改进工作方法，提高工作效率，注重深入实际调查研究，注重深入基层解决问题，注重深入群众扶贫帮富，注重深入工程狠抓落实。大力弘扬创业创新创优之风，教育引导广大党员干部树立强烈的事业心责任感，积极投身龙江发展的伟大实践，着眼于更好更快更大发展，不断创新业、创大业，形成人人当先锋、作表率、争一流的生动局面。全省共产党员都要永葆共产党人不畏艰险、不怕困难、奋发有为的进取志气，永葆共产党人信念坚定、理想崇高、激越向上的蓬勃朝气，永葆共产党人勇于开拓、敢于创新、与时俱进的昂扬锐气。

五是坚持和完善党内民主制度，充分激发各级党组织和广大党员的积极性创造性。党内民主是增强党的创新活力、巩固党的团结统一的重要保证。坚持以健全民主集中制为重点，以保障党员民主权利为根本，以加强党内基层民主建设为基础，积极推进党内民主建设，最大限度地凝聚智慧和力量，增强党的活力、凝聚力和战斗力。加强各级党委领导班子建设，健全完善领导体制、工作机制和运行方式。完善党的代表大会制度，探索实行地方党的代表大会代表任期制，充分发挥各级党代表在党的事务、党的活动、党的建设中的积极作用。改革创新党的工作运行机制，改进完善全委会、常委会决策机制，改进完善常委会向全委会报告工作和接受监督的制度，改进完善常委会民主决策机制，进一步健全集体领导与个人分工负责相结合的制度，健全决策信息和智力支持系统，使党的工作更加民主、更加规范、更加科学、更加富有生机活力和效率。拓宽党员参与党内事务渠道，切实维护党员知情权、参与权、选举权和监督权，充分发挥党员在党的工作中的积极作用。积极推进党务公开，完善党内情况通报制度、情况反映制度和重大决策征求意见制度，增强党的工作透明度和公众参与度，使我们各级党的组织生机勃勃、凝心聚力，成为人民群众的主心骨。

六是坚持维护党的纯洁性，加强以完善惩治和预防腐败体系为重点的反腐倡廉建设。纯洁性是马克思主义政党的本质要求。着眼于保持党员干部思想纯洁、队伍纯洁、作风纯洁和清正廉洁，健全完善惩治和预防腐败体系，深入推进反腐倡廉“八项工程”，不断取得党风廉政建设和反腐败斗争新成效。加大教育宣传力度，深入开展理想信念教育和党性党风党纪教育，着力抓好从政道德教育和廉政文化建设，切实打牢党员干部廉洁从政的思想基础。加大制度建设力度，深化重点领域和关键环节改革，健全反腐倡廉教育机制、权力运行监控机制、纠风匡正机制和惩治预警机制，着力从源头上防治腐败现象发生。加大监督检查力度，进一步完善监督体制机制，构建结构合理、配置科学、程序严密、制约有效的权力监督网络。加大惩处警戒力度，依法依纪查处各类腐败案件，依法依纪严惩各种腐败分子。加大纠风护民力度，认真解决群众反映强烈的有关党风廉政建设方面的突出问题，切实维护群众合法权益。加大廉洁自律力度，教育引导党员干部自觉遵守党章、准则和党内法规制度，筑牢固紧拒腐防变思想防线，经得起改革开放、市场经济、社会风气等发展变化的各种考验。全省党员干部都要清清白白做官、堂堂正正为人、正正派派处世、踏踏实实干事，在人民群众中树起共产党人的高风亮节。

人民民主是社会主义的生命，发展社会主义民主是我们党始终不渝的奋斗目标。充分发挥党委总揽全局、协调各方的领导核心作用，支持人大及其常委会依法行使立法权、监督权、重大事项决定权和人事任免权，发挥政协政治协商、民主监督和参政议政职能，加强同民主党派、工商联和无党派人士合作共事，巩固发展爱国统一战线，支持工会、共青团、妇联等人民团体依照法律和各自章程开展工作，做好民族、宗教、侨务、外事等工作，充分发挥离退休老干部作用，积极推进基层党务公开、政务公开、厂务公开、村务公开，进一步形成推动经济社会更好更快更大发展的强大合力。

同志们，昔日龙江贡献巨大，今日龙江生机盎然，未来龙江更加美好。让我们紧密团结在以胡锦涛同志为总书记的党中央周围，高举中国特色社会主义伟大旗帜，以邓小平理论和“三个代表”重要思想为指导，深入贯彻落实科学发展观，认真贯彻落实党的一系列方针政策和决策部署，全面贯彻落实即将召开的党的十八大精神，解放思想、开拓进取，同心同德、创业创新，坚定不移走符合龙江实际的科学发展道路，扎实推动经济社会更好更快更大发展，奋力谱写全省人民幸福美好生活新篇章。

中共黑龙江省委常委、书记、副书记
中共黑龙江省纪委书记、副书记、常委名单

2012年4月24日，中共黑龙江省第十一届委员会第一次全体会议选举吉炳轩为省委书记，王宪魁、杜家毫为省委副书记，当选为省委常委的还有刘国中、黄建盛、徐泽洲、张效廉、韩学键、马学义、林铎、杨东奇、夏杰（女　回族）、郝会龙。

会议批准了中共黑龙江省第十一届纪委常委、书记、副书记人选：书记：黄建盛，副书记：庞义华、杨涛、李桂春、李广智，常委：黄建盛、庞义华、杨涛、李桂春、李广智、吕娟（女）、崔军（朝鲜族）、张立波、宋川、王越、王慧（女）。

上海市第十次党代会报告摘要及市委、市纪委领导成员名单

创新驱动　转型发展
为建设社会主义现代化国际大都市而奋斗

——在中国共产党上海市第十次代表大会上的报告(摘要)

(2012年5月18日)

俞正声

同志们:

我代表中共上海市第九届委员会向大会作报告。

中国共产党上海市第十次代表大会,是在上海处于转型发展的攻坚阶段召开的一次十分重要的大会。中央要求上海当好全国改革开放的排头兵和科学发展的先行者,我们必须高举中国特色社会主义伟大旗帜,勇敢地担负起时代赋予的光荣使命,坚定不移地走创新驱动、转型发展之路,在加快推进"四个率先"、加快建设"四个中心"和社会主义现代化国际大都市的伟大征程中阔步前进。

一、过去五年的工作(略)

二、今后五年工作的总体要求和主要目标

未来五年是上海推进"四个率先"、建设"四个中心"的关键五年,也是创新驱动、转型发展的攻坚阶段。面对复杂多变的国内外大环境大背景,面对上海转型发展遇到的新情况新问题,我们一定要切实增强责任感和使命感,紧紧抓住国际金融危机背景下人民币国际化进程加快、世界产业结构调整加速、新一轮科技革命正在孕育突破的机遇,紧紧抓住我国科学发展主题下转方式、调结构、扩内需的机遇,紧紧抓住长三角世界级城市群加快形成、上海改革开放先行先试、国家重大项目落户和后世博的机遇,积极应对各种风险和挑战,乘势而上,奋勇率先,以百折不挠的决心和勇气,坚定不移地推动科学发展,在新的更高起点上实现新的跨越。

今后五年工作的总体要求是:以邓小平理论和"三个代表"重要思想为指导,深入贯彻落实科学发展观,坚持创新驱动、转型发展的总方针,坚持深化改革、扩大开放,奋力推进"四个率先"、建设"四个中心",推动经济平稳健康发展,积极推进民主法制建设、维护社会公平正义,着力提高人民生活水平、促进共同富裕,不断提高党的建设科学化水平,努力建设经济活跃、法治完善、文化繁荣、社会和谐、城市安全、生态宜居、人民幸福的社会主义现代化国际大都市。

今后五年工作的主要目标是:

转方式、调结构取得重大突破。以现代服务业为主体、战略性新兴产业为引领、先进制造业为支撑的新型产业体系基本形成,第三产业增加值占全市生产总值比重达到65%左右;社会创新能力明显增强,全社会研发经费支出相当于全市生产总值的比例达到3.3%左右,全员劳动生产率全国领先;能源资源利用效率不断提高,单位生产总值能源消耗、二氧化碳排放和主要污染物排放在"十二五"目标的基础上进一步下降。

"四个中心"全球资源配置能力初步形成。

国际经济中心地位全面提升，跨国公司地区总部进一步集聚；国际金融中心资源配置功能进一步增强，主要金融市场成交额保持世界前列，基本确立全球性人民币产品创新、交易、定价和清算的中心地位；国际贸易中心能级和贸易便利化水平进一步提升，服务贸易加快发展；国际航运中心功能更加完备，现代航运服务体系更加完善。

人的全面发展水平和社会和谐程度明显提高。失业率有效控制，物价水平总体平稳，居民收入稳定增长，城乡居民家庭人均可支配收入实际增长率高于人均地区生产总值增长率，常住人口人均地区生产总值达到2万美元左右，收入分配差距进一步缩小；城乡教育、医疗卫生等社会事业发展水平保持全国前列，社会保障覆盖面进一步扩大，保障水平进一步提升；中心城区二级旧里以下房屋改造完成350万平方米，郊区城镇化地区的危旧房改造加快推进，“十二五”新增100万套保障性住房任务全面完成；中心城（外环以内）公交出行比重和轨道交通客运量占公交客运量比重均达到50%以上，市民出行更加便捷；人的创造活力进一步激发，市民精神文化生活更加丰富，生活质量不断提升；社会管理进一步加强，城市运行安全有序。

党的建设科学化水平显著提升。党内民主制度建设有新发展，党员主体地位和民主权利得到有效落实；党内监督约束机制有新突破，拒腐防变能力切实提升；高素质干部队伍和人才队伍建设取得明显成效，现代化国际大都市建设和管理能力显著提升；基层组织建设切实做到覆盖全面、充满活力，党员队伍更加纯洁，党群关系更加密切，基层基础更加稳固。

实现这些目标，我们必须坚定不移、坚持不懈地推进创新驱动、转型发展，把促进人的全面发展作为创新转型的根本目的，把深化改革开放作为创新转型的强大动力，把培养、集聚和用好人才作为创新转型的关键所在，把改革完善党的领导方式、执政方式和保持党的先进性、纯洁性作为创新转型的政治保证，以制度创新保障和推动观念、科技和文化创新，以创新驱动发展，在发展中加快转型，在转型中提升发展质量和效益，这是新一届市委的重要使命，也是上海在新起点上实现新发展、形成新优势的战略要求和关键路径。

三、加快推动经济转型发展

推动经济转型发展，关键是要下决心减少对传统发展路径的依赖，紧紧依靠制度创新、科技创新和管理创新，率先走出一条科技支撑作用明显、体制机制保障有力、服务经济比较发达、城市服务功能完善、城乡和区域一体化发展的转型之路，不断提高经济发展质量和持续发展能力。

（一）始终坚持先行先试，不断把改革开放向纵深推进。坚定不移地推进市场取向的改革和“引进来”与“走出去”并重的对外开放，不断突破制约发展的瓶颈障碍，不断拓展率先发展的优势空间。继续高举浦东开发开放旗帜，深化浦东综合配套改革试点，着力在扩大开放、完善市场体系、吸引人才、创造最佳创业环境和改变城乡二元结构等方面先行先试、率先突破，为全市和全国改革积累经验。牢牢把握增值税制度改革试点的重大机遇，深入开展各类服务业改革试点，进一步降低准入门槛，改革体制机制，健全完善法制，更好地促进“四个中心”建设和服务经济发展。积极稳妥地推进事业单位分类改革。注重公有制经济与非公有制经济相得益彰地发展，以更大力度推进国资国企改革和国有经济战略性调整，健全国资有进有退、合理流动机制，大力促进非公有制经济特别是民营经济健康发展，以市场准入和公平待遇为重点，营造公平竞争的市场环境，完善服务体系，加大支持小型微型企业力度。在更大范围、更高水平上参与国际经济合作和竞争，大力吸引跨国公司在沪发展地区总部及各类功能性机构，营造跨国公司“在上海，为世界”的良好环境；积极吸引和服务国内各类企业总部在沪发展，培育和发展我国的跨国公司。加快转变外贸发展方式，积极发展服务贸易、技术贸易和新型国际贸易，推动加工贸易转型升级，鼓励各类有条件的企业通过多种方式“走出去”。

（二）充分发挥科技创新的引领作用，建设更具活力的创新型城市。以建设张江国家自主创新示范区为重大契机，加快推进企业股权激励、科技金融结合、人才特区建设、财税政策完善等创新突破，加快科技成果转化和市场应用，带动促进全市各类科技园区和产业开发区发展，努力在建设创新型城市中走在全国前列。聚焦国家战略和需求导向，加强重点领域前瞻性布局，深化部市和院市合作，支持实施国家科技重大专项和任务，努力在大型客机、极大规模集成电路制造装备及成套工艺等领域突破一批关键核心技术。瞄准有重大应用前景的领域，加强基础研究和重大科技基础设施及研发基地建设。进一步激发各类企业创新主体活力，强化国有企业创新导向，促进民营企业增强创新能力，支持跨国公司、外资企业在沪设立研发机构，鼓励其与本土机构开展科研合作。充分发挥高校、科研院所在创新和转型中的重要作用，引导鼓励其与企业开展深度合作，推动协同创新。针对共性技术研发等薄弱环节，整合资源，健全组织体系和配套政策。深化科技体制机制改革，加强市区联动，加大科技投入，创新政府投入方式，鼓励各类天使投资和创业基金等集聚发展，促进投贷联动、知识产权质押等科技金融产品创新。强化知识产权创造、运用、保护和管理。重视和做好科普工作，提高市民科学素养。加快智慧城市建设，坚持实施信息化领先发展和带动战略，推进以宽带城市、无线城市建设为重点的信息基础设施建设，加快实施“云海计划”、物联网等行动计划，全面提升城市数字化、网络化、智能化水平，推动信息技术与城市发展和市民生活全面深入融合。

（三）加快推进“四个中心”建设，构建具有国际竞争力的新型产业体系。紧紧围绕建设“四个中心”的国家战略，按照高端化、集约化、服务化，推动三二一产业融合发展，加快形成服务经济为主的产业结构，不断提升城市服务功能和产业能级。国际金融中心建设要把握人民币跨境使用的重要机遇，以金融市场体系建设为核心，以金融改革开放先行先试和营造良好发展环境为重点，进一步吸引总部和功能性金融机构，增强金融创新活力，切实防范和化解金融风险。国际贸易中心建设要着力提高市场开放程度和贸易便利化水平，完善现代市场体系，鼓励贸易方式创新，搭建贸易平台，深化口岸通关模式改革，推动外高桥国际贸易示范区先行先试。国际航运中心建设要优化航运集疏运体系，加快发展现代航运服务体系，深入推进国际航运发展综合试验区建设，巩固提升国际航运枢纽港的地位和功能。鼓励发展邮轮经济。加强国际金融、贸易、航运中心之间的相互促进和融合，整体推进国际经济中心建设。加快发展各类生产性、生活性服务业，推动服务外包发展，不断扩大服务业规模，增强集聚和辐射能力。主动作为，突出重点，大力发展新一代信息技术、高端装备制造、生物医药等战略性新兴产业和先进制造业，加快培育一批行业龙头企业，努力成为国家战略性新兴产业创新引领区。促进信息化与工业化深度融合，重视和加强品牌建设，推动传统制造业加快技术改造，鼓励企业以设计、研发、营销等为重点转型升级。优化调整钢铁、石化等行业的产品结构，淘汰落后产能。引导和推动产业布局优化，加快实施世博园区后续开发，基本建成虹桥商务区核心区，完成迪士尼主题乐园一期项目，有序推进黄浦江两岸开发。大力推进杭州湾北岸先进制造业基地建设。

（四）坚持统筹城乡发展，构筑城乡一体化新格局。把郊区和农村放在现代化建设更加重要位置，进一步推动建设重心转向郊区，扎实推进社会主义新农村建设，努力在促进城乡一体化发展方面走在全国前列。以改善交通条件、加快旧区改造等为重点，促进苏州河两岸协调发展和功能提升。强化规划引领，有重点有步骤地分类推进新城建设，构建中心城区与新城等便捷集约的交通联系。统筹工业园区、产业基地和大型居住区与新城建设，促进产城融合，合理配置公共服务资源，提升新城综合功能。优化郊区小城镇布局，加快老集镇改造。加快转变农业发展方式，积极发展都市现代农业，着力推进农业适度规模经营和农业生产新型组织方式，着力培育职业农民，着力完善包括机械化作业在内的农业社会化服务体系，率先基本实现农业现代化。注重自然村落保护，有重点地推进村庄改造，加大对农村低收入人群和经济相对困难村的帮扶力度，加强农村基本公共服务。深化农村集体经济组织产权制度改革，加快改革农村土地管理制度，切实保障农民合法权益。

（五）全面提升城市管理水平，建设安全、便捷、宜居的城市

牢固树立安全发展理念，坚决杜绝有安全隐患的工程、设施的实施和运行。进一步动员全社会力量积极参与城市安全监督管理，加强对轨道交通、危险化学品、建筑消防、地下空间等重点领域隐患排查和治理，健全城市综合防灾减灾体系，确保城市运行安全和生产安全。强化食品药品质量监督和源头治理，强化法人主体责任，确保食品药品安全。提高特大型城市水资源、能源等安全保障能力和水平。强化依法管理和规划管理，加强信息技术和标准化手段在城市管理中的应用，加大城市运行维护和投入保障力度，不断完善城市管理长效机制和联动机制。深化市政公用行业改革，继续推进政企分开、事企分开和管办分离、管养分离，全面提高城市现代化设施管理和服务水平。深入实施公交优先战略，强化城市交通一体化管理，持续提高交通服务水平。

（六）大力提高生态文明水平，建设资源节约型和环境友好型城市。坚持和落实资源节约和环境保护基本国策，建立健全长效机制，持续抓好重点领域和重点单位的节能减排管理，推进新能源开发利用，确保完成国家下达的节能减排等各项目标。实施最严格的耕地保护制度和土地利用制度，注重存量土地的二次开发。加强资源节约集约利用，在发展循环经济和低碳技术方面取得切实成效。合理开发利用海洋资源。顺应人民群众对改善环境质量的新期待，滚动实施环保三年行动计划，下大力气改善大气和水环境质量，推进生活垃圾减量化、无害化和资源化，加强基本生态网络建设，进一步加快崇明生态岛建设步伐，努力营造良好的绿色生态环境。

（七）进一步增强服务全国能力，促进区域经济合作深化与繁荣发展。加强与兄弟省区市的合作，全面提升服务长三角地区、服务长江流域、服务全国的水平。深入实施国家长三角地区区域规划，深化和拓展交通、环保和科技等重点领域合作，完善合作协调机制，加速推进长三角地区一体化发展，努力为建设具有较强国际竞争力的世界级城市群作出更大贡献。依托长江黄金水道建设，促进长江流域联动发展。积极参与西部大开发、中部地区崛起和东北地区等老工业基地振兴，加强与环渤海、珠三角等地区的互利共赢合作。鼓励支持上海企业积极拓展国内市场，促进产业有序转移和资源优化整合。创新完善帮扶机制和方式，努力帮助对口支援地区增强自我可持续发展的能力。加强与港澳台地区的交流，进一步提升经贸、教育、文化等领域合作水平。

四、大力推进社会主义民主政治建设

发展社会主义民主政治是我们党始终不渝的奋斗目标。要坚持中国特色社会主义政治发展道路，坚持党的领导、人民当家作主、依法治国有机统一，以法治建设为重点，在发挥党总揽全局、协调各方的领导核心作用上下功夫，在拓宽协商求同、民主参与的渠道上下功夫，在公开透明、及时回应社会和群众关切上下功夫，积极稳妥地推进政治体制改革，充分调动一切积极因素，不断巩固和发展上海心齐、气顺、风正、劲足的生动局面，为人的全面发展创造更好的民主法治环境。

（一）加强领导、强化监督，不断提高发展社会主义民主政治的能力。完善党总揽全局、协调各方的领导格局，以强化监督和扩大公开为着力点，不断提高科学执政、民主执政、依法执政水平。巩固和发展地方党委领导体制改革成果，支持人大、政府、政协、司法机关和人民团体依照法律和各自章程独立负责、协调一致地开展工作，充分发挥这些组织中党组的领导核心作用，充分发挥市委各工作党委的作用。支持人大依法履行职能，加强重点领域的地方立法，加强对“一府两院”的工作监督和法律监督，对关系改革发展稳定大局及群众切身利益、社会普遍关注的重大问题进行重点监督，加强对其所选举任命干部的监督，继续探索被任命人员接受监督的有效途径和形式。支持政府加快转变职能，深化行政管理体制改革，着力推动以预算公开为核心的政务公开，推动公共资金分配、公共权力运行、公共资源配置、公共政策制定、公共服务供给的公开透明，不断增强各级政府的公信力和执行力。支持政协围绕团结和民主两大主题履行职能，推进政治协商、民主监督、参政议政的制度化、规范化和程序化，组织开展各种形式的调研活动并就重大问题提出意见和建议，把民主监督融入政协履职全过程，及时发现问题、反映情况。加强和改进党对工会、共青团、妇联等人民团体的领导，充分发挥其在组织群众、引导群众、服务群众和维护群众合法权益方面的重要作用，成为党和政府联系群众的桥梁纽带。把提高各级党组织整合社会资源和引领群众的能力作为执政能力建设的一项重要任务，主动接受舆论监督，善用媒体与群众交流、做好群众工作。积极探索开放式决策机制，健全政策公开、决策咨询、决策失误责任追究等制度，使各项决策建立在大多数人共识的基础上，更加科学、更加符合人民的利益和愿望。

（二）扩大社会主义民主，广泛凝聚智慧和力量。不断健全民主制度、丰富民主形式、拓宽民主渠道，从各个层次、各个领域扩大公民有序政治参与，切实保证人民当家作主。坚持、完善和发展人民代表大会制度，坚持、完善和发展中国共产党领导的多党合作和政治协商制度，坚持、完善和发展基层群众自治制度，充分发挥社会主义政治制度的优越性。积极搭建平台，使人大代表、政协委员充分表达观点和意见，积极反映群众的意愿和呼声。坚持将扩大基层民主作为发展社会主义民主的基础性工作，健全基层党组织领导的充满活力的基层群众自治机制，支持居委会直选、村委会“海选”，进一步推动基层工会、共青团、妇联和行业协会扩大直选范围，完善以职工代表大会为基本形式的企事业单位民主管理制度，完善政务公开、村务公开、厂务公开等各类公开办事制度，全面推广评议会、听证会、协调会等民主制度，健全社区居民参与社区事务的机制，引导和组织人民群众在社会主义基层民主政治的实践中提高自我管理水平。发挥统一战线的独特优势和重要作用，大力促进政党关系、民族关系、宗教关系、阶层关系、海内外同胞关系的和谐。加强同民主党派合作共事，支持民主党派和无党派人士更好地履行参政议政、民主监督职能，大力加强党外代表人士队伍建设，选拔和推荐更多优秀党外干部担任领导职务。积极做好新的社会阶层人士工作。加强民族、宗教、侨务和港澳台工作，为促进国家统一、民族团结作出更大贡献。

（三）深入推进依法治市，不断提高各项工作的法治化水平。全面落实依法治国基本方略，大力弘扬社会主义法治精神，维护宪法和法律的权威，坚持有法可依、有法必依、执法必严、违法必究，坚持法律面前人人平等、制度面前没有特权、制度约束没有例外，不断提高运用法律手段推动创新转型、加强社会管理、化解社会矛盾、维护公平正义的能力，依靠法律和制度加强对权力运行的监督和制约。强化科学立法、民主立法，完善立法听证制度，充分发挥人大代表、政协委员在立法中的作用，通过公布法规草案等多种形式，广泛听取各方面尤其是基层群众的意见，不断扩大公民对立法的有序参与。全面推进依法行政，严格依照法定权限和法定程序行使权力、履行职责，切实做到严格、规范、公正、文明执法；强化行政问责，不断提高行政诉讼和行政复议的公信力，不断增强公务员队伍依法行政的观念和能力，把上海建设成为全国法治环境最好的行政区之一。坚决支持司法机关依法独立公正行使司法权，防止以各种形式干扰司法活动，维护司法权威。深入开展法制宣传教育，将法制宣传教育渗透于法律运行的始终，拓展到社会生活的方方面面，使学法尊法守法用法成为全社会的自觉行动。

五、加快建设国际文化大都市

建设国际文化大都市是社会主义现代化国际大都市建设的重要组成部分。必须坚定不移走中国特色社会主义文化发展道路，传承中华文化精髓，吸收世界文化精华，彰显海派文化特色，繁荣发展社会主义先进文化，努力促进人的全面发展，显著提高市民文明素质和城市文明程度，显著增强上海文化软实力和国际影响力。

（一）推进社会主义核心价值体系建设，不断夯实全市人民团结奋斗的共同思想道德基础。坚持不懈地把社会主义核心价值体系融入国民教育、精神文明建设和党的建设全过程，贯穿改革开放和社会主义现代化建设各领域，体现到精神文化产品创作生产传播各方面。强化社会主义核心价值体系教育引导，大力弘扬海纳百川、追求卓越、开明睿智、大气谦和的城市精神，大力践行公正、包容、责任、诚信的价值取向。加强社会公德、职业道德、家庭美德、个人品德教育，深化群众性精神文明创建，深入开展学雷锋活动，大力倡导志愿服务，推进学习型社会建设，培育向真、向善、向美的文明风尚。实施哲学社会科学创新工程，研究回答重大理论和现实问题。推进优秀文艺作品原创能力建设，创作生产思想性、艺术性、观赏性俱佳的精品力作。推动社会主义核心价值体系深入人心，培养具有理想信念、公民素质和健全人格的社会主义事业建设者和接班人。

（二）加强和改进新闻舆论工作，进一步营造健康向上、和谐理性的舆论氛围。坚持团结稳定鼓劲、正面宣传为主，发挥新闻舆论宣传党的主张、弘扬社会正气、通达社情民意、引导社会热点等重要作用，把干部群众的思想凝聚到创新驱动、转型发展上来。加强党报党刊、电台电视台、重点新闻网站等主流媒体建设，有效整合宣传资源，不断增强舆论宣传的权威性、公信力和影响力。加强互联网建设、运用和管理，丰富网络文化产品和服务，培育文明理性的网络环境。健全新闻发布网络和工作制度，建好以“上海发布”为核心的政务微博群，完善舆情研判和应对机制，做好突发公共事件新闻报道和舆论引导。善待媒体，鼓励媒体科学监督、依法监督、建设性监督，推动解决党和政府高度重视、群众反映强烈的实际问题。重视外宣工作，积极传播中国和上海声音，营造增进了解、客观友善的国际舆论环境。

（三）建设一流的公共文化服务体系，更好地保障人民群众基本文化权益。坚持以政府为主导、公共财政为支撑、公益性文化单位为骨干，完善公共文化服务体系，提升服务效能。加快中华艺术宫、上海当代艺术博物馆、虹桥国际舞蹈中心等重大公共文化设施建设，推进市、区县两级文化馆、博物馆、图书馆等文化场馆建设，加强社区、郊区农村、大型居住区和新城公共文化设施布局，健全服务功能。完善公共文化资源配送系统，试行公共文化服务设施社会化、专业化管理营运机制，推动公益性文化场所免费开放。挖掘富有地域特色的民族、民俗、民间文化，加强革命历史文化等各类文化遗存的保护和利用，加强地方志编纂和档案工作，传承上海历史文脉。培育群众文化团队，广泛开展群众性文化活动。

（四）加快发展文化创意产业，切实增强城市文化竞争力和影响力。坚持把社会效益放在首位、社会效益与经济效益相统一，发挥市场配置资源的作用，优化文化创意产业布局，推进文化与科技、金融、贸易、信息、旅游等产业融合发展。加快国家数字出版基地、中国（上海）网络视听产业基地等重大文化项目建设，支持和壮大国有或国有控股文化企业，鼓励和引导各种非公有制文化企业健康发展，积极扶持“专、精、特、新”中小文化创意企业，打造知名文化品牌。加强服务平台建设，加大金融服务力度，推动文化创意产业快速发展。

（五）深化文化领域改革开放，充分激发文化发展活力。进一步深化文化体制改革，推进国有转制文化企业建立现代企业制度。创新文化管理体制，加强部市合作、市区联动和部门协同，提高文化建设和管理效能。鼓励各类社会资本进入文化产业领域，引导社会力量参与公共文化服务。办好国际性重大文化节庆活动，吸引国内外优秀文化来沪交流。发挥上海文化产权交易所作用，促进文化交易市场繁荣。建设国家对外文化贸易基地，推动文化产品和服务“走出去”。营造宽松宽容的文化发展环境，让上海成为文化人才集聚的高地和文化创新创业的沃土。

六、全面提高人民生活水平和社会和谐程度

保障和改善民生，促进社会和谐，是推进创新驱动、转型发展的目的所在和必然要求。要着眼于促进人的全面发展，着力完善公共服务，着力推进城乡融合，着力促进公平正义，强化源头治理，创新社会管理，努力实现平等包容、共建共享，让广大人民群众都能感受到上海这座城市的美好。

（一）着力完善公共服务，进一步满足人民群众需求。坚持优先发展教育，深入推进教育改革发展，以深化国家教育综合改革试验区建设为载体，全面提升各级各类教育的质量，健全完善终身教育体系，优化城乡教育资源配置，促进教育公平、多样、优质发展。全面深化医药卫生体制改革，健全完善基本医疗服务体系、公共卫生服务体系、药品供应保障体系，优化医疗资源的布局和结构，深化公立医院改革，逐步实现人人享有基本医疗卫生服务。优化完善30分钟体育生活圈，改善市民生活方式，提升市民身体素质和生活质量。坚持计划生育基本国策，逐步完善政策。完善常住人口居住管理制度，逐步形成合理调控人口规模和结构的有效机制，促进来沪从业人员更好地融入城市发展。准确把握老龄化的规律和趋势，顺应多样化养老服务需求，优化城乡养老机构分布，完善“9073”养老服务体系，建设老年友好型城市。构建现代社会救助体系，建立财政投入、社会投资和慈善捐赠等多元经费保障机制。采取多种措施，关心支持残疾人自强、自立、更好地发展。

（二）加快健全保障体系，共建共享美好生活。将促进就业作为改善民生的首要任务，建设统一规范灵活的人力资源市场，鼓励创业带动就业，加大就业培训力度，统筹做好各类群体的就业工作。深化收入分配制度改革，拓宽农民增收渠道，建立健全职工工资收入集体协商、正常增长和支付保障机制，落实社会救助和保障标准与物价上涨挂钩的联动机制，努力缩小收入差距。完善城乡统筹的社会保障体系，健全完善养老、医疗、工伤、失业和生育等社会保障制度，支持企业年金、职业年金和补充医疗保险发展，稳步提高各类保障待遇。积极推进中心城区和郊区城镇化地区的危旧房改造。注意解决农村住房困难家庭的实际问题。坚持房地产市场调控政策，坚持以居住为主、以市民消费为主、以普通商品住房为主的原则，完善“四位一体”的住房保障体系，推动房地产市场平稳健康发展。

（三）努力创新管理机制，有效规范社会秩序。完善党委领导、政府负责、社会协同、公众参与的社会管理格局，形成符合上海特大型城市特点的社会管理体系，最大限度激发社会活力，努力促进社会和谐。着力构建“诚信上海”，以守信受益、失信惩戒为导向，以联合征信为手段，加强信用信息记录、应用和共享平台建设，培育和规范信用服务机构，推进政务诚

信、商务诚信、社会诚信和司法公信。着力构建和谐劳动关系，完善工会、企业、政府三方协调机制，依法实行劳动合同和集体合同制度，建立规范的劳务派遣用工管理体系，持续推进集体协商机制建设。完善联动服务和执法体系，加强实有人口、实有房屋、实有单位全覆盖管理服务。培育发展社会组织，理顺管理体制，加强分类指导，鼓励支持各类社会组织参与社会管理。加强社工队伍建设。着力促进网络虚拟社会健康有序发展。

（四）切实化解社会矛盾，促进社会和谐稳定。着力从源头上预防和减少社会矛盾，完善党和政府主导的维护群众权益机制，全面推行重大事项社会稳定风险分析和评估制度。畅通信访渠道，创新信访机制，强化初信初访受理办理等工作，完善领导接访、下访等工作制度，积极化解信访积案。完善人民调解、行政调解、司法调解相衔接的大调解体系，支持工会、共青团、妇联、行业协会、社会组织和律师等共同参与社会矛盾化解。建立城市公共安全的风险防控标准化体系和规划体系，健全社会治安防控体系，完善自然灾害、事故灾难、公共卫生事件、社会安全事件等突发事件的预防预警和应急处置机制。完善预防和减少犯罪的工作体系，依法打击各种违法犯罪活动，坚决防范和打击各种敌对势力的渗透破坏活动。坚持党管武装，加强国防教育、国防动员和后备力量建设，做好拥军优属和拥政爱民工作，积极支持驻沪部队建设。

（五）大力推进社区建设，不断夯实基层基础。注重发挥党在社区建设中的领导作用，发挥政府在社区建设中的主导作用，尊重社区群众和驻区单位的主体地位，提高全社会参与社区建设的热情，努力形成依法管理、重在服务、社区自治、共治共享的局面。进一步发挥社区事务受理、卫生、文化、综治工作中心等平台功能，提高服务效能。进一步理顺居委会职责和设置规模，建立完善协商沟通机制，整合运用社区资源和力量协调处理社区事务，切实提高居委会自治能力。进一步促进业委会运作规范化，推进物业管理重大事项决定的公开透明化。探索“镇管社区”模式，以常住人口为基数，增加财力投入和管理力量，提高城乡结合部地区和大型居住社区服务管理水平。

七、以改革创新精神全面推进党的建设科学化

实现本次大会确定的各项目标任务，关键在党。人民群众是党的力量之源，保持党同人民群众的血肉联系是党建之本。新时期党的建设要着眼于提高党的执政能力，始终保持党的先进性和纯洁性，更加注重价值引领，更加注重服务群众，更加注重制度创新，更加注重拒腐防变，努力开创与社会主义现代化国际大都市相适应的总揽全局、民主开放、公开透明、充满活力、纪律严明、基层稳固的党建新格局。

（一）加强思想政治建设，坚定理想信念。坚持用科学理论武装头脑，切实把建设学习型政党的任务落到实处。党员干部应该把学习作为一种精神追求，不断提高党性修养；进一步增强忧患意识和责任意识，清醒地看到前进道路上面临的执政、改革开放、市场经济、外部环境的重大考验，深刻认识精神懈怠、能力不足、脱离群众、消极腐败的危险，切实增强紧迫感和使命感；始终坚持中国特色社会主义理想信念，牢固树立以人为本、执政为民、公平正义、民主法治的执政理念，坚持解放思想、实事求是、与时俱进的思想路线，进一步摆脱地域局限、路径依赖等思维束缚，以更加昂扬向上的精神状态敢闯敢试、锐意进取，真抓实干、狠抓落实，更好地把党的执政理念和人民群众的愿望凝聚成共识，不断开创科学发展的新局面。

（二）提高领导和建设社会主义现代化国际大都市的能力，更好地担当历史重任。进一步认清上海在全国和全球现代化进程中的历史方位与特点，着力提升在全球化、信息化背景下应对国内外形势变化的能力，着力提升在市场经济条件下率先推动科学发展的能力，着力提

升在开放透明条件下科学执政、民主执政、依法执政和拒腐防变的能力，着力提升新形势下做好群众工作的能力，更好地肩负起推进“四个率先”、建设“四个中心”的历史重任。加强党员干部能力和素质培养，充分发挥党校主渠道、主阵地作用和党史资政育人作用，认真落实大规模培训干部、大幅度提高干部队伍素质任务，注重在实践中、在新挑战新考验中培养锻炼，使党员干部具备现代化国际大都市建设所需要的经济、政治、文化、科技、社会和法律等方面知识，更好地把握现代化国际大都市建设规律。以更高的境界、更大的气魄，大力选拔具有国际视野、战略思维的人才进入干部队伍，不断提升城市国际竞争力。

（三）坚持和完善民主集中制，以制度创新提高党内民主质量。既重视发展党内民主，拓宽民主建言空间，畅通民主表达渠道，营造听真话、讲实话的良好氛围；又强调民主基础上的集中，科学汇集大多数人的意志、愿望和智慧，保证思想统一、步调一致、政令畅通。深化全委会运行机制改革，完善全委会发挥作用的有效途径，强化全委会在重要干部举荐、票决和在经济社会重大事项、重要制度、重大规划及项目安排等决策中的作用。坚持地方党委常委会每年向全委会报告工作并接受评议制度。充分发挥党代表在任期内的作用，坚持党代表联系群众制度，健全党代表提案、提议制度，扩大代表知情、履职途径，发挥代表参与决策、监督、评议等方面作用。乡镇普遍推行党代表大会常任制。探索扩大党内基层民主多种实现形式，保障党员主体地位。全面推进村（居）党组织换届“公推直选”，逐步扩大其他领域试点范围；深入推进区县委权力运行公开透明，不断提高基层党组织党务公开水平。

（四）深化干部人事制度改革，建设高素质干部队伍。以增强党性、提升能力、激发活力为核心，建设一支政治坚定、作风过硬、业绩突出、清正廉洁、群众公认的高素质干部队伍。坚持德才兼备、以德为先的用人标准，注重从干部对待是与非、公与私、真与假、实与虚的态度和行为上考核干部的德；注重选拔坚持原则、敢于担当、心系群众，想干事、能干事，有思路、有激情的干部，形成正确的用人导向。着眼于优化干部队伍结构，下大力气培养年轻干部，做到精心培育、严格要求。注重从基层一线选拔执行力强、创新力强、感召力强的优秀干部。注重既扩大干部工作的民主，又提高民主的质量，深化干部人事制度改革，拓宽干部选拔视野，贯通党政干部、专业技术人才和企业经营管理人才交流渠道；规范干部任用提名制度，完善竞争性选拔干部方法，增强选人用人的公信力。改进干部教育、考核、激励机制，提高干部管理科学化水平。积极做好新形势下老干部工作。

（五）以更宽广的胸怀和更好的环境引才用才，充分激发人才创新创业活力。把人才作为推动创新的核心要素，坚持不惟学历、不惟资历，不拘一格用人才，让各类人才拥有广阔的发展空间。瞄准世界前沿，实施海外高层次人才引进计划，加快建设国际人才高地。聚焦经济社会发展重点领域，实施一批重大人才工程，大力培养和引进科技领军人才、创新创业人才、创新团队、高技能人才等各类人才，增强城市发展动力。打造育才、引才、用才的政策优势，加大人才落户、创业融资、住房医疗等政策突破，创新人才薪酬、管理、激励模式，促进人才与产业、科技、资本的深度融合。提升人才公共服务效能，优化人才事业环境、生活环境和服务环境，使上海成为人才辈出、人尽其才的乐土。

（六）切实加强党的基层组织建设，更好地凝聚党员、凝聚群众、凝聚社会。加强党的基层组织建设关键在创新，根本在落实。要创新和优化组织设置，健全创先争优长效机制，深化区域化党建，推进党建信息化建设，加强分类指导，提高工作实效。准确把握不同领域基层党组织的功能定位，更好地发挥领导核心、政治核心、协助监督、政治引领等作用，成为坚强的战斗堡垒。社区党组织要重在服务群众、凝聚人心、优化管理、维护稳定。农村党组织要在促进农民增收、农业增效、农村和谐中更好地服务农民群众和来沪人员。机关党组织要重在服务中心、建设队伍，始终走在全市基层党组织建设的前头。国有企业党组织要围绕企业生产经营和建设高素质管理者、人才、党员、职工队伍，参与决策、带头执行、有效监督。非公有制企业党组织要团结凝聚职工群众，维护各方合法权益，促进企业健康发展。高校党组织要完善党委领导下的校长负责制，重在推进教育改革、搞好教书育人、加强教师队伍建设。科研、文化、卫生、体育和中小学等事业单位党组织要做好思想政治工作，提高服务质量，促进事业发展。深化社会组织、产业园区、金融机构、"两外"单位党的建设，扩大党的组织覆盖和工作覆盖。加强基层党支部建设，提高组织生活质量，引导党员更好地在岗位上建功立业、在社会上模范带头。加大在一线发展党员的力度，加强党员教育管理，探索党员组织关系由一个党组织主管、参加多个党组织活动的方式，完善党内关怀、帮扶、激励机制。坚持把联系服务群众、直接做好群众工作作为基层党组织的核心任务和基层干部的基本职责，落实党员干部直接联系群众制度，完善"凝聚力工程"、"一线工作法"、"组团式联系服务"等群众工作方法，健全群众工作体系，维护群众权益，密切党群关系。落实党建工作责任制，加强基层党组织书记和党群工作者队伍建设，健全党建资源支撑体系。

（七）切实改进党的作风，深入推进反腐倡廉建设。坚持密切联系群众、求真务实、艰苦奋斗、批评和自我批评的作风，大力弘扬先进典型的浩然正气，教育引导党员干部树立新风正气，勤政廉政，以优良的党风政风践行根本宗旨。坚持加强作风养成和加强作风整顿"两手抓"，加大治庸、治懒、治散、治奢力度。严格落实党风廉政建设责任制，深化完善惩治和预防腐败体系建设，加强对中央重大决策部署落实情况的监督检查。着眼于保持和维护党的纯洁性，坚持强化思想教育与严格队伍管理相结合、有效预防腐败与坚决惩治腐败相结合、发挥监督作用与严肃党的纪律相结合，不断提高反腐倡廉建设科学化水平。坚持从严治党，加强对领导干部的管理和监督，认真开展巡视工作，严格执行党内监督条例，规范廉洁从政行为；严格执行领导干部个人有关事项报告制度，扩大公开范围；建立有效防止利益冲突制度，严格约束领导干部和公务人员获取不正当利益行为。严肃党纪政纪，坚决查办违纪违法案件，严惩腐败分子。运用"制度加科技"加强对权力运行的制约和监督，确保权力在阳光下运行、资源在市场中配置、资金在网络中监管。加强对群众反映强烈的突出问题的专项治理，坚决遏制消极腐败行为。各级领导干部要带头讲政治、顾大局、守纪律、重品行，珍惜人民信任，恪守为民之责，清正廉洁，克己奉公，以对党和人民事业的不懈追求充分体现党的先进性和纯洁性。

同志们！上海是中国共产党的诞生地，是我国改革开放的先行地区，中央对我们寄予厚望，人民对我们充满期待。让我们紧密团结在以胡锦涛同志为总书记的党中央周围，高举中国特色社会主义伟大旗帜，认真学习贯彻即将召开的党的十八大精神，凝心聚力，攻坚克难，谱写上海创新驱动、转型发展的崭新篇章，为加快推进"四个率先"、加快建设"四个中心"和社会主义现代化国际大都市而奋斗！

中共上海市委常委、书记、副书记
中共上海市纪委书记、副书记、常委名单

2012年5月22日，中国共产党上海市第十届委员会第一次全体会议选举产生新一届中

共上海市委常委、书记和副书记。

俞正声、韩正、殷一璀、杨晓渡、屠光绍、杨振武、李希、丁薛祥、徐麟、艾宝俊、沙海林、尹弘当选中共上海第十届委员会常务委员会委员；俞正声当选中共上海市委书记，韩正、殷一璀当选中共上海市委副书记。

会议通过中共上海市纪律检查委员会书记、副书记、常委人选：中共上海市纪律检查委员会书记：沈德咏，副书记：唐周绍、顾国林、程志强、李芬华（女），其他纪委常委：陈龙、赵增辉、李红、陆光明、黄建平、胡敏。

江苏省第十二次党代会报告摘要及省委、省纪委领导成员名单

全面建成更高水平小康社会 开启基本实现现代化新征程

——在中国共产党江苏省第十二次代表大会上的报告(摘要)

(2011年11月6日)

罗志军

同志们:

中国共产党江苏省第十二次代表大会,是在江苏发展进入新的阶段、推进“两个率先”处于继往开来关键时期召开的。

大会的主题是:高举中国特色社会主义伟大旗帜,以邓小平理论和“三个代表”重要思想为指导,深入贯彻落实科学发展观,全面落实“六个注重”,全力实施“八项工程”,又好又快推进“两个率先”,为全面建成更高水平小康社会、开启基本实现现代化新征程而团结奋斗。

现在,我代表中共江苏省第十一届委员会向大会作报告。

一、科学发展迈出坚实步伐的五年(略)

二、奋力开启基本实现现代化新征程

今后五年,是江苏全面建成更高水平小康社会并向基本实现现代化迈进的关键阶段,也是深化改革开放、加快转变经济发展方式、推动经济转型升级的攻坚时期。综观国际国内形势,我们仍处于可以大有作为的重要战略机遇期,具备在世界经济格局大调整大变革中抢占先机的有利条件,同时也面临更加复杂多变的国内外环境,需要应对进入中等收入阶段后可能遇到的风险和挑战。我们必须增强机遇意识和忧患意识,科学判断和准确把握国内外发展趋势,更加积极地应对各种风险挑战,更加奋发有为地推进改革开放和现代化建设,紧紧抓住重要战略机遇期,再创一个黄金发展期,铸造江苏发展新辉煌。

今后五年全省工作的指导思想是:高举中国特色社会主义伟大旗帜,坚持以马克思列宁主义、毛泽东思想、邓小平理论和“三个代表”重要思想为指导,深入贯彻落实科学发展观,按照胡锦涛总书记对江苏工作的新要求,牢牢把握推动科学发展、建设美好江苏主题和加快转变经济发展方式主线,全面落实“六个注重”,大力实施科教与人才强省、创新驱动、城乡发展一体化、经济国际化、区域协调发展、可持续发展战略,全力推进转型升级、科技创新、农业现代化、文化建设、民生幸福、社会管理创新、生态文明建设、党建工作创新工程,在新的起点上开创科学发展新局面,全面建成更高水平小康社会,奋力开启基本实现现代化新征程。

今后一个时期全省总的奋斗目标是:到2015年,全省以县为单位达到省定全面小康指标,全面建成体现党的十七大要求、惠及全省人民的更高水平小康社会,苏南等有条件的地方在巩固全面小康成果基础上率先基本实现现代化,使江苏的发展更科学、社会更和谐、文化更繁荣、生态更文明、人民更幸福;再经过五年的努力,到2020年全省基本实现现代化,总体上

达到中等发达国家水平。

“两个率先”是总体统一、既有区分又紧密衔接的两个阶段，第一个率先是第二个率先的前提和基础，第二个率先不仅是第一个率先量的提升，更是质的跨越。经过改革开放30多年的持续快速发展，全省综合实力显著增强，发展活力更加旺盛，特别是在应对国际金融危机冲击的考验中，江苏科技创新和产业竞争能力加快提升，创新型经济呈现良好发展势头，全省人民发展信心更加坚定，各级干部推动科学发展的能力有了新提高，这些都为我们向第二个率先迈进奠定了坚实基础，提供了现实条件。我们要根据中央对江苏工作的新要求，适应发展阶段的新变化，顺应人民群众的新期盼，以强烈的使命感和责任感，不失时机开启基本实现现代化新征程，努力建设江苏更加美好的明天。

与全面建设小康社会相比，基本实现现代化要求更全面、内涵更丰富。我们要建设的现代化，是在中国共产党领导下，具有时代特征、中国特色、江苏特点的社会主义现代化，是以科学发展观为统领，全面提升物质文明、政治文明、精神文明、生态文明水平的过程，是坚持以人为本，促进共同富裕、社会全面进步和人的全面发展的历史进程。我省基本实现现代化的主要目标内涵是：

——**综合实力显著提升**。经济保持平稳较快发展，人均地区生产总值达到10万元以上。转变经济发展方式取得重大成效，基本形成以高新技术产业为主导、服务经济为主体、先进制造业为支撑、现代农业为基础的现代产业体系；服务业增加值占GDP比重达到53%以上，高新技术产业产值占规模以上工业产值比重达到45%以上；区域创新体系更趋完善，全社会研发投入占GDP比重达到2.8%，科技创新能力和科技进步贡献率大幅提升。

——**人民生活质量显著提升**。全省人民共同富裕步伐不断加快，城镇居民人均可支配收入达到5.5万元，农民人均纯收入达到2.3万元，城乡居民家庭尤其是中低收入家庭财富普遍增加，收入差距逐步缩小，中等收入者比重稳步扩大。覆盖城乡的社会保障体系更加健全，基本公共服务水平和均等化程度大幅提高，人均预期寿命超过78岁，主要劳动年龄人口平均受教育年限12.2年。文化事业和文化产业大发展大繁荣，人民精神文化生活更加丰富。人的全面发展得到有效促进，人们生活得更有尊严、更加幸福。

——**发展协调性可持续性显著提升**。统筹城乡发展和新农村建设取得显著成效，城乡发展一体化新格局和功能互补、特色鲜明、优美宜居的现代城乡形态基本形成。三大区域协调互动发展格局更加优化，发展差距逐步缩小。资源节约集约利用水平大幅提高，单位地区生产总值能耗和主要污染物排放总量明显下降，生态环境质量大为改善。

——**社会文明和谐程度显著提升**。公民政治参与有序扩大，社会主义法治更加健全，人民权益和社会公平正义得到切实保障。社会建设和管理科学化水平明显提高，各项社会事业全面进步，社会管理机制更趋完善，社会安定有序、诚信友爱、文明和谐、充满活力。

率先基本实现现代化，必须坚持科学发展、创新驱动。科学发展观是中国特色社会主义理论体系的重要组成部分，是我们在推进“两个率先”过程中必须始终坚持和贯彻的重大战略思想。我们要紧紧围绕科学发展主题、转变发展方式主线，牢牢扭住经济建设这个中心不动摇，更好地把科学发展、和谐发展与率先发展统一起来，更快地使创新成为经济社会发展的主要驱动力，着力推动经济转型升级，着力增强自主创新能力，着力深化改革开放，着力推进城乡发展一体化，着力保障和改善民生，着力提升生态文明建设水平，促进经济长期平稳较快发展和社会和谐稳定，努力实现发展水平、发展质量走在全国前列。

率先基本实现现代化，必须坚持解放思想、凝心聚力。伟大的实践呼唤伟大的精神。过去，正是在“四千四万”精神、张家港精神、“昆山之路”精神和“三创”精神的激励和引领下，江苏大地上才有了一个又一个发展奇迹。在率先基本实现现代化的征途上，我们必须传承好江苏人民创造的宝贵精神财富，大力培育与弘扬“创业创新创优、争先领先率先”的新时期江苏精神，进一步提升推进“两个率先”的“精气神”，始终保持与时俱进、开拓创新的精神状态，永不自满、永不懈怠、永不停滞，把各方面创造热情充分激发出来，把全社会发展活力充分释放出来，不断开辟“两个率先”实践的新境界。

率先基本实现现代化，必须坚持因地制宜、分类指导。全省不同地区处于不同发展阶段，决定了基本实现现代化的进程必然有先有后。开启第二个率先新征程，经济发达地区要先行先试、提供示范，既为巩固全省全面小康成果、促进其他地区加快发展增强动力，更为破解中等收入阶段发展难题、引领全省基本实现现代化探索路子。今后五年，苏南等有条件的地区要当好第二个率先的先行军，到2015年率先基本实现现代化；苏中地区要提高全面小康建设水平，不失时机向基本实现现代化迈进；苏北地区要加快全面小康建设步伐，为基本实现现代化打好基础。要充分发挥我省基本实现现代化指标体系的导向、激励和监测作用，科学引领第二个率先的创新实践，使江苏的现代化建设更加符合科学发展要求、符合时代进步潮流、符合人民群众意愿。

我们坚信，经过全省上下的不懈努力，到2020年全省基本实现现代化之时，江苏将成为经济更加发达、文化更加繁荣、综合竞争力更强的省份，成为人民普遍过上富裕安康生活、具有更高文明素质、享有更好生态环境的省份，成为人民群众权益得到充分保障、社会和谐稳定、更具创造活力的省份，成为全省人民引以自豪、为国家富强作出更大贡献的省份，中国特色社会主义必将在江苏展现出更加蓬勃的生机。

三、全力推动经济强省建设

又好又快推进“两个率先”，最根本的是发展先进生产力。要坚定不移把科教与人才强省作为基础战略，把创新驱动作为核心战略，全力打好转变经济发展方式攻坚战，推动江苏加快向经济强省跨越。

（一）加快经济转型升级，努力实现速度与结构质量效益相统一。认真贯彻落实国家宏观调控政策，及时研判和准确把握经济发展走势，保持经济持续平稳较快增长。大力实施转型升级工程，把产业优化升级作为主攻方向，推进信息化与工业化融合发展，坚持先进制造业与现代服务业双轮驱动，加快构建现代产业体系。着力培育壮大新兴产业，强化市场规模优势和技术领先优势，抢占产业发展制高点。加速发展现代服务业，突出抓好生产性服务业、新兴服务业，提高服务业发展水平和比重。运用先进技术加快改造提升传统产业，大力实施品牌战略，全面提高工艺、技术、装备、管理水平。把扩大内需作为战略重点，加快形成消费投资出口协同拉动经济增长的格局，在保持投资、出口稳定增长的同时，加强供给管理，优化消费环境，推动消费需求快速增长，使消费成为经济增长的第一拉动力。把推动集约发展作为重要途径，加快发展特色产业基地和产业集群，做强做大企业集团，全面提高投入产出率、资源利用率、产业竞争力。把加强基础设施建设作为重要支撑，大力推进交通、水利、能源、信息等新一轮基础设施建设，全面提升基础设施现代化水平。

（二）深入实施创新驱动战略，显著增强核心竞争力。以实施科技创新工程为抓手，加快建设创新型省份，使江苏成为创新型经济蓬勃发展、创新人才加速集聚、创新活力充分释放的地区。加大产业技术创新力度，强化企业主体地位，发挥高等院校、科研院所创新潜力，推动产学研更加紧密结合，突破更多重大关键技术，培育更多自主知识产权、自主品牌和创新型企业，提高科技成果转化率，打响“江苏创造”品牌。构建科技多元化投入机制，推动科技与金融深度融合，大力发展创业投资、风险投资，促进政府引导性投入稳步增长、企业主体性投入持续增长、社会多渠道投入大幅增长。优化区域创新体系，推动苏南自主创新示范区和南京科技创新中心建设，提升苏中苏北科技创新能力。深入实施知识产权战略，支持国家专利审查协作江苏中心、专利战略推进与服务（泰州）中心建设，提高知识产权创造、运用、保护、管理能力。

（三）坚持人才优先发展，增创江苏长远发展的战略优势。落实人才优先投入的政策措施，深入实施"十大人才工程"，统筹抓好以高层次人才和高技能人才为重点的各类人才队伍建设，加快形成适应"两个率先"需要的高素质人才队伍。以推进人才国际化为引领，创新人才培养和引进模式，在全球范围引进科技领军人才、拔尖人才和创新创业团队，着力提高本土人才国际化素质，打造江苏人才高地。引导创新创业人才向企业集聚，注重培养优秀企业家和一线技术创新人才。进一步营造尊重人才、支持创业、鼓励创新的环境，完善人才激励保障机制，充分激发各类人才创造活力，真正让人才优势成为江苏科学发展的第一优势，人才竞争力成为江苏的第一竞争力。

（四）在更高层次上统筹城乡区域发展，着力提高发展协调性。推进"两个率先"，必须把"三农"放在重中之重位置，坚持新型工业化、农业现代化、城乡发展一体化同步推进，健全以城带乡、以工促农机制，落实强农惠农富农政策，加快形成城乡发展一体化新格局。着力实施农业现代化工程，稳定发展粮食生产，积极构建现代农业体系，提升农业规模化、产业化、标准化、集约化、信息化水平。加快水利改革发展，不断提高防洪保安、水资源保障、水环境保护和服务民生能力。大力实施美好城乡建设行动，持续推进农村实事工程，重点提高农村基础设施和公共服务水平，加快新农村建设步伐，显著改善城乡面貌和人居环境。加快建设沿江、沿海和沿东陇海线城市带，积极推进南京都市圈和宁镇扬"同城化"建设，提高苏锡常都市圈要素整合与互动发展水平，充分发挥徐州都市圈在淮海经济区中的带动作用，促进大中小城市和重点中心镇协调发展。继续抓住用好长三角区域经济一体化和江苏沿海地区发展上升为国家战略的叠加机遇，加大统筹区域发展力度。支持苏南转型升级，增强科技创新能力和国际竞争力，继续当好全省科学发展的排头兵。支持苏中加快崛起，更大力度推进江海联动开发和跨江合作开发，促进苏中尽快融入苏南经济板块。支持苏北全面振兴，继续推进财政、产业、科技、人才"四项转移"和南北共建开发园区，实行"一市一策"，支持宿迁发展实现更大突破、徐州老工业基地振兴和淮安苏北重要中心城市建设，确保2015年苏北人均GDP超过全国平均水平。把沿海开发作为促进区域协调发展的重中之重，深入实施《沿海开发五年推进计划》，积极推进连云港国家东中西区域合作示范区和盐城滩涂综合开发试验区建设，支持南通建设长三角北翼经济中心，在港口建设、产业发展、城镇建设、滩涂开发上取得更大突破，使我省沿海地区尽快成为我国东部重要的经济增长极。继续做好对口支援新疆、西藏、青海工作。

（五）深入推进改革开放，不断增强科学发展的动力与活力。按照完善社会主义市场经济体制的要求，加大改革攻坚力度，加强统筹设计和整体配套，在行政管理体制、经济体制和社会领域改革上取得更大进展。加快转变政府职能，建设服务型政府。深化国有资产管理体制和国有企业改革，更大力度鼓励、支持和引导民营经济和中小企业发展。深入推进南京科技体制综合改革试点，扎实抓好省直管县与经济发达镇行政管理体制改革、农村改革试验区等国家试点工作，大力推进苏州城乡发展一体化综合改革、无锡"两型社会"建设综合配套改革等试点工作，为全省改革积累经验、提供示范。全面提高对外开放水平，深入实施经济国际化战略，加快开放型经济转型升级，以开放促改革、促创新、促发展。继续稳定和拓展外需，加快培育以技术、品牌、质量、服务为核心竞争力的新优势，积极发展服务贸易，鼓励先进技术、关键设备和重要能源资源进口。大力引进国际高端产业、智力、人才和技术，推动金融、物流等生产性服务业对外开放，发展服务外包，稳步开放教育、医疗、体育等领域，扩大地方友城务实交往。支持有条件的企业"走出去"，开辟国际化经营新空间。充分发挥各类开发园区的示范、辐射作用，增强在全球范围内吸纳优质生产要素的能力。建立大通关电子口岸统一信息平台，促进电子口岸互联互通和资源共享。

四、积极推进社会主义民主政治建设

人民民主是我们党始终高扬的旗帜。要坚持中国特色社会主义政治发展道路，坚持党的领导、人民当家作主和依法治省有机统一，扩大民主，健全法制，巩固发展江苏民主团结、政通人和、生动活泼的政治局面。

（一）进一步健全党委总揽全局、协调各方的领导体制和工作机制。按照科学执政、民主执政、依法执政的要求，不断完善党的领导方式和执政方式，充分发挥党委领导核心作用，有效实施党对各个领域的政治、思想、组织领导，保证党的路线方针政策得到坚决贯彻落实。改进和完善党委决策机制，健全决策公开、决策咨询、社会稳定风险评估、决策失误纠错和责任追究制度，使各项决策更加符合人民的利益和愿望。加强和改进党对工会、共青团、妇联等人民团体的领导，充分发挥他们在组织群众、引导群众、服务群众和维护群众合法权益方面的重要作用。坚持党管武装根本原则和制度，积极推进国防动员和后备力量建设，加强全民国防教育，坚持走军民融合式发展之路，大力支持驻苏部队建设，巩固和发展军政军民团结的大好局面。

（二）切实保证人民当家作主。坚持一切权力属于人民，从各个层次、各个领域扩大公民有序政治参与，依法实行民主选举、民主决策、民主管理、民主监督，保障人民的知情权、参与权、表达权、监督权。坚持和完善人民代表大会制度，支持人大及其常委会依法履行职能，保障人大代表依法行使职权，使立法、监督、决定重大事项和人事任免更好体现人民意志、维护人民利益。坚持和完善中国共产党领导的多党合作和政治协商制度，支持人民政协围绕团结和民主两大主题，积极履行政治协商、民主监督、参政议政职能，更好发挥协调关系、汇聚力量、建言献策、服务大局的重要作用。把扩大基层民主作为发展社会主义民主的重要基础，健全基层党组织领导的充满活力的基层群众自治机制，提高群众自我管理、自我服务、自我教育、自我监督水平。完善以职工代表大会为基本形式的企事业单位民主管理制度，着力构建和谐劳动关系，切实维护职工权益。积极推进基层党务公开、政务公开、厂务公开、村务公开，丰富基层民主形式，拓宽基层民主渠道。

（三）巩固和发展最广泛的爱国统一战线。高举爱国主义和社会主义旗帜，大力促进政党关系、民族关系、宗教关系、阶层关系、海内外同胞关系的和谐。坚持"长期共存、互相监督、肝胆相照、荣辱与共"的方针，加强政治协商和合作共事，支持民主党派、无党派人士履行参政议政、民主监督职能。加大党外代表人士培养力度，加强新的社会阶层人士工作，选拔和推荐优秀党外干部到各级国家机关担任领导职务。认真落实党的民族、宗教政策，发展平等团结互助和谐的民族关系，发挥宗教界人士和信教群众在促进经济社会发展中的积极作用。深化与港澳台交流合作，加强与海外侨胞、归侨侨眷联系，为推动江苏发展、促进祖国完全统一赢得更广泛力量支持。

（四）深入推进法治江苏建设。坚持以社会主义法治理念为引领、构建社会主义法治秩序为目标，推进科学立法、严格执法、公正司法、全民守法，提高法治江苏建设水平。加强和改进地方立法工作，重点推动加快经济转型升级、保障和改善民生、创新社会管理等方面的立法，完善与国家法律法规相配套、与“两个率先”相适应的地方性规章。加快法治政府建设，坚持依法行政，规范行政执法，强化行政问责，推动法律法规正确实施。深化司法体制改革，保证审判机关、检察机关依法独立公正行使审判权、检察权，促进公正廉洁执法。大力开展法制宣传教育，扎实推进“六五”普法工作。加快构建覆盖城乡的公共法律服务体系，完善法律援助和司法救助制度。继续开展法治城市、法治县（市、区）创建活动，深入实施法治惠民实事工程，提高人民群众对法治建设的满意度。

五、推动社会主义文化大发展大繁荣

实现“两个率先”，物质是基础，精神是导向，文化是灵魂，改革创新是动力。要坚持社会主义先进文化前进方向，以高度的文化自觉和文化自信，深入实施文化建设工程，牢固确立宣传思想文化战线是党的工作一条主战线、践行科学发展观一个主阵地、推进“两个率先”一支主力军的地位，加快建设文化凝聚力和引领力强、文化事业和文化产业强、文化人才队伍强的文化强省，更好地发挥文化引领风尚、教育人民、服务社会、推动发展的作用。

（一）加强社会主义核心价值体系建设，提高文化的凝聚力引领力。建设社会主义核心价值体系，发挥先进文化的引领作用，是文化建设的根本任务。要坚持用马克思主义中国化最新成果武装党员干部、教育群众，用中国特色社会主义共同理想和“两个率先”宏伟目标凝心聚力，用以爱国主义为核心的民族精神和以改革创新为核心的时代精神鼓舞斗志，用社会主义荣辱观引领社会风尚，大力弘扬“三创三先”的新时期江苏精神，巩固全省人民团结奋斗的思想基础。繁荣发展哲学社会科学，推进面向科学发展实践的理论创新。加强和改进新闻舆论工作，坚持团结稳定鼓劲、正面宣传为主，营造健康向上、生动丰富的主流舆论，提高舆论引导的有效性、权威性和公信力、影响力。高度重视互联网建设、运用和管理，注重网络民意，规范网上信息传播秩序，唱响网上思想文化主旋律。深入开展社会公德、职业道德、家庭美德、个人品德教育，倡导爱国、敬业、诚信、友善等道德规范，加强青少年思想道德建设和心理健康教育，广泛开展群众性精神文明创建活动，使全省人民精神风貌更加昂扬向上。

（二）全面提升文化事业发展水平，保障人民群众基本文化权益。按照公益性、基本性、均等性、便利性的要求，加强公共文化基础设施建设，完善公共文化服务网络，全面建成覆盖城乡、结构合理、功能健全、实用高效的公共文化服务体系。深入实施文化惠民工程，普遍实行公共文化设施向社会免费开放，完善政府购买重要公共文化产品和服务项目的长效机制，加快公共文化资源数字化，让人民群众共享文化改革发展成果。加强党报党刊、电台电视台、主流网站等重要媒体建设，大力发展新兴媒体，推进电信网、广电网、互联网“三网融合”，构建技术先进、传输便捷、覆盖广泛的现代传播体系。加快城乡文化发展一体化，合理配置城乡文化资源，推动公共文化服务向基层倾斜、向农村覆盖。坚持以人民为中心的创作导向，引导文艺工作者深入基层、深入生活，创作生产出更多思想性艺术性观赏性相统一、群众喜闻乐见的优秀文艺作品和在全国有影响力的精品力作。加大物质与非物质文化遗产保护力度，加强对江苏优秀传统文化的挖掘、保护和传承，使优秀传统文化与现代先进文化交相辉映。支持南京市承办好亚青会和青奥会。

（三）加快发展文化产业，提升江苏文化竞争力。发展文化产业是满足人民群众多样化精神文化需求的重要途径，是推动经济发展方式转变的战略举措。要坚持社会效益和经济效益相统一，积极构建现代文化产业体系，实施重大文化产业项目，加强文化产业集聚区建设，推进文化与科技、旅游、金融深度融合，使文化产业成为江苏的支柱产业。着力培育大型文化企业和战略投资者，支持重点文化企业跨地区跨行业跨所有制兼并重组和上市融资。加快文化"走出去"步伐，扩大对外文化传播和交流。拓展文化服务消费，提高基层文化消费水平，培育新的文化消费增长点。加强文化产品市场和文化要素市场建设，大力发展现代文化流通组织形式，强化文化市场监管，营造公平竞争、健康有序的文化市场环境。

（四）深化文化体制改革，充分激发文化发展活力。全面推进文化事业单位各项改革，引入竞争和激励机制，增强提供公共文化产品和服务能力。深化经营性文化单位改革，推动转制企业建立现代产权制度和资产经营责任制，增强发展活力。引导社会资本有序进入文化产业领域，以多种形式投资文化产业，参与重大文化项目建设。完善国有文化资产管理体制，加大公共财政投入，落实文化经济政策，健全文化市场综合执法机构。营造有利于出精品、出人才、出效益的环境，激发文化战线创造活力，努力造就一批知名度高、影响力大、德艺双馨的文化拔尖人才和领军人才，造就一批懂文化、会经营的文化企业家，造就一批热爱文化、精通文化的文化管理工作者，形成一支规模宏大的高素质文化人才队伍。

六、加强以增进民生幸福为重点的社会建设

民生幸福是发展的根本目的，是衡量现代化实现程度的重要标志。要大力实施民生幸福工程和社会管理创新工程，把加强社会建设、保障改善民生贯穿于"两个率先"全过程，努力建设人民安居乐业、社会和谐稳定的幸福江苏。

（一）全力实施居民收入倍增计划。把增加收入作为民生幸福的重要基础，在不断提高劳动生产率基础上，千方百计增加城乡居民尤其是中低收入者收入，确保2017年全省居民收入比2010年实现倍增，坚决兑现对全省人民的承诺。坚持政府调控与市场调节相结合，按照共同富裕的方向，加大收入分配制度改革力度，健全劳动、资本、技术、管理等生产要素按贡献参与分配的制度，提高居民收入在国民收入分配中的比重、劳动报酬在初次分配中的比重，着力提高低收入者收入、扩大中等收入者比重、合理调节过高收入，努力缩小城乡、区域、行业和社会成员之间的收入差距。坚持统筹兼顾与突出重点相促进，拓宽就业、创业、投资、社保、帮扶等居民增收渠道，强化全民创业理念，优化创业环境，让更多的人通过创业增加经营性收入。突出中低收入者和困难家庭增收，完善农民持续增收长效机制，提高扶贫开发水平，促进城乡居民收入普遍较快增长。加大物价调控监管力度，稳定物价总体水平，落实好社会救助和保障标准与物价上涨挂钩联动机制，使困难群众生活不因物价上涨而受到影响。

（二）健全基本公共服务体系。按照符合省情、惠及全民、公平公正、可持续发展的要求，加快构建终身教育、就业服务、社会保障、基本医疗卫生、住房保障、社会养老服务"六大体系"，提高基本公共服务均等化水平。加快教育现代化步伐，以立德树人为根本、提高质量为核心、促进公平为重点，高水平普及15年基础教育，创新发展职业教育，全面提高高等教育办学水平，积极发展继续教育，健全各级各类教育纵向衔接、横向沟通、满足群众多样化学习和发展需要的终身教育体系。把充分就业作为民生之本，统筹城乡就业，完善融培训提高、就业帮扶、创业带动为一体的就业服务体系。以人人享有基本社会保障为目标，扩大覆盖范围，提高保障标准和统筹层次，推进城乡保障制度接轨，健全以社会保险、社会福利、社会救助为基础内容的社会保障体系。深化医药卫生体制改革，加强基层卫生服务机构建设，健全公立医院管理体制和运行机制，落实基本药物制度，形成公共卫生、医疗服务、医疗保障和药品供应保障"四位一体"的基本医疗卫生体系。以解决中低收入者住房困难为重点，大力发展公共租赁住房，协调推进廉租住房、经济适用住房建设，推动房地产市场健康发展，促进房价合理调整，完善多渠道、多形式解决群众住房问题的住房

保障体系。适应社会老龄化趋势，加快建立以居家养老为基础、社区养老为依托、机构养老为支撑的社会养老服务体系。加快发展体育事业，提高人民健康水平。统筹做好人口、慈善、残疾人等工作。

（三）着力提升社会管理科学化水平。以社会管理创新工程为统揽，积极推进理念思路、体制机制和方法创新，健全党委领导、政府负责、社会协同、公众参与的社会管理格局，激发社会活力，促进社会和谐。加强社会管理制度建设，健全群众利益协调、诉求表达、矛盾调处、权益保障机制，提高源头治理、动态协调和应急处置能力，强化法律规范、道德约束，完善社会诚信体系。加强人口管理服务，建立人口基础信息库和管理服务综合信息平台，完善流动人口服务管理制度，做好特殊人群管理服务工作。加快推进村级有集体收入、有活动阵地、有信息网络、有双强带头人、强化党组织领导责任的“四有一责”建设，全面推行“一委一居一站一办”社区管理服务模式，健全基层社会管理和服务体系。坚持积极引导和依法管理并重，促进社会组织健康有序发展。

（四）深化平安江苏建设。坚持打防结合、预防为主，标本兼治、重在治本，以建设和谐稳定示范区为目标，实现基层平安创建全覆盖，加快建设基础更牢、水平更高、人民群众更加满意的平安江苏。深入开展社会矛盾纠纷排查，强化大调解机制建设。加强和改进信访工作，依法规范信访秩序，切实解决群众反映强烈的突出问题。根据防得住、控得严、打得狠的要求，更加注重科技防范，健全点线面结合、网上网下结合、人防物防技防结合、打防管控一体化的现代治安防控体系，强化重点地区、重点部位和场所的社会治安综合治理，严密防范和依法打击各类违法犯罪活动。加强国家安全工作，坚决防范和打击各种分裂、渗透、颠覆、窃密等破坏活动。严格落实安全生产责任，完善安全生产政策法规和技术标准，加大公共安全投入，切实提高安全监管水平，特别是要健全覆盖城乡的食品、药品安全监管体系，加强生产、流通全过程控制，确保人民群众食品安全、用药安全。

七、更大力度建设生态文明

面对日益趋紧的资源环境约束，必须把生态文明建设放在更加突出的位置，深入实施生态文明建设工程，严格落实节约优先、环保优先方针，加快构建资源节约型、环境友好型社会，努力实现经济持续增长、污染持续下降、生态持续改善，使生态文明成为江苏的重要品牌。

（一）坚定不移推进节能减排。把节能减排作为生态文明建设的重要抓手，严格落实目标责任，实行结构调整、技术进步、管理创新“三管齐下”，铁腕治污、刚性降耗，确保完成节能减排约束性指标。突出抓好重点领域、重点行业的节能减排，严格控制高耗能和产能过剩行业扩大产能，禁止新上高排放项目，加快淘汰落后产能。加大节能减排共性技术、关键技术攻关力度，推进高耗能、高耗水、高排放企业的技术改造，促进节能新技术、新产品、新工艺、新材料的广泛应用。健全节能减排的约束机制、激励机制和工作机制，深化资源、环境价格改革，更好地发挥市场机制在节能减排中的基础性作用。

（二）加大环境保护和生态建设力度。以解决损害群众健康的突出问题为重点，深入开展环境综合整治，大力实施“清水蓝天”工程，持续提高人民群众对生态环境满意度。把太湖治理作为重中之重，促进湖体水质持续改善，让太湖重现碧波美景。加强大江大河、大中型湖泊水资源保护和水污染防治，扎实开展海洋生态保护。切实加强饮用水源管理和保护，加快推进区域集中供水，确保城乡人民饮水安全。突出抓好城市大气污染控制和治理，大幅度减少灰霾天气。深入开展农业面源污染治理，加强土壤污染防治与修复。重视重金属、危险固体废物、有机毒物污染防治，强化核与辐射环境安全管理。加强城镇环境基础设施建设，实现城镇污水、垃圾处理设施全覆盖。全面实施村庄环境整治行动计划,使农村环境质量显著改善。坚持不懈推进生态省和绿色江苏建设,广泛开展植树造林,重点抓好生态防护林建设和村镇绿化。深入开展山体保护复绿和工矿废弃地整治,加强近岸海域、河湖水域和沿海滩涂湿地保护。健全生态补偿机制,加快建立生态保护转移支付、重点河流上下游污染补偿制度。广泛开展国家森林城市、国家生态市(县)、环保模范城市创建活动,提升环境保护和生态建设水平。

(三)构建可持续的生产方式和消费模式。落实最严格的耕地保护制度和节约用地制度,探索破解土地资源硬约束的思路和办法。加强资源节约和管理,加快发展循环经济和节能环保产业。大力促进绿色低碳发展,鼓励发展清洁能源、绿色能源,推进传统行业低碳化改造,发展新型低碳产业。深入推进工业园区生态化建设和改造,构建绿色产业链和资源循环利用链,把省级以上开发区建成生态工业园。广泛开展生态文明宣传教育,大力弘扬生态文化,在全社会倡导绿色消费理念,努力形成节约、健康、文明、科学的生活方式,使生态文明观念深入人心,成为每个公民、每个家庭、每个单位的自觉行动。

八、全面提高党的建设科学化水平

又好又快推进"两个率先",关键在于加强和改善党的领导。要适应向基本实现现代化迈进的新形势新任务,坚持以执政能力建设和先进性建设为主线,深入实施党建工作创新工程,不断提高党的建设科学化水平,加快建设能够担当历史重任的高素质党员干部队伍,推动江苏党的建设同经济社会发展一样走在全国前列。

(一)加强学习型党组织和学习型领导班子建设,不断提高党的执政能力。把加强学习作为关系党的建设和事业发展的战略任务,深入学习中国特色社会主义理论,学习人类社会创造的一切科学新思想新知识,学习历史特别是我国近现代历史和中共党史,不断深化对人类社会发展规律、社会主义建设规律和共产党执政规律的认识,不断提高思想政治水平,坚定理想信念,增强为党和人民事业不懈奋斗的自觉性。大力弘扬理论联系实际的学风,坚持解放思想、实事求是、与时俱进,加强对改革发展中重大理论和实践问题的研究,善于用改革创新的思路破解发展难题,努力使各项工作体现时代性、把握规律性、富于创造性。适应推进"两个率先"的新任务和实施"八项工程"的新要求,继续大规模培训干部,大幅度提高干部素质,不断增强党员领导干部领导科学发展、服务人民群众、驾驭复杂局面、促进社会和谐的能力。

(二)坚持和完善民主集中制,推动党内民主健康有序发展。始终坚持以党章为根本,以民主集中制为核心,尊重党员主体地位,保障党员民主权利,以扩大党内民主增强党的生机与活力。进一步完善党的代表大会制度,全面推行党代表任期制,继续做好党代会常任制试点工作。充分发挥全委会对重大问题的决策作用,健全和规范常委会向全委会定期报告工作、述职述廉并接受监督制度,实行全委会成员民主推荐重要干部制度,完善党委讨论重大问题票决制。营造党内充分发表意见、进行民主讨论的环境,拓宽党员意见表达渠道,提高党员对党内事务的参与度,积极探索党内基层民主多种实现形式。全省各级党组织和广大党员要自觉与党中央保持高度一致,坚决维护党的坚强团结和集中统一。

(三)深化干部人事制度改革,建设高素质干部队伍。坚持党管干部原则,强化五湖四海、任人唯贤,德才兼备、以德为先的鲜明导向,健全民主、公开、竞争、择优的选人用人机制,广开进贤之路,鼓励多渠道推荐干部,把各方面人才及时发现出来、合理使用起来。改进干部选拔任用提名制度,完善体现科学发展观要求的考核评价办法,扩大和完善干部工作中的民主。健全差额选拔干部制度,促进公开选拔、公推公选、公推票决、竞争上岗等选拔干部方法制度化、常态化，不断提高选人用人公信度和群众满意度。选优配强各级党政正职，注意从基层一线选拔优秀干部充实各级领导班子。进一步加大年轻干部培养选拔力度，综合运用定向选拔、破格使用和关键岗位锻炼等举措，促进优秀年轻干部脱颖而出。重视培养女干部，认真做好老干部工作。

（四）深入开展创先争优活动，切实加强党的基层组织建设。党的基层组织是党全部工作和战斗力的基础。要坚持以创先争优统揽基层党建工作，深入推进“强基工程”，引导基层党组织和广大党员全力以赴争科学发展之先、同心同德创社会和谐之优，提高基层党组织的创造力凝聚力战斗力。创新基层党组织设置方式和工作机制，突出抓好非公有制经济组织、社会组织等领域党建工作，积极探索农村、社区、高校、机关、企业等基层党组织发挥作用的有效途径，加快构建城乡统筹的基层党建新格局，努力实现党组织和党的工作在各个领域有效覆盖。以创建服务型党组织和党员队伍、争创群众满意窗口单位为载体，推动基层党组织和广大党员把服务群众、做好群众工作作为基本职责，更好发挥推动发展、服务群众、凝聚人心、促进和谐的作用。健全基层党组织负责人选配、培训、管理、保障等机制，真情关怀、真心爱护广大基层干部。加强到村、社区任职大学生选派培养工作，使他们干事有劲头、创业有舞台、发展有空间。

（五）深入推进反腐倡廉建设，大力弘扬党的优良作风。反腐倡廉事关人心向背和党的生死存亡。要坚持标本兼治、综合治理、惩防并举、注重预防方针，严格执行党风廉政建设责任制，认真落实省委关于惩防体系建设5个文件，加强反腐倡廉制度创新，不断完善惩治和预防腐败体系，坚定不移地把反腐败斗争进行到底。把反腐倡廉教育贯穿干部培养、选拔、管理、使用全过程，筑牢党员干部拒腐防变的思想防线。提高制度执行力，从省委领导班子和各级领导干部做起，牢固树立制度面前没有特权、制度约束没有例外的理念，使法规制度真正成为广大党员干部自觉遵守的行为准则。认真落实党内监督条例，加强和改进巡视工作，加强对权力运行的制约和监督，保证人民赋予的权力始终用来为人民服务。坚决纠正损害群众利益的不正之风，切实解决群众反映强烈的突出问题。坚决查处违纪违法案件，绝不让任何腐败分子逃脱党纪国法的严惩。以保持党同人民群众的血肉联系为重点加强作风建设，进一步做好新形势下的群众工作，深入开展领导干部下基层“三解三促”活动，把群众放在心坎上，做人民的好公仆，真正做到科学发展向上攀登、联系群众向下扎根。全省党员干部特别是领导干部要带头讲党性、重品行、作表率，带头求真务实、艰苦奋斗、真抓实干，以更加奋发进取的精神、更加卓有成效的工作，不断创造经得起实践、人民、历史检验的新业绩，把立党为公、执政为民更加鲜明地写在江苏党员干部队伍的旗帜上。

同志们！

实现现代化是中华民族孜孜以求的百年梦想，是几代江苏人不懈奋斗的目标追求。上世纪80年代初，邓小平同志以苏南为例，提出了建设小康社会和现代化建设“三步走”的战略构想。进入新世纪，江泽民同志和胡锦涛总书记殷切希望江苏率先全面建成小康社会、率先基本实现现代化。现在，第一个率先已经展现出令人鼓舞的现实模样。我们相信，不远的将来，第二个率先也一定会在江苏大地上成为美好现实。

伟大的时代赋予我们光荣使命，伟大的事业召唤我们开拓奋进。让我们更加紧密地团结在以胡锦涛同志为总书记的党中央周围，高举中国特色社会主义伟大旗帜，以邓小平理论和“三个代表”重要思想为指导，深入贯彻落实科学发展观，解放思想、锐意创新，同心同德、扎实工作，坚定不移朝着“两个率先”的目标奋勇前进，为开创江苏科学发展新局面、谱写人民美好生活新篇章而努力奋斗！

中共江苏省委常委、书记、副书记
中共江苏省纪委书记、副书记、常委名单

2011 年 11 月 10 日下午，中共江苏省第十二届委员会举行第一次全体会议，选举罗志军为省委书记，李学勇、石泰峰为副书记，罗志军、李学勇、石泰峰、弘强、李云峰、杨卫泽、杨新力、黄莉新、李笃信、蒋宏坤、李小敏、樊金龙、王燕文为常务委员会委员。

会议通过中共江苏省第十二届纪律检查委员会书记、副书记、常委人选：书记：弘强（女），副书记：江里程、刘成林、黄继鹏、沈文祖，常务委员会委员：弘强（女）、江里程、刘成林、黄继鹏、沈文祖、刘月科、臧巧华、练如俊、白云萍（女）、赵长林、朱俊友。

浙江省第十三次党代会报告摘要及省委、省纪委领导成员名单

坚持科学发展　深化创业创新
为建设物质富裕精神富有的现代化浙江而奋斗

——在中国共产党浙江省第十三次代表大会上的报告（摘要）

（2012年6月6日）

赵洪祝

同志们：

现在，我代表中国共产党浙江省第十二届委员会向大会作报告。

中国共产党浙江省第十三次代表大会，是在浙江全面建设惠及全省人民的小康社会取得决定性胜利、迈向基本实现社会主义现代化新征程的关键时期召开的一次重要会议。大会的主题是：高举中国特色社会主义伟大旗帜，以邓小平理论和"三个代表"重要思想为指导，深入贯彻落实科学发展观，扎实推进"八八战略"和"创业富民、创新强省"总战略，动员全省共产党员和各族人民，为建设物质富裕精神富有的社会主义现代化浙江而奋斗。

一、科学发展道路上创业创新、奋力前行的五年（略）

二、建设物质富裕精神富有的现代化浙江的历史使命

今后五年，是我省进一步提升全面小康社会水平，向基本实现社会主义现代化迈进的关键时期。综观国内外形势，我们面临的机遇和挑战前所未有，但机遇大于挑战的总体态势没有改变。全省各级党组织和共产党员必须切实增强机遇意识、忧患意识和责任意识，继续解放思想，坚持改革开放，推动科学发展，促进社会和谐，切实担负起建设现代化浙江的历史重任。

建设现代化浙江，是贯彻中央"三步走"战略部署和东部地区率先发展要求的实际行动，是深化"八八战略"和"创业富民、创新强省"总战略的目标追求，是顺应全省人民过上更加美好生活新期待的内在要求。与全面小康社会相比，建设现代化浙江的要求更高、内涵更丰富、任务更艰巨。我们要建设的现代化浙江，是在我国长期处于社会主义初级阶段条件下区域先行的现代化，是中国特色社会主义的现代化，是具有时代特征和国际可比性的现代化。这就要求我们在推进现代化实践中，必须始终坚持一切从浙江实际出发，始终坚持把富民放在首位，始终坚持促进人的全面发展，核心是实现全省人民物质富裕精神富有。

实现全省人民物质富裕精神富有，涵盖经济、政治、文化、社会建设以及生态文明建设各领域，贯穿生产、分配、交换、消费和社会活动各环节，体现在人民群众物质文化生活各方面。我们既要大力推进经济持续平稳较快发展，切实加强生态建设和环境保护，努力创造更加丰裕的物质财富，又要大力推进社会主义文化大发展大繁荣，切实加强民主法治建设和社会建设，努力创造更加丰富的精神财富，从而不断满足人民群众日益增长的物质文化需求；既要保护好发展好人民群众勤劳致富的积极性创造性，让一部分人先富起来，又要注重先富带后富，努力实现充分就业，积极探索促进居民财产

增值保值方式，不断完善社会保障体系，着力提高基本公共服务均等化水平，切实改善低收入群众生活，提高中等收入者比重，最终实现物质上共同富裕；既要充分发挥党员领导干部表率作用和先进模范人物示范作用，又要着力提高全体人民科学文化素养、民主法治素养、思想道德素养、生态文明素养，切实保障人民群众的经济、政治、文化、社会等各项权益，不断丰富城乡居民精神文化生活，弘扬真善美，反对假恶丑，教育、引导和带领全体社会成员共同建设中华民族共有精神家园，最终实现精神上共同富有。为此，要更加强调共建共享，更加强调社会和谐，更加强调物的现代化与人的现代化有机统一，使现代化建设成果惠及全省人民，切实增强全省人民的发展自豪感、生活幸福感、心灵归属感、社会认同感。

今后五年全省工作的总体要求是：高举中国特色社会主义伟大旗帜，坚持以邓小平理论和“三个代表”重要思想为指导，深入贯彻落实科学发展观，按照干在实处、走在前列的要求，牢牢把握科学发展主题，突出加快转变经济发展方式主线，不断深化改革开放，深入实施“八八战略”和“创业富民、创新强省”总战略，推进经济持续平稳较快发展，促进社会全面进步，着力提高党的建设科学化水平，为建设物质富裕精神富有的社会主义现代化浙江而努力奋斗。

建设物质富裕精神富有的现代化浙江是一项长期而艰巨的任务。今后五年的主要工作目标是：

——经济综合实力持续增强。经济保持平稳较快发展，地区生产总值达到5万亿元以上，人均生产总值达到9万元左右。人力资源开发力度不断加大，自主创新能力切实增强，经济国际化水平进一步提高，现代农业发展层次全面提升，工业强省建设取得显著成效，服务业比重明显提高，新型城市化全面推进，“美丽乡村”建设不断深化，基本形成改革创新驱动、三次产业联动、城乡一体推动的发展格局，发展的协调性、均衡性、普惠性显著提高。

——人民生活品质持续提升。居民收入增长与经济发展同步、劳动报酬增长和劳动生产率提高同步的机制加快建立完善，基本公共服务均等化稳步推进，城镇居民人均可支配收入和农村居民人均纯收入分别达到50000元和22000元左右，收入差距逐步缩小。社会保障体系更加完善，城乡就业更加充分，人民群众学有所教、劳有所得、病有所医、老有所养、住有所居、难有所助。公民思想道德建设切实加强，公共文化服务体系更加完善，人民群众精神文化生活更加丰富。

——社会文明程度持续提高。公民政治参与有序扩大，与国家法律法规体系相配套的地方性法规规章更加完善，依法执政能力明显增强，权力监督制约机制更加健全，人民合法权益和社会公平正义得到切实保障。社会管理科学化水平不断提高，具有浙江特点的社会管理体系基本形成，社会关系更加协调，社会行为更加规范，社会秩序更加良好，社会大局和谐稳定。

——生态环境质量持续改善。单位生产总值能耗和二氧化碳排放量进一步下降，主要污染物排放总量明显减少，循环经济加快发展，资源节约集约利用水平大幅提高。环境保护和生态建设持续加强，生态环境质量继续保持全国领先，全省各地天更蓝、山更绿、水更清、地更净。

——党的建设科学化水平持续提高。广大党员思想政治素质不断增强，各级领导班子能力和水平得到提升，高素质干部队伍建设切实加强，党组织创造力凝聚力战斗力持续增强，以民主集中制为重点的制度建设积极推进，以完善惩防体系为重点的反腐倡廉建设取得新成效，党同人民群众的血肉联系更加密切，党的先进性和纯洁性得到充分体现。

三、建设物质富裕精神富有的现代化浙江的主要任务

推进现代化浙江建设，实现全省人民物质富裕精神富有，必须按照中国特色社会主义事

业总体布局，加快建设经济强省、文化强省、科教人才强省和法治浙江、平安浙江、生态浙江，促进经济社会全面协调可持续发展。

(一)坚持转型升级不动摇，加快建设经济强省。要牢牢扭住经济建设这个中心，全面贯彻扩大内需战略方针，切实把握"稳中求进、转中求好"工作基调，认真实施主体功能区规划，大力发展实体经济，同步推进新型工业化、新型城市化和农业现代化，加快提升劳动生产率，促进经济在转型升级基础上实现长期平稳较快发展。

全面实施"四大国家战略举措"。"四大国家战略举措"事关浙江未来发展和全国大局，必须着眼长远、立足当前，举全省之力，稳步推进。建设浙江海洋经济发展示范区是我国建设海洋强国的重大战略举措。要突出抓好重点区域、重要产业、重大项目建设，大力推进"三位一体"港航物流服务体系建设，努力把这一示范区建设成为我国东部沿海地区重要的经济增长极。建设舟山群岛新区是我国完善沿海开放布局的重大战略举措。要坚持开发开放、先行先试，加强制度创新和政策支持，着力打造高端海洋产业和重大建设平台，实施一批重大基础设施项目，加快实现国务院确定的战略定位和目标。开展义乌市国际贸易综合改革试点是我国加快转变外贸发展方式的重大战略举措。要加快构建"市场采购"新型贸易方式，加快建设无水港、综合保税区等重大功能平台，努力把义乌建设成为世界领先的国际小商品贸易中心。设立温州市金融综合改革试验区是我国推进金融改革发展的重大战略举措。要着重在民间融资规范、地方金融创新、信用体系建设、个人境外直接投资等方面先行先试，着力破解"两多两难"，努力把温州建设成为我国金融改革发展高地，以此为契机促进全省金融加快发展。

大力推进"四大建设"。大产业大平台大企业大项目建设是加快经济转型升级的主要抓手。培育发展大产业是推进"四大建设"的核心任务。要把做强工业放在更加突出位置，大力发展战略性新兴产业、装备制造业，择优发展重化工业，积极改造提升传统优势工业和建筑业。大力发展现代服务业，重点提升金融、物流、商贸、旅游等产业发展水平，促进房地产业健康发展，积极发展连锁经营、电子商务等新型经营业态，加快转变服务业发展方式，不断做实服务业。大平台是承载大产业的空间载体。要进一步明确各产业集聚区的发展重点，强化要素保障，形成以产业集聚区为主体、经济技术开发区和高新技术园区为依托的产业集聚发展新格局。大企业是大产业的中坚力量。要加快培育龙头骨干企业，积极引进世界500强和国内外知名企业，形成一批具有自主创新能力、自主知识产权、自主品牌、自主营销网络的大企业大集团。大项目是培育发展大产业的有效手段。要加快谋划建设一批事关全局和长远、具有较强带动力和影响力的大项目，充分发挥有效投资在转型升级中的支撑作用。

注重统筹城乡和区域发展。新型城市化是统筹城乡发展的重大战略。要深入推进杭州、宁波、温州以及金华—义乌等长三角区域中心城市建设，加快形成现代化都市区。支持省域中心城市加快发展，推进与相邻都市区融合互动，不断提高杭州湾城市群、温台城市群、浙中城市群发展水平。积极推进县域城镇化，鼓励和支持有条件的县城建设成为中等城市乃至大城市，积极培育小城市、中心镇，促进县域经济转型升级。扎实推进嘉善县域科学发展示范点建设。切实加强城市规划、建设和管理，科学规划和利用地下空间，大力发展城市轨道交通，促进城市现代化。新农村建设是统筹城乡发展的重要基础。要大力发展现代农业，深入推进粮食生产功能区和现代农业园区建设，加快农业科技进步，加强农田水利设施建设，推进农业生产规模化、标准化、生态化，提高农业生产综合能力，进一步做优农业。深化"千村示范、万村整治"工程，全面推进"美丽乡村"建设，加强历史文化村落保护和利用。大力实施"千万农民素质提升工程"和"低收入农户收入倍增计划”,促进农民转移和增收致富。加快山区和欠发达地区发展是统筹区域发展的重大举措。要制定实施山区经济发展规划和政策措施,充分发挥中心城市在山区发展中的龙头带动作用,支持山区经济强县做强做大,支持发展基础较好的山区县加快建成经济强县,扎实推进山区科学发展试验区建设,促进山区经济与海洋经济联动发展。继续大力扶持欠发达地区加快发展,深化“山海协作工程”,完善生态补偿机制,重点支持欠发达地区加强基础设施建设,加快人口内聚外迁、产业集聚提升,加大对革命老区、民族地区、贫困山区、库区的政策扶持力度,努力实现绿色发展、生态富民、科学跨越。

加强资源要素保障体系建设。实行最严格的耕地保护和节约集约用地制度,合理开发和科学利用低丘缓坡、滩涂资源,保障土地资源可持续利用。实行最严格的水资源保护和管理制度,积极推进跨区域水资源配置工程建设,加快完善水资源保障体系。坚持能源建设适度超前原则,构筑安全、经济、清洁、高效的能源保障体系。继续加强交通基础设施建设,构建便捷、安全、高效的现代大交通运输体系。加强信息基础设施、气象基础设施、生态基础设施建设。加快地方金融改革发展,大力发展中小型金融机构,积极推进丽水农村金融改革试点,加强地方资本市场体系建设,积极拓展企业直接融资渠道,注重发挥中央在浙金融监管机构作用,不断增强金融服务实体经济的能力和水平。

推动国有企业改革发展和民营经济创新发展。毫不动摇地巩固和发展公有制经济,支持和推进国有企业改革重组、兼并收购,抓好主业、壮大实业,创新强企、转型强体,更好地发挥其骨干带头作用。毫不动摇地鼓励、支持、引导非公有制经济发展,推动民营经济转型升级。优化民营经济发展环境,破除制约民间投资的体制障碍,积极鼓励民营经济参与实施“四大国家战略举措”和“四大建设”,支持民间资本积极投资实体经济。进一步加强民营企业家队伍建设,着力提升民营企业家素质。打造浙商总部经济基地,大力实施“浙商回归”工程,促进“浙江经济”与“浙江人经济”融合发展。加大对中小微企业的扶持和服务力度,推动其创新发展、集约发展,实现小而精、小而强。

深化经济体制改革。坚持社会主义市场经济改革方向,加强改革的总体设计、统筹协调和整体推进,深化各类综合配套改革试点,促进经济发展方式加快转变。全面推进资源要素配置市场化改革,重点完善水权交易制度、排污权交易制度,积极探索工业存量用地流转机制、单位生产总值能耗市场化配置机制,充分发挥市场机制在资源配置中的基础性作用。深入推进统筹城乡配套改革,重点抓好农村集体经济产权制度改革、林权制度改革和宅基地空间置换试点。积极推进审批制度改革,继续削减审批审核事项,清理和规范非行政许可审批项目,简化审批审核程序。深化财税体制改革,完善公共财政体系,不断增强公共服务和公共产品供给,切实减轻企业税费负担。按照形成统一开放、竞争有序的现代市场体系要求,积极营造平等准入、公平诚信、秩序规范的市场环境。

扩大对内对外开放。抓住世界经济格局调整的新机遇,加快构建主动有为、层次多样、内外联动、布局合理的开放型经济新体系,着力提高在国际经济分工中的地位。主动“走出去”,加快在境外建立生产研发基地,构建全球营销网络,开拓战略资源渠道,承揽国际工程项目,实施跨国兼并收购,着力培育一批跨国公司和具有国际经营能力的企业家。加快转变外贸发展方式,积极拓展国际市场,大力发展服务贸易,进一步扩大进口,不断优化对外贸易结构。积极推进贸易便利化,切实提高口岸效率,加强海关特殊监管区建设。扩大吸收全球高端生产要素,努力提高利用外资质量和水平。进一步加强和深化国际友城工作。扩大和深化与港澳台的合作交流。主动接轨上海,加快推进长三角区域一体化发展。加快建设省际边界产业合作平台,积极参与海峡西岸经济区建设,加强与中西部和东北等地区互动发展。充分发挥在浙部属单位和中央企业助推浙江发展的作用。切实做好援疆、援藏、援青和其他地区对口帮扶工作。

(二)推动文化大发展大繁荣,加快建设文化强省。以高度的文化自觉和文化自信,深入推进“三大体系”、“八项工程”建设,全面实施“十大计划”,加快文化强省建设步伐。

深化社会主义核心价值体系建设。大力推进中国特色社会主义理论体系的学习宣传和普及,加强理想信念教育。大力弘扬民族精神、时代精神和以创业创新为核心的浙江精神,积极倡导以“务实、守信、崇学、向善”为内涵的当代浙江人共同价值观。坚持用社会主义荣辱观引领社会风尚,深入实施《浙江省公民道德建设纲要》,广泛持久地开展学雷锋活动,不断深化群众性精神文明创建活动。

全面繁荣文化事业。扎实推进重大文化惠民工程建设,完善从省到村五级文化基础设施网络。坚持正确导向,壮大主流舆论,加快党报党刊、电台电视台等重要新闻媒体发展,加强重点新闻网站等新兴媒体建设和管理,提高舆论引导的及时性、权威性和公信力、影响力。深入实施文化精品战略,繁荣发展哲学社会科学,为人民群众提供更多精神食粮。抓好自然和文化遗产的保护、传承和利用,深入挖掘和弘扬优秀传统文化。加强对外宣传,扩大对外文化传播和交流,加快文化“走出去”步伐。

加快发展文化产业。大力实施文化产业发展“122”工程,培育一批大型骨干文化企业。发展提升优势文化产业,加快推进数字出版基地、影视基地、动漫产业基地等重大工程建设,支持各地建设具有区域文化特色的文化综合体,积极构建结构合理、竞争力强、富有浙江特色的现代文化产业体系。鼓励和引导民间资本进入文化产业,形成以公有制为主体、多种所有制共同发展的文化产业格局。加强文化产品市场和要素市场建设,大力发展现代文化流通方式。

推进文化体制机制创新。全面推进公益性文化事业单位人事、收入分配和社会保障制度改革,加快推进经营性文化单位公司制、股份制改造。深化文化行政管理体制改革,实现政企分开、政事分开、管办分离。加强国有文化资产管理。落实公共文化服务保障、文化产业振兴、文化市场管理等方面政策措施,提高文化建设科学化、法制化水平。

(三)强化创新引领,加快建设科教人才强省。促进经济社会又好又快发展,科技是关键、教育是基础、人才是核心。要深入实施科教兴省战略,制定和实施人才强省发展纲要,以创新引领现代化建设。

大力推进科技创新。深入推进国家技术创新工程试点省工作,着力建设创新型省份。支持杭州争创国家自主创新示范区,加快青山湖科技城和未来科技城建设,使其成为重要的科技创新中心和高科技产业化基地。深入推进知识产权战略、标准化战略和品牌战略。继续加强重大创新平台建设,支持省内科研机构和高等院校提升科研能力,积极引进大院名校和大企业共建高层次创新载体,进一步发挥企业创新主体作用,促进科技成果向现实生产力转化。加快信息化与工业化、城市化融合发展,积极推进“三网融合”,支持有条件的地方建设“智慧城市”,提升国民经济和社会信息化水平。

优先发展教育。深化教育体制改革,加大教育投入,加强师资队伍建设,扎实推进素质教育,不断提高教育质量,促进教育公平。注重促进学前教育规范化普及化发展、义务教育高水平均衡发展、普通高中特色化多样化发展。坚持内涵发展为主,大力发展高等教育,着力提升高等教育水平,充分发挥高校在人才培养、科技创新以及服务地方发展中的重要作用。统筹中等职业教育与高等职业教育发展。切实办好特殊教育。积极发展民办教育。全面推进继续教育和终身教育体系建设,努力构建学习型社会。

全力打造人才高地。坚持党管人才原则,树立和贯彻科学人才观,着力完善人才工作体制机制。以高层次人才、高技能人才为重点,统筹抓好企业经营管理人才、专业技术人才、农村实用人才、社会工作人才、文化专业人才等各类人才队伍建设。切实加大人才自主培养力度，大力实施海外高层次人才引进“千人计划”，积极引进省外高端人才，努力造就一批创业创新领军人才。充分发挥高等院校、科研院所、科技社团和企业在引才育才中的主体作用，打造一批高层次人才创业创新基地。创新人才培养、引进、使用、评价、激励政策，加大人才开发投入力度，健全人才公共服务体系，充分激发各类人才的创造活力。

（四）发展社会主义民主政治，加快建设法治浙江。坚持党的领导、人民当家作主、依法治国有机统一，贯彻科学执政、民主执政、依法执政要求，推进社会主义民主政治制度化、规范化、程序化，强化社会主义法治理念，维护社会公平正义，不断提高社会法治化水平。

进一步健全党总揽全局、协调各方的体制机制。完善党的领导方式和执政方式，支持人大、政府、政协和审判机关、检察机关依照法律和章程独立负责、协调一致地开展工作。支持工会、共青团、妇联等人民团体依照法律和各自章程开展工作。积极推进决策科学化、民主化，增强决策的透明度和公众参与度，确保决策符合人民利益和愿望。坚持党管武装原则，大力支持和加强国防、军队和后备力量建设，扎实推进军民融合式发展，实现经济建设和国防建设互促共进。

发展社会主义民主。坚持和完善人民代表大会制度，支持人大及其常委会依法履行职能，保障人大代表依法行使职权。坚持和完善中国共产党领导的多党合作和政治协商制度，支持人民政协围绕团结和民主两大主题履行职能，不断完善政协协商民主。加强同民主党派的团结合作，充分发挥民主党派、工商联和无党派人士的作用，巩固和壮大最广泛的爱国统一战线。进一步加强民族宗教工作。发展基层民主，推行民主恳谈会、民主听证会、民主议事会和民情沟通制度，深化“五议两公开”工作，加强企事业单位民主管理工作，不断完善基层党组织领导的充满活力的基层群众自治制度。

深入推进法治建设。进一步加强和改进地方立法工作，积极推进科学立法、民主立法，完善与国家法律法规相配套的地方性法规和政府规章。加快建设法治政府，全面推进依法行政，进一步简政放权、转变职能，加强行政复议工作，强化行政问责，不断增强政府公信力和执行力。继续开展法治工作先进单位创建活动。

全面贯彻中央推进司法体制机制改革的举措，加强执法规范化建设，促进公正司法。认真组织实施“六五”普法规划，提高全民法律素养。

加强对权力运行的制约和监督。健全权力制约和监督体系，坚持用制度管权、管事、管人，加强对各级领导机关和领导干部权力行使的监督。进一步强化国家权力机关的监督职能，积极探索和创新执法检查、听取和审议专项报告等监督方式。加强政府层级监督，强化行政监察和审计监督。支持人民政协按照章程开展民主监督。积极发挥司法机关的监督职能。重视和加强新闻舆论监督，畅通群众监督渠道，充分发挥社会监督作用。进一步加大党务政务公开力度，建立健全党务政务公开的监督和保障机制。

（五）切实保障和改善民生，加快建设平安浙江。进一步加强以改善民生为重点的社会建设，切实加强和创新社会管理，最大限度激发社会活力、最大限度增加和谐因素、最大限度减少不和谐因素，确保社会和谐稳定。

积极做好就业和社会保障工作。实施更加积极的就业政策，完善就业公共服务体系，努力实现充分就业。落实创业扶持政策，鼓励更多城乡劳动者走上创业致富之路。加强收入分配调节，多渠道增加农民收入，逐步提高最低工资标准，普遍建立企业工资集体协商机制，健全职工工资正常增长机制和支付保障机制。继续扩大养老、医疗、失业、工伤、生育五大社会保险的覆盖面，努力实现人人享有社会保险。健全完善社会保险、社会福利、社会救助、社会优抚、社会慈善相互衔接的社会保障体系,稳步提高保障水平。继续推进保障性安居工程建设,完善保障性住房建设、分配、管理、退出等制度。继续加强农村困难家庭住房救助。切实保障妇女儿童、老年人、残疾人的合法权益。积极应对人口老龄化,加快社会养老服务体系建设。

提高全民健康水平。制定实施具有浙江特色的健康发展战略,积极落实国民健康行动计划,深化医药卫生体制改革,完善惠及城乡居民的基本医疗卫生制度。积极推进公立医院改革,强化基层医疗卫生服务体系建设,大力促进基本公共卫生服务均等化,深入开展爱国卫生运动。推进中医药事业发展。坚持群众体育与竞技体育、体育事业与体育产业协调发展,广泛开展全民健身和体育活动,不断提高竞技体育和体育产业发展水平。认真做好人口和计划生育工作,促进出生人口结构优化和素质提高。

加强和创新社会管理。深入推进社会管理创新综合试点,健全完善党委领导、政府负责、社会协同、公众参与的社会管理格局。坚持和发展"枫桥经验",完善"网格化管理、组团式服务",强化基层基础建设。加强统筹整合,统一设立乡镇街道社会服务管理中心,建立健全城乡社区服务平台。培育发展社会组织,加强管理和指导,鼓励支持各类社会组织参与社会建设和管理。深入发展和谐劳动关系,实现广大劳动者体面劳动,促进企业持续健康发展。以政府诚信为先导,建立健全覆盖各类经济社会主体和公民个人的社会诚信体系。深入开展平安创建系列活动,不断提高创建工作水平。加强和改进信访工作,坚持人民调解、行政调解、司法调解、仲裁调解及其联动配合,最大限度地把社会矛盾纠纷解决在基层、化解在萌芽状态。坚持专群结合,完善社会治安防控体系,严密防范和依法打击各类违法犯罪活动,着力增强人民群众的安全感。深入开展反渗透反颠覆反分裂斗争,切实维护国家安全。严格落实安全生产责任,提高安全生产监管水平。加强食品药品安全监管,切实保障人民群众饮食用药安全。加强互联网管理,营造和谐有序的网络环境。全面推行重大决策社会稳定风险评估。强化应急管理体系建设,提高重特大突发事件应急处置能力。

(六)坚持生态立省方略,加快建设生态浙江。深入实施"811"生态文明建设推进行动,着力完善体制机制,加快建设资源节约型、环境友好型社会,努力建设"富饶秀美、和谐安康"的生态浙江。

大力发展生态经济。严格实行空间、总量、项目"三位一体"环境准入制度,加快淘汰重污染高能耗的落后产能,大力发展生态循环农业、绿色制造业、生态服务业以及生态旅游、休闲养生等产业。全面深化循环经济试点省建设,实施循环经济"991"行动计划,推动循环经济发展取得新成效。全面推进节能降耗,突出抓好工业、交通、公共机构、居民生活等重点领域和重点耗能企业节能工作,积极发展绿色建筑,推进低碳试点示范。

着力改善生态环境。大力实施清洁水源行动、清洁空气行动、清洁土壤行动,切实解决危害群众健康的环境问题。实行最严格的污染减排制度,严格落实总量替代、排污许可、标准提升、区域限批等调控措施。全面加强城乡环境基础设施建设,深入开展城乡环境综合整治,不断改善人居环境。加快浙西绿色屏障和浙东蓝色屏障建设,切实加强自然保护区和重要生态功能区的建设和管理。广泛开展植树造林,大力发展现代林业,切实保护森林、湿地和野生动植物资源,加强生物多样性保护。深入推进海洋污染防治,实施海洋生物资源、重要港湾和重点海域生态环境恢复工程。加强生态治理修复,加大防灾减灾体系建设力度。严格环境执法监管,有效遏制环境违法行为。切实加强环境安全保障体系建设。

积极建设生态文化。深入开展绿色创建活动,扎实推进生态文明建设试点。加强生态文化研究,积极推进生态文化载体建设。广泛开展生态文明宣传教育,全面倡导节约资源、保护环境的生产生活方式和消费模式,努力营造共建共享生态文明的浓厚氛围。鼓励公众参与生态文明建设,发挥民间环保组织积极作用,不断壮大生态环保志愿者队伍。建立健全生态文明建设评价指标体系,不断完善促进生态文明建设的体制机制。

四、加强党的建设,为建设物质富裕精神富有的现代化浙江提供坚强保证

建设物质富裕精神富有的现代化浙江,关键在于加强和改善党的领导。要坚持以改革创新精神全面推进党的建设新的伟大工程,进一步完善党要管党、从严治党的机制和制度,密切党同人民群众的血肉联系,着力提高党的建设科学化水平,始终保持党的先进性和纯洁性,为建设物质富裕精神富有的现代化浙江提供坚强保证。

(一)进一步加强思想政治建设,用科学理论武装头脑、指导实践。深入实施中国特色社会主义理论体系普及计划,推进学习型党组织建设,坚持党委(党组)中心组学习制度,完善领导干部述学评学考学制度和办法,切实增强广大党员干部坚持中国特色社会主义道路、理论、制度的自觉性坚定性。坚持以增强党性为核心,加强理想信念教育和思想道德建设,持续推动中共党史的学习教育,引导广大党员干部树立正确的世界观、事业观、权力观,模范践行社会主义核心价值体系。弘扬理论联系实际的学风,加强对经济、科技、政治、历史、法律、社会管理等各种知识的学习,加强对重大理论和现实问题的调查研究,努力做到学以致用、用以促学,不断提高广大党员和干部队伍的整体素质,切实担当起历史赋予的光荣使命。

(二)培养造就高素质领导班子和干部队伍,提升推动科学发展、促进社会和谐的能力。切实选好配强各级领导班子特别是党政主要领导,加强领导班子思想政治建设,增强领导班子整体功能和合力,不断提高转变经济发展方式能力、社会管理能力和应对突发事件能力。坚持正确用人导向和德才兼备、以德为先用人标准,切实把政治坚定、实绩突出、作风过硬、群众公认的干部选拔到各级领导岗位。特别要注意选拔那些原则性强、对群众感情深、一身正气、敢抓善管和工作中有思路、有激情、有韧劲、贡献大的干部,真正让想干事者有机会、能干事者有舞台,不让老实人吃亏,不让投机钻营者得利。深化干部人事制度改革,加大竞争性选拔力度,重视从基层一线选拔干部,健全完善促进科学发展的考核评价机制。着力改进与规范干部选拔任用提名,扎实推进差额选拔干部工作,增强民主推荐的科学性,扩大干部工作信息公开。建立完善调整不适宜担任现职干部等制度。积极推进事业单位和国有企业人事制度改革。认真落实从严管理干部要求,对关键岗位干部实行重点管理。深入整治用人上的不正之风,健全干部选拔任用工作监督机制和责任追究制度,不断提高选人用人公信度。扎实推进新一轮大规模培训干部工作,充分发挥党校主阵地、高校基地、网络学院作用,突出抓好理论武装、党性锻炼和能力培训。切实加大培养选拔优秀年轻干部力度,创新培养选拔机制,鼓励年轻干部到艰苦地区、复杂环境、关键岗位经受锻炼、增长才干。加强后备干部队伍建设,重视培养选拔女干部、党外干部和少数民族干部,合理使用各个年龄段干部,带着深厚感情做好老干部工作。

(三)积极发展党内民主,增强党组织的团结和活力。尊重党员主体地位,落实和保障党员民主权利,努力以党内民主带动人民民主。积极推进党务公开,健全落实党内情况通报、情况反映、听证咨询等制度,畅通党员参与和监督党内事务渠道,积极营造党内民主讨论、民主监督环境。完善常委会、全委会议事规则和决策机制,推行地方党委讨论决定重大问题和任用重要干部票决制。严格贯彻民主集中制,健全集体领导与个人分工负责相结合制度,善于听取不同意见,坚决防止个人专断。进一步完善

党代表大会制度，扩大县（市、区）党代会常任制试行范围，全面试行乡镇党代会常任制。深入实施党代表任期制，推进党代表工作室建设，充分发挥党代表在党代会闭会期间作用。改进党内选举制度，完善候选人提名制度和选举方式，深化基层党组织“两推一选”、公推直选制度，探索开展“公推差选”工作。建立健全基层党组织与党员群众沟通对话机制，探索扩大基层党内民主多种实现形式。严格执行党的纪律特别是政治纪律，加强重大决策部署执行情况督查，切实保证政令畅通。

（四）深入推进服务型基层党组织建设，着力构建城乡统筹基层党建工作新格局。全面深化服务型基层党组织建设，推进创先争优常态化长效化，不断增强基层党组织的服务功能。积极推进区域化党建工作，优化基层党组织设置，实现区域内组织共建、资源共享、党员共管、活动共办、事务共商。注重加强农村基层组织建设，选优训强用好农村带头人队伍，整顿转化后进党组织，发展壮大村级集体经济，充分发挥农村基层党组织战斗堡垒作用。大力推进新经济组织和新社会组织党建工作，巩固扩大党的组织和工作覆盖，深化系列“红色行动”和“双强争先”活动，充分发挥党组织团结带领群众的政治核心作用和推进“两新”组织发展的政治引领作用。积极推进社区、国有企业、机关、学校等领域党建工作，坚持党建带群团建设。健全城乡统筹基层党建工作机制，加大对基层党建工作投入力度，完善资源共享的基层组织建设保障机制。加强和改进党员发展教育管理服务工作，提高发展党员质量，健全城乡一体的党员动态管理机制。积极推进基层党建工作信息化，加强网络党建和现代远程教学工作。注重县级党校建设。健全党内激励、关怀、帮扶机制，真正重视、真情关心、真心爱护广大基层党员干部。落实基层党建工作责任制，全面推行“三级联述联评联考”制度。

（五）密切党同人民群众的血肉联系，以优良的党风促政风带民风。始终坚持党的群众路线，深入开展马克思主义群众观教育，党员干部要把群众当亲人，拜人民为师，多去困难大、矛盾多的地方，多办顺民意、惠民生、解民忧的实事好事。创新工作载体，完善长效机制，持续推进作风建设。建立干部直接联系群众制度，完善领导干部基层联系点、蹲点调研、下访约访、结对帮扶等制度，深化农村工作指导员和科技特派员工作，巩固和深化村务监督委员会和村级便民服务中心建设成果，着力健全服务企业、服务基层工作机制。严肃整顿官僚主义、形式主义等突出问题，坚决纠正急功近利、弄虚作假、敷衍塞责等不良风气，严肃处理不作为、慢作为、乱作为等行为。进一步改进文风会风，精简会议和文件，促使各级干部集中精力抓好工作落实。弘扬艰苦奋斗精神，坚持厉行节约，反对铺张浪费，推进节约型机关建设，树立党员干部良好形象。

（六）深入推进反腐倡廉建设，健全具有浙江特点的惩治和预防腐败体系。坚持标本兼治、综合治理、惩防并举、注重预防的方针，进一步完善具有浙江特点的惩治和预防腐败体系。坚持把反腐倡廉教育贯穿干部培养、选拔、管理、使用全过程，深化示范教育、警示教育和岗位廉政风险防范教育，大力推进廉政文化建设。以领导班子和领导干部为重点，落实党内监督条例，严格执行廉政准则，深化防止利益冲突工作，完善廉政风险防控机制。进一步加强巡视工作。推进反腐倡廉制度建设，建立健全决策权、执行权、监督权既相互制约又相互协调的权力结构和运行机制，逐步完善内容科学、程序严密、配套完备、有效管用的反腐倡廉制度体系。注重发挥市场机制防治腐败的积极作用，深入实施“阳光工程”，着力铲除滋生腐败的土壤和条件。坚持抓好日常性基础性工作与解决群众反映强烈的突出问题相结合，坚决纠正损害群众利益的不正之风。坚决惩治腐败，对腐败案件发现一起、查处一起，绝不让任何腐败分子逃脱党纪国法的惩处。各级党委要坚持和完善反腐败领导体制和工作机制，严格执行党风廉政建设责任制,以党风廉政建设和反腐败斗争的实际成效取信于民。

同志们,建设物质富裕精神富有的现代化浙江,使命光荣,任务艰巨。让我们更加紧密地团结在以胡锦涛同志为总书记的党中央周围,高举中国特色社会主义伟大旗帜,深入贯彻落实科学发展观,振奋精神、求真务实,锐意进取、创先争优,以优异成绩迎接党的十八大胜利召开,奋力开创浙江科学发展新局面,谱写浙江人民美好生活新篇章!

中共浙江省委常委、书记、副书记
中共浙江省纪委书记、副书记、常委名单

2012 年 6 月 10 日,中共浙江省第十三届委员会第一次全体会议选举赵洪祝为省委书记,夏宝龙、李强为省委副书记,当选为省委常委的还有任泽民、王辉忠、黄坤明、葛慧君(女)、蔡奇、刘力伟、龚正、陈德荣、王新海、赵一德。

会议通过中共浙江省第十三届纪律检查委员会书记、副书记、常委人选:任泽民为省纪委书记,杨晓光、马光明、洪巨平、王海超为省纪委副书记;省纪委常务委员会委员有:任泽民、杨晓光、马光明、洪巨平、王海超、周益扬、徐宇宁、丁世明、胡志权、施彩华、陈擎苍。

安徽省第九次党代会报告摘要及省委、省纪委领导成员名单

深入贯彻落实科学发展观
为建设经济繁荣生态良好人民幸福社会和谐的美好安徽而奋斗

——在中国共产党安徽省第九次代表大会上的报告(摘要)

(2011 年 10 月 26 日)

张宝顺

同志们:

现在,我代表中国共产党安徽省第八届委员会向大会作报告。

中国共产党安徽省第九次代表大会,是在全国上下热烈庆祝建党 90 周年,我省"十二五"顺利开局的新形势下召开的一次重要会议。大会的主题是,高举中国特色社会主义伟大旗帜,以邓小平理论和"三个代表"重要思想为指导,深入贯彻落实科学发展观,系统总结省第八次党代会以来的工作,科学确立未来五年的奋斗目标和重点任务,进一步动员全省广大党员和各族人民,凝心聚力,抢抓机遇,求真务实,开拓创新,不断把科学发展、全面转型、加速崛起、兴皖富民大业推向前进。

一、过去五年的工作(略)

二、坚定不移走科学发展道路

当前和今后一个时期,国际国内环境继续发生深刻变化,经济全球化和区域经济一体化深入发展,科技创新和经济转型处于新的孕育期,国内外产业转移方兴未艾,我省加快发展的外部环境总体有利,但不确定不稳定因素也会增多。未来五年,安徽经济社会发展呈现新的阶段性特征,工业化、城镇化、农业现代化加速推进,综合实力和核心竞争力显著增强,人民生活水平同步提高,既是大有可为的黄金发展期,也是错综复杂的矛盾凸显期。我们要科学把握发展规律,主动适应环境变化,抢抓机遇,乘势而上,努力把经济社会发展推向新的更高水平。

今后五年全省工作的指导思想是:高举中国特色社会主义伟大旗帜,以邓小平理论和"三个代表"重要思想为指导,深入贯彻落实科学发展观,紧紧围绕科学发展主题和全面转型、加速崛起、兴皖富民主线,坚持工业化城镇化双轮驱动,坚持转型发展、开放发展、创新发展、和谐发展,全面推进社会主义经济建设、政治建设、文化建设、社会建设以及生态文明建设,不断提升党的建设科学化水平,努力建设经济繁荣、生态良好、社会和谐、人民幸福的美好安徽。

贯彻这一指导思想,关键是要在科学发展观指导下,推动经济社会全面转型,努力走出"六条新路",确保转变经济发展方式取得重大进展。

——更加突出改革开放,走出中部地区科学承接、跨越崛起的新路子。安徽今天发展的大好局面靠的是改革开放,未来发展也必须坚定不移依靠改革开放。我们要进一步弘扬敢为人先的创新精神,解放思想,锐意改革,坚决破除一切妨碍科学发展的思想观念和体制机制弊端,为经济社会发展注入强大动力。

要充分发挥内陆开放前沿的区位优势,充分利用国家级皖江城市带承接产业转移示范区战略平台,积极参与长三角区域发展分工合作,

全面扩大对内对外开放，加速融入国际国内经济大循环，以大开放实现新跨越。

——更加突出创新驱动，走出资源性产业大省结构优化、转型升级的新路子。面对资源环境的刚性约束和更加激烈的市场竞争，我省传统产业优势日趋弱化，迫切需要加快产业转型升级，培育新的竞争优势。我们要坚持把自主创新作为结构调整的中心环节，深入推进合芜蚌自主创新综合试验区和国家技术创新工程试点省建设，快速突破战略性新兴产业，做大做强传统优势产业，加快发展现代服务业，促进三次产业在更高水平上协调发展、融合发展，加快构建更具竞争力的现代产业体系。

——更加突出统筹发展，走出农业大省城乡一体、区域联动的新路子。我省城镇化水平总体较低，区域差异很大，统筹发展的任务还很繁重。我们要坚持新型工业化和新型城镇化双轮驱动，同步推进农业现代化，把培育壮大中心城市和城市群摆在优先位置，积极发展中小城市，大力发展县域经济，加快新农村建设步伐，努力构建城乡一体化发展新格局。要全面实施主体功能区规划，完善科学考核评价体系，引导各地充分发挥比较优势，加大对困难地区支持力度，努力形成区域竞相发展、协调发展的生动局面。

——更加突出生态文明，走出后发地区低碳环保、持续发展的新路子。青山绿水是我省的靓丽品牌和宝贵财富，也是重要的竞争优势和发展潜力，决不能以牺牲资源环境为代价求得一时发展。我们要按照生态环境优美、宜居宜业宜游的要求，把能源资源节约和生态环境保护摆上更加重要的战略位置，坚持在开发中保护、在保护中开发，努力实现经济发展与人口资源环境相协调。

——更加突出人才优先，走出人口大省素质提升、科教兴皖的新路子。区域竞争归根结底是人才的竞争，加速崛起关键取决于人的素质。我们要进一步强化人才资源是第一资源的理念，主动顺应产业升级和社会转型的需要，着力优化基础教育，大力发展职业教育，全面提高高等教育质量，加快培养引进创新型科技人才、经济社会发展重点领域专门人才和高技能人才，培养一大批创业型人才，进一步完善人才激励机制，充分激发各类人才的创造活力，培育素质型人口红利新优势，为经济社会发展提供强大智力支撑。

——更加突出富民导向，走出发展中省份普惠民生、和谐发展的新路子。保障和改善民生是发展的根本目的，只有民生持续改善，经济增长才有持久动力，社会才能长治久安。我们要坚持尽力而为、量力而行，在加快经济发展的基础上，更加重视改善民生和发展社会事业，更加重视提高城乡居民收入，更加重视维护社会公平正义，努力使发展成果更好地惠及全省人民，不断提升群众幸福指数，确保社会和谐稳定、人民安居乐业。

今后五年，我们的奋斗目标是：全面完成“十二五”规划目标任务，努力打造“三个强省”，加快建设美好安徽，为全面建成小康社会打下具有决定性意义的基础。

——努力打造加速崛起的经济强省。奋力走在中部崛起前列，实现生产总值、财政收入、城乡居民收入、战略性新兴产业增加值和服务业增加值翻一番。结构调整取得重大进展，经济国际化水平显著提升，形成一批具有自主品牌、核心技术和国际竞争力的新兴产业和骨干企业，努力成为全国重要的先进制造业基地、战略性新兴产业基地、优质农产品供应及加工基地和内陆开放新高地。

——努力打造充满活力的文化强省。社会主义核心价值体系深入人心，全省人民思想道德素质、科学文化素质和健康素质不断提高，科技教育事业全面进步，自主创新能力进入全国先进行列。诚信合作、创新创业的精神风尚进一步弘扬，奋发进取、理性平和、开放包容的社会心态进一步形成，信用安徽建设取得实质性进展。文化创新能力显著增强，惠及全民的公共文化服务体系基本形成，文化产业成为重要支柱产业,文化软实力和影响力持续提升。

——努力打造宜居宜业的生态强省。生态文明观念在全社会牢固树立,节约资源和保护生态环境的产业结构、增长方式、消费模式加快形成。资源能源综合利用效率大幅提升,节能减排任务全面完成。水利发展实现新的跨越,淮河、巢湖等重点流域水环境质量明显好转,基本实现江河安澜、人水和谐。城乡环境面貌变化显著,森林覆盖率稳步提高,争创一批国家森林城市和园林城市,培育建设一大批美丽乡村,江淮大地山更青、水更绿,成为全国重要的旅游休闲基地和创新创业高地。

我们坚信,经过全省上下共同努力,五年后的安徽,科学发展一定会再上新台阶,人民生活一定会更幸福,崛起中的安徽一定会更美好!

三、全力推进经济又好又快发展

加速崛起进程,必须坚持发展是硬道理,牢牢扭住经济建设这个中心,抢抓国家扩大内需战略机遇,切实把全面转型贯穿经济社会发展全过程,着力提升发展质量和效益,努力保持经济又好又快发展势头,不断夯实兴皖富民的强大物质基础。

(一)加快产业转型升级步伐。推动产业结构调整是加快转变经济发展方式的主攻方向,要坚定不移走新型工业化道路,推动传统产业新型化、新兴产业规模化,突出产业特色,坚持错位发展,加快构建现代产业体系,全面提升产业素质和核心竞争力。把扩大有效需求作为转型升级的主抓手,深入实施“861”行动计划,着力优化投资结构,加快谋划建设一批牵动性强、综合效益好的重大项目;优化消费环境,促进消费结构升级,进一步增强经济增长的内生动力。把培育发展战略性新兴产业作为转型升级的突破口,围绕电子信息、节能环保、新能源、生物、高端装备制造、新材料、新能源汽车、公共安全等重点领域,进一步聚焦力量,强化政策支持,创新体制机制,全力持续推进,加快形成若干支撑未来发展新的支柱产业。把改造提升传统优势产业作为转型升级的重大任务,调整优化能源原材料产业,巩固提升汽车、家电、装备制造等优势产业,促进基础产业和加工制造业做强做优。把推动服务业大发展作为转型升级的战略重点,加快发展现代物流、金融、商务、服务外包、研发等生产性服务业,大力发展商贸、文化旅游、家庭服务、体育休闲等生活性服务业,推进规模化、品牌化、网络化经营,显著提高服务业比重和水平。按照布局集中、节约集约、环境友好的要求,建立健全分工协作体系,强化产业配套能力,推进企业兼并重组,加快培育一批千亿元企业、千亿元产业和千亿元园区。

(二)推动城镇化快速健康发展。城镇化的过程就是经济社会现代化的过程,要根据综合承载能力,加快构建更加合理的城市化战略格局,促进大中小城市和小城镇协调发展。提升中心城市能级是推进城镇化的首要任务,要以行政区划调整为契机,大力提高城市规划、建设和管理水平,支持合肥建设全国有影响力的区域性特大城市;支持芜湖次中心城市建设,推进芜马跨江联动发展,加快铜池一体化进程,共同构建滨江组团式城市群发展格局;推动阜阳、蚌埠、安庆、黄山建设成为重要的区域中心城市;加快淮北、淮南、马鞍山、铜陵等资源型城市转型步伐;促进亳州、宿州、滁州、六安、宣城等城市完善综合功能,提升承载力和带动力。壮大县域经济是兴皖富民的重要基础,要以推进扩权强县改革为抓手,加快建设一批经济强县,着力提升县域工业化城镇化水平,支持基础条件好的县城和重点镇提质扩容,努力打造一批特色鲜明的中小城市。加快农民市民化进程是推进城镇化的核心环节,要以深化户籍制度改革为切入点,下大力气解决进城农民在就业、住房、社保、医疗卫生、子女教育等方面的突出问题,逐步实现基本公共服务由户籍人口向常住人口全覆盖。

(三)加大社会主义新农村建设力度。农业、农村、农民问题事关全面建设小康社会大局,要全面落实强农惠农政策,认真贯彻“三化同步”战略部署，深入推进农业结构调整，切实转变发展方式，促进农民收入持续较快增长，推动“三农”现代化不断取得实质性进展。以现代农业示范区建设为突破口，以农业科技创新为支撑，大力发展高产优质高效农业，加大对粮食主产区支持力度，全面实施新增粮食生产能力规划，加快发展标准化、规模化畜禽养殖，积极培育林特产业，显著提升农业综合生产能力；深入实施农业产业化转型倍增计划，着力培育一批“国字号”品牌和领军企业，打造一批百亿元产业集群，推动农产品加工业精深化、品牌化、集群化发展，加快构建现代农业产业体系。科学编制村镇建设和村庄布点规划，以中心镇、中心村为载体，以土地整治整村推进为抓手，大力实施农村危房改造和村庄整治，引导农民适度集中居住，强化基础设施和公共服务建设，打造一批布局合理、特色鲜明、设施配套、环境整洁的新型农村社区。农村改革已进入城乡联动新阶段，要以激活生产要素为核心，全面加强农村制度建设，力争继续走在全国前列。创新农业经营机制，大力培育龙头企业、农民专业合作社、家庭农场、种养大户等现代农业经营主体，健全农业社会化服务体系，不断提高农业规模化、组织化水平；开展农村土地产权制度改革试点，推进征地制度改革，加快建立城乡统一的建设用地市场，完善农村宅基地制度，保障农户宅基地用益物权；深化农村金融改革，加快农村银行发展步伐，积极发展农村小型金融组织和小额信贷，大力发展农业保险，创新抵押担保方式，积极构建符合农业特点和农民需求的现代农村金融体系。

（四）大力推进自主创新。增强自主创新能力是塑造竞争新优势的根本途径。以合芜蚌自主创新综合试验区为重点，深入推进国家技术创新工程试点省建设，加快构建以企业为主体、市场为导向、产学研相结合的技术创新体系，努力打造在全国具有影响力的自主创新高地。顺应产业升级趋势和市场需求导向，凝炼实施一批重大科技攻关项目，着力突破一批关键共性技术，不断强化科技对经济发展的引领和推动作用。积极推动协同创新，加强产学研战略联盟、技术服务平台和交易平台建设，加速科技成果向现实生产力转化，打造更多具有国际竞争力的创新企业、新兴产业和自主品牌。充分发挥国家赋予合芜蚌自主创新综合试验区政策效应，完善鼓励自主创新的法制保障、政策体系、激励机制、市场环境，大力培育引进创新型人才、领军人才和创新团队，进一步激发全社会创新活力。

（五）促进区域经济协调发展。安徽区域特色鲜明，必须按照主体功能区战略的总体要求，坚持因地制宜、分类指导、科学考核，加快形成人口、经济、资源环境相协调的国土空间开发格局。高水平建设皖江城市带承接产业转移示范区，做大做强合肥经济圈，加快推进江北、江南集中区建设，着力培育一批承接产业转移园区，加快构建以先进制造业和现代服务业为主导的产业体系，充分发挥圈带聚合效应，打造引领安徽崛起的重要增长极。加快皖北地区发展步伐，完善政策支持体系，着力改善发展条件，强化资源深度开发和综合利用，培育壮大煤电、食品、医药、商贸物流等优势产业，大力发展劳动密集型产业，加速工业化城镇化和农业现代化进程，努力成为兴皖富民的新支撑。深入推进皖南国际旅游文化示范区建设，努力建成世界一流的旅游观光度假地。支持大别山等革命老区充分发挥生态环境、红色旅游等特色资源优势，实现绿色发展，加快兴区富民。加大对山区、库区、沿淮行蓄洪区、江淮分水岭地区的扶贫开发力度，显著改善生产生活条件。

（六）强化基础承载能力。顺应区域经济一体化趋势，构建结构合理、功能齐全的基础设施体系，夯实加速崛起的基础支撑。抓住国家加快水利改革发展历史性机遇，全面实施水利安徽战略，突出加强农田水利建设，大力推进新一轮治淮工程，加快长江干流河道整治和主要支流治理，加大中小河流治理力度，认真做好病险水库水闸除险加固，推进引江济淮（巢）等骨干水资源配置工程，加强城市水利建设，积极构建与全面小康社会基本适应的现代水利支撑体系。按照适度超前原则，加快铁路客运专线、城际铁路和主要铁路枢纽建设，加强高速公路和国省干线公路建设，积极推进过江通道建设，大力实施县乡公路改造、危桥加固改造和安全保障工程，提高重要港口和干支流航道等级，优化机场布局，完善城市公共交通系统，加快形成便捷、安全、高效的现代化综合交通运输体系。加大能源输送通道建设力度，积极推进智能电网建设，大力实施新一轮城乡电网建设与升级改造，加快完善成品油和天然气管道网络，切实保障能源安全供给。推动信息化与工业化深度融合，积极开展下一代信息基础设施建设，稳步推进“三网融合”，积极发展物联网产业，大力推进社会管理和服务信息化，显著提升经济社会信息化水平。

（七）继续深化改革开放。积极推进行政管理体制改革，加快事业单位分类改革步伐，切实转变政府职能，着力提升行政效能，打造一流发展环境。强力推进国有企业改革，完善法人治理结构，加快产权多元化改造和兼并重组步伐，健全国有资产监管体制；落实支持非公有制经济加快发展的政策措施，加强对非公有制经济的服务指导和规范管理，健全中小企业社会化服务体系，培育更多富有活力和竞争力的市场主体。围绕推进基本公共服务均等化和主体功能区建设，进一步完善公共财政体系，健全财政转移支付制度，加快构建有利于科学发展的财税体制机制。创新基本公共服务提供方式，引入竞争机制，扩大购买服务，推动形成多元参与、公平竞争的服务格局。积极推进金融改革创新，完善地方金融体系，引进更多境内外金融机构，大力发展多种金融业态，拓宽融资渠道，扩大社会融资总量，加强地方金融监管，不断提高金融服务经济发展能力。扩大开放是转型发展的强大动力和加速崛起的必由之路，要深化与长三角区域分工合作，加强与珠三角、港澳台、央企、知名民企战略合作，创新招商引资方式，显著提升利用内外资质量和水平；加快转变外贸发展方式，培育更多外贸主体，不断优化外贸结构，积极拓展国际经济合作的空间和途径，支持有条件企业“走出去”，努力形成全方位、多层次、宽领域的开放合作格局。

四、显著提高人民生活水平

提高人民生活水平是发展经济之本、加快转型之源、促进和谐之基。要顺应人民群众过上更好生活新期待，坚持以人为本、富民优先，扎实推进民生工程，全面实施居民收入倍增规划，加快完善保障和改善民生的制度安排，坚定不移走共同富裕道路，尽快让全省人民过上更加殷实的小康生活。

（一）千方百计提升就业水平。扩大就业是改善民生的头等大事。要实施就业优先战略，健全政府引导和市场调节相结合的机制，努力实现更加充分、更为公平、更高层次的就业。坚持发展经济与扩大就业并举，在推动产业升级的同时，注重发展就业容量大的服务业、劳动密集型产业，促进就业稳定增长。统筹城乡和区域劳动力布局，加快城乡就业一体化，深入开展皖江皖北就业对接活动，研究制定区域人口转移就业和落户政策，实现经济发展水平、综合承载能力与人口分布相协调。完善政府就业服务体系，强化对高校毕业生、农村转移劳动力、城镇就业困难人员等重点人群的就业服务，尤其要加强和改进对农民工的技能培训，着力提升就业技能和就业质量。认真贯彻执行各项劳动法律法规，建立健全劳动关系协调、劳动监察执法和劳动纠纷调处机制，维护劳动者合法权益，构建和谐劳动关系。

（二）充分激发全民创业活力。推进创业是居民增收致富、提高生活水平的持久动力。要大力弘扬创业精神，积极培育创业文化，努力营造崇尚创业、支持创业、竞相创业的良好风尚。大力培育创业主体，坚持招商引资与培育本土企业相结合，全面落实各项政策措施，健全公平竞争、充满活力的创业机制，推动小微型企业大发展。深入开展创建创业型城市活动，以扶持大学生和农民工创业为重点，完善财税金融支持政策，健全创业服务体系，推进创业基地建设，为创业者提供最大的支持、最优的服务。

(三)加快完善社会保障体系。社会保障是民生安全网。要按照“广覆盖、保基本、多层次、可持续”的方针，加快健全覆盖城乡居民的社会保障体系。继续扩大社会保险覆盖面，着力提高统筹层次，逐步提高保障标准。健全养老保险体系，推进城镇职工养老保险扩面提标，加快机关事业单位养老保险制度改革，开展城镇居民社会养老保险试点，2012 年实现城乡居民社会养老保险制度全覆盖。完善城镇职工、城镇居民医疗保险和新型农村合作医疗制度，努力构建城乡一体化的基本医疗保障体系。进一步完善工伤、失业、生育保险制度，健全城乡居民最低生活保障制度，加强社会救助体系建设。促进房地产市场健康发展，加强保障性住房建设，力争到 2015 年城镇保障性住房覆盖面达到 20%。

(四)深化收入分配制度改革。合理的收入分配制度是社会公平的重要体现。要坚持“提低、扩中、调高”的政策导向，加大政府对初次分配和再分配的调控力度，大幅增加低收入者收入，持续扩大中等收入群体，显著减少贫困人口，着力扭转收入差距扩大的趋势。深化工资制度改革，推进工资集体协商，发展企业年金，完善公务员工资制度，分类推进事业单位收入分配制度改革，建立离退休人员工资待遇动态增长机制，稳步提高最低工资标准。加大对群众财产权益的保护力度，创造条件让更多的群众拥有财产性收入。

五、大力加强和谐社会建设

加强社会建设是科学发展的重要任务，是全面转型的内在要求。当前，我省正处在经济社会加速转型的关键时期，社会建设面临的形势更加复杂，任务更加繁重，要切实把社会建设摆上更加突出的位置，努力实现经济发展与社会进步协调推进。

(一)加快发展社会事业。发展社会事业与人民幸福息息相关。要大力推进基本公共服务均等化，提高公共产品和公共服务保障水平，推动公共资源向农村倾斜、向贫困地区倾斜，逐步缩小城乡之间、区域之间基本公共服务差距。坚持优先发展教育，确保经济社会发展规划优先安排教育发展、财政资金优先保障教育投入、公共资源优先满足教育和人力资源开发需要，大力实施中长期教育改革和发展规划纲要，着力建设更加均衡的基础教育、更具特色的职业教育和更高质量的高等教育，不断提高人民群众对教育工作的满意度。深化科技体制改革，加强科学技术普及，提高人民群众科学素养，充分激发广大科技工作者和全社会的创新活力。深化医药卫生体制改革，加强基层医疗卫生服务体系和人才队伍建设，完善基本药物供应保障体系，积极稳妥推进公立医院改革，努力为人民群众提供安全、有效、方便、价廉的医疗卫生服务。广泛开展全民健身运动，不断提高人民群众健康素质，着力提升竞技体育水平。完善人口与计划生育政策，促进人口长期均衡发展，积极应对人口老龄化。切实保障妇女、儿童合法权益。支持残疾人事业发展。

(二)加强和创新社会管理。这是构建社会主义和谐社会的必然要求。要牢牢把握最大限度激发社会活力、最大限度增加和谐因素、最大限度减少不和谐因素的总要求，完善党委领导、政府负责、社会协同、公众参与的社会管理格局，着力解决影响社会和谐稳定的源头性、基础性、根本性问题，不断提高社会管理科学化水平。坚持用群众工作统揽信访工作，畅通群众诉求表达渠道，完善社会矛盾调解机制，深入推进社会稳定风险评估，切实维护群众合法权益，不断巩固和扩大社会管理的群众基础。坚持培育发展和监督管理并重，推动社会组织健康有序发展，充分发挥其提供服务、反映诉求、规范行为的作用。建立健全互联网管理体系，提高对虚拟社会的管理水平。做好流动人口和特殊人群服务管理。完善基层社会管理和服务体系，积极稳妥推进社区综合管理体制改革，提升社区自治和服务能力，加强和谐社区建设，实现政府行政管理与基层群众自治有效衔接、良性互动。

（三）加强公共安全体系建设。公共安全是社会和谐的基础和保障。要完善食品药品安全监管体制，建立质量追溯制度，严厉打击违法犯罪行为，全面提高食品药品安全保障水平，让人民群众放心和满意。始终把安全生产摆在突出位置，落实安全生产责任，加大隐患排查治理力度，坚决遏制重特大安全生产事故。推进防灾减灾能力建设，加强重点区域地质灾害防治工作，建立健全覆盖全省的综合防灾减灾体系。完善突发事件应急管理体制，提高危机管理和风险管理能力。加强社会治安综合治理，深入推进平安安徽建设，不断提高人民群众的安全感和满意度，努力使安徽成为全国最和谐稳定的省份之一。

六、扎实推进生态文明建设

生态文明建设是实现可持续发展的必由之路。必须牢固树立绿色发展理念，着力建设以低碳排放为特征的产业体系和消费模式，切实增强可持续发展能力，加快建设资源节约型、环境友好型社会，力争以最小的资源环境代价支撑更高水平、更长时期的发展。

（一）强力推进节能减排。我省正处于工业化、城镇化加速推进阶段，节能减排任务更加艰巨、更为繁重。要坚持标本兼治、综合治理，严格落实节能减排目标责任制，健全激励和约束机制，使节能减排走上法制化、规范化轨道，确保完成国家下达的约束性指标。坚决抑制高耗能产业过快增长，突出抓好工业、建筑、交通、公共机构等领域节能，加强重点节能工程建设，加快推行合同能源管理，积极推广先进节能技术和产品，提高能源转化效率，促进能源消耗与经济增长协调发展。大力发展新能源，逐步提升非化石能源比重。实施主要污染物排放总量控制，加强重点行业污染防治，推进城镇污水和垃圾无害化处理，严控农村面源污染，实施农村清洁工程，切实改善城乡环境质量。

（二）着力提高资源节约集约利用水平。全面实行资源利用总量控制、供需双向调节、差别化管理，大幅提高资源利用效率，提升各类资源保障程度。实行最严格的耕地保护制度，完善各类建设用地控制指标体系和地耗考核评价体系，合理确定新增建设用地的规模、结构、时序，严禁违法违规批地用地，加大闲置土地清理处置力度，提高单位土地投资强度和产出率，切实保障经济社会发展用地需求。实行最严格的水资源管理制度，推进农业节水增效，加快高耗水行业节水技术改造，加强城市节约用水，严格控制开采地下水，稳步推行阶梯式水价制度，全面保障城乡居民饮水安全和经济社会发展合理用水需求。加大矿产资源勘查力度，加强市场准入管理和矿业权市场建设，实行矿产资源有偿使用制度和矿山环境恢复补偿机制，促进矿产资源有序开发、合理利用。

（三）积极发展循环经济。以提高资源产出效率为目标，加强规划指导，加大财税、金融等政策支持力度，实行生产者责任延伸制度，推进生产、流通、消费各环节循环经济发展，形成覆盖全社会的资源循环利用体系。加快推进循环经济示范城市、园区和企业建设，积极开展低碳城市试点，建立资源循环利用回收体系，推进废旧汽车零部件、工程机械等再制造产业发展，促进循环经济规模化发展。加强节能环保技术研发推广和应用，支持鼓励企业加强技术改造，积极发展节能环保、资源循环利用关键技术装备和产品，加快把节能环保产业培育成新的支柱产业。

（四）切实加强生态保护。保护好青山绿水是我们肩负的历史责任。要按照主体功能区规划的总体要求，坚持保护优先和自然修复为主，大力开展植树造林，推进水土流失综合防治工程建设，强化大别山区、皖南山区等重要水源涵养区和生物多样性保护区等区域生态功能，加强淮河、巢湖和长江、新安江等流域水污染治理,加大对江淮分水岭地区、沿淮地区、矿区等生态脆弱地区综合治理力度,构建坚实的生态安全屏障。加大生态保护和建设投入,健全生态文明建设指标体系和考评体系,建立完善生态补偿机制。加强生态资源综合开发利用,着力培育一批在全国有影响力、竞争力的绿色产品和生态产业,切实把绿色优势转化为发展优势。

七、积极发展社会主义民主政治

发展社会主义民主政治是我们党始终不渝的奋斗目标。要坚定不移走中国特色社会主义政治发展道路,坚持党的领导、人民当家作主、依法治国有机统一,不断推进社会主义民主政治制度化、规范化、程序化,进一步巩固和发展民主团结、生动活泼、安定和谐的政治局面。

(一)切实扩大人民民主。人民当家作主是社会主义民主政治的本质和核心。要坚持发挥党总揽全局、协调各方的领导核心作用,提高党科学执政、民主执政、依法执政水平。支持人民代表大会及其常委会依法履行职能,保障人大代表依法行使职权,健全人大常委会会议制度和工作制度,提高议事决策和整体工作水平。支持人民政协围绕团结和民主两大主题履行职能,总结资政会等专题议政会工作经验,推进政治协商、民主监督、参政议政制度建设,不断提高政协工作科学化水平。支持工会、共青团、妇联等人民团体依照法律和各自章程开展工作。推进决策科学化、民主化、程序化,建立健全深入了解民情、充分反映民意、广泛集中民智、切实珍惜民力的决策机制,增强决策的透明度和公众参与度,保证决策符合人民利益和愿望。

(二)积极发展基层民主。发展基层民主是社会主义民主政治的基础工程,也是人民依法直接行使民主权利最有效、最广泛的途径。要健全基层党组织领导的充满活力的基层群众自治机制,推广"四议两公开"等有效做法,积极探索扩大基层民主的途径和方法。健全城乡基层民主管理制度,巩固和扩大"难点村"治理成果,深化政务、村务、事务、厂务公开,做到凡是需要公开和涉及群众切身利益的工作,都要及时公开,听取群众意见,接受群众监督。健全基层民主选举制度,总结推广村委会换届选举"三项制度"改革等经验,完善村(居)委会民主选举。健全以职工代表大会为基本形式的企事业单位职工民主管理制度,支持职工参与管理,切实维护职工合法权益。

(三)不断壮大爱国统一战线。坚持长期共存、互相监督、肝胆相照、荣辱与共的方针,完善同民主党派合作共事机制,支持民主党派和无党派人士更好履行参政议政、民主监督职能,充分发挥工商联作为党和政府联系非公有制经济人士的桥梁纽带作用,加强党外代表人士队伍建设,选拔和推荐更多优秀党外干部担任领导职务。牢牢把握各民族共同团结奋斗、共同繁荣发展的主题,加快少数民族和民族聚居区经济社会发展,巩固和发展平等团结互助和谐的社会主义民族关系。全面贯彻党的宗教工作基本方针,发挥宗教界人士和信教群众在促进经济社会发展中的积极作用。加强新的社会阶层人士工作,鼓励他们积极投身中国特色社会主义建设。深化与港澳台地区交流合作,积极做好侨务工作,广泛凝聚海内外同胞共同促进兴皖富民大业。

(四)加快推进依法治省进程。贯彻落实依法治国基本方略,深化法治安徽建设,把各项工作纳入法治化轨道,是社会主义民主政治的基本要求。要坚持科学立法、民主立法,重点围绕加快转变经济发展方式、加强和创新社会管理、保障和改善民生等,加强地方立法工作。

强化对法律法规实施情况的监督检查,切实做到有法必依、执法必严、违法必究。深入推进依法行政,建立健全权力运行和监督机制,落实质询、问责、经济责任审计等制度,统筹推进政务服务体系建设,着力打造法治型、服务型政府。深化司法体制和工作机制改革,优化司法职权配置,规范司法行为,维护司法公正,保证人民法院和人民检察院依法独立公正行使审判权、检察权。加强政法队伍建设，做到严格公正文明执法。实施“六五”普法规划，弘扬法治精神，加强法律援助和法律服务工作，保障困难群众平等享受法律保护。各级领导干部要发挥示范作用，努力形成人人学法守法用法的良好社会氛围。

坚持军民融合式发展，支持国防和驻皖部队现代化建设，深化全民国防教育，抓好民兵预备役工作，提高国防动员能力，加强人民防空建设，扎实开展双拥共建工作。

八、奋力推动文化大发展大繁荣

社会主义先进文化是马克思主义政党思想精神上的旗帜。必须深入贯彻党的十七届六中全会精神，坚定不移走中国特色社会主义文化发展道路，不断强化文化自觉和文化自信，以更大力度推进文化改革发展，加快实现由文化资源大省向文化强省跨越。

（一）扎实推进社会主义核心价值体系建设。社会主义核心价值体系是兴国之魂，是社会主义先进文化的精髓。要坚持不懈用中国特色社会主义理论体系武装党员、教育群众，进一步增强党的创新理论的说服力、社会主义核心价值体系的影响力、主流意识形态的指导力，推进马克思主义中国化时代化大众化。大力弘扬以爱国主义为核心的民族精神和以改革创新为核心的时代精神，坚持用社会主义荣辱观引领社会风尚，深入推进社会公德、职业道德、家庭美德、个人品德建设，不断拓展公民道德实践和文明创建活动，进一步丰富城乡社区文化生活，形成积极向上的精神追求和健康文明的生活方式。大力弘扬徽商重信守诺的优良传统，加快建设信用安徽，建立健全覆盖全社会的征信系统，积极营造守信光荣、失信可耻的浓厚氛围。大力弘扬科学精神，加强人文关怀，注重心理疏导，培育良好的社会心态。实施哲学社会科学创新工程，推进哲学社会科学繁荣发展。牢牢把握正确舆论导向，壮大主流舆论，整合宣传资源，加强网上思想文化阵地建设，规范网上信息传播秩序，形成健康向上的思想舆论环境。

（二）全面繁荣文化事业。为了谁、依靠谁是推进文化改革发展的根本问题，决定着社会主义文化的性质和方向。要牢固树立文化民生理念，坚持政府主导、社会参与、群众共建共享，以农村为重点，大力实施文化惠民工程，扎实推进重点公共文化设施建设，加快城乡文化一体化发展，到2015年基本建成公共文化服务体系。大力实施精品战略，深入发掘安徽历史文化丰厚底蕴，热情讴歌当代江淮儿女伟大创造，培育一批具有核心竞争力的优势艺术门类，打造更多思想性艺术性观赏性相统一、群众喜闻乐见的精品力作。发挥人民在文化建设中的主体作用，激发人民群众关心文化、参与文化的强烈热情和创造活力，引导文化工作者坚持以人民为中心的创作导向，在人民伟大创造中汲取营养，把最好的精神食粮奉献给人民。传承、创新安徽地域文化，发展黄梅戏、花鼓灯等地方文化艺术，科学保护、合理利用各类文物和非物质文化遗产，加强历史文化名城名镇名村和街（区）保护，加快推进徽州文化生态保护区建设，丰富提升安徽文化品牌内涵。江淮儿女创造了博大精深的安徽文化，也一定能够在弘扬优秀传统文化的基础上铸就新的辉煌。

（三）加快发展文化产业。发展文化产业是社会主义市场经济条件下满足人民多样化精神文化需求的重要途径，也是推进转型发展、培育新的经济增长点的重要抓手。要大力实施重大项目带动战略，加大政策支持和资源整合力度，加强文化产业基地规划和建设，做大做强一批“徽”字号文化航母，发展一批专、精、特、新的中小型文化企业，形成特色鲜明的文化产业集群，提升文化产业规模化、集约化、专业化水平，推动文化产业跨越式发展。引导社会资本以多种形式投资文化产业，营造公平参与市场竞争、同等受到法律保护的体制和法制环境。推动文化产业和现代科技深度融合，加快发展数字出版、动漫游戏等新型文化业态，催生更多具有自主知识产权的创意产品，抢占文化产业发展制高点。进一步推进文化“走出去”，加强对外文化交流，扩大对外文化贸易，不断提高安徽文化的国际知名度和影响力。

（四）深入推进文化体制改革。文化引领时代风气之先，是最需要创新的领域。要巩固拓展文化体制改革成果，着力构建充满活力、富有效率、更加开放、有利于文化科学发展的体制机制，进一步解放和发展文化生产力。推动转制文化企业建立现代企业制度，完善法人治理结构，加强文化企业家队伍建设，打造有竞争力的文化市场主体。深化公益性文化事业单位改革，创新公共文化服务运行机制，提高公共文化服务水平。健全文化产品和要素市场，构建统一开放竞争有序的现代文化市场体系。深入推进文化管理体制改革，推动形成文化事业和文化产业两手抓、两加强的工作格局，促进文化创造活力持续迸发。

九、不断提高党的建设科学化水平

推进兴皖富民、建设美好安徽，关键在党。要坚持党要管党、从严治党，以党的执政能力建设和先进性建设为主线，以改革创新为动力，以优化政治生态为抓手，以制度建设为保障，全面推进党的建设新的伟大工程，不断提高党的建设科学化水平。

（一）大力加强思想理论建设。这是党的建设的首要任务，是党的先进性建设的灵魂。要加快建设学习型党组织，引导党员干部深入学习和掌握马克思列宁主义、毛泽东思想，深入学习和掌握中国特色社会主义理论体系，坚定不移信仰共产主义，坚定不移为党和人民事业而奋斗。切实加强科学发展观的学习和宣传，深刻认识加快转变经济发展方式的重要性和紧迫性，始终不渝走科学发展之路。进一步加强对国情、省情及发展阶段性特征的学习和教育，引导广大党员干部增强兴皖富民的责任感和使命感，解放思想、实事求是、与时俱进，创造性开展工作，以只争朝夕的精神，百折不挠的毅力，推进全面转型，加速安徽崛起。

（二）努力建设高素质的干部和人才队伍。干部是事业成败的决定因素，要坚持五湖四海、任人唯贤，坚持干部“四化”方针，坚持德才兼备、以德为先用人标准，深化干部人事制度改革，加强干部教育培训工作，完善体现科学发展观和正确政绩观要求的干部考核评价体系，努力建设政治坚定、能力突出、作风过硬、群众信任的高素质干部队伍。树立靠实干说话、凭实绩用人的导向，注重选拔思想解放、务实创新的干部，注重选拔一心为民、乐于奉献的干部，注重选拔扎根基层、埋头苦干的干部，加强女干部、少数民族干部和党外干部培养选拔，加大竞争性选拔干部力度，积极推进干部交流轮岗，切实把各方面优秀干部及时发现出来、合理使用起来。着眼于党的事业长远发展，切实加强青年工作，把有工作实绩、有发展潜力的优秀年轻干部推荐到领导岗位。全面做好离退休干部工作。领导班子是干部队伍建设的重点，要以提高领导水平和执政能力为核心内容，健全领导体制和工作机制，改善领导方式和执政方式，努力把各级领导班子建设成为坚定贯彻党的理论和路线方针政策、善于领导科学发展、求真务实、改革创新、勤政廉政、团结和谐、朝气蓬勃、奋发有为的坚强领导集体。人才优势是最有潜力、最可依靠的优势，要大力实施人才强省战略，统筹抓好各类人才队伍建设，完善人才工作体制机制，努力形成人才辈出、人尽其才、才尽其用的生动局面，为推进兴皖富民大业提供坚强人才保证和广泛智力支持。

（三）进一步夯实基层基础。党的基层组织是党全部工作和战斗力的基础。要进一步巩固和加强党的基层组织，使之成为推动发展、服务群众、凝聚人心、促进和谐的坚强战斗堡垒。全面推进农村、企业、社区、机关和学校等基层党组织建设，加大在非公有制经济组织和社会组织建立党组织力度，推进网络党建，实现党组织和党的工作全覆盖。深入开展创先争优活动，深化基层党建工作三级联创，总结推广为民服务全程代理、双培双带、双向承诺、选派优秀年轻干部到村镇任职等经验做法，不断加强基层党组织工作创新。广泛开展城乡党组织结对共建活动，构建城乡统筹的基层党建新格局。建设高素质基层党组织带头人队伍，选好配强基层党组织书记。建立健全教育、管理、服务党员长效机制，提高发展党员质量，及时处置不合格党员。健全党内激励、关怀、帮扶机制，加强对老党员、生活困难党员的关怀帮扶。广大基层干部工作在一线，任务重、压力大，要更加关心爱护，充分调动他们的积极性和创造性。

(四)切实加强和改进党的作风。加强作风建设，核心问题是保持党同人民群众的血肉联系。要始终把人民利益放在第一位，把实现好、维护好、发展好最广大人民根本利益作为一切工作的出发点和落脚点，使我们的工作获得最广泛最可靠最牢固的群众基础和力量源泉。坚持感情上亲近群众，牢固树立群众观点，从思想深处把群众当主人，发自内心视群众为亲人，真心实意与群众以心交心，诚心诚意与群众以情换情。坚持工作上依靠群众，尊重群众主体地位和首创精神，拜人民为师，向群众学习，问政、问需、问计于民，从基层的鲜活经验中启迪思路，在群众的丰富实践里汲取智慧，更好地指导和推动工作。坚持行动上深入群众，以开展“五级书记带头大走访”活动为新起点，进一步建立健全联系群众、服务群众制度，推动机关工作重心下移，引导广大干部深入一线，真正形成关注基层、重视基层、支持基层的良好氛围。坚持发展上为了群众，以群众满意为根本目的，多干顺民意、解民忧的实事，多办惠民生、增民利的好事，切实维护群众利益，不断增进人民福祉。

(五)深入开展党风廉政建设和反腐败斗争。当前，反腐败斗争形势依然严峻，必须始终把反腐倡廉建设作为重大政治任务，摆在更加突出的位置，坚持标本兼治、综合治理、惩防并举、注重预防的方针，加快推进惩治和预防腐败体系建设，更加科学有效地防治腐败。认真贯彻廉政准则，深入开展廉洁从政教育，筑牢反腐倡廉思想防线。加大廉政风险防控力度，规范权力运行机制，深化重点领域和关键环节改革，发挥纪检监察机关在反腐倡廉制度建设方面的统筹作用，努力从源头上铲除滋生腐败的土壤。坚决纠正损害群众利益的不正之风，着力解决征地拆迁、企业改制、环境保护等方面群众反映强烈的突出问题。继续保持惩治腐败的高压态势，严肃查办各类腐败案件，对任何腐败分子都要依法惩处、绝不姑息。严格落实党风廉政建设责任制，形成反腐倡廉整体合力。加强纪检监察机关队伍建设，提高依纪依法、安全文明办案水平。各级领导干部和广大党员要始终牢记，手中的权力是人民赋予的，必须为人民谋利益，切实做到立身不忘做人之本、为政不移公仆之心、用权不谋一己之私，永葆共产党人政治本色。

(六)不断推进党的建设制度化。制度更带有根本性、全局性、稳定性、长期性。要把制度建设贯穿于党的建设各方面，着力构建内容协调、程序严密、配套完备、有效管用的制度体系，建立健全决策权、执行权、监督权既相互制约又相互协调的权力结构和运行机制，真正做到用制度管权、按制度办事、靠制度管人。坚持以党章为根本、以民主集中制为核心，发展党内民主，推进党务公开，保障党员主体地位和民主权利，完善党代表大会制度和党内选举制度，健全党内民主决策机制，坚决克服违反民主集中制的个人独断专行和软弱涣散现象。各级领导干部要牢固树立法律面前人人平等、制度面前没有特权、制度约束没有例外的意识，带头学习制度，严格执行制度，影响和带动全社会形成遵守和维护制度的良好风气。

同志们，中国共产党走过了90年的光辉历程，中华民族昂首踏上了伟大复兴之路。在党中央的坚强领导下，勤劳勇敢的安徽人民，前赴后继，顽强拼搏，为中华民族解放和新中国成立，为改革开放和社会主义现代化建设作出了重要贡献。站在新的历史起点，推进兴皖富民，建设美好安徽，是时代赋予我们的神圣使命。在前进道路上，我们面临的发展机遇前所未有，困难挑战也前所未有，能不能实现宏伟目标，是对我们新的考验。各级领导干部和广大共产党员一定要增强宗旨意识、忧患意识，常怀忧党之心，恪尽兴党之责，坚定信念不动摇，牢记使命不懈怠，与时俱进不僵化，永葆本色不腐败，不断巩固和发展党的先进性；一定要增强机遇意识、责任意识，牢牢抓住和用好大有可为的黄金发展期，不为任何风险所惧，不被任何干扰所惑，聚精会神搞建设，奋发有为促崛起，努力把安徽的事情办得更好，不辜负党中央的重托，不辜负全省人民的期盼！

同志们，发展成就令人鼓舞，美好未来催人奋进。让我们紧密团结在以胡锦涛同志为总书记的党中央周围，高举中国特色社会主义伟大旗帜，以邓小平理论和“三个代表”重要思想为指导，深入贯彻落实科学发展观，团结和带领全省人民，万众一心，开拓奋进，为建设经济繁荣、生态良好、社会和谐、人民幸福的美好安徽而奋斗！

中共安徽省委常委、书记、副书记
中共安徽省纪委书记、副书记、常委名单

2011 年 10 月 30 日，中国共产党安徽省第九届委员会举行第一次全体会议选举张宝顺、王三运、孙金龙、余欣荣、徐立全、王宾宜、詹夏来、王炯、唐承沛、沈素琍、宋海航、陈树隆、吴存荣为省委常委；选举张宝顺为省委书记，王三运、孙金龙为省委副书记。

会议通过中共安徽省第九届纪委书记、副书记、常委人选：纪委书记：王宾宜，纪委副书记：吴秀兰、仲兆宁、李猛、车建军，其他纪委常委：刘苹、樊勇、何一枫、左振国、许苏跃、张正耀。

福建省第九次党代会报告摘要及省委、省纪委领导成员名单

坚持科学发展跨越发展
为建设更加优美更加和谐更加幸福的福建而奋斗

——在中国共产党福建省第九次代表大会上的报告(摘要)

(2011 年 11 月 15 日)

孙春兰

各位代表、同志们:

现在,我代表中国共产党福建省第八届委员会向大会作报告。

过去五年的工作(略)

今后五年的目标和任务

今后五年,是福建实现全面建成小康社会目标的关键时期。我们面临的机遇前所未有,挑战也前所未有。纵观世界,国际政治经济格局发生深刻变化,形势错综复杂,不确定不稳定因素增多,但和平发展合作的时代潮流没有变,总体上有利于我们参与国际经济合作和竞争。我国经济长期向好发展的基本面没有变,仍处在大有可为的重要战略机遇期。国家继续鼓励东部地区率先发展,支持海西建设力度不断加大,为我省加快发展提供了难得历史机遇。同时,国内区域竞争日趋激烈,资源能源环境等要素制约日益突出,我们面临着既要加快发展又要转变发展方式的双重压力。综合分析形势,机遇和挑战并存,但机遇大于挑战。

今后五年,我们最重要、最紧迫的任务,就是推进福建科学发展跨越发展。我们讲的跨越发展,是在科学发展观的统领下,立足福建实际、遵循发展规律,坚持速度与质量统一、富民与强省统一,实现好中求快、又好又快的发展。这是我们贯彻中央对福建工作新要求、顺应人民群众新期待的战略选择,是我们把握历史机遇、寻求自身发展的迫切需要,是服务全国发展大局、促进祖国和平统一大业的责任所在。发展如逆水行舟,不进则退,慢进亦退。我们一定要紧紧抓住难得的历史机遇,凝心聚力,心无旁骛,不动摇、不懈怠、不折腾,坚定信心决心,务求科学发展跨越发展取得更大成效。

今后五年工作总的要求是:高举中国特色社会主义伟大旗帜,坚持以邓小平理论和“三个代表”重要思想为指导,深入贯彻落实科学发展观,大力实施《海峡西岸经济区发展规划》,围绕科学发展跨越发展,进一步解放思想、先行先试,切实加快转变经济发展方式,切实保障和改善民生,切实提高党的建设科学化水平,经济建设、政治建设、文化建设、社会建设以及生态文明建设和党的建设全面推进,科学发展之区、改革开放之区、文明祥和之区、生态优美之区建设取得重大进展,全面建成惠及全省人民的更高水平的小康社会,为建设更加优美更加和谐更加幸福的福建而努力奋斗。

我们的奋斗目标是:到 2016 年,全省生产总值、人均生产总值、财政总收入实现翻番,力争城乡居民收入实现倍增,人均地区生产总值赶超东部地区平均水平,综合竞争力显著增强,成为我国新的经济增长极;公民思想道德、科学文化和健康素质显著提高,民主法制建设更加完善,社会充满活力、和谐稳定;社会保障体系

更加健全，基本公共服务体系覆盖城乡；森林覆盖率保持全国首位，生态环境质量保持全国前列。

（一）切实加快转变发展方式，推动经济又好又快发展。 坚持新型工业化、城镇化、农业现代化"三化"并举，产业群、港口群、城市群"三群"联动，继续打好"五大战役"，拓展战役的领域和内涵，壮大总量，优化结构，提高质量效益。

强化转型创新，构建现代产业体系。坚定不移地走新型工业化道路，推进主导产业高端化、传统产业新型化、新兴产业规模化。改造提升主导产业和传统产业，加快推进大企业大项目建设，培育一批年销售收入超百亿元企业，做大做强电子信息、装备制造、石油化工等主导产业，形成若干个产值超千亿元产业集群，力争"十二五"末全省石化工业总产值达4000亿元以上，形成完整的石油化工产业链，建设石化强省；汽车工业总产值突破2000亿元；钢铁工业总产值达3000亿元，打造东南沿海新兴钢铁基地和全国最大的不锈钢生产基地。大力培育发展新一代信息技术、生物与新医药、新材料、新能源、节能环保、高端装备制造等战略性新兴产业，力争实现增加值3000亿元以上、占地区生产总值10%以上，成为经济发展的先导性产业。发挥海洋资源优势，加快发展海洋新兴产业和涉海现代服务业，打造海峡蓝色经济试验区。构建现代服务业体系，着力把物流、文化、旅游等培育成为新的主导产业，加快发展金融、信息、商贸和家政等服务业，扩大城乡消费需求。继续实施"数字福建"工程。发挥科技创新驱动作用，大幅增加科技研发投入，强化企业在技术创新中的主体地位，发挥高校和科研院所在自主创新中的源头作用，建设一批国内一流的科研机构和公共创新平台，突破一批引领产业升级的重大关键技术，推进协同创新和产学研融合，加快科技成果转化，着力打造自主品牌，推动发展由"要素驱动"向"创新驱动"转变，争创"福建制造"和"福建创造"双重优势。

做好"三农"工作，发展壮大县域经济。坚持用工业化理念发展农业，提高农业综合生产能力和市场竞争能力，稳定粮食生产，积极培育农业产业化龙头企业和专业合作社，推动农业适度规模经营，发展优质高效特色农业。加快农业科技创新和推广，健全农业社会化服务体系。千方百计拓宽农民增收渠道，促进农民收入持续较快增长。建立以工促农、以城带乡的长效机制，推动基础设施、公共服务向农村延伸拓展，加快中心村和新型农村社区建设，加强农村环境综合整治，实施新一轮"造福工程"，改善农村生产生活条件。坚持把壮大县域经济作为统筹城乡、推进社会主义新农村建设的重要举措，深入学习"晋江经验"，发挥县域资源优势和比较优势，大力发展特色经济，加大对一般发展水平县的扶持力度，提高县域整体实力。深化小城镇综合改革，提高综合承载能力。深入实施老区村跨越发展工程，促进原中央苏区、革命老区经济振兴和社会进步。加大对少数民族集聚区、偏远山区、贫困地区、海岛、水库库区等欠发达地区的扶持力度，提高其自我发展能力。

完善规划布局，统筹区域协调发展。落实《海西规划》中对区域发展的功能定位，加快形成分工明确、布局合理、功能互补、错位发展的城市发展格局。发挥福州省会城市的龙头引领作用，建设马尾新城，构建福州大都市区。莆田、宁德要发挥港口优势，加快城市发展。发挥厦门经济特区龙头带动作用，加快推进厦漳泉大都市区建设。泉州要在创新转型中创造新优势，漳州要依托大项目建设推进城市化进程。三明、南平、龙岩要发挥绿色生态优势和后发优势，加快崛起步伐。在城市发展建设中，要不断提高规划、管理水平。加快十大新增长区域发展，优化资源要素配置，完善沿海内陆对口帮扶机制，推动山海合作、联动发展。

突出支撑保障，构建现代基础设施体系。着眼于大港口、大通道、大物流建设，加强港口资源整合，重点建设厦门东南国际航运中心、福州国际航运枢纽港和湄洲湾主枢纽港，推进以枢纽港、陆地港为龙头的综合交通运输体系和物流节点建设。推进海峡铁路网、高速公路网建设,完善以福州、厦门国际机场为主的空港布局。提高能源保障能力,大力发展新能源和可再生能源,建设坚强智能电网。构建完善的综合水利保障体系,加快推进农田水利建设,加大投入,建设重点骨干工程。加强防灾减灾基础设施建设,建立健全防灾减灾体系,提高防御自然灾害能力。

加强生态建设,促进可持续发展。福建生态优越、环境优美,这是大自然的恩赐和福建人民长期精心保护的结果,我们要倍加珍惜,倍加爱护,以对历史和人民高度负责的态度,坚持开发与保护并重,实现经济与生态双赢。要继续推进生态省建设,加快发展低碳产业和循环经济。强化项目环保措施的约束和监控,严格控制高消耗、高污染项目建设,坚决淘汰落后产能。进一步完善生态补偿机制,推进生态环境跨流域、跨区域、跨海域协同保护,建设生态屏障。加强耕地保护,节约集约利用土地。加大环境污染治理力度,提高城乡生活污水和生活垃圾集中处理率和无害化处理水平。扩大森林种植面积,提高森林资源质量和效益,建设青山绿水、碧海蓝天的美好家园。

(二)切实保障和改善民生,让人民群众共享发展成果。顺应人民群众过上更加幸福生活的新期待,着力解决人民群众最关心最直接最现实的利益问题,努力使广大人民群众学有所教、劳有所得、病有所医、老有所养、住有所居。

推进基本公共服务均等化。不断加大财政投入,确保民生投入增长高于财政经常性收入增长,确保新增财力更多用于社会事业和民生改善。统筹安排社会公共服务资源,更多地向农村基层、财力困难地区、原中央苏区、革命老区和困难群体倾斜,推进城乡、区域和群体间基本公共服务均等化,建立健全覆盖城乡、配置公平、发展均衡的基本公共服务体系。

扎实抓好就业这个民生之本。把扩大就业作为保障和改善民生的首要任务。努力扩大就业渠道,重点解决大中专毕业生、农村转移劳动力、城镇就业困难人员的就业问题,力争每年城镇新增就业60万人以上,转移农村劳动力40万人以上。加强技能培训,提高劳动者素质。逐步提高居民收入在国民收入分配中的比重和劳动报酬在初次分配中的比重,逐步提高最低工资标准和中低收入群体收入水平,努力缩小城乡、区域、行业和社会成员之间的收入差距。

加快社会保障体系建设。坚持广覆盖、保基本、多层次、可持续方针,加快完善社会保障体系,逐步提高统筹层次和保障水平。加快以公租房为重点的保障性住房建设,构建多层次的住房保障体系。加强食品药品安全监管,有效治理"餐桌污染"。抓好"米袋子"、"菜篮子"工程,保持物价基本稳定。全面解决农村饮水安全问题。加大残疾人保障和扶助力度。加快构建以居家为基础、社区为依托、机构为支撑的社会养老服务体系。

积极发展社会事业。优先发展教育。普及学前教育,解决"入园难"问题;完善中小学布局,促进义务教育均衡发展;大力发展职业教育,解决技能型人才紧缺问题;推进高水平大学和重点学科建设,增强高校自主创新和服务社会能力,发挥高校在文化传承创新中的作用;广泛开展社区教育、老年教育,积极构建终身教育体系。深化医药卫生体制改革,建立覆盖城乡居民的基本医疗卫生制度,大力扩充优质医疗卫生资源,千人医疗机构床位数达到全国平均水平。做好人口和计划生育工作,提高出生人口素质。保障妇女儿童合法权益。发展体育事业,办好第八届全国城市运动会,增加全民健身投入,提高人民群众健康水平。

(三)勇于先行先试,推进改革开放取得新突破。把解放思想体现在工作的各个方面,贯穿于发展的全过程,不断深化改革、扩大开放。

推进重点领域和关键环节改革攻坚。深化行政管理体制改革,加快转变政府职能,建设服务型政府。深化农村综合改革,推进城乡统筹综合配套改革试验,推行农村土地依法自愿有偿流转。深化集体林权制度改革，推进全国林业改革发展示范区建设。进一步创新农村工作机制。积极稳妥分类推进科技、教育、文化、卫生等事业单位改革。深化国有资产管理体制和国有企业改革，推动国有企业发展壮大。创造良好环境，大力扶持民营经济，加快中小企业发展。深化资源性产品价格市场改革，健全土地、资本、劳动力、技术、信息等要素市场。推进金融创新发展，改善农村金融服务，引导民间金融健康发展。以厦门经济特区建设30年为契机，全面总结改革开放经验，加快推进综合配套改革，发挥特区在推动科学发展、促进社会和谐和对台交流合作中的排头兵作用。

积极实施全方位高水平大开放战略。发挥福建开放型经济优势，充分利用国内国外两个市场、两种资源，善于从国际形势发展变化中把握机遇，在经济全球化中获得更大的发展空间。进一步扩大利用外资规模，提高利用外资质量，积极引进先进技术、管理经验和高素质人才。加快转变外贸增长方式，优化出口产品结构，促进加工贸易转型升级，加快培育以技术、品牌、质量、服务为核心竞争力的出口新优势。加快实施"走出去"战略，支持企业到境外投资。继续办好"9·8"投洽会等重大经贸活动，扩大国际影响力和吸引力。加快各类开发园区整合、拓展和提升，促进功能完善的开发园区向城市新区发展。深化闽港闽澳合作，提高合作层次和水平。充分发挥海外华侨华人众多、爱国爱乡的优势，积极引进侨资侨智。牢固树立"环境是对外开放第一竞争力"理念，努力营造良好的投资环境。

加快建设平潭综合实验区。平潭开放开发是党中央国务院的重大决策。《平潭综合实验区总体发展规划》赋予平潭最优惠的政策。政策来之不易，落实更需下大力气，发挥政策的最大效应，鼓励福州等市积极支持平潭发展，举全省之力加快平潭开放开发。平潭的开放开发是一项全新实验，要有新的理念和思维，超越以往搞开发区的一般模式和做法，探索走出一条新路。要在综合实验上下功夫，在体制机制创新上下功夫，在公共服务、投融资体制、土地管理等重点领域大胆探索、取得突破，为全省改革创新提供经验和示范。要发挥对台优势，围绕"共同规划、共同开发、共同经营、共同管理、共同受益"，积极探索实践两岸合作新模式，探索台胞参与社会事务管理的途径，为两岸交流合作与和平发展开辟新路、拓展空间。着眼于全方位开放，学习借鉴国内外特区的先进经验和管理方法，面向全球大力引进具有国际视野、通晓国际惯例、善于开拓创新的领导人才、高端经营管理人才、专业技术人才，努力把平潭打造成机制先进、政策开放、文化包容、经济多元的现代化、国际化综合实验区。

（四）进一步发挥对台优势，努力开创闽台交流合作新局面。坚决贯彻党中央对台工作方针政策，牢牢把握两岸关系和平发展主题，发挥"五缘"优势，加快建设两岸经贸合作的紧密区域、文化交流的重要基地和直接往来的综合枢纽。

深化经贸合作，实现互利双赢。深入实施两岸经济合作框架协议，争取闽台更多合作项目列入后续协议。促进闽台产业发展规划衔接，拓展产业对接领域，提高产业合作水平。充分发挥台商投资区、农业合作试验区、林业合作实验区、台湾农民创业园等对台园区的窗口示范和辐射作用。加快建设两岸区域性金融服务中心，扩大闽台金融合作。积极推进闽台文化创意产业园建设。密切两岸旅游合作，扩大"海峡旅游"品牌影响力。

推动两岸交流，增进民间往来。以祖地文化、宗亲文化为纽带，多领域、多层次、全方位地开展与台湾各界的往来，增强两岸的民族和文化认同。突出民间特色，密切基层互动，继续办好海峡论坛，更好发挥论坛在两岸交流合作中的品牌作用。加强闽南文化生态和客家文化生态保护，推动妈祖文化等民间信仰交流，推进人才、科技、教育、卫生、体育以及新闻出版、广播影视、防灾减灾等领域的交流合作。

加强通道建设，构建综合枢纽。打造两岸直接往来最便捷的综合枢纽和主通道。加强对台海上客货直航航线和两岸空中直航航点建设。加强闽台口岸通关和港口合作，推动闽台运输业、仓储业、船舶和货运代理合作，推进两岸通讯枢纽建设，做大对台邮政和物流，促进货物往来便利化。争取两岸相关机构来闽设立办事机构，推动我省成为两岸事务性商谈重要协商地。

（五）大力发展社会主义民主政治，广泛凝聚民心民智民力。坚持党的领导、人民当家作主、依法治国有机统一的原则，提高科学执政、民主执政、依法执政水平，形成党委总揽全局、协调各方，人大、政府、政协、司法机关和人民团体积极主动、协调一致开展工作的良好局面。

加强社会主义民主政治制度建设。坚持和完善人民代表大会制度，支持地方各级人大及其常委会依法履行职能，加强和改进对“一府两院”的工作监督，保障人大代表依法履职。坚持和完善中国共产党领导的多党合作和政治协商制度，支持人民政协围绕团结和民主两大主题履行职能，在政治协商、民主监督、参政议政方面取得更大成效。加强对统一战线的领导，选拔和推荐更多优秀党外干部担任领导职务，最大限度地凝聚各方面的智慧和力量。支持工会、共青团、妇联等人民团体依照法律和各自章程开展工作，充分发挥桥梁纽带作用。切实做好民族和宗教工作。

扩大公民有序政治参与。依法实行民主选举、民主决策、民主管理、民主监督，促进人民当家作主的制度不断健全、形式不断丰富、渠道不断拓展。进一步完善决策机制和信息公开制度，提高决策的科学化、民主化水平。积极稳妥推进基层民主建设，健全基层政权、基层群众性自治组织、企事业单位的民主管理制度，落实各类公开办事制度，有效保障公民选举权、知情权、参与权、表达权和监督权，充分调动人民群众创造幸福生活和美好未来的积极性。

全面提高依法治省水平。加强党对地方立法工作的领导，完善经济领域立法，加强社会领域立法，做好涉台立法。提高依法行政能力，建设法治政府。深化司法体制和工作机制改革，加强基层司法建设，保证公正司法。拓展和规范法律服务，完善法律援助和司法救助制度。弘扬社会主义法治精神，深入开展“六五”普法，提高全省人民的法律素质。

深化全民国防教育，加强国防动员和后备力量建设，增强海防、人防能力。弘扬双拥优良传统，全方位支持部队建设，落实拥军优属政策，深入开展军警民共建活动，促进军民融合式发展。

（六）推动文化大发展大繁荣，不断满足人民群众精神文化需求。坚持社会主义先进文化前进方向，增强文化自觉和文化自信，加快文化强省建设，提高文化软实力。

推进社会主义核心价值体系建设。坚持马克思主义的指导地位，坚定中国特色社会主义共同理想，大力弘扬以爱国主义为核心的民族精神和以改革创新为核心的时代精神，践行社会主义荣辱观，打牢全省人民团结奋斗的共同思想道德基础。大力弘扬“爱国爱乡、海纳百川、乐善好施、敢拼会赢”的福建精神。深化群众性精神文明创建活动，力争更多城市进入全国文明城市行列。大力推进政务诚信、商务诚信、社会诚信和司法公信建设，在全社会广泛形成守信光荣、失信可耻的氛围。完善社会志愿服务体系，让团结友爱、奉献互助蔚然成风。加强未成年人思想道德建设和大学生思想政治教育。加强和改进新闻舆论工作，牢牢把握正确导向，加强报刊、广播、电视等重要新闻媒体建设，大力弘扬主旋律。加强网络管理，使互联网等新兴媒体成为传播先进文化的重要阵地。

加快发展公益性文化事业。加强文化基础设施建设，深入实施文化惠民工程，推动公共文化资源向基层延伸、向农村倾斜，基本建成覆盖城乡的公共文化服务体系。建立文化事业财政投入自然增长机制，鼓励企业和个人兴办公益性文化事业，促进公共文化服务多元化、社会化。重视文物和非物质文化遗产、地方特色文化的保护传承。着力培育一批知名文化品牌，增强福建文化的吸引力和影响力。

推动文化产业成为国民经济支柱性产业。把发展文化产业作为转方式调结构的重要着力点。优化文化产业区域布局，加快集聚发展，突出地区特色和资源优势，打造一批有规模的文化产业基地、园区和集群，建设一批带动力强的文化产业项目，培育一批有实力的龙头骨干文化企业。加大对文化创意、动漫游戏、工艺美术等十大文化产业发展的政策扶持力度，力争文化产业增加值占地区生产总值比重达到8%。

推进文化改革创新。加快文化体制改革，完成国有经营性文化事业单位转企改制，推进“三网融合”。加快发展新兴文化业态，扩大文化消费，推进文化产业与科技、旅游、金融等产业融合发展，把我省建成全国重要的文化旅游中心。加强文化市场建设和管理，形成富有活力的文化管理体制。加大文化创新创造力度，实施文化精品工程和哲学社会科学创新工程。创新文化“走出去”模式，扩大对外文化交流。文化改革创新必将迎来我省文化大发展大繁荣的春天。

（七）加强和创新社会管理，促进社会和谐稳定。维护良好社会秩序，促进社会和谐稳定，保障人民安居乐业，是加强和创新社会管理的根本目的。必须牢牢把握最大限度激发社会活力、最大限度增加和谐因素、最大限度减少不和谐因素的总要求，以解决影响社会和谐稳定突出问题为突破口，提高社会管理科学化水平。

创新社会管理体制机制。完善党委领导、政府负责、社会协同、公众参与的社会管理格局。健全党和政府主导的维护群众权益机制，畅通和拓宽公众诉求表达渠道，依法依规解决群众的合理诉求。继续实施依法处理信访事项“路线图”，进一步完善“大调解”工作机制，推广和谐征迁工作法，有效化解矛盾纠纷。创新流动人口服务管理，推进户籍管理制度改革，推行流动人口居住证制度，加强对农民工特别是新生代农民工的人文关怀，逐步实现基本公共服务由户籍人口向常住人口全覆盖。建立健全社会关怀帮扶体系，加强对特殊人群的教育、帮扶、矫治、管理。

加强基层社会管理服务。扎实推进城乡社区建设，全面提高城乡基层组织社会管理服务能力，切实把社会管理服务的触角延伸到社会的末梢，逐步推行社会管理“网格化”。支持人民团体参与社会管理和公共服务，加强社会工作者队伍建设，发挥群众参与社会管理的基础作用。大力构建和谐劳动关系，健全职工工资集体协商机制和劳动争议协商、调解、仲裁机制，维护职工合法权益。

维护社会安定稳定。深化“平安福建”建设，完善社会治安防控体系，落实社会治安综合治理责任制，严密防范和依法打击各种违法犯罪活动。加强公共安全体系建设，提高应对突发事件能力。健全和落实各项安全生产制度，有效防范和坚决遏制重特大安全事故。坚决防范敌对势力渗透破坏活动，切实维护国家安全。

切实提高党的建设科学化水平

以改革创新精神全面推进党的建设新的伟大工程，不断加强党的执政能力建设和先进性建设，切实提高党的建设科学化水平，是实现福建科学发展、跨越发展的根本保证。

（一）坚持理论武装、坚定理想信念，努力提高党员干部思想政治素质。面对不断发展变化的新形势，面对科学发展、跨越发展的新任务，我们要弘扬古田会议精神，坚定理想信念，勤于学习、善于学习，不断用马克思主义中国化最新成果武装头脑。按照建设学习型党组织要求，落实完善党委（党组）中心组学习制度。领导干部要带头学习，教育引导广大党员和干部树立终身学习的理念，坚持理论联系实际，进一步提高学习力。要树立世界眼光，培养战略思维，加强党性修养，不断提高应对复杂局面和解决实际问题的能力，真正做到学以立德、学以增智、学以创业，促进全社会形成良好的学习风气。

（二）坚持德才兼备、以德为先，建设坚强有力的领导班子和高素质干部队伍。认真贯彻民主集中制原则，完善集体领导和个人分工负责相结合的制度，严格执行领导班子议事规则和决策程序，健全领导班子内部沟通协调机制和民主生活会制度，进一步发挥全委会作用，切实把各级领导班子建设成为善于领导科学发展跨越发展的坚强集体。树立正确的选人用人导向，坚持五湖四海、任人唯贤，德才兼备、以德为先，真正把那些政治上靠得住、工作上有本事作风上过得硬、群众信得过的干部选拔到各级领导班子中来。深化干部人事制度改革，健全干部考核评价机制，探索建立符合不同区域、不同层次、不同类型领导班子和领导干部特点的考核评价体系，规范干部选拔任用提名制度，完善民主推荐、民主测评、民主评议以及竞争性选拔干部办法。大力培养年轻干部，同时重视调动各个年龄段干部的积极性。推进干部交流。注重从基层一线选拔干部。注意培养女干部、少数民族干部和党外干部。进一步加强离退休干部工作。

坚持党管人才原则，切实把人才作为福建发展的第一资源。以高层次、高技能和创新型人才培养引进使用为重点，统筹推进各类人才队伍建设。鼓励和推动各类人才向内陆山区流动，到农村和基层就业创业。完善人才培养开发、评价发现、选拔任用、流动配置和激励保障机制，把招才引智作为一项"硬指标"纳入考核体系，舍得投入，既求所有、更求所用，让各类人才在福建大显身手、大展宏图。

（三）坚持抓基层、打基础，大力加强基层党组织和党员队伍建设。党的基层组织是我们党全部工作和战斗力的基础。要认真落实党建工作责任制，扩大基层组织覆盖面，全面推进各领域党的基层组织建设，实现党组织和党的工作全覆盖，继续加大非公有制经济组织和社会组织的党组织建设力度，巩固规模以上企业党组织全覆盖，扩大规模以下企业党组织的覆盖面，做到哪里有群众哪里就有党的工作、哪里有党员哪里就有党组织。继续坚持党建带工会、共青团等群团组织建设。推进基层党组织工作创新，改进工作方式，健全以"168"为重点的基层党组织目标管理机制，充分发挥基层党组织战斗堡垒作用。继续深入开展创先争优活动，向詹红荔等先进典型学习，发挥共产党员的先锋模范作用。做好党员发展工作。关心爱护长期在一线和艰苦岗位工作的党员和基层干部。

（四）坚持以人为本、执政为民，扎实做好新形势下的群众工作。各级党员领导干部都要把人民群众放在心中最高位置。健全维护群众利益的决策机制，对事关群众切身利益的重大决策、重大项目、重大事项实行社会稳定风险评估，使各项决策更加符合群众的意愿。要增强做群众工作的本领，创新群众工作方式方法，更多地运用法律规范、经济调节、道德约束、心理疏导、舆论引导等手段，推行领导干部"四下基层"工作制度，下基层接待信访、现场办公、调查研究、宣传党的方针政策，"接地气"、"交朋友"，提高工作的针对性和实效性，始终保持同人民群众的血肉联系。

（五）坚持标本兼治、惩防并举，深入推进反腐倡廉建设。各级党员领导干部要充分认识反腐倡廉建设的长期性、复杂性、艰巨性。加强惩治和预防腐败体系建设，坚决遏制一些领域腐败现象易发多发势头，切实纠正损害群众利益的不正之风。在坚决惩治腐败的同时，更加注重治本，更加注重预防，更加注重制度建设。加大巡视工作力度，加强党内监督与行政监察，充分发挥党外监督、专门机构监督、群众监督和舆论监督的作用。规范权力运行，提高制度执行力，深化机关效能建设，加大治庸治懒治散力度，严肃行政问责。领导干部要增强廉洁自律意识，严守廉政准则，提高拒腐防变能力。各级党委要进一步加强对反腐倡廉工作的领导，严格落实党风廉政建设责任制，以党风廉政建设和反腐败斗争的实际成效取信于民。

各位代表，同志们！在更高起点上推进福

建科学发展跨越发展,实现全面建成小康社会目标,是八闽儿女的热切期盼,也是时代赋予我们的崇高使命。让我们更加紧密地团结在以胡锦涛同志为总书记的党中央周围,以更加开阔的视野、更加昂扬的斗志、更加扎实的作风,团结和带领全省人民,开拓进取,奋力拼搏,为建设更加优美更加和谐更加幸福的福建而努力奋斗,以优异成绩迎接党的十八大胜利召开!

中共福建省委常委、书记、副书记
中共福建省纪委书记、副书记、常委名单

2011年11月19日,中国共产党福建省第九届委员会第一次全体会议选举孙春兰为省委书记,苏树林、陈文清为省委副书记;省委常委有:孙春兰、苏树林、陈文清、朱生岭、张昌平、袁荣祥、杨岳、于伟国、陈桦、姜信治、叶双瑜、苏增添、张志南。

会议通过中共福建省第九届纪委书记、副书记、常委人选:省纪委书记:张昌平,省纪委副书记:彭锦清、邓卫平、陈善光、黄德安;省纪委常务委员会委员:张昌平、彭锦清、邓卫平、陈善光、黄德安、江玉平、刘宏伟、惠学京、游美萍(女)、孙明忠、陈国建。

江西省第十三次党代会报告摘要及省委、省纪委领导成员名单

推进科学发展 加快绿色崛起
为建设富裕和谐秀美江西而不懈奋斗

——在中国共产党江西省第十三次代表大会上的报告(摘要)

(2011 年 10 月 26 日)

苏 荣

同志们:

中国共产党江西省第十三次代表大会,是在我省全面推进鄱阳湖生态经济区建设、奋力实现跨越发展的重要时期召开的一次极为重要的会议。大会的主题是:高举中国特色社会主义伟大旗帜,以邓小平理论和“三个代表”重要思想为指导,深入贯彻落实科学发展观,动员全省广大党员和干部群众,在新的历史起点上进一步推进科学发展、进位赶超、绿色崛起,为建设富裕和谐秀美江西而不懈奋斗。

现在,我代表中国共产党江西省第十二届委员会向大会作报告,请予审议。

一、过去的五年,是极不平凡的五年,是江西在崛起进程中阔步前进的五年(略)

二、紧紧抓住进位赶超的重要战略机遇期,迈出科学发展、绿色崛起的更大步伐

放眼未来,当前和今后一个时期,我省仍处在可以大有作为的重要战略机遇期。和平、发展、合作仍是全球时代潮流,我国经济长期向好发展的基本面没有改变,国家对中西部地区和革命老区支持的力度越来越大,国际国内环境总体有利我省发展。以经济总量跨上万亿元、人均生产总值超过 3000 美元为标志,全省经济发展进入新的快速增长阶段,多年高强度投入的效应加速释放,工业化、城镇化进程加速推进,产业结构和消费结构加快升级,驱动经济持续较快发展的内生动力更加强劲。经济全球化和区域经济一体化深入发展,国内外产业转移加快,为我省扩大开放、加快发展提供了新的契机。全球新一轮技术革命和产业革命孕育突破,绿色产业蓬勃兴起,为我省发挥独特的生态优势和建设鄱阳湖生态经济区的政策优势,加快转变发展方式、实现后发赶超提供了难得的历史机遇。同时,我们也面临诸多可以预见和难以预见的风险挑战。世界经济复苏艰难曲折,不确定、不稳定因素仍然很多;我国经济社会发展中不平衡、不协调、不可持续问题依然突出;区域竞争更为激烈,“百舸争流、不进则退”的形势更加严峻;我省能源资源瓶颈约束更加凸显、要素成本逐步上升,面临加快发展和加快转型双重压力。综观大势,我们面临的机遇前所未有,面临的挑战也前所未有,总体而言机遇大于挑战。历史经验表明,能否抓住机遇、赢得发展,取决于对一系列风险挑战的科学应对转化,取决于在每一个战略十字路口作出正确的选择。我们要有强烈的忧患意识,更要有强烈的机遇意识,科学把握发展规律,敏锐把握发展大势,切实抓住用好机遇,努力迈出科学发展、绿色崛起的更大步伐。

今后五年发展的总体要求是：高举中国特色社会主义伟大旗帜，以邓小平理论和“三个代表”重要思想为指导，深入贯彻落实科学发展观，适应国内外形势新变化，顺应人民群众过上更好生活新期待，抓住用好发展机遇期，妥善应对矛盾凸显期，以科学发展为主题，以加快转变经济发展方式为主线，以鄱阳湖生态经济区建设为龙头，以富民兴赣为主要任务，全面加强社会主义经济建设、政治建设、文化建设、社会建设以及生态文明建设和新时期党的建设，不断迈出科学发展、进位赶超、绿色崛起新步伐，为建设富裕和谐秀美江西而奋斗。

建设富裕和谐秀美江西，就是要按照科学发展观的要求，立足江西省情，发挥比较优势和后发优势，把发展的着力点放在增进人民福祉、促进社会和谐、保护良好生态上，努力实现强省与富民的统一、经济发展与社会发展的统一、开发建设与保护生态的统一，把广袤的赣鄱大地建设成为经济繁荣、生活殷实、社会和谐、环境秀美的幸福家园。这是一个寄托着全省人民美好期待的目标，实现这一目标需要全省上下坚持不懈、长久奋斗！

按照建设富裕和谐秀美江西的要求，综合考虑未来发展趋势和条件，今后五年经济社会发展的主要目标是：实现经济总量、财政收入、居民收入翻番，主要经济指标在全国位次前移；力争基本公共服务、人均生产总值、城镇化率等指标达到或接近全国平均水平；保持生态环境质量全国领先水平，鄱阳湖生态经济区建设实现阶段性目标；加快全面建设小康社会步伐，为实现江西与全国同步进入全面小康社会打下决定性基础。

做好今后五年的工作，必须坚持正确的发展思路、发展战略、发展举措不动摇，并在实践中不断完善。

——要更加注重加快转变经济发展方式，坚持在发展中促转变、在转变中谋发展，努力实现经济总量、发展质量新跨越。

——要更加注重发挥鄱阳湖生态经济区建设的龙头引领作用，最大限度发挥有关政策效应，加快形成各展优势、竞相发展的生动局面。

——要更加注重统筹发展，坚定不移实施以新型工业化为核心的发展战略，坚定不移实施加速城镇化发展战略，坚定不移同步推进农业农村现代化，努力实现城乡协调发展。

——要更加注重增强经济发展的内生动力，进一步解放思想，深化改革，扩大开放，加强科技创新，推动新一轮发展。

——要更加注重改善民生和维护稳定，坚持以人为本，坚持发展、稳定两手抓、两手硬，大力营造和谐稳定的发展环境。

——要更加注重加强党的建设，不断提高党的建设科学化水平，为科学发展、加速崛起提供坚强保证。

三、在加快发展中推进发展方式转变，不断提升全省经济的综合实力和竞争力

建设富裕和谐秀美江西，首要在发展，根本靠发展。要坚定不移加快发展，坚定不移加快转变经济发展方式，既注重做大总量，更注重提高质量，不断提升全省经济的综合实力和竞争力。

（一）加快产业结构转型升级，着力构建现代产业体系。抓住当前国际国内产业加快调整升级的机遇，大力培育发展战略性新兴产业，加快改造提升传统优势产业，积极发展现代服务业，着力构建特色鲜明、布局合理、技术先进、清洁安全的现代产业体系。坚持以科技为先导、市场为引领，立足现有基础和条件，突出江西优势和特色，大力培育壮大新能源、新材料、新动力汽车、民用航空、生物医药等战略性新兴产业，形成一批战略性新兴产业基地，使之成为引领江西未来发展的主导力量。充分利用高新技术和先进适用技术，加快对有色、钢铁、汽车、石化、建材、陶瓷、纺织等传统优势产业升级改造，建设铜、钨和稀土精深加工以及有机硅、铀、锂资源系列开发等若干国家级产业基地，打造一

批超千亿元优势产业。把加快发展现代服务业作为推进产业结构优化升级的重要途径,大力发展现代物流、金融保险、信息咨询、科技服务、商务会展、服务外包、教育培训、医疗保健、文化创意、旅游娱乐等新兴服务业,尤其要大力挖掘整合、充分利用我省丰富的旅游资源,加快建设红色旅游强省、生态旅游名省、旅游产业大省。

强化传统优势产业和战略性新兴产业的内在联系,在改造提升传统产业中催生战略性新兴产业,用发展战略性新兴产业的成果带动和引领传统产业转型升级,促进传统优势产业与战略性新兴产业相互渗透、互动发展。强化新型工业和现代服务业的内在联系,在推进工业化进程中不失时机地发展现代服务业,通过发展现代服务业,拉长产业链,培育增长点,使新型工业与现代服务业相互促进、共同发展。强化重大项目、各类园区和大型骨干企业的内在联系,强力推进重大项目带动战略和质量兴省战略,加速产业向园区聚集,促进骨干企业裂变扩张,大力引进、培育一批拥有自主知识产权和知名品牌、核心竞争力强、主业突出、行业领先的大企业大集团,形成一批集中度高、关联性强、技术先进的产业集群,实现以项目兴园区,以园区聚企业的良性互动,加速提升全省产业整体水平。

(二)强力打造区域经济增长极,努力形成多极支撑、多元发展的格局。中心城市是江西崛起的脊梁。要坚持把做大做强中心城市放在更加突出的位置,以中心城市崛起带动全省崛起。加速产业和人口向中心城市集聚。鼓励支持省会南昌创新发展体制机制,大力提升综合实力和竞争力,成为带动全省发展的核心增长极。鼓励支持其他设区市找准定位、发挥优势,壮大实力、加强协作,形成特色鲜明、竞相发展的重要增长极。着力完善城市功能,加强城市基础设施和公共服务设施建设,协调推进旧城改造和新区建设,提高城市建设的质量和品位,提高城市管理服务水平,下大力气解决好城市道路交通、空气质量、防洪排水等方面的突出问题,为市民创造更加便捷、舒适、安全的环境。进一步完善城镇体系和空间布局,加快构建与长江中游城市群互通互连的鄱阳湖生态城市群和沿沪昆线、京九线两条城市带,建设一批各具特色的中小城市,形成中心城市与中小城市及小城镇分工明确、联系密切、布局合理、发展协调的城镇网络。

县域经济是江西崛起的筋骨。要坚持把壮大县域经济作为加快全省崛起的重要突破口。大力推进扩权强县、省直管县、兴乡强镇试点改革,给基层提供更大的发展自主权和更为宽松的发展环境。从政策上鼓励和引导科技、人才、资金向县域发展倾斜,加快产业向园区集聚,大力发展优势突出、产业配套的“块状经济”,提升县域经济的综合实力和竞争力。

基础设施是江西崛起的血脉。要坚持把能源建设摆在基础设施建设首位,统筹规划,适度超前,加快建设一批骨干电力项目,加速天然气和多类新能源的开发利用,加强能源输送通道建设,加快发展特高压电网,构建安全、稳定、经济、清洁的现代能源体系。坚持不懈加强水利基础设施建设,加强应对气候变化能力建设,以增强防洪抗旱减灾能力为重点,抓紧建设一批重大水利工程,构建调控有力、配置合理的水利保障体系。进一步加快公路、铁路、机场、港口和水运航道建设,推进中心城市轨道交通、城市组团快速通道建设,实现县县通高速公路,基本实现县县通铁路。加强信息基础设施建设,大力推进电子政务、电子商务和物联网的发展,努力实现网络互联互通、信息资源共享,加快经济社会信息化。

(三)大力推进农业农村现代化,进一步提高城乡统筹发展水平。广泛运用现代科技改造农业,现代手段装备农业,现代经营形式发展农业,进一步提高农业综合生产能力、抗风险能力和市场竞争力。加强耕地保护,推进土地节约集约利用,实施新增百亿斤优质稻谷工程,促进粮食生产稳定增长。大力发展特色农业,大力推进农产品精深加工,努力实现大宗农产品生产经营标准化、规模化、品牌化，打响“生态鄱阳湖、绿色农产品”品牌。持续推进高标准农田水利建设，形成一批现代农业示范基地。加强农业综合服务体系建设，着力培育壮大产业化龙头企业，推进农业产业化经营，促进农业生产效益稳定提高、农民收入持续增长。认真落实各项强农惠农政策，持续加大“三农”投入，不断提高农业技术装备水平和可持续发展能力。按照统筹城乡发展的要求，加快农村基础设施和公共服务体系建设，不断改善农村生产生活条件，建设农民幸福生活的美好家园。坚持把培育有文化、懂技术、会经营、遵纪守法的新型农民作为促进农村繁荣进步的战略工程来抓，加强农村职业教育和劳动力培训教育，不断提高农民的法治观念、道德素养和科学务农能力、转移就业能力、创业致富能力。

（四）着力促进经济与生态的融合，切实把生态优势转化为发展优势。深入推进造林绿化“一大四小”工程，进一步提高森林质量和效益，构建城乡一体化的绿色生态屏障。加大生态综合治理力度，实施生态移民搬迁，推进可持续发展实验区建设。统筹鄱阳湖流域上下游、干支流的生态保护和建设，切实保护好“一湖清水”。加快建设资源节约型、环境友好型社会。大力发展生态经济，积极发展低碳、绿色产业，大力推动发展方式转变，逐步实现产业生态化和生态经济产业化，加快构建现代生态产业体系。用足用好国家赋予鄱阳湖生态经济区建设的先行先试政策，加快建立健全生态补偿机制，加大对生态保护和建设重点地区的生态补偿力度，积极探索市场化的生态补偿模式。发展碳汇林业，培育发展水权、林权、碳汇、排污权交易市场，促进资源环境产权有序流转和公开公平公正交易。

（五）深入推进改革开放，进一步增强经济发展的动力和活力。坚持解放思想、实事求是、与时俱进，始终保持开拓前进的精神动力，奋力把改革开放推向前进。以更大的决心和勇气推进重要领域和关键环节的改革。进一步深化国有企业改革，加强国有资产监管，引导国有资产和资源配置向优势产业、优势企业集聚。深入推进全民创业，大力营造各类所有制企业公平竞争的市场环境，促进民营企业和中小企业更好更快发展。加快转变政府职能和管理方式，积极稳妥推进事业单位分类改革，继续深化财税、金融、投资体制改革，充分发挥市场在资源配置中的基础性作用。在推进改革中，要妥善处理好各方面的利益关系，坚持统筹兼顾，科学设计，民主决策，精心操作。既要坚持社会主义市场经济改革方向，敢于破除阻力，坚定不移推进改革，又要把握好改革的力度、时机和社会承受程度，平稳有序推进各项改革。

进一步拓展开放的广度和深度。紧紧抓住国内外产业、资本、技术、人才加速转移流动的重大机遇，完善服务体系，提高行政效率，对接国际规则，进一步优化我省投资发展环境，努力打造中部地区对外开放高地。扎实推进招商引资，更加注重择商选资，着力提高招商引资水平。充分利用长江岸线资源，大力推进沿江开放开发。加快各类园区等开放平台建设，充分发挥其在对外开放中的主阵地作用。进一步开拓海外市场，发展对外贸易，提高经济外向度。鼓励支持更多有条件的企业“走出去”，拓展发展空间。加强国际交流合作，进一步提升经济国际化水平。

（六）大力推进科技、教育和人才工作创新，为江西崛起提供强大智力支撑。科技支撑发展、引领未来。要深入实施科技创新“六个一”工程，推动经济社会发展进入创新驱动的轨道。加快建立以企业为主体、市场为导向、产学研结合的科技创新体系，围绕战略性新兴产业发展、传统产业改造升级开展集中技术攻关，重点突破一些产业发展的共性技术和关键核心技术，加速提升产业发展的核心竞争力。加强科技创新平台建设，有效整合科技资源，创建一批与全省经济社会发展紧密结合、高水平的科技创新平台。完善落实鼓励创新创造的政策和机制，大力培育创新型企业。大力推进“科技入园”工程,提升企业科技创新能力,加速科技成果转化和产业化。

教育是人才培养和科技创新的基础。要始终坚持把教育摆在优先发展的战略地位,加大投入,确保全省财政性教育经费支出占当年财政收入比例达到国家规定的要求,并稳定增长。着力提高教育质量,增加优质教育资源供给,促进教育公平,在基本解决“上学难”的基础上着力化解“上好学难”的矛盾。大力推动各级各类教育全面均衡发展,积极发展学前教育,巩固提高义务教育,加快普及高中阶段教育,切实办好继续教育和特殊教育。尤其要把加快高等教育和职业教育发展放在更加突出的位置,注重内涵发展,提高办学质量,加快培育和建设国家级高水平学科和科技创新平台,下大力气建设几所在全国有竞争力、影响力的高水平大学或特色大学。要积极构建高校与企业合作互动平台,增强教育服务全省经济社会发展的能力和水平。

人才资源是第一资源,建设一支高素质的人才队伍是强省之基、崛起之本。要敢为事业谋人才、用人才,从战略和全局高度抓好人才工作。加快培养造就创新创业型领军人才,大力引进开发急需紧缺专门人才,统筹抓好企业经营管理人才、专业技术人才、党政人才等各类人才队伍建设。进一步优化人才发展环境,完善有利于人才成长发展的政策机制,既要重视引进人才,更要大力培养使用本土人才,既要为各类人才提供干事创业平台,又要切实解决他们的后顾之忧,对一些高端、特殊人才要有特殊政策措施,努力形成人才辈出、人尽其才、才尽其用的生动局面。

四、大力推进和谐社会建设,不断增强人民群众的幸福感

建设富裕和谐秀美江西,根本目的和最终归宿是让人民更幸福、社会更和谐。要全面贯彻落实以人为本、执政为民的要求,切实维护人民群众各项权益,大力促进社会和谐,让全省人民生活得更加幸福、更有尊严。

(一)进一步保障和改善民生,大力促进社会公平。坚持以解决群众最关心、最直接、最现实的利益问题为切入点,着力推进基本公共服务均等化,努力使改革发展成果更好地惠及全省人民。实施积极的就业政策,千方百计增加就业岗位,扎实做好就业培训、就业援助和就业服务。着力理顺收入分配关系,努力提高居民收入在国民收入分配中的比重,提高劳动报酬在初次分配中的比重,逐步提高最低工资标准,保障职工工资正常增长和支付,完善公务员工资制度,深化事业单位收入分配制度改革,创造条件增加居民财产性收入,着力改变我省城乡居民收入增长与经济发展不同步的状况,努力使全省人民的“腰包”伴随江西崛起的进程逐步鼓起来。加快建立健全与经济发展水平相适应,以基本养老、基本医疗、最低生活保障为重点,覆盖城乡居民的社会保障体系,努力实现人人享有基本社会保障、人人基本生活有保障。坚持公共医疗卫生的公益性质,强化政府责任和投入,加强监督管理,加快卫生事业改革发展,深入开展爱国卫生运动和全民健身活动,切实保障人民群众健康。加快推进住房保障体系建设,逐步解决中低收入家庭的住房困难。深入推进开发式扶贫,加大对连片特困地区和重点贫困村的帮扶力度,加快革命老区、民族地区和贫困地区经济社会发展。进一步做好人口和计划生育工作,切实保障妇女儿童和残疾人合法权益,确保人人拥有平等发展的权利。

(二)着力推动文化大发展大繁荣,建设全省人民美好精神家园。一个民族的觉醒,首先是文化的觉醒;一个国家、一个地区的振兴,离不开文化的振兴。在文化越来越成为综合国力竞争重要因素的新形势下,我们必须以高度的文化自觉和文化自信,推动社会主义文化大发展大繁荣,为建设富裕和谐秀美江西提供强大精神动力。

社会主义核心价值体系是兴国之魂。发展社会主义先进文化,必须把建设社会主义核心

价值体系作为根本任务。坚持马克思主义指导地位,用马克思主义中国化最新成果武装全省党员和干部群众。坚持以社会主义核心价值体系引领社会思潮,大力弘扬以爱国主义为核心的民族精神和以改革创新为核心的时代精神,深入推进理论学习、研究和宣传,深入推进社会公德、职业道德、家庭美德、个人品德建设,深化群众性精神文明创建活动,提高全民科学文化素质和道德法律素养,在全社会形成统一指导思想、共同理想信念、强大精神力量、基本道德规范。坚持团结稳定鼓劲、正面宣传为主,把握正确的舆论导向,理直气壮唱响时代主旋律,不断提高舆论引导能力,为全省经济社会发展营造良好的舆论环境。

江西自古享有“文章节义之邦”美誉,近代更是驰名中外的革命老区,拥有深厚的文化底蕴和珍贵的红色文化资源。要结合新的时代条件,大力培育以赣鄱优秀传统文化为底蕴、以井冈山精神为特征、以社会主义核心价值体系为灵魂的新时期江西人文精神,大力弘扬近年来我省相继涌现的英模群体的崇高精神,增强江西人的自尊心、自信心、自豪感,进一步展示江西人求新思变、开明开放、诚实守信、善谋实干、大气包容、见义勇为的新形象。

要深化文化体制改革,加快建设特色鲜明、影响广泛的文化大省。大力实施文化惠民工程,切实保障人民群众普遍享有基本公共文化服务。深入实施文化精品工程,着力净化社会文化环境,充分挖掘我省丰富的文化资源,立足改革发展的火热实践,努力生产出更多群众喜闻乐见、健康向上的优秀文化产品。加强对优秀地方文化特别是非物质文化遗产的传承和保护,倾力打造江西文化品牌,不断提高赣鄱文化的影响力。积极实施重大文化产业项目带动战略,大力发展新兴文化产业和特色文化产业,努力把文化产业培育成为我省国民经济的支柱性产业。

(三)加强和创新社会管理,进一步提升社会和谐度。社会和谐稳定是顺利推进改革发展、保障人民安居乐业的重要基础和前提。要大力加强和创新社会管理,最大限度激发社会活力、最大限度增加和谐因素、最大限度减少不和谐因素,切实维护和谐稳定的良好局面。坚持科学决策、民主决策、依法决策,正确处理改革发展稳定关系,统筹兼顾和妥善协调各方面利益关系,建立健全重大决策风险评估机制,努力从源头上减少和化解社会矛盾。不断加强和改进新形势下的群众工作,建立健全党和政府主导的维护群众权益机制,完善并落实领导联系群众制度,推进干部下基层常态化,更好地把人民群众凝聚在党的周围。进一步完善社会管理格局,坚持党委领导、政府主导,充分发挥广大群众和社会力量的重要作用。扎实推进城乡社区建设,加强资源整合,健全新型社区管理和服务体制,提升城乡基层组织社会管理服务能力,最大限度地把矛盾纠纷化解在基层和萌芽状态。加强信用体系建设。加强生产和其他方面的安全工作。着力完善应急管理体制机制,提高对网络虚拟社会的管理水平,提高突发公共事件的预防、预警和应急处置能力。深入推进社会管理综合治理,切实加强国家安全工作,高度警惕、严密防范境内外敌对势力的渗透、窃密、破坏活动,依法打击各类违法犯罪活动。食品药品安全,是人命关天的大事。要严格依法依规加强对食品药品生产、流通等各个环节的监管,依法从快从重惩处那些见利忘义、昧着良心赚黑心钱的违法犯罪分子,确保人民群众吃得安全、吃得放心。

(四)加强社会主义民主法制建设,凝心聚力加速江西崛起。坚持党的领导、人民当家作主和依法治国的有机统一,进一步发挥社会主义政治制度的优越性,充分调动全省人民的积极性,加速江西崛起。

大力发展社会主义民主。依法实行民主选举、民主决策、民主管理、民主监督,保证人民享有广泛的民主权利。坚持和完善人民代表大会制度,支持人大及其常委会依法履行职能,保障人大代表依法行使职权,进一步发挥各级人大及其常委会在推进科学发展、促进社会和谐中的重要作用。坚持和完善中国共产党领导的多党合作和政治协商制度，支持人民政协围绕团结和民主两大主题履行职能，进一步提高政治协商、民主监督、参政议政的质量和成效。加强同民主党派的团结合作，充分发挥民主党派、工商联和无党派人士的作用，认真做好民族、宗教、外事侨务和对台工作，巩固和发展最广泛的爱国统一战线。进一步发挥工会、共青团、妇联等人民团体联系群众的桥梁和纽带作用。更加关注青年、关心青年、关爱青年，引导鼓励青年健康成长、为党和人民建功立业。进一步扩大基层民主，完善基层群众自治制度，推进政务公开、村务公开、厂务公开。健全决策机制，提高决策的透明度。

加快推进依法治省进程。坚持科学立法、民主立法，不断提高地方立法质量。加强宪法和法律实施，维护社会主义法制的统一、尊严和权威。深入开展"六五"普法教育，提高全民法治观念和法律素养，引导群众依法维权、理性表达诉求。支持审判机关和检察机关依法独立公正地行使审判和检察权，维护司法公正。加强司法救助、法律援助和人民调解工作。加强政法队伍和行政执法队伍建设，确保公正、廉洁、文明、规范执法。

落实党管武装责任，加强国防教育，健全国防动员体系，做好民兵预备役工作，加快推进全省武警部队现代化建设。提高"双拥"共建水平，巩固军政军民团结。

五、加强和改进新形势下党的建设，不断锻造建设富裕和谐秀美江西的坚强领导核心

建设富裕和谐秀美江西，关键在加强党的建设。要适应世情、国情、党情的深刻变化，进一步加强党的执政能力和先进性建设，不断提高党的建设科学化水平，为建设富裕和谐秀美江西提供坚强的思想、政治、组织保证。

（一）紧紧抓住思想理论建设这个根本，增强为党和人民事业不懈奋斗的责任感和使命感。坚持不懈抓好学习型党组织建设，教育引导党员、干部，尤其是党员领导干部，深入学习马克思列宁主义、毛泽东思想、邓小平理论、"三个代表"重要思想和科学发展观，系统掌握中国特色社会主义理论体系，不断提高思想理论水平和领导科学发展、促进社会和谐的能力。把坚定理想信念摆在思想理论建设的首位，切实增强党员意识、执政意识、"赶考"意识，为党和人民的事业不懈奋斗。党员意识从根本上说就是党员的先进性意识。每个党员，不论职务高低，不论从事什么工作，都要始终牢记自己是一名共产党员，时刻用党员标准严格要求自己，充分发挥先锋模范作用，决不能与党离心离德，决不能与党的宗旨背道而驰，决不能给党的形象抹黑。执政意识是执政党对自身历史方位、历史使命的清醒认识和把握。每个党员、干部都要增强执政意识，自觉把个人的前途命运与党的前途命运紧密联系起来，常怀忧党之心、恪尽兴党之责，为履行党的执政使命殚精竭虑、为巩固党的执政地位奋斗终生。"赶考"意识集中体现了一种自我警醒、自我鞭策的精神。62年前，毛泽东同志把党中央机关入驻北平、建立新中国形象地喻为"赶考"。今天，我们已经取得建立新中国的伟大胜利和建设新中国的伟大成就，但在迈向现代化的征程中，长期执政考验、改革开放考验、市场经济考验、外部环境考验，以及精神懈怠的危险、能力不足的危险、脱离群众的危险、消极腐败的危险，更加尖锐地摆在我们面前。在我省今后发展中，也会遇到许多新情况、新问题。我们必须不断强化"赶考"意识，始终保持"赶考"的精神状态，永不僵化、永不停滞、永不懈怠，不断迎接新的挑战，夺取新的胜利，向党和人民交出合格的答卷。

（二）紧紧抓住领导班子和干部队伍建设这个关键，进一步提高各级领导班子和领导干部领导科学发展、促进社会和谐的能力。坚持正确的用人导向，坚持五湖四海、任人唯贤，坚持德才兼备、以德为先用人标准，坚持民主、公

开、竞争、择优原则,不断深化干部人事制度改革,进一步建立健全干部选拔任用、考核评议、管理监督和激励保障机制,努力提高选人用人的科学化、民主化、制度化水平。以更宽的视野、更高的境界、更大的气魄,广开进贤之路,真正把那些政治坚定、有真才实学、实绩突出、群众公认的干部选拔到领导岗位上来。特别注意保护和重用那些埋头苦干、不事张扬、坚持原则、作风正派的干部,真正让想干事者有机会、能干事者有舞台、干成事者有地位,不让老实人吃亏,不让投机钻营者得利。把提高领导水平和执政能力作为各级领导班子建设的核心内容来抓,继续扎实开展大规模干部教育培训,不断创新培训方式方法,提高培训质量和效果,加强思想作风建设,提高领导干部执政本领和整体合力。从保证党和人民事业继往开来的战略高度,加强培养选拔优秀年轻干部工作,鼓励年轻干部到艰苦地区、复杂环境、关键岗位经受锻炼和考验。重视培养选拔优秀女干部、少数民族干部和党外干部,真心爱护、真诚关怀基层干部,带着责任和感情认真做好老干部工作,大力推进机关与基层优秀干部的双向交流,加强干部管理和监督,增强干部队伍的生机与活力。

(三)紧紧抓住加强基层基础这个重点,着力增强基层党组织的创造力、凝聚力和战斗力。党的基层组织是党的全部工作和战斗力的基础。坚持把创先争优活动作为一项经常性工作来抓,不断丰富活动内容,突出实践特色,引导基层党组织和广大党员与时俱进、创先争优。不断创新基层党组织设置方式,抓紧在非公有制经济组织和各类新社会组织中建立党组织,扩大基层党组织覆盖面。切实加强农村、国有企业、城市社区和大专院校党建工作,提高机关和事业单位党建工作水平,积极构建城乡统筹、相互促进的基层党建工作新格局。坚持不懈抓好党员队伍建设,改进发展党员工作,加强对流动党员的管理,加强对老党员、生活困难党员的关怀帮扶,建立健全教育、管理、服务党员的长效机制。坚持把服务群众、做好群众工作作为基层党组织的核心任务,拓宽党员联系和服务群众渠道,建立健全党员发挥作用的机制,使党的基层组织充分发挥推动发展、服务群众、凝聚人心、促进和谐的作用。加强基层党组织的制度建设和活动场所建设,推进基层党建工作项目化发展。

(四)紧紧抓住发展党内民主这个着力点,充分激发各级党组织和广大党员的积极性、主动性、创造性。党内民主是增强党的创新活力、巩固党的团结统一的重要保证。要以健全民主集中制为重点,以保障党员民主权利为根本,以加强党内基层民主建设为基础,积极发展党内民主。完善党内民主决策机制,完善集体领导与个人分工负责相结合的制度,防止个人或少数人说了算。不断拓宽党员参与党内事务的渠道,积极稳妥推进党务公开,切实保障党员主体地位和民主权利。大力营造讲真话、说实话的浓厚氛围和宽松环境。各级领导干部要带头讲真话、说实话,包容不同意见,决不能乐喜厌忧,更不能“报喜得喜、报忧得忧”,带坏风气!要坚持民主与集中的统一,严守党的纪律特别是政治纪律,维护中央的权威,确保政令畅通。

(五)紧紧抓住保持党同人民群众血肉联系这个核心,以优良的作风和良好的形象凝聚党心民心。我们党的最大政治优势是密切联系群众,最大危险是脱离群众。必须始终把人民放在心中最高位置,始终把人民利益放在一切工作的首位,切实做到权为民所用、情为民所系、利为民所谋,永远保持并不断密切党同人民群众的血肉联系。坚持问政于民、问需于民、问计于民,虚心拜群众为师,真诚倾听群众呼声,真实反映群众愿望,真情关心群众疾苦,坚决保障群众的合法权益。大力弘扬求真务实、艰苦奋斗的作风,持之以恒加强机关作风和效能建设,坚决反对形式主义、官僚主义,坚决反对弄虚作假、急功近利,坚决反对不作为、乱作为,坚决反对贪图享受、铺张浪费,树立党员、干部的良好形象。

坚决惩治和有效预防腐败，关系人心向背和党的生死存亡，是我们必须始终抓好的重大政治任务。坚持标本兼治、综合治理、惩防并举、注重预防的方针，大力推进惩治和预防腐败体系建设，加大从源头预防遏制腐败力度。坚持把反腐倡廉教育融入干部培养、选拔、管理和使用的全过程，深入开展反腐倡廉教育，加强对党员领导干部的监督，认真落实廉洁自律、廉洁从政的各项规定。加强反腐倡廉制度建设，深化重点领域和关键环节改革，加强对权力运行的制约和监督，完善凭制度用权、靠制度办事、用制度管人机制，保障公共权力阳光公开、透明运行。加强对人民群众反映强烈的突出问题的专项治理，加大查办违纪违法案件工作力度，严肃查处侵害人民群众权益的案件，坚决惩处腐败分子。积极探索新形势下反腐败斗争的规律，继续完善反腐败领导体制和工作机制，不断提高反腐倡廉建设科学化水平。

同志们！建设富裕和谐秀美江西，责任重大、使命光荣。在风雷激荡的革命战争年代，江西这块红土地孕育的井冈山精神和苏区干部好作风，集中体现了我们党的理想追求和政治品格，是全党的宝贵精神财富，更是激励我们战胜各种艰难险阻、不断夺取胜利的强大精神动力。让我们更加紧密地团结在以胡锦涛同志为总书记的党中央周围，高举中国特色社会主义伟大旗帜，以邓小平理论和“三个代表”重要思想为指导，深入贯彻落实科学发展观，大力弘扬伟大的井冈山精神和苏区干部好作风，以百折不挠的坚定信念、求真务实的科学态度、艰苦奋斗的顽强作风，齐心协力为建设富裕和谐秀美江西而努力奋斗！

中共江西省委常委、书记、副书记
中共江西省纪委书记、副书记、常委名单

2011 年 10 月 30 日，中国共产党江西省第十三届委员会第一次全体会议选举苏荣、鹿心社、张裔炯、尚勇、舒晓琴、凌成兴、赵智勇、莫建成、陶正明、史文清、王文涛、周萌、蔡晓明为中共江西省第十三届委员会常务委员会委员；选举苏荣为省委书记，鹿心社、张裔炯为省委副书记。

会议通过中共江西省第十三届省纪委常委、书记、副书记人选：省纪委常委：尚勇、陈尚云、刘卫平、赵力平、陈小平、李建发、李泉新、肖德福、汪爽、饶利萍、王仁辉；省纪委书记：尚勇，省纪委副书记：陈尚云、刘卫平、赵力平、陈小平。

山东省第十次党代会报告摘要及省委、省纪委领导成员名单

加快建设经济文化强省谱写山东人民美好生活新篇章

——在中国共产党山东省第十次代表大会上的报告(摘要)

(2012年5月24日)

姜异康

同志们:

现在,我代表中国共产党山东省第九届委员会向大会作报告。

这次大会的主要任务是:高举中国特色社会主义伟大旗帜,以邓小平理论和"三个代表"重要思想为指导,深入贯彻落实科学发展观,总结五年来的工作,确定今后五年的目标任务,选举新一届省委、省纪委和我省出席党的十八大代表,动员全省广大党员干部群众,团结一心,励精图治,加快建设经济文化强省,谱写山东人民美好生活新篇章。

一、积极作为科学务实,经济社会发展取得新的重大成就(略)

二、明确目标奋勇争先,在科学发展道路上实现经济文化强省建设新跨越

胡锦涛总书记等中央领导同志要求我们,深入贯彻落实科学发展观,扎实推进经济文化强省建设,在全面建设小康社会的征程上继续走在前列。这为我们做好各项工作指明了方向。综观国际国内形势,我国仍处于可以大有作为的重要战略机遇期,山东正处在由大到强战略性转变的关键时期,经济社会发展呈现出新的重要阶段性特征。经过改革开放30多年的快速发展,我省已经成为一个经济文化大省,物质基础坚实雄厚,产业体系比较完备,人均生产总值超过7000美元,经济社会发展站在了新的起点上。通过深入贯彻落实科学发展观,我们推进经济文化强省建设的方向更加明确,思路更加清晰,信心更加坚定。同时,随着经济文化强省建设的深入推进,对调整产业结构、降低资源消耗、保护生态环境、提高质量效益要求更加迫切,加快转变经济发展方式任务更加繁重。当前,全国各地竞相发展的态势迅猛,区域之间的竞争,不仅看总量,更要看创新能力强不强、经济结构优不优、质量效益好不好、体制机制活不活,看核心竞争力、发展潜力和可持续发展的能力。加快实现由大到强的战略性转变,要求我们必须创新创优、求好求强、以强胜出,努力保持科学发展、创新发展的良好态势,保持经济平稳较快发展的良好态势,保持持续提高发展质量效益的良好态势。面对新的形势和任务,我们深感责任重大。我们坚信,有党中央、国务院的坚强领导,有坚实的经济基础、组织基础、群众基础和工作基础,有这些年来我们在科学发展道路上探索积累的宝贵经验,有实施蓝黄两大国家发展战略带来的难得机遇和广阔空间,有全省广大党员干部群众团结拼搏、奋勇争先的信心和勇气,就一定能够战胜前进道路上的各种困难、风险和挑战,一定能够实现经济文化强省建设的新跨越,不断开创山东科学发展的新局面。

今后五年,全省工作的总体要求是:认真学习贯彻党的十八大精神,高举中国特色社会主义伟大旗帜,以邓小平理论和"三个代表"重要

思想为指导，深入贯彻落实科学发展观，牢牢把握主题主线和稳中求进的总基调，坚定不移地以富民强省为目标，以改革开放为动力，以创新驱动、提质增效、统筹发展为着力点，坚决打好转方式调结构的硬仗，切实做好保障和改善民生、加强和创新社会管理的大文章，全面推进社会主义经济建设、政治建设、文化建设、社会建设以及生态文明建设和党的建设，实现经济文化强省建设新跨越，在推动科学发展、全面建设小康社会征程上走在前列，谱写山东人民美好生活新篇章。

今后五年，要努力做到"一个提前、六个更加"。提前实现全面建成小康社会的奋斗目标，

开启基本实现现代化建设新征程。经过努力，把山东建设成为联结环渤海和长三角两大经济区，依托区位优势和黄河中下游广阔腹地，全方位参与国际合作与竞争，经济文化融合，海陆统筹一体发展，具有较强综合经济实力、核心竞争力和文化软实力的省份，为建成经济文化强省奠定坚实基础。一是经济发展方式更加科学。全省生产总值跃上 7 万亿元台阶，人均生产总值超过 1 万美元；经济结构战略性调整取得重大进展，三次产业比例不断优化，战略性新兴产业增加值、服务业增加值实现倍增，经济发展的质量和效益进一步提高；全社会研发投入占生产总值比重提高到 2.5% 以上，发明专利申请量和授权量年均增长 15% 以上，高新技术产业产值占规模以上工业总产值比重每年增加一个百分点以上，科技教育人才支撑作用、自主创新能力和综合竞争力显著增强。二是城乡区域发展更加协调。重点区域带动战略的作用得到充分发挥；海洋经济占全省生产总值的比重达到 23% 以上；新农村建设加快推进，城镇化率达到 56% 以上；交通、能源、信息、水利等基础设施建设达到新水平；打造新的经济隆起带和科学发展高地，形成城乡一体、区域联动，东部率先发展、中部加快崛起、西部实现跨越的区域发展新格局。三是文化更加繁荣发展。社会主义核心价值体系深入人心，社会文明程度不断提高，覆盖城乡的公共文化服务体系基本形成，人民群众精神文化需求得到更好满足；文化建设投入力度不断加大，财政对公共文化建设投入的增长幅度高于同级财政经常性收入增长幅度；文化产业增加值大幅增长，成为国民经济支柱性产业；文化发展主要指标居全国前列，努力成为全国重要的区域性文化中心。四是人民生活更加殷实富裕。社会事业加快发展，民生支出占财政支出的比重达到 60% 以上，基本公共服务水平和均等化程度明显提高；五年累计城镇新增就业 500 万人，转移农村劳动力 600 万人，覆盖城乡的社会保障体系全面建成；城镇居民人均可支配收入和农民人均纯收入基本实现翻一番，人民生活质量不断提高。五是生态环境更加优美宜居。生态山东建设取得重大阶段性成果，节能减排约束性目标全面完成，单位生产总值能耗和化学需氧量、氨氮、二氧化硫、氮氧化物排放量大幅降低，生态经济形成较大规模；水和大气环境质量明显改善，森林覆盖率达到 26%，城乡环境宜居水平显著提高，展现生态山东、绿色山东新形象。六是社会更加和谐稳定。法治山东建设水平进一步提高，平安山东建设深入推进，社会管理格局、社会治安防控体系和社会矛盾调处化解机制不断健全完善，人民权益和社会公平正义得到切实保障，诚信友爱、充满活力、安定有序、文明和谐的社会局面巩固发展。

同志们，山东的昨天灿烂辉煌，山东的今天生机勃勃，山东的明天更加美好。全省各级党组织和全体共产党员一定要统一思想，坚定信心，攻坚克难，开拓前进，为加快建设经济文化强省、提前实现全面建成小康社会奋斗目标作出新的更大贡献！

三、牢牢把握主题主线，加快由经济大省向经济强省转变

实现我省经济由大变强的历史性跨越，必须切实增强紧迫感、压力感、危机感，加快转变

经济发展方式和调整优化经济结构，全面提升经济发展质量和效益，不断增创山东发展的新优势。

（一）加快推动转型升级，增创产业发展新优势。认真贯彻执行国家宏观经济政策，把稳增长与转方式调结构结合起来，把巩固优势与接长短板结合起来，走新型工业化道路，整体提升产业发展水平。一是增强发展内生动力。坚持把扩大内需作为战略基点，加快构建促进消费的长效机制，保持投资稳定增长，保持经济平稳较快发展和物价总水平基本稳定。高度重视发展实体经济，人才和资金等要更多投向实体经济，政策措施要更加有助于发展实体经济，收入分配要更多向劳动倾斜，努力营造鼓励脚踏实地、勤劳创业、实业致富的社会氛围，进一步打牢经济发展基础。二是推动产业高端提升。抓住全球经济调整的机遇，深入实施高端高质高效产业发展战略，坚持改造提升传统产业与培育壮大战略性新兴产业“双轮驱动”。大力促进工业化与信息化深度融合，推进企业管理创新，全面提高技术装备水平和信息化水平，做强做大装备制造业，调整优化原材料产业，改造提升消费品工业，延长产业链，提高附加值，培植大品牌。深入实施战略性新兴产业培育计划，以掌握核心关键技术为突破口，支持新能源、新材料、新信息、新医药和海洋开发等产业发展壮大，加快实现工业由大变强。三是促进服务业跨越发展。加快发展金融保险、现代物流、科技信息、商务服务等生产性服务业，大力发展商贸、旅游、健身、家庭服务、养生养老等生活性服务业，强化重点城区、重点园区、重点企业和重点项目载体支撑，促进服务业发展提速、比重提高、水平提升。四是实施园区提升和产业集群壮大工程。推动各类园区转型升级，促进产业集聚、人才集聚和创新要素集聚，更好地发挥辐射带动功能，使各类园区成为带动区域经济发展的主导区、调整产业结构的先行区和率先转变经济发展方式的示范区。加大钢铁、机械、化工、煤炭、港口等领域的资源整合力度，提高产业整体竞争力。认真落实扶持小型微型企业的各项政策，开展“一企一技术”活动，做到小而精、小而专、小而特，进一步优化小微企业的发展环境。五是增强基础设施支撑能力。建立完善现代能源产业体系、现代综合交通运输体系、现代信息网络体系，积极推进坚强智能电网以及核电、风电、太阳能、生物质能发电等新型能源建设，完善“四纵四横”铁路运输网络，规划建设中心城市城际快速交通网络，加快建设一批国高网、省际间通道、区域高速公路和疏港通道项目，优化港口布局，加快济南机场扩建和青岛机场迁建，推进“智慧山东”建设，全面提升基础设施现代化水平。

（二）大力发展现代农业，增创农业农村新优势。坚持把“三农”工作摆在重中之重的位置，深入贯彻落实工业反哺农业、城市支持农村和多予少取放活方针，同步推进工业化、城镇化和农业现代化。加大强农惠农富农政策支持力度，落实最严格的耕地保护制度，继续实施粮食千亿斤生产能力建设规划，促进粮棉油稳定增产，确保农产品有效供给。构建现代农业产业体系，推进现代农业示范区建设，加快高效生态和高端高质农业发展步伐。深化农业产业化经营，大力培育龙头企业、基层供销社、农民专业合作社、种养大户等现代农业经营主体，提高农业专业化、标准化、规模化、集约化水平。加快农业科技创新和技术推广，加强农产品质量检验检测，改善农业设施装备条件，努力建设适应现代农业发展需求的农业科技创新与成果转化体系，农业科技进步贡献率达到60%以上。推进现代水利示范省建设，加快构建现代水网工程体系，加强以水利为重点的农业基础设施建设，旱能浇、涝能排高标准农田面积达到6000万亩以上。推进生态文明乡村建设，力争到2016年底基本完成村容村貌整治任务。继续抓好农村住房建设与危房改造，全省一半以上的农户住进新房。拓宽农民增收渠道，深挖农业内部增收潜力，加快农村劳动力转移就业，增加农民的工资性收入和财产性收入。稳定和完善农村基本经营制度，深化农村经营体制、土地管理制度、金融服务体制、农村流通体制、农村集体产权制度等方面改革。切实保障农民土地承包经营权、宅基地使用权、集体收益分配权，维护农民的合法权益。

（三）以深入实施蓝黄两大战略为引领，增创区域发展新优势。坚持不懈地实施重点区域带动战略，不断优化区域发展布局，丰富区域发展战略内涵。按照聚焦蓝黄、放大优势、创新发展、先行先试、统筹一体、打造高地的思路，坚持区域发展与产业培植相结合，增强区域综合竞争力。突出蓝黄两区建设的主体战略地位，全面落实规划目标要求，高水平建设“三区三园”，率先转变发展方式，更加凸显蓝黄“两大引擎”的示范引领带动作用。大力发展海洋经济，科学开发海洋资源，培育海洋优势产业，推进海洋经济改革发展试点，打造山东半岛蓝色经济区，建设具有国际先进水平的海洋经济改革发展示范区和我国东部沿海地区重要的经济增长极。支持青岛率先科学发展，实现蓝色跨越，发挥龙头作用。突出高效生态经济特色，把黄河三角洲建设成为全国重要的高效生态经济示范区、特色产业基地、后备土地资源开发区和环渤海地区重要的增长区域。推进胶东半岛高端产业聚集区建设，抢占产业发展制高点。深入落实国家支持沂蒙革命老区政策，实施钢铁产业结构调整试点方案，初步建成日照钢铁精品基地，促进鲁南经济带发展。继续发挥济南优势，加快科学发展，建设美丽泉城，带动省会城市群经济圈做大做强。支持菏泽打造鲁苏豫皖交界地区科学发展高地，进一步研究制定支持包括鲁西南、鲁西北在内的西部地区发展的优惠政策，建设新的经济隆起带。支持老工业基地和资源型城市转型发展。大力发展县域经济，完善政策措施，突出特色经济，壮大优势产业，以市为单位整体提升县域经济发展水平，增强县域综合实力。加强同周边省市的联合对接，强化省内各地的协作配合。发挥区域发展的示范效应、联动效应、政策效应，着力提高经济效益、社会效益、生态效益、惠民效益，努力实现全省经济强劲、可持续、平衡发展。

城镇化是经济社会发展的必然趋势。要加快构建以济南都市圈、胶东半岛城市群为主体，大中小城市和小城镇科学布局，城乡互促共进，区域协调发展的城镇体系。统筹推进城乡规划、基础设施建设、公共服务一体化，不断提高城镇化水平。实施扩权强镇政策，引导中小城市加快发展，培育一批经济强镇、区域重镇和文化旅游名镇，争取用3—5年时间，使部分镇进入全国百强镇行列。尊重群众意愿，规范有序建设新型农村社区。积极稳妥解决农民工特别是新生代农民工融入城镇问题。

（四）努力建设创新型省份，增创科技支撑新优势。建设经济强省，核心是建设创新型省份，推动发展向主要依靠科技进步、劳动者素质提高、管理创新转变。要深入实施中长期科学和技术发展规划纲要，发挥我省国家级创新型试点城市的带动作用，加快构建区域创新体系，培育创新基地，扶持发展创新型产业集群，形成技术突破、平台支撑、产业引领的创新驱动格局。实施自主创新能力提升工程，落实好高技术产业自主创新行动计划，集中力量攻克一批核心技术和关键技术，研发一批具有自主知识产权和核心竞争力的重点领域首台（套）技术装备，增强原始创新、集成创新和引进消化吸收再创新能力。实施重大科技创新平台建设工程，积极推进青岛海洋科学与技术国家实验室、黄河三角洲可持续发展研究院、山东国家综合性新药研发技术平台和山东超级计算中心等重大公共创新平台建设。依托我省有实力的重点企业、高等院校和科研单位，建设一批省级创新平台。支持济南国家信息通信创新园、青岛“蓝色硅谷”建设。推动协同创新机制建设，坚持以企业为主体、市场为导向，健全产学研相结合的技术创新体系，推进专业技术创新和转化中心建设，大幅提升科技成果的转化率。支持重点企业建立境内外技术研发机构，鼓励企业与高校、科研院所共建技术创新战略联盟，吸引更多国外大企业来我省设立研发中心和产业化基地。进一步优化创新环境，坚持政府引导和社会投入相结合，持续增加科技研发投入，强化财税金融政策支持，培育和发展创业风险投资，完善鼓励科技创新和成果转化的法制保障、政策体系、激励机制、市场环境。加强知识产权创造、运用、保护、管理，激发全社会创造活力。

（五）深化改革扩大开放，增创体制机制新优势。解决经济社会发展中的深层次矛盾和问题，根本在于深化改革、扩大开放。要坚定不移地推进重点领域和关键环节的改革，着力破除影响和制约科学发展的体制机制障碍，更好地发挥市场在资源配置中的基础性作用。深入推进国有经济战略性调整和国有企业公司制股份制改革，完善国有资产管理体制和机制。认真贯彻落实发展非公有制经济的政策措施，鼓励、支持、引导非公有制经济发展。深化税费制度改革，完善省以下财政体制，健全县级基本财力保障机制。优化金融生态环境，积极推进金融创新，发展壮大地方金融机构，防范金融风险和地方政府债务风险。深化行政管理体制改革，加快转变政府职能，分类推进事业单位改革。尊重基层和群众首创精神，鼓励先行先试、探索创新、重点突破。深化经济体制改革试点工作。实施更加积极主动的开放战略，充分利用国内国际两个市场、两种资源，全面提升开放型经济水平。加快转变外贸发展方式，大力发展服务贸易，多元化拓展国际市场。加强招商引资引智，积极引进战略投资者和高端项目。按照中央的决策部署，充分发挥我省毗邻日韩的区位优势，积极推进中日韩地方经济合作示范区建设。继续实施“走出去”战略，围绕境外资源开发、优势产能转移、海外并购研发、境外工程承包、高端劳务输出等工作重点，着力培育源自山东的跨国公司，推动资本、技术、人力等生产要素优化组合，抢占先机，开拓新的发展空间。

（六）提高生态山东建设水平，增创绿色发展新优势。建设生态山东，是实现我省经济社会可持续发展的重大战略举措。必须坚持以人为本、生态优先，加快建设资源节约型、环境友好型社会。充分发挥生态环保的引导作用和倒逼机制作用，实行最严格的资源环境管理制度，努力形成节约资源能源、保护生态环境的产业结构、增长方式和消费模式。着力解决破坏生态环境和危害群众健康的突出问题，抓好水、大气、土壤、重金属和危险废物污染防治，维护人民群众生态权益。加强水系生态建设，制定流域综合规划，加强以流域为单元的生态环境整治，率先建成“让江河湖泊休养生息示范省”。全面建成南水北调东线一期山东段干线工程，确保水质达到国家规定标准。加快小清河流域环境综合治理，建成让江河湖泊休养生息的示范区、沿河环湖大生态带和新的经济增长极。强化节能减排目标责任制，抓好工业、交通、建筑、农业和农村、商业和民用以及公共机构等领域节能，组织实施节能科技提效、节能环保产业培育、循环经济促进、新能源推广应用、节能管理数字化和节能人才六大节能工程，开展千家重点用能企业节能低碳行动，坚决按规划要求淘汰落后生产能力。大力发展循环经济，支持开发绿色技术、绿色产品，探索建立低碳经济示范区，培育以低碳排放为特征的新的经济增长点。切实保护海洋生态环境，严格控制海域污染和陆域污染源，加强海岸带保护，加快构建强大的蓝色生态屏障。大力推进重大生态工程，实施城市绿荫行动，重点抓好“四带三区两湖一环”造林绿化和湿地建设。完善有利于资源节约和环境保护的制度体系，探索建立生态环境和资源补偿惩罚机制。建设生态山东惠及广大人民群众，造福子孙后代。要广泛动员全省人民积极投身生态建设，把齐鲁大地建设得天更蓝、地更绿、水更清、人民生活更幸福。

四、推动文化大发展大繁荣，加快由文化大省向文化强省迈进

坚持社会主义先进文化前进方向，以高度的文化自觉、文化自信，加快推进文化改革发展，努力建设与我省文化资源相匹配、与综合实

力相适应、与富民强省目标相承接、与人民群众精神文化需求相符合的文化强省。

（一）认真践行社会主义核心价值体系，充分发挥先进文化的引领作用。加强社会主义核心价值体系宣传教育普及，坚持不懈地用中国特色社会主义理论体系武装党员、教育群众，坚定中国特色社会主义共同理想。大力弘扬以爱国主义为核心的民族精神和以改革创新为核心的时代精神，弘扬沂蒙精神，传承山东人民忠厚淳朴、勇敢坚韧、豁达包容、重诺守信、奋力争先、创新实干的优秀品格，进一步培育新时期山东精神。坚持用社会主义荣辱观引领风尚，加强社会公德、职业道德、家庭美德、个人品德建设，加强和改进未成年人思想道德建设和大学生思想政治教育。推动学雷锋活动常态化，构筑时代精神高地。深入开展文化强省建设先进市县创建活动和文明城市、文明村镇、文明单位等群众性精神文明创建活动，加快诚信山东建设。重视繁荣发展哲学社会科学，实施哲学社会科学创新工程，办好山东社科论坛和齐鲁大讲坛。坚持正确的舆论导向，加强党报党刊、广播电视台等重要新闻媒体建设，唱响主旋律，打好主动仗。加强和改进网络文化建设和管理，不断提高分析应对网络舆情的能力，使互联网等新兴媒体成为传播先进文化的重要阵地。

（二）大力发展文化事业，切实保障人民群众基本文化权益。按照公益性、基本性、均等性、便利性原则，加大政府投入力度，完善公共文化服务网络，提高公共文化服务水平，争创国家公共文化服务体系示范区。深入实施广播电视村村通和直播卫星公共服务、文化信息资源共享、农村电影放映、农家书屋建设等文化惠民工程，加强文化馆、博物馆、图书馆、美术馆、科技馆、纪念馆和青少年宫等公共文化基础设施建设，完善向社会免费开放服务，在有条件的地方逐步形成15—20分钟城乡公共文化服务圈。加强对文化产品创作生产的引导，建立完善省级文化荣誉制度，以全国精神文明建设“五个一”工程和全省文化创作“精品工程”为抓手，进一步培育壮大鲁剧、鲁版图书、齐鲁画派等品牌，创作生产更多人民群众喜闻乐见的精品力作。办好第十届中国艺术节。实施地方戏曲振兴工程，开辟地方戏曲频道专栏。广泛开展群众性文化活动，积极推进农村文化、社区文化、企业文化、校园文化建设。

（三）加快发展文化产业，不断提高整体实力和竞争力。发展文化产业是推进转型发展、培育新的经济增长点的重要途径。要大力实施重大文化产业项目带动战略，加快培育壮大骨干文化企业，扶持发展中小微型文化企业，加强文化产业园区和基地规划建设，形成一批国家和省级文化产业示范区，提高文化产业规模化、集约化、专业化水平。大力实施文化数字化建设工程和“创意山东计划”，加快发展文化创意、数字出版、移动多媒体、动漫游戏等新兴文化产业。培育一批文化科技企业，加快文化科技创新成果转化。推动文化产业与其他产业融合发展，打造“好客山东”文化旅游品牌，办好“贺年会”、“休闲汇”，形成文化与经济、科技融合发展的格局。大力发展各类文化产品和要素市场，完善山东文化产业博览交易会等综合交易平台。积极引导扩大文化消费，实施文化消费补贴计划和国民文化消费卡工程，拓展大众文化消费市场，培育文化消费增长点。加大文化产业发展的政策引导力度，推动文化产业跨越发展。

（四）推进文化改革创新，激发文化繁荣发展活力。坚持改革、改组、改造与创新管理相结合，加快推动经营性文化单位转企改制，组建一批主业突出、实力雄厚的大型文化产业集团。深化公益性文化事业单位内部机制改革，坚持建管用并重，突出公益属性，强化服务功能。深化文化行政管理体制改革，推动政企分开、政事分开、管办分离，完善文化市场综合执法管理体系，建立管人管事管资产管导向相结合的国有文化资产管理体制，健全富有活力的文化产品生产经营机制。加快推进“三网融合”，推动各类信息网络设施互联互通、有序运行。加强文化传播渠道建设，加快构建技术先进、传输快捷、覆盖广泛的现代传播体系。

（五）发挥齐鲁文化优势，弘扬优秀传统文化。齐鲁优秀传统文化是我们的宝贵精神财富。要坚持古为今用、推陈出新，加强优秀传统文化传承体系建设，大力开展齐鲁优秀传统文化的研究、宣传、教育和普及活动。综合开发利用丰富文化资源，鼓励开展富有山东特色的民族民间文化节庆活动，加强对齐鲁民间传统艺术、技艺的挖掘整理，发展健康向上的特色文化、民俗文化、海洋文化。实施齐鲁文化遗产保护传承工程，加强世界文化遗产、历史文化名城名镇名村保护，推进中国非物质文化遗产博览园和中华文化标志城规划建设，提高优秀传统文化资源开发利用水平。积极开展对外文化交流与合作，努力打造"孔子故乡 中国山东"文化品牌，不断扩大齐鲁文化的影响。

五、顺应人民群众新期待，加快以改善民生为重点的社会建设

办好广大人民群众的事是我们的最大责任。要时刻把群众的冷暖安危放在心上，把人民幸福作为根本价值取向，真正做到为民、爱民、富民、安民，使改革发展成果更多更好地惠及广大人民群众。

（一）扎实办好民生实事，有效解决群众利益问题。坚持发展经济与改善民生相统一，认真落实各项民生政策，努力解决好事关群众切身利益的问题。一是把扩大就业作为头等大事。认真落实就业优先战略，实施积极的就业政策，支持劳动者多渠道就业创业，做好重点人群就业工作，完善覆盖城乡的公共就业服务体系。二是较大幅度增加城乡居民收入。认真落实国家深化收入分配制度改革的政策措施，逐步提高居民收入在国民收入分配中的比重，提高劳动报酬在初次分配中的比重，实现居民收入增长与经济发展同步、劳动报酬增长与劳动生产率提高同步。健全职工工资正常增长机制，提高低收入群体收入水平，扩大中等收入群体比重，创造条件增加居民财产性收入。三是完善覆盖城乡居民的社会保障体系。扩大社会保险覆盖范围，提高社会保险统筹层次，建立健全基本养老金、失业保险金正常调整机制，提高城乡低保标准和补助标准，健全城乡社会救助体系，发展社会福利和慈善事业，提高社会保障水平。四是加大保障性安居工程建设力度。推进廉租住房、公共租赁住房、经济适用住房建设和棚户区改造。五是着力解决群众看病难、看病贵问题。巩固完善城镇基本医疗保险、新农合制度，完善重大疾病保险救助制度。六是保障群众饮食用药安全。健全食品药品安全监管体系，依法严厉打击制售假冒伪劣食品药品行为。七是重视做好社会养老和老龄工作。建立健全以居家为基础、社区为依托、机构为支撑的社会养老服务体系。八是打好新一轮扶贫开发攻坚战。加大投入力度，巩固发展专项扶贫、行业扶贫、社会扶贫大扶贫格局，力争五年累计实现500万贫困人口脱贫。随着经济社会的发展，进一步提高扶贫标准，推动扶贫开发向更高水平提升。继续做好对口支援工作。

（二）加强制度机制建设，增强民生政策普惠性。不断完善保障和改善民生的制度安排，在促进民生公平上下功夫，把政策告诉群众，把好事办好，提高公共服务的效率和质量，使党和政府的关怀真正暖在群众心坎上。加快健全民生投入保障机制，坚持财政投入和市场化运作相结合，新增财力向以民生为重点的社会发展领域倾斜。总结推广构建阳光民生救助网的经验，对困难群众实施动态跟踪、阳光救助。加快完善民生工作落实机制，完善项目选定、投入保障、公示承诺、领导责任、监督检查等制度。加快完善民生工作考核评价机制，坚持实践标准、群众标准，建立群众满意度测评制度，提高民生建设的实效，真正把民生工程建成群众满意工程。

（三）大力发展社会事业，提高公共服务能力。坚持教育优先发展，统筹做好国家基础教育综合改革试验区工作，提高学前教育普及率，

促进义务教育均衡发展。推进高中阶段教育多样化建设。加强职业教育体系建设。优化高等教育区域布局，推动高等教育内涵发展，发挥高等院校在培养创新型人才方面的重要作用，增设工科专业，增加实训基地，支持山东大学青岛校区等建设。积极发展民办教育，健全终身教育体系。加快发展医药卫生事业，深化医药卫生体制改革，全面推开公立医院改革，加强基层卫生服务机构建设，巩固完善基本药物制度，建立以全科医生为重点的基层人才培养培训制度，启动实施中医药名医工程，完善基本医疗卫生体系。深入开展“健康山东行动”。大力发展体育事业，广泛开展全民健身活动，提高竞技体育整体实力。坚持计划生育基本国策，改善人口素质和结构。切实保障妇女、儿童合法权益。做好关心下一代工作。支持残疾人事业发展。

（四）加强和创新社会管理，促进社会和谐稳定。加强和创新社会管理是维护最广大人民根本利益、构建社会主义和谐社会的必然要求。要把社会管理工作摆在更加突出的位置，切实加强党的领导，强化政府社会管理职能，强化各类企事业单位社会管理和服务职责，引导各类社会组织增强服务社会能力，支持人民团体参与社会管理和公共服务，发挥群众参与社会管理的基础作用，推进社会管理服务制度、体制机制和方法创新，充分运用现代信息技术，不断提高社会管理科学化水平。重视做好信访工作，加强社会矛盾隐患排查和风险评估，完善大调解机制，认真解决群众合法合理诉求，努力从源头上预防和减少社会矛盾。深入推进平安山东建设，大力加强社会治安综合治理，推广基层平安创建、“六小警务”等经验做法，重点抓好对各类刑事犯罪的惩办和治安突出问题的集中整治，保障人民生命和财产安全。坚决打击境内外敌对势力的渗透、破坏活动，切实维护国家安全和社会稳定。高度重视抓好安全生产，增强公民防灾意识，深入推进防灾减灾体系建设，努力实现安全发展、和谐发展。

（五）推进国防动员和后备力量建设，深化军民融合式发展。加强国防动员体系建设，促进经济文化强省建设与国防动员统筹发展。广泛开展国防教育，增强全民国防观念。提高民兵预备役建设水平，高标准完成征兵任务。扎实开展双拥共建工作，积极落实优抚安置政策，支持国防建设和驻鲁人民解放军、武警部队现代化建设，巩固和发展军政军民团结。

六、推进民主法制建设，维护人民权益和社会公正

坚持党的领导、人民当家作主、依法治国有机统一，进一步巩固发展全省民主团结、生动活泼、安定和谐的政治局面。

（一）推进社会主义民主政治建设。坚持发挥党委的领导核心作用，不断提高科学执政、民主执政、依法执政水平。坚持一切权力属于人民，依法实行民主选举、民主决策、民主管理、民主监督，保证人民享有广泛的民主权利。坚持和完善人民代表大会制度，支持各级人大及其常委会依法履行职能，促进立法、监督、决定重大事项和人事任免更好地体现人民意志、维护人民利益，保障人大代表依法行使职权，增强代表活动实效。坚持和完善中国共产党领导的多党合作和政治协商制度，支持人民政协围绕团结和民主两大主题，在政治协商、民主监督、参政议政上取得更大成效，更好地发挥协调关系、汇聚力量、建言献策、服务大局的重要作用。支持工会、共青团、妇联等人民团体依照法律和各自章程开展工作。

按照扩大人民有序政治参与的要求，丰富基层民主形式，拓宽基层民主渠道，保障人民的知情权、参与权、表达权、监督权。健全基层党组织领导的充满活力的基层群众自治机制，推广基层创造的经验做法，提高群众自我管理、自我服务、自我教育、自我监督水平。健全基层民主管理制度，积极推进基层政务公开、厂务公开、村（居）务公开和公共企事业单位办事公开。健全以职工代表大会为基本形式的企事业单位民主管理制度，落实职工民主管理权利，切

实维护职工合法权益，构建和谐劳动关系。发挥社会组织在扩大群众参与、反映群众诉求方面的积极作用，增强社会自治功能。

（二）依法维护社会公平正义。认真落实依法治国基本方略，大力弘扬社会主义法治精神，全面提高法治山东建设水平。突出地方特色，促进科学立法、民主立法。坚持依法行政，全面推进法治政府和服务型政府建设。深化司法体制和工作机制改革，保证审判机关、检察机关依法独立公正地行使审判权、检察权。加强政法队伍建设，做到严格公正文明执法。大力加强法制宣传教育，认真实施“六五”普法规划，努力提高全民法律素质和全社会法治化管理水平。继续开展法治城市、法治县（市、区）创建活动。完善公共法律服务体系，加强法律援助和司法救助工作，拓宽法律服务领域。各级领导干部要带头学法用法守法，严格依法办事，维护法律尊严和权威，维护社会公平正义。

（三）巩固和发展最广泛的爱国统一战线。引导统一战线广大成员始终做到与党思想上同心同德、目标上同心同向、行动上同心同行，把各方面的智慧和力量凝聚到推动科学发展上来。贯彻长期共存、互相监督、肝胆相照、荣辱与共的方针，坚持和完善重大事项通报制度和民主协商制度，加强同各民主党派和无党派人士的团结合作共事。加强和改进工商联工作。加强党外代表人士的发现、培养、使用、管理工作，建设一支数量充足、结构合理、素质优良、作用突出的党外代表人士队伍。认真做好民族、宗教工作，巩固发展平等团结互助和谐的社会主义民族关系，团结引导宗教界人士和信教群众共同致力于经济文化强省建设。重视做好社会新阶层工作。充分运用各类重要平台，加强同港澳台同胞和海外华人华侨交流合作，为实现中华民族伟大复兴作出积极贡献。

七、提高能力强基固本，不断提高党的建设科学化水平

在新的形势下，执政考验、改革开放考验、市场经济考验、外部环境考验是长期的、复杂的、严峻的。精神懈怠的危险，能力不足的危险，脱离群众的危险，消极腐败的危险，更加尖锐地摆在我们面前，落实党要管党、从严治党的任务比以往任何时候都更为繁重、更为紧迫。要以党的执政能力建设和先进性建设为主线，切实做好保持党的纯洁性各项工作，以改革创新精神全面推进党的建设新的伟大工程。

（一）加强思想政治建设，始终坚持坚定正确的政治方向。坚定理想信念，不为任何风险所惧，不被任何干扰所惑，不断增强坚持中国特色社会主义道路、中国特色社会主义理论体系、中国特色社会主义制度的自觉性和坚定性。严守党的政治纪律，深入开展讲政治、顾大局、守纪律教育，增强政治敏锐性，坚决维护中央权威，确保中央政令畅通。保持党的纯洁性是马克思主义政党的本质要求。要从党和人民事业发展的高度，充分认识保持党的纯洁性的极端重要性和紧迫性，把保持党的纯洁性作为党的建设的根本问题和重要目标，不断增强自我净化、自我完善、自我革新、自我提高能力，大力保持党员干部思想纯洁、队伍纯洁、作风纯洁和清正廉洁，永葆共产党人政治本色。加强学习型党组织建设，引导党员干部勤于学习、善于思考，提高理论水平、思想境界和综合素质，做到眼界宽广、思路开阔、意志坚强。充分发挥党校、行政学院和各类培训机构的作用，深化“名师送教”活动，增强干部教育培训的针对性、实效性，五年计划培训干部228万人次。大力弘扬理论联系实际学风，把学习成果转化为谋划发展的正确思路、促进发展的政策措施和领导发展的实际能力。

（二）深化干部人事制度改革，着力建设高素质的领导班子和干部队伍。坚持五湖四海、任人唯贤，坚持德才兼备、以德为先，树立正确的用人导向。坚持科学化、民主化、制度化方向，规范干部选拔任用提名制度，加大公开选拔、竞争上岗力度，完善科学发展综合考核评价体系，健全干部选拔任用监督体系，提高选人用

人透明度和公信力。选好配强领导班子特别是党政正职，注重从基层和生产一线培养选拔干部，完善干部交流制度。坚持老中青结合，优化领导班子结构，增强整体功能。认真贯彻执行民主集中制，完善领导班子议事规则、决策程序，健全集体领导与个人分工负责相结合的制度，坚决防止个人独断专行，坚决防止个人凌驾于党组织之上。加大培养使用优秀年轻干部工作力度，注重培养使用女干部、少数民族干部和党外干部，关心爱护基层干部。认真做好离退休干部工作。完善“双向约谈”制度，充分调动干部积极性。坚持党管人才原则，牢固树立科学人才观，大力推进高层次创新创业人才引进培育使用工作，深入实施泰山学者、创新团队、首席技师、乡村之星等重点工程，加强各类人才队伍建设，经过长期不懈努力，把我省建设成为高端人才聚集地和优质劳动力富集地带。

（三）统筹城乡基层党建，充分发挥基层党组织的战斗堡垒作用。完善党委管党建、书记抓党建的领导责任制，全面推进农村、国有企业、城市社区、非公有制经济组织、新社会组织、机关、事业单位等基层党建工作，抓好组织体系、骨干队伍、活动载体、工作制度、场所阵地建设，构建城乡统筹基层党建新格局，努力建设服务型党组织。着力扩大党组织和党的工作覆盖面，努力做到哪里有群众哪里就有党的工作，哪里有党员哪里就有党组织，哪里有党组织哪里就有健全的组织生活和党组织作用的充分发挥。健全创先争优长效机制，着力打造齐鲁先锋党建品牌。继续做好选聘高校毕业生到基层任职工作。坚持选派党员干部到工作相对薄弱的基层担任党组织“第一书记”，在基层破解难题、锻炼干部。改进发展党员工作，优化党员队伍结构。健全党员特别是流动党员教育管理服务工作制度，探索党员发挥作用的新途径、新办法。积极发展党内民主，推进党务公开。健全党内激励关怀帮扶机制，做好关心老党员、生活困难党员工作。

（四）加强和改进党的作风建设，密切党同人民群众的血肉联系。加强和改进党的作风建设，核心问题是保持党同人民群众的血肉联系。要牢记“两个务必”，坚持党的群众路线，重视做好新形势下的群众工作，想问题、作决策、办事情都要从群众利益出发，做到合民需、顺民意、得民心。完善群众工作体系，推广服务承诺制、为民服务代理制，加强市民服务热线、政风行风热线等民情民意“直通车”建设，广泛开展群众工作日、民情日记、驻村蹲点等活动。健全联系群众制度，县级以上领导干部要经常联系若干个基层单位，各级领导干部每年要拿出专门时间到基层调查研究。认真落实市、县、乡三级领导干部定期公开接访制度，听取群众意见，着力解决群众反映突出的热点难点问题。认真落实厉行节约有关规定，积极推进“三公”经费公开。切实转变工作作风，把主要精力集中在推动工作上，把满腔热情倾注在为民造福上，把发展业绩建立在真抓实干上，确保各项工作落实到位。要敢于负责、勇于担当，多干打基础、利长远的事。坚决防止和克服形式主义、官僚主义，自觉抵制拜金主义、享乐主义和奢靡之风，带动形成良好社会风气。

（五）加快构建惩治和预防腐败体系，不断取得反腐倡廉建设新成效。坚决惩治和有效预防腐败，关系人心向背和党的生死存亡，是必须始终抓好的重大政治任务。要坚持标本兼治、综合治理、惩防并举、注重预防的方针，严格落实党风廉政建设责任制，深入扎实推进党风廉政建设和反腐败斗争，完善山东特色“6＋1”惩治和预防腐败体系工作格局。加强党性党风党纪教育，打造“齐鲁清风”廉政文化品牌，把反腐倡廉教育贯穿于干部培养、选拔、管理、使用全过程，筑牢党员干部拒腐防变的思想道德防线。坚持用制度管权管事管人，加强反腐倡廉制度创新，深化重点领域和关键环节改革，着力从源头上防治腐败。以加强领导干部特别是主要领导干部监督为重点，健全权力运行制约和监督机制，加强和改进巡视工作，推进廉政风险防控机制建设。深化专项治理，坚决纠正损害群众利益的不正之风，着力解决发生在群众身边的腐败问题。加大违纪违法案件查处力度，坚决惩治腐败行为，突出查处大案要案，以反腐倡廉的实际成效取信于民。加强各级领导班子自身建设，以身作则，率先垂范，影响和带动广大党员干部群众。各级领导干部要严守《廉政准则》各项规定，自重、自省、自警、自励，严格要求自己，严格要求配偶子女和身边工作人员，带头做光明磊落、襟怀坦荡的人，做言行一致、诚实守信的人，做一身正气、两袖清风的人，树立为民、务实、清廉的良好形象。

今年我们党要召开第十八次全国代表大会。迎接十八大，学习贯彻十八大精神，是当前和今后一个时期的重大政治任务。全省各级党组织和广大共产党员一定要扎实做好各项工作，以优异成绩迎接党的十八大胜利召开。

同志们，科学发展的道路无比宽广，经济文化强省建设的前景光明美好。我们肩负的是9600万人民的重托，开创的是由大到强的宏伟事业，书写的是富民强省的壮丽画卷，责任重大而光荣，使命崇高而神圣。我们要有创业的激情，解放思想，锐意进取，勇于攀登；要有拼搏的精神，抓住机遇，乘势而上，奋发有为；要有争先的勇气，不甘落后，敢为人先，争创一流；要有务实的作风，脚踏实地，少说空话，多办实事，努力创造经得起实践、人民和历史检验的业绩，决不辜负党中央的期望，决不辜负全省人民的重托！

让我们更加紧密地团结在以胡锦涛同志为总书记的党中央周围，高举中国特色社会主义伟大旗帜，以邓小平理论和“三个代表”重要思想为指导，深入贯彻落实科学发展观，同心同德，开拓奋进，为加快建设经济文化强省、谱写山东人民美好生活新篇章而努力奋斗！

中共山东省委常委、书记、副书记
中共山东省纪委书记、副书记、常委名单

2012年5月28日，在中共山东省委十届一次全体会议上，姜异康当选中共山东省委书记，姜大明、王军民当选省委副书记。当选为省委常委的还有才利民（满族）、孙伟、王敏、李法泉、李群、高晓兵（女）、孙守刚、刘从良、雷建国、颜世元。

会议通过新一届中共山东省纪委书记、副书记、常委人选：李法泉为中共山东省纪委书记，于晓明、郭建昌、马明生、王喜远为中共山东省纪委副书记，李法泉、于晓明、郭建昌、马明生、王喜远、刘凤岐、刘建华、迟丽华（女）、王元榜、孙成良、司家军为中共山东省纪委常委。

河南省第九次党代会报告摘要及省委、省纪委领导成员名单

深入贯彻落实科学发展观　全面推进中原经济区建设 为加快中原崛起河南振兴而努力奋斗

——在中国共产党河南省第九次代表大会上的报告(摘要)

(2011 年 10 月 26 日)

卢展工

各位代表、同志们:

现在,我代表中国共产党河南省第八届委员会向大会作报告。

这次大会的主题是:高举中国特色社会主义伟大旗帜,以邓小平理论和"三个代表"重要思想为指导,深入贯彻落实科学发展观,坚持重在持续、重在提升、重在统筹、重在为民,团结带领全省人民全面推进中原经济区建设,为加快中原崛起河南振兴而努力奋斗。

一、全省人民砥砺奋进,迈上了建设中原经济区、加快中原崛起河南振兴的新征程(略)

二、认清形势坚定信心,奋力推进中原经济区建设宏伟事业

《国务院关于支持河南省加快建设中原经济区的指导意见》,提出了建设中原经济区的指导思想、基本原则、发展目标和战略举措,是我们建设中原经济区的纲领性文件,为我们指明了前进方向。中原经济区是以全国主体功能区规划明确的重点开发区域为基础、中原城市群为支撑、涵盖河南全省、延及周边地区的经济区域,战略定位是建设成为国家重要的粮食生产和现代农业基地、全国"三化"协调发展示范区、全国重要的经济增长板块、全国区域协调发展的战略支点和重要的现代综合交通枢纽、华夏历史文明传承创新区。建设中原经济区,主题是科学发展,主线是加快转变经济发展方式,目标是富民强省,核心是"三化"协调,活力是解放思想,动力是改革开放,方法是统筹兼顾,关键是实干实效。

今后五年,是建设中原经济区、加快中原崛起河南振兴的关键时期,经济社会发展呈现新的阶段性特征。发展空间明显拓展与外部环境更趋复杂并存,经济全球化深入发展,国际国内产业转移和要素重组加速,我省利用两个市场、两种资源的空间更大;同时国内外环境不确定因素较多,我省发展面临诸多可以预见和难以预见的挑战和风险。发展优势凸显与区域竞争压力加大并存,国家实施扩大内需战略,大力支持中原经济区建设,我省的区位、人口、农业、文化等比较优势和后发优势将得到更好发挥;同时沿海发达地区率先发展,中西部省份竞相发展,围绕市场、资金、资源、人才的竞争日趋激烈。经济平稳较快发展态势持续与转变经济发展方式要求迫切并存,工业化城镇化加速发展,产业、消费升级步伐加快,基础设施不断完善,劳动力素质提升,我省经济发展的基本条件较好;同时深层次矛盾依然突出,特别是"三化"协调发展任务艰巨,发展方式亟待转变。改革向纵深推进与利益关系调整难度加大并存,中原经济区建设先行先试的探索、对外开放的扩大、人民群众的创造汇聚成强大力量,推动改革

向深层次、系统化展开;同时改革涉及的问题更加敏感、触及的矛盾更加复杂,对统筹各方利益关系、增强改革措施协调性的要求更高。民生改善步伐加快与群众诉求增多并存,公共服务水平不断提高,居民收入普遍较快增长,维护群众权益机制日趋完善;同时群众物质文化需求更加多元,对社会公平正义日益关切,我省作为一个发展中的人口大省,加强社会建设和管理、促进和谐稳定任务更为繁重。

综上所述,在新的发展阶段,我们既面临着建设中原经济区的重大机遇,也面临着许多困难和挑战。必须坚定信心,进一步增强机遇意识、忧患意识,在把握大势、顺应趋势、发挥优势中牢牢抓住机遇,在应对挑战、突破风险、破解难题中不断创造机遇。在新的发展阶段,我们面临着发展和转变的双重任务,必须坚持在发展中促转变、在转变中谋发展,推动河南经济社会又好又快发展。

今后五年工作的总体要求是,高举中国特色社会主义伟大旗帜,以邓小平理论和“三个代表”重要思想为指导,深入贯彻落实科学发展观,以科学发展为主题,以加快转变经济发展方式为主线,紧紧围绕富民强省目标,全面实施建设中原经济区、加快中原崛起河南振兴总体战略,持续探索不以牺牲农业和粮食、生态和环境为代价的新型城镇化新型工业化新型农业现代化“三化”协调科学发展的路子,切实用领导方式转变加快发展方式转变,着力推动务实发展、建设务实河南,统筹推进经济建设、政治建设、文化建设、社会建设以及生态文明建设,全面推进党的建设新的伟大工程,努力建设城乡经济繁荣、人民生活富裕、生态环境优良、社会和谐文明的中原经济区,为全面建成小康社会、实现中原崛起河南振兴打下坚实的基础。

在工作中要牢牢把握“四个重在”的实践要领。

——**重在持续**。坚持把持续作为推动科学发展的基本要求,持续科学发展意识,持续科学发展思路,持续科学发展举措,持续科学发展进程;把持续作为党性人品和从政品格,始终保持锲而不舍的韧劲,不动摇、不懈怠、不刮风、不呼隆、不折腾。

——**重在提升**。坚持解放思想、实事求是、与时俱进,不断探索规律,提升发展理念;推进体制机制创新和科技创新,拓展开放领域和空间,提升发展层次和质量;实施项目带动、创新带动、品牌带动、服务带动,着力基层基础,提升领导水平和运作能力。

——**重在统筹**。统筹改革发展稳定,统筹经济社会发展、城乡发展、区域发展、人与自然和谐发展,统筹各项事业发展,形成共同支撑中原经济区建设的良好局面;统筹协调各方力量,围绕大局、团结合作,形成建设中原经济区的强大合力。

——**重在为民**。坚持发展为了人民,始终站在人民的立场上谋划发展、推动发展;坚持发展依靠人民,充分尊重人民主体地位,动员和组织人民群众为中原经济区建设共同奋斗;坚持发展成果由人民共享,解决好人民最关心最直接最现实的利益问题,实现好维护好发展好最广大人民的根本利益。

今后五年的发展目标是:

——**综合经济实力明显提升**。在优化结构、提高效益和降低消耗的基础上,主要经济指标年均增速高于全国平均水平、力争高于中部地区平均水平,人口自然增长率低于全国平均水平。生产总值突破4万亿元,财政总收入增速高于生产总值增速,城镇化率接近50%。有利于科学发展的体制机制不断完善,内陆开放高地基本建成。

——**“三化”发展协调性明显提升**。以新型城镇化为引领的新型城镇化、新型工业化、新型农业现代化协调推进,以工促农、以城带乡、产城互动的长效机制基本建立,破解“三农”问题取得重大进展,“三化”协调发展格局初步形成。

——**文化教育科技发展水平明显提升**。文化强省建设取得新进展,公共文化服务体系基本建立,文化产品更加丰富,良好思想道德风尚进一步弘扬。教育质量整体提高,优质教育资源总量不断扩大,教育的基础性、先导性、全局性作用充分发挥。人力资源高地建设取得重大进展。自主创新能力增强,科技创新成果大量涌现,科技进步贡献率不断上升。

——人民生活质量明显提升。努力实现居民收入增长和经济发展同步、劳动报酬增长和劳动生产率提高同步。基本公共服务水平切实提高,就学、就业、就医、养老、住房等问题得到更好解决。主要污染物排放量持续减少,生态环境质量进一步改善。民主法制更加健全,社会管理更加完善,人民权益得到更好保障,社会大局和谐稳定。

——促进中部地区崛起支撑作用明显提升。粮食生产基地、能源原材料基地、现代装备制造及高技术产业基地、综合交通运输枢纽建设取得重大进展,主要经济总量指标领先地位进一步巩固,成为带动中部地区崛起的核心地带,走在中部地区崛起前列。

实现中原经济区建设的发展目标,必须遵循科学发展规律包括区域经济发展规律,优化区域经济发展布局。按照核心带动、轴带发展、节点提升、对接周边的原则,努力构建放射状、网络化、板块式发展格局。增强郑州龙头作用和重心作用,推进郑汴一体化发展,建设郑洛三工业走廊,促进郑州、开封、洛阳、平顶山、新乡、焦作、许昌、漯河、济源融合发展,努力打造中原经济区核心增长板块,提高区域发展的整体带动能力。强化洛阳、三门峡、济源、焦作协同发展,巩固在陕晋豫毗邻地区的领先地位,发挥在与关中—天水经济区、太原城市群对接互动中的中坚作用。促进安阳、鹤壁、濮阳联动发展,凸显在晋冀鲁豫毗邻地区的优势,成为与环渤海经济圈衔接联系的前沿。推动商丘、周口、驻马店、信阳、南阳合作发展,增强在豫皖鄂陕毗邻地区和淮海经济协作区中的影响力,发挥承接东部产业转移的前锋作用和对接沿长江中游经济带的骨干作用。各地要准确定位、主动融入,互动联动、协力推进,形成各自优势充分发挥、板块优势充分彰显的良好局面。

建设中原经济区,国之大事,省之大计,民之大业。只有切实增强责任感、使命感,立足于学、立足于转、立足于做、立足于实,中原经济区的宏伟蓝图才能够成为美好现实。

三、推进“三化”协调发展,持续探索中原经济区科学发展路子

持续探索不以牺牲农业和粮食、生态和环境为代价的新型城镇化新型工业化新型农业现代化“三化”协调科学发展的路子,是从根本上破解发展难题的必然选择,是我省加快转变经济发展方式的具体实践,是中原经济区建设的核心任务。走好这条路子,必须充分发挥新型城镇化的引领作用、新型工业化的主导作用、新型农业现代化的基础作用。

(一)强化新型城镇化引领,统筹城乡发展、推进城乡一体。新型城镇化是以城乡统筹、城乡一体、产城互动、节约集约、生态宜居、和谐发展为基本特征的城镇化,是大中小城市、小城镇、新型农村社区协调发展、互促共进的城镇化。从我省实际看,农村人口多、农业比重大、保粮任务重,“三农”问题突出是制约“三化”协调的最大症结,人多地少是制约“三化”发展的最现实问题,城镇化水平低是经济社会发展诸多矛盾最突出的聚焦点,这一状况对城镇化模式转变形成倒逼压力,要求我们必须创新城镇化发展思路和路径。实践证明,推进新型城镇化,有利于拓宽农村人口转移渠道,有效解决农村劳动力亟待转移与城镇承载能力不强的矛盾;有利于促进城乡一体化发展,改善农村生产生活条件,逐步解决城乡差距大、二元结构矛盾突出的问题;有利于推动农业规模化和组织化经营,提高农业劳动生产率和综合生产能力;有利于节约集约利用土地,解决建设用地刚性需求与保护耕地硬性约束的矛盾;有利于扩大内需,推动经济社会持续较快发展。我们要统筹推进大中小城市、小城镇和新型农村社区建设,

加快构建符合河南实际、具有河南特色的现代城镇体系。

着力增强中心城市辐射带动作用。中心城市是实现依城促产、以城带乡的主导力量。完善中原城市群联动发展机制,推进交通一体、产业链接、服务共享、生态共建,形成具有较强竞争力的开放型城市群。优化中心城市布局和形态,促进中心城区与周边县城、功能区组团式发展,培育整体竞争优势。加快郑州都市区建设,提升交通枢纽、商务、物流、金融等服务功能,建设全国重要的区域性中心城市。加强城市新区建设,强化产业复合和经济、生态、人居功能复合,支持城市新区建设成为中原经济区最具活力的发展区域。发展城区经济,重点发展高端制造业、战略性新兴产业和现代服务业。提高城市建设和管理现代化水平,加强城市基础设施建设和公共服务,完善城市功能,建设宜居宜业城市。

着力增强县域城镇承载承接作用。县级市、县城和中心镇是统筹城乡发展的重要节点。要用现代城市的理念和标准来规划建设城镇,注重内涵式发展,突出特色、提高品位,强化产业支撑,完善公共服务,把有条件的县(市)发展成为中等城市,把基础较好的中心镇发展成为小城市,提高承接中心城市辐射能力和带动农村发展能力。大力发展县域经济,依托产业集聚区和专业园区,加大招商引资力度,培育主导产业,壮大产业规模,发展特色产业集群。深化县域经济体制改革,做好省直管县和经济发达镇管理体制改革试点工作,激发县域经济发展活力。

着力增强新型农村社区战略基点作用。新型农村社区建设是统筹城乡发展的结合点、推进城乡一体化的切入点、促进农村发展的增长点。要坚持分类指导、科学规划、群众自愿、就业为本、量力而行、尽力而为,积极稳妥开展新型农村社区建设,推动土地集约利用、农业规模经营、农民多元就业、生活环境改善、公共服务健全,加快农村生产方式和农民生活方式转变。把新型农村社区建设纳入城镇体系规划,统筹安排、合理布局;纳入重点项目,加大支持力度。探索建立新型农村社区管理体制,提高管理水平。

着力构建城乡一体化发展新格局。把加快新型城镇化与建设社会主义新农村结合起来,统筹城乡规划、产业发展、基础设施建设、公共服务、劳动就业、社会管理,促进城乡经济协调发展和基本公共服务均等化。切实解决农民进城的就业、户籍、住房、社会保障、子女入学等问题,逐步使符合条件进城落户的农民真正转为城镇居民,享有平等权益。

(二)强化新型工业化主导,加快转型升级、提升支撑能力。以科技含量高、信息化涵盖广、经济效益好、资源消耗低、环境污染少、人力资源优势得到充分发挥为主要内涵的新型工业化,在经济社会发展中具有决定性作用。要坚持做大总量和优化结构并重,推动工业化与信息化融合、制造业与服务业融合、新兴科技与新兴产业融合,构建结构合理、特色鲜明、节能环保、竞争力强的现代产业体系,加快新型工业化进程,有力支撑"三化"协调发展。

以做大做强为方向争创工业新优势。加快工业转型升级,推动生产规模由小到大、产业链条由短到长、产业层次由低到高、企业关联由散到聚。以龙头带动、基地支撑、高端突破为着力点,大力发展汽车、电子信息、装备制造、食品、轻工、新型建材等高成长性产业;以精深加工、节能降耗、重组整合为着力点,积极运用先进适用技术和信息技术改造提升化工、有色、钢铁、纺织等传统优势产业;以核心关键技术研发、自主技术产业化为着力点,培育壮大生物、新能源、新材料、新能源汽车、高端装备等先导产业,大力发展节能环保产业,促进战略性新兴产业发展。食品工业关联工业、农业、服务业,要发挥农产品资源丰富的优势,加快建设食品工业强省。优化投资结构、提升投资质量,提高工业项目投资在重点项目投资中的比重,发挥重点项目在产业升级中的带动作用。深入推进企业兼并重组，提高产业集中度，壮大一批拥有知名品牌和核心竞争力的大型企业集团。培育一大批“专、精、特、新”中小企业，增强分工协作和产业配套能力。支持老工业基地调整改造和资源型城市可持续发展。

以拓展提升为重点发展壮大服务业。适应经济社会发展需要，拓宽领域、提升层次、优化环境，推动服务业发展迈上新台阶。大力发展生产性服务业，突出发展现代物流业，培育一批全国性、区域性和地区性物流节点城市，建设全国重要的现代物流中心；加快发展金融业，壮大地方法人金融机构，构建多层次资本市场体系，推动企业上市融资，发展创业投资基金；积极发展信息服务、科技服务、服务外包和会展等业态。拓展生活性服务业领域，积极发展家政、养老、健身、社区服务等行业。加快发展旅游业，整合旅游资源，建设一批精品景区、精品线路，打造世界知名、全国一流的旅游目的地。促进房地产业平稳健康发展。建立扩大消费需求的长效机制，优化消费环境，培育消费热点，释放城乡居民消费潜力。认真落实价格监管措施。

以产业集聚区为载体推动集聚发展。把新增建设用地和环境总量指标优先向产业集聚区配置，加强基础设施、公共服务平台建设，促进企业集中布局、产业集群发展、资源集约利用、功能集合构建、人口有序转移，充分发挥产业集聚区在构建现代产业体系、现代城镇体系和自主创新体系中的承载作用。培育和引进龙头型、基地型企业，促进同类企业、关联企业和配套企业集聚，形成一批特色鲜明的产业集群。

（三）强化新型农业现代化基础作用，维护粮食安全、促进城乡繁荣。新型农业现代化是以粮食优质高产为前提，以绿色生态安全、集约化标准化组织化产业化程度高为主要标志，基础设施、机械装备、服务体系、科学技术和农民素质支撑有力的农业现代化。要坚定不移地把“三农”工作摆在重中之重的位置，坚持工业反哺农业、城市支持农村和多予少取放活的方针，加大强农惠农富农力度，扎实推进新型农业现代化，加快农业发展方式转变，夯实城乡共同繁荣的基础。

在提升粮食生产能力上实现新突破。解决好近亿人口吃饭问题，同时为保障国家粮食安全作贡献，是我们必须担负的责任。要加快粮食生产核心区建设，建立粮食稳产增产长效机制，力争粮食综合生产能力达到1200亿斤的阶段性目标。实行最严格的耕地保护制度，稳定粮食种植面积。加强以水利为重点的农业基础设施建设，大规模改造中低产田，加大高产创建力度。推进农业科技创新，健全农业技术推广体系，发展现代种业，加快农业机械化。完善粮食生产政策和利益补偿机制，加大对主产县的财政转移支付和奖励补助力度。

在提高农业效益上取得新进展。在确保粮食稳产增产的前提下，推进农业结构调整，大力发展现代畜牧业和特色高效农业，加快发展节约型农业、循环农业、生态农业。建设一批国家级和省级现代农业示范区。探索多种土地承包经营权流转方式，促进适度规模经营。推进农业产业化，发展壮大龙头企业和知名品牌，拉长产业链、提高附加值。培育有文化、懂技术、会经营的新型农民。发展农民专业合作组织，健全农业社会化服务体系，提高农业经营组织化程度。加强农产品质量安全监督管理。坚持内部挖潜与外部拓展相结合，创新农民增收机制，拓宽农民增收渠道，加快农村富余劳动力转移，千方百计增加农民收入。

在改善农村生产生活条件上迈出新步伐。扎实推进社会主义新农村建设，继续实施农村电网改造和危房改造，加强农村道路、饮水安全、清洁能源、信息通信等基础设施建设，完善农村现代流通网络，实施农村清洁工程，积极发展农村文化、科技、教育、卫生、体育事业。加强农村“六大员”队伍建设。加大扶贫开发力度，加快解决集中连片特殊困难地区的贫困问题，支持革命老区、贫困地区、少数民族聚居区、移民安置区加快发展。继续做好对口支援新疆工作。

（四）强化“三化”协调的保障能力，增强发展后劲、推动持续发展。基础设施、资源环境、人才队伍、质量建设事关全局和未来，是“三化”协调发展的重要保障性因素。要立足当前、着眼长远，着力构筑功能完善、协调配套的基础设施保障，高效利用、承载能力强的资源环境保障，规模宏大、结构优化的人才队伍保障，标准严格、管理精细的质量保障。

适度超前发展基础设施。加快建设全国重要的综合交通枢纽，优先发展民航业，推进郑州国内大型航空枢纽建设，加快客运专线、城际铁路网和大能力运输通道建设，完善公路网络和城际快速连接通道，发展内河航运和管道运输，构建网络设施配套衔接、覆盖城乡、连通内外、安全高效的综合交通运输网络体系。优化能源结构和布局，构建现代能源产业体系，建设全国重要的综合能源基地。加强水利基础设施建设，完成南水北调中线工程河南段及受水城市配套工程，推进大中型控制性水利工程建设，构建水资源保障体系。加强信息网络设施建设，建立和完善信息数据资源共建共享机制，加快经济社会各领域信息化，推进电信网、广电网、互联网三网融合，打造“数字河南”。

建设绿色中原生态中原。树立绿色、低碳、可持续发展理念，落实主体功能区规划，加快生态省建设，努力构建资源节约、环境友好的生产方式和消费模式。突出抓好重点企业、重点领域节能减排，全面推进节地、节水、节材和资源综合利用，加快推进循环经济试点省建设。统筹安排矿产资源开发和保护，增加资源战略性储备。加大污染治理力度，着力解决好饮用水不安全和空气、土壤、重金属污染等损害群众健康的突出问题。提高森林覆盖率和固碳能力，加强生态保护和修复，完善生态保护补偿机制，推进伏牛山、桐柏大别山、太行山山地生态区和平原生态涵养区建设，构建沿黄生态涵养带、南水北调中线生态走廊，建设南水北调中线工程渠首水源地高效生态经济示范区，努力形成完善的区域生态网络。加强防灾减灾体系建设。生态建设功在当代、利在千秋。我们一定要让老百姓喝上干净水、呼吸上新鲜空气、生活在良好的环境之中。

积极推进人才大省建设。人才是第一资源。要加大人力资源开发力度，把人口压力转化为人力资源优势。统筹推进各类人才队伍建设，突出培养创新型科技人才，抓紧开发重点领域急需紧缺专门人才，着力造就高层次文化领军人物和高素质文化人才，大力培养青年英才，积极引进高层次人才。完善人才发展体制机制，创新人才政策，形成尊重劳动、尊重知识、尊重人才、尊重创造的良好氛围，让更多人才增辉河南。

大力实施质量立省战略。质量是发展大事、民生大事、立省大事。要牢固树立以质取胜的理念，完善质量体系，加强质量管理，营造诚信环境，努力提升发展质量，切实提高产品质量、工程质量、工作质量、服务质量，做到以质量求生存、以质量求效益、以质量求安全、以质量求形象。要严把包括食品在内的所有河南产品质量安全关，让广大群众用上放心产品。品牌是质量的结晶。要加大品牌培育和保护力度，打造一批优势明显的产品品牌、工作品牌、科技品牌和服务品牌，发挥品牌对产业提升和各项事业发展的带动作用。

（五）强化“三化”协调的驱动力量，破解发展难题、拓展发展空间。加快“三化”进程、推进“三化”协调，有许多矛盾问题亟待解决，有许多体制机制障碍亟待破除，有许多薄弱环节亟待加强。

扩大开放增强带动力。开放是带动全局的战略性举措，不仅能引进资金、技术、管理和人才，而且能够开阔视野、更新观念，促进结构调整、改革创新和政府职能转变。要更加积极主动地扩大开放，加快形成全方位、多层次、宽领域的对外开放格局，建设内陆开放高地。加大招商引资力度，大规模、高层次承接产业转移，深化与央企战略合作，推动国内外大型企业在河南建立区域总部、研发中心、营销中心和生产基地。加大社会事业、城乡建设等领域开放力度。完善对外开放平台，建设承接产业转移示范区，建好郑州新郑综合保税区，打造内陆无水港。引进和培育出口型企业，促进对外贸易加快发展。鼓励支持有条件的企业开展境内外能源资源和劳务合作。切实提高服务水平，培育对外开放的环境优势。

推进科技创新培育核心竞争力。科学技术是第一生产力。要深入实施科教兴豫战略，加快构建自主创新体系，不断提升科技研发能力、科研成果转化能力、科技创新运用能力和科技人才集聚能力。培育壮大创新主体，引导和支持创新要素向企业集聚，增强高等院校、科研机构创新动力，推动产学研用紧密结合，实施重大科技专项，努力在产业转型升级的核心关键技术和共性技术研发上取得突破，推出更多的"河南创造"。支持高等院校培养创新型人才、开展原始创新和集成创新。加快建设企业研发中心、重点实验室等创新平台，推进创新资源开放共享。营造鼓励创新的环境，完善支持创新的政策体系，加大科技投入，加强知识产权保护，使全社会的创新能量能够充分释放、创新源泉能够充分涌流。

深化改革增添内生动力。要以更大的决心和勇气推进改革，充分调动人民群众的积极性主动性创造性，使资本、劳动、知识、技术和管理的活力竞相迸发。在"三化"协调发展上先行先试，探索建立工农城乡利益协调机制、土地节约集约利用机制、农村人口有序转移机制，促进生产要素在农业和非农产业之间、城市和农村之间合理优化配置。毫不动摇地巩固和发展公有制经济，毫不动摇地鼓励、支持、引导非公有制经济发展，加快国有企业战略性重组，深化资源性产品价格改革，发展各类要素市场，完善财税、投资等体制。持续推进行政体制改革，健全政务公开和政务服务体系，提升服务型政府建设水平。积极稳妥推进事业单位分类改革。深化农村综合改革，加快集体林权制度、供销社体制等改革，开展农村金融综合改革创新试点。支持新乡统筹城乡发展试验区和信阳农村改革发展综合试验区建设。

促进创业激发发展潜力。积极培育创业主体，加强创业培训和创业服务平台建设，完善支持创业的政策和体制机制，以创业带就业、以创业兴家业、以创业促事业。民营经济是中原崛起的优势所在、潜力所在、后劲所在、支撑所在。要落实完善促进民营经济发展的政策措施，放宽市场准入，拓宽投融资渠道，扶持和培育一批骨干民营企业，造就一支敢闯善创、爱拼会赢、诚实守信、能承担社会责任的企业家队伍。

中原崛起，"三化"为途。探索"三化"协调科学发展的路子，我们走过了辉煌的昨天。沿着这条路子持续前行，我们必将迎来更加辉煌的明天。

四、以人为本着力为民，推动中原经济区各项事业全面发展

建设中原经济区是全省人民合力推进的事业，也是造福全省人民的事业。必须始终坚持发展为了人民、发展依靠人民、发展成果由人民共享，在加快经济建设的同时，统筹推进政治建设、文化建设、社会建设，更好地改善民生，更好地凝聚民心，更好地维护社会公平正义，形成中原经济区共建共享的良好局面。

（一）切实改善民生，提高群众生活质量。要从人民群众的长远利益、根本利益着眼，从人民群众的现实利益、具体利益着手，办好柴米油盐酱醋茶、衣食住行医教保等民生大事。

教育是国计也是民生。要坚持优先发展、育人为本、改革创新、促进公平、提高质量，全面实施素质教育，切实加大教育投入，合理配置公共教育资源，办好人民满意的教育。促进义务教育均衡发展，加快普及学前教育和高中阶段教育，保障进城务工人员子女平等接受义务教育。推进国家职业教育改革试验区建设，逐步实行中等职业教育免费制度，促进职业教育多层次、多形式、多领域发展。切实提高高等教育质量，优化高等教育结构和布局，加快高水平大

学和重点学科建设，加大“211 工程”和省部共建高校建设力度，支持郑州大学、河南大学创建国内一流大学，提升省内其他高校整体水平，支持有条件的学科、专业进入国内先进行列，推动符合条件的高校进入“中西部高等教育振兴计划”。发展特殊教育和继续教育。鼓励引导社会力量兴办教育。

就业是民生之本。要实施更加积极的就业政策，多渠道开发就业岗位，完善就业服务体系，以培训促进就业，以援助扶持就业，以维权保护就业。继续做好高校毕业生、农村转移劳动力、城镇就业困难人员的就业工作。要全心全意依靠职工群众办企业，完善企业和职工利益共享机制，建立和谐劳动关系。深化收入分配制度改革，提高居民收入在国民收入分配中的比重、劳动报酬在初次分配中的比重，增加低收入群体收入，努力扭转城乡、区域、行业和社会成员之间收入差距扩大趋势。

社会保障与人民幸福安康息息相关。要加快社会保障体系建设，实现城乡居民社会养老保险制度全覆盖，逐步提高城镇职工、城镇居民基本医疗保险和新型农村合作医疗保障水平，健全失业、工伤、生育保险制度。完善各类保险关系跨区域转移接续政策。推动城乡社会救助全覆盖，大力发展社会福利事业和慈善事业。加强保障性安居工程建设，增加中低收入居民住房供给。

健康是民生最基础的要素。要按照保基本、强基层、建机制的要求，深化医药卫生体制改革，建立覆盖城乡的基本医疗卫生制度，促进新增医疗卫生资源重点向农村和城市社区倾斜，鼓励社会资本举办医疗机构，努力提供安全、有效、方便、价廉的医疗卫生服务。支持中医药事业发展。加强重大疾病防控。发展体育事业，提升竞技体育水平，深入开展全民健身运动，增强人民体质。坚持计划生育基本国策，稳定低生育水平，提高出生人口素质，促进人口长期均衡发展。大力发展妇女儿童事业、老龄事业和残疾人事业。

（二）推进文化改革发展，满足人民精神文化需求。文化是根、文化是魂、文化是力、文化是效。要认真贯彻落实《中共中央关于深化文化体制改革、推动社会主义文化大发展大繁荣若干重大问题的决定》，坚持社会主义先进文化前进方向，以建设社会主义核心价值体系为根本任务，以满足人民精神文化需求为出发点和落脚点，以改革创新为动力，培养高度的文化自觉和文化自信，加快建设文化强省，塑造中原人文精神，打造华夏历史文明传承创新区，推动社会主义文化大发展大繁荣。

提高全民文明素质。坚持把社会主义核心价值体系融入国民教育、精神文明建设和党的建设全过程，巩固全省人民团结奋斗的共同思想道德基础。坚持马克思主义指导地位，坚定中国特色社会主义共同理想，弘扬以爱国主义为核心的民族精神和以改革创新为核心的时代精神。树立和践行社会主义荣辱观，深入推进社会公德、职业道德、家庭美德、个人品德建设，做好青少年思想道德教育工作。深化拓展道德实践活动和群众性精神文明创建活动，加强政务诚信、商务诚信、社会诚信和司法公信建设，弘扬科学精神，着力塑造高尚人格、培育和谐人际关系、形成良好社会风尚。大力弘扬愚公移山精神、焦裕禄精神、红旗渠精神和新时期“三平”精神，树立普普通通、踏踏实实、不畏艰险、侠肝义胆、包容宽厚、忍辱负重、自尊自强、能拼会赢的河南人形象。

增强文化产品和服务供给能力。坚持“二为”方向、“双百”方针，立足发展先进文化、建设和谐文化，激发文化创作生产活力，为人民提供更好更多的精神食粮。加大政府投入力度，继续实施重点文化惠民工程，加强城乡基层文化设施建设，广泛开展群众性文化活动，构建公共文化服务体系和现代传播体系，让群众广泛享有免费或优惠的基本文化服务。繁荣发展哲学社会科学，推进学科体系、学术观点、科研方法创新，坚持以重大现实问题为主攻方向，加强对全局性、战略性、前瞻性问题研究。积极发展新闻出版、广播影视、文学艺术事业，坚持正确舆论导向，提高舆论引导的及时性、权威性和公信力、影响力。加快文化产业基地、示范园区建设和特色文化发展，实施文化精品工程和重大文化项目，推出一批文化精品，打造一批文化品牌，推动文化产业成为国民经济支柱性产业。重视互联网、手机等新兴媒体的建设、运用和管理，发展健康向上的网络文化。完善文化产品评价体系和激励机制，加强对文化产品创作生产的引导，全面提升文化产品质量。坚决抵制庸俗低俗媚俗之风，加大"扫黄打非"力度，净化文化市场。

创新文化繁荣发展体制机制。加快文化体制改革，深化国有文化单位改革，建立健全科学有效的文化管理体制和富有活力的文化产品生产经营机制，不断解放和发展文化生产力。鼓励有实力、有优势的文化企业跨地区、跨行业经营和重组，培育一批骨干文化企业和企业集团，建好文化改革发展试验区。创新文化生产方式和表现形式，推进文化科技创新，促进文化与旅游、体育、信息、物流、建筑等产业相融合，加快发展文化创意、数字出版、动漫游戏、移动多媒体等新兴文化产业，增强文化的吸引力、感染力、竞争力。

提升中原文化影响力。中原文化源远流长、深厚重实，是华夏文明之根、中华文化之源。要建设中原文化传承创新体系，坚持古为今用、推陈出新，坚持保护利用、普及弘扬并重，加强对优秀传统文化思想价值的挖掘和阐发，抓好文化遗产保护、利用和传承，广泛开展中原文化优秀传统教育普及活动；有效整合文化资源，培育一批具有中原特质的文化品牌。开展对外宣传和文化交流，创新中原文化走出去模式，使河南成为展示中华优秀文化的重要窗口。

（三）加强和创新社会管理，确保人民安居乐业、社会和谐稳定。生活在有活力、有秩序、有安全感的社会环境中，是人民群众的共同愿望。坚持发展是第一要务、稳定是第一责任，更加注重服务为先、依法管理、源头治理、社会参与，创新社会管理体制机制，完善社会管理格局，全面提高社会管理科学化水平，最大限度激发社会活力，最大限度增加和谐因素，最大限度减少不和谐因素。

深化平安河南建设。健全维护群众权益机制，坚持畅通渠道、着力疏导、依法依规、协调合力，加强和改进信访工作；完善矛盾纠纷排查调处网络，构建人民调解、行政调解、司法调解衔接配合的大调解工作格局，妥善处理人民内部矛盾。全面推行社会稳定风险评估，凡涉及群众切身利益的重大事项、重大决策，都必须充分尊重群众意愿、充分保障群众利益。加快构建公共安全体系，落实和完善安全生产制度，严格食品药品安全监管，提高对自然灾害、事故灾难和公共卫生、社会安全等事件的预知、预警、预防、应急处置能力，强化社会治安综合治理，严密防范、依法打击各种违法犯罪活动，保障人民群众生命财产安全。

完善社会管理服务。强化政府社会管理和公共服务职能，充分发挥各人民团体的桥梁纽带作用，落实企事业单位社会管理服务责任，引导各类社会组织增强服务社会能力，加强社会工作者和志愿者队伍建设，探索群众参与社会管理服务的有效途径，形成推动社会和谐发展、保障社会安定有序的合力。增强城乡社区自治和服务功能，完善基层社会管理和服务体系。创新流动人口、特殊人群、非公有制经济组织、网络虚拟社会的管理和服务，做到在服务中管理、在管理中服务。

（四）加强民主法治，保障人民权益。坚持党的领导、人民当家作主和依法治国有机统一，发展社会主义民主政治，保障人民的知情权、参与权、表达权、监督权。

扩大社会主义民主。加强民主制度建设，依法实行民主选举、民主决策、民主管理、民主监督。坚持和完善人民代表大会制度这一根本政治制度，支持人民代表大会及其常委会依法履行职能、人大代表依法行使职权，保证地方立法、监督等工作更好地体现人民意志。坚持和完善中国共产党领导的多党合作和政治协商制度这一基本政治制度。支持人民政协切实履行职能，充分发挥协调关系、汇聚力量、建言献策、服务大局的作用。加强同党外人士合作共事，认真做好民族、宗教、侨务、港澳、对台和新的社会阶层人士工作，巩固和壮大最广泛的爱国统一战线。支持工会、共青团、妇联等人民团体依照法律和各自章程开展工作，参与社会管理和公共服务，维护群众合法权益。发展基层民主，完善基层群众自治制度和企事业单位民主管理制度，保证人民依法行使民主权利。健全权力运行制约和监督体系，增强决策透明度和公众参与度。深化全民国防教育，加强国防动员和后备力量建设，支持和服务驻豫人民解放军、武警部队建设，深入开展双拥共建，促进军民融合式发展。

全面推进依法治省。加强和改进地方立法工作，提高立法质量和水平。推进依法行政，加快建设法治政府，提高政府公信力和执行力。深化司法体制和工作机制改革，规范司法行为，保证司法机关依法独立公正行使职权。强化执法公开、执法监督，加强政法队伍建设，促进严格、公正、文明、廉洁执法。实施"六五"普法依法治理规划，坚持社会主义法治理念，提升全民法律素质，提高全社会法治化管理水平。

中原经济区建设要顺应人民群众过上美好生活的新期待，惠民生、聚民力、保民安，让人民群众生活能够更富足、更美满。

五、全面推进党的建设新的伟大工程，肩负起带领全省人民建设中原经济区的历史使命

建设中原经济区，关键在党。要把执政能力建设作为党的建设的根本，把先进性建设作为党的建设的命脉，以改革创新精神加强党的思想建设、组织建设、作风建设、制度建设和反腐倡廉建设，加快领导方式转变，不断提高党的建设科学化水平。

（一）着力固本强基，保持和发展党的先进性。先进性是马克思主义政党的生命所系、力量所在。保持党的先进性首先必须保持思想上的先进性。要强化理论武装，积极引导广大党员干部深入学习和掌握马克思列宁主义、毛泽东思想、邓小平理论和"三个代表"重要思想，深入学习实践科学发展观，进一步增强坚持中国特色社会主义道路、坚持中国特色社会主义理论体系、坚持中国特色社会主义制度的自觉性和坚定性。加强学习型党组织建设，完善党委（党组）中心组学习制度，健全学习考核和激励机制，创新学习载体，大力营造重视学习、崇尚学习、坚持学习的良好氛围。广大党员干部要学习党的路线方针政策和国家法律法规，学习党的历史，学习现代化建设所需要的各方面知识，真正做到学以立德、学以增智、学以创业。党的先进性靠千千万万高素质党员来体现。要提高发展党员质量，改善党员队伍结构，建立健全教育、管理、服务党员的长效机制，积极探索党员发挥作用的新途径新办法，引导广大党员不断增强党员意识、保持先进性。党的基层组织是保持和发展党的先进性的组织基础。要优化组织设置，扩大组织覆盖，创新活动方式，健全创先争优长效机制，不断增强基层党组织的向心力、凝聚力、带动力和基层党组织内部的合力、活力、运作力，充分发挥推动发展、服务群众、凝聚人心、促进和谐的作用。加强农村基层党组织建设，深化三级联创活动，加强村级党组织领导班子建设，继续整顿软弱涣散基层党组织；加强和改进街道社区党建工作，整合利用区域党建资源，积极探索区域化党建模式；坚持机关党建要先行、走前头，把围绕中心、建设队伍贯穿机关党组织活动始终；切实做好国有企业、高等学校、事业单位、非公有制经济组织、社会组织和外出务工人员等领域的党建工作。广泛开展结对共建活动，加大选派优秀机关干部到农村任村党支部第一书记的力度，构建城乡统筹的基层党建新格局。基层干部长期工作在一线，处于推动发展、促进和谐、解决矛盾、破解困难的前沿，对他们要真正重视、真情关怀、真心

爱护，多理解、多帮助、多支持，努力为他们开展工作创造良好条件。

（二）加强领导班子和干部队伍建设，不断提高执政能力。各级领导班子和干部队伍是党执政活动的组织者、实践者。要以全面提高领导水平和执政能力为核心内容加强领导班子建设，改进思想作风，优化领导班子配备，健全促进科学发展的领导班子和领导干部考核评价机制，把各级领导班子建设成为朝气蓬勃、奋发有为、团结和谐的坚强领导集体。坚持五湖四海、任人唯贤，坚持德才兼备、以德为先用人标准，重群众公认但不简单以推荐票取人，重干部"四化""德才"但不简单以求全和年龄文凭取人，重干部政绩但不简单以一时一事的数字取人，重公开选拔但不简单以笔试和面试取人，重干部资历但不简单以任职年限取人，树立科学选人和公正用人的正确导向，真正把那些政治坚定、有真才实学、实绩突出、群众公认、履职尽责的干部选拔上来。深化干部人事制度改革，健全干部选拔任用机制，改进人选提名推荐、综合考核评价办法，实行党委常委会集体酝酿干部制度、全委会讨论任用重要干部票决制度，完善竞争性选拔干部方式方法，全面落实干部选拔任用监督制度。加强后备干部队伍建设，加大培养选拔优秀年轻干部力度，注重发挥不同年龄段干部的作用。进一步做好女干部、少数民族干部和党外干部培养选拔工作。依托党校等干部培训机构大规模开展干部培训，强化干部实践锻炼，鼓励干部到基层一线、艰苦地区、复杂环境锻炼成长，提高党员干部特别是领导干部推动科学发展、促进社会和谐的能力。加强对干部的经常性管理，重点配备、重点管理好市县乡党政正职等关键岗位的干部。完善干部交流制度，建立健全干部能上能下、能进能出机制。加强公务员队伍建设。老干部是党和国家的宝贵财富，也是中原崛起河南振兴的重要力量，要认真负责，带着感情做好老干部工作，发挥他们在中原经济区建设中的积极作用。

（三）加快领导方式转变，增强执政的科学性。转变领导方式是加快发展方式转变的重要保障，是实现科学执政、民主执政、依法执政的有效途径。要把转变体现在发挥党委的领导核心作用上，坚持总揽全局、协调各方，加强对人大、政府、政协、司法机关和人民团体的领导，加强对下级党委的领导，健全部门党组（党委）工作机制，健全党对国有企业、事业单位领导的体制机制，从政治上、思想上、组织上保证党的路线方针政策贯彻落实。要把转变体现在继续解放思想上，勇于改变落后僵化的思维模式，敢于突破制约科学发展的观念障碍，不断提高战略思维、创新思维、辩证思维能力，增强工作的原则性、系统性、预见性、创造性。要把转变体现在增强宗旨意识上，始终把人民利益放在第一位，始终把群众放在心上，始终把群众当作亲人，高度重视并切实做好新形势下群众工作，真诚倾听群众呼声，真实反映群众愿望，真情关心群众疾苦，做到问政于民、问需于民、问计于民，使我们的工作获得最广泛最可靠最牢固的群众基础和力量源泉。要把转变体现在用制度管权管事管人上，以民主集中制为核心，建立健全决策、执行、评价、监督、激励机制，构建科学完备的制度体系；发展党内民主，保障党员主体地位和民主权利，完善党代表大会制度和党内选举制度，发挥全委会对重大问题的决策作用，积极稳妥推进党务公开，维护党的团结统一，增强党的创造活力。要把转变体现在改进工作作风上，着力于"实"，重实际、说实话、办实事、求实效，真正把心思和精力放在研究问题、解决问题、推动工作上，在抓具体求突破求深入求落实上下功夫，在抓基层打基础上下功夫，在实施项目带动上下功夫；着力于"正"，作风正派、维护正义、弘扬正气，继承和发扬党的优良传统，积极开展批评和自我批评，务必保持谦虚、谨慎、不骄、不躁的作风，务必保持艰苦奋斗的作风。

（四）加强反腐倡廉建设，提高拒腐防变能力。腐败行为侵蚀党的肌体、损害人民利益，党不允许、人民不允许。要充分认识反腐败斗争的长期性、复杂性、艰巨性，把反腐倡廉建设摆在更加突出的位置，坚持标本兼治、综合治理、惩防并举、注重预防的方针，严格落实党风廉政建设责任制，加快推进惩治和预防腐败体系建设。深入开展党性党风党纪教育，加强廉政文化建设，引导党员干部牢固树立马克思主义世界观、人生观、价值观和正确的权力观、地位观、利益观，严格遵守廉洁自律各项规定，筑牢拒腐防变的思想道德防线，做到自重、自省、自警、自励。坚持以改革的精神推动预防腐败各项工作，加强反腐倡廉制度创新，逐步形成内容科学、程序严密、配套完备、有效管用的反腐倡廉制度体系。不断拓展从源头上预防腐败工作领域，努力铲除滋生腐败的土壤和条件。继续加大纠风和专项治理力度，切实解决损害群众利益的突出问题。坚持党内监督与党外监督、专门机关监督与群众监督相结合，发挥好舆论监督作用，增强监督合力和实效。加强和改进巡视工作。完善和落实党政主要领导干部和国有企业领导人员经济责任审计制度。坚决查处严重腐败案件，不论什么时间发生，不论涉及到什么人，不论担任什么职务，都要一查到底、坚决惩处，决不姑息，绝不允许腐败分子有藏身之地。要严格掌握政策界限，区别对待工作上的失误与失职渎职行为，注意保护那些敢于坚持原则、工作上敢抓敢管敢试敢干并取得实绩的同志。

同志们，建设中原经济区、加快中原崛起河南振兴，必须始终坚持务实发展。务实发展，就是解放思想、开拓进取，遵循规律、勇于创新；务实发展，就是忠诚履职、尽心尽责，责随职走、心随责走；务实发展，就是注重持续、锲而不舍、保持韧劲、勇于担当；务实发展，就是关键在做，科学运作、有效运作，说到做到、说好做好，努力创造经得起实践、人民和历史检验的业绩。各级党组织和广大共产党员要把务实发展作为一种追求、作为一种品格、作为一种责任，以务实发展树立起务实河南的形象。

中原崛起，风鹏正举；华夏祖地，理应先行。让我们在以胡锦涛同志为总书记的党中央领导下，高举中国特色社会主义伟大旗帜，深入贯彻落实科学发展观，团结带领全省人民，以更加振奋的精神、更加开阔的视野、更加务实的作风，全面推进中原经济区建设，为加快中原崛起河南振兴而努力奋斗！

中共河南省委常委、书记、副书记
中共河南省纪委书记、副书记、常委名单

2011 年 10 月 30 日，中国共产党河南省第九届委员会举行第一次全体会议，卢展工、郭庚茂、邓凯、李克、刘春良、连维良、尹晋华、毛万春、周和平、史济春、吴天君、毛超峰、赵素萍当选为第九届河南省委常委；卢展工当选为中共河南省第九届委员会书记，郭庚茂、邓凯当选为副书记。

会议通过中共河南省第九届纪律检查委员会常委、书记、副书记人选：纪委书记：尹晋华，纪委副书记：米剑峰、齐新安、李建社、汪中山，其他纪委常委：郭锡昌、张战伟、霍好胜、申黎明、付静、侯玉林。

湖北省第十次党代会报告摘要及省委、省纪委领导成员名单

奋力推进科学发展跨越式发展
为加快构建重要战略支点实现富民强省而奋斗

——在中国共产党湖北省第十次代表大会上的报告(摘要)

(2012年6月9日)

李鸿忠

同志们:

中国共产党湖北省第十次代表大会,是在全省上下奋力推进科学发展、跨越式发展,加快构建促进中部地区崛起重要战略支点的关键时期召开的一次十分重要的会议。现在,我代表中共湖北省第九届委员会向大会作报告,请予审议。

一、砥砺奋进、蓄势勃发的五年(略)

二、开启加快构建重要战略支点的新征程

今后五年是湖北加快构建重要战略支点的关键时期。2011年6月,胡锦涛总书记来鄂视察指导工作时,要求我们加快构建促进中部地区崛起的重要战略支点。“加快”二字责重如山,这是中央的嘱托、时代的呼唤、群众的期盼。我们只有奋力推进科学发展、跨越式发展,才能实现“加快”的要求、担当起建设支点的重任。我们理解的战略支点,就是中部地区崛起的重点、支撑点、着力点;就是湖北应当在经济社会发展方面快于、好于、优于其他地区,在辐射力、带动力、影响力方面重于、强于、特别于其他地区;就是湖北应当成为促进中部地区崛起的枢纽节点和重要增长极,在经济发展、社会进步、改革创新、民生改善等方面走在中部地区前列。为此,我们必须把战略支点建设作为全省发展的总目标、总任务,统领一元多层次战略体系。经过努力,尽快把湖北建成中部乃至全国重要的先进制造业基地、高新技术产业基地、优质农产品生产加工基地、现代服务业基地和综合交通通信枢纽;奋力推进工业大省向工业强省、农业大省向农业强省、科教大省向科教强省、文化大省向文化强省的跨越;不断增强湖北作为战略支点应当发挥的自主创新示范功能、“两型”社会建设引领功能和对外开放服务功能。以科学发展、跨越式发展的卓越成就和综合竞争力,承担起构建战略支点的崇高使命,为促进中部地区崛起作出应有的贡献。

未来十年是湖北发展的“黄金十年”。当前,我省已跨入中等收入门槛,进入实现全面小康并向基本现代化迈进的新阶段,加快发展面临多重叠加的重大机遇:国际金融危机引发国内外经济格局深刻调整,我国发展重点由沿海地区向中西部地区梯度推进,经济增长模式由外需拉动为主向内需拉动为主转变,湖北将成为拓展内需市场的前沿阵地,为我们扩大对内对外开放、承接国际资本和沿海产业转移提供了十分难得的重大机遇;我国进入科学发展时代,经济加快转型升级,为充分发挥我省在区位、交通、科教、产业、生态等方面的综合优势,实现后发跨越、弯道超越提供了极为有利的条件;我省拥有优越的政策条件,既享有实施中部崛起战略的政策优

惠,部分地区还享受西部大开发、振兴东北地区等老工业基地和国家新一轮扶贫开发的政策优惠,还有长江经济带开放开发、东湖国家自主创新示范区等一系列政策优惠,这些都将为全省又好又快发展提供有力支撑;长江中游城市集群建设进入实质性推进阶段,有望形成我国新的重要增长极,将为湖北的发展开辟新的领域、拓展更加广阔的空间;我省工业化、城镇化、农业现代化加快推进,近年来大规模的固定资产投资和产业成长,将为经济持续较快发展提供强大的推动力。更为重要的是,经过历届省委、省政府坚持"打基础管长远"的不懈努力,湖北的发展后劲进一步增强,发展优势进一步凸显,发展潜能进一步释放,形成了激情奋进、共促跨越的强大气场,展示出千帆竞发、百舸争流的可喜局面,呈现出蓄势勃发、"中气十足"的强劲态势。所有这一切,都为实现新一轮的跨越式发展奠定了坚实基础。综观各方面重大机遇和有利条件,今后十年乃至更长时期,应该是我们奋发有为、大有作为的重要战略机遇期,是实现湖北科学发展、跨越式发展的黄金增长期。

站在新的历史起点上,我们要以更加宽广的视野、更加高远的目标、更加奋发有为的精神状态谋划未来的发展。今后五年工作的总体要求是:高举中国特色社会主义伟大旗帜,以邓小平理论和"三个代表"重要思想为指导,深入贯彻落实科学发展观,坚持党的基本理论、基本路线、基本纲领和基本经验不动摇。紧紧抓住"黄金十年"重要战略机遇,坚持主题主线、深化改革开放、突出自主创新、促进社会和谐,全面实施一元多层次战略体系,在新的起点上奋力推进科学发展、跨越式发展,努力建设富强、创新、法治、文明、幸福湖北,为加快构建促进中部地区崛起的重要战略支点、实现富民强省目标而努力奋斗。

根据这一总体要求,今后五年的具体奋斗目标是:

——**经济发展实现新跨越**。全省经济总量实现由2万亿元向3万亿元以上的跨越,并继续向更高水平迈进。主要经济指标在全国的位次进一步前移,转变经济发展方式取得突破性进展,产业核心竞争力和综合经济实力大幅跃升,在中部地区率先实现全面建设小康社会的目标。

——**改革开放创新实现新突破**。重点领域和关键环节改革取得重大进展,有利于科学发展、跨越式发展的体制机制基本形成,成为全国发展软环境最优地区。对内对外开放不断扩大,引进资金、技术、人才取得更大成效。自主创新能力大幅提升,科技成果商品化、产业化步伐进一步加快。

——**人民生活水平实现新提高**。努力实现城乡充分就业,居民收入翻番、生活大幅改善。精神文化生活更加丰富多彩,基本公共服务水平和社会保障水平进一步提高,人民群众幸福感显著增强。

——**和谐社会建设迈出新步伐**。人民有序政治参与不断扩大,民主法制更加健全,公平正义进一步彰显,人民权益得到切实保障。社会主义核心价值体系深入人心,全省人民文明素质明显提高。生态环境显著改善,人与自然更加和谐。创新社会管理步伐加快,社会大局更加和谐稳定。

——**党的建设取得新进展**。党员干部理想信念更加坚定,各级领导班子、干部队伍、人才队伍建设稳步推进,党组织的创造力、凝聚力、战斗力进一步增强。党风政风进一步好转,党群干群关系更加密切,人民群众对反腐败工作的满意度进一步提高。

实现上述目标要求,我们有基础、有条件、有能力,更有信心。面对时代赋予的千钧重任,面对千载难逢的历史机遇,我们千万不可麻木和懈怠,绝不能留下千古遗憾,必须千方百计抓住机遇、用好机遇、创造机遇,必须顺势而为、逆势而进、乘势而上,在构建重要战略支点的征程上迈出更大步伐,共同创造湖北更加美好的明天!

三、推进“三化”协调发展，努力建设富强湖北

协调推进工业化、城镇化和农业现代化，是湖北科学发展、跨越式发展的必由之路。我们要深入实施“两圈一带”总体战略，推进“三化”协调发展走在全国前列，促进全省综合经济实力再上新台阶。

（一）加快推进新型工业化，努力建设工业强省。做大做实做强工业，是全省发展之要。加快构建现代工业体系。坚持扩大总量与优化结构并重，大力实施“支柱产业倍增计划”和“千亿产业提升计划”，推动汽车、石化、装备制造、电子信息、食品等支柱产业向更高层次迈进。积极运用先进适用技术改造提升钢铁、有色金属、纺织、建材等传统优势产业，发展壮大新一代信息技术、高端装备制造、生物、新能源、新材料、新能源汽车、节能环保等高新技术产业和战略性新兴产业，加快建设全国重要的先进制造业基地和高新技术产业基地。推进工业转型升级。坚持工业化与信息化融合发展，推进信息技术在政务商务、生产生活、社会管理等领域的深度应用，建设智慧企业、智慧社区、智慧城市。坚持先进制造业与现代服务业双轮驱动，促进产业链向高端延伸。实施质量兴省战略，大力培育品牌，打造“湖北原产”，壮大“湖北创造”，提升产品核心竞争力。大力培育市场主体。支持骨干企业做大做强，努力培育行业领军型企业；深入实施“市场主体增量行动”和“中小企业成长工程”，促进中小微型企业健康发展。提升集约发展水平。推进工业园区提质扩容，拓展“飞地经济”、“一区多园”等发展模式，积极创建国家新型工业化产业示范基地，引导产业集群发展，构建新型工业化发展平台。大力推进节能减排和淘汰落后产能，发展循环经济和低碳产业，走资源节约型、环境友好型发展之路。

（二）大力推进农业现代化，努力建设农业强省。继续把“三农”工作作为重中之重，全面贯彻落实强农惠农富农政策，建立健全以工促农、以城带乡长效机制，在工业化、城镇化深入发展中同步推进农业现代化。全面提升农业综合生产能力。实施“新增百亿斤粮食生产能力工程”，严格保护耕地，加强农田水利建设，为保障国家粮食安全多作贡献。调整优化农业结构，加强板块基地建设，发展多功能农业，建设一批特色农业强市、强县。深化农业科技创新，健全农业社会化服务体系，促进农业发展方式转变。大力提升农业产业化水平。深入实施“四个一批”工程，突破性发展农产品加工业，加强农村流通体系建设，推动农业产业化总体水平进入全国前列，努力让越来越多的消费者“喝长江水、吃湖北粮、品荆楚味”。加快新农村建设步伐。继续加快推进仙洪新农村建设试验区、竹房城镇带城乡一体化、山区县市脱贫奔小康等分层分类试点示范工作，按照“生产发展、生活宽裕、乡风文明、村容整洁、管理民主”的要求，推动新农村建设向纵深发展。着力推进大别山区、武陵山区、秦巴山区、幕阜山区等集中连片特困地区扶贫攻坚。扎实做好库区移民后期扶持工作。大力培育新型农民，拓宽农民增收渠道，促进农民增收与农业增产同步。深化农村改革。稳定和完善农村基本经营制度，坚持在依法自愿有偿的前提下发展多种形式的适度规模经营。大力推进农民专业合作组织建设，提高农业要素组织化水平。巩固集体林权制度改革成果，推进征地制度改革，尊重和保护农民以土地为核心的财产权利。

（三）扎实推进新型城镇化，促进城乡统筹发展。优化城镇空间布局。加快实施主体功能区规划，按照用地集约、人口集中、产业集聚的思路，构建以“一主两副”为龙头、区域中心城市为支撑、县城和中心镇为节点的现代城镇体系。提升城市发展质量。大力提高城市规划、建设和管理水平，完善市政公用设施，重视城市历史文化资源和自然风貌保护，提升城市品位和综合承载能力。坚持城乡统筹。加快推进城乡规划、产业布局、基础设施、公共服务、社会管

理等一体化进程，加快培育发展中心镇和特色镇，积极推进农村新型社区和中心村建设。切实解决进城农民的就业、住房、社会保障、子女入学等问题。坚持把发展县域经济作为强省之基。继续实施"一主三化"方针，大力提升县域工业化、城镇化水平。进一步扩大县（市、区）和试点镇经济社会管理权限，加大政策扶持力度，加快培育全国百强县（市）、全国千强镇，实现县域经济发展新跨越。

（四）提升"三化"协调发展的支撑保障能力，增强发展后劲。强化服务业的战略地位。把加快发展服务业作为优化经济结构、促进"三化"同步的战略重点，优先发展金融、物流等生产性服务业，加快发展商贸、流通、社区服务等生活性服务业，大力发展服务外包、总部经济等高端服务业，加快整合和开发旅游资源、壮大旅游支柱产业，促进服务业发展提速、结构优化、比重提升，努力建设全国重要的现代服务业基地。积极构建扩大消费的长效机制，进一步增强经济发展的内生动力。强化投资的支撑作用。投资既关乎当前，更关乎长远。要把做大做实做强投资作为重要战略任务，强力扩大投资总量，优化投资结构，提高投资效益。强化基础设施的承载功能，做大做强支撑湖北长远发展的"底盘"。充分开发利用长江"黄金水道"，加快长江中游快速通道和综合交通体系建设。把汉江流域综合开发放到更加重要的位置，加快推进汉江经济带开放开发。坚持不懈加强水利基础设施建设，构建完善的综合水利保障体系。按照适度超前的原则，加快推进武汉新港、武汉城市圈轨道交通等交通基础设施建设，构建全国重要的综合交通运输枢纽。大力加强能源建设，优化能源结构和布局，构建安全、稳定、经济、清洁的现代能源体系。加快推进"三网融合"，大力发展物联网、云计算、移动互联网等新技术，提高信息基础设施建设水平。

同志们！建设富强湖北必须依靠全省上下的共同努力，必须充分调动各方面的积极性和创造性。今后一个时期，我们要大力支持武汉建设成为立足中部、面向全国、走向世界的国家中心城市和国际化大都市，着力提升城市综合竞争力，重振"大武汉"的雄风；支持襄阳加快省域副中心城市和现代化区域中心城市发展，着力建设产业襄阳、都市襄阳、文化襄阳、绿色襄阳；支持宜昌加快建设省域副中心城市、长江中上游区域性中心城市和世界水电旅游名城，成为现代化特大城市；支持黄石实施"大产业、大园区、大城市"战略，建设全国资源枯竭型城市转型发展示范区；支持十堰打造国际商用车之都和国家生态文明示范区，建设鄂豫陕渝毗邻地区中心城市；支持荆州大力实施"壮腰工程"，打造湖北长江经济带重要增长极；推进和支持荆门"中国农谷"建设，高水平地创建国家现代农业示范区；鼓励和支持鄂州成为全省地级市综合改革的示范区，在推进城乡一体化方面走在全省前列；支持孝感充分发挥地缘优势，加快建设武汉城市圈副中心城市；支持黄冈大别山试验区建设，全力打造红色大别山、绿色大别山、发展大别山、富裕大别山；支持和推动咸宁绿色崛起，建设鄂南强市、打造"香城泉都"和"中三角"重要枢纽城市；支持随州建设世界华人谒祖圣地，打造中国专用汽车之都；支持恩施加快推进武陵山试验区建设，着力打造绿色、繁荣、开放、文明的全国先进自治州；支持仙桃、潜江、天门冲刺全国县域经济百强，成为全省"三化"协调发展的先行区；支持神农架林区彰显生态保护和绿色发展价值，建成世界著名的生态旅游目的地。经过不懈努力，逐步形成武汉、襄阳和宜昌、其余各市州在全省经济总量中各占三分之一的布局，加快形成多点支撑、多极带动、各具特色、竞相发展的区域经济新格局。我们完全有理由相信，经过全省上下的艰苦奋斗，上述目标一定会实现，一个繁荣富强的湖北一定会在中部地区崛起！

四、坚持把改革开放创新作为根本动力，努力建设创新湖北

实现科学发展、跨越式发展，湖北最大的资

源是创新资源，最大的优势是创新优势，最大的潜力是创新潜力。必须把思想观念创新、体制机制创新和科技创新作为动力之本、发展之源，促推全省经济社会发展逐步走上创新驱动的轨道。

(一)深入解放思想，创新发展文化。解放思想是干事创业的逻辑起点，是关乎湖北发展的根本性问题。要以思想大解放为先导，开阔发展视野、培育发展文化、优化发展环境、拓宽发展空间。彻底破除计划经济的思维定势，牢固树立市场经济的理念，自觉运用市场机制和方法谋求发展、破解难题；坚决破除"官本位"意识，牢固树立"产业第一、企业家老大"的理念，打造重商亲商悦商的人文环境；坚决破除封闭意识和保守思想，牢固树立海纳百川的开放理念，营造开放包容、互利合作的良好氛围；坚决破除求稳守成意识，牢固树立开拓进取的创新理念，鼓励大胆地试、大胆地闯，敢于担当、敢于担难、敢于担险；坚决破除坐而论道、知行不一的不良风气，牢固树立真抓实干、讲求实效的务实理念，把解放思想落实到解决问题上，落实到实际成效上。

(二)深入推进改革，创新体制机制。围绕完善社会主义市场经济体制，围绕实现科学发展、跨越式发展，加强顶层设计，抓住关键环节，着力构建充满活力、富有效率、更加开放、有利发展的体制机制。深入实施武汉城市圈"两型"社会建设综合配套改革。着力推进综合性制度创新，率先在优化结构、节能减排、自主创新、城乡统筹等重要领域实现新突破，为全省改革发展提供示范。以突破性发展民营经济为重点，坚定不移地推进所有制改革。深化国有企业和国有资产管理体制改革，不断优化国有经济布局和结构，增强国有经济活力和竞争力；进一步破除体制机制障碍，探索和创新公有制有效实现形式，加大鼓励、支持、引导和服务民营经济发展的力度，加快营造各类所有制经济公平竞争、共同发展的优良环境。进一步健全和完善现代市场体系。深化投融资体制改革，规范投融资平台建设；健全土地、技术、资本、人才、劳动力等要素市场，加快推进要素配置市场化改革，促进高端要素汇聚湖北。以转变政府职能、提高行政效能为目标，深入推进行政管理体制改革。继续深化行政审批制度改革，完善公共财政体系，推进事业单位分类改革，推广鄂州、随州和黄石等地"大部制"、"扁平化"改革经验，着力建设勤政廉洁、高效务实的服务型政府。

(三)坚持开放先导，以开放促改革促创新促发展。学习借鉴沿海地区敢闯敢干、先行先试的开放经验，加快形成敢开放、真开放、先开放、全开放的良好局面。全面提升对外开放水平。深刻把握全球经济一体化的大趋势，高水准、全方位地谋划对外开放工作。立足于创新体制机制和完善政策，实现与国际规则有效对接。大力引进战略投资者、国际高端人才和国内外知名品牌，大力引进先进的市场理念和管理经验，提高市场开放度，促进投资贸易便利化。加快提升襄阳、宜昌等城市的国际化水平，营造良好的开放环境。进一步稳定和拓展外需。坚持"走出去"与"引进来"相结合，实行外资、外贸、外经、外包、外智"五外"联动，积极承接国际资本和沿海产业转移，加快出口基地建设，支持省内优势企业"走出去"，努力实现世界为湖北用、湖北为世界用，开拓更为广阔的发展空间。全面深化对内开放与合作。加快推进长江中游城市集群发展，扩大与国内其他区域的交流与合作，加强与央企、央院、央校、金融机构总部和知名民营企业的战略合作，努力把湖北建成内陆开放的新高地。

(四)提升自主创新能力，建设科教强省。提高自主创新能力，基础在教育、关键靠人才、核心是产业化。坚持以创新为动力。牢固树立科技是第一生产力、人才是第一资源的理念，尊重劳动、尊重知识、尊重人才、尊重创造，使科技创新和人才队伍建设成为引领湖北发展的核心驱动力。深入实施科教兴鄂和人才强省战略，全面落实中长期科技、教育、人才规划纲要，切实提高人才培养质量和科技创新能力。大力建设科教强省,促进科技教育与经济社会发展的深度融合,促进科教实力转化为发展竞争力。坚持以企业为创新主体。加快建立以企业为主体、市场为导向、产学研相结合的技术创新体系,大力发展企业主导的技术创新战略联盟,支持民营科技企业加快发展,推动创新要素向企业集聚,使企业真正成为技术创新的需求主体、投入主体、研发主体和应用主体。着力推进科技成果转化和产业化。充分发挥高校、科研院所等创新源的作用,树立以用为本的科研导向和评价标准,加强知识产权保护,推进高校、科研院所与企业间的协同创新,开辟科技与金融、资本、市场深度融合的"绿色通道",促进科技成果"落地开花"、就地转化,让更多的科技人、学术人敢于乐于善于做"经济人"、当企业家。着力完善区域创新体系。支持东湖国家自主创新示范区率先发展,进一步发挥创新驱动的示范引领作用;推进各地高新区加快发展,加快形成科技引领、创新驱动的格局,使湖北真正成为创新型经济蓬勃发展、创新人才加速集聚、创新活力充分释放、在全国具有重大影响力的自主创新高地。作为科教实力大省、人才资源大省,我们完全应当立下这样的雄心壮志!

五、发展社会主义民主政治,努力建设法治湖北

坚持党的领导、人民当家作主和依法治国的有机统一,积极探索推进民主法治建设制度化、规范化、程序化的新途径,努力扩大人民民主,加快建设法治湖北,着力构建深化改革、扩大开放、推动发展、维护稳定的良好民主法治环境。

(一)大力发展社会主义民主。人民民主是社会主义的生命。坚持一切权力属于人民,从各个层次、各个领域健全民主制度、丰富民主形式、拓宽民主渠道。坚持和完善人民代表大会制度。切实加强党对人大工作的领导,健全适合地方国家权力机关特点、充满活力的组织制度和运行机制。支持和保障各级人大及其常委会依法履行职能、人大代表依法行使职权,使立法、监督、决定重大事项和选举任免更好地体现人民意志、服务全省大局。坚持和完善中国共产党领导的多党合作和政治协商制度。支持和保障人民政协围绕团结和民主两大主题履行职能,主动谋事、认真干事、努力成事,加强人民政协政治协商、民主监督、参政议政制度建设,提高人民政协工作科学化水平。坚持思想上同心同德、目标上同心同向、行动上同心同行,全面加强同各民主党派、各人民团体、工商联和无党派人士的团结合作。认真做好民族、宗教、外事、侨务、港澳、对台和新的社会阶层人士工作,聚力、聚才、聚心、聚智,共筑发展统一战线,同心建支点、同行促跨越。支持工会、共青团、妇联等人民团体依法依章履行职能。落实党管武装制度,加强国防动员和民兵预备役工作,深化全民国防教育,支持国防和驻鄂部队现代化建设,提高"双拥"共建水平,巩固军政军民团结,促进军民融合式发展。

扩大基层民主。依法实行民主选举、民主决策、民主管理、民主监督,进一步扩大公民有序政治参与。深入推进"五议五公开",进一步完善城乡基层政权组织、基层群众自治组织、企事业单位的民主管理制度,广泛动员和组织人民群众开展基层民主实践,努力实现政府行政管理与基层群众自治有效衔接和良性互动。高度重视和积极引导互联网民意表达,积极推行网络问政。扩大基层群众自治范围,推进政府行业管理、社会事务管理等职能向社会组织转移,发挥社会组织在扩大群众参与、反映群众诉求方面的积极作用。

(二)加快依法治省进程。促进经济健康发展、维护社会和谐稳定,根本在于法治。各级党委要切实增强法治观念,坚持科学执政、民主执政、依法执政。全面落实依法治国基本方略,加快实施《法治湖北建设纲要》,推进全省各项工作法治化。切实提高地方立法质量。坚持依法立法、科学立法、民主立法,着力抓好地方性

法规和行政规章的立、改、废工作，在维护法制统一的前提下，力求体现湖北特色，突出实施、实用、实效，更好地发挥地方立法在促进全省经济社会发展中的保障作用。积极推进依法行政。以规范权力运行、提高行政效能、维护群众权益为着力点，推进各级政府及其部门严格依照法定权限和程序行使权力、履行职责，切实做到有法必依、执法必严、违法必究，努力实现法治政府建设目标。加强司法工作，维护公平正义。深化司法体制和工作机制改革，保证司法机关依法独立公正行使职权，坚持公正司法。加强政法干警核心价值观教育，高度重视政法队伍建设，做到严格、规范、公正、文明执法，以司法的公正推动社会的公平正义。完善法律援助和司法救助制度，加快构建覆盖城乡的公共法律服务体系，保证困难群众平等享受法律服务。强化监督制约，确保权力正确行使。切实加强人大及其常委会监督、人民政协民主监督、司法监督和行政监督，高度重视舆论监督，畅通群众监督渠道，健全问责追责机制。切实解决人民群众反映强烈的涉法涉诉问题，严肃惩处徇私枉法、执法犯法、以权压法行为，真正做到有权必有责、用权受监督、侵权须赔偿、违法受追究，确保人民赋予的权力始终在阳光下运行、始终用来为人民谋利益。

（三）大力弘扬社会主义法治精神。坚持把弘扬社会主义法治精神作为事关湖北长治久安、兴旺发达的战略任务，贯彻落实到改革发展稳定的各个方面。认真组织实施“六五”普法规划。广泛宣传社会主义法律知识，弘扬社会主义法治精神，发展社会主义法治文化，引导全省人民学法辨是非、知法明荣辱、守法定行止，养成依法维护权益、理性表达诉求、履行法定义务的良好习惯。所有国家机关、人民团体、社会组织及市场主体都要坚持依法决策、依法办事、依法经营、依法监督，切实做到所有管理和服务行为合乎法、循于规。大力弘扬法律面前人人平等的基本法治理念。各级党组织和全体党员尤其是党员领导干部必须率先垂范，自觉在宪法和法律范围内活动，自觉学法、尊法、守法、用法，切实提高运用法治思维、法律手段解决矛盾和问题的能力，做弘扬社会主义法治精神的模范践行者。必须郑重指出，法律的尊严和权威不容践踏，法律面前没有特殊公民，任何组织和个人都没有超越宪法和法律的特权。不论涉及到谁，不论职务多高，不论贡献多大，只要触犯了法律，都要受到严肃处理，决不姑息迁就！

六、坚持先进文化引领，努力建设文明湖北

弘扬社会主义先进文化、发展和培育现代文明，是富民强省的题中应有之义。要在加强物质文明和政治文明建设的同时，着力推进精神文明和生态文明建设，不断提升构建重要战略支点的精神驱动力、文化影响力和生态承载力。

（一）以社会主义核心价值体系为灵魂，加强精神文明建设。思想是行动的先导，文化的力量在于凝聚人、引导人、鼓舞人、塑造人。牢牢坚持马克思主义的指导地位。积极推进马克思主义中国化、时代化、大众化，坚定中国特色社会主义共同理想信念，大力弘扬以爱国主义为核心的民族精神和以改革创新为核心的时代精神；把社会主义核心价值体系融入国民教育、精神文明建设和党的建设全过程，弘扬民族优秀传统文化，吸收世界优秀文明成果，凝炼荆楚人文精神，构筑促推科学发展、跨越式发展的“精神高地”，建设美好精神家园。积极践行社会主义荣辱观。大力推进公民道德建设工程，加强未成年人思想道德建设和大学生思想政治工作，加快社会诚信体系建设；深化群众性精神文明创建活动，完善社会志愿服务体系，推动学雷锋活动常态化；充分发挥“湖北群星”的示范效应，用先进典型和道德模范的感召力引领社会风尚，不断提升湖北的美誉度和湖北人民的文明形象。始终坚持正确的舆论导向。坚持团结稳定鼓劲、正面宣传为主，提高舆论引导的及

时性、权威性和有效性；加强互联网等新兴媒体的建设、运用和管理，规范网上信息传播秩序，推进网络文明建设；大力加强思想、理论、舆论传播阵地建设，构建技术先进、传输便捷、覆盖广泛的现代传播体系，不断提高社会主义先进文化的辐射力、引领力和影响力。

（二）积极推动文化大发展大繁荣，努力建设文化强省。坚持社会主义先进文化前进方向，深刻把握文化发展的特点和规律，充分发挥湖北的文化资源优势，努力建设文化事业繁荣、文化产业发达、文化精品纷呈、文化人才荟萃、文化发展实力和竞争力较强的文化强省。加快发展文化事业。按照公益性、基本性、均等性、便利性要求，加强公共文化基础设施建设，推动公共文化服务向农村倾斜、向基层倾斜，加快城乡文化一体化发展进程，完善公共文化服务体系，保障人民群众的基本文化权益；大力实施“文化精品工程”和“文化名家工程”，努力形成“荆楚文化长江系”品牌，实现湖北文化军团建设的新跨越；切实加强文化遗产的保护、开发和利用，组织丰富多彩的群众性文体活动，积极争取举办综合性文体赛会，繁荣发展哲学社会科学，激发人民群众的文化创造力。大力发展文化产业。充分挖掘湖北历史文化资源，推进文化与科技、旅游、教育深度融合；积极扶持传统文化产业，大力培植文化创意、数字出版、动漫游戏等新兴文化产业，构建现代文化产业体系；加强重大文化产业项目和文化产业园区建设，做大做强文化产业集群，尽快使文化产业成为我省新兴支柱产业。强力推进文化体制改革。以建立现代企业制度为重点，加快推进经营性文化单位改革；着眼于增强发展活力，全面推进公益性文化事业单位改革；建立健全科学的文化行政管理体制、富有活力的文化产品生产经营机制和国有文化资产管理体制；发挥市场在文化资源配置中的积极作用，扩大文化领域开放，优化文化资源配置，引导社会资本有序进入文化领域，构建统一开放、竞争有序的现代文化市场体系。

（三）加强生态建设和环境保护，提升生态文明。牢固树立人与自然和谐共生的生态文明理念，加快建设“两型”社会。坚持生态立省。建立以森林植被为主体的国土绿化和生态安全体系，深入推进天然林保护、退耕还林、沿江防护林等重点生态工程，加强三峡库区、丹江口库区、神农架林区、大别山区等重要生态功能区的保护与管理，加快推进营造林和低产林改造，提高森林质量；积极打造重点生态示范带，加强自然保护区建设，维护生物多样性。强化长江、汉江、清江等重点流域水资源保护，推进重点湖泊湿地自然修复，促进人水和谐。改善和优化城乡人居环境。加快实施农村环境连片整治，重点解决饮用水不安全、空气污染、土壤污染等损害群众健康的突出环境问题，让人民群众喝上洁净水、呼吸清新空气、享受优美环境。树立绿色消费理念。倡导循环低碳生活方式，在全社会形成节约环保的良好氛围。健全符合生态文明要求的法规体系，完善生态补偿、政策环评等长效机制，让“千湖之省”蓝天长驻、青山长在、碧水长流，让人民群众不但能够享受“春城无处不飞花”的城市生活、也能品味“万家烟树满晴川”的田园牧歌。

文化承载历史，文明昭示未来。建设文明湖北，必须充分发挥人民群众的主体作用，形成全民参与的良好氛围。让我们从自身做起、从现在做起、从细节做起，努力做一个爱国守法、崇德守信的湖北人，做一个和善开明、务实敬业的湖北人，做一个敢为人先、追求卓越的湖北人，做一个语言文明、举止优雅的湖北人，让现代文明之花在荆楚大地绚丽绽放！

七、始终坚持以人为本，努力建设幸福湖北

建设幸福湖北，是经济发展的出发点和落脚点，是执政为民的根本体现。要更加关注全省人民的生活质量、发展潜能、幸福指数，更加突出共建共享和保障民生的制度性安排，切实念好衣食住行、业教保医“八字经”，不断增强

人民群众的幸福感。

(一)着力保障和改善民生。顺应人民群众过上更加美好生活的新期待,着力构建充分就业、体面劳动、合理分配、幸福生活的共建共享新格局。坚持把就业作为民生之本,实施更加积极的就业政策,大力发展职业教育,加强职业技能培训,健全就业服务体系,大力支持自主创业,发展和谐劳动关系,维护职工合法权益。坚持把增加城乡居民收入作为民生之源,建立健全工资正常增长机制,提高居民收入在国民收入分配中的比重、劳动者报酬在初次分配中的比重,使收入分配水平与我省经济发展水平相适应。突出做好中低收入者和困难家庭增收工作,努力缩小收入差距。稳定物价总水平,完善并落实社会救助和保障标准与物价上涨挂钩的联动机制,保证贫困家庭不因物价上涨而降低生活标准。

(二)全面提升公共服务水平。坚持把教育作为民生之基,实施教育优先发展战略,促进各类教育协调发展。坚持把社会保障作为民生之依,健全多层次的社保体系,不断扩大覆盖范围,稳步提高保障水平,实现应保尽保。尽快健全全民医保体系,巩固完善基本药物制度和基层医疗卫生机构运行机制,积极推进公立医院改革,继续推进基本公共卫生服务均等化,加强重大疫病防治,提高人民群众健康水平。建立健全以廉租房、公共租赁房为主体的住房保障体系,将符合条件的农民工有序纳入城镇住房保障范围,改造农村特困家庭危房,改善城乡居民的居住条件。建立健全城乡一体化社会救助体系和救灾应急体系,统筹做好社会保障、社会救助、社会福利、社会慈善等工作。认真做好人口计生工作,大力发展体育事业,全面提高人口素质。发展妇女儿童事业,保障残疾人的基本生活和合法权益,积极应对人口老龄化,提高可持续发展水平。

(三)切实加强和创新社会管理。要加强社会管理的总体设计,推进社会管理体制机制的系统创新,进一步完善党委领导、政府负责、社会协同、公众参与的社会管理格局。高度重视基层社会服务管理,全面推行社区“网格化”管理,把各项公共服务和社会管理措施落实到城乡社区、基层单位、每家每户。积极推进社会服务管理重点工作,稳妥推进户籍管理制度改革,加强对流动人口、特殊人群和农村留守妇女儿童、空巢老人等社会群体的服务和管理。切实做好信访工作,加强矛盾纠纷排查化解,建立和完善群众利益协调机制、诉求表达机制、权益保障机制,坚决纠正损害群众利益的行为,从源头上预防和减少社会矛盾。防范和打击违法犯罪活动,提高平安创建水平。加强安全生产管理,强化食品药品监管,完善突发公共事件应急管理体系,严密防范、坚决打击敌对势力的渗透破坏活动,保障人民生命财产安全和社会政治稳定,不断增强人民群众的归属感和安全感。

全省人民既是分享幸福成果的主体,更是共建幸福湖北的主体。我们要以更加进取的精神、更加卓越的工作,不断增进人民福祉,力争经过五年的努力,实现“十个确保”的目标:全面深入推进扶贫开发,确保基本消除绝对贫困;继续实施农村饮水安全“村村通”工程,确保全面解决农村饮水安全问题;加大农村危房改造和城镇保障性住房建设力度,确保困难群众住上平安房、安居楼;完善农村交通设施和城市公交体系,确保群众出行便利;全面落实就业优先政策,确保实现充分就业;实施收入倍增计划,确保城乡居民收入与经济发展同步增长;优化教育资源配置,确保人民群众平等接受教育;实现城乡社会养老保险制度全覆盖,确保人人享有基本养老保障;加强基本医疗卫生服务体系建设,确保人人享有基本医疗卫生保障;加强社会管理综合治理,确保全省社会总体和谐稳定。经过全省上下的共同努力,尽快把湖北建设成为物质生活丰裕、人民精神愉悦、社会平安和谐、生态环境舒适的幸福家园,让全省人民生活得更加富裕、更加安全、更有保障、更有尊严!

八、始终保持党的先进性和纯洁性，锻造加快构建重要战略支点的坚强领导核心

加快构建重要战略支点、实现富民强省的宏伟目标，关键在于加强党的领导，关键在于始终保持党的先进性和纯洁性，不断提高执政能力和领导水平。我们必须切实增强执政意识、忧患意识、责任意识，始终坚持从严治党、质量强党，勇于应对“四大考验”、坚决防范“四大危险”，扎实开展保持党的先进性和纯洁性学习教育活动，努力保持思想、组织、作风纯洁和清正廉洁。

（一）强化理论武装，坚定理想信念。全省各级党组织和广大党员必须着眼于学以立德、学以增智、学以提能、学以创业，深入推进学习型党组织建设，始终坚持用中国特色社会主义理论武装头脑、指导实践、推动工作。切实做到在党言党、在党忧党、在党兴党，始终坚定正确的政治方向，更加自觉地坚持中国特色社会主义理论体系、道路和制度，更加自觉地严守党的纪律，更加自觉地与党中央保持高度一致。健全党委中心组学习制度，建立党员干部思想状况调研分析制度，不断创新学习方式，提高理论武装的针对性和实效性。大规模培训干部，充分发挥各级党校、行政学院主渠道和在线教育平台作用，切实加强理论培训和国情省情的学习教育，运用“老区精神”等红色资源加强党性教育。坚持学以致用、学用相长，把强化学习与研究解决实际问题紧密结合起来，把学习成果转化为精神动力和工作能力。通过持续不断的理论武装和思想教育，以坚定信念、对党忠诚的政治品格，勇于担当、奋发有为的精神状态，心系群众、为民惠民的赤子情怀，创先争优、攻坚克难的实际成效，生动展示共产党员的先进性和纯洁性。

（二）坚持尚贤任能，加强领导班子和干部人才队伍建设。牢固树立围绕发展选用干部的用人导向，坚持德才兼备、以德为先，坚持五湖四海、任人唯贤，坚持事业至上、实干为要，重用信念坚定、勇于担当的人，重用艰苦创业、开拓创新的人，重用实绩突出、群众公认的人，重用求真务实、清正廉洁的人。大力整治用人上的不正之风，优化选人用人环境，不让老实人吃亏，不让投机者得利，不断提高选人用人公信度。以提能善政为核心，加强各级各类领导班子建设，大力推进“一把手”工程，加快实施“干部队伍能力素质提升工程”，分层分类推进“年轻干部成长工程”。积极培养选拔女干部、党外干部和少数民族干部，注重发挥不同年龄段干部的积极性，认真负责、带着感情做好离退休干部工作。坚持民主、公开、竞争、择优，深化干部人事制度改革，规范干部任用提名制度，加大竞争性选拔干部工作力度。健全干部德的建设和考察制度，全面实施体现科学发展观要求的综合考评体系。以关键岗位干部为重点，切实加强干部队伍管理。统筹推进国有企事业单位干部人事制度改革。坚持党管人才原则，大力培养和引进高层次创新创业人才，推动人才工作重心下移，优化人才成长和发展环境，努力把我省人才优势转化为发展强势。

（三）坚持强基固本，充分发挥基层党组织的战斗堡垒作用。以创先争优为总抓手，以增强功能、激发活力为目标，把服务群众、做好群众工作作为核心任务，深化基层党组织“五个基本、七个体系”建设。以非公有制经济组织和社会组织为重点，完善基层党组织设置形式，实现党的组织和党的工作全覆盖。进一步加强基层党员群众服务中心等阵地建设，抓好分类指导，准确把握不同领域基层党组织的功能定位，更好地发挥领导核心、政治核心、政治引领等作用。注重以党的建设带动群团建设，更好地发挥群团组织联系群众、服务群众的作用。从战略的高度加强青年工作，鼓励和引导广大青年在富民强省的宏伟事业中建功立业。高度重视基层党组织带头人队伍建设，健全基层党组织负责人选配、培训、管理、保障等机制，真情关怀、真心爱护广大基层干部。按照“控制总

量、优化结构、提高质量、发挥作用”的要求，改进党员发展工作，严把党员“进口关”；实施基层党员党性教育和能力培育“双育”计划，建立健全党员党性定期分析制度，严肃处理不合格党员，确保党员队伍纯洁。加强党内民主建设，坚持民主集中制，以明确权责为重点，发挥全委会对重大问题的决策作用，完善党委讨论重大问题和任用重要干部票决制、党委常委会向全委会定期报告工作并接受监督制度，健全地方党委领导体制和工作机制。继续探索实行党代会常任制，逐步扩大基层党组织领导班子直接选举范围。建立健全党内情况通报、民主评议等制度，探索党内基层民主建设的多种实现途径。落实基层党建工作责任制，不断提高党建工作保障水平。

（四）弘扬优良作风，扎实推进群众工作这个党的“生命工程”。坚持以密切党同人民群众的血肉联系为核心，以领导机关、领导班子、领导干部为重点，全面加强作风建设。大兴求真务实之风，力戒空谈浮躁，狠治庸懒散软和“文山会海”，防止数字攀比、纸上谈兵和急功近利，推进“三抓一促”、“三短一简”和“治庸问责”工作常态化、规范化；大兴艰苦奋斗之风，力戒奢侈浪费，坚决制止讲排场、比阔气、铺张浪费行为，严肃查处“三公”消费中的违规违纪问题；大兴批评与自我批评之风，力戒党内生活庸俗化，狠治党内生活中好人主义问题，引导党员干部坚持原则、敢抓敢管，加强党性修养，保持党性纯洁。坚持把群众工作作为改进作风的根本着力点，进一步巩固和拓展“三万”活动成果，建立健全联系服务群众的长效机制，促使各级党员干部牢记“六民要旨”，既身入群众又心入群众，真心诚意为群众排忧解难。坚持纠建并举、综合治理，健全纠风工作机制，加大纠风工作力度，认真解决人民群众反映强烈的突出问题。创新群众工作的思路和办法，提高做好群众工作的能力和水平，进一步密切党群、干群关系。

（五）坚持“力度统一论”，深入推进党风廉政建设和反腐败斗争。坚决惩治和有效预防腐败，是我们的政治责任。严明党的政治纪律，创新监督检查工作机制，保证党的路线方针政策和重大决策部署贯彻落实。以加强权力监督制约为核心，以健全制度为重点，以人民满意为标准，把教育的说服力、制度的约束力、监督的制衡力、改革的推动力、纠风的矫正力和惩治的威慑力有机结合起来，加快完善符合湖北实际、具有湖北特色的惩治和预防腐败体系。坚持反腐倡廉教育先行，加强党性党风党纪教育和廉政文化建设，筑牢党员干部拒腐防变的思想防线。坚持用科学严密的制度规范用权行为，推进制度建设和创新，加大制度执行督查力度。完善权力监督和制约机制，严格落实党内监督制度，加强和改进巡视工作，完善纪检派驻制度，加强领导干部经济责任审计。深入推进源头治腐工作，加强廉政风险防控，努力铲除滋生腐败的土壤。坚持反腐败“利剑高悬”，加大查办违纪违法案件力度，始终保持惩治腐败的高压态势，让腐败分子没有藏身之地。要以更高的标准、更严的要求，进一步加强纪检干部队伍建设，努力打造忠诚可靠、服务人民、刚正不阿、秉公执纪的反腐倡廉“铁军”。各级党委要严格执行党风廉政建设责任制，切实履行好从严管党治党责任。各级领导干部特别是党政主要负责同志要充分发挥表率作用，坚决贯彻执行《廉政准则》，既干净干事、清廉自守，又带头履责、敢抓敢管，用优良的党风促进政风、民风的进一步好转。

蓝图已经绘就，关键在于落实。落实就是发展，落实才有希望。我们必须以只争朝夕的进取精神、不胜不休的决战气魄，全面推进战略思路的方案化、项目化、具体化，打造雷厉风行的决策、执行、监督、考评、奖惩一体化的“落实链条”，扎扎实实、卓有成效地把中央和省委的决策部署落到实处。

同志们！万里长江气势恢宏，滚滚向前；荆楚大地生机勃勃，凤鸣九天。加快构建重要战略支点，实现富民强省目标，党中央对我们寄予厚望，全省人民对我们充满期待。让我们更加紧密地团结在以胡锦涛同志为总书记的党中央周围，高举中国特色社会主义伟大旗帜，认真学习贯彻即将召开的党的十八大精神，激情奋进、克难求进、扎实推进、与时俱进，为推动湖北科学发展跨越式发展、加快构建重要战略支点、实现富民强省的宏伟目标而努力奋斗！

中共湖北省委常委、书记、副书记
中共湖北省纪委书记、副书记、常委名单

2012 年 6 月 13 日，中共湖北省第十届委员会第一次全体会议选举李鸿忠为省委书记，王国生、张昌尔为省委副书记；李鸿忠、王国生、张昌尔、王晓东、阮成发、侯长安、楼阳生、张岱梨、尹汉宁、范锐平、陈大民（回族）、傅德辉、黄楚平当选为省委常委。

会议通过中共湖北省第十届纪律检查委员会书记、副书记和常务委员会委员人选：侯长安当选省纪委书记，吴琦、吴志峰、陈洪波、肖习平当选省纪委副书记，张曙、张依涛、李莹、邓务贵、何万勤、刘黎明当选省纪委常委。

湖南省第十次党代会报告摘要及省委、省纪委领导成员名单

坚持科学发展　推进四化两型
为加快实现全面小康而奋斗

——在中国共产党湖南省第十次代表大会上的报告(摘要)

(2011年11月18日)

周　强

同志们:

现在,我代表中国共产党湖南省第九届委员会向大会作报告。

中国共产党湖南省第十次代表大会,是在我省全面建设小康社会、开启新世纪第二个十年科学发展新征程的关键时期召开的一次重要会议。大会的主题是:高举中国特色社会主义伟大旗帜,以邓小平理论和"三个代表"重要思想为指导,深入贯彻落实科学发展观,全面推进"四化两型"建设,为加快实现全面小康而努力奋斗。

一、在科学发展富民强省伟大征程上阔步前进的五年(略)

二、全面推进"四化两型"建设,加快实现全面小康目标

今天的湖南已经站在了一个新的起点上,展现出更加广阔的发展前景。未来五年,是全面建设小康社会的关键时期,是加快经济发展方式转变、推进两型社会建设的攻坚时期,也是可以大有作为的重要战略机遇期。当前,世界经济形势复杂多变,但和平、发展、合作仍是时代潮流,经济全球化深入发展的趋势没有改变,科技创新和产业升级正孕育新的突破,国际资本和产业加速转移;国内经济面临的新情况新问题不少,但经济发展长期向好的趋势没有改变,经济发展方式加速转变,产业加快转移,中部崛起面临新的机遇;我省正处在工业化、城镇化快速发展阶段和结构转型升级时期,虽然前进道路上还有不少困难,但发展的势头强劲,多年形成的发展能量蓄势待发,新的竞争优势正在形成,进一步发展的潜力巨大。这些表明,我们既面临着严峻的挑战,更面临着难得的历史机遇,必须因势利导,抢抓机遇,乘势而上,坚定不移加快发展步伐,坚定不移加快发展方式转变,努力在新一轮发展的时代潮流中赢得主动、赢得优势、赢得未来。

未来五年的总任务是:坚持以科学发展富民强省为主题,坚持以加快转变经济发展方式为主线,坚持以人为本、执政为民,全面推进"四化两型"建设,加快建设全面小康,加快建设两型社会,努力在中部崛起中实现新跨越。确定这一任务,是时代发展的必然要求,是全省人民的共同愿望和根本利益所在,是我们这一代湖南人必须担当的政治责任。

加快建设全面小康,就是要努力在中部地区率先实现全面小康目标。按照这一要求,要努力实现"六个更加":经济发展更加科学,发展速度保持全国前列,人均生产总值达到全国平均水平,经济结构进一步优化,科技投入大幅增加,科技创新综合能力进入全国先进行列;民主法制更加健全,民主进一步完善,法制进一步完备,法治湖南建设取得重大进展,基层民主不

断发展;社会更加和谐,社会事业加快发展,社会管理全面加强;文化更加繁荣,文化事业加速发展,文化产业进一步壮大,社会文明程度和公民道德素质全面提升;环境更加优美,绿色湖南建设取得明显进展,城乡生态环境质量明显改善,生态宜居水平明显提高;人民更加幸福,努力实现居民收入增长和经济发展同步、劳动报酬增长和劳动生产率提高同步,人民生活大幅改善,生活质量稳步提高,幸福感明显增强。

加快建设两型社会,就是要在全国率先走出一条两型社会建设的路子。要把两型社会的理念、目标、方法全面融入全省经济社会发展的各个方面。全面完成长株潭城市群两型社会试验区改革建设第二阶段的目标任务并向第三阶段推进,引领带动全省各地在资源节约、环境友好、产业优化、科技创新和土地管理等重点领域和关键环节先行先试、率先突破,为全国发挥示范作用。全省生态文明观念牢固树立,资源利用效率大幅提高,能源消耗强度和二氧化碳排放强度大幅降低,主要污染物排放总量明显减少,国家下达的节能减排目标全面完成,湘江治理取得明显成效,资源节约和环境友好各类指标进入全国先进行列。

全面推进"四化两型"建设,是实现未来五年任务的总战略。基本思路是:以建设资源节约型、环境友好型社会为方向和目标,以推进新型工业化、农业现代化、新型城镇化和信息化为基本途径,着力调整经济结构、加快自主创新、推进节能环保、深化改革开放、保障改善民生,努力实现优化发展、创新发展、绿色发展、开放发展、人本发展,加快建设绿色湖南、创新型湖南、数字湖南、法治湖南,争做科学发展排头兵。

"四化两型"建设是历届省委发展战略的继承和发展,是立足我省发展的阶段性特征、顺应国内外发展大势,在全球经济结构大调整和科技大发展中抢占未来发展制高点的必然选择,是对历史机遇的准确把握和对时代挑战的科学应对。"四化两型"建设体现了科学发展观的内在要求,体现了主题与主线的有机统一,体现了加快发展与加快转变的有机结合,是科学发展观在湖南的具体实践。推进"四化两型"建设,本质是加快科学发展,关键是转变经济发展方式,根本目的是创造全省人民更加幸福美好生活,归根结底是要走出一条符合湖南实际的转型发展、科学发展道路,实现全省经济社会的又好又快发展。

"四化两型"建设是湖南未来的希望之路。只要我们坚定地沿着这条路子走下去,不动摇、不徘徊、不折腾,一步一个脚印,一环一环紧扣,我们的任务就一定能如期完成,我们的目标就一定能如期实现,三湘大地就一定会焕发出更加绚丽的光彩!

三、转变经济发展方式,推动经济又好又快发展

加快实现全面小康,最重要、最根本的是加快经济发展。必须始终坚持以经济建设为中心不动摇,牢牢扭住发展第一要务不放松,实现发展速度、质量与效益的统一,奋力推动经济发展迈上新台阶。

1. 大力推进新型工业化,建设现代产业体系。加快推进新型工业化是现阶段我省现代化建设的中心任务。坚持把新型工业化作为第一推动力,实行发展战略性新兴产业与改造提升传统产业"两手并重",先进制造业与现代服务业"双轮驱动",新型工业化、农业现代化、新型城镇化、信息化"四化联动",加快构建具有湖南特色、富有核心竞争力的现代产业体系。大力发展先进装备制造、新材料、文化创意、生物、新能源、信息、节能环保等战略性新兴产业,推动战略性新兴产业规模扩张和集聚集群发展。加速推进"四千工程",促进传统优势产业向两型化、高端化、品牌化、集群化发展。加快发展现代服务业,大力发展生产性服务业,全面提升生活性服务业,培育发展新兴服务业,推进服务业规模化、品牌化、网络化经营。推动旅游与文化等相关产业融合发展,加强旅游精品项目建设,壮大旅游支柱产业。引导产业集群发展,着

力培育大企业、大产业、大集群、大园区、大品牌，发展拥有国际知名品牌和核心竞争力的大企业。大力支持中小微型企业发展，促进中小微型企业转型升级，走“专精特新”的发展道路。加强产业园区建设，把产业园区建设成为新型工业化的示范区、经济转型升级的先行区、现代产业的集聚区。

2. 大力推进农业现代化，建设社会主义新农村。始终把解决好“三农”问题作为全局工作的重中之重。以保障粮食安全、增加农民收入、实现可持续发展为目标，以推进农业规模化、集约化、产业化、标准化、机械化为重点，加快转变农业发展方式，提高农业现代化水平，建设农民幸福生活的美好家园。实施粮食高产增效工程，建设全国重要的粮食生产基地，提高农业综合生产能力。推进农业结构战略性调整，大力发展现代高效农业，建设一批现代农业示范基地和示范园区。实施农产品加工业振兴计划，发展农产品加工集群，提高农产品加工转化率和附加值。加强农业科技创新和推广应用，全面推进现代农业基础设施建设，加强农产品物流体系建设，健全农业综合服务体系，强化农村金融服务，夯实农业农村发展基础。大力扶持发展农民专业合作组织，提高农民的组织化程度。构建农民培训体系，着力培养造就有文化、懂技术、善管理、会经营的现代农民。认真落实强农惠农政策措施，加大强农惠农力度。加强村镇布局规划和村庄整治，全面提高乡村规划建设水平，大力发展农村社会事业，提高农村公共服务水平，有序推进新型农村社区建设，努力建设美好宜居新农村。进一步加快贫困地区经济社会发展，加大扶持力度，以武陵山区、罗霄山区为重点，以湘西自治州为主战场，打好新一轮扶贫开发攻坚战，加快贫困地区群众脱贫致富步伐。

3. 大力推进新型城镇化，统筹城乡发展。新型城镇化是现代化建设的重要驱动力。坚持走资源节约、环境友好、经济高效、社会和谐、大中小城市和小城镇协调发展、城乡互促共进的新型城镇化道路，构建科学的城镇体系。坚持以大城市为依托，着力提升长株潭城市群发展水平，充分发挥长株潭城市群的核心辐射作用和省会长沙的龙头带动作用，加快市州中心城市和省际边界地区中心城镇发展，积极发展小城镇。坚持以城市群为主体形态，在重点做大做强环长株潭城市群的同时，培育发展一批区域性城市群。加快县城和中心镇扩容提质，支持有条件的县城和中心镇逐步发展成为中小城市。加强城市规划，凸显城市人文个性和特色，提升城市品位和发展质量。强化城市管理，完善城市功能，大力发展城市公共交通，改善市民出行环境，预防和治理“城市病”。深化户籍制度改革，把符合落户条件的农业转移人口逐步转为城镇居民。进一步健全以工促农、以城带乡的长效机制，大力推进城乡规划、产业布局、基础设施建设、生态环境保护和公共服务一体化，构建新型城乡关系，促进城乡互动发展、共同繁荣。农民工是“四化两型”建设的重要生力军，要高度重视和热情关心农民工，采取有效措施逐步解决他们在城镇的就业和生活问题，促进农民工融入企业、子女融入学校、家庭融入社区，切实维护农民工合法权益，保障他们享有更好的公共服务。

4. 大力推进信息化，建设数字湖南。坚持把推进信息化作为抢占发展制高点、提升长远竞争力的重要手段和覆盖现代化建设全局的重大战略举措来抓。大力发展信息产业，推进信息化与工业化深度融合，加强长株潭和省级“两化”融合试验区建设，促进信息技术在传统产业的推广应用，提高工业信息化水平。推动“三网融合”，加快发展云计算和物联网，推进智能交通、智能电网、智慧城市建设，构建信息技术公共服务平台，提升软件服务、网络增值服务等信息服务能力，提高信息化建设的整体质量和效益。坚持以集约共享为方向，推广信息技术在经济社会各领域的深度应用，积极推进党务、政务、商务、生产、生活、社会管理的信息化。认真抓好国家农村信息化示范省试点工作，提高农村信息化水平。

5. 大力推进科教兴省，建设创新型湖南。创新是转变发展方式、提升核心竞争力的关键所在。创新的核心是科技，基础在教育，根本在机制，关键在人才。全面落实中长期科技、教育、人才规划纲要，大力推进科教兴省，建设教育强省和人才强省。加快科技体制改革，着力构建以企业为主体、市场为导向、产学研结合的技术创新体系。加大财政对科技投入的力度，鼓励企业加大研发投入，支持创新型企业上市融资，培育和发展创业风险投资，形成多层次、多渠道、多元化的科技创新投融资体制。实施一批重大科技专项和重大科技工程，突破制约产业发展的核心关键技术，形成一批拥有自主知识产权、市场竞争力强的高端品牌和产品。进一步整合科技资源，依托重点园区、高校、科研院所和企业，通过体制机制创新和政策项目引导，积极推动协同创新，加快科技创新创业和技术服务平台建设，加快科技成果向现实生产力转化，大幅提高科技进步对经济增长的贡献率。加快高水平大学和重点学科建设，全面提升高等教育质量和创新水平。坚持尊重劳动、尊重知识、尊重人才、尊重创造，健全人才评价、选拔、使用和激励机制，加大各类人才特别是创新型人才和高技能人才的培养、引进和使用力度，广纳各方人才，大胆使用人才，以良好的环境吸引、留住和用好人才，促进各类人才特别是高层次创新型人才和青年人才脱颖而出，造就新的湖湘人才群，构筑中部人才高地，形成人才辈出、人尽其才、才尽其用的生动局面。

6. 实施区域发展总体战略，推动区域经济协调发展。加快环长株潭城市群城市提质和产业升级，统一规划区域内资源开发、产业布局、设施配套和市场建设，创新合作机制，优化资源配置，促进环长株潭城市群率先发展、融合发展，建成中部乃至全国重要的经济增长极和具有国际品质的现代化生态城市群。加快建设洞庭湖生态经济圈。推动湘南加速崛起，以国家级承接产业转移示范区建设为契机，以开放开发为抓手，进一步加强与粤港澳、北部湾经济区和东盟对接合作，在更大规模、更高水平上开创承接产业转移的新局面。以武陵山片区区域发展与扶贫攻坚试点为契机，加大大湘西开发开放力度，加强基础设施建设，发展特色产业，加强生态建设和环境保护，建成全国扶贫攻坚示范区和国际知名生态文化旅游区。实施主体功能区规划，优化国土空间开发格局。

发展壮大县域经济是促进城乡区域协调发展的重要着力点。坚持因地制宜、分类指导，支持各地充分发挥资源优势和比较优势，大力发展县域特色产业。支持劳动密集型产业、农产品加工业以园区为载体，向县城和中心镇集聚，提高县域工业化和农业产业化水平。推进扩权强县改革，扩大县域发展自主权，加大对县域经济发展的政策扶持力度，优化县域发展环境，增强县域经济发展活力，重点培育一批特色鲜明的经济强县，争取更多的县进入全国百强县行列。

7. 加强基础设施建设，加快形成现代化基础设施体系。按照适度超前、优化布局、完善网络、综合提升的要求，加快构建现代化的基础设施体系，全面提升支撑保障能力。加强交通基础设施建设，着力构建高效、便捷、安全的综合运输体系。加快电网、电源点、输送通道、储备基地建设，优化能源结构和能源布局，破除能源瓶颈制约，强化能源安全保障，构建安全、稳定、经济、清洁的现代能源供应体系。加强水利基础设施建设，构建防洪、排涝、防灾、灌溉、供水配套完善的现代水利体系。把项目特别是重大项目建设作为重要抓手，实施“三个一”行动计划，努力扩大投资总量，优化投资结构，提高投资效益，充分发挥投资对经济社会发展的重要支撑作用，增强投资对调整结构、扩大就业、改善民生、促进消费的带动能力，促进投资消费出口协调拉动经济增长。

8. 深入推进改革开放，增强发展的动力和活力。改革是实现又好又快发展的动力源泉。全面推进经济、政治、文化、社会各方面特别是重点领域和关键环节的改革，加快形成有利于科学发展的体制机制。深化行政管理体制改革，切实转变政府职能，努力建设服务型政府。加快财政体制改革，扩大公共财政覆盖面，健全财力与事权相匹配的财政体制。加快投融资体制改革，积极引进各类金融机构来湘设点、开展业务，培育壮大地方金融机构，大力发展资本市场。深化要素市场化配置改革，建立完善土地、技术、人才和劳动力等要素市场，提高资源配置效率。加快资源和要素价格形成机制改革，推动形成反映市场供求关系、资源稀缺程度和环境损害成本的价格机制。继续调整和完善所有制结构，深化国有企业改革，鼓励非公有制经济加快发展、转型升级。深化社会领域体制改革，促进社会事业发展和基本公共服务均等化。深化农村综合改革，建立健全土地承包经营权流转市场，促进土地经营权依法自愿有偿流转，加强农村现代流通体系建设。

扩大开放是内陆地区加速崛起的必由之路。积极实施开放崛起战略。推进外贸扩总量转方式，促进进出口均衡发展、服务贸易与货物贸易协调发展，提高经济开放度。抓住国内外产业转移的机遇，继续大力承接产业转移，优化投资环境，着力引进战略投资者，提高利用外资的质量和水平。鼓励和引导省内优势行业和企业积极有序开展跨国并购、境外工程承包、劳务合作和设立境外工业园区。努力扩大开放领域，加强社会、文化等领域的对外交流合作。拓展和深化与东亚、东盟和欧盟各国的经贸合作，加强与港澳台、泛珠三角、北部湾经济区、长三角和中部地区等区域合作，实现互利共赢、共生崛起。以更加开放的思维、更加广阔的胸襟、更加高远的眼光，学习借鉴境外一切先进的管理方法和技术，学习借鉴先进地区和兄弟省市区一切好的经验和做法，不断提高开放发展水平。

四、加快建设两型社会，提高生态文明水平

建设两型社会是转变发展方式的重要着力点，是创造美好幸福生活的重要内容。必须把两型社会建设摆到更加突出的位置，建设绿色湖南。

1. 以长株潭试验区建设引领带动全省两型社会建设。强力推进长株潭两型社会试验区第二阶段的改革建设，加速实施以两型产业振兴为主导、以两型项目建设为重点的八大工程，加快形成改革突破、科技创新、生态建设、两型产业和民生保障等五大支撑体系，努力实现率先形成有利于资源节约、环境友好的新机制，率先积累传统工业化成功转型的新经验，率先形成城市群发展的新模式的目标，带动和促进全省发展方式转变和两型社会建设。

2. 大力发展两型产业。两型产业是两型社会建设的重要标志。抓紧建立健全两型产业的体制和技术支持体系，严格资源承载力和环境容量两大边界限制，优化企业布局。坚持环保优先，严格环境准入，切实做到新上产业项目不放松环保要求，承接产业转移不降低环保门槛，扩大产业规模不增加排放总量。大力发展绿色环保产业，积极发展太阳能、沼气、风能和生物质能等新能源产业，加强节能降耗新技术、新工艺的引进、研发和应用，创建两型产业技术研发和推广应用的公共服务平台，加快形成两型技术体系和生产体系。

3. 强化能源资源节约，大力发展循环经济。落实节约优先战略，推进节能节水节地节材，提高能源资源利用效率。加快淘汰落后产能，推进重点行业和用能大户节能技术改造，推广先进节能技术和产品，推行合同能源管理。实施重点节能减排工程，抓好工业、建筑、交通运输等重点领域节能减排。加强耕地保护，厉行土地集约节约利用。加强水资源节约，推进水利综合改革，建设节水型社会。加强矿产资源保护性开发和高效利用。以提高资源产出效率为目标，推行循环型生产方式，促进资源循环利用、再生利用产业化。加快建设一批循环利用模式的产业园区，重点抓好国家和省级循环经济试点，加快推进资源型城市经济转型。

4. 加强环境治理和生态建设。 以解决饮用水不安全和空气、土壤污染等损害群众健康的突出环境问题为重点，加大综合治理力度，明显改善环境质量。加强湘江流域综合治理，以重金属污染治理为重点，实行全流域、全方位、多功能综合整治，建设美丽繁荣的湘江生态经济带。切实保护好东江、柘溪、五强溪、江垭等重要水源地，确保洞庭湖及湘资沅澧四大流域的水环境、水生态安全。加强农村环境综合整治，加大农业面源污染防控力度，有效防止城市和工业污染向农村转移。青山绿水是我省巨大优势和巨大财富，要像爱护眼睛一样保护好。加强对林地、湿地、风景名胜区及生态脆弱地区的保护和修复，大力植树造林，巩固提高退耕还林成果和森林覆盖率，提高森林碳汇功能，维护生物多样性，构建生态安全屏障。以绿色、环保、生态为主题，创建一批宜居城市、宜居城镇、宜居乡村。让人民群众喝上干净的水、呼吸上清洁的空气、吃上放心的食物。

5. 健全完善有利于节约能源资源和保护环境的制度和机制。 抓紧制定和完善保护环境、节约能源资源、促进生态经济发展等方面的地方性法规规章。加强资源环境执法，推进资源环境执法体制改革，创新执法方式，依法推动和保障两型社会和生态文明建设。建立生态补偿机制，逐步在饮用水源保护区、自然保护区、重点生态功能区、矿产资源开发和流域水环境保护领域实行生态补偿。完善资源环境有偿使用制度，建立多元环保投融资机制，全面推行主要污染物排污权交易。建立健全两型社会和生态文明建设综合评价体系，完善考评机制。培育文明健康消费方式，开展两型社会创建活动。

五、发展社会主义民主政治，建设法治湖南

发展社会主义民主政治，建设社会主义政治文明，是全面建设小康社会的重要目标。坚持党的领导、人民当家作主和依法治国的有机统一，努力扩大人民民主，全面落实依法治国基本方略，不断巩固和发展全省民主团结、生动活泼、安定和谐的政治局面。

1. 推进人民民主的制度化规范化程序化。 人民当家作主是社会主义民主政治的本质和核心。从各个层次、各个领域扩大公民有序政治参与，保证人民当家作主。坚持和完善人民代表大会制度，支持和保证各级人大及其常委会依法履行职能，提高人大代表素质，支持和保证人大代表依法履行职责、发挥作用。坚持和完善中国共产党领导的多党合作和政治协商制度，支持和保证人民政协围绕团结和民主两大主题，履行政治协商、民主监督、参政议政的职能。加强同民主党派的合作共事，充分发挥各民主党派、工商联、无党派人士、各人民团体和各族各界人士的作用，加强宗教、侨务和对台等工作，巩固和发展最广泛的爱国统一战线，凝聚各方面的力量，调动一切积极因素。认真落实民族区域自治制度，促进各民族共同团结奋斗、共同繁荣发展。扩大基层民主，健全城乡基层群众自治机制，充分保障基层群众自我管理、自我服务、自我教育、自我监督的各项权利。完善以职工代表大会为基本形式的企业事业单位民主管理制度，拓展厂务公开、民主管理的内容和形式，维护职工合法权益。加强对工会、共青团、妇联等人民团体及各类群众团体的领导，更好地发挥其组织群众、引导群众、服务群众和维护群众合法权益的作用。

2. 提高依法执政、依法行政和公正司法的能力和水平。 改革和完善党委领导方式和执政方式，坚持科学执政、民主执政、依法执政。加强对地方立法工作的领导，完善立法机制，推进科学立法、民主立法，提高地方立法质量。坚持法律面前人人平等，任何组织和公民都必须在宪法和法律范围内活动，全体党员要模范遵守宪法和法律。高度重视互联网民意表达，积极推动网络问政。全面推进依法行政，加快转变政府职能，推进政企、政资、政事、政府与市场中介组织分开，深化行政审批制度改革，分类推进事业单位改革，深化政务公开，规范政府服务行

为，创新政府管理方式，加快建设法治政府。深化司法体制和工作机制改革，加强司法规范化建设，建立健全司法保障机制，推进公正司法，维护司法权威。加强司法救助和法律援助，拓展和规范法律服务。

3. 提高全社会的法治意识，形成人人守法的良好风尚。认真实施“六五”普法规划。加强社会主义法治理念教育，培养法治文化，弘扬社会主义法治精神。加强公民意识教育，增强全省公民的主体意识、权利意识、责任意识、义务意识和规则意识，引导人民群众依法表达诉求、维护合法权益、履行法定义务。国家工作人员特别是领导干部要带头学法守法用法，企业要依法经营，社会组织要诚信自律，在全社会形成人人自觉学法守法用法的氛围。

4. 加强对权力运行的制约与监督。完善权力制约和监督机制，构建全方位监督体系。加强党内监督，认真贯彻执行党内监督条例，完善党内监督程序，严格执行领导干部报告个人有关事项、述职述廉、诫勉谈话、函询、经济责任审计等制度。支持人大及其常委会依照宪法法律开展法律监督和工作监督，支持人民政协按照章程开展民主监督，加强政府层级监督和审计监察专门监督，强化司法监督。进一步发挥各民主党派、工商联、无党派人士以及各群众团体的监督作用。高度重视舆论监督，畅通群众监督渠道。健全问责制度，做到有权必有责、用权受监督、违法受追究、侵权须赔偿，确保人民赋予的权力始终用来为人民谋利益。

六、推动文化大发展大繁荣，加快建设文化强省

文化是一个民族的血脉和灵魂，是综合竞争实力的重要组成部分。认真贯彻党的十七届六中全会精神，以高度的文化自觉和文化自信，推进文化改革发展，在建设社会主义文化强国中走在全国前列。

1. 筑牢全省人民团结奋斗的共同思想道德基础。把建设社会主义核心价值体系作为基础工程和根本任务，融入国民教育、精神文明建设和党的建设全过程。坚持用马克思主义中国化的最新成果武装党员、教育人民，用中国特色社会主义共同理想凝聚力量，用以爱国主义为核心的民族精神和以改革创新为核心的时代精神鼓舞斗志，用社会主义荣辱观引领风尚。广泛搭建平台，利用各种载体、途径和资源，扩大宣传教育覆盖面，扩大核心价值体系的知晓率和认同感，吸引人们自觉践行。密切关注社会思潮动态，多元中立主导，多样中谋共识，多变中把方向。充分发挥我省优秀传统美德底蕴深厚、红色资源十分丰富的优势，大力推进公民道德建设工程，加强社会公德、职业道德、家庭美德、个人品德建设和诚信文化建设，加强对青少年的德育培养，深入开展学雷锋活动，加强群众性精神文明创建，大力弘扬真善美、贬斥假恶丑，在全社会形成扶正祛邪、惩恶扬善、见义勇为、诚实守信的社会风气。大力加强和改进思想政治工作，注重以坦诚打动人心，以真诚赢得群众。加强理论研究，繁荣发展哲学社会科学。集中广大干部群众的意志，进一步丰富和提升湖湘文化的内涵，努力使之与现代文明、时代精神结合起来，更好地发挥凝聚、鼓舞、激励全省人民的作用。

2. 大力发展公益性文化事业。进一步完善覆盖全社会的公共文化服务体系，提高公共文化产品和服务的供给能力，保障人民群众基本文化权益。加大公共文化投入，加强公共文化设施建设，加快省博物馆、图书馆、美术馆等标志性工程建设。加快推进城乡文化一体化发展，坚持眼睛向下、重心下移，深入实施广播电视户户通和无线覆盖提质、文化信息资源共享、社区和乡镇综合文化站、农村电影放映、农家书屋等重点惠民工程，推动文化资源更多地向农村、基层倾斜，向革命老区、民族地区、贫困地区倾斜。提高公共文化产品和服务供给能力，多给低收入群众和生活困难群众提供文化服务。充分发挥人民群众的主体作用，让广大群众在文化建设中自我表现、自我教育、自我服务。加

强和改进新闻舆论工作,牢牢把握正确导向,强化媒体社会责任,提高舆论引导能力。加强重点文物和非物质文化遗产的保护与利用,推动古镇、古村落、古民居的保护和传承。

3. 在创新体制机制中做大做强文化产业。按照创新体制、转换机制、面向市场、增强活力的要求,抓住关键环节和重点领域,着力深化国有经营性文化单位改革,深化公益性文化单位改革,深化文化管理体制改革,推动文化内容形式、生产方式、传播手段的创新,做大做强文化产业。在改造提升传统文化产业的同时,加快发展创意设计、数字媒体等新兴文化业态,推动文化创意产业与信息及高端科技产业的融合,加快文化产业园区建设,推进文化产业聚集发展。加快建设长株潭城市群文化改革发展试验区、湘西民俗文化发展试验区和大湘南文化创意生产基地,培育壮大一批有实力、有竞争力、有影响力的文化企业和企业集团,进一步扩大湖南广电、出版、动漫、演艺、网络等品牌优势,增强湖南文化产业竞争力。积极引导农村文化消费,培育和开拓农村文化市场。实施文化"走出去"战略,提升外向型文化产业发展水平。

4. 努力创作更多的文化精品,培育更多的文化人才。文化繁荣兴盛的一个重要标志,就是有影响广泛、传之久远的文化精品。支持引导文艺工作者深入基层、深入群众、深入生活,不断推出更多反映时代要求、具有湖湘特色、思想性艺术性观赏性相统一的优秀文化作品。高度重视优秀文化人才培养,努力培育一批年轻人才、高层次人才、复合型人才,培育一批乡土文化能人、民族民间文化传承人。要特别重视文化名家的培育,采取有效的政策措施,使一批文化领军人物脱颖而出。

七、加强以民生为重点的社会建设和管理,构建和谐社会

保障和改善民生,是加快实现全面小康的根本要求。坚定实施富民优先战略,深入推进"八大民生工程",把发展经济与改善民生、突出重点与统筹兼顾、解决现实问题与解决深层次问题结合起来,促进民生工作持续健康发展。大力加强和创新社会管理,推动社会建设与经济、政治、文化建设协调发展,开创全省人民共建共享和谐社会的新局面。

1. 努力扩大就业。坚持把促进就业作为经济社会发展的优先目标,实行更加积极的就业政策。大力发展劳动密集型产业、服务业和小型微型企业,大力支持自主创业,引导个体经济、民营经济加快发展,构建更多的创业平台,着力为每一个有劳动能力的人创造就业机会。重点解决好高校毕业生、农村转移劳动力、城镇就业困难人员就业问题。健全就业援助制度,加强城乡统一的人力资源市场和公共就业服务体系建设,加强职业技能培训,提高城乡劳动者就业能力。加强劳动执法,完善企业职工工资集体协商机制和劳动争议处理机制,改善劳动条件,保障劳动者权益。发挥政府、工会和企业作用,努力形成企业和职工利益共享机制,构建和谐劳动关系。

2. 加快发展教育事业。强省必先强教。按照优先发展、育人为本、改革创新、促进公平、提高质量的要求,进一步完善政策措施和工作机制,加快教育强省建设步伐。坚持德育为先、能力为重,全面推进素质教育,促进学生德智体美全面发展。加强合格学校建设,推进义务教育均衡发展,加快普及学前教育和高中阶段教育,大力发展面向市场的职业教育,完善现代国民教育和终身教育体系。增加教育投入,完善教育投入保障监督机制,推进公共教育资源合理配置,鼓励规范民办教育发展,健全教育资助体系,探索建立充满活力的教育体制机制,努力办好人民满意的教育。

3. 促进居民收入普遍较快增加。实施居民收入倍增计划,建立健全包括企业、机关和事业单位职工在内的工资正常增长机制,逐步提高最低工资标准。拓宽居民增收渠道,切实提高工资性收入,着力增加经营性收入,逐步增加财

产性收入。重点突出农民、企业职工、中低收入者和困难家庭的增收，尤其要确保农民收入持续较快增长。在不断创造社会财富的过程中更加公正地分配社会财富，合理调整收入分配格局，提高居民收入在国民收入分配中的比重和劳动报酬在初次分配中的比重，缩小不同群体之间的收入差距，努力实现农民收入增幅高于城镇居民收入增幅、职工最低工资标准增幅高于生产总值增幅、低收入者收入增幅高于平均收入增幅，促进共同富裕。完善价格临时补贴与物价上涨联动机制，保障困难家庭不因物价上涨而降低生活水平。有效调节过高收入，完善垄断行业、国有企业负责人收入分配规则和监管机制。着力扩大中等收入者比重。

4. 健全完善社会保障体系。健全城镇职工和居民基本养老保险制度，提高企业退休人员基本养老金水平，推进机关、事业单位养老保险制度改革，加快实现新型农村和城镇居民社会养老保险制度全覆盖。完善城镇职工、居民基本医疗保险和新型农村合作医疗制度，推进城镇非公有制经济组织从业人员、灵活就业人员和农民工参加城镇职工医保，加快实现城乡居民医疗保险全覆盖。完善工伤保险制度，扩大失业、生育保险覆盖面。提高城乡居民最低生活保障和“五保”供养水平，加快实现城乡社会救助全覆盖，发展社会福利和养老事业。加大以公租房、廉租房等为重点的保障性住房建设和管理力度，搞好公平分配，推进棚户区改造，加大农村危房改造力度，努力实现住有所居。规范房地产市场秩序，促进房地产市场平稳健康发展。

5. 大力推进基本公共服务均等化。加强公共卫生服务能力建设和城乡基层医疗卫生机构建设，建立全科医生制度，实现人人享有基本医疗卫生服务。提高重大传染病、地方病等疾病的预防和医疗水平。深化医药卫生体制改革，合理配置医疗卫生资源，完善基本药物制度，改善医疗服务，让人民群众看病更方便、治病更便宜。全面做好人口与计划生育工作，加强优生优育服务，稳定低生育水平，优化出生人口结构，提高出生人口素质，促进人口与经济社会资源环境相协调。发展妇女儿童事业，加强未成年人保护。大力发展公共体育事业，广泛开展全民健身运动和健康促进行动，提高人民体质和健康水平。健全残疾人社会保障体系和服务体系。建立完善困难群体解困救助机制，着力解决困难职工、贫困林农、水库移民和残疾人等困难群体的生产生活困难。

6. 加强和创新社会管理。完善党委领导、政府负责、社会协同、公众参与的社会管理格局，构建源头治理、动态管理和应急处置相结合的社会管理机制，全面提高社会管理科学化水平。加强基层社会管理服务体系建设，突出抓好流动人口、特殊人群、信息网络、非公有制经济组织和社会组织的服务管理。认真做好老干部服务和关心下一代工作。推进基层社会管理体制改革，加强城乡社区建设，增强社区自治和服务功能，把城乡社区建设成为管理有序、服务完善、文明祥和的社会生活共同体。积极培育发展各类社会组织，支持社会组织参与公共服务和社会管理。健全群众权益维护机制，切实解决群众合理诉求。依法逐步建立社会公平保障体系。大力推进政务诚信、商务诚信、社会诚信和司法公信建设，建立健全覆盖全社会的征信系统，加大对失信行为惩戒力度。加强公共安全体系建设，完善自然灾害、事故灾难、公共卫生事件、社会安全事件的监测预警机制和应急处置机制。强化食品药品和安全生产监管，采取更加有力的措施保障食品药品和生产安全。加强人民调解、行政调解、司法调解，健全完善多元化的矛盾纠纷解决机制，努力把矛盾化解在基层、化解在萌芽状态。加强社会管理综合治理，加大平安创建力度，积极预防和依法严厉打击各种违法犯罪活动，全面提升社会治安防控能力，增强人民群众安全感。

八、全面加强党的建设

实现本次大会确定的各项目标任务，加快

建设全面小康，关键在党。认真贯彻落实胡锦涛总书记“七一”重要讲话精神，坚持党要管党、从严治党，全面加强党的思想、组织、作风、制度和反腐倡廉建设，不断提高党的建设科学化水平。

1. 深入推进学习型党组织建设。各级党组织特别是领导干部，要把学习作为一种精神追求，真正做到学以立德、学以增智、学以致用。特别是要加强马克思列宁主义、毛泽东思想和中国特色社会主义理论体系的学习，坚持用科学发展观武装头脑，不断提高理论素养，坚定理想信念，增强贯彻落实科学发展观的自觉性和坚定性。面对知识经济、信息社会带来的一系列前所未有的新情况，要加紧学习和掌握人类社会创造的一切科学的新思想、新知识，用心研究和把握经济社会发展规律，进一步解放思想、转变观念、与时俱进、勇于创新，着力破除一切束缚科学发展的思想观念和体制机制障碍，不断探索科学发展的新思路、新办法、新举措，努力取得领导科学发展的主动权。立足世情国情党情省情的深刻变化，加强对国内外发展动向特别是给我们带来的新问题、新挑战的研究，切实增强忧患意识、风险意识、责任意识，积极应对“四个危险”，始终保持对党愈久弥坚的赤胆忠心，对党的事业炽热如火的热情，坚守共产党人的本色，担当起历史赋予的使命。

2. 着力加强领导班子和干部队伍建设。领导班子和干部队伍是贯彻落实科学发展观的决定因素。按照科学发展观的要求，围绕推进“四化两型”建设选干部、配班子、建队伍、聚人才，把全省各级领导班子建设成为推动科学发展的坚强核心，把广大干部培养成为推动科学发展的重要骨干。坚持五湖四海、任人唯贤，坚持德才兼备、以德为先的用人标准，坚持重品行、重实绩、重基层、重公认的用人导向，注意在关键时刻、完成重大任务、应对重大事件、推进重大工作中考察和识别干部。深化干部人事制度改革，形成充满活力的选人用人机制，真正把那些德才兼备、一心为公、敢抓敢管、埋头苦干、老实正派的优秀干部选拔任用起来，不让老实人吃亏，让肯干事的有机会、能干事的有舞台、干成事的有激励。从战略高度重视培养选拔年轻干部、妇女干部、少数民族干部和党外干部，健全完善领导干部交流机制，不断优化领导班子整体功能。坚持党管人才原则，统筹推进各类人才队伍建设。加强领导班子和领导干部能力建设，全面提高各级领导班子和领导干部推动科学发展、协调利益关系、驾驭复杂局面、促进社会和谐的能力和水平。重视提高各级领导做意识形态工作的能力，尤其是同媒体打交道、运用和应对网络媒体的能力，既把网络作为一种社会资源、履职工具和管理手段，上网访民意，下网解民忧，又注意加强和改进对网络的科学管理，特别是导向管理，做到善待善用善管媒体。

3. 切实加强党的基层组织建设。党的基层组织是党全部工作和战斗力的基础。全面落实基层党建工作责任制，深入开展创先争优活动，创新基层党建工作，增强基层党组织的创造力凝聚力战斗力。统筹抓好农村、企业、城市社区和机关、学校、科研机构等领域的基层党组织建设，加大在非公有制经济组织、社会组织、农村经济合作组织等新领域组建党组织的力度，扩大党组织的覆盖面。加强基层党组织书记队伍建设和党员队伍建设，提高基层党组织带头人和党员队伍的整体素质，使每一个基层党组织成为一个坚强战斗堡垒，每一名党员成为一面闪光的旗帜。各级党委要把工作精力和注意力更多地放到基层，把人力物力财力更多地投到基层，健全完善基层党组织工作运转保障机制，加强基层阵地建设，努力夯实基层组织，整合基层资源，强化基础工作。广大基层干部处于工作第一线，肩负的任务重、面对的矛盾多，对基层干部要真正重视、真诚关怀、真心爱护、大力支持，要进一步加大从基层选拔干部的力度，努力为他们开展工作创造良好的条件，营造干事创业的环境。

4. 大力加强作风建设。群众工作是我们党的优良传统和政治优势，也是加强党的作风建设的根本着力点。各级党员干部要牢固树立以人为本、执政为民的理念，始终把人民利益放在第一位，始终与人民群众同呼吸、共命运、心连心。落实党员干部调查研究、住村（社区）入户、结对帮扶、接访下访以及乡镇（街道）民情台账等制度，坚持领导带头，用更多的时间深入基层、深入群众，特别是多到条件差、困难多、矛盾多的地方去，多与群众零距离接触、面对面沟通，体会群众冷暖诉求，感受群众喜怒哀乐，掌握群众所思所想，进一步增进对群众的感情，赢得群众的信任，提高做群众工作的能力。坚持问政于民、问需于民、问计于民，认真总结这次党代会前广泛开展的“迎接党代会、迈向新征程”“三问”活动的成功经验，建立凝民心、集民智、聚民力的长效机制。自觉抵制拜金主义、享乐主义和奢靡之风，始终保持和发扬艰苦奋斗、勤俭节约的良好作风，时刻警惕不良作风侵蚀和脱离群众的危险。大兴求真务实之风，大兴调查研究之风，力戒形式主义、空谈阔论，力戒不思进取、因循守旧，集中精力谋划发展思路、抓工作落实、抓具体矛盾的化解、抓重点难点问题的突破。

5. 切实加强民主集中制建设。加强党的建设，制度建设是根本。坚持用制度管权管事管人，不断推进党的建设制度化、规范化、程序化。坚持以党章为根本，以民主集中制为核心，以明确责权为重点，健全完善党委领导制度和工作机制。发展党内民主，推进党务公开，建立健全党内情况通报和党内事务听证咨询、党员定期评议基层党组织领导班子成员制度，拓宽党员意见表达渠道，保障党员主体地位和民主权利。完善党代表大会制度和党内选举制度，实行党代表大会代表任期制，落实党代会代表提案、提议、询问制度，积极探索党代表大会闭会期间发挥党代表作用的途径和形式。完善党内民主决策机制，健全党委重大决策程序，加强党委决策咨询工作，提高科学决策、民主决策、依法决策水平。发挥全委会对重大问题的决策作用，推行和完善党委讨论重大问题和任用重要干部票决制，健全和规范党委常委会向全委会定期报告工作并接受监督制度。完善集体领导与个人分工负责相结合的制度，常委会成员特别是主要负责人要做执行民主集中制的表率，善于听取不同意见，坚决克服个人独断和软弱涣散现象。全省各级党组织和全体党员都要自觉与党中央保持高度一致，严格遵守党的纪律，严格执行党的制度，令行禁止，坚决维护党的集中统一。

6. 深入推进党风廉政建设和反腐败斗争。坚决惩治和有效预防腐败，关系人心向背和党的生死存亡。必须以更加坚定的信心、更加坚决的态度、更加有力的举措惩治和预防腐败。坚持标本兼治、综合治理、惩防并举、注重预防的方针，切实加强和完善惩治和预防腐败体系。各级领导干部要加强思想道德修养，坚持严于律己，自觉接受监督，带头管好配偶、子女和身边工作人员，始终把法律法规党纪党规作为不可逾越的红线。加大治本力度，加强廉政制度建设，大力推进反腐倡廉体制机制和制度创新，坚持把监督和制约权力作为反腐败工作的重点，确保权力公开透明规范运行。严肃查处违法违纪案件，对腐败分子发现一个，坚决查处一个，不论什么人，不论其职务多高，只要触犯党纪国法，都要受到严肃追究。坚决纠正损害群众利益的各种不正之风，认真解决群众反映强烈的突出问题。严格执行党风廉政建设责任制，支持纪检监察机关、司法机关依纪依法办案，形成预防和惩治腐败的合力，以党风廉政建设和反腐败斗争的实际成效取信于民。

青年是祖国的未来，民族的希望。各级党委要高度重视青年工作，关注青年、关心青年、关爱青年，倾听青年心声，鼓励青年成长，支持青年创业。广大青年要热爱党，热爱祖国，热爱人民，坚定理想信念，增长知识本领，锤炼品德意志，发挥聪明才智，在科学发展富民强省的伟大事业中建功立业！

驻湘人民解放军和武警部队是促进地方建

设和维护社会稳定的重要力量。要积极关心和大力支持国防和部队建设，不断提高履行使命任务的能力。坚持党管武装原则，加强国防动员和全民国防教育，推进国防后备力量建设，坚持走军民融合式发展路子，大力发展军民融合产业，深入开展双拥共建活动，增强全民国防意识，不断开创军政军民团结的新局面。

同志们！推进"四化两型"，实现"两个加快"，其势已成，其时已至。在二十一万多平方公里的土地上，进行这样一场伟大变革和创业，具有光荣传统的湖南人民将再一次书写自己的光辉历史，为国家和人类作出自己的贡献。能够参与这样一场伟大变革和创业，是我们这一代湖南人、这一代湖南共产党人的幸运。让我们更加紧密地团结在以胡锦涛同志为总书记的党中央周围，高举中国特色社会主义伟大旗帜，以邓小平理论和"三个代表"重要思想为指导，深入贯彻落实科学发展观，同心同德，奋发图强，为开创科学发展富民强省新局面，谱写全省人民幸福美好生活新篇章而努力奋斗！

中共湖南省委常委、书记、副书记
中共湖南省纪委书记、副书记、常委名单

2011年11月23日，中共湖南省第十届委员会第一次全体会议选举周强为省委书记，徐守盛、梅克保为省委副书记，当选为省委常委的还有黄建国、陈润儿、李微微（女）、路建平、郭开朗、陈肇雄、李有新、孙建国、易炼红、张文雄。

会议通过中共湖南省第十届纪律检查委员会书记、副书记、常委人选：黄建国为省纪委书记，葛洪元、胡奇、周农、李政科为省纪委副书记，其他常委有：陈健、程纪龙、刘大放、王前良、刘显泽。

广东省第十一次党代会报告摘要及省委、省纪委领导成员名单

坚持社会主义市场经济的改革方向
加快转型升级　建设幸福广东

——在中国共产党广东省第十一次代表大会上的报告(摘要)

(2012年5月9日)

汪　洋

同志们：

我代表中共广东省第十届委员会向大会作报告。

中国共产党广东省第十一次代表大会，是在我省加快转变经济发展方式，全面建设小康社会关键时期召开的一次十分重要的大会。大会的主要任务是，总结省第十次党代会以来的工作，明确未来五年广东科学发展的总体要求和战略部署，动员全省各级党组织、广大共产党员和人民群众，为加快转型升级、建设幸福广东而努力奋斗。

一、奋力开创科学发展新局面的五年(略)

二、广东发展面临的形势与任务

改革开放三十多年来，我省由一个落后的农业省份迅速跃升为经济实力居全国前列、民生社会事业全面进步、体制机制富有活力的较发达省份。当前，广东发展正处在一个新的起点上。我们必须以科学发展观为指导，正确认识广东发展的历史方位和阶段性特征，以更加坚定的政治自觉，承担当好推动科学发展、促进社会和谐排头兵的使命。

广东与全国一样，仍处于并将长期处于社会主义初级阶段，社会的主要矛盾仍然是人民日益增长的物质文化需要同落后的社会生产之间的矛盾，发展生产力仍然是当前和今后一个时期的主要任务。但与改革开放之初相比，现在的广东省情已经并正在发生全面的、深刻的、重大的变化，呈现出一系列新的阶段性特征。突出表现在：经济总量大，已进入世界中等收入地区行列，但发展方式总体粗放，资源环境约束趋紧，科技创新能力不强，提高发展质量和核心竞争力的要求日益紧迫；社会财富快速增长，人民生活水平显著提高，但城乡差距、区域差距、贫富差距仍然较大，发展普惠型民生福利，实现基本公共服务均等化的任务更加繁重；工业化、城镇化、国际化步伐加快，开放、多元、充满活力的社会格局初步形成，但城乡二元结构问题依然突出，尤其是新一代异地务工人员融入城市的诉求更加强烈，社会治理模式亟待创新；社会主义文化更加繁荣，人民精神文化需求日趋旺盛，社会生活方式、价值取向日益多样化，但社会主义核心价值体系和主流文化建设滞后，凝聚社会共识面临新考验，抵制各种错误和腐朽思想的影响面临新挑战，文化软实力亟待增强；社会主义市场经济体制基本建立，但市场化改革不到位、不彻底、不规范，与政府职能越位、错位、缺位同时并存，转变政府职能的问题仍然突出；深度融入经济全球化并获得巨大开放收益，但面临国际经济格局深刻调整的挑战，增强开放条件下的经济安全和国际竞争力，提升开放型经济发展水平的问题更加凸显；全省各级党

组织和广大党员历经改革开放洗礼，较好地发挥了领导核心作用和先锋模范作用，但党的建设还不完全适应新形势新任务的要求，加强党的基层组织建设，全面提高党员素质特别是党员领导干部能力，保持党的先进性和纯洁性的任务更加艰巨。

这种全面的结构性变化的省情新特征，表明广东经济社会已经步入转型期。对此，我们必须有清醒的认识和准确的把握。第一，过去支撑我们快速发展的经济技术和社会条件已经或正在发生重大改变，我省发展已经从高速增长期转入平稳增长期，我们正处于新旧发展模式交替的关键时期，必须顺应形势变化，主动加快转型升级。第二，这种形势变化的倒逼，为我们进一步推动科学发展提供了新的历史机遇，也对我们创新发展理念、发展模式、体制机制等提出了新的要求。把握得好，我们就能破解前进道路上的各种困难和问题，顺利步入比较发达的现代化地区行列；把握得不好，我们就有可能跨不过“中等收入陷阱”，出现停滞和倒退，已经取得的发展成果也有可能断送。第三，能否适应省情新特征的要求，抓住机遇，战胜挑战，关键在于我们能否与时俱进地加强党的建设，全面提高在驾驭复杂局面中推动科学发展、促进社会和谐的能力。处于这样一个重大发展转折时期，全省各级党组织和全体共产党员，必须勇敢担当起再创广东科学发展新辉煌的历史重任，立足新起点，把握新趋势，形成新机制，建立新优势，把广东改革开放和社会主义现代化建设不断推向新的更高水平。

立足省情阶段性变化的新特征，今后五年全省工作的总体要求是：高举中国特色社会主义伟大旗帜，以邓小平理论和“三个代表”重要思想为指导，深入贯彻落实科学发展观，坚持社会主义市场经济的改革方向，加快转型升级，建设幸福广东，提高管党治党水平，推动经济建设、政治建设、文化建设、社会建设以及生态文明建设和党的建设迈上新台阶，切实当好推动科学发展、促进社会和谐的排头兵，为率先全面建成小康社会，率先基本实现社会主义现代化而努力奋斗。坚持改革开放，加快转型升级，建设幸福广东，从严管党治党，是这一总体要求的核心内容。改革开放是动力，转型升级是路径，幸福广东是目的，管党治党是保证，四者有机统一于推动广东科学发展的具体实践。把握好这四个方面，就抓住了省情变化对我们工作要求的关键，就抓住了未来一个时期推动广东科学发展的“纲”。

贯彻落实这一总体要求，必须以科学发展为主题，以加快转变经济发展方式为主线，积极实施扩大内需战略、创新驱动战略、人才强省战略、区域协调发展战略、绿色发展战略、和谐共享战略，使转型升级取得显著成效，社会软实力显著增强，民生福祉显著改善，法治水平显著提升，科学发展的体制机制日益完善，党的执政能力全面加强，努力建设提升中国国际竞争力的主力省、探索科学发展模式的试验区、发展中国特色社会主义的先行地，全面完成“十二五”规划目标任务，为全国改革发展作出新的更大贡献。

三、坚持社会主义市场经济的改革方向

改革开放是决定当代中国命运的关键抉择，是坚持和发展中国特色社会主义、实现中华民族伟大复兴的必由之路。我国改革开放最重要的制度成果，是建立了与社会主义基本制度相结合、发挥市场配置资源基础性作用的现代市场经济体制，成功实现了从高度集中的计划经济体制到充满活力的社会主义市场经济体制，从封闭半封闭到全方位开放的伟大历史转折。在新的历史时期，坚持社会主义市场经济的改革方向，就是坚持改革开放和中国特色社会主义道路，对此我们必须旗帜鲜明，坚定不移。

广东取得今天的成就，主要得益于市场取向的改革所形成的体制竞争力。但必须看到，社会主义市场经济体制改革尚未完成，特别是

政府职能转变不到位，成为目前经济社会领域诸多矛盾和问题的体制性根源。只有下决心解决公共权力不恰当干预资源配置的问题，才能最大限度地正确发挥市场配置资源的基础性作用；只有准确把握政府在经济社会领域的角色定位，才能进一步强化其公共服务职能，有效消除市场竞争的负面影响，不断提升民生幸福水平；只有主动适应市场经济条件下社会多元化格局，改革和创新社会管理，才能确保社会充满活力，安定有序；只有适应市场经济要求加强民主法治建设，保证权力在阳光下运行，才能有效预防和治理腐败。我们必须坚持一切从实际出发，既不走计划经济体制的老路，也不能让权力"寻租"扭曲市场经济，更不能照搬照抄西方模式。唯一正确的选择，就是坚持社会主义市场经济的改革方向，通过深化改革开放，增创广东发展的体制新优势。

坚持社会主义市场经济的改革方向，核心是要正确处理好政府与市场、政府与社会、效率与公平等事关全局的重大关系。既要充分发挥市场在资源配置中的基础性作用，又不能放任唯利是图、恶性竞争；既要充分发挥政府在宏观调控和维护社会公平正义方面的关键作用，又要避免脱离实际、大包大揽；既要做到讲求效率上不封顶，增强创造财富和创新进步的动力，又要做到注重公平下要保底，防止两极分化，让人民群众充分共享改革发展的成果。总之，就是要着力构建法治为基、诚信为魂、效率为先、公平为本的社会主义市场经济。形成一套具有强大动力、充满活力和可持续竞争力的体制机制，构建政府、市场、社会三者相互协调、良性互动的格局。与此同时，我们还要注重培育社会主义市场经济的文化精神，使法治、诚信、效率、公平成为引领社会主义市场经济的主流价值，让制度设计和道德规范相得益彰。

坚持社会主义市场经济的改革方向，重点是加快转变政府职能。我们要以自我革命的勇气，坚决打破背离社会主义市场经济改革方向的利益格局，解决政府职能越位、错位、缺位等问题，使政府真正成为公共产品和公共服务的提供者。要按照"放权、简政、服务"的要求，积极稳妥地推进行政体制改革，坚决取消一批、下放一批、向社会转移一批行政审批事项，减少并规范行政自由裁量权，根治重审批轻监管的痼疾，着力建设精简、高效、廉洁的服务型政府。继续完善推广大部门体制改革，建立健全决策权、执行权、监督权既相互制约，又相互协调的权力结构和运行机制。加快以备案制为主的企业投资管理体制改革，积极探索"宽入严管"的企业登记管理新体系，降低市场准入成本。推进事业单位分类改革。深化政务公开，完善各类公开办事制度，提高政府工作透明度。积极运用信息化手段创新政府管理与服务，推广网上办事与审批，推进网络参政问政制度化。推广深圳、顺德综合配套改革的成功经验，力争通过五年努力，基本形成法治化、国际化营商环境的制度框架。

坚持社会主义市场经济的改革方向，必须继续深化经济领域改革。要进一步完善市场体系，深化要素市场和产权制度改革，完善资源性产品价格形成机制，打破市场垄断和价格垄断，创造有效配置资源、促进转型升级的条件。分类推进国有企业改革，促进国有企业产权多元化，创新国有资产监管方式，改革国有企业分配制度，竞争择优选拔企业管理者，提升国有企业市场竞争力。继续消除民营企业发展的体制机制障碍，促进民营经济发展壮大，鼓励民营企业建立现代企业制度，形成各种市场主体公平竞争、各种所有制经济共同发展的制度环境。进一步深化财政体制和预算制度改革，逐步理顺省以下财政体制。推进地方金融改革创新，建立健全科学防范化解风险的金融管理体制，促进虚拟经济与实体经济协调发展。整顿和规范市场经济秩序，坚决打击欺行霸市、制假售假、商业贿赂，加快建设社会信用体系和市场监管体系。

坚持社会主义市场经济的改革方向，必须以开放促改革促发展。开放程度高是广东的一大优势。要进一步树立世界眼光，大胆借鉴世界先进文明成果，抓住世界经济深刻调整的新机遇，实施更加积极主动的开放战略，构建内外联动、互利共赢、安全高效的开放型经济体系，在新的国际经济格局中占据有利位置，增创广东国际竞争新优势。加强软环境建设，加快涉外经济管理体制改革，优化公共服务和管理，为投资者提供法治、公平、透明的投资环境。更加注重招商选资和招才引技，提高"引进来"的层次和水平。更加注重在全球配置资源，实施"走出去"战略，加大跨境金融服务支持力度，加强境外投资合作，打造本土跨国公司，建立海外生产经营网络。更加注重发挥深圳、珠海、汕头等经济特区先行先试优势，力争在对外开放的广度和深度上取得新的重大突破，带动全省改革开放继续走在全国前列。

坚持社会主义市场经济的改革方向，必须创新社会治理模式。随着市场经济的发育，社会结构也正在发生深刻变化。只有创新社会治理模式，解决社会领域的矛盾和问题，才能促进经济社会协调发展。创新社会治理模式的要义，就是要在党的领导下，适应市场经济条件下社会多元化和流动性强的特点，改变计划经济条件下政府包揽社会治理的传统模式，创造各种有效方式，由人民群众依法进行自我管理，逐步形成"小政府、大社会"的治理模式。要进一步健全党委领导、政府负责、社会协同、公众参与的社会管理格局，形成科学有效的利益协调机制、诉求表达机制、矛盾调处机制、权益保障机制。深化社会组织管理体制改革，培育发展和规范管理社会组织，创新人民团体的活动方式，强化服务职能，构建枢纽型社会组织体系。加快政府职能转变，推进政府行业管理、社会生活事务管理等职能向具有资质条件的社会组织转移，充分调动社会组织参与社会管理和公共服务的积极性、主动性和创造性，逐步做到放得下、接得住、管得好。强化基层社会治理，认真落实保障村（居）民依法自治的制度，强化村（居）委会自治功能，建设管理有序、服务完善、文明祥和的社会生活共同体。加强对网络虚拟社会的引导和管理。深入推进平安广东建设，不断提高人民群众的安全感和治安满意度。

坚持社会主义市场经济的改革方向，必须强化民主法治。民主法治是社会主义市场经济的重要基石。只有建立完善的民主法治环境，保障公民和市场主体的合法权益，维护社会公平正义，才能确保市场经济规范有序运行。要深入推进依法治省，全面实施法治广东建设五年规划。坚持科学立法，加大规范市场经济秩序的立法力度，尤其要加强程序性法规的建设，保障规则公平、机会公平和权利公平，努力消除靠人情、关系办事的现象。严格执法，让违法者付出应有的代价，增强法律的震慑作用。坚持依法行政，建设法治政府。深化司法体制和工作机制改革，加强司法监督，维护司法公正，提高司法公信力。深入开展普法教育，提升全民法律素养，弘扬法治精神。要扩大公民有序政治参与渠道，畅通社会诉求表达，依法实行民主选举、民主决策、民主管理、民主监督，依法保障全体社会成员平等参与、平等发展的权利。建立健全利益相关群体之间，特别是工会与企业之间协商的制度。探索人民群众监督权力和资本的有效方式，规范权力和资本的行为。完善党和政府重大决策前充分协商、广泛听取社会反映和意见的制度，探索实行民意调查和专家咨询制度，保障人民群众的知情权、参与权、表达权、监督权，促进决策水平提高。完善人大法律监督、政协民主监督的方式。落实省委政治协商规程，推动决策科学化、民主化。积极发挥媒体的监督作用。我们要通过加强民主法治，创造适应市场经济要求的制度环境，让循法律制度之规，蹈社会公德之矩的企业和单位，工作环境有保障，发展前景可预期。

四、加快转型升级

加快转型升级是广东贯彻落实科学发展主题、加快转变经济发展方式主线的重要路径，是事关广东前途命运的一场硬仗。转型升级符合生产力发展的内在要求，不仅是经济问题，也是关系人民群众福祉的重大社会问题。只有改变低附加值产业比重过大的经济结构，才能持续地提高劳动者收入，有效扩大内需，从而促进经济社会发展的良性循环。转型升级还是关系我们党执政理念的重大政治问题，如果以损害劳动者合法权益和破坏资源环境为代价，片面地追求经济增速和总量，我们就会严重背离以人为本的执政理念。因此，必须把加快转型升级作为广东当前和今后一个时期的主要任务，坚定不移调结构，脚踏实地促转变。

加快转型升级的实质是“好”字当头，是把提高增长质量和可持续发展能力放在第一位。要坚持标本兼治，强化科学政绩观的引领作用，完善加快转型升级的法律支撑和制度保障，建立健全利益引导机制，进一步凝聚全社会加快转型升级的共识与合力，推动经济增长从主要依靠低端要素驱动向创新驱动转变，努力创造产品附加值高、发展质量好、能够支撑人民收入与经济同步增长的发展模式。

加快转型升级，必须把创新作为核心推动力。企业是技术创新的主体，政府的责任是为企业创造良好的创新环境。要重视运用市场机制配置创新资源，让创新真正成为全社会的共识和实践，使创新活力充分激发，创新成果大量涌现，创新者利益得到有效保障。全面落实广东省自主创新促进条例，深入实施知识产权战略和质量强省战略。强化人才是第一资源的理念，完善人才培养、引进和使用的体制机制，营造自由宽松、公平竞争的环境，为各类人才解决好居住、医疗、子女入学、社会保障、科研风险分担等关键问题，使人才留得住、引得进、用得好。加强高层次创新人才和团队建设，强化创新绩效评估，打造国家级创新人才高地。促进形成有利于创新的财税政策体系和投融资环境，发挥政府资金的引导作用，建立健全风险投资机制，吸引社会资本进入创新领域，促进科技、产业、金融紧密结合，形成多元化创新投入体系。推进国家创新型城市建设，发挥高等学校、科研院所在基础研究和技术创新中的重要作用，加强国家重点实验室及工程中心等重大创新平台建设，完善高新技术开发区、专业镇和产业集群等创新服务网络，深化省部、省院产学研合作和国际科技交流，促进各类创新资源有机融合。加快发展科技服务业，支持鼓励科技中介机构发展，促进创新成果更好地转化为现实生产力。大力培育扶持新型科研机构，支持集原创性研究和产业化于一体的新兴源头科技创新，突破产业核心技术瓶颈，抢占技术创新制高点。

加快转型升级，必须把建设现代产业体系作为战略重点。坚持先进制造业和现代服务业“双轮驱动”，推进工业化和信息化“两化融合”，继续提升“广东制造”，大力强化“广东创造”和“广东服务”，加快构建结构优化、附加值高、竞争力强的现代产业体系。要优先发展服务业，尤其要加快发展以生产性服务业为重点的现代服务业，建成金融、创意、研发、设计、现代物流、网络服务等一批现代服务业集聚区，逐步提高服务业占国民经济、现代服务业占服务业的比重。优化发展先进制造业，加快建设汽车、造船、轨道交通、通用航空、石化、钢铁、重大装备等一批重大项目，围绕产业链优化升级，打造先进制造业基地，办好重点产业园区，促进广东制造业结构和水平实现重大变化。高度重视传统产业转型升级，发展有一定技术和知识含量的劳动密集型产业。加强品牌、标准、专利和时尚特色文化建设，创新商业模式，完善公共服务平台，提升产业集群的整体发展水平。大力推进产业技术改造，提升信息化对转型升级的支撑和带动作用，整合和共享信息资源，建设“智慧广东”。加快培育发展新兴产业和新型业态，着力建设产业发展载体，建立战略性新兴产业重点领域产业联盟，大力发展健康服务、节能环保、休闲旅游、文化创意等幸福导向型产业，引导转型升级的方向。充分发挥重大项目和大型企业的带动作用，打造一批具有国际竞争力的大企业集团。引导中小微企业向专精特新发展，发挥其在就业、创新和转型升级中的重要作用。强化基础设施支撑，高水平建设现代综合交通运输体系、现代能源保障体系和水利基础设施体系。

加快转型升级，必须推动区域协调发展。促进区域协调发展是广东实现科学发展最重要、最艰巨的任务之一。未来五年，我们要把促进区域协调发展作为全省转型升级的主攻方向，取得重大突破。既要逐步缩小区域间人均发展水平的差距，更要努力实现各区域基本公共服务均等化。要把新型城市化作为促进工业化、信息化、市场化和国际化的重要抓手，继续强化提升珠三角带动东西北战略。实施主体功能区规划，提升"双转移"和"腾笼换鸟"水平，促进珠三角优化发展、东西两翼振兴发展、山区生态发展，构建区域协调、城乡统筹、海陆联动的发展新格局。深入实施珠三角改革发展规划纲要，加快"广佛肇"、"深莞惠"和"珠中江"三大经济圈建设，推进珠三角一体化进程，强化广州国家中心城市、深圳全国经济中心城市的地位作用，促进环珠三角地区与珠三角核心区融合发展。支持粤东西北地级市城区扩容提质、聚集发展、率先崛起，加快汕头东部新城、湛江东海岛工业新城、韶关芙蓉新城、茂名滨海新区、深圳汕尾特别合作区、顺德清远（英德）经济合作区等重大平台建设，增强对粤东西北地区发展的带动作用。促进"汕潮揭"同城化和"湛茂阳"临港经济圈发展，支持粤北山区绿色崛起。实施对粤东西北地区的人才支持计划，加大对欠发达地区基础设施投入力度。高度重视发展县域经济和扶贫开发对区域协调发展的基础性作用，推动扶贫开发"规划到户、责任到人"工作长期化、制度化。扶持革命老区、中央苏区县、贫困县和少数民族地区发展。重视发挥海洋资源丰富的独特优势，落实广东海洋经济综合试验区发展规划，优化海洋经济空间布局，构建现代海洋产业体系，努力打造海洋经济强省。

加快转型升级，必须促进内外需协调拉动。改革开放以来，外向带动战略的实施，有力促进了我省经济跨越式发展。但面对国际经济格局的深刻调整，我们必须适时调整发展战略，促进形成内外需协调拉动的发展格局。要以扩大内需为战略基点，增强经济发展的内生动力。加强内销平台建设，提高"广货"市场占有率。进一步激活民间投资，优化投资结构，培育并规范发展民间融资。强化产品质量监管，确保消费安全，改善消费预期，着力提高居民消费能力，提高全社会最终消费率。要进一步优化出口结构，提高服务贸易出口比重，推动市场多元化。实施进口促进政策，规划建设一批大宗商品进口分销基地，把外贸优势转化成服务全国的优势。积极发展服务外包，加快推进加工贸易转型升级示范区建设。落实好粤港、粤澳合作框架协议，推进与港澳更紧密合作，率先实现粤港澳服务贸易自由化。加强规划协调和衔接，联手港澳打造更具综合竞争力的世界级城市群。坚持科学开发，从容建设，高水平打造广州南沙、深圳前海、珠海横琴以及广州中新知识城、佛山中德工业服务区、东莞台湾高科技园、中山翠亨新区等重大合作平台。发挥侨乡优势，加大以侨引资、引智力度。深化泛珠三角地区区域合作，加强与海西经济区、北部湾经济区合作发展，巩固深化对台经贸合作，积极参与中国与东盟自由贸易区建设。

加快转型升级，必须强化绿色发展。绿色发展已经成为当今世界潮流，谁能抢占先机，谁就能赢得战略主动。我们要走生态立省之路，加快构建资源节约、环境友好的生产方式和消费模式，探索建立生态发展激励机制，不断提高生态文明建设水平。深入推进国家低碳试点省和节约集约用地试点示范省建设。实施从严从紧的环保政策和最严格的水资源管理制度，科学合理开发利用水资源，加快淘汰落后产能，积极发展节能环保产业核心技术和重大装备。加强重点流域、近岸海域水污染综合整治，强化大气污染联防联治，下大力气解决灰霾、水污染、重金属污染等环境突出问题。加大农村环境保护力度，切实改善农村卫生面貌。加快林业生态省建设,规划实施珠江清洁水系、重点水源地保护、沿海沿江重要绿化带、北部连绵山地等重点生态工程,构建区域生态安全体系。

加快转型升级,必须夯实"三农"基础。加强农业、农村、农民工作,是转型升级的重要内容,事关全面建设小康社会的大局。要发挥广东农业的特色优势,提升农业综合生产能力,围绕农民增收,创新农产品产销模式。加强以水利为重点的农业基础设施建设,加快转变农业发展方式,强化农业科技支撑和农村金融服务,推进农业现代化,建设农业强省。实行最严格的耕地保护制度,守住耕地红线。坚持农村基本经营制度,稳定和完善土地承包关系,巩固和发展集体林权制度改革成果,有序推进农村综合改革。统筹城乡发展,努力缩小城乡基本公共服务差距,形成城乡经济社会一体化发展新格局。加快发展农村社会事业,突出加强农村科技培训和职业教育,造就新型农民。推进名镇名村建设,促进提高社会主义新农村建设水平。

五、建设幸福广东

为人民谋幸福是我们的崇高使命。建设幸福广东是落实科学发展观以人为本核心理念的深化和体现,是转型升级的价值追求和目的依归,是贯穿社会主义初级阶段的长期任务。改革开放三十多年来,我们以经济建设为中心,创造了发展奇迹,极大地改善了人民生活。但在发展的过程中和发展起来以后,我们更真切地感受到,如果错误地把发展手段当成了目的,就会偏离为人民谋幸福的初衷,导致发展陷入片面性,使人民群众难以充分享受改革发展成果,有的甚至会损害人民群众的根本利益。如果不引导全社会树立正确的幸福理念,以物为本、金钱至上的现象就会难以纠正,焦虑感上升和幸福感下降的问题也难以克服。我们必须始终坚持发展为了人民,发展依靠人民,发展成果由人民共享,把是否以人为本,是否为人民群众谋幸福,作为检验和衡量我们一切工作的重要标尺。

幸福广东具有丰富的科学内涵,既包括满足人民群众物质文化需要,又包括保障人民群众社会政治权益,是物质需要与精神追求、客观标准与主观感受的有机结合,是物质富裕、安全和谐、生态优美、宜居宜业、民主法治、公平正义、文明进步的有机统一。建设幸福广东,归根到底就是要通过推动科学发展、促进社会和谐,把幸福变成人民群众实实在在的物质精神享受,让人民群众逐步过上富裕、文明、有归属感和安全感的好日子。

建设幸福广东,必须突出改善民生。要大力发展各项民生事业,推进基本公共服务均等化,努力使全省人民学有所教、劳有所得、病有所医、老有所养、住有所居。要深化教育改革,促进教育公平,创建教育强省,争当教育现代化先进区,打造南方教育高地,走出一条具有广东特色的教育发展路子。就业和创业是创造幸福的源泉和基础,要坚持就业优先,加强职业技能教育,提升就业质量,鼓励全民创业,放手让一切创造社会财富的源泉充分涌流。发展和谐劳动关系,保障劳动者合法权益。深化分配制度改革,多渠道增加城乡居民收入,缩小收入差距,促进分配公平。深化医药卫生体制改革,加快建立基本医疗卫生制度,为群众提供安全、有效、方便、价廉的医疗卫生服务。完善食品安全溯源机制,建立严格的食品药品安全监管制度。加强安全生产工作。加大保障性住房建设力度,探索房地产市场健康发展的长效机制。要围绕提高统筹层次和保障待遇增长的可持续性,完善社会保障制度,统筹做好社会保险、社会救助、社会福利、社会慈善等工作,加快构建统筹城乡、惠及全民、与经济社会发展水平相适应的社会保障体系。做好人口计生工作,提高人口素质。树立绿色、人本、集约、智慧、包容的城市发展理念,广泛开展幸福村居创建活动,努力建设美好宜居城乡。加快全省绿道网、生态景观林、社区绿地公园、森林公园、城乡文体场馆等建设。健全改善民生工作机制,建立为民办事征询民意制度。

建设幸福广东，必须突出文化引领。没有文化支撑和精神富足，就没有真正意义上的幸福广东。要以建设文化强省为目标，深化文化体制改革，加快完善公共文化服务体系，繁荣文化事业，壮大文化产业，积极动员和引导社会力量参与文化建设，充分保障和满足人民群众精神文化需求。要培育理性平和、开放包容、知足常乐的社会心态，引导全社会树立正确的幸福观。大力弘扬岭南优秀文化，发挥优秀传统文化在民众生活和社会治理中的积极作用，大力宣传和实践“厚于德、诚于信、敏于行”的新时期广东精神。着力提升全民思想道德和科学文化素质，提高全面参与建设幸福广东的意识和能力。广泛开展全民健身运动，深入实施国民旅游休闲计划，倡导文明健康快乐的生活方式。

建设幸福广东，必须强化制度保障。要以规则公平、机会公平、权利公平为导向，加强社会领域基础性制度建设。弘扬劳动光荣的理念，让劳动者得到全社会的尊重，使之享有与其贡献相适应的荣誉、地位、福利，拓宽工农群众参与日常经济社会事务管理的制度通道。破除潜规陋习，创造公平公正、活力有序的社会环境，让守规矩的人不吃亏，让有本事的人有奔头，各尽所能地追求和创造自己的幸福生活。遵循市场经济规律和社会发展要求，进一步破除地域、户籍等限制，调整完善经济、社会、文化政策，促进社会阶层之间的良性流动，防止社会阶层固化和“代际传递”。完善异地务工人员积分入户城镇、考录公务员、参加社会管理等制度，促进他们逐步融入所在城镇。进一步完善幸福广东指标体系，把人民群众满意不满意、高兴不高兴、答应不答应作为评价幸福广东建设的根本标准，使之成为引导领导干部改进工作的“指挥棒”，从制度上保证幸福广东建设的正确方向。

建设幸福广东，必须充分发挥人民群众的主体作用。人民群众是创造历史的主体，也是建设和享有幸福广东的主体。追求幸福，是人民的权利；造福人民，是党和政府的责任。我们必须破除人民幸福是党和政府恩赐的错误认识，切实维护并发挥好人民群众建设幸福广东的主动性和创造性。尊重人民首创，让人民群众大胆探索自己的幸福道路，使每个人在努力创造个人幸福生活的同时，也为增进全社会的幸福奉献心力，实现全省人民共建共享幸福广东。要防止急功近利、形式主义等错误倾向，既积极作为，又量力而行，与经济社会发展相适应，循序渐进地提升全民福祉。我们相信，只要人人都为我们共同的家园添砖加瓦、贡献力量，幸福广东的美好愿景就一定能够实现。

六、提高管党治党水平

全面加强和改进党的建设，是实现这次大会确定的任务，办好广东事情的根本保证。我省地处改革开放前沿，经济社会发展转型较早，党的建设面临更多的挑战，提高管党治党水平的要求更加迫切。管党治党，关键在于遵循执政规律，严管善治；在于坚持与时俱进，不断创新。为适应新形势新任务的需要，党的思想建设、组织建设、作风建设、制度建设和反腐倡廉建设，都应当直面挑战，改革创新，体现从严管党治党的要求。只有这样，全省各级党组织才能始终保持先进性和纯洁性，始终走在时代前列，成为团结带领全省人民加快转型升级、建设幸福广东的核心力量。

提高管党治党水平，必须武装思想、坚定信念。理想信念是立党的“根”和“魂”，是我们党克服各种困难的胜利之本。要始终把思想理论建设作为首要任务，扎实推进学习型党组织建设。认真学习和落实好党章，深入开展党性党风教育，坚持解放思想、实事求是、与时俱进，破除教条主义、经验主义的束缚，在党内营造认真学习的风气，民主讨论的风气，勇于探索的风气，求真务实的风气。建立健全党委中心组学习制度和理论学习的领导责任制，进一步办好“广东学习论坛”。建立党员干部思想状况的调研分析制度，提高武装思想的针对性。坚守共产党人的精神家园，自觉抵制庸俗之风，培养党员领导干部的高尚道德情操和健康生活情趣。开展新一轮大规模干部教育培训工作，用中国特色社会主义理论体系武装头脑。党员干部要把学习作为一种精神追求，坚持理论联系实际，学以致用，增强推动科学发展、促进社会和谐的自觉性，坚定走中国特色社会主义道路的信念，为实现中华民族的伟大复兴建功立业。

提高管党治党水平，必须发扬民主、严肃纪律。民主集中制是党的根本组织制度。只有坚持民主集中制，才能保证党的创造活力和团结统一。党内民主是党的生命，要创新党内组织生活形式，切实保障党员的民主权利，充分发挥党员的积极性和创造性。各级领导干部特别是党政“一把手”，要带头遵守民主集中制的各项规定，增强民主意识，发扬民主作风，提高民主素养，善于运用民主方法，集思广益，形成共识，开展工作。制定发挥党代表、全委会成员和全委会作用的规则，深入实施党代表任期制和试行党代会常任制，全面推进党代表工作室规范化建设。党的纪律是党坚强有力的保证。要坚持纪律面前人人平等，遵守纪律没有特权，执行纪律没有例外，绝不允许个人凌驾于组织之上，绝不允许有不服从纪律的“特殊党员”、“特殊干部”。严肃执行党的纪律，坚决反对自由涣散，反对各行其是，切实做到有令必行、有禁必止，自觉在思想上、政治上、行动上与党中央保持高度一致，使党的纪律真正成为全省共产党员严格遵守的行为规则。

提高管党治党水平，必须选贤任能、固本强基。干部队伍是我们各项事业发展的中坚力量。要进一步深化干部制度改革，健全民主公开、竞争择优、能上能下、有效监督、充满活力的选贤任能机制。树立正确的用人导向，坚持德才兼备、以德为先的用人标准，让善于科学发展的人上、不会科学发展的人让、阻碍科学发展的人下。着眼于未来发展，大力培养和选拔优秀年轻干部，重视培养和选拔妇女干部、少数民族干部和党外干部。加大干部交流力度，进一步优化干部队伍结构。完善从优秀工农群众中选拔公务员和培养领导干部的机制，扎实推进以重视基层导向、加强基层历练为主要内容的“双基建设”，把长期驻村驻企作为培养锻炼干部的重要方式。要以思想政治建设为重点，全面加强市、县领导班子建设。党的基层组织是党的全部工作和战斗力的基础。各级党委要坚持重心下移，全面推进农村、企业、社区、机关和学校党的基层组织建设，尤其是要加强新经济组织和新社会组织的党建工作，积极探索党建工作的新模式、新机制。加强城乡党组织互动，构建城乡统筹的基层党建新格局。要把村级党组织建设作为基层建设的重点，用五年时间分期分批整顿问题突出的村级基层组织。完善村干部的激励和保障机制。我们党的力量和作用，不仅取决于党员数量，更取决于党员质量。要坚持党员发展标准，注重从优秀青年特别是共青团员中发展党员，认真做好对党员的教育、管理和监督，及时处置不合格党员，制定加强流动党员管理的有效办法，充分发挥党员的先锋模范作用。

提高管党治党水平，必须转变作风、服务人民。党长期执政的最大危险是脱离群众。只有始终坚持来自人民、植根人民、服务人民，我们党才能永远立于不败之地。要牢固树立以人为本、执政为民的理念，自觉贯彻党的群众路线。认真做好新形势下群众工作，加强调查研究，坚持问政于民、问需于民、问计于民，创新联系群众方式，建立干部直接联系群众制度，倾听群众呼声，关心群众疾苦，坚决纠正损害群众利益的不正之风。党的领导机关要坚持群众接待日制度，领导干部要亲自处理来信来访。保持党的优良传统，大力弘扬艰苦奋斗、勤俭节约之风，坚决反对拜金主义、享乐主义和铺张浪费，以优良的作风凝聚党心民心，始终保持党同人民群众的血肉联系，永远和人民群众在一起。

提高管党治党水平，必须反腐倡廉、强化监督。腐败危害党的肌体健康，反腐败关系党的生死存亡，要严厉惩治腐败，赢得人民的信任和支持。积极探索市场经济条件下反腐倡廉建设的规律，注重治本，注重预防，注重制度建设，推进反腐倡廉体制机制创新，加强“制度防腐”工作。严格落实党风廉政建设责任制，不断完善具有广东特色的开放、动态、创新的惩治和预防腐败体系。积极开展廉洁从政教育，注意用鲜活的反腐案例教育党员领导干部，弘扬“南粤清风”廉洁文化，推进廉洁城市建设。加强廉政风险防控，着力强化党内监督，充分发挥党外监督、专门机构监督、群众监督和舆论监督的作用。切实加强对党员领导干部尤其是“一把手”的监督，严格执行诫勉谈话、函询、巡视和领导干部报告个人有关事项等制度，加强领导干部和国有企业领导人员的经济责任审计，进行领导干部个人财产申报试点。严肃查办违纪违法案件，既要注重对重要领域、重点环节腐败行为的查处，又要解决好发生在群众身边的腐败问题。对腐败分子，不论是什么人，不论职务有多高，都要依据党纪国法予以严惩，决不姑息。

我们党是中国特色社会主义事业的领导核心。在改革开放和社会主义现代化建设过程中，必须始终坚持党的领导，发挥党总揽全局、协调各方的核心作用。加强党对人大工作的领导，支持人大及其常委会依法履行职能，加强各级人大制度建设及组织建设，保证立法、监督等工作更好地体现人民意志。加强对政协工作的领导，支持人民政协切实履行职能，推进政治协商、民主监督、参政议政的规范化和程序化。加强对统战工作的领导，认真做好民族、宗教、外事、侨务和对台工作，支持各民主党派和工商联开展工作，进一步巩固和发展最广泛的爱国统一战线。加强对群团组织的领导，充分发挥工会、共青团、妇联等人民团体联系群众、服务群众的作用。坚持党管武装，继续推进国防动员和后备力量建设，深化全民国防教育，进一步做好双拥共建工作，巩固军政军民团结。

同志们！历史总是在继承和创新中发展的。让我们紧密团结在以胡锦涛同志为总书记的党中央周围，高举中国特色社会主义伟大旗帜，以邓小平理论和“三个代表”重要思想为指导，深入贯彻落实科学发展观，牢记使命，励精图治，承前启后，继往开来，满怀信心地为幸福广东的美好明天而努力奋斗，以优异成绩迎接党的十八大胜利召开！

中共广东省委常委、书记、副书记
中共广东省纪委书记、副书记、常委名单

2012 年 5 月 13 日，中国共产党广东省第十一届委员会第一次全体会议选举汪洋、朱小丹、朱明国、黄先耀、王荣、李玉妹、林雄、徐少华、林木声、庹震、万庆良、黄善春、李嘉为中共广东省第十一届委员会常务委员会委员，选举汪洋为中共广东省委书记，朱小丹、朱明国为中共广东省委副书记。

会议通过中共广东省第十一届纪委书记、副书记、常委人选：省纪委书记：黄先耀，省纪委副书记：钟世坚 毛荣楷 王兴宁 陈伟东；省纪委常务委员会委员：黄先耀、钟世坚、毛荣楷、王兴宁、陈伟东、曾庆荣、曾超鹏、何少青（女）、邓玉桂、刘连生、曾凡瑞。

广西壮族自治区第十次党代会报告摘要及自治区委、区纪委领导成员名单

深入贯彻落实科学发展观　加快实现富民强桂新跨越

——在中国共产党广西壮族自治区第十次代表大会上的报告(摘要)

(2011年11月11日)

郭声琨

同志们:

现在,我代表中国共产党广西壮族自治区第九届委员会向大会作报告。

中国共产党广西壮族自治区第十次代表大会,是我区在新的历史起点上召开的一次十分重要的会议。大会的主题是:高举中国特色社会主义伟大旗帜,以邓小平理论和"三个代表"重要思想为指导,深入贯彻落实科学发展观,加快转变经济发展方式,促进经济又好又快发展,推动文化大发展大繁荣,加强和创新社会管理,提高党的建设科学化水平,解放思想,深化改革,扩大开放,奋力赶超,加快实现富民强桂新跨越。

确定这个主题,是时代的要求、人民的期盼。我们一定要适应新形势,抢抓新机遇,增创新优势,实现新跨越,努力走出一条富有广西特色的科学发展之路。

一、奋发图强的五年(略)

二、坚定信心、不辱使命,实现富民强桂新跨越宏伟目标

当前,我区发展已站在一个新的历史起点上,正处于追赶跨越的关键时期。环顾全球,和平、发展、合作仍是时代潮流,国际环境总体上有利于我区加快发展。放眼全国,我国仍处于可以大有作为的重要战略机遇期,工业化、信息化、城镇化、市场化、国际化深入发展,东部产业加速向中西部转移,为我区加快发展创造了有利条件。纵观广西,我区综合实力明显提升,发展后劲日益增强,正面临西部大开发战略深入实施、中国—东盟自由贸易区建成等重大机遇,全区上下心齐气顺干劲足,完全有条件实现跨越发展。同时,我们必须认识到,国际局势复杂多变,国际金融危机影响深远,国内发展中不平衡、不协调、不可持续的问题突出,在区域竞相发展中,标兵越来越多,追兵越来越近,加快经济社会发展、促进民族团结进步、确保边疆巩固安宁、实现社会和谐稳定的担子越来越重。我们要准确把握世情、国情、区情发展变化大势,切实增强危机感、使命感、责任感,按照中央对广西发展明确的新定位、提出的新要求,加快实现富民强桂新跨越。

实现富民强桂新跨越,是我区深入贯彻落实科学发展观的本质要求。广西作为后发展欠发达地区,更要奋力加快发展,更要注重科学发展。必须把实现富民强桂新跨越作为深入贯彻落实科学发展观最生动的实践、最根本的任务、最具体的目标。富民,就是坚持以人为本、富民优先,大幅增加城乡居民收入,切实提高人民物质文化生活水平,走共同富裕道路,增强人民群众的幸福感。强桂,就是加快壮大经济总量,调整优化经济结构,强化科技和人才支撑,全面增强综合实力、整体竞争力和可持续发展能力。实现富民强桂新跨越,科学发展是根本,富民是目的,强桂是基础,新跨越是阶段目标。我们必

须顺应各族人民过上更好生活的新期盼，努力开创富民强桂新局面。

实现富民强桂新跨越，必须充分发挥我区对外开放的叠加优势和巨大潜力。新阶段我区区情最显著的变化，就是成为对东盟开放合作的前沿和窗口，成为连接多区域的国际大通道、交流大桥梁、合作大平台。这充分表明，我区最突出的优势在区位、最根本的出路在开放。必须牢固树立以空间换时间、以资源换产业、以存量换增量的战略思维，加快推进产业、交通、北部湾经济区优先发展的战略布局，更好地发挥区位、资源、生态、政策等各种优势，在开放合作中赢得更多的发展资源和机会。必须突出我区在国际国内区域发展中的战略地位，深化以东盟为重点的开放合作，整体提升经济发展国际化水平，积极参与国内多区域合作，以大开放大合作促进大发展大跨越。

实现富民强桂新跨越的总体要求是：高举中国特色社会主义伟大旗帜，坚持以邓小平理论和“三个代表”重要思想为指导，深入贯彻落实科学发展观，以科学发展为主题，以加快转变经济发展方式为主线，以新型工业化城镇化为主导，以保障和改善民生为根本，加快建设西部经济强区、民族文化强区、社会和谐稳定模范区、生态文明示范区、民族团结进步模范区，继续解放思想迈出新步伐，坚持改革开放实现新突破，推动科学发展取得新进展，促进社会和谐见到新成效，构建国际区域经济合作新高地、我国沿海经济发展新一极，在西部地区争当贯彻落实科学发展观排头兵、率先实现全面建设小康社会目标。

实现富民强桂新跨越，今后五到十年，要努力实现“翻两番、跨两步、三提高”的奋斗目标：

“翻两番”，就是2016年全区生产总值在2011年超万亿元的基础上翻一番，达到两万亿元以上，人均地区生产总值同步实现翻番；到2021年建党100周年时，全区生产总值比2016年再翻一番，达到4万亿元以上，人均地区生产总值同步实现再翻番。

“跨两步”，就是实现城乡居民收入大幅增加、差距逐步缩小，前五年，全区城镇居民人均可支配收入、农民人均纯收入年均分别增长10%和12%以上，2016年比2011年跨一大步；后五年，全区城乡居民收入增速继续保持10%以上，2021年比2016年再跨一大步，基本达到全国平均水平。

“三提高”，就是基本公共服务水平明显提高，努力实现充分就业，社会保障体系覆盖城乡，各级各类教育均衡协调发展，九年义务教育巩固率2016年达93%以上，人人享有基本医疗卫生服务，基本公共服务能力达到全国平均水平；可持续发展能力明显提高，节能减排成效明显，循环经济加快发展，生态环境更加优美，森林覆盖率继续位居全国前列，资源节约型、环境友好型社会基本建成；社会文明程度明显提高，社会主义核心价值体系建设有效推进，文化产业增加值占生产总值比重2016年达5%以上，民主法制更加健全，社会更加和谐稳定，人民群众思想道德素质不断提升，努力实现人的全面发展。

实现上述奋斗目标，我们必须坚定不移地做到：

——更加注重科学发展。坚持发展是硬道理，充分发挥后发优势，在发展中促转变、在转变中谋发展，着力推进新型工业化城镇化，加快实现跨越发展，缩小与发达地区的差距。这是我们实现富民强桂新跨越的必然要求。

——更加注重富民优先。始终坚持以人为本、民生为重，完善富民政策，落实富民举措，凝聚富民力量，缩小贫富差距，促进共同富裕。这是我们实现富民强桂新跨越的最终目的。

——更加注重改革开放。充分发挥我区独特的区位优势，继续解放思想、拓宽新思路，推进改革创新、增添新动力，扩大开放合作、促进新发展。这是我们实现富民强桂新跨越的必由之路。

——更加注重统筹协调。加大区域协调发展力度，促进各区域优势互补、共同繁荣，坚持以城带乡、城乡互动，加快城乡一体化发展，缩小城乡差距。这是我们实现富民强桂新跨越的根本方法。

——更加注重科技创新。切实提高自主创新能力，加快科技创新体系建设，大力培养引进创新型人才，营造全民创新环境，建设创新型广西。这是我们实现富民强桂新跨越的重要支撑。

——更加注重文化引领。牢牢把握社会主义先进文化前进方向，推动社会主义文化大发展大繁荣，充分发挥文化引领风尚、教育人民、服务社会、推动发展的作用。这是我们实现富民强桂新跨越的精神动力。

——更加注重生态建设。牢固树立生态立区、绿色发展理念，加强生态建设立法，加快形成节约资源能源、保护和改善生态环境的生产方式、生活方式、消费模式。这是我们实现富民强桂新跨越的战略举措。

——更加注重社会管理。着力推进社会建设，提高公共服务水平，全面加强和创新社会管理，促进公平正义，巩固发展民族团结、社会和谐的政治局面。这是我们实现富民强桂新跨越的牢固基础。

实现富民强桂新跨越，是人民的美好愿景，是我们的庄重承诺。全区各级党组织和全体党员一定要增强忧患意识、创新意识、赶超意识，不辱使命、不负重托、不懈奋斗，努力创造无愧于时代、无愧于党、无愧于人民的崭新业绩！

三、奋力推进“五区”建设，加快富民强桂新跨越

在新的起点上建设西部经济强区、民族文化强区、社会和谐稳定模范区、生态文明示范区、民族团结进步模范区，是实现富民强桂新跨越的战略任务，是在西部地区争当贯彻落实科学发展观排头兵、率先实现全面建设小康社会目标的战略支撑。

（一）推动经济发展新跨越，建设西部经济强区

实现富民强桂新跨越，首先要实现经济发展新跨越。坚持把加快转变经济发展方式贯穿始终，突出经济结构战略性调整，着力打造“三基地一中心”，建设西部经济强区。

加快构建现代产业体系。坚持工业化与信息化融合发展、制造业与服务业协调发展，提高现代产业水平。做大做强做优工业，建设区域性先进制造业基地。优化提升资源型工业，加大技术改造力度，提高资源综合利用和精深加工水平，加快转型升级。大力发展先进制造业，促进产业链向高端延伸，增强产业核心竞争力。培育壮大战略性新兴产业，突出特色领域，强化自主创新，加快形成新的增长点。坚持科技兴海，大力发展现代海洋产业。加强规划引导和政策支持，鼓励企业向园区集聚，促进产业集群发展。大力实施“抓大壮小扶微”工程。着力打造一批千亿元产业、千亿元园区、千亿元企业，建设防城港钢铁精品基地、钦州炼油二期、北海铁山港石化和电子产业园、柳州汽车城等一批重大项目。强化金融支持，优化服务环境，扶持中小企业和微型企业发展壮大。把加快发展现代服务业作为产业结构调整的战略重点，建设服务业聚集区，推进桂林国家服务业综合改革试点，构建南宁区域性国际金融中心，发挥中国—东盟商品交易中心作用，建设区域性现代商贸物流基地。进一步提升旅游业支柱产业地位，打造国际旅游目的地和游客集散地，推进桂林世界旅游城、北海涠洲岛旅游区、中越国际旅游合作区等一批重大项目建设。加快建设信息网络基础设施，大力发展信息服务，形成区域性信息交流中心。

加快推进农业现代化和社会主义新农村建设。富民重在富农民，强桂必须强农村。要更加重视“三农”工作，落实强农惠农政策，在工业化、城镇化深入发展中同步推进农业现代化。稳定发展粮食生产，严格保护基本农田，加快农田水利建设，确保粮食安全。打造农业千百亿元产业，提升蔗糖产业，开发冬季农业，加快发展水产畜牧业，实施农户“万元增收工程”，加强农业科技创新和农产品品

牌培育，扶持壮大龙头企业，大力发展农产品加工业、流通业，建设区域性特色农业基地。坚持和完善农村基本经营制度，深化农村综合改革，支持发展农民专业合作组织，改革创新农村金融，健全农业社会化服务体系。统筹城乡发展，深化南宁、玉林等市统筹城乡综合配套改革试点，促进城乡基础设施、公共服务、社会管理一体化。加快农村水、电、路、广播电视和信息网建设，深入推进城乡风貌改造、城乡清洁工程，加强农村环境综合整治，建设农民幸福生活的美好家园。

加快新型城镇化跨越发展。深入实施中心城市带动战略，推进南宁五象新区、柳州柳东新区、桂林临桂新区建设，发展南宁、柳州超大城市和桂林特大城市，做大做强其他区域中心城市，加快南北钦防同城化步伐，支持贺州、来宾、崇左新建城市加快建设，实现全区大部分市生产总值和工业总产值双超千亿元。加快发展县城和重点镇，建设特色城镇带。深化户籍制度改革，加快农村人口有序有效向城镇转移。提高城镇规划、建设管理水平，增强城镇竞争力和辐射带动作用。深化扩权强县改革，完善考核激励机制，发展壮大县域经济，打造一批地区生产总值和工业总产值双超200亿元、财政收入超20亿元的经济强县。

加快“两区一带”协调发展。实施主体功能区战略，推进江海联动、陆海互动，实现“龙头”与“腹地”融合发展，完善区域协调发展新格局。广西北部湾经济区开放开发是国家战略，必须坚持优先发展不动摇，着力培育壮大石化、冶金、电子信息、新材料、机械装备制造、农产品加工等重点产业，完善保税物流体系，打造临海先进制造业基地、区域性国际航运中心和重要物流枢纽，用五年时间实现经济区生产总值占全区生产总值40%以上。西江经济带是我区经济跨越发展重要增长区域，必须全力建设以西江水运为重点的综合交通运输体系，优化沿江产业布局，加快向珠三角等先进生产力地区靠拢，建设桂东国家级承接产业转移示范区，推进柳州来宾一体化发展，打造先进制造业基地、资源型精深加工基地和特色农产品加工基地。建设桂西资源富集区具有特殊重要作用，必须积极实施优势资源开发战略，加快转变资源开发利用方式，提高资源就地转化率，促进产业链延伸升级，建设国家重要战略资源接续区和资源深加工基地。

加快改革开放合作步伐。继续深化国有企业改革，增强竞争力。大力支持和鼓励非公有制经济发展，提高在国民经济中的比重。深化财税、金融、价格体制改革，健全公共财政体系，加强金融创新。稳步推进行政体制和社会体制改革。坚持先行先试，率先在北部湾经济区综合配套改革和各类试验区改革创新上取得重大突破。深入实施开放带动战略，促进“引进来”和“走出去”紧密结合，构建高水平的开放型经济体系。完善中国—东盟博览会和商务与投资峰会合办共赢的长效机制，务实推进泛北部湾经济合作、大湄公河次区域合作、中越“两廊一圈”合作和南宁—新加坡经济走廊建设。加快建设南宁国家内陆开放型经济战略高地、东兴国家重点开发开放试验区、中马钦州产业园区、中越跨境经济合作区。发挥崇左连接东盟陆路通道作用。拓展与欧美、日韩、非洲经贸合作。深度融入国内多区域合作，加强与港澳台经贸文化合作交流，以务实合作实现互利共赢。

加快提升基础设施支撑能力。继续实施交通优先发展战略，建设现代化综合交通运输体系。建设高速铁路、区际干线和通向东盟的国际铁路，推动广西进入高铁时代。推进高速公路建设和国省干线公路改造。提升北部湾港综合能力和现代化国际化水平，建成超3亿吨沿海大港。加快西江亿吨黄金水道建设，充分发挥梧州、贵港航运枢纽城市作用。积极发展民用航空，建设南宁门户枢纽机场、桂林国家重要旅游机场。加强各种交通运输方式有效对接，加快建设出海出边出省干线，形成通江达海、内联外通、便捷高效的国际大通道。构建能源保障体系，强化开源节流，优化能源结构，发展清洁能源，积极发展风能、太阳能、生物质能源，创新能源合作平台，建立能源供应和储备基地。掀起水利建设高潮，建设大藤峡水利枢纽、桂中桂西治旱等一批重大工程，加强防洪抗旱减灾能力建设，优化水资源配置，强化水利支撑保障。

加快科技进步与创新。深入实施科教兴桂、质量兴桂战略，构建科技创新体系。发挥企业技术创新主体作用，增强科研院所和高等院校创新动力，扩大与国际国内知名院校合作，推动建立产业技术创新战略联盟。加强国家和自治区级创新平台建设。深入实施广西创新计划、千亿元产业重大科技攻关工程，突破一批前沿性、关键性、基础性和共性技术，加快产品创新，提高产品质量，壮大一批创新型企业。完善科技创新体制机制，促进科技资源优化配置，多渠道增加科技投入，强化知识产权创造、运用、保护和管理，形成科技引领、创新驱动的发展格局。

（二）促进文化实力新提升，建设民族文化强区

实现富民强桂新跨越，必须依靠文化凝聚人心、鼓舞干劲、激发热情。按照中央决策部署，以高度的文化自觉和文化自信，深化文化体制改革，推动社会主义文化大发展大繁荣，努力建设具有时代特征、壮乡风格、和谐兼容的民族文化强区，成为在全国有较大影响力的区域文化中心、中国与东盟文化交流枢纽、中国文化走向东盟的主力省区，使文化软实力成为发展硬支撑。

深入推进社会主义核心价值体系建设。坚持马克思主义指导地位，用中国特色社会主义理论体系武装广大党员、教育各族人民。坚定中国特色社会主义共同理想，深入开展理想信念教育，增强广大干部群众对中国特色社会主义的信心和信念。弘扬以爱国主义为核心的民族精神、以改革创新为核心的时代精神，引导干部群众增强民族自尊心、自信心、自豪感，始终保持与时俱进、开拓创新的精神状态。树立和践行社会主义荣辱观，在全区形成知荣辱、讲正气、作奉献、促和谐的良好风尚。

加快发展公益性文化事业。坚持以政府为主导、公共财政为支撑，优化资源配置，加大投入力度，丰富精神文化产品，不断满足人民群众精神文化需求。实施文化惠民工程，加强公共文化基础设施建设，努力构建覆盖城乡的公共文化服务体系，让各族群众广泛享有免费或优惠的基本公共文化服务。积极探索适合民族特点和基层需求的文化服务方式，广泛开展健康有益的民族民间文化活动，办好民族特色文化节庆，加强文化遗产保护，开发利用丰富的民族文化资源，提升民族文化发展水平。大力繁荣发展哲学社会科学。重振广西体育雄风。加强和改进新闻舆论工作，提高舆论引导的及时性、权威性和公信力、影响力。

做大做强文化产业。加快转变文化产业发展方式，着力打造千亿元文化产业，构建现代文化产业体系，推动文化产业跨越式发展、成为国民经济支柱性产业。实施重大项目带动工程，统筹建设广西文化产业城、体育产业城等一批标志性文化设施。实施骨干文化企业培育工程，组建发展一批大型文化企业集团。实施民族文化产品提升工程，扶持民族题材作品创作生产。重点发展民族文化、红色文化、海洋文化、生态文化，巩固提升南宁国际民歌艺术节、《印象·刘三姐》、漓江画派、广西出版等一批文化品牌，使广西民族文化艺术精品享誉中外。

大力推进文化改革创新。加快经营性文化单位改革，全面推进文化事业单位内部改革，创新文化管理体制，完善政策保障机制。促进先进文化与现代科技融合，创新文化发展理念、内容形式、传播载体。推动传统优秀文化与现代文化紧密结合，增强民族文化时代感和吸引力。加快构建现代文化市场体系，扩大文化消费。创新文化走出去模式，实施广西与东盟文化合作行动计划，扩大民族特色文化产品和服务出口。造就一大批高素质文化人才，完善文艺家签约制度等激励机制，发展壮大文化桂军，培育一批文化名家、大家，加强基层文化人才队伍建设，为建设民族文化强区提供有力人才支撑。

切实加强精神文明建设。做好机关、企业、学校、社区和农村的思想政治工作，理顺情绪，平衡心理，促进和谐。弘扬社会主义道德风尚，推进社会公德、职业道德、家庭美德、个人品德建设，加强和改进对青少年的德育培养，倡导爱国、敬业、诚信、友善等道德规范，倡导移风易俗、抵制封建迷信，在全社会形成积极向上的精神追求和健康文明的生活方式。深化"和谐建设在基层"等群众性精神文明创建活动，让人民群众在参与中受教育、得实惠，让社会主义精神文明绽放璀璨之花、结出丰硕之果。

（三）开创社会建设与管理新局面，建设社会和谐稳定模范区

加强社会建设，创新社会管理，促进社会和谐，是富民强桂的内在要求和重要保证。积极探索符合广西实际、具有广西特色的社会管理新路子，深化社会和谐稳定模范区建设，实现社会安定有序、人民安居乐业、边疆巩固安宁。

努力促进城乡居民收入持续较快增长。更加突出富民惠民安民的导向，实现居民收入增长和经济发展同步、劳动报酬增长和劳动生产率提高同步，在经济跨越发展中让老百姓钱袋子鼓起来、生活富起来。依靠扩大就业增加工资性收入，实施就业优先战略，大力发展就业吸纳能力强的产业，完善城乡公共就业服务体系，切实解决困难群众就业问题，构建和谐劳动关系。依靠创业增加经营性收入，实施全民创业工程，优化创业环境，激发创业活力。多渠道开发就业岗位，促进城镇低收入群众增加收入。拓宽农民增收途径，加快农村劳动力转移就业，让农民更多地分享农产品加工流通环节利润，更多地分享土地增值收益，更多地在资源开发中持续受益。加大收入分配调节力度，提高最低工资标准，缩小收入差距，促进共同富裕。

切实保障和改善民生。坚持经济增长与民生改善并举，在谋发展中更好地为人民谋福祉。加快发展社会事业，把更多财力和公共资源向基层一线、向艰苦边远地区倾斜，提高基本公共服务能力和均等化水平。坚持优先发展教育，积极发展学前教育，巩固提高义务教育，大力发展职业教育，稳步发展普通高中教育，提升高等教育水平，提高教育质量，促进教育公平，办好人民满意的教育。加快建设覆盖城乡居民的社会保障体系和社会救助体系，实现新型农村社会养老保险、城镇居民社会养老保险全覆盖，健全城乡居民低保制度。建立完善社会救助和保障标准与物价上涨挂钩联动机制。大力发展社会福利和养老事业。抓好城镇保障性安居工程建设和分配管理，加快农村危房改造，改善人民群众居住条件。加快医疗卫生事业改革发展，建立覆盖城乡居民的公共卫生和基本医疗服务体系。坚持计划生育基本国策，稳定适度低生育水平，促进人口长期均衡发展。

全力打好扶贫开发攻坚战。要带着深厚的群众感情、带着高度的政治责任、带着愚公移山的奋斗精神，推进新一轮扶贫开发攻坚。坚持开发式扶贫方针，创新扶贫工作，加大投入力度，以增加贫困人口收入为中心，以集中连片特困区域和贫困村为主战场，实施连片开发、整村推进、扶贫到户三大举措，实行扶贫开发与农村低保两轮驱动，提高贫困群众生活水平。加强贫困地区基础设施建设，落实大中型水库移民后期扶持政策。制定实施左右江革命老区振兴规划，对河池、百色、崇左等集中连片的贫困地区给予重点支持。坚持和完善易地扶贫、产业扶贫、教育扶贫、科技扶贫、社会扶贫、生态扶贫，构建大扶贫工作格局，夺取扶贫攻坚新胜利。

深入推进社会管理创新。适应社会加速转

型的新形势,健全党委领导、政府负责、社会协同、公众参与的社会管理格局。坚持稳定是硬任务,落实各级党政领导"一岗双责",确保一方平安。加强地方立法和执法监督,抓好普法教育,坚持依法行政,推进依法治桂。加强城乡社区自治和服务组织建设,完善基层管理服务体系,优化基层组织服务功能。健全维护群众权益机制,畅通公众诉求表达渠道,深化社会矛盾源头治理,搞好社会稳定风险评估,解决与群众切身利益相关的实际问题。推进平安广西建设,完善以食品药品安全为重点的公共安全体系,切实加强安全生产,健全社会治安防控体系,强化重点地区社会治安综合治理。抓好非公有制经济组织、社会组织的建设管理。加强流动人口和特殊人群服务管理。依法促进信息网络健康有序发展。充分发挥群众参与社会管理服务的基础作用,凝聚强大力量,共建和谐壮乡。

(四)开拓绿色发展新路子,建设生态文明示范区

实现富民强桂新跨越,必须充分发挥我区"山青水秀生态美"的品牌优势,加快建设经济与资源协调发展、生态产业发达、自然环境优美、人与自然和谐的生态文明示范区,努力走出一条生态立区、绿色崛起之路。

大力发展生态产业。坚持生态建设产业化、产业发展生态化,把生态优势转化为产业发展新优势,构建发达的生态产业体系。积极发展节能环保优势产业,大力发展生态型工业。着力发展生态种植业、生态水产畜牧业,积极发展林下经济,建设一批生态种养基地。优化发展生态效益型林业,打造全国木材战略核心储备基地。发展生态型服务业、培育新业态,打造生态旅游品牌。

加快发展循环经济。积极引导企业内部循环,全面推行清洁生产,提高资源利用效率。培育发展铝、糖、石化、有色金属、茧丝绸等一批循环经济园区,建设国家"城市矿产"示范基地梧州再生资源循环利用园区、玉林再生资源循环利用园区、贺州华润循环经济示范区、百色生态型铝产业示范基地、河池有色金属新型材料循环经济示范园区。加快构建特色优势产业循环利用体系,推动生产、流通、消费各环节循环经济发展,促进社会经济发展大循环。

加强生态建设与环境保护。深入实施"绿满八桂"造林绿化工程和重大生态修复工程,加快建设西江千里绿色走廊和北部湾绿色生态屏障,全面推进石漠化综合治理,加强自然保护区建设,强化生物多样性和海洋生态保护,实现"一个村庄一座绿岛、一座城市一片森林"。加强城乡生活污水和垃圾处理设施建设与管理,保护水生态,促进人水和谐,提高环境质量。建立完善防灾减灾体系。加强资源管理与节约利用,实行最严格的耕地保护和节约集约用地制度,建立重要矿产资源储备体系。深入开展企业节能低碳行动、绿色建筑行动、节能减排全民行动,实施一批重大节能示范工程项目,合理控制能源消费总量,加快形成低消耗、高效益的节约型发展方式。

强化生态文明意识与保障机制。牢固树立良好生态环境是生产力、竞争力的生态发展观,经济发展是政绩、保护生态环境更是长远政绩的生态政绩观,绿水青山就是金山银山的生态价值观,强化科学理念和全民共识,坚守保护生态环境的红线和底线,推动保障机制创新。落实节能减排责任制,健全生态文明建设考评体系,建立生态补偿机制,完善多元化投入机制,加强执法监督,强化科技和智力支撑,增强可持续发展能力,把蓝天碧海、绿水青山永远留给子孙后代。

(五)加快民族事业新发展,建设民族团结进步模范区

民族团结进步是实现富民强桂新跨越的坚实基础。必须牢牢把握各民族共同团结奋斗、共同繁荣发展的主题,巩固平等、团结、互助、和谐的社会主义民族关系,进一步发展我区"四个模范"的大好局面。

加强民族团结进步宣传教育。深入开展马克思主义民族观和党的民族政策宣传教育,增强各族群众珍惜和维护民族团结的自觉性、坚定性,增强中华民族认同感,牢固树立“三个离不开”的思想,做到同呼吸、共命运、心连心。开展“和谐壮乡、团结进步”宣传教育活动,建设一批民族团结进步教育基地,丰富教育活动形式,扩大覆盖面,提高实效性。加强对各族青少年教育,培养民族团结进步事业接班人。

加快少数民族聚居区发展。建立完善扶持少数民族聚居区发展的长效机制,加大基础设施建设、资源开发、产业发展、民族教育、保障改善民生等扶持力度,给予更多倾斜。加快少数民族聚居区经济社会发展,深入推进兴边富民行动,扶持人口较少民族改善生产生活条件。坚持把各方面的支持帮扶与发挥自身积极性结合起来,自力更生、艰苦奋斗,促进少数民族聚居区与其他地区协调发展,实现各民族共同繁荣进步、共享发展成果、同步进入小康。

深入贯彻落实党的民族政策。切实贯彻民族区域自治法,完善地方性配套法规和政策措施,依法行使自治权,保护少数民族的平等权利和合法权益,保障少数民族群众当家作主。用足用好国家的各项优惠政策,让各族群众得到更多实惠。加强城市和街道社区民族工作。大力培养选拔少数民族干部,努力建设高素质的少数民族干部队伍,壮大贯彻民族政策、做好民族工作的骨干力量。

凝聚民族团结进步的强大合力。各级领导干部要切实负起重大政治责任,把民族事业发展摆到经济社会发展大局中来谋划和推进。深入开展民族团结进步创建活动,大力宣传表彰模范单位和先进个人,在全社会形成关心、支持和参与民族团结进步事业的浓厚氛围。加强各民族交往交流交融,引导各族群众互尊互信、互学互帮,尊重差异、开放包容,实现各民族同心同德、和谐和睦,再创民族团结进步事业新辉煌。

四、全面加强党的建设,为实现富民强桂新跨越提供坚强保障

富民强桂,关键在党。我们必须适应世情、国情、党情的深刻变化,坚持党要管党、从严治党,常怀忧党之心,恪尽兴党之责,战胜“四大考验”,克服“四大危险”,以改革创新精神全面推进党的建设新的伟大工程,不断提高党的建设科学化水平。

(一)着力推动思想大解放,始终保持锐意进取的精神状态

解放思想是实现富民强桂新跨越的强大思想武器。加强理论建设,抓好理论武装,引导党员干部始终做到政治上清醒坚定、思想上与时俱进。以领导班子和领导干部为重点,在全区广泛开展“解放思想、赶超跨越”大讨论,掀起新一轮思想大解放热潮。坚决破除制约科学发展的思想观念,增强不进则退、慢进也是退的忧患意识,居安思危、奋发图强;树立超越自我、奋勇争先的赶超意识,自强不息、锐意进取;弘扬突破陈规、敢闯敢干的创新意识,勇于改革、务求实效。解放思想无止境,僵化保守必落伍。各级领导干部要做解放思想、实事求是、与时俱进的表率,敢于负责、勇于担当,凡是有利于加快实现富民强桂新跨越的事,都要大胆地试、大胆地闯、大胆地干。营造鼓励探索、支持创新、宽容失误的浓厚氛围,形成敢干事、敢负责、敢闯新路、敢做善成的新风尚。

(二)着力加强能力建设,提高领导水平和执政水平

实现富民强桂新跨越,必须把增强党员干部能力素质作为关键之举、决胜之招。深入推进学习型党组织建设,完善学习制度,强化考核考评,健全长效机制,促进党员干部学以立德、学以增智、学以创业。加强领导干部能力培养,深入实施大规模培训干部规划,把学习培训与实践锻炼结合起来,提高谋划发展、统筹发展、优化发展、推动发展的能力,增强公共服务、社会管理、维护稳定、群众工作、舆论引导的本领。

选好配强各级领导班子，优化班子结构，增强班子合力。完善党委领导班子配备改革后的工作机制，贯彻民主集中制原则，增进领导班子团结和谐，建设善于领导科学发展、促进社会和谐的坚强集体。

（三）着力夯实基层基础，增强基层党组织先进性和战斗力

党的基层组织是党的全部工作和战斗力的基础。全面加强各个领域基层党组织建设，实现一个支部就是一座堡垒、一个党员就是一面旗帜。推进基层党建工作规范化、示范化、品牌化、信息化建设，提高基层组织建设科学化水平。创新基层党组织设置，加大在农民专业合作社、行业协会、产业链设置党组织力度，巩固扩大在非公有制经济组织、社会组织中组建党组织“攻坚行动”成果，扩大党组织和党的工作覆盖面。深化“结对共建”活动，健全统筹城乡基层党建工作机制。推行“农事村办”、“农情乡解”制度，完善基层党组织应急机制。加强基层党组织带头人队伍建设，健全基层干部保障激励机制。推进发展党员“源头培养”工程。实施党员全员培训规划，深化县乡党校教学和管理体制改革。推行党员设岗定责、公开承诺制度，完善基层党员的激励、关怀、帮扶机制。深入推进创先争优活动，建立健全长效机制，激励基层党组织和党员争科学发展之先、创社会和谐之优。

（四）着力做好群众工作，密切党同人民群众的血肉联系

人民群众是实现富民强桂新跨越的主体力量。加强党的群众路线和群众观教育，引导党员干部增强宗旨意识，始终做到以人为本、执政为民。开展“万名干部入乡住村”活动，知民情、解民忧、暖民心、增民利。完善领导干部联系基层、调查研究、接访下访、网上互动制度，健全领导挂点、部门包村、干部包户制度。尊重人民主体地位，尊重人民首创精神，问政于民、问需于民、问计于民，拜人民为师。坚持工作重心下移，深入基层群众和生产一线，转作风、办实事，真正做到与群众血脉相连、鱼水情深，使我们的工作获得最广泛最可靠最牢固的群众基础和力量源泉。

（五）着力深化干部人才工作改革，培养集聚各方面优秀人才

只有人才的风云际会，广西的跨越发展才能风生水起。坚持五湖四海、任人唯贤，坚持德才兼备、以德为先，突出德在干部标准中的优先地位和主导作用，加强对干部政治品质和道德品行的考核。坚持解放思想用干部，用思想解放的干部，重品行、重公认、重实绩、重基层，树立正确用人导向。深化干部人事制度改革，加大竞争性选拔干部工作力度，规范干部任用提名，注重从基层一线选拔干部，积极推进干部交流。健全促进科学发展的领导班子和领导干部考核评价机制。完善干部管理机制，对重要岗位干部实行重点管理。重视培养造就优秀年轻干部，做好妇女干部、少数民族干部、党外干部培养选拔工作，加强离退休干部工作。改进机构编制管理，分类推进企事业单位人事制度改革。深入实施人才强桂战略，统筹推进各类人才队伍建设。完善特邀咨询、院士顾问、八桂学者、特聘专家制度，提升人才小高地建设水平。推进重大人才工程，创新人才培养、评价、管理、激励机制，建设西部重要人才聚集区、面向东盟的区域性国际人才高地，形成人才支撑发展、发展造就人才的生动局面。

（六）着力弘扬求真务实精神，真干实干苦干促跨越

奋力赶超、实现跨越，根本在落实，关键在实干。深化作风效能建设，严格落实首问负责制、限时办结制和责任追究制，健全绩效考评制度。实施执行力提升工程，提高党员干部抓落实的本领。完善推动落实的工作机制，建立下级党委、政府每年向上级报告工作制度，健全为民办实事承诺制度。庸懒不治，大业难成。加大治庸治懒治散力度，以治庸提能力、以治懒增效率、以治散正风气。坚持讲实话、办实事、求实效，戒骄、戒懒、戒空、戒虚、戒假、戒奢，真干实干苦干，让有为者有位，吃苦者不吃亏，实干苦干者得重用。开展“学用政策抓落实、强化执行促跨越”行动，推动党员领导干部带头学习研究、用足用活政策，努力把政策优势转化为发展优势。

（七）着力推进反腐倡廉建设，营造风清气正良好环境

坚决惩治和有效预防腐败，关乎党的生死存亡。坚持标本兼治、综合治理、惩防并举、注重预防的方针，完善惩治和预防腐败体系。坚决维护党的政治纪律，确保政令畅通。深入开展反腐倡廉教育，提高党员干部拒腐防变能力。严格执行党内监督条例，落实领导干部报告个人有关事项等制度，重视巡视成果、经济责任审计成果运用，增强监督实效。推进反腐倡廉制度创新，促进权力运行公开透明。坚决纠正损害群众利益的不正之风。严肃查处违纪违法案件。全面落实党风廉政建设责任制，以反腐倡廉建设的实际成效取信于民、造福于民。廉洁是地方发展和干部成长之福，腐败是地方发展和干部成长之祸。党员领导干部要严格遵守廉政准则，自重、自省、自警、自励，做到立身不忘做人之本、为政不移公仆之心、用权不谋一己之私，树立为民、务实、清廉的良好形象。

实现富民强桂新跨越，必须大力加强社会主义民主政治建设。坚持党的领导、人民当家作主、依法治国的有机统一，坚持和完善人民代表大会制度、中国共产党领导的多党合作和政治协商制度，支持人大及其常委会依法履行职责，提高政协参政议政实效。加强同各民主党派、工商联和无党派人士的团结合作，巩固壮大爱国统一战线。加强宗教、侨务、外事和对台工作。支持工会、共青团、妇联等人民团体工作。健全民主制度，发展党内民主，扩大基层民主，充分调动各方面的积极性创造性。坚持党管武装，加强国防动员和后备力量建设，巩固和发展军政军民团结。

实现富民强桂新跨越，必须在全社会凝聚强大的精神力量。全区各族人民在长期的生产生活实践中，铸就了“团结和谐、爱国奉献、开放包容、创新争先”的广西精神，这是我们共同拥有的宝贵财富。要大力弘扬广西精神，激发壮乡儿女的无限热情，汇聚各族群众的强大力量，让热爱广西、建设广西、实现广西跨越发展成为全区人民的自觉行动。广大党员干部要做弘扬广西精神的表率，讲政治、顾大局、尽责任，开阔视野、海纳百川、兼容并蓄，始终保持昂扬向上的朝气、开拓创新的勇气、敢于争先的锐气，以党员干部的团结和谐促进全社会的团结和谐，用与时俱进的广西精神推动实现富民强桂新跨越。

同志们，本世纪上半叶将迎来建党100周年和建国100周年，将实现全面小康社会和基本现代化两大宏伟目标。生活在如此波澜壮阔的伟大时代，亲身参与实现祖国富强、人民幸福的伟大实践，这是一种荣幸，更是一种责任。加快实现富民强桂新跨越，是国家现代化宏伟篇章的重要组成部分，是全区各级党组织和全体党员的神圣使命。让我们紧密团结在以胡锦涛同志为总书记的党中央周围，高举中国特色社会主义伟大旗帜，以邓小平理论和“三个代表”重要思想为指导，深入贯彻落实科学发展观，解放思想，开拓进取，乘势而上，奋力赶超，以优异成绩迎接党的十八大胜利召开，为建设广西更加美好的明天、创造各族人民更加幸福的生活而努力奋斗！

中共广西壮族自治区委常委、书记、副书记
中共广西壮族自治区纪委书记、副书记、常委名单

2011年11月15日，中国共产党广西壮族自治区第十届委员会第一次全体会议选举郭声

琨为中共广西壮族自治区委员会书记，马飚（壮族）、危朝安为中共广西壮族自治区委员会副书记；郭声琨、马飚（壮族）、危朝安、龙义和、沈北海、温卡华（壮族）、陈武（壮族）、石生龙（满族）、黄道伟、林念修、余远辉（瑶族）、周新建、范晓莉（女 回族）为中共广西壮族自治区委员会常务委员。

全会批准了自治区纪律检查委员会第一次全体会议选举产生的中共广西壮族自治区纪律检查委员会书记、副书记、常务委员：书记：石生龙（满族），副书记：何开长（壮族）、尹彤、蒋克昌、韦翼群（壮族）；常务委员：石生龙（满族）、何开长（壮族）、尹彤、蒋克昌、韦翼群（壮族）、黄远山、何敏（壮族）、林愈溪、于洁（女）。

海南省第六次党代会报告摘要及省委、省纪委领导成员名单

坚持科学发展实现绿色崛起
为全面加快国际旅游岛建设而不懈奋斗

——在中国共产党海南省第六次代表大会上的报告(摘要)

(2012 年 4 月 25 日)

罗保铭

同志们:

中国共产党海南省第六次代表大会,是在海南实施“十二五”规划取得良好开局、国际旅游岛建设进入关键时期召开的一次重要的会议。大会的主题是:高举中国特色社会主义伟大旗帜,以邓小平理论和“三个代表”重要思想为指导,深入贯彻科学发展观,深化开放改革,转变发展方式,实现海南绿色崛起,为全面加快国际旅游岛建设而不懈奋斗!

现在,我代表中国共产党海南省第五届委员会向大会作报告。

一、过去五年的工作(略)

二、坚定不移地走科学发展、绿色崛起之路

今后五年,是海南实现国际旅游岛建设中期目标、为全面建设小康社会打下坚实基础的关键阶段,也是深化开放改革、加快转变发展方式的攻坚时期。纵观国内外形势,在国际金融危机持续影响下,世界经济形势复杂严峻多变,全球资源能源供应趋紧,经济发展方式正在经历重大变革,绿色、低碳、包容性发展已经成为当今的时代潮流。我国仍处于重要战略机遇期,国内形势总体向好,但经济发展中不平衡、不协调、不可持续的矛盾和问题依然突出,以人为本、全面协调可持续的科学发展已经成为全国上下的高度共识和实践选择。全国各地竞相发展,百舸争流,不进则退,慢进也是退。经过建省办经济特区 20 多年的发展,以人均生产总值 4429 美元为标志,今天的海南已经站在了一个新的历史起点上,进入了更有条件、更加自觉地实现科学发展的新阶段:我们手中的财富足以保障生存和温饱,现在更有条件调整经济结构、转变发展方式,更有条件保护生态、普惠民生,更有条件深化开放改革、加强社会管理。

我们一定要准确把握世情、国情、省情发展变化的态势,按照中央对国际旅游岛建设的战略定位,抓住机遇,乘势而为,以强烈的紧迫感、责任感、使命感,持之以恒、一以贯之地走以人为本、环境友好、集约高效、开放包容、协调可持续发展的绿色崛起之路。这是我们肩负的历史使命,也是全省人民的共同企盼。

实现绿色崛起,最重要的前提是科学规划。这是科学发展的命脉,没有科学的规划,科学发展就无所依循。必须依据国家关于海南国际旅游岛建设发展规划纲要的要求,以全省整体和一盘棋的视野,打破行政区划的壁垒,统一规划,超前抓好重大基础设施和重要产业项目的合理布局规划,抓好土地岸线利用、城市和村镇建设、重点开发园区和资源环境保护等专项规划,强化规划执行,形成全省特色鲜明、布局合理的功能分区,实现资源与项目的最佳配置,提升海南整体科学规划、科学发展的水平。

实现绿色崛起，最核心的支撑在于产业振兴。产业是税收、就业、民生、经济实力的源头活水，是发展稳定最重要的基础和最终的依托。必须紧紧抓住国家扩大内需和消费升级的有利时机，大力发展低能耗、低排放、高效益、高科技的绿色产业，培育一批支撑海南长远发展的龙头企业和产业集群，协调推进工业化、城镇化和农业现代化，提升综合经济实力。

实现绿色崛起，最根本的出路在于开放改革。岛屿经济体的生命线是开放改革。24年前，在邓小平同志的亲自倡导下，海南建省办经济特区，走向了我国改革开放的最前沿。4年前，胡锦涛总书记指示我们当好改革开放排头兵，海南迎来了建设国际旅游岛的黄金机遇期。必须最大限度地解放思想、与时俱进、改革创新，打造更具活力的体制机制，必须开放一切可以开放的领域、开拓一切能够开拓的市场，创建开放改革的新优势。

实现绿色崛起，最基本的依托是悉心呵护海南得天独厚的生态环境。必须始终坚持生态立省不动摇，注重发挥生态环境的综合效应，充分发挥海南优越的区位条件、丰富的要素资源、国家赋予的经济特区和国际旅游岛的开放政策、背靠13亿国人的消费大市场、省直管市县体制和人口相对较少等比较优势，形成叠加效应，转化为科学发展的现实生产力。

实现绿色崛起，最终目标就是打造中外游客的度假天堂和海南人民的幸福家园。必须以最大努力，按照国际化标准，把海南建设成为世界一流的海岛休闲度假旅游目的地，成为全国人民的四季花园；同时不遗余力改善民生，加强社会管理，让全省人民及时享受到国际旅游岛发展的实惠。

实现绿色崛起，最有力的思想保障是牢固树立科学发展的理念和正确的政绩观。必须始终坚持从省情出发，以人为本，多做打基础、利长远、群众急需受益的事，坚决摒弃短期行为和劳民伤财的形象工程，努力实现城乡、区域、经济社会的协调可持续发展，促进人与自然的和谐。

基于以上考虑，今后五年，我省工作的总体要求是：高举中国特色社会主义伟大旗帜，以邓小平理论和“三个代表”重要思想为指导，深入贯彻落实科学发展观，坚持以科学发展为主题，以转变发展方式、实现绿色崛起为主线，以建设国际旅游岛为总抓手，全面推进经济建设、政治建设、文化建设、社会建设、生态文明建设和党的建设，为建设中外游客的度假天堂和海南人民的幸福家园打下具有决定性意义的坚实基础。

今后五年，我们的具体奋斗目标是：到2016年，力争全省生产总值、地方公共财政收入、城乡居民收入在2011年的基础上翻一番。三次产业结构进一步向20：30：50优化。创建基本公共服务均等化先行区取得显著成效，基本完成城镇中低收入住房困难家庭的保障性住房建设、农村和库区移民危房改造任务，基本普及学前教育、高中阶段教育，实施中等职业教育免费，健全覆盖城乡居民的社会保障体系。创建全国生态文明示范区取得显著成效，综合环境质量继续保持全国领先水平。特色产业和基础设施现代化水平显著提升。社会管理水平、依法治省水平和社会和谐程度显著提升。党的思想政治建设、组织建设、作风能力建设进一步加强，领导科学发展的能力显著提高。

实现以上目标，是民心所向、使命所系，需要我们付出长期艰辛不懈的奋斗。全省各级党组织和全体共产党员一定要坚定信心，发愤图强，创新实干，不辱使命，努力创造出无愧于党、无愧于人民、无愧于时代的新业绩！

三、振兴产业，夯实基础，壮大综合经济实力

在海南这样的欠发达地区建设国际旅游岛，首先必须老老实实地发展实体经济，夯实产业基础。下最大的力量，优化产业结构，打造绿色产业，延伸产业链条，扩大产业规模，壮大产业实力。

（一）优先发展以旅游业为龙头的现代服务业。国家扩大内需的政策导向和国内消费升级给海南服务业的发展带来了难得机遇。要充分利用和发挥海南的环境、资源和政策优势，积极承接国内外消费需求，推动以旅游业为龙头的现代服务业上规模、上水平、增效益。以国际化为导向，优先发展提升热带度假休闲旅游业，高水平开发主题公园，加快西沙旅游开发开放，加快发展免税购物、医疗康体、演艺娱乐、邮轮游艇、高尔夫、会展赛事等新业态，强力优化旅游软环境，努力建设世界一流的海岛休闲度假旅游目的地。加快发展文化产业，积极推进文化与旅游的融合发展，高水平开发海南地方特色文化旅游产品，推动文化产业向规模化、集聚化、专业化发展，努力把旅游岛建成文化岛。大力发展生产性服务业，大力发展现代物流航运业；打造岛内外农产品集散中心，形成海南农产品的集散销售网络。以优惠政策、优质服务、优良的人居环境，优先发展总部经济，优先发展现代金融业，积极引进境内外金融机构，完善地方金融体系，发展服务于中外游客的消费型金融，提升金融服务经济社会发展的能力和水平。严格规划控制，引导旅游房地产业优化结构、提升品质、完善配套，向高端化、特色化方向发展，努力打造最宜人居的理想居住地。

（二）集约、集群、园区化、高科技发展新型工业。发展新型工业是海南壮大经济实力不可或缺的重要支撑。坚持以园区为载体，以港口为依托，以高科技为引领，以节能环保为前提，推动重大项目、骨干企业向园区集聚，积极发展油气化工、林浆纸、汽车和装备制造、特色农产品加工等产业，进一步延伸产业链条，完善产业配套，壮大产业规模，形成产业集群，实现最大附加值。全力加快100万吨乙烯及炼油扩能等重大项目建设，把洋浦打造成国家级石油化工新型产业示范基地。坚持把发展战略性新兴产业作为结构调整的主攻方向，优先发展新能源、新材料、软件和电子信息、生物医药等新兴产业，努力建成国内重要的太阳能光伏产业基地、高端特种玻璃产业基地和软件信息产业基地。

（三）做精做优热带特色现代农业。随着国内工业化、城镇化加快推进，优质安全农产品的市场需求日益增长，海南农业发展和农民增收的潜力巨大。坚持以农产品出口出岛为导向，以提高现代化、产业化水平为核心，优化种养结构和区域布局，加大强农惠农、科技兴农力度，提高农民专业合作和专业协会的组织化程度，大力发展农业龙头企业，加强农产品质量检测与监管，走集约化、设施化、标准化、精细化、生态化、品牌化的现代农业发展之路。进一步向单产要规模，向科技要品质，向岛外要市场，高水平建成国家级的冬季瓜菜基地、热带水果基地、天然橡胶基地、南繁育制种基地、渔业出口基地和无规定动物疫病区前提下的畜牧业基地。

（四）加快发展海洋经济。发展海洋经济是我省拓展发展空间、培育新的经济增长极的战略选择，也是为维护国家南海权益而肩负的一份神圣责任。以建设海洋经济强省为目标，坚持陆海统筹、依海兴琼，科学制定和实施海洋经济发展规划；加强海域综合管理和保护，强化对岸线土地资源的科学管控与合理开发，开发开放无居民岛屿；加快南海资源开发，建设南海资源开发和服务基地；统筹推进“四方五港”、渔港和专业化码头建设，推进港口、产业和城镇联动发展；扶持提升壮大海洋渔业、海洋船舶工业、海洋交通运输业、海洋生物医药等特色海洋产业，推动海洋经济跨越式发展。

（五）全面提升基础设施现代化水平。完善的基础设施是建设国际旅游岛、实现绿色崛起的基本支撑，是现代化、国际化的重要标志。要按照统筹布局、互联互通、环境友好、适度超前的原则，科学构筑交通、水、电、气和信息五大网络。抓紧实施“田字型”高速公路、西环高铁等重大交通工程，扩建美兰、凤凰机场，建成博鳌机场，增辟中外航线，发展通用航空，形成贯通全岛、连接岛内外的立体交通网。加快推进琼州海峡跨海工程前期工作。建设红岭、迈湾、天角潭等大中型水利枢纽,抓好病险水库除险加固,形成全岛均衡、协调的水利网络。加快昌江核电、琼中抽水蓄能电站、西南部电厂等重要电源点建设,加快全岛电网升级改造和跨海联网二期建设,启动智能电网建设,形成覆盖全岛的安全电网。科学布局、分步建设全岛天然气站线,构建天然气环岛主干网。完善覆盖全岛、有线和无线相结合的高速宽带基础网络,实现"三网"融合,加快物联网、云计算和旅游、民生、电子商务等信息化应用,打造数字海南、数字城市,建设信息智能岛。我们坚信,基础设施完善之日,将是海南经济的腾飞之时。

加快振兴产业、完善基础设施,是建设国际旅游岛现阶段最重要、最艰巨的任务。我们一定要集中一切生产要素,调动一切积极力量,心无旁骛、坚持不懈地抓下去,海南的综合经济实力一定会跃上新的台阶。

四、统筹城乡发展,努力构建城乡一体化新格局

推进城乡一体化发展,促进生产要素、公共资源和公共服务在城乡均衡配置,实现城乡经济社会共同繁荣进步,是党中央提出的全面贯彻科学发展观的一项重大战略。对海南来讲,也是缩小城乡差别、消除二元矛盾、解决城乡发展不平衡不协调的伟大变革,也是调结构、转方式、扩内需、促和谐的一项战略举措,更是建设全省各族人民的幸福家园、实现全面小康、巩固党的执政基础的重大社会工程。随着海南综合经济实力的增强、城乡基础设施的提升和社会保障体系的逐步建立,我们完全有条件抓住建设国际旅游岛的难得机遇,发挥海南的比较优势,统筹规划,重点突破,开创城乡一体化发展的新局面。

(一)坚持科学规划、分步重点实施。 城乡一体化是一项涉及长远发展的庞大艰巨的社会系统工程。要系统谋划、科学规划,按照统筹城乡发展的要求,高起点、高水平编制和完善全省城乡一体化发展的5年、10年乃至20年规划,设计配套政策,加快建立促进城乡统筹的政策体系。要远近结合、分步实施,未来五年着重在城乡统筹上下功夫,统筹城乡基础设施建设、产业布局、资源保护与开发、公共服务和社会事业发展,逐步缩小城乡发展差别,城乡基本公共服务均等化取得明显进展,城镇化率达到56%以上,城乡现代化程度显著提升,为实现城乡一体化的长远目标奠定重要的基础。要因地制宜、重点扶持,鼓励有条件的市县先行先试,重点加快海口统筹城乡综合配套改革试验区建设和三亚城乡一体化建设试点,探索积累经验,走出一条符合海南实际的城乡统筹的新路子。

(二)加快推进具有海南特色的城镇化。 海南城镇化是农村人口向城镇和二三产业不断聚集、城镇规模适度扩大、功能不断提升的长期过程,是扩大内需最大的潜力所在,是城乡一体化的重要基础。随着国际旅游岛的建设,海南的城镇正由人口聚集、基础设施和产业三位一体的平台,进而发展成为服务业快速兴起、承接中外游客的综合载体。我们一定要适应国际旅游岛的发展方向,走以产兴城、设施配套、宜居宜业、特色文化鲜明的城镇化之路。把做强做优中心城市放在更加突出的位置,全面加快以海口为中心的省会经济圈建设,支持三亚建设成为亚洲一流的国际性热带滨海旅游城市,推动儋州—洋浦、琼海—博鳌融合发展,提高辐射带动能力。加快县城镇和中心镇扩容提质,承接人口聚集,带动县域经济和农村发展。推动三亚海棠湾撤镇设区。促进农垦场部与小城镇融合发展。各市县要因地制宜,集中力量,重点扶持建设一批文化和产业支撑的特色小镇,推动农村剩余劳动力转移,引导农民变居民、农村变社区。

(三)大力提升新农村建设水平。 实现城乡一体化,工作重点、难点都在农村。加快新农村建设是缩小城乡差距、推进城乡统筹的关键。要大力提升农村的基础设施水平,努力实现公路、安全饮水、电、沼气、垃圾处理、广播电视、宽带网到村,加快改善农村生产生活条件。促进

城乡产业对接，积极发展依托本地资源的特色种养业、农产品深加工和乡村旅游。强化村镇规划建设管理，依法打击违章建筑，适时优化调整村镇结构，引导村庄集中布局、集约建设。加强对农民的教育培训，提高就业技能和文明素质。加快殡葬改革，推动移风易俗。加大对革命老区、少数民族地区、贫困地区的资金投入，五年减少30万贫困人口。继续推进文明生态村建设，丰富内涵、提升水平，到2016年全省75%的村庄建成文明生态村，促进新农村的生产发展、生活富裕、生态文明。

（四）努力形成统筹城乡的保障机制。进一步加大公共财政对“三农”的投入，增长幅度要高于经常性收入增幅。加快推进城乡基本公共服务均等化，建立和完善城乡基本统一的社会保障制度，加快农村社会事业发展。深化户籍制度改革，放宽中小城市和城镇落户条件，逐步使符合条件进城落户的农民真正转为城镇居民，基本公共服务由户籍人口扩展到常住人口。积极扶持农信社等涉农金融机构发展，依法发起设立和参股村镇银行、贷款公司、农村资金互助社等新型金融组织，不断创新农村金融产品和服务方式，加大金融对“三农”的支持力度。在保障农民权益前提下，有序规范推进农村土地依法流转和存量土地集约利用，促进农业适度规模经营。

同志们，城乡一体化是利在当代、惠及子孙的大事业，需要强大的经济实力来支撑，需要几届省委带领全省人民长期奋斗，一年接一年、一任接一任地干下去，尽一切努力，让全省城乡居民共享国际旅游岛的发展成果。

五、深化开放改革，不断增强科学发展的内生动力与活力

海南建省办经济特区以来取得的巨大成就，靠的是开放改革。建设国际旅游岛，破除不利于发展方式转变的体制机制障碍，还要靠开放改革。我们必须深入解放思想，以敢闯敢试的担当，实施更加主动的开放战略，坚定社会主义市场经济改革方向，提高开放改革的创造力、执行力，努力创造体制机制的新优势，拓宽开放发展的新空间。

（一）率先实现服务业开放的新突破。这是国际旅游岛建设的重中之重。要用足用活用好国家赋予的国际旅游岛开放政策，全面提升服务业的开放程度和水平。深入实施更加开放优惠的免税购物政策，引进国内外一流商业企业，加快建设国际购物中心。推进旅游业全面开放，进一步扩大免签证的国家和地区，加大旅游要素的国际化改造和提升。推进文化产业开放，积极利用社会资本和海外资本，引进大型体育品牌赛事，实施国家赋予的竞猜型体育彩票和大型国际赛事即开型体育彩票政策。加快推进教育和医疗市场开放，加强与国内外知名院校、知名医疗机构的合作与交流，支持在琼独资、联合办学办医，积极推进万泉乐城医疗旅游先行区建设。

（二）着力打造海南对外开放的新高地。洋浦开发区是邓小平同志亲自批示设立的。2008年，胡锦涛总书记视察洋浦，进一步指明了洋浦开放发展的方向。经过多年不懈地开发、积累，洋浦开发区正强势崛起，迎来了大发展的有利时机，我们必须举全省之力加快洋浦开发区建设，使之成为国际旅游岛的强力产业支撑和对外开放的新高地。充分发挥洋浦的区位、政策和港口等优势，加强对外经济合作，壮大产业规模。依托洋浦保税港区，实施启运港退税、离岸金融等政策，发展航运、物流、仓储、中转等业务，创设洋浦石油、化工等生产资料交易中心，努力打造面向东南亚的航运枢纽和物流中心。把海口综合保税区建成临港加工物流保税园区。加快陵水国际旅游岛先行试验区的开发开放，创新开发、投融资模式，先行先试国家赋予国际旅游岛的特殊政策，引进一流大企业建设国际一流的旅游文化项目，努力打造国家级重点文化产业集聚区。

（三）积极建设立足亚洲、面向世界的国际经济合作与文化交流平台。充分发挥博鳌亚洲

论坛的影响力和带动力，进一步完善博鳌特别规划区会展服务功能；充分发挥三亚、海口以及海南东线国家休闲度假海岸的综合服务设施的作用，吸引更多高层次的外交外事活动和国际性经贸文化活动在海南举办。充分发挥侨乡优势，拓展海外联谊渠道。加强与国际友城的交流合作，推动民间外交和公共外交发展。积极参与区域经济合作，主动融入中国—东盟自由贸易区、环北部湾经济圈和泛珠三角“9+2”经济区。深化与港澳台交流合作，加快海峡两岸交流基地建设。大力引进先进技术、管理经验和高素质人才，提高利用外资的整体水平。支持岛内优势产品扩大出口。支持海航等本土企业做大做优，“走出去”拓展发展空间。努力探索、创造条件，朝着更加开放的自由贸易区方向迈进。

（四）深化以优化资源配置为导向的“省直管市县”改革。海南建设国际旅游岛，只有把全岛作为一个整体来规划、作为一个大城市来布局，才能实现资源利用效益最大化。按照全省“一盘棋”的思路，创新规划编制机制、土地供应机制、项目审批机制，打破资源配置的地区、行业、部门和层级壁垒，优化利用土地、岸线、港口、森林、矿产等资源，提高资源配置的集中度和整体效益。继续完善省直管市县体制，适时推进行政区划调整，扩大中心城市发展空间，支持海口、三亚等地先行先试、做优做强，逐步形成科学合理的区域发展新格局。

（五）突出抓好行政审批制度改革。建立更加便捷高效的行政审批制度，是优化发展环境、从源头上促进廉政建设的有效措施，要下大力气把提高行政审批效率作为行政体制改革的一大着力点。在依法依规前提下，清理审批事项，下放审批权限，设定审批时限，提高审批效率。加快推行岛内无障碍旅游，理顺旅游市场主体的利益分配，建立常态化的旅游价格调节机制。加强和改善政府的经济调节和市场监管职能，提高社会管理和公共服务的水平，努力建设公共服务型政府。

（六）继续深化农垦改革。要牢牢把握“三融入”的改革方向不动摇，加快农场属地化改革，将农场移交市县管理，全面实现政企分开、社企分离，使农垦真正融入海南经济社会发展全局；支持农垦集团做大做优特色产业，支持海胶集团建设成为亚洲最大的天然橡胶企业，充分释放农垦资源和生产力的巨大潜能，使之成为海南经济新的重要增长极。

（七）深入推进文化体制、医药卫生体制等多项改革。加快转制文化企业建立现代企业制度，整合国有文化资源，做大做强国有骨干文化企业。深化基层医疗卫生机构管理体制改革，加快公立医院改革，切实提高基本公共医疗的服务水平。深化国有企业改革，加快建立完善的公司治理结构，提高全省经营性国有资产集中度，努力提高国有企业的质量效益。打造多元化投融资主体，鼓励企业以发行债券、上市等多种形式融资。把大力发展民营经济和中小微型企业提高到建设国际旅游岛的战略高度，出台鼓励引导民营经济和中小微型企业发展的产业规划和投资目录，放开市场准入，增强各级政府对民营经济和中小微型企业的服务职能。根据国家要求，统筹推进事业单位改革、收入分配制度改革、国有林区林场改革等其他各项改革。

（八）加强和创新社会管理服务。这是当前中央部署的一项重大而紧迫的工作要求，也是群众生活质量改善、社会有序运转的迫切需要。把社会管理作为科学发展的硬任务，形成党委领导、政府负责、社会协同、公众参与的管理格局。深化社会管理机构改革，将管理职能、资源向基层、社区倾斜，加快城乡社区建设，提高管理效能。完善群众利益协调、矛盾调处和权益保障机制，加强对虚拟社会、各类社会组织和人群的服务管理。加强制度设计，完善法规规章，明确责任主体，确定规范管理的标准和任务，运用科技手段，强化对民生事业、旅游市场、交通秩序、食品药品安全、社会治安、失地农民安置等创新管理服务，提高社会管理服务的科学化水平。

24年来，海南经历了由建省办经济特区到建设国际旅游岛的两次飞跃，每一次飞跃都伴随着更宽领域、更深层次的开放改革。这是海南发展的强大动力，也是中央赋予我们的历史责任。我们一定要继续解放思想，与时俱进，当好新时期改革开放的排头兵，创造国际旅游岛科学发展的新优势。

六、大力保障和改善民生，建设基本公共服务均等化先行区

建设国际旅游岛的根本目的是保障和改善民生，而保障和改善民生又有利于刺激消费、开拓市场，增强国际旅游岛建设的内生动力，两者良性互动。在经济发展的同时，我们必须加快构建覆盖城乡、公平合理、普惠标准不断提高的基本公共服务体系，推动公共资源重点向基层延伸、向农村覆盖、向弱势群体倾斜，努力把海南建设成为我国基本公共服务均等化先行区。

（一）全力改善城乡居民的住房条件。坚持“保基本、促公平、可持续”的原则，加快建立以政府为主提供基本住房保障、以市场为主满足多层次需求的住房供应体系。坚持把保障性住房建设作为重点民生工程全力推进，确保到2016年城镇保障性住房覆盖面达到38%以上，基本解决城镇中低收入住房困难家庭的住房问题；健全保障性住房的建设、分配、管理等各项制度，保证建筑质量，完善设施配套，加强社区管理，确保公平供给、及时入住。大力实施农村危房和库区移民危房改造工程，努力改善农村困难群众的居住条件。

（二）千方百计实现城乡居民收入翻番。坚持把增加收入作为重点民生大事，列入对市县的重点考核指标，努力实现居民收入与经济发展同步。实施更加积极的就业政策，确保每个失地农民家庭、零就业家庭和贫困家庭有1人以上就业，五年新增就业岗位40万个以上，城镇登记失业率稳定在4%以内；持续加大公共财政对中小微型企业担保贷款、农民小额贷款的支持，扶持就业容量大的产业、中小微型企业发展和农民生产；健全工资正常增长机制，稳步提高全省最低工资标准；抓好“菜篮子”工程，完善低收入群体价格补贴与物价上涨联动机制，不断增加城乡居民的工资性收入、经营性收入、转移性收入和财产性收入，在经济加快发展的同时，让广大群众切身感受到收入年年有增长、生活年年有改善。

（三）加快提升教育发展水平。始终把教育摆在优先发展的战略地位，优先保障教育投入。基本普及学前教育。巩固提高九年义务教育，继续深入实施教育扶贫移民工程，促进均衡发展。加快普及高中阶段教育。重点扶持发展职业教育，全面实现中等职业教育免费。继续支持海南大学实施“211工程”，推动我省高校进入国家“2011计划”，提高高等教育办学质量和特色。统筹扩大继续教育资源。把引进和培养好校长、好教师作为一项战略工程，逐年实施，大力提升师资水平、教学质量和教育管理水平，提高群众对教育的满意度。

（四）进一步完善社会保障体系。健全各项社会保险制度，提高管理服务水平。推进被征地农民养老保险与城镇居民养老保险并轨。全面推行社会保险一卡通。健全城乡低保等社会救助制度。完善孤、残、老等社会福利制度。大力发展慈善事业。建立社会保障标准合理增长机制，确保保障标准超过全国平均水平，提高保障基金的共济能力和抗风险能力，确保人人享有标准不断提升、管理规范有序的社会保障。

（五）大力提高医疗卫生服务质量。加快建立健全覆盖城乡的公共卫生、医疗保障、药品供应和医疗服务四位一体的基本医疗卫生体系；促进新增医疗卫生资源重点向农村和城市社区倾斜，向边远山区覆盖，建成辐射全岛的五大区域医疗中心和1小时三级医疗机构服务圈；大力培养全科医生，充实社区和农村医疗队伍；加强医德医风建设，全面提升医疗机构的服务和管理水平；大力开发南药资源，发展中医药事业；全面做好人口和计划生育工作；积极引进优质医疗资源，鼓励社会资本发展医疗卫生事

业，建设一批高水平的专科医院，努力实现人人享有较高质量的基本医疗卫生服务。

（六）加快健全公共文化服务体系。坚持以政府为主导，加大投入力度，建立结构合理、功能健全、供给有力的基本公共文化服务体系。加快公共文化基础设施建设，形成以大型公共文化设施为骨干、以社区和农村基层文化设施为基础、覆盖城乡的公共文化服务设施网络。深入推进文化信息资源共享、公共文化场馆免费开放、农家书屋等惠民工程，广泛开展群众性文化、体育活动。加强琼剧、黎锦等地方特色文化资源和非物质文化遗产的开发和传承，扶持创作一批乡土文化、民族文化的精品力作，丰富群众精神文化生活。

（七）深入开展平安和谐海南创建活动。层层落实维护稳定的第一责任，切实加强维稳力量建设，打造海岛型立体化治安防控体系，积极预防和依法严厉打击各类违法犯罪活动；加强隐蔽战线和国家安全工作；深入做好群众工作，加强改进信访工作，下力气解决人民群众反映强烈的突出问题，有效防范和妥善处置各类群体性事件；完善各类突发事件应急处置机制，增强消防安全、防灾减灾能力，强化安全生产管理，确保社会稳定和谐。

只要我们真情投入、真抓实干，不断提高基本公共服务均等化的标准和普惠水平，海南人民的综合生活质量一定会走在全国前列。

七、坚持生态立省，建设全国生态文明示范区

得天独厚的生态环境是海南科学发展的核心资源，也是全国人民的共同财富。随着开发建设强度加大，海岛生态的脆弱性时刻提醒我们，要始终坚持生态立省，强化全民生态自觉，实施可持续的生态保护工程，努力建设全国生态文明示范区。这是建设国际旅游岛的战略任务，也是我们造福子孙后代的历史责任。

（一）大力推进绿化宝岛大行动。植树造林既是绿化美化，优化生态环境，也是增加森林碳汇，拓展发展空间。要加快制定和实施绿化宝岛的中长期规划和年度计划，全民参与，在道边水边、房前屋后植树造林，巩固天然林和海防林保护建设成果，打造一批城市森林公园、城郊湿地公园，营造全岛天然大氧吧。坚持因地制宜，科学种树，优选乡土树种、珍贵树种和经济果树，兼顾生态效益、景观效益和经济效益。到2016年全省森林覆盖率努力达到62%，森林总碳储量超过6000万吨，各市县城区绿地率达到35%以上、道路绿化达标率达到95%以上，努力把海南打造成为空气清新、四季花开的绿色家园，为子孙后代留下可持续发展的“绿色银行”。

（二）努力建设绿色低碳岛。着力发展生态农业、生态旅游和低能耗、低排放的新兴产业，加大对传统工业的生态化改造，加快淘汰落后产能，全面推行清洁生产。大力发展水泥、林浆纸、石化等产业的循环经济，推广“养—沼—种”三位一体的循环农业模式，加快洋浦、昌江等生态工业、循环经济园区建设。积极发展太阳能、风能、水电、气电、核电、户用沼气和工业沼气、生物柴油等清洁能源，适度推动垃圾焚烧发电。在全省公共领域全面推行合同能源管理，推广节能新技术新产品，普及新型节能照明灯具，建设绿色照明示范省。普及太阳能建筑技术应用，建设绿色建筑示范省。推广新能源汽车，海口、三亚的出租车、公交车要率先普及，建设绿色交通示范省。在旅游度假区推广冰蓄冷区域集中供冷。到2016年末，力争清洁能源在一次能源消费中的比例提高到40%左右，城镇新建住宅建筑70%以上应用太阳能等清洁能源，确保实现国家下达的节能减排目标。

（三）严格依法加强环境保护与治理。坚持上项目决不降低环保门槛，开发水平不高，宁可不开发，也决不为了一时的经济指标而破坏生态、失掉长远发展的本钱。依法依规、严格保护和管理自然保护区、生态核心区、重点水源地、重要海域。在严格保护热带雨林资源的前提下科学开发森林旅游，积极拯救海南长臂猿、

坡垒等濒危珍稀动植物，严格控制外来物种入侵。运用价格等综合手段严格控制地下水、地热温泉开采，坚决禁止乱挖滥采矿产资源。进一步加强污水、垃圾处理设施和管网配套建设，提高运行管理效率，项目开发到哪里、污水垃圾处理设施就要跟进到哪里，到2016年全省主要城镇的污水处理率达到80%以上、垃圾无害化处理率达到90%以上。加大对五大河流域的保护。强化大气、水体等生态要素的监测，规范建立细颗粒物（PM2.5）和臭氧（O3）等重要指标定期公布制度。加强农业面源污染防治。建立核安全与辐射监管及应急处理机制。开展对全岛环境负荷的评估，合理确定中心城镇人口、车辆规模和经济社会发展容量。

（四）建立生态文明建设的长效保障机制。加强全民生态教育，加强对游客的引导，广泛开展绿色景区、绿色酒店、绿色工厂、绿色社区、绿色家庭创建活动，倡导低碳环保的生产和生活方式。层层落实节能减排和生态文明建设责任制，严守生态保护红线。完善生态补偿机制，提高生态核心区保护生态的积极性。保持环保投入的合理增长，不断提升环保基础设施和科技水平。完善资源环境有偿使用制度，建立环境产权和排污权交易制度，探索启动碳排放权交易试点，促进企业自主减排。加强生态立法，加大环保执法监督力度，严厉打击破坏环境的违法行为。

只要我们坚持不懈地抓好生态文明建设，海南国际旅游岛建设就长远保持了无可替代的比较优势。

八、努力提高党的建设科学化水平，为国际旅游岛建设提供坚强保障

坚持科学发展、实现绿色崛起，关键在党。必须坚持党要管党、从严治党，以党的执政能力建设和先进性、纯洁性建设为主线，以领导班子和干部队伍建设为重点，以作风建设为突破口，以加强基层党组织建设为基础，全面推进党的各项建设，努力提高广大党员干部经受“四种考验”、克服“四种危险”的坚定性，提高推动科学发展的执行力和自觉性，充分发挥党的政治领导核心作用。

（一）始终保持坚定的政治立场。各级党组织和党员领导干部要进一步增强政治意识、大局意识、责任意识、法治意识，严格执行政治纪律，带头讲政治、顾大局、守纪律，坚决在思想上、政治上、行动上与党中央保持高度一致。在重大问题、大是大非面前旗帜鲜明、立场坚定，确保中央的重大决策部署在海南不折不扣地贯彻落实，坚决做到政令畅通、令行禁止。坚决维护党中央的权威，维护党的集中统一。牢牢把握正确舆论导向，发挥党报党刊、广播电视和主流网站弘扬主旋律的舆论阵地作用，规范网络监管，提高舆论引导能力。

（二）以思想道德建设为重点，切实加强精神文明建设。坚持用中国特色社会主义理论体系武装党员干部，深入推进学习型党组织建设，坚定理想信念。坚持用社会主义核心价值体系引领社会思潮，筑牢全省人民开放改革、团结奋斗的思想基础。加强社会公德、职业道德、家庭美德、个人品德宣传教育，不断提高公民思想道德素质。深入开展学雷锋活动，推进文明大行动，突出抓好文明诚信建设，努力形成讲文明、重诚信、守秩序、扬正气的良好社会风尚。

（三）建设坚强有力的领导班子和高素质干部队伍。坚持德才兼备、以德为先的用人标准，坚持五湖四海、任人唯贤，真正把对党忠诚、勇于担当、体恤百姓、热爱海南、实绩突出、清廉从政的干部选进领导班子。让扎实干事的老实人不吃亏，让投机钻营者不得利。深化干部人事制度改革，创新选拔任用机制，加大竞争性选拔干部力度，以健全规范的制度保障正确的用人导向。认真贯彻民主集中制，健全党委议事和决策机制，提高决策科学化、民主化水平。创新干部监督管理机制，对干部严格教育、严格管理、严格监督，促使各级党员领导干部牢固树立正确的世界观、人生观、价值观和权力观、地位观、利益观。

建设国际旅游岛，人才是最重要的生产力要素。要用优越的生态、优惠的政策、有活力的事业平台和生活保障，吸引人才、留住人才、成就人才；要树立开放包容的理念，用更加宽广的视野和胸怀，不拘一格选拔人才，创新形式培养人才，打破论资排辈重用人才，为海南科学发展提供源源不断的人才支撑。

（四）着力加强党的基层组织建设。党的基层组织是我们党全部工作和战斗力的基础。要全面落实基层党建工作责任制，大力实施“强核心工程”，在非公有制经济组织和社会组织健全党的组织，实现党组织和党的工作全覆盖。加强基层党组织带头人队伍建设，选好配强基层党组织书记。健全教育、管理、服务党员的长效机制，加强对老党员、生活困难党员的关怀帮扶。深入开展创先争优活动，发挥好基层党组织推动发展、服务群众、凝聚人心、促进和谐的战斗堡垒作用和党员的先锋模范作用。

（五）切实改进干部作风。干部作风，关系事业兴衰成败。作风正，民心顺、海南兴。各级党委要牢固树立抓作风就是抓发展的理念，像抓经济建设那样狠抓干部作风建设。各级领导干部要率先垂范，带头改进作风，引导广大党员把学习当成一种习惯、把实干当成一种品格、把密切联系群众当成一种责任、把建设国际旅游岛当成一种使命，以优良的作风树立为民实干、团结实干、创新实干的新形象。要采取针对性的措施，深入治理“庸、懒、散、贪”等突出问题，以治庸提能力、治懒增效率、治散正风气、治贪顺民心。建立健全改进干部作风的长效机制，层层落实作风建设责任制，严格考核问责，加强群众监督，以优良的党风促政风、带民风。

（六）深入推进反腐倡廉建设。坚持标本兼治、综合治理、惩防并举、注重预防的方针，完善惩治和预防腐败体系，严格落实党风廉政建设责任制，深化党性党风党纪教育，严格执行廉政准则，推行制度廉洁性审查，切实抓好源头治理；推行网上行政、网上审批、网上招投标和网上监管，促进权力在阳光下运行、资源在市场中配置、资金在网络中监管、制度在约束中落实；严肃查处工程建设、征地拆迁、教育、医药医疗、住房保障、扶贫救灾和涉农资金管理等领域存在的违纪违法行为，坚决纠正损害群众利益的不正之风；加大惩治腐败力度，大力营造风清气正、廉洁施政的政治生态。

（七）发挥党委政治领导核心作用，凝聚科学发展的强大合力。坚持党委的政治领导核心地位，充分发挥总揽全局、协调各方的作用，加强对人大、政府、政协、司法机关和人民团体政治上、思想上、组织上的领导，坚持走中国特色社会主义政治发展道路，确保党的路线方针政策得到认真贯彻落实。

支持人民代表大会及其常委会依法履行职能，用好地方立法权和经济特区特别立法权，加强立法建设创新；支持人大代表依法履职尽责、发挥作用，不断提高人大工作的水平。继续深入推进依法行政、公正司法，推动普法教育，加强法治建设。进一步完善民族区域自治制度。扩大基层民主，完善基层群众自治制度，充分调动人民群众建设国际旅游岛的积极性、创造性。

支持人民政协围绕团结和民主两大主题履行职能，推进政治协商、民主监督、参政议政，不断提高政协工作科学化水平。加强与民主党派、工商联和无党派人士的团结合作，巩固壮大爱国统一战线。认真做好民族、宗教、侨务、外事和对台工作。充分发挥工会、共青团、妇联、文联、侨联、社科联、科协、台联、关工委等人民团体及各类群众团体联系广大群众的桥梁纽带作用。

要进一步增强主权意识和国防安全意识，依法履行职责，维护国家南海权益；大力支持驻琼军警部队建设、国防建设，加强民兵预备役工作，积极开展“双拥共建”，为筑牢南海长城、维护国家主权尽到地方党委、政府的一份政治责任。

同志们，加快国际旅游岛建设，实现科学发展、绿色崛起，使命光荣、任务艰巨、责任重大。让我们高举中国特色社会主义伟大旗帜，更加紧密地团结在以胡锦涛同志为总书记的党中央周围,带领全省人民开拓创新,拼搏实干,以一天也不耽误的精神,为建设中外游客的度假天堂和海南人民的幸福家园而努力奋斗,以优异的成绩迎接党的十八大胜利召开!

注:

1.“四方五港”:海南北部海口港、南部三亚港、西部洋浦港和八所港、东部清澜港。

2.“田”字型高速公路:由G98环岛高速公路(原环岛东线、环岛西线、海口绕城、三亚绕城高速公路组成)和海口—屯昌—五指山—保亭—三亚中线高速、万宁—琼中—儋州—洋浦横线高速公路组成的形状似“田”字的高速公路主骨架,简称“田”字型高速公路。

3.“三网”融合:电信网、广播电视网、互联网融合发展,实现三网互联互通、资源共享,为用户提供话音、数据和广播电视等多种服务。

4.“三融入”目标:海南农垦管理体制改革要实现“体制融入地方、管理融入社会、经济融入市场”的目标。

5.“211工程”:面向21世纪,集中中央和地方各方面力量,重点建设100所左右的高等学校和一批重点学科点。

6.“2011计划”:高等学校创新能力提升计划,是我国高等院校继“211工程”和“985工程”后又一重大项目,核心是推动“协同创新”,即充分利用高等学校已有基础,汇聚社会各方资源,大力推进高等学校之间以及高等学校与科研院所、行业企业、地方政府和国际社会的深度融合,探索建立适应于不同需求、形式多样的协同创新模式。

7.“四种考验”:胡锦涛总书记在庆祝中国共产党成立90周年大会上指出的“执政考验、改革开放考验、市场经济考验、外部环境考验”。

8.“四种危险”:胡锦涛总书记在庆祝中国共产党成立90周年大会上指出的“精神懈怠的危险、能力不足的危险、脱离群众的危险、消极腐败的危险”。

9.“强核心工程”:为深入贯彻落实党的十七届三中全会精神,省委五届五次全会着眼于加强新时期农村党的建设,2009年作出了在全省农村基层党组织中实施“强核心工程”的决定,力争经过3至5年的实施推进,普遍实现村党支部领导核心强、党员带头致富和带领群众共同致富能力强、乡镇党委龙头作用强的目标。

中共海南省委常委、书记、副书记
中共海南省纪委书记、副书记、常委名单

2012年4月28日,中国共产党海南省第六届委员会第一次全体会议选举罗保铭、蒋定之、李宪生、姜斯宪、肖若海、许俊、陈辞、马勇霞(女 回族)、谭力、李秀领、谭本宏、孙新阳为中共海南省委常委;选举罗保铭为省委书记,蒋定之、李宪生为省委副书记。

会议通过中共海南省纪律检查委员会书记、副书记、常务委员会委员人选:书记:马勇霞(女 回族),副书记:丁伯东、罗志军、刘容平;常委:马勇霞(女 回族)、丁伯东、罗志军、刘容平、吴月(女 黎族)、廖光普、宋健、张东斌、符鸣。

重庆市第四次党代会报告摘要及市委、市纪委领导成员名单

深入贯彻落实科学发展观 为在西部率先实现全面建设小康社会目标而奋斗

——在中国共产党重庆市第四次代表大会上的报告(摘要)

(2012 年 6 月 18 日)

张德江

同志们:

我代表中共重庆市第三届委员会向大会作报告。

今天,恰逢重庆直辖市成立十五周年。值此喜庆时刻,召开中国共产党重庆市第四次代表大会,回顾直辖以来的奋斗历程,谋划未来发展的宏图伟业,具有特殊而重大的意义。报告的主题是:深入贯彻落实科学发展观,为在西部率先实现全面建设小康社会目标而奋斗。

科学发展观是我国经济社会发展的重要指导方针,是我们必须坚持和贯彻的重大战略思想;在西部率先实现全面建设小康社会目标,是以胡锦涛同志为总书记的党中央赋予重庆的光荣使命,是全市各族人民的根本利益所在。确定这一主题,体现了中央的重托,人民的期盼,时代的要求!

一、过去五年的工作和直辖十五年的启示(略)

二、今后五年的总体要求和奋斗目标

经过直辖十五年不懈努力,我们总体完成了“打基础、建平台、增后劲”的艰巨任务,迈出了“求突破、上台阶、大发展”的坚实步伐。今后五年,是重庆深入贯彻落实科学发展观、全面贯彻落实“314”总体部署极为关键的时期。我们一定要审时度势,科学谋划率先实现全面建设小康社会目标的发展思路。

率先实现全面建设小康社会目标,要清醒认识重庆的发展阶段和面临的形势。应当看到,尽管直辖以来有了很大发展,但重庆市情非常特殊,面临的困难和挑战还很多:集大城市、大农村、大山区、大库区于一体,城乡区域差异很大;综合实力还不强,工业化、城镇化、农业现代化水平还不高,人民生活还不富裕;经济增长方式比较粗放,科技创新能力较弱,资源能源环境约束趋紧,社会安全稳定任务仍很艰巨,发展不全面不协调不可持续的问题比较突出;党的建设任务仍很繁重。总体上看,重庆仍然处在欠发达阶段,仍然属于欠发达地区,离“314”总体部署的要求和人民群众的期望还有较大差距,实现科学发展任重道远。

更要看到,重庆发展面临许多难得机遇:世界和平发展合作仍是时代主流,我国仍处在重要战略机遇期,为重庆发展创造了良好外部环境;中央深入实施西部大开发战略,给予重庆一系列政策支持,为重庆发展提供了重要支撑;直辖十五年的建设,为重庆发展奠定了良好基础;3300 万勤劳智慧的各族人民,为重庆发展集聚了不竭动力。我们一定要认清形势,抓住机遇,坚定信心,加倍努力,在全面建设小康社会新征程上奋勇争先。

率先实现全面建设小康社会目标,要科学

确立重庆发展的指导思想和战略思路。我们要高举中国特色社会主义伟大旗帜，以邓小平理论和“三个代表”重要思想为指导，深入贯彻落实科学发展观，以“314”总体部署为总纲，以“科学发展、富民兴渝”为总任务，实施“一统三化两转变”战略，着力深化改革开放，全面推进经济建设、政治建设、文化建设、社会建设、生态文明建设和党的建设，力争2017年在西部率先实现全面建设小康社会目标。

“科学发展、富民兴渝”，是重庆深入贯彻落实科学发展观、全面贯彻落实“314”总体部署、在西部率先实现全面建设小康社会目标的根本要求，是直辖以来丰富实践的凝炼升华，是当前和今后一个时期必须牢牢把握并努力完成的总任务。为此，要立足重庆市情，大力实施“一统三化两转变”战略。“一统”就是要统筹城乡区域协调发展，深入推进统筹城乡综合配套改革试验区建设，着力构建城乡区域一体化发展体制机制，促进城市支持农村、工业反哺农业、“一圈”带动“两翼”，形成城乡区域协调发展新格局。“三化”就是要加快推进工业化、城镇化、农业现代化，以工业化为引擎，以城镇化为依托，以农业现代化为基础，“三化”同步推进，形成重庆科学发展的强大动力。“两转变”就是要转变经济发展方式，提高发展质量和效益；转变政府职能，创新社会管理。归结起来，就是要推动重庆步入科学发展的正确轨道，不断开创科学发展新局面，提升科学发展新境界。

率先实现全面建设小康社会目标，要切实制定未来发展的目标任务。围绕深入贯彻落实科学发展观和“314”总体部署，到2017年直辖二十周年时，西部地区重要增长极和长江上游地区经济中心基本建成，城乡统筹发展直辖市建设取得重大进展，力争在西部率先实现全面建设小康社会的目标。

——建成“三中心两集群一高地”。建成长江上游金融中心、商贸物流中心和科技教育中心，即金融机构和金融要素高度聚集的区域性金融中心，万商云集、四通八达的商贸物流中心，科技实力和创新能力突出、教育发达、人才荟萃的科技教育中心。建成重要产业集群和城镇集群，即产业链完善、规模效应明显、核心竞争力突出、支撑作用强大的一批重要产业集群；国家中心城市功能凸显、区域性中心城市作用突出、区县城和重点镇特色鲜明，对周边地区有重要带动作用的城镇集群。建成内陆开放高地，形成以两江新区为龙头的全方位、多层次、宽领域的开放体系，形成完善的政策体系和制度环境。

——实现“三个领先”。经济发展水平在西部领先，经济总量较快增长，经济质量和效益较快提高，城乡之间、“一圈两翼”之间发展差距较快缩小，综合经济实力、核心竞争力和辐射带动力大幅提升。社会发展水平在西部领先，各类教育发展更加协调，文化事业文化产业更加繁荣，医疗卫生服务更加完善，民主法制更加健全，公共安全基础更加牢固，生态环境更加良好，社会文明和谐程度大幅提升。人民生活水平在西部领先，城乡居民收入明显增长，社会就业水平明显提高，社会保障能力明显增强，居民住房条件明显改善，城乡基本公共服务均等化水平和居民生活质量大幅提升。

在此基础上继续努力，到2020年，重庆发展的全面性、协调性、可持续性进一步增强，居民生活质量进一步提升，社会文明程度进一步提高，建设更高水平的小康社会。再经过10年左右的奋斗，到直辖三十周年前后，重庆现代化建设大步迈进，一个经济发达、社会文明、生态良好、人民幸福的新重庆一定会崛起在祖国的西部大地！

三、推动经济又好又快发展

科学发展、富民兴渝，必须坚持以经济建设为中心不动摇。要加快转变经济发展方式，以改革开放和扩大内需为驱动力，以构建产业集群为主攻方向，促进集约发展、转型升级，提升核心竞争力，形成以实体经济为主体、三次产业协调发展的局面。

（一）做强做大工业经济，加快提升综合实力。把发展工业放在经济工作首要位置，坚持走新型工业化道路，大力推进信息化和工业化深度融合，调结构、转方式，加快提升传统产业，培育发展新兴产业，推动工业经济上规模、上水平、上质量、上效益。以开发区、园区为依托，引导产业集聚，进一步强化电子信息、汽车摩托车、装备制造、综合化工、冶金材料等优势产业集群，加快建设现代制造业基地。突出大项目、大企业、大基地、大支柱，培育发展一批“十百千亿级”大企业集团。注重扶小扶优，支持中小企业发展。坚持质量强市，培育一批名牌企业和名牌产品。坚持人才兴企，造就高素质企业家和技能人才队伍。

（二）提高农业质量和效益，加快推进农业现代化。发展现代农业，重点在基础建设，关键在质量效益。坚持农业基础地位，大力加强农田水利建设，改善农业综合生产条件。切实保护耕地。以市场为导向，以科技为支撑，因地制宜发展效益农业。着力延长农业产业链，发展农产品精深加工，完善农产品市场体系和质量安全体系，畅通农产品流通渠道，支持产销对接，保障市场供给，促进农业增效。培育现代农业经营主体，壮大龙头企业，发展专业合作组织，促进农业生产经营专业化、标准化、规模化、集约化。推进农业科技创新，完善农业技术推广应用服务体系。

（三）发展壮大服务业，加快建设长江上游金融、商贸物流中心。坚持生产性与生活性服务业、传统和现代服务业并重，促进现代服务业与先进制造业融合发展。大力改善金融环境，培育金融市场，更多集聚金融要素，打造长江上游金融中心。优化消费环境，加快建设长江上游地区会展之都、购物之都、美食之都；推进物流基地、物流枢纽建设，完善现代物流产业体系，打造长江上游商贸物流中心。积极发展云计算、物联网、电子商务、服务外包、研发设计、咨询评估等新兴服务业。大力发展旅游业，突出特色，建成国内外知名旅游目的地。加快发展医疗、健身、养老、家政等服务业。

（四）推动科技进步，加快建设长江上游科技创新中心。大力推进科技创新，切实增强科技对经济发展的支撑引领作用，建设创新型城市。深化科技体制改革，形成以企业为主体、市场为导向、产学研结合的创新体系，促进科技成果转化和产业化。重点推动集成创新、引进消化吸收再创新，鼓励有条件的领域开展原始创新。面向重点产业加强创新平台建设，注重协同创新，推进军民融合技术创新，积极开发重大共性技术和核心关键技术，实施重大科技示范工程。完善激励创新政策体系，培养引进科技领军人物、高端人才和创新团队，保护知识产权，加强科普工作。高度重视信息化、数字化、智能化建设。

（五）扩大对外开放，加快建设内陆开放高地。坚持出口与进口、“引进来”与“走出去”并举，提升对外开放水平，建立完善内陆开放型经济体系。加快两江新区开发开放，建成内陆开放的重要门户。加快建设两路寸滩保税港区、西永综合保税区和国家级市级开发区、特色工业园区，完善开放平台体系。积极推进国际物流大通道建设，完善内陆口岸功能，努力建成内陆国际物流枢纽。优化开放政策，创新开放模式，大力引进先进制造业及企业总部、研发中心。不断扩大对外贸易，积极开展国际合作，鼓励更多企业“走出去”。加强与港澳台交流合作。以成渝经济区、长江经济带为重点，全面深化与兄弟省区市合作。

（六）深化经济体制改革，加快建立充满活力的现代市场体系。坚持“两个毫不动摇”，推动多种所有制经济平等竞争、相互促进、共同发展。充分发挥市场配置资源的基础性作用，大力培育各类市场主体。以促进产权多元化、健全现代企业制度为重点，深化国企改革，完善监管方式，激活内生动力，做优做强国有企业。推动民营经济大发展，完善和落实扶持政策，减轻企业负担，放宽行业准入，鼓励民间资本参与国企改革，进入基础设施、基础产业和公共服务等领域，形成一批有竞争力的民营企业集团。积极发展资本、技术、劳动力等要素市场，打破市场垄断和价格垄断，整顿规范市场秩序，完善社会信用体系和市场监管体系。加快转变政府职能，深化行政审批制度和财税体制改革，推进事业单位分类改革，充分发挥社会中介组织的作用。切实推进简政放权，调动区县加快发展的积极性。

经济发展是富民之源、兴渝之基。只要我们紧紧扭住经济建设不放松，科学作为，务实作为，就一定能够在科学发展的道路上阔步前行！

四、统筹城乡区域协调发展

统筹城乡区域协调发展，是科学发展、富民兴渝的战略重点。要坚持重点突破与整体推进相结合，以构建城乡区域一体化发展体制机制为核心，着力抓好“三农”和“两翼”薄弱环节，不断提升全市发展整体水平。

（一）统筹城乡综合配套改革，着力破解城乡二元结构突出矛盾。着眼于城乡要素自由流动、促进城乡一体化发展，深入推进统筹城乡综合配套改革。深化农村产权改革，健全土地、林地承包经营权流转市场，稳妥开展农房和农村集体资产交易改革试点。深化城乡建设用地和“地票”制度改革。深化农村金融改革，继续探索“三权”抵押贷款，扩大农业保险。完善和推进户籍制度改革。推动城乡社保、医疗等体制接轨，促进城乡基本公共服务均等化。

（二）统筹“一圈两翼”发展，构建区域协调发展新格局。坚持科学规划，强化协作带动，推动“一圈两翼”优势互补、协同共进。“一圈”要率先发展、做优做强，加快建成城乡统筹发展示范区和全面建设小康社会先行区。主城区要强化核心辐射带动功能，发挥引领作用，“一圈”其他区县要依托主城、做大做强，加快建成一批西部经济强县。“两翼”要强化基础设施，发挥后发优势，努力追赶发展。渝东北地区要依托长江黄金水道和交通干线，加快打造特色经济板块，建成长江上游生态经济示范区。三峡库区要抓住后续工作机遇，发展经济、改善民生、维护稳定，努力建设和谐繁荣新库区。渝东南地区要用好民族政策，加大资源综合开发力度，依托重点城镇和交通干线布局特色产业，建成武陵山区特色经济示范区和民族团结进步模范区。加大对“两翼”支持力度，强化“一圈”对“两翼”的帮扶带动，提升“两翼”发展水平。

（三）统筹大中小城市协调发展，增强城市辐射带动功能。坚持把推进城镇化、打造城镇集群作为城乡区域协调发展的中心环节。搞好城镇体系和城镇建设规划，强化规划前瞻性和约束性，节约用地，集约发展。主城区要按照国家中心城市战略定位，突出特色风貌和历史文脉，推进中央商务区、商务集聚区等“十大片区”开发，完善城市综合功能，强化产业升级，高水平建设现代大都市。加快建设六大区域性中心城市，强化产业承接、交通疏解、公共服务分担等重要功能。进一步建设好第二大城市万州，发挥其在渝东北地区的核心引领作用。加快区县城建设，强化产业支撑，充分发挥对县域经济的带动作用。重视中心镇和小城镇建设，努力发挥衔接城乡的纽带作用。完善城镇管理体制，创新管理方式，不断提高科学化水平。

（四）统筹推进新农村建设，促进农村繁荣进步。以改善农民生产生活条件和方式为重点，科学规划，加大投入，分步实施，大力推进新农村建设。根据农村人口变化，鼓励和引导农民适度集中居住，注重保持乡村特色和田园风光，推进农民新村和巴渝新居建设。加快农村道路、水利、通信、广电等基础设施和商品流通体系建设，加快发展农村社会事业，不断改善基础条件，提升公共服务水平。加强农村环境综合整治，推广清洁能源，改善公共环境。加强人力资源开发，大力培育新型农民。坚持开发式扶贫，加快以武陵山区、秦巴山区为重点的贫困地区集中连片开发，实施多种有效扶贫方式，确保扶贫措施到村到户，增强贫困地区和贫困人口的自我发展能力。

（五）统筹城乡交通、能源、水利等建设，加

快形成覆盖城乡的基础设施网络。以畅通对外通道、完善内部网络为重点，全面建成长江上游综合交通枢纽。加快城区路网和轨道交通建设，完善公共交通体系。推进农村路网建设，提升通畅水平。加强能源建设，建成国家级煤炭储运基地，加快实施重大电源电网项目，建设覆盖所有区县的天然气供给网络，构建起适应需求、安全可靠的能源保障体系。加强各类水利工程建设，提高旱涝保收、防洪抗旱和城乡供水能力。推进城乡信息化建设，加速“三网”融合。

（六）统筹城乡生态环境保护和建设，构筑长江上游重要生态屏障。始终把生态环境保护和建设作为长期战略任务。加强库区水环境保护和消落区治理，搞好天然林保护和沿江防护林建设，加强地质灾害防治，努力实现“一江碧水、两岸青山”。因地制宜搞好城乡绿化。实施石漠化综合治理、小流域综合治理、水土保持等生态环境工程，搞好工矿采空沉陷区生态恢复重建。按照资源节约、环境友好的要求，淘汰落后产能，加强节能减排，严格防治工业污染，积极建设低碳经济、循环经济示范区。强化次级河流污染治理，搞好城乡污水、垃圾无害化处理，加强农村面源污染综合治理，努力实现绿色发展。

推进城乡区域协调发展，既是艰巨任务，更是发展机遇。我们务必做好这篇大文章，加快把重庆建设成为城乡统筹发展的直辖市！

五、保障和改善民生

保障和改善民生，是科学发展、富民兴渝的根本要求。我们所做的一切，都是为了让人民群众过上好日子。要正确处理当前与长远、公平与效率的关系，充分发挥政府主导作用和人民主体作用，用改革的思路和可持续的办法，切实增进民生福祉。

（一）扶持创业兴业，切实促进城乡居民充分就业。就业是民生之本，创业是就业之源。要大兴创业之风，完善创业激励政策，扶持发展小微企业和个体工商户，激发民间创业活力，以创业带动就业。积极发展劳动密集型和智力密集型产业，拓宽就业渠道，促进就业增长。健全城乡统一的就业服务体系，重点做好高校毕业生、农村转移劳动力、库区移民、城镇就业困难人员和退役士兵的就业工作。完善就业援助机制，动态消除城镇“零就业家庭”。健全劳动合同和劳动争议仲裁制度，保护劳动者合法权益，构建和谐劳动关系。

（二）坚持教育优先，切实办好人民满意的教育。着眼于学有所教、教有所能、能有所用，以素质教育为导向，以职业技术教育为突破口，推动教育改革发展，提高教育质量，努力建设长江上游教育中心。保持教育经费不低于国内生产总值4%。合理配置城乡公共教育资源，积极发展学前教育，推动义务教育均衡发展，普及高中阶段教育，促进高等教育提高质量、内涵发展，充分发挥高等教育在建设教育中心中的重要支撑作用。把发展职业技术教育作为富民兴渝的战略任务，积极构建现代职业技术教育体系。重点打造主城、万州、永川、黔江等职教集聚区，加强实训基地建设，推动校企合作，大力培养技能型、实用型人才。搞好特殊教育。鼓励社会办学，发展民办教育。加强教师队伍建设。健全贫困学生资助体系，解决好农民工子女就学问题。实施中小学生营养促进工程。

（三）完善住房供应体系，切实保障城乡居民住有所居。坚持市场供给为主体、政府保障为补充，健全住房供给体系。促进房地产市场健康稳定发展，支持自住型和改善型住房消费，引导房屋租赁市场发展。搞好房产税试点。稳步推进以公租房为重点的保障性住房建设，健全管理机制，切实解决低收入群众住房困难。继续推进城乡危旧房和工矿棚户区改造，不断改善城乡居住环境。

（四）深化医药卫生体制改革，切实提高城乡医疗服务和居民健康水平。坚持公共医疗卫生的公益性质，建立健全覆盖城乡的基本医疗卫生服务体系，确保人人享有基本医疗和公共卫生服务。加强村卫生室、社区卫生站、乡镇卫生院、区县级医院建设,加快公立医院改革,鼓励社会办医,完善基本药物制度,深化基层医疗卫生机构综合改革。实行城镇职工和城乡居民医保市级统筹,逐步提高医保待遇。加强医德医风建设。发展中医药事业。发展群众体育,增强人民体质。加强人口和计划生育工作。加强食品药品安全监管,严厉打击违法犯罪行为。

(五)健全社会保障体系,切实解决群众后顾之忧。坚持广覆盖、保基本、多层次、可持续方针,健全覆盖城乡的社会保障体系,实现人人享有基本社会保障。加快建立社会保险转移衔接机制。健全城乡居民最低生活保障制度和社会救助体系,保障困难群众基本生活。加强社会福利服务体系建设,鼓励和规范社会力量兴办福利机构。积极发展残疾人、老龄和慈善事业。

(六)加强收入分配调节,切实提高居民收入水平。合理调整收入分配格局,逐步提高居民收入在国民收入中的比重、劳动报酬在初次分配中的比重和财产性收入占居民总收入的比重。促进农民收入持续较快增长。建立企业职工工资集体协商机制。加强国有企业收入分配监管。完善机关事业单位收入分配制度。逐步缩小收入差距,促进共同富裕。

保障和改善民生,是一项重大而长期的任务。我们一定要坚持不懈,以更大的力度、更实的举措,不断改善民生,让改革发展成果惠及全市人民群众!

六、加强民主法治和创新社会管理

民主法治和社会管理,是激发社会活力、维护公平正义、实现社会和谐的重要基础。要积极推进民主法治,创新社会管理,保障人民群众合法权益,广泛调动全市人民的积极性创造性,为科学发展、富民兴渝凝聚强大合力。

(一)发展人民民主,努力落实好人民当家作主的权利。充分发挥人大及其常委会立法、监督、人事任免、重大事项决定等职能作用,充分发挥政协政治协商、民主监督、参政议政作用,充分发挥民主党派、无党派人士参政议政、民主监督作用和工商联的重要作用。加强决策规范化、程序化、制度化建设,加强新闻媒体监督和人民群众监督,确保公共权力公正运行。完善基层群众自治,健全企事业单位民主管理制度,切实保障人民群众的各项民主权利。

(二)坚持依法治市,努力建设良好法治环境。加强科学立法,深化行政执法体制改革,深入推进依法行政,加快建设法治政府。切实维护司法权威,支持法院、检察院依法独立行使审判权、检察权。推进审判、检务、警务公开,强化法律监督,坚决防止滥用职权、徇私枉法、刑讯逼供等违法行为,做到有法必依、违法必究。完善法律援助和司法救助制度。按照忠诚、为民、公正、廉洁的要求,切实加强政法队伍建设。加强民主法制宣传教育,增强全民法律意识。坚持法律面前人人平等,决不允许任何组织和个人凌驾于法律之上,领导干部尤其要带头遵守宪法和法律,坚决防止和反对以言代法、以权代法、干预具体案件。

(三)创新社会管理,努力促进社会和谐。坚持以人为本、服务为先,完善党委领导、政府负责、社会协同、公众参与的社会管理格局。以城乡社区建设为重点,以综合服务管理平台为抓手,创新管理服务方式,增强村(居)委会自治和服务能力。促进社会组织健康发展,加强社会工作者队伍建设,发挥在社会建设管理中的积极作用。坚持用群众工作统揽信访工作,深入开展干部下访活动,加快建立健全重大决策社会稳定风险评估机制,建立科学有效的利益协调、诉求表达、矛盾调处和权益保障机制。加强流动人口、特殊人群的管理和服务。贯彻民族宗教政策,做好民族宗教工作。

(四)深化平安建设,努力提高公共安全保障水平。坚持打防结合、预防为主,专群结合、依靠群众,健全立体化社会治安防控体系,构建维护社会稳定的长效机制。加强派出所、司法所、社区警务等基层基础建设,完善交巡警体制，维护校园等重点场所安全，依法打击黑恶势力及各种违法犯罪活动。树立安全发展理念，落实安全责任，强化安全监管，防范重特大事故发生。完善快速反应的应急体制机制，提高对突发事件的预防预警和应急救援处置能力。

加强民主法治和创新社会管理，彰显文明进步的时代要求。我们要顺应形势，主动作为，努力把重庆建设成为充满活力之城、共享和谐之城！

七、推进文化大发展大繁荣

文化是民族的根和魂。要增强文化自觉自信，坚持中国特色社会主义文化发展道路，弘扬主旋律，提倡多样化，遵循文化发展规律，大力建设文化强市，为科学发展、富民兴渝提供强大的精神动力。

（一）以建设社会主义核心价值体系为引领，夯实全市人民团结奋斗的思想道德基础。加强理想信念教育，用社会主义核心价值体系引领社会思潮，凝聚全市人民的思想意志。传承中华民族精神，弘扬红岩精神和三峡移民精神。大力加强社会公德、职业道德、家庭美德、个人品德教育，关心下一代健康成长，切实抓好未成年人思想道德建设和大学生思想政治教育。繁荣发展哲学社会科学。深化群众性精神文明创建活动，培育自尊自信、理性平和、谦让包容、健康向上的社会心态，营造讲科学、讲民主、讲文明、讲法治的新风正气。

（二）以加强现代传播体系建设为重点，提高社会舆论引导力。加强主流媒体建设，发展并用好管好新兴媒体。把握正确舆论导向，壮大主流舆论，加强网络舆论引导，形成积极健康的舆论环境。要面向基层、贴近群众、转变作风、改进文风，真实反映改革发展丰富实践，生动展现人民群众精神风貌，不断提高舆论引导的亲和力、感染力、公信力。

（三）以深化文化体制改革为动力，繁荣发展文化事业和文化产业。破除束缚文化发展的体制机制障碍，促进文化资源充分利用、文化活力充分迸发。大力发展文化事业，坚持以人民为中心的创作导向，繁荣文学艺术，为人民群众提供更多喜闻乐见的优秀作品。实施特色文化培育工程，加强对巴渝文化、抗战文化、统战文化和非物质文化遗产的挖掘、保护、传承。大力发展文化产业，推进国有与民营文化企业共同发展，把文化产业培育成为支柱产业。重视文化人才队伍建设，培养一批名家名师。

（四）以满足人民基本文化需求为出发点，推进城乡文化一体化发展。按照公益性、基本性、均等性、便利性的要求，完善覆盖城乡的公共文化服务体系。大力实施文化惠民工程，健全公共文化服务运行保障机制，推动文化资源向农村、向基层倾斜，提高公共文化产品和服务的供给能力，保障人人享有基本文化权益。尊重群众意愿，注重形式和效果有机统一，开展更加丰富多彩的文化活动，让人民群众在共建中共享文化成果。

文化凝结历史，文化反映现实，文化引领未来。我们要大力加强文化建设，充分激发文化创造活力，不断提升文化软实力，努力促进重庆文化大发展大繁荣！

八、加强党的先进性和纯洁性建设

科学发展、富民兴渝，关键在党。要全面提高党的建设科学化水平，积极应对“四大考验”，切实防范“四大危险”，始终保持党的先进性和纯洁性，为重庆改革发展提供坚强政治保证。

（一）坚持理论武装，保持思想政治的清醒坚定。大力加强学习型党组织建设，完善中心组学习制度。市委要做好表率，带动各级党组织深入学习、全面把握中国特色社会主义理论体系，深刻认识社会主义初级阶段的基本国情和重庆的特殊市情，坚持党的基本路线不动摇，坚定不移走中国特色社会主义道路。加强党员干部理想信念、政治品行、道德修养和党的知识教育，牢固树立正确世界观、人生观、价值观，增强政治敏锐性和鉴别力，在大是大非面前始终保持清醒头脑。坚持实事求是,发扬理论联系实际的学风,自觉用科学发展观指导实践、推动工作。

(二)坚持民主集中制,加强各级领导班子建设。制度面前没有特权,制度约束没有例外。要深入开展民主集中制教育,各级领导班子和党员干部要自觉遵守党的政治纪律和组织纪律,坚决反对自由主义和个人主义,始终同党中央保持高度一致。健全落实民主集中制的各项制度,严格执行领导班子议事规则和决策程序,坚决防止"家长制"、"一言堂"。发扬党内民主,健全党内民主生活,加强党内监督,认真开展批评与自我批评。班子一把手要以身作则,带头遵守党纪国法,自觉接受监督,班子成员要敢于坚持原则、坚持真理,继续营造心齐、气顺、风正、劲足的良好氛围,重视发挥全委会的作用。

(三)坚持正确用人导向,建设高素质干部队伍。全面贯彻党的干部路线,坚持五湖四海、任人唯贤,坚持德才兼备、以德为先,严格按照程序选用干部,提高干部工作透明度和选人用人公信度。坚决纠正用人上的不正之风,坚决防止搞"小圈子"、凭个人好恶用人。健全考核评价机制,引导干部牢固树立科学发展观和正确政绩观。加强干部教育培训,抓好后备干部队伍建设,加大培养选拔优秀年轻干部力度,重视培养选拔女干部、少数民族干部和党外干部。带着感情扎实做好老干部工作。统筹抓好各类人才队伍建设,为重庆发展提供人才保障。

(四)坚持抓基层强基础,发挥基层党组织战斗堡垒作用。党的根基在基层,活力在基层。全面落实基层党建工作责任制,加强基层党组织领导班子建设,整顿软弱涣散的党组织。全面推进农村、社区、机关、高校、国有企业及非公有制经济组织、社会组织党建工作,构建统筹城乡基层党建新格局。坚持标准,做好发展党员工作,创新党员教育管理方式方法,发挥党员先锋模范作用。积极推进党务公开,切实保障党员主体地位和民主权利。开展党内关怀,让老党员、生活困难党员感受到组织的温暖。

(五)坚持执政为民,发扬联系群众和求真务实的作风。党的作风关系党的形象和人心向背。党员干部要增强宗旨意识,自觉贯彻党的群众路线,密切同群众的血肉联系。健全联系服务群众制度,深入基层,调查研究,使各项工作真正切合基层实际、符合群众愿望,坚决反对凭主观意愿决策、搞强迫命令和瞎指挥。坚持真抓实干,说实话、办实事、求实效,坚决反对形式主义、大轰大嗡、虚报浮夸、弄虚作假等坏风气,创造经得起实践、人民和历史检验的业绩。

(六)坚持反腐倡廉,扎实开展党风廉政建设。坚持标本兼治、综合治理、惩防并举、注重预防,实行制度、监督、自律三结合,健全惩治和预防腐败体系。加强廉政教育,引导党员干部树立正确的权力观、地位观、利益观,筑牢拒腐防变的思想道德防线。加强制度建设,深入推进重点领域和关键环节改革,从源头上防治腐败。加强对中央重大决策部署落实情况的监督检查,确保政令畅通。认真落实廉政准则,加强对各级领导干部特别是主要领导的监督,严格执行领导干部报告个人有关事项等制度,加强领导干部经济责任审计。切实做好巡视工作。加大违纪违法案件查办力度,对任何腐败分子都要一查到底、决不姑息。大力倡导艰苦奋斗,坚决反对奢侈浪费。切实纠正损害群众利益的不正之风,认真解决群众反映的突出问题。

我们党是中国特色社会主义事业的领导核心。坚持党总揽全局、协调各方,支持人大、政府、政协、司法机关等依照法律和章程独立负责、协调一致地开展工作。加强对统战工作的领导,巩固和发展最广泛的爱国统一战线。加强和改进党的群众工作,充分发挥工会、共青团、妇联等群团组织的作用。加强国防动员和后备力量建设,深入开展双拥共建活动,巩固军政军民团结。

全市各级党组织和党员干部是重庆各项事业的中流砥柱。我们要始终坚持立党为公、执政为民,始终坚持积极向上、奋发有为,始终坚持攻坚克难、勇于登攀，以时不我待的使命感责任感紧迫感，奋力开创科学发展、富民兴渝的新局面！

同志们！回首过去，我们创造了无愧于历史的光辉业绩；面向未来，我们肩负着建设重庆美好明天的光荣使命。让我们紧密团结在以胡锦涛同志为总书记的党中央周围，高举中国特色社会主义伟大旗帜，以邓小平理论和“三个代表”重要思想为指导，深入贯彻落实科学发展观，团结带领全市各族人民，万众一心，锐意进取，以实际行动迎接党的十八大，认真学习贯彻十八大精神，为完成“314”总体部署、在西部率先实现全面建设小康社会目标而努力奋斗！

中共重庆市委常委、书记、副书记
中共重庆市纪委书记、副书记、常委名单

2012 年 6 月 22 日，中共重庆市第四届委员会举行第一次全体会议，会议选举产生了新一届市委常委会和书记、副书记。张德江当选中共重庆市委书记，黄奇帆、张轩（女）当选中共重庆市委副书记；其他常委有：马正其、徐敬业、范照兵、刘光磊、徐松南、翁杰明、吴政隆、梁冬春、刘学普（土家族）、徐海荣。

会议通过了中共重庆市第四届纪律检查委员会书记、副书记、常委人选：书记：徐敬业，副书记：李维超、张伟、王勇，常委：徐敬业、李维超、张伟、王勇、王建东、张晓春（女）、左奇、刘晓文（女）、张晋、刘晓东。

四川省第十次党代会报告摘要及省委、省纪委领导成员名单

科学发展　执政为民
为建设西部经济发展高地而奋斗

——在中国共产党四川省第十次代表大会上的报告(摘要)

刘奇葆

(2012年5月16日)

同志们:

现在,我代表中国共产党四川省第九届委员会向大会作报告。

中国共产党四川省第十次代表大会,是在我省抗震救灾和灾后恢复重建取得全面胜利、奋力推进新一轮西部大开发和"十二五"发展、全面建设小康社会的关键时期召开的一次十分重要的会议。大会的主题是:高举中国特色社会主义伟大旗帜,以邓小平理论和"三个代表"重要思想为指导,深入贯彻落实科学发展观,把握新形势新任务,科学发展,执政为民,大力推进改革开放和现代化事业,加快全面建设小康社会进程,为建设西部经济发展高地而奋斗。

科学发展是当今中国的时代主题。执政为民是当代中国共产党人全部奋斗的鲜明主旨。建设西部经济发展高地是四川推进改革开放和现代化事业的关键抉择和战略定位,是与全面建设小康社会相一致的奋斗目标。全省各级党组织和广大党员要切实肩负历史使命,始终不渝地坚持科学发展、执政为民,团结带领全省各族人民,朝着建设富裕民主文明和谐的新四川阔步前进!

一、"两个加快"谱写崛起危难的恢宏篇章(略)

二、在科学发展的轨道上实现跨越提升

推动一个时期的发展,必须顺应发展大势,踩准时代步点。我们要坚持发展是硬道理的战略思想,清醒把握历史方位,抓住发展主要矛盾,科学确定今后一个阶段的执政使命。

从发展的外部环境和自身发展的阶段来看,四川正迎来大有可为的重大机遇期。世界经济政治格局正在发生深刻变化,和平、发展、合作仍然是时代潮流,我国经济在较长时期内仍将保持平稳较快发展。国家着力于加快经济发展方式转变,实施区域协调发展战略和扩大内需战略,深入推进新一轮西部大开发,建设成渝经济区,国内外重大产业加快向西部地区转移,蕴含着重大的发展机遇。全国经济发展的空间格局出现新的变化,西部快速发展的态势已经显现。四川经过近几年的加快发展,西部经济发展高地建设取得重大进展,新型工业化、新型城镇化和农业现代化加快推进,要素集聚和扩散能力、产业吸纳和承载能力显著增强,正在成为国家新的开发开放前沿和重要经济增长极。我们必须立足新的历史起点,科学把握发展阶段性特征,抢抓新的发展机遇,奋力推进发展新跨越。

当前和今后一个时期,四川蓄势而发,处于工业化城镇化的加速期、建设西部经济发展高

地的攻坚期、全面建设小康社会的关键期。建成西部经济发展高地，是新一轮西部大开发和“十二五”发展的奋斗目标，是全面建设小康社会在四川的具体体现。确立这一发展定位，是把四川融入全国经济格局、纳入全球发展视野的战略审视，是实现四川在更大范围整合资源、推进跨越发展的迫切需要，与国家深入实施西部大开发战略对四川的定位相一致，与推进我国内陆地区开放战略对四川的要求相切合，将使四川发展成为我国西部地区最重要的经济增长极，成为西部最具聚集、辐射和带动效应的区域经济中心。在科学发展观的指导下，我们已经朝着建设西部经济发展高地和全面小康社会的奋斗目标迈出了重要而坚实的步伐。我们要统筹当前和长远，坚定信心，奋发有为，坚持“一主、三化、三加强”的基本思路，着力打造“一枢纽、三中心、四基地”，加快建设西部产业发展高地、科技创新高地、内陆开放高地和人才聚集高地，开启四川改革开放和现代化建设的新征程，奋力夺取全面建设小康社会新胜利。

今后五年，全省工作的指导思想是：

高举中国特色社会主义伟大旗帜，以邓小平理论和“三个代表”重要思想为指导，深入贯彻落实科学发展观，把握新形势新任务，抓住国家新一轮西部大开发、实施扩大内需战略、建设成渝经济区和天府新区等重大机遇，突出科学发展主题和加快转变经济发展方式主线，深入实施“两化”互动、统筹城乡发展战略，深入推进改革开放和自主创新，全面加强经济建设、政治建设、文化建设、社会建设以及生态文明建设，不断提升党的建设科学化水平，为建设西部经济发展高地和全面小康社会打下具有决定性意义的基础，加快建设富裕民主文明和谐的新四川。

今后五年，要集中力量解决一些事关发展全局和长远的重大问题，着力把基础做牢、把产业做强、把城市做大、把科教做优、把民生做实，努力实现“三个翻番”、“五个提升”的奋斗目标，在科学发展的轨道上推进新跨越。“三个翻番”，即全省生产总值、地方公共财政收入、城乡居民收入实现翻番。“五个提升”，即产业实力显著提升，构建起与西部经济发展高地相匹配、具有较强竞争力的现代产业体系，经济结构优化升级；城镇化水平显著提升，实现城镇人口超过农村人口的结构性转变；开放水平显著提升，巩固和扩大承接重大产业转移、直接利用外资和对外贸易在中西部地区的领先优势；发展保障能力显著提升，交通、水利、能源等基础设施条件实现历史性改善，生态环境质量持续好转；社会建设和管理水平显著提升，民主法制建设更加完善，社会保障体系更加健全，基本公共服务能力全面增强，全省保持和谐稳定。

我们要坚定不移走跨越提升的发展之路，努力走在科学发展前列。牢牢抓住经济建设这个中心，聚精会神搞建设、一心一意谋发展，不动摇、不懈怠、不折腾。突出主题贯穿主线，坚持在加快发展中促转变、在加快转变中谋发展，提高发展的全面性、协调性、可持续性。抢抓科技创新和产业演进带来的新机遇，大力提高自主创新能力，推动发展向主要依靠科技进步、劳动者素质提高、管理创新转变。把“巩固扩大优势、走在西部前列”作为努力方向，使四川成为西部最具发展活力的地区，巩固和提升四川发展的领先地位。

我们要坚定不移走改革开放的发展之路，努力打造区域发展竞争新优势。坚持社会主义市场经济的改革方向，坚决破除一切妨碍科学发展的思想观念和体制机制弊端，努力在深化改革扩大开放上取得新突破。把改革与开放统筹起来，深入实施充分开放合作战略，坚持拓展视野、敞开大门，面向世界更加广泛地开展交流合作，在更加广阔的领域里寻求发展机遇，以开放聚集更多发展要素，变内陆盆地为开放前沿，不断拓展发展空间。

我们要坚定不移走“两化”互动的发展之路，努力构建四川现代化的基本框架。大力推进新型工业化，突出工业特别是制造业的核心地位，发展实体经济，加快产业转型升级，构建在西部乃至全国具有较强竞争力的现代产业体系。坚持以新型工业化为主导推进新型城镇化，做到“两化”时间上同步演进、空间上产城一体、布局上功能分区、产业上三产融合，使重大产业发展空间分布与城镇体系空间结构相协调，形成工业化带动城镇化、城镇化助推工业化的发展格局。

我们要坚定不移走统筹城乡的发展之路，努力形成城乡一体化发展新格局。在推进新型工业化新型城镇化的进程中，必须同步推进农业现代化。坚持把“三农”工作放在全部工作的重中之重，不断夯实农业基础地位。把握未来城乡发展的形态和走势，形成大中小城市、小城镇和新农村相互衔接、架构合理的城乡空间布局。实施统筹城乡发展战略，加大工业反哺农业、城市支持农村力度，着力破除城乡二元分割的体制性障碍，构建现代城乡新形态。

我们要坚定不移走富民和谐的发展之路，努力提高社会文明程度和社会管理水平。适应经济社会发展特别是城乡人口结构的深刻变化，更加重视加强和改进社会治理，积极推进社会管理创新，主动解决社会转型中的矛盾和冲突，建立适应现代化发展趋势和要求的现代社会管理体系。处理好富民和强省的关系，着力改善民生，更好地保障人民的经济、政治、文化权益，不断提高社会文明程度，促进人的全面发展和社会和谐发展。

宏伟目标，承载着全省人民新的期待，描绘了四川发展的美好前景。今后五年，四川必将在科学发展的道路上取得更大成就，加快向全国经济强省迈进，人民生活一定会更加美好！

三、深入实施“两化”互动、统筹城乡发展战略

“两化”互动、统筹城乡，是从四川实际出发、深入贯彻落实科学发展观、加快转变经济发展方式的必然要求。要坚持以工业强省为主导，把“两化”互动、统筹城乡作为推进跨越发展的主路径和主引擎，全面增强产业核心竞争力、城市整体竞争力和区域综合竞争力。

（一）坚持走新型工业化道路，加快构建现代产业体系。把加快发展特色优势产业和战略性新兴产业作为优化产业结构的主攻方向，显著提升产业竞争力。加强水电、钒钛、天然气、稀土等优势资源的科学开发，布局和建设重大资源开发项目，推进资源就地转化和深加工，创新资源开发机制，打造国家重要的战略资源开发基地。瞄准高端产业和产业高端，以重大技术突破和发展需求为基础，积极发展新一代信息技术、新能源、高端装备制造、新材料、节能环保、生物等战略性新兴产业，推进信息化与工业化深度融合，加快建设科技创新产业化基地，以新兴产业的率先发展抢占竞争制高点。推进产业集聚集约集群发展，优化园区布局，大力支持成长型特色产业园区发展，打造一批国家级和世界级的现代加工制造业基地。加强老工业基地调整改造和资源枯竭城市转型发展。发挥我省农产品资源比较优势，加快建设农产品深加工基地。积极培育发展大企业大集团，带动中小企业配套协作发展。加强科技投入，延伸产业链条，培育拳头产品，加大品牌创建和市场开拓力度，扩大“四川制造”产品市场份额和竞争力。

把推动服务业大发展作为产业结构优化升级的战略重点，营造有利于服务业发展的政策和体制环境。加快建设西部重要的物流中心、商贸中心和金融中心，不断拓展服务业新领域，全面提升服务业发展水平。加强先进制造业与现代服务业的有机融合，大力发展现代物流、金融保险、商贸流通、信息咨询、服务外包、创意设计等生产性服务业。加快发展社区服务、家庭服务和老年服务等生活性服务业，积极培育消费新热点。改造提升传统服务业，培育发展电子商务、物联网、地理信息等新型服务业。大力发展旅游业，实现旅游资源大省向旅游经济强省跨越。规范房地产市场秩序，促进房地产业平稳健康发展。积极发展会展经济，努力把成都建设成西部地区最具影响力的会展中心。

（二）坚持以工业化带动城镇化，提升城镇化质量和水平。 坚持走新型城镇化道路，以城乡统筹、产城融合、宜业宜居、集约高效、环境友好为方向，构建人口、经济、社会、资源与环境相协调的城镇化格局。用科学规划引领产城统筹，推进城镇总体规划与产业发展规划、土地利用规划、交通发展规划等多种规划相互衔接。大力实施中心城市带动战略，突出发展大城市和区域性中心城市，促进大中小城市和小城镇协调发展。支持成都建设城乡一体化、全面现代化、充分国际化的世界生态田园城市，把地级市和有条件的县级市发展成为50万人口以上的大城市，发展一批100万人口以上的特大城市。把城市群作为推进城镇化的主体形态，率先发展成都平原城市群，推动成德绵同城化发展；加快发展川南城市群，推动自泸内宜一体化发展；依托区域性中心城市，积极培育川东北城市群，推动攀西城市群发展。集约发展小城镇，因地制宜发展一批特色鲜明的商贸镇、旅游镇和工业镇。

高水平规划和建设城市新区、产业新城，拓展城市发展空间。建设天府新区是我省今后几年推进西部大开发的标志性工程。要把握“再造一个产业成都”的发展定位，高起点规划，高品质设计，高标准建设，把天府新区建设成为以现代制造业为主、高端服务业集聚，宜业宜商宜居的国际化现代新城区，实现现代产业、现代生活、现代都市三位一体协调发展，形成四川乃至西部地区最为强劲、最具活力的经济增长极，为建设西部经济发展高地提供更有力的支撑。

大力提升城镇综合承载能力。科学制定城市发展战略，完善城市功能，因地制宜规划建设城市综合体。加强市政基础设施和公共服务设施建设，健全城市防灾减灾生命线体系。加快推动老城区、废旧厂区、棚户区的更新改造，持续改善人居环境，拓展发展空间。注重城镇品位提升和风貌塑造，加强对古城镇和城市文物古迹的保护力度，提高城市管理水平。繁荣发展城市经济，聚集人气、培育商气。

（三）加快推进农业现代化，扎实推进社会主义新农村建设。 加强农业基础地位，加大“三农”投入，发展现代农业。保障粮食生产和其他大宗农产品有效供给，保持我省作为全国重要的优势农产品生产基地的地位。加强农田水利基本建设，大力建设高标准农田，提高农业综合生产能力。加大农业科技投入力度，完善农业科技转化推广体系。大力发展特色效益农业，培育一批现代农业产业基地强县、现代林业产业强县和现代畜牧业重点县，打造一批特色农产品品牌。培育壮大农业产业化经营主体，推动农业适度规模经营，带动农民发展现代农业，带动农民持续稳定增收。完善农业社会化服务体系，提高农业生产经营组织化程度。大力培育有文化、懂技术、会经营的新型农民。

坚持成片整体推进新村建设，按照成片连线、扩面连片、全面覆盖的工作思路，分级投入、分步实施，在整体规划的基础上用10到15年时间基本完成新村建设这一历史性任务。总结推广灾后恢复重建的经验做法，按照“三打破、三提高”和建设新农村综合体的要求，科学编制乡村建设规划。推进主导产业规模化发展，加强农村基础设施配套建设，完善公共服务功能，打造新型农村社区，创新农村社会管理。

（四）深化统筹城乡综合配套改革，促进城乡一体化发展。 统筹城乡改革，跨越城市和农村两大领域，是涵盖多项改革内容的全局性、综合性改革，是破除城乡二元结构、缩小城乡差距的必由之路。要深入推进成都统筹城乡综合配套改革试验区建设，逐步扩大省内改革试点范围。推进城乡规划一体化，把城市和农村作为一个整体放到区域经济发展大局中进行科学定位，统一规划城乡基础设施、公共服务、产业发展和生态建设，优化城乡空间布局。继续深化农村改革，坚持稳定和完善农村基本经营制度，推进农村土地确权登记颁证工作，深化集体林权制度改革，鼓励开展农村集体产权制度改革试点，推进农业经营体制机制和经营方式创新。在坚决保护粮食生产能力的同时，有序推进农村土地管理制度改革，切实保障农民权益，用好城乡建设用地增减挂钩等政策。推进城乡基本公共服务均等化，建立城乡均衡发展的公共服务体系，推动社会保障体系城乡全覆盖。探索建立城乡生产要素自由流动机制、生产方式和生活方式同步变革推进机制，促进城乡经济社会一体化发展。

（五）大力加强基础设施建设，全面改善发展保障条件。以建设西部综合交通枢纽为重点，统筹规划、适度超前，构建结构合理、功能完善、安全高效的现代基础设施体系。加快铁路进出川大通道建设，建成全省高速公路骨干网络，加快成都国家级国际航空枢纽建设，完善次级交通枢纽，基本建成贯通南北、连接东西、通江达海的西部综合交通枢纽。紧紧围绕“再造一个都江堰灌区”和“全域灌溉”核心目标，坚持“蓄、引、提”并重，大力加强大中型骨干、防汛抗旱、农村水利、水土保持、水资源保护等“五大水利工程”建设，着力构建节水高效的供水保障体系和稳妥可靠的防洪减灾体系。合理开发煤炭资源，科学开发水电资源，优化发展火电，安全发展核电。加快天然气、页岩气、煤层气勘探开发，因地制宜发展风能、太阳能、生物质能等新能源。加快输变电骨干工程建设，大力发展智能电网。加强信息网络体系建设，推进“三网”融合。

（六）加快建设长江上游生态屏障，不断提高可持续发展能力。加强生态省建设，牢固树立低碳、绿色、可持续发展理念，促进经济与环境、人与自然的协调发展，构建资源节约、环境友好的生产方式和消费模式。大力推进重点生态功能区建设，深入实施天然林保护、退耕还林、退牧还草、川西北防沙治沙等重点生态工程，加强生物多样性保护。大力推进节约集约用地，加强全省特别是成都平原耕地保护，加强水资源保护。坚持资源开发与节约并重，合理开发利用资源，提高资源综合利用水平。积极发展生态经济，逐步实现生态经济产业化。加强地质灾害防治，切实保护生态脆弱区和敏感区的生态环境。加强节能减排工作，加快淘汰高耗能、高污染企业，强化大气、水体、土壤和重金属污染防治，大力发展循环经济。建立健全环保收费制度和生态补偿机制。深入开展城乡环境综合治理，持续提高发展环境和人居环境质量。

四、以改革开放和科技创新增强发展动力活力

改革开放和科技创新是强国兴省的必由之路。必须坚定不移深化改革开放，努力为推动科学发展提供制度保障和动力源泉，在改革开放中增强发展动力，在创新突破中巩固和扩大发展优势，大力提高我省现代化、国际化和市场化水平。

（一）扎实推进重点领域和关键环节改革，加快形成有利于科学发展的体制机制。把握正确的改革方向，突出改革重点，以深化改革推进发展方式转变。继续深化和完善国有资产监督管理体制改革，按照现代企业制度要求扎实推进国有企业深化改革，优化资产结构，提高企业管理和营运水平。大力发展非公有制经济，拓展民间资本进入的行业领域，改进政府监管，加大财政金融支持。深化社会领域体制改革，积极稳妥地分类推进事业单位改革，促进社会事业发展和基本公共服务均等化。深化水电气等资源性产品价格市场改革，建立健全要素市场，提高资源配置效率。积极推进财政体制和预算管理改革，完善公共财政体系。推进投融资体制改革，规范完善政府投融资平台运行和监管制度，优化金融生态环境。支持和促进金融业发展，深化地方金融机构改革，加大金融对实体经济的支持力度。深化行政管理体制改革，加快转变政府职能，深入推进机关行政效能建设。推进扩权强县改革，大力发展县域经济。推进户籍管理制度改革，有序引导符合条件的农民工进城落户。

（二）深入实施充分开放合作战略，加快建设西部内陆开放高地。积极承接产业转移，把

招商引资与重大产业发展更好地结合起来，坚持招大引强，有针对性地引进产业和行业的龙头企业，带动配套企业跟进，促进相关产业迅速崛起和发展壮大。加强与泛珠三角、长三角、环渤海等区域的合作，提升与港澳台的合作水平。加快融入中国—东盟自由贸易区，加强与南亚、中亚国家的经贸交流与合作，扩大与欧美日韩和新兴市场国家的投资与经贸交流。支持和引导有条件的企业到境外投资发展。打造和用好开放合作平台，提高对外开放的能力和水平。充分利用对口支援形成的渠道和机制，深化和拓展与对口支援省（市）的全面合作。推进省内区域合作发展，支持市（州）之间建立合作园区，加强重要产业发展的协作和配套。进一步优化投资环境，形成和巩固四川作为西部地区投资首选地的地位。

（三）加快推进成渝经济区建设，大力促进区域协调发展。充分发挥不同地区的比较优势，推动重点地区快速发展，支持民族地区跨越发展，扶持革命老区加快发展，构建各具特色、优势互补、良性互动的区域协调发展格局。全面实施《成渝经济区区域规划》，强化成都发展核心，加快建设沿长江、成绵乐、成资内渝、成南遂渝、渝广达发展带，深入推进川渝合作，建设国家重要的现代产业基地、内陆开发试验区、统筹城乡发展示范区，构建西部地区重要的经济中心和全国重要的经济增长极。推进中国攀西战略资源创新开发试验区建设，充分发挥攀西地区的资源优势和发展潜力。大力推进汶川特大地震灾区发展振兴，突出发展产业、扩大就业和扶贫帮困，加强生态修复和治理，不断增强防灾减灾能力和可持续发展能力。

（四）大力增强自主创新能力，加快科技成果转化和产业化。充分发挥四川的科教资源优势，走创新驱动之路，建设创新型四川。深入实施国家技术创新工程，强化企业创新主体作用，推动产学研融合。集中力量实施一批重大科技项目，努力在制约发展的关键技术、核心技术上取得突破，掌握更多的自主知识产权。大力实施重大科技成果转化工程，围绕转化应用深化科技体制改革和机制创新，搭建起科技成果对接市场需求的有效平台，构建多元化投入机制，推动一批重点科技成果转化落地并产业化。加快发展高新技术产业，积极利用高新技术和先进适用技术改造提升传统产业，大力发展高新技术产业园区和企业，支持绵阳国家科技城建设。探索军民结合、寓军于民的新机制，形成军工科技与民品发展相互促进的格局。完善支持创新的政策体系，大力培育和引进创新型人才、领军人才和创新团队，加强知识产权保护，营造有利于创新创造的环境。

五、着力保障和改善民生促进社会和谐

党和政府的全部工作必须以实现人民富裕幸福为根本目标，更好地为各族人民谋福祉。社会建设与人民幸福安康息息相关，必须以改善民生为重点加强社会建设，推进社会体制改革，扩大公共服务，促进公平正义，构建以人为本的现代社会治理模式，形成既充满活力又和谐稳定的社会局面。

（一）着力保障和改善民生，建设民生政府。这是坚持以人为本、执政为民理念的必然要求。要把保障和改善民生作为党委、政府工作的基本职责，坚持实施民生工程，突出解决群众最关心、最直接、最现实的利益问题。把满足群众的物质文化需求作为职能重心，强化政府公共职能，向群众提供更多更优的公共产品和服务。注重发展民生经济，把保障和改善民生作为公共财政支出的主要投向，加大民生投入。把保障和改善民生作为政绩考核评价的重要取向，完善改善民生的制度安排，让人民群众得到更多实惠。

提高城乡居民收入，深化收入分配制度改革，建立健全工资正常增长机制，逐步提高最低工资标准，实现城乡居民收入增长与经济发展同步、劳动报酬增长与劳动生产率提高同步。实施积极的就业政策，完善就业服务体系，创造

更多的就业机会,推动全民创业。切实维护和保障劳动者权益,依法推进企业建立工资集体协商制度,构建和谐劳动关系。健全覆盖城乡居民的社会保障体系,实现人人享有基本社会保障。健全社会救助体系,积极发展社会福利和慈善事业。加快推进住房供应体系和保障性安居工程建设。

(二)加快发展社会事业,促进基本公共服务均等化。坚持优先发展教育,加大教育投入,深化教育教学改革,深入实施素质教育,办人民满意的教育。继续实施学前教育建设工程,推进义务教育均衡发展,普及高中阶段教育,促进高等教育内涵发展、特色发展。实施职业教育攻坚,把免费职业教育计划逐步扩大到革命老区、集中连片扶贫地区和农村地区。大力发展民族地区教育。深入推进医药卫生体制改革,加快医疗卫生事业发展,加强基层卫生服务机构建设,加快推进县级公立医院改革试点,完善药品供应保障制度,健全重大疾病防控等公共卫生服务网络,加强地方病防治。实施体育惠民行动,加快群众体育健身设施建设。加强科学技术普及,提高全民科学素质。坚持计划生育基本国策,促进人口长期均衡发展。发展妇女儿童事业,维护妇女儿童合法权益。发展老龄事业和残疾人事业。

(三)加大扶贫开发攻坚力度,推进同步实现全面小康。全面实施国家和省新十年农村扶贫开发纲要,稳定解决扶贫对象温饱,尽快实现脱贫致富。坚持开发式扶贫与社会保障相结合,加强贫困地区基础设施建设,提高基本服务能力,及时妥善解决群众生产生活中的突出困难。把高原藏区、秦巴山区、乌蒙山区和大小凉山彝区等四大连片特困地区作为扶贫攻坚主战场,深入实施藏区“三大民生工程”,推进以建设“彝家新寨”和禁毒防艾为重点的彝区综合扶贫开发,大力推进藏区和彝区跨越式发展,增强秦巴山区和乌蒙山区自我发展能力。扎实开展省内对口定点扶贫,组织省内对口支援藏区经济社会发展,广泛动员社会各界参与扶贫开发。认真做好移民扶贫工程,加强移民后期发展扶持。

(四)加强和创新社会管理,保持和谐稳定的社会局面。正确处理改革发展稳定的关系,推动保稳定向促和谐转变。以解决影响社会和谐稳定的突出问题为突破口,把城乡社区管理作为加强和创新社会管理的重要切入点,完善党委领导、政府负责、社会协同、公众参与的社会管理格局。推动基层管理创新,实现街道(乡镇)工作重心向社会管理服务转移,强化社区管理和服务功能。妥善处理人民内部矛盾,完善“大调解”工作体系,深化社会稳定风险评估,健全党和政府主导的维护群众权益机制。加强非公有制经济组织、社会组织服务管理,提高对网络虚拟社会的管理水平。加强公共安全体系建设,完善突发事件应急管理机制。深化“平安四川”建设,依法打击各类违法犯罪,增强公共安全和社会治安保障能力。加强安全生产工作,坚决遏制重特大事故发生。高度重视和全面加强食品药品安全监督管理,确保食品药品安全。加强国家安全工作,深入开展反分裂、反颠覆、反渗透斗争,切实维护藏区稳定和长治久安,确保全省社会政治稳定。充分发挥工会、共青团、妇联等群团组织在服务科学发展、促进社会和谐中的积极作用,支持其依法按章程开展工作。继续做好关心下一代的工作,促进青少年健康成长。进一步加强党管武装工作,支持国防和驻川部队全面建设发展,深化全民国防教育,做好民兵预备役工作。

(五)加强民主法制建设,积极发展社会主义民主政治。坚持中国特色社会主义政治发展道路,坚持党的领导、人民当家作主和依法治国有机统一,扩大社会主义民主,保证人民依法实行民主选举、民主决策、民主管理、民主监督。坚持和完善人民代表大会制度,进一步加强和改进党对人大工作的领导,支持人大及其常委会依法行使职权,加强人大常委会和专门委员会建设,优化人大代表结构,充分发挥人大代表作用。坚持中国共产党领导的多党合作和政治协商制度，完善人民政协履行政治协商、民主监督、参政议政职能的制度规定，加强党外代表人士队伍建设，巩固和壮大最广泛的爱国统一战线。认真落实民族区域自治制度，牢牢把握各民族共同团结奋斗、共同繁荣发展的主题，加强民族团结进步教育，不断巩固和发展平等、团结、互助、和谐的社会主义民族关系。完善基层群众自治制度，推进政务、厂务、村务公开。全面贯彻党的宗教信仰自由政策，依法管理宗教事务，积极引导宗教与社会主义社会相适应。大力弘扬社会主义法治精神，深化法制宣传教育，推进依法行政，建设法治政府，保证审判机关、检察机关依法独立公正地行使审判权、检察权，切实维护法律权威和社会公平正义。

六、建设与西部经济发展高地相适应的文化强省

文化是民族的血脉，是人民的精神家园，是政党和国家的精神旗帜。要坚持社会主义先进文化前进方向，坚持把社会效益放在首位，不断提升文化促进社会团结进步的凝聚力、文化精神食粮的供给力、文化深入基层和群众的服务力、文化产业发展的竞争力、文化繁荣发展的创新力、文化对经济社会发展的推动力，促进社会主义文化大发展大繁荣。

（一）积极推进社会主义核心价值体系建设，大力弘扬伟大抗震救灾精神。把社会主义核心价值体系融入到国民教育全过程，贯穿于改革开放和现代化建设各个领域，体现到精神文化产品创作生产传播各个方面。推进社会公德、职业道德、家庭美德、个人品德建设，推动学雷锋活动常态化。把诚信建设摆在突出位置，大力推进政务诚信、商务诚信、社会诚信和司法公信建设。统筹学校教育、家庭教育、社会教育，加强未成年人思想道德建设和大学生思想政治教育。深化群众性精神文明创建活动，大力倡导志愿服务。培育“感恩奋进”文化，充分发挥地震灾区“三基地一窗口”的思想教育和精神激励作用。牢牢把握正确舆论导向，坚持团结稳定鼓劲、正面宣传为主，发挥宣传党的主张、弘扬社会正气、通达社情民意、引导社会热点、疏导公众情绪、搞好舆论监督的重要作用。加强舆论主阵地建设，充分发挥传统媒体的优势和作用，重视新兴媒体的建设、运用和管理，培育积极健康向上的网络文化。繁荣发展哲学社会科学。倡导各领域各行业基于社会主义核心价值体系，凝炼形成导向鲜明、各具特色、富有凝聚力的行业精神和行业文化。

（二）加快构建公共文化服务体系，切实保障人民群众基本文化权益。按照公益性、基本性、均等性、便利性的要求，提高公共文化产品和服务供给能力。全面落实文化惠民工程，加快实施基层公共文化设施标准化工程。加快建设省级重大公共文化设施，更好地发挥公共文化服务设施和爱国主义教育基地的作用。积极开展公益性文化活动，支持和鼓励基层文化建设。提高公共文化资源布局均衡性，重视和满足革命老区、民族地区、边远地区、贫困地区群众的基本文化需求。提高物质文化遗产保护水平，加强非物质文化遗产保护传承。

（三）深化文化体制机制改革创新，推动文化产业成为支柱性产业。深化文化体制改革，巩固文化领域改革成果，建立有利于文化繁荣发展的管理体制和运行机制。突出巴蜀文化特色，优化文化产业区域布局，建设成都文化产业核心发展区，打造以红军长征路线、川陕革命根据地、伟人故里、将帅纪念园为主要内容的红色文化产业带，以古巴蜀文化和三国文化为代表的历史文化产业带，以“藏羌彝文化走廊”为核心区域的民族文化产业带，以汶川特大地震恢复重建区为依托的重建文化产业带。实施主导产业引领发展战略，做强做大文化旅游、出版发行、影视、演艺娱乐和印刷复制产业，重点培育动漫游戏、创意设计产业。实施大集团带大产业战略，加快培育一批核心竞争力强的国有或国有控股大型文化企业，鼓励和引导非公有制文化企业健康发展，形成以公有制为主体、多种所有制共同发展的文化产业格局。

(四)深入挖掘特色优势资源,不断推出具有中国气派巴蜀风格的优秀文化作品。充分吸收借鉴现代文明和先进文化成果,深入挖掘红色文化、历史文化、少数民族文化和优秀民俗文化资源,推出更多精品力作,塑造特色文化品牌。引导文化工作者深入实际、深入生活、深入群众。推进文化作品内容创新、形式创新和传播手段创新,创作和生产出根植现实生活、反映时代要求、思想性艺术性观赏性俱佳的优秀作品,着力营造让优秀文化作品、文化名家大师脱颖而出的良好环境。坚决抵制庸俗低俗媚俗之风,积极追求文化产品健康向上的社会效果。

七、在新的历史条件下提高党的建设科学化水平

推进四川改革开放和现代化事业,关键要把全省各级党组织和党员干部队伍建设好。坚持以党的执政能力建设和先进性建设为主线,坚持党要管党、从严治党,经受"四大考验",防范"四种危险",以改革创新精神全面加强党的建设,不断推进党的建设制度化,不断提高党的建设科学化水平,不断增强自我净化、自我完善、自我革新、自我提高能力,始终保持党的纯洁性,为建设西部经济发展高地提供坚强组织保障。

(一)坚持以坚定理想信念为重点加强思想建设,着力提高党员干部思想政治素质。按照建设学习型党组织和学习型领导班子要求,深入学习和掌握中国特色社会主义理论体系,始终用马克思主义中国化最新成果武装头脑、指导实践、推动工作。加强理想信念教育和党性教育,深入学习我们党领导革命、建设和改革的光辉历史,坚持中国特色社会主义道路,不断增强为党和人民的事业不懈奋斗的自觉性和坚定性。强化党的意识,牢记党员身份,增强党性修养,站稳政治立场,贯彻落实党的路线方针政策,维护中央权威,维护党的集中统一。强化执政意识,常怀忧党之心、恪尽兴党之责,为实现党的执政使命始终不渝。强化法制意识,牢固树立依法执政和依法用权观念,自觉遵守宪法和法律,自觉遵守党的纪律。强化发展意识,坚持理论联系实际的学风,解放思想,实事求是,与时俱进,聚精会神抓发展,坚定不移促改革,扎扎实实惠民生。

(二)坚持以鲜明用人导向为重点深化干部人事制度改革,着力建设高素质的领导班子和干部队伍。坚持德才兼备、以德为先的用人标准,鲜明崇尚实干的用人导向,大力选拔人品正、干实事、真爬坡、敢破难的干部。深化干部人事制度改革,扩大选人用人民主,加大竞争性选拔干部力度,完善干部考核评价机制,注重干部德的表现和考核,保持选人用人风清气正。优化领导班子结构,加强各级党政"一把手"队伍建设,大力培养选拔优秀年轻干部,合理使用各个年龄阶段的干部,重视培养选拔女干部、少数民族干部、党外干部,重视从基层一线选拔干部。认真落实民主集中制,健全领导班子工作制度和运行机制。推进企事业单位人事制度改革。认真做好离退休干部工作。坚持严格要求与关心爱护相结合,进一步健全干部管理机制。坚持党管人才原则,全力推进人才强省战略,大力实施"天府英才"工程,着力优化人才创新创业环境,加快建设西部人才高地,把各方面优秀人才聚集到四川各项事业发展中来。

(三)坚持以抓基层打基础为重点筑牢为民执政的基石,着力增强基层党组织的创造力凝聚力战斗力。坚持选好带头人、扩大覆盖面、增强凝聚力、推进一体化,全面加强基层党的建设。深入开展创先争优活动,引导基层党组织和党员干部在履行岗位职责、服务人民群众中创先进、争优秀。统筹推进农村、机关、社区、国有企业、高校和非公有制经济组织、社会组织党的基层组织建设,有针对性地加强藏区和基层力量薄弱地区的基层组织和政权建设。突出抓好基层党组织带头人队伍建设,增强基层党组织推动发展、服务群众、凝聚人心、促进和谐的能力。深入推广"文建明工作法"和"春风经验",加强和改进大学生村干部工作。加强新

形势下党员发展和党员教育培训工作，强化流动党员管理。健全党内激励、关怀、帮扶机制，加强对老党员、生活困难党员的关怀帮扶。扩大党内民主，推进党务公开，推行党代会代表任期制和党员旁听基层党委会议制度，深化党代会常任制试点。全面落实基层党建工作责任制，加强党建工作的推动力。

（四）坚持以联系服务群众为重点加强和改进群众工作，着力形成优良作风凝聚党心民心。自觉把人民放在最高位置，尊重人民主体地位，尊重人民首创精神。强化群众观点，坚持群众路线，改进群众工作，大力增强联系群众、组织群众、服务群众、团结群众的本领。高度重视和切实做好新形势下信访工作，坚持领导干部接访包案，有效化解信访积案，进一步健全群众工作统揽信访工作的机制，建立和完善维护群众权益机制。推进机关干部深入基层直接联系服务群众，深入开展“领导挂点、部门包村、干部帮户”活动，引导党员、干部工作重心下移、力量下沉，在同群众深入相处中增进对群众的感情，了解群众的需要，解决群众的困难。大兴求真务实之风，言必责实、行必责实、功必责实，反对形式主义和官僚主义。继续推进机关行政效能建设，改善政务环境和发展环境。

（五）坚持以完善惩防体系为重点加强反腐倡廉建设，着力保持良好执政形象。坚持标本兼治、综合治理、惩防并举、注重预防的方针，加快推进惩治和预防腐败体系建设，如期完成各项目标任务，不断把党风廉政建设和反腐败斗争引向深入。加强廉政文化建设，强化领导干部从政道德教育，深入开展示范教育、警示教育和岗位廉政教育，筑牢拒腐防变的思想道德防线。全面落实党风廉政建设责任制，加大落实《廉政准则》力度，严格执行领导干部廉洁从政各项规定。健全规范和制约权力运行的制度体系，强化廉政风险防控机制建设。积极探索从源头上防治腐败的有效措施。认真执行《党内监督条例》，注重党内监督与党外监督、专门机关监督与群众监督相结合，加强对各级领导班子特别是主要领导干部的监督，落实和完善经济责任审计制度。加强和改进巡视工作。推广阳光救灾、廉洁重建的有效做法，强化中央和省委重大工作部署贯彻落实的纪律保障。纠正损害群众利益的不正之风，着力解决发生在群众身边的腐败问题。保持惩治腐败的高压态势，严肃查办各类腐败案件，对腐败分子必须从严惩处、绝不姑息，推动党风政风行风持续好转。

同志们！

让我们高举中国特色社会主义伟大旗帜，紧密团结在以胡锦涛同志为总书记的党中央周围，励精图治，开拓进取，坚持改革开放，推动科学发展，促进社会和谐，为建设西部经济发展高地和全面小康社会而努力奋斗！

中共四川省委常委、书记、副书记
中共四川省纪委书记、副书记、常委名单

2012 年 5 月 19 日，中共四川省第十届委员会第一次全体会议选举刘奇葆为省委书记，蒋巨峰、李春城为省委副书记。当选为省委常委的还有李登菊（女）、柯尊平、王怀臣、钟勉、黄新初、陈光志、李昌平（藏族）、刘玉顺、吴靖平。

会议通过中共四川省第十届纪律检查委员会书记、副书记、常委人选：王怀臣为省纪委书记，徐波、黄河、黄昌明、邓顺贵为省纪委副书记，常务委员会委员有：王怀臣、徐波、黄河、黄昌明、邓顺贵、杨苏萍（女 藏族）、郑东风、鞠波、熊焱、苏梅（女 满族）、贾瑞云。

贵州省第十一次党代会报告摘要及省委、省纪委领导成员名单

以党的十八大精神为指引坚持科学发展奋力后发赶超为与全国同步实现全面建设小康社会宏伟目标而奋斗

——在中国共产党贵州省第十一次代表大会上的报告(摘要)

(2012年4月15日)

栗战书

同志们:

现在,我代表中国共产党贵州省第十届委员会向大会作报告。

中国共产党贵州省第十一次代表大会,是在党的十八大即将召开、贵州改革开放和社会主义现代化建设关键时期召开的一次重要会议。大会的主题是:高举中国特色社会主义伟大旗帜,以邓小平理论和“三个代表”重要思想为指导,深入贯彻落实科学发展观,加速发展、加快转型、推动跨越,奋力后发赶超,为到2020年与全国同步实现全面建设小康社会宏伟目标而奋斗。

一、过去五年贵州经济社会发展成就显著,开始进入经济加速发展新阶段(略)

二、奋战五年,努力追赶,开启贵州科学发展新征程

推进跨越发展、同步实现全面小康,是党中央、国务院从全国发展“两个大局”的战略高度作出的重大决策,是胡锦涛总书记对贵州的殷切期望,是全省各族人民的共同愿望和根本利益之所在,是当前和今后一个时期全省经济社会发展的总目标和全部工作的总任务。目前,我省小康进程大体上落后全国8年,落后西部平均水平4年,是全国贫困问题最突出的欠发达省份。我们只有努力在一个较长时期保持快速发展,切实解决好既要“赶”又要“转”的双重任务,才能缩小与西部和全国的差距。否则,将更加被动、更加落后、更加使全省人民不满意。因此,我们必须始终坚持“发展、团结、奋斗”,奋力追、全力赶、努力超!

瞄准跨越,努力追赶,我们完全有条件、有可能。党中央、国务院实施新一轮西部大开发和扶贫开发战略,专门制定了进一步支持我省发展的一揽子政策措施,为我们创造了前所未有的重大机遇;我省自然资源丰富,区位比较重要,市场潜力很大,随着基础设施建设的不断改善,经济社会发展的比较优势和后发优势越来越突出;经过长期的探索和努力,我省发展思路清晰,找到了适合我省实际的发展路子;全省上下干事创业、增比进位、创先争优的氛围空前浓厚,展示出无穷的发展力量。更为重要的是,今年下半年我们党将召开十八大,对党和国家未来发展进行战略部署,必将为我们在新的起点上推进改革开放和社会主义现代化建设指明方向、注入动力,提供科学的理论指导和坚强的政治保证。今后五年,只要我们始终不渝地坚持以党的十八大精神为指引,坚持科学发展不动摇,坚定信心、乘势而上、顺势而为,用好条件、抓住机遇、发挥优势,善走别人走过的成功之路,不走别人走过的弯路,敢走别人没有走过的新路,就一定能够走出一条符合我省实际和时

代要求的后发赶超之路！

同志们！我们要开创的后发赶超之路，是一条追赶全国“三化”步伐，同步推进工业化、城镇化和农业现代化，广泛汇聚发展要素，充分运用一切先进发展成果，促进经济加速跨越和社会全面进步的道路；是一条面对更加强化的市场约束和更加刚性的环境约束，面临既要“赶”又要“转”的双重压力、双重任务，破解资源环境制约、实现循环利用，做到既提速又转型、经济效益社会效益生态效益同步提升的道路；是一条充分调动人民群众积极性主动性创造性，让人民群众充分享受发展成果，不断提升幸福指数的道路。一句话，是一条从贵州实际出发，全面、协调、可持续、惠民生、促和谐的科学发展之路！要探索和走出这样一条新路，必须高举中国特色社会主义伟大旗帜，以邓小平理论和“三个代表”重要思想为指导，深入贯彻落实科学发展观，全面贯彻落实党的十八大精神，紧紧抓住重大历史机遇，坚持科学发展、奋力后发赶超，以转变经济发展方式为主线，牢牢把握“加速发展、加快转型、推动跨越”主基调，同步推进工业化、城镇化、农业现代化，深化改革、扩大开放，努力实现经济提速转型，以提高党的执政能力和保障科学发展为目标，全面提高党的建设科学化水平，为建设一个经济持续增长、政治文明进步、文化繁荣发展、民族团结和睦、社会和谐稳定、生态环境良好，充满活力、日新月异、幸福祥和的贵州而不懈奋斗。

根据中央关于加快建设全国重要的能源基地、资源深加工基地、特色轻工业基地、以航空航天为重点的装备制造基地和西南重要陆路交通枢纽“四基地一枢纽”，着力打造扶贫开发攻坚示范区、文化旅游发展创新区、民族团结进步繁荣发展示范区和长江、珠江上游重要生态安全屏障“三区一屏障”的战略定位，我们的奋斗目标是：

——奋战五年，努力冲出“经济洼地”，综合经济实力跃上新台阶。实现“三高于、一达到、五翻番”，即每年的经济增长速度高于全国、高于西部地区平均、高于我省以往水平；到2016年全面建设小康社会实现程度提高到80%以上，达到西部地区平均水平；生产总值、公共财政收入、固定资产投资、城镇居民人均可支配收入、农民人均纯收入比2011年翻一番以上。基础设施的“瓶颈”制约基本缓解，工业对经济的拉动作用显著提高，城镇化率接近45%，加快建设资源节约型、环境友好型社会。

——奋战五年，全力总攻“绝对贫困”，人民生活水平跃上新台阶。20个县（市、区）实现全面小康，30个国家扶贫开发工作重点县、500个贫困乡实现“减贫摘帽”，农村贫困人口减少到500万人以内。社会事业全面进步，学前三年、高中阶段和高等教育毛入学率提高10个百分点，人均受教育年限达到8年以上。每千人医院床位数、卫生人员数和养老、医疗、失业保障水平达到西部地区平均水平。完善团结和谐、管理规范、安定有序、富有活力的社会建设和管理格局，社会建设基础更加牢固，社会管理机制更加健全。

——奋战五年，着力构筑“精神高地”，人们的道德文化水准和精神面貌跃上新台阶。大力挖掘、深入提炼贵州在革命、建设和改革中积累的宝贵精神财富，弘扬社会主义核心价值，构筑“自觉自信自强、创先创新创优”的“精神高地”，形成良好的社会风尚。加强文化建设，促进多民族文化大发展大繁荣。健全公共文化服务体系，文化产业在国民经济中的比重达到全国平均水平，把文化产业培育成为支柱产业。

——奋战五年，广泛凝聚发展合力，民主法制建设跃上新台阶。公民政治参与有序扩大，保障人民知情权、参与权、表达权、监督权，依法决策、民主决策、科学决策水平进一步提高。依法治省深入推进，基层民主制度更加完善，群众权益得到切实保障。人大、政协和群团等工作切实加强，民族团结局面更加巩固。深入践行“同心”思想，统一战线更加广泛，形成同心同德、同心同向、同心同行推进贵州改革发展事业的强大合力。

——奋战五年，深入推进党的建设新的伟大工程，党的建设科学化水平跃上新台阶。全面加强党的思想、组织、作风、制度建设和反腐倡廉建设，继续深入开展创先争优活动，各级党组织的执政能力和领导科学发展的能力、创造力、执行力、公信力显著增强。党的优良传统作风进一步发扬，党群、干群关系进一步融洽。党的先进性和纯洁性建设取得显著成效，党员干部理想信念坚定、保持清正廉洁，党组织的战斗堡垒作用和共产党员的先锋模范作用得到充分发挥。

实现奋战五年的目标，要求我们必须把后发赶超与加快转型有机结合起来，牢牢抓住扩大投资、消费、出口的重要环节，积极构建扩大内需的长效机制，使经济增长保持不竭的原生动力；必须把推进"三化"同步作为基本途径，促进生产要素在城乡之间、区域之间合理流动、有效配置，使工业获得更多的发展资源、城市获得更广的发展空间、农村获得更大的发展支持；必须大力实施科教兴黔、人才强省战略，倡导发展创业文化，提升科技创新能力，逐步走上依靠科技进步和提高劳动者素质的发展道路；必须深化改革、扩大开放，继续解放思想，创新发展理念，转变发展模式，坚决革除制约发展的制度障碍，健全完善促进科学发展的体制机制；必须坚持以生态文明理念引领经济社会发展，实现既提速发展，又保持青山常在、碧水长流、蓝天常现；必须把加强党的建设作为基础的基础、关键的关键来抓，把各级党组织建设成为能够带领全体党员为党的目标而奋斗的坚强领导核心，把党员队伍建设成为能够引领全省各族人民为后发赶超而奋战的先锋队。

奋战五年，努力追赶，开启贵州科学发展新征程，是当今贵州的时代所赋、大局所在、民心所向。全省共产党员和各族群众都要拿出敢闯新路、敢于突破、敢于胜利的气概，拿出发愤图强、坚韧不拔、后来居上的志气，不向困难低头，不向挑战示弱，不向挫折妥协，一天也不耽误、一步一个脚印地将全面建设小康社会的宏伟蓝图变成美好现实！

三、牢牢把握发展第一要务，努力走出符合自身实际和时代要求的后发赶超之路

今后五年，我们要把推进科学发展、奋力后发赶超的目标任务转化为全省上下的发展规划、政策措施、具体项目和实际行动，逐步缩小全面建设小康社会实现程度与全国的差距，为与全国同步实现全面建设小康社会宏伟目标打下具有决定性意义的坚实基础。

（一）坚定不移地实施工业强省和城镇化带动战略，大力推进工业化、城镇化、农业现代化"三化"同步。我省发展落后，从根本上看，是工业化、城镇化、农业现代化水平不高、不同步、不协调。差距在"三化"上，出路也在"三化"上。今后五年乃至更长时期，我省扩大社会就业靠"三化"，城乡居民增收靠"三化"，壮大财政实力靠"三化"，缩小城乡差别靠"三化"，破解二元结构靠"三化"，从根本上扶贫脱贫也要靠"三化"。对于推进"三化"同步，我们要始终不动摇、不放松，动摇了必将又耽误，放松了必将更落后。

"三化"同步发展，工业化是动力，城镇化是载体，农业现代化是基础。通过工业化提升全省经济实力，增强以工促农、以城带乡的能力；通过城镇化孕育更多产业，吸纳更多的农村人口在城镇就业生活，解决山区贫困人口脱贫和缩小城乡差别问题；通过农业现代化一方面增加农民收入，一方面支撑工业化、城镇化的发展。工业化、城镇化、农业现代化都离不开产业支撑。要把培育发展产业作为首要，提高城乡产业关联度和经济融合度，使产业与经济社会发展规划、土地利用规划和城乡总体规划深度融合。大力实施工业强省战略，改造提升传统优势产业，大力推进资源精深加工产业，培育壮大战略性新兴产业，集中打造产业园区，充分发挥工业对国民经济的主导作用。坚持生产性服务业、生活性服务业协调发展，加快建设旅游大

省、旅游强省，尽快壮大我省现代服务业。大力实施城镇化带动战略，坚持走山区特色城镇化道路，促进大中小城市和城镇协调发展，为工业发展提供更加良好的发展条件，把更多农村人口转移到城镇。在稳定粮食生产的基础上，大规模推进种植业、养殖业结构调整，大幅度提高经济作物、畜牧业在农业中的比重，加快构建符合喀斯特地区实际和适应工业化、城镇化发展要求的山地现代农业体系。

“三化”同步发展，基础设施要先行。今后五年，我们要坚持统筹兼顾、合理布局、适度超前，加快推进连接周边省份的快速铁路体系建设，完善省内高速公路骨架，加强民航、水运建设，加快构建现代综合交通运输体系，完成1600公里以上铁路、3000公里以上高速公路、5个民航机场建设任务，实现县县通高速和基础设施向下延伸。以大中型骨干水源工程为重点，大中小微并举，努力解决工程性缺水问题。加快电力基础设施和省内成品油、天然气输送管道建设，保障省内能源供应。加快信息基础设施建设，提高经济社会信息化水平。

（二）加快转变经济发展方式，努力走出破解资源环境制约难题的新路子。把加快经济结构调整作为转变经济发展方式的根本途径，坚持在扩大总量中调结构，在扩大增量中优存量，重点提高二产、快速发展三产、大力加强一产，促进三次产业结构与发展阶段相适应。大力调整产业内部结构，坚持高端引领、高头嫁接、高位切入。不是“压”传统产业，而是既要改造提升传统产业，更要大力发展战略性新兴产业；不是“压”重工业，而是既要继续发展新型重工业，更要大力发展特色轻工业；不是“限”资源开采业，而是既要科学开采，更要拓展精深加工；不是不能发展载能产业企业，而是既要把耗能、排放严格控制在标准范围内，更要多上低耗能、无污染、清洁安全的产业企业；不是不要粮食产量，而是在提高粮食单产、确保粮食安全的基础上，大规模地实施结构调整，更多地发展经济作物和产业化经营，更多地增加农民收入。加快调整区域结构，促进区域协调发展。抓紧制定和实施黔中经济区、贵安新区、黔北经济协作区、毕水兴能源资源富集区、贵遵毕“金三角”、“三州”民族团结进步繁荣发展示范区规划，加快形成区域经济社会良性互动、共同发展的新格局。

贵州资源丰富，但毕竟有限；生态景象良好，但生态基础脆弱，迫切需要破解资源环境制约难题。要树立正确的资源观和科学的开发观，努力做到在开发中保护、在保护中开发，切实摆脱“资源路径依赖”，避免掉进“资源优势陷阱”。大力实施水利建设、生态建设、石漠化治理“三位一体”综合规划，切实扭转水土流失和石漠化扩大趋势。实行环境保护区域责任制，加强节能减排，决不走先污染后治理、边污染边治理的老路。统筹解决人口问题，创造良好的人口环境。

转变发展方式、破解资源环境制约，根本上要靠科技创新。我省不是科技资源大省，但越是科技资源不足，越要重视发展科技。今后五年，要坚持以创新促转型，以转型促发展，推进科技创新与绿色发展、协调发展、和谐发展紧密结合，推动经济社会尽快走上创新驱动、内生增长的轨道，加快建设创新型社会。进一步深化科技体制改革，完善科技创新体系建设，加快重点领域科技创新与成果转化，提高科技进步对经济发展的贡献率。把企业作为主体，把人才作为关键，促进科技资源向企业聚集，实现科技、人才与产业在高端的结合。

（三）全面提高对内对外开放水平，增强开放对经济增长的带动作用。我省是典型的内陆山区省份，开放带来的活力在某种意义上比改革带来的活力还要大。开放，不仅是对外开放，还要对内开放。对外开放主要是积极参与国际分工，大力吸引省外国外投资，引进先进的市场理念和管理办法；对内开放主要是消除行政性壁垒，消除地区市场封锁，鼓励民营经济发展，促进企业优胜劣汰。要把“引进来”和“走出去”更好结合起来，促进进出口总额比2011年翻两番，实现以大开放促大开发大发展。“引进来”的重点是放宽市场准入，提高行政服务效能，落实投资优惠政策，完善投资环境测评机制，把贵州建设成为创业氛围深厚、发展空间广阔、投资回报丰厚的开放热土，大力提高工业、农业、服务业和基础设施领域利用内外资水平。“走出去”的重点是加快出口能力建设，积极争取国家赋予我省口岸签证权，推进综合保税区、出口加工区建设，加快建设一批出口贸易基地；着力培育和壮大外贸流通企业，加快培育特色出口产品，促进出口贸易多元化，不断增加工业制成品、高新技术产品和特色农产品、绿色食品出口，提高出口产品的附加值；鼓励有条件的企业扩大对外投资，改变我省外向型经济水平过低的状况。

（四）增强改革的科学性、协调性，突破重点领域和关键环节的体制机制障碍。强调开放的意义不是忽视改革的重要。我省许多方面的改革不到位，没有实质性突破。深化改革仍然是今后一个时期的艰巨任务，也是发展的动力、活力所在。我们要更加注重增强改革的自觉性、坚定性、创造性，大胆探索，先行先试，以更大决心和勇气全面推进各项改革，加快破除一切妨碍科学发展的体制机制弊端。

我省当前的经济体制改革，核心是转变政府职能。一方面，政府退出还不够，特别是在某些领域，政府仍然管了许多不该管也管不好的事；另一方面，解决经济、社会的深层次矛盾又要求加强政府引导，以增强市场配置资源的功能，纠正市场失灵现象。要着眼于提高政府工作效能，精简和完善政府机构设置，坚持依法行政，改进政府工作方法，建设服务、责任、法治、廉洁政府。着眼于发挥市场配置资源的基础性作用，积极培育和发展市场中介组织，不断完善社会管理网络，提高整体经济运行效率。重点是深化国有企业改革。进一步深化国有企业产权制度改革，建立多元投资主体，普遍进行股份制改造，完善真正意义上的现代企业制度和法人治理结构。加快培育壮大市场主体，大力发展非公有制经济，大幅度提高民营经济的比重。关键是加大配套改革。按照中央的部署，加快政府审批制度改革和事业单位分类改革，深化投融资体制和金融改革、财税体制改革、劳动收入和工资分配制度改革、医疗卫生教育文化体制改革、社会管理体制机制改革。中央支持我省发展的文件明确要求我省在十多个方面先行先试、实施改革和探索，我们要一一做出改革方案，加快实施，力争尽早见效。继续拓展和深化毕节试验区改革试验内容，推进遵义、六盘水统筹城乡综合配套改革试点。

（五）切实增强文化自觉和文化自信，提升各族干部群众干事创业的精气神。贵州条件艰苦，做成一件事，要付出加倍的努力，更需要有一种在逆境中求崛起的精神。有精神才会有力量。唯有“干”字当头，才能改变面貌；唯有拼搏奋进，才能后发赶超；唯有构筑“精神高地”，才能冲出“经济洼地”。构筑“精神高地”，首先需要有能凝聚人心的核心价值、能引领人生的理想坐标、能启迪心灵的精神生活。在贵州这片热土上，当年红军用坚定的步伐走出了“长征精神”；如今，冷洞村人用永不退缩的双手战胜了特大旱灾，敦操乡干部用背篼背走着贫困、背回了人心、背出了干群鱼水深情。在他们身上，我们既看到沉下身子捧出真心为老百姓服务的真挚情怀，也感受到埋头苦干、无私奉献、誓要改变家乡面貌的精神力量。这就是新时期的“贵州精神”！这种精神激励我们转变作风、服务基层、推动跨越，激励我们吃苦奉献、迎难而上、只争朝夕，激励我们风气要正、作风要实、干部要干，激励我们艰苦奋斗、长期奋斗、不懈奋斗！这，就是我们需要的干部，就是我们倡导的作风，就是我们所要构筑的“精神高地”。全省共产党员、广大干部都要学习和弘扬这种精神，肩扛起重于泰山般的富民兴黔使命，树立起坚如磐石般的后发赶超信心，振作起敢为人先的精神状态，带领全省人民万众一心、攻坚克难、奋力跨越！

贵州民族文化底蕴深厚。推动多民族文化

大发展大繁荣，让人民群众享受到多彩的文化生活，是中国特色社会主义的本质特征之一。而文化的享受和升华归根到底是为了转化为推动社会历史前进的动力，这才是中国特色社会主义文化建设的根本目的。欠开放、欠开发、欠发达的贵州要实现经济社会发展历史性跨越，绝不能忽视人的思想观念问题，绝不能忽视文化条件的作用，更需要一种先进的文化和强大的精神力量去支撑和推动。我们要坚持“依托历史、立足现实，尊重过去、面向未来”的理念，以礼敬、自豪的态度对待优秀传统文化，通过挖掘整理和科学扬弃，既传承贵州优秀传统文化，更要摒弃封闭落后的思想观念，努力创新建设符合时代精神要求的贵州新文化。一要改变自卑、自轻、自懦、自弃及自大心理，树立和形成自尊、自重、自信、自强的文化思想。有自信必有信心，有志气必能自强。任何事情，如果在思想上不可能，在行动上就不会努力，在很大程度上，“能”与“不能”取决于信念。我省要加快发展、迎头赶上，最重要的是“人穷志不短”。二要抛弃固步自封、不思进取的精神状态，倡导改革创新、锐意进取的文化氛围。针对自给自足、安于现状、不求进取、尾随别人的意识，我们要在全省上下大力弘扬改革开放、勇于创新的优秀文化思想，激发人们走出封闭、走出保守，以敢于创新、善于创新的勇气，争取更大的开放、更快的发展。三要破除畏难情绪、懦夫思想，坚持和发扬不畏艰苦、百折不挠的顽强作风。贵州的文化建设，无论是文化事业的发展还是文化产业的振兴，都必须牢牢把握和始终坚持这几条。发展公益性文化事业的根本任务是普及文化知识、传播先进文化、提供精神食粮、体现人文关怀，为人民群众提供基本的公共文化服务。要坚持以政府为主导，鼓励社会参与，按照增加投入、转换机制、增强活力、改善服务的方针，实施“八大文化惠民工程”，建设一批重点文化项目、基本公共文化设施，不断满足人民群众最基本的文化需求。

在经济欠发达地区，文化产业也可以实现跨越发展。我们要坚持以市场为导向，按照创新体制、转换机制、面向市场、壮大实力的方针，调动社会力量发展文化产业，实施好“六个一批”工程，继续打造“多彩贵州”等文化品牌，实施文艺精品工程，加快推进省“十大文化产业园”、“十大文化产业基地”建设，充分满足人民群众多方面、多层次、多样性的精神文化需求。

（六）大力推进基本公共服务均等化，切实保障和改善民生。民生问题不仅是经济问题，也是重要的政治问题、文化问题、社会问题。越是发展滞后，民生问题就越是突出，改善民生的任务就越加迫切，就越要重视保障和改善民生。要始终坚持以人为本，为群众幸福而发展，把推动发展与改善民生紧密结合起来，全力创造为人民带来幸福的经济增长。

扶贫开发是我省的“第一民生工程”。要按照区域发展带动扶贫开发、扶贫开发促进区域发展的新思路，大力实施集中连片特殊困难地区发展规划，加快贫困地区基础设施、优势产业、人口素质的提升，大幅度减少贫困人口。地处武陵山区、乌蒙山区、滇桂黔石漠化地区的集中开发扶贫要全面启动，持之以恒坚持抓十年、二十年。今后五年，要构建完善的农村道路交通网络，全面改造农村电网，新建30万口沼气池，建成农村人口人均半亩基本口粮田，每年培训转移10万名农村劳动力，全面完成现有5000个贫困村整村推进任务，基本实现1户农户转移1人、掌握1门实用技术的目标；大力实施生态移民工程，逐步把生活在不具备生存条件的深山区、石山区、高寒山区和地质灾害高发区35万户150万农村贫困人口搬出大山；切实搞好扶贫开发政策和城乡社会保障制度的衔接，妥善解决丧失劳动能力和常年生活困难群众的温饱问题。

改善民生就要不断提升社会公共服务水平，不断促进社会公平，不断为人民群众提供发展的机会。要坚持“民生财政”、“民生预算”，每年开展若干项重大“民生工程”，每年办若干件“民生实事”，努力在经济发展水平比较低的情况下把民生大事做得更好一些，惠及于民、取信于民。今后五年，要大力实施收入倍增计划，实行更加积极的就业政策，新增城镇就业240万人，千方百计增加城乡居民经营性收入、工资性收入、财产性收入。大力发展社会事业，新建1840所寄宿制学校，改扩建42所职业技术学校，培训3600名全科医生，全省500所中心乡镇卫生院实现达标改造。完善城乡社会保障体系，努力实现基本医疗、失业、养老、工伤、生育保障应保尽保。加快改善城乡居民居住条件，深入推进"四在农家"社会主义新农村创建活动，全面完成192万户的农村危房改造，新建111.77万套保障性住房。解决乡村农民吃水、出行问题，新建小塘坝、小水窖、小堰闸、小泵站、小渠道25万处，使现有1023万农村饮水不安全群众、173万农村学校师生饮水困难得到全部解决，建成通村油路5万公里。大力加强社会救助体系建设，在30万人以上的县建设救助站、儿童福利院。我们承诺：5年下来，全省贫困群众的生活都有明显的改善，全省人民的收入、教育、医疗、社会保障、水电路房、文体生活等，都有一个显著的提升！

（七）加强和创新社会管理，建设平安、和谐贵州。构建社会主义和谐社会，是中国特色社会主义的本质属性，是我们不懈奋斗的目标。我省是在经济社会发展滞后的情况下进入问题多发期、矛盾凸显期，更要牢固树立发展是第一要务、稳定是第一责任的战略思想，抓发展保稳定、抓稳定促发展，促进全省平安、稳定、和谐。

加强和创新社会管理，是实现社会和谐稳定的根本途径。要健全党委领导、政府负责、社会协同、公众参与的社会管理新格局，完善面向基层、面向群众的社会服务管理体系。社会管理包括深入细致的群众思想、服务工作和科学有效的行政管理、司法管理。前者是柔性管理，后者是刚性管理。要坚持"软管理"与"硬管理"两手抓，把"硬管理"建立在"软管理"基础之上，做到"软管理"细微而不粗糙、"硬管理"有度而不缺失，通过软硬结合，从整体上提高社会管理科学化水平。

社会矛盾性质不同、表现形式不同，大量的是人民内部矛盾。对人民内部矛盾的处理，一定要坚持以人为本，以教育、疏导、调节为主。当前人民内部矛盾呈现出"触点"增多、"燃点"降低、"爆点"易炸的特征。要尽量减少"触点"，健全完善党委和政府主导的利益协调机制、权益保障机制、社会稳定风险评估机制，更加注重从源头上、根本上预防社会矛盾；及时隔阻"燃点"，更加注重通过协商调解化解矛盾纠纷，加强和改进信访工作，解决好重点领域的矛盾纠纷；着力清除"爆点"，下大力预防和妥善处置群体性事件。

社会平安是重要的民生问题，也是最基本的发展环境。要把"保境安民"作为重大政治责任，全面加强社会治安综合治理，严厉打击各类刑事犯罪；严密防范和严厉打击敌对势力渗透破坏活动，切实维护国家安全和政治稳定；大力加强社区警务、社区矫治、群防群治等基层基础建设，加强对流动人口、特殊人群、"两新"组织的服务管理；坚持安全第一、生命至上，强化安全生产监管，最大限度地保障人民群众生命财产安全；加强预知、预警、预防、应急处置能力建设，完善突发事件应急管理机制，提高危机管理和风险管理能力，进一步增强人民群众安全感。

四、以保持党的先进性、纯洁性为主题，全面加强和改善党的建设，提高党的执政能力，为推进历史性跨越提供坚强保障

马克思、恩格斯在创立共产主义者同盟时就要求每一个支部对它所接受的会员的品质纯洁负责。列宁在创造俄国工人阶级政党时强调："我们的任务就是要维护我们党的坚定性、彻底性和纯洁性。我们应当努力把党员的称号和作用提高、提高、再提高。"毛泽东同志早就指出，我们要建设的是"一个有纪律的、思想上纯洁的、组织上纯洁的党，合乎统一标准的

党”。胡锦涛总书记强调:“我们党作为马克思主义执政党,只有不断保持纯洁性,才能提高在群众中的威信,才能赢得人民信赖和拥护,才能巩固执政基础,才能实现党和国家兴旺发达、长治久安。”贵州要后发赶超、实现历史性跨越,关键在于全省党组织和党员的先进性、纯洁性。保持党的先进性、纯洁性,是我们党在改革开放和社会主义现代化建设进程中应对和经受住各种考验、化解和战胜各种危险的重要法宝。现在,我省党的队伍总体上是纯洁、团结、有战斗力的,但也确实存在理想信念不坚定、作风不正、原则性不强、为政不廉等不符合党的纯洁性要求的问题。根据这种状况,今后五年,我们要把保持党的先进性、纯洁性作为全省党建的主题和重点,采取有效措施,全面加强党的建设。

党的纯洁性,体现在党的思想、政治、组织、作风各个方面,要把党的纯洁性建设落实在党的思想、政治、组织、作风建设和反腐倡廉建设之中。体现在思想上,就是要求各级党组织和广大党员、党的领导干部必须坚持把马克思主义及其中国化的理论成果作为指导思想,坚持把为社会主义、共产主义奋斗作为理想信念,坚持马克思主义实事求是的思想路线,坚决抵制各种反马克思主义思想的侵蚀,坚决同各种违背马克思主义的错误思想作斗争;体现在政治上,就是要求各级党组织和广大党员、党的领导干部必须坚决执行党的纲领、章程和路线方针政策,在社会主义初级阶段必须坚持以经济建设为中心,坚持四项基本原则、坚持改革开放的基本路线,坚决抵制和反对一切违背党的基本路线的错误政治倾向;体现在组织上,就是要求各级党组织和广大党员、党的领导干部必须坚持贯彻党的民主集中制原则和遵守党的组织纪律的要求,自觉维护党的团结统一,坚决反对一切危害和分裂党的行为,严格坚持党章所规定的共产党员标准和领导干部条件,坚决把背离党纲党章、危害党的事业、已经丧失共产党员资格的蜕化变质分子和腐败分子清除出党;体现在作风上,就是要求各级党组织和广大党员、党的领导干部必须坚持发扬党的理论联系实际、密切联系群众、批评与自我批评以及谦虚谨慎、不骄不躁、艰苦奋斗等优良作风,坚持贯彻党的“从群众中来,到群众中去”的工作路线和调查研究的工作方法,坚决反对主观主义、官僚主义、形式主义、以权谋私、弄虚作假和个人专断、追求享乐奢华等不正之风;体现在清正廉洁上,就是要坚守共产党员纯洁的精神家园,做到一身正气、一尘不染。

(一)发挥好党委总揽全局、协调各方的领导核心作用,形成共同推动贵州后发赶超的强大合力。各级党委要集中精力把方向、抓大事、出思路、用干部,从政治上、思想上、组织上全面加强和改善对各项工作的领导,提高党委科学执政、民主执政、依法执政的水平。大力推进社会主义民主政治建设,坚持党的领导、人民当家作主和依法治省的有机统一,发挥党委在同级人大、政府、政协和审判机关、检察机关以及人民团体等各类组织中的领导核心作用,支持他们依照法律和章程积极主动、独立负责、协调一致地开展工作,通过这些组织中的党组织和党员干部贯彻党的路线方针政策,贯彻党委的重大决策和工作部署。进一步加强统一战线工作,深入践行“同心”思想,推动实施“同心”工程,着力打造“同心”品牌,筑牢共同思想政治基础,把不同党派、不同民族、不同信仰、不同阶层的智慧和力量凝聚起来,共同推动贵州发展。认真贯彻落实党的民族、宗教政策,发展平等团结互助和谐的民族关系,发挥宗教界人士和信教群众在促进经济社会发展中的积极作用。深化与港澳台交流合作,支持海外侨胞、归侨侨眷关心和参与贵州发展。支持工会、共青团、妇联等人民团体广泛开展建功立业、创先争优活动。坚持党管武装,巩固和发展军政军民团结良好局面,大力提高军民融合式发展水平。

坚持以党内民主带动人民民主。认真贯彻执行民主集中制,进一步优化班子内部的工作分工、议事、决策规则和程序。发挥全委会对重大问题的决策作用,推行和完善党委讨论重大问题和任用重要干部票决制，提高决策科学化、民主化水平。认真执行党内组织生活制度，营造健康有序、积极向上的党内政治生活环境。深入推进党务公开，落实党委新闻发言人、党内情况通报等制度，拓宽党员表达意见和参与党内事务的渠道。积极探索基层党内民主多种实现形式，全面实施党代表任期制。坚持和完善基层群众自治制度和企事业单位民主管理制度，推进党务公开、政务公开、村务公开、厂务公开，保障人民群众的知情权、参与权、表达权和监督权。

(二)大力加强思想政治建设，保持党员队伍政治上的高度统一和理想信念上的坚定不移。这是思想政治建设的重要目的，也是思想纯洁、政治纯洁的重要表现。

强化理论武装，保持政治上的坚定性。理论上的清醒是政治上清醒的前提。要大力建设学习型党组织，坚持不懈地用马克思主义基本理论和中国特色社会主义理论体系武装党员、干部，教育引导党员干部做到真学真懂真信真用，不断增进对党的理论认同、政治认同、情感认同，在大是大非面前保持清醒，在思想上、政治上、行动上自觉与党中央保持高度一致，以理论的与时俱进引领行动的锐意进取，以思想的坚定统一保证工作的步调一致，增强为贵州后发赶超不懈奋斗的坚定性和自觉性。各级党员干部特别是领导班子成员要带头抓好理论武装，带动全体党员干部进一步坚定信仰、提振信心、凝聚力量、推动跨越。注重加强各级党校、行政学院、讲师团建设，加快遵义干部学院建设，充分发挥学习、研究、宣传马克思主义的阵地作用和党性锻炼熔炉作用。

推进思想解放，保持思想上的开拓性。是否具有开拓创新和勇于担当的精神，是检验每一个党员干部保持共产党员先进性和纯洁性的重要方面。各级党组织和广大党员干部必须牢牢把握发展大势，更加解放思想、更加开拓创新、更加锐意进取，始终保持积极向上、奋力拼搏、勇争一流的良好精神状态，努力成为具有开放视野、进取精神的坚定改革者。结合本地本单位实际，组织党员干部深入开展“解放思想、推动跨越”大讨论，认识差距和不足，集中智慧和力量，找到推动跨越的新思路、新举措。进一步开阔眼界、开阔思路、开阔胸襟，及时了解和分析国际国内形势的新变化，抢抓加快发展的新机遇，积极借鉴发达地区的先进经验和成功做法，大胆结合实际加以突破和创新，以超前的思路、超常的举措、顽强的作风实现超常规的发展。

加强党性锻炼，保持精神上的崇高性。党性锻炼是党员干部拂拭思想、祛除杂念、提升境界的思想锻造过程。要运用丰富的红色资源开展党的优良传统教育，深入开展学习党章、“重温入党誓词”等主题教育。广泛开展“弘扬雷锋精神、构建和谐贵州”主题系列活动，推动学雷锋活动常态化。突出抓好政德建设，涵养健康的党内文化。全省每一名共产党员，不论党龄长短、职位高低、在岗离岗，都要时刻怀着强烈的忧患意识和使命意识，把锤炼坚强党性、保持思想纯洁作为终身课题，自觉做到在党爱党、在党言党、在党忧党、在党为党、在党兴党，共同维护党的高度统一和高度纯洁。

(三)大力加强组织建设，建设发展型服务型党组织。党的建设要始终服务中心工作。当前和今后一个时期全省工作的大局和中心，就是科学发展、后发赶超。担当好这一历史重任，必须有一大批发展型服务型的党组织作保证。我们一定要立足当前，着眼未来5年、10年对干部和人才的需要，按照“团结、务实、勤奋、廉洁”的要求，把建设发展型服务型党组织的任务，落实到选干部、配班子，建队伍、聚人才，抓基层、打基础的具体工作中，努力使各级党组织在推动科学发展、统筹发展、创新发展和自身发展中发挥引领作用。

围绕发展选干部、配班子。根据换届后领导班子建设的实际，坚持德才兼备、以德为先，着眼发展需求，突出发展实绩，进一步完善体现科学发展观要求的考核评价办法。制定全省党政领导班子建设的规划，对配备发展型领导班子、培养优秀年轻干部、少数民族干部、妇女干部、非中共党员干部等提出明确要求。重点加大年轻干部培养力度，确保省直部门、市（州）、县（市、区、特区）领导班子中，都要有45岁以下的干部，45岁左右的正职明显增加。健全完善扩大范围比选干部机制，加大竞争性选拔党政领导干部比例，大力选拔具有基层工作经历的优秀干部充实各级党政领导机关。加强后备干部动态管理，建立新的后备干部名单，选拔500名左右的地厅级后备干部、1000名左右的县（市、区、特区）党政正职、副职后备干部。定期开展评选表彰优秀县委书记、县长工作。大力实施“干部素质提升工程”，加强对重点岗位、关键岗位领导干部的培养力度，注重加强对“一把手”的培养。实施年轻干部培养成长计划、干部经济建设能力素质提升计划，重点加强经济社会发展中急需紧缺知识的培训，地厅级干部5年内要参加1—2次专题培训；县级党政正职每年要参加专题培训。通过干部在线学习、自主选学等形式扩大培训覆盖面，认真抓好全员培训。紧紧围绕发展加强对领导班子和领导干部的动态考核和监督，对那些政治上与党离心离德、不干事光整人、拉帮派结团伙、不团结搞内耗、能力差无作为的，坚决及时果断进行调整。

围绕发展聚人才、汇智力。切实把人才发展摆上优先发展的战略位置，以贯彻落实省中长期人才发展规划纲要为主线，围绕发展配置人才、不拘一格起用人才、紧扣急需引进人才、完善机制培养人才，尤其要成龙配套地培养和引进贵州发展急需紧缺的高层次人才。以“人才聚集优化工程”为引领，大力实施“贵州英才计划”、“高层次人才引进工程”、“优秀企业家培养工程”、“人才基地建设工程”等重点工程，大批量地培养和引进博士、硕士和拥有高级技术职称的各类人才；培养一批能够引领企业参与国内外竞争的优秀企业经营管理者和后备人才；建设100个人才基地，全省人才资源总量达到280万人，增长30%。

围绕发展抓基层、打基础。大力开展“基层组织建设年”活动，深入实施“夯实基层基础工程”。坚持“抓两头、带中间”，大力加强以农村、社区、非公有制企业为重点的基层党组织建设。认真总结推广先进经验，注重培育先进典型，每年集中评选表彰一批乡镇党委书记、村党支部书记和“党员创业带富能手”。建立健全党组织动态管理机制，每年集中进行一次排查，对软弱涣散、出现问题、发展能力不强的村党支部进行重点帮扶和督查。积极探索有效途径，深入推进社区党建“三有一化”建设，不断提高社区党组织管理基层社会、服务社区群众的能力。围绕“两个作用”、“两个覆盖”、“两支队伍”，以“双强六好”为载体，大力加强非公有制企业党建工作。统筹抓好机关、国有企业、高校、科研院所、文化单位等各领域党建工作。制定发展党员中长期规划，坚持数量服从质量，努力建设一支素质优良、结构合理、规模适度、作用突出的党员队伍，全省发展青年党员占发展党员总数的比例每年递增1%—2%。加强基层党组织带头人队伍建设，大力实施“大学生村官”成长计划。进一步加强省内外党员短期教育实践培训基地建设，新建一批工业化、城镇化、农业现代化等省外短期培训基地。坚持“抓书记、书记抓”，认真落实基层党建工作责任制。健全完善稳定规范的基层政权建设经费保障制度，改善基层工作条件，合理提高基层干部报酬待遇，提高村（社区）工作运转经费保障水平。整合远程教育站点等现有资源，建立全省基层党建网络信息平台，积极推进网络党建。省、市（州）、县（市、区、特区）党委要进一步优化基层党建工作机构设置，加强基层党务工作队伍建设。

（四）坚持群众路线、深化群众工作，大力加强作风建设。作风的纯洁，核心是做好新形势下的群众工作，关键是走好党的群众路线，这是保证党永不变色的根本所在，也是检验作风纯洁的试金石。我们要以深化拓展“四帮四促”工作为总抓手，进一步密切党群干群关系，切实做好宣传群众、组织群众、服务群众、团结和带领群众前进的工作，让广大干部群众干事创业的不竭动力、无穷活力、无限潜力充分迸发出来。

加强教育，力促作风转变。在全省广大干部中深入开展群众观点、群众路线、群众立场教育活动，开展向敦操乡干部学习活动，引导广大党员、干部特别是领导干部牢固树立立党为公、执政为民理念，把群众欢迎不欢迎、认可不认可、拥护不拥护、满意不满意作为检验作风的唯一标准，从点滴小事入手，设身处地为群众着想，真心实意、扎扎实实地学会和做好群众工作，具体实在为群众解难，尽心竭力为群众造福，以实际行动赢得群众的支持、信赖和拥戴。

明确责任，狠抓干部带头。各级领导干部要带头沉下身子为基层服务、捧出真心给群众办事，促进干群同心、上下同步、合力同进。在全省党员干部中组织开展“忠诚于党我带头、服务人民我带头、加快发展我带头、优良作风我带头、廉洁自律我带头”的“五带头”活动。扎实推进领导定点、部门帮县、处长联乡、干部驻村，确保真蹲实驻、真帮实促、真抓实干。县以上各级领导班子成员每年有一个月以上时间在基层、下级单位或服务单位调研，县（处）级干部每年下基层时间原则上不少于三分之一，切实做到下基层机关全覆盖、干部全参与，使“发展水平向上攀登、干部作风向下深入”成为新时期贵州干部的自觉追求。

强化督查，确保见到实效。作风建设必须动真碰硬，抓重点、抓苗头、抓要害。深化运用“三个建设年”成果，注重把项目建设、环境建设作为锤炼干部作风的练兵场，引导干部用心想事、不当“糊涂官”，扎实干事、不当“甩手官”，激情成事、不当“太平官”。坚决向庸、懒、散、慢作风顽症“亮剑”，坚决向不敢担责、无所作为、好人主义“亮牌”，坚决向拖沓推诿、吃拿卡要等阻碍发展、损坏形象、影响投资环境的行为“开刀”，坚决向主观主义、官僚主义、形式主义“宣战”。每年开展万名群众评议机关作风活动，把干部作风的评判权更多交给群众，形成机关和干部作风转变的“倒逼机制”。加强对重点工作的督促检查，省委每年组织开展1次观摩，省委常委每年带队对重点工作开展2次督查，带动和促进各地各部门真抓实干、增比进位。

（五）深入推进反腐倡廉建设，营造风清气正的政治生态环境。腐败是党内祸害最大、为害最烈的“毒瘤”，是对纯洁肌体最危险的侵蚀。要坚持不懈地坚决惩治和有效预防腐败！认真贯彻标本兼治、综合治理、惩防并举、注重预防的方针，以构建反腐倡廉工作“三道防线”为重点，按照“教导管防在前，察帮诫劝紧随，惩处罚治在后”的思路，加快推进惩治和预防腐败体系建设。

着力构建思想道德防线。深入开展党性党风党纪教育和从政道德教育，促进党员干部不断增强自我净化、自我完善、自我革新、自我提高的能力。深入开展示范教育、警示教育和岗位廉政教育，把培育廉洁价值理念贯穿党员干部培养、选拔、管理和使用的全过程，促进党员干部勤政廉政。加强廉政文化基地建设，广泛开展廉政文化创建活动，倡导廉政价值取向，进一步形成崇尚廉洁的良好社会氛围。所有党的领导干部都要以正确的世界观处世、以正确的人生观立身、以正确的权力观用权、以正确的事业观做事，带头遵守廉洁自律各项规定，以淡泊之心对待个人名利权位，以敬畏之心对待肩负的职责和人民的事业，任何情况下都要稳住心神、管住行为、守住清白，做到心底无私、光明磊落，始终保持共产党人的崇高品格和清廉形象。

着力构建预警纠错防线。牢固树立惩治腐败是成绩、预防腐败也是成绩的观念，不断深化重点领域、关键环节的改革，以改革推进制度创新，切实加强预防腐败制度体系建设，加大廉政风险防控力度，从源头上消除腐败现象滋生的环境。加强党内监督，支持人大政协监督、民主党派监督、群众监督和舆论监督，加强和改进巡视工作，针对苗头性、倾向性问题早打招呼、早提醒，确保党员干部不犯错误或少犯错误。加强对党员领导干部的监督，推进述职述廉述德常态化，广泛开展群众性评议活动，强化“八小时以外”的监督。各级党员领导干部要增强主动接受监督的意识，自觉把自己置于党组织和干部群众的监督之下。

着力构建党纪国法防线。法律和纪律面前人人平等，遵守法纪没有特权、执行法纪没有例外、维护法纪没有照顾。始终保持惩治腐败的高压态势，严肃查办滥用职权、贪污受贿、腐化堕落、失职渎职案件，严肃查办破坏发展环境和损害群众利益案件，严肃查办群体性事件和重大安全生产责任事故背后的腐败案件。对以上这类案件，坚决做到发现一起查处一起，决不手软、决不姑息！要严格把握政策，把违纪违法与工作失误区别开来，切实保护党员干部改革创新、干事创业的积极性。

支持纪检监察机关全面履行职责，强化监督、惩治腐败。认真总结纪检监察系统开展“三访”活动的经验和成果，着力推进反腐倡廉工作创新，拓展以纪督政、以纪促政的渠道和途径，更好地发挥纪检监察机关在服务加快发展、保障改善民生方面的重要作用。

加强党的自身建设，保持党的先进性、纯洁性，是一篇在理论上永无止境、在实践中常做常新的大文章。我们要坚持不懈地把这篇文章做实做深做好，不断交出让党中央、让全省党员和人民满意的答卷！

同志们，实现追赶跨越、后来居上，是贵州各族人民的梦想和追求。我们要更加紧密地团结在以胡锦涛同志为总书记的党中央周围，高举中国特色社会主义伟大旗帜，以邓小平理论和“三个代表”重要思想为指导，深入贯彻落实科学发展观，倍加珍惜十分难得的历史机遇，倍加珍惜政通人和的大好局面，倍加珍惜后发赶超的社会共识，坚持“发展、团结、奋斗”，不动摇、不懈怠、不折腾，万众一心，奋发图强，锐意进取，为与全国同步实现全面建设小康社会、加快经济社会发展历史性跨越奋力拼搏，以优异成绩迎接党的十八大胜利召开！

中共贵州省委常委、书记、副书记
中共贵州省纪委书记、副书记、常委名单

2012 年 4 月 19 日，中共贵州省第十一届委员会第一次全体会议选举栗战书、赵克志、陈敏尔、李军、崔亚东、谌贻琴、宋璇涛、刘晓凯、石晓、孙永春、喻红秋、秦如培、廖国勋为省委常委；选举栗战书为省委书记，赵克志、陈敏尔为省委副书记。

会议通过中共贵州省第十一届纪委书记、副书记、常委人选：宋璇涛为中共贵州省第十一届纪律检查委员会书记，贾朝忠、廖建宇、季森、陈再天为副书记；宋璇涛、贾朝忠、廖建宇、季森、陈再天（侗族）、文江、谢凤莲（女）、张美圣（侗族）、李豫贵、孙学雷、陈麟为纪委常委。

云南省第九次党代会报告摘要及省委、省纪委领导成员名单

科学发展和谐发展跨越发展 为加快建设面向西南开放重要桥头堡而奋斗

——在中国共产党云南省第九次代表大会上的报告（摘要）

2011 年 11 月 25 日

秦光荣

同志们：

中国共产党云南省第九次代表大会，是在深入实施“两强一堡”战略、全面建设小康社会关键时期召开的一次重要会议。大会的主题是：高举中国特色社会主义伟大旗帜，以邓小平理论和“三个代表”重要思想为指导，深入贯彻落实科学发展观，在新的起点上推动科学发展、和谐发展、跨越发展，为加快建设我国面向西南开放重要桥头堡而奋斗。

现在，我代表中国共产党云南省第八届委员会向大会作报告。

一、凝心聚力、克难奋进，圆满完成省第八次党代会确定的目标任务（略）

二、坚定信心、不辱使命，奋力推进科学发展、和谐发展、跨越发展

2009 年 7 月，胡锦涛总书记考察云南时，提出把云南建设成为我国面向西南开放重要桥头堡。今年 5 月，国务院出台了支持桥头堡建设的意见，把云南对外开放提升到国家战略层面，标志着云南进入一个划时代的发展阶段，站在了新的历史起点上。

从封闭走向开放，从落后走向繁荣，是云南人民千百年来的不懈追求。早在两千多年前，云南就是中国通向东南亚南亚国家的陆路门户，延绵不断的马帮商队开辟了著名的南方丝绸之路。近现代历史上，云南建成第一条国际铁路，设立第一个内陆海关，修筑了滇缅公路和中印公路，开辟了驼峰航线，铺设了中印输油管道，彰显了云南在全国的战略地位。上世纪末，云南提出并推进中国连接东南亚南亚国际大通道建设，为桥头堡建设奠定了坚实基础。历史证明，自强不息的云南各族人民从来就有敢为人先的勇气，从来就有开放包容的胸怀，从来就有奋发有为的精神。

桥头堡战略历史性地把云南推向全国对外开放的前沿。这一重大战略，是中央统筹国内国外两个大局作出的重大决策，对于打造国际陆路交通枢纽，培育西南地区重要经济增长极，推动中国—东盟自由贸易区发展，加强与印度洋周边国家的开放合作，完善中国全方位对外开放格局，维护国家能源和经济安全，意义十分重大。这一重大战略，提升了云南在全国开放格局中的重要地位，凸显了云南的区位优势，为构建第三欧亚大陆桥、开辟新的西向贸易通道提供了条件，为云南与西南乃至全国各省区市开辟了新的合作方向，拓展了更为广阔的发展空间。这一重大战略，为云南跨越发展提供了重大契机，有利于云南在更大程度上利用两种资源、两个市场，加快融入区域经济一体化和全球化；有利于吸引更多的生产要素汇集到这片充满希望的热土，加快经济发展方式转变；有利于加快民族贫困地区发展，实现各族群众共同

富裕和边疆和谐稳定。这一重大战略，增强了云南跨越发展的重要动力，极大地提振各族人民加快发展的信心，激发广大干部群众团结奋斗的精神力量，释放巨大的发展潜力，成为跨越发展的强大引擎。

在重大的历史机遇面前，必须清醒地看到，当前国内外环境十分复杂，我们还面临着不少困难和挑战。一些主要经济体增速下滑，一些国家主权债务问题突出，新兴市场国家通胀压力加大，各种形式的保护主义明显增多，世界经济复苏的不稳定性不确定性上升。国内经济继续向好，但转方式任务繁重，物价高位运行，节能减排形势严峻，极端天气造成的灾害影响不可低估。就我省而言，纵向比，发展成就显著、变化令人鼓舞；横向看，各省区市你追我赶、竞相发展，差距仍然很大，到2020年与全国同步全面建成小康社会的任务十分艰巨，影响和制约我省发展的一些深层次矛盾和问题尚未得到根本解决。经济总量较小，民营经济发展不足，县域经济发展较差，贫困面大程度深，加快发展任务艰巨；产业层次较低，发展的资源环境约束凸显，城镇与乡村、山区与坝区、内地与边境以及经济与社会之间发展不平衡，转变经济发展方式任务艰巨；思想观念和体制机制障碍仍较突出，资金投入和基础设施的瓶颈制约尚未根本破除，科技和人才短板问题没有明显缓解，强化发展支撑的任务艰巨；社会利益关系日益复杂，群众诉求更加多样化，腐败现象不同程度存在，统筹兼顾各方、满足群众新期盼新要求的难度加大，防范各类突发事件的压力增大，化解各种风险、维护社会和谐稳定任务艰巨。

综合分析判断面临的形势，未来5年是云南全面建设小康社会的关键期，是加快转变经济发展方式的攻坚期，是扩大对内对外开放的黄金期，是深入实施西部大开发战略的加速推进期。立足边疆民族山区贫困四位一体的基本省情，紧扣发展不够快、不充分、不协调、不平衡的现实省情，着眼潜力巨大、特色突出、优势明显、前景广阔的发展省情，我们必须始终把科学发展观的要求同云南的具体实际紧密结合，全力推动科学发展、和谐发展、跨越发展。只有坚持科学发展这个主题，才能提升发展的全面协调可持续性；只有坚持和谐发展这个保障，才能营造安定团结生动活泼的政治局面；只有坚持跨越发展这个关键，才能尽快缩小与全国发展的差距，早日实现各族群众富民强滇的美好夙愿。

今后5年全省经济社会发展的指导思想是：高举中国特色社会主义伟大旗帜，以邓小平理论和“三个代表”重要思想为指导，深入贯彻落实科学发展观，紧紧围绕建设绿色经济强省、民族文化强省和中国面向西南开放重要桥头堡战略目标，坚持科学发展、和谐发展、跨越发展，以加快转变经济发展方式为主线，以改善民生为根本，以奋力跨越为关键，解放思想、开拓创新，夯实基础、强化保障，拓展空间、壮大实力，加力提速全面建设小康社会步伐，建设开放富裕文明幸福新云南。

今后5年主要奋斗目标是：

——经济发展跃上新台阶。转方式、调结构取得显著进展，产业实力大幅增强，经济发展质量和效益明显提高，全省生产总值年均实现两位数增长，到2016年生产总值、人均生产总值、财政总收入、全社会固定资产投资比2011年翻一番以上，实现“四个翻番”。

——人民生活水平实现新提升。城镇居民人均可支配收入和农民人均纯收入实现“两个倍增”，就业更加充分，教育现代化加快推进，基本医疗卫生服务水平不断提高，社会保障体系更加健全，社会管理更加有序。

——民主法制建设迈出新步伐。社会主义民主政治建设不断加强，民族团结进步、边疆繁荣稳定示范区建设有效推进，法治云南建设进程加快，公民法制观念进一步增强，社会公平正义得到更好保障，法治和服务型政府建设成效显著。

——文化建设再创新辉煌。社会主义核心价值体系深入人心，公共文化服务体系日益完善,文化产业增加值占生产总值比重明显上升,文化软实力显著增强,各族人民的思想道德素质和科学文化素质进一步提高。

——生态文明建设取得新进展。“七彩云南保护行动”深入推进,“森林云南”建设取得重大进展,单位生产总值能耗和主要污染物排放总量控制在国家下达指标范围之内,生态安全屏障和生物多样性战略地位更加巩固,环境质量进一步改善,可持续发展能力不断增强。

——改革开放实现新突破。主要领域和关键环节改革取得明显成效,社会主义市场经济体制不断完善,对内对外开放合作步伐加快,国际大通道建设全面推进,沿边开放取得重大突破。

实现上述目标,必须做到八个坚持:

一是必须坚持立足云南、着眼全局,以宏大的气魄谋划云南改革发展。眼界绘宏图,魄力铸伟业。必须进一步解放思想,以更加宽广的胸怀、更加高远的视野、更加卓越的胆识,敢于摆脱束缚、推倒围墙、打破框框,自觉把云南发展放到全国和全球总体格局中定位,放在国家对西部大开发的总体部署中谋划,以国际视野、科学精神、战略思维认识云南、建设云南、发展云南。

二是必须坚持以跨越发展为关键,推动云南驶入发展快车道。推动云南科学发展、和谐发展、跨越发展,关键在跨越,重点在加快。没有较快的发展速度,就改变不了发展滞后的现状,解决不了前进道路上的矛盾和困难。必须坚持好字当头、快字当先,能快则快、好中求快,牢牢抓住扩大投资、消费、出口的关键环节,采取创新性举措,率先在最具潜力、最有优势、最能见效的领域实现突破,努力走出一条具有云南特点的跨越发展新路子。

三是必须坚持统筹城乡、优化布局,加快推进新型工业化、城镇化和农业现代化进程。坚持工业兴省、工业富省,坚持城镇带动、城乡联动,把城镇上山和农民进城作为推进工业化和城镇化的有效举措,在工业化、城镇化深入发展中同步推进农业现代化,加大制度创新和政策调整力度,促进公共资源在城乡之间有效配置、生产要素在城乡之间合理流动,使工业获得更多的发展资源、城市获得更广的发展空间、农村获得更大的发展扶持,努力构建城乡经济社会发展一体化新格局。

四是必须坚持以大开放促进大发展,大胆创造沿边开放新奇迹。开放是一种境界,是一种胸怀,是现代文明的显著标志。必须善于学习借鉴沿海地区敢闯敢试的开放经验,克服眼界不宽、固守本土的封闭观念,摒弃墨守成规、固步自封的狭隘思想,解决重招商轻服务的突出问题,消除制约和影响开放的体制机制障碍,着力实现大开放、促进大发展、构筑大通道、打造大基地、培育大平台、建设大窗口、维护大团结、保护大生态,为加快桥头堡建设拓展新空间、增添新活力。

五是必须坚持产业强省,发展壮大综合经济实力。云南要跨越,关键在产业。必须把发展产业作为全省经济工作的重中之重,作为转方式调结构的重要内容,积极引导生产要素向产业聚集、优惠政策向产业倾斜、人才资源向产业汇聚,加快发展特色优势产业,主动参与国际国内竞争,努力在竞争中培育产业、在竞争中提升产业,夯实云南跨越发展的坚实基础。

六是必须坚持富民优先,千方百计增进广大人民的幸福感。始终坚持以人为本、民生为重、富民为先。必须以增加城乡居民收入为核心,以解决发展不平衡为重点,以增强公共服务为突破口,以增进人民幸福为根本,逐步形成惠及各族人民、保障困难群众和低收入群体基本生活、切实改善民生的长效机制,把兴边先富民、强滇先富民、富省先富民的理念贯穿到经济社会发展的全过程,让各族群众尽快富裕起来。

七是必须坚持以发展促团结、以团结保发展,巩固和谐稳定的大好局面。各民族的团结进步事关改革发展稳定大局。必须始终高举民族团结旗帜,以建设民族团结进步、边疆繁荣稳定示范区为抓手,加大对边疆民族地区扶持力度，夯实发展基础，提升发展能力，促进各民族交往交流交融，谱写共同团结奋斗、共同繁荣发展的新篇章。

八是必须坚持科教兴滇、人才强省，增强发展的支撑能力。科技支撑发展，人才引领未来。必须牢固树立科技是第一生产力、人才是第一资源和优先发展教育的理念，把科技创新和人才队伍建设作为引领云南发展的重要驱动力，大力发展教育，提高全民素质，特别是要提高领导干部综合素质，加大人才培养、引进和使用力度，加快提升自主创新能力，借助科技和人才这一有力撑杆，推动经济社会发展跃上一个新台阶。

无论是历史的反思、还是现实的审视，云南正处在蓄势待发的重要历史关口。能否最大程度利用好桥头堡建设带来的宝贵机遇，是对我们胸怀和胆识、智慧和能力的重大考验。只有解放思想、勇于担当，乘势而上、强势突破，才能谱写云南科学发展、和谐发展、跨越发展的雄浑乐章。

三、统筹兼顾、重点突破，加快推动经济社会发展实现新跨越

推动云南科学发展、和谐发展、跨越发展，必须突出重点，创新举措，优化经济结构，转变发展方式，着力在关系全局和长远发展的重大问题上取得突破。

（一）兴产业、调结构，壮大发展实力

产业不强是云南的软肋。必须把调整经济结构、推动产业大发展作为跨越发展的重要支撑，加快调整三次产业、轻重工业、传统产业与新兴产业和所有制、投资、研发投入结构，推进产业特色化、规模化、集群化、高端化，构建多元发展的现代产业体系。

加快产业转型升级。坚持一、二、三产业协调发展。大力发展高原特色生态农业调快调优一产。继续实施百亿斤粮食增产计划，确保粮食安全。发挥地域和气候优势，建设烟糖茶胶、花菜果药、畜禽水产、木本油料等特色原料基地，做大做强龙头企业，打造优势特色农产品品牌，以农业产业化推动农业现代化。加速新型工业化调快调强二产。工业是云南经济增长的主要支撑，必须坚定不移推进工业强省，推动信息化与工业化深度融合。提高轻工业比重，大力发展生物制药、食品饮料、纺织服装、家电日化等轻工业。整合提升钢铁产业，延伸有色产业链，加快发展石油炼化产业，增强化工产业竞争力，稳步壮大建材产业。实施工业跨越发展计划，确保工业增加值、销售收入、利税三年倍增。促进服务业发展调快调特三产。提升传统服务业，发展现代物流、金融保险、信息咨询等现代服务业，不断提高比重。积极构建扩大内需的长效机制，强化消费对经济增长的拉动作用。

做大做强特色优势产业。烟草产业要加快现代烟草农业建设，优化卷烟结构，做大骨干产品规模，推进减害降焦和综合利用，开创烟草绿色生态安全健康发展新境界。能源产业要加快“三江”干流水电开发，建设国家西电东送清洁能源基地、新能源示范基地。矿产业要加大地质找矿和精深加工力度，推进矿电结合，引导能源密集型工业向水电资源富集区域集中。生物产业要抓好原料基地建设、品牌培育和市场开拓，建设我国重要的生物产业基地。旅游产业要继续推进二次创业，打造国内一流、国际知名旅游目的地。大力培育现代生物、光电子、高端装备制造、新材料、节能环保、新能源等战略性新兴产业。

推进产业聚集。实施大企业培育工程，推动央企入滇和有实力的民企入滇，加快引进世界500强、中国500强企业，培育近10户销售收入超千亿元的企业集团。实施中小企业成长工程，发展一批专精特新中小企业和微型企业。实施园区升级工程，提高配套水平和服务能力，打造10个销售收入超千亿元的产业园区。实施产业集群打造工程，纵向延伸产业链，横向增强配套能力，推动优质生产要素向优势区域聚集，提高产业集中度，形成10个销售收入超千

亿元的产业。

促进非公有制经济大发展。创新和落实对非公有制经济发展的扶持政策，切实改进服务，推进公平准入，破除体制障碍，实施融资服务创新、市场开拓推进、集群发展促进、信息化服务推进等工程，支持民间资本进入资源开发、基础产业、基础设施、公用事业、政策性住房建设、商贸流通、国防科技工业和金融服务等领域，使非公有制经济占生产总值比重超过50%，迎来非公有制经济蓬勃发展的春天。

强化产业保障。坚持扩大投资规模和优化投资结构并举，增强民间投资主体活力，建立多元化、多层次、多渠道投融资体系，发挥投资对经济增长的支撑作用。实施特色产业发展及财源建设行动计划，鼓励和调动更多的资金投向产业，力争产业投资比重达到50%以上，民间投资比重达到60%以上。利用好国家差别化产业政策，实行优势产业一产一策，建立省级领导联系督导重点产业制度。深入实施创新型云南行动计划和质量兴省战略，充分发挥公共财政对战略性、前瞻性、公益性领域创新能力建设的主导作用，支持大企业提高自主创新能力，鼓励中小科技型企业开展创新活动，引导企业和社会加大科技创新投入。实施企业家培育工程，壮大优秀企业家群体。

（二）谋长远、增后劲，夯实发展基础

基础设施是经济社会发展的重要支撑。必须坚持基础先行，适度超前谋划和建设一批重大基础设施项目，从根本上缓解发展瓶颈制约。

加快实施兴水强滇战略。富民强滇、必先兴水。千方百计加大投入，注重科学治水、依法治水，大力发展民生水利。创造条件尽快开工建设滇中引水工程，让金沙之水早日润泽滇中大地、造福各族群众。积极推进牛栏江和清水海补水工程建设，继续实施润滇工程，开工建设一批骨干水源工程。加强“五小水利”、病险水库除险加固、江河堤防治理等项目建设，做好灌区配套、节水改造和干支渠防渗工作。基本解决农村饮水安全问题。加快中低产田地改造、“兴地睦边”农田整治步伐。积极探索水电站综合利用有效途径。

构建现代综合交通运输体系。推动形成以航空为先导、铁路和公路为骨干、水运和管道运输为补充、区域综合枢纽为联结，多种运输方式相互衔接、高效便捷、内通外畅、城乡一体的交通运输网络，实现州市高速路、县县二级路、县乡柏油路、村村硬化路目标。重点推进“八出省四出境”铁路网，“七出省四出境”公路网，“两出省三出境”水运通道建设，推进民航大省向民航强省转变。探索矿产资源管道运输新模式。

加强能源保障能力和信息基础设施建设。围绕建设境内外电力交换枢纽，加快电网建设步伐，保障省内电力需求，抓好西电东送、云电外送。积极推进中缅油气管道及配套建设。提高信息网络传输能力和覆盖率，促进三网融合。重点推进物联网开发利用基础设施建设，完善信息服务体系，增强网络与信息的安全保障和通信、邮政普遍服务能力，建设面向东南亚南亚的通信枢纽和区域信息汇集中心。

（三）抢机遇、扩开放，拓宽发展空间

紧紧抓住桥头堡建设这个龙头，以更大的决心和勇气，构建全方位、多层次、宽领域的对外开放格局。

加快沿边开放步伐。抓好瑞丽沿边重点开发开放试验区建设，推进河口、磨憨、瑞丽跨境经济合作区和天保、孟定、猴桥、勐阿、片马边境经济合作区建设，加快昆明、红河综合保税区和水富、富宁、景洪等口岸保税物流区建设。推进跨境交通及沿边干线公路等基础设施建设，提升口岸和通关便利化水平。培育和发展商贸物流、边境旅游，建设外向型产业基地，把沿边地缘优势转化为经济优势。

拓展区域合作空间。立足云南、惠及西南、服务全国、面向太平洋和印度洋，深化与东南亚南亚的全方位开放合作，打造对内对外经济走廊，积极融入中国—东盟自由贸易区，提升与大湄公河次区域和孟中印缅区域合作层次与水平。推进与周边国家通路、通电、通商、通关合作进程，拓展互惠互利合作领域。继续办好昆交会、南亚国家商品展等国际会展。推进泛珠三角、长三角、环渤海以及周边省区市区域合作，提升滇沪、滇浙等合作层次，实现联动发展。

提升对外经贸水平。推进外贸增长方式转变，促进一般贸易、边境贸易和加工贸易协调发展，大力发展服务贸易。优化进出口商品结构，支持优势产品、高新技术产品、绿色有机农产品和服务贸易产品扩大出口，支持资源性产品、先进技术、关键设备及零部件扩大进口。坚持引资和引智相结合，强化绩效考核，扩大利用外资规模，提高利用外资水平。加快实施"走出去"战略，积极参与国际经济合作。

营造良好开放环境。认真落实国家支持桥头堡建设的各项政策措施。畅通项目审批绿色通道，建立更加便利的出入境管理制度，提升招商引资项目跟踪服务水平，营造高效务实的政务环境、公平竞争的市场环境、安全舒畅的社会环境、包容开放的人文环境，大兴敬商重商之风，使云岭大地成为物流、商流、资金流、信息流的汇集之地、财富热土。

(四)强统筹、促协调，构建发展新格局

坚持统筹城乡发展，优化区域发展布局，加快构建城乡互动、区域协调、多极支撑、多元发展新格局。

统筹区域协调发展。立足区域合理分工，科学确定主体功能，加快构建"一圈一带六群七廊"空间布局。加快昆明区域性国际城市建设步伐，推进滇中城市经济圈一体化，将滇中培育成为全省跨越发展的重要引擎。打破行政区划约束，跨地区优化资源和生产力配置，推动滇东北、滇东南、滇西及滇西北、滇西南加快发展，尽快形成新的经济增长极。深入实施新一轮"兴边富民"和边疆解"五难"惠民工程，加快沿边开放经济带建设。

统筹城乡发展。完善以工促农、以城带乡长效机制，积极探索促进"三化同步"的有效途径，推动公共财政向"三农"倾斜、公共设施向农村延伸、公共服务向农民覆盖、现代文明向农村推进。抓好省级重点建设村工作，扩大新农村建设试点、示范村建设范围。加强以水电路气房为重点的农村基础设施建设，改善群众生产生活条件，逐步缩小城乡发展差距。

走有云南特色的城镇化道路。优化城镇布局，积极发展城市群，促进大中小城市和小城镇协调发展。按照"守住红线、统筹城乡、城镇上山、农民进城"的要求，完善城镇发展思路，转变建设用地方式，严格保护耕地尤其是坝区优质耕地，用好用足国家低丘缓坡地综合开发试点省差别化土地政策，引导城镇、村庄、工业向适建山地发展，建设山地城镇。提高城镇规划、建设和管理水平，增强城镇综合承载能力。按照"放宽城镇户籍、同享城乡待遇、自愿有偿转变、分类协调推进"的原则，引导农村人口有序向城镇转移，解决进城农民在就业、住房、社保、医疗卫生、子女教育等方面的突出问题。

壮大县域经济实力。强滇之基在于强县。必须加快扩权强县步伐，最大限度下放经济领域、社会事务管理权限，赋予县市区更大的发展自主权。健全与主体功能区相配套的考核评价体系，完善激励约束机制，鼓励争先进位，把县域经济发展的成效作为领导干部考核任用的重要依据。强化分类指导，加大以奖代补力度，鼓励县市区发挥当地资源和区位优势，打造有自身特色的支柱和优势产业，增强县域经济自我发展能力，形成一批县域经济强县。

推动民族地区和贫困地区大踏步发展。继续采取特殊扶持政策，实施扶持人口较少民族、特困民族和散居民族发展等重大工程。支持民族地区大力发展特色优势产业，增强造血功能。加快发展民族地区社会事业。对边境沿线守土固边困难群体实行专项补助。坚持开发式扶贫方针，以边远、少数民族和贫困地区深度贫困群体为重点，以乌蒙山区、石漠化地区、滇西边境山区、革命老区以及藏区等连片特困地区为主战场，推进专项扶贫、行业扶贫、社会扶贫，打好基础设施改善、产业培育、社会事业发展、生态修复攻坚战，让民族地区和贫困地区的广大群众走上共同富裕的康庄大道。

（五）抓改革、推创新，增强发展动力

改革创新是经济社会发展的强大动力。必须坚持用改革的办法破解难题，用创新的举措寻求突破，全面推进各领域改革。

完善农村发展体制机制。坚持农村基本经营制度，稳定和完善土地承包关系，在依法自愿有偿和加强服务基础上完善土地承包经营权流转市场。继续推进农垦、供销社、农村信用社、农村小型水利设施管理体制和林权制度改革。推进“三农”金融服务改革创新试点。

深化经济体制改革。加快国有资产战略性重组和产权多元化进程，推进国有资产监管全覆盖，发挥国有经济在跨越发展中的引领作用。加快垄断性行业和公用事业改革。健全公共财政体系，加大均衡性转移支付力度。推动金融改革、开放和发展，加快发展地方金融组织体系，创新融资方式，积极拓展人民币跨境金融服务，防范金融风险。抓好国家电力价格改革试点省建设，充分发挥电价引导作用，建立水能资源开发利益分享机制。构建资源价格市场化形成机制和生态补偿机制。

加快社会事业体制改革。深化科技体制改革，创新产学研结合模式，推进形成技术创新战略联盟，强化知识产权创造、运用、保护和管理。创新人才培养、办学和教育管理体制，改革质量评价和考试招生制度，全面推进素质教育。推进医药卫生体制改革，鼓励社会资本以多种形式兴办医疗机构。加快经营性文化事业单位转企改制，稳步推进公益性文化事业单位人事、收入分配、社会保障制度改革。

推进行政管理体制改革。进一步转变政府职能，强化社会管理和公共服务，减少和规范行政审批，加强重大项目督查，提升行政效能。推进行政执法体制改革，促进公正文明规范执法。改革各级政府机关事务管理体制，降低行政成本。积极稳妥推进事业单位分类改革，促进政事分开、事企分开、管办分离。

大胆推进政策创新。坚持发展靠政策推动、难题靠政策突破、活力靠政策激发，在政策创新上先行先试，切实用好现有政策，积极争取新的政策，借鉴发达地区的有效政策，探索发展中的突破性政策，构建更加灵活、开放、高效的政策体系，以政策创新带动体制机制创新。

（六）顺民意、惠民生，共享发展成果

保障和改善民生事关各族群众福祉。必须把准民生脉搏，关注民生热点，在重视经济建设的同时，更加重视社会事业发展，让各族群众得到更多实惠和发展机会。

增收是民生之要。建立与经济增长相适应的收入增长机制，大幅度提高城乡居民收入特别是中低收入群体收入。健全农民工工资支付保障体系，建立企业职工工资正常增长机制，推进事业单位实施绩效工资，完善公务员工资制度。健全物价上涨和低收入群体价格补贴挂钩联动机制。

就业是民生之本。实施更加积极的就业政策，引导和促进吸纳就业能力强的产业及企业加快发展，鼓励企业稳定并扩大就业。实施全民创业就业工程，深入落实“贷免扶补”优惠政策，发挥创业带动就业的倍增效应。完善面向城乡的公共就业服务体系，重点做好高校毕业生、农村转移劳动力、城镇就业困难人员的就业工作。加强劳动合同、平等协商和争议仲裁制度建设，构建和谐劳动关系。

保障是民生之安。稳步提高社会保险统筹层次和待遇水平，完善各类社会保险之间的衔接和转移接续机制，加快实现人人享有社会保障。加强社会救助体系建设，健全城乡居民最低生活保障制度。完善优抚安置政策，发展社会福利、慈善和残疾人事业。加快推进保障性住房建设，强化质量监管和分配管理，切实解决中低收入群众住房困难问题。

教育是民生之基。全面协调发展各级各类教育，继续加大投入，稳步推进教育现代化，促进教育公平。进一步巩固“两基”成果，促进义务教育均衡发展，推动边远地区中小学逐步实现相对集中办学。实施农村义务教育学生营养改善计划，提高家庭困难寄宿学生生活费补助标准，扩大覆盖面。加快发展高中阶段教育，扩大优质教育资源供给。

加强特色优势重点学科建设，提高高等教育质量。加快发展职业教育、学前教育、继续教育，关心支持民族教育、特殊教育。强化师资队伍建设。加强现代信息技术在教育中的应用。鼓励引导社会力量兴办教育。

健康是民生之福。坚持大办卫生、多办医院，加强州市级区域医疗中心建设，完善县乡村医疗卫生服务网络，加快城镇社区卫生服务机构建设，有效解决群众看病难、看病贵问题。提高突发公共卫生事件防控和应急处置能力。积极扶持中医药和民族医药事业发展。广泛开展全民健身运动。健全食品药品监管机制，加大依法严厉打击假冒伪劣食品药品力度，保障各族群众饮食和用药安全。稳定低生育水平，提高出生人口素质。积极发展妇女儿童和老龄事业，做好离退休干部工作。

（七）重文化、强引领，增强发展软实力

文化是民族的血脉，是人民的精神家园。必须更加自觉、更加主动地推动文化大发展大繁荣，加快建设民族文化强省。

加强社会主义核心价值体系建设。坚持用中国特色社会主义理论体系武装干部、教育人民，广泛开展具有行业特点的社会主义核心价值体系教育实践活动，筑牢全省人民团结奋斗的共同思想道德基础。深化拓展群众性精神文明创建活动，建立城乡、区域、军民警民联创共建机制，重视非公有制经济组织、社会组织、流动人口和边境地区的精神文明建设。深入推进公民道德和社会诚信建设，继续推进重大典型宣传，突出抓好大学生思想政治教育和未成年人思想道德建设。坚持以重大现实问题研究为主攻方向，繁荣发展哲学社会科学。

加强和改进新闻舆论工作。坚持围绕中心、服务大局，牢牢把握正确导向，发挥新闻媒体宣传党的主张、弘扬社会正气、通达社情民意、引导社会热点、疏导公众情绪、搞好舆论监督的重要作用，抓好重大主题宣传，壮大主流舆论。完善舆情分析研判制度、新闻发布制度和重大突发事件新闻报道机制，提高舆论引导能力。高度重视互联网的建设和管理，实施网络内容建设工程，建立有效监管体系，规范网上信息传播秩序，发展健康向上的网络文化。

加快发展文化事业和文化产业。以农村和边境地区为重点，推进重大文化惠民工程建设，优先安排涉及群众切身利益的建设项目，建设标志性文化设施，改善群众文化条件。拓展大众文化消费市场，培育群众广泛参与的社区文化、农村文化、校园文化、企业文化。加强优秀民族文化的挖掘传承，加大重点文物和非物质文化遗产的保护开发力度。推进文化与旅游、资本、科技深度融合，提升文化产业规模化、集约化、专业化水平，把文化产业培育成支柱性产业。促进文化精品创作生产，不断推出思想性艺术性观赏性相统一的优秀文艺作品，保持云南文化创造活力持续迸发、精品力作不断涌现的繁荣局面。

（八）建生态、重保护，改善发展基本条件

始终坚持生态立省、环境优先，按照经济建设与生态建设同步进行、经济效益与生态效益同步提高、产业竞争力与生态竞争力同步提升、物质文明与生态文明同步前进的要求，走生态建设产业化、产业发展生态化之路，建设资源节约型、环境友好型社会，争当生态文明建设排头兵。

实施绿水青山计划。深入推进“七彩云南保护行动”，切实抓好重点生态功能区保护和以“森林云南”为重点的生态工程建设，森林覆盖率达到55%以上，增加森林碳汇。加强以滇西北、滇西南为重点的生物多样性保护，建立生物多样性监测、评价和预警机制，建设我国重要的生物多样性宝库和生态安全屏障。提升以滇池为重点的九大高原湖泊治理保护成效，加强出境跨界河流水环境综合防治。加快中低产林改造，加强石漠化综合治理及干热河谷生态恢复、水源涵养林建设和饮用水源地保护。切实做好移民工作，稳步推进生态移民。

实施节能减排计划。树立绿色发展理念，按照整体协调、循环再生、健康持续的要求，加大节能减排工作力度，大幅度提高能源利用效率，大幅度减少污染物排放。加快淘汰落后产能，积极发展清洁载能产业。强化新上项目节能评估审查和环境影响评价，抓好重金属等重点污染物的监管和污染防治，有效防范环境风险和妥善处置突发环境事件。全面推进低碳经济试点省各项工作，大力发展循环经济，积极推进清洁生产。以节能节水节材节地为重点，推进绿色制造，倡导绿色消费。

实施防灾减灾计划。以地震、地质、气象和生物灾害防治为重点，构筑应急救灾与常态防灾相结合、救灾减灾并重、城镇农村统筹、治标治本兼顾的科学防灾减灾体系，提高灾害应对能力，切实保障人民群众生命财产安全。

（九）聚人心、汇民智，凝聚发展强大合力

发展社会主义民主政治，是各族人民根本利益的具体体现。必须充分调动一切积极因素，把各方面的力量和智慧汇聚到推动发展中来。

积极推进社会主义民主政治建设。坚持和完善人民代表大会制度，支持和保障人大及其常委会依法履行职能，善于运用地方国家权力机关处理经济社会发展事务，加强和改进立法、监督工作。坚持和完善中国共产党领导的多党合作和政治协商制度，推进政治协商、民主监督、参政议政制度化、规范化、程序化建设。发挥爱国统一战线协调关系、化解矛盾、凝聚人心、增进团结的作用，加强党外代表人士培养和选拔，广泛团结新的社会阶层人士，密切联系港澳同胞、台湾同胞和海外侨胞。支持工会、共青团、妇联等人民团体依照法律和各自章程开展工作。健全完善基层群众自治制度。

推进法治云南建设。严格遵守宪法和法律，加快地方立法科学化、民主化进程，推进依法行政、公正廉洁执法，强化法律监督，维护法制权威，完善法律服务，提升社会管理法制化水平。深化司法体制和工作机制改革，着力破除影响司法公正、制约执法能力的体制机制障碍。促进公平正义，依法保障社会成员平等参与、平等发展的权利。抓好“六五”普法和“四五”依法治省规划的实施。

做好民族和宗教工作。以民族团结进步、边疆繁荣稳定示范区建设统领民族工作，坚持和完善民族区域自治制度，深入开展民族团结进步创建活动，巩固和发展各民族和睦相处、和衷共济、和谐发展的良好局面。坚持党的宗教工作基本方针，依法管理宗教事务，坚持独立自主自办原则，发挥宗教界人士和信教群众在促进经济社会发展中的积极作用。

重视边防和人民防空建设，推进国防动员和后备力量建设。深入开展双拥共建活动，不断巩固新型军政军民关系。

（十）保稳定、建和谐，营造发展良好环境

保持社会和谐稳定，是加快发展的基础和前提。大力加强和创新社会管理，实施社会和谐行动，把云南建成安全优美舒适的福地。

创新社会管理机制。进一步健全党委领导、政府负责、社会协同、公众参与的社会管理格局。以流动人口服务管理、特殊人群帮教管理、非公有制经济组织和社会组织服务管理、网络信息建设管理为重点，改进方式方法，完善政策法规，努力提升社会管理效能和服务质量。以推进和谐社区建设为载体，加强村规民约、社区公约等社会规范建设，加快完善社区治理结构，健全社区管理和服务体系，把社区建成社会和谐稳定的基础、人民安居乐业的港湾。

加强基层基础工作。把社会管理创新的重心下移到基层，推动目标任务、手段措施、机制保障向源头化解、前端管理和事前防范转移。建立健全社会舆情分析、社会稳定风险评估和多元化纠纷解决机制。深化人民调解，创新行政调解，强化司法调解，推进联动调解，努力把矛盾控制在源头、纠纷化解在基层、问题解决在一线，筑牢社会和谐稳定的根基。

深化平安创建活动。加强社会治安立体化、全方位防控体系建设，积极运用现代信息技术预防打击犯罪，把治安防范网络覆盖到城镇街区、农村村寨、居民楼院，形成平安创建人人参与、平安和谐人人共享的生动局面。继续深入推进禁毒防艾人民战争。强化安全生产监管，有效防范遏制重特大事故。加强国家安全人民防线建设，坚决防范和打击各种敌对势力的渗透、颠覆和破坏活动。

四、加强和改进党的建设，为推动科学发展、和谐发展、跨越发展提供坚强保证

办好云南的事情，关键在党。必须清醒地看到，在少数党员干部中，还存在一些突出问题，特别是精神懈怠、能力不足、脱离群众、消极腐败的问题，更加尖锐地摆在各级党组织面前。必须以改革创新精神全面推进党的思想、组织、作风、制度和反腐倡廉建设，不断提高党的建设科学化水平。

（一）针对精神懈怠的问题，着力强化奋起直追的责任感和紧迫感

心弱则志衰，志衰则不达。针对一些党员干部理想信念模糊、宗旨意识淡化、事业心不强等问题，必须深入推进学习型党组织建设，坚持不懈地用马克思主义中国化最新成果武装头脑，加强理想信念教育，树立正确的世界观、事业观、权力观，以理论的与时俱进引领行动的锐意进取，以思想的坚定统一保证工作的步调一致，增强为党和人民事业不懈奋斗的坚定性和自觉性。坚定不移地解放思想，坚决破除阻碍发展的思想观念和体制机制，以思想的大解放推动大发展大跨越。牢记“两个务必”，树立强烈的事业心和责任感，满怀激情抓发展，心无旁骛干实事，勇于在困难条件下创造性地开展工作。树立开拓创新的意识，增强敢闯敢试的勇气、昂扬向上的锐气、追求卓越的志气，在不争论中发展，在不折腾中前进，在不甘落后中奋起。树立和弘扬党的优良作风，大兴密切联系群众、求真务实、艰苦奋斗、批评与自我批评之风，以优良党风促政风带民风，形成凝聚党心民心的强大力量。

（二）针对能力不足的问题，着力加强领导班子和干部人才队伍建设

干部的能力素质，是事业发展的决定因素。针对党员干部能力不足的问题，必须主动适应形势任务的发展变化，以提高领导水平和执政能力为重点，着力建设执行力强、创新力强、感召力强的领导班子，培养造就一支推动发展有激情、有招数、有能力、有贡献的高素质干部队伍。把思想政治建设摆在突出位置，加强各级领导班子执政意识教育、团结干事教育，引导各级领导干部讲政治、顾大局、守纪律。继续办好领导干部“时代前沿知识讲座”等活动，加大干部教育培训和实践锻炼力度，提高干部驾驭全局、领导发展、处理利益关系和务实创新的能力。紧紧围绕走活干部这盘棋，进一步深化干部人事制度改革，研究制定解决干部职务待遇、畅通干部出口渠道、合理使用各年龄段干部、加大干部交流力度等方面的政策措施，调动干部积极性。坚持德才兼备、以德为先用人标准，加强对干部德的考核，探索干部选拔任用提名制度，加大竞争性选拔干部力度，健全差额选拔干部办法，扩大干部工作信息公开，完善领导班子和领导干部考核评价指标体系，树立重视基层、注重实绩的选人用人导向，提高选人用人公信度。加大年轻干部培养选拔力度，注重培养选拔少数民族干部、党外干部和女干部。健全干部管理监督机制，严格要求和管理干部。认真落实人才优先发展战略，创新人才政策，积极面向经济发展主战场、面向产业、面向企业引才育才，形成培养引进一批人才、发展壮大一个产业、培育一个经济增长点的链式效应，充分发挥人才在经济社会发展中的引领和支撑作用。

（三）针对脱离群众的问题，着力增强党同人民群众的血肉联系

深入群众鱼得水，脱离群众树断根。针对当前少数党员干部群众观念淡漠、不会做群众

工作、损害群众利益等问题，必须进一步改进新形势下的群众工作。深入开展群众观点、群众路线、群众利益、群众工作“四群教育”，组织实施党员干部深入基层、深入群众、深入实际“三深入”活动。建立干部直接联系群众制度，继续选派新农村建设工作队及指导员，每年从县以上机关选派五分之一的干部深入群众，通过领导蹲点、部门挂钩、干部结对、驻村入户、建立联系卡等形式，密切党群干群关系。坚持从群众最关心最直接最现实的利益问题入手，为群众办实事解难事。畅通群众利益诉求表达渠道，建立健全民情责任区、民情联席会议、工作巡视、信访接待等制度，注重在决策中体现和维护群众权益，正确反映和妥善处理不同方面群众的利益关系。加强对群众工作的监督检查，确保群众工作取得实效。

（四）针对基层基础薄弱的问题，着力加强党的基层组织和党员队伍建设

党的基层组织是党的全部工作和战斗力的基础。针对少数基层党组织功能不健全、一些党员发挥作用不明显的问题，组织实施“跨越发展先锋行动”，深化拓展“云岭先锋”工程、边疆党建长廊建设，把基层党组织建设成为推动发展、服务群众、凝聚人心、促进和谐的坚强战斗堡垒。扎实开展创先争优活动，认真总结推广先进经验，形成创先争优长效机制。继续深入开展向杨善洲同志学习活动，引导党员干部把学习先进转化为推动发展的实际行动。突出抓好基层组织带头人队伍建设，提高基层干部应对突发事件、化解社会矛盾的能力。健全激励保障机制，充分调动基层干部的积极性。认真做好党员发展工作，强化党员教育管理，注重党员人文关怀。全面推进农村、机关、社区、国有企业、高校和非公有制经济组织、社会组织党的基层组织建设，整治软弱涣散的基层党组织，强化基层党组织动员群众、组织群众、引导群众、服务群众功能。充分运用网络信息技术，创新党建工作载体，完善为民服务体系，积极推进网络党建，推动基层党建工作向深度和广度拓展。

（五）针对制度落实不到位的问题，着力推进党的制度建设

制度具有根本性、全局性、稳定性、长期性。针对一些单位和部门制度挂在墙上、说在嘴上、落实不到行动上等问题，必须把制度建设贯穿党的建设始终。认真落实民主集中制，健全党委集体领导与常委分工负责相结合的制度，完善党委全委会、常委会议事规则和决策程序，重大决策、重要干部任免、重大项目安排和大额资金使用，必须由集体研究决定，决不允许个人或少数人独断专行。加强党委决策咨询工作，落实重大决策报告制度，健全决策失误纠错改正机制和责任追究制度。积极发展党内民主，完善党代表大会制度和党内选举制度，拓宽党员意见表达渠道，保障党员主体地位和民主权利，以党内民主推进人民民主。积极稳妥推进党务公开，健全党内信息公布制度和党委新闻发言人制度，探索党务公开新途径新方式，增强党务工作的公开性和透明度。加大对制度执行情况的监督检查力度，把制度内化为行为准则和自觉行动，形成尊重制度、服从制度、执行制度的良好氛围。

（六）针对消极腐败的问题，着力加强反腐倡廉建设

坚决惩治和预防腐败，关系到人心向背和党的生死存亡。必须针对当前一些领域消极腐败易发多发的问题，坚持标本兼治、综合治理、惩防并举、注重预防的方针，加快惩治和预防腐败体系建设，不断把党风廉政建设和反腐败斗争推向深入。坚持和完善反腐败领导体制和工作机制，全面落实责任制，举各方之力共同推进反腐倡廉建设。加强反腐倡廉宣传教育，把廉洁勤政理念渗透到党员干部日常工作和生活中。健全权力运行监控机制，加强对各级领导班子和党员干部特别是主要领导干部的监督，及时发现和解决苗头性、倾向性问题。积极探索从源头上防治腐败的有效机制，健全规范和制约权力运行的制度体系，铲除滋生腐败现象的土壤。加强对重点领域不正之风的专项治理，加大对案件的查处力度，严惩腐败分子。全省党员干部特别是领导干部必须做到自重、自省、自警、自励，带头讲党性、重品行、作表率，不断创造新业绩。

同志们！云南历史悠久、民风淳朴，千百年来创造了许多赶超跨越、勇攀高峰的骄人业绩，谱写了敢为人先、奋起直追的壮丽篇章。在推动科学发展、和谐发展、跨越发展的伟大征程中，全省各级党组织和广大党员，肩负着光荣而艰巨的历史使命，承载着各族人民的殷切期望。我们一定要继承和弘扬优良传统，树立高原情怀，倡导大山精神，坚韧不拔、勇往直前，创造无愧于时代、无愧于人民的新业绩。让我们紧密团结在以胡锦涛同志为总书记的党中央周围，以邓小平理论和“三个代表”重要思想为指导，深入贯彻落实科学发展观，团结带领全省广大党员干部和各族人民，承前启后、继往开来，锐意进取、奋力赶超，加快推进桥头堡建设，开启新征程，铸就新辉煌！

中共云南省委常委、书记、副书记
中共云南省纪委书记、副书记、常委名单

2011年11月29日，中共云南省第九届委员会第一次全体会议选举秦光荣为省委书记，李纪恒、仇和为省委副书记；当选为省委常委的还有李江（女）、张田欣、黄毅（景颇族）、孟苏铁、曹建方、辛维光、刘维佳、杨成熙、赵金（彝族）、李培。

会议通过中共云南省第九届纪委常委、书记、副书记人选：纪委常委：辛维光、郭永东、郭志宏、杨玉清（白族）、赵志彬（彝族）、孔荣华（回族）、王云山、和正兴（纳西族）、黄雁玲（女）、杨军、拉玛·兴高（彝族）；省纪委书记：辛维光，省纪委副书记：郭永东、郭志宏、杨玉清（白族）、赵志彬（彝族）。

西藏自治区第八次党代会报告摘要及自治区委、区纪委领导成员名单

坚定不移走有中国特色西藏特点发展路子
为实现跨越式发展和长治久安而团结奋斗

——在中国共产党西藏自治区第八次代表大会上的报告(摘要)

(2011 年 11 月 12 日)

陈全国

同志们:

在党中央的坚强领导和亲切关怀下,中国共产党西藏自治区第八次代表大会隆重召开了。现在,我代表中共西藏自治区第七届委员会向大会作报告。

中国共产党西藏自治区第八次代表大会,是在我区全面建设小康社会关键时期召开的一次十分重要的会议。大会的主要任务是:高举中国特色社会主义伟大旗帜,以邓小平理论和"三个代表"重要思想为指导,深入贯彻落实科学发展观,认真贯彻落实胡锦涛总书记在庆祝中国共产党成立 90 周年大会上的重要讲话和关于西藏工作的一系列重要指示精神,贯彻落实中央第五次西藏工作座谈会和习近平副主席出席西藏和平解放 60 周年庆祝活动时的一系列重要讲话精神,总结回顾第七次党代会以来的工作,安排部署今后五年的工作任务,组织全区广大党员,动员全区各族人民,坚定不移地走有中国特色、西藏特点的发展路子,为实现跨越式发展和长治久安而团结奋斗。

一、以庆祝西藏和平解放 60 周年为标志,西藏经济社会发展站在了新的历史起点上(略)

二、以贯彻落实中央关于西藏工作的指导思想和决策部署为动力,努力开创科学发展、社会稳定、民族团结、民生改善的新局面

今后五年,是我区全面建设小康社会的关键时期,是继续追赶全国发展步伐具有决定性意义的重要时期。全区各级党组织和广大党员要切实增强责任感、紧迫感和使命感,认清形势、明确任务,抓住机遇、努力奋斗,推动小康西藏、平安西藏、和谐西藏、生态西藏建设不断迈上新台阶。

认识特殊区情:综合起来看,当前西藏的社会主要矛盾仍然是人民群众日益增长的物质文化需要同落后的社会生产之间的矛盾。同时,西藏还存在着各族人民同以达赖集团为代表的分裂势力之间的特殊矛盾。这一特殊区情决定了西藏工作的主题必须是推进跨越式发展和长治久安,坚定不移地走有中国特色、西藏特点的发展路子。

把握难得机遇:一是政治机遇。西藏和平解放以来,以毛泽东同志、邓小平同志、江泽民同志为核心的党的三代中央领导集体和以胡锦涛同志为总书记的党中央,始终心系西藏、重视西藏、支持西藏,为西藏的建设发展规划了蓝图、指明了方向。二是历史机遇。纪念中国共

产党成立90周年、西藏和平解放60周年，中央全面实施“十二五”规划、深入实施西部大开发战略，为解决西藏最突出、最紧迫的困难和问题提供了坚强保障。三是政策机遇。中央相继召开五次西藏工作座谈会，专门安排部署支援西藏工作，制定了一系列支持西藏经济社会发展的特殊优惠政策，建立起经济援藏、干部援藏、人才援藏、科技援藏相结合的工作机制，为推动西藏科学发展提供了强大动力。四是发展机遇。经过60年的奋斗与发展，西藏发生了翻天覆地的巨大变化、取得了举世瞩目的重大成就，呈现出各项事业欣欣向荣、人民群众安居乐业的大好局面。特别是当前广大党员干部和各族群众思稳定、求团结、盼富裕、谋发展、奔小康的愿望十分强烈、热情空前高涨，形成了同心同德、干事创业的浓厚氛围，展示出厚积薄发、生机勃勃的发展前景。“得时无怠，时不再来”。我们一定要倍加珍惜、紧紧抓住这些难得机遇，乘势而上、奋发有为，把建设社会主义新西藏的伟大事业推向前进。

明确指导思想：今后五年，我们要始终高举中国特色社会主义伟大旗帜，以邓小平理论和“三个代表”重要思想为指导，深入贯彻落实科学发展观，全面贯彻落实胡锦涛总书记在庆祝中国共产党成立90周年大会上的重要讲话和关于西藏工作的一系列重要指示精神，认真贯彻落实中央第五次西藏工作座谈会和习近平副主席出席西藏和平解放60周年庆祝活动时的一系列重要讲话精神，坚持中国共产党领导，坚持社会主义制度，坚持民族区域自治制度，坚持走有中国特色、西藏特点的发展路子，以经济建设为中心，以民族团结为保障，以改善民生为出发点和落脚点，紧紧抓牢发展和稳定两件大事，构建促进发展稳定的长效机制，确保经济社会跨越式发展，确保国家安全和西藏长治久安，确保各族人民物质文化生活水平不断提高，确保生态环境良好，努力建设团结、民主、富裕、文明、和谐的社会主义新西藏。

落实奋斗目标：今后五年，要保持经济跨越式发展势头，地区生产总值年均增长12%以上，地方财政一般预算收入年均增长15%以上，城镇居民人均可支配收入年均增长7.5%以上，农牧民人均纯收入年均增长13%以上，与全国平均水平的差距显著缩小；基本公共服务能力显著提高，社会保障覆盖率和水平大幅提高；生态环境进一步改善，基础设施建设取得重大进展；各民族团结和谐，社会持续稳定，全面建设小康社会的基础更加扎实，确保到2020年同全国一道实现全面建设小康社会的宏伟目标。

三、以经济建设为中心，在科学发展轨道上推进跨越式发展

发展是硬道理，是解决西藏所有问题的基础。要坚持以科学发展观为统领，创新发展理念，转变发展方式，充分发挥自身优势和潜力，实现经济社会更好更快更大发展。

（一）切实用好特殊政策。中央赋予的特殊优惠政策和兄弟省市、中央和国家有关部委、中央骨干企业的对口支援是我区最重要的发展条件，要牢牢抓住、用足用好。坚持全面把握好，对中央第五次西藏工作座谈会确定的财税扶持政策、金融支持政策、投资倾斜政策、人才援助政策、对口支援政策，要逐条逐款地研究，逐类逐项地梳理，准确掌握每项政策的内涵、要求和含金量。主动对接好，要积极主动地加强与中央和国家有关部委的汇报沟通，确保优惠政策全部到位、尽快落地；加强与对口援藏省市、中央骨干企业的联系协调，确保援助资金及时足额到位，进一步完善经济援藏、干部援藏、人才援藏、科技援藏、就业援藏的工作机制。配套落实好，制定出台相应的配套措施和具体办法，保证中央各项优惠政策落到实处，最大限度地发挥作用。

（二）突出抓好项目建设。项目建设是经济工作的“牛鼻子”，抓项目就是抓经济、抓发展、抓跨越。要突出重点，集中力量抓好国家“十二五”期间围绕民生改善、基础设施、产业

发展、生态保护、社会建设等领域，支持西藏发展总投资3305亿元、226个重大项目的实施，下功夫抓好对口援建项目的落实；要全力推进，抓紧与中央和国家部委、援建单位进行对接，尽快完成项目论证审批工作，积极做好征地补偿等基础工作，保证项目早开工、早建成、早见效；要高质高效，精心组织、科学施工、强化监管，确保建成精品工程、民心工程，经得起实践和历史的检验。

（三）着力强化基础设施。坚持基础设施建设先行，努力消除发展的瓶颈制约。构建综合交通运输体系，推进公路建设，力争全区公路通车里程达到7万公里，实现县县通油路、60%以上的乡镇通沥青（水泥）路；加快铁路建设，推进川藏、滇藏铁路西藏段建设，完善区内铁路网络，提高铁路运营能力；加强航空建设，做大西藏航空公司，加快现有机场改扩建，发展区内支线航空，增加国内外航线，形成区内外国内外协调联动的航空网络。完善综合能源体系，积极推进油气工程建设，大力发展水电和太阳能、风能、地热能等再生能源开发，加快电网网架和电网建设改造，力争到"十二五"末电力装机容量达到260万千瓦，基本解决全区人口的用电问题。健全现代通讯体系，加强进出藏光缆通道建设，推进移动网广覆盖和宽带通信工程，力争实现乡乡通光缆，具备条件的行政建制村全部通宽带；加强邮政设施建设，基本实现乡镇邮政网点全覆盖。建立水利保障体系，重点推进安全饮水、区域防洪、节水灌溉、水源保护、水利骨干工程和特殊地区水利工程建设，完善防洪、抗旱、灌溉、供水、发电等水利基础设施，提高城乡水资源利用水平与保障能力。

（四）大力发展特色产业。坚持"一产上水平、二产抓重点、三产大发展"，推动特色优势产业加快发展。要提升一产，完善落实强农惠农富农政策，调整优化农牧业结构，提高农牧业综合生产能力。实施粮食增产行动计划，确保"十二五"期间粮食产量稳定在95万吨左右；加快蔬菜基地建设，力争蔬菜面积达到33万亩、自给率达到90%以上；大力发展林业、林下产业和畜牧业，力争畜牧业占农业总产值的比重达到50%以上；推进农副产品深加工和农业产业化经营，产业化经营率达到40%以上。要壮大二产，突出抓好能源产业、优势矿产业、建筑业、藏医药业、高原特色食品业、民族手工业等支柱产业，加快建设拉萨经济技术开发区、格尔木藏青工业园，到"十二五"末组建大型企业集团10个以上，工业增加值占地区生产总值比重达到15%以上。要做强三产，大力发展特色旅游业，努力建设世界旅游目的地，力争"十二五"末接待游客1500万人次，旅游总收入占生产总值的比重达到20%以上；大力发展商贸物流业，加快城乡物流体系建设，加快农牧区商贸流通服务网络建设，加快青藏铁路那曲物流园区建设，力争社会消费品零售总额年均增长15%以上；大力发展金融业，建立符合西藏实际的金融管理服务体系，积极发展证券、保险、信托、担保等金融业务，增多做强金融主体，创新金融产品，推动企业上市融资，力争"十二五"期间新增上市企业5家以上。同时，积极发展电子商务、物联网、信息服务、康体健身、家政养老、房地产及物业管理等现代服务业。

（五）推进科技进步创新。充分发挥科学技术对经济发展的促进作用，重视引进开发先进适用技术，提高科技支撑能力和创新水平。坚持建平台，加强重点实验室、工程技术中心、科技孵化器、高科技产业园区和示范基地建设，重点培育扶持40家科技型企业；攻专项，加强高原特色农牧业、生物产业、藏医药业、新能源、有色金属业等方面的研究，实施8个重大科技专项，开展45项科技攻关，突破一批核心技术；促转化，加快科技成果转化应用，力争到"十二五"末科技对经济增长的贡献率达到40%以上；广普及，加强科普基地建设，大力推广先进实用技术，普及日常科技知识，提高科学技术普及率。

（六）统筹区域协调发展。实施中东西战略，藏中地区要发挥上连陕甘青宁、下通南亚的优势，加强对内对外经济合作，着力打造全区特色产业发展战略高地、国家西部地区有重要影响的经济中心、有国际影响力的旅游目的地；藏东地区要发挥连接川滇青的区位优势，积极融入成渝经济圈，加快矿产、水能资源开发，着力建设区域商贸中心、有色金属生产基地、“西电东送”接续能源基地、“三江”流域精品旅游区；藏西地区要发挥沿边开放优势，完善交通等基础设施，着力建设畜牧业、矿产业、特色旅游、边境贸易大区。加快城镇化建设，完善以拉萨市为中心，以地区所在地为支点，以县城、边境城镇、特色文化旅游城镇为网络的城镇体系，促进人口适度集聚，力争“十二五”末城镇化率达到30%以上。大力发展县域经济，引导资金、项目、人才向县域流动，集中打造一批交通便利、基础条件好、辐射半径大、带动能力强的中心县城和经济强县。推进兴边富民工程，加快边境县乡基础设施建设，完善特殊优惠政策，加大对边境一线居民补助力度，促进经济社会发展，力争“十二五”末边境地区农牧民人均纯收入达到全区平均水平。

四、以维护社会稳定为硬任务和第一责任，努力实现长治久安

西藏的稳定关系国家的稳定，西藏的安全关系国家的安全。要牢固树立稳定压倒一切的思想，立足抓早抓小抓快抓好，牢牢掌握反分裂斗争的主动权，切实维护社会稳定。

（一）深入开展反分裂斗争。在反分裂斗争这个关系国家安全、祖国统一、边疆稳定的重大政治原则问题上，各级党组织和广大党员干部必须立场坚定、认识统一、表里如一、态度坚决、步调一致。要紧紧依靠各族群众，谋长久之策、行固本之举，下好先手棋，坚决防范和抵制敌对势力的渗透破坏活动，深入开展反对达赖集团分裂祖国活动的斗争，彻底粉碎一切破坏西藏稳定、危害祖国统一的图谋。

（二）坚持依法管理寺庙。全面贯彻党的宗教工作基本方针和国家管理宗教事务的法律法规，以法律为准绳，以政策为依据，以稳定和谐为目标，构建寺庙管理的长效机制。推进寺庙管理规范化法制化，完善寺庙管理体制，充实寺庙管理力量，切实把寺庙管好、管稳定、管和谐，使寺庙的管理权牢牢掌握在党和政府的手中。开展模范寺庙创建活动，推进寺庙法制宣传教育，开展创建和谐模范寺庙、评选爱国守法先进僧尼活动，定期对模范寺庙和先进僧尼给予表彰奖励，让他们政治上有荣誉、经济上有激励，进一步增强中华民族意识、国家意识、法制意识、公民意识，自觉做到爱国爱教、遵纪守法、增进修养，坚决抵制和反对达赖集团的渗透破坏，不参与分裂祖国活动，不参加扰乱社会秩序活动，不干预行政、司法、教育和社会管理活动。强化寺庙公共服务，着力解决寺庙通路、通电、通水、通信、通广播电视等问题；注重对僧尼的关心爱护，切实解决僧尼生活中的实际困难，逐步实现养老、医疗、最低生活保障全覆盖，使之切身感受到党和政府的关心、社会主义祖国大家庭的温暖，享受到团结发展和谐稳定的成果。

（三）夯实城乡基层基础。广泛开展深化创先争优强基础惠民生活动，进一步加强城乡基层基础工作。实现“一个覆盖”，自治区、地（市）、县（市、区）、乡镇四级联动，会同中直驻藏机构及企事业单位，抽调21000名得力干部组成工作队，进驻全区5451个行政建制村（居委会），实现行政建制村（居委会）驻村工作全覆盖。完成“五项任务”，帮助建强基层党组织，做好维护稳定工作，寻找开辟致富门路，进行感党恩教育，为各族群众办实事办好事。建立“一个机制”，构建城乡发展稳定的长效机制，筑牢反对分裂、维护稳定的社会根基。

（四）加强和创新社会管理。严格落实稳定责任，各级党政主要负责同志要负起维稳工作的第一责任，维稳专门领导班子要负起直接责任，层层落实维稳工作责任制。健全完善维稳机制，进一步健全党政军警民联防联动工作格局，形成抵御达赖集团分裂破坏活动、维护社会稳定、处置突发公共安全事件的强大合力。

着力强化管控措施，抓好重点地区、重点部位、重点领域的管控，抓好应急机制建设，抓好维稳专门力量建设，实现维稳措施全覆盖，确保没有缝隙、没有盲区、没有空白点。坚决消除安全隐患，建立健全矛盾调处化解工作机制，把握群众的合理诉求，重视做好信访工作；深入全面开展安全隐患排查，对社会治安突出问题和重点地区进行集中整治，严厉打击各类分裂破坏活动，努力把矛盾和问题化解在第一时间、消除在萌芽状态。

（五）支持国防和军队建设。加强国防教育，增强国防意识，着力推进军警民融合式发展，支持驻藏人民解放军、武警、边防、消防、公安、民兵预备役部队建设，推动国防建设与经济社会发展良性互动。建立军警民兼容的物资储备体系，推进保障体制一体化、保障方式社会化、保障手段信息化、后勤管理科学化。突出抓好核心作战能力和非战争军事行动能力建设，不断提高国防后备力量平时服务发展稳定、战时打赢现代人民战争的能力。

五、以保障改善民生为出发点和落脚点，加快发展社会事业

坚持实施富民兴藏战略，重点办好十个方面的实事，使各族群众学有所教、劳有所得、病有所医、老有所养、住有所居，更多地感受到党和政府的关怀和温暖。

（一）推进安居工程。高标准做好亚东等地震灾区恢复重建工作。科学规划、合理设计，加快实施、保证质量，三年建成18.55万户农牧民安居房，让所有农牧民住进经济、安全、适用的房屋。五年新建城镇保障性住房4.93万套，有效解决城镇困难家庭的住房问题。

（二）改善农牧区条件。加快实施水、电、路、气、讯、邮政、广播电视、优美环境“八到农家”，力争到“十二五”末，解决所有农牧民的饮水安全问题，基本实现农牧区用电人口全覆盖，有条件的行政建制村和所有农林场、边防站点通公路，建成农村沼气20万户以上，电话入户率达到93%以上，行政建制村通邮率达到90%以上，广播电视人口综合覆盖率达到95%以上，从根本上改变农牧区生产生活条件，多渠道增加农牧民收入。

（三）搞好生态搬迁。结合生态保护、安居工程、小城镇建设，突出交通沿线、城镇周边等重点迁入区域，稳妥推进生态搬迁，力争五年搬迁10000户，确保搬得出、留得住、富得起。

（四）积极扩大就业。千方百计增加公职人员岗位、购买更多的公益性岗位、增强企业就业吸纳能力、发挥就业援藏优势，教育引导高校毕业生转变就业观念，力争使西藏籍大学生全部实现就业，动态消除零就业家庭，农牧区富余劳动力每年转移就业35万人次以上，到“十二五”末城镇登记失业率控制在2%左右，切实做到户户有门路、人人有活干、经常有收入。

（五）着力稳控物价。加强市场价格预警监管，加大农副产品储备投放力度，建立价格风险调节基金，完善价格应急协调机制，健全社会救助和保障标准与物价上涨挂钩的联动机制，努力把居民消费价格涨幅控制在群众可承受的范围之内。

（六）强化医疗保障。推进医药卫生体制改革，加强基层卫生服务体系建设，完善以免费医疗为基础的农牧区医疗制度，到2013年实现每个县有标准化医院、每个乡镇有卫生院、每个行政建制村有卫生室、每个街道办事处有社区卫生服务中心，配备相应的医护人员，提高卫生服务水平。

（七）健全社保体系。加快构建覆盖城乡居民的社会保障体系，扩大城乡居民最低生活保障和城乡医疗救助范围，完善城镇基本养老保险、医疗保险、失业保险、工伤保险、生育保险制度，各险种参保率达到95%以上；完善新型农村社会养老保险制度，扩大农村五保供养范围、集中供养率达到50%以上。

（八）加强扶贫开发。制定专项扶贫开发规划，加大扶贫资金投入力度，重点向农牧区、地方病病区、边境地区、人口较少民族聚居区倾

斜，力争到“十二五”末低收入人口占农牧区总人口的比例降至12%以下。

（九）优先发展教育。夯实基础教育，积极推进学前“双语”教育，巩固提高义务教育，加快发展高中教育，办好内地西藏班（校），全面落实免费教育“三包”政策，力争到“十二五”末，学前教育毛入园率达到60%、小学入学率达到99.5%、初中毛入学率达到99%、高中入学率达到80%以上。发展职业教育，放开职业教育市场，不断扩大办学规模，力争普通高中和中职学校在校生比例达到4∶6。提升高等教育，加强特色学科、优势专业和重点实验室建设，全面提高高等教育办学水平，力争建成1—2所在国内有影响力的高水平大学。

（十）抓好防灾减灾和安全生产。认真做好防灾减灾工作，提高应对地震、泥石流、暴风雪、冰冻等自然灾害的能力。严格落实安全生产责任制，加强食品药品监管，强化道路交通、消防安全、森林防火等重点领域的监督检查，确保安全生产事故起数和死亡人数“双下降”，坚决遏制重特大安全事故的发生。

六、以做好民族宗教工作为重点，大力推进民主政治建设

民族团结、宗教和睦是西藏发展稳定的关键。要巩固发展平等团结互助和谐的社会主义民族关系，促进藏传佛教与社会主义社会相适应，推进社会主义民主政治制度化、规范化、程序化。

（一）巩固发展民族大团结。坚持和完善党的民族理论和民族政策，坚持各民族共同团结奋斗、共同繁荣发展的主题，把爱国主义教育和民族团结教育纳入公民道德教育和社会主义精神文明建设的全过程，广泛开展民族团结宣传教育和民族团结进步创建活动，每年召开一次民族团结进步表彰大会，大力表彰对民族团结作出突出贡献的先进集体和先进个人，使各族群众牢固树立“三个离不开”的思想，始终做到同呼吸、共命运、心连心，自觉抵制各种狭隘民族意识，增强对中华民族的归属感和对中华文化的认同感，增强维护民族团结、祖国统一的责任感。加强统一战线工作，最大限度地孤立打击极少数分裂主义分子，最大限度地团结一切可以团结的力量。

（二）做好新形势下宗教工作。认真贯彻党的宗教工作基本方针和国家管理宗教事务的法律法规，依法保护正常宗教活动，维护宗教团体、宗教活动场所以及宗教界人士和信教群众的合法权益。高标准办好西藏佛学院，使之成为促进藏传佛教健康发展的阵地、培养爱国爱教人才的阵地、向全区寺庙输送高素质僧尼的阵地。实施藏传佛教界代表人士教育培养工程，努力造就政治上靠得住、宗教上有造诣、品德上能服众的宗教界爱国爱教人士队伍。依法管理活佛转世事务，牢牢掌握活佛转世的主动权，决不允许达赖集团插手活佛转世事务。完善藏传佛教学衔制度，鼓励和支持宗教界对教规教义作出符合时代进步要求的阐述，引导藏传佛教与社会主义社会相适应。

（三）加强民主法制建设。坚持和完善人民代表大会制度，坚持党的领导、人民当家作主、依法治国的有机统一，支持各级人大依法履行职能，保障人大代表行使职权。坚持和完善中国共产党领导的多党合作和政治协商制度，支持人民政协履行政治协商、民主监督、参政议政职能，重视发挥工商联、无党派人士的积极作用。坚持和完善民族区域自治制度，加强宪法和民族区域自治法的宣传教育，加大对人口较少民族的支持力度。坚持和完善基层群众自治制度，保障人民群众的知情权、参与权和监督权。加强政法机关和政法队伍建设，不断提高司法保障能力。

七、以满足群众精神文化需求为目的，推动文化大发展大繁荣

文化是民族的血脉和灵魂，是经济社会发展的重要支撑。要全面贯彻落实中央关于深化文化体制改革、推动文化大发展大繁荣的《决

定》,兴起全区文化建设新高潮,努力实现由文化资源大区向文化发展强区的转变。

(一)提升核心价值体系的引领力。坚持马克思主义的指导地位,把社会主义核心价值体系融入国民教育、精神文明建设和党的建设的全过程,用中国特色社会主义理论体系武装头脑、指导全区文化建设,推进邓小平理论、“三个代表”重要思想、科学发展观进基层、进教材、进课堂、进头脑,转化为全区广大党员干部和各族群众的自觉行动。坚持深入开展马克思主义祖国观、民族观、宗教观、文化观,唯物论、无神论和新旧西藏对比教育,不断增强各族群众对伟大祖国的认同感、对中华民族的认同感、对中华文化的认同感、对中国特色社会主义道路的认同感。坚持大力弘扬以爱国主义为核心的民族精神、以改革创新为核心的时代精神、以艰苦奋斗为核心的“老西藏”精神,凝聚建设社会主义新西藏的强大精神力量。坚持加强对西藏重大理论、历史和现实问题的研究,推动哲学社会科学和藏学研究的繁荣发展。

(二)提升意识形态领域的战斗力。针对西方敌对势力和达赖集团不断加大对我进行反动思想渗透的新情况,要旗帜鲜明、针锋相对,强化措施、掌握主动,确保西藏意识形态和文化领域的绝对安全。阵地要占领,坚持用社会主义先进文化占领宣传思想文化阵地,广泛开展爱党、爱国、爱社会主义和民族团结教育,掌握涉藏舆论斗争的话语权和主动权。揭批要深入,深入揭批达赖集团的“三性”分裂本质,打牢反分裂斗争的思想基础。覆盖要全面,推进广播电视、报刊、网络全覆盖,确保没有盲区、没有空白点,使党和政府的声音覆盖全区120万平方公里的辽阔疆域,使党的路线方针政策及时有效地传播到千家万户。管控要严格,坚持积极利用、科学发展、依法管理、确保安全的方针,有效净化舆论环境。防范要到位,严密防范、严厉打击分裂分子进藏入境进行反动宣传,坚决清缴“藏独”反动出版物及宣传品,筑牢意识形态领域反分裂、反渗透的铜墙铁壁。

(三)提升主流舆论媒体的传播力。把握正确舆论导向,始终坚持党管媒体不动摇,贯彻正面宣传为主、团结鼓劲的方针,在全社会唱响共产党好、社会主义好、改革开放好、伟大祖国好、人民军队好、各族人民好的主旋律。加强主流媒体建设,坚持政治家办报办台、新闻立报立台立站,做大做强党报、党刊、电台、电视台和出版社,实施党报党刊赠阅工程,增强宣传教育的吸引力、感染力、针对性和时效性;加强和改进手机、互联网等新兴媒体的建设与管理,加强舆论引导,规范信息传播,维护公共利益和国家安全。推进汉藏“双语”传播,全区新闻媒体全部实行汉藏“双语”编印、播发,支持藏语音像制品、书报刊的出版发行,提高广播影视节目藏语译制能力,使各族群众都能看得到、听得懂、入头脑、受教育。切实强化对外宣传,加大西藏文化“走出去”的步伐,在国际社会树立社会主义新西藏的良好形象。

(四)提升公共文化服务的辐射力。完善公共文化服务体系,把丰富各族群众精神文化生活作为改善民生的重要内容,健全自治区、地(市)、县(市、区)、乡镇、村五级公共文化服务体系。推进文化惠民工程,经过2—3年的努力,实现地(市)全部有图书馆、群艺馆、数字电影院,县县有综合文化活动中心、电影院、新华书店、民间艺术团,乡镇(农林场)有综合文化站,村村有文化活动室、农家书屋、电影放映;大力推进先进文化进寺庙,在每个寺庙建设一个文化书屋,尽快实现报刊、广播、影视寺寺通。加强精神文明建设,“改陋习、讲文明、树新风”,深入实施公民道德建设工程,广泛开展城乡精神文明创建活动。

(五)提升特色文化产业的竞争力。一方面,弘扬民族优秀文化。抓好优秀传统文化的保护传承,加大文物和非物质文化遗产的保护力度,加强传统文化的挖掘、保护和整理,建设重要的中华民族特色文化保护地。一方面,加快文化改革发展。以确保文化安全为前提,深化文化体制机制改革,积极稳妥地推进公益性文化事业单位内部改革和经营性文化单位转企改制，大力发展文化创意、文化旅游、影视制作、演艺娱乐、出版发行、民族手工艺、高原极限运动等西藏特色文化产业，促进文化与旅游、科技、生态产业相结合，力争到2015年文化产业增加值占生产总值的比重达到3%以上、逐步成为全区新的特色支柱产业。

（六）提升社会主义精神文化产品的供给力。认真贯彻“二为”方向和“双百”方针，以实施“五个一”工程为龙头，建立社会主义文化精品创作激励机制，以爱党、爱国、爱社会主义、促进民族团结、维护和谐稳定为主题，创作更多讴歌新西藏、新发展、新变化、新生活的好作品，占领城乡文化阵地，丰富群众精神文化生活，提高西藏文化在国内外的知名度和影响力。

八、以生态环境保护与建设为载体，构建高原生态安全屏障

加强生态环境保护与建设，是西藏可持续发展的重要保障。要坚持生态环境保护优先，在发展中重保护，在保护中求发展，走生产发展、生活富裕、生态良好的文明发展道路。

（一）加强重点生态保护。抓好大江大河源头区、草原、湿地、天然林以及生物多样性保护，加大水土流失、土地草场沙化综合治理和污染防治力度，力争“十二五”期间植树造林26万公顷以上，退牧还草480万公顷以上，治理沙化土地18万公顷以上，综合治理水土流失3万公顷以上，主要城镇污水集中处理率达到60%以上，主要污染物排放总量控制在国家核定范围内。

（二）提高环境监测能力。加强主要江河、重点区域水质、空气质量自动监测系统建设，加强森林草原、水土流失、地质灾害、气象灾害等监测网络建设，加强人工影响天气和应对气候变化能力建设，做到情况早知道、防御早准备、应急早处置。

（三）大力发展循环经济。完善森林草原生态保护奖励机制，建立矿山环境治理和生态恢复责任机制、生态效益补偿长效机制。大力推广应用节能环保新技术、新工艺、新设备、新材料，推进节能减排，淘汰落后产能，加强生态建设，切实保护好雪域高原的一草一木、山山水水，造福国家、人民和子孙后代。

九、以创新体制机制为突破口，打造改革促动、开放带动新优势

深化改革开放，是实现西藏经济跨越式发展的重要途径。要进一步解放思想、更新观念，在推进体制改革上实现新突破，在扩大对内对外开放上迈出新步伐。

（一）继续深化重点领域改革。坚持农牧区“三个长期不变”的基本政策，完善落实草场承包经营责任制，全面推进集体林权制度改革。加快国有企业改革重组，健全现代企业制度。加大行政审批制度改革力度，切实转变政府职能。

（二）放手发展非公有制经济。坚持政治上放心、思想上放开、政策上放宽、发展上放胆、工作上放手，完善落实促进非公有制经济发展的优惠政策，做到低门槛、零注册、轻税赋、强支撑、少检查、重激励，推动全区非公有制经济快发展、大发展，力争到“十二五”末非公有制骨干企业达到100个以上，非公有制经济增加值、上缴税收翻一番以上，年均分别增长15%以上。

（三）努力提升对内对外开放水平。加强同内地特别是对口援藏省市的交流与合作，加快融入大西南经济圈。加快连接南亚地区陆路大通道和口岸建设，加大对边境县特别是边境乡镇基础设施和公共服务的投入，充分发挥地缘优势，积极发展边境贸易，力争到“十二五”末进出口总额翻一番以上。优化投资环境，积极吸引区内外、国内外企业进藏投资兴业，扩大利用外资规模，提高利用外资水平。

（四）切实做好涉藏外事工作。按照党中央的要求，综合运用政治、经济、外交、宣传等多种手段，做好周边国家、重点国际组织的友好交

流工作，扩大境外藏胞爱国统一战线，努力营造有利于西藏发展稳定的国际环境。

十、以提高党的建设科学化水平为目标，为建设团结、民主、富裕、文明、和谐的社会主义新西藏提供坚强保证

做好西藏工作，关键在党。要坚持党要管党、从严治党，切实加强全区党的建设，不断提高党建工作的科学化水平。

（一）着眼于创建学习型党组织，切实加强思想理论建设。按照建设学习型政党的要求，广泛开展学习型党组织和学习型领导班子创建活动，完善各级党委（党组）理论中心组学习制度；实施大规模培训干部计划，坚持理论与实践相结合、课堂课外相结合、区内区外相结合，每年轮训干部2万人次、五年内把全区干部轮训一遍。引导广大党员干部，深入学习中国特色社会主义理论体系，掌握科学理论，坚定理想信念，不断增强坚持中国特色社会主义道路、中国特色社会主义理论体系、中国特色社会主义制度的自觉性和坚定性；强化以反分裂斗争为主要内容的思想政治教育，提高政治敏锐性和政治鉴别力，始终做到思想清醒、立场坚定、旗帜鲜明、行动坚决；加强思想道德建设，自觉践行社会主义荣辱观，成为实践社会主义核心价值体系的模范。

（二）着眼于贯彻民主集中制原则，切实加强各级领导班子建设。一方面要选优配强，坚持德才兼备、优化结构、提升功能、增强活力，真正把那些坚定不移维护祖国统一、维护社会稳定、维护民族团结、解决复杂问题能力强、工作实绩突出、群众威信高、口碑好的优秀干部选拔到各级领导岗位上来，把各级领导班子建设成为认真贯彻党的理论和路线方针政策、全心全意为人民服务、善于领导科学发展、促进社会和谐稳定的坚强领导集体。一方面要规范管理，认真贯彻执行民主集中制，按照集体领导、民主集中、个别酝酿、会议决定的原则，健全各级党委议事和决策机制，完善集体领导与个人分工负责相结合的具体制度，加强领导班子自身建设，形成既有自由又有纪律，既有民主又有集中，既有统一意志又有个人心情舒畅、生动活泼的工作局面。

（三）着眼于落实德才兼备、以德为先的用人标准，切实加强干部队伍建设。要统筹推进，坚持干部“四化”方针，坚持德才兼备、以德为先，坚持五湖四海、任人唯贤，注重培养选拔使用政治上靠得住、维护民族团结、坚决反对分裂、敢于同达赖集团作斗争的优秀藏族干部、其他少数民族干部和长期在西藏工作的优秀汉族干部，大力培养选拔优秀年轻干部和女干部，重视使用党外干部，抓好后备干部队伍建设。加强援藏干部工作，重视考核、了解表现，既严格管理又关心爱护，对表现优秀、实绩突出的及时选拔到重要岗位上来，充分发挥他们的优势和作用，鼓励他们长期扎根西藏、奉献西藏。加强高等院校领导班子和干部队伍建设，坚持政治家办教育，坚持社会主义办学方向，把高校领导权牢牢掌握在党和政府手中。要突出重点，实施地（市）、县（市、区）、乡镇党政正职队伍建设工程，把政治坚定、对党忠诚、有较强群众工作能力和驾驭复杂局面能力、熟悉民族宗教工作、善于团结各族干部群众、作风扎实、清正廉洁作为重要条件，统筹全区干部资源，把最优秀、最合适的干部选拔到地（市）、县（市、区）、乡镇党政正职岗位上来，对三级党政正职领导干部实行重点培养、重点配备、重点管理。要深化改革，坚持公开平等竞争择优，积极创新干部选拔任用方式，大力推进公开选拔领导干部和党政机关干部竞争上岗，加大跨地区、跨部门干部交流的力度，为各类优秀干部脱颖而出搭建平台；有计划地选派年轻干部到艰苦地区、反分裂斗争一线和关键岗位锻炼成长，建立来自基层一线的党政干部培养链。要树好导向，树立注重品行、科学发展、崇尚实干、注重基层、鼓励创新、群众公认的用人导向，让想干事、能干事、干成事者有机会，不让投机钻营者得利，不让长期在条件艰苦、工作困难地方的干部，不图虚名、

踏实干事的干部，埋头苦干、注重为长远发展稳定打基础的干部吃亏，营造风清气正的用人环境。要关心爱护，西藏的干部工作条件非常艰苦、任务艰巨繁重，许多同志献了青春献终身、献了终身献子孙，这种崇高精神境界和牺牲奉献精神，党和政府永远不会忘记，各族群众永远不会忘记。我们一定要真诚关心他们的成长进步、切实爱护他们的身体健康，及时解决他们工作、生活和家庭中的实际困难，在政策范围内适当提高福利待遇，使他们能够安心工作、扎根边疆，在雪域高原谱写人生的壮丽篇章。要强化管理，探索符合西藏实际的领导班子和领导干部考核评价机制，建立科学的干部管理制度，充分调动广大干部为西藏发展稳定建功立业的积极性。同时，要加强和改进老干部工作，真正做到政治上尊重、思想上重视、感情上亲近、待遇上落实、服务上周到，把党和政府的温暖送到广大老干部的心坎上。

（四）着眼于巩固党在西藏的执政基础，切实加强基层组织建设。要扩大组织覆盖，统筹推进学校、企业、机关事业单位党建工作，加强高校党的建设和思想政治工作；加大在非公有制经济组织和社会组织中建立党组织的力度，力争通过1—2年的努力，实现党组织和工会组织的全覆盖；积极探索在农牧民专业合作组织、专业协会、产业链、外出务工经商人员集中地建党组织的有效途径，加强村级组织活动阵地建设，实现“六有”（有牌子、有人员、有场所、有经费、有制度、有活动）全覆盖。要壮大党员队伍，坚持标准、保证质量、改善结构、慎重发展，认真落实发展党员工作规划，加大在基层发展党员的力度，深入开展“三个培养”活动，做好在农牧民、企业、生产一线和青年、大中专学生等人员中发展党员工作，力争每个行政建制村（居委会）、高等院校每个班级在具备条件的人员中每年发展2—5名新党员；强化党员教育管理，加快推进农村党员干部现代远程教育，力争到“十二五”末所有行政建制村（居委会）实现教育平台和站点全覆盖；健全激励关怀机制，关心爱护、真诚帮扶老党员、生活困难党员；加强党建带团建、带妇建、带工建工作，推动基层群团组织建设。要实施领头雁工程，以“五个好”为目标，集中整顿软弱涣散基层党组织，真正把那些坚定跟党走、坚决反分裂、自觉保稳定、致富带富能力强、群众威信高的优秀党员选拔到村党支部书记的岗位上来，对一时没有合适党支部书记人选的村，可从县乡党政机关干部或驻村工作队员中选派，切实选好配强村“两委”班子，充分发挥好基层党组织的战斗堡垒作用。要深化创先争优，大力开展创先争优强基础惠民生活动，既服务城乡群众、又培养锻炼干部，形成特色、取得成效，把创先争优活动延伸拓展、引向深入。

（五）着眼于实施人才兴藏战略，切实加强人才队伍建设。尊重劳动、尊重知识、尊重人才、尊重创造，把人才工作放在关系发展稳定全局的突出位置，纳入经济社会发展总体规划，坚持多策并举培养人才、完善政策吸引人才、千方百计留住人才、不拘一格用好人才，着力加强党政领导人才、企业经营管理人才、专业技术人才、农牧区实用人才、高技能人才、社会管理人才、基层政权建设管理人才、寺庙建设管理人才、文化艺术人才、社会科学人才队伍建设，造就规模宏大、结构优化、布局合理、素质优良的人才队伍，力争到“十二五”末全区人才总量达到32.6万人。

（六）着眼于构建惩治和预防腐败体系，切实加强党风廉政建设。党风廉政建设和反腐败斗争，关系党的生死存亡。在这个问题上，西藏没有任何特殊性，必须坚定不移、从严要求、一以贯之。要强化宗旨意识，坚持立党为公、执政为民，实干兴藏、富民爱民，教育广大党员干部牢固树立马克思主义世界观、人生观、价值观和正确的权力观、地位观、利益观，牢固树立马克思主义群众观点，弘扬党的优良作风，真正做到权为民所用、情为民所系、利为民所谋，切实做好新形势下的群众工作，始终保持同人民群众的血肉联系。要严格廉洁自律，加强廉政教育，推动廉政文化进机关、进社区、进家庭、进学校、进企业、进农牧区，认真落实党风廉政建设责任制，严格贯彻执行廉政准则，始终做到为民务实清廉。要严守党的纪律，自觉遵守党的政治纪律，特别是在反分裂斗争这个重大原则问题上要立场坚定、表里如一，在政治上、思想上、行动上与以胡锦涛同志为总书记的党中央保持高度一致；自觉遵守党的组织纪律、经济纪律、群众工作纪律，扎扎实实干事、堂堂正正做人、清清白白为官，始终做到一身正气、两袖清风。要加大惩治力度，从严从重查处党员干部破坏民族团结、损害祖国统一等违法违纪行为，严肃查处领导机关和领导干部中以权谋私、贪污贿赂、腐化堕落、失职渎职案件，坚决纠正侵害群众利益的各种不正之风。要完善防腐体系，坚持标本兼治、综合治理、惩防并举、注重预防的方针，拓展从源头上防治腐败领域，加强和改进巡视工作，健全教育、监督、预防、惩治制度，建立符合西藏实际的惩治和预防腐败体系，坚持不懈地把反腐败斗争引向深入。

同志们，新的号角已经吹响、新的征程已经开启，宏伟的事业激励着我们、各族人民的期待鼓舞着我们。让我们在以胡锦涛同志为总书记的党中央坚强领导下，高举中国特色社会主义伟大旗帜，以邓小平理论和“三个代表”重要思想为指导，深入贯彻落实科学发展观，坚定不移走有中国特色、西藏特点的发展路子，奋力推进跨越式发展和长治久安，为建设团结、民主、富裕、文明和谐的社会主义新西藏，为西藏更加灿烂、更加辉煌、更加美好的明天而努力奋斗！

中共西藏自治区委常委、书记、副书记
中共西藏自治区纪委书记、副书记、常委名单

2011 年 11 月 15 日，中共西藏自治区第八届委员会第一次全体会议在拉萨选举产生新一届自治区党委，陈全国当选为中共西藏自治区第八届委员会书记，向巴平措（藏族）、白玛赤林（藏族）、郝鹏、吴英杰为自治区党委副书记，当选自治区党委常委的还有杨金山、崔玉英（藏族 女）、洛桑江村（藏族）、金书波、尹德明、公保扎西（藏族）、秦宜智、齐扎拉（藏族）、邓小刚、罗布顿珠（藏族）。

会议通过中共西藏自治区第八届纪律检查委员会书记、副书记、常委人选：书记：金书波，副书记：维色（藏族）、贡嘎（女 藏族）、张秋生、占堆（藏族）；常委：金书波、维色（藏族）、贡嘎（女 藏族）、张秋生、占堆（藏族）、杜建望 、拉巴次仁（藏族）、孔原、李潮明、巴桑卓玛（女 藏族）、王刚。

陕西省第十二次党代会报告摘要及省委、省纪委领导成员名单

推动科学发展　富裕三秦百姓
为全面建设西部强省而努力奋斗

——在中国共产党陕西省第十二次代表大会上的报告(摘要)

(2012 年 5 月 7 日)

赵乐际

同志们:

现在,我代表中国共产党陕西省第十一届委员会向大会作报告。

中国共产党陕西省第十二次代表大会,是在全省改革发展关键阶段召开的一次十分重要的会议。大会的主题是:高举中国特色社会主义伟大旗帜,以邓小平理论和“三个代表”重要思想为指导,深入贯彻落实科学发展观,坚持不懈解放思想,坚定不移改革开放,继续推动科学发展,不断富裕三秦百姓,为全面建设西部强省而努力奋斗。

一、攻坚克难团结进取,成就辉煌令人振奋(略)

二、科学绘制发展蓝图,全面建设西部强省

陕西发展已经站在新的起点、走在上升通道,阔步迈入中等发达省份、全面建设西部强省其势已成、其时已至。我们一定要保持清醒头脑,准确把握发展方位,适应形势任务新变化,顺应人民群众新期待,顺势而为、乘势而上,励精图治、奋发有为,不断把陕西改革开放和现代化建设事业推向前进。

当今之陕西,用科学发展观的要求来审视,呈现一系列新的阶段性特征。主要是:经济实力显著增强,但经济欠发达依然是基本省情,结构性矛盾和粗放型发展方式尚未根本改变;社会主义市场经济体制不断完善,但影响发展的体制机制障碍依然存在,改革攻坚面临深层次矛盾和问题;人民生活水平大幅提高,但贫困人口和低收入人口数量仍然较多,统筹兼顾各方面利益任务艰巨;区域城乡发展的协调性进一步增强,但农业、农村发展仍然滞后,区域差距仍然较大;社会主义民主政治不断发展,但民主法制建设与经济社会发展的要求还不完全适应;社会主义文化不断繁荣,但同人民群众对精神文化的旺盛需求仍有较大差距;社会活力有效激发,但社会结构、社会组织形式、社会利益格局的深刻变化带来诸多矛盾;对外开放日益扩大,但可以预见和难以预见的风险仍然较多。这些重要特征,既是社会主义初级阶段基本国情在陕西的具体表现,也是我们推进改革、谋划发展的根本依据。

综观大势,和平、发展、合作仍然是时代主题,世界经济结构深入调整,全球经济治理机制加速变革,科技创新和产业转型孕育新的突破,国际市场能源需求持续旺盛,为我们用好两种资源、集聚发展要素提供了良好环境。国家深入推进西部大开发,实施科教兴国、人才强国等战略,加快文化大发展大繁荣,支持关中—天水经济区建设、陕甘宁革命老区振兴、呼包银榆经济区发展,启动新一轮扶贫开发规划,积极扩大内需特别是消费需求,鼓励产业梯度转移,加快

发展实体经济，为我们发挥比较优势、释放发展潜能创造了难得机遇。全省经济内生动力不断增强，干部群众谋发展、促和谐、奔小康成为思想主流，干事业、兴产业、创家业成为自觉行动，自我加压、不断赶超、争创一流成为共同意愿，为我们推动科学发展、加快富民强省奠定了坚实基础。

今后五年，我们的奋斗目标是全面建设西部强省。这个目标承前启后、催人奋进，接续省第十一次党代会提出的建设西部强省，衔接省“十二五”规划确定的中等发达省份，是陕西全面建设小康社会的现实路径。全面建设西部强省的主要标志是经济强、科教强、文化强、百姓富、生态美，这五个方面体现科学发展观的根本要求，涵盖经济社会发展各个领域，相辅相成、互为依托，共同构成有机整体。

——经济强，就是全省生产总值比2011年翻一番，人均超过全国平均水平。投资、消费、出口拉动增长更趋协调，特色现代产业体系更加完善，区域城乡协调互动发展机制逐步健全，各种所有制经济共同发展格局不断巩固。

——科教强，就是科技创新能力和科技进步指数大幅提升，西部地区创新高地基本建成。全民受教育程度和创新人才培养水平稳步提高，率先在西部地区基本实现教育现代化，进入全国人力资源强省行列。

——文化强，就是社会主义核心价值体系深入人心，公民思想道德素质明显提高，覆盖城乡的公共文化服务体系基本形成，文化产业占生产总值6%以上，文化管理体制和经营机制更加充满活力，文化软实力进一步增强。

——百姓富，就是城乡居民实际收入比2011年力争翻一番，达到或接近全国平均水平，居民收入在国民收入分配中的比重明显提高，劳动报酬在初次分配中的比重明显提高。社会就业更加充分，社会保障能力不断提升，贫困人口明显减少。

——生态美，就是基本形成节约能源资源和保护生态环境的产业结构、增长方式、消费模式，节能减排指标全面完成，空气质量明显提高，森林覆盖率超过45%，三秦大地天更蓝、山更绿、水更清。

在全面建设西部强省进程中，全省各级党组织和广大党员干部要坚定不移地走中国特色社会主义道路，深入贯彻落实科学发展观，抓住用好重要战略机遇期，聚精会神搞建设，一心一意谋发展，正确处理改革发展稳定的关系，更加注重以人为本，更加注重全面协调可持续发展，更加注重统筹兼顾，更加注重改革开放，更加注重保障改善民生，紧盯目标、脚踏实地，戮力同心、砥砺奋进，为2020年与全国同步够格地进入全面小康社会打下牢固基础。

我们坚信，经过全省上下五年不懈努力，历史悠久、文化灿烂、生机勃勃的陕西必将谱写出新的盛世华章，经济繁荣、社会和谐、生态良好的新陕西将更加精彩地展现在世人面前，富裕文明、厚德务实、充满活力的陕西人将豪情满怀地创造新的辉煌。

三、加快转变发展方式，推动经济建设新跨越

全面建设西部强省，经济建设是基础。要围绕科学发展、富民强省主题，紧扣加快转变经济发展方式主线，着力构建具有陕西特色的基础保障、产业支撑、创新驱动、协调发展、制度保证体系，努力提升经济综合实力和区域竞争力。

一是加强基础设施建设。这是转变经济发展方式的保障条件。要坚持基础先行，加快形成适度超前、功能配套、安全高效的现代化基础设施体系。抓住国家加快水利改革发展机遇，实施引汉济渭、东庄水库、陕北黄河引水等重大水利工程，加快水源工程建设，提高水资源保障能力。大兴农田水利建设，实施大中型灌区续建配套和节水改造，提高农业抗旱能力。抓好防汛工程建设，加强病险水库治理，提高防洪保安能力。

围绕建设全国重要交通枢纽，实施客运专线、铁路干线、能源通道等重点工程，推进关中

城际铁路建设。以高速公路为龙头，以国省干线和农村公路为重点，完善路网结构，提高道路通行能力。加强西安咸阳国际机场设施配套，建成延安、汉中、安康新机场。支持新增国际航线，积极发展通用航空。加快西安、咸阳地铁和快速干道建设。

推动西电东送、陕电外送电源和通道建设，改造升级骨干网架和农村电网，加快建设智能电网。完善输油、输气管网，扩大气化陕西覆盖面。统筹信息基础设施建设，加快三网融合，实现“数字陕西”向“智慧陕西”迈进。加强大中城市市政设施建设，完善县城和重点镇水路电气讯等公用设施。

二是加快产业结构调整。这是转变经济发展方式的主攻方向。要加强要素集聚集群，强化产业互动联动，突出发展实体经济，不断提升产业整体水平。大力发展现代农业，稳定粮食播种面积，严格保护基本农田，提高农业综合生产能力。以苹果、猕猴桃、核桃、红枣为重点推进果业提质增效，以设施蔬菜、园区养殖为重点提升规模化、标准化水平，培育多元化深加工体系，打造国内一流的绿色果品基地和蔬菜、养殖基地。发挥杨凌示范区辐射带动作用，加强农业科技创新与推广应用。壮大农民专业合作组织，完善农产品流通体系，加强疫病和灾害预防，增强农业社会化服务保障能力。

坚持新型工业化道路，深入实施工业强省战略和产业调整振兴规划，推进工业化与信息化、制造业与服务业、科技与产业融合，加快产业转型升级。稳步扩大煤炭、石油、天然气等产能，延长产业链条，提高资源转化率。加强航空航天、汽车、输变电等产业本地配套，推动重大装备自主化、成套化、高端化，建设具有国际竞争力的先进装备制造基地。加快新一代信息技术发展，建设全国重要的信息产业基地。大力发展新能源、新材料、生物技术、节能环保等战略性新兴产业，加快改造纺织、食品、医药、建筑等产业。

坚持现代与传统并举、生产与生活并重，着力发展面向民生、面向生产、面向农村的服务业。完善物流设施和信息服务，强化中心城市物流节点功能，推进西安国际港务区、咸阳空港等园区建设，打造全国重要物流枢纽。鼓励商业银行在陕设立分支机构，扶持地方金融机构发展，壮大保险、信托和期货等产业，发挥产业基金、风险投资、贷款担保等金融工具作用，建设西部金融中心。加强景区建设，做优文化旅游、红色旅游、生态旅游品牌，打造国际知名旅游目的地。拓展互联网增值服务，提升商贸、餐饮等服务业水平。提高居民消费能力，完善消费政策，优化消费环境，增强消费对经济增长的拉动作用。

产业融合是现代经济发展的重要趋势。要打通三次产业界限，创新产业组织形式，继续实施大企业大集团引领战略，积极开拓新领域、发展新业态。支持企业面向市场、围绕主业做优配套产品，深化业务互联和市场互通，在强强联合中扩大市场份额。加速生产要素流动聚合，鼓励相近行业共享技术，依托龙头企业建设园区，培育特色鲜明的产业群和产业带，提高产业发展的质量和效益。

三是提升自主创新能力。这是转变经济发展方式的关键所在。要坚持自主创新、重点跨越、支撑发展、引领未来，加强科学研究与高等教育结合、科研机构与企业结合、科技与金融结合、军工与民用科技资源结合，促进经济向创新驱动、内生增长转变。依托特色产业推进科技创新，深化统筹科技资源改革，建设国家级创新平台，鼓励企业加大研发投入，促进产品换代、培育产业品牌。深入实施科技创新工程，加强核心共性关键技术联合攻关，不断提高原始创新、集成创新和引进消化吸收再创新能力。

面向市场需求加快科技成果转化，以利益为纽带打通设计、研发、转化、生产各环节，加快发展成果交易、企业孵化、信息咨询等中介服务，大力发展科技型中小企业，提高科技进步对经济发展的贡献。支持组建更多产业技术创新战略联盟，促进创新要素向基地、园区和企业聚集。继续实施军民融合“双百工程”，支持军工单位培育军民结合型创新企业，支持民口单位参与军品配套科研生产。

坚持人才优先发展，加强高层次创新创业人才队伍建设，健全培养、引进、流动、使用机制，继续实施千人计划、百人计划、三秦学者等重点人才工程。严格知识产权保护和管理，完善科技成果评价奖励制度，鼓励技术要素参与收益分配。弘扬创新精神，营造勇于创新、宽容失败、鼓励竞争、崇尚合作的良好氛围。

四是统筹区域城乡发展。这是转变经济发展方式的必然要求。要深入实施关中创新、陕北持续、陕南循环区域发展战略，坚持整体谋划、板块开发、错位发展，不断培育新的经济增长极。全面实施《关中—天水经济区发展规划》，支持西安发挥区域中心城市作用，加快推进西咸新区组团开发，走城镇协调、城乡统筹、工业化和城镇化紧密融合的发展路子。加快陕北和渭北能源化工基地建设，以工业园区为重点推进深度转化，壮大非能源产业，创建可持续发展示范区。发挥陕南资源和生态优势，发展特色产业，做大循环经济聚集区。深化跨省区域合作，落实西部大开发“十二五”规划和陕甘宁革命老区振兴规划，建设呼包银榆重点开发区和陕晋豫黄河金三角承接产业转移示范区。

坚持城镇化与新农村建设衔接互动。推进大中城市建设，打造西安国际化大都市，加快西咸一体化、宝鸡关天经济区副中心城市、渭南“陕西东大门”、杨凌世界知名农科新城建设，深化铜川资源型城市转型，支持榆林、汉中建设百万人口大城市，支持安康、商洛建设五十万人以上中心城市。做大县城、发展乡镇，搞好县域工业园区和重点镇建设。加快新农村建设步伐，推动公共设施向农村延伸、现代文明向农村拓展。支持延安、西安率先实现城乡统筹。

五是深化改革扩大开放。这是转变经济发展方式的根本动力。要坚持政府引导与市场配置相结合，更加自觉推动重点领域和关键环节改革，更加主动提高对内对外开放水平，加快建立充满活力、富有效率、有利于科学发展的体制机制。深化国有资产管理体制和国有企业改革，推动国有企业与民营企业、外资企业合作，发展壮大混合所有制经济。加快行政管理体制改革，着力转变职能，规范行政行为，建设服务型政府。稳步推进事业单位分类改革。继续深化农村综合改革。健全县级基本财力保障机制，促进财力与事权相匹配。加大金融体制改革力度，健全金融监管协调机制，完善中小企业和“三农”金融服务。

毫不动摇地鼓励、支持和引导非公有制经济发展，全面落实民间资本进入基础设施、市政建设、社会事业等领域政策，不断提高非公经济份额。按照催生一批、培育一批、引进一批、优化一批的思路，实施中小企业成长工程，壮大各类市场主体。深化资源性产品价格改革，发展要素市场，整顿市场秩序，形成统一开放、竞争有序的现代市场体系。

开放是发展进步的必由之路。要加大招商引资力度，积极引进国际高端产业、技术和人才，促进我省优质资源与国内外一流企业对接融合，打造内陆型经济开发开放战略高地。继续改善投资环境，简化办事程序，提高服务水平，维护投资者合法权益。加快开放型经济突破发展，培育多元化出口主体，壮大外向型骨干企业和产业集群，加快重点特色产品出口基地建设，鼓励引进先进技术和关键设备，支持有条件的企业“走出去”配置资源、拓展市场。办好西洽会、农高会和欧亚经济论坛，加强对外交流合作。

四、发展社会主义民主，实现政治建设新进步

全面建设西部强省，政治建设是保障。要坚定不移走中国特色社会主义政治发展道路，坚持党的领导、人民当家作主、依法治国有机统一，发挥党总揽全局、协调各方的领导核心作用，发挥国家一切权力属于人民的制度优势，巩固全省政通人和、团结民主、拼搏进取的生动局面。

一是支持人大履行职能。坚持和完善人民代表大会制度，保证人大及其常委会依法行使职权，善于使党的主张通过法定程序成为全省人民的意志。加强地方立法，围绕推动科学发展、加快富民强省的重大问题，推进科学立法、民主立法，不断提高立法质量。加强监督工作，围绕转变经济发展方式的重点问题和群众反映强烈的热点问题，改进监督方式，加大监督力度，不断增强监督实效。加强人大代表主体地位，创造联系群众、开展活动的有利条件，推动了解民情、反映民意、集中民智，不断提高代表履职能力。加强人大常委会自身建设，不断提高人大工作科学化水平。支持工会、共青团、妇联等人民团体依法依章开展工作。重视国防教育和民兵预备役工作，支持驻陕部队和武警部队建设。

二是发挥人民政协作用。坚持和完善中国共产党领导的多党合作和政治协商制度，落实省委支持人民政协履行职能发挥作用的《若干意见》，支持政协围绕团结和民主两大主题依章开展工作，更好地协调关系、汇聚力量、建言献策、服务大局。发挥协商民主优势，坚持重大决策充分协商，推动决策的科学化、民主化。发挥人才荟萃、智力密集优势，支持政协就全省经济社会发展中的全局性、综合性、前瞻性问题开展调研视察、咨政建言，调动社会各界人士参政议政的积极性。发挥联系广泛、包容各界优势，支持政协委员反映社情民意、做好群众工作，增进社会不同利益群体和谐。

三是发展完善基层民主。坚持人民依法直接行使民主权利、管理基层公共事务和公益事业，实行自我管理、自我服务、自我教育、自我监督。健全基层党组织领导的基层群众自治机制，扩大基层民主，完善管理制度，把城乡社区建设成为管理有序、服务完善、文明祥和的社会生活共同体。加强基层政权建设，健全政务公开、村务公开等制度，实现政府行政管理与基层群众自治有效衔接和良性互动。完善以职工代表大会为基本形式的企事业单位民主管理制度，推进厂务公开，支持职工参与管理。发挥社会组织积极作用，增强社会自治功能。

四是壮大爱国统一战线。积极促进政党关系、民族关系、宗教关系、阶层关系和海内外同胞关系和谐，引导各方思想上同心同德、目标上同心同向、行动上同心同行。加强同民主党派合作共事，支持民主党派和无党派人士更好履行参政议政、民主监督职能。加强新形势下党外代表人士队伍建设，鼓励党外人士做我们党的挚友和净友。贯彻党的民族宗教政策，依法管理宗教事务，巩固和发展平等团结互助和谐的社会主义民族关系。做好港澳、对台、侨务和外事工作。

五是推进法治陕西建设。全面落实依法治国基本方略，大力弘扬社会主义法治精神，维护社会主义法制的统一、尊严、权威。加强宪法和法律实施，坚持法律面前人人平等，维护社会公平正义。全面推进依法行政，加快法治政府建设，推动各项工作法制化。坚决维护司法公正，保证人民法院和人民检察院依法独立公正行使审判权、检察权。规范基层执法行为，提升公正廉洁执法水平。加强公民意识教育和“六五”普法宣传，完善法律援助和司法救助制度，引导干部运用法律解决实际问题、群众依法按程序维护权益，营造全社会学法尊法守法用法的良好氛围。

五、加强宣传思想工作，开创文化建设新局面

全面建设西部强省，文化建设是引领。要深入贯彻党的十七届六中全会《决定》和省委《实施意见》，坚持社会主义先进文化前进方向，以高度的文化自觉和文化自信，积极实施文化强省“八大工程”，促进文化繁荣发展，为经济社会发展提供强大思想保证、精神动力、舆论支持和文化条件。

一是加强社会主义核心价值体系建设。坚持马克思主义指导地位，坚定中国特色社会主义共同理想，弘扬以爱国主义为核心的民族精

神和以改革创新为核心的时代精神，践行社会主义荣辱观，巩固全省人民团结奋斗的共同思想基础。继续推进思想解放，开阔眼界、开阔思路、开阔胸襟，增强机遇意识、市场意识、竞争意识，盯着排头学先进，以敢闯敢试、敢为人先的精神开展工作。坚持团结稳定鼓劲、正面宣传为主，加强党的历史和形势政策教育，精心组织党的十八大精神宣传活动，发挥主流媒体导向作用，用好管好新兴媒体。大力弘扬陕西精神，形成男女平等、尊老爱幼、扶贫济困、扶弱助残、将心比心、和谐相处的人际关系，培育自尊自信、理性平和、积极向上的社会心态。繁荣发展哲学社会科学。开展社会公德、职业道德、家庭美德、个人品德教育，深化群众性精神文明创建活动，加强大学生思想政治教育和未成年人思想道德建设，推动“学雷锋”和志愿服务活动常态化，引导人们自觉履行法定义务、社会责任和家庭责任。

二是发展繁荣文化事业。完善城乡公共文化服务体系，扩大广播电视村村通、文化信息资源共享、农家书屋等覆盖面，强化文化馆、博物馆、图书馆、档案馆等社会服务功能，健全文化科技卫生“三下乡”和科教文体法律卫生“四进社区”长效机制。积极发展体育事业。加强大遗址和重点文物保护，抓好非物质文化遗产保护传承。坚持“二为”方向和“双百”方针，加大文艺创作生产扶持引导力度，实施文化精品战略，创作更多具有中华气派、陕西特色的优秀文化产品，打造“文学陕军”、“西部影视”、“秦腔戏曲”等特色品牌。加强对外文化交流，借鉴各种优秀文明成果，积极为推动中华文化走向世界贡献力量。

三是做大做强文化产业。实施文化项目带动战略，积极发展新闻出版、文娱演出、印刷包装等传统文化产业，加快发展影视制作、创意动漫、广告会展等新兴文化产业。培育文化市场主体，支持民营文化企业发展，鼓励有实力的文化企业跨地区、跨行业、跨所有制兼并重组，加快形成一批规模大、实力强、效益好的文化领军企业。推动西安曲江国家级文化产业示范区发展，打造华夏始祖、周秦汉唐、秦岭绿色等园区，建设陕北红色文化基地。

四是加快文化体制改革。深化经营性文化单位转企改制，创新运营模式，增强市场竞争力。继续推进公益性文化事业单位改革，创新公共文化服务机制，提高服务群众能力。完善管人管事管资产管导向相结合的国有文化资产管理体制，加强文化市场综合执法，不断提升文化管理效能。建立健全文化投入稳定增长机制，加大财政、税收、金融等方面支持力度，提倡社会组织和机构兴办文化事业、创办文化企业。实施文化名家工程，加强基层文化队伍建设，打造规模宏大的文化人才队伍。

六、着力保障改善民生，迈出社会建设新步伐

全面建设西部强省，社会建设是根本。要坚持以人为本、富民为先，一手抓发展、一手抓民生，以解决群众最关心最直接最现实的利益问题为重点，加快社会管理创新，推动和谐陕西建设，努力使全省人民日子越过越好、幸福指数越来越高。

一是切实增加群众收入。增收富民是现阶段全省最紧迫的任务，也是各级工作的基本着力点。要千方百计提高低收入群众收入，认真贯彻中央新的扶贫开发纲要，加大集中连片特困地区扶贫攻坚力度，推进避灾扶贫生态移民搬迁，改善贫困人口生产生活条件，健全公共服务体系，因地制宜促进贫困地区自我发展，让更多贫困群众尽快脱贫致富。积极扩大中等收入群体，健全职工工资正常增长和支付保障机制，推进企业工资集体协商，逐步提高最低工资标准，促进群众收入与经济发展同步增长。规范收入分配秩序，强化转移支付和税收调节，保护合法收入，取缔非法收入，缩小城乡、区域、行业之间收入差距。加强物权保护。引导群众增加家庭财产、争创殷实家业。

二是不断提升就业水平。就业是民生之

本。要坚持就业优先战略，贯彻劳动者自主择业、市场调节就业、政府促进就业的方针，实施更加积极的就业政策，健全统一规范灵活的人力资源市场，强化职业技能培训和就业指导服务，大力发展劳务经济，统筹解决高校毕业生、复员退伍军人、进城落户和被征地农民就业问题。继续推进全民创业、家庭创业、自主创业，加快发展服务业、劳动密集型产业和小微型企业，鼓励和支持更多劳动者成为创业者。加强就业援助，开发公益性岗位，切实解决就业困难人员就业。健全劳动争议处理机制，积极构建和谐劳动关系。

三是加快完善社保体系。社会保障是人民生活的安全网。要统筹推进城乡社会保险制度，力争基本养老保险、基本医疗保险两年内覆盖城乡全体人民，失业、工伤、生育保险制度基本覆盖所有从业人员，逐步实现社会保险关系跨地区转移接续。加大特殊困难群体社会救助，健全低收入群众生活补贴与物价波动联动机制，提高城乡低保、农村五保供养标准。加快廉租房、公共租赁房、经济适用房等保障性住房建设。发展慈善事业，做好优抚、老龄、残疾人等工作。

四是办好人民满意教育。教育是民族振兴、社会进步的基石。要加快教育体制改革，加大投入力度，合理配置资源，促进教育公平，推动各级各类教育协调发展。继续加强学前教育，基本解决“入园难”问题。加快义务教育学校标准化和农村寄宿制学校建设，全面推行农村义务教育学生营养改善计划。支持高等学校内涵式特色发展，支持民办高等教育改革发展，增强高校自主创新和服务社会能力。加强职业教育、特殊教育和民族教育，健全覆盖城乡的继续教育体系。

五是加快医疗卫生发展。健康是人全面发展的前提。要深化医药卫生体制改革，坚持新增医疗卫生资源重点向农村和城市社区倾斜，加快完善覆盖城乡的公共卫生服务体系、医疗服务体系、医疗保障体系和药品供应保障体系，努力使群众享有安全、有效、方便、价廉的服务。加快公立医院改革，鼓励引导社会资本和外资兴办医疗机构。实施乡村医生万人培训计划，提高基层医疗卫生队伍整体素质。继续实施农村孕产妇免费住院分娩，健全农村已婚育龄妇女和65岁以上老人健康体检长效机制。加强重大传染病和地方病预防，严格食品药品监管，强化医德医风建设，支持中医药事业发展。坚持计划生育基本国策，提高出生人口素质。

六是创新社会管理服务。和谐稳定是社会建设的基本要求。要健全党委领导、政府负责、社会协同、公众参与的社会管理格局，坚持精细化服务、网格化管理、项目化推进，保持社会既充满活力又和谐稳定。坚持利益分析方法，强化和谐思维、辩证思维和创新思维，树立多边受益、共生共济、合作共赢理念，既尊重差异、包容多样，又求同存异、化异趋同，推动建立共建共治共享的利益共同体。强化维稳第一责任，完善“三位一体”大调解工作体系，落实领导干部接访、约访、下访、回访制度，全面推行重大工程和重大决策社会风险评估，从源头上减少和化解矛盾纠纷。健全农村和城市社区管理服务体系，完善流动人口和农村留守群体服务，加强特殊人群管理。健全突发事件应急处置机制。深化平安陕西建设，加强社会治安综合治理，严厉打击违法犯罪，严格安全事故责任追究，确保人民群众生命财产安全。加强隐蔽战线斗争，切实维护国家安全。

七、优化国土空间开发，促进生态建设新突破

全面建设西部强省，生态建设是支撑。要坚持人与自然和谐相处的绿色发展理念，尊重自然、顺应自然、保护自然，在发展中保护、在保护中发展，认真实施主体功能区规划，加快形成高效协调可持续的国土空间开发格局，建设绿色美好家园。

一是构建绿色生产体系。工业化城镇化加速推进，必然带来生产要素空间布局的剧烈变

动。要坚持点上开发、面上保护，引导经济相对集中布局，保持和稳定农业生产空间，合理控制工矿建设空间，提高国土利用效率。实行最严格的节地节水制度，开展闲置土地清理、空心村整治和治沟造地，集约节约利用资源。严格落实节能减排责任制，加强高耗能行业节能技术改造，推广先进技术和节能产品，加快全国低碳试点省建设，大力发展循环经济，降低能耗、水耗、物耗水平。强化环境执法监督，健全高污染、高排放企业退出机制，推进排污权交易，走节约发展、清洁发展、安全发展、绿色发展、可持续发展之路。

二是打造绿色生活空间。良好生活环境是人民生活质量提高的重要标志。要顺应群众宜居安康的需求，坚持城乡一体推进、预防治理结合，全面加强人居环境建设，努力让群众喝上干净的水、呼吸新鲜的空气、吃上放心的食品、用上清洁的能源。完善城市公园绿地、休闲广场等设施，强化污水、垃圾无害化处理，加大噪音、光、重金属等污染治理，启动细颗粒物（PM2.5）监测与评价，实施关天经济区大气污染联防联控，使城市更加清洁靓丽。推进农村环境连片整治，完善农业环境监测体系，加快治理化肥、农药、地膜等造成的面源污染，实施改水改厕改圈和垃圾集中处置，推广沼气、秸秆、小水电、太阳能等综合利用，使农村更加干净优美。

三是培育绿色生态环境。保护好青山绿水是我们的历史责任。坚持保护优先和自然修复并重，以生态脆弱区和重要生态功能区为重点，加强生态环境整治，维护生态平衡，努力构筑生态安全屏障。巩固退耕还林还草成果，坚持植树造林，强化天然林保护，推进三北防护林和长江防护林等重点林区建设，加大荒山绿化和防沙治沙力度，实施关中大地园林化工程，打造公路铁路沿线千里绿色长廊。加强防灾减灾体系建设，健全生态补偿机制，加快资源开采塌陷区综合治理。加大南水北调中线工程水源涵养地、城乡水源地和湿地保护力度，推进渭河、汉丹江综合整治等重点工程。加强秦岭生态保护，启动秦岭国家森林公园建设。

八、保持先进性和纯洁性，推动党的建设新进展

全面建设西部强省，党的建设是关键。当前，执政、改革开放、市场经济、外部环境的考验复杂严峻，精神懈怠、能力不足、脱离群众、消极腐败的危险尖锐突出，要求我们必须坚持党要管党、从严治党，紧扣保持党的先进性和纯洁性，以改革创新精神全面推进党的建设新的伟大工程，不断提高党的建设科学化水平。

一是切实加强理论武装。要坚持用党的理论创新成果指导客观世界和主观世界改造，组织党员干部认真学习中国特色社会主义理论体系，自觉掌握和运用科学发展观的立场、观点和方法，做到真学真懂真信真用。开展保持党的纯洁性教育活动，教育党员干部坚定马克思主义信仰、中国特色社会主义信念、改革开放和现代化建设信心，正确对待是与非、公与私、真与假、实与虚，自觉做到讲政治、顾大局、守纪律。统筹干部教育资源，充分发挥延安干部学院、各级党校、行政学院和干部教育基地的作用，做好新一轮大规模干部培训，增强各级干部谋发展、促和谐、惠民生、保稳定本领。加强党委（党组）中心组学习，健全学习型党组织建设长效机制，推动学习型社会建设。

二是切实加强干部队伍建设。要坚持五湖四海、任人唯贤，坚持德才兼备、以德为先用人标准，及时发现和使用那些政治坚定、有真才实学、实绩突出、群众公认的干部，特别关注在工作中有思路、有激情、有韧劲、贡献大的干部，在艰苦环境中埋头苦干、默默奉献的干部，在应对急难险重任务时勇担当、能负重、有作为的干部。深化干部人事制度改革，完善干部德的考核办法，创新公开选拔、竞争上岗、差额选任等方式，健全干部选用监督机制和责任追究制度，提高选人用人公信度。加强干部交流，加大优秀年轻干部培养选拔力度，重视女干部、少数民族干部、党外干部培养使用，调动不同年龄段干

部的积极性。加强干部管理，坚持严格要求与关心爱护相结合，加大治庸治懒治散力度，解决干部能上不能下、能进不能出问题。进一步做好离退休干部工作。强化人才第一资源理念，认真落实人才发展中长期规划，统筹推进各级各类人才队伍建设，打造西部人才高地。

三是切实加强党的基层组织建设。要落实党建工作责任制，强化为民服务、创先争优，深化农村升级晋档、科学发展和城市文明社区、和谐家园活动，加强机关、企业、高校等基层党组织建设，探索两新组织党的建设有效途径。按照守信念、讲奉献、有本领、重品行的要求选优配强基层带头人，重视选调生和大学生村官等培养选拔管理，逐步提高基层干部待遇。做好党员发展工作，推行发展党员公示制、票决制，完善党员党性定期分析制度，探索依规依纪处置不合格党员办法。全面推广党员承诺、党员中心户、无职党员设岗定责和党员示范岗等制度，加强对老党员、生活困难党员的关怀帮扶，完善流动党员管理服务，加快形成城乡统筹的基层党建新格局。

四是切实加强制度建设。要以党章为根本、以民主集中制为核心，构建内容科学、程序严密、配套完备、有效管用的党内制度体系。推进党务公开，尊重和保障党员的主体地位和民主权利，完善党内事务听证咨询、党员定期评议领导班子成员制度，健全党内信息公布制度和党委新闻发言人制度。完善党的代表大会制度，推行党代表任期制，建立党代表提案制。完善党委重大决策程序，推行党委讨论重大问题和任用重要干部票决制，实行常委会向全委会定期报告工作并接受监督制度。健全领导班子综合研判机制，坚持和完善年度目标责任、领导班子和领导干部、党风廉政“三位一体”考核制度。加强制度宣传教育，开展经常性督促检查，加大问责力度，做到制度面前没有特权、制度约束没有例外。全省各级党组织要自觉与党中央保持高度一致，严格执行党的纪律，坚决维护党的团结和统一。

五是切实加强作风建设。要大兴密切联系群众之风，强化群众观点、群众立场教育，完善联系服务群众制度，深入开展以“问政于民、问需于民、问计于民，解民忧、解民怨、解民困”为主要内容的“三问三解”活动，引导党员干部自觉践行群众路线。大兴求真务实之风，深入调查研究，改进文风会风，引导党员干部把心思和精力用到察实情、办实事、求实效上。大兴批评和自我批评之风，保护坚持党性原则的党员，引导党员干部正确对待组织、正确对待群众、正确对待自己。大兴艰苦奋斗之风，牢记“两个务必”，弘扬延安精神，厉行勤俭节约，反对铺张浪费，以优良的党风促政风带民风。

六是切实加强反腐倡廉建设。要坚持标本兼治、综合治理、惩防并举、注重预防的方针，落实党风廉政建设责任制，完善惩治和预防腐败体系，依靠制度创新和群众参与推进反腐倡廉建设。严格执行《廉政准则》，加强党性党风党纪教育，强化廉政培训，培育和倡导廉政文化，促进党员领导干部立身不忘做人之本、为政不移公仆之心、用权不谋一己之私。认真落实党内监督条例，加强和改进巡视工作，积极推进党政主要领导干部和国有企业领导人员经济责任审计，强化对关键领域和重点部门的监督。巩固和扩大村民监督委员会等反腐倡廉制度成果，健全廉政风险防控机制，着力解决群众反映强烈的突出问题和发生在群众身边的腐败问题。坚决查处违纪违法案件，对任何腐败分子，都必须依法严惩，决不姑息。

同志们，宏伟事业任务艰巨，人民重托使命光荣。让我们更加紧密地团结在以胡锦涛同志为总书记的党中央周围，高举中国特色社会主义伟大旗帜，以邓小平理论和“三个代表”重要思想为指导，深入贯彻落实科学发展观，倍加珍惜千载难逢的历史机遇，倍加珍惜又好又快的发展势头，倍加珍惜团结奋进的良好局面，解放思想，开拓创新，同心同德，真抓实干，为推动科学发展、富裕三秦百姓、全面建设西部强省而努力奋斗！

中共陕西省委常委、书记、副书记
中共陕西省纪委书记、副书记、常委名单

2012年5月11日，中国共产党陕西省第十二届委员会第一次全体会议选举赵乐际、赵正永、孙清云、娄勤俭、江泽林、郭永平、李锦斌、魏民洲、姚引良、景俊海、安东、刘小燕为中共陕西省第十二届委员会常务委员会委员；选举赵乐际为省委书记，赵正永、孙清云为省委副书记。

会议通过中共陕西省第十二届纪委常委、书记、副书记人选：书记：郭永平，副书记：龚汉江、魏燕、马奔、郭润芝，常委：郭永平、龚汉江、魏燕、马奔、郭润芝、王晓斌、贠军、刘长楼、高山、高霄、马希良。

甘肃省第十二次党代会报告摘要及省委、省纪委领导成员名单

科学发展转型跨越民族团结富民兴陇 为与全国同步进入全面小康社会而努力奋斗

——在中国共产党甘肃省第十二次代表大会上的报告(摘要)

(2012年4月24日)

王三运

同志们:

现在,我代表中共甘肃省第十一届委员会向大会作报告。

中国共产党甘肃省第十二次代表大会,是在全省上下深入实施"十二五"规划、喜迎党的十八大的新形势下召开的一次继往开来的重要会议。大会的主题是:高举中国特色社会主义伟大旗帜,以邓小平理论和"三个代表"重要思想为指导,深入贯彻落实科学发展观,动员全省各级党组织、广大党员和各族人民凝心聚力、抢抓机遇、求真务实、开拓创新,在新的历史起点上推动科学发展、转型跨越、民族团结、富民兴陇大业,为与全国同步进入全面小康社会而努力奋斗。

一、砥砺奋进,不断迈出坚实步伐的五年(略)

二、坚定不移走科学发展之路,建设幸福美好新甘肃

经过改革开放特别是"十一五"以来的发展和积累,今天的甘肃已经站在了一个新的历史起点上,经济社会正进入工业化发展的中期阶段,迈上了加速转型跨越的高位平台,展现出更加美好光明的发展前景。特别是胡锦涛总书记等中央领导同志,对甘肃今后一个时期的工作作出了重要指示,寄予了殷切期望,指明了前进方向,为我们推动甘肃又好又快发展增添了无穷的信心和力量!

未来五年,是我省全面建设小康社会的攻坚阶段,是加快转变发展方式的关键阶段,也是实现后发赶超、跨越发展的黄金时期。我们面临的最大矛盾是发展不足、最大机遇是政策叠加、最大希望是开放开发、最大责任是富民安民,必须科学把握发展规律,主动适应环境变化,有效转化政策和机遇,积极应对风险和挑战,努力走出一条内陆边远地区开放开发和艰苦贫困地区后发跨越的新路子。综合分析和判断,今后一个时期,我省经济社会发展面临着一系列新的特征和变化:一是发展的空间更加广阔,但外部总体环境日益复杂。经济全球化和区域经济一体化深入发展,国际国内产业转移和要素重组加速,我国工业化、城镇化、农业现代化加快发展,国内产业结构和消费结构不断升级,为我省在较长时间内持续又好又快发展,提供了良好的条件。但同时,世界经济复苏艰难曲折,国内外经济环境不确定不稳定因素增多,我们面临着诸多可以预见和难以预见的风险和挑战。二是发展的优势更加凸显,但区域竞争压力日益加大。经过多年的改革发展,随着经济的梯度推进,我省区位、资源、能源、市场、劳动力等在区域发展格局中的比较优势日益彰显,特别是国家支持中西部地区、革命老区、贫困地区和少数民族地区加快发展以及为

我省量身定做的一系列扶持政策，使我们迎来了千载难逢的政策机遇集中叠加期和效应释放期。但同时，在世界经济格局中我国还处于产业链的低端，国际贸易投资保护主义强化，国际市场份额不断受到挤压；在国内区域发展中各地竞争日趋激烈，对资源、市场、资金、人才的争夺处于白热化，加上我省交通、水利等基础设施的瓶颈制约比较突出，发展环境还有待进一步优化，千帆竞发不进则退，百舸争流慢进也是退。三是发展的势头更加强劲，但资源环境约束日益趋紧。无论是经济发展的一般规律，还是当前所处的发展阶段，都表明我省具备了在较长时期内实现又好又快发展的基础和条件，甘肃已经到了加速跨越的阶段。但经济的快速发展，对我们这样一个产业结构以重工业为主的省份来说，必然对资源和能源的保障、对生态和环境的支撑提出更高的要求，这是我们在未来发展中必须面对和破解的重大课题。四是发展的氛围更加浓厚，但社会利益诉求日益多样。在各地你追我赶、竞相发展的时代大潮中，具有坚韧不拔、艰苦奋斗精神的甘肃人民，思富求变的愿望比以往任何时候都更加强烈，跨越发展的信心比以往任何时候都更加坚定，奋力赶超的氛围比以往任何时候都更加浓厚，这是我们转型跨越发展最为深厚的根基和宝贵的力量。同时必须看到，随着我省人均 GDP 迈过 3000 美元大关，社会发展进入了观念深刻转变、利益加速调整和矛盾集中凸显的交织阶段，党的建设也面临着一系列新情况新问题新挑战。我们必须因势利导，主动作为，调动好一切积极因素，解决好各方利益诉求，努力在全省进一步形成聚精会神搞建设、一心一意谋发展的强大合力。

根据我省发展的阶段性特征和面临的历史任务，未来五年工作的总体要求是：高举中国特色社会主义伟大旗帜，以邓小平理论和“三个代表”重要思想为指导，深入贯彻落实科学发展观，牢牢把握主题主线，围绕实现与全国同步进入全面小康社会的宏伟目标，不断解放思想，大胆开拓创新，深入实施“四抓三支撑”和“中心带动、两翼齐飞、组团发展、整体推进”战略，更加注重开放开发、更加注重转型转移、更加注重创新创业、更加注重民族民生、更加注重安全安定，统筹推进经济建设、政治建设、文化建设、社会建设和生态文明建设，全面提升党的建设科学化水平，努力建设经济转型跨越发展、社会和谐稳定发展、民族共同繁荣发展、生态绿色持续发展的幸福美好新甘肃。

具体工作中，必须牢牢把握“一项重大使命”，始终坚持“八个发展取向”，深入实施“十大重点行动”。

必须牢牢把握的一项重大使命，就是建设幸福美好新甘肃。这是时代的要求、人民的期望和使命的重托，涵盖了经济、政治、文化、社会和生态文明建设的各个方面，既是为实现全面小康目标打下决定性基础的必然要求，也是我们必须长期为之奋斗的不懈追求。今后五年经济社会发展的奋斗目标，就是努力实现“三个翻番”、“六个提升”、“两个接近”、“一个缩小”：经济总量、财政收入和城乡居民收入实现翻番，经济发展质量、人民生活水平、产业发展层次、文化发展实力、可持续发展能力、社会文明程度明显提升，主要经济指标和全面小康社会实现程度接近西部平均水平，进一步缩小与全国发展的差距。再经过三年多的努力，到2020 年与全国同步进入全面小康社会，使广大人民过上更加富裕祥和的新生活，使全省上下形成更加和谐稳定的新局面，使陇原大地展现更加欣欣向荣的新气象！

必须始终坚持的八个发展取向是：

——坚持好中求快取向。推进又好又快发展是我省面临的首要任务。我们必须紧紧扭住经济建设这个中心，坚持在发展中加快转型、在转型中加快发展。要着力把做大经济总量同提高发展质量结合起来，把调整优化存量与引进扩大增量结合起来，做大做强优势特色产业，大力培育新的经济增长点，加快转变经济发展方式，不断提升我省综合实力和可持续发展能力。

——坚持“三化”并进取向。我省工业化、城镇化、农业现代化相对滞后，统筹发展的任务相当繁重。我们必须在加快新型工业化进程中，着力增强工业反哺农业、促进城市发展的能力；在加快新型城镇化进程中，着力增强城市带动乡村、承载工业发展的能力；在加快农业现代化的进程中，着力增强农业支撑工业、保障城市发展的能力，加快形成“三化”良性互动、协调发展的生动局面。

——坚持基础优先取向。基础条件薄弱，既是全省经济社会又好又快发展的瓶颈制约，也是转型跨越发展的潜力所在。我们必须坚持把夯实基础放在全省发展的优先位置，突出交通、水利和城乡公用设施三大关键环节，加快构建适度超前、功能配套、安全高效的现代化基础设施体系，全面提升城乡公共服务水平，不断增强发展的保障能力。

——坚持开放带动取向。开放开发是推进甘肃跨越发展的必由之路。我们必须坚定不移地以思想的大解放引领观念的大更新，以市场的大开放促进资源的大开发。要充分发挥我省坐中连六和战略通道的区位优势，充分利用国家级循环经济示范区等战略平台，充分营造有利于承接产业转移的良好环境，充分用好两个市场、两种资源，加快“走出去”、“引进来”步伐，在大开放中推进大开发，在大开发中实现大发展。

——坚持创新驱动取向。创新是推动发展的不竭动力，是转型跨越的强大引擎。我们必须充分发挥科教资源比较丰富和创新能力比较强的优势，强化企业创新的主体地位，挖掘高等院校、科研院所的创新潜力，推动产学研紧密结合，加快自主创新、集成创新和引进消化吸收再创新，努力建设创新型省份，使甘肃创新经济蓬勃发展、创新要素加速聚集、创新活力充分释放。

——坚持绿色发展取向。甘肃生态具有多样性、脆弱性、战略性、全局性的特点，推进绿色发展是破解资源环境约束、实现可持续发展的必然选择。我们必须坚持把加快发展同高效利用资源能源、有效保护生态环境结合起来，大力发展生态经济，加大节能减排力度，推广节约型生产方式、低碳型生活方式和绿色消费模式，努力实现人与自然和谐相处、经济与环境协调发展。

——坚持人才支撑取向。人才是富民兴陇的第一资源。我们必须深入实施人才强省战略，紧紧围绕全省经济社会发展需求，坚持人才资源优先开发、人才投资优先保证、人才制度优先创新，做到用足用好本土人才和引进吸收急需人才相得益彰、各类管理人才和专业技术人才统筹抓好、培养开发人才和选拔使用人才同步推进，形成人才辈出、人尽其才、才尽其用的良好环境。

——坚持产业富民取向。发展富民产业是破解我省城乡居民收入低、提高群众幸福指数的根本路径。我们必须把产业选择、项目建设和资源利用同富民惠民紧密结合起来，坚持县域经济、民营经济和劳务经济共同促活，着力拓宽富民产业发展的渠道空间；坚持优势产业、新兴产业和劳动密集型产业共同打造，着力提升富民产业发展的层次水平；坚持政策扶持、资金支持和技术帮扶共同推进，着力营造富民产业发展的良好环境，让富民产业铺天盖地，使强省与富民同步发展。

必须深入实施的十大重点行动：

第一，联村联户行动。开展联村联户、为民富民行动，符合中央的要求、发展的需要和人民的愿望。要进一步在深入推进、创新方式、务求实效上下功夫，让广大机关干部在深入基层、深入群众中经受锻炼、增长才干，让人民群众在了解政策、提升技能中开阔眼界、脱贫致富，让干部和群众在结对帮扶、解决问题中密切关系、双向受益，真正使这项行动成为机关作风转变的形象提升工程、教育培养干部的能力锻造工程、造福人民群众的德政民心工程。

第二，多极突破行动。支撑转型跨越和富民兴陇，必须突出各地优势和特色，着力培育多元支柱产业和多层次区域增长极。要在改造提升传统优势产业的同时，着力把新能源、新材料、高端装备制造、旅游文化、现代服务、农副产品加工和新医药及生物产业等培育成新的支柱性产业。要按照“中心带动、两翼齐飞、组团发展、整体推进”的要求，加快兰白都市圈建设，推进东部四市整体融入关天经济区，促进河西经济区发展，努力形成分工明确、布局合理、错位发展、多极支撑的新格局。

第三，项目带动行动。项目是支撑发展的载体，也是转型跨越的保证。今天的项目数量就是明天的经济总量，今天的投资结构就是明天的产业结构。要在全省上下进一步树立和强化项目意识，不断提高谋划项目、争取项目和落实项目的能力。各级都要建立动态管理的重大项目库，围绕产业发展、基础建设和民生改善的需求，做到储备一批、论证一批、报备一批、建设一批，以大项目好项目拉动大投资、培植大财源、带动大就业、促进大发展。

第四，扶贫攻坚行动。贫困地区既是实现全面小康的重点和难点，也是加快发展的潜力和希望。要紧紧抓住国家实施新一轮西部大开发和新十年扶贫攻坚的重大机遇，统筹各种资源力量，突出重点区域领域，科学制定时序进度，加大政策、项目、资金扶持力度，举全省之力打一场扶贫开发的攻坚战和整体战，切实增强贫困地区和贫困群众的自我发展能力，不断加快脱贫致富奔小康的步伐。

第五，全民创业行动。人民是社会财富的创造者，是推动经济社会发展的主体力量。要着力营造良好的创新创业环境和氛围，把丰富的人力资源变成人力资本，把分散的民间资金变成发展资本，把千家万户的小生产者变成有市场竞争力的创业主体，把民营企业和非公经济在较短时间内培育发展成为国民经济的半壁江山，形成百姓创家业、能人创企业、干部创事业的生动局面，让一切生产要素的活力竞相迸发，让一切创造财富的源泉充分涌流。

第六，生态屏障行动。甘肃作为西北乃至全国的重要生态安全屏障，这是国家的战略定位。要明确生态地位的全局性、紧扣国家的大战略，立足自身生态的脆弱性、采取有效的大举措，坚持在发展中保护、在保护中发展，以重点生态区位治理为依托，以重点生态工程建设为载体，以重点生态项目实施为抓手，统筹规划，综合治理，整体推进生态环境保护与建设，努力实现生产发展、生活富裕和生态良好的良性循环。

第七，文化提升行动。我省是中华民族重要的文化资源宝库。要着眼于建设文化大省，深化文化体制改革，以推进社会主义核心价值体系建设为龙头，着力在基础项目建设、文化精品创作、公共文化服务体系完善、特色文化产业发展等方面下功夫，特别要充分发挥文化资源优势，倾力打造华夏文明保护传承和创新发展示范区，促进文化事业大发展大繁荣，努力把文化产业打造成国民经济的支柱产业，不断增强文化自我发展能力，提升文化竞争力，提高文化传播力，扩大文化影响力。

第八，效能风暴行动。加强机关效能建设是提升干部素质、优化发展环境的迫切要求。要在全省各级机关掀起一场“效能风暴”，着力推进政府职能转变，着力深化重点领域和关键环节改革，着力精简和下放一批审批事项，着力加强机关作风建设，深入开展行风和政风评议活动，坚决整治庸懒散慢的现象，坚决整治中梗阻塞的问题，坚决整治不作为乱作为的行为，破除一切不利于加快发展的思想观念和体制机制，进一步强化服务开放、服务发展、服务基层的工作热情，进一步增进一切为了群众、真诚关心群众、有效帮助群众的思想感情，进一步焕发一心谋事、扎实干事、能够成事的创业激情，努力形成人人讲效能、处处创效能、事事高效能的浓厚氛围。

第九，和谐构建行动。社会稳定是人民群众的福祉，是加快发展的前提。要着力加强和创新社会管理，深入开展民族团结进步与平安创建活动，加快构建多层次的治安防控体系和矛盾纠纷排查调处机制，落实安全生产责任制，大力促进社会公平正义，竭力维护人民群众合法权益，确保生产安全、社会安全和公共安全，确保社会大局和谐稳定，确保人民群众安居乐业。

第十，先锋引领行动。各级党组织和广大党员是经济社会发展的引领者、组织者和推动者。要坚持把保持党的先进性、纯洁性同提高执政能力结合起来，把提高党的建设科学化水平同改革发展的伟大实践结合起来，真正把各级党组织和广大党员锻造成推动发展、服务群众、凝聚人心、促进和谐的战斗堡垒和时代先锋，为转型跨越、富民兴陇提供坚强有力的政治和组织保证。建设幸福美好新甘肃，是时代所需、民心所向、使命所系。全省各级党组织和广大党员一定要自觉承担起历史赋予的神圣使命，不为任何困难所阻、不为任何风险所惧、不为任何干扰所惑，以时不我待、只争朝夕的紧迫感，以勇于担当、善谋敢为的责任感，抢抓机遇、乘势而上、奋发有为，努力创造无愧于时代要求、无愧于人民愿望、无愧于岗位职责的光辉业绩！

三、推动经济转型跨越发展，增强综合实力和竞争力

坚持工业化、城镇化和农业现代化同步推进，坚持发展速度、质量与效益有机统一，是优化经济结构、转变发展方式的关键所在。我们必须突出主攻方向，创新工作举措，奋力推动经济发展迈上新台阶。

（一）加快形成多元支撑的现代产业格局。坚定不移地实施工业强省战略，着力把资源优势转化为经济优势，推动传统产业新型化、优势产业集群化、新兴产业规模化，打造一批千亿元企业、千亿元产业、千亿元园区，努力形成以重化工业和先进制造业为主导，现代农业、轻工业和现代服务业为支撑的现代产业体系，全面提升产业素质和核心竞争力。要改造提升传统产业。充分挖掘我省老工业基地的优势和潜力，坚持用高新技术和先进适用技术改造传统产业，拉长产业链条，着力打造石油化工、有色冶金、煤化工、先进装备制造、农产品加工等五大产业集群，提高产业规模和集中度。积极支持国防、军工企业与地方经济融合发展。要培育壮大新兴产业。立足我省资源禀赋和产业基础，积极引进战略投资者，着力培育新能源、新能源装备制造、新材料、生物医药、信息技术等五大新兴产业，全力打造全国重要的新能源及新能源装备制造基地和有色冶金新材料基地。要加快发展第三产业。充分发挥历史文化厚重、旅游资源富集的优势，建设西部重要旅游目的地，推动旅游资源大省向旅游产业强省转变。用好区位、科教和战略通道优势，大力发展现代物流、金融、信息、服务外包、保健养生等生产和生活性服务业，努力把现代服务业培育成国民经济支柱产业。

（二）加快推进特色城镇化。坚持群落式布局、节点式推进、特色化发展，高起点规划、高标准建设、高质量管理，提升容纳人口、吸纳就业和承接产业功能，努力形成优势互补、布局合理、连接通畅、特色鲜明的城镇化建设新格局。一是建设中东西三大城市群。中部地区以强化兰州辐射带动能力为突破口，加快建设环兰州城市群，形成西陇海兰新经济带的重要支点、西北交通枢纽和物流中心；东部地区以资源为纽带，大力发展东部四市城市群，建设传统能源综合利用示范基地，加快融入关天经济区；西部地区以战略通道为依托，发展河西走廊城市群，建设以新能源开发利用为重点的绿色经济带。三大城市群要实现通道连接顺畅，产业协作配套，融合互动发展。二是做大做强门户城市。支持兰州加快老城区改造提升、高新区及经济区增容扩区和新区开发建设，把兰州建设成为全国有影响力的区域性特大城市。紧紧抓住国家实施关天经济区发展规划和陕甘宁革命老区振兴规划的有利时机，支持天水、平凉、庆阳加快城市建设，辐射带动东部地区发展。加快酒嘉、金武一体化进程。大力加强其他市州所在地城市

建设,提升辐射和影响力。三是建设一批各具特色的中小城镇。依托县城和中心城镇,以发展特色产业为纽带,以加大职业教育、提升劳动力素质为着力点,在大中城市周边、主要公路铁路沿线、大型矿区、重点景区等区域,建设一批特色鲜明、承载力和容纳力强的中小城镇。

(三)加快推进农业现代化进程。坚持用工业化理念发展农业,全面落实强农惠农富农政策,促进农民增收,加快农业结构调整,不断提高农业综合生产能力、抗风险能力和市场竞争力。一是突出特色优势产业发展。调整和优化农业区域布局,引导特色优势产业向优势产区集中,推进现代农业示范区建设,做大做强马铃薯、现代制种、中药材、经济林果、蔬菜和草食畜六大特色优势产业,重点培育一批销售收入超十亿元的农副产品加工企业集团,推动农产品加工业精深化、品牌化、集群化发展,着力打造全国重要的特色农产品生产和加工基地。二是突出农业发展方式创新。加强以水利和高标准农田为重点的基础设施建设,建立健全“三农”投入逐年增长机制。加大农业科技创新和推广应用力度,加快农业科技成果转化,实现高产技术普及化、高效农业规模化。大力发展旱作农业、设施农业和高效节水农业,提高土地产出率、资源利用率和劳动生产率。积极发展农民专业合作组织、家庭农场、种养大户等现代农业经营主体,促进农业生产经营专业化、标准化和规模化。三是突出农村社会化服务。深化农村金融改革,积极发展农村金融组织和小额信贷,大力发展农业保险,创新抵押担保方式,积极构建符合农业特点和农民需求的现代金融体系。加强农村职业教育和劳动力培训,大力培育有文化、懂技术、会经营的新型农民,不断提高农民的科学务农能力、转移就业能力、创业致富能力。科学编制村镇建设和村庄布点规划,大力实施农村危房改造和村庄整治,强化基础和公共服务建设,不断提高新农村建设水平。

(四)加快提升基础承载能力。牢固树立基础优先的理念,通过科学的规划、政策的扶持、市场的办法、高效的运作,努力构建覆盖城乡、功能完备、支撑有力的基础设施体系。要全面提升交通通达能力。按照骨干道路高速化、省内交通网络化、运输方式立体化的要求,抓好公路、铁路、机场等重大项目建设,实现主要出省通道、省会与各市州所在地之间高速公路连接,县县通高等级公路,力争 14 个市州全部通铁路,大幅度提升兰州机场枢纽地位,加快改造和建设支线机场,鼓励发展通用航空,努力形成内通外畅、运能充分、布局合理、安全便捷的综合交通运输体系。要全面提升水利支撑能力。按照大中小并举、开发与节约并重、城市与乡村统筹的原则,加快建设事关重要资源开发、城市供水和农田灌溉的大型跨区域、跨流域骨干水利工程,推进流域综合治理和水土保持,切实提高水旱灾害防治能力,全面解决农村饮水安全问题,形成与经济社会发展相适应的现代水利体系。要全面提升信息服务能力。建设数字社区、数字城市、数字村镇和数字企业,大力发展电子政务和商务、物联网产业,推进信息资源共享和社会管理服务信息化。

(五)加快推进改革开放。要深化关键领域改革。进一步深化行政审批、财税、投融资和资源要素价格、国有资产监管、国有企业股份制改造、事业单位等各项改革,更加有效地发挥市场在资源配置中的基础性作用。深化金融改革创新,建立、培育和引进更多的股份制商业银行、保险公司、证券、产业基金、创业投资基金,加快地方金融体系建设。建立公开透明、规范有效的上市培育机制,加快各类企业上市进程,提高利用资本市场能力。特别要注意发挥好各类各层次融资平台的作用,破解基础设施、城市建设、重点项目建设资金短缺问题。深化农村综合改革和集体林权制度综合配套改革,积极稳妥推进土地承包经营权和林地林木承包经营权流转,加快户籍制度改革,不断激发农村发展活力。要拓展对外开放的深度和广度。各级都要把招商引资引智作为重中之重,紧紧抓住和用好国内外产业、资本、技术、人才加速转移流动的重大机遇。要加快产业园区、技术开发区等载体建设，提升发展层次和水平，提高吸引力、承载力和投资强度，努力使省级以上开发区的数量、规模在现有基础上实现翻番。加强各类展会、节会等平台建设，高起点引进和培育一批技术先进、实力雄厚的大企业大集团，努力使更多的企业成为中国和世界500强。支持骨干企业在境外建立原料和生产基地，扩大境外投资合作。大力开拓中亚、西亚市场，打造国家向西开放的桥头堡和大通道，努力形成全方位、多层次、宽领域开放合作格局。要放手发展非公有制经济。落实支持非公经济加快发展的政策措施，进一步优化投资和发展环境，促进中小微企业持续健康发展，培育更多富有竞争活力的市场主体，力争未来五年非公经济占国民经济的比重达到50%以上，成为推动转型跨越、富民兴陇的重要力量。要大力发展县域经济。制定促进县域经济发展的政策措施，稳步推进扩权强县试点改革，鼓励和引导科技、人才、资金等各类生产要素向县域经济流动，推动县域经济向园区集中、向城镇集中，培育发展一批经济强县。

四、促进社会和谐，提高人民群众生活质量

坚持惠民、利民、富民、安民导向，统筹经济发展和社会建设，加大民生工程实施力度，更好地保障和改善民生，更好地维护社会公平正义，努力让全省人民生活得更加富裕幸福、更有体面尊严。

（一）全力打好扶贫开发攻坚战。坚持开发式扶贫方针，坚持自力更生与借助外力相结合，以区域发展带动扶贫开发，以扶贫开发促进区域发展。统筹抓好六盘山区、秦巴山区、藏区三大片区和酒泉移民集中安置区、“插花”型区域贫困人口脱贫致富，深化拓展省内外对口帮扶工作，构建专项扶贫、行业扶贫、社会扶贫“三位一体”工作格局，突出抓好基础设施改善、富民产业培育、人力资源开发、生态环境保护等重点工作。以深入实施联村联户、为民富民行动为载体，着力解决制约农村发展的突出问题，加快贫困群众脱贫致富步伐，增强贫困地区自我发展能力。

（二）大力促进创业就业。实行更加积极的就业政策，推进充分就业、公平就业和稳定就业。深入开展创业型城市建设，建立一批创业性孵化基地和产业园，支持科技人员、高校毕业生和城乡青年创业。发挥企业在促进就业中的主体作用，大力发展劳动密集型产业、小型微型企业和创新型科技企业。完善公共就业服务体系，健全就业援助制度，统筹解决重点人群的就业问题。以就业需求为导向，大规模推进职业技能培训，着力打造具有甘肃特色和市场竞争优势的劳务品牌，提高城乡劳动者创业就业能力。深入开展和谐劳动关系创建活动，依法维护劳动者合法权益。

（三）千方百计增加城乡居民收入。实施城乡居民收入倍增计划，实现居民收入与经济发展同步增长。健全农民持续增收长效机制，多管齐下破解农民增收难题，充分挖掘工资性收入、经营性收入、转移性收入和财产性收入的增长潜力，力争农民人均纯收入增幅高于全国平均水平。完善促进低收入群体增收的政策措施，大幅度提高收入水平。稳步提高最低工资标准和困难群众保障水平，完善企业退休人员养老金正常调整机制，健全企业职工工资正常增长和支付保障机制，建立机关事业单位工资津补贴正常增长机制，严格规范国有企业高管人员薪酬管理，进一步调整收入分配关系、规范收入分配秩序。加大物价调控监管力度，确保物价水平基本稳定。

（四）加快完善社会保障体系。坚持广覆盖、保基本、多层次、可持续方针，扩大社会保障制度覆盖范围，实现人人享有基本社会保障的目标。统筹城乡养老保险，逐步提高养老标准，实现养老制度全覆盖。加强城乡低保工作，实现动态管理下困难群众基本生活的有效保障。加大保障性住房建设力度，加快推进农村危房

改造，切实解决特殊困难群体的住房问题。认真做好关心下一代工作，加强离退休干部工作，健全社会救助体系，大力发展社会福利和慈善事业，培育壮大老龄服务事业和产业，提升残疾人社会保障和服务水平。

（五）统筹发展社会事业。坚持把新增财力更多地用于社会事业发展，把社会公共资源更多地向基层倾斜，不断满足人民群众的公共服务需求。落实教育优先发展战略，推进各级各类教育均衡发展，普及学前三年教育，巩固"两基"成果，加快普及高中阶段教育，提升高等教育水平，引导高校适应地方发展需求调整专业结构，大力发展具有甘肃特色的职业教育，建设西部教育强省和人力资源强省。加快推进产学研相结合，深入实施科技创新工程，开展共性技术和关键核心技术攻关，建设科技研发、成果转化、技术服务、资源共享一体化的创新体系。建立覆盖城乡的基本医疗卫生制度，加强基层医疗卫生服务体系建设，积极推进公立医院改革，完善和落实基本药物制度，强化重大疾病疫情防控，加强食品药品监督管理，重视发展中医药事业，积极发展妇幼保健事业。加强人口和计划生育工作，努力提高人口素质。推进公共体育设施建设，大力开展全民健身活动。

（六）加强和创新社会管理。适应社会加速转型的新形势，健全党委领导、政府负责、社会协同、公众参与的社会管理格局。建立健全维护群众权益的体制机制，全面落实公共决策社会公示、公众听证和专家论证制度，切实解决好群众关注、涉及民生和稳定的重大问题。加强对流动人口、"两新"组织、互联网等薄弱环节和新兴领域的管理，加快公共安全体系和社会治安防控体系建设。严厉打击暴力恐怖势力、民族分裂势力、宗教极端势力的渗透破坏活动，依法打击各种刑事犯罪。强化源头预防，加强基层基础，建立健全社会舆情分析研判、社会稳定风险评估和多元化纠纷解决机制，努力把矛盾控制在源头、纠纷化解在基层、问题解决在一线，筑牢社会和谐稳定的根基。

（七）切实做好民族宗教工作。认真贯彻党的民族政策，坚持和完善民族区域自治制度，深入开展民族团结进步创建活动，建立健全支持少数民族地区加快发展的长效机制，全面落实中央和省委对藏区及其他少数民族地区的扶持政策，切实加大省内对口帮扶力度，加快民族地区经济社会发展，努力建设各民族共同团结奋斗、共同繁荣发展的示范区。全面贯彻党的宗教工作基本方针，依法加强对宗教事务的管理，深入推进和谐寺观教堂创建活动，加强宗教界爱国人士思想和队伍建设，保证宗教活动依法有序开展。

（八）推进民主法制建设。坚持党的领导、人民当家作主、依法治国的有机统一，扩大社会主义民主，健全社会主义法制，不断巩固和发展民主团结、生动活泼、安定和谐的政治局面。坚持和完善人民代表大会制度，支持各级人大及其常委会依法履行职能。坚持和完善中国共产党领导的多党合作和政治协商制度，支持人民政协围绕团结和民主两大主题，履行政治协商、民主监督、参政议政职能，支持民主党派加强自身建设，巩固和壮大最广泛的爱国统一战线。支持工会、共青团、妇联等人民团体依照法律和各自章程开展工作。加强基层政权建设，积极扩大基层民主，依法保障公民的知情权、参与权、表达权和监督权。加快依法治省进程，深入推进依法行政，深化司法体制改革，全面实施"六五"普法规划，提高全民法律素质和社会管理法治化水平。加强国防动员力量建设，扎实开展双拥共建活动，促进军民融合式发展。

五、加快文化大省建设，推动文化大发展大繁荣

当今时代，文化越来越成为民族凝聚力和创造力的重要源泉，越来越成为综合竞争力的重要支撑。要坚持社会主义先进文化前进方向，以高度的文化自觉和文化自信，充分发挥丰富的文化资源优势，着力打造华夏文明保护传承和创新发展示范区，以更大的力度推进文化

改革发展,全面提升甘肃文化的凝聚力、影响力和竞争力。

(一)深入实施文明素质提升工程。坚持用社会主义核心价值体系教育人民群众、引领社会思潮,在全社会形成积极向上的精神追求和健康文明的生活方式。广泛开展群众性精神文明创建和学雷锋活动,加强社会公德、职业道德、家庭美德和个人品德建设,深化未成年人思想道德建设和大学生思想政治教育,大力弘扬“人一之、我十之,人十之、我百之”的优良传统,牢固树立“坚韧智慧、开明开放、求实创新、勇于争先”的新形象。牢牢把握正确舆论导向,壮大主流舆论,加强网上思想文化建设,形成健康向上的思想舆论环境。

(二)深入实施文化服务惠民工程。坚持政府主导、社会参与、群众共建,统筹发展城乡文化事业。按照公益性、基本性、均等性和便利性的要求,加强文化馆、博物馆、图书馆、档案馆等公共文化基础设施建设,提高公共文化产品供给能力,加快构建覆盖城乡、结构合理、功能齐全、快捷实用的公共文化服务体系。推动文化资源更多地向农村配置,抓好广播电视户户通、乡镇综合文化站、农家书屋、文化信息资源共享、农村电影放映工程建设,开展文化下乡活动。加强文物和非物质文化遗产保护利用。

(三)深入实施文化精品打造工程。引导文化工作者坚持正确的创作方向,深入挖掘甘肃历史文化深厚底蕴,热情讴歌当代陇原儿女伟大创造,大力繁荣发展文化艺术创作。认真组织实施“五个一工程”、重大革命和历史题材创作工程,制定完善文艺精品创作生产扶持办法,以开放的理念、现代的元素、市场的手段,着力推出一批具有中国气派、陇原风韵、民族特色的精品力作,力争形成一批在全国乃至世界具有一定影响的文化品牌,努力打造一批思想性艺术性观赏性相统一的优秀作品。加大对优秀文艺作品的宣传推介力度,积极推动甘肃文化走出去,着力提升甘肃文化的知名度。

(四)深入实施文化产业培育工程。坚持社会效益和经济效益相统一,把社会效益放在首位,着力建设一批百亿元以上的文化产业集群,力争文化产业增加值每年增长30%以上。谋划实施一批重大文化产业项目,做大做强报刊发行、广播影视、演艺娱乐、出版印刷、文化旅游、动漫等产业,培育一批特色鲜明的文化产业园区和文化企业,引进一批有实力的文化企业集团,推动文化产业跨越式发展。特别是要打好文化资源富集牌,推进文化与旅游深度融合,着力构建丝绸之路文化产业带,建设东部历史文化利用展示基地、河西走廊自然人文保护传承示范基地、兰白都市圈现代文化和民族文化产业开发创新基地。

(五)深入实施文化体制创新工程。积极推进经营性文化单位转企改制,鼓励支持民营企业参与国有院团股份制改造,培育有竞争力的市场主体。全面加快公益性文化事业单位改革,引入竞争和激励机制,提高公共文化服务水平。深化文化行政管理体制改革,完善国有文化资产管理体制,健全文化市场综合行政执法机构。完善有利于文化人才健康成长的体制机制,培养和引进一批文化领军人才,特别是创意人才、经营人才和管理人才,形成一支规模宏大的高素质文化人才队伍。

六、推进资源节约型和环境友好型社会建设,不断增强可持续发展能力

保护好生态环境,既是维护国家生态安全的战略需要,也是实现我省经济社会可持续发展的必然要求。我们必须把“两型”社会建设摆在更加突出的位置,正确处理好经济建设、资源利用和环境保护之间的关系,努力走出一条具有甘肃特色的生态文明发展之路。

(一)着力打造生态安全屏障。坚持把生态建设和环境保护作为一项重大战略任务,打好植树造林、水源保护、水土保持、生态恢复整体战,全力打造生态建设、保护与补偿试验区,推进生态建设产业化、产业发展生态化,努力把我省建成西北乃至全国重要的生态安全屏障。

按照主体功能区规划的要求，坚持保护优先和自然修复为主，把生态环境建设与产业结构调整结合起来，巩固和发展退耕还林、退牧还草成果，有序实施生态移民工程，加强重要生态区位的环境治理与保护。大力发展沙产业，有效促进防沙治沙和荒漠化治理。加强防灾减灾体系建设，加大地质灾害防治力度，切实提高防灾减灾能力。

（二）着力建设循环经济示范区。按照建设国家循环经济示范区的要求，认真实施《循环经济总体规划》，建立和完善法规政策支持体系、技术创新支撑体系，建设7大循环经济基地，培育16条循环经济产业链。推行循环型生产方式，加快形成循环型工业、农业、服务业产业体系。以试点示范城市、企业和园区为重点，突破一批新技术、新工艺，培育打造一批龙头企业，推动循环经济大规模、多层次、高水平发展。

（三）着力提高资源节约集约和综合利用水平。坚持资源开发市场化、资源应用产业化、资源效益最大化、资源利用持续化，摒弃粗放外延扩张，强化集约内涵挖掘，提高资源利用效率。深入推进找矿突破行动，积极推进开采、加工一体化，促进资源整装勘查、规模开发、综合利用，提高资源保障能力和就地转化率。实行最严格的耕地保护制度，节约集约用地，提高单位土地投资强度和产出率。加强水资源管理，深化水权制度改革，坚持农业节水、工业节水和生活节水并举，加快节水型社会建设。

（四）着力改善城乡人居环境。还百姓一方碧水蓝天，留子孙一片青山沃土，是人民群众的热切期盼。我们必须以对人民和历史高度负责的态度，加大环境整治力度，让人民群众生活得更加舒心。强力推进节能减排，严格落实目标责任制，突出抓好重点行业、重点领域、重点企业的节能降耗，加快淘汰落后产能，确保全面完成各项节能减排指标。加强城乡环境综合治理，提高污水和垃圾无害化处理率，加大兰州等重点城市大气污染治理力度。深入开展全民义务植树活动，提高国土绿化水平。倡导节约、健康、文明、科学的绿色生活方式，形成尊重自然、善待环境的社会风尚。

七、提高党的建设科学化水平，为转型跨越、富民兴陇提供坚强保证

转型跨越、富民兴陇，关键在党、根本在人。我们要坚持党要管党、从严治党，以执政能力和先进性建设为主线，以改革创新精神全面加强党的思想、组织、作风、制度和反腐倡廉建设，不断提高党的建设科学化水平。

（一）加强执政能力建设，凝聚跨越发展的强大合力。各级党委要把执政能力建设作为党的建设的一项根本性任务来抓。要强化领导核心，切实发挥党委总揽全局、协调各方的领导核心作用，紧紧围绕实现全面小康目标和建设幸福美好新甘肃，充分发挥人大、政协及各人民团体的优势和作用，调动一切积极因素，凝聚各方智慧力量，形成同心协力谋发展、同频共振干事业的强大合力。要牢牢把握重心，集中精力把好方向、抓好大事、用好干部、带好队伍，从政治、思想、组织上加强领导，不断提高科学执政、民主执政、依法执政的水平。要切实顺应民心，坚持全心全意为人民服务的宗旨，坚持群众观点和群众路线，努力使各项决策特别是关系经济社会发展全局的重大决策，符合科学规律，体现时代要求，反映人民意愿，真正做到为人民执政、靠人民执政。

（二）加强思想政治建设，夯实团结奋进的思想根基。大力加强理想信念和思想道德教育，从战略高度抓好党员干部教育培训，引导党员干部坚定中国特色社会主义理想信念，争做科学发展观的忠实执行者、社会主义荣辱观的自觉实践者、社会和谐的积极促进者。大力开展保持党的纯洁性学习教育活动，引导党员干部坚守共产党人的精神家园，在大是大非面前始终保持清醒认识，在大风大浪面前始终坚定正确立场，在各种诱惑面前始终筑牢思想防线，积极应对和经受执政的考验、改革开放的考验、市场经济的考验和外部环境的考验，自觉防止

和克服精神懈怠的危险、能力不足的危险、脱离群众的危险和消极腐败的危险。大力弘扬理论联系实际的学风，按照建设学习型党组织的要求，引导党员干部把学习作为一种政治责任、生活方式和精神追求，围绕全省改革发展稳定中的重大理论和实践问题，围绕用足用好面临的重大机遇和扶持政策，围绕学习借鉴国内外发展的先进做法和成功经验，在强化学习中提高自身素质，在学以致用中推进跨越发展。

（三）加强干部和人才队伍建设，锻造科学发展的中坚力量。坚持把提高领导水平和执政能力作为领导班子建设的重要内容，广泛开展政治素质好、团结协作好、用人导向好、作风形象好、科学发展实绩好的"五好"班子创建活动，着力提高各级领导干部推动科学发展、服务人民群众、促进社会和谐的能力。坚持干部"四化"方针和德才兼备、以德为先的用人标准，深化干部人事制度改革，健全干部选拔任用机制，构建体现科学发展观和正确政绩观要求的干部考核评价体系，重用敢抓善成的干部，褒奖贡献突出的干部，支持一身正气的干部，鼓励踏实肯干的干部，真正把最优秀最适合的干部用在最关键的岗位，用在最能出生产力的地方，用在最重要的增长极和新的增长点，用在最复杂和困难的部位。要真正重视和体现群众公认，防止简单以票取人；真正重视和体现干部用业绩说话、项目为干部说话，干部用民意说话、公认为干部说话；真正重视和体现用人上的选贤任能和公道正派，在实践中有效落实，用机制加以保证。要认真总结推广我省干部选拔任用工作中创造的好经验好做法，拓宽视野发现干部，敢为事业选拔干部，不拘一格使用干部，满腔热情爱护干部，使陇原大地成为有志之士展示才华、成就事业、实现理想的一方热土。坚持以战略的眼光优化干部结构，加强后备干部队伍建设，加大培养选拔优秀年轻干部力度，重视培养选拔女干部、少数民族干部、非中共党员干部，鼓励干部到基层一线、艰苦地区和复杂环境锻炼成长。坚持人才是第一资源的理念，不仅要采取有效办法培养人才、吸引人才，而且要采取得力措施留住人才、用好人才。要不断完善人才支撑体系，统筹抓好党政人才、企业经营管理人才、专业技术人才、高技能人才、农村实用人才以及社会工作人才队伍建设，抓紧培养造就一批复合型、高层次、适应改革开放的人才，充分激发各类人才的创新活力和创造智慧，为推进转型跨越、富民兴陇大业提供强大的智力支撑。

（四）加强基层组织建设，构筑坚强有力的战斗堡垒。深化基层党建工作三级联创活动，创新活动内容和工作方式，引导基层党组织把工作重心切实转移到服务发展、服务民生、服务群众上来。积极探索农村、社区、企业、机关、学校等基层组织发挥作用的有效途径，突出抓好非公企业和社会组织等领域的党建工作，加强和改进对流动党员的管理，加快构建城乡统筹的基层党建新格局，确保基层党组织工作有力量、办事有经费、活动有阵地。重视在生产一线、高知识群体、青年以及新社会阶层先进分子中发展党员，不断优化党员队伍结构。建立健全教育、管理、服务党员长效机制，建立健全党内激励、关怀、帮扶机制，不断增强党员队伍活力和党组织亲和力。积极推进党内民主，切实保障党员民主权利，推进党务公开，让党员、群众全面了解和有序参与党内事务，以良好的政治生态环境凝聚党心民心。

（五）加强机关作风建设，彰显执政为民的价值追求。要大兴密切联系群众之风。牢固树立以人为本理念和人民至上观点，到群众最需要的地方去解决问题，到发展最困难的地方去打开局面，到条件最艰苦的地方去关心疾苦，真正做到问政于民、问需于民、问计于民，在为民排忧解难中锤炼党性修养，在富民具体实践中增进群众感情，在惠民实际成效中汲取智慧力量。要大兴求真务实之风。提倡讲短话、开短会、发短文，坚持重实际、办实事、求实效。加强机关效能建设，全面推行岗位责任制、服务承诺制、限时办结制和失职追究制，实现办事提速提效、服务创质创优。狠抓工作执行落实，大力弘扬说了就做、雷厉风行的良好作风，建立健全一抓到底、跟踪问效的工作机制，真正把成效体现在求转型跨越之真、务富民兴陇之实上。要大兴改革创新之风。实践发展永无止境，解放思想就永无止境，改革创新也永无止境。广大党员干部要按照时代的要求，结合甘肃的实际，在解放思想上把自己、把本地区本部门摆进去，勇于变革、永不停滞，力求在改革创新上先人一步、在工作实效上胜人一筹。要大兴艰苦奋斗之风。牢固树立过紧日子的思想，勤俭办一切事业，坚决杜绝弄虚作假、劳民伤财，坚决反对贪图享受、铺张浪费，把有限的资金用在促进发展、改善民生上，争做为民服务的模范、甘于奉献的模范、艰苦创业的模范。

（六）加强反腐倡廉建设，营造风清气正的发展环境。坚持标本兼治、综合治理、惩防并举、注重预防的方针，严格执行党风廉政建设责任制，把教育的说服力、制度的约束力、监督的制衡力、改革的推动力、惩治的威慑力结合起来，加快推进惩治和预防腐败体系建设。加大廉政教育力度，强化党员干部清廉从政意识、防微杜渐意识和风险防范意识，做到珍惜岗位、珍视荣誉、珍重人格、珍爱家庭。加大源头防范力度，建立健全决策权、执行权、监督权既相互制约又相互协调的权力结构和运行机制，最大限度地减少权力寻租和权钱交易空间，让权力在阳光下行使。加大监督检查力度，坚持党内监督和党外监督、专门机关监督和群众监督相结合，加强和改进巡视工作，强化对重大决策部署、重点建设项目、重大民生工程的监督检查，做到权力行使到哪里、工作开展到哪里，监督就跟进到哪里。加大专项治理力度，积极回应社会和群众关切，认真解决反腐倡廉建设中群众反映的突出问题，坚决纠正损害群众利益的不正之风。加大案件查处力度，始终保持惩治腐败高压态势，做到有案必查、违纪必究，绝不手软、绝不姑息。各级党员领导干部要严格遵守《廉政准则》，正确行使手中权力，做到立身不忘做人之本、为政不移公仆之心、用权不谋一己之私，树立清正廉洁的良好形象，永葆共产党人的政治本色。

同志们，伟大的时代赋予我们光荣使命，崇高的事业召唤我们开拓奋进。让我们紧密团结在以胡锦涛同志为总书记的党中央周围，高举中国特色社会主义伟大旗帜，以邓小平理论和“三个代表”重要思想为指导，深入贯彻落实科学发展观，团结和带领全省各族人民万众一心、奋发进取，为与全国同步进入全面小康社会、建设幸福美好新甘肃而努力奋斗！

中共甘肃省委常委、书记、副书记
中共甘肃省纪委书记、副书记名单

2012 年 4 月 28 日，中共甘肃省第十二届委员会第一次全体会议选举王三运为省委书记，刘伟平、欧阳坚（白族）为省委副书记，当选为省委常委的还有刘永富、罗笑虎、连辑、吴德刚、泽巴足（藏族）、咸辉（女 回族）、张晓兰（女）、虞海燕、李建华、傅传玉。

会议通过中共甘肃省第十二届纪委书记、副书记、常委人选。张晓兰（女）为省纪委书记，杨志宏、王建太、王栋玉、张怀仁为省纪委副书记。

青海省第十二次党代会报告摘要及省委、省纪委领导成员名单

坚持科学发展深化改革开放
为青海各族人民过上更加幸福美好的新生活而奋斗

——在中国共产党青海省第十二次代表大会上的报告(摘要)

(2012 年 5 月 18 日)

强　卫

同志们:

现在,我代表中国共产党青海省第十一届委员会向大会作报告。

中国共产党青海省第十二次代表大会,是在我省加快建设富裕文明和谐新青海、向着全面建设小康社会宏伟目标阔步迈进的关键时期召开的一次十分重要的大会。大会的主题是:高举中国特色社会主义伟大旗帜,以邓小平理论和"三个代表"重要思想为指导,深入贯彻落实科学发展观,深化改革开放,加快"四个发展",奋力夺取富裕文明和谐新青海建设新胜利,为青海各族人民过上更加幸福美好的新生活而奋斗。

确定这个主题,是时代的要求,是人民的期盼。

一、过去的五年新青海建设取得了重大成就(略)

二、在新起点上加快建设新青海让各族人民过上更加幸福美好的新生活

经过全省上下的不懈奋斗,我们胜利完成了省第十一次党代会提出的"两步走"战略的第一步,青海经济社会发展的面貌、广大干部群众的面貌发生了巨大变化,富裕文明和谐新青海建设站到了新的更高起点。这为我们到2020 年与全国同步迈入全面小康社会奠定了更加坚实的基础。

展望未来,乘势而上,我们必须深刻把握新阶段的新特征和人民的新要求。当前,青海正处于经济加快发展、产业加快转型的关键时期。这一时期,经济社会发展呈现出一些新的特点,主要是:壮大经济总量与转变发展方式的任务同时存在、同样艰巨;提升传统优势产业与培育战略性新兴产业的任务同时存在、同样艰巨;加强物质积累与提高人民生活水平的任务同时存在、同样艰巨;加快发展与保护生态的任务同时存在、同样艰巨;加快城镇化进程与统筹城乡区域协调发展的任务同时存在、同样艰巨;妥善处理民族关系、宗教关系与反对分裂、维护稳定的任务同时存在、同样艰巨。这一时期,人民群众对发展提出许多新的更高要求,主要是:生活水平总体小康,对促进自身全面发展有了更高要求;社会建设协调推进,对教育、医疗卫生、社会保障等基本公共服务均等化有了更高要求;社会财富快速增长,对缩小收入分配差距、加快实现共同富裕有了更高要求;物质生活不断改善,对满足精神文化需求有了更高要求;经济持续快速增长,对保护生态环境、实现可持续发展有了更高要求;社会日益开放多元,对加强社会管理和服务、保持良好社会秩序有了更高要求;依法治省深入实施,对维护自身合法权益、促进社会公平正义有了更高要求;社会主义民主政治全面发展,对保障知情权、参与权、表达权、监督

权有了更高要求。

把握新特点，顺应新要求，加快建设富裕文明和谐新青海，努力让各族人民过上更加幸福美好的新生活，已经更加迫切地摆在了我们面前，并成为青海2020年实现全面小康社会的前提和保证。

让各族人民过上更加幸福美好的新生活，就是要尽快把经济搞上去，切实改变落后面貌，实现经济更加繁荣发展；就是要让改革发展成果更多惠及人民，切实提高人民生活水平，实现民生更加改善提高；就是要建设生态文明，切实保护好青山碧水，实现生态更加良好优美；就是要大力发展社会主义民主政治，保障人民当家作主，实现政治更加昌明廉洁；就是要全面推进社会建设，切实维护公平正义，实现社会更加文明和谐。总起来说，就是要努力使各族群众收入水平不断提高、物质生活殷实富足、文化生活丰富多彩、精神面貌昂扬向上，安全感、公平感、幸福感大为增强，生活得更安心、更舒心、更加充满信心。

让各族人民过上更加幸福美好的新生活，是我们党全心全意为人民服务宗旨的本质要求，是中国特色社会主义的生动实践，是贯彻落实科学发展观的具体体现，是全面建设小康社会的重要任务，是建设富裕文明和谐新青海的根本目的。建设新青海，重在"强省"；创造新生活，旨在"富民"。二者辩证统一，相辅相成。我们要进一步激发全省广大党员干部砥砺前行的豪情，进一步凝聚全省各族人民团结奋进的斗志，加快建设富裕文明和谐新青海，共同创造更加幸福美好的新生活。

为此，今后五年的主要目标是：

——**综合实力显著提升**。经济总量、财政收入翻一番以上，全社会固定资产投资总量超过万亿元，发展的基础条件得到根本改善。区域协调发展格局基本形成，城镇化水平大幅度提高，城乡差距显著缩小。

——**特色产业显著提升**。调结构、转方式取得显著进展，特色产业规模壮大，新兴产业异军突起，科技创新能力不断增强，矿产勘查开发取得重大突破，基本建成国家重要战略资源接续地和循环经济发展先行区。

——**民生福祉显著提升**。以改善民生为重点的社会建设取得积极成果，城乡基本公共服务均等化取得明显进展，社会保障、劳动就业、群众生产生活条件不断改善，扶贫攻坚任务如期完成，城乡居民收入实现倍增，重要民生指标争先进位。

——**政治文明显著提升**。人民代表大会制度、政治协商制度和民族区域自治制度得到深入落实，依法治省取得新进展，基层民主政治不断加强，公民合法权益得到有力维护，社会公平正义更加彰显。

——**社会管理显著提升**。加强和创新社会管理，推动社会管理和服务格局逐步完善，社会治安综合治理工作成效明显，民族工作和宗教事务管理进一步加强，群众的安全感、公平感不断增强，社会长治久安的基础更加牢固，努力成为民族团结进步示范区。

——**生态文明显著提升**。生态文明理念牢固树立，生态保护试验区建设取得重大进展，生态补偿机制逐步完善，绿色产业结构不断优化，节能减排任务全面完成，植被和森林覆盖率稳步提高，城乡环境质量明显改善，国家重要生态屏障地位进一步巩固，努力建成全国生态文明先行区。

——**青海形象显著提升**。社会开放水平进一步提高，文化名省地位逐步确立，高原旅游名省影响不断扩大，大美青海内涵更加丰富、品牌更加响亮，成为中华民族特色文化保护传承地和重要的世界高原旅游目的地。

——**党的建设显著提升**。党员先锋模范作用进一步发挥，党组织的创造力、凝聚力、战斗力进一步增强，党政机关作风进一步改进，党同人民群众的血肉联系更加紧密，党的先进性、纯洁性进一步强化，党的建设科学化水平进一步提高，党的执政地位更加牢固。

在此基础上，再经过三年的努力，到2020

年，与全国同步实现全面建设小康社会的宏伟目标。

现在，距离2020年不足8年时间了。实现我们的奋斗目标，时间紧迫，任务繁重。

我们要大力弘扬新青海精神。新青海精神是青海人民在建设新青海实践中创造的精神财富，主要包括自信开放创新的青海意识、“人一之，我十之”的实干精神和“大爱同心、坚韧不拔、挑战极限、感恩奋进”的玉树抗震救灾精神。新青海精神，具有鲜明的时代特征和地域特点，是社会主义核心价值体系在青海的生动体现，反映了青海各族人民追求发展进步的强烈愿望，表现出高原干部群众“缺氧不缺精神”、“缺氧不缺干劲”、“海拔高追求更高”的豪迈情怀。新青海精神与长期形成的“五个特别”的青藏高原精神既一脉相承，又与时俱进，共同凝聚成做好青海工作的强大精神动力。我们要把新青海精神和“五个特别”的青藏高原精神不断转化为实践的强大力量。

我们要坚定不移地探索实践具有青海特点的科学发展模式。科学发展观是我国经济社会发展的根本指针，是青海发展取得重要成就的根本保证，是推动青海未来发展再创佳绩的根本遵循。我们要始终坚持以科学发展观为统领，自觉立足资源、生态、稳定三大重要战略地位，紧紧围绕科学发展、保护生态、改善民生三大历史任务，正确处理生产发展、生活富裕、生态良好三者关系，坚定不移地秉承“四个坚持”、加快“四个发展”，坚定不移地深化改革扩大开放，坚定不移地维护稳定促进和谐，全力建设国家循环经济发展先行区、生态文明先行区和民族团结进步示范区，沿着已经开启的欠发达地区实践科学发展观的成功之路继续阔步前进。

同志们，青海虽然经济总量不大，但人口基数较小、人均投资强度较大、国家支持帮助较多。随着发展水平的不断提高，我们完全有条件、完全有能力让各族人民生活得更好一些。我们一定要把让各族人民生活得更加幸福美好作为最大追求，更加兢兢业业地为人民工作，不辜负党的信任和人民的期待！

三、建设国家循环经济发展先行区在壮大经济总量中加快转变发展方式

青海发展的优势在资源，潜力在资源，希望在资源。建设新青海，创造新生活，就要用循环经济的理念统领资源开发和经济建设，把发展循环经济作为扩大经济总量、加快转变发展方式的主攻方向，在更大范围、更广领域、更高层次深入实施资源转换战略，推进资源、产品、产业深度融合，推进企业、园区、区域全面发展，推进新型工业化、城镇化、农业现代化同步提升，不断增强全省经济综合竞争力。

（一）走低碳、绿色、集聚、循环的新型工业化道路。工业是循环经济的主战场，是经济增长的主动力。立足我省处在工业化中期的阶段特点，大力发展十大特色工业，着力推动产业转型升级，构建纵向延伸产业链条、横向促进产业融合、立体紧密产业关联的循环型工业体系，促进工业结构加快向特色优势型、循环经济型、创新驱动型和园区带动型转变。提升传统优势产业。以盐湖化工、有色金属、石油天然气、装备制造、特种钢等传统产业为重点，进一步加大技术改造力度，提高先进产能比重，推动产业升级换代，建成全国最大的盐湖化工基地和全国重要的水电、有色金属、新型煤化工和特种钢基地。壮大战略性新兴产业。加快构建从光电转换材料到智能化电网的完整产业体系，建设国家大规模太阳能发电基地。开发高原风电机组，培育风能产业链。打造以铝、镁、锂、硅、钛等为重点的新型电子、新型合金、新型化工、新型建材产业链，建成全国重要的特种新材料产业基地。发展高原特色生物产业，打造国际藏毯基地、藏医藏药基地。加快培育市场主体。深入实施“双百”行动，加快引进和培育具有较强市场竞争力和成长性的大型企业、骨干企业，不断壮大市场主体规模。大力扶持和发展一批能广泛吸纳就业的“专、精、特、新”中小微企

业，促进完善循环工业产业链。推动园区跨越发展。按照顶层设计、总体规划、合理布局、加快发展的原则，推进西宁经济技术开发区、柴达木循环经济试验区和海东工业园区建设，支持有条件的县、矿区建设工业集中区，鼓励青南地区发展“飞地经济”，形成各具优势、关联互动、错位发展的产业格局。进一步完善基础设施，强化政策支持，创新体制机制，延伸产业链条，壮大产业集群，促进产业融合，增强园区集聚带动效应。

（二）提高农牧业规模化、集约化、科技化、组织化水平。青海农业耕地面积少、畜牧业发展水平低，农牧业现代化必须扬长避短，走出一条具有高原特色、青海特点的现代生态农牧业发展之路。坚持用工业化的理念发展农牧业，用服务业的方法经营农牧业，推动农牧业与工业、服务业深度融合式发展，鼓励发展循环生态农牧业。继续实施河湟流域八个百里万亩（万头）工程，在加快培育农牧业十大特色产业的过程中，加快建设油菜、马铃薯等特色制繁种基地，加快形成沙棘、枸杞特色种植加工营销产业链，加快发展“富硒”产业园，加快打造“世界牦牛之都”、“中国藏羊之府”。打造高原生态有机品牌，着力提高农畜产品附加值。进一步优化农牧业生产力区域布局，加快建设海东高原特色现代农业、海南生态畜牧业、海北高原现代生态畜牧业、黄南有机畜牧业四个示范试验区，发挥好各类农牧业示范园区辐射和带动作用。积极发展农村牧区集体经济组织、农牧民专业合作组织，提高农牧民进入市场的组织化程度。扶持壮大农牧业产业化龙头企业，推进农畜产品生产、加工、流通一体化发展。加大农牧业科技创新力度，健全农牧业技术推广服务体系，推广良种、良畜和先进实用技术，充分运用信息网络技术，切实提升农牧业科技应用服务水平。加强以水利为重点的农牧区基础设施建设，改善农牧业生产条件，创新农畜产品现代流通方式，推进“菜篮子”工程建设，提高主要农畜产品供给能力。加快建设社会主义新农村，推动农村牧区人口向城镇集中、产业向园区集中，培育有文化、懂技术、会经营的新型农牧民，千方百计促进农牧业稳步发展、农牧民持续增收、农牧区和谐繁荣。

（三）大力提升现代服务业的层次和水平。把推进服务业大发展作为产业结构优化升级的战略重点，培育十大特色服务业，不断挖掘巨大的需求潜力。坚持以高原旅游名省建设为目标，以大美青海品牌为引领，丰富旅游文化内涵，增加旅游产品供给，加强旅游基础设施和软环境建设，建设一批国家5A级旅游景区和国家级旅游休闲度假区，整体提升景区建设水平，实现旅游综合交通设施、产业要素、总收入“倍增”，打造国际性、复合型、四季游的高原旅游目的地。构建现代金融体系，优化金融生态环境，提高金融要素集聚水平和配置能力，努力建成青藏高原金融发展繁荣区、金融生态环境优质区和金融运行安全区，使金融业成为我省新的支柱产业。培育壮大现代物流业，打造物流园区，完善物流节点，改造提升兰青铁路与青藏铁路物流、重要国省干道公路物流以及曹家堡临空综合经济区航空物流等物流通道，逐步完善物流体系，提高物流网络覆盖面。同时，加快发展养老、家政、社区服务等与提高人民生活质量密切相关的生活性服务业，大力发展会展、商务服务、工程设计、信息咨询、物联网等生产性服务业，推动服务业与其他产业有机结合、协调发展。

（四）强化投资的主支撑作用。较高的投资强度，是现阶段青海发展的重要推动力。坚持项目带动，不断扩大投资规模。重点加大对事关全局和长远发展的重大基础设施项目的投资力度。建设格敦、格库等通达周边的铁路网，完善提升“六纵九横二十联”及联结周边省区的公路网，形成“一主八辅”机场格局，加快构建现代综合交通运输网络。加快黄河上游和通天河流域水电资源开发，发展太阳能发电、风力发电及热电联产项目，抓好新青联网和大电网进玉树等工程，加快形成多能互补、高效安全的可持续能源供应保障体系。加快建成东部城市群综合供水网络、黄河沿岸水利综合开发、“引大济湟”重点水源等重大水利工程,争取南水北调西线工程早日立项,基本解决一些地区工程性缺水问题,全面解决农牧区饮水安全问题。加快建设青藏高原通信枢纽和区域信息汇集中心。深入实施“大规模投入,大兵团作战”地质找矿战略行动,力争在重要矿产资源勘查、基础地质调查、矿产资源综合利用方面实现重大突破,努力把青海建设成为国家重要战略资源接续地。进一步优化投资结构,把更多的资金投向实体经济和特色产业,以投资结构的优化促进经济结构的调整。大力改善投资环境,拓宽民间投融资渠道,形成多元化、多领域、多形式的投资格局。同时,坚持以投资促消费,不断扩大有效需求、改善消费预期、释放消费潜能,促进投资消费良性互动、协调发展。积极创造条件促进进出口贸易稳定增长。

(五)深化改革,推进创新,扩大开放。在72万平方公里的广袤土地上发展循环经济没有先例可循,必须坚持改革创新、扩大对外开放。积极推进重点领域和关键环节改革。深入推进行政管理体制改革,进一步转变政府职能,营造优质高效的政务环境、公平公正的法制环境和规范守信的市场环境。深化国有企业改革,进一步提升国有企业发展质量和效益。大力促进非公有制经济发展,清除制度性障碍,推动形成各种市场主体公平竞争的环境。稳步推进财税体制改革,深化事业单位分类改革、投资体制改革和户籍制度改革。有序推进资源性产品价格改革,进一步建立完善资源有偿使用制度和资源价格形成机制。加大科技投入,强化科技支撑,深入实施“123”等工程,积极开展新能源、新材料、盐湖化工、装备制造、生物产业等领域核心技术攻关,构建以企业为主体、市场为导向、产学研相结合的开放型区域科技创新体系,提高科技进步对经济增长的贡献率。加快西宁国家高新技术产业开发区和海东国家农业科技园区等科技园区建设步伐,发挥引领辐射作用。深入实施开放融入战略,坚持“引进来、走出去”,充分利用“青洽会”等平台加大对外合作交流力度,提高招商引资层次,以兰西经济区和其他省际园区建设为契机加强区域合作,积极主动承接东中部地区产业转移,打造西部地区内陆开放经济新高地。探索建立全方位对口援青的有效机制,努力形成经济援青、干部援青、人才援青、教育援青以及企业援青协同推进的新局面。

发展循环经济,是提升产业水平、调整经济结构、转变发展方式的必然选择,是发挥比较优势、增强综合竞争实力的现实需要。我们要紧紧围绕建设国家循环经济发展先行区,全力推动青海在新一轮发展竞争中赢得主动,为造福全省各族人民奠定坚实的物质基础。

四、建设生态文明先行区切实提高可持续发展能力

保护环境资源、建设生态家园,是青海对国家和中华民族的重要责任、重大贡献,是幸福美好新生活的内在要求。保护生态,不是包袱而是机遇,不是片面发展而是更好地发展,不是不发展而是可持续发展。建设新青海,创造新生活,就要大力实施生态立省战略,加强生态保护,培育生态文化,发展生态经济,建设生态文明先行区,加快建设资源节约型环境友好型社会,实现经济发展、社会进步、生态文明共赢,推进青海绿色文明崛起。

(一)倡导树立绿色文明理念。绿色文明是实现人与自然和谐、公众幸福指数提升的现代文明。倡导树立绿色文明理念,打牢深入贯彻落实科学发展观、推动可持续发展的思想基础。在各级党政班子中树立绿色政绩观,坚持在三江源地区不考核GDP,同时在全省所有地区完善科学考评办法,把资源消耗、环境质量、生态投资、绿色产业等纳入目标考核指标体系,以绿色发展推动科学发展。在各类企业中树立绿色生产观,严格绿色管理,推广绿色技术,发展绿色产业,打造绿色品牌,促进经济的“绿色

化”。在全社会树立绿色消费观,引导公民、家庭和单位绿色消费,营造自然、健康、适度、节俭、生态的绿色消费环境和氛围。建立健全环境保护、绿色发展等地方性法规、规章体系,提供强有力的法制保障。加强绿色文明教育,普及生态伦理价值、生态道德文化,形成生态文明新风尚。

(二)建设好三江源国家生态保护综合试验区。这是青海在全国区域发展格局中最响亮的品牌。必须坚持先行先试、勇于创新,探索建立符合功能区功能定位的保护发展模式和科学发展手段,完善有利于促进试验区建设的体制机制。加快编制和实施三江源生态保护和建设二期工程规划,统筹实施民生改善、生态产业发展、基础设施建设项目。加强财税、投资、金融、产业、人口、对口支援、人才等支持政策,建立科学的生态系统服务功能价值评估体系、生态环境代价核算体系和生态补偿测算方法,研究制定三江源生态保护条例,推动三江源生态补偿机制建设取得实质性突破。开发试验区生态管护公益岗位,落实草原生态补助奖励政策,发展生态移民后续产业,发挥农牧民生态保护主体作用。鼓励和引导个人、民间组织、社会团体参与三江源生态保护公益活动。加强组织领导和任务督查,确保试验区建设顺利推进。同时,继续做好青海湖草原湿地生态带、祁连山和柴达木水源涵养地生态建设,大力实施好退耕还林、退牧还草、天然林保护、三北防护林建设、野生动植物保护工程,实现全省生态环境保护和建设新跨越。

(三)切实加大节能减排和环境污染治理力度。这是建设生态文明先行区的重要任务。大力实施节能减排示范项目,确保新上工业项目能耗、技术、环保指标达到国家标准。推广节能减排新技术,提高工业“三废”集中处理和综合利用水平。推进重点城市大气污染综合治理。加强工业、农业和城市节水。加大湟水流域、青海湖等重点流域水环境治理。加快城镇生活污水处理设施建设,用3年时间实现县县有污水处理厂。启动农村清洁工程,做好农业面源污染治理和农村生活污染防治工作。建立完善排污许可、排污权有偿交易制度,推进污染治理市场化进程。加大环保投入力度。推动土地集约节约利用,切实守住耕地红线。完善应急救灾与常态防灾相结合、救灾减灾并重、城镇农村统筹、治标治本兼顾的科学防灾减灾体系,提高应急救援能力。

(四)完善“四区两带一线”可持续发展格局。促进区域可持续发展,是建设生态文明先行区的重要目的。认真落实国家主体功能区规划和全省“四区两带一线”区域发展规划,坚持有所为、有所不为,推动优势地区集聚带动,生态地区协调发展,贫困地区加快发展。以西宁为中心的东部地区,要牢牢把握兰西经济区和东部城市群建设的重大机遇,强化西宁“龙头”带动作用,加快海东撤地建市进程,努力成为带动全省经济社会发展的综合经济区、促进全省协调发展的先导区和全省高新技术及循环产业基地,成为全省宜居之地、休闲之都和高原现代农业示范区。海西柴达木地区,要立足资源优势、产业优势、区位优势,加快工业化和城乡一体化进程,加强环境保护与治理,形成与西宁错位发展的“双核”格局,成为全省循环经济发展示范区和统筹城乡一体化发展示范区,率先迈入全面小康社会。环湖地区,要实施好青海湖流域生态环境保护和综合治理工程,推进优势资源开发,积极发展生态旅游业,巩固青藏高原现代生态畜牧业领先地位,建设生态良好、经济繁荣、人民幸福、社会和谐的环湖新区。三江源地区,要把生态保护和建设作为首要任务,因地制宜发展生态畜牧业、特色旅游业、民族手工业和民族文化产业,推动黄南国家级热贡文化生态保护区成为全国一流藏文化基地,打造果洛格萨尔文化旅游品牌,巩固全国重要生态功能区的战略地位。建设好社会主义新玉树,建成高原生态商贸旅游城市、三江源地区中心城市和青海藏区城乡一体化发展的先行区。完成黄河谷地百万亩土地开发整理工程,启动湟水流域土地开发整理项目，发挥青藏铁路沿线经济大动脉和开放融入主轴线作用，努力把“两带一线”打造成全省经济发展的重要增长极。发展壮大县域经济，扩大县域发展自主权，激发县域经济发展活力。坚持相对集中发展理念，加快推进城镇化，完善城市布局和形态，有序发展新型农村社区，显著提高城镇化率。

要金山银山，更要碧水青山。我们绝不靠牺牲生态环境和人民健康来换取经济增长，一定要保护好“中华水塔”的一山一水、一草一木，一定要建设好生产发展、生活富裕、生态良好的绿色家园，为中华民族伟大复兴提供强有力的生态支撑。

五、建设民族团结进步示范区推动和谐青海建设再上新台阶

青海多民族聚居、多宗教并存、多文化交融，集中了西部地区、民族地区、高原地区和欠发达地区所有困难和特点。建设新青海，创造新生活，就必须把统筹经济建设和社会建设摆在重要位置，把正确处理民族关系、宗教关系作为重要任务，牢牢把握各民族共同团结奋斗、共同繁荣发展的主题，以着力改善民生为重点，以扩大公共服务为保障，以推进文化繁荣为纽带，以强化社会管理和服务为支撑，以促进社会和谐为目标，建设民族团结进步示范区，建设普惠民生、和谐美好新家园。

（一）不断提高各族人民生活水平。这是民族团结进步的物质条件，也是发展经济、保护生态的根本目的。下大气力解决城乡居民收入总体偏低和不同地区、不同群体特别是城乡群众收入差距偏大的突出问题。实施收入倍增计划。稳步推进收入分配制度改革，规范公务员津贴补贴制度，加快事业单位收入分配制度改革步伐，建立完善企业职工工资集体协商机制、正常增长机制、支付保障机制，最低工资标准与物价上涨挂钩联动机制，农牧民增收长效机制，资源开发带动当地群众受益机制，深化民生工程货币化改革，努力增加城乡居民经营性收入、财产性收入和转移性收入，实现城乡居民收入倍增目标。实施充分就业计划。实施更加积极的就业政策，健全“政策保障、就业服务、创业扶持”三位一体工作机制。继续做好高校毕业生、农牧区转移劳动力、城镇困难人员的就业工作。鼓励劳动者转变择业观念，推动自主创业、自谋职业。完善支持创业的政策，加强创业培训和服务平台建设，培育企业家队伍，鼓励青年创业，形成竞相创业的良好氛围。实施住房改善计划。继续加大各类保障房建设力度，严格规范城镇保障性住房的供应管理，扎实推进农村困难群众危房改造、游牧民定居工程，扩大农村奖励性住房建设规模，基本解决城乡居民住房困难问题。加强对房地产市场的调控和监管，促进健康发展。实施扶贫攻坚计划。加大扶贫工作力度，统筹推进专项扶贫、行业扶贫、社会扶贫，实施好贫困山区整村搬迁工程，减少贫困人口过百万。始终高度重视物价问题，坚持多措并举，打好“组合拳”，确保物价平稳运行。

（二）全力促进基本公共服务均等化。这是民族团结进步的重要保障。全面提高教育质量。学前教育注重公平，重点加快山区和牧区学前教育发展，实现城乡普及学前一年教育。义务教育注重均衡发展，巩固提高“两基”以及教育布局调整成果，着力推进中小学学校标准化建设，全面建立学前和高中、中职阶段教育经费保障机制。职业教育注重加强校企合作，强化与市场需求和青海产业发展的协调衔接。高等教育注重服务青海经济社会发展，调整改进学科建设，提高培养人才能力。民族教育注重融入现代社会，加强和改进“双语”教育。关心支持特殊教育。同时，合理配置公共教育资源，重点向农牧区、贫困地区、民族地区倾斜；优先保障教育投入，稳步提高教育经费占财政支出比重；显著改善办学条件，全面完成中小学校舍安全工程、农村牧区寄宿制学校和教师周转房建设工程。实现社会保障全覆盖。健全完善与经济发展水平相适应、覆盖城乡居民的社会保

障体系，用5年时间基本实现人人享受基本社会保障，覆盖率和保障水平走在西部前列。健全补助标准合理增长机制和专项救助制度，不断提高社会救助水平。不断提升医疗卫生保障水平。继续深化医药卫生体制改革，加大卫生事业投入，巩固完善基本医疗保障和基本药物制度，健全完善全民基本医疗卫生制度，深入推进公立医院改革，鼓励社会力量举办医疗机构，不断满足群众日益提高的基本卫生需求。积极发展体育事业。借鉴国际赛事经验，完善举办机制模式，巩固提升“环湖赛”等体育赛事品牌影响力。加强城乡公共体育设施和民族特色体育场所建设，促进全民健身运动蓬勃发展。重视人口和计划生育工作。保障妇女儿童、老年人、残疾人的合法权益，推动社会福利和慈善事业发展。

（三）奋力推进文化名省建设。这是民族团结进步的精神纽带。青海作为中华民族文明的发祥地之一，中华民族文化的交融地之一，中华民族精神的展现地之一，完全有条件在文化领域异军突起、跨越发展。大力推进社会主义核心价值体系建设。用马克思主义中国化最新理论成果武装头脑，用中国特色社会主义共同理想凝聚力量，用以爱国主义为核心的民族精神和以改革创新为核心的时代精神鼓舞斗志，用社会主义荣辱观引领社会风尚，特别是要大力弘扬新青海精神和“五个特别”的青藏高原精神，努力在全省形成统一指导思想、共同理想信念、强大精神支柱和基本道德规范。切实保障人民群众基本文化权益。推动公共文化资源向基层倾斜，加强各级公共文化服务设施建设和网点建设，实现省、州（市地）、县、乡、村五级网络基本覆盖。加强文化遗产保护开发利用。精心组织文化产品创作生产，支持演艺团体深入基层和农牧区演出，开展形式多样、生动活泼、健康向上的群众文化活动。着力增强文化竞争力。深化文化体制改革，理顺政府管理体制机制，增强文化事业和经营性单位的发展活力。大力发展文化产业，加强文化产业园区和产业基地建设，做大做强一批具有鲜明地域特色的文化市场主体，形成以昆仑文化为主体的多元文化格局做支撑的文化产业体系，把文化产业打造成发展的重要增长极。引导社会资本以多种形式投资文化产业，推动文化产业与旅游、体育、高新技术融合发展。加强对外文化交流，推动青海特色文化走出去，不断提高大美青海的知名度和美誉度。

（四）正确处理民族关系和宗教关系。这是民族团结进步的核心要求。深入开展党的民族政策以及“爱国、法制、感恩”教育，使“三个离不开”和“四个认同”的思想更加深入人心，不断巩固和发展平等团结互助和谐的社会主义民族关系。坚持和完善民族区域自治制度，落实好中央支持我省藏区发展的政策措施，加大对人口较少民族和民族自治县的扶持力度，加强城镇民族工作，推动民族地区跨越式发展和长治久安。全面贯彻党的宗教工作基本方针和国家管理宗教事务的法律法规，不断完善具有青海特点的“宗教事务依法管理、宗教寺院社会管理和寺院内部民主管理”三位一体的寺院管理长效机制，引导宗教与社会主义社会相适应，充分发挥宗教界人士和信教群众在新青海建设中的积极作用。

（五）着力加强和创新社会管理。这是民族团结进步的重要抓手。坚持发展是硬道理、稳定是硬任务的方针，健全党委领导、政府负责、社会协同、公众参与的社会管理格局，不断开创秩序和谐、群众和乐、民族和睦、宗教和顺的新局面。完善党和政府主导的利益协调、诉求表达、矛盾调处和权益保障机制，健全重大工程项目建设和重大政策制定的社会稳定风险评估机制，实现群众权益有保障、诉求有渠道、矛盾能化解、怨气可释放、危机可控制。做好流动人口和特殊人群管理和服务，创新非公有制经济组织、社会组织和网络虚拟社会的管理和服务。重视城镇社区基础设施建设，全面推行城镇社区社会管理网格化模式，探索农村牧区社会管理有效途径，增强城乡基层组织社会管理服务能力。深化“平安青海”建设，完善社会治安防控体系，落实社会治安综合治理责任制，依法严厉打击违法犯罪活动，不断增强群众的安全感。完善突发事件应急管控机制，加强综合性应急队伍建设，提高应对突发事件能力。严密防范和坚决打击民族分裂势力、宗教极端势力和暴力恐怖势力的渗透破坏活动，确保社会政治稳定。推进公共安全体系建设，加强交通、生产、消防、食品、环境、校园安全工作，确保群众生命财产安全。

民生为先，服务为要；团结是宝，稳定是基。我们要充分调动一切积极因素，全力建设民族团结进步示范区，努力建设人人共建、人人共享的和谐青海，让人民群众生活得更加幸福、更有尊严、更趋和乐。

六、始终保持党的先进性和纯洁性 不断提高党的建设科学化水平

加强和改进党的建设，充分发挥党的领导作用，是建设新青海、创造新生活的根本保证。要坚持党要管党、从严治党，围绕保持党的先进性和纯洁性，高度重视、切实加强、全面推进党的建设，不断提高党的建设科学化水平，为带领各族人民创造更加幸福美好新生活提供坚强有力的政治、思想和组织保证。

（一）增强思想建设的针对性。思想理论建设是党的根本建设，必须摆在更加突出的位置。重点在教育广大党员和党员领导干部坚定理想信念、站稳政治立场、保持良好精神状态上下功夫。集中开展保持共产党员纯洁性学习讨论，引导广大党员干部坚持不懈用马列主义、毛泽东思想、中国特色社会主义理论体系和中国特色社会主义事业的伟大成就廓清思想，坚决与各种否定党的错误言行做斗争，坚定对中国特色社会主义的信念，增强对共产主义远大理想的信心，坚守共产党人的精神家园。广泛开展马克思主义唯物史观和民族观、宗教观教育，引导广大党员干部用马克思主义立场、观点、方法指导思想和行动，严格遵守党的政治纪律、组织纪律和工作纪律，在维护国家统一、增进民族团结、反对分裂渗透等大是大非面前立场坚定、旗帜鲜明、行动坚决。带头大力弘扬新青海精神和“五个特别”的青藏高原精神，引导广大党员干部坚决克服安于现状、懒散放逸、畏难不进等消极情绪，增强忧患意识、赶超意识和创新意识，在党内形成竞相干事、创先争优的饱满精神状态。

（二）建设高素质的领导班子和干部、人才队伍。这是提高党的执政能力的重要内容。着力建设坚定贯彻党的理论和路线方针政策、善于领导科学发展的坚强领导集体。坚持五湖四海、任人唯贤干部路线，加大跨地区跨部门干部交流轮岗力度，加大年轻干部、女干部、少数民族干部和党外干部培养选拔力度，巩固和发展相互包容、取长补短、团结共事的干部格局，不断优化政通人和的政治生态。坚持德才兼备、以德为先用人标准，探索完善干部“德”的考核评价方式，深入考察干部在政治方向、政治立场、政治纪律、党性原则以及维稳、处突、救灾等关键时刻的表现，树立鲜明的选人用人导向。坚持民主公开、竞争择优方针，积极稳妥推进干部人事制度改革，强化群众公认，强化组织考察，强化统筹谋划，切实把各地区、各民族、各条战线德才兼备的优秀干部选拔上来，打造风清气正的干部工作氛围。

着力建设素质优良、结构合理、精干高效、富有活力的干部队伍。实施干部能力素质提升工程，积极推进干部教育培训改革，提高党员干部谋发展、惠民生、保稳定、建和谐的能力。完善以基层为导向的公务员招录和遴选制度，实行年轻干部一线成长计划，搭建年轻干部干事创业平台，鼓励和引导年轻干部扎根基层、服务基层、奉献基层。格外关注长期在基层和艰苦边远地区工作的干部，研究落实相关政策，对他们真情关怀、多加留意、不能亏待。继续做好离退休干部工作，发挥好老同志的积极作用。

认真贯彻尊重劳动、尊重知识、尊重人才、尊重创造的方针，坚持党管人才原则，加快实施

人才强省战略，多措并举培养人才，完善政策吸引人才，千方百计留住人才，不拘一格用好人才，把青海打造成为创新有条件、创业有舞台、成长有沃土的西部特色人才高地。

（三）不断巩固党的基层组织。党的基层组织是党的全部工作和战斗力的基础，必须始终高度重视。扎实开展新一轮“基层组织建设年”活动，强化抓基层、打基础、强一线的工作理念，推动基层组织主动服务党的中心工作，实现基层组织建设与改革发展稳定全局的深度融合。把创先争优作为一项经常性工作来抓，在基层党组织中开展以争发展、促和谐、炼队伍、增活力为目标的“高原先锋工程”，使创先争优真正成为基层组织和党员干部的价值追求。坚持以改革创新精神统筹推进不同行业、不同领域基层党组织建设。坚持以基层满意、党员满意为标准，健全稳定规范的基层党建工作保障机制和党员激励关怀帮扶机制，确保基层党组织队伍稳定、动力充足、作用突出。推行基层党组织分类定级和党员分类管理办法，完善党员发展、管理服务和党内基层民主等制度，建立内容完备、结构合理、功能齐全、科学管用的基层党建制度体系。

（四）切实改进党的作风。优良的党风凝聚党心民心。加强作风建设，核心是始终保持党同人民群众的血肉联系，始终做到决策为了人民，工作依靠人民，成果人民共享。要高度重视并切实做好新形势下群众工作，使我们的工作获得最广泛最可靠最牢固的群众基础和力量源泉。坚持思想感情上贴近群众，把“让各族人民生活得更加幸福”作为一切工作的出发点和落脚点，做到知民情、解民忧、暖民心，做到权为民所用、情为民所系、利为民所谋。坚持工作重心下移，建立干部深入基层联系群众的制度，充分运用“万名干部下乡”、“党政军企共建新农村”等有效载体，推动广大党员干部走出机关、沉到基层，始终和群众坐在一条板凳上。坚持真心实意为群众办实事，更加积极主动地倾听群众呼声、关心群众疾苦、解决群众困难、保障群众合法权益，以干部的“辛苦指数”提升人民的“幸福指数”。坚持求真务实、真抓实干，继续深入开展“抓作风建设、促工作落实”主题实践活动，严肃工作纪律和责任考核，坚决克服一些干部中的眼睛向上、心思在外、自由散漫、不安心工作的倾向，做到团结干事、激情干事、踏实干事。坚持艰苦奋斗、勤俭节约，改进学风和文风，精简会议和文件，改革公务接待，反对形式主义、官僚主义、弄虚作假、奢侈浪费，做到去贪求廉、去庸求进、去懒求勤、去俗求雅。

（五）推进党风廉政建设和反腐败斗争。腐败行为侵蚀党的肌体、损害人民利益，同党的宗旨水火不容，同人民的意愿背道而驰。必须旗帜鲜明地反对腐败，切实保持党的先进性和纯洁性。坚持标本兼治、综合治理、惩防并举、注重预防的方针，加快推进惩治和预防腐败体系建设，更加科学有效地防治腐败。严格落实党风廉政建设责任制，深入开展党性党风党纪教育，加强廉政文化建设，筑牢拒腐防变思想道德防线。严格执行领导干部廉洁从政各项规定，坚决防止利用职务便利谋取不正当利益的行为，促进领导干部廉洁从政。加强中央和省委重大决策部署贯彻落实情况的监督检查，确保政令畅通、令行禁止。改进巡视工作，加大对权力运行情况的监督检查，推进权力运行程序化和公开透明。加大廉政风险防控力度，推进反腐倡廉制度创新，提高制度执行力。加大纠风和专项治理力度，切实解决工程建设、资源配置、征地拆迁等方面损害群众利益的突出问题。继续保持惩治腐败高压态势，严肃查办违法违纪案件，以惩治腐败的实际成效净化社会空气、取信人民群众。

加强党的建设，是全省各级党组织的重大政治责任。必须统筹谋划部署党建工作与经济社会发展工作，形成党委统一领导、各级党组织齐抓共管、一级抓一级、层层抓落实的党建工作新格局。各级党组织书记是党的建设第一责任人，必须像对待经济社会发展工作一样，切实把党建工作真正装在心里、牢牢抓在手上。

建设新青海、创造新生活，必须在党的领导下，最大限度地把各方面的积极性、主动性、创造性调动好、引导好、发挥好。始终坚持党的领导、人民当家作主和依法治国有机统一，大力发展社会主义民主政治，充分发挥人民群众的主体作用，汇聚起推动新青海建设的强大合力。充分发挥党委领导核心作用，进一步健全党委总揽全局、协调各方的领导体制和工作机制，保证党的路线方针政策和省委决策部署得到坚决贯彻执行。依法实行民主选举、民主决策、民主管理、民主监督，保证人民的知情权、参与权、表达权、监督权。坚持和完善人民代表大会制度，支持人大及其常委会依法履行职能。坚持和完善中国共产党领导的多党合作和政治协商制度，支持人民政协围绕团结、民主两大主题履行职能，支持民主党派和工商联更好地发挥作用。加强和改进党对工会、共青团、妇联等群团组织的领导，支持群团组织依照法律和各自章程开展工作。进一步扩大基层民主，完善基层群众自治制度。加快推进依法治省进程，促进科学立法、严格执法、公正司法、全民守法。坚持党管武装根本原则和制度，积极推进国防动员和后备力量建设。

发展未有穷期，建设任重道远。全省广大党员要永不自满，永不懈怠，永不停滞，永远保持党的先进性和纯洁性，永远全心全意为人民服务。

同志们，让我们更加紧密地团结在以胡锦涛同志为总书记的党中央周围，按照即将召开的党的十八大的战略部署，大力弘扬新青海精神，不断开创新青海建设新局面，为全省各族人民过上更加幸福美好的新生活而努力奋斗！

中共青海省委常委、书记、副书记
中共青海省纪委书记、副书记名单

2012 年 5 月 22 日，中国共产党青海省第十二届委员会举行第一次全体会议。强卫当选为省委书记，骆惠宁、王建军当选为省委副书记。新当选的常委还有穆东升、徐福顺、骆玉林、吉狄马加、多杰热旦、齐玉、王小青、苏宁、武玉德、毛小兵、旦科。

会议通过中共青海省纪委书记、副书记、常委人选。多杰热旦为省纪委书记，张文林、张玉娥、顾勇为省纪委副书记。

宁夏回族自治区第十一次党代会报告摘要及自治区委、区纪委领导成员名单

高举中国特色社会主义伟大旗帜
为建设和谐富裕新宁夏与全国同步进入全面小康社会而奋斗

——在中国共产党宁夏回族自治区第十一次代表大会上的报告(摘要)

(2012年6月6日)

张　毅

同志们:

现在,我代表中国共产党宁夏回族自治区第十届委员会向大会作报告。

这次代表大会的主题是:高举中国特色社会主义伟大旗帜,以邓小平理论和“三个代表”重要思想为指导,深入贯彻落实科学发展观,动员全区各级党组织和广大党员,团结带领各族各界干部群众,为建设和谐富裕新宁夏、与全国同步进入全面小康社会而努力奋斗。

一、过去五年工作的回顾(略)

二、建设和谐富裕新宁夏、与全国同步进入全面小康社会

到2020年,宁夏与全国同步进入全面小康社会,是中央的要求,也是全区各族人民的共同愿望。我们这一阶段的奋斗目标是:建设和谐富裕新宁夏、与全国同步进入全面小康社会。要进一步加强各民族大团结,增进宗教和顺,崇尚诚信友爱,促进公平正义,保持社会稳定,建设生态文明,努力实现人与人和谐相处、人与自然协调发展。要进一步推进科学发展、跨越发展,大幅度减少贫困人口,大幅度提高城乡居民收入,开创富民兴区新局面。到2020年总体上实现全面建设小康社会的目标要求,力争经济社会发展的主要指标达到全国平均水平,部分民生指标达到全国上游水平。

今后五年,是建设和谐富裕新宁夏、与全国同步进入全面小康社会的关键时期。全区工作的指导思想是:高举中国特色社会主义伟大旗帜,以邓小平理论和“三个代表”重要思想为指导,深入贯彻落实科学发展观,进一步解放思想、开拓进取,以加快转变经济发展方式为主线,以保障和改善民生为根本,以改革开放和科技创新为动力,大力实施沿黄经济区发展战略和百万贫困人口扶贫攻坚战略,切实促进社会和谐稳定,扎实推进社会主义经济建设、政治建设、文化建设、社会建设以及生态文明建设,全面加强党的先进性、纯洁性建设,为建设和谐富裕新宁夏、与全国同步进入全面小康社会而努力奋斗。

今后五年的奋斗目标是:全面完成“十二五”规划目标任务,力争实现“五个翻番”、“六个提升”。“五个翻番”即:2016年与2011年相比,全区地区生产总值、城镇居民人均可支配收入和农民人均纯收入力争翻一番,地方财政一般预算收入和全社会固定资产投资翻一番;“六个提升”即:基本公共服务均等化水平明显提升,人民群众生活水平明显提升,全民思想道德素质明显提升,社会管理水平明显提升,生态环境建设水平明显提升,党的建设科学化水平明显提升。

今后五年,要努力实施好沿黄经济区发展战略和百万贫困人口扶贫攻坚战略。加快沿黄

经济区发展，把沿黄经济区建设成为全区产业集群发展的重要载体、扩大对外开放的重要引擎、统筹山川发展的重要支撑。扎实推进百万贫困人口扶贫攻坚，大力支持中南部地区不断增强自我发展能力，努力实现科学发展、跨越发展。

我们在前进的道路上既面临着严峻挑战，也面临着难得机遇。总的看，机遇大于挑战。只要我们坚定信心，团结拼搏，凝心聚力，不动摇、不懈怠、不折腾，建设和谐富裕新宁夏、与全国同步进入全面小康社会的宏伟目标就一定能够实现！

三、突出主题主线，推进经济科学发展、跨越发展

建设和谐富裕新宁夏、与全国同步进入全面小康社会，必须加快转变经济发展方式，扎实推进科学发展、跨越发展，努力保持高于全国平均水平的经济增速，进一步提升发展质量和效益，不断夯实富民兴区的物质基础。

（一）推进沿黄经济区建设取得新突破。沿黄经济区建设是一项带有全局意义的战略，要从事关我区发展全局的高度规划建设，从全面建设小康社会的需要扎实推进。充分发挥沿黄经济区的综合优势，打造引领全区科学发展、跨越发展的新高地。按照“把宁夏作为一个大城市来规划建设”的理念，加快沿黄城市带建设，提升“黄河金岸”建设的层次和水平，发挥银川中心城市的龙头作用，发展完善石嘴山、吴忠、中卫等沿黄骨干城市功能，努力形成西部重要的城市群。继续推进固原区域中心城市和宁南大县城建设。大力发展一批基础好、有特色、吸纳人口能力强的小城镇，统筹好城镇化的速度、质量和水平。切实解决影响农民进城的就业、户籍、住房、社会保障、子女入学等实际问题，促进农民变市民。加快社会主义新农村建设，大力实施塞上农民新居和农村危窑危房改造，实施水、路、电、沼气、网络和新能源进农家工程，努力建设文明、秀美、富裕的新农村。做强做大县域经济，不断提升县域经济的发展活力和发展质量。

（二）推进产业优化升级取得新突破。坚持做大增量与提高质量并重，资源开发有效利用与可持续发展并重，提升传统产业与壮大新兴产业并重。把新型工业化作为产业优化升级的主攻方向，着力实施“三大千亿投资计划”，进一步强化工业经济的主导作用。做大做强做优资源型产业，加快煤、电、化、铝等产业集群高端化发展，积极发展下游产品，延长产业链，增加附加值。以建设全国一流能源化工基地、循环经济示范区为目标，高水平地推动宁东能源化工基地的发展。大力推进煤制油等重大项目实施，加快生态纺织示范园建设。大力发展新能源、新材料、先进装备制造、生物技术、节能环保等战略性新兴产业，大力改造提升化工、冶金、建材、清真食品、特色农产品加工等传统产业，加快形成若干支撑未来发展的特色优势产业或产业集群，发展壮大一批拥有核心竞争力的骨干企业，鼓励小型微型企业加快发展。努力把我区建成全国重要的能源化工、新材料基地，西北地区重要的冶金、装备制造业基地。把发展现代农业作为产业优化升级的战略基础，以提质增效增收为目标，加快推进“三大示范区”建设，加强农田水利为重点的农业基础设施建设，完善农业科技服务体系，深入推进科技特派员农村科技创业行动，大力发展设施农业和节水高效农业，打造一批优质农产品产业带、一批加工销售龙头企业和一批知名品牌，把我区建成全国重要的优质特色农产品生产基地。把现代服务业作为产业优化升级的重要支撑，努力提高服务业的比重、水平和就业容纳能力。着力构建现代物流体系，把我区建成全国重要的区域性物流中心和新欧亚大陆桥重要的物流中转基地。加快金融创新，拓展融资渠道，推动企业上市。大力发展商务会展、软件信息、电子商务等新兴业态，着力提升旅游产业层次和品牌影响力。积极促进房地产业健康发展。

（三）推进基础设施建设取得新突破。建

设标准较高、布局合理、功能完善、保障有力的基础设施体系，不断增强发展后劲。做好水的文章，坚持生活、生产、生态用水统筹协调，实施一批事关全局、影响长远的重大水利工程，完成中南部地区城乡人饮安全水源工程，加快沿黄经济区续建配套节水改造，保障生态移民用水，解决农村饮水安全问题。继续积极争取建设黄河大柳树水利枢纽工程。加强铁路、民航、公路等交通基础设施建设，推进银川至西安快速铁路等重要铁路干线建设，建设河东机场三期工程，加快干线公路、旅游公路和农村公路建设，构筑快捷、安全、高效、覆盖城乡的现代化综合交通运输体系。加快电力外送通道、天然气输配管线、城乡电网建设，提高能源安全保障能力。推进"智慧宁夏"建设，提高信息化建设和服务水平。

（四）推进科技进步和人才队伍建设取得新突破。着力构建以市场为导向、企业为主体、产学研结合的科技创新体系，开展集中技术攻关，重点突破一批产业发展的共性技术和关键技术，提升产业发展的核心竞争力。整合科技资源，创建一批与全区经济社会发展紧密结合、先进适用的科技创新平台，培育扶持更多科技创新型企业，加速科技成果转化和产业化。从战略和全局高度抓好人才工作，加快培养创新创业型领军人才，大力引进急需紧缺专门人才，充分发挥现有人才作用，重视培育高技能人才，统筹抓好各类人才队伍建设。进一步优化人才发展环境，实施重大人才工程，对一些高端、特殊人才采取特殊政策，既求所有，更求所用，聚集起各类人才并让他们在实践中大显身手、大展宏图。

四、着力保障和改善民生，让全区各族人民共同过上幸福生活

建设和谐富裕新宁夏、与全国同步进入全面小康社会，必须坚持为民导向，深入实施民生计划，加快贫困群众脱贫致富步伐，大力推进基本公共服务均等化，让全区各族人民共享改革发展成果。

（一）大力推进百万贫困人口扶贫攻坚。解决好100多万贫困人口的贫困问题，既是艰巨的发展任务，也是重大的民生工程。实施百万贫困人口扶贫攻坚战略，要打好生态移民和扶贫攻坚两场硬仗。一方面，通过生态移民等攻坚工程，解决35万不宜生存、不宜发展地方群众的脱贫致富问题。要按照既定部署，进一步统筹推进新村建设、产业培育、公共服务等各项工作，切实把工作做实做细，确保移民群众搬得出、稳得住、逐步致富奔小康。另一方面，立足实际，加大力度，整体推进，解决其他65万多贫困群众的脱贫致富问题。打好这场硬仗，与实施生态移民攻坚工程同等重要。我们要采取更有针对性的措施，创新扶贫方式，整合各类资源，加快基础设施建设，加快优势特色产业培育，加快社会事业发展，加快提高社会保障能力，动员和组织全社会力量，共同帮助贫困群众早日摆脱贫困、走向富裕。组织编制、实施好宁夏六盘山集中连片特殊困难地区扶贫攻坚规划。着力打造"黄河善谷"，建设慈善产业园区，吸引企业和公益慈善项目落户贫困地区，为残疾人和特殊贫困群众脱贫致富创造机会、开辟途径。要加强宣传教育，积极引导贫困地区群众发扬自力更生、艰苦奋斗精神，依靠自己勤劳的双手实现脱贫致富。

（二）大力增加城乡居民收入。稳步提高最低工资标准，健全职工工资集体协商、正常增长和支付保障机制，推动企业劳动报酬与经济效益同步提高。拓宽农民增收渠道，促进农民收入持续增长。完善公务员津贴补贴制度，推进事业单位收入分配制度改革。实施更加积极的就业政策，大力发展吸纳就业能力强的产业，积极开发公益岗位，抓好高校毕业生、就业困难人员、农村转移劳动力等群体的就业。深入推进全民创业，加强创业基地建设，激发社会创业活力。加强物价调控监管，完善社会救助和保障标准与物价联动机制，保障弱势群体和困难群众基本生活。

（三）大力推进教育优先发展。加大教育投入，增加优质教育资源，办好人民满意教育。积极发展学前教育，实现全区乡镇中心幼儿园全覆盖。促进义务教育均衡发展，实施好农村义务教育学生营养改善计划。巩固提高基本普及高中阶段教育成果。大力发展职业教育，对来自中南部地区农村和全区贫困家庭的学生实行减、免、补等优惠政策。坚持高等教育内涵式发展，提高人才培养质量，支持高校协同创新，不断增强服务经济社会发展的能力。实施中小学“名师、名校长”工程，建设高素质的教师和校长队伍。关心支持民族教育、特殊教育、继续教育和民办教育发展。

（四）大力发展医疗卫生和人口计划生育事业。加强农村三级医疗卫生服务机构和城市社区医疗卫生服务体系建设，全面保障基本医疗服务和基本公共卫生服务，努力增加优质医疗卫生资源，做好重大传染病、慢性病、职业病防控工作，促进中医药、回医药事业发展，努力使人民群众看病方便、便宜。加强食品药品监管，确保群众饮食用药安全。深入推进“少生快富”工程，稳定低生育水平，提高出生人口素质。开展全民健身运动，提高群众健康水平。

（五）大力提高社会保障水平。以人人享有基本社会保障为目标，在提高保障水平、提升统筹层次、推进城乡一体等方面迈出更大步伐。完善各类社会保险之间的衔接和转移接续机制，实现社会保障一卡通。健全养老保险体系，适时提高待遇标准，健全企业退休人员养老金正常调整机制。完善基本医疗保险制度，逐步提高报销比例和最高支付限额。进一步完善工伤、失业、生育保险制度。健全城乡居民最低生活保障制度，完善社会救助体系，逐步提高救助保障水平。积极发展残疾人事业和适度普惠性社会福利，加强老龄工作。加大保障性住房建设力度，高度重视解决人民群众住房困难及住房安全问题。重视防灾减灾科学管理工作，提高社会防灾减灾能力。

我们一定要通过扎实、有效的工作，切实解决人民群众的突出困难和问题，让人民群众在改革发展中得到更多的实惠，过上富裕美好的生活。

五、推动文化大发展大繁荣，建设全区人民共同精神家园

建设和谐富裕新宁夏、与全国同步进入全面小康社会，必须深入实施文化强区战略，为我区科学发展、跨越发展提供强大精神动力和文化支撑。

（一）深入推进社会主义核心价值体系建设。加强和改进新形势下的思想政治工作，坚持把社会主义核心价值体系融入国民教育、精神文明建设和党的建设全过程，坚定全区各族人民走中国特色社会主义道路的信心决心。深入推进公民道德建设工程，进一步加强民风建设，推动学雷锋活动常态化。深化精神文明创建活动，争取更多城市、村镇和单位进入全国文明城市、文明单位行列。进一步繁荣发展哲学社会科学等。把握正确舆论导向，努力实现新闻效果、政治效果和社会效果相统一。

（二）加快发展公益性文化事业。深入实施文化惠民工程，开展文化强市、县创建活动，加快构建公共文化服务体系，保障人民群众基本文化权益。加大文化遗产保护力度，传承发展民族区域优秀文化。大力实施文化精品工程，打造更多具有宁夏特点、国家水准的精品力作，积极推进文化“走出去”。大力培养基层文化人才和文化拔尖人才。

（三）做强做大文化旅游产业。改造提升传统文化产业，加快发展文化创意、动漫游戏、数字传输等新兴文化产业，推进文化园区建设，不断增强文化产业整体竞争力。大力推进文化与旅游融合发展，深入挖掘黄河文化、回族文化、红色文化、西夏文化，重点打造一批精品旅游景区和线路，把我区建成全国有影响的旅游目的地，把文化旅游产业培育成我区的支柱产业。

六、扎实推进生态文明建设，努力构建“两型社会”

建设和谐富裕新宁夏、与全国同步进入全面小康社会，必须加快建设资源节约型、环境友好型社会，不断增强可持续发展能力，为建设西部生态安全屏障做出更大贡献。

（一）坚定不移地推进生态环境保护和建设。坚持保护优先，巩固扩大退耕还林（草）、封山禁牧成果，加强湿地资源保护和利用。扎实推进全国防沙治沙综合示范区建设，加快沙产业开发与利用。大力推进沿黄城市带绿色景观长廊、贺兰山东麓生态产业长廊、中部干旱带防风固沙长廊和六盘山生态保护长廊等建设，促进全区整体生态环境进一步好转。

（二）坚定不移地推进资源节约、保护和利用。实施最严格的耕地保护政策，推进土地资源集约和节约利用，确保耕地质量和保有量不降低。加大矿产资源保护力度，提高综合开发利用水平。加强气候资源的开发利用。全面推进节水型社会建设，积极发展节水产业，不断提高水资源利用效率。

（三）坚定不移地推进节能减排。坚决淘汰落后产能，力争高耗能行业主导产品单位能耗达到国内先进水平。大力发展循环经济，积极推广清洁生产，严格控制主要污染物排放量。推进城乡污水和垃圾无害化处理，深入开展城乡环境综合整治。

七、大力推进改革开放，不断增强科学发展的动力和活力

建设和谐富裕新宁夏、与全国同步进入全面小康社会，必须继续解放思想，坚持深化改革，不断扩大开放，努力拓展发展新空间、构筑竞争新优势。

（一）不断解放思想。坚定不移地把解放思想贯穿于发展的全过程，坚决冲破一切妨碍科学发展的思想观念和规定规章。进一步营造风清气正的发展环境，鼓励探索，支持创新，形成敢于干事、敢于担当、敢闯新路的浓厚氛围。

（二）不断深化改革。以更大的决心和勇气推进改革，力争在一些重点领域和关键环节上实现突破。积极推进行政管理体制改革，加快政府职能转变，打造服务型政府。继续抓好自治区直管县改革试点，推进事业单位分类改革。深化农村综合改革，推进农垦管理体制改革，完善集体林权制度改革。加快金融体制改革，大力支持驻宁金融机构的发展，壮大地方金融机构。全面推进医药卫生体制改革，积极推进公立医院改革。深化文化体制改革，推进文化创新发展。深化财政、国有资产管理体制和国有企业改革等。实行更加积极的扶持政策，大力发展非公有制经济。通过不断深化各行业各领域改革，为经济社会发展提供强大动力。

（三）不断扩大开放。深化与阿拉伯国家和穆斯林地区的交流合作，高质量办好中阿经贸论坛，努力争取建设内陆开放型经济试验区，把宁夏建成国家向西开放的重要窗口。进一步深化与欧美、日韩、港澳台等国家和地区经贸交流，不断提升对外开放的层次与水平。加快与周边及互补性强的省区合作，推进与发达省市的合作，深化与央企的合作，加强与国内外大企业的合作，加大招商引资力度，积极引进重大项目、先进技术和高素质人才，在更大范围、更高层次上拓展互惠互利的合作领域，承接产业转移。

八、加强和创新社会管理，营造和谐稳定的社会环境

建设和谐富裕新宁夏、与全国同步进入全面小康社会，必须把稳定作为第一责任，把加强和创新社会管理摆在重要位置，为经济社会发展创造良好环境。

（一）创新社会管理体制机制。完善党委领导、政府负责、社会协同、公众参与的社会管理格局。全面推行社会稳定风险评估制度，落实领导干部信访责任制，畅通和拓宽群众诉求表达渠道。进一步完善人民调解、行政调解、司

法调解衔接联动的大调解工作体系,有效化解矛盾纠纷。构建和谐劳动关系,保障职工合法权益。创新流动人口服务管理,逐步实现基本公共服务由户籍人口向常住人口全覆盖。加强特殊人群的教育、帮扶、管理。提高信息网络服务管理水平。

(二)加强基层社会服务管理。坚持工作重心下移,加强城乡社区工作者队伍建设,推行社会管理"网格化",全面提高城乡基层组织社会服务管理能力。支持人民团体和社会组织参与社会管理和公共服务,发挥群众参与社会服务管理的基础作用。

(三)深化平安宁夏建设。加强重点地区、重点场所、重点部位社会治安综合治理,完善城乡一体化现代治安防控体系,进一步提升基层平安创建工作水平,严密防范和依法打击各种违法犯罪活动,提高人民群众的安全感。高度警惕和坚决防范各种渗透、破坏活动,切实维护国家安全。切实加强安全生产和交通安全工作,提高突发事件的预知、预警和应急处置能力。

(四)加强宗教事务管理。全面贯彻落实党的宗教工作基本方针,依法加强宗教事务管理。坚决打击非法宗教活动,维护宗教领域稳定。加强爱国宗教人士思想和队伍建设,发挥宗教界人士和信教群众在维护稳定、促进发展中的积极作用,引导宗教与社会主义社会相适应。

团结稳定是福,分裂动乱是祸。团结稳定,是我们过去取得巨大成就的重要保证,也是我们努力实现与全国同步进入全面小康社会的基本前提。全区各级党组织和广大党员及各族各界干部群众,都要以实际行动维护团结稳定,反对分裂动乱,为巩固发展民族团结、宗教和顺、社会稳定的好形势做出积极的贡献。

九、推进社会主义民主政治建设,巩固发展民族团结、政通人和的政治局面

建设和谐富裕新宁夏、与全国同步进入全面小康社会,必须坚持党的领导、人民当家作主、依法治国有机统一,充分调动一切积极因素,共谋发展、共创伟业。

(一)坚持发展社会主义民主政治。充分发挥党委总揽全局、协调各方的领导核心作用,支持人民代表大会及其常委会依法履行职能,支持政府充分发挥经济调节、市场监管、社会管理和公共服务的作用,支持人民政协履行政治协商、民主监督、参政议政职能。加强同民主党派和无党派人士的合作共事,重视新的社会阶层工作,巩固和发展最广泛的爱国统一战线。支持工会、共青团、妇联等人民团体工作,充分发挥其联系群众的桥梁纽带作用。

(二)不断加强基层民主建设。进一步健全基层群众自治机制,组织群众管理好基层公共事务。完善以职工代表大会为基本形式的企事业单位民主管理制度。发挥社会组织积极作用,增强社会自治功能。深化政务、村务、厂务、校务公开,自觉主动接受群众监督。

(三)切实促进民族团结进步。牢牢把握"两个共同"主题,认真贯彻民族区域自治法,加快少数民族聚居地区经济社会发展。扎实推进民族团结进步教育,使"三个离不开"思想深深扎根于各族群众心中。深入开展民族团结进步创建活动,努力建设民族团结模范自治区。

(四)扎实推进依法治区进程。坚持依法行政,全面推进法治政府、责任政府建设。深化司法体制和工作机制改革,规范司法行为,树立司法公信。加强政法队伍和行政执法队伍建设,提升公正廉洁为民执法水平。加强司法救助、法律援助等工作。扎实推进"六五"普法,在全社会形成崇尚法律、遵守法律、依法办事的氛围。

深化全民国防教育,加强国防动员和民兵预备役建设,积极推进军民融合式发展,支持驻宁人民解放军和武警部队现代化建设,谱写新时期双拥工作新篇章。

十、全面加强党的建设，为建设和谐富裕新宁夏提供坚强保证

建设和谐富裕新宁夏、与全国同步进入全面小康社会，关键在党。要大力加强党的先进性、纯洁性建设，把执政能力建设作为党的建设的根本，以改革创新精神全面推进党的建设新的伟大工程，不断提高党的建设科学化水平。

（一）加强思想政治建设。扎实推进学习型党组织建设，坚持不懈地用马克思主义中国化最新成果武装头脑、指导行动。坚定理想信念，切实解决在对待是与非、公与私、真与假、实与虚方面存在的突出问题，始终保持清醒头脑，自觉与党中央在思想上政治上行动上保持一致。

（二）加强领导班子和干部队伍建设。坚持五湖四海、任人唯贤，坚持德才兼备、以德为先用人标准，切实把政治坚定、实绩突出、作风过硬、群众公认和善于维护团结稳定的干部选拔上来。大力培养选拔优秀年轻干部、女干部、少数民族干部和党外干部。注重从基层一线选拔干部，注意发挥不同年龄段干部的作用，注重提升干部队伍专业化水平。深化干部人事制度改革，加大竞争性选拔干部力度，进一步优化风清气正的用人环境，不断提高选人用人公信度。加强领导班子建设，不断提高各级领导班子和领导干部推动科学发展、维护社会稳定、解决民生突出问题的能力。加强党管人才工作。重视发挥离退休老同志的作用，切实加强老干部工作。

（三）加强党的基层组织建设。全面推进农村、社区、机关、学校、企业等基层党组织建设，加强基层党组织带头人队伍建设，切实发挥基层党组织的战斗堡垒作用和党员的先锋模范作用。加强非公有制经济组织和新社会组织党的建设，努力实现党组织和党的工作全覆盖。巩固深化创先争优活动成果，推动创先争优常态化、长效化。提高发展党员质量，健全党员教育、管理、服务机制，关心爱护老党员、生活困难党员和基层干部。

（四）加强党的作风建设。牢固树立正确的政绩观、群众观，大兴密切联系群众之风，深入开展“下基层、解民忧、帮发展、促和谐”活动，健全联系服务群众长效机制。大兴求真务实之风，重实际、说实话、办实事、求实效。大兴艰苦奋斗之风，牢记“两个务必”，坚持勤俭办事，反对铺张浪费。大兴批评和自我批评之风，提高民主生活会质量，增强党内生活原则性和实效性。

（五）加强党的制度建设。认真落实民主集中制，完善党委全委会、常委会议事规则和决策程序，推进决策科学化、民主化。扩大党内民主，完善党代表大会制度和党内选举制度，拓宽党员意见表达渠道，保障党员主体地位和民主权利。积极探索党代表在党代会闭会期间更好发挥作用的途径和方式。

（六）加强反腐倡廉建设。坚持标本兼治、综合治理、惩防并举、注重预防的方针，扎实推进惩治和预防腐败体系建设。严明党的政治纪律，加强对中央和自治区重大决策部署贯彻落实情况的监督检查。加强反腐倡廉教育，筑牢拒腐防变的思想道德防线。加强对党员领导干部的监督，认真落实廉洁从政各项规定，规范权力运行。推进体制机制创新，加强源头预防。坚决纠正损害人民群众利益的不正之风。加大查办违纪违法案件工作力度，对腐败案件发现一起坚决查处一起，决不姑息，切实维护党纪国法的严肃性。

今年是我国发展进程中具有重要意义的一年，我们党将召开具有重大而深远意义的第十八次全国代表大会，完成好今年的各项任务十分重要。我们要以只争朝夕的精神，恪尽职守，再接再厉，努力做好改革、发展、民生、稳定各项工作，以优异成绩迎接党的十八大胜利召开。

同志们，我们的任务光荣而艰巨，我们的前景光明而美好。让我们紧密团结在以胡锦涛同志为总书记的党中央周围，高举中国特色社会主义伟大旗帜，以邓小平理论和“三个代表”重

要思想为指导,深入贯彻落实科学发展观,万众一心,奋发图强,开拓进取,为建设和谐富裕新宁夏、与全国同步进入全面小康社会而努力奋斗!

中共宁夏回族自治区委常委、书记、副书记 中共宁夏回族自治区纪委书记、副书记、常委名单

2012 年 6 月 10 日,中共宁夏回族自治区第十一届委员会第一次全体会议选举张毅为宁夏回族自治区党委书记,王正伟(回族)、崔波为自治区党委副书记,当选为自治区党委常委的还有刘慧(女 回族)、苏德良、蔡国英、王志宏、马三刚(回族)、陈绪国、徐广国、傅兴国、袁家军、李文章。

会议通过中共宁夏回族自治区第十一届纪律检查委员会常委、书记、副书记人选:陈绪国为自治区纪委书记,田成江(回族)、陶进、殷学儒为自治区纪委副书记,常务委员会委员有:陈绪国、田成江(回族)、陶进、殷学儒、罗万里、张自军、雍万祥、王建军(回)、王秀春(女)。

新疆维吾尔自治区第八次党代会报告摘要及自治区委、区纪委领导成员名单

为实现新疆跨越式发展和长治久安而奋斗

——在中国共产党新疆维吾尔自治区第八次代表大会上的报告(摘要)

(2011 年 10 月 26 日)

张春贤

同志们:

现在,我代表中国共产党新疆维吾尔自治区第七届委员会向大会作报告。

中国共产党新疆维吾尔自治区第八次代表大会,是在贯彻落实中央新疆工作座谈会精神、实施"十二五"规划、全面建设小康社会进程中召开的一次十分重要的会议。大会的主题是:高举中国特色社会主义伟大旗帜,以马克思列宁主义、毛泽东思想、邓小平理论和"三个代表"重要思想为指导,坚持科学发展观,贯彻落实中央新疆工作座谈会精神,抓住历史性机遇,变化变革、敢于担当、务求实效,为实现新疆跨越式发展和长治久安而努力奋斗。

新疆各级党组织和共产党员:要站在时代前列,团结带领全疆各族人民,坚持以现代文化为引领,以科技、教育为支撑,加速新型工业化、农牧业现代化、新型城镇化进程;加快改革开放,打造中国西部区域经济的增长极和向西开放的桥头堡,建设繁荣富裕和谐稳定的美好新疆。

一、过去五年工作的回顾(略)

二、今后五年的奋斗目标

新疆是我国实施西部大开发战略的重点地区,是西北的战略屏障,是对外开放的重要门户,是我国战略资源的重要基地。新疆发展和稳定,关系全国改革发展稳定大局,关系祖国统一、民族团结、国家安全,关系中华民族伟大复兴。我们一定要以对党和国家、对历史、对人民负责的态度和精神,从全局和战略的高度,深刻认识新疆的重要战略地位、重要使命和历史任务,深刻认识做好新疆工作对党和国家工作全局的重大意义,进一步增强造福新疆各族人民的历史责任感和使命感。全面贯彻落实科学发展观,深入实施"稳疆兴疆、富民固边"的总体战略和自治区确立的具体战略选择,始终把推动科学发展作为解决一切问题的基础,始终把改革开放作为促进发展的强大动力,始终把保障和改善民生作为全部工作的出发点和落脚点,始终把加强民族团结作为长治久安的根本保障,始终把维护社会稳定作为发展进步的基本前提,努力推进新疆跨越式发展和长治久安。

未来五年,是新疆全面建设小康社会的关键时期,机遇和挑战前所未有。经济全球化不断深入,区域经济一体化进程加快,中央作出了进一步加快向西开放的战略决策,为新疆开辟了广阔的发展空间。我国经济社会持续快速发展,社会政治保持长期稳定,深入实施西部大开发战略全面部署,为新疆科学跨越、后发赶超创造了良好发展环境。中央新疆工作座谈会为加快新疆发展提供了历史性机遇,作出了一系列重大决策部署,出台政策之多、覆盖范围之广、支持力度之大前所未有,特别是经过全疆各族干部群众的奋发努力,我们已经朝着中央新疆工作座谈会确立的推进新疆跨越式发展和长治

久安战略目标迈出了坚实的步伐。面对复杂多变的国内外局势、面对经济社会发展滞后的区情、面对反分裂斗争出现的新特点、新动向，改革发展稳定的各项工作异常艰巨紧迫。全疆各级党组织和广大党员干部务必要强化机遇意识和忧患意识，进一步把思想认识统一到中央新疆工作座谈会精神上来，积极主动适应国内外形势的新变化，顺应各族人民过上美好生活的新期待，努力把新疆经济社会发展搞上去，把新疆长治久安工作搞扎实，加快建设繁荣富裕和谐稳定的社会主义新疆。

今后五年的奋斗目标是：

——综合经济实力明显增强。实现自治区生产总值翻一番，超万亿元的目标。人均地区生产总值达到全国平均水平。财政一般预算收入快速增长，总值确保翻一番半，力争翻两番。

——人民生活水平明显提高。城乡居民收入实现翻一番。全面完成150万套安居富民、8.5万户游牧民定居和123万套城镇保障性住房工程，城乡住房保障水平和居民住房条件超过全国平均水平。新增城镇就业200万人。形成比较完善的社会保障和救助体系。

——基础设施建设明显加强。全社会固定资产投资年均增长25%以上。兰新第二双线、阿克苏至喀什高速公路、中哈二期原油管道、疆电外送特高压直流输电工程等一大批水利、交通、电力、通信、市政项目建成投产。

——生态环境质量明显改善。单位生产总值能耗和主要污染物排放得到有效控制，资源利用效率明显提高。乌鲁木齐大气污染治理取得明显成效。森林覆盖率达到4.5%。

——社会发展和管理明显进步。九年义务教育质量大幅提高，高中阶段毛入学率达到88%；科技创新能力不断增强，研发经费支出占生产总值比重由0.49%提高到1.8%。文化、卫生、体育等事业加快发展。民主法制建设扎实推进，社会管理体系更加健全，民族团结进一步加强，社会稳定不断巩固。

——党的建设明显加强。党组织的创造力、凝聚力、战斗力进一步提高，科学执政、民主执政、依法执政的能力显著增强。党的基层组织建设不断加强，党群干群关系更加密切。党风廉政建设取得新成效。

科学发展、和谐社会，是人民福祉。我们必须坚定不移地贯彻中央新疆工作座谈会精神，坚定不移地推进科学跨越、后发赶超，坚定不移地打击“三股势力”的破坏活动，坚定不移地推进民生工程建设，坚定不移地以现代文化为引领，坚定不移地加强民族团结，坚定不移地加强党的建设和基层基础工作。坚定信心、奋发有为，谱写各族人民美好生活的新篇章，在天山南北创造新的人间奇迹。

三、努力推进新疆经济科学跨越、后发赶超

实现中央提出的到2015年新疆人均地区生产总值达到全国平均水平、2020年与全国同步实现建设小康社会的目标，任务繁重而艰巨，我们要全心全意地干、争分夺秒地干、务求实效地干，努力推进新疆经济科学跨越、后发赶超。

（一）坚持环保优先、生态立区

新疆生态环境极其脆弱，可持续发展，最为现实、最为关键的就是生态环境问题。一切开发建设必须坚持“环保优先、生态立区”，必须遵循资源开发可持续、生态环境可持续，必须对历史负责，对人民群众和子孙后代负责。以保护现有的生态为基本目标，全面加强生态环境的保护和建设，将区域经济规划与环境保护目标有机结合起来。对水源涵养区、地下水源、饮用水源、各类自然保护区、自然生态良好区域、风景名胜区和人群密集区等生态敏感区域实行最严格的环境保护措施，严禁进行任何资源勘探和开发。对伊犁、阿勒泰等地的重要生态功能区和风景名胜区，要在前期规划的基础上重新规划提升。保护好珍贵物种资源，保护好优美自然景观，保持原有生态，造福子孙、造福人类。全疆各族人民都要积极行动起来，坚决保护我们的森林、冰川，坚决保护我们的河流、湖

泊,坚决保护我们的湿地、植被,坚决保护我们的绿洲、草原。

积极推进天山、阿尔泰山天然林保护和平原绿化、保护荒漠植被三大生态工程,加大塔里木盆地周边和准噶尔盆地南缘沙漠化治理力度,实施伊犁河谷百万亩生态经济林工程。加快伊犁河、额尔齐斯河、博斯腾湖、艾比湖流域生态环境综合整治步伐,尽快启动塔里木河流域综合治理二期工程。加大对巴音布鲁克草原和水资源的保护力度。结合定居兴牧,因地制宜做好退耕还林、退牧还草工作。建立矿产资源开发生态补偿机制。重视节约水资源和土地资源,统筹协调工农业生产用水、生活用水和生态用水。严禁超采地下水,严禁无序开荒。着力推进农村环境连片整治,不断改善人居环境。主要污染物得到有效控制,工业企业稳定达标排放,市县和主要城镇全部建成污水处理厂和城市垃圾处置设施,生态环境质量有显著改善。加强对环境生态保护的监督和执法力度。全力支持和推进乌鲁木齐大气污染防治工作,让首府常见蓝天白云。

(二)加快推进新型工业化

新型工业化事关新疆现代化建设的全局。要坚持把新型工业化作为第一推动力,以市场为导向,以企业为主体,科学布局事关跨越式发展的重大产业、重大项目,占领技术、市场的制高点,尽快做大做强特色优势产业。

加快构建现代产业体系。充分发挥新疆能源资源优势,在"十二五"期间力争形成5000万吨原油、1000亿立方天然气和煤制气、3000万千瓦疆电外送能力,建设国家大型油气生产加工基地、大型煤炭煤电煤化工基地、大型风电基地和国家能源资源陆上大通道。鼓励和支持各类企业参与石油石化下游产品深加工和非常规油气资源开发利用。重点推动现代煤电煤化工产业发展,利用国际国内领先技术,加快煤制天然气、煤制烯烃、煤基多联产等煤炭清洁、节能和循环经济示范项目建设。着力打造煤—电、煤—电—化、煤—电—冶产业链。加快油砂矿、煤层气、油页岩等资源的开发利用。加快准东、伊犁、吐哈、库拜、和丰—克拉玛依五大煤炭开发加工基地建设,积极推进煤炭资源综合开发利用,加快三塘湖煤田开发,探索煤炭开发效益最大化的新模式,让资源开发惠及各族人民,努力形成长远竞争力。

依托新疆优势矿产资源,加快发展铁、铜、镍、黄金、铅锌、钾盐和重要稀有金属的深加工,尽快布局建设一批规模化、集约化的矿产资源勘探、开发、冶炼、加工产业集群。加快发展输变电装备、风电装备、矿山机械、建筑机械、汽车等装备制造业。大力发展现代农副产品、轻工产品加工业,建设具有新疆特色的绿色产品、清真食品生产加工出口基地以及优质棉纱、棉布、服装生产基地。加快重大工业项目的基础配套设施建设。立足新疆产业基础、比较优势以及未来前景,重点发展新能源、新材料、节能环保、生物制药、电子信息等战略性新兴产业。加强信息化与工业化的深度融合,以信息化带动工业化,加快运用先进适用技术改造提升传统产业。完善质量诚信体系,实施商标品牌战略,提高新疆产品竞争力。

用好差别化产业政策,规划建设一批市场前景好、优势突出、支撑带动能力明显的重大项目。发挥大企业大集团的示范作用。大力支持非公有制经济和中小企业发展,培育一批竞争力和辐射带动力较强的中小企业集群,发挥在解决就业、促进创业、增加收入中的重要作用。建设一批特色鲜明、产业关联度强、辐射带动能力大的产业园区,提高园区对项目的吸纳和承载力、对生产要素的聚集力。

(三)加快推进农牧业现代化

要以转变农牧业发展方式为主线,以农牧业增效、农牧民增收为重点,加快构建新疆特色的现代农牧业产业体系,推进新疆由农牧业大区向农牧业强区转变。

要立足新疆绿洲灌溉农业的实际,因地制宜,宜农则农、宜林则林、宜牧则牧,不断优化农牧业区域布局和产业结构。实施自治区农牧业现代化建设规划纲要，提升现代农业基地建设能力、科技支撑能力、加工转化能力、市场开拓能力。建设国家优质商品棉基地、国家粮食安全后备基地，积极发展现代设施农业、有机生态农业和休闲观光农业。做优做强特色林果业。加大对环塔里木盆地林果业发展政策扶持力度。结合定居兴牧工程，大力发展现代畜牧业。抓好乌鲁木齐及周边地区“菜篮子”工程建设，重点抓好羊牛肉等肉蛋禽产业发展，不断提升供给能力，让各族群众吃上优质、安全的肉类食品。加大农牧业重大病虫害防治体系建设。加快高新节水技术的推广应用，提高农业用水效益，确保到2020年新疆农业用水比重由目前的95%降到90%以下。

围绕特色农牧产品加工转化，建设一批高标准的农牧产品生产基地，培育一批新疆特色的农牧业品牌，扶持一批高成长性的农牧业产业化龙头企业，确保到2015年农牧产品加工增值率由目前的52%提高到100%以上。推进农村新型经济合作组织发展。构建农牧产品现代营销网络和现代物流体系，积极拓展国内外市场，让新疆的优质农牧产品走向全国、走向世界。

（四）加快推进新型城镇化

树立现代城市发展理念，按照“以人为本、规划先行、城乡统筹、布局合理、集约高效、特色鲜明”的原则，促进大中小城市协调发展，力争到2015年城镇化水平达到48%。

优化城镇发展布局。着力提升乌昌经济区中心城市的核心作用，把乌鲁木齐建设成我国西部中心城市、面向中亚西亚的现代化国际商贸中心、多民族和谐宜居、天山绿洲生态园林城市和区域重要的综合交通枢纽。加快把喀什建成具有浓郁民族特色、地域特色的现代化城市，成为一颗璀璨的西部明珠。把伊犁建设成为天山北坡西部中心城市和向西开放的桥头堡。积极培育一批区域中心城市，支持一批成长性好的县城按高标准小城市规划建设，充分发挥城市的辐射带动作用。突出规划的前瞻性和高起点、高水平，5年内全面完成城乡规划编制工作，实现城乡规划全覆盖；2年内完成所有村镇规划编制任务。优化行政区划格局，拓展城市发展空间。

重视产业支撑，按照“产城融合、宜居宜业”的要求，优化产业结构，完善产业布局，增强吸纳就业能力。完善城市基础设施建设，提高综合承载能力。建立多种运输方式相衔接的区域综合交通体系和布局合理、公交优先的城市交通系统。加快城镇供电、供水、供热、供气、污水垃圾处理等基础设施建设，到2015年城市人均道路面积达到15平方米，供水普及率接近100%，燃气普及率达到90%以上，污水处理率达到75%，生活垃圾无害化处理率达到70%以上。全面完成城乡重要建（构）筑物抗震防灾任务，提升城镇综合防灾能力。加强城镇公共服务设施建设，构建覆盖城乡的教育、医疗、文化、科技、体育等基本公共服务体系。

注重挖掘城市文化元素，加强历史街区、文物古迹和历史建筑保护工作，实现现代文化与民族特色、地域特色有机结合。解决好城镇环境卫生、物业管理等老百姓身边的具体问题。搞好城镇绿地、公园和公共空间规划建设。城镇建设要坚决反对不切实际的形象工程，还要防止不方便人民群众的政府高门槛建筑，让人民群众方便办事。要多利用自然景观，少造人工景观，把最美、最好的环境空间留给各族人民群众。

（五）大力发展现代服务业

服务业是现代经济社会的重要支撑。要围绕“三化”建设，重点发展现代服务业，改进传统服务业，构建充满活力、就业容量大、社会功能强的现代服务业体系。高度重视现代金融业，放大金融差别化政策优势，积极发展中小金融机构，培育各类投融资主体，提高资本市场融资能力。大力推进连锁经营、物流配送、代理联运等现代物流业发展，加快建设一批起点高、规模大、辐射能力强的现代物流枢纽和配送中心。积极发展工业设计、电子商务、教育培训、研发服务、信息安全服务等生产性服务业，加快发展法律、会展、咨询等专业性服务业。积极发展文化创意、现代传媒、动漫游戏、数字出版等服务业新业态。采取有针对性的措施，挖掘、创新、提高新疆民族特色餐饮业整体水平。加快社区商业服务、医疗服务、家政服务、养老服务、中介服务的网络网点建设，满足城乡居民多层次的消费需求。

依托独特的自然风光和人文景观资源，大力发展旅游业。完善旅游产业发展规划，强化旅游基础设施建设、服务标准化工作，注重旅游文化建设，提高旅游产品的文化品位，增强旅游的文化底蕴和特色魅力，加快旅游文化的品牌化、集约化和规模化发展，尽快打造一批具有新疆区域特色、民族特色和文化特色的国家级、世界级旅游精品名牌。努力把旅游业培育成为自治区国民经济的战略性支柱产业和改善民生的富民产业，把新疆建设成为我国重要的旅游目的地。

（六）加强基础设施建设

今后一个相当长的时期，新疆仍处在打基础、增后劲的阶段，必须抓住国家支持新疆加快基础设施建设的有利时机，立足新疆长远发展和可持续发展的需要，按照适度超前的原则，突出重点领域，多上快上一批事关新疆经济社会发展全局的重点基础设施项目。

强化水利建设，加快形成对发展战略全局具有重要保障和支撑作用的水资源优化配置战略体系。重点抓好伊犁河、额尔齐斯河等一批重大流域水资源配置引调水工程和供水工程建设。加快阿尔塔什等列入全国"十二五"大中型水库规划的山区水库建设，力争到2020年在每条重要的河流上都建成山区控制性骨干工程。规范水能资源开发管理。加强水资源保障和服务，确保城市供水安全。抓好定居兴牧、农田水利、农村饮水安全、防洪减灾工程等惠及民生的水利建设。力争通过5—10年的努力，根本上扭转新疆水利建设滞后的局面。

要以打造面向国内、面向周边国家和疆内的交通大通道为重点，加快疆内国家高速公路网和国省干线公路、农牧区公路以及铁路、民航机场、管道建设，力争建成三北通道明水—哈密、库尔勒—格尔木铁路、乌鲁木齐机场四期改扩建、西气东输后续等重点工程项目。加快建设喀什到周边国家的航线。尽早启动乌鲁木齐城际铁路、地铁建设，大幅度提高路网的通达性和出疆通道能力，构建快捷、高效的综合交通运输体系。力争用5—10年时间，把新疆由国家交通网络末端，建成中国西部高速大通道和交通枢纽中心。

加大电网建设投资力度，全力支持疆内750千伏骨干电网建设，促进各电压等级电网协调发展。加快哈密—郑州±800千伏、新疆—重庆±800千伏、准东—成都±1100千伏特高压直流送电工程建设步伐，推进"疆电外送"通道建设。加快哈密、达坂城等风电基地建设，规划建设一批万千瓦以上并网光伏电站以及太阳能综合利用示范基地，积极推动再生能源的开发利用。加大农网建设力度，重点推进南疆三地州火电电源建设、重点地区水电电源和火电电源建设，解决无电乡的问题。整合信息资源，实现信息网络互联互通、数据共享，推进光纤宽带、3G等通信基础设施建设。加快数据中心基地建设，推进云计算产业发展，加快国际通信建设，提高社会信息化水平，努力构筑向西开放的国际通信和信息传输大通道。

（七）进一步深化改革、扩大开放

要以更大的决心推进改革开放。深化国有企业改革，优化国有经济布局和结构；大力发展混合所有制经济，实现投资、产权主体多元化；深化财税、金融、投资体制以及生产要素和资源性产品价格、资源配置方式改革；完善和落实鼓励民间投资的政策措施，放宽市场准入，拓宽民间投资渠道；深化社会领域和公共事业管理体制改革，保障民生事业发展；推进行政管理体制改革，强化服务意识和服务能力，提高政府的执行力和公信力，创造廉洁高效的政务环境、公平公正的法制环境、规范守信的市场环境、和谐稳定的社会环境。

以更宽广的视野推进对内对外开放，面向国际国内两个市场、两种资源，形成全方位开放新格局。充分利用国家给予的特殊政策，积极支持新疆企业“走出去”开展对外投资合作，加快新疆对外贸易发展。加强口岸大通道建设，改善通关环境，提高贸易便利化水平。充分利用新疆区位和资源优势，积极吸引各类企业建设向西进出口商品加工基地、商品中转集散地，鼓励走出去开发能源资源，开拓国际市场，用好“新欧亚大陆桥”。进一步加强同周边国家以能源资源互补为主的深层次国际经贸合作，努力把新疆打造成我国内陆开发开放的战略支点以及我国对外开放的重要门户和基地。

认真贯彻落实《国务院关于支持喀什、霍尔果斯经济开发区建设的若干意见》，充分发挥喀什和霍尔果斯对外开放的区位优势，实行特殊的政策措施，加快喀什、霍尔果斯经济开发区建设，使其成为推动新疆跨越式发展新的经济增长点，我国向西开放的窗口和沿边开发开放的重要示范区。做好中哈霍尔果斯国际边境合作中心封关运营工作，争取尽早发挥作用。支持阿拉山口综合保税区建设。不断提升“中国—亚欧博览会”水平，打造新疆开放、开发、合作的新形象，扩大在中亚、西亚、南亚、俄罗斯、欧洲乃至世界的影响力。

（八）统筹区域经济协调发展

新疆区域之间发展水平差异较大，要努力促进协调发展，缩小区域发展差距。支持天山北坡经济带和天山南坡产业带以及交通沿线经济带、沿边开放经济带发展，扶持带动南疆三地州加快发展，推进区域优势互补、相互促进、共同跨越发展。加快发展各具特色的县域经济。加大扶贫开发力度，创新扶贫方式，提高扶贫标准，加大基础投入，把南疆三地州、沿边高寒地区，特别是17个边境扶贫重点县（市）作为主战场，做好扶贫帮困工作，推动贫困地区经济社会又好又快发展。

（九）扎实推进对口援疆工作

新一轮对口援疆工作，是资金、人才、技术、管理的综合援疆，是经济援疆、干部援疆、人才援疆、教育援疆、科技援疆的全面援疆，是全方位的援疆。我们一定要按照中央的部署和要求，坚持把保障和改善民生放在优先位置，把产业援疆、增强自我发展能力作为重点任务，统筹兼顾、突出重点，科学规划、有序推进对口援疆各项工作。要把握全方位援疆的内涵，主动与援疆省区市对接，做好产业转移的文章。要充分发挥新疆主体作用，转变工作作风，增强服务意识，提高服务效率和服务质量，在项目规划、资源配置、土地、水资源以及路、电、通讯等要素供给方面给予大力支持。要为援疆干部创造良好的工作、学习和生活条件。

科学跨越、后发赶超的宏图展示了新疆光辉灿烂的美好未来。我们一定要立足新起点、抢抓新机遇，努力建设西部强区，造福新疆各族人民。

四、坚持民生优先、群众第一，加快社会事业发展

要切实把保障和改善民生作为经济社会发展首要目标，逐步建立符合区情、覆盖城乡、持续发展的社会公共服务体系，让人民群众在改革发展中得到实惠，走向共同富裕、走向现代文明。

（一）切实改善民生

积极促进就业。实施扩大就业的发展战略和更加积极的就业政策，尽快形成“劳动者自主择业、市场调节就业、政府促进就业”的新格局。多渠道增加就业岗位，重点解决好普通高校毕业生、下岗失业人员、农村富余劳动力就业困难问题。强化政府促进就业的公共服务职能，开发主要面向就业困难人员的公益性岗位，巩固零就业家庭24小时动态清零成果。发挥企业在促进就业中的主体作用，发展就业容量大的劳动密集型企业、中小企业、民营企业、民族特色手工业及第三产业，尽可能多地创造就业岗位。教育引导大中专毕业生树立正确的就业观和择业观，鼓励自主创业、自谋职业和灵活

就业，鼓励到企业、乡镇、农村、基层就业。强化就业技能培训、岗位技能提升培训和创业培训，特别要加强南疆三地州青年就业能力培训。抓好以少数民族为主体的普通高校未就业毕业生赴对口援疆省市培训工作。大力推进农村富余劳动力有组织转移就业。力争“十二五”实现城镇就业再就业200万人，农村富余劳动力转移就业1100万人次，应届普通高校毕业生当年就业率达到85%以上，城镇登记失业率控制在4%以内。

加快完善社会保障体系。坚持广覆盖、保基本、多层次、可持续的方针，不断扩大各项社会保障制度的覆盖范围，将符合条件的各类群体纳入相应的社会保障制度，逐步实现人人享有基本社会保障。统筹城乡养老保险，逐步提高养老金标准，认真做好新型农村社会养老保险和城镇居民养老保险全覆盖工作。采取有效措施，解决好异地养老、看病报销难以及实现社会保障卡“一卡通”等群众关心的问题。健全城乡最低生活保障制度，完善社会救助和保障标准与物价上涨挂钩联动机制，努力实现动态管理下的应保尽保，建立临时救助制度，发挥好社会救助在社会帮困中的兜底作用，确保困难群众基本生活有保障。加强老龄和残疾人工作。完善城乡医疗救助制度。做好流浪未成年人和孤残儿童救助保护工作。加大防灾减灾工作力度和设施建设。

努力提高城乡居民收入水平。落实增加群众收入的各项政策，稳步提高职工最低工资和城乡困难群众的保障水平，建立企业退休人员基本养老金正常调整机制。建立健全企业职工工资正常增长机制和支付保障机制。从明年开始，在全疆探索建立正常的机关事业单位工资津补贴增长机制。继续实行物价上涨与补贴挂钩联动机制，扩大覆盖范围。注重提高艰苦边远地区和基层职工工资性收入。两到三年力争两年内解决全疆地州县市机关事业单位津补贴差距问题。坚决落实稳定物价的各项措施，加强市场价格监管，确保物价总水平基本稳定。采取有效措施将城市房价控制在合理水平。加快县域经济发展，多渠道拓宽农牧民增收途径，不断增加农牧民收入。

（二）全力抓好安居富民、定居兴牧和保障性住房等重大民生工程建设

拥有住房是每个家庭的梦想和重要财富。要充分发挥政府主导作用和农牧民的主体作用，坚持从实际出发，尊重群众意愿，尊重农牧民自主选择。按照“统一规划、合理布局、设施配套、安全适用”的原则，坚持高起点、高水平、高效益，整合各方力量，区分轻重缓急，确保到2015年全面完成150万户农民安居和8.5万户游牧民定居目标任务，覆盖全疆675万人，坚持做到住房面积不落后、功能不落后、质量不落后、产业不落后。重视并切实解决好孤寡老人等特殊困难群体的住房问题。要回应群众关切，提高服务能力。坚持把定居与富民结合起来，因地制宜，大力发展种植业、养殖业、农家乐等产业，实现持续稳定增收，努力让广大农牧民不仅能安居、定居，而且有家业，能就近就业，尽快改善生产生活条件，提高生活品质。继续加快南疆天然气利民工程建设，让资源开发成果尽早惠及南疆各族群众。

加大建设廉租房、公共租赁房、经济适用房、限价商品房以及棚户区和地方国有农牧场危房改造步伐，到2015年新建各类保障性住房和棚户区改造安置住房123万套，覆盖380万人口。到那时，城乡住房保障水平和居民住房条件将超过全国平均水平。

（三）积极推进科技教育卫生体育事业发展

大力推进科技进步和创新。要切实把加快科技进步放在经济社会发展的关键地位，以提高自主创新能力为核心，围绕“三化”进程，推进关键性技术研发和科技成果转化。组织实施重大科技专项，力争在现代农业、能源、矿产资源、先进制造、新材料、信息产业与现代服务业、生态环境、公共安全等重点领域攻克一批关键技术和核心技术。进一步深化科技体制改革，促进科技与经济社会发展有效融合。加快实用科技成果推广，提高科技服务基层能力。广泛开展科学普及工作。加快发展科技型中小企业。

坚持把教育放在优先发展战略地位。牢固树立“教育立区、人才强区”的理念，坚持质量为本，德育为先，突出教育的基础作用和民生效应，努力建设教育强区。强化基础教育，巩固和提高“两基”成果，扩大家庭经济困难学生资助政策和免学费政策实施范围，推动义务教育均衡发展，促进教育公平。要学习好国家通用语言，掌握好本民族语言，提倡各民族之间互相学习语言，有条件的要学习好一门外语。重视和办好学前教育，以南疆地区为重点，加快普及高中阶段教育。积极有效推进双语教育，采取多种办法加强双语教师队伍建设，扩大双语教育普及面，建立完善学前和中小学双语教育衔接体系，提高双语教学质量。办好内地新疆高中班和区内初中班。力争到2015年中小学基本普及双语教育，接受双语教育的少数民族中小学生占少数民族中小学生的75%左右，2020年使少数民族学生基本熟练掌握和使用国家通用语言文字。提升职业教育综合能力，突出职业教育就业导向，加大专业建设力度，提升办学水平，为自治区“三化”培养高素质的实用技能型人才。重点抓好南疆中等职业学校和实训基地建设。提高大学建设水平，培养高精尖人才，适应现代化建设对各类优秀人才的需求。

加快发展医疗卫生体育事业。推进医疗卫生事业改革发展，加强公共卫生服务体系建设，到2015年，初步建立覆盖城乡居民的基本医疗保障体系，为群众提供满意的基本医疗卫生服务。着力加强农村三级医疗卫生队伍、服务网络和城市社区卫生服务体系建设。加大疾病疫情防控力度，做好突发公共卫生事件应急处置工作。强化食品药品监管，确保各族群众饮食用药安全。推进中医民族医药事业发展。建立覆盖全疆的国家基本药物制度，减轻群众基本用药费用负担，解决好各族群众看病难、看病贵的问题。坚持计划生育基本国策，实行更加积极的计划生育利益导向政策，降低和稳定生育水平，有效控制人口过快增长，提高出生人口素质。加快城乡社区公共体育设施建设，积极支持少数民族传统体育活动，广泛开展全民健身运动，增强各族人民体质，努力提升新疆竞技体育水平。

人类社会已经进入二十一世纪。我们一定要让社会主义现代化建设的辉煌成就，惠及新疆各族人民现实生活，让人民群众感受到党和政府的温暖与关怀，让老百姓的生活充满阳光、尊严、幸福和希望。

五、坚决维护社会大局稳定，促进社会安定和谐

稳定是新疆的大局。当前，新疆社会大局总体稳定、总体可控、总体向好，但稳定的基础仍很脆弱，稳定的形势依然严峻。我们必须始终清醒地认识到，分裂与反分裂的斗争是长期的、复杂的、尖锐的，有时甚至是十分激烈的。要坚定不移地贯彻落实中央和自治区党委的决策部署，坚持中央提出的影响新疆社会稳定的主要危险是民族分裂主义的正确论断；坚持发展和稳定两手抓、两手都要硬；坚持“反暴力、讲法制、讲秩序”。创造性地贯彻落实自治区稳定工作的各项措施，标本兼治、综合施策，做到维护社会稳定各项工作常态化，保持社会政治大局稳定。

（一）坚决打击“三股势力”分裂破坏活动。反对民族分裂、维护国家统一和安全，始终是维护新疆社会稳定的主要任务。针对目前新疆暴力恐怖犯罪活动的新特点，必须坚决打击“三股势力”各种分裂破坏活动，对形形色色的民族分裂组织、宗教极端势力、暴力恐怖团伙，采取强有力的措施，严密防范、严厉打击。加强综合指挥体系和应急处置能力建设，确保出现突发事件能够迅速果断处置。统筹国内国外两个大局和网上网下两个战场，切实加强情报信息工作。加强边防建设，提高边境管控水平。坚

持专群结合，加强群防群治队伍建设，构建军警兵民协同、重点突出、覆盖全面、常态化的防控体系。

(二)加强社会管理创新。建立和完善党委领导、政府负责、社会协同、公众参与的社会管理格局。创新社会管理体制机制，创新社会管理方式方法，解决社会管理中的突出问题，加强社会管理综合治理，力求通过有效的社会管理服务，让每一个流浪儿童都能回到温暖的家，让每一个青少年都能得到组织的关心和培养，让每一个困难家庭都能享受扶贫帮困政策，让每一位居民都能进入社会管理服务体系，让每一位公民都能依法享受权益，正常履行义务，达到社会文明进步。加强群众工作和信访工作，依法按政策及时处理群众反映的问题，坚决纠正损害群众利益的突出问题，提高预防和处置群体性事件工作水平。推进社会治安综合治理，加强流动人口、特殊人群的服务管理工作，依法打击各种违法犯罪活动。重视听取网络民意，提高网络建设和管理水平，营造有利于社会稳定的舆论环境。严格落实安全生产责任制，有效防范和遏制重特大安全事故。

(三)依法加强对宗教事务的管理。宗教工作事关新疆团结稳定、和谐发展。要全面贯彻党的宗教信仰自由政策，依法管理宗教事务，坚持独立自主自办的原则，积极引导宗教与社会主义社会相适应。要引导各族信教群众和宗教人士正确认识民族、宗教、国家的关系，从祖国的悠久历史、灿烂文化和实现中华民族伟大复兴的实践中汲取精神力量、培育爱国情操，把力量凝聚到坚持和发展中国特色社会主义这个共同目标上来，促进不同宗教和谐相处，促进信教群众和不信教群众、信仰不同宗教群众和谐相处。要依法保护正常宗教活动，同时又要坚持宗教不得干预行政、司法、教育等国家职能的实施，不得妨碍正常的社会秩序、工作秩序、生活秩序。认真贯彻宗教事务条例，坚持保护合法、制止非法、抵御渗透、打击犯罪，保证宗教活动规范有序进行。要坚决制止各种非法宗教活动，依法打击利用宗教进行的犯罪活动。坚持和完善在宗教工作中长期形成的、行之有效的政策、机制和举措，加强对宗教事务的日常管理，加大基层宗教管理工作力度，提高宗教事务管理的法制化、规范化水平。加强爱国宗教人士的思想和队伍建设，坚持和完善聘用、管理、生活照顾等制度，坚持和强化政治培训，培养一批政治上靠得住、宗教上有造诣、群众中有威信、关键时刻起作用的爱国宗教代表人士和骨干力量。要积极引导宗教界做好“解经”和“讲经”工作，把伊斯兰教教义中含有和平、团结、爱国的思想贯穿到解经、讲经、学经之中，坚决抵制和消除宗教极端思想的影响。发挥宗教界人士和信教群众在促进经济社会发展中的积极作用，把信教群众的思想和行为引导到共同富裕、走向现代文明、建设美好家园上来。

六、坚持现代文化引领，推动文化大发展大繁荣

文化是民族的血脉，是人民的精神家园。要认真贯彻党的十七届六中全会精神，坚持社会主义先进文化前进方向，坚持以现代文化为引领，加强宣传思想工作，加强意识形态领域工作，推动文化大发展大繁荣，为实现新疆跨越式发展和长治久安提供强大的文化基础和精神动力。

(一)大力发展现代文化，弘扬新疆精神。现代化是人类发展的必由之路。现代文化是以社会主义先进文化为方向，以爱国主义和时代精神为特征，以中华优秀传统文化为根基，传承和提升区域特色文化，吸收和借鉴世界优秀文化成果，适应现代化本质要求的文化。现代文化的内涵主要是现代知识、现代观念、现代制度，包括现代科学技术、现代生产方式、现代生活方式、现代艺术等。现代文化的核心就是引领人们在社会主义现代化建设中实现人的现代化和自由而全面的发展。

要坚持社会主义核心价值观，坚持以马克思主义为指导，坚持中国特色社会主义共同理

想，弘扬以爱国主义为核心的民族精神和以改革创新为特征的时代精神，树立和践行社会主义荣辱观；要坚持继承和创新的辩证统一，挖掘和传承传统文化的精华，创造性吸收和融合世界优秀文化成果，并不断与当代社会相适应、与现代文明相协调，实现优秀传统文化和时代发展要求的有机结合，实现民族文化和现代文明的交相辉映；要树立世界眼光，形成解放思想、追求卓越的浓厚氛围；要尊重差异、包容多样、相互欣赏，大力发展一体多元、融合开放、具有新疆特色的现代文化。

大力弘扬“爱国爱疆、团结奉献、勤劳互助、开放进取”的新疆精神。爱国主义是中华民族最深厚的思想传统，最能感召中华儿女团结奋斗。新疆精神是以现代文化为引领的集中反映，是爱国主义和时代精神在新疆的地域体现，是新疆人积极向上、奋发有为的精神坐标。新疆精神源自于对中华民族精神的继承和弘扬、源自于新疆各族人民在历史长河的文化积淀、源自于新疆改革开放的伟大实践。要大力培育和弘扬新疆精神，通过开展丰富多彩的学习和实践活动，引导各族干部群众始终保持与时俱进、开拓创新的精神状态，把新疆精神渗透到经济社会发展的各方面，渗透到人们的日常生活工作中，使之内化为社会群体意识、外化为人们的自觉行动，形成创造美好未来的信心和动力。

（二）加强宣传思想工作。面对世界范围的各种思想文化相互激荡，面对当前人们在思想认识、道德选择、价值取向等方面的新情况，必须坚持马克思主义在意识形态领域的指导地位，用社会主义核心价值体系引领社会思潮。坚持用马克思主义中国化的最新成果武装党员、教育人民，用民族精神和时代精神激发活力、凝聚力量。坚持用社会主义荣辱观引领社会风尚，深入推进社会公德、职业道德、家庭美德、个人品德建设，加强对青少年的教育培养，在全社会形成积极向上的精神追求和健康文明的生活方式，形成团结互助、宽容友爱、共同前进的良好社会氛围和人际关系。进一步繁荣发展哲学社会科学，深入研究和回答事关新疆改革发展稳定的重大理论和实践问题，深化中央一系列重大战略思想在新疆实践的研究。切实加强和改进新形势下的思想政治工作，把解决思想问题与解决实际问题结合起来，不断增强思想政治工作的针对性、实效性和吸引力、感染力。

（三）加强意识形态领域工作。意识形态领域是新疆反分裂、反渗透的重点领域。我们要警钟长鸣、警惕长存，采取有力措施加强防范和应对。要加强党对意识形态领域工作的领导，形成党委领导、宣传部门牵头、各有关部门参与、全社会共同做好意识形态工作的格局。坚持党管媒体的原则，加强新闻媒体特别是网络等新兴媒体的建设和管理，把宣传党的主张与反映人民心声、坚持正确导向与通达社情民意、正面宣传为主与加强和改进舆论监督统一起来，不断提高舆论引导水平，弘扬主旋律，提倡多样化，营造积极健康、和谐包容的思想舆论环境。加强大中专院校学生等青少年群体的思想教育引导，提高青少年群体抵御渗透的能力。广大党员干部要增强政治敏锐性和政治鉴别力，在大是大非问题上始终做到立场坚定、旗帜鲜明。

（四）推进文化体制改革，繁荣文化事业。遵循“一要积极，二要稳妥”的方针，从边疆少数民族地区区情出发，一手抓公益性文化事业，一手抓经营性文化产业，推进文化体制改革，推进文化创新，促进文化事业繁荣发展，推进新疆由文化资源大区向文化发展大区转变。

要以为人民群众提供基本的公共文化服务为根本任务，着力构建覆盖全疆的比较完备的公共文化服务体系。高度重视文化民生，加强“区、地、县、乡、村”五级公共文化服务基础设施建设，进一步完善公共服务网络，优先建设关系群众切身利益的文化惠民工程和公益性文化项目，让各族群众享有免费或优惠的基本公共文化服务。要增加基层文化服务总量，合理配置城乡文化资源，鼓励城市对农村进行文化帮扶，鼓励文化单位面向基层，提供流动服务、网点服务，扶持文化企业加强基层和农村文化网点建设，大力支持各类演艺团体深入基层和农村演出。积极搭建公益性文化活动平台，依托重大节庆和少数民族民间文化资源，利用各种形式组织开展群众乐于参加、便于参加的文化活动。

要通过市场化改革、多种经济成分加入、产业化整合，推动文化产业升级，提高文化生产竞争力。实施重大文化产业项目带动战略，培育和扶持新型文化产业，构建以现代传媒业、新闻出版业、动漫业、文化娱乐业、体育产业为主导，相关产业联动发展、结构优化的文化体系。积极拓展大众文化消费市场，开发特色文化消费，培育新的文化消费增长点。要以现代化、国际化视野谋划和推动文化产业发展，繁荣文化市场，满足各族人民群众多方面、多层次、多样性的精神文化需求。

要始终坚持为人民服务、为社会主义服务的方向和百花齐放、百家争鸣的方针，始终贴近实际、贴近生活、贴近群众，在进一步保护、传承、弘扬各民族优秀传统文化的同时，加快推进社会主义文化事业大发展、大繁荣，努力创造出更多的讴歌时代、反映现实生活和群众喜闻乐见的、更具有地方特色的新疆各民族文化精品，不断开创新疆文化创造活力持续迸发、社会文化生活更加丰富多彩的新局面。繁荣发展少数民族文化事业，开展少数民族特色文化保护工作，加强少数民族语言文字和翻译工作。要多生产、翻译、制作少数民族节目，满足少数民族群众走向现代化的文化生活需求。要大力普及文化知识、传播先进文化、繁荣文艺创作、体现人文关怀，不断满足人民群众基本的文化需求。保持和发挥新疆文化的优势，拓展特色文化品牌，形成特色文化布局。要善于及时总结来自基层、来自群众、生动鲜活的文化创新经验，推广大众文化优秀成果，让蕴藏在各族人民中的文化创造活力充分得到发挥施展。加强和改进网络文化建设和管理，加强网上舆论引导，唱响网上思想文化主旋律。进一步推动文化“走出去”，扩大文化开放和对外交流，提升新疆文化影响力、彰显新疆地域文化魅力。继续办好中国新疆国际民族舞蹈节等大型文化活动，推动新疆文化走出新疆、走向世界。

七、提升新形势下民族团结工作水平

民族团结是新疆各族人民的生命线。新疆是伟大祖国不可分割的一部分，自古以来就是我国多民族共同生活的家园。在漫长的历史长河中，生活在新疆的各族中华儿女密切交往、相互依存、休戚与共，共同开发建设新疆，共同维护边疆稳定、国家统一、民族团结，共同推动中华民族发展进步。新疆各族人民团结具有深厚的历史渊源和广泛的现实基础。要高举各民族大团结的旗帜，全面贯彻落实党的民族政策，不断推进各民族共同团结奋斗、共同繁荣发展。

要深入进行爱国主义、集体主义、社会主义教育，深入进行马克思主义“五观”教育，深入进行党的民族政策和有关法律法规的教育，引导各族干部群众牢固树立汉族离不开少数民族、少数民族离不开汉族、各少数民族之间也相互离不开的思想，打牢民族团结的思想基础。要坚持在全社会尤其在各族青少年中开展形式多样的宣传教育活动，深入宣传新疆的历史，包括民族发展和宗教演变的历史，增强“四个认同”，正确认识民族和国家的关系，自觉维护国家最高利益，自觉维护祖国统一、民族团结和社会稳定。不断增强国家意识、法律意识、公民意识和现代意识，尊重各民族的文化和风俗习惯，推动各民族和睦相处、和衷共济、和谐发展。引导各族干部群众树立进步、开放、包容、文明、科学的理念，摒弃封闭、落后、保守、愚昧的思想，引导各族群众以开明开放的心态学习先进文明成果。坚持讲原则、讲法制、讲政策、讲策略，及时妥善处理影响民族团结的问题。各级领导干部都要做民族团结的表率和模范。

深入开展"热爱伟大祖国、建设美好家园"主题教育活动，引导各族群众感恩社会主义祖国大家庭，发挥新疆主体作用，勤劳、互助，创造美好生活。大力开展民族团结进步创建活动，着眼于促进各民族交流交往交融，坚持把民族团结融入生产生活的各个领域，形成各民族之间互尊、互敬、互信、互帮、互爱、互学的浓厚氛围。挖掘和宣传一批民族团结模范人物和先进事迹，总结推广民族团结工作中的好经验好做法。适应新形势下民族团结工作的新特点、新要求，创新内容、创新形式，努力提升民族团结工作的水平和层次，不断开创新疆民族团结进步事业的新局面。

八、重视和加强新疆生产建设兵团工作

新疆生产建设兵团是新疆维吾尔自治区的重要组成部分。重视加强兵团工作，支持兵团发展壮大，既是中央的一贯要求，也是新疆跨越式发展和长治久安的重要方面。兵团成立以来，几代兵团人为开发建设新疆作出了重大历史性贡献，有效发挥了建设大军、中流砥柱、铜墙铁壁作用，成为巩固边疆、维护国家统一的坚固堡垒和发展经济、团结各族人民的坚强柱石。我们必须从战略全局高度，充分认识兵团存在和发展的特殊重要性，进一步重视和加强兵团工作，不断提升兵团综合实力和维稳戍边能力。

坚定不移走城镇化、新型工业化、农业现代化道路。培育壮大一批具有支撑性的现代产业。加快推进农业产业化、机械化和现代农业示范区建设。加快建设覆盖全兵团、与地方相协调的公共服务体系，着力解决好职工群众生产生活中的实际问题，使兵团队伍更稳定、更安心、更有凝聚力。

不断提升维稳戍边能力。强化稳疆兴疆意识，打造一支政治上过硬、能力上过硬、作风上过硬的兵团干部职工队伍。加强兵团民兵应急力量建设，加强整体动员能力建设，加强维稳戍边能力建设，切实发挥兵团在维护新疆社会稳定中的重要作用。

自治区各级各部门要进一步加大对兵团工作的支持力度。兵团要充分发挥自身优势，为地方经济社会发展服务，自觉为各族群众办好事、实事，自觉维护民族团结。要进一步探索完善兵地双方沟通、协调、合作机制，不断巩固和发展边疆同守、资源共享、优势互补、共同繁荣的良好局面。

九、全面加强和改进党的建设

面对肩负的重大历史任务和面临的新挑战，面对执政考验、改革开放考验、市场经济考验、外部环境考验，面对精神懈怠的危险、能力不足的危险、脱离群众的危险、消极腐败的危险，我们要以改革创新精神全面推进党的建设新的伟大工程，不断提高党的建设科学化水平。

（一）加强思想政治建设。坚持用马列主义、毛泽东思想和中国特色社会主义理论体系武装头脑，坚定中国特色社会主义理想信念，用发展着的马克思主义指导实践、推动工作。始终贯彻落实好中央新疆工作座谈会精神，始终在思想上和行动上与党中央保持高度一致。

坚持理论联系实际的学风，提高运用马克思主义立场、观点和方法研究新情况、解决新问题的能力。领导干部的学习水平在很大程度上决定着工作水平和领导水平。要按照建设学习型党组织的要求，坚持和完善干部理论学习和党委中心组学习制度，各级干部要学史明志，学习党史、新疆近现代史、民族宗教演变史，掌握党的民族宗教政策、法律法规，努力提高各级领导干部的理论素养、党性修养、解决实际问题的能力和依法执政的能力。

（二）加强领导班子和干部队伍建设。紧紧围绕提高领导水平和执政能力，着力把各级领导班子建设成为善于推动科学发展、促进社会和谐的坚强领导集体。贯彻执行民主集中制，完善议事规则和决策程序，不断推进科学决策和民主决策，增强领导班子的团结和活力。加强领导班子能力建设，重点提高把握国内外

大势,领导经济工作、稳定工作的能力和做好群众工作、公共服务、社会管理的本领,增强新形势下依法办事能力和应急管理、舆论引导、新兴媒体运用、做好民族宗教工作等方面能力。

坚持五湖四海、任人唯贤,坚持德才兼备、以德为先用人标准,切实做到吏治清明、政风清新。要把政治上强作为各级领导干部选拔任用的首要条件,注重在复杂环境和反分裂斗争一线培养、考验、选拔干部,注重加强对各族干部的政治培训和实践锻炼,注重培养造就更多德才兼备的少数民族干部,建设一支政治上坚强有力、经得起风浪考验的高素质干部队伍。要坚持不让老实人吃亏、不让综合素质高能干事的人吃亏、不让长期在一线埋头苦干的人吃亏的导向。基层干部是干部队伍的主体,要多体谅、多支持、少指责,真正重视、真心关怀、真情爱护基层干部,完善基层干部激励保障机制,解决工作、生活中的实际问题。坚持从基层选调优秀干部到各级机关工作,从各级机关选调优秀干部到基层任职,形成重视基层、加强基层的良好氛围。坚持推进干部人事制度改革,按照民主、公开、竞争、择优的原则,加大从基层、从实践中公选领导干部力度。大力培养优秀年轻干部,继续做好妇女干部、党外干部培养选拔工作。广大离退休老干部为新疆的开发建设作出重要贡献,要带着责任、带着感情做好老干部工作,落实好老干部工作的各项政策措施。各级领导干部特别是自治区党委常委会全体同志要以身作则、身体力行,带头加强自身建设,带出一支深受各族人民群众信任、放心的干部队伍。

要牢固树立人才是第一资源的战略思想。全面落实自治区人才发展规划纲要,统筹推进各类人才队伍建设。要把用好本土人才作为关键。不断改善待遇条件,努力提升素质,充分发挥作用,造就一批适应当地、植根新疆的人才队伍。要放开眼界,广纳贤达,大力引进人才。实行优惠政策,依托优势产业、重点项目、大型企业和国际国内合作交流项目等,广泛开展招才引智、招商引才和柔性引才活动,吸引各方各类人才投身新疆开发建设。依托对口援疆渠道,引进新疆经济社会发展的急需紧缺人才,发挥好援疆干部人才的重要作用。要面向现代化建设主战场,加大对高层次人才的培养引进力度,造就一批跨越式发展急需的领军人才和拔尖人才,特别是培养大批技能型实用人才。在新疆大地吹响人才集结号,创造施展才华、建功立业的环境,把人才和智力资源转化为现实生产力。

从明年起,自治区将对广大知识分子所关注的职称评定问题进行充分调研,对职称评定办法进行重大改革探索,职称聘用要努力向特殊人才和基层一线人才倾斜,全面体现以能力、业绩为导向的人才评价标准。职称评定工作既要遵循国家规定评定标准,更要对那些把论文写在大地上、把成果和贡献体现在工作和事业中的专业技术人才进行特殊的褒奖,切实增强广大知识分子干事创业的信心。

(三)加强基层组织建设。各行各业都要重视基层、加强基层、服务基层,切实加强基层基础工作。坚持在基层牢固确立党的领导核心地位不动摇。以农村村级和城市社区基层组织建设为重点,特别是强化敌社情复杂、流动人口集中的重点村和社区基层党组织建设力度,配强党支部书记。加强社区党组织实体化管理。充实和加强边远地区基层干部队伍,强化基层干部双语培训,抓好村级和社区党组织阵地建设,使基层党组织在推动发展、服务群众、凝聚人心、促进和谐方面发挥战斗堡垒作用。加大基层一线发展党员力度,做好在青年教师和大学生特别是少数民族青年教师和大学生中发展党员工作,把更多少数民族优秀人才吸引到党组织中来。重视和加强机关、学校、科研院所、国有企业党建工作,积极推进非公有制组织、新社会组织中党组织的建设,不断扩大党的工作覆盖面和影响力。高度重视和关心农村"四老"人员,要对他们厚爱、厚养、厚待。

深入开展创先争优活动,组织动员基层党组织和广大党员争科学发展、跨越发展之先,创稳定团结、社会和谐之优,在各项工作中更好地发挥党委的领导核心作用，基层党组织战斗堡垒作用、各级干部模范带头作用、共产党员先锋模范作用。加强党员教育管理，引导党员增强党性观念，强化党员意识，自觉履行党员义务，讲党性、重品行、作表率。强化基层力量建设和运行保障，建立稳定规范的基层组织工作经费保障机制，为基层党组织做好工作创造有利条件。强化党委管党建、书记抓党建、党建带群建，把党建工作各项要求落到基层、落到实处。

（四）加强作风建设。全疆广大党员干部尤其是各级领导干部都要按照“两个务必”的要求，切实改进工作作风，深入实际、深入基层、深入群众，倾听群众呼声，了解群众意愿，集中群众智慧，从群众最需要的地方做起，从群众最不满意的地方改起，使我们作出的决策、采取的举措更加符合客观实际和规律，更加符合广大人民的利益和愿望。

要大兴求真务实之风，坚持一切从实际出发，把主要精力集中在推动工作上，把满腔热情倾注在为民造福上，把发展业绩建立在真抓实干上，不空谈、不张扬、不搞形式主义、克服官僚主义。面对复杂的矛盾和艰巨的任务，不回避、不推诿、不懈怠，忠诚事业、信奉真理、崇尚实干，确保中央的精神在新疆能够不折不扣地贯彻，确保自治区党委的各项决策部署落实到位。

要创造新疆效率、弘扬新疆精神、提升新疆能力、树立新疆形象，推进机关效能建设，转变机关作风，加大对中央和自治区党委决策部署贯彻落实情况的督查力度，提高行政效能和党员干部执行力。广大党员干部要大力弘扬自力更生、艰苦奋斗精神，像天山雪松、绿洲白杨、戈壁红柳、大漠胡杨扎根新疆大地那样，具有一种特殊的风骨和精神，热爱边疆、建设边疆，努力成为带领各族人民群众团结奋斗的表率和模范。

（五）加强反腐倡廉建设。坚持党要管党、从严治党，认真贯彻标本兼治、综合治理、惩防并举、注重预防的方针，扎实推进党风廉政建设和反腐败工作，以实际成效取信于民。

坚持严防腐败、严格管理、严明纪律。加强反腐倡廉教育，提高广大党员干部的思想道德水平和拒腐防变能力。认真落实《党员领导干部廉洁从政若干准则》，深入推进领导干部廉洁自律工作。切实加强反腐倡廉制度建设，坚持用制度管权、管事、管人。认真贯彻党内监督条例，加强和改进巡视工作。抓住重点环节、重点部位进行监督检查，切实防止和纠正滥用权力的行为。发挥法律监督、群众监督、舆论监督和民主党派监督的作用。大力推进党务公开，带动政务公开、村务公开、厂务公开，扩大群众的知情权、监督权，确保权力在阳光下运行。坚决纠正损害群众利益的不正之风，认真解决群众反映强烈的突出问题。进一步完善反腐败领导体制和工作机制，落实党风廉政建设责任制。保持反腐败的强劲势头，加强查办案件工作，对任何腐败分子都要依法坚决查处，当捕则捕，当判则判，当严惩则严惩，决不姑息。各级党员干部特别是领导干部，都要自觉接受党组织、广大党员和人民群众的监督，廉洁自律、廉洁从政。

新形势下，我们要始终坚持为民、务实、清廉，夙夜在公，呕心沥血，奋发工作，在新疆大地树立当代共产党人敢于担当、甘于奉献、造福人民的崇高形象。

同志们！发展社会主义民主政治是我们党始终不渝的奋斗目标。要坚持和完善人民代表大会制度，坚持和完善中国共产党领导的多党合作和政治协商制度，坚持和完善民族区域自治制度，扩大公民有序的政治参与，保障人民依法管理经济、文化事业和社会事务。巩固和发展新时期爱国统一战线，坚持“长期共存、互相监督、肝胆相照、荣辱与共”的方针，加强同民主党派、工商联和无党派爱国人士的合作共事。按照总揽全局、协调各方的原则，加强党委对人大、政府、政协工作的领导，支持他们依照法律和章程履行职责。加强党委对工会、共青团、妇联等人民团体和群众组织的领导，赋予他们更多的资源和手段，积极为他们发挥作用创造有利的环境和条件。在新疆形成同心、同力、同向、同调推进各项工作的局面。认真贯彻依法治国基本方略，加强普法宣传教育，加强法治文化建设，推进依法治区进程，使现代化建设在法制保障下健康发展、欣欣向荣。

青年是祖国的未来、民族的希望。各级党委都要高度重视青年工作，关注青年、关心青年、关爱青年，倾听青年心声，鼓励青年成长，支持青年创业。要教育和引导各族青年热爱我们伟大的祖国，热爱我们壮美的新疆，热爱我们勤劳善良的各族人民，坚定理想信念，增长知识本领，锤炼品德意志，发挥聪明才智，让青春在建设美好新疆中焕发出绚丽光彩。

驻疆人民解放军和武警部队是保卫边疆、维护祖国统一、反对民族分裂的坚强柱石，是促进改革开放和现代化建设的坚强保证。在新形势下，要增强为国戍边的责任感和使命感，加强部队思想政治建设，全面提高部队战斗力，着力增强反恐、维稳、处突能力，始终保持部队高度稳定和集中统一。切实做好民族团结工作，积极参加和支持新疆开发建设，为确保边防安全、社会稳定和各民族共同繁荣进步作出新的更大贡献。各级党委、政府要把统筹经济建设和国防建设作为重要指导方针，关心、支持国防和部队建设，加强民兵、预备役工作，加强国防教育，增强全民国防观念。要深入持久地开展“双拥共建”活动，不断开创军政军民团结的新局面。

同志们！人民群众是创造历史的动力。在自治区第八次党代会召开之前，自治区党委采取多种形式，召开各类座谈会广泛征求自治区和各地州市党政机关、企事业单位，离退休老同志、基层干部群众、党外人士的意见，在全疆开展共谋科学跨越、长治久安建言献策活动。这是贯彻立党为公、执政为民理念的生动实践，是发扬党内民主、集中群众智慧、凝聚党心民心的有益尝试，得到了各族干部群众的广泛关注和积极参与，为我们开好党代会打下了良好的思想基础，也为加快推进新疆跨越发展和长治久安集聚了智慧和力量。实践让我们进一步认识到，只要我们紧紧依靠各族人民群众，充分发扬民主，听取民意，集中民智，凝聚民心，我们的力量之源就会取之不尽，用之不竭，我们的各项事业就一定能从胜利走向更大的胜利！

站在新的历史起点上，大美新疆充满潜力、充满希望，各族人民充满信心、充满期盼。我们热爱新疆大地、热爱新疆各族人民，热爱新疆的社会主义现代化建设伟大事业，我们承担着庄严的历史使命：

面对国内外大势，我们必须树立机遇意识、战略意识、忧患意识，坚持变化、变革、创新，适应新形势，研究新问题，与时俱进，激发新活力。

面对历史的重任，我们必须高扬奋斗、奋斗、奋斗的精神，坚持只有努力，才能改变，只要努力，就能改变，艰苦创业、艰苦奋斗，坚定信心、排难而进，在天山南北创造新奇迹。

面对人民的期盼，我们必须牢记全心全意为人民服务的宗旨，坚持民生优先、群众第一，全身心地热爱新疆各族人民，赤诚于心、奉献于行，谱写各族人民美好生活新篇章。

面对前进中的困难和挑战，我们必须既要善于抢抓机遇，更要善于应对复杂多变的形势，坚持清醒、敏锐、自信、乐观，直面潮起潮落，敢于应对，不断化消极因素为积极因素，化危为机，开创新疆社会主义现代化建设的新局面。

各位代表，以这次党代会为起点，我们开启了贯彻落实中央新疆工作座谈会精神、建设繁荣富裕和谐稳定的美好新疆的新征程。我们肩负的使命伟大而光荣。让我们在以胡锦涛同志为总书记的党中央坚强领导下，凝聚全疆各族干部群众的信心和力量，解放思想、敢于担当、抢抓机遇、不辱使命，为实现新疆跨越式发展和长治久安而努力奋斗！

中共新疆维吾尔自治区委常委、书记、副书记
中共新疆维吾尔自治区纪委书记、副书记、常委名单

2011 年 10 月 31 日，中国共产党新疆维吾尔自治区第八届委员会第一次全体会议选举张春贤、努尔·白克力(维吾尔族)、车俊 、韩勇 、彭勇 、黄卫、肖开提·依明(维吾尔族)、努尔兰·阿不都满金(哈萨克族)、宋爱荣(女)、朱海仑 、白志杰、库热西·买合苏提(维吾尔族)、尔肯江·吐拉洪(维吾尔族)、胡伟 、熊选国为常务委员会委员；张春贤为书记，努尔·白克力(维吾尔族)、车俊、韩勇为副书记。

会议通过中国共产党新疆维吾尔自治区第八届纪律检查委员会书记、副书记、常务委员会委员人选：书记：宋爱荣(女)，副书记：刘昕延、卡德尔·尼牙孜(维吾尔族)、塔里哈提·吾逊(哈萨克族) 、马国伟；常务委员会委员：宋爱荣(女)、刘昕延、卡德尔·尼牙孜(维吾尔族)、塔里哈提·吾逊(哈萨克族)、马国伟、沙拉买提·买买提明(女 维吾尔族)、韩新城、李自林、库尔玛什·斯尔江(哈萨克族)、蒲雪梅(女)、安尼瓦尔·艾沙(维吾尔族)。

第六部分

建设学习型、服务型、创新型马克思主义执政党

牢牢把握党的建设总目标

虞云耀

党的十八大把建设学习型、服务型、创新型的马克思主义执政党的任务提到全党面前，表明我们党对执政党建设规律的认识达到了新境界。党的建设这个总目标，进一步回答了在新的历史条件下建设一个什么样的党、怎样建设党这个重大问题，对于全面提高党的建设科学化水平，深入推进党的建设新的伟大工程，实现全面建成小康社会的宏伟目标，具有重要的现实意义和深远意义。

建设学习型、服务型、创新型的马克思主义执政党，是应对世情国情党情深刻变化的现实需要。放眼世情，世界多极化、经济全球化深入发展，科技革命孕育新的突破，国际金融危机影响深远，国际经济格局、各国力量对比、全球思想文化交流交锋呈现新态势、新特点。中国在大变革大调整大发展的国际局势中，既面临发展机遇，也面对严峻挑战。立足国情，我国正处于战略机遇期和矛盾凸显期，新型工业化、信息化、城镇化、农业现代化同步发展，经济体制深刻变革、社会结构深刻变动、利益格局深刻调整、人们的思想观念深刻变化，所有这一切都预示着美好的前景，同时也蕴含着诸多风险和考验。着眼党情，当前党的领导水平和执政水平、党组织建设状况和党员队伍素质同肩负的历史使命总体上是适应的，但党内存在的不适应新形势新任务要求、不符合党的性质和宗旨的问题不容回避，“四大考验”、“四种危险”更加尖锐地摆在全党面前，党要管党、从严治党的任务比以往任何时候都更为繁重和紧迫。我们党要适应世情国情党情的这些深刻变化，就必须确立符合时代要求的加强自身建设的目标。建设学习型、服务型、创新型的马克思主义执政党就是在这样的时代背景下提出来的。

建设学习型、服务型、创新型的马克思主义执政党，是全面建成小康社会、实现伟大“中国梦”对我们党提出的客观要求。我们党肩负着团结带领人民全面建成小康社会、推进社会主义现代化的历史重任。实现“两个一百年”的奋斗目标，实现中华民族伟大复兴，是全中国人民的梦想和夙愿。我们党要带领全国各族人民实现“中国梦”，必须靠自己的智慧、信念和力量。最重要的有三条：一是坚持立党为公、执政为民的理念；二是增强忧患意识、创新意识、宗旨意识、使命意识；三是不断提高党的领导水平和执政水平，不断提高拒腐防变和抵御风险的能力。理念、意识、水平、能力，归结到一点，就是要使党成为学习型、服务型、创新型的马克思主义执政党。

建设学习型、服务型、创新型的马克思主义执政党，是广大人民群众对我们党提出的新期待。在当今中国，随着人民物质文化生活水平的不断提高，实现好、维护好、发展好最广大人民的根本利益有了新的时代内涵。在实现从温饱不足到总体小康的历史性跨越之后，人们期盼有更稳定的工作、更满意的收入、更殷实的家庭财产，期盼有更优质的教育、更舒适的居住条件、更高水平的医疗卫生服务，期盼有更和谐的社会关系、更优美的生态环境、更丰富的文化生活，期盼有更充分的民主权利、更公平的社会环境、更合理的分配格局。回应和满足广大人民群众的需求，是我们党的责任。正如习近平总书记所说，“人民对美好生活的向往，就是我们的奋斗目标”。在新的征程上，面对人民的信任和重托，面对新的历史条件和考验，我们党要担起这个更大、更重的责任，只有建设学习型、服务型、创新型的马克思主义执政党，才能更好地团结带领人民群众前进。

从我们党的历史经验看，党的建设目标是随着党领导的事业发展和党自身状况变化而不断丰富和发展的。建设学习型、服务型、创新型的马克思主义执政党，与我们党以往提出的建党目标，既一脉相承、又与时俱进。为适应不同历史时期党的中心任务的需要，我们党曾提出过不同的建党目标。革命战争年代，毛泽东同志提出“建设一个全国范围的、广大群众性的、思想上政治上组织上完全巩固的布尔什维克化的中国共产党”。改革开放新时期，邓小平同志提出“把党建设成为领导社会主义现代化事业的坚强核心”。江泽民同志提出“保证我们党始终是中国工人阶级的先锋队，同时是中国人民和中华民族的先锋队，始终是中国特色社会主义事业的领导核心，始终代表中国先进生产力的发展要求，代表中国先进文化的前进方向，代表中国最广大人民的根本利益”。胡锦涛同志在十七大报告中提出，建设“立党为公、执政为民，求真务实、改革创新，艰苦奋斗、清正廉洁，富有活力、团结和谐的马克思主义执政党”。党的十八大进一步提出“建设学习型、服务型、创新型的马克思主义执政党”的目标，更加突出了党的先锋队性质、宗旨意识和群众观点，为党的执政能力建设、先进性和纯洁性建设注入了新的内涵，指明了全面加强党的思想建设、组织建设、作风建设、反腐倡廉建设和制度建设的方向。

建设中国特色社会主义是人类历史上崭新的事业，马克思主义的经典著作中没有现成答案，我们必须在实践中学习，在探索中前进，不断加深对社会主义建设和党的建设规律的认识。建设学习型马克思主义执政党，就是要发扬我们党重视学习、善于学习的优良传统，把学习作为全党长期性常态化的重要任务和基本责任，紧密结合党的执政实践，坚持不懈地学习理论，学习各方面知识，学习实践经验，学习人类社会创造的一切优秀文明成果，不断提高党的执政水平和领导能力。

在改革开放、发展社会主义市场经济和长期执政的环境下，为谁服务、如何服务是执政党必须解决的核心问题。建设服务型马克思主义执政党，就是要坚持全心全意为人民服务的根本宗旨，坚持以人为本、执政为民，始终不渝为人民群众谋利益，多干让人民满意的好事实事，把服务贯穿于一切执政活动中，把让人民群众过上美好的生活作为想问题、作决策、办事情的最终归宿；把服务群众、做好新形势下的群众工作，作为广大党员干部和各级党组织的基本任务，把建设服务型党组织作为基层党组织建设的重要目标。

时代的发展和社会的进步，要求党的建设与时俱进、不断创新。建设创新型马克思主义执政党，就是要坚持解放思想、改革创新，勇于实践、勇于变革，永不僵化、永不停滞，不断推进实践创新、理论创新、制度创新，永葆党的生机活力，使党始终走在时代前列。

学习型、服务型、创新型，三者紧密联系、相互依存、相互促进，统一于中国特色社会主义伟大事业和党的建设新的伟大工程的实践中。

建设学习型、服务型、创新型的马克思主义执政党，关键是“马克思主义执政党”，是坚持我们党作为马克思主义政党的本质属性。在新的历史条件下，把学习理念、服务理念、创新理念贯穿于执政党建设的全过程，在加强学习中增强本领，在服务人民中获取力量，在改革创新中开拓未来，使党的先锋队性质、党的先进性和纯洁性得以保持，使党的生命力和创造力得以彰显。学习型特征，体现的是马克思主义政党对客观规律认识的途径和方法，反映了我们党对科学真理的追求和尊重。服务型特征，体现的是马克思主义政党的根本宗旨，反映了我们党坚持人民的主体地位，为中国最广大人民谋利益的宽广胸怀和价值追求。创新型特征，体现的是马克思主义政党的前进动力和精神状态，反映了我们党顺应时代潮流、推动历史进步的责任感和使命感。因此可以说，提出建设学习型、服务型、创新型马克思主义执政党的目标，同时提出增强党的自我净化、自我完善、自我革新、自我提高能力，鲜明宣示了我们党对历史使命的高度自觉，也鲜明宣示了我们党来自人民、植根人民、服务人民的执政自信。

建设学习型、服务型、创新型的马克思主义执政党，是一项长期而艰巨的历史任务。首先，要把党的建设新的伟大工程同中国特色社会主义伟大事业紧密结合在一起推进。伟大事业引领伟大工程，伟大工程服务伟大事业。当前，建设学习型、服务型、创新型的马克思主义执政党，就要紧紧围绕实现党的十八大描绘的蓝图，抓住思想理论建设这个根本，用中国特色社会主义理论体系武装全党，深入学习实践科学发展观，推进学习型党组织创建，教育引导党员、干部矢志不渝为中国特色社会主义共同理想而奋斗；就要始终把人民的利益放在第一位，坚持问政于民、问需于民、问计于民，从人民伟大实践中汲取智慧和力量，加强服务型基层党组织建设，完善服务群众的制度和机制，着力解决人民群众反映强烈的突出问题，提高做好新形势下群众工作的能力；就要大力弘扬改革创新精神，把党的建设成效体现到领导科学发展、促进社会和谐上来，落实到引领中国发展进步、更好代表和实现最广大人民的根本利益上来，使我们党不断提高创造力、凝聚力和战斗力，为推进中国特色社会主义事业注入“正能量”。

建设学习型、服务型、创新型的马克思主义执政党，要体现提高党的建设科学化水平这个主题，贯彻加强党的执政能力建设、先进性和纯洁性建设这条主线，与党的建设“五位一体”的整体布局紧密结合。以坚定理想信念为重点加强思想建设，以造就高素质党员、干部队伍为重点加强组织建设，以保持党同人民群众血肉联系为重点加强作风建设，以完善惩治和预防腐败体系为重点加强反腐倡廉建设，以发展党内民主和健全民主集中制为重点加强制度建设，综合协调、统筹兼顾、整体推进，从而使党的建设更加体现时代性、把握规律性、富于创造性。

邓小平同志指出：“我们改革开放的成功，不是靠本本，而是靠实践，靠实事求是。”坚持实践第一的观点，既是推进党的事业发展的基本前提，也是建设马克思主义执政党的内在要求。作为一个在十几亿人口的大国长期执政的马克思主义执政党，要巩固执政地位、完成执政使命，需要各级党组织和广大党员不懈追求、顽强奋斗，需要各级各部门党组织同心同向、齐心协力，需要每个党员干部从我做起、躬身实践。各级党组织都要教育引导广大党员充分认识建设学习型、服务型、创新型马克思主义执政党的重要性和紧迫性，并根据本地区本部门本单位实际，积极开展创建活动，从机制和制度安排上使学习、服务、创新成为常态，使党的建设各项任务落到实处。

（作者：全国党建研究会会长）

学习型党组织创建工作在基层

中央文献研究室调研组

创建学习型党组织，是抓好新形势下党的思想理论建设、全面提高党的建设科学化水平的重要举措，党的十八大强调要深入推进学习型党组织创建工作。从我国目前的实际情况来看，学习型党组织创建的重点和难点无疑在基层农村。为了解近年来农村基层学习型党组织建设的情况，去年我们组成多个调研组，分赴北京、广东、江苏、江西、湖北、河南、甘肃、四川进行调查，历时近一年，重点了解乡镇和村组开展学习型党组织建设情况。

成效与创新

通过综合问卷调查、座谈调查和实地走访调查，我们了解到：作为党在广大农村的执政根基，绝大多数农村基层党组织在推进学习型党组织建设、促进当地经济社会科学发展、维护社会和谐稳定、服务群众生产生活的过程中，积极创新，多措并举，发挥了坚强战斗堡垒作用。许多地方从自身实际出发，因地制宜，既坚持了一些长期以来行之有效的传统做法，也努力探索了一些具有鲜明时代特点的新做法，具体有以下几点。

第一，整合学习资源，营造学习氛围。学习资源匮乏、人才不足是农村基层开展学习型党组织建设面临的突出问题。不少基层党组织通过创建综合学习平台和加大上级学习指导力度有效化解这一矛盾。江苏省盐城市东台市五烈镇通过整合镇党校、社区教育中心、文化站、农民科普学校、青少年德育学校等资源，建立农村社区综合教育基地。广东省阳江市阳东县建立了县班子成员挂镇联村指导学习型党组织建设制度，县、镇党委班子成员深入各联络村，加强对学习型党组织建设的指导。

第二，创新学习形式，提高学习兴趣。学习形式单一、呆板，是农村基层党组织学习很难深入并长期开展下去的重要原因。不少基层党组织运用读书会、知识竞赛、文艺表演、电影放映、“能人党员讲堂”等党员喜闻乐见的形式，把党员吸引到学习活动中来。北京市平谷区是中国著名的大桃之乡，每年开展“田间地头培训”达1000多期次，并以村级管理果园技术好的党员为骨干，成立了128个科技骨干服务队，进果园对果农进行指导。甘肃省定西市安定区内官营镇创设“飞信课堂”，利用现代信息手段传递学习内容，反馈信息，双向互动。

第三，拓展学习内容，增强学习实效。为达到好的学习效果，不少基层党组织通过调查研究，有针对性地确定学习内容，努力促进学习与农村生动的发展实际和农村党员现实需要相契合。广东省佛山市南海区紧密结合地区发展和基层工作的具体实际，采取“领导点题”和“部门荐题”相结合的方式，为基层党组织制定“学习专题菜单”。四川省眉山市东坡区万胜镇根据本地区自然灾害易发多发的情况，有针对性地开展灾害预防和应急救助方面的学习。在2010年遭遇百年不遇的洪灾时，因防控措施有力，有效降低了人民群众的生命财产损失。

第四，健全学习制度，激发学习活力。为使学习活动经常化，培养农村党员的自学能力和习惯，不少基层党组织制定了相应学习制度，努力变“软任务”为“硬约束”。江西省南昌市新建县、江苏省东台市对村支部书记、村委会主任免费培训提出明确要求。武汉市江夏区五里界镇全面推行“双月培训日”制度，规定每逢双月的28日为村“两委”干部的法定培训日。河南省南阳市南召县从2010年7月起，开展“每天读书一小时，每月阅读一本书”的读书活动，并建立了相应考核制度。武汉市蔡甸区根据目标要求，每年年中、年底分别对理论中心组成员的学习情况进行检查考核。

第五，抓好流动党员学习，扩大学习覆盖面。如何抓好流动党员的学习，是一个难点问题，对此，各地分别探索了一些解决方法。在眉山市东坡区三苏乡，各党支部除了加强与流动党员的短信联络、经常向他们寄发相关学习资料外，还借助他们春节回家探亲的机会，组织外出务工党员聚会，加强沟通。江苏省苏州市吴江区针对镇郊村相继拆迁的特殊情况，采取临时村部集中、党员中心户集中、送学入户等方式带动党员学习，对零散拆迁无法集中的党员，协调现居住地的村、社区党组织，安排学习活动。

思考与建议

在调查中我们也发现，农村基层学习型党组织建设中仍面临着不少困难，存在一些带有普遍性的矛盾和问题。结合调查中基层党组织和农村党员的反映，认真分析和思考调研中了解的各地情况和问题，调研组对进一步加强农村基层学习型党组织建设问题，谨提出以下几点建议。

第一，首先要抓好基层党组织的领导班子建设，尤其要选好带头人，这是加强农村基层学习型党组织建设的组织保障。在调研中我们深深感到，无论经济发达地区还是欠发达地区，农村基层党组织的凝聚力和战斗力强不强，基层建设包括学习型党组织建设抓得好不好，关键在于有没有一个好的领导班子和一个好的带头人。选好配强农村基层党支部书记，是加强农村基层组织建设和建好学习型党组织的当务之急，要把那些政治性强、政策水平高，有文化、懂技术、又年富力强的“能人”选进领导班子。在目前农村人才缺乏的情况下，发挥大学生“村官”在建设农村基层学习型党组织中的积极作用是一条切实可行的途径。

第二，农村基层学习型党组织建设的重心要下移，要使学习内容、手段、形式同农村基层党员的实际需求相适应。重心下移首先要体现在创新学习内容上，有关部门要多替农村基层考虑，多编一些适合农村基层党支部和农村党员学习的可读性强、携带方便的通俗读物。随着学习手段的多样化和现代化，抓学习不仅要用好传统的方式、手段，还要充分利用远程教育、互联网、手机短信等现代手段，组织一些“田间地头”的体验式学习，利用小品、戏剧等群众喜闻乐见的形式，将党的方针政策用大众的、通俗的语言表达出来，有效地激发农村党员的学习热情。

第三，整合学习资源，提高设施利用率，着力解决农村基层投入不足的问题。党的十七届四中全会明确提出：“加强城乡基层党建资源整合，普遍推行机关、企业、社区党组织同农村党组织结对帮扶等做法，推动城乡基层党组织互相促进。”要采取有效措施，坚决贯彻落实这一要求。各级党委，特别是市、县委应着眼于提供最基础的学习条件，进一步加大投入，多方调动、整合和配置社会资源。要建立县（区）、乡（镇）和农村基层学习活动的联动机制，组织和鼓励党员干部定点定期到村级支部讲课、释疑、解惑，充分发挥县、乡对基层学习型党组织引领带动作用。

第四，增强制度措施的可操作性，确保建设学习型党组织的任务落到实处。毫无疑问，开展农村基层学习型党组织建设，必须建立完备的学习制度，但更重要的还要看这些制度是否有运行机制保障，是否切实可行和收到实效。一些地方为了将学习制度落到实处，采取了一些操作性强的措施，实现学习考核的制度化，在党员干部中形成勤学、善学、比学的良好风尚。

（调研组长：董宏；成员：张民　刘金田　何叔平　张家权　纪晓华　梁营　王骏　王敏玉　李国禹　郭如才　郑国成）

学习是中国共产党建设的永恒主题

胡 坚

政党是阶级社会的产物,只有用先进的理论武装本阶级先进分子,才能上升为自觉的阶级,才能创建代表本阶级利益的政党,并开始为谋求自己的政治、经济、文化利益而战斗。中国共产党在90多年的奋斗历程中,始终把马克思主义基本原理同中国具体实际相结合,解放思想、与时俱进,不断推动理论创新,始终走在时代前列,引领中国发展进步。特别是在每一个历史转折的重要时期,总是号召全党同志加强学习,而每次这样的学习热潮都会推动我们的事业实现大进步大发展。可以说,党领导中国革命、建设、改革和发展的历史就是一部创造性学习的历史。

纵观我们党90多年的学习历程,大体可以划分为七个阶段。

1. 效仿学习阶段:十月革命的胜利,有力地推动了中国先进分子探索俄国经验,学习和研究指导这场革命走向成功的马克思主义学说。中国共产党应运而生,并从此开始承担起民族独立、人民解放的历史重任。

19世纪20年代初,“十月革命一声炮响,给中国送来了马克思列宁主义。”中国共产党是中国先进的知识分子在迷惘彷徨的岁月里学习马克思列宁主义的过程中诞生的。十月革命使中国先进知识分子感悟到,实现中华民族的独立与富强,只有进行无产阶级革命,彻底打碎旧的国家机器。“走俄国人的路——这就是结论”。陈独秀、李大钊等先进知识分子以俄为师,在中国大地上首次举起了社会主义革命的旗帜,率先引进、学习和传播马克思列宁主义理论。1919年五四运动的爆发,则直接促进了马克思主义的广泛传播,引发了群众性学习和宣传社会主义的思想运动。随着形势的深入发展,一批接受马克思主义的先进分子将中国革命与工人运动相结合,于1921年7月建立了中国共产党。中国共产党的建立,为党领导下的有组织的党内学习活动奠定了基础。

中国共产党自成立之日起就高度重视党员的学习,注重用马克思主义理论来武装工人阶级的头脑。党的一大要求各地区、各行业大力开办工人夜校、补习学校,传播马克思主义,唤醒工人们的觉悟。同时,一大还专门提出了宣传学习的任务,要求全党努力宣传马克思主义,使更多的人学习接受社会主义,投入革命运动。1923年,党的第三届第一次中央执行委员会专门通过《教育宣传问题议决案》,强调要采取多种形式,加强党员对马克思主义基本原理和党纲党章的学习、讨论。为了加强先进分子的学习,党的早期领导人在湖南、上海分别创办了湖南自修大学、上海平民女校等干部教育学校。我们党正是通过学习、宣传和教育马克思列宁主义,提高了工人阶级的觉悟,扩大了党的队伍,提高了战斗力量,使自己不断发展壮大。中国共产党成立之后,其主要任务是采用苏维埃形式,组织工业劳动者、农业劳动者和士兵,宣传共产主义。这一时期的中国共产党一无军队、二无政权,在某种意义上完全是靠对无产阶级的启蒙教育来体现政党的存在,并由此集聚自己的阶级队伍。

建党初期,由于马克思主义传入中国时间不长,而且党成立不久就投入轰轰烈烈的革命斗争,对党员缺乏系统的理论教育,加之多数党员文化程度不高,因而党在马克思主义理论准备上不足,党内真正懂马列的不多,学习主要是处于效仿阶段。党的创始人之一陈独秀在为中共起草的成立纲领和共产党政治机关报《共产党》创刊词《短言》中，主张立即在中国进行十月革命式的社会主义革命，宣称："要想把我们的同胞从奴隶的境遇中完全救出，非由生产劳动者全体结合起来，用革命的手段打倒本国外国一切资本阶级，跟着俄国的共产党一同试验新的生产方法不可。"这种效仿学习使中国共产党从诞生起就接受了马克思主义理论，使中国革命少走了很多弯路。但是，也易使党内产生照抄照搬别国经验、脱离中国实际的现象，这也是中国革命和党的建设在初期遭受挫折的重要原因。

2. 自主学习阶段：大革命失败后，中国共产党肩负起独立领导中国革命的历史任务，如何找到一条适合中国国情的正确革命道路，成为党必须解决的一个历史课题。解决中国的问题，从马克思主义的本本出发远远不够，必须从中国的实际出发。

马克思主义以一种外来理论体系登上中国历史舞台，要从认识的"结论"到实践的"结果"，必须强调与中国特点和中国国情的结合。大革命失败后，毛泽东立足于中国革命的实际，深切感受到，仅有革命理论，而没有历史知识、没有对于实际运动的深刻了解，中国革命要取得成功是不可能的。为此，他先后撰写了《中国的红色政权为什么能够存在?》、《井冈山的斗争》、《关于纠正党内的错误思想》和《星星之火，可以燎原》等著作，根据中国反动统治力量集中在大城市、中国革命主力军是农民的特点，积极探索出一条农村包围城市、武装夺取政权的正确道路。它既遵循了马列主义的革命原则，又从中国的国情出发，开创了一条中国式独特的革命道路。自主探索一条有别于俄国十月革命特点的中国革命道路，并不等于中国革命就能一帆风顺地取得胜利。正因为它是一种自主探索，书本上没有，外国没有，因而在全党形成共识，还需要有一个过程。毛泽东的许多符合实际情况的正确思想主张，不仅没被那时的中央领导接受，反而遭到批判，受到排挤，致使第五次反"围剿"失败，工农红军不得不退出中央苏区和其他苏区。在实施战略大转移过程中的错误军事指挥，又使中央红军陷入十分危险的境地。

如何摆脱险境、扭转局面？还是靠学习。从红军时期开始，毛泽东就一直重视军队内部的学习教育活动。早在1929年，毛泽东在起草《古田会议决议》时就提出要把思想建设放在党的建设的首位。并指出：惟党员理论知识太低，须赶急进行教育。他还在百忙中挤出时间亲自为红军战士上政治课，讲马克思主义，进行无产阶级思想教育。同年，毛泽东负责起草的《中国共产党红军第四军第九次代表大会决议》在党的历史上第一次提出"教育党员使党员的思想和党内的生活都政治化、科学化"的概念。为了通过各种教育来提高干部和战士的政治觉悟和文化水平，1933年，培养各类干部的学校——苏维埃大学在瑞金成立，毛泽东担任校长。同时，我们党善于"从战争中学习战争"，在革命实践中获取领导战争的本领。正如毛泽东所说，"为什么要组织红军？因为要使用它去战胜敌人。为什么要学习战争规律？因为要使用这些规律于战争。学习不是容易的事情，使用更加不容易。战争的学问拿在讲堂上，或在书本中，很多人尽管讲得一样头头是道，打起仗来却有胜负之分。战争史和我们自己的战争生活，都证明了这一点。"正是通过不断的深入学习、深刻反思，党开始独立自主地运用马克思主义原理解决自己的路线、方针和政策问题，并以遵义会议为标志实现了党的历史生死攸关的转折，形成以毛泽东同志为核心的中央第一代领导集体，中央红军得以新生，中国革命转危为安。

3. 改造学习阶段：19世纪40年代初，中国共产党一方面取得了巨大的成就和丰富的经验，另一方面也暴露出一些党的干部包括高级干部马列主义水平不高和理论脱离实际照搬外国经验的弱点。学习什么、以何为目标、应具备

怎样的学习态度，成为至关重要的问题。

1938年10月，中国共产党召开六届六中全会，毛泽东在会上第一次明确地提出了马克思主义中国化的历史任务，在中国共产党的历史上对党的建设包括对党内学习教育的发展具有里程碑的意义。从六届六中全会到1942年延安整风学习，再到1945年党的七大召开，在全党持续开展了一场真正以研究中国革命实际问题为中心的深入学习马克思主义运动。

1940年1月，中央书记处专门发出关于干部学习的指示，建立干部平均每天学习两个小时的制度。后来，还把5月5日马克思的生日定为“学习节”。为了加强干部教育，在延安先后开办了中国人民抗日军政大学、陕北公学、鲁迅艺术学院、马列学院、中共中央党校、中国女子大学等干部学校。这一时期，毛泽东通过深入思考尤其是对历史和实践的总结，揭示出学习的科学内涵和精神实质，提出学习是“辩证唯物论的知行统一观”的科学论断。同时，提出把学习的态度和作风看作是党性的表现。把学习提高到党性的高度，这在中国共产党的历史上还是第一次。毛泽东先后发表《改造我们的学习》、《整顿党的作风》和《学习与时局》等一系列重要文章，深刻批判了教条主义、经验主义和主观主义对中国革命的危害，对为什么学、学什么、怎样学等问题进行了深刻、全面的阐述，提出要“把全党变成一个大学校”，“对于马克思主义的理论，要能够精通它、应用它，精通的目的全在于应用”。经过这次学习，全党从思想根源上纠正了党的历史上历次“左”倾和右倾错误，使全党从主观主义和教条主义的精神枷锁中解放出来，确立起理论同实际相结合的实事求是的马克思主义思想路线，全党的马克思主义理论水平得到空前提高。通过延安整风运动，实现了马克思主义中国化的第一次历史性飞跃，产生了毛泽东思想，为争取抗日战争的最后胜利和新民主主义革命在全国的胜利奠定了思想基础。

4. 转型学习阶段：新中国成立后，我们党面临一个前所未有的伟大历史转折，即党的工作重心由农村向城市转变，党由领导武装斗争夺取政权的革命党向领导全国社会主义建设的执政党转换。围绕学习过去不懂、不熟悉的东西，全党掀起了一股学理论、学文化知识、学科学技术、学管理经营的热潮。

如何在一个人口众多、经济文化落后的东方大国建设社会主义，怎样进行国家的工业化、现代化建设，成为中国共产党人迫切需要解决的问题。面对这一崭新而繁重的任务，在七届二中全会上，毛泽东就号召全党“我们必须学会自己不懂的东西。我们必须向一切内行的人们（不管什么人）学经济工作”，要求广大干部“在提高马克思列宁主义水平的基础上，使自己成为精通政治工作和经济工作的专家”。从革命者向建设者转型，是当时全党面对的历史性课题。

为了尽快适应这种转变，1951年全党初中以上文化的250万名党员干部，参加了高级组、中级组学习班，学习社会主义经济建设理论，在全党兴起了新的学习热潮。广大党员干部通过学文化、学知识、学业务，较快地提高了文化素质，相当多的人掌握了管理经济、文化、教育等各方面事业的本领。短短几年，党就领导人民使国民经济得到恢复和发展，迅速把一个旧中国变成了一个新中国。

国民经济恢复之后，我们党提出了社会主义工业化和社会主义改造即“一化三改造”的战略任务。在此过程中，毛泽东提出了“向外国学习”的口号。他指出，一切民族、一切国家的长处都要学。必须善于学习，要把学习与独创结合起来。在新中国成立初期的几年中，中国共产党和中国人民向国外学习，主要是向苏联学习。1962年，毛泽东在《扩大的中央工作会议上的讲话》中强调：“社会主义建设，从我们全党来说，知识都非常不够。我们应当在今后一段时间内，积累经验，努力学习，在实践中间逐步地加深对它的认识，弄清它的规律。”这次学习活动的成果，推动中国共产党实现社会稳定，恢复国民经济，顺利完成社会主义改造，并开始全面的社会主义建设。应该说，在当时情况下学习苏联，对于促进我国的建设起到了非常重要的作用。但随着实践经验的积累，我们党对于苏联经验中的一些弊端和错误，逐步有所了解。经过深入调研思考，1956 年 4 月，毛泽东发表《论十大关系》，明确提出要以苏联经验为借鉴，总结我们自己的经验，探索一条适合中国情况的建设道路。这一探索，贯穿于 1956 年至 1966 年全面建设的十年中。这十年是中国社会主义事业曲折发展的十年，也是我们党对什么是社会主义、如何建设社会主义这个问题学习和认识的十年。其间，我们取得了很大成就，也犯了一些错误。然而面对错误，我们党仍然坚持学习，在学习中纠正错误，推动国家经济社会各项工作迈向前进。

5. 重新学习阶段：党的十一届三中全会以后，"重新进行一次学习"，在思想上拨乱反正，学习一切有助于我国社会主义现代化建设的新思想、新知识、新经验，积极借鉴人类文明发展的一切有益成果，理论联系实际地深入开展学习活动，迅速成为全党的学习共识。

1976 年，"文革"结束后，中国再次处于向何处去的历史关头。在此关键时刻，邓小平提出"用准确的、完整的毛泽东思想来指导我们全党全军和全国人民"，并且旗帜鲜明地支持关于真理标准问题的大讨论。这场讨论，本身就是一次全党的学习运动，有力地推动了全国性的马克思主义思想解放运动。1978 年，在党的十一届三中全会上，邓小平指出："实现四个现代化是一场深刻的伟大的革命。在这场伟大的革命中，我们是在不断地解决新的矛盾中前进的。因此，全党同志一定要善于学习，善于重新学习。"

邓小平同志之所以提出重新学习，一是因为长期以来我们在什么是社会主义、怎样建设社会主义问题上，对马克思主义经典作家的有关结论作了教条式的理解，甚至把不是马克思主义的东西也当作了马克思主义，需要通过重新学习，使思想认识回到马克思主义的正确轨道上来。二是因为改革开放、建设中国特色社会主义同样没有现成的经验可搬，中国特色社会主义现代化建设许多领域的知识经验过去没有，需要通过重新学习去获得经验和新的知识。

全党的重新学习从各方面大张旗鼓地展开。从 1978 年 5 月开展真理标准大讨论，到 1982 年召开党的十二大，通过全党的学习讨论，重新确立了党的实事求是的思想路线，完成了党的指导思想的拨乱反正，开辟了建设中国特色社会主义道路。同时，整个中国社会形成了尊重知识、尊重人才、学习科学文化和专业技术知识的浓厚氛围。在推进建设有中国特色的社会主义事业的学习探索中，以邓小平同志为核心的党的第二代中央领导集体认真总结我国改革开放和社会主义现代化建设的经验，总结其他社会主义国家兴衰成败的历史经验和教训，紧紧围绕"什么是社会主义、怎样建设社会主义"这一根本问题，立足于中国实际，第一次比较系统地回答了在中国这样一个经济文化比较落后的国家如何建设社会主义、如何巩固和发展社会主义等一系列基本问题，创立了邓小平理论。

6. 带头学习阶段：世纪之交，国际共产主义运动受到严重冲击，国内改革、发展、稳定的任务日益加重。坚持用发展着的马克思主义研究和探讨重大的政治、经济、社会理论问题，对全党特别是党的领导干部提出了新的要求。

面对世纪之交中国特色社会主义事业的新发展，江泽民同志指出："我们不懂得、不熟悉、不精通的东西还很多，或者过去懂得的、熟悉的东西，随着科学技术的迅猛发展和知识的迅速更新，又变成不懂得、不熟悉了。所以唯一的办法，就是加强学习。"同时特别提出，党的领导干部要身先士卒，带头学习。

1993 年 9 月《邓小平文选》第 3 卷出版，全党迅速兴起学习热潮。1994 年 9 月，党的十四届四中全会提出推进党的建设新的伟大工程的战略任务。这项工程首要的任务，就是要用邓小平建设有中国特色社会主义理论武装全党。1997年9月,党的十五大正式将邓小平理论确立为党的指导思想。1999年3月至2002年9月,党中央部署在县级以上领导干部中组织开展以“讲学习、讲政治、讲正气”为主要内容的集中的党性、党风教育活动。“三讲”活动,首先是“讲学习”,是把马克思主义理论教育同党性、党风教育结合起来的一次深入学习。

从党的十三届四中全会到党的十六大,以江泽民同志为核心的党的第三代中央领导集体高举邓小平理论的伟大旗帜,准确把握时代特征,科学判断我们党所处的历史方位,在继续回答“什么是社会主义、怎样建设社会主义”的同时,开创性地解答了“建设什么样的党、怎样建设党”的问题,提出了“三个代表”重要思想,推动中国特色社会主义理论体系取得与时俱进的新成就,推动中国特色社会主义建设事业不断迈向前进。

7. 全面学习阶段:党的十六大之后,面对不断发展变化的国内外形势,面对党始终走在时代前列、永葆生机和活力的历史重任,在长期重视学习的基础上,中国共产党明确提出建设马克思主义学习型政党的目标并逐步形成系统化的理论。

十六大以来,以胡锦涛为总书记的新一届中央领导集体更加重视学习。“不学习、不坚持学习、不刻苦学习,势必会落伍,势必难以胜任我们所肩负的重大职责”。针对党在自身建设方面存在的突出问题,2004年9月,党的十六届四中全会作出《中共中央关于加强党的执政能力建设的决定》,对加强党在各方面的执政能力建设提出了一系列重要措施,并首次以中共中央全会决定的方式明确提出“建设学习型政党”。2005年1月至2006年6月,全党成功开展了以学习“三个代表”重要思想为主要内容的保持共产党员先进性教育活动。2008年9月,中央发出《关于在全党开展深入学习实践科学发展观活动的意见》,在全党分批开展深入学习实践科学发展观活动。活动过程中,胡锦涛同志指出,各级领导干部要更加紧迫地学习新知识、增长新本领。

党的十七届四中全会适应世情国情党情的深刻变化,从全面推进中国特色社会主义事业和党的建设新的伟大工程全局出发,提出把建设马克思主义学习型政党作为重大而紧迫的战略任务抓紧抓好,要求全党同志重点“学习马克思主义理论,学习党的路线方针政策和国家法律法规,学习党的历史,同时广泛学习现代化建设所需要的经济、政治、文化、科技、社会和国际等各方面知识”,强调建设马克思主义学习型政党是党面临的重大战略任务,提出要把各级党组织建设成为学习型党组织、把各级领导班子建设成为学习型领导班子。为此,2010年2月中央发出《关于推进学习型党组织建设的意见》,进一步明确了建设学习型党组织的重要意义、总体要求、主要原则、工作内容、途径方法,形成了学习型党组织建设的强大推动力。

从十六大提出建设学习型社会,直到现在正在积极推进的学习型党组织建设,中国共产党的学习,实现了从“学习”到“学习型”的转型,并且在总结历史与现实经验的基础上,逐步形成了比较系统的关于建设马克思主义学习型政党的理论,这是中国共产党对马克思主义政党理论和执政党建设理论的一个重大突破和创新。在实践中,以胡锦涛同志为总书记的党中央,认真总结我国社会主义现代化建设新的经验,在继续回答“什么是社会主义、怎样建设社会主义”、“建设什么样的党、怎样建设党”的基础上,创造性地回答了“实现什么样的发展、怎样发展”等重大理论和实践问题,提出了科学发展观的重大战略思想,这是对中国特色社会主义理论体系的新的贡献。在这一重大思想的指引下,我们从容应对一系列关系国家主权和安全的国际突发事件,战胜了在政治、经济领域和自然界出现的困难和风险,在经济建设、政治建设、文化建设、社会建设以及生态文明建设和党的建设等各个领域均取得历史性的伟大成就。

考量一个政党的学习历程，只有在历史和现实的对照中，才更加清晰；总结一个政党的学习经验，只有置于世界和时代的坐标体系中，才更有高度。中国共产党在学习中诞生，在学习中赢得革命，在学习中建设新中国，在学习中不断把中国特色社会主义建设事业推向前进，党的学习历程始终是党的全部历史的重要组成部分。重温党的学习史，给我们诸多启示和教益。

1. 坚持和发展马克思主义，实现马克思主义的与时俱进，是中国共产党引领中国革命建设和改革发展的制胜法宝。列宁说过，没有理论，党“就会失去生存的权利，而且不可避免地迟早注定要在政治上遭到破产”。但马克思主义不是僵化的、凝固的、封闭的学问，不是“一经发现就只要熟读死记的教条了”，而是随着时代的发展不断发展的科学。凡以马克思主义为指导思想的政党都需要根据时代的发展，使马克思主义在不同的时间和空间得到新的发展。正如毛泽东同志指出的：“把马、恩、列、斯的方法用到中国来，在中国创造出一些新的东西。”90多年来，中国共产党立足推进马克思主义中国化，以国情为基础，以实践为途径，不断探索和回答了“什么是社会主义，怎样建设社会主义”、“建设什么样的党，怎样建设党”、“实现什么样的发展，怎样发展”等三个重大理论和实际问题，深化和丰富了对社会主义建设规律、共产党执政规律、人类社会发展规律的认识，实现了两次历史性飞跃，产生了毛泽东思想和中国特色社会主义理论体系，使马克思主义在东方中国焕发出强大创造力和生命力。当今世界正处在大发展大变革大调整时期，只有始终坚持解放思想、实事求是、与时俱进，在科学把握马克思主义的基本原理的同时，结合所处的时代特征，赋予马克思主义以崭新的时代内容，才能不断开创马克思主义发展的新境界。

2. 坚持理论联系实际的良好学风，做到学以致用、学用相长，是确保中国共产党沿着正确学习方向前进的基本要求。正如江泽民同志指出的那样：“我们党有一条宝贵经验，就是每当革命和建设处在重大历史关头，总是特别重视理论指导，总是结合不断发展的实际加强党员、干部的理论学习。”理论联系实际历来是马克思主义的一条基本原则，也是党历次学习运动的基本要求。尽管各次党内学习活动是在特定历史条件下进行的，但把学习与实践统一起来，以解决党内突出问题为重点，改善和加强党的整体建设的做法却始终如一。延安整风之所以取得突出成效，很重要的一条就是贯彻了学习与实践相统一的原则，从端正学风入手，认真总结了党的“左”、右倾错误的经验教训，在普遍提高党员特别是党的高级领导干部马克思主义素养基础上，重点解决了党的思想路线问题。实践证明，学习与实践联系的越紧密，越有助于增强学习的有效性。反之，若不是着眼于重点提高党员的思想认识水平、解决党内的突出问题，而是突出组织处理，就可能把党内学习教育活动引到政治运动的路子上。这是历史得出的深刻教训。当前我国经济正处于转型时期，社会变革愈加向纵深推进，我们党肩负的历史使命愈加艰巨，要继续坚持和弘扬理论联系实际的马克思主义学风，围绕本地区本部门本单位的工作实践，围绕经济社会发展的实践，不断研究新情况、解决新问题、探索新路子，努力开创中国特色社会主义事业的新局面，进一步彰显马克思主义新的伟大力量。

3. 坚持将加强学习与促进党的各项事业相统筹、相促进，努力使学习与时代同步，是中国共产党永葆先进性的不懈追求。在我们党的发展历程中，特别是在发展的关键时期，通过学习凝聚智慧、统一思想，从而推进中心工作、实现重大历史目标，是一个基本规律。实践表明，我们的学习活动只有紧密结合党和国家工作大局来谋划、来部署、来推进，努力做到与国际国内形势相契合、与中央重大决策部署相契合、与人民群众的关注和期待相契合，才能使党的队伍得到锻炼和提高，增强凝聚力和吸引力，提高执政能力和领导水平，促进党的事业的顺利发展。如果违背了这一原则，就会使党的建设受到削弱，使党的事业遭受损失。当前，我们要着眼把握好贯彻落实科学发展观的路线方针和政策，坚持围绕中心、服务大局，找准学习活动与党建工作、与中心任务的结合点和切入点，把促进科学发展作为最大学习实践，抓紧学习人类社会创造的一切科学的新思想新知识，真正做到学以立德、学以增智、学以创业，切实推动党建工作与经济社会发展相互促进，实现党的建设和经济社会科学发展、和谐发展。

4. 坚持向群众学习，凝聚人民群众的智慧，是中国共产党引领中国发展的力量源泉。人民群众是社会历史发展的主动力。中国革命建设改革取得的恢宏事业，在于党的正确坚强领导，更在于广大人民群众积极参与和大力支持。我们党在不断发展变化的新形势面前，在繁重的改革发展任务面前，在不断出现的新课题、新情况面前，总是以“满腔的热忱”、“眼睛向下的决心”、“求知的渴望”、“放下臭架子、甘当小学生的精神”，恭恭敬敬拜群众为师，从群众中获得推动革命、建设、改革的真知。同时，十分警惕“尾巴主义”倾向，坚持用通俗易懂的形式、生动活泼的语言文字向人民大众宣传、灌输党的科学理论，尽力提高大众的认知水平和思想觉悟，更好地增强实践的主动性、积极性和创造性。现阶段，要将向群众学习与深入群众推进中国马克思主义大众化结合起来，始终尊重群众的主体地位和首创精神，引导党员干部深入基层、深入群众，汲取人民群众创造的鲜活经验，把感性认识提升为理性认识，把政治智慧的增长、执政本领的增强扎根于人民群众的伟大实践之中。同时，围绕推进中国特色社会主义理论体系普及计划，把中国特色社会主义理论体系的内容和要求进行深入浅出的阐释，使之真正为广大群众所理解和接受，真正转化为强大的物质力量。

5. 坚持自觉学习与组织推动相结合，不断探索建立科学管用的学习机制，是中国共产党学习活动取得成效的根本保障。学习是全党一项光荣而艰巨的任务，既要靠个人自觉，也要靠组织推动。同推进其他重要工作、重大事业一样，在学习方面，我们党非常强调发挥领导干部的带头作用。在新民主主义革命以及社会主义革命和建设时期，毛泽东是我们全党学习的表率。改革开放新时期，以邓小平、江泽民、胡锦涛为代表的中国共产党人也倡导学习、带头学习，通过领导全党学习，着力解决改革发展中的各种矛盾问题。同时，我们党非常重视加强对学习活动的领导。从毛泽东开始，我们党就日渐形成了一整套行之有效的学习制度；改革开放以来，特别是党的十六大以来，中央领导层面的集体学习更加正常化、系统化、制度化，还建构了从中央到地方、从领导到干部的学习组织机构和学习管理机制，有效促进了我们党执政能力的提高。学习永无止境，学习型政党建设必须着眼长远。我们应更加重视从各级领导班子抓起，大力倡导党员领导干部带学帮学促学；更加重视加大学习制度建设和创新力度，切实把制度规定转化为行为准则和自觉行动，为全面推进中国特色社会主义伟大事业作出积极贡献。

（作者：中共浙江省委宣传部常务副部长）

建设马克思主义学习型政党研究三题

孙秀民

从2001年党中央提出“创建学习型社会”,2004年提出“建设学习型政党”,2009年提出“建设马克思主义学习型政党”,到2010年印发《关于推进学习型党组织建设的意见》,学术界围绕学习型政党问题进行了诸多研究和探索,取得了可喜的研究成果。可同时,也存在着一些不足,如解读性研究、重要性研究较多,而实际调查研究、可操作性研究较少;套用彼得·圣吉教授的学习型组织理论的研究较多,而对马克思主义经典著作中学习型政党思想的挖掘研究较少;对中国共产党自身学习的研究尤其是纵向研究多,而从世界政党政治的视角所做的横向比较研究较少,等等。笔者认为,为了进一步推进当前的马克思主义学习型政党建设,需要在总结已有理论和实践探索的基础上,深入研究建设马克思主义学习型政党的理论、历史和现实三个方面的问题。

一、建设马克思主义学习型政党的理论研究

“没有革命的理论,就不会有革命的运动。”建设马克思主义学习型政党实践,需要深刻的理论指导。研究建设马克思主义学习型政党的理论问题,重点是研究学习型组织的基本理论、马克思主义经典作家关于学习的重要论述,弄清马克思主义学习型政党的内涵及其与执政党建设之间的内在关联,构建马克思主义学习型政党建设理论体系,为马克思主义学习型政党建设提供理论支撑。

(一)研究建设马克思主义学习型政党的思想渊源

任何理论和学说,都必须把继承人类文明成果和借鉴有益的经验作为自己的思想来源,马克思主义学习型政党建设理论也不例外。马克思主义学习型政党建设有其深厚的思想渊源。

首先,中华民族是一个勤于学习、崇尚读书的民族,古代先贤哲人从各个方面对学习做了丰富而深刻的阐述,从不同层面对学习经验做了高度概括。我们要研究中国古代思想家政治家关于学习及其对个人修身、国家发展和社会进步的作用的思想。其次,马克思、恩格斯、列宁等马克思主义经典作家历来重视学习,尽管他们没有提出过学习型政党的概念,但在他们的理论中也包含有政党学习的思想。我们要研究马克思、恩格斯、列宁等马克思主义经典作家关于学习的思想及其实践,分析政党学习在党的建设中的地位和作用。再次,重视学习并善于学习是中国共产党的优良传统和政治优势。以毛泽东、邓小平、江泽民为核心的三代中央领导集体,以及以胡锦涛为总书记的党中央对党的学习都做了艰辛的理论与实践探索。我们要研究他们重视学习的思想和实践,分析政党学习在党的建设中的地位和作用,以及学习对革命、建设和改革的作用,并总结各自的特点、规律及其对学习型政党建设的启示。此外,我们党历来重视并主动学习国外先进理论和经验,善于汲取世界先进文明成果为己所用。提出建设学习型政党,在很大程度上是借鉴了国外学习型组织、政党理论等相关理论的。所以,我们要研究概括学习型组织理论、政党政治理论的精髓,特别要深入探讨学习型组织学习的过程、影响及其制约因素,组织学习模式,以及组织状况与学习效果的关系,总结各自理论的不同特点及规律性,剔除其阶级性,以为我们党进行学

习型政党建设所借鉴。

（二）研究建设马克思主义学习型政党的基本理论

马克思在《〈黑格尔法哲学批判〉导言》中指出："理论一经掌握群众，也会变成物质力量。理论只要说服人，就能掌握群众；而理论只要彻底，就能说服人。所谓彻底，就是抓住事物的根本。"可见，建立科学的建设马克思主义学习型政党理论对于马克思主义学习型政党建设实践至关重要。因此，我们要在阐释马克思主义学习型政党建设思想渊源的基础上，总结中国共产党进行学习型政党建设的历史和现实经验，同时借鉴国外主要政党在学习方面的经验、教训及政党现代化的一般理论，研究如下问题：

一是马克思主义政党和执政党建设规律。阐明政党建设一般规律、马克思主义政党特别是执政党建设的特殊规律，着重考察马克思主义政党不断学习，加强和调整自身建设的历史并总结其规律性。二是马克思主义学习型政党内涵及特征。弄清学习型社会与学习型政党、学习型组织与学习型政党、学习型政党与马克思主义学习型政党、马克思主义学习型政党与马克思主义学习型政党建设的联系和区别，明确马克思主义学习型政党的深层次含义和特征。三是马克思主义学习型政党建设的依据和重大意义。分析马克思主义学习型政党建设的理论依据、历史依据和现实依据，阐述进行马克思主义学习型政党建设的重大理论意义和现实意义。四是马克思主义学习型政党建设的任务、目标、路径及考核评价。分析马克思主义学习型政党建设在党的建设总体布局中的地位和作用、任务及目标，阐明如何以科学的理论指导、以科学的制度保障、以科学的方法推进马克思主义学习型政党建设，构建学习型政党建设的考核评价及指标体系。

二、建设马克思主义学习型政党的历史研究

"欲知大道，必先为史"。读史可以明辨，可以鉴往知来。推进马克思主义学习型政党建设还要深入研究学习型政党建设的历史，梳理和总结中国共产党进行马克思主义学习型政党建设的历史进程和基本经验，考察并总结国外主要政党特别是苏联东欧社会主义国家政党学习建设的经验教训，揭示其基本规律和共同特点，为马克思主义学习型政党建设提供历史借鉴。

（一）研究中国共产党学习型政党建设的历程及基本经验

中国共产党历来重视学习、勤于学习、善于学习，把学习作为加强党的自身建设的重要举措。中国共产党领导中国革命、建设和改革的历史就是一部创造性学习的历史。每当面临重要历史关头或者重大现实问题时，党都善于通过学习来提高认识、解决问题、继续前进。因此，我们要对党在革命、建设和改革不同历史时期进行学习型政党建设状况进行历史考察，研究、总结改革开放以来特别是党的十三届四中全会以来，"三讲"教育、保持共产党员先进性教育、学习实践科学发展观活动的经验，展现中国共产党进行学习型政党建设的历史轨迹，概括其主要特点，揭示其基本规律，总结其基本经验。

具体来说，一是梳理革命、建设和改革不同历史时期，中国共产党进行学习型政党建设的历程，研究不同历史时期党中央领导集体核心成员关于党员及党员领导干部学习的思想及其具体学习实践，从总体上把握和评价中国共产党历史上的学习型政党建设；二是研究每一历史时期的党员及党员领导干部学习在党的建设中的地位、作用，探究党员及党员领导干部学习的动力因素及影响和制约其学习的主、客观条件；三是研究世情、国情、党情甚至人情的变化与学习型政党建设的互动关系，从更广阔的视域中把握党的自身建设规律，指明学习型政党建设的发展方向及路径。

（二）研究国外主要政党特别是苏联东欧社会主义国家执政党学习方面的经验教训

近代以来,世界绝大多数国家都存在政党现象,实行政党政治,尽管它们有着不同的阶级背景和政治理念,代表不同的阶级、阶层和集团的利益,但是,适应环境条件变化而随之学习变革,加强自身建设,巩固执政地位,是执政党追求的共同目标。可以说执政党建设问题,也是一个世界性的课题。许多国家的执政党由于没有很好地解决这一课题,以致在执政过程中遇到挫折,有的甚至丧失了执政地位。所以,无论是资本主义国家政党还是社会主义国家政党,无论是发展中国家政党还是发达国家政党,都可以互相借鉴治国理政和自身建设的经验教训。我们建设马克思主义学习型政党应该研究如下问题:一是以世界社会主义事业曲折发展的历程为背景,研究苏联东欧社会主义国家执政党在政党学习方面的经验、教训。二是以发达国家现代社会深度发展中面临的各种挑战为背景,研究西方发达国家主要政党在党的建设特别是学习方面上的应对、调整及其方法举措;以发展中国家社会转型为背景,研究发展中国家主要政党在党的建设特别是学习方面上的应对、调整及其方法举措,并从中汲取有益借鉴。

三、建设马克思主义学习型政党的现实研究

建设马克思主义学习型政党既是理论问题,也是历史问题,更重要的是解决党的建设中的现实问题。研究建设马克思主义学习型政党的现实问题,主要是针对学习型党组织建设中存在的具体问题,通过实地调查研究,分门别类地提出学习型党组织建设的具体内容和建设路径,构建学习型党组织建设的考核评价体系,为马克思主义学习型政党建设提供决策参考。

(一)研究学习型党组织建设现状、主要问题及其成因

2010 年 2 月中共中央办公厅印发的《关于推进学习型党组织建设的意见》指出:“把各级党组织建设成为学习型党组织,是建设马克思主义学习型政党的基础工程。”也就是说,进行马克思主义学习型政党建设,基础在各级党组织,而且学习型政党建设的主体也是各级党组织以及全体党员干部。长期以来我们党始终把学习作为保持共产党员先进性、提高党员干部能力素质的基础工作,从中央到地方的各级党组织都高度重视,广大党员干部学习的自觉性不断提高,党内的学习风气越来越浓厚,学习的组织化程度不断提高,从中央到地方的各级党组织都建立了相关学习制度,学习型党组织建设取得了显著成效。同时,我们也必须清醒地看到,当前的学习型党组织建设还存在一些不容忽视的问题。主要表现在:

一是整体推进不够平衡。党政机关和事业单位党组织相对于企业、社区、“两新”组织中的党组织要好一些,生产经营正常的企业党组织相对于生产经营不太正常的企业党组织要好一些,城市党组织相对于农村党组织要好一些。二是组织化程度不够高。少部分上级党组织对下级党组织和党员的学习活动指导、督促不够,有的单位把党员组织起来学习不够,党员个人的学习仍处于自发状态,学习效果不太理想。三是学习组织形式单一、方式方法简单、缺乏必要的载体和平台。四是学用结合效果不够明显。在学习内容的选择上与本职工作、与加快发展的现实要求结合得不够好,存在着为学习而学习的现象,等等。导致这些问题发生的原因是多方面的,但归纳起来,无外乎是环境、党员自身和制度三个方面。所以,我们应该在对党政机关、事业单位、国有企业、农村、社区和“两新”组织等基层党组织开展学习型党组织建设进行充分实际调查的基础上,研究如下问题:

一是从理论和实践相结合的视角,阐释学习型社会建设、马克思主义学习型政党建设、学习型党组织建设、学习型社区建设、学习型机关(组织)建设之间的区别和联系,特别是研究马克思主义学习型政党建设(学习型党组织建设)在创建学习型社会、学习型社区、学习型机关(组织)中的地位和作用;二是总体上把握学

习型党组织建设现实状况、存在的主要问题及其在党政机关、事业单位、国有企业、农村、社区和“两新”组织等不同领域党员和党组织中所占的比例、程度；三是应对问题产生的根源从环境（社会环境、党内环境、单位环境）、党员及党员领导干部自身、制度三个方面，特别是从党员理想和信念深层次进行探究。

（二）研究学习型党组织建设的内容及路径

党的十七届四中全会明确要求，建设马克思主义学习型政党，就是要把学习科学理论和先进知识在全党形成制度、形成风气，就是要以有效的学习提升党的创新能力，增强党的生机活力。把中国共产党建设成为科学理论武装、具有世界眼光、善于把握规律、富有创新精神的马克思主义政党。为了实现这样的目标，应当突出重点，坚持推进马克思主义中国化、时代化、大众化，坚持用中国特色社会主义理论体系武装全党，坚持开展社会主义核心价值体系学习教育，建设学习型党组织。这是一个总的目标和要求，其在不同领域和行业党组织、不同层级的党组织中的具体体现及其实现路径是不尽相同的。为此，我们应该在对党政机关、事业单位、国有企业、农村、社区和“两新”组织进行学习型党组织建设实际调查分析的基础上，按照上述领域和行业，分门别类进行研究，按照科学理论指导、科学制度保障、科学方法推进原则，制定和完善党政机关、事业单位、国有企业、农村、社区和“两新”组织进行学习型党组织建设的实施方案，构筑和完善各自领域和行业的学习型党组织建设长效机制。

具体来说，一是研究学习型党组织建设内容及路径选择的共性、层级性和差异性。探究如何将中央提出的学习型政党建设的总目标和要求分解，具体化为不同领域、不同层级党组织及党员干部的学习目标、内容及实现路径。二是研究如何以科学理论指导不同领域、不同层级的学习型党组织建设。以科学理论作指导是加强学习型党组织建设的前提和基础。要分析如何坚持马克思主义，与时俱进，创新理论，辅之组织学习、学习型组织等教育学和管理学理论；同时将科学理论大众化，使其掌握广大党员干部，转化为学习型党组织建设的物质力量。三是研究如何以科学制度保障不同领域、不同层级的学习型党组织建设。科学制度是加强学习型政党建设的重要保证。探究怎样建立健全学习动力激励制度、学习组织管理制度、学习考核评估制度以及学习保障制度。四是研究如何以科学方法推进不同领域、不同层级的学习型党组织建设。科学方法是加强学习型党组织建设的手段。要全面总结党在长期实践中积累起来的被实践证明是行之有效的正确的党的建设方法，同时，也积极探索如何将管理学、教育学、心理学等现代科学方法运用到学习型政党建设中，借鉴国外主要政党的有益做法，着重研究信息网络化背景下党建工作方法的创新问题，以及如何更好地运用信息网络技术来加强和改进党的建设、提高党建工作效率等问题。

（三）研究评价学习型党组织建设的考核评价及指标体系

中央印发《关于推进学习型党组织建设的意见》之后，各地各级党组织根据本地区本部门的实际，制定了具体的实施意见，有的已经建立了相应的考核办法、评价指标体系和评价机制，适用于本辖区内的各级各类党组织。如辽宁省印发了一本以学习型党组织建设考核评价体系为主要内容的《建设学习型党组织工作指导手册》，湖北出台了《湖北省党委（党组）中心组学习考核评比办法》、《党委（党组）中心组考核评分细则》；也有的省、市、自治区尚未印发统一的考核办法和评价指标体系，但所辖区域和不同领域根据本地或者本单位实际自行拟定相关考核办法和评价指标体系。如《天津市东丽区先进学习型党组织创建标准》、《天津市东丽区创建先进学习型党组织考评细则》等。这些科学、规范、有效的考核评价办法和指标体系，有力地推动了学习型党组织建设。但现实中也存在着基础理论支撑不够，考核可操作性、针对性、前瞻性有待提高等问题。因此，我们应该进一步研究评价学习型党组织建设的考核评价及指标体系，分别提出党政机关、事业单位、国有企业、农村、社区和“两新”组织加强学习型党组织建设的考核评价及指标体系。

具体来说，第一，研究考评主体，即谁来考。考评主体可以分为三个层级，一是上级主管部门及领导，二是同级主管部门领导及同事，三是下级部门领导及人员；也可以按照条块结合、分级负责、归口管理、便于联系的原则，成立专门的考评组织，分别对下级党组织进行考评。是三个层级的考评主体都参与考评、各占多大的比例？还是由专门成立的考评组织进行考评？它们各自的优点和不足是什么？第二，研究考评谁，即被考评对象。被考评对象一般可以分为组织和个人，就组织来说，包括党委（党组）、分党委及党支部、领导班子，就个人来说包括领导干部、党员。对他们的考评内容和要求有什么不同？非中共党员的领导班子成员、领导干部是否是被考评对象？第三，研究考评什么，即考评指标体系。考评内容可以分为学习态度、学习形式、学风建设、学习管理、学习成效、群众评价等大项指标，每一大项指标中还可以再设置数目不等的具体指标，每一项指标，都可划分为很好、较好、中等、一般、差、很差等不同等级，分别对应不同的分值。是各领域统一使用一个指标体系？还是分门别类地使用各自的指标体系？或者是二者兼而有之，即在统一使用一个指标体系的同时，留有一定比例的各自领域特色指标？此外，为了鼓励各地、各部门争先创优、推动发展，是否还可以设置加减分项目？所占比例多大？第四，研究怎么考评。考评的办法有多种形式，如自评自查、专门组织考评、逐级考评、随机抽查、查看档案资料、民主测评等等。要考察每种考评形式的优劣、哪几种形式的组合及权重多少，才能保证考评结果的客观、真实、准确，从而增强考评结果的说服力。第五，研究考评结果如何用。最终考核结果分为优秀、合格、不合格三个等次或者其他等次，是否可以作为表彰先进和考核领导班子、选拔培养干部的重要依据？凡考核不合格的单位或者个人，是否不得参加党建、思想政治工作、精神文明创建等方面先进单位的评选？凡此种种，都需要深入研究。

总之，进一步推进马克思主义学习型政党建设，需要围绕什么是马克思主义学习型政党、怎样建设马克思主义学习型政党这个核心，深入研究学习型政党建设的思想渊源和理论基础，构建学习型政党建设理论体系，为马克思主义学习型政党建设提供理论支撑；梳理和总结中国共产党进行学习型政党建设的历史进程和基本经验，考察并总结国外主要政党特别是苏联东欧社会主义国家执政党在政党学习建设方面的经验教训，为马克思主义学习型政党建设提供历史借鉴；针对目前学习型党组织建设中存在的具体问题，分门别类地提出学习型党组织建设的内容、路径及考核评价体系，为马克思主义学习型政党建设提供决策咨询。

（作者：北京师范大学马克思主义学院教授、博士生导师）

抓龙头、抓重点、抓创新、抓机制

——建设学习型党组织的着力点

中共北京市委理论学习中心组

党的十七届四中全会以来，北京市把学习型党组织建设放在突出位置，按照中央的总体部署，着力抓龙头、抓重点、抓创新、抓机制，在全市范围内形成了领导干部带学促学、党员干部广泛参与、先进典型和品牌活动大量涌现、学习服务体系不断丰富、机制体制逐步完善的良好态势，为推动首都科学发展提供了强有力的思想保证。

一、着力加强党委中心组学习，充分发挥领导干部的龙头带动作用

各级党组织以党委（党组）中心组为龙头，以处级以上干部为重点，把理论学习中心组建成本地区、本部门学习型党组织建设的"示范班"。我们努力抓好中心组专题学习会、领导干部学习心得发布和考察调研。每年年初，中央政治局委员、市委书记刘淇同志亲自指导制定市委市政府中心组学习计划，对全市学习提出明确要求。市委市政府理论学习中心组坚持以问题为中心，做到"三个必学习"，即重大决策前必学习、解决突出问题时必学习、谋划长远发展时必学习。2010 年以来，举办了 30 余次专题学习会。市委市政府理论学习中心组成员密切联系各自分管工作，围绕重大理论和现实问题进行深入探讨，党报党刊开辟专版专栏，刊登领导干部学习中央和市委精神的理论文章，许多中心组开展了领导干部调查报告评选、书记讲党课等活动，努力做到领导干部先学有动力、深学有成果、带学有平台。坚持理论联系实际，把学习与推动本地区本部门本单位的工作结合起来，开展贯穿全年的调研活动。各区县各部门也根据自身工作实际积极开展调研，使调研成为全市领导干部向实践学习、向群众学习的重要途径。

二、着力抓好党的理论创新成果学习，不断提高党员干部思想政治素养

把理论武装作为首要任务，始终把学习中国特色社会主义理论体系特别是科学发展观列为学习的重要内容，注重引导党员干部深入学习领会科学发展观的科学内涵和精神实质，进一步增强领导和推动首都科学发展的能力和水平。我们紧紧围绕党的十七届四中、五中、六中全会等重要会议，组织党员干部深入学习四中、五中、六中全会重大决策部署和胡锦涛总书记"七一"重要讲话精神，学习党领导人民进行革命、建设和改革取得的伟大成就和宝贵经验，把全市党员的思想和行动统一起来。深入学习现代化建设必需的各方面知识，将学习与人文北京、科技北京、绿色北京战略结合起来，与建设中国特色世界城市的目标结合起来，与区域发展和部门工作结合起来，市委市政府中心组带头学习低碳经济和绿色经济、保险业发展改革、现代传播体系建设等科技、经济、社会管理知识。各区县各部门也在学习型党组织建设中，加大对市场经济、国际关系、社会管理和信息技术等知识的学习，在优化知识结构、开阔思路、把握规律中，不断提高领导科学发展的能力。此外，我们大力推动"北京精神"的提炼、学习和践行工作。在全市启动了"北京精神"表述语评选活动，近 300 万党员和市民参与投票评选，确定了"爱国、创新、包容、厚德"的

"北京精神",评选活动增强了首都市民的参与意识、爱国意识、公德意识,成为北京市建设社会主义核心价值体系的鲜活实践。此后,我们统筹推进宣传普及、研究阐释、景观布置、文艺创作等学习宣传教育活动,使"北京精神"在全体干部群众中内化于心、外践于行。

三、着力创新学习形式、丰富学习载体、整合学习资源,不断激发党员干部内在的学习热情

我们广泛举办各种形式的报告、论坛、讲座,成立学习讲坛、读书学会、大讲堂等,打造"周末社区大讲堂"、"检察系统技能比武活动"、"读书、荐书、评书活动"、"百姓读书月"等学习品牌,大力开展社科理论进社区、进学校、进农村、进工地"四进"系列活动。组织开展中央国家机关部委和北京市基层单位的"主题联学"活动,畅通中央单位与基层学习对接的渠道。在发挥党校、行政学院、干部学院主阵地作用的同时,在8所著名高校建立北京市干部教育培训基地,为全市党员干部学习提供更多的服务选择。在巩固传统学习平台的同时,充分利用网民规模大、互联网普及率高、信息产业发达的优势,拓展网络、手机等新兴媒体学习平台。整合领导干部、党员群众、专家学者三支队伍,开展学习辅导活动。率先成立百姓宣讲团,把焦点对准百姓,把话筒交给百姓,把舞台让给百姓,深入部队、社区、企业开展宣讲活动,现场听众逾百万人次。结合北京市高校院所众多、区域智力资源丰富的特点,建立理论学习专家资源库,组织高水平的理论学习讲座,采取"大家著小书"的形式,编写通俗理论读物"领导干部半日读",推进实施"理论人才进区县"计划,设立市级应用对策研究基地进行试点,进一步搭建起理论工作者和实际部门工作者共同学习研究问题的平台。

四、着力完善学习制度和协调管理机制,推进学习型党组织建设的科学化、制度化、规范化

我们在建章立制、提高制度的执行力和约束力上下功夫,不断完善学习型党组织建设的协调机构,确保各项工作落到实处。成立与市党建领导小组合一的北京市建设学习型党组织工作协调小组,统筹推动全市学习型党组织建设。每年组织召开全市建设学习型党组织工作经验交流会,举办全市党委(党组)中心组秘书培训班,交流经验,沟通信息,统一思想,创新思路。加强分类指导,根据机关、企业、社区、农村、学校等各类党组织,以及新经济组织、新社会组织的特点,提出学习型党组织建设的重点和要求,切实增强工作的针对性实效性。努力探索建立科学完备、符合实际、行之有效的学习制度,进一步健全学习的组织管理机制,健全集体学习、个人自学、调查研究、岗位轮训、主题教育、成果转化等各项制度,形成完备的制度体系。严格执行包括学习考勤、个人自学、集体研讨、学习档案、学习交流、专题调研、学习通报和学习考核等在内的一系列行之有效的制度,进一步健全学习考核制度,坚持把学习情况作为评议党员、综合考核评价领导班子和领导干部的重要内容,把理论素养、学习态度和学习能力作为选拔任用领导干部的重要依据。按照"突出特色、注重实效、典型引路、示范带动"的原则,在全市范围内组织开展示范点和品牌活动认定工作,结合"走基层、转作风、改文风"活动,组织理论专家、新闻工作者深入调研,总结各级党组织的新鲜经验,做好对示范点和品牌活动的指导、检查、考核工作。统筹党报党刊、电台电视台等媒体,拓展都市媒体,采取"巡礼式"报道形式,推广基层首创、群众认可的品牌活动,集中展示全市学习型党组织建设的经验做法,在全市范围内形成一级带一级、逐级推动、逐级示范的良好氛围。

强化央企机关学习型党组织建设的动力机制

张晓民

把各级党组织建设成为学习型党组织，是建设马克思主义学习型政党的基础工程。在做强做优、培育具有国际竞争力的世界一流企业实践中，加强中央企业各级机关学习型党组织建设具有十分重要的引领作用。为此，必须强化机关学习型党组织建设的动力机制。

一、强化领导示范机制

各级机关中的领导干部特别是部门负责人，在学习型党组织建设中的表现情况，具有很强的示范意义。领导干部要率先垂范，在学习理念、态度、方法等方面，切实为机关工作人员作出表率。

一是充分认识领导示范的重要意义。领导干部带头树立自觉学习、终身学习的理念，在不断学习过程中创新思维、创新工作，就会在整个机关形成辐射效应。作为机关工作人员，为了适应领导的新思维，就会自动跟进，在学习中提升自己。在领导干部大力倡导、自觉学习的氛围中，如不重视学习，不积极学习，就不能适应领导要求，这种无形的压力，必然会激发起更强的学习自觉性。一些机关学习型党组织建设力度大，风气浓，主要原因就是领导示范作用到位。反之，良好的学习风气就难以形成。

二是全面把握领导示范的基本内涵。首先体现在学习内容上。当前，各级领导干部要自觉适应推动科学发展、促进企业和谐的根本需要，根据各个央企的发展目标、发展战略、发展模式，在加强基本理论学习的同时，主动学习市场经济理论、现代企业管理知识、新技术新工艺等，增强转变发展方式、提升核心竞争力的能力。其次体现在学习方法上。领导干部要创新学习方法，在重视向书本学习的同时，更加重视向群众学习，向实践学习，总结提炼新经验，增强把握和处理问题的能力。第三体现在学习效果上。领导干部要把实践运用作为重要导向，坚持在学习中工作，在工作中学习，解决新问题，打开新局面。

三是正确运用领导示范的科学方法。领导示范有了科学的方法，才能发挥应有的作用。要说给下属听，重视言传作用，善于理性思考，在为什么学、学什么、怎么学等问题上，形成具有单位特色、个人风格的认识体系，持续强化提高；要做给下属看，重视身教作用，通过自身态度和行为，做出示范，立好标杆；要带着下属学，重视实践作用，利用一切机会，加强上下互动，共同探讨学习方法，分享学习成果。

二、强化宣传引导机制

把握正确导向、培育良好文化是机关学习型党组织建设的重要环节。要在氛围营造、典型选树、载体推动上下功夫，建立健全宣传引导机制。

一是加强氛围营造。大力宣传学习型党组织建设的重要意义和经验做法，引导机关党员干部把学习当成一种工作方式和生活方式。

二是加强典型选树。要结合机关工作、人员特点，大力选树在学习科学发展理论，推动转变发展方式上取得突出成绩的典型；学习新技术新工艺，培养企业核心竞争力的典型；学习市场经济基本知识，推动企业转换经营机制的典型等。

三是加强载体推动。要结合企业发展阶段性特点，精心策划主题，采取专题讲座、专家报告会等形式，传播新理念、新知识，帮助机关人员开阔视野、更新思维；采取论坛、读书沙龙等形式，引导机关人员在互动中激发兴趣，改进方法，提高学习效果；运用信息网络技术手段，推进学习资源共享，不断提高学习教育的信息化水平。

三、强化检查考核机制

在加强教育引导的同时，要切实强化检查考核，把机关人员的自觉追求和各级组织的督促检查结合起来，更好地推动机关学习型党组织建设。

一是突出针对性。要紧密结合机关的职责、工作和队伍特点，确定学习内容的检查重点。通过检查考核，引导中央企业各级机关和工作人员在重视学习中国特色社会主义理论体系、社会主义核心价值体系，紧紧围绕各自确定的新时期发展目标、战略、模式，重视学习反映世界发展趋势的市场经济、企业管理、技术工艺等方面的新理论、新知识，把握工作规律性，增强工作主动性。

二是突出有效性。通过定期和不定期检查考核，督促各部门建立健全和严格执行党组织集体学习制度、党员干部培训制度、机关调查研究制度、党员个人自学制度等。当前要重视检查调查研究制度制定、落实情况，督促机关部门深入实际、深入群众，做到问题在一线发现，办法在一线产生，效果在一线体现。重视检查个人自学制度的制定落实情况，督促机关党员干部制订学习计划，强化日常学习。

三是突出务实性。要结合机关管理、服务、协调等基本职责，在检查考核中，重视考察是否通过学习创新工作思路和措施办法，推动市场拓展、结构调整、降本增效等主要矛盾和问题的解决；重视考察是否通过学习增强把握运用政策的能力，推动机关工作水平的提高；重视考察是否通过学习推动“文明、敬业、高效、廉洁”机关创建活动，增强服务意识，转变工作作风。

四、强化利益导向机制

利益导向问题和检查考核问题密切相关，同时又有其内容上、作用上的特殊性。只有体现到、落实到利益导向上，检查考核的作用才能充分发挥出来。

一是与收入报酬紧密结合。完善机关绩效考核政策，将学习情况体现在绩效考核中，发挥其有力的杠杆作用。制定完善相关政策，帮助解决实际问题，鼓励机关人员参加各种提高学历、提升素质的学习。

二是与晋升使用紧密结合。完善干部选拔机制，改进选拔方法，把学习理念、能力、效果作为考核、选拔、使用干部的重要条件，使学习型干部脱颖而出。重用热爱学习、善于学习、学有成效的人，就能激励更多的人自觉学习，刻苦学习。

三是与评先评优紧密结合。要把学习态度、学习方法和学习效果作为评先评优的重要条件，关注考察对象是否有较强的学习力、较强的创新力、较强的发展力，增强评先评优的时代特色。

（作者单位：中国石油化工集团公司思想政治工作部）

坚持学以致用　推动科学发展

中共黑龙江省委理论学习中心组

加强和改进党委中心组学习，是提高领导班子和领导干部科学决策水平及执政能力的有效途径。党的十七大以来，黑龙江省委理论学习中心组大兴理论联系实际的马克思主义学风，坚持理论与实际、学习与运用、思想与行动相统一，学以致用、用以促学、学用相长，充分发挥了解放思想、凝聚共识，集聚智慧、科学决策，推动创新、加快发展的作用。

一、坚持以学促研，创新发展思路

在深入学习中，我们着力找准解放思想的关节点，探寻加快发展的增长点，形成贯彻落实中央精神要求、符合省情实际的发展思路，有效推动了经济社会科学发展。

在学习中解放思想，做到敢破敢立。坚持把解放思想贯穿理论学习全过程，着力在解放思想中统一思想，以新的理念引领新的发展。通过深入学习，有效破除因循守旧、故步自封的思想观念，树立改革创新、又好又快的发展理念；破除物本位、官本位的思想观念，树立以人为本、注重民生的发展理念；破除单纯依靠资源、片面追求 GDP 增长的思想观念，树立全面协调可持续的发展理念；破除急功近利、本位主义的思想观念，树立顾全大局、统筹兼顾的发展理念，为推动科学发展奠定了坚实的思想基础。

在学习中研判省情，明确发展优势。坚持从实际出发，在对省情进行全面了解、深刻认识的基础上作出科学规划，提出有力措施。围绕加快资源优势向经济优势和市场竞争优势转化这一重大课题，先后组织多次专题辅导和现场考察。通过学习研讨，省委明确了实现黑龙江跨越发展的“十大优势”，为创新发展思路提供了有力的现实支撑。

在学习中创新思路，形成建设“八大经济区”和“十大工程”发展战略。2008 年，省委理论学习中心组经过深入学习、反复论证，提出了建设“八大经济区”和“十大工程”发展战略。根据这一发展战略，近年来，相继实施了以大项目建设拉动投资保增长、以“十大重点产业”构建现代产业体系、以“八项工程”推动文化大发展大繁荣、以办好惠民实事促进社会和谐稳定、以“三优”文明建设工程优化人居环境等一系列战略举措，进一步明确了经济建设、政治建设、文化建设、社会建设和党的建设发展思路，全省经济社会呈现增长加快、结构转优、质量提升、民生改善的良好发展态势。2011 年，我省列入国家统计制度监测的 10 项主要经济指标中，有 7 项高于全国平均水平。

二、坚持以学立行，破解发展难题

理论学习贵在联系实际、解决问题。我们紧紧围绕制约发展的难题确定学习专题，采取专家学者集体攻关，专题主讲人与中心组成员互动研讨等方式，深入研究解决难题的应用对策，有效破解了制约黑龙江发展的突出问题。

积极破解结构不合理难题。我们坚持把理论学习与破解难题、创新工作紧密结合起来。针对一产大而不强的问题，明确提出走现代化大农业发展道路，积极推进水利化、机械化、科技化等“八化建设”，有效提升了农业的综合生产能力。2011 年粮食总产量达到 1114.1 亿斤，跃居全国第一位。针对二产大而不优的问题，明确提出以哈（哈尔滨）大（大庆）齐（齐齐哈尔）工业走廊建设区、东部煤电化基地建设区、高新科技产业集中开发区等为牵动，实施重点产业大项目建设工程，实现了工业经济平稳较快增长。2011年，全省规模以上工业增加值完成4700亿元以上，增长13.5%左右。针对三产比重小、层次低的问题，重点推进哈（哈尔滨）牡（牡丹江）绥（绥芬河）东（东宁）对俄贸易加工区建设，实施贸易旅游综合开发工程，实现了第三产业的快速发展。2011年，现代服务业增长13%，新登记私营企业户数增长35%，初步形成了传统优势产业与战略性新兴产业协调发展的格局。

积极破解基础欠账多难题。我们在学习中深切感到，黑龙江前些年经济社会发展缓慢，很大程度上是由于基础设施落后。为解决这一制约发展的瓶颈问题，省委大力开展立体交通网络建设，扎实推进公路、铁路和机场建设，2011年高速公路总里程近4000公里，新建一、二级公路2415公里、农村公路4000公里；铁路建设在建里程622.7公里，前进镇至抚远铁路竣工通车，哈尔滨至齐齐哈尔客运专线、哈西客站等重点项目进展顺利；加格达奇机场基本建成，机场总数达到10个，居东北三省之首。大力兴建农田水利工程，新增水田灌溉面积1498万亩，新增旱田灌溉面积1233万亩，有力保障了粮食生产持续增收。大力加快"三供两治"（供水、供热、供气，城市污水治理、城市垃圾治理）建设，累计建设项目489个，完善了城市功能，优化了人居环境。

积极破解创新能力弱难题。我们在学习中明确提出，要更加自觉地把科技创新作为调整经济结构、转变发展方式的中心环节，以科技大创新推动经济社会大发展。近年来，通过大力推进"一带、二区、四基地"建设，促进科技要素向高新科技产业集中开发区集聚，有效推动了科技成果向现实生产力的转化。全省高新技术产业产值由2008年的2611亿元增至2011年的5005亿元，年均增长24.2%。2011年，科技成果转化率提升到85.14%，增长3个百分点；技术合同交易额提高到62亿元，增长16%以上。

三、坚持以学固本，提升发展能力

领导干部只有不断深化学习，提升自身能力，才能更好地担负起推进科学发展的领导责任。我们把向书本学习、向实践学习、向群众学习结合起来，在学习工作一体化中，不断提升决策水平和执政能力。

着力提升总揽全局能力。我们在学习中认识到，加快黑龙江发展，既要放眼全局，又要立足省情，自觉地把黑龙江发展放在全国一盘棋中统筹规划、精心设计。每次集中学习，我们都对国际国内形势进行深入研讨，对照中央的重大战略部署，研究黑龙江发展的机遇、优势和措施。近年来，我们紧紧抓住国家推进区域经济快速发展、陆续批准一批国家级区域发展规划的有利契机，在粮食生产方面，把建设千亿斤粮食产能工程纳入全国新增千亿斤粮食综合生产能力建设规划；在生态建设方面，把大小兴安岭生态功能保护区建设上升为国家战略；在对俄贸易方面，绥芬河综合保税区已获国家批准设立，黑瞎子岛建设已列入中俄合作开发项目。这些区域发展规划，既体现了国家的战略需要，又发挥了地方的比较优势。

着力提升科学决策能力。我们注重发挥调查研究在优化决策中的先导作用，把学习与调研有机结合起来，在把握全局走势、把脉省情实际中商讨对策、作出决策。围绕研判2012年经济形势、落实全国经济工作会议精神，分别开展省委理论学习中心组、社科研究部门和部分省直部门3个层次调研，形成16个方面的调研报告。在集中各方面意见建议的基础上，省委对2012年经济工作形势作出正确判断，明确了"统筹实体经济与虚拟经济协调发展，更加坚定不移地大力发展实体经济"的战略取向、"巩固农业基础，壮大工业支柱，畅通商贸渠道"的根本任务、"强化基础设施，推进科技创新，提供金融服务"的支撑条件，形成了贯彻落实全国经济工作会议精神、推进全省经济社会又好又快发展的总体思路。

着力提升创新实践能力。我们坚持把推动实践创新作为理论学习的根本目的，注重用实践创新的成果检验理论学习的效果，在提升创新实践能力上迈出可喜步伐。着眼推进现代化大农业，积极推行“场县共建”模式，推进垦区与地方合作，提升农业现代化水平。2011 年，垦区共为地方完成代耕代种代收作业面积 4052 万亩，垦地共建工业园区 23 个，垦区龙头企业牵动地方种植基地达 4000 万亩。着眼加快资源型城市转型，积极推进哈大齐工业走廊建设区、东部煤电化基地建设区、大小兴安岭生态功能保护区建设，推动资源型城市发展接续性产业，实现了经济发展方式的快速转变。

四、坚持以学凝神，汇聚发展合力

理论学习成果只有转化为干部群众的思想共识和自觉行动，才能汇聚起推动科学发展的强大力量。我们积极创建省市县三级领导班子同步学习平台，创新学习资源共享载体和学习成果宣传方式，放大省委理论学习中心组的学习效应，形成了推动“八大经济区”和“十大工程”建设的整体合力。

汇聚领导班子合力。2010 年，省委在领导干部学习报告会的基础上，创办“龙江发展讲坛”。“讲坛”围绕中央、省委重大决策和干部群众关心的热点难点问题，聘请国内知名专家学者、中央和国家机关领导干部作专题辅导报告。各级领导干部积极参与，副省级以上领导干部与省直部门主要负责人在省委党校主会场听讲、各市（地）党政主要领导在本地视频分会场聆听、县（市区）处级以上领导干部利用党校网同步视频收看。通过省市县三级中心组同步学习，推动全省各级领导干部开阔视野、提高素养，有效凝聚了思想共识，汇聚了推进合力，提升了落实效能。

汇聚党员干部合力。省委理论学习中心组每次集中学习，都采取扩大学习会的方式进行，吸收不同层面的领导干部参加。围绕学习贯彻胡锦涛总书记在庆祝中国共产党成立 90 年大会上的重要讲话精神，开展“庆七一、学讲话、忆党史、看发展”主题学习实践活动，参加人员既有省委理论学习中心组成员，又有省委机关单位、在哈高校和省直单位负责同志，还有部分省内专家学者和省直单位处级干部。通过扩大学习会的方式，有效拓展学习层面，增强了领导干部贯彻落实省委决策的主动性和自觉性。每次集中学习后，省委都及时以学习情况通报的形式，把学习重要内容和精神下发到各地各部门各单位，放大省委理论学习中心组的学习效果。

汇聚广大群众合力。为扩大省委理论学习中心组学习成果的覆盖面，每次集中学习都组织省级主要新闻媒体开展集中报道。在宣传报道中集合多种宣传方式，既有集中学习消息、又有分类情况综述，既有基层经验做法、又有深度评论文章，既有相关背景资料、又有专题新闻图片，通过多角度、大力度的集中宣传，传达省委的决策部署，推动广大群众把思想统一到省委要求上来，把智慧凝聚到推进各项工作上来，进一步夯实和增强了贯彻落实省委决策部署的群众基础和基层力量。

坚持学习型党组织建设的实践指向

张效廉

近年来，黑龙江省认真贯彻中央关于推进学习型党组织建设的决策部署，紧紧围绕推动科学发展、促进社会和谐这个主题，围绕研究解决全省经济社会发展的重大理论和实践问题组织开展学习，努力把学习成果转化为指导实践、推动工作的强大武器，有力促进了全省经济社会又好又快发展。总结这几年的学习型党组织建设工作，我们深深体会到，实践的观点是马克思主义认识论首要的和基本的观点，坚持正确的实践指向是学习型党组织建设的根本要求。必须坚持实践指向，把实践作为抓学习、促学习的出发点和落脚点，使学习型党组织建设获得最为坚实的现实依据和实践支撑。

一、正确认识学习型党组织建设实践指向的坚实基础

学习型党组织建设着眼于实践指向，有着深刻的理论基础、历史基础和现实基础。

马克思主义实践观是学习型党组织建设实践指向的理论基础。马克思主义来自于实践。坚持马克思主义就必须坚持理论联系实际、学以致用，这是马克思主义的本质特征和活的灵魂。坚持理论联系实际，始终坚持推动实践的指向，用发展着的生动实践丰富科学理论，用发展着的科学理论指导生动实践，是学习型党组织建设的题中之义和内生动力。

我们党以学兴党立业的历程是学习型党组织建设实践指向的历史基础。我们党历来高度重视学风问题。延安时期，我们党从整顿学风入手，树立起理论联系实际的良好学风，用马克思主义之“矢”，成功地解决了中国革命之“的”。党的十一届三中全会后，我们党坚持实践是检验真理的唯一标准，重新恢复了理论联系实际的马克思主义学风。在改革开放实践中坚持和发展马克思主义，形成了中国特色社会主义理论体系，使改革开放和现代化建设事业取得了辉煌的历史性成就。

提高党的执政能力的时代要求是学习型党组织建设实践指向的现实基础。当前，随着世情国情党情深刻变化，我们面临着前所未有的挑战。正如胡锦涛总书记在“七一”重要讲话中指出的，“我们党面临长期执政的考验、改革开放的考验、市场经济的考验、外部环境的考验”，“面临着精神懈怠的危险、能力不足的危险、脱离群众的危险、消极腐败的危险。”当前，提升执政能力比以往任何时候都更为紧迫。学习是提高执政能力的重要途径之一，学习力决定执政力。世界上一些大党老党由盛转衰、甚至走向灭亡的事实也表明，不重学则怠，不好学则退，不善学则衰。把学习力转化为执政力、发展力是时代赋予我们党的重大使命。目前我们党内还存在一些不良学风，一些党员干部和党组织存在着不愿学、不勤学、不真学、不深学、不善学等问题。这些问题是思想上懈怠、价值观扭曲的表现。原因在于学用脱节，没有把学习与实践结合起来，把改造主观世界和改造客观世界统一起来。建设学习型党组织就是以提升学习能力提高执政能力。

二、准确把握学习型党组织建设的实践指向

按照中央的安排部署，黑龙江省委明确把“提高素质、创新理念、凝聚力量、推动发展”作为学习型党组织建设的主题，以此为实践指向，

有力促进了广大党员干部学以立德、学以增智、学以创业，有力推动了各级党组织创新、创业、创优。

坚持学习型党组织建设的实践指向，就要内化为提高素质。党员干部的素质，决定着各级党组织的整体素质，决定着党的领导水平和执政能力。良好的素质是在学习和实践中锻炼培育形成的。建设学习型党组织，必须把提高党员干部的素质放在首位。大力提升思想政治素养，夯实理论学习的基础，始终以理论上的先进性保持和发展党的先进性，以理论上的清醒保持政治上的坚定；深入学习党的基本理论、基本路线和基本纲领，坚定理想信念，坚定中国特色社会主义共同理想；加强党性修养，以共产党人思想作风的纯洁性保持党组织的纯洁性。不断优化知识结构、开阔思路、把握规律，提高战略思维、创新思维、辩证思维的能力，努力成为本领域本行业的行家里手。学习掌握正确的立场、观点、方法，以宽广眼界观察了解世界，正确把握时代发展的趋势和发展方向，不断增强各项工作的战略性和前瞻性。在学习中丰富知识储备，开阔视野，解放思想，更新观念，提高执政能力。

坚持学习型党组织建设的实践指向，就要体现在创新理念。当今时代知识更新快、理念变化快，如果不能在学习中创新理念，一个人就会落伍，一个组织就会被时代所抛弃。创新离不开学习，学习是创新的前提和基础。建设学习型党组织，就是通过拓展学习内容、方式方法等，不断催生新的理念，不断推动新的实践。我们要进一步解放思想，突破已有观念束缚，用新思维、新视角观察问题、处理问题；从改革开放和现代化建设的实践中总结经验、探索规律，升华科学的理论，不断丰富和发展中国特色社会主义理论体系。使各级党组织和广大党员干部焕发创造激情，调动创新潜能，不断有所发明、有所创造、有所提高；积极回应经济社会发展对创新的热切呼唤，使党的执政理念更加符合时代发展要求，使党的执政实践更加符合人民群众愿望；不断改革和完善党的领导体制，提高党的建设科学化水平，真正实现与时俱进、永葆党的生机和活力。通过在实践中学习，黑龙江省委明确了建设“幸福龙江、和谐龙江、平安龙江”的发展理念和“八大经济区”、“十大工程”的发展战略，找准了更好更快发展的前进方向和突破口，发展意识更加强烈，发展思路更加清晰，发展主题更加鲜明，发展目标更加明确，发展布局更加科学，发展措施更加有力，发展蓝图更加辉煌。

坚持学习型党组织建设的实践指向，就要表现为凝聚力量。党组织对内有凝聚力，对外才会有战斗力，才能承担起推动科学发展、造福一方百姓的重要责任。一个拥有8000多万党员的大党，只有通过深入学习凝聚共识，才能有统一的思想、统一的意志、统一的行动。忧党必先忧学，兴党必先兴学，从严治党必须从严治学，增强党组织的凝聚力，必须从改造学习入手。建设学习型党组织，就是把学习作为培养理想信念的重要途径，保持党的纯洁性；作为增强组织纪律性的内在要求，不断推动党内学习生活化、党内生活学习化，学习工作化、工作学习化。通过发挥学习的激励作用、增智作用、导行作用，认真查找和解决影响发挥党的领导核心作用、基层党组织的战斗堡垒作用、党员的先锋模范作用的主要问题，认真查找和解决影响党群、干群关系的突出问题，研究解决反腐倡廉建设方面存在的突出问题，推进党的建设科学化、制度化、规范化，真正使学习型党组织建设成为党员干部坚定理想信念、统一思想意志、凝聚组织力量的过程。

坚持学习型党组织建设的实践指向，就要落实到推动发展。发展是执政兴国的第一要务，是实现我们党全心全意为人民服务宗旨的根本保证。当前，我国正处于黄金发展期和矛盾凸显期，各种复杂矛盾和问题相互交织，热点难点相对集中，实现科学发展的任务异常艰巨。这就要求我们在学习中理清科学发展思路，把“转方式、调结构”作为应对国内外环境变化、实现可持续发展的根本出路，在破解发展难题、推动本地区本部门又好又快发展上取得新成效；在学习中牢固树立群众观点，强化执政为民意识，坚持问政于民、问需于民、问计于民，集中财力加快办成经济社会发展急需、人民群众热切期盼的大事、实事，在解决人民群众最直接最现实最迫切的利益问题上取得新成效；在学习中创新社会管理，把法治和德治有效结合起来，以人为本，让人民生活得更有尊严，最大限度增加和谐因素、最大限度减少不和谐因素，在解决影响社会和谐稳定的突出问题上取得新成效。黑龙江省学习型党组织建设的成效集中体现为经济社会又好又快发展，近几年是改革开放以来全省发展速度最快、发展效益最好的时期，粮食生产能力提升最快、保障国家粮食安全贡献最大的时期，经济发展方式转变最快、经济结构调整幅度最大的时期，基础设施建设投资规模最大、建设成就最好的时期，人民群众得到实惠最多、共享发展成果最多的时期，改革开放步伐最大、发展动力和活力最强的时期，环境保护力度最大、生态建设成就最显著的时期。

三、坚持学习型党组织建设实践指向的机制保障

胡锦涛总书记指出："制度建设既是党的建设的重要组成部分，又是党的建设的重要保证。"从黑龙江省实践看，要确保学习型党组织建设融入实践，必须建立健全学用结合、学以致用的学习制度，以科学有效的制度作保障，使学习型党组织建设逐步实现由软任务向硬约束转变，由抓活动向促常态转变，由务虚向务实转变。

一是建立健全管理机制，确立实践导向。把建立健全管理机制作为激发内在动力的关键，把学习的"软任务"变成"硬约束"，做到以制度管学习、促学习。把调查研究作为理论向实践转化的关键环节，深入基层、深入群众、深入实际，了解不同类型党员的特点，把握不同部门工作的难点，根据形势需要和具体实际，制定学习规划，确保学习的针对性、实效性。同时，根据形势和任务的变化，定期分析学习现状、查找问题不足、提出改进措施，确保学习始终沿着正确的方向前行。

二是建立健全运行机制，坚持实践方向。把学习成果应用作为理论向实践转化的重要标准，加强学习的针对性，树立正确的学习导向，激发党员干部的学习热情。把握好成果转化的落脚点，减少成果转化环节，推动学习成果的转化，拓展运用空间，增强成果的叠加效能。

三是建立健全考评机制，明确实践取向。进一步完善学习型党组织建设成效考评制度，量化考核内容，创新考核办法，完善考核措施。把学风好坏纳入干部考核中，把考核结果作为民主评议党员、综合考核评价领导班子和领导干部的重要内容，把理论素养和学习能力作为选拔任用领导干部的重要依据，树立"学风端正受重用，学风不正不使用"的正确用人导向，形成在学中实践、在实践中学的良好风尚，使学以致用、学以践行成为广大党员干部的自觉行为。

（作者：中共黑龙江省委常委、宣传部长）

在推动科学发展的实践中不断深化对学习型党组织建设规律的认识

成其圣

建设学习型党组织，是深入贯彻落实科学发展观、推动科学发展、促进社会和谐的迫切需要，是提高党的执政能力、保持和发展党的先进性、纯洁性的重要保障。实践证明，只有实施好学习型党组织建设这项基础性工程，才能为加快转变经济发展方式、实现经济社会又好又快发展提供思想保证、精神动力和智力支持；同时也只有在推动科学发展的实践中加强学习型党组织建设，才能使学习的方向更加明确、重点更加突出、成效更加显著，才能不断深化对学习型党组织建设规律的认识，推动学习型党组织建设向广度深度发展。

一、深入贯彻落实科学发展观迫切要求加强学习型党组织建设

（一）准确把握科学发展观的科学内涵和精神实质，迫切需要加强学习型党组织建设

科学发展观是中国特色社会主义理论体系的最新成果。只有按照科学理论武装的要求，切实加强学习型党组织建设，才能引导广大党员干部深刻理解和全面把握科学发展观的历史地位、时代背景、科学内涵、精神实质和根本要求，不断深化对科学发展规律的认识，坚定不移地把科学发展观贯彻落实到经济社会发展各个方面。

（二）凝聚推动科学发展的思想共识，迫切需要加强学习型党组织建设

统一思想是我们党取得事业成功的根本保证。随着经济体制深刻变革、社会结构深刻变动、利益格局深刻调整、思想观念深刻变化，社会思想日益多元多样多变，在多元中立主导、多样中谋共识，迫切需要加强学习型党组织建设，不断增强党员干部贯彻落实科学发展观的自觉性坚定性，把思想认识统一到中央决策部署上，把智慧力量凝聚到推动科学发展的实践中，坚定主心骨，同心同德、同心同向、同心同行，把我们的事业推向前进。

（三）提高领导科学发展的能力和水平，迫切需要加强学习型党组织建设

推进科学发展的道路并不平坦。通过全党广泛而深入的学习推动事业的大发展，是我们党的优良传统和政治优势。党要经受执政、改革开放、市场经济和外部环境的考验，化解精神懈怠、能力不足、脱离群众和消极腐败的危险，就必须自觉把学习型党组织建设作为一种历史使命来要求，作为一种政治责任来落实，切实把党的思想政治优势转化为破解发展难题的强大动力，使广大党员干部始终保持纯洁性，切实提高领导和推动科学发展的能力。

二、学习型党组织建设的成效集中体现在推动科学发展的实践中

（一）学习的成效要转化为更新发展观念的推动力

实现科学发展，必然要求在发展理念、发展思路上有一个深刻转变。我们把科学发展的新起点，作为解放思想的新起点，以破除制约科学发展的思想束缚和体制障碍为重点，在全市开展“解放思想、干事创业、科学发展”大讨论，组织相关负责同志先后到20多个省区市学习，努力做到“三个善于”，即善于发扬天津的好做法，善于学习借鉴兄弟省区市的先进经验，善于

结合实际消化吸收再创新,以学习促进思想解放和观念转变,推动各项工作站在高起点、抢占制高点、达到高水平。

(二)学习的成效要转化为谋划科学发展的决策力

学习的目的全在于应用。创建学习型党组织,要突出实践特色,注重实际效果,坚持学以致用、用有所成,把学习成果转化为谋划科学发展的正确思路。按照胡锦涛总书记对天津工作提出的"一个排头兵"、"两个走在全国前列"、"四个着力"、"四个注重"和"五个下功夫、见成效"一系列重要要求,结合加快推进滨海新区开发开放重大战略,市委中心组组织专题学习,在学习中统一思想、提高认识、理清思路、科学决策。市委确定了"一二三四五六"(一个奋斗目标、两个发展阶段、三个重要战略、四个毫不动摇、五个工作方针、六个显著变化)的奋斗目标和工作思路,提出了滨海新区龙头带动、中心城区全面提升、各区县加快发展三个层面联动协调的发展战略,着力构筑高端产业、自主创新、生态宜居"三个高地",全力打好滨海新区开发开放、结构调整、体制机制创新、文化大发展大繁荣、保持社会和谐稳定"五个攻坚战"。这一系列重大决策为在更高层次、更宽领域、更高水平上实现天津科学发展和谐发展率先发展奠定了坚实基础。

(三)学习的成效要转化为破解科学发展难题的创新力

推动科学发展,必须破解发展难题。我们紧紧围绕主题主线主攻方向,坚持把发展难点作为学习重点,召开市委中心组理论学习读书会暨现场交流推动会,把学习课堂搬到项目现场,组织各区县系统互看互比互学,将专题学习与推动工作融为一体,把学习的过程变为总结运用实践经验,解决发展面临突出问题的过程,进一步增强了用新理念、新思路、新模式创新工作、推动发展的主动性创造性。

(四)学习的成效要转化为推动科学发展的执行力

我们把求真务实、狠抓落实党性党风教育作为创建学习型党组织的重要内容,每年组织机关干部和工作组深入企业、项目和基层一线,把学习的成果运用到实践中,大力倡导"三用心、五要、五不要"的作风,即用心把握,用心工作,用心落实;标准要高,要求要严,调子要低,工作要实,效果要好;不提脱离实际的目标,不喊空洞无物的口号,不讲夸大虚假的空话,不搞短期行为,不搞形象工程,推动形成团结和谐稳定、风正气顺心齐、想干会干干好的环境氛围,努力探索符合科学发展观要求、具有天津特点的发展路子。

(五)学习的成效要转化为共谋科学发展的凝聚力

学习的效果、发展的成效,最终都要由群众来评价。市委把开展群众路线教育和保持党的纯洁性教育作为创建学习型党组织的重要内容,坚持把学习与解决人民群众最关心最直接最现实的利益问题结合起来,问需于民、问学于民、问计于民,把执政智慧的增长、执政本领的增强深深扎根于人民群众的创造性实践中,进一步拉近了与人民群众的距离,增进了同人民群众的感情,凝聚了民心民力民气,为推动科学发展奠定了深厚的群众基础。

三、加强学习型党组织建设必须紧紧围绕科学发展这一主题,不断提高科学化水平

(一)加强学习型党组织建设要始终坚持用中国特色社会主义理论体系武装全党,努力在对科学发展观的认识上取得新提高

建设学习型党组织第一位的任务,就是要用科学理论武装头脑,教育引导广大党员干部感情上真诚认同、政治上坚定信仰、行动上自觉运用马克思主义中国化最新成果。组织学习、开展活动以科学发展观为主要内容,破解难题、完善思路以科学发展观为重要指导,解决问题、创新机制以服务和推动科学发展为根本目的,切实把科学发展观转化为推动科学发展的坚强

意志和自觉行动。

(二)加强学习型党组织建设要始终坚持围绕中心、服务大局,努力在解决制约科学发展的突出问题上取得新突破

围绕党的基本理论、基本纲领和基本路线加强党的建设,是我们党的一条重要经验。学习型党组织建设,必须始终围绕经济建设这个中心,进一步强化坚持发展是硬道理的本质要求就是坚持科学发展,自觉把发展作为执政兴国的第一要务,坚持发展不动摇,扭住发展不放松,努力在重点领域和关键环节取得突破。

(三)加强学习型党组织建设要始终坚持解放思想、改革创新,努力在创新科学发展的体制机制上取得新进展

改革越是向前推进,触及的矛盾就越深,涉及的利益就越复杂,碰到的阻力也就越大,这既需要勇气和担当,更需要能力和智慧。进一步打开思想解放的闸门,需要大力弘扬马克思主义学风,把大胆探索的勇气和科学求实的精神统一起来,保持改革创新、开拓进取的精神状态,积极拓展学习内容、途径、渠道,激发创造智慧,努力形成有利于学习研究和贯彻落实科学发展观的政策导向、舆论导向、用人导向和体制机制。

(四)加强学习型党组织建设要始终坚持以人为本、统筹兼顾,努力在提高科学化水平上取得新成效

贯彻好以人为本的理念和统筹兼顾的根本方法,要充分发挥党员的主体作用,科学把握理论武装与中心工作、改造客观世界与主观世界、向书本学习与向实践向群众学习、改革创新与继承传统、外在制度和内在自觉的关系,不断提高学习型党组织建设的科学化水平,把各级党组织建设成为贯彻落实科学发展观的坚强堡垒,把各级领导班子建设成为善于领导科学发展的坚强领导集体,把党员干部队伍建设成为贯彻落实科学发展观的骨干力量。

(作者:中共天津市委常委、宣传部长)

在学习中提升执政能力

刘　涛

建设学习型党组织，是建设马克思主义学习型政党的基础工程，是提高党的执政能力、保持和发展党的先进性和纯洁性的重要保障。近年来，中央国家机关各部门始终高度重视理论武装工作，特别是党的十七届四中全会以来，紧紧围绕党和国家工作大局，紧密联系本部门中心工作，创新学习形式，完善学习制度，扎实推进学习型党组织建设，在武装头脑、指导实践、推动工作上取得了明显成效。

解放思想、与时俱进，在用党的创新理论武装头脑上取得新成效。解放思想、实事求是、与时俱进，不断推进实践基础上的理论创新，不断推进马克思主义中国化、时代化、大众化，努力提高广大党员和干部的思想理论素质，是我们党的理论优势，也是取得革命、建设、改革胜利的宝贵经验。近年来，中央国家机关各部门党组（党委）始终以思想理论建设为根本建设，把科学理论武装作为首要任务，教育和引导党员干部深入学习马克思列宁主义、毛泽东思想，深入学习中国特色社会主义理论体系特别是科学发展观，以理论上的清醒强化政治上的坚定，始终毫不动摇地坚持和发展中国特色社会主义。

充分发挥龙头示范作用。中央国家机关各部门始终把领导干部带头作为推动机关学习的重要举措，突出抓好部级领导干部的学习，采取召开党组（党委）会、集中学习、专题研讨、专家辅导、座谈讨论等多种形式，带头学习中国特色社会主义理论体系，学习党的十七届四中、五中、六中全会精神，学习胡锦涛总书记在庆祝中国共产党成立 90 周年大会上的重要讲话和今年 7 月 23 日在省部级主要领导干部专题研讨班开班式上的重要讲话精神，以此带动局处级干部和青年干部的学习。

牢固树立立党为公、执政为民意识。中央国家机关各部门把理论学习与信念教育相结合、与使命教育相结合、与旗帜教育相结合、与宗旨教育相结合、与党性教育相结合、与改进工作相结合，把学习成果转化为为人民服务的坚定信念，增强走中国特色社会主义道路、为党和人民事业不懈奋斗的自觉性和坚定性，做共产主义远大理想和中国特色社会主义共同理想的坚定信仰者。

以形式多样的活动为载体。中央国家机关各部门把理论学习与隆重庆祝中国共产党成立 90 周年、学习党的历史、创先争优等结合起来，通过一系列内涵深刻、形式多样、特色鲜明的主题教育活动，引导党员干部回顾党的光辉历程和伟大成就，歌颂和表达对党的感激之情，坚定走中国特色社会主义道路的理想信念。

围绕中心、服务大局，在推动加快转变经济发展方式上实现新突破。学习的目的在于运用。马克思主义学习型党组织建设，必须坚持理论联系实际、理论与实践相结合、学习理论与运用理论相结合，把学习能力转化为推动科学发展的思路和办法，转化为解决实际问题的能力，转化为加强和改进工作的实际行动，促进各项事业科学发展。中央国家机关是代表人民执掌政权的领导机构，直接参与党和国家重要方针政策的制定和实施，在贯彻落实科学发展观、加快转变经济发展方式中发挥着全局性的重要作用。近年来，中央国家机关各单位，坚持学以致用、用以促学、学用结合，切实提高战略思维、创新思维、辩证思维能力，推进学习的深化、促进工作的落实。

坚持以科学发展观为指导，推动制定和实施本部门、本行业发展规划。各部门党组（党委）系统学习、深入研讨党的十七届五中全会精神，牢固树立科学发展理念，按照"十二五"规划提出的各项任务要求，进一步理清思路、突出重点，围绕职能、提出规划，全力以赴、抓好落实。

坚持务求实效，推动解决影响和制约科学发展的突出问题。各部门党组（党委）充分发挥部门职能作用，紧紧围绕科学发展主题，深入实际，调查研究，深入查找不适应不符合科学发展要求的突出问题，特别是着眼解决科学发展中的深层次矛盾和问题，深化战略性、系统性、前瞻性思考，集中精力抓大事、办实事，着力破解发展难题，推动解决影响全局的突出问题，尤其是涉及广大人民群众切身利益的问题。

坚持完善制度，推动形成有利于科学发展的体制机制。各部门党组（党委）把解决影响和制约科学发展的突出问题与创新体制机制结合起来，进一步建立健全保障和促进科学发展的体制机制、推动形成符合科学发展观要求的政策法规和规章制度，进一步完善落实制度的工作机制和配套措施，为贯彻落实科学发展观、加快转变经济发展方式提供坚强的制度保障。

增强素质、改进作风，在提升党员干部推动科学发展的本领上获得新进展。当今世界正处在大发展大变革大调整时期，世情、国情、党情都在发生深刻变化。我们面临前所未有的机遇，也面对前所未有的挑战，我国发展仍然处于可以大有作为的重要战略机遇期。能否牢牢把握机遇，沉着应对挑战，关键取决于我们的思想认识，取决于我们的工作态度，取决于我们推进改革发展的步伐。中央国家机关的干部队伍是我们党执政的骨干力量，建设一支善于治国理政的高素质的国家机关干部队伍，是应对挑战、提高执政能力、巩固执政地位的需要，也是推进学习型党组织建设的核心内容。近年来，通过学习型党组织建设，中央国家机关干部队伍的素质、能力和作风有了很大提升和改变，骨干作用更加彰显。

推动干部深入基层，切实改进机关作风。各部门党组（党委）把下基层作为转变机关作风、培养锻炼干部的重要途径，大力推动机关干部走出机关，向基层学习、向群众学习、向实践学习。提出"一切为了基层"，要求领导服务在基层，干部锻炼在基层，问题解决在基层，形象树立在基层，政绩体现在基层，认真解决基层反映强烈的热点难点问题，真正实现党风政风的根本好转。

推动为民服务，切实转变政府职能。各部门党组（党委）在学习中不断强化为民服务意识，提高为民服务水平，认真解决社会关注的民生问题，切实推动政府职能转变，建设为民、务实、清廉机关。在文件起草和政策制定中，统筹考虑全国各地实际，力求使政策制定真实反映群众意愿；开展"为民服务、创先争优"主题活动和专项行动，解决服务群众中仍然存在的不适应、不规范、不及时、不到位问题；以舆论监督批评为契机，认真开展自查自纠，推进公开透明，回应群众关切，提高服务和管理效能。

推动廉洁从政，建立健全惩治和预防腐败体系。各部门党组（党委）深入学习贯彻胡锦涛总书记在中央纪委全会上的重要讲话，认真贯彻国务院廉政工作会议精神，切实把思想和行动统一到党中央、国务院关于反腐倡廉建设的决策部署上来，加大案件查处力度，加强道德和法制教育，完善监督制约机制，健全科学决策、民主决策、依法决策体制，着力从源头上加强惩治和预防腐败体系建设，努力以党风廉政建设和反腐败斗争的实际成效取信于民。

（作者：中央国家机关工委委员、宣传部长）

建设马克思主义学习型政党的探索与实践

温 勇

在90年的奋斗历程中,中国共产党先后发起二次大的学习高潮,每一次学习高潮都推进了建设马克思主义学习型政党的进程。

一、革命战争时期,中国共产党建设马克思主义学习型政党的实践与成就

经过党的创立时期、大革命时期、土地革命战争时期以及抗战初期的严峻考验,以毛泽东为代表的中共主要领导者痛彻地认识到,党的理论准备不足,党在把马克思主义的基本原理与中国革命的具体实际相结合方面存在明显差距,是党遭受重大挫折的主观原因。正是基于这种感悟,1938年毛泽东在党的六届六中全会上所作的《论新阶段》报告中深刻分析了"中国党的马克思主义的修养"状况和党面临的任务,强调了努力学习马克思主义理论与方法的极端重要性。毛泽东指出:"中国党的马克思主义的修养"虽"已较前大有进步,但还说不到普遍与深入。在这方面,较之若干外国的兄弟党,未免逊色。而我们的任务,是在领导一个四万万五千万人口的大民族,进行着空前的历史斗争。"因此,"普遍地深入地研究马克思列宁主义的理论的任务,对于我们,是一个亟待解决并须着重地致力才能解决的大问题。"为此,毛泽东号召"把全党变成一个大学校","来一个全党的学习竞赛,看谁真正地学到了一点东西,看谁学的更多一点,更好一点。"1939年2月中央组建了干部教育部来统一领导学习运动。1940年1月和3月中共中央相继发布了《中央关于干部学习的指示》和《关于在职干部教育的指示》,明确提出全党都应学习和研究马克思主义理论,努力增长知识提高本领。中央还规定每年5月5日马克思诞生日为学习节,以此来推动全党范围的大学习。至此,我们党开始了有计划的马克思主义的学习与教育运动。随后党的高级干部进行了整风学习,1942年2月又开始了全党的整风学习。我们党通过认真学习马克思主义科学理论和各种先进知识,深入研究中国具体国情,指明了中国社会发展的正确方向,从而在旧中国各种政治力量较量中脱颖而出并不断发展壮大,领导人民取得了新民主主义革命的胜利,建立了社会主义新中国。

延安整风时期党在马克思主义学习型政党建设中取得的主要成就是:第一,明确了学习目标,这就是提高党的马克思主义理论水平。党的六中全会通过的《政治决议案》要求全党:"必须加紧认真地提高全党理论的水平,自上而下一致地努力学习马克思、恩格斯、列宁、斯大林的理论,学会灵活的把马克思列宁主义及国际经验应用到中国每一个实际斗争中来。"毛泽东多次号召全党,普遍地深入地研究马克思列宁主义的理论,特别是要掌握马克思主义的工具——唯物辩证法。毛泽东还就学习问题先后发表《改造我们的学习》、《反对党八股》、《整顿党的作风》和《学习与时局》等一系列重要文章,对为什么学、学什么、怎样学等问题进行了精辟阐述。提出反对教条主义以整顿学风、反对宗派主义以整顿党风、反对党八股以整顿文风。毛泽东把学风问题上升到党性的高度,指出,学习最重要的是态度问题,"这种态度,就是党性的表现,就是理论和实际统一的马克思列宁主义的作风。"他还说:在担负主要领导责任的观点上说,如果我们党有一百个至二百个系统地而不是零碎地、实际地而不是空洞

地学会了马克思列宁主义的同志，就会大大地提高我们党的战斗力量，并加速我们战胜日本帝国主义的工作。第二，规定了学习内容。这就是以马克思主义经典著作为主要学习内容。毛泽东一直强调通过研读马克思主义经典著作来学习马克思主义理论。他在《改造我们的学习》中指出："研究马克思列宁主义，又应以《苏联共产党（布）历史简要读本》为中心的材料。"后来毛泽东提出，"我们要读五本马列主义的书"。这五本书是：《共产党宣言》（马恩合著）、《社会主义从空想到科学的发展》（恩格斯著）、《在民主革命中社会民主党的两个策略》（后译为《社会民主党在民主革命中的两种策略》，列宁著）、《共产主义运动中的"左派"幼稚病》（列宁著）、《联共布党史简明教程》（斯大林主持编写）。毛泽东说："这里马恩列斯的都有了。如果有五千人到一万人读过了，并且有大体的了解，那就很好，很有益处。"这样做，一是有利于抓住最主要的内容进行学习，以避免学习精力的分散；二是有利于准确地理解马克思主义基本原理，以避免主观主义和教条主义；三是有利于贯彻少而精的学习原则，提高学习效益。第三，创立了整风学习的好形式。六届六中全会后，以延安为中心、以干部为主体的学习运动是与整风联系在一起的。党员干部在深入学习马克思主义经典著作的基础上，每个人都要进行深刻的批评与自我批评，以整顿学风党风文风。毛泽东强调要把理论学习同解决思想认识问题和总结党的历史经验结合起来。经过学习运动和整风运动，六届七中全会通过了《党的若干历史问题的决议》，在毛泽东思想的基础上实现了全党思想的高度统一和政治上的高度团结。第四，形成了优良学风，这就是坚持把马克思主义基本原理与中国革命实际相结合的态度。毛泽东明确提出，学习马克思主义的根本原则就是从中国实际出发，理论联系实际。毛泽东指出："马克思、恩格斯、列宁、斯大林的理论，是'放之四海而皆准'的理论。不应当把他们的理论当作教条看待，而应当看作行动的指南。不应当只是学习马克思列宁主义的词句，而应当把它当成革命的科学来学习。"他主张，"要有目的地去研究马克思列宁主义的理论，要使马克思列宁主义的理论和中国革命的实际运动结合起来，是为着解决中国革命的理论问题和策略问题而去从它找立场、找观点、找方法的。这种态度，就是有的放矢的态度。"延安整风把实事求是、一切从实际出发、理论联系实际、坚持实践是检验真理唯一标准作为中国共产党的学风树立起来。

二、新中国成立初期，中国共产党建设马克思主义学习型政党的探索与成就

新中国成立初期的学习高潮，是我党探索建设马克思主义学习型政党进程中的重要转折阶段。随着民主革命的胜利和新中国的建立，党的工作重心逐渐从武装斗争转移到经济建设上来。为了适应这一转变，党中央和毛泽东同志号召全党掀起一个新的学习热潮。早在建国前夕毛泽东就高瞻远瞩地指出："严重的经济建设任务摆在我们面前。我们熟习的东西有些快要闲起来了，我们不熟习的东西正在强迫我们去做。"毛泽东用"进京赶考"来形容新的形势和任务。1950 年 9 月 10 日，刘少奇在马列学院第二、第三班学员开学典礼上的讲话，着重阐述了这一问题。他指出："现在，我们的一个重要任务是提高干部的文化水平和理论水平。这是一项经常性的任务，不可能一下做好，大约要花十年的工夫才能前进一步。"1951 年 2 月，党中央发布了《中共中央关于加强理论教育的决定》（草案），其中指出："全党的马克思列宁主义——毛泽东思想的教育，必须极大地加强起来。这是提高干部、改进工作的根本方法。"《决定》（草案）首先分析了党内理论教育的现状，认为"是完全不能令人满意的"。为改变这种状况，《决定》（草案）提出："党在学习问题上的任务，就是彻底纠正任何忽视理论的经验主义的危险倾向，就是领导全体党员在统一的制度下无例外地和不间断地进行马克思列宁主

义——毛泽东思想的有系统的学习，以便逐步地造成全党的理论的高涨。”随后党中央提出了全面培训各级干部的任务，通过举办扫盲班、文化补习班、选调部队干部上大学等多种措施，着力提高党员干部的文化知识水平，保证了新生政权的干部需求。经过勤奋学习、艰苦探索和不懈奋斗，党领导人民取得了社会主义建设的巨大成就。

新中国成立初期党在马克思主义学习型政党建设中取得的主要成就是：第一，在学习目标上凸显了为党的中心任务转换服务的新指向。党的工作重心的转移是这次学习运动的直接起因。毛泽东在建国前夕指出：“我们必须学会自己不懂的东西。我们必须向一切内行的人们（不管什么人）学经济工作。拜他们做老师，恭恭敬敬地学，老老实实地学。”他号召全党：“中国的革命是伟大的，但革命以后的路程更长，工作更伟大，更艰苦。这一点现在就必须向党内讲明白，务必使同志们继续地保持谦虚、谨慎、不骄、不躁的作风，务必使同志们继续地保持艰苦奋斗的作风。”“我们能够学会我们原来不懂的东西。我们不但善于破坏一个旧世界，我们还将善于建设一个新世界。”这说明，我们党已经初步认识到，自己现在已经是执政党了，不再是单纯地闹革命了，执政党面临的任务更多更繁重，这就对我们党执政能力提出了新的考验，因此必须更加善于学习。第二，在学习内容上突出了经济建设理论等新知识。除了马克思列宁主义、毛泽东思想之外，我们党突出强调了对社会主义建设理论的学习。党中央要求全党，把“学习马克思列宁主义”和“学习毛泽东同志的著作”结合起来，把学习马克思主义理论同学习社会主义建设的各项本领结合起来。1953年在制定新中国第一部宪法期间，毛泽东组织党和国家领导人认真学习和比较研究了各国宪法。1955年3月，毛泽东在党的全国代表会议上号召所有的省委书记、市委书记、地委书记以及中央各部门的负责同志，都要奋发努力，在提高马克思列宁主义水平的基础上，“使自己成为精通政治工作和经济工作的专家。……对于经济建设，我们要真正学懂。”1956年9月10日，在党的八大预备会议上，毛泽东讲道，现在搞新的科学技术我们还没有经验。“世界上新的工业技术、农业技术我们还没有学会……我们还要做很大的努力”。他在1958年11月提出读《苏联社会主义经济问题》和《马恩列斯论共产主义社会》两本书时，要求大家“每人每本用心读三遍，随读随想，加以分析”，搞清“哪些是正确的（我以为这是主要的）；哪些说的不正确，或者不大正确，或者模糊影响，作者对于所要说的问题，在某些点上，自己并不甚清楚。”他强调“要联系中国社会主义经济革命和经济建设读书，使自己获得一个清醒的头脑，以利指导我们伟大的经济工作。”第三，在学习方法上尝试建立稳定的学习机制和学习制度。为推动全党在新形势下加强学习，1951年2月，党中央发布了《中共中央关于加强理论教育的决定》（草案），其中首先分析了党内理论教育的现状，认为“是完全不能令人满意的”。因为直到现在还“没有全国统一的关于理论教育的制度，缺少适当的初级和中级的理论学习资料，缺少理论教员和指导自修的顾问。没有进行理论的通俗化工作，缺少关于理论的通俗书籍、通俗论文和通俗讲义。党的报纸刊物很少刊载理论文字，不善于运用理论来解释和指导人民群众的日常生活，缺少对于各种非马克思主义的理论的批评，因而使党的宣传限制在狭隘的范围内和低下的水平上。”为改变这种状况，《决定》（草案）提出：“党在学习问题上的任务，就是彻底纠正任何忽视理论的经验主义的危险倾向，就是领导全体党员在统一的制度下无例外地和不间断地进行马克思列宁主义——毛泽东思想的有系统的学习，以便逐步地造成全党的理论高涨。”1954年党中央制定和实施《关于轮训全党高、中级干部和调整党校的计划》，在这之后各级党校逐步建立起来，也出版了一批教材，对提高领导干部素质起了重要作用。第四，在学习态度上突出了发展马克思主义的新要求。一是强调把学习马克思主义同学习毛泽东思想结合起来。1960 年 3 月 25 日，邓小平在中共中央天津会议上讲话指出："毛泽东思想同马克思列宁主义是一回事。毛泽东思想坚持了马克思列宁主义的普遍真理，并且在马克思列宁主义的宝库里面增添了很多新的内容。所以，不要把毛泽东思想同马克思列宁主义割裂开来，好像它是另外一个东西。我们在宣传毛泽东思想的时候，一定要按照中央的指示，把'学习马克思列宁主义'和'学习毛泽东同志的著作'并提。"二是强调用马克思主义指导社会主义经济建设，做到又红又专。1958 年 1 月毛泽东在《工作方法六十条》（草案）中提出："政治家要懂些业务。懂得太多有困难，懂得太少也不行，一定要懂得一些。不懂得实际的是假红，是空头政治家。"他多次号召高级干部学习斯大林《苏联社会主义经济问题》和苏联《政治经济学（教科书）》，研究中国的社会主义经济建设问题。1960 年 12 月，毛泽东又指出："研究方法，必须是为了我们的工作需要而去作研究，即为了解决中国问题和国际问题的需要而去请教马、恩、列、斯，而不是为研究而研究，不是读死书，而是领会马克思列宁主义的精神实质。"

三、改革开放新时期，中国共产党建设马克思主义学习型政党的实践与成就

改革开放新时期建设马克思主义学习型政党的实践走上了规范发展的道路。面对世情、国情、党情的深刻变化，面对改革开放和社会主义现代化建设的艰巨任务，我们党只有更加重视学习、善于学习，才能不断提高执政水平和领导水平，领导中国特色社会主义伟大事业从胜利走向胜利。邓小平同志强调："实现四个现代化是一场深刻的伟大的革命。在这场伟大的革命中，我们是在不断地解决新的矛盾中前进的。因此，全党同志一定要善于学习，善于重新学习。"江泽民同志指出："历史给我们揭示了一条千真万确的真理：我们党要领导全国人民实现中华民族的伟大复兴，必须始终坚持学习，并把学到的科学理论和先进知识用于中国实际，不断推动经济持续发展和社会全面进步。"胡锦涛同志指出："面对这样的新形势新任务，如果我们的领导干部不抓紧学习、不抓好学习，不在学习和工作中不断提高自己，就难以完成肩负的历史责任，甚至难以在这个时代立足。"以胡锦涛同志为总书记的党中央执政伊始，就致力于完善邓小平同志所倡议的学习制度，大力推进中央政治局集体学习的制度化。2002 年 12 月 26 日，中央政治局进行了首次集体学习，此后，中央政治局集体学习就作为制度坚持下来。党的十七大明确提出了建设学习型政党的要求，十七届四中全会《决定》对建设马克思主义学习型政党作了具体部署。在党中央的推动下，全党的学习在规范化制度化的道路上不断发展。

改革开放新时期党在马克思主义学习型政党建设中取得的主要成就是：第一，明确提出了建设马克思主义学习型政党的根本目标。这个目标的基本内涵，就是把我党建设成科学理论武装、具有世界眼光、善于把握规律、富有创新精神的马克思主义政党。建设马克思主义学习型政党，就是要把学习科学理论和先进知识在全党形成制度、形成风气，就是要以有效的学习提升党的创新能力，增强党的生机活力。我们所要建设的马克思主义学习型政党，应该是高举中国特色社会主义伟大旗帜，坚持推进马克思主义中国化并自觉用以指导实践的政党；是目光远大、胸怀宽阔、善于总结经验、善于吸收一切人类文明成果的政党；是始终走在时代前列，勇于变革、勇于创新，永不僵化、永不停滞的政党；是学以立德、学以增智、学以创业，在学习意识、学习能力、学习成效上引领全社会全民族的政党。第二，明确规定了建设马克思主义学习型政党的主要任务。一是坚持推进马克思主义中国化、时代化、大众化。就是要紧密结合我国国情和时代特征大力推进理论创新，坚持在实践中检验真理、发展真理，坚持运用马克思主义立场、观点、方法准确把握当今世界发展大

势,准确把握我国社会主义初级阶段基本国情,准确把握改革发展实际,及时总结党领导人民创造的新鲜经验,不断作出新的理论概括,用发展着的马克思主义指导新的实践。二是坚持用中国特色社会主义理论体系武装全党。建设马克思主义学习型政党,一项战略任务就是组织和推动党员、干部加强对中国特色社会主义理论体系的系统学习,做到真学真懂真信真用。三是坚持开展社会主义核心价值体系学习教育。建设马克思主义学习型政党,要坚持把社会主义核心价值体系贯穿到党的建设的各个方面,体现到党员干部教育管理的全过程,引导广大党员、干部模范学习践行社会主义核心价值体系。四是建设学习型党组织。就是要大力营造和形成重视学习、崇尚学习、坚持学习的浓厚氛围,牢固确立党组织全员学习、党员终身学习的理念,建立健全管用有效的学习制度,使党员的学习能力不断提升、知识素养不断提高、先锋模范作用充分发挥,使党组织的创造力、凝聚力、战斗力不断增强。第三,明确提出了建设马克思主义学习型政党的基本思路。一是加强对学习的组织、指导和服务。各级党委要把推进马克思主义学习型政党建设、建设学习型党组织作为重要任务,纳入重要议事日程,加强组织领导,研究解决推进过程中的实际问题。二是充分发挥各级领导干部的表率作用。非学无以广才,非学无以明志。领导干部自觉学习、带头学习,是新形势下提高执政能力、胜任领导工作的必然要求。三是建立和完善促进学习、保障学习的长效机制。要不断丰富学习内容,创新学习方式,规范学习管理,提高学习效果。要健全和落实常态化、多样化的党员、干部学习培训制度,加强日常学习、脱产学习、短期集中培训,科学安排岗前培训、业务培训、晋职培训、理论培训等,并在培训对象、培训时间上作出制度性规定,切实增强培训的针对性和实效性。要着力加强学习考勤、档案、通报、督查等制度建设,建立健全促进学习、保障学习的竞争机制、激励机制、创新机制和考核机制。四是进一步发挥包括党校在内的各类干部教育培训机构在建设马克思主义学习型政党中的重要作用。各级党校、行政学院、干部院校、各类干部教育培训机构和国民教育体系要充分发挥自身优势,坚持正确办学方向,遵循教学规律,积极改革创新,进一步完善教学布局、改进培训方式、加强教育管理,为推进马克思主义学习型政党建设作出新的更大贡献。第四,明确要求全党树立改革创新的学习态度。富有创新精神是马克思主义学习型政党必须具有的理论品质和政治勇气。改革创新是当今时代精神的核心,是保持和发展党的先进性的一个根本要求。随着我国经济体制深刻变革,社会结构深刻变动,利益格局深刻调整,思想观念深刻变化,大量新的难题需要我们去破解、新的挑战需要我们去应对、新的风险需要我们去化解。我们必须一如既往地坚持用时代发展的要求审视自己,以改革的精神加强和完善自己,永不自满、永不懈怠,不断以新的理论、新的经验、新的方法切实推动党的建设,使我们党在与时俱进中始终保持和发展先进性;必须教育和引导党员干部解放思想、更新观念,树立创新意识、焕发创造激情、激发创造活力,坚持把改革创新作为解决前进中各种矛盾和问题的根本方法来把握,作为推动科学发展、促进社会和谐的强大动力来运用,作为共产党人不变的精神价值来追求,不断以新的认识、新的思路、新的举措开创事业发展的新局面。全党和每一个共产党员尤其是领导干部要学习和掌握一切科学的新思想、新知识、新经验,同时要运用这些科学的新思想、新知识、新经验解决面对的现实问题,特别是人民最关心最直接最现实的利益问题、本地区本部门改革发展稳定的重大问题、党的建设中存在的突出问题,不断总结实践经验,不断作出新的理论概括,不断深化对三大规律的认识,不断丰富和发展中国特色社会主义理论体系,不断推进中国特色社会主义事业。

回顾中国共产党探索建设马克思主义学习型政党的过程,可以看出,建设马克思主义学习型政党的伟大实践是循着这样几条线索推进的。一是树立学习目标。党要根据自身历史方位的变化不断树立新的学习目标。延安整风学习的目标是提高党的马克思主义理论水平,新中国成立初期学习运动的目标是适应经济建设的新任务,改革开放新时期学习运动的目标是把我党建设成科学理论武装、具有世界眼光、善于把握规律、富有创新精神的马克思主义政党。二是拓展学习内容。党要根据时代发展要求和中心任务的变化不断拓展学习内容。延安整风的学习内容是以马克思主义经典著作为主,新中国成立初期学习运动的内容是马克思主义理论与经济建设理论,改革开放新时期学习运动的主要内容则是学习和掌握一切科学的新思想、新知识、新经验,同时要运用这些科学的新思想、新知识、新经验解决面对的现实问题。三是探索方法途径。党要根据学习对象的变化不断探索新的学习方法和途径。延安整风的学习方法是理论学习与整风相结合,新中国成立初期学习运动的方法途径是学习与调查研究相结合,改革开放新时期的学习高潮则走上了制度化规范化的科学道路。四是端正学风态度。党要根据时代发展新要求和人民群众的新期待不断端正学风、端正态度。延安整风中党提倡的学习态度和学习风气是实事求是、理论联系实际,强调的是把马克思主义与中国革命实际相结合,新中国成立初期学习运动中党提倡的态度是用马克思主义理论指导中国的社会主义建设,强调的是发展马克思主义,改革开放新时期党提倡的学习态度是与时俱进、改革创新。总之,中国共产党探索建设马克思主义学习型政党的过程是一个学习目标不断明确、学习内容随时更新、学习方法逐渐规范、学习态度日趋科学的过程。

(作者:中国人民解放军海军大连舰艇学院政治系教授)

服务型党组织：基层党建模式的重大创新

——遵义市创建服务型党组织的探索

中共中央党校党建教研部课题组

新世纪以来，特别是党的十七大以来，面对基层党组织建设出现的新变化新挑战，如何通过创新基层党建模式来提升基层党建科学化水平，已成为各地区各级党委自觉践行党的宗旨、提升执政能力的一个重要课题。自2008年以来，遵义市委围绕“加强基层组织建设，推动服务群众工作”主题，把创建服务型党组织作为探索基层党建模式创新、提高基层党建科学化的重要实践。历经4年多系统建设，遵义市服务型党组织已发展成为具有区域特色的基层党建新模式。服务型党组织不仅成为遵义市提高基层党建科学化水平的总载体和总抓手，得到各级党组织和广大党员群众的广泛认同，而且在学习实践科学发展观和创先争优活动中成为基层党建模式创新的典范，在推动发展、服务群众、凝聚人心、促进和谐中成为坚强的战斗堡垒。

一、加快基层党建思想观念转变

随着时代主题变迁和基层社会发展变化，市场经济和民主政治背景下的基层社会发生了新变化，为传统的基层党组织建设带来了新挑战。思想是行动的先导，如果没有思想观念的转变，就很难有基层党建模式的创新。基层党建必须要适应客观环境及其变化的要求，开拓基层党建思想观念建设的新境界。遵义市在服务型党组织创建活动中，加快实现基层党建思想观念转变，牢固树立适应服务型党组织创建活动要求的新理念。

1. 牢固树立服务观念

服务型党组织的核心和精髓在于服务，因此服务理念是基层党建观念需要树立的首要理念。遵义市将服务理念具体化为“三项服务”，即服务基层、服务群众、服务发展。服务基层着眼于积极转变服务观念，寓管理于服务中，促进上级党组织服务下级党组织、党组织服务党员、党组织之间相互帮助；服务群众着眼于构建党组织和党员服务群众工作体系，为群众提供全方位、多层次、宽领域的服务项目，满足人民群众日益增长的物质文化和生产生活的服务需求，密切党群干群关系；服务发展着眼于构建党组织和党员凝聚人民群众、服务科学发展的工作体系，把党组织优势转化为促进科学发展的动力，为地方经济社会发展提供组织保障和人才支持，用科学发展的成果更好地服务基层、服务群众。只有服务观念树立起来，基层党组织和党员干部才能变居高临下的指挥命令为脚踏实地为群众服务，才能积极主动把服务理念转化为自觉行为。

2. 牢固树立发展观念

基层党组织只有充分发挥“推动发展”的作用，切实推动经济又好又快发展，不断满足人民群众日益增长的物质文化需要，才能发挥党员干部的先锋模范作用，增强基层党组织的凝聚力和战斗力，巩固党执政的群众基础和社会基础。中国特色社会主义建设是长期的，基层党建面临的形势和任务也是不断发展变化的，服务型党组织创建活动需要持之以恒地坚持并不断丰富和发展其内容和形式。创建服务型党组织，必须按照时代发展要求和客观环境变化，一切从基层实际出发，自觉认识和运用党的建设理论和执政规律，更新服务理念、拓宽服务领域、转变发展方式，从而不断提高基层党建科学化水平。如果没有树立科学发展的观念，没有得到广泛参与创建活动的群众支持，服务型党组织创建活动很难获得持续发展的动力。

3. 牢固树立开放观念

改革开放以来，基层党建工作面临的新形势新挑战要求打破传统基层党建的封闭性和狭隘性，增强基层党建的开放性和包容性，实现由封闭抓党建向开放抓党建的转变。遵义市不仅自身在不断丰富和完善服务型党组织的探索与创新，注重将实践中总结出来的经验和模式向外宣传和沟通交流，而且坚持“拿来主义”和“兼容并蓄”的思想方针，从不排斥吸纳外来的先进经验和有益做法。通过构建开放的基层党建工作体系，兼容并蓄地吸收和借鉴其他地区、部门、行业基层党建的好做法、好经验。这是遵义服务型党组织创建过程中思想观念转变的突出特点。服务型党组织作为一个开放的基层党建平台体系，承担了基层党建总抓手的职能，发挥了基层党建“航空母舰”的作用，它尽可能地吸收各方面力量，实现全社会成员的广泛参与。正是树立了正确的开放观念，才使遵义市服务型党组织创建获得了源源不断的发展动力，推动了服务型党组织创建始终走在基层党建创新的前列。

4. 牢固树立效益观念

衡量基层党建科学化水平的重要指标之一是效益，即基层党建的投入产出比。基层党建工作是否要讲求效益，这是一个曾经困扰党建理论工作者和实践工作者的问题。在计划经济时期，一种盛行的观点认为基层党建工作属于政治工作，不需要关注效益问题。随着改革开放和市场经济的发展，效益观念已深入人心。基层党组织建设是执政党建设新的伟大工程的重要环节，执政需要关注执政成本和执政绩效，基层党建工作同样需要关注效益问题。遵义市在服务型党组织创建活动中逐渐意识到，要在市场经济条件下提高基层党建工作科学化水平，必须牢固树立效益观念，要像企业追求利润一样，努力提高服务型党组织的经济效益、政治效益和社会效益。经过4年多服务型党组织创建实践，遵义市在经济社会发展、政治稳定和谐、干群关系改善等方面都取得了显著成效，基层党组织的凝聚力和战斗力得到明显提升。

二、推动基层党组织功能转换

面对新世纪以来世情、国情、党情的新变化，基层党组织建设面临的重要问题是如何实现党组织功能转换，明确新时期基层党组织的功能定位。我们党把基层党组织定位为“党在社会基层组织中的战斗堡垒，是党的全部工作和战斗力的基础”，其基本功能之一便是践行“全心全意为人民服务”的宗旨。服务型党组织创建在基层党组织功能定位上的根本转变，顺应了新时期基层社会发展变化的新趋势，抓住了“服务”这个核心，将“服务基层、服务群众、服务发展”贯彻落实到基层党组织建设的各个环节。

1. 历史方位变化推动基层党组织服务功能回归

党的十六大报告首次明确对新时期党的历史方位作出科学判断，即我们党历经革命、建设和改革，已经从领导人民为夺取全国政权而奋斗的党，成为领导人民掌握全国政权并长期执政的党。在长期执政的过程中，如何避免把基层党组织的服务行为转化成单纯的管理行为，甚至异化成官僚主义行为，这是基层党组织建设必须高度重视的课题。基层党组织作为党联系群众的桥梁和纽带，直接面向社会、面对群众，在践行党“全心全意为人民服务”的宗旨和价值目标方面处于最前沿地带。基层党组织功能由管理向服务的转向，既是新形势下基层党组织践行党的宗旨的具体体现，也是基层党组织的根本职责和重要使命。党的十七大报告和新修订的党章以及十七届四中全会报告，相继把服务作为基层党组织建设的重要任务之一。服务型党组织将基层党组织功能定位为服务，本质上是基层党组织功能的回归，是贯彻落实“领导就是服务”理念的体现。面对党的历史方位变化和群众构成及其需求变化，党要实现对基层社会的领导、管理、宣传和教育，必须要充分发挥基层党组织的服务功能。通过服务实现基层党组织的政治功能和发挥基层党组织密切联系群众的作用，赢得人民群众对我们党的信任、支持和认同，进而夯实我们党执政的群众基础和社会基础。

2. 执政环境变化要求基层党组织实现功能转变

党的十六大报告指出，新时期党执政环境发生了深刻变化，即从受到外部封锁和实行计划经济条件向对外开放和发展社会主义市场经济条件转变。在计划经济时期和“单位制”下，基层党组织依靠行政权力开展政治动员和群众管理，成为行政管理型党组织，以完成上级党组织安排的各项任务为主要职责，指挥命令成为基层党组织运作的主要方式。比如，基层党组织习惯于发号施令，安排工作任务往往重视结果、忽视过程，对党员强调履行义务多、尊重权利少，对群众利益表达和诉求要么大包大揽、要么不问不管。在从封闭半封闭和计划经济体制向对外开放和市场经济体制转变的过程中，广大群众对党组织的依附性逐渐减少，党组织不能再依靠行政权力向群众发号施令，必须用服务群众、吸引群众、凝聚群众的方式来赢得群众的信任和支持。随着社会治理体系变迁和基层民主政治发展，特别是群众对基层党组织服务功能和党员服务能力提出了新的更高要求，迫切要求基层党组织把服务作为根本职责和主要任务。服务型党组织作为基层党建的有效载体，以服务为中心，不断满足基层、党员和群众日益增长的物质需求和精神文化需求，引导和调动基层党员和人民群众的内在动力，顺应了基层党组织和党员群众的所需所盼。

3. 服务型党组织成为基层党建创新的有效载体

遵义市服务型党组织创建活动，无论是在基层党组织的功能定位上，还是基层党组织的功能发挥上，都找到了一个恰当的连接点，即抓住“服务”这个基层党组织功能的关键与根本。服务源于心，为民践于行。服务型党组织创建核心是服务，本质是为民，目的是促进社会发展、构建社会和谐。通过创建服务型党组织，使基层党组织和党员干部牢固树立服务群众的责任意识，在强化服务功能、解决民生问题、构建和谐社会中深化服务理念，在服务中实施管理，在服务中凝聚群众。服务型党组织的最大特点，就是创建了一个优化党内外资源配置、充分发挥党员主体作用、提高基层党组织执政能力、夯实党的执政基础的基层党建模式。服务型党组织有效地整合党务资源、政务资源和社会资源，集党的建设和经济建设、政治建设、文化建设、社会建设于一体，构建起党组织和党员全面有效地服务群众的网络体系，在服务基层、服务群众、服务发展中为引领和推动经济社会发展提供了有力的组织保障。服务型党组织激发了基层党组织的活力和党员干部的参与性，为基层党员干部行使民主权利、履行党员义务和承担社会责任提供了有效的载体和渠道，在服务群众中提升基层党组织和党员干部的执政能力，夯实了我们党长期执政的群众基础和社会基础。

三、建立健全基层党建体制机制

提高基层党建科学化水平，制度建设是关键。能否解决基层党组织建设中存在的载体过多过滥问题、解决“头痛医头，脚痛医脚”的短期化问题以及“各吹各的号，各唱各的调”各自为政问题，是提高基层党组织制度建设科学化的核心。只有构建一个结构合理、功能健全、科学管用的基层党建体制机制，搭建一个基层党组织和党员干部服务群众、推动发展的稳定平台，才能确保基层党组织始终发挥战斗堡垒作用，确保党员干部始终发挥先锋模范作用，确保基层党建工作充满生机、富有活力。

1. 建立健全基层党建领导工作体系

服务型党组织作为提高基层党建科学化水平的总载体、总抓手，逐步得到遵义市各级党政负责人的广泛认同，并且在服务型党组织创建活动中不断探索和深化基层党建的科学领导体制。在各级党建工作领导小组的统一领导、统一协调下，各级党（工）委、群团组织、人大、政府、政协与党建责任部门通过互通信息、资源共享，共同做好辖区内服务型党组织创建工作。重点破解基层党建工作的两大难题：强化“一把手”书记抓党建工作的责任意识；实现“横向到边、纵向到底”的工作布局，避免了组织部门单打独斗，成为各部门齐抓共管的共同任务。

2. 建立健全基层党建服务网络体系

在服务型党组织创建实践中，遵义市变传统的科层式、垂直管理型党组织体制为网格式、扁平化的网格服务型党组织体制。围绕“三项服务”的创建主题，逐步建立起县（区、市）党务政务服务中心、乡镇（街道）党务政务综合服务中心、村（社区）党员群众综合服务站、村民组（片区）便民服务点四级服务网络。截至目前，全市 15 个县（区、市）已全部建立党务政务服务中心，243 个乡镇（街道）全部建立了党务政务综合服务中心、1976 个村（社区）全部建立起党员群众综合服务站，6990 个片区建立了党员群众服务点。通过大力实施党建信息化工程，充分利用现代信息网络技术，搭建起立体式点线结合、高效率上下互动、广范围横向覆盖的“四级网络服务体系”，打造了为群众提供服务的全方位、多层次、宽领域的基层党建新体系。通过发挥已建成的四级网络服务平台作用，不断拓展服务领域，丰富服务内容，提高服务质量，切实为党员群众提供一站式、多功能的优质服务。

3. 统筹规划有区域特色的党建格局 全市统一规划并扎实推进五个特色党建区域和五条特色示范带建设。西部片区（仁怀、习水、赤水）打造以服务发展为切入点的特色党建区域，仁怀市、习水县、赤水市沿赤水河及国道沿线规划了综合示范长廊，推进集基层党建、新农村建设、农村特色经济产业为一体的综合示范创建。东部片区（湄潭、凤冈、余庆）打造以基层民主政治建设为突破口的特色党建区域，如湄潭县坚持和完善村民集中诉求会议制度，充分发挥村党组织在“一事一议”中的作用；凤冈县深化基层民主政治建设，成立村民代表会议、村监事会、村民委员会、村议事会，变替民作主为群众自己作主。北部片区（务川、正安、道真）打造以扶贫攻坚、服务民生为立足点的特色党建区域，如务川县以“三中心一协会”为平台，加大服务民生的力度，推行精细化管理。中部片区（遵义县，绥阳县、桐梓县）打造以基层党建信息化建设为着力点的特色党建区域，如遵义县、桐梓县强化党建信息化建设，构建网上服务平台，实现了网上“学习、办公、管理、监督、服务”，形成了“党建工作一键通、党员管理一网通、学习培训一站通、服务信息一信通、群众办事一点通”的基层党建新格局。城区（红花岗、汇川区、新蒲新区）打造以“推动社区网格化和信息化服务，促进城乡党建一体化发展”为结合点的特色党建区域，如汇川区整合各类资源，将全区细化为若干个网格，通过社区网格化来实施精细化管理。

4. 探索基层组织设置和管理新机制

根据农村村寨规模、产业布局、组织形式、党员流向等发展变化特点，在规模较大、党员较多的村建立了党委或党支部，在自然村、村民小组、农民专业合作社、专业协会、非公有制经济组织等建立了党支部或党小组，把党的基层组织延伸到农村社会各个层面；在城市街道社区试行了“一社区一党组织”、升格社区党组织，建立楼道党支部和特色党小组等，使社区党组织服务群众更加便捷有效；针对流动党员建立了“流动党支部”，做到有党员的地方就有党组织，有群众的地方就有党员服务。比如，桐梓县服务型基层党组织进园区，围绕强组织、强引领、强服务、强发展，探索工业园区基层党组织创先争优的体制机制。再如，黄莲乡建立驻县城党员群众综合服务站，形成一会（县城流动党员支部委员会）、一心（驻县城农民工联络活动中心）、一家（驻县城计生协会会员之家）、三站（驻县城综治信访服务站、驻县城社会事务服务站、驻县城三关工程服务站）工作体系，履行基层代办、联络协调、民意收集、宣传咨询四大职能。

5. 通过优化服务机制激发工作活力

建立健全了党务干部选拔任用制度、党员分类管理制度、城乡党员一体化管理制度，用严格的管理制度优化服务机制，确保各种服务机制健康有序运行。通过建立服务群众创先争优激励制度和党建工作创新扶持奖励机制，积极开展各种创先争优活动，鼓励基层创造性开展工作，调动基层党组织和党员干部创造性开展工作的积极性。建立健全党组织经费保障制度、党员权利保障制度、党内关怀制度，使党员干部投入到服务型党组织创建活动中无后顾之忧。通过设立意见箱、公布监督举报电话、组建网上评论员队伍等形式建立健全党内事务监督制度，进一步扩大党务公开，主动接受广大党员和群众监督。通过制定科学合理的考核机制，切实改进考核手段，将考核结果运用到单位和个人实绩评定、评先选优、选拔任用等方面。

四、改进创新基层党建工作方式

遵义市在服务型党组织创建活动中始终坚持开放理念和创新理念，通过与时俱进地改进服务方式，努力提高基层党建工作方式制度化、信息化、开放化、民主化水平。

1. 提高党建工作方式的制度化水平

提高基层党建工作科学化水平，关键在于能够保持服务型党组织工作方式的长期性、稳定性和规范性，符合当地基层党建工作的实际，充分体现基层党建工作发展的规律。在探索党建工作方式创新中，桐梓县创造性地提出了“三基金一银行”党建工作模式，把党内教育和物质关怀结合起来。以乡镇党委为单位成立了“三基金”，即党内关怀基金、无职党员发挥作用保障基金、能人党员创业激励基金。“三基金”主要采取县级经费投入、乡镇财政扶持、统筹各类经费、社会各界捐助等方式多渠道筹集。党内关怀基金，以帮助农村党员干部发展生产、解决特殊群体党员实际困难为宗旨；党内保障基金，以激发无职党员“上岗负责”积极性，增强无职党员在群众中的威信为宗旨；党内创业激励基金，以发挥能人党员先锋模范作用、推动经济又好又快发展为宗旨。“一银行”即“土地银行”，通过盘活农村土地资源，推动农业产业化、规模化发展，增加农民收入、壮大村级集体经济。

2. 提高党建工作方式的信息化水平

信息网络技术的迅猛发展和不断普及，为提高基层党建工作方式的信息化水平带来前所未有的挑战和机遇。服务型党组织创建始终重视研究信息技术在党建工作中的应用，在互联网上实现党的组织管理和工作流程的优化重组，使基层党建工作不断与时俱进，适应信息化时代发展的新要求。自服务型党组织活动创建以来，遵义市就把现代信息技术与基层党建工作结合起来，通过“移动党校”、“干部 e 校”、“现代远程教育”等方式开展培训工作，增强党员群众学习培训实效；通过短信、电话、QQ 等方式，提供党务、政务、生产、生活等服务信息；建立党务政务信息平台，实现基层党建的精细化管理。比如，赤水市综合党组织、党员信息数据库和党员服务中心（站、点）等服务网络信息，建成首个数字化“党建地图”，实现了跨行业、跨区域的互动交流和资源共享。桐梓县以“学习、办公、管理、监督、服务”五大平台实现“群众工作一键通、社会管理一网通、矛盾化解一站通、群众办事一点通”。充分运用网络工具，积极适应网络民意，及时回应网络民意，积极疏导网络民意。不断完善“热线”和“微博”的服务功能，着力解决“热线”和“微博”反映的问题，想群众之所想、急群众之所急，解群众之难题。

3. 提高党建工作方式的开放化水平

服务型党组织工作方式的突出特点是跳出封闭式抓党建的局限，采取开放式抓党建方式，不断提高基层党建的开放化水平。服务型党组织创建活动不求所有的工作方式都是独创的，而是采取“拿来主义”的态度，兼容并蓄地学习借鉴全国各地、各部门、各行业基层党建的好经验、好做法，努力把服务型党组织打造成一个对外开放的基层党建体系。比如，湄潭县推行“支部 + 远教 + 协会”、“支部 + 专业合作社 + 公司 + 农户”的经营模式，以支部为核心，以致富能手、党员为骨干，组建了 47 个专业协会，培育和完善农产品专业市场 25 个。仁怀市的“党员承诺”、“支部共建”、“一帮一”扶贫助残、党员创业带富工程和党群“1 + 3”创业带富工程等。正安县将“支部建在产业链上”，进一步扩大党组织覆盖面，实现农村基层党组织与产业链的有机融合，增强党员带领群众致富能力。

4. 提高党建工作方式的民主化水平

顺应新时期基层党内民主和人民民主发展的新趋势新要求，遵义市在创建服务型党组织活动中不断提高基层党建的民主化水平。在部分县（市、区）建立和完善了党员议事会、党内点题公开、落实党员评议干部等制度，保障党员权利，创新党员群众参与方式，激发农村发展内生动力，推进基层民主政治建设，充分发挥党员群众在发展中的主体作用和创造精神，发挥党员和党代表作用，促进党内民主建设。比如，各地普遍健全了村党组织和村委会联席会议制度、村民代表会议制度、党员议事制度等一系列决策制度，使村内重大事项决策均在村党组织领导下，村民委员会召开村民代表会或村民大会进行民主议事，实行民主决策、科学决策和效能决策，实现了村务由少数人决策变为多数人决策，促进村级事务规范化管理。通过大力推进党内生活民主化，以党内民主带动人民民主，让党员和群众都积极主动地参与到服务型党组织创建中。

总之，遵义市服务型党组织创建活动作为提高新时期基层党建工作科学化水平的新探索，成为遵义市抓基层党建工作的中长期发展战略。4 年多的服务型党组织创建活动中，遵义市委始终高度重视、推动思想观念转变、加强制度体制建设、充分整合各方资源、加强组织队伍建设、发扬党内基层民主，积累了基层党建科学化的宝贵经验。遵义市服务型党组织创建活动不仅在实践中产生了积极效应和广泛影响，而且彰显出强大的生命力和活力，成为新时期全国基层党建工作创新的一个品牌，成为提高党建工作科学化水平的一个模式。

（课题组负责人：戴焰军；　成员：梁妍慧　吴辉　赵绪生；　执笔人：赵绪生）

全面推进服务型基层党组织建设

蔡　奇

将2012年确定为基层组织建设年，是党中央作出的重要部署，是深化创先争优活动的重要举措，是加强基层组织建设的重要机遇。浙江省坚持从自身实际出发，重点抓好基层党组织服务体系建设，着力构建上级党组织服务下级党组织，党组织服务党员，党组织和党员共同服务发展、服务社会、服务群众的工作格局。

以推进区域化党建为重点，健全服务组织体系

主动适应城乡协调发展新形势、加强和创新社会管理新要求，着眼构建城乡统筹基层党建新格局，以推进区域化党建工作为重点，积极创新基层党的组织设置，优化组织架构，构建科学严密、全面覆盖的党的基层组织体系。一是构建"区域统筹、动态灵活"的党的基层组织体系。按照有利于整合区域内党建资源和力量、有利于党员参加活动、有利于提升基层党组织服务能力和水平的原则，突破传统的"单位建党"模式，在非公有制企业、社会组织和流动人口相对集中或者联系比较紧密的区域，灵活划分党建单元。在此基础上，根据地域、行业、人员的不同特点，建立区域性党组织，将区域内各种类型的组织全部纳入党的工作范围，形成全覆盖、广吸纳的基层党的组织体系。目前，浙江全省已建立区域性党组织3217个。二是建立"区域一体、动态开放"的党员教育管理机制。以区域性党组织为依托，统一推进区域内党建阵地建设、党员培养发展和教育管理等工作，统筹开展党组织活动，实现党员教育管理从单位封闭式向区域开放式转变、党员发挥作用空间从具体单位拓展到整个区域。充分发挥区域性党组织"孵化器"和党员队伍"蓄水池"的功能，扎实做好区域内未建党组织单位的党员发展，以及流动党员的教育管理服务工作，及时为流入党员提供各种服务，并根据职业、作息时间、居住地等实行分类量化管理，使每个党员无论在单位还是在村（社区），都能融入党的组织，参加党的活动。三是推行"服务为重、协商互动"党建工作运作方式。以区域性党组织为核心，广泛吸收区域内各类组织负责人和各层面代表，建立区域党建共建联系协调会议制度，定期听取辖区单位意见建议，健全区域党建工作议事、双向沟通服务、民主协商、共驻共建机制，把隶属不同系统、掌握不同资源的党组织联系成为紧密型的党建共同体，推动区域内党建工作目标、机制和行动相互协调，确保区域党建工作在共抓中落实，在和谐中发展。

以全面深化党员干部直接联系群众、联系基层机制为重点，健全服务帮扶体系

做好党员干部直接联系和服务群众工作是中央提出的明确要求，也是服务型基层党组织建设的重要任务。浙江省始终把推动各级党员干部更好地服务基层、服务群众摆在突出位置，积极建立健全上下联动、民需导向、直面基层的服务帮扶体系。一是健全党员干部下基层联系服务群众机制。深入开展"进村入企"大走访活动，省市县乡四级联动，组织各级党员干部以"进村入企、助推发展、强化服务"为主要内容，以领导干部创先争优示范行动、领导干部下访接访活动等为抓手，带头深入基层、深入群众开展走访服务，着力摸实情、办实事、求实效，切实

强责任、强服务、强效能。深入开展服务企业、服务基层专项行动，省市县三级分别组建专项服务组，每年4次、每次不少于10天深入基层和企业帮助解决发展中遇到的突出问题。二是健全常态化民情收集、办理和反馈机制。全面深化“网格化管理、组团式服务”工作，积极推动网格服务体系全覆盖，并以网格为基础，最大限度地整合基层管理服务资源，充分利用网格服务体系做好联系服务群众、加强社会管理等工作。积极推行“手绘民情地图”、“党员15分钟服务圈”、“81890民生服务热线”等做法，着力健全民意收集、民情分析、民事办理制度，组织网格服务团队每年不少于2次深入网格内的社区、单位进行走访服务、及时排查解决影响群众切身利益的热点难点问题，确保为民服务常态化制度化。目前，全省所有的乡镇（街道）、村（社区）都已推行网格化管理，共建立网格30.4万个，组建服务团队9.7万支，覆盖企业和基层单位21.7万家。三是健全城乡统筹的服务帮扶机制。深入推进基层党组织和党员“双结对”工作，广泛开展党员志愿服务和“送温暖”惠民大行动，通过提供资金、项目、信息、技术等方面的帮扶支持，扎实推进基层组织党建工作互促、困难党员共帮、为民实事同办、和谐社会联建。

以加强基层基础服务平台建设为重点，健全服务保障体系

建设标准化、规范化、网络化的综合服务平台是基层党组织为党员群众提供有效服务的基本前提和重要依托。浙江省坚持统筹规划、整合资源、上下衔接，大力加强基层党组织的服务平台建设，努力为基层党组织和党员开展服务创造条件、提供保障。一是扎实推进党员活动阵地建设。加大村级组织活动场所和社区组织办公服务用房建设力度，不断完善配套设施，提升综合服务功能。目前，全省所有村都已建成专门的活动场所，97.2%的城市社区和91.9%的乡镇社区工作服务（活动）用房总面积达到350平方米以上。二是全面加强党员服务中心建设。在全省所有县乡实现党员服务中心（站、点）全覆盖的基础上，通过科学规划，合理布局，加强党员服务中心与便民服务中心、公共服务中心的整合，以区域统筹的方式，打造共享共用的公共服务平台，实现党员服务和便民服务相统一。进一步规范运行机制、强化服务功能，积极推动工作网络和机制向村、社区、企业延伸，努力形成市县乡党员服务中心、区域党员服务站、村（社区、企业）党员服务点相配套，多层次、全覆盖、综合性的党员服务平台，切实发挥党员服务中心在党务政策咨询、帮扶生活困难党员群众、办理党内有关业务、反映社情民意等方面的作用。三是积极构建基层党建信息化工作平台。着力加强以工作网站为重点的组织工作信息发布平台、以党员干部现代远程教育网络为重点的党员教育平台、以基层党建工作手机信息系统为重点的党内信息互通平台、以微博为重点的党群即时互动平台等建设，着力打造多功能、综合性的党建工作信息平台。探索建立网络党支部、网络党校、网上党代表工作室，大力推广网上宣传党建知识、受理入党申请、接转组织关系、开展组织生活等做法，拓展基层党组织网上活动空间，以网络信息技术助推基层党组织服务创新。四是切实加强党内关爱资金（基金）建设。以关爱帮扶生活困难党员群众、扶持党员群众创业致富为重点，积极推进党内关爱资金（基金）建设，采取党费补助、党员捐款、社会捐赠等多种方式，努力拓宽资金募集渠道、增大基金总量，着力规范资金管理使用办法，最大限度地发挥资金效用，构筑党内互助帮扶资金平台。目前，全省所有市县乡都已建立党内关爱资金（基金），资金规模已达6.7亿元。

以完善群众评议机制为重点，健全服务考核评价体系

服务型基层党组织建设的成效如何，群众感受最直接、评价最关键。浙江省积极转变基层党建工作考核评价内容和方式，突出加强以

群众满意为导向的基层党组织绩效考评体系建设，努力赋予群众更大的话语权、评价权、监督权。一是深入推进群众评议工作。认真总结推广创先争优群众评议的有效做法，紧密结合基层组织建设年分类定级工作，科学设计评议体系，分领域组织党员群众对服务型基层党组织建设情况作出评价、提出意见。注重群众评议与年度考核、党员民主评议、行风评议等工作相衔接，采取集中测评、随机抽查、问卷调查、窗口服务评价等多种方式，拓宽评议渠道，严密组织测评，确保评议质量，努力推动群众评议工作常态化、制度化。二是调整优化基层党建工作考核评价指标。把群众满意作为评价服务型基层党组织建设水平的关键指标，加强对基层党组织服务意识、服务能力、服务业绩的考评，对上级党组织履行服务型基层党组织建设指导、督促职责情况的考评，重点突出对基层党组织服务工作群众满意度的考评，推动基层党组织更好地履行服务这一基本职责，更多地关注党员群众的实际感受，使创建的过程成为群众受益的过程。三是注重考核评议结果运用。要求各级党组织将群众评议结果及时反馈给基层党组织和党员，对评议中反映出的问题，认真进行整改，整改结果向群众公示，接受群众监督。深入开展“三级联述联评联考”工作，坚持把服务型基层党组织建设情况作为市县乡三级党委书记履行基层党建工作责任制专项述职的重要内容，把服务成效作为党员干部考核奖惩、选拔任用、评优评先的重要依据，切实发挥评议的导向性作用，推动服务型基层党组织建设各项工作真正落到实处。

（作者：中共浙江省委常委、组织部长）

试论推进服务型基层党组织建设

吴慕君

基层党组织是党在基层全部工作和战斗力的基础，只有得到广大人民群众的支持和拥护，才会有强大的战斗力、凝聚力和创造力。建设服务型基层党组织，努力提高党组织服务人民群众的水平，是新时期稳基层强基础促发展构和谐的必然要求，也是党和国家长治久安、各项事业兴旺发达的重要保证。

一、密切联系群众是我们党独特的政治优势，基层党组织要始终坚持联系和服务群众的优良传统

全心全意为人民服务的根本宗旨，始终是共产党的组织和共产党人思想精神上的光辉旗帜和核心价值取向。联系群众、服务群众，党才能够生存；脱离群众、损害群众，党就会遭到损失。实际生活中也反映，不管是农村还是社区，不管是机关还是学校，什么时候党的基层组织与人民群众贴得紧、靠得牢，党的作用就发挥得好，党的路线方针政策就容易落得实，党组织在群众中的向心力凝聚力号召力就强；反之，什么时候党的基层组织脱离实际、脱离群众做工作，就得不到群众的理解与支持，党的工作就没有成效，党组织和党员的作用就很难发挥，党在群众中的威信和形象就会受到损害。特别是在当前新形势下，新情况新问题新矛盾层出不穷，基层党组织能不能适应改革、发展、稳定和群众的需要，成为领导核心和主心骨，事关重大。党的基层组织是建立在群众之中、工作在群众之中，直接面向群众、为了群众、依靠群众、服务群众，为社会所支持，为群众所需要，才能担负起为党的事业和人民群众服务的重要职责。

二、基层党组织的首要职责在于组织带领人民群众努力实现其根本利益

中国共产党人没有自己特殊的利益，全部奋斗都是为了解放和发展社会生产力，实现人民的利益和幸福。作为人类一个有先进信仰和高层次追求的政党，立党为公、执政为民是我们党的根本立足点和落脚点。实现群众经济利益是第一位的，要通过组织群众生产和服务，引领群众坚持科学发展、和谐发展，不断提高城乡居民收入水平，共享物质文明成果。实现群众政治利益，就是要尊重群众在国家和社会中的主人翁地位，尊重和保障人民民主权利，尊重基层和群众首创精神，尊重和落实群众的知情权、参与权、选择权和监督权，共享政治文明成果。实现群众文化利益，就是要大力弘扬马克思主义文化价值观，用民族的科学的大众的、老百姓喜闻乐见的新思想、新文化、新艺术作品去武装、教育和引导群众，鼓励群众性文化创新和精神文明创建活动，共享精神文明成果。实现群众社会利益，就是要通过推进社会基本公共服务均等化，坚持公平、普惠、阳光，实现学有所教、劳有所得、住有所居、病有所医、老有所养，提高社会管理水平，共享社会文明成果。实现群众环境利益，就是要坚持生产发展、生活富裕、生态良好的发展路子，建设资源节约型、环境友好型社会，推动经济与社会、人口、资源与环境互相协调并进，共享生态文明成果。基层党组织带领群众实现其自身利益的程度，决定了其在人民群众中的满意度、公信度和美誉度。离开实现群众根本利益去奢谈基层党组织的地位和作用，就是无源之水、无本之木。

三、具体地关心群众生活、帮助排忧解难，基层党组织才能真正受群众欢迎

对于民生问题的关注与解决，是人民群众最直接、最切身的幸福指数。毛泽东同志曾在《关心群众生活，注意工作方法》一文中生动指出："我们应该深刻地注意群众生活的问题，从土地、劳动问题，到柴米油盐问题。这些群众生活上的问题，都应该把它提到自己的议事日程上。""假如我们对这些问题注意了，解决了，满足了群众的需要，我们就变成了群众生活的组织者，群众就会紧紧围绕在我们的周围，热烈地拥护我们"。在社会生活中，群众日常会面临诸多的实际生活困难和问题，很多基层党组织在关心群众生产生活、排忧解难上做得是好的，但也有一些地方、一些单位平时不注意倾听群众呼声、不关心群众痛痒，不懂、不愿、不善做新时期的群众工作，有的基层党组织软弱涣散，群众观念淡薄，碰到问题出现群众跟着宗教组织走、跟着错误舆论走、跟着坏人走的被动局面，给党在基层执政的基础造成不良影响和损失。胡锦涛总书记深刻地指出，"只有我们把群众放在心上，群众才会把我们放在心上；只有我们把群众当亲人，群众才会把我们当亲人"。基层党组织扎根在广大群众之中，时时处处都要把群众放在心上、把群众当亲人，从事关群众生产生活中的点滴做起，这样才能始终坚如磐石、永远立于不败之地。

四、加强和创新社会管理，夯实基层党组织服务群众的物质基础

社会管理创新的重心在基层、难点在基层，这就要求基层党组织在工作理念、职责任务、方式方法、效果评估等方面，都应适应新形势新情况新要求，实现新的调整和转型。要坚持以人为本，更多地把心思和精力集中到改善和保障民生、为群众做实事做好事上来；更多地把组织的资源、优势和活力投放到群众生产生活中，转变为基层科学发展的资源、优势和活力；更多地改变作风，坚持党的群众观点和群众路线，在联系群众、服务群众的方式上进行有效创新；更多地把工作效果评价放在能否取得人民群众的认可和满意上。改进对党员的管理和服务，加大对基层党组织的支持力度，特别是在资金、项目、人才、技术、领导力量上注重向基层倾斜，为基层党组织加强服务群众工作创造必要条件。各级领导干部要联系基层，各级机关要帮扶基层，各行各业要支持基层。健全完善重视基层的领导责任、目标管理、督促检查、考核评价、群众满意度调查机制，形成上下左右齐抓共管的合力。从而使服务型基层党组织在服务各条战线、各个行业、各个领域、各个方面人民群众中充分发挥战斗堡垒作用。

五、打造一支群众观念强、对群众感情深、群众信得过的基层党员干部队伍

服务型基层党组织重在服务，服务主体是党员和干部，服务客体是人民群众。因此，建设强有力的服务型党组织，关键要有支服务意识强、服务境界高、服务能力过硬的高素质队伍。党员要自觉牢记宗旨、服务人民，干部要秉公用权、为民尽责，党员干部与人民群众的关系，应当像种子与土地、鱼与水的关系一样，来自人民、植根人民，永远和人民在一起，从人民群众中汲取政治智慧和营养，生根、开花、结果。然而，有些基层党员干部素质不高、能力不强，有的缺乏共产党人坚定的理想信念，缺乏为群众利益干事创业的激情和劲头；有的与民争利，损害群众利益，甚至欺压群众；还有的违纪违法，贪污腐败，堕落为人民的罪人。建设服务性党组织，要把党员队伍建设好，把干部选准选好，要使广大干部真正成为群众勤务员，广大党员真正成为群众贴心人，始终保持先进性和纯洁性，在为党和人民事业奋斗中彰显自身价值。

（作者：中共海南省委组织部部务委员）

坚持用党的创新理论建连育人 深入推进基层建设科学发展

褚益民

胡锦涛主席在省部级主要领导干部专题研讨班上的重要讲话中强调,要把深入贯彻落实科学发展观作为一项长期艰巨的任务,以更加坚定的决心、更加有力的举措、更加完善的制度贯彻落实科学发展观。这为我们继续推进用党的创新理论建连育人进一步指明了方向。

一、深刻认识用党的创新理论建连育人的重大意义,以强烈的政治责任感深入推进

2007 年 1 月 28 日,胡主席视察沈阳军区某部红九连时勉励官兵,要继承和发扬学理论的光荣传统,用党的创新理论建连育人。5 年多来,军区党委始终牢记胡主席嘱托,把用党的创新理论建连育人作为重大政治责任,在推动基层建设科学发展上取得了扎实成效。随着实践的发展,用党的创新理论建连育人,越来越显示出巨大的理论意义和实践价值。

确立了党的创新理论在部队基层建设中的根本指导地位。用科学理论武装官兵、建设连队,是我军的优良传统。用党的创新理论建连育人,集中回答了新形势下"建设什么样的连队、怎样建设连队,培育什么样的官兵、怎样培育官兵"的根本问题,使党的创新理论直接贯注到基层、作用于官兵,推动了创新理论宣传普及,使科学发展观在部队落地生根,真正成为指导部队基层建设的根本遵循、科学理念、正确方法和检验标准。

为把党对军队绝对领导落实到基层提供了有力保证。党对军队的绝对领导是我军永远不变的军魂。用党的创新理论建连育人,与我军"支部建在连上"根本制度一脉相承、相互作用,进一步推动了党的理论、路线、方针、政策在基层的贯彻落实,筑牢了官兵抵御各种错误思潮和不良影响的思想防线,使党的意志成为官兵的统一思想和自觉行动。广大官兵进一步坚定了高举旗帜、听党指挥的政治信念,自觉把个人追求融入职责使命,有力推动了军事斗争准备以及抢险救灾、处突维稳等一系列急难险重任务的圆满完成。

为推动基层建设全面发展进步提供了强大动力。全面发展是科学发展观的基本内涵和基本要求。用党的创新理论建连育人,揭示了新形势下基层建设的特点规律,找到了破解基层建设矛盾问题、推动基层建设科学发展的有效途径和方法,使以人为本、统筹兼顾、全面协调可持续发展理念深入人心。按照科学发展观的要求抓基层建设,坚持全面建设、全面过硬目标,认真落实"政治合格、军事过硬、作风优良、纪律严明、保障有力"总要求和《军队基层建设纲要》,基层各项工作紧密配合、协调发展,有力促进了基层建设整体水平不断提升。

为培育新一代革命军人提供了基本遵循。用党的创新理论建连育人,充分体现了以人为本的核心要求,揭示了建连是育人平台、育人是建连之本这一内在规律,指明了只有在党的创新理论指引下、在连队建设的生动实践中,才能培育出"四有"和"四个新一代"革命军人。2009 年被中央军委授予"新一代模范士兵"荣誉称号的军区某部士官向南林的成长进步表明,党的创新理论就是官兵成长成才的"粮食"、"武器"、"方向盘"。

用党的创新理论建连育人，带来了部队基层建设理念、思路、作风的深刻变化，基层建设呈现出勃勃生机和活力。实践中我们深刻体会到，要切实把用党的创新理论建连育人作为重大政治任务来抓，作为基层建设指导思想牢牢把握，作为经常性建设筹划落实，使之贯穿于基层建设的各领域、全过程，体现到建设筹划、工作指导、岗位实践、标准检验的方方面面，坚持以理论武装为前提，以建设连队为核心，以培育官兵为根本，系统抓、长期抓、深入抓，全面打牢部队的政治基础、思想基础、组织基础、能力基础。

二、准确把握“两个全面”的目标要求，切实解决好“建设什么样的连队、培育什么样的官兵”这个根本问题

胡主席强调指出，要坚持用党的创新理论建连育人，促进基层建设全面进步和官兵全面发展。必须准确理解“两个全面”的科学内涵，牢牢把握建连育人的正确方向。

围绕军魂永驻、忠诚可靠建连育人。我军是党绝对领导下的人民军队，基层是部队全部工作和战斗力的基础，能不能做到坚决听党指挥、绝对忠诚可靠，直接关系到军魂的根基是否牢固。新形势下，意识形态领域斗争尖锐复杂，官兵成分结构发生很大变化，特别是年轻官兵对我党我军的优良传统缺乏深刻认识，对筑牢军魂的极端重要性缺乏切身感受。针对这些情况，军区下大力推进铸魂工程，理论学习、政治教育、学习实践科学发展观活动、文化建设都向筑牢军魂聚焦，积极占领思想阵地、舆论阵地、文化阵地、网络阵地，打牢官兵高举旗帜、听党指挥、履行使命的思想根基。实践证明，用党的创新理论建连育人，必须围绕建听党话的连队、育跟党走的官兵，把铸牢军魂作为根本任务，深入持久培育当代革命军人核心价值观，使听党话跟党走成为官兵自觉行动，确保部队高度纯洁和集中统一。

围绕能打善拼、爱军精武建连育人。战斗力建设是基层建设的永恒主题，战斗力标准是衡量建连育人成效的根本标准。近年来，军区部队大力弘扬顽强拼搏、英勇善战的光荣传统，坚持从实战需要出发从难从严训练，每年组织大规模冬季训练，广泛开展比武竞赛、创破纪录等群众性练兵活动，锻造了一大批政治、军事素质全面过硬的连队和官兵。实践证明，用党的创新理论建连育人，必须始终突出战斗力建设，着眼建能打仗的连队、育能打赢的官兵，大力强化职能使命意识和战备观念，大力培育过硬战斗精神，大力激发训练热情，大力锤炼遂行任务的能力，确保关键时刻能够冲得上去，完成好任务，让党和人民放心。

围绕全面过硬、人人过硬建连育人。实现连队建设全面协调可持续发展，是用党的创新理论建连育人的基本要求。在党的创新理论引领下，红九连不仅理论学得好，而且全面建设过硬，连队先后被中组部、总部和军区表彰为“基层建设标兵单位”、“贯彻落实科学发展观标兵单位”、“创先争优先进基层党组织”、“学雷锋标兵单位”。实践证明，用党的创新理论建连育人，就要坚持全面发展协调发展，不仅政治上过硬，而且军事上过硬；不仅骨干过硬，而且人人过硬；不仅一项工作过硬，而且各项工作过硬；不仅一段时间过硬，而且长期过硬。

围绕风清气正、成长成才建连育人。营造良好的内部环境，既是建连的基本任务，也是育人的重要保证。红九连始终坚持以人为本这一建军治军理念，大力营造“成才有设计、施展有舞台”、“九连是我家、发展靠大家”、“要想有进步、实干一条路”的良好环境，根据每名战士的文化程度、特长爱好和成长意愿，制定成才路线图，搞好针对性培养，取得了显著成效。实践证明，用党的创新理论建连育人，必须把推动连队建设全面进步与促进官兵全面发展统一起来，着眼把连队建成锻造人才的大熔炉、培养官兵的大学校、和谐纯洁的大家庭，纯正内部风气、优化内部环境、创造成才条件，切实在教育人、培养人、塑造人上取得实效。

围绕堡垒坚强、团结统一建连育人。党支

部是连队统一领导和团结的核心，建强支部和党员队伍是用党的创新理论建连育人的关键所在。党支部坚强不坚强，首先要看集体领导作用发挥得好不好，民主集中制原则贯彻得好不好。实践证明，用党的创新理论建连育人，必须贯彻好民主集中制原则，凝聚一班人的智慧和力量；下功夫提高党支部解决自身问题的能力、领导连队全面建设的能力和带领官兵遂行多样化军事任务的能力，增强凝聚力战斗力创造力；强化党员干部的先锋模范作用，切实以良好的形象立标杆当表率。

三、始终坚持学建育有机统一，切实把“怎样建设连队、怎样培育官兵”工作落到实处

用党的创新理论建连育人，首要在学、核心在建、根本在育，必须遵循其内在规律和实践要求，把学建育作为一个有机整体来抓。

把搞好理论武装作为首要前提。党的创新理论是建连育人的源头活水，理论武装的质量决定建连育人的成效。红九连积极营造学习理论的浓厚氛围，坚持书记带着班子学、干部带着骨干学、骨干带着全连学，每月评比理论之星、人人开设网上博客、常年坚持新闻日评。用官兵们的话讲，“连队靠创新理论发展，支部靠创新理论坚强，官兵靠创新理论成长”。用党的创新理论建连育人，第一位的就要解决好学起来学进去的问题，让理论学习真正成为基层政治生活的主题，探索让理论贴近官兵、让官兵走进理论的方法路子，形成在学习中运用、在运用中学习的良性循环，实现学习成果、认识成果和实践成果相互转化。

把坚持按纲抓建作为基本载体。在党的创新理论指导下制定的《军队基层建设纲要》，是基层建设的基本准则和依据，建连育人必须依托落实《纲要》来实施。从实践看，把用党的创新理论建连育人贯穿到按纲抓建之中，就要进入官兵思想、进入建设标准、进入经常性工作、进入双争活动、进入党委机关工作指导，切实提起基层建设的“纲”。八项经常性工作是按纲抓建的主要内容，必须紧紧扭住不放，坚持全面系统抓，防止顾此失彼；坚持持之以恒抓，防止抓抓停停；坚持深入细致抓，防止失之于粗、失之于虚、失之于浅。

把建强“三个一线”作为关键环节。大力加强旅团一线指挥部、一线战斗堡垒和一线带兵人建设，培养一大批抓基层的明白人带头人责任人，用党的创新理论建连育人就有了坚实的组织基础。近些年，军区持续开展帮建旅团、帮建基层党支部、帮带基层干部和士官活动，连续3年组织提高依法管理能力集训，各级帮建党支部5910个，帮带干部骨干57000多名，今年军区组织4700多名连队主官网上培训，收到较好效果。必须始终扭住“三个一线”不放松，当前尤其要把旅团一线指挥部这个关键层级突出出来，重点提高统筹协调能力、指挥打仗能力、帮带基层能力和抓末端落实能力。

把开展创争活动作为重要抓手。营造浓厚的创争氛围，充分发挥广大官兵在争创先进和优秀中的主动性积极性创造性，是激发建连育人活力的有力推动。军区把全党开展的创先争优活动和《军队基层建设纲要》规定的双争评比活动捆在一起抓，在结合融合中增强创争效果。近些年持续开展了“争创红九连式先进连队、争当向南林式优秀士兵”活动，某要塞区创建党员示范岗、成立党员突击队、建立党员责任区，以及“星级士兵”评比、“上龙虎榜、进精兵林”、“千里边关党旗红”等做法，都对营造浓厚创争氛围起到了很好的推动作用。

把发挥官兵主体作用作为根本途径。用党的创新理论建连育人，连队是平台，官兵是主体。把官兵主体作用发挥好了，建连育人才有生命力和创造力。必须端正对官兵的根本态度，使官兵真正成为连队的主人、建设的主角、完成任务的主力。维护官兵的正当权益，帮助他们排忧解难。下功夫提高官兵综合素质，把官兵培养成为在部队有作为、到地方能发展的人才。

（作者：沈阳军区政治委员）

第七部分

党的执政能力建设
先进性和纯洁性建设

以改革创新精神全面提高党的建设科学化水平

中央宣讲团

顺利推进中国特色社会主义伟大事业，最根本的取决于我们党，取决于党的创造力、凝聚力、战斗力。党的十八大报告通篇贯穿关键在党、党要管党、从严治党的要求，在第十二部分，更是以"全面提高党的建设科学化水平"为题，对党的建设作了深入系统阐述，为加强党的建设，实现党的执政使命提供了根本遵循。

全面提高党的建设科学化水平，就是要按照党的建设本身的规律来抓党的建设，按照科学发展观的要求来抓党的建设。坚持以科学理论为指导，以伟大事业为中心，以执政能力建设、先进性和纯洁性建设为主线，以改革创新为动力，以制度建设为保障，不断提高党的建设整体水平，确保党始终成为中国特色社会主义事业的坚强领导核心。

落实"全面提高党的建设科学化水平"的要求，需要把握它的重大意义、总体布局和基本任务。把握重大意义，就是要充分认识全面提高党的建设科学化水平的重要性紧迫性。我们党是领导核心，是主心骨，是中流砥柱。党的自身状况如何，直接关系党的前途命运。随着党的历史方位、队伍组成结构的变化，"不适应"、"不符合"的问题凸显出来，"四种危险"、"四大考验"更加尖锐地摆在全党面前。打铁还需自身硬。治国必先治党。只有提高科学化水平，才能立于不败之地。

把握总体布局，就是在提高党的建设科学化水平中要贯穿"一条主线"，即加强党的执政能力建设、先进性和纯洁性建设，这是党的根本建设；要做到"两个坚持"，即坚持解放思想、改革创新，坚持党要管党、从严治党，这是保持马克思主义政党先进性和纯洁性的重要方针；要推进"五个建设"，即全面加强党的思想建设、组织建设、作风建设、反腐倡廉建设、制度建设，这是全面推进党的建设新的伟大工程的总体布局；要增强"四自能力"，即增强党的自我净化、自我完善、自我革新、自我提高能力，这是保持党的思想纯洁、组织纯洁、作风纯洁的根本途径；要实现"一个目标"，即建设学习型、服务型、创新型马克思主义执政党，这是新形势下提高党的建设科学化水平的战略任务。

把握基本任务，就是要把握党的十八大报告中就加强党的建设提出的8个方面的具体要求，包括理想信念问题、党的宗旨问题、党内民主问题、干部队伍建设问题、人才问题、基层党组织建设问题、反腐败问题、纪律问题。

落实好这些战略部署，应深入理解以下几个方面问题。

坚定理想信念，坚守共产党人精神追求。报告提出了三个层次的要求，即"三个抓好"：抓好思想理论建设这个根本，抓好党性教育这个核心，抓好道德建设这个基础。要坚定理想信念，就有一个在理论上统一思想的问题。当今社会信息化快速发展，思想多元已经成为现实，这当然也反映到了党内，反映在党的各级干部中。现在，对任何一件事情，都会有不同观点、看法，甚至是完全相反的看法。对党的领导干部来讲，思想不能乱，对重大理论问题的认识不能多元。而要做到这一点，就应该坚持用马列主义、毛泽东思想、中国特色社会主义理论体系武装自己的头脑，做到真信、真懂、真用。这是我们团结统一的根本。报告主题中讲的"凝聚力量,攻坚克难”,就是这个意思。

反对腐败,建设廉洁政治。这是党一贯坚持的鲜明政治立场,是人民关注的重大政治问题。这个问题解决不好,就会对党造成致命伤害,甚至亡党亡国。把干部队伍中的腐败现象大幅度降下来,可以极大增强人民群众对我们党和国家、对中国特色社会主义制度的信任、信赖和信心,可以使我们推进改革和发展工作变得更加从容主动。在这个问题上,我们做得怎么样,全党都在看,全国人民都在看,我们一定要认真落实报告关于坚持中国特色反腐倡廉道路的一系列要求,把反对腐败,建设廉洁政治放到反腐倡廉建设实践中去落实,切实做到“干部清正、政府清廉、政治清明”。

遵守党的政治纪律。共产党员特别是领导干部在一些基本的问题上要统一思想,不能与党离心离德。讲政治纪律,首先要强调这一点。一是对马克思主义的基本原理,主要是立场观点方法要掌握。二是对毛泽东思想、邓小平理论、“三个代表”重要思想和科学发展观,要真心拥护、努力学习。三是对中国特色社会主义的基本观点要坚持,主要是社会主义本质论、社会主义初级阶段论、社会主义市场经济论等,要坚持党的基本路线不动摇。四是对党史上的重大问题,要有正确认识。“毁人之国,必先去其史”。十八大报告强调要深刻领会两个历史决议总结的经验教训,发扬党的优良传统和作风。对这些要求,党的领导干部认识要一致,要坚定,不能模糊,更不能有违背的地方。讲政治纪律,更为重要的是:“要在思想上政治上行动上同党中央保持高度一致,坚决贯彻党的理论和路线方针政策。”“严肃党的纪律特别是政治纪律,形成全党上下步调一致、奋发进取的强大力量。”十八大报告第一次单独列条进行部署,这是新形势下很有针对性的一项重要要求。我们各级党组织和广大党员干部特别是主要领导干部一定要自觉遵守党章,自觉按照党的组织原则和党内政治生活准则办事,任何人都不能凌驾于组织之上,必须坚决维护中央权威。认真落实这一要求,最为重要的就是要自觉同以习近平同志为总书记的党中央在政治上、思想上、行动上保持一致。这是重大的政治原则,也是重大的政治纪律。

十八大开启了中国特色社会主义新的征程。面对人民的信任和重托,面对新的历史条件和考验,报告向全体共产党员发出了号召,这就是必须增强“四个意识”,即增强忧患意识,增强创新意识,增强宗旨意识,增强使命意识。这“四个意识”的提出,充分表现了我们党在胜利面前的高度清醒,也充分表达了我们党开拓未来的自信和坚定。我们一定要认真学习和领会,居安思危、锐意创新,牢记宗旨、不辱使命。

十八大报告提出总任务是实现社会主义现代化和中华民族伟大复兴,这就深刻揭示了中国共产党人是深深根植于中国人民和中华民族之中的。强调在中国特色社会主义道路上实现中华民族伟大复兴,在实现中华民族伟大复兴进程中坚持和发展中国特色社会主义,是中国共产党人的历史使命,任何时候都要咬定青山不放松,坚定理想不动摇,以此来动员和激励全党同志,以此来团结和凝聚全体中华儿女顽强奋斗、艰苦奋斗、不懈奋斗。

(《中直党建》编辑部根据中央宣讲团报告摘编)

始终保持党的纯洁性
不断推动首都科学发展

刘　淇

胡锦涛总书记在中央纪委第七次全会上的重要讲话，从党和国家事业发展全局和战略的高度，深刻阐述了保持党的纯洁性的重要性和紧迫性，明确提出了新形势下保持党的纯洁性的总体要求和主要任务，进一步丰富和发展了党的建设理论，对于全面推进党的建设新的伟大工程，具有重大而深远的意义。我们必须认真学习贯彻胡锦涛总书记重要讲话，进一步提高党的建设科学化水平，不断推动首都科学发展。

一、深刻认识新形势下保持党的纯洁性的极端重要性

当前，首都已经进入一个新的发展阶段。面对世情、国情、党情深刻变化带来的新的挑战和新的要求，面对推动首都科学发展、促进社会和谐稳定的历史重任，切实做好保持党的纯洁性各项工作极端重要，十分紧迫。

只有始终保持党的纯洁性，才能不断巩固党的执政基础。在新的发展阶段，巩固党的执政地位面临着"四种考验"和"四种危险"。经受考验，化解危险，最根本的是要密切党同人民群众的血肉联系，最关键的是要保持党的纯洁性。正如胡锦涛总书记所讲，只有不断保持纯洁性，才能提高在群众中的威信，才能赢得人民信赖和拥护，才能不断巩固执政基础，才能实现党和国家兴旺发达、长治久安。这段讲话，振聋发聩、发人深醒，我们必须深刻认识和理解。始终保持与人民群众的密切联系，不仅是我们党的光荣传统，是我们夺取政权、建设国家的重要法宝，也是巩固党的执政地位的基石。只有坚持为了人民、依靠人民、诚心诚意为人民谋利益，统筹解决好群众多样化的利益诉求，多为群众做实事、办好事，才能提高公信力，才能打牢群众基础，夯实执政根基。

只有始终保持党的纯洁性，才能切实做到执政为民、科学发展。经过全市人民的共同努力，首都的发展取得了重大成就。但北京仍然是一个发展中的城市，还存在一些不可持续发展的问题，存在广大群众迫切希望解决的住房、交通、医疗、提高收入，以及城乡二元结构问题。在新的发展阶段，加快转变经济发展方式、推动科学发展，要切实把发展的目标定位在发展成果真正惠及广大人民身上，使经济发展与人民群众的福祉高度融合，这就涉及执政党的执政理念是否纯洁的根本问题。只有保持党的纯洁性，牢记党的宗旨，始终把人民群众放在心上，才能做到立党为公、执政为民，自觉按照科学发展观的要求，使发展更好地惠及人民；才能树立正确的政绩观，不做表面文章，不摆花架子，实实在在地为人民做事。

只有始终保持党的纯洁性，才能不断提高各级党组织的创造力、凝聚力、战斗力。当前，全市党员干部队伍总体上是好的。但是我们必须清醒地认识到，胡锦涛总书记提出的影响党的纯洁性的五个方面的突出问题，在北京也不同程度地存在。有的党员理想信念不坚定，在大是大非问题上认识模糊、态度摇摆；有的作风不正，对群众利益漠不关心；有的为政不廉，利用职权谋取非法利益；有些党组织对党员干部教育、管理、监督不够，等等。这些问题严重损害党的纯洁性，严重损害党同人民群众的血肉

联系，严重损害党在人民群众心中的形象，严重影响各级党组织的创造力、凝聚力和战斗力。对此，我们必须保持清醒的头脑，切实做好保持党的纯洁性的各项工作，深化改革，不断提高各级党组织自我净化、自我完善、自我革新、自我提高能力，使全市各级党组织和广大党员始终保持思想纯洁、队伍纯洁、作风纯洁和清正廉洁。

二、认真落实保持党的纯洁性的各项要求

结合首都工作的实际，贯彻落实胡锦涛总书记的重要讲话精神，要着力抓好以下工作。

把践行“北京精神”作为保持党的纯洁性的重要抓手。保持党的纯洁性首要的根本的是要保持思想纯洁。保持思想纯洁，必须加强理论武装，加强党性修养，加强道德建设。去年以来，我们认真贯彻落实党的十七届六中全会精神，积极创新践行社会主义核心价值体系的载体，总结提炼了以“爱国、创新、包容、厚德”为主要内容的“北京精神”，在全市上下掀起了践行“北京精神”的热潮，引起强烈反响。在新的形势下，践行“北京精神”，有助于落实保持党的纯洁性的各项工作。要通过大力践行“北京精神”，使广大党员干部切实坚定理想信念，始终保持昂扬向上、奋发有为的精神状态，以可能达到的最高标准，竭尽全力做好首都的各项工作。要通过大力践行“北京精神”，切实增强党性修养，解决好是与非、公与私、真与假、实与虚等方面存在的问题，在大是大非面前始终做到自觉地与党中央保持一致，脚踏实地地推动发展，实实在在地为人民办事。要通过大力践行“北京精神”，使广大党员干部牢固树立正确的世界观、权力观、事业观，常修为政之德、常思贪欲之害、常怀律己之心，做到立身不忘做人之本、为政不移公仆之心、用权不谋一己之私，始终坚守共产党人的精神家园，永葆共产党人的纯洁性。

通过深化干部人事制度改革为保持党的纯洁性提供重要组织保障。保持党员干部队伍的纯洁，必须通过深化改革，把好入口，疏通出口，加强管理。要通过改革健全党内民主制度，健全干部考核评价体系，健全干部选拔任用制度，把更多德才兼备的优秀人才集聚到首都各项事业中来，使广大党员干部能够更好地为人民多干事、干实事、干好事。近年来，我们按照中央的要求，以改革创新精神，积极推进干部人事制度改革，在干部管理上提出了由职务管理转向以职责为中心的管理，建立体现科学发展观要求的干部考核评价办法，制定鼓励优秀人才脱颖而出和广聚优秀顶尖人才的一系列措施，取得了初步成效。这方面的工作还要进一步加大力度，使各级党组织不断提高纯洁性。

把开展创先争优活动作为保持党的纯洁性的重要载体。创先争优的过程，就是提升各级党组织和党员纯洁性的过程。两年来的实践证明，开展创先争优活动，有利于调动党员干部推动科学发展的积极性；有利于党员干部转变作风，密切与人民群众的血肉联系；有助于党员干部更好地服务群众，促进社会和谐；有助于推动党的基层组织建设，保持基层党组织的纯洁性。在新的发展阶段，要继续实施好创先争优“领航工程”、“聚力工程”、“先锋工程”，进一步在全市党政机关中开展以进农村、进社区、进企业、促发展、促和谐为主要内容的“三进两促”活动，在全市新闻、理论、文艺战线中开展“走基层、转作风、改文风”活动，以及推广基层党组织创造的党员承诺制、基层组织次序动员机制等好做法、好经验，使广大党员干部在密切联系群众，实现好、维护好、发展好最广大人民根本利益中始终保持纯洁性。

通过加强制度建设为保持党的纯洁性提供重要的体制保证。新形势下保持党的纯洁性，加强制度建设尤为重要。要认真落实民主集中制，健全和落实党务公开制度、党风廉政建设责任制、惩治和预防腐败体系。要更加注重建立健全廉政风险防控机制，认真总结和运用“廉洁奥运”经验，以改革创新精神，积极深化廉政

风险防范管理工作,抓住规范权力运行这个关键,运用科技手段特别是现代信息技术,搭建廉政风险防范管理平台,建立健全权力结构科学化配置体系、权力运行规范化运行体系、廉政风险信息化防控体系,健全决策权、执行权、监督权既相互制约又相互协调的权力结构和运行机制,形成早发现、早提醒、早报告、早解决的预警机制,保证权力更好地服务人民群众,为保持党的纯洁性提供制度保障。

三、党员领导干部要做保持纯洁性的表率

保持党的纯洁性,党员领导干部是关键。领导干部是党的事业的中坚和骨干,在各级岗位上发挥着领导核心作用。这样的地位和责任,要求党员领导干部在保持党的纯洁性中必须以身作则,率先垂范。

要用思想纯洁的要求把握自己。思想纯洁是党员干部的立身之本、从政之基。作为党员领导干部,保持思想纯洁,首先要增强党性观念,牢记手中的权力是人民赋予的,只能用来为人民谋利益,对人民负责并自觉接受人民监督。要自觉加强思想政治修养,深入践行"北京精神",坚定理想信念,坚持用中国特色社会主义理论体系武装头脑,在大是大非面前头脑清醒,在大风大浪面前立场坚定。要加强道德修养,牢固树立正确的世界观、权力观、事业观,自觉践行社会主义荣辱观,在道德情操方面成为广大党员干部群众的表率。

要用作风纯洁的要求规范自己。作风纯洁是衡量和检验党员领导干部纯洁性的重要标准。每一名党员领导干部,都要大力弘扬密切联系群众的作风,健全密切联系群众的工作制度,坚持问政于民、问需于民、问计于民,做到思想上尊重群众、感情上贴近群众、工作上依靠群众,切实解决群众反映强烈的突出问题,进一步密切党同人民群众的血肉联系。要大力弘扬求真务实之风,讲实话、办实事、求实效,心无旁骛、全力以赴地投入党和人民的事业,身先士卒、靠前指挥,团结带动广大群众高质量、高效率地完成各项任务。要把保持党的纯洁性的要求贯穿于各项工作之中,发扬敢于碰硬、敢于担当、敢于创新的精神,在困难和矛盾面前不回避,较真碰硬;在复杂情况面前主动伸手,担起责任;在解决难题时勇于创新,找出新办法。特别是在遇到困难的时候要能够站得出来,主动到艰苦的地方去,到困难的地方去,到工作打不开局面的地方去,努力开创新局面。

要用清正廉洁的要求约束自己。清正廉洁是保持党的纯洁性的基本要求。党员领导干部要大力弘扬艰苦奋斗之风,始终牢记"两个务必",树立节俭意识,自觉养成勤俭节约、艰苦朴素的良好风气,始终保持共产党人的高尚品格。要严格执行廉洁自律各项规定,在任何情况下都稳得住心神、管得住行为、守得住清白,做到一尘不染、一身正气。各级党员领导干部都要认真履职,切实抓好本地区本部门本单位党组织纯洁性工作,把保持党的纯洁性和完成工作任务紧密结合起来,引导广大党员在推动首都科学发展中当先锋、做表率。

保持党的纯洁性是全党重大的政治任务。全市各级党组织和每一名党员干部都要高度重视,自觉地落实保持党的纯洁性的各项要求,坚持立党为公、执政为民,以保持党的纯洁性的实践提高首都科学发展水平,以优异的成绩迎接党的十八大胜利召开。

(作者:中共中央政治局委员、中共北京市委书记)

保持党的先进性纯洁性
为建设富裕和谐秀美江西提供坚强保证

苏　荣

党的基层组织是党的全部工作和战斗力的基础，是落实党的路线方针政策和各项工作任务的战斗堡垒。中央确定2012年为基层组织建设年，这是深化创先争优活动的重要举措，是加强基层党组织建设的重要机遇，对于迎接党的十八大胜利召开具有重要意义。江西省委和全省各级党组织坚决贯彻党中央的决策部署，紧紧围绕建设富裕和谐秀美江西的宏伟目标，把加强基层组织建设作为党的建设的重中之重来谋划和落实，紧扣“强组织、增活力，创先争优迎十八大”的主题，突出先进性、纯洁性建设，牢牢把握机关党建走前头的要求，全面推进各领域党的基层组织建设，充分发挥基层党组织推动发展、服务群众、凝聚人心、促进和谐的作用，引导和激励基层党组织和广大党员破解发展难题、联系服务群众、办好民生实事，把党的政治优势转化为科学发展优势，把党的组织资源转化为科学发展资源，把党的建设成果转化为科学发展成果，努力迈出江西科学发展、绿色崛起的更大步伐。

一、以加强先进性、纯洁性建设为根本，进一步增强广大党员永远忠于党、永远跟党走的自觉性和坚定性。先进性和纯洁性是马克思主义政党的本质属性，保持和发展党的先进性纯洁性始终是马克思主义政党的根本任务，关系党的生死存亡和前途命运。加强基层组织建设，最核心、最根本的，就是要加强先进性、纯洁性建设，让党的各级组织和广大党员永远忠于党、永远跟党走。为此，我们把“永远忠于党、永远跟党走”确定为基层组织建设年的核心要求，切实加强党的先进性、纯洁性建设。在实际工作中，坚持以建设学习型党组织为抓手，坚持用马克思主义中国化的最新理论成果武装广大党员、干部的头脑，教育引导广大党员、干部加强党性修养和党性锻炼，模范践行社会主义核心价值体系，在大是大非面前站稳立场，在关键时刻经受住考验，自觉划清马克思主义同反马克思主义等重大是非界限，旗帜鲜明地抵制各种错误思潮的影响，做共产主义远大理想和中国特色社会主义共同理想的坚定信仰者和忠实执行者。坚持把推动科学发展、绿色崛起作为加强先进性、纯洁性建设的根本要求和开展创先争优活动的重要内容，把基层组织建设年放到推进科学发展、加快绿色崛起的大局中来推进，始终突出抓发展、促和谐这一核心任务，以科学发展、绿色崛起的成效来检验基层组织建设的成果，把加强思想政治建设与完成党在新时期的中心任务紧密结合起来，把推进伟大工程与成就伟大事业紧密结合起来，促进党建工作与经济社会发展的各项工作深度融合、良性互动、协同推进。在全省扎实推进“富民兴赣我先行”百万党员承诺活动，深入开展“建设富裕和谐秀美江西，创先争优向党的十八大献礼”主题实践活动，广泛宣传全省各级党组织和各行各业涌现出来的先进典型，教育引导广大党员把握争先进、创优秀的根本取向，不断深化省情认识，不断增强推动科学发展、加速绿色崛起的信心和决心，把全部的心思精力凝聚到事业上、集中到工作上、投入到发展上，在推动科学发展、绿色崛起中充分发挥主力军和突击队作用，在加快江西崛起的新征程中当先锋、展风采、创先进，使党的先进性要求与社会进步的取向同频共振。

二、以密切党同人民群众血肉联系为核心，进一步巩固党的执政基础。人民群众是我们党的力量源泉和胜利之本。密切联系群众是我们党的最大政治优势，脱离群众是我们党执政后的最大危险。90多年来党的发展历程告诉我们，来自人民、植根人民、服务人民，是我们党永远立于不败之地的根本。党的基层组织和广大党员处在践行党的宗旨的最前沿，是密切联系人民群众的桥梁和纽带。人民群众看发展繁荣、看和谐稳定、看党的作风，首先从基层看起。加强党的基层组织建设，最重要的一点，就是要进一步密切党同人民群众之间的血肉联系，巩固党的执政基础。我们坚持把密切党同人民群众血肉联系作为加强基层组织建设的生命线和巩固执政地位、提高执政能力、永葆先进性的核心要求，把联系服务群众、为人民排忧解难作为首要任务，让人民群众切身感受到党的温暖，切实感受到我们党是全心全意为人民服务的马克思主义政党。一是坚持在保障和改善民生中密切党同人民群众的血肉联系。按照发展为了人民、发展依靠人民、发展成果由人民共享的要求，始终把群众利益放在首位，扎实推进保障和改善民生各项工作，在多年来持续加大民生投入的基础上，今年又安排财政性资金500亿元，集中办好涉及人民群众切身利益的70件实事，在着力抓好就业、社保、教育、医疗等常规性民生工作基础上，重点做好保障性安居工程、扶贫开发等民生实事，让人民群众得到更多实惠，共享改革发展成果。特别是国有企业等各项改革中，始终坚持善待职工、厚待职工，既充分发挥党组织的政治核心作用、党支部的战斗堡垒作用和党员的先锋模范作用，更拿出"真金白银"、付出实意真情，有情操作、精心操作，既维护了职工利益，更化解了矛盾、促进了和谐，赢得了广大职工群众的真心拥护和支持。二是坚持在改进作风中密切党同人民群众的血肉联系。强调以一流的作风创第一等的工作，大力弘扬伟大的井冈山精神和苏区干部好作风，持续开展机关效能年、创业服务年、发展提升年活动和干部作风突出问题集中整治活动，着力解决工作作风中的"庸、懒、散"，领导作风中的"假、浮、蛮"，为政不廉的"私、奢、贪"等突出问题；扎实开展"万名群众评机关"活动，请人民评议，受人民监督，为人民服务，切实解决群众反映比较集中的工作落实不到位、行政权力部门化、审批项目较多等问题，促进干部精神面貌大改观、工作作风大转变、服务效能大提升，牢固树立党组织和广大党员在人民群众中的良好形象。三是坚持在服务群众中密切党同人民群众的血肉联系。大力推动机关干部下基层常态化，要求各级干部深入群众、深入基层，扎实开展"十万干部下基层，排忧解难促和谐"、"三进四同促和谐"等活动，着力推动各级领导班子成员和机关干部更多地走出机关、走向一线，与群众手拉手亲近，面对面交流，心与心沟通，在帮助群众排忧解难中转变作风、赢得信任、密切联系。在38名省级领导干部的模范带领下，全省县处级以上领导干部在农村、街道、企业、学校等建立各类基层联系点9600多个。建立和完善领导干部"民情家访"制度，2.6万余名市、县、乡地方领导干部直接联系群众，累计收集意见建议10.6万余件，化解矛盾纠纷1.6万余个，解决实际问题3.4万余个。

三、以扩大党的工作覆盖面为抓手，进一步增强基层组织的凝聚力、战斗力。俗话说，"基础不牢，地动山摇"，"给钱给物，不如帮助建个好支部"。建立健全基层党组织，发挥好基层党组织的积极作用，是发挥党委领导核心作用的根本性、基础性环节。在实际工作中，我们坚持哪里有群众哪里就要有党员，哪里有党员哪里就要有党的组织，组织发展到哪里党的工作就要开展到哪里，突出抓基层、打基础，着力扩大党的工作覆盖面，充分发挥基层党组织的作用，进一步提升基层组织的凝聚力、战斗力。主要从3个方面入手：一是创新工作机制，推行基层党建项目化管理。学习借鉴经济建设项目化的理念，扎实推进基层党建工作项目化发展，把党的基层组织建设的各项工作，分解成一个一个的具体项目，使原有的基层党建工作进一步细化和具体化，由“软任务”变成“硬指标”，既便于操作、推广，又便于督查、考核，实现党建工作与发展经济、改善民生、维护稳定等其他各项工作同步推进。二是强化责任落实，构建党建工作新格局。坚持书记抓、抓书记，要求各级党组织书记切实履行第一责任人职责，亲自抓基层组织建设年工作的部署、落实和推进；领导班子成员结合工作分工，具体抓、认真抓。建立“三级联述联评联考”制度，市、县、乡镇（街道）三级党组织书记就抓基层党建工作情况每年年底分别向上一级党委进行专项述职，并将抓基层党建工作情况作为市、县、乡镇（街道）党组织和部门党组（党委）领导班子、领导干部年度考核的重要内容，形成了抓书记、书记抓，一级抓一级、层层抓落实的党建工作格局。三是解决突出问题，提升基层党建科学化水平。始终突出办实事、解难题这一重要抓手，既立足当前，又着眼长远，在重点解决组织覆盖面不够广、队伍建设不适应、党建经费投入不足、党建工作责任落实不到位等突出问题，努力取得群众看得见、感受得到的实际效果的同时，大力推进基层组织建设“五覆盖”、党员队伍建设“五发展”、基层党组织带头人“选优训强”、基层党组织建设“达标升级”、大学生村官“三个培养”和本土本乡大学生培养、党员干部直接联系服务群众、党群共建基层组织、基层党组织经费保障机制落实、基层党组织活动阵地“规建用管”、基层党建工作科学化发展探索研究等“十项工程”，从根本上解决基层党组织发展的瓶颈制约，夯实基层基础党建工作，增强基层党组织的凝聚力、战斗力。

（作者：中共江西省委书记、省人大常委会主任）

保持党员干部队伍纯洁性
为推动贵州科学发展提供坚强组织保证

孙永春

胡锦涛总书记在十七届中央纪委七次全会上，向全党发出了"保持党的纯洁性，建设坚强有力的马克思主义执政党"的号召。我们要结合贵州经济社会发展和党的建设实际，全面落实保持党的纯洁性的各项要求，突出保持党员、干部队伍纯洁这个重点，努力建设一支高素质的党员、干部队伍，带动全省各族人民群众加快实现与全国同步进入小康社会的目标。

一、加强思想政治建设，努力打造理想崇高、政治可靠的党员干部队伍

良好的思想政治素质，是党员、干部队伍纯洁的重要体现。要按照建设"团结、务实、勤奋、廉洁"领导班子和干部队伍的要求，引导党员、干部大力弘扬"不怕困难、艰苦奋斗、攻坚克难、永不退缩"的贵州精神，带领人民群众推进贵州又好又快发展。

加强思想建设，提高党员干部思想政治素质。要教育引导党员干部加强党性修养和党性锻炼，坚持立党为公、执政为民，确立正确的世界观、人生观、价值观和权力观、地位观、利益观，增强"四种意识"(党的意识、政治意识、危机意识、责任意识)，经受"四个考验"，防止"四个危险"。用好贵州红色文化资源，开展理想信念教育、革命传统教育，弘扬长征精神、遵义会议精神和贵州精神，使党员、干部在红色文化的滋养和熏陶中砥砺品质、坚定信念。

以换届调整为契机，巩固和发展良好的从政环境。要把换届调整作为承前启后、推动事业发展的新起点，通过深入开展"五讲五比"(讲学习、比创新，讲激情、比创业，讲执行、比落实，讲责任、比担当，讲奉献、比精神)、定期进行综合指标评比、强化干部问责等方式，引导并督促领导班子和领导干部特别是新任职干部，保持开拓奋进的精神状态，做好工作的有机衔接，在继承中创新，在创新中发展，努力展示新面貌新形象新作为。

坚持民主集中制，完善思想政治建设保障机制。要重点加强党政"一把手"和新进班子成员的民主集中制教育，使他们自觉学好、用好民主集中制。健全集体领导和常委分工负责制，完善新一届全委会、常委会议事规则和决策程序，落实好班子内部的沟通协调、党内监督、民主生活会、中心组学习、联系群众等各项制度，不断推进决策科学化、民主化。努力营造团结共事的良好氛围，使领导班子成员之间相互支持、相互理解、相互尊重、相互宽容、相互配合，特别是"一把手"要率先垂范，作维护团结的表率。

二、不断提升能力素质，努力打造干事创业、担当重任的党员干部队伍

本领过硬、实绩突出、群众公认，是党员、干部队伍纯洁的重要特征。要以一流标准建设一流队伍，使广大党员、干部在推动科学发展中担当重任，创造一流业绩。

把好党员入口关，选好干部配好班子。要认真执行"坚持标准、保证质量、改善结构、慎重发展"方针，按照"控制总量、优化结构、提高质量、发挥作用"总要求，做好发展党员工作。加强思想上入党教育，坚持党员发展标准，努力把社会各领域各阶层先进分子吸收到党内来。在干部选拔任用中，坚持五湖四海、任人唯贤，

德才兼备、以德为先，严格按照体现科学发展观要求的领导班子和领导干部综合考核评价办法，把政治上靠得住、工作上有本事、作风上过得硬、人民群众信得过的干部选拔到领导岗位上来，尤其是选好配强党政正职。提高选人用人公信度，推进干部人事制度改革，加大党政领导干部竞争性选拔工作力度。

抓好教育培训，提升党员干部能力素质。要根据贵州面临的新形势新任务，加强党员干部教育培训，提高各级领导班子和广大党员、干部结合实际用好用活政策的能力。按照贵州加速发展的迫切需要，瞄准干部能力上的短板，特别是抓经济工作的能力不足开展培训，深入实施干部经济建设能力提升“4515”培训计划等，依托境内外优质培训机构，重点提高干部在工业经济、项目建设、园区管理、融资引资、城市规划、社会管理等方面的能力。

注重锻炼培养，在艰苦条件、复杂环境和关键时刻考验干部。要把干部放到边远艰苦、条件困难的地方，使他们贴近群众、了解基层、磨练意志、锤炼作风。安排干部到重点工程、重大项目和信访部门等急难险重岗位锻炼，提高抓好经济工作、驾驭复杂局面、解决社会矛盾的能力。在关键岗位、重要岗位历练干部，把上下交流任职、多岗位任职，尤其是到基层一线任职作为培养锻炼的主要方式，加大跨地区、跨部门、跨行业交流力度。完善干部考核办法，有意识地在处理突发事件、抗击重大自然灾害等关键时刻锻炼和考察干部。

三、健全管理监督机制，努力打造纪律严明、廉洁勤政的党员干部队伍

加强日常管理和监督，是保持党员、干部队伍纯洁的经常性工作。要把严格管理、严格监督贯穿队伍建设全过程，同时，对不合格、不胜任的党员、干部进行严格认定、严肃处置。

坚持从严管理，加大治理庸懒散力度。要建立健全党员、干部管理长效机制，加强和改进不同领域党员、干部的日常管理，严格党内组织生活，完善党性定期分析制度，民主评议党员、干部制度，探索加强流动党员管理的方法。完善领导班子和领导干部年度考核、专项考核、谈心谈话等制度，加强对省直部门、市县乡党政“一把手”以及执纪执法、管人管钱管物等关键岗位干部的重点管理。严格执行领导干部述职述廉、诫勉谈话、函询、巡视、审计等制度，认真执行领导干部个人重大事项报告制度和出国（境）审批制度，认真落实直接联系和服务群众工作的要求，把干部下基层的各项工作作为摸实情、解民忧、增感情、办实事的过程，在服务基层、服务群众、服务发展中体现党员、干部队伍的先进性和纯洁性。

落实监督措施，多层次多渠道约束干部。既要加强上级对下级的监督，也要加强普通党员对党员干部的监督、党员干部对领导干部和领导班子的监督、领导班子成员对“一把手”的监督和领导班子内部监督。注重发挥人大和政协的监督作用，加强群众监督，接受舆论监督。各级领导干部要敢于坚持原则，在大是大非问题面前不搞通融，在执行党的路线方针政策上不讲条件，对违反党的原则的人和事不留情面，对工作不力和作风不正的干部不姑息迁就，对出了问题的干部不包庇袒护。要对党员、干部在遵守政治纪律、执行民主集中制、履行岗位职责、选拔任用干部、遵守廉洁自律规定等方面存在的苗头性问题，早发现、早提醒、早纠正，促进党员、干部增强自律意识，讲党性、重品行、作表率。

完善退出机制，不断增强自我净化能力。要进一步完善干部退出机制，探索建立干部实绩档案等，研究测评干部不称职、不胜任现职的标准、办法和程序，真正实现“庸者让、劣者汰”。对基本素质较好但不适宜担任现职的干部，及时调整到合适岗位；对事业心和责任感不强、不胜任和不称职的干部，视具体情况作出岗位调整、免职、责令辞职、降职等组织处理。疏通党员出口，按照党章和相关制度规定，实事求是地认定不合格党员并进行严肃处理。

（作者：中共贵州省委常委、组织部长）

着力提高推进科学发展能力

张宝顺

胡锦涛同志在7月23日省部级主要领导干部专题研讨班开班式上指出，在当代中国，坚持发展是硬道理的本质要求就是坚持科学发展。我省各级党委要着力提高推进科学发展的能力，自觉坚持科学发展、积极推进科学发展、善于领导科学发展，切实担负建设美好安徽的重任，不断开创全面建设小康社会新局面。

一、坚持解放思想，着力提高科学谋划水平

思想上先人一步，谋划上高人一筹，发展上才能快人一拍。这些年安徽之所以发展势头越来越好，很大程度上得益于坚持不懈地解放思想，与时俱进地开拓创新。要在解放思想上下更大功夫，真正以思想解放激活发展活力，以科学理念引领跨越赶超。首先要深入调查研究。我们提出的思路、制定的规划有没有可行性，符不符合实际，关键在于调查研究。无论经验阅历多么丰富，通讯手段多么发达，都代替不了深入调查研究。近年来，安徽出台的加快皖北发展、支持大别山革命老区发展、居民收入倍增规划等一系列务实管用的政策文件，都是在认真调研的基础上制定的。要始终坚持调查研究这个根本工作方法，扑下身子，深入实际，在摸清第一手情况的基础上，把解决问题的思路和对策研究透彻，在汲取基层和群众鲜活经验的过程中，把“点”上的经验拓展为“面”上的做法，更好地指导发展。其次要善采众家之长。现在经济开放度越来越高，在开放的环境下搞发展，必须克服封闭意识和狭隘视野，强化战略思维，善于从国内外的实践探索中吸取好的发展经验，把本地本单位的发展放在全省、全国乃至全球发展的大背景下来谋划，不断增强工作的前瞻性、系统性。第三要精于科学谋划。科学谋划是做好领导工作的基本功。工作谋划得好，有明晰的发展思路和对头的工作举措，就能少走弯路，发展得更好更快一些。从省里到市里、到各单位，都有一个工作谋划的问题，有了好的规划，才能提升发展层次、彰显发展优势、加快发展步伐，实现规划引领、科学发展。

二、坚持以人为本，着力提高群众工作本领

群众工作本质是密切党群关系，核心是正确处理人民内部矛盾，我们必须始终坚持以人为本、执政为民。保障改善民生是群众工作的重要抓手。实践证明，紧抓民生之本、解决民生之急、排除民生之忧，是密切党群关系的治本之策，也是最根本的群众工作。着力保障改善民生，既要增强民生工作的普惠性，又要重点关注困难群体，帮助解决实际问题。注重普惠，就要按照“五有”要求，努力解决好就业、教育、社保、医疗、住房等基本民生问题，尤其要坚持积极而为、量力而行，深入推进民生工程，大力实施居民收入倍增规划，努力实现居民收入与经济发展同步增长，使发展成果更多更好地惠及全省人民。突出特惠，就要把公共资源向困难群体倾斜、向基层倾斜、向“三农”倾斜，把有限的资金用到刀刃上。要积极探索集中连片扶贫开发新模式，持续加大对山区库区、沿淮行蓄洪区、江淮分水岭地区尤其是大别山革命老区的扶贫力度，坚决打好扶贫开发攻坚战，不断提高发展的包容性。维护群众利益是群众工作的核心任务。我们所有的工作、一切的奋斗，都是为

了实现好、维护好、发展好人民群众的根本利益。当前，在推进工业化、城镇化过程中，征地拆迁、企业改制、环境保护等，都涉及到群众利益。如果我们片面地追求推进工作，忽视群众利益甚至损害群众利益，即使一时发展了，也是不可持续的，也得不到人民群众的拥护和支持，那也只能是形象工程、面子工程。必须坚持群众利益高于一切，妥善处理好维护群众利益与推进工作的关系，坚决不干劳民伤财、违反群众意愿的事，坚决纠正损害群众利益的行为，这是我们工作的基本要求，也是一条铁的纪律。

三、坚持统筹兼顾，着力提高总揽全局能力

统筹兼顾是我们党在长期执政过程中形成的重要经验，是深入贯彻落实科学发展观的根本方法。运用好这个思想方法和工作方法，关键是要树立全局观念、讲究系统思考，不断提高总揽全局能力，推动各项工作协调发展、共同进步。要更加注重统筹城乡发展。安徽是农业大省，加快实现工业化、城镇化和农业现代化“三化同步”，是我们的重大战略取向。要立足自身特点，积极借鉴外地的好经验、好做法，按照“三化同步”的要求，切实把统筹城乡发展摆上更加重要的位置，深入推进农业结构调整，不断加快新农村建设，促进农民持续增收，努力走出一条城乡联动、产业互动、示范带动的新路子。要正确处理改革发展稳定的关系。安徽正处在工业化城镇化加速推进期，发展的任务越来越重，改革的难度越来越大，人民群众的利益诉求越来越多，这就要求我们必须把发展第一要务、改革第一动力、稳定第一责任有机结合起来，处理好发展速度、改革力度、社会可承受程度之间的关系，努力实现又好又快发展。要善于保护和调动各方面积极性。各级领导干部既要身先士卒、带头干事，又要善于统筹、协调各方，切实把各方面的积极性调动起来、发挥出来。要统筹协调好党委、人大、政府、政协几个班子的关系，协调好与民主党派、人民团体和其他方面的关系，包括要重视和发挥好老同志的作用。尤其要通过建立健全科学化、规范化、制度化的机制，支持各方独立自主、步调一致地开展工作，做到党委总揽不包揽、协调不取代，促进各个方面各司其职、各尽其责，相互配合、形成合力，为推进兴皖富民大业形成广泛共识、凝聚强大力量。

四、坚持真抓实干，着力提高工作落实成效

当前，我们的发展思路已经清晰，目标任务已经明确，关键在于真抓实干，切实把各项工作抓紧抓实抓好。从工作重心来说，要在构筑大平台、发展大产业、建设大项目上狠下功夫。就平台建设而言，安徽现在有皖江示范区、合芜蚌试验区等重大战略平台，还谋划建设了江南、江北两个集中区，扶持皖北发展的三个结对共建园区，各市也规划建设了一批承接产业转移园区，要坚持高水平规划、高标准推进，着力完善功能、强化配套，划行分类、集聚发展。就产业发展而言，省里已经确定了七大主导产业，各市要结合自身实际，坚持有所为有所不为，集中财力发展首位产业和主导产业，力争早日取得突破。要抓住国家加快“十二五”规划重大项目建设的有利时机，加大项目工作力度，加紧谋划储备和开工建设一批重大项目，争取国家更多支持，培育新的竞争优势。从工作方法来说，要在搞好“结合”、创造性开展工作上狠下功夫。各地各部门的情况不同，抓落实必须坚持从实际出发，吃透上情，摸清下情，善于在“结合”上做文章，特别是对全省一些重大决策部署、重大工作安排，要找准结合点，选好突破口，创造性开展工作，更好地使各项政策措施落到实处、取得实效。要本着对历史负责、对事业负责的精神，敢于担当，勇于探索，努力做到最困难的地方通过改革寻求出路，最关键的环节通过改革取得突破。

（作者：中共安徽省委书记、省人大常委会主任）

领导干部应带头维护党的先进性和纯洁性

赵洪祝

党的先进性和纯洁性都是由党的性质和宗旨决定的，两者相辅相成、密不可分。纯洁性是先进性的重要体现，先进性是纯洁性的显著标志。在改革开放和社会主义市场经济发展的新阶段，面对前所未有的考验和挑战，各级领导干部必须从政治和全局的高度，深刻认识新形势下加强党的建设、保持党的先进性和纯洁性的重大意义，做到讲党性、正作风、严律己、敢担当、有作为，不断增强自我净化、自我完善、自我革新、自我提高能力，充分发挥党员领导干部的表率作用，永葆党的政治本色和生机活力。

讲党性是维护党的先进性和纯洁性的内在要求

坚持讲党性，始终保持思想纯洁，是领导干部的立身之本、从政之基和实现人生价值的阳光大道。坚强的党性不是党员固有的，而是通过持之以恒、锲而不舍的艰辛努力，不断加强党性修养和党性锻炼而成就的。

讲党性就要讲宗旨意识。我们党的根本宗旨是全心全意为人民服务。能不能坚持全心全意为人民服务的根本宗旨，是衡量一名党员是否先进和纯洁的根本标尺。科学发展观把以人为本作为核心，强调“发展为了人民、发展依靠人民、发展成果由人民共享”，这是新形势下践行党的根本宗旨的具体要求。因此，讲宗旨意识不仅是一个思想观念问题，也是一个发展方向问题。首先，在思想观念上必须牢固树立以人为本、执政为民的理念，深刻认识到人心向背事关党的生死存亡。第二，在实际工作中必须正确处理对党负责和对人民负责的关系，把对上负责与对下负责统一起来，做任何工作都应考虑到是否有利于巩固党的执政地位、是否有利于人民的幸福。第三，在方式方法上必须更多地从人民群众的角度来考虑问题，作决策应考虑人民群众的利益，抓改革应考虑人民群众的承受能力，谋发展应考虑人民群众能否从中得到实惠。

讲党性就要讲理想信念。人生如屋，信念是柱。理想信念是思想和行动的“总开关”、“总闸门”。如果党员干部的理想信念发生动摇或者出现滑坡，就容易导致政治上的变质、经济上的贪婪、道德上的堕落、生活上的腐化。领导干部带头维护党的先进性和纯洁性，就必须高扬理想信念的旗帜，坚持不懈地加强党性修养和党性锻炼，坚定信仰共产主义远大理想和中国特色社会主义共同理想，模范践行社会主义核心价值体系，始终做到立身不忘做人之本、为政不移公仆之心、用权不谋一己之私。

讲党性就要讲政治立场。党的领导干部不管职位多高、权力多大，首先是一名党员，是共产党这个政治组织中的一员。共产党不仅靠共同的理想凝聚在一起、靠严密的纪律团结在一起，更是靠坚定的政治立场而组织在一起。讲政治立场，是对领导干部最起码、最基本的要求。领导干部必须坚持正确的政治立场、政治方向和政治观点，严守党的政治纪律，提高政治敏锐性和政治鉴别力，毫不动摇地坚持党的领导，毫不动摇地坚持走中国特色社会主义道路，毫不动摇地坚持把改革开放推向前进，毫不动摇地执行党的纲领、章程和路线方针政策，自觉同党中央保持高度一致，坚决维护中央权威，身体力行地维护党的团结统一。

正作风是维护党的先进性和纯洁性的外在表现

作风纯洁是党的纯洁性的具体体现，是衡量和检验党的先进性和纯洁性最直接最现实的标准。群众看我们党，最直接的就是看党的领导干部的作风怎么样。各级领导干部必须牢固树立立党为公、执政为民的理念，自觉加强党的作风建设，切实改进自身作风上存在的不足，以身作则，率先垂范，带头维护党的先进性和纯洁性。

树立密切联系群众之风。保持作风纯洁，核心问题是保持党同人民群众的血肉联系。正作风，首先要求领导干部始终坚持马克思主义群众观点，自觉贯彻党的群众路线，始终与人民群众同呼吸、共命运、心连心。脱离群众是党执政后面临的最大危险。背离群众观点、丧失群众立场、违反群众路线、损害群众利益、削弱群众工作，改革就会失去支持，发展就会失去动力，稳定就会失去基础。所以，在任何时候，领导干部都必须密切联系群众，真正做到思想上尊重群众，感情上贴近群众，工作上依靠群众，从群众中汲取智慧和力量，使各项工作获得最广泛最可靠最牢固的群众基础和力量源泉。

树立求真务实之风。务实就是注重实际、实事求是。改革开放以来，浙江能够率先推进市场取向的改革、推进多种所有制经济取向的发展，靠的就是务实。在新的形势下，浙江推进科学发展的方向、路径和要求更加明确，更需求真务实抓落实。各级领导干部必须大力弘扬求真务实之风，说老实话，办老实事，实实在在地为群众办事，努力创造经得起历史检验和群众认可的实绩。

树立勤俭节约之风。“历览前贤国与家，成由勤俭败由奢。”大量事实表明，一些领导干部的腐化堕落，往往是从生活作风上打开缺口的。一旦奢侈成为习惯，就会成为金钱的俘虏。当前在工作中也存在奢侈的问题，比如有的地方办个节、办个会动辄几千万甚至上亿元的花费。各级领导干部必须增强节俭意识，大力弘扬勤俭节约、艰苦奋斗的作风，端正生活作风和工作态度，坚决抵制拜金主义、享乐主义、铺张浪费等不良风气，在权力、金钱、美色的考验面前，一尘不染，一身正气。

严律己是维护党的先进性和纯洁性的基本要求

党员特别是领导干部掌握着人民赋予的权力，而有关权力的一条铁律是：没有约束的权力必然导致腐败。领导干部保持党的先进性和纯洁性，必须依靠自律和他律。

严守思想道德防线。“物必自腐而后虫生”。领导干部保持清正廉洁，远离腐化堕落、腐败变质，关键是加强自我修养，树立高尚的人生追求，保持健康的生活方式，培养良好的生活情趣，特别是注重养成“开卷有益”的好习惯，多读书、读好书、善读书，不断提升思想境界和精神追求，筑牢思想道德的铜墙铁壁。

严守党的组织纪律。组织纪律是保持党的肌体纯洁、保持党员队伍纯洁的重要保障。领导干部必须带头遵守、执行和维护党的纪律，严格按照党员个人服从党的组织、少数服从多数、下级组织服从上级组织、全党各个组织和全体党员服从党的全国代表大会和中央委员会的要求，坚决执行中央的政策和上级的决策部署，保证中央政令畅通。民主集中制是党的根本组织原则，也是领导干部维护班子团结、推动各项工作的重要法宝。各级领导干部必须认真落实民主集中制，坚持民主基础上的集中和集中指导下的民主相结合，既防止独断专行，又防止软弱涣散，着力解决影响班子团结的突出问题，确保形成领导班子团结协作、高效运转、能及时发现解决自身问题与矛盾的工作机制和管理机制。

严守廉政准则。清正廉洁，光明正大，是从政为官最基本的要求。党的先进性和纯洁性同一切消极腐败现象是根本对立的。多年来，为了维护廉洁，也为了保护干部，中央先后出台了一系列廉洁从政的规定和要求，特别是出台了

《党员领导干部廉洁从政若干准则》,为各级领导干部廉洁从政建立了法纪的底线。在个人清正廉洁问题上,搞一次特殊就损一分威信,破一次规矩就留一个污点,谋一次私利就失一片民心。领导干部必须牢记"取一文,则不值一文"的哲理,认真贯彻执行党的各项廉政规定和具体要求,坚持把廉洁自律作为一种生活方式,永远做一个"自律人"。

敢担当是维护党的先进性和纯洁性的责任所在

大事难事看担当,顺境逆境看襟怀,临喜临怒看涵养,群行群止看识见。对于领导干部来说,是否具有责任意识和担当精神,既是党和人民事业的要求,也是共产党人应该具备的精神状态。当前,浙江正处于进一步提升全面建设惠及全省人民小康社会水平、迈向建设物质富裕精神富有的现代化浙江新征程的关键时期,特别需要领导干部能够在困难和挑战面前,敢挑重担,奋勇向前。

善于决策,敢于担责。作决策是领导工作的重要职能,决策水平实际上反映的是领导干部任其职、尽其责,在其位、谋其政的能力和水平。对于领导干部来说,科学决策、敢于担责是最大的本职。如果领导干部不注重科学决策,忽视决策的科学性、民主性,一旦决策失误,不仅贻误发展,损害群众利益,还可能会影响一个地方的改革发展稳定,给党的事业带来无法挽回的损失。因此,领导干部必须高度重视科学决策,健全决策机制,决策之前重实情、讲调研,决策过程重程序、讲民主,决策之后重监督、讲责任,对决策执行中存在的问题和出现的新情况,注意及时纠错,最大限度地减少决策失误造成的损失。如果决策失误并造成重大损失或影响恶劣,务必追究相应的责任。

善作善成,狠抓落实。再高明的思路、再英明的决策、再美好的蓝图,如果不能落实,不能在实践中发挥作用,不能转变为群众的实惠,就只是空中楼阁,没有实际意义。对于领导干部来说,抓好落实关键在于增强"三种本领",即增强推动落实党和国家各项方针政策、工作部署和措施要求的本领,确保党和国家确定的目标任务顺利实现;增强在克服困难、化解矛盾、解决问题中推动工作落实的本领,始终做到为党尽责、为民造福;增强创新工作落实机制的本领,确保形成一级抓一级、层层抓落实的有效机制。

敢抓善管,有效应对复杂局面。当前,浙江正处于转型发展的重要时期,各类问题与矛盾新老掺杂、交织渗透、碰头叠加,对领导干部驾驭复杂局面的要求不断提高。在困难和挑战面前,首先要求领导干部有担当精神,自己身先士卒、冲在一线,以个人的担当影响并调动集体分担的智慧和力量,努力化压力为动力、化被动为主动。同时,各级领导干部还必须平时多下苦功、多花心思、多研究琢磨,不断提升应对能力,切实做到"为官一任、造福一方"。

有作为是维护党的先进性和纯洁性的检验尺度

对于领导干部来说,维护党的先进性和纯洁性,绝不仅仅是"洁身自好",还需要有所作为、大有作为。当前,浙江的发展已经站在了新的历史起点上,同时也面对一系列新的挑战、新的矛盾。各级领导干部必须克服"无过便是功"的思想,树立"无功便是过"的观念,以"食不甘味,寝不安席"的责任感和使命感,适应新形势,增强新本领,向建设物质富裕精神富有的现代化浙江迈进,确保在新起点上有新作为,不辜负组织的厚爱和人民的重托。

在发展实体经济、加快转型升级上有作为。实体经济是社会财富的根本源泉,也是经济转型升级的重要方向。从改革开放30多年来的发展看,浙江经济能够快速发展、走在前列,主要就是靠全省人民重视实业,重视发展实体经济。换句话说,如果实体经济出现比较大的问题,那么浙江经济的基础就会受到削弱。当前,浙江实体经济特别是中小企业在发展中的确遇到诸多挑战。各级领导干部必须全面认清当前的经济形势，充分利用各方面有利机遇，进一步营造脚踏实地、勤劳创业、实业致富的良好氛围，不断推进实体经济发展和经济转型升级。

在改善民生、创新社会管理上有作为。推进改革发展的出发点和落脚点都是保障和改善民生，这也是党的性质和宗旨的根本要求。因此，在发展过程中，领导干部必须高度重视社会建设和民生事业改善，确保人民群众共享改革发展成果。同时，还必须深入贯彻落实中央精神和省委部署，以建设"平安浙江"、"法治浙江"为主要载体，着力推进社会管理创新，不断化解社会矛盾，努力维护和谐稳定有序的社会环境。

在建设文化强省、推动文化大发展大繁荣上有作为。一个社会的发展，既植根于物质基础，也取决于精神品质。特别是当经济发展到一定水平后，社会问题的解决就更加倾向于人的自身素质的提升，就更加需要加强文化建设、以文化人。当前，浙江的发展已经进入到一个新的阶段，各级领导干部不仅应注重发展实体经济和改善民生，还应注重文化强省建设，不断推动文化大发展大繁荣，确保社会全面发展，确保人民生活幸福美满，努力实现物质富裕、精神富有。

在带好党员、干部队伍上有作为。带好党员、干部队伍，是领导干部的基本职责。一方面，必须严把入口关，重视党员思想上入党，加强对干部品德的考核，坚决防止"带病入党"、"带病上岗"、"带病提拔"。同时，按照五湖四海、任人唯贤和德才兼备、以德为先的原则，选拔任用那些政治坚定、有真才实学、实绩突出、群众公认的干部，使干部队伍整体素质高、结构合理、人才辈出、朝气蓬勃。另一方面，必须严格要求、严格教育、严格管理、严格监督，建立健全有效的党员、干部退出机制，对不合格的党员、干部必须按照有关制度规定进行严肃处理，永葆党的先进性和纯洁性。

（作者：中共浙江省委书记）

全面加强党的建设　保持党的先进性纯洁性

李　捷

2012年1月，胡锦涛总书记在十七届中纪委七次全会的重要讲话里，向全党发出切实做好保持党的纯洁性各项工作的号召。随后，习近平同志又多次就保持党的先进性纯洁性发表重要讲话。

在党的建设上，提出纯洁性要求，既是党的优良传统的发扬光大，也是新世纪新阶段党的建设基本规律的创新发展。早在延安时期，毛泽东就提出："要有一个有纪律的、思想上纯洁的、组织上纯洁的党，合乎统一的标准的党。"党的第一个历史决议也总结长期经验指出："党外的小资产阶级愈是广大，党内的小资产阶级出身的党员愈是众多，则党便愈须严格地保持自己的无产阶级先进部队的纯洁性。"进入改革开放新时期，陈云同志提出："抓社会主义精神文明建设，关键是搞好执政党的党风，提高共产党员的党性觉悟，坚定地保持共产主义的纯洁性。"江泽民同志在党的十五大报告中强调指出："从严治党，是保持党的先进性和纯洁性，增强党的凝聚力和战斗力的保证。"在党的十六大报告里，还把"保持党的先进性、纯洁性和团结统一"作为十条基本经验第十条的重要内容。

先进性和纯洁性是马克思主义政党的本质属性，贯穿于党的性质、宗旨、任务和全部工作中，体现在各级党组织和全体党员的实际行动上。正反两方面历史经验深刻表明，保持、发展先进性和纯洁性始终是马克思主义政党根本的思想政治任务，关系党的生死存亡和前途命运。

如何全面加强党的建设，保持党的先进性纯洁性呢？需要做到以下几点：打牢理论根底，站稳大众立场，时刻对党忠诚，始终求真务实。

一、打牢理论根底

思想立党，是我们党的优良传统和政治优势。打牢马克思主义理论根底，是抵御各种错误思潮的思想侵袭，保持思想上的先进性纯洁性的决定性基础。

第一，要坚持用马克思主义基本观点观察和分析人类社会发展总趋势和当代世界发展进步的总方向。认清尽管世界社会主义运动仍然处于低潮，资本主义还会有相当程度的发展，我国仍将长期处于社会主义初级阶段，但是社会主义必将会代替资本主义，中国特色社会主义必将显示出优于资本主义的强大生命力。从而坚定共产主义理想和中国特色社会主义信念。信仰的力量是无穷的。信仰纯洁是共产党人最根本的纯洁。

第二，要坚持用发展的、开放的观点对待马克思主义。坚持实践第一的观点，坚持实事求是思想路线和群众路线，坚持中国特色社会主义道路，在改革开放的伟大实践中不断推进马克思主义中国化、时代化、大众化，大胆吸收和借鉴人类一切优秀文明成果，进一步把握共产党执政规律、社会主义建设规律、人类社会发展规律，提高运用科学理论分析和解决实际问题能力，不断创新发展中国特色社会主义理论体系。

第三，要认真学习和始终坚持马克思主义基本原理，增强辨别是非真假的能力，既防"左"又防右。既要分清哪些是必须长期坚持的马克思主义基本原理，哪些是需要结合新的实际加以丰富发展的理论判断，哪些是必须破除的对马克思主义的教条式的理解，哪些是必须澄清的附加在马克思主义名下的错误观点；

又要划清马克思主义同反马克思主义的界限、基本经济制度同私有化和单一公有制界限、中国特色社会主义民主同西方民主的界限、社会主义思想文化同腐朽思想文化的界限。

二、站稳大众立场

按照历史唯物主义的根本要求，尊重人民的主体地位，始终站在人民大众一边，坚持全心全意为人民服务的宗旨，是保持党的先进性纯洁性的先决条件。衡量党的先进性纯洁性的一个重要标准，就是能否密切联系群众，始终保持同人民群众的血肉联系，始终做到立党为公、执政为民。

第一，要牢记和践行全心全意为人民服务的宗旨。关键是要过好两个关。一是利益关，二是权力关。在利益关上，平时要把人民群众的安危冷暖放在心上，扎根人民，心系人民，与人民群众同呼吸共命运，同甘苦共患难；在危难之时，则要能够公而忘私，舍己为人，为人民的利益不惜牺牲个人的一切。在权力关上，始终牢记自己手中的权力是人民赋予的，要权为民所用，情为民所系，利为民所谋。一个人能力有大小，但只要有奉献之心，就是一个高尚的人。同样，一个人的权力有大小，但只要有为人民服务之心，就是一个高尚的人，纯粹的人，脱离了低级趣味的人，就是一个有益于人民的人。

第二，要尊重人民的主体地位。这里的关键，是在办公室里靠听汇报来制定政策、总结经验，还是深入实践第一线，从人民群众的实践中吸取营养。党的理论创新和改革开放，都要总结人民实践的创造，把人民拥护不拥护、人民赞成不赞成、人民高兴不高兴、人民答应不答应作为制定方针政策和作出决断的出发点和归宿，把是否有利于发展社会主义社会的生产力、是否有利于增强社会主义国家的综合国力、是否有利于提高人民的生活水平作为判断一切工作是非得失的标准。紧紧依靠人民实践，充分调动和发挥人民群众的创造精神，善于从人民实践中总结经验、汲取智慧、发现规律。眼睛向下，而不是眼睛向上；扎根人民，而不是脱离人民。这不仅是工作作风问题，更反映了一个领导干部的世界观、价值观。正如邓小平同志所说："群众是我们力量的源泉，群众路线和群众观点是我们的传家宝。党的组织、党员和党的干部，必须同群众打成一片，绝对不能同群众相对立。如果哪个党组织严重脱离群众而不能坚决改正，那就丧失了力量的源泉，就一定要失败，就会被人民抛弃。"

第三，要牢固树立立党为公、执政为民理念。关键是，我们所做的一切，是只对上级负责，搞政绩工程或形象工程，还是对人民负责，对党和国家的长远利益负责，使我们的工作经得起历史和实践的检验。要坚持马克思主义群众观点，把实现好、维护好、发展好最广大人民根本利益作为检验先进性和纯洁性的试金石。要从巩固党的阶级基础和群众基础上加强党的先进性和纯洁性建设，在时时处处为群众排忧解难、造福人民的实践中体现党的先进性和纯洁性。中国共产党始终以为中国人民创造幸福生活、实现中华民族伟大复兴作为自己的神圣使命。在我们的前面，无数优秀的共产党员以自己的实际行动证明，我们这个党是为人民求解放、谋利益、谋幸福的党。我们要向先烈和先辈们学习，始终不忘肩负的人民和民族的使命，立党为公、执政为民。

三、时刻对党忠诚

"对党忠诚"，是对共产党员的基本要求，也是入党誓言中对党的庄严承诺。要做到对党忠诚，就必须在政治上始终同党中央保持高度一致，模范遵守党的纪律，维护党的利益，做一个党性强、自觉性高、组织纪律性严的忠诚党员。

第一，要在政治上同党中央保持高度一致。政治上高度一致、高度统一，是我们党的一大政治优势，也是我们党克敌制胜、战胜困难的一大法宝。必须做到个人服从组织、下级服从上级、全党服从中央，才能够统一意志、统一政策、统一步调、统一行动。要做到这一点，就必须同三个顽症作斗争。一是自由主义的“小广播”。对于主渠道下来的中央精神不认真学习研究，而对“二渠道”散播的各种小道新闻特别感兴趣，特别是在互联网发达的时代，更是给这种风气以大行其道的机会。二是散漫主义的自行其是。对于中央精神不认真执行，而是从部门利益和特殊利益出发，自以为是，自作主张。三是言行不一，会上一套、会下一套。会上讲的是官话，会下讲的是私房话。对人是马列主义，对己是利己主义；对人是全局观念，对己是本位主义。上述这三种顽症，都是党的健康肌体上的毒瘤，如不加以坚决克服，党在政治上便很难做到集中统一。

第二，要模范遵守党的纪律。党的纪律，是党的集中统一的重要保证，也是党的领导的重要保证。正如邓小平同志指出：“要坚持和改善党的领导，必须严格地维护党的纪律，极大地加强纪律性。”“否则，形成不了一个战斗的集体，也就没有资格当先锋队。”习近平同志也强调：“尤其要严格遵守党的政治纪律，提高政治敏锐性和政治鉴别力，毫不动摇地坚持党的领导，毫不动摇地坚持走中国特色社会主义道路，毫不动摇地坚持把改革开放推向前进，在思想上政治上行动上自觉同党中央保持高度一致。”领导干部要自觉地把自己置身于党组织和党员群众的监督之下，是维护党的纪律的重要一环。许多腐败案件和违纪案件都证明，加强对领导干部的监督，特别是对第一把手的监督，既是维护党的纪律的迫切要求，也是从根本上爱护干部、保护干部的必要举措。同时，能不能接受这种监督，也是看一个领导干部党性强不强的重要标准。

第三，要坚持原则，敢于同一切损害党的利益的行为作斗争。当前，存在着许多损害党的利益的言论和行为。例如，在政治上贬损攻击党的领导，把坚持党的领导同所谓的“集权专制”混为一谈，利用历史上我们党和毛泽东同志的严重失误来否定党及其领袖人物，否定我国走上社会主义道路的必然性，企图用民主社会主义理论来冒充和取代中国特色社会主义理论体系。在经济上利用国有企业改革当中的某些问题，来刻意抹黑国有企业的形象，制造所谓的“国进民退”的说法，造谣惑众，企图为从根本上动摇公有制为主体、多种所有制经济共同发展的社会主义基本经济制度打开突破口。在政治上散布所谓“政治体制改革停滞论”，实际上希望将政治体制改革引上多党竞选的西方资本主义政治制度的歧途，从而否定中国共产党领导的必然性和合法性，否定中国特色社会主义根本政治制度和基本政治制度。与此同时，我们也要高度警惕极左思潮死灰复燃，高度警惕极个别人为“文化大革命”的理论与实践翻案，为林彪江青两个阴谋集团翻案的图谋。除此之外，拜金主义、享乐主义以及特殊利益集团等行为，也对党和国家的根本利益，对改革开放的顺利发展，造成了极大的危害。作为共产党员，在这些大是大非面前，一定要立场坚定，明辨是非，旗帜鲜明，坚决抵制，勇于维护党和人民的根本利益。

需要强调的是，党的纪律是建立在党内民主基础之上的。正反两方面的历史都反复证明：党内民主越发展，党的纪律才会越严明；党内民主遭受破坏，党的纪律也会遭到严重损害。因此，我们在突出强调加强党的纪律的同时，更要高度重视党内民主建设，以党内民主推进人民民主，以党内监督促进人民监督。两者相辅相成，相得益彰。

四、始终求真务实

求真务实这四个字，用中国人自己的语言，通俗、深刻和完整地表达了坚持实事求是的科学精神与真抓实干、讲真话、办实事、求实效的工作状态的高度统一。求真务实，是深入贯彻实事求是思想路线、群众路线必备的作风和精神状态，也是坚定不移地实行“一个中心、两个基本点”的基本路线必备的作风和精神状态，更是全面贯彻科学发展观、加快转变经济发展方式必备的作风和精神状态。

怎样才能做到求真务实呢?

第一,要清醒认识我国的基本国情。正确认识国情,按照国情制定路线方针政策和开展工作,是坚持求真务实的根本依据。近年来,我国的经济总量持续快速增长,成长为世界第二大经济体,综合国力迅速提高,人民生活显著改善。在巨大的成绩面前,千万不要被胜利冲昏头脑。要牢记我国的基本国情:我国有13亿多人口,城乡、区域、经济社会发展极度不平衡,资源制约、环境制约等瓶颈性障碍将是长期的客观存在,我国发展中不平衡、不协调、不可持续的问题相当突出。面对错综复杂的问题,千万不能丧失信心。要看到:中国又是整个世界经济中最为活跃、最具潜力的地区,中国道路、中国经验在持续发展的国际金融危机席卷西方发达国家之时,越发显示出其旺盛的生命力和独特的优越性。成就和问题并存,机遇和挑战同在。我们只有面对实情,艰苦奋斗,才能使国家和人民彻底改变面貌,实现国家繁荣富强、人民共同富裕的奋斗目标。

第二,要树立科学的发展观和正确的政绩观,这些都是把握执政规律、建设规律和社会发展规律的具体体现。认识规律、把握规律、遵循和运用规律,是坚持求真务实的根本要求。全面建设小康社会,离不开GDP的快速增长,但这不是发展的全部。我们讲的发展,是以经济建设为中心,经济建设、政治建设、文化建设、社会建设以及生态文明建设统筹发展、协调发展;我们讲的政绩,是为实现这样的发展而创造的政绩。创造政绩,不是为了个人升迁,更不是为了少部分人发财,而是为了全面推动科学发展,为了造福人民。只有求真务实,才能做到两者的高度一致、高度统一。

第三,从制度建设和创新上为求真务实提供体制保证。要激励干部求真务实,就必须有一套相应的考核指标,既听其言,又观其行;既看经济增长的业绩,又看群众得到的实惠;既听上级领导的意见,又听一般干部群众的意见。还要形成正确的用人导向,让勤政为民、求真务实的干部得到提拔重用,决不能使弄虚作假、不干实事的人得利,使讲真话、干实事的人吃亏。同时,还要推进行政管理体制改革,使领导干部摆脱文山会海和各种应酬,使他们有时间、有心思能够专心致志地求真务实。一些领导干部要用一半以上的精力来应付各种会议,以及名目繁多的请客吃饭。这样的状态,怎么能求真务实?

总之,要营造一种使人敢于求真务实、愿意求真务实、必须求真务实的氛围。使那些搞实用主义、形式主义的人,作风不正、党性不纯、“带病上岗”的人,吃吃喝喝、吹吹拍拍、敷衍了事的人,真正没有市场。使那些真正求真务实的人,作风正派、真抓实干、对党负责的人,勤政廉洁、政绩好、威信高的人,真正得到信任和重用。只有这样,我们的党才会朝气蓬勃,我们的事业才会兴旺发达。

在中国共产党率领中国人民赢得抗日战争和创建新中国的伟大胜利的斗争中,毛泽东曾经引用“愚公移山”的寓言,要求共产党人用挖山不止的精神来感动“上帝”,使全国的老百姓心甘情愿一起去牺牲,去奋斗。这就是中国共产党人的人格力量。如今,在全面建设小康社会的伟大事业中,同样呼唤着这种人格力量,求真务实就是中国共产党人应该具备的政治品格。在求真务实精神的感召下,我们也一定能够感动“上帝”,在党的周围凝聚和充分调动一切积极因素,万众一心,去挖掉贫穷落后的大山,实现中华民族的伟大复兴。

(作者:中国社会科学院副院长)

加强领导班子党性建设 始终保持党的纯洁性

李锦斌

胡锦涛总书记在十七届中央纪委七次全会上强调:“我们党作为马克思主义执政党,只有不断保持纯洁性,才能提高在群众中的威信,才能赢得人民信赖和拥护,才能不断巩固执政基础,才能实现党和国家兴旺发达、长治久安。”实践证明,共产党人的纯洁性不是与生俱来和一劳永逸的,而是在长期的党性修养和锤炼中逐渐形成的。加强党性修养和党性锻炼,是保持党的纯洁性的必然要求和重要途径。

一、以弘扬党的优良传统为动力,加强政治和理论修养,保持思想政治上的纯洁性

思想是行动的先导,思想纯洁是马克思主义政党最根本的纯洁。只有思想纯洁、党性坚强,领导班子才能干事有方向,创业有动力,履职有成效。党的纯洁性体现在思想上,就是要求广大党员干部必须坚持把马克思主义及其中国化的理论成果作为指导思想,坚持把为社会主义、共产主义奋斗作为理想信念,坚持马克思主义实事求是的思想路线,坚决抵制各种反马克思主义思潮的侵蚀,坚决同各种违背马克思主义的错误思想作斗争。

当前,我们所处的历史方位、面临的形势任务都发生了巨大变化,各种思想文化相互交织、相互激荡,社会环境日趋复杂,防止各种消极思想侵蚀党的肌体、保持思想纯洁更具严峻性和紧迫性。我们要把党的优良传统作为涤荡思想尘埃、保持党性纯洁的重要教材,引导各级领导班子和领导干部加强政治修养,坚决执行党的纲领、章程和路线方针政策,坚持以经济建设为中心、坚持四项基本原则、坚持改革开放的基本路线,坚决抵制和反对一切违背党的基本路线的错误倾向,始终做到在任何时候、任何情况下,都在思想上、政治上、行动上与党中央保持高度一致;要引导各级领导班子和领导干部把党的优良传统作为指导实践、推动工作的思想指针,加强理论修养,始终坚持解放思想、实事求是的思想路线,贯彻全心全意为人民服务的根本宗旨,践行自力更生、艰苦奋斗的创业精神,充分发掘时代内涵,丰富实践内容,总结一大批可比可学的先进典型,切实增强党的优良传统的感召力和影响力,真正使党的优良传统成为各级党员干部干事创业、奋发有为的“精神灯塔”,为实现科学发展提供强大思想动力。

二、以深化干部人事制度改革为契机,加强干部队伍建设,保持党的组织纯洁

党的干部是推进党的事业的中坚力量,党的纯洁归根到底要靠广大干部的纯洁来保持和体现。只有不断深化干部人事制度改革,推进干部工作公开平等竞争择优,才能促使优秀人才脱颖而出,从根本上破解影响干部队伍纯洁性的深层次矛盾和问题。要积极构建考德评绩新机制,探索细化领导班子和领导干部纯洁性的具体测评指标,把信念是否坚定、党性是否坚强、作风是否正派廉洁、工作是否真抓实干作为核心,采取民主测评、民意调查、个别谈话、走访调查、征求意见等方法,多角度考准干部的“德”,全方位考实纯洁性,使党性和纯洁性成为选准用好干部的“硬杠杆”和“铁门槛”。改革推荐提名制度,在推行“无任用推荐、有任用复核、多形式考察、重跟踪管理”干部选拔新模式中,把干部的党性和纯洁性作为干部推荐提名的首要标准,作为复核考察和跟踪管理的重要内容,全面、历史地识别

干部的德才表现,科学、辩证地分析干部的工作实绩,真正做到又好又纯、纯中选优。要把党性和纯洁性作为重要内容,采取"下评上、民评官、基层评机关"等评价方式,多维度多角度考量领导班子和领导干部的政治表现和工作实绩,增强考核的科学性、准确性。在开展综合研判中,把领导班子和领导干部的党性修养、宗旨意识、道德品质、履职能力、廉政建设等方面表现作为重要内容,充分运用目标考核、干部考察、巡视和审计结果,科学分析班子运行情况和发展趋势,有针对性地采取组织调配措施,真正把那些党性过硬、作风优良、业绩突出、群众公认的优秀干部选出来、用上来,让党性和纯洁性成为干部选拔任用的"风向标"和"试金石"。

三、强化宗旨意识,保持党的作风纯洁

能不能树立群众观点、坚持群众立场、践行根本宗旨,这是衡量作风是否纯洁的根本标尺。党的纯洁性体现在作风上,就是要求广大党员干部坚持发扬党的理论联系实际、密切联系群众、批评与自我批评的优良传统和谦虚谨慎、不骄不躁、艰苦奋斗等优良作风,坚持贯彻党的从群众中来到群众中去的工作路线和调查研究的工作方法,坚决反对主观主义、官僚主义、形式主义、以权谋私、弄虚作假和个人专断、追求奢华等不正之风。各级领导班子和领导干部要进群众门、住农民屋、说百姓话、干农家活,体验劳作之辛、稼穑之苦,体会农村之需、农民之忧,"零距离"接触群众,"接地气"锤炼党性,在与群众面对面、心贴心、实打实的交流中增进与群众的感情,以亲密融洽的干群关系体现纯洁性;在尊重群众意愿中纯洁作风,把人民拥护不拥护、赞成不赞成、高兴不高兴、答应不答应作为衡量一切工作的根本标准,群众拥护的事多办快办,群众不愿意的事坚决不办;在解民困、帮民富中纯洁作风,通过送思想、送政策、送技术、送信息、送温暖等活动,全力解决影响群众生产生活的突出问题,切实保障和改善民生,以为民服务的实际成效体现纯洁性。

四、以领导班子制度建设为保障,推动领导干部带头讲党性,建立健全保持党的纯洁性的长效机制

保持党的纯洁性,关键在党的各级领导干部。领导干部处在领导岗位,这就决定了他们在保持党的纯洁性方面负有极为重要的责任,要带头讲党性、重品行、作表率,以自己率先垂范的实际行动充分体现党的纯洁性。这就要求坚持把制度建设放在各级领导班子建设的突出位置,坚持用制度管权、管事、管人,用制度的约束力保证班子成员党性纯洁、作风纯洁、行为纯洁。要把坚持完善民主集中制作为重中之重,根据新情况新变化,建立健全实体性制度程序,修订完善常委会议事规则、常委会向全委会报告工作制度、决定重大问题票决制等一系列制度,规范集体领导与个人分工相结合的制度体系,提高领导班子决策民主化、科学化水平。要纠正那种监督就是不信任的观念,增强主动接受监督的意识和依法依规保护监督的意识,自觉把自己置于党和人民事业所需要的各种监督之下。凡是重大事项的决策,必须严格贯彻党的民主集中制原则,依靠集体智慧和严格程序来决定;凡是与群众利益密切相关的重大事项,能公开的都要依照法律和规定向群众公开,充分听取群众意见。要坚持和完善定期党性分析制度,扎实开展批评与自我批评,真正形成团结协作、高效运转、及时发现和解决自身问题的工作机制,不断提高班子自我纯洁净化、自我完善提高的能力。建立健全谈心谈话、定期研判、新老帮带等制度,加强全程跟踪管理,及时掌握思想工作动态,有针对性地加强指导,分阶段提出要求。要从重点领域、重点部门、重点岗位入手,建立健全从严管理、从严要求干部的各项具体制度,加强对权力运行的监督制约,加快完善惩治和预防腐败体系,始终保持惩治腐败的高压态势,以反腐倡廉的实际成效维护和体现党的纯洁性。

(作者:中共陕西省委常委、组织部长)

保持党的纯洁性
建设坚强有力的马克思主义执政党

王　伟

胡锦涛总书记在十七届中央纪委第七次全会上深刻阐述了新形势下保持党的纯洁性问题，丰富和发展了马克思主义党建理论，为新形势下全面推进党的建设新的伟大工程进一步指明了方向。我们要认真学习贯彻讲话精神，紧密结合党领导人民治国理政的伟大实践，把保持党的纯洁性放在更加突出的位置抓紧抓实、抓出成效。

一、深刻认识保持党的纯洁性的重要性和紧迫性

保持党的纯洁性是保持和发展党的先进性的重要基础和必然要求，是我们党在深刻总结历史经验、准确把握共产党建设规律和执政规律基础上提出的一项根本性、长期性任务。

保持党的纯洁性是马克思主义政党加强自身建设、永葆政治本色的本质要求和优良传统。马克思主义政党的一个重要特征就在于其始终高度重视自身的纯洁性。马克思、恩格斯在指导创建共产主义者同盟时，就在同盟章程中对盟员条件作了严格规定，要求盟员的生活方式和活动必须符合同盟目的，每个盟员都必须承认共产主义、服从同盟决议。列宁在创建俄国工人阶级政党时十分注重党的纯洁性，强调"只让有觉悟的真正忠于共产主义的人留在党内"，"徒有其名的党员，就是白给，我们也不要"，"我们的任务是要维护我们党的坚定性、彻底性和纯洁性"。中国共产党自成立以来就高度重视保持党的纯洁性，在党章中严格规定了入党条件、党员义务和党的纪律。在井冈山革命时期，毛泽东同志提出思想建党的重要原则，强调共产党员不仅要在组织上入党，而且要在思想上入党，着力纠正和克服党内各种非无产阶级思想。1945 年又明确提出，要夺取全国革命的胜利，"就要有一个有纪律的、思想上纯洁的、组织上纯洁的党"。新中国成立后特别是改革开放以来，我们党坚持把保持纯洁性作为管党治党的一个重要目标来抓，着力克服和解决党在思想、组织、作风等方面存在的不纯洁问题，确保党始终担负起各个时期的历史重任。因此，保持党的纯洁性是我们党一以贯之的价值理念和行为准则，是党团结带领人民夺取和巩固政权、开创和发展事业的重要法宝和历史经验，必须时刻牢记、认真把握、始终坚守。

保持党的纯洁性是我们党领导人民适应新形势、应对新挑战、完成新任务的必然要求和重要保证。总的看，当前党的队伍是纯洁、团结、有战斗力的。同时，也必须看到，在新的历史条件下，党的各级组织和广大党员、干部面临的执政考验、改革开放考验、市场经济考验、外部环境考验是长期的、复杂的、严峻的。精神懈怠的危险，能力不足的危险，脱离群众的危险，消极腐败的危险，更加尖锐地摆在全党面前。少数党员、干部在思想、组织、作风等方面还存在一些突出问题。比如，有的理想信念不坚定，在大是大非问题上认识模糊、态度摇摆；有的作风不正，形式主义、官僚主义、庸懒散问题严重；有的原则性不强，奉行自由主义、好人主义，热衷于搞"小圈

子”；有的宗旨意识淡薄，对群众利益漠不关心，对群众疾苦麻木不仁；有的为政不廉，追求奢靡享乐，少数干部利用职权谋取非法利益，违纪违法问题比较严重，等等。这些问题说到底，是一些党员、干部党性不纯的表现。如果任由这种现象发展蔓延，就会严重损害党的纯洁性，损害党同人民群众的血肉联系，影响党的执政地位巩固和执政使命完成。我们一定要从党和人民事业发展的高度，从应对新形势下党面临的风险和挑战出发，充分认识保持党的纯洁性的极端重要性和紧迫性，切实抓好保持党的纯洁性的各项工作。

二、准确把握新形势下保持党的纯洁性的重点环节

新形势下保持党的纯洁性，要认真贯彻胡锦涛总书记提出的“四个相结合”的总体要求，坚持党要管党、从严治党，不断增强党自我净化、自我完善、自我革新、自我提高能力，始终坚持党的性质和宗旨，永葆共产党人政治本色。

始终保持党的指导思想纯洁。思想建设始终是党的建设的根本，党的纯洁性首先要靠指导思想的坚定纯洁来体现和保障。要始终坚持和不断巩固马克思主义的指导地位，始终不渝地用马克思主义指导客观世界和主观世界的改造，坚决抵制反马克思主义的错误思潮的渗透和影响，不断坚定广大党员、干部对马克思主义的信仰、对中国特色社会主义的信念、对改革开放和社会主义现代化建设的信心。要进一步解放思想、开拓创新，着力冲破不符合时代发展要求的思想藩篱，坚决破除制约科学发展的体制机制障碍，不断破解新时期党治国理政面临的重大课题，切实用发展着的马克思主义指导新的实践。

始终保持党的各级组织纯洁。保持党的各级组织纯洁，是保持党的纯洁性的重要基础。要抓好领导班子建设这个核心。坚持德才兼备、以德为先，从政治品质和道德品行等方面完善干部德的评价标准，重点看是否忠于党、国家和人民，是否确立正确的世界观、权力观、事业观，是否真抓实干、敢于负责、锐意进取，是否作风正派、清正廉洁、情趣健康，切实把那些政治可靠、实绩突出、作风过硬、群众公认的人选拔到领导岗位上来。不断提高领导干部的领导水平和执政本领，把各级领导班子建设成为坚定贯彻党的理论和路线方针政策、善于领导科学发展、自觉弘扬优良作风的坚强领导集体。要抓好基层组织建设这个基础。进一步扩大基层党组织覆盖面，健全组织机构，增强组织活力，充分发挥党组织在各领域、各单位改革发展稳定中的政治核心作用。加强基层党组织带头人队伍建设，及时调整软弱涣散的基层党组织班子，使基层党组织始终成为党的路线方针政策的坚定执行者、科学发展的有力推动者、群众利益的切实维护者、社会和谐的有效促进者。

始终保持党员、干部队伍纯洁。党的力量和作用，主要不在于党员的数量，而在于党员的素质。要严把党员、干部入口关，切实做好发展党员工作，认真落实“坚持标准、保证质量、改善结构、慎重发展”要求，严格履行发展党员的程序，努力把社会各领域各阶层先进分子吸收到党员队伍和干部队伍中来，为我们党不断补充健康的新鲜血液。要强化日常教育管理，对党员、干部严格要求、严格管理，引导党员、干部切实用马列主义、毛泽东思想和中国特色社会主义理论体系武装头脑、指导实践，自觉在思想上政治上行动上同党中央保持高度一致，在大是大非和风险考验面前始终做到立场坚定、旗帜鲜明；加强党性修养和党性锻炼，自觉实践社会主义核心价值体系，始终坚守共产党人精神家园。认真落实党内监督各项制度，及时发现解决党员、干部队伍中存在的思想不纯、作风不纯等问题。要疏通党员、干部队伍出口，建立健全党员党性定期分析制度，完善民主评议党员制度，对那些背弃理想信念、背离党的性质和宗旨的不合格党员，要依照党章和党内法规严肃处理、及时清退。健全干部考核评价机制和干部退出机制，制定调整不适宜担任现职干部的

办法，解决干部能上不能下、能进不能出问题。

三、充分发挥党的纪律检查机关的纪律保障作用

党的纪律检查机关作为专门的党内监督机关，在保持党的纯洁性、维护党的集中统一方面担负着重大责任。各级纪检机关要全面履行党章赋予的职责，严格执行党的纪律，为保持党的纯洁性发挥职能作用。

加强对中央重大决策部署贯彻执行情况的监督检查。这是维护党的纪律，确保全党思想统一、步调一致的重要举措。近年来，各级纪律检查机关围绕抗灾救灾和灾后重建、扩大内需促进经济增长、加快转变经济发展方式、推动新疆跨越式发展以及廉洁办奥运、廉洁办亚运等重要工作部署，组织开展了全方位全过程监督检查，为保证中央政策措施落实、保持党员干部队伍纯洁、维护人民群众利益，发挥了重要作用。要继续抓好监督检查工作，不断总结经验、深化认识、把握规律，把通过监督检查确保中央政令畅通与严明党的纪律、维护组织和队伍纯洁结合起来，把抓好日常监管与健全专项督查制度、纪律保障机制结合起来，不断提高监督检查的制度化、科学化水平。

抓好以保持党同人民群众血肉联系为重点的作风建设。党的优良传统和作风是党的纯洁性的具体体现，必须锲而不舍地抓实抓好，努力以优良党风维护纯洁本色，改进政风，促进民风。进一步弘扬理论联系实际的作风。教育引导党员干部特别是各级领导干部紧密联系发展变化的实际，积极探索回答重大理论和实践问题，把理论学习与研究解决本地区本部门改革发展稳定的重大问题、党的建设突出问题有机结合起来，求真务实、真抓实干，坚决反对形式主义、官僚主义和弄虚作假。进一步弘扬密切联系群众的作风。把实现好、维护好、发展好最广大人民根本利益作为检验纯洁性的试金石，认真坚持党的群众路线，始终把群众利益放在第一位，全心全意为人民服务，多做顺民意、解民忧、惠民生的好事实事，让人民共享改革发展成果。坚持勤俭节约、艰苦奋斗，自觉抵制拜金主义、享乐主义、铺张浪费等不良风气。进一步弘扬批评与自我批评的作风。增强党内生活原则性和实效性，营造敢讲真话、敢于批评的良好氛围。领导干部要坚持原则、敢抓敢管，勇于揭露和纠正缺点错误，坚决反对上下级和干部之间逢迎讨好、相互吹捧，坚决反对压制批评甚至打击报复的行为。

抓好以完善惩治和预防腐败体系为重点的反腐倡廉建设。党的纯洁性同一切腐败现象是水火不相容的，坚决惩治和有效预防腐败是维护党的肌体健康纯洁的必然要求和重要手段。要深入贯彻标本兼治、综合治理、惩防并举、注重预防的战略方针，加快推进惩治和预防腐败体系建设。加强廉政教育和廉政文化建设，引导党员、干部增强法纪意识，严格执行廉洁自律规定。深入推进改革和制度建设，不断拓展从源头上防治腐败工作领域，完善反腐倡廉制度体系，增强制度的执行力。加强对权力运行的制约监督，从重点领域、重点部门、重点岗位入手，排查廉政风险，健全内控机制，增强制约和监督的整体效能。深入推进专项治理，认真解决群众反映强烈的突出问题，坚决纠正损害群众利益的不正之风。加大查办案件工作力度，严肃查处违纪违法案件，及时清除害群之马，充分发挥惩治腐败的净化功能，确保党员队伍吐故纳新、充满活力。

（作者：中央纪委常委、监察部副部长）

论新形势下保持党员干部的纯洁性

田义功

胡锦涛主席在中纪委七次全会上的重要讲话，把“保持党的纯洁性，建设坚强有力的马克思主义执政党”作为重大政治任务提到全党面前，并深刻指出：“党的纯洁性归根到底要靠各级党组织特别是广大党员、干部的纯洁性来体现和保持。”贯彻落实胡主席重要指示，必须自觉站在党和军队事业发展的战略和全局高度，坚持把保持党员干部纯洁性突出出来，使党员干部思想更成熟、党性更坚强、品德更高尚，以党员干部的纯洁性维护和彰显党的纯洁性。

一、保持党员干部纯洁性是新形势下加强和改进部队党的建设的重大课题

党员干部是部队建设的中坚力量。保持党员干部纯洁性，直接关系保持人民军队性质宗旨，关系提高部队党的建设科学化水平，关系推动部队建设科学发展和有效履行使命任务，必须作为新形势下部队党的建设的一个重要目标和有力抓手。

保持党员干部纯洁性是确保党对军队绝对领导的必然要求。坚持党对军队的绝对领导，是人民军队永远不变的军魂，是我军建设和发展的首要问题。当前，意识形态领域斗争尖锐复杂，保持党员干部纯洁性，根本意义在于用中国特色社会主义理论体系武装思想，进一步把各级党组织建设成为确保党对军队绝对领导的坚强堡垒，把广大党员干部培养成为能够经受住各种风浪考验、始终不渝听党话跟党走的先锋模范，确保党对军队绝对领导根本原则真正落到实处，确保枪杆子永远掌握在忠于党的可靠的人手中。

保持党员干部纯洁性是巩固深化思想作风建设成果的现实需要。胡主席强调，党在长期奋斗过程中形成的优良传统和作风是党的纯洁性的具体体现，也是我们永远不能丢的传家宝。还指出思想作风集中反映世界观人生观价值观，体现党性修养、政治品质和道德情操。保持党的纯洁性、端正思想作风二者本质要求是一致的，是相辅相成的。党性纯则作风正，党性不纯则作风不正。保持党员干部纯洁性，很重要的就是通过从思想源头抓起，引导党员干部在坚定政治信仰、端正价值追求、纯洁思想道德中锤炼坚强党性，以坚强党性不断推动思想作风建设取得新成效。

保持党员干部纯洁性是增强党组织创造力凝聚力战斗力的重要基础。胡主席指出：“从本质上讲，党的纯洁性同先进性是一致的，纯洁性是先进性的重要体现。”党组织是由党员干部组成的有机体，保持党员干部纯洁性是保持党组织纯洁性的前提和基础。如果党员干部党性不纯、思想不纯、作风不纯，就不会有远大理想、昂扬斗志和创新精神，不仅谈不上先进，而且必然会涣散组织、离心队伍，削弱党的创造力凝聚力战斗力。只有保持党员干部纯洁性，努力建设一支纯洁、团结、有战斗力的高素质干部队伍，才能始终保持各级党组织和党员队伍的蓬勃生机与旺盛活力，真正把党的政治优势和组织优势，转化为推动部队建设科学发展、有效履行使命任务的强大意志和力量。

保持党员干部纯洁性是经受复杂环境和斗争考验的有力保证。辩证唯物主义认为，外因是变化的条件，内因是变化的根据。只要党员干部“练好内功”，不断提高自身免疫力，就能自觉抵制金钱物欲和腐朽思想的侵蚀。我们应

把保持纯洁性作为党员干部安身立命之本，始终坚守共产党人的精神家园，切实筑牢拒腐防变的思想防线。

二、深刻认识新形势下保持党员干部进入纯洁性面临的严峻挑战

新形势下，保持党员干部纯洁性，需要我们认真研究和准确把握世情、国情、党情和军情发生深刻变化带来的新情况新问题。

意识形态领域的新动向对保持纯洁性提出了新挑战。21世纪以来，随着一些国家相继发生颜色革命和局势动荡，西方敌对势力不断变换策略和手段，通过意识形态渗透加大对我遏制的力度，呈现出渗透内容更具蛊惑性、形式更加多样性、目的趋向隐蔽性等特点。在渗透内容上，大肆兜售其政治理念和价值观念，推销所谓“自由民主制度”的“普世价值”；在渗透形式上，依托信息技术优势和对互联网的控制，广泛利用网络信息、电子邮件、手机短信、娱乐游戏等影响和争夺青年一代；在渗透目的上，往往披着项目资助、学术交流、合作办学等合法外衣，掩盖其“反共产主义”的险恶用心。这些新特点新动向，使党员干部识别和抵御各种错误思潮和政治观点的难度增大，保持政治上清醒坚定面临前所未有的挑战。

经济社会发展的新趋势对保持纯洁性提出了新考验。从经济领域看，市场经济的一般性和社会主义市场经济的特殊性带来的不同价值诉求，一方面催生与之相适应的新的价值观念，不断充实和丰富着社会主义核心价值体系；另一方面，市场经济本身所固有的功利性、实用性、交换性等价值取向，使利益驱动在社会生活中的影响扩大，部分党员干部价值追求和评判标准更加重物质、图实惠，奉献意识有所淡化。从社会领域看，公平正义、诚信友爱、光明向善始终是主流，但受资产阶级腐朽没落思想文化的侵蚀影响，拜金主义、享乐主义、极端个人主义和庸俗、低俗、媚俗之风滋生蔓延，给党员干部价值取向、思想观念和行为方式带来巨大影响和冲击，需要引起我们高度重视。

军队转型转变的新形势对保持纯洁性提出了新任务。当前和今后一个时期，是加快军队建设转型和军事训练转变的重要时期。随着加快转变战斗力生成模式，提高基于信息系统体系作战能力，要求党员干部进一步端正工作指导、纯正思想作风，在严格训风演风考风中提升训练质量效益，要求党员干部更加强化自我约束的意识和能力；随着重大改革逐步深化，要求党员干部在廉洁自律上有更高标准。

党员队伍结构的新变化对保持纯洁性提出了新课题。现在，部队官兵由“根红苗壮的老一代”向“成分多样的新生代”过渡更替，出身新兴社会阶层的党员干部逐渐增多，80后、90后新生代党员逐渐成为主体，党员干部来源和成分结构发生显著变化。团以下干部特别是基层党员干部普遍出生于改革开放后，他们普遍思想比较活跃，文化素质较高，拥护改革开放政策，热爱国家和民族，但由于缺乏系统的党的基本知识学习教育和严格的党内生活锻炼，呈现出文化素养强而党性修养弱、民主意识强而纪律意识弱等特点。如何保持党员干部纯洁性，把他们培养成为坚定举旗人、合格接班人，是一项重大政治责任和长期战略任务。

三、切实以忧党之心兴党之责抓好保持党员干部纯洁性工作

新形势下保持党员干部纯洁性，要按照胡主席“四个相结合”、“五个大力保持”指示要求，始终坚持党要管党、从严治党方针，不断增强党的意识、政治意识、危机意识、责任意识，以坚定信心、有力举措和务实作风抓好各项工作落实。

坚持把强化理论武装作为根本途径。胡主席指出，思想理论建设是党的根本建设。保持党员干部纯洁性，首要的是紧紧抓住和运用好思想理论这个强大武器，帮助党员干部树立马克思主义世界观人生观价值观。要以学习型党组织建设和创先争优活动为抓手，认真学习中

国特色社会主义理论体系，特别是胡主席关于新形势下国防和军队建设重要论述，做到真学真懂真信真用，进一步打牢高举旗帜、听党指挥、履行使命的思想政治基础。深入持久培育当代革命军人核心价值观，结合纪念建军85周年广泛开展党史军史学习教育，坚决抵制“军队非党化、非政治化”和“军队国家化”等错误政治观点，在思想上政治上行动上同党中央、中央军委保持高度一致。要高度重视意识形态工作，着力回答解决好党员干部关注的重大理论和现实问题，不断增强政治敏锐性和鉴别力，确保在大是大非问题上始终站稳政治立场。

坚持把加强党性修养作为有效举措。纯洁性的核心是党性，有了坚强党性，保持纯洁性就有坚实基础。要教育引导党员干部加强学习、加强实践、加强党内生活锻炼，自觉遵守和维护党章，不断增强自我净化、自我完善、自我革新、自我提高能力。严格落实组织生活制度，建立健全党性定期分析制度机制，党日活动、党课教育、党员汇报等，都要把保持纯洁性作为重要内容。要增强党内生活的原则性战斗性，认真开展批评和自我批评，及时清扫思想“灰尘”，永葆共产党人蓬勃朝气、浩然正气、昂扬锐气。当前，尤其要结合“讲政治、顾大局、守纪律”教育活动，深入查找和认真解决党性方面存在的突出问题，确保取得实效。

坚持把严格管理监督作为基本要求。保持党员干部纯洁性，既要靠党员干部自我约束，更要靠党组织严格的管理监督。要认真贯彻《党内监督条例》，抓好述职述廉、个人重大事项报告、敏感岗位干部轮换等制度落实，防止权力失控、行为失范。突出主官管理监督，强化党委集体领导，强化主官表率作用，强化主官抓主官，切实解决好上级监督不到、同级监督不了、下级不敢监督的问题。加强党员干部任前廉政审查，发挥好选拔任用干部的导向、评价和监督作用。综合运用党内监督、职能部门监督和群众监督等手段，形成全方位多层次管理监督网络，确保党员干部始终在党组织严格管理中。

坚持把领导干部带头作为关健环节。领导干部的一言一行对部队都有着重要的示范导向作用。保持党员干部纯洁性，必须坚持从领导干部抓起、严起、做起。领导干部要始终把保持纯洁性作为一种崇高的境界、坚定的信守、必备的素养，自觉按照讲党性重品行作表率的要求，牢固树立正确的世界观权力观事业观，模范践行当代革命军人核心价值观，自觉做共产主义远大理想和中国特色社会主义共同理想的坚定信仰者和忠实践行者。要带头廉洁勤政，奉公守法，洁身自好，慎独慎微，经常用纯洁性来对照自己、检点自己、修正自己，切实做到立身不忘做人之本、为政不移公仆之心、用权不谋一己之私。

坚持把严明党的纪律作为重要保证。纪律严明历来是我党我军的政治优势，也是保持党员干部纯洁性的有力保证。要广泛开展“学法规、用法规、守法规”活动，部队政治教育、党内生活、各类培训和廉政文化建设都要把学习党纪军纪作为重要内容，使党员干部熟知纪律规定的基本内容和要求，不断强化纪律观念和号令意识，真正使纪律成为各级党组织和党员干部自觉遵守的行为准则。对违反纪律的人和事要严肃处理，坚决防止执行纪律失之于软、失之于宽的问题，做到纪律面前人人平等、遵守纪律没有特权、执行纪律没有例外，切实以严明的纪律维护党的纯洁性。

（作者：广州军区副政治委员兼纪委书记，中将）

中国共产党保持发展先进性的政治奥秘和内在机制

奚洁人

党的先进性建设，是马克思主义建党学说的重要内容。党的十七大报告明确指出，以改革创新精神全面推进党的建设新的伟大工程，必须把党的执政能力建设和先进性建设作为主线。

党的先进性就其本质内涵而言，就是马克思主义政党以高度的理论自觉性和实践主动性，始终走在时代前列，带领群众前进，推动社会进步的本质属性和根本特征。先进性作为马克思主义政党的本质属性和根本特征，必然地要体现在马克思主义政党的性质、宗旨、理论、纲领、组织、作风、制度及党员的素质等方面。党的先进性建设，就是指马克思主义政党为了保持和发展自身的先进性而进行的全部理论建设与实践活动。同样地，它必然要落实在上述体现党的先进性的各种要素上。对此，胡锦涛同志明确指出，“开展党的先进性建设，就是要通过推进思想建设、组织建设、作风建设和制度建设，使党的理论和路线方针政策顺应时代发展的潮流和我国社会发展进步的要求、反映全国各族人民的利益和愿望，使各级党组织不断提高创造力、凝聚力、战斗力，始终发挥领导核心作用和战斗堡垒作用，使广大党员不断提高自身素质、始终发挥先锋模范作用，使我们党保持与时俱进的品质、始终走在时代前列，不断提高执政能力、巩固执政地位、完成执政使命”。因此，坚持不懈地开展和加强党的先进性建设就是中国共产党保持和发展党的先进性的政治奥秘所在。

回顾我们党建党以来的艰难而光辉的历程，我们党取得了巨大的成就：在党的组织方面，从只有几十个党员到今天拥有八千多万党员的世界大党；革命的力量方面，从星星之火到聚成燎原之势；在执政方面，从建立革命根据地到全国范围内长期执政；在党领导的国家方面，从一穷二白到世界第二大经济体。在90多年的长征中，我们党虽历尽艰险而越发壮大，虽屡遭挫折而越发坚强，胜不骄，败不馁，始终保持蓬勃生机，并不断增强党的创造力、战斗力和凝聚力，终于锻炼成为领导一个13亿人口的大国在中国特色社会主义大道上走向民族伟大复兴的坚强领导核心，成为中国人民面对世界风云变幻、搏击时代风浪考验的主心骨。之所以能有上述辉煌成就，其根本原因就是我们党在加强自身建设的实践中创造形成了保持和发展党的先进性的基本历史经验和理论，并以此为指导不断加强党的先进性建设。对于我们党保持和发展先进性的创造性实践及其宝贵历史经验，胡锦涛同志《在庆祝中国共产党成立85周年暨总结保持共产党员先进性教育活动大会上的讲话》中曾总结为：一是必须准确把握时代脉搏，保证党始终与时代发展同步伐；二是必须把最广大人民的根本利益作为党全部工作的出发点和落脚点，保证党始终与人民群众共命运；三是必须使党的理论和路线方针政策不断与时俱进，保证党的全部工作始终符合实际和社会发展规律；四是必须围绕党的中心任务来进行，保证党始终引领中国社会发展进步；五是必须坚持党要管党、从严治党，保证党始终具有蓬勃生机和旺盛活力。在庆祝中国共产党成立90周年大会上，胡锦涛同志进一步全面而深刻地阐述了我们党这一保持和发展先进性的基本历史经验和理论创造，精辟地把它概括为我们党保持和发展马克思主义政党先进性的四个根本点。他强调:“总结90年的发展历程,我们党保持和发展马克思主义政党先进性的根本点是:坚持解放思想、实事求是、与时俱进,以科学态度对待马克思主义,用发展着的马克思主义指导新的实践,坚持真理、修正错误,坚定不移地走自己的路,始终保持党开拓前进的精神动力;坚持为了人民、依靠人民,诚心诚意为人民谋利益,从人民群众中汲取智慧和力量,始终保持党同人民群众的血肉联系;坚持任人唯贤、广纳人才,以事业感召、培养、造就人才,不断增加新鲜血液,始终保持党的蓬勃活力;坚持党要管党、从严治党,正视并及时解决党内存在的突出问题,始终保持党的肌体健康。”这四个根本点,实质上就是我们党保持和发展党的先进性四个重要的动力机制。

一、党的思想路线是保持发展先进性的思想动力机制

一个政党要保持政治上的生机活力,首先要具有思想活力,因为思想上的先进性是政治上先进性的前提。中国共产党在长期的革命、建设和改革的历史征程中创造、形成和不断地丰富发展了自己的思想路线,这是一条党了解中国情况,解决中国问题,在实践斗争中不断创造中国发展新局面的生命线,是党始终保持先进性,始终保持开拓前进的良好精神状态的内在动力。这条生命线包含了四个方面的正确思想态度:一是以科学态度对待马克思主义。中国共产党的先进性,首先是因为她以马克思主义这一世界上最先进的科学理论为指导的,同时她能以科学的态度对待马克思主义,把它当作指导我们党行动的指南和活的灵魂,而不是当作僵死的理论教条。我们党善于把马克思主义的普遍原理与中国实际相结合,创造性地把马克思主义中国化,形成我们党自己的思想理论。所谓解放思想,不仅从对马克思主义的教条主义态度中解放出来,也从对我们自己已经形成的理论和成功的经验的盲目自信和崇拜中解放出来,使我们的思想更加符合客观实际,符合不断发展着的新的社会实践。二是以科学态度对待客观实际与新的实践。就是准确把握中国的客观实际,准确把握新的实践的发展要求,并用发展着的马克思主义指导新的实践。所谓实事求是精神,归根结底,就是要使我们的认识准确地把握客观实际,正确地反映客观事物的发展规律,及时而准确地发现并满足实践发展提出的新要求,这是保持和发展党的先进性的活水源头,也是党保持生机活力的创新机制的逻辑起点。三是以科学态度对待时代发展。即始终做到与时俱进,敏锐地把握时代发展的脉搏,时刻保持与时代发展同步伐,既不盲目超越时代发展阶段,又不落后于时代进步的潮流。努力做到准确把握时代主题,主动回应时代课题,科学预测时代发展趋势,勇于完成时代历史使命。四是以科学态度对待自己的错误。一个政党的生命力和先进性,并不在于她不会犯错误,而是在于她具有坚持真理,修正错误的勇气、能力和机制。我们党在探索开拓的前进道路上,曾经犯过多次错误,甚至遇到过严重挫折,但“我们党能够依靠自己和人民的力量纠正错误,在挫折中奋起,继续胜利前进”。根本原因,就是因为我们党有一条正确的思想路线,有一整套体现党的思想路线的制度和作风,有一批坚持党的思想路线,勇于进行批评和自我批评的领袖和同志。

二、党的群众路线是保持发展先进性的社会机制

作为马克思主义政党,其先进性集中体现在党与群众的关系上。什么是党的群众路线?刘少奇同志在党的七大党章修改报告中指出,群众路线“就是要使我们党与人民群众建立正确关系的路线,就是要使我们党用正确的态度与正确的方法去领导人民群众的路线”。首先,群众路线是党的先进性的社会历史尺度。中国共产党是由属于人民自己的先进分子组成的党,而不再是人民之外、人民之上的“精英”和“统治者”,党的先进性的根本特征是与人民

共命运，即与人民群众始终保持不可分离的血肉联系。从历史进步的角度看，脱离群众，既包括当群众还不觉悟的时候，硬要前进的冒险主义和“英雄主义”，也包括落后于群众的觉悟程度，不能领导群众前进，甚至反对群众前进的尾巴主义。其次，群众路线集中体现了党的先进性的政治价值和本质。“90年来党的发展历程告诉我们，来自人民、植根人民、服务人民，是我们党永远立于不败之地的根本”，我们党的根本宗旨，就是全心全意为人民服务，诚心诚意为人民谋利益，除此之外，我们党没有自己的特殊利益，这是我们党的最高价值原则。因此，保持和发展党的先进性，就要坚持党的群众路线，坚持把贯彻“以人为本、执政为民”的核心价值理念作为指引、评价、检验我们党一切执政活动的最高标准；就要始终把人民利益放在第一位，把实现好、维护好、发展好最广大人民根本利益作为我们一切工作的出发点和落脚点；就要尊重人民群众的历史主体地位，尊重人民群众的实践首创精神，拜人民为师，虚心向群众学习，把人民放在心中最高位置，作为每一个共产党员的神圣职责。其三，群众路线是党的先进性的力量和智慧的源泉。列宁认为，人民群众是共产党力量的源泉。“不接近群众，就会一事无成”。“先锋队只有当它不脱离自己领导的群众并真正引导全体群众前进时，才能完成其先锋队的任务”。以毛泽东同志为代表的中国共产党人的伟大创造就在于把马克思主义认识论同群众路线统一起来。强调我们的知识和智慧来自群众。我们的领导机关，就制定路线、方针、政策和办法这一方面来说，只是一个加工厂。当年邓小平同志就明确说过：“改革开放中许许多多的东西，都是由群众在实践中提出来的……绝不是一个人的脑筋就可以钻出什么新东西来，是群众的智慧，集体的智慧。我的功劳是把这些新事物概括起来，加以提倡。”党的先进性在于她有强大的力量，这种力量能够打败一切敌人，克服一切困难，战胜一切挑战，赢得最终的胜利。这种力量能够构筑起保卫我们的胜利成果，巩固党的执政地位的强大基础。依靠这种力量，使我们能够抵御前进道路上的各种风险，不断开辟光辉灿烂的美好前景。这种力量就是群众的力量，是群众的支持和认同，是民心的所向与所归。毛泽东同志在井冈山时期就深刻地指出，“真正的铜墙铁壁是什么？是群众，是千百万真心实意地拥护革命的群众。这是真正的铜墙铁壁，什么力量也打不破的，完全打不破的。反革命打不破我们，我们却要打破反革命”。这个革命的道理，是一个马克思主义的真理，同样适用党在执政以后社会主义建设和改革开放新时期。其四，群众路线是党的先进的、科学的领导方法。这就是“从群众中集中起来又到群众中坚持下去，以形成正确的领导意见”的基本领导方法，是领导与群众相结合的方法。因为“只有领导骨干的积极性，而无广大群众的积极性相结合，便将成为少数人的空忙。但如果只有广大群众的积极性，而无有力的领导骨干去恰当地组织群众的积极性，则群众积极性既不可能持久，也不可能走向正确的方向和提到高级的程度”。最后，群众路线是党的先进性的重要社会心理动力。党要同人民群众保持密切的联系，全心全意为人民服务，使人民群众得到真实的利益和切实的好处，以得到群众的真心实意的拥护，最根本的是要满足人民的需要。人民群众的需要也是要随着时代和实践的发展而变化的，人民群众原有的需要得到满足以后，又会产生新的需要和新的期望。党只有在不断开拓事业发展的同时，不断地创造条件以满足人民群众日益增长的物质文化需求，才能最终实现党的宗旨，并始终得到人民群众的支持和拥护，才能永远立于不败之地，这就构成了保持和发展党的先进性的社会动力机制。

三、党的组织路线和人才战略是保持和发展党的先进性的组织机制和人才凝聚机制

一个政党的先进性，从组织路线和人才机

制角度看，就是要看它是否能吸引和凝聚社会各方面的优秀分子，把各种优秀人才集聚在党的旗帜下和党组织的周围，能否把党内外的各种优秀人才凝聚到发展党的事业的队伍中来，能否最大限度地团结一切可以团结的力量为完成党的使命和任务服务。从这个意义上说，先进性建设的能力，就是提升党对于优秀人才的凝聚力，和完成党的事业、实现党的奋斗目标的领导力和推动力。“政治路线确定之后，干部就是决定的因素”。保持和发展党的先进性不仅需要有正确的思想路线和政治路线，同样需要有正确的组织路线和人才战略来保证。我们党历来十分重视人才问题，邓小平同志曾突出强调“人才难得”的观点，要求全党重视人才。江泽民同志首次提出了“人才资源是第一资源”的思想，并把人才问题提高到关系党和国家兴旺发达和长治久安的政治高度，强调“人才资源的浪费是最大的浪费”。坚持党的组织路线和人才战略，建设党的先进性的组织机制和人才凝聚机制，首先必须坚持正确的价值方针。“五湖四海”精神是我们党的组织路线和人才战略的基本价值原则。“坚持五湖四海、任人唯贤，是我们党的性质和宗旨的必然要求”，也是我们党的组织路线和人才战略的鲜明特征。正因为我们党始终坚持这条原则，才能吸引和吸收大批优秀分子集聚在党的旗帜下，并充分发挥他们的才智，为党的事业而奋斗。“五湖四海”原则，也是我们党进行先进性建设的重要指导方针。延安整风就是以此为原则，通过反对在组织关系上的宗派主义，进一步达到全党的团结和进步的。当年毛泽东同志强调“宗派主义是主观主义在组织关系上的一种表现”，“必须扫除党内宗派主义的残余，以党的利益高于个人和局部的利益为出发点，使党达到完全团结统一的地步。”他还指出，在处理党外关系上也要坚持“五湖四海”精神，反对宗派主义残余，要懂得“共产党员如果不同党外干部、党外人员互相联合，敌人就一定不能打倒，革命的目的就一定不能达到”。从一定意义上看，“五湖四海”精神也是作为中国共产党三大法宝之一的党的统一战线的核心价值观，是中国共产党人的杰出的政治胸怀与领导智慧。在革命、建设和改革的不同历史阶段，我们党建立了具有不同历史内涵的统一战线。其政治目的和根本要求，就是以“五湖四海”的精神价值观和宽广的政治胸怀团结一切可以团结的力量，调动一切积极因素，为推进党的事业发展服务。其次，“任人唯贤”，既是干部路线的价值原则，要坚持干部选拔、培养、任用、考核“德才兼备，以德为先”的标准和导向，也是人才战略的正确价值导向。胡锦涛同志提出：“人才是第一资源，是国家发展的战略资源。”所以一定要培育好、开发好、利用好人才这个第一资源，并强调要“开发利用国内国际两种人才资源”，逐步实现由人力资源大国向人才强国转变的宏伟目标。人才资源是一种特殊的资源，它的使用和开发同国家发展的其他物质战略资源不同，必须坚持正确的价值导向。坚持“任人唯贤”，就是“要坚持尊重劳动、尊重知识、尊重人才、尊重创造的重大方针”；就是要以更宽的视野、更高的境界、更大的气魄，广开进贤之路，把各方面优秀人才及时发现出来、合理使用起来；就是要牢固树立人人皆可成才的观念，敢为事业用人才，让各类人才都拥有广阔的创业平台和发展空间，使每个人都成为对祖国、对人民、对民族的有用之才；就是“要形成与社会主义初级阶段基本经济制度相适应的思想观念和创业机制，营造鼓励人们干事业、支持人们干成事业的社会氛围，放手让一切劳动、知识、技术、管理和资本的活力竞相迸发，让一切创造社会财富的源泉充分涌流，以造福于人民”。最后，健全完善保持和发展党的先进性的组织机制和人才凝聚机制，必须高度重视年轻干部和青年英才的培养。胡锦涛同志在纪念建党 90 周年大会上的讲话，高度评价了青年人才对党的先进性建设的重大意义，深刻指出：“我们党的创始人，一代又一代中国共产党人，大多数都是从青年时代就满腔热血参加了党，决心为党和人民奋斗终生。我们党的队伍里始终活跃着怀抱崇高理想、充满奋斗激情的青年人，这是我们党历经 90 年风雨而依然保持蓬勃生机的一个重要保证。”毫无疑义，青年是祖国的未来、民族的希望，也是我们党的未来和希望。从组织机制和人才战略意义上说，能否培养出大批优秀年轻干部和造就一代青年英才是关系我们党能否始终保持和发展先进性，保持党的蓬勃生机和旺盛生命力的根本大计；是关系我们党能否始终保持强大的社会凝聚力，凝聚和团结影响各方面优秀人才实现党和人民事业继往开来、薪火相传的根本大计；是关系我们党能否始终成为中国特色社会主义事业的领导核心，领导中国人民在中国特色社会主义道路上奋勇前进，实现中华民族伟大复兴的根本大计。

四、党的自我管理和改造是保持和发展先进性的自我约束和修复机制

“坚持党要管党、从严治党，正视并及时解决党内存在的突出问题，始终保持党的肌体健康”。这是强调保持先进性的自我约束和修复机制。首先，“党要管党、从严治党”，是马克思主义政党的基本哲学观点。马克思说：“哲学家们只是用不同的方式解释世界，而问题在于改变世界。”毛泽东在他著名的《实践论》中对“改变世界”的内容作了哲学上的进一步阐释，他指出：“无产阶级和革命人民改造世界的斗争，包括实现下述的任务：改造客观世界，也改造自己的主观世界——改造自己的认识能力，改造主观世界与客观世界的关系。”并强调：“世界到了全人类都自觉地改造自己和改造世界的时候，那就是世界的共产主义时代。”无产阶级政党改造自己的主观世界，就是加强党的建设，就是党要管党、治党，而且这个任务要直到世界的共产主义时代，到政党自行消亡为止。马克思主义政党先进性的特征之一，是对自己要求的严格性，自然对自己主观世界的改造也要从严要求，所以“从严治党”是题中应有之义。其次，“党要管党、从严治党”，是由党的性质、党在国家和社会生活中所处的地位、党肩负的历史使命决定的，是我们党从长期执政党建设实践中得出的重要认识结论，是加强党先进性建设的基本历史经验，也是加强和改进新形势下党的建设必须长期坚持的重要指导原则。“党要管党”，根本的是要加强自身建设。1939 年，毛泽东就提出，党的建设是一个伟大的工程，是我们党的三大法宝之一。邓小平强调，党的建设是办好中国一切事情的关键，“要聚精会神地抓党的建设”。江泽民明确强调，“治国必先治党，治党务必从严”。胡锦涛反复强调：“必须坚持党要管党、从严治党，保证党始终具有蓬勃生机和旺盛活力。”正是因为高度重视和不断加强自身建设，党才从小到大、由弱到强，从挫折中奋起、在战胜困难中不断成熟。从历史上看，我们党曾经进行过延安整风运动、“三讲”教育活动、党的先进性教育活动等集中教育活动，这些活动在弘扬党的优良传统的同时也纠正了党在不同时期存在的错误、缺点和问题，体现了党的自我管理和纠错、修复能力。再次，在新的历史条件下，我们党更要坚持“党要管党、从严治党”。党的十七届四中全会通过的《中共中央关于加强和改进新形势下党的建设若干重大问题的决定》强调：“落实党要管党、从严治党的任务比过去任何时候都更为繁重和紧迫。”作为长期执政的马克思主义政党，贯彻落实“党要管党、从严治党”的方针，从整体上说，必须认真解决好两大历史性课题，即“不断提高党的领导水平和执政水平，提高拒腐防变和抵御风险的能力”，必须战胜“四大考验”，化解“四种危险”，才能立于不败之地。从党员干部个体上说，必须贯彻“自重、自省、自警、自励”的方针，“常怀忧党之心、恪尽兴党之责”。最后，“党要管党、从严治党”根本在于加强制度建设，因为制度更带有根本性、全局性、稳定性、长期性。必须坚持用制度管权管事管人，健全民主集中制，不断推进党的建设制度化、规范化、程序化。要深入开展党风廉政建设和反腐败斗争，把反腐倡廉作为重大政治任务

抓紧抓好，始终保持马克思主义政党的先进性和纯洁性。反腐倡廉必须坚持标本兼治、综合治理、惩防并举、注重预防的方针，严格执行党风廉政建设责任制，在坚决惩治腐败的同时加大教育、监督、改革、制度创新力度，更有效地预防腐败，不断取得反腐败斗争新成效。必须正视并及时解决党内存在的突出问题，加强针对性、实效性，以取信于民。

总之，胡锦涛在"七一"讲话中阐明的关于党的先进性建设的四个根本点，也是我们党先进性建设的四大机制，是对党的先进性建设基本经验的深刻总结和新的理论概括，进一步回答了新世纪新阶段"建设什么样的党、怎样建设党"这一历史性课题，使党的先进性建设的主题和内涵更加突出和鲜明，反映了我们党对先进性建设规律认识所达到的新高度，体现了我们党对自身建设规律的新认识，表明我们党在加强和改进自身建设的理论自觉性和实践主动性上达到的新水平，开创了马克思主义政党建设的新境界，是我们党对马克思主义党的建设理论的新发展、新贡献。

（作者：中国浦东干部学院领导研究院院长，中国领导科学研究会副会长，教授、博士生导师）

论十六大以来党加强执政能力建设的鲜明特色

尹书博

中共十六大以来，我们党面临许多前所未有的新情况新问题新挑战。以胡锦涛同志为总书记的党中央以改革创新的精神全面推进党的建设新的伟大工程，形成了党的建设“一条主线”、“五位一体”的总体布局，使党的建设理论和实践进入了一个新境界。10 年来，党的执政能力建设呈现出四大突出特点。

一、执政能力建设和先进性建设是党的建设的主线

10 年来，党中央十分重视加强党的执政能力建设和先进性建设，经过实践探索，把党的执政能力建设和先进性建设作为主线。即党的建设各方面工作要围绕提高党的执政能力和保持党的先进性来展开，以提高党的执政能力和保持党的先进性的实际成效来检验；要坚持执政能力建设与先进性建设有机统一。

1. 确定了加强党的执政能力建设的指导思想和目标任务

十六大之后，“能否带领全国各族人民实现继续推进现代化建设、完成祖国统一、维护世界和平与促进共同发展这三大历史任务，是对我们党的一个重大考验。面对新形势新任务，无论是党的领导方式和执政方式、领导体制和工作机制，还是党员、干部队伍的素质、能力和作风，都存在一些亟待解决的问题。……必须高度重视并抓紧推进党的执政能力建设，从各个方面把党的执政能力提高到一个新的水平”。为此，2004 年 9 月，十六届四中全会着重研究了加强党的执政能力建设的若干重大问题，全会审议并通过了《中共中央关于加强党的执政能力建设的决定》（以下简称《决定》），深刻阐述了加强党的执政能力建设的重要性和紧迫性，明确提出了加强党的执政能力建设的指导思想、总体目标和主要任务。《决定》明确提出，必须坚持以马克思列宁主义、毛泽东思想、邓小平理论和“三个代表”重要思想为指导，全面贯彻党的基本路线、基本纲领、基本经验，以保持党同人民群众的血肉联系为核心，以建设高素质干部队伍为关键，以改革和完善党的领导体制和工作机制为重点，以加强党的基层组织和党员队伍建设为基础，努力体现时代性、把握规律性、富于创造性。加强党的执政能力建设，一个首要和根本的问题，就是确立执政能力建设的目标。《决定》指出，这个总体目标就是：“通过全党共同努力，使党始终成为立党为公、执政为民的执政党，成为科学执政、民主执政、依法执政的执政党，成为求真务实、开拓创新、勤政高效、清正廉洁的执政党，归根到底成为始终做到‘三个代表’、永远保持先进性、经得住各种风浪考验的马克思主义执政党，带领全国各族人民实现国家富强、民族振兴、社会和谐、人民幸福。”这个总体目标，既与以往我们党提出的党的建设总目标相衔接、相统一，又反映了我们党面临的新形势新任务的要求。《决定》进一步论述了执政能力建设的主要任务，即按照推动社会主义物质文明、政治文明、精神文明协调发展的要求，不断提高驾驭社会主义市场经济的能力、发展社会主义民主政治的能力、建设社会主义先进文化的能力、构建社会主义和谐社会的能力、应对国际局势和处理国际事务的能力。以中共十六届四中全会为标志，“中共执政党建设进入了一个新的发展阶段，执政党建设理论也随之实现了一次重大飞

跃，开启了系统、全面、深入地构建执政党建设理论新体系的阶段”。

2. 把党的执政能力建设和先进性建设作为党的建设的主线

党的十七大报告指出，“必须把党的执政能力建设和先进性建设作为主线”，全面推进党的思想建设、组织建设、作风建设、制度建设和反腐倡廉建设。从而形成了党的建设的总体布局。这个总体布局的鲜明特点是：不仅强调全面加强党的建设，而且强调在全面建设中要牢牢把握“主线”。“为什么必须把党的执政能力建设和先进性建设作为主线？因为党的执政能力建设和先进性建设都是党的根本性建设，对党和国家的前途命运关系重大，是新时期党的建设迫切需要解决的关键问题”。

我们党已经走过了90年的光辉历程，在全国执政已经62年。但是，“党的先进性和党的执政地位都不是一劳永逸、一成不变的，过去先进不等于现在先进，现在先进不等于永远先进；过去拥有不等于现在拥有，现在拥有不等于永远拥有”。科学执政、民主执政、依法执政任重道远，长期执政考验是一项综合的考验，也是最根本的考验，是第一大考验。党的各方面建设，最终都要体现到提高党的执政能力上来，体现到巩固党的执政地位上来。因此，加强党的执政能力建设，进一步为人民执好政、掌好权，是时代的要求，人民的要求，它关系到中国特色社会主义事业兴衰成败、关系中华民族前途命运、关系党的生死存亡和国家的长治久安。抓住了党的执政能力建设，就抓住了巩固党的执政地位的关键。而先进性是马克思主义政党的本质属性，是马克思主义政党的生命所系、力量所在。党的先进性是党存在和发展的根本依据，是党赢得人民信赖和拥护的根本条件。我们党之所以能够执政并且执好政，根本原因就在于党具有先进性。可以说，党的建设的一切活动，归根结底都是为了保持党的先进性；党的执政地位的巩固，归根结底要靠自身理论、路线、纲领、政策和实践的先进性。党的先进性体现在党能够始终代表中国先进生产力的发展要求，代表中国先进文化的前进方向，代表中国最广大人民的根本利益，始终站在引领中国社会发展进步的前列。抓住了先进性建设，就抓住了党的建设的根本。

3. 加强党的执政能力建设和先进性建设必须解决党内存在的突出问题

我们党要始终走在时代前列，集中到一点，就是必须在新形势下善于认识自己、加强自己、提高自己，认真研究和解决在自身建设中出现的新矛盾、新问题，始终成为领导改革开放和社会主义现代化建设的坚强核心。

十六大以来，以胡锦涛同志为总书记的党中央反复强调，始终走在时代前列的中国共产党，首先，要始终代表先进生产力的发展要求。就是要坚持科学发展，要坚持以人为本，转变发展理念、创新发展模式、提高发展质量，用科学发展来解决前进中的问题。现在，转变经济发展方式，完善社会主义市场经济体制的攻坚战正在进行的过程中，经过长期艰苦的努力，我们党必将逐步解决城乡、区域之间发展不平衡的问题，促进经济社会协调发展。其次，要深刻认识和正确把握社会历史发展的大趋势，坚持不懈地用发展着的马克思主义武装全党。理论是行动的先导。科学的理论是认识世界、改造世界的强大思想武器。一个半世纪的国际共产主义运动发展史说明，一个马克思主义政党思想上正确而坚定、理论上成熟而坚强，这个党就能够经受住任何风险的考验而立于不败之地。与此相反，如果一个党在思想理论上出现根本性的重大错误，就必然会导致政治上出现重大错误，最终导致这个党走向失败。如果共产党员的理想信念坍塌了，就会成为错误思潮的俘虏，甚至腐化堕落。第三，着力提高反腐倡廉的科学化水平。10年来，党中央强调，坚决反对腐败是党必须始终抓好的重大政治任务，必须充分认识反腐败斗争的长期性、艰巨性和复杂性，把反腐倡廉建设摆在更加突出的位置，积极提升党的作风建设和反腐倡廉建设的科学化水平，加快推进惩治和预防腐败体系的建设，抓紧解决广大人民群众反映强烈的突出问题。经过长期不懈的努力，目前我国反腐败斗争取得明显成效，呈现出系统治理、整体推进的良好态势。

二、执政为民是执政能力建设的根本宗旨

十六大以来，党中央始终把执政为民作为党的执政能力建设的根本宗旨，把实现人民群众的愿望和需要、保证人民群众健康和生命安全放在党和政府各项工作的中心地位，深切关注人民群众的生存、发展状况和人的价值及尊严，将不断满足人民群众的物质和文化需求、促进人的全面发展作为国家建设发展的最高目标，使全体人民朝着共同富裕的方向稳步前进。

1. 执政为民是执政能力建设的核心理念

人心向背，是决定一个政党、一个政权盛衰的根本因素。全心全意为人民服务，全心全意为人民执政，全心全意做人民公仆，是党的执政能力建设的核心追求。如果缺乏对“执政为民”的深刻认识，执政能力建设必然是盲目的、不清醒的，甚至有可能迷失方向，走向反面。执政是手段不是目的，一切能力也仅仅是手段而已，只有执政为民才是唯一的目的。只有我们把群众放在心上，群众才会把我们放在心上；只有我们把群众当亲人，群众才会把我们当亲人。“密切联系群众是我们党的最大政治优势，脱离群众是我们党执政后的最大危险。我们必须始终把人民利益放在第一位，把实现好、维护好、发展好最广大人民根本利益作为一切工作的出发点和落脚点，做到权为民所用、情为民所系、利为民所谋，使我们的工作获得最广泛最可靠最牢固的群众基础和力量源泉”。以人为本、执政为民是我们党的性质和全心全意为人民服务根本宗旨的集中体现，是指引、评价、检验我们党一切执政活动的最高标准。

2. 正确认识和把握最广大人民群众的根本利益所在

当前，我国正处于经济转轨、社会转型的特殊历史时期，利益主体不断增多并日趋多元化，人民群众的物质文化需求不断提高并日趋多样化。城乡差别、地区差别、行业差别依然很大。在这种情况下，如何统筹协调各种利益关系、妥善处理各种利益矛盾，如何有效整合各种社会关系、促进各种社会力量良性互动、让广大人民群众共享改革发展的成果，既是摆在中国共产党人面前的一个重大课题，也是对党的执政能力的重大考验。

10 年来，以胡锦涛同志为总书记的党中央反复强调，要坚持把不断改善人民生活作为正确处理改革发展稳定的结合点，正确把握最广大人民的根本利益、现阶段群众的共同利益和不同群体的特殊利益的关系，统筹兼顾个人利益和集体利益、局部利益和整体利益、当前利益和长远利益，妥善照顾各方面群众所关切的利益。随着经济社会的发展，一定要使群众得到的、看得见的物质利益不断有所增加，这样才能使群众愈来愈深刻地认识到实行改革开放和实现社会主义现代化是国家的富强之道，也是自己的富裕之道，更加自觉地为之共同奋斗。这是我们的事业不断发展并取得最终成功的根本保证。十六大以来，我们党围绕教育、就业、社保、医疗、住房等重大民生课题，连续作出部署和制度安排，出台一系列针对性更强、力度更大的政策举措，稳步推进了各项民生事业。

3. 切实加强党的作风建设，始终保持党同人民群众的血肉联系

10 年来，我们党把实现好、维护好、发展好最广大人民群众的根本利益作为一切工作的出发点和落脚点，狠抓党的作风建设，认真解决损害群众利益的突出问题和反腐倡廉建设中群众反映强烈的问题，切实维护社会公平正义，取得了明显成效。

一是着力抓好领导干部作风建设。党员领导干部是党和国家各项事业的领导者，在经济社会发展中处于举足轻重的地位。十六大以来，党中央重点解决领导干部在执行党的路线

方针政策和决议、坚持党的群众路线、严格履行职责、落实廉洁从政规定、遵守组织人事纪律以及生活作风等方面存在的突出问题，坚决反对和纠正形式主义、官僚主义、享乐主义和弄虚作假等行为。同时将作风建设与严格执行廉洁从政方面各项规定结合起来，严肃查办发生在领导机关和领导干部中的违纪案件，保证了中央重大决策部署的贯彻落实。仅在2011年就“处分县处级以上干部4843人，移送司法机关的县处级以上干部777人。中央纪委监察部查处的张家盟、宋晨光、刘卓志等大案要案，已移送司法机关依法处理；目前正在立案调查的有刘志军、田学仁、黄胜等违纪违法案件”。同时，中央把作风建设纳入干部教育培训的重要内容，贯穿于领导干部的培养、选拔、管理、使用等各个环节，要求各级领导干部都要讲党性、重品行、作表率，积极进行批评与自我批评，模范遵守党纪国法，继承优良传统，弘扬新风正气，以优良的党风促政风带民风。

二是切实改进党政机关作风，坚决制止奢侈浪费。《中国共产党党员领导干部廉洁从政若干准则》等诸多文件都明确要求党员领导干部要带头艰苦奋斗，勤俭节约，禁止讲排场、比阔气、挥霍公款、铺张浪费。刚刚过去的2011年，中央优化财政支出结构，增加了“三农”、欠发达地区、民生、社会事业、结构调整、科技创新等重点支出；压缩一般性支出，严格控制党政机关办公楼等楼堂馆所建设，出国（境）经费、车辆购置及运行费、公务接待费等支出实现零增长，切实降低行政成本。

三是坚决纠正损害群众利益的不正之风。一切不正之风和腐败现象，都与党的性质和宗旨相违背，都是对人民利益的漠视和侵害。所以，10年来，党中央坚持把群众关心的热点难点问题作为纠正不正之风工作的重点，深入开展专项治理，相继纠正教育收费、医药购销和医疗服务中的不正之风，做好减轻农民负担工作；着力解决食品药品安全、环境保护、土地征用、房屋拆迁、企业改制、安全生产、社保基金和住房公积金管理等方面损害群众利益的问题。“据统计，2011年1月至11月，全国共受理工程建设领域违纪违法问题举报10913件，查实5059件，给予党纪政纪处分4828人，移送司法机关处理2395人。2011年1月至11月，新发现‘小金库’8202个，涉及资金28.46亿元。2011年1月至11月，全国共查办商业贿赂案件1.48万件，涉案金额42.8亿多元。”同时，从实际出发，什么问题突出就解决什么问题，建立健全纠正不正之风的长效机制，强化行业监管，建立重大事项社会公示制度和社会听证制度，凡是与群众利益密切相关的事项，都要向社会公开。

三、把提高构建和谐社会的能力摆在重要位置

党的十六大以来，党中央从中国特色社会主义事业的总体布局和全面建设小康社会的全局出发，全面分析新世纪新阶段的形势和任务，深刻认识我国发展的阶段性特征，明确提出了构建社会主义和谐社会的重大战略思想和战略任务。党中央采取一系列重大举措推进和谐社会建设，从中央到地方，各级干部不断提高构建社会主义和谐社会的能力，把科学发展与社会和谐有机地统一起来，和谐社会建设取得了显著成效。

1. 在科学发展中推进构建和谐社会的进程

保持经济持续协调健康发展，创造更丰富的社会物质财富，使国家的整体实力不断增强，使人民群众的生活水平不断提高，是构建社会主义和谐社会的物质基础。但发展并不仅仅等于GDP的增长，也不只是经济的发展，而是社会各个方面的全面、协调、可持续发展。科学发展观强调要坚持走生产发展、生活富裕、生态良好的文明发展道路，保证一代接一代地永续发展。同时，发展必须坚持以人为本，“坚持从最广大人民群众根本利益出发谋发展、促发展，加快推进以改善民生为重点的社会建设，不断满足人民日益增长的物质文化需求，走共同富裕

道路,促进人的全面发展,做到发展为了人民、发展依靠人民、发展成果由人民共享”。

2. 在促进社会公平中保障所有社会成员共享改革发展的成果

社会公平正义是社会和谐的基本条件。目前,我国社会总体上是和谐的,但是,我国进入人均 GDP4000 美元的发展阶段,快速发展中积累的矛盾不断涌现,各个方面的挑战接踵而至。这是我国当前发展的一个阶段性特征。在这样一个阶段,社会公正问题容易凸显。与此同时,在经济社会快速转型时期,我们的体制机制还存在不健全、不完善的地方,也在某种程度上加剧了社会不公。在构建社会主义和谐社会的进程中,只有从收入分配、利益调节、社会保障、公民权利保障等环节入手,合理调整国民收入分配格局,完善社会保障体系,加强民主法制建设,逐步解决城乡之间、地区之间和社会成员之间收入差距过大的问题,建立起以权利公平、机会公平、规则公平、分配公平为主要内容的社会公平保障体系,才能充分调动全体人民的积极性、主动性、创造性。十六大以来,我国加快了构建社会主义和谐社会的立法速度,加大用法制调整不公平社会现象的力度,制定和修订个人所得税法、物权法、劳动合同法、义务教育法等一系列法律;司法体制改革进一步强化公正和保障人的权利,着力解决“打官司难”、“执行难”等老大难问题;建立依法化解社会矛盾、维护社会稳定的长效机制。

在刚刚完成的“十一五”规划中,8 项涉及公共服务和人民生活的民生指标全部完成——城乡居民收入大幅增长,免费九年义务教育全面实现,城镇基本养老保险覆盖人数、新型农村合作医疗覆盖率提前达标,城镇新增就业 5771 万人,转移农业劳动力 4500 万人;城镇居民人均可支配收入和农村居民人均纯收入年均分别实际增长 9.7% 和 8.9%;覆盖城乡的社会保障体系逐步健全。党和政府用实际行动践行了“发展为了人民,发展依靠人民,发展成果由人民共享”的理念。

3. 切实提高各级领导干部正确处理人民内部矛盾的能力

正确处理新时期人民内部矛盾是促进社会和谐稳定的前提和基础。人民内部矛盾“将贯穿于整个社会主义历史时期,即使将来到了更高的社会发展阶段,可能也不会完全消失。因此,正确处理人民内部矛盾是我们必须长期面对的历史课题。人民内部矛盾虽是人民群众根本利益一致基础上的矛盾,其根本属性属于非对抗性,但如果我们处理不当,也会激化,以致发展到对抗的地步,成为社会不稳定因素”。事实上,由于改革攻坚必然涉及利益的重新分配和权力的再调整,客观上增大了不同利益主体的碰撞几率和摩擦系数,增加了矛盾激化和转化的可能。加上改革开放以来国家对经济和社会生活的行政控制逐渐放松,而新的法律秩序和社会生活准则又尚未完全确立起来,新时期人民内部的许多矛盾正越来越由隐蔽转向公开,由渐变转向突发,有时甚至表现为面对面的直接性冲突。进入新世纪以来,因为房屋拆迁、土地征用、财产纠纷、资产分配等问题处理不当,在个别地方引发的纠纷和暴力冲突,影响了社会政治大局的稳定。

对此,十六大以来,党中央强调各级领导干部提高正确处理人民内部矛盾的能力和水平,是加强党的执政能力建设的重要任务:各级党委和政府要把正确处理人民内部矛盾作为一项基础性工作列入重要议事日程,加强调查研究,努力探索正确处理人民内部矛盾的新思路、新方法,为防范、应对、化解各类矛盾提供理论和对策支持;要主动适应社会主义市场经济条件下社会管理的发展变化,积极推动社会管理体制机制创新,健全民主制度,建立健全党委领导、政府负责、社会协调、公众参与的社会管理格局,加强社会管理基层基础建设,提高基层群众自治组织自我管理、自我服务、自我教育、自我监督能力;积极研究和掌握新时期群众工作的特点和规律,自觉贯彻群众路线、切实转变作风,多做顺民意、解民忧、得民心的实事,坚决纠正损害群众利益的行为，同时，要综合运用思想、道德和法制的力量，加强思想教育工作。

四、妥善处置各类重大突发事件，着力提高驾驭复杂局势能力

突发事件，是指突然发生，造成或者可能造成严重社会危害，需要采取应急处置措施予以应对的自然灾害、事故灾害、公共卫生事件和社会安全事件。积极预防、妥善处置重大突发事件，不仅关系广大人民群众的切身利益，而且关系改革发展稳定大局，关系党和政府的公信力，是对我们党驾驭复杂局势、提高执政能力的重大考验。

1. 各级领导干部应对突发事件的能力在实践中得到了磨炼和提高

2003年春，我国从南到北，经历了一场由非典疫情引发的从公共卫生到社会、经济、生活全方位的突发公共事件。在党中央、国务院坚强领导下，全国人民众志成城，取得了抗击非典的决定性胜利。党和国家及时总结我国经济社会发展中存在的不全面、不协调和不可持续性等因素，提出全面加强应急管理建设的重大命题。经过10年的努力，“应急管理各项工作取得了重大进展：全国应急预案体系基本形成，应急管理体制逐步理顺，《中华人民共和国突发事件应对法》已于2007年11月1日起实施；成功应对南方部分地区低温雨雪冰冻、四川汶川特大地震、青海玉树特大地震、甘肃舟曲特大山洪泥石流等突发事件”。各级领导干部应对突发事件的能力在实践中得到了磨炼和提高。

2. 应对世界金融危机的实践彰显了我们党驾驭复杂局势的能力

2008年9月15日，拥有158年历史的美国第四大投资银行“雷曼兄弟”宣告破产，标志着美国次贷危机最终演变成全面金融危机。华尔街金融海啸很快升级为信用危机，并引发了全球性的金融危机。这场危机，也冲击到我国经济。2008年第三季度，我国GDP增速由第一季度、第二季度的10.6%和10.1%下降到9%，第四季度进一步下降到6.8%，2009年第一季度继续下降到6.1%。我国遭受了自改革开放以来最为严重的困难。在世界经济全球化的背景下发生的金融危机，使党引领经济社会发展的能力面临新挑战。实践要求我们，加强党的执政能力建设，必须增强国际国内两个大局意识、风险意识，大力提升应对各种复杂局势的能力，把握各种挑战和机遇，趋利避害，壮大我国的经济实力和综合国力，不断增强经济全球化条件下参与国际经济合作和竞争的新优势。

面对国际金融危机给中国带来的冲击，我们党坚持以科学发展观为指导，始终抓住经济建设这个中心不放松，突出发展这个主题不动摇，牢牢掌握了应对这场危机的主动权。党中央多次召开中央政治局会议，还先后召开中央全会和中央经济工作会议，集中各方智慧，缜密谋划和制定应对之策，及时作出工作部署，使我国国民经济在世界经济整体下滑的局面中保持了良好发展态势，在2009年末的中国答卷上，写着这样的数字——这一年，中国对世界经济增长的贡献超过了50%。这是二战以来全球首次出现的经济新格局。在新的世界经济版图中，这份答卷标示着沉甸甸的“中国分量”。向世界展示了中国特色社会主义的生机和活力，展现了中国共产党应对和驾驭复杂局势、善于统筹国际国内两个大局的卓越执政能力！

（作者：中共河南省委党校教育长、教授）

保持党的纯洁性　永葆党的先进性

国防大学中国特色社会主义理论体系研究中心

胡锦涛总书记在十七届中央纪委七次全会上的讲话中，向全党发出了“保持党的纯洁性，建设坚强有力的马克思主义执政党”的号召，并对新形势下保持党的纯洁性作了深刻阐述。我们要深入学习领会胡总书记重要讲话精神，充分认识保持党的纯洁性的极端重要性和紧迫性，把保持党的纯洁性同永葆党的先进性统一起来，进一步提高党的建设科学化水平。

一、充分认识保持党的纯洁性与永葆党的先进性的本质联系

马克思主义政党的纯洁性同先进性在本质上是一致的，两者相辅相成、密不可分。纯洁性是先进性的前提和基础，先进性是纯洁性的体现和保证。

保持党的纯洁性是永葆党的先进性的根本前提。没有纯洁性的政党不可能有先进性，而没有先进性的政党不可能赢得人民群众的拥护和支持。党的先进性源于党的纯洁性，保持党的纯洁性是确保党的先进性的前提和基础。如果党的纯洁性丧失了，党的先进性也就失去了源头活水，党就没有资格谈先进性。作为马克思主义执政党，我们党始终高度重视并不断保持自身的纯洁性，这是我们党始终赢得人民信赖和拥护，始终保持和发展党的先进性，不断巩固党的执政地位，实现党和国家兴旺发达、长治久安的根本原因。历史和现实都充分证明，没有党的纯洁性，就必然失去党的先进性；永葆党的先进性，首先要保持党的纯洁性。

保持党的纯洁性是永葆党的先进性的题中应有之义。纯洁性不仅是先进性的基础，也是先进性的基本内涵和重要体现。马克思主义政党只有保持纯洁性，其政治优势和组织优势才能充分发挥，其先进性才能得到充分体现。保持和发展党的先进性历来是马克思主义政党建设的根本要求和永恒主题，而永葆党的先进性，客观上蕴含着保持纯洁性的要求。革命战争年代，我们党为夺取全国革命的胜利，大力建设“一个有纪律的、思想上纯洁的、组织上纯洁的党”。新中国成立后特别是改革开放以来，我们党始终把保持纯洁性作为党的建设的一个重要目标和抓手，努力做好保持纯洁性的各项工作，提高拒腐防变和抵御风险能力。这些，都是为了保持党的纯洁性，为了保持和发展党的先进性。

保持党的纯洁性是永葆党的先进性的生命工程。保持党的纯洁性，包括保持党的思想纯洁、队伍纯洁、作风纯洁等多方面内容，但从根本上讲，是为了保持党的性质和宗旨。党的性质和宗旨是党的先进性的决定性因素，确保党的性质和宗旨不变，就是保持党的纯洁性。正是因为我们党始终保持中国工人阶级的先锋队、中国人民和中华民族的先锋队的性质，始终保持全心全意为人民服务的根本宗旨，才能够始终保持纯洁性和先进性。因此，保持党的纯洁性，是永葆党的先进性的基础工程、生命工程。历史反复证明，如果执政党丧失了纯洁性，就很难实现自我净化、自我完善、自我革新和自我提高。世界上一些长期执政的大党老党丧失执政地位，原因就在这里。我们必须从关系党和国家命运前途的高度，深刻认识保持党的纯洁性的极端重要性和紧迫性，把保持党的纯洁性作为永葆党的先进性的关键紧紧扭住不放。只有这样，才能促进党的先进性建设，永葆党的

先进性。

二、正确把握新的历史条件下保持党的纯洁性的总体要求

在新的历史条件下，我们党面临着执政考验、改革开放考验、市场经济考验、外部环境考验，面临着精神懈怠的危险、能力不足的危险、脱离群众的危险、消极腐败的危险。经受考验、化解危险，最根本的是要加强党的自身建设，始终保持党的纯洁性。要认真总结我们党执政以来特别是改革开放以来保持纯洁性的经验，从共产党执政规律和党的自身建设规律相统一的高度，正确把握保持党的纯洁性的总体要求，贯彻落实党要管党、从严治党方针。

坚持强化思想理论武装和严格队伍管理相结合。思想理论武装是凝魂聚气、强基固本、保持纯洁性的基础工程，严格队伍管理是提高思想教育质量、纠正行为偏差、保持纯洁性的重要保障。保持党的纯洁性，既要抓好思想理论武装，打牢保持纯洁性的思想理论基础；又要严格队伍管理，使正确的思想和行为得到强化和激励，使错误的思想和行为得以清除和纠正。要把中国特色社会主义理论体系武装和反腐倡廉教育融入党员、干部的培养、选拔、管理、使用等各环节，坚持自律与他律、教育与管理相结合，增强教育的针对性、有效性，提高党员、干部的思想政治素质，确立正确的世界观、人生观、价值观和权力观、地位观、利益观。要充分发挥严格管理对党员、干部的教育和约束功能，使党员、干部自觉用党章、党内法规和党的纪律规范自己的言行，认真履行义务，正确行使权利，真正发挥模范带头作用。

坚持发扬党的优良作风和加强党性修养与党性锻炼相结合。优良作风的本源是纯洁的思想和坚强的党性。思想纯则作风正，党性强则作风好。保持纯洁性，根本的是要加强党性修养与党性锻炼。发扬党的优良作风和加强党员党性修养与党性锻炼是辩证统一的，必须把两者紧密结合起来，使之相互促进。在引导党员、干部加强党性修养与党性锻炼的过程中，要大张旗鼓地宣扬那些党性强、作风好、政绩实、贡献大的先进典型，带动全党全社会弘扬党的优良作风。在继承发扬党的优良作风的过程中，要注重挖掘党的优良作风的内在本质，使党性高度彰显，使党员、干部感受到党性的崇高和重要，从而自觉地修养党性、锤炼党性。

坚持坚决惩治腐败和有效预防腐败相结合。腐败是破坏党的纯洁性的毒瘤，必须坚决惩治危害党和国家事业、损害人民群众利益的腐败问题。要认识和把握新形势下反腐倡廉建设的特点和规律，全面贯彻标本兼治、综合治理、惩防并举、注重预防的反腐倡廉战略方针，加快推进惩治和预防腐败体系建设，在坚决惩治腐败的同时，更加注重治本，更加注重预防，更加注重制度建设，拓展从源头上防治腐败的工作领域。着力抓好廉洁从政教育、党性党风教育、党纪法规教育和警示教育等，筑牢党员、干部拒腐防变的思想防线。

坚持发挥监督作用和严肃党的纪律相结合。加强监督和严肃纪律都是维护党的纯洁性的重要手段。要加强对领导机关、领导干部特别是各级领导班子主要负责人的监督，注重对遵守党的政治纪律、贯彻落实科学发展观、执行民主集中制、落实领导干部廉洁自律规定等情况的监督；加强对重要领域和关键环节权力行使的监督，注重对干部人事权、司法权、行政审批权和行政执法权的监督，加强对财政资金、金融和国有资产的监管；发挥各监督主体的作用，加强和改进党内监督、舆论监督，支持和保证人大监督、政府专门机关监督、司法监督、政协民主监督和群众监督。严格执行党的纪律，严格遵守党章和其他党内法规，对违反纪律的行为必须严肃处理，做到纪律面前人人平等、遵守纪律没有特权、执行纪律没有例外。

三、着眼永葆党的先进性切实做好保持党的纯洁性各项工作

保持党的纯洁性，根本目的是永葆党的先

进性。要增强党的意识、政治意识、危机意识、责任意识,以深入扎实地工作,把保持党的纯洁性的各项要求落到实处。

加强思想建设,保持党员、干部思想纯洁。党员从思想上入党是党员思想纯洁的根本保证,是保持党的纯洁性的中心环节。不论过去还是现在,我们党内都有不少人虽然组织上入了党,但思想上却没有入党。这种状况,直接影响到党的纯洁性和先进性。着重从思想上建设党是我们党的基本经验和优良传统。如果我们不高度重视和采取切实有效措施加强思想建设,解决党员思想入党问题,保持党员、干部思想纯洁,就不能提高党员队伍的素质和增强党的凝聚力战斗力,就应对不了、化解不了新的历史条件下我们党面临的"四大考验"、"四大危险"。要着力加强思想建设,加强理论武装,加强党性修养和党性锻炼,加强道德建设,这是保持党员、干部思想纯洁要着力抓好的重点工作。

加强组织建设,保持党员、干部队伍纯洁。党的纯洁性归根到底要靠各级党组织特别是广大党员、干部的纯洁来体现和保持。只有通过加强组织建设,确立和贯彻执行正确的思想路线、政治路线,坚持和健全民主集中制,建设一支高素质的党员、干部队伍,充分发挥党组织的战斗堡垒作用和党员、干部的先锋模范作用,党才能保持纯洁性和先进性,增强凝聚力和战斗力。保持党员、干部队伍纯洁,必须重视党员质量,把好党员入口关,坚持党员必须首先从思想上入党,同时从组织上入党的原则,不能降低党员标准;要把社会各领域各阶层先进分子吸收到党内来,但绝不能给动机不纯、操守不洁者以可乘之机。同时要疏通出口,建立健全党员退出机制,及时把不合格党员清除出党员队伍。要使健全的组织生活和严格的教育管理覆盖所有党员;把好选人用人关,形成结构合理、人才辈出、朝气蓬勃的干部队伍;健全党员党性定期分析制度,完善民主评议党员制度,完善干部考核评价机制。

加强作风建设,保持党员、干部作风纯洁。党的理论联系实际、密切联系群众、批评与自我批评的作风,以及自力更生、艰苦奋斗等优良传统和作风,是党的纯洁性的具体体现。保持党员、干部作风纯洁,要加强宗旨教育,使党员、干部时刻把人民放在心中最高位置,把实现好、维护好、发展好最广大人民根本利益作为检验纯洁性的试金石,做到权为民所用、情为民所系、利为民所谋。要坚持群众路线,做好新形势下的群众工作,坚持问政于民、问需于民、问计于民,真诚倾听群众呼声,真实反映群众愿望,真情关心群众疾苦,经常深入实际、深入基层、深入群众,做到察民情、解民忧、暖民心。始终与人民群众同呼吸共命运心连心,弘扬勤俭节约、艰苦奋斗的作风,自觉抵制拜金主义、享乐主义、铺张浪费等不良风气。认真开展批评和自我批评,鼓励和支持党内自下而上的批评和人民群众的批评。

加强反腐倡廉建设,保持党员、干部清正廉洁。一切腐败现象都与党的纯洁性水火不容。要把反腐倡廉建设放在更加突出的位置,紧密结合党的思想建设、组织建设、作风建设和制度建设,根据新的时代条件和面临的新形势新任务,以改革创新精神,从教育、制度、监督、改革、纠风、惩处六个方面整体推进反腐倡廉建设各项工作。加强反腐倡廉教育,加强反腐倡廉法规制度建设,强化对权力运行的监督制约,深化从源头上防治腐败的体制机制制度改革,切实纠正损害群众利益的不正之风,从严惩治腐败,使党员、干部在任何情况下都管得住行为、守得住清白,始终老老实实做人、干干净净做事,确保清正廉洁。

(执笔:赵周贤　刘光明)

“四自”是共产党人永葆政治本色的内在保证

周文彰

胡锦涛同志在纪念中国共产党成立90周年大会上讲话要求：“各级领导干部都要自重、自省、自警、自励，讲党性、重品行、作表率，做到立身不忘做人之本、为政不移公仆之心、用权不谋一己之私，永葆共产党人政治本色。”在纪念我们党成立80周年大会上，江泽民同志也曾指出：“各级领导干部都要自重、自省、自警、自励，始终注意讲学习、讲政治、讲正气。”可见这“四自”的重要。“四自”是共产党人永葆政治本色的内在保证。

一、自重

自重有很多含义，如自我重视、慎重、注重、尊重等。作为对领导干部的要求，自重就是自己重自己：重己言、重己行、重己形、重己名。当一个人说话口无遮拦，在不应该的场合，不合适的时间，对特定的对象，说一些不该说的话时，一句提醒“请自重”，足以让他无地自容。这就是重言。当一个人行为不检点，去了不该去的场所，做了不该做的动作，一句提醒“请自重”，足以使他面红耳赤。这就是重行。重形，即重外表，就是穿着打扮也要合乎身份和场合。每个人还应重视自己的名声，轻易玷污自己声誉，败坏自己名声，就是“不自重”。

一个人自重不自重，衡量标准一是合规不合规；二是得体不得体。自重，就是把自己的言行举止控制在合规得体的范围内。使自己的言谈举止合规得体，必须具备两个前提：一要懂得规范；二要恰到好处。这就要学习。学生、职工要学习学生守则、员工守则；团员、党员要学习团章、党章；领导干部要学习廉洁从政、执政为民的有关规定等。使自己的言谈举止合规得体，还要有自控能力。自控，就是谨慎、严格要求自己。谨慎不是前怕狼后怕虎的那样谨小慎微，而是通过学习和领悟形成的自觉和内在修养。因此，自重其实是一种自觉和修养。一个人有了自觉，有了修养，合规得体就能自然而然，自重就有了内在保障。

比起一般社会成员，领导干部的自重有两点不同：一是社会责任和地位不同。除了要有一般社会成员所共有的自重外，还要有领导干部特有的自重。出入娱乐场所、儿女结婚大摆宴席，对一般社会成员来说算不了什么，而领导干部就要自重。二是场合和机会不同。领导干部有权力，诱惑多，需要自重的场合和机会比一般社会成员要多得多。能不能自重，实际上就是能否经受住考验。能自重，就是考验过关了。

领导干部，无论在哪个岗位，都要认真学习各种做人的准则，做好人才有可能做好官；都要认真学习党和国家对领导干部的各种要求、为领导干部制定的各种规范，并铭记在心，才有可能自重。领导干部自重有两个目标：一是不出问题；二是为民造福。不出问题固然很好，但无所建树，不能为民造福，同样不能让群众满意；为了不出问题而什么也不敢做，这同样属于不自重。只有既不出问题，又能为民造福的领导干部，才是真正让群众满意的领导干部。

二、自省

自省，是古代思想家孔子提出的进行自我道德修养的一种方法，“见贤思齐焉，见不贤而内自省也”，其学生曾子言“吾日三省吾身”。

唐太宗李世民自省的故事也很有名,“朕每闲居静坐,则自内省,恒恐上不称天心,下为百姓所怨”。自省,就是自我反省、自行省察,目的是看自己的言和行如何,有什么闪失或过错,以便适时调整或矫正。

自省,属于一种自我意识,这种认识有两个特点:第一是认识自己,自己是认识对象;第二是自己认识自己,自己是认识主体。毫无疑问,这是一种最困难的认识。人类迄今为止难度最大的事情就是认识自己。儿时常听大人们说,“牛不知力大,人不知己过”。长大后又常读书刊,“不识庐山真面目,只缘身在此山中”。学了哲学后还知道,有人问古希腊哲学家泰勒斯:“何事最难为?”他说:“认识你自己。”古希腊哲学家苏格拉底对弟子们提出的要求就是“认识你自己”。古希腊德尔斐的阿波罗神庙的门楣上刻着“认识你自己”,意在提醒人们时刻重视这世间最困难的事情。这又是一种最必需的认识。人不认识自己,就没法认识世界、改造世界。一个不熟水性的人,如果不知道自己不会游泳,就往深水里跳,如同自取灭亡;一支弱小的军队,如果不知道自己的实力有多大,就向强大的对手挑战,等于以卵击石,知己知彼方能百战不殆。这还是一种最可贵的认识。常说“人贵有自知之明”。一个人能认识自己“是谁”,能知道自己“几斤几两”,能发现自己的不足和过错,实在是难能可贵。

自省,是一种自我认识,但不是自我认识的全部。自省,只是一个人对自己的言行和思想状况的反思检查,主要是找问题。从认识过程来看,自省至少包括自我回顾、自我评价、自我检查三个环节。自我回顾,即回顾所说、所为、所思。这些所说、所为、所思既包括已经过去的,也包括当下正在进行的。一事之后,一天下来,或每隔一个阶段,对自己说过的、做过的、想过的,或正在做的和正在想的,大致“回放”一下,有人称之为“过电影”。自我评价,即自己评价自己。回顾之后,对自己所说、所为、所想作出自我判断,即明辨是对还是错,是妥还是不妥,是该还是不该,是有价值还是没价值,尽责了没有,效果如何,各方满意与否等。自我评价不是以自我为标准,而是以言行效果为标准,效果标准是不以我们意志为转移的客观标准。如,评价对还是错,以言行是否符合客观事实和客观规律为标准;评价妥还是不妥,以言行是否适合当时的时间场合为标准;评价该还是不该,以言行是否合乎一定的行为规范为标准;评价有价值还是无价值,以言行是否产生实际意义为标准。讲到执政用权,当然以人民群众是否满意为标准。这类评价最终都要群众说了算、实践说了算。因此,领导干部进行自我评价时,要特别重视来自群众和实践的反映,还要特别重视从世界观、权力观、政绩观上找问题。自我检查,目的是把自我评价中感觉或认识到的自己不对、不妥、不该的言行查出来,正视、重视它们,酝酿补救、调整、改正的思路。自我检查是自省中最需要有勇气、也是最反映一个人修养高低的环节,不是每个人都能做到的。有的遮遮掩掩,不敢正视自己的问题;有的对自己过于宽容,对问题满不在乎;有的揽功诿过,把问题推到他人身上。这样的话就等于没有自省。

自省,长期被当作一种道德自我修养方法。今天,对领导干部来说,自省应当全面运用于道德修养、政治修养、工作反思等方方面面。领导干部应当经常自省,就像“日日掸尘,天天洗脸”一样。

三、自警

如果说自重强调的是言行上自我约束,自省强调思想上自我检查,自警则强调自我防范。自警,就是自己警示自己,自我警惕、自我警醒、自我戒备、自我告诫、自敲警钟。

自警也是我国传统的道德修养方法,《三字经》中就有“尔男子,当自警”的训示。其实每个人都要自警,尤其是领导干部。魅力四射的诱惑奔向领导干部,形形色色的糖弹投向领导干部,无处不在的监督指向领导干部,领导干部在我国已经成为风险最高的职业。严峻的现实提醒我们，领导干部要自重、自省，还要重视自警。如果以为当了领导干部就可以高枕无忧、心安理得，那就意味着为诱惑敞开了大门，对攻击放弃了防御；如果以为当了领导干部就可以随心所欲、为所欲为，那就意味着积极创造风险，主动拥抱风险。这种思想上的不清醒，是领导干部走向危险的最大主观因素。如何自警呢？比如用英雄楷模激励自己，用反面典型告诫自己；牢牢把握"为人不做亏心事"，"手莫伸，伸手必被捉"这些为人做官的底线。贺国强同志在同中央纪委监察部新任局处级领导干部集体谈话时，提出要慎独、慎微、慎情、慎友，对每一位领导干部都具有很高的指导意义。我也总结过四句话可供参考：当官不想发财，为民不遗余力，办事不图回报，工作不带私心。最具指导意义的，当数《中国共产党党员领导干部廉洁从政若干准则》，领导干部不可不学。

在我看来，带有根本性质的自警，是在思想上筑牢三道防线，这就是道德防线、纪律防线和法律防线。道德防线是指个人良好的道德品质而形成的自制能力。道德防线的建立，主要靠领导干部个人自觉的道德修养，不断完善自己的道德理想和道德良心。道德的特点是自律，领导干部一旦形成了道德理想和道德良心，就会自觉按照高尚的道德标准和完美的人格形象去要求自己。然而，道德的自警作用又是有限度的，因为自律的力量是有限的。自律只对于那些具有道德心的人有效，而对于那些利欲熏心、善恶颠倒、丧失道德心的人来说根本不存在。所以，"高尚是高尚者的墓志铭，卑鄙是卑鄙者的通行证"。纪律防线是指个人忠诚于自己所在的组织、坚守组织制定的行为规范而形成的自制能力。纪律防线的自警作用主要表现在：第一，一位突破道德防线的领导干部，很可能在铁的纪律防线面前清醒过来，立即悬崖勒马。第二，一位领导干部的不良行为未及发展到腐败行为就已受到了纪律的制裁，从而阻止了腐败行为的发生。第三，许多纪律往往具体化在严密的行政规程中，从而使当事人无以产生或最终放弃实施腐败犯罪的念头。比起道德来，纪律对领导干部行为的约束具有一定的强制性。道德立足于"应当"，纪律要求的是"必须"。法律防线是指个人怀着对法律的敬畏之心自觉遵守法律而形成的自制能力。法律的特点是他律，是一种外在的强制。法律对于腐败的严厉惩治使人们心理上产生惧怕，在内心形成了强大的自制能力，于是，他律变成了自律，外在的强制变成了内在的自觉，法律防线就建立了。如果说道德是法律的精神支柱，那么法律就是道德的权力支柱。每一位共产党员特别是领导干部都应筑牢这三道防线，坚持做到时时自警，始终如一。

四、自励

自励，就是自我激励、自我勉励、自我鼓励。自励和他励一样重要。自励让许多人身处逆境不沉沦，遭遇困苦不消极。"文王拘而演周易；仲尼厄而作春秋；屈原放逐，乃赋离骚；左丘失明，厥有国语；孙子膑脚，兵法修列……"成了逆境奋进的千古佳话。自励的支撑作用，可以使人在艰难困苦中不低头，不屈服，咬牙挺过去。自励的推动作用，可以使人在人生道路上有前进的动力，有干事业的劲头。自励的鞭策作用，可以随时敲打你、提醒你，努力—努力—再努力。一个不断自励的人就是一个高度自觉的人。一个人，一旦获得高度自觉就会不用扬鞭自奋蹄，这是心甘情愿，是自觉自愿，是情不自禁。

我国几千年文明史留下许多自励故事和名言。如，"苟利国家生死以，岂因祸福避趋之"（林则徐），这是立志为国家和民族献身的自励名言；"淡泊以明志，宁静以致远"（诸葛亮），这是为事业不计个人得失的自励名言；"宝剑锋从磨砺出，梅花香自苦寒来"（警世贤文），这是不怕艰辛、刻苦拼搏的自励名言；"发奋识遍天下字，立志阅尽人间书"（苏轼），"读万卷书，行万里路"（刘彝），这是求知若渴、知行合一的自励名言;“夜眠人静后,早起鸟啼先”(张载),这是惜时如金、争分夺秒的自励名言。这些都是前人留给我们的宝贵精神财富。

“全心全意为人民服务”(毛泽东)、“少说空话,多做工作,扎扎实实,埋头苦干”(邓小平)、“永做人民公仆”(江泽民)、“情为民所系,权为民所用,利为民所谋”(胡锦涛)……每一位领导干部应该将之作为座右铭,时时处处激励、要求自己。

我们还应以党员领导干部中的英雄模范人物自励。“勤俭办事业,不贪污,不浪费,和人民同甘共苦,吃苦在前,享受在后”(焦裕禄);“每一个党员干部,都应当与人民同甘苦、共命运”(孔繁森);“我不下地狱,谁下地狱”(郑培民);“向我看,跟我学,对我监督”(任长霞);“带领群众干,做给群众看,不高高在上瞎指挥,群众才会服你”(杨善洲),他们应当成为每一个党员领导干部心中的偶像和榜样。

“四自”既各自单独立意,又相互联系,甚至相互包含,成为一个整体。自重要求自我尊重,自省要求自我检点,自警要求自我防变,自励要求自我鞭策。坚持“四自”,是共产党人永葆政治本色的内在保证。

(作者:国家行政学院副院长、博士生导师)

保持党员队伍纯洁性的十二点建议

“基层党建科学化问题研究”课题组

党成为中国工人阶级和中国人民先锋队的一个重要前提是党员应是本阶级和人民的先锋战士。自建党以来，任何时期党内都难免混入追求个人目的的投机者乃至与党的宗旨背道而驰的异己分子，也难免产生经不起考验而意志消沉乃至蜕化变节者。在执政前，至少有三大屏蔽能有效阻扼和清除这类不合格者，保障党的纯洁性。一是地下斗争和武装斗争的残酷性，使多数缺乏理想的投机者在党的门前望而却步；二是艰难而神圣的斗争把意志不够坚定的人锤炼成了坚强的战士，而少数经不起敌人诱迫和环境磨难者或失节或脱逃，使党自然净化；三是为应对特殊环境，保障党的生存而执行铁的纪律，既挽救了可能失足者，也及时清洗了少数不堪教育者，使党得以自觉清理。群众对党员的高度信任，保证了党员在任何复杂局面、艰难任务面前都能成为引领群众的旗帜、凝聚群众的核心。在建党后的28年内，虽然党员人数只发展到120万，却领导中国人民实现了革故鼎新的历史伟业。

现在，党员人数发展到8000余万，虽然党在总体上仍无愧为光荣、伟大、正确的党，但是“鱼目混珠”的现象已成为党的硬伤。自20世纪60年代初以来，除十一届三中全会后的10余年外，其余时期党员人数的增加对党来说实属利弊难分，至少“党员”在群众中的形象和党内凝聚力与党员人数的增加呈负相关。这是因为：一是执政党是加入后就能得到好处的党，某些人入党的动机可能就是寻求晋升的阶梯；二是环境与地位的优越，使理想信念不坚定者极易争利在前、享受在前而堕落；三是执政的考验虽然严峻，但对党员个体而言不易觉察和衡量，而人情社会、官场习气的侵蚀，易使铁的纪律变软，未能充分有力地发挥警示、教育、挽救动摇者、坚决清洗腐败者的作用，以致混在党内的“鱼目”所占比重越来越大，而且难以及时剔出，于是在某些场合，“鱼目”掩盖了珍珠的光辉，乃至珍珠也被误认为“鱼目”。这就要求我们把保持党员队伍的纯洁性作为一项亟待解决的重大问题来抓。

一、严把入口

1. 严格控制党员在群众中所占比重。资产阶级政党学家曾提出一条规律：当党员人数达到一定规模后，党的力量与党员人数的增加成反比。其论据是党员人数越多党所能分配给党员的社会资源越少，组织对党员的掌控力越小，相应地党员对党的关注度会明显降低。虽然，就我们党的立党宗旨来说，这种论据不能成立，但是现在经常可以听到某些党员用嘲弄的口吻谈自己与党的关系，俨然自外于党，说明这样的现象在我们党内也存在。如果从本质上探讨，先进分子在任何时候总是人群中的少数，如果不顾这一客观事实，人为地过多扩大党员队伍，就可能把党员的觉悟降低到一般群众的水平，党的战斗力就将随着党员使命感和群众信任感的下降而迅速削弱。这证明了马克思主义政党的力量，主要在于党员的质量而不在于数量，只要党存在，这就是一条颠扑不破的真理。为了控制党员数量，中央要制定出发展党员的长、短期计划，严格控制总量，同时地区、行业、部门也要根据工作需要和群众素质制定相应的计划，逐级上报，审核平衡批准后，方能执行。执行时应坚持宁可少些，但要好些。发展数可以低于计划而决不允许突破，哪怕有的对象已完全具备条件，但没有发展指标时也要暂缓发展，入党动机纯正者只会坚定追求的决心，但却能有效地堵塞投机者的钻营之路和谋私者拿党籍当人情的不正之风。

2. 提高并严控入党条件。1954 年，全国组织工作会议就及时提出要为更高的党员条件而斗争，以后的 10 余年内，对入党对象的要求和审查都相当严，那一时期人们普遍反映入党很难。"文化大革命"中，却把它当成是对"造反派"的"管、卡、压"，作为组织路线的"罪状"之一加以批判。十一届三中全会后虽然作了清理，但受到组织处理的只限于已定性的"三种人"，党员条件被降低的问题并未真正解决。为了纠正九大、十大通过的党章模糊党员标准的错误，从十二大通过的党章开始，都对入党条件明确提出了相当高的要求。但由于缺乏定量定性的具体阐释，基层党组织在掌控时自由裁决度过大，偏宽现象仍比较普遍。因此，为了提高党员条件，除了党章应根据立党宗旨、时代特征、党员与群众的政治水平作出严格规定外，还应根据不同时期政治经济文化社会的发展水平及发展对象的不同社会角色，制订能硬性考核的细则，以便各基层组织在掌控时基本一致，避免畸轻畸重。

3. 严格履行入党程序。发展党员要经过培养、考察、履行手续三个环节，除"文化大革命"中被冲乱以外，历来规定明确，并无不妥。当前的问题是在相当多的基层走了过场，未起到确保党员质量的作用。因此，在三个环节上都要建立起可考核的具体制度：一是教育培养。集体培训要以现行党章为统一教材，帮助入党积极分子弄清党的性质、任务、宗旨和党员的条件、义务、权利，坚定理想信念，端正入党动机，解决思想入党问题。集体培训后，参加者均应写出学习心得，经主持培训者审阅、评估、指导后，存入永久性档案。个别培养除整个基层组织（特别是领导骨干）人人有责外，首先要落实介绍人（其中至少有一个由党组织指定）的责任：入党前切实加强对入党积极分子的培养、考察，入党时实事求是地写准推介理由，入党后承担终身连带责任。当所介绍的党员严重违反党纪或言行与推介理由明显不符时，介绍人需向组织检讨自己的失职行为，并记入档案。二是组织考察。应实际地而非抽象地了解入党积极分子的政治觉悟、组织觉悟和入党动机，了解其在所扮演的社会角色中能否起模范带头作用，同时像党员一样分配给适当的群众工作任务，以观察其是否愿意和能够像党员一样行事。从确定为入党积极分子开始，至少应经过一年以上的考察，并且每半年要由介绍人向支部提供一份全面考察材料。前几年在义务兵中大量发展党员，近几年在高中生中发展党员，考察时间都失之过短，并不利于保证党员质量。在考察程序上要通过适当形式听取群众评议，再由党支部集体审查，只有取得多数党员及了解他的多数群众公认的前提下，方能入党。三是履行手续。要督促申请人如实填写入党志愿书，严禁弄虚作假，使其在入党的第一步就接受对党忠诚的教育和考验；要庄严地举行入党仪式，使入党者始终铭记并践行自己的誓言。

二、强化管理

1. 加强党性教育。党内教育要注重系统性、计划性、针对性，从党员的实际出发，有目的、有步骤地帮助党员理解、掌握中国特色社会主义理论体系，自觉运用科学发展观指导规范自己的言行，用消除党内的杂音去克服、抵制社会的杂音，用全党的共识去争取社会在事关国家和人民群众核心利益的问题上求得大体一致。在肯定社会思想多元化的前提下，党内在基本理论、基本路线、基本制度上必须统一认识。教育方式上要把集中教育与经常教育结合起来。十八大后要集中一段时间在学习领会十八大精神的基础上进行保持党的纯洁性的教育。经常性教育要着重领会党中央的新决策，讨论本地区、本部门的新任务，对上级重要决定的贯彻，还是要恢复先党内后党外的传统，以增强党员宣传贯彻这些决定的自觉性和能力。要把增强党性作为经常性教育的内容，组织党员重温党的基本知识，特别是入党誓词，讨论党内生活中的热点问题，使党员把增强党性与捍卫党的生命自觉地结合起来。

2. 健全党内生活。目前党的组织生活制度流于形式，相当数量的党员长期不过组织生活，多数领导干部基本上不参与所在支部的组织生活。相当多基层组织的组织生活趋向娱乐化、庸俗化。组织生活的不正常、不健全，导致不少党员组织观念淡化，不但不能发挥凝聚党员的作用，反而腐蚀党员意志。因此必须进一步严格规定组织生活制度并切实执行。组织生活的方式应生动活泼，但中心内容必须是议党、议政、议学。要旗帜鲜明地反对自由主义，恢复批评与自我批评的优良传统。总之，党内生活的形式可以而且应该适应面临的环境任务的变化，但党内生活制度化、政治化的要求决不能变。

3. 严肃执行党纪。从严治党，首重依规治党。党内生活必须有规可依，有规必依，执纪必严，违纪必究。回顾新民主主义革命时期，当时党规并不完善，但执纪却非常严厉，包括毛泽东、周恩来等在内的大多数党的领导人都受过党纪处分。确实做到了在纪律面前人人平等，多数党员都自觉接受，在党内养成了讲规矩、守纪律的习惯，从而在整体上发挥了锤炼党员与净化党的作用。目前党规已日臻完善，但执纪不严、执纪不公的现象却相当普遍，对领导干部执纪尤难。有的领导干部高踞党纪之上，造成部分党组织内是非不分，部分党员既不严格要求自己，也不监督他人，违纪者无所顾忌，虽然查处了一些严重违纪者，但党风不正问题长期得不到显著扭转，成为有失民心的一个尖锐问题。为此，必须克服纪律松弛的现象，通过纪律的约束，引导党员人人讲规矩、守纪律，坚持既久，成了习惯，就是党性。如果离开纪律约束，只对别人讲党性道理，自己却不执行，在党内就会培养出一批言行不一的伪君子，从而糟蹋党性、糟蹋党的形象。

4. 密切党群关系。要把服务群众作为党员的经常任务和党组织生活的重要内容。党员扎根于群众之中，取得群众的真诚理解和信任是夯实党的执政基础的关键环节。党执政的合法性必须通过公开、公平、公正的选举来实现，这是不可逆转的必然趋势。共产党人不可能像资产阶级政客那样买选票、骗选票，而只能靠真诚有效的服务让群众自愿把票投给党。因此，做群众工作应是党员为践行执政为民宗旨所必须掌握的一门基本功。党的基层组织除了帮助监督每个党员当模范公民、模范地做好本职工作外，还要根据党员的能力大小、个人特点，定期布置做群众工作的任务。如果多数党员能在日常生活中成为群众公认的热心人和值得信任的人，特别是在当前犹如雨后春笋般涌现的各类学术、经济、政治、文化社团和中介组织中成为中坚骨干，党与群众的联系将会更加密切、更加广泛，党员和党的基层组织就能对坚持党的领导、维护社会稳定作出更大贡献。

5. 科学管理党员。要运用信息技术等科技手段推进党员管理科学化。首先，对每个党员建立真实的动态性档案，把党员的历史和现实表现结合起来，准确地评价其功过是非，以便公正对待、合理使用。其次，对党员从总体上作缜密的统计分析，弄清党员的性别分布、年龄分布、民族分布、行业分布、地区分布、文化水平分布，党员对党和国家的基本制度、基本理论、基本路线、方针政策、重大法令、社会热点的态度，党员与党组织之间、党员相互间以及党员与群众间的关系，以便就党员的教育管理及时提出有针对性的新措施。再次，通过远程教育和网络管理，扩大党员教育的覆盖面，加强流动党员管理，切实改变不少党员长期脱离党的教育管理的状况。

三、畅通出口

一项事业、一个组织如果不能主动地用新涌现的积极分子取代相形见绌者，事业就不可能发展，组织就不可能壮大。在所有社会组织中，承担历史使命最重、组织最严密的马克思主义政党，不“吐故纳新”就没有朝气，对保持党的纯洁性和先进性不利。因此，当前不是缺乏“吐故”的客观必要性，而是缺乏“吐故”的魄力和有力措施。为此，必须多渠道疏通出口，把基本不合格并且很难有明显进步的党员清理出去。

1. 对严重违纪者和屡教不改者必须严肃坚决清除出党。对领导干部尤其不能姑息养奸，凡符合开除条件者，不能用撤职顶替。预备党员的预备期、“留党察看”者的察看期，都是用来加强教育考察的关键时期，对他们要指定专人定期教育考察，到期要由党支部集体审查，凡无有力证据表明已达到合格标准者，应取消其党籍，最多只能延长一次考察教育期，不能降低标准，到期自动取得党籍。

2. 完善自愿退党的舆论环境和制度环境。因为主客观原因不能完成党交付的任务、履行党员权利义务、恪尽党员职责者应允许其自愿退党，自愿退党者仍是好公民，党组织应保证其在党内外都不受歧视。对于不合格党员，经过两到三次警戒教育仍无改进，又不自愿退党者，基层组织应严肃果断地劝其退党。劝退者应与自行退党者同等看待，不能视为政治错误或人格缺陷。党员退党是党章规定的一种权利，也是基层党组织为保持党的纯洁性所必须采取的组织措施，不能因退党者的有无和多少而贬低基层党组织的工作。

3. 定期开展党员民主评议。民主评议党员最好三年一次，结合党内集中教育进行，要通过适当方式，邀请群众评议，再由个人如实向党支部报告工作、思想、党性表现，开展批评与自我批评，作出组织鉴定，对合格或基本合格者，予以登记，发给党证；基本不合格者，暂缓登记，限期改正；对不合格及未经组织批准，又不参加民主评议者，则不予登记，按自愿退党对待。

4. 实行荣誉党员制度。这是既尊重历史、遵重党员的贡献，维护党员对党的感情，又能控制党员数量和比重的有效而稳妥的措施。荣誉党员制度虽然重点在解决党内老龄化问题，但决不能按年龄一刀切，凡原来合格或基本合格的党员，具备下列条件之一者：不能正常参加党的组织生活；难以履行党员权利、义务；无法完成组织交给的哪怕比较轻的任务，经过本人自愿申请，党的基层组织批准，上级组织备案，既可成为荣誉党员，发给荣誉证书。荣誉党员不再纳入党员管理，除参加对荣誉党员组织的活动外，不再参加党内活动，也不再要求他们继续履行党员的权利、义务。这样有利于对现有党员提出更高的要求，从严管理，从而大大增强党的基层组织的活力。对荣誉党员必须热情关怀，定期听取他们的意见、建议，帮助他们解决困难，使他们始终感受党的温暖，珍惜自身的荣誉。

（主要执笔人：欧阳峰　中共湖南省宜章县委书记；罗爱民　湖南省政协研究室理论处处长；汤建军　湖南省社科联科研处处长、研究员）

阶层分化与党的利益整合能力建设

黄佳豪

随着改革开放的进一步深入和社会主义市场经济体制的逐步建立，中国社会正经历着一场前所未有的深刻变革。城乡二元对立的社会结构向多元社会结构的剧烈变迁，使传统社会中简单的社会群体迅速出现分化，新社会阶层不断涌现，传统阶层社会经济地位逐步下降，由此产生了各种新的不同的利益需求和利益矛盾。中国共产党是中国特色社会主义事业的领导核心，也是中国社会巨大变革的核心，是最广大人民根本利益的忠实代表，决定了党在社会阶层利益整合中处于政治核心和主导力量。面对社会转型期利益主体多元化和利益诉求多样化的复杂局面，党必须进行有效的利益整合，妥善协调利益关系，统筹兼顾不同阶层和群体的利益。这直接关系到党的阶级基础尤其是群众基础的巩固，也是对党自身执政能力与执政水平的重大考验。

一、阶层分化是党的利益整合能力重新定位与提升的逻辑起点

（一）二元社会结构演变为多元社会结构

伴随着社会转型和体制转轨，我国社会的阶级阶层结构也发生了显著的变化，除传统的两大阶级、一个阶层外，工人阶级和农民阶级中分化出了一些新的阶层和群体，使我国的阶级阶层结构呈现出多元化、复杂化的特点。以职业为基础的新的阶层分化机制逐渐取代了过去的以政治身份和户籍身份等为依据的社会分化机制。由于社会经济变迁而导致的新的社会阶层结构已经出现并趋于稳定，这表明传统的城乡二元对立的社会结构已经演变为多元社会结构。由城乡二元对立的社会结构演变为多元社会结构，则是党在新的历史条件下进行利益整合的总的时代背景。

（二）新社会阶层具有强烈的政治诉求

党的十一届三中全会以后，我国开始了改革开放，开始建立社会主义市场经济体制，随着基本经济制度、经济体制、产业结构产生了变化，新的社会阶层也得以在这个历史时期应运而生。目前，新社会阶层人数已经超过1.5亿，掌握或管理着10万亿元左右的资本，是一支建设中国特色社会主义事业的重要力量。经济实力的壮大催生了新社会阶层作为社会人的政治自觉性，政治参与的愿望渐趋增强，但从实际情况来看，新社会阶层成员的政治地位一直未能与其经济地位相匹配。他们的政治参与的动机具有功利性、参与水平存在不同的层次、参与的心理具有矛盾性，使其还未能广泛地参与到政治领域中去。新社会阶层的有序政治参与有利于我国的经济发展、政治稳定和民主进步；而如果不高度重视新社会阶层的政治参与诉求，或因制度化政治参与渠道不畅通而造成参与不足，以及不加限制允许其政治参与而造成参与过度等，都会严重影响社会稳定，不利于民主发展。如何满足新社会阶层的政治诉求，正确引导其广泛进行政治参与，都是对中国共产党利益整合能力的一大挑战。

（三）传统阶层社会经济地位迫切需要保护

改革开放以后，国有企业改革，企业改制，建立现代企业制度，必然对一些人浮于事的企业进行调整。大量的工人下岗失业，生活困难，政治权利受到了很大的限制，以前享受的崇高地位逐步滑落。同时，随着社会主义现代化建设的发展

和产业结构的调整，特别是科学教育文化事业的迅猛发展及社会管理、社会服务事业的蓬勃兴起，使传统的工人阶级队伍出现了“智能化”、“白领化”的趋势，工人阶级队伍中不仅包括从事体力劳动的产业工人，而且包括从事脑力劳动的白领工人和知识分子、科技人员、管理人员、领导干部等，而后一部分成员的数量正在不断增加，发挥的作用也日显重要。传统意义上的工人阶级的社会经济地位呈下降趋势。

由于农村经济的发展，工业化和城镇化的推进，农民阶级本身也分化成多个阶层。大部分农民仍然以种植业和养殖业为谋生手段，属于农业劳动者阶层，还有一部分农民分化为农民工、乡镇企业管理者和乡镇企业职工、农民知识分子、个体工商户、私营企业主、农村管理者等群体。在农村的社会阶层中，农业劳动者阶层几乎不拥有任何组织资源，他们所拥有的文化资源和经济资源也远低于其他社会阶层，这就决定了这一阶层在整个社会阶层结构中都处于较低的收入水平和较低的社会地位。

工人和农民在过去是革命和建设的主力军，在目前和今后一个较长时期仍然是我国社会主义现代化建设的主要劳动力，仍是党的主要执政基础与社会依靠力量。在未来的社会经济发展过程中，产业工人和农民的阶层利益应当得到保护和提升。

（四）阶层分化过程中社会矛盾大量凸显

阶级阶层关系的分化与组合是社会发展进程普遍发生的现象，也符合人类发展进步的趋势。但必须看到，社会结构分化本身是一种利益的分化，分化的过程是利益在社会各阶层以及阶层内部间的重新分配和调整，由此引发的社会利益矛盾和利益冲突明显增加。从当前来看，由于阶层分化而带来的这些矛盾和冲突主要包括以下一些方面。

1. 由于贫富差距的存在而出现的分配领域的矛盾。鼓励一部分人、一部分地区先富起来，先富带动后富，最终实现共同富裕。这一政策在改革开放初期对于打破中国经济发展的桎梏，让经济得以迅速发展，起到了巨大的作用。现在的问题是，我国地区、城乡、行业、群体间的收入差距不断加大，分配格局失衡导致部分社会财富向少数人集中，收入差距已经超过基尼系数标志的警戒“红线”，由此带来的诸多问题正日益成为社会各界关注的焦点。

2. 干群关系紧张。在我国从计划经济体制向市场经济体制转变的改革过程中，由于政治体制改革明显滞后，制度架构很不完善，对权力缺乏有力的监督和制约，一部分领导干部贪污腐化，公仆意识淡薄，大搞形式主义、官僚主义，并利用职权侵害群众的合法权益，这引起人民群众强烈的不满，导致干群之间的矛盾与对立。

3. 不同所有制领域所有制结构形式、分配方式等的不同，在利益的分化与组合中产生了不同群体间的矛盾。在社会主义初级阶段，坚持以公有制为主体、多种所有制经济共同发展的基本经济制度，以按劳分配为主体、多种分配方式并存的分配制度，促进了经济的发展，带来了人们收入分配的差别。在此基础上，形成了新的利益关系和利益群体，并导致不同阶层、不同群体间的利益矛盾和利益摩擦。

4. 非公有制经济尤其是私营经济中存在着私营企业主阶层与雇员阶层之间的矛盾。党的十一届三中全会后，非公有制经济开始得到恢复和发展。非公有制经济的发展打破了公有制经济一统天下的格局，增强了经济活力，促进了公有制企业特别是国有企业的改革，并已成为吸纳社会新增劳动力就业的主渠道。在非公有制经济稳步发展的同时，客观上也产生了私营企业主阶层与劳动者阶层在工作时间、工资待遇、薪酬福利、劳动条件、劳动保护、劳动强度、工作环境、管理方法等方面的矛盾。在现阶段，私营经济中的劳资矛盾已经凸显，全国群体性事件最高时一年多达10万件，而珠三角地区情况尤为突出。

二、利益整合的基本理论原则

社会阶层利益整合的原则是社会阶层利益

整合活动的核心,并统摄着整个利益协调过程,决定着人们对各社会阶层利益协调途径和手段的选择。

(一)效率与公平并重的原则

效率与公平是人类社会永恒追求的两大理想目标。党的十七大报告指出:“初次分配和再分配都要处理好效率和公平的关系,再分配更加注重公平。”效率与公平既对立又统一,效率是公平的前提和基础,公平是效率的保证。效率与公平,走向任何一个极端都会导致社会的不稳定。

(二)统筹兼顾的原则

统筹兼顾要求执政党在整合社会各阶层利益矛盾时不能为了一个阶层的利益而牺牲或抛弃另一个阶层的利益,而应兼而顾之,既可发挥各阶层整体功效,又可促进各阶层优势互补。

(三)合理有序的原则

党在整合社会阶层利益时必须遵循合理有序的原则。合理是指按照国情、实际情况对社会各阶层进行利益整合;有序是指在社会阶层利益整合中必须有计划、有步骤,分阶段和循序渐进地进行,而不可操之过急。遵循合理原则要求坚持从实际出发,有针对性地进行,按照循序渐进的思路进行。

三、提升利益整合能力的路径

中国改革开放30多年来,社会矛盾的尖锐化,利益关系的复杂化,利益诉求的多样化,利益群体、社会阶层的更大分化以及社会政治稳定局势的严峻化,所有这一切都要求加强利益整合的机制建设,全面提升党的利益整合能力。

(一)利益价值引导机制

在社会变革的多重转型期,不同的社会阶层具有不同的利益选择与追求。必须加强对不同的社会阶层利益观念的引导,形成有效的利益引导机制,使人们在利益目标导向、利益价值导向和利益道德导向上形成正确的认识,为利益的协调与整合创造良好的舆论氛围。

执政党在对各社会阶层利益整合时,应采取多样化策略来对各社会不同阶层进行正确有效的利益导向:要从价值观念上引导新社会阶层正确认识自身利益,把追求利益的活动限定在一个合理合法的框架内,引导他们形成与社会主义市场经济、社会主义核心价值理念相适应的利益观;要引导社会各阶层人们正确看待当前社会阶层利益分化现象的合理性,正确认识和逐步适应因主客观能力、条件等不同而导致的阶层利益分配差异的客观性;要引导人们树立合法、合理、公平、公正的利益获取观念,破除忽视个体利益、主张国家和集体利益至上的利益主体观,树立国家、集体和个体利益兼顾的利益主体观。破除耻于言利与见利忘义的利益取舍观,树立义利并重与义先利后的利益取舍观;要规范和引导社会各阶层在利益追求中通过合法正当的途径和方法去追求个人及本阶层利益,在法律允许的范围内与合乎道德规范的前提下获取个人及本阶层利益,防止在阶层利益获取过程中的非法手段;要引导社会先富阶层增强利益共享理念和社会责任感,使其充分认识到没有后富阶层的小康,就不会有先富阶层的大康,先富阶层要有回报社会的责任感和公益精神;政府要更加注重对社会舆论的引导,强调树立公平处理社会利益的价值观,争取更大范围的民众理解和支持。

(二)利益冲突化解机制

阶层间的利益矛盾日趋增多,屡见不鲜的“开发商与农民的土地纠纷”、“垄断行业与开放行业的冲突”以及“劳资纠纷”等等,就是这些矛盾的公开体现。尽管这些矛盾是人民内部矛盾,但是如果不能有效化解,就有可能转变成严重的社会冲突,影响社会稳定和经济发展。

要建立完善党和政府主导的群众利益冲突协调机制、矛盾调处机制和权益保障机制,充分尊重、维护和满足包括新社会阶层在内的最广大人民群众的利益要求,切实保障他们的合法权益,解决好他们的实际困难;鼓励有余力的新阶层发展慈善事业,从而一定程度上改变富人“为富不仁”的形象,减少社会中的“仇富”心理，一定程度上消解利益冲突；注意对利益冲突进行多种方式的调解，既可以通过法律、行政等手段来实现，也可以通过社会组织的力量来完成；鼓励新闻媒体加强对新的社会阶层利益诉求情况的宣传报道，形成独特的利益诉求媒体反馈机制；充分整合法院、司法所、基层党政部门、人民调解组织、行业组织、企业等方面的力量，形成“上下联动、内外结合、左右协调”的运行机制。发挥志愿服务队的作用，设立社区法律义工站，建立社区网络化管理信息系统，及时掌握社区纠纷情况，建立矛盾纠纷预防和风险评估机制，提出预防和化解方案，将矛盾化解在社区，解决在诉讼之外；建立、健全灵敏有效的社会矛盾预警机制，分析以往社会矛盾发生的原因、频率、发展趋势，力求在社会矛盾处于潜伏时期，及时察觉、预告有关迹象，并予以恰当处置，努力掌握矛盾调节的主动权。

（三）利益表达机制

在利益矛盾已经成为我国社会主导性矛盾的情况下，中国共产党要协调和整合各方面的利益关系，必须构建一种顺畅、有效的利益表达机制，引导各利益群体以理性、合法的形式表达利益诉求。各阶层广泛参与的利益表达机制是缓解政治压力，实现政治体系有效运作的一种良好方式，同时也是增进社会各阶层相互了解彼此利益需求，减少各阶层之间的隔阂与对立的有效途径。

进一步建立、完善信息公开制、行政听证制、与民众对话制度，保证群众能通过合法规范的渠道、程序表达和维护自身利益；明确领导职责，实行重大信访问题领导负责制度，整合纪委、组织、人事、政法委、信访局等单位力量组成联合接访中心，共同协调处理，形成“大信访”格局；要加强和完善人民代表大会制度和中国共产党领导的政治协商会议制度，充分发挥人民代表和政协委员中新阶层的作用；要充分利用电视、报刊、杂志、互联网等大众传媒的广泛宣传性与开放性，建立、健全大众传媒的组织机构和体制，积极建立“社区网”、“民情网”，设立“人民心声”、“百姓呼声”、“在线投诉”等电话专线，开通“市长信箱”、“人民意见征集信箱”等邮件的绿色通道，健全社会各阶层的利益诉求渠道；定期组织高校、社科研究部门、政府的政策研究室深入群众进行民情调查，及时将各种问题归纳总结，并撰写出政策咨询报告，既可以反映社会各阶层的利益诉求，又可以为政府决策提供参考依据；有意识地扶持一些行业协会组织的建立和发展，通过在新阶层所属的行业协会中发展党员，建立党组织等措施，加强对各行业协会组织的领导，引导各行业协会组织，通过正常的渠道反映自己群体的意愿；建立新社会阶层联谊会，由统战部牵头，组成单位包括工商联、民营企业家协会、律师协会、注册会计师协会、资产评估协会、注册税务师协会等，通过社会团体将新社会阶层的利益表达传递给政府，以达到表达和整合新阶层利益的作用。

（四）利益补偿机制

社会弱势阶层仍是中国共产党执政的社会基础，是社会稳定、政权稳固的支持者。因此，要从维护社会公平正义、促进社会稳定发展的目的出发，针对在社会发展过程中因宏观的社会政策缺失或微观的个体不利因素而受到利益损害的阶层或个人，尽快建立一套以与社会主义市场经济体制相适应的社会保障制度为主的利益补偿机制。

要逐步完善城乡医疗救助制度，通过财政补助、彩票公益金和接收社会捐助等渠道，建立基本医疗救助和大病救助基金，扩大大病救济覆盖面。对社会弱势阶层要实现重点医疗救助，有针对性地解决他们的医疗难题，使他们感受到社会温暖，增强生活信心；农民工社会保障政策既要针对其自身的实际情况，因地制宜，因人而异，也要立足于现有的城镇和农村社会保障制度框架，推进城乡社会保障统筹发展；提高征地补偿标准，完善征地补偿费用分配发放办法，增强征地补偿与安置工作过程中的公众参与性。制定失地农民社会保障法，相应建立失地农民的社会保障制度，并将失地农民纳入城镇就业范畴，加强职业培训与扶持，妥善安置失地农民再就业；国家要出台倾斜性住房政策，加强社会弱势阶层的住房保障体系建设；进一步完善居民最低生活保障制度，扩大覆盖面，将社会弱势阶层最大限度地纳入最低生活保障，逐步提高保障水平，建立一个不至于绝望的生存底线；大力加强有关困难群众利益的立法建设，尽快出台一系列完整的社会救济法、社会福利法等，从而形成一套完整的社会保障法典；大力发挥非政府机构和社会志愿者的支持作用，鼓励创建各种民间团体，设立基金会，发展慈善机构；推进失业保险制度改革，建立失业保险与再就业的联动机制，在保障下岗失业人员基本生活的基础上提升其市场竞争能力，做到“扶上马”再“送一程”。

（五）利益分配机制

当前中国在利益分配中存在的最大问题是利益分配在不同群体间极为不平衡，突出地表现为收入分配差距过大，收入分配秩序不规范。利益分配是调整社会阶层利益关系的最重要最直接的制度，关系到能否保证各社会阶层的根本利益，关系到能否调动各社会阶层的积极性、主动性、创造性。在社会转型期，利益分配集中体现为收入分配。

通过深化改革，克服体制性障碍，减少行政干预，打破垄断，突破地区、城乡、部门间的市场分割，使资源自由流动起来，使市场调节资源配置和利益分配的功能得到充分发挥；坚持并完善按劳分配为主体，多种方式并存的分配制度，坚持劳动、资本、技术、管理等生产要素按贡献参与分配，在经济发展的基础上，加快调整国民收入分配格局，加大收入分配调节力度，扩大中等收入阶层比重，提高低收入阶层的收入水平；初次分配和再分配都要处理好效率和公平的关系，再分配更加注重社会公平。规范垄断行业的利益分配机制，完善对垄断行业工资总额和工资水平的双重调控政策。逐步提高居民收入在国民收入中的比重，提高劳动报酬在初次分配中的比重。保障城乡低收入困难群众基本生活，让低收入群体有一个基本的收入，逐步提高扶贫标准和最低工资标准，建立企业职工工资正常增长机制和支付保障机制；进一步规范收入分配秩序，坚决打击取缔非法收入，规范灰色收入，逐步形成公开透明、公正合理的收入分配秩序。着力提高低收入者收入水平，扩大中等收入者比重，有效调节过高收入，逐步扭转地区之间和部分社会成员收入分配差距扩大的趋势。

总之，在这种社会结构急速转型的背景下，我们必须遵循效率与公平并重、统筹兼顾、合理有序原则，从战略的高度来协调与整合社会各阶层的利益关系，建立健全科学有效的、互相紧密联系的利益整合体系，化解社会阶层的利益矛盾，缓解阶层利益冲突，把不同的社会阶层利益整合为统一的有机整体，以最大限度地巩固党的执政地位，并促使各社会阶层共同致力于中国特色社会主义现代化建设的伟大实践。

（作者：安徽建筑工业学院社会政策研究中心副教授、博士）

第八部分

创先争优活动和基层组织建设年

关于深入开展创先争优的几个问题

李源潮

在党的基层组织和党员中深入开展创先争优活动，是党的十七大部署的两项全党性活动之一，也是学习实践科学发展观活动的延展和深化。学习实践活动重在提高党的执政能力，创先争优活动重在保持和发展党的先进性。创先争优活动从2010年4月部署，到现在正好两年多点时间。召开创先争优理论研讨会，回顾创先争优活动的丰富实践，总结新鲜经验，深化理性认识，不仅对深入持久推进创先争优具有重要意义，也是为迎接党的十八大作准备。

习近平同志在全国创先争优理论研讨会上的讲话，深刻阐明了先进性和纯洁性是马克思主义政党的本质属性，强调保持和发展先进性和纯洁性始终是马克思主义政党根本的思想政治任务，强调要认真总结和运用创先争优活动的经验，以更大的力度继续加强党的先进性和纯洁性建设。我们要认真学习领会，抓好贯彻落实。

下面，我结合创先争优活动实践，就深入开展创先争优的几个问题谈点认识。

一、创先争优的理论依据和实践需要。胡锦涛总书记指出，创先争优是新形势下加强党的先进性建设的有效载体和有力抓手。如何理解胡锦涛总书记的指示精神？从理论依据看，先进和优秀是中国共产党的特征和追求。首先，这是由党的性质决定的。党章规定，中国共产党是中国工人阶级的先锋队，同时是中国人民和中华民族的先锋队。毛泽东同志说，共产党员"应在各个方面起其先锋的模范的作用"。邓小平同志说，党应该是一个战斗的队伍，是无产阶级的先锋队。江泽民同志指出，中国共产党是中国先进生产力发展要求、中国先进文化前进方向、中国最广大人民根本利益的忠实代表。这都是讲先进性是中国共产党的本质属性。其次，这是由党的使命决定的。中国共产党以实现共产主义为自己的最高理想，同时坚持最高纲领和最低纲领的统一，以实现国家独立、民族解放、人民幸福为自己的崇高使命。在现阶段，我们党以中国特色社会主义为旗帜，以全面建设小康社会、加快实现社会主义现代化为奋斗目标，这是中国社会的前进方向，是中国人民的共同理想。其三，这是党的优良传统决定的。中国共产党90多年的成长发展史，就是一部创先争优的奋斗史。在革命战争年代中国共产党人用鲜血和生命诠释先进和优秀，在和平建设年代中国共产党人用心血和汗水诠释先进和优秀，张思德、雷锋、郭明义、沈浩……都是创先争优的典范。其四，这是党的责任决定的。中国共产党的性质和使命要求党员、干部比普通群众和其他社会成员自觉承担更多的责任，平时工作中追求先进、创造优秀，关键时刻冲锋在先、勇挑重担。甘肃舟曲抢险时，一位青年战士用钉子在小木板上写下特殊的入党申请书，他说"成了共产党员，我就有更好的理由去冲锋在前"。共产党员是担负着特殊责任的人，这不仅是组织对党员的要求，也是群众心目中的党员形象。

从实践需要看，创先争优是我们党在新形势下强党兴党的迫切需要。其一，我国正处在全面建设小康社会的关键时期，深化改革开放、加快转变发展方式的攻坚时期，科学发展的艰巨任务，维护稳定的严峻挑战，改善民生的繁重责任，都要求各级党组织和广大党员带头创先争优、攻坚克难。其二，在世情、国情、党情发生深刻变化的新形势下，我们党要有效应对面临的"四大考验"，化解"四大危险"，满足人民群众的新要求、新期待，必须深入持久开展创先争优，展现党在基层生机勃勃的活力。其三，当前党的基层组织和党员队伍总体是好的，但也存在许多亟待解决的问题。比如，有的基层党组织软弱涣散，有的领域党组织覆盖不广，部分党员党员意识淡化、先锋模范作用不明显，等等。胡锦涛总书记指出："一个政党过去先进，不等于现在先进；现在先进，不等于永远先进。"党员是党的肌体的细胞，党的基层组织是党的全部工作和战斗力的基础。只有深入持久地开展创先争优，有效解决基层党建工作中的突出问题，不断增强基层党组织的创造力凝聚力战斗力，才能使党的先进性落到实处、落到基层、落到人民群众心中。

二、创先争优的主题和目标。围绕中心、服务大局是党内教育实践活动必须坚持的重要原则。创先争优只有在中心工作中找准定位，在服务大局中发挥作用，才能坚持正确方向，不出偏差、不走过场。两年多来，我们按照中央要求，牢牢把握"推动科学发展、促进社会和谐、服务人民群众、加强基层组织"的总体目标，部署、推进、检验创先争优。这是创先争优活动扎实推进、取得实效的根本原因。

一是推动科学发展。这是党的先进性在当代中国最重要、最具体的体现，也是创先争优的首要着力点。我们要求各级党组织把创先争优同学习实践活动后续工作相衔接，推动落实整改措施。据统计，创先争优活动开始后的半年内，全国共落实学习实践活动整改措施80多万条。各地各单位围绕实施"十二五"规划，动员基层党组织和党员对标定位、争创一流。比如，广东把加快转方式、调结构作为创先争优的主战场，实施"南粤先锋行动"；江苏以"两个率先"为主题，组织基层党组织和党员带头创业创新创优；山西要求广大党员干部把创先争优的心思和干劲用到安全发展、清洁发展、绿色发展上；国家发改委把提高宏观调控水平、破解发展瓶颈作为创先争优的着力点。在举办上海世博会、广州亚运会等重大任务，在青海玉树抗震救灾、甘肃舟曲抗击泥石流和许多地方抗洪抗旱斗争中，以及在埃及、利比亚组织我公民安全撤离等危急关头，基层党组织和广大党员都奋力争先，集中展现了党的先进性。

二是促进社会和谐。社会和谐稳定是科学发展的前提与保证，也是人民群众的愿望与要求。人民论坛最近调查公众眼中的"大是与大非"，确保国家稳定被排在"大是"的第二位。在创先争优活动中，我们要求基层党组织和党员强化维稳促和意识，创新基层社会管理，主动排查化解矛盾纠纷，尽力把问题解决在基层、消除在萌芽状态。中组部和有关单位配合，分层次对全国240多万乡镇(街道)、村(社区)等党组织书记进行了创新社会管理专题培训。云南总结吸取孟连事件的教训，建立化解矛盾5项机制，创造出"三五"群众工作法，特别是"五个一"民情联系制度，组织干部直接联系群众，形成了社会稳定、干群团结的新局面。浙江在基层普遍实行网格化管理、组团式服务，累计化解各类矛盾纠纷13.8万件。公安系统通过"大接访"、"大走访"、"万名民警进万家"等有效做法，既解决矛盾积案、消除稳定隐患，又密切了警民关系。

三是服务人民群众。我们党的事业是为人民谋幸福的事业，服务人民群众是创先争优的根本目的。胡锦涛总书记指出，科学发展观的核心是以人为本，凡是对人民群众有利的事情都要全力做好，凡是对人民群众不利的事情都要坚决不做。创先争优活动一开始，我们就鲜明提出要多办顺民意、解民忧、惠民生的实事好事，把创先争优办成群众满意工程。广西、江西、陕西、湖南等省区开展"万名干部下基层"、"三问三同"、"三问三解"等活动，组织机关干部深入一线听民意、办实事、暖民心；农业部开展"百乡万户大调查"，280多名机关干部和农业科技人员进村入户、知农惠农。去年，根据创先争优活动开展情况，我们把窗口单位和服务行业为民服务创先争优作为一个重点来抓,受到群众广泛好评。河南、福建、贵州三省随机调查显示,96.4%的受访者认为通过创先争优,窗口单位的服务发生了明显变化。去年底统计,各级党组织和党员在创先争优活动中,与困难群众结成帮扶对子2700万个,为群众办实事好事2300多万件。

四是加强基层组织。这既是创先争优的重要内容,也是创先争优的重要保证。中央印发的开展创先争优活动意见,明确提出了先进基层党组织"五个好"、优秀共产党员"五带头"的要求。各地根据实际把"五个好"、"五带头"具体化,全面加强基层党组织建设。2011年,各地新建党组织7.6万个,其中在非公企业和社会组织中新建党组织5.4万个;整顿转化软弱涣散基层党组织3.2万个。各地把基层党组织带头人队伍建设作为重点,选派优秀机关年轻干部、大学生村官担任基层党组织书记。河北选派1.5万名机关干部到5000多个村驻村工作,西藏抽调2.1万名机关干部组成5400多个工作队,进驻全区所有村(居)开展为期3年的强基础惠民生活动。各地还以创先争优为抓手,推动落实"一定三有"、"四议两公开"、"三有一化"、"文建明工作法"等政策和措施。今年,根据中央政治局常委会工作要点的部署,开展基层组织建设年活动,切实解决存在问题,全面提升基层组织建设水平。

三、创先争优的基本要求。开展创先争优活动,必须务求实效,不搞花架子,防止形式主义。有实效的活动,才有生命力。怎样确保创先争优取得实实在在的成效?从各地实践看,需要把握好4个方面。一是立足本职岗位创先争优,把创先争优岗位化。共产党员的先进和优秀首先应当体现在本职岗位上,在岗位工作中争当先进、创造优秀。各地各部门通过设立党员先锋岗、党员示范岗、党员责任区,使创先争优贴近了岗位实际、融入了岗位职责、化为了岗位行动。二是把正在干的事情干得更好,把创先争优日常化。创先争优首先是要求党组织和党员把承担的任务、从事的工作干得更好,而不是放下手中的事另搞一套,这就使创先争优看得见、摸得着、好操作。三是党内带党外、党员带群众,把创先争优群众化。创先争优活动如果只局限在党内,它的影响和效果就会大打折扣。胡锦涛总书记指出,要在广大基层党组织和党员中营造学习先进、争当先进、赶超先进的良好风气。习近平同志要求,要使创先争优成为全社会的价值取向。在创先争优活动中,各地各部门始终坚持党群共建创先争优,党组织创先进带动单位创先进,党员争优秀带动群众争优秀,有效增强了创先争优的社会影响力。四是领导机关和领导干部率先垂范,把创先争优普遍化。上行下效是中国文化的传统,如果领导机关和领导干部不带头,创先争优就不可能普遍和持久。这次创先争优活动,从中央到地方各级领导机关都带头开展,31个省区市和新疆生产建设兵团党委书记带头建立联系点、带头抓示范点、带头进行点评、带头下基层服务群众,全国公务员队伍开展了带头创先争优、争做人民满意公务员活动。领导机关和领导干部既当组织推动者,又当实践示范者,使创先争优形成了上下一致、齐心协力的生动局面。

四、创先争优的动力机制。开展任何一项工作,都要找到它的动力来源。创先争优活动之所以开展得有声有色,重要原因是找到了激发党组织和党员创先争优的引擎。一是紧紧围绕单位的中心任务开展创先争优,领导欢迎。现在各地各单位的工作任务都很重,领导干部的压力比较大,如果创先争优和中心工作贴得不紧甚至"两张皮",大家就会觉得是一种额外负担。我们强调,创先争优要为完成中心任务提供动力和保证,特别是要在重点难点工作上发挥作用。这就和各个地方各个单位的领导想到了一起,他们觉得创先争优不仅不是负担,而且是推动工作的有效抓手。二是促进党员素质提升,党员欢迎。每个党员都有追求进步的内在需求。组织对党员的要求与党员自身需求有机结合起来,就能更好激发党员干事创业的热情和潜能。创先争优推动党员提高素质、岗位成才，党员就乐于参加。我们到北京友谊医院调研，一名电工党员说："创先争优不仅是推动医院工作的动力，也是个人进步的动力。能推动工作，领导就愿意抓；能使自己进步，个人就愿意参加。"三是解决群众反映强烈的问题，群众欢迎。党内活动要赢得群众支持，关键要让群众得到实惠。各地各部门在创先争优活动中，组织基层党组织和党员主动征求群众意见，找准存在的问题，从群众最需要的地方做起，从群众最不满意的地方改起，受到了群众的赞扬。比如，卫生系统开展"三好一满意"活动，改进医德医风，缓解"看病难"问题和医患矛盾。司法行政系统推出10项便民措施，加大对困难群众的法律援助。四是形成良好社会风尚，社会欢迎。面对改革开放和发展市场经济带来的社会矛盾和突出问题，形成良好的社会风尚是人民群众的迫切期待。执政党的党风对社会风尚起着引领和主导作用。党员干部带头创先争优，把共产党人的精神、道德、作风付诸岗位工作和社会实践，就能带动全社会弘扬新风正气、追求高尚道德、提升文明素养。电影《杨善洲》上映不到3个月，观众超过500万，他的先进事迹和崇高精神，在全社会引起了强烈共鸣。贵阳在党组织和党员带动下，17万共青团员、40万少先队员、36万市民注册参与志愿服务，共同创建全国文明城市。

五、创先争优的有效做法。在基层党组织和党员中开展创先争优，必须充分尊重基层的创造精神。这次创先争优活动中普遍推行的一些有效做法，都来自基层的实践和创造。一是确定具体鲜明的争创主题。开展党内教育实践活动，必须有鲜明的主题，才能凝聚人心、凝聚力量。不同时期、不同地方、不同单位的情况千差万别，确定主题既要体现统一性也要体现特殊性。创先争优的共同主题是深入学习实践科学发展观，具体到不同地方和单位，就要聚焦到当下科学发展的主要任务和要解决的突出矛盾。上海2010年以"世博先锋行动"为主题开展创先争优，四川把加快灾区恢复重建作为创先争优的突出内容，新疆围绕维护社会稳定、加强民族团结创先争优，都很好地体现了中央要求和各自实际。二是公开承诺践诺。全国97.6%的基层党组织、98.3%的党员作出了公开承诺。党员作出承诺，对自己就会有要求，这是内在动力；承诺向大家公开，接受群众监督，这是外在动力。内外结合，创先争优的劲头就会更足。我们在基层调研，大家都说"三亮三比三评"是创先争优最受欢迎、最有效的办法。三是选树先进典型。争先进、创优秀光有号召不够，还要有榜样引领。先进典型是先进和优秀的化身，有了先进典型，什么是先进、什么是优秀，就有了可以学习对照的具体形象、具体标杆。树立典型特别是党员群众身边的典型，是创先争优中各地各部门普遍运用的方法。杨善洲、郭明义、文建明、李林森等先进典型，在党内和社会上产生了很好的示范带动作用。四是开展群众评议。创先争优的效果如何，群众最有发言权。请群众参加评议，对群众也是一种教育和引导。据统计，全国90%以上的基层党组织和党员接受了群众评议。大家都认为，请群众评议创先争优，有利于增强创先争优的动力，有利于找准创先争优的着力点，有利于改善党群干群关系。

六、创先争优的组织指导。创先争优活动能够扎实推进、取得显著成效，得益于坚强有力的组织指导。一是中央和各级党委高度重视、领导有力。胡锦涛总书记多次对创先争优活动作出重要指示，习近平同志直接指导创先争优，中央政治局其他常委同志都对创先争优多次作出批示和指示。这是对创先争优活动最有力的推动。各级党委（党组）均成立了由书记或副书记担任组长的创先争优领导小组，党委统一领导，组织部和宣传部牵头负责，有关部门参与指导。省、市、县党员领导干部共建立创先争优活动联系点18万个。中央直属机关工委、中央国家机关工委分别成立创先争优领导小组，加强对中央和国家机关创先争优活动的指导协调。二是坚持书记抓、抓书记。党委(党组)书记要总揽全局,业务工作和党建工作在书记那里是个统一体。书记抓,创先争优就能紧扣中心,不会偏离方向;抓书记,创先争优就能抓住关键,形成层层落实、一抓到底的格局。三是加强行业指导、形成工作合力。创先争优要围绕中心、服务大局,必须与业务工作紧密结合。对业务工作,各行业的主管部门最清楚。充分发挥行业主管部门的优势,加强系统指导、分类指导,创先争优就能抓得更实在、更具体、更有针对性。中央统战部、工商联、教育部、卫生部、民政部、财政部、司法部、国家工商总局、国务院国资委等部门成立了创先争优活动指导小组,推动本行业本系统基层单位结合业务工作创先争优,形成了上下结合、条块联动,合力抓创先争优的良好局面。四是加大宣传推动、营造舆论氛围。舆论宣传时效性强,覆盖面广,形式生动活泼,是指导和推进创先争优活动的有力武器。在中宣部的统一领导下,中央各主要新闻媒体主动策划、协调联动,全方位、深层次、不间断地宣传创先争优。仅2011年,新华社等中央主要媒体刊播创先争优报道2850多篇,人民日报发表评论员文章14篇,人民网开通的创先争优网编发稿件1.5万多篇,总点击量超过1.5亿人次,中央人民广播电台、中央电视台都开展了有力的宣传。正是依靠宣传舆论的强力推动,创先争优家喻户晓、深入人心。

创先争优是和平建设时期党的先进性建设的主要实践。习近平同志的重要讲话,对总结创先争优活动宝贵经验、扎实推动创先争优常态化长效化提出了明确要求。下一步,我们要认真贯彻落实近平同志讲话精神,把这两年集中开展创先争优活动的成功经验提升为制度规范,建立健全创先争优长效机制,推动创先争优常态化长效化。一要牢固树立创先争优的价值理念,把创先争优作为中国共产党人的价值追求,融入基层党组织和党员的日常工作。二要建立健全党组织进位升级机制和党员承诺践诺机制,不断激发基层党组织和党员追求先进和优秀的内生动力。三要建立健全树立和表彰先进典型机制,充分发挥先进典型的引领和示范作用。四要建立健全接受群众监督评判机制,使创先争优更加贴近基层实际、符合群众意愿,成为新形势下加强干部与群众直接联系、密切党与群众血肉联系的重要抓手。

创先争优的实践不会停步,其理论探索永无止境。我们要在以胡锦涛同志为总书记的党中央领导下,坚持以邓小平理论和"三个代表"重要思想为指导,深入贯彻落实科学发展观,组织基层党组织和广大党员坚持不懈创先争优,以优异成绩迎接党的十八大胜利召开。

(此文是中共中央政治局委员、中央书记处书记、中央组织部部长李源潮2012年5月21日在全国创先争优理论研讨会上的讲话摘要)

创先争优的深刻内涵和时代特征

全国党的建设研究会

习近平同志在全国创先争优理论研讨会上的重要讲话中，站在全局和战略的高度，总结了创先争优活动的经验，深刻论述了保持党的先进性和纯洁性的极端重要性，对加强党的先进性和纯洁性建设提出了明确的任务和要求。先进和优秀是中国共产党人的鲜明特征和不懈追求。坚持不懈创先争优，始终不渝保持党的先进性和纯洁性，是我们党不断从胜利走向胜利的一条宝贵经验。在全党深入开展创先争优活动之际，充分认识创先争优的深刻内涵，全面把握创先争优的时代特征，对于始终保持党的先进性和纯洁性，进一步推进党领导的伟大事业，具有重要的理论意义和实践价值。

一

创先争优的内涵随着时代的发展不断丰富。在党的基层组织和党员中深入开展创先争优活动，为理解和把握当代中国共产党人创先争优的内涵与特征提供了实践基础。虽然这次创先争优活动主要是指创建先进基层党组织、争当优秀共产党员，但创先争优作为我们党长期不懈的追求，具有更为广泛的涵义和更为鲜明的特征。从广义上理解，创先争优的内涵包括以下几个方面：

——创先争优是一种价值理念。价值理念构筑着我们党带领人民团结奋斗的思想基础。我们党追求先进和优秀，就是要坚持以科学理论为指导，不断推进马克思主义中国化、时代化、大众化，打牢理论根基；就是要遵循人类社会发展规律，为实现共产主义远大理想和中国特色社会主义共同理想而奋斗，执著追求远大目标；就是要践行党的根本宗旨，坚持以人为本、执政为民，将推动社会发展进步与实现人民的根本利益统一起来。这种价值理念，是创先争优的先导，为创先争优的实践指明方向。

——创先争优是一种精神状态。创先争优作为中国共产党人的精神特质，继承了党的“三大作风”、“两个务必”等优良传统，也蕴涵着以爱国主义为核心的民族精神和以改革创新为核心的时代精神。这种精神体现为解放思想、实事求是的过硬作风，开拓进取、敢为人先的英勇气概，不畏艰险、迎难而上的坚强意志，追求卓越、争创一流的豪迈激情。这种精神状态，是创先争优的动力，为干事创业提供有力支撑。

——创先争优是一种社会风尚。我们党作为执政党，党内创先争优必然会引领和推动全社会创先争优。创先争优要成为一种社会风尚，就要推进社会主义精神文明建设，坚持社会主义荣辱观，倡导优良的社会公德、职业道德、个人品德和家庭美德；就要推进社会主义和谐社会建设，加强和创新社会管理，维护社会公平正义；就要坚持党群共建，以党组织创先进带动社会各界创先进、以党员争优秀带动广大群众争优秀，在全社会形成创先进、争优秀的浓厚氛围。这种社会风尚，是党内创先争优的拓展，创造良好社会环境。

——创先争优是一种行动机制。机制解决的是规范化、经常化、长效化问题。创先争优作为一种行动机制，为党组织和党员提供了行为规范和导向，使创先进、争优秀成为自觉行动；对党组织和党员产生督促推动作用，使创先进、争优秀成为经常性行动；对党组织和党员形成一种制约和约束，防止和及时纠正偏离创先争优要求的言行，使创先进、争优秀不断取得实效。这种行动机制，是创先争优的保证，为创先争优奠定制度基础。

——创先争优是一种活动方式。创先争优是党组织和党员发挥作用的有效活动方式。党组织通过创先争优这个载体，完善组织设置，增强组织功能，履职尽责创先进，提高创造力、凝聚力、战斗力。广大党员通过创先争优这个平台，强化党性修养，提高自身素质，立足岗位争优秀，发挥先锋模范作用。各级党委通过创先争优这个抓手，做好抓基层打基础工作，全面提升基层党建工作的科学化水平。这种活动方式，是创先争优的依托，为创先争优提供科学方法和有效途径。

——创先争优是一种实践过程。创先争优充分体现了马克思主义的实践观点。创先争优作为一种实践过程，着眼于解决实际问题，增强现实针对性，努力消除影响党的先进性和纯洁性的不良现象；着眼于取得实实在在的效果，把创先进、争优秀的要求落到实处，不断推进党的事业和党的自身建设；着眼于坚持实践标准，在实践中检验创先争优的成效，真正做到让党满意、让人民满意；着眼于永葆党的先进性和纯洁性，把创先进、争优秀作为长期的不懈追求，深入持久推进创先争优实践。这种实践过程，是创先争优的关键，推动创先争优不断取得丰硕成果。

当代中国共产党人创先争优的特征集中体现在以下六个方面：

第一，以推动科学发展为主题。发展是党执政兴国的第一要务。先进和优秀首先体现在推动科学发展上。在创先争优活动中，各地基层党组织牢牢把握科学发展这个主题和加快转变经济发展方式这条主线，切实贯彻落实党的路线方针政策以及本地本单位科学发展规划、思路、举措，为完成好中心工作提供了重要保证。广大党员认真学习科学发展观，牢固树立科学发展理念，努力做好本职工作，积极破解发展难题，以模范行动带领群众完成各项任务。创先争优体现党的建设与党领导的伟大事业的高度统一，把党的政治优势转化为科学发展优势，把党的组织资源转化为科学发展资源，把党的建设成果转化为科学发展成果。

第二，以发展繁荣社会主义先进文化为先导。社会主义先进文化是马克思主义政党思想精神上的旗帜。创先争优既出物质文明成果，也出精神文明成果。在创先争优活动中，各地大力推进学习型党组织建设，认真组织学习党的理论和历史，学习科技文化知识，党员群众的文化素质有了新的提高。结合庆祝建党90周年等重大节点，开展主题鲜明、内容丰富、形式多样的文化活动，使广大党员群众陶冶了情操，活跃了生活，提升了素养。树立宣传先进典型和模范人物，以身边事教育身边人，使党员群众学有榜样、赶有目标，形成了见贤思齐、争当先进的浓厚氛围。创先争优体现我们党高度的文化自觉和文化自信，增强先进文化的导向、引领、凝聚和规范功能，使先进文化更加深入人心，推动建设中华民族共有精神家园。

第三，以实现好、维护好、发展好最广大人民的根本利益为核心。以人为本、执政为民是我们党的核心价值理念。服务人民群众是创先争优的根本出发点和落脚点。在创先争优活动中，各地把服务群众摆在突出位置，着力解决群众反映强烈的问题，为群众扎扎实实做好事、诚心诚意办实事、尽心竭力解难事，使群众真正得到了实惠。党政机关重心下移，党员干部深入乡村企业，走访农户职工，结成帮扶对子，使直接联系和服务群众经常化、制度化。扎实推进窗口单位和服务行业为民服务创先争优，改善服务方式，提高服务质量，赢得了广大群众的称赞和好评。创先争优坚持马克思主义关于人民群众历史地位和作用的基本观点，实践党的根本宗旨，从群众中汲取智慧和力量，使密切联系群众的优良作风在新的历史条件下发扬光大。

第四，以提高党的执政能力和领导水平为根本。执政能力建设是党执政后的一项根本建设。创先争优对提高党的执政能力具有重要作用。在创先争优活动中，各地注重加强党的基层组织，扩大党的工作覆盖和组织覆盖，发挥党组织作用，建设好带头人队伍，进一步提高了领导水平。注重解决基层党建工作中存在的突出问题，落实责任制，整顿软弱涣散党组织，改善基层党组织工作和活动条件，进一步夯实了党的执政基础。创先争优把科学执政、民主执政、依法执政的现实要求转化为具体实践，为提高党的执政能力和领导水平提供强大动力，保证我们党始终为人民执好政、掌好权。

第五，以保持和发展党的先进性和纯洁性为目标。保持、发展党的先进性和纯洁性是马克思主义政党建设的永恒课题。创先争优是保持党的先进性和纯洁性的内在要求。在创先争优活动中，各地基层党组织按照“五个好”的要求，努力推进党建工作创新，切实发挥了推动发展、服务群众、凝聚人心、促进和谐的作用。广大党员以“五带头”的标准严格要求自己，做好本职工作，并通过党员先锋岗、党员责任区、党员志愿者等平台，充分发挥了先锋模范作用。创先争优把保持党的先进性和纯洁性的目标落实到党组织和党员的工作及活动中，成为加强党的先进性和纯洁性建设的有效载体和有力抓手。

第六，以引领和带动全社会创先争优为着眼点。创先争优不仅是全党的共同追求，也应成为全社会的价值取向。以党内带党外、党员带群众、党组织和党员带动全社会，是这次创先争优活动的鲜明特点。在创先争优活动中，各地坚持以党的基层组织建设带动其他基层组织建设，坚持党建带工建、带团建、带妇建，健全组织体系，强化组织功能，形成了党群共建创先争优的生动局面。创先争优把工青妇组织、基层群众组织、社会组织等各方面力量凝聚和带动起来，把创先进、争优秀变为广大群众的价值追求，营造崇尚先进、学习先进、争当先进的社会氛围，推动社会不断发展进步。

二

我们党是在13亿人口的大国执政的马克思主义政党，肩负着实现中华民族伟大复兴、推进世界和平进步事业的历史重任。能否始终不渝创先争优，保持党的先进性和纯洁性，关系到党的生死存亡和党的事业的兴衰成败。

坚持党的先锋队性质是一个艰巨任务和历史过程，要求我们不断创先争优。通过创先争优推进党的理论创新，使马克思主义中国化的最新成果始终成为行动指南，提高全党运用科学理论改造主观世界和客观世界的能力，使党始终保持思想理论上的先进性。通过创先争优以党的先进形象和辉煌业绩吸引和凝聚全社会先进分子，使党的队伍不断发展壮大、提高素质。通过创先争优使党始终秉承大公无私的优秀品格，保持高度的组织纪律性，永葆强大生命力。

党的根本宗旨要成为全党同志的自觉行动，就必须始终不渝创先争优。创先争优能够使全党同志坚持马克思主义群众观点，增强宗旨意识，增进对人民群众的感情，提高为人民群众谋利益的主动性和自觉性；创先争优能够使党的各级组织把党的宗旨作为制定方针政策、落实工作措施的根本依据，贯彻党的群众路线，解决群众最关心最直接最现实的利益问题，满足人民群众日益增长的物质文化需要；创先争优能够防止和化解脱离群众的危险，预防和纠正损害人民群众利益的行为，抵制和消除各种消极腐败现象，维护好人民群众的根本利益。

衡量一个马克思主义政党是否先进，必须放到具体的历史实践中去考察，归根到底要看在推动历史前进中的实际作用。我们党要实现全面建成惠及十几亿人口的更高水平小康社会的目标，实现加快推进现代化建设的历史任务，就必须始终不渝创先争优。创先争优能够使广大党员、干部牢固树立正确的理想信念，明确奋斗目标，坚定建设中国特色社会主义的信心和决心，为实现党的执政使命提供强大的精神动力；能够提高党员干部队伍的素质，提高党组织履行职责、发挥作用的本领，提高党的执政能力和领导水平，使我们党始终成为全国人民的坚强领导核心。创先争优能够弘扬改革创新的时代精神,增强艰苦创业、攻坚克难的昂扬斗志,使全党同志始终保持开拓进取、争创一流的精神状态,不断创造出经得起实践、人民、历史检验的实绩。

面对世情、国情的深刻变化,我们党高举中国特色社会主义伟大旗帜从容应对,党的基层组织和党员队伍总体上是好的、有战斗力的。但也应该看到,在党组织和党员队伍中,确实存在着与党的先进性和纯洁性要求不相适应、不相符合的问题。胡锦涛同志在庆祝中国共产党成立90周年大会上的重要讲话中告诫全党,"四种考验"和"四个危险"更加尖锐地摆在全党面前,落实党要管党、从严治党的任务比以往任何时候都更为繁重、更为紧迫。创先争优是坚持党要管党、从严治党的必然要求。通过创先争优使全党同志增强忧患意识和危机意识,常怀忧党之心,恪尽兴党之责,落实治党之策,有效应对各种挑战、化解各种风险。通过创先争优把全党的思想和意志统一到党中央的要求和部署上来,不断增强党的团结,凝聚起战胜各种风浪、经受各种考验的强大力量。通过创先争优使全党同志树立世界眼光,强化大局观念,培养战略思维,增强化危为机、化险为夷的前瞻性、预见性和主动性。总之,只有始终不渝创先争优,保持党的先进性和纯洁性,才能确保我们党在世界形势深刻变化的历史进程中始终成为全国人民的主心骨,在应对国内外各种风险和考验中始终立于不败之地。

三

保持先进和优秀不是轻而易举的,也不是一劳永逸的。在长期执政、改革开放和发展社会主义市场经济的条件下,全党同志必须树立忧患意识,站在全局和战略的高度,以更高的标准衡量和要求自己,以辩证的观点审视和剖析自己,以改革的精神加强和完善自己,永不自满,永不懈怠,把创先争优不断推向新水平新高度。

——在创先争优中坚定中国共产党人的理想信念。正确的理想信念是创先争优的灵魂和支柱。牢固树立正确的理想信念,主要表现为忠诚于党,忠诚于祖国和人民,忠诚于党的事业,忠实地贯彻执行党的基本路线和各项方针政策,在大风大浪面前站稳脚跟,在大是大非面前保持清醒,在关键时刻不迷失方向;表现为严格遵守和维护党的章程和纪律,认真贯彻和执行民主集中制,始终与党中央保持高度一致,坚决维护党的团结和统一,自觉接受党组织和群众监督;表现为模范遵守国家的法律法规,坚决同各种违法行为作斗争。

——在创先争优中践行中国共产党人的核心价值。坚持以人为本、执政为民是中国共产党人先进和优秀的根本体现。创先争优就要在制定和贯彻各方面政策措施时充分体现人民群众的利益,体现人民群众的意见诉求,做到让群众共享改革发展成果;就要勤勤恳恳履职尽责、兢兢业业为民谋利,用优异的工作成果造福于民;就要努力做顺民意、解民忧、得民心的实事,帮助群众克服生产生活中的困难;就要以对人民群众高度负责的态度,在群众利益受到侵害时挺身而出,在群众遇到危难时真情相助,坚决防止和纠正损害群众利益的现象。

——在创先争优中彰显中国共产党人的高尚品德。高尚的品德是中国共产党人先进和优秀的基本要求。共产党人必须带头实践社会主义荣辱观,做践行优良社会公德、职业道德、个人品德和家庭美德的模范。在社会公德上,带头讲文明、重礼节,尊重他人、平等待人、乐于助人,维护公共利益,保护自然环境,推动形成良好的社会风气。在职业道德上,爱岗敬业,任劳任怨,忠于职守,求真务实,踏踏实实地完成各项工作任务,绝不拈轻怕重、敷衍塞责,绝不弄虚作假、虚报浮夸。在个人品德上,克己奉公、无私奉献,诚实守信、光明磊落,谦虚谨慎、言行一致,艰苦朴素、情趣高雅,绝不贪图享乐、追求奢侈,绝不以权谋私、腐化堕落。在家庭美德上,孝敬父母、忠于配偶、关心子女,保持和睦的家庭关系和优良家风，对亲属严格要求、严格教育，使他们模范遵守法纪。

——在创先争优中提升中国共产党人的能力素质。中国共产党人的先进和优秀源于党的队伍能力素质。要适应事业发展的需要，学习和掌握中国特色社会主义理论体系，学习经济、政治、文化、历史、社会、科技、管理等领域的知识，提高推动科学发展、促进社会和谐的能力；适应时代发展的要求，努力掌握和运用科学的新思想新知识新经验，积极吸收借鉴人类社会优秀文明成果，开阔眼界、开阔思路、开阔胸襟；适应提升自身修养的需要，紧密结合工作实际，向书本学习、向实践学习、向人民群众学习，学以立德、学以增智、学以广才，努力做德才兼备的优秀共产党员。

——在创先争优中创造中国共产党人的千秋伟业。我们党的先进和优秀最终要体现在全面建设小康社会，推进中国特色社会主义事业上。创先争优就必须在工作上追求高质量，不断创造出一流业绩。要以高度的事业心和责任感对待工作，干一行、爱一行、钻一行、精一行，始终保持昂扬向上的工作激情；按客观规律办事，坚持一切从实际出发，运用科学知识和科学方法，大胆探索、勇于创新，努力破解工作中的难题；就是要胸怀壮志，放眼未来，自觉把个人志向同党的事业紧密结合在一起，把当前工作同国家前途和民族命运紧密联系在一起，为党和人民不断作出新贡献。

认真总结创先争优实践经验
进一步推进机关党的先进性和纯洁性建设

孟学农

深入开展创先争优活动以来，中直机关各级党组织和党员干部全员参与、全程参与，以深入学习实践科学发展观为主题，牢牢把握服务中心、建设队伍这两个基本任务，创新载体、突出特色，有力推动了党建工作上水平、业务工作上台阶，创先争优活动取得了丰硕成果。

一、深入开展创先争优活动取得新的成果，收到良好成效

通过开展创先争优活动，中直机关各级党组织得到进一步加强，党员干部的积极性得到进一步调动、创造活力得到进一步激发，达到了推动科学发展、促进社会和谐、服务人民群众、加强基层组织的总要求。

一是围绕中心、立足本职创先争优，推动中心工作取得新成绩。各单位坚持把围绕中心、服务大局作为创先争优活动的根本要求，结合党和国家的重点工作、重大活动和本单位的中心任务，动员党员干部立足岗位争优秀，用出色工作成绩体现创先争优、检验创先争优、推进创先争优，促进了中心工作的顺利完成。

二是联系基层、为民服务创先争优，推动作风建设取得新进步。各单位坚持把联系基层、服务群众作为创先争优的重要内容，通过组织党员干部下基层、解决基层群众实际困难和为民服务创先争优等方式，努力做好联系基层服务群众工作，机关作风建设进一步加强。

三是夯实基础、强基固本创先争优，推动基层组织建设取得新进展。各单位把加强党的基层组织建设作为创先争优的重要目标，进一步贯彻落实《中国共产党党和国家机关基层组织工作条例》，扎实开展基层组织建设年活动，积极推进"创新亮点示范工程"。

四是提升素质、建好队伍创先争优，推动党员干部队伍建设取得新成效。各单位坚持把提升素质、建好队伍作为创先争优的核心任务来落实，积极推进学习型党组织建设，通过讲党课、开展党日活动，组织专题讲座、学习辅导报告会和挂职锻炼、基层调研等形式，加强党员干部的党性教育和实践锻炼，进一步推动了机关党员干部队伍建设。

五是落实责任、完善制度创先争优，推动长效机制建设取得新突破。各单位坚持把制度建设作为创先争优活动的基本保障，既用制度来促进各项工作的开展，又用制度来巩固活动取得的成果，推动长效机制建设。

二、创先争优活动积累了宝贵经验，为保持和发展机关党的先进性、纯洁性提供了重要启示

深入开展创先争优活动，是新形势下加强党的建设的有效载体和有力抓手，为保持和发展党的先进性与纯洁性作了有益的探索，积累了成功经验和做法，提供了重要启示。

一是保持和发展机关党的先进性和纯洁性，必须坚持用马克思主义中国化最新理论成果武装党员干部。坚持不懈地用马克思主义中国化最新理论成果特别是科学发展观武装全党、教育人民，是我们党的巨大理论优势。这次创先争优活动，各单位始终以学习实践科学发展观为主题，以党性教育为核心，统筹推进学习型党组织建设，引导党员干部坚定理想信念，自

党运用科学发展观武装头脑、指导实践、推动工作,有力促进了各项工作的科学发展。实践证明,只有坚持用马克思主义中国化最新理论成果武装党员干部,才能不断夯实党的先进性、纯洁性建设的思想基础。

二是保持和发展机关党的先进性、纯洁性,必须坚持用党的建设成果服务、推动党和国家事业发展。党的建设历来是服从服务于党的政治任务的。这次创先争优活动,各单位围绕党和国家工作大局、部门中心工作,确立各具特色的活动主题和载体,引导党员干部立足本职岗位作贡献,有力地推进了“三服务”各项工作,为完成中心任务提供了动力和保证。实践证明,只有坚持服务中心工作不动摇,凝心聚力,把党的政治优势转化为发展优势,把党的建设成果转化为发展成果,才能不断夯实党的先进性、纯洁性建设的实践基础。

三是保持和发展机关党的先进性、纯洁性,必须坚持改进机关作风、服务人民群众。全心全意为人民服务是党的根本宗旨。这次创先争优活动,各单位把为党中央服务与为地方基层服务、为机关干部职工服务与为人民群众服务结合起来,拓展联系基层、服务群众的渠道,突出为民服务主题,深入开展下基层活动,解决了一批事关群众切身利益的突出问题,树立了中直机关的良好形象。实践证明,只有坚持改进机关作风,建设为民、务实、清廉机关,更好地联系和服务人民群众,才能不断夯实党的先进性、纯洁性建设的群众基础。

四是保持和发展机关党的先进性、纯洁性,必须坚持创新工作载体、加强基层组织。基层组织是党的全部工作和战斗力的基础。这次创先争优活动,各单位以基层组织建设年为载体,推进工作创新,健全组织体系,优化组织设置,加强带头人队伍建设,创新活动内容和方式,激发了基层党组织的内在活力,创造力、凝聚力、战斗力进一步增强。实践证明,只有坚持改革创新,扎实做好抓基层、打基础的工作,着力打牢执政根基,才能不断夯实党的先进性、纯洁性建设的组织基础。

五是保持和发展机关党的先进性、纯洁性,必须坚持以人为本、建好队伍。政治路线确定之后,干部就是决定性的因素。这次创先争优活动,各单位牢牢把握建设队伍这一核心任务,采取多种形式激发党员干部积极向上的动力,把组织要求、群众期盼与党员提升素质、岗位成才结合起来,加强党员干部的教育培训和实践锻炼,涌现出一大批优秀党员和优秀党务工作者。实践证明,只有坚持以人为本,把培养人、塑造人、锻炼人作为重大战略任务来抓,建设一支高素质的党员干部队伍,才能不断夯实党的先进性、纯洁性建设的队伍基础。

六是保持和发展机关党的先进性、纯洁性,必须坚持强化党建责任、健全制度机制。制度建设是带有根本性、长期性的问题。这次创先争优活动,各单位认真落实党建工作责任制,及时总结新鲜经验,并用制度形式固定下来,建立起一大批行之有效的制度和机制,为加强党的建设提供了制度保障。实践证明,只有紧紧抓住制度建设不放松,加快推进党建工作科学化、制度化、规范化,才能不断夯实党的先进性、纯洁性建设的制度基础。

三、着力推进创先争优常态化长效化,以优异成绩迎接党的十八大胜利召开

胡锦涛总书记 7 月 23 日在省部级主要领导干部专题研讨班上发表的重要讲话,通篇闪耀着马克思主义真理的光辉,是适应时代要求和人民愿望的行动纲领,具有很强的政治性、理论性、指导性,为党的十八大胜利召开奠定了重要的政治、思想和理论基础。在全国创先争优表彰大会上,习近平同志强调,在长期奋斗中我们党形成了独特的理论优势、政治优势、组织优势、制度优势和密切联系群众的优势,要十分珍惜这些优势,始终坚持和充分发挥这些优势。胡锦涛总书记、习近平同志的重要讲话,为做好当前和今后一个时期的工作指明了方向,我们

一定要学习好、领会好、贯彻好，在思想上政治上行动上同以胡锦涛同志为总书记的党中央保持高度一致，以饱满的政治热情、扎实的工作举措、一流的工作业绩迎接党的十八大胜利召开。

按照中央部署，到党的十八大召开，集中开展创先争优活动将告一个段落，转入经常性创先争优。我们要认真落实中央要求，充分肯定创先争优取得的成绩，激励基层党组织和广大党员深化创先争优，善始善终抓好活动的后续工作。要把创先争优作为机关党建的永恒主题，以基层组织建设年为抓手，重点抓好整改提高工作，激发基层组织活力。深化创先争优价值理念宣传教育，大力宣传先进典型，形成崇尚先进、学习先进、争当先进的良好氛围。加强制度建设，健全创先争优活动长效机制，使创先争优成为基层党组织建设的经常性工作，为党的十八大召开营造良好环境。

一是要以创先争优为动力深入推进学习型党组织建设。加强学习是我们党的优良传统，也是保持和发展党的先进性、纯洁性的必然要求。要把学习型党组织建设与创先争优结合起来，推动学习型党组织建设向广度和深度拓展。一要进一步强化理论武装。组织党员干部深入学习中国特色社会主义理论体系特别是科学发展观，做到感情上真诚认同、政治上坚定信仰、行动上自觉运用，不断增强贯彻落实科学发展观的自觉性和坚定性。深入开展社会主义核心价值体系学习教育，加强党性锻炼和党性修养，始终保持共产党人的先进性和纯洁性。十八大召开后，要及时组织好会议精神的学习贯彻，切实把党员干部的思想和行动统一到十八大精神上来。二要进一步拓展学习渠道。适应时代发展趋势和党员干部需求，探索灵活多样的学习方法。坚持理论联系实际的学风，坚持学以致用、用以促学、学用相长，引导党员干部带着问题学习，干什么学什么、缺什么补什么。通过建立联系点、实地调查、挂职锻炼、扶贫支教等多种方式，拜人民群众为师，向群众学习、向实践学习。三要进一步健全学习制度。建立健全科学完备、行之有效的学习制度，用制度来保证学习任务的落实，把学习由“软任务”变成“硬约束”。加强学习考核，注重考核结果的运用，形成崇尚学习的用人导向和激励机制。加强对制度执行情况的督促检查，强化制度的约束力和执行力，确保各项学习制度得到长期坚持和有效执行。

二是要以创先争优为动力深入推进服务型党组织建设。要转变基层组织职能，把服务作为党员干部的价值取向，充分发挥基层党组织推动发展、服务群众、凝聚人心、促进和谐的作用。一要着力服务党和国家工作大局。引导党员干部认清发展形势、创新发展观念、转变发展方式、破解发展难题，切实将党的政治优势和组织优势转化为促进科学发展的强大动力。引导党员干部积极投身社会建设，切实做好通达民意、理顺情绪、凝聚人心工作，在维护社会稳定、促进社会和谐中积极发挥作用。二要密切联系服务群众。把联系服务群众作为基层党组织的首要任务，形成从基层汲取营养、为基层服务、为群众办实事的长效机制。引导党员干部强化服务理念、提升服务能力，切实实现好、维护好、发展好人民群众的根本利益。以保持党同人民群众的血肉联系为核心，切实加强作风建设，深入推进反腐倡廉建设，以党风廉政建设和反腐败工作的实际成效取信于民，进一步密切党群关系、干群关系。三要切实关心服务党员。尊重党员的主体地位，保障党员民主权利，积极发展党内民主，推进党务公开。进一步建立健全政治上关心、工作上支持、生活上关爱党员的工作机制，健全党内激励关怀帮扶机制，做好关心老党员、生活困难党员的工作。

三是要以创先争优为动力深入推进创新型党组织建设。改革创新是活跃基层、打牢基础的重要途径，必须牢固树立创新意识，切实把加强创新型党组织建设放在突出的位置，抓紧抓好。一要不断推动工作思路创新。深入探索新形势下加强基层党组织建设的特点和规律，跳出就党建抓党建的局限，充分调动基层党组织和广大党员的积极性、主动性和创造性，善于用新眼光分析形势、用新办法化解矛盾、用新思路谋求发展、用新措施推进工作。二要不断推动方式方法创新。适应形势的发展变化，探索新的工作载体，充分发挥微博、微信、手机短信等新媒体技术在党建工作中的重要作用。创新党员管理模式，增强党组织的吸引力、凝聚力和感召力，增强党员意识和党员归属感。三要不断推动制度创新。尊重基层和群众的首创精神，按照务实管用、简便易行的原则，及时将有益经验上升到制度层面，实现有效做法制度化、管用经验长效化。建立健全党员干部联系基层服务群众机制、党组织晋位升级和党员公开承诺机制、群众监督评判机制等，以制度创新推动党建工作科学化，全面提升基层党组织建设水平，真正使中直机关基层党组织建设走在前、作表率。

（作者：中共中央直属机关工委常务副书记、中央党校中直分校校长）

努力把基层组织建设年办成群众满意工程

黄新初

党的十八大报告强调，要始终保持党同人民群众的血肉联系，提高做好新形势下群众工作的能力。习近平总书记指出，人民对美好生活的向往，就是我们的奋斗目标。党的群众路线是党的根本工作路线，是保持党同人民群众血肉联系的一大法宝。党的基层组织是党的全部工作和战斗力的基础，是党联系群众、服务群众、做好群众工作的基本力量。成都市把深入落实党的群众路线作为开展基层组织建设年活动的主线，紧扣服务群众、依靠群众、联系群众、惠及群众的主题，全面加强和改进基层组织建设，着力提高做好新形势下群众工作的能力和水平，努力把基层组织建设年办成群众满意工程。

一、紧扣服务群众，着力转变基层组织职能

为人民服务是党的根本宗旨，以人为本、执政为民是检验党一切执政活动的最高标准。我国已进入改革发展的关键时期，随着经济体制深刻变革、社会结构深刻变动、利益格局深刻调整、思想观念深刻变化，基层党组织的运行环境、工作重心和主要任务都发生重大转变，但少数基层组织依旧把履职重心放在完成上级交办的任务上，保持着行政命令的惯性思维，服务群众不够周密和主动，导致一定程度的功能缺位和职责错位。成都市以服务群众、做群众工作为主要任务，从完善运行机制、扩大组织覆盖、促进作用发挥、选优配强带头人等方面入手，有效拓展服务群众的内涵和外延，全力打造基层服务型党组织。在开展基层组织建设年活动中，我们联动推进乡镇（街道）和村级（社区）管理体制改革，逐步剥离乡镇（街道）的经济职能，强化乡镇（街道）的社会管理和公共服务职能；切实为村级（社区）党组织“松绑减压”，使其将更多精力投入到服务群众工作中来。这一创新做法，为基层组织调整履职重心、由全能型向服务型转变创造了有利条件。建立村级（社区）公共服务和社会管理专项补助制度，每年由市、区两级财政向每个村和社区拨付不低于30万元的专项资金，用于基层组织带领群众改善环境、发展生产、增收致富。把评判权交给群众，坚持以群众满意为导向，大力推进基层组织“三分类三升级”活动，按照“一支一策”要求抓好细化整改，形成“先进有压力、中间有活力、后进有动力”的基层组织建设格局。实践证明，基层组织建设的成果，只有转化为服务群众的成效，转化为群众满意度提升的成绩，才有实际意义。

二、紧扣依靠群众，着力创新基层治理机制

只有植根人民、造福人民，党才能始终立于不败之地。开展基层组织建设年活动，首要任务是把握群众脉搏、尊重群众意愿，在群众广泛参与中永葆基层组织的生机与活力。当前，一些基层组织热衷于大包大揽，将“为了群众”与“依靠群众”相脱节，把“为民服务”变成“替民做主”，虽然为民做了事，却“费力不讨好”。解决这一问题的关键，是必须充分尊重群众主体地位，构建保障群众知情权、参与权、选择权和监督权的新型基层治理机制，在扩大群众参与中做到依靠群众力量、汲取群众智慧、服务群众需要、接受群众监督。成都市着力推进还权赋能和村民自治，采取“一户一票”方式，在村、组成立议事会并通过村民会议授权，探索构建了村党组织领导，村

民(代表)会议或村民议事会决策,村民委员会执行,村务监督委员会监督,其他经济社会组织广泛参与的新型村级治理机制。由村支部书记作为召集人,依托村民议事会这一决策载体,将村里的大小事务交由群众集体研究,并通过村务监督委员会让群众参与重大事项的全程控制。这一机制的最大好处,就是处理好了基层党组织“主导”和群众“主角”的关系,解决了过去“村民会议难组织、村民代表会议难议决”的问题。通过民议民决、民事民办,解决了一大批靠传统基层治理机制难以解决的基层矛盾和问题。最典型的例子,就是在灾后重建中,依靠群众智慧创造了统规统建、统规自建、社会资金联建等多元化的灾后重建模式;在农村产权制度改革中,平稳有序推进了涉及600多万农民切身利益的农村产权确权颁证工作。

三、紧扣联系群众,着力加强干部作风建设

完善党员干部直接联系群众制度,坚持问政于民、问需于民、问计于民,才能从人民伟大实践中汲取智慧和力量。现在,交通、通信条件方便了,联系群众的途径多了,但部分党员干部深入基层、接触群众的时间反而少了、频率反而低了,与群众的距离反而远了、感情反而淡了。解决这一问题的关键,是必须大力加强作风建设,推动广大党员干部走进基层、深入群众,在密切党群干群联系中增进党群干群关系。在开展基层组织建设年活动中,成都市大力开展以保持党的先进性和纯洁性为主题的干部作风教育实践活动,从思想作风、工作作风、生活作风等方面入手,着力解决个别党员干部宗旨观念缺失、群众感情淡漠、工作作风漂浮等问题,明确提出并严格落实“党员讲党性、干部要干事、作风要深入”的要求。坚持机关全覆盖、干部全参与,全面推行“千名领导挂点、万名干部帮户”和机关党组织、机关党员到社区“双报到”制度,选派141名市级机关干部到重点镇挂职、313名市级机关干部驻村任职。机关党员干部主动参与,在基层收集带有原汁原味、带有现场温度、带有鲜明情绪的群众意见,在一线宣讲方针政策、发动党员群众、解决实际问题,形成了干部走下去、实情摸上来、问题解决好、民心聚拢来的真干实干氛围。

四、紧扣惠及群众,着力抓好重大民生工程

提高人民物质文化生活水平,是改革开放和社会主义现代化建设的根本目的。以人为本、执政为民,最终是要发展惠民,给群众带来实实在在的好处。成都市把让群众得实惠、让群众真满意作为基层组织建设年的根本方向,坚持把人民利益放在第一位,扎扎实实地推进实施一批重大民生工程,把基层党组织建设和惠民行动紧密结合起来,确保取得群众看得见、摸得着的实际成效,实现党组织创先进、党员争优秀、群众得实惠。按照“问需于民、问计于民、问效于民”的工作方式,深入开展为民办实事民生工程,增强利民惠民的实效性。在决策环节问需于民,解决民生工程“抓什么”的问题。通过市长公开电话、文明热线、政府公众网、社情民意调查中心、新闻媒体等渠道,全方位征集民生工程项目,了解群众最急迫、最真实的民生诉求,确保最终选定的项目顺应群众期待、契合群众意愿、满足群众需求。在实施环节问计于民,解决民生工程“怎么抓”的问题。坚持专群结合的方针,在尊重专家意见的基础上,通过专题调研、座谈会、听证会等多种形式,广泛征集群众建议,努力将集中民智的过程转化成改进工作的过程。在验收环节问效于民,解决民生工程抓得“好不好”的问题。坚持市民代表监督检查和满意度测评机制,充实市民代表队伍,优化测评方式,努力让群众成为民生工程惠民实效的“主裁判”。去年,全市财政性民生投入超过265亿元,涉及环境提升、就业促进、扶贫解困、教育助学、安居乐业等,这些民生工程每一项的出发点都是惠民,每一项最终的落脚点也都在惠民上。

(作者:中共四川省委常委、成都市委书记)

以社区党建创新推动社会管理创新

黄燕明

当前,我们国家已经进入工业化、城市化进程中期加速阶段,经济体制发生深刻变革,社会结构发生深刻变化,社会成员的利益结构也在深刻的调整中。在经济发展的机遇期和社会矛盾的凸显期,如果社会管理和服务跟不上,不仅会影响经济健康发展,还将导致经济发展成果难以转化为社会进步和人民福祉。根据中央关于加强和创新社会管理的战略部署,吉林省委决定实施社区基层组织建设“五有一创”工程,即有一个好书记、有一支专职队伍、有一处标准场所、有一笔固定经费、有一套运行机制,着力创建服务型社区党组织。吉林省委书记孙政才同志明确提出,要把“五有一创”工程作为加强党的基层组织建设的重要载体,作为保障和改善民生的重要载体,作为加强和创新社会管理的重要载体来抓。

一、强化社区基础地位,把社区党组织工作重心转移到社会管理和服务上来

社区是社会的基本单元,随着全省城市化进程的不断加快,社区在社会管理服务中的基础性地位和作用越来越重要,构建以社区为重点的基层社会管理服务体系已经成为当务之急。一是加强社会管理的重点人群在社区。目前,吉林省城镇化率已经达到53.3%,城镇人口有1460多万人。同时,众多失业、低保和待岗大学生等非就业人员聚集在城市,需要社区配合有关部门搞好管理和服务。二是加强社会管理的主要任务在社区。加强社会管理各方面工作都与社区密切相关。据统计,现在每个社区都承担着50多项工作任务,内容涉及民政、公安、司法、社保、教育、文化、卫生、计生等方方面面,社区的“兜底”功能日益显现。三是加强社会管理的薄弱环节在社区。城市房屋拆迁、国有企业改制、流动人口和特殊人群管理服务,以及住房、就业、医疗、教育等方面的矛盾和问题,在社区都有不同程度的表现。社区所处的这种基础性地位,要求社区党组织必须及时把工作重心转移到加强管理和服务上来,进一步发挥党组织在社区管理中的领导核心作用,切实做好服务群众、凝聚人心、优化管理、维护稳定的各项工作。只有这样,社会和谐稳定的根基才会更加牢固,中央的重大决策部署在城市基层才能落到实处。

二、强化社区党建基本要素,夯实党在城市基层的执政基础

社区基层组织建设是关乎全局的大事,始终是加强党的建设的一个重点,而缺乏必备的工作要素,始终是制约社区基层组织建设的重大障碍。近年来,吉林省各级党组织着力推进“五有”建设,切实抓强基层,打牢基础。一是有一个好书记。结合社区“两委”换届,按照“一好双强”标准,采取“两推一选”、组织选派、公开选聘等方式,选拔思想政治素质好、群众工作能力强、组织协调能力强的优秀党员,到社区担任党组织书记。将社区党组织书记纳入县(市、区)党委组织部备案管理,加强培训教育,不断提高综合素质,培养出了谭竹青、林松淑等一批优秀的“小巷总理”。二是有一支专职队伍。坚持“社会化招

聘、契约化管理、专业化培训、职业化发展”要求，采取面向社会招聘、高校毕业生选聘等办法，为每个社区党组织配备了1名专职副书记，还招录1名党员高校毕业生任党组织书记（居委会主任）助理，积极推进社区干部职业能力建设，定期组织社区干部参加培训、轮训，鼓励引导社区干部考取社会工作师。三是有一处标准场所。省委组织部会同建设、国土、财税、发改、民政等部门，制定了社区场所建设的若干政策意见，把有关政策明晰化、集成化，确定提出了“省市补助，领导包保，开发配建，政策扶持，县市区兜底”五位一体的建设模式，采取开发配建、国有资产划拨、加大财政投入等措施办法，着力破解筹资难、选址难等瓶颈问题，扎实推进社区场所建设。目前，全省已建成500平方米以上社区活动场所560个，达到社区总数的38%，其余也全部开工建设。今年末，全省1454个社区活动场所将普遍达到500平方米以上，其中有20%达到1000平方米以上。四是有一笔固定经费。从2011年起，将社区党建工作经费列入省和地方财政预算，在全国率先建立了以财政投入为主、多渠道投入的社区党建工作经费保障机制。全省社区组织工作经费平均达到5万元以上，有20%达到10万元以上。五是有一套运行机制。在全省广泛建立各级领导干部联系帮扶薄弱社区党组织、部门单位包保帮建社区活动场所等工作制度；认真落实社区党组织目标管理、议事决策、党务公开，以及在职党员双向管理、民情恳谈等制度；积极探索建立评先选优、政行风测评以及干部提拔、党员发展等征求所在社区意见制度，逐步改变社区“说话没人听，办事没人帮”的局面，努力形成全社会各方面关注、支持和投入社区建设的良好氛围。

三、强化社区党组织基本职责，切实提升城市基层社会管理水平

服务群众是社区党组织的第一职责，也是社区党组织加强社会管理的着力点和切入点。我们始终强调最好的服务就是最好的管理，在全省社区中深入开展服务型党组织创建活动，组织引导社区党组织在为民服务中增强凝聚力和战斗力。一是搭建服务平台。在建设高标准社区场所的基础上，将街道直接服务群众的功能和相关部门单位服务职能下沉延伸到社区，建立1400多个“一站式接待、一条龙服务、一揽子解决”的社区服务大厅，规定服务职能，整合服务资源，优化服务流程，推进服务再造，为社区居民提供方便快捷服务，切实增强他们的幸福指数。同时，在全省社区普遍建立社区管理和服务信息化工作平台，配备“党员信息一网通、党员活动一卡通、公共服务一线通、居家养老一键通”等功能，使社区党组织为群众服务的方式更灵活，手段更有力，成效更明显。二是凝聚服务力量。社区力量是有限的，居民群众所有服务需求都让社区干部来提供，社区根本做不到。一些市州和县（市、区）支持社区将群众的服务诉求分类交办给相关部门、单位和党员，根据办理情况和群众满意度，进行量化分析和评价，进一步把相关部门、驻街区单位、在职党员、社区广大居民、社工和志愿者等各方面力量凝聚起来，共同为居民服务。还有些地方吸纳各类社区服务加盟商，由专业企业提供低偿或无偿服务。三是突出服务重点。社区党组织服务民生，既要“锦上添花”，注意搞好便民乐民服务；更要“雪中送炭”，突出“老、弱、小”等特殊群体，在救急、解难上下功夫。在老年人比较多的社区，党组织重点围绕空巢老人和孤寡老人的日常生活料理，搞好居家养老服务；双职工家庭小学生放学后无人接、无人管问题突出的，积极搞好课后托管服务；有的社区还针对进城务工和残疾人群体，帮助促进康复、帮助就业，提供人性化服务。四是强化服务措施。党组织服务群众，没有过硬的措施，就不会有良好的效果。我们重点在全省社区推行了3项制度性措施，就是推行网格化

管理制度，根据社区实际划分 6200 多个管理网格，做到“上面千条线，下面一张网”，切实强化社区“兜底”功能，把各方面管不到的，都托住、兜紧。绿园区和敦化市等地还在社区设置“党建责任田”，设立党员中心户，为居民提供精细化服务，很受欢迎；推行群众诉求代理制度，广泛设立社区群众诉求代理站，进一步畅通群众利益诉求反映渠道，向有关部门代理反映群众诉求，并协助调解、处理，使矛盾纠纷在早期发现，在萌芽阶段得到化解；推行居民参与式治理制度，凡是涉及居民群众切身利益重大事项的决策，社区党组织都适时召开社区听证会、居民议事会讨论决定，拓宽居民群众参与社区事务渠道，做到“大家的事大家办”，提升社区管理的民主化程度。

（作者：中共吉林省委常委、组织部长）

发挥党密切联系群众的优势 推进创先争优常态化长效化

韩　旭

创先争优活动对于中国共产党的未来，对于国家民族今后的发展，具有十分重要的影响。其中一个很重要的体现，就是创先争优活动把我们党各种独特优势中核心、本质的优势，即密切联系群众的优势体现和展示出来了，并且探索和创造了我们党在长期执政条件下，如何发挥这种优势的有效载体、方法途径，找到了党组织密切联系群众最应解决的症结。在今后的前进道路上，我们应当坚持、运用和借鉴创先争优活动在发挥密切联系群众优势方面的经验和做法。

一、牢牢把握住中国共产党人追求先进和优秀的目的、检验标准、力量源泉，牢牢把握住一切工作的出发点和落脚点，就是服务人民群众，让人民群众满意

创先争优活动是服务人民群众最集中、最生动的实践，取得了很好的效果，得到了广大党员、干部和人民群众的充分肯定，为我们党在新时期服务人民群众积累了宝贵经验。推进创先争优活动常态化长效化，就是要把服务人民群众常态化长效化。先进不先进，优秀不优秀，不是自封的，不能自我评价，而是要看服务人民群众究竟做得怎么样，效果如何，人民群众满意不满意。服务人民群众不能仅仅停留在口头上、满足于写在纸上，而是必须有实际行动，让人民群众得到看得见、摸得着的实惠，得到实实在在的好处和利益。要在全党全社会继续弘扬服务人民群众创先争优的良好风气，保持服务人民群众的强大声势，使之成为各级党组织、党员干部的自觉行动。服务人民群众要比一比、赛一赛，看谁做得最好，谁能得到人民群众发自内心的、真心实意的称赞。要用服务人民群众的效果，检验我们党的先进性和纯洁性。只要全党同志牢固树立把群众当作亲人的先进和优秀的价值理念，拿出扎扎实实、争先恐后为群众做好事、办实事、解难事的实际行动，我们党就会永远赢得人民群众的真心拥护，永远立于不败之地。

二、继续抓好与人民群众关系最直接、联系最密切的两件大事：一是窗口单位和服务行业的为民服务工作，二是党的基层组织建设

人民群众总是从身边看得见、摸得着的具体的人和事来看党和政府的形象，关心与他们切身利益相关的问题。因此要发挥密切联系群众的优势，不能泛泛而谈、让人无从下手，必须找准找好“切入点”。这个切入点就是那些与人民群众联系最密切、关系最大的地方。这次创先争优活动，着力推进窗口单位和服务行业为民服务创先争优，抓得准，效果好。窗口单位和服务行业经常、直接地为人民群众提供服务，其一言一行关系到党和政府在群众心目中的形象。

这次创先争优活动，大力加强基层党组织建设，同样抓得准，效果明显。基层党组织同人民群众工作生活在一起，离现实最近，离人民群众最近，对真实情况反映最敏锐、最全面。基层党组织是党中央和各级党委在基层的代表，能够及时了解基层单位的客观情况，掌握人民群众的现实要求，人民群众能够从基层党组织的工作中判断和感受党的形象。因此，服务人民群众是基层党组织最基本的职责、最重要的工作。这项工作做不好，基层党组织就难以形成

凝聚力，难以发挥战斗堡垒作用。通过创先争优活动，基层党组织服务人民群众的能力、水平都有较大提高。

推进创先争优活动常态化长效化，必须继续把窗口单位和服务行业为民服务创先争优坚持下去，常抓常新。要以创先争优活动为起点，不断推动窗口单位和服务行业转变服务作风、提升服务水平、提高服务效能，不断让人民群众满意，使我们党密切联系群众的优势得到充分发挥。继续普遍地公开亮标准、亮身份、亮承诺，继续普遍地比技能、比作风、比业绩，争创群众满意窗口、优质服务品牌和优秀服务标兵，始终坚持高效、便捷、及时、周到地为人民群众办事、服务，让人民群众永远满意。服务人民群众的工作一刻不能停，为民服务的创先争优同样一刻也不能停，必须长期坚持下去。

推进创先争优常态化长效化，必须继续通过创先争优，以先进带后进，让后进赶先进，使扩大先进基层党组织、提升一般基层党组织、转化后进基层党组织的工作坚持下去。大力加强党的基层组织建设，不断做好抓基层、打基础的工作，使我们党密切联系群众的优势在广大的基层得到充分发挥。继续坚持不懈地加强党的基层组织建设，继续在广大基层党组织和共产党员中创先进、争优秀，要借创先争优活动的东风，乘势而上，一鼓作气，再接再厉。通过创先争优常态化长效化，充分发挥基层党组织的战斗堡垒作用，不断增强创造力、凝聚力、战斗力，使之更好地为本地本单位的改革发展稳定服务。

三、继续抓好我们党在长期执政条件下，在新的历史时期充分发挥密切联系群众的优势，最应该抓的最应该解决的问题就是各级领导干部、机关干部下基层直接联系群众

这次创先争优活动，各级领导干部、机关干部都参与进来，关心基层、帮助基层、服务基层、指导基层。抓好基层的活动，上级各个方面都跟着行动起来，指导基层更有针对性。这次创先争优活动，打破了一些机关工作的自我循环，转变了一些旧的思路和框框套套，把领导干部、机关干部队伍建设放到基层和广大人民群众中，在基层广阔的天地去比试，看谁的本领高强，看谁为基层和人民群众服务得更好，用服务广大基层和人民群众的实际效果，检验也锻炼和提升了机关党员干部的能力水平，密切了干群关系，展示了党和政府在人民群众中的良好形象。

推进创先争优常态化长效化，要继续把各级领导干部、机关干部下基层直接联系群众的做法坚持下去，切实转变干部作风，增进干部与人民群众发自内心的真情实感。在服务基层和人民群众的过程中，进一步锻炼干部队伍，防范和化解我们党长期执政存在的最大危险即脱离人民群众的危险，使密切联系群众的优势在各级领导干部、机关干部中得到充分体现。

要继续坚持不懈地鼓励和支持领导干部、机关干部深入基层、深入实际、深入群众，包括在农村、非公有制企业等基层单位蹲点住上一段时间，提倡和鼓励领导干部动笔撰写民情日记。各级领导干部、机关干部要继续联系基层单位和基层群众，交一些“穷亲戚”、穷朋友。选派机关干部到农村、非公有制企业等基层单位挂职，把工作队、工作组派下去，使领导干部、机关干部下基层直接联系群众制度化、常态化、经常化。大力提倡和形成全党全社会为人民群众办实事之风，坚持在服务人民群众中创先进、争优秀。

（作者：中央创先争优活动领导小组办公室指导组副组长）

创先争优与保持党的先进性

戴焰军

创先争优活动开展以来，对于促进基层党组织建设在新形势下的发展和创新，发挥党员在实际工作中的先锋模范作用，从而体现党在新的历史条件下的先进性，都显示出重要的意义。深入总结全党开展创先争优活动的经验，探索通过创先争优活动更好地推进党的先进性建设的途径并健全相应的机制，是我们党的建设理论和实践中面临的一项现实任务。

《中国共产党党章》规定，“中国共产党是中国工人阶级的先锋队，同时是中国人民和中华民族的先锋队。”这是中国共产党对自身性质的表述，也是对自身定位和自身作用的申明，对自身所担负的历史使命的庄严承诺。先锋队，就必须始终站在时代发展的前列，站在为最广大人民利益而奋斗的前沿，为推进社会历史的发展和实现最广大人民群众的根本利益不懈奋斗，也就是说要始终体现自己不同于其他任何组织的先进性。而这种先进性的体现，一方面，要求党在整体上的理论、纲领、宗旨、路线、方针、政策、制度等与时代发展要求、与广大人民群众根本利益要求的一致性，如马克思、恩格斯在《共产党宣言》中所说：“在实践方面，共产党人是各国工人阶级政党中最坚决的、始终推动运动前进的部分；在理论方面，他们比其余的无产阶级群众优越的地方在于他们了解无产阶级运动的条件、进程和一般结果。”另一方面，要求党的各级组织和广大党员在贯彻党的整体要求中，在带领人民群众为实现他们的利益而奋斗的一切工作中，发挥其先进作用。如毛泽东所说：共产党员“应在各方面起其先锋的模范作用”。应该是英勇作战的模范，执行命令的模范，遵守纪律的模范，政治工作的模范和内部团结的模范。应该是统一战线中各党关系的模范，政府工作中十分廉洁、不用私人、多做工作、少取报酬的模范。应该是实事求是的模范，具有远见卓识的模范，学习的模范，等等。就这些方面来看，中国共产党作为一个马克思主义政党，其先进性是一以贯之的。

然而，在党的活动中，党的先进性的表现又是历史的、具体的。像党在整体上的理论、纲领、路线、方针、政策、制度都会因党所处的具体历史方位变化发生变化一样，党的组织和党员在实际中体现其先进性的具体内容和具体要求，也会因时代条件的变化发生变化。革命战争年代，党为夺取政权而奋斗，其中心任务是领导人民进行阶级斗争，党的基层组织就是领导阶级斗争的战斗堡垒、前沿指挥部，党员的先锋作用也主要表现在带领人民群众对敌人进行英勇顽强的斗争过程中。执政以后，党的工作重心转移到经济建设上来，党的基层组织的战斗堡垒作用便主要体现在领导和组织广大党员和群众进行经济社会建设的各项活动中，党员的先锋模范作用也主要体现在带领人民群众完成经济社会建设的各项任务中。不仅是发挥先进性的具体内容要求，而且发挥先进性的具体形式、方法、途径，都会因党的历史方位变化而变化。同样，当党从过去在相对封闭和计划经济条件下执政转入在改革开放和市场经济条件下执政，党的基层组织和党员体现先进性的具体内容和具体的形式、方法和途径也会再一次发生变化。

问题是，这种变化的过程，并不是自然而然实现的，它是党根据变化了的客观环境要求，转换自己基层组织功能，调整自己基层组织活动方式、组织形式、工作方法，并教育、帮助、引导党员转变观念、加强学习、增强能力，以适应变化了的新环境的过程。每一次这样的过程，都是对党在整体上的一种新的考验，也是党的基层组织和广大党员的一次新的学习。所以，在中国共产党走上执政地位的时候，毛泽东要求全党来一次重新学习，在中国共产党领导的改革开放全面展开时，邓小平要求全党再来一次重新学习，而这样的学习，就是要解决在变化了的新环境下什么样的党组织才是先进的党组织，什么样的党员才是合格的党员这样一个重大问题。

重新学习，学习什么？这不是从我们自己的主观愿望出发来规定的，而是从客观环境的需要出发来规定的。所以，首先要了解客观环境发生了怎样的变化，给我们提出了怎样的要求，再根据这种要求，提出和部署党的基层组织和党员在实际工作中的任务。当前我们党在全党开展的创先争优活动，就是根据党在改革开放和发展社会主义市场经济的条件下面临的新情况和新问题，所提出和部署的党的基层组织和广大党员的新任务。毫无疑问，党的基层组织争创先进，党员争当优秀，对我们这样一个先进的马克思主义政党来讲，是一个永恒的课题、一贯的要求。那么，现在为什么要突出强调呢？这是因为，随着党的执政环境已经发生和正在发生的巨大变化，基层组织的组织形式、活动内容、活动方式、主要功能体现途径，党员的社会活动方式、思想观念、就业形式等等方面都出现了变化，由于不能适应这些变化，出现了如党的十七届四中全会《决定》所说的一系列现象，即“一些基层党组织战斗堡垒作用不强，有的软弱涣散，有的领域党组织覆盖面不广，部分党员党员意识淡化、先锋模范作用不明显”。而开展创先争优活动，就是要解决这样一些问题。

一些基层党组织战斗堡垒作用不强，有的软弱涣散。一是因为在新的形势下，一些基层党组织不能适应功能转换的要求，过去那种偏重于管理的职能不能继续发挥，因为很多群众的工作、生活已经脱离过去体制内的行政约束体系，越来越社会化了，他们更需要的是服务，而不是管理，但我们一些基层党组织还没有找到更好地为群众服务的方法和途径，于是就感到无所事事了。二是因为市场经济条件下，人口流动性很大，不再像过去计划经济时期那样，人的工作生活几十年一贯制相对稳定和固定。而这种不稳定包括党员，如有些经济相对落后的农村地区，党员中的青壮年很多都到城里去打工，农村留下的党员年龄偏老，在文化水平、知识结构、工作精力等方面都很难适应现实发展要求，不能很好地发挥带领群众致富的作用，自然影响力也就会弱化。三是随着社会组织形式的变化，党员工作生活流动性和不稳定性的凸显，以及很多领域跨单位党组织的出现，过去借助于行政管理体系来对党员队伍进行管理的格局被打破，党员队伍的管理教育难度增加，基层党组织内部凝聚力弱化，也使得党组织的战斗堡垒作用发挥受到影响。四是因为一些领域基层党组织和单位的分离，一些经济欠发达地区经济能力的限制，基层党组织的活动场所、活动经费难以得到保障，党的组织不能经常性开展活动，组织内部管理松散，也就很难有战斗力。五是一些建立在新经济组织和新社会组织中的基层党组织，由于各种客观原因，《党章》中所规定的组织功能很难得到充分发挥，其活动受所在组织现实状况影响很大。如建立在外资企业、民营企业、外资控股的中外合资企业等领域的党组织，其活动状况和发挥作用的状况，很大程度上取决于企业老板的态度，老板积极支持，则活动的开展和作用的发挥就会好得多，否则，就很难发挥自己的作用。至于说有的领域党组织覆盖面不广，那更是与这些领域当前所处的现实情况直接相关。

部分党员党员意识淡化、先锋模范作用不明显。一是因为一部分党员本身工作和生活就处于流动状态，居无定所，工作也不稳定，有的甚至找不到合适的地方去挂靠自己的组织关系，常年把组织关系装在自己口袋之中，成为

"口袋党员",常年不缴纳党费,也不参加党的组织生活,当然,他们对自己的党员身份认同就出现了问题。二是一部分在新经济组织和新社会组织中工作的党员,因为所在党组织本身没有正常的组织活动,加上自身生存压力很大,忙于挣钱养家糊口,久而久之,也就淡化了对自身党员身份的认同。三是一些地方部门和单位,党内民主建设搞得不好,党员在党内的各项权利得不到应有的落实,许多该让党员知道的党内事务没有及时让党员知道,许多该让党员参与的工作没有让党员充分参与,党员感觉不到自己作为组织内部的成员与组织外部的群众有什么区别,这也就影响到党员对自己身份的认同。四是有些地方部门和单位的党组织轻视党内关怀,对那些在工作生活等方面遇到困难的党员,不能及时给以必要的帮扶和关心,特别是对那些在过去长时间里为党的工作作出贡献,而现在年龄偏大,各方面遇到困难的农村和企业党员,不能给以及时的关怀和照顾,也会影响这些党员及周围党员对自己身份的认同和先锋模范作用的发挥。五是一些地方部门和单位的党组织本身不够重视发挥党员的先锋模范作用,不去有效地引导和激励他们发挥作用,对于先锋模范作用发挥得好的党员,不能给以必要的肯定和表彰,对于不能发挥先锋模范作用的党员,也不能给以必要的引导和教育,在一定程度上挫伤了党员的积极性。

当然,上面所谈到的都是客观原因。一些基层党组织战斗堡垒作用不强、软弱涣散,部分党员党员意识淡化、先锋模范作用不明显,更重要的还是内因。我们分析这些外因条件变化,主要是要搞清楚,是哪些因素导致了目前基层党组织和党员出现这些问题,或者说是哪些外因对内应构成了直接的影响,以及说明我们为什么要通过开展创先争优活动来解决面临的这些问题。

从中央对创先争优活动的内容规定和各地开展创先争优活动以来在实践中积累总结的大量经验来看,创先争优活动就是针对上述情况所采取的一种关系全局的重大决策,其目的就在于,根据党的历史方位所发生的新变化和党的建设所遇到的新情况新问题,重点解决新形势下基层党组织如何发挥战斗堡垒作用和党员如何发挥先锋模范作用的问题。

创先争优活动实际上是从两个方面来解决问题的。一个方面,就是从改进客观条件,创造更有利于发挥基层党组织的战斗堡垒作用和党员先锋模范作用的外部环境的角度来解决问题;另一个方面,就是从激发基层党组织内部活力和提高党员自身素质的角度来解决问题。

就发挥基层党组织的战斗堡垒作用来看,前者包括引导基层党组织根据外部环境变化及时转换功能,积极为基层党组织的发展创造条件,解决基层党组织的活动条件问题,搭建有利于基层党组织发挥作用的活动平台,以制度化形式保证党组织在农村、国有企业事业单位的核心作用,创造能够激励基层党组织发挥作用的社会氛围,等等。后者包括引导基层党组织及时调整自己的组织形式,找准自己的工作职能定位,培养自己的高素质带头人队伍,加强自己内部的民主建设,注重组织内部对党员的激励、关怀、帮扶,增强组织内部的凝聚力,等等。就发挥党员先锋模范作用来看,前者包括健全完善党员主体地位和党员权利的保障制度,建立健全党内关怀机制,健全流动党员的组织体系,做好新党员的培养发展工作,积极为党员发挥先锋模范作用提供更为广阔的舞台,以各种形式的外部标志强化党员的身份认同,丰富党内生活内容,强化党员的组织归属感,等等。后者包括不断加强党员的理想信念教育,提高党员在实际工作中的各种能力和整体素质,严格党内政治生活,加强党员队伍的组织管理,坚持民主评议党员,表彰优秀党员,及时处置不合格党员,等等。当然,这样两个方面在实际工作中是很难截然分开的,正因为这样,才能对促进基层党组织发挥战斗堡垒作用和党员发挥先锋模范作用形成整体的推进力。

从这两个方面来解决问题,本身就是一个

动态的、长时期的、甚至从一定意义上说无终止的过程。因为，首先，客观的环境还在不断发生新的变化，还会不断地把新的情况和问题摆在我们面前，要求我们拿出相应的解决问题的对策和办法。其次，在客观环境的影响下基层党的组织内部和党员的思想观念行为方式也会发生新的变化，要求我们及时给以关注并在指导原则、制度规则、方法要求等方面及时作出必要的调整和改进。再次，更为重要的是，我们党的性质决定了党的基层组织发挥战斗堡垒作用和党员发挥先锋模范作用本身就是一种贯穿始终的要求，一种没有终止的要求。

所以，我们需要通过创先争优这种动态式的活动来实现我们的目标。这种动态式的活动，能够使基层党组织和党员在实践中及时对自己进行反观和慎思，发现自己的优势和找到自己的差距，积累总结经验，根据实践要求对自己作出相应的调整。能够使基层党组织和党员在实际工作中通过磨炼增长才干，提高水平，发现和培养高素质的基层组织带头人队伍，发展和扩大优秀党员队伍，坚定党员的理想信念。能够使党员通过参与党的各种组织活动，通过在党组织领导下发挥其先锋模范作用的各种具体行为表现及其在组织内部的广泛认同，强化对组织的归属感，增强党组织的凝聚力和向心力。能够使党的基层组织和党员通过在实际工作中广泛接触群众而接受群众的监督和评判，强化其发挥战斗堡垒作用和先锋模范作用的外在动力。能够使基层党组织和党员通过检视自己在实践中发挥作用的效果而增强信心和坚定目标，从而激发其进一步发挥作用的内在动力。能够使基层党组织和党员的战斗堡垒作用和先锋模范作用产生更为广泛的社会影响，从而更好地形成有利于这种作用得到进一步发挥的良好社会氛围，形成社会基层党的建设的良好政治和社会生态。一句话，能够使党的先进性通过基层党组织和党员的实际活动而得到充分的彰显并落到实处。

（作者：中共中央党校党建教研部副主任、教授、博士生导师）

开展基层组织建设年
提升基层组织战斗力

惠建林

开展基层组织建设年是深化创先争优和加强基层党组织建设的重大举措。江苏省常熟市把基层组织建设作为一项重大的政治任务去谋划、推进和落实，努力创造特色和亮点，务求实效。

一、明确目标任务，科学部署基层组织建设年

年初，市委在开展集中调研、全面掌握情况、广泛征求意见的基础上，研究制定了《关于在创先争优活动中开展基层组织建设年的实施方案》，明确“强组织、增活力，创先争优迎接十八大，率先基本实现现代化”的主题，明确“着力解决基层党组织建设中的突出问题，着力增强基层党组织的创造力、凝聚力、战斗力，着力完善加强基层党组织建设的体制机制”的重点。

贯彻“抓落实、全覆盖、求实效、受欢迎”的要求，坚持一抓到底，解决突出问题，贴近基层需求，让党员满意、群众满意。实现五个提升，即基层党组织战斗力、基层党组织书记素质、党员队伍生机活力、基层基础保障水平、基层党建制度化水平都要得到切实的提升。

构建五个体系，即顺畅合理的组织体系、权责明晰的责任体系、科学规范的制度体系、坚实稳定的保障体系、务实管用的考评体系。要求各级党组织全面把握目标要求，切实抓紧抓好基层组织建设年各项工作。

二、抓住关键环节，确保基层组织建设年扎实推进

明确具体方法步骤。一是调查摸底，分类定级。重点摸清基层党组织设置、班子建设、制度建设等情况，特别是找准基层组织建设存在的突出问题。在此基础上，按照“领导班子好、党员队伍好、工作机制好、工作业绩好、群众反映好”的要求，按照“强、较强、一般、薄弱”四个等级进行分类定级。二是集中整改，晋位升级。各基层党组织要对存在问题认真梳理，制定整改方案，作出公开承诺，按照轻重缓急确定立即整改、逐步整改事项，实行项目化推进，集中解决一批突出问题，实现晋位升级。三是学习先进，创先争优。在媒体开辟专栏对先进典型进行集中宣传。各基层党组织对照先进找差距，明确争先进位目标，形成学习先进、崇尚先进、争当先进的社会环境。四是分析评估，巩固成果。各基层党组织对过程是否扎实、问题是否解决、争先进位的成效是否明显等方面进行评估小结，认真开展三级联述联评联考，把开展基层组织建设年的好经验、好做法以制度形式固定下来，巩固和扩大工作成果。

分类落实重点任务。在农村，全面落实“一定三有”、“四议两公开”、村级“三规范”等要求，深入推进村级“四有一责”行动计划，学习推广“文建明工作法”，积极开展村级“先锋工程”，力争30%以上的村进入新一轮苏州市级“先锋村”行列。在社区，深入推进社区“三强一化”建设，开展“三代三帮”活动，推行“民情流水线”，努力争创“先锋社区”，力争30%以上的社区达到苏州市级“先锋社区”标准。在非公企业，深入推进“四有一工程”，深化“双支持、双争创”活动，开展“三培养两推荐”活动，落实“三荐一评一审”制度，加强对流动党员的

服务管理，开展先锋创建竞赛，巩固非公企业党组织建设成果。在机关事业单位，围绕争创“效率型、责任型、学习型、服务型、廉政型”五型机关，积极开展行政事项审批“一站式”服务，深化“结对共建”、“在职党员进社区”活动，努力做到机关部门和党员干部全覆盖。

三、统筹办实事解难题，力争基层组织建设年取得明显成效

加大人力、财力、物力投入力度，统筹协调，着力办实事解难题，确保出成果、见实效。

基层党建责任落实行动。建立完善“定标、网控、问责”三位一体的责任落实机制，建立以下重点工作规范：年初召开党建工作领导小组会议，制定年度党建工作计划；每年召开党建工作专题会议进行研究部署；年初与下属党组织签订目标任务责任书，每半年进行检查通报，年终进行考核；确定领导干部党建工作联系点，每年开展党建工作专题调研；每季度召开下属党组织书记例会；党组织书记就履行抓党建工作第一责任人职责进行专项述职；深入开展党建工作创先争优活动，评选表彰各类先进典型和创新成果；每年选树党建工作示范党组织；合理规范使用基层党建工作专项资金；每年开展基层党务干部业务培训和党员宗旨意识、党性观念培训。各级党组织对下属党组织责任落实情况进行实时提醒和监督，落实不好的，按管理权限予以问责，追究责任。

党员干部素质提升行动。全面开展新任非公企业党组织书记培训，确保年内普遍轮训一次。举办村、社区党组织书记科学发展转型升级和加强社会管理专题培训班。规范基层党务工作者队伍管理，组织开展社区、非公企业党务工作者任职资格培训，实行资格认证制度。组织开展“珍视党员身份、争当工作先进”党性教育活动。

后备人才选拔培养行动。面向“985”、“211”高校招录优秀毕业生50名充实大学生村官队伍，开展“银发生辉、牵手结对”活动。加大大学生村官选拔培养力度，为他们尽快成长创造良好条件。镇（街道）、村（社区）按1：1比例建立后备干部队伍，建立全市各级后备干部信息管理系统，分类别、多层次掌握后备干部情况，并及时进行调整补充。选派100名镇（街道）、村（社区）年轻干部开展“双培双挂”。

干部直接联系群众行动。持续推进“百村、千企、万户”大走访活动，深入开展领导干部走访慰问、驻村蹲点调研等活动，市领导带头挂点包镇、镇党政班子成员联点包村、村干部分片包户，市党政领导干部每人深入基层调研时间不少于2个月。建立完善一把手接待日制度，设立党代表工作室，推行党委委员联系党代表、党代表联系党员、党员联系群众的“三联系”制度。进一步做大党员关爱基金，深入推进党员关爱帮扶困难群众行动。

强化基层基础保障行动。市镇两级建立按财政支出增幅同比例增加投入机制，按标准划拨各项党建工作经费，确保社区党务工作者待遇。高标准建设村、社区、非公企业党建活动阵地，开展示范型党员活动室、党员服务站、党员服务中心创建活动。提升基层党建工作信息化水平，深化拓展远程教育“双创双争”活动，推动党建工作网络管理平台向村、社区、非公企业延伸，实现非公企业远程教育站点全覆盖，引导全社会积极关注、参与和推动基层组织建设年。

（作者：中共江苏省常熟市委书记）

简析创先争优与保持党的纯洁性

周金堂

创先争优与保持党的纯洁性都是加强党的先进性建设的内在要求和重要内容。正确认识、科学把握两者之间的本质特征和主要功用,对于统筹协调、科学推进创先争优活动,永葆党的先进性和纯洁性具有重要的理论与现实意义。

一、创先争优和保持党的纯洁性在本质上是一致的

先进性是马克思主义政党的本质属性,是生命所系、力量所在。党的先进性建设始终是我们党生存、发展、壮大的根本性建设,是党的建设的基本任务和永恒主题。面对发展的实践,前进的时代,党必须根据实际情况在加强自身先进性建设上不断创造新的形式,丰富新的内容。

开展以创建先进基层党组织、争当优秀共产党员为主要内容的创先争优活动,是激发先进性的有效实践形式和载体。党的先进性必须通过基层党组织的先进性得到体现和发展,通过党员干部的思想纯洁、队伍纯洁、作风纯洁、清正廉洁来反映和体现。通过深入开展创先争优活动,能够有效调动党的基层组织和广大党员的积极性和创造性,形成你追我赶、争当先进的局面,有利于增强党员队伍的生机活力,造就高素质的基层党组织带头人队伍,切实解决部分基层党组织和党员保持和发展先进性动力不足、标准不高、行动不力、效果不佳的问题,将党的基层组织先进性建设提升到一个新的高度,将党员队伍的纯洁性保持在与党的性质、纲领、宗旨等要求相一致的高度。

保持党的纯洁性,是保持党的先进性的必然要求。纯洁性是先进性的重要基础和重要体现。对一个执政党特别是长期执政的党来说,解决好自身纯洁的问题,至关紧要。保持党的纯洁性,也是保持党同人民群众血肉联系的必然要求。我们党的根基在人民,血脉在人民,力量在人民。党自身纯洁,就会赢得群众;反之,必然脱离群众。要把党的纯洁性建设作为全党一项根本性建设来抓,确保党始终走在时代前列,更好地肩负起历史使命。胡锦涛总书记突出强调保持党的纯洁性,是对马克思主义党的建设理论的创新和发展。面对世情、国情、党情的深刻变化,只有保持党的纯洁性,保证党的肌体健康,才能不断增强党的创造力、凝聚力和战斗力。

二、创先争优和保持党的纯洁性在功能上是互补的

创先争优和保持党的纯洁性,对于加强党的组织、思想、作风、制度和反腐倡廉建设具有重要的推动和保障作用。

一方面,创先争优活动能够深化保持党的纯洁性的基础。创先争优活动深化保持党的纯洁性的思想基础。思想纯洁是马克思主义政党保持纯洁性的根本。创先争优活动的主要目的之一,就是提高党员干部素质,增强党员意识,提高思想觉悟,切实加强党性修养和思想改造,始终坚持把思想纯洁作为永恒不变的价值追求,自觉抵御各种腐朽落后思想文化的侵蚀,坚守共产党人的精神家园,保持共产党人的政治本色。深入持久推进创先争优活动,就是要把认真学习和实践中国特色社会主义理论体系,作为保持思想纯洁的核心内容,牢固树立正确的世界观、权力观、事业观,时时刻刻严格要求自己,坚持高尚的精神追求,坚定共产主义远大理想和中国特色社会主义共同理想。

创先争优活动深化保持党的纯洁性的组织基础。党员是党的肌体的细胞和活动的主体，党员队伍的纯洁对于保持党的先进性来说至关重要。对于一个人数众多的执政党来说，保持队伍及其成员的纯洁性问题，比世界上任何一个执政党更加突出。现实生活中，少数基层党组织软弱涣散，凝聚力、战斗力不强，少数党员为政不廉、腐化堕落，败坏的不仅是自身的形象，更是党的形象，危害的是党的肌体健康。开展创先争优活动，明确要求基层党组织必须做到"五个好"，共产党员必须做到"五带头"，这对于全面加强基层组织建设，在党员特别是党员领导干部中大力营造和形成自觉加强党性修养，切实做到拒腐蚀、永不沾，始终保持清正廉洁的良好环境，进而保持党的纯洁性，提供组织保证。

创先争优活动深化保持党的纯洁性的群众基础。作风纯洁作为衡量和检验党的纯洁性最直接最现实的标准，同时也是共产党人政治本色的生动体观。保持作风纯洁，核心问题是强化宗旨意识，密切党同人民群众的血肉联系。当前，有少数党员、干部作风不正，宗旨意识淡薄，对群众利益漠不关心，对群众疾苦麻木不仁，走基层，图形式，走过场，做表面文章，不敢碰矛盾、不愿动真情下决心解决民生问题。开展创先争优活动，能够有效促进各级党组织和广大党员更好地联系和服务群众，忠实履行全心全意为人民服务的根本宗旨，始终保持党同人民群众血肉联系，进一步密切党群干群关系，把广大群众更加紧密地团结在党组织周围，共同推进党的各项事业。

另一方面，保持党的纯洁性能够为不断深化创先争优活动和加强党的先进性建设增添活力。保持党的纯洁性，必须扎实做好党风廉政建设各项工作，为广大党员模范履行党员义务提供动力。当前，少数党员干部为政不廉，宗旨意识、党的意识、党员意识淡化，先锋模范作用不能发挥；有的基层党组织在反腐倡廉和保持党员干部为政清廉上不作为，丧失了应有的凝聚力和战斗力。保持党的纯洁性，必须大力保持党员干部清正廉洁，必须坚持以完善惩治和预防腐败体系为重点加强反腐倡廉建设，大力整治不正之风，使广大党员干部不断增强廉洁奉公、遵纪守法自觉性，使广大人民群众看到党在保持纯洁、端正党风上的决心。要通过反腐败的警示教育，使党员干部严格按照党章规定的义务要求自己、鞭策自己，带头弘扬正气，带头开展批评和自我批评，自觉抵制歪风邪气和腐败行为，不断增强自我净化、自我完善、自我革新、自我提高的能力。

保持党的纯洁性必须加大监督力度，强化约束措施，为保持各级党组织的纯洁和共产党人的政治本色提供约束力。严格的监督和严明的纪律是维护党的先进性和纯洁性的有力保证。作为领导全国人民掌握政权并长期执政的党，能否对权力加以有效的监督，直接关系党的形象和威信，关系党和国家事业的兴衰成败。要做到权力行使到哪里，监督就跟进到哪里，让监督始终与权力同行，防止人民赋予的权力岗位化、岗位形成的权力个人化、个人掌握的权力商品化。要通过强化监督和严肃纪律，及时发现腐败案件线索、不正之风苗头和体制上管理上的各种问题，不断提出相关的整治方案和应对措施，防止和克服党员干部党性不强、作风不好之风的蔓延。要通过严格的纪律约束和民主监督，推动广大党员干部深入学习实践科学发展观，自觉围绕中心、服务大局，积极贯彻落实中央的重大决策和部署，增强事业心和责任感，为反腐倡廉建设与创先争优活动的有机结合创造条件，为保持党的纯洁性和党员干部队伍的纯洁夯实基础。

三、创先争优和保持党的纯洁性在结合上是增效的

创先争优和保持党的纯洁性的主要活动内容和工作要求是基本一致的，在思想、作风、队伍和制度建设方面是相互贯通、相互影响和相互作用的。

思想建设是创先争优和保持党的纯洁性的

重要条件。不论是创先争优还是保持党的纯洁性，都应把理想信念教育作为党的思想建设的重点，坚持用中国特色社会主义理论体系武装全党，不断提高全党的思想理论水平；要持之以恒地通过思想政治教育，引导党员干部加强党性修养和党性锻炼，不断改造主观世界，保持思想纯洁；要通过理论武装，帮助党员干部着力增强贯彻党的基本理论、基本路线、基本纲领、基本经验的自觉性和坚定性，做共产主义远大理想和中国特色社会主义共同理想的坚定信仰者；要通过道德情操和健康人格的教育培养，引导党员干部培养良好的从政道德，坚持以德修身、以德服众、以德领才、以德润才，努力做到忠于职守、公道正派、率先垂范、境界高尚。

作风建设是创先争优和保持党的纯洁性的根本要求。创先争优和保持党的纯洁性，最终都要反映在作风纯洁上，落实在履行党的宗旨、服务人民群众、推动科学发展、改善党风和社会风气上。要教育引导党员干部坚持群众路线，把实现好、维护好、发展好最广大人民根本利益作为检验自身纯洁性的试金石，落实到真心实意、尽心尽力解决群众生产生活的实际问题，坚决纠正损害群众利益的不正之风上。要教育引导党员干部深刻认识到，不断开创中国特色社会主义事业新局面要走的路还很长，面临的任务还很艰巨，可能遇到的困难和挑战还很多，必须坚持奋发有为、昂扬向上、百折不挠的精神，弘扬勤俭节约、艰苦奋斗、求真务实的作风，不断为讲党性、重品行、作表率的实践活动增光添彩。

队伍建设是创先争优和保持党的纯洁性的主体。必须把队伍纯洁作为基础。要严格把好党员入口关，坚持成熟一个发展一个，坚决把入党动机不纯的人拒于党的大门之外。要坚持五湖四海、任人唯贤，德才兼备、以德为先，把那些政治坚定、有真才实学、实绩突出、群众公认的干部集聚到党和国家事业中来，把各级领导班子建设成为坚强有力的领导集体。要疏通出口，建立健全党员党性定期分析制度，民主评议党员，对那些思想不纯洁、作风不纯洁、为政不清廉的不合格党员要按照党章和有关党内法规进行严肃处理，对那些党性不够强、不适宜担任现职的干部要进行适当调整，切实解决干部能上不能下、能进不能出的问题，始终保持党员干部队伍的生机活力。

制度建设是深入推进创先争优活动和保持党的纯洁性的关键。制度带有根本性、全局性、稳定性和长期性。制度建设是党的建设的重要内容，也是实现创先争优常态化，保持党的纯洁经常化的有效措施。必须面对现实，针对一些党员、一些党员领导干部、一些基层党组织党性不强作风不纯洁的问题，着重健全重点领域和关键环节的规章制度，如权力运行制度、党员干部家庭财产公开制度、选人用人制度、公共财政与预算制度等。在制定完善规章制度的同时，还要狠抓制度的落实，坚持用制度管权、管事、管人，努力推进创先争优和保持党的纯洁性走上规范化、常态化、科学化的轨道。

纪律约束与监督是深入推进创先争优活动和保持党的纯洁性的重要抓手。在社会主义市场经济条件下，创先争优和保持党的纯洁性，必须充分发挥党内民主监督、党务公开、舆论监督的作用。要加强普通党员对党员干部、党员干部对党员领导干部和领导班子、领导班子成员对一把手和领导班子内部监督。要把创先争优和党的纯洁性的基本要求，转化为可量化、可考核、便于把握的具体标准，使基层党组织和党员能够严格按照先进和优秀的具体标准评先定优，切实评出真先进，选出真优秀，树立真典型，确保先进党组织和优秀党员干部得到群众认可，经得起历史检验。同时，要教育引导党员干部正确对待社会监督、群众监督、舆论监督，自觉接受各种媒体包括网络、手机等新媒体的监督。要加强纪律建设，增强纪律观念，严格遵守党章和其他党内法规，切实做到纪律面前人人平等、遵守纪律没有特权、执行纪律没有例外，努力使自律与他律、监督与惩罚有机结合起来，为保持党的纯洁性和先进性创造民主氛围、提供舆论支持和法制保障。

（作者：中国井冈山干部学院副院长）

在创先争优中保持和发展党的先进性

颜晓峰

胡锦涛总书记在“七一”重要讲话中系统概括了我们党保持和发展马克思主义政党先进性的根本点，强调指出了加强党的执政能力建设和先进性建设面临的“四种考验”、“四种危险”，重点论述了在新的历史条件下提高党的建设科学化水平的基本要求，这些思想观点为我们以更广的视野、更高的层次、更深的理解来认识创先争优的内涵，提供了科学指导。

一、创先争优的目的：在基层党组织和党员中保持和发展党的先进性

保持和发展马克思主义政党的先进性，是全党的共同职责使命，依靠从中央到基层各级党组织、从党的领导干部到全体党员的共识、共行和共进。党的基层组织是党全部工作和战斗力的基础，是落实党的路线方针政策和各项工作任务的战斗堡垒。基层党组织先进性状况是党的先进性状况的体现，基层党组织先进性建设是党的先进性建设的基石。基层党组织数量众多、类型多样、分布广泛、作用直接，是执政党的组织基础和联系群众的纽带，处于党的群众工作的第一线。夯实了党的基层组织基础，党的先进性建设才能根深蒂固。党员是党的细胞和分子，具有主体地位，是党的纲领的践行者、党的政策的贯彻者、党的任务的执行者。党员生动地体现着党的精神、代表着党的形象。广大党员能否始终保持先进性、发挥先锋模范作用，是党能否始终保持先进性的主体条件。可以说，党的先进性塑造着党员的先进性，党员的先进性支撑着党的先进性。8000 多万党员的先进性充分发挥出来，将是无往不胜、无坚不摧、无难不克的力量。开展创先争优活动，重心下移，着眼于基层组织和广大党员的先进性建设，抓住了重点，是保持和发展党的先进性的基础工程。

始终保持党开拓前进的精神动力，始终保持党同人民群众的血肉联系，始终保持党的蓬勃活力，始终保持党的肌体健康，是我们党 90 多年来保持和发展党的先进性的根本点。这些根本点既是历史的经验也是现实的要求，既是宏观的行为也是微观的品质，不仅对党的建设具有全局性指导作用，同时也对基层党组织和广大党员具有根本性指导作用。基层党组织和广大党员保持和发展党的先进性，都要结合工作实际和思想实际，牢固树立党的思想路线、群众路线、组织路线，紧紧抓好作风建设、制度建设、反腐倡廉建设。创先争优并不仅仅是一项活动，而是党的先进性建设的有机组成部分。创先争优的内容要求实际上都是围绕“四个保持”而设计和展开的，都是聚焦于服务于保持和发展党的先进性的根本点的。基层党组织和广大党员处于实践第一线，面临很多矛盾和问题，同样需要解放思想、实事求是、与时俱进；负有团结带领群众的直接责任，与群众联系最紧密，特别要求诚心诚意为群众谋利益，和群众拧成一股绳，共同奋斗；承担各项事业、各种重任，既要凝聚人才，又要造就人才；密切接触社会生活，容易受到不良风气影响，自身建设时刻不能放松。

二、创先争优的现实性：新形势下基层党的建设和党员队伍建设面临的考验和危险

党的先进性不是一成不变、一劳永逸的，外

因与内因、客观与主观、环境与机制的相互作用，使得党的先进性面临考验、出现危险。在世情、国情、党情发生深刻变化的新形势下，执政考验、改革开放考验、市场经济考验、外部环境考验，是每个基层党组织、每个党员不可回避、必须经受的考验；精神懈怠的危险、能力不足的危险、脱离群众的危险、消极腐败的危险，是每个基层党组织、每个党员不能忽视、必须警觉的危险。当前，党的基层组织建设状况、党员队伍状况总体上同党的先进性要求是适应的。无论是在平时社会生产生活的运行管理中，还是在重大灾害、重大事件的关键时刻，基层党组织和广大党员都能顶用管事，站得出来、冲得上去，成为先锋、旗帜和主心骨，显示出党的坚强战斗力。同时，在部分基层党组织和党员中，也存在着不少不适应党的先进性要求、经受不起考验、抵制不住危险的问题。现实问题表明，党的先进性弱化、淡化、退化的考验和危险是严峻的，必须采取得力措施加以遏制、防止和解决。

党的先进性建设在不同时期、不同条件、不同情况下，具有不同的现实根据和针对性。创先争优活动作为新的历史条件下基层党组织和党员先进性建设的新形式，最突出的现实性就是“四种考验”、“四种危险”。创先争优通过充分发挥基层党组织的战斗堡垒作用和共产党员的先锋模范作用，推动基层党组织在推动科学发展、促进社会和谐、服务人民群众、加强基层组织的实践中建功立业，用使命凝魂聚气，用事业锻造素质，用上进抵制下滑，是践行党的宗旨、履行党员职责的生动实践。

三、创先争优的机制：激励基层党组织和党员追求先进和优秀

先进和优秀是中国共产党人的特征和追求。“两个先锋队”的性质决定了党的组织和党员的先进性，同时党的先进性要依靠党的组织和党员的先进性来证明、巩固和发展。对于党组织和党员来说，先进和优秀并不仅仅是荣誉追求，从根本上说是本色使然。90 多年党的建设的历史，就是一部保持和发展先进、向往和追求优秀的历史。先进和优秀激励着无数党组织和党员勇于牺牲、甘于奉献，走在前列、为人楷模。党的组织和党员越是先进和优秀，党的战斗力吸引力号召力就越强。创先争优活动就是运用、强化先进和优秀包含的激励功能，以创建先进基层党组织、争当优秀共产党员为目标和动力，在“创”和“争”的过程中追求先进和优秀，把党的先进性本质彰显出来。

创先争优蕴含的先进和优秀是应该和值得创建、争取的价值观，开展创先争优活动就是在倡导和弘扬这一价值观。现实生活中确有一些党组织和党员缺乏先锋模范意识，得过且过、只顾自己，漠视先进、不屑优秀，生活当中显不出来，关键时刻冲不上去，群众心中立不起来。更有甚者腐败堕落，败坏了党的形象，损害了党群关系。创先争优就是要扭转这一倾向，鼓励基层党组织争创先进、党员争当优秀，抵制平庸低俗，追求高尚美好。先进政党代表着社会前进的方向，引领着人民群众的行为。创先争优将为社会主义核心价值体系建设提供有力的示范和引导。

四、创先争优的着力点：促进党的先进性建设具体化实践化制度化

党的先进性建设是一项系统工程，要落到实处、增强实效，就要使之具体化、实践化、制度化。具体化就是不使先进性建设仅仅停留在宏观的层面，而是把先进性建设的目标分解为不同层次的标准，先进性建设的过程划分为不同阶段的任务，先进性建设的方法细化为不同途径的增进，先进性建设的对象区分为不同特点的主体。实践化就是不使先进性建设仅仅停留在理论的层面，而是让先进性建设成为各级党组织的建设主题，成为广大党员的自觉行动，让党的生活和党员行为成为先进性的生动证明。制度化就是不使先进性建设仅仅停留在活动的层面，而是形成有效制度，建立长效机制，保持正常运行。

创先争优活动是促进党的先进性建设具体化、实践化、制度化的一项创新。一是活动有具体要求、评选有具体标准、开展有具体形式。推动科学发展、促进社会和谐、服务人民群众、加强基层组织等,都有相应具体明确的要求;先进基层党组织有“五好”标准,优秀共产党员有“五带头”标准;农村、街道社区、国有企业事业单位、非公有制经济组织和社会组织党组织,根据各自特点,精心设计特色鲜明、务实管用的载体,分类提出开展创先争优活动的具体形式。二是目的、内容、标准具有实践性。目的是加强党的先进性建设,密切党同群众的血肉联系,推动经济社会科学发展;内容有切实贯彻落实党的路线方针政策以及本单位科学发展规划、思路、举措,主动排查矛盾纠纷,做好化解工作,帮助群众解决生产生活中遇到的实际困难等;标准注重工作实绩和社会公认度,基层党组织在群众中有较高威信,党员在群众中有良好形象。三是逐步制度化。把创先争优作为党的建设一项重要的经常性工作,把基层党组织的新鲜经验总结推广,把各类党组织创先争优活动的具体经验加以概括,使创先争优逐步常态化制度化。

五、创先争优的总要求:通过提高党的基层组织建设科学化水平加强党的先进性建设

在新的历史条件下保持和发展党的先进性,必须提高党的建设科学化水平,依靠党的建设科学化保持和发展党的先进性,把党的先进性建设建立在科学的基础上,即建立在符合马克思主义执政党建设规律的基础上。创先争优活动着力提高党的基层组织建设科学化水平,是增强党的先进性建设科学性有效性的重要探索。胡锦涛总书记在“七一”重要讲话中提出在新的历史条件下提高党的建设科学化水平的“五个必须坚持”,为深入理解创先争优的科学内涵提供了指导和启示。

第一,提高党的基层组织建设科学化水平,就要在创先争优中着力提高基层党组织和广大党员的思想政治水平,以理论上的成熟保证政治上的坚定,以理论上的与时俱进促进行动上的锐意进取,以思想上的统一引导各级党组织和广大党员的步调一致。要把创先争优活动同学习型党组织建设结合起来,促使党员干部把学习作为一种精神追求,真正做到学以立德、学以增智、学以创业,增强为党和人民事业不懈奋斗的自觉性和坚定性。

第二,提高党的基层组织建设科学化水平,就要在创先争优中培养和锻炼人才,树立德才兼备、以德为先的人才标准,把创先争优活动同为党和国家事业集聚优秀人才结合起来,营造各方面优秀人才脱颖而出、施展才华的良好氛围,形成党内优秀人才与党外优秀人才共同为中国特色社会主义事业贡献力量的发展格局。

第三,提高党的基层组织建设科学化水平,就要在创先争优中牢固树立群众观点,自觉贯彻群众路线,把创先争优活动同做好新形势下党的群众工作结合起来,在真诚倾听群众呼声、真实反映群众愿望、真情关心群众疾苦中展现和增强党的先进性。

第四,提高党的基层组织建设科学化水平,就要在创先争优中教育党员干部永葆共产党人政治本色,把创先争优活动同深入开展党风廉政建设和反腐败斗争结合起来,坚决推进惩治和预防腐败体系建设,促进党员干部自重、自省、自警、自励,讲党性、重品行、作表率。

第五,提高党的基层组织建设科学化水平,就要在创先争优中推进党的基层组织建设制度化、规范化,把创先争优活动同制度建设结合起来,坚持用制度管权管事管人,发展党内民主,积极稳妥推进党务公开,保障党员主体地位和民主权利,健全民主集中制。

(作者:国防大学马克思主义研究所所长、研究员)

创先争优活动的深厚实践基础和坚实理论支撑

秋　石

在党的基层组织和全体党员中开展创先争优活动，是党中央作出的重大战略部署。深入开展创先争优活动，具有深厚的实践基础和坚实的理论支撑。概括地说，创先争优的实践基础，是我们党90多年来自身建设的伟大实践，特别是党的建设新的伟大工程和党领导的中国特色社会主义伟大事业；创先争优的理论支撑，是马列主义、毛泽东思想和中国特色社会主义理论体系，以及马克思主义政党建设理论特别是我们党总结形成的执政党建设理论。要从我们党90多年伟大实践的高度，总结创先争优活动的历史经验；从全面推进党的建设新的伟大工程的高度，践行创先争优活动的各项要求；从推进党领导的伟大事业的高度，认识创先争优活动的全局意义，使创先争优活动真正成为加强和改进党的建设的强大动力。

一、创先争优是党的优良传统和政治优势

我们党在90多年的光辉历程中，一条鲜明的主线，一个巨大的政治优势，就是党的各级组织和广大党员始终牢记党的伟大使命和根本宗旨，在实践中不断创先争优，从而使党始终保持着先进性和纯洁性。无论是在革命战争年代还是在社会主义建设和改革开放时期，无论是在平时还是在完成重大任务、应对突发事件、战胜自然灾害等关键时刻，党的基层组织始终战斗在第一线，充分发挥战斗堡垒作用，成为人民群众的主心骨。千千万万共产党员舍生忘死、牺牲奉献、英勇奋斗，充分发挥先锋模范作用，展示了共产党人的先进性和纯洁性。如同党的先进性和纯洁性是动态发展、历史具体的一样，党的创先争优的实践也是动态发展、历史具体的。在不同的历史时期，党的各级组织和广大党员创先争优的具体内容与形式有所不同，既一以贯之，又与时俱进。从这个意义上说，党的光辉历史就是一部创先争优、保持党的先进性和纯洁性的伟大实践史。

纵观党的历史，以毛泽东、邓小平、江泽民同志为核心的党的三代中央领导集体和以胡锦涛同志为总书记的党中央，总是根据党的伟大使命和根本宗旨，结合党所处的具体历史方位和所要完成的具体任务，对党的组织与党员保持先进性和纯洁性的实践作出深刻阐释并提出有针对性的要求。毛泽东同志在1938年就指出："共产党员应在民族战争中表现其高度的积极性；而这种积极性，应使之具体地表现于各方面，即应在各方面起其先锋的模范的作用。"新中国成立后，我们党清醒地认识到，执政的环境使党保持先进性和纯洁性的任务更加艰巨了，党要求全体党员始终牢记"两个务必"。改革开放后，邓小平同志针对新时期党员干部中出现的新问题，提出了"有一个党员要合格的问题"。江泽民同志在党的十六大报告中提出："党的先进性是具体的、历史的，必须放到推动当代中国先进生产力和先进文化的发展中去考察，放到维护和实现最广大人民根本利益的奋斗中去考察，归根到底要看党在推动历史前进中的作用。"胡锦涛同志从全面推进党的建设新的伟大工程和中国特色社会主义伟大事业的高度，进一步强调指出，要坚持以推动科学发展、促进社会和谐、服务人民群众为主题，深入一线、深入实际，开展创先争优活动。在十七届中央纪

委第七次全会上,胡锦涛同志突出强调了在新形势下保持党的纯洁性问题,这对全党更深刻地认识创先争优活动的重大价值和更好地推进创先争优活动,具有重要的指导意义。

为把党组织建设成为坚强的战斗堡垒,为使党员充分发挥先锋模范作用,我们党始终坚持开展高标准的党的建设实践活动,始终要求党员不仅在组织上入党,而且在思想上入党;要求把党组织与党员的先进性和纯洁性体现在实际工作中,各个方面都要创先进、争优秀,保持党在思想、政治、组织和作风上的纯洁性;要求各级党组织和广大党员"冲锋在前,退却在后"、"吃苦在前,享受在后",积极发挥示范带头作用,带领人民群众投入伟大事业之中。改革开放以来,我们党以加强党的执政能力建设和先进性建设为主线全面推进党的建设新的伟大工程,先后开展了"三讲"教育活动、以学习实践"三个代表"重要思想为主要内容的保持共产党员先进性教育活动、深入学习实践科学发展观活动等,有力促进了基层党组织和党员队伍的先进性建设。全国各地各级党组织根据形势和任务的发展变化,积极探索新的有效途径,不断创新活动方式,开展形式多样的创先争优活动,有效发挥了基层党组织和党员的战斗堡垒作用与先锋模范作用。从2010年开始在全党开展的创先争优活动,是对我们党以往开展的创先争优活动实践的继承和发扬光大,必将在新的形势下对保持与发展党的先进性和纯洁性产生巨大的促进作用。创先争优活动的重点在基层,中央确定2012年为基层组织建设年,这是深化创先争优活动的重要举措。各地紧紧围绕"强组织、增活力,创先争优迎十八大"这一主题,全面落实中央确定的基层党建工作各项任务,着力解决基层党组织建设中的突出问题,着力增强基层党组织的创造力、凝聚力、战斗力,着力完善加强基层党组织建设的体制机制,充分发挥基层党组织推动发展、服务群众、凝聚人心、促进和谐的作用,以优异成绩迎接党的十八大胜利召开。

二、创先争优是加强和提高党的执政能力的重要举措

执政能力建设是党执政后的一项根本建设。我们党执政60多年来,紧紧围绕提高领导水平和执政水平、提高拒腐防变和抵御风险能力这两大历史性课题,着重从思想和作风、体制和机制、方式和方法、素质和本领等方面加强执政能力建设,带领全国各族人民取得了举世瞩目的成就,同时也积累了丰富的执政经验,党在实践中锻炼得更加成熟和坚强。

执政能力建设作为一项系统工程,应当从全局高度把握,从整体方位推进。党的基层组织覆盖社会各个领域,是党执政的组织基础;党员植根于群众之中,是保持党同人民群众血肉联系的主体。加强党的基层组织建设和党员队伍建设,是党加强自身建设和执政能力建设的基础工程。实践充分证明,我们党的执政能力同党所肩负的重任和使命是相适应的。但也要清醒地认识到,在世情国情党情发生深刻变化的新形势下,提高党的领导水平和执政水平、提高拒腐防变和抵御风险能力,加强党的执政能力建设和先进性建设,保持党的纯洁性,面临许多新情况新问题新挑战。工人阶级政党夺取政权不容易,执掌好政权尤其是长期执掌好政权更不容易。中国共产党要适应时代发展的新要求,顺应人民群众的新期待,巩固执政地位,完成执政使命,就必须加强执政能力建设和先进性建设,使党始终保持先进性和纯洁性。

党的理论、纲领、路线、方针和政策,要靠党的基层组织和广大党员贯彻实施,没有基层党组织和广大党员的工作,党的领导和执政就无从谈起。党的领导水平和执政能力,最终要体现到基层党组织的创造力、凝聚力和战斗力上,落实到党员的先锋模范作用上。在党的基层组织和党员中开展创先争优活动,抓住了提高党的领导水平和执政能力建设的一个关键问题。通过开展创先争优活动,使党组织和党员进一步提高对党所处的历史方位、肩负的使命任务

的认识，进一步弄清楚为谁执政、靠谁执政、怎样执政等一系列重大问题，从而进一步增强忠诚党的事业、为党和人民履职尽责的使命感，进一步在推动科学发展、促进社会和谐、服务人民群众、加强基层组织的实践中，实现执政能力的提升和执政本领的加强。

三、创先争优是促进经济社会发展的重要保障

党的建设必须紧紧围绕和服务党的伟大事业，按照党的政治路线来进行，围绕党的中心任务来展开，朝着党的建设的总目标来加强。这是党的建设的一条根本规律。

创先争优是党的建设一项重要的经常性工作。胡锦涛总书记在党的十七届五中全会上强调，要“切实加强党的基层组织建设，深入开展创先争优活动，带领广大群众推动经济社会又好又快发展”。把创先争优与推动经济社会发展紧密结合起来，是新形势下全面推进党的建设新的伟大工程和中国特色社会主义伟大事业的必然要求。

创先争优与推动经济社会发展紧密结合，就是要与推动科学发展、促进社会和谐、服务人民群众紧密结合。基层党组织和党员要立足本职、联系实际，争科学发展之先、创社会和谐之优，努力服务人民群众，为实现“十二五”规划提出的目标任务做贡献。

要以创先争优推动科学发展。发展是党执政兴国的第一要务，是各级党组织和广大党员的神圣职责与使命。只有在促进和保障经济社会发展上创先进、争优秀，以服务中心工作、推动科学发展的成效检验创先争优活动，才能充分调动基层党组织和党员的积极性主动性创造性，使基层党组织的战斗堡垒作用和党员的先锋模范作用得以充分发挥与体现。要牢固树立科学发展理念，紧紧把握科学发展这个主题和加快转变经济发展方式这条主线，在推动科学发展、服务科学发展的实践中创先进、争优秀。要团结带领人民群众，坚持解放思想、开拓创新，破解发展难题、完成重点任务，把党的政治优势转化为科学发展优势，把党的组织资源转化为科学发展资源，把党的建设成果转化为科学发展成果。

要以创先争优促进社会和谐。社会和谐是中国特色社会主义的本质属性，是国家富强、民族振兴、人民幸福的重要保证。促进社会和谐，要求基层党组织和广大党员及时了解群众的思想动态和利益诉求，妥善处理人民内部矛盾和其他社会矛盾，最大限度激发社会活力，最大限度增加和谐因素，最大限度减少不和谐因素。要加强和创新社会管理，深入研究形势任务的发展变化对群众工作提出的新要求，积极探索加强和改进群众工作的新途径新方法，提高做好群众工作的能力，从源头上化解社会矛盾、维护社会稳定、促进社会和谐。

要以创先争优服务人民群众。全心全意为人民服务是党的根本宗旨，也是开展创先争优活动的必然要求。只有坚持以人为本、服务人民群众，才能使推动科学发展、促进社会和谐的各项任务落到实处，才能使我们党作出的各项决策让人民群众得到实惠并得到人民群众的拥护和支持。只有在实现好维护好发展好人民群众的根本利益中创先进、争优秀，才能不断提高基层党组织和党员服务人民群众的能力，使创先争优活动产生广泛的社会影响和良好的社会效果，进一步夯实党执政的群众基础，巩固党的执政地位。

围绕推动科学发展、促进社会和谐、服务人民群众开展创先争优活动，为基层党组织和党员提供了大有作为的广阔舞台。基层党组织和党员要在创先争优中进一步发挥好团结群众、动员群众、组织群众的作用，在学习群众、依靠群众、服务群众中不断创新服务方式、拓宽服务领域、强化服务功能，让广大群众共享改革发展成果，让创先争优成为群众满意工程。

四、创先争优是保持党的先进性和纯洁性的有效手段

党的先进性同党的纯洁性相辅相成、密不

可分。纯洁性是先进性的前提和基础，先进性是纯洁性的体现和保证。

推动创先争优活动深入开展，要按照胡锦涛总书记在十七届中央纪委第七次全会上的要求，扎实做好保持党的纯洁性的各项工作。保持党的先进性和纯洁性，是我们党应对和经受各种考验、化解和战胜各种危险的重要法宝。要从保证党永不变色、国家长治久安的高度，从党妥善应对所面临的风险和挑战的高度，树立紧迫感和危机意识，真正解决理想信念不坚定、作风不正、原则性不强、为政不廉等不符合党的纯洁性要求的问题。要通过深入开展创先争优活动，更好地坚持党要管党、从严治党，更好地坚持强化思想理论武装和严格队伍管理相结合、发扬党的优良作风和加强党性修养与党性锻炼相结合、坚决惩治腐败和有效预防腐败相结合、发挥监督作用和严肃党的纪律相结合，不断增强自我净化、自我完善、自我革新、自我提高能力，从根本上解决一些党组织、党员和党的干部中存在的不适应不符合党的先进性和纯洁性要求的问题，始终保持党在思想、政治、组织、作风上的先进性和纯洁性。

党的先进性和纯洁性不是静止不变的，也不可能一劳永逸，其内容和要求，都要随着时代的前进、随着党和人民事业的发展而不断丰富和发展。要把创先争优作为加强党的基层组织建设的重要途径，按照“五个好”的要求，坚持围绕中心、服务大局、拓宽领域、强化功能，提高基层党的建设科学化水平；以改革创新精神加强和改进党的基层组织建设，健全基层组织体系，优化组织设置，扩大组织覆盖，强化组织功能，创新活动方式，抓好领导班子、骨干队伍、工作制度、场所阵地建设，增强基层党组织的创造力、凝聚力和战斗力。要把创先争优作为增强党员队伍战斗力的重要平台，使广大党员通过学习教育和实践锻炼，努力提高素质和能力，按照“五带头”的要求，争当优秀共产党员。以先进和优秀为导向开展创先争优活动，是新的历史条件下保持党的先进性和纯洁性的现实需要与实践途径，这既是创先争优活动的重要特点，也是创先争优活动的重要任务。

创先争优不仅是保持党的先进性和纯洁性的必然要求，也是为保持党的先进性和纯洁性提供不竭动力和创造有利环境的必然要求。通过创先争优，建立健全制度机制、明确工作要求，进一步为保持党的先进性和纯洁性提供制度保障；把党的先进性和纯洁性要求转化为党组织和党员自觉遵守的行为准则，调动和激发基层党组织和广大党员的积极性主动性创造性，使基层党组织和党员学有榜样、创有目标、争有方向，形成学先进、当先进、赶先进，讲学习、做贡献、比奉献的良好态势；营造与时俱进、敢试敢闯、创新创业的浓厚氛围，使创先进、争优秀、保纯洁，成为全党全社会的价值导向，推动党的各项事业不断发展。

（课题组成员：夏伟东　常光民　唐晓清　杨绍华　李传柱　王传志）

建立健全创先争优长效机制

王洲洋

建立健全创先争优长效机制，就是把创先争优活动中的成功做法和经验进行提炼总结，并把它转化为制度和机制，使创先争优成为党内的一种经常性、日常性工作，成为基层组织和党员干部的自觉行动，推动创先争优活动深入持久地开展。

一、建立健全示范引领机制，使创先争优成为一种时代精神

深入开展设岗示范活动。要选择那些品德好、业务精、能力强的党员设立示范岗位，使之成为引领思想、传授技能、优质服务、诚信为人的示范平台。在农村、城市社区大力开展设立党员中心户活动，切实发挥他们在带动致富、传播信息、促进和谐、活跃文化、兴办公益事业等方面的示范带动作用。行政机关和事业单位要立足本职，积极开展设岗示范活动，营造比学赶超、积极进取的氛围。在非公经济组织、社会组织设立党员责任区，选择技术熟练的一线党员设立党员先锋岗，带动广大员工创先争优。

扩大选树先进典型视野。典型的选树既要有时代性、群众性，又要有示范性、代表性，使典型可亲可敬、可信可学。注意树立爱岗敬业、开拓进取、无私奉献、诚实守信等方面的先进典型。注重典型的广泛性，从农村社区、企业发展、机关服务，以及全民创业、科技创新、党建创新、部门包村等各个层面选树先进典型，确保选出的典型都是各个行业、各条战线、各个层面真正的先锋模范。

加大典型宣传力度。对评选出来的各类先进典型，各级党委政府要在给予表彰奖励的同时，通过组建报告团巡回演讲，在新闻媒体上集中宣传，用身边人、身边事激励教育党员和群众，不断激发进取意识和荣誉意识。

二、建立健全工作责任机制，使创先争优成为一种行为方式

强化活动责任。强化基层党组织的领导责任，将创先争优活动作为基层党组织落实管党责任述职评议的重要内容，引导基层党组织以创先争优为纽带，把抓基层党建工作与推动业务工作紧密结合起来，把抓队伍建设与完成中心任务紧密结合起来。强化党员的引领责任，大力推行党员目标管理，指导党员结合岗位特点作出公开承诺，引导群众积极参与创先争优活动。强化群团组织的协调责任，把是否积极组织开展创先争优活动作为对群团组织考核评议的重要内容。

抓好关键环节。在广泛征求群众意见的基础上，合理确定并公开承诺每个基层党组织、每名党员的年度工作目标。采取召开党员生活会交流、党组织通报、巡视检查、接受群众监督等办法，督促基层党组织和党员认真履行承诺。针对基层党组织和党员作出的公开承诺，进一步完善个人自评、党员互评、领导点评、群众测评、上级考评等制度，每季度进行一次通报，半年一初评，年终进行总评。通过定诺、履诺、评诺，促进承诺的兑现落实。

三、建立健全监督约束机制，使创先争优成为一种科学制度

健全党内监督评议机制。要大力推进党务公开，建立和完善党内情况通报制度、情况反映制度以及决策征求意见制度，拓宽党员参与党内事务的渠道。健全党内民主生活会制度，积极开展批评与自我批评，定期组织党员开展创

先争优交流、讲评活动。对创先争优活动不重视、活动开展不扎实或存在明显偏差的，要及时督促进行整改，确保创先争优活动取得实效。

健全群众监督评议机制。建立健全民情收集反馈制度、群众参与重大事项决策制度，虚心接受群众批评，不断改进各项工作。建立健全群众评议制度，采取述职测评、进行网络评议、发放调查问卷、召开群众评议会等多种形式，广泛征求群众意见，落实具体整改措施，把创先争优活动打造成群众满意工程。

健全社会舆论评议机制。重视社会舆论体系建设，大力弘扬社会主义荣辱观。在农村、社区，要发动群众讨论制定完善村(居)规民约，加大村民代表大会、社区居民委员会等基层群众性自治组织的建设力度，发挥群众自我管理、自我教育、自我监督的作用。开展群众性评比活动，营造积极进取、健康向上的社会舆论氛围，不断推动和谐社会建设。

四、建立健全激励保障机制，使创先争优成为一种惠民措施

完善政治关怀机制。党员是党内活动的主体，更是创先争优的主体。要切实尊重党员主体地位，健全党内重大决策广泛征求党员意见制度，畅通党员表达意见建议的渠道，有效保障党员的知情权、参与权、选举权、监督权。

加强情感沟通。建立健全“五必谈”谈心制度。即党员工作变动时必谈，受到表彰或处分时必谈，遇到困难或挫折时必谈，出现矛盾或意见分歧时必谈，群众有不良反映时必谈。建立健全“五必访”走访制度。即党员患病或去世时必访，党员家庭受灾或发生意外时必访，党员在生产生活中遇到困难时必访，党员有较大思想情绪或有意见建议时必访，党员无故不参加组织生活时必访。建立健全定期慰问制度。定期对老党员老干部老劳模、长期患病或生活困难的党员群众进行慰问。

加大党建投入。进一步加大对农村、社区基层党组织建设的经费投入，改善基层组织办公活动条件，确保基层组织有人办事、有钱办事、有场所议事。加大资源统筹力度，抓好农村(社区)党员群众服务中心建设，切实增强基层党组织服务群众的功能。

五、建立健全考核评价机制，使创先争优成为一种价值取向

落实考评工作责任。考核评价是重要的激励措施。大力倡导和多形式开展比工作、比学习、比奉献，学先进、赶先进、当先进的实践活动，充分激发党员群众敬业奉献、争创一流的工作热情，使创先争优成为全社会的价值追求和价值取向。同时，必须认真履行考核工作职责，建立层层抓落实的考核评价机制，做到一级抓一级，一级考一级。

科学设置考评内容。以中央规定的“五个好”、“五带头”先进性标准为要求，结合各行各业及本单位实际，坚持科学求实、简便实用、分类考评、公开公正的考评原则，认真研究制定创先争优具体标准。要用发展的眼光看待创先争优，评价体系和具体内容也要与时俱进，促进创先争优常创常新。

创新改进考评方式。将党组织和党员在创先争优活动中履行职责、兑现承诺、服务群众等情况，纳入目标管理，与单位年度考核一同安排，不搞多头考核与重复考核。要注意做到集中考核与平时考核相结合，定性考核与定量考核相结合，上级考核与群众测评相结合。将内部评价、上级评价和自我评价紧密结合起来，切实提高考核评价的质量和效率。

注重考评结果运用。要紧密结合工作实际，将创先争优考评结果运用到党组织和党员评优、公务员年终考评定等、干部选拔任用、单位年终综合目标考核评先定等之中。对评定为优秀等次的要进行表彰，并作为评先评优的重要条件，作为干部选拔任用的重要参考。对评定为不合格等次的单位要进行通报批评，取消单位党组织评先评优资格，并对党组织负责人进行诫勉谈话。

(作者：中共湖北省委党建办副主任、省党建研究所副所长)

创先争优是践行党的根本宗旨的有效途径

——以内蒙古赤峰市喀喇沁旗为例

中共中央党校科研部与赤峰市委党校联合课题组

在党的基层组织和党员中深入开展创建先进基层党组织、争当优秀共产党员活动，是党的十七大和十七届四中全会提出的重要任务。赤峰市喀喇沁旗认真贯彻落实中央、自治区党委和市委关于开展创先争优活动的安排部署，加强领导，精心筹划，突出特色，勇于创新，探索和总结出许多值得借鉴和推广的有效做法和成功经验；尤其是始终把全心全意为人民服务作为创先争优活动的根本出发点和落脚点，真正实现了“科学发展上水平、党员干部受教育、人民群众得实惠”的目标，深受广大干部和群众的好评，并引起强烈反响。2012 年 7 月，喀喇沁旗委因此获得了全国创先争优活动先进旗党委荣誉称号。

一、把为人民服务作为创先争优活动的主题主线

赤峰市喀喇沁旗委在创先争优活动中始终坚持把服务于人民作为政治理念，在行政行为中注重服从人民的意志、保障人民的权利、维护人民的利益。在开展创先争优活动中，做到“组织创先进、党员争优秀、群众得实惠、事业更发展”，使为基层人民服务成为创先争优的“生命线”，把更好地服务于人民作为创先争优活动的终极目标。

为基层群众服务是喀喇沁旗委创先争优活动的主要工作理念。喀喇沁旗在开展创先争优活动中，牢固树立“以人为本、服务为先”工作理念，在乡镇以创建服务型乡镇党委政府和落实乡镇干部服务责任制工作为抓手，重点推行乡镇集中服务、主动上门服务、全程代办服务、契约专项服务四种服务方式，建立起了网络化收集民意、立体化优质服务、组团化破解难题、多元化评价问效、制度化激励保障的“五化”工作机制；在机关单位，突出窗口单位和服务行业为民服务，实施强思想、强技能、强作风、强机制“四强”工程，开展立标志、立承诺、立标准、立标杆“四立”活动，推行阳光化、规范化、人性化、均等化“四化”服务，努力提高服务水平。

坚持以群众满意为第一标准，着力为群众办好事办实事，力求取得最大实效，让群众能够得到更多实惠，努力打造群众满意工程。具体来说，一是推行“双诺三评三公开”做法。围绕“五个好”、“五带头”作出基本承诺，围绕发展实际和群众需求作出创争承诺；实施上级点评、本级点评、群众点评，把人民群众评价作为创先争优活动的最关键评价，群众评价决定着创先争优活动的成败。对群众满意度低于 80% 的承诺进行再承诺、再践诺；落实“三公开”，即公开承诺内容、公开践诺情况、公开评议结果，并将评议结果作为评先表彰的根本依据。二是推行“两线一卡群众点题、连诺联动合力解题、加大投入政府破题”做法。设立创先争优服务群众热线电话和监督电话，逐户发放创先争优征求意见卡，让群众点题；然后，对群众反映的困难和问题，旗、乡、村三级活动领导小组办公室逐级梳理归类，建立台账，对基层能够解决的，由基层党组织向群众作出承诺，做到任务、措施、责任、时限“四落实”，对基层解决不了的，区分不同情况由旗、乡镇（街道）、嘎查村（社区）联合向群众作出承诺，分别落实相关责任，集中力量解决；最后，加大投入和项目建设力度，旗乡党委、政府在推动发展、改善民生、化解矛盾、维护稳定方面办一批实事好事，嘎查村、

社区等基层党组织在解决群众难题、让群众受益等方面办一批实事好事，党员为帮助群众解决当前困难、带领群众致富办一批实事好事。

以提高服务水平为根本保障。党的基层组织和广大党员增强服务意识，转变服务作风，提高服务效能和服务能力。喀喇沁旗在创先争优活动中，探索出许多行之有效的举措。一是建立联系和服务群众机制。坚持面向基层、服务群众，在深入组织开展"千名干部进百村入万户、创先争优贴民心比践行"活动的基础上，出台了《关于深化旗直机关和干部联系服务基层工作的意见》，推动机关干部下基层办实事转作风。二是推行治庸问责提能增效机制。在全旗各级党员干部中开展"治庸问责、提能增效"活动，出台了《关于对机关作风和效能进行问责的意见》，制定了机关工作人员作风和效能问责暂行办法，重点治理对旗委旗政府重大工作部署落实不力、发展环境不优、群众观念不强、工作作风不实、组织纪律性不严、廉洁自律要求不高等方面问题。严格问责，督促干部在推动中心工作、履行岗位职责、服务人民群众中树立新形象。三是完善基层组织激励保障机制。出台了《关于村级班子实行"三级共管"工作的意见》和《关于进一步加强和改进社区建设提升社区社会管理和服务水平的意见》，建立完善了以村社区干部工资、养老保险补贴、场所建设经费、办公经费逐年增长为主要内容的基础保障机制，以"双述双评"、领导联系帮扶、村级班子"三级共管"为主要内容的责任落实机制，以党组织领导、村代会决策、村委会执行、村监会监督为主要内容的村级民主自治机制。

努力创建服务型乡镇党委政府，严格落实乡镇干部服务责任制。喀喇沁旗 2010 年被中组部确定为"创建服务型乡镇党委政府、落实乡镇干部服务责任制"（简称"双服务"）试点旗以来，认真把握新形势下基层党建工作的新任务和新要求，顺应基层党组织和党员群众的所需所盼，探索推广了服务型党组织创建活动。为创建服务型党组织、落实乡镇干部服务责任制试点工作，坚持以搭建乡镇（街道）党务政务综合服务中心、行政村民情接待站、村民小组服务代办点的"三级网络"作为创建平台，由此不断提升了基层党组织服务功能、服务能力、民主水平、工作水平和群众满意程度。每个乡镇都建起党务政务综合服务中心。每个季度召开一次社情民意分析会，集中梳理和分析群众反映的有关问题，形成上级服务下级、组织服务党员、组织和党员服务群众的网络。"双服务"工作通过真真实实的服务，展示了党组织的形象和力量。随着"双服务"网络载体的日臻完善，一个综合性、系统性、多层次、全方位的立体服务体系在喀喇沁旗城乡已具规模，为保持党的先进性和提高党的执政能力找到了有力抓手。

二、党的根本宗旨是创先争优活动的行动指南

如果没有有效的途径来践行党的为人民服务的根本宗旨，就会失信于民，就会失去群众基础，党的执政地位就会动摇。喀喇沁旗创先争优活动以进一步密切党群关系、增进同群众的感情、切实维护群众权益作为行动指南。

以人为本，全心全意为人民群众服务是创先争优活动的出发点和落脚点。因而，争先创优活动搞得好不好，评价的主体不在党组织和党员，而在广大人民群众。只有把评判权交给群众，才能充分调动和发挥广大党员和群众的积极性、主动性和创造性。从根本上讲，创先争优活动只有真正得到广大群众的支持和拥护，让广大人民群众满意，才能把群众中蕴藏的无穷智慧和力量转化为推动科学发展的不竭动力，使创先争优活动真正成为推动科学发展、促进社会和谐、服务人民群众、加强基层组织的经常性动力。

密切联系群众的作风是我们党的优良作风和政治优势。党员干部要切实从文山会海和觥筹交错中解脱出来，要从办公室走出来，带着问题、带着责任、带着感情，深入基层调研，总结经验，探索规律，指导工作，解决问题。基层党组

织和党员干部要切实增强服务意识和公仆意识,要把服务群众内化为党组织和个人的自觉行为和长期行为;要在深入基层充分调研的基础上,集中解决群众生产生活中遇到的突出问题和实际困难;要加强制度约束和制度激励,使基层党组织和党员干部充分履行职责,更好地为群众排忧解难。抓好民生工程是一项系统工程,既要让群众短期内得到实惠,又要保证经济社会的可持续发展。是否使民生得到改善是创先争优活动是否取得成效的重要衡量标准。

在创先争优活动中突出为基层群众服务这一根本主题。喀喇沁旗开展创先争优活动的各项举措都是围绕"为人民服务、服务什么、如何服务"展开的。针对人多地少、资源匮乏、经济总量小、产业结构不合理的基本旗情,改变以往粗放的、单纯依靠 GDP 增长的模式,以绿色发展为方向,以民生服务为导向,抓重点、攻难点,推动经济社会又好又快发展。以现代化为目标,走高效特色农业的路子。大力发展玉米膜下滴灌等精细种植业、山葡萄等特色精效林果业、精品养殖业和精深加工业;以集约、节能、循环为方向,依托园区发展新型工业。大力发展铜材产业、建筑建材业、轻纺服装业、新材料产业和承接引进高新技术产业;实施商贸物流、文化旅游双轮驱动战略,重点发展第三产业,不断推进产业转型升级和结构调整优化。2011 年,地区生产总值达到 78.3 亿元,同比增长 14.8%;地方财政收入达到 5.59 亿元,增长 39.4%;城镇居民人均可支配收入和农民人均纯收入分别达到 14639 元,增长 18%;农民人均纯收入 5832 元,增长 17%。

着眼于群众最关心、最迫切、最现实的利益问题,把保障和改善民生放在突出位置,进一步加大教育、社保、就业等民生建设项目的投入力度,大力实施民生工程,让全社会共享改革发展成果,不断提高群众幸福指数。近两年来共投入民生资金 14 亿元,解决群众关注的教育、医疗、就业、饮水等突出问题。开发公益性岗位 400 个,补贴标准月人均提高 200 元;新农合参合率达到 95.4%,新型农村养老保险和城镇居民养老保险全面启动实施;城乡低保受益人口 2.2 万人,补贴标准年人均分别增加 830 元和 770 元;完成校安工程 14.5 万平方米,新建廉租房 2.5 万平方米,改建危旧房 2100 户。实施农村饮水工程 38 处,解决了 4.2 万口人的饮水困难。建设通村公路 290 公里,比国家计划提前 4 年实现村村通硬化路。

转变作风解民忧。在全旗范围内深入开展以机关联乡镇(街道)和干部进村(居)、进组、进户为主要内容的"一联三进"主题实践活动。问政于民,听民声,开展"下基层听民声"活动,组织党员干部深入基层,面对面听取群众心声;问计于民,集民智,各基层党组织和党员干部针对群众反映的热点难点问题,列出调研课题,采取召开座谈会、实地走访、个别访谈等形式,广泛听取意见建议,写出有分析有建议的调研报告,为制定政策提供依据;问需于民,解民忧,各基层党组织设立创先争优服务群众热线电话和监督电话,明确专人负责收集整理群众反映的问题。同时,发放征求意见卡,全面征求群众对创先争优的意见建议。广大党员主动组成志愿者服务队,深入田间地头,走村入户,面对面听取意见建议,据此来完善改善和保障民生政策的具体措施,努力使政策贴近群众、贴近基层,真正解决群众实际困难。在活动过程中,确保所有的干部 100% 参与、所有的村(居)组 100% 覆盖、所有的农户 100% 受益。全旗 7600 多名干部职工深入基层走访农户近 4.7 万户,征求意见建议 2604 条,为群众解决实际问题 2263 件。

采取旗级党员干部定点联系、乡镇班子成员定点包建、旗直部门定点包扶,明确定期转化职责任务的"三定一明确"工作法。两年来集中整顿转化相对后进村党组织 32 个,提升一般党组织 82 个,巩固先进党组织 47 个。在村干部中差额选拔了 2 名乡镇科级副职领导干部。2012 年上半年,顺利完成了全旗村党组织换届工作。两年来新发展农村党员 1102 名,农村党员占农村人口比例由3.2%提高到3.4%，党员村委会主任比例由55.6%提高到了83.7%，村党组织书记队伍素质和党员队伍生机活力进一步提升。村级运转经费由每年1.6万元提高到3.7万元，村干部工资待遇形成正常增长机制，村“两委”正职基本报酬达到8000元，其他成员达到6400元；累计投入资金700多万元，完成了35个村级组织活动场所改扩建，投入400多万元用于社区场所建设，基层基础保障能力有了明显增强。活动开展以来，三道营子村党委等19个基层党委、17名共产党员分别获得国家、自治区和市级表彰奖励，基层组织的战斗力和凝聚力显著增强。

喀喇沁旗三道营子村创先争优活动中，党委书记兼村委会主任王福春带头承诺，每项承诺内容都具体详实，都与民生息息相关。村集体经济壮大了，村两委班子想方设法为老百姓谋福利，在涉及村民利益的事情面前，村干部很舍得花钱。近年来，村里建设了100米长的过河大桥，解决了村民出行困难；投资170万元对全村的各街道进行水泥硬化；建起1800平方米的商业街路面和1600平方米村民中心楼、4000平方米的村民广场、1600平方米的村民文化活动中心，修建了4500平方米的集贸市场；建起高标准洗浴中心和村卫生室，卫生室能做B超和心电图检查，7名医务人员全部持证上岗，村里每年拿出35万多元，为全村人办理了农村合作医疗，小病有村管，大病有保障。对学前班到小学六年级的所有学生实行免费教育，并设专车对3个偏远自然村的学生免费接送。每年拿出10万多元对60岁以上老人分3个年龄段发放敬老金，全村有289名老人享受到这个政策，其中90岁以上的每年能领到1200元。全体村民免费用自来水，免费看有线电视。村里办起了宾馆餐厅，不是用于接待，而是专门给村民办各种家宴服务。村民过上了城市人的生活，每个村民都得到了看得见摸得着的实惠。由于能够为群众服务，每个承诺都会兑现，为老百姓办实事，村两委班子在党员和群众中树立了威信，连续5届以高票连选连任。2010年6月，经旗委批准，三道营子村党总支升格为党委。村党委书记王福春说，只要真心实意地为群众办实事，百姓就会认可，无论村党委采取怎样的创先争优形式都不重要，关键是要让老百姓得实惠，老百姓的高度满意就是创先争优的最好成果。

三、围绕党的根本宗旨构建创先争优长效机制

党的基层组织是一个整体，共产党员就是这个整体的一部分，要想创建先进的基层党组织，就要有一批模范的共产党员作表率，党组织的先进性就体现在每一个共产党员身上。要始终保持党组织的先进性，必须时时刻刻创先争优，不能只局限于一次活动，活动只是一个载体，要把创先争优活动固化为长效机制，并且长期坚持下去。

在开展创先争优活动中，一些党员群众曾经问道：“这个活动到底有多真？会有多大效果？能持续多久？”而真假与否、效果大小、时间长短，最关键的是看能否建立长效机制，充分激发各级党组织和党员的内在动力，把创先争优活动不断引向深入、保持长久。这是我们调研过程中喀喇沁旗的干部群众非常关心的问题。

在调研中我们也发现还存在着一些问题：把创先争优看成是为了完成上级交给的政治任务，而不是为了让人民群众得实惠；“先”与“优”是上级说了算，而不是人民群众说了算；一些党员干部在工作中严重脱离群众，宗旨意识淡薄，等等。这些错误倾向的存在会降低群众的满意度，使党和政府的各项政策和工作难以得到群众的理解和支持，创先争优的成效就会大打折扣。

从实质上说，创先争优的过程，就是不断让人民群众满意的过程。以“群众满意”为标准检验创先争优活动成效，是党组织和党员干部走群众路线的具体体现，也是检验活动成效的根本要求。创先争优只要把“先”与

"优"的评判权交给人民群众,使"争"与"创"的过程变成群众办实事、做好事、解难事的过程,才能将创先争优活动打造成为群众满意工程。

着眼于建立长效机制,必须全面加强基层党组织、尤其是农村基层党组织的能力建设,这是提高党的执政能力的根基。一是选优配强班子,提高创先争优能力。让农民富裕起来,是创先争优活动的目的之一。"农民要致富,关键看支部。"这充分说明,农村要发展,农民要致富,担当领头雁的村干部是关键。要采取从优秀党员中"挑",从退伍军人、致富带头人和大学生村官中"选",在现任优秀村干部中"留",从外出务工经商能人中"请"的方式,真正把那些政治素质高、思想活跃、年富力强、有头脑、懂经营、善管理以及具有带领群众致富的本领、具有较强驾驭全局和处理复杂问题能力的人选拔到村干部队伍中来。二是完善保障机制,提高创先争优的动力。逐步将村干部的补贴报酬直接列入市、旗(县、区)财政预算;积极推行在职、退职村干部养老保险制度,探索村干部"年薪制"和公职化的路子;多途径解决村干部的政治待遇问题,提高他们创先争优的动力。三是发展集体经济,增强创先争优的财力。发展壮大农村集体经济,是建设社会主义新农村的基础工程。要根据各村地理位置、外部环境、资源状况、干部思想解放程度等不同情况,采取不同的发展模式,坚持"一乡一品"、"一村一策",做大做强特色产业,不断延伸产业链条,引导农民群众积极开拓市场,发展农村经济,增加农民收入。同时,可采取部门帮扶、村企联建、干部示范、科技服务等创建模式,找准突破点,助推集体经济起步,整顿转化集体经济薄弱村,积极探索农村集体经济发展新路子。组织村集体与基层农技组织、农业龙头企业、专业大户等开展合作,发展技术指导、信息传递、物资供应、产品加工、市场营销等各类专业合作社、专业协会和中介组织,实现农村集体经济向多层次、多领域延伸和扩张,以此更好引导农村经济又好又快发展,以此增强基层党组织创先争优的财力,使村集体有足够的财力为村民办好事、办实事。

建立长效机制是深化创先争优活动的有力保障。要积极探索保持创先争优常态化各项制度建设,使创先争优活动深入持久地开展下去。建立创先争优活动长效机制,是一项复杂的系统工程。要按照党建原则,围绕中心工作,结合党员实际,建立完善各项工作制度,在实践中逐步形成常态机制。

(课题组成员:郝永平 倪德刚 钱海青 张凤利 张爱国)

创先争优的精神内涵与政治品格

刘红凛

创先争优是马克思主义政党对各级党组织、广大党员的内在要求,是共产党人不懈的价值追求。在新的历史时期,创先争优具有丰富的内容、明确的标准和要求,充分体现了创新与发展、先进与优秀、主体与客体、个人与组织等四个方面的有机统一,蕴含着以下六个方面的精神内涵或政治品格。

一、创先争优以"创"为先,贵在改革创新

创先争优作为一个具有鲜明时代特征的概念,它与经常所言的争先创优具有明显不同的意蕴;其根本区别在于,创先争优以"创"为先、以"创"为逻辑前提,改革创新是其显著的时代特征;改革创新精神是其首要精神,也是其宝贵的政治品格。创新是一个民族进步的灵魂,是一个国家兴旺发达的不竭动力,也是一个政党永葆生机的源泉,是马克思主义具有强大生命力和战斗力的奥妙所在。对一个大党老党而言,创新发展尤为重要。对于这一点,我们党的认识非常清醒。党的十七届四中全会指出:"全党必须居安思危,增强忧患意识,常怀忧党之心,恪尽兴党之责,勇于变革、勇于创新,永不僵化、永不停滞。"胡锦涛同志在七 讲话中强调:"我们必须从新的实际出发,坚持以科学理论指导党的建设,以改革创新精神研究和解决党的建设面临的重大理论和实际问题。"可以说,改革创新已经成为新时期党的建设的时代特征或时代主题。

面对党和国家历史方位的转变,面对严峻的"四个考验",面对信息化发展,习惯于用固有的思维模式思考新问题、用老办法解决新问题、用一成不变的党建模式建设现代化政党,缺乏与时俱进的自觉性、缺乏改革创新精神、缺乏解决问题的新途径新方法,这可以说是新时期提高党的建设面临的突出问题,也是基层党组织与广大党员创先争优面临的首要问题。在社会转型时期,要创先争优,如果因循守旧,如果没有改革创新的勇气与紧迫感,则很难改革创新、开创党的建设新局面。

二、创先争优以"先"为核心,贵在与时俱进

创先争优以先进性为根本、为目标,体现了党的先进性的本质要求与时代要求,是党的先进性、基层党组织的先进性、广大党员的先进性的有机统一。这是因为,先进性是马克思主义政党的本质特征,是共产党同其他政党的根本区别所在,是实现党的领导与执政的先决条件,是我们党的立党之本,也是共产党员的政治生命所在。

对广大党员、党的各级组织而言,党的先进性不是空洞的、口头的,从来都是与党在不同历史时期肩负的任务紧密相连的。党的先进性必须放到推动当代中国先进生产力和先进文化的发展中去考察,放到维护和实现最广大人民根本利益的奋斗中去考察,归根到底要看党在推动历史前进中的作用,必须用党的先进性的实践成效,即中国特色社会主义事业所取得的物质文明、政治文明、精神文明、社会文明、政党文明等实践成果(包括量的大小与质的好坏两个方面)来检验。党的先进性需要通过共产党员的具体思想和行为来表现,体现在立足岗位、埋头苦干、开拓创新、争创佳绩上,需要通过党员

模范作用的发挥程度来检验。

三、创先争优以“争”为精神状态，贵在艰苦奋斗

“争”意味着勇气，代表着一种精神状态。对任何人、任何政党而言，缺乏艰苦奋斗精神，小富则满、小进则安、不思进取，安于现状、贪图享受，都是无法成就一番伟业的。创先争优既离不开改革创新，也离不开艰苦奋斗精神。艰苦奋斗是我们党的优良传统，也是创先争优必须具有的精神状态。

在新的历史时期，尽管我们国家空前强大起来，但对共产党人而言，艰苦奋斗绝不能流于口号和形式，而应该是共产党人必须保持的政治本色，应该成为共产党人的生活准则、工作作风和精神状态。在“七一”讲话中，胡锦涛同志强调：“全党同志要牢记历史使命，永远保持谦虚、谨慎、不骄、不躁的作风，永远保持艰苦奋斗的作风，勇于变革、勇于创新，永不僵化、永不停滞，不动摇、不懈怠、不折腾，不为任何风险所惧，不被任何干扰所惑，坚定不移沿着中国特色社会主义道路奋勇前进，更加奋发有为地团结带领全国各族人民创造自己的幸福生活和中华民族的美好未来！”广大党员与基层党组织要创先争优，必须保持与发扬艰苦奋斗精神。只有发扬艰苦奋斗精神，才能以俭养德、以俭戒奢、以俭戒贪、以俭戒怠；才能遏制贪图安逸、追求享乐、铺张浪费、不思进取等不正之风。

四、创先争优以“优”为榜样，贵在见贤思齐

创先争优，对广大党员而言，最终落脚在“优”上。“优”意味着出色、意味着“好”；“优”不仅意味着才能高、业绩突出，还意味着品德高尚。因此，对广大党员而言，优秀不仅是一个能力评价，还意味着品格评价；不仅是业绩评价，还意味着道德评价；不仅意味着才能出众，还意味着道德高尚，有“见贤思齐、见不贤而内自省”的传统美德。

新时期，广大党员要“争优”，需要比学赶帮，而不能妒贤嫉能；需要学以立德、学以增智、学以创业，以德修身、以德服众、德才兼备；既需要注意增长才智、提高能力，更需要注意加强品格修养、道德修养与党性修养。对广大党员而言，只有具备了高尚人格，成为一个大写的人，才可以厚德载物，赋予共产党员先进性以生命力和感染力；只有秉承了中华民族的传统美德和民族精神，成为一个大写的中国人，才能为党的先进性找到生根发芽、发挥与发展的肥沃土壤，才可以拾阶而上进入共产党人的崇高境界；只有实践党的理想信念和宗旨，全心全意为人民服务，才能成为当之无愧的中国共产党人；只有做“一个高尚的人，一个纯粹的人，一个有道德的人，一个脱离了低级趣味的人，一个有益于人民的人”，才是货真价实的优秀共产党员。事实证明，许多优秀共产党员的事迹之所以能够震撼人心、广为流传，不仅因为他们政治先进、业绩突出，更多的是因为他们的人格魅力，是因为他们言行一致、以身作则、见贤思齐的高尚品格。广大党员要创先争优，必须塑造优秀的品格、具备高尚的道德品格，身体力行地弘扬中华民族的传统美德和共产主义道德。

五、创先争优以党员为主体，贵在发扬民主

从创先争优的主体看，“创先”的主体是基层党组织；“争优”的主体是广大党员（也包括党员干部）。创先争优的主体是基层党组织与党员个体的统一；其中，广大党员是创先争优的“生命”主体，也是创先争优的能动力量。因此，从根本上看，创先争优要以基层党组织为依托、以广大党员为根本。

这是因为，党的先进性既需要通过党的各级组织来发挥，更需要通过党员具体的先锋模范行动来体现。因为党员是富有创造性和能动性的活生生的人，是党的先进性的直接推动者、实践者、体现者，他们的积极性、主动性、创造性、示范性直接影响、甚至决定着党的先进性的

发挥和实现；他们的行为示范作用、道德示范作用、密切联系群众的作用对实现党的先进性具有直接而广泛的作用。

同党员个体相比，党的组织具有结构和功能上的优势，容易产生集合效应、整体效应，发挥个体无法比拟的重大作用。没有组织的力量，党的先进性、党员的先进性就不可能得到发挥；党之所以能无往而不胜，就是因为党的组织的坚强有力。但是，要使党的基层组织充分发挥作用，既要加强党的纪律建设，加强基层党组织建设，加强党内教育与管理；又要充分发展党内基层民主、保障党员权利，建设学习型基层党组织。因此，胡锦涛同志强调，必须高度重视和积极推进党内民主建设，“要牢固树立党员主体意识，把激发广大党员积极性、主动性、创造性作为党内民主建设的出发点和落脚点”。

六、创先争优以天下为己任，贵在无私奉献

对一个政党而言，其先进性与否，不仅要看其能否促进生产力发展，促进经济社会发展，也要看其价值取向。马克思、恩格斯在《共产党宣言》中明确指出：“从来的一切运动都是少数人的或者是为了少数人利益的运动，而无产阶级的运动是绝大多数人为了绝大多数人利益的独立的运动。”代表绝大多数人民群众的根本利益，没有任何同整个无产阶级、广大人民群众的利益不同的特殊利益，党是人民的工具，这是马克思主义政党的基本政治立场，也是我们党的几代领导始终强调的。

立党为公、执政为民、全心全意为人民服务，是我们党的根本宗旨，是我们党同其他阶级政党的根本政治区别所在，也是马克思主义政党先进性之根本所在、共产党人高尚的政治品格所在。对于基层党组织和共产党员而言，一方面，创先争优是为了争创佳绩、促进国家发展、社会和谐；另一方面，创先争优更体现在全心全意为人民服务的价值取向与行为取向上，从根本上看，创先争优是为了更好地为人民服务。因此，创先争优要以为人民服务为根本价值取向，贵在无私奉献。

“问渠那得清如许，为有源头活水来。”创先争优所具有的“改革创新、与时俱进、艰苦奋斗、见贤思齐、发扬民主、无私奉献”等精神内涵与政治品格，既是党的先进性的时代表现，也是对我国民族精神、时代精神的弘扬；这些宝贵的精神与政治品格，是共产党人创先争优的精神动力所在，是共产党人永远立于不败之地的可靠保证。

（作者：中共上海市委党校党史党建部教授）

共产党员创先争优的生动实践与成功经验

张国隆

总结共产党员创先争优的生动实践与成功经验,推进创先争优常态化长效化,对于我们继续推进党的建设新的伟大工程,以高度负责、奋发有为的精神做好改革发展稳定各项工作,具有重要意义。

一、坚持创先争优价值理念

思想是行动的先导。坚持创先争优价值理念,是创先争优常态化长效化的重要前提。

科学发展理念。在当代中国,坚持发展是硬道理的本质要求就是坚持科学发展。坚持科学发展理念,就要把推动科学发展作为创先争优的首要任务,把创先争优作为推动科学发展的强大动力;就要争科学发展之先、创社会和谐之优,使党的组织优势转化为发展优势、组织活力转化为发展活力。

为民服务理念。为民服务,是以人为本、执政为民理念的具体体现,是科学发展观的必然要求,也是创先争优的根本目的。坚持为民服务理念,就要坚持马克思主义的群众观点和党的群众路线,做到谋划工作听取群众意见,推动工作凝聚群众力量,衡量工作接受群众评判。解决好人民最关心最直接最现实的利益问题,做到让群众受益、使群众满意。

先锋模范理念。共产党员的使命,就是在生产、工作、学习和社会生活中发挥先锋模范作用。这是党的先锋队性质决定的,也是人民群众的期待。如果广大党员都能把先锋模范理念内化于心、外化于行,以自己的崇高追求和模范行为影响身边群众,就能够形成万众一心、无坚不摧的强大力量。

二、强化创先争优目标导向

强化目标导向,是创先争优常态化长效化的重要原则。

融入工作。不同地区、行业和岗位工作任务不尽相同,融入中心的要求也有所不同。农村党员带头创业致富、带头服务群众、带头促进和谐,城市社区党员自觉参与社区管理、自觉服务居民群众、自觉弘扬社区文明,机关党员带头提高效能、改进作风、服务群众,医院党员做到"三好一满意"(服务好、质量好、医德好、群众满意)等,都是创先争优融入工作的成功经验。

重在行动。实践证明,创先争优最经常最普遍的行动体现在共产党员的本职岗位、日常工作和社会生活中。从自己做起,从岗位做起,从小事做起,一步一个脚印,解决说的好、做不好的问题,就是创先争优,也是群众期待。

持续改进。创先争优只有进行时,没有完成时。经常查找工作现状与目标任务的差距、与群众期待的差距、与先进标准的差距,及时解决影响制约科学发展的问题、党组织自身存在的问题,特别是群众反映强烈的问题,就能顺应群众期待,适应时代要求。

三、创新创先争优活动载体

活动载体是党组织开展工作的抓手、党员发挥作用的平台,也是创先争优常态化长效化的重要方法。

立足岗位、争创一流。创先争优,最主要的阵地是本职岗位,最基本的要求是在平凡岗位上创造不平凡的业绩。设立党员先锋岗、党员示范岗、党员责任区,为无职党员设岗定责,有助于创先争优贴近岗位实际、融入岗位职责、化为岗位行动。随着择业观念、就业方式的多样化,人们的职业选择、职业变化日益频繁,个人对单位的依赖性日益减弱，越是在这种情况下，越要倡导爱岗敬业、争创一流的职业精神。许多党员在各自岗位上做的可能都是点点滴滴的小事，这些小事日积月累，最终形成的是群众对党员的公信度，对党和政府工作的满意度。

对标定位、比学赶超。按照实事求是、可学可比原则，不同地区特别是区位优势、资源禀赋、产业结构、工作基础相近地区，选标杆、找差距、定目标，发挥各自优势，比学赶超；不同行业尤其是窗口单位和服务行业突出行业特色，比技能、比作风、比业绩，争创群众满意窗口、争创优质服务品牌、争创优秀服务标兵；不同工作基础的地区和单位实行分类指导、互学互比、晋位升级，使先进的更先进、后进的赶先进，就能汇聚科学发展的强大力量。

公开承诺、兑现承诺。这是创先争优最基本最有效最受欢迎的做法。窗口单位和服务行业开展"三亮三比三评"，农村、社区推行党支部书记任职承诺、年度承诺，党员群众实行"一句话承诺"等，当一句句诺言变为一件件实事，党的先进性就会具体而生动地体现出来。推广这些做法，把党员承诺与支部承诺结合起来，把党员承诺与群众评诺结合起来，做到组织要求与群众需求相统一，尽力而为与量力而行相统一，就能够使创先争优常抓常新、充满活力。

深入基层、服务群众。这是机关干部创先争优的有效方法。在许多地方，机关干部下基层已经蔚然成风，赢得普遍欢迎。群众说好，解决了多年解决不了的问题，得到了实实在在的好处；干部说好，接地气、增底气，丰富了阅历，增强了能力；领导说好，转变了机关作风，提升了机关形象，强化了机关职能。

党群共建、联创齐争。这是以基层党组织和党员创先争优带动整个单位和全体成员创先争优的成功经验。采取组织共建、队伍共建、阵地共建、活动共促的方法，形成党群共建、创先争优的良性互动；促进城市社区党组织与驻区单位党组织资源共享、优势互补、联创齐争；引导城乡基层组织结对帮扶、双向受益、联创齐争；研究行业主管部门与有关地区的共同需求，形成基层组织联创、发展大计联议、党群关系联促、民生实事联办的生动局面，都是行之有效的。

志愿服务、奉献社会。这是共产党员在社会生活中发挥先锋模范作用的有效途径。总体把握上，坚持自愿无偿、便民利民、量力而行的原则，以共产党员带头参加志愿服务，带动形成人人参与志愿服务的良好社会风尚。服务内容上，围绕便民利民、扶弱济困、应急攻坚，实现党员服务意愿与群众服务需求有效对接，使最需要帮助的人得到及时帮助。组织形式上，将集中组织与分散行动结合起来，便于党员根据自己的意愿、特长和身体状况自愿参加。依托各类服务中心建立党员志愿者服务中心，在街道(社区)建立党员志愿者服务站，组建共产党员服务队，为党员搭建形式多样的志愿服务平台。

四、激发创先争优内生动力

激发党员的使命感、责任感和荣誉感，使党员发自内心、自觉行动，是创先争优常态化长效化的动力机制。

理想信念激励。崇高的理想信念，是共产党员的立身之本，也是创先争优的精神动力。胸怀共产主义远大理想，保持中国特色社会主义坚定信念，坚守共产党人的精神家园，同时把远大理想与当前任务、与本职工作结合起来，创先争优就会成为自觉行动、成为终身追求，这是共产党员创先争优的最高境界。

主体地位激励。共产党员创先争优的内生动力，同时源于主体地位的尊重、民主权利的保障，特别是党内关爱的温暖和力量。转变重义务轻权利、重管理轻服务的理念，健全党员权利保障机制和党内激励关怀帮扶机制，使党员切实感受到自己的主体地位，感受到组织的关心和尊重，从而产生归属感、光荣感和责任感。党员做出成绩，能够得到党组织即时激励，遇到困难得到关心帮助，利益诉求得到顺畅表达，合理需求得到及时回应，就会激发出创先争优的持久动力。

成长成才激励。创先争优受到欢迎的重要因素，就是为党员成长成才搭建了平台，创造了条件。有些党员说，“创先争优，就是最强的事业心、责任感+最高的业务水平、工作能力+群众满意、同事服气”。有的地区根据发展所需、群众所盼、干部所愿，在乡镇干部中开展“一人学一技”活动，帮助干部掌握技术，增强本领，帮助群众兴业致富、安居乐业。这些成功范例充分说明，关注党员健康成长和全面发展，是创先争优的动力源泉。

先进典型激励。榜样的力量是无穷的。选树先进，既要重视重大典型，也要重视身边典型。推荐先进，既要发扬党内民主，也要坚持公开透明，尤其是采用网上投票推荐的做法，增强表彰对象公信力，激发公众热情。激励先进，既要重视精神激励，让先进典型享受崇高荣誉，也要辅以物质激励和政治激励，让先进典型得到全社会的尊重。宣传先进，既要善于用真实可信的事实感染人、感动人，也要化感动为行动，带动更多的人学先进、当先进。

上评下议激励。领导点评、群众评议，是推动创先争优的重要方式。简便易行、常评常新、边评边改，是搞好上评下议的成功经验。基层党支部可以定期召开创先争优评议会，组织党员自评、互评，接受群众评议和领导点评（简称“一会四评”）。窗口单位可以采取即时评价与社会评价相结合的方法，领导机关可以采取行风评价、绩效考核、网络评议的方式。以闻过则喜、知错必改的态度接受评议，使评议过程成为党员自我加压、激励先进、鞭策后进的过程，成为群众参与、群众受益、群众满意的过程。

五、营造创先争优社会环境

营造社会环境，实现党员与群众、党内与党外良性互动，使创先争优成为全社会的自觉行动，是创先争优常态化长效化的不懈追求。

强化领导责任。良好环境是党内主流意识的外在表现，是领导干部以身作则、身体力行的直接检验。实践证明，领导干部把创先争优作为各项工作的总抓手，有效融入业务、融入队伍、融入制度，就能形成深入持久开展创先争优的生动局面。领导干部承担起带头创先争优和领导创先争优“双重”责任，考核是“指挥棒”、“风向标”。把创先争优纳入各级领导班子和领导干部年度考核，纳入基层党建工作专项述职，可以促进一级抓一级、层层抓落实。

注重舆论宣传。营造良好环境，舆论宣传十分重要。宣传创先争优先进典型、价值理念和方法经验，形成正确舆论导向。充分运用广播、电视、报纸等传统媒体，重视运用互联网、手机和党员干部现代远程教育网等新兴媒体，增强舆论宣传的影响力和感召力。采取群众喜闻乐见的方式，包括文学、艺术、电影、电视等，融思想性、艺术性、观赏性于一体，使创先争优产生广泛深远的社会影响。

健全长效机制。营造良好环境，贵在持之以恒。认真总结提炼创先争优活动的成功经验，帮助每个党支部至少建立一项群众公认、简便易行的制度；从不同地区不同行业的实际情况出发，构建特色鲜明、务实管用的创先争优制度；着眼于推进党的建设新的伟大工程，建立健全适用全国的创先争优长效机制，并在实践中检验、补充和完善，使创先争优落地生根、开花结果。

形成价值取向。价值取向决定行为方向。正确的价值取向需要有说服力、感召力的行为示范，需要共产党员高度自觉、社会成员积极响应。认真总结弘扬在创先争优活动中形成的争科学发展之先、创社会和谐之优，为人民服务、让群众满意，求真务实、锐意进取，创业创新、见贤思齐等创先争优精神，使之成为共产党员的自觉追求和价值理念，成为全社会的价值取向，成为综合国力竞争中软实力的重要因素，成为推进中国特色社会主义事业的精神力量。

（作者：中共中央组织部组织一局局长）

立足实际创先争优
全面提高组织工作科学化水平

中共大连市委组织部

组织部门既是创先争优活动的组织者、推动者，又是参与者、实践者，必须以身作则，率先垂范，以创先争优的实际行动不断提高组织工作科学化水平。

一、牢固树立人本理念，在有效激发"三支队伍"和组工干部潜能中提高组织工作科学化水平

组织部门在创先争优中必须强化人本理念，自觉坚持以人为主体、以人为动力、以人为目的，始终做到尊重人、关心人、激励人、发展人，促进人的自由、全面、和谐发展，真正成为党员之家、干部之家、人才之家。

坚持组织需要与人的个性需求相结合。事业兴衰，唯在用人。组织部门要认真研究人的成长规律，把握人的本质特点和个性特征，发挥人的整体优势，释放人的潜能。特别是要强化人才资源是第一资源的意识，确立党员干部人才在组织工作中的主体地位，谋事、处事、办事都要见事想人，在体现和满足组织、事业发展需要的基础上充分尊重人的个性化需求，努力实现、维护、发展好人的正当需求和合法权益，促进人的全面发展。

坚持从严管理与关爱激励相结合。对党员干部人才从严要求、从严管理、从严监督，破除"干多干少一个样，干好干坏一个样"不良风气，建立"去留看工作，升降凭政绩"制度，最大限度地激发大家创新、创造、创业的激情和潜能。与此同时，注重搞好对党员干部人才的人文关怀，从感情上凝聚人，在思想上、政治上、生活上、经济上给予关心爱护，切实帮助解决实际困难和现实问题，营造温暖、宽松、和谐的人文环境。

坚持依靠组工干部与充分调动积极性相结合。把人本理念运用到组工干部的成长和进步中，鼓励支持组工干部开拓创新，放手使用敢闯、敢试、敢为人先的干部，重用面对难题不抱怨、面对困难不畏缩、面对挫折不气馁的干部。坚持"事业留人、感情留人、适当的待遇留人"的方针，努力为组工干部的学习、工作、生活和成才进步创造良好的条件。注重从政治上引导、生活上照顾、身体上关心、感情上慰藉，营造拴心留人的环境，促进和谐部门建设。近年来，市委组织部大力推行人性化管理，通过情感管理，把"尊重人、依靠人、发展人"的思想贯穿到组织工作的每个环节，积极倡导在组织部门内部建立关爱沟通机制，真心实意帮助组工干部解决工作生活上的困难，进一步增强了凝聚力。

二、进一步增强开放意识，在实现思想理念的与时俱进中提高组织工作科学化水平

组织部门创先争优中必须不断强化开放意识，主动适应历史方位的新变化，树立世界眼光和前瞻性思维，不断增强工作透明度，统筹协调各方力量，确保党的建设和组织工作更具生机与活力。

培养开放的思维。面对开放的时代、开放的社会和开放的事业，李源潮同志提出组工干部要做到眼界宽、思路宽、胸襟宽。对此，市委组织部积极引导全市组工干部牢牢把握世情、国情、党情发生的新变化，围绕"提高组织工作

科学化水平”这一重大命题和战略任务，以更加开放的态度观察新情况，以更加开放的思维分析新问题，以更加开放的举措推进组织工作，打破体制内与体制外的壁垒，破除自我封闭的习惯定势，建立起更加开放务实、更加充满活力的组织工作新模式。

强化民主公开的理念。民主公开是时代发展的必然要求，是组织工作科学化的重要体现。市委组织部门要着力在构建操作公正、处事公平、办事透明的工作运行机制上下功夫，进一步破除组织工作的神秘感，扩大群众的民主参与程度，在不涉及党内机密的前提下，面向党员群众，做到政策公开、标准公开、过程公开、结果公开，进一步落实干部群众的知情权、参与权、选择权和监督权，不断提升组织工作公信度和人民群众满意度。

树立统筹的观念。组织工作具有鲜明的政治性、严肃的政策性、高度的综合性和很强的实践性，是一项复杂的社会系统工程，这就要求我们必须树立统筹观念，自觉把组织工作放在全局的大背景下来思考、来把握，既要用足“内力”，又要善借“外力”，积极争取社会各方面对组织工作的重视，整合力量，统筹推进，使组织工作由依靠本系统单兵作战的运作模式向上下协调、横向联系的“大组工”转变。

三、不断强化效益理念，在深刻把握内在要求中提高组织工作科学化水平

组织部门在开展创先争优活动中要不断强化效益理念，以解决问题为目的，以务实管用为着力点，最大限度地提高组织工作的质量效益。

在服务大局中出生产力。习近平同志曾指出：“组织部门要出生产力，并且能出生产力。”这是组织工作服务科学发展、履行职能使命的本质要求。组织部门要出生产力，关键是始终坚持围绕中心、服务大局这一生命线，自觉把组织工作置于党的大局下行动，主动为大局服务，做到党委有号召，组织部门就有行动；党委有安排，组织部门就有落实。

在发挥职能作用中出战斗力。要突出抓好4个重点：一是选好用好干部，坚持德才兼备的用人标准，用会干事的人、能干事的人、靠得住的人，树立良好的用人导向。二是大力推进干部人事制度改革，建立能上能下、能进能出、严格监督、有效激励、竞争择优、充满活力的选人用人机制，激发和调动广大干部干事创业的积极性、主动性和创造性。三是激活人才资源，坚持科学的人才观，充分履行党管人才、牵头抓总职能，识才、聚才、育才、爱才、用才，使人才创业有机会、干事有舞台、发展有空间。四是以基层组织建设年为契机，按照“强组织，增活力，创先争优迎十八大”的要求，进一步加强各领域党的基层组织建设，整合各类组织资源，凝聚整体优势，使基层党组织的战斗堡垒作用和党员的先锋模范作用得到充分发挥，确保党委决策部署贯彻落实到基层。

在服务群众中出凝聚力。组织工作最根本的目的是服务群众，最基本的方法是依靠群众。组工干部想问题、作决策、办事情，要主动征求群众意见，了解群众意愿，尊重群众选择，善于总结基层创造的鲜活经验，善于集中群众的智慧和力量，善于团结带领群众开展工作，真正把党的意志转化为群众的意愿，使党的目标任务成为群众的自觉行动。真心实意为群众解难题、办实事，畅通群众信访渠道，认真对待群众正常利益诉求，使群众始终感受到组织的温暖，共享改革发展成果，从而更加紧密地团结在党组织的周围。

在加强自身建设中出向心力。市委组织部积极引导全市组工干部争创党性最纯洁的部门、争做党性最纯洁的干部，牢固树立“忠诚、公道、务实、创新、清廉”的组工价值理念，进一步提高组织部门的战斗力、执行力和感染力。坚持抓好能力建设，引导大家始终把学习实践放在第一位，不断提高运用科学发展观认识分析和解决复杂问题的能力。突出抓好形象建设，要求全市组工干部严守政治纪律、工作纪律、保密纪律、廉政纪律，不做违反原则的事，不

做出格的事，始终做到能把握住根本，守得住底线，抵得住诱惑，堂堂正正做事，清清白白做人，以良好的形象引导人、教育人、感染人，组织部门和组织工作的满意度不断提升。

四、注重发挥品牌效应，在总结推介规律性工作成果中提高组织工作科学化水平

组织部门在创先争优活动中要树立品牌意识，切实在培育品牌、形成品牌、推广应用品牌上下功夫，努力扩大组织工作的影响力、感染力和示范力。

创造环境孕育品牌。组织工作要真正形成叫得响、立得住的品牌，必须创造良好的环境，精心培育工作品牌。一是认真谋划，结合工作实际选准创建品牌的突破口。二是打牢基础，对选点、推进、建章立制、人员经费落实等培育品牌的各个环节都要精心准备。三是广泛宣传，充分运用各种媒体，采取现场会、理论研讨会、经验交流会等多种形式，大力宣传创新经验、交流创新成果，营造树立品牌的良好氛围，为催生优质工作品牌创造适宜的条件和土壤。

突出重点争创品牌。紧紧围绕组织工作的重点、热点和难点问题，突破思维禁区，遵循客观规律，紧密联系实际，扎实探索创建品牌；注意总结经验，把已经做的和正在进行的工作认真总结、归纳、提炼，使之成为品牌；注重继承与创新，把过去的品牌根据时代的需要发扬光大，做到在继承中求发展。同时，积极主动地从群众中汲取智慧，在实践中创造经验，在探索中寻求答案打造品牌。

资源共享推介品牌。组织部门要克服各自为战的思想，树立品牌资源共享意识，积极推广本地区、本系统、本部门的一些特色做法和成功经验，通过品牌的示范、带动提升组织工作整体水平。大连市着眼打造东北亚人才高地，以引进海外人才为重点，创立了“海创周”引才平台和人才工作品牌。经过几年的规范化、科学化建设，“海创周”已成为国家级人才工作品牌。

五、始终坚持“固化于制”，在健全完善制度体系中提高组织工作科学化水平

组织部门创先争优一条重要经验就是坚持不懈抓制度建设，靠制度管人、靠制度管事、靠制度律己，以科学规范的制度推动组织建设水平的全面提升。

加强科学谋划，提高制度的系统性。通过深入研究组织工作的特点规律，加强总体规划，尽量做到完备周密、符合实际，确保各项制度既能管得住现在，还能跟得上发展、经得起检验；既重视基本制度建设，又重视具体实施细则跟进；既重视实体性制度，又重视程序性制度的完善配套；既重视党内法规制度的建设，又重视与国家立法的协调配合，使各项法规制度互相衔接、互相补充，形成完备的组织工作制度体系。

认真总结经验，积极推进制度创新。解决影响和制约组织工作发展的深层次矛盾和问题，归根到底要靠制度创新。组织部门要根据新情况、新任务，在进一步补充完善已有制度的同时，以改革创新精神推进制度建设，对成熟做法抓紧形成制度；对热点难点问题加大探索力度，尽快找到解决的思路办法。同时，积极引导和鼓励基层创新，及时把他们取得的有益成果转化为制度办法。

健全落实机制，提高制度的执行力。制度作为一种行为规范，只有落实执行了，才能真正发挥作用，才能真正树立起权威。一些制度制定得很完备，但在执行过程中却往往达不到预期效果，归根结底是因为没有真正落实到位或是在执行过程中走了样。为了克服重制定轻落实的现象，防止制度“空转”，市委组织部在部机关建立制度执行问责机制，把制度执行情况纳入年度考核范畴，对制度执行不力的个人坚决追究责任。同时，加大检查督促力度，旗帜鲜明地引导督促各级组织部门和广大组工干部严格执行制度，树立对制度的敬畏之心，确保制度的全面落实。

创先争优对推进党的建设科学化的方法论意义

张　革

不断提高党的建设科学化水平，不断探索党的建设规律并按照党的建设规律加强自身建设，是我们党在领导人民建设中国特色社会主义伟大事业的进程中要面对的一项战略任务。当前，按照中央部署并在各级党委的具体指导下，创先争优活动取得了丰硕成果，为推进党的建设科学化提供了有效路径和良好载体。从马克思主义哲学的视角看，创先争优活动蕴含着丰富的方法论原则，深刻把握这些方法论原则对于进一步加强党的建设、不断提高党的建设科学化水平具有重要意义。

一、创先争优活动所蕴含的实践观点及知行统一的方法论原则对推进党的建设科学化有重要意义

马克思主义哲学从实践的角度看待人与世界的关系，认为实践是认识的来源和认识发展的动力，人在实践的过程中不仅要认识世界，更重要的是改造世界。马克思主义的实践观点要求我们坚持知行统一的方法论原则，即认知是重要的，但更重要的是行动，认知和行动应当统一起来。因为，只有在实际行动中我们才能检验、巩固和发展认识，才能在真正改造主观世界的同时改造客观世界。

从活动背景、主旨要求、活动方式、活动过程及其成果等方面看，创先争优活动都体现和贯穿着马克思主义的实践观点及知行统一的方法论要求。首先创先争优活动具有极强的实践指向性，需要基层党组织和广大党员不能止于学习和头脑中的认识，而是必须要知行统一，在已有认识的基础上扎实工作，而在具体工作中得到的实践经验将在更高的层次上巩固和升华已有的认识，从而使改造主观世界和改造客观世界相统一；其次，创先争优这种活动方式，不是专门的学习教育活动，却承载了学习教育活动的丰富内容，有具体而富有针对性的活动目标和活动步骤，能够更好地达到在具体实践中进行思想教育的目的。从活动所取得的成果看，全国涌现出大批先进基层党组织和优秀共产党员，成为人们身边看得见的学习榜样，不仅提高了党组织的凝聚力和战斗力，增强了党员的党性和业务能力，而且对全社会形成学习先进、崇尚先进和争当先进的良好社会风气起到了巨大的带动作用。

事实表明，创先争优活动是当前推进党的建设科学化的重要载体和有效路径。创优争优活动所蕴含的马克思主义的实践观点及知行统一的方法论原则要求我们，要实现从理论创新到理论武装的转化，必须通过各种真正适应实践要求并符合新形势下广大党员认知规律的路径才能实现。深刻把握这一方法论原则，不仅有助于我们进一步搞好创先争优活动，而且对我们从整体上不断推进党的建设科学化具有重要意义。

二、创先争优活动所蕴含的正确处理党组织整体与各基层组织、广大党员的相互关系的方法论原则对推进党的建设科学化有重要意义

辩证唯物主义认为，作为系统整体的事物是由各要素在相互联系和交互作用中有机构成的。系统整体虽然有自己独特的质，并不必然与构成自身的各要素的性质完全相同，但一方面，系统整体的性质是由其主要方面决定的；另

一方面,系统整体的性质发生变化必然从其要素性质发生变化开始。系统整体与构成要素间的辩证关系要求我们,在实践过程中,既要看到系统整体的性质对于各要素性质的统摄作用,又要重视作为构成要素的各部分的性质和功能,使系统整体和构成要素在我们的实践过程中交互作用、相互促进,沿着正确的方向发展。

各基层党组织是作为系统整体的党组织的重要组成部分,党员是党的肌体的细胞。党的性质具体体现在党的各级组织的活动中,从每位党员的党性状况中体现出来。党的纲领、路线、方针和政策靠各基层组织及党员的具体行动来实现。党的威信,要靠各级党组织和党员的努力来维系、巩固和加强。而且,广大群众对党的认识和情感也更多地是从日常生活中所接触到的基层党组织和党员那里获得的。在开展创先争优活动中,广大基层党组织和广大党员通过扎实工作,在本职岗位上建功立业,将具体的工作过程和实现目标与本部门本单位本行业的中心工作紧密联系起来,乃至最终与党的建设的根本任务及党和国家的工作大局连接起来。

创先争优活动取得的成果表明,活动过程所蕴含的各基层组织、广大党员和党的组织整体间相互影响、交互作用的辩证关系要求我们,在推进党的建设科学化的过程中,应更加注重处理党的整体与各基层组织、广大党员间的关系。即:一方面,应更加注重加强党的领导,提高党的执政能力和对全局层面上的路线、方针、政策的决策的科学性;另一方面,更加注重基层党组织的先进性建设,更加注重发挥基层党组织和广大党员的积极性、主动性和创造性,使党的健康肌体在各基层组织和广大党员层面上得到自觉维护。

三、创先争优活动所蕴含的统筹兼顾、突出重点、区别对待的方法论原则对推进党的建设科学化有重要意义

马克思主义哲学认为,任何具体事物的存在都是共性与个性的统一。这一基本原理要求我们,处理问题应坚持两点论与重点论相统一,既要考虑事物存在和发展的整体性要求,统筹兼顾,协调好各方面的关系,整体推进,又要分清主次,特别是抓住主要矛盾和矛盾的主要方面,适时处理,为解决其他问题开辟道路。由于事物的存在有不同的质,因此,我们处理问题应根据事物的性质及其发展状况分类别、分层次、分阶段,区别对待,具体问题具体分析。

从创先争优活动的总体性要求看,各基层党组织和广大党员"认真贯彻落实党的十七大和十七届三中、四中全会精神,以邓小平理论和'三个代表'重要思想为指导,以深入学习实践科学发展观为主题,坚持从本地区本部门本单位实际出发,改革创新,务求实效,统筹推进党的建设其他经常性工作"。由此可见,统筹兼顾是推进创先争优活动的重要方法论原则,而在推进过程中,必须抓住深入学习实践科学发展观这一主题。活动中各级党组织根据基层单位的实际情况和党员的岗位特点,进行了分类指导,精心设计了各种特色鲜明、务实管用的载体。从整体来看,围绕学习实践科学发展观这一主题,各地区各部门各单位的创先争优活动在每个阶段又有自己的次级主题。这些都体现了分类别、分层次、分阶段,区别对待的方法论原则。

按照科学化要求推进党的建设的各项工作,必须从实际出发,在注重共性或一般性要求的同时,更加注重求真务实,统筹兼顾、协调推进,更加注重分类别、分层次、分阶段地研究问题和解决问题。

四、创先争优活动所蕴含的继承与创新相统一的方法论原则对推进党的建设科学化有重要意义

马克思主义哲学认为,事物的发展是肯定与否定的统一。事物的消极因素因不适应于新的条件而被克服和否定,积极因素则被肯定和保留下来,作为有机组成部分与新增加的部分

即创新性因素一起构成新事物。因此，我们在推动事物的发展过程中必须坚持继承与创新相结合的方法论原则，既要善于辨别和继承有益于事物发展的因素，又要注重创新。

开展创先争优活动是我们党在新时期解决党的建设领域存在的具体问题的内在需要，具有鲜明的特点和指向性。同时，创先争优活动又是党的建设总体活动的一部分，是以往推进党的建设科学化活动的衔接和延续，既有继承，又有创新。党的十七大部署以改革创新精神加强和改进党的建设，明确提出要开展两项活动，一是在全党开展深入学习实践科学发展观活动，二是在党的基层组织和党员中深入开展创先争优活动。学习实践活动是集中性主题教育活动，创先争优活动是推动基层党组织和党员立足本职发挥先锋模范作用的经常性工作。创先争优活动是学习实践活动的延展和深入，必然推动学习实践科学发展观向深度和广度发展。

我们党通过经常性的思想教育活动不断加强自身建设，积累了丰富而有效的党建活动经验，这对当前和今后的党建工作仍具有重要的指导意义。同时，我们必须看到，我国仍处于并将长期处于社会主义初级阶段，改革开放的任务异常繁重。而从整个世界发展的视角看，我国社会发展进程呈现出“时空压缩”的特点，工业化、城镇化、信息化的形势和任务同时并存，这些都使我们党的自身建设面临着更多、更复杂的挑战。要切实提高党的建设科学化水平，有效地应对这些问题和挑战，就必须坚持继承和创新相统一的原则，在继承有益经验的基础上积极研究新问题、探索新途径、运用新手段，不断创新。

（作者：中共北京市朝阳区委常委、组织部长）

第九部分

思想政治工作创新

2012年思想理论领域十个热点问题

祝念峰　郑丽平　王雪凌　张福军

2012年,我国思想理论领域继续保持积极健康向上的良好态势,广大理论工作者以喜迎党的十八大召开、认真学习宣传贯彻党的十八大精神为主线,深入研究阐释党的理论创新成果,取得了显著成果。同时,意识形态领域也出现一些值得关注的新情况新问题,围绕政治、经济、文化等领域一些重大理论和现实问题,理论界展开了讨论和争论,形成了若干热点。现对2012年思想理论领域若干热点问题进行梳理,供读者参阅。

热点一:关于政治体制改革

近年来,政治体制改革一直是思想理论界关注的热点问题。2012年,是党的十八大召开之年,思想理论界围绕政治体制改革问题,展开了热烈讨论。

从总体上看,思想理论界对于我国推进政治体制改革的必要性、紧迫性存有基本共识,但对于如何评价我国政治体制改革的现状、进一步推进政治体制改革的突破口、政治体制改革的目标等问题,分歧很大。绝大多数学者能够坚持正确的理论导向,充分肯定我国政治体制的优越性和我国政治体制改革取得的成绩,并积极为下一步改革建言献策。然而,也有极少数人蓄意否定我国政治体制和政治体制改革取得的成绩,并借此抛出种种具有明确目标指向的政治体制改革论。有的认为我国政治体制属于专制体制,民主程度低;有的否定近年来我国政治体制改革成就,认为政治体制改革原地踏步甚至停滞、倒退;有的否定中国特色社会主义民主政治道路,主张走宪政民主之路。有的人甚至认为,宪政民主之路是唯一的正路,其他的路都是死路。中国必须引进宪政民主的一般形式系统,否则,就只能处在落后状态;有的否定现行的党内制度,主张实行直接选举制;有的把法治、法制与党的领导对立起来,反对党对政法工作的领导。

这些错误言论引起多数学者的批评。学者们分析说,从根本上讲,没有普遍适用于各国的政治模式。一个国家选择和建立什么样的政治发展道路主要取决于该国的具体国情。推进政治体制改革必须从我国的具体国情出发,否则必然会给我们党和国家带来灾难性的后果。无数事实表明,照抄照搬西方的政治制度模式,结果只能是因水土不服而夭折。学者们认为,上述种种错误言论和主张,表面上是对我国政治体制改革的探讨,实质上是否定我国的根本政治制度,主张我国走西方的所谓民主政治道路。对此,我们必须保持清醒的头脑,始终坚定不移地走中国特色社会主义政治发展道路。学者们强调,我国是中国共产党领导下的社会主义国家,我国一切改革的宗旨都是为社会主义制度的自我完善和发展。推进和深化政治体制改革,发展社会主义民主政治,必须坚持我国的根本政治制度,必须坚持党的领导、人民当家作主、依法治国三者的统一,在涉及国家根本制度等重大原则问题上不动摇;要积极借鉴人类社会创造的文明成果包括政治文明的有益成果,但绝不能照搬西方的政治制度模式。

热点二:关于基本经济制度

在坚持和完善基本经济制度问题上,党中央的认识和方针政策是一贯的、非常明确的,然而理论界和社会上关于这个问题的争论却是

30多年来持续不断，而且很激烈很尖锐。集中表现在以下几个方面：

一是关于公有制经济主体地位问题。有人对公有制作为社会主义基本经济制度的核心和基础表示怀疑，认为把公有制和按劳分配作为社会主义的本质是一种需要抛弃的传统观念。一些人认为，改革开放以来的经济发展应完全归功于非公有制经济，“公有制为主体”现在已经变得无关紧要，应通过改革实现私有化，使私有制经济主体化。有人甚至提出“改革的关键是公有制变成私有制”等主张。

对此，多数学者指出，公有制经济的主体地位，不仅是我国宪法的规定，也是实现国民经济又好又快发展的现实要求。与发达国家相比，我国人口众多、人均资源匮乏、生产力总体水平低。如果搞私有制为主体，不仅不能集中力量加快发展，而且会导致两极分化，使整个社会失去发展的动力和凝聚力。不少学者撰文强调公有制为主体的重要性，担心基本经济制度出现动摇将产生严重连锁反应。党的十八大报告坚持并强调了我们党的一贯提法，在讲到中国特色社会主义制度时，重申了“公有制为主体、多种所有制经济共同发展的基本经济制度”，重申了“两个毫不动摇”的方针，有力回应了对坚持公有制主体地位的各种诘难和疑虑。

二是关于国有企业改革问题。有人说，搞市场经济就不能有国有企业。有些人把“毫不动摇地巩固和发展公有制经济”与“毫不动摇地鼓励、支持和引导非公有制经济发展”割裂开来，把大企业和小企业的发展人为地对立起来，认为国有企业强大的另一面是民营企业的羸弱，国企不退出民企就发展不了。有些人主张，“国有资本从原有体制内的竞争性领域退出”应该是全面而彻底的，既包括小型国有企业，又包括中型和大型国有企业，目的是使“民营经济成为市场经济的基础”，要求政府以行政命令方式强制国有企业退出所有营利性领域（而不单是竞争性领域）。更有人把国有企业视为未来中国进一步成长的最主要障碍之一，提出把国有企业的股票通过市场转让给非国有部门和个人。

不少学者对上述观点进行了反驳，认为一些人和媒体动不动就把国有经济在一些行业领域的控制和优势地位冠以“垄断行业”、“垄断企业”，不分青红皂白地攻击国有企业利用政府行政权力进行垄断，把国有资本一概污蔑为官僚垄断资本，是不能成立的。有学者说，回顾当前有关国有企业改革的争议和讨论，追根溯源在于一些国企内部管理机制的不健全，不能说国企一发生问题，就对我国以公有制为主体的基本经济制度产生怀疑。学者们强调，国企存在的深层次问题需要改革，但国企在中国经济改革方面所做出的巨大努力及贡献不能抹杀，国企的优越性不可否认，国企在未来发展中的引领作用不可忽视。多数学者说，国有经济存在这样那样的体制性问题，需要通过深化改革加以完善，但这不是制度问题和取消的问题。专家学者们强调，国有企业是全面建设小康社会的重要力量，是中国特色社会主义的重要支柱，是我们党执政的重要基础。动摇了国有经济的主导地位，社会主义就失去了正确的发展方向。

专家学者们指出，社会基本经济制度直接决定着我国的社会性质，是中国特色社会主义事业取得成功的保证。在坚持和完善社会主义初级阶段基本经济制度问题上，要正确认识公有制经济与非公有制经济的地位和相互关系，坚决贯彻中央“两个毫不动摇”的方针，强调国有企业的主导地位和作用，认清非公有制经济的两面性。有学者认为，忽视了公有制的主体地位，就会落入私有化的陷阱；忽视了非公有制经济的发展，就会重蹈单一公有制的覆辙。在关乎我国改革的性质和方向等根本问题上，必须立场坚定、旗帜鲜明。

针对目前出现的对我国基本经济制度研究淡化、弱化的趋势，有学者建议要加强对基本经济制度的理论研究，加强对基本经济制度保障机制的研究，加强对反映所有制结构变动指标体系的研究，加强对促进非公有制经济健康发展措施的研究。比如，社会主义为什么要搞生产资料公有制？共产党人为什么要强调实行公有制，并确认公有制是党的执政基础？马克思的公有制理论与当代我国现实中的公有制有什么样的关系？公有制经济的优越性表现在哪些方面？国有经济是否等同于垄断？如何认识非公有制经济的性质和地位？如何进一步促进非公有制经济的健康发展？等等。

三是关于土地私有化问题。针对由来已久的"三农问题"，一些人非常推崇土地私有化，主张破除农村土地集体所有制度，让农民自由卖地，美其名曰"提高农民的财产性收入"。有人甚至说，未来几年中国在经济领域必须要做三件事情：一是国有企业的私有化；二是土地的私有化；三是金融的自由化。

专家学者们反映，土地私有化的观点在当前很有市场。多数学者认为，目前中国农村形成的这种基本制度，是经过长期实践检验的、总体上符合中国国情的制度，不要轻易改变。一旦允许土地私有化和自由买卖，那么，一方面，经营农业本来就无利可图的普通农民会在地方权力与资本结盟的强势介入下大批失去土地，尽管表面是自愿交易，其实质还是被强势集团所迫。可以想见，普通农民的土地将迅速地向大资本聚集，中国将出现大地主和大量无地农民。另一方面，农民虽然获得了短期的卖地收益，但是他们和子孙都将失去土地，只能在城市谋生。而一旦就业成为难题，他们既不能回到农村，又难以在城市立足，如此很可能成为城市流民，最终结果可能是城市贫民窟化与农村社会冲突的同步加剧，大规模社会动荡将不可避免。

学者们强调，无论是拉美还是东南亚，很多发展中国家已经走过的道路表明：大规模的私有化，必然造就大规模的腐败；必然造就私人垄断资本操纵市场，危害社会公众的利益；也必然导致大量的国有资产外流，国家经济安全命脉被更为强大的外资控制，从而对我国的经济主权、政治主权造成危害。私有化与国有化之争，从来都不是简单的"国进民退"、"国退民进"问题，不是国内事务，而是国际事务，是本国政府、人民和外国资本之间争夺本国经济主权、政治主权的斗争。

热点三：关于收入分配

当前我国收入分配领域存在一些突出问题，如劳动者收入增长较慢，城乡、区域、行业和社会成员之间收入差距不断拉大等，引起思想理论界以及社会各界的广泛关注和热议。

有学者提出，我国收入分配存在三大突出问题：一是收入分配不公平导致收入差距偏大；二是劳动者报酬在初次分配中占比偏低；三是公共服务支出在政府总支出中占比低。对于当前收入差距产生的原因、改革的着重点是放在初次分配还是二次分配上，理论界产生了明显分歧。一种观点认为分配不公主要是政府对市场干预过多造成的，应该首先通过改革政治体制和行政体制来解决；另一种观点则认为现阶段改革重心应放在初次分配领域，包括对财税体制、工资制度、农民收入分配、要素分配制度、垄断行业进行改革。

学者们反映，在收入分配问题的讨论中，存在一些不良倾向。一是在一定程度上存在着就分配谈分配的倾向。有学者指出，在现阶段解决分配问题，仅仅从分配和再分配领域着手是远远不够的，还需要从所有制结构上直面这一问题，这样才能从根本上扭转收入差距扩大的趋势。二是过分强调增加财产性收入和保护非劳动收入。学者们反映，随着市场化大潮中"拥抱资本、疏远劳动"风气的盛行，"按劳分配为主"事实上面临"按资本分配为主"的严峻挑战。因此，要扭转居民收入占比下降的趋势，核心问题在于提高劳动者报酬和中低收入者的收入，关键在于调整劳动收入与资本所得的比重。三是过分强调通过深化市场化改革来解决收入分配问题。一些学者支持市场化改革，反对政府干预，认为收入分配问题源于市场化改革不够彻底,政府干预过多,导致市场扭曲,主张通过继续推进和深化市场化改革来解决收入分配问题。不少学者反驳说,市场遵循按生产要素分配的原则,由于各人占有生产要素状况不同,必然产生收入差距。同时,市场竞争机制也不能必然带来机会平等。四是把"国富"与"民富"对立起来。有人说,过去我们长期实行的是"国富优先"而不是"民富优先"的政策导向,造成现在我国"国富民穷"或"国富民不富"的现象。还有人说,"国富优先"的政策导向,使国家生产力大大快于民众消费的增加,导致总需求不足。对此,有学者指出,把"国富"与"民富"对立起来,缺乏科学依据,因为就"国富"来说,经过改革开放,虽然我国经济实力确实大大增强了,但也不能说我们国家已经很富了;就"民富"来说,也不能简单地讲现在是"民不富"或"民穷"。国民有富有穷,不能一概而论。消费率低和内需不足的原因涉及多个方面,不能简单归之于所谓"国富优先"、"民富滞后"。

学者们分析认为,对收入分配问题的讨论,实际上折射出我国发展到现阶段必须面对的一个重大理论和实践问题,即如何处理好发展和公正问题。有学者认为,当前公正问题正在成为全局性问题,严重影响发展,影响改革进程与党的形象。有学者说,我国发展到现在出现的一些问题,实际上就是少数人手里的钱太多了,多数人手里的钱太少了,所以国内需求不足,生产发展没有动力和后劲。现在应该把共同富裕提上日程,这有利于解决当前面临的一些突出问题,有利于进一步发展。

党的十八大提出了未来的收入分配改革蓝图:一是收入翻番,人民群众的收入得到整体提高;二是两个"同步",即"努力实现居民收入增长和经济发展同步、劳动报酬增长和劳动生产率提高同步",体现公平合理的分配制度;三是"提低"、"控高",分配秩序将进一步规范。专家学者们建议,要认真贯彻落实党的十八大精神,坚持运用马克思主义政治经济学的观点进行分析,这样才能明辨是非,解决当前收入分配领域的深层次问题。

热点四:关于深化改革

2012 年是我国确立社会主义市场经济体制目标 20 周年,也是邓小平发表南方谈话 20 周年。这两大纪念主题,使改革的话题持续升温,一度成为思想理论界关注的焦点。

专家学者们普遍认为,进一步深化改革是解决当前我国社会出现的突出矛盾和问题的必然要求。现在以及将来,发展中出现以及可能出现的种种问题,只有继续坚定不移地深化改革才能解决。同时,围绕改革的方向选择和内容设定等相关问题,思想理论界出现了不同的甚至根本对立的观点和看法。主要有两种:一是认为改革开放的方向搞错了,背离了社会主义道路,要求反思和纠正;二是认为西方的自由民主人权是"普世价值",中国必须按照西方的模式进行政治经济改革,走西方的路。这两种思潮此起彼伏,与现实当中的矛盾和问题交织在一起,给人们的思想带来影响甚至冲击。

历史表明,改革一直是存在方向选择和性质之争的。一些学者或明或暗地主张搞私有制基础上的自由市场经济体制,其主要的手法是片面强调市场经济,淡化生产关系的区别,淡化基本社会经济制度的区别,放弃把市场经济与社会主义、与公有制结合起来的制度创新,在强调市场经济一般特征和一般要求的旗号下,混淆社会主义与资本主义的区别,混淆公有制与私有制的区别,以达到实行私有化,推行资本主义的目的。不少学者因此提出,一个时期以来,讲改革开放的时候,不大提"社会主义制度的自我完善"了,坚持"四项基本原则"也不提或者淡化了。这种状况让人心存疑虑,希望中央重申党的基本路线,把改革存在性质的区别和方向的选择这个问题讲清楚。

专家学者们指出,要进一步明确下一阶段深化改革的方向和重点,抓住制约经济社会发展的重点领域和关键环节,集中力量予以突破。要把制度创新放在改革的重要位置,把经过实践证明的成熟的改革措施规范化法制化，运用法律手段强化和推进改革。要坚持把是否有利于实现科学发展作为改革的出发点，把是否有利于提高人民生活水平作为检验改革成果的基本标准。

学者们建议，当前要认真学习贯彻落实好党的十八大确立的改革开放重大部署和习近平总书记在中央政治局第二次集体学习时关于深化改革的重要讲话精神，认真回顾和深入总结改革开放的历程，更加深刻地认识改革开放的历史必然性，更加自觉地把握改革开放的规律性，更加坚定地肩负起深化改革开放的重大责任。

热点五：关于凝练社会主义核心价值观

如何凝练出简明扼要、便于传播践行的社会主义核心价值观，是2012年思想理论界讨论的热点问题。党的十八大召开前，虽然理论界关于社会主义核心价值观的具体表述没有达成共识，但这种研究和讨论取得了积极成果。即认为社会主义核心价值观并不等同于社会主义核心价值体系，而是对社会主义核心价值体系的凝练和概括。当前，凝练社会主义核心价值观具有必要性和紧迫性，但概括出能够得到广泛认同的社会主义核心价值观，需要在实践中继续探索。

党的十八大从建设社会主义文化强国的战略高度，深刻论述了社会主义核心价值体系建设的重要意义与战略要求，并强调"倡导富强、民主、文明、和谐，倡导自由、平等、公正、法治，倡导爱国、敬业、诚信、友善，积极培育和践行社会主义核心价值观"。这些论述清晰表达了中国共产党人对社会主义核心价值体系的理论探索新成果，为培育和践行社会主义核心价值观指明了方向。

在讨论中，也存在一些不良倾向。有学者反映，近来在一些宣传社会主义核心价值体系的文章中，有人借口社会主义核心价值体系要"简单、清晰、明了"，要用几句语录式的话来表达，于是离开中央确定的社会主义核心价值体系的内容，从孔夫子的语录中或者西方鼓吹的"普世价值"中搬来一些概念，广为宣传。有人甚至公开要求社会主义核心价值观的表述要"同世界接轨"，让西方也能接受。学者们指出，这种概括，势必把人们对社会主义核心价值体系的学习引入误区。因此我们在宣传社会主义核心价值体系时，始终要牢牢把握两点：一是社会主义核心价值体系的性质；二是建设和宣传社会主义核心价值体系的目的。

热点六：关于纪念《在延安文艺座谈会上的讲话》发表70周年

2012年是毛泽东同志《在延安文艺座谈会上的讲话》发表70周年。5月23日中央在北京人民大会堂召开纪念座谈会，社会各界尤其是思想理论界、文化艺术界开展了多种形式的纪念活动。学者们认为，讲话把马克思主义基本原理同中国革命文艺实践创造性地结合起来，是我们党领导文艺事业的经典文献，讲话提出"文艺为人民大众"的观点直到今天依然具有现实意义和指导作用。

但是，在讨论中也出现了一些值得关注的问题：一是在文艺"为什么"的讨论中，仍有人认为或强调文艺什么也不为，或强调为自己，或强调为艺术，而强调为了高远理想、为了普罗大众，只是救亡图存的革命时期的斗争需要。有人认为，现在时代不同了，人们对于文艺的需求更多是出于审美、娱乐、消费。对此，有学者指出，虽然时代背景、社会环境、现实状况不同了，但文艺引领时代发展、追求美好生活、完善精神品格的功能并没有改变。二是在文艺如何为人民服务问题的讨论中，有学者反映，在当前的有些文艺创作中存在着某些低俗、媚俗、庸俗倾向，有的作品缺乏热情，缺乏爱憎，没有臧否，没有教益，完全背离了文艺创作的宗旨，其消极影响不容忽视。对此，有学者指出，文化有高雅、低俗之分，道德有善恶、美丑之别，问题的关键在于是否抓住了文艺如何为人民的本质，是否真正坚持了以人民为中心的创作导向。

热点七：关于深入开展学雷锋活动

2012 年是雷锋牺牲 50 周年。“深入开展学雷锋活动，采取措施推动学习活动常态化”，是党的十七届六中全会作出的一项重要部署。按照中央的统一部署，全国各地各行业开展了一系列丰富多彩、内容广泛的学雷锋活动，收到了较好的效果。思想理论界积极响应中央号召，深入解读雷锋精神的丰富内涵，有力推动了学雷锋活动的深入开展。

在深入开展学雷锋活动的讨论中，也出现了不良言论和倾向，主要表现在以下两个方面。一是借否定雷锋精神来否定学雷锋活动。有的人质疑或否认雷锋其人其事的真实性，有人肆意歪曲雷锋精神，将雷锋精神污名化。还有人称，雷锋所谓的“共产主义的忠诚”，是一种“愚忠”。这些错误观点和言论，其结论就是认为雷锋精神并不值得学习和颂扬。二是继续鼓吹“雷锋精神过时”论。认为“全心全意为人民服务”只适合于物质匮乏、经济落后的上世纪五六十年代，而今天我们实行的是强调物质利益和个人利益的社会主义市场经济，雷锋精神显然与市场经济的要求背道而驰。

事实上，“雷锋精神过时了”的声音，自改革开放以来就不绝于耳。对于贬议雷锋、否定雷锋精神的种种错误言论和观点，思想理论界以深入的正面解读给予有力回应。学者们认为，新形势下大力弘扬雷锋精神具有极为重要的现实意义。社会主义市场经济与全心全意为人民服务并不相互排斥，二者的价值取向是一致的。社会主义市场经济越是深入发展，越是需要我们牢固地树立为人民服务的思想和培养高尚的职业道德。学者们分析指出，任何一个社会都应倡导某些价值观，在这个过程中，需要最生动、最鲜活、最具有说服力的载体，来解决传播力的问题。雷锋精神所倡扬的价值观和道德品质，能够匡正道德失范，能够激发人们对真、善、美的追求，能够增进社会道德认同。这正是雷锋精神的时代价值所在，也是雷锋精神的永久生命力所在。

热点八：关于莫言获得诺贝尔文学奖

2012 年 10 月 11 日，中国当代著名作家莫言获得 2012 年诺贝尔文学奖，文学界、理论界围绕莫言获奖展开积极讨论，普遍高度肯定其意义，但其中也出现了一些值得注意的倾向。

一是否定或扭曲莫言获奖的文学意义。部分人对莫言获奖持否定态度，认为莫言不能代表中国文学或者说中国现实文学的最高水准，并由此对莫言获奖展开了种种推测。一些人认为，莫言获奖是因为迎合了西方人窥探中国社会或者中国人性的某种口味。还有人指出，莫言是一个站在现代启蒙文化、现代白话文创作废墟上的一位作家，他显示的可能是汉语作为方言而不是作为普通话的胜利。对此，一些专家指出，莫言获奖是文学界的一件喜事，表明世界对中国文学的认可，我们更应该关注它对于推动中国文学进步的积极意义。

二是生硬搬弄莫言获奖的政治意味。一些人不遗余力地挖掘莫言获奖背后的政治意味。其矛头所指，就是文学或者文化与体制的关系、与政治的关系，政治能不能干涉文学，还是文学本身就是“体制化”、“政治化”的反映。一些人认为文学不能脱离政治而存在，莫言作品的无意识形态特征及其言行恰恰体现了文学对政治的妥协。有些人甚至批评莫言在这方面有双重人格，说莫言自己声称不应该用政治干涉文学，而他抄写的《在延安文艺座谈会上的讲话》恰恰是主张用政治干涉文学的。

三是盲目“消费莫言”。伴随着文学意义上的争论，汹涌而来的就是急于“消费莫言”的商业化倾向。从莫言获奖到现在，高密红高粱火了，商标“莫言醉”火了，莫言旧居火了。对此，有学者指出，这种“消费名人”的社会现象，包含着众多的社会文化和社会心理，更是当前社会发展和时代嬗变形势下的一种表层映射。如果一个让国人引以为傲的作家的文字，不能触动大多数国人的心灵，不能成为某种文化和价值的认同，那么，莫言获奖带给国人的骄傲，或只是一场虚荣的狂欢。

学者们指出，应该把莫言的得奖效应引向关注文学本身的社会价值。对于莫言获奖，我们更应该关注其文学意义，思考我们每个人的社会责任。我们应该更加关注每一个人怎样为中国文化的繁荣发展尽一份责任出一份力。

热点九：关于我国发展的周边环境与重要战略机遇期

2012 年，美国调整对外战略，重点转向亚太地区；欧债危机持续发酵；叙利亚局势持续恶化，西亚北非仍动荡不止；日本“国有化”中国钓鱼岛，东海南海争端再起；朝鲜突然宣布发射卫星……这一系列事件，引发了思想理论界对我国发展的外部环境以及国家安全等问题的关注和思考。

有学者分析指出，美国的“亚太再平衡”战略，是美国战略重心东移的细化和充实。将 60% 的战舰部署在太平洋，更具有浓郁的冷战味道，不仅恶化了地区安全环境，也加大了冲突几率。特别是美国不断加强与地区盟国的关系，并为一些国家强力打气，极易导致一些国家在处理与周边国家的矛盾和问题时铤而走险。面对日益复杂的外部环境，我们一定要居安思危，切实增强忧患意识，做好一切应对准备。同时要不断提升对外宣传和文化交流水平，更好营造于我有利的国际舆论和文化环境。

在中日钓鱼岛争端问题上，学者们以行政管辖、经济活动、自然延伸等原则为基础，论证了钓鱼岛主权属于中国符合国际法原则。学者们建议，在当前复杂的国际形势下，中国的一举一动都事关重大。一方面要保护好民众的爱国热情，但同时要把握好分寸。要积极稳妥地处理大国关系、外交关系和国际突发事件，处理好主权问题的原则性与外交政策的灵活性的关系，坚决维护我国领土主权。要警惕一些人借题发挥，将矛盾的焦点引向党和政府。

随着亚太地区成为全球地缘战略角逐的焦点，我国周边安全环境不稳定不确定因素增加，重要战略机遇期问题也成为关注的焦点。思想理论界普遍认为，党的十八大关于重要战略机遇期的科学判断对于认清形势，把握发展机遇，制定科学的大政方针政策具有重要意义。但不少学者也表现出对中国未来发展前途的担忧。有的学者提出，我国的快速崛起，已引起一些西方国家的不适和防范，“中国威胁论”、“中国责任论”等不断升级，我国今后的发展将面临更大的外部压力和更复杂的国际环境。有的学者指出，虽然我国经济运行总体平稳，但需求不足、部分行业和企业效益下降等矛盾比较突出，经济下行压力加大。对于这些倾向，我们要及时加以引导，把思想认识统一到中央对形势的科学判断上来。

热点十：关于当前西方资本主义危机

自 2008 年国际金融危机爆发以来，关于危机成因、教训和对策等具体现实性问题的讨论一直没有中断，而且讨论的重点正逐步转变为反思资本主义弊端、制度变革等深层次问题。

多数学者认为，在国际金融危机的沉重打击下，现有的资本主义模式遭遇前所未有的挑战，西方国家正在经历一场深刻的制度性危机，突出表现在资本主义经济制度严重失调、政治制度运转失灵、社会福利制度失控、社会融合机制失效。2008 年以来，西方资本主义国家一直没有走出金融危机的困扰，金融危机的影响不断加深，现在已经演变成为经济危机、政治危机和社会危机。西方国家的制度和体制正面临越来越大的变革压力。

学者们强调，当前西方资本主义危机是资本追求利润最大化的必然结果，是资本主义生产方式内在矛盾的必然产物，是国际金融垄断资本主义矛盾积累的必然爆发，是新自由主义长期泛滥和恶性发展的最终结果。以美国为首的西方国家竭力推动的新自由主义模式，既是国际金融危机发生的根源，也是引发当前西方资本主义危机的罪魁祸首。当前西方资本主义危机再次宣告了新自由主义理论及政策的破产，宣告了“华盛顿共识”的终结。

学者们提出，当前西方资本主义危机凸显了中国特色社会主义的优越性。事实证明，中国在长期的革命、建设和改革中摸索出来的道路、理论和一整套制度设计是有强大生命力的。当前西方资本主义国家暴露出来的问题，恰恰是我们解决得比较好的地方。我们应坚定中国特色社会主义的道路自信、理论自信和制度自信。同时，我们也要辩证地看待当前西方资本主义危机。一方面，资本主义确实面临困境，实力自信、模式自信、霸权自信受到沉重打击，国际格局也因此孕育大的变化。但客观上看，资本主义在二三百年的积淀中表现出较强修复能力，有较强的应对危机的能力。危机可能以低烈度的态势持续一段时间，西方国家可能在相当长一个时期处于亚健康状态，但大体上西方经济仍然是一个慢性下滑、坠落的过程。

学者们建议，要加强对当代资本主义的研究。比如资本主义到底处于什么发展阶段？这一阶段的资本主义与以往的资本主义相比发生了哪些变化，呈现出哪些新的特征？资本主义的本质是否发生了变化？资本主义社会变革的动力在哪里？资本主义的未来会如何演变？等等。这些问题虽然有不少是老问题，但在新的历史条件下应该获得新的解释和回答。

（作者单位：教育部高等学校社会科学发展研究中心）

关于发达地区加强思想政治工作创新的若干思考

申维辰

在“昆山市思想政治工作创新案例研究报告”发布会暨发达地区思想政治工作研讨会上，有关专家以昆山为样本，多层次、多角度研讨经验，提出推动发达地区思想政治工作创新的思路和对策，很有意义。通过对昆山案例研究，我就发达地区思想政治工作创新的若干问题进行了一些思考。

一、充分认识创新思想政治工作对推进社会现代化的重要意义

社会现代化，本质上是人的现代化。人民群众是社会物质财富和精神财富的创造者，是社会变革发展的决定力量。世界近现代发展的历史表明：某些国家虽然有丰富的自然资源，但并没有成为现代化国家；某些国家虽然自然条件差些，但却早已进入现代化国家之林。这说明，自然条件并不是实现现代化的先决条件，人的现代化才是决定性因素，没有人的现代化，就没有真正意义上的社会现代化。一个国家，只有当它的人民获得与现代化发展相适应的现代性，才能真正实现现代化。所以说，人的现代化，在整个现代化进程中，居于基础性地位，起着决定性作用。

思想政治工作是塑造人的灵魂的基础性工程，是实现人的现代化的重要推动力。人的现代化，主要在于确立正确的世界观、人生观、价值观，形成高尚的道德观念、正确的思维方式、良好的社会心态，具备现代知识，有较高的科学文化素养，思想得到解放，创新意识得以增强，个性得到发展、主体性得到发挥、个人价值得以实现，价值取向和行为习惯适应现代社会发展要求。这一切，也就是思想政治工作的基本任务。可以说，思想政治工作在现代化进程中有着重要意义，起着关键性作用。我国正处于社会主义初级阶段，人的现代化还远远不能适应现代化发展的要求，在推进现代化进程中加强思想政治工作就显得尤为重要。同时，思想政治工作要承担起这一时代重任，就必须积极开展工作，就必须大力创新，在全党全社会形成统一指导思想、共同理想信念、强大精神力量、基本道德规范。就必须坚持以马克思列宁主义、毛泽东思想、邓小平理论和“三个代表”重要思想为指导，以科学发展为主题，以社会主义核心价值体系为根本，与我国现代化发展要求相适应，培育有理想、有道德、有文化、有纪律的社会主义公民，提高全民族的思想道德素质和科学文化素质，促进人的全面发展，为社会主义现代化的实现提供精神动力、思想保障、智力支持和文化条件。

二、昆山经验为发达地区思想政治工作创新提供了很好的借鉴

昆山市在率先基本实现现代化的进程中，高度重视发挥思想政治工作的作用，始终把思想政治工作作为“灵魂工程”和“生命工程”，积极开展理论创新和实践创新，全力推进区域经济社会发展和人的全面发展，取得了显著成效。昆山市的经验值得借鉴和推广。

1. 坚持正确导向，发挥城市精神引领作用，积极践行社会主义核心价值体系。提炼形成并切实践行具有地方特色的核心价值观，推进社

会主义核心价值体系建设的具体化、大众化，是思想政治工作创新的重要内容。昆山市在推进经济社会发展过程中，始终坚持把社会主义核心价值体系的总体要求与昆山实际相结合，深入调研，汇聚群众智慧，提出了昆山精神和昆山特色价值观。并积极开展昆山特色价值观实践教育活动，把昆山特色价值观作为思想政治工作的一条主线、一个“灵魂”，始终贯穿于率先基本实现现代化的全过程，使昆山特色价值观成为提高市民素质和社会文明程度的主要抓手。针对政府工作人员、企业员工、市民三大群体，昆山市还细化衍生出政府价值观、企业价值观和市民价值观，使200万新老昆山人在昆山特色价值观引领下，找到自己的精神定位，明确自身价值取向，筑牢共同思想基础。中国政研会的问卷调查结果显示，86.37%的昆山市民认为，昆山特色价值观在推进昆山市率先基本实现现代化进程中发挥了重要作用。

2. 加强党的领导，整合政治资源，统筹协调，形成社会合力。近年来，昆山市委市政府在思想政治工作方面始终发挥着主导作用，各级党政部门牢固树立“全市一盘棋”的大局意识和荣辱与共的思想，凝心聚力、协同配合，形成思想政治工作在现代化进程中的社会合力。昆山市开展思想政治工作创新的最突出特点是，强化组织领导、注重统筹协调、坚持有序开展，充分发挥党和政府部门对思想政治工作的引领、组织作用，社会团体和社会组织对思想政治工作的支持、推动作用，人民群众的主体参与作用，调动社会各方面的力量，形成思想政治工作的强大合力和社会联动效应。同时，昆山市把实施城市精神塑造工程、践行昆山特色价值观，加强公民道德建设、提升社会道德素质和道德水平，完善公共文化服务体系、实现以文化人，构建心理咨询服务体系、培育健康社会心态四个方面的工作结合起来，统筹规划、协调开展，使之优势互补、良性互动，形成思想政治工作的综合叠加效应。

3. 坚持群众路线，兼顾不同群体利益诉求和精神文化需求，发挥人民群众的主体作用。昆山市在开展思想政治工作的过程中，针对本地区非公有制企业众多的特点，充分发挥台资、外资、民资企业等新经济组织的作用，加强非公有制企业员工的思想政治工作；针对本地区人口流动性大的实际，重点抓好外来人员的思想政治工作，加大对外来民工、流动人口的帮扶、教育、引导和管理；针对城市发展加速、生活压力加大的现状，重点做好个体工商业者、下岗职工、离退休人员的思想政治工作；将体制外的利益诉求吸纳到体制内有序释放，实现群众利益表达的制度化，增强不同社会群体对思想政治工作的接受度和认可度。同时，在思想政治工作中既讲道理，又办实事，做到以理服人，以情感人，使群众自觉主动地参与到日常思想政治工作中来。如昆山沪士电子股份有限公司把职工思想政治工作和非公有制企业发展融合起来，做到与外商情相融、与员工心相通、与企业利相合，“融和工作法”已成为江苏省非公有制企业思想政治工作的重要范例。这说明，做好发达地区思想政治工作，必须坚持党的群众路线，兼顾不同社会群体的利益诉求，满足不同社会群体的精神文化需求，才能得到广大人民群众的理解和支持，实现思想政治工作的大众认同、大众参与、大众成就、大众共享，取得实实在在的成效。

4. 适应形势变化，坚持改革创新，不断激发思想政治工作的生机与活力。近年来，昆山市不断创新思想政治工作的理念、方法、手段，积极探索思想政治工作的实现路径，保持思想政治工作的生机与活力。其中，最大的亮点是思想政治工作的观念发生了根本性的改变，服务意识、以人为本的意识、科学开展工作的意识大大增强。中国政研会的问卷调查结果显示，75.9%的昆山市民认为近年来昆山市思想政治工作的“服务意识增强”，72.6%的昆山市民认为“以人为本的意识增强”，56.5%的昆山市民认为“科学开展工作的意识增强”。昆山市思想政治工作创新的另一大亮点是建立了覆盖城乡的心理疏导服务体系,全面开展心理疏导工作。昆山市注重把握人们的思想和心理变化规律,针对社会结构变化导致部分群众心理归属感降低,贫富差距拉大引发心理失衡,工作生活压力加大导致心理负担过重等实际情况,加强心理疏导工作,最大限度地消除影响社会和谐稳定的潜在因素,培养理性平和、积极健康向上的社会心态,这是一条值得在全国,尤其是发达地区推广的经验。

5. 加强基础建设,形成工作网络,强化思想政治工作的服务功能。建立覆盖全社会的思想政治工作网络,是一项十分重要的基础性工程,昆山市在这方面做出了卓有成效的探索。昆山市在创新思想政治工作的过程中,逐步建立起了覆盖全市城乡的思想政治工作网络体系。一个是全面建设和完善了覆盖城乡的市、镇(区)、村(社区)三级公共文化设施网络,形成了城市“十分钟文化圈”和农村“十五分钟文化圈”的格局。另一个是构建起了三级心理咨询服务体系。2008 年,昆山市率先在全国构建了以市健康促进中心为业务指导机构,以市各行业部门和市属医疗卫生单位设立的心理门诊或心理咨询中心为心理咨询一级网络单元,以开发区、各镇成立的心理咨询站为心理咨询二级网络单元,以各街道、社区服务中心成立的心理咨询室为心理咨询三级网络单元的三级心理咨询服务体系,实现了市、镇(系统)、街道、社区(村)全覆盖,并且常年免费服务。同时,成立昆山市心理咨询志愿服务队,通过开展心理关怀进企业、进学校、进农村、进社区、进机关、进医院的“六进”活动和多种形式的心理辅导,有效地解决了市民的心理问题。昆山市通过基础设施建设和工作网络建设,形成了“横向到边,纵向到底”的思想政治工作网络体系,扩大了思想政治工作的社会覆盖面,提高了思想政治工作的综合效能,进一步强化了思想政治工作的服务功能。这同样是一条值得推广借鉴的好经验。

三、发达地区思想政治工作要不断创造新经验,走在时代前列

当前,我国正经历着空前广泛的社会变革。这种变革在给我国发展进步带来巨大活力的同时,也必然带来这样那样的矛盾和问题,尤其是发达地区,经济社会发展变化和社会群体构成变化越来越快,利益诉求更加多样、思想观念碰撞更为激烈,做好思想政治工作的机遇和挑战也更多,发达地区应该积极创造新的经验,不断迈出新的步伐,走在时代前列。

提高思想政治工作科学化水平是时代进步和经济社会发展的客观要求。做好发达地区思想政治工作,必须坚持科学精神,针对发达地区人们思想行为活动的特点,积极探索思想政治工作的特点和规律,不断提高思想政治工作的科学化水平。要积极吸收借鉴心理学、教育学、社会学、信息学、思维科学、系统科学、行为科学等相关学科的知识和方法,不断增强思想政治工作的知识含量,更好地服务、满足群众的精神文化需求。要充分认识科技进步对思想政治工作的重要推动作用,注意吸收和运用科技进步成果,尤其是运用互联网、手机信息系统等信息技术和新兴媒体开展思想政治工作。拓展思想政治工作新领域,搭建思想政治工作的新平台,提高思想政治工作的科技含量,增强思想政治工作的表现力、吸引力、渗透力、影响力。同时,要深入研究和切实掌握实现思想政治工作科学化的新途径新方法,建立健全科学的思想政治工作考核评价体系,进一步推进思想政治工作科学化。

提高思想政治工作科学化水平,必须适应经济社会发展、人们思想观念的变迁以及现代化进程的需要,努力实现转型。当前,从面上来看,思想政治工作更多还停留在经验型、感知型层面,对现代化进程中人们的思想观念和行为方式的快速变化还不适应,对新形势下思想政治工作的变化规律认识和把握还不充分,对开展新形势下思想政治工作的有效方法、手段和

途径缺乏创新。这也正是我们总结推广昆山经验的意义所在。做好发达地区思想政治工作，必须以全球化的眼光，立足中国现代化发展实际，推进思想政治工作的现代化转型。通过顶层设计和制度安排，实现思想政治工作目标与价值取向的现代化，体现其战略性；通过提高思想政治工作的科学含量和专业化水平，增强其科学性；通过强化思想政治工作方法和载体的现代化，增强其有效性等。关于思想政治工作现代化转型问题，是一个新课题，需要作全面深入研究。

党的十八大即将胜利召开，我们要切实把思想和行动统一到中央重大决策部署上来，为加强和改进发达地区思想政治工作，推进我国现代化进程，实现全面建设小康社会的奋斗目标作出应有的贡献！

（作者：中共中央宣传部副部长，中国政研会常务副会长）

适应新形势新任务新要求 大力加强和改进部队思想政治教育

杜金才

加强部队思想政治教育，是我党我军的优良传统，是推进部队全面建设、完成各项任务的中心环节。胡锦涛主席站在政治和全局的高度，反复强调要着眼时代发展和形势任务变化，大力加强思想政治教育。这些年来，全军认真贯彻胡主席重要指示，紧紧围绕“三个确保”时代课题，着力在举旗铸魂、服务中心、创新发展上狠下功夫，思想政治教育焕发出强大生机活力。面对新的形势和任务要求，特别是迎接党的十八大胜利召开，必须把思想政治教育摆在重要位置，努力抓得更加深入扎实、富有成效。

一、把中国特色社会主义理论体系武装作为首要任务，在真学真懂真信真用上下功夫

加强和改进思想政治教育，首要的是抓好中国特色社会主义理论体系武装，增强官兵高举中国特色社会主义旗帜和坚持中国特色社会主义道路、理论体系、制度的自觉性与坚定性。

抓住精髓，努力掌握基本立场观点方法。学习党的创新理论，根本的是掌握马克思主义立场观点方法。组织官兵深入学习邓小平理论、“三个代表”重要思想以及科学发展观，学习胡主席关于新形势下国防和军队建设重要论述。扎实推进学习型党组织建设，认真落实军队理论学习“一个规划、四个规定”，大力倡导学原著、学中央和军队推荐书目，党委中心组重在抓好集体学习研讨，集中轮训重在抓好院校化基地化培训，个人自学重在抓好读书计划落实。注重加强主观世界改造，着力解决好为谁服务、为谁当兵这个根本问题，进一步坚定中国特色社会主义理想信念，增强贯彻落实科学发展观的坚定性和自觉性。

学用结合，着力研究解决重大现实问题。大力弘扬马克思主义学风，坚决防止和克服理论与实践脱节、联系实际简单化倾向，做到学以致用、用以促学、学用相长。办好军职干部理论轮训班、战略研究班，分级抓好团以上干部政治理论和战略问题集训，不断提高战略思维、创新思维、辩证思维能力。认真落实课题研究制度，把课题调研与专题学习、对策研讨结合起来，做到学习一个专题、解决一个问题、推动一项工作。围绕贯彻国防和军队建设主题主线，加强对改进创新思想政治工作、拓展和深化军事斗争准备、新形势下治军带兵特点规律等重大问题研究，努力把理论武装成效体现到推动部队各项建设和工作发展进步上来。

搭建“桥梁”，大力推动科学理论宣传普及。抓好党的创新理论宣讲阐释，编发《军营理论热点怎么看》等通俗读物，推出理论阐释文章，发挥领导干部、理论工作者和基层理论骨干的带头、引领、示范作用。抓好群众性学理论活动，组织读书演讲、互教互学、参观见学，开展小讨论、小辨析、小辅导，使理论学习在军营蔚成风气。抓好先进典型，开展“理论学习之星”评选表彰活动，大力宣扬“红九连”、“科学发展好九连”和方永刚、向南林等先进典型，形成鲜明导向。抓住中央实施中国特色社会主义理论体系普及计划的契机，加强部队理论学习和院校“三进入”工作，推动用党的创新理论建连育人。

二、以培育当代革命军人核心价值观为根本目标，在凝神聚气、强基固本上下功夫

胡主席关于培育当代革命军人核心价值观重大战略思想，进一步明确了新形势下思想政治教育的目标任务。加强和改进思想政治教育，必须认真贯彻总政《深入持久培育当代革命军人核心价值观实施意见》，切实形成深入学习、自觉培养、长期践行的良好局面。

把坚决听党指挥、绝对忠诚可靠作为首要问题。强化军魂教育，加强党史军史学习，批驳“军队非党化、非政治化”和“军队国家化”等错误政治观点，深扎官兵听党的话、跟党走的思想根子。深入开展“赞颂科学发展成就、忠实履行历史使命”教育活动，引导官兵理直气壮赞成就、饮水思源找答案、客观辩证看问题，不断增进对党的信赖。密切关注意识形态领域新特点新动向，用党中央、中央军委和胡主席的决策指示统一官兵思想，帮助官兵认清“七个为什么”、划清“五个重大界限”，在大是大非问题上保持清醒头脑、站稳正确立场。

把促进官兵全面发展作为重要着力点。坚持教育灌输与启发自觉相结合，用官兵的先进事迹、优良品德教育人感召人。坚持培育的统一性要求与官兵的多样性需求相结合，因人制宜、循序渐进，重视抓好军校学员、国防生、新兵等人员培育。坚持提高政治觉悟与加强思想修养相结合，深入开展学雷锋、学时代楷模活动，持续组织评选践行当代革命军人核心价值观年度新闻人物，树立革命军人崇高精神追求和良好道德风尚。坚持贯注先进思想与加强文化知识学习相结合，广泛开展学习成才活动，积极创建学习型军营、培育知识型军人，促进官兵全面提高思想政治素质、科学文化素质、军事专业素质、身体心理素质。坚持立足军营与发挥社会、家庭作用相结合，推动形成部队、社会、家庭“三位一体”的共教共育格局。

把“内化于心”和“外化于形”相统一作为基本要求。坚持不懈用当代革命军人核心价值观引领官兵思想和行为，使之转化为官兵的认知认同、信仰信念，转化为官兵的精神面貌、实际行动，培养当代革命军人的“精气神”。坚持每年根据形势任务发展变化统一部署开展主题教育活动，组织官兵深入学习党的三代领导核心和胡主席关于革命军人核心价值观重要论述，学习我军特有的革命精神，不断深化理解认同。紧密联系部队实际和岗位特点，把当代革命军人核心价值观细化为行为规范，贯彻体现到条令条例和法规制度之中，强化日常养成和实践锤炼。突出领导干部这个重点，引导他们带头学习培育、带头躬身践行，成为当代革命军人核心价值观的模范践行者和培育工作的有力推动者。

三、聚焦军队现代化建设和军事斗争准备，在强化使命担当、提供精神力量上下功夫

现代化是军队建设的中心任务，军事斗争准备是我军的长期战略任务。加强和改进思想政治教育，必须坚持围绕中心、服务大局，向军队现代化建设和军事斗争准备聚焦用力。

着力凝聚贯彻主题主线的意志力量。加强学习教育，把主题主线重大战略思想纳入部队理论学习、政治教育和院校政治理论课教学，组织官兵认真学习领会“五个更加注重”、“三个转到”、“五个坚持”等重要思想观点，增强贯彻落实的自觉性和紧迫感。加强研究阐释，围绕提高基于信息系统的体系作战能力、发展新型作战力量、深入推进军民融合式发展等重大问题，组织部队领导和院校专家集智攻关，进一步理清“怎样发展、如何转变”的思路办法。加强宣传引导，广泛宣扬部队贯彻主题主线的生动实践和典型经验，充分激发广大官兵的内在动力和创造精神，努力形成人人参与、个个作为的良好局面。

着力培育以革命英雄主义为核心的战斗精神。坚持抓好马克思主义战争观、我军根本职能和形势战备教育，激发爱军精武的报国意志，牢固树立“当兵打仗、带兵打仗、准备打仗”的思想。大力弘扬“一不怕苦、二不怕死”的革命

精神和勇猛顽强、敢打必胜的英雄气概，培养讲究科学、团结协同的战斗素养和沉着冷静、处变不惊的心理素质，不断丰富战斗精神培育内涵。把培育战斗精神融入贯穿到军事训练和执行重大任务全过程，从难从严从实战要求出发，注重在困境、险境中摔打磨练官兵。认真落实把日常战备工作提到战略高度的要求，从教育引导、实践砥砺、环境熏陶、政策激励等方面探索战斗精神培育长效机制。

着力激发完成多样化军事任务的强大动力。探索我军执行多样化军事任务常态化的特点规律，及时跟进、积极开展思想政治教育。深入开展动员教育，传达学习党中央、中央军委决策指示和上级部署要求，及时编发教育提纲，召开动员誓师大会，增强官兵光荣感使命感。持续进行现场鼓动，紧跟任务进程叫响战斗口号、开设战地广播、组织慰问演出，广泛开展军事民主、立功创模、火线入党入团活动，激励部队始终保持高昂士气和顽强作风。认真搞好舆论宣传，充分反映部队良好精神风貌和感人事迹，积极营造有利于任务完成的良好氛围。针对不同任务特点，组织学习政策法规、民族宗教知识和安全常识，学习群众、保密、外事等纪律要求，引导官兵树立我军威武文明和平之师的良好形象。

四、按照"三个紧贴"要求改进创新，在增强教育时代感和针对性实效性上下功夫

加强和改进思想政治教育，必须紧贴时代发展、紧贴使命任务、紧贴官兵实际，积极改进创新内容、方式、方法、手段和机制，推动思想政治教育不断实现新发展、取得新成效。

充分发挥先进军事文化教育功能。认真贯彻落实中央军委关于大力发展先进军事文化的《意见》，积极发展体现社会主义先进文化本质要求、反映时代特征、具有我军特色的先进军事文化，更好地发挥其铸魂励志育人作用。把当代革命军人核心价值观的内容要求，体现到军队精神文化产品的创作生产传播各方面，贯彻到军队文化工作和军营文化建设中。加强军营文化环境建设，积极发展适合军兵种部队特点的文化，让官兵时时受教育、处处受熏陶。坚持"兵写兵、兵演兵、兵唱兵"，组织读经典著作、看红色影视、写励志格言，让官兵在广泛参与中得到启迪提高。

努力增强心理服务工作质量效果。把促进思想进步与保持心理健康结合起来，把心理服务融入贯穿部队教育训练管理之中。抓好心理知识普及教育，提高官兵心理认知和自我调适能力，培养自尊自信、理性平和、积极向上的良好心态。加强遂行重大任务心理服务工作，建立完善心理专家伴随服务保障机制，组织开展心理自助互助。深入研究把握官兵心理活动特点和变化规律，运用科学方法手段，按照规范程序组织实施，不断提高工作质量水平。

大力拓宽网络思想政治教育新路。认真贯彻全军加强网络思想政治教育座谈会部署要求，积极开展网络思想政治教育，不断增强教育的时代感和影响力。建好以政工网为重点的军队网络教育平台，丰富网络内容信息和技术手段，加强网络宣传教育人才培养。开展网上思想调查、备课授课、讨论交流、咨询服务、建言献策等活动，改进网络教育形式方法。探索互联网进军营的途径办法，用好用活互联网优质教育资源。科学统筹网络建设、运用和管理，合理安排官兵上网时间，注重传统教育方式与信息网络手段相结合，努力提高整体效益。

坚持依法开展思想政治教育。抓好《中国人民解放军思想政治教育大纲》贯彻落实，强化按纲施教的意识和能力。把《大纲》纳入党委机关学习、干部集训轮训、院校在职培训，使党委机关按纲议教管教、基层部队按纲组教施教成为自觉行动。严格执行《大纲》各项制度规定，尤其要落实好党委议教、归口管理、旅团统筹等规定要求。加强分类指导、典型引导和重点督导，加强对新情况新问题的研究，尤其要积极探索野外驻训演习、执行重大任务中抓教育的方法路子，不断把部队思想政治教育提高到新水平。

（作者：中国人民解放军总政治部副主任）

着力培育大学生社会主义核心价值观

冯　刚

社会主义制度的确立，是中国历史上深刻的社会变革，经过几十年奋斗，我们党开辟了中国特色社会主义道路，形成了中国特色社会主义理论体系。建设中国特色社会主义是政治、经济、文化、社会全面发展繁荣的伟大事业，须臾离不开马克思主义的指导。社会主义核心价值体系是社会主义意识形态的本质体现，在整个文化建设中居于统摄和支配地位。社会主义核心价值体系建设对于在全社会形成统一的指导思想、共同的理想信念、强大的精神支柱和基本的道德规范具有重要意义。党的十七届六中全会强调，“社会主义核心价值体系是兴国之魂，是社会主义先进文化的精髓，决定着中国特色社会主义发展方向。必须强化教育引导，增进社会共识，创新方式方法，健全制度保障”，这一思想既体现了中国共产党对新时期思想文化建设新要求的准确把握，又反映了当代中国共产党人进行理论坚守和理论创新的深刻自觉。切实把社会主义核心价值体系融入国民教育和精神文明建设全过程，高校是重要载体。把社会主义核心价值体系教育作为学校教育的一条红线，融入高校教育、管理和服务的全过程，贯穿大学生日常学习生活的各方面，体现到青年学生成长成才的各环节，引导青年学生牢固树立社会主义核心价值观，使他们坚定理想信念，牢记光荣使命，把个人的成长进步融入推动国家发展、民族振兴的时代洪流中去，这是教育工作者的责任。

一

从根本意义上讲，没有超越一切利益、一切时代的价值观。在每一种社会经济形态中，都有其核心价值观。社会主义核心价值体系决定着中国特色社会主义发展方向，比较全面系统地反映了我们发展中国特色社会主义事业要坚持的核心价值观。因而，培育大学生核心价值观，要有目的、有计划、有组织地进行社会主义核心价值体系教育。在教育过程中应体现如下特点：

（一）主导性。现实社会中价值观是多种多样的。其中，由社会基本经济制度和政治制度所决定的占主导地位的价值观是一个社会的核心价值观。社会主义核心价值体系在党和国家事业中居于灵魂位置，在社会主义先进文化中具有精髓意义，在中国特色社会主义发展中起着决定方向的关键作用。我们要从为中国特色社会主义事业培养什么人、怎样培养人的政治高度，以总体的眼光和全局的视野来开展大学生核心价值观培育。具体来说，就是要引导青年学生学习掌握马克思主义基本理论，深刻认识马克思主义的理论本质和当代价值，使青年学生树立正确的世界观和方法论，发挥其价值导向性作用；就是要帮助青年学生认识到中国特色社会主义是凝聚几代中国共产党人智慧和心血的共同理想，是马克思主义和中国实际相结合的产物，从而使学生树立中国特色社会主义共同理想，矢志为实现中华民族伟大复兴而奋斗，发挥其价值凝聚性作用；就是要引导青年学生明确如何从我国以爱国主义为核心的民族精神和以改革创新为核心的时代精神中汲取力量，发挥其价值动力性作用；就是要引导青年学生自觉践行社会主义荣辱观，发挥其价值规范性作用。

（二）丰富性。从理论上看，社会主义核心价值体系是博大精深、思想丰富的有机体系,它包括马克思主义指导思想、中国特色社会主义共同理想、以爱国主义为核心的民族精神和以改革创新为核心的时代精神、社会主义荣辱观四个方面的内容,这四个方面构成了各有侧重、相互联系的辩证统一体系。从现实条件来看,随着经济全球化的推进,我国社会经济成分、组织形式、就业方式、利益关系和分配方式日益多样化,人们思想活动的独立性、选择性、多变性和差异性日益增强,这些因素既有利于青年学生自强意识、创新意识、成才意识、创业意识的形成,也给大学生树立正确的世界观、人生观、价值观带来挑战。这决定了大学生核心价值观培育必须把握社会主义核心价值体系内容的丰富性,把握生动变化的实际及其发展趋势。一方面,我们要以扎实的学术理论功底向学生讲清楚社会主义核心价值体系的理论内涵和精神实质,坚定大学生的政治信念,提升大学生的理论思维和认知水平。另一方面,要密切联系实际,讲清楚社会主义核心价值体系鲜明的现实指向性、理论彻底性和不断发展的开放性,从而使大学生在亲切和生动的感受中把握社会主义核心价值体系的精神实质,以不断实现理论成熟和政治坚定。

(三)开放性。开放性是马克思主义理论本质的重要体现。在马克思主义发展史上,以理论突破带动实践飞跃,以实践发展推动理论创新的例子很多。正是通过这种不断深入的辩证运动,马克思主义在中国蓬勃发展并结出丰硕的理论成果。培育大学生社会主义核心价值观,要以开放的视野和胸襟,直面新的实际,在重大理论性、原则性问题上始终坚持马克思主义指导地位,同时根据变化了的客观实际,自觉地把思想认识从那些固守本本、漠视实践、超越或落后于实际生活的做法中解放出来,从而永葆科学理论的旺盛生命力。具体来说,一要紧密联系发展中国特色社会主义事业的伟大实践,直面当代科技和社会发展对马克思主义理论提出的新课题,从学生的思想实际出发,引导青年学生运用马克思主义的立场、观点和方法回答现实生活中的重大问题。二要注重引导学生正确认识各种社会思潮,既能够尊重差异、包容多样,又能够自觉抵制各种错误思潮的影响。引导大学生不断增强社会责任感和历史使命感,树立全心全意为人民服务的思想,为承担中华民族伟大复兴的历史重任准备条件。三要注重把学校教育与家庭教育、社会教育结合起来,变封闭式教育为开放式教育。只有多方努力,形成合力,才能更好地培育大学生核心价值观。

二

大学生核心价值观培育是大学生思想政治教育的核心内容之一,与之相关的教育活动应围绕核心价值观的培育展开,并把握总体取向,体现鲜明特点。

(一)体现鲜明的时代特点。新世纪新阶段,以胡锦涛同志为总书记的党中央深刻认识不断变化的时代条件,创造性地提出了一整套体现时代潮流、推动时代发展、引领时代前进的关于时代问题的基本看法。胡锦涛同志指出,当今世界正处在大变革大调整之中。和平与发展仍然是时代主题,求和平、谋发展、促合作已经成为不可阻挡的时代潮流,同时,世界仍然很不安宁,当代中国同世界的关系发生了历史性变化,等等。这些思想具有重大指导意义,科学判断时代条件、时代特点,是我们推进各项事业的前提。近些年来,国际国内的重要变化深刻地影响着我国社会的发展变迁,我们在前进过程中遇到了前所未有的机遇和挑战。大学生核心价值观培育要体现鲜明的时代要求,反映时代发展变化的新特点。要深入研究我国思想文化建设的新形势和新任务,深刻总结我国大学生思想政治教育的丰富实践和宝贵经验,努力探索社会主义核心价值体系融入国民教育全过程需要解决的问题以及好的经验做法,这样才能准确把握当代大学生的思想脉搏,创造性地开展工作,提高教育的针对性、实效性和吸引力、感染力。培育大学生核心价值观,需要我们在坚持传播社会主义核心价值体系基本理念这一主旋律的基础上，按照时代要求丰富大学生核心价值观的教育内容，把人与自然协调共生的教育、科技道德教育、经济伦理教育、网络道德教育等内容融入进来，使爱国主义、集体主义、社会主义教育更具新意并富有时代气息。

（二）贯穿共同的价值目标。一种思想或精神要得到广泛认同并发挥行为导向作用，重要的一点就是看这种思想或精神是否反映了人们共同的愿望与价值。大学生是中国特色社会主义建设事业的未来生力军，肩负建设中国特色社会主义的光荣使命。大学生核心价值观培育的重要内容之一就是帮助青年学生形成符合党和人民事业发展要求的价值目标。这就要求我们引导青年学生明确中国特色社会主义价值体系中的价值主体定位、价值目标、价值追求、价值取向的深刻内涵，掌握科学的价值标准和评价体系，提高价值分析、价值判断和价值选择能力，在实践中深刻体会中国特色社会主义事业所具有的旺盛生命力，从而促使青年学生在构建社会主义和谐社会、加快社会主义现代化建设的历史进程中不断前进。

（三）突出强烈的人文关怀。科学理论只有扎根于大学生的思想深处，才能转化为他们行动的力量。因而，在大学生核心价值观培育过程中，要充分尊重大学生的主体地位，贴近实际、贴近生活、贴近学生，通过尊重人、理解人来解决人的情感问题，通过教育人、引导人来解决人的思想认识问题，通过服务人、满足人来解决人的利益需求问题。在应对青年学生的精神诉求、思想困惑和利益需求的过程中，引导他们自我教育、自我提高、自我完善，自觉接受社会主义核心价值体系，树立正确的核心价值观。同时，我们要注意不同学科背景学生对社会主义核心价值体系理解和接受程度的差别，针对不同专业、不同特点的学生开展各具特色的教育培育，从而实现大学生核心价值观培育与校情、专业特点相结合，与学生成长成才同进步、同发展。

（四）反映社会的道德诉求。一个和谐的社会，必定是物质文明、精神文明、政治文明、生态文明协调发展的社会，其中道德建设不可或缺。以“八荣八耻”为主要内容的社会主义荣辱观，集中体现了社会主义思想道德的先进性和广泛性，是与社会主义市场经济相适应、与社会主义法律规范相协调、与中华民族传统美德和优秀革命道德相承接的社会主义思想道德体系，是当代人们判断行为得失、确定价值取向、作出道德选择的基本准则。所以，大学生核心价值观培育要引导青年学生在遵守“八荣八耻”这一社会的共同价值标准和基本道德规范的基础上，以昂扬向上的精神状态，不断提高道德境界，不断升华道德追求。引导青年学生明确认识到应当坚持和提倡什么、应当反对和抵制什么，自觉把实现自我价值和社会价值有机地统一起来，逐步走向自我实现与服务社会相统一的道路，站在当今时代道德发展的前列。

三

培育大学生核心价值观，要从培养中国特色社会主义建设者和接班人的全局出发，遵循大学生思想品德形成发展的基本规律，健全把社会主义核心价值体系融入国民教育全过程的工作机制，运用灵活有效的教育手段，使社会主义核心价值体系内化为青年学生的人格素养、行为习惯和自觉行动。

（一）加强课堂教学的主渠道作用。马克思指出：“理论只要说服人，就能掌握群众；而理论只要彻底，就能说服人。所谓彻底，就是抓住事物的根本。”社会主义核心价值体系是兴国之魂，是社会主义先进文化的精髓，它具有先进性、彻底性、开放性等理论特征。我们要发挥课堂教学主渠道作用，把社会主义核心价值体系教育融入高校思想政治理论课教学，融入高校哲学社会科学教学研究，切实推动大学生思想政治教育工作取得新成效、迈上新台阶。要坚持把社会主义核心价值体系的基本内容和要求贯穿到思想政治理论课建设之中，用社会主义核心价值体系统领教材体系建设和教学体系建设。要加强学科德育意识，引导其他专业学科教师自觉肩负起德育的职责，既注重科学知识的讲授，又注重人文精神的传承，把专业教育与社会主义核心价值体系教育结合起来，把“传道”与“授业”、“解惑”结合起来，既给学生以知识的力量，也给学生以思想的启迪。要不断创新教育教学方式，探索建立以学生为主体的教育模式，让学生参与讨论，畅所欲言，在争论、辩论中引导青年更好地认识自我、评价自我、完善自我，自觉树立科学的世界观、人生观、价值观，把个人理想与国家、民族的前途命运紧密联系在一起，从而达到实现自身价值与报效祖国、服务人民相统一。

（二）发挥网络平台的育人效果。党的十七届六中全会指出，加强网上思想文化阵地建设，是社会主义文化建设的迫切任务。从高校思想政治教育的实践来看，在贯彻落实中发〔2004〕16 号文件精神的过程中，很多高校开辟了网络这个与专业学习的第一课堂和课外实践的第二课堂并驾齐驱的“第三课堂”，在充分发挥网络课堂可以超越时空、随时随地开展工作的育人优势的过程中推进大学生社会主义核心价值观的培育。为了更好地发挥网络平台的育人功能，要加强对网络的监控和管理，对网络上参差不齐、良莠并存的海量信息进行甄别和过滤，创造一个健康的网上育人环境；要积极开发思想政治教育信息软件，构建各级思想政治教育网络；要建立大学生咨询服务网站，把与学生有关的思想、政治、道德、心理、人际关系等方面内容融入网站建设，为学生提供各种咨询服务，也可设立网上论坛，让同学之间、师生之间充分交流，以引起思想共鸣，还可以提供专门的电子信箱，解答大学生在生活和学习中的思想困惑；要努力提高大学生思想政治教育工作队伍的素质，努力培养一支既懂教育艺术、又懂网络信息技术的新型队伍，实现大学生核心价值观教育手段的现代化。

（三）注重人文方式的涵育作用。以人为本是社会主义核心价值体系的基本理念，它体现了对人的主体需要的契合与满足。核心价值观培育归根结底是要帮助大学生确立科学的世界观、人生观与价值观，实现全面发展与健康成长。在核心价值观培育过程中，要坚持贯彻“以人为本”的育人理念与基本价值追求，充分了解学生的思想现状和实际需要，把大学生最关心、最直接、最现实利益问题的解决作为工作抓手，及时主动为学生排忧解难，把核心价值观培育过程变成密切联系学生实际、解决学生思想问题的过程，并把解决思想问题与解决实际问题结合起来。核心价值观的教育与渗透，既要体现人格平等和人与人之间的爱与关怀，又要广开言路，体现以文化人的丰富内涵，化解学生心里的疙瘩和矛盾，引导他们提升思想境界和道德觉悟。

（四）突出实践育人的重要功能。党和国家历来高度重视实践育人工作。坚持教育与生产劳动和社会实践相结合，是党的教育方针的重要内容。践行就是把内化所得的价值观念通过实际行动贯彻到社会生活中，把内心强大的力量释放出来，用于指导日常的学习、生活和其他行为。要使社会主义核心价值体系为学生所感知、认同、接受并践行，必须紧密联系学生实际，通过科学实验、专业实习、社会活动等一系列行之有效的实践活动，培育他们对社会主义核心价值体系的认同感，最后转化为自觉的行为。在实践活动中熏陶思想、净化心灵、提高觉悟、升华认识，提高青年的社会责任感和历史使命感，达到学思结合、知行合一的要求，从而真正培育起大学生的社会主义核心价值观。

（五）着眼多方力量的统筹协调。核心价值观培育是一项系统工程，需要组织和协调各方面力量，形成多方支持、通力合作的整体合力。要注重和谐师生关系建设，从思想上贴近学生、了解学生，与学生形成良好的交流与互动，最大限度地达成理解和共识。学校党政干部和全体教师要根据各自的优势，主动履行职责，以不同的形式参与大学生核心价值观培育，

"使专兼职队伍在知识结构、思想认识与工作经验方面实现资源共享与相互支撑"，形成以党政干部和共青团干部为核心、以辅导员和班主任为骨干、以思想政治理论课教师和哲学社会科学课教师为主体的核心价值观培育的工作合力。要注重长效工作机制建设，将大规模的集中教育与日常的渗透式教育结合起来，着力构建全方位、全过程的日常思想政治教育机制和核心价值观培育机制；制定一系列体现核心价值观的管理规章制度，形成管理导向机制；完善大学生思想政治教育测评体系，把学生的学业表现、道德表现和成长发展结合起来，形成正确的价值导向；建立完善的机制，严格校风校纪，引导学生作出正确的价值判断和价值选择。

（作者单位：教育部思想政治工作司）

努力提高军队思想政治建设科学化水平

薛　君

提高军队思想政治建设科学化水平，是思想政治建设领域贯彻落实科学发展观的必然要求，是践行“三个确保”时代课题的根本保证，也是按照胡主席“七一”重要讲话精神加强部队全面建设的紧迫任务，具有重大而深远的现实意义。从工作实践看，当前应着重把握好四个方面。

一、聚焦主题主线，在坚持政治性中提高思想政治建设科学化水平

胡主席主题主线重大战略思想明确了部队建设带方向性、全局性的问题，思想政治建设需要紧紧围绕主题主线来展开，切实为推动科学发展、加快转变战斗力生成模式提供思想政治保证和精神动力。一是把坚定信念铸牢军魂作为根本要求。这方面任何时候、任何情况下都不能放松。应坚持不懈地深化党的创新理论武装，切实讲清“五个重大界限”、“七个为什么”，用事实回答解决官兵关切，不断坚定听党话、跟党走中国特色社会主义道路的信念。同时应旗帜鲜明地批驳“军队非党化、非政治化”和“军队国家化”错误观点，用我党我军发展壮大的历程揭示党对军队绝对领导的历史必然性，打好主动仗、占领主阵地，从根子上夯实贯彻主题主线的思想根基。二是把围绕中心服务打赢作为基本着力点。思想政治工作的最终目标是提高部队战斗力、有效履行使命任务。应按照主题主线要求，紧紧围绕提高基于信息系统体系作战能力，不断深化学习理解，切实走出惯性思维模式，树牢信息主导、综合集成、联合制胜等与转变战斗力生成模式相适应的思想理念；着力加强党委对军事斗争准备的领导，保证各项工作向中心用力、各种力量向中心投放，持续掀起学信息化、钻信息化、干信息化的热潮；积极推进人才强军战略工程，下大力抓好联合作战指挥人才、信息化建设管理人才、信息技术专业人才、新装备操作和维护人才培养和“五支队伍”建设，为加快转变战斗力生成模式提供有力支撑。三是把深化培育核心价值观作为基础工程。当代革命军人核心价值观从本质上与主题主线对官兵的要求是一致的，需要作为基础性长期性工程始终紧抓不放。尤其应注重发挥主题主线的牵引作用，注重以军事文化凝聚，大力推进军营电视演播系统、网络平台、荣誉史馆等“七项工程”建设，不断增强以文化人、以文育人功能，培育官兵的青春朝气、英雄虎气和昂扬士气。以训练转变为抓手推动岗位践行，利用野外驻训、信息化集训等时机，持续开展“创纪录、破纪录”、“争当超级战士”等岗位练兵活动，激发官兵推动转变的内在动力；以大项任务为课堂锤炼意志品质，结合执行重大演习、抢险救灾等任务，有意识地增大强度，全过程历练官兵；以战斗力标准为尺度检验培育实效，把战斗精神、军事技能作为硬性标准纳入考评体系，融入创先争优活动，引导官兵把智慧和力量聚集到贯彻主题主线的全过程。

二、坚持依法运转，在把握规律性中提高思想政治建设科学化水平

思想政治建设各项法规制度是客观规律、成功经验的科学总结，尊重法规就是尊重科学。提高思想政治建设科学化水平，需要把依法指导和开展工作作为重要保证，以法制化促进科学化。一是牢固树立依法开展政治工作的科学

理念。实践中，一些同志法治思想比较淡薄，凡事靠经验、凭主观，想起什么抓什么等。应坚持从强化学习教育入手，组织各级认真学习领会上级关于依法治军从严治军重要论述，从全局上深刻认识依法指导和开展政治工作的时代要求、重大意义，切实树牢法规制度是开展思想政治工作基本依据、依法办事是开展思想政治工作基本方式、知法懂法是政治干部基本素质、抓好法规制度落实是基本职责等理念，真正使依法指导和开展思想政治工作成为一种思维方式和自觉习惯。二是不断提高依法开展政治工作的能力素质。依法指导和开展思想政治工作，需要靠过硬的法规素质作支撑。应在持续学习法规中提高能力，采取纳入理论学习、纳入日常教育、纳入各类培训、纳入检查考核的办法，抓好政工条例、党委支部工作条例、思想政治教育大纲等法规制度的经常性学习培训，使各级对什么时间干什么、每项工作怎么干心中有数，培养知法懂法的明白人；在完成重大任务中提高能力，本着干什么学什么用什么的原则，督导各级对照法规明职责、理思路、抓落实；在解决重难点问题中提高能力，依据法规基本精神，对准确把握官兵思想脉搏、"两个经常性工作"落实、个别人员转化等难点问题集中攻关，通过解决问题、推动工作促进能力提高。三是切实增强根本性法规的执行力。这是充分发挥思想政治工作效能的基本前提和保证。应注重具体规范，特别对党委议事决策、机关组织生活、思想调查分析等落实起来容易变形走样，以及其他原则性比较强的法规制度，要依法拿出具体措施办法，以具体促落实；加大经常性检查督导力度，及时纠偏正向，督促各级做到谋划思想政治工作与法规制度对表，落实思想政治工作以法规制度为标准，考评思想政治工作以法规制度为准绳；严格奖惩激励，把落实法规制度情况作为政治干部评先选优、立功受奖的重要依据，该奖的奖、该罚的罚，出现严重问题的要依法追究责任，树立尊法崇法、法规至上的鲜明导向。

三、发挥主体作用，在增强实效性中提高思想政治建设科学化水平

思想政治工作说到底是人与人之间的工作，每名官兵既是参与者又是受动者。抓好思想政治建设，需要把充分发挥官兵主观能动性和教育人、培养人、塑造人统一结合起来，努力增强针对性实效性科学性。一是切实建强队伍，为推进思想政治建设提供人才支撑。政治干部队伍强弱是影响思想政治建设水平的直接因素。应严格把好政治干部入口关，切实把那些热爱政治工作、理论功底扎实、综合素质过硬的同志选配到政工岗位上来，尤其是政治机关干部和基层政治主官要认真考核遴选，确保基本素质的高起点；下功夫抓好培养帮带，在坚持送学培训、集训轮训、岗位练兵等方法的基础上，突出抓好上级对下级政治机关干部的代训培养、政工领导对基层政治干部的结对帮带，传授经验、增长本领；注重保持政治干部队伍稳定，对年轻优秀、发展潜力大的要有意识地在重要岗位上多磨一磨、练一练，为他们积累经验、提高素质创造条件。二是注重聚智合力，努力形成大家来做的格局。这是我军的优良传统，是抓好思想政治建设的"法宝"。应把做好思想政治工作作为各级领导机关的共同职责，在发挥好政治机关和政治干部主导作用的基础上，通过明确职责任务、班子成员带头、建立协调机制等办法，努力把其他领导机关力量凝聚起来，确保形成抓思想政治建设的强大合力；建立健全以党员、士官、骨干为主体的基层骨干队伍，扎实开展好"双四一"、大谈心、互助互学等经常性群众性思想政治工作，切实把思想政治工作覆盖到各个角落；充分利用官兵民主意识、参与意识强的特点，采取开设网上论坛、召开军人代表会议、开办政治工作小讲堂等形式，吸引和鼓励广大官兵积极参与到思想政治工作中来，实现"众人拾柴火焰高"的效果。三是坚持以人为本，在促进官兵全面发展上有所作为。以

人为本是科学发展观的核心，也是思想政治建设的核心。这方面，既要注重满足官兵日益增长的物质文化需求，又要真心实意帮助官兵解决心理、婚恋、家庭涉法等实际困难，既要注重保证官兵的合法权益，又要关心关爱官兵的健康成长。当前，尤其应针对大学生士兵增多、官兵成才愿望普遍强烈的实际，扎实开展学习型军营创建活动，用足用好各项“惠民”政策，积极为官兵成才进步搭建平台、拓展路子，不断增强思想政治工作的亲和力感染力。

四、积极改革创新，在富于创造性中提高思想政治建设科学化水平

思想政治建设是一个与时俱进的动态发展过程，只有不断创新才能始终保持生机和活力。特别在新的形势任务下，政治工作的时代背景、环境条件、实践基础都发生了深刻变化，创新发展的要求越来越高。一是在丰富方法载体上下功夫。思想政治工作形式方法、手段载体的时代性是科学性的重要标志。应切实走出传统单向灌输的简单模式，采取开展热点访谈、兵说兵事、情景模拟等办法，帮助官兵找准思想点，激发共鸣点，实现思想政治工作的双向互动；注重发挥军事训练、日常管理、大项任务的教育功能，把思想政治工作贯穿融入到官兵工作生活的方方面面，不断增强感召力渗透力；适应青年官兵特点，充分运用政工信息网、军营电视台、新兴多媒体等现代传媒手段，开通“战士博客”、“军网QQ”、“网上史馆”，展播优秀动漫和红色经典等，开展网上教学、网上培训、军营DV展播等活动，努力使思想政治工作与时代发展同步伐、与使命任务要求相适应、与官兵思想实际相符合。二是在挖掘整合资源上下功夫。我军不断壮大的光辉历程和社会经济文化的繁荣发展，为开展思想政治工作提供了丰富的资源。应坚持用好红色资源，认真梳理井冈山精神、长征精神、延安精神和各部队的传统精神，以及抗洪抢险、抗震救灾等时代精神，大力宣扬各个时期、各个方面涌现出来的英模典型，建好用好史馆、功臣营连荣誉室，为教育激励官兵提供鲜活教材；用好丰硕的改革开放资源，经常组织参观地方明星企业、工厂、学校，为深化创新理论学习提供生动的社会课堂；用好发达的科教资源，借助军地院校专家教授等师资力量，请进来讲、走出去学，为提高学习教育质量、加强人才培养提供有力支撑；用好先进的文化资源，深入开展“读好书、立好志、当好兵”活动，开办富有军营特色的文化长廊、文化广场等，在有效整合利用各种资源中促进思想政治工作创新发展。三是在探索解决难题上下功夫。随着兵员成分的变化，战士之间在文化程度、个人经历、家庭背景、个性特点等方面的差异越来越明显，如何消除由此带来的负面影响、构建密切和谐的内部关系；随着社会节奏加快、部队重大任务增多，加之绝大多数官兵都是独生子女，承受纪律约束和矛盾困难的能力相对较弱，出现心理疾患的几率增大，如何及时有效地做好心理服务工作；随着部队外训时间延长，动中建、结合抓的要求越来越高，如何抓好动态分散条件下思想政治工作有效落实等，都需要各级结合实际认真研究探索，切实拿出具体管用的对策办法，在不断破解难题中推动思想政治建设健康科学发展。

（作者：71320部队政治部主任，少将）

思想政治教育机制运行研究

朱孔军

思想政治教育机制是按一定方式有规律运行的动态系统，是思想政治教育各构成要素的总和。思想政治教育机制的功能是各相关因素功能的耦合，依赖于各构成要素之间的相互衔接、协调运转以及各要素功能的健全。思想政治教育机制的运行要有利于方向的统领，有利于合力的协同，有利于受教育主体积极性的发挥。

一、思想政治教育机制运行要有利于方向的统领

思想政治教育机制运行具有方向性，这是由思想政治教育的目标所决定的。一般来说，思想政治教育的目标在宏观方面表现为，通过开展思想政治教育凝聚社会共识，获得社会民众的普遍支持，从而引领社会大众为实现一定目标而共同努力。从微观方面看，是通过解决思想问题来协调受教育主体与自身环境之间的关系，进而有利于推动具体工作的开展。

思想政治教育机制通过调节个人目标和组织目标之间的平衡来实现对受教育主体的引领。组织目标是组织对组织行为指向的规划，即规划出组织完成自身功能的方式，组织目标是由主体、客体、任务和指标四种要素构成的。组织目标的实施，要由一整套组织结构、组织人员的协调和沟通来保证。但是，由于组织内部和外部的资源要素、人员状况、纪律要求有所差异，特别是社会领域中的不同个体，其心理、性格、阅历、能力等存在着很大差距，因而个人的需求以及对群体目标的看法不同。这样就会有与组织目标一致的个人目标，也有与组织目标相矛盾的个人目标。就受教育主体而言，存在目标清晰的受教育主体，也有目标不清甚或没有具体目标的受教育主体。其中，目标清晰的受教育主体还可分为两种，一种是受教育主体的目标与组织目标一致；另一种是受教育主体的目标与组织目标相反。从思想发展方向角度看，受教育主体有四种不同类型：(1)与组织目标方向一致的受教育主体；(2)与组织目标方向相反的受教育主体；(3)方向和目标模糊的受教育主体；(4)没有方向和目标的受教育主体。思想政治教育机制运行应努力使这四类不同的受教育主体获取前进的力量，最终达成组织使命。在工作方法上，面对与组织目标方向一致的受教育主体，思想政治教育工作者可主要采用提供服务支持和精神动力的方法，使这些受教育者又好又快地向前发展；对那些与组织目标方向相反的受教育主体，则要动之以情、晓之以理，尽力予以转化；对于方向模糊或没有方向的受教育者，可采用解决思想问题和解决实际问题相结合的方式，尽快让他们找到方向，确定目标，从而激发出他们的积极性和主动性。

对于政党而言，思想政治教育机制的运行主要是为了巩固阶级基础和扩大群众基础。不同的政党既拥有自己特定的阶级基础，也有自己相对应的群众基础。阶级基础和群众基础总是在不断分化组合，政党的发展过程也就是不断巩固阶级基础和扩大群众基础的过程。阶级基础决定着政党的产生、存在和发展。任何政党要搞好自身建设，都必须增强自身的阶级基础。群众基础是政党所代表的广泛性社会力量，是政党及其所代表的阶级能够联系并获得支持的社会力量。任何政党都需要在代表本阶级利益的前提下，把其他阶级阶层力量纳入自

身的政治系统，获得更大的群众支持。构成政党群众基础的社会阶级、阶层和群体的利益诉求尽管不同，但他们之间一定有共同的根本利益存在。即使政党群众基础内部还存在利益冲突和矛盾，但一定会有更高层次的共同利益制约着这种矛盾和冲突。思想政治教育机制应该在各种矛盾和差异中找到共同之处，从而凝聚社会共识，实现对社会发展的方向性统领。

二、思想政治教育机制运行要有利于合力的协同

思想政治教育机制运行过程中，会有多种张力的存在。相对于教育主体而言，存在着与之相应的同质力量、异质力量以及中性力量。同质力量赞成思想教育主体所秉持的理想、信念、价值和追求，而异质力量则正好相反。中性力量是所谓的“价值中立”，对教育主体的倡导既不拥护也不反对。中性力量有双面特征，在一定条件下会成为同质力量，也可能转变为异质力量。思想政治教育机制的运行应凝结同质力量，争取中性力量，转化异质力量。也就是说，思想政治教育机制的运行应有利于将这些力量有机整合起来，形成思想政治教育的合力。

第一，通过服务渗透形成合力协同。思想政治教育的服务能力是思想政治教育服务于经济社会发展、服务人的全面和自由发展的执行力。在思想政治教育的服务功能方面，需要将思想政治教育机制与福利提供能力结合起来，这是解决思想问题与解决实际问题的需要。福利是一个人主动地追求人间幸福生活权利的基础、机会和条件，以及在日常生活中所做的各种必要的努力。福利应具体关注到人的生存状态，在社会发展过程中不断通过努力去解决自身问题。在此过程中寻求社会性协作、联合，并且争取经济性、社会性的保障，朝着这个方向不断追求，这才是最为关键的。因而，思想政治教育机制运行过程中的服务提供涉及两个基本的层面，一是回应个人对幸福生活的诉求；二是激发受教育主体自身不断努力创造幸福生活。思想政治教育机制运行必须扎根于社会实际，不能脱离实际生活、实际工作以及实际的思想问题和现实发展实践。

第二，通过媒体引导形成合力协同。现代社会的媒体传播是以信息化为基本特征，信息内容实现了数字化、网络化和智能化传输。数字化、网络化和智能化统一于媒体传播的信息化之中，成为现代传播的主要特征。媒体传播的信息化不仅体现于经济信息、技术信息等的开发和利用，同时也体现在对思想观点、思想信念、思想愿望等精神世界发展变化的信息收集上，具有预见性、科学性和有效性等特点。从思想政治教育的过程来看，正确地选择信息成为搞好思想政治教育的必要条件；从思想政治教育的方式来看，网络技术的应用使思想政治教育越来越具有信息处理的特点。思想政治教育机制运行不仅需要信息输入，也需要信息处理，而且思想政治教育本身就是一个信息传播过程。传播媒体的现代化发展趋势日益明显，传播媒体作为舆论工具在政治生活中的地位日益增强。思想政治教育机制的运行应该利用各种宣传手段，特别是新型的传播媒介来实现力量的协同。

第三，通过规则强化形成合力协同。在普遍意义上，习惯、道德和法律等都可以看成是一种规则。思想政治教育机制的运行与习惯、道德和法律的有机结合是必不可少的。在现代社会，思想政治教育机制运行尤其要注意借助法治的力量。思想政治教育机制既要依法运行，也要用法保障。所谓依法运行，是指思想政治教育机制运行不能与社会的法律体系相冲突；所谓用法保障，是指思想政治教育机制运行可以借助法治力量，实现对相关要素和有关各方的刚性约束。首先，思想政治教育机制的依法运行要建立在人民群众懂法用法的基础上。在日常思想政治教育过程中，要注意通过各种途径、渠道，让人民群众了解国家大政方针，普及法律知识，让党和政府运行在“阳光”下，自觉接受人民群众的监督。其次，要用法律法规形

式保障思想政治教育机制运行。党和政府要通过一定形式的法律法规，保障思想政治教育机制运行所必需的人力、物力、财力等资源。

思想政治教育机制运行中应坚持服务渗透、媒体引导和规则强化同时并举，一方面以情感人，把解决思想问题与解决人民群众的实际问题结合起来，在服务和传播中增强与受教育主体的感情互动，赢得信任；另一方面，通过普及法律知识、建构法律保障、应用法律法规，形成依法办事、依法运行的氛围，造就一个公平公正公开的社会环境。只有这样，人与人之间的信任关系才能真正建立起来，受教育主体才会发自内心地支持和拥护，思想政治教育的合力才能真正形成。

三、思想政治教育机制运行要有利于主体积极性的发挥

首先，思想政治教育机制运行应立足于人与环境的互动，发挥受教育主体的积极性。人类是通过与环境中各种因素的相互作用来适应环境和发展自身的。人与环境的互动并不把人看做是其环境的被动适应者，而是主动地与环境因素发生相互作用。思想政治教育机制运行中人与环境的互动应体现在两个方面：一是思想政治教育机制的运行应激发受教育者自身的主体性，积极面对社会变迁所带来的变化，强调通过自身能力的提升来适应社会发展；二是思想政治教育机制除了对个人提出要求并积极采取措施强化个人能力与素质外，还注重对社会结构本身的改造或改革，并通过这些改变来创设适合人类生存和发展的社会空间。因而，应该为受教育主体积极性的发挥营造良好的环境，并分三个阶段开展工作：(1)造成声势。在思想政治教育的启动阶段，应通过多种方式为思想政治教育提供相应的条件、创设适宜的环境，造成声势，把受教育主体导入到良好的氛围中。(2)顺势而为。当社会条件和其他方面的条件已经具备或成熟，顺势而为开展思想教育工作可以起到事半功倍的效果。(3)无为而治。此时，各种条件已经具备，氛围良好，凝聚力和向心力增强，受教育主体的积极性、能动性和创造性可以得到有效发挥。“无为而治”是思想教育机制运行的高级阶段，也是思想政治教育机制良性运行阶段，受教育主体的积极性将得以全面而有效地发挥。

其次，思想政治教育机制运行要根据受教育主体的自身优势发挥其积极性。也就是说，应该从优势发展视角来发挥受教育主体的积极性。优势发展就是把个人的特长发挥出来，通过个人专长的优化升级达到带动全面发展的效果。通过弥补个人的缺陷来提高竞争力是一种发展方式，但这种发展模式因过分关注个人的弱项，有可能进一步强化人的自卑感。而优势发展关注个人潜能，有利于激发自信。当然，对人需要辩证分析，弱点和优势都是相对的，只看到其中一方面是不全面的，但优势发展确实是一种易行且有效的发展方式。思想政治教育者应聚焦受教育对象的优点和资源以帮助他们解决自身困难或思想问题。“优势发展”意味着思想政治教育机制的运行要更多地考虑如何开发受教育对象的能力，而且这种能力的开发和素质培养应建立在关注受教育主体特长的基础上。

最后，思想政治教育机制运行要经由受教育主体的自教自律发挥其积极性。思想政治教育要对个体产生影响力、发挥实效性，必须依靠个人将思想政治教育诸要素进行“内化”和“外化”。从这个层面来看，思想政治教育实效性的基点是受教育主体的自教自律。自教自律同社会的教育、管理相对应，对人类社会发展起着重要作用。实施教育和管理，对人来说，是一种外在的作用和影响，可叫做“他教”和“他律”。他教和他律是否有作用及作用的大小，关键要看受教育者的态度和接受教育的程度。受教育者自愿接受教育和管理，表明受教者愿意把外在教育的内容内化为自己的思想，把外在的法规转化为自己的行为，前者叫“自教”，后者叫“自律”。这样，他教与自教、他律与自律就构成了教育和管理上的基本关系，或者说是基本

原则。他教、他律必须落实到受教者的自教、自律上,转化为受教者的自教、自律行为。因此,思想政治教育机制运行的最重要方面就在于引发教育对象的自教自律。自教自律并不只是单纯的个人行为,它还可以表现为群体性。一定阶级及其政党所提倡的思想意识、政治观点、道德品质实质上是建立在物质生产基础上的,即是说,这种意识形态是阶级利益的表现,而阶级利益本身是一个集体性的概念,身处该集体中的任何个人如果违反了集体的利益,都会面临社会舆论的巨大压力。所以,思想政治观念是个人融入集体并在集体中生活的价值认同基础,一旦违反了这种认同,群体压力就将如影随形。由此可见,思想政治教育机制的运行要有效激发个人或群体自教自律的热情,善用受教育主体自教自律的力量。

总之,思想政治教育机制的运行不仅需要从思想政治教育本身去寻求,也要从社会系统的整体运作方面去考察。思想政治教育机制的运行要通过调节个人目标与组织目标的平衡实现方向性统领;通过服务渗透、传媒引导、规则强化等方式协同整合同质力量、中性力量和异质力量,进而形成思想教育的合力;在人与环境互动、优势发展和自教自律的基础上发挥受教育主体的积极性,形成思想政治教育诸要素和相关方良性互动的格局,最终提升思想政治教育的质量和成效。

(作者:中山大学党委副书记)

以社会主义核心价值体系引领高校文化建设

徐进功

高校作为文化育人的重要基地和载体，不仅承载着文化传承创新的重大历史使命和社会功能，而且高校文化建设对于推动社会主义文化大发展大繁荣具有重要的意义和影响。在新形势下，如何把握高校文化建设自身的科学规律，探索高校文化建设的有效途径，使高校文化得到进一步繁荣和发展，已经成为我们必须认真探讨的重要问题。党的十七届六中全会强调，要“把社会主义核心价值体系融入国民教育、精神文明建设、党的建设的全过程”，“坚持用社会主义核心价值体系引领社会思潮，在全党全社会形成统一指导思想、共同理想信念、强大精神力量、基本道德规范”。因此，必须把社会主义核心价值体系融入大学生思想文化教育之中，以社会主义核心价值体系引领高校文化建设。

一、以马克思主义作为高校文化建设理论先导

马克思主义是我们立党立国的根本指导思想，是社会主义意识形态的旗帜，是社会主义核心价值体系的灵魂。一方面，高校文化建设以马克思主义理论为先导是引导和整合各种社会思潮影响的客观需要。社会思潮是对一定时期社会存在的反映，体现着较为复杂的社会心理和思想观念，是判断一定时期意识形态整体状况的“晴雨表”。当今世界，各种社会思潮交织并存、相互激荡，文化的多元多变不可避免地影响大学生的思想观念，特别是西方思潮的渗透，对大学生的思想产生很大影响。如后现代主义思潮，它主张尊重个人的主体意识，倡导人的自由、价值和尊严，鼓励多元的思维风格，推崇平等对话，这种与传统观念有着明显本质不同的特殊思维方式，对于当代思想独立、开放的大学生具有很强的影响力。但后现代主义所宣扬的怀疑主义、虚无主义会使大学生们缺乏崇高的理想信念和道德追求，使他们在日常的生活、学习中放松自己。在后现代主义文化思潮氛围下，少数大学生偏好物质财富的追求和享乐，生活方式向世俗化、商品化发展，尝试颓废的生活方式来表达对社会现实的回避或不满。由于大学生正处于世界观、人生观、价值观的形成过程中，比较容易接受、移植各种不同文化，少数大学生受不良文化的影响较大，甚至陷入文化价值的博弈冲突中。因此，在尊重差异、包容多样、良性互动的基础上，高校文化建设必须坚持社会主义核心价值体系，以马克思主义为先导，让学生深入学习马克思主义的科学世界观和方法论，善于运用马克思主义的立场、观点、方法去辨别和分析意识形态领域的种种复杂现象，引领和整合各种社会思潮，用社会主义核心价值体系把非社会主义核心价值体系的思想和行为自觉引领到积极和科学发展的轨道上来，增强大学生对于马克思主义指导地位的认同感和信服感，保持和坚定高校文化建设的马克思主义导向。另一方面，高校文化建设以马克思主义为先导是推进马克思主义理论创新的必然要求。中国特色社会主义是在马克思主义指导下进行的，我国革命和建设中各种社会进步成果的取得也恰恰证实了马克思主义理论本身的科学性。而马克思主义的科学性也要求其理论本身必然要在中国特色社会主义实践中不断得到丰富、发展、深化和完善。高校作为马克思主义理论传播和研究的重要载体和基地，必须在文

化建设中坚持社会主义核心价值体系，特别是要透过马克思主义在当代世界的影响和新发展，结合马克思主义指导下中国社会变革和成功实践，不断推进马克思主义理论的发展和创新，深化当代大学生对马克思主义科学性、时代性的认知和理解，增强马克思主义理论本身的生命力、创造力、感召力，从而更好地为推进我国的社会主义发展服务。

二、以中国特色社会主义共同理想作为高校文化建设价值主题

理想体现为人们对美好生活的向往和追求，它是行动的指南，是一个国家和民族奋勇前进的精神动力。党的十七大明确指出："中国特色社会主义伟大旗帜，是当代中国发展进步的旗帜，是全党全国各族人民团结奋斗的旗帜。"它代表了当代中国发展进步的根本方向，集中体现了最广大人民的根本利益和共同愿望。共同理想是个人理想的凝聚和升华，要靠全体社会成员的共同努力来实现。中国传统的价值体系强调社会的整体价值，个人只是整体的一部分，凸显整体价值之于个人利益的优先性。这种传统的价值体系尽管有其积极合理的因素，但有时却容易导致以片面的整体利益淹没个人的正常欲求，有所缺失现代化发展所需要的公民意识、责任意识。西方价值体系的核心是个人主义。尽管个人主义尊重个人权利、崇尚自我，但却带有浓厚的功利主义色彩，易于导致普遍价值的缺失和个人冷漠主义的盛行。社会主义核心价值体系所倡导的是马克思主义的集体主义价值观，它扬弃了群体本位主义和个体本位主义的缺陷，超越了道德主义和功利主义的二元对立，坚持个人主体性与社会价值性的统一，力求在促进个人全面发展的过程中，更好地推动社会的共同进步。当前大学生的价值观呈现出多元化的发展趋势，功利性、世俗性、务实性、自我性较为凸显。这既是大学生价值觉醒的表现，有利于大学生自觉地树立成才意识，但也造成个别学生理想信念模糊、社会责任感缺失、价值失衡。高校作为培养社会主义合格建设者和可靠接班人的重要基地，其文化建设必须以社会主义价值体系为先导，在积极促进大学生个体素质全面发展的同时，激励当代大学生善于超越狭隘的个人利益，引导当代大学生树立明确的理想目标，自觉地把自我追求与社会理想、全民族的共同理想有机结合起来。因此，以中国特色社会主义共同理想为价值主题，既要发挥共同理想对大学生多样化价值追求的凝聚力和整合力，使共同理想内化为大学生的自觉追求，同时也要帮助大学生厘清和处理好共同理想与个人利益之间的矛盾，培养大学生勇于担当、奉献社会的思想觉悟，鼓舞大学生在为共同理想奋斗的过程中体现自己的人生价值。这不仅是构建和谐校园文化的价值主题，更是当代大学生应该承担的重要历史使命。

三、以民族精神和时代精神作为高校文化建设着力点

民族精神是对民族文化认同的基础，是民族文化最本质的体现，是民族的灵魂和民族生存发展的必要条件，是维系国家统一和民族团结的精神纽带。从人类社会发展的纵向角度来看，不同的民族由于其生存的自然条件和历史阶段有所差异，在此基础上孕育而生的民族文化不尽相同；从人类社会发展的横向角度来看，每个民族的生存与发展都不是完全孤立的，必然与其他民族存在关联，民族文化呈现相互碰撞、彼此交织的局面。中华民族在长期的共同生活和社会实践中形成了以爱国主义为核心的勤劳勇敢、团结统一、爱好和平、自强不息的伟大民族精神。与此同时，任何民族的繁衍生息又是处在一定的时代进程中，不同的时代蕴含着特定的时代主题，民族精神和时代精神相互交融，深深熔铸在民族的生命力、创造力和凝聚力之中，成为中华民族几千年来不断向前推进的强大精神指引、支撑和动力。因此，以社会主义核心价值体系引导高校文化建设，其目的之

一就在于通过社会主义核心价值体系的建设使当代大学生对于中华民族的优秀文化、民族精神达到认同、传承和发展，并且在改革开放的实践中，不断培育、积累和弘扬具有鲜明时代特色的以改革创新为核心的时代精神。高校文化承载着传承民族精神、弘扬时代精神的重任。爱国主义、改革创新是一种深层次的大学精神，内含于高校文化建设之中，是高校文化建设的着力点。因此，高校文化建设要以爱国主义教育和改革创新的时代精神教育为有力抓手。一方面，要把民族语言、民族历史、革命传统和人文传统作为高校文化建设的重点，培育大学生的民族归属感、荣誉感、责任感，增强民族自尊心、自信心，懂得保持和认同本民族的价值规范体系；同时在经济全球化的语境下，当代大学生要放眼世界，积极学习和吸收世界优秀民族文化，善于沟通、懂得欣赏，在优秀民族文化的融合中成为中华民族精神的传承者和弘扬者。另一方面，紧扣社会主义核心价值体系鲜明的时代精神，在高校文化建设中倡导追求科学、探索真理的价值理念，营造敢为人先、敢于超越的思想氛围，培育独立思考、孜孜探索、勇于创新的精神品格，营造学无止境、自强不息、“学术无禁区、成果无水分、研究无权威”的创新文化环境，进而提升高校文化的拼搏精神、进取精神和开拓精神。

四、以社会主义荣辱观作为高校文化建设道德基础

社会主义荣辱观是传统伦理美德与现代公民道德相结合的伦理价值观念体系，为社会成员进行道德判断、作出行为选择提供了价值依据和原则规范。社会主义荣辱观提倡弘扬爱国、敬业、诚信、友善的道德规范，其价值内涵在于促进形成知荣辱、讲正气、促和谐的社会风气。随着市场经济的发展，物质利益机制驱动下的人的道德素养经受着严峻的挑战和考验。特别是近些年来部分领域中公共道德事件的频发，更凸显了社会道德建设的紧迫性。社会道德问题的出现，对于高校文化建设提出了巨大挑战和更高要求。高校文化建设不仅要培养业务精、能力强的“文化人”，更要塑造和提升大学生的品行修养和道德素质。正所谓“才者，德之资也；德者，才之帅也”，思想道德建设是文化建设的基础，决定着文化建设的性质和方向。在校园文化建设中，“倡导什么、反对什么，坚持什么、抵制什么”都要有明确的价值导向，而社会主义荣辱观为高校文化建设提供了“风向标”。树立社会主义荣辱观，既是一个不断提高认识的过程，更是一个自觉实践的过程。因此在高校文化建设中，一方面要通过“树典型”、“立模范”的榜样力量鼓舞广大师生，使社会主义核心价值体系的道德标准和原则规范逐步潜移默化到广大师生的思想中；另一方面，更重要的是要采取灵活多样、行之有效的方式将社会主义荣辱观渗透到广大高校师生的日常工作、学习和生活当中，引导广大师生将社会主义荣辱观的隐性规范积极转化为显性的实际行动，提高明是非、知荣辱、辨美丑的能力，强化责任意识、担当意识，推动形成良好的校风学风、和谐的人际关系以及文明的校园风尚，促使高校师生成为社会主义先进文化的倡导者和道德楷模。

五、以以人为本原则作为高校文化建设基本准则

马克思从历史唯物主义出发，肯定人的客观存在，提出人是“现实的人，活生生的人”，人的本质并不是单个人所固有的抽象物，在其现实性上，它是一切社会关系的总和。高校文化建设要实现“以文化人”，离不开对人的本性、特点即独立的人格、人生理想、自我发展等因素的把握和剖析。高校文化建设必须以“人的本质理论”为基础，把以人为本作为基本准则，关注学生的思想实际，把握学生的价值动向，引导学生的世界观、人生观和价值观与社会的进步和个人的积极发展相融合。从现实的角度来看，当代大学生一方面确立了勤奋努力、开拓进取、创业成才的人生理想；但另一方面直面于学

习、人际交往、经济、择业等方面的现实压力，面对理想与现实之间的碰撞与裂痕，一些大学生在价值选择上表现出各种困惑和矛盾。因此，高校文化建设必须坚持社会主义核心价值体系，要注重对大学生思想道德、理念信仰、政治观念的教育和塑造；同时必须坚持以人为本的教育理念，紧密结合大学生所面临的现实困境，挖掘当代大学生形成和产生各种思想问题的社会和心理根源，把社会主义核心价值体系从抽象的理念转化为“贴近实际、贴近生活、贴近学生”的现实需求，使社会主义核心价值体系与高校文化的融合不仅体现在思想层面，也要反映在情感上。要根据并抓住大学生的心理特点和接受习惯，探索并采用多种形式、方式或途径调动学生兴趣、激发学生热情，既要彰显理论体系的真理力量，也要展现核心价值体系的人文关怀，情通理顺、入情入理，用社会主义核心价值体系不断帮助当代大学生解决价值取向和人生态度上的新情况、新问题。

（作者单位：厦门大学党委宣传部）

从系统整合的视角看大学生思想政治教育

柯文进　李丽娜

我国高等教育的人才培养目标是着力培养信念执着、品德优良、知识丰富、本领过硬的高素质专门人才和拔尖创新人才。近年来，各高校在大学生的全面培养，特别是大学生思想政治教育方面做出了富有成效的努力。但是，由于体制和机制等方面的原因，高校内部还缺乏系统的整合，效率提升和可持续发展受到制约。大学生思想政治教育目标的全面性、一致性、过程性，内容和形式的丰富性、渗透性、关联性，需要多视角的规划设计，更需要有计划、有步骤、相互呼应的实施落实。因此，整合各种资源服务于大学生思想政治教育的整体目标，已经成为大学生思想政治教育的关注点和突破点。

一、从系统整合视角看大学生思想政治教育存在的问题

大学生思想政治教育是系统工程，系统内部的关系协调是决定系统正常、高效运转的重要因素。随着大学生思想政治教育内容的不断丰富，手段更加多样，标准和专业化要求不断提高，大学生思想政治教育如何有效地利用资源改进教育方式，已经成为思想政治教育工作者共同关心的问题。我们认为，从系统整合的角度看，大学生思想政治教育在以下几个方面还有改进的空间。

大学生思想政治教育与基础教育中德育的衔接。不少学生对高校的思想政治理论课认同度不高，最重要的一个原因就是很多学习内容与中学时期的重复。在能够查询到的关于大学生思想政治教育的研究中，研究者们提到大学生思想政治教育应该涉及的内容有理想信念教育、爱国主义教育、法律教育、职业道德教育、生命教育、人格教育（包括诚信、孝道）等等。无疑这些教育内容对大学生是重要的，但是大学生思想政治教育并不是零点起步，学生在之前学习过什么、接受了什么，弄清楚这些问题是搞好大学生思想政治教育的关键。否则，就可能形成两方面的问题。一方面，有的问题每个阶段都在讲，学生厌倦，而有的内容则是空白，产生缺失。另一方面，由于缺乏从整体的角度考虑问题，没有顾及到学生发展不同阶段的认知特点，导致不同阶段思想政治教育的区分度及针对性不够强。虽然人力、物力、财力、时间都投入了，却无法达到最佳效果。因此，弄清楚基础教育的德育与大学生思想政治教育的内容、方法及实现途径的分界，使大学生思想政治教育成为基础教育中德育的深化和提升，避免简单的重复，是摆在大学生思想政治教育面前的重要任务。

大学生思想政治理论教育中的课程整合。大学生思想政治理论课是对大学生进行思想政治教育的主渠道。然而目前的课程教学内容虽然突破了学科归属，但在设置上还没有解决好部分内容相互重叠的问题，在服务于大学生思想道德水平发展目标的整体性设计上还有待于进一步努力。要深入思考各门课程设计究竟是基于什么目标，课程之间是什么逻辑关系，这些课程的学习将对学生产生什么影响，对学生境界的提升有哪些帮助，怎样解释现实问题才能既让学生信服又能使他们理解并认同党和国家的政策，等等。如果老师对这些问题缺乏整体把握，课程目标设计不够翔实，课程之间逻辑关系不够明晰，联系思想实际不够紧密，课程学习

效果反馈不够到位，就无法形成对大学生思想的深刻触动，也不能很好地达到大学生思想政治教育的培养目标。

理论教育与社会实践的统合。理论是用来解释和指导实践的，大学生之所以需要学习理论，就是期待能够解释现象层面的困惑。如果我们的思想政治教育理论缺乏对现实的解释力和对学生的引导力，就很难得到学生的认同。同时，大学生思想政治教育也并不完全是一种理论学习过程，更多的是需要在实践层面去体验。理想和信念只有通过实践才能更加坚定，对社会的理解和国家的认同也只有在实践中才能有更多的领悟。目前在大学生思想政治教育实践上存在着两方面的问题。一方面，理论学习与实践之间呈现一种脱节关系，理论教育更注重学理的探讨，对现实的解读不够，在现实生活面前显得空洞乏味；另一方面，大学生的社会实践活动尽管也会对学生的思想形成一定的影响，但由于缺乏设计，其针对性和对思想教育整体目标的呼应度还不够强。

思想政治理论教学部门与学生管理部门之间的沟通。思想政治理论教学人员掌握理论，但多缺乏了解学生的所思所想，及他们的思维习惯和语境特点。所以，如何生动、有效地切入，对不少理论课教师来说是难以做好的问题。而对于教育者而言，再好的理论，没有效果就意味着没有完成教育的过程。学生思想政治教育管理人员最大的特点是熟悉学生、了解学生，一般与学生有着良好的情感基础。对于他们而言，思想政治教育是他们的主业，但其中最大的缺陷是因理论功底不足而影响教育效果。这样两类优势明显又需要互补的人群，由于缺乏沟通机制而在一些方面没有形成合力，造成大学生思想政治教育实效性不够强，甚至可能出现双方作用相互抵消的状况。因此，加强沟通协作，在目标认同的基础上形成相互协作的关系，是当前大学生思想政治教育急需解决的问题。

大学生思想政治教育与专业教育、日常行政管理之间的协调。“教书育人”是教师的天职，大学一直在强调全体教师要在教书的过程中育人。但是一些专业课教师“育人”意识相对薄弱，总觉得自己是专业课教师，对学生的思想状况施加影响的意识不够强；甚至个别专业教师还会散布一些与社会主义主流文化相悖的思想观念，使学生对思想政治教育滋生出不信任情绪和逆反心理，造成专业教育与思想政治教育的相互掣肘。此外，日常行政管理部门一般对学生专业发展比较重视，在学生思想政治教育方面则满足于不出问题，对管理育人往往重视不够。因此，必须加强与大学生思想政治教育密切相关的各部门及其工作者之间的协调配合。

二、大学生思想政治教育系统整合的原则

从系统整合的角度看，大学生思想政治教育要优化系统，提高效率，增强实效，进而提高人才培养质量。因此，系统整合需要从思想政治教育方面厘清几个原则。

目标一致原则。系统能够完善，最重要的是确定系统的整体性目标，才可能让各个部门围绕整体目标来工作。中央十六号文件把培养社会主义事业的接班人和建设者作为大学生思想政治教育的总体目标。也就是说，大学生思想政治教育是人才培养的重要组成部分。促进学生的全面发展不仅是大学生思想政治教育的责任，也是专业教育的任务。因此，专业教育也要把思想政治教育渗透其中，而往往在专业教育当中渗透思想政治教育会更生动、更具体、更有说服力。无论学生出现信仰问题、道德问题、心理问题还是违法犯罪问题，都说明我们没有培养出合格的接班人，都是教育者的失职。在大学里，无论是教师、管理者还是服务者，当大家能够认同这一目标，在行动上就能够真正自觉地履行自己的职责。

全员覆盖原则。不断满足学生的成长发展需要，是大学教育的基本原则。让每一个学生都享有均等的受教育权利，不但要体现在硬件

条件的享有上,更要体现在各类教育资源的占有上。从大学生思想政治教育的角度看,我们同样应该基于“机会均等”的理念,本着“不让一个学生掉队”的原则,实现大学生思想政治教育的“全覆盖”,使每个学生都有享受思想政治教育资源的权利。因此,努力通过各种方式激发每个学生的潜能,培养和唤起学生执著的信念和优良的品德,无疑是大学生思想政治教育要力求达到的目标之一。

持续教育原则。一方面,人的成长是一个过程,不同阶段面临的问题不同,出现的问题也不尽相同。例如,新入学的学生面临着大学生活的适应以及大学生活的规划问题,二年级学生面临着学习方面的困惑问题,而三、四年级的学生则面临着就业和考研升学的选择问题。因此,大学生思想政治教育是持续的,是针对大学生不同阶段的具体需求不断树立理想信念、不断提供解除困惑的方法、不断促进学业和精神成长的过程。另一方面,思想政治教育的主题和方法很多。从内容上看,每一项主题教育都是思想政治教育整体目标的组成部分,需要相关主题教育的支持和配合;从形式上看,每一项思想教育活动都很难一次就达到所有的目标,而需要通过阶段性、多种形式的递进和强化才能达成。因此,大学生思想政治教育必须建立持续的、相互关联的系统来彼此呼应,才能实现教育成效。

立体培养原则。大学生思想政治教育是一个既有分工又有合作的协调过程。在人才培养过程中,学生所在的不同环境犹如生产线上不同的工序,每个工序的任务不同,但是目标都一样,就是制造出好的产品。从这种意义上说,每个环节都不可缺少,人才培养必须立体化。在培养内容方面,涉及理想信念教育、心理素质教育、生涯规划教育、品德养成教育,甚至恋爱观、择业观教育。在培养主体方面,一是关照学生不同时期的需求特点,注意从时代与社会的问题入手,形成针对不同时代环境背景下成长的学生有针对性的思想政治教育;二是横向强调学校内部各部门之间的配合。在培养方式上,课堂教育与实践教育相结合,校内教育与社会教育相结合,传统形式与新兴技术手段相结合。这种由内容、形式和主体构成立体化、全方位的思想政治教育体系,更有利于促进学生的成长。

专业建构原则。大学生思想政治教育涉及教育学、心理学、思想教育、政治学、管理学等众多学科,因其应用的专业需求,需要用科学的思维方式、专业的理论建构、专业的管理方式实现。也就是说,大学生思想政治教育要对学生形成持续的影响,就不能采取随性、自发、纯经验性的方式,而要上升为有目标、有原则与规范的、理性评估的方式。只有用专业与科学的态度去进行大学生思想政治教育,才能收到良好的效果。

三、基于系统整合的大学生思想政治教育建构

以整合的思路构建大学生思想政治教育的体系,使之成为一个有机整体。针对大学生从入校到毕业的四年大学生活全过程,学校需要有统一的大学生思想政治教育规划以及实现路径,与思想政治教育相关的各个部门也应围绕统一规划来设计具体的工作安排。这样,就可以实施更有效的思想政治教育。具体来说,可从以下几方面入手。

从系统的整体效益出发,建立以学生身心健康成长为核心的顶层设计体系。从系统论的观点看,系统要有效率,必须有统一的目标。有时候我们常常把大学生思想政治教育当做政治教育的手段,而忽略了思想政治教育对于大学生身心发展的重要作用。如果我们把人的成长当做一个过程,把满足学生发展的需要当作大学生思想政治教育的核心理念,把培养社会主义的建设者和接班人当做大学生思想政治教育追求的目标,通过思考大学生思想政治教育“身在何处”、“意欲何往”、“如何到达”等问题,就可以对大学生思想政治教育应该做什么以及怎样做有更为清晰的思路。如果我们要培

养学生具有善良的品质，我们就必须知道可以通过什么方式、借助哪些手段达到目标。例如，要设计一些渠道使学生有机会践行“善”的原则，在评价体系中可以给适当的学分鼓励学生在这些方面的行为，等等。否则，如果善行与一个人的切身利益实现不相关，道德意识就会变成一种抽象的概念，自然无法内化为大学生的行为规范。

从优化内部要素的关系出发，建立以服务学生为目的的大学生思想政治教育系统。系统论的视角非常重视各要素之间的关系，系统的力量在于期待整体的功能优于各个部分的功能，也就是所谓的 1 +1 >2。道德行为的培养并非是单纯的说教，更重要的是作为人与人之间相互感染的过程。如果任课教师彬彬有礼，各级管理者慈爱有加，服务部门体贴入微，在这种氛围浸染下成长的学生，将更容易养成高尚的道德行为。对于那些带着家庭或成长阶段遇到的创伤入学的学生，大学要对他们多几分关爱，成为治愈他们心理创伤、给他们温暖、激发他们上进的精神家园。与被动应对学生的问题相比，这对高校教职员工的职业道德境界和水平提出了更高的要求，也需要学校采取各种措施去激励教职员工营造一种“以服务学生为目的”的大学工作氛围。

关注系统与环境的互动，建立大学内部统一的思想政治教育研究机构和跨部门的信息资源共享机制。一方面，建立软性研究组织，经常就一些大学生思想政治教育问题达成共识。例如国家的宏观形势是什么，在学生思想政治教育问题上需要在哪些方面统一口径？学校的微观环境如何，有哪些需要共同注意的问题？属于学生个体的特殊情况有哪些，又该如何应对？另一方面，建立定期的信息沟通体制，使教学部门、管理部门和服务部门都能及时了解国家、省市和学校在思想政治教育方面的精神以及不同年级学生状况及特点等等情况，使各个部门在做工作时可以形成对思想政治教育工作的良好配合。

关注系统的时序性和等级结构，实现系统的动态平衡。从心理学的角度看，学生问题可以分为显性和隐性两个层面。一方面是显性的问题，例如学生在大学不同时期遇到的学习、生活、情感、心理、交友等方面的困惑，都需要得到帮助和开导，这就形成了思想政治教育的应对性的工作，从时序上应该优先考虑。在学生最需要帮助的时候给予帮助，就是对学生最好的教育。另一方面是隐性的问题，这是由学生的信仰和价值判断决定的。例如对社会问题的态度、利益关系的取向、人际相处的原则等等，虽然有时这些问题并不直接表现出来，但由于它的决定性作用，在思想政治教育系统中属于高等级的问题，需要给予更多关注。这些根本问题解决好了，就可以使我们的思想政治教育工作前移，达到预防为主，消减“自生矛盾”。要达到这一目的，必须有学校各部门的通力配合，使教书育人、管理育人、服务育人形成一个环环相扣的有机整体。

（作者单位：首都经济贸易大学党委；首都经济贸易大学马克思主义学院）

多元文化视野下高校思想政治教育创新

吴 惠

当代多元文化对大学生的思想和行为形成强烈的冲击。高校思想政治教育必须深刻认识自身的文化价值和现实挑战，从文化传播的层面把握自身规律，寻找有效的现实路径真正深入到大学生的内心去教育、影响他们的精神世界。

一、高校思想政治教育的文化功能

高校思想政治教育作为一种教育实践活动，在意识形态领域实现对大学生世界观、价值观的塑造，是一种国家统治力量在大学生精神领域的延伸和体现，具有鲜明的阶级性和政治方向性。同时，高校思想政治教育以“育人”为根本目的，它建构在一般社会文化基础上，以解决大学生的思想、精神和观念问题为本质，是不断促使大学生向“文化人”转变的“文化化人”过程。高校思想政治教育兼具“政治性”与“文化性”，意识形态性是思想政治教育的重要性质，文化性是思想政治教育的另一个重要性质，这是对高校思想政治教育本质的深刻揭示。它要求我们在教育目标上，应争取文化目标与政治目标的双赢；在教育内容的选择上，应兼用文化资源与政治资源；在教育思路上，应把握文化逻辑与政治逻辑的统一。思想政治教育是一种文化的传承、互动和交流的过程，社会文化通过思想政治教育影响和制约着每一个人，同时思想政治教育活动又在积极能动地改造社会文化。因此，高校思想政治教育具有文化功能。具体来说，主要表现在三个方面。

第一，思想政治教育具有文化选择功能。思想政治教育作为一种有目的、有计划、有组织的活动，它对各种环境影响进行选择和调节，充分利用环境中的有利因素，有意识地抵制环境中的消极影响，甚至转移环境影响的某些因素，将其纳入思想政治教育的正常轨道，从而创设一种良好的教育条件和情景。在思想政治教育过程中，文化选择功能助其实现维护主流文化、批判异质文化，始终确保社会主义核心价值体系在意识形态领域的“主导性”。

第二，思想政治教育具有文化传承创新功能。从文化学角度看，思想政治教育过程同时也是优秀文化得以传承的过程。思想政治教育对优秀文化的传承，是思想政治教育使优秀文化与人的观念、智慧、意志、情感建立起内在联系，使社会规范成为人们维持良好生活秩序的准则，使健康的审美情感成为丰富人们生活的内容和方式，使创造和学习文化成为人们的生存方式，使文化激发出参与社会生产和社会生活的极大力量的过程。思想政治教育通过传播已有文化，使受教育者不断被“文化化”，并培养与文化发展相关的个性和创造力，推动社会文化发展。

第三，思想政治教育具有文化整合功能。思想政治教育既要面对多层面、多渠道的不同声音，又要维护国家核心价值观的主旋律。思想政治教育的文化整合功能主要体现在它要在文化多元化的背景下建设和维护国家意识形态安全，积极提升国家文化的凝聚力，形成社会主流意识形态，并将社会主流意识形态观念有效地传送给受教育者，内化为他们的政治认同与自觉追求，并始终引领各种文化思潮有序发展和谐共存。

二、多元文化对高校思想政治教育的影响

高校思想政治教育具有重要的文化价值，

而文化也是思想政治教育价值实现的重要因素。文化一方面为思想政治教育提供更多更丰富的教育资源,另一方面当代多元文化对高校思想政治教育提出新的挑战。

第一,价值观多元化趋势挑战思想政治教育对主流意识形态的维护。网络社会不再是以往单纯传统文化以及一元价值的简单世界,取而代之的是一个到处充斥着传统与现代、落后与先进、中国与西方等一系列尖锐矛盾和冲突的纷繁芜杂的多元世界。在意识形态领域,西方敌对势力一直没有停止对我国进行攻击。他们宣扬西方的多党制和"三权分立",鼓吹西方的"普世价值",企图对我国实施西化分化战略图谋,歪曲十一届三中全会以来党的路线方针政策,否定我国的改革开放。西方国家利用网络信息倾销他们的精神文化产品和价值观,传播世俗生活方式和实用主义价值观念,使处于非西方文化影响下的少数民众无意识地认同和接受西方的价值观,进而怀疑和否定自己的主流文化。大学生的价值观念在网络的冲击下更趋于个性化、多样化,社会的价值观念也难以保持统一,以至于少数学生社会道德生活中呈现出双重或多元价值标准并存的局面,这严重影响了思想政治教育维护社会主义意识形态的积极作用和效果。

第二,新兴社会文化传播方式挑战思想政治教育主动权。思想政治教育是教育者有目的、有计划、有组织地把一定社会的思想观念、政治准则和规范转化为受教育者个体思想品德,以使受教育者发生预期变化的社会实践活动。思想政治教育的话语权表现为制度性话语权、感召性话语权和个体性话语权。随着信息科技的迅速发展,社会文化传播载体不断丰富和发展,社会舆论通过丰富多样的新兴大众传媒方式传播,使思想政治教育者在经验、知识等方面原有的传统优势受到挑战。许多新兴社会文化传播方式以更为自由的散发式的传播途径,无孔不入、良莠不分地进行各种社会舆论信息的传播,冲击并消解着教育者的主导话语权,从而弱化教育者对思想政治教育的引导和调控,并将思想政治教育引向"自发性"的歧途。这种因新兴社会文化传播方式造成的舆论导向的自发性,冲击思想政治教育的主导性,鲜明地体现在大众传媒的舆论导向上。它通过传播内容、传播方式、传播时间等选择赋予信息某种政治倾向和评判标准,把非政治事件政治化,或把政治事件非政治化,从而对个体产生错误导向。

第三,网络信息过载挑战思想政治教育权威性。文化繁荣发展的一个重要表现,是网络信息资源的极大丰富。大学生对信息资源特性的误解及不当的信息处理态度,将会导致信息污染、信息过载现象发生,并对大学生的学习、生活以及生理、心理和人际关系等产生影响。网络就像时尚浪潮的无形海洋,每个人均以电子化的高速运动的"符号"存在,主体行为往往在"虚拟实在"的情形下进行。个人在网上往往不需要承担自己的责任和义务,而滥用自己的权利。大学生愿意在自己的文化环境中寻求生活的支持和认同,网络正是这种认同感的重要资源,虚拟生活往往会让大学生的认同得到前所未有的放大。其非理性和情绪化所造成的局限性,使得一部分大学生萌生出物质化与世俗化的混沌倾向,从而对真善美的感知不再明确。网络发展形成大学生活动的非群体化和个性化,学生的主体性得以充分彰显,师生之间形成一种民主的、平等的新型教育关系。这样,许多青年学生不再轻易接受思想政治教育者的灌输,而且要求对话,使得传统社会教育中独享的教师权威受到挑战。

三、多元文化视野下思想政治教育工作创新路径

提升思想政治教育的实效性,需要正确认识文化的思想政治教育功用,切实提升思想政治教育的文化品位。将思想政治教育内容寓于文化之中,会使思想政治教育更好地产生"润物细无声"的作用,使人们在不知不觉中受到其内容的熏染。

（一）塑造思想政治教育工作文化自觉理念

文化自觉是生活在一定文化中的人对其文化有“自知之明”，明白它的来历、形成的过程，以及所具有的特色和它发展的趋向。多元文化生态下大学生自觉的主体意识及理性精神、批判精神、创造精神的培养，大学生主体性道德人格的培育，离不开高校思想政治教育。高校思想政治教育必须承担起这一时代责任。一是提升思想政治理论课教学的文化品性。在高校思想政治理论课教学中，应挖掘文化内容，使思想政治理论课教学的内容更加丰富、立体和完整；提高思想政治理论课教师的文化素质，建立严格考核和准入制度，提升他们的政治素质、思想境界和文化品位，发挥他们对学生言传身教的教育作用；优化思想政治理论课课堂教学文化环境，体现人文关怀，引导学生自我学习、自我教育、自我选择。二是创建良好的校园文化氛围。校园文化活动要突出思想性、学术性、创新性。突出校园文化的思想性就是要充分利用党课、团课以及“两课”阵地抓好学生的思想教育，坚持正确的舆论导向，引导学生树立崇高的理想和成才目标，在全校范围内形成拼搏进取的文化氛围；突出校园文化的学术性就是要积极开展一些科技类、学术型的大学生第二课堂活动，营造浓厚的学术氛围，推动优良学风建设；突出校园文化的创新性就是要充分发挥学生社团组织的积极作用，有计划地开展各类科技创新、学生科技技能训练、社会实践等活动，培养学生踏实严谨的学习方法和创新素质。三是营造可持续发展的校园文化生态。要建立一个以“人的可持续发展”为中心的，与自然环境、社会环境、文化环境高度协调和谐的生态化学校教育系统，培养学生持续不断地获取运用和创新知识的能力，有意识地自觉按照人与自然、人与社会的发展规律，调整自身的行为方式，提升自身生存发展的质量与层次，从而达到人与自然、个体与社会的持续和谐发展的目的，以真正实现人的生态发展。

（二）实施思想政治教育文化德育工作

当前，文化的繁衍与交融日益广泛，意识形态的阶级性、政治性特征逐渐隐含于经济和文化以及社会活动中。文化的隐性教育作用和渗透作用日益增强，意识形态借助文化形态进行传播和发挥作用的特征也日益明显。只有把思想政治教育放到文化的视野中加以思考，以文化为载体和途径，才能实现文化的先进性和思想政治教育的实效性的双重建构。一是营造健康和谐的特色校园文化。打造学生节日文化，弘扬主旋律，突出高品位，寓教育于文化活动之中，形成具有学生特色的学生节日文化；凝练学生典礼文化，将重要仪式、典礼和庆祝活动作为一种校园文化进行建设，深刻挖掘其对广大学生产生的积极影响；营造和谐师生关系，通过开展“我爱我师”评选、“年度人物”评选等活动，倡导和建立民主平等的师生关系和团结互助的同学关系，进一步营造融洽和谐的校园文化氛围。二是开展通识教育和学生素质培养。学生既是思想政治教育的受众，也是思想政治素质自我提高的主体。通过通识活动体系建设和学生管理模式变革，为学生提供最大可能快速成长和全面发展的人文环境，培养学生的批判思维和创新能力，让学生掌握多学科交融的学习模式，挖掘学生的潜力和能力，促使学生全面发展，培养具有广博知识和优雅气质的人，让学生摆脱庸俗、追求卓越。三是加强对社会文化“热点”和学生思想“兴奋点”的宣传和引导。思想政治教育要关注热点，选准时机，找准事件，以正确的舆论引导人，同时还要建立一种快速的信息反馈机制，及时掌握热点事件在学生中的反响，及时调整舆论引导的方向、力度。围绕学生关心关注的大事小情，主动设置议题引导舆论，在潜移默化中达到教育目的。以重大历史事件、重大活动、重大敏感性事件为契机，深入挖掘其教育内涵，辅以针对性的教育引导，将学生思想政治教育工作全面引向深入。

（三）开拓网络思想政治教育工作载体

大学生善于接受新鲜事物、敢于迎接挑战，

但由于处在成长成人阶段,有时一些学生理性辨别能力较弱,容易感情用事。西方的价值观念、生活方式、精神意志,通过新媒体与媒介潜移默化地影响大学生世界观、人生观、价值观的形成,给思想政治教育工作带来一定困难。我们要积极应对网络技术对思想政治教育工作的挑战,充分抢抓机遇,积极主动作为,运用网络技术开展思想政治教育工作。一是培养学生网络道德理性,引导学生明辨是非。思想政治教育部门要大力加强形势政策教育,通过时事报告等形式,澄清事实真相,发布正面舆论,引导学生在复杂的价值争论中找到正确的方向。加强学生党支部、学生班集体建设,定期组织召开主题班会、时事讨论会、辩论赛等明辨是非的活动,鼓励学生锻炼理性思维,善于独立思考,形成正确的网络道德理性。二是抢占网络阵地,赢得学生教育话语权。网络在学生生活中占有十分重要的地位,思想政治教育工作要与时俱进,组建网上学生工作队伍,建立网络工作规范,形成网络思想政治教育工作方法,还要鼓励辅导员通过开建微博、QQ 聊天、加入社交网络等方式,参与学生的话题讨论,与学生分享自己的人生体验,引导学生健康成长;建设集教育性、服务性、趣味性于一体的网络虚拟班级,制作发送手机彩信和电子杂志,紧紧抓住网络和手机这两个载体,把社会主义核心价值观融入学生网络思想政治教育中,赢得学生教育话语权。三是坚持正确的舆论导向,做好突发事件的应对工作。高校要将网络舆情工作作为了解学生思想动态的重要渠道,努力把握舆论主导权,成为网上权威信息的发布者、网上舆论的引导者、网上情感宣泄的疏通者、网上实际问题的解决者。

(作者单位:北京航空航天大学学生工作部)

学习型组织理论视角下的思想政治教育创新

段海超　徐泽敏

思想政治教育创新取得的成绩离不开吸收、借鉴和运用交叉学科理论，学习型组织理论就是其中之一。比较有代表性的是彼得·圣吉提出的“第五项修炼”理论。该理论的基本内容包括系统思考、自我超越、心智模式、共同愿景和团队学习，全部修炼的目标是达到自我超越和心智模式的优化。本文主要借鉴该理论的知识内容、价值标准、研究方法和话语体系，探讨思想政治教育创新发展的某些具体途径。

一、与学习型组织理论交叉融合研究的学科基础

从学习型组织理论的视角研究思想政治教育创新发展，是基于两者在许多方面都具有共同性，而这种共同性又具有一定的科学性和规律性。

第一，目标确立方式上的某些相似性。

思想政治教育是在马克思主义理论指导下进行的以思想政治教育为核心的教育实践活动，根本任务是培养和造就有理想、有道德、有文化、有纪律的社会主义新人，培养全面发展的中国特色社会主义事业的建设者和接班人。这个目标的确立不仅来源于马克思主义理论，也是以党在不同历史时期的奋斗目标和当代中国社会发展的时代要求为依据的。学习型社会的提出，既是一个战略观念，也是一个建设目标。学习型组织建设是适应学习型社会和现代组织发展的时代要求，是适应以知识化、信息化、全球化为特征的社会发展的现实需要。它强调自我修炼，注重素质提升，致力潜能开发，促进个人全面发展，推动个体共同努力并致力于实现组织目标。可见，二者在目标确立方式上具有相似性，以或奉献组织或贡献社会为目标，以提高自己的使命感和素质结构作为达到目标的途径。

第二，理论关注点上的某些一致性。

人的需要是有层次的，人的自我实现的需要是人的最高层次需要。马克思指出：“已经得到满足的第一个需要本身、满足需要的活动和已经获得的为满足需要而用的工具又引起新的需要，而这种新的需要的产生是第一个历史活动。”可以说，人的需要理论是马克思的重要理论，是从历史和逻辑角度分析人类社会活动的基本理论出发点，也是思想政治教育产生和发展的重要内在根源。学习型组织提倡通过对人的多层次需要的承认与重视，谋求组织中个人价值的实现，提出只有通过学习才能激发并满足人们心中的各种需要，尤其是高层次的需要。彼得·圣吉认为，学习是在繁复的操作过程中寻找方法去自我反省、独立思考并找出解决方法。学习过程应该是个人价值的实现过程，并与组织目标的实现是一种指向一致、互相支持的关系。由此可见，学习型组织与思想政治教育尽管具有理论本质上的不同，但在基于对人的需要这一理论关注点上却具有一致性。

第三，人本理念上的某些相通性。

思想政治教育强调以理服人、以情感人，强调尊重人、理解人、关心人、帮助人，坚持在培养目标、教育内容、工作方法等方面从人的思想实际出发，重视受教育者的主体地位，着眼人的价值实现。学习型组织的核心价值在于，学习不仅是保证组织生存和发展的手段，也是使组织具备创新能力、提高适应性和竞争力的办法。它强调个人与工作的真正融合，全面展示个人

生存与发展的价值,引导个人在工作中享受生命的意义,这些内容蕴含着以人为本的理念。因此,两者在人本理念上具有某些相通性。

二、与学习型组织理论交叉融合研究的发展性要求

从思想政治教育自身创新发展的要求看,思想政治教育与学习型组织理论交叉融合研究也具有一定价值。

第一,思想政治教育可以从学习型组织理论的交叉学科研究背景中得到创新发展的某些启示。

学习型组织理论形成的文化背景、研究队伍、主要内容都体现了交叉研究的思路。首先,学习型组织理论力图把东西方文化统一起来。从"阴阳五行学说"与系统思考、"创虽利,不利不断,材虽美,不学不高,故学然后知不足"与自我超越、"日三省吾身"与心智模式、"上下同欲者胜"与共同愿景、"天时不如地利,地利不如人和"与团队学习的比照来看,学习型组织理论的某些观点与中国传统文化彼此呼应。同时,学习型组织理论借鉴西方文化的实证科学并将东西方文化融合起来,表现出"交叉研究"、"融合贯通"的思路。其次,学习型组织理论是多学科多地域学者共同研究的产物。从美国的彼得·圣吉、迈克尔·马奎特到日本的野中郁次郎,各国学者一起缔造和发展了学习型组织理论。这批研究队伍在学科背景、知识结构、思维习惯、研究方法和文化传承方面具有很大的差异性,他们相互启发、优势互补,共同推动学习型组织理论的发展。最后,学习型组织理论的核心观点借鉴了其他相关学科的理论精髓。系统思考作为"第五项修炼"的核心,是哲学"联系、发展"观点在组织理论的运用,是系统动力学在组织理论的延伸。"在很大程度上,系统观点带来的最大希望,就是各个学科领域知识的统一;因为这些基本模式也在生物学、心理学、家庭治疗、经济学、政治学、生态学以及管理学中反复出现。"应该说,学科的交叉融合、不同理论的相互渗透借鉴,是促进学科发展、推进理论创新的必由之路。以管理科学的发展为例,其基础原为数学、经济学和心理学,三者在管理科学中交叉渗透。随着管理科学的发展,向其交叉渗透的学科越来越多,包括统计学、社会学、决策科学、系统科学、控制论、信息论等。由此可见,学科的交叉融合,是学科发展到一定程度的表现,也是学科继续深入发展的基本要求。只有从跨学科的视角来思考自身发展,本学科才能获得新的生长点,这也是思想政治教育创新应该遵循的客观规律。

第二,思想政治教育可以从对学习型组织理论兼具理论与实践的品质的理解中进一步认识理论与实践相结合在思想政治教育创新发展中的重要地位。

列宁指出:"理论在变为实践,理论由实践赋予活力,由实践来修正,由实践来检验。"实践中的做法需要理论解释,理论的论证也需要实践支持。学习型组织理论充满了管理哲学、组织哲学等思辨成分,借鉴了心理学、社会学、系统论、教育学等学科理论,具有很强的理论指导性。同时,学习型组织理论兼具实践性。这是因为,一方面,学习型组织理论的研究对象是组织,组织本身既是实践的产物,又是推进实践的主体,具有很强的实践性;另一方面,学习型组织理论提出的"学习与工作结合"、"与核心业务联系"、"开发学习型基础设施"等观点,都强调与实践的紧密联系,是用全新的视角阐释并指导实践,是对组织变革和管理理论的实践创新。思想政治教育创新发展,必须在提升理论品质和实践品质的结合上下工夫。不论是理论创新还是实践创新,都离不开理论与实践的不断冲突、吸收、同化,最终达到融合的过程。毛泽东说:"只有用马克思主义观点来研究实际问题、能解决实际问题的,才算实际的理论家。"可见,把理论研究和实践探索结合起来,对思想政治教育创新发展显得尤为重要。

第三,思想政治教育可以把学习型组织理论所贯穿的学习这个主线并以此为载体实现个

体心灵转化的方法,作为思想政治教育创新发展的重要方法之一。

学习是“第五项修炼”的重要手段、途径和必由之路,它帮助个人实现自我超越和心灵转化,促进组织实现创新。从某种程度上讲,有效的学习是学习型组织“成功”的重要奥秘。学习型组织所指的学习触及做人的意义,而且应该是个体自觉的、自愿的行为。可见,问题的关键在于促进受教育者把思想政治教育的内容、要求内化为自觉的行动,达到一种高度文化自觉和人格自觉。如何使学习成为受教育者内心真正的需求、热爱和渴望,达到自我超越和心灵转变,也是思想政治教育创新必须回答的重要课题。要研究受教育者的思想特点和接受规律,使学习成为其真正接受思想政治教育的过程,也使思想政治教育真正成为其学习的过程。要使受教育者真正接受思想政治教育理念、内容、价值体系,学会系统地、动态地观察和思考问题,不断再造自身、开发能力、认识世界并改变心智模式,实现心灵转化和自我超越。

三、交叉学科视野下思想政治教育创新

学习型组织理论视角下的思想政治教育创新,在具体实践过程中要做好以下四个方面。

第一,重视思路创新应成为贯穿思想政治教育创新的重要内容。

创新是以一种新的观点、新的思维进行创造和重构。思想政治教育的思路创新,必须把握整合性、坚持开放性,整合自身队伍,整合研究方法、工作方式,整合理论与实践,起到合力的效果,发挥系统的功能。实现思路创新,还要强化开放意识。研究思想政治教育与相关学科内容、观点、理论、方法的相互关系,确定交叉的具体问题,研判如何通过这些具体交叉点把握思想政治教育学科的理论体系,实现多种资源的整合推动、多种手段的综合运用。这些都是对学科开放意识的把握和落实。在做到向学科开放的同时,思想政治教育还要向国际开放,保持国际视野;向生活世界开放,培养现实眼光。只有这样,才能保证思想政治教育与外界进行信息沟通、能量交换,增强适应能力,并在此基础上合理组合思想政治教育要素,寻求思想政治教育整体功能和结构优化的最佳方案。

第二,培育心智模式应成为推进思想政治教育创新的重要形式。

心智模式是受教育者了解外在世界及采取行动时所遵循的想法、假设、前提、定势、图式等。心智模式在某种程度上决定着受教育者在社会上的适应性以及幸福感。心智模式所要达到的目标中,也包含有马克思主义所坚持的“解放思想、实事求是”的根本原则。在某种程度上,优化受教者的心智模式是思想政治教育的题中应有之义。心智模式的培养是一个长期、全面的过程。一是要树立终身学习、向世界学习、向实践学习的理念。二是要创新工作方式,突出受教育者的主体地位,使之掌握科学的学习方法和全面思考的能力。三是要结合心理学、传播学等学科的理论,研究受教育者的认知态度、认知方式、思想特点、心理特征并对其进行积极引导,培养其具有良好的心态和健全的品格,达到理想的心智状态。四是要加强马克思主义理论教育,培养受教育者形成有利于创新的、符合社会主义可靠接班人和合格建设者标准的心智模式。

第三,建立共同愿景应成为实施思想政治教育创新的有力保障。

启发受教育者将个人愿景升华为共同愿景,必然会因个人目标与组织目标的一致而增强受教育者自觉的行动能力。这不但能激励实践,还能产生强大的凝聚力、创造力和导向力。在当今社会,最大的共同愿景蕴含在社会主义核心价值体系中,它把我们党倡导的价值理念系统凝练地整合在一起,体现了最广大人民群众的价值追求、价值取向、价值规范,体现了全国各族人民的共同愿景。要形成符合社会主义核心价值体系的共同愿景,一是要坚持核心价值观与多样价值观统一、社会价值与个人价值

统一的原则，使贯彻践行社会主义核心价值观成为受教育者的自觉追求；二是要通过马克思主义的指引、中国特色社会主义共同理想的统领、民族精神与时代精神的激活、社会主义荣辱观的提升，塑造受教育者的共同愿景；三是要推动马克思主义中国化、时代化、大众化研究，使中国特色社会主义理论体系深入人心；四是要利用网络、媒体等开展各类宣传实践活动，把社会主义核心价值体系融入到经济建设、社会建设中，不断创新社会主义核心价值体系融入思想政治教育的方式方法。

第四，融入学习型文化应成为实现思想政治教育创新的崭新载体。

学习型组织理论在一定程度上是一种文化观念。基于此，融入学习型文化是在党的十七届六中全会重视文化大繁荣大发展的大环境下思想政治教育借鉴学习型组织理论的必然要求。用学习型文化来推动思想政治教育创新主要包括四个方面内容。一是打造团结、求实、民主、进取的文化氛围，启发教育者、受教育者互相学习、互动思考、彼此理解，推动信息和思想的交流与共享。二是提倡以解决问题为目的，以向世界学习、向历史学习、向实践学习为手段的操作性学习、概念性学习和创造性学习。三是重视研究形成学习型文化的三个层面，即精神、使命、价值观理念的内核层面，学习制度、互动方式、知识共享氛围的中间层面，物质文化成果、组织环境、学习型组织传播网络、学习设施的外环层面。四是关注思想政治教育的文化性，将思想政治教育文化作为未来研究的重点，厘清思想政治教育文化的本原、概念、层次、特征、功能等问题，通过提升文化品位来实现创新发展。

（作者单位：首都大学生思想政治教育研究中心；东北农业大学经济管理学院）

国际化视野下创新青年学生思想政治教育的思考

张春梅 曲建武

一、国际化视野下思想政治教育面临的挑战与问题

(一)面临国家主权、意识形态、政治信仰等方面的挑战

国际化视野下,爱国主义存在的前提和环境受到前所未有的威胁和挑战。经济全球化的不断发展,在促进和加深世界各国的相互融合、相互依存的同时,西方经济发达国家凭借其经济和科技实力,对发展中国家特别是经济文化相对落后国家强力输出并推行他们的意识形态、价值观念、政治观念和政治制度。在这样的国际局势下,思想政治教育如何引导人们认清形势,理解有关主权、人权等问题,如何在国际化视野下保有民族自尊、自立和自强,以及如何理解在新的国际环境下爱国主义的时代内涵和意义等问题,对于应对各种挑战具有更深远的战略意义。国际化视野下,思想政治教育还面临着文化主权、制度、信仰等方面的威胁和挑战。在经济全球化条件下,不同民族各具特色的文化在世界范围内的相互交融、碰撞日益明显和增强。这有利于不同文化比较、交流和借鉴,开拓文化视野和境界。但必须正视西方某些势力或国家"西化""分化"社会主义中国的图谋。他们企图通过资本主义文化的传播、渗透来冲击社会主义的主流意识形态,侵蚀我们的思想文化阵地。西方反华势力打着"人权高于主权"的新干涉主义旗号,妄图以自己的文化模式来取代其他民族国家的文化模式,极大地强化西方文化共同化的发展趋势,这冲击着其他民族国家的民族文化和民族认同。

(二)面临新媒体技术发展挑战

以互联网为代表的新媒体技术"促发了人类传播方式的革命性飞跃,催生了新的文化生产方式和传播方式,深刻影响了社会舆论的形成与传播",为人们提供了学习、交往、沟通和传播的崭新平台。新媒体技术已经成为思想文化信息的集散地、社会舆论的放大器和意识形态较量的重要战场,也给大学生思想政治教育带来新挑战。在西方资本主义的价值观、道德观以及文化思潮的冲击下,青年学生对民族传统道德和价值观念的认同受到影响,个别学生在世界观、人生观、价值观培育上发生一定的扭曲和错位。特别是网络空间中良莠共存,各种色情、暴力与庸俗信息潜移默化影响和侵蚀学生,给思想政治教育带来影响。个别学生长期沉迷网络,严重影响了他们的健康人格的形成与发展。因此,如何提高现代新媒体技术运用的有效性,强化马克思主义主流意识形态、优秀民族传统文化及价值观、道德观的传播力,建设新媒体技术中主流意识形态、优秀民族文化和传统道德话语权的强势平台,是国际化视野下思想政治教育必须面对的挑战。

(三)面临道德失范、价值观扭曲现象的挑战

随着经济全球化的发展,西方的虚无主义、个人主义、拜金主义、实用主义价值观对中国传统道德信仰带来了影响和冲击。少数人缺乏崇高的理想和精神追求,把实用主义、拜金主义、个人主义作为人生准则,奉献精神、助人为乐等传统美德受到利己主义、个人主义思潮的挑战;某些领域诚信意识缺失,弄虚作假现象严重等等。党的十七届六中全会指出:"一些领域道德失范、诚信缺失,一些社会成员人生观、价值

观扭曲，用社会主义核心价值体系引领社会思潮更为紧迫，巩固全党全国各族人民团结奋斗的共同思想道德基础任务繁重。”面对一些社会领域出现的道德失范、价值观扭曲现象，思想政治教育必须在迎接挑战中积极创新发展。

二、国际化视野下思想政治教育的创新发展

（一）必须以马克思主义为指导

思想政治教育工作必须以马克思主义为指导，以马克思主义的世界观和方法论来作为批判分析的内在尺度和取舍借鉴的主要依据，牢牢坚守以马克思主义为主导的意识形态阵地，这是国际化视野下思想政治教育不断创新发展的前提。

中国特色社会主义理论体系是当代中国马克思主义中国化的最新成果。我们必须在思想政治教育创新发展中，坚持用中国特色社会主义理论体系教育广大人民，增强坚持和发展中国特色社会主义理论体系的自觉性和坚定性，使其转化为广大干部群众高举中国特色社会主义伟大旗帜的坚定信念和坚强意志。

社会主义核心价值体系是兴国之魂，是社会主义先进文化的精髓，决定着中国特色社会主义发展方向。国际化视野下思想政治教育创新发展，必须围绕社会主义核心价值体系建设，自觉肩负起巩固社会主义核心价值体系意识形态主导地位的历史使命，在大学生中积极培育和践行社会主义核心价值观。要倡导富强、民主、文明、和谐，倡导平等、包容、公正、法治，倡导爱国、敬业、诚信、友善，使社会主义核心价值体系切实成为全体社会成员的统一指导思想、共同理想信念、强大精神力量和基本道德规范。

（二）必须以弘扬民族精神为基础

国际化视野下思想政治教育创新发展，必定遇到新的挑战和问题。我们必须在弘扬民族精神的基础上迎接挑战、解决问题。因此，国际化视野下思想政治教育的创新发展，必须坚持从本民族实际情况出发、大力弘扬民族精神的原则，增强民族意识，发扬爱国主义传统，以强烈的民族精神、民族荣誉感以及国家意识教育广大青年学生。在经济全球化的进程中，不平等的国际政治、经济秩序和格局导致经济上落后民族、国家的思想政治教育存在被“同化”或“弱化”的趋势。马克思指出，资产阶级“迫使一切民族—如果它们不想灭亡的话—采用资产阶级的生产方式”，“使农民的民族从属于资产阶级的民族，使东方从属于西方”。因此，我们在学习外来文化的过程中，必须把弘扬民族精神作为思想政治教育有效应对国际化挑战的基础，教育青年学生发扬爱国主义传统，树立正确的国家观、民族观和民族荣誉感，以做一名中国人而自豪和骄傲。要使青年学生懂得民族精神像一个人的尊严、人格一样，是安身立命的根本。

在弘扬民族精神的基础上，思想政治教育的创新发展要努力使广大思想政治教育工作者应对经济全球化的能力进一步拓展。正如恩格斯所言：“对同样的或差不多同样的经济发展阶段来说，道德论必然是或多或少地互相一致的。”随着经济全球化的不断发展，每个国家都成为世界体系的一个部分或环节。从自然环境到生存环境和生存状态，从追求祥和安定到抵御各种自然灾害以及治理环境问题，从爱好和平友谊到反对恐怖暴力，人类有许多共同的追求和需要面对解决的问题。这就要求思想政治教育要教育培养学生树立全球意识，具备国际化视野，不仅要胸怀祖国，还要放眼世界。

（三）充分利用新媒体技术提升思想政治教育的传播能力和效力

要充分利用和发挥新媒体技术的特点，强化马克思主义主流意识形态、优秀民族传统文化及价值观和道德观的传播力，努力建设新媒体技术条件下社会主义核心价值体系、民族文化、优良传统道德话语权的强势平台。

要在创新思想政治教育方法手段上探寻新媒体技术的强大优势与传统思想政治教育特有

优势的结合点。首先是形式融合。要在继承传统优势的基础上运用新媒体技术对传统优势进行延伸与拓展,实现相互促进。如利用动漫、3D等现代技术还原和再现体现主流意识形态、体现核心价值体系、体现辉煌文化历史的画面,通过新媒体技术迅速及时的传达给广大学生。同时还要注重新媒体“虚拟性”特点与“实体性”的思想政治教育的功能与作用的结合,可以充分利用城市整体规划体现主流文化、传统文化和现代文明的成就,如利用老城、古城的维护和保护,适当运用新媒体的电子显示屏展现它的历史和昨天,使传统文化绽放其历史的魅力。其次是资源整合。宣传教育机构应担负起资源整合的任务,将社会主义核心价值体系的精髓,通过网络、微博、手机飞信、城市广告牌、电子显示屏等一切可利用的新媒体途径,有效地传递给广大青年学生,使它成为实现思想政治教育目标的有利工具和重要途径。

(作者单位:渤海大学马克思主义学院;辽宁省教育厅)

新农村道德建设中的问题及对策

唐奇林　刘镇江

改革开放30多年来，我国农村经济发展与生活方式的变化引起农民思想的深刻变化。农村原有的一些传统思想观念被动摇，人们从保守、封闭迈向积极、开放，社会主义思想道德新风尚正在形成。然而，市场经济大潮也使相当一部分农民的思想道德和价值取向发生扭曲，本文对此类现象加以解读并提出对策。

一、新农村建设中存在的道德问题

1. 人生价值取向模糊。社会转型时期，新旧价值观并存，非此即彼的选择造成价值取向的冲突。一些农民的文化程度较低，易受良莠不齐的思潮影响，相当一部分人处于无信仰状态，对理想逐渐淡漠，不愿树立长远目标，精神世界贫乏而空虚。

2. 传统孝道经受考验。社会转型使传统伦理日显尴尬，亲属关系冷漠，家庭责任感缺失。这些现象在农村蔓延，日益消解传统伦理的根基。致使许多家庭关系发生错位，家庭关注重心下移到子女身上，而老人则成了边缘群体，中华孝道经受考验。

3. 社会公德观念缺失。随着计划生育政策效应的浮现和大规模的农民工进城，传统农村社会的公德体系遭遇重创。农村社会的公德观念匮乏与公德行为缺失在很大程度上扰乱了正常的经济、生活秩序，使得农民之间人际关系逐渐僵化，极大地危害了农村社会秩序的稳定，严重地影响了社会主义新农村道德建设的质量。

4. 道德诉求趋利明显。货币逻辑主导的市场经济使得农民对财富的关注度空前高涨，对钱的依赖和需求越来越强烈，并进一步成为农村居民精神生活和价值观念的一个核心概念。“一切向钱看”的思想已成为不少农民的人生追求和道德信仰。

5. 道德约束监督乏力。当前，市场经济趋利性对农民的价值取向、道德观念和理想信念形成了强烈冲击，道德仅凭社会舆论和良心约束与市场经济的利益诱惑相抗衡，脆弱无力。当把社会成员之间的关系以及社会秩序的维护寄托于道德时，道德约束力显得力不从心。

二、新农村道德建设的重要意义

社会主义新农村建设迫切需要加强道德建设。只有农村思想道德建设搞好了，才能更好地推动“三农”问题的解决，推进社会主义新农村建设。

（一）新农村道德建设是新农村建设的重要组成部分。道德是国家发展、社会和谐、人民幸福的重要因素。加强社会主义道德建设，倡导爱国、敬业、诚信、友善等道德规范，形成男女平等、尊老爱幼、扶贫济困、礼让宽容的人际关系，培育文明风尚，是社会主义精神文明建设的重要任务。加强农村道德建设，提高农民道德水平，是社会主义新农村建设的应有之义，是新农村建设的重要组成部分。

（二）新农村道德建设为新农村建设提供价值导向和精神动力。只有加强道德建设，让广大农民群众形成共同的理念信仰、价值取向和行为规范，才能提高广大农民的思想觉悟，促进良好精神风貌的形成，从主观上摒弃迂腐落后的思想意识和行为习惯，积极主动地投身到新农村建设的伟大实践中去，从而为农村发展提供稳定而持久的精神动力。

（三）新农村道德建设为新农村建设提供

道德力量和道德保障。建设社会主义新农村必须加强精神文明建设，加强道德及信仰教育，创造一个具有良好道德氛围和伦理秩序的社会环境，这是建设社会主义新农村的重要手段和途径。进行农村道德建设，提高农民的道德水平，让农民在经济和社会活动中自律，自觉维护他人和集体利益，有利于农村文明社会风尚的形成，为新农村建设提供道德力量保障。

三、新农村道德建设的实践路径

一要弘扬传统伦理文化精髓。弘扬传统伦理文化精髓是社会主义新农村道德建设的重要实践途径，对社会主义新农村道德建设有着重要的意义。一方面是孝文化的传承与创新。孝文化是千百年来中国社会维系家庭关系的道德准则，是中华民族的传统美德。孝不但是物质上的奉养，更是精神上的尊重，让父母亲能真切感受到子女的感恩之心。另一方面则是仁爱精华的汲取。“仁”即指人与人相互友爱、帮助、同情等，其根本含义就是爱人。汲取儒家的仁爱精华，并与新农村的特点结合起来，以这种仁爱的道德原则培养农民同情、关心和爱护他人的社会公德意识，培养农民热爱、保护自然环境的自觉意识，具有十分积极的意义。

二要开展“八荣八耻”道德教育。“八荣八耻”精辟地阐述了社会主义荣辱观的深刻内涵和社会主义基本道德规范的本质要求，体现了中华民族传统美德、党的优良传统作风，为我们树立了道德建设的新标杆。开展“八荣八耻”道德教育对社会主义新农村道德建设很有现实指导意义，为农村的广大干部群众提供了一个明确的道德观念和行为准则、容易识别的具体道德标准。要通过教育，在广大农民心理机能中培养抵制恶言、恶行、恶事的能力。

三要开展喜闻乐见道德教育实践。农村道德建设的主体是农民，所以工作重点和难点在于如何将道德意识和观念渗透给农民。新农村道德建设要实现道德教育理念的根本性转变，必须本着尊重人、理解人、关心人、爱护人的人本主义观念，坚持疏导方针，从经验型向科学型转变，从灌输型向互动型转变，从单纯说教向多种形式转变，采取寓教于乐、寓教于事、寓教于理、寓教于趣的方法，潜移默化地增强农民的道德观念。

四要加强农村党员干部道德建设。要通过创先争优等系列活动的开展，切实推进农村党员干部思想道德建设。发挥先进典型的教育引导作用，掀起党员干部学先进、赶先进、超先进、当先进的热潮。发挥传、帮、带作用，使农村党员干部成为带领群众加强道德建设的领头雁、引路人。加强道德他律，完善对党员干部的道德约束，规范党员干部的道德行为，并使之时时都处于人民群众的监督之下，遏制道德败坏现象。

五要推进村规民约制度建设。在新农村道德建设中，对待村规民约的制度构建问题，要加强正面宣传和引导，从提高农民的道德素质、清新农村风气出发，强化村规民约的教育感化功能，梳理农民的价值需求，强化以爱国主义、集体主义、社会主义为核心取向的主流价值观念，以我国社会主义法律体系为框架，把握村规民约的发展方向，建立和完善科学的村规民约制度体系，推进村规民约建设更加规范化、科学化。

（作者：南华大学政治与公共管理学院硕士研究生；南开大学政治与公共管理学院教授）

现代化进程中思想政治工作的作用研究

张润枝

当代中国不断深入的现代化进程给思想政治工作提供了广阔的发展空间，也提出了更高要求。“越是改革开放，越要加强思想政治工作，只有思想政治工作加强了，才能够促进改革开放的健康发展”。思想政治工作必须发挥其培育现代公民、提供思想先导、解决复杂矛盾的作用，切实服务于中国特色社会主义现代化建设。

发挥育人功能，造就具有健全人格的现代公民

人的现代化是指人的观念、素质、能力、行为、生活等由传统向现代的转变，是社会现代化的重要内容和主导力量。社会主义现代化建设必须以现代公民作为主体，思想政治工作则是实现人的现代化、培育现代公民的有效途径，发挥着完善人格和提升素质的重要作用。

思想政治工作为培育现代公民提供了价值取向和基本的原则方法。在价值取向上，坚持实现自我价值与社会价值的统一。现代化进程的加快，必然带来社会生活日益多样化、复杂化，对人的价值观念系统形成强烈冲击，进而导致价值追求多元，自我价值与社会价值发生冲突。思想政治工作尊重和促进自我价值的实现，并着力鼓励和引导人们积极参与社会实践，在为人民服务、为社会奉献中实现自我价值，确立了现代公民应有的价值取向。在教育原则上，坚持社会发展目标与人的自我发展目标的统一。现代思想政治工作以促进人的全面发展为指针，关注和重视人的主体意识，强调用社会共同理想凝聚人、鼓舞人，引导公众把自身的发展目标建立在社会目标的深厚基础之上。在基本方法上，坚持理论灌输与行为引领的统一。遵循现代社会公民的思想特点和接受规律，既强调通过理论灌输深化人们对马克思主义政治思想、道德原则的认知认同，又强调通过社会参与、道德实践、心理疏导等方式引领人们的行为选择，帮助人们在行为实践中获得思想道德的升华。

依据前述价值取向和原则方法，思想政治工作致力于培育和造就具有健全和完善人格的社会主义现代化建设者，强调真正意义上的现代公民，应当具备社会正义、公民意识和强烈的社会责任感，具备爱国主义、民族意识的价值观念，在作出满足个人需要和愿望的决定时，能够通盘考虑自己的决定对自我、他人、社会所应承担的责任和应履行的义务；能够“具有一种生存的同一感，学会‘走向他人’，学会与不同价值取向的人共融于一体，在追求人类发展与进步的目标下，做到对他人的尊重、宽容、关怀、理解，学会通过对话、沟通，克服狭隘的文化、价值偏见，从而能‘各美其美，美人之美’”。围绕此目的，通过各种思想政治教育活动，帮助人们确立正确的理想信念，正确判断社会发展大势，正确处理个人与他人、个人与社会的关系，自觉践行公民基本道德规范，不断提升自身的思想道德境界，使人生的意义在现代化的进程中得到彰显。

发挥思想引领功能，巩固社会主义意识形态的指导地位

随着改革开放的深入推进，经济体制深刻变革、社会结构深刻变动、利益格局深刻调整，使人们思想活动的独立性、多元性、差异性明显

增强,多元的思想观念和价值取向表现得更为明显;西方国家出于其全球利益的需要,极力推行意识形态领域的渗透,各种社会思潮纷纷涌人,严重混淆了人们的思想,动摇了人们坚持马克思主义、坚持社会主义意识形态的信心。这是对我们稳步推进社会主义现代化进程,保证国家改革发展的正确方向提出的严峻挑战。

意识形态领域存在的核心问题是对马克思主义的错误认识。比如,有人把前苏联和东欧社会主义国家制度的失败等同于马克思主义的失败,认为中国也应该放弃马克思主义。有人则认为马克思主义是早期资本主义的产物,带有很多空想的成分,特别是它对于未来社会的看法是乌托邦式的虚无缥缈的东西。还有人认为,马克思主义仅仅是一家之言,是若干思潮中有重要影响的一种思潮,而在当代,与人们的就业方式、价值判断、生活观念、利益诉求、社会结构、分配方式多样化和多元化相对应,指导思想也应该实行多元化,马克思主义不能高高在上,应该和其他社会思潮平等共存,等等。

汉斯·摩根索说,文化帝国主义是一切帝国主义中最微妙,也最成功的帝国主义政策,他不必去征服领土,不必控制经济生活,而是通过征服和控制人的头脑来改变国家之间的权力关系。应对意识形态领域面临的严峻挑战,就要发挥思想政治工作强大的思想引领功能,提升群众对马克思主义的认知认同,实现对社会主义主流意识形态和主流价值观念的有效传播。在这个过程中,理论教育是基础,情绪体验是关键,价值认同是目标。以马克思主义为指导的社会主义意识形态之所以被人们所接受,首先在于其理论体系的正确性和科学性,没有对马克思主义理论正确、深入的理解,没有对社会主义核心价值体系的准确把握,就很难形成对社会主义意识形态的实际认同。思想政治工作要通过开展理论教育,用不断发展的马克思主义理论武装广大群众,提升群众对马克思主义理论内涵、实质的掌握和理解;要不断改进教育方式和传播手段,推动马克思主义的大众化和普及化;要高度重视将理论传播与对社会实际问题的解答结合起来,使理论深入人心,更有说服力和感染力,最终达到引导群众达到对马克思主义和社会主义意识形态的信仰性接受。

发挥调节功能,化解现代化进程中的矛盾和冲突

由于国情的复杂性和改革本身的艰巨性,在现代化的进程中,我国社会出现了一些深层次的矛盾和冲突,如贫富差距日渐拉大、腐败现象不断蔓延、“三农”问题日益突出、生态环境逐步恶化、房改医改面临困局等,这些都是关系到公民切身利益的问题,势必对人民群众的思想和心理产生影响,烦躁、不满、焦虑、怨恨等不良情绪就会随之产生,如果得不到及时缓解,就会产生过激行为,影响社会安定,进而对社会主义现代化建设形成阻碍。这就需要通过思想政治工作发挥其调节功能,运用思想政治工作特有的工作方法,协调各方冲突,平抑不良情绪,促进沟通协调,促进群众与政府之间、群众与干部之间、群众与群众之间的平等与和谐。

思想政治工作在缓解社会矛盾,化解利益冲突方面具备如下优势:一是沟通协调,及时反映民意的优势。思想政治工作始终强调通过面对面的交流,了解群众的思想生活状况,化解群众的不良情绪;同时,也强调将解决思想问题与解决实际问题相结合,关注群众实际困难的解决和合理要求的满足。而且,我们党在长期实践中已经建立了运行良好的思想政治工作机制,有一大批富有经验的思想政治工作者,工作范围涉及社会各个阶层、各个群体,可以保证群众思想状况的及时反馈和民众意愿的及时表达。二是思想引领和心理疏导的优势。在社会改革和发展过程中,出现矛盾和冲突是不可避免的,这就要求思想政治工作发挥其思想引领的作用,通过深入细致的思想政治工作,整合群众的政治意志,以中国特色社会主义共同理想凝聚人心,引导人们正确看待现代化进程中出现的各种问题和矛盾,坚定走中国特色社会主

义现代化建设的道路;同时,还要强化对群众的人文关怀和心理疏导,化解人民内部矛盾,消除群众的不良情绪和心理障碍,指导群众适应社会变革带来的各种压力。三是营造良好舆论环境,促进社会和谐的优势。舆论对于社会矛盾的缓解抑或激化具有十分明显的作用。如何发挥舆论的正面影响,消除其负面效应,是思想政治工作必须高度重视的问题。思想政治工作就是要发挥自身对舆论环境的影响力,通过教育、宣传等工作对公众形成正确的思想引导和价值判断,引导群众正确认识社会成员利益差别存在和利益分配形式多样化的必然性和合理性。同时,营造和谐的文化氛围,培育与人为善的道德情感和行为倾向,培养群众谋求和谐的价值观念,使建设社会主义和谐社会深入人心,成为全国人民共同的政治意志。

应对现代化进程要求,推进思想政治工作方法的现代化

思想政治工作在社会主义现代化进程中具有重要作用。但是,要使这些作用得以真正实现,思想政治工作必须首先实现自身的现代化,就目前而言,思想政治工作现代化的核心在于应对社会现代化的发展趋势,推进思想政治工作方法的现代化。

科学、合理的方法是提高思想政治工作实效,保证思想政治工作目标实现的必要手段。思想政治工作方法不是一成不变的,它是一个不断发展的开放的系统。当人们的思想观念、价值取向和社会行为发生了重大变化之时,思想政治工作必须追踪这些变化,创造新的方法和手段。具体而言,当前思想政治工作方法的现代化应关注以下三个方面:一是推进思想政治工作的社会化。应建立思想政治工作党政工团齐抓共管的大格局,单位、家庭、群体、社团、社区交互贯通,政策法规、报刊图书、广播电视、文化艺术等相关领域整体联动,政工人员、专家学者和社会化教育机构的力量相互配合,有助于增强教育的自主性,减少教育的依赖性,使自我教育、自我管理成为每个人的自觉行为。二是选择和利用丰富多彩的载体进行教育。载体是思想政治工作主体所运用的能承载并传递思想政治工作内容和信息的手段和形式,选择和使用适当的载体是正确实施方法的重要前提。要高度重视大众传播载体,包括报纸、广播、电视、互联网等现代媒体深入人们生活;重视群众性活动载体,充分调动群众进行自我教育的自觉性;尤其重视网络在思想政治工作中的作用,研究网络的特点,增强思想政治工作在网上的正面宣传和影响力。三是拓宽工作视野,将思想政治工作向人们的内心世界深入。外部世界的复杂多变和激烈竞争,必然导致人们主观世界的复杂多变和心理负荷加重。人们在心理方面以及教育的内化过程,都会出现前所未有的新情况、新问题。因此必须加强和改进思想政治工作,注重人文关怀和心理疏导,用正确方式处理人际关系。研究新形势下教育的内化方法,开展心理分析、心理咨询,提高教育效果,是新的历史时期思想政治工作方法发展的重要方面。

(作者:北京师范大学马克思主义学院教授)

社会管理创新视域中农村基层党组织社会整合功能研究

张卫海

农村社会管理创新是我国社会管理创新的重点领域。市场经济在农村的深化和城乡一体化进程的推进，使农村传统的社会管理面临严峻考验，直接影响到农村社会的健康和谐发展。因此亟需建立起适应农村经济社会发展的新的管理理念、管理体制、管理方式，形成并完善"党委领导、政府负责、社会协同和公民参与"的乡村治理格局。这要求农村基层党组织不断强化社会整合功能，明确整合内容、完善整合思路，将各利益主体纳入农村社会管理新格局，提高农村社会管理水平。

一、传统农村社会管理格局面临严峻考验

随着市场经济的深入发展和现代城市生活方式、价值理念的不断渗透，使得农村政治、经济、社会和文化都发生了重要变化，对农村传统的社会管理格局构成了严峻考验，同时也为农村社会整合提供了现实依据和整合方向。

（一）农村传统的社会管理结构发生变化

对农村传统管理格局面临的挑战是多方面的，首先是来源于农村社会管理体制的调整。根据1998年开始试行，2010修订通过的《村民委员会组织法》，由村民直接选举产生的村民委员会是村民的自治组织，而农村党支部作为共产党在农村的基层组织其职责是"领导和支持村民委员会行使职权"，乡镇政府也"不得干预村民自治范围内的事项"。尽管在实践中，村民委员会与上级政府、村党支部的关系微妙复杂，在很多地区仍然是支部书记一把手"定盘子"，村委会主任支部二把手"领着干"的格局，但毕竟已经开启了村民自治的闸门，传统的乡镇直接领导、村支书全面负责的传统管理体制向着民主、多元的乡村治理方向迈进。另外随着市场经济的发展，"经济权威"也将逐步取代"传统权威"成为农村社会管理的领导力量，尤其是在经济发达的农村，村经济逻辑往往能取代道德逻辑，村民在选举过程中更希望那些能够带领他们致富的"经济精英"而不是基于宗族关系和道德威信的"道德精英"成为领导，在某些地方村民选举中"无候选人一票直选"，一些"经济精英"以极高的得票当选就足以证明这一情况。另外，近年来大量出现的农村自治组织和农村中介组织也逐渐成为影响农村管理格局的重要力量，这种组织由于其成员在经济利益上的高度一致而产生了强大的凝聚力，组织的领导往往受到极大地尊重，并以其为核心形成了农村的小集体小圈子，游离于村集体公共事务之外，直接影响农村社会管理的整体性。

（二）农村基层政权的管理权威遭受质疑

国家权力的收缩为农村社会发展让出了空间，农村开始实行村民自治，乡镇和村之间由管理和被管理转向指导与被指导的关系，但自治并不等于独立，乡镇和村"两委"仍然是农村社会管理的现实领导者。但从目前情况来看，农民对乡镇政府、村"两委"的管理权威存在诸多质疑，有研究也表明："农民对中央的信任远远大于对地方干部的信任"，这一方面是由于某些基层干部素质不高，在行使权力的过程中贪污腐败、以权谋私等，尽管这都是个别现象，但却让农民群众对领导集体产生不信任感，削弱

了对其管理权威的认同。另一方面更多的是由于陈旧的管理理念和落后的管理方式损害了自身的管理权威，一些农村基层干部在管理过程中缺乏民主意识，习惯于发号施令而不是指导协商，在工作中个人意志比较强，认为村里的事情自己说了算，搞“一言堂”，对不同的意见打压甚至迫害。更为严重的是，随着农民群众政治参与意识和民主权利意识的不断提高，以及通过媒体对国家各类涉农政策方针更加了解，他们也希图通过与乡村管理权威对抗的方式来谋取自身利益，当前很多农村中出现的“谋利型”群体事件、上访事件、拆迁对抗事件等，一方面归因于行政行为失当；另一方面原因就是村民对额外利益的诉求。这些情况使得村民与村委会及乡政府之间处于离散甚至对抗状态。一切良好的愿望被扭曲，村委会和乡政府被置于尴尬的境地，村庄合意无法达成，村民自治面临困境。而那些合理合法的管理行为却得不到村民的认可，甚至出现了尖锐对立，农村社会管理陷入了无政府主义的困境。

（三）农村传统社会管理中的道德纽带面临溃散

中国的传统农村是一个“熟人社会”，基于“亲缘、地缘”的宗族、邻里观念的社会关系在维系农村的稳定和秩序方面起着关键的纽带作用。但在市场经济大潮的冲击下，利益观念在农村的渗透一定程度上扭曲了农村传统的乡土文化，改变了人们之间关系纽带和农村的交往方式，现实利益取代了乡俗民约成为人们行动的出发点，农村的传统道德观念正在变得淡薄。加之城乡一体化的推进和通讯手段的发展，使得城乡人口流动从幅度到频次都急剧增加，时尚的城市文化和现代的市民生活方式在农村的传播也加剧了对农村传统观念和文化的颠覆，“农村社会从头到脚，从外到内，从物质到意识，从观念到价值，都被彻底地卷入到了现代性的大潮之中……村民成了只注重短期经济利益的原子化的个人，成了丧失价值生产能力的经济动物”。作为维系农村社会管理秩序的传统道德纽带被逐渐消解，而建立在新型社会关系基础上的现代纽带正填补进来，如农村中基于“业缘”而建立起的各类经济组织（产业合作社，新型农业互助组等）和基于“事缘”而成立的各种社会组织（红白事理事会、群众治安委员会、民事调解委员会等）逐渐成为体制外重要的农村关系纽带，成为农村社会治理格局中的重要组成部分。

（四）阶层分化阻碍了农村社会管理的整体性

市场化的改革促进了农村经济的繁荣，以效率为主的分配方式使一部分人先富起来的同时，也促成了农村人口在经济地位和社会身份上的变化，阶层分化现象在农村逐渐明显。农民企业家、农村干部、成功个体户、外出务工的成功人士、成功的种植和养殖户等都超越一般农民而成为农村的新贵，成为农村的精英阶层。而一些由于先天或后天原因造成的生活困难群体则退化为农村的最低阶层。原先的农村社会结构中尽管也存在经济条件方面的不同，但从整体上看，他们的思想观念、行为方式以及交往规则都没有出现明显的层次性差异，并没有分化出明显的阶层意识。但随着贫富差距的不断扩大和交往对象之间的互相影响，农村中阶层分化逐步出现。各阶层之间在价值、道德、文化、利益等方面都存在差异，而这一差异又被农村传统的乡土族群文化所夸大，它们之间的对话交流日趋淡化，在很多乡村公共事务的管理中分歧很大甚至出现对立，直接影响到农村社会管理的有序整体推进。

上述情况一方面表明，当前维系农村社会秩序的规范正在被逐步瓦解，传统的农村社会管理格局到了变革的边缘；而另一方面也意味着农村社会多元化治理格局的一些关键因素已经具备，如新的农村社会管理体制逐渐形成，多元治理主体登上农村社会管理舞台，农民群众的自治意识也在日益增强。因此能否把这些积极要素有机整合起来，使其明确自身职责权限，合理规范自身行为，做到思想统一、结构均衡、关系协调，是顺利推进农村社会管理创新的重要条件。

二、基层党组织是农村社会整合的唯一合法主体

社会整合是社会学概念，源自结构功能主义理论，指将各种分化的社会要素按照其内在逻辑联系整合为一个整体系统的过程，它与社会分化构成了社会矛盾运动的两种基本形式，对立统一于社会发展的全过程。根据当前中国农村社会管理的现状，社会分化是传统农村社会管理面临的主要问题，如管理权威的分化、管理主体的分化、农村社会阶层的分化和农村思想观念的分化。因此要建立起农村社会管理新格局，必须要有一个新的社会整合体系把分化了的农村社会管理要素整合起来，这一任务毫无疑问将由农村基层党组织来承担，这是由其政治身份和农村的现实情况所决定的。

农村基层党组织的政治地位决定了它必然是社会整合的主体。作为冲突的力量和整合的工具的执政党是现代社会整合的唯一主体，这也是它的一项根本性原则。执政党在把政府结构和各种社会不同成分联系起来的过程中，发挥了任何组织所无法替代的作用，“虽然立宪理论很少论及政党的联系作用，但是，除非政党令人满意地履行这种作用，否则，很难想象如何能够长期有效地治理复杂的现代社会”。所以农村社会整合的主体只能是农村基层党组织，只有它才能将农村各种关系有机地联系起来，在新的基础上建构农村管理新格局。与此同时，农村基层党组织通过社会整合也能最大限度地获得农村群众的支持和认同，夯实党在农村的执政基础，提高党在农村的执政能力。因此《村民委员会组织法》明确指出，中国共产党在农村的基层组织要发挥领导核心作用，领导和支持村民委员会行使职权，要支持和保障村民开展自治活动、直接行使民主权利。这也意味着农村基层党组织也必然应该承担起农村社会整合的使命。而从农村的现实情况来看，基层党组织的政治领导地位是不可动摇的，并且本身也作为一个核心主体参与到农村社会管理中，行政性的党组织如乡镇党委、农村党支部自不待言，在一些经济和社会组织如集体和非公企业、乡村站所、学校、医院等都有自己的党组织，承担着重要的社会管理职能。

农村基层党组织所具有的一系列现实优势也表明，只有它而不是任何其他组织能够担当农村社会整合的使命。一是政治资源优势。农村基层党组织依托中国共产党的执政体系，是传统政治权威的承担者，自上而下的权力分配为农村基层党组织指导和管理农村各项事务提供了合法性；同时在中国共产党六十多年的执政历程中，带领全国人民不断走向现代化，其执政理念和执政手段都得到了社会的广泛认同。尤其在农村地区，对共产党的信任度非常牢固，这也为农村基层党组织提供了丰厚的认同资源，这使得在农村对社会整合主体的选择上具有很强的排他性，只愿意接受党组织而不是其他各类组织的整合行动。二是组织资源优势。中国共产党具有高度的组织性，从组织成员的选择到组织目标的设定，再到组织行动的规范性来看，都是其他社会组织所不具备的，这决定了农村基层党组织的执行力和战斗力具有无可比拟的优越性，而且它扎根于农村，具有深厚的人才底蕴，能迅速把农村的先进分子吸纳到党组织中来，保证了组织的生命力、创造力及先进性。三是文化资源优势。农村基层党组织一直以来负责对农村进行社会主义价值观念和先进文化的宣传，占据了农村文化的制高点，并积累了丰富的文化建设资源，可以为农村社会文化方面的整合提供各类便利渠道和有效载体，与此同时，农村基层党组织的成员往往源自农村，在文化背景上与农村居民高度一致，熟悉农村的乡土人情和行为特点，从而能顺利地融入农村的各项事务中。

但任何事物都具有两面性，农村基层党组织在具备一系列整合优势的同时，也带有不可忽视的缺陷。作为一种内生型的党组织，农村

基层党组织生发于农村，如村级党组织基本上源于本村的党员，乡镇一级的党组织成员也大多没有摆脱农村的生活背景。这决定了农村基层党组织成员自身在现实利益、价值观念以及文化状况等就是农村社会分化的产物，这都会影响到社会整合功能的发挥。与此同时，农村基层党组织的组织性也随着人口和阶层流动的不断加剧而呈现弱化态势，尤其是在一些落后地区，村级党组织对农村的影响力在不断下降。农村基层党组织在进行社会整合时，必须使其成员克服阶层局限，具备全局眼光，要有新的整合思维和整合措施，做到扬长避短，才能充分发挥其社会管理创新和社会整合职能。

三、农村基层党组织社会整合的主要内容和现实思路

党的十七届四中全会提出了加强基层党组织建设的各项要求，指出党的基层组织要“充分发挥推动发展、服务群众、凝聚人心、促进和谐的作用”，这也为农村基层党组织的社会整合明确了内容和方向：通过推进农村经济的发展来实现利益整合，通过服务群众来提高对基层党组织的认同，通过社会主义核心价值体系和先进文化来增强凝聚力，最终实现农村社会整合的目标即社会管理的和谐有序。所以农村社会整合应该是一个包括价值整合、利益整合和文化整合等在内的全方位整合。

（一）价值整合是农村社会整合的核心

按照社会整合的内在逻辑，价值整合应该成为核心整合内容。社会整合只有在社会成员对将来所要达到的社会状态具有良好预期的前提下才能实现，而维系人们保持这一预期的只能是共同的道德或价值等精神层次的东西，因为较之现实利益的不确定性和易变性，价值具有稳定和长期性。哈贝马斯就认为社会整合是通过规范集体良知的道德内容而实现的生活世界的整合，帕森斯也作出过类似的表述：“整合问题涉及保证适当的情感依附的需要，这种依附导致团结与合作愿望的发展和持续。这类情感联系不必取决于所获得的利益，或取决于对个人或集体的目标达到所作的贡献。”涂尔干也认为“分工却能使互有差异的人们结合起来；使相互分化的人们聚集起来；使相互分离的人们亲密起来。如果人们之间的团结感太弱，就很难抵挡竞争带来的离心力”，在团结协作的基础上人们产生了对集体的自觉认同，认同集体的权威，更认同集体的价值观念，因此“社会整合是一种整体上的道德现象，受社会条件制约”。由此可见，在社会整合中道德是最深层次力量，农村基层党组织应该把价值整合作为农村社会整合中的核心内容，通过和谐善治的价值目标来凝聚各社会管理主体，使他们自觉地投入到农村社会管理创新中。

（二）利益整合是农村社会整合的基础

任何道德都不是孤立存在的，它由现实的经济和社会发展状况所决定，正如马克思所指出的“正确理解的利益是整个道德的基础”，“‘思想’一旦离开‘利益’，就一定会使自己出丑”，所以作为对农村社会进行价值整合，必须使价值目标充分反映各方管理主体的核心利益，才能发挥其凝聚人心的功能，否则还是重蹈意识形态主导的社会整合老路，这也便意味着利益整合必须成为农村社会整合的基础。这也是基于农村经济社会发展现状而作出的判断，因为当前农村的矛盾集中体现在利益的分割上，利益矛盾成为农村社会的主要矛盾。目前农村社会管理体制中存在的各类问题，如“两委”关系不顺、职责不清，村民代表大会形同虚设，各类经济和社会组织中的党组织边缘化等，归根结底还是各种利益关系不协调所导致的。另外在农村阶层之间、同一阶层内部以及政府与群众、政府与企业、企业与工人等存在各种各样的利益纠纷，如果得不到及时妥善的处理就可能激发各类群体性事件，必将影响农村管理秩序和新农村建设的大局。所以农村基层党组织要把利益整合作为理顺各类利益关系，化解各类利益矛盾的手段。各社会管理主体也只有在协调清晰的利益关系中才能充分行使各自的

社会管理职责。

（三）文化整合是农村社会整合的重要内容

文化是从悠久的历史生活中沉淀下来的柔性规范，本身便具有一种整合的功能。文化是一只看不见的手，它通过左右人们的价值判断，影响着人们的利益行为来发挥作用。在同样文化背景下人们的价值选择、利益取向都呈现趋同的迹象，因此在当前农村社会整合中必须重视对农村社会的文化整合，为价值和利益整合的顺利实现提供心理基础。而且在中国农村中很多乡土文化具有现代管理学价值，如宗族和乡里文化中的互助机制，农民传统观念当中的“孝”“义”“信”等思想，都是农村社会管理中的润滑剂，是不可忽视的文化因素。有学者就提出，中国农村有其特殊的社会结构、文化认同、惯性思维，农村社会管理必须尊重农民的价值取向，不能戴着西式眼镜观察中国农村问题，更不能一味以西方社会学和管理学理论指导中国农村社会实践。所以文化整合，也为农村社会管理创新储备社会资本的过程。农村基层党组织要以和谐为尺度把农村优秀的传统文化与体现时代内涵的先进文化结合起来，在弘扬社会主义核心价值理念与先进文化的同时，还要通过对农村的各种亚文化的筛选，吸纳农村具有积极内涵的乡土文化，摒弃落后腐朽的封建文化残余，在保持文化心理稳定的前提下以渐进的方式实现对农村社会的文化整合。

就社会整合而言，包括农村在内的中国社会目前正处于整合的转型期，无论在整合思路还是在整合措施上都需要不断探索。从目前情况来看，农村基层党组织要进行农村社会整合，既要发挥传统优势又要有所创新，建立一套包括社会主义意识形态建设、政治道德建设、乡村治理在内的科学的整合思路。

第一，注重以社会主义核心价值体系为内容的意识形态教育，引领农村社会价值观的发展。如前所述，价值整合是农村社会整合的核心内容，具体而言就是通过意识形态建设，实现社会主义核心价值体系对农村价值观念的引领。在农村进行社会主义意识形态建设，一方面是加强意识形态内涵创新。当前农村的意识形态建设要与以往以阶级性为主要特征的意识形态建设相区别，在内涵上要不断创新，适应农村经济社会发展的新情况，既要及时体现党在理论和实践领域的新成果，增强群众对党领导的社会主义事业的认同，又要充分体现现阶段农村社会管理和社会发展的新变化，使意识形态内涵贴近农村现实生活和管理需求，让农民自觉地认可并信赖。另一方面是加强意识形态的传播和教育。对某种思想的广泛接受和形成信仰必须建立在有效传播和教育的基础上。中国共产党具有悠久的群众工作传统和丰富的群众教育经验，农村基层党组织要积极发挥联系群众和教育群众的职能，在农村中宣传新时期的意识形态内涵，引导农村群众摒弃那些陈腐落后的思想观念，形成科学的价值观。同时还要积极利用现代的传播理念和传播技术，以渗透式传播让群众在潜移默化中接受教育，利用互联网、手机媒体等现代化的传播工具来提高意识形态传播和教育的效果。

第二，加强农村基层党组织自身建设，增强社会整合的权威认同。“要使社会秩序稳固，必须使群众对自己的命运感到知足。而要使群众知足，不在于他们所得之多寡，而在于使他们无权奢求。为此绝对必须有一个群众拥戴的、令行禁止的权威。”作为社会整合权威的执政党只有成为利益与道德的楷模，才能得到群众的自觉认同和服从。农村基层党组织是农村社会管理的领导核心，也是推进农村社会整合的推动者，这就需要树立其在农村的权威地位。从合法性理论来看，对领导权威的认同不应该是强制性的而应该是自发性的，即农村基层党组织把全心全意为人民服务的宗旨贯彻到党员干部的思想和行动中，无论从个人道德修养还是行政合理合法性上都能获得群众认可。因此要加强农村基层党组织的党风建设，在农村群众中树立起廉洁勤政、公平公正的组织和个人形象，达到十七届四中全会所要求的“以优良党风促政风带民风，形成凝聚党心民心的强大力量”。另外还要通过协调农村社会管理中的权力结构和利益关系的、规范农村各类管理主体的行为以及有效组织和引领农村社会管理的健康发展，来加强自身能力建设，强化农民群众对基层党组织的信赖感。

第三，积极推进村民自治，完善农村治理机制。村民自治是实现农村社会管理新格局的重要前提，同时也是基层党组织推进社会整合的重要举措。农村基层党组织要以村民选举为抓手，积极推进村民自治，把涉及农村发展、农民利益的重要事务纳入民主管理的轨道，为农村各阶层提供基于共同利益的对话交流平台，促进阶层之间的理解互信，使农村各利益群体共同参与到农村社会管理中。利用多种渠道强化农民的民主法制意识，培养农民社会管理和政治参与的热情，为农村社会管理创新的开展奠定群众基础。基层党组织还要通过规范权力边界来不断完善农村治理机制，一方面要理顺乡镇与村的关系，积极推动乡镇放权，减少乡镇政府和党委对村委会和农村事务的控制，由领导与被领导式的命令服从关系，转变为指导与被指导式的协调合作关系；另一方面要理顺村民委员会与村党支部的关系，归还作为村民自治组织的村民委员会所具有的独立的法律地位和公共权力功能，使村委会不再仅是一个摆设，使“两委”关系由“党强村弱党支部主导型”向“党强村强民主合作型”转变。

农村基层党组织既是推动农村社会管理创新，构建农村社会管理新格局的核心力量，同时又是社会整合的唯一合法主体。因此积极履行社会整合功能，将农村的各方面力量在新的社会条件下凝聚起来，按照党的十七大报告的要求“把城乡社区建设成为管理有序、服务完善、文明祥和的社会生活共同体”，是各农村基层党组织在推进农村社会管理创新中必须认真对待的重要任务。

（作者：苏州大学马克思主义基本原理专业博士研究生、南通大学法政与管理学院讲师）

农村基层党组织建设的实践创新及理论思考

彭汉琼

党的十七届四中全会《决定》强调指出："党的基层组织是党全部工作和战斗力的基础，是落实党的路线方针政策和各项工作任务的战斗堡垒。"如何充分发挥党在新农村建设的领导核心作用，对农村基层党组织建设提出了新的更高要求。从理论上分析和总结近年农村基层党组织建设的创新实践，对进一步加强农村基层党组织建设，巩固党在农村的执政基础，实现新时期党的建设新的伟大工程具有重要意义。

一、农村基层党组织建设面临的新挑战

改革开放以来，农村基层党组织建设取得了巨大的成就。随着我国改革和发展的不断深入，农村经济社会呈现出多元化的发展趋势，部分地区的农村基层党组织建设也不同程度地反映出了一些问题，给农村基层组织建设提出了新的要求和挑战。

1. 部分农村基层党组织凝聚力有待增强。农村基层党组织凝聚力包括两个方面：一方面体现在组织内部党员、干部之间的团结协作力量。部分农村基层党组织存在班子结构不合理、缺乏坚强的领导核心、处理不好与村委会的关系等而难以形成合力。另一方面体现在组织对其外部非党员群众的吸引力、感召力。农村税费改革后，村级组织缺乏稳定的集体经济和服务条件，难以从物质条件上为群众的生产生活提供服务；而不少村级党员干部自身未能有效发挥党员干部的先锋模范作用，既教育不了群众，也凝聚不了人心。这些因素都直接影响到农村基层党组织的凝聚力，甚至是党的政策在农村基层的贯彻执行力。

2. 部分农村基层党组织工作方式相对陈旧。随着农民的民主法治和政治参与意识不断增强，基层党组织也要与时俱进地更新工作方法。随着改革的不断深化，农村基层干部的整体素质已难以适应形势任务的要求，存在着诸如思想观念老化，缺乏新思想、新办法；工作作风飘浮，工作方法简单，领导能力较差；重形式轻实际，法制观念淡薄等问题。

3. 部分农村基层党员干部队伍建设相对滞后。党员队伍老化，后继乏人，一直是农村基层组织建设中存在的较为普遍的问题。近年来，农村人口流动不断加快，农民外出务工和经商人员越来越多，而外出人员多是一些有文化、有能力的青壮年，使农村基层党组织的周围失去一个先进的群体，党支部失去一个队伍的支撑。由于缺少新鲜血液的输入，干部队伍知识结构相对老化，难以适应社会主义新农村建设对干部队伍创新能力和开拓精神的需要。

4. 部分农村党员干部领导能力有待提高。从农村基层党组织的状况看，一些农村基层党组织表现出"三无"的状况：一是无所适从。一些党员干部思想保守、观念陈旧，跟不上时代发展的步伐，在谋划发展上思路不清、方向不明，缺少主见性、权威性和号召性，难以起到先锋模范作用。二是无能为力。由于缺乏市场意识、创新意识、科技意识，基层党组织带领群众致富的能力不强，难以参与领导一些新兴的农村经济合作组织和行业协会。三是无所作为。少数农村党组织负责人有"打工"、"守摊"思想，有的党员甚至自身还在为"温饱"而挣扎，很难担当起组织和领导农民参与激烈市场竞争、致富

奔小康的重任。

5. 部分农村基层党组织建设制度管理有待健全。有些地方农村基层党组织在制度管理上重形式,轻落实。虽然绝大多数村都建立了民主制度、组织生活制度、学习制度等制度形式,但仍有部分村党组织存在执行不力,落实不够,以及村级事务决策不够民主,村级事务透明度不高,监督、考核、激励等制度不健全等问题。

二、农村基层党组织建设的创新实践

近些年来,面对农村基层党组织建设遇到的新问题和挑战,全国许多地方的农村基层党组织紧紧围绕党的先进性建设和执政能力建设,勇于实践、大胆探索,在党建思维方式、党建组织设置、党建领导体制、党建活动载体和党建工作机制等方面创新取得了丰硕成果。

1. 创新党建思维方式。以能力建设为中心,培养新农村建设的领导人才。一是选准配强支部书记。注重从优秀村干部、本地能人、大学生村官、农民合作社带头人、返乡创业能人中,把政治素质好、带富能力强、化解矛盾能力强的优秀党员,选拔到村党组织书记岗位上来。二是加大干部培训力度。采取多种手段进行教育培训,培养新农村建设的骨干,如通过有计划地选送农村党员干部到县乡党校、大专院校接受系统性的理论和业务知识的学习,参加新农村建设的示范基地和全国树立的先进党支部典型村学习考察、研讨交流,利用农村现代远程教育系统学习农业实用科技知识,使农村党员干部真正成为有技术、会经营、懂管理,能带领群众致富的骨干。

2. 创新党建组织设置。长期以来,农村基层党组织一贯是一村一支部的模式,这种单一的模式已难以满足当前新农村建设发展的需要。应建立与多种经济成分和组织形式相适应的新的党组织管理模式,扩大党组织的影响力和覆盖面。

一是建立村村联建党组织。在一些经济发展不平衡、具有较强互补优势特点的相邻村庄,将两个或几个村党组织合并归一,建立联合支部或党总支或党委,试行“村村联建”,在组织上实行统一领导,以强带弱,优势互补。二是建立村企联建党组织。在村镇企业较发达的地区,打破行业界限,将乡镇骨干企业党组织与行政村党组织合并,实行“村企联建”,在组织上实行村企统一领导,由企业党员厂长或党组织书记兼任村党支部(党总支、党委)书记,促进共同发展。三是建立村居联建党组织。在近郊农村或是小城镇建设比较发达的地区,尝试将村党支部和居民区党支部合并,建立党总支或党支部,实行“村居联建”,统一领导行政村和居民区的工作。四是建立行业联合党组织。主要以行业协会为载体,把分散在广大农村和城镇的党员,依托相近行业组建的方式,建立“联合型”党支部,实现党建与富民的有机融合。五是建立流动党员外建型党组织。根据党员不同特点,在农民工务工集中地建立党支部,包括农业、教育、非公企业和种养殖专业合作社等性质党支部,消除过去流动党员领域党组织覆盖的盲点。

3. 创新党建领导体制。推进农村改革发展,加强农村基层民主政治建设,必须完善农村基层党组织领导下的农村基层自治制度,积极探索创新党建领导体制,努力构建以党组织为核心的村级组织体系。

一是从体制上理顺农村基层党组织的领导和村委会的自治之间的关系。建立村基层党组织和村委会联席会制度,结合实际推行合并兼任、交叉任职等模式,促进村基层党组织和村委会协调运转。二是明确村党组织在村级组织中的领导核心位置。农村党支部书记是村里各项工作的主要组织者和领导者,村委会等其他村级组织必须在党支部的领导下,围绕自身职能,依法照章开展工作。三是进一步细化村级组织各自的职能。按照《中国共产党农村基层组织工作条例》和《中华人民共和国村民委员会组织法》严格界定党组织、村委会的职责范围,并结合农村实际进行补充细化。同时，明确规定村民会议、村民代表会议以及村民小组的职责范围，做到村级各种组织职责分明，分工明确，运转有序。四是建立健全党组织与村委会的议事规则和决策程序。村内重大问题，未经村基层党组织和村委会联席会研究，不得提交村民会议或村民代表会讨论决定。对特别重大的村务，在决策前，必须召开村民会议或村民代表会议征求意见，在民主协商的基础上进行决策。在决策后，村党组织和村委会按照各自的职能组织实施，党支部向党员、村委会向党支部、村委会向村民代表会议定期通报工作。由此将村民自治与加强党的领导统一起来，既发挥村委会的作用，又保证发挥党组织的领导核心作用。

4. 创新党建活动载体。围绕党的先进性建设，突出党员主体地位，把党员履行义务与农村实际工作结合起来，把党的活动融入农村经济和社会活动之中，大胆尝试运用党务工作和经济工作、社会工作三位一体的新途径和新方法，推进农村基层党组织活动方式创新。

广泛开展各种形式的党员带领群众共同致富的活动，充分发挥党员的先锋模范作用。如通过开展党员定岗定责活动，在推动生产发展上发挥党员带头作用。根据每个党员的特点和实际，年头定职责、定岗位、定任务，年尾考核评比。发挥每个党员的特长，让他们有机会在组织建设、群众工作和发展经济过程中施展才干。如通过实施农村党员创业扶助工程，发挥农村党员带头创业、带领群众创业的引领示范作用。在诚实劳动、合法经营、帮扶群众、热心公益、支持党建等方面要求党员作出承诺，带动和扶助身边群众共同创业，从而实现由党员创业扶助到党员引领创业的转变和提升。通过建立各种不同形式的党员活动载体，把保持共产党员先进性建设与党的富民政策有机地结合起来，既为党建工作不断注入新的生机活力，又有力地促进新农村经济建设的发展和改革开放的深化。

5. 创新党建工作机制。加强党的基层组织建设，需要不断创新和完善党建工作机制，保证村级工作有效运转。一是完善干部选任机制。进一步改革创新选人用人机制，通过建立健全公开、平等、竞争、择优的选拔机制，促进农村各个方面的优秀人才脱颖而出。实施“双带双强”工程造就了一批带头致富、带领群众致富的“双带”党员，以及带富能力强、领导能力强的“双强”村干部。二是完善干部管理机制。积极构建农村党员目标管理体系，做到党员职责岗位化、党员活动定期化、党员管理经常化。坚持和完善以干部目标责任管理、定期考核、民主评议等为基本内容的考评管理体系，并把考核结果作为选拔任用领导干部的重要依据。三是建立帮扶机制。始终坚持把推进帮扶工作作为新农村建设的有效举措，通过建立帮扶制度、整合帮扶资源，凝聚党员力量。四是健全服务机制。一方面，积极开展“党员领富带富”等活动，形成先富带后富、党员带群众、群众户帮户的致富格局。另一方面，加强村民事务代理中心建设，健全完善服务功能，有效解决群众办事难问题。通过创新党建工作机制，不断增强基层党组织的生机和活力，为建设社会主义新农村提供强劲的发展动力和坚强的组织保证。

三、加强农村基层党组织建设的理论思考

在全面探索和建设中国特色社会主义新农村的过程中，农村基层党组织建设仍然是一项重大而长期的任务。需要在不断推进农村基层党组织建设的改革创新实践的同时，深入地进行实践总结和理论思考，从而更好地把握基本原则和发展方向，着力发挥农村基层党组织在深化农村改革、促进农村发展中的重要作用。

1. 加强农村基层党组织建设必须坚持改革创新。近年来，农村基层党组织在建设社会主义新农村中发挥了核心作用，但随着农村改革开放和现代化建设进入关键时期，农村基层党组织在领导体制、工作机制、主体素质等方面仍存在一些问题，为了适应时代的新要求，农村基

层党组织建设必须不断地进行改革和创新。党的十七大报告提出“必须以改革创新精神加强自身建设”这一党的建设的重大战略思想和重大战略任务。只有不断探索新思路、研究新方式、总结新经验、寻找新规律,才能解决农村基层党组织建设遇到的诸多问题和困难,只有不断创新农村基层党建工作,才能切实增强农村基层党组织的创造力、凝聚力和战斗力,不断巩固党的执政基础。

2. 加强农村基层党组织建设必须巩固党组织的领导核心地位。农村基层党组织是党在农村工作的基础,承担着直接联系群众、宣传群众、组织群众、团结群众,把党的路线、方针、政策贯彻执行到农村基层的重任。党在农村基层的领导核心地位关系着党在农村执政地位的巩固,也关系着建设社会主义新农村事业的成败。巩固党组织在农村的领导核心地位需要普通党员关心党的建设,基层干部重视党的建设,基层组织常抓党的建设。只有着力提高党的执政能力,保持党的先进性,巩固党组织的领导核心地位,才能进一步加强农村基层党组织建设。

3. 加强农村基层党组织建设必须围绕经济建设展开。发展是我们党执政兴国的第一要务,是解决一切社会矛盾和问题的根本出路,发展农村经济是新农村建设的首要任务,也是基层党组织发挥作用的物质基础。同样,党的中心工作是经济建设,加强农村基层党组织建设必须围绕着党的这一中心工作展开。如果村级集体经济十分薄弱,甚至难以维持自身运转,就会严重影响到党组织凝聚力、吸引力、战斗力。因此,农村基层党组织建设必须立足科学发展,围绕发展农村经济这个中心,自觉地把党组织活动放到经济社会发展的大局中去部署、落实,推动经济走上又好又快的良性发展轨道,使基层党组织建设渗透于经济社会发展之中。

4. 加强农村基层党组织建设必须推进党内政治生活民主化。健康持续的党内民主政治生活,是任何一个执政党教育团结党员,提高党的凝聚力战斗力的基础性工作。因此,加强农村党组织建设要更加注重基础工作,进一步推进农村党内政治生活民主化。认真落实村“两委”联席会以及党员会等党内民主生活制度,开展民主评议活动,调动村民参政议政积极性,使党的执政理念更加深刻地植入每个党员的思想和行动中。

5. 加强农村基层党组织建设必须发挥好村级党支部的战斗堡垒作用。农村基层党支部是党和政府联系群众的桥梁与纽带,是农村基层组织的领导力量,是党的各项决策、决议的具体贯彻者和落实者。在建设社会主义新农村的新形势下,要与时俱进地加强农村基层党组织建设,必须发挥好村级党支部的战斗堡垒作用。一方面要加强村级党支部建设,充实战斗堡垒力量,夯实党在农村的执政基础。更加重视建设一支守信念、讲奉献、有本领、重品行的农村基层干部队伍。另一方面党支部的战斗堡垒作用,归根到底体现在带头勤劳致富与带领群众共同致富上。村级党支部要引领带动党员干部发挥先锋模范作用,带领农民群众大力发展生产,成为带领农民群众致富的模范带头人。

农村基层党组织是党在农村全部工作和战斗力的基础,是建设社会主义新农村的核心力量。新的形势要求我们必须认真落实党关于加强基层党建工作的各项任务,不断探索新方法、新途径,总结新经验,寻找新规律,进一步加强农村基层党组织建设,从而不断开创农村基层党建工作的新局面,使农村基层党组织真正成为农村社会基层组织的领导核心,成为建设社会主义新农村的坚强战斗堡垒。

(作者:江汉大学马克思主义学院副教授)

第十部分

反腐倡廉建设

坚持有效反腐败关乎党和国家的前途命运

陈雪薇

63年前,毛泽东在党的七届二中全会上总结时郑重地提出:"如果国家,主要的就是人民解放军和我们的党腐化下去,无产阶级不能掌握住我们这个国家政权,那还是有问题的。"这是建国前夕毛泽东作出的一个震耳欲聋的警示,也是对当今中国现实切中时弊的忠告。它同毛泽东在七届二中全会的报告强调"两个务必"是一脉相承的。毛泽东说:"夺取全国胜利,这只是万里长征走完了第一步。""中国的革命是伟大的,但革命以后的路程更长,工作更伟大,更艰苦。这一点现在就必须向党内讲明白,务必使同志们继续地保持谦虚、谨慎、不骄、不躁的作风,务必使同志们继续地保持艰苦奋斗的作风。"由此可见,毛泽东把"两个务必"作为反腐防变的重要思想保证。

建国以来,中共始终把反腐倡廉作为关系党的国家前途命运的大事,这似乎是个老生常谈的课题。然而,我们回首过去,看看今天,想想未来,重新审视当前我国反腐倡廉的形势,确实另有一番极不寻常的感受。正确地全面地认识和估计反腐败的形势与特点,思考和研究坚持有效反腐败的对策,切实牢记和实践"两个务必",反腐倡廉建设方能取得更好的新成效。

党始终旗帜鲜明地反对腐败,使党始终保持马克思主义政党的先进性和纯洁性。半个世纪以来党中央始终不懈地同形形色色的腐败分子、腐败作风作斗争,特别是进入改革开放和社会主义建设的新时期,一手抓改革开放,一手抓惩治腐败。30多年来,反腐败斗争的力度有增无减,斗争的水平不断提升,斗争的经验越来越丰富,清理了一批腐败分子,纯洁了党的队伍。据国家预防腐败局副局长崔海蓉在香港廉政公署第五届国际会议上发言称:1982年至2011年间,因违犯党纪政纪受到处分的党政人员共400余万人,其中省部级官员465人,因贪腐被追究司法责任的省部级官员90余人。清理这批害群之马,有效地保持了我们马克思主义执政党的先进性和纯洁性,保证了党在推进中国特色社会主义事业中的领导核心地位,更好地发挥广大共产党员的先锋模范作用。

党始终旗帜鲜明地反对腐败,保证了国内安定团结,使我国改革开放和社会主义现代化建设健康发展,取得了举世瞩目的成就。曾经走访过100多个国家的现任日内瓦外交与国际关系学院教授,兼任复旦大学教授的张维为指出:"从世界历史的角度来看,中国崛起的最大特点就是和平,对外没有发动战争,对内保持了安定团结,这是人类历史上的一个非同寻常的奇迹。"60多年中国的巨变是全人类所罕见的,一甲子风雨浇铸出世界强国,这要归功于勤劳智慧爱好和平的中国各族人民,还要归功于中国共产党。坚强有力的共产党的领导源于全党牢记"两个务必",不断克服困难、战胜各种挑战、紧紧依靠人民,勇于坚持真理,纠正错误,奋力建设和发展中国特色社会主义的决心和意志。

一、深刻认识我国反腐败斗争的严重性和艰巨性

半个多世纪以来,中国共产党坚持反对腐败的斗争一刻也没有松懈过。然而,现实告诉我们,腐败状况严重,反腐斗争极为艰巨,这是不争的事实。

当今中国,腐败行为的猖獗,不但在各级党政机构存在,而且还渗透到社会各行各业的许

多角落。

反腐败斗争的形势依然严峻。腐败案件多发、高发态势，触目惊心。吏治腐败高居首位，司法腐败紧随其后，再是经济腐败及其他各类腐败，如工程项目腐败，金融、财税、商贸行业腐败，还有教育部门、纪检部门的腐败等。腐败分子的职务级别越来越高，从县处级到厅局级直至省部级，甚至中央政治局委员、人大副委员长。例如，1998年，原中共中央政治局委员、中共北京市委书记陈希同因贪污罪、玩忽职守罪被判16年刑期。2000年，原全国人大副委员长、中共中央委员成克杰因受贿罪，情节特别严重，于2000年7月31日被判处死刑，剥夺政治权利终身，并没收个人全部财产，同年9月14日执行死刑，成为建国以来因贪污罪被处决的最高级官员。又例如，军队也出现了个别的败类，2006年，原海军副司令员王守业，因受贿罪、贪污罪、挪用公款罪，款项高达1.6亿元之巨，道德极为腐败，2006年4月被判处死刑，缓期执行两年，一同涉案的还有4名少将和7名大校，这是建国以来发生在军内一件最严重的腐败大案。窝案越来越多，涉及金额越来越大，例如，2007年，原中共中央政治局委员、中共上海市委书记陈良宇因受贿罪、滥用职权罪，是上海社保资金案主要人物，2008年4月11日被判有期徒刑18年。涉及此案多达10人，有上海市政府的局长、处长和几家大企业董事长、总经理等，均被判处有期徒刑。反腐斗争形势的严峻，还要从国际视野来观察和思考国内腐败问题，据国际反腐败监察组织"透明国际"对全球180个国家"清廉度"的排位，中国内地2006年排在第70位，2009年下滑到第79位，去年有所改善，回升到76位。这些都反映了反腐败斗争的严峻程度，所以我们对惩防结合防治腐败绝对不能掉以轻心，也不能畏难退缩失掉信心。

迄今为止，反腐败仍然是当今世界范围内一个全球性的难题。从历史视角看，当今发达资本主义国家在它们从农业社会向工业社会转变开端的工业革命时期，也正是腐败迅速滋生的时期。"19世纪的英国议员席位是可以买卖的；美国那个时候的经济主要掌握在史学家称之为'强盗式贵族'的手中……当时的美国被定性为世界上最无法无天的地方，腐败猖獗，私人雇佣'警察'可以任意处死罪犯，整个美国没有欧洲意义的政府，结果人人自危，人人自卫，美国家庭至今拥有枪支的传统就始于那个时代；日本明治维新时期的特点也是大规模的官商勾结，今天日本许多大公司当年都是廉价卖给与政府有特殊关系者的。"张维为的描述是忠于史实的。美国亨廷顿著《变化社会中的政治秩序》一书中指出，19世纪的美国比18世纪和20世纪的美国更腐败，19世纪的英国比17世纪和19世纪后期的英国更腐败。美国是从19世纪到20世纪实现从农业化社会向工业化社会转型的，与此同期是腐败最严重的时期。美国反腐败机制的真正建立和逐步完善是在第二次世界大战之后。但是，美国2008年开始的金融危机又暴露出大量的"第二代腐败"问题，华尔街的金融欺诈和监管套利令人发指，祸害全世界。因此，美国近6年来，在透明国际组织对腐败指数的排行榜中下滑了6位，2008年排在18位，2012年排为24位。

环顾全球，当今世界占相当数量的发展中国家正从农业社会向工业社会转变，无论它们的国家实行何种社会制度、采取什么样的发展道路，腐败问题都是共同性的难题。这些国家的腐败程度均比我国严重，透明国际组织腐败指数排位，2008年泰国是第80位，蒙古是第102位，菲律宾是第141位，印尼则在第126位。菲律宾许多人形容自己的国家是换一届领导人，就是新一轮的腐败开始。

我们从历史和现实两个角度观察腐败问题，有助于加深对反腐败斗争艰巨性的认识。

反腐败斗争的艰巨性首先在于它的产生和存在有着深刻的社会历史背景。美国学者亨廷顿著的《变化社会中的政治秩序》书中提出一个值得思考的观点："不论是在哪一种文化中，腐化都是在现代化进行得最激烈的阶段最为严重。"他说明人类社会无论哪个国家现代化上升时期往往也是腐败上升时期。由于从农业社会到工业社会转变阶段，社会财富迅速增加的同时，而国家的法治水平、监管水平、人们的道德规范水平等方面都跟不上，总要经历一个从无序到有序的渐进过程，这个过程绝不可能是短暂的，而是漫长的、痛苦的、反复的，因此，反腐败斗争的艰巨性就显示出来。

反腐败斗争的艰巨性，还在于它具有错综复杂的特点。反腐败斗争是你死我活的，但它却不同于战场上两军对垒，阵线分明；而腐败与反腐败难以知己知彼，我在明处，腐败分子在暗处；近年来凸显强势的腐败同盟或腐败网络的逐步形成，越来越周密，有些领域腐败行为的合法化，变相的正当化日益彰显。深刻认识反腐败的艰巨性，必须正确破解所谓绝对的权力必然导致绝对的腐败的法则。权力是把双刃剑，绝对的权力是没有受到制约和监督的权力，必然滥用权力，以权谋私，导致腐败；只有形成权力制衡和监督的权力，才能做到以人为本，权为民所用，才能从根本上解决腐败滋生，这是反腐败斗争艰巨性的关键所在。

二、牢记“两个务必”，坚持有效反腐败，确保党和国家永不变质

每个时代都有着每个时代所承担的历史责任。如果说毛泽东时代所完成的是建国大业，邓小平时代确立的是改革大业，如今面临反腐败这个世界性难题，在我国，肩负反腐大业是当代中国共产党人责无旁贷的政治责任。

1. 牢记毛泽东“两个务必”教导，是坚持有效反腐败的思想基础

毛泽东在新中国成立前夕，郑重地向全党提出“两个务必”，寓意极深。毛泽东指出：“夺取这个胜利，已经是不要很久的时间和不要花费很大的气力了；巩固这个胜利，则是需要很久的时间和要花费很大的气力的事情。”中国革命胜利在望，中国的革命是伟大的，但只是万里长征走完了第一步，实现了民族独立、人民解放。然而，要巩固这个胜利，必须实现国家富强、人民富裕这个历史任务，还需要很长的时间和花费很大的力气，这段路程更长，工作更伟大、更艰苦。重温毛泽东这些话语倍感亲切，我们的人民共和国走过的六十二年的历史和现实就是明证。

毛泽东还特别指出：“因为胜利，党内的骄傲情绪，以功臣自居的情绪，停顿起来不求进步的情绪，贪图享乐不愿再过艰苦生活的情绪，可能生长。因为胜利，人民感谢我们，资产阶级也会出来捧场。”要不被胜利冲晕头脑，要警惕党内产生骄傲、以功臣自居、不求进步、贪图享乐的问题，不能脱离人民群众；要谨慎地对待人民的感谢，不能忘记人民伟业的使命感，不能丢掉人民公仆的责任感；要清醒地对待资产阶级的捧场，不被“糖衣炮弹”打中，不能迷失坚定正确的政治方向。

毛泽东根据革命胜利后，党面临执政的考验、外部环境的考验，告诫全党同志，务必使同志们继续地保持谦虚、谨慎、不骄、不躁的作风，务必使同志们继续地保持艰苦奋斗的作风。这“两个务必”的要求，体现了保持共产党人的先进性和纯洁性。“谦虚”就要反对居功自傲。“谨慎”就要严防糖衣炮弹。“不骄”就要永不脱离群众。“不躁”就要求真务实，切忌急于求成。“艰苦奋斗”就是要保持共产党人的政治本色。在当今为全面建成更高水平的小康社会而奋斗的实践中，我们面临执政考验、改革开放考验、市场经济考验、外部环境考验，全党同志牢记“两个务必”，身体力行，是防止和克服“四个危险”（精神懈怠的危险、能力不足的危险、脱离群众的危险、消极腐败的危险）的强大思想武器。牢记毛泽东的“两个务必”，就是要牢记党的历史使命，牢记全心全意为人民服务的根本宗旨，牢记严于律己的表率要求，牢记艰苦奋斗的作风，牢记求真务实的政治品格。每个共产党员都切实这样做了，全党从思想到行动真正达到高度统一，我们就能够筑起一道拒腐防变的坚强屏障，打下不断推进反腐倡廉建设的坚实思想基础。

2. 坚持有效反腐败，要构建制度反腐与群众反腐相结合的体制机制

十一届三中全会以来，在党中央领导下各级纪委和各级政府监察机构，长期进行反腐倡廉建设，积累了许多行之有效的经验。2005 年 1 月 3 日，党中央印发的《建立健全教育、制度、监督并重的惩治和预防腐败体系实施纲要》（以下简称《实施纲要》），强调必须坚持标本兼治、综合治理、惩防并举、注重预防的方针。这是党中央为做好新形势下反腐倡廉工作作出的重大战略决策。根据这个《实施纲要》的要求，到 2010 年，建立惩治和预防腐败体系基本框架。再经过一段时间的努力，一要建立起思想道德教育的长效机制，二要建立起反腐倡廉的制度体系，三要建立起权力运用的监控机制，这三者构成比较完善的惩治和预防腐败体系。建设这个体系体现了“坚持教育、制度、监督并重”的工作原则。经过几十年的探索，反腐倡廉建设必须以教育为基础，以制度作保证，监督是关键，三者统一于惩治和预防腐败体系之中，相互促进，共同发挥作用。这是我们党对执政规律和反腐倡廉工作规律认识的进一步深化的结果，是从源头上防治腐败的根本措施，对于巩固党的执政地位，具有极其重要的意义。

作为制度反腐的重要标志是全面实现这个《实施纲要》。《实施纲要》体现了注重治本、加大预防腐败工作力度的精神，从教育、制度、监督三个方面提出了重要的预防措施。《实施纲要》还体现了在惩治和预防腐败体系中依法依纪进行惩治的重要作用。我认为，现在从国家的宪法到具体法律法规，从共产党的党章到具体的条例、实施规定，制度规定已经不少，虽然今后还要完善和发展。但要真正做到制度反腐，现在关键就要像列宁所说，健全党内监督制度的首要任务，是要把已经建立的制度严格起来，并根据和平建设时期形势需要加以完善，使它们真正起到应有的作用。制度反腐才能真正实现。为此，首要要使党政各级领导干部严格执行制度规定，正确对待腐败问题，每个领导干部真正做到不想贪、不能贪、不敢贪。同时，还必须有赖于教育有效、制度严密、法治有力。

作为群众反腐是实现制度反腐必不可少的另一重大战略决策。群众反腐与制度反腐是反腐倡廉两个重拳，双拳出击腐败，才能有效地遏制腐败。腐败的最大软肋是“见光死”。这个光就是群众监督、群众起来反腐败。这就是在上个世纪前半期毛泽东提出的“让人民起来监督政府”。只有自下而上的群众监督，才有可能揭露腐败，惩治腐败，制止腐败。单靠纪委、监察部门的力量进行监督总是有限的，如果纪委监察部门与人民群众监督紧密结合，对腐败遏制力量就大大增强。在推进反腐倡廉建设中，要真正实现党领导人民与人民监督党和政府的有机统一。我国宪法规定国家一切权力属于人民。保障人民拥有实实在在的监督权力，是马列主义的天经地义。我们是人民当家作主的国家，人民是社会主义社会的主体，共产党员是马克思主义执政党的主体，党员又是人民中间具有共产主义觉悟的一部分，都有监督党和政府的权利和义务。列宁曾说过：“谁不善于要求和争取使自己的受托者完成他们对委托人所负的责任，谁就不能享有政治上自由的公民的称号。谁不善于要求和争取使自己的受托者完成他们对委托人所负的党的责任，谁就不能享有党员的称号。”所以肩负执政为民的党政各级领导机构，以及作为人民公仆的各级领导干部，都要切实保障党员、公民的知情权、参与权、选择权、监督权；还要有防止对党员、公民受到伤害的保护权。对媒体应开放舆论监督，让媒体睁大“第四只眼睛”，放开喉咙，对当权者具有“合法伤害”的能力，使腐败犯罪行径暴露在阳光之下。

总而言之，牢记毛泽东“两个务必”的教诲，坚持持续有效的反腐倡廉，才能确保党和国家永不变质，才能确保中华民族复兴大业的实现，才能真正创建共同富裕的社会主义和谐社会，十几亿中国人民将迎来倍感幸福灿烂美好的明天。

（作者：中共中央党校特聘教授、博士生导师，终身享受政府特殊津贴有突出贡献的专家）

从体制上抑制腐败必须首先解决的问题

汪玉凯

在改革开放和社会主义现代化建设进程中，我们对腐败现象进行了坚决的斗争，然而现实情况是，腐败蔓延的势头并没有得到有效的遏制。如何以治本的决心和举措真正抑制、清除腐败，成为摆在我们面前的一项历史性任务。笔者认为，应当认识到体制缺陷是中国腐败蔓延的重要源头。要从源头上清除腐败，从体制层面解决问题，关键是首先要解决几个对全局有重要影响的理论问题。

一、体制缺陷成为中国腐败蔓延的重要源头

目前我国存在的腐败问题，在一定程度上带有明显的体制性腐败的特征，应引起我们的高度重视。其理由如下。

第一，当前我国存在的腐败现象，在某种意义上说已超出了个别单位和个别人的问题，而带有明显的泛化趋势。这种泛化趋势，与我国所处的社会与体制"双重转型"的历史过程紧密地联系在一起。从社会层面看，我国正经历着一个由传统社会向现代社会剧烈阵痛的转型期。社会转型期人们急于求富的心态，以及由此萌发的强劲的利益驱动，使社会处于骚动不安的状态，部分社会成员行为失范以及犯罪率上升、社会环境恶化等，都可能诱发各种掌握政治、经济、社会资源分配权中的意志薄弱者、铤而走险，用手中握有的权力为个人或小集团谋取私利，导致权力、社会乃至通货的腐败。这种当年在西方发达国家曾经有过的经历，似乎在我国正有卷土重来之势。

从体制层面看，我国正经历着由计划经济体制向市场经济体制转变的转型过渡期。尽管市场经济体制的基本架构已经初步确立，但要使计划经济体制的功能完全消失，还需要一个过程。在双轨体制并存的条件下，就业与通货膨胀压力的交替出现，以及由此引发的市场行为的紊乱，市场主体的重组、分化，贫富差距的拉大，法律规范的欠缺以及法制对社会控制功能的滞后，道德约束功能的下降，也会诱发一些掌握政治、经济、社会资源分配权中的意志薄弱者，钻体制转换的空子，通过各种途径，利用种种手段侵吞、占有、攫取国家、集体乃至他人的财富，使腐败的问题更加严重。

不仅如此，当社会转型和体制转轨与我国当前的改革开放同处于一个历史发展过程中的时候，必将使上述问题表现出更加复杂的情形。也就是说，社会的发展、现代化的进程迫切需要我们的政府以及社会各种管理主体不断加强对社会、政治、经济的管理，而管理层由于腐败问题的干扰，权力行使中的某些失控，又显得力不从心、软弱无力。甚至出现政府行为扭曲、行业不正之风泛滥以及经营管理者腐化堕落等大面积的不廉洁行为。这种腐败现象，败坏了党和政府的声誉，涣散了公职人员的事业心和责任感，也理所当然地引起了广大人民群众的强烈不满乃至义愤，正在动摇国家的政权基础，其严重性、危害性决不可低估。

第二，改革开放以来，党和国家为了遏制腐败现象的产生和蔓延，曾采取过一系列重要举措，如制定有关党政干部廉洁自律的规定等，但实事求是地讲，这些政策性的规范体系，因缺乏体制上的保证与依托，没能发挥其应有的作用。客观地分析，在这样一个复杂局面下，似乎也很难收到显著的效果。常常出现的情况是：当我

们注意到了这方面的问题,同时又忽视了另一面;这方面的问题堵住了,那方面的问题又出现了。有些腐败问题如权钱交易、贪污受贿以及不择手段地侵吞国家财产等,都有愈演愈烈之势,犯罪涉及的数额也越来越大,形式也越来越翻新多样,如窝案、集体犯罪等。种种迹象表明,目前的腐败,表现为权力行使的非理性腐败,而实质上带有某种体制性腐败的特征。如果没有一套行之有效的治本措施,势必会威胁党和国家的政权,动摇乃至涣散民众对党和国家信任的根基,社会长治久安也将是我们的一厢情愿。

为了真正达到治本的目的,当然要继续加紧惩治腐败,狠抓一批大案要案并予以严惩,抓好治标的反腐败斗争。(即使从抑制腐败的具体措施来看,包括欧美等发达国家在内的世界许多国家都有比较有效的做法。中国学者汪丁丁对此有详细的介绍。这些措施主要包括:建立政府最高领导人与公众社会关于反腐败的对话渠道,防止中间阻拦;收集数据与资料,评估各部门的腐败程度及发生腐败的途径;由跨学科的委员会制定政府各部门的行为规范,并免费向公众公开;系统审查政府各部门的权限,并对官员有可能发生腐败的环节进行筛选;设立公共基金,用于雇佣专业私人调查人对举报案件,以及政府反腐机构有可能出现的违规行为进行调查;建立政府基金,大幅增加公务人员的年功报酬,从而将公务员的一部分报酬及廉政奖等的大部分推到公务员退休后发放,缓解短期行为。他认为这些在拉丁美洲、亚洲、非洲、欧洲及转型的部分国家普遍实行的措施,比较有效地抑制了腐败。——笔者注)更重要的是,要下决心从体制上清除腐败,并以此作为突破口,不断完善有中国特色的政治与行政体制。

二、从体制上抑制腐败必须解决三个核心问题

从体制上抑制腐败是一个庞大的社会系统工程,需要对现行的政治体制以及行政管理体制等进行必要的改革和调整。其改革和调整的整体思路是:一方面,要从我国的国情出发,对现行的政治与行政管理体制中有关抑制腐败的各个重要环节进行认真的分析和研究,从中发现最薄弱的环节,并提出相应的改革措施;另一方面,这种改革和调整应在保持社会政治稳定和有利于促进社会经济的发展、以及提高人民行使国家各种权利、促进社会主义政治民主的前提下进行。在具体实施上,仍应采取渐进式的改革策略。

从体制上抑制腐败,首先要有理论上的指导或支持。如果离开对基本理论的研究,或者我们在一些重大理论问题上不能达成某种共识,无论是政治体制改革和调整,还是一些重大政策的制定,都会由于缺少必要的基础而最终难以实施。按照笔者的理解,我国要从源头上清除腐败,从体制层面来看,关键要解决以下三个对全局有重要影响的理论问题。

1. 要不要构筑用权力制约权力的体系?

自从法国著名思想家孟德斯鸠提出“不受制约的权力必然产生腐败”的论点以来,用权力制约权力的思想被越来越多的人所接受。这种理论的潜在思想基础是,在权力的行使和运用上,首先把制度安排放在了最为重要的地位。之所以如此,不是说在权力行使和运用的实践中,对权力行使者个人的觉悟和品格一概地采取不信任的态度,而是说,对个人的信任必须建立在某种稳定的制度约束的基础之上。如果有了这样的制度安排,即使一个权力拥有者或权力行使者在权力的运用中,出现了非理性的人格变异,或权力的滥用,也会有足够的制度力量加以纠正,以保证公共权力行使的正确方向。在一些西方国家,虽然权力制衡的目标是为了维护资产阶级的政治统治,其权力制衡的具体方式,也有许多消极的东西,然而,它在维护资产阶级的政治统治、规范公共权力的行使和运用方面,仍然发挥了十分重要的作用。

作为社会主义国家,我国的权力制约机制和形式,肯定不可能照搬西方国家的模式。我

们需要关注和分析的是,在我国,人们究竟是否真正接受了用权力制约权力的思想或理论,或者这种制约究竟在多大程度上发挥了它的作用。因为从表面上看,包括我们的各级领导机关、领导者个人在内,似乎都认为应该建立用权力制约权力的机制和制度,在实践中,至少从形式上我们也能强烈地感受到这种制约制度的存在,如国家立法权、司法权对行政权的监督和制约;广大人民群众以及社会其他力量对国家立法权、司法权以及行政权的制约等。但在实践中,我们却是另一种感受:许多监督制约权力的机制形同虚设,许多制约权力的权力显得苍白无力,以至于一些拥有重要权力的腐败分子如成克杰、程维高、刘方仁、田凤山、陈良宇、许宗衡等,在滥用权力的过程中,几乎畅通无阻,且官职还在继续提升。这就提醒我们:在对待用权力制约权力的问题上,我们究竟是存在认识上的问题,还是制度上的问题,或者两者兼有?如果我们的反腐败,首先不能解决这个带有根本性的理论问题,或者找不出存在上述问题的深层次原因,要想从源头上清除腐败,就可能只是一种美好的愿望,或者很难在实践中取得实质性成效。因此,从观念到实践中普遍树立用权力制约权力的理念和制度体系,将是我国从源头上清除腐败必须解决的重要问题。只有这样,才能从根本上改变监督权力的权力苍白无力、甚至常常实际上缺位的尴尬局面。

2. 要不要促进权力结构的分化和整合?

一种体制具备不具备抑制腐败的能力,或在多大程度上具备抑制腐败的能力,关键取决于这种体制中权力结构的功能分化和运行的整合。在一些政治、行政体制较为完善的国家,由于构成宪政体制基本框架的权力结构的分化和整合达到了比较理想的程度,因此,宪政秩序本身对权力的行使和运用,就有较强的纠错功能,从而可以有效地防范公共权力的腐败。这里所说的权力结构的分化,是指在国家治理的权力结构中,一般有明确的分工,各权力主体各司其职,并相互制约,从而使整个国家权力处于某种平衡的状态。这就是说,权力结构的分化,主要体现在不同权力行使机关的功能的分化,只有这种分化达到比较充分的地步,才能更好地发挥该组织在权力行使和运用中的作用。而权力结构的整合,则是指国家权力运行的统一和协调。在一个国家,权力结构的分化固然重要,但是权力结构分化的结果如果造成权力运行的紊乱,或者不同权力行使机关之间难以进行有效的协调和合作,同样会对权力的行使和运用产生负面影响。这说明,权力结构的整合,其目标主要是增强各权力行使机关之间的协同功能,而防止它们之间的相互掣肘和对立。

如果用上述分析框架来观察当代西方国家的权力结构,我们可以发现,在普遍实行“三权分立”的西方国家,其权力结构的功能分化无疑是相当充分的,但权力结构的内在整合却严重不足。这种状况对抑制公共权力的腐败,虽然能发挥一定的作用,但从整个国家治理的角度看,则带来许多负面影响。这是我们之所以反对这种权力结构和运行方式的关键所在。

当然,在分析权力结构的分化与整合的关系时,有一点是十分重要的,这就是国家权力的整合必须建立在权力结构充分分化的基础之上;如果没有权力结构功能的充分分化,而一味强调权力结构的整合,或权力运行的协调统一,就难以建立起有效的权力监督体系,并可能为公共权力的腐败提供制度上的空间。我国在社会转型、体制转轨的历史过程中,之所以出现某些体制性腐败的特征,一个重要原因就在于此。

我国权力结构的分化不充分,监督体系不到位是一个不争的事实。这种现象的存在又严重地影响着我国对公共权力行使和运用的有效监督。按照我国的宪政体制,国家权力分别由行使立法权的立法机关、行使司法权的司法机关和行使行政权的行政机关来行使。对这些不同的机关所担负的职责,宪法都作出了明确的规定,并要求这些机关按照宪法规定的职责,明确分工,各司其职。这说明,我国宪政体制本身要求国家权力结构必须充分分化，在此基础上，才强调国家权力结构的协调和统一，如国家的行政机关、审判机关、检查机关都由人民代表大会产生，对人民负责，受人民监督等。但在实践中，宪政体制所体现出的上述要求，往往被权力结构过分的整合所取代。也就是说，我们常常强调的是政治体制运行的协调与统一，而忽视了权力结构本身的功能分化。而权力结构功能不能充分分化，不仅会直接影响各权力行使机关权力的有效行使，而且还会严重影响宪政体制本身应该具备的纠错功能。以监督为例，在我国的法律条文中，对各级党政机关行使的权力实施监督的具体规定，应该说并不算少，有些规定甚至反复再三制定。但实施的效果却难以奏效。这种现象固然有多方面原因，但从体制本身的角度来考察，实质上是权力结构功能分化不充分带来的必然后果。这从一个侧面告诉我们，如果我们不能从国家权力结构的功能分化和权力运行的整合这样一个带有根本性的问题上加以解决，体制性腐败的现象就很难从源头上得到扼制。

3. 要不要建立严格的党政领导干部责任机制？

在探讨从体制上清除腐败的问题时，还有一个重要的理论问题，就是有关党政领导干部的责任机制问题。所谓党政领导干部的责任机制，是指领导干部在选拔任命的过程中以及担任一定领导职务后最终向谁负责的问题。这个看起来似乎不是问题的问题，实际上与公共权力的腐败有着非常密切的联系。

按照我国的宪政体制以及中国共产党的建党宗旨，所有的党政领导干部，不管职位高低，都是人民的公仆，都要坚持为人民服务的宗旨，因为这些领导干部手中所拥有的权力，说到底是要代表人民群众利益的，甚至是直接由人民群众赋予的。因此，对党和人民的事业负责、全心全意为人民服务，应该是每一个领导者必须遵循的准则。这样的描述，在理论上应该说是无懈可击的，也是我们一种美好的愿望。然而，在现实生活中，这样一种美好的目标模式，在我们的体制运作中，似乎还没有形成一套有效的实现机制。换句话说，我们的目的不是简单地提出一个美好的目标，关键是要解决如何实现这一目标的责任机制。

恰恰在这一点上，我国现行的政治体制和行政体制，似乎都没能有效地解决这个问题。

体制中缺乏约束领导者对人民利益负责的实现责任机制，关键在于人民群众在很多情况下，并不能对本来应该向人民负责的领导者拥有真正的选择权，或者只有形式上的选择权。其结果必然会出现责任机制的变形和扭曲，即从理论上说，绝大多数领导者都会把向人民群众负责，全心全意为人民服务之类的口号挂在口头上，而实际上，他们的真正责任机制，是千方百计地向直接拥有决定他们职务高低、去留的上级机关负责。这种理论与实际的严重脱节以及领导者责任机制的严重扭曲，不仅助长了少数腐败分子滥用权力的嚣张气焰，而且也是近年来“买官卖官”等丑恶现象屡禁不止的重要根源。这就告诉我们，从体制上改革目前党政领导干部的选拔任用制度，把被扭曲了的党政领导干部责任机制纠正过来，就成为从体制上清除腐败的至关重要的环节。

（作者：国家行政学院教授，中国行政体制改革研究会副会长，北京大学政府管理学院博士生导师）

完善党政正职监督制度的思考

黄建国

加强法规制度建设，是反腐倡廉的长效之举，治本之策。加强反腐倡廉法规制度建设的核心，是完善权力运行监督制约制度，真正把权力装进“笼子”。其中的重点和关键，则是对各级党政主要负责人的监督。真正把这些“头头脑脑”管住了，管好了，反腐倡廉的局面才有更深入的发展。

一、完善党政正职监督制度的必要性和紧迫性

把党政正职作为特殊对象，从领导干部群体中单列出来，从制度的层面反思和研究对他们的监督问题，无论在理论上还是现实上都有比较充分的依据。

从理论上看，我国党政领导体制的特点，决定了一般的监督措施对党政正职难以奏效。地方党委实行集体领导和个人分工负责相结合的制度，地方党委包括全委会和常委会，按照目前的职能配置，党委的权力主要集中于常委会，全委会对常委会的制约作用比较弱。在常委会中，书记与其他常委在地位上是不对等的，《地方党委工作条例》明确授予了党委书记会议的召集权和议程的确定权，这两项权力是非常关键的。同时，现行党管干部的体制，赋予了书记事实上的对干部初始提名的主导权，组织部长在很大程度上只是一个执行者，小范围的酝酿也只能起到参谋建议的作用，都不可能否决书记的提名。对同级班子成员的进退去留，书记也拥有重要的建议权。这些权力使书记和其他常委事实上不可能处于平等地位。其他常委在其个人分工负责的范围内，其权力配置大致上也是这样一个格局。作为党委副职的政府正职，在其负责的政府工作中，法律明确规定实行首长负责制。政府各部门、企事业单位也是这个体制，其中的党组（党委）对首长只能起到部分的制约作用。在责任的配置上，也是要求党政正职对整个班子的工作负全责或负总责，甚至很多具体工作，也是要求党政正职负责，对其实行“一票否决”。无论就其正式的权力和实际的支配力、影响力看，党政正职与其他班子成员都不可相提并论。对他们权力行使的监督要难于对其他领导干部的监督。这说明，在监督制度的设计上，不能把他们作为普通领导干部来对待和涵盖，必须要有专门针对党政正职的监督制度设计。

从现实看，对党政正职的监督乏力，已成为反腐倡廉的一大瓶颈和软肋。在个别地方和单位，党政正职作风霸道，大权独揽，随意拍板决策，给党和人民事业造成重大损失的情况并不鲜见。从近几年各地查处的腐败案件看，党政正职在其中占有相当的比重，不少触目惊心的大案要案属党政正职所为，一些串案窝案的发生，更是少不了党政正职的参与和主导。不少犯错误的党政正职在反思的时候，都提到一点，就是对他们的监督乏力或者基本上没有受到监督。在我国目前整个监督体系中，对党政正职的监督是其中最大的软肋，反腐败斗争之所以长时间“三个并存”、“两个依然”，其中一个主要的瓶颈，也是对党政正职的有效监督问题没有突破。从社会的关切和呼声看，改进和加强对党政正职的监督，一直是舆论的焦点之一。总之，完善对党政正职监督制度，改进和加强对党政正职的监督，是一个无法回避、不能回避的问题，也是目前党风廉政建设的焦点、难点

问题。

二、当前党政正职监督制度的现状

完善对党政正职的监督制度，首先要对我国现行与党政正职有关的监督制度有一个清醒的认识和科学的评估。从总体上看，目前涉及党政正职的监督制度大致有两类：一类是具有一定的针对党政正职的指向性，或者把党政正职作为重点对象的制度，总的来看，这类制度还很少；另一类是把党政正职作为一般对象涵盖在内的制度，大多数的监督制度属于这一类。对于这些制度的实际功效，我们以党内监督制度为重点，从以下几个方面做一些梳理分析。

一是体现对党政正职权力制约的制度。最集中体现在党内监督条例中规定的集体领导与个人分工负责制度，即“三个凡属”：凡属方针政策性的大事，凡属全局性的问题，凡属重要干部的推荐、任免和奖惩，都要按照集体领导、民主集中、个别酝酿、会议决定的原则，由党的委员会集体讨论作出决定。过去也称之为“三重一大”集体决策制度。这项制度具有重要意义，但从防范腐败的角度看也具有明显的局限性。“三个凡属”中前两个“凡属”针对的主要是政治性的决策，对于防止方向性全局性错误有重要意义，但引发腐败的通常都不是方针政策性和全局性的政治决策，而是包含利益冲突的具体事项。比如，给予特定对象以特殊优惠、授予工程项目和政府合同、公共资源交易中的折让、各种税费的减免，等等，这些虽不属于方针政策性和全局性问题，却包含严重的利益冲突，能够进行重大利益输送。一些党政正职揽权，不是揽决定方针政策的大权，而是揽这类具有“含金量”的实权，其通过现场办公会、签字批示等规避集体决策，主要也是在这类事项上。第三个“凡属”即对重要干部的任用，由于没有把提名权纳入集体决定范畴，并不能解决“程序都走到了，实际上还是一把手说了算”的问题。同时，这个体现民主集中制和集体领导的制度，并没有严格的监督检查措施，实际上还是依赖于各级党政正职的认识和自觉。

二是体现上级监督的制度。主要有重要情况报告与个人重大事项报告、谈话和诫勉、巡视制度等。其中，巡视制度是目前比较看重的一项制度，实行以来，也取得了不少成效。但是巡视制度并不是一个完全针对党政正职的监督制度，在内容上也很全面，包含了工作监督，廉政只是其中一部分，很多巡视报告 80% 以上的篇幅讲的是工作成绩和不足，以及领导方式方法问题，对廉政问题只是一笔带过，与干部考察没有根本区别。总体上说，通过巡视揭露出腐败问题的情况有一些，但不是很多。重要情况报告制度主要是工作方面，与党政正职个人廉政情况关系不大。个人重大事项报告作为内部报告制度，由于未规定对个人报告实行普遍的核查，目前还作用有限。谈话和诫勉制度是个人之间一种面对面的监督方式，在当前的社会环境下，往往是鼓励表扬多，批评提醒少，其作用难以高估。此外，上级对下级的日常管理和工作考核等，大多是以结果论英雄，对党政正职实际用权过程并不深究。

三是体现专门机关监督的制度。主要有纪委的信访举报、办案、监督检查、派驻机构监督等，组织部门的干部监督，审计部门的经济责任审计。从目前看，纪委的监督是最有力度的，但是，在监督的及时性和有效性方面还有很大的改进余地。比如，并不是所有涉及党政正职的线索都能及时得到查证，特别是在监督同级党委方面力不从心。纪委的派驻机构改革在很多地方并不彻底，人财物都在驻在单位，监督容易流于形式。审计部门的经济责任监督以离任审计为主，任期内审计少，主要是一种被动的事后审计，且经济责任审计的结果更多体现在涉及财经制度，贪污、挪用等少量案件，对其他如收受礼品、收受贿赂以及发生利益冲突危害结果的案件难以揭露。组织部门的干部监督侧重于干部的日常管理，从效果看，揭露出廉政问题的也不多。

四是体现同级监督的制度。主要是民主生活会、询问和质询、罢免或撤换要求及处理制度。民主生活会在过去是班子内部开展批评和自我批评的一种有效方式,但是在长期执政环境下,这种个人对个人的面对面的监督方式越来越行不通,民主生活会的功能客观地说是在退化和弱化。“批评上级官位难保,批评同级关系难搞,批评自己自寻烦恼,批评下级选票减少”,“批评别人提希望,批评自己摆情况”,“说好不说坏,谁也不见怪”,就是一些地方民主生活会的真实写照。询问和质询、罢免或撤换要求及处理制度从形式上看,体现了政治民主和权利保障的理念,理论上是力度很大的监督方式,但在现实环境中,目前还没有看到这方面的有影响的实例,或者还在试点探索中。

五是体现下级和群众监督、社会监督、舆论监督的制度。党政正职行使权力相对封闭,对下级和群众公开的范围和内容有限,透明度不高,一般人难以介入其权力行使过程,下级和群众也无从监督。随着互联网等新型舆论传播平台的兴起,舆论监督制度的力量在加大,但各方面对舆论监督的认识并不统一,一些党政正职更是反感、抵触舆论监督。

总体来讲,现有的监督制度框架内,覆盖了党政正职的监督制度虽然不少,但是单个制度的科学性以及制度整体的协调都还不够,制度体系不严密不完善,特别是可操作性不强,按照管得住管得好的标准来衡量,还有较大差距。

三、完善党政正职监督制度的几点建议

完善党政正职监督制度,进一步改进和加强各级对党政正职的监督,要突出防治腐败的目标取向,遵循中央提出的“建立健全决策权、执行权、监督权既相互制约又相互协调的权力结构和运行机制”的总体思路,立足于完善已有制度,着力推进制度创新,不断提高制度的科学性、操作性和实效性。

在强化和完善已有制度方面,有很多工作可做。在信访举报方面,建立对涉及党政正职的信访举报进行定期排查的制度,强化对信访举报的激励保护措施。在巡视制度方面,进一步拓宽巡视的广度和深度,改进巡视的方式方法,开展针对党政正职的廉政专项巡视,更加注重巡视成果的有效利用。在民主集中制方面,按照地方党委、政府,其他机关、部门,国有企事业单位几个大的类别,进一步细则化、条文化、法规化。在民主生活会制度方面,可以对党政正职提出一些明确的硬性要求,比如,对有关个人重大事项和包含利益冲突的事项作出说明,等等。这些方面的思路和对策,包括加强各项制度的执行力等等,已有文章中多有论及,改进的空间是存在的。但更为重要的,是要在制度创新上下功夫、做文章。这里,根据湖南的情况,提出几种可能的路径。

一要从制度上对党政正职进行分权限权。一是明确界定党政正职权力。明确完整地界定党政正职的权力范围和权力清单,以适当方式予以公示,这方面工作可结合目前正在试点的党的地方组织党务公开工作进行。二是要合理分解限制党政正职权力。大量案例表明,党政正职高度集权,直接掌管人、财、物、工程项目等具体事项,不仅不利于统揽全局,更不利于廉政和监督。有必要将过于集中的权力适当分解,变一个人行使权力为集体行使权力,减少权力被滥用的机会,使党政正职在法律法规限定的范围、限定的程序和限定的程度上行使权力。从正式制度上看,目前地方各级党委政府班子内部都有明确的分工,党政正职将这些大权独揽的情况并不多见,但实际上,党政正职越过分管领导直接插手这些事项或者先作了决定再倒过来让分管领导执行的情况还是比较普遍的。在一些部门和企事业单位,也有正职直接主管这些工作的情况。针对这些情况,近几年湖南和其他一些地方,推行了党政正职“三个不直接分管”制度(有的地方提出“五个不直接分管”),即不直接分管财务、不直接分管干部人事、不直接分管工程建设项目(有的地方加上审批和执法),使党政正职主要从宏观角度对

全局工作和班子成员进行管理监督，防止党政正职在重要事项上大权独揽、独断专行，这个路径是值得进一步探讨和提炼的。三要规范党政正职行使权力的程序。程序是实体的保障，权力必须依照必要的程序行使，才能防止扩张和滥用。加强对党政正职监督，必须更加重视程序制度建设。要进一步规范重大事项决策程序，普遍推行党政正职"末位表态制"，以避免先入为主，暗示或操纵别人服从于自己的意愿。要在决策中广泛引入听证、专家咨询、公开征求意见、群众旁听重要会议等程序，增加决策的民主程度和科学性。

二要完善党政正职利益冲突防范制度。利益冲突在公职人员身上广泛存在，但重大利益冲突在党政正职身上体现尤为突出。由于其掌握着资源配置的大权，党政正职可以以各种理由，通过形式上合法的决策方式或间接授意的方式对特定对象进行利益输送，这是现实生活中很多重大腐败的源头。完善对党政正职的监督制度，一个很重要的方面或环节，就是要完善利益冲突防范制度。与党政正职密切相关的利益冲突事项包括干部人事、工程建设、土地出让、政府采购、矿产开发、项目审批、减免税费、融资贷款、提供补贴等等。近几年，湖南在这方面作出了一些规定，如规定党政正职不得个人擅自决定减免税收和土地出让金等有关规费，规定不得以现场办公会、招商引资会、文件圈阅等形式决定应该由领导班子集体决定的重大事项，不准党政正职插手干预工程建设等经济活动，作为一种防止党政正职权力行使中发生利益冲突的尝试，也是制度创新方面的一条路径。

三要打造以纪委全会为依托的综合性监督平台。近几年，湖南和一些地方推行了党政正职向纪委全会述廉并接受评议的制度，这是在现有监督制度基础上进行的一个组合式创新。从理论上讲，党章赋予了纪委对领导干部的监督权力。履行这种监督职能的最直接最强烈的方式是对违纪违法问题进行查处，但是，从现实的情况看，目前我们还难以做到对所有问题都通过查办案件来解决。一些轻微的违规问题，以及一些对廉政有影响，政策界限又不十分明确，但社会有强烈反映的问题，也不宜简单地作为案件来查办。比如，一些领导干部的亲属经商，在是否利用了领导干部的职权和职务影响上，并不容易核实，但在社会上又确实会引起不良反映。还有一种情况，对有的领导干部长期有反映，但要真正作为案件来查办又很难查实。这种情况在党政正职中更容易出现，因为正职的权力边界本来就模糊，施加影响的渠道多种多样，一般性的滥权要查实非常困难，但对这类问题不能不进行监管。同时，办案在很大程度上是一种事后的、带有一定被动性的监督方式，成本很大，从防止和减少党政正职滥权损失的角度看并不是一种最优选择。基于这样的考虑，湖南和其他一些地方创立了党政正职向纪委全会述廉并接受评议的制度。这是一个为党政正职量身定做、专门针对廉政方面问题、带有主动性、体现监督关口前移、又具有很强综合性的监督措施。我省大致的操作程序是：成立工作组，通过媒体公示、召开座谈会、个别走访、问卷调查、明察暗访、查阅资料等多种途径和方式，同时综合巡视、信访、组织部门的干部监督等方面情况信息，广泛收集和听取各方面反映和意见，对述廉对象廉政情况进行全方位了解。在此基础上，专题召开纪委全会，党风监督员、群众代表、述廉对象单位的代表等列席会议，由述廉对象在全会上公开述廉，评议工作组汇报了解的情况，对述廉对象进行询问，纪委委员进行评议，最后由纪委委员对述廉对象按满意、基本满意、不满意无记名投票。集中评议结束后，纪委形成对述廉评议对象的评议意见，向本人反馈并向同级党委汇报。不满意票达到一定比例的，建议进行组织处理。从我省实践的情况看，党政正职向纪委全会公开述廉制度的整个过程由纪委主导，既较好发挥了全委会集体监督的作用，又整合了其他监督形式，符合实际，刚柔相济，有权威性，有操作性，能够及时发现问题，产生鞭策和督促作用，一些反映多但查不实的问题也能得到妥善解决，起到不同于办案的独特效果。

四要建立标准化的廉政民意测评制度。无论是干部考察还是巡视，主要是通过个别谈话来了解党政正职的廉政情况，从科学的统计调查的意义上讲，这种方法有一定局限性，失真的概率比较大。首先，面对面地谈别人的问题，一般人如果没有确切把握不会讲，有利害关系的不敢讲，存在个人恩怨的则可能添枝加叶讲。同时谈话人背景、个性以及提问方式、谈话的记录和整理等偶然因素都会影响调查结果。所以，必须建立一种更为科学的，标准化、格式化的针对党政正职的廉政民意测评制度。我省经过探索，建立了这项制度。我们规定，每年由上级纪检监察机关和组织部门组织对党政正职进行一次廉政测评（党政正职开展了述职述廉并参加了民主评议或民主测评的，当年度不再进行廉政测评）。对地方党政正职，由地方党委、人大、政府、政协四大家领导，地方党委委员（候补委员）、纪委委员、本级直属单位和下级地方党政正职等参加测评；对部门党政正职，由单位的党委（组）成员、中层干部、干部职工和离退休人员代表、系统干部职工代表、所属辖区内的人大代表、政协委员中的代表、相关联的社会各界人士以及服务对象的代表等参加测评。廉政测评分满意、基本满意、不满意三个档次，测评结果影响领导干部的进退留转，其中对测评中不满意票超过 20% 的，要采取组织措施。廉政测评作为一项硬性监督措施，其结果可以直接影响党政正职的切身利益，从而具有较强的监督作用。

（作者：中共湖南省委常委、省纪委书记）

建设廉洁政治是党风廉政建设的战略目标

孙　飞

贺国强同志在全国纪检监察系统纪念中国共产党成立90周年表彰大会暨反腐倡廉建设理论研讨会上明确提出："反对消极腐败、建设廉洁政治"，"努力做到干部清廉、政府廉洁、政治清明"。"建设廉洁政治"这一战略目标的提出，对于指导当前和今后的党风廉政建设和反腐败斗争，具有重大而深远的意义。我们要认真学习领会，坚决贯彻落实。

建设廉洁政治是共产党人一以贯之的奋斗目标

反对消极腐败、建设廉洁政治，是马克思主义政党同一切剥削阶级政党的本质区别之一，也是共产党人一以贯之、孜孜以求的奋斗目标。

马克思、恩格斯通过对巴黎公社建立"廉价政府"的总结，指出只有建立新型的无产阶级政权，才能彻底消除腐败和官僚主义。廉洁政府要取消一切特权，防止"国家和国家机关由公仆变为主人"，防止干部变成"在党内恣意作威作福的官僚"。列宁继承和发展了马、恩的廉政思想，指出无产阶级国家应成为为人民服务的廉洁机关，不容许任何人利用手中权力，将政权变为掠夺人民、谋取私利和享有各种特权的压迫机器。

对于建设廉洁政治，中国共产党几代中央主要领导同志都作过重要论述。1941年，毛泽东同志在亲自修改《陕甘宁边区施政纲领》时，专门加上了"厉行廉洁政治"一条；1945年4月，毛泽东同志在党的七大政治报告中明确指出，"我们的具体纲领即中国人民的现时要求是什么呢?"其中重要一点就是，"要求惩办贪官污吏，实现廉洁政治"。1947年10月，毛泽东同志在中国人民解放军宣言中，把"废除蒋介石统治的腐败制度，肃清贪官污吏，建立廉洁政治"作为党的一条重要政策。1989年9月，邓小平同志在会见美籍华裔学者李政道时强调："我们要反对腐败，搞廉洁政治。"1993年8月，江泽民同志在十四届中央纪委二次全会上的讲话中指出："我们要善于总结经验，反对腐败，搞廉洁政治。"2005年1月，胡锦涛总书记在十六届中央纪委五次全会上的讲话中回顾了毛泽东同志关于加强廉政建设的论述，重申要建设廉洁政治。这些重要论述，为党风廉政建设指明了前进方向，指明了建设廉洁政治的战略目标。

建党以来，新中国成立以来，尤其是改革开放以来，我们党始终坚持把建设廉洁政治放在重要位置，作为党和政权建设的一件大事来抓，坚定不移、坚持不懈、坚忍不拔地反对腐败，从总体上保持了党员、干部队伍的纯洁，保证了党和国家各项事业的顺利推进。

充分认识建设廉洁政治的深刻内涵

廉洁政治的内涵极其丰富，主要有四点：一是干部清廉，公职人员廉洁从政；二是党政廉洁，公共权力廉洁规范运行；三是政治清明，政治文明充分发展，既是民主的，又是廉洁的；四是人民满意，人民群众普遍认为执政者是廉洁的。

从本质上说，廉洁政治就是：执政党和公职人员必须始终坚持全心全意为人民服务宗旨，始终把人民群众的意志和根本利益作为党和国家一切工作的出发点和归宿，始终保持党同人民群众的血肉联系。具体地说，就是公职人员必须始终做到不以权谋私、不贪赃枉法、不奢侈浪费、不消极懈怠，始终做到遵纪守法、廉洁奉公、艰苦奋斗、不谋私利。

科学设定目标是党风廉政建设的迫切需要

目标决定方向、决定举措。没有明确目标，工作就缺乏预见性和前瞻性。科学合理地设定目标，是推进党风廉政建设的重要基础和必要前提。设定党风廉政建设目标，不仅是一个工作评估和展望问题，更是一个重大的政治问题。对此，广大纪检监察干部和人民群众都很关注。

设定党风廉政建设目标，必须建立在对党风廉政建设规律深刻认识和严格遵循的基础上，建立在对党风廉政建设所处历史方位和发展趋势准确判断和全面把握的基础上，广泛深入调研，科学严谨论证，实事求是概括，使设定的目标既不落后于时代，又不超越现实，既符合工作实际，又得到群众认同。

将“建设廉洁政治”作为党风廉政建设的战略目标是科学的、合理的、可行的，也是有号召力和感染力的。这一目标的确立，使党风廉政建设既有“遏制腐败”的近、中期目标，又有“建设廉洁政治”的长期战略目标，有利于彰显党反对腐败的坚定决心，以更高的站位、更宽的视野推进党风廉政建设；有利于明确党在改革开放和长期执政条件下，经受各种挑战和考验、化解各种风险和危险的路径选择；有利于增强全党全社会抓党风廉政建设的意识和自觉，形成党风廉政建设的共识和合力；有利于把党风廉政建设摆在更加突出的位置，从国家战略层面来谋划、部署、推进；有利于积极回应社会关切，及时解决党风廉政建设新情况新问题，努力适应治国理政的新要求；有利于深入推进反腐倡廉改革创新，加快推进各项体制机制制度的改革和完善；有利于反击国内外敌对势力以“腐败”为借口对我们党和社会主义制度的攻击，始终牢牢掌握反腐败斗争的主动权。

建设廉洁政治是应对“四种考验”、化解“四种危险”的重要法宝

古今中外正反两方面的经验教训说明，廉洁兴邦，腐败丧权，这是政权运行的必然规律。廉洁是政党执政的重要基础，是政权运作的重要基石。在庆祝中国共产党成立 90 周年大会上，胡锦涛总书记指出，在世情、国情、党情发生深刻变化的新形势下，我们党面临着“四种考验”和“四种危险”，落实党要管党、从严治党的任务比以往任何时候都更为繁重、更为紧迫。要经受考验、化解危险，最根本的就是要进一步加强党的自身建设，始终保持党的先进性和纯洁性。加强党的执政能力建设和先进性建设，提高党的领导水平和执政水平，最重要的就是要保持党的纯洁、干部廉洁。

建设廉洁政治是由我们党的宗旨和人民政权的性质所决定的，是我们党始终保持先进性和纯洁性的必然要求。清正廉洁是党员干部的立身之本，也是人民群众最为看重的品质。党的思想建设、组织建设、作风建设、制度建设等，都必须把保持清正廉洁作为最重要的要求和标准之一。只有努力建设廉洁政治，才能深化改革、扩大开放，充分发挥市场作用，改进执政方式，适应外部环境、抵御外来风险，提高拒腐防变和抵御风险能力；只有努力建设廉洁政治，才能凝聚和振奋党心民心，培养选拔出千千万万优秀干部，密切党群干群关系，真正做到以人为本、执政为民。

建设廉洁政治是全面推进党的建设新的伟大工程的重要内容，是健全完善社会主义市场经济体制、政治体制，促进中国特色社会主义伟大事业健康发展的重要保障，是社会主义先进文化、社会主义核心价值体系的重要引领，是促进改革发展和谐稳定的重要动力。

建设廉洁政治是社会主义政治文明的重要组成部分

文明是人类对自然和社会认识和改造的成

果，是人类社会进步的标志。马克思在《〈政治经济学批判〉序言》中指出，文明的结构分为物质文明、政治文明、精神文明三个部分。政治文明是物质文明、精神文明的集中体现，它的内涵是多方面的，包括政治观念、政治文化、政治道德、政治制度、政治结构、政治活动、政治行为等。

腐败作为一种社会历史现象，其实质就是将社会的公共权力私有化，把人民赋予的权力当作谋取私利的手段，其结果是阻碍经济社会发展，扭曲社会公平正义，破坏社会稳定和进步。这种权力的变异，是政治文明的一大祸害，为现代政治文明所不容。

建设廉洁政治，就是要反对和铲除一切为了私利而滥用公共权力的腐败现象，建立结构合理、配置科学、程序严密、制约有效的权力运行监督机制，确保权力为人民的利益、沿着制度化和法制化的轨道运行，同时使廉洁、廉政的价值观在全社会牢固树立、深入人心、人人遵循。建设廉洁政治属于政治文明的范畴，是政治文明建设的题中必有之义。从政治文明的高度看待建设廉洁政治，它不仅关系到我们党的生死存亡，同时关系到我们国家和民族的文明程度，关系到能否实现全面建设小康社会的宏伟目标。

建设廉洁政治既是政治文明建设的重要内在要求，又是一项重要任务，涉及政治思想教育、政治体制改革、法律制度建设、政治行为规范等内容。我们要从建设社会主义政治文明的战略高度认识党风廉政建设，把建设廉洁政治作为全党全社会的一项重大政治任务，纳入政治文明建设的大范围、大格局中去认识和把握，在推进政治文明建设中，不断深化党风廉政建设和反腐败工作。

有的同志认为，我们党提出了建设社会主义民主政治的目标，其中已经包括了建设廉洁政治的内容，没有必要再提一个建设廉洁政治的目标，再提就太多了。我们认为，建设民主政治是建设廉洁政治的重要条件，但还不是建设廉洁政治本身。廉洁政治与民主政治一样，都是社会主义政治文明的重要组成部分，二者相互区别又相互依存、相互促进，并行不悖、相辅相成。提出建设廉洁政治，是对社会主义政治文明建设的重要丰富和发展。只有加强民主政治建设，建设廉洁政治的战略目标才能实现；只有实现了廉洁政治的战略目标，民主政治建设才能令人民满意、社会和谐。

建设廉洁政治是一项系统工程

建设廉洁政治是一项参与面广、时间跨度长、内容复杂的系统工程，需要从经济、政治、文化、社会等各个领域着眼，需要全党全社会共同努力。

必须坚持以马列主义、毛泽东思想和中国特色社会主义理论体系为指导，坚持党的领导、人民当家作主和依法治国的有机统一，把建设廉洁政治放到社会主义政治文明建设的大局中去谋划，放到经济社会发展的全局中去体现，放到党风廉政建设和反腐败斗争的实践中去落实，贯穿于中国特色社会主义伟大事业的全过程，体现在党的建设伟大工程的各方面，通过各项体制机制制度的改革和完善，通过坚持不懈地开展党风廉政建设和反腐败斗争，逐步实现干部清廉、党政廉洁、政治清明、人民满意，为改革开放和社会主义现代化建设提供有力的政治保证。

在这个系统工程中，我们要准确把握建设廉洁政治的各项原则要求，比如：必须坚持中国共产党的领导；必须充分发挥中国特色社会主义制度的优势；必须坚持全心全意为人民服务的宗旨；必须大力加强社会主义民主法制建设；必须充分发挥人民群众反腐败的主力军作用；必须与经济社会发展情况相适应，等等。要着力开拓建设廉洁政治的现实路径，比如：以廉洁价值理念为主导；以惩防体系建设为重点；以查办案件为手段；以制约监督权力为核心；以改革创新为动力；以科学技术为支撑；以人民满意为标准，等等。

把实现战略目标与完成阶段性任务有机结合起来

建设廉洁政治,不是空洞的口号,更不是虚无缥缈的幻想,而是要切实体现在党和政府每个部门、每项工作、每个环节之中,体现在每个党员干部思想、行为之中。

廉洁政治目标的实现,不可能一蹴而就,必须立足实际、着眼长远,把战略目标与阶段性任务有机结合起来。完成阶段性任务是实现战略目标的台阶。要实现建设廉洁政治的战略目标,关键是要努力完成当前和今后党风廉政建设的一个个阶段性任务。通过近几年对党风廉政建设形势的调研分析,笔者认为,当前我国党风廉政建设处于腐败与反腐败的相持阶段。这一阶段至少还要延续十来年。这一阶段的阶段性特征就是胡锦涛总书记概括的“三个并存”和“两个依然”。

现阶段的党风廉政建设要更加注重治本,更加注重预防,更加注重制度建设。从这些年实践看,在现阶段坚持标本兼治、综合治理、惩防并举、注重预防的方针,扎实推进惩治和预防腐败体系建设的做法是行之有效的。只要继续坚持不懈地抓好党风廉政建设,加大反腐败工作力度,随着社会主义市场经济体制的健全完善,社会主义民主政治的发展和法律制度体系的完备,特别是惩防体系基本建成后积极作用的发挥,以及其他各方面的工作显现成效,我国经济政治社会中诱发腐败的因素将逐步减少,腐败现象将被逐步遏制在较低水平,公职人员的廉洁程度将有较大提高,建设廉洁政治的战略目标将逐步得到实现。

展望前景是为了脚踏实地做好当前工作。当前和今后一个时期,我们必须加快推进惩治和预防腐败体系建设,为逐步全面遏制腐败、努力建设廉洁政治打下坚实基础。比如,一要加强廉洁政治的宣传教育,加强廉政文化建设,营造廉荣贪耻的社会环境;二要发展党内民主和人民民主,强化对权力的监督制约,努力建设廉洁高效的党政机关;三要加强和改进党的作风建设,促使领导干部切实做到为民、务实、清廉,保持党同人民群众的血肉联系;四要严肃查办违纪违法案件,切实预防和惩治腐败;五要加快推进惩治和预防腐败体系建设,坚持改革创新,形成廉洁政治的体制机制制度保障。

我们不但要建设一个繁荣富强的中国,也一定要建设一个清正廉洁的中国。时不我待,任重道远。我们要进一步增强历史使命感和责任感,坚持与时俱进、改革创新,努力开创党风廉政建设和反腐败斗争的新局面,以建设廉洁政治的阶段性成效取信于民。

(作者:中央纪委研究室正局级纪律检查员、监察专员兼副主任)

注意制度反腐中的一些倾向性问题

桑玉成　陈英波

早在1980年，邓小平在《党和国家领导制度的改革》中就曾指出了制度建设的重要性："制度问题更带有根本性、全局性、稳定性和长期性。"他还非常通俗形象地说："制度好可以使坏人无法任意横行，制度不好可以使好人无法充分做好事，甚至会走向反面。"近些年以来，以制度建设为核心，推进全方位的惩治和预防腐败体系建设的"制度反腐"思路是中国特色反腐败工作的主导性思维和战略。所谓制度反腐，就是通过制定和实施一系列的法律、法规、规章、政策和具体管理条例来抑制腐败并惩治腐败。人们认为，要有效防止公权执掌者牟取私利，仅仅依靠人性的道德完善是行不通的，需要在权力之外，构筑一套完备的制度体系来监督和规范权力的运作。因此，制度建设成为反腐败的最重要途径，反腐败取得成功的关键也正是在于反腐败的制度建设，这不仅已经成为党内外的共识，而且是当前、甚至也应该是今后很长一段时间内我国进行反腐倡廉工作的主导性思路。

但是另一方面，在我们强调制度建设对于反腐败的积极意义的同时，也必须防止一种所谓"制度依赖主义"的倾向。这种倾向往往把制度建设简单化，特别是认为只要制定了一些相应的规章和制度，就能有效地抑制或者防治腐败。在这样一种"制度依赖主义"倾向的影响下，一方面，我们不断推进制度反腐的进程，从中央到地方，从单位到部门，陆续出台了很多反腐倡廉的制度，反腐倡廉制度建设的领域不断拓宽；但另一方面，近年来查处的大量违纪违法案件也在增多，消极腐败现象易发多发的状况并未得到有效抑制，制度反腐的实际进程与腐败问题的频发多发并存，甚至在有些领域反而还有加重和蔓延的迹象。这些情况的产生，需要我们对反腐制度建设进行客观科学的审视，需要认真总结反腐制度体系建设的经验和教训，以不断提高制度反腐的有效性。特别需要注意的是，在当前的社会历史条件下，制度反腐中的一些倾向性问题应该引起足够的关注。只有充分认识和了解反腐倡廉制度体系本身的缺陷和不足，并且认真地加以解决和完善，才能真正建立起有效管用的反腐倡廉制度体系，从而有效遏制和治理腐败的滋生和蔓延。

有专家指出："在高层看来，当前反腐倡廉制度建设方面的不足主要有四：一些重要领域和关键环节还存在制度空白，有些问题存在已久，但解决问题的制度没有及时建立，跟不上形势发展需要；一些制度缺乏针对性和可操作性，过于原则宽泛，缺少具体实施措施；一些制度缺乏系统性和配套性，不能有效发挥作用；不少制度没有得到很好执行，存在着重制定、轻执行现象。"这四点不足的剖析对于当前我国反腐败制度建设的缺陷是十分深刻和有见地的。然而，实际上，当前反腐败制度建设中的问题更加复杂和多样，需要全面深刻地剖析制度反腐中的相关问题。

笔者认为，在当前制度反腐的进程中，存在着一些倾向性问题，这些问题已经造成我们制度反腐的困境。产生这些倾向性问题的原因，既有价值和理念的偏差问题，又与反腐制度体系本身的设计以及执行和运作紧密相关。综合分析起来，所谓的制度反腐倾向性问题主要表现在如下五个方面。

一、制度虚置

制度虚置一方面表现为将反腐制度视为“装饰品”或者“花瓶”式的摆设;另一方面突出地表现为制度的执行不力,导致制度形同虚设。制度虚置使得反腐败制度在制度创制和制度执行两个过程中的威慑力和有效性大幅度削弱,是制度反腐过程中最显性也是最为严重的问题。笔者曾在10年之前研究过一个国家哲学社会科学基金项目课题,题目是《关于反腐倡廉规范性文件有效性的研究》,研究发现,在改革开放以后由中纪委、中共中央办公厅、国务院办公厅、监察部这4家单位单独或联合发布的有关反腐倡廉的规范性文件总数有200多件,但其中的绝大多数处于“虚置”状态,很多指导性规范以及禁止性规范根本就得不到普遍的遵守,如关于公款接待、公款送礼等。

制度虚置首先表现为制度沦为反腐败的“化妆品”。一些地方和部门在制定反腐败制度的过程中,其出发点不是坚持管用有效的原则,而是出于政绩的需要,搞花架子,弄虚作假;或者没有根据本地区的实际情况,细致认真地分析问题,闭门造车,敷衍塞责,不切实际地做表面文章,甚至有些制定“制度”的部门自己也认为有些“制度”制定出来以后根本就不可能得到实施。这些情况导致了许多出台的反腐败制度成为“空中楼阁”,中看不中用,成为“花瓶”一样的摆设和忽悠老百姓的幌子。

制度虚置最突出地表现为“重制定,轻执行”。“徒法不能以自行”,制度的生命力在于执行力。制度的效力必须要通过强有力的执行才能发挥作用,否则就会使制度徒具虚文。我国预防和治理腐败的各项法规制度在不断增多,但是腐败却依旧盛行的主要原因之一也正是制度没有得到很好的执行。搁置一边和束之高阁的制度即使再完善,也不可能发挥防治腐败的作用。制度没有被有效执行而被虚置的原因有很多,有制度设计本身的原因,例如制度执行机构不明确,制度执行内容不明确,没有或者缺乏对于执行机构问责的规定,制度执行的保障运行机制缺失,等等,但更为重要和关键的,应该是制度环境中的人的因素。制度的执行终究要依靠人。一方面,我国纪检机关因缺乏地位的独立性和权威性,往往难以触及一些实质性的问题或者关键性的人物;另一方面,迄今为止,我们依然奉行着长官意志至上而不是制度至上的理念和行为准则。在一些地方,领导的主观性、随意性和变通性超越了制度的刚性。甚至是一些案件也不能按照严格的法律和制度规定进行处理,而是要服从主要领导的个人意志和判断。还有一些情况是,即使是有些人或者单位违反了制度规定,但是只要经过一定领导的“宽容”和不予追究的“同意”,也就过了程序上的关而相安无事。这些与制度原则和精神相违背的观念和做法,很容易造成“选择性”反腐,导致制度执行不力,严重影响到反腐制度的权威性,使一些制度性规定虚置。

二、制度短板

制度短板是指反腐败制度设计本身存在的缺陷和不足,导致制度无法在反腐倡廉工作中发挥有效的作用。反腐制度短板集中体现在制度设计滞后和制度设计质量缺陷两个方面。

逻辑上说,反腐制度一般是因腐败行为产生而制定的,就是通常看到的所谓“反腐制度跟着腐败行为跑”的现象。一种新的腐败行为发生了,相关部门就赶紧制定一项新的制度,或者根据新情况,修补原来制度中的漏洞,调整原有制度中的规定,加上制度制定本身,特别需要花费大量时间进行准备工作,因此,制度的设立往往被腐败现象牵着走,具有明显的滞后性,无法应付五花八门的腐败现象,形成了明显的制度短板。

制度短板更加明显的表现就是制度的质量不佳。我国长期重视制度的数量,而忽略制度的质量。虽然反腐倡廉制度数量巨大,内容庞杂,但是制度的质量,即防治腐败的制度有效性不足。我国很多制度具备明确的反腐败的目标指向,但是对于制度的执行、配套措施、问责机制等相关的科学性安排明显不足,存在着“重原则、轻细则;重口号、轻操作;重应急、轻长效;重训导、轻惩治;重禁止,轻指导;重下级、轻上级”等一系列的问题。各项反腐制度质量不佳的最突出的三个问题,一是缺少制度的具体化,即缺乏明确的操作层面的方法。制度的制定明确要指向实行,但如果制度设计操作性不强,就会导致很多很好的制度在实践层面无法真正地落实。例如我国不少反腐制度的条款依旧沿用“不准”、“应该”、“务必”、“一般”等原则性和规则性的词汇。二是制度规定不科学,不少条文不符合反腐败的实际需要。例如官员财产的收入申报,这项已经实行了10多年的申报制度实际上始终仅仅是个程序而已,在反腐工作中根本就起不到实质性的作用。三是执行程序和机构不明确。很多制度缺乏明确的补救性条款,例如关于领导干部财产申报制度中,对不如实申报的情况怎样进行处理等等缺乏明确的规定。不少制度对于执行主体也存在模糊化处理,没有明确的执行机构,而且缺乏对于执行机构问责的规定。

三、制度离散

制度离散是指反腐倡廉的各项制度处于离散状态而没有能够形成聚合一体的效应,反腐倡廉的制度缺乏系统性和完整性。一方面,如前所说,我国反腐倡廉制度庞大复杂,数量众多;但是另一方面,制度之间相互矛盾和重合情况大量存在,配套制度缺乏或者力度不足,制度衔接不够。由于缺乏反腐制度的系统性思维和宏观性构建,使得整个制度体系存在诸多漏洞。

反腐倡廉制度建设是一个系统繁复的大工程,应该形成由反腐倡廉教育制度、监督制度、预防制度和惩治制度以及决策制度、选举制度等共同编织而成的巨型网络。制度发挥作用必须要互相支持、互相支撑,单个的制度经常会因为缺乏配套的制度而无法有效执行,尤其会因为“元制度”的缺失或者不足导致整个反腐制度体系的低效。

当前反腐倡廉体系的“制度散离”主要体现在以下几个方面:一是制度繁密,前后矛盾。当前不少反腐制度设计遵循的是“头痛医头、脚痛医脚”的策略,出现了腐败问题,赶紧研究制定制度,当新的腐败形式出现的时候,原来的制度出毛病了,再制定另外一个制度加以防止。由于缺乏整体设计,制度逐步变得繁密多样,而且容易造成前后矛盾,制度的漏洞越来越多,制度的有效性逐步减弱。二是党内和党外反腐制度没有形成互动和联动的体系。我国反腐制度设计呈现明显的“政党中心”的特点,党内反腐制度设计相较于党外反腐制度处于一种优先的地位,党外反腐倡廉制度,例如群众监督制度、舆论监督制度等制度的建设相对滞后,这就导致党内和党外制度没有形成有机互补和联动。三是制度执行保障等配套制度滞后或者缺失,其中最突出的就是监督力量的软弱和处罚无力。例如作为党内法规监督执行部门的纪检机关缺乏地位的独立性和权威性,难以发挥真正的监督效果,“一把手”频繁出现问题就是最明显的例证。四是“元制度”变革严重滞后。这是反腐倡廉制度缺乏系统性的最重要原因。“元制度”层面的制度安排是带有全局性和根本性的,没有“元制度”的变革,整个反腐制度体系很难系统化。制度反腐的根本特征是制度规则对于每一个人——无论职位高低均必须要平等适用。在反腐过程中,每个人都有监督的权利。然而在现实政治生活中,官员权力行使与公众权利反腐的冲突、下级行政力量对于反腐执行运作与上级行政力量命令干预的冲突都在消解制度反腐的效力。这些深层次根本性的矛盾迫切需要“元制度”的变革才能加以解决。例如党员各项民主权利——知情权、参与权、监督权、选择权真正有效的落实,作为保证党员对党的领导机关和领导人实施有效监督的“元制度”的党内民主制度,都还有严重的不足。

四、制度冲突

制度冲突是指由于制度设计主体不同，导致反腐倡廉制度在政策与法律层面、中央与地方层面的不一致。这种冲突是由制度内部各要素相互矛盾和抵牾所引发的。当然，制度冲突还包含了目标冲突的意思，就是说，我们的很多反腐倡廉的制度规范，与党执政治国的整体目标形成一定程度的冲突。

在我国，政策和法律是反腐倡廉制度体系的两大来源。在国家的反腐倡廉制度中，与法律相比，党和政府的政策或者指示虽然没有法律所具有的法理性，但是在制度体系中比较普遍，并占据着很大的部分，在相当大的范围和领域内发挥着反腐的重要作用。由于政策和法律在制定的目标性、制定的主体、制定所遵循的程序、所适用的范围等各个方面存在不同，两者在反腐制度体系内的冲突也表现得十分明显。譬如就政策性制度而言，相对于法律来说，政策往往具有特定的灵活性，可操作空间大，等等，因此就有可能产生那种利用政策来规避法律的情况。

这里特别需要指出的，是关于反腐倡廉制度目标与党执政治国的整体目标不一致的情况，这种情况或可成为我国多年来反腐制度效率不高的一个非常重要的原因。改革开放以后，我们党确立了以经济建设为中心的发展战略和发展目标，这个目标体系分解到各级政府，就表现为以 GDP 为中心的政绩观及其行为原则。而反腐倡廉的一些制度规范，通常会影响到这种政绩观和行为原则的施行。譬如说，如果严格遵循了关于公款接待标准以及严禁公款吃喝的规定，那毫无疑问，这不仅会影响到一些地方招商引资等工作的开展，而且还有可能使全中国绝大多数的高档饭店无法运转下去，这就必然导致很多人的失业。多少年以前曾经禁止过发行和使用的购物卡，后来之所以又普遍盛行，与搞活商业企业、刺激消费等等目标不能说没有关系。

五、制度盲区

制度盲区主要是指几乎所有的制度无法触及到一些相关领域或相关人的现象。制度盲区不仅仅表现为一些领域缺乏制度规范的问题，更重要的还表现为，在一些领域或一定范围内，即使有制度也触及不到的问题。一方面，我们确实存在着反腐制度的缺失，而且制度的实施过程对腐败的防惩没有发挥效力。制度盲区表现的显性方面问题是由于跟不上客观形势的发展，一些重要的领域和关键环节的制度还处于空白状态，解决问题的制度安排也没有及时到位。这种显性的制度盲区能够很好地通过立法或者政策制定加以解决。而隐性的制度盲区却不易发现和解决。这种制度盲区的最大特点就在于表面上都遵守了几乎所有的制度，但是实际上这些制度类似于“灯下黑”的情况，根本就没有办法触及到相关的人或相关的问题。

以选官制度为例，集体领导制度是我国选官制度同时也是反腐倡廉制度十分重要的制度设计，它要求在重要干部任免的议题上，均要经过集体讨论的程序决定。然而现实情况是由于集体领导过程中决定重大人事任免时缺乏明确的操作规范，“一把手”仍旧牢牢地掌握用人权，下级的升迁全凭上级，更确切地说是“一把手”的首肯。“所以有个说法，例如在一个单位或者一个地区的用人问题上，尽管我们有很多很多的流程和规范，但是，这个单位或地区的‘一把手’还是具有决定性的权力，说‘一把手’要用一个人应该有 80% 的把握，而要不用一个人，那必定是有 100% 的把握，就反映了这种情况。”我们不难得知，即使存在着很多的制度安排，但是在目前的情况下，实际上也无法有效制约“一把手”在人事任免上的专断性权力（需要说明的是：从组织原理来说，“一把手”也应该具有选人用人的权力），从而也难以避免“跑官要官、买官卖官”的腐败行为。这种制度盲区的存在主要在于不科学不合理的“元制度”的存在。还是就选官制度来说，地方党委的权力结构呈现单一化状态,没有相互制衡机制,“一把手”权力过大,另外选任干部的实际权力还是掌握在极少数领导者手中,依旧是“少数人选少数人,权力来自权力”的逻辑循环。要根本性地解决问题,必须要在“元制度”上下工夫,即真正形成党内权力制衡的机制和跳出“以官选官”的模式,建立真正体现公开公正平等的民主选举制度。这种看似有“制度”的“制度化”领域,实际上就是制度触及不到的情况。这种情况在中组部的一个文件中就有潜在的体现。在去年颁行的关于试行领导干部选人用人责任制的一个文件中,一方面,要求坚决贯彻集体领导的原则,禁止主要领导在用人问题上的个人专权;另一方面,又要对“一把手”实行选人用人的责任审计。这里的矛盾之处就在于:既然已经禁止了用人问题上的个人专权,那又何必要对主要领导个人进行“责任”审计呢?所以还是具有潜在的含义,主要领导无论如何还是具有选人用人之专权的。

制度盲区还有一种情况是:凡是涉及主要领导的相关事务,制度一概靠边。逻辑上说,在一个特定的单位或者地方,如何执行制度、执行什么样的制度等等这样的问题,基本上还是由主要领导决定的。因此,凡是涉及主要领导自己的问题或者领导相关的问题,一般来说很难有什么人提出制度约束之类的问题。中国传统文化中一直存在着“为人制定制度而不为自己制定制度”的现象,所以几乎在任何层面上,主要领导都负有制定制度并执行制度的责任,但是领导干部自己却很少有那种遵循制度的意识,其下级也很难有敦促领导干部自己遵循制度的勇气。长此以往,主要领导干部就处在了制度的盲区之中。

胡锦涛在中纪委十七届五次会议上强调,反腐倡廉制度建设是惩治和预防腐败体系建设的重要内容,是加强反腐倡廉建设的紧迫任务。要逐步建成内容科学、程序严密、配套完备、有效管用的反腐倡廉制度体系。制度是反腐的生命线,没有制度,腐败现象就可能恣意妄行、无法遏制。在继续发挥制度反腐的关键作用的情况下,我们更要深刻认识到我国当前制度反腐的一些倾向性问题乃至困境,逐步解决反腐倡廉制度建设的难题,不断取得制度反腐的成效。

(作者:上海市廉政研究会副会长,上海市社会科学界联合会党组副书记,教授、博士生导师;复旦大学国际关系与公共事务学院政治学系硕士研究生)

西柏坡精神与反腐倡廉建设

邵景均

在中国共产党90多年波澜壮阔的历史上，产生了许多凝聚着党的特点和优势的伟大精神，西柏坡精神就是其中一个。中共中央在西柏坡时期，是中国革命的伟大历史转折时期，为实现党的工作重心从农村到城市、从战争到建设的转变，为从新民主主义向社会主义的过渡开辟了通途。西柏坡精神产生的这一历史方位，决定了它具有承前启后的显著特征——既是井冈山精神、苏区精神、长征精神、延安精神等党在夺取政权时期一系列革命精神的继承和发展，又为党执政以后一系列新的时代精神的形成奠定了重要基础。在此后党的执政实践中，西柏坡精神显现出耀眼的光芒。它对于推进反腐倡廉建设、巩固党的执政地位尤其具有重要意义。

一、政治家的远见卓识

西柏坡精神，是毛泽东在中国共产党七届二中全会上提出的。60多年来，理论界对西柏坡精神的研究不断深入。研究者普遍认为，西柏坡精神的内涵十分丰富，其中，最为党在执政以后看重的，是“两个务必”。2002年12月5日，刚当选为中共中央总书记不久的胡锦涛同志，带领中央书记处的同志专门到西柏坡。他在讲话中开宗明义地说：“这次，我和中央书记处的几位同志一起到西柏坡来，主要目的是回顾我们党带领人民进行伟大革命斗争的历史，重温毛泽东同志在党的七届二中全会上的重要讲话，牢记毛泽东同志当年倡导的‘两个务必’，首先从自身做起，并号召全党同志特别是领导干部，大力发扬艰苦奋斗的作风，为实现党的十六大确定的目标和任务开拓进取、团结奋斗。”由此可见，“两个务必”是西柏坡精神的核心。

中国共产党经过20多年艰苦卓绝的斗争，到西柏坡时期，所领导的中国革命即将全面胜利。在军事上，党中央指挥展开战略决战，组织了震惊中外的辽沈、淮海、平津三大战役，从根本上扭转了战局，打破了国民党军队数量上的优势。在政治上，封建半封建土地制度面临灭亡，封建专制的统治地位摇摇欲坠，人民当家作主的政治制度即将诞生。这种形势，许多具有一定政治判断力的人都看到了，以毛泽东为核心的中国共产党领导集体当然也看到了。但是，毛泽东和他战友们的目光，并没有停留在眼前如此“一片大好”的形势，而是看到了这个形势之后的发展变化，看到了胜利之后的潜在危险，看到了执政以后可能出现的种种问题。以“两个务必”为核心的西柏坡精神，就是应对这“发展变化”、“潜在危险”、“种种问题”的基本思想和原则。

毛泽东和他的战友们是深谙历史发展规律的伟大政治家。当年，以毛泽东为代表的中国共产党人刚刚把红旗插上井冈山，点燃革命的火种，就有人对这支弱小革命武装的前途表示了怀疑，质问“红旗到底能打多久”。毛泽东回答说，“星星之火，可以燎原”。正是根据对人类社会发展规律的深刻认识、秉持星火燎原的坚定决心和坚强信念，中国共产党克服了重重艰难险阻，从小到大、由弱变强，团结和领导中国人民取得了中国革命、建设和改革的一个又一个胜利。

深谙历史发展规律，不仅能够在黑暗中看到光明、在失败时看到胜利，而且也能够看到胜利后可能产生的危险、危险所带来的失败。对这后一种情况，毛泽东早在延安时期就明确预见到了。

1944年3月，历史学家郭沫若发表《甲申三百年祭》，说的是1644年李自成进北京、出北京的事，引起了毛泽东的高度重视。这篇文章发表20天后，毛泽东在给延安高级干部作《学习和时局》的报告时说："我党历史上曾经有过几次表现了大的骄傲，都是吃了亏的……全党同志对于这几次骄傲，几次错误，都要引为鉴戒。近日我们印了郭沫若论李自成的文章，也是叫同志们引为鉴戒，不要重犯胜利时骄傲的错误。"

1945年7月，在延安窑洞里，黄炎培问毛泽东，怎样才能跳出"其兴也勃焉，其亡也忽焉"这个历史周期率？毛泽东回答："我们已经找到了新路，我们能跳出这个周期率。这条新路就是民主。只有让人民监督政府，政府才不敢松懈，只有人人起来负责，才不会人亡政息。"这说明，毛泽东对"兴"后之"亡"是有充分预见的，对中国共产党避免"兴"后之"亡"是充满信心的。

到了1949年3月，在西柏坡召开的七届二中全会上，毛泽东进一步系统阐述对夺取全国胜利后的思考和部署。他首先向全党敲起警钟："因为胜利，党内的骄傲情绪，以功臣自居的情绪，停顿起来不求进步的情绪，贪图享乐不愿再过艰苦生活的情绪，可能生长"，一些党员干部可能"在糖弹面前要打败仗。我们必须预防这种情况"。他告诫全党："夺取全国胜利，这只是万里长征走完了第一步。革命以后的路更长，工作更伟大，更艰苦。这一点现在就必须向党内讲明白，务必使同志们继续地保持谦虚、谨慎、不骄、不躁的作风，务必使同志们继续地保持艰苦奋斗的作风。"毛泽东坚信："我们有批评和自我批评这个马克思列宁主义的武器，我们能够去掉不良作风，保持优良作风。"在离开西柏坡前夕和进驻北平途中，毛泽东多次强调，这是"进京赶考"，发誓"决不当李自成"。

从上述事实和分析可以看到，毛泽东之所以提出"两个务必"，并以此为核心形成西柏坡精神，完全是他对党的历史经验的正确总结，对中国政治发展规律的深刻认识，对党执政后发展趋势的科学判断，对胜利后可能产生骄傲自满、骄奢淫逸的有力应对，充分体现了此时中国共产党政治上的成熟和高瞻远瞩。

二、执政党的伟大实践

党在执政后始终认为，"两个务必"是党保持自身清正廉洁、远离腐败，进而保持党的执政地位的重要法宝。在关乎党和国家生死存亡的反腐败问题上，党自觉践行西柏坡精神，积极采取措施，不断取得新的成绩。

尽管党在执政以前开展了长期的反腐败斗争和根据地廉政建设，七届二中全会还特别提醒全党警惕资产阶级糖衣炮弹的侵袭，不要犯胜利后骄傲的错误，但是，真正到执掌政权以后，一些党员干部在历史的旧轨道上还是憧憬执政给个人带来的种种好处，有的经受不住权力、金钱和美色的考验，滑向了腐败的泥潭。根据当时的统计，北京从1949年解放到1951年底，在市属机关和企事业内部，查处贪污腐败分子650人，贪污总金额约15亿元（旧币，本段下同）。同期，上海发生大大小小的贪污案3002件，涉及3230人，贪污总额186亿元。其他地方这类腐败现象也多起来。时任西南局领导人的邓小平指出，蜕化腐朽"倾向正在发展，特别是经济方面的问题很多。无论城市农村，贪污腐化现象都很严重"。"这种现象如不纠正，不但影响工作，损害党的声誉，而且要垮掉一些同志"。

面对已经出现的和可能出现的腐败现象，以毛泽东为首的党中央基本态度是迅速反应、严惩不贷，决不心慈手软、姑息养奸。新中国最早的反腐败斗争，是1951年12月开展的"反贪污、反浪费、反官僚主义的斗争"，即"三反"运动。其中，对刘青山、张子善这两个"地位高，功劳大，影响大"的腐败分子的严厉惩治，发挥了很大的震慑和教育作用。“三反”运动结束以后，党中央一刻也没有放松警惕，除了严惩腐败分子外，还通过各种方式，保持党和政府的清正廉洁。主要是：加强思想教育，倡导“两个务必”，注重榜样作用，营造浓厚的反腐败社会氛围；充分依靠群众，加强人民监督，形成压制腐败的强势；注重制度建设，努力从制度层面解决问题。

新中国成立后的五六十年代，是中国共产党人廉洁从政的光荣岁月。党在扫除旧社会的污泥浊水、保持党和国家机关清正廉洁方面，取得了举世公认的成就。以毛泽东为代表的第一代中国共产党人为新中国的廉政建设打下了坚固的基础。他们的实践启示后人，反腐败必须始终着眼于形成廉政大势；重要的是最高领导具有反腐败的坚定性和彻底性，率先垂范，成为所有干部廉洁从政的榜样；善于运用正确的方法和制度，有效带领下属共同保持廉洁。

1978年党的十一届三中全会，开启了改革开放和社会主义现代化建设新的历史阶段。此后，我国的经济建设、政治建设、文化建设、社会建设和党的建设逐步走上健康的轨道。在廉政建设方面，展现出了与以往不同的新形势、新特点。

改革开放初期，少数领导干部特殊化问题严重，利用职权追求奢侈浮华，搞铺张浪费；贪污受贿、谋取不正当利益现象开始蔓延；经济领域中的走私贩私等违法犯罪活动猖獗。以邓小平同志为核心的第二代中央领导集体，果断采取了一系列重大举措——制定制度，严肃纪律，坚决反对和纠正领导干部特殊化；依靠法律，坚决打击严重经济犯罪活动；开展整党，整顿作风、加强纪律、纯洁组织，纠正群众反映强烈的不正之风。党有效地遏制了腐败现象蔓延的势头，保证了改革开放的顺利进行。

1989年“六四”事件发生。邓小平指出：“动乱给我们上了一堂大课。”“这次出这样的乱子，其中一个原因，是由于腐败现象的滋生，使一部分群众对党和政府丧失了信心。因此，我们首先要清理自己的错误……”以江泽民同志为核心的党的第三代中央领导集体，根据邓小平的要求和实际情况，采取的主要思路和对策是：反腐败要紧密结合重大改革措施和行政、经济决策的实施来进行，为推进改革、建设和发展服务；反腐败的主要工作，一是加强对领导干部廉洁自律情况的监督检查，二是集中力量查办一批大案要案，三是狠刹群众反映强烈的不正之风；反腐败要加强法规和政策的研究，及时规范行为，把惩治腐败纳入法制轨道；反腐败要加强综合治理，既治标又治本；紧紧依靠人民群众开展反腐败斗争，但不搞群众运动；反腐败斗争的重点放在党政领导机关和司法部门、行政执法部门、经济管理部门；反腐败从领导做起，首先从高级干部做起，包括领导身边的工作人员，弘扬勤政爱民、艰苦奋斗、乐于奉献的良好风尚。党中央的这一系列思路、对策、原则和部署，推动党风廉政建设和反腐败斗争取得了巨大成效。

党的十六大以来，以胡锦涛同志为总书记的党中央牢记毛泽东同志当年倡导的“两个务必”，首先从自身做起，并号召全党同志特别是领导干部，大力发扬艰苦奋斗的作风，为实现党的十六大确定的目标和任务开拓进取、团结奋斗。党中央坚持标本兼治、综合治理、惩防并举、注重预防的反腐倡廉战略方针，扎实推进惩治和预防腐败体系建设，在坚决惩治腐败的同时，更加注重治本，更加注重预防，更加注重制度建设，拓展从源头上防治腐败工作领域，进一步探索出从源头上预防和治理腐败的中国特色反腐倡廉道路。一是认真抓好反腐倡廉教育和领导干部廉洁自律工作。深入开展保持共产党员先进性、学习实践科学发展观和保持党的纯洁性等教育活动，严格执行“四大纪律八项要求”，认真解决领导干部廉洁自律方面存在的突出问题。二是坚决纠正损害群众利益的不正之风。注意把涉及民生的突出问题纳入治理内容，维护群众的切身利益。三是严肃查处违纪违法案件。重点查办领导干部滥用职权、贪污贿赂、腐化堕落、失职渎职的案件，查办官商勾结、为黑恶势力充当“保护伞”、严重侵害群众利益的案件。四是不断加大对领导干部的监督力度。颁布实施《中国共产党党内监督条例（试行）》、《中国共产党纪律处分条例》等党内重要法规。建立巡视机构，加强巡视工作，使反腐败斗争更加主动，更有成效。五是深入开展治本抓源头工作。推进各项改革，积极运用现代科技手段和管理方式，加强预防腐败工作，收到良好效果。

新中国的实践生动说明，实现中华民族的伟大复兴，实现现代化，是中国人民的根本利益所在，必须始终把发展作为党执政兴国的第一要务。但是，为了实现科学发展，必须坚持“两个务必”，不懈地进行反腐倡廉建设。以“两个务必”作为强大精神动力，一手抓发展，一手抓廉政，应当成为长期不变的方针。

三、新时期的历史使命

党的十七大以来，党中央领导全党坚持“两个务必”，加强以保持党同人民群众血肉联系为重点的作风建设，加强以完善惩治和预防腐败体系为重点的反腐倡廉建设，着力解决反腐倡廉建设中人民群众反映强烈的突出问题，围绕中心、服务大局，整体推进、突出重点，党风廉政建设和反腐败工作总体呈现良好的发展态势，为全面做好党和国家各方面工作发挥了重要保障和促进作用。

同时，党中央也清醒地看到，面临许多前所未有的新情况、新问题、新挑战，执政考验、改革开放考验、市场经济考验、外部环境考验是长期、复杂、严峻的。精神懈怠的危险，能力不足的危险，脱离群众的危险，消极腐败的危险，更加尖锐地摆在全党面前，落实党要管党、从严治党的任务比以往任何时候都更为繁重、更为紧迫。在反腐倡廉建设方面，有些老问题仍然顽固地存在着，还出现了一些新情况、新问题。

一些领域腐败现象仍然易发多发。土地、矿产等稀缺资源成为不法分子谋取私利的重点对象，工程建设、国有企业、金融等资金密集的部门和领域是腐败现象的高发区，组织人事、司法等权力集中的部门腐败现象居高不下。

腐败案件类型、性质和作案手段出现新的变化。一是以权谋私期权化。一些腐败分子为了隐瞒腐败证据，刻意将权钱交易的时限拉开，等若干年后甚至退休后再进行获利，这种“放长线、钓大鱼”的期权方式，使案件发现和查处难度大大增加。二是获利敛财间接化。不少人通过配偶、子女、情人或朋友、亲戚等特定第三人代为收受，或者以特定第三人经商等形式曲线获取巨额收益。三是对抗调查智能化。不少违纪违法人员已由过去利令智昏、不计后果的“冲动”型，转变为处心积虑、预谋在先的“智能”型，以合作投资、委托理财、代理炒股等形式掩盖受贿实质。四是腐败案件涉外化。有的违纪违法人员把作案地选择在国外、境外，或者将赃款赃物转移到国外、境外，还有的甚至通过各种关系，秘密取得外籍身份或者双重国籍。

此外，公款出国（境）、公务接待、公务用车，以及领导干部收受红包礼金即“三公一金”问题在一些地方和部门仍然屡禁不止。

互联网的发展对反腐倡廉建设提出了新的机遇和挑战。一方面，为强化监督提供了新手段，网络反腐舆情成为开展党风廉政建设和反腐败斗争的重要信息源；另一方面，由于网络空间高度自由，各种舆论互相影响，交织放大，容易把简单问题复杂化、单一问题普遍化、个别问题扩大化，使网上舆情瞬间形成舆论风波，甚至形成“网上群体性事件”。在当前信息化高度发达的条件下，腐败问题和社会矛盾交织在一起容易产生放大效应，使得反腐败斗争更加敏感而复杂。如果对这种复杂性认识不清、处理不力，就会走向反面。

总之，目前反腐败斗争形势依然严峻、任务依然艰巨。怎样使全党同志在新的历史条件下充分认识反腐败斗争的长期性、复杂性、艰巨性,增强居安思危意识,自觉地坚持“两个务必”,继续加强反腐倡廉建设,仍然是全党面临的严峻任务和重大挑战。

四、前行者的光明未来

我们不但善于破坏一个旧世界,我们还将善于建设一个新世界。毛泽东在西柏坡发出的这个豪言壮语,早已深刻地镶嵌在中国人民的脑海里,成为指引中华民族前进的指路明灯。今天,我们在实现中华民族伟大复兴的前行路上,理所当然要发展,要建设,要改革,要创新。与此同时,必须坚持思想、作风的与时俱进,保持党的先进性、纯洁性,继续发扬谦虚谨慎不骄不躁和艰苦奋斗的作风,不断同自身的缺点、弱点和错误作斗争,同腐败现象作斗争。

——扎实做好保持党的纯洁性各项工作。2012 年 1 月,胡锦涛同志在十七届中央纪委七次全会上发表重要讲话,突出强调了在新形势下保持党的纯洁性问题,具有重大而深远的意义。当前,保持党的先进性和纯洁性,是党在改革开放和社会主义现代化建设进程中应对和经受住各种考验、化解和战胜各种危险的重要法宝。党的纯洁性,体现在党的思想、政治、组织和作风各个方面。保持党的纯洁性,就是要求各级党组织和广大党员、党的领导干部,在思想上,必须坚持把马克思主义及其中国化的理论成果作为指导思想,坚持把为社会主义、共产主义奋斗作为理想信念,坚持马克思主义实事求是的思想路线,坚决抵制各种反马克思主义思想的侵蚀,坚决同各种违背马克思主义的错误思想作斗争;在政治上,必须坚决执行党的纲领、章程和路线方针政策,在社会主义初级阶段必须坚持以经济建设为中心、坚持四项基本原则、坚持改革开放的基本路线,坚决抵制和反对一切违背党的基本路线的错误政治倾向;在组织上,必须坚持贯彻党的民主集中制原则和遵守党的组织纪律的要求,自觉维护党的团结统一,坚决反对一切危害和分裂党的行为,严格坚持党章所规定的共产党员标准和领导干部条件,坚决把背离党纲党章、危害党的事业、已经丧失共产党员资格的蜕化变质分子和腐败分子清除出党;在作风上,必须坚持发扬党的理论联系实际、密切联系群众、批评和自我批评以及谦虚谨慎、不骄不躁、艰苦奋斗等优良作风,坚持贯彻党的从群众中来到群众中去的工作路线和调查研究的工作方法,坚决反对主观主义、官僚主义、形式主义、以权谋私、弄虚作假和个人专断、追求奢华等不正之风。只要党的纯洁性保持得好,党就能够更加坚强有力,党的事业就能健康发展,就能够远离腐败。

——增强新形势下坚持“两个务必”的自觉性。新形势下,所以强调坚持“两个务必”,是因为当前一些党员干部骄傲自满情绪、停顿起来不求进步的情绪、贪图享乐不愿再过艰苦生活的情绪仍然严重,直接影响着党的先进性、纯洁性,制约着科学发展和改革稳定。

“艰苦奋斗是我们的政治本色”。发扬艰苦奋斗的作风,是实现党的历史使命、巩固党的执政地位的需要。过去,党在夺取政权的斗争中,面对强大的敌人和无穷的困难,没有艰苦卓绝的奋斗是不行的。如今,在我们党成为执政党、日子越来越好过的条件下,仍然要自觉地发扬艰苦奋斗作风。首先,要搞清楚艰苦奋斗的本质含义。吃苦受累,这是艰苦奋斗的表象。从本质来说,艰苦奋斗是共产党人改造客观世界和主观世界过程中所表现的一种精神状态。它主要是克己奉公、全心全意为人民服务的精神,奋发图强、埋头苦干的精神,自力更生、勇于创造的精神,艰苦朴素、勤俭建国的精神,英勇奋斗、顽强拼搏的精神。具有这些精神实质的艰苦奋斗,是任何成就伟大事业的人都不可或缺的,这对于立志实现共产主义的中国共产党人来说更是如此。其次,要充分认识我国的国情,创造性地开展工作。我国现在处于并将长期处于社会主义初级阶段。这就决定了我们必须长期生活在一个比较艰苦的环境之中，必须继续艰苦创业，改造和发展比较落后的经济、政治、文化。邓小平说："艰苦奋斗是我们的传统，艰苦朴素的教育今后要抓紧，一直要抓六十至七十年。我们的国家越发展，越要抓艰苦创业。提倡艰苦创业精神，也有助于克服腐败现象。"再次，要与人民群众同甘共苦，坚决反对特殊化。在提倡一部分人、一部分地区先富起来的今天，必须明确，党的领导干部不应该先富起来。现有还有相当一部分群众没有脱贫，更多的群众生活水平还不高。如果领导干部利用职权谋取私利，贪图享乐，先富起来，势必要脱离群众。对领导干部个人来讲，没有艰苦奋斗，就没有政治上的进步。凡是沉迷于声色犬马的，没有不玩物丧志的。只有与群众同甘共苦的人，与群众一起艰苦奋斗的人，才能够成为群众最拥戴的领导干部。

虚心使人进步，骄傲使人落后。党执政以后，一些党员干部在胜利面前、成绩面前和发展面前，确实骄傲了，不谨慎了，因而出了一些不该有的失误和错误，给党的事业和人民利益带来了损失。在新形势下发扬谦虚谨慎不骄不躁的作风，首先，要正确地看待自己。毛泽东曾经分析说，一个人如果不能正确对待自己，那么有了成绩、不犯错误、年长、年轻、知识分子出身、工农出身等，都可能成为骄傲的资本。所以他要求辩证地看待自己的成绩和荣誉，正确地看待自己的错误或不足。有了成绩和荣誉，不要翘尾巴，而要夹紧尾巴，戒骄戒躁，永远保持谦虚进取的精神。有了错误也不必悲观失望，而要振作精神，作认真的自我批评，改正错误。其次，要正确地看待他人。如果总是以己之长量人之短，或者嫉贤妒能，看不起别人，就不可能不骄傲。因此必须学会和养成善于发现别人长处、取人之长补己之短的习惯，养成虚心听取别人批评意见的习惯。再次，要注意研究骄傲生成的条件，对骄傲自满时刻保持高度警惕。经验证明，只要我们稍微忽视群众的力量，只要我们的眼界狭窄起来，只要我们脱离一点实际，只要我们把成绩估计得过分些而把缺点估计得不足些，只要我们的日子好过一些，就容易产生骄傲自满。毛泽东告诫说，我们应该抑制自满，时时批评自己的缺点，好像我们为了清洁，为了去掉灰尘，天天要洗脸，天天要扫地一样。最后，要不断给自己提出新任务、新目标。毛泽东说，当着人们刚刚想要骄傲的时候，那个尾巴刚刚翘起来的时候，就给他提出新的任务……使他来不及骄傲，他没有时间。实践证明，这是一个有效的方法。组织上给新任务是重要的，自己主动承担新任务更重要。领导者应该结合自己的工作任务和特点，从实际出发，主动给自己提出新的目标，激励自己不断前进。这样就能够从根本上避免骄傲自满、故步自封、孤芳自赏的不健康的精神状态。

——坚定不移地加强惩治和预防腐败体系建设。进入新世纪以来，党中央一再强调，执政党的最大危险就是腐败。当前，反腐倡廉建设与人民群众的期待仍有较大差距，发生在领导干部中的腐败问题依然突出。这个问题解决不好，政权的性质就有改变的风险，就会"人亡政息"。发扬西柏坡精神，就要在解决腐败问题上下工夫。

加强反腐倡廉建设，重点是加强惩治和预防腐败体系建设。一是继续加大查办案件工作力度。对腐败案件发现一起坚决查处一起，决不手软、决不姑息。要严肃查办发生在领导机关和领导干部中贪污贿赂、失职渎职的案件和严重损害群众切身利益的案件。二是加强反腐倡廉宣传教育。紧紧抓住社会主义核心价值体系这个兴国之魂，认真开展理想信念教育、党性党风党纪教育和从政道德教育。把培育廉洁价值理念贯穿于党员、干部培养、选拔、管理和使用的全过程。三是强化对领导干部的监督。认真执行党内监督条例，加强对领导干部特别是党政主要领导干部的监督，规范权力运行。四是深入推进改革创新和制度建设。深入推进体制机制制度改革，深化行政审批制度、干部人事制度、司法体制和工作机制、财税体制、投资体制、金融体制和国有资产监管体制改革，一系列改革务必着眼于消除腐败。五是深入推进各项公开工作，全面推进权力公开透明运行。加强社会领域防治腐败工作，加快推进廉政风险防控机制建设，引导社会力量有序参与反腐倡廉建设。

我们总要努力，总要拼命向前，一个光华灿烂的世界就在前面。这是中国共产党和一切历史前行者的坚定信念。当年，党中央离开西柏坡、进北京，是“赶考”；如今，我们改革开放、建设社会主义现代化，同样是“赶考”。我们的宗旨始终是全心全意为人民服务，我们的一切工作都是为了让人民这个最伟大的“考官”满意。为了向人民交出满意的答卷，我们必须坚持“两个务必”，让伟大的西柏坡精神更加发扬光大。

（作者：中共中央纪律检查委员会研究室研究员）

高官腐败案例剖析

田国良

这里挑选了 20 世纪 80 年代以来的 100 个腐败案例。案例的选择有　番斟酌，首先是有级别限制，犯事前当官要当到副省部级（至少“享受副部级待遇”）以上才能入列；其次是必须受到了法律制裁。

一、高官腐败案例分布

（一）地区和系统分布

所选案例中，地方 72 例，其中，北京、山东各 5 例；辽宁、安徽、江西、广东、广西、贵州、浙江各 4 例；天津、福建、河南各 3 例；河北、江苏、湖北、海南、重庆、云南、吉林各 2 例；上海、黑龙江、山西、甘肃、宁夏、青海、湖南、陕西、新疆、四川、内蒙各 1 例；西藏为零记录。

所选案例中，中央国家机关、中央各银行和中央企业 28 例。中央国家机关 15 例，其中，铁道部 3 例，公安部、国家食品药品监督管理局各 2 例，国家科委、海关总署、交通部、国有重点金融机构监事会、国土资源部、国家统计局、最高法院、全国人大财经委员会各 1 例；中央各银行 6 例，其中，建设银行 2 例，交通银行、中国银行、农业发展银行、国家开发银行各 1 例；其他中央国有企业 7 例，其中，国际信托投资公司、华能集团公司、国家电力公司、光大集团、石油化工集团公司、核工业集团、移动通信集团公司各 1 例。

整体看来，经济发达地区，高官腐败案发率相对高于欠发达地区和少数民族地区；中央企业、银行金融系统、铁道系统、公安司法系统以及食品药品监管部门，高官腐败案例也相对较多。

（二）年龄分布

所选案例中，出生于 20 世纪 20 年代的 1 例，30 年代的 22 例，40 年代的 46 例，50 年代的 31 例。其中，年龄最大的已经 90 岁，最小的 53 岁，平均年龄约 66 岁。

（三）职务分布

所选案例中，案发前担任省（直辖市）委书记的 3 例；省长（自治区主席）4 例；省政协主席 5 例；省委副书记 3 例；省纪委书记 1 例；省委秘书长 2 例；省委组织部长 1 例；省委宣传部长 3 例；省委统战部长 1 例；副省长（直辖市副市长、自治区副主席）20 例；省（直辖市）人大副主任 12 例；省（自治区）政协副主席 7 例；省法院院长 3 例；省（直辖市）检察长 2 例；副省级城市（或直辖市开发区）党委书记 2 例、市长 2 例、人大主任 1 例。

中央国家机关，部长 2 例，副部长 3 例，部长助理 1 例；全国人大专门委员会副主任 1 例；国务院直属委员会副主任 1 例；国务院直属局局长 2 例，副局（署）长 2 例；另外，国有重点金融机构监事会主席 1 例，最高法院副院长 1 例，铁道部政治部主任 1 例。

中央各银行，行长 2 例；副行长 3 例；副董事长 1 例。

其他中央国有企业，董事长 1 例；总经理 3 例；副董事长 2 例；副总经理（兼党组书记）1 例。

上述案例中，有 3 例曾属“党和国家领导人”，另有 15 例曾是正省部级干部，其余 82 例曾是副省部级（或者“享受副部级待遇”）干部。其中，有 2 例曾任中共中央政治局委员，有 7 例曾任中共中央委员（其中 1 例同时曾任全国人大副委员长），有 13 例曾是中共中央候补委员。

（四）量刑分布

所选案例中，已判的90例，其量刑情况是：死刑6例，死缓26例，无期徒刑16例，有期徒刑42例。死刑、死缓和无期徒刑案例约占53%。

（五）罪名分布

已判的90例中，其罪名有“受贿罪”（85例）、“巨额财产来源不明罪”（11例）、“贪污罪”（6例）、“滥用职权罪”（5例）、“玩忽职守罪”（4例）、“挪用公款罪”（3例），也包括“行贿罪”（2例）、“徇私舞弊罪”（1例）、“杀人罪”（1例）、“爆炸罪”（1例）、“重婚罪”（1例）。其中，一人多罪的26例。

二、高官腐败蔓延态势

（一）腐败案例与时俱增

一是开始犯罪时间。开始犯罪时间可考者92例。其中，20世纪80年代开始犯罪的10例；90年代68例；21世纪14例。其最高峰是在1993年（13例）。

二是发案时间。发案时间是指腐败罪行暴露的时间。所选案例中，20世纪80年代发案的2例，90年代21例，进入21世纪77例。其中，2009年达到峰值（11例）。

三是判决时间。已判的90例中，20世纪80年代，仅1987年判了2例，90年代判了14例，本世纪已判74例。20世纪90年代前期，每年宣判的也就1—2例，有的年份是空白，而从1997年开始，逐渐趋上升之势，2010年达到峰值（12例）。

（二）涉案金额不断增加

这里所说的“涉案金额”是指案主本人或直系亲属、情妇合伙受贿、贪污的金额和来源不明的巨额财产，没有计算行贿、挪用公款、滥用职权和营私舞弊造成的经济损失、违规放贷等涉案金额。

所选案例中，除7例尚未判决，4例没有涉案金额记录或者涉案金额不在计算范围之内，其余89例，涉案金额共约77699万元，平均每例约873万。20世纪80年代2例，1例受贿2万多元，另1例没有涉案金额纪录；90年代15例，涉案金额共约366万，平均每例约24万，其中最高涉案金额55万；本世纪83例，其中3例没有涉案金额纪录或者涉案金额不在计算范围之内，7例尚未宣判，其余73例，共涉案金额约77331万，平均每例约1059万，其中最高涉案金额达19573万。可见，高官腐败个案的涉案金额在提高，而且增幅明显。

（三）涉案领域越来越广

20世纪80年代后期及90年代前期，高官腐败涉案面相对单一，而且主要局限于经济领域。当时，商品经济刚起步，实行价格“双轨制”，腐败高官利用计划内行政审批权，“走后门”、“批条子”，搞“权力寻租”活动。1987年宣判的2个案例，1例是帮人办理香港单程通行证而受贿；1例是为报答“红颜”而为公司货物走私开绿灯。20世纪90年代初宣判的2个案例，1例帮助农民联系水利工程和办理采金人员指标而受贿；1例收入钱物后，帮人办理计划外运煤手续。

从20世纪90年代中期开始，高官腐败向权力集中、资金密集、利润丰厚、竞争激烈的经济领域各个层面延伸。如潘广田、丛福奎、王雪冰、胡楚寿案，就和违规贷款有联系；陈同海、陈少勇、朱志刚、康日新、黄瑶案，与企业经营纠缠一起；成克杰、胡长清、慕绥新、李嘉廷、王怀忠、刘长贵、王钟麓、王有杰、何闽旭、王武龙、杜世成、李堂堂、刘志华、许宗衡、宋晨光案，都和房地产开发密切相关；柴王群、刘方仁、张国光、宋勇案，与工程建设项目有染；朱小华、何洪达、王益、皮黔生案，就和企业上市、股票上市和股权交易有关；郑筱萸案，和产品审批有瓜葛。

进入21世纪，高官腐败的霉菌开始触及司法、组织人事领域。如麦崇楷、丁鑫发、吴振汉、郑少东案，都和案件查处有关联；韩桂芝、徐国健、侯武杰、王昭耀、荆福生、庞家钰案，就有“买官卖官”的味道。

（四）“窝案”有所增加

20世纪80年代和90年代前期，腐败高官大都以“个体户”的形式单干，后来，开始出现“集体腐败”，并且，陆续挖出了一系列“窝案”。如1995年王宝森的自杀，同时牵出北京的另外3名高官（陈希同、铁英、黄纪诚）；海南的3名副省级干部（韦泽芳、辛业江、孟庆平）都是在1996年同时落网；广西的徐炳松、成克杰案都是在1998和1999年前后被揭发。本世纪初宣判的原沈阳市长慕绥新案就与马向东（原沈阳市常务副市长）案纠缠一起，被称为“慕马案”。“慕马案”涉案人员100多人，其中，党政“一把手”就有17人。与“慕马案”同时出现的“厦门远华特大走私案”，600多人涉案，其中300多人被判刑，公安部原副部长李纪周、福建省委原副书记石兆彬深陷其中。2005年判刑的韩桂芝，曾多年担任省委组织部长、省委副书记，后来当了省政协主席，掌控较大的人事任免权。以她为主的“黑龙江买官窝案”，牵扯大小官员百余人，其中副省级干部6人、地厅级干部30多人。2008年宣判的陈良宇，是“上海社保基金窝案”的主角，该案也牵涉国家统计局长邱晓华和上海的一批官员。

（五）案情愈加隐蔽

20世纪80年代和90年代初期，高官腐败，案情相对简单，大都是“交钱—办事”、“办事—交钱”，一眼可透视。后来出现的许多案例，其案情就有些云遮雾罩，受贿的花样令人眼花缭乱。有的以“资本运作”的面目出现；有的利用职权在股市中获取干股，或者采取委托理财形式；有的由亲属成立皮包公司，名义上合作经营；有的通过低价向请托人购买房产、汽车等贵重物品，或者长期占用贵重物品不归还；有的由亲属在请托公司挂虚职而领取薪酬，等等。

（六）潜伏期有所延长

潜伏期是指开始作案到案情暴露的时间。所选案例中，平均潜伏期约7.9年，其中，20世纪80年代，平均潜伏期1年；90年代，平均潜伏期4.2年；21世纪，平均潜伏期约9.2年，其中，最长的18年（陈良宇案）。可见，越是新近发案的案例，其潜伏期越是相对长一些。

（七）染“色”案例有所增加

领导干部腐败，主要两个方面：一是以权谋财，二是以权谋色。有些案例，情妇因素至关重要。如倪献策、张辛泰、孟庆平、李纪周、李嘉廷、刘金宝、李宝金、杜世成、陈同海、陈少勇、成克杰、丛福奎案，或者为情妇谋取不正当利益，或者与情妇沆瀣一气，共同犯罪；邱晓华案，更是因情妇而造成重婚罪；段义和案，甚至发展到谋杀情妇的地步。有些案例，很大程度上，是由于情妇检举揭发而败露，如，庞家钰、刘志华、孙瑜等案例。许多腐败高官不止一个情妇。

腐败高官的情妇主要来源于这么几类人群：一是属下；二是有求于案主的公司管理层（包括个体老板等）和有关职员；三是艺界人员（包括电视主持人、时装模特等）；四是宾馆服务员；五是娱乐场所从业人员（包括洗脚女、发廊女等）或者无业人员。

所选案例，媒体报道其有情妇或者有婚外情的51例，20世纪八九十年代的17例中，5例“染色”，约占29%；21世纪的83例中，46例“染色”，约占55%。可见，高官腐败案例中的“染色”案例所占比例在扩大。

（八）家属涉案程度有所加强

高官腐败，许多家属起了推波助澜的作用。

20世纪80年代的2个案例，未见家属涉案的报道；90年代的15例，家属涉案的3例，占20%；21世纪已判决的74例，加上自杀和外逃的2例，共76例，其中家属涉案的30例，约占39%。可见，随着时间的推移，家属涉案程度有所加强。

家属涉案，主要有以下几种类型：

一是在贪官的授意或者合谋下，借其权势和影响，以经商为幌子，谋取私利，甚至从事走私等犯罪活动，如陈希同的儿子，李嘉廷的儿子，属于这一类型。

二是直接牵线搭桥，充当“经纪人”，通过贪官承揽工程、项目、计划指标等，转手倒卖，收取好处费,如高严的儿子,王钟麓的儿子,属于这一类型。

三是作为"代理人",收取贿赂,如孟庆平的妻子,许运鸿的儿子,王华元的妻子,属于这一类型。

四是作为贿赂的"受益人",接受留学资助等,如石兆彬的女儿,属于这一类型。

(九)办案时间有所延长

办案时间是指从发案到终审判决的时间,期间,一般要经历"双规"——纪检部门查处——司法部门介入(检察部门侦察)——法院审判(为防止干扰,一般实行异地侦察、审判)几个阶段。由于案情日趋隐蔽、复杂,增加了查处难度,致使办案时间有所延长。20 世纪 80 年代的 2 个案例,从纪委查处到宣判,只 1 年;90 年代判决的 14 个案例,有 2 例,经历了 3 年,有 4 例,经过了 2 年;21 世纪已判的 74 例,有 8 例,经历了 3 年,33 例,经历了 2 年。

(十)惩处力度不断加强

这些年来,对于高官腐败案件的查处力度在不断加强,量刑不断加重。20 世纪 80 年代判决的 2 例,都是有期徒刑,1 例 10 年,1 例 2 年(平均刑期 6 年)。90 年代 15 例,除 1 例自杀,已判决的 14 例,1 例无期徒刑,其余 13 例都是有期徒刑(平均刑期约 9 年半)。本世纪 83 例,除 1 例外逃,1 例自杀,7 例等待判决,已判决的 74 例,6 例死刑,26 例死缓,15 例无期徒刑,27 例有期徒刑(平均刑期约 12 年)。

可以看出,对于高官腐败的惩处,20 世纪 80 年代,只有有期徒刑;90 年代,出现了 1 例无期徒刑;而 21 世纪,有期和无期徒刑、死缓、死刑,一应俱全。而且,2010 年和 2011 年判决的 17 例,其中 11 个死缓,6 个无期徒刑,无一有期徒刑。可见,惩处力度在不断加强。

三、高官腐败的心理分析

腐败高官作案过程中,其心理也曲折复杂。

一是攀比心理。如原广西自治区副主席徐炳松就在悔过书中自述,他自以为素质、智商、地位比那些富商高,而人家富了,自己还"清贫"着,心理不平衡,由此造成了腐败的内在动因;而商人们为保护既得利益和寻求新的利益,自愿或不自愿地将利益的一部分拿来换取权力的保护和支持,由此造成了腐败的外在诱惑。

二是从众心理。有位"知心朋友"曾这样奉劝韩桂芝:"韩姐呀,你以为你清高,你不食人间烟火?别人都把你当傻子呢。人家给你送礼,你拒绝,人家就以为你对他不信任,他就会去找别的领导。你这不是壮大了别人的队伍,孤立了自己吗?你要是成了光杆司令,你的工作还怎么干?"后来,韩桂芝认同了这个观点。这段话反映了腐败领导干部两个心思:别的领导干部或许也在"收礼",因此,自己不收白不收;"收礼"是一种人情往来,可以增进与送礼者的信任,拒礼,有可能使送礼者难堪,甚至可能把送礼者推出自己的"圈子"。

三是弥补心理。一部分"晚节不保"的腐败高官往往具有这么一种心理:觉得自己辛辛苦苦一辈子,到头来仍然两手空空,不划算,因此,在退休之前,抓住机会,能捞一点算一点,作点"弥补"。像孙淑义、王钟麓、金德琴,都是 60 多岁才开始作案的。宋勇,原是辽宁朝阳市委书记,2008 年 1 月担任省人大副主任后,觉得已提前退居"二线",想找点"补偿",变本加厉地敛财。王华元也透露过这种心理:"在位和不在位是很不一样的,现在手里有点钱,将来什么事情也不用求人。"

四是侥幸心理。慕绥新在交待材料中说,这种"人情往来",两头保险,因为都是"一对一"活动,自然十分安全可靠。慕绥新说出了大多数腐败领导干部的心思:暗地里的交易,人不知鬼不觉,不至于暴露。陈希同在案发时曾放言:"北京是我陈希同的地盘,中纪委能把我怎么办?"陈希同说出了许多腐败领导干部的一种心态:在自己管辖的一亩三分地界,可以为所欲为,不至于出事。这种侥幸心理的强弱与腐败案件的发案率高低有直接关联。腐败的成本低,而收益高,犯案多,而查处少,致使不少人铤而走险。

五是迷信心理。一些腐败高官,不信马列信菩萨,妄想有神灵护佑,事情就不会败露。如韩桂芝就喜欢烧香礼佛。她隐隐觉得,自己辉煌腾达,应该有佛祖庇佑。她曾经在家里特意腾出一个房间,专门设计了佛龛,供奉泥、瓷、金三种佛像。在被审查期间,她还常常对着墙壁祈祷:"佛啊,你为什么不保佑我!"

四、几点启示

如何尽可能避免高官腐败?分析案例,可以得出几点启示。

(一)坚持"以德为先"选拔领导干部

许多腐败高官,才高八斗,而德,却不敢恭维。这里所说的"德",可以归纳为"品性"、"品行"、"品格"。"品性",是指抵抗外来诱惑,克制不良欲望的坚强意志;"品行",是指忠于国家和人民的献身精神;"品格",是指冷静、理智的果敢品质。

品德的形成有环境因素,也有主观因素,靠培训、教育和周围风气的影响,也靠个人的"内省"、"定力"和多年"功力"积累。一个领导干部,德才兼备,当然最理想。如果,或者有德缺才,或者有才缺德;二者必取其一,则宁愿取前者。因为,有德缺才,至多办不成事,有才缺德,则办坏事。

"德"这个东西,是无形的,只是反映在一个领导干部的内心世界和言行之中,无法像智商鉴定一样去测量。

很少有人承认自己"缺德",而且,十有八九,在许多公开场合,一些领导干部都要表现出自己的"道德高尚"。但是,在一些私密场合,在利益诱惑之下,那些品行品性品格低下者往往容易露出"马脚"。这种"马脚",最容易被周围人群所识破,而不太容易被上级组织和领导所察觉。上级看到的往往是其"冠冕堂皇"的一面。

因此,衡量领导干部的"德",要多听广大群众的呼声,因为"群众的眼睛是雪亮的"。提拔领导干部,应加大群众意见的权重。什么时候,领导干部的升迁,不是上级领导说了算,而群众有了更多的话语权,"以德为先"的原则就可以更好地落在实处。

(二)不宜"火箭式"提拔领导干部

所选案例中,开始任副省部级职务年龄最小的39岁,开始任职时不到50岁的35例,约占38%。可见,有相当部分的腐败高官,在比较年轻时,就走上了较高领导岗位。陈良宇,34岁时才入党,但是从普通非党工人到正局级领导职务,不到6年,然后,从正局级再晋升上海市委副书记,也只有6年。杜世成,24岁就当了县委常委、县革委副主任,32岁担任县委书记,不到40岁担任烟台市长,是当时14个沿海开放城市最年轻的市长。孙瑜,1991年9月,还是镇党委书记兼镇长,到1998年1月,就当上了自治区副主席,其间仅仅7年。孙淑义,31岁就当了德州地委副书记。

年轻得势,或者平步青云,容易失去自我,产生"错觉",飘飘然,忘乎所以,目空一切,为所欲为,滑向犯罪。如王怀忠,担任阜阳市委书记后,自我感觉良好,说一不二、叱咤风云,以"当代曹操"自居,自诩"泽中蛟龙","终入大海作波涛",其"鸿鹄之志"是"做高官、掌大权"。杜世成,担任青岛市委书记时,咄咄逼人,曾在大会公开扬言:"你要不听我的,我就治你。"

因此,要尽可能避免"火箭"式提拔干部,应按照正常程序,遵循干部成长规律,使干部一步一个脚印,脚踏实地,稳步前进。

(三)严防"带病"提拔领导干部

所选案例中,开始作案时间可考者92例,其中54例(约占59%),在开始作案之后仍然获得提拔;44例(约占48%),在担任副省部级职务之前就开始了犯罪。

为了杜绝这种"带病"提拔现象,应该严格实行任前任后审查、审计制度。领导干部在离开某一领导岗位,或者在新任某一领导职务之前,有关部门应该对其本人及其相关人员进行仔细考察、审查,对其负责的部门或者分管的领域,进行彻底审计、审查。

我国在1995年出台了领导干部收入申报的规定,1997年又出台了领导干部报告个人重大事项的规定。以后,类似文件不断修改、补充、更新,但是,在实际操作中充满弹性,还不周密,不到位。

第一,报告要全面。不仅报告本人情况,而且要报告全家及相关人员的情况(包括家属经商办企业的情况);不仅报告全部收入,而且要报告全部开支;不仅报告所有货币和银行账户收支,而且要报告家庭及相关人员的住房、投资、就学、从业以及所有财产财物。

第二,情况要核实。在建立健全严密的信息统计体系的前提下,赋予有关专门机构特殊权力,使其有条件、有职责对领导干部报告的情况一一严格核实。

第三,信息要公示。领导干部是一个特殊的社会群体,其有关信息应暴露在阳光下。对于领导干部申报的信息,要及时在单位内部或向社会媒体公示,争取和鼓励公众监督。

第四,处理要及时。如果发现个人申报与事实有差异,甚至瞒报,应及时追问、追查、处理。发现小问题,及时提醒、纠正,防患于未然;发现大问题,及时处理、查办。

对于即将离任或新任的领导干部,其个人报告事项的核实和信息的公示应该作为重中之重,更加严格。这样,以此作为终极反腐手段,尽量把好最后一关。

(四)重点监督“一把手”

所选案例中,有70例,作案时,或者主要作案时段,都担任着地方或部门党政“一把手”。

我们的体制设计,使“一把手”的权力很大,容易形成“独立王国”。同时,对“一把手”的监督相对较弱,往往是下级不敢监督,上级没法监督,或者说,看得见的管不着,管得着的看不见;顶得住的站不住,站得住的顶不住。

例如,在广西自治区原主席成克杰眼里,就没有什么党组织和民主集中制,即使集体研究决定了的事,他说不行就不行。只要有利可图的工程项目,他都伸手。

对当时任阜阳市委书记的王怀忠有人形容:王书记一声吼,阜阳1.8万平方公里土地也要抖三抖;王书记点了头,事情就好办;王书记拍了板,就没有了不同意见;传说某人和王书记有关系,就被人刮目相看;任用干部,王书记说谁就谁。

宋晨光在江西宜春主政6年,绝对把控人事权,他曾留下这样的名言:“什么是市委,市委就是我,我就是市委。”其飞扬跋扈可见一斑。

对于“一把手”,一要分权,二要制衡。英国17世纪资产阶级革命时期的政治思想家詹姆士·哈林顿在其名著《大洋国》中,用两个无知女孩分食饼干的故事,说明了分权和制衡的原理:两个女孩采取“你来分,我选;或我来分,你选”的方法分食一块饼干,结果,饼干分得很均匀。因此,“一把手”的权力不能过分集中,而且,必须受到监督和制约,特别是对其“用人”、“花钱”,要有严格的牵制。

目前,纪委由于受同级党委书记的领导和牵制较多,难以有效行使监督职责。因此,应该赋予纪委独立行使监督职责的权力,让纪委直接对上级和同级党代会负责。

(作者单位:中共中央党校出版社)

社会管理与惩治腐败应协同推进

季建林

改革开放30多年来，我国经济持续高速发展、社会不断进步、政治安定团结，创造了世界发展史上的奇迹。但是当今中国社会，社会矛盾日益凸显，贪污腐败现象蔓延，严重影响我国社会经济发展和社会稳定，严重影响党和国家长治久安。中央提出加强和创新社会管理、建设预防和惩治腐败体系两项重大战略举措，力图解决这两大问题，并已取得显著成效。但是，化解社会矛盾和遏制腐败，无论在理论上还是实践中，基本上都是两套体系在研究和运作。如何将加强与创新社会管理和预防与惩治腐败两项工作有机结合起来，不仅是一个有创见的科研课题，更是迫切需要研究和解决的实际工作难题。从理论和实践结合上研究和解决这个课题和难题，显得十分紧迫和重要。

一、加强与创新社会管理和预防与惩治腐败都面临严峻形势

（一）社会管理挑战严峻

当前我国社会矛盾和社会问题基本状况可作这样评估：我国各种社会关系基本协调，政局基本稳定，社会基本和谐。但是，我们应清楚看到，当前我国社会出现了一些值得高度警惕的态势，使社会管理面临着许多新问题、新情况、新挑战。

1. 社会阶层的多元化。在计划经济体制下形成的群众主体是简单的，利益要求的差别不大。随着社会主义市场经济体制的建立和发展，我国的经济管理体制、所有制结构发生了重大变化，社会结构也发生了深刻而剧烈的变化。这些变化的一个重要结果就是群众主体呈多元化格局，群众再也不是由根本利益一致的工农两大阶级组成，而是由诸多现实利益有很大差异的不同阶层组成，群众形成了多元化的主体。

2. 社会需求的差别化。人民群众在基本生存需求逐渐得到满足后，发展需求越来越强烈，基本需求的标准在逐步提高，权利需求越来越强烈，社会安全需求越来越强烈，阶层和代际之间需求差异较大，社会需求呈现多样化、差别化、高级化，这使政府承担的社会管理事务越来越多、越来越复杂，政府的能力与水平同承担的繁纷事务不适应。

3. 利益诉求的复杂化。由于群众主体多元化，因而利益也呈多目标状态，这就使人民群众在政治、思想、经济生活中的各种矛盾问题相互交织，比过去任何时候都更为突出、更为复杂，需要调整的关系和解决的问题也更为复杂和综合。改革开放以来，随着我国经济的发展和社会的进步，民主法制建设的进程也在加速推进，群众的法律意识和民主意识有了显著的增强。但是也有一些群众不习惯也不愿用法律和道德来规范和约束自己的言行，在表达自己利益诉求时，往往是合理要求与不合理要求揉合在一块，合理行为与非理性行为揉合在一块，信访不信法，信上不信下，甚至用过激方式来表达利益诉求，使问题复杂化。社会心态的异化，仇官、仇富、仇警等等，使利益诉求规范失效，给社会管理带来了巨大的困难和阻力。

（二）反腐倡廉形势严峻

腐败几乎是世界上所有执政党和政府都存在的现象，中国共产党和中国政府始终高度重视反腐败斗争，坚决把反腐倡廉作为关系中国特色社会主义事业兴衰成败、党的生死存亡和国家长治久安的重大政治任务来抓。面对世

情、国情、党情的发展变化，党风廉政建设和反腐败工作也面临着许多新情况新问题。

1. 腐败干部层次多元化。从2007年11月至2010年底，共处分省部级干部和中央管理企业高官44人，地厅级干部1300人；从2007年11月至2010年底，全国共处分县处级以上干部16082人，其中，县处级干部14738人，共处分基层站所工作人员38464人，其中2010年处分违纪金额在千万元以上的乡科级以下人员171人。

2. 腐败现象向多领域蔓延。现在，腐败不仅发生在一些权力集中部门和岗位，不仅发生在土地、矿产资源、工程建设等经济领域，而且在过去被人们视为“清水衙门”的教育科研、文化体育、医疗卫生、司法机关、社会保障、慈善机构、社会团体、中介组织等领域和行业，也常有腐败发生，甚至发生大案要案。北京一小学校长贪污挪用的“择校费”居然达1亿元。

3. 腐败行为日趋复杂化。有的腐败分子利用权力，将正常工作变成权钱交易利益交易；有的腐败分子将腐败行为变成“期权”，退休后到关系人处享有丰厚待遇；还有的腐败分子利用高科技手段作案，具有高度的专业性和隐弊性。

二、统筹推进社会管理与惩治腐败的必要性

我国进入社会矛盾凸显和腐败多发期，必须加强和创新社会管理，必须加大预防和惩治腐败工作的力度。但是，如何将两者有机结合，统筹推进？有人认为，加强和创新社会管理，主要是执政党和政府如何管理和服务社会的问题，是一个“上对下”、“官管民”的事，而预防和惩治腐败，则是执政党和政府自身建设之事，是两个体系、两个层面，“两股道上跑的车”，不是一回事，两者无关联，不可组合，不可统筹推进。此种见解，理论上是错误的，逻辑上是混乱的，实践中甚为有害。加强和创新社会管理与惩治腐败应该而且必须统筹推进。

（一）两项工作的对象包容

社会管理和预防与惩治腐败都是对人的管理。社会管理是对人类社会必不可少的管理活动，在我们这样一个有13亿人口、经济社会快速发展的国家，社会管理任务更为艰巨繁重。我国有8000多万党员，有数千万公务员和财政供养人员，他们是13亿人口的重要组成部分，理所当然地也应成为社会管理的对象，在广大党员和政府工作人员中进行预防和惩治腐败工作，也理所当然地应成为社会管理的工作。不把预防和惩治腐败列入社会管理工作，也就会把占我国人口1/10的党员和政府工作人员不列入社会管理对象，社会管理岂不变成“官”管“民”运动？这就大大背离了中央倡导的社会管理和创新本意，也违背了社会管理的公平公正公开原则。同时，数千万党政机关公务人员又承担着社会管理和服务的领导组织协调工作，他们的素质水平能力直接决定着社会管理与服务的质量与水平。党政机关公务人员中存在贪腐行为，必然直接影响社会管理的成效。预防和惩治腐败，说到底就是要清除党和政府机关内的腐败分子，约束和监督权力运行，有利于将管人的人管好，将管人的权力管好，这就能从源头上规范社会管理，体现社会管理的公平公正公开原则。

社会管理不仅仅是对人的管理，还是对各种社会组织的管理。从广义讲，政党也属于社会组织。在我国，共产党是执政党，处于社会的领导地位和核心地位，但是，这并没有改变政党是社会组织的属性。更何况我国是社会主义法治国家，各政党，包括执政的共产党，也必须尊重宪法，遵守法律，在宪法和法律的范围中活动。既然如此，执政党及其各级组织以及执政党领导的各级政府，理所当然地也应成为社会管理的对象。只有将党政机关也列入社会管理的对象，党和政府一方面承担起领导组织实施社会管理的职能，另一方面又能带头遵守宪法和法律，使公权行使有法可依，并接受人民的监督，使宪法与法律对党和政府的监督管理，人民行使对党和政府的监督能实实在在地体现出

来,这样的社会管理必然会得到人民群众的热烈拥护和自觉参与。

（二）两项工作的目的相同

加强和创新社会管理的根本目是为党和国家事业发展营造良好社会环境。我国进入了工业化、信息化、城镇化、市场化和国际化大发展,经济发展方式和社会转型全面推进时期,极易产生各种社会矛盾,维护社会稳定就成为“硬任务”、“硬道理”。而腐败正在严重地扰乱我国的政治秩序、经济秩序、社会秩序,严重地侵蚀我国的法制基础,甚至会成为爆发社会危机的导火索。毛泽东曾深刻指出:腐败现象是社会主义社会的一个基本乱源,轻则引起群众的反对和不满,重则引起“第二次革命”,造成干部“霸王别姬”、党和国家改变颜色。我国现在进入了社会矛盾多发期,维护社会稳定成为硬任务,因此,应大力加强和创新社会管理。但是,正如毛泽东所说,腐败现象是社会主义社会的一个基本乱源,会引发更大的社会不稳定,不严惩腐败,社会管理和服务其他方面的工作做得再好,也难以聚拢人心。因此,必须从实现党和国家事业长治久安的战略高度出发,旗帜鲜明理直气壮地将预防和惩治腐败列入社会管理和创新工作。将预防和惩治腐败列入社会管理和创新工作之中,有利于从源头上化解我国社会危机,也会大大提升社会管理和创新的战略重要性。

（三）两项工作的重点一致

社会管理和创新的重要内容是改善党群关系、干群关系。群众是真正的英雄,是我们党的力量源泉和胜利之本。我们党历来高度重视群众工作,将党和群众的关系,比之如鱼水,喻之为血肉,视之为种子与土地。我们党在革命、建设、改革各个历史时期的成就,都是通过团结带领人民共同奋斗取得的。党和人民事业能不能顺利发展,关键就在我们党能不能始终保持同人民群众的血肉联系,能不能充分发挥人民群众的积极性、主动性、创造性。而腐败却恶化了党群关系、干群关系。江泽民曾指出:“近几年来,不少同志头脑中的群众观念明显地淡漠了,同群众的联系明显地削弱了,不倾听群众意见、不关心群众疾苦等脱离群众的官僚主义、命令主义现象,损害和侵犯群众利益的以权谋私、贪污受贿、腐化堕落等违法违纪现象,在一定的范围内发生了,有的达到非常严重的程度,引起了广大群众的强烈不满。在一些地方和单位,党群关系、干群关系很不协调,有的搞得很紧张。这种状况严重妨碍了党的正确路线的贯彻执行,严重损害了党的形象和声誉,必须引起我们的高度警惕和重视。”因此,将预防和惩治腐败与社会管理和创新工作两者统筹推进,有利于从根本上改善我国的党群关系、干群关系,使我党永远立于不败之地。

（四）两项工作的格局相近

我国社会管理格局是“党委领导、政府负责、社会协同、公众参与”,预防和惩治腐败的领导体制和工作机制是要坚持和完善党委统一领导、党政齐抓共管、纪委组织协调、部门各负其责、依靠群众支持和参与。两项工作的格局基本相近,这就为两项工作的有机结合统筹协进,奠定了组织体系和工作架构。同时,党和政府处于预防和惩治腐败与社会管理的领导地位、主导地位,这就要求党和政府成为社会表率,据有道德高地,要求人民群众和各社会组织做到的,自己首先要做到。己身不正,何以正人?如果党和政府机构及干部队伍中的腐败问题严重,党和政府领导与负责的社会管理怎有号召力、凝聚力和公信度?我们要纠正预防和惩治腐败与加强和创新社会管理“两张皮”、“各打各的锣、各吹各的号”的错误认识与做法,将预防和惩治腐败与加强和创新社会管理两项工作有机统一起来,统筹协进,就不仅仅是一个社会管理工作的创新,而是我党治国治党的新理念新思维新战略,是推进党和国家长治久安的重大工程。

三、统筹推进社会管理与惩治腐败的途径分析

如何将加强和创新社会管理与预防和惩治

腐败工作有机结合起来,是一个崭新的课题,重点在于,以预防和惩治腐败为切入点,将预防和惩治腐败与加强和创新社会管理工作密切结合,统筹协调。

第一,以维护人民群众根本利益作为统筹推进的首要原则。加强和创新社会管理工作的首要原则,就是要把实现好、维护好、发展好最广大人民群众的根本利益作为出发点和落脚点。当今中国进入社会矛盾凸显期多发期的一个重要成因和表现,就是在征地、拆迁、企业改制等方面,一些腐败分子勾结不法商人,严重侵犯和损害群众利益,导致诸多矛盾产生,甚至引发群体性事件。做好反腐倡廉工作,有利于及时发现和处理这类问题,化解社会矛盾,维护人民群众尤其是弱势群体利益。

第二,以畅通利益表达渠道作为统筹推进的共同要求。当今中国进入社会矛盾凸显期和多发期的原因之一,就在于人民群众的利益表达和诉求渠道不畅,有些社会成员不能用理性的、合法的行为维护或表达自己的利益诉求,造成"信访不信法",合理要求与不合理要求混杂,合理要求与不合理行为混杂,有些人甚至信奉"大闹大解决、小闹小解决、不闹不解决"的"行为准则",采取过激或非法行为来表达诉求。做好反腐倡廉工作,不仅为人民群众对腐败问题的检举控告开拓了正常合理规范化的渠道,而且可受理人民群众的利益表达和诉求,并且由于这一体制的规范性,可以引导人民群众用合理合法的方式来表达利益诉求,这与社会管理中畅通利益表达渠道要求完全一致,并可对诉求规范起示范作用。

第三,以维护公民基本权益作为统筹推进的重点工作。当前引发我国社会矛盾多发,对社会管理形成巨大压力和挑战的重要成因与表现,在于社会存在着太多的公平正义缺失,公民在公平接受教育、公平就业、公平竞争、公平参与社会活动等方面,还有很多缺憾。而我们的一些党员领导干部和公务人员,要么是通过一些不合理的制度或安排,为自己及亲友谋取各种利益,要么是对公平正义缺失漠然置之。这些问题的后面必然隐藏着腐败,同时又引发种种社会矛盾。遏制特权和打击腐败,维护社会公平与正义,不仅可以发现这些问题以利有关方面及时查处,还可征集到广大党员和人民群众对就业权、教育权、健康权、居住权、社会保障权等公民基本社会权利的公平正义的建议与对策,这对从源头上构建新型社会管理体制极有益处。

第四,以改善干群关系作为统筹推进的紧迫课题。当前社会管理中的一个问题是,有的地方干群关系紧张。干群之间原本应该是鱼水关系,彼此之间应该是思想一致、感情融洽。但由于少部分干部的腐败,伤害了群众情感,引起了群众的不信任。因此,解决干群关系紧张的矛盾主要方面在于干部队伍中的腐败问题。我党必须始终高举反腐倡廉的旗帜,以取得人民群众的信任和支持,取得人民群众对我党执政合法性的自觉认同,从根本上改善干群关系。

第五,以完善社会管理格局作为统筹推进的近期目标。胡锦涛曾指出,要进一步加强和完善社会管理格局,切实加强党的领导,强化政府社会管理职能,强化各类企事业单位社会管理和服务职责,引导各类社会组织加强自身建设、增强服务社会能力,支持人民团体参与社会管理和公共服务,发挥群众参与社会管理的基础作用。纪检监察工作是参与社会管理和创新的一个重要力量和积极因素,它可通过接受群众来信来访等,受理对党员、党组织及监察对象的检举控告,及时发现和处理党政机关中的腐败,及有可能引发社会矛盾的各种问题,促进党员、党组织和政府机关及工作人员提高反腐倡廉的自觉性,提高工作水平和工作质量,调动和提升公务人员参加社会管理和公共服务的积极性与责任感。党政机关及公务人员积极主动地参与社会管理和创新,会对党和政府调动各方面力量参与社会管理与创新起着鼓舞、引导和示范作用。

第六,以激发社会活力作为统筹推进的理

想境界。社会管理的最高境界是实现良好秩序和充满活力的和谐统一。我国社会经济发展的新形势、新任务、新挑战、新机遇，对提高社会管理水平提出了新要求。提高社会管理水平，科学管理是关键。科学管理的要诀在于用科学的方法调处各种矛盾，使社会能包容矛盾并将矛盾转化成进步动力，实现良好秩序和充满活力的和谐统一。积极鼓励向纪检监察机关举报违规违纪行为，会调动广大人民群众通过合理合法体制与渠道参与反腐倡廉的主动性、积极性，使维系社会秩序和激发社会活力实行有机统一。

第七，以建设核心价值体系作为统筹推进的社会共识。随着社会主义市场经济体制的建立和发展，我国的经济管理体制、所有制结构发生了重大变化，社会的阶级阶层结构也发生了深刻而剧烈的变化。这些变化的一个重要结果就是群众主体呈多元化格局。群众主体的多元化，给社会共识形成带来困难，使各种思潮互相激荡，社会思想信仰、文化取向、道德伦理、生活方式、价值准则呈现出多元化甚至去主流化趋势。在社会共识难以形成的情况下，以何种共同性较强的核心价值观来团结民众、振奋人心和凝聚力量，就成为社会管理中崭新而复杂的课题。共产党人只有高举立党为公、执政为民、惩治腐败的旗帜，才能占据社会道德之高峰，才能成为团结社会多元主体之核心，才能成为凝聚多元价值观之中心。唯如此，加强和创新社会管理工作才能成为人民群众自觉拥护、主动参与的社会建设。高擎反腐倡廉之利剑必然会大大提升社会主义核心价值体系建设的影响力和公信力，从而为加强和创新社会管理注入不可估量的能量。

（作者：中共江苏省南通市委党校教授）

防止干部任用“内部人控制”失控的党内民主路径研究

赖 宏

一、干部任用“内部人控制”的相关概念

“内部人控制”是斯坦福大学教授青木昌彦在公司治理理论中提出的概念。这个概念基于现代企业中所有权与经营权分离的情况下，将掌握公司筹资权、投资权、人事权等经营管理权力的公司经理层及员工称为“内部人”，而资产持有者被称为“外部人”。简言之，“内部人控制”就是指现代企业中经营者控制公司的现象。由于权力掌握在公司的经营者（内部人）手中，外部人对其监督往往很难到位，内部人通过对公司的控制追求自身利益，导致出现损害外部人利益的结果，在公司治理上就产生了“内部人控制问题”。可见，无论从内涵还是外延上看，“内部人控制”与“内部人控制问题”都是两个不同的概念。

现代公司制度是以所有权与经营权的分离为基础建立的，而且从外部人（所有者）控制转向内部人（经营者）控制逐渐成为现代公司的发展趋势。从结果上看，以经营者内部控制为主的公司治理结构也极大地推动了企业做大与做强。因此，客观地说，“内部人控制”是现代企业制度进步的表现，也是现代企业制度创新的必然结果。

现代企业中所有者与经营人员之间的关系是一种“委托—代理”关系，而现代企业治理结构中出现的“内部人控制问题”，又主要是源于所有者对经营者监督的缺失，所以，从权力授受角度看，“内部人控制问题”又表现为委托代理上存在的问题。

“内部人控制”现象不仅存在于现代企业之中，也存在于现代民主政治框架下的干部任用之中。主权在民是现代民主理论的核心思想。我国宪法规定，人民是权力的主人，党章也强调党的权力来自和属于全体党员。但是，全体人民也好，全体党员也好，虽然他们是权力的主体，但是他们不直接行使权力，而是通过选举等形式进行委托授权。进入操作层面时，他们将权力委托给党委和政府这种公共机构。当人民委托经选举产生的党委和政府机关承担国家管理的责任时，便产生了政治领域内所有权与管理权的分离，即人民是权力所有者，党委和政府各级机构及其领导干部则为权力代理人。作为权力主人的人民在党和国家事务的具体决策、管理方面让渡出相应的权力，于是出现了党政机关领导干部对管理国家事务活动的控制，这与现代企业“内部人控制”形成的机理是类似的。

干部任用权是公民政治生活中的一种权力，自然在本质上是属于人民的。但是，在“委托—代理”模式下，这种权力不是由每个公民亲自来行使，而是委托给职能机构及其领导者来行使。与企业治理面临的问题相同，在制度与机制不完善、监督不到位等因素作用下，作为干部任用权力代理人的党政机关及其领导者完全可能背离全体人民的意志和要求，出现职能部门尤其是主要领导说了算，在亲戚圈、朋友圈中选人等不按权力主人的意志和根本利益来选人用人的不正常现象，造成干部任用的“内部人控制问题”。

综上所述，干部任用的“内部人控制”，就是指在权力授受以后，行使干部任用具体权力的职能部门及其领导者控制了提名、考核、决

策、任命等干部任用权。而在干部任用中,由于监督的缺失、职能部门及其领导者出于追求自身利益的目的或者不作为等原因,从而导致选人用人不公、不准、不透明等损害人民根本利益的结果,这就产生了干部任用的“内部人控制问题”。

二、干部任用“内部人控制”的形态

与公司“内部人控制”的出现是现代企业制度进步的表现一样,干部任用的“内部人控制”也是近现代民主政治发展的必然结果。因此,干部任用“内部人控制”在具体形态上既表现为应然,也体现为实然。但是,干部任用的“内部人控制”并不一定导致“内部人控制问题”。因此,干部任用“内部人控制问题”的出现是一种或然。

1. 干部任用“内部人控制”之应然

从直接民主到间接民主,是近现代民主政治进步的标志。从法理上看,权力的委托代理关系确立后,具体的管理权应该在代理方手中,所以,干部任用“内部人控制”有其合理性。由于人员众多、地域广阔、事务庞杂,作为权力主体的全体人民是无法直接行使个人权力的,如果让每个人都充分发表意见,不仅没有办法协调,也无法及时作出决策,所以在实践操作中不可能作出人人直接参与的制度性安排。因此,通过委托代理进行授权的间接民主,因为其操作上的可行性,已经成为世界上占主导地位的民主制度形式。可见,从近现代民主政治发展的趋势和操作的可行性看,干部任用权只能由相应的职能部门及其领导者行使。换言之,作为代理方的“内部人”控制干部任用权,是必然的、合理的。

2. 干部任用“内部人控制”之实然

在干部任用的实践操作中,基于现有的制度安排,事实上也是相关职能部门及其领导者在承担选人用人的职能。

随着改革的深入和社会主义市场经济体制改革目标的确立,在规范选人用人的制度改革上,党中央提出了一些重要思想,也出台了一系列制度。如《党和国家领导制度的改革》、《中共中央关于严格按照党的原则选拔任用干部的通知》、《深化干部人事制度改革纲要》、《党政领导干部选拔任用工作条例》等。这些制度为组织路线建设和干部人事制度改革的深入推进作出了突出贡献。

党的十六大以来,为适应新形势的客观需要,中央继续加大干部人事制度改革力度,在规范干部选拔任用方面推出了一系列重大措施。这集中体现在《中国共产党党内监督条例(试行)》、《党政机关竞争上岗工作暂行规定》、《公开选拔党政领导干部工作暂行规定》、《党的地方委员会全体会议对下一级党委、政府领导班子正职拟任人选和推荐人选表决办法》、《党政领导干部辞职暂行规定》等制度性成果上。这些制度集中表达了这样的观点:“一切干部都是党的干部,都应根据他们担任的职务,分别由中央和各部门的党委、党组或所在单位的党组织负责管理。”《中国共产党章程》还明确规定:“在党的地方各级代表大会和基层代表大会闭会期间,上级党的组织认为有必要时,可以调动或者指派下级党组织的负责人。”在《党政领导干部选拔任用工作条例》中也明确规定:“党委(党组)及其组织(人事)部门,按照干部管理权限履行选拔任用党政领导干部的职责。”因此,根据相关法规和政策的规定,应该是由党委(党组)及其组织(人事)部门来行使干部任用权力。

虽然干部任用的职能部门是党委(党组)及其组织(人事)部门,但是,由于党委(党组)及其组织(人事)部门本身是没有具体行为能力的,所以只能由其领导者代行这个权力,于是就形成了全体党员和普通群众—职能部门—职能部门领导者(各单位的领导者)的层层委托代理链,最终,职能部门及其领导者以党委(党组)及其组织(人事)部门的名义,在法律、法规授予的权力下实际控制着干部任用活动。这样,党委(党组)及其组织(人事)部门及其领导者作为代理方实现对干部任用“内部人控制”就成为实然。

3. 干部任用“内部人控制问题”之或然

干部任用“内部人控制”虽然是应然的，而且处于实然状态，但并不是说只要存在“内部人控制”，就必然会产生“内部人控制问题”。“内部人控制问题”的形成，最根本的原因在于权力所有者的监督缺位及监督机制的不完善。可是，在代议制间接民主的形式下，让权力所有者在监督上做到不缺位，迄今为止还只是人类政治思想领域中的理想，虽然法理上已经认定人民群众最终拥有权力，是权力的主人，但实际上人民作为一个整体是缺乏具体的行为能力的，他们不但缺少行使权力的机会，而且日常生活中不会也不可能随时行使这些权力。权力所有者缺位是现代人类政治生活中的一个尚未得到有效破解的难题。

在干部任用上，我们的要求一贯是“对干部的任免、提拔、调动、审查和干部问题的处理，都必须由党委集体讨论决定，并按照干部管理权限由主管的党组织批准，不能由任何个人专断”。党章也规定：“任何组织和个人不得以任何方式强迫选举人选举或不选举某个人。”但事实上，在不少地方干部任用中，民意力量弱而由职能部门和单位主要领导说了算的现象仍然相当突出，甚至提名、考核、推荐、测评、公示、任命等民主环节也无一例外要体现领导意图。诸如先酝酿再推出的干部提名、事先内定的差额人选参加民主测评等，都是干部任用“内部人控制”的具体表现。这使干部推荐过程的民意测评、民主推荐变成“内部人”对任用对象的一种自我求证和程序补充。这种情况下的民意测评将成为一种完全受“内部人”控制的虚假民意表达，而真正的民主测评必须以每个人自主的真实意愿为前提条件。因此，在干部任用上，比民主推荐、测评结果更为重要的是个体民主意愿的无障碍表达，特别是意愿的真实表达。

干部任用不受控制的“内部人控制”，将会给干部人事制度的运行造成一种“拟态环境”，从而使民主选人用人变成概念性的想象。拟态环境的非真实性，导致干部任用在民主操作程序中的符号化。拟态环境下的符号化倾向越得不到控制，反过来越会强化干部任用的“内部人控制”。

干部任用的“内部人控制”失控，结果就越发走向主要依靠领导干部个人的道德与良知来选人用人的恶性循环。可是，把干部任用寄托于人的内在自律并不理性，没有外在的制度化的刚性监督，没有理性的法律约束，会使干部任用“内部人控制”之下未必出现的“内部人控制问题”或然可见，选人用人上出现的一些腐败现象也证明了干部任用的“内部人控制问题”确实存在。如果这个问题得不到控制，最终将导致我们的组织路线偏离政治路线的要求与目标。

三、党内民主对干部任用“内部人控制”的调控

“内部人控制的失控是指在缺乏外部有效监督的条件下，经理人员（内部人）通过获得的控制权为自己谋利并损害所有者的权益”。同理，干部任用“内部人控制问题”的产生，主要也是因为监督缺失。在中国共产党作为唯一执政党、处于中国政治的核心地位，而党的各级委员会（党组）及其组织（人事）部门又是干部任用的职能部门的前提下，用党内民主来调控干部任用的“内部人控制”，就是必然而现实的选择。

马克思主义经典著作家虽然没有直接给党内民主下过定义，但从他们关于党内民主的表述来看，党内民主至少包括以下思想：“党内民主的主体是全体党员；党内民主的实现是直接民主和代议制民主的结合；平等是党内民主的基本原则。”概言之，党内民主就是依据党章赋予的权利，广大党员自主、平等地参与管理党内一切事务的制度安排，以及由此而形成的党内政治生活形态。虽然党管干部是已经确立的基本原则，干部任用是党的工作的重中之重，但

是,用党内民主规范干部任用,当前仍然存在着普通党员权利保障不到位、参与不到位以及党内权力过于集中的现象。因此,作为干部任用"内部人"的各级党委(党组)及其组织(人事)部门,尤其是掌握用人权的领导干部不断增强党内民主意识就显得特别重要。胡锦涛在十七届中央政治局第14次集体学习时强调指出,要"把推进党内民主建设作为全面推进党的建设新的伟大工程的战略任务",并"推动党内民主建设健康有序发展",在干部任用工作上,"要扩大干部工作中的民主","提高选人用人公信度"。这是中央提出要用党内民主规范干部任用工作的最新思想。可见,用党内民主控制干部任用的"内部人控制",本身就是党内民主发展的内在要求,是落实党中央首次提出的把发展党内民主作为党的建设战略任务的具体途径,也是弱化和消除干部任用"内部人控制问题"的正确举措。

改革开放以来,全党上下以科学态度积极探索在干部任用上发扬党内民主的新路,进行了一些新的理论概括,这为党内民主的健康发展,为党的各级组织稳步推进党内民主,把干部任用工作置于党内民主控制之下积累了丰富的经验。如"充分尊重党员主体地位,把保障党员民主权利作为发展党内民主的基础"、"提高党内民主建设的制度化水平,在制度基础上形成党内民主机制"、"加强思想教育,培育党内的民主文化"等,这些基本经验对于规范选人用人无疑有着重要的启示作用。但从党内民主实现对干部任用的"内部人控制"的调控要求上看,还可以大胆探索一些更具针对性的举措。

一是用党内民主规范干部任用的信息披露。干部任用的信息披露,是防范用人失察、用人失控最有效、最彻底的预防性措施,也是落实党员知情权、参与权、决策权、表达权,体现党内民主原则的重要前提。但是,由于干部任用的"内部人"在这方面具有天然的信息优势,很容易导致选择性信息披露的缺陷。普通群众和党员对即将提拔任用人选的相关信息,如个人品德、工作能力、发展潜力等情况,只能通过干部任用职能部门公布的材料或者拟提拔人的竞职演说来掌握,作为权力主人对于候选人相关信息的掌握往往不如作为"内部人"的组织(人事)部门及其领导干部,普通群众和党员处于信息弱势的不对称地位。这种干部任用前的信息不对称就让群众在选择拟任干部人选时带有一定的盲目性,从而导致民意抉择风险。当干部被提拔起来以后,他们显然要比一般群众、普通党员更了解党和国家方针政策及决策背景、过程、后果,普通群众也不如拟提任干部那样具备各方面的条件,可以利用工作经验、程序等掌握政策内容和决策结果之间的相互关系,这就意味着干部任用后信息也是不对称的。那么,结果就有可能是被任用的干部或者出于向权力主体负责的需要,或者出于不愿担当的自私本性,向民众选择性地公布信息,即提供对自己最有利的部分,同时借助各种手段过滤不利信息,来掩饰自己的失误或者履职不当。干部任用后的信息不对称,使作为权力主体的"外部人"承担了民意抉择的道德风险。因此,用党内民主规范干部任用的信息披露,必须真正落实党章规定的党员对党的事务的知情权、参与权、决策权、表达权,让普通党员和群众有更多的渠道参与干部任用的日常工作。在信息披露的方法上要创新,可以尝试建立干部任用"听证会"制度,让拟任用干部先通过有民意代表参与的听证,再进行公示,以便使普通党员和民众的监督权和维护自身政治利益的权利得到更加充分的体现。干部任用信息披露的内容应该全面、完整,应该在党内外对拟任用干部的家庭社会关系、管理能力、忠诚程度、财产状况等信息进行披露,而且这种信息披露应该贯穿干部履职的全过程,并实行一年一披露的常规化和制度化操作,对于不愿意提供或者提供虚假信息的拟任人选,应视为不愿意接受党内外监督,直接认定为不具备任职资格。

二是用党内民主保障和加大干部任用的民意权重。在代议制民主形式下,确认干部任用权力的委托代理关系后，选人用人权就在职能部门及其负责人掌控之下，这时就是干部任用"内部人控制"的应然与实然状态。当前，干部使用以能够体现领导意图的任命制为主流，这是自然的，但是其弊端也显而易见。谁在干部任用决策上权重大、起作用，被任用者自然对谁负责。试想，人民作为主人，如果对谁来为自己提供公共服务、谁来这里履职毫无发言权和最终决策权，自己的切身权益能否得到保障就是个问号。因此，要用党内民主的作风、党内民主的制度及其机制切实保障干部任用的民意权重，让民意起根本性作用，而不是一把手意志独大。目前，用于衡量民意结果的主要是票数，但影响票数的因素很多。本来，比较理想的民主选举结果不是人人都说好，或者人人都说坏，而是好人说好、坏人说坏。但是，好坏之间原本就是情感因素起作用多，而且中国熟人社会的弊病把亲亲疏疏的情感成分无原则地放大，得票多的人未必就是真正德行好、有本事的人。因而，不加分析地以票取人也未必可取。但是，有票决还是要比没有票决好。用党内民主保障和扩大干部任用的民意权重，其中的核心就是进一步规范干部任用的民主推荐、民主测评等程序，加强党员的民主权利、义务教育，强化党员干部在权利和义务上的平等意识，用党内民主意识和民主制度来约束领导干部和党员的政治生活行为，使之制度化和规范化。要让一次性票决和民意测评变为常规性票决和测评，让选举等民主推荐程序真正体现民意，并且要将科学的量化指标纳入干部任命和使用的票决和测评的整个过程、体系之中。

三是用党内民主营造干部政绩考核的民主氛围。干部任用的原则是德才兼备、以德为先。以德为先并不是说不要才能，相反，才能强弱还是一个与实绩多寡正相关的指标。干部主政一方，为官一任，有所作为是常态，追求政绩是常态，但关键在于如何衡量政绩，政绩真假或大小谁说了算、谁定标准、怎样来检验。党内民主的氛围、手段和要求应该广泛运用到干部政绩考核之中。在干部任用中，各级党组织及其领导者必须首先树立民主意识、民主作风，必须牢牢把握中央提出的"注重品行、科学发展、崇尚实干、重视基层、鼓励创新、群众公认"的正确用人导向，"格外关注"长期在条件艰苦、工作困难的地方工作的干部，"多加留意"不图虚名、踏实干事的干部，"不能亏待"埋头苦干、注重为长远发展打基础的干部。要通过党内民主制度、党内民主作风的形塑，让干部政绩由广大党员和普通群众说了算，而不是长官意志定了算，从而形成干部政绩考核风清气正的民主氛围。

四是用党内民主加强干部任用的监督。"干部选任权力的委托代理关系，其实也是一种契约。委托代理的过程，就是契约签订的过程。契约的内容既包括权力委托方的目标企求，也包括权力代理方的承诺，对于权力代理方的各级领导干部来说，这就是一种约束"。鉴于"经济人"属性极可能使权力代理人出现违约行为，因此，完善监督机制来督促契约的履行就显得特别重要。要通过党内民主的制度性要求，落实党员和群众的知情权，扩大干部任命前的公示范围，延长公示时间，将监督关口尽量前移；要落实党员和群众的监督权，在干部任用程序上，要将酝酿、推荐、考察、讨论决定的每个环节都作为实施党内民主监督的关键点，走制度化监督的路子，将每个环节的责任主体、责任内容、责任追究方式，按照法纪法规的要求落实到位。同时，要充分利用网络、微博等反映普通党员群众声音的舆情新阵地、新平台，切实扭转自下而上监督不力的状况，扩展监督平台，扩大监督空间；要进一步探索、完善和施行党委组织部门用人失察、失误责任制，不断强化事后监督。

（作者：中国井冈山干部学院党建研究中心主任、教授）

探索建立拟提拔干部廉政报告制度

中共广东省委组织部

探索建立拟提拔干部廉政报告制度，是中央确定的党政干部制度改革重点突破项目之一。近年来，我省对拟提拔干部廉政报告制度进行了积极探索和尝试。截至目前，省直单位拟提拔省管干部全部实行廉政报告制度，部分市、县也建立了相应的制度机制。实行廉政报告的地方和单位，普遍把廉政报告放在考察环节，并与民主推荐、讨论决定环节紧密衔接，充分发挥了廉政报告制度鉴别干部的特定功能，其选人用人公信度和群众满意度都相对比较高或进步比较大。但是，在具体工作中，还存在一些问题。

一是廉政报告真实性的问题。有的干部在公开自身情况，接受公众监督、评议中，存在少报、谎报的现象。二是对廉政报告认识上的问题。部分填报对象出于保护个人隐私的心理，对廉政报告公示持抵触情绪；部分单位担心舆论炒作，而放缓公示步伐。三是廉政报告所报内容的问题。拟提拔干部需要"晒"哪些"家底"，从我省情况看，各试点单位干部的报告内容五花八门，各有侧重。总的看，存在标准不统一、表达不一致、群众关心的热点没有包括等问题。四是配套制度的问题。拟提拔领导干部廉政报告制度是一项新生事物，落实这项制度必须结合各地实际，制定配套制度，加以丰富和完善。从我省的情况看，缺乏相应的配套措施，系统性不够，没有形成有效的"组合拳"。针对存在的问题，我省各级党委和组织部门将进一步理清思路，明确目标，突出重点，狠抓落实。

一、建立核查机制，进一步增强廉政报告的真实性

信息真实是拟提拔干部廉政报告制度的灵魂，拟提拔对象填报后，应通过单位党组织核查、考察组核实、职能部门核定等三重审核，保证廉政报告内容的真实性、准确性。一是由单位党组织进行初审核查。明确单位党组织的监督职能，由单位党组织对拟提拔干部廉政报告的内容进行初步审核，出具书面意见，并由单位党组织主要负责人签字把关。二是由干部考察组进行考察核实。考察组通过个别谈话、发放征求意见表、民主测评、实地考察、专项调查、与考察对象面谈、查阅相关资料、走访知情人等方式，对拟提拔干部廉政报告的内容进行核实，特别是对有关群众反映的问题进行调查了解。对需要进一步了解的问题，或直接询问拟提拔干部本人，或让其作出书面说明。三是由职能部门进行专项核定。按照干部选拔任用的有关规定，组织部门须就拟提拔干部廉政情况书面征求纪检、检察、信访、审计、计生等部门的意见，并由相关部门出具专项鉴定意见。拟提拔干部廉政报告通过三重审核后，归入干部的个人廉政档案，相关内容录入干部监督信息管理系统，以备干部日常管理监督所用。

二、提高认识，合理把握廉政报告的公示节奏，进一步增强制度的实效性

拟提拔干部廉政报告公示是发挥群众监督作用的有效渠道，也是深化干部人事制度改革、推动选拔任用干部民主化、科学化的必由之路。拟提拔干部要充分认识落实廉政报告制度的重要性和紧迫性，增强执行廉政报告制度的责任感和自觉性。与此同时，各地要注意把握好公示的节奏。一要合理确定公示的范围。应按照"知情度、关联度"的原则，将公示范围限定在

拟提拔干部本人所在单位。二要科学区分公示的层次。拟提拔干部廉政报告,应向干部考察组和干部所在党组织领导班子成员毫无保留地公开。对拟提拔干部所在单位其他人员,可将廉政报告表提供给参加民主测评会的与会人员,接受单位干部职工的民主监督,既保证监督的有效性,又避免带来负面影响。三要把握公开的力度。现阶段的廉政报告公开,可以采取逐步试点、循序渐进方式进行。在获得一定的操作经验后,逐步推开,避免因摸不清制度的潜在问题导致制度"水土不服"。

三、科学设定廉政报告的内容,进一步增强廉政报告的完整性

廉政报告的内容既要有利于报告对象填报,又要符合中央的要求和党风廉政建设的现实需要,还要与时俱进地回应群众关注的热点问题,因此,应当包括家庭财产、投资经商和廉洁自律三方面内容。家庭财产情况包括:本人、配偶、共同生活的子女上一年度全年总收入情况(包括工资、各类资金、津贴、补贴等),本人、配偶、共同生活的子女储蓄存款情况,本人、配偶、共同生活的子女拥有房产情况(应注明具体地址、建筑面积以及属于商品房、福利房、经济适用房、限价房或自建房等产权性质)。投资经商情况包括:本人、配偶、共同生活的子女投资或者以其他方式持有有价证券、股票(包括股权激励)、期货、基金、投资型保险以及其他金融理财产品情况(股票、基金应当填写证券账户、基金账户中的持股份额、基金份额以及所余资金数额,期货应当填写交易账户和结算账户中的期货合约内容以及所余资金数额),配偶、共同生活的子女投资非上市公司、企业情况(应当说明投资或注册公司、企业的名称、所占份额)。廉洁自律情况包括:有无收受礼金、有价证券、支付凭证、购物卡等行为,拒收礼金、有价证券、支付凭证、购物卡等情况,有无其他违反领导干部廉洁自律规定等行为。

四、合理设计报告程序,进一步增强制度的可操作性

确定合理的报告程序,保证操作时方便易行,是关乎拟提拔干部廉政报告制度是否具有生命力的关键因素。在具体操作过程中,拟提拔干部廉政报告既可放在公示环节,也可以放在考察环节,但以后者为好。若在公示环节进行廉政报告,一旦报告经审核不实或存在影响提拔的问题,则可能给干部工作带来被动;若在考察环节进行廉政报告,能够给相关部门对报告内容进行核实预留出时间,有利于干部工作的科学决策。在报告的程序上,可以分三个步骤进行:一是在实施考察时,考察组发放廉政报告表,由拟提拔干部按要求亲笔填写,并签名承诺。二是拟提拔干部的廉政报告表要经所在单位组织人事部门进行初核,并由纪检监察机关和单位主要负责人签字后加盖单位公章。三是考察组在考察谈话时对申报内容进行印证了解,并将谈话了解的情况在报告表中注明。

五、健全配套机制,进一步增强廉政报告制度的系统性

建立健全拟提拔干部廉政报告制度,必须与其他制度相配套和衔接,这样才能收到实效。从工作需要出发,要配套建立和实施廉政报告核查制度、评估制度、信息管理制度、责任追究制度,并与个人金融账户实名制和房产登记查询等制度相衔接,对拟提拔干部的廉政报告内容进行分析和核查,及时进行甄别,切实保证廉政报告工作的实际效果。此外,为保证廉政报告制度的实效,组织部门要与纪检监察、银行、房管、检察、法院、税务、审计等部门联起手来,协同配合,健全监管机制,确保廉政报告制度不流于形式,成为监督领导干部廉洁从政的有力抓手。

(执笔人:戎铁文 杨基龙 张志勇 李一村)

反腐倡廉制度建设与积极推进政治体制改革

包心鉴

反腐倡廉制度建设与积极推进政治改革，作为当代中国政治发展与民主政治建设的重要组成部分，两者呈现出这样一种逻辑联系：反腐倡廉制度建设本身就是一种政治体制改革，是整个政治体制改革的重要组成部分，甚至是关键性组成部分，必须以更大的决心和勇气积极推进政治体制改革，为反腐倡廉制度建设创造更为广阔的空间和更加有利的条件；同时，反腐倡廉制度建设与创新又不是孤立的，必然涉及现行政治体制的许多方面，内在地要求并启动相关领域的政治体制改革。以上逻辑联系表明，围绕反腐倡廉制度建设积极推进政治体制改革，是在新的起点上深入开展党风廉政建设与反腐败斗争的关键抉择。从一定意义上可以说，能否积极深入地推进政治体制改革，直接关系到反腐倡廉的力度与成效。

一、改革的基本出发点：从“权力本位”到“权利本位”

改革开放以来，尤其是党的十七大以来，我们党加大了反腐倡廉工作力度，扎实推进惩治和预防腐败体系建设，并取得了明显成效。但是不可否认，腐败现象并未得到根本性的治理，反腐倡廉形势依然十分严峻，腐败仍然是党和国家面临的最大危险。在干部任用、土地审批、资源开发、工程建设、企业改制、金融监管等领域腐败现象仍然易发多发，教育、医疗、社保、环保等社会事业和民生领域腐败案件也明显增多，执法不公、行政不作为和乱作为等问题比较突出，形式主义、官僚主义、奢侈浪费之风屡禁不止，尤其是一些高级领导干部发生的腐败案件触目惊心、影响恶劣，在一定程度上呈集团化、高层化发展态势。这种现象深刻警示我们，探究腐败现象产生的根源，不仅要着眼于制度外，即从经济社会环境以及人的因素及其教育方面寻求原因，而且要着眼于制度内，即从现行政治体制存在的弊端寻求原因；消除腐败现象，不仅要着眼于反腐倡廉制度的建设与完善，而且要着眼于整个政治体制的改革与推进。

政治体制改革，归根到底是解决权力的配置与使用问题。当前围绕反腐倡廉制度建设推进政治体制改革，需要解决的实质问题是各级领导干部手中权力的来源、运行、制约与归宿。是“权力本位”还是“权利本位”，这是关于国家权力运行的实质与要害，也是反腐倡廉制度建设和积极推进政治体制改革的实质与要害。

（一）腐败现象的制度根源：权力错位和权力失控

为什么打击腐败的力度不断加大腐败现象却禁而不止？为什么一些本质很好曾经优秀的领导干部最终会堕落为腐败分子？为什么在一些特殊职务上不断会有领导干部走上腐败之路？一个又一个“为什么”，可以称之为我国现阶段政治社会生活中一种特有的“腐败之谜”。我们党坚持不懈的反腐败斗争力求解开这种“腐败之谜”，面对腐败现象滋生蔓延，人民群众深切期望解开这种“腐败之谜”，反腐倡廉理论研究与理论建设有责任更科学地解开这种“腐败之谜”。一桩桩触目惊心的腐败案件，一个个腐败分子面对法律严惩时的“沉痛忏悔”，让我们找到了解开这种“腐败之谜”的钥匙，这就是，不仅要从腐败现象的客观环境和腐败分子的主观因素上寻求“谜底”，而且要从国家权力的本质上寻求“谜底”。国家权力在少数领导干部手中“错位”与“失控”，背离了权力的本质与运行轨迹，是腐败现象滋生与蔓延的制度根源。

少数掌权者手中权力游离权力的本质而导致腐败现象，突出地表现为两种情况：一种是权力错位，再一种是权力失控。偏离为公共利益服务的价值指向，介入公共利益之外的利益交易，从而达到谋取私利的目的，这是权力的错位；而权力高度集中，凌驾于集体和民主之上，失去应有的监督，从而依恃权力和滥用权力，这是权力的失控。不管是权力的错位还是权力的失控，如果得不到及时警醒与纠正，导致的结果必然是权力的腐败。从这个意义上说，一切受社会委托掌握着公共权力的人，都时刻面临着脱离社会和公共利益的风险，都有依恃权力腐败变质的可能。这就是腐败现象禁而不止、难以根除的制度根源。这就要求，一方面，一切掌握着公共权力的人，必须清醒认识权力的本质，时刻牢记“权为民所授，权为民所用”，自觉防止“权为私所有，权为私所用”；另一方面，必须加强权力的监控与制约，以完善的制度和健全的体制确保权力的本质与运行路线。这两个方面，归根到底还是后一个方面起决定性作用。以权力制约与监督为主要内容和指向的政治体制改革，是深入开展反腐倡廉制度建设的必然趋势和内在要求。

（二）以往政治体制改革的误区：权力在少数人中配置

对于政治体制改革，我们党历来高度重视。“改革，应该包括政治体制改革，而且应该把它作为改革向前推进的一个标志。”改革开放初期邓小平的这一重要论述，影响到整个改革开放历史时期，成为党的几届中央领导集体领导中国改革的共识。在充分肯定这一点的同时，我们也有必要作进一步的反思：虽然政治体制改革在不断推进，但是为什么一些政治体制弊端难以消除，甚至愈加严重？尤其是权力错位、权力失控等腐败现象，为何有愈演愈烈的趋势？这就不能不涉及到政治体制改革的基本出发点和价值目标问题。

反思以往政治体制改革，某些改革不够彻底、人民不够满意的根本原因，是游离了确保人民当家作主和调动全体人民积极性这一根本前提和根本目标，改革仅仅局限在国家机构内部，变成了少数人的权力分配甚至权力角逐，从而造成了广大人民对政治体制改革的严重隔膜与疏离，造成了政治体制改革难以逾越的误区。比如政府机构改革，30 年来进行过多次，声势很大，收效甚微，周而复始，有的甚至原地踏步，究其根本原因，就是仅仅在机构增减、人员去留上做文章，没有超越“权力本位”的局限，没有深层次地解决好“权利本位”即如何建设好公共政府和加强人民对国家机构管理与监督问题，因此，如何变“控制型”政府为“服务型”政府，如何跳出“精简—膨胀—再精简—再膨胀”的“怪圈”，一直成为党政机构改革难以突破的难题。再比如干部人事制度改革，这是政治体制改革的核心环节，也是反腐倡廉的关键部位，人民群众极为关注。近几年来虽然采取了一系列改革措施，收到了一些成效，但是如何消除选人用人上的“权力本位”现象，坚持“权利本位”选人用人，实际扩大“民选”的范围与程度，仍然是当前干部人事制度改革难以逾越的困境。如果这个问题不解决，跑官要官行为和选人用人上的不正之风就难以彻底根除，因为“权力本位”的用人制度是跑官要官等不正之风的深厚土壤。此外，诸如“住房改革”、“公车改革”、“公款消费改革”等等，虽然改革初衷很好，改革声势也很大，但几乎无不浅尝辄止，以至不了了之。究其根本原因，无不可以归结到“权力本位”这一改革误区。事实警示我们，“权力本位”的改革误区，是我国政治体制改革的最大障碍，必须着力突破并防止重蹈这一改革误区，将各类政治体制改革的出发点真正定位到“权利本位”上来。

二、改革的主要着力点：从“高度集权”到“党内民主”

（一）坚持党政分开：防止党委包揽一切

在我国现行的政治体制架构中，高度集权有着特定的含义，这就是邓小平深刻分析的：党政不分，权力高度集中于党委。改革开放以来，经过历次政治体制改革，“党的一元化领导”的体制虽然得到了一定程度的改变与纠正，但是由于历史和现实的种种原因，这一党和国家领导体制中的“总病根”并未得到彻底根除，甚至在新的历史条件下有进一步加剧的趋势，这是权力腐败现象禁而不止、在某些领域甚至愈演愈烈的最深层根源。对近几年中高级领导干部腐败案件进行深入剖析，不难发现，大部分领导干部的腐败行为，几乎都发生在其担任党委（组）书记期间；而从腐败分子所担任的职务和分布的领域来看，也无不表明党委（组）书记这一职务，是滋生腐败的“温床”。严重的腐败现象和严峻的反腐败任务深刻警示我们，对于党政不分、权力高度集中的弊端，“现在再也不能不解决了！”

党政不分、权力高度集中从而导致权力腐败，突出表现在以下几个方面：

由于党政不分，权力高度集中，个人说了算，导致市场经济规则往往被扭曲和侵犯，从而滋生“权力商品化”现象和权商勾结、权钱交易的腐败行为。

由于党政不分，权力高度集中，个人说了算，导致选拔任用干部制度往往被扭曲和侵犯，从而滋生拉帮结派、跑官要官等腐败现象。

由于党政不分，权力高度集中，个人说了算，导致主要领导干部尤其是“一把手”的权力失去有效的制约与监督，从而使一些领导干部放松对自己的严格要求，以至为所欲为，堕落为腐败分子。尤其是“谁来监督一把手”的问题，尚缺乏行之有效的体制与机制。

由以上分析，不难得出这样的结论：深入推进反腐倡廉制度建设与创新，必然提出改革党政不分、权力高度集中的领导体制和权力体系的迫切任务。实行党政分开，防止党委包揽一切，防止个人凌驾于组织之上，仍然是在新的历史条件下积极推进政治体制改革“躲不开”、“绕不过”的任务。

（二）坚持党务公开：防止权力被垄断

党完成伟大的历史任务，防止脱离人民群众、走向腐败的危险，除了要坚持党政分开，解决好党对国家和社会的领导体制外，还有一个根本性环节，就是要坚持党务公开，发展党内民主。

坚持党务公开，发展党内民主，是由工人阶级政党的性质与宗旨决定的。坚持民主建党的原则，大力发展党内民主，内在地要求在党内生活中必须坚持党务公开，防止少数人对党的权力的垄断而产生权力腐败行为。所谓党务公开，主要包括以下内容：重大决策公开，一级党组织的重大决策，应在相对范围交广大党员干部以至全体党员充分讨论，在积极吸收各方面意见的基础上实行科学决策、民主决策、依法决策；选用干部公开，凡选拔和推荐党员领导干部，应在广大党员干部以至全体党员中广泛征求意见，对于重要岗位的党员领导干部实现差额选举或民主票决，从而防止在选人用人上的不正之风，从根本上杜绝买官卖官、跑官要官的腐败行为；执行程序公开，凡重大决策的执行，坚持走群众路线，充分调动广大党员的积极性，依靠民主的力量确保决策执行效果，从而防止高高在上的官僚主义，杜绝盲目蛮干损害群众利益的行为；重大事项公开，党员领导干部尤其是主要领导干部，定期向所在组织的共产党员公开自己的财产收入、公费开支、亲属经商等涉及权力运用的相关事宜，接受党组织和广大党员的监督，从而防止违法违纪违规事件的发生，杜绝滥用职权、以权谋私行为。总之，坚持党务公开，不仅是推进党内民主的重要渠道，而且是防范党员领导干部特别是“一把手”滥用权力走向腐败的关键环节。在反腐倡廉制度建设与创新体系中，坚持党务公开起到基础性的重要作用。

坚持党务公开，发展党内民主，要求进一步改革党内权力过分集中的弊端。早在我国改革开放之初，邓小平就对党内权力过分集中而造成的官僚主义现象进行了鞭辟入里的分析。他深刻指出："官僚主义现象是我们党和国家政治生活中广泛存在的一个大问题。它的主要表现和危害是：高高在上，滥用权力，脱离实际，脱离群众，好摆门面，好说空话，思想僵化，墨守成规，机构臃肿，人浮于事，办事拖拉，不讲效率，不负责任，不守信用，公文旅行，互相推诿，以至官气十足，动辄训人，打击报复，压制民主，欺上瞒下，专横跋扈，徇私行贿，贪赃枉法，等等。""官僚主义是一种长期存在的、复杂的历史现象。我们现在的官僚主义现象，除了同历史上的官僚主义有共同点以外，还有自己的特点"，这就是，它同我们"高度集权的管理体制有密切关系"，"权力过分集中于个人或少数人手里，多数办事的人无权决定，少数有权的人负担过重，必然造成官僚主义，必然要犯各种错误，必然要损害各级党和政府的民主生活、集体领导、民主集中制、个人分工负责制等等"。这一分析虽然讲于30多年前，但是今天读起来仍然使我们感受到其鲜明的现实针对性和强烈的现实指导意义。今天在我们党内依然比较严重存在的官僚主义及其权力过分集中的体制弊端，毫无疑问是使一些领导干部依恃手中权力由量变到质变、逐步堕入腐败泥沼的最主要原因。列宁曾指出："我们所有经济机构的一切工作中最大的毛病就是官僚主义。共产党员成了官僚主义者。如果说有什么东西会把我们毁掉的话，那就是这个。"许多腐败案件及其腐败分子堕落的过程，再一次证明了列宁这一论断的科学性和预见性。现实深刻警示我们，从改革高度集权的领导体制入手反对和克服官僚主义，从领导制度和权力体系上引导和确保党员领导干部立党为公、执政为民，依然是反腐倡廉的最基础工作，是反腐倡廉制度建设与创新的最基础工程。

（三）坚持党内监督：防止权力被滥用

加强党内监督，防止党员领导干部滥用权力而腐败堕落，是马克思主义建党学说的一个重要思想，是工人阶级政党建设的一条重要原则。

坚持党内监督，防止权利被滥用，要求进一步深化党内监督制度改革，健全与完善适应反腐倡廉需要的党内监督制度。一是切实保障全体党员在党内的民主权利，有效发挥广大党员在党内监督中的主体作用。全体党员民主权利的切实保障和有效实现，是党内民主的基础。我们党拥有9800多万党员，是一支庞大的监督力量。如果广大党员都能够清醒地意识到自己的民主权利，自觉地保护自己的民主权利并发挥在党内生活中的主体作用，那么少数党员领导干部滥用权力的行为自然就会得到及时而有效的遏制，最大程度地减少和防止党内腐败现象。党员民主权力包括选举权、知情权、讨论权和监督权，其中监督权是前三项权利的必然延伸，也是必要保证。不可否认，在现实生活中，大部分党员的民主权利尤其是监督权是概念化、虚拟化的，不少党员很难自觉地真实地履行自己的民主监督权，这是一些党员领导干部之所以能够无视民主、滥用权力甚至压制民主、打击报复，最终堕落为腐败分子的一个重要原因。现实警示我们，对于广大党员的民主权利尤其是党内监督权，不仅要有明确的党章规定，而且要有严谨的制度安排和制度保障，从监督体制和监督制度上确保广大党员民主权利尤其是党内监督权的有效实现。

二是建立与完善各级党员代表大会常任制，有效发挥党员代表在党内监督中的先锋作用。各地各级党员代表大会直至党的全国代表大会，是党的最高权力机构，是发扬党内民主、保障党员权利的最有效形式。现在的党员代表大会是非常任制，每届党委仅召开一次党员代表大会，很难充分发扬党内民主，尤其很难发挥党员代表大会在党内监督中的重要作用。应当建立党员代表大会常任制，党内重大事务及时向党员代表大会报告、接受党员代表大会监督。党的代表大会闭会期间，实行党员代表对各级党委的巡察、监督制度。这样做，无疑可以将党员代表的民主权利尤其监督权落到实处，最大限度防止党员领导干部滥用权力现象的发生。

三是进一步完善党的纪律检查制度，有效发挥各级党的纪检委在党内监督中的权威作用。改革开放以来，尤其是党的十六大以来，党的各级纪律检查委员会得到了进一步加强，尤其在巡查和处理一些腐败大案、窝案中发挥了关键性作用，然而从反腐倡廉常效性和制度化来说，党的纪律检查制度还有待于进一步完善与加强，一些党内纪检体制还有待于在深化改革中进一步走向科学化、民主化、规范化。比如，如何从制度层面确保同级纪委对同级党委尤其是党委书记的经常性监督？这是一个尚未从制度和体制层面解决好的老话题，理应引起高度重视。再比如，如何把纪检委对重大案件的侦破和处理与对各级党员领导干部经常性的监督有机地结合起来，使广大党员领导干部在常效化的制度监督与制约中防患于未然？诸如此类的问题，都涉及党的纪律检查制度的改革以至整个政治体制改革，都关系到反腐倡廉制度建设与创新能否有一个大的突破，必须以更大的决心和勇气积极推进。

三、改革的关键生长点：从“权力委任”到“权力民授”

改革实践表明，干部制度改革是整个政治体制改革的基础环节，也是改革的“突破口”。从一定意义上说，党和国家的领导制度、权力体系，关键在于干部的选拔、任用与管理。

（一）进一步完善干部选拔过程中的民主化机制

我们是工人阶级政党执政的社会主义国家。无论是党的性质还是国家的性质，都从本质上表明，一切领导干部手中的权力，都是公共的权力；因此，一切领导干部的选拔任用，都必须置于社会公共权力的制约与管理之下。这是确保领导干部正确使用手中权力、防止权力滥用而腐败的“源头性”工程。

我国现在还处在社会主义的初级阶段，支撑国家权力的经济基础是以公有制为主体多种经济成分并存的经济结构，并且公有制程度还比较低，加上旧社会遗留的思想文化的影响，还不可能完全实现和保证国家权力完全代表全体人民的利益运行；不仅如此，一部分国家权力还有可能悖离社会的公共利益而发生“权力异化”。这就是在我国现阶段所以会产生一些人滥用公共权力而走向腐败的根本原因。恩格斯曾深刻分析道：“政治权力在对社会独立起来并且从公仆变为主人以后，可以朝两个方向起作用。或者按照合乎规律的经济发展的精神和方向起作用，在这种情况下，它和经济发展之间没有任何冲突，经济发展加快速度。或者违反经济发展而起作用，在这种情况下，除去少数例外，它照例总是在经济发展的压力下陷于崩溃。”恩格斯所说的政治权力这两种运行状况，在我国现阶段国家运行和经济社会生活中都还依然存在：政治权力的主体是与经济社会发展保持同一方向的，是“合乎规律”的运行，对人民大众的利益起保护和促进作用；同时也存在着一部分政治权力悖离经济社会发展方向而对人民大众利益起阻碍和侵犯作用，这就是少数领导干部和国家工作人员把公共权力据为己有，依恃公共权力谋取私利，甚至贪赃枉法、贪污受贿、腐化堕落。

防止和清除公共权力悖离人民大众的利益走向“异化”，需要从各个方面努力，最关键的环节是要从源头上解决“权力授受”的关系问题。只有回归政治权力的本质，坚持“权为民所授”，才能做到“权为民所用”，防止“权为私所属”，有效地遏制和清除权力腐败现象。“权为民所授”，实质上就是要把好领导干部选拔任用关，完善与强化干部选拔过程中的民主化机制，使一切领导干部和所有国家工作人员从制度层面时刻清醒地认识到：自己手中的权力是人民授予的，是社会公共利益对国家政治权力的委托，必须运用手中权力全心全意为人民谋利益，使自己真正成为人民大众利益的“保护神”，而绝不能成为人民大众利益的“盗墓贼”。国家公共权力的本质和社会公共利益的需求，是进一步改革与完善我国干部选拔制度的最根本依据。

进一步深化我国干部选拔制度改革，从源头上防止权力腐败，需要进一步解决是靠多数人的意志选干部还是靠少数人的意志选干部的问题。改革开放以来，尤其是党的十六大以来，我们党加快干部选拔制度改革的步伐，制定和出台了一系列扩大领导干部选拔的民主化、有利于依靠多数人的意志选拔干部的改革措施，包括民意测验、差额投票、在一定范围民主公决等等，对干部队伍勤政廉政建设发挥了源头性的治理与促进作用。但是我们也必须清醒地认识到，目前的干部选拔制度改革仍然很不彻底，如何变“权力委任”为真正的“权力民授”，还是干部选拔制度改革中一个亟待解决的根本性问题。许多腐败案件，追根溯源，无不可以归结到选人用人制度上出了漏洞。历史与现实反复提醒我们，党风廉政建设，关键在于选人用人；而选人用人上的弊端，关键在于缺乏民主化机制。建立完善的民主选人用人制度，依托完善的民主化机制选拔各级领导干部和国家工作人员，依然是现阶段深化政治体制改革、推进反腐倡廉制度建设与创新的重要突破口。

如何处理好“党管干部”与“民管干部”的关系，将“党选干部”、“党管干部”与“民选干部”、“民管干部”有机地统一起来，是当前深化干部选拔制度改革需要着力解决的一个突出问题。“党管干部”，这是一项不可动摇的原则，深化干部人事制度改革，必须在党的统一领导下进行，体现党治国理政的意志，这是整个改革的方向。但是必须切实防止将“党管干部”绝对化，使“党管干部”变成少数人选拔任用干部的倾向。党是人民利益的忠实代表，除了最广大人民的利益之外，党没有自己任何特殊的利益。党的性质与宗旨决定，党在选拔任用干部并向国家机关和企事业单位推荐领导干部过程中，必须坚定地站在最广大人民利益的立场上，尊重民意、顺应民心，真正将那些为人民群众所认同、能够为人民大众办事的人才选拔到各级领导岗位上。由于在党的各级领导体制中还存在着权力过分集中的弊端，少数人意志的实现甚至一个人说了算，有着深厚的社会基础和体制保障，这就很容易在“党管干部”的名义下将少数人甚至一个人的意志强加到大多数人的意志上，成为选拔任用干部的主要依据甚至唯一依据，从而将“党管干部”与“民管干部”严重地割裂开来甚至对立起来，使“党管干部”凌驾于“民管干部”之上。现实生活中这种事例不胜枚举。一些领导干部，官气十足、私心严重，人民群众很不满意，但是在少数人甚至“一把手”的授意、保护下，一再带“病”提拔，甚至委以重任，直至东窗事发、腐败暴露。这些年揭露的一些腐败大案要案，绝大多数是与干部选拔任用方面高度集权的弊端联系在一起的。把“党管干部”绝对化，演变为干部选拔任用少数人说了算，必然助长任人唯亲的宗派主义和跑官要官的腐败现象，必然会将一些干部引向权力腐败陷阱。现实深刻警示我们，必须切实加强干部选拔任用制度的改革，改革的基本取向是增大民主化机制在干部选拔任用过程中的分量，从制度与体制的层面将“党选干部”、“党管干部”与“民选干部”、“民管干部”统一起来，最大限度地从干部选拔这个“源头”上堵塞权力腐败的漏洞。

（二）进一步增强干部监督过程中的民主化权威

失去监督的权力有可能变成被滥用进而变为腐败的权力，权力监督是防止和消除权力腐败的重要环节。权力监督的直接表现是对各级领导干部的监督。进一步改革与完善干部监督机制，切实增强干部监督过程中的民主化权威，是当前进一步深化政治体制改革、积极推进反腐倡廉制度建设与创新的十分重要的环节。

从广义上说，任何人都需要监督，这是促进

一个人健康成长、防止发生失误乃至犯错误的必要因素。而干部队伍的监督，尤其是对各级领导干部的监督，则有着特殊的内涵与意义。干部监督的实质意义是防止由“权力人格化”而导致的“权力私有化”的行为，把由“权力滥用”到“权力腐败”的可能性减少到最低程度。

从本质意义上说，权力是社会对国家的一种委托，所有国家工作人员手中的权力都是作为社会主体成员的人民大众授予的，这就是权力的来源；权力是公众的意志，所有从社会分离出来的政治权力，都代表着作为社会主体成员的人民大众的意志，并为人民大众的利益实现服务，这就是权力的本质；所有掌握着公共权力的人，都必须按照作为社会主体成员的人民大众的意志运用手中的权力，由此实现好、维护好、发展好人民大众的利益，这就是权力的功能；任何人手中的权力，最终都将被社会收回，国家权力最终完全回归于社会，这是社会发展不可改变的大趋势，这就是权力的归宿。综上所述，权力的来源、权力的本质、权力的功能、权力的归宿，构成马克思主义权力观的基本内容。一切掌握着公共权力的人，尤其是位高权重的领导干部，都应该认真学习和牢固树立马克思主义权力观，按照权力的正确运行轨迹运用手中权力。这是加强反腐倡廉思想建设、保证各级领导干部清正廉洁的最基本因素。

然而许多现实事例说明，仅靠思想教育，明白马克思主义权力观，还不可能完全解决领导干部有可能滥用权力走向腐败的问题。一些腐败分子，具有较高的学历和文化素质，受党教育多年，并非不懂得什么叫正确的权力观，为什么依然会深陷迷途走向腐败？回答这个问题，有必要深入研究权力运行过程中的“权力人格化”现象。

从社会分离出来的公共权力，通过国家职位实现向国家机构委授。一个人担任什么样的职务，就会拥有什么样的权力，同时也就具有了运用这种权力的资格。职务是权力的载体，权力是职务的延伸。国家职位是有限的，只能为少数人所占有，由此，公共权力由社会向国家转授，就必然会产生“权力人格化”的假象——权力与个人紧密相联。如果一个领导干部具有较高的思想觉悟和良好的人格素质，时刻意识到自己手中的权力是社会授予的，必须运用这种权力全心全意为人民谋利益，他就会审慎用权，严格划清权力与个人的界限，注重非权力人格的养成与坚守，以权奉公而绝不以权谋私，就会有效地杜绝权力腐败的可能。但是我们又必须看到，“权力人格化”——公共权力与领导干部个人职务紧密联系，又会对领导干部产生极大的诱导乃至腐蚀作用，稍有不慎，甚至是一念之差，就有可能运用手中权力为自己或他人谋求私利。在这样一种过程中，就已经酝酿着权力有可能被滥用而走向腐败的危险。不少腐败分子，无不经历过这样一种由量变到质变的“权力异化”和“人格蜕化”过程。“权力人格化”决定，任何一个掌握着公共权力的人，都有滥用权力走向腐败的危险与可能；任何一种公共权力，都不是无限的而是有限的，都必须置于严格的制约与监督之下。对领导干部进行权力运行情况的监督，是公共权力本质与功能的内在需要，更是对一切掌握公共权力的领导干部与国家工作人员的爱护与保护。加强权力监督，是进行反腐倡廉制度建设与创新的重要内容。

我们党历来重视对各级领导干部权力运用情况的监督，改革开放以来尤其是党的十六大以来，在领导干部监督方面采取了一系列强有力的措施，健全了一整套严谨的制度。然而从一些腐败案件发生的原因和反腐倡廉面临的严峻形势和艰巨任务来看，我们的干部监管制度还不完善，有些方面还存在着缺陷与漏洞，改革与完善领导干部权力监督制度，依然是政治体制改革和反腐倡廉制度建设必须予以高度重视的最突出任务。这方面需要做的事情很多，其中最重要的是必须进一步明确谁是权力监督的主体、如何从制度和体制的层面强化这个主体。

谁是权力监督的主体，决定于谁是权力授予的主体。一切国家权力都是社会授予的，社会是权力授予的主体。我们是人民当家作主的社会主义国家,我们党是领导人民实现当家作主权利的先进政党,因此,我们的一切权力,包括党的权力和国家的权力,都来自于作为社会主体的人民大众,人民大众是党和国家一切权力授予的主体。这一本质决定,人民大众同时是党和国家权力监督的主体。一切党和国家工作人员,尤其是各级领导干部,都必须接受人民大众的监督,立党为公、兴国为公,执政为民、行政为民。人民监督,是一切监督手段的源头和主体,只有真正从制度上和体制上确保人民在权力监督体系中的主体地位,才能有效地确保权力的本质和功能,从根本上防止和消除一些人滥用权力走向腐败的现象。

人民是权力监督的主体,不是一句空话,而是有实际的内容和体制的保证。当前进一步深化政治体制改革,推进反腐倡廉制度建设与创新,一个紧迫的任务就是要强化人民在权力监督中的主体地位和权威作用。这需要从两个方面着力:一是体制内,进一步健全人民大众对党和国家权力的监督体制,畅通人民大众对党和国家权力监督的渠道。二是体制外,高度重视来自于民间的批评意见和监督声音,这些批评监督意见可能是零星的、原始的甚至是粗糙的,但是对预防和消除领导干部滥用权力走向腐败来说,是具有神奇疗效的“民间土方”,不可轻视和忽视。倾听这些来自民间的批评意见,并将这种制度外的监督力量及时地真实地充分地转化为制度内的监督力量,无疑可以有力促进党和国家反腐倡廉制度建设,有力防止一些领导干部滥用权力走向腐败现象的发生。

(作者:中国政治学会副会长,中国科学社会主义学会副会长,济南大学政治与公共管理学院院长)

第十一部分

政工干部和学者论坛

美国亚太政策的调整对我国及东南亚地区的影响与对策

雷常新

当今时代，世界正处于大变革，大调整之中，国际体系在经历前所未有的转型。推动国际体系演变的最大动力来自于全球化和多极化两大潮流的发展，使国家与国家之间的关系发生了深刻变化。进入2012年后，美国在重返亚太的旗帜下，对东南亚的政策采取了一系列的调整，从而引发了东南亚形势的动荡与不安，围绕美国的政策，相关大国也纷纷调整对策，加强在东南亚的存在与影响力，中国——东盟关系何去何从，需要我们认真加以思考。

一、东南亚经济形势

西方国家的金融危机波及全世界，但对东南亚的影响却并不太大。因为1997年亚洲金融危机之后，东南亚国家的金融体系得到了重建和完善。然而，这次西方金融危机导致的实体经济的衰退对东南亚的影响却是存在的，不过中国和印度经济近年来的快速增长在很大程度上缓和了西方经济衰退对东南亚国家产生的消极影响。但如果今后几年中国、印度等新兴国家经济增速放缓，那将对东南亚经济产生致命的影响。

亚洲开发银行2011年12月发行的《亚洲经济监测》表示，随着欧洲主权债务问题的不断加深，加上美国经济疲软，全球经济可能陷入深度衰退。而新兴东亚国家的经济增长放缓将持续到2012年。无独有偶，国际货币基金组织发布的《2012世界经济展望》也认为，全球经济活动将减速，但不会崩溃。多数先进经济体将能避免重新陷入衰退，而新兴和发展中经济体的经济活动将从较高的速度上放慢下来。回顾2009—2010年度的东南亚经济，2010年东盟10国的经济增长率平均为7.4%，不仅高于预期值，而且大大超过了2009年1.3%的增长率。到了2011年，东盟各国经济增长速度明显放慢，这正是由于世界经济大环境的影响。根据预测，东盟整体2012年增长率预计平均将为7%，而且还有下调的可能。

自2011年第二季度以来，东南亚地区经济增长已经有所放慢，主要原因是外部需求趋弱。从国际经济形势来看，由于发达国家经济发展大幅减速，欧元区主权债务危机蔓延，增加了世界经济走势的不确定性。从东盟各国来看，国内需求总体上比较旺盛，一些国家继续面临经济过热的压力，信贷增长依然强劲，通胀势头总体高涨。尽管东南亚地区在1997金融危机中经历了挫败，并完善了金融体制，但是2011年8月和9月亚洲金融市场的抛售风潮表明，欧元区金融动荡的升级和美国经济的再度下滑可能会导致东盟严重的经济下滑和金融溢出影响。欧洲主权债务危机继续对东亚新兴国家造成不容忽视的冲击，但目前仍处于可控的范围之内。亚行区域经济一体化办公室主任伊万·J·阿奇兹（IwanJ. Azis）表示："这场始于欧洲的混乱给新兴东亚内部的贸易和金融带来了愈发严重的危险；故而，东亚各国的政策制定者们必须做好准备，采取迅速而果断的共同行动，对抗这场可能扩大的全球经济衰退。"再加上中国、印度经济虽然增速减缓，但依然保持平稳的步伐，对东南亚地区的整体经济而言具有意义非凡的作用。比如，2011年中国与东盟贸易额由于中国——东盟自由贸易区的成立创历史新高，达3629亿美元，较上年增长24%。这不仅稳定了东南亚的经济秩序，对拉动东盟内需以及促进东盟外贸发展也起到了很大作用。

虽然中国内需继续扩大，但其经济增长可能出现缓和。据预测，在2011年中国经济增长9.3%之后，2012年中国经济增长率预测为8.8%；若欧元区和美国经济严重衰退，那么2012年中国经济增长率将比这一预测调低2个百分点，即跌至6.8%。与中国一样，近年处于发展高峰期的印度在利率上调和国际债务危机持续不断的情况下经济增速也显著放缓，在过去10年中，印度的经济增长速度多在8.4%或更高，但2011经济增速骤降至7%。这两大新兴经济体的经济状况使东南亚面临着许多不确定的风险。

在欧债危机、美国经济复苏前景不明朗、中国和印度经济增速放缓的大经济环境下，东盟各经济体的经济增长也比先前预期的要缓慢。各国经济增长减速将在工业生产中表现较为明显，出口尤其是电子产品出口将会出现较为严重的下滑。一些国家的洪灾已波及到区域工业生产链，虽然2012年的灾后重建有利于经济增长，但这些国家的工业生产能否恢复到灾前水平，在一定程度上还取决于对电子产品和汽车的全球需求的增长。同时，解决欧元区债务问题进展缓慢，欧元区的财政金融重组可能会导致东盟国家的金融资本流出，引起证券投资逆转和股票市场下跌。

越南统计总局日前公布的数据显示，2011年该国国内生产总值（GDP）较2010年增长5.89%，低于2010年6.78%的增幅。虽然2011年越南经济增速放缓，但在通胀压力加大的情况下，越南还是基本保持了宏观经济的稳定和较为合理的增速。2011年，越南国家财政收入共计674.5万亿越盾（约合321亿美元），同比增长21%；财政支出共计796万亿越盾（约合379亿美元），财政赤字占GDP的4.9%，低于5.3%的预期。

泰国最近遭受洪灾的严重创伤，预计要到2012年中才能恢复过来。亚行认为，泰国2011年经济将小幅增长2.0%，但预测其2012年经济增长率将保持在4.5%。

2011年的菲律宾经济增长速度大幅下滑，同比增幅仅为3.7%，低于官方设定的增长目标下限。2010年，菲律宾经济增长率高达7.3%，创下24年来新高。阿基诺政府原先把2011年全年经济增长目标锁定在7%至8%，之后历经两次下调，把增长目标改为4.5%至5.5%。菲律宾国家统计协调理事会最近承认，2011年菲律宾经济增长“相当虚弱”，并把经济增幅大幅下滑归咎于政府开支减少、欧元区债务危机以及美国经济复苏缓慢等原因。对于2012年菲律宾经济增长前景，菲央行行长特唐戈称，由于受欧美经济不景气影响，菲律宾经济2012年仍需“逆风而行”。但他认为，政府支出持续增加和国内消费增长有望弥补外部需求不佳的冲击。

在全球经济增长放缓有可能长期持续的情况下，东盟国家开始重新考虑自己的政策选择，并将宏观调控的重点从抑制通货膨胀和应对过度资本流入转移到保持经济增长上。一些国家推迟实施经济紧缩政策，有些央行已开始下调利率，并随时准备采取相应行动。从短期看，各国政府将面临着如何在刺激经济增长与防范全球经济不确定性的影响之间寻求平衡点。当然，全球经济增长放缓也给东盟各国政府一个重新聚焦结构性改革的机会，以推动中长期的经济发展。因此，如何适时调整宏观经济政策的重心，实施应对国内经济放缓的宏观政策和结构调整，减少因短期内政策调整而出现的非预期性失误，这将考验东盟各国政府的调控能力。

由于世界经济增长面临下行风险，同时经济过热压力又持续存在，所以东盟的政策制定者必须谨慎地求得平衡，一方面需要防范经济增长面临的风险，另一方面需要控制住长期宽松的金融状况对通货膨胀和资产负债脆弱性的不利影响。对东南亚地区经济而言，2012年的重点应是采取措施应对国内需求的下滑和来自先进经济体的外部需求的减弱，同时还要应对波动不定的资本流动。为了应对可能延长的全球危机，以及随后缓慢的复苏过程，东南亚决策者们可以利用现有的金融、货币和财政工具。这些工具包括保障金融稳定、确保地区内信贷充足的现行机制。货币政策必须保持灵活，而汇率调控则需防止恶性的货币贬值。此外，该地区仍然有足够的财政空间，在所需要的领域逐步、明智地推行刺激措施，同时避免过多的预算压力。如果全球面临的经济下行风险将会在一段时间内成为现实，东盟应该有余地实现政策转向，利用各种措施缓解经济活动所受影响，正如其2008年针对全球危机采取的应对措施那样。

与一些持悲观态度的学者不同，也有一些学者看好包括东盟国家在内的新兴经济体的经济发展趋势。亚洲开发银行经济学家庄巨忠表示，他对未来亚洲新兴经济体的经济发展"非常乐观"。他认为，1997年亚洲金融危机后，亚洲国家做了很多工作，如改善了金融管理系统，所以能够经受住2008年的国际金融危机，而目前亚洲金融业整体发展也保持良好。可以说，亚洲并没有发生危机。无论是2008年的危机，还是现在的债务危机都是美国和欧洲的危机。

二、东南亚的政治格局

一些人在议论，席卷许多中东国家的"阿拉伯之春"会不会在东南亚地区蔓延，换句话来说就是，东南亚地区会不会上演"阿拉伯之春"那样的剧变。笔者认为，不会出现东南亚版的"阿拉伯之春"，理由如下：

第一，大部分东盟国家都已经实行一人一票的选举制度，其他民主制度也相对完善，人民群众的不满有正常的渠道表达和发泄。

第二，经过10多年的努力，东盟国家已经医治好1997年金融危机所造成的创伤，经济发展一直保持较好的势头，当年受到重创的印尼和泰国的经济已经超过危机前的发展水平，人民群众的生活水平有了显著的提高。

第三，由于在较长时期内保持较高的经济增长，东盟各国政府用于改善民生的财政力量比较充足，低收入群体人数不断减少，纵使有比较严重的贫富悬殊，低收入群体仍然可以维持日常生活水平。以印尼为例，政府长期对油品实行补贴，纵使国际市场石油价格不断上涨，印尼国内的油品仍然能够保持较低价格，不至于严重冲击中低收入者。

第四，前几年，在泰国和缅甸都出现过不同程度的政治动荡，导致经济下滑，一般老百姓深受其害。在这些国家，无论是中产阶级还是一般民众，在经历了长期的动荡局势之后，寻求和平稳定是大势所趋。

（一）马来西亚

2011年可谓是东南亚的选举年，缅甸、泰国、新加坡都顺利地进行了选举，产生了新的领导人。相较之下，马来西亚大选则没有那么顺利。虽然马来西亚宣布随时会解散国会重新举行选举，但差不多一年的时间都是在对选举的等待中度过的。踏入2012年，马来西亚的大选日期仍未确定。为了赢得大选，在过去的一年，执政联盟——国民阵线和反对党联盟——人民联盟都积极推进自己的竞选步骤。执政联盟主席、现任总理纳吉布推出了一系列措施，纾解通货膨胀对人民造成的经济压力，包括推出一个马来西亚房屋计划、一个马来西亚人民商店、一个马来西亚青年基金等举措以及2012年财政预算案专注援助低收入群等。政府还宣布将给公务员加薪、补贴众多的穆斯林人口，并计划废除不受欢迎的国内安全法令。由三个反对党组成的人民联盟提出的主要政策是：确保经济增长、实施最低工资、控制通货膨胀、提高生活水平、解决贪污腐败等，这些都是选民关心的课题。反对派在2011年最引人注目的举动莫过于"709大集会"。马来西亚反对派2011年7月9日号召超过5万名民众上街参与"709大集会"，要求总理纳吉布推行选举改革。政府高度重视民意，积极顺应时代潮流，推动选举改革。目前，马政府已重新统计选民，承诺使用不褪色墨水投票，确保即将举行的大选更加公平、公正。

（二）缅甸

在2011年，缅甸无疑是东南亚最令人关注的国家之一，在缅甸急剧发生的一切，令人目不暇接。2011年2月，吴登盛当选总统。3月底，民选政府成立，结束了缅甸近50年的军人政权。新政府虽仍由军人支持，但上台后做出了一系列令人振奋的改革：2011年3月，在选举结束后的第6天，政府就宣布无条件释放被软禁多年的昂山素季；9月，取消大部分互联网审查，解除报禁；10月，政府释放230多名政治犯；12月，和平集会与和平游行法颁布；2012年1月，再次释放大批政治犯，并正式批准昂山素季参加将于2012年4月举行的议会补选，为昂山素季重返政坛创造机会。

缅甸政府推行民主转型的努力，得到了国际社会的认可和回报。2012年1月初，澳大利亚表示，将把部分缅甸公民从金融和旅游限制名单中删除；2月，欧盟宣布为缅甸提供1.5亿欧元的发展援助。对缅甸改革最重要的肯定来自于美国。美国总统奥巴马公开表示支持缅甸改革。2011年12月，希拉里访问缅甸，成为50多年来首位到访缅甸的美国国务卿。为了鼓励缅甸的改革进程，美国于2012年1月表示，将全面恢复与缅甸的外交关系，将派驻驻缅大使。近期，美国更是签署一份豁免令，解除部分对缅制裁，允许世界银行、亚洲开发银行以及国际货币基金组织等国际金融机构在缅开展评估工作，或提供有限的技术援助。这一措施为缅甸未来获得世界银行或国际货币基金组织等国际金融机构贷款及援助铺平了道路。

虽然改革的力度和速度让人惊叹，但缅甸民主化转型不会一蹴而就。目前军人依然是国家政权的主导者，如果改革进程过快，负面冲击过大，危及现有政权的生存和根本利益的话，必然会出现反弹，阻碍改革进程。缅甸下一步的民主改革进程是将于4月1日举行的议会补选，昂山素季领导的缅甸全国民主联盟将争夺空缺的48个议席。即使民盟在补选中赢得所有48个议席，也不会对执政党构成威胁。但是，昂山素季进入议会将为她和民盟搭建一个合法的博弈舞台。今后昂山素季如何与现政府打交道，反对党如何与现在的执政党和平相处、和平竞争，将在很大程度上决定政府改革的力度，甚至决定缅甸的民主化进程。

缅甸的2011年是改革和变化的一年。2012年，缅甸依然是变革之年。其改革的进程在国内将受到以昂山素季为首的民主力量和克钦独立军等少数民族武装组织的影响，国际上则与西方国家的对缅政策息息相关。

（三）泰国

泰国于2011年7月3日举行大选，为泰党赢得下院500席中的265席，阿披实领导的民主党仅获159席，沦为在野党。8月5日，前总理他信的妹妹英拉·西那瓦正式被任命为政府总理，成为泰国首位女总理。此后不久，泰国就遭遇了70年来最大的洪灾，使英拉政府执政伊始就遭遇严峻考验。这场肆虐4个月的洪灾造成700多人死亡，240多万人受灾，造成经济损失1.3兆亿泰铢。在整个应对洪灾的过程中，英拉政府的表现并无太多可圈可点之处，还一度让首都曼谷面临洪水围城的困境，新政府的形象在洪灾面前褪色不少。但整体而言，对于英拉上台后的表现，泰国民众给英拉及她领导的内阁打了高分。如今，洪灾已渐行渐远，来自反对党的制衡力量已经恢复，灾后英拉政府面临更大的挑战。首先，急需建立洪灾防治机制，向民众交代造成2011年洪灾的原因，保证今后不再有这种规模的水灾出现；其次，要解决灾后的经济社会问题，如财政压力、失业、外资信心动摇等一系列难题；最后，2010年红衫军的动荡也在考验英拉如何与之和解，如果英拉政府急于协助他信返泰，红黄对立的政治冲突将会再起。

（四）菲律宾

阿基诺执政一年多来，高举反腐大旗，打击腐败势力。2011年11月，菲律宾选举委员会和司法部正式以“操控选举”的罪名联合起诉菲律宾前总统阿罗约。现任总统阿基诺三世表示要彻底追查阿罗约不法事件,以改变菲政界的腐败传统。阿基诺的高调反腐为自己树立了政治威信。然而在经济民生方面,菲律宾人对其表现不甚满意。菲律宾一家报纸在社论中指出,发展经济是阿基诺政府的弱项,称其执政一年来经济建设乏善可陈,大多数民众仍在贫困线下挣扎。2011 年 12 月 6 日,1000 多名抗议者到达菲律宾总统府曼迪欧拉桥,进行为期 5 天的"占领曼迪欧拉"抗议。示威者抗议阿基诺三世政府领导下的物价上涨、高失业率、削减教育预算和反穷人政策。面对民众的不满,阿基诺政府表示,"总统任期不是 1 年,而是 5 年,希望民众给政府更多时间"。阿基诺本人表示,将在他任期的剩下 4 年里加倍努力,以证明他能兑现竞选时的承诺:消灭腐败和改善菲律宾人的生活。外交上,菲律宾在南海问题上的高调格外引人注目。除了多次在南海地区举行军演外,菲律宾还高调向国际社会宣布,把南海重新命名为"西菲律宾海";向外国能源公司颁发石油勘探许可证,并向联合国提交南海提案状告中国;军事上,从美国购买二手的"汉密尔顿"号巡逻舰,并计划从美国购买 12 架 F-16 战斗机,以加强国防能力。阿基诺采取这一系列步骤,试图以强硬的外交政策将自己塑造成一个铁腕领导人,以达到利用敏感话题转移国内视线,争取更多支持的目的。可以预见,2012 年,在反腐问题上,阿基诺政府会继续审讯前总统阿罗约,菲国内各种力量也会为此展开博弈;经济民生上,2011 年 12 月份热带风暴"天鹰"引发洪灾,造成上千人死亡和高达 13.8 亿比索的损失,这给阿基诺政府带来了新的挑战;外交上,如果阿基诺政府在国内遇到不满,仍会以南海问题为借口,转移国内视线。

三、中国——东盟关系新思维

当前东南亚地区国际关系总的特点是什么?笔者认为,当前东南亚地区国际关系总的特点是无秩序状态。中国的快速和平发展和迅速崛起成为世界大国打破了原有的地区秩序,而新的秩序却还未建立起来,因此,目前的东南亚地区乃至整个东亚地区都处于新旧秩序的过渡时期。近年来,有许多学者运用权力转移理论分析东南亚和东亚国际关系的特点,认为当前的东南亚正处在权力转移的阶段,原来东南亚的权力结构是单极的,由美国主导的,现在由于出现了新的大国,权力结构开始发生变化,新的大国希望得到更多的权力,以便与自己的大国地位相适应,而原有的权力掌握者并不甘心失去权力,千方百计维护自己的权力,因此,我们也可以把这个阶段概括为新旧权力结构交替的时期。这就是当前东南亚地区国际关系总的特点。

所谓过渡时期或者叫新旧权力结构交替时期,就是一切都还不确定,一切都还在变化中,一切都还在摸索的过程中。新旧秩序的过渡时期,也是各国学习的阶段,该地区各国都在学习如何适应一个新的正在崛起的大国——中国,如何与正在崛起的中国打交道;而中国也在学习,即学习如何做一个大国,做一个负责任的、让邻国们放心的大国。许多国际关系学者都认为,根据历史的经验,新旧秩序过渡的时期是最不稳定的时期,常常会发生战争,通过战争来彻底打破旧的秩序和确立新的秩序。笔者认为,当前的东南亚乃至东亚地区不会出现这种情况。为什么?因为中美关系是稳定的,中美关系是和平的,中美两个大国从来没有像现在这样相互依赖,中美两个大国在东南亚的存在与利益是可以协调的,是可以共存共荣的,一个和平、稳定与繁荣的东南亚符合中美两国的共同利益。当前中美两国在东南亚乃至东亚地区都有各自的担心,美国担心中国在成长为世界大国的过程中会逐步取代美国的位置,最后把美国完全排挤出该地区;中国则担心美国在东南亚和东亚推行针对中国的遏制战略,在中国周围形成包围圈,围堵中国。因此,中美关系未来发展的重点,应该是加强接触,增进相互理解。

当前的中国——东盟关系总的状况是好

的，尽管遇到许多挑战，但中国和东盟双方都有意愿促进相互合作，都有意愿将这种合作引向进一步的深入和持久。笔者认为，为了促进中国——东盟关系的可持续发展，需要解决如下八个方面的认识问题。

1. 厘清南海问题的实质，正确处理"维稳"和"维权"两个关系

我们应该界定和厘清南海问题中一些混乱的概念。笔者认为，南海问题包含如下三个层次：一是南海的水道安全和自由通航的问题。维护南海水道的安全和自由通航符合东盟、中国和各大国的共同利益，尤其是对中国、日本和韩国可以说是生死攸关，因此，我们应该高高举起维护南海水道安全和自由通航的旗帜。今后随着中国和平崛起，中国的商船要走向世界，走向各大洋，因此，维护海上航道安全和自由通航，也是中国对外政策应该努力争取的一个重要目标。

二是与印度尼西亚和文莱在专属经济区划界的纠纷。中国与印度尼西亚和文莱在专属经济区的划界方面有重叠的部分，这个问题应该是比较容易解决的。

三是南沙群岛及其海域的纠纷。这是最难的问题，也是南海问题的核心。现有四国五方（包括中国、中国台湾、菲律宾、越南和马来西亚）提出主权要求，各不相让，在占有和开发等方面，中国均处于比较被动的状态。如何变被动为主动，必须审时度势，抓住重点，及时突破，做到有理、有据、有节。团结大多数东盟国家，共同维护南海局势的稳定。

至于"维稳"和"维权"的关系如何处理，笔者认为，当前的主要矛盾应该是维护南海地区的稳定，稳定是压倒一切的，只有一个稳定的南海地区局势才能保证中国和平发展的大局，才能不让区域外势力乘机挑衅。因此，不得不说，"维权"应该服从于"维稳"。维护我国在南海的权益是一个长期的任务，目前的南海局势已经形成各种矛盾交织在一起的错综复杂的局面，我们必须保持冷静的、慎之又慎的态度。

2. 调整经贸关系，突出合作，实现双赢

前几年，笔者就撰文指出，我们开展中国——东盟经贸合作，一定要避免重蹈20世纪60年代至70年代中期以前日本与东盟经贸关系的覆辙。当前中国——东盟经贸合作的层次与水平还比较低，主要还停留在贸易阶段，双边的相互投资、技术领域的合作等都还比较少。近年来，前往东盟国家投资的一些企业往往为企业的短期利益着想，只注重谋取眼前的利益，忽视环境保护，忽视履行社会责任。总体而言，中国——东盟经贸合作可能相当于20世纪70年代日本与东南亚经贸关系的水平与层次。当时日本从东南亚大量进口原材料，然后向东南亚出口各种制成品，曾经在一段时间内引发东南亚国家的民族主义情绪，许多国家掀起大规模的抵制日货等反日浪潮。为了安抚东南亚人民，日本在上世纪70年代中期抛出"福田主义"，全面发展日本与东南亚的关系。我们应该吸取日本当年的教训，调整经贸战略，克服某些企业的短视行为，立足于长远的利益，立足于双方人民长期的友好关系，立足于双方共赢。

3. 实现软实力要软硬结合

我们在东南亚的软实力主要来源是什么，是延续了几千年的中华文化，是中国对东盟国家的友好交往政策，是中国一贯奉行的睦邻、安邻和富邻政策，是那里长期居住并且已经成为居住国公民的广大华人。笔者认为，在加强中国在东南亚的软实力方面，"中国有许多西方国家所没有的优势，具体表现在如下四个方面：一是历史悠久的中华文化，这种文化在东南亚有深远的影响和魅力；二是不同于西方的东方价值观，包括人权观、发展观、民主观等，中国与东南亚国家在这些方面有较多的共同语言，都对西方以人权为幌子干涉别国内政深恶痛绝；三是众多的华人，这些华人已经是东南亚各国的公民，在政治上效忠于所在的国家，为所在国家服务，但他们在文化上仍然与中华民族保持密切的联系，是沟通东南亚各国与中国的桥梁和纽带；四是中国对外政策的独特风格，例如，和平共处五项原则，在国际事务中坚持独立自主的原则，中国与发展中国家交朋友，真心实意地帮助别人，在提供援助时不附带任何条件等。”因此，我们要加强在东南亚的软实力主要是从上述几个方面着手。这里说的“软硬结合”，“软”是指我们在海外推广和弘扬中华文化时，要注意方式方法，避免使用在国内长期习惯了的那一套宣传手法，这样往往适得其反；所谓“硬”，是指推广软实力时，必须有强大的物质基础，必须舍得投入。

4. 加强与其他大国合作，共同促进东南亚的和平、稳定与繁荣

东南亚特殊的地理和战略环境及丰富的资源，对每一个地区大国和世界大国都有巨大的吸引力，因此，历史上所有大国在该地区都有自己的特殊利益与存在。正因如此，为确保地区的和平、稳定与繁荣，东盟一直奉行高度开放的地区主义，欢迎所有大国的存在与利益。作为一个新崛起的大国，中国应该与其他大国一起共同竭力维护该地区的和平、稳定与繁荣，中国不愿意也没有能力排斥其他大国在该地区的存在与利益。作为一个新兴的大国，中国不应该试图去挑战原有大国在该地区的存在与利益，相反，中国应该与所有大国和平共处，尽力避免出现零和博弈，努力实现共赢。

5. 不要担心东盟会一边倒

中国——东盟关系的发展在很大程度上是受中美关系制约的，其实，东盟国家也不愿意看到中美两国出现严重的对立，不愿意选择支持一方和反对另一方。正如新加坡外长尚穆根所说：“美应放弃围堵中国论，以免东南亚国家不自在。”尚穆根认为中美之间固然存在竞争，但竞争之余也可合作。“这是一个互惠互依的经济关系，两国可以一起做很多事。可以有竞争，也可以有合作，竞争与合作可以在一个不影响区域稳定的框架内进行”。他也表示，美国若使用冷战言论会让东南亚国家感到不自在。“我们欢迎美国与东亚加强联系，但美国接触亚洲的方式必须能被东南亚及东亚国家所接受。美方不应以冷战言论来形容美国与亚洲的接触，这将引起反响，其他国家会开始盘算，需如何回应美国的表态”。“东南亚国家会开始考虑是否应站在美国这边，还是中国这边。东南亚国家希望看到一个繁荣与强大的中国、一个在区域和平与繁荣方面扮演建设性角色的中国，以及一个与美国关系稳定的中国”。“中国越繁荣，东南亚就越繁荣。中美关系越稳定，本区域就会越稳定。有了繁荣与稳定，普通老百姓就有好日子过”。总之，一个稳定的中美关系不仅符合中美两国的利益，也符合东南亚所有国家的利益，有利于东南亚地区的长期稳定、和平与繁荣。大多数东盟国家都不愿意看到中美两国对立，不愿意选择一边倒。正如新加坡东南亚研究所的研究员拉提夫（Asad - ulIqbal-Latif）所说：“如果出现需要在美国和中国之间做出选择的情况，不仅对新加坡来说是个噩梦，对东南亚更多的国家来说都是如此。”

6. 正确估计中华文化在东南亚的影响与存在

中华文化在东南亚虽然源远流长，还有大量的华侨华人，但是，与印度文化、伊斯兰文化和西方文化相比，我们不能不承认，中华文化在东南亚的影响与存在远远不如人家。据笔者的考察，中华文化在东南亚的存在与影响主要表现在饮食文化和民俗文化等低层次的文化领域，至于高层次的文化，包括哲学思想、人文精神、社会制度、价值观等方面，中华文化的影响与存在是比较弱小的，甚至是微不足道的。因此，我们没有任何理由妄自尊大。我们现在要做的，是默默地、辛勤地耕耘。

7. 调整对东南亚的援助政策

这几年，我们开始加大对东南亚各国的援助，包括提供无息或低息贷款、无偿修建道路与桥梁、减少或一笔勾销一些国家所欠的政府债务、援建一些具有象征意义的政府大楼、资助受灾的灾民等。与日本和欧美国家提供的援助相比，中国提供的援助数量上还比较小，一些工程的质量也存在问题，因此，往往是我们的钱花了，却得不到好的评价或好的印象。笔者最近与印尼一些华人议员交谈，在谈到中国对印尼的援助时，他们普遍认为，中国的援助一定要注重效果，要让老百姓有好的印象，要让老百姓真正得到好处。同时指出："中国的工程技术人员和管理人员到了印尼之后比较封闭，不太与当地人接触，当地老百姓得不到太多的好处，对当地老百姓而言，中国的投资项目，可能对国家或者长远来说会有好处，但是，对当地老百姓来说，首先是他们失去了土地，失去了一些他们熟悉的环境，有些甚至可能会损害他们的眼前利益。因此，中国如果要在印尼长久地存在下去，更好地发展，就要主动与当地老百姓搞好关系，做一些他们看得见、摸得着的好事，如帮助当地人修建学校、修建教堂、修建道路等。"

8. 推广海外华文教育既要锦上添花，更要雪中送炭

我们现在在海外推广华文教育，这是一件具有深远意义的事情。与外国的大学合作办孔子学院，走精英教育这条路线，是必要的；但是，我们也要考虑到东南亚地区的特殊性。在东南亚各国（马来西亚除外），华文教育已经被关闭了半个多世纪。在一些国家，例如缅甸，华文教育虽然发展迅速，涌现了许多华文学校，但是，政府原来发布的禁令却一直还没有明令取消，缅甸政府对目前出现的华文教育热潮只是睁一只眼、闭一只眼。因此，我们在东南亚推行华文教育，不能只走精英教育这条路线，还要关注那些生下来就没有机会接触华文的华人子弟，给他们提供学习华文的机会。因此，我们应该投入更多的人力、物力和财力，资助幼儿园和中小学的华文教育，从小抓起，可能会收到更好的效果。例如，在印尼一些华人比较集中的地方，开办了许多"三语"幼儿园、"三语"学校等。笔者曾经去考察过这些学校，办得比较好的"三语"学校多是当地华社有较强的力量，动员华人捐资办学。我们应该根据东南亚的特殊情况，通过当地政府和华人社会，鼓励更多的政府公立幼儿园和中小学开设华文课程，效果可能会更好。

综上所述，东南亚局势动荡虽说是在美国重返亚太的战略下发生的，但东南亚各国与中国地理的特殊关连，及源远流长的政治、经济、文化的交织，无论是从历史的角度，还是面对现实，我们都有信心和优势，在复杂的国际环境中立于不败之地。只要我们注重科学发展，增强国家综合实力，坚持走和平发展的道路，就能克服重重障碍，实现中华民族的伟大复兴，维护世界和平，促进各国的共同发展。

（作者：全国育人用人科学专业委员会常务副主任，中国思想政治工作网常务副总编）

能立身　会谋事　善用人

——做好县委书记的实践和感悟

常　鸿

"郡县治,天下安。"县委书记虽然级别不高,但责任非同一般。要履行好兴一县发展、富一县百姓、正一县风气、保一县平安的职责,实现政通人和、县泰民安,我的体会是必须做到能立身、会谋事、善用人。

能立身——立德、立学、立行

"打铁还需自身硬"。县委书记作为全县的主心骨,既是上级决策的执行者、本地发展的领导者、社会稳定的责任人,又是党组织和领导干部的形象代言人,只有不断加强自身修养,全面提高综合素质,才能履行好职责,做一名合格的县委书记。

首先,要立德。德才兼备,以德为先。一要立政治品德。就是要始终坚定共产主义远大理想和中国特色社会主义共同理想,保持纯洁的党性和清醒的头脑,在思想上、行动上与党中央保持高度一致。二要立心性之德。要有容人、容物、容事的雅量,见贤思齐,见不贤而自省。办事公道,作风过硬,不唯上、不唯书,只唯实。三要立廉洁公德。注重自身的人格、名节和尊严,以廉为荣,以俭立身,自觉过好名利关、权力关、金钱关、人情关和美色关,始终保持一身正气,两袖清风。

其次,要立学。学习是时代的要求、形势的需要,是干好工作的前提和保证。一要拓宽领域,力求"知"。认真学习党的方针政策,广泛涉猎经济、科技、法律、行政管理等知识。二要勤学苦钻,力求"精"。对党的最新理论和方向性的方针政策,要重点学、反复学,学深学透。三要学用结合,力求"活"。着眼于新的实践和发展,养成"带着问题学,学中思考研究,学后解决问题"的学习习惯,力求在思想认识上有新的提高,在精神境界中有新的升华,在推动工作上有新的举措。

第三,要立行。领导的行动就是最大的号召。工作中,我坚持从细节抓起,以自身的言行为干部群众树立榜样。一是从我做起。凡是要求他人不做的,我坚决不做;凡是要求别人做到的,我首先做到。对所有工程项目,一律按要求公开招投标,不插手、不介入、不干涉。二是从事做起。我带头分包重点项目和企业,带头外出招商引资,带头分包信访案件,带头联系困难群众,带头抓督查促落实,以实际行动践行共产党人"跟我干"的优良传统。三是从严做起。通过民主生活会、接待群众来访、公开电话等形式,接受群众和组织监督,听取和采纳各方面的意见甚至批评意见,努力构建起坦诚相见、肝胆相照的同志关系。

会谋事——定向、定点、定标

"在其位,谋其政"是对县委书记的基本要求。县委书记要具备战略思维能力,能站得高、看得远,善于找准并抓住关键问题和关键环节开展工作,收到事半功倍的效果。

首先,要定向,即科学确定全县的发展方向和思路。县委书记是县域发展决策的主导者,科学决策是一项必备的基本功。只有在工作实践中准确把握国内外发展大局形势,把吃透上情和了解下情结合起来,把改革创新理念和实事求是的科学态度结合起来,科学决策,大胆创新,才能作出符合大政方针和县情实际的决策,进而科学指导实践,创造性地开展工作。2011年,我到任武陟县委书记后,没有急于做决策、出思路，而是用两个多月时间，深入乡镇、部门、企业和学校广泛调研走访，详细了解情况，审时度势重新定位，在集思广益的基础上，明确了“走在中原经济区前列”的奋斗目标，理出了“强化两大优势，做好六项工作，培养两种作风，树立六种意识，加速推进新型城镇化、新型工业化、新型农业现代化‘三化’协调发展，致力建设活力武陟、畅通武陟、生态武陟、魅力武陟、和谐武陟”的发展思路，实施了“八区四路”建设主战略。

其次，要定点，即明确工作重点。矛盾有主次之分，工作有轻重之别。县委书记做工作要善于抓重点、抓关键。一要紧抓发展这个核心。发展是党执政兴国的第一要务，抓发展理应是县委书记的根本职责。结合武陟实际，坚持把新型城镇化作为引领发展的主抓手，亲自谋划八区建设，包括木栾新区、詹店新区、老城区、产业集聚区、嘉应观景区和妙乐寺景区、陶封工业区和城北重工业区等，并把招商引资和重大项目建设作为突破口，亲自带队外出招商引资，参加商务谈判，先后引进国药集团、辅仁药业、光大集团等大型央企和500强企业；开工建设道路20条，总计130公里；实施亿元以上项目79个，其中超5亿元项目8个，超10亿元项目6个，走在了全市全省的前列。二要夯实稳定这个基础。稳定是发展的前提，是百姓的基本需求。县委书记必须随时了解掌握社情民意，积极防范和化解影响社会政治稳定的矛盾和问题。一方面，着眼解决现有问题，建立大调处机制，推行“周通报、月考核、季讲评”机制，减少矛盾存量；另一方面，着眼避免出现新的问题，实行了重大决策信访评估机制、“四议两公开”工作法，减少矛盾增量，有效维护了全县社会的持续稳定，连续多年被评为全省信访工作先进单位。三要抓好民生这个根本。为官一任，最大的政绩就是造福一方百姓。实施了十大民生实事、十大民生工程、十大城建旅游工程和十大道路工程，全面改善人民群众的生产生活环境。围绕“业有所保”，建设全省最大的就业培训中心，建立了县、乡、村三级就业和社会保障服务机构，“零就业家庭”动态保持为零；围绕“病有所医”，全面推行城镇居民医疗保险制度和新型农村合作医疗制度，推动公立医院综合改革，保证医疗保险全覆盖；围绕“老有所养”，率先实行城乡居民社会养老保险制度和80岁以上老人高龄补贴，不断完善养老服务体系，全县五保集中供养率保持在60%以上；围绕“难有所帮”，开展了“情暖农家”活动，实施“慈善事业进乡村”工程，将慈善网络延伸到乡村，帮助弱势群体点燃生活希望。四要强化党建这个保证。事业兴衰，关键在党。抓党建是县委书记的本分。本着“巩固先进、推进一般、整顿后进”的要求，在先进党支部中，开展了红旗党组织创建活动；在一般党支部中开展了“六化”建设（阵地建设标准化、制度建设系统化、党员活动经常化、主导产业规模化、村庄建设整洁化、党委管理民主化）；在后进党支部中，建立整治台账，突出解决一批深层次问题，有力地提升了基层党组织的整体战斗力。

第三，要定标，即树立工作标杆，培育先进典型。解决了怎么干、干什么的问题，还必须对干成什么样有一个明确的标准。为此，我提议分层面树立正面典型，用身边事教育身边人，使全县上下学有目标，赶有方向。在机关单位开展“人民满意单位”评选活动，在党员干部之间开展优秀党员干部评选，在党的基层组织建设层面，实施了西滑封“二次创业”工程，让这一全国农村的老典型焕发了新风采；在企业之间开展纳税大户、发展功臣评选，在全社会组织“身边的榜样”、“十大新闻人物”、“孝亲敬老模范”等评选活动，经济上重奖，舆论上褒奖，形成了引领时代新风的“正能量”。同时，也注重反面典型的教育作用，倡导正确的是非观念。筛选了十大破坏经济发展环境案件进行公开处理，每两月开展一次企业评议职能部门活动，对连续排名靠后的部门处理曝光，树立了鲜明的舆论导向。

善用人——识人、用人、管人

为政之道，贵在用人。县委书记应该知人善任，人尽其才。

一要会识人。识人是用人的前提。“相马不如赛马”，识人的重点是要形成良好的人才选拔机制和导向，用好的机制选好的人。一方面，我们坚持在招商引资、项目建设、八区建设、城建征迁和信访稳定等重大工作和急难险重任务中发现人才、识别人才，通过后备干部服务重点项目、上派信访部门锻炼、组建青年干部招商小分队等形式，将干部放在经济建设第一线，放在为民服务的最前沿，放在社会公众的视野内，摔打展示，锻炼成长，不让任何一个优秀人才埋没，更不让任何一个投机分子“带病”提拔。另一方面，我们通过公开招考发现人才、识别人才。2012 年 8 月份，我们拿出团县委副书记、妇联副主席、乡镇副科级干部等 15 个职位，面向全县党政机关、事业单位年龄在 30 岁以下的年轻干部进行公开选拔，通过公开报名、资格审查、笔试面试、体检考察、常委会研究、任前公示等环节，优中选优，15 名平均 27.1 岁的优秀干部脱颖而出，受到社会各界的一致好评。

二要善用人。人才的浪费是最大的浪费。县委书记必须努力营造人尽其才、才尽其用、人才辈出的良好氛围。一是量才使用。坚持将组织的需要与干部的个性要求结合起来，把最恰当的人放到最恰当的岗位上，既实现组织意图，满足工作需要，又发挥干部个人专长，促使其更出色地履行岗位职责。我们将所有县级干部不分一线二线，按照特长和分工，科学调配，集中摆放在发展一线，成立了八区建设指挥部、八大重点工作推进组、八大产业领导小组，着力推动重点工作，形成了你追我赶、竞相发展的良性局面。30 万平方米的城市征迁，在县级干部的直接参与下，仅用 5 个月就顺利完成，没有出现一例上访问题，实现了稳定拆迁、和谐拆迁。二是公推选用。采取“三推一测一考一票决”程序（会议推荐、谈话推荐、单位党组织推荐，素质能力测评，全面考察，全委会票决），对乡镇和部分县直单位主要领导进行了调整，一批优秀干部得到提拔重用，真正将发展急需的人才，将为民谋利益的干部，将能干事、会干事、干成事又不出事的干部选拔出来，形成重群众公论、重工作实际、重现实表现的选人导向。三是培养备用。高度重视干部的综合培养，着力形成优秀干部梯次跟进的格局。坚持每月举办一次“木栾讲坛”，邀请国内知名专家学者，围绕国内外经济形势、城市建设、群体事件处置，以及传统文化等举办主题讲座，开阔视野，解放思想。目前，已经举办讲座 9 期，培训干部 6000 余人次。

三要能管人。实质上就是一个管理和协调，调动干部队伍积极性的问题。除严格要求干部模范遵守有关纪律规定外，还要建立切实有效的跟踪、教育、培养和日常管理机制，切实做到以制度为纲和以人为本有机结合。一方面，在四大班子内部，坚持民主集中制，当“班长”不当“家长”，不搞一言堂，在讨论决策过程中，既要服从多数，又要保护少数，让大家解除顾虑，畅所欲言，甚至允许争论，充分调动班子成员的积极性和主动性，靠集体的智慧和力量推动工作。对干部队伍，出台了《干部作风若干规定》，从大处着眼，从细节入手，规范干部言行；健全干部考核评价机制，分岗位、分类别逐步完善考核考察办法，坚持同类同考，增强考核工作的公信力和考核结果的公信度，从制度上为推动科学发展提供政绩导向。另一方面，要理解和尊重干部工作的艰辛，既给其加担子，也要缓解其压力，多奖励、表扬，少惩戒、批评，即使批评也要注意方式方法，使干部心情舒畅地投入工作，使其能量发挥到极致，切实营造出团结紧张、严肃活泼的工作环境。

（作者：中共河南省武陟县委书记、县人大常委会主任）

海外项目党建思想政治工作的实践与探索

秦 峰 孙明维 李炜强

中国铁建十七局集团公司前身为中国人民解放军铁道兵第七师，1984 年 1 月集体兵改工，2001 年 9 月建立现代企业制度，是中国铁建股份有限公司全资的大型建筑施工企业集团，经营地域覆盖全国、辐射海外。2005 年以来，集团先后在玻利维亚、多米尼克、阿尔及利亚、安哥拉、坦桑尼亚、尼日利亚、赞比亚、博茨瓦纳、伊朗、巴基斯坦、沙特、委内瑞拉等 12 个国家承建 22 个工程项目，涉及电气、电力、通信、公路、铁路、房建、市政等领域。多年来，集团公司党委高度重视海外项目党建思想政治工作，凡组建海外项目都同步建立了党组织。这些海外项目党组织，在贯彻党和国家政策，落实集团公司“走出去”战略和各项决策，团结教育凝聚员工队伍，组织项目攻难克险完成任务中，都发挥了坚强的政治核心和战斗堡垒作用。

一、海外项目党建思想政治工作的主要做法和经验

（一）坚持抓好“三个落实”，扎实推进海外项目党建工作

1. 坚持抓好组织落实。十七局集团公司党委首先是宏观上把企业党的建设纳入走出国门，发展海外的总体战略，始终发扬我党“支部建在连上”光荣传统，坚持“工程项目发展到哪里，党的组织就建到哪里，员工队伍走到哪里，党的活动就开展到哪里”的原则。其次是在微观操作上，根据所在国的环境和工程项目规模、工期及党员人数等情况，在较大项目设立党工委、中小型项目设立党总支或党支部，坚持做到“四个同步”，即成立海外工程项目部时，同步成立党的组织、同步配强党组织负责人、同步实行党政之间交叉任职、同步与项目经理部启动运转。并督导所属子公司认真落实这一制度，确保了集团海外项目中党组织的覆盖率 100%。同时集团公司还相继组建了海外总部及党总支和北部非洲区、中南部非洲区、拉美区三个海外区域指挥部及党工委，为进一步发展海外，强化海外项目党建工作提供了坚强的组织保证。

2. 坚持抓好制度落实。在两级公司党委的高度重视和具体指导下，十七局集团公司海外各项目党组织按照党章规定和上级党委要求，认真贯彻《工程项目党的建设实施办法》、《党员领导干部民主生活会制度》、《民主评议党员制度》、《开展创先争优活动制度》、《基层单位“三会一课”制度》以及《涉外保密和维护国家安全制度》，通过落实制度建设，进一步明确了海外项目党组织的工作职责和内容，推进了企业党建工作在海外项目的落实。特别是在海外项目中通过建立并推进党建工作信息化，做好党员的动态管理，进一步加强了对党员的管理和考评，消除了“党员找不到组织”的现象，充分发挥了广大党员在海外项目建设中的先锋模范作用。

3. 坚持抓好活动落实。走出海外 7 年多来，十七局集团公司海外各项目党组织坚持内外有别、内部坚持、外不公开、有效运转的基本原则，因地制宜组织开展各种活动。以注重实效、小型多样、分散灵活、符合所在国国情为出发点，利用项目部各种会议和互联网、移动通讯设备等现代信息交流工具，及时传递、下达党建工作任务和具体要求。组织党员积极参与创先争优、劳动竞赛、技术攻关、安全示范岗、青年突击队、职工之家建设以及开展“一个支部一个

堡垒”、“一个党员一面旗帜”等主题实践活动。要求全体党员必须时刻牢记三种身份：既是企业职工，也是中国公民，更是中共党员，必须坚定不移地贯彻执行党的路线方针政策，在复杂的环境中始终保持清醒头脑，坚定政治信念，为祖国争光，为企业创效，以实际行动带领职工为实现集团公司“海外优秀”发展目标建功立业。同时坚持一切活动限定在项目内部和中共党员、中籍员工中开展，不介入所在国的任何政治活动，确保了党建活动与项目工程推进的安全性。

（二）坚持抓好“三项教育”，切实保证多项工程任务完成

1. 坚持抓好涉外规范教育。在海外，项目行为不再是单纯的企业行为，而是代表着中国企业的形象；员工个人也不再是单纯的员工个体，而是代表着中国人的形象。“涉外无小事”，如果管理稍微疏忽或职工行为稍有不慎，极易引发官司，甚至造成难以挽回的不良影响。所以，海外项目党组织，始终把所在国的法律、法规、宗教、文化、人文、民俗等方面的知识以及涉外纪律、涉外行为规范教育作为重点，常抓不懈。要求全体员工在涉外活动中必须坚持文明友好、平等互利、诚信守约的基本原则，必须严守涉外纪律，保守国家和企业的秘密，维护党和国家及企业的声誉；必须自觉遵守所在国法律制度，充分尊重当地人民的宗教信仰和传统风俗习惯，建立友好关系，和谐相处。几年来，由于思想教育比较深入，日常管理比较严格，集团海外各项目未发生涉外不良事件，为项目施工创造了良好的外部环境。

2. 坚持抓好“四爱”教育。海外项目党组织针对项目人员结构复杂、流动性大等特点，认真抓好“爱国爱党爱企爱岗”教育，通过组织升国旗仪式、唱国歌比赛以及有关知识竞赛、演讲比赛等多种形式的活动，激发职工强烈的民族自豪感和爱国主义情操。特别是注重引导员工把“四爱”热情转化到热爱项目、发展项目、奉献项目的实际行动中。该集团阿尔及利亚项目党工委，在北京奥运会期间组织了“传递奥运旗帜，传播奥运精神”活动，激励全体职工奋发向上，向项目工程节点目标冲刺，有效地促进了工程任务的按期完成。汶川、玉树地震发生后，该集团阿尔及利亚项目和安哥拉项目党工委立即组织捐款赈灾，领导积极带头、全员踊跃参加，充分体现了海外员工心系祖国，大爱无疆的高尚情操。

3. 坚持抓好形势任务教育。海外项目党组织根据所在国的政治、经济、文化、社会情况及其动态，随时对党员和全体员工进行形势任务教育，实事求是地分析搞好项目施工生产的有利条件和不利因素，使党员及全体员工消除畏难情绪和各种疑虑，增强战胜困难的勇气和信心。集团安哥拉项目部始终坚持定期学习教育和谈心沟通制度，党工委书记史全喜在每次学习教育前，都要精心备课，确保学习效果。针对出国两年以上部分员工的波动情绪，项目部及时在全体职工中开展企业愿景宣讲活动，使大家看到企业在安哥拉建筑市场的发展前景，安心工作，确保了项目部的持续健康发展。

（三）坚持抓好“三个保障”，积极稳定海外员工队伍

1. 坚持抓好职工生命安全保障。由于一些海外项目所在国社会动荡，治安事件时有发生。一旦发生职工伤亡，必将对职工本人、家庭和企业造成无可挽回的损失。因此，抓好职工人身安全保卫工作，确保职工在施工现场、办公生活营地的安全，是海外项目党组织的首要任务。集团安哥拉项目部建立健全了防范突发事件、安全事故等应急机制。坚持安全问题天天讲、事事讲，使全员树立了强烈的安全防范意识，为确保员工的人身和财产安全奠定了基础。

2. 坚持抓好职工生活质量保障。由于集团海外项目所在地均是经济欠发达地区，生活条件艰苦、医疗设施匮乏。海外各项目部及党组织因地制宜抓好生活线、文化线和卫生线建设，力求在海外为职工建设一个温馨的大家庭。该集团安哥拉项目上马之初，面对的是一片虫害肆虐，高温炙烤的漠漠荒原。项目部经理王学斌和党工委书记史全喜带领全体员工艰苦奋斗3个多月，为员工建起实用舒适的办公场所、职工宿舍以及宽敞明亮的厨房餐厅、医务室和各种文体设施。

3. 坚持抓好职工心理健康保障。在遥远的异国他乡，最难排解的就是对“家”的思念。由于环境恶劣、生活艰苦、施工任务艰巨等，更容易使人思想波动，加之有的职工出国前对海外项目的种种困难缺乏足够的思想准备，所以思想波动是常见现象，有的甚至产生心理障碍。海外项目党组织及时掌握职工的思想动态，有针对性地加强教育引导，及时解决他们的问题，使大家消除思想顾虑，一心一意投身企业海外事业发展。集团二公司党委在安排员工到海外项目时，优先考虑具备条件的双职工夫妻共同出国。对于因工作原因不能正常休假的员工，组织家属海外探亲。三公司党委每遇重大节日，除派领导到海外项目部慰问外，主管领导还及时给项目部打电话、发信函慰问。建筑公司、电气化公司建立了海外项目职工家庭联络员制度，安排专人定期与海外职工家庭联系，沟通思想，了解情况，协助公司解决海外职工家庭困难。物资公司党委同所属的安哥拉门窗厂党支部，在职工及外聘劳务中，坚持“五必谈”制度，即在出国前、入厂后、上岗前、变岗时以及发现思想波动时，及时谈话沟通，有效地稳定了海外项目员工队伍。安哥拉项目部还利用节假日组织员工游览项目附近旅游景区，有效增进了员工之间的感情交流，促进了内部团结和谐、顽强拼搏的精神；组织团员青年开展篮球比赛、舞蹈排练、军歌合唱、有奖竞猜等文化体育活动，丰富了员工文化生活，培养了员工健康向上、团结奋斗、顽强拼搏的精神。

二、当前海外项目党建思想政治工作面临的主要问题

（一）海外项目党建工作基础薄弱

首先是我们在过去国有企业党建工作中，只有国内工程项目党建工作中的经验，缺乏在海外工程项目中推进党建工作的实践经验，可以说海外项目党建工作还处于摸着石头过河阶段。其次是海外项目自身，由于客观上远离祖国，沟通联系不畅，无法及时得到上级机关的帮助指导，加之有的基层单位干部配备不强，致使海外项目党建工作基础比较薄弱。再次是海外项目党建工作与国内项目党建相比，环境更艰苦，形势更复杂、任务更艰巨，是我们国有企业推进“发展海外”战略中，从理论到实践必须认真面对并切实解决的一个重大课题。

（二）稳定出国员工队伍思想任务繁重

做好海外项目员工队伍思想稳定工作，是海外项目党组织义不容辞的责任。而这项工作由于远离祖国而凸显诸多困难。首先是个人和家庭问题导致情绪不稳。有的大龄青年，30多岁谈不上对象；有的相恋多年，但婚期一再推迟；有的父母年迈无法尽孝，甚至去世之时也难见面；有的夫妻长期分居，孩子得不到照顾；还有正常休假、轮岗制度难以落实等等。其次是“边缘化”意识导致员工不安心、队伍不稳定。许多同志谈到，与国内同时期、同层次人员相比，出国后落差较大，职务、职称、入党等问题都受影响。大家反映，出国时间长了有被“边缘化”的感觉。再次是信息闭塞，心情郁闷。许多同志谈到出国时间长了，与过去的同事圈、同学圈、亲属圈的共同话题越来越少，加之对项目所在国语言不通，与业主、监理、当地劳务和外部沟通存在障碍；同时由于项目所在国社会治安情况不良，员工业余活动范围受限，特别是信息网络设施落后，业余文化生活比较单调，致使员工情绪烦躁，有的甚至出现精神障碍。

（三）客观环境给项目管理增加了难度

首先是自然环境恶劣，工作条件艰苦。如安哥拉全年气候炎热，气温高、湿度大，疟疾流行是最大的健康威胁，而当地医疗条件极差。其次是人文环境有别。海外项目所在国大都信教。宗教的影响贯穿于政治、经济、娱乐等各个方面。如阿尔及利亚穆斯林每天要面向麦加方

向祷告 5 次,工作时间也不例外,星期五必须到清真寺做集体礼拜。随着员工来源多样化,劳务使用属地化,不同的文化背景、政治信仰、思维方式和生活习惯,必然影响施工生产的正常秩序。再次是社会环境特殊。如阿尔及利亚不允许在阿公司存在政党组织,并崇尚个人主义,休息时间概不加班工作。同时海外项目所在国大多政局动荡,法制不健全,治安形势较为严峻,不可控因素较多。这些都给项目管理增加了难度。

三、进一步加强海外项目党建思想政治工作的建议

(一)切实推进"走出去"战略的实施。 2011 年中国铁建十七局集团公司提出建设"系统领先、国内一流、国际优秀"的工程总承包建筑企业集团的战略目标。目前,切实推进"走出去"战略的全面实施,加快"走出去"步伐,对于企业实现转型升级发展具有非常重要的意义。所以集团公司应尽快制定出台推进海外项目管理、强化海外项目党建思想政治工作等有关规范制度,并采取切实有效措施贯彻落实。

(二)切实落实好"四个同步"原则。 要坚持在成立海外工程项目部时,同步成立党的组织、同步配强党组织负责人、同步实行党政之间交叉任职、同步与项目经理部启动运转发挥作用,推进"走出去"战略走得更实、更快、更稳。

(三)切实加强海外项目队伍建设。 首先是人才队伍建设。推进"走出去"战略的实施,必须要有一支素质良好、结构合理的人才队伍作支撑。培养建设一支熟悉国际商务、区域市场、编标报价的经营人员队伍;熟悉施工组织、项目管理兼具综合协调能力的项目经理队伍;熟悉海外项目所在地法规、财务税收、成本核算的财务人员队伍;熟悉企业政治工作、具有良好综合素质,又热爱党务、志愿到海外项目工作的党务干部队伍以及既有良好的汉语基础,又熟悉英语和海外项目所在地语言的翻译队伍,是"走出去"的当务之急。其次是必须注重做好海外项目员工的选配以及国内劳务队伍的招聘把关。凡选配到海外项目工作的员工,除了重点考虑本人条件外,必须考虑其家庭的支持度(父母、配偶、子女的态度)。家庭支持度大,职工在国外就安心,遇到困难也容易克服,反之一遇问题就难应对。具体操作可考虑:一是学校刚毕业工作的新员工;二是结婚后暂时不考虑生育的年轻职工;三是孩子可以离开父母生活,老人身体健康的中年职工;四是孩子已经独立,上下没有太多牵挂的老职工。选聘海外项目劳务,必须要与有实力的劳务派遣公司合作,严把人员筛选关。要切实通过技能考试、人员面试、健康检查、心理测试等手段,确保被聘人员素质良好,劳务队伍优秀。同时必须注意,在同一地区不宜招工太多,以防形成不良"气候",造成工作被动。

(四)切实推进海外项目劳务属地化管理。 加快劳务属地化进程,合理使用劳务,是海外项目降低用工成本,提高项目效益,化解劳务风险必须考虑的问题。要积极探索并建立含招聘、体检、教育、使用、食宿、劳资、就医等一整套管理制度,推行"以师带徒、从少到多、由简到繁"的技工培训方案,实现海外项目劳务的属地化管理。海外项目党组织要在创新思想工作,推进劳务属地化管理中有所作为。

(五)切实做好海外项目维护稳定的工作。 维护稳定是海外项目党组织的重要职责和使命。首先是要切实解决海外员工的实际问题。对已经在海外打拼多年、有一定业绩的优秀项目经理和经营管理人员,应在提职提级上优先考虑;对于在海外工作期间影响职称评定的业务骨干,应出台相关政策,合理解决;对跟随企业在海外打拼多年并有一技之长的外聘人才,应采取措施拴心留人;要建立海外员工家庭联系制度,并建立解决海外工作员工家庭困难和问题的责任制;要认真落实海外员工正常的休假制度和建立健全海外工作定期轮换机制。其次是要建立确保海外项目施工正常推进的机制。目前,我们在建的海外项目,施工材料基本

是国内供给,若停工待料,不但增加成本,还会增加队伍不稳定因素。这就要求物资采供系统必须熟悉把握海外项目各时段、节点的各类物资需求,做到超前谋划,早做准备。并应形成物资采供系统,前方指挥后方、国外指挥国内的运行机制。国内保障支持系统根据国外要求及时准确采购、装运、发货,确保海外项目施工生产正常推进,这是项目稳定的基础。

(六)切实重视抓好海外员工的培训。在组织海外项目员工出国前,应重点进行所在国的法律法规、风土人情、风俗习惯,项目管理模式、操作规范,所承建工程的重点、难点、特点等方面的培训,使大家到国外后能尽快进入角色。特别是管理干部的培训非常必要,举办海外项目经理以及海外项目党组织书记的培训尤为重要。

海外工程项目党建思想政治工作,对于初出国门的施工企业和党务工作者来说是一个陌生的课题。虽然有其他单位的经验做法可以借鉴,有国内项目的成熟模式可以参照,但面对不同的国度、不同的文化、不同的工程,海外项目党建思想政治工作的做法不尽相同。海外工程项目具有环境特殊性、任务艰巨性和生活枯燥性等特点。面对这些矛盾和问题,躲不过、绕不开,解决这些问题,等不得、拖不起。海外项目党建思想政治工作是一项需要付出、需要奉献的重要工作,也是值得付出、值得奉献的光荣事业。切实加强海外工程项目党建思想政治工作,不断增强海外项目党组织的凝聚力、战斗力,对于打造“国际优秀”的企业意义重大。

(作者:中国铁建十七局集团海外项目党建思想政治工作课题组成员)

把握实质　联系实际　追求实效

陈　明

在学习、贯彻、落实党的十八大精神热潮中，我们也在辞旧迎新中开始谋划未来。无论是总结过往还是规划未来，笔者认为，自觉地把思想意识统一到党的十八大精神上来，从“实”总结，实事求是，准确把握十八大的科学内涵、精神实质和本质要求，将报告中提出的新思想、新观点、新论断结合企业实际，从“实”规划，求真务实，才是对十八大精神的真学、真懂、真信、真用。

一、着眼学习型党组织建设，勇做“思想先锋”

近年来，开发公司党委始终以党的科学理论为指导，发挥党的政治、思想、组织优势，建立常态化、规范化的学习机制，以持续提高学习力、增强党的凝聚力、战斗力为动态目标，将破解制约企业发展难题、推动企业科学发展作为建设学习型党组织的出发点和落脚点，把读书学习同研究解决现实问题、发展问题结合起来，把学习成果转化为推动企业可持续发展的动力。与此同时，我们还继续创新多元化学习方式，充分挖掘和调动各种资源，构筑起基础厚、覆盖广、多元化的学习网络和平台，努力实现公司全员政治思想教育、业务知识学习最大化，全面提升企业团队的综合素养，为公司科学发展注入了强大活力。

基于学习型党组织建设工作的深入开展，不但领导班子整体素质得到提高，广大党员在企业改革发展中的先锋模范作用也更加突出。从开发公司重组到土地开源、项目发展、品牌建设，公司各层级党组织、党员在此过程中发挥中流砥柱作用，使公司扭亏为盈。近年来，公司先后在东坝、平谷、房山等地实现了一级土地开源并盘活了世纪城市土地资源，从保障房项目、外埠项目到高端住宅，建立了以住宅为主、商业地产为辅的开发板块，得到了客户、市场、政府的广泛认可，项目、公司品牌得以建立。与此同时，企业涌现出了一批优秀人才和开发团队，东湖公司先后获北京市“工人先锋号”、全国建设系统“工人先锋号”、全国总工会“工人先锋号”称号。

公司党组织的政治核心作用和战斗堡垒作用日益彰显，还表现为将“党管干部”拓展到“党管人才”，把各方面优秀人才集聚到企业改革和发展中来。十八大报告深化了中央“党管人才”的战略决策，扩大了组织工作的视野和领域。开发公司党委始终秉承着“让想干事的人有机会，让能干事的人有舞台”的人才观，建立和完善了“选、育、用、留”的人力资源体系建设，形成了一支由注册建筑师、注册房地产估价师、注册造价工程师、高级经济师、高级工程师、高级政工师和高级企业文化师等高素质专业技术和管理人才组成的经营管理团队。同时，公司党委十分注重为人才脱颖而出创造良好的机制和环境，为员工才能的展示和发挥提供广阔的舞台。形成了内部竞聘、组织推荐等人才选拔任用机制，并严格任前考察，激发潜能，达到个人与企业互动发展的目的。2012 年，公司相继出台《员工绩效考核管理办法》及《特殊贡献奖励办法》，对员工的特殊贡献给予及时奖励，激励公司高级管理人员和公司员工的工作积极性、创造性，促进公司良性发展。为加大人才培养力度，公司开展了人才测评，进行人才储备；选拔内部讲师进行培训，挖掘各方面人才；结合创先争优活动开展，推评劳模、优秀共产党员等。各项政策的及时到位和有效实施，不仅提高了员工践行公司发展战略的自觉性，加快了企业融合，也对企业健康有序发展起到了积极的推动作用。

在企业中，贯彻落实“坚持党管干部原则，坚持五湖四海、任人为贤，坚持德才兼备、以德为先，坚持注重实绩、群众公认，深化干部人事制度改革，使各方面优秀干部充分涌现、各尽其能、才尽其用”，我们任重而道远。要更加注重将学习成果转化为谋划工作的思路和促进企业发展的措施，真正做到“学有所得、学以致用”；要继续深化企业用人机制，从思想政治、业务水平、道德作风等方面全面创新人才培养方式，加大人员激励力度，结合企业发展培养各方面人才，为公司腾飞奠定坚实的人力基础；要加大党风廉政建设力度，完善反腐倡廉工作机制，加强团队思想作风建设，建立廉洁企业文化，保障企业团队健康发展、高效运转。

二、着眼全社会生态文明建设，勇做“实践先锋”

十八大报告把建设生态文明作为全面小康新要求的十大亮点之一，是我党科学建设发展、和谐发展理念的一次升华。建设生态文明，是践行科学发展观的内在要求，是建设和谐社会的基础和保障。建设生态文明必须以科学发展观为指导，从思想意识上实现三大转变：必须从传统的“向自然宣战”、“征服自然”等理念，向树立“人与自然和谐相处”的理念转变；必须从粗放型的以过度消耗资源、破坏环境为代价的增长模式，向增强可持续发展能力、实现经济社会又好又快发展的模式转变。房地产行业属于高耗材、高排放行业，生态文明建设对我们既是机遇更是挑战。作为国有大型房地产开发企业，开发公司始终秉持高度的社会责任感和使命感，将生态文明建设贯穿于项目立项、设计、施工和交付使用全过程。积极推行绿色生态建筑，推广使用绿色环保材料和清洁能源；坚持节约优先，提高资源综合利用率，降低能源损耗，不断寻找合理配置资源的新方法、新途径，促进生产空间集约高效，作“美丽中国”的建设者和实践者。

继成功打造定福家园经济适用房项目后，公司紧跟政府加大民生工程建设的脚步，今年以“福润四季”项目为龙头，深入开展了集团“当好主力军，建功十二五，创新促发展”保障性安居工程建设劳动竞赛活动。全总、市总、集团领导先后到项目指导工作，对项目所取得的显著成绩予以了充分肯定。11 月，项目首轮摇号选房签约告捷，签约率达 93%。此外，作为一家朝气蓬勃的新晋房地产开发企业——和泰公司，在产品研发、生产和销售过程中着力践行节能减排，达到房山地区标杆、样板水平，并获得房山区“建筑节能标兵”称号。另外，公司特别重视实现项目与项目所在地居民、政府的和谐共处，将项目建设融入文明城区建设，成为城市中的靓丽风景。如东湖湾通过银杏大道、北小河湾岸生活区着力改善项目周边绿化环境，项目园林获得“北京市 2011 年园林景观工程精品工程”。

生态文明建设与房地产开发并行不悖，需要我们企业领导班子牢固树立着力推进绿色发展、循环发展、低碳发展的意识；在生产建设中建立一套节能降耗的运行机制，加强全过程节约管理，采用新能源、新技术、绿色材料，提高利用效率和效益；把资源消耗、环境损害、生态效益纳入项目建设评价体系，如将体现生态文明要求的目标融入对总包、分包等施工单位的评选、考核体系，融入项目招投标，融入企业内部管理的奖惩机制。

三、着眼企业可持续项目建设，勇做“行业先锋”

结合小康社会建设要求，在实现企业可持续发展过程中，品牌是企业规模和影响力向更广阔空间延伸的最有效载体。以“品质·幸福”为品牌建设理念的开发公司，在企业快速发展的进程中，以促进城市发展、提高消费者生活品质为已任，从不断提高产品品质入手，对每一个开发的项目都精雕细琢，以高度的责任感在每个项目的细节上追求完美。在规划设计、工程建设、楼盘销售、物业管理等房地产开发的各个环节，都非常注重树立和打造城建地产品牌形象。

以高端住宅东湖湾为例，该项目不断改进户型、提升小区环境品质，坚持高品质、高价值目标，在市场低迷的情形下依然受到消费者追捧，从一期火爆开盘、热销售罄的现象一直持续到三期。今年，北京城建·琨廷项目作为开发公司首个市场招拍挂取得的商品房项目，凭借自身的影响力与号召力，在市场低迷形势下，以1.4亿的开盘销售额，问鼎房山楼市销售冠军，从品牌、品质、服务等多个角度，让开发公司在房山的影响力进一步扩大，引领房山房地产行业的发展。在不断融入北京城区核心市场的同时，开发公司凭借二十余年地产市场的打拼经验及强大的北京城建品牌优势、逐步进军河北、江苏和天津等地房地产市场。“和平时光”项目作为开发公司在石家庄的开山之作，依托着北京城建强大的品牌优势、优越的地理位置，加上项目本身的优秀品质，使“和平时光”成为石家庄地区的经典之作，受到了业内的重视和客户的追捧。淮安如意国际花园项目是开发公司在“长三角”开发的第一个项目，也是未来在“长三角”区域开拓市场的起点。为了扎根这个城市，深入这个城市，让购房者感受到开发商的亲和力所在，公司做足自身优势，紧紧围绕着市场需求，锁定项目地块独具的地脉和人脉，结合当地人文历史、人们生活习性等特点，想方设法、求新求异，全力使策划方案特色化、优质化，施工设计合理化、节约化。目前，该项目已经得到了当地购房者的深度认同。每个项目产品的成功，都是开发公司品牌价值的又一次提升，也是开发公司履行品牌承诺、推进公司良性发展的重要过程。

面对即将到来的2013年，我们企业更应认清形势，找准自身的定位，有清晰的目标和发展方向。在企业发展规划中，开发公司将通过未来5年的努力，力争位居北京房地产企业前50强，成为中国最受客户信赖的房地产企业之一。以“品质·幸福”为目标，以人的需求为尺度来创新产品和服务；以品质至上，以责任为先，营造幸福家园；以客户为本，以和谐为重，温情关怀深植人心。我们有信心借助城建集团大力发展房地产开发板块的重大机遇，实现地产开发高效化，形成房产主业突出，新拓业务快速成长的战略发展格局，构建稳定增长的利润产出结构，成为集团房地产开发板块的重要组成部分和中坚力量，成为有竞争力的、有影响力的知名房地产开发企业。

（作者：北京城建开发公司党委书记）

行政首长负责制亟待完善

——用“行政首长集体负责制”代替“行政首长负责制”

王立亭

一、概念与作用

我国“八二宪法”对行政首长负责制的规定是:“国务院实行总理负责制。各部、各委员会实行部长、主任负责制。”地方各级人民政府省长、市长、县长、区长、乡长、镇长负责制。之后,又制定通过了新的国务院组织法,修正通过了地方各级人民代表大会和地方各级人民政府组织法,逐步建立了政府行政的基本模式。其主要内容是指由各级政府及其所属部门的行政首长对本级政府或本部门工作负全面责任的制度。

实行行政首长负责制,一是历史性地促进了党政分开和消除以党代政的现象。二是表面责任明确化,行政议事速度加快了。但总体上来看,经过30年的改革,行政首长负责制在法律规定和现实当中都面临许多亟待解决的问题。特别是我们没有深化、细化行政首长负责制的有关法律法规,留下许多制度空白,产生了许多严重问题。

二、我国行政首长负责制面临的诸多法理矛盾与现实弊端

(一)行政首长负责制概念不清、职能模糊,权限模糊。行政首长是指主要负责人还是全体领导成员、它的具体内涵是什么?具体要负什么责任?怎样负责?法律法规至今都没有作出明确规定。

(二)行政首长负责制与党的领导核心作用有冲突。《党章》规定“党必须在同级各种组织中发挥领导核心作用。”这是对党组织和行政首长的权力分工作出的清晰规定。

(三)行政首长负责制与党的民主集中制原则的关系有矛盾。《党章》规定“党的各级领导干部必须坚持和维护党的民主集中制”。显然,行政首长负责是从属的制度。

(四)行政首长负责制与党组的领导核心作用的关系不明确。《党章》规定“党组发挥领导核心作用”。党组的任务是“讨论和决定本单位的重大问题”。这里的“决定本单位的重大问题”,与行政首长负责制的规定有明显的矛盾。

(五)行政首长个人不能决定地方政府的重要、重大问题,法律没有把也不应当把地方政府职权赋予行政首长个人。《中华人民共和国地方各级人民代表大会和地方各级人民政府组织法》第五十九条规定了县级以上地方各级人民政府的职权有10项,这些职权不是行政首长个人可以以个人名义独立行使和完成的。如:(1)执行本级人民代表大会及其常务委员会的决议,以及上级国家行政机关的决定和命令,规定行政措施,发布决定和命令;(2)领导所属各工作部门和下级人民政府的工作;(3)改变或者撤销所属各工作部门的不适当的命令、指示和下级人民政府的不适当的决定、命令。

(六)法律对省及较大的市政府的立法权等作出规定,“须经各该级政府常务会议或者全体会议讨论决定”,而不是行政首长个人负责。

(七)人们的自发理解扩张了行政首长负责制的内涵与外延。地方政府组织法规定:“省长、自治区主席、市长、州长、县长、区长、乡长、镇长分别主持地方各级人民政府的工作。”在这里,人们扩散性地把“主持”理解成为“说

了算”、“决定”，错误地扩大了行政首长负责制的内涵与外延。

（八）政府工作中的重大问题法律明确规定要经集体讨论，而不是行政首长最后决定。地方政府组织法第六十三条又规定：“政府工作中的重大问题，须经政府常务会议或者全体会议讨论决定。”这里进一步明确了政府工作的决策程序，即是由政府常务会议或全体会议讨论决定，而不是行政首长个人决定。正如邓小平同志指出的那样：“权力过分集中于个人或少数人手里必然造成官僚主义，必然要犯各种错误，必然要损害各级党和政府的民主生活、集体领导、民主集中制、个人分工负责制等等。”

（九）决策权简单集中于行政首长与民主决策、科学决策原则相矛盾。中国高铁建设等近年来出现的大量问题说明，有的行政首长出于政绩追求，或限于个人知识能力局限，或为了私利，对重大决策简单拍板，造成无可挽回的损失，教训是极为深刻的。

（十）行政首长负责制助长领导班子其他成员产生被动情绪。并且，现实当中行政首长其实也没有真正负责。

（十一）没有严格监督的行政首长负责制正是当前腐败案多发的根源。河南省四任交通厅长前腐后继就是典型案例。

三、行政首长负责制与我国国情之间的差距

首先，时代已发生重大历史性变化。今天，与1980年已经不是一个天地，依法行政成为国家机关行动的准则，行政首长负责制也应当适应依法行政的新要求。其次，我国与外国实行行政首长负责制的法制环境不同。我们的行政首长负责制是从国外引进的，我们的环境与国外实施行政首长负责制的基本原则和主要条件有许多重大不同，包括选举制度、议会决策、决策执行分离、公开监督等。在对政府、行政首长的监督方面，我们还有很多空白。在这种情况下实行行政首长负责制，必然导致行政首长权力无序扩张。如广东茂名前市委书记罗荫国曾在全国党风廉政建设会上介绍反腐倡廉的“茂名经验”，他自己还身兼党风廉政建设领导小组组长职务，实行了“一岗双责”设置，还坚持亲自部署、亲自过问、亲自协调、亲自督办等“四亲自”。显然，制度在这里惊人地成了摆设。

四、用集体负责制代替行政首长负责制

目前，由于行政首长负责制没有具体规范，在法律上没有具体规定，其内涵与外延被人们错误地扩大化，在实践中由于行政首长个人权力过大成为产生腐败的直接的、主要的原因。行政首长负责制有片面、无序、自我膨胀的趋势；有失去约束走向绝对化的趋势；有夸大个人作用并否定民主集中制原则的趋势。因此，必须高度重视，及时解决这一事关政治、经济、党建多方面的重要问题。恢复坚持民主集中制，用“集体负责制”取代“行政首长负责制”。如前所述，必须对我国行政首长负责制进行完善和变革，即实行“集体负责制”。集体负责制就是各级政府及其部门行政领导班子集体、共同担负领导责任，主要领导成员负有主要责任。集体负责制不是行政首长负责制，也不是“行政首长决定制”，更不是“行政首长一言制”，而是真正的民主集中制基础之上的“集体领导、集体决策”。那种行政首长一个人决定拍板的方式已经跟不上建设法治政府和依法行政的形势，行政机关或行政部门的重要问题，必须要由法定行政会议来决定。

同时，应当尽快出台行政程序法。全面建立和完善各级政府的组织制度、工作制度，建立健全行政程序法，实现政府在管理人事、财务、物资、规划建设、行政接待、行政许可、公共服务等各项政府事务中，有健全完备的机制与制度，有明细、具体、清晰的规范，用有制度的管理结束政府管理的制度粗放时代。

（作者：山东省煤炭工业局副局长兼机关党委书记）

论思想政治工作与企业文化的融合

沈志晶

思想政治工作是我们各项工作的“生命线”,企业文化是企业的价值观、经营理念、群体意识和行为规范的总和。国有企业作为国民经济的支柱,加强和改进思想政治工作是其永恒的主题。同时,创建具有强大生命力和创新力、富有特色、被社会和广大员工所认可的企业文化,也是国有企业孜孜追求的目标。我认为,思想政治工作与企业文化建设既有区别又有联系,二者紧密相联,相辅相成,但又各有侧重,不能互相替代。因此,努力实现国有企业思想政治工作与企业文化的有效融合,极大地发挥其不可代替的作用,是国有企业健康协调、可持续发展的动力。

一、正确认识思想政治工作与企业文化的关系

(一)企业文化是立身之本,思想政治工作是固本之基

企业间的竞争日趋白热化,而竞争的方式不仅体现在品牌、品质、价格上,更体现在企业文化上。企业文化为企业树立了良好的外部形象,企业文化的内功又为企业提供了有条不紊的科学管理。企业文化使企业凝聚了“士气”,使职工有了“朝气”。先进和超前的企业核心理念增强了职工对企业文化的认同感,也规范了职工的思维模式和行为模式。为让企业文化真正体现出立身之本的作用,保证企业文化沿着正确的方向健康发展,城建东湖公司一直坚持把政治理论教育摆在第一位。精心组织、力求实效,利用每年的施工淡季,集中时间,突出一个主题,进行全员轮训。帮助职工树立正确的世界观、人生观、价值观;培养职工忠诚于企业、服务于企业、献身于企业的主人翁精神,增强了企业的向心力和凝聚力。

在企业文化形成的过程中,企业必须利用思想政治工作这一强大优势,把职工的观念和心态真正统一到企业文化的理念中来,做到思想上产生认同、观念上趋于一致。职工有了归属感,有了依附感,心态就不再浮躁,利益观也就更趋统一,主观能动性才能得到充分的发挥。东湖公司自组建以来,始终不渝地用马列主义、毛泽东思想、邓小平理论武装职工。教育职工热爱本职、忠于职守、勤勤恳恳、艰苦奋斗。通过教育,把人心凝聚到振兴企业、提高经济效益上来,保证企业深化改革和转换经营机制的顺利进行,保证企业生产经营和各项工作健康发展。同时,公司坚持尊重人、理解人、关心人的原则,通过做深入细致的思想政治工作,注重发挥人的潜能,调动人的积极性、创造性和主动性,真正体现了思想政治工作的固本作用。

(二)思想政治工作是企业文化建设的思想保证

思想政治工作、企业文化虽然在概念上有所不同,但在实际工作中却很难区分开来,二者是相辅相成的。

企业文化在企业中不是孤立存在的,它渗透在企业运作的各个方面。而企业一切问题的核心是人的问题,企业活力存在于职工群众之中,其源泉是人的积极性。因此,加强企业文化建设,就必须突出思想政治工作的针对性。企业的改革措施出台前,要做到思想政治工作先行,搞好宣传引导。通过思想政治工作了解职工群众的思想动向,把握职工群众思想脉搏,找准症结,充分调动职工的积极性和创造性。

企业文化的主要特征是强调以人为本，以提高人的素质来全面提高企业管理水平。企业文化建设是以人为中心的，这就决定了企业文化建设离不开思想政治工作。企业文化作为企业的一项系统工程，它的培植、塑造和强化，需要通过思想政治工作的加强和改进来保证。

（三）企业文化为思想政治工作创造更好的环境和条件

企业文化把思想政治工作同企业管理、企业经营活动有机结合起来。通过企业文化建设可以把党的目标和企业的具体任务化为企业的行为规范，激发职工的工作热情和奋发精神，并变成职工的实际行动，从而避免思想政治工作与经济工作相脱节、“两张皮”的问题。企业文化注重采用丰富的内容、灵活的方式、以人们喜闻乐见的形式使群众在潜移默化中受到教育。

企业文化建设为思想政治工作的开展营造出和谐的环境氛围。企业文化是一种以人为中心的管理理论，紧紧抓住人是企业中最重要、最活跃的因素这一根本，把职工置于主人翁地位，关心人、尊重人、理解人。既满足职工的物质需要，更注重满足职工的精神需要，协调好人与人、人与企业的关系，使人与人之间在思想上团结友爱，生活上互相关心，工作上互相帮助，这就为思想政治工作营造出一种融洽相处、乐观向上的氛围。

东湖公司属于合作企业，在国企与民企的合作模式下，作为国企方必须明确地传递给民营企业这样一种理念：开展思政工作，不是控制企业；思想政治工作和企业的发展不是两张皮，而是一股绳；两种体制合作下的企业思想政治工作不是作秀，而是扎扎实实为企业和谐健康发展服务。

东湖公司始终坚持把以人为本作为思想政治工作的切入点，坚持以事业感召、培养、造就人才，为员工营造想干事、能干事的环境和氛围。公司在注重培养和发现人才的同时，以创先争优活动为载体，在全体员工中积极开展“AA员工”、“十佳青年知识分子”评选活动，激励员工努力拼搏、求是创新的精神。

二、正确认识思想政治工作与企业文化结合的必要性

国有企业思想政治工作与企业文化建设必须坚持以人为本的原则。首先，从工作对象的角度来看，思想政治工作与企业文化的工作对象都是企业员工，都是在做人的工作。两者都强调协调企业内部员工之间的人际关系，都重视培养员工的团队协作精神和职业道德素质。

第二，从工作方向的角度来看，思想政治工作与企业文化都围绕企业改革发展的中心工作来开展。同时，我国企业在建设企业文化过程中，还要受到社会主义思想、集体主义价值观的指导，体现社会主义精神文明建设的要求。

第三，从工作目的角度来看，思想政治工作通过员工的思想教育，通过加强党建工作来调动员工工作的积极性和主动性，最终是为了促进企业的发展。企业文化通过企业特有的文化环境的塑造，其最终目的也是为了提高企业的经营效益，使企业得以发展。

第四，从工作途径的角度来看，思想政治工作与企业文化在很多工作手段上是相同的。

在抓企业文化建设的同时，公司把对人的素质养成，对专业要求的培训结合进来，也取得了良好的效果。一般来说，对于人才，民企重在用人，而国企的特殊性，要求对于人才在以用为本的同时，更要放眼未来，使用、培养并举。经过几年的磨合，东湖公司在合作运营项目的特殊体制下实现了对人才的有效培养。以发展党员为契机，5年内培育4名优秀青年为共产党员，以党员的清风正气、勇于创先争优的品质带动员工思想政治水平的提升；以项目开发为平台，从一开始的社招员工、城建员工双轨制到现在的同水平、同竞争，比能力、比贡献的混合制，不但员工的技能得到充分展示，同时通过任职资格评审、竞争上岗、绩效考核、拉开收入档次等管理手段，促进了员工的相互学习，实现员工整体素质的不断提升。

企业文化通过不断完善企业理念和价值观念，用共同的价值观和企业精神，把思想政治工作与生产经营紧密结合，可以不断丰富思想政治工作的文化内涵，更有利于与现代企业管理的有机融合，从而增强其针对性、主动性和实效性。同时，思想政治工作还可以借助企业文化的各种载体，寓教于文、寓教于乐，不断满足员工对提高思想道德、职业技能、参与企业决策等方面的需要。由此可见，思想政治工作和企业文化建设有着共同的受众客体和一致的目标追求，都必须以人为本。可以说，伴随着企业文化的导入，思想政治工作羁绊顿卸，前景豁然开阔。

三、积极探索思想政治工作与企业文化的融合方式

要使思想政治工作与企业文化建设有机地结合起来，努力形成有利于企业上下齐心、开拓奋进的文化氛围，如何教育启发员工，树立超前创新的观念，成为企业思想政治工作的首要任务。我们必须因势利导，强化创新观念，打破陈规，勇于开拓；强化务实观念，要求员工脚踏实地干好每一件平凡的小事，不做表面文章；强化严细观念，改变粗放式管理和思维方式，提倡精益求精的工作作风和集约型的管理模式；强化诚信观念，强调诚信是企业的信誉之源、竞争之本、发展之基。转型期的企业，不可避免地会触及到一些人的利益，员工产生的各种各样的实际问题，归根到底源于利益分配的公平失落。因此，首先要建立一种公平、公正、公开的利益分配体系，让企业的发展惠及所有的员工。同时，在面对一项具体的思想问题时，应先从实际出发，解决现实问题。要将企业文化的落脚点放在打造“企业与员工和谐发展”的和谐文化上。更关注员工的情感，通过把思想政治工作、企业文化建设与企业的发展、改革、管理等工作有机结合起来，引导员工深刻认识企业转型的目的与意义，把个人的眼前利益与企业的长远利益结合起来，强化对企业的认同感和归属感，自觉地投入到企业转型中来。

新形势下，加强思想政治工作与以人为本的企业文化相融合，是提升企业凝聚力的有效途径。思想政治工作者为适应新形势的要求，应当深刻认识和研究企业文化，并自觉地把思想政治工作与企业文化建设相融合，积极推动企业文化的建设，才能使思想政治工作更好地为经济工作服务，成为有声、有色、有实效的实际工作。

（作者单位：北京市城建东湖房地产有限公司）

用心　用情　用力

王建军

党的十八大是我国进入全面建成小康社会决定性阶段召开的一次十分重要的大会，它站在历史和时代的高度，顺应全党全国人民的共同意愿，勾划出在新的历史条件下全面建成小康社会、加快推进社会主义现代化、夺取中国特色社会主义新胜利的宏伟蓝图。

2013年是全面深入贯彻十八大精神的开局之年，学习贯彻党的十八大精神是各级党委政府当前和今后一个时期的首要政治任务。乡镇作为党在基层工作的基础，是落实工作的“最后一公里”，也是学习贯彻落实十八大精神的“排头兵”和“先锋官”，应切实把思想和行动统一到十八大精神上来，在学深学透上下工夫，在推动工作上求实效，把十八大精神贯穿到实际工作中去，使其真正内化于心、外化于形。

一、用心领会精神，努力提升班子战斗力

党的十八大报告，是一篇马克思主义同中国具体实践相结合的纲领性文献，内容博大精深，学习十八大精神唯有领会精神，方能有所思、有所悟、有所为。古有三学：一为“峃”（音xue）。以“山”字为底，意为稳如泰山，端正的学习态度。态度体现的是一种学习责任和学习标准。认真的学习态度，是学习贯彻十八大精神的前提和基础。十八大精神集中了全党智慧、凝聚了各方共识、反映了人民心声，闪耀着理论创新和实践升华的光辉。学习十八大精神作为一项重大政治任务，要求我们要有深刻的思想认识、端正的学习态度，切实增强学习的紧迫感、自觉性，做到持之以恒，做到温故而知新，并结合新事物、新问题，逐步加深学习的深度和广度。不断强化理论武装，大兴学习研究之风，切实抓好学习型党组织的建设，形成十八大精神常学常新、坚持不懈常态化、习惯化的良好学习格局。

二为“泶”（音xue）。以“水”字为底，意为顺势而为，科学的学习方法。科学的学习方法是接近真理的有效途径。十八大精神内涵丰富，掌握正确的学习方法十分重要。古人云：书读百遍，其义自见，首先就是要吃透原文，通过反复通读，全面理解，打好准确把握十八大精神内涵、精神实质和理论观点的基础。其次要巧用以点带面的学习方法，把握关键重点，以点带面，切实悟透十八大报告中“五位一体”等关键词，将“美丽中国”“两个翻一番”等新思想新观点，融入国家、社会以及我们身边的发展变化中去理解，联系党的十六大以来创造的一个个“中国奇迹”去感悟，以我们自身取得的成就去体会，以最通俗易懂的方法去思索，用科学的学习方法，把十八大精神学深、学精、学透。最后是要学以致用突出实效，用十八大最新理论分析总结过去，明确当前工作思路，长远规划未来，力求一以贯之地将十八精神贯穿于我们发展的始终。

三为“学”。以“子”为底，意为博览百家，取诸子学问之精髓。“问渠那得清如许，为有源头活水来”。中国特色社会主义理论体系呈现出强大的生命力关键在于与时俱进。报告强调，总结10年奋斗历程，最重要的就是我们党坚持勇于推进实践基础上的理论创新，围绕坚持和发展中国特色社会主义提出一系列紧密相连、相互贯通的新思想、新观点、新论断和贯彻了中国特色社会主义理论最新成果科学发展

观。学习十八大，要充分借鉴古人“学”字诀，努力把握其精髓和实质。报告提出了一系列重大理论观点、重大战略思想、重大工作部署，蕴含着许多新思想、新概念、新目标，要准确把握其精神实质，必须要入于脑、感于心，践于行，切实用十八大精神来武装头脑、指导实践、推动工作。结合自身工作，把查找问题、发现问题、解决问题的过程中变成学习十八大精神细化过程，变成转化创新抓好各项工作落实的本领和才能的过程，牢牢把握贯彻落实十八大精神的落脚点，切实提高宣传十八大精神的能力素质。

二、用情服务群众，努力提升干部亲和力

报告指出：“加强社会建设，必须以保障和改善民生为重点。提高人民物质文化生活水平，是改革开放和社会主义现代化建设的根本目的。”

乡镇担负着发展一方经济、服务一方群众、稳定一方社会的重要职能，在改革发展稳定大局中具有举足轻重的地位和作用。我们必须坚持以经济建设为中心，多谋民生之利，多解民生之忧，解决好人民最关心最直接最现实的利益问题，在学有所教、劳有所得、病有所医、老有所养、住有所居上持续取得新进展，努力让人民过上更好生活。

1. 关注生态。建设生态文明，是关系人民福祉、关乎民族未来的长远大计。生态是我们最大的财富，是立根之本。我们必须坚持经济发展和生态保护并重，要像保护我们自己身体一样爱护环境。一是要保护好一江清水这双“眼”。把洁化作为生态基础工程，坚持铁面执法、铁心减排、铁腕治污，大力开展洁化工程、生活污水处理工程，加快环保基础设施建设，深入开展净水工程，不断强化节能环保和污染减排，让流动的清水变成流动的名片。二是要维护好一片青山这张“脸”。必须深入开展农村环境连片整治、卫生创建、美化拆违等工作，大力实施绿化家园行动，重点做好沿溪、沿路、沿街和“立体式”绿化，不断提高森林覆盖率。全面实施“美丽乡村”创建行动，着力营造“村在林中、路在绿中、人在景中”的城乡优美生活环境，让青葱的绿树变成对外的窗口。三是要保存好维护生态这颗“心”。按照十八大“五位一体”要求，切实把生态文明建设贯穿于经济建设、政治建设、文化建设、社会建设各方面和全过程，在广大群众中广泛开展科学的资源观、消费观、发展观教育，积极倡导生态、低碳、环保的生活和消费模式，深化群众性精神文明创建、突出抓好文明创建活动，不断强化群众生态文化意识，积极将群众生活人居环境打造成一个人与自然、人与人、人与社会、经济与环境相协调发展的生态家园。

2. 关心生产。发展始终是群众最强烈的需求和心声，报告明确指出，到2020年，实现国内生产总值和城乡居民收入比2010年翻一番，确保全面建成小康社会目标的实现。两个“翻一番”传递了一个明确的政策导向，即未来中国更加注重提高居民的收入和改善百姓生活，这就要求我们牢牢扭住经济建设这个牛鼻子不放松。以西坑这样一个相对落后的边远山区镇发展为例，群众对全面小康的期待比以往任何时候都更为迫切，我们必须用十八大新思想、新观点、新要求来引领新发展，切实打好欠发达地区发展的“突围战”。一是要以旅游产业化为依托，提升群众致富引擎拉力。按照“加快转型升级、做大经济总量”的思路，紧紧抓住大[illegible]至西坑新56省道开通的机遇，充分发挥自身资源优势，以生态文化为引领，畲族文化为基础、佛教文化为特色，重点围绕“旅游产业化”做文章，整合铜铃山、龙麒源等资源，着力打造以天圣山安福寺为核心的“一寺五景”旅游发展格局，不断完善旅游集散中心体系建设，切实将旅游产业打造为农业增效和农民增收的支柱产业。二是要以农业产业化为保障，提高群众生产增收力。着力完善三农服务体系，充分对接“三年特扶”、中央财政小型农田水利建设等扶持政策，加大薄弱环节、关键环节的建设力度，

重点打造油茶、中药材、孔雀养殖等主导特色产业品牌,大力扶持天圣山植物园、让川村博森园林、梧溪康篮农业观光园、聚贤养生农庄等一批农业产业园和生态农庄发展,推进生态与旅游、农业与旅游融合发展。三是要以制度规范化为保障,强化群众增收持续力。进一步推进创新土地流转方式,积极发挥农民专业合作社、土地股份合作社等新型合作组织作用,加快土地资源向农业大户和农业龙头企业集中,实现农业规模生产,走产业化发展道路。加速推进城乡产权合理流转,实现产权交易平台进一步延伸,提高资源配置效益。

3. 关爱生活。民生连着民利和民心,连着内需和发展,这不仅是中央的指示,也是群众最关心、最直接、最现实的利益诉求,群众对民生感受最深的是生活,生活是百姓的最大民生。我们必须坚持以“改善生活品质,提升民生幸福”为导向,从群众最关心、最直接、最现实的热点问题抓起,积极打造和谐安定的生活环境。一是要加强社会保障体系建设,不断提高群众的满意感。按照“统筹城乡、覆盖全民”的要求,进一步完善城乡居民养老、医疗、生育保险等覆盖面。建立农民基本生活保障制度及待遇正常调整机制。本着“居者有其屋,共享公共政策”的要求,强化城乡住房保障建设,实施农民安居工程,梯度推进住房保障体系。积极整合教育培训资源,加强农民知识化培训,主动承接发达地区来料加工等产业转移,推动农村二、三产业发展,大幅度增加农民的工资性收入和经营性收入,让群众“下得来、留得住、富得起”。二是要以平安建设为保障,不断提高群众安全感。加强创新社会管理,深化“网格化管理、组团式服务”,积极探索新形势下社会结构的管理模式,强化重点地区、重点部位和重点场所的社会治安综合整治,依法严厉打击影响群众安全感和项目建设的黑恶势力犯罪及“两抢一盗”等侵财犯罪。完善社会公共安全管理机制。加强交通安全、消防安全和食品药品安全监管。全面落实“三访”工作机制,畅通诉求表达渠道,着力解决影响社会稳定的突出问题,确保社会安定有序、稳定和谐。三是要以社区建设为载体,不断提高群众幸福感。把幸福社区创建作为基础性工作来抓,进一步理顺社区运行机制,不断完善社区服务功能,加快推进社区社团社工建设,创新便民举措、搭建育民平台、丰富乐民载体,推进村社进一步融合,不断夯实党在基层的基础。

三、用力发展经济,努力提升政府执行力

“道虽迩,不行不至;事虽小,不为不成”,“为政贵在行”。通过几年的努力,我国社会经济发展取得了长足的进步,为长远发展铺垫了良好的基础,创造了良好的环境,现已进入转型发展的关键期。

作为欠发达地区,如何顺势而为,是未来发展成败的关键,而高效的执行力是发展成功的前提条件。我们必须牢固树立“执行力就是生命力”的理念,不求大而全,但求有真章,积极打造政令畅通、高效廉洁的政府。

1. 思想上真抓。一是要进一步解放思想。着力转变影响发展的思想观念,着力解决影响发展的突出问题,彻底消除各种不利于科学发展的思想束缚,敢于突破一切不合时宜的陈规陋习,敢于突破一切阻碍发展的条条框框,放开手脚搞创新,集中精力克难题,不断强化发展举措、破解发展难题。二是要牢固树立“时不我待,只争朝夕”的危机与责任意识,大力发扬“五加二、白加黑、三不分”工作作风,惜时如金,夙夜在公,挑战速度极限、难度极限,确保上级部门各项决策部署在一线得到最坚决的贯彻落实。

2. 行动上真抓。一是抓决策。科学决策是提升政府执行力的先决条件。要进一步建立健全领导体制,不断完善领导方式和执政方式,提高科学决策水平,减少因工作方案与基层实际不符而造成执行偏差。在大建设、大投入的大背景下,要建立重大项目政策监控力度,严格落

实前期预警评测、中期动态纠偏、后期跟踪监测制度，在工作筹备时、推进中和干成后，发动群众全程参与，让群众说话、请群众监督、由群众评判。二是抓队伍。加强乡镇干部队伍建设，事在乡镇，意在全省乃至全国。必须在干部队伍中积极开展责任意识、效能意识、服务意识培训，教育引导乡镇干部强化履职责任。班子要率先落实执行力，落实好民主生活制度和谈心谈话制度，加强思想沟通和谈心交心，在领导班子内最大限度地营造团结、和谐的工作氛围，充分运用批评与自我批评的武器，在增进理解支持共识中提升执行力。三是抓作风。加强基层建设，重点在作风，作风关系党和人民事业成败。乡镇干部必须要积极响应中央要求，改作风、正作风，不断赢得广大群众的信任和拥护，为深入开展以为民务实清廉为主要内容的党的群众路线教育实践活动积累经验、做好准备。把下基层密切联系作为乡镇干部最大责任。大力开展肃风提效等行动，严查庸懒散，坚决杜绝打折扣执行和选择性执行。不断完善干部联系群众长效机制，把联系群众作为评价干部的“度量尺”，倒逼干部真正深入基层，切实改正工作作风。

3. 成效上真抓。一是抓考绩。突出对工作完成情况，执行落实时效情况的考绩。进一步配套出台惩罚措施，鼓励先进，鞭策后进，把考绩工作切实运用到干部选拔任用、教育培训、管理监督中，在选拔任用干部上优先选用基层工作经验足、成绩突出的实干型干部，形成能者上、庸者让，优者进、差者退干事氛围。二是抓考评。建立健全考核测评机制，全面衡量干部的德、能、勤、绩、廉，运用量化指标科学地对干部进行多角度、多层次考核。进一步规范干部工作开展，不断完善议事决策、干部管理、财务管理等制度。进一步扩大党务政务公开，充分保障群众知情权、监督权等权利，利用广大群众舆论主动给干部加压，不断扩大群众对干部工作评价的话语权。三是抓考学。“打铁还需自身硬”，必须牢牢树立学习力就是竞争力的理念，建立述学、评学、考学制度和理论学习档案，从最基础抓起，结合干部所承担工作，不断加强干部对工作经验的总结和提炼能力，进一步破解干部不想学、不善学，经历单一的“本领恐慌”问题，切实提高新形势下干部落实执行力的能力。

十八大报告是我们党在新历史条件下的政治宣言，是未来中国发展进步的行动纲领。我们要以学习十八大精神为动力，树立更高标杆，出台更实举措，谋科学发展之策、鼓科学发展之劲、求科学发展之实，真正把十八大精神作为当前和今后一个时期的行动指南，融入到工作中去，以科学发展赢得发展的未来。

（作者：中共浙江省文成县西坑畲族镇党委书记）

论公安院校和谐警营文化的构建

徐明玉

近年来,我们党将构建社会主义和谐社会作为执政的战略任务,和谐的理念已逐渐成为建设中国特色社会主义过程中的价值取向。尤其是中共中央在《关于进一步加强和改进学校德育工作的若干意见》中特别强调各高校要重视校园文化建设后,全国高校开始竞相探索和实践和谐校园文化的构建,并将其与学校的建设发展和人才培养工作紧密结合在一起。

公安院校作为培养忠诚卫士的摇篮,既扮演着普通高等教育的角色,还担当着培养具有忠诚意识、责任意识、奉献意识和服从意识的优秀警务人才的历史使命,和谐警营文化的构建对促进学校健康发展、和谐发展、科学发展,对促进学校人才培养目标的实现具有不可替代的作用。笔者结合近年来的公安院校高教研究,粗浅地谈一谈对警务化管理体制下和谐校园警营文化构建的思考。

一、构建和谐警营文化的重要意义

警营文化是公安院校思想政治工作的重要组成部分,它伴随着学生思想政治工作的开展而产生、伴随着学生思想政治工作的推进而发展。构建和谐警营文化是优化公安院校育人环境和氛围的重要手段,在警务化管理体制下,和谐警营文化的构建显得更为重要。

构建和谐警营文化是公安教育科学发展的根本要求。近年来随着普通高等教育的飞速发展,一些新建本科院校的旧体制不能完全适应教育发展新形势的问题逐渐凸显突出来,教师和学生之间、学生与学生之间、个性张扬和严格管理、学生就业与社会需求之间、学生综合素质与实际工作要求之间均出现了不和谐的现象。这些问题在公安院校尤为突出,一定程度上影响了公安高等教育的发展。因此,要顺应时代的潮流,促进公安高等教育的健康发展、科学发展,就要最大限度减少或者杜绝一切不和谐现象,构建和谐警营文化就成了根本要求。

构建和谐警营文化是人才培养目标实现的必然选择。公安院校人才培养目标的实现与否,关系着公安工作的现在和未来,关系着社会的安宁和稳定。处于社会转型的新时期,高度开放的互联网一方面为学生提供了丰富的学习资源,但另一方面不良的思想和观念,容易造成涉世不深,缺乏判断力的学生出现价值取向的扭曲、信仰和道德的沦丧、人生观价值观的混乱,最终导致培养的人才与既定的目标背道而驰。因此,构建和谐的警营文化,辅助学生抵御不良诱惑,分清真假是非,在优良和谐的警营文化氛围熏陶下度过塑型关键时期,对于公安院校人才培养目标的实现是很有必要的。

构建和谐警营文化是创新警务化管理体制的内在要求。经过多年的探索与实践,警务化管理现已是公安院校学生管理工作富有特色的管理模式和运行机制。不可否认,警务化管理对预备警官们服从意识、纪律意识的培养起到了不可替代的作用。但是,一定程度上也制约了学生个性的发展和创造性的发挥。因此,构建和谐的警营文化,一方面,可以缓和学生对警务化管理的抵触心理,增进学生对管理者的理解,促进学生的日常养成,另外一方面,学生社团建设、丰富的课余生活等警营文化建设内容,弥补警务化管理带来的弊端,从而形成一种宽松、活泼、和谐的氛围,使长期压抑的学生个性得到张扬的机会。

二、构建和谐警营文化的基本思路

从其组成结构看，和谐警营文化应有物质、制度和精神三个层面组成。构建和谐警营文化的基本思路就是：打牢物质文化基础，创新制度文化建设，树立精神文化风貌。

打牢物质文化基础。物质文化是和谐警营文化建设的主要载体，是和谐警营文化建设的物质基础，主要包括校园生活环境、教学硬件设施和教学软件条件。有了舒适的校园生活环境、先进的教学硬件设置，优良的教学软件条件，才有构建和谐警营文化的坚实基础和平台。

创新制度文化建设。制度文化是一个学校长期以来形成的约束和引领校园群体的行为准则、行动指南和传统习俗。制度文化建设过程本身也是一个不断完善的过程。因此，要构建新形势下的和谐警营文化，就要勇于和乐于创新制度文化。

树立精神文化风貌。精神文化是和谐警营文化的核心和灵魂，树立良好的精神文化风貌是构建和谐警营文化的最终目标。一所高等院校，只要树立了良好的精神文化风貌，就会在学校群体中形成一股宽松、和谐的警营氛围，通过潜移默化、日积月累，外在的精神风貌建设要求就变成内在的自我提升需求，最终形成良性循环。

三、构建和谐警营文化的主要做法

在现行的警务化管理体制下，构建和谐警营文化应从以下三个方面入手。

第一，加强思想政治教育，发挥警营文化的导向作用。思想政治教育是公安院校的重要工作，是学生职业道德教育的重要组成部分，构建和谐警营文化就要加强学生思想政治教育，通过教育培养学生的大局意识、忠诚意识和责任意识，打牢立警为公、执政为民的思想基础。在思想政治教育过程中营造氛围，提升学生思想觉悟和认识，引导学生与整个警营文化环境趋向一致。

第二，创新警务化管理体制，发挥警营文化的熏陶功能。警务化管理就是要以严格的管理规定，培养学生令行禁止的作风和坚强的意志品格。创新警务化管理体制，就是要在严格管理的同时，注意保持和鼓励学生个性发展，具体讲：一是要培养学生的日常养成。学生对警务化管理体制的抵制源于没有注重日常养成。习惯成自然，应将外在的纪律要求，转变为学生内在的磨练需求。二是要注重人文关怀。创新警务化管理就是要在重视管理的同时，还要重视说服和教育，多一些沟通，少一些限制和指责，晓之以理，动之以情。通过思想的碰撞、情感的交流，促使观念的分歧转为认同，行为的规约转为养成，在这样的警营文化熏陶中潜移默化，最后达到和谐。

第三，借助校园文化活动载体，发挥警营文化的凝聚力。许多院校的实践证明，鼓励学生成立社团组织，开展有益于身心健康的校园文化活动，逐步完善自我管理、自我教育、自我服务、自我锻炼的能力，这实际上是警务化管理的外延，既有益于学生舒缓压力，也有益于对警务化管理的理解，还有益于凝聚力的形成。

（作者：云南警官学院高教研究室主任、公安实战研究室主任）

用十八大精神统领新闻宣传工作

陈静娴

举世瞩目的党的十八次全国代表大会已经胜利闭幕。当前和今后一个时期，学习、贯彻、落实党的十八大精神成为全党全国政治生活中的首要任务。作为国企新闻宣传干部，肩负着统一思想、宣传主张、教育群众、推动工作的重要职责，必须紧扣科学发展主题，紧密围绕企业工作中心和重点，不断加强对企业改革发展过程中新人物、新成果、新做法、新思想和新风尚的宣传力度，充分发挥新闻宣传工作引领方向、教育职工、服务企业、推动发展的作用，忠诚践行新闻工作的宗旨，忠实履行新闻工作者的神圣职责，用影响较大、反响较好的新闻作品，为企业树品牌，增效益，促和谐，实现科学发展发挥应有的作用。

第一，要带着思考最大限度挖掘新闻价值，体现企业精神。宣传工作者要想让文章有高度、有深度、有力度，产生更大的社会影响力，就要带着感情走基层，用深入的采访、理性的思考、动情的笔触、优良的文风反映企业实际，弘扬企业文化，忠实记录企业改革发展的过程。新闻宣传工作做起来容易，但做好却不容易。如何做好，笔者有一个深切体会，就是注重新闻宣传的策划，尤其是重大新闻宣传报道。例如，我公司开发建设的福润四季项目，是备受北京市民关注的大型两限房项目，公众关注度非常高。利用这一契机，我们把保障房建设工程作为全年宣传报道的重点，充分利用东坝项目开展劳动竞赛等有利时机，做好新闻宣传策划，弘扬北京城建品牌。加大在中央、省市级及行业媒体的新闻报道力度，在广播电视重要时段、报纸（网络）重要版面推出重点稿件。《北京日报》、《劳动午报》、《北京城建》分别以“保障房开工就竞赛”和“城建‘八比一创’竞赛保民生工程”为题进行了报道。北京电视台也对“福润四季项目开展保障房劳动竞赛”进行了专题报道。做到了“电台有声、电视有影、报纸（网络）有文”，全方位、多角度、深层次地提升了宣传力度。岁末年关，我公司开发的北京城建·琨廷项目在楼市趋冷的时期创造了开盘热销2个亿的传奇业绩，为此，我们特在企业内部刊物《北京城建地产》和《北京城建》报上为北京城建·琨廷项目作了大幅专版宣传报道，不仅进一步提升了公司品牌的影响力和知名度，也对整个项目的销售起到了很好的辅助作用。与此同时，我们重点抓好企业发展战略的报道。围绕落实企业发展战略这个宣传重点，先后在《北京城建》刊发了“打好开发公司2012攻坚战”，“开发公司八项行动计划助推企业持续发展”，“开发公司又好又快再飞越”等文章，为全面贯彻落实企业发展战略创造了良好的舆论氛围。

第二，要科学地选题立意、谋篇布局，提升新闻报道的质量和时效。要充分利用各种采访资源，了解实际情况，善于抓住细节和关键，透彻地把握事物的本质；把基层员工要说的和要听的结合起来，做到导向正确、是非分明，靠内涵吸引人，靠精神感染人。特别是要把握职工群众的所思所想所盼，使新闻报道与职工密切关注的实际问题结合起来，在公司想做的、企业职工需要做的、新闻宣传工作者应该做的这三者的交叉点上做文章，这样的舆论引导才能深入人心，才能够在职工中产生共识和共鸣。实践证明，越是大家喜闻乐见和感染力强的报道，就越能牵动职工的心，辐射面就越广，影响力就越大。只有“关注职工”,舆论引导才能为“职工关注”,舆论引导才能有效。

第三,要不断追求更高的业务水平,精益求精、精雕细琢,努力打造叫得响、传得开、留得住的精品佳作。笔者认为,只有对自己从事的工作满怀热忱,一往情深,才能在工作中一心一意、尽心尽责搞好新闻宣传。党的十八大报告中明确指出:解放思想、实事求是、与时俱进、求真务实,是科学发展观最鲜明的精神实质。新闻工作也是与时俱进、常干常新的事业,只有创新,新闻工作才有生命力和吸引力,只有创新,新闻工作才能发展和进步。我们要不断创新企业新闻宣传工作的载体和形式,运用新兴媒体加强企业思想政治工作,把新闻宣传工作的对象扩大到全体员工和广大社会群体,将提高企业经济效益和社会效益作为新闻宣传工作的落脚点。

当今世界,科学技术迅猛发展,由此而产生的互联网、手机短信、QQ 群、博客等以数字技术为基础的“新兴媒体”方兴未艾。这些新兴媒体与传统媒体相比具有广泛的参与性、传播的灵活性、实时的互动性、高度的及时性等特点,在我们新闻宣传工作中的重要作用也与日俱增。我公司通过自主搭建的 OA 办公系统,及时发布党和国家的大政方针政策及企业的发展规划、工作部署、重点项目进展和成果展示,并注重收集群众意见和建议,及时解决焦点难点问题,为企业发展献计献策,起到了很好的新闻宣传作用。同时,我们针对公司各项目部、子公司位置相对分散,各单位宣传员、信息员之间相互联系较为不便的实际情况,通过 QQ 群、微博、短信、微信等即时交流工具,及时发布有关党建、宣传、企业文化、思想政治工作等方面的信息,各单位宣传员之间也通过这些宣传媒介进行文件传递,组织交流,相互学习,使公司新闻宣传工作队伍形成合力,有力地促进了公司新闻宣传工作的开展。

党的十八大报告描绘了全面建成小康社会的宏伟蓝图。作为一名企业新闻宣传工作者,我们一定要坚持社会主义先进文化前进方向,做社会主义先进文化的倡导者和践行者,在企业中大力弘扬知荣辱、讲正气、作奉献、促和谐的良好风尚,为企业健康和谐、可持续发展,为全面建成小康社会作出我们应有的贡献。

(作者:北京城建房地产开发有限公司党委工作部副部长、团委书记)

浅谈国企领导人员如何身体力行廉洁从业

匡爱民 万国富

前不久,中共中央正式颁布了《国有企业领导人员廉洁从业若干规定》,对于强化党员领导干部廉洁从业意识,促进党员领导干部廉洁从业,形成用制度管权、按制度办事、靠制度管人的有效机制和加强干部队伍建设,进一步提高管党治党水平,深入推进反腐倡廉建设,具有十分重要的意义。只有学深学透学懂《若干规定》,才能保证带头廉洁从业,在新时期的各种诱惑面前保持清醒的头脑,过好“五关”、树好“五观”、把好“五法”,为推动企业又好又快发展作贡献。

一、坚定信念,不断矫正人生航标

《若干规定》规范了党员领导干部行为,体现了党中央从严治党的信心和决心。国有企业领导人员要贯彻落实好《若干规定》,我认为必须过好权、利、公、正、廉“五关”。

权,是人民赋予的,是用来为人民服务的。用好了权,就能造福一方,权也是一把“双刃剑”,用不好,就会害人、害已。《若干规定》提出“禁止利用职权和职务上的影响谋取不正当利益”,对企业领导人员的行为作了明确规范,对企业领导人员“权”的用途进行了约束,禁止将其作为谋取不正当利益的工具。因为“权”只有一个,如果为已所用,必不为民所用。所以,企业领导人员要规范、正确地行使自己手中的权力,要清醒认识到权力来自人民,是用来为人民服务的这些基本道理,始终以实现省委、省政府战略意图和职工群众的利益为出发点,自觉站在省委、省政府和职工群众的立场上认识和处理问题,全心全意为云南的经济发展和员工的利益而努力工作。

利,是好处,人人向往之。古人云:“有所得必有所失。”作为企业领导人员,如果想保持廉洁从业之心,避免因利益而患得患失,避免因利益而失去原则,就应当远离不应得和不当得之利。管住自己的脑,不该想的不想;管住自己的眼,不该看的不看;管住自己的嘴,不该吃的不吃;管住自己的手,不该拿的不拿;管住自己的腿,不该去的不去。自警、自重、自省、自尊、自励,正确对待个人利益,把企业科学发展和员工利益放在首位,真正做到情为民所系,权为民所用,利为民所谋。

公,就是公共。所谓“立党为公,执政为民”,要求我们明确自己的身份是国家赋予代表公众行使权利、管理国家经济事务、行使公共权力。《若干规定》告诉我们,党员领导干部“禁止违反公共财物管理和使用规定,假公济私、化公为私”,时刻明确“公”的身份和意义,不可违背。

正,就是正气,走正途、立正志。共产党的事业蓬勃发展需要的是心怀志向,坦荡正直的企业领导人员,选好企业领导人员、用好企业领导人员至关重要。《若干规定》提出“禁止违反规定选拔任用干部”。禁止暗箱操作、拉帮结派、干预民主。用光明、正道选出有正气、有能力,符合需要的领导干部,坚决杜绝头顶正气、脚下冒邪气行为的发生。

廉,就是廉洁、廉明。《若干规定》的核心就是“廉洁从业”,许多条款说的都是廉字,廉不仅及于自己,也及于亲属。因为廉,所以禁止利用职权和职务上的影响为亲属及身边工作人员谋取利益;因为廉,所以禁止讲排场、比阔气、挥霍公款、铺张浪费;因为廉,所以禁止违反规定干预和插手市场经济活动,谋取私利;因为廉,所以禁止脱离实际,弄虚作假,损害群众利益和党群干群关系。

二、规范行为,不断增强党性修养

《若干规定》中规定的所有规范性要求,都是当前反腐败斗争中的一些易发问题和多发环节,这些问题的产生,既有社会风气的影响,更多的是少数党员领导干部蜕化变质的问题,说到底还是由于党性修养的欠缺。因此,国有企业领导人员要不断加强党性修养,必须树立正确的世界观、人生观、价值观、权力观和地位观"五观"。

国有企业领导人员要切实将《若干规定》落到实处,《若干规定》是当前企业领导人员的必读本,对《若干规定》只念不思,自然不能真正触动内心,不能对规定产生敬畏之心。因此,作为一名企业领导人员,要把规定铭记在心上,做到常念常思,时刻作为自己的行动指南。经常检查自己的缺点和不足,并认真加以改进和纠正,不折不扣执行好各项规定,自我约束,令行禁止。不断修正自己的思想、行为。

《若干规定》是规范企业领导人员的重要基础性法规,涵盖了行使权力中极易滋生腐败的各个领域,可以说,《若干规定》明确了哪里是"不能入"的禁区,哪些是不能触的"高压线"。如果企业领导人员财迷心窍、官迷心窍、色迷心窍,走入禁区,触动"高压线",就必然受到党纪国法的严厉惩罚,轻则名誉受损,重则身败名裂、断送前程、祸及家人。因此,每位企业领导人员必须对《若干规定》心存敬畏,抓好《若干规定》的宣传学习,把《若干规定》熟记于心,全面、透彻、深入地领会其精神实质,筑牢拒腐防变的思想防线。

《若干规定》约束的主要对象是党员领导干部,规范的主要是领导干部的从政行为,就是对权力的约束和规范,要让权力在阳光下运行。企业领导人员要规范、正确行使自己手中的权力,就必须正确看待自己手中的权力。要清醒认识到权力来自人民,权力是用来为人民服务的这些基本道理。正确地行使权力,则群众喜,事业兴,己光荣;错误地行使权力,甚至滥用权力,则群众怨,事业损,声名败,甚至成为人民的罪人。作为手中握有一定权力的企业领导人员,经常要面对形形色色的诱惑,如果不能头脑清醒,就会为物欲所惑,为名利所困;如果不能正确地对待诱惑,唯利是图、见利忘义、利令智昏,势必走上以权谋私的邪路,最终误党、伤国、损民、害己。要像古人那样"一日三省吾身",正确对待个人利益,自觉防止私欲膨胀,这样才能做到"绝非分之想,拒非分之物",不为物欲所惑,成为一个堂堂正正,廉洁从业的企业领导人员。

三、不断提升自身素质,严于律己

做到遵守党的纪律不动摇,执行党的纪律不走样,确保上级党组织的各项决议能迅速得到贯彻落实,防止权力失控、决策失误和行为失范。要把贯彻执行《若干规定》的情况列为党风廉政建设责任制和干部考核的重要内容,使每个企业领导人员严于律己,并自觉接受党和人民的监督。

一是坚定信念。人无信不立。企业领导人员要想切实担负起国家经济脊梁的神圣职责,坚持做到廉洁从业,必须具有共产主义远大理想和中国特色社会主义坚定信念,践行社会主义核心价值体系;必须坚持全心全意为人民服务的宗旨,立党为公、执政为民;必须在党员和人民群众中发挥表率作用,自重、自省、自警、自励;必须模范遵守党纪国法,廉洁从业,忠于职守,正确行使权力,始终保持职务行为的廉洁性;必须弘扬党的优良作风,求真务实,艰苦奋斗,坚持人民利益高于一切。

二是克制贪欲。贪如水,不遏则滔天;欲如火,不遏则自焚。由于企业领导人员这一特殊的身份要求,就必须克制自己心中的贪欲、贪念、贪婪。要严格执行廉洁从业各项规定。每个企业领导人员要自觉做到"八个禁止",在任何环境、任何情况、任何时候都要牢记"两个务必",严于律己,洁身自好,廉洁奉公,用准则规范自己的从业行为,决不"开口子"、"留空子",决不放松要求,切实做到廉洁从业。坚持制度面前没有特权、准则约束没有例外,严格依规章依制度办事,始终保持职务行为的廉洁性。面对诱惑,要多提醒自己、告诫自己,要常怀为民之心,常修从业之德,常思贪欲之害,要多向先进典型看齐,多以腐败分子自警。

三是防微杜渐。"勿以善小而不为,勿以恶小而为之","千里之堤溃于蚁穴"。小洞不补,大洞吃苦。企业领导人员没有天生就不廉洁的,从廉洁到不廉洁也不是一天两天就形成的,它有一个由小到大、由少到多的积累过程。从内容上看,《若干规定》对党员领导干部提出了许多禁令,这些禁令看上去管的都是小事,如"在公务活动中提供或者接受超过规定标准的接待,或者超过规定标准报销招待费、差旅费等相关费用","违反规定配备、购买、更换、装饰或者使用小汽车"等,这些其实就是企业领导人员工作生活的底线,也是他们待人处事的底线,也是杜绝违法乱纪行为的底线。因此,企业领导人员要始终用《若干规定》规范自己、约束自己、要求自己。要充分发挥表率带头作用,坚持从我做起、从具体事情做起,以身作则、严格自律,模范遵守《若干规定》,要把《若干规定》当作自己的人生底线,不迈违规违纪的第一步,不犯廉洁从业的第一错。

四是干净做事。要求上要自严。作为企业领导人员必须严格要求自己,时时处处做好表率,自觉做到"五个'实'字":敢说实话、善谋实事、勇报实情、脚踏实地、能干实绩。形象上要自重。要不断加强自身修养,培养高尚情操,追求健康向上的生活情趣,做到不切实际的套话不说,无事实依据的空话不说,不利于工作的废话不说,不能办到的大话不说,始终保持蓬勃朝气、昂扬锐气和浩然正气。思想上要自省。企业领导人员一定要时刻保持清醒头脑,工作以上限为标准,生活以下限为尺度,立党为公,一心为民,真抓实干,奋发有为。真正做到两袖清风,一身正气。同时要严于律己、廉洁为重,自觉接受党和人民的监督,要做到权力行使到哪里,监督就延伸到哪里,业绩就落实到哪里。

古人云:"以铜为镜,可以正衣冠;以史为镜,可以知兴替;以人为镜,可以明得失。"《若干规定》就是对照企业领导人员是否廉洁从业的一面明镜。《若干规定》就是衡量企业领导人员工作的一项重要的标准,是指导企业领导人员行为举止的规定。只有严格遵守《规定》,才能履行好一名企业领导人员的职责,才能做到廉洁从业,才能永葆党的先进性,才能永葆共产党人清正廉洁的政治本色,才能为实现国有资产保值增值和建设富裕民主文明开放和谐云南做出应有的贡献。

(作者:云南省城市建设投资有限公司监事会副处级专职监事;云南省城市建设投资有限公司党委工作部副部长)

加强医院文化建设　提升医院综合品质

杨学刚

医院文化是在医院长期运行过程中创造和逐步形成的，是全体职工认同、遵循的思维和行为模式，它是物质文明与精神文明的总和。医院的文化建设包括硬件和软件两个方面。硬件方面是指特色的建筑、合理的布局、温馨的装饰、优美的环境以及配套的仪器设备等。软件方面的建设包括职工的思想观念、行为准则、质量意识、人生观、价值观、医德医风等。近年来，海河医院党委注重加强医院文化建设，提出了"质量立院，科技兴院，文化强院，安全建院"的指导思想，将文化建设摆在了重要位置，通过开展一系列文化建设活动，凝聚人心、鼓舞斗志、取得了"患者满意、职工满意"的良好效果，促进了医院又好又快的发展，并先后获得天津市文明单位、卫生行业优秀政研会、卫生局先进党委等荣誉称号。

一、加强医院制度文化建设，提升职工综合素质

现代医院管理已经逐步由人管人的时代向制度管人的时代转变，制度建设为医院规范有序发展提供了重要保证。医院的制度涵盖医院建设的方方面面，它包括组织制度、人事制度、医疗制度、管理制度、各级各类人员职责、各项医疗操作规程等。多年来，海河医院高度重视制度的建设和完善，多次修订医院各项规章制度。尤其是在2012年，医院以迎接三级医院评审为契机，组织全院力量，在原有制度职责的基础上，经过整合、修订和完善，重新印制了《天津市海河医院规章制度汇编》、《质量管理规范》等，完善了各项质量检查标准和考核标准，重新梳理并修订了医疗技术目录和手术分级目录，制定了高风险诊疗技术目录。通过制度的建立，不断优化医疗、护理质量动态管理。在此基础上医院针对临床、管理等方面存在的问题，从管理、流程等方面适时改进和规范，促进医疗护理质量持续改进。另外医院还将编印的制度印发到全院各科室，定期组织全院干部职工开展制度、职责及法律法规培训，真正让职工学习制度、熟知制度、遵守制度，使制度文化植根于职工心中。

二、加强医院环境文化建设，努力改善就医秩序

医院环境是患者心目中的直观印象或者称为第一印象，同时也直接影响着医院职工的工作状态和患者的就医心情。舒适、整洁、方便的就诊环境，可以提高患者的信任感和满意度，医院职工在良好的工作环境中亦可以提高工作效率、放松心情。近年来，海河医院将改善医院环境作为工作重点，着力打造一所花园式医院。在广泛发动、人人参与的基础上，全面开展环境综合整治工作。一是做好医院门前及周边治安、交通环境治理。加强对门前出租车停车秩序及临时停车管理，落实责任制，确保进出医院道路畅通；重新划分车位，将出行方便的车位作为就诊患者及家属的专用车位，解决患者停车难问题；投资建立非机动车停车棚，设专人看管，解决非机动车停放乱、易丢失等问题。二是开展绿化美化环境和义务植树活动。全院职工积极开展种植树木花草义务劳动，近两年，医院新增绿地3900平方米，种植各种树木1520棵，植物3080株；同时搭建景观，形成独特园

林风景，为患者营造健康绿色的住院环境。三是新增病区，增强医疗服务能力。特别是为解决老干部看病住院问题，重新调整布局，增加老干部病房，在一定程度上解决老干部住院难问题。四是做好院内禁烟工作。针对医院地处城乡结合部，患者及家属禁烟意识较差，管理难度大的问题，医院干部职工从自身做起，在全院范围内开展禁烟活动。同时加大对职工违规吸烟的处罚力度，加强日常检查及行政值班巡查力度，发动全院职工耐心做好患者及家属禁烟宣教工作，确保控烟工作顺利实施，为创造无烟医院提供保障。由于采取有力措施控烟，我院的控烟工作取得了较好效果，在病房和工作区域基本实现了无烟的要求，被天津市爱卫会授予2012年度“天津市爱国卫生先进单位”荣誉称号。

三、加强医院服务文化建设，不断提升服务品质

医院作为保障人民群众健康安全的场所，不仅仅需要为患者提供医疗的救护，还需要为患者提供优质周到的服务。医院必须确立“一切为了患者”的服务理念，一切硬件和软件的设置要紧紧围绕患者，使患者安心就医、安全就医。医务人员的言行、态度和服务反映着医院文化的内涵，进而影响医院的形象、信誉、文化等诸多方面。所以，打造良好的医院服务文化，就必须认真落实“一切为了患者”的理念。海河医院自建院以来，高度重视服务工作，不断调整布局，优化流程，努力为患者提供优质方便的就诊氛围。一是合理调整门诊诊室布局，将常规检验检查的科室集中在门诊大厅周围，减少患者往返次数，方便患者进行各项检查。二是完善会诊工作流程，充分发挥老专家对疾病诊断治疗的优势，为患者提供及时、高效、高质会诊服务。三是实现患者“三位一体”预约就诊。进一步完善“医指通”预约挂号系统，初步形成“现场、电话、网络”三位一体”预约模式。同时在“一卡通”模式基础上，推出“先诊疗后结算”程序模块，避免了患者重复排队缴费现象。四是完善门诊各种标识、引导牌、线路图，将候诊大厅玻璃幕墙设计为医院专家特色宣传栏，设置科室、专家介绍触摸屏，公示药品价格和诊疗价格，为患者提供查询服务。多年来，医院为患者在服务方面作出的努力，得到了患者的认同，在天津市卫生局进行的第三方患者满意度调查中，我院排名始终在综合医院中名列前茅。在2013年一季度公布的患者满意度调查中，我院荣膺市级综合医院榜首。

四、加强医院管理文化建设，不断提升干部执行能力

几年以来，海河医院领导班子始终致力于打造一支合格的干部队伍，尤其把干部执行能力作为重点考察内容，提倡令行禁止，高效率、高质量的完成任务，坚持能者上、庸者下的用人原则。让想干事的人有机会，能干事的人有平台，干成事的人受重视。一是加强教育指导，采取走出去、请进来的方法，通过邀请院外管理专家，本院领导讲座等多种形式对职工进行“提高执行力”，“增强管理技能”的培训。同时组织党员干部外出到兄弟医院参观考察，学习先进，拓宽视野，提高水平。二是积极推荐、提拔优秀年轻干部，促进干部队伍年轻化。院领导班子打破论资排辈的常规，尤其注重对年轻干部的提拔任用。2012年共提拔任用11名中层干部，其中35岁以下的年轻干部5名，出任行政、临床科室的重要岗位。调整了2名中层正职干部，安排其外出考察学习，对比评估自己以往的工作，将兄弟医院的宝贵经验带回医院，促使其提高工作水平。三是积极选送优秀年轻干部参加援疆援甘工作。医院坚持在急难险重的任务中培养锻炼干部、识别考察干部、选拔任用干部。选派的多批援疆援甘干部出色地完成了党和人民交给的任务，获得了当地政府、医院以及广大群众的高度评价，为天津卫生事业增光添彩，为增进民族团结作出了无私的奉献。

五、加强医院监督文化建设，持续改进和提高工作质量

完善的制度建立后，缺乏有效的监督管理，再好的制度也只是一纸空文。2012 年初，海河医院成立了质量管理办公室，把持续改进医疗质量、保证患者安全、提供优质服务作为重点，通过健全和完善院、科两级质量管理体系，促进质量管理落到实处。质量办通过组织全院上下研究、学习等级医院评审标准，引入追踪检查法，运用 PDCA 循环模式，不断完善医院质量管理。依据医院管理评价指南相关要求对全院的医疗质量和服务质量进行计划和决策，确保医疗安全。建立严格的目标管理体系和监督考核机制，成立专项工作考核小组，强化医务科、护理部及其他职能科室对临床业务工作的考核。通过定期考核，了解和掌握各项制度、常规的执行状况，发现问题及时解决，有效地防止了重大医疗事故的发生，提高了医院职工的整体素质，展示了医院良好形象，增强了医院综合实力，推动了医院全面可持续发展。

（作者：天津市海河医院党委书记）

加强德宏公安队伍建设 为桥头堡战略实施保驾护航

马　闻

“桥头堡战略”是推进我国西南开放、实现睦邻友好的战略需要，也是云南推进“兴边富民”工程、实现边疆少数民族脱贫致富奔小康的现实需要，对促进云南经济社会又好又快发展具有重要意义。近年来，德宏公安以科学发展观为统领，以构建和谐、稳定、平安、美丽德宏社会环境为总目标，以积极服务桥头堡黄金口岸和瑞丽重点开发开放试验区建设为己任，进一步深化“三项重点工作”和“三项建设”，着力加强了德宏公安队伍建设，切实增强了德宏公安工作的主动性和创造性。

一、以做实做细基层工作作为队伍建设的先导

德宏州是云南省地理位置特殊的边境州，公安工作的核心就是要做好打击边境地区犯罪，维护边疆稳定，服务当地民生，而这一切的关键又在于如何做实做细基层工作。

（一）全面加强基层派出所建设

在基层基础建设工作中，我们遵照全省基层工作会议精神，提出了“严格落实四个硬性指标，加强派出所十项能力建设”的工作思路，始终坚持“人往基层走、钱往基层流、劲往基层使”的原则，以开展派出所等级评定为载体，全力推动了全州派出所正规化、规范化建设。2012 年，全州有 4 个县（市）局的派出所警力占县（市）局总警力的 50% 以上，在人员配备、经费保障，做实社区警务、强化信息建设应用，创新警务模式上下足了功夫，进一步加强和改进新形势下基层基础工作。

（二）稳步实施爱民固边战略

多年的工作经验告诉我们：只有人心安定，边疆才能稳固。近年来，按照国家的部署，我们大力实施了爱民固边战略工程。这也是我们基层工作的重要组成部分。主要做法，一是创建爱民固边模范村。实施爱民固边战略工程以来，我们在边境线上共创建了爱民固边模范村 30 余个。二是与边境村寨的困难群众结对帮扶。实施爱民固边战略工程以来，与 397 个特困户结成帮扶对子，及时为特困户排忧解难，对口帮扶。三是推行警官兼任村官，为百姓排忧解难，及时化解矛盾纠纷。目前，在整个边境线上的 103 个村寨，全部都有民警兼任村官。民警以村官的优势协助村“两委”组织和发动各族群众建设新农村，开展普法教育；以民警的身份抓治安纠纷、组织开展党日活动、党课教育，指导健全了 460 个治保组织和群防组织。四是引进项目、资金，帮助边境村民脱贫致富。实施爱民固边战略工程以来，我们为边境村民引进项目 25 个、资金 300 余万元。

二、以从严治警从优待警作为队伍建设的根本

一直以来，我们始终坚持从严治警、从优待警的方针不动摇，并将其作为队伍建设的根本，始终把反腐倡廉建设摆在更加突出的位置，在依法依纪查办案件的同时，更加注重源头预防，做到了用制度管权，按制度办事，靠制度管人。

（一）抓班子建设和廉政建设，提高队伍凝聚力

以抓各级领导班子政治理论水平、政治素养水平和工作业务能力为龙头，坚持民主集中制原则。制定并执行了党委班子领导AB角负责制和州局党委委员挂钩联系县市公安局制，全面加强了州局党委对各县市公安机关的领导指导、沟通协调和监督管理力度。同时，通过党风廉政建设工作，进一步落实了“一岗双责”制，积极开展各种廉政谈话、廉政考试等工作，防微杜渐，发现民警涉嫌玩忽职守的违法违纪案件，发现一起查处一起，并进行责任倒查，绝不姑息，进一步保证了队伍的清正廉洁。

（二）抓作风建设和制度创新，提高队伍战斗力

优良的工作作风是提高队伍战斗力的保障，创新工作制度是提高队伍战斗力的源动力。结合“党组织建设年”、“四群教育”、“三评三访问”、“大走访”、“创先争优”和“忠诚、为民、公正、廉洁”人民警察核心价值观教育实践等系列活动，使干部队伍的思想认识得到了进一步提高，工作作风得到了进一步改善。通过“民警在网上晒工作日志”等措施落实，增强了民警的忧患意识和工作主动性、创造性。此外，还加大了问责问效力度，从严整治队伍中存在的不作为、乱作为，不办案、乱办案，内务管理“稀、拉、松”，对待群众“冷、横、硬”等问题。

（三）抓从优待警，深化关爱民警措施

在严管严教的同时，我们也注重对民警的关爱。通过建立“网上书院”、“警官影院”等警营文化平台，举办各类文体活动等方式，丰富民警警营文化生活，积极构建严谨和谐的警营文化氛围。2012年，通过征求民警“金点子”的方式，新增了从优待警的意见建议17条，完善了关爱民警措施14条，并致力于关注困难民警、患病民警、英烈家属，让广大民警及家属感觉到了“家”的温暖。

三、以强化执法规范化建设作为队伍建设的保障

近年来，全州公安机关以执法规范化建设达标创建工作为载体，围绕“学、查、改、建、责”，强化责任，细化措施，高度重视执法质量考评和执法监督共组，已形成州、县（市）齐抓共管的局面，进一步提高了全州公安机关执法质量和水平。

（一）建立“一案一评一析”制

每一起案件都明确主办警官，每一件结案卷宗都挂在网上双评双促，实行周审查、月审核，当月案件当月清，有效消除执法漏洞。同时，在州局网页上开设“三考”栏目，开展法律知识“每天上午上班一小题、下午下班一小题、警务通信息发送一小条、每周坚持一小考”活动。

（二）坚持“三早”、“三不漏”方针，执法实施“三一五包”、“四定一见面”制度

即工作中坚持“不漏一起案件、不漏一个信访人员、不漏一件事”和“早排查、早化解、早案结事了”的工作方针；执法过程实施“三一五包”，即一起案件、一套班子、一个工作方案，包处理、包结案、包复查、包停访息诉、包稳控和“四定一见面”，即定责任领导、定方案、定办案民警、定时间，责任领导、办案民警与信访人见面制度。

（三）推行网上办案，配齐人员及装备

目前，全州公安机关已实现执法信息网上录入、执法流程网上管理、执法活动网上监督、执法质量网上考评。全州共配备专职法制员205名，其中法制民警85名，法制员配备率达100%，配备单警执法记录仪1513台，车载执法记录仪132台，执法记录仪配备率达100%。

这些做法使我们的执法质量实现了整体跨越，并使我们在2012年云南省16个州市公安机关执法规范化达标单位创建活动考核中获得第一名的优异成绩。

（作者：云南省德宏州人民政府副州长，州公安局党委书记、局长）

关于加强检察队伍建设的几点思考

杨永华

党的十八大提出要进一步深化干部人事制度改革,特别是对加强政法队伍建设提出了新的明确的要求。面对新形势、新任务和新挑战,如何进一步加强检察队伍建设,是当前亟待研究和解决的重大课题。

一、坚持政治建检,打造一支政治坚定的检察队伍

检察队伍的政治信仰、政治立场、政治修养及政治鉴别、判断能力,事关检察工作正确的政治方向和发展方向。因此,必须把思想政治工作放在队伍建设的首要位置,力求做实、做细、做新。一是要着力打牢思想理论基础。要进一步打牢干警的思想理论基础,坚持用中国特色社会主义理论体系武装干警头脑,不断强化干警践行社会主义法治理念的自觉性,坚决做社会主义事业建设者和捍卫者。应坚持自学和集体学习相结合,采取政治理论研讨、座谈交流会等多种形式,认真组织干警深入系统学习思想理论。二是要着力加强党性锤炼。要始终保证干警有正确的思想武器,保持清醒的头脑和坚定正确的政治方向。应以开展多种主题教育实践活动为抓手,深入贯彻落实科学发展观,教育队伍牢固树立大局意识、责任意识和责任意识。三是要着力强化宗旨意识。要始终坚持检察工作的人民属性,把人民群众满意不满意作为一切工作的出发点和落脚点。应强化队伍群众工作教育,坚持深入基层、深入群众、深入实际,深化民生检务,深入践行执法为民。近年来,临沧市检察机关围绕以上“三个着力”,加大力度,勇于创新和尝试,深入开展建设“学习型党组织、学习型检察院”实践活动,使队伍在思想认识上做到了党的事业至上、人民利益至上、宪法法律至上,为检察事业科学发展提供了有力的政治保障。

二、坚持素质强检,打造一支能力过硬的检察队伍

要全面正确行使好检察权,做到公正执法、依法办案,必须具备较高的检察专业素质,特别是法律、文化和科技素质。因此,必须高度重视干警的素质教育和培养,加强法律监督能力。一是要严把进人关口。基于检察工作的专业性需求,要结合实际,科学合理制定进入计划,严格招录工作要求和条件,做到宁缺毋滥。自2009年以来,临沧市检察机关面向社会公开招录大学生111人,其中定向培养少数民族双语生及非双语生18名,使大学本科以上学历人员由2008年的63%上升到79.2%的,同时也为培养少数民族检察官奠定了基础。二是要狠抓教育培训。要按照“重要干部重点培训,优秀干部加强培训,年轻干部经常培训,紧缺人才抓紧培训”的要求,着重考虑时效性和稀缺性,增强精品意识,精心组织教育培训。注重教育培训的针对性,强化领导素能和专业技能培训。近年来临沧市检察机关认真组织全市检察机关150多名领导干部参加各级组织的培训班,切实加大干警业务理论培训和司法考试培训力度,全市通过司法考试的人员达40.8%,有力地夯实了队伍专业化、职业化基础。注重教育培训的持续性,确保工作能有序推进。这一方面,临沧市检察机关坚持年年有重点和特色,年年有继承和发扬。2009年,确定“提升本科学历人员比例”的续本教育思路,与省检察院、云

南大学协调联系,在临沧成功开设专升本教学点;2010 年,以“岗位培训和岗位练兵活动”为重点,选送业务骨干到中国政法大学、西南政法大学进行中短期培训;2011 年,以“开阔视野、提高能力、增长才干”为着力点,组织干警赴外省市先进地区、先进检察院考察学习;2012 年,为加快全市检察队伍高层次人才培养步伐,以“院校共建”方式在临沧成功开办中国政法大学民商法专业在职硕士研究生课程班。三是注重培养锻炼。积极营造干事创业的良好环境,搭建干警展示才华、磨练意志和提升能力的舞台。通过举办优秀公诉人、优秀侦查监督能手选拔赛等活动,培养一批业务尖子和能手;加大干部竞争选拔和交流力度,使一些年轻人和业务能手尽快走上重要岗位,到基层和农村挂职锻炼,这不仅能树立正确的选人用人导向,还实现了队伍综合素质的不断提高。

三、坚持从严治检,打造一支公正廉洁的检察队伍

作为检察人员,在履行法律监督职能的同时,其自身的各项执法活动更应该受到监督。一是筑牢思想道德防线。把深入开展廉政教育与党风廉政教育、职业道德教育和职业纪律教育有机结合起来,扎实开展“反特权思想、反霸道作风”等专项教育活动,不断强化队伍廉洁从政从检的意识,在思想上牢固树立“不想犯、不愿犯、不敢犯”的意识,从源头上预防和减少违法违纪行为的发生。二是强化内部监督制约。强化自身监督制约是检察机关作为监督者自身正、自身净获得执法权威和公信的关键所在。近年来,临沧市检察机关以廉政风险防控机制建设为抓手,加大检务督查力度,严格实行“一案三卡”等内部监督制度,坚持市院检察长与县(区)院检察长每月谈话制度,建立完善对基层院巡视和检察长离任经济审计制度,有效地杜绝了检察人员违法违纪案件发生。三是自觉接受外部监督。牢固树立监督者更应该接受监督的理念,始终坚持党的领导,认真接受人大及其常委会的监督和政协民主监督,加强人大代表、政协委员联络工作,充分发挥人民监督员和特约检察员的作用,进一步提高了检察工作的透明度。

四、坚持文化育检,打造一支奋发有为的检察队伍

加强检察队伍建设,必须旗帜鲜明地推动“文化育检”战略,切实加强检察文化硬件和软件建设,培育检察精神,树立检察形象。一是积极营造良好的检察文化氛围。充分体现人文关怀,大力提倡团结友爱、和谐发展,形成从优待检的管理文化,在工作上、政治上和生活上给予干警关心关爱和支持,不断提升队伍工作积极性;积极开展形式活泼、健康向上的文化活动,为广大检察人员展示个性、增进友谊提供平台,不断增强检察队伍文化底蕴,提升文化品位。二是大力加强检察文化硬件建设。检察机关的物质文化承载着检察文化,更应该将加强硬件作为检察文化建设的保障。近年来,临沧市检察院机关以法治和廉政文化建设为重点,整合资源,筹建了市院机关图书室、陈列室及文化活动室,为干警接受精神熏陶提供了有利环境。三是切实增强检察文化软实力。充分挖掘检察文化对检察工作的促进作用,不断激发检察文化对队伍建设的促进作用。临沧市检察机关近年来特别重视培育、发现、挖掘在深化“三项重点”工作、“创先争优”等活动中涌现出来的先进典型,认真总结和宣传全国检察机关一等功、云南省第二十届先进工作者获得者杨群芳同志为代表的先进典型,号召全体干警比、学、赶、超,奋发向上,努力为全市检察工作创新发展作出新的贡献。

(作者:云南省临沧市人民检察院党组书记、检察长)

第十二部分

军队政治工作与现代化建设

国防和军队建设在科学发展道路上阔步前进

中国人民解放军总政治部

人民军队85年的发展历史，始终是一部在党的科学理论指引下奋勇开拓前进、不断创造辉煌的历史。党的十六大特别是十七大以来，以胡锦涛同志为总书记的党中央，科学把握坚持和发展中国特色社会主义对国防和军队建设的时代要求，坚持以中国特色社会主义理论体系为指导，把科学发展观作为国防和军队建设的重要指导方针，领导我军全面加强革命化现代化正规化建设，有效履行了党和人民赋予的神圣使命。回顾国防和军队建设的辉煌历程和巨大成就，深刻认识党的军事理论创新成果的科学真理性和实践威力，对于我们坚定不移地高举旗帜、听党指挥、履行使命，在科学发展道路上推进国防和军队建设又好又快发展，具有十分重要的意义。

一、党的十六大特别是十七大以来国防和军队建设进入新的发展阶段，实现了历史性进步

新世纪以来，国内外形势发生深刻复杂变化，我国发展面临的机遇前所未有，挑战也前所未有。捍卫国家主权、安全和发展利益，维护我国发展的重要战略机遇期，迫切需要建设与我国国际地位相称、同国家安全和发展利益相适应的巩固国防和强大军队。在党中央、中央军委和胡主席坚强领导下，我军牢记使命、锐意进取、团结奋斗，军事、政治、后勤、装备各个领域和各项建设取得了巨大进步，在我军85年的发展历史上谱写了厚重而辉煌的新篇章。

高举旗帜、听党指挥、履行使命的思想政治基础进一步巩固。中国特色社会主义理论体系武装深入推进，先进军事文化建设取得丰硕成果，“忠诚于党，热爱人民，报效国家，献身使命，崇尚荣誉”的当代革命军人核心价值观得到高度认同和自觉践行，听党指挥、服务人民、英勇善战的优良传统得到传承和弘扬。毫不动摇地坚持党对军队绝对领导的根本原则和制度，深入扎实开展保持共产党员先进性教育和学习实践科学发展观活动等，军队党的建设全面加强，各级党组织创造力凝聚力战斗力不断增强。十年来，广大官兵始终保持政治坚定和思想道德纯洁，展现了当代革命军人的“精气神”，我军始终保持坚定正确的政治方向，经受住各种复杂环境和重大任务的考验，涌现出杨业功、华益慰、方永刚、龚曲此里、向南林和“科学发展好九连”等一大批先进典型。

应对多种安全威胁、完成多样化军事任务能力显著提高。始终扭住核心军事能力建设不放松，加强非战争军事行动能力建设，持续兴起大抓军事训练热潮，大兴研究作战问题之风，组织系列战略战役集训，举行跨区机动演习等重大演训活动，机械化条件下军事训练向信息化条件下军事训练转变深入推进，基于信息系统的体系作战能力不断增强。扎实推进军事斗争准备，日常战备工作得到有效落实，信息化条件下威慑和实战能力进一步提升。

以信息化为时代内涵的现代化建设迈出新的步伐。着眼建设信息化军队、打赢信息化战争，加快信息化建设步伐，大力发展高新武器装备，我军初步建成以第三代装备为骨干、第二代装备为主体的武器装备体系。加快全面建设现代后勤步伐，着力将保障体制向一体化推进、保障方式向社会化拓展、保障手段向信息化迈进、后勤管理向科学化转变。实施人才战略工程，

突出抓好高素质新型军事人才培养,新型作战人才建设扎实推进,官兵信息化素养全面提高,人才队伍结构不断优化,几十万地方大学生走进军营,一批博士硕士走上各级领导岗位。军队组织形态日益现代化,顺利完成裁减军队员额20万,加强高新技术部队和新型作战力量建设,体制编制和政策制度逐步优化完善。陆军由区域防卫型向全域机动型全面转变,海军初步发展成为具备较强近海防御能力以及一定的远海作战手段的综合性军种,空军正加快由国土防空型向攻防兼备型转变,第二炮兵已成为一支精干有效、核常兼备的战略力量,现代化武装警察力量建设步伐加快,我军机械化信息化复合发展和有机融合扎实推进。

军营处处呈现以人为本、全面发展、科学正规的新气象。充分尊重官兵主体地位,维护官兵权益,坚持科学管理、文明带兵,团结、友爱、和谐、纯洁的内部关系不断巩固和发展。坚持依法治军、从严治军,先后制定、修订和颁发《国防动员法》、《兵役法》、《预备役军官法》、《共同条令》等一大批军事法律法规,形成具有中国特色、比较完善的军事法规体系。牢固确立安全发展理念,坚决防范重大安全问题,部队保持了安全稳定。基层建设全面进步、全面过硬,全军涌现出4万多个基层建设先进单位、230多万名优秀士兵。加大基础设施和边海防部队建设投入,提升军人工资津贴标准,完善住房、医疗、保险等保障,换发新式军装,部队训练、工作和生活条件大大改善,军营面貌焕然一新。

日益开放的人民军队展现出威武之师、文明之师、和平之师的良好形象。配合国家政治、外交大局,与150多个国家开展军事交往,形成全方位、多层次、宽领域的军事对外交流合作格局。适度开放部队营区和军事演习,定期发布国防白皮书,建立国防部新闻发言人制度,开通国防部网站,我军对外开放迈出新的步伐。先后与20多个国家的军队举行联合演习和联合训练50多次,执行国际紧急人道主义援助任务28次,积极参与国际维和、反恐行动,是联合国安理会常任理事国中派出维和人员最多的国家。特别是连续派遣12批海军舰艇编队赴亚丁湾、索马里海域护航,展示了我军的过硬素质和良好形象。

为维护国家发展重要战略机遇期、全面建设小康社会作出重要贡献。严密守卫祖国的万里边防和辽阔海疆,有效震慑和打击危害国家安全和统一的各种分裂、破坏活动,依法履行香港、澳门防务职责,为国家发展繁荣提供了可靠安全保障。积极参加抗击"非典"、低温雨雪冰冻灾害、汶川和玉树抗震救灾等抢险救灾行动,出色完成国庆60周年首都阅兵,以及北京奥运会、上海世博会、广州亚运会安保支援和赴利比亚撤侨等重大任务。积极参加和支援地方经济建设,先后投入13000多万个劳动日、730多万台次车辆,支援西部大开发、地方基础设施重点工程、生态环境和社会主义新农村建设等,做好扶贫帮困、助学兴教、医疗扶持等工作。我军执行任务种类之多、用兵规模之大、出动频率之高,是改革开放以来少有的,为党和国家办好大事喜事难事贡献了重要力量,赢得了党和人民高度赞誉。

二、党中央、中央军委和胡主席提出的一系列重大战略思想和重大决策部署,是国防和军队建设又好又快发展的根本指导和遵循

十年来国防和军队建设的辉煌成就,是在毛泽东、邓小平、江泽民同志领导国防和军队建设所奠定的坚实基础上取得的,是全军官兵在以胡锦涛同志为总书记的党中央坚强领导下团结奋斗、顽强拼搏取得的。党中央、中央军委和胡主席着眼推动国防和军队建设科学发展,提出一系列重大战略思想,作出一系列重大决策部署,为我军不断发展进步、取得辉煌成就提供了理论指导和实践遵循。

正确把握时代特征和国家安全形势发展变化,进一步明确国防和军队建设在中国特色社

会主义事业全局中的重要地位和作用。冷战结束后特别是进入新世纪以来，国际局势发生复杂深刻变化，世界战略格局面临深刻调整。党中央、胡主席深刻洞察时代发展大势，科学把握国家安全形势，强调和平、发展、合作仍是时代潮流，我国仍处于发展的重要战略机遇期，同时国家安全问题的综合性复杂性多变性进一步增强。胡主席深刻把握坚持和发展中国特色社会主义对国防和军队建设提出的新要求，强调国防和军队建设在中国特色社会主义事业总体布局中占有重要地位，直接关系中国特色社会主义的兴衰成败，必须站在国家安全和发展战略全局的高度，统筹经济建设和国防建设，在全面建设小康社会进程中实现富国和强军的统一。党中央、胡主席这些科学判断和重要论述，高瞻远瞩、谋深虑远，明确了国防和军队建设的战略定位，是我军进行战略谋划、实施正确战略指导的根本前提和依据。

深刻把握国防和军队建设阶段性特点，对推动国防和军队建设科学发展、有效履行历史使命提出重大指导方针和重要决策部署。深刻把握党的历史任务新要求、国家安全和发展新需求、世界军事发展新趋势，强调军队要为党巩固执政地位提供重要力量保证，为维护国家发展重要战略机遇期提供坚强安全保障，为维护国家利益提供有力战略支撑，为维护世界和平与促进共同发展发挥重要作用，明确了新世纪新阶段军队的历史使命，指明了新世纪新阶段国防和军队建设的发展目标、军事力量运用的指导原则；着眼在新的起点上推进国防和军队建设，提出坚持以推动国防和军队建设科学发展为主题、以加快转变战斗力生成模式为主线，指明了新形势下国防和军队建设的“总纲”和“必由之路”；针对思想政治领域的新形势，提出从思想上、政治上、组织上确保我军始终成为党绝对领导下的人民军队，确保国防和军队建设科学发展，确保有效履行新世纪新阶段我军历史使命，明确了新形势下军队思想政治建设必须着力解决的时代课题；着眼进一步从思想上政治上建设部队、增强部队凝聚力和战斗力，提出大力发展先进军事文化，赋予国防和军队建设一项重要任务；针对我国安全形势的新变化，提出拓展和深化军事斗争准备，明确了军队现代化建设的战略抓手和牵引；坚持把军事训练摆到战略位置，提出积极推进机械化条件下军事训练向信息化条件下军事训练转变，指明了加快转变战斗力生成模式、提高军事能力的现实途径；适应军队现代化建设和军事斗争准备的需要以及国家经济社会发展的新形势，提出全面建设现代后勤，推动我军后勤保障能力不断增强；着眼构建适应信息化作战要求、具有我军特色的武器装备体系，提出和推动我军武器装备自主发展、跨越发展、可持续发展，为我军应对多种安全威胁、完成多样化军事任务奠定坚实物质技术基础；着眼为形成体系作战能力提供人才和智力支持，提出抓好联合作战指挥人才、信息化建设管理人才、信息技术专业人才、新装备操作和维护人才培养，赋予高素质新型军事人才发展新的时代内涵；针对信息化条件下和社会主义市场经济环境中治军面临的新情况新问题，提出把依法治军、从严治军作为全局性、基础性、长期性工作紧抓不放，指导我军正规化建设水平不断提高；坚持把改革作为强大动力，提出从体制机制上解决制约国防和军队建设科学发展的深层次矛盾问题，促进国防和军队改革不断深化；着眼为国防和军队建设科学发展提供坚强组织保证，提出提高军队党的建设科学化水平，明确了加强和改进新形势下军队党的建设的目标任务，等等。这些重大战略思想和战略部署，涵盖军事、政治、后勤、装备等军队建设各个领域，体现了我们党建军治军的高超智慧和领导艺术，引领国防和军队建设实现全面协调可持续发展。

党中央、中央军委和胡主席提出的一系列重大战略思想，作出的一系列重大决策部署，科学回答新形势下国防和军队建设带全局性根本性方向性的重大问题，推动党的军事理论与时俱进，形成了胡锦涛关于新形势下国防和军队建设重要论述。胡锦涛关于新形势下国防和军队建设重要论述，是科学发展观在军事领域的具体运用和展开，是对毛泽东军事思想、邓小平新时期军队建设思想、江泽民国防和军队建设思想的坚持、丰富和发展，是我军实现新发展、开创新局面的强大思想武器。

三、高举中国特色社会主义伟大旗帜，奋力开创国防和军队建设科学发展新局面

党的十六大特别是十七大以来国防和军队建设的伟大实践，更加深刻地昭示我们，必须高举中国特色社会主义伟大旗帜，坚持以邓小平理论、"三个代表"重要思想为指导，深入贯彻落实科学发展观，坚决听从党中央、中央军委和胡主席指挥，推动国防和军队建设继续沿着科学发展道路又好又快发展。

进一步坚定对党的创新理论的政治信仰。党、国家和军队事业发展的成功实践充分证明，中国特色社会主义理论体系是当代中国的马克思主义，是我们党引领前进方向、凝聚奋斗力量的科学指南。科学发展观是同马克思列宁主义、毛泽东思想、邓小平理论和"三个代表"重要思想既一脉相承又与时俱进的科学理论，是中国特色社会主义理论体系的最新成果，为全面建设小康社会、加快推进社会主义现代化提供了有力的理论指导。在当代中国，坚定马克思主义信仰就要坚定对科学发展观的信仰，推进国防和军队建设科学发展就要更加牢固确立科学发展观重要指导方针地位。要坚持不懈地用中国特色社会主义理论体系武装全军，重点学习贯彻胡锦涛关于新形势下国防和军队建设重要论述，引导官兵真学真懂真信真用党的创新理论，以更加坚定的决心、更加有力的举措、更加完善的制度来贯彻落实科学发展观。

始终不渝地坚持党对军队绝对领导的根本原则和人民军队的根本宗旨。我军85年的发展历程表明，这两条决定人民军队的性质和方向，关系党的事业兴衰成败。无论形势任务和时代环境如何发展变化，我们都要始终不渝地铸牢党对军队绝对领导的军魂、恪守全心全意为人民服务的宗旨，坚决抵制"军队非党化、非政治化"和"军队国家化"等错误政治观点，确保党从思想上政治上组织上牢牢掌握部队，使我军永葆人民子弟兵本色，做到坚决听党指挥、绝对忠诚可靠，坚决维护人民利益。

紧紧围绕主题主线推动国防和军队建设又好又快发展。贯彻国防和军队建设主题主线，是我军最基本的实践活动，也是长期战略任务。我们必须深入学习贯彻胡主席关于国防和军队建设主题主线重大战略思想，坚定不移贯穿到军队建设、改革和军事斗争准备全过程和各领域，更加注重从思想上政治上建设部队，更加注重拓展和深化军事斗争准备，更加注重改革创新，更加注重依法治军、从严治军，更加注重提高军队建设质量和效益，在新的起点上推动国防和军队建设又好又快发展。

坚决完成党和人民赋予的各项使命任务。忠实履行军队使命任务，是党的重托、人民的期望。要继续拓展和深化军事斗争准备，加快推进信息化建设，积极推进军事训练转变，大力加强战斗精神培育，切实提高信息化条件下威慑和实战能力。要充分发挥人民军队的优势和作用，积极参加和支援国家经济建设，做好维护社会稳定各项工作，坚决完成抢险救灾等急难险重任务，以优异成绩迎接党的十八大胜利召开。

深入开展新形势下学雷锋活动 努力当好雷锋精神传人

徐才厚

雷锋是伟大的共产主义战士，是实践社会主义、共产主义思想道德的楷模。近半个世纪以来，在毛泽东、邓小平、江泽民、胡锦涛等中央领导同志大力倡导和推动下，学雷锋活动在全国全军蓬勃开展，长盛不衰。党的十七届六中全会适应新的形势任务要求，作出深入开展学雷锋活动的战略部署。胡锦涛主席在十一届全国人大五次会议解放军代表团全体会议上，号召全军要深入开展新形势下学雷锋活动。全军和武警部队要认真贯彻落实党中央和胡主席的决策指示，以强烈的政治责任感和更高的标准要求，深入开展新形势下学雷锋活动，在弘扬雷锋精神、当好雷锋传人上努力走在前列。

一、新形势下深入开展学雷锋活动具有重要意义

一个民族、一个时代，总需要伟大的精神来凝聚前进的力量，需要一批优秀人物来引领社会风尚。雷锋是在社会主义建设火热实践中孕育出来的先进模范。雷锋精神是历经几代人传承和丰富发展的高尚精神，体现了中华民族的传统美德，顺应了社会进步的时代潮流，彰显了我们党的先进本色，是一面永不褪色、永放光芒的旗帜。在新的历史条件下，深入开展学雷锋活动、大力弘扬雷锋精神，必将为更好地凝聚全党全军全国各族人民的意志力量，推进党、国家和军队事业发展，发挥重要作用。

雷锋精神集中体现了我们党的性质宗旨和优良传统，是保持党的先进性纯洁性的宝贵精神财富。先进性和纯洁性是党的生命所系、力量所在。我们党之所以能够不断发展壮大，领导中国人民不断夺取革命、建设和改革的伟大胜利，归根结底就在于始终坚持了全心全意为人民服务的根本宗旨，始终保持了马克思主义政党的先进性和纯洁性。雷锋是党和人民的忠诚战士，他以实际行动模范践行了党的性质和宗旨；雷锋精神生动诠释了党的先进性和纯洁性的丰富内涵，反映了中国共产党人为共产主义奋斗的崇高理想和全心全意为人民服务的价值取向，为我们党加强先进性建设提供了宝贵精神财富。当前，世情国情党情发生深刻变化，我们党要成功应对和经受各种考验、化解和战胜各种危险，始终赢得人民群众的信赖拥护，实现党的事业兴旺发达，迫切需要解决好新形势下保持党的先进性纯洁性这个重大课题。深入开展学雷锋活动，对于广大党员坚定理想信念、永葆政治本色，自觉践行全心全意为人民服务的宗旨，进一步增强各级党组织的创造力凝聚力战斗力，具有十分重要的意义。

雷锋精神闪耀着道德光辉，对加强社会主义思想道德建设具有历久弥新的时代价值。道德力量是国家发展、社会和谐、人民幸福的重要因素，是最能打动人心的精神力量。雷锋这样一个只有22年短暂生命的普通战士，能够赢得亿万人民长久的崇高敬意，教育和激励了几代人；学雷锋这样一个群众性实践活动，能够在中华大地沧桑巨变的历史进程中延续不断，影响整个时代的社会风尚，很重要的是雷锋身上闪烁着永恒的道德光辉，展现了社会主义崭新道德的强大力量。现在，我国社会思想道德主流是积极向上的，但随着社会思想文化和价值观念日益多元多样多变，也出现一些突出问题，人

民群众从心底里呼唤真善美，呼唤雷锋精神。深入开展学雷锋活动，大力加强思想道德建设，对于促进市场经济健康发展、促进社会文明进步，对于构建社会主义核心价值体系、发展社会主义先进文化，进一步巩固全党全国各族人民团结奋斗的共同思想道德基础，具有重要促进和推动作用。

我军作为党绝对领导下的人民军队，更要坚持不懈地弘扬雷锋精神。军队的形象同党和国家的形象紧密联系在一起，在精神文明建设上努力走在前列、当好排头兵，历来是党和人民对军队的要求。近50年来，我军坚决响应党的号召，坚持不懈地开展学雷锋活动，不断发扬光大雷锋精神，激励了一代代官兵健康成长，有力促进了部队建设发展。雷锋精神和雷锋这个光辉榜样深刻影响了几代官兵的人生追求和价值取向，已经深深溶入人民军队的血脉。我军在学雷锋活动中创造的丰富经验、涌现的一批又一批先进群体和模范人物，为各个时期的精神文明建设作出了重要贡献。新的历史条件下，积极响应党的号召，带头弘扬雷锋精神，是人民军队义不容辞的政治责任。当前，我军建设进入新的发展阶段，我军所处的内外环境发生深刻变化，担负的使命任务更加繁重，特别是贯彻国防和军队建设主题主线，对各项工作提出了更高要求。这就需要我们不断从雷锋精神中汲取战胜矛盾困难、推动事业发展的精神营养。深入开展学雷锋活动，有利于激励广大官兵以雷锋为榜样，大力弘扬我军听党指挥、服务人民、英勇善战的优良传统，自觉践行当代革命军人核心价值观，把人生追求融入党和军队建设事业，积极投身推动部队建设科学发展、有效履行历史使命的伟大实践，真正做到忠诚使命、献身使命、不辱使命。

二、深刻把握军队深入开展学雷锋活动的时代内涵和实践要求

雷锋精神具有永恒的、强大的生命力。新形势下学习和弘扬雷锋精神，必须坚持与时俱进，与时代条件和社会实践紧密结合。中央关于深入开展学雷锋活动的《意见》明确要求，当前开展学雷锋活动，要大力弘扬雷锋热爱党、热爱祖国、热爱社会主义的崇高理想和坚定信念，服务人民、助人为乐的奉献精神，干一行爱一行、专一行精一行的敬业精神，锐意进取、自强不息的创新精神，艰苦奋斗、勤俭节约的创业精神，这赋予了雷锋精神新的时代内涵，明确了新形势下学雷锋活动的努力方向和基本要求。军队深入开展学雷锋活动，必须紧贴时代发展、紧贴使命任务、紧贴官兵实际，在全面加强军队革命化现代化正规化建设实践中弘扬雷锋精神，为推动部队建设科学发展，完成党和人民赋予的各项任务提供强大精神力量。

一是着眼铸魂育人学雷锋，大力弘扬雷锋爱党爱国爱社会主义的精神，更加坚定自觉地高举旗帜、听党指挥。雷锋具有坚定的政治立场，对党无比忠诚，对党的理论真学真懂真信真用，自觉把个人的一切都奉献给党和人民。爱党、爱国、爱社会主义是雷锋精神的核心和灵魂。我军是党绝对领导下的人民军队，高举旗帜、听党指挥是党和人民对军队的最高政治要求。始终不渝地坚持党对军队绝对领导，关系人民军队性质和宗旨，关系党执政地位的巩固和国家长治久安。军队弘扬雷锋精神，最根本的就是要学习雷锋坚定的政治信仰和宝贵的政治品格，坚定不移地听党的话、跟党走。要把雷锋事迹、雷锋精神作为加强部队思想政治建设的宝贵资源，坚持用中国特色社会主义理论体系武装全军，深入学习贯彻邓小平理论、“三个代表”重要思想以及科学发展观，学习胡锦涛关于新形势下国防和军队建设重要论述，大力培育当代革命军人核心价值观，引导官兵进一步增强高举中国特色社会主义旗帜和坚持中国特色社会主义道路、理论体系、制度的自觉性和坚定性，努力培养一代又一代忠诚党的事业的坚定举旗人、合格接班人。

二是紧贴使命任务学雷锋，大力弘扬雷锋敬业奉献、争创一流的精神，激发官兵爱军精

武、建功军营的内在动力。雷锋对待工作像“夏天一样的火热”，干一行爱一行、专一行精一行，像一颗“永不生锈的螺丝钉”，拧在哪里就在哪里闪闪发光。雷锋这种对事业无比热爱、对工作极端负责、对学习孜孜以求的精神，集中体现了革命军人的职业操守。中国特色社会主义伟大事业需要亿万人民团结奋斗、敬业奉献；推进国防和军队建设科学发展、有效履行历史使命，需要广大官兵埋头苦干、锐意进取。我们要像雷锋那样，始终保持高昂的革命精神和强烈的事业心责任感，强化使命意识，以正在做的工作和本职岗位为基本实践平台，以实际行动履职尽责，真正做到“接过雷锋的枪”。深入贯彻胡主席关于国防和军队建设主题主线重大战略思想，加快推进战斗力生成模式转变，是一场深刻的变革，也是全军部队当前最基本的实践活动。要把开展学雷锋活动与推进转变结合起来，大兴学习之风，大兴军事训练热潮，更加刻苦地学信息化、钻信息化、干信息化，深入研究解决军事斗争准备的重难点问题，不断提高以打赢信息化条件下局部战争能力为核心的完成多样化军事任务的能力。

三是结合加强部队思想道德建设学雷锋，大力弘扬雷锋热爱集体、艰苦奋斗、助人为乐的精神，培育官兵高尚的道德情操。雷锋克己奉公，公而忘私，视集体利益高于一切，始终保持勤俭节约、艰苦朴素的本色，始终以帮助他人为最大快乐，对待同志就像“春天般的温暖”。这种高尚品德，是雷锋精神最感染人激励人的地方。人民军队在思想道德建设上有着更高的标准和要求。面对纷繁复杂的社会生活和多元价值观念的影响，面对官兵成分结构发生的变化，更加需要弘扬雷锋的可贵品质，引导官兵不断端正价值追求，提升思想道德境界。我们必须紧贴军队实际深入开展社会公德、职业道德、家庭美德、个人品德教育，引导官兵像雷锋那样从点滴入手、小事做起，自觉践行社会主义荣辱观。加强尊干爱兵教育，引导官兵互相关心、互相爱护、互相帮助，培养情同手足、亲如兄弟的革命情谊，巩固和发展团结、友爱、和谐、纯洁的内部关系。大力弘扬艰苦奋斗的优良传统，坚持工作上高标准、生活上低要求，勤俭建军、艰苦朴素，反对铺张浪费，永葆革命军人本色。

四是坚持在服务社会、服务人民中学雷锋，大力弘扬雷锋学人民爱人民为人民的精神，积极为全面建设小康社会、构建社会主义和谐社会贡献力量。全心全意为人民服务，是雷锋精神的本质所在。雷锋有句名言：“人的生命是有限的，可是，为人民服务是无限的，我要把有限的生命，投入到无限的为人民服务之中去”，雷锋用实际行动实现了他“生为人民生、死为人民死”的誓言。我军是人民的子弟兵，坚持为社会服务、为人民群众服务，是由我军性质宗旨决定的，也是军队学雷锋的重要任务和鲜明特色。全军部队要坚持学人民、爱人民、为人民，始终保持对人民群众的深厚感情，时刻把人民利益放在高于一切、重于一切的位置，继续发扬我军拥政爱民的优良传统，进一步加强军政军民团结和民族团结，不断巩固和发展同呼吸、共命运、心连心的军政军民关系。积极参加和支援国家经济社会发展，坚决完成抢险救灾等急难险重任务，踊跃参加社会主义精神文明建设和和谐创建活动，深入做好扶贫帮困工作。同时，扎实做好维护社会稳定的有关工作，为维护国家改革发展稳定大局作出应有贡献。

三、采取有力措施推动军队学雷锋活动持续深入开展、取得更大成效

雷锋是在党的哺育下，经过军队这所“大学校”培养锻炼起来的。我们要倍加珍惜、大力弘扬雷锋精神，坚决贯彻党中央、中央军委和胡主席部署要求，把学雷锋活动作为加强部队思想政治建设、大力发展先进军事文化、培育新时代革命军人的重要内容和实际举措，加强组织领导，以更高的标准、更自觉的行动，在新的起点上推动学雷锋活动不断向深度和广度发展。

一是深入抓好雷锋精神的学习教育和宣

传。深刻理解和高度认同雷锋精神,是深入开展学雷锋活动的首要环节。组织部队深入学习毛泽东、邓小平、江泽民、胡锦涛等中央领导同志关于向雷锋同志学习的题词、指示和论述,充分认清学雷锋的重要意义,切实把握雷锋精神的深刻内涵和实践要求。尤其要教育引导青年官兵走近雷锋,熟悉雷锋,了解雷锋的成长经历和感人事迹,最大限度地激发广大官兵学习实践的积极性。加大舆论宣传和引导力度,通过开展理论研讨、文艺创演、宣传报道等多种形式,营造学习雷锋的浓厚氛围。不断总结学雷锋经验,树立学雷锋典型,广泛开展学习"当代雷锋"郭明义、"做雷锋式好战士"活动,充分发挥示范引导作用。

二是建立健全推动学雷锋活动常态化的工作机制。学雷锋活动重在实践、贵在坚持,需要有效的制度机制作保证。各级党委机关要把开展学雷锋活动摆上重要位置,坚持党委统一领导,政治机关牵头,其他各部门积极配合,共青团组织充分发挥作用,形成广泛参与、齐抓共管的工作格局。积极开展形式多样、各具特色的实践活动,坚持把学雷锋融入思想政治工作、战备训练和教育管理,与学习型党团组织建设、基层"双争"评比、创先争优和官兵学习成才等活动有机结合起来,确保学雷锋经常有活动、工作不间断。现在,弘扬雷锋精神已经成为一种文化现象,军营内外的雷锋班组、雷锋岗哨、雷锋学校、雷锋街道,以及雷锋歌曲、雷锋雕像、雷锋影视剧等,滋养着人们心灵,引领着社会风尚。注重把弘扬雷锋精神融入发展先进军事文化之中,纳入培育当代革命军人核心价值观长效机制,不断强化官兵弘扬雷锋精神的文化自觉。

三是不断改进创新学雷锋活动的内容形式。这是学雷锋活动常抓常新、保持生机活力的内在要求。要积极适应时代发展和青年官兵特点,注重把用党的创新理论建连育人、落实以人为本建军治军理念、加快部队信息化建设等新任务新要求,融入学雷锋活动。进一步拓展学雷锋活动的领域,多做那些科技帮扶、文化帮扶、智力帮扶以及法律援助、心理服务等群众欢迎的实事好事。充分借助网络、手机等新兴媒体,用先进手段传播先进思想,增强学雷锋活动的吸引力和影响力。积极与地方开展学雷锋共建共育,学习借鉴地方的好思想好经验,进一步扩大学雷锋活动的效应。

四是发挥党员干部的示范带动作用。学雷锋活动要取得扎实成效,党员干部必须模范带头。广大党员干部要自觉以雷锋为"镜子",经常打扫思想上的灰尘,加强党性修养和世界观改造,切实端正人品官德。像雷锋那样以极端负责的精神对待事业和工作,聚精会神搞建设,一心一意谋打赢。以雷锋同志为榜样,加强学习锻炼,刻苦钻研本职工作,提高履行职责使命的实际能力。自觉讲政治、顾大局、守纪律,大力弘扬求真务实、艰苦奋斗作风,圆满完成党和人民赋予的各项任务,以优异成绩迎接党的十八大胜利召开。

(作者:中共中央政治局委员、中央军委副主席)

深入贯彻落实胡主席重要指示 大力加强部队思想政治建设

陈国令

今年是党和国家发展进程中具有重要意义的一年，也是军队现代化建设十分关键的一年，特别是我们党要召开十八大，对加强部队思想政治建设提出了新的更高要求。抓好当前部队思想政治建设，要深入贯彻落实胡主席重要指示，围绕坚定理想信念、强化军魂意识，贯彻主题主线、强化准备打仗思想，大力加强先进军事文化建设等重大问题，扎实打牢部队高举旗帜、听党指挥、履行使命的思想政治基础。

一、进一步强化首位意识，切实从思想上政治上牢牢掌握部队，确保高举旗帜、听党指挥

党的三代领导核心和胡主席对思想政治建设高度重视，毛泽东同志作出了“政治工作是我军的生命线”的著名论断，邓小平同志强调“一定要把思想政治建设放在非常重要的地位”，江泽民同志鲜明提出“要把思想政治建设摆在军队各项建设的首位”。新世纪新阶段，胡主席从时代发展和全局高度，强调“思想政治建设是革命化建设的核心，是我军的根本性建设，要毫不动摇地把思想政治建设摆在各项建设的首位”。这些重要论述深刻阐明了思想政治建设的重要地位和作用，我们应认真学习领会，进一步强化首位意识，切实把思想政治建设抓得更加扎实有力、更加富有成效。今年，我们党要召开十八大，迎接十八大召开、学习贯彻十八大精神是全党全军的重大政治任务，尤其应重视从思想上政治上掌握和建设部队，把确保部队高举旗帜、听党指挥作为重中之重，切实为十八大胜利召开营造良好政治环境。

抓好以两项教育为重点的思想政治教育，打牢高举旗帜、听党指挥的思想政治基础。今年开展的“赞颂科学发展成就、忠实履行历史使命”教育活动和“讲政治、顾大局、守纪律”学习教育活动，是军委总部贯彻胡主席重要指示、着眼迎接党的十八大胜利召开作出的重大部署，是今年政治教育的重头戏，应按照军委总部和部队党委的部署要求，切实抓紧抓好抓出成效。应紧紧围绕教育目的，在联系实际解决问题上下功夫。“赞颂科学发展成就、忠实履行历史使命”教育，应坚持用党的创新理论强基固本，坚持用科学发展成就坚定信念，坚持用我党我军优良传统凝神聚气，坚持用使命任务激励斗志。“讲政治、顾大局、守纪律”教育，应着眼十八大召开的特殊政治要求，在坚定理想信念、强化军魂意识上下功夫；着眼履行使命任务大局，在集中精力抓准备谋打赢上下功夫；着眼确保政令军令畅通，在依法治军从严治军、严守各项纪律规定上下功夫。开展这两项教育，都应坚持把强化军魂意识作为核心要求，着重引导官兵充分认清党对军队绝对领导的历史必然性和科学真理性，毫不动摇地坚持党对军队绝对领导的根本原则和制度，深扎听党话、跟党走的思想根子。

突出“四反”打好意识形态斗争主动仗，确保部队纯洁巩固。当前，意识形态斗争尖锐复杂，一些敌对势力加紧勾连聚合，特别是利用互联网、手机等新兴媒体炒作热点问题、散布政治谣言、丑化党的形象、进行策反窃密，保持部队纯洁巩固面临严峻挑战和考验。敌对势力善于造谣生事、制造混乱，把小事放大、把一般问题

政治化,以达到他们的政治目的。对此,应教育部队增强政治敏锐性和鉴别力,坚决不听不信不传政治谣言和小道消息,切实把思想统一到中央精神上来。各级应充分认清意识形态斗争的尖锐复杂性和现实危险性,进一步强化政治意识、忧患意识和责任意识,破除侥幸心理和麻痹思想,切实从维护国家安全、巩固党的执政地位、确保部队纯洁巩固和打赢未来战争的高度认真做好意识形态工作。紧紧围绕世界观人生观这个根本问题抓好教育,坚持不懈地抓好理论武装,深入持久培育当代革命军人核心价值观,认真搞好经常性思想教育,从根本上筑牢拒腐防变防线,切实使官兵经得住政治上的攻心策反,经得住金钱美色的诱惑,经得住腐朽思想文化的侵蚀影响。要注重增强教育的针对性实效性,下功夫把教育搞深入搞扎实,坚决反对教育上的各种形式主义,着力解决好大而化之、空洞无物的问题,切实使教育入心入脑、变为官兵行动。在抓好思想教育的同时,还应重视筑牢制度、技术等防线,把教育和管理结合起来,严格落实上互联网、使用手机、涉密载体管理等规定,加强"三圈"和"两个以外"的管控,严明政治纪律,确保不出问题。

紧贴官兵实际开展经常性思想工作,进一步增强部队凝聚力战斗力。经常性思想工作是解决现实问题、保持官兵思想稳定不可替代的重要手段。加强经常性思想工作,既要坚持实在管用的老传统,又要积极探索行之有效的新招数,大力学习宣传部队创造的好经验好做法。应坚持从本单位实际出发,有针对性地搞好专题教育和专项治理,有什么问题就解决什么问题,什么问题突出就重点解决什么问题。下功夫做好一人一事的思想工作,准确把握官兵思想脉搏,深入开展群众性谈心活动,重视官兵心理健康,坚持解决思想问题、实际问题与解决心理问题相结合,切实把工作做到官兵心坎上。应着力提高一线带兵人做思想工作的能力,强化干部骨干事业心责任感,采取带兵讲座、结对帮带、轮训培训、岗位练兵等方法,坚持面对面地教、手把手地带,扎实打牢做经常性思想工作的基本功,努力培养更多李晓钰式的优秀带兵人。

深入抓好法规制度学习教育,筑牢防范重大安全问题的思想防线。发展是硬道理,稳定是硬任务。各级应从政治和全局高度。充分认清今年保持稳定的特殊重要意义,切实把这项工作作为政治工作重要任务抓紧抓好。防范重大安全问题涉及方方面面,最根本的是增强官兵落实法规制度的意识和能力。应切实加强部队经常性的法规制度、安全理念和安全常识教育,帮助官兵强化安全意识,提高安全素质,特别是团以上干部要带头学法知法守法。注意把教育搞活,不仅要重视搞好课堂教育,还要通过组织参观、现身说法等多种形式搞好警示教育,切实让官兵牢记和自觉遵守各项法规制度和上级政策规定。关注军分区人武部干部和士官队伍建设,认真研究把握特点规律,有针对性地抓好法规制度学习教育,增强他们遵规守纪的自觉性。各级党委领导应严格依据条令条例管理教育部队,对违规违纪问题要严肃查处,坚决维护法规制度的权威性和严肃性。

切实以好的作风抓基层建基层,打牢部队建设发展基础。现在一些领导机关不同程度地存在作风飘浮的问题,有的深不下去、沉不到底,对部队情况若明若暗;有的抓工作大而化之,满足于作了部署、提了要求,没有真正落实到末端;还有的缺乏应有的责任心,对单位存在问题报喜藏忧、解决不够有力。这些现象和问题应引起高度重视。应进一步端正工作指导思想,树立正确的政绩观,对部队出现的问题要敢于担当,敢于揭露矛盾,坚持从严治军,坚持求真务实,真正把部队建设基础打牢。防止和克服工作严不起来、实不下去,甚至搞形式主义、弄虚作假等问题。进一步改进工作作风,少跑面、多蹲点,在解决基层问题上下功夫,在亲知深知真知中增强工作指导的针对性实效性。进一步正风气树形象,坚持严部队先严自身,带头增强事业心责任感,真心实意为基层办实事解难题，切实以领导机关的好作风带出部队的好风气。

二、围绕贯彻国防和军队建设主题主线，拓展和深化军事斗争准备，充分发挥政治工作服务保证作用

胡主席关于国防和军队建设主题主线的重大战略思想，是新形势下国防和军队建设的科学指南和根本遵循。加强思想政治建设，必须始终聚焦主题主线，围绕军事斗争准备，在统一思想认识、凝聚意志力量上充分发挥作用、提供有力保证。

坚持用胡主席和军委决策部署统一思想，进一步强化忧患意识、责任意识和准备打仗思想。教育官兵牢固树立时刻准备打仗思想，始终保持常备不懈的战备观念，是政治工作的基本任务。联系当前形势任务，如何教育官兵防止和克服麻痹松懈情绪，始终保持真抓实备的工作劲头，是拓展深化军事斗争准备的关键所在，也是思想政治工作必须着力回答和解决的重大现实课题。应坚持不懈地用党中央、中央军委和胡主席的战略判断和决策部署统一思想，始终保持抓军事斗争准备的思想不松、力度不减、标准不降。深入抓好我军根本职能、形势战备和使命任务教育，引导官兵充分认清我国安全环境面临的严峻挑战，始终保持清醒头脑和强烈忧患意识，着力增强官兵有效履行使命任务的责任感紧迫感。

适应未来作战要求，大力培育过硬战斗精神。战斗精神历来是我军克敌制胜的重要法宝，无论战争形态如何演变，战斗精神始终是战斗力的重要组成部分，是夺取作战胜利的力量源泉。我军多年没有打仗，部队长期处于和平环境，官兵缺乏艰苦环境的磨砺，缺乏战争年代董存瑞、黄继光那种英勇献身精神，缺乏李云龙那种战胜敌人的血气。这就要求我们必须从实战出发重视抓好战斗精神培育，切实把战斗精神准备作为作战准备第一位任务认真落实到位，特别是要把培养“一不怕苦、二不怕死”的革命英雄主义精神突出出来，同时认真探索研究信息化条件下作战对官兵思想、心理和生理的影响，丰富拓展战斗精神内涵，培育敢打必胜的信心、英勇顽强的作风、团结协作的观念、严谨科学的精神和过硬的心理素质。积极拓展战斗精神常态化培育的方法路子，综合运用思想教育、环境熏陶、模拟训练、实践锤炼等多种手段，特别是重视发挥完成急难险重任务和军事训练的特殊培育功能，把练战术练技术与练思想练作风紧密结合起来，锤炼官兵顽强过硬的战斗意志和作风。

持续激发练兵动力，营造大抓军事训练的浓厚氛围。军事训练是最直接的军事斗争准备，是提高部队战斗力最基本的途径。应始终围绕为大抓军事训练提供强大精神动力，进一步加强和改进训练中政治工作，充分调动官兵投身训练的积极性创造性。教育官兵牢固树立“练为战”的思想，坚持从实战需要出发从难从严训练，切实把训风演风考风搞端正。大力开展岗位练兵和群众性比武竞赛，把创先争优活动引向训练场、演习场，发动官兵争当“三手”、“四会”、“五优秀”，评选表彰“何祥美式爱军精武标兵”，健全完善训练激励机制，营造你追我赶、创先争优的浓厚氛围。深入学习宣扬部队涌现的准备打仗典型，在部队中树立抓准备练打赢的鲜明导向。

各级领导干部要模范带头，一心一意抓准备谋打赢。胡主席深刻指出，军事斗争准备能不能真正落到实处，军队能不能完成肩负的历史使命，关键在领导干部，关键在各级党委领导班子。旅团党委是抓军事斗争准备的一线指挥部，党委书记和班子成员应认真履行职责，坚决贯彻胡主席重要指示，切实发挥好模范表率作用。带头振奋精神状态，一门心思、心无旁骛地抓准备谋打赢；带头大兴研究作战问题之风，在解决军事斗争准备重难点问题上使实劲见实效；带头真抓实干，深入一线、跟踪问效，确保各项准备工作经得起历史、实践和实战的检验；带头深入开展好岗位练兵，努力提高领导班子的

军事素质和指挥能力，带动部队兴起军事训练热潮。实践证明，开展党委班子岗位练兵是提高党委领导能力素质的有效抓手。应适应新的形势任务，坚持聚焦信息化的发展方向，把练兵重点由基本技能向信息化条件下作战指挥深化拓展，练兵对象由本级班子成员向全体机关干部深化拓展，练兵条件由一般战场环境向复杂电磁环境深化拓展，突出抓思想观念转变、抓信息化素质提升、抓指挥方式变革，把岗位练兵不断引向深入，不断提高党委班子领导部队科学发展和基于信息系统体系作战指挥能力。

三、大力加强先进军事文化建设，为推动部队建设科学发展、有效履行使命任务提供强大精神力量

具有我军特色的先进军事文化，是社会主义先进文化的重要组成部分，是军队思想政治建设的重要内容。胡主席对繁荣发展先进军事文化高度重视、极为关注，在最近几次重要会议上都作了深刻阐述，为大力加强先进军事文化建设指明了方向。各级应认真贯彻胡主席的重要指示，切实把繁荣发展先进军事文化作为推动部队建设科学发展的一项基础性、长远性工作抓紧抓好。

深刻理解领会胡主席关于繁荣发展先进军事文化的重要论述，切实把思想统一到党中央、中央军委和胡主席决策部署上来。抓好先进军事文化建设，首先应认真学习领会好胡主席关于繁荣发展先进军事文化的一系列重要论述，切实在理解把握精神实质上下功夫。应深刻理解胡主席关于“发展先进军事文化是推动社会主义文化大发展大繁荣的客观需要，是保持人民军队性质和本色、增强部队凝聚力和战斗力的内在要求”的重要论述，充分认清繁荣发展先进军事文化的重大意义；深刻理解胡主席关于“始终把保持我军政治本色放在第一位”的重要论述，准确把握繁荣发展先进军事文化必须坚持高举旗帜、听党指挥的根本政治要求；深刻理解胡主席关于“坚持把培育当代革命军人核心价值观作为根本任务”的重要论述，坚持用培育核心价值观引领先进军事文化发展，在大力发展先进军事文化实践中不断推进核心价值观培育；深刻理解胡主席关于“始终把提高部队战斗力作为根本着眼点”的重要论述，紧紧围绕军队职能使命和中心工作繁荣发展先进军事文化；深刻理解胡主席关于“坚持把保持我军高度团结统一作为发展先进军事文化的重要着力点”的重要论述，大力培育和发扬紧密团结的集体主义精神；深刻理解胡主席关于“重视加强军营文化建设”的重要论述，坚持面向基层、面向官兵，创新发展军营文化内容、形式和手段，不断丰富活跃部队文化生活。各级应坚持用胡主席重要指示统一思想，切实增强抓好先进军事文化建设的责任感使命感，准确把握发展先进军事文化的科学内涵和基本要求，进一步理清工作思路，加强组织领导，不断提高部队文化建设科学化水平。

把保持我军政治本色放在第一位，始终坚持先进军事文化建设的正确方向。这是繁荣发展先进军事文化最重要的原则和最鲜明的特征。加强先进军事文化建设，必须坚持马克思主义指导地位，自觉用中国特色社会主义理论体系武装头脑、指导实践、推动工作。应切实把党对军队绝对领导的根本要求贯彻体现到军事文化建设方方面面，坚决抵制“军队非党化、非政治化”和“军队国家化”等错误政治观点，毫不动摇地坚持党对军队绝对领导的根本原则和制度。密切关注国内外形势变化、社会思想动态和官兵现实思想反映，及时用中央精神和决策部署统一官兵思想，旗帜鲜明地反对各种错误思潮，唱响“六好”时代主旋律，确保在思想上政治上与党中央始终保持高度一致。认真贯彻党的文化工作方针和政策，始终把社会效益、军事效益放在首位，不论形势如何变化，都坚持“为党”、“姓军”的方向不动摇。

坚持以人为本充分发挥文化教育人、培养人、塑造人的功能，大力培育当代革命军人核心价值观。当代革命军人核心价值观是先进军事

文化的内核。发展先进军事文化，需要把核心价值观培育融入文化建设全过程。应坚持不懈地用当代革命军人核心价值观引领官兵思想和行为，着眼当前意识形态领域尖锐复杂斗争形势、社会价值取向多元化发展趋势和腐朽思想文化侵蚀渗透部队带来的影响，着力引导官兵坚定理想信念、端正价值追求、纯洁思想道德，强化文化品格养成，切实筑牢精神支柱。坚持内化于心和外化于形相统一，按照胡主席提出的“六种方法途径”，在全方位多渠道培育上抓深入求实效，进一步增强学习培育的群众性经常性，积极创新培育工作的载体和手段，深入开展新形势下学雷锋活动，大力营造有利于官兵成长成才的文化环境，努力促进官兵全面发展。

充分发挥先进军事文化对保持部队高度团结统一的重要作用，大力培育和发扬紧密团结的集体主义精神。紧密团结的集体主义精神是我军的优良传统，是战胜强敌和各种困难的法宝。保持我军高度团结统一，是发展先进军事文化的重要着力点。应充分发挥先进文化统一官兵思想、凝聚军心士气、协调内部关系的重要作用，着力增强官兵集体荣誉感，引导大家自觉以集体利益和全局利益为重，珍视和维护集体荣誉。大力挖掘先进军事文化蕴含的重视团结的精神资源，培养官兵情同手足、亲如兄弟的革命情谊，维护官兵的人格尊严和正当权益，坚决抵制妨碍团结的不良思想文化和社会风气的影响，进一步打牢团结统一的思想政治基础，巩固和发展团结、友爱、和谐、纯洁的内部关系。深入开展新形势下尊干爱兵活动，保持发扬官兵一致、尊干爱兵的优良传统，引导官兵互相关心、互相爱护、互相帮助，进一步密切官兵关系、兵兵关系，切实把部队团结成为高度集中统一的战斗集体。

紧贴使命任务和官兵精神文化需求，大力创新发展军营文化的内容、形式和手段。根植军事斗争准备的生动实践，满足广大官兵日益增长的精神文化需求，是先进军事文化的活力源泉和生命力所在。应始终着眼忠诚于党、有效履行使命任务，努力培养官兵爱军精武、英勇顽强、甘于奉献、团结战斗、严守纪律的良好品质，切实使军营成为官兵成长成才的沃土和熔炉。遵循文化建设规律开展文化工作，认真研究探索“以文育人”、“以文化人”的有效形式和办法，真正做到把政治性、思想性和艺术性有机统一起来，让官兵在文化熏陶中启迪心智、陶冶情操、激发动力。充分发挥军区部队优势，深入挖掘和运用丰富的红色资源，广泛组织学习党史军史和部队战斗史，形成学优良传统、爱优良传统、讲优良传统的浓厚氛围，切实使官兵从我党我军优良传统和部队特色精神中充分汲取政治营养，培育当代革命军人核心价值观。同时，也应重视弘扬民族优秀文化传统，努力推动军营文化的创新发展。进一步拓宽文化视野，重视运用网络等现代科技手段丰富文化样式和表现形式，增强时代感和吸引力感染力。大力发展战斗文化、仪式文化、环境文化、安全文化、法律文化等富有特色、充满“兵味”的军营文化，增强官兵对部队的认同感、归属感和献身军营的光荣感，培养革命军人的“精气神”。充分发挥官兵主体作用和创造精神，加强基层文化设施建设和文化骨干培养，进一步活跃群众性文化活动，激发官兵文化创造活力。发挥好专业和业余文艺队伍的作用，坚持为兵服务、为战斗力服务，努力创造更多的精品力作，不断推动先进军事文化繁荣发展。

（作者：南京军区政治委员，上将）

论打牢忠实履行新世纪新阶段我军历史使命的思想政治基础

孙思敬

胡锦涛关于新形势下国防和军队建设重要论述，是马克思主义军事理论中国化的最新成果，是党的军事指导理论的重大创新，为新形势下加强国防和军队建设提供了科学指南。深入学习贯彻胡锦涛关于新形势下国防和军队建设重要论述，进一步打牢忠实履行新世纪新阶段我军历史使命的思想政治基础，是当前和今后一个时期全军的重要政治任务。本文谨就如何才能深入学习贯彻这一重要论述、有效履行使命任务的问题，作些探讨。

一、要依靠对党的军事理论的信仰和忠诚

胡锦涛关于新形势下国防和军队建设重要论述，站在时代和战略的高度，从国内国际两个大局出发，对新世纪新阶段我国军事力量的发展和运用提出了许多新思想、新观点、新论断，把党的军事理论创新推进到一个新阶段。坚定对党的军事理论的信仰和忠诚，既是这一科学理论所具有的真理魅力和实践威力的必然体现，也是我们深入学习贯彻胡锦涛重要论述、推进国防和军队建设的精神支撑和动力源泉。为此，要着力强化三种认同。

（一）思想认同

当今时代，人类文明正由工业时代向信息时代过渡，国际经济、政治、文化和军事格局正经历第二次世界大战以来最深刻的调整和重塑，给马克思主义军事理论提出了前所未有的严峻挑战。比如，随着经济全球化的发展，各大国经济上空前相互依存，如何认识当代战争的经济根源，如何认识“战争是政治的继续”这一为马克思主义军事理论所接受并加以深化的经典论断？随着世界新军事变革的深入发展和战争形态由机械化战争向信息化战争转变，战争是否“慈化”、非暴力化？在当代复杂的国际政治环境和战略格局下，反侵略的正义战争是否一定得道多助并取得胜利？人还是不是战争胜负的决定性因素，还能不能以劣势装备战胜优势装备之敌？同时，“网络中心战”、“空海一体战”等西方军事理论，也对马克思主义军事理论形成重要挑战。所谓“文明冲突论”、“民主和平论”、“美国霸权是当代世界和平的支柱”等理论观点喧嚣，也具有一定迷惑性。面对这些挑战，我们应清醒地认识到，马克思主义具有穿越时空的恒久魅力，它不仅从不回避或畏惧挑战，而且正是在应对各种挑战中形成和发展的。不言而喻，马克思主义是指导实践的科学指南，离开马克思主义的指导，我们的事业就会失败，这是为中国革命、建设、改革实践所证明了的真理，也是苏联解体、东欧剧变从反面证明了的真理。2012 年 7 月 23 日，胡锦涛同志在省部级主要领导干部专题研讨班上的重要讲话中深刻指出，经过长期努力，我们坚持和发展中国特色社会主义取得了重大理论和实践成果，最重要的就是，开辟了中国特色社会主义道路，形成了中国特色社会主义理论体系，确立了中国特色社会主义制度。中国特色社会主义理论体系，是马克思主义中国化的最新成果，是指导党和人民沿着中国特色社会主义道路实现中华民族伟大复兴的正确理论。同样，作为中国化马克思主义的“军事篇”，党的军事理论也具有无与伦比的真理性和强大生命力，这已经为我

军85年来建设、作战的实践所反复证明。在革命、建设和改革的各个历史时期,党的军事理论不断创新发展,表现出传承和创新紧密结合的理论品质。胡锦涛关于新形势下国防和军队建设重要论述,与毛泽东军事思想、邓小平新时期军队建设思想、江泽民国防和军队建设思想既一脉相承又与时俱进:在坚持解放思想、实事求是、与时俱进这一马克思主义精髓的同时,强调继续解放思想、坚持改革开放、推动科学发展、促进社会和谐;在坚持用马克思主义世界观和认识论、方法论、价值论来分析和处理军事问题的同时,注重科学统筹国内国际两个大局,不断增强战略筹划、科学管理和作战指挥能力;在坚持人民军队的性质、宗旨、本色、作风的基础上,强调以人为本,深入培育当代革命军人核心价值观,大力发展先进军事文化,不断解决好思想政治建设“三个确保”的时代课题;在坚持人民战争思想和灵活机动的战略战术基本精神的同时,强调积极充实军事战略方针、加强战略研究、大兴作战问题研究之风、深入探索建设信息化军队、打赢信息化战争的特点规律,全面提高以打赢信息化条件下局部战争能力为核心的完成多样化军事任务能力;在坚持国防建设与经济建设协调发展的基础上,强调推进军民融合式发展,在全面建设小康社会进程中实现富国和强军的统一,等等。胡锦涛关于新形势下国防和军队建设重要论述,着眼国家安全和发展战略全局,科学筹划国防和军队建设,作出了一系列重大创新,使党的军事理论呈现出新的理论形态。我们各级领导干部应带头认清挑战,明辨是非,切实把强化对党的军事理论的思想认同,作为履行使命任务的前提,深刻认识党的最新军事理论的丰富内涵、精神实质和重大价值。

(二)价值认同

随着我国经济军事实力的快速增长和中国特色社会主义事业的蓬勃发展,西方敌对势力竭力利用互联网、手机等现代传媒,散布各种马克思主义“过时论”、“无用论”,却把西方所谓的“自由”、“民主”、“人权”夸大为“普世价值”,并极尽丑化、抹黑我党我军之能事,企图动摇我之信仰,摧毁我之军魂。我们应深刻认识到,中国共产党在领导中国革命、建设、改革的不同历史时期,始终坚持理论联系实际,推进马克思主义中国化时代化大众化。与马克思主义中国化产生毛泽东思想和中国特色社会主义理论体系两大理论成果相联系,我们党也实现了马克思主义军事理论在中国的两次历史性飞跃。第一次飞跃,形成了毛泽东军事思想,主要回答了在中国处于半殖民地半封建社会的历史条件下,如何建设一支无产阶级新型人民军队和夺取武装斗争胜利,以及在取得全国政权后如何建立现代国防的问题。第二次飞跃,形成了包括邓小平新时期军队建设思想、江泽民国防和军队建设思想、胡锦涛关于新形势下国防和军队建设重要论述在内的中国特色社会主义军事理论。胡锦涛关于新形势下国防和军队建设重要论述,在邓小平新时期军队建设思想、江泽民国防和军队建设思想的基础上,正确判定国防和军队建设的历史方位,科学回答了在我国面临前所未有的发展机遇和挑战、影响国家安全因素更具综合性复杂性多变性的情况下,如何发展和运用我国军事力量、有效履行新世纪新阶段我军历史使命的重大问题,实现了党的军事理论的与时俱进。胡锦涛关于新形势下国防和军队重要论述是中国特色社会主义军事理论的崭新篇章,闪耀着马克思主义的真理光芒,传承着党从政治上、军事上、思想上、组织上领导军队,打赢人民战争,反对侵略战争,维护国家领土、主权完整统一,维护国家安宁、人民幸福、世界和平的一贯思想,是指导新形势下我军不断从胜利走向胜利的科学指南。我们应当强化价值认同,进一步增强忠诚和信仰党的军事理论的自觉性和坚定性。

(三)情感认同

历尽天华成此景,人间万事出艰辛。坚持中国共产党的领导,坚持中国特色社会主义道路、理论体系和制度,坚持党的军事理论,都不是偶然的,也不是强迫的,而是历史和人民的选择,是中华民族的集体选择。过去,我们党肩负使命,情系人民,披荆斩棘,把马克思主义与中国实际相结合,创造了惊天动地的伟业,带来了翻天覆地的发展,引领了改天换地的复兴。到中国共产党建党100周年,我国将全面建成小康社会;到中华人民共和国建国100周年,我国将建成富强民主文明和谐的社会主义现代化国家。历史已经并将继续证明:我们党是全心全意为人民服务的伟大政党。历史也启示我们:选择了中国共产党领导,就是选择了民族独立解放和繁荣富强;选择了中国特色社会主义道路、理论体系和制度,就是选择了美好生活和光明前景,就是选择了中华民族的伟大复兴。1956年8月30日,毛泽东同志在党的八大预备会议上分析过追赶美国、实现中国崛起的三条重要理由,也就是面积大、人口多、制度优。从当前情况看,全世界国土面积超过300万平方公里的只有7个国家(俄罗斯、加拿大、中国、美国、巴西、澳大利亚、印度);人口超过1亿的国家也没有多少(比如:中国、印度、美国、巴西、俄罗斯、日本)。国土是物质资源,人口意味着人力资源,但根本性的优势还是制度优势。某些西方国家把我国社会制度诋毁为"集权政治",但实际上,这是极具组织效率的制度设计。这种国家组织能力主要体现在:一是具有很强的社会基层动员能力,能够迅速把全国人民组织起来;二是具有从群众中来到群众中去的民主决策能力,能够把全国人民的智慧集中起来;三是具有执政为民的执行能力,中央决策部署能够得到有效贯彻;四是具有一切从实际出发的应变能力,善于根据形势任务变化不断调适、灵活应变。我国这种制度表现出的政治组织能力,是世界发达资本主义国家都望尘莫及的。所以西方国家竭力对我实施西化、分化战略图谋,妄图使我国改弦易辙,从根本上遏制我国崛起。对此,我们应以史为鉴,保持清醒。前苏联也是超级大国,追赶美国的指数最高时是1975年,GDP达到美国的44.4%。苏联解体后,俄罗斯尝试全盘西化,想要赶上去反而落后越来越多,2008年俄罗斯的GDP才到美国的13.5%。日本追赶美国最好的时候是1991年,GDP达到美国的41.4%。此后日本陷入"失去的20年",2008年日本的GDP是美国的30.6%。我国改革开放30多年来,经济社会快速发展,综合国力大幅提升。英国《经济学报》列举的21个主要经济指标,我国有11个指标已经超过美国,有10个比美国低一点。按汇率计算,我国2011年的GDP是471564亿元,相当于美国GDP的51%。我们不是在空说我国社会主义制度的先进性,而是定性定量地看中国发展的现实。中国特色社会主义道路、理论体系和制度,既凝聚着全党和广大人民的智慧,也凝聚着党和人民的鱼水深情。从中,我们不仅看到无数仁人志士的不懈探索、无数革命先驱的执着追求,而且看到无数革命先烈的汗水、鲜血甚至生命。自1840年以来,中国人民对如何结束民族苦难、实现民族复兴,进行了前赴后继、艰苦卓绝的斗争。对在这一历史进程中怎样发挥军事力量的作用,也进行了坚持不懈的探寻。胡锦涛关于新形势下国防和军队建设重要论述,全面继承和发展毛泽东军事思想、邓小平新时期军队建设思想、江泽民国防和军队建设思想,为建设一支同我国安全和发展利益相适应的军事力量,为在全面建设小康社会进程实现富国和强军的统一,为在中国特色社会主义道路上实现中华民族的伟大复兴提供坚强安全保障,提供了强大的思想武器和根本遵循。这一党的军事理论重大创新成果,既是全党全军集体智慧的结晶,也是全军官兵拼搏奉献、探索创新的结晶,得来非常不易。我们一定要倍加珍惜,在情感上亲近。这样,我们对党的军事理论的信仰和忠诚才能是自觉的、真挚的、坚定的,也才能满腔热忱地投身国防和军队建设事业。

二、要依靠坚持党对军队绝对领导的原则和制度

胡锦涛同志深刻指出:"坚持党对军队的绝对领导,是我军建设和发展的首要问题","是我军建军的根本原则和永远不变的军魂,是我国的

基本军事制度和中国特色社会主义政治制度的重要组成部分，是党和国家的重要政治优势”。坚持党对军队绝对领导，是中国共产党人从革命、建设、改革实践中得出的真理性认识。党如果不能牢牢掌握军队，党的纲领、路线、方针、政策的贯彻执行就缺乏重要力量保证。军队如果离开党的领导，就没有灵魂和方向，就会导致山头主义、宗派主义、军阀主义、机会主义横行，就不可能全心全意为人民服务，就会溃不成军，最终会走向人民的反面。坚持党对军队绝对领导，绝不是空洞的口号，而是有一系列具体的刚性要求，必须靠原则和制度来落实。

（一）坚持党对军队绝对领导的原则

坚持党对军队的绝对领导，应重点把握三条原则。一是党指挥枪原则。这一原则强调中国人民解放军的最高领导权和指挥权属于中国共产党中央委员会和中央军事委员会，军队必须从思想上、政治上、行动上与党中央、中央军委保持高度一致，一切行动听从党中央、中央军委的指挥。不允许其他任何政党、任何组织插手军队，不经党中央、中央军委授权，任何人不得擅自调动和指挥军队。在任何情况下，只能是党指挥枪，决不允许枪指挥党，决不允许军队向党闹独立性，也决不允许任何人向党争兵权。我军是党的军队、人民的军队、国家的军队的高度统一，这在世界上是独一无二的。敌对势力对我军进行颠覆渗透，矛头所指就是党对军队的绝对领导。它们鼓吹“军队非党化、非政治化”和“军队国家化”，险恶用心就是要“化”掉党对军队的绝对领导，“化”掉我们党的执政地位。二是民主集中制原则。民主集中制是党的根本组织原则，大家都比较熟悉，但是知易行难。按民主集中制办事要着重把握四个关节点：第一，该上会的议题一定要上会。不要认为个别人定下来的事情，执行效率会更高。其实，大多数情况下，定得快，变得也快，因为一个人或几个人的判断能力总比不上集体的判断能力。第二，需要走的程序一定要走到。不要认为那些程序繁琐多余，因为严格的程序承载着广泛的民主和科学的方法。尽管经严格程序定下来的事情不一定完美，但它起码反映着当下的最高认识水平和参与决策的绝大多数人的意志。第三，既要学会民主又要善于集中。不要认为民主和集中是对立的。民主是一种学习方法，集中是学习的收获，所以学习时要充分，集中时要提炼。光学习不提炼是无为的民主，光提炼不学习是盲目的集中。第四，一旦形成了决议要坚决贯彻落实，千方百计去完成。不要认为定下来的事情可做可不做，因为表了态说明你认为可行，不去做证明你不履行职责，做不成证明你能力不够。三是集体领导原则。凡属重大问题必须由党的委员会民主讨论，集体作出决定，个人不得专断。党的委员会讨论决定问题，必须执行少数服从多数的原则，个人不得专断。由于党委的正副书记同时又是军政主官，容易把行政关系带到党内，使正副书记与委员的党内平等关系变成行政上的上下级关系，导致“书记说了算”等不正常现象。因此，正副书记要增强集体领导观念，正确处理行政职务与党内职务的关系，努力当好班长而不当“家长”，实现党委决策的民主化科学化。

（二）坚持党对军队绝对领导的制度

为了确保党对军队的绝对领导，党在军队中建立了一系列具体制度。对此，我们要结合实际，认真学习领会，特别要把握好三大制度。一是党委制度。就是在全军团级以上单位设立党的委员会，营和相当于营的单位设立党的基层委员会，连和相当于连的单位设立支部。党委是各该单位统一领导和团结的核心。党委统一的集体领导下的首长分工负责制，是实现党对军队绝对领导的根本制度，主要包括党委的统一领导、党委的集体领导和首长分工负责。首长分工负责，不是指对所有党委成员的分工负责，而是指党委作出决定后，由军政首长按照职责分工贯彻执行。属于军事工作方面的，由军事主官负责组织实施；属于政治工作方面的，由政治主官负责组织实施（对副职领导的分工是行政上的分工，是军政主官对副职的分工，与党内的分工负责制不是一回事)，这与地方党委领导制度有所不同。军政首长必须服从党的委员会的领导，执行党的委员会的决议，积极履行职责，密切合作，互相支持。党的委员会不得包揽行政事务，应当支持行政首长独立负责地开展工作。二是政治委员制度。就是在团以上部队设立政治委员，营设立政治教导员，连设立政治指导员。政治委员是党委日常工作的主持者，是政治工作的领导者和实施者，与同级军事主官同为所在部队的首长，在同级党委领导下，对本单位的各项工作共同负责。三是政治机关制度。就是在团以上部队设立政治机关。政治机关是政治工作的领导机关，在同级党委直接领导下，负责管理党的工作，组织进行政治工作。

建军 85 年来的历史证明，上述三大制度，是我们党把马克思主义建党建军学说与中国国情军情相结合的产物，是付出沉重学费、血的代价才确立起来的富有中国特色的党领导军队的根本制度。20 世纪 30 年代，受王明教条主义影响，我军一度取消党委制；为推动国共合作抗日，我军取消政治委员制度两个多月，党的领导和政治工作都受到明显削弱。新形势下，三大制度依然不仅关系我军性质、宗旨和战斗力，而且关系党和国家前途与命运。我们永远不能忘记，更不能违背这些制度，在任何时候、任何情况下都要坚决贯彻执行，都要深入落实到军队各项建设之中。

三、要依靠对中国特色军事实践的洞察、把握、分析能力

胡锦涛深刻洞察中国特色军事实践新的特点和矛盾问题，强调“我们要坚持以科学发展观为指导，全面、系统、深入地研究军队建设的阶段性特点，把军队建设的基础和现状搞清楚，把影响和制约军队建设的重难点问题搞清楚，把军队建设的发展方向和主要任务搞清楚，不断深化对军队建设规律的认识，正确解决军队建设发展中的深层次矛盾和问题，把军队建设切实转入科学发展的轨道，使我军建设发展始终充满生机和活力。”他还多次强调：要把改革创新作为军队建设的根本动力，大力推进军事理论创新、军事技术创新、军事组织创新、军事管理创新。对军队各级领导干部来说，要深入学习贯彻胡锦涛重要论述、有效履行新世纪新阶段我军历史使命，就必须着力提高对中国特色军事实践的洞察、把握、分析能力，进一步提高军事创新的质量和效益。新形势下，应注重做好如下方面。

(一)以调查研究为本

胡锦涛同志多次强调，要大兴调查研究之风。大量经验教训表明，脱离客观实际，脱离部队需求，是军事创新的大敌。特别是在新形势下，世界新军事变革迅猛发展，中国特色军事变革加速推进，新的军事实践提出了许多前所未有的新情况、新问题、新挑战，亟需我们去研究解答。军队信息化建设，从一定意义上讲，也是“数字化建设”，军事创新必须以占有大量一手数据为支撑。一些同志不能深入调研听真话、察实情，对部队建设实际“心中无数”，以致出主意、作决策有时连自己都“心中无数”。各级领导干部绝对不能“情况不明决心大”，不能“无知者无畏”，不能对自己尚不清楚的问题就乱出主意，不能出无依据、不可信、不可行的“虚招”，以至于影响服务国防和军队建设的质量，甚至影响上级决策。没有调查，就没有发言权。对于军事科研工作者来说，我们要切实把调查研究作为提高军事理论创新能力的首要环节来抓，坚决防止本本主义、闭门造车、坐而论道、道听途说、拾人牙慧、信息拾荒、走马观花等不良习气。由于体制、手段、方法和作风上的原因，我们在接地气、知真情上还存在短板，以致我们往往长于在历史和基础问题研究上亮宝，短于在现实和未来问题上发声。为此，军事科研工作应进一步加大调查研究的力度，努力将一切科研结论都建立在深入调研的基础之上。各级领导干部应带头培养调查研究的意识和能力，善于在调查研究中掌握事实，透析本质，找到问题的症结，揭示建设信息化军队、打赢信息

化战争新的特点规律。

（二）以学习借鉴为桥

胡锦涛同志指出："现在，世界新军事变革加速发展，我军现代化步伐不断加快，部队建设新情况新问题大量涌现，我们不懂、不会、不适应的东西很多。对于各级领导干部来说，加强学习既是提高本领的迫切需要，也是一种政治责任，必须乐于学习、勤于学习、善于学习，必须带头向书本学习、向实践学习、向官兵学习，发扬理论联系实际的学风，不断提高领导部队建设科学发展和带领部队完成各项任务的能力。"有些同志理论基础弱、眼界不开阔、思维水平低，原因就在于学习不够。军人生来为战胜，军队的生活主题就在于打仗和准备打仗。为了提高战斗力，必须提高学习力。当前和今后一个时期，各级领导干部应把学习科学发展观突出出来，重点学好胡锦涛关于新形势下国防和军队建设重要论述。抓紧学习现代军事知识和以信息技术为主要内容的高新科技知识，尤其要熟悉和掌握所属部队主战武器装备的战术技术特点和作战效能。注重学习现代管理科学的基本理论和方法，学习借鉴外军有益的管理经验。注重培养良好的战略素质、很强的全局观念和宽广的世界眼光，不断增强战略筹划、科学管理和作战指挥能力。对军事科研工作者来说，军事科研就是学术准备和学术创新，而学术准备最大的功夫就是学习。军事科研工作者应自觉强化学习责任意识和本领恐慌意识，坚持以学习力提升科研力，按照"集诸子百家之智，通古今中外之变，谋强军胜战之道"的要求，勤学不辍、克服短板，尤其要深入学习党的创新理论最新成果，深入了解当代军事发展和军事理论创新的新动向，借鉴军地科研机构和外国、外军科研创新的有益经验做法，不断开阔视野，丰厚学识、提升思维水平，为军事科研创新打下深厚思想、理论和学术基础。

（三）以科学分析为要

科学分析的深度，决定着军事创新的高度。当今世界正处在大调整大变革之中，综合国力竞争异常激烈，军事问题的综合性复杂性多变性前所未有，特别是对深化战略和作战问题研究的要求越来越高。我们应按照胡锦涛同志和中央军委、总部的指示要求，在全军形成研究作战问题的浓厚风气，围绕未来打什么仗、怎样打仗的问题，加强对信息化条件下局部战争基本理论问题和军事斗争准备重大现实问题的研究，不断丰富完善我军作战思想，创新发展人民战争战略战术，构建具有我军特色、符合现代战争规律的先进作战理论体系。对军事科研工作者来说，更要进一步培养战略思维、系统思维、辩证思维和创新思维，掌握并运用好马克思主义矛盾分析法、阶级分析法、分析与综合相结合的方法、从抽象上升到具体的方法、历史和逻辑相统一的方法等重要方法，大胆探索和采用数据支撑、对抗推演、模拟仿真、分析计算、战略评估等先进手段，推动军事科研由定性研究为主向定性与定量相结合研究为主转变，不断提升研究成果的辩证性、历史性、准确性、深刻性，充分发挥军事理论指导军事实践、引领军事变革的重要作用。

（四）以协作攻关为梯

现代科技发展日新月异，各学科之间既深度分化又高度融合，协作攻关成为现代军事创新的重要趋势。特别是在信息时代，个人的智慧诚然非常重要，但个人的力量再大也终究非常有限，重大项目研究非依靠集智攻关、团队创新不可。譬如：人类基因组序列图，就是由美、英、日、法、德和中国科学家经过13年的共同努力绘制完成的。中国载人航天工程取得巨大成就，是由全国110多个研究院所、3000多个协作配套单位和几十万工作人员共同参与实现的。美国兰德公司完成的一些重要课题，也是与美国斯坦福研究所、英国伦敦战略研究所等多家研究单位协作的结果。当今时代，联合科研已经成为军事科研创新发展的重要趋势。不过，在实际工作中，也要防止课题组构成虽然跨单位、人数较多，但人浮于事，并未真正合心、合智、合力，协作效益不高的问题。我们在科研资源整合利用、科研信息化水平、科研组织方式等方面，都还有许多工作要做。各级领导干部应坚决将国防和军队建设主题主线重大战略思想贯彻落实到军事科研创新的各个方面和全过程，进一步健全完善协作攻关机制，对外畅通与中央军委、总部和部队联系，对内消除单位壁垒，不断推动军事科研方式的加快转变，不断提高对重大军事问题协作攻关的实际成效。

四、要依靠献身我军历史使命的崇高境界

有境界，则自成高格。军队各级领导干部作为部队建设的中坚和骨干，在有效履行我军历史使命的进程中肩负着重要的领导责任，必须大力提升政治境界、思想境界、理论境界和创新境界，更好地领导部队建设科学发展和带领部队完成各项任务。

(一)提升政治境界

政治境界决定着领导干部履行使命的坚定程度和推进力度。我军是执行党的政治任务的武装集团，是人民民主专政的坚强柱石，是社会主义祖国的钢铁长城。这种特殊的性质和职能，决定了讲政治是我军优良传统的精髓和军队的灵魂。带头讲政治，是领导干部最基本、最重要的素质，是领导干部有效履行使命任务的根本保证。领导干部带头讲政治，既是我党我军区别于其他一切政党、一切军队的特有政治优势，也是我党我军永远立于不败之地的重要保证。无论是革命战争年代，还是和平建设时期，我军各级领导干部以身作则，以模范行动践行讲政治的要求，带动全军始终发扬听党指挥、服务人民、英勇善战的优良传统，谱写了一曲曲讲政治的英雄赞歌。新形势下，面对各种严峻挑战，能不能始终带头讲政治，在政治上永远不含糊、不动摇、不迷失，既是对每个领导干部品德操守、党性观念的重大考验，也是妥善处理各种复杂问题、推进党的事业和军队建设科学发展的迫切要求。各级领导干部应带头高标准落实“讲政治、顾大局、守纪律”学习教育活动的各项要求，始终坚持正确的政治立场、政治观点和政治方向，始终把坚持党对军队绝对领导作为最高政治原则来遵循、作为最高政治要求来落实，不断增强政治敏锐性和政治鉴别力，善于从政治高度思考和处理军事问题，坚决抵制“军队非党化、非政治化”和“军队国家化”等错误政治观点，努力锤炼忠诚于党的政治品格，自觉为完成好党赋予我军的历史使命不懈奋斗。

(二)提升思想境界

思想境界的高度，决定着领导干部忠实履行历史使命的自觉程度和实际成效。胡锦涛同志指出，高中级干部是军队建设的中坚，其思想作风如何，对部队思想作风具有重要导向作用。加强和改进新形势下思想作风建设，必须突出高中级干部这个重点，坚持自上而下抓，一级抓一级、一级带一级。我们应牢记我党我军根本宗旨，自觉讲党性、重品行、作表率，大兴密切联系群众、求真务实、艰苦奋斗、批评和自我批评之风，以过硬的思想作风引导和树立良好的学风、工作作风、领导作风、生活作风，带出部队的好作风、好风气。在实际工作中，应紧紧围绕使命任务和中心工作，突出防止和克服党性观念不强、宗旨意识淡薄，作风漂浮、工作不实，思想僵化、因循守旧，贪图享受、奢侈浪费等问题，着力树立公道正派、真抓实干、开拓创新、艰苦奋斗的良好形象。把加强党性修养作为终身课题，坚持正确的世界观、权力观、事业观，坚持党性原则，严于律己，以身作则，自觉摒弃私心杂念，自觉同各种歪风邪气作斗争，始终保持共产党员的浩然正气。端正工作指导思想，坚持马克思主义群众观点和党的群众路线，注重抓基层、打基础，坚决反对那些追名逐利的短期行为、哗众取宠的表面文章、劳民伤财的“形象工程”，真正做出经得起实践、人民、历史检验的实绩。

(三)提升理论境界

理论境界决定着领导干部谋划科学发展、履行使命任务的方法和思路。理论境界不高，难免导致思路上的迷茫、决策上的失误、行动上的盲目，甚至迷失方向、遭受巨大损失。提升理

论境界，根本要求是深化理论武装。各级领导干部应勤于学习、善于学习，特别是要深入学习党的创新理论，切实掌握马克思主义的立场、观点和方法。胡锦涛同志深刻指出："党的十六大以来这10年，我们之所以能取得这样的历史性成就和进步，最重要的就是坚持以马克思列宁主义、毛泽东思想、邓小平理论、"三个代表"重要思想为指导，勇于推进实践基础上的理论创新，形成和贯彻了科学发展观，为全面建设小康社会、加快推进社会主义现代化提供了有力的理论指导。"10年来的成就和实践充分表明，科学发展观深刻回答了新形势下实现什么样的发展、怎样发展的重大问题，是十六大以来党的理论创新成果的集中体现，是中国特色社会主义理论体系的最新成果，开辟了马克思主义中国化的新境界，为全面建设小康社会、加快推进社会主义现代化提供了有力的理论指导。胡锦涛同志同时还强调："深入贯彻落实科学发展观仍然是一项长期艰巨的任务，面临着一系列极具挑战性的矛盾和困难。我们必须以更加坚定的决心、更加有力的举措、更加完善的制度来贯彻落实科学发展观，真正把科学发展观转化为推动经济社会又好又快发展的强大力量。"我们应切实按照"三个更加"的标准和要求，进一步提高贯彻落实科学发展观的能力，而最重要、最紧迫、最现实的任务，就是要深入学习贯彻胡锦涛关于新形势下国防和军队建设重要论述。我们应深入学习领会科学发展观及其军事篇的丰富内涵、精神实质和重大意义，系统掌握科学发展观所蕴含的马克思主义立场观点方法，坚持围绕科学发展解放思想，通过理论武装的深度提升认识境界的高度，不断提高战略思维、辩证思维、创新思维水平，形成推动部队全面建设科学发展的正确思路和办法，确保各项建设始终在科学的轨道上阔步前行。

（四）提升创新境界

当代世界军事竞争，既是装备技术的较量，也是智慧意志的博弈，更是标准与创新的竞争。军事实践充分表明，高层次、高质量的军事创新成果都是精益求精的结晶。有效履行我军历史使命，各级领导干部必须矢志创新、追求卓越。对于军事科研来说，更是只承认第一、不承认第二，第二就是重复、就是尾随。我们军事科研工作者应不断实现"四个超越"，即超越自我、超越前人、超越同行、超越战略对手，努力抢占军事理论创新的最前沿和制高点。为此，应着重推进"三种创新"：一是自主创新。军事科学研究不能只是做"命题作文"，不能只是跟风式、被动的。应敏锐把握军事发展和科研创新趋势，善于捕捉并深入研究军事实践中的重大问题，切实增强军事科研的主动性，把握军事理论创新的主动权。鼓励科研人员在计划课题之外，开展自主课题研究，对确有重要价值的给予一定经费支持。二是原始创新。原创，是科学研究的高境界。敏锐把握战争形态和国际战略格局演变、国家安全和军事战略调整、军队履行使命任务拓展对理论需求的新变化，锐意创新，敢为人先，努力察人之所不察、知人之所未知，创造独树一帜、独成一统、独领风骚的先进军事思想。三是集成创新。一方面，要增强集成意识。应充分发挥军事科学院作为全军军事科研中心的优势，善于把全院乃至全军的理论创新成果加以综合、提升，形成更高层次的创新成果。另一方面，要提升集成能力。应充分利用先进的信息技术手段，以升级改造军事科研网和科研基础数据库、实验论证数据库建设为重点，整合专业数据库，推动科研方式向从定性到定量的综合集成研讨转变，不断提高集成创新的层次和质量。注重发挥军事科学核心期刊的作用，及时跟踪研究全军以及世界最新科研成果，为推进军事科研集成创新发挥重要促进作用。广大军事科研工作者应充分认清自身肩负的光荣职责和神圣使命，大力发扬我军军事科研优良传统和作风，严谨治学，锐意创新，努力推出更多富有原创性、前瞻性、指导性的军事理论创新成果，更好地为中央军委、总部决策和部队建设与作战服务。

（作者：军事科学院政治委员，中将）

坚定思想信念需要正确认识的几个重大问题

王增钵

胡锦涛主席指出："理想信念，是一个政党治国理政的旗帜，是一个民族奋力前行的向导。"作为当代革命军人，必须深刻认识坚定中国特色社会主义理想信念是凝聚全党全军和全国人民共同奋斗意志和力量，全面建设小康社会、实现中华民族伟大复兴的根本保证；是有效应对意识形态领域严峻斗争，确保党对军队绝对领导，始终保持人民军队政治本色的根本保证；也是我们广大官兵经受各种复杂环境考验，始终做到高举旗帜、听党指挥、履行使命的根本保证。从当前情况看，坚定理想信念，尤其要在一些大是大非问题上保持清醒头脑和深刻认识。

一、如何认识社会主义和资本主义两种社会制度

上个世纪80年代末90年代初，随着苏联解体、东欧剧变，世界上社会主义国家由15个减少到5个，共产党组织由180多个减少到130多个，国际共产主义运动陷入历史低谷。一些人开始流传共产主义"渺茫论"和社会主义"终结论"，认为马克思主义不灵了，社会主义不行了。这给我们以深刻警示：坚定理想信念，必须在理论上正本清源，在实践中增强信心。

（一）充分认清当前资本主义繁荣的不可持续性。马克思主义早就宣告，进入帝国主义阶段的资本主义，是垄断的、腐朽的、垂死的资本主义。可现在资本主义不仅没有消失，而且还在发展，是不是资本主义能够永远繁荣，永远不会消亡？对此，首先要弄清三个方面的问题：第一，一种社会制度的发展和消亡是一个长期的历史过程。马克思1859年在《〈政治经济学批判〉序言》中写道："无论哪一个社会形态，在它们所能容纳的全部生产力发挥出来以前，是决不会灭亡的。"资本主义至今存在不到400年，在其产生和发展的初期，一定程度上顺应了历史发展潮流，在一定历史阶段对解放和发展生产力产生了积极作用，它的消亡也会有一个历史过程。第二，资本主义国家当前的繁荣不能归功于其社会制度。从西方发达国家来看，其当前的相对繁荣有三个方面的原因：内部改良、时代机遇和外部掠夺。这在一定程度上暂时缓和了资本主义国家的内部矛盾，减缓了资本主义的消亡进程。第三，资本主义具有自身无法克服的问题和缺陷。上世纪30年代的经济危机导致的资本主义世界大萧条，90年代初的日本经济泡沫导致其经济十几年一蹶不振。特别是2008年爆发全球金融危机以来，美国、日本、欧元区等主要经济体都步入了二战以来最严重的衰退。资本主义的自我改良不仅不可能从根本上克服其本身存在的问题和缺陷，而且在更广阔的背景上加深着它的腐朽，资本主义早晚有一天要走向灭亡，依然是不可逆转的历史定律。

（二）充分认清我国社会主义制度的优越性。改革开放30多年来，我国社会主义经济建设、政治建设、文化建设、社会建设均取得了重大历史性成就。经济保持了年均9.8%的快速增长，远高于世界经济年均3.3%的增速，2010年国民生产总值达到39.8万亿，财政收入8.31万亿，外汇储备2.8万亿美元，经济总量跃居世界第二；人民生活实现了从温饱不足到总体小康的历史性跨越，农村贫困人口从2.5亿减少

到4007万;三峡大坝、青藏铁路、南水北调、航空航天等重大工程捷报频传,机场、港口、高速公路等基础设施日益完善。特别是在应对2008年全球金融风暴的同时,先后遭遇历史罕见的低温雨雪冰冻、四川汶川和青海玉树特大地震、舟曲特大泥石流以及洪涝、干旱等严重自然灾害,党中央科学筹划、英明决策,不仅成功经受了考验,国民经济也保持了高速发展势头。2008年,我国国内生产总值增长9%;2009年增长9.2%;2010年增长10.3%;2011年增长9.2%。而同期,美国2008年增长1.1%;2009年增长-2.1%;2010年增长1.4%;2011年增长1.7%。日本2008年增长-1.2%;2009年增长-6.3%;2010年增长2%;2011年增长-0.9%。雄辩的事实充分证明,社会主义制度具有强大的生命力和无比的优越性。许多外国政治家和学者从国际金融危机给世界带来的灾难中,更加清晰地看到了中国特色社会主义的优越性,认为它"凸显了中国的制度优势",深入研究中国经验成为当今世界的新热点。

(三)充分认清社会主义取代资本主义的必然性。我们可以从两个视角看这个问题:一是看世界各国共产党的生机。苏东剧变后,社会主义从上世纪90年代中期开始出现回升和复兴。越共从1986年开始实行革新开放路线,经济社会发展取得巨大成就。老挝于1991年确立了有原则的全面革新路线,也取得了可喜成果。古巴提出誓死捍卫社会主义,在发展经济和打破美国封锁等方面取得很大进展。与此同时,资本主义国家的共产党也有令人刮目相看的作为。上世纪末,西欧六国(法、意、希、西、葡、德)共产党多次会晤,通过召开国际研讨会,总结历史经验,继续坚持马克思主义,坚持共产主义奋斗目标。二是看西方资本主义世界的评价。近年来,西方发达资本主义国家兴起一波又一波"马克思热"。在全球"千年思想家"、"最伟大的哲学家"等评选活动中,马克思以高票荣登榜首。2008年,当国际金融危机肆虐全球之时,《资本论》在欧洲销量成倍增长,一些西方国家的学术机构认为解决当今世界经济社会发展中遇到的矛盾问题,还是要从马克思政治经济学中找答案。从两个视角看世界,可以得出一个结论,历经风雨,马克思主义经受住了时代的考验,社会主义必然取代资本主义,是人类社会发展颠扑不破的真理。

二、如何认识中国不能搞民主社会主义和资本主义

中国走上社会主义道路是一个客观事实。但中国为什么要走社会主义道路,不能走民主社会主义,不能走资本主义道路,这要从我国历史和基本国情来找答案。

(一)社会主义是中国人民的历史选择。从近代中华民族历史任务来看,中华民族面临两大历史任务:一是求得民族独立和人民解放;二是实现国家富强和人民富裕。哪种理论能够对这两个历史课题作出正确回答,它就会成为中国人民的信仰;哪条道路能够引导中国人民完成这两大任务,它就能够成为中国人民的历史选择。从历史发展进程看,19世纪中叶,在遭受鸦片战争的失败后,封建统治阶级内部一部分人推行了洋务运动,企图在不根本改变封建制度的条件下,通过学习西方先进科技,摆脱落后挨打局面,结果在中日甲午战争的炮火中破灭。孙中山、黄兴等领导的辛亥革命,通过革命的手段,推翻了帝制、建立了民国,期求实行西方式的资本主义制度,但最终的成果却被袁世凯窃取。国民党取得政权后,依附于帝国主义、官僚资本主义实行独裁统治,使中国在半殖民地半封建社会的泥潭中越陷越深。随着马克思主义在中国的传播,社会主义思潮在中国的影响力迅速扩大,选择社会主义道路成为人心所向、大势所趋。中国走社会主义道路,是包括工人、农民、民族资产阶级、小资产阶级和其他社会阶层人士的中国人民共同作出的选择,是历史发展的必然结果。这是实现民族独立、国家富强、人民富裕的唯一正确道路。

（二）中国为什么不能搞民主社会主义。民主社会主义又叫社会民主主义，主张指导思想多元化、资本主义多党制和私有制，甚至把马克思主义从纲领中排除，否定工人阶级领导和建立社会主义制度，实质上只是对资本主义制度的改良。一要正确看待民主社会主义实行的"高税收、高福利"政策。民主社会主义在一些国家推行这种政策，以牺牲效率为代价，过分强调社会福利的保障作用，一定程度上缓和了阶级矛盾，但并没有从根本上触动资本主义私有制，目前也遇到了难以为继的窘境。二要正确看待北欧国家通过改良议会道路和平进入"社会主义"。必须看到，北欧国家并没有进入社会主义，仍然属于资本主义范畴。特殊的地理位置，特定的社会、历史文化传统使北欧国家走上了一条具有自身特色的发展模式和道路，其他国家是不可能复制的。三要正确看待我国鼓励多种所有制经济共同发展，坚持以人为本、改善民生、增加社会福利的政策。有人说，我国改革开放以来实行的政策同民主社会主义的政策有某些共同点，说明我国也可以搞民主社会主义。这种看法是完全错误的。改革开放以来，我们始终坚持科学社会主义基本原理，并把它同中国具体实际结合起来，党的一系列新政策，其出发点和落脚点是社会主义的自我完善，目的是巩固和发展社会主义，理论基础是马克思主义，着眼点是最广大人民，实现途径是共同富裕。这些同民主社会主义的思想理论和政策实践，有着本质的区别。

（三）中国为什么不能搞资本主义。这是由我国的基本国情和发展目标决定的。邓小平在一次接见外宾时说：中国根据自己的经验，不可能走资本主义道路。道理很简单，在中国这样一个国土广大、国情复杂、人口众多、经济和文化不发达的国家，如果走资本主义道路，可能在某些局部地区少数人更快地富起来，而大量的人仍然摆脱不了贫穷，必然导致严重的贫富分化。我们的发展目标是实现共同富裕，这是社会主义的本质要求。只有走社会主义道路，才能使大多数人从根本上摆脱贫困、走向富裕。我国不可能靠资本主义的方式来实现发展。西方资本主义的原始积累，是靠"圈地运动"、血汗工厂、贩卖黑奴、殖民掠夺完成的。我国是发展中的社会主义国家，我们的政权性质、历史传统、时代环境、发展条件决定了不能以资本主义的方式来发展，而只能靠发挥社会主义制度的优势来发展。我们决不能搞资本主义，必须始终坚持党的基本路线不动摇，矢志不移地沿着中国特色社会主义伟大道路继续前进。

三、如何认识我国发展道路上遇到的矛盾问题

党内腐败、教育公平、房价过高、贫富差距等问题是当前人民群众集中关注的焦点问题，这些矛盾问题解决得好不好，事关社会的和谐稳定，事关国家的长远发展。

（一）要正确看待腐败现象。从物质利益上讲，现在人们的生活水平要比改革开放前好得多；但从情感上讲，老百姓对党的感情和信任却有了一些变化，在一些地方甚至出现了党组织和政府的公信力、执行力下降的现象。造成这种情感高地"水土严重流失"的一个重要原因，就是党内腐败。如何看待腐败问题对每一名党员干部来说，显得尤为重要。一是腐败问题是一定社会发展阶段不可能彻底消除的社会存在。无论奴隶社会、封建社会，还是资本主义社会、社会主义社会都存在腐败现象，只不过程度、表现形式不同而已。二是腐败问题的重要原因是制度机制不健全。我国在计划经济体制向市场经济体制转型的过程中，腐败现象有所增多，是由于法规制度还不够健全、监督机制还不够完善，造成权力监管的"真空"，客观上给少数腐败分子以可乘之机。事实上，任何社会制度转型过程中，腐败问题都是比较突出的。三是腐败问题在我国只是局部的个别现象。我们党的队伍主流是好的，腐败分子或严重违纪的党员只是极少数，决不能因为少数腐败分子的存在，而丧失对党的信赖和对中国特色社会

主义的信心。当然，也要看到，反腐败斗争是一项长期而艰巨的任务，要根治这个问题仍然任重道远，我们决不能掉以轻心。

（二）要正确看待社会民生问题。改革开放30多年来，我们党牢牢抓住发展这个第一要务，在中华大地上创造了震古铄今的人间奇迹。但国家经济发展取得巨大成就的同时，民生问题也更加凸显。当前造成这些突出民生问题的原因到底是什么呢？综合来看有以下几个方面：一是社会历史原因。发展不平衡、分配不公平等问题看起来是近年来的事，但实际上由来已久。在新中国成立之初，全国70%以上的工业和交通运输设施主要集中在占全国面积不到12%的东部沿海地带。长期形成的城乡二元结构，随着近年来城镇化持续快速发展，大量农村人口向城镇转移，导致城乡之间分配不公、房价过高、教育和医疗资源短缺。二是政策原因。在投资方面，改革开放后，根据我国国情和经济发展的需要，我们实施了非均衡发展战略，采取积极促进东部沿海率先发展、率先开放的政策，客观上拉大了地区差距；在教育方面，我们在50年代开始实行重点学校制度，集中财力、物力办好一批中小学，但也导致了学校之间资源配置不均衡；在分配方面，实施鼓励农民工进城的政策为国家积累了大量外汇储备，但受户籍制度和公共服务政策的限制，农民工劳动权益得不到充分保障、基本社会保障欠缺等问题没有得到很好解决。三是市场机制原因。我国市场经济发展时间还比较短，很多制度机制不健全不完善也是造成民生问题突出的重要原因。其实，这些在发展过程中出现的不协调、不匹配、不和谐的关系，是人类社会发展中一个较为普遍的现象，无论在全球还是在一个国家范围内，发展过程的不平衡性始终广泛存在，只不过在不同阶段表现程度不同而已，必须客观辩证地看待，历史地、全面地、具体地分析。

（三）要深刻认识党中央解决前进中困难的坚强决心。群众关心的焦点，也是党和政府工作的重点。改善民生，推进社会建设，第一次作为单独章节出现在党的十七大报告中，提出要实现“学有所教、劳有所得、病有所医、老有所养、住有所居”。在过去的5年里，党和政府实施了一系列强有力的举措，腐败问题得到了明显遏制，社会民生得到了前所未有的改善。我国还将在2008—2012年工作规划的基础上，制定惩治和预防腐败2013—2018工作规划，通过改革和制度创新，完善教育、监督、预防和惩治制度，扎实推进惩治和预防腐败体系建设。我们坚信，随着中国特色社会主义法律体系基本形成、改革开放的不断深化、经济发展方式的转变，经济社会发展中出现的矛盾问题必然能够得到有效解决，中国特色社会主义道路必将越走越宽广。

四、如何认识我国的政党制度和西方的多党制

中国有句古语“橘生淮南则为橘，生于淮北则为枳”。这形象地说明，做任何事都要从实际出发，不能盲目照抄照搬别人的做法。近年来，一些人无视中国的历史和国情，提出中国应该实行西方的政党制度。这种观点在理论上是错误的，在实践上也是有害的。

（一）历史形成的新型政党制度。在历史上，中国并不是没有搞过多党政治。辛亥革命后，中国曾一度效仿西方，实行议会制和多党政治，几年间就出现了300多个政党政团。但由于缺乏必要的经济、文化条件和政治环境，多党制并没有在中国的历史舞台上站稳脚跟。中国共产党成立后，国共两党曾进行过两次合作，尤其是在第二次国共合作中，毛泽东曾多次表明中国共产党关于要实行多党政治协商、建立民主联合政府的主张，各民主党派也积极呼吁抗战胜利后实行多党制，但是蒋介石顽固推行“一个主义、一个政党、一个领袖”的独裁统治，撕毁“双十协定”，挑起全面内战，残酷屠杀爱国民主人士，宣布各民主党派为非法组织，使中国最终没有走上议会民主制和多党政治的道路。1948年，在解放战争将要取得决定性胜利

之际,中国共产党提出成立民主联合政府的政治主张,得到了各民主党派和无党派爱国民主人士积极响应。各民主党派表示愿意在中国共产党领导下,共同为建立新中国而奋斗。由此可以看出,中国共产党领导的多党合作和政治协商制度,是马克思主义政党理论和统一战线学说同我国实际相结合的产物,是各民主党派及全国人民共同作出的正确历史选择。

(二)我国政党制度符合我国国情。中国共产党领导的多党合作和政治协商制度在我国已经实行了60多年,实践证明,这一政党制度是符合我国国情的好制度。一是有利于发扬社会主义民主。中国共产党领导的多党合作和政治协商制度,在社会基础、组织构成上具有极强的广泛性和代表性,能够把各种社会力量纳入现有政治体制,实现最广泛的有序政治参与,从而最大限度地保障了人民民主的实现。二是有利于执政党决策的科学化。中国共产党领导的多党合作和政治协商制度,有利于把全社会的智慧和力量充分调动起来、凝聚起来。各民主党派、无党派人士围绕三峡工程、西部大开发、振兴东北地区等老工业基地、建设社会主义新农村、应对国际金融危机冲击等一系列具有全局性、战略性、前瞻性的重大问题,提出了许多重大意见和建议,对于党和政府的科学决策发挥了重要作用。三是有利于促进执政党的自身建设。毛泽东同志曾说过,一个党同一个人一样,耳边很需要听到不同的声音。中国共产党领导的多党合作和政治协商制度,既避免了多党竞争互相倾轧造成的政治动荡,又能避免一党专制缺少监督导致的种种弊端。各民主党派和无党派人士通过对执政党的监督,使执政党随时听到不同的意见和批评,及时纠正执政中存在的问题和改正工作中的错误。

(三)西方多党制实质上是资产阶级的"金钱政治"。西方多党制,是资产阶级在政治实践中形成和发展起来的,并不适合所有国家,在实际运行过程中暴露出了越来越多的弊端。从本质上看,西方国家的政党都是代表各个利益集团的政治工具,他们所关心的是各自所代表集团的利益,而不是广大人民的利益。比如,在美国,共和党的背后,主要是军工、石油、制造等"传统商业"支持;民主党的背后,主要是金融、电信、传媒等"新兴商业"支持。实行两党制或多党制,通过选举交替上台,轮流执政,表面看非常民主,实质上无论谁在台上,都不会改变资产阶级专政的实质。有人提出,西方的多党轮流执政更有利于防止腐败。事实上,多党竞选本身就常常被金钱、财团、媒体等影响和操纵,从而成为"富人的游戏"。据统计,2000年美国大选的费用高达30亿美元,2004年接近40亿美元,2008年更是高达53亿美元。多党竞选的权力角逐背后都是大资本集团的资金支持,反过头来,竞选的优胜者就得为那些重量级的政治捐款人服务。由此可见,西方政党政治实质上是金钱政治。在西方国家被证明是弊端丛生的多党制,通过各种方式移植到一些国家后,更是带来了灾难性后果。冷战结束后,非洲许多部落众多的国家在西方的压力和影响下,宣布实行多党制,结果导致政党林立、矛盾激化、经济停滞、政治动荡。

五、如何认识"军队非党化、非政治化"和"军队国家化"

坚持党对军队的绝对领导是我军建军的根本原则,是我军建设和发展的首要问题。在这个问题上,任何时候任何情况下都不能有丝毫的怀疑和动摇。

(一)坚持党对军队的绝对领导是历史的选择。在近代中国的历史上,曾产生过各式各样的政党和组织,也曾出现过各式各样的军队和武装,但都没有能够担负起救亡图存、振兴中华的历史使命。只有中国共产党,能够承担起中华民族独立和振兴的重任。一个重要原因,就是我们党是用马克思主义理论武装起来的先进政党,掌握着一支忠诚于党的无产阶级军队。但是对党绝对领导军队这个问题,我们并不是一开始就认识很清楚的。在党初创时期,由于斗争经验不足，对独立掌握武装力量认识不够，以至于当1927年国民党反动派背叛革命时，大批手无寸铁的中国共产党人和革命群众遭到血腥屠杀。中国共产党人从血的教训中深刻认识到，党必须要有自己的军队，枪杆子里面才能出政权，毅然发动了南昌起义，走上了党独立领导革命战争、创建人民军队、武装夺取政权的道路。党对军队绝对领导的制度在长期的革命和建设中不断得到巩固和发展。胡主席明确指出，坚持党对军队的绝对领导，是我军建设和发展的首要问题，任何时候任何情况下都不能有丝毫含糊和动摇。历史充分证明，坚持党对军队的绝对领导是中国历史发展的必然结果，是中国革命特殊规律的内在要求，是我军不断从胜利走向胜利的根本保证。

（二）坚持党对军队的绝对领导是我军特有政治优势。坚持党对军队的绝对领导，既是马克思主义建党建军学说与中国军事斗争实践相结合的伟大创造，也是我军区别于任何资本主义国家军队的政治优势。一是能够为党巩固执政地位提供重要力量保证。苏东剧变后，一些社会主义国家的共产党纷纷丧失执政地位，而我们党的执政地位却更加牢固，党的事业蒸蒸日上，很重要的一个原因，就在于枪杆子牢牢掌握在我们党的手里。正如胡主席指出的："总结历史，我们完全可以说，党和人民事业之所以能够不断从胜利走向胜利，社会主义中国之所以能够在国际风云剧烈变幻中始终站稳脚跟，一个重要原因，就是因为我们有人民解放军这样一支忠于党、忠于社会主义、忠于祖国、忠于人民的英雄军队。"二是能够确保国家的长治久安。一个国家的军队掌握在什么人手中，始终是关系这个国家前途命运的重大问题。近代中国，很长一段时间军阀混战、有国无防、任人宰割，就是因为军队沦落成为个人或狭隘利益集团服务的工具。只有中国共产党领导的人民军队，才能真正为国家和人民的利益赴汤蹈火、浴血奋战，成为捍卫国家的坚强柱石、保卫人民的钢铁长城、建设国家的重要力量。三是能够永葆我军性质宗旨和强大战斗力。毫不动摇地坚持党对军队的绝对领导，就能以党的先进性确保人民军队的先进性，使我军始终保持坚定正确的政治方向；就能依靠党卓越的政治智慧和高超的战略战术，保持我军英勇善战的本色和强大战斗力；就能以党与时俱进的品格保持我军的生机活力，不断推动国防和军队建设创新发展。

（三）充分认清敌对势力鼓吹"军队非党化、非政治化"和"军队国家化"的政治图谋。军队归谁领导、听谁指挥，是马克思主义建军理论和实践的核心问题，也一直是敌对势力同我进行政治斗争和意识形态较量的一个重点。我们必须保持清醒认识和高度警觉，坚决反对和抵制这种错误思想观点的影响。一方面，这种错误思想观点掩盖了军队与阶级、政党、国家之间的本质联系，在理论和实践上都是极其荒谬和虚伪的。军队从来都是阶级实现自身利益、政党实现政治任务的工具，是国家机器的重要支柱，既有国家属性又有政党和政治属性。超越政党、脱离政治的所谓"国家化"军队在现实中是不存在的。古今中外的历史告诉我们，"兵权之所在，则随之以兴；兵权之所去，则随之以亡"。否定党对军队的绝对领导，必然会动摇党的执政地位，动摇社会主义大厦的根基。我们一定要增强政治敏锐性和政治鉴别力，深刻认清西方敌对势力的险恶用心，坚决反对和抵制"军队非党化、非政治化"和"军队国家化"等错误思想观点，更加自觉地坚持党对军队的绝对领导。

（作者：成都军区副政治委员，中将）

深入学习贯彻胡主席主题主线重大战略思想 更加注重从思想上政治上建设部队

柴绍良

胡锦涛主席对于贯彻主题主线提出的“五个更加注重”新要求,首要的是更加注重从思想上政治上建设部队。这是对我军的最高政治要求,抓住了我军建设历史发展的根本问题,抓住了贯彻落实主题主线的首要问题,抓住了当前形势任务发展的紧迫课题,具有深远的战略指导性、很强的现实针对性和鲜明的政治原则性。政治工作向主题主线聚焦,为主题主线服务,就必须更加注重从思想上政治上建设部队。

一、把握根本的政治要求,坚持政治工作鲜明的党性原则

政治工作是党在军队中的思想工作和组织工作,是直接为巩固党的执政地位服务的工作,是确保我军性质、宗旨和本色永不变质的工作,是为党在军队培养可靠接班人的工作,具有鲜明的党性原则。弱化政治工作的党性原则,就会偏离政治工作的正确方向。我们在任何时候任何情况下都要坚持政治工作基本原则不含糊、坚守政治工作基本底线不动摇。重点要增强以下七个方面的原则性。

1. 增强坚持政治工作根本原则和制度的原则性。军队是执行特殊政治任务的武装集团,政治工作必须贯彻依法治军、从严治军方针,依靠法规政策的调节、规范和强制作用,保证党的意志和主张在军队更好地落实。《政治工作条例》明确规定我军政治工作必须遵循“十条原则”,即坚持党对军队绝对领导,坚持人民军队的性质和宗旨,坚持用科学理论武装官兵、培育当代革命军人核心价值观,坚持把思想政治建设摆在军队各项建设的首位,坚持围绕军队现代化建设这个中心开展工作,坚持以人为本、促进官兵的全面发展,坚持官兵一致、军民一致、瓦解敌军,坚持发扬政治民主、经济民主、军事民主,坚持依法治军、从严治军,坚持继承优良传统与创新发展的统一;必须坚持支部建在连上、军政双长制和党委制、政治机关制以及最高领导权和指挥权属于党中央和中央军委等制度。这些根本原则和制度,是我党我军在长期革命斗争和建设实践中用鲜血换来的、又被实践反复证明的法宝,是我军政治工作最为宝贵的真经。无论形势任务怎么变化、部队建设怎么转型,都必须坚持这些根本原则和制度不能变。

2. 增强反对抵制反动政治观点和错误思潮影响的原则性。长期以来,西方敌对势力不断加剧对我实施西化、分化战略,大肆宣扬民主、自由、人权等所谓“普世价值”,极力鼓吹“三权分立”、民主社会主义、“军队非党化、非政治化”和“军队国家化”等错误思想观点,对军队危害极大。苏联解体、东欧剧变以及近年来一些国家政权更迭,很重要的都是外部势力操纵,首先从意识形态领域打开缺口。对此,我们必须保持高度警惕,旗帜鲜明予以批驳和抵制,决不能让其在部队有任何市场,确保部队纯洁巩固。

3. 增强坚持用进步思想理论灌注部队的原则性。这是我军长期形成的真正政治优势和看家本领。要紧紧抓住中国特色社会主义理论体系武装这个根本任务,推动学习实践科学发展观向深度和广度拓展;抓住党对军队绝对领导军魂教育这个首要课题,深扎党对军队绝对领

导的思想根子;抓住“赞颂科学发展成就、忠实履行历史使命”和“讲政治、顾大局、守纪律”这两项重大教育活动,不断夯实部队高举旗帜、听党指挥、履行使命的思想政治基础。

4. 增强发展先进军事文化的原则性。坚持以马克思主义为根本,以社会主义先进文化为前进方向,把培育当代革命军人核心价值观作为根本任务,充分发挥文化教育人、培养人、塑造人的功能,着力提高官兵的思想道德和科学文化素质,以文化的高格调抵制庸俗、低俗、媚俗文化影响,以正确的价值追求抵制腐朽思想文化和生活方式的侵蚀,始终高扬主旋律、坚守主阵地、打好主动仗。

5. 增强选人用人的原则性。实践表明,用好一个人激励一大片,用错一个人挫伤一大片。必须坚持五湖四海、任人唯贤,坚持德才兼备、以德为先,严格落实干部考核选拔任用各项政策规定,坚决堵住“跑找送要”的渠道,真正把那些政治坚定、有真才实学、实绩突出、群众公认的干部用起来,防止和克服用领导意愿代替选人标准、用私下运作代替组织程序和用个人意见代替班子意见的现象,以选人用人的良好导向取信于官兵。

6. 增强同各种不良风气作斗争的原则性。认真贯彻问题检讨观,勇于揭露问题,敢于较真碰硬,坚决纠治精神懈怠、不思进取,不坚持原则、当好好先生,搞形式主义、做表面文章,贪图安逸、追求享乐,大手大脚、铺张浪费,以及插手部队敏感事务等不良风气,坚决防止社会黄赌毒等腐朽东西对部队的影响,坚决查处各种失职行为和违纪违法问题,切实把部队的风气搞端正。

7. 增强保持党员干部党性修养的原则性。党员干部是部队建设的中坚和骨干,对部队官兵具有很强的示范性和影响力。必须带头加强党性修养、锤炼思想作风,树立正确的世界观政绩观权力观,不断增强自我净化、自我完善、自我革新、自我提高的能力,始终保持党员干部的思想纯洁、队伍纯洁、作风纯洁和清正廉洁,始终做到自重自省自警自励,讲党性重品行作表率,重事业强素质树形象,靠真理和人格的力量影响带动部队。

二、把握科学的发展要求,推进政治工作能动的改进加强

政治工作是做人的工作,是为党和军队的中心工作服务的,在不同时期、不同阶段,有着不同的任务、不同的特点和不同的要求。必须按照科学发展观的要求,围绕“三个确保”的时代课题,紧贴时代发展、紧贴使命任务、紧贴官兵实际,不断创新发展。

以观念转变引领发展。思想观念的转变是最根本的转变。新的军事实践呼唤着与之相适应的思维方式和思想观念。当前,最重要的是要树立与主题主线相适应的新思想新观念,把科学发展、以人为本、信息主导、综合集成、统筹兼顾、质量效益、军民融合式发展等现代理念贯穿到官兵头脑和实际工作中,特别要重视引导用新的视角来审视和对待社会发展进程中的新潮流新事物,用新的思想观念和思路举措来研究解决部队建设遇到的新情况新问题,努力使官兵的思想观念适应机械化战争形态向信息化战争形态加快转变的新趋势,适应国内外快速发展变化的新形势,适应部队建设科学发展的新要求。

以内容拓展深化发展。政治工作的根本原则制度不能动摇、必须坚持,但具体内容必须与时俱进、赋予新的时代元素。比如,政治教育既要搞好思想理论灌输,又要增加知识信息含量;战斗精神培育既要磨砺英勇顽强的战斗意志,又要培养科学严谨的战斗作风;人才培养既要重视指挥管理型人才,又要重视专业技术型人才;党的建设既要全面抓好思想、组织、制度、作风建设,又要突出抓好能力建设和先进性建设;解决官兵现实问题既要立足自身实际想办法,又要整合社会资源做工作;军事斗争政治工作准备既要发挥服务保证作用,又要发挥“三战”的作战功能;多样化军事任务中政治工作既要

鼓舞士气、内聚力量,又要加强宣传、外树形象。

以制度建设规范发展。现代社会的发展总体上是法制体系的发展。近年来,随着《政治工作条例》《军队基层建设纲要》《党委工作条例》《思想政治教育大纲》《战时政治工作纲要》等法规修订完善,政治工作已经形成了一套比较完整的法规制度体系,为开展政治工作提供了根本遵循,关键是要增强贯彻力执行力,在狠抓落实中实现制度化规范化。同时,随着民主法制的发展,部队政策制度建设也还存在不少盲区和滞后的问题,比如优秀人才引进保留、干部转业安置、伤病残军人移交安置、随军家属就业等方面,与社会发展和官兵要求还很不相适应。这些都需要科学论证,立足本级实际从法规机制上研究解决。

以手段更新促进发展。坚持把政治工作传统手段与现代手段相结合,适应加快转变战斗力生成模式,积极推进政治工作信息化建设,更加注重"三个半小时"的作用,注重运用网络平台、电视会议系统、数码设备等现代传媒手段,使政治工作更加快、准、实、活开展起来。

以队伍建设保证发展。政治工作最终要靠一支政治坚定、素质过硬、作风优良的政治干部队伍去落实。要加强思想教育和日常管理,着力强化政治干部的事业心使命感责任感,解决好带头讲政治、干事业、守规矩、作表率的问题;加强业务建设和培养锻炼,着力提高政治干部素质能力,解决好站起来能讲、坐下来能写、下部队能帮、信息手段能用、急难险重任务能上的问题;加强环境建设,着力营造奋发向上、创先争优的浓厚氛围,解决好苦乐不均、奖赏不明、干好干差一个样的问题;加强思想作风建设,着力锤炼政治干部的良好作风,解决好讲原则敢较真、讲真话报实情、下得去蹲得住、办实事抓落实的问题。特别是要大力弘扬求真务实的精神和作风,深入基层、深入官兵、深入一线,掌握部队真实情况、官兵真实思想,加强重大现实问题研究,增强政治工作的时代感和针对性实效性,推动思想政治建设更加科学和富有成效。

三、把握实践的现实要求,增强政治工作落实的具体成效

随着国内外形势和军队使命任务、体制编制、武器装备、官兵结构、社会环境等发展变化,部队建设遇到了许多新情况新问题,给政治工作提出了更高标准要求。政治工作一定要立足正在做的事情,把着力点放在回答和解决重大现实问题上。

不断解决坚定理想信念问题。在意识形态领域斗争更加尖锐复杂、社会思想意识多元多样多变更加突出、国际国内各种思想文化交流交融交锋更加频繁的情况下,必须紧紧扭住坚定理想信念这个根本,打好意识形态领域斗争进攻仗主动仗。抓好团以上领导干部这个重头,抓住基层官兵这个大头,加强理论武装、深化主题教育,搞好文化熏陶、严肃政治纪律,教育引导官兵划清"五个重大界限"、弄清"七个为什么",不断提高政治敏锐性和鉴别力,保持政治上的坚定性和思想道德上的纯洁性,增强官兵高举中国特色社会主义旗帜,坚持中国特色社会主义道路、理论体系、制度的自觉性和坚定性,毫不动摇地坚持党对军队绝对领导的根本原则和制度,始终做到坚定不移听党话、跟党走,确保部队坚决听从党中央、中央军委和胡主席指挥。

重视解决强化战斗精神问题。针对长期和平环境容易使官兵滋生和平麻痹思想的实际,抓好马克思主义战争观教育和职能使命教育,强化忧患意识和使命意识,打牢当兵打仗、带兵打仗、任期内打仗的思想;继承发扬我军优良传统,大力弘扬长征精神和西南战区"五种精神",发扬大无畏的革命英雄主义精神和紧密团结的集体主义精神,激励官兵英勇善战、敢打必胜的战斗意志和为了人民利益不怕牺牲、一往无前的英雄气概;坚持在完成重大任务中摔打锻炼,培养部队英勇顽强、连续作战的战斗作风;大力宣扬爱军精武先进典型,重用想打仗、

抓训练、谋打赢的干部，重奖想打仗、钻训练、武艺精的战士，形成培育战斗精神的鲜明导向。

着力解决官兵能力转型问题。积极适应信息化条件下部队建设发展要求，以培养"四个方面人才"为重点，深入推进"五支队伍"建设，全面抓好"七个专项任务"落实，结合军事训练改革实践，坚持把提高官兵信息化素质突出出来，采取多种形式和办法，大力推动信息化知识的学习教育和普及，把信息化知识学习培训贯穿军事训练和岗位实践，充分利用现有信息化系统和高新武器装备，搞好实际操作和训练，不断提高官兵的信息化素养。针对新型作战力量扩编和大量新装备列装的实际，坚持超前培养、按岗培养，提前遴选储备一批信息化素养较高的人才。

引导解决热点敏感问题。针对青年官兵普遍关注国内外重大事件和社会热点问题的实际，用好总政编写的《形势教育参考材料》《理论热点面对面》等教材，加强时事政策教育，落实领导干部作形势报告制度。当前，特别要重视回答官兵关注的国际国内焦点热点问题，要重视回答官兵关注的体制编制调整改革、士官安置政策调整、婚姻法修改等遇到的问题，确保部队思想稳定和高度集中统一。

跟进解决教育管理问题。当前，部队存在的士兵中士官和大学生士兵增多后的培养使用问题，随军政策调整后干部和士官的教育管理问题，社会发展特别是现代传媒发展中有效引导和管控部队问题等，需要认真研究解决。尤其是社会黄赌毒影响和高消费、乱交往、违规开车、失泄密等违规违纪问题多发频发、纠而复生，直接影响部队安全稳定。政治工作一方面要大抓积极因素，宣扬先进典型、树立正确导向，凝聚军心士气；另一方面要着力纠治倾向性问题，依法从严执纪、敢于较真碰硬，纯洁内部风气。通过综合施策、疏堵结合，达到防患未然。

扎实解决经常性基础性工作落实问题。始终把工作重心放在基层，按照《军队基层建设纲要》，全面搞建设，扎实打基础，反复抓落实，扭住"三个一线"、"四个基本"和"八项经常性主要工作"不放松，着力强化基层组织功能，突出抓好两个经常性工作落实，深入抓好蹲点调研和重点帮建，建立健全检查督导机制，真正把部队科学发展安全发展的基础夯实。合理解决官兵实际问题。把以人为本理念落实到办实事、解难题的具体工作上，切实解决随军政策调整后基层干部和士官住房、伤病残人员移交、官兵亲属涉法、官兵心理疾患、转业安置、家属就业、子女入学、探亲休假、学习成才等方面的实际困难，把思想政治工作做得富有感染力和人情味，增强官兵对部队的认同感、归属感和集体荣誉感。

（作者：成都军区政治部主任，少将）

用先进文化牵引当代革命军人核心价值观常态化培育

王大喜

胡主席站在时代发展和军队建设全局的高度,郑重提出并系统阐述"忠诚于党,热爱人民,报效国家,献身使命,崇尚荣誉"的当代革命军人核心价值观,要求全军把大力培育当代革命军人核心价值观作为思想政治建设的重要基础工程来抓。去年,总政专门制定下发《深入持久培育当代革命军人核心价值观实施意见》,明确提出"先进文化潜移默化影响官兵的思想情操,对培育当代革命军人核心价值观具有不可替代的独特作用"。文化重在"化"字,对外同化,对内教化;作为核心精神元素,其作用对一个民族乃至一个国家来说,都至关重要。当代革命军人核心价值观培育是一项长期性、经常性和基础性工程,必须使精神之根深深扎入先进文化的沃土,充分发挥这一根本载体的育人化人作用,才能真正把核心价值观培育纳入常态化轨道。

坚持政治文化铸魂

我军是中国共产党缔造和领导的人民军队,坚持党对军队的绝对领导是永远不变的军魂,也是培育当代革命军人核心价值观的首要要求。可以讲,我军从建军之日起,就具有鲜明的党性、阶级性和政治性。著名的《谭政报告》就鲜明地指出:"共产党领导的革命的政治工作是革命军队的生命线",并且强调,"这就是我们的军队和其他军队的原则区别"。独特的政治文化既是我军的优良传统,也是我军的特有优势。当前,国际局势正在发生深刻变化,西方敌对势力加紧对我实施"西化"、"分化"政治图谋,异质性文化冲突日益加剧,渗透与反渗透斗争一刻也没有停止;我国正处在深化改革开放的攻坚期和社会矛盾凸显期,"四个多样化"带来的变化更加突出,这些都对培育当代革命军人核心价值观带来了不小的影响。面对严峻复杂的形势,必须大力发扬我军特有的政治优势,始终把思想政治建设摆在各项建设的首位,不断推进政治文化建设。要持续不断地强化军魂意识。毫不动摇地坚持党对军队绝对领导的根本原则和制度,毫不动摇地坚持中国特色社会主义理论体系,毫不动摇地高举中国特色社会主义伟大旗帜,毫不动摇地坚持中国特色社会主义道路,切实解决好政治上信什么、精神上靠什么、生活上追求什么、言行上遵守什么的问题,不论什么时候都要做到坚决听党指挥、绝对忠诚可靠。要深入持久地加强理论武装和学习教育。紧紧扭住坚定信念这个根本,突出忠诚于党这个核心,深入学习中国特色社会主义理论体系,自觉做到党的创新理论每前进一步,理论武装就跟进一步;深化军队历史使命、理想信念、战斗精神和社会主义荣誉观教育,搞好形势政策和党史军史教育,切实打牢官兵高举旗帜、听党指挥的思想政治根基。要着力提高政治敏锐性和政治鉴别力。引导官兵充分认清军队的特殊地位作用、特殊职能使命,坚决抵御敌对势力对我实施"西化"、"分化"的政治攻势,坚决抵制"军队非党化、非政治化"和"军队国家化"等错误思潮和反动观点的侵蚀影响,始终做到利诱拉不动、邪风吹不动、威逼吓不动、哄骗移不动,坚决听从党中央、中央军委和胡主席指挥,确保政令军令畅通,确保部队在任何时候、任何情况下都始终与党中央、中央军委保持高度一致。

注重军事文化砺剑

我军是一支具有光荣战史的部队，从建军到发展壮大，直至今天成为一支由多军兵种构成、具有信息化条件下作战能力的现代化联合军队，经历了多次战争的洗礼，逐渐形成了具有鲜明特色的军事文化。比如，在军事理论上，我军形成了毛泽东军事思想、邓小平新时期军队建设思想、江泽民国防和军队建设思想，以及胡主席关于新形势下国防和军队建设重要论述等一系列符合国情军情战情的军事思想体系；在战略战术上，我军向来以“灵活机动”著称；在作战上，我军始终强调“机动歼敌”、“连续作战”、“夜战近战”；在军队建设发展转型上，我军坚持贯彻落实科学发展观和主题主线重大战略思想，走以信息化带动机械化、以机械化促进信息化，完成机械化和信息化双重历史任务的跨越式发展路子；在部队管理上，我军素来以“严明的纪律”闻名于世，并始终强调“官兵一致”、“三大民主”、“以人为本”，等等。所有这些，都是我军弥足珍贵的军事文化财富，为当代革命军人核心价值观培育提供了不竭的军事文化资源。要强化使命意识。使命是军队永恒的主题。革命战争年代，我军的使命是“战斗队、工作队、生产队”；新中国成立后，我军的使命主要是巩固国防、抵抗侵略，保卫祖国、保卫人民的和平劳动，参加国家建设事业。进入新世纪新阶段，胡主席提出了“三个提供、一个发挥”的历史使命，进一步丰富和发展了我军职能任务，对军队履行使命提出了新的更高要求。培育当代革命军人核心价值观，核心就是引导广大官兵履行使命、献身使命、不辱使命。要拓展战斗文化。着眼世情、国情、军情，强化“打仗”意识、“武备”观念，深入贯彻落实胡主席“主题主线”重大战略思想，积极适应军队转型、使命转换、战斗力生成模式转变的新要求，大兴信息化条件下军事训练热潮，全面提高以打赢信息化条件下局部战争能力为核心的完成多样化军事任务能力。要实现部队与官兵的共同发展。按照“组织强功能，个人强素质”的思路，把党委的主导作用和官兵的主体作用一致起来，把完成任务与完成任务中提高官兵能力素质一致起来，把推动单位发展与促进官兵个人发展一致起来，把依法从严治军与维护官兵切身利益一致起来，使广大官兵与部队同发展、与单位同进步、与战友同成长，切实打牢部队建设和履行使命的基础。

突出宗旨文化连心

坚持全心全意为人民服务的宗旨、始终保持与人民群众的血肉联系，既是我军的光荣传统，也是我军区别于其他军队的独特文化。胡主席指出：“作为具有‘听党指挥、服务人民、英勇善战’优良传统的人民军队，在推进社会主义和谐社会中，我们要责无旁贷地走在全社会前列，显现人民子弟兵风采。”新的历史时期，军队必须大力传承弘扬宗旨文化，自觉恪守宗旨、践行宗旨，永远同人民群众同呼吸、共命运、心连心。近年来，我军一方面通过各种方式参加和支援驻地建设，一方面积极遂行抗洪抢险、地震救援、护林灭火、编队护航等涉及人民群众生命安全的急难险重任务，涌现出华益慰、李向群、徐洪刚、郭明义、李素芝、高铁成等一大批热爱人民、服务人民的先进典型，在社会主义建设进程中充分发挥了“子弟兵”的作用，有力彰显了当代革命军人核心价值观的要求，也是对我军宗旨文化在新时期的生动传承。要认真贯彻党中央、中央军委部署，纵深推进军民共建活动，既要积极参加和支援驻地建设，开展扶贫帮困、捐资助学等传统活动，也要适应社会结构、组织形式变化，拓宽军民共建活动领域，根据不同地区、行业和部队特点，创造具有时代特色、地域特点和行业特征的共建载体，并针对信息技术快速发展和社会文化环境的新变化新特点，积极创新方法、改进手段，切实为构建社会主义和谐社会作出应有贡献；要把参加和支援西部大开发工作作为政治工程、战略工程、民生工程持续推进；既要在基础设施建设、后勤装备支援上帮，也要在医疗卫生、文化教育上帮，有力助推西部地区硬件、软件建设全面发展；要积极主动地为人民群众办实事、做好事、解难事，当人民需要的时候，第一时间迅即而出，发扬“一不怕苦、二不怕死”的精神，义无反顾地保卫人民群众的生命和财产安全。

强调军营文化励志

我军在发展过程中特别是在新时期建设过程中，逐渐形成了一整套比较完备系统的军营文化体系，对官兵的核心价值观培育发挥了潜移默化的作用。实践中感到，这些文化形态符合我军的特点，也深受广大官兵的欢迎。对于每个部(分)队来讲，必须充分挖掘传承自身的历史积淀，牢牢把握时代特点加以运用，打造符合自身特点和实际的文化品牌，从而对培育当代革命军人核心价值观产生深远影响。这里主要提炼归纳出十种具体的军营文化。一是环境文化。人每时每刻都处在一定的环境之中，环境对人影响很大，一定意义上讲，人是环境的产物。环境文化首要的是军旗、军号、军歌，就是要让军旗飘起来、军号响起来、军歌唱起来。以军旗为例，从心理学上讲，军旗或队旗有强烈的暗示效应，能够激发人的内在斗志和团队精神，提振官兵士气，增强集体荣誉感。此外，还有走廊、广场、雕塑、灯箱、标语、挂图、横幅、板报等，也都是环境文化的重要内容。二是影视文化。有人说过，90 后、00 后的年轻人是吃着薯片、用着芯片、看着大片长大的。影视对人的影响不可小视。要充分发挥好影视的教育功能，多组织官兵看一些军事题材的影视作品，比如，《集结号》、《冲出亚马逊》、《沙场点兵》、《亮剑》、《潜伏》、《士兵突击》等，通过寓教于乐的形式传递价值理念。三是晚会文化。适当地组织安排晚会，对于活跃军营生活、激发训练热情、提高官兵文化素养，有着其他形式不可替代的作用。某部在内蒙驻训期间，结合“八一”建军节，组织草原之夜文艺晚会，利用首长看望部队之机，组织小型联欢晚会，利用周末和训练间隙组织“文化聚餐”，兵说兵话，兵演兵事，寓教于乐，深受官兵喜爱。四是快报文化。快报是军营中非常有效的文化载体，其功能主要是传达上级指示、反映部队动态、表扬好人好事、提供创作平台、促进学习交流，特别是对遂行任务多、小散远直单位多的部队来讲，快报文化更具有不可替代的作用。五是地志文化。就是充分利用部队驻地、训练驻地、野营拉练经过的地域所具有的红色资源、人文自然景观、民俗传统等，有针对性地开展政治工作，营造核心价值观培育的浓厚氛围。比如，某部在沙漠驻训期间，利用当地一个叫“榆树沟”的地方，分批组织官兵到榆树沟过党日，感受榆树在恶劣环境下顽强的生命力和不屈不挠的精神，从而激发官兵不怕艰难困苦、顽强拼搏向上的斗志，收到了非常好的效果。六是体育文化。合理安排组织开展群众体育比赛活动，既可以起到锻炼身体、强健体魄的作用，又可以培养官兵的大局意识、协同意识和团队精神，还可以塑造一种不服输、争第一的品格。七是网络文化。依托军队内部网络，积极搭建网络互动平台，使网络真正成为思想教育的新阵地、增长知识的新渠道、沟通交流的新平台、娱乐休闲的新空间。八是仪式文化。结合重要时节和执行重大任务，组织升旗、阅兵、动员、入党、授衔、授装、表彰等仪式，充分发挥凝聚军心、鼓舞士气、彰显军威等作用。九是时尚文化。顺应青年官兵热衷“玩酷”、喜欢“PK”的心理特点，注重吸纳社会时尚元素，满足官兵精神需求，让官兵在炫出风采中展现时代魅力和青春活力。十是安全文化。牢固确立“短期安全靠管理、中期安全靠制度、长期安全靠文化”的理念，采取把握重点抓教育引导、健全机制抓科学管理、严格奖惩抓事故防范等方式方法，在各类场所注入安全文化元素，营造“我的安全我负责、他人安全我有责、单位安全我尽责、出了问题严问责”的浓厚氛围。

（作者：北京军区装备部副部长，少将）

模范践行"五德"要求　自觉在思想道德建设上作表率

秦保中

胡主席在"七一"重要讲话中指出:"要坚持把干部的德放在首要位置,选拔任用那些政治坚定、有真才实学、实绩突出、群众公认的干部,形成以德修身、以德服众、以德领才、以德润才、德才兼备的用人导向。"这一重要思想创造性地运用马克思主义人才观,科学回答了用什么标准选人、怎样用人的问题。同时也告诉我们,常修忠于党、忠于国家、忠于人民、忠于中国特色社会主义事业之"德",是党员干部立身为官之本,是引领才智发挥之魂,是不断增长才干之源。大力加强党员干部思想道德建设,对于确保党的先进性与纯洁性,确保党和国家事业继往开来、长治久安,具有决定性意义。

一、提高思想认识,切实从历史与时代的发展中认清思想道德建设的重要性

道德作为一种社会现象,属于上层建筑中意识形态范畴,反映的是人们对人与人关系最基本的认知。穿越华夏五千年的历史长河,回眸我们党90年奋斗前行的光辉历程,赞颂新中国60多年来取得的巨大成就,展望中华民族伟大复兴的美好前景,都能深深感受到道德的积淀、道德的滋养、道德的力量、道德的召唤。

(一)德是中华文明之根。老子讲,"万物莫不尊道而贵德",其中"道"是指自然运行与人世共通的真理;"德"是指人世的德性、品行。自夏商周以来,历代统治阶级及其思想家,更有意识地把道德规范变成维系社会稳定、实行有效统治的工具,从而形成了中国历史几千年"为政以德"的德治传统。此后数千年间,中华民族虽然历经王朝更替,但"道德"的血脉始终生生不息,哺育着中华民族的精神,滋养着中华儿女的心灵。新中国成立后,党和国家十分注重中华民族道德文化的传承。1957年,毛泽东指出:"我们的教育方针,应该使受教育者在德育、智育、体育几方面都得到发展,成为有社会主义觉悟、有文化的劳动者。"时隔6年,一位伟大战士的名字——雷锋,传遍大江南北,成为至今仍深刻影响人们的道德楷模。到了上个世纪80年代,"五讲四美三热爱"又几乎在一夜之间成为那个时代最数字化的经典口号。进入新世纪,党中央于2001年10月印发《公民道德建设实施纲要》,提出"公民基本道德规范"。2006年3月,胡主席又提出"八荣八耻"的社会主义荣辱观,进一步发展和完善了社会主义道德理论。特别是党的十七届六中全会专题研究推进社会主义文化建设大发展大繁荣问题,这些都体现了对中华文明道德之根的敬仰、传承和发展。

(二)德是执政兴国之基。常言道,"得民心者得天下"。古往今来,大到一个王朝,小到一方官吏,得道多助,失道寡助,是历史的必然。对于以服务人民为宗旨的共产党来说,道德更展现出巨大的魅力和力量。从1949年新中国成立算起,我们党已经执政整整63年。是什么让一个建立时仅有几十名党员的党,在几年时间里就星火燎原,在白色恐怖之下开辟出片片红色苏区,并赢得了人民的拥护?是什么让陕北边区的人民,热情地接纳了从雪山、草地走来的衣衫褴褛的红军,并敞开歌喉歌唱伟大的领袖毛泽东,歌颂伟大的中国共产党?又是什么让中国人民在经受了十年动乱之后依然不改"没有共产党就没有新中国"的信念,合力去描绘那《春天的故事》,迸发出《走进新时代》的豪

迈？说到底，就是因为我们党在90年革命、建设和改革的过程中，始终不渝坚守道德高地所发挥的作用。正如《党章》中明确规定的那样："党除了工人阶级和最广大人民群众的利益，没有自己特殊的利益。"从当年"打土豪、分田地"的创举，到高擎"一致对外、团结抗日"的旗帜，从以"将革命进行到底"的豪迈推翻蒋家王朝腐败统治，到以"敢叫日月换新天"的豪情建设人民当家作主的新中国，无处不展现着我们党一心为民族求解放、为人民谋福祉的"大德"。也正是如此，才有了全国亿万人民建设中国特色社会主义的壮丽诗篇。

（三）德是立身做人之本。古往今来，"美德懿行乃安身立命之本"。无论世事如何变迁，老老实实做人、踏踏实实做事，一直是人们坚守的立身处世法则。有德才能行于世。孟子讲："无恻隐之心者，非人也；无羞恶之心者，非人也；无辞让之心者，非人也；无是非之心者，非人也。"讲的就是，一个人能不能称其为人，首先看他讲不讲道德；一个人是不是好人，关键看他有没有道德。有德才能信于人。正所谓，人无诚信不立，家无诚信不和，业无诚信不兴，国无诚信不稳，世无诚信不宁。一个人有道德，才能赢得他人的信任、尊重、帮助和支持，也才能在社会上拥有地位、体现价值。有德才能功于业。好的人品与智能有效组合，才能创造出非凡的成绩。反之，人品不佳，品德低劣，即使才高八斗，也难于成事。像奸臣秦桧、严嵩之流，即便达到了"一人之下、万人之上"，最后还是被永远钉在历史的耻辱柱上。良好的品德修养，是行走于世的"通行证"，是取信他人的"信用卡"，是导航人生的"指南针"，是开启成功的"金钥匙"。

（四）德是为官从政之要。"官德隆，民德昌，国家兴；官德毁，民德降，国家衰"。胡主席反复强调，领导干部要"常修为官之德，常思贪欲之害，常怀律己之心"，揭示了党员干部品行修养对为官从政的极端重要性。有德才能立威立信。领导干部品德高尚，群众就尊重你、信任你，才能带出一个团结和谐、积极向上的集体；反之群众就鄙视你、怀疑你，导致单位形同散沙、缺少朝气。有德才能爱民为民。党员只有时刻以民为先、以民为本、以民为尊，才能情为民系、利为民谋、功为民建、绩为民创、权为民用。有德才能养廉倡廉。只有以平和之心待"名"，以淡泊之心待"位"，以知足之心待"利"，以敬畏之心待"权"，才能养成清正廉洁的自觉性。因此，党员干部唯有做人以德为本、做事以德为据、做官以德为重，才能为党争分，使共产党员这个称号在群众心目中越来越重。

二、坚持从我做起，切实从使命与责任的解读中强化思想道德建设的自觉性

各级党员干部是党、国家和军队的中坚力量，肩负着巩固执政地位、引领事业发展、保卫国家安全的历史重任，其思想道德建设水平如何，关系党的形象，关系人心向背，关系党和国家的生死存亡。大力加强思想道德建设，永葆共产党员先进性，是党员干部的使命所需、职责所系、要求所在。联系党员干部的职责义务，当前应自觉在以下几个方面下功夫。

一是忠诚真诚。忠诚真诚是共产党员必备的政治品格。作为党员干部，加强思想道德建设，首先要做到对党忠诚、做人真诚、待人坦诚。对党忠诚，就是要做到对党忠心耿耿、忠贞不渝，永远听党话，铁心跟党走；时刻牢记党的宗旨，始终不忘党员身份，模范履行党员义务；信念特别坚定，头脑特别清醒，是非特别分明；无论任何时候任何情况下，坚决听从党中央、中央军委指挥。做人真诚，就是要做到为人正直、忠厚老实，言行一致、表里如一；做人心胸开阔，做事光明磊落，人前人后一个样，台上台下一个样，说的做的一个样；不阳奉阴违，不尔虞我诈，不两面三刀。待人坦诚，就是要做到交人有诚心，说话有诚意，办事讲诚信；不忽悠人，不欺骗人，不算计人；团结同志、五湖四海，不搞小团体，不搞小圈子，不搞小动作。

二是思责尽责。作为党员干部，思责尽责、

知责思为是基本的道德要求。尽好社会之责。遵守社会公德,承担社会责任,热心公益,扶危济困,见义勇为。在这个方面,“新时期雷锋传人”郭明义给我们树立了榜样。他用微薄的工资撑起了180个家庭的天,用6万毫升鲜血挽救了75条鲜活的生命,用20年执著的无私奉献激发了5000多人的爱心。他让人们看到了一个平凡人如何活得有价值、有意义。尽好家庭之责。弘扬家庭美德,尽好上养老、下养小之责,孝老爱亲,忠于配偶,勤俭持家。一个人如果对父母都不孝顺、对儿女都不关爱、对家庭都不忠诚,怎么能有好的道德?尽好事业之责。恪守职业道德,忠实履行使命。作为军人,就是要始终树立“当兵打仗、带兵打仗、随时准备打仗”的思想,把职责铭记心间,把使命举过头顶。常怀忧患之心,常谋打赢之策,常思履职之责,确保一旦有事能够不辱使命。尽好领导之责。时刻想着部属,真心关爱基层,始终把官兵的冷暖放在心上。

三是求实务实。求真务实是党的思想路线,也是共产党员思想道德水平的重要体现。党员干部要不断强化求实为荣、落实为责的意识,自觉养成老老实实、踏踏实实、扎扎实实的思想作风和工作作风。当前,关键要抓住两条:一个是端正工作指导思想。把干工作的出发点搞对头,树立正确政绩观,把对上负责与对下负责一致起来,解决好为谁服务、为什么当干部的问题。另一个是转变工作指导方式。自觉做到筹划工作重实际,想问题、抓工作、作决策,一切从实际出发,坚持按客观规律办事,不提不切实际的高指标,不搞违背科学的瞎指挥;调查研究摸实情,自觉沉到一线,了解真实情况,在亲口“吃梨子”、化验“一滴血”中掌握第一手资料;解决问题出实招,实事求是分析问题,认认真真解决问题,不弄虚作假,不欺上瞒下,不好大喜功;检验工作看实效,围绕实效使实劲,盯着实效创实绩。

四是清正清廉。秉公用权、清正清廉是我党的光荣传统和优良作风,也是对党员干部人品官德的基本要求。作为党员干部保持清正清廉,起码要做到:公正用权。始终牢记手中权力是党和人民赋予的,只能为人民服务,决不能当作个人炫耀的资本、牟取私利的工具;始终对权力心怀敬畏,在是非面前保持辨别力,在诱惑面前保持自控力,在警示面前保持反省力;始终坚持说话公道、处事公平、用人公正,把心放正,把水端平,把腰挺直,把关把严,以身正求得公正,以正气赢得官兵。严格自律。始终保持高尚的精神追求和健康的生活情趣,不沉溺于灯红酒绿,不流连于声色犬马;自觉净化“三圈”,慎重对待朋友,加强自我教育,自觉检点言行;不取不义之财,不拿不法之物,不去不净之地,不交不正之友,以自身良好形象为部队树立导向。遵纪守法。自觉遵守党的纪律和国家的法律法规,严格执行党员领导干部廉洁从政各项规定,不断强化法治观念和依法办事意识,确保权力在阳光下运行。

五是勤奋勤勉。勤奋刻苦、勤勉敬业是成事之基,也是党员干部干事创业的必备品格。做到勤奋勤勉,关键要把握一个“勤”字。防慵懒。始终保持蓬勃朝气、昂扬锐气,以强烈的事业心责任感做工作抓落实,努力在本职岗位上创先争优。戒懈怠。以时不我待、奋发向上的精神,如饥似渴抓学习,持之以恒抓落实,务实创新求作为,以宽阔的视野、前瞻的眼光,瞄准前沿,着眼未来,勇于探索,真正干出一流业绩。除浮躁。坐得住身子,静得下心思,耐得住寂寞,抵得住诱惑,心无旁骛干事业,聚精会神搞建设,一心一意谋发展。防骄满。比照先进找差距,对照岗位查不足,多想组织要求,多看自身不足,多听群众意见,谦虚谨慎,多学多悟,不断自我加压,努力提高胜任岗位的素质本领。

六是节约节俭。艰苦奋斗、勤俭节约是我们党的传家宝。胡主席在“七一”重要讲话中告诫全党同志,要永远保持谦虚、谨慎、不骄、不躁的作风,永远保持艰苦奋斗的作风。作为党员干部,在这方面要做到“三个带头”:带头发扬艰苦奋斗、勤俭节约的精神。始终牢记“两个务必”，永葆共产党员政治本色，自觉追求“甘于艰苦、乐于淡泊、安于清贫”的思想境界，注重在艰苦环境中磨练自己、提高自己。带头反对铺张浪费和大手大脚，贯彻勤俭节约的原则。精打细算，严格把关，从节约一张纸、一度电等小事做起，从用车、接待等方面严起，真正把有限的资金和资源用在刀刃上。带头抵制拜金主义、享乐主义和奢靡之风。自觉把勤俭作为持家之法宝、创业之利器、修身之妙药，培养高尚的道德情操，养成良好的生活作风，永远保持共产党人的蓬勃朝气、昂扬锐气、浩然正气。

七是自重自警。自重自警是一种自律行为，也是一种人品操守。特别在当前，社会上形形色色的诱惑很多，党员干部要做到拒腐蚀、永不沾，必须坚持自重、自省、自警、自励。应慎独。不以“不是我一个”来原谅自己，经常对照道德规范和《党章》反省自己，“入党为什么，当干部干什么，将来身后留点什么”、“是否对得起组织的培养、家人的期待、领导的关怀”，像洗脸和扫地一样，“吾日三省吾身”，不断提高和完善自己。应慎初。不以“一次不要紧”来开脱自己，多一分清醒，多一分原则，少一点侥幸，少一点灵活。对不该办的事，宁可伤感情，也不能开口子；对不该突破的禁区，宁可伤和气，也不能开绿灯。应慎微。不以“一点小事无所谓”来放纵自己，抗住诱惑，管住小节，始终做到考验面前不动摇，职务面前不伸手，金钱面前不动心，关系面前不私情，女色面前不失足。

三、积极培育践行，切实从自律与他律的统一中确保思想道德建设的经常性

加强思想道德建设是一项长期任务、永恒课题，需要常抓不懈、持之以恒。这其中，既要有内力的作用，也要有外力的作用；既要坚持自律，也要坚持他律。胡主席曾强调指出：“纪律严明和党性坚强密不可分，党性坚强的人必定是模范遵守纪律的人。加强党性修养，严守党的纪律，是对领导干部的基本要求。”当前，加强党员干部思想道德建设，应着力在五个方面下功夫。

一是以学立德。胡主席在“七一”重要讲话中指出，“全体党员、干部都要把学习作为一种精神追求，真正做到学以立德、学以增智、学以创业。”作为党员干部，要保持政治上的先进性和思想道德的纯洁性，必须始终把学习放在第一位。要学党的理论，让自己有信仰、更坚定。党员干部只有不断用党的创新理论武装头脑，自觉坚定理想信念，才能经受住各种困难风险和复杂环境的考验，永葆共产党人的政治本色。要学哲学知识，让自己变聪慧、更理性。通过学哲学掌握科学思维方式，提高认识问题、分析问题、解决问题的能力，进而从表象看到本质，从生活把握规律，从必然走向自由。要学历史文化，让自己知礼仪、更文明。在解读历史中汲取国家、社会、民族和个人成与败、兴与衰、安与危、正与邪、荣与辱、义与利、廉与贪等方面的经验和教训，从中获得精神鼓舞，升华思想境界，陶冶道德情操，完善优良品格。要学政策法规，让自己守法纪、更自律。自觉做到知法懂法，依法办事；敬法畏法，不越雷池；守法护法，维护法律的权威。

二是以行树德。道德培育是一个由实践—认识—实践的循环往复过程。作为党员干部，从理性上辨别是非、美丑、善恶、荣辱，应该不是难事，关键是怎样在实际行动中自觉践行。坚持从点滴做起。在社会上，就要说文明话、办文明事、做文明人，倡导社会新风尚；在家庭里，就要孝敬父母、尊重长辈、忠诚婚姻、抚养子女；在工作中，就要尽好本职、勤奋敬业、尊重领导、团结同志。切实在一点一滴、一言一行中培养良好的道德品质。坚持从自身严起。抓部队的要先抓自身，搞教育的要先受教育，立规矩的要先守规矩。特别是作为党员干部决不能等同于一般群众，要有更高的标准和要求。有些事情别人能做我们不能做，有些场合别人能去我们不能去，有些规矩别人可以突破我们不能突破，切实以自身良好形象影响部队、感召官兵。坚持

从正在做的事情抓起。要立言立行、自觉践行。立言不立行，只会败坏德行；立言又立行，才能增进品行。每名党员干部都要争做头脑中装着道德、举止中体现品德、时时处处弘扬美德的优秀分子。

三是以俭养德。对于党员干部来讲，坚持以俭养德，应自觉做到：志向要高远。自觉对照党员标准、军人使命、干部职责、高级领率机关的地位，经常想一想参军干什么、入党为什么、为部队做些什么、将来身后留点什么等问题，切实把个人理想追求与部队建设发展、国家前途命运统一起来，不为利益所惑，不为挫折所扰，淡泊以明志，宁静以致远。生活要简朴。生活上，要向低标准看齐，不能追求高档次；搞接待，要讲礼节，但不能讲排场；机关办公的条件要努力改善，但不能铺张浪费。情趣要高雅。注重培养健康的生活情趣，保持高尚的道德追求，正确选择个人爱好，摆脱低级趣味，决不能沉溺于灯红酒绿，防止自己的爱好变成自己的软肋。要牢记，“守得住清贫胜似福，耐得住寂寞持亮洁，挡得住诱惑保平安”。交友要纯正。坚持择善而交，注意净化自己的社交圈。要知方圆、明尺度、守规矩，言行不出格，交往有原则。

四是以善积德。善良仁爱是人之美德。“勿以善小而不为，勿以恶小而为之”，是起码的道德要求。常怀善心。一心向善、胸怀大爱，爱党、爱国家、爱军队，爱集体、爱他人、爱自己，有责任、敢担当、思所为，用爱去奉献社会，用爱去塑造人生。多行善事。“学雷锋、做好事”，“送温暖、献爱心”，以多做善事、助人为乐为党得分，为军队增光，为我们集体添彩。善待他人。与人为善、真诚待人，多想他人的好，多帮他人的难，多解他人的忧。特别是作为党员干部，更要常思为官之德，尽好服务之责，善待部属、善待基层、善待官兵。

五是以律强德。过去有人对自律作了三种比喻：一个是比喻为清凉油，可以自我清醒；一个是比喻为长鸣钟，可以自我警惕；一个是比喻为手术刀，可以自我解剖。作为党员干部，严格自律应自觉做到“四管”：管住嘴。不该说的话不说，不该打的招呼不打，不该承诺的事不能乱许诺。有些时候对不该办的事，真是要宁可伤感情，也不能开口子；宁可伤和气，也不能闯红灯。管住腿。不能什么场合都敢进，什么地方都敢去，什么活动都敢参加。始终牢记，守得住清贫胜似福，耐得住寂寞持亮洁，挡得住诱惑保平安。管住手。不该拿的东西不拿，不该收的钱财不收，不该属于自己的东西不要放错了位置。管住心。不能把心眼搞歪了，把心思搞乱了，把心事搞重了，把心情搞坏了。要始终做到，对组织讲忠心，对战友讲诚心，对基层讲热心，对工作讲真心，对社会讲爱心。

（作者：沈阳军区政治部副主任，少将）

准确把握党对军队绝对领导的理论与实践要求

盛　强

坚持党对军队绝对领导，奠基于“三湾改编”，形成于“古田会议”，贯穿和成熟于我们党独立领导武装斗争和捍卫共和国政权的全过程，是马克思主义基本原理与中国革命实践相结合的产物，是经过实践反复证明的科学真理。胡主席主持军委工作以来，着眼党和国家工作全局对军队提出的新的更高的要求，坚持理论与实践、逻辑与现实、历史与未来的辩证统一，对这一科学命题作出了新的丰富、完善和发展，为保持我军性质本色、有效履行历史使命、全力维护和发展人民利益提供了根本遵循，对于引领全军官兵坚定不移听党话、矢志不渝跟党走，具有极其重要的现实意义和非常深远的历史意义。

（一）

坚持党对军队绝对领导，是根本原则绝对性与具体制度相对性的统一，富有时代特色，必须与时俱进。在新的历史条件下，胡主席纵览国际风云，深刻洞察敌我斗争情势，把坚持党对军队绝对领导作为加强国防和军队建设的首要问题、核心问题，先后在许多重要场合，从世界观、历史观、认识论、方法论等多个角度作出深刻阐述，使我党我军这一宝贵财富、优良传统和根本原则更具理论性、法理性和时代感，形成了更加系统、更加全面、更加深刻的思想体系。

站在全局高度，进一步揭示了党对军队绝对领导的地位作用。胡主席指出：“坚持党对军队的绝对领导，是我军建设和发展的首要问题。我们对这个问题要始终关注、抓住不放，任何时候任何情况下都不能有丝毫含糊和动摇。”在庆祝建军80周年大会上，胡主席进一步强调：“加强军队思想政治建设，最根本的是要坚持党对军队的绝对领导、坚持全心全意为人民服务。”胡主席这里所强调的“首要”、“最根本”，直接阐明了坚持党对军队绝对领导不仅在思想政治建设领域，乃至在军队的全部工作中，都处于核心和基础地位。在2009年底军队一次重要会议上，胡主席立足当代世界大变革大发展大调整的宏观大背景，再次深刻指出：“党对军队的绝对领导，是我军建军的根本原则和永远不变的军魂，是我国的基本军事制度和中国特色社会主义政治制度的重要组成部分，是党和国家的重要政治优势。始终不渝地坚持党对军队的绝对领导，关系人民军队的性质和宗旨，关系党执政地位的巩固和执政能力的提高，关系国家长治久安。”这一深刻论述，不仅把党对军队的绝对领导在我军一系列军事制度中的基础和支配地位作出了清晰界定，并且使之与人民代表大会制度、政治协商制度等一并成为我国政治制度的重要组成部分；不仅揭示了党、国家、军队具有高度的利益一致性，而且表明了坚持党对军队绝对领导在党和国家工作全局中的重要作用。胡主席的这些重要论述，赋予了我党我军根本原则和优良传统新的时代内涵，是积极应对形势任务发展变化、有效巩固党的执政地位、更好地发挥社会主义制度优越性的思想升华和理论结晶，使“军魂”要求与我军历史使命达到了高度的统一。

着眼时代发展，进一步强调了党对军队绝对领导的根本遵循。党对军队绝对领导不是抽象而是具体的，有着鲜明的指向、具体的内涵和明确的要求。胡主席指出：“坚持党对军队的绝对领导，就要以党的旗帜为旗帜、以党的意志为意志，坚决贯彻党领导人民军队的根本原则和制度，坚决完成党赋予的各项任务。”“要正确把握思想政治建设的时代课题，必须把坚持党对军队绝对领导的根本原则和人民军队的根本宗旨作为思想政治建设的根本出发点，始终保持我军坚定正确的政治方向。”“忠诚于党，就是要自觉坚持党对军队的绝对领导，高举中国特色社会主义伟大旗帜，坚定中国特色社会主义理想信念，任何时候任何情况下都坚决听党指挥。”理解胡主席的这些重要论述，必须从三个维度着手：一个是在思想维度上，要密切关注意识形态领域的复杂斗争，切实把思想和意志凝聚在党的旗帜下，自觉做到“在任何时候任何情况下”都与党保持高度一致；另一个是在理论维度上，要把党对军队绝对领导作为“时代课题”认真研究，并从理论上作出积极回答，大力加强中国特色社会主义理论体系武装，切实把听党指挥建立在坚定的理想信念基础之上；再一个是在实践维度上，要把履行使命任务作为衡量和检验党对军队绝对领导原则是否落实的重要标准，努力做到“坚决完成党赋予的各项任务”。胡主席的重要论述告诉我们，坚持党对军队的绝对领导，不仅是一个情感问题更是一个立场问题，不仅是一个理论问题更是一个实践问题，不仅是一个历史课题更是一个现实课题。只有始终站在党的事业的高度想问题作决策办事情，切实把听党指挥作为永恒信念去坚守，作为党性要求去锤炼，作为行为准则去践行，才能在纷繁复杂的严峻考验面前头脑清醒、方向明确、行动自觉。

围绕使命任务，进一步丰富了党对军队绝对领导的实践内容。作为一个根本原则，党对军队绝对领导的基本要求是相对不变的；作为一个实践课题，其内涵和要求又是伴随我军成长壮大发展而不断丰富和拓展的。在新的历史条件下，胡主席明确提出我军要履行“三个提供、一个发挥”的历史使命。与之相应，胡主席对如何在履行历史使命中坚持党对军队绝对领导的问题，又作出了科学而具体的回答。一要大力弘扬优良传统。胡主席强调指出，“要自觉而坚定地坚持和发扬听党指挥、服务人民、英勇善战的优良传统，永远忠于党、忠于社会主义、忠于祖国、忠于人民，履行好党和人民赋予我军的神圣使命”，并进一步指出，“只有大力弘扬这一优良传统，我军才能保持坚定正确的政治方向，才能保持旺盛的生命力和强大的战斗力，才能永远立于不败之地”。二要大力培育当代革命军人核心价值观。胡主席围绕强化官兵精神支柱，强调要把培育“忠诚于党，热爱人民，报效国家，献身使命，崇尚荣誉”的当代革命军人核心价值观作为发展先进军事文化的根本任务，通过点滴养成和长期培育，内化于心、外化于行。三要大力开展“四个教育”。胡主席指出，要“始终坚持党对军队绝对领导的根本原则和人民军队的根本宗旨，深入进行军队历史使命、理想信念、战斗精神和社会主义荣辱观教育”，切实把忠诚于党、听党指挥的思想根基打牢。四要大力强化组织功能。胡主席在军队一次重要会议上强调：“各级党组织要充分发挥领导核心作用和战斗堡垒作用，把好政治方向，抓好思想教育，搞好科学统筹，确保中心任务完成和各项工作有效落实。广大党员干部要充分发挥先锋模范作用、骨干带头作用，做到一个党员一面旗帜，一名干部一支标杆。”这些重要论述，着眼有效履行我军历史使命对坚持党对军队绝对领导提出的要求，把弘扬优良传统、加强核心价值观培育、开展思想政治教育和发挥组织功能有机统一起来，为落实党对军队绝对领导的根本原则提供了“四位一体”的实践平台。

应对现实考验，进一步明确了党对军队绝对领导的基本要求。进入新世纪以来，西方敌对势力加紧对我实施西化、分化战略图谋，意识形态领域斗争异常尖锐复杂，思想文化和生活方式多元对官兵思想和行为的影响也不断加剧。对此，胡主席深刻指出：“要毫不动摇地坚持党对军队绝对领导的根本原则和制度，把党对军队绝对领导贯彻到军队建设发展各领域，贯彻到部队完成各项任务全过程。”这一论述用“毫不动摇”、“各领域”、“全过程”，进一步强调了在这一根本问题上应该坚持的态度、覆盖的广度和贯彻的力度。胡主席还告诫各级，“要紧紧扭住铸牢军魂、恪守宗旨的根本要求，坚持不懈地用马克思主义中国化的最新成果武装全军，大力加强军队党的先进性建设和干部队伍建设，更好地把全军官兵的意志和力量凝聚到中国特色社会主义共同理想上来，确保军队建设的正确方向”。这些重要论述，深刻揭示了反动思想和错误思潮对官兵“军魂”意识的销蚀作用，明确了要坚决抵制“西化”，在事关原则和根本问题上站稳立场，切实防止被敌人打进来、拉出去；要坚决防止“泛化”，充分认清多元化价值取向、多样性生活方式在消解官兵理想信念上的隐蔽性、渐变性，始终保持思想上的先进性；要坚决防范“腐化”，高度警觉腐朽生活方式对官兵意志品质和道德情操的瓦解和摧毁作用，切实保持品格上的纯洁性。胡主席的重要思想，既有深厚的理论渊源和坚实的实践依据，又有坚定的立场态度和鲜明的国情特色，为我们打好意识形态领域主动仗提供了方向指引和思想武器。

（二）

面对新的形势和考验，胡主席对坚持党对军队绝对领导的根本原则作出的一系列重要论述，既源于党、国家、军队利益关联性和目标一致性的逻辑必然，又源于应对“四个风险”、经受“四个考验”的现实考量，有着丰富的思想内涵、牢固的实践基础和宏阔的时代背景。历史和现实雄辩地证明，只有坚持党对军队绝对领导，军队才能保持正确的方向和健康的发展，巩固党的执政地位才有可靠的保证，国家的富强和中华民族的伟大复兴才有坚强的支撑，人民的幸福生活才能得以实现。

第一，坚持党对军队绝对领导是巩固党的执政地位的根本保证。马克思主义认为，军队是政权的重要基石，执政必须执军。胡主席关于党对军队绝对领导的重要论述，是对人民军队与党的执政地位相互关系的深刻揭示。我们党的执政地位是从枪杆子中取得的，巩固党的执政地位同样离不开军队绝对服从党的领导。新形势下，我们党要长期执政、执好政，既要靠纲领路线正确，又要靠人民群众拥戴，还要靠军队提供重要力量保证。迄今为止，我们党在全国范围内执政已经60多年了，执政时间越长，就越需要在加强党的先进性建设的同时，高度重视并坚决贯彻党对军队绝对领导的根本原则。苏联解体、东欧剧变，教训有很多，其中至关重要的一条就是放弃了党对军队的绝对领导。新世纪新阶段，我们党的执政地位经受着严峻的考验。从外部干扰看，西方敌对势力在对我实施西化、分化图谋屡屡受挫后，把主攻方向和着力重点放在对军队的影响和渗透上，大肆兜售“政治多元化”、“军队非党化”、“军队国家化”等错误思想和言论，试图干扰我军官兵视线、模糊军队政治立场，进而动摇我们党执政的根基。从内部因素看，我国正处于深化改革攻坚期和社会矛盾凸显期，政治体制改革刻不容缓但阻力重重，许多经济社会问题相互叠加，人民内部矛盾和其他矛盾日益显现。越是在这种情况下，越要坚持党对军队绝对领导的根本原则，确保军队毫不动摇地、无条件地听从党的指挥，使党能从容自如地应对各种挑战、处理各种矛盾、化解各种风险、谋求科学发展。

第二，坚持党对军队绝对领导是维护国家安全利益的坚强保证。军队是国家的坚强柱石，是维护国家安全利益和发展权益的中坚力量。新中国成立以来，正是有党的正确领导，人民军队才以压倒一切敌人的英雄气概、机动灵活的战略战术和舍生忘死的奉献精神，教训来犯之敌，维护国家安全，并为国家繁荣昌盛赢得了长达半个多世纪的历史机遇期。随着时代的变化和我国际地位的提升，国家利益和权益的重点由立足国内向内外兼顾，重心由求生存转变为求发展，领域从传统的领土、领海、领空向海洋、太空、电磁空间拓展，赋予了军队历史使命新的内涵，对军队完成多样化任务能力提出了新的更高的要求，尤其需要在党的统一领导下，坚持正确方向、凝聚官兵意志、集中集体智慧、调动各方力量。军事是从属于政治的，军事斗争是政治斗争的继续，是为国家利益全局服务的。实践证明，如果不从政治上观察和思考问题，脑子里少了国家利益这根弦，迟早是要吃大亏的。近年来，我军先后圆满完成亚丁湾护航、中东北非撤侨行动、参与国际维和、执行大项活动安保、遂行抢险救灾等多样化任务，根本经验就是有党的坚强领导和正确指挥。随着国家实力的不断增强和中华民族伟大复兴步伐的不断加快，我国面临的发展机遇和风险考验相互交织，可以预见和难以预见的困难相互交织，区域性的竞争和全局性的竞争相互交织，国内结构性的矛盾和国际对抗性的矛盾相互交织，国家安全和发展对军队听党指挥的忠诚和履行使命的能力，要求日益迫切，标准日益提高，需要我们在始终坚持、自觉贯彻的同时，赋予党对军队绝对领导新的内涵，使之与国家安全和发展权益的延伸拓展相一致。

第三，坚持党对军队绝对领导是保持我军性质宗旨的内在要求。我军战无不胜的强大力量，源于中国共产党的正确领导，源于坚定不移的政治信念，源于人民群众的全力支持。胡主席一再强调指出，始终不渝地坚持党对军队的绝对领导，关系人民军队的性质和宗旨。随着改革开放向深度和广度拓展，各种思想文化相互激荡，既给军队建设带来了生机和活力，也给保持人民军队性质宗旨带来影响和冲击。一是官兵成分复杂影响“军魂”意识的强化。随着改革开放和市场经济的深入发展，社会结构发生了深刻变化，新兴社会阶层不断涌现，地区差异日益明显，来自不同阶层、不同地域的官兵不可避免地带有其自身的烙印，给筑牢“军魂”意识增添了新的难度、带来了新的考验。二是多元价值取向影响崇高信念的培育。受市场经济和信息社会带来的负面因素影响，多元思想文化传播渗透渠道增多，波及面广，官兵价值取向和人生追求呈现出物化、虚化、功利化、个人化的倾向，世界观、人生观、价值观容易发生偏移，听党指挥的政治信念难以坚定。三是开放的生活方式影响革命本色的传承。随着经济的快速发展和社会财富的极大丰富，一些人讲实惠图享受、讲排场摆阔气的庸俗风气有所抬头，特别是及时行乐、超前享受等消极生活方式成为有些人的追求目标。受此影响，少数官兵道德观、幸福观、事业观出现错位，艰苦奋斗意识淡化。在这种情况下，如何把握形势的发展变化、清除错误思想的影响，确保部队纯洁巩固、保持人民军队性质本色，考验严峻、课题重大。只有永远听党的话，恪守全心全意为人民服务的宗旨，我们这支军队才能经受住复杂环境和严峻形势的考验，让党永远放心、让人民永远满意。

（三）

坚持党对军队绝对领导，既是一个重大的理论问题，更是一个永恒的实践课题；既是普遍的原则要求，更是具体的工作要求；既要完善法规制度，更要健全机制、一抓到底、务求实效。

坚持不懈地用党的创新理论武装头脑、凝聚意志，不断打牢忠诚于党的思想根基。坚持党对军队的绝对领导，首先是思想上和理论上的领导。当前，尤其要重视解决三个方面的问题：一是切实解决“学起来”的问题。下力纠正部分官兵存在的“不愿学”、“学不进”、“用不上”等错误思想，不断提高对理论武装重要性认识，完善理论武装的激励和约束机制，牢固树立“不重视抓理论武装的党委不是合格的党委、不重视抓理论武装的领导不是称职的领导”的责任理念，坚持领导亲自抓、机关形成合力抓，一级抓一级，层层有任务，人人有目标，把理论学习的“软任务”变成“硬指标”，努力营造重视理论、学习理论、运用理论的良好氛围。二是切实解决“深进去”的问题。着力推动中国特色社会主义理论体系的学习理解，重点领悟胡主席关于党对军队绝对领导重要论述的科学内涵、精神实质和根本要求，全面把握科学理论体系既一脉相承又与时俱进的关系，防止断章取义、浅尝辄止；积极探索"基层军官分专题、士兵设课程"开展理论学习的方法路子，大力开展"建设学习型党组织、创建学习型军营、培育知识型军人"等活动，使学习内容更加丰富；重视增进官兵对科学理论的真挚情感，引导官兵真信真学真懂真用，深扎对党信赖根子、夯实爱党信念基础、打牢跟党信仰根基。三是切实解决"用得好"的问题。大力加强学风建设，以正在做的事情为中心，以解决主要矛盾为抓手，着力推动理论与实践的辩证融合，运用理论回答和解决事关部队建设发展的重大理论和实践问题，使党的创新理论不断地转化为贯彻主题主线的正确思路、科学指导和措施办法，转化为坚定理想信念、弘扬光荣传统、履行使命任务的动力源泉。

坚持不懈地用党的先进文化占领阵地、引领行动，切实把准铁心向党的行为准则。先进的文化造就和哺育了我们这支伟大的军队，我军在长期的革命实践中又不断地丰富和发展了先进文化，并使它成为社会主义先进文化的重要源头。对基层部队和民兵预备役来讲，通过繁荣发展先进军事文化坚定官兵忠诚于党的信念，重点要抓好"四有"。一是工作有位置。自觉把先进军事文化建设摆在全局工作重要位置，尤其要强化领导干部以文育人、以文强军、以文占领、以文制胜的思想观念，把文化建设纳入党委重要议事日程，纳入部队建设整体规划，与其他各项建设统一筹划、同步部署、协调推进，形成党委统一领导、机关牵头负责、军地齐抓共管、官兵共同参与的工作局面。二是活动有特色。坚持把当代革命军人核心价值观培育作为弘扬先进军事文化的根本任务，让文化熏陶与思想教育、舆论引导、典型示范、实践养成、制度保障紧密结合起来，在强化官兵精神支柱中更好地彰显文化的特殊教育熏陶功能；坚持重心下移，突出"兵写兵、兵演兵、兵唱兵"，合理利用时间、空间，多开展投入少、形式活、易组织、能参与的活动项目；紧贴时代发展和官兵需求，借助现代科技手段和地方资源，大力推动多媒体、数字影视等现代科技手段的运用，组织影视和音乐作品欣赏、动漫创作评比、DV 短片制作等活动，建立富有特色的宣传文化网站，搞好网上学习、网上训练、网上娱乐活动，增强军营文化的感染力和吸引力。三是骨干有专长。建立文化骨干选拔、培养、使用机制，对重点人才要重点关注、全程跟进培养。选拔骨干应注意从源头抓起、从苗子抓起，对有组织开展文化活动特长的要优先考虑选拔到骨干位置上；培养骨干应注意多法并举、实践砥砺，采取送学进修、办班培训、以老带新、活动牵引等办法，使基层骨干队伍成为懂专业、有特长、会组织文化活动的"一专多能"人才；使用骨干应注意政策激励、积极引导，对作出突出贡献的要在晋职晋衔、选取士官、立功受奖等方面给予倾斜，充分调动其工作积极性，着力打造一支梯次配置、素质过硬、相对稳定的骨干队伍。四是经费有保障。坚持经费向基层、向一线倾斜。通过繁荣先进军事文化，使之在坚定诚心对党的理想信念、思想道德和行为准则上发挥作用、见到实效。

毫不动摇地用党的根本制度规范工作、提升质量，确保党指挥枪的原则落到实处。坚持党对军队绝对领导，必须依靠我军在长期实践中形成的如党委制、政治机关制、政治委员制和支部建在连上等一整套有效的制度。一要着力增强制度意识。把党对军队绝对领导相关制度的学习纳入党委中心组学习、军地领导办班培训、院校教学内容，融入到部队专题教育、日常管理之中，使党员干部领会制度精神，熟知制度内容，牢固树立严格按制度办事的观念，养成自觉执行制度的习惯，切实解决少数领导干部对党的根本制度不熟悉、不掌握，甚至有制度不执行，把个人权力意志凌驾于制度之上，使制度缺乏刚性的权威力量等问题，真正把制度转化为党员干部的行为准则、自觉行动。二要积极推进制度创新。在增强制度的科学性、操作性上下功夫，使制度与时俱进、符合实际、便于执行，尤其要构建贯彻落实制度的长效机制，使坚持党对军队绝对领导的根本制度常态化、规范化、具体化。三要强力推进制度落实。把各级对制度的贯彻力执行力作为考评班子、考核干部的重要内容，作为是否“讲政治、顾大局、守纪律”的重要标准，牢固确立制度的权威至上性，坚持从严检查、从严督促、从严追究、从严惩处，做到制度面前无特权、制度约束无特例、制度监督无特殊，切实解决执行制度随意性和自由度大，落实制度因人而异、因事而异、因时而异，违反制度不过问、不追究、不查处等问题，确保党对军队绝对领导一系列根本制度有效贯彻执行。

始终不渝地用党的优良作风锤炼党性、建强组织，着力培养经得起考验的干部队伍。坚持党对军队绝对领导，必须大力培养一支政治强、素质高、作风硬的始终对党忠诚的干部队伍，使之在任何时候、任何情况下都经得起各种政治风浪的考验。一要严格选人用人标准。坚持党对军队的绝对领导，选什么样的人至关重要。如果把对党不忠诚的干部用起来，能力越强危害越大，年龄越轻危害时间越长，职务越高危害范围越广。因此，必须把政治上特别过硬的人选进各级班子，把政治品质好的干部用到重要岗位上，确保枪杆子永远掌握在对党忠诚可靠的人手里。要坚持德才兼备、以德为先的标准，公道正派选人用人，尤其要把德放在首位，以忠诚于党、服务基层、廉洁自律为重点，把听党指挥作为“德”的首要评判标准，用好品行兼优尺子，健全党员干部考核体系，加强对干部政治品格和道德品行的考核，形成有德之人有位、有德之人吃香的浓厚氛围。二要严格党性修养锤炼。加强党性锤炼，核心是要正人品、立官德、强党性、守纪律，重点是加强思想教育、严格组织生活、培养优良作风。要教育党员干部正确对待名利、地位和权力，严于律己，始终把住“三个底线”，即加强思想道德修养，把住道德品质的底线；坚持清清白白做官，把住党纪条规的底线；辨清大是大非，把住政治思想的底线。三要严格政治纪律落实。把听招呼、守纪律作为听党指挥的根本要求抓好落实，对上级的命令指示必须坚决服从，不搞变通、不打折扣，不能合意的就执行，不合意的就不执行；对上级的决策意图不能说三道四、品头论足，更不能传播消极言论；对负面信息和政治谣言，不仅要坚决做到不编、不听、不信、不传，还要坚决抵制、坚决批驳，把党对军队绝对领导的最高政治要求贯彻到履行使命全过程、工作落实全领域、日常生活全时段。

（作者：广东省军区政治部主任，少将）

以高度的文化自觉和文化自信建设先进军事文化

戴维民

中国共产党从成立之日起，就既是中华优秀传统文化的忠实传承者和弘扬者，又是中国先进文化的积极倡导者和发展者。尤其是党的十六大以来，以胡锦涛同志为总书记的党中央，强调“必须以高度的文化自觉和文化自信，着眼于提高民族素质和塑造高尚人格，以更大力度推进文化改革发展，在中国特色社会主义伟大实践中进行文化创造，让人民共享文化发展成果”，坚持把文化建设放在党和国家全局工作重要战略地位，坚持物质文明和精神文明两手抓，实行依法治国和以德治国相结合，促进文化事业和文化产业同发展，推动文化建设不断取得新成就。作为党绝对领导下的人民武装，我军历来重视文化建设，是党所倡导的先进文化的重要创造者、积极传播者和模范实践者。不久前，中央军委下发了《关于大力发展先进军事文化的意见》，集中体现了军委胡锦涛主席先进军事文化建设的重要思想，是我们繁荣发展先进军事文化的理论指导和根本遵循。

一、以高度的文化自觉和文化自信建设先进军事文化要始终用马克思主义统领建设方向

胡主席深刻指出：“马克思主义是我们立党立国的根本指导思想，是社会主义意识形态的旗帜和灵魂。”我军作为党绝对领导下的人民军队，始终坚持以党的旗帜为旗帜、以党的方向为方向。建设先进军事文化，必须坚持马克思主义指导地位，自觉用中国特色社会主义理论体系武装头脑、指导实践、推动工作，用党的创新理论建连育人。

坚持党对先进军事文化建设的领导。胡主席指出：“文化在综合国力竞争中的地位和作用更加凸显，维护国家文化安全任务更加艰巨，增强国家文化软实力、中华文化国际影响力要求更加紧迫”，“文化越来越成为民族凝聚力和创造力的重要源泉、越来越成为综合国力竞争的重要因素、越来越成为经济社会发展的重要支撑，丰富精神文化生活越来越成为我国人民的热切愿望”。强调“社会主义核心价值体系是兴国之魂，是社会主义先进文化的精髓，决定着中国特色社会主义发展方向”，必须“坚持用社会主义核心价值体系引领社会思潮，在全党全社会形成统一指导思想、共同理想信念、强大精神力量、基本道德规范”。此外，胡主席还以“三个更加”和“四个越来越”的科学判断以及关于党在建设先进文化地位的重要论述，全面论述了文化对于国家科学发展和中华民族崛起的重要作用，指出了党在文化发展中所起的决定性的作用。文化发展离开党的领导，就会缺少“主心骨”，容易陷入混乱。历史证明，先进军事文化建设必须坚持党对文化建设的领导，也只有坚持了党的领导，才能实现军队文化的大繁荣大发展。

坚持用中国特色社会主义理论体系武装全军。先进军事文化，说到底就是党领导的人民军队的文化，也是社会主义国家的文化。这就“要坚持不懈地用马克思主义科学理论特别是党的理论创新成果武装全军”。中国特色社会主义理论体系是马克思主义中国化时代化大众化的最新成果。坚持用中国特色社会主义理论体系武装军队是对党对军队绝对领导原则的基本遵循。30 多年波澜壮阔的改革实践证明，中国特色社会主义理论体系是符合中国国情和中

国实际的，是马克思主义中国化的又一次理论飞跃，也是指导军队建设科学发展的根本。自觉来源于自明；自强来源于自信。文化的自觉来自于对军队建设实践的把握；文化的自信来自于对指导理论的清醒。建设先进军事文化就必须以中国特色社会主义理论体系为指导，以强烈的政治意识贯穿整个先进军事文化建设，以前瞻的文化理念去拓展思维，以深刻的思考去指导实践，以高度的自觉和自信去建设先进军事文化。

坚持以培育当代革命军人核心价值现为根本任务。胡主席强调："党管宣传、党管意识形态，是我们党在长期实践中形成的重要原则和制度，是坚持党的领导的一个重要方面，必须始终牢牢坚持，任何时候都不能动摇。"核心价值是意识形态的集中体现。"社会主义核心价值体系是兴国之魂，是社会主义先进文化的精髓，决定着中国特色社会主义发展方向"。党管意识形态具体到军队，就是要深入培育当代革命军人核心价值观。当代革命军人核心价值观是社会主义核心价值观的重要组成部分，它既包含了社会主义核心价值的普遍要求，又体现了对军队这一群体的特殊要求。可以讲，当代军人核心价值观是社会主义先进文化在军队中的体现，同样决定着军队文化建设的方向。当代革命军人核心价值观是先进军事文化的精华，是当代革命军人践行社会主义主要核心价值体系的根本遵循和集中体现。加强先进军事文化建设，以培育当代革命军人核心价值观为根本任务，坚持马克思主义的指导地位，突出听党指挥、服务人民、英勇善战的根本要求，促进先进军事文化建设科学有序发展。

坚持走中国特色先进军事文化发展道路。胡主席在总结归纳党在新时期特别是十六大以来文化体制改革和文化发展取得的经验和成就时，首次提出要坚持中国特色社会主义文化发展道路。这既是对以往我国文化发展经验成就的梳理总结，更是对将来文化发展"打什么旗""走什么路"的郑重宣告。坚定不移地走中国特色社会主义文化发展道路，既体现了我们党高度的文化自觉和文化自信，也是对建设先进军事文化的根本要求。先进军事文化是社会主义先进文化的重要组成部分，发展先进军事文化要以发展社会主义先进文化为基本遵循。也就是说，建设先进军事文化，首先要立足于中国气派和社会主义文化的特点规律，同时也要符合军队自身的特色特点，唯有这样，才能符合坚持中国特色社会主义文化发展道路的要求。胡主席强调："各级党委要加强和改进对文化工作的领导，充分发挥全体文化工作者的积极性创造性，支持和鼓励他们紧密结合亿万人民全面建设小康社会的伟大实践，创造出更多体现时代精神、符合人民要求的具有中国特色、中国风格、中国气派的文化成果，更好地为人民服务、为全党全国工作大局服务。"在推进社会主义先进文化大发展大繁荣和建设社会主义文化强国进程中，军队各级党委必须不断增强文化自觉和文化自信，增强推进先进军事文化建设的责任担当，把握机遇，切实履行好发展先进军事文化的领导责任。

二、以高度的文化自觉和文化自信建设先进军事文化要始终围绕中国特色军事变革实践而发展

文化作为上层建筑的一部分，势必要随着社会生产实践的变化而变化。对于先进军事文化而言，也将随着军事实践的深入发展而不断变化。推进中国特色军事变革向纵深发展，是先进军事文化建设的重要任务和目标。因此，先进军事文化建设要始终坚持围绕中国特色军事变革实践而发展。

中国特色军事变革实践为建设先进军事文化提供不竭动力。军事文化是军事实践生成的固有状态。由于军事文化属于精神产品的一部分，因此天然地带有历史稳定性和相对滞后性。也就是说，军事文化的延续性促成了军事文化的稳定性，而面对新军事变革风起云涌的态势，稳定性容易形成相对的滞后性。在一定程度

上，形成了相对滞后的军事文化与新军事变革实践之间的矛盾。于是，新的军事实践变革必然对原有的军事文化进行革新和改造，以建构与其相适应的新的军事文化。当前我军新军事变革实践如火如荼，既有统帅领导机关的顶层设计，也有基层部队在不同层次因地制宜的变革创新，既有统一的指导原则，又有各单位的生动实践，这为我军建设先进军事文化提供了生生不息的动力。

中国特色军事变革实践为建设先进军事文化提供丰富素材。“不是意识决定生活，而是生活决定意识”。先进军事文化发源于中国特色军事变革实践，又植根于中国特色军事变革实践。在中国特色军事变革中为解决各种现实课题而形成的策略做法，不仅仅为先进军事文化的发生发展提供了大量养料，而且促进先进军事文化不断繁荣发展。实践中，我军特色军事变革进程加快，军事斗争准备深入推进，部队遂行多样化军事任务日益艰巨繁重，对官兵综合素质和意志作风考验更为严峻；我军官兵成分结构不断变化，精神文化需求多层次多样化特征日益明显增强，求知成才愿望更加迫切；现代传播技术迅猛发展，文化与科技日益紧密融合，网络、微博等新媒体对官兵思想和行为的影响越来越大，官兵思想观念和价值取向呈现出多样多变的特点。理论是灰色的，而生活之树常青。丰富多彩的现实生活无疑为凝炼先进军事文化、创新先进军事文化提供了丰富资料。

中国特色军事变革实践为建设先进军事文化提供检验标准。文化具有强烈的渗透力和深远的影响力。对于文化引导把握不好，造成的后果是长远的，甚至是不可弥补的。高度的文化自觉和文化自信，关键在于对文化发展规律的科学把握。判断军事文化是不是先进，就要看其是否符合文化发展的一般规律，是否符合军队建设的特殊要求，是否能够推动军事变革实践又好又快发展。中国特色军事变革实践是一项复杂的系统工程，不仅仅需要物质上的准备，更需要思维方式上的变革，为军事变革实践提供智力支持，营造氛围。可以讲，中国特色军事变革实践既是锻造先进军事文化的磨刀石，也是检验先进军事文化的试金石。

三、以高度的文化自觉和文化自信建设先进军事文化要始终坚持促进广大官兵的全面发展

“马克思主义战争观认为，人是战争的决定性因素，最终决定战争胜负的是人而不是物。人是战争中武器装备的使用者、作战方法的创造者、军事行动的实践者，人的素质和精神状态，对战斗力的形成和发展具有重要的影响。”人是战斗力各要素中最活跃、最积极、最具有决定性的因素。建设先进军事文化，就是要立足于未来战争的需要、立足于官兵全面发展的需要，充分尊重官兵的主体地位，发挥广大官兵的主体作用，在促进广大官兵全面发展的同时完成先进军事文化的建设。

建设先进军事文化要满足广大官兵的精神需要。当今社会处于激烈的变革时期，意识形态领域斗争也日趋激烈复杂，各种社会思想交锋交流交融更加频繁，西方敌对势力借此把文化渗透作为对我实施西化分化战略图谋的重要手段，尤其是把军队作为思想文化和生活方式渗透的重点，加紧对我军官兵的拉拢腐蚀，大肆鼓吹“军队非党化、非政治化”和“军队国家化”等错误政治观点，其目的就是利用各种错误的价值观对我军进行思想渗透和侵蚀，官兵坚定理想信念、强化军魂意识面临严峻考验。胡主席指出：“要保证我国改革开放和社会主义现代化建设顺利进行，必须坚持马克思主义在意识形态领域的指导地位，牢牢把握先进文化的前进方向，丰富人们的精神世界，鼓舞人民投身现代化建设的信心和斗志。”思想文化阵地，先进文化不去占领，腐朽文化和反动文化必然会去占领。应对敌对势力文化进攻的最有效手段就是大力建设先进军事文化，牢固树立阵地意识，唱响新军事变革的主旋律，用先进军事文化

占领官兵的精神阵地，满足官兵的精神需要。大力发展先进军事文化，就是要不断增强军事文化的吸引力、凝聚力和感染力，为我军提供强大精神动力和文化支撑，不断抵御西方腐朽文化的侵蚀，不断满足官兵日益增长的多层次、多元性、多样化文化需求。

建设先进军事文化要凝聚广大官兵的精神力量。“思想政治建设是革命化建设的核心，是我军的根本性建设，要始终摆在军队各项建设的首位。”发展先进军事文化是加强思想政治建设的重要抓手。先进是相对于后进而言的。先进军事文化，首先是一种先进的文化，其本身就包含强大的精神力量。注重用文化来教育官兵、凝聚力量一直是我军的光荣传统和政治优势。维护高度的团结统一是先进军事文化建设的重要内容。通过先进军事文化感动、感染、感召官兵舍生忘死、英勇杀敌，同时也起到凝聚军心、鼓舞士气的作用。特别是先进军事文化本身所具有的舆论导向和价值引导功能，教育官兵清醒认识什么是我们积极提倡的，什么是我们坚定反对的；什么是必须严格遵守的，什么是必须坚决摒弃的，能够使官兵产生强烈的认同感、归属感和凝聚力，形成统一的思想、统一的意志和统一的行动，把部队锻造成为坚不可摧、战无不胜的钢铁力量。

建设先进军事文化要建构广大官兵的精神家园。毛泽东同志曾指出：“我们要战胜敌人，首先依靠手里拿枪的军队。但是仅仅有这种军队是不够的，我们还要有文化的军队，这就是团结自己、战胜敌人必不可少的一支军队。”“团结自己”强调的是军队的纯洁性，“战胜敌人”突出的是军队的先进性。从本质上看，这两者是一致的，都是一支“有文化的军队”不可偏废的任务。纯洁的军事文化是先进军事文化的前提和基础，是先进军事文化的可靠保证。在军队内部，没有纯洁的军事文化，先进的军事。文化就无从谈起。文化是民族的血脉、是人民的精神家园。建设先进军事文化就是要为广大官兵营造一个纯洁的精神家园，抵御不良思想侵袭，始终坚持以人为本，引导广大官兵树立正确价值取向，不断营造人文氛围，促进官兵全面发展，最终有效促进先进军事文化建设。正如胡锦涛所强调的，要“深入持久地培育当代革命军人核心价值观，大力发展先进军事文化，进一步打牢官兵高举旗帜、听党指挥、履行使命的思想政治基础”。

四、以高度的文化自觉和文化自信建设先进军事文化要始终以提升部队战斗力为着力点

“没有文化的军队是愚蠢的军队，而愚蠢的军队是不能战胜敌人的。”军事文化，本质上就是战斗文化，是为提升军队战斗力服务的。可以讲，战斗力是军队赖以存在的根本，更是先进军事文化的灵魂。

先进军事文化建设必须要体现军队的战斗属性。胡主席强调：“要着眼全面履行新世纪新阶段军队历史使命，以推动国防和军队建设科学发展为主题，以加快转变战斗力生成模式为主线，全面加强军队革命化、现代化、正规化建设。”这是依据世情、国情、党情、军情的深刻变化和打赢信息化战争的时代需要，为军队和国防建设科学发展指明的道路，也指引着先进军事文化发展的方向。邓小平同志曾饱含深情地说，人民解放军“永远是党领导下的人民军队，永远是国家的捍卫者，永远是社会主义的捍卫者，永远是人民利益的捍卫者”。新世纪新阶段，胡主席赋予我军为党巩固执政地位提供重要的力量保证、为维护国家发展的重要战略机遇期提供坚强的安全保障、为维护国家利益提供有力的战略支撑、为维护世界和平与促进共同发展发挥重要作用的“三个提供一个发挥”的历史使命。军队作为武装集团的特殊性，战斗属性是军队与生俱来的、天然的属性。当前我军所担负的任务不断拓展，唯有通过提升战斗力，才能保证我军的根本职能和使命任务的实现。当前，我军处于战斗力生成模式转变时期，更加需要用强有力的具有战斗属性的

文化来指导部队建设，唯有如此才能真正体现军事文化的先进性。

先进军事文化建设必须要凸显激发战斗精神。胡主席指出："人民解放军的优良革命传统，集中起来就是听党指挥、服务人民、英勇善战，"表征着我军先进军事文化的精髓，也指引着我军先进军事文化建设的方向。战斗精神是构成战斗力的重要要素，是广大官兵的精神支柱和力量源泉。文化，简言之，就是以"文"化"人"的一个过程。军事文化不是一般意义上的文化，其重要特征是植根于军队建设实践，突出军队特色，通过将军队特色的价值观念融入广大官兵的日常生活和行为规范，用以引导广大官兵尚武精武，其中最重要的一点就是要高扬战斗精神。先进军事文化就是要在培育战斗精神中彰显价值，与军事斗争准备实践结合，在军事训练中砥砺战斗作风，在重大任务中磨砺战斗意志，在从严治军中淬砺战斗精神，不断强化军事文化教育人、感召人、培养人、塑造人、完善人的特有品质和功能。

先进军事文化建设必须要突出战争的终极诉求。胡主席强调："服务人民，是人民军队一切奋斗发展的出发点和归宿，是人民解放军必须永远坚持的根本宗旨。"发展先进军事文化，必须不断强化"打赢"意识，提高"打赢"本领，夯实"打赢"基础。对于军队而言，衡量战争的最终标准只有赢得战争，消灭敌人。任何粉饰失败战争的文化都是虚伪的、不负责的。先进军事文化，就是要站在战争的本身来考量问题，以战争最终诉求为目的，不断突出"为打赢、谋打赢、钻打赢"的舆论文化导向，将保障"打得赢"作为军事文化建设的终极目标来抓。要树立"大文化观"，突破以往一提到军事文化，不是"敲锣打鼓、蹦蹦跳跳"，就是"书法绘画，吹拉弹唱"的怪圈，真正将军事文化作为坚定广大官兵立志打赢和坚定打赢信念的有力支撑。因此，先进军事文化必须要紧紧围绕战斗力生成，把战争导向与文化灵魂对接，防止盲目化倾向；必须要为提高战斗力服务，引导广大官兵为之努力，防止表层化倾向；必须要将提高军事技能作为重要抓手，调动广大官兵尚武精武的积极性，防止空洞化倾向。

（作者：南京政治学院训练部部长、教授、博士生导师、博士后合作导师，少将）

推进思想作风建设制度化常态化

陈　辉

思想作风建设是我党我军特有的政治优势，体现军队性质和宗旨，关乎军队形象和发展。新形势下，胡主席对加强军队思想作风建设的重大意义、目标任务、基本要求和需要解决的重点问题，作了系统深入的阐述。全面贯彻落实胡主席重要指示精神，着力构建思想作风建设长效机制，实现思想作风建设制度化常态化，是我军思想政治建设的一项重大课题和长期任务。

一、在夯实思想根基中实现思想作风建设制度化常态化

思想作风实质上是世界观人生观价值观的外在反映。要推进思想作风建设制度化常态化，就必须加强科学理论武装，提高思想政治素质，规范党内组织生活，打牢思想作风建设的根基。

加强科学理论武装。党的创新理论是加强思想作风建设的科学依据和根本遵循。加强思想作风建设，就是把党的创新理论与思想作风建设相结合，不断解决新问题、开辟新境界的过程。党的创新理论为思想作风建设提供了理论观点，也提供了科学方法。只有深刻领会党的创新理论的科学内涵、精神实质和根本要求，切实掌握蕴涵其中的以人为本的价值取向、科学发展的建设理念、统筹兼顾的思想方法、执政为民的党性原则、求真务实的工作作风，才能感悟党性修养真谛，升华思想精神境界，从而把这一科学理论转化为中国特色社会主义的理想信念，转化为军队建设科学发展的精神动力，转化为立身做人的行为准则。思想作风建设要把学习党的创新理论作为首要任务，通过领导解读、专家辅导、参观见学、网络互动等形式，准确把握党的创新理论的精髓要义，着力培养科学精神、科学眼光、科学思维，为锤炼思想作风奠定坚实的理论基础，提供强大的精神动力；要善于从党的创新理论中寻找依据、把握方向，从党的创新理论中开阔视野、获得启迪，从党的创新理论中形成思路、明确对策，使思想作风建设与党的创新理论发展相契合，与时代要求、使命任务、党员干部实际相符合。

提高思想政治素质。新形势下部队面临的社会环境更加复杂、现实考验更加严峻、使命任务更加艰巨，只有坚持不懈地抓好思想作风建设，才能牢固树立坚持党对军队绝对领导的军魂意识，更好地担负起履行职能使命的历史重任。实现思想作风建设制度化常态化，必须切实解决听谁指挥、为谁服务、对谁负责等根本性问题。要始终保持政治清醒，引导党员干部带头强化政治意识，高度关注国际国内形势发展的新变化，高度关注意识形态领域斗争的新动向，高度关注部队思想出现的新情况，不断增强政治敏锐性和政治鉴别力。要把锤炼思想作风纳入思想政治教育体系，渗入各项教育活动实践，并作为培育当代革命军人核心价值观主题教育的重点课，作为讲党性、重品行、作表率教育的主体课，作为经常性思想政治教育的常备课，坚持不懈地抓好落实。紧紧围绕提高部队战斗力搞教育，不断夯实党员干部高举旗帜、听党指挥、实践宗旨、履行使命的思想政治基础，通过加强思想修养，坚定理想信念，锻炼意志品质，提高精神境界，美化生活情趣，增强自律意识，牢牢夯实拒腐防变的思想堤防，始终保持坚定正确的政治方向，保持艰苦奋斗的政治本色，

保持坚贞的革命气节、顽强的战斗作风和无坚不摧的意志品质。

规范党内组织生活。严格的党内组织生活是砥砺思想、锤炼作风的磨刀石。要着眼解决思想作风上的突出问题，深入开展系列专题党课教育，帮助党员干部从理论与实践的结合上划清是非界限。规范党内基本生活制度，把汇报工作、交流思想、述职述廉、民主评议、诫勉谈话等制度落到实处，在接受组织和群众监督中经受思想洗礼。自觉强化党性观念，组织党员认真读党史、学党章、上党课、过党日，切实把锤炼党性的工作具体化，不断增强对党的政治认同、思想认同和情感认同。坚持党管党员、党管干部的原则和制度，增强党内生活的原则性和战斗性，通过领导干部过双重组织生活、积极开展批评与自我批评，及时发现、正确解决思想作风方面存在的问题。民主集中制是党和国家根本组织制度和领导制度，是经过实践检验的科学、合理、有效的制度，是加强思想作风建设的重要制度保证。加强思想作风建设，必须坚持民主集中制，落实官兵对重大决策的知情权、参与权、选择权和监督权，从制度上合理配置权力，在党组织及其领导成员之间形成相互制约的机制，提高党组织和党员干部科学决策、依法决策、民主决策的意识和本领，避免决策失误、处事不公、以权谋私等问题的发生。

二、在健全制度机制中实现思想作风建设制度化常态化

加强思想作风建设，一靠教育，二靠制度。经验表明，思想教育和制度机制都是思想作风建设的治本之策，但与建立在党员干部自觉基础上的教育相比，制度更带根本性、全局性、稳定性和长期性。推进思想作风建设制度化常态化，必须以科学的制度机制作保证。

健全学习教育机制。学习教育是加强思想作风建设的基本途径。通过学习教育提高思想政治素质，是党员干部改进思想作风，有效履行新世纪新阶段我军历史使命的重要条件。要把学习教育纳入党委中心组学习、基层理论武装、党员干部集训和部队思想政治教育，实现学习教育的制度化常态化。在教育目标上，要着眼提高思想政治素质，引导党员干部树立正确的世界观人生观价值观，从根本上解决理想信念、群众观点、思想路线、政治品格等重大问题。在教育内容上，要认真学习中国特色社会主义理论体系，系统学习胡主席关于新形势下国防和军队建设重要论述，深入学习以党章为核心的党内法规制度，切实打牢思想作风建设的根基。在教育方式上，要采取集中辅导与个人自学相结合、学习理论与解决问题相结合，推行专题化学习、课题式调研、对策性探讨的方法，注重运用正反两方面典型事例，不断提高学习质量和效果。思想作风问题有着深刻复杂的社会根源和思想根源，绝不是集中抓一两次教育就能彻底解决的，加之有些问题具有明显的易发性和反复性，只有持之以恒地抓好学习教育，才能使党员干部始终保持坚定的理想信念、正确的价值追求、高尚的道德情操和务实的工作作风，把加强思想政治建设和核心军事能力建设这一首要任务和中心任务落到实处。

健全科学管理机制。科学管理是加强思想作风建设的应有之义。要坚持依法管理，研究制定新形势下加强部队管理的制度和措施，有效规范部队工作、训练和生活秩序。注重科学管理，改变原则要求、概略实施、印象判断的经验型、随机型、粗放型管理模式，实行标准引领、逐点实施、数据评估的系统化、标准化、程序化管理模式，形成横向到边、纵向到底的管理格局。推行精确管理，细化目标任务，完善岗位职责，规范工作流程，运用信息化管理手段，建立完善以精确求高效、以精细促落实的科学管理机制。制度是科学管理的依据。由于科学管理制度机制多数是针对领导干部制定的，只有领导干部严格遵守和执行，才能形成用制度管权、管事、管人的长效机制。这就要求领导干部必须牢固树立法规制度是实施管理的基本依据、依法办事是开展工作的基本方式、知法懂法是

领导干部的基本素质、贯彻落实法规制度是领导干部的基本职责的理念，严格依据法规制度规范工作生活秩序，规范办文办事程序，规范决策管理方法，规范对外交往操守，自觉做到恪守原则不动摇，实施法规不走样，履行程序不变通，从而形成领导依法决策、机关依法指导、部队依法运转、官兵依法自律的良好局面。

健全监督检查机制。监督检查具有预防、警示和教育功能，是加强思想作风建设不可或缺的条件。要定期对党员干部思想作风情况进行监督检查，加大对重点领域和关键环节权力运行的监督检查力度，着重查找存在问题，及时采取改进措施。增强法规制度的执行力，对落实思想作风建设制度措施不力、官兵反映强烈的问题，要敢于较真碰硬，敢于批评指正，敢于严肃查处，确保思想作风建设取得实效。认真贯彻党内监督条例，建立健全全方位、多层次的监督网络，做到领导权力行使到哪里、领导活动延伸到哪里，监督就跟随到哪里。要把监督检查渗透到党员干部的学习、工作、生活和交往的各个方面，做到任期监督与任前监督、离任监督并重，监督工作圈与监督生活圈、社交圈并重，批评教育、诫勉谈话与查处问题、严格执纪并重，使监督真正发挥未雨绸缪、防患未然的作用。畅通民主渠道，对于部队建设的重大事项和官兵关注的敏感问题广泛听取各方面意见，努力形成监督合力。完善议事规则，规范工作流程，健全重大事项报告、公示、评议、审计等监督制度，使党员干部思想作风建设始终处于制度的约束之中。

健全考核奖惩机制。考核奖惩对于加强思想作风建设具有重要的促进作用。要以推动部队建设科学发展为根本标准，本着贴近实际、易于操作的原则，把思想作风建设的目标任务加以细化，制定科学合理、明确具体的评价指标体系，坚持以知识、能力、素质和业绩为衡量尺度，将学习计划落实情况、理论素养提高情况、联系实际应用情况、指导工作成效情况等进行细化量化，强化对思想作风建设全员、全面、全程的督促检查。结合领导班子考核、年终工作总结等时机，采取定性分析与定量分析相结合、领导评价与群众评价相结合的方法，对思想作风建设成效进行定期检查、定期考核、定期讲评。重点考评领导干部在政治思想、决策管理、选人用人、履行职责、工作作风、遵纪守法、廉政勤政等方面的表现，并将考评结果作为调整、使用、奖惩干部的重要依据，奖励思想过硬、成绩突出、求真务实干事业的，惩戒思想萎靡、工作失职、哗众取宠图虚名的，使受奖者当之无愧，起到模范带头作用；使受罚者心服口服，起到惩戒警示作用，以激励党员干部自觉弘扬清风正气。

三、在注重实践锤炼中实现思想作风建设制度化常态化

实践是思想作风建设的基本指向、基本依托和基本归宿。衡量思想作风建设的成效，不仅要看口头上如何表态，更要看实践中怎样作为。一些思想作风问题多年整改却始终存在，其中一个重要原因就是做功不扎实。因此，必须紧密结合部队建设实践，坚持在融入建设、推动工作中加强党性修养、锤炼思想作风。

始终不渝地贯彻落实制度。党和军队建设发展的实践表明，制度机制既是思想作风建设的重要内容，又是加强思想作风建设的有力武器。充分发挥制度机制的调节、规范、激励和整合功能，对于弘扬党的优良传统和作风，增强思想作风建设的质量和效果，具有稳定持久的保证作用。要以制度机制的科学性保证思想作风建设的正确性。制度机制的科学性，来源于我党我军对崇高理想的追求和对客观规律的把握，来源于对历史经验的总结和现实问题的思考。作为党绝对领导下的人民军队，思想作风是军队软实力的核心要素，蕴含着听党指挥、服务人民、英勇善战的要旨，是确保我军性质宗旨和忠实履行职能使命的价值取向和精神动力。制度机制与思想作风的内在统一性和外在互补性，决定了思想作风建设只有以制度机制为遵循尺度，才能做到行有方向、动有标准，避免停

留于自律性的约束或一般性的号召，从而将思想作风建设化无形为有形、变偶然为必然。要以制度机制的有效性保证思想作风建设的实效性。制度机制的生命力存在于严格执行之中，只有提高制度机制的执行力，才能实现思想作风建设制度化常态化。要完善制度执行的程序性规定和违反制度的惩戒性规定，对制度落实的各项措施进行责任分解，明确责任部门和标准要求。领导干部要做执行制度的表率，带头学习制度、严格执行制度、自觉维护制度，在制度执行上率先垂范。

持之以恒地融入具体工作。加强思想作风建设是一项系统工程和长期任务，又是一个持续不断的渐进过程，不可能一蹴而就、一劳永逸，要取得深入持久的效果，必须根据时代的发展、形势的变化、任务的转换、人员的更替所带来的矛盾和问题，坚持经常抓、持续抓、反复抓，在推进思想作风建设制度化常态化上下长功夫、实功夫、硬功夫。要坚持科学筹划、梯次展开，对制度化教育和常态化锤炼，既有长远规划又有近期安排，切实融入工作、持续给力。深入研究思想作风建设的内在规律，坚决克服和防止短期行为，紧密结合党员干部思想实际，有组织、有计划、有步骤地抓好工作落实。定期分析思想作风建设形势，着重查找薄弱环节，不断提出新的目标要求，做到指导帮带有法、解决问题有力、落实行动有效，确保思想作风建设永续发展。加强思想作风建设的最终目的是促进部队建设、完成各项任务、有效履行使命。要把思想作风建设的成效体现到拓展深化军事斗争准备上，体现到贯彻依法治军方针上，体现到保持昂扬精神状态上，体现到树立良好用人导向上，以实际行动带动部队思想作风的转变。

锲而不舍地解决实际问题。加强思想作风建设，重在解决问题，难在解决问题。推进思想作风建设制度化常态化，关键是看能否在解决问题上实现制度化常态化。解决问题要突出重点，着重纠治干部选拔任用、经费审批使用、大宗物资采购、基层敏感事务等方面存在的突出问题。解决问题要强化责任，列出清单，明确分工，规定时限，责任到人，以跟踪问效抓好落实，力求清底归零、不留死角。解决问题要持久用力，既要出重拳，更要使长劲，用绳锯木断之功，下水滴石穿之力，绝不能虎头蛇尾、半途而废。解决问题要立说立行，坚持从身边问题查起，从当前工作改起，确保一有苗头就能立即发现，一经发现就能立即制止。要坚持以对党的事业和对部队建设高度负责的精神，切实抓好事关部队建设长远发展的事，抓好事关核心军事能力提升的事，抓好事关官兵切身利益的事，抓好事关安全稳定的事。对于难点棘手问题，要用真招、谋实策，排除人情干扰，跳出利益圈子，敢于较真碰硬，不解决问题不撒手，不抓出成效不罢休。对已经解决的问题要多打几个回马枪，防止死灰复燃。对反复出现的问题，要分析深层原因，及时弥补制度和管理上的漏洞。

（作者：空军指挥学院副政治委员，少将）

论军队政治工作深入贯彻落实科学发展观

范长秘

胡锦涛同志在2012年7月23日的重要讲话中强调，我们必须以更加坚定的决心、更加有力的举措、更加完善的制度来贯彻落实科学发展观，真正把科学发展观转化为推动经济社会又好又快发展的强大力量。深入学习贯彻胡锦涛同志重要讲话精神，必须始终把深入贯彻落实科学发展观作为突出的重点和贯穿的红线，着力在深刻理解把握“三个更加”的内涵要求上求深入，在分析解决思想认识、办法举措、制度机制和精神状态方面的矛盾问题上求实效，努力在新起点上推动部队思想政治建设和全面建设创新发展、科学发展。

一、理论武装、转变观念，以更加坚定的决心深入贯彻落实科学发展观

党的十六大以来，我们党、国家和军队各项建设之所以取得了历史性的成就和进步，最重要的就是形成和贯彻了科学发展观。近些年来，部队建设之所以创新发展，出色完成各项重大任务，有效履行职能使命，根本的就是深入贯彻落实了科学发展观。也可以说，近些年来我们集中干了一件事，就是推进部队科学发展、有效履行使命。一是应进一步从理论上深化对科学发展观的认识。科学发展观是中国特色社会主义理论体系的重要组成部分，是十六大以来党的理论创新成果的集中体现。科学发展观围绕发展目的、发展布局、发展要求、发展方法、发展动力等重大问题，提出了一系列新思想、新观点、新论断，进一步丰富了党的三代中央领导集体关于发展的重要思想，进一步探索回答了“三个基本问题”，是科学性、创新性、指导性的有机统一，是军队现代化建设发展的重要指导方针。我们应从这样的政治高度、全局高度、战略高度，来认识和理解科学发展观的重大理论地位和重要实践价值。二是应进一步用科学发展观武装头脑。坚持和运用理论，最根本的就是用这一理论武装头脑。近些年来，部队通过党委中心组学习、理论集训、促进理论大众化等，使科学发展观进入思想进入工作，牢固确立重要指导方针地位。发展是当代中国的主题，科学发展观回答了新形势下实现什么样的发展、怎样发展的问题，涵盖了治党治国治军、内政外交国防各领域，贯穿到了部队思想政治建设、军事斗争准备、从严治军、基层建设、党委班子建设等各方面。同时，科学发展观又是一个开放的体系，伴随着形势的变化和实践的发展在不断丰富和发展。要克服“学得差不多了”的模糊认识，更深入、更系统地学习科学发展观，切实掌握科学发展观的丰富内涵、精神实质、根本要求，进一步增强贯彻落实的坚定性自觉性。三是应进一步掌握科学发展观所蕴含的科学思想方法。科学发展观是马克思主义关于发展的世界观和方法论的统一，其中最根本的是“以人为本”的唯物史观和“全面协调”、“统筹兼顾”的辩证法。学习运用辩证唯物主义和历史唯物主义，才能从哲学的高度理解科学发展观，掌握关于发展的立场、观点和方法，也才能以正确的思想方法贯彻落实科学发展观。近些年来部队各级党委在贯彻落实科学发展观中，既坚持以人为本的立场，又运用统筹兼顾的根本方法，正确处理和把握机械化建设与信息化建设、当前建设与长远建设、硬件建设与软件建设、重点部队建设与其他部队建设、完成任务与抓基层打基础等重要关系，不断推动部队科

学发展。学习运用科学的思想方法，是一个层次较高的问题，也是一个根本的要求，我们的差距还比较大，必须在这方面多下功夫。四是应进一步把握与科学发展观相适应的实践路径。通过理论武装和建设实践，以人为本、统筹兼顾、改革创新、科技推动、信息主导、综合集成、质量效益、科学管理、民主法制、公开公平等新的思想观念在部队中逐步确立起来。科学发展实践无止境，现在的一个问题是，一些领导和机关的思想观念不仅落后于形势任务，而且落后于部队和官兵。解放思想、转变观念，既要有主观愿望，又要有实践，要克服自己解放不了自己、自己走不出自己的束缚，在学习理论和新知识中转变，在开放开拓、研究和接受新事物中转变，在深入实际、投身实践中转变，真正以思想的解放、观念的转变，促进部队的创新发展。

二、突出重点、勇于创新，以更加有力的举措深入贯彻落实科学发展观

学习贯彻科学发展观，根本目的是用以指导工作、解决问题、破解难题、推动实践。一是始终抓住核心。就是要做到政治工作要重在塑造人，军事训练要重在锻造人，综合保障要重在服务人，安全管理要重在依靠人。具体讲：要为人民，就是要始终坚持人民军队的根本性质和宗旨，始终坚持爱人民、学人民、为人民，做人民利益的忠实维护者。要尊重人，就是要尊重官兵的主体地位，尊重官兵的创造精神，健全和保障官兵民主，增强基层建设活力。要培养人，就是着重提高官兵的四个素质，特别是在提高官兵思想政治素质基础上，突出提高官兵的科学文化素质尤其是信息化素质。要关心人，就是要更多给予官兵人文关怀，帮助官兵实现成长成才的愿望，积极改善官兵学习、工作、训练、执勤和生活条件，办实事好事，提高官兵幸福指数。要锻造人，就是要把爱护官兵生命与培育战斗精神统一起来，把关心官兵个人发展与从严治军统一起来，把尊重官兵权益与确保一切行动听指挥统一起来，把官兵培养成符合军队作为武装集团特殊要求、适应遂行作战任务要求的优秀战士。二是紧紧围绕主线。要着重解决好两个问题：一是促进军事训练方式的转变。加快战斗力生成模式转变根本的是要转到依靠科技进步特别是以信息技术为主要标志的高新技术进步上来。要把转变训练方式作为切入点，现在的突出问题是，我们在自觉不自觉地用机械化半机械化条件下形成的一套来搞信息化条件下的训练，如重实际操作训练和个人经验、轻理论和知识学习钻研，重单装操作训练、轻系统融合训练，重实装操作训练、轻网络模拟训练等。政治工作要通过发挥其功能作用，促进训练转变和模式转变。另一个是大幅度提升官兵信息素质，要注重处理好三个关系：把提升基层官兵信息素质同提高各级领导信息素养结合起来，把各级领导作为重点，使他们的信息素养同其担负的领导工作和指导信息化建设、指挥信息作战的要求相适应；把提高全员信息素质与培养重点信息人才结合起来，坚持不懈地抓好信息知识的普及和重点人才的培养工作；把开展学习信息化知识活动同掌握信息化装备结合起来，把开展学习活动同钻研新装备有机融合，提升官兵的信息力。三是着力攻坚克难。要在信息化基础建设上有新的突破。紧跟信息时代的发展要求，牢牢把握部队信息化建设的目标方向，进一步强化推动信息化建设的认识和责任，以改革创新的精神，不断提高部队政治工作信息化建设水平。要在人才建设上有新的突破。继续抓好部队人才战略工程，在突出“四个方面”人才和执行多样化军事任务特殊人才建设的基础上，力求培养更多各类型、多方面人才。要在探索特点规律上有新的突破。积极适应新的实践发展要求，进一步加大研究探索力度，切实减少工作指导的主观性、盲目性，提高科学性、有效性，真正取得领导部队科学发展的主动权。

三、着眼长远、强化保证，以更加完善的制度深入贯彻落实科学发展观

制度问题更带有根本性、全局性、稳定性和

长期性。深入贯彻落实科学发展观,必须要用制度机制来作保证。一是要全面落实作为推进部队科学发展重要依据和遵循的法规制度。军委总部制定修订的一系列法规、制度和规范,贯彻和体现了科学发展观的要求,也可以说贯彻执行法规制度,就是贯彻落实科学发展观。现在的问题是,对法规制度贯彻执行不认真、不全面、不经常和质量不高,有的甚至别出心裁、另辟蹊径,搞出一些华而不实的东西,影响了部队建设科学发展。要强化法规制度意识,结合实际抓好落实,切实把工作创新与贯彻执行法规制度统一起来,“出新意于法度之中”,努力在贯彻落实法规制度过程中推进部队科学发展。二是要进一步加强推进和保障科学发展的制度建设和运用。只有建立必要的制度,才能确保各项建设和工作在科学发展的轨道上运行。如科学的规划与设计,是实现科学发展的重要基础和条件。要把规划与设计作为重要制度和科学方法,重视规划、善于设计,防止工作决策不正确、目标不明确、实施过程中易变多变,甚至打乱仗,达不到预期效果。又如引导与激励,这是推动科学发展的工作制度。要坚持调查研究制度。这项制度上级有规定,应把它具体化。有的大单位建立“首长下连蹲点、机关当兵代职”制度,就使调查研究落到了实处,收到联系群众、掌握情况、改进作风的效果。各级政治机关也要建立这样的具体制度。要坚持集体决策制度,对事关部队科学发展的重大问题和重要工作,要集思广益、充分讨论、“一班人”达成共识,军政形成合力,力量和资源聚焦,防止各说各话甚至相互掣肘。要坚持检查督导制度,部署任务后要掌握工作进程、指导工作进展,及时发现和解决落实中的问题,重要工作“一年抓几次”,不断推动工作深入发展。再如考核与评估,坚持把科学发展观作为衡量利弊、检验得失的重要标准和条件,对符合的要倡导、坚持和深化,不符合的要坚决纠改。要针对目前考评体系和标准过于原则和笼统、操作性不强的问题,建立考评指标体系,把定性与定量结合起来,使考核与评估客观真实准确。比如,可以倡导各级机关特别是政治机关开展“五个一”评选活动,即评选一项优质工作、一篇优秀文电、一件为部队为基层办的实事、一条价值较高的咨询建议、一项创新成果。三是要形成推动科学发展的正确导向。导向有舆论导向、行为导向、政策导向,但更重要的是用人导向。用什么人大家就干什么事,就往什么方向使劲。“用一贤人则贤人毕至,用一小人则小人齐趋。”军队建设的主题是科学发展,用人就要用好推动科学发展的人。这样的干部至少要做到:真信。就是用科学发展观武装头脑,把科学发展观作为坚定的政治信仰和崇高的价值追求。真会。一位地方领导同志讲,搞科学发展,你还得有这个本事才行。有的同志觉得,搞不搞科学发展似乎都是这些事,都是干差不多的工作。这种认识是肤浅的,一个单位是不是科学发展有着本质的不同。各级干部要努力提高领导部队科学发展的素质能力。真干。就是着眼部队科学发展真抓实干、攻坚克难、创造业绩,提高部队科学发展水平和以打赢信息化条件下局部战争为核心的完成多样化军事任务能力。部队各级政治机关要在党委领导下担负起识别考察、选拔使用好干部的政治责任。

四、高度负责、奋发有为,以更加昂扬的精神状态深入贯彻落实科学发展观

深入贯彻落实科学发展观是一项长期艰巨的任务,任重道远,充满挑战,没有良好的精神状态是不行的。首先,良好的精神状态来自于科学发展观所集中体现的价值观。科学发展观是遵循经济社会发展客观规律的真理观与一切为了人民利益的价值观的统一,充分体现了我们党以人为本、执政为民的执政理念和价值追求,这要成为每个党员特别是党员干部的价值追求。要切实弄清“为了谁、我是谁”,一些同

志搞不清，就把个人利益、个人的进退去留摆在了不适当的位置。只有真正把人民的利益高高举过头顶，树立起对党和人民的事业、对部队科学发展高度负责的精神和态度，才能丢掉私心杂念，正确处理利益关系，从根本上打牢保持昂扬精神状态的思想政治基础。其次，良好的精神状态要体现在求真务实的精神和作风上。求真务实是我们党思想路线的重要内容，是贯彻落实科学发展观的作风要求和保证，也是一种精神状态。求科学发展观之真，务推动科学发展之实，二者统一于推动科学发展的实践。当前存在两个问题：一个是求真不深，主要是对学习理论知识、研究实际问题、总结经验教训等，常常浅尝辄止，抓不住本质，上升不到理性认识。另一个是务实不实，突出的是形式主义，一种是工作指导思想不端正、工作出发点不正确、政绩观有毛病带来的形式主义，另一种是素质能力不强造成的形式主义，也可以叫经验型的形式主义，这两种类型的形式主义都应认真加以解决。第三，用良好的精神状态抓紧工作、抓紧落实。“抓紧工作、抓紧落实”，是胡主席在讲话中向全党提出的政治要求，连用“两个抓紧”，意义重大。抓紧工作、抓紧落实，才能抓住机遇、有所作为。战略机遇期，是历史合力的结果，是发展孕育的硕果，是正确认识的成果，但既然是机遇，就既不是从来就有，也不会始终存在。当前，我们要看到，形势越是严峻，战略机遇期越是宝贵。我们必须牢牢抓住、努力维护和切实用好战略机遇期，抓紧工作，抓紧落实，不断提升我国我军的硬实力、软实力。抓紧工作、抓紧落实，必须夙兴夜寐、兢兢业业地工作。“抓而不紧，等于不抓”。无论是推动一项事业，还是干好一项工作，如果没有这样一种状态，就什么事也干不好干不成。现在的问题是，干扰太多、诱惑太多，分心走神、左顾右盼，严重影响抓工作的实效，必须以咬定青山不放松的韧劲抓工作才行。抓紧工作、抓紧落实，要坚持高标准。要把标准定在推动部队科学发展上，包括政治工作的科学发展；定在提高基于信息系统的体系作战能力上，政治工作要融入其中；定在完成部队的使命任务上，政治工作要更好地发挥服务保证作用。在平时工作中，要坚持从一件事抓起、从一份文电抓起、从一个细节抓起，养成工作高标准的好作风，力求取得实实在在的效果。

（作者：兰州军区政治部主任，少将）

网络话语对部队思想政治教育的影响及对策思考

陈　建

当前,思想政治教育领域正不断拓宽。总政《关于加强军队网络思想政治教育的意见》为部队开展网络思想政治教育提供了基本依据。网络话语作为网络信息、思想观点的传递和表现形式,它的广泛运用,对部队思想政治教育传统的语言规范和认知模式提出挑战。因此,正确理性地对待网络话语的传播和发展,是深化思想政治教育的迫切需要。

一、网络话语的特点及对思想政治教育的影响

网络话语拓宽了语言的范围,产生了更为丰富的语言变体,既不是单纯的口语,也不是纯粹的书面语,而是口语、书面语和电子媒介三者的组合运用。它不是"用文字记录下来的口语",而是一种"向口头语言倾斜的书面语";也不是真实世界中鲜活的语言现象,而是一种虚拟空间的文化建构。网络话语使语言的创造力在网络上获得了新的生机,对思想政治教育产生深远影响。

一是直白好记。网络话语在很大程度上是一个形式的话语体系,其语言的"能指"都是一致的,但"所指"在发生变化。它以简单的字母、数字、符号、图案等表达更为丰富的内涵和思想。如称谓的网语,"在下""孤"指的是自己、"我","GG"指的是哥哥;问候的网语,如"886"指拜拜咯,"有木有"表示"有没有","神马"表示"什么","9494"指就是就是;别称的网语,如"恐龙"指长得不太好看的女性,"B,4"指的是看不起、鄙视;发泄的网语,如"7456"指的是气死我了,"切"指不服气,"PF"指佩服,"囧"指窘迫尴尬;动作的网语,如"顶"表示支持,"拍砖"指发表不同见解、批评或者攻击,"趴墙角"表示"光看不说",等等。尽管表示的是复杂的状态和心理,但表现的话语却非常简洁、直观、形象、好记。

二是幽默风趣。网络话语体现了人们对传统形态的分解取向,往往以颠覆传统语言或者是社会语言为初衷。比如网络上流行的《××之新闻联播》,将各种"搞笑"的内容,通过新闻联播这样的政治语境表现出来,在增加幽默感的同时对政治语境进行了重新界定。网络流传的帖子:梦里俺在前线冲锋陷阵,俺妈以为俺在天安门广场威武站岗,同学以为俺在戈壁大漠与军犬作伴,女友以为俺在潜心修行苦读兵书,而实际上,俺在为人民服务清扫街道。以一种幽默的对比,鲜明强烈地描摹了军人在不同群众中的印象及与实际生活的反差,宣泄和释放了官兵理想与现实、奋斗过程艰辛等种种压力。带有调侃、戏谑等娱乐风格,具有幽默生动、丰富新颖的特性和非正式、非正统的特点。

三是贴近生活。网络话语是一种生活化的语言和思想表达,它来源于生活,描述的是一种真实的生活状态,与传统语言追求"宏大叙事"相比,网语更加突出生活化,易于被广大官兵所接受。如反映生活状态的网络语言,"鸭梨山大"意指压力很大,"杯具"表示的是"悲剧","餐具"表示的是"残剧"。一些生活化的网络语言,如"哥抽的不是烟,是寂寞","不要迷恋哥,哥只是传说"。反映不同生活习惯的人群,如"蜜糖体""被就业""被自愿",还有"山寨""雷人""给力""hold 住""80 后只洗澡不洗脚",等等,反映出一种社会生活现象,描绘的是一种现实的生活状态。

四是富于创造。网络话语呈现散射的特点,少有规范,不强调认同,不喜欢拘泥刻板,追求创新求变,充满丰富的想象力,在不同的语言环境中反映出不同的意思表达。如"菜鸟"不是指鸟种,而是指什么都不懂的新兵;"天才"可不是一句赞美的话语,指的是"天生的蠢材";"主角"被改为"猪脚",用来称呼质量不高的影片中的人物;"你认为你爸是李刚"用来嘲讽自大的人,等等。这些语言,消解现实社会中的共同语言习惯,重视新语言的创造和新观点的形成。这就使我们在思想政治教育中一个论述逻辑清晰、条理明确的报告,有时不如一句振聋发聩或者标新立异的话来得引人注意,它摒弃了传统政治传播和思想政治教育中重视逻辑、立论,重视"提出问题、分析问题和解决问题"的特点,转而注重对于单个词条和单个观点的聚集。

五是容易传播。网络交互中,每个人都是传播的主体,都可能成为舆论领袖,只要他的话语足够风趣,就能够调动受众的关注程度。如"×× ××,你妈妈喊你回家吃饭",简单直白的语言,没有任何内容的空帖,在短短一天时间内迅速成为网络第一神帖,点击数百万次,回帖数十万条。一时间在军营广为流传,一句"回家吃饭"足以抚慰远离家乡和父母的官兵思乡思亲之心,语言充满喜感、亲情和快乐,受到官兵喜好。网络话语之所以能够得到迅速传播,还在于它的"连锁效应"。如网语"哥抽的是烟,吐出的是寂寞",通过不同人被改编为"哥抽的不是烟是寂寞""哥发的不是帖是寂寞""姐喝的不是酒是寂寞"。网络语言这种"循环连锁反应",冲击着思想政治教育内容的传播。

二、网络话语对创新思想政治教育具有促进作用

我军在长期的教育实践中形成了固有的话语体系,在思想政治工作中发挥了重要的作用。但同时也应看到,规范性、格式化的语言,使用过多过频,往往使官兵产生话语疲劳。而网络话语给思想政治教育的方法、手段、条件、效果等方面的创新起到了积极作用。

一是促进了思想政治教育沟通符号的发展。网络话语这样一种崭新的话语形式,与部队思想政治教育的传统话语形成鲜明的对比。网络语言更新速度快、新鲜词语层出不穷,流行语中的奇思异想不胜枚举,在表达思想、情感的方式上力求与现实生活中人们的表达习惯有所不同,有的挖空心思"创造"出一些令人感到新奇的富有创意的网语,追求一种标新立异的效果。网络话语既受到网络技术发展的影响,又受到各种心理因素的影响,同时还与流行文化有着密切的联系。随着网络技术的发展和官兵心理变化以及流行文化的变迁,网络话语也在不断变化,旧的词语不断被淘汰,而新的词语又以极快的速度被创造出来并且得以流行,呈现出鲜明的多样性。网络话语作为沟通符号,它的丰富和扩展,必然促进思想政治教育的趣味性和吸引力。

二是促进了思想政治教育环境的重构。网络话语现象的产生及其所造成的官兵接受心理与思想政治教育传统话语之间的矛盾,实际上可以从更深层次来理解其本质。这体现出思想政治教育环境的重构。我们应理性地看到,部队传统的思想政治教育环境相对还是比较单一,影响思想政治教育活动开展的环境是客观存在的现实生活,而网络的产生使得思想政治教育的环境发生了巨大的变化。在思想政治教育活动中,网络不仅仅是作为一种教育工具和教育载体而存在,而且已经演变成了一种无法剥离的生活环境和教育背景,具有不同于现实生活的显著特点。从某种意义上说网络话语的出现和传播已经为思想政治教育重新构建出了一种新的教育环境,这种环境的生成,使得相对枯燥的理论学习和思想教育更具活力,也促使我们不断地转变习惯了的传统的教育方式方法,促使我们在继承和发展我军传统教育的基础上创新教育环境,使部队思想政治教育始终保持蓬勃生机和强大生命力。

三是促进了思想政治教育模式的转型。思想政治教育中传统的教育者权威型模式，即教育者在教育活动中扮演着权威的角色，处于知识、信息的控制和支配地位，对于教育内容具有选择权，对受教育者具有评价和塑造的主导权。而受教育者处于被动的地位，缺少自身的选择、判断和主动获取的自觉性和主动性。在这种模式下，教育者独占着教育过程中的话语权力，习惯于运用自己的权威来掌握教育活动的进行。网络空间的出现，使得这种权威模式受到了极大的挑战，网络自身所具有的开放性、虚拟性、交互性等特点导致了受教育者主体地位的大为提升，他们逐渐凭借网络发展了自身的文化空间，把握了选择的主动性和自觉性，创造出独特的网络话语体系，这必然促使平等型教育模式的发展。

三、正确运用网络话语增强思想政治教育吸引力感染力

胡锦涛同志指出，要善于运用互联网的现代传媒，把思想政治教育的内容有机融入其中，开展生动活泼的网络思想政治教育活动，增强网络思想政治教育的吸引力和感染力。网络话语的迅猛发展，开启了思想政治教育的新领域，正在对部队思想政治教育带来全新的变化和拓展。

一是要接受它。网络话语不是洪水猛兽，既不能大惊小怪，更不能因噎废食，谈“网”色变。应以开放的睿智、包容的心态、积极的姿态接受它，把网络话语作为思想政治教育新的增长点，使思想政治教育如虎添翼。运用具有鲜明时代特征、时代内涵、时代精神的网络话语，对我们思想政治教育进行调适和更新，使之与时代前进的步伐接轨，与社会变革的节奏合拍，与军队建设和官兵的需要适应，与部队改革创新步伐协调。增强与官兵进行网上交往活动的主动性，真正地融入网络生活，真切地感受网络话语的作用，体验官兵在网络空间的交往、学习、娱乐方式以及他们思想、心理以及行为的发展变化，从而打好意识形态领域主动仗，占领思想政治教育主阵地，夯实部队高举旗帜、听党指挥、履行使命的思想政治根基。

二是要学习它。网络话语与部队特殊的、传统的教育语言之间存在的差异，影响思想政治教育内容的有效传递。如果我们还固守于传统的话语方式与官兵开展沟通交流，势必无法有效达到教育效果。不仅如此，传统的教育语言容易使官兵产生听觉疲劳，还可能引发对教育的逆反心理和抵触情绪。因此，必须学习网络话语，掌握网络话语这一新的沟通媒介，了解官兵群众的网络话语，清楚网络语言存在的现实背景和真实意义，从网络话语中敏锐地捕捉官兵的思想、心理动态，把握官兵思想和行为的发展变化，与官兵展开思想交流和对话沟通，用官兵喜闻乐见的语言表达方式及时有效地传递教育内容，取得教育的实际效果。

三是要引导它。网络话语突飞猛进的发展态势，不仅在网络、手机上广为流传，还在传统的广播、电视、报纸杂志等媒体中出现，并逐渐融入日常生活，同时也流入军营，走近官兵。由于部分网络语言把矛头直指时弊，甚至在曲解传统文化、调侃现实属语，很容易引起官兵的认同和共鸣。尤其是一些格调不高、品位低下的网语在部队传播扩散开后，一方面在对外交往中影响军人形象，另一方面也会给部队的教育带来不可忽视的冲击和影响。比如网络语言普遍存在的不规范不严肃的问题，虽然相对传统语言更加形象直观、简便灵活，但在思维特征的抽象性和深刻性上明显不足。加之不分场合地使用网络语言，可能会造成官兵的一些交往障碍，甚至引起误解，产生错觉。因此，我们必须正确看待网络话语给思想政治教育带来的深刻变革，重视对网络语言的引导，用主流文化和经常性教育向官兵灌输正确的价值理念和严格的纪律要求，强化自律意识，提升认知能力，确保思想不偏、行为不乱。

四是要发展它。网络的发展及其对部队官兵思想和行为的影响正处在一个动态变化的阶

段,这需要我们用科学发展的眼光,去针对实践发展的具体状况进行理论探索和研究,以不断创新和发展。如运用网络语言,注重对思想政治教育传统语言进行“化妆”,如对一些传统生硬的语言、难以讲懂讲清的道理、相对枯燥的理论等等,在不改变本身意思和教育目的的前提下,进行美化包装。通过对教育语言外形的塑造,给官兵以心灵感应,进而激发官兵内心审美情趣,满足官兵日益增长的对美的追求。通过对媒体自身各种元素进行合理、准确、鲜明的调动,增强思想政治教育的魅力和吸引力。在实施教育过程中,通过对版面的美化、对标题的设置、对图片的处理、对内容的优化手段,使教育语言更加“赏心悦目”,从而提高思想政治教育的趣味性,增强思想政治教育的有效性。

（作者：军事经济学院政治部主任，大校）

对当代革命军人核心价值观地位与作用的思考

陶传铭

培育当代革命军人核心价值观，是军队思想政治建设的重要基础工程，是强化官兵精神支柱的长期战略任务。深入持久、扎实有效地培育当代革命军人核心价值观，必须正确认识和深刻理解当代革命军人核心价值观在社会主义核心价值体系建设、军队思想政治建设以及整个军队现代化建设中的重要地位与作用，切实增强广大官兵培育和践行当代革命军人核心价值观的责任感使命感，努力提高培育当代革命军人核心价值观工作的科学化水平。

第一，当代革命军人核心价值观是在新的历史条件下确保我军“打得赢”、“不变质”的战略抓手

价值观是主体认识和处理各种价值问题时所持有的比较稳定的立场、观点和态度。价值观既具有个体性，也具有群体性，是个体性和群体性的统一。对于个体而言，一个人的价值观决定其思维方式、精神状态、政治态度和行为取向。对于群体而言，价值观念是一个国家、一个民族、一个组织、一个团队软实力的重要标志，是社会意识形态的重要组成部分。不论是个体还是群体，因为社会生活的丰富性复杂性，以及文化基因的差异性，其价值观往往是多元的，是由多种价值观念构成的价值体系。核心价值观则是整个价值体系中居主导地位、起支配作用的核心理念，是价值体系中最基础、最核心、最稳定的部分，它从深层次稳定恒久地影响着个体或群体的价值判断、价值选择和价值实践。一个国家、一个民族如果没有核心价值观的支撑就会是一盘散沙；一支军队如果没有核心价值观的支撑，就是一群乌合之众，难以克敌制胜。

意识形态建设的根本是在客观存在的多元价值体系中凸显和强化核心价值观的引领和导向作用，意识形态领域斗争的实质是价值观念的碰撞激荡，社会稳定的基础是社会核心价值观念的稳固，核心价值观念的倾斜必然导致社会秩序失衡乃至发生动乱。因此，价值观念是国家、政党、军队上层建筑领域的战略要素，价值观念建设是国家、政党、军队上层建筑建设的战略抓手，属于战略顶层设计范畴。历史上，汉朝“罢黜百家、独尊儒术”结束了百家争鸣的价值观念多元时代，为中国封建社会选择建立了核心价值观念并贯穿了中国封建社会2000多年的时空。“五四运动”使中国封建社会的价值观念彻底倾覆，并为中国共产党在中国建立马克思主义的核心价值观念奠定了思想基础。1956年—1966年中苏10年论战的本质是在核心价值观念上分道扬镳，并导致中苏关系破裂。新中国成立后，我们与西方资本主义阵营的根本矛盾也是核心价值观念上的矛盾，一些西方敌对势力西化、分化我们的主要手段和策略也是推广其所谓的普世价值观念，采取各种形式对社会主义中国核心价值观念进行诋毁攻击。10年前，兰德公司在给美国国防部的战略报告中建议，在世界各地扩张网络连接，特别是把网络连接到那些不喜欢美国价值观念的国家，确保美国的价值观念得到他国的分享、认同、采纳并渗透到这些国家的制度建设中。中国特色社会主义伟大事业之所以能够不断蓬勃发展，其根本原因就是在推进改革开放的过程中我们始终坚持马克思主义的核心价值观念不动摇，中国进一步推进改革开放所面临的主要风险也是

在经济全球化、政治多极化的大背景下，我们能否经受价值观念多元多样多变的考验，坚守马克思主义的核心价值观念不动摇。

进入新世纪新阶段以来，党中央、中央军委之所以反复强调把思想政治建设摆在各项建设的首位，其根本目的无非是两条：一是使我军始终置于党的绝对领导之下，其本质是“不变质”；二是使我军始终保持强大的战斗力，其本质是“打得赢”。不论是“打得赢”，还是“不变质”，都必须以坚不可摧的理想信念、坚强向上的精神力量作为根基和支撑，这种根基和支撑的本质就是当代革命军人核心价值观。所以说，深入持久培育当代革命军人核心价值观，是着力解决新世纪新阶段思想政治建设面临的时代课题，确保我军“打得赢”、“不变质”的战略举措。

第二，当代革命军人核心价值观是社会主义核心价值体系在军队的具体表现形式和特殊要求

社会主义核心价值体系，是社会主义意识形态的本质体现，是社会主义中国的精神旗帜，是全党全国各族人民团结奋斗的共同思想基础，是引领社会思潮的强大思想武器。社会主义核心价值体系是当代革命军人核心价值观形成发展的指导原则和理论基础，决定了当代革命军人核心价值观的性质和方向。当代革命军人核心价值观是社会主义核心价值体系在国防和军队建设实践领域中的具体体现和特殊要求。

我军作为党缔造和绝对领导下的人民军队，以党的旗帜为旗帜、以党的宗旨为宗旨，以党倡导的社会主义核心价值体系来引领自己的价值取向，支撑自己的理想信念。马克思主义指导思想，中国特色社会主义共同理想，以爱国主义为核心的民族精神和以改革创新为核心的时代精神，社会主义荣辱观，构成社会主义核心价值体系的基本内容。“忠诚于党，热爱人民，报效国家，献身使命，崇尚荣誉”的当代革命军人核心价值观，既全面地体现了社会主义核心价值体系的本质内容，也具体体现了执行革命的政治任务的武装集团的特殊要求，还通过“忠诚”，“热爱”，“报效”，“献身”，“崇尚”五个内涵充实、富有感情、指向明确的动词，明确了践行当代革命军人核心价值观的行为准则，反映了社会主义核心价值体系对当代革命军人理想信念、价值追求的根本要求。

在长期的革命、建设和改革实践中，我军始终是党的先进价值观念的忠诚信仰者、热情传播者和积极践行者。张思德、雷锋、方永刚等无数英模人物，就是党和军队核心价值观念的具体化身，广大人民群众和部队官兵就是从他们身上感受到党所倡导的先进价值观念的魅力，并逐步形成社会风气和群体意识。我军作为党领导下的人民军队，历来是体现我们党政治优势、文化优势的重要力量，充分发挥军队的率先垂范功能、辐射传播功能，是我们党领导先进文化建设的重要经验。在推进社会主义核心价值体系建设中，军队要坚持把普遍性要求与特殊性要求紧密结合起来，通过大力培育当代革命军人核心价值观，努力走在全社会的前列，为社会主义核心价值体系建设发挥积极的示范和推动作用。

第三，当代革命军人核心价值观是对中华民族优秀传统武德文化和我军优良传统的继承与发展

价值观念一旦形成则具有很强的传承性，价值观念是传统文化的重要组成部分，传统文化则是价值观念的稳固载体。传统因其具有先进性和落后性，可以区分为优良传统和不良传统，适应时代发展要求、有利于推动历史前进发展的传统是优良传统，否则就是不良传统。我军从创建之初就是用马克思列宁主义武装起来的执行革命的政治任务的武装集团，在长期的革命战争和建设实践中，形成了听党指挥、服务人民、英勇善战的优良传统，这一优良传统的思想来源主要有三个方面：一是党的先进的军队

建设指导理论，特别是毛泽东把马克思主义的军事理论与中国革命战争和军队建设实践相结合，吸收了中外军事家的文韬武略，确立了党指挥枪的原则，规定了党和军队之间的关系，确定了军队全心全意为人民服务的性质宗旨，规定了军队与人民之间的关系，这些都是我军一以贯之的核心价值观念和建军立军之宝。二是中华民族源远流长的传统军事文化，集中表现在精忠报国、杀身成仁、舍身取义、威武不屈、爱民守纪、马革裹尸、捐躯赴国、视死如归等传统武德方面，是我军核心价值观的重要文化基因。三是广大官兵的生动军事实践和军事创造，集中表现为井冈山精神、长征精神、延安精神、上甘岭精神、雷锋精神、喀喇昆仑精神、“三个特别”精神、好八连精神、硬骨头精神、98 抗洪精神、抗震救灾精神，等等……这些由一代代广大官兵创造的精神图腾是我军核心价值观广泛而深厚的群众基础。

当代革命军人核心价值观是我军在长期的革命和建设实践中积淀形成的，是我军优良传统和政治优势的重要标志，与我军优良传统同宗同源、一脉相承。当代革命军人核心价值观是我军优良传统的价值观念表现形态，是对我军优良传统的继承和发展。我军优良传统是当代革命军人核心价值观的历史和文化基础，是当代革命军人核心价值观的思想和实践源泉。大力培育当代革命军人核心价值观，是在新的历史条件下继承和创新我军优良传统，巩固和发展我军政治优势的时代要求和有效途径。

第四，当代革命军人核心价值观是我军软实力的重要组成部分和生动体现

一支军队是否真正强大，不仅要凭硬实力，更要凭软实力。硬实力强，软实力弱，照样吃败仗；软实力强，硬实力弱，也很难战胜强敌。只有硬实力和软实力都强，才能称得上是一支强大的军队。硬实力是软实力的基础，软实力是硬实力的灵魂。软实力主要是指意识形态、价值观念的吸引力和文化的感召力、同化力。其主要作用是“采取合作而不是强迫的方式使他人按照你想的去做”。有的学者讲，软实力就像信用一样，积蓄起来需要很长时间，但丧失则很快。军队建设需要汲取的历史经验和教训是软实力和硬实力失衡。甲午海战时，清朝海军军舰的装备水平和规模均超过日本海军，之所以战败，就是因为软实力比不上日本，这个软实力的核心就是观念，因为观念落后，所以导致舰队人员素质、战略战术、组织指挥都与硬件不相称，驾驭不了现代化的武器装备，先进的武器装备在一群乌合之众手中只能是一堆废铁。

美国为了保持其在全世界的军事霸主地位，一贯重视军事软实力建设，将“核心价值观”作为军事文化的最高体现。美国武装部队联合作战《第一号联合出版物》声称：“我们军队的工作是以价值观为基础的——这是美国军队取得战斗胜利的基础。这些价值观对各军种都适用，也代表了军人职业的本质。”美国各军兵种都有自己的价值观，虽然表述略有差别，但基本精神是一致的。美军不但重视军事软实力建设，也注重利用军事软实力输出其核心价值观，将传播“普世价值”作为军队的文化使命，特别是注重在军官交流、对外军事援助、举行联合军事训练或演习等军事外交活动中，展示“建立在价值观基础之上”的军队风貌，提高美国军事文化和价值观的影响力和辐射力。

我军之所以能够不断从小到大、从弱到强，一个很重要的原因就是重视软实力建设，发挥软实力在克敌制胜中的作用。在新世纪新阶段，建设信息化军队、打赢信息化战争，履行“三个提供、一个发挥”历史使命，推进军队建设转型，促进战斗力生成模式转变，对我军软实力建设提出了新的更高的要求。当代革命军人核心价值观是我军软实力重要组成部分，体现了在新的历史条件下军队软实力建设的时代要求，反映了与履行我军历史使命相适应的时代精神。大力培育当代革命军人核心价值观必将有效提升我军军事软实力，向国内外充分展示我军威武之师、文明之师、和平之师的良好形象。

第五，当代革命军人核心价值观是坚持党对军队绝对领导根本制度的重要思想保证

当代革命军人核心价值观把“忠诚于党”作为第一理念，这是当代革命军人核心价值观全部内容的根基和魂魄。“忠诚于党”就是自觉坚持党对军队的绝对领导，高举中国特色社会主义伟大旗帜，坚定中国特色社会主义理想信念，任何时候任何情况下都坚决听党指挥。“忠诚于党”与“热爱人民”、“报效国家”是完全一致的，因为党的宗旨就是全心全意为人民服务，“忠诚于党”必然要求“热爱人民”；党是中国特色社会主义事业和全国各族人民的领导核心，党没有任何自身的利益，国家和人民的利益就是党的最高利益，“忠诚于党”必然要求“报效国家”。“献身使命”是“忠诚于党”、“热爱人民”、“报效国家”的实践途径和行为准则，“崇尚荣誉”是“献身使命”的内在动力。

坚持党对军队的绝对领导是中国特色社会主义政治制度的重要组成部分，是经过实践反复证明是正确的、有效的根本制度。正是有了这样一套严密而科学的制度，才使我军在80多年的奋斗历程中，没有一支成建制的队伍被敌人拉过去，没有任何个人野心家能够利用军队达成其目的。是否“忠诚于党”，直接关系到我军的性质，关系到党的执政地位，关系中国特色社会主义的前途命运，关系国家的长治久安。“忠诚于党”就是把党对军队绝对领导这一中国特色社会主义制度文化上升为我军的观念文化，为有效落实这一根本制度夯实了思想基础。长期以来，一些西方敌对势力企图西化、分化中国的最大障碍就是我们始终坚持党对军队绝对领导这一根本制度。因此，他们对这一制度的丑化攻击也最为卖力，不断鼓吹“军队非党化、非政治化”和“军队国家化”，妄图撼动党对军队绝对领导这根支柱。前苏联之所以解体，原因虽然是多方面的，但戈尔巴乔夫上台后，大搞所谓“新思维”，在军队中取消政治机关，允许各种政治组织在军队合理存在，导致军心涣散，价值观念倾斜，苏共失去对苏军的领导权，也使西方资本主义阵营实现了不战而胜的战略图谋，打赢了杜勒斯所说的“争取人们的灵魂和头脑的斗争”。毛泽东说过：“凡是敌人反对的，我们就要拥护；凡是敌人拥护的，我们就要反对。”当下，有的人对此要么淡忘了，要么不以为然。在经济体制深刻变革、社会结构深刻变动、利益格局深刻调整、思想观念深刻变化的新形势下，把西方的所谓“普世价值”奉为圭臬的人大有人在，在“颜色革命”从苏东推到东亚、从中亚席卷非洲之后，我们必须高度警惕和防范从非洲蔓延到中国。在严峻的挑战面前，大力培育以“忠诚于党”为核心的当代革命军人核心价值观，筑牢核心价值观念的坚强堡垒，是抵制“军队非党化、非政治化”和“军队国家化”错误思潮、粉碎敌对势力西化、分化图谋的强基固本之策。

（作者：西安政治学院训练部部长，大校）

围绕主题主线不断提高部队思想政治建设的科学化水平

张有林

胡主席指出："要积极适应新的形势和任务，坚持以推动国防和军队建设科学发展为主题、以加快转变战斗力生成模式为主线，不断增强履行新世纪新阶段我军历史使命的能力。"这一重要指示，对加强部队思想政治建设提出了新的更高要求。如何按照胡主席指示要求，紧紧围绕主题主线发挥服务保证作用，提高部队思想政治建设的科学化水平，已成为摆在各级面前的一个重大现实课题，迫切要求作出正面回答。联系当前形势任务和部队思想政治建设的实际，笔者认为需要重点关注和解决好以下几个问题。

一、始终突出铸牢军魂意识这个根本，在确保正确方向中提高部队思想政治建设的科学化水平

铸牢军魂意识，是关系我军性质宗旨和部队建设方向的核心问题，也是加强部队思想政治建设的根本任务。胡主席强调"三个确保"时代课题，第一位的就是确保党对军队的绝对领导这个军魂问题。随着信息网络技术的不断发展和社会开放程度的逐步提高，官兵与外界联系越来越紧，部队与社会的关联度和互动性越来越强。面对敌对势力的渗透破坏，面对腐朽思想意识的侵蚀影响，面对体制改革和利益调整的复杂考验，意识形态领域遇到的挑战不可低估，守住思想阵地不受浸染的任务比守住军事阵地不受侵犯的任务更加艰巨。因此，需要牢牢抓住铸牢军魂意识这个根本。只有这样，提高思想政治建设科学化水平才有正确方向，才有根本保证，才有前提基础。

以坚定理想信念为核心，不断深化党的创新理论武装。党的创新理论蕴藏着科学的世界观和方法论，是思想政治建设科学化的根本遵循。应大力开展自主选学工程，认真落实《2010—2012 年军队高中级干部学习规划》，深入学习中国特色社会主义理论体系，学习胡主席关于新形势下国防和军队建设重要论述。注重培养和用好基层理论骨干队伍，抓好"赞颂科学发展成就，忠实履行历史使命"教育活动，推广普及"科学发展好九连"经验，深化党史军史学习教育，增强官兵高举中国特色社会主义旗帜，坚持中国特色社会主义道路、理论体系、制度的自觉性和坚定性。

以保持部队纯洁巩固为重点，扎实做好意识形态工作。能不能在意识形态领域下好先手棋、打好主动仗，既是军魂意识的集中体现，也是对思想政治建设科学化的实际检验。应密切关注社会思想动态和官兵现实思想反映，围绕"保持纯洁性、迎接十八大"深化军魂教育，落实团以上领导干部作形势政策报告制度，搞好热点敏感问题的正面引导，着重讲清"七个为什么"、"五个不搞"等基本道理，坚决抵制"军队非党化、非政治化"和"军队国家化"等错误政治观点。做好网上意识形态斗争工作，军以上单位应建立健全舆论引导领导小组，切实负起组织领导责任，发挥网上舆论引导骨干队伍的作用，及时过滤、封堵、删除网上有害信息，积极引导主流舆论信息，确保官兵始终保持清醒头脑、站稳正确立场，坚决听从党中央、中央军委和胡主席指挥。

以培育当代革命军人核心价值观为目标，

大力发展具有驻地特色的先进军事文化。紧贴部队建设实际，积极探索军事文化建设与地方文化建设互学共建的做法，努力走开“优势资源共享、特色文化互补、核心价值引领、军地融合发展”的路子，以高度的文化认同和文化自觉促进民族团结、社会和谐稳定。近年来，我们军区深入挖掘战区“五种革命精神”等红色资源，打造以新疆军区高原边防文化、驻陕部队的“拂晓”信息文化、“猛进”品牌文化、宁夏军区贺兰山系列文化为重点的特色文化，形成具有西北特色、民族特色、军营特色的战区文化建设新格局，对培育核心价值观和铸牢军魂意识起到了积极作用。

二、紧紧扭住推进信息化建设这个抓手，在强化信息素养中提高部队思想政治建设的科学化水平

加强信息化建设，是部队现代化建设的发展方向，是贯彻主题主线的重大任务，也是提高思想政治建设科学化水平的物质技术基础。推动部队科学发展、加快转变战斗力生成模式，离不开信息化的有力支撑，提高基于信息系统的政治工作实战能力也需要加强信息化建设。从实际情况看，目前虽然各级对信息化建设高度重视，抓信息化建设的意识也很强，但在学习信息化知识、钻研信息化装备、提高信息化素养、加强信息化建设上，关注的程度、投入的精力、建设的成效与形势任务的发展、部队官兵的期望相比还有很大差距。因此，提高部队思想政治建设的科学化水平，需要把推进信息化建设作为新的增长点来抓。

注重统筹规划抓硬件。加强科学统筹，按照工程化和路线图的方法搞建设，是提高信息化建设质量效益的保证。各级应在现有基础上，对信息化建设进行系统地梳理分析，对搞什么项目、达到什么标准、什么时间完成、由谁负责等问题，都要进行深入具体的研究和论证，搞好统筹规划，设计总体方案，拿出具体指标，明确建设任务，确保硬件建设技术先进、性能稳定、设备齐全、资源共享，为提升思想政治建设科学化水平提供良好设施条件。

注重需求牵引抓软件。加快政治工作软件研发，是政治工作信息化建设的核心内容，也是思想政治建设科学化的重要载体。去年以来，我们军区根据部队需求，组织专家和技术人员集体攻关，研发了党委（支部）书记信息平台等服务系统，实现了网上需求有人受理、疑难问题有人解答、处理结果有人反馈。

注重素质提升抓普及。应把普及信息化知识作为建设学习型政治机关、学习型政治干部的重要内容，注重采取专家辅导、研究演练、岗位练兵等多种方式，打牢信息素质的基础，熟练掌握政治工作信息化装备的性能和操作使用。

注重岗位实践抓运用。各级应在完善政工网设施、抓好升级改版、提高网络联通率的同时，引导广大官兵立足岗位，加大网络运用力度，发挥政工网的舆论引导、学习教育、民主监督、交流互动和文化娱乐功能。通过首长信箱、建言献策、网上心语等栏目知兵心、察兵情，使思想教育和工作指导更具针对性；通过开辟网上大讲堂、网上军史馆、网上聊天室、网上影视院等形式，让官兵在潜移默化中受到先进思想文化的教育熏陶；通过培训网络管理员、设备维修员、课件制作员等方式，既为政治工作发展积聚技术骨干力量，同时又使官兵学有所长，发挥在未来信息化联合作战时的技术优势。

三、着力抓好人才队伍建设这个关键，在提供智力支撑中提高部队思想政治建设的科学化水平

培养和造就高素质新型军事人才，是推进军事斗争准备和提高核心军事能力的重要支撑，也是提高部队思想政治建设科学化水平的基本要求。从各个部队实际看，当前人才建设上存在的明显问题是“低、少、缺、老”四个字。具体讲，就是科学文化层次偏低，大学本科以上学历、研究生比例较低；信息化人才数量比较少；有的班子结构不够合理，优秀年轻干部和联

合作战指挥人才比较缺；出现基层干部老化、知识结构老化现象，担任营连主官的研究生还比较少。要提高部队思想政治建设的科学化水平，就需要在新的起点上扎实推进人才战略工程。

坚持标准，促进优秀人才脱颖而出。应按照德才兼备、以德为先的标准选人用人，真正让选拔出来的干部组织放心、群众满意、干部服气，提高选人用人公信度。注重从完成急难险重任务、关键时刻表现、对待切身利益中考察干部的德，切实把干部的德放在首位。牢固确立不拘一格、广纳群贤的观念，破除论资排辈、求全责备的思想观念和体制性障碍，构建与军事斗争准备相适应、符合科学发展要求的人才发展机制。狠抓年轻干部培养不放松，有意识安排年轻干部在复杂艰苦环境、艰苦条件、遂行大项任务等平台上锻造，在实践中磨砺品质、锤炼作风、提升境界，形成有利于优秀年轻干部脱颖而出的培养选拔机制。

突出重点，着力抓好“四类人才”培养。应采取依托院校培养、在职培训、交叉任职、重大任务摔打、开展比武竞赛等方式，进一步抓好联合作战指挥人才、信息化建设管理人才、信息技术专业人才、新装备操作和维护人才培养。坚持正确的选人用人导向，重视选拔胜任联合训练和联合作战指挥、经过多样化军事联合行动锻炼的干部进作战部队团以上领导班子。

着眼长远，突出抓好人才能力转型。应坚持把人才培养观念向信息主导转变，把培养目标向提高信息素养聚焦，把培养方式向网络运用拓展。优化知识结构，形成以信息技术知识为主体的综合知识结构，积极适应信息化条件下作战训练和部队建设要求。要提升信息技能，使广大官兵熟练运用现代化办公设备、一体化指挥平台和新型武器装备，真正以人才能力素质率先转型，带动和促进部队建设整体转型。

尊重规律，切实加强大学生干部培养。应辩证看待大学生干部的优缺点，善于先扬长再补短，充分调动积极因素。注意掌握科学方法，重点抓好思想上补课、经历上补缺、能力上补短，帮助大学生干部提高第一任职能力。注重加强岗位培养，适时把大学生干部放到重要岗位、艰苦环境和重大任务中磨砺摔打，全面提升他们的实际工作本领。

四、坚决守住安全稳定这个底线，在确保安全稳定中提高部队思想政治建设的科学化水平

安全稳定是部队科学发展的基础，也是提高思想政治建设科学化水平的重要前提。今年党和国家大事相对比较集中，各种敌对势力对我国思想文化渗透会进一步加剧，意识形态领域的斗争也会更加尖锐复杂；我军建设站在新的起点上，贯彻国防和军队建设主题主线，加快推进军队现代化建设，深化军事斗争准备，任务非常繁重。因此，要提高思想政治建设科学化水平，必须坚决守住安全稳定这个底线。

在“严”上下功夫，自觉维护和遵守党的政治纪律。坚定不移地高举旗帜、听党指挥，对党的理论和路线方针政策，对党中央、中央军委和胡主席的决策指示，要及时认真地传达学习，不折不扣地贯彻执行，确保政令军令畅通。增强政治敏锐性和政治鉴别力，旗帜鲜明地批驳攻击党的理论和路线方针政策、丑化党和国家形象的政治言论，在重大政治原则问题上保持清醒头脑、站稳正确立场。严格落实政治纪律“十不准”和“七个决不允许”要求，坚决反对政治上的自由主义，在思想上政治上与党中央、中央军委始终保持高度一致。

在“法”上下功夫，始终坚持依法指导和开展工作。应深入开展学法规、用法规、守法规活动，牢固确立依法指导、依法办事、依法履职的观念，提高依法指导和开展工作的能力。把学习法规制度作为必修课，努力掌握共同的、精通本职的、了解相关的，真正成为思想政治建设法规制度的明白人。强化落实法规制度的严肃性，克服言重于法、权高于法、情大于法的倾向；坚持依靠法规制度增强思想教育效果，重视从

制度层面实施奖惩激励;坚持运用法律手段解决涉法问题,妥善处理军地矛盾纠纷。

在"实"上下功夫,扎实做好抓基层打基础工作。应坚持用党的创新理论建连育人,按照《纲要》全面搞建设、扎实打基础、反复抓落实,抓好"三个一线"、"四个基本"建设。积极探索动散条件下基层建设特点规律,加强对边防部队和小散远直单位党支部的指导帮建。充实基层主官队伍,加强士官教育管理,抓好"每月一课"党课教育和优质党课评选活动。深化创先争优和联建联创活动,推行基层事务公开,增强基层党组织功能。扎实推进"三项工程"(书架子工程、政工网工程、荣誉室馆工程)、"五支队伍"(战士业余演出队、军乐队、锣鼓队、篮球队、足球队)和新"八大员"(理论辅导员、网络管理员、心理疏导员、文体小教员、安全保密员、风气监督员、新闻报道员、饭堂广播员)建设。定期组织动漫、DV 作品展评和心理骨干培训,以基层经常性工作的落实奠定部队科学发展的基础。

在"防"上下功夫,着力强化重大安全问题防范。应严格落实制度规定,突出做好重点部位、重点人员、重大活动和敏感时期的安全工作,及时消除安全隐患。加大源头性基础性预防力度,强化安全管理和技术手段建设,有重点地开展安防整治。加强对重要岗位人员政治考核,分领域、按系统抓好预防职务犯罪工作。做好隐蔽斗争和"四反"工作,强化防间保密工作。抓好部队自身的安全工作,确保官兵人身安全和武器装备安全。

五、持续抓好部队党的建设这个重点,在建强各级班子中提高部队思想政治建设的科学化水平

我军是党绝对领导下的人民军队,必须把思想政治建设摆在各项建设的首位。部队党的建设是思想政治建设的重要内容,各级党委(支部)是部队思想政治建设的领导者和组织者,广大党员是部队思想政治建设的骨干力量。实践证明,只有把各级党委班子搞坚强、把党员队伍作用发挥好,才能为提高部队思想政治建设的科学化水平提供坚强有力的组织保证。

大力抓学习,把班子成员的素质强起来。应确立学习力就是战斗力的理念,坚持干什么学什么、缺什么补什么,打牢思想理论根基。建立规范的学习制度,对轮训培训、汇报分析、检查考评等进行规范,保证学习的落实和质量。建立完善的考评机制,建立学习档案,从制定计划、内容落实、考核成绩等方面进行量化,把理论学习的"软指标"变成"硬杠杠"。采取述学、考学、评学相结合的方法进行考核评估,把理论素养、学习态度和学习能力作为考核评价党委班子和领导干部的重要内容,确实形成外有压力、内有动力的激励机制。

坚持抓制度,把民主集中制规矩严起来。应严守法规程序,无论是敏感事务还是具体事项,要坚持把规定的步骤走完全,做到运行规范不偏移;无论时间多紧、任务多忙,要坚持把监督的制度抓严格,做到内容落实不打折,确保党委决策的科学化和规范化。善于集中民智,牢固确立集体领导的观念,畅通民主渠道,广聚群众智慧,为科学决策提供智力支持。注重跟踪修正,对决策的贯彻落实要跟踪问效,形成"党委决策、机关调查、基层反馈"的回路,及时调整修正出现的偏差,确保部队始终按照正确的方向发展。

突出抓整治,把良好的思想作风树起来。当前,各级党委和领导干部应带头落实讲政治、顾大局、守纪律的政治要求,认真贯彻《军队党员领导干部廉洁从政若干规定》,巩固深化思想作风教育整顿成果,着力解决党性不强、精神不振、作风不实、律己不严等问题,进一步端正工作指导思想,自觉遵守党纪法规,坚持秉公规范用权,积极为基层办实事、解难题、做好事,以扎实的作风树立正确的导向。

(作者:兰州军区政治部办公室政治工作研究员,大校)

军队思想道德建设始终走在前列的实践与思考

蒋辉平

我军是中国共产党缔造和绝对领导的人民军队。在长期革命和建设实践中，党始终把加强军队思想道德建设作为建军治军的重大问题，作为推进全社会思想道德建设的重要引擎，坚持不懈用马克思主义先进思想理论和道德观念武装官兵。人民军队不负党的嘱托和厚望，在忠实履行使命中，积极培育和践行新思想、新道德、新风尚，一直走在全社会思想道德建设的前列。这不仅对于端正官兵价值追求、保持部队纯洁巩固、推动我军发展壮大发挥了巨大作用，而且对全民族的思想道德建设起到重要的先导和引领作用。

一、在思想道德上走在前列是我军优良传统和重要优势

回顾我军84年奋斗历程，在党的坚强领导下，我军不仅创造了中华民族军事史上的伟大奇迹，同时也创造了中华民族道德史上的伟大奇迹。在革命、建设和改革的各个历史时期，我军始终以威武之师、文明之师的良好形象，在人民群众心目中筑起一座不朽的道德丰碑。

我军自诞生之日就是先进思想道德的承载者。军队作为阶级、国家的工具，其存在本身就是一定的阶级信念、民族精神和政权建设方向的体现。大革命失败后，我们党深刻汲取教训，毅然开始独立进行武装斗争的革命实践，创建了置于自己绝对领导下的人民军队。党也理所当然按照自己的世界观、价值观和道德观来塑造这支军队，正确解决了“把以农民为主要成分的革命军队如何建设成为一支无产阶级性质的、具有严格纪律的、同人民群众保持亲密联系的新型人民军队的问题”。党的先进性决定了军队的先进性。在旧中国落后的封建文化和殖民地文化的包围中，人民军队开一代道德新风，从一开始就站在时代和社会的前列，作为先进思想道德的承载者，成为党推进思想道德建设的“试验田”。

我军始终是先进思想道德的模范践行者。邓小平同志指出，历来毛主席倡导的好思想、好作风是由军队带头的。无论革命战争年代还是和平建设时期，人民军队都充分发挥“大学校”、“大熔炉”的作用，着力塑造并引导官兵自觉践行与性质宗旨相一致、与军队职能使命相适应、与时代发展相合拍的先进思想道德，始终是思想道德建设的排头兵。我军所创造和确立的优良传统被各行各业广为借鉴，如“三大民主”、“三大原则”、“三大纪律，八项注意”等，不仅是军队建设的创举，也是先进思想道德的集中体现。我军所培育和形成的道德风尚被人民群众普遍景仰，井冈山精神、长征精神、延安精神、“两弹一星”精神、抗震救灾精神、载人航天精神等已成为中华民族的宝贵精神财富，对全民族的心理、情感和思想产生了深刻影响。我军所培养和选树的先进典型被广大人民群众真心推崇，“大渡河十七勇士”、“南京路上好八连”，张思德、邱少云、黄继光、雷锋、丁晓兵、向南林……人民军队群星璀璨、英雄辈出。为纪念新中国成立60周年评选的“100位为新中国成立作出突出贡献的英雄模范人物和100位新中国成立以来感动中国人物”中，穿着军装的身影占了相当比例。2009年第二届全国道德模范评选中，解放军和武警部队有6人荣获殊荣。一个标兵就是一面旗帜，一个英雄映射一个时代。这些民族精英和时代先锋，在军营内

外树起了一个个精神标杆和道德楷模。

我军历来是先进思想道德的积极传播者。 革命战争年代，党的领导、武装斗争和根据地建设是紧密联系在一起的，党赋予了人民军队"战斗队、工作队、生产队"三大任务。我军始终把宣传群众、组织群众作为重要职责，坚持向群众传播革命真理，帮助群众学习科学文化、移风易俗。毛泽东同志曾说，长征是宣言书，长征是宣传队，长征是播种机。以此来形容战争年代我军在整个思想道德建设中的作用，也是十分恰当的。新中国成立以来，我军继续传承和发扬光荣传统，注重开展各种思想文化方面的爱民活动。全军部队的军史馆、荣誉室和雷锋、王杰等英模人物纪念馆等场地已成为当地重要的德育基地，近两年就接待地方群众参观学习600多万人次，军队离退休老同志和英模也为地方群众作报告8000多场次，既密切了军民关系，又传播了社会主义先进思想道德。在改革开放新时期，我军又创造了"军民共建"社会主义精神文明的新形式，思想教育联抓、公益事业联动、文化活动联谊，并着力在抢险救灾、参加援奥等重大活动中有新作为，在参加创建文明城市、村镇、行业和社区活动中有新建树，在增强军政军民团结上有新成果。全国5万多个军民共建点中，有3万多个受到县以上党委和政府的表彰，对推动思想道德建设、促进社会和谐产生了巨大的辐射效应。

我军也是先进思想道德的受益者。 "德行者，兵之厚积也"。我军在思想道德上始终坚持高标准、走前列，强化了广大官兵的精神支柱，为部队建设提供了有力的道德支撑和动力支持。这一方面，确保了官兵健康成长和部队坚定纯洁。"南京路上好八连"就是一个典型例证。连队从战火硝烟中走进大上海，在霓虹灯下谱写了一曲拒腐蚀永不沾的赞歌，打破了敌对势力"上海是个大染缸，叫共产党解放军红着进来，黑着出去"的叫嚣，成为人民军队开创新风尚的一个缩影。另一方面，高尚的思想道德使我军赢得了人民群众的信任与支持，赢得了履行使命、攻坚克难的最深厚的伟力。军队打胜仗，人民是靠山。正如陈毅元帅讲的那样："淮海战役的胜利，是人民群众用小车推出来的。"

二、在思想道德上走在前列是我军重大政治责任

我军是党绝对领导的人民军队，是体现党和国家政治优势的重要力量。因此，有责任也有能力在思想道德上走在全社会前列，发挥楷模作用。这是历史的必然、时代的要求，是我军的崇高使命所在。

执行党的政治任务的应有之义。 我军历来以党的旗帜为旗帜，以党的方向为方向，以党的意志为意志，这是人民军队的根本性质所决定的。作为执行党的政治任务的武装集团，我军既是党批判旧世界的有力武器、巩固执政地位的力量保证，也是党联系群众、带动和影响群众的重要纽带。而从一定意义上讲，群众工作实质就是用先进的思想道德宣传、教育和感召群众的工作。同时，我军的形象始终同党的形象、国家的形象紧密联系在一起，军队形象很多时候成为人民群众透视党的形象的窗口，在思想道德上走在全社会前列也是我军维护党的形象的重要方面。党在思想道德建设上历来对我军有着更高的标准、更严的要求，明确提出我军"在思想道德方面必须保持纯洁，成为人民群众学习的榜样。"也只有这样，党的先进性才能更好地贯彻、体现在我军的建设和发展之中，我军才能更好地肩负起作为执行党的政治任务的武装集团的历史责任。

人民群众的殷切期待。 紧紧地同中国人民站在一起、全心全意为人民服务是我军的唯一宗旨，这一宗旨体现了我军思想道德的核心，也是我军思想道德先进性的集中反映。在我军80多年的奋斗历程中，无论是硝烟弥漫的战争年代还是建设改革的和平时期，无论是卫国戍边的紧要关头还是抢险救灾的危急时刻，广大官兵表现出了听党指挥、服务人民、英勇善战的

崇高道德风尚,在人民群众的心目中一直是道德的楷模、文明的使者,享有很高的道德威望,被人民群众称为“最可爱的人”。人民群众不管是基于切身感受,还是基于价值判断,已形成“关键时刻还是要靠解放军”的思维程式,已习惯用先进的标准来审示和衡量军队。这既是一种道德认定,更是一种信赖、一种期待、一种激励。面对人民群众的殷切期待,人民军队责无旁贷,必须始终自觉践行宗旨要求,在思想道德上走在前列。

新形势下应对思想道德建设严峻挑战的客观要求。在新的历史条件下,从国外看,世界多极化和经济全球化的趋势在曲折中发展,各种思想文化相互激荡,西方敌对势力加紧对我进行思想文化扩张,不遗余力向我输入其意识形态、价值观念和生活方式,加紧西化、分化图谋。从国内看,社会经济成分、组织形式、利益分配和就业方式的多样化,必然造成人们思想观念、价值取向和文化生活的多样性;发展社会主义市场经济给人们带来许多反映社会进步的新观念,同时带来的负面影响也使一部分人的国家意识、集体观念和奉献精神有所淡薄,精神空虚、道德滑坡、信念动摇;网络传媒迅猛发展,在给思想道德建设搭建新平台、拓展新途径的同时,也增大了不良思想道德倾向管控的难度。如何牢牢掌握思想道德建设主动权,用先进思想道德抵制和战胜落后腐朽的思想道德,成为党在执政兴国中亟待解决的重大现实问题。这种情况下,我军有责任坚守主流价值观和道德观,始终站在社会道德高地,涤荡不良之风,引领良好风尚。

我军政治工作的优势所在。政治工作是我军生命线。党领导下的强有力的政治工作,决定了我军有能力走在全社会思想道德建设的前列。我军从基层连队到最高统帅机关,都建立了健全完善的党的组织领导机关,能够把党关于加强思想道德建设的一系列思想、理念和要求,在部队建设中予以扎扎实实的贯彻执行,这是我军在思想道德上走在前列的组织领导保证;我军始终把思想政治教育作为部队建设的中心环节,在官兵思想的教育、转化和塑造上,拥有一支高质量的干部骨干队伍,积累了一整套丰富的经验,能够通过卓有成效的思想工作,教育塑造好官兵的思想道德灵魂,这是我军在思想道德上走在前列的思想政治工作保证;我军历来以作风优良、纪律严明而著称,建立在高度自觉基础上的革命纪律,能够对先进思想道德的确立起到有效的规范、约束、保障和引导作用,这是我军在思想道德上走在前列的作风纪律保证。

三、确保新形势下始终走在前列是我军思想道德建设的时代课题

新的历史时期,我军面对的机遇和挑战并存,期望和要求更高,军队思想道德建设站在一个新的起点上。我军必须在党的坚强领导下,着眼形势任务发展,扎实有效做好思想道德建设各项工作,确保在思想道德上始终走在全社会前列。

坚持铸牢军魂与纯洁道德相统一。党对军队的绝对领导是我军永远不变的军魂,“听党指挥”是革命军人道德的首要规范。我军思想道德建设,最根本的就是牢固确立党对军队绝对领导的政治理念和原则。这是确保我军政治优势和思想道德先进性的源头,是保证我军思想道德建设方向的决定性因素。当前,意识形态领域斗争日趋复杂激烈。必须始终不渝地坚持用马克思主义的最新理论成果——中国特色社会主义理论武装全军官兵头脑,持续深化培育当代革命军人核心价值观,不断打牢高举旗帜、听党指挥、履行使命的思想、政治和理论基础,不论形势如何变化,不论前进的道路上出现什么样的风险困难,都能透过现象看到本质,在曲折中把握规律,以理论的清醒确保官兵政治上的坚定和思想道德上的纯洁。必须坚决抵制“军队非党化、非政治化、军队国家化”和“意识形态多元化”等错误思潮的影响,铸牢军魂,坚定信念,强化精神支柱,严守政治纪律,更好地

坚持党对军队的绝对领导的各项制度，任何时候都自觉同党中央、中央军委保持思想和行动上的高度一致。

坚持走在前列与学习人民相统一。军队在思想道德上走在全社会前列是一个双向作用的过程。一方面，坚持用良好的思想道德风尚影响社会、引领群众；另一方面，军队走在前列的过程也是从人民群众中汲取营养的过程。马克思主义认为，人民是历史的创造者，也是推进思想道德建设的主体。正是在创造历史的伟大实践中不断创造新生活、推动社会进步的人民群众，为我军思想道德建设提供了丰厚土壤和不竭的力量源泉。我军来自人民，服务于人民，各个方面的建设都要依靠人民。只有不断学习人民群众在改革开放和现代化建设中的伟大创造，学习人民群众的先进思想和优秀品质，才能在新的形势下高标准推进军队思想道德建设，才能把学习人民群众、加强军队思想道德建设紧密结合起来，真正树立和展示人民军队的良好形象。

坚持继承光荣传统与弘扬时代精神相统一。思想道德建设是一个与时俱进、不断发展的动态过程。我军要保持始终走在前列，就要在继承党和军队思想道德建设优良传统的基础上，大力弘扬改革创新的时代精神，不断改进思想道德建设的内容、形式和方法，创造和培育富有时代性和感召力的先进思想道德。要以敏锐的触角，准确把握新时期人民群众创造的反映时代精神的良好道德风尚，如开拓进取、艰苦奋斗、敢于探索、勇于实践的创业精神，同心同德、顾全大局、爱岗敬业、诚实守信的思想境界，平等竞争、讲求效率、崇尚科学和民主法制的现代意识等，从中汲取营养，使之成为我军思想道德建设保持生机的源头活水。要以开放的视野、恢宏的气度，注重学习人类一切文明成果，科学借鉴世界各国军队特别是发达国家军队建设的有益做法，使之成为我军思想道德建设的重要增长点。要以创新的精神，努力探索新形势下军队思想道德建设的特点规律，研究新情况，解决新问题。比如，我军的成分和官兵文化素质、心理特点、行为特征的变化，对军队思想道德建设有哪些重要影响；在发展社会主义市场经济、物质利益的驱动作用日益增大的情况下，怎样巩固和发展军民共建社会主义精神文明活动的成果等，切实形成军队与地方在思想道德建设上相互支持、相互促进、相互提高的生动局面。

坚持塑造“文德”与培植“武德”相统一。军队的根本职能决定了我军在思想道德上走在前列，不仅要着眼文明之师的要求，带头践行社会主义核心价值体系，塑造纯洁高尚的“文德”，还必须着眼威武之师的标准，以精武强能、提高战斗力为中心，突出坚守气节、舍生取义、敢于战斗、勇于牺牲、顾全大局、严守纪律等优秀“武德”的培植。尤其是新世纪新阶段，党赋予了我军“三个提供、一个发挥”的历史使命，要求军队提高应对多种安全威胁、执行多样化军事任务的能力。新的任务特点，如信息化战争惨烈程度更高，遂行抗震救灾、抗洪抢险、扑灭山火等非战争军事行动突发性强、持续时间长、不可预测因素多、环境条件艰苦复杂等，对我军培植“武德”提出了更高的要求。必须把塑造“武德”作为军队思想政治建设和应急行动准备的重要课题，通过思想教育、实践砺炼、环境熏陶等多种途径，综合培育，大力强化，不断增强我军遏制战争、打赢战争的“软实力”，高标准完成党和人民赋予的神圣使命。

（作者：沈阳军区司令部直属工作部部长，大校）

让枪杆子永远掌握在忠于党的人手里

——对军队进行保持党的纯洁性教育的思考

李　敏

胡锦涛总书记在十七届中央纪委七次全会上的重要讲话中强调，全党要充分认识保持党的纯洁性的极端重要性和紧迫性，切实做好保持党的纯洁性各项工作，不断增强自我净化、自我完善、自我革新、自我提高能力，永葆共产党人的政治本色。这是继去年“七一”重要讲话之后对新形势下党的建设提出的新要求。作为党绝对领导下的人民军队，对军队广大党员干部进行保持党的纯洁性教育，不仅是贯彻落实胡总书记这一重要讲话精神的具体举措，而且是始终保持人民军队性质宗旨，忠实履行我军新世纪新阶段历史使命的本质要求。

一、军队进行党的纯洁性教育的重大意义

我军是党缔造和领导下的人民军队。从成立那天起，就把始终坚持党的绝对领导当作自己永远不变的“军魂”。坚持党对军队的绝对领导，最根本的就是要在思想上组织上行动上与党中央、中央军委保持高度一致，始终保持军队党员干部队伍的高度纯洁。但是，如同党的先进性一样，党的纯洁性不是与生俱来、一成不变，更不是一劳永逸、一蹴而就，其内容和要求必然随着时代的前进和党与军队事业的发展而不断深化。尤其面对当前纷繁复杂的国际国内环境和新的形势任务，加强对军队党员干部的保持纯洁性教育就显得尤为重要和紧迫。

保持党的纯洁性是人民军队永葆政治本色的内在要求。作为党领导下的人民军队，其性质和宗旨与我党是完全一致的。正如我们党从成立之日起就公开表明自己“除了工人阶级和最广大人民群众的利益，没有自己特殊的利益”一样，人民军队始终肩负着“为人民谋幸福、为民族谋发展”的历史重托。在革命战争年代，毛泽东同志所高度强调的“党的纯洁性”在我军身上得到充分体现和展示：在共产主义远大理想鼓舞下，无数共产党员冲锋在前、身先士卒，用自己的鲜血和生命践行着全心全意为人民服务的宗旨，也由此赢得广大人民群众对党和军队的尊敬和爱戴。但是，在推翻“三座大山”实现民族独立和解放之后，随着军队的生存环境由长期战争走向和平建设，特别是面对改革开放后各种西方社会思潮的侵蚀和社会主义市场经济大潮的冲击，人民军队能否不被没有硝烟的“糖衣炮弹”所击垮，能否永葆无产阶级军队的政治本色就成为艰巨的时代考验。应当承认，胡总书记在讲话中所指出的理想信念不坚定、作风不正、原则性不强、为政不廉等不符合党的纯洁性要求的问题，在当前军队一些党员和干部中都不同程度地存在。正是在这种背景下，他在今年“两会”期间出席解放军代表团全体会议时，突出强调军队加强反腐倡廉建设，高度保持军队党组织和干部队伍纯洁性的重要性。这不仅事关人民军队的形象和声誉，而且事关我军政治本色的保持和党执政根基的巩固。

保持党的纯洁性是我军忠实履行新世纪新阶段历史使命的本质诉求。我军新世纪新阶段“三个提供、一个发挥”的历史使命，从根本上要求人民军队必须高度保持党的纯洁性。首先，作为党缔造和领导下的人民军队，在完成夺取政权缔造新中国的新民主主义革命任务之后，其最根本任务就是要“为党巩固执政地位提供重要的力量保证”。这是新世纪新阶段军

队使命的根本，反映了我军的根本属性。而面对当下“军队非党化、非政治化”和“军队国家化”等思潮的侵袭，能否时刻保持清醒头脑，真正做到忠诚于党、听党指挥，就成为检验军队党的纯洁性的首要标准。其次，党、国家和军队在利益上是高度一致的。因此，伴随国家发展重要战略机遇期的到来和新时期国家利益的有效拓展，军队就必须为其提供“坚强的安全保障”和“有效的战略支撑”。这不仅是党和国家的利益所在，也是广大人民群众的利益所在。由一支政治合格、军事过硬、作风优良、纪律严明、保障有力的现代化军队来维护国家主权和国家安全，是党和人民赋予的崇高使命和神圣职责。第三，中国共产党作为新型马克思主义政党，始终强调以维护世界和平与促进共同发展为己任。党的几代领导人多次强调“中国应当为世界作出更大贡献”。特别是近年来随着国家整体实力的大幅提升，中国也日益承担更多与自身国际地位相对称的国际责任，军队的使命也相应延伸至“为维护世界和平与促进共同发展发挥重要作用”。这一使命的拓展，充分反映了我党马克思主义政党的价值取向，体现了党的历史任务对我军的新要求，成为军队党的纯洁性的重要体现。

保持党的纯洁性是提高军队党的建设科学化水平的迫切需求。党的纯洁性是衡量军队党的建设科学化水平的重要指标，是军队党组织凝聚力、战斗力和创造力发挥的关键性因素。首先，我们必须清醒看到，随着改革开放和社会主义市场经济的深入发展，随着军队党员干部队伍的日益壮大，治党管党的任务日益艰巨，提高军队党的建设科学化水平，保持军队党员干部纯洁性的问题比以往任何时候更加突出地摆在我们面前。其次，要通过党的纯洁性教育筑牢“军魂”意识和提升党性修养，自觉抵制各种非马克思主义的思想侵蚀，确保军队在任何时候都高举旗帜、听党指挥，永远做党的路线、方针、政策的坚定拥护者、贯彻者和执行者，成为推进军队建设科学发展、加快转变战斗力生成模式的强大力量。第三，要通过党性修养的提高不断强化党委班子能力建设，特别是科学谋划能力，注重战斗堡垒作用发挥，大兴求真务实之风，真正把科学发展观落到实处；积极探索以党章为根本、以民主集中制为核心的军队制度体系建设，在不断提高依法治军能力的同时，日益推进军队党建的科学化、制度化和规范化，切实以党的纯洁性推动军队党组织战斗力的发挥。

二、军队进行党的纯洁性教育的实践经验

作为党绝对领导下的人民军队，我军自建立以来，始终坚持以党的旗帜为旗帜，以党的意志为意志，以党的使命为使命，始终保持了军队党的建设纯洁性，为保持军队长期稳定、有效履行使命任务和始终保持昂扬斗志发挥了积极作用，在实践中积累了宝贵经验。

始终把保持思想纯洁特别是信仰纯洁放在纯洁性教育的首位。思想是行动的先导。保持军队党员干部思想上的高度纯洁，是保证军队始终坚持正确政治方向和实现高度团结统一的坚实基础。从历史上看，我党历次“整党”、“整风”运动，无一不是首先从思想作风的整顿和转变入手的。而保持思想纯洁，其中最重要的就是保持对共产主义的坚定信仰。正如邓小平同志所指出：“我们过去几十年艰苦奋斗，就是靠用坚定的信念把人民团结起来，为人民自己的利益而奋斗。没有这样的信念，就没有凝聚力。没有这样的信念，就没有一切。”由此可见，信念是军队最大的凝聚力和战斗力，信仰纯洁是共产党人最根本的纯洁。尤其对我们这样一支意识形态鲜明又长期处于西方敌对势力“和平演变”环境之下的军队而言，保持信仰纯洁是我们在任何时候都不为一切困难所压倒的制胜法宝。建军以来，全军广大党员干部牢固坚定对中国特色社会主义的坚定信念，用思想纯洁净化推动党的纯洁，始终做到在大是大非面前保持清醒认识，在大风大浪面前坚持正确

立场，在各种诱惑面前筑牢思想防线。

始终把全心全意为人民服务作为纯洁性教育的根本宗旨。人民军队来自于人民，人民是军队的坚强靠山，这是我军85年一路走来的经验总结和特有优势。正像陈毅同志所说“淮海战役是人民用小车推出来的”。人民爱戴军队，军队除了人民的利益没有自己的利益，全心全意为人民服务是我军永远不变的宗旨，这由无产阶级政党军队的根本属性所决定。早在延安时期，毛泽东同志就指出：“我们的共产党和共产党所领导的八路军、新四军，是革命的队伍。我们这个队伍完全是为着解放人民的，是彻底地为人民的利益工作的。”新中国成立后他一再告诫全党：“我们是共产党，是要帮助人民的。如果不帮助人民，就是背叛马克思主义。……没有人民就会垮台。”但值得警惕的是，由于长期执政环境的考验和各种诱惑因素的增多，一些同志在对待人民群众的朴素感情上有所淡化。刘青山、张子善等由革命功臣沦为人民罪人的反面案例，给全党全军保持党的纯洁性再次敲响了警钟。我国实行改革开放以后，针对社会上一些错误思潮，邓小平同志明确提出了“进行全面整党”的主张，而“整党”的一个重要目的就是要使“党员为人民服务而不谋私利的觉悟有显著的提高，党和群众的关系有显著的改善。”进入新的历史时期，一些党员干部身上存在的服务群众意识淡化、“脱离群众的危险”等问题，在军队一些党员干部身上也不同程度地存在。进行军队党的纯洁性教育，需要解决为谁当兵、为谁打仗、为谁服务的问题。只有真正把人民利益看得高于一切，始终保持党同人民群众的血肉联系，时刻与人民群众同呼吸、共命运，才能真正坚守住共产党人全心全意为人民服务的精神家园。

始终把组织制度建设作为巩固纯洁性教育效果的根本保证。制度建设在党的纯洁性建设中更加带有全局和根本性质。正如邓小平同志在《党和国家领导制度改革》一文中所指出：“制度好可以使坏人无法任意横行，制度不好可以使好人无法充分做好事，甚至会走向反面。……制度问题，关系到党和国家是否改变颜色，必须引起全党的高度重视。”也正因为此，我军在85年的发展历程中，从“三湾改编”确定支部建在连上，到今天健全完善党委统一的集体领导下的首长分工负责制，始终注重加强制度建设，以此作为巩固党对军队绝对领导和提升纯洁性教育效果的根本保证。而在各项制度体系的构建完善中，又以民主集中制的贯彻落实最为关键和核心，因为这一制度是我们党和国家的根本组织制度和领导制度，是党的先进性和纯洁性的本质体现，是我军在党的绝对领导下有效履行使命任务的根本保证。应当承认，在对民主集中制尤其是军队是否需要民主的问题上，一些党员干部特别是一些领导干部还或多或少地存在一些认识上的偏差。有的仅仅把民主看作一种形式。事实上，早在井冈山斗争时期，毛泽东同志就突出强调在党和红军内部发扬民主的重要性。正如他在《井冈山的斗争》一文中写道：“红军的物质生活如此菲薄，战斗如此频繁，仍能维持不敝，除党的作用外，就是靠实行军队内的民主主义。”后来他又进一步提出军队内部的“三大民主”，确立起军队内部的基本民主制度。因此，在军队贯彻民主集中制，既不是徒有虚名的形式，也不是搞家长式的“一言堂”，而是民主基础上的集中和集中指导下的民主的有机结合。在工作中坚持贯彻以民主集中制为核心的各项制度，是党的纯洁性的集中体现。军队各级领导干部只有以对党高度负责的态度，牢固树立按章办事的意识，积极畅通各种渠道，让权力在阳光下运行，才能真正调动广大群众的积极性、主动性和创造性，也才能真正把保持党的纯洁性教育的效果落到实处。

始终把领导干部以身作则、率先垂范作为纯洁性教育的重要抓手。保持党的纯洁性，关键在党的各级领导干部。因为领导干部既是保持党的纯洁性的组织者和领导者，又是保持党的纯洁性的执行者和实践者。领导干部处在党和人民事业的领导岗位上，这就决定了在保持党的纯洁性方面负有极为重要的责任，由此也决定了务必时时、处处用党的纯洁性要求对照自己、检查自己、修正自己、提高自己，要求别人做的自己带头做到，要求别人不做的自己带头不做，以自己率先垂范的实际行动充分体现党的纯洁性。革命战争年代，有无数进步青年在党的各级领导干部的带头作用感召下，萌生出对共产党员的崇敬之情，纷纷走进革命队伍。和平建设时期，广大军队领导干部用自己的言行践行着对党的庄严承诺，吃苦在前、享乐在后，在平凡的岗位上忠实履行自己的使命，为维护党的形象和保持党的纯洁性作出了榜样。但与此同时，特别是社会主义市场经济条件下，一些领导干部身上拜金主义、享乐主义、特权主义和极端个人主义的思想也有所滋长，有的人甚至丧失共产主义信仰，沦为金钱和美色的俘虏。这样的教训警示我们：只有在思想上牢固确立共产党员的模范意识和公仆意识，始终坚持以正确的世界观立身、以正确的权力观用权、以正确的事业观做事，以淡泊之心对待个人名利地位，以敬畏之心对待肩负的职责和事业，才能真正推动党和人民的事业发展，在更深层次上体现党的纯洁性。

三、军队深入进行党的纯洁性教育的深刻启示

保持党的纯洁性教育，作为军队思想政治教育的重要组成部分，与保持党的先进性教育、军队使命任务教育和当代革命军人核心价值观教育是互为一体、相互促进的。在教育实践过程中，应始终坚持以加强和巩固党对军队的绝对领导为首要原则，正确把握和处理各种教育之间的关系，有效推动军队思想政治教育效果的整体提高和军队战斗力的有效发挥。

深刻把握保持党的纯洁性与保持党的先进性的辩证统一。党的纯洁性建设与先进性建设，在我党历史上历来是内在统一的，这由我党本身所具有的无产阶级先进政党本质所决定。党的十五大报告就已明确指出："从严治党，是保持党的先进性和纯洁性，增强党的凝聚力和战斗力的保证。"在新的历史时期，党的纯洁性建设和先进性建设统一于全面贯彻落实科学发展观的伟大实践中，统一于建设中国特色社会主义事业的伟大实践中，统一于推进新形势下党的建设伟大工程中。一方面，先进性决定着纯洁性的价值取向，是判断党是否纯洁的重要标志。对无产阶级政党而言，判断党的纯洁性标准是多方面的，但其中最重要的标准就是是否以不断发展的马克思主义为根本指导思想，是否以全心全意为人民服务为根本宗旨。归根结底，党的纯洁性取决于是否具有先进的指导思想和奋斗目标，能否在革命和建设中始终走在时代前列、永葆先进性。另一方面，纯洁性是先进性的重要基础和必然要求。没有党的纯洁性，就没有党的先进性。同时，纯洁性还是体现党的先进性的重要标志。党的性质宗旨、指导思想、路线纲领、奋斗目标、方针政策等诸多构成党的先进性要素，都要通过党的纯洁性体现出来。可以说，当前在全党全军所深入开展的保持党的纯洁性教育活动，是对党的先进性建设提出的更高要求，是保持党的先进性教育活动向更深层次的拓展和深化。总之，党的纯洁性与先进性是相辅相成、紧密联系的。在军队，它们共同服务于党对军队绝对领导的有效巩固和新世纪新阶段历史使命的有效履行，共同服从于军队党组织的科学化建设和战斗力的有效发挥。

始终把有效履行使命任务作为军队保持党的纯洁性的本质核心。保持党的纯洁性不是一句空洞的口号，必须把它落实到党的建设各项实践中去，通过具体目标任务的完成来充分体现。对军队来说，就是要把使命任务教育与保持党的纯洁性教育有机结合起来，通过军队党组织纯洁性作用的最大发挥，以有效履行党和人民赋予的使命任务来作为检验党的纯洁性的根本标准。我们应当清醒看到，一些敌对势力亡我之心始终不死，军队维护国家主权、领土完

整和维护国家安全的任务异常繁重。同时，随着改革开放进程不断深入，国家和军队所进行的一系列重大改革举措，难免要直接或间接地影响到部队官兵个人的切身利益，这些都给军队保持党的纯洁性建设带来了诸多挑战。因此，面对世情、国情、党情、军情发生的诸多变化，面对长期的和平环境，一方面，军队广大党员干部要清醒认识形势，自觉强化纯洁性意识和危机意识，坚决抵制各种错误思潮的侵蚀影响，通过保持党的纯洁性教育增强自身拒腐防变能力，确保我军变革不变质，转型不转向；另一方面，要把有效履行我军新世纪新阶段“三个提供、一个发挥”的历史使命，作为军队保持党的纯洁性的重要内容，通过职能使命教育不断强化官兵尚武精神、责任意识并将其转化为自觉行动，在任何时候任何情况下坚决做到忠诚于党、忠诚于人民、忠诚于国家，做巩固国家政权、维护国家尊严的忠诚捍卫者。

切实把纯洁性教育融入当代革命军人核心价值观教育全过程。胡锦涛主席提出的大力培育“忠诚于党，热爱人民，报效国家，献身使命，崇尚荣誉”的当代革命军人核心价值观，是对当代革命军人必须坚持的最基本、最核心价值观念的科学概括和总结，已经成为引领全军广大官兵价值追求的根本指导思想。大力培育当代革命军人核心价值观，对于大力弘扬听党指挥、服务人民、英勇善战的优良传统，始终保持官兵政治坚定和思想道德纯洁，提高履行职责使命能力和圆满完成党与人民赋予的任务，具有十分重要的意义。它在本质上与军队保持党的纯洁性要求相一致，是党的纯洁性在当代革命军人核心价值观的具体要求和体现。事实上，在当前军队保持党的纯洁性教育过程中，应坚决杜绝一种思想倾向，那就是绝不能单纯为纯洁而求“纯洁”，而要把党的纯洁性具体化、实践化，进而转换为广大官兵可以具体把握的标准和要求。当代革命军人核心价值观正是这一理念的集中展示和体现。当前大力培育当代革命军人核心价值观，应始终以保持党的高度纯洁为牵引，将纯洁性教育纳入核心价值观教育全过程，着力在三个方面求深化：一是在筑牢思想根基上求深化，重在坚定理想信念、强化战斗精神、培育使命意识，着力解决官兵“听谁指挥、为谁当兵、为谁打仗”这个根本性问题，不断夯实官兵听党指挥、拒腐防变的思想基础。二是在拓展教育实践上求深化，特别是通过以国防和军队建设主题主线为牵引的军事斗争准备和包括非战争军事行动在内的各种重大军事行动，在实践中引导、摔打、锤炼官兵，强化价值追求，并内化为推动部队建设科学发展、加快战斗力生成模式转变的自觉行动。三是在培育长效机制上求深化，通过各种机制的健全完善，真正把大力培育当代革命军人核心价值观当作我军思想政治建设的重要基础工程和长期战略工程来抓，在根本上把党的纯洁性教育效果落到实处。

（作者：南京政治学院上海校区政治委员，大校）

军队院校思想政治工作精细化管理模式初探

商建亮

新形势下，军队院校如何提升思想政治工作的主动性、针对性和实效性，如何为培养符合部队需求的高素质人才提供强大的政治保证、组织保证，这给思想政治工作的管理提出了一系列问题。面对这些问题，常规管理模式向精细化管理模式转变逐渐成为思想政治工作管理模式改革的一个重要方向。精细化管理是社会分工的精细化以及服务质量精细化的结合，是一种建立在常规管理基础上，并将常规管理引向深入的全面管理模式和思想。实行这种精细化管理，可以做到消除浪费、提高效能。

一、常规管理状况下突出存在的问题

一是日常工作的具体环节模糊，不连贯，运转效率低下。通常情况下，机关干部仅仅是了解自己要做的是什么，可是怎样做，做到什么程度却是各有各的想法和做法，结果造成工作效率的降低。二是各处(办)人员只专干自己负责的工作，对其他处(办)的工作不甚了解，相应的工作脱节。政治机关涉及组织、干部、宣传、保卫、群秘等部门，各处(办)职责分明，每个处(办)的人员只专注于本部门的工作，常年累月，与其他部门缺乏沟通。加之系级单位政治机关人员相对较少，基本是一个人负责一个方面的工作，一旦个人出现问题，该工作运转就会受到影响，甚至无法进行。三是开展综合工作时，各处(办)的协调不够顺畅。一项工作的完成，往往不是一个部门单独完成，除牵头处以外还需要其他部门的辅助配合。但是现行的管理模式导致辅助部门通常积极性并不高，加之各处(办)领导也是垂直管理，对其他部门的工作不甚熟悉，难以给自己的下属提供适当的建议，也难以指挥其他部门的工作人员充分发挥其作用。四是工作的结合融合不够紧密。有时存在两项甚至更多的工作，其实现的目标效果是统一的，但每个部门都依照自己对应的上级要求，再次发文落实，造成了资源的浪费和工作效率的降低。

二、精细化管理是思想政治工作管理模式转变的客观要求

随着时代发展，思想政治工作中必须引入精细化管理理念。首先，精细化管理的理念符合思想政治工作管理的需要，能够体现思想政治工作的精髓。精细化管理作为现代工业化时代的一种管理理念，是相对于常规管理的一种更高层次的理念。具体来说，其含义包括两个方面：一是“精”，可以理解为更好、更优，精益求精；精细化管理“精益求精”的主张与思想政治工作的终极追求相吻合。当代社会信息传播的速度空前加快，来自方方面面的、难于预测的信息，都可能引起官兵的思想变化，这就要求思想工作必须不断改进思想政治工作的方式方法，以提高思想政治工作的实效性。二是“细”，可以解释为更加具体，细针密缕，细大不捐。精细化管理强调“细节决定成败”的理念，追求管理的精细、细化和量化，在细微之处下功夫。精细化管理的理念要求在思想政治工作中，大力推行“精准、细致、认真、量化”的理念。即“掌握官兵的思想动态要精准，做官兵的思想工作要细致，对待官兵的思想问题要认真，对日常官兵的思想行为要量化”。其次，思想政治工作的核心和目标与精细化管理基本一致。

一是思想政治工作坚持以人为本，按照尊重人、理解人、关心人的原则，做人的思想工作，解决官兵在工作生活中出现的思想问题。而精细化管理也提倡以人为本，注重人文管理，两者的核心都是人。二是思想政治工作强调通过官兵思想信息收集、信息分析、信息处理等细节过程，统一官兵思想，增强官兵思想政治工作的针对性和实效性。而精细化管理突出所有可控节点，重视在每一个环节的有序管理。两者的工作重点都是在每一个工作步骤上。三是思想政治工作通过提高官兵的觉悟水平，来规范其价值取向与行为方式，激发其积极性、主动性和创造性。而精细化管理通过科学手段，严格管理，有效节约生产成本和提高工作效率，用最低的成本消耗换取最大的经济效益。两者的目标是共同的。

三、建立"一纵一横一中心"的精细化管理模式，实现工作的高效率、高效益

一是工作细则规范化，工作流程标准化。被誉为"科学管理之父"的泰勒在钢铁工厂工作期间，通过对工人操作动作的研究和分析，要求工人消除不必要的动作，改正错误动作，选定合适的工具，等等。这些泰勒总结出来的一套合理操作方法，使大多数工人都能达到或超过定额完成任务，这就是最初的精细化管理的雏形。我们可以看到，其本质就是将操作过程规范化，摒除那些会损失效率和效益的动作，使其有统一的标准。规范管理是精细化管理的基础，没有规矩，不成方圆。因此有必要将院校日常政治工作的具体流程标准化、细致化，对工作方法和工作条件加以规范并贯彻执行。此谓之"一纵"。

二是实行工作人员轮岗制，熟悉各部门工作。在工作流程标准化的基础上，各部门人员不再固定于专一的岗位，实行定期轮岗，多参与不同部门的业务。参照规范化的工作细则，可以使新到岗的同志对具体业务迅速上手，在不影响工作运转的情况下，促进了各处（办）的沟通，使人员具备流动性和灵活性，一方面，保证了具体工作衔接顺畅，不致脱节；另一方面，赋予了政治机关干部的可替代性，在需要人力投入时，每个人都是后备军。此谓之"一横"。

三是健全领导体制，强化领导的协调作用。统筹管理一项工作，需要领导把握全局，以领导工作为中心，带领其他员工开展工作。各处（办）长既要熟悉自己分管的业务，也要横向了解其他业务，在主导工作时，充分了解其他部门人员的特点，充分调动各处（办）的积极性，合理配置资源，使主要部门各负其责，辅助部门发挥各自优势，以节约各部门协调的工作成本，促使工作高效进行。此谓之"一中心"。"一纵一横一中心"三个方面并不是各自为营的，而是层层递进、环环相扣的，三者缺一不可。"一纵"把工作做细，是其他工作的基础；"一横"是把工作做通，是开展工作的保障；"一中心"是发挥领导作用，把各项工作统筹结合好，是一切工作的核心环节。

四、在"一纵一横一中心"的管理模式之上，建立"四个基本点"予以支持

一是加强规范化管理。建立有效的激励机制包括两个方面，即完善的制度建设和明确的考核指标。政治工作包括的组织、干部、宣传、保卫、群众等各项工作高效运转都需要一套完善的管理制度来规范化，要将工作环节控制作为精细化管理的切入点，变管结果为管过程，做到每一项业务、每一件事情都有目标、有落实、有监督。考核是强化履行岗位职责和执行操作规范的有效手段，如果没有考核环节，即使各项任务都有分工、有布置、有要求，同样会出现"问题没人管、责任没人担"的情况。考核指标应基于通过制度量化的数据，但不能以此作为唯一的准绳。因为制度和考核的最终目的还是有效激励积极性和主动性，应该能够使他们树立责任意识，把实现自身价值与实现转型建设的目标统一起来，更加积极、主动地研究工作内容和提高工作质量。在充分认识和掌握精细化

管理的内涵、特征和要求的前提下,自觉把精细化管理的理念融入日常工作,并成为思维习惯和行为习惯。

二是突出信息化管理。信息化管理是以信息技术为手段,以信息资源为决策依据,进行高效率和高效益的系统管理方式,是精细化管理强有力的技术手段,是促进政治工作传统粗放式管理模式向精细化管理模式变革的关键。首先,可以构建信息工程数据中心,制定统一数据标准,实现数据的共享,消除"信息孤岛",这是实现信息化和精细化管理的基础。其次,根据精细化管理的内涵,科学规划信息的项目,整合现有各个系统的服务功能和信息资源,合理分析有关信息,为科学决策服务。第三,保持与上级部门的链接,及时接收和反馈信息。最后,以官兵为本,充分挖掘和丰富政工网信息资源、公共服务资源,使其不仅具有浏览和服务功能,还要具有政治工作的管理功能,不断将精细化管理落实到政治工作的各个环节。

三是坚持以人为本。管理是激励人共同完成组织的目标和远景,以人为本是一切成功管理的前提,不能走入重"管"轻"理"的误区,就管理的过程来说,"理"比"管"更重要。院校政治工作的服务对象是师生。对于学员,要以学员发展为中心,既要严格管理规范,又要重视教育引导;既要强调集体利益和部队需求,又要个性化的素质发展。"政治工作无小事,事事见匠心",这正是政治工作精细化管理的精髓所在。对于教员,更要给予人文关怀,关注其生存状态,培养其归属感认同感和彼此之间的友谊,充分地理解人、尊重人,发挥人的主观能动性,确立教员在政治工作管理中的主导地位,营造自由公正的学术氛围,搭建个人价值实现的平台,以培养教员严谨求实、稳健创新的学术态度和精益求精、一丝不苟的工作作风,从而实现精细化管理的目标。

四是构建和谐文化。人类社会在协调组织运作和发展时,无外乎三种方式:依靠习俗约束、权威管制和共识激励。从常规的管理方式转变为科学的精细化管理方式,需要依靠文化来达到共识激励。院校的绝大部分教职员工受教育程度高,自主性强,依靠制度约束或权威管制加强政治工作管理是不合适的,应该通过适当方式达成自我和组织目标的共识和默契。这就需要在精细化管理模式之下,将规范化的制度升级为全体教职员工共有的价值观念和行为准则,才能真正实现精细化管理的观念在每位职工心中的内化,从而形成以精细化管理内涵为核心的组织凝聚力,实现共同的转型建设的目标。在教学改革日新月异的今天,社会推崇科研创新,努力实践教学方法、方式的改革,很多时候忽略了管理的改革。常规化的管理已远远跟不上时代发展的要求,精细化管理作为一个责任制度化、环节规范化、方式信息化的系统管理工程,强调管理不可小视,细节不可忽视。管理工作千头万绪、纷繁复杂,这就要求我们通过细化、量化、标准化、流程化、协同化等方法建立规范的工作标准,形成一套统一、科学、系统的精细化管理模式,以"一纵一横一中心"的模式为基础,牢牢把握"四个基本点",一丝不苟地抓严每个细节,不折不扣地抓好常规落实,求真务实地把严政治工作全过程,以管理来提高政治工作的质量效益。

(作者:空军雷达学院政治部主任,大校)

关于培育部队文化精神的几点建议

郭创立

部队文化精神，是一支部队在自身存在和发展过程中，通过文化孕育、长期积淀形成并为全体官兵所普遍遵奉的具有职能使命特点、精神品格特质和鲜明实践特色的精神财富总和。作为贯通在军事艺术、军事伦理、军事理论等文化要素中的基本价值观念，部队文化精神从根本上展现着军事文化的思想性质和精神特征，是军事文化的核心和灵魂。在深入贯彻落实党的十七届六中全会精神、创新发展先进军事文化的大背景下，培育部队文化精神更显得尤为重要。

一、深化思想认识，增强培育部队文化精神的高度自觉

自觉源于自我认知，贵在自我觉醒。培育部队文化精神，需要从战略与全局的高度深邃思考，从历史与现实的维度贯通把握，从理论与实践的层面加深理解，不断在新的认识高度形成文化自觉。一是在领悟内涵实质中增进认同感。部队文化精神作为我党我军优良传统与部队优秀文化成果的结晶，内涵极为丰富，官兵思想上的理解认同是其得以传承和弘扬的基础。从名词概念上解读，部队文化精神，文化是本源，精神是核心，二者相辅相成，统一于部队文化建设实践中。离开了“精神”，“文化”就会失去灵魂；离开了“文化”，“精神”就会无所依附。从内在特质上解析，部队文化精神是当代革命军人核心价值观的具体体现，蕴含着革命军人的崇高理想信念、优秀政治品格、高尚道德情操、扎实工作作风、良好精神风貌等内容，虽然看不见、摸不着，但一旦培育形成，就会建构起特有的行为准则、价值取向和规范体系，让官兵在潜移默化中接受共同的思想引导、情感熏陶、意志磨练和人格塑造。从功能特征上解构，部队文化精神具有强烈的政治性、鲜明的导向性、突出的战斗性、特有的标识性、显著的延续性和广泛的实践性，是一支部队凝心聚魂的精神旗帜、薪火传承的基因图谱、彰显特质的形象符号和克敌制胜的力量源泉，无论是战争年代还是和平时期，始终发挥着中流砥柱的作用。二是在分析优势缺失中强化责任感。我军革命征程伟大，历史荣誉辉煌，传统积淀深厚，英雄楷模辈出，培育文化精神有着得天独厚的资源优势，历来走在社会前列。长征精神、井冈山精神等伟大精神，不仅是我军取之不尽、用之不竭的精神富矿，也是引领全社会风尚的文化坐标。勿庸讳言，部队文化精神培育也存在着一些与形势发展不相适应的现实问题。有的定位思考不够清晰，认为打赢信息化战争主要靠装备技术等硬实力，忽视了文化精神这个重要的软实力；有的规划设计不够科学，存在说起来重要、做起来次要、忙起来不要的现象；有的培育方法不够新颖，局限于上大课、唱军歌、挂标语等传统模式，以上这些都导致了部队文化精神功能弱化、作用淡化、落实虚化。对此，应树牢新形势下文化精神不可或缺的观念，勇于正视缺失和不足，努力提升培育的质量水平，确保部队精神不散、薪火不断。三是在认清机遇挑战中催生紧迫感。随着我军面临的时代背景、社会环境和使命任务发生深刻变化，给部队文化精神培育带来了新的机遇和挑战。从机遇看，近年来社会文化领域的改革越来越深入，特别是十七届六中全会作出“推动社会主义文化大发展大繁荣”的战略部署，无论是城镇社区，还是公司企

业，无不高度重视和积极培育文化精神。首都北京去年正式发布“爱国、创新、包容、厚德”的“北京精神”，把学习培育推向了一个新阶段。可以说，培育部队文化精神既是我军带头建设社会主义文化强国的应有之义，也是繁荣发展先进军事文化的根本之举。从挑战看，当前意识形态斗争呈现新较量，文化渗透越来越成为敌对势力对我实施西化、分化图谋的重要样式；思想文化多元带来新冲击，官兵不同程度地存在传统模糊、价值偏移、信仰缺失等问题；部队建设转型引发新课题，推进中国特色军事变革和军事斗争准备迫切需要文化精神的支撑引领；官兵成分结构发生新变化，精神文化需求呈现出多层次多样化特点。所有这些，都对培育部队文化精神提出了新的更高要求，需要以强烈的使命意识深入推进培育工作，确保官兵理想信念更加坚定，部队思想文化阵地更加巩固。

二、把握原则要求，坚持部队文化精神培育的正确方向

培育部队文化精神，关键要解决好“培育什么、为谁培育”的基本问题。中央军委《关于大力发展先进军事文化的意见》强调，“坚持以马克思主义为指导，坚持党对军队绝对领导的根本原则和人民军队的根本宗旨，坚持‘姓军为兵’、服务人民”，为培育部队文化精神提供了基本遵循。一是把铸牢军魂强化宗旨作为首要任务。军人之魂，文以化之；军队之神，文以铸之。我军作为中国共产党缔造和领导的新型人民军队，听党指挥是永远不变的军魂，服务人民是根本宗旨。从建立之日起，我军就把性质宗旨融入文化血脉，坚持用“革命理想高于天”、“军人气节重如山”的政治精神贯注部队，从而确保了屡遭挫折而巍然屹立，屡遭磨难而一往无前，屡遭离乱而本色不变。培育部队文化精神，必须将铸魂固本放在第一位，引导官兵始终把听党指挥、服务人民作为最高政治原则来把握、作为最高政治要求来落实，作为最高政治纪律来遵守，做到无论时代怎么发展、社会如何变迁，红色基因不变异，立场坚定不动摇，头脑清醒不迷航。二是把服务中心履行使命作为根本目标。先进军事文化的本质是战斗文化，文化精神是熔铸部队“精气神”的魂魄所在，是部队战斗力的“倍增器”。我军之所以不断发展壮大、克敌制胜，一个重要原因就在于文化精神建立并维系了高度统一的信念，激发了一往无前的斗志，把部队锻造成了无坚不摧的“战斗集体”。新的历史条件下，部队职能使命不断拓展，战争将会更加激烈残酷，迫切需要高昂的军心士气来鼓舞，崇高的文化精神作支撑。培育部队文化精神，应牢牢把握军事色彩和战斗属性这一根本定位，强化文化就是战斗力、文化服务战斗力的观念，紧贴军事斗争准备实践，向主题主线聚焦，朝打赢目标用力，尤其要突出强化精武意识、锤炼战斗精神这一重点，为圆满完成以作战、训练为中心的各项工作任务提供坚实思想保证和不竭精神动力。三是把促进官兵全面发展作为基本着眼。以文化人、以文育人是部队文化精神的基本功能，对于官兵成长成才至关重要。尤其是广大青年官兵正处在世界观人生观价值观形成塑造的关键时期，必须站在培养坚定举旗人和合格接班人的高度，着力满足官兵文化需求，引领官兵思想进步，提高官兵综合素质，为部队建设发展提供坚实的人才保证。纵观我军历史，一代代先烈为革命事业奋不顾身，一茬茬官兵为人民幸福保驾护航，一批批退伍军人成为社会建设各个领域的骨干力量，都离不开部队文化精神的滋养熏陶。四是把彰显部队精神特质作为内在要求。文化精神是一支部队区别于其他部队最为显著的“精神名片”。空军的蓝天文化、海军的蓝色文化、二炮的砺剑文化、武警部队的忠诚卫士文化等等，无不以其鲜明特色成为一支部队的代名词。实践证明，一支蕴育特色文化精神的部队才能使官兵产生强烈的归属感荣誉感，从而形成强大凝聚力战斗力。广为人知的南京路上“好八连精神”，至今仍是他们置身改革开放前沿却能“拒腐蚀、永不沾”的精神根脉。向以当尖

刀、打硬仗闻名全军的“硬骨头六连”，凭着“四个过硬”的“硬骨头精神”，成为我军基层建设的一面旗帜。培育部队文化精神，就要针对职能使命、历史传统、地域环境等特点，在坚守精神底色、永葆政治本色、突出时代特色上下功夫，打造自己特有的文化精神品牌。

三、拓展方法途径，构建部队文化精神培育的生动格局

部队文化精神培育是一项重要基础工程，贯穿于部队建设的方方面面，渗透于大量经常性的工作之中，应按照“教化为先、认同为本、践行为重、融入为径”的思路，积极构建全方位多渠道立体式培育格局。一是先进思想贯注。“灌什么理打什么底，种什么籽结什么果”。重视思想建军，坚持文化育人，必先思想铸魂。要把教育灌输作为主渠道，把创新理论武装，核心价值观培育，我军历史使命、理想信念、战斗精神和社会主义荣辱观教育作为必修课，围绕回答“靠什么立身做人、为什么从军入伍、怎么样成长进步”等根本性问题，理直气壮地讲好大道理，切实把官兵思想意志凝聚到共同的目标追求和发展方向上来，始终高扬主旋律、铸牢“主心骨”。二是优良传统哺育。优良传统是培育部队文化精神的沃土，每一段光辉历史、每一座纪念场馆、每一个经典战例都是一本鲜活的教材。应持续开展党史军史学习教育，大讲我军积淀形成的革命精神，大讲听党指挥的光荣传统，大讲报国为民的炽热情怀，大讲牺牲奉献的无私品质，强化官兵当好传人、续写辉煌的崇高追求。近年来，全军部队结合纪念新中国成立60周年、建党90周年和建军85周年，广泛组织读红色经典、唱红色歌曲、看红色影视、讲红色故事、寻红色足迹，在领略厚重的传统文化中进一步夯实了部队文化精神底蕴。三是使命任务砥砺。精神本自磨砺生。我军在革命战争中形成的上甘岭精神、大渡河精神，国防建设中形成的“三个特别”精神、载人航天精神，非战争军事行动中形成的奥运安保精神、抗震救灾精神等等，无不是在遂行任务中积淀的宝贵精神财富。应把使命任务作为培育部队文化精神的重要平台，引导官兵在复杂艰苦的条件下磨练意志品质、锤炼过硬作风、增强心理素质，做到每完成一次任务，心灵就得到一次洗礼，精神就得到一次升华。四是环境氛围熏陶。重点构建“三种环境”，即构建人文环境，设置主题雕塑、园林画廊、文化广场等思想内涵丰富的营区景观，做到一组标牌突出一个主题、一条道路诠释一种精神、一处景点展示一种文化；构建教育环境，建好用好军师团三级史馆、营连荣誉室等教育基地，组织晋职、晋衔、授装等庆典仪式，激发官兵的自豪感荣誉感；构建舆论环境，加大部队文化精神宣扬力度，树立鲜明的思想舆论导向，让官兵在熏陶感染中受到启迪。五是实践活动牵引。广泛开展核心价值观新闻人物评选、“军营之星”评比、学雷锋、“创新训法、创破纪录、创造革新”岗位练兵等实践活动，精心打造广场文化、帐篷文化、阵地文化等兵味浓郁的文化品牌，创作推出有特色、高水准的文化精品力作，推动部队文化精神向岗位实践延伸、向日常生活渗透、向常态培育转变。六是先进典型示范。典型是文化精神的“人格化”诠释，对先进典型学习越深入，对文化精神感悟越深刻。应注重发现、培养和宣扬身边典型，引导官兵从典型的带头行动中感受好形象，从典型的启迪引领中标定参照系，从争当典型的浓厚氛围中强化进取心，自觉树立与典型相一致的人生追求和思想品格，增强部队文化精神的亲和力、感染力和说服力。七是信息技术助力。全媒体时代下，信息技术传播速度快、覆盖范围广，为宣传普及部队文化精神提供了广阔舞台，也契合了官兵追求时尚、求新求知的特点。应充分挖掘用好广播、电视、报纸等现代传媒和Flash、DV动漫等“自媒体”，尤其要注重依托军营网络，建立网上理论学校、网上数字史馆和数字图书馆，开发宣传教育软件，开设“嘉宾访谈”、“官兵博客”等栏目版块，开展网上学习教育、网上宣传引导、网上文化熏陶等活动，提高部队

文化精神的辐射力影响力。八是制度机制保障。完善的制度机制是部队文化精神培育科学化规范化的可靠保证。应把培育工作纳入部队建设整体规划，形成党委统一领导、政治部门牵头、机关齐抓共管、官兵主动参与的良好态势；定期分析培育形势，查找遇到的矛盾问题，研究制定改进措施；把培育成效纳入部队考评体系，制定考核奖惩办法，使“软指标”成为“硬杠杠”，充分开掘培育热情；采取请进来、走出去的方式，与外界加强交流协作，学习借鉴有益成果，推动部队文化精神培育上台阶上层次。

四、遵循内在规律，推动部队文化精神培育的深入发展

部队文化精神培育涉及面广、系统性强，只有科学把握规律，才能减少盲目性、克服片面性，确保培育工作有力有序、深入持久。一是处理好继承与创新的关系，既要开掘传统资源，也要体现时代气息。胡主席深刻指出，推进文化发展，基础在继承，关键在创新。培育部队文化精神，既要善于对我党我军和本部队的优良传统进行接续传承，充分挖掘和汲取精神营养，还要着眼部队转型发展新的历史方位和文化诉求，总结提炼与时俱进的时代精神，特别要注重体现开放前瞻的战略思维、决战决胜的素质能力、信息主导的特质要求、勇争一流的形象风范等构成要素，为部队全面建设提供强大精神动力。二是处理好主导与主体的关系，既要加强教化灌输，也要发动群众参与。基层官兵是部队文化精神最热切的需求者和最积极的创造者。一方面，要充分发挥各级领导机关和政治干部的主导作用，紧贴官兵思想脉搏，抓好集中灌输，引导官兵强化集体意识，使部队文化精神为大家所共识公认；另一方面要尊重官兵的主体地位和首创精神，真心依靠官兵，放手发动官兵，努力提升部队文化精神对官兵的吸引力和感召力，引导大家以主人翁的姿态自觉参与其中、乐在其中、受益其中。三是处理好个性与共性的关系，既要富有鲜明特色，也要把握普遍要求。部(分)队是军队的基本单元，这决定了部队文化精神不仅体现部队的内在特质，也必然具备军队的共性要求。这种共性表现在官兵理想信念和价值追求上，就是“忠诚于党，热爱人民，报效国家，献身使命，崇尚荣誉”的当代革命军人核心价值观。离开这个大框架，部队文化精神就会脱纲离谱、跑偏走样。只有坚持共性与个性相统一，在把握共性中体现个性，在彰显个性中不失共性，才能始终把握基调、夯实基础，使文化精神真正成为广大官兵的思想行动指南。四是处理好抽象与具象的关系，既要提炼核心主旨，也要搞好形象诠释。真理是具体的。应采取喜闻乐见的方法手段、生动活泼的表现形式把部队文化精神说出来、唱出来、演出来，使其记得住、传得开、叫得响，真正进入岗位实践、融入日常生活、植入官兵头脑。

(作者:66393 部队政治部宣传处处长，中校)

军队思想政治教育科学化基本特征探析

林开云　吴爱军

关于军队思想政治教育科学化，就是在马克思主义理论指导下，顺应时代发展，紧贴时代要求，着眼时代课题，自觉遵循军队思想政治教育与党的政治要求、与军队使命任务、与官兵实际相适应的规律，为实现党对军队绝对领导、提高部队战斗力、提高官兵思想觉悟、促进官兵全面发展的目的，以科学的理论、目标、内容、方法、制度等要素的合理性构建体系，实现军队思想政治教育既合规律、又合目的、更合规律与合目的和谐统一发展的过程。科学具有真、善、美的特性。军队思想政治教育科学化是其科学性的实现过程，是科学性的静态特征和本质属性逐步得以体现和展示的过程，也是求真、趋善、臻美的过程。真、善、美的特性展现于军队思想政治教育科学化过程，使得军队思想政治教育科学化具有本质的政治化、理论的彻底化、发展的动态化、实践的创新化、认识的规范化和工作的人性化等基本特征。

一、本质的政治化

军队思想政治教育科学化必须以科学性为支撑，否则它就失去了内在的生命力。同时，它又必须以实现军队思想政治教育政治化为根本，保证党对军队绝对领导，实现马克思主义意识形态灌输，具有强烈的目的性，否则它就没有存在的必要。

思想政治教育科学化所追求的是合教育规律与合人的目的性的统一，人始终是思想政治教育指向所归。而这里的“人”不是抽象的人，是具有社会关系的人。在阶级社会里，人的社会关系集中体现为人的阶段关系。“统治阶级的思想在每一时代都是占统治地位的思想。”统治阶级为了维护其统治地位，无一例外地将思想政治教育作为加强统治的重要手段，从而使思想政治教育打上了政治烙印。思想政治教育存在于任何军队，是阶级、国家、政党或政治集团为领导和掌控军队，实现既定的政治目标，而在军队实现统治阶级思想（即统治阶级主流意识形态）灌输的活动，本身具有很强的政治性。所以，政治性和政治化，集中体现着意识形态性和意识形态化。军队思想政治教育作为中心环节，承担着社会主义意识形态宣传和教化的特殊使命，其价值旨在决定了军队思想政治教育科学化要服从服务于其意识形态化的要求，要为社会主义意识形态的合法性、合理性进行论证和辩护。

军队思想政治教育中的政治化，不能等同于泛政治化。所谓泛政治化，是指过分政治化，不是政治的问题也提到政治层面。军队思想政治教育包括政治教育、思想教育、道德教育、心理教育等内容，影响官兵的问题，有政治问题、思想问题、道德问题、心理问题等，不能用政治问题代替其他问题，片面地用政治教育代替其他教育，否则就会出现军队思想政治教育泛政治化的问题和倾向。但我们应认识到，军队思想政治教育中政治化的重要性，因为我军是党绝对领导下的人民军队，具有鲜明的阶级性，讲政治，是军队思想政治教育的核心和灵魂。政治性作为一种阶级属性，是军队思想政治教育的本质，其核心问题，是举什么旗、跟谁走、听谁指挥的问题，决定着军队思想政治教育的性质和方向。“对军队来说，最根本的就是要保证党对军队的绝对领导，保证人民军队的性质，在坚持党对军队的绝对领导问题上必须旗帜鲜明、态度坚定。如果在这个问题上含含糊糊，甚至自行其是，那是绝对不能允许的。”

因此，当我们强调军队思想政治教育的科学化时，意味着军队思想政治教育不能一味地强化其客观性、规律性，否认其意识形态性，而应当把科学性与政治性结合起来，实现军队思想政治教育科学化与政治化的统一。反对和克服在军队思想政治教育科学化过程中，试图提出某种不带有国家、民族、历史、阶级的局限性的范畴、规律、原则、方法，追求由这样的概念和命题构成的普遍适用于不同国家、不同社会制度的理论体系，一味地弱化和淡化军队思想政治教育意识形态性，强调脱离马克思主义指导和人民群众立场的所谓纯客观、中性化和去政治化等错误倾向。在阶级社会，任何脱离阶级的纯粹“人”的需要的“普世价值”是不存在的。军队是阶级斗争的暴力工具，归根结底从属于一定的阶级和政治集团。作为党缔造和领导的人民军队，我们要旗帜鲜明地反对西方资产阶级鼓吹的“非政治化”的错误观点。军队思想政治教育不仅要善于客观地观察问题，实事求是地看待和分析问题，并遵循客观规律来实施教育，而且还要有坚定的政治立场和正确的政治方向，善于用阶级立场、党性原则来看待和分析问题，用马克思主义作政治形势分析和评估，牢牢把握军队思想政治教育核心和灵魂。唯有如此，才能正确揭示和遵循军队思想政治教育自身发展规律，辩证地认识和处理军队思想政治教育科学化过程中遇到的各种问题，有效地克服教条主义、形式主义、经验主义等不良思想和作风的影响；才能坚持一切从实际出发，不断适应新形势、研究新情况、解决新问题、总结新经验，充分发挥军队思想政治教育应有的作用。

二、理论的彻底化

马克思曾指出：“理论只要彻底，就能说服ad hominem〔人〕。所谓彻底，就是抓住事物的根本。”所谓事物的根本，指的是事物的本质，是事物及其事物内部诸要素之间的必然联系，即内在规律。任何事物都有其根本，凡是抓住事物根本、反映事物本质的理论，就是彻底的理论。理论的彻底在于对理论阐释事物本质的把握、规律的认知，理论的科学性反映了事物客观规律和本质的属性。理论的科学性是理论彻底性的前提，凡是科学的理论，都是彻底的理论。理论要随着时代的发展，紧跟社会实践发展变化，反映新的客观实际，不断吸取新的实践经验、新的思想成果，在继承的基础上发展，在与实践结合中创新，使理论永葆鲜活性和彻底性。理论的科学化在于追求理论的彻底性，抓住事物的根本，使理论说服人，掌握群众。

彻底的理论是一种高度概括抽象的理性的东西，透过事物的现象、把握事物的根本，即事物内部的本质的必然联系。马克思指出：“科学就是在于用理性方法去整理感性材料。”“认识的真正任务在于经过感觉而达于思维，到达于逐步了解客观事物的内部矛盾，了解它的规律性，了解这一过程和那一过程之间的内部联系，即到达于理论的认识。”军队思想政治教育科学化的提出，首先针对的就是长期以来占据主导地位的“经验化”的思想政治教育方式，使军队思想政治教育由“经验”上升为“理论”，由“感性”到达“理性”，实现理论的彻底化，探寻和把握隐藏于表象之中的客观规律。因为经验的抽象程度较低，没有达到理论的高度，没有形成科学知识体系，没有形成规律性的认识，因而不具备普遍的指导意义。同时，经验往往是不定型的，带有较大的随意性，一时一地的经验，到彼时彼地就不一定适合工作的需要。现代社会，由于社会分工日益严密，职业划分日趋专业，使实践经验上升为科学理论，更加理性地指导工作实践，已经成为必然的趋势。当前，军队思想政治教育既面临着在实际工作中缺乏深度的问题，同时又面临着在理论上缺乏高度的问题。军队思想政治教育科学化的出路在于，将军队思想政治教育工作实践建立在科学的理论基础之上，用理论建构的方式重塑我们对思想政治教育的理解，形成思想政治教育规律性认识。为此，军队思想政治教育科学化，就是在实践工作经验的基础上，以科学的理论为指导，超越军队思想政治教育自身经验的局限，按照科学的相关知识及其自身逻辑构筑其学科体系，体现逻辑与历史的有机统一，使得思想政治教育的基础概念、基本理论、规律、方法等关键要素相互联系、始终一贯、秩序井然，从而构成一个有机的整体。

三、发展的动态化

科学化是实现科学性的动态过程，是在遵循客观规律的基础上，实现预期目的的过程。辩证唯物主义过程论指出，客观世界是无数事物此消彼长的过程有机衔接、相互结结所构成的过程的集合体。事物都是过程集合体，运动则是物质的根本存在方式。因此，恩格斯曾指出："世界不是一成不变的事物的集合体，而是过程的集合体，其中各个似乎稳定的事物以及它们在我们头脑中的思想映象即概念，都处在生成和灭亡的不断变化中，在这种变化中，前进的发展，不管一切表面的偶然性，也不管一切暂时的倒退，终究会给自己开辟出道路。"官兵思想是客观世界尤其是军事实践的反映，而影响和决定官兵的思想形成的各种因素都是不断变动、不断发展的。"人们的观念、观点、概念——简短些说，人的意识，是随着人们的生活条件、人们的社会关系和人们的社会存在的改变而改变的。"各种影响因素的变动，推动了官兵的思想变化与发展。军队思想政治教育科学化必须在动态的发展中，灵活地适应官兵思想的变化，透过现象把握其实质，把握其发展变化的规律。因此，从根本上说，军队思想政治教育科学化作为一种处于经常的、绝对变动之中的实践活动，必须始终跟上社会发展、军事实践以及官兵思想变化的步伐，把握其发展变化的客观规律，实现对官兵的思想教育和行为引导。

同时，官兵思想变化存在着差异性，要求教育者必须依据官兵的思想水平的不同层次保持期望目标的层次性、动态性，把教育起点定位在官兵的需要和可能实现的基础上，以激发他们内心的需要，使双方协同一致、共同参与到军队思想政治教育过程中来，并在这个过程中逐步缩小教育双方在"过程角色"上的差距，从而顺利而有效地推进军队思想政治教育的科学化。这表明，军队思想政治教育科学化过程中，面对不同的官兵时，没有整齐划一的模式，必然由于官兵的不同而呈现出动态性的变化。我们必须确认军队思想政治教育科学化的动态化特征，针对不同官兵的具体的认识层次和实际思想水平来选择实际有效的教育内容和手段。虽然现实世界中的官兵在现有的思想、愿望、情感等的共同作用下，会产生对思想和精神的需求潜力，但只有在合理的思想差距存在的情况下，官兵才可能在思想上产生"赶超"的精神性需求。这种思想和精神需求潜力，通过超越自我而表现出来，并对外部世界构成"主观领域"。在这个由教育双方共同期望所构成的"主观领域"中，只有有效地利用双方在思想认识上的动态性差距，军队思想政治教育才有存在和成功的可能。而在这个过程中，教育者和官兵之间也是互动的。一方面，教育者不断提高自己的思想水平和修养，对官兵产生引导功能，并根据实际情况对思想政治教育的预期目标进行动态调整；另一方面，官兵的思想水平在教育者的引导下，会不断逼近教育者的教育预期。由此可见，每一次军队思想政治教育过程的实现，都是在前一次的思想变化的基础上继续，这些都体现了军队思想政治教育科学化过程的动态化和持续化。

四、实践的创新化

创新是以新思维、新发明和新描述为特征的一种概念化的过程，是人类特有的认识能力和实践能力，是人类主观能动性的高级表现。"创新也是军队进步的灵魂，一支没有创新能力的军队，难以立于不败之地。"军队思想政治教育科学化，为了使军队思想政治教育达到一门科学应有的状态和属性，这就决定了它是一个与时俱进、开拓创新的动态发展过程。坚持改革创新是实现军队思想政治教育科学化的内在要求，实现军队思想政治教育科学化是推动改革创新的重要目标指向。

军队思想政治教育科学化的过程，是一个在对军队思想政治教育规律性认识和把握基础上不断改革创新的过程，以此来确定军队思想政治教育目标、内容、方法、手段等，达到军队思想政治教育科学化的预期目的，按照军队思想政治教育合规律与合目的这一美的规律来建构科学化的思想政治教育体系。“按照美的规律建造”军队思想政治教育的过程，是一个在实践中不断探索创新的过程。创新贯穿于军队思想政治教育科学化的全过程，尊重客观规律的基础上创新是军队思想政治教育永葆生命力的重要保证。为此，要按照马克思主义的立场、观点和方法，深入探究和把握深化改革、扩大开放和发展社会主义市场经济条件下，军队思想政治教育应对多种安全威胁、完成多样化军事任务中，广大官兵的思想、心理和行为活动的特点规律，并及时把规律性的认识上升为理论，用以更好地指导工作、推动实践、规范言行。这就要求我们在遵循军队思想政治教育规律的基础上，实现军队思想政治教育观念、内容、形式、方法、手段、机制等方面的创新，革除与时代要求、与使命任务不相适应的成分，不断赋予军队思想政治教育以新的时代内涵，使之更加符合官兵的思想、心理和行为活动的特点规律，符合党对军队实施思想政治领导的基本规律，符合履行军队使命任务的根本要求，使军队思想政治教育体现时代性，把握规律性，富于创造性。

五、认知的规范化

科学是有程序、有制度、有规范的创造性活动。科学化的特点之一，就是规范化、制度化。按规律办事，就要把对于规律的认识转化为规范。科学化就是一个以规律认识为核心的不断探索、不断规范化、不断反馈的循环往复的实践过程。这为我们正确理解和把握军队思想政治教育科学化提供了一个有力的理论视角。军队思想政治教育的过程包括理论和实践两个方面。首先是获得关于军队思想政治教育的正确知识，其次再将其用于有效地指导实践。在这过程中，先形成规律性认识，并形成理论成果，再将理论成果制度化，形成指导实践的规范。可见，军队思想政治教育的科学化也包含两层意思：一是从感性认识上升到理性认识，获得关于军队思想政治教育规律的正确知识；二是将军队思想政治教育规律的认识结果规范化、制度化，以有效地指导实践。

同时，在科学化过程中，如何在实践中实现军队思想政治教育合规律性与合目的性的统一，一直是军队思想政治教育理论和实践上的重大难题。其最大困难不仅在于官兵能否正确地认识教育的客观规律，自觉地把握这些规律、按照规律行动，而且在于如何把握这些规律、按照规律行动成为官兵的自觉行动，以保证整个思想政治教育活动可靠、持久地达到科学、有效。因为军队思想政治教育作为一种社会性活动，要使广大官兵共同性普遍性地自觉参与并非易事。这就必须制定出一套合规律性与合目的性要求的“规范”。这是把军队思想政治教育合规律性要求落实到教育实践领域，从而成为广大官兵投身实践的可喜成果。这种联结理论与实践的“规范”，其“规范”通常表现为制定的一系列目标任务、原则方法、法规制度、运行机制等，它能够把军队思想政治教育合规律性与合目的性要求有效地联结起来，从而最现实、最可靠地把合规律性与合目的性统一要求抵达实践。

六、工作的人性化

所谓“人文化”，就是我们所说的追求“人文精神”、“人文关怀”。在军队思想政治教育过程中，即便教育的理论说服力再强，如果具体的、实际的工作中不坚持以人为本，不注重人文关怀，就不可能达到教育的预期目的。军队思想政治教育是指向官兵的实践活动,官兵参与其中,不论是教育者还是教育对象,都是活生生的人。可以说,军队思想政治教育是"一项有意识、有目的、有计划的教育人、培养人和提升人,促进人的全面发展的实践活动",是"一种尊重人、理解人、肯定人的价值、开掘人的潜能、发挥人的主观能动性、给人以更多选择和创造机会的人生哲学"。因此,军队思想政治教育科学化的过程,是坚持以人为本、实现人性化的过程。因为科学化的实现不应是生硬的、见物不见人的科学化,而是体现一种人性化的、以人为本的科学化。

马克思主义唯物史观把人类社会既看成一个自然历史过程,又视为人自觉活动的结果,认为人类社会发展是客观规律性与人的主观能动性辩证统一的过程。把人作为社会实践的出发点和落脚点,这既是对马克思主义历史主体论的继承和坚持,更是对人学理论的重要发展和重大贡献。科学发展观把以人为本作为本质和核心,思想政治教育是关乎人的科学,要走出"价值无涉"、"价值中立"的误区,理应坚持科学的人文化,凸显人在思想政治教育中的地位和作用,这是坚持思想政治教育价值性的前提,因为价值都是针对人而言。军队思想政治教育科学化,体现着人对"价值"和"善"的追求,回答的是"培养什么样的人"的问题,即应当怎样做人,怎样对国家、对社会承担责任,应当怎样规范自己的行为,以符合社会理想、信念和道德需要,等等。这就决定了军队思想政治教育科学化应该是坚持以人为本、体现人文精神、注重人文关怀的过程,尊重官兵的主体地位和首创精神;尊重官兵的人格,重视他们的个性差异,关心和理解他们每一个人,把促进官兵素质提升和全面发展作为军队思想政治教育的出发点和归宿。

(作者:南京陆军指挥学院科研部讲师,在读博士研究生;南京政治学院科研部讲师,军事学博士)

十六大以来军队思想政治教育改进创新主要举措与成就

赵晓峰

十六大以来，在党中央、中央军委和胡主席的坚强领导下，军队各项建设科学发展，成就辉煌。尤其是在思想政治建设方面，始终坚持把一切工作进步建立在思想进步基础之上，下大力加强和改进创新思想政治教育，不仅使全军官兵更加自觉地用党的创新理论武装头脑，而且为高举旗帜、听党指挥、有效履行新世纪新阶段我军历史使命提供了坚强的思想政治保证。

十六大以来军队思想政治教育改进创新主要举措

在党从思想上、政治上、组织上领导军队中，最具根本性、基础性的是思想领导，思想领导最主要的方式是思想政治教育。

把“一个树立、两个始终保持”确定为新形势下军队思想政治教育的根本任务，大力推进思想政治教育改进创新。思想政治教育是我军的传家法宝，是我军战胜一切困难、不断夺取胜利的重要保证。高度重视思想政治教育，是毛泽东、邓小平、江泽民、胡锦涛建军治军的一贯思想。2004 年胡锦涛主席主持军委工作后，对思想政治教育十分关注，反复强调：要在加强思想政治教育针对性实效性上下功夫；要着眼我军肩负新的历史使命和内外环境的深刻变化，引导官兵树立坚定的理想信念和正确的世界观、人生观、价值观，始终保持政治上的坚定性和思想道德上的纯洁性，始终保持坚强的革命意志和旺盛的战斗精神；要坚持把解决思想问题和解决实际问题结合起来，把促进思想进步和保持心理健康结合起来，把加强思想教育与完善政策制度结合起来，从端正部队风气入手，努力营造有利于官兵奋发向上、健康成长的内部环境。为切实贯彻落实胡主席重要指示，确保新形势下军队思想政治教育方向，总政于 2005 年 9 月在北京召开了全军思想政治教育座谈会。这次座谈会，进一步学习领会胡主席军队思想政治教育思想，统一了全军对于加强和改进创新思想政治教育针对性实效性重大意义的认识，明确了紧跟时代发展和形势任务变化开展教育，是我军政治工作的一条成功经验，把胡主席提出的“一个树立、两个始终保持”明确规定为新形势下军队思想政治教育的根本任务，为全军贯彻落实胡主席指示，加强和改进创新教育明确了方向。

研究制定《中国人民解放军思想政治教育大纲》（以下简称《大纲》），积极促进思想政治教育法制化。为进一步贯彻落实胡主席思想政治教育思想和要求，切实增强教育的时代感主动性针对性和实效性，2005 年上半年，总政专门组成工作组，深入部队专题调研思想政治教育。根据掌握的第一手材料和发现的共性问题，军委和总政决定研究制定一个权威、系统、操作性强的思想政治教育大纲，以解决普遍存在的“教育不够规范，缺乏系统全面的法规依据”等影响教育实效的问题。由于思想政治教育是一个动态的过程，不像军事训练那样相对稳定，便于量化和统一标准，为了研究把握其中蕴含的特点规律，制定一个切实可行的法规，总政在全军开展了持续半年多的再调查和论证；之后，研究拿出《大纲》编写方案，从全军抽调人员参与起草《大纲》，于 2007 年 1 月 1 日颁发全军。至此，我军建军史上第一部用于全面规范全军和武警部队思想政治教育的法规诞生，标志着我军思想政治教育步入法制化轨道。

总结开展"四项重大教育"经验和研究如何更好地贯彻落实《大纲》，进一步推动思想政治教育制度化规范化。2007年4月，总政组织召开了全军思想政治教育座谈会。这次座谈会，深入学习胡主席重要指示，总结了新世纪以来全军部队加强和改进思想政治教育的主要成效以及组织开展胡主席倡导的四项重大教育（即历史使命教育、理想信念教育、战斗精神教育和社会主义荣辱观教育）的经验，分析了在贯彻落实《大纲》中存在的问题，明确要求全军要在新的形势任务面前，站在依法治军的高度认识依法施教，切实按照《大纲》指导和开展部队教育，把思想政治教育提高到一个新的水平。座谈会后，全军和武警部队雷厉风行，依据《大纲》组织开展教育，自觉推进思想政治教育法治化，一些部队中存在的以习惯性经验做法代替依法施教，依靠上级旨意和老经验、老套路指导开展教育以及教育政出多门、多头部署等问题得到纠正。

修订和重新颁布《大纲》，进一步统一思想政治教育秩序。党的十七大召开之后，党的一系列重大理论观点、重大战略思想、重大工作部署赋予军队思想政治教育新的任务，2008年胡主席在军队一次重要会议上明确提出思想政治建设要着力解决"三个确保"的时代课题，增强思想政治建设的科学性，大力培育当代革命军人核心价值观，坚持紧贴时代发展、紧贴使命任务、紧贴官兵实际，切实改进创新思想政治工作。与此同时，军队参加抗低温雨雪冰冻灾害、藏区维稳、抗震救灾、支援奥运等多样化任务行动，极大地拓展了思想政治教育的视野和领域，对进一步加强和改进创新教育提出了新要求，需要进一步修订充实《大纲》，使教育法规与时俱进，科学全面，符合军队建设发展实际。于是，在总政组织下，经过充分调研和听取多方面的意见，对《大纲》完成了修订。修订后的《大纲》于2009年11月经中央军委批准发布施行。同时，总政还组织编写了《学习贯彻〈中国人民解放军思想政治教育大纲〉问答》印发全军。至此，一个以《大纲》为基本遵循指导和开展教育的氛围形成，教育秩序更加规范和统一。

研究制定《深入持久培育当代革命军人核心价值观实施意见》，对培育当代革命军人核心价值观作出规范。培育"忠诚于党，热爱人民，报效国家，献身使命，崇尚荣誉"的当代革命军人核心价值观，是胡主席着眼时代发展和军队建设全局提出的重大战略任务，是新形势下军队思想政治建设的重大创新实践。为推动培育深入开展，2011年5月召开了十六大以来全军第三次思想政治教育座谈会，集中研究深化培育当代革命军人核心价值观问题。座谈会在总结交流培育经验、分析形势、研究问题基础上，对深入持久地抓好培育工作进行了部署，研究形成的《深入持久培育当代革命军人核心价值观实施意见》，从重大意义、指导思想、主要原则、培育的主要方式方法以及组织领导等多个方面作出要求，为深化培育提供了基本的指导和遵循。

十六大以来军队思想政治教育改进创新突出成就

回首过去的十年，无论形势如何变化，我军始终把思想政治教育作为党对军队绝对领导的根本性、基础性工作，作为党对军队实施思想政治领导的基本途径，按照"三个紧贴"，不断回答和解决"三个确保"的时代课题，全军和武警部队官兵履行使命的思想政治基础更加牢固，展示了当代革命军人的精神风貌。

在指导理论上，坚持用不断创新的科学理论指导教育，教育始终与时俱进，具有鲜明时代特征。十六大以来的十年，军队思想政治教育始终坚持以党不断创新发展的科学理论成果为指导，坚持科学理论每创新发展一步，我军政治工作就跟进一步，官兵思想就武装一步，不但为改进创新教育提供了新的科学的思想理论依据，而且使教育的指导思想、方针、原则、内容、方式等各方面，都贯彻和体现了科学发展观的理论创新成果，为改革创新教育注入新的活力，指明了前进的方向。我们从十年来的教育实践中得出：军队思想政治教育只有紧紧跟上党的理论创新步伐，才会有旺盛的生命力和强大的战斗力，才能从根本上保证思想政治教育的时代感主动性针对性和实效性。

在教育实践上，坚持求真务实、注重实效，教育的内容、形式与方法更加灵活多样。十六大以来，为了使教育实践常抓常新，在教育内容上，以学习马克思主义特别是马克思主义中国化最新成果作为根本，把胡主席倡导的四项重大教育作为重点，把党的基本理论和路线、方针、政策教育，人民军队性质宗旨和优良传统教育，我军历史使命和军人职责教育，法制纪律和道德规范教育，形势政策和遂行任务要求教育作为基本内容，并把建设社会主义核心价值体系和培育当代革命军人核心价值观融入教育全过程。在形式与方法上，注重浓厚民主教育氛围，把思想政治要求的统一性与教育实践的多样性结合起来，改进教育的组织领导和检查评估方法，尤其突出了以人为本的教育理念。特别是党的十七大以来，全军教育实践着眼建设信息化军队、打赢信息化战争的战略目标，从官兵思想实际出发，大力培育当代革命军人核心价值观，着力增强思想政治建设科学性，不断更新教育理念，不断赋予教育实践以新的时代内涵，为实现“三个确保”发挥了重要作用，全军和武警部队官兵在完成多样化军事任务中表现出了优良的思想政治素质和昂扬的战斗精神。在科学化水平上，坚持不断完善法规制度，把教育纳入可持续发展轨道。《大纲》施行后，全军教育秩序得到规范，长期困扰教育针对性实效性的突出问题得到较好解决。与此同时，军队思想政治教育的其他制度也逐步建立和完善。比如《关于进一步加强军队政治理论研究的意见》、《关于加强军队基层干部理论学习的若干规定》、《关于进一步加强部队思想政治教育组织指导的意见》等，都是十六大以来经中央军委批准，由总政印发执行的。这一系列制度规定，为依法施教、科学施教、推动军队思想政治教育长远发展创造了必要的法治条件，发挥着重要作用。

在学科建设上，坚持深入研究、探寻本质，对教育基本问题有了更加深刻的认识。军队思想政治教育是军队政治工作学的分支学科。长期以来对事关教育一些基本的问题见仁见智。十六大以来，特别是在科学发展观指导下，在研究和认识上获得了较大的创新和发展。比如，对于军队思想政治教育本质和地位作用的认识：一致认为思想政治教育是中国共产党在军队中进行的理论武装和思想引导工作，是党对军队实施思想政治领导的基本途径，是加强军队全面建设、完成各项任务的中心环节，是增强部队凝聚力、提高部队战斗力、有效履行新世纪新阶段我军历史使命的重要保证；还对各级教育职责、教育内容、教育时间、基本制度、方式方法、实施环节等问题，作出了科学的研究和概括，并写进《大纲》，以法规的形式固化下来。

在教育保障上，坚持把基本教育设施纳入部队建设整体规划，使教育的软硬件条件均有显著改善。教育设施是教育实效的必要保证。十六大以来，军委和总部在不断加大教育投入的同时，把教育保障写入《大纲》，明确保障要求，使全军教育的设施、教材、场所、经费等各方面建设与投入都有了法规依据，使影响和制约教育的一些实际困难得到了妥善的解决。在此基础上，总政统一编发了专用教材，各部队按照保障要求，尽职尽责，促进了部队特别是基层部队教育设施的极大改善，实现了教育有场所，上课有桌椅，学习有资料，教学有设备，活动有经费，教育整体呈现丰富多彩、健康发展局面。

（作者：西安政治学院军队思想政治教育研究所所长）

第十三部分

高校党的建设与思想政治教育

深化高等教育改革
走以提高质量为核心的内涵式发展道路

刘延东

提高质量是高等教育的生命线，是国家中长期教育改革和发展规划纲要确定的重要方针。去年4月24日，胡锦涛总书记在庆祝清华大学建校100周年大会上的重要讲话中鲜明指出，“高等学校要把提高质量作为教育改革发展最核心最紧迫的任务”，明确了我国高等教育的主攻方向。一年来，高等教育战线认真贯彻总书记讲话要求，推进质量提升，作出了积极探索。当前，我国现代化建设站在一个新的起点上，面对经济社会发展的新形势新任务，必须进一步提高认识、统一思想，坚定不移地深化高等教育改革，推动高等教育的内涵式发展，在建设高等教育强国进程中迈出更加坚实的步伐。

一、提高质量是我国高等教育改革发展最核心最紧迫的任务

提高质量是世界各国进入高等教育大众化阶段后面临的共同问题，也是我国高等教育发展的必由之路。我国现代高等教育发展只有一个多世纪时间，从晚清到民国时期，高等教育在艰难曲折中不断前行，形成了许多好的传统和风气，即使在内忧外患的抗战时期，高等教育仍然向前发展，涌现了一批名家大师，为之后的发展奠定了良好基础。

新中国成立之初，国家百废待兴，党和国家高度重视人才培养，高等教育进入了大发展时期。特别是在中西部和边远地区新办一批大学，为各行各业培养了大量急需的专门人才。文革结束以后，高等教育开改革开放之先河，迎来了前所未有的发展和辉煌。1978年全国高校招生数为40万，毛入学率只有2.7%。2002年毛入学率达到15%，进入大众化阶段。近10年又增长11.9个百分点，2011年毛入学率达到26.9%，普通本专科年招生人数达681万，这是了不起的成就。蓬勃发展的高等教育，为现代化建设源源不断地输送了高层次人才，提供了高水平的智力支撑和社会服务。

当前，我国进入全面建设小康社会的关键时期和深化改革开放、加快转变经济发展方式的攻坚时期，提升高等教育质量的重要性和紧迫性更加突出。

（一）解决我国经济社会发展的深层次矛盾，迫切要求加快提升高等教育质量。我国已连续30多年保持了近10%的经济增长速度，即使面对国际金融危机的冲击，依然保持了强劲的发展势头，成为世界经济增长的重要推动力量。但必须看到，作为一个有着13亿人口的发展中大国，我们遇到的困难和挑战前所未有，短期问题和长期问题交织，结构性问题和体制性问题并存，国内问题和国际问题互联。一方面，经济增长面临着外部环境不确定因素影响的新问题。国际金融危机远未结束，欧债危机尚未得到根本解决，世界经济增速放缓，对我国不利影响增大。另一方面，发展的不平衡不协调不可持续的老问题更加突出。传统发展方式已难以为继，只有真正走上创新驱动、内生增长的发展轨道，才能为持续繁荣开辟新的空间。未来十年是中国发展极为关键的阶段，要在建党100周年时全面建成小康社会，为新中国成立100周年时建成现代化强国打下坚实基础，必须以高素质人才构建新的竞争优势，以创新创造寻求新的发展动力。高等教育作为科技第

一生产力和人才第一资源的重要结合点，具有高端引领作用，其发展水平和质量决定着人才的创新创造能力，决定着产业在全球价值链中的地位，决定着我们站在什么样的制高点上。高等教育战线必须自觉承担起提高教育质量、建设高等教育强国的崇高使命。

（二）顺应全球强化高等教育质量的新浪潮，迫切要求我国加快提升高等教育质量。提高高等教育质量是各国提升核心竞争力的重要举措。新世纪以来，欧美掀起了新一轮提高教育质量的浪潮。从欧洲的“博洛尼亚进程”到美国的高等教育改革行动计划，都反映出老牌高等教育强国的努力新方向。特别是国际金融危机以来，各大国对高等教育引领创新发展的期盼更加紧迫。其共同做法是，注重人才培养与时代变化的全方位适应，注重高等教育与经济社会的深度融合，注重提升高等教育国际化水平。有两个现象值得重视：一是欧美国家把提升学生就业能力确立为提高质量的重要努力方向，树立多元化和多样性的质量观，更加关注那些不能成为科学家的孩子。二是一些亚洲国家强化拔尖创新人才的培养，创建高水平的教育基地。这两种现象反映，在新一轮全球提高高等教育质量的浪潮中，各国都选择了自身的发展重点，各急所需，各补所短。我们必须立足实际，明确战略思路，加快向高等教育强国的赶超步伐。

（三）把握新科技革命和知识经济的时代特征，迫切要求加快提升高等教育质量。进入21世纪，人类社会发展呈现新特征，高等教育理念与模式发生了革命性变化。比如，经济全球化深入发展，信息网络技术广泛应用，使知识的生产和传播突破了时空局限，资金、技术、人才流动频繁，要求高等教育资源跨部门、跨区域、跨国界开放共享。又如，新的科技革命拓展了科学研究的领域，不同学科交叉融合加速，区域化、集群化、网络化创新模式不断涌现，要求高等教育的教学科研组织模式进行改革。再如，知识创造爆发性增长，科研成果转化周期缩短，学习方式发生深刻变化，教育正在从学校教育向终身教育延伸，要求高等教育提供灵活便捷和个性化的教育服务。这些新趋势为提高质量带来了后发优势，能不能抓住机遇，加快改革，决定着我们能不能实现教育质量的新跨越。

（四）解决高等教育自身面临的突出问题，迫切要求加快提升高等教育质量。我国是世界高等教育大国，但“大而不强”的问题比较突出。拥有3100多万学生的2700多所大学中，跻身世界一流行列的高校并不多。国际论文发表总量稳居世界第二，但总被引用数仅居世界第七。许多高校在办学方式和人才培养模式上还存在亟待加强的地方，比如有的用人单位反映，一些毕业生不能尽快适应工作，基本的职业训练不够，动手能力、团队精神、吃苦奉献意志还需锤炼。有的地区和高校缺乏危机感紧迫感，改革动力不足，还没有真正把教育质量摆在生命线的高度，以质量求生存求发展的压力不大；对提高教育质量缺乏战略谋划，投入的资源和精力不足。这些问题必须引起高度重视。

提高高等教育质量是立足我国现代化的阶段性特征和国际发展潮流提出的深刻命题，关系国家未来和民族振兴。高等教育战线要树立忧患意识、危机意识，增强责任感使命感紧迫感，树立科学的高等教育发展观，强化质量立校意识，推动高等教育从规模扩张为特征的外延式发展向质量提升为核心的内涵式发展转变，从关注硬指标的显性增长向致力于软实力的内在提升转变，走出一条中国特色、世界水平的现代高等教育发展道路。

二、以人才培养为中心，全面提高高等教育质量

人才培养是高等教育的本质要求和根本使命。衡量高等教育质量的第一标准就是看人才培养水平，核心是解决好培养什么人、怎么培养人的重大问题。要牢固确立人才培养在高校工作中的中心地位，一切工作都要服从和服务于学生的成长成才，坚决扭转重科研轻教学、重学

科轻育人的现象，着力提高学生服务国家人民的社会责任感、勇于探索的创新精神、善于解决问题的实践能力，真正培养出德智体美全面发展的社会主义建设者和接班人。

（一）引导教师潜心育人，打造高水平师资队伍。

教师队伍是教育的第一资源，是决定教育质量的关键环节。现在教师学历层次明显改善，来源日益多样化，但仍然存在师资结构不尽合理、专业素质和师德水平有待提高的问题。少数教师没有统筹处理好教书与育人的关系，教学、科研和社会服务的关系，教育教学水平得不到保证。必须把教师队伍建设作为高校最重要的基础工程来抓。

一要为教师心无旁骛地安守教学岗位提供制度保障。要改革教师评价办法，突出教学业绩评价，建立激励竞争机制，分配政策向教学一线倾斜。要完善教学名师评选制度，大力表彰在教学一线作出突出贡献的优秀教师，引导广大教师以学术素养、道德追求和人格魅力教育感染学生。

二要深化教师聘任制度改革。现在有的高校教师存在“近亲繁殖”现象，不利于形成平等的学术争鸣。要拓宽选人视野，完善遴选制度，全面推行公开招聘，促进不同高校、不同学术流派之间的交流。鼓励高校聘用实践经验丰富的专家担任专兼职教师，鼓励教师拥有校外学习、研究和工作经历，优化专兼职教师结构。同时，完善退出机制，实现能进能出、能上能下，增强用人活力。

三要坚持培育和引进并举。“育”的重点是加强中青年教师培养。中青年教师是学校的未来，要作为教师队伍建设的重中之重，重视教学基础能力训练，加强教育心理学、教育伦理学、教育技术、职业道德等系统培训，提升专业水平，以适应知识发展和学生全面发展的需要。“引”的关键是延揽高层次领军人才，有条件的学校要面向世界招聘一流教师。目前“千人计划”高校入选人数占全国的63%，要发挥好引领示范作用，构筑相互衔接配套的高层次人才队伍，打造高水平创新团队。

（二）深化教育教学改革，努力提高人才培养水平。

教学质量是衡量办学水平的核心标准，多年来教育教学改革取得一定进展，但仍有一些学校存在教学理念落后、教学方法陈旧的问题，缺少对学生科学思维的训练，难以激发学生学术探究的热情，一些学生知识面狭窄、综合素质和适应性不强。加快教学改革势在必行。

一要创新教学理念和模式。人才培养立德为先、立学为基，既要加强专业教育，注重“厚基础、宽领域、广适应、强能力”，也要加强思想品格教育，注重“树理想、强意志、勇实践、讲奉献”，使学生具有坚定的理想信念、广阔的眼界胸怀，更好地适应未来职业和社会发展的需要。要探索科学基础、实践能力和思想品德、人文素养融合发展的培养模式，推动跨学院、跨学科、跨专业交叉培养，加强高校、科研院所、行业企业联合育人。对就业相对困难的专业，要调整课程设置和教学内容，让学生知识面更宽，就业面更广。对高端技能型人才，要探索产学研合作、工学交替的培养模式。要加强校际交流，增加学生“第二校园”的经历，让学生分享各校的学科优势，接触不同的教学风格，在多元的校园文化中熏陶成长。

二要创新教学方法和手段。目前有的高校仍然延续满堂灌、填鸭式的教学方法，有的高校课程多但挑战性不足，有的高校课堂越来越大，公共课动辄几百人，互动讨论难度比较大。要鼓励小班教学，开展启发式、讨论式、参与式教学，学生的创造思维应在教学全过程中得到激发和鼓励。教师要加强与学生的联系和交流，为学生提供更多互动学习的机会。要推进信息技术在教学中的应用，增强学生运用网络资源学习的能力。还要加大国家精品开放课程建设的力度，把最有特色、最有水平的课程开放共享。

三要创新学习方式。随着现代社会的发

展,大学的学习方式出现许多新特征,自主学习、探究式学习和终身学习等理念得到广泛认同。但不少学生仍然把分数、文凭作为学习的主要目的,缺乏自主学习的精神。要确立学生在学习中的主体地位,逐步改变以教师为中心的知识传授型教学方式,开设由学生和教师共同选题的自主学习课程,构建多元学习模式,加强学习策略和方法的训练指导,培养学生的批判性思维和创新能力,促进个性发展。

本科是大学生打基础的重要阶段,世界一流大学无不高度重视本科教学。要巩固本科教学的基础地位,健全以提高教学水平为导向的管理制度和工作机制,做到政策措施激励教学,工作评价突出教学,资源配置优先保证教学。要把教授为本科生上课作为基本制度,坚决避免本科教学被弱化的现象。本科阶段要加强应用型、复合型、创新型人才培养,提升学生就业创业能力,同时为部分学生进入研究生阶段学习做好准备。要发挥好"本科教学工程"在提高教学质量上的引领辐射作用,调动所有教师投入教学改革的积极性。

(三)提高高校科学研究、社会服务和文化传承创新能力,形成相互支撑、整体提升质量的格局。

现代大学的功能已拓展到人才培养、科学研究、社会服务和文化传承创新四个方面,落实好提高质量的战略任务,必须以人才培养为核心,四大功能有机互动、相互支撑,为内涵发展打开更大空间。

一要加强科学研究,推进协同创新。协同创新既是提升国家创新能力的重要途径,也是高校培养创新型人才、提升科研能力的必然要求。高校要以"协同"的理念推动科研改革,打破封闭分散格局,发挥多学科多功能优势,促进创新要素有机融合和全面共享。要把握好"四个协同"。一是科研创新与经济社会发展大局必须协同。高校作为知识创新骨干和技术创新生力军,一方面要瞄准基础前沿,取得更多的原始创新成果,另一方面要推进技术创新,加快成果转化和产业化。要重点围绕国家急需的战略性问题、科技尖端领域的前瞻性问题、涉及国计民生的重大公益性问题和区域经济社会发展的关键性问题开展科研和服务,为落实主题主线作出新贡献。二是科研创新主体之间必须协同。高校内部要优化学科结构、推进跨学科交叉,这是产生新理论和新发现的重要突破口。要推动院系、专业、学科的开放,改变"一个教授+几个研究生"的封闭科研模式,加强自然科学、人文社会科学的知识和手段的集成。高校对外要推进产学研用深度融合,善于与科研院所、行业企业开展合作,最大限度地共享各类创新资源。三是科研创新与人才培养必须协同。推进科教结合,形成教学与科研互动的稳定机制,鼓励学生参与课题和实验室研究,加入创新团队,提高学生的动手能力和创新本领,做到寓教于研、研中有教。四是科研创新与体制机制创新必须协同。重点是打破壁垒,理顺关系,构建成果共享的利益链,完善知识产权、期权、税收等政策,激励高校科研人员与企业联合创业,把各种创新主体的活力激发出来。

二要拓展社会服务,加强实践锻炼。学生在基础教育阶段社会实践比较少,亟需在大学阶段补上这一课。大学生参与社会、服务社会的积极性很高,在奥运会、世博会、汶川抗震救灾等重大事件中都涌现出成千上万的大学生志愿者。但目前实践育人机制仍有待健全,存在重视不够、投入不够、社会配合度不够的问题,大学生通过社会服务锻炼成长的机会和渠道不多。高校必须把社会实践作为"第二课堂",纳入教学计划,大力开展课外学术活动、科技活动和创新创业,确保学生参与有质量、有内容的社会实践。政府要完善相关政策法规,通过财政支持、购买服务、税收优惠等方式支持实践育人,加强实践教学共享平台建设,形成支撑社会实践的网络。基层最需要知识和技术,应当成为高校社会服务和实践育人的主战场,要鼓励师生深入边远贫困地区和少数民族地区,深入企业、社区、乡村,开展科技服务,扶助困难群体，拓展志愿活动，接地气、知实践、动真情，增加对国情社情民情的切身感受，密切与人民群众的联系，在社会服务实践中起作用、长才干、做奉献。我国产业升级和就业结构变化对职业培训提出了更高要求，高校要参与构建覆盖城乡的知识学习和职业培训体系，探索与企业和政府联合培训的模式，促进区域人力资源水平的提升。

三要加强文化传承创新，参与文化强国建设。高校是思想文化创新的重要阵地，具有以文化育人才和以人才兴文化的双重优势，但目前一些大学文化传承创新的功能还没有彰显，以文化人的理念还没有融入教育教学全过程，必须按照党的十七届六中全会要求，发挥文化大繁荣大发展的生力军作用，为建设文化强国作出更大贡献。要激励师生投身文化创新创造，记录社会生活和人们精神世界，创作更多体现盛世风采的精品佳作，为社会提供更好更多的精神食粮，同时也使学生在文化创造中提升人文素养和精神品格。要推动哲学社会科学繁荣发展，加强对中国特色社会主义伟大实践的经验总结和理论创新，巩固发展马克思主义理论学科，推进社会主义核心价值体系建设。坚持以重大现实问题为主攻方向，加强对全局性、战略性、前瞻性问题研究，不断以丰富扎实的研究成果服务于党和政府的决策，使理论工作在与实践的紧密结合中展示旺盛活力。积极参与实施哲学社会科学创新工程，推进学科体系、学术观点、科研方法创新。目前一些高校文史哲专业成了“冷门”，要加大对其支持力度，集聚人才，稳定队伍。哲学社会科学研究成果要加快运用到教学中去，培养出理想坚定、品格崇高、有思想深度和文化厚度的杰出人才。高校的教育资源要向社会开放，组织好“高校名师大讲堂”、“高校理论名家社会行”等活动，推进优秀文化教育资源普及和共享，为丰富群众文化生活、提升国民素质作出新贡献。

（四）建设优良学风教风校风，形成有利于人才培养的良好环境。

文化是一所大学的灵魂，也是大学彰显特色的重要标志。很多中外名校，每一幢建筑都蕴含着历史的厚重，一草一木都渗透着浓郁的人文气息。但也有的大学高楼大厦、富丽堂皇，却感觉缺少文化的滋养。大学文化是在长期办学中积淀而成的，核心是大学精神，外化为学风教风校风，要作为提升质量的重要任务，使文化底蕴更加丰厚，精神品质更加卓越，形成良好育人氛围。

一要牢牢坚持以社会主义核心价值体系为指导。高校要深入领会社会主义核心价值体系的内涵，结合办学传统和办学思想，积极培育富有特色的大学精神，大力弘扬崇尚科学、探索真理、独立思考、注重创新、奉献社会的精神，形成境界高尚、底蕴深厚的独特文化，激励和引领高校内涵式发展。要深入开展理想信念教育、形势政策教育、国情教育、革命传统教育、改革开放教育、国防教育、民族团结教育，激励学生胸怀祖国、热爱人民、锐意进取、奋发有为，增强对中国特色社会主义的思想认同和情感认同，成长为国家和民族的栋梁之才。

二要加强校园文化品牌和思想文化阵地建设。高校的文化氛围在无形中塑造着学生的人文素养，这种积淀对人一生的影响持久而深入。要重视校训校歌、主题活动等校园文化载体建设，大力开展健康活跃的文体活动，形成对教师有凝聚作用、对学生有陶冶作用、对社会有示范作用的校园文化氛围。要推动优秀传统文化和当代先进文化的网络传播，使校园网不仅成为大学生文化生活和思想教育的平台，也成为社会先进文化传播的新空间。

三要切实加强学术诚信和学风建设。当前高校学术风气主流积极向上，但也存在学风浮躁甚至学术腐败现象，需要从文化和制度层面入手，加强学术诚信建设，培养良好的学术传统。要将诚信教育列入课程内容，纳入教师职业培训，为提升科学道德水准打牢基础。同时，严格遵守学术规范，完善学术管理，坚持实事求是，对科研不端行为出重拳、零容忍，使高校真正成为学术的神圣殿堂、诚信的社会高地。

三、改革创新、加强领导，为提高高等教育质量提供强有力的保障

高等教育向内涵式发展转变，面临从思想观念到体制机制的种种障碍，不改革就没有出路，不触及深层次矛盾就难见成效。要树立强烈的改革意识，克服不敢改、不愿改、不会改的畏难情绪，摒弃安于现状、小富即安的惰性思维，突出重点，攻坚克难，推动高等教育质量提升迈出更大步伐。

（一）完善质量评价体系，引导高校办出特色、办出水平。大学不在规模大小、历史长短，关键要有特色。每一类型、每一地区的大学都有其发展空间，都能够以特色构筑核心实力，办出高水平。目前，高校的同质化现象没有根本解决，重要原因在于分类不清、定位不准、缺乏特点。

一要加强分类管理。分类管理重在形成特色导向，要综合考虑高校的功能定位，建立科学可行的分类管理办法。全国要通盘考虑，加强顶层设计，省级政府也要因地制宜地进行探索。高校要根据办学历史、区位特点和资源条件等，理清特色发展思路，确定办学定位。

二要建设优势学科。学科是高校办出特色的关键，要将其摆在突出位置。注重与产业发展、社会就业需求、科技发展前沿趋势相衔接，调整优化学科结构，加快发展新兴、交叉学科，做强做大优势学科，打造支撑质量提升的学科品牌。要建立专业预警和退出机制，把高校布局结构、发展绩效作为资源配置、专业及招生计划调整的重要依据，通过法规、政策、拨款、评估等方式引导特色发展。目前，农林、水利、地矿、石油等行业高校和师范、艺术、体育高校在办学实践中形成了优势，要进一步突出学科优势和行业特色，不断提高水平。

三要支持地方高校特色发展。地方高校与区域经济社会发展紧密相联，有特色才能有作为，有作为才能有地位，要下力气解决办学定位问题，避免盲目追求升格。要以扶需、扶特为原则，在重点学科、重点实验室、创新团队等方面给予政策支持。实施好中西部高等教育振兴计划，加大省部共建力度，加强对口支援，支持地方高校加快提升办学水平。加强高水平示范（骨干）高等职业院校建设，办好一批高水平民办高校，为产业升级培养高水平后备军。

四要强化质量评价。这是提升质量的基础性工作。要建立符合国情、具有公信力的人才培养质量标准体系，本科各专业要制定好教学质量的国家标准，一级学科博士、硕士学位要明确基本要求，专业人才评价标准要由行业部门和高校联合制定。要健全评估制度，科学设计评价指标，真正反映办学水平、发挥导向作用。各高校要加强内部质量保障体系建设，实行精细化管理。在完善中国自己的质量评估体系的同时，还应支持有条件的大学开展专业国际评估。

（二）改革高等教育管理体制，加快建设现代大学制度。高校是规模庞大的社会组织，高等教育管理体制是一个复杂系统。要理清高等教育体制改革思路，破解体制机制障碍，为提高质量提供持续和稳定的保障。

一要坚持和完善党委领导下的校长负责制。党委领导下的校长负责制是我国基本国情和高等教育办学宗旨所决定的，体现了党的领导和遵循教育规律的协调统一。这一体制是建设现代大学制度的基本前提，决不能动摇。要正确协调好党委领导和校长负责的关系，处理好集体领导和分工负责的关系，把握好党委书记和校长的角色定位，健全党政议事规则和决策程序，依法落实党委职责和校长职权，使这一制度的优越性充分彰显出来。

二要切实扩大高校办学自主权，保障高校按照教育规律办学。扩大自主权的一个关键问题，就是高校必须形成比较完善的内部治理结构、权力监督机制，具备用好自主权的条件、能力和品格，这就要求政府放权与高校建立现代大学制度同步进行。同时，要健全放权之后的

评估和外部监督机制。

三要加快章程建设,推进高校依法、民主管理。各高校要完善师生权利、组织框架、决策机制、学术管理和民主管理机制等内容,构建决策、执行和监督相互协调相互制约的科学管理制度,形成依照章程管理学校的体制和氛围。

四要扩大社会参与,建立学校与社会的良性互动机制。总结推广高校组建理事会或董事会的有益经验,充分发挥行业协会、专业学会、基金会等各类社会组织在高等教育公共治理中的作用,形成社会支持和监督学校发展的长效机制。

(三)加强国际合作,提高高等教育国际化水平。一所大学的开放程度如何,深刻影响着办学水平和发展空间。当今世界,高等教育国际化已成为重要趋势。建设高水平大学,一定要站在全球大舞台上谋划未来,把提高国际化水平作为质量建设的重要抓手和新的增长点,以开放促改革促发展。

一要提升中外合作办学水平。近年来中外合作办学取得了积极进展,要坚持立足国情、高端引领,积极借鉴先进理念和成功经验,利用国外优质资源,满足社会多样化需求。对经济社会发展紧缺的专业和课程要选准选好,加大引进力度。

二要引进优质教育资源。许多世界一流大学都聘任外籍教师,这是一种学术互补,也是一种文化交流。要以海外名师引进项目和学科创新引智计划为牵引,引进高水平教学科研团队。有条件的各高校可结合实际完善管理,相应地增加外语授课和外籍教师比例。

三要加强留学生工作。去年在华学习的外国留学人员首次突破29万,来华留学生总数和我国政府奖学金生人数都创下新中国成立以来新高,要实施好留学中国计划,进一步扩大外国留学生规模。同时,选派一流学生到世界名校和科研机构,师从一流导师,加快培养具有国际水平的拔尖创新人才。

四要把人文交流与国际化人才培养紧密结合。人文交流是新时期我国外交工作的战略领域。我国已经构建了中美、中俄人文交流机制,刚刚启动中英、中欧高级别人文交流机制,在国际上产生了良好效应。高校要从提升国家软实力的战略高度出发,发挥优势,把人文交流作为一项常态化工作。要讲好"中国故事",开展国际理解教育,探索海外志愿服务机制,使学生通过到海外学习和实习,提升跨文化交流和跨文化环境中工作的能力,成为中外友好的民间使者。要提高国际汉语教育质量,与外国高校合作办好孔子学院,使之成为综合性中外文化交流平台。

(四)加大领导和保障力度,形成提高质量的强大合力。中央对提高高等教育质量的要求已经非常明确,下一步的关键就是抓好落实。省级政府要加强领导,加大投入,统筹好各方面力量,整体提升区域内高校办学水平。教育部门要加强督促、检查和指导,各有关部门要落实和完善项目资金、人事编制等保障措施,共同推进高等教育质量提高。各高校要切实履行好质量建设的主体责任,主要领导要集中精力抓质量,及时推动解决教育教学中的重点难点问题。高校主要领导要有战略眼光,应该成为全职管理专家,既要有先进的教育理念和管理驾驭能力,也要保证全身心投入办学和管理。要加快校长职业化进程。学校内部管理要全面服务于提高教育质量,落实好管理育人、服务育人、全员育人,发挥好基层党组织、行政人员、群团组织的重要作用,形成人人关心、人人参与、人人服务质量提高的良好格局。

全面提高高等教育质量,使命光荣、任务艰巨、时不我待。让我们紧密团结在以胡锦涛同志为总书记的党中央周围,求真务实,开拓创新,全面提高高等教育质量,为建设高等教育强国不懈努力!

文化传承创新:大学的责任与使命

曹国永

党的十七届六中全会对深化文化体制改革,推动社会主义文化大发展大繁荣作出了重要部署,强调要坚持中国特色社会主义文化发展道路,建设社会主义文化强国。胡锦涛总书记在庆祝清华大学建校100周年大会上的讲话中也明确指出,高等教育是优秀文化传承的重要载体和思想文化创新的重要源泉。全面提高高等教育质量,必须大力提升人才培养水平,必须大力增强科学研究能力,必须大力服务经济社会发展,必须大力推进文化传承创新。这不仅对高等教育今后的改革发展提出了新的更高要求,强调了其文化责任,同时也赋予了高等教育新的历史使命。

一

人类对本国历史文化的传承,主要是靠教育来实现和完成的。高等教育肩负着传承文明和创新文化的重要任务。对当今中国的大学来讲,文化传承创新是一个崭新的使命,是时代发展对大学提出的新要求。从全球背景来看,在当前经济全球化、文化多元化的知识经济时代,伴随高等教育大众化、终身教育体系和学习型社会的建设发展,大学将越来越成为人们思想和文化的中心。大学通过文化传承以及倡导、交流和推动新思想、新文化,在满足人们不断增长的精神生活需求,引导日趋多样的社会文化的价值选择,推动社会文化的繁荣与发展等方面必将发挥更大的积极作用。

从历史上来看,我国在过去很长的一段时间内,由于客观条件的限制和一些历史原因,大学文化传承与创新的使命没有得到全社会足够的重视和关注。随着我国经济社会的快速发展,人民群众的物质生活得到很大改善,丰富的精神文化生活就越来越成为人民群众的热切期盼。文化不仅是发展的重要组成部分,也是一个国家文明程度的重要标志,是国家重要的"软实力"。文化在满足人民精神文化需要和在综合国力中不断凸显的地位对大学的文化传承创新提出了新的更高的要求,赋予了大学新的历史使命。因此,我们应更加自觉、更加自信地将文化传承创新作为大学的神圣职责之一。

二

大学的文化传承创新首先体现在育人这个核心职能上。从广义上讲,大学传播、研究和创新文化的过程,实际上就是培养人才的过程。培养人才是大学的根本任务,文化传承创新最根本的是要通过人才培养来实现,通过人才培养将优秀和传统文化一代一代地传承下去并发扬光大,实现人的可持续发展和社会的不断进步。

大学文化是大学的灵魂,是大学生存和发展的内在力量,能够营造出一种弥漫、浸染、渗透于整个校园的精神氛围,对师生的价值判断、思维习惯、学术氛围、情感陶冶和行为养成都会产生重要的影响。在大学文化润物无声的熏陶下,学生学习知识,崇尚科学,追求真理,并培养起创造能力、批判视野和人文情怀。这既是大学育人功能的实现,也是对人类优秀文化和中华传统文化的传承。

大学的育人功能既体现在课堂内的教学活动,又体现在校园文化潜移默化的熏陶之中。因此,大学要大力推动中国特色社会主义理论体系进教材、进课堂、进头脑工作,把社会主义核心价值体系融入课堂教学，渗透到课程之中，在传授知识的同时引导学生学会判断和思考，不断提高学生的思想政治素质和综合素质。大学还应结合历史传统和未来发展，凸显自身办学理念和特色，营造丰富多彩又富有教育性的文化环境，使优秀文化和主流价值积极融入有形的校园物质环境和无形的人文环境中。同时，大学还应根据时代和社会对未来人才的需求，结合学生个性化发展的需要，开展各种丰富的课外活动和实践活动，在优良的文化环境中培养德才兼备的优秀人才，使他们不只将优秀文化保留和传承下去，还能够在未来更广阔的空间里将优秀文化的影响辐射开来、发扬光大。

三

大学是文化生产和传播中心，文化创新是其生命力所在。大学，特别是研究型大学，是科学研究的重要力量，是基础研究的重要阵地。大学通过开展科学研究与知识创新，扬弃旧义，创立新知，并传播到社会，延续至后代，不断培养崇尚科学、追求真理的思想观念。这不仅为解决国家经济建设和社会发展中的重大问题作出了突出贡献，而且有利于推动社会主义先进文化建设。高校哲学社会科学研究对社会主义先进文化的作用更为直接而突出。很多大学不断向党和各级政府提供政策参考、决策咨询服务，成为社会发展的智库和咨询服务基地。

特别在当前我国正全力建设创新型国家的背景下，大学的创新使命更加明确和突显。文化的生产和传播是大学实现文化传承和创新的重要使命。要实现这一使命，首先，从广义的文化意义来说，大学必须大力提升科学研究与知识创新能力。要发挥优势，瞄准科技前沿和国家经济社会发展的重大科技问题，集中兵力，重点突破。要以学科和创新基地建设为突破口，积极构建高校的创新平台体系。要大力推进教师队伍建设，加速培养造就一大批青年拔尖创新人才。要大力发展哲学社会科学，紧跟时代步伐，回应重大现实问题，加强对全局性、战略性、前瞻性问题研究，加快哲学社会科学成果转化，形成中国特色、中国风格、中国气派。其次，从狭义的文化意义来说，我国各类高校均应按照党的十七届六中全会的要求，主动提高文化自觉，增强文化自信。中华民族传统文化博大精深，富于浓厚的历史底蕴和智慧，至今仍焕发出勃勃生机。各类高校都要从中华民族优秀的传统文化中汲取力量，加强民族优秀传统的总结与积累，大力弘扬中华文化的优良传统和文化遗产，在传承的基础上实现综合创新。特别是在全球化浪潮对文化价值观多样性的冲击过程中，只有牢固地立足于民族文化传承，才不会在文化交融中迷失自我。

四

以北京大学为代表的一批高等学校是中国新文化运动和五四运动的策源地，翻开了中国新民主主义革命的历史画卷，以爱国主义为核心的五四精神不断传承，形成了爱国、进步、民主、科学的光荣传统，这一传统至今仍在激励一代代青年人以中华民族的复兴为己任，为国家强盛而努力奋斗。大学文化传承创新，对整个社会文化创新和发展都具有十分重要的意义。在充满变革与竞争的现代社会，大学作为思想和价值的孕育和批判中心，不仅有能力、更有责任发展人们的理性思考和批判能力。特别是社会主义大学，更要作为传播社会主义先进文化、培养社会主义先进文化建设者的主阵地。要始终站在社会发展与历史前进的思想制高点上，坚持不懈地用中国特色社会主义理论体系武装全体师生员工，把社会主义核心价值体系融入教育全过程，以之引领大学生树立正确的世界观、人生观和价值观，充分发挥其文化中心的作用，在实现社会主义文化大发展大繁荣中作出自己的贡献。

同时，大学还是一个具有高度自我调节和适应能力的组织，开放性和包容性是大学文化的基本特性。这种海纳百川、有容乃大的开放包容精神是大学不断发展的动力，也决定了大学在推动文化交流方面具有突出的优势。当前，文化的交流和传播在全球化进程中扮演着越来越重要的角色。世界多元文化的并存与发展，各国有益文化的交流与对话也将为我们提供文化创新的动力，高校国际交往的不断增多更是提供了文化交流和融合的契机。大学应以广阔的视野和开放的心态，积极推动文化交流，积极吸收借鉴国外的优秀文化成果。大学还应积极服务国家"走出去"战略，积极开展对外合作与交流，办好孔子学院，扩大中华文化的国际影响力，展示中华文化的特色与魅力。

此外，大学文化本身也是社会文化的重要组成部分。大学的文化特色是内在理念和精神在历史的发展中沉淀下来的独特的文化魅力。大学自身的个性化和多样性构成一种百家争鸣、包容宽松的文化环境，这种文化本身丰富了社会的文化蕴含。大学文化的创新发展潜力在于建设有自己特色的个性文化，并将这种文化充分地体现在自己的办学理念和校园建设中，特别是在人才培养、科学研究和社会服务三项职能中立足自身的优势，明确发展方向，凸显个性化特色。从不同学校之间来看，个性化的大学文化在社会中兼容并包，合作共生，共同形成百家争鸣的文化氛围。这种多样性的文化也极大地丰富了整个社会的文化，适应了社会对大学的不同需求。

文化是一个稳定、长期影响人们生活的要素。大学文化建设应在保守性和创新性的平衡中稳步向前推进。大学文化因其积淀和传承文化的天然使命，具有保守性的特征。保守性既体现在纵向的历史发展中，大学文化需要代代相传，锤炼凝结，保持特色；又表现在横向的社会关系中，大学与社会若即若离，在社会中相对独立，保持着自身特有的清醒和视野。同时大学又是面向社会和未来的，21 世纪的大学已成为社会文化建设最前沿的机构之一，对国家和社会发展起着举足轻重的作用。为了回应时代变化的挑战和国家社会的要求，超越现在，引领未来，大学必须站在社会和时代的前沿，保持与社会之间的协调，不断创造新知识、新思想、新文化。因此，大学文化建设要兼顾保守性和创新性，不骄不躁，循序渐进。大学的文化性格和文化特色要在长期的积累中逐步地形成，在传承中创新，在创新中发展。

党的十七届六中全会为推动我国从文化资源大国向文化强国迈进提供了坚实的指导思想，也对中国大学的文化建设和发展提供了新的机遇。但同时，大学在推动文化传承创新的过程中，仍然面临着来自各方面的挑战。大学应积极应对，在继承传统文化、推动文化创新、促进文化交流、培育文化人才等方面发挥应有的作用，完成时代赋予大学的新使命。

（作者：北京交通大学党委书记）

高校党的领导的基本任务和途径

吴宏亮

一、坚持社会主义办学方向，在培养社会主义合格建设者和可靠接班人中实施党的领导

确定什么样的办学方向，培养什么样的人，是高等学校的根本问题。高等教育具有鲜明的阶级性，是上层建筑的重要组成部分，担负着培养一定阶级所需要的高级专门人才。毛泽东指出："苏维埃文化教育的总方针在什么地方呢？在于以共产主义的精神来教育广大的劳苦民众，在于使文化教育为革命战争与阶级斗争服务，在于使教育与劳动联系起来。"抗日战争时期他为中国人民抗日军政大学题词，强调必须把坚定正确的政治方向放在第一位，培养为建立新中国而奋斗的革命者。新中国成立后，我们党和国家制定一系列正确的方针政策，对旧中国遗留下来的半封建、半殖民性质的教育进行了改造。伴随着我国社会主义改造的完成，新中国教育事业逐步步入社会主义轨道，确立了社会主义的教育制度，使我国的教育性质发生了根本转变，高等学校培养了一大批社会主义建设需要的优秀人才，他们后来大多成为各条战线上的骨干或领导干部。我国是共产党执政的社会主义国家，社会主义大学与资本主义国家大学最本质的区别，就在于它的意识形态性，即在教育教学工作中必须坚持马克思主义在思想上的指导地位，坚持中国共产党的领导，坚持教育为社会主义现代化建设服务，教育与生产劳动相结合，为社会主义事业培养德智体美全面发展的合格建设者和可靠接班人。对教育的这一根本属性我们党的认识是十分清醒的。

党的十一届三中全会以来，我们党更加重视高等教育事业发展，提出科教兴国战略、人才强国战略和建设创新型国家战略，为高等学校"培养什么样的人"、"如何培养人"指明了方向，取得了令人瞩目的历史性成就。1949 年全国普通高等学校只有 205 所，在学本科生 11.7 万人，2010 年则达到 2358 所，各类高等教育总规模首次超过 3000 万，达到 3105 万人，高等教育毛入学率达到 26.5%。研究生教育也得到快速发展，在学研究生 153.84 万人，其中在学博士生 25.89 万人，在学硕士生 127.95 万人。高等教育的快速发展，为中国特色社会主义建设提供了强大的智力支持和人才保障。不可否认的是，意识形态领域的斗争在高校仍然存在并将长期存在，敌对势力否定党的领导、否定社会主义制度、否定马克思主义、否定中华民族优秀文化传统的企图一刻也没有停止。他们要打一场"没有硝烟的战争"，把在中国实现"和平演变"的梦想寄托在青年大学生身上。这种斗争是复杂的、激烈的甚至是残酷的。大学生是十分宝贵的人才资源，是民族的希望，是祖国的未来。我们要建设中国特色社会主义强国，实现中华民族的伟大复兴，需要几代人甚至几十代人的不懈努力，需要千千万万个有理想、有道德、有文化、有纪律的大学生为之奋斗。我们的事业能否成功，社会主义旗帜能否永远飘扬，在一定意义上取决于我们人才培养的质量。因此，教育和培养忠于社会主义事业的合格建设者和可靠接班人是我们党的根本任务，是高等学校党组织的第一任务、第一责任。历史经验和现实实践告诉我们，要达到这样的要求和目的，必须依靠党的领导，坚持党的领导，坚持社会主义办学方向。

二、高举中国特色社会主义理论旗帜，在坚持、发展和传播先进文化中实施党的领导

当今时代，文化越来越成为民族凝聚力和创造力的重要源泉，越来越成为综合国力竞争的重要因素，丰富精神文化生活越来越成为我国人民的热切愿望。党的十七届六中全会明确指出："全面建成惠及十几亿人口的更高水平的小康社会，既要让人民过上殷实富足的物质生活，又要让人民享有健康丰富的文化生活。我们必须抓住和用好我国发展的重要战略机遇期，在坚持以经济建设为中心的同时，自觉把文化繁荣发展作为坚持发展是硬道理、发展是党执政兴国第一要务的重要内容，作为深入贯彻落实科学发展观的一个基本要求，进一步推动文化建设与经济建设、政治建设、社会建设以及生态文明建设协调发展。"胡锦涛总书记在庆祝清华大学建校100周年大会上的讲话中，把人才培养、科学研究、社会服务、文化传承创新作为高等学校的基本职能给予肯定，强调指出："高等教育是优秀文化传承的重要载体和思想文化创新的重要源泉。"因此，高校党组织要领导高校积极发挥文化传承创新的重要功能，坚持用马克思主义中国化最新成果武装师生头脑，指导工作实践，推动科学发展。自觉发挥文化育人作用，使大学生掌握前人积累的优秀文化成果，扬弃旧义，创立新知，并传播到社会、延续至后代，不断培育崇尚科学、追求真理的思想观念，推动社会主义先进文化建设。

高校党组织领导高校积极发挥文化传承创新的重要功能，首先要坚持马克思主义的指导地位，用马克思主义统领高校各项工作。马克思主义是先进文化，是我们党的指导思想和理论基础。要保证在办学指导思想和办学方向上不发生偏差，必须用马克思主义去占领高校意识形态阵地，涉及教学、科研、管理等领域。通过加强学校各级党组织建设，积极开展马克思列宁主义、毛泽东思想和中国特色社会主义理论体系宣传教育活动，增强理论的说服力、感染力和战斗力，使广大师生学会运用马克思主义立场、观点、方法去观察、分析和解决问题。要坚持用马克思主义指导教育教学改革和科学研究工作，使教育教学改革围绕培养中国特色社会主义合格建设者和可靠接班人的目标来开展。要加强思想政治工作，对干部和党员进行系统的马克思主义基本理论教育、党的基本路线教育和党的基本知识教育。通过一系列的教育，使马克思主义在广大师生中扎根。

高校党组织要领导高校积极发挥文化传承创新的重要功能，必须坚持用社会主义核心价值体系武装师生。社会主义核心价值体系是高校思想政治工作的价值选择，也是推进高校充分发挥文化传承创新功能的"生命线"。高校党组织作为社会主义核心价值体系建设的重要载体，承担着引导广大师生树立正确的世界观、人生观和价值观的战略任务，可以通过开展形式多样的教育与管理活动、丰富多彩的校园文化活动，将社会主义核心价值体系的要求转化成师生的内在精神信仰和现实行为追求。正确的世界观、人生观、价值观的确立，民族优良传统的发扬，共同理想和精神支柱的形成和巩固，科学文化水平的提高，都离不开深入细致的教育与管理工作。必须把社会主义核心价值体系融入学校教育教学、科学研究、行政管理、后勤服务和党的自身建设全过程，贯穿学校工作的各方面，努力在全体师生员工中形成统一指导思想、共同理想信念、强大精神力量、基本道德规范。坚持马克思主义的指导思想地位，能够使师生高屋建瓴，对时代问题把握得更准确，对西方的某些错误观点认识得更清楚；坚持中国特色社会主义的共同理想，能够使师生对民族独立、人民民主、和平建设、强国富民有更强的认同感；坚持以爱国主义为核心的民族精神和以改革创新为核心的时代精神，能够使师生具有更强的责任感；坚持树立社会主义荣辱观，能够激励师生在平凡岗位上比奉献、当先进，具有更强的使命感。高校党组织要高举中国特色社

会主义理论伟大旗帜,在建设社会主义核心价值体系的过程中发挥党组织的“桥头堡”作用,开创社会主义先进文化育人新风尚。

三、坚持党管干部原则,在汇聚人才、壮大队伍中实施党的领导

《中华人民共和国高等教育法》和《中国共产党普通高等学校组织工作条例》明确规定,高等学校实行党委领导下的校长负责制,坚持党管干部是实现党委领导的基本原则、重要体现和根本保证,也是高等学校干部人事管理的根本原则。党管干部原则具有丰富的内涵,主要包括以下一些基本内容:一是党组织管理干部,即党的组织集体研究任免干部,要坚持集体领导、集体决策,不搞个人专断,任何个人不得决定干部的升迁任免;二是根据党的干部路线、方针和政策管理干部,坚持干部标准,选贤任能,不搞任人唯亲,坚决避免干部工作中的主观性和随意性;三是坚持按干部管理权限呈报和审批干部,不擅自越权任免干部,不设“编外干部”,不私自封官许愿;四是坚持按规定的干部选拔程序办理,严格执行《党政领导干部选拔任用工作条例》的各项规定,坚持“公开、平等、竞争、择优”的原则,不搞另外一套。在新的形势下坚持党管干部原则,高校党组织还要通过深化干部人事制度改革,进一步解放思想,更新选人用人观念,拓宽选人用人渠道,注重政绩、注重公众评论,引入竞争机制,充分发扬民主,广开荐贤之路,把那些想干事、能干事、干成事、不出事的同志,选拔到各级领导岗位,使党管干部的原则充满生机和活力。

建立坚强的院系级领导班子。院系一级组织是学校各项工作的承担者、组织者和完成者,在高校建设和发展中起着十分重要的作用,选好配强院系一级领导班子,对于实施党的领导至关重要。毛泽东曾经指出:“共产党的干部政策,应是以能否坚决地执行党的路线,服从党的纪律,和群众有密切的联系,有独立的工作能力,积极肯干,不谋私利为标准。”在改革开放的新时期,邓小平也多次强调,“中青年干部接班,最重要的是接老同志坚持革命斗争方向的英勇精神的班”,“干部不是只要年轻,有业务知识,就能解决问题,还要有好的作风。要全心全意为人民服务,深入群众倾听他们的呼声;要敢说真话,反对说假话,不务虚名,多做实事;要公私分明,不拿原则换人情;要任人唯贤,反对任人唯亲”。只要我们各级党的组织按照这种要求选配干部,就一定能把德才兼备的人才选拔到领导班子中来,建立德才兼备的后备干部队伍,加强干部培养教育,不断汇集人才、壮大队伍,全面提升干部素质,使高校的领导权牢牢掌握在忠于马克思主义的人手中。

全面贯彻执行党的知识分子政策。历史唯物主义一个最基本的观点是,生产力是社会发展中最活跃的因素,也是决定性的因素,而劳动者即“人”,又是生产力中具有决定意义的要素。进入21世纪,在科学技术成为第一生产力的当下,人才资源已经成为最为宝贵的第一资源。正如江泽民同志所指出的:“我们要在中国条件下把社会主义制度和现代科学技术结合起来,以不断提高劳动生产率,改变经济落后状态,逐步缩短同发达国家的差距……我们必须努力掌握、推广、运用现代科学技术和管理知识。这一切,没有知识分子特别是科学技术专家的创造性劳动,是完全不能想象的。”高校是人才荟萃之地,是知识分子汇聚的场所,高校党组织一定要全面贯彻执行党的尊重劳动、尊重知识、尊重人才、尊重创造的重大方针,充分依赖、坚决依靠广大知识分子办学兴校,为他们办实事、办好事,努力改善工作、生活、学习条件和环境,切实加强政治思想教育,激发他们的创造力和能动性,增强教学科研的积极性和责任心,用满腔热情和真诚服务,赢得他们的尊重和信赖。

四、正确处理改革发展稳定关系,在保持稳定、改革创新、促进发展中实施党的领导

正确处理改革发展稳定关系,实现改革发

展稳定的统一，是关系我国社会主义现代化建设全局的重要指导方针，是改革开放30多年来我国经济社会发展取得巨大成就的一条基本经验，也是对高等学校党委执政能力和领导水平的重要考验。发展是硬道理，稳定是硬任务，改革是根本动力；在前进的道路上，不改革就不能推动教育事业发展；不稳定，什么事情也办不成，已经取得的发展成果也会失去。当前，我国高等教育事业发展进入了新的历史阶段。落实《国家中长期教育改革和发展规划纲要》规划的各项任务，继续推进中国特色社会主义教育事业发展，说到底要在保持稳定的前提下，不断深化改革，加快发展。只有以科学发展观统领改革，正确认识和处理改革发展稳定的关系，才能毫不动摇地坚持改革方向，不失时机地推动发展。因此，必须以解放思想为先导，把提高高等教育质量作为核心任务和根本要求，毫不动摇地巩固党的领导核心地位，在不断改革创新、推动发展、保持稳定中实施党的领导。

保持稳定对于高校实施党的领导意义重大。什么时候坚持了党的领导，高校就稳定、和谐、发展，培养出来的人才就符合形势发展和社会主义改革、建设的要求；什么时候削弱、淡化、取消党的领导，师生员工的思想就可能出现混乱，各种非马克思主义、反马克思主义思潮就会泛滥，高校就会出现动荡不稳定的局面。因此，只有坚持党的领导，高校才能抵制各种腐朽、反动、低俗思潮的侵袭，把学校办成马克思主义的坚强阵地。当前，我国经济社会既处于“黄金发展期”，又处在“矛盾凸显期”，改革发展稳定总体局势良好，但也面临着许多新情况新问题，人民内部矛盾出现许多新的特点，不稳定、不和谐的因素依然不少。高校党委一定要注意从战略和全局的高度思考问题，注重提高改革决策的科学性，注重增强改革措施的协调性，正确认识和处理好改革发展稳定的关系，把中国特色社会主义教育事业不断推向前进。

五、坚持党要管党，弘扬优良作风，在不断加强和改进自身建设中实施党的领导

作为一个拥有8000多万党员、长期执政的大党，我们党一向重视自身建设。党的十七大报告指出，要以改革创新精神加强党的建设，坚持党要管党、从严治党，贯彻为民、务实、清廉的要求，以坚定理想信念为重点加强思想建设，以造就高素质党员、干部队伍为重点加强组织建设，以保持党同人民群众的血肉联系为重点加强作风建设，以健全民主集中制为重点加强制度建设，以完善惩治和预防腐败体系为重点加强反腐倡廉建设，使党始终成为立党为公、执政为民，求真务实、改革创新，艰苦奋斗、清正廉洁，富有活力、团结和谐的马克思主义执政党。要按照这个要求，加强高校党的思想、组织、作风、制度和反腐倡廉建设，使高校各级党组织成为贯彻党的路线、方针、政策，团结和带领广大师生员工完成学校各项任务的坚强堡垒，使党员成为教学、科研和管理工作中的骨干力量。

加强和改进高校党的自身建设，核心问题是要密切各级党组织和党员领导干部与师生员工的血肉联系。这是因为，我们党的性质、宗旨、纲领、路线都是党围绕人民群众这个社会主体而展开的，实质是党和人民群众的关系。从性质上看，中国共产党是中国工人阶级的先锋队，同时又是中国人民和中华民族的先锋队，始终代表着中国最广大人民群众的根本利益；从宗旨上讲，全心全意为人民服务是党的唯一宗旨，立党为公、执政为民是党永远不变的政治本色；从纲领上说，党现阶段的根本任务是建设中国特色社会主义，全面建设小康社会，到本世纪中叶基本实现现代化，党的最终目标则是实现共产主义，这样的纲领从根本上说就是通过党的领导实现人民群众自己发展自己、自己解放自己的历史使命；党的根本路线是群众路线，一切相信群众、一切依靠群众，一切为了群众是我们党成功进行革命、建设和改革开放事业的一

大法宝。正因为党的性质、宗旨、纲领和路线的实质都是党和人民群众的关系,所以,党的自身建设的核心问题,当然也就是保持党同人民群众的血肉联系。胡锦涛总书记在庆祝中国共产党成立90周年大会讲话中强调指出:“90年来党的发展历程告诉我们,来自人民、植根人民、服务人民,是我们党永远立于不败之地的根本。以人为本、执政为民是我们党的性质和全心全意为人民服务根本宗旨的集中体现,是指引、评价、检验我们党一切执政活动的最高标准。全党同志必须牢记,密切联系群众是我们党的最大政治优势,脱离群众是我们党执政后的最大危险。”当前,我们要防止和化解脱离群众的危险,特别要坚决反对官僚主义和形式主义。官僚主义的要害是高高在上,忘记宗旨,必然导致以权谋私,走向腐败,所以我们反对腐败,必须反对官僚主义。形式主义的要害是讲排场、比阔气、图虚名,不务实效,必然导致脱离群众。广大师生对这两种歪风邪气深恶痛绝。要通过从严治党、发扬民主、健全制度等措施进行综合治理,努力防止和化解脱离群众的危险,使高校各级领导干部自觉做到权为民所用、情为民所系、利为民所谋,使高校各级党的组织和共产党员永葆党的先进性,使高校党的工作始终获得最广泛最可靠最牢固的群众基础和力量源泉。

(作者:郑州大学党委副书记)

提升高校基层党组织建设科学化水平的思考

吕治国

2012年6月28日，习近平同志在全国创先争优表彰大会上明确指出："中国共产党在91年的奋斗中形成了自己的理论优势、政治优势、组织优势、制度优势和密切联系群众的优势。这种独特优势，具有决定性的意义和力量，是我们党始终保持先进性和纯洁性的根本法宝。"面对国际国内形势的深刻变化，高校基层党组织建设要充分发挥党在长期奋斗中形成的优势，不断创新高校基层党组织建设的方法和路径，不断提升高校基层党组织建设的科学化水平。

一、充分发挥政治理论优势，注重以马克思主义中国化最新成果武装师生头脑

习近平同志在讲话中指出："充分发挥党的理论优势，最重要的就是必须坚持马克思主义，不断推进马克思主义中国化时代化大众化，努力提高广大党员和干部的思想理论素质，从理论上保持和发展党的先进性和纯洁性；充分发挥党的政治优势，最重要的就是必须通过强有力的思想政治工作，教育广大党员和干部坚定中国特色社会主义信念，坚持贯彻艰苦奋斗、勤俭建国的方针，从政治上保持和发展党的先进性和纯洁性。"长期以来，我们党始终坚持用马克思主义中国化最新成果武装全党，用科学的理论教育、凝聚广大党员，始终引领中国特色社会主义事业的正确方向，形成了独特的政治和理论优势。当前，高校基层党组织建设面临新的考验和挑战，要进一步发挥党的政治和理论优势，加强思想理论建设，引导广大师生理性分析、正确看待经济社会发展的阶段性特征，坚定马克思主义信仰和共产主义信念，提高基层党员干部的马克思主义理论水平，从理论上、政治上保持和发展党的先进性和纯洁性。

首先，不断丰富和加强教育内容。加强马克思主义理论教育，坚持共产主义远大理想与具体历史阶段奋斗目标相统一是思想理论建设的基础和核心。马克思主义理论教育的基本内容是马克思列宁主义、毛泽东思想和中国特色社会主义理论体系。目前，应重点在以下三个方面加强教育和学习。其一，要加强对于马克思主义经典著作的教育和学习。这有助于广大党员干部从源头上全面深入准确地理解和把握中国特色社会主义理论体系，提高马克思主义理论素养，用马克思主义中国化最新成果武装头脑，始终坚持正确的政治方向和立场，增强贯彻落实党的基本理论、基本路线、基本纲领和基本经验的自觉性和坚定性。当然，学马列要精、要管用，理论学习要和实际相结合，要用马克思主义的立场、观点和方法回答和解决当代中国的重大理论和现实问题。比如，由中央组织部、中央宣传部、中央编译局编辑出版的《马列主义经典著作选编（党员干部读本）》、《马列主义经典著作选编学习导读》等等，都是很好的读物。通过深入学习，准确把握马克思主义科学体系并融会贯通，将马克思主义的普遍真理与中国社会主义具体实践相结合，用于指导教育实践、推动工作和学习。其二，要重视和加强理想信念教育。高校作为各种思想文化交流交融交锋的阵地，面临着复杂的形势和任务。从国际看，西方敌对势力仍在通过各种手段进行意识形态渗透；从国内看，当前社会思潮日益多元多样多变，对青年师生思想素质的养成产生重

要影响。要通过生动深刻的教育引导广大师生党员坚持正确的政治立场,坚定共产主义理想信念,坚定走中国特色社会主义道路的信心,站在改革开放和社会主义现代化建设前沿认真扎实地工作,为实现党的伟大目标而努力奋斗。其三,要加强科学发展观教育。科学发展观是对党的三代中央领导集体关于发展的重要思想的继承和发展,是马克思主义关于发展的世界观和方法论的集中体现,是同马克思列宁主义、毛泽东思想、邓小平理论和"三个代表"重要思想既一脉相承又与时俱进的科学理论。要通过加强科学发展观教育,使高校基层党组织牢固确立以服务为核心的理念,努力做到"上级党组织为下级党组织服务,党组织为党员服务,党组织和党员为群众服务",通过认真负责、细致入微的服务,团结党员、干部和群众,凝聚党心民心。

其次,不断提升学习、教育的针对性和实效性。高校基层党组织要努力建设学习型党组织和学习型党员干部队伍,建立和完善党员干部长期受教育的学习教育机制。其一,要建立常态长效的学习制度。从学校党委中心组理论学习、二级单位中心组理论学习、基层党支部理论学习和党员个人自学四个方面入手,建立理论学习制度,制定理论学习计划,有步骤、分层次地组织基层党员开展理论学习。其二,要建立常态长效的培训制度。要着眼于增强执政意识、提高执政能力这个中心,建立完善党员培训的长效机制,把它作为党的基层组织建设的一个常态化项目,围绕基层党员的特点,制订培训计划,明确培训内容,排定培训时间,提高培训质量。其三,要探索建立常态长效的学习教育考核制度。把党员学习教育纳入党建工作责任制范围,坚持理论学习考核制度,建立党员学习档案,建立和落实学习考核和激励机制,制订相应的教学、评学、奖学、促学等措施,把师生党员理论学习情况记入个人学习档案,作为评价党员思想政治素质的重要内容,使基层党员的学习真正做到经常学、自觉学、深入学。

二、充分发挥组织优势,注重以党的事业凝聚广大师生的智慧和力量

习近平同志在讲话中强调:"充分发挥党的组织优势,最重要的就是必须坚持健全党的组织体系和完善党的组织方式,努力建设高素质干部队伍和人才队伍,切实做好抓基层打基础工作,从组织上保持和发展党的先进性和纯洁性。"中国共产党是中国工人阶级、中国人民和中华民族的先锋队,团结了各条战线的优秀人才。党的组织建设关系到党的路线方针政策的落实和各项任务的完成,关系到干部人才队伍的建设培养,关系到党的形象和人心向背。当前,高校基层党组织要从党员的组织体系完善和党员干部队伍的发展建设及培养教育的视角,优化方式和形式,培养党组织的文化和氛围,从组织上保持党的先进性和纯洁性。

首先,不断创新和完善党员干部队伍培养发展和组织体系优化健全的形式。7月23日,胡锦涛同志在省部级主要领导干部专题研讨班开班式上的重要讲话中指出,新形势下,党所处历史方位和执政条件、党员队伍组成结构都发生了重大变化。高校里,越来越多的有志青年、有为青年加入党组织,越来越多的"海归"学者向党组织靠拢,党员队伍的组成在发生重要的变化,对他们的教育培养是当前面临的重要课题;高校里,因为学术梯队、科研项目、校外教学实习等特殊的研究学习需要而组成的基层党组织越来越多,这为进一步完善党的组织体系和组织形式提出了新的课题。其一,要进一步健全和完善高校党员干部队伍的发展和培养制度,加大对入党积极分子的入党动机、共产主义理想信念、政治立场、道德情操、为人民服务思想等内在素质的培养和考察的力度。其二,要严格党员发展和教育程序,对党员进行严格要求、严格教育、严格管理、严格监督,建立对党员的激励约束机制。可以尝试探索党员发展和培养中的"述责答辩"制度,比如,针对入党积极分子开展"成长性"答辩,针对发展对象开展

"合格性"答辩,针对正式党员开展"先进性"答辩。通过在培养中考核、在考核中培养的制度,促进师生党员始终扎根群众,密切群众关系,接受群众监督,发挥示范作用,也让广大群众学有榜样、赶有目标。其三,要进一步研究完善基层党的组织体系建设,根据教育教学形式和方式的需要,调整和优化党支部建设,提高党的工作覆盖面,确保基层党组织战斗堡垒作用、党员先锋模范作用的发挥无盲区、无死角。比如,可以研究进一步推动和探索把支部建在班上、建在实验室中、建在学术梯队里、建在校外实习实践队伍里等。

其次,不断丰富和优化基层党组织组织生活的内容和形式。组织生活会定时定期召开,要充分发扬民主,充分发挥师生党员的主体性,充分调动师生党员的积极性和主动性。要巩固和深化创先争优活动成果,不断丰富组织生活内容,创新组织活动形式,注重其创新性和实效性。比如围绕宗旨意识的培养等教育主题举办"党员论坛",就"当初入党为什么,现在为党做什么,今后为党留什么"等议题开展研讨;再如,举办"学习马克思主义经典著作"、"党建专题研讨会"、"党的基本知识竞赛"、"评选优秀党员"、"一名党员一面旗帜"、"党员述责测评"等活动,积极开发和利用社会实践平台,借助暑期文化、科技、卫生"三下乡"等活动形式,深化对广大师生党员的教育。

三、充分发挥制度优势,注重增强基层组织自我净化、自我完善、自我革新和自我提高能力

习近平同志在讲话中指出:"充分发挥党的制度优势,最重要的就是必须坚持民主基础上的集中和集中指导下的民主相结合,不断巩固党的团结统一和增强党的创造活力,从制度上保持和发展党的先进性和纯洁性。"当前,高校党的基层组织建设要深入学习领会这一精神,坚持民主集中制,坚持党委领导下的校长负责制,建立健全一套既能够发挥教育资源配置的基础性作用又能够调动高等学校办学能动性,既能够激发广大师生作为创新行为主体的自身活力又能够扎实推进素质教育战略目标实现的制度体系,从制度上保证和实现党组织的纯洁性。

首先,注重制度体系的整体优化。高校基层党组织的制度建设包括队伍建设制度、党建活动制度、党员教育培养和考核制度、领导管理制度、保障制度,等等。目前,部分高校基层党组织在制度的研究、设计和执行方面还有一定的不足。有的制度设计在系统性和配套方面还不够完善,有些制度的建立缺乏相应的操作细则,有的制度或机制之间缺少相应的内在联系,不能作为一个整体朝同一目标共同努力,有的制度不能很好地得以执行。高校基层党组织的制度建设要着力于制度设计的严谨性,结合高校改革发展实际情况加强党内制度的整体规划,加大党内制度需求调研、预测编纂、清理修订、审查监督力度,增强党内制度设计的前瞻性、系统性、协调性和可执行性。只有严谨严密的制度才是有生命力的制度。要深入研究制度与环境的关联、制度与制度的衔接、制度与法律的协同、制度与传统的互补,从而实现制度创新的严密推进、制度体系的整体优化。

其次,健全和完善领导和决策制度。在坚持党委领导下的校长负责制的前提下,进一步理顺各级基层党组织的关系,努力探索富有特色的高效的基层党建工作领导管理体制。比如,要继续健全和完善党政联席会、重大问题票决制等党委集体领导制度,按民主集中制的原则,既充分发挥每个党员、全体教职工民主参与和民主管理的作用,又充分体现集体领导决策的权威,使决策做到民主化、科学化、规范化和程序化。只有不断健全和完善科学的决策制度,才能确保我们党的工作立于民主与科学的基础上,确保我们的工作不偏离群众路线,确保我们的事业不断走向成功。

第三,建立健全考核评估与激励表彰制度。

评估与表彰制度是基层党组织建设的重要方法和有效手段,相关制度设计要持续研究,不断优化考核目标和考核内容,合理设定考核指标、考核要素、考核方法,制定和完善考核办法,逐步建立健全高校基层党建考核评价体系。要加强平时考核,健全年度考核,注重任期考核,完善换届考核,将自我评价、内部评价、相关职能部门评价和上级评价紧密结合起来,并把考核结果作为评选先进、确定物质和精神奖励的重要依据,以此切实提高考核评价的效率和质量。同时,要科学合理地利用考核评估结果,适时树立先进典型,充分发挥先进模范的激励、示范和榜样作用。定期进行评选先进活动,大力表彰先进基层党组织、优秀共产党员、优秀党务工作者,表彰高校党建和思想政治工作优秀成果和创新成果;通过专门设立奖励基金或创新立项等形式奖励先进;通过校报、电视台、网络等媒体大力宣传先进典型,以充分发挥榜样的示范作用。通过这些方式,促进基层党建工作不断创新、取得实效。

第四,不断完善保障制度。为保证基层党建工作顺利进行,应该将基层党建工作纳入高校基层各单位的总体工作中进行统筹规划、统一安排,在人、财、物等方面给予支持。其一,建立健全基层党务工作专职队伍的选拔制度。要高度重视和加强各级基层党组织的书记队伍建设,选拔组建思想政治素质好、业务工作能力强、党建工作经验丰富的党建专职队伍。加大针对性教育培训的力度。其二,完善经费条件保障制度。通过学校党委划拨专项经费及各基层党组织多渠道、多途径筹措活动经费等方式,为基层党建工作的正常开展提供坚实的物质保障。其三,保障各项制度的有效执行。在广大师生党员中切实强化制度观念,增强遵守制度的责任意识,加大对贯彻执行制度情况的监督检查力度,强化责任意识,使违反制度所应承担的责任和后果具体化、程序化,保证制定的制度行得通、做得到、管得住、用得好。

四、充分发挥密切联系群众优势,注重实现好、维护好、发展好广大师生的根本利益

习近平同志在讲话中强调:“充分发挥党密切联系群众的优势,最重要的就是必须坚持党的根本宗旨,贯彻党的群众路线,使党的一切工作充分体现人民群众的意志、利益和要求,从作风上保持和发展党的先进性和纯洁性。”全心全意为人民服务是我们党的根本宗旨,从群众中来、到群众中去是我们党的工作路线,与群众血肉相连是党的工作的重要方法,也是我们党最重要的优势。新形势下,提升党的建设科学化水平的一项重要使命就是要推进党的基层组织建设与广大师生的切身利益紧密相连,时刻体现广大师生的意志和要求,不断改进工作方式方法,从作风上巩固和发展党的先进性和纯洁性。

首先,坚持想群众之所想,着力于正确回答广大师生关心关注的思想理论问题。当社会处在日新月异、快速发展的时候,当新情况、新问题不断涌现的时候,人民群众会特别渴望理论上的指导。但有的时候,本来是阐释社会生活的理论,其内容和话语却远离人们的生活。其实,博大精深的理论可以用通俗的语言、平易的形式走进群众的生活。当前,党的建设所面临的很多现实问题都需要基层党组织和广大党员从理论和实践层面创造性地加以解决,进而创建出更多能够适应时代发展要求的先进党组织,涌现出更多站在时代前列的优秀党员。理论的有效宣传普及是当前高校基层党组织面临的重要课题,需要基层党员干部深入调研和把握广大师生的理论需求,从广大师生最关心的问题入手,以广大师生的接受心理和接受方式为切入点,用广大师生喜闻乐见的形式来宣传和普及马克思主义中国化最新成果,阐释理论热点问题,力求让理论的研究和宣传普及与广大师生的思想脉搏共振,让理论走进广大师生的心田,在广大师生的思想中“生根”,在行动

中“发芽”，进而转化为众志成城、积极进取的精神动力。

其次，坚持急群众之所急，着力于有效解决广大师生工作、学习中面临的实际困难。解决广大师生最关心、最直接、最现实的利益问题，办好人民群众满意的教育，是当前高校基层党组织重要的工作任务和目标。基层党组织尤其是高校基层党组织的群众工作，就是既要“教育人、引导人”，又要“关心人、帮助人”，把解决思想问题与解决实际问题结合起来，牢固树立办群众事、解群众忧的意识，把工作的着力点从消极防范转向积极引导和真诚服务，以尊重去赢得师生的支持，以公心去赢得师生的拥护，以包容去赢得师生的配合，以服务去赢得师生的赞誉，真正做到一切以师生为本，一切为了师生的发展，把党的思想政治工作做到广大师生员工的心坎上，努力解决他们在教育、科研、学习、生活、情感等各方面面临的实际问题和困难，把党和国家对教育战线的关心和关怀落到实处。

再次，坚持盼群众之所盼，着力于将发展和繁荣党的教育事业的需要和广大师生的发展诉求有机结合。经过几十年的努力，我国已经实现了从人口大国向人力资源大国的转变，但还不是一个人力资源强国。实现我国从人力资源大国向人力资源强国的转变，是高等学校在新时期、新阶段所肩负的新的使命和责任。高校基层党组织的建设要围绕这一任务，服务于学校事业及广大师生的全面发展。其一，深入研究如何进一步发挥学校党委的领导核心作用，发挥院系党组织的政治保障作用，发挥基层党支部的战斗堡垒作用和党员的先锋模范作用，使党的领导和工作更加贴近学校事业的发展，贴近广大师生的思想、学习和生活，研究如何增强对师生言行的影响和导向，凝聚师生的智慧和力量，把越来越多的优秀师生汇聚到党和国家的教育事业中来。其二，坚持一切为了群众，一切依靠群众的工作理念，注意发挥基层党组织党政联席会等集体领导的工作方法、注意通过开展民主生活会、群众意见会、党员先锋岗等形式，问计于民，问需于民，增强基层党组织发展战略和工作思想的吸引力和凝聚力，使之在广大师生中获得广泛认同进而达成普遍共识，形成巩固而坚定的发展向心力，形成推动高等教育事业发展的强大力量。其三，不断强化师生党员队伍的作风教育。一方面，要针对党员干部师德师风方面存在的实际问题，建章立制，强化管理，深化教育，促使教师真正做到敬业爱生、教书育人、为人师表、严谨治学。另一方面，要加大对于广大学生党员的教育培养力度，抵御各种错误思潮的误导和影响，增强其奉献精神和社会责任感。

（作者单位：教育部社科中心）

交叉学科视野下高校德育的突出问题与发展对策

王学俭　李东坡

高校德育对象的变化、内容的拓展和环境的变迁，需要我们依托多学科知识构建新形势下高校德育新的体系、内容、方法和思路。因此，从交叉学科视角审视高校德育发展诉求，依托多学科知识应对多元化社会发展要求，是我们必须认真思考和科学解答的重大课题。

一、多学科背景下高校德育研究的突出问题

（一）重视和强调学科意识形态性的同时必须加强人文性和科学性研究

高校德育在本质上是意识形态领域的工作，带有鲜明的意识形态性。在社会主义和谐社会建设的新阶段，高校德育的指导思想和理论基础是马克思主义，核心内容是中国化的马克思主义和社会主义核心价值体系，基本目标是引导大学生树立科学的世界观、人生观、价值观，促进大学生的全面发展。目前学界充分认识到坚持和加强学科意识形态性的重要性，主张用马克思主义理论教育和武装大学生，反对“淡化意识形态”和“去意识形态”。学界对于意识形态问题的充分重视和科学研究，厘清了我国德育的本质特征和根本任务。

然而，在重视和强调学科意识形态性的同时，德育研究对人文性和科学性的研究显得不够。德育是多种人文社会科学相互渗透、交叉与融合的综合学科，内在地蕴含着人文性的研究趋向。德育作为一门学科，科学性是其存在和发展的本质规定性要求。目前的研究偏重于学科的意识形态性，对人文性和科学性研究偏弱，主要表现为对其他人文社会学科理论和知识的借鉴与运用较少；对德育内含的以人为本思想的重视和研究程度不够；德育实施过程中，语言运用欠缺生动性和形象性，教学形式在某些方面不够灵活多样，没有充分体现德育教学研究以科学的理论武装人、以活泼的形式吸引人、以丰富的情感打动人的特征；德育基本概念、范畴、规律、体系和发展趋势在形成广泛的一致意见方面仍有距离；对于学科指导思想、基本理论、教学目标、教学内容、研究范式等基本问题有待于进一步探讨；德育话语体系缺乏鲜明的特色和规范性。

（二）解读和宣传党的理论政策的同时必须加强个体主体性的微观研究

在建设社会主义和谐社会的进程中，高校德育必须发挥意识形态功能，深入理解与深刻领会党和国家的路线、方针和政策。学界主张“高校德育什么时候引导大学生坚持了正确的政治方向，就能取得巨大的成效”，强调德育的主要任务是解读和宣传党的理论政策，使其内化为大学生的观念和意志，外化为行为和习惯，促使大学生以更加饱满的精神和更加积极的热情投身社会主义和谐社会建设之中。

德育不仅是党和国家政策的宣讲，还应是大学生整体素质的提升和全面发展。在科学发展观以人为本思想的指导下，除了政治信仰的选择、价值观念的确立之外，大学生思想道德的发展、人文素养的提升、身心健康的维持、人格品性的养成同样是德育的重要内容。目前学界对大学生个体微观领域的研究关注不够，主要表现在较少涉及个体心理特征的探究，个体人格品性的考察，群体价值观念的形成和发展，个体认识结构、心理结构、道德体系、外在环境与实践行为等诸多内外因素的关系研究等。

（三）借鉴和吸收其他学科理论前沿的同时必须加强学科基本理论研究

德育作为一门交叉和综合学科，需要借鉴和吸收其他学科的理论研究成果，促进自身学科的规范化和科学化发展。“德育研究的综合化趋势，就是研究德育向相关领域渗透，与相关学科结合，揭示德育发挥作用的规律，形成德育同其他相关领域和学科整合发展趋势。”当前学界既积极吸收相关学科的理论成果（如政治学、哲学、教育学、社会学、伦理学、心理学等），丰富高校德育的理论体系内容和社会实践方式，又大胆引进和合理采用其他学科的研究成果和理论前沿（如生态学、系统学、发生学、人学、运筹学、行为科学等），创新和发展德育的理论内容。这为高校德育学科的规范化和科学化发展提供了充实的理论营养和持续发展的现实动力。

吸收和借鉴其他学科研究成果必须以本学科基本理论的创新和发展作为前提条件和最终目标。学科基本理论研究是高校德育基础研究的重要组成部分，需要我们构建完善的理论体系，深化学科基本矛盾、主要问题、发展趋势的研究，为学科良性发展提供坚实的理论基础。由于对学科基本理论研究的淡化，其重要性有待于进一步提升，关注度有待于进一步加强，成果有待于进一步完善和巩固，主要表现在学科的基本概念、研究范畴存在一定的争议，实践研究与理论研究存在一定的脱节，理论基础和基本理论研究存在一定的混淆，基本规律、研究对象和教育内容研究尚处于探讨阶段。

（四）发展和创新学科理论的同时必须加强思想政治工作的实践研究

德育作为一门实践性很强的学科，其理论形态不能也不会处于停滞不前的状态，必然会随着德育实践的深入和拓展而不断深化和发展。学界对于与时俱进地推进高校德育学科理论，促进学科理论的创新和发展，取得了广泛的共识。“随着解放思想、实事求是思想路线的恢复和贯彻，特别是中国化马克思主义理论的发展和思想政治教育学科的创立，德育理论不断丰富、迅速发展”。德育要不断引进其他学科先进理论和研究成果，持续深化本学科理论的研究和拓展。

德育的理论创新与发展，迫切要求理论能够有效指导并推动思想政治工作实践的进行。加强思想政治工作实践研究是思想政治教育学科建设和发展的价值旨归。思想政治工作的实践研究包括思想政治教育实施过程和效果研究、社会现实问题的实证研究和思想政治工作队伍的培养研究。当前对于思想政治工作实践研究的欠缺，主要表现在对于现实问题的理论性解读较多，实证性研究和实证性材料的运用较少；学科的定性研究较多，定量研究较少；对于思想政治工作队伍的培养关注度有待于进一步提升；对于思想政治工作人员的考察和研究有待于进一步深入。

（五）构建和完善学科体系的同时必须增强问题意识和解题能力

学界在高校德育的探索和研究中，试图准确把握高校德育学科定位，严谨阐述学科范畴，规范学科研究内容，科学发展学科理论，精心构建和完善学科体系。在这个过程中，学者注重学科内涵的科学性解读，学科体系的合理性构建，学科话语的特色化提炼，学科研究领域的稳固和开拓。这种整体性研究思维、全局性发展模式，有利于巩固高校德育的学科地位，获得学术界的认可和认同，促进学科的整体发展。

高校德育在完善学科体系的过程中，必须重视对问题意识和解题能力的培养。问题意识是“在科学研究中积极主动的发现有价值的命题并采取科学的方法加以解决的自觉意识。问题意识是思想政治教育研究者必须具备的重要素质，是深化思想政治教育研究的突破口，是思想政治教育学科发展的不竭动力和学科创新增长点”。高校德育要面对活生生的社会现实，发现新问题，提出新问题，思考新问题，解决新问题；要在运用德育基本理论对现实生活问题的阐释和回应中培养问题思维能力，提升解题能力。当前高校德育问题意识和解题能力的缺乏主要体现在对社会生动实践的观察和总结能力需要进一步加强，对社会实际问题的调查意识和研究热情需要进一步提升，对实践问题的阐释和回应能力囿于研究思维的制约，对学科前沿问题的把握和驾驭能力不强等。

二、交叉学科视野下高校德育学科建设的未来路径

我们要在依托多学科发展的前提下，在立足本学科建设的基础上，突破学科建设和研究的现存障碍，探寻高校德育学科建设的未来路径。

（一）积极借鉴其他学科建设成果

高校德育既要从政治学、哲学、教育学、社会学、伦理学、心理学等相关传统学科中汲取理论成果的营养成分，充实学科建设和发展的理论储备，又要从管理学、人学、文化学、发生学、行为科学等相关新兴学科中学习和吸取理论前沿成果，启发和引导学科理论的新发展，实现新突破，更要从生态学、系统学、运筹学等相关理工类学科中引入和运用相关理论，保证学科建设理论来源的多样性和丰富性，促进学科建设的优化发展。同时，高校德育学科建设必须明确坚持马克思主义的指导，并密切结合我国改革开放的国情实际，在批判中借鉴而不是奉行“拿来主义”。我们需要关注和学习西方国家德育的特点和优势，观察和研究具有相同文化背景的周边国家开展德育的理念和特征，尤其是能够与我国国情密切结合的教育理念和途径，在比较鉴别中吸取合理思想，学习科学方法，实现学科发展。

科学的研究方法是学科建设和发展的重要内容。“在思想政治教育的学术研究中，要注重积极借鉴相关学科的从研究内容到研究方法、研究思维的新发展、新成果，根据本学科学术发展的需要，及时转化和消化到本学科领域，为本学科的学术发展提供新的知识积累、新的方法论借鉴和新的思维启发。”高校德育研究既要吸收传统的研究方法，如以社会调查和文献研究为代表的经验研究方法，以统计处理和归纳演绎为代表的理论研究方法，更要积极借鉴现代新型研究方法，如以系统论方法、控制论方法和信息论方法为代表的系统科学方法，为高校德育研究提供合理、科学、健全的研究工具。根据学科建设和发展的实际需要，实现传统研究、量化研究和质性研究的有机结合，在众多方法中撷取能够契合高校德育理论研究和实践运行的科学方法，并在实践中考察方法的实际效果，在修正和完善中探索高校德育特有研究方法并规范研究方法和模式。

（二）与时俱进推进学科自身建设发展

首先，要坚持高校德育学科的意识形态性和科学性的有机统一。

目前有些学者回避、淡化甚至排斥意识形态教育，否认高校德育的政治性和党性特征，主张高校德育应该“淡化意识形态”或“去意识形态”。面对社会思想文化意识多元、多样、多变的新趋势，高校德育要取得实效性和具有针对性，必须加强意识形态教育，在教育中宣传和贯彻马克思主义理论，坚持用社会主义核心价值体系引领社会思潮，引导大学生正确看待改革开放中的社会问题，坚决拥护党的领导和中国特色社会主义。同时，意识形态教育也要与时俱进，具有时代性和加强针对性。要针对社会实践的发展和大学生思想的变化，丰富意识形态教育的科学内涵，创新意识形态教育的方法途径，以更加符合大学生习惯的话语、形式做到贴近实际、贴近学生、贴近生活，不断增强德育的针对性、实效性和亲和力、感染力，不断增强对多样化社会意识的批判力和整合力。

高校德育学科的科学性体现在理论形态上的逐步完善和实践过程中的效果凸显。在理论形态上，高校德育需要形成相对独立的研究范式、学科特属的话语体系、基本明晰的概念范畴和研究内容。在实践过程中，高校德育要坚持与时俱进，一是尽早统一学科研究对象，明确学科边界和学科内涵；二是规范学科话语体系，构

建特色学科语言；三是提炼科学研究方法，避免低水平、重复性研究和建设；四是提升研究成果的转化功能，防止“学院化”，推进“大众化”。此外，要加强学科建设、理论研究和人才培养的有机结合，建设结构合理、配合有序的研究和工作队伍，为增强高校德育的科学性提供坚实的组织保障。

其次，要促进高校德育学科的独立性和依托性的密切配合。

坚持高校德育学科的独立性，要找准学科定位，明确学科性质，打造学科特色，创建学科体系，推动学科实践，实现学科发展，而不是在与其他学科的交叉、融合之中失去自身的本质特征和个性。学科独立性本质上表现为学科定位归属明确和学科研究对象规范。高校德育是“以马克思主义的世界观、人生观、价值观、道德观教育学生，与学校教育的其他组成部分——智育、体育、美育等有机地结合，将学生培养成为德、智、体、美全面发展的社会主义建设者和接班人”。这一学科定位将其与西方国家的公民教育、通识教育区分开来；高校德育的研究对象是大学生思想政治品德现象及其基本规律，这与伦理学、教育学等相近学科具有本质的不同。我们要在厘清学科定位和明晰研究对象的基础上，克服目前思想政治教育研究中存在的盲目论域扩张、理论依附、简单移植导致的学科研究边界模糊不良倾向，摒除不属于德育的学科理念和研究行为，净化学科研究和建设队伍，保持学科独立性。

加强高校德育的学科依托性，需要强化对其他学科研究成果的学习、借鉴和应用，同时坚守依托其他学科的底线，明确学科依托必须围绕高校德育的发展为中心。我们既要注重积极借鉴相关学科在研究理论、研究内容、研究方法和研究范式等方面取得新突破、新发展和新成果，结合学科自身特色和需要撷取合理成分和科学养分，通过转化和消化促进学科新发展，又要根据学科建设实际需要结合具体研究领域和问题，在以我为主的前提下主动邀请其他学科相关专家学者参与学术研究和探讨并形成科研合力，更要提升学科自身问题意识和对话意识，在与其他学科的交流和对话中，在前沿问题的探讨和研究中，提高自身发展的理论水平和实践能力。

（三）科学破解学科建设现存问题

首先，坚持意识形态性与以人为本相结合的发展方向。针对当前现实存在的“淡化意识形态”和“过分强调人文关怀”两种不良倾向，需要我们坚持意识形态性与以人为本相结合的发展方向。坚持意识形态性是学科建设和发展的基础和保障，没有意识形态教育，学科建设和发展就失去了本质特色，学科独立性无法得以维持；坚持以人为本则是学科建设和发展的目标与宗旨，没有人文关怀，学科建设和发展就不符合时代变化和要求，就失去科学性的内在规定。坚持意识形态性与以人为本密切结合，以人文科学、社会科学、自然科学和技术科学的知识为依托，实现价值观教育、知识教育、能力教育、素质教育、道德教育和心理教育的有机统一。

其次，坚持理论与实践相统一的发展原则。一是要认识到生动的社会实践是高校德育学科发展的内在动力和必然要求，始终关注和考察社会发展变化过程中的实际需求，结合学科发展总方向，不断总结实践经验，丰富学科建设理论。二是要认识到学科理论的丰富和发展对学科实践活动的巨大推动和科学引领，按照党的要求，结合社会现实，遵循学科规律，促进学科理论由经验形态向科学形态的新发展，以更好地指导高校德育实践。三是要认识到当前学科建设中存在的“重理论、轻实践”的问题，积极探寻破除理论与实践仍存在“两张皮”的路径与方法，在学科理论创新和实践履行中着力保持民族性、体现时代性、把握规律性、富于创造性和增强实效性。

第三，贯彻特色与交叉相呼应的发展思路。一要认识到学科交叉与融合是学科建设和发展的必然趋势，是学科发展的新生长点。“跨学科是未来我国学科发展的新思路，跨学科研究和交流对于一个国家的学术和学科的发展至关重要”。我们要重视高校德育与其他相关学科的交集领域和共同话题,与其他学科专家学者联合攻关,突破学科界限,推动学科理论发展,取得学科实践成效。二要认识到高校德育的学科特色是其存在和发展的前提。在推动学科交叉融合的过程中要坚持和发展学科特色。针对高校德育特有的研究对象、方法、范畴和内容,在拓展学科研究领域、巩固学科研究成果的同时,结合丰富的社会实践构建高校德育的特色分支学科、特色基础理论、特色研究方法和特色实践活动等。

第四,秉承借鉴与创新相促进的发展方法。我们既要发扬历史文化传统、传承优秀民族文化,借鉴世界文明成果,吸取相关学科的实践经验、研究方法和理论成果,又要在借鉴中发扬创新精神,培育创新意识,促进高校德育学科的自主创新。一是紧密结合高校德育实践活动增强问题意识,在发现问题、解决问题的过程中推动理论和实践的发展;二是将高校德育与民族特色结合起来,实现学科的本土化和民族化;三是突破高校德育现有理论体系和研究成果的束缚,在范式转换、观念整合和体系创新的过程中促进学科的内生性发展。

第五,构建宏观与微观相补充的发展格局。高校德育的基本内容可以归为两个方面,一是社会主流价值观的引领和个人价值观的塑造;二是社会发展的素质要求和个人的全面发展。对前者的研究属于宏观层面,对后者的开发属于微观层面,二者相互促进、共同发展,才能构建高校德育学科建设的协调、合理的科学格局,实现社会价值与个人价值、工具价值与目的价值的统一。我们在宏观领域研究如何宣传主流价值观的同时,也要关注和重视对微观领域的研究。只有将宏观研究与微观研究密切结合起来,才能突破高校德育学科发展的瓶颈,贯彻高校德育的根本宗旨。

(作者单位:兰州大学马克思主义学院)

把社会主义核心价值体系融入思想政治理论课的教育教学

张雷声

党的十七届六中全会提出:“社会主义核心价值体系是兴国之魂,是社会主义先进文化的精髓,决定着中国特色社会主义发展方向。必须强化教育引导,增进社会共识,创新方式方法,健全制度保障,把社会主义核心价值体系融入国民教育、精神文明建设和党的建设全过程,贯穿改革开放和社会主义现代化建设各领域,体现到精神文化产品创作生产传播各方面,坚持用社会主义核心价值体系引领社会思潮,在全党全社会形成统一指导思想、共同理想信念、强大精神力量、基本道德规范。”社会主义核心价值体系建设是文化建设、精神文明建设的重中之重。在高校,把社会主义核心价值体系融入思想政治理论课的教育教学,提升大学生的思想政治素质和思想道德素质,对建设社会主义文化强国有着深远的意义。

一、增强大学生对社会主义核心价值体系的认同度

把社会主义核心价值体系融入思想政治理论课的教育教学,必须增强大学生在多元文化环境下对社会主义核心价值体系的认同,并进一步由认同升华为信仰、由信仰外化为行动。这是思想政治理论课教学的重要任务。

社会存在决定社会意识。社会主义核心价值体系作为社会意识层面的内容,是对社会存在的反映,是对我国改革开放30多年来时代的变化、社会的转型、社会主义市场经济发展的双重影响,使我国的经济基础和上层建筑出现的前所未有的变化的反映,是对人们思想活动的独立性、多变性、选择性和差异性带来的整个社会出现的各种思想状况的反映。它以科学的世界观和方法论为指导,既坚持马克思主义基本原则,又反映马克思主义中国化的最新成果,既强调以人为本、科学发展,又体现和谐的精神与理念,既承接了中华民族几千年来的精神追求和行为准则,又吸纳了全人类文明历史发展的成果。社会主义社会要用共同的价值理念凝聚人心,形成全社会认同的理想信念和道德规范,就必须有占据主导地位的核心价值体系,从而以主流的价值取向引导全社会的价值取向,统一人们的思想和行为。

当前,我国经济体制的深刻变革、社会结构的深刻变动、利益格局的深刻调整,加上市场经济的负面影响和全球范围内多元文化和多元价值观的冲击,使人们的思想活动呈现出独立性、选择性、多变性和差异性,这些会影响大学生的价值选择和文化认同。把社会主义核心价值体系融入思想政治理论课教学,增强大学生对社会主义核心价值体系的认同,首先,必须坚持主导性、尊重多样性。在思想政治理论课教学中,教师除了要讲清楚社会主流意识形态的地位,讲清楚社会主义意识形态的“一元主导”对社会主义的性质和方向的保证,讲清楚马克思主义作为指导思想的重要意义,讲清楚在文化多元、价值取向多样化的条件下,背离主导性、放弃主导性的危害,还必须讲清楚价值取向多样化的现实意义与价值体现,讲清楚“一元主导”与多样性的关系,使大学生通过学习能够在多样文化的互动和价值选择中坚持核心价值观,从而真正体会“一个民族,一个国家,如果没有自己的精神支柱,就等于没有灵魂,就会失去凝

聚力和生命力”，真正认识社会主义核心价值体系的科学性。

其次，必须坚持理想信念、正视社会现实。思想政治理论课的教育教学既要加强毛泽东思想与中国特色社会主义理论体系的教育，使大学生更加深入地把握中国特色社会主义理论体系的科学性，凸显中国特色社会主义共同理想在我国社会主义现代化建设中的重要地位和作用，又要面对中国特色社会主义发展中存在的现实问题，从中国特色社会主义理论体系的实践意义出发，深入阐述社会主义制度的真实现状，把对社会主义的理想追求与建设中国特色社会主义的现实过程结合起来，使中国特色社会主义共同理想真正能深入到大学生心中，使他们真正能够认同并自觉接受社会主义核心价值体系。

第三，必须准确把握内在精神、加强社会实践。社会主义核心价值体系不可能自觉地进入大学生的头脑，不可能主动地成为大学生的思想意识。只有通过加强马克思主义理论教育，使大学生掌握社会主义核心价值体系的基本内涵、内在逻辑等基本理论和内在精神，高度重视大学生主观能动性的发挥，通过实践教学加深大学生对社会主义核心价值体系的理解，学会运用理论分析现实问题，从而强化大学生对社会主义核心价值体系的认知、认同，并进一步转化为践行社会主义核心价值体系的自觉追求。

二、加强思想政治理论课教师对社会主义核心价值体系的研究

把社会主义核心价值体系融入思想政治理论课的教育教学，必须把加强社会主义核心价值体系的研究作为思想政治理论课教师的重要任务。

首先，必须加强对社会主义核心价值观的研究。社会主义核心价值体系是在社会主义社会生产方式制约下由核心价值观所构建起来的体系，其内涵丰富、意蕴深远，具有很强的思想性、理论性。它反映了时代特征，顺应了人民的期待，符合历史发展的规律。它涵盖了社会发展的指导思想、理想目标、精神支柱等内容，是主流意识形态的本质体现，影响人们的思想观念、思维方式、行为规范。坚持社会主义核心价值体系，就坚持了马克思主义在意识形态领域的指导地位，抓住了弘扬爱国主义、集体主义、社会主义主旋律的关键。但是，在建设社会主义核心价值体系中，如何凝练社会主义核心价值观则是一个重要的课题。核心价值观在核心价值体系中居于最核心的位置，起着主导统领的作用，同时，核心价值观作为一个国家、民族文化存在和发展的基石，它体现着主体的价值追求和价值取向。我国的社会主义核心价值观应该反映的是中华民族的基本思维方式和价值取向，是我们这个民族文化区别于其他民族文化的根本标志。而对社会主义核心价值观的研究既是人们对社会主义核心价值体系的深层追问，同时也成为社会主义核心价值体系的研究难题。思想政治理论课教师把社会主义核心价值体系融入思想政治理论课的教育教学，必须要研究这一问题，在凝练社会主义核心价值观的过程中既要承接和彰显中华民族几千年来的精神追求和行为准则，又要吸纳全人类文明历史发展的成果，既要体现社会主义核心价值体系的内在精神，又要有简洁而明练的准确表达。这无疑是我们的重要责任。

其次，必须加强对社会主义核心价值体系建设规律的研究。社会主义核心价值体系建设规律反映的是人民群众由对社会主义核心价值体系的理解和掌握转化为自觉遵守和践行的发展趋势。从全社会范围来说，在强化教育引导、增进社会共识、创新方式方法、健全制度保障的过程中，在把社会主义核心价值体系融入国民教育、精神文明建设和党的建设全过程，贯穿改革开放和社会主义现代化建设各领域，体现到精神文化产品创作生产传播各方面时，我们既要把社会主义核心价值体系具象化、通俗化、大众化，同时我们又要真正做到落小、落细、落实，

在全党全社会形成统一指导思想、共同理想信念、强大精神力量、基本道德规范。在高校，把社会主义核心价值体系融入思想政治理论课的教育教学，必须着力探索“三个转化”规律，一是社会主义核心价值体系如何由理论体系转化为思想政治理论课课程体系的规律；二是课程体系如何转化为教学体系的规律；三是教学体系如何转化为大学生认知和信仰体系进而转化为行为的规律。通过这一探索，真正使社会主义核心价值体系能够实现“进教材、教课堂、进头脑”。

第三，必须加强社会主义核心价值体系科学性的研究。在经济全球化进程中，社会主义文化受到西方意识形态、文化思潮的冲击和挑战，受到国内非马克思主义意识形态、思想和价值取向的多样化和多元性等的冲击和挑战。这些冲击和挑战影响着社会主义文化思想对人们的凝聚力和整合作用的发挥，弱化了人们对社会主义理想的认同，也阻碍着人们对社会主义核心价值体系的认同。我国作为发展中的社会主义国家，要在经济全球化的进程中立于不败之地，就必须增强高度的文化自觉和文化自信，通过对社会主义核心价值体系科学性的揭示，加强社会主义核心价值体系建设，维护国家发展利益和文化安全。一个国家可以有思想的多样化，但绝不能搞指导思想的多元化。建设社会主义核心价值体系进一步强化了马克思主义在意识形态领域的指导地位，提升了社会各层次对主流意识形态的认同。这是加强国家文化安全的重要保证。在当前先进文化、落后文化与腐朽文化同时并存，正确思想和错误思想、主流意识形态和非主流意识形态相互交织的条件下，要用社会主义先进文化、社会主义和谐文化抵御各种错误的、消极的思想文化，实现文化自身的和谐，用社会主义核心价值体系引领和整合多样化的思想意识和社会思潮，使广大党员和人民群众能够形成并坚持正确的思想观念和价值判断，这是加强国家文化安全的重要基础。

三、把握社会主义核心价值体系在思想政治理论课教学中的完整性

社会主义核心价值体系具有整体性。马克思主义指导思想，中国特色社会主义共同理想，以爱国主义为核心的民族精神和以改革创新为核心的时代精神，社会主义荣辱观，构成社会主义核心价值体系四个方面的基本内容。这些内容虽然各有其特有的含义和实践的要求，但它们相互联系、相互贯通，构成一个有机统一的整体。把社会主义核心价值体系融入思想政治理论课的教育教学，必须把握社会主义核心价值体系教育的完整性。

在把社会主义核心价值体系融入思想政治理论课教育教学的问题上，有的学者将社会主义核心价值体系的四个方面的内容分别融入思想政治理论课的四门课程教育教学之中，我认为，这种对应是不科学的。以马克思主义指导思想为例，在社会主义核心价值体系中，马克思主义为指导是灵魂，它理应贯穿于社会主义核心价值体系内容的方方面面，除了“马克思主义基本原理概论”课程要直接体现对大学生进行马克思主义指导思想的教育外，其他三门课程也都必须以马克思主义为指导思想进行教学，而不能简单地认为“毛泽东思想与中国特色社会主义理论体系概论”课程体现的只是对大学生进行中国特色社会主义共同理想的教育，“中国近现代史纲要”课程贯穿的只是对大学生进行民族精神的教育，“思想道德修养与法律基础”课程渗透的只是对大学生进行社会主义荣辱观的教育。把社会主义核心价值体系融入思想政治理论课的教育教学应站在整体的高度，这既是由社会主义核心价值体系具有整体性决定的，也是由马克思主义与社会主义核心价值体系的关系决定的。

从社会主义核心价值体系具有整体性来说，社会主义核心价值体系是针对当前社会经济发展现实问题、意识形态领域现实问题所作出的缜密的理论概括，是科学的、辩证的，体现

了坚持理想性与现实性、多样性与主导性、民族性与全球性、社会性与个体性等多方面的辩证统一,并以灵魂、主题、精神、道德四个方面内容的有机组合,表明了它是一个具有整体性的价值观念体系。我们把社会主义核心价值体系融入思想政治理论课教育教学,尽管要体现它的四个方面内容所特有的含义和实践的要求,但不应割裂它们的相互联系性、相互贯通性,或将其中某一个方面的内容从整体中游离出来。如果只是把社会主义核心价值体系的某一个方面的内容融入一门课程,这样就很难使大学生真正去认知社会主义核心价值体系,思想政治理论课在社会主义核心价值体系方面的教育教学也就丧失了它的真正意义。

从马克思主义与社会主义核心价值体系的关系来说,在社会主义核心价值体系的四个方面的内容中,马克思主义是指导思想。社会主义核心价值体系要能够真正成为社会主义制度的内在精神,成为社会主义意识形态的当代反映和本质体现,成为广大人民群众共同认可并自觉践行的价值准则,就必须以马克思主义为指导思想。马克思主义是贯穿社会主义核心价值体系四个方面内容的"魂",它决定着社会主义核心价值体系的性质和方向,引导着中国共产党为广大人民群众执好政、谋好利,推进着中国特色社会主义事业的发展。由此可见,马克思主义既是社会主义核心价值体系的理论基础,又是社会主义核心价值体系的基本内容之一,更是社会主义核心价值体系的全部精神支撑,是贯穿于该体系每个领域和层面的"灵魂"。如果把社会主义核心价值体系的四个方面的内容分别对应性地融入四门课程,就很难使大学生真正认知社会主义核心价值体系。把社会主义核心价值体系融入思想政治理论课的教育教学之中,必须把握社会主义核心价值体系的完整性。

(作者单位:中国人民大学马克思主义学院)

以践行核心价值体系推进高水平大学建设

郭广银

党的十七届六中全会提出深化文化体制改革，推动社会主义文化大发展大繁荣，强调社会主义核心价值体系是兴国之魂，是社会主义先进文化的精髓，决定着中国特色社会主义发展方向。大学是社会主义核心价值体系的重要研究者、传播者、践行者。高水平大学更应成为研究、传播和践行社会主义核心价值体系的表率与示范。大力促进社会主义核心价值体系的研究、传播与践行，是当前高水平大学建设的一项紧迫任务，也是长期战略任务。在推进高水平大学建设过程中，大学应该做到在大学文化建设上坚守核心价值，在发挥大学功能中建设核心价值，在文化育人理念下培育核心价值。

一、在大学文化建设上坚守核心价值

胡锦涛总书记在庆祝清华大学建校100周年大会上的重要讲话中强调："建设若干所世界一流大学和一批高水平大学，是我们建设人才强国和创新型国家的重大战略举措。"建设高水平大学包含着诸多层面，从思想文化层面讲，就是要高标准、高品位、严要求，始终把坚守社会主义核心价值体系作为根本精神追求，把社会主义核心价值体系融入学校教育的全过程。

1. 高水平大学的根本精神追求是社会主义核心价值体系

建设高水平大学当然离不开高水平的学科，离不开高水平的教学科研成果，但是越来越多的人认识到，大学之所以为大学，之所以不同于政府、企业和一般的科研机构，就是因为大学有自己独特的文化品质、精神气质。大学应该有自己的精神文化追求，中国特色社会主义的基本性质决定了我们办大学必须坚持用社会主义核心价值体系引领大学文化建设，弘扬社会主义主旋律。

2. 从坚守社会主义核心价值体系的高度重新审视办学理念

大学办学要解决的根本问题是它的目的问题，即它是为什么、为谁服务的问题。建设高水平大学的根本目的是要为中国特色社会主义现代化建设培养更多高层次、高素质、高质量的创新人才，为中国特色社会主义共同理想而奋斗。坚持用社会主义核心价值体系引领大学办学理念，要在大学办学方向和办学目标上坚持和弘扬社会主义，用社会主义核心价值体系的基本要求来评判高水平大学的价值得失；要以马克思主义为思想指导，注重大学思想文化建设，将社会主义核心价值体系建设作为重中之重纳入到"研究型"大学的建设规划中，构建以坚守与践行社会主义核心价值体系为主线的文化发展战略。只有不断研究与践行社会主义核心价值体系，才能将社会主义核心价值体系建设推向新的高度。

3. 高水平大学应是践行社会主义核心价值体系的先锋与表率

高水平大学是践行社会主义核心价值体系的重要阵地，是社会主义核心价值体系引领社会文化的重要渠道，是占领价值引领制高点的重要场所。社会主义核心价值体系强调坚持马克思主义指导地位，坚持中国特色社会主义共同理想，弘扬以爱国主义为核心的民族精神和以改革创新为核心的时代精神，树立和践行社会主义荣辱观，从而在全党全社会形成统一指导思想、共同理想信念、强大精神力量、基本道德规范。高水平大学要从这四个方面来践行社会主义核心价值体系,起到先锋与表率作用。首先,高水平大学应是坚持马克思主义指导地位的楷模,要努力造就一批马克思主义理论家,以及有深厚马克思主义学养、坚定马克思主义信念的科学家、学术大师和文化大师。其次,高水平大学要在塑造与追求中国特色社会主义共同理想中发挥积极引领作用。第三,高水平大学要真正承担起弘扬民族精神和时代精神的重要主体责任,充分发挥爱国主义追求与改革创新精神的先锋作用。第四,高水平大学要在树立和践行社会主义荣辱观的过程中起到重要示范作用。

在此,需要特别强调加强马克思主义在高校意识形态中的指导地位问题。高水平大学要坚定地坚持马克思主义指导地位,坚持马克思主义的世界观与方法论,努力造就一批马克思主义理论家。在西方社会,尽管自由主义占据主流,但仍然有大批知名学者研究马克思主义,比如牛津大学教授特里・伊格尔顿针对当前西方社会十个典型的否定马克思主义的观点逐一进行反驳,客观上为马克思主义的当代生命力作出了有力辩护。虽然他的观点我们不能完全赞成,但他的理论勇气可敬可佩。在我们这样一个以马克思主义为指导的国家,更应该造就一批学术造诣深厚、社会影响卓著、学贯中西的马克思主义理论家。

二、在发挥大学功能中建设核心价值

高水平大学建设不仅要在文化精神上成为坚守社会主义核心价值体系的楷模,而且更要立足于大学人才培养、科学研究、社会服务和文化传承创新的“四大功能”,从功能发挥与实现的层面来扎实推进社会主义核心价值体系建设,将社会主义核心价值体系融入大学功能发挥的各个领域。

1. 在人才培养上着力提升大学生思想道德素质

应始终坚持育人为本、德育为先、德才兼备的原则,着力提高大学生思想道德素质。要采取各种途径、方式与手段,把社会主义核心价值体系融入到大学生教育的全过程。要以中国特色社会主义理想信念教育为核心,以爱国主义教育为重点,以社会主义荣辱观教育、公民道德教育为基础,引导广大学生树立正确的世界观、人生观、价值观、荣辱观,形成科学分析世界、认识社会的思维方式与基本方法。应该特别注重大学生个人思想道德品质的养成,为大学生个体品德的养成提供良好的教育环境、文化氛围,引导大学生形成个体道德修养的自觉意识,形成道德自律的习惯与行为。

2. 依托高水平大学学科优势,加强对社会主义核心价值体系的科学研究

高水平大学要依托自身学科优势,探索深化社会主义核心价值体系科学研究的体制、机制与模式。要注重社会主义核心价值体系在重点学科、优势学科的科学研究中的引领与融入,也应注重多学科研究的优势互补,形成共同发展、共同促进的良好氛围。要以体制、机制的建设为依托,推进高水平大学研究社会主义核心价值体系。可以在大学及院系建立中国特色社会主义理论体系研究中心、社会主义核心价值体系研究中心、主流意识形态研究中心、国家核心价值观研究中心、马克思主义大众化研究中心等众多的研究中心,也可与省、市的科研机构合作建立研究基地,以研究机构的建立为基础,理顺研究中心、研究基地与学校、院系及其他科研机构的关系,从而为研究社会主义核心价值体系提供体制保障。在建设与发展研究机构的过程中,要注重社会主义核心价值体系研究的长效机制建设,有规划、有重点地推进社会主义核心价值体系研究。当前,要关注如何概括出简明扼要、便于传播和践行的社会主义核心价值观表达方式,为社会主义核心价值体系的大众化作出贡献。要通过各方努力,合作研究,形成各学科优势互补、共促共赢的研究模式,不断深化与升华对社会主义核心价值体系的认识,形成一大批理论与实践成果，为社会主义核心价值体系建设奠定坚实的理论基础。

3. 充分发挥服务社会功能，引领社会进步与文化发展繁荣

服务经济社会发展是高水平大学办学的重要功能之一，要注重高水平大学服务经济社会的功能定位。过去人们讲得比较多的是官产学研结合，在推进科技服务与科技成果转化上做得比较多。今天我们则要围绕社会发展中的核心价值体系建设多作贡献，也就是说要在文化服务上深入拓展。文化服务主要是以文化产品的生产与传播来服务经济与社会，通过创造更多优秀的思想文化成果引领社会的进步与文化的发展繁荣，其核心是价值的引领。要发挥高水平大学的文化高地与价值引领效应，就必须通过教育、宣传、社会实践等方式，将优秀的思想文化成果推广到社会，在尊重差异、包容多样的基础上形成与社会文化的良性互动，不断引领社会文化向前发展，为社会主义文化大发展大繁荣作出贡献。

4. 以自觉的文化担当大力推进文化传承创新

大学是优秀文化传承的重要力量和思想文化创新的重要源泉，高水平大学更应有文化担当意识，在文化传承与创新中发挥重要作用。高水平大学既是传播与弘扬优秀传统文化的重要阵地，更是创生各种新思想、新文化的摇篮，其重要任务就是要研究和升华社会的核心价值，推动思想文化创新，从而形成以主流价值观为内核的积极向上的思想文化。高水平大学在文化传承创新中要按照胡锦涛同志的要求，"掌握前人积累的文化成果，扬弃旧义，创立新知，并传播到社会、延续至后代，不断培育崇尚科学、追求真理的思想观念，推动社会主义先进文化建设。要积极开展对外文化交流，增进对国外文化科技发展趋势和最新成果的了解，展示当代中国高等教育风采，增强我国文化软实力和中华文化国际影响力，努力为推动人类文明进步作出积极贡献。"

三、在文化育人理念下培育核心价值

文化育人是高水平大学践行社会主义核心价值体系的基本方式，也是推进高水平大学教育教学的抓手。大学的根本目的是育人，是培养符合社会主义现代化建设要求的高级人才。大学教育教学改革的一个重要切入点就是文化，就是文化育人。文化育人就是向学生进行宇宙人生基本价值与意义的教育，努力将真、善、美有机统一在一起，在学生日常学习与生活过程中进行文化熏陶和社会主流价值与意义的渗透，在文化感染中促进大学生思想道德素质、文化品位、精神气质的提升，从而促进社会主义核心价值体系在高水平大学建设中的引领作用与育人效应。

1. 以思想政治理论课教学为主导探索"融入"教育模式

思想政治理论课是高校开展大学生社会主义核心价值体系教育的主要形式与载体。社会主义核心价值体系本身构成高校思想政治理论课的核心内容。高水平大学思想政治理论课建设要以教学改革和课程建设为重点，将社会主义核心价值体系融入思想政治理论课中，使其成为教学改革与课程建设的中心环节。首先，深入研究和把握社会主义核心价值体系的科学内涵、内容与实质，将社会主义核心价值体系研究推向深入。其次，将社会主义核心价值体系理论观点融入到大学思想政治理论课各门课程中，各门课程都按照社会主义核心价值体系教育要求完善教学大纲、教学计划和教学内容。第三，探索大学生思想政治教育途径、方法、手段的创新。在探索"融入"教育模式过程中，应注重学生在认知、情感、信念、意志、行为五个方面系统的教育，可以构建以情感教育为核心，以认知内化、实践体验为基础，以信念升华、意志坚定为目标的"融入"教育模式。为此可以通过"专题研讨课"开展"研究型教学"，对学生进行中国特色社会主义共同理想教育；通过构建

"课程学习网站",开发利用视频、经典影视作品、flash 等网络资源,对学生进行爱国主义与时代精神教育;通过编导课堂情景剧,对学生进行社会主义荣辱观的情感教育;通过社会调研、实践体认,对学生进行改革创新、坚定信念的生活体验教育;通过"生活改变计划"、"班级道德实践",对学生进行生活实践教育,使其养成良好的个人品性与行为习惯。

2. 在大学生日常思想政治教育与管理中积极引领渗透

在大学生日常思想政治教育与管理中,显性教育与隐性教育有机结合,进行主流价值观的积极引领与渐进渗透,是社会主义核心价值体系教育发挥功效的重要方式。具体可以从以下方面着手:首先,在日常思想政治教育中融入社会主义核心价值体系教育,加强社会主义核心价值体系在日常思想政治教育中的引领作用。其次,将社会主义核心价值体系融入到学校、院系,特别是学生管理一线实际工作中,通过管理促进学生的制度认同与行为习惯的养成。第三,将社会主义核心价值体系教育融入到学生社团活动中,通过价值引领与活动管理对大学生进行思想政治教育。

3. 大力促进主流价值的辐射

主流价值是大学校园文化的核心。高水平大学建设要高度重视校园文化建设,注重校园人文环境与氛围的营造,以思想性、学术性、高品位为目标定位,推进社会主义核心价值体系融入校园文化和校园精神文明建设,以主流价值引领大学校园文化,强化主流价值辐射效应。应该建立高品质课程、高水平讲座、高品位活动三者有机统一的主流价值辐射机制。其中,高品质的思想政治理论课是专门进行主流价值传导与文化辐射的主渠道,思想政治理论课不只是进行主流价值观的教育,更应注重课程的文化价值辐射功能,拓展思想政治理论课的育人功能。高水平讲座则是对大学生进行主流价值辐射的重要渠道,是提高学生科学人文素养、开阔学生眼界、培养学生学术能力的主阵地。高品位活动则是通过活动开展的方式,将主流价值融入到大学生的日常实践中。要以大学生的日常文化活动开展为重点,将文化引领与活动仪式有机结合,通过行动促进认知的强化、情感的丰富与行为习惯的养成。尤其要在培养学生团体、班级的文化活动能力过程中,注重团体、班级的价值观引领教育和凝聚力建设。

(作者:东南大学党委书记)

提升高校思想政治理论课教学质量的几个问题

白显良

高校思想政治理论课作为大学生思想政治教育的主渠道，核心和关键是要对大学生进行马克思主义理论教育，并基于课程的特殊本质，着力提高教学质量，准确把握课程定位，深刻理解课程使命担当，切实改进教育教学。

一、进一步深化对高校思想政治理论课课程定位的认识

第一，高校思想政治理论课体现了中国特色社会主义大学的本质。加强高校思想政治理论课建设是中国特色社会主义大学最重要的特色之一，社会主义大学一个重要的本质特征就是强调人才培养的政治方向。当代中国高等教育人才培养的政治方向，集中体现为坚持中国特色社会主义共同理想，培养中国特色社会主义事业的合格建设者和可靠接班人。我国高校解决人才培养中这一政治方向问题，根本途径之一就是通过高校思想政治理论课教学，始终坚持以马克思主义为指导，用马克思主义的科学理论，尤其是马克思主义在当代中国发展的最新成果武装大学生，引领大学生的思想发展和成长方向，使大学生牢固确立中国特色社会主义的共同理想信念。可见，高校思想政治理论课教学，是一个关系培养什么样的人、怎样培养人，及办什么样的高等教育、怎样办高等教育的大问题，直接影响人才培养的方向，体现了社会主义大学的本质。

第二，高校思想政治理论课是大学生思想政治教育的主渠道。高校思想政治理论课对于大学生思想政治教育具有特别的重要意义，它是大学生思想政治教育的主渠道。《中共中央、国务院关于进一步加强和改进大学生思想政治教育的意见》指出，大学生思想政治教育的主要任务是以理想信念教育为核心，深入进行树立正确的世界观、人生观和价值观教育；以爱国主义教育为重点，深入进行弘扬和培育民族精神教育；以基本道德规范为基础，深入进行公民道德教育；以大学生全面发展为目标，深入进行素质教育。长期以来，高校思想政治理论课对大学生进行马克思主义理论教育和思想道德教育，坚持用马克思列宁主义、毛泽东思想、中国特色社会主义理论体系武装大学生，引导大学生坚定对马克思主义的信仰、对社会主义的信念，增强对改革开放和现代化建设的信心、对党和政府的信任，充分发挥了对大学生进行思想政治教育的主渠道作用。

第三，高校思想政治理论课是大学生实现健康成长的必修课。大学阶段是人的世界观、人生观、价值观形成的关键时期。大学生在大学阶段形成什么样的世界观、人生观和价值观，将直接关系到日后的人生发展。高校思想政治理论课通过向大学生系统讲授马克思主义基本原理、毛泽东思想和中国特色社会主义理论体系，介绍近代中国人民在党的领导下奋起反抗的历程，开展社会主义核心价值体系统领下的思想政治教育，引领大学生深刻懂得历史和人民如何选择了马克思主义、选择了中国共产党、选择了社会主义道路，为什么没有共产党就没有新中国，只有社会主义才能救中国，只有改革开放才能发展中国、发展社会主义、发展马克思主义的深刻道理，从而引导大学生牢固确立在党的领导下走中国特色社会主义道路、实现中华民族伟大复兴的共同理想，培育高尚的道德情操，把个人成长进步融入国家发展、民族振兴

的时代洪流中,在奉献社会和服务人民中实现自身价值。对于大学生实现人生健康发展来讲,思想政治理论课是必不可少的学习课程。

第四,高校思想政治理论课为马克思主义理论学科建设提供"实践场域"。以学科建设支撑思想政治理论课教育教学,在课程建设与学科建设的相互支撑中谋发展。国务院学位委员会、教育部在《关于调整增设马克思主义理论一级学科及所属二级学科的通知》中明确指出,设立马克思主义理论一级学科,是加强马克思主义理论体系研究、马克思主义发展史和马克思主义中国化研究、思想政治教育研究,推进党的思想理论建设和巩固马克思主义在高等学校教育教学中的指导地位的需要,同时也是加强高校思想政治理论课建设、培养思想政治教育工作队伍的需要。可见,服务于高校思想政治理论课建设需要是设立马克思主义理论一级学科的初衷之一。高校思想政治理论课教学为马克思主义理论学科发展提供"实践场域",为马克思主义理论学科提供了研究对象和问题指向,为学科发展提供了实践营养。马克思主义理论学科要直面高校思想政治理论课教育教学,从鲜活、常新的教育教学实践中发现问题、研究问题,推进理论研究和学科建设。

二、进一步明确高校思想政治理论课担当的时代使命

第一,用马克思主义中国化的最新成果武装大学生。高校思想政治理论课教学对大学生开展马克思主义理论教育,用马克思主义的科学理论武装大学生头脑,首要的就是要用中国特色社会主义理论体系这个马克思主义中国化的最新成果武装大学生。只有用中国特色社会主义旗帜凝聚大学生,用中国特色社会主义道路引领大学生,用中国特色社会主义理论体系武装大学生,用中国特色社会主义制度指引大学生,增强大学生对中国特色社会主义的理论认同、政治认同、情感认同,才能保证中国特色社会主义事业发展兴旺发达、后继有人。高校思想政治理论课必须切实担负这一时代使命,坚持不懈地对大学生进行科学理论武装工作,教育引导大学生坚定中国特色社会主义理想信念,坚定走中国特色社会主义道路的决心和信心,使我们所培养的人才在方向性问题上毫不含糊、旗帜鲜明。

第二,用社会主义核心价值体系引领大学生。伴随着改革开放的推进和中国特色社会主义事业的发展,我国经济体制深刻变革、社会结构深刻变动、利益格局深刻调整、思想观念深刻变化,社会思想意识日益活跃,呈现多元、多样和多变的发展态势。大学生与网络等新兴媒体接触广泛且深入,思想观念受到越来越强烈的影响。少数学生信仰缺失,一些与社会主义主流意识形态不相符合的思想意识乘虚而入,迫切需要以社会主义核心价值体系加以正确引领。这就要求必须重视对大学生进行社会主义核心价值体系教育,并深刻认识到这是坚持马克思主义在高校意识形态领域指导地位的根本方面。

第三,引导大学生正确认识国情和社会现实问题。对大学生进行马克思主义理论教育,是要用马克思主义指导大学生正确地认识社会和面对生活。当前,我国仍处于并将长期处于社会主义初级阶段的基本国情没有变,人民日益增长的物质文化需要同落后的社会生产之间的矛盾这一社会主要矛盾没有变。同时,随着改革的深入和经济社会发展的推进,总体上我国进入了发展的关键期、改革的攻坚期,现代化建设中必然还存在不少现实困难,各类社会矛盾也将不断凸显。针对当前中国的实际,需要加强高校思想政治理论课教学,强化对大学生的马克思主义理论武装。尤其要在几方面着力开展好教育教学:一是引导大学生正确认识我国所处的发展阶段,以达到坚定中国特色社会主义理想信念的目的;二是引导大学生正确对待现实存在的问题;三是加强大学生自身修养,使之认清历史使命,不为现实问题所困惑。

第四,抵制不良思想影响,提高大学生的政

治素养。当今时代,世界格局正在发生深刻变化,国与国之间的较量更趋激烈,世界范围各种思想文化交流、交融、交锋更加频繁。在复杂的国际背景与多变的国际形势中,一些错误的不良的社会思想,如新自由主义、历史虚无主义、"普世价值"、民主社会主义等,也对大学生造成一定影响。西方敌对势力还在政治制度、人权、宗教、民族等多个领域对我国进行攻击诋毁,利用互联网、非政府组织等插手我国人民内部矛盾和群体性事件,破坏我国的国际形象和国内环境,企图影响青年一代对党和国家的政治认同。高校思想政治理论课必须直面当前的国际国内形势,立足战略上赢得青年一代的需要努力加强课程建设,筑牢大学生拒腐防渗的思想政治基础,帮助大学生提高政治鉴别力和增强政治敏锐性。

三、切实按照马克思主义理论教育的本质要求改进教育教学

第一,坚持透彻说理,用马克思主义的真理性征服大学生。要在马克思主义理论教育教学中抓住根本,做到充分透彻说理,实现马克思所讲的理论征服人的"彻底"。这要求教师在教育教学中进行全方位的理论阐发和深刻的理论论证,用具有说服力的理论逻辑和事实材料去加以阐明,引导和帮助大学生把所学习到的马克思主义理论转化为个人思想认识层面的高度认同,进而内化为理想信念。

第二,做到"三个贴近",用马克思主义的鲜活性赢得大学生。毛泽东指出:"离开中国特点来谈马克思主义,只是抽象的空洞的马克思主义。"掌握马克思主义不能离开客观实际,不能离开现实生活,马克思主义理论教育也只有做到贴近实际、贴近生活、贴近大学生,才具有教育性和说服力,才能真正掌握我们的教育对象。要"切忌形式主义、教条主义,切忌简单生硬。不讲究方式、方法,不分对象、条件、场合,照本宣科,生搬硬套,老生常谈,空话套话连篇,绝对不会有成效"。

第三,把握精髓要义,坚持以"学马列要精,要管用的"原则开展教学。马克思主义作为一个科学的理论体系,其内容博大精深,但在高校思想政治理论课教学中讲授马克思主义理论,所要突出的显然是它作为科学世界观和方法论对于大学生的指导意义。要突出对马克思主义精髓要义的把握和理解,重点讲解马克思主义的立场观点方法,教会学生运用马克思主义的立场、观点和方法分析和解决问题。

第四,提升教师素养,以教师的马克思主义坚定信仰影响大学生。思想政治理论课的"教"与"学"融知识传授、人格感染、心灵对话于一体,对教师的人格修养和思想品行有特殊的要求。有学者指出:"从事马克思主义理论教育教学的教师,理论知识的科学的魅力很多是通过他们的人格魅力来体现的。"单方面的知识讲授并不构成一个完整而有效的思想政治理论课"教"与"学"过程,有效的"教"必须是科学与人格的双重感染,有效的"学"必须是知识学习和品行修养的两重学习。思想政治理论课教师只有对马克思主义有比较精深的理解,把马克思主义作为自己的坚定信仰,做到对马克思主义的真懂真信,其所开展的马克思主义理论教学才能饱含真情,才富有说服力,才能打动和征服人。加强和改进高校思想政治理论课教学,关键是提高教师的素质与修养,既要提升教师的理论素养和学识水平,又要提高其人格境界与道德涵养水平。尤其是要在推进思想政治理论课教师对马克思主义的真懂真信真行上下工夫,把教师队伍培育成为马克思主义理论素养高、师德修养好、人格魅力强的队伍,在教学科研中做马克思主义的真正信仰者和践行者。

(作者单位:西南大学马克思主义理论研究中心)

构建高校创新文化的培育机制

周 晔

胡锦涛总书记在庆祝清华大学建校一百周年大会上的讲话中，首次将“文化传承创新”与人才培养、科学研究、服务社会一起并列为高校的四大功能之一。高校创新文化培育机制构建的重要意义日益凸显。

一、用创新文化创新大学品格

大学是客观物质存在，更是一种文化存在和精神存在。大学的物质存在很简单，仪器、设备、大楼，等等。大学之所以称之为大学，关键在于大学的文化存在和精神存在。大学是汇聚人才、培养人才的高地，是知识创新、科技创新的摇篮，大学文化体现的是一种共性，其核心与灵魂则体现于大学创新文化洗练出的大学品格。

大学文化建设“外化于形、内化于心、固化于制”，创新文化的培育机制是使大学得以存续和永葆活力的关键。因为大学首先是历史的产物，由历史积淀而成的传统则是大学绵延传续的精神力量和内在逻辑；其次，大学又是时代的产物，不断变革是大学得以存续并永葆活力的法宝所在。大学创新文化的培育机制，就是以社会主义核心价值体系为指导，由大学师生员工创新的价值观念、理想信念、传统风气和道德规范构成的综合体系。而大学创新文化下的教育理念，就是致力于培养具有个体独立性、自主能动性，探求真理，寻求自我发展路径，勇于挑战自我，大胆创新的人才。

创新文化的培育机制是超越时空的。现代大学诞生的标志——1810 年洪堡大学的组建，正是德国人努力用精神力量来补偿物质损失的一个结果。西方与东方文化差异的一个根本点在于西方是一个罪感社会，文化充满了理性，东方是一个耻感社会，文化中充满了经验。西方的理性文化强调理性、契约、个性、自由、创造性和批判精神等；东方文化强调经验、常识、习惯、群体、血缘、人情和礼俗等。文化深刻影响了人们的思维方式、社会的经济运行、政治运行模式和制度安排。西方的理性文化精神推动了现代社会的飞速发展和巨大进步。当前的中国文化虽然随着社会发展进程的加快，对经验文化模式不断改造，但经验化、人情化依旧是中国文化的重要特质。大学的个性是一所大学区别于另一所大学的精神品格；大学的共性一定会遵循教育自身规律，自成风格、代代相承，昭示于社会，成为公众口碑。

大学创新文化培育要兼顾传统文化积淀及现代制度。首先，我国大学创新文化培育有一个很强壮的根——中国传统研究型学术组织，若把这个根挖掘出来，做一些恢复性的实验，就能使我们的大学跳出西方大学发展的逻辑，形成自己的特色。其次，文化既是精神，又是制度积淀。制度如果能延续，就会不断变成人们的自觉行动，形成一种常态，慢慢积淀成文化。我们在研究时要有特别的视角，关注有形制度和无形文化间的关系，从制度逐步演变成人的一种和谐状态。再次，大学不是万能的。大学生很多思想、行为、习惯都已基本定型，思想问题、价值观培育，好多是中小学阶段就应展开的，所以大学问题要和教育的整体发展一起思考。如果只在大学的 4 年来考虑大学问题，会走入误区。大学担负着培养一代代建设者的责任，高校培养的人以后素养怎么样，决定着国家的走向。以高校创新文化机制推进创新人才培育是时代赋予高等教育的重要使命。

二、用创新文化促进创新人才培养

文化育人是潜移默化的，具有润物细无声的效果。大学就是要通过继承、弘扬优秀民族文化，培育师生爱国情怀和民族精神；就是要通过创新文化的教育，培养师生的改革创新精神和创新能力；就是要通过对国外文化科技发展趋势和最新成果的了解，培养师生的世界眼光和开放精神。

大学创新文化的培育机制是由教育模式、科研体制、组织架构和运行规则等构成的。大学创新文化的培育机制，是通过将制度内化为规范师生自身行为的内驱力和自制力，直接影响着大学师生的人生态度和精神气质，并为他们创新事业指引出具体的成功路向。

大学创新文化培育机制是形成学校品格、个性、精神、理想、信念、价值观等精神文化建设内容的沃土。大学创新文化培育机制的层面贵在高远，居高声自远，气势恢弘才能引导学子的精神追求，从而激励学生，引导成才。目前我们的问题是创新文化培育的质量远远不够。大学创新文化培育机制的内涵涵盖了价值观、理想和目标、核心理念以及组织信念。面对种种社会变迁，大学在适应的同时不能遗忘超越，没有理想的大学就没有魂魄可言，就没有可持续发展的动力和源泉。

三、用环境文化营造创新文化氛围

大学创新文化的培育应有它的本真追求。大学创新文化的环境文化主要包括校园自然环境、物质设施、生活方式、人际关系等。其中鼓励创新、崇尚创新应是学校环境文化的一个核心。大学一旦形成这种文化氛围，将对学生的学习和成长产生潜移默化的作用，进而推动创新人才的培养。

在学习和研究中的功利化行为若不早日铲除，创新文化的培育只能是空中楼阁。功利化的价值取向致使创新文化的培育在时代沿革中趋于暗淡，甚或被丢弃了，失去了大学本真的价值追求。英国人安德鲁·怀尔斯1985年在普林斯顿升为正教授后，9年里基本上没有写出文章。从校长到教研组长，没有人知道他在做什么，也不管他在做什么。9年以后，1995年，他孤军奋战，用130页长篇幅，证明3个多世纪以来，即世界数学界360年，一代又一代数学家们壮志未酬的——费马大定理，获得了当今数学最高奖菲尔茨奖。约翰·纳什患精神病30多年，他生病后，普林斯顿还是把他从MIT请过来，给他温暖。他的家人和同事对他无比关怀。30年后，奇迹发生，他身体恢复，1994年拿了诺贝尔奖。纳什的故事被写成小说《美丽心灵》，拍成电影，拿了奥斯卡奖。所以，有大师还必须有大爱，在一流大学，应该到处可见美丽的心灵。

创新文化提倡的是创新面前人人平等。不以权威压制人，不以名望排挤人，不以资历轻视人，并坚决杜绝急于求成的短期行为。大学发展本质上是一个动态的、文化的过程，是一种历久弥新的文化积淀。真正的大学应该是探求真理和自由成长的最佳处所，用心呵护和极力弘扬批判的思考力是大学的灵魂，真正的大学文化应具有超凡脱俗的睿智、从容和安静，真正的大学应该是人类主要精神资源的传递者与创造者。

四、用文化自觉唤醒文化自信

中国优秀的传统文化为我们建设世界高水平大学提供了深厚的文化基础和历史底蕴，因此，大学作为优秀文化传承的重要载体和思想文化创新的重要源泉，大学创新文化培育的价值追求一定要知根、植根、育根。要自觉地认识到文化建设的特殊规律，并且遵从这个规律，自觉地提高文化对历史进步、社会前行、人民幸福的时代担当和重要职责。用这种文化自觉唤醒一种文化自信，即要对民族优秀的传统文化充满自信，对党领导的人民创造的革命文化充分自信，对我们坚持市场经济条件下的文化多样性，对与时俱进的马克思主义指导作用充满自信。要具有自由思考、独立探索之精神，更应具有理性、批评和怀疑精神。

纵观当今世界，各种思想文化交流、交融、交锋愈加频繁。韩国社会公约研究所所长李东铁博士指出，美国是通过三种方式给亚洲洗脑：通过教育方式培养亲美人士；通过强势的理论和观点影响精英；用文化产业方式熏陶普通百姓。如果一个人从小在这种氛围中成长，将美国视为天堂，长大了以后很难反思西方。大学是知识文化创造的圣地，更是各种思想、各种思潮相互交融、相互激荡的重要场所。因此，我们更要大力推进文化传承创新的培育机制建设，使大学真正成为文化创新的策源地，为中华民族文化之根永驻、中华民族文化之魂永存作出自己的贡献。

创新文化培育机制，不是靠一两个口号形成，而在于学风的养成，在民主、包容、创新中形成教育的风格。如果说大学是一个巨大的熔炉，那么大学文化就是熔炉里的熔浆，每一位从熔炉里走出去的人，浑身上下都散发着熔炉与熔浆的气息。这种气息就是他们的思想、价值观念、理性思考、创新、智慧与博大胸怀的集中体现，必将伴随其一生。所以，大学创新文化的培育机制，必须倡导勇于创新与追求卓越的思想与信念，发扬科学、民主的理性精神，树立文化自觉与文化自信。

在创新文化的培育机制中培育出的创新人才，一定是耐得住寂寞，能冷静面对各种名利诱惑，有“板凳甘坐十年冷”的坚持与付出精神，有只争朝夕、敢于创造的勤奋与进取品质的一辈新人。

高校创新文化的培育机制还是棵尚显柔弱的树苗，其成长与成熟，仍需时日。乔治·奥威尔在那个著名的政治寓言《一九八四》中说过这样的话：“谁控制了现在，谁就控制了历史。谁控制了历史，谁就控制了将来。”高校创新文化无远弗届的伸张性，令其凝聚了历史、现在和将来。唯此，高校创新文化的培育机制必将构筑文化育人的新格局，必将在激发文化活力、增强文化魅力、提升文化实力上且思且益，且走且远。

（作者单位：北京邮电大学党委宣传部）

大学生践行社会主义核心价值体系的机制建设

刘　峰

加强大学生社会主义核心价值体系教育，就要把社会主义核心价值体系教育贯穿于教育、管理和服务的全过程，体现到履行人才培养、科学研究、社会服务和文化传承创新的各项重要职能中，融入到学校建设的各个领域与和谐校园建设的各个方面，形成行之有效的大学生社会主义核心价值体系践行机制。

一、形成引导动力机制

社会主义核心价值体系是社会主义意识形态的本质体现，是我们党在经济全球化和社会思潮多样化形势下团结带领人民开拓前进的精神旗帜，是党和国家事业发展的灵魂，是社会主义先进文化的精髓，在中国特色社会主义发展中起着决定方向的关键性作用。这一理论体系，本身就具有强大的号召力。

要让社会主义核心价值体系真正成为青年学生的自觉追求和基本遵循，必须在理论建设上下工夫，不断提高青年学生对社会主义核心价值体系重大意义的认识，增强学习、践行社会主义核心价值体系的动力。高校要切实发挥自身优势，自觉承担起深入研究和阐释社会主义核心价值体系的重任，努力为践行社会主义核心价值体系提供学理支持，进一步增强理论的感召力、说服力和影响力。要积极回应经济社会发展中出现的难点热点问题，增强社会主义核心价值体系在实践层面的吸引力和凝聚力。要搭建实践活动平台，充分利用各种载体、途径、资源，扩大社会主义核心价值体系教育的覆盖面。要把社会主义核心价值体系教育作为学校教育的一条红线，贯穿到学校各项工作的各个方面，引导大学生自觉学习践行社会主义核心价值体系，以身作则、率先垂范，以自己的实际行动诠释社会主义核心价值体系的真谛，用自己的模范行为和高尚人格感召群众。

二、完善实践育人机制

观念成习惯、规范变行动的过程，是知与行相统一、教育与实践相结合的过程。因此，加强大学生社会主义核心价值体系教育，应在贯穿、融入上下工夫，在践行、示范上下工夫，努力使青年学生成为社会主义核心价值体系的积极传播者和模范践行者。必须充分挖掘和发挥实践育人的强大功能，促进大学生在科学研究中获得新知、在社会实践中得到成长、在服务人民中作出贡献。

近年来，胡锦涛总书记反复强调高校要把实践育人作为提高人才培养的重要举措。实践育人包括实验、实习、社会活动等，本质上是一种实践体验教育，其中，社会活动是新形势下实践育人的重点。应建立项目化社会实践实施机制，把社会实践纳入教学计划和考核体系，使社会实践制度化、规范化，确保课堂教学和课外实践体验的衔接贯通；完善社会实践保障体系，制定社会各方面支持大学生社会实践的政策和具体办法，鼓励社会各方面接纳大学生社会实践，建立一批相对稳定的大学生社会实践基地，形成学校、企业、社区、媒体共同合作支持大学生实践活动的联动机制；着力加强组织引导，创新实践教学方法，紧密结合专业特点和人才培养实际，把社会实践活动与专业学习、服务社会、勤工助学、择业就业、创新创业相结合；完善重大活动志愿者机制，为大学生在社会实践中受教育、长才干、作贡献拓展空间，让学生在具体情境中增强对社会主义核心价值体系的理论认知和情感认同，将社会主义核心价值体系内化为他们的人格素养、行为习惯和自觉行动。不断完善大学生社会实践机制，既有利于学生观察能力、动手能力和社会责任感的提高，更有利于解决学生中存在的"知行不一"的问题。

三、健全文化培育机制

培育和传播高品位的大学文化是推进大学生社会主义核心价值体系教育的重要途径。不断提高大学生社会主义核心价值体系教育的实效性，应将集中教育与日常的渗透式教育结合起来，着力构建全方位、全过程的日常思想政治教育机制，把大学文化理念渗透到各种活动、各个环节、各项目标之中，以求达到"润物无声"的教育效果。

健全文化培育机制，重要的是努力营造和谐的校园文化氛围。要以实施科学文化素质教育为基础，以丰富多彩的文化活动为载体，以多种媒体和现代信息技术为依托，努力形成志存高远、爱国敬业、为人师表、教书育人、严谨笃学的优良教风，形成勤于学习、奋发向上、诚实守信、敢于创新的良好学风，形成崇尚科学、严谨求实、善于创造、具有时代特征和学校特色的良好校风。要以大学生的全面发展为目标，组织开展内容丰富、吸引力强的思想政治、学术科技、文娱体育等活动，重视校园人文环境和自然环境建设，营造教育启迪、亲和凝聚、陶冶塑造的育人氛围。要以自我教育和自我管理相结合为基础，大力扶持理论学习型社团，积极鼓励学术科技型社团，正确引导兴趣爱好型社团，积极倡导社会公益型社团，发挥学生社团在繁荣校园文化中的积极作用。要以不断提高大学生的文化素质、文化自觉和文化自信为目标，运用法律法规和学校规章制度加强校园文化管理，抵制各种错误思潮的侵蚀和影响，引导大学生积极学习和吸收人类优秀文明成果、自觉抵御各种腐朽落后的思想文化，确保校园文化的正确发展方向。需要强调指出的是，大学生既是和谐校园文化环境的营造者，也是受益者，只有努力营造以社会主义核心价值体系为引领的和谐校园文化环境，才能在潜移默化中陶冶大学生的情操，引导他们将理论与实践相结合，自觉成为社会主义核心价值体系的践行者。

四、建立目标管理机制

建立目标管理机制，确保社会主义核心价值体系贯穿到思想政治教育工作的各个领域、各个方面，融入到每个学生的日常学习生活之中，让社会主义核心价值体系真正入耳、入脑、入心，是大学生自觉践行社会主义核心价值体系的保证。

要建立健全科学合理的考核机制，将日常检查与年终总结结合起来，让日常的监督检查常态化，打稳打牢阶段性目标，在巩固成绩的基础上，将工作进一步推向前进。要把社会主义核心价值体系体现到高校的制度设计、政策法规制定和日常管理之中，营造良好制度环境，充分发挥政策规章对青年学生思想和行为的导向作用。要把社会主义核心价值体系融入到高校教育教学的全过程，在教材编写、学科建设、人才培养、队伍建设、教育质量等各项评估测评体系中深刻体现社会主义核心价值体系的基本要求和价值取向。要把社会主义核心价值体系融入到高校党组织活动的各个领域、各个方面，利用各种重要活动、重要仪式、重大节日等契机，搭建起弘扬社会主义核心价值体系的广阔平台。要进一步加大投入力度，把开展大学生学习、践行社会主义核心价值体系系列活动经费列入预算，确保大学生践行社会主义核心价值体系的实际效果。

五、形成队伍建设机制

改革开放以来尤其是中央 16 号文件颁布以来，经过各高校的共同努力，"专业化培养、多样化发展、规范化管理的有中国特色的大学生思想政治教育工作队伍建设格局初步形成，以党政干部和共青团干部为核心、以辅导员和班主任为骨干、以思想政治理论课教师和哲学社会科学课教师为主体的大学生思想政治教育工作队伍基本形成，为加强大学生思想政治教育提供了有力的组织保证和人才支撑”。但也必须看到，大学生社会主义核心价值体系教育不只是高校思想政治教育工作者的任务，而是全社会的共同任务。促进大学生自觉践行社会主义核心价值体系，队伍建设仍是一项长期而艰巨的任务。

要形成把社会主义核心价值体系融入国民教育和精神文明建设全过程的合力，必须组织、动员和协调社会、学校和家庭各方面的力量。高校要把教师教书育人的状况作为评聘教师职务的首要条件，以教书育人的实绩作为教师职称晋升的首要条件；进一步加大教师培养培训力度，选择若干有基础和实力的高校开设社会主义核心价值体系教育师资研修班；努力做好中青年骨干力量的培养与引领工作，把越来越多的有才干的青年人吸引到队伍中来；进一步完善政策支持、提供必要保障，鼓励教师潜心大学生社会主义核心价值体系教育教学和践行示范研究。同时，高校应通过多种方式，加强与家庭教育、社会教育的紧密配合，着力建设以学校教育为主导、以家庭教育为主托、以社会教育为主线的教育体系。加强家长言传身教功能的挖掘与发挥，帮助家长树立正确的成才观念、掌握科学的教育方法；强化环境育人功能，加强综合治理，营造有利于青年学生践行社会主义核心价值体系的社会环境；继续推进党政领导干部进课堂的机制建设，鼓励多部门协调，整合人才资源，不断壮大大学生社会主义核心价值体系教育队伍。

（作者单位：哈尔滨师范大学学生处）

思想政治理论课引导机制的心理学基础

神彦飞　李银香

大学生思想政治教育是“知、情、意、行”相统一的过程，必须建立有效的教育教学引导机制。即是说，高校思想政治理论课教师在教育教学系统各环节以学生为中心，针对教育教学内容主要采取以教师为主导、学生为主体、思维训练为主线、先引后导的引导方式进行教育教学，从而形成教育教学资源配置关系、教育教学管理和教育教学活动过程；教师引导机制与学生接受机制在授课环节相耦合，备课预设引导机制与授课传播引导机制相衔接，构成一个完整的教育教学循环机制体。这种引导机制，主要是把主体的心理活动调动起来，并贯穿在心理过程、个性心理和心理状态等心理活动过程中，所以高校思想政治理论课教育教学引导机制是建立在遵循心理活动规律的基础上的。高校思想政治理论课教育教学引导机制的心理学基础，包括认识、情感、意志、审美、个性心理等方面内容。

一、认识与引导

认识过程是心理过程的起点，也是引导行为的主要心理基础。各种引导心理和行为现象，如引导动机的产生、引导方法的形成，引导过程中的沟通、观察、启动、选择，无不以认识为先导。

认识主要由感觉、知觉、印象、表象、注意、记忆、想象、思维等方面组成。认识对于进行思想政治理论课教育教学引导的教师具有重要的意义，因为引导的过程是引导者与接受者的互动过程。教师要认识学生行为背后的心理思想状况，以便有针对性地作出引导的决策方案。教师的认识包括两方面，一是对教育教学内容的认识，二是对学生接受情况的认识。学生的认识也包括两个方面：一是对知识本身的认识，二是对教师引导也即授课形式的认识。引导中重要的是教师的认识，因为对引导机制有直接意义的是教师对学生的态度和接受状况的认识，有间接意义的是对本身知识情况的认识，前者即知彼，后者即知己，知己知彼方可有效引导。作为教师，这里关键是知彼，教师必须通过课内外感觉、知觉、注意、记忆学生的情况，弄清学生的思想细节，尤其要弄清学生对自己教育教学的态度以及学生未接受知识的原因。未接受包括不接受和接受不了两方面，前者是态度问题，后者是难度问题。不接受有两种原因，一是学生对知识本身的拒斥，二是学生对传授方式不认同，或对教师不感兴趣，后者是教师的素质问题和授课艺术问题。教师要通过理性思维针对未接受作出引导的方法和方案。当然知己也很重要，教师对教育教学思路不清，教育教学手段不明，也就谈不上引导。

在认识中，注意和思维对引导有特殊的意义。教师的注意主要是引起和集中对学生状态的观察，同时集中和保持学生的注意。引导中非常重要的一点就是抓住学生的注意力，保证学生在接受知识时选择、维持和加强对教师传播信息的注意。相对而言，学生的注意对引导更为重要。

思想政治理论课教育教学引导以思维训练为主线。思维主要是教师的思维，包括分析、比较和评价，对引导的全程都起着重要作用。认识对于引导的意义在于备课阶段精算，充分预导；授课阶段细算，关注细节，循序渐进，由浅入深，循循善诱。保证知己知彼，思路清楚，思维清晰，才能够充分打开学生的心灵世界。当然，在引导中学生的思维也要跟上教师引导的思维。

二、情感与引导

情感是人对客观事物的一种态度，反映人与事物之间需要的价值关系，它表现为人对事物的肯定或否定倾向。满足或符合人需要的事，引起人积极的态度，产生肯定的情感，如愉快、满意、喜爱等。反之便是消极的态度，否定的情感。情感是一种比较稳定的心理过程，与情感相联系又有区别的还有情绪。情绪是情感的外部表现，不太稳定，有较多冲动性。情感或情绪的触发原因是外在现实刺激，但其产生却与机体生活心理状态相关。情感的表现形式丰富，依发生的强度、速度、持续时间和外部表现分为心境、热情、激情和应激四种状态。按内容、性质和表现不同，将由社会性需要引起的高级情感分为道德感、理智感和美感。

情感是引导心理和行为过程重要的心理基础，引导要借情感启动和升华。在思想政治理论课教育教学引导中，情感以弥散的方式影响着教育教学过程，其作用主要表现为过滤、感染、传递、激发和共鸣等，并且与认识、审美、意志等心理过程交合在一起。情感对事物的认可或排斥是过滤作用，如师生第一次印象产生的好坏感受；情感的互相引发称感染作用，如见悲则哀；某对象产生的情感波及到与该对象有关的事物上称传递作用，即爱屋及乌，因崇尚教师的人格而喜欢他的课便是如此；情感对认识的加强或减弱称激发作用，如情绪低落，感受力、理解力、想象力、判断力下降；主体之间感情一致或认识一致时，感情都同时发生强化称共鸣作用，如和衷共济、同仇敌忾等。对教育教学引导起作用的主要是教师对学生的爱所引发的学生对老师的敬意，以及学生因教师的人格、知识、讲授艺术产生的爱戴和佩服。

教师的情感对学生有至关重要的作用，教师对学生的情感感染往往像导火线，一触即发，立刻扩散到学生，是引导教育教学中极重要的因素。学生之间的情感感染、弥散也会增强或减弱引导的效应。教师感染学生很快产生传递引起学生对教师与知识的兴趣，进而激发学生的认知、判断、想象等，情感的各种作用彼此之间具有连锁效应。教师情感对学生的感染首先是引起学生注意，积极的情感导致持久的注意并增强注意的强度，消极的情感则引起相反的作用。积极的情感主要是教师对教育教学事业的热爱和对学生的爱，以及乐观向上的人生态度和心境等。引导中教师要避免把消极情感带给学生，尽可能造成课堂上良好亲和的氛围，同时要消除学生中不良的情绪蔓延。

三、审美与引导

审美是一种关于美丑评价的心理过程，对思想政治理论课教育教学引导具有重要的作用。美的引导作用主要是激发兴趣。教育教学中引进美的内容材料以及美的教育教学形式，都会增加思想政治理论课的教育教学效果。美是人类文化的产物，也是后天习得的一种心理体验形式。只有某种特定的刺激才会使人产生美的感觉。教师较高的审美修养和鉴赏力，艺术化的授课方式，美的人格、语言、声音和衣着形象都是一种兴奋剂和催化剂。思想政治理论课的内容中本身就可以开发好多美的材料。当我们讲授辩证法时，黑格尔哲学的“历史美”和“逻辑美”，对立统一的“简洁美”，否定之否定的“波浪美”、“螺旋美”，认识论中的“飞跃美”等就马上呈现出来；当然还有其他的如法学中的“正义美”，科学社会主义“人的全面发展美”，伦理道德诚信的“人性美”等。在思想政治理论课教育教学中充分挖掘这些“美”，无疑对引导学生学习兴趣具有重要作用。可见，审美心理在引发学生学习兴趣上具有不可低估的作用。

四、意志与引导

意志是自觉地确定目的并根据目的来支

配、调节自己的行动、克服困难、实现目的的心理活动。意志对人的行为具有发动、坚持和制止、改变等作用。思想政治理论课教育教学中学生的意志决定学习的效果，教师的引导在于强化学生克服学习中困难的意志，制止和防止意志减退或沉沦，帮助意志薄弱者增加克服困难的信心，提高生活的勇气。对于教师而言，意志是保证教育教学引导成功的条件，相信自己的引导能力，坚持实现有效引导，对学生抱有信心和希望，对每一个学生都不放弃，立志于思想政治理论课教育教学事业，不为外界浮华所迷惑，坚定当好一名合格思想政治理论课教师的信念，这些都是促进引导顺利开展的前提条件。如果教师没有坚定的信念和信心，就抵挡不住金钱利益等的诱惑，也难以做一个有效的引导者。教师要做一个能够很好引导学生的导师，首先应是一个“贫贱不能移，富贵不能淫，威武不能屈”的有教育宏图大志的人，这是思想政治理论课教师必备的意志心理素质。

五、个性心理与引导

个性心理主要包括个性倾向性和个性心理特征。与引导关系较为密切的主要是兴趣、需要、动机以及能力、气质、性格等。思想政治理论课教育教学引导时，教师的个性心理对引导固然重要，但更重要的是考虑学生的个性心理，而且必须是多数学生普遍的个性心理。作为教师，教育教学的动机放在教书育人上，至于其他个性心理则要适应学生的需要，尽可能扬长避短。学生的兴趣、需要、动机有的与教育教学目标一致，有的不一致，引导的任务不是去迁就学生的个性心理，而是要把他们的个性心理引导到教育教学目标上。因为兴趣易于激发引导，能力是长久的训练，我们只能从学习的方法上加以正确引导。就思想政治理论课教育教学来说，重点要从学生的兴趣、需要、动机上引导。引导必须充分尊重学生的个性心理，这才能让不同特点的学生同坐在教室里认真听课。兴趣是最好的老师，兴趣调动了，就会产生无穷的动力。“兴趣为引导之母，方法为引导之路”，兴趣调动成功等于引导成功的一半。因此，在引导学生学习的问题上无论怎样强调兴趣都不为过。

总之，注重在高校思想政治理论课教育教学引导机制的健全与运用中遵循心理活动规律，对教育教学作用重大，其作用是潜在的长效的实质性的，它能增强思想政治理论课教育教学的时效性和实效性，提升教育教学水平。

（作者单位：山东大学辅导员工作研究会与培训基地办公室；太原理工大学政法学院）

论新时期大学生雷锋精神教育

黄蓉生

雷锋精神是中国共产党在中国革命、建设和改革开放的伟人事业中催生和形塑出的重要精神。弘扬和传承雷锋精神是大学生的崇高使命，对大学生进行雷锋精神教育是中国共产党的优良传统。伴随中国特色社会主义建设的历史进程，大学生雷锋精神教育蓬勃发展、接续相传，展现出重要的历史价值和时代意蕴。

一、大学生雷锋精神教育的时代蕴涵

雷锋精神形成于20世纪中期我国社会主义建设的伟大实践中。雷锋精神主要体现为爱憎分明的阶级立场、爱党爱国爱社会主义的理想信念、全心全意为人民服务的高尚品格以及刻苦钻研马列主义、毛泽东思想的学习精神等。雷锋精神是社会主义条件下良好社会风气和新型人际关系的真实反映，彰显了中国共产党人的先进本色，体现了中华民族的传统美德，蕴含了一切向往真善美的人们的共同价值认同。当前，在经济体制深刻变革、社会结构深刻变动、利益格局深刻调整的背景下，对大学生进行雷锋精神教育要求采取符合时代要求和大学生特点的新途径、新形式。

(一)以爱国爱党为内核的理想信念教育

理想是人们对于未来的憧憬、向往和追求，指引着人生奋斗的目标和方向。信念是出自人们内心的真诚信仰，是人们追求目标的力量之源，能使人立场坚定、意志坚强。“任何事情的发生都不是没有自觉的意图，没有预期的目的的”。雷锋之所以能够做出不平凡的业绩，正是源自他对共产主义的崇高理念和坚定信仰，源自他对美好社会制度的不懈追求，源自他对祖国和人民的无比热爱。基于这种理想信念和人生追求，雷锋坚持从当下做起，从本职岗位做起，从身边的事情做起，一点一滴地完成自己的人格修炼；而由此铸就的雷锋精神，则集中体现为崇高的共产主义理想信念、鲜明的爱国主义志向和衷心拥护党、坚决跟党走的政治立场。当前对大学生进行雷锋精神教育，就是要以学雷锋活动为载体，对大学生进行以爱国爱党为内核的理想信念教育，坚定大学生的社会主义、共产主义理想信念，升华大学生对祖国、党和人民的思想情感，把他们培养成为有理想、有道德、有文化、有纪律的“四有”新人。

(二)以服务人民为旨向的人生价值观教育

人生价值观是人对于自身在社会中所处地位和作用、对个人同社会之间关系的认识。“人的本质不是单个人所固有的抽象物，在其现实性上，它是一切社会关系的总和”，这就决定了社会主义制度下的人必须受到社会主义社会关系的规定。关于这一点，雷锋给人们作出了生动的诠释。雷锋的一生是全心全意为人民服务的一生。在短暂的人生中，他做了大量的好事，处处以整体利益为重，自觉践行我们党全心全意为人民服务的宗旨，孕育出一种以为人民服务为核心的崭新的社会主义道德。他这样要求自己：“我活着只有一个目的，就是要做一个对人民有用的人，生为人民生，死为人民死。”“把有限的生命投入到无限的为人民服务之中去。”当前对大学生进行雷锋精神教育，就是要加强以为人民服务为核心的人生价值观教育，引导大学生正确认识人生的意义和价值，在为祖国、为人民服务的过程中实现个人价值与社会价值的统一,树立科学的世界观、人生观和价值观。

(三)以善念善举为表征的思想道德教育

作为践行社会主义、共产主义思想道德的楷模,雷锋成长于中华民族传统美德和中国共产党优良传统的滋养之中,又赋予其新的时代内涵,锻造出为世人广为传唱的雷锋精神。雷锋的一生,是毫不利己、专门利人的一生,是乐于助人、无私奉献的一生,是克己奉公、公而忘私的一生,是勤俭节约、艰苦奋斗的一生。严于律己、宽以待人,尊老爱幼、助人为乐的传统美德在雷锋身上体现得淋漓尽致,百折不挠、视死如归、奋勇前进的革命斗志在雷锋身上展现得一览无余。雷锋精神既饱含着社会主义思想道德建设的主要内容,又继承了中华民族的优良传统,是中华民族传统美德与社会主义新型道德的共同结晶,是社会主义核心价值体系的生动体现。半个世纪以来,雷锋精神不断发扬光大,已深深根植于中国社会的伦理观念和文化心理,极大地推进了社会公德、职业道德、家庭美德和个人品德建设。在此背景下,对大学生进行雷锋精神教育,就是要以雷锋事迹所体现出的道德观念和崇高品质引导大学生明辨是非、崇德扬善,以雷锋的善行善举影响大学生的价值判断和人生追求,通过对雷锋精神的颂扬与传承提升大学生的道德水平,使其自觉争当雷锋精神的倡导者和社会主义核心价值体系的践行者。

(四)以爱岗敬业为基石的创业创新教育

雷锋无论走到哪里都能够自觉服从社会主义建设事业的需要,坚持理想与现实的统一,始终做到立足本职、忠于职守,爱岗敬业、尽职尽责,在平凡的岗位上创造不平凡的业绩,锻造出“干一行爱一行、专一行精一行”的敬业精神。大学生雷锋精神教育,要以雷锋的敬业精神感染大学生,引导大学生自觉争当雷锋传人,甘做中国特色社会主义建设事业的“螺丝钉”。雷锋精神也是一种创业精神。在雷锋短暂的一生中,工、农、兵三条战线都布有他的足印。在农业战线,雷锋被评为“优秀拖拉机手”;在工业战线,雷锋三次被评为“先进生产者”,五次被评为“红旗手”,十八次被评为标兵;在军队里,雷锋荣立二等功、三等功。诸多荣誉背后折射出的是他“对待工作像夏天一样火热”的一丝不苟、百折不挠、踏实肯干、兢兢业业、艰苦奋斗、勤俭节约的创业精神。雷锋精神更是一种锐意进取、自强不息的创新精神。大学生雷锋精神教育,要教育和引导大学生在保持优良传统和作风的同时,要敢于突破陈规、勇于探索创造,重视学习、善于学习,不断增强大学生的创新意识,提升大学生的创新能力,培养一代又一代适应时代发展要求的创新型人才。

二、大学生雷锋精神教育的历史发展

党和国家历来十分重视大学生雷锋精神教育。伴随着中国特色社会主义建设的持续推进,大学生雷锋精神教育绵延不断、接续相传,激励着一代又一代大学生奋发向上、不断前进。

(一)在建设实践中得以奠基

1963 年 3 月 5 日,毛泽东“向雷锋同志学习”题词正式发表,由此全国掀起群众性学雷锋活动高潮。50 年前,正当国内完成社会主义改造,社会主义建设处于探索之时,我国遭遇严重的自然灾害和困难,中国人民在党的坚强领导下,凝聚成一股劲共同投身于社会主义建设事业,雷锋精神适应伟大时代的需要应运而生。1962 年 10 月,抚顺团市委发出《关于组织全市青少年参观雷锋展览室,开展好阶级教育的通知》,在全市广大青少年中开展学雷锋活动,这引起当时共青团中央第一书记胡耀邦的高度重视。团中央于 1963 年 2 月发出《关于在全国青少年中广泛开展“学习雷锋”的教育活动的通知》,要求“把这项活动作为目前进行共产主义教育的一项重要措施”。同年 3 月 5 日,向来关心青年成长的毛泽东题写“向雷锋同志学习”的题词并于同日在各报头版头条刊出,3 月 7 日各报发表刘少奇、周恩来、朱德、邓小平等中央领导人为雷锋同志的题词。在党中央号召下,全国迅速掀起群众性学雷锋活动的高潮。大学生雷锋精神教育在全民性的学雷锋活动中如火如荼地开展,学雷锋小组、学雷锋小分队、学雷锋活动日等雷锋精神教育形式相继产生。

(二)在拨乱反正中复归正轨

伴随着党的十一届三中全会胜利召开,学雷锋活动有了新发展,大学生雷锋精神教育由此复归正轨。1977年3月5日,《人民日报》重新发表毛泽东、周恩来、朱德1963年为雷锋同志的题词,并与《红旗》杂志、《解放军报》联合发表社论《向雷锋同志学习》。适应形势的发展,为加强对广大青年进行革命理想和共产主义道德品质的教育,1981年团中央发出《关于进一步开展学雷锋树新风活动的通知》,要求广泛组织动员青少年学雷锋、做好事,加强对青年的革命人生观教育和热爱祖国热爱党的教育。1983年团中央发出《关于深入开展“五讲四美三热爱”活动的意见》,要求把学雷锋活动与“五讲四美三热爱”相结合,为持续深入地开展大学生雷锋精神教育注入了新的生机与活力。1984年共青团中央发起“以重点建设献青春,争当新长征突击手”的竞赛活动,大学生雷锋精神教育与服务社会经济建设紧密结合,成为鼓舞大学生树立共产主义远大理想,培养善于学习、勇于进取、艰苦创业、无私奉献等精神的有效途径。

(三)在深化改革中走向成熟

随着改革开放的深入,大学生雷锋精神教育不断走向成熟。1990年3月,“全国学雷锋先进代表座谈会”在京召开,江泽民同志为雷锋同志题词:“学习雷锋同志,弘扬雷锋精神。”同年10月,江泽民同志在视察雷锋团时明确要求“一定要继续在全国开展学习雷锋的活动”。与此同时,团中央发出通知,要求引导青少年树立正确的世界观、人生观和价值观,树立坚持走中国特色社会主义道路的理想,努力成长为社会主义现代化建设的“四有”新人,推动了大学生雷锋精神教育逐步走向深入。1993年,胡锦涛同志在纪念毛泽东等老一辈革命家为雷锋题词30周年大会上发表重要讲话,明确指出:“雷锋精神对于我们这个民族和社会过去具有、现在依然具有重大价值和时代意义。”1994年3月,共青团组织开展“青年志愿者学雷锋奉献日”,实现了学雷锋活动与青年志愿者行动的有机结合,使其步入经常化、规范化的轨道。进入本世纪,深入开展学雷锋活动成为新时期加强社会主义精神文明建设的主要任务,大学生雷锋精神教育开始趋向常态化。2003年2月,纪念学习雷锋活动40周年大会在北京召开,李长春同志发表重要讲话,要求继续发扬光大雷锋精神。2011年10月,党的十七届六中全会进一步强调要“深入开展学雷锋活动,采取措施推动学习活动常态化”。2012年3月,中共中央办公厅印发《关于深入开展学雷锋活动的意见》,提出深入开展学雷锋活动的总体要求,为进一步深入开展雷锋精神教育指明了方向。在此背景下,大学生雷锋精神教育运用新载体、采用新形式贴近实际、贴近生活、贴近学生,有力提升了大学生思想道德素质。

三、大学生雷锋精神教育的实践举措

大学生雷锋精神教育是培养中国特色社会主义合格建设者和可靠接班人的重要途径。高校要充分认识新形势下开展大学生雷锋精神教育的重要意义,努力提升大学生雷锋精神教育实效。

(一)坚持社会主义核心价值体系引领,提升大学生雷锋精神教育时代性

我们当前所处的历史条件、社会环境及社会生活发生了很大变化,雷锋精神的形式和内容也在不断发展,如支农助学、希望工程、抗震救灾、义卖义演、帮困扶贫等活动,都是雷锋精神在今天这个时代最具创新性的诠释。大学生雷锋精神教育要着眼雷锋精神不断丰富的内涵和表现形式,不断创新教育内容和教育手段,体现时代性、把握规律性、富于创造性,着力提升

大学生雷锋精神教育实效。社会主义核心价值体系集中体现了社会主义意识形态的本质，它引领着大学生雷锋精神教育的方向，规范着大学生雷锋精神教育的内容。提升大学生雷锋精神教育的时代性，必须坚持社会主义核心价值体系的引领。

坚持用社会主义核心价值体系引领大学生雷锋精神教育，以马克思主义中国化理论成果武装大学生头脑。马克思主义指导思想决定着大学生雷锋精神教育的性质和方向。加强大学生雷锋精神教育，要求大学生自觉学习马克思列宁主义、毛泽东思想和中国特色社会主义理论体系，用马克思主义的立场、观点、方法认识问题、解决问题，牢固树立正确的世界观、人生观和价值观。坚定的理想信念是雷锋精神的内在灵魂，要教育和引导大学生树立中国特色社会主义共同理想。加强大学生雷锋精神教育，要让大学生在感知雷锋事迹和体悟雷锋精神价值中树立中国特色社会主义共同理想，始终把握正确的前进方向，坚定共产主义理想和社会主义信念，并为这个崇高的理想而努力奋斗。要将雷锋精神教育与民族精神教育、时代精神教育和社会主义荣辱观教育相结合，让大学生在学雷锋活动中提升民族精神品格、时代精神气质和思想道德水平。加强大学生雷锋精神教育，要培养大学生热爱祖国、热爱人民、艰苦奋斗、勤俭节约、自强不息的民族精神，养成无私奉献、报效人民、全心全意为人民服务的高尚品格和爱岗敬业、诚实守信、努力钻研的可贵品质。

（二）选树先进典型，促成大学生雷锋精神教育鲜活化

榜样教育通过对典型人物的言行和精神进行全方位的宣传，影响人们的思想、情感和行为，进而提升人们的道德素质。无论在人生理想上还是本职工作和日常生活中，雷锋本身就是一个先进典型。在雷锋精神感召下，在社会主义现代化建设征程中，涌现出了“为人民鞠躬尽瘁、死而后已”的焦裕禄，“两袖清风、耿耿忠心”的孔繁森，“上不愧党、下不愧民”的李国安，为人民生命和国家财产的安全而不惜牺牲自己生命的李向群，助人为乐的道德模范郭明义等一大批雷锋式典型人物；舍身救农民的大学生张华、长江大学的大学生英雄群体以及徐本禹式的千千万万的支教老师，都是党和人民优良传统和高尚道德的积极实践者和代表者，是雷锋精神在新时代的典型反映，赋予了雷锋精神鲜活的生命力。

大学生雷锋精神教育是一种榜样教育、示范教育。加强大学生雷锋精神教育要注意对典型事迹和先进人物的收集和分析，挖掘先进典型的精神内涵，为大学生雷锋精神教育增添新的教育资源和生命力量。要通过对这些典型人物的言行和精神进行全方位的宣传，将先进典型的成长经历清晰生动地展现在大学生面前，使大学生雷锋精神教育由抽象的理论讲解向具体的人格示范转化，常学常新，在给大学生施以精神感染的同时产生更为深刻的潜移默化影响，引导大学生思想道德水平和精神境界的提升。

（三）依托志愿服务平台，实现大学生雷锋精神教育常态化

乐于助人、心系人民是雷锋精神的重要价值指向，服务社会、服务大众、服务他人是雷锋精神的主要表现，这些都是志愿精神长期以来所一直坚守的核心理念和基本内核。志愿精神是一种不求回报的价值理论，是一种利他主义和慈善主义精神，具体体现为“奉献、友爱、互助、进步”精神。志愿精神与雷锋精神具有本质上的共同性，都包含着无私奉献之魂。今天的志愿精神可以视之为雷锋精神在新的时代条件下的继承和延伸。志愿服务是大学生雷锋精神教育的实践途径，志愿服务平台可以为大学生雷锋精神教育提供良好的现实依托。

依托志愿服务平台实现大学生雷锋精神教育常态化，要加强对大学生志愿服务的宣传和指导，在大学生志愿服务活动过程中融入雷锋精神教育，让大学生感受到志愿服务是雷锋精神价值的时代彰显，认识到志愿服务是一项崭新而高尚的社会事业，进而踊跃参与其中，主动接受雷锋精神的洗礼。要努力健全与完善大学生志愿服务活动长效机制，合力推进大学生志愿服务事业的长期化、规模化，充分发挥志愿服务活动的育人功能，为大学生雷锋精神教育的经常性开展提供机制保障和创造良好条件。要加强大学生志愿服务的品牌建设，结合大学生自身实际，打造好支教助学、暑期社会实践、社区志愿服务、志愿服务西部计划等大学生志愿服务品牌，让大学生志愿服务深入社会各个领域，形成校园与社会相结合，形式多样、内容丰富的雷锋精神教育格局。

（四）融入校园文化建设，营造大学生雷锋精神教育优良环境

“没有文化的积极引领，没有人民精神世界的极大丰富，没有全民族精神力量的充分发挥，一个国家、一个民族不可能屹立于世界民族之林”。校园文化建设是加强和改进大学生思想政治教育的有效途径。大学生雷锋精神教育是校园文化建设的重要内容，校园文化建设是大学生雷锋精神教育的外部环境支撑。雷锋精神是教育和引导大学生确立正确的政治立场和方向，树立崇高的人生追求和理想，形成合理的价值判断与取向的重要精神资源，符合校园文化建设的价值理念，能够引领校园文化建设求真、求善、求美。校园文化又以其特有的生动性、直观性、形象性对大学生产生强烈吸引，大学生在参与校园文化建设的过程中受到校园文化潜移默化的持久影响，从而实现思想道德素质的有效提升。

大学生雷锋精神教育应当充分利用校园文化的育人优势，融入大学校园文化建设的全过程。“各级各类学校要把弘扬雷锋精神作为校园文化建设的重要内容，广泛开展学雷锋主题班日、主题队日、主题团日等活动，广泛开展学雷锋主题演讲、报告座谈、读书征文、诗歌朗诵、展览展示、文艺演出、网上互动等活动，广泛开展各类学雷锋主题实践活动”。高校要以十七届六中全会精神为指导，按照中共中央办公厅《关于深入开展学雷锋活动的意见》要求，做好大学生学雷锋活动和雷锋精神教育的组织动员工作。高校宣传部门要利用舆论和话语优势，通过校报校刊和现代网络媒体等途径做好宣传工作，努力营造“人人学雷锋、处处学雷锋、时时学雷锋”的良好氛围。高校团委等要努力建设大学生雷锋精神教育的主题文化，通过雷锋精神主题展览、文艺汇演等加强大学生身边雷锋式人物的典型宣传，引导大学生像雷锋那样让青春在报效祖国、服务人民中焕发绚丽光彩。

（作者：西南大学党委书记）

雷锋精神对于大学生全面发展的时代价值

高国希

雷锋精神传承发展了中华民族的优良品德,顺应了社会进步的时代潮流,体现着高尚纯洁的价值观、人生观、道德观。雷锋精神是当代大学生成长发展、不断进步的重要精神财富,是提升精神境界、引领社会风尚、营造和谐氛围、完善美好人格的生动典范和有力载体。雷锋精神对大学生个人的全面发展具有重大时代价值。

一、为人民服务的精神仍是我们时代的需要

当代市场经济蓬勃发展,个性自由自主空间日趋扩展,处理好人我关系、群己关系、个人与社会的关系显得尤为重要。雷锋艰苦奋斗、公而忘私、团结友爱、全心全意为人民服务的精神,体现了共产党人积极向上、团结进取、根植于人民、服务于人民的人生观和价值观。中国古代无数的志士仁人阐述了追求有意义的人生的重要性。在《为人民服务》一文中,毛泽东引用司马迁"人固有一死,或重于泰山,或轻于鸿毛"的名言,明确指出共产党人"为人民利益而死,就比泰山还重"。在此,为人民服务还是损害人民的利益,为大公无私还是一己私利,都成为人生正向意义与负面意义的分水岭,成为社会福音和社会毒素的警示线。一切以人民的利益为重,这是共产党人终极的价值追求和有意义的价值实现。雷锋认为,"要把有限的生命投入到无限的为人民服务之中去"。这种品格正是中华文明的精粹所在,是中华文化的凝练与浓缩,体现出鲜明的中国文化底蕴和特色。

党的十七大提出"全党同志特别是领导干部都要讲党性、重品行、作表率",并把个人品德建设与社会公德、职业道德、家庭美德建设并列。这说明个人品德建设不仅是个体的事情,而且需要通过党和政府及其他组织予以落实。注重个人品德修养,有利于发展我们党的事业,有利于密切党和人民群众的关系,有利于党员干部特别是领导干部个人的成长和进步。胡锦涛同志在中央纪委七次全会上强调指出,各级领导干部"要生活正派、情趣健康,讲操守,重品行,注重培养健康的生活情趣,保持高尚的精神追求"。德性是人的一生都要追求的、基于理智的习惯倾向、稳定的意愿、积淀的性情,是只要生在世上就无法排解开来的品格要求。"知之必好之,好之必求之,求之必得之。古人此个学是终身事,果能颠沛造次必于是,岂有不得道理"?"人"不只是天地生就的,还是自己追求锻铸的,终而得以实现"成人"之道。古人说:"百行以德为首。"解决好道德问题,是做人的首要的基本问题。每个党员干部都从自身做起,社会风尚就会大为改观。当代大学生应当认真学习、实践雷锋精神,学以致用,贯彻到思想、学习、生活中去,身体力行。

二、个人素质提升、个人全面发展的时代趋势需要雷锋精神

联合国教科文组织一份研究报告曾指出,21世纪科技高速发展和全球化趋势,使教育要大量、有效地传授与时俱进、不断更新、不断适应发展与变革的知识和技能,这是未来人才培养与造就的前提与基础;但是,教科文组织也指出,教育也要使人们在追求个人发展和生命体验的同时,不脱离个人和集体发展同步的轨道与方向。每个人一生的知识支柱包括:学会求

知，即获取理解的手段；学会做事，以便能对自己所处的环境产生影响；学会共处，以便与他人一道参加人类的活动，并在这一些活动中团结合作；最后是学会做人。因此，一个美好的有意义的人生，一定是上述几项知识支柱的互相支撑、水乳交融，即全面发展。而雷锋精神恰恰体现了这几项知识支柱的有机结合、完美鼎立。

大学生的全面发展，要求大学生能力与素养的全面发展。目前，在重视和开发智商（IQ）的基础上，人们开始重视情商（EQ）、逆商（AQ，抗逆境抗挫折）、德商（MQ，得道多助失道寡助）等等。因此，健全人格，修身修炼，兼容并蓄各种好的品质，如善良、仁慈、公正、尊重、诚实、礼貌、豁达等，尤为重要。无论是求知识，求生存，求为人，当代大学生都要学习雷锋精神，如大家耳熟能详的"钉子精神"。学会做事，干一行爱一行，对技术精益求精，脚踏实地、默默奉献的螺丝钉精神，是个人与社会发展都需要的。

人的全面发展，是人的个性、能力和知识的发展，是人的自然素质、社会素质和精神素质的提高。雷锋精神在当代仍然是应有的精神追求，是人的自我完善发展的重要体现。如果说，物质匮乏时代，舍我为人，可能会牺牲很多利益，而在当今的物质丰裕时代，则纯粹是仁慈之举，是"达则兼善天下"。送人玫瑰手有余香，个人价值实现会带来充实感。人的全面发展要求社会为实现人的需要的丰富性而创造条件。社会主义为充分显示人的本质力量、促使人实现其充实的存在提供了条件。马克思看到，个人的自由全面发展只有在共同体中才能实现。《共产党宣言》指出了未来的社会形态："代替那存在着阶级和阶级对立的资产阶级旧社会的，将是这样一个联合体，在那里，每个人的自由发展是一切人的自由发展的条件。"在这个问题上，包含着两层涵义：第一，每一个人的发展是一切人发展的前提条件；第二，个人的自由全面发展只有在共同体中才能实现。马克思恩格斯在《德意志意识形态》中明确指出："只有在共同体中，个人才能获得全面发展其才能的手段，也就是说，只有在共同体中才可能有个人自由。""在真正的共同体的条件下，各个人在自己的联合中并通过这种联合获得自己的自由。"

三、处理好个人与社会、个人与集体的关系需要雷锋精神

学会做人，回报社会，处理好个人与社会的关系，深情地常怀感恩之心，是对当代大学生健全人格的要求。雷锋对党有着朴素感情，他最喜欢的歌曲《唱支山歌给党听》就是其心声的流露和表达。把个人融入集体、融入社会，从一己私利中超越出来，追求的是一种精神，这正是现代人的灵魂、精神家园之所在。

公共领域的生成在现代生活中占有特别重要位置。公共领域的生成不局限于一地一域。现代社会要克服"公民的私人化症状"（哈贝马斯），克服冷漠、不合群、孤独，就要拥有和表现出公民资格所需要的公民品德。公民品德，就是成为一个好公民的道德与政治品性。公共生活，每个成员都是参与者，面对着共同的情景，不同的个体聚焦于一个共同的目标——维持制度的良性运行。公共（public）在希腊文中有两个词源，一是"成熟（mature）"，是指在生理、情感、智力（physical，emotional，intellectual）上的成熟，是"从自我关心或自利，到超越自我而理解别人的利益，它包含了一种能力：理解个体行为对他人的后果的能力"；二是"共同"（common）、"关心"（care with），表明了"关系的重要性"。如果没有走出个人狭隘私利的情怀，就仍然是不"成熟"的。

现代社会的公共性要求公共生活有其共同的约束，要求理性化制度化。僵硬的制度需要社会成员赋予其生命力。美国从事现代化问题研究的著名社会学家英格尔斯指出："那些先进的现代制度要获得成功，取得预期的效果，必须依赖运用它们的人的现代人格、现代品质。"学术界对于现代性研究甚多。"理性化和契约

化的公共文化精神”是现代性的重要特征,共同体的价值是“正义的公共实现”。契约论的重要代表罗尔斯在提出理论、建立制度时,还特别注重对于契约制度起支撑作用的道德观念的探讨,提出了道德品质、道德教育的重要性。“美德(excellence)使我们能实现一个提高我们的主宰感的更满意的生活计划”,“美德是人类幸福(flourishing)的一个条件”。他认识到,人类是一个共同体,需要合作,“我们不仅从自己得到发展的倾向的完善本性得益,而且从相互的活动中得到快乐。仿佛是,我们自己的未能培养的部分是由他人来发展的”。道德德性是人的优点与属性,这些优点也表现在一个良序社会的公共生活中,而集体的正义活动正是人类幸福发达的昌盛形态。个人不可能脱离社会而存在。有社会,就要有秩序。秩序来自何处?威尔·金里卡在《当代政治哲学》一书中指出,为了平衡个人利益,人们建立了一些程序性的制度、机制,但只有这些制度和机制是不够的,还需要有一定水准的公民品德和公共精神。这里指的就是为公民所自觉认同的价值追求。当代大学生在社会中获益越多,他就越有责任有益于社会,这正是塑造公民品德的起码原则。

四、今天仍然需要培育和践行雷锋精神的高尚品格

品德是稳定的个性状态,但品德、品性不是天生的,而是后天获得、需要在实践中养成。培育一种特质,需要有这一特质的品性的行为来养成,只有做了关爱的行为,人才能把关爱之感慢慢地植入自身。这种实践,是要不断地重复这类的行为而内化,品格就是这样炼成的,是支持他的诚实性情的一种决定、一种选择。德性要求,作为一种品性,为了正当的理由做正当的事情而没有严重的内心不情愿的反抗,以这种方式来发展你的品性。比如,你是全心全意地慷慨,公平地行动而决无反悔,等等,这才是源于品性的好的行动的真实动因。正如德性理论认为的,德性是承载了伦理价值(如公道与仁慈)的品质。因为这些性情是我的,它们是我生存的方式,是我的品格、我的特质,它们使我以特定的方式过自己的选择的生活,因此,思考德性就引向了思考我的作为一个整体的生活。品德是因为某些理由而行动的性情(disposition)、倾向,其深层包含着这种性情与倾向的理由(reason)。德性作为要行动的一种倾向,以适当的方式(如诚实地,勇敢地等)、以正确的理由、做正确的事。这一行为方式的深层根基,正是生活积累的实践智慧。德性需要特定的行动与特定的情感反应,品德“不仅关系到一个人做正确的行动,而且关系到她正确地感觉(feel)”。践行德性,要有“伴随着品德的愉悦感”;履行了德性应当有愉悦的体验,这也就是雷锋乐于助人的原因,因为美德已经是他的内心品格了。

雷锋精神仍然存在于我们这个社会的多个方面,代表着先进的精神追求和文明方向。当代大学生正在蓬勃开展的志愿者活动,就是对雷锋精神的传承与弘扬。鸟巢一代、海宝一代,助人、服务社会不是为求回报,而是一种历练。个体行为系统化、完善化、组织化、可持续化,如上海科技馆志愿者常年排定值班表,大范围地使更多青年学生得到锻炼机会,使更多的人受益。

五、雷锋作为道德楷模在当今仍有很好的示范意义

道德教育,不只是讲道理,不只是以理服人,更要以情感人。楷模与原则准则,起着不同的作用。德性伦理注重道德楷模,行无言之教,润物无声,境界通达。道德楷模是怎样炼成的?德之养成及其环境是怎样的?德性伦理学主张,德性是自己修养得到的。德性伦理学重视道德楷模的作用,德性伦理学主张:“一个行动是正确的,当且仅当它是一个有德性之人,按照他的品性,在此种情境中会采取的行动。”宋明理学的开创者二程提出“气质自化,德器自

成”,说明德性既在人伦日用,也在安身立命上体现:小德川流,大德敦化。于日用处体现小德,于主体处则体现大德,体现出敦礼义、敦根本。德性伦理学告诉人们,依德而生是好生活的最好体现与阐明,德性是在对现实状态的认识基础上体现的坚持不懈的理想追求。儒家主张“人皆可以为尧舜”的乐观主义的理想人格,主张个体从品性上认真修养,必能达至圣贤境界:“人皆可以为圣人,而君子之学必全圣人而后已。”敬以直内,义以方外,敬义立而德不孤,必达于圣贤、止于至善。

道德教育着眼于培育人的品质和能力,而不只是机械地复制给受教育者一些规则,因此,在进行规范教育的同时,更应当注重道德卓越、理想人格、“爱”、“尊重”等道德情感和感情。道德的人拥有理性知识、作出选择,通过“稳定的、不变的品德”而起作用,这是行动者个人的境界与追求,体现了其人格稳定的、完美的品质特征。

理想人格,“成人”的目标,也是中国优秀传统文化孜孜追求的目标。儒学一直追求着三不朽——太上有立德,其次有立功,其次有立言;向往达到圣的境界——博施于民而又能济众;追求达到仁的境界——泛爱亲仁;崇尚三无私——天无私覆,地无私载,日月无私照;力图实现三达德——智、仁、勇。这种圣贤境界,是儒学的努力方向,是成“人”的必修课,感染着人们心向往之,彰显出美好之德,三省己身,创发出新的境界,苟日新,日日新,又日新,达到并保持在最高的善上,是一门大的学问“大学之道,在明明德,在亲(新)民,在止于至善”。这种成为“人”的追求与修养是需要倾注全部的精力、终生执著于这一目标的。

(作者单位:复旦大学马克思主义研究院)

论大学校训文化特质

毛殊凡

"所谓校训,不过是一个大学对其文化传统、文化精神的理性抽象和认同"。对校训内涵的表述尽管可以各不相同,但都离不开"文化传统、文化精神"这一文化特质内涵。从文化本质看大学校训的文化特质,可以把大学校训问题看作是个文化问题。不过,这个文化问题与大学校园文化中的其他文化问题有很大不同。大学校训文化有着自己区别于其他大学校园文化的独特文化内涵,即文化特质。既然如此,对大学校训文化特质问题的阐述和分析,就不能不受制于对文化本质问题的认识。

人们总在不知不觉中把文化是什么和什么是文化的问题搅在一起。它们都涉及文化的本质,并不容易回答清楚。比较而言,对前者的回答比对后者的回答更为困难。不过,在涉及文化本质的情况下回答什么是文化,与回答文化是什么几乎是一样的。因为回答什么是文化这个问题的同时,其实也对文化是什么这个涉及文化本质的问题作了一定回答。但是,这终究难以对文化是什么作出全面的根本的回答,因为两者并不是一回事。尽管如此,就目前人类对文化认识所达到的水平与深度来看,很多情况下我们只能从回答什么是文化入手来探讨文化是什么的问题。对于大学校训文化问题的分析,比如对大学校训文化特质及其与大学传统、大学精神的关系等问题,也只能遵循这样的研究逻辑理路进行。

大学校训是大学校园文化和大学传统的精髓。大学校训文化特质,笼统地说主要体现在校训内容上,或说校训所提倡的思维方向和行为规范等方面。校训内容体现了一所大学的办学理念(如南开大学的"允公允能,日新月异"),或者体现学校特色(如中国政法大学的"厚德,明法,格物,致公"),或体现文化传统(如西南大学的"含弘光大,继往开来"),或体现培养目标(如中国科技大学的"红专并进,理实交融"),或体现社会责任(如中国农业大学的"解民生之多艰,育天下之英才")等,或是以上多方面内容的综合。在我国,作为多方面内容综合的大学校训比较多且文化底蕴比较深厚。如清华大学校训"自强不息、厚德载物",北京师范大学校训"学为人师,行为世范",复旦大学校训"博学而笃志,切问而近思"就是如此。然而,这种笼统的对校训本质的认识仍很肤浅,只有把校训与文化本质或内涵结合起来分析,才能使我们的认识进一步深入。大学不仅是传授知识的地方,更是培养有文化的人的地方。如果一所大学培养的人有知识而无文化,这所大学的办学就不能说是成功的,也可以说它不再是所学校或失去学校的功能了。因此,作为大学校园文化组成部分的大学校训,其本质内在地包含文化本质之中,必须从文化角度把校训当作文化事项进行分析。

具体地说,对大学校训文化特质的分析,要更多地从狭义的文化概念方面来论述。广义的文化指人类或人所创造的一切。这里,经济(物质)、政治(制度)都可以归于文化范畴,文化概念与社会概念基本一致。狭义的文化指哲学、宗教、科学、技术、文学、艺术、教育、风俗等观念形态的东西。这里,文化同政治和经济划分了界限,三者一起构成社会基本结构。这种广义狭义的文化观点,显然难以全面而真实地反映文化现象现实存在的纷繁复杂。不同的文化概念反映着人们对文化现象认识的不同。由于文化现象直接或间接涉及人类社会生活的方方面面,诸多学科从不同角度给予文化不同定义。在不同时期不同国度,对文化概念的理解和界说也存在很大差异。仅从学科方面来看,哲学上的文化观念更多地从广义文化概念上去理解,具体学科的文化观念更多地从狭义文化概念上去理解。如陈佳洱院士认为,文化系统包括科学文化与人文文化,科学文化是在人类面向自然界的认识活动中形成的精神文化,是科学知识、科学思维方式和科学精神的总和;人文文化是人类在认识自我、发展自身价值、求得精神自由、寻求人类和谐的活动中形成的精神文化。这大致是在上述狭义的范围内理解文化概念。对大学校训进行全面的文化分析,必定涉及文化与人(广大师生)、文化与社会(与学校相对应相区别的社会和学生的家庭)、文化与政治(学校行政管理等)、文化与历史(包括与文化密切相关的校史之外的历史)等诸多关系。但是,文化就是文化,而不是与其关系密切的人、社会、政治、历史,或其他什么。大学校训研究既是文化研究,就应当同与文化关系密切的研究(如人学研究、社会学研究、德育研究等)区别开来。因此,对大学校训文化本质内涵及具体事项的分析,应该倾向于(或更多地)从狭义的文化概念方面来论述。

"文化"一词,在汉语文献中最早见于汉刘向《说苑·指武》"文化不改"句,在汉语词源学上可追溯到战国时期《易传》人文化成"语。不过,人文化成也好,文化不改也好,在词源学上与现代汉语中的文化一词并无直接关联,因为文化这个词本来就不是古代汉语词源词,而是外来词 Cultura 在 20 世纪初从欧洲经由日本传入中国的。最早以文化为专门研究对象的学科是文化人类学。由于现代文化学是从文化人类学分化发展而来(我国学科专业分类中文化学科就归在文化人类学门下),现代文化概念一般就以文化人类学的定义为基准。被称为文化人类学之父的英国人类学家泰勒(EdwardB·人 Tylor),在 1871 年给文化下了个比较经典的、影响广泛的、至今仍最为文化人类学界比较普遍接受的定义:文化,就其在民族志中的广义而言,是一个复合整体,它包括作为社会成员的人所获得的知识、信仰、艺术、道德、法律、习俗以及其他能力和习惯。换句话说,文化是包括知识、信仰、艺术、道德、法律、习俗和任何人作为一名社会成员而获得的能力和习惯在内的复杂整体。后来许多文化人类学家都对泰勒定义做过修正,或提出其他定义。如对我国文化人类学影响巨大的马凌诺斯基(Malinowski)认为:"文化是指那一群传统的器物、货品、技术、思想、习惯及价值而言的,这概念实包容着及调节着一切社会科学。"

泰勒定义可作为我们对大学校训做文化考查的借鉴。应该说,限于文化研究的发展,泰勒文化定义依然不够完善,但我们可以在这种不完善中求完善。泰勒文化定义实际上包括了人类生活的各个方面,既包括人们的思想观念,又包括人们的行为类型或方式。把大学校训作为文化事项来看,泰勒文化定义中关于思想观念及行为类型或方式的内涵,也正是当下我国大多数大学校训制定时所必不可少的内涵。但是,泰勒文化定义却不包括器物或说物质文化方面的内容。这点很重要,因为这也正是大学校训作为校园文化不可缺少的重要部分,与校园人文景观、历史或标志建筑、特色校园大门等同样作为校园文化重要组成部分的这类器物或说物质文化的东西相互区别开来的本质不同:校训本质上是通过文字表达的精神的东西而不是器物或物质的东西。尽管表达校训精神的文字本身可以是物质载体,但其作为物质载体功用时仅仅是校训表面的可变化的东西,而文字载体形式下所包含的精神内容才是校训的精神实质即文化特质。

因此,大学校训文化特质在于校训是作为"文化传统、文化精神"而存在,而不是作为器物或其他物质形式的东西而存在的。毛泽东指出:"一定的文化(当作观念形态的文化)是一定社会的政治和经济的反映,又给予伟大影响和作用于一定社会的政治和经济。”“至于新文化，则是在观念形态上反映新政治和新经济的东西，是替新政治新经济服务的。”在这里，毛泽东把文化“当作观念形态”，“是在观念形态上反映新政治和新经济的东西”。可见，我们对大学校训作为“文化传统、文化精神”而存在这一文化特质的分析和认识，是符合马克思列宁主义、毛泽东思想的。

从文化本质上对大学校训文化特质内涵进行分析，对于进一步深入研究大学校训文化具有重要意义。比如，就大学校训文化研究来说，在对大学校训文化特质内涵有了初步认识的基础上，就可以进一步明确把校训研究作为文化研究应该把握的主要维度。文化作为研究对象，在现实具体研究主题与方法的表现上是丰富多彩的。英国文化学者雷蒙德·威廉斯(Raymond Williams)认为，当代人们对文化一词一般在三个相对独立的意义上使用：艺术及艺术活动(意义之一)；习得的、首先是一种特殊生活方式的符号的特质(意义之二)；作为发展过程的文化(意义之三)。这里其实给出了人们经常从事文化研究的三个不同的主要维度。由此，意义之一的文化，通常是人文学者的探讨事项；意义之二的文化一般是运用田野作业和社会调查方法的人类学家与社会学家所考察的对象；意义之三的文化主要是运用历史文献和历史方法的历史学家的研究领域。哲学家则在更高的理论思维层面上从上述三个方面对文化进行研究。作为从事大学校训文化研究的人们也是来自多学科的，大家可以从各自学科出发以不同文化角度用不同文化研究方法对我国大学校训进行研究。但是，这样的研究一定要建立在对校训文化本质及其与之密切相关的文化本质的相对正确认识之上(比如上述的3个主要维度)。否则，校训研究有可能多走弯路甚至南辕北辙。

我们强调大学校训的文化特质，目的是使我国大学校训建设要有文化特色，通过凸显文化本质促进校训文化建设，从而繁荣和发展社会主义先进文化。就当前来看，大学校训建设要真正做到凸显文化本质，至少要注意以下几个方面。

一是挖掘历史文化底蕴。一所大学校训的形成与提炼，若经过了一个相对漫长的历史过程并经得起历史检验，那么这样的校训往往是富有历史文化特色的。如清华大学校训取自于梁启超1914年演讲的校训“自强不息、厚德载物”，复旦大学在1915年选定的校训“博学而笃志，切问而近思”，中山大学由孙中山于1924年11月11日在广东大学(中山大学前身)举行成立典礼时亲笔题写的校训词“博学、审问、慎思、明辨、笃行”，东南大学在2002年百年校庆时恢复的由第一任校长郭秉文(1921年)提出的校训“止于至善”，已伴随各校历经近百年变迁发展，其文化内涵主旨依然，不仅在新的历史条件下仍然焕发旺盛生命力，随着时间的推移还更增强了历史文化底蕴。当然，引经据典经常是很多大学使校训历史文化底蕴更为厚实的最直接最简单的手段之一。上述几所大学的校训都取自中国古代典籍，分别为《周易》(清华大学)、《论语》(复旦大学)、《中庸》(中山大学)、《大学》(东南大学)，它们都不同程度地汲取了中国古籍中的经世格言，以此教育学生做人、做学问的道理。从另一个角度来看，校训的历史文化底蕴也表现为：尽管随着社会的发展和时代的进步，校训会发生相应的表述变化甚至内容调整，但在历经长期历史变迁和社会发展巨变后，校训的根本精神内涵作为历史文化的积淀依然保持着自身的独立和稳定，甚至连字面的表述形式也丝毫不变。比如清华大学“自强不息、厚德载物”校训从建校之初不久的1914年提出至今近百年时间里，尽管随着社会发展和时代变迁可以作出不同的解释和阐述，但其基本内涵一直没有改变。所以胡锦涛同志说，在一个世纪的发展历程中，清华大学恪守“自强不息、厚德载物”的校训，“一代又一代清华人在革命、建设、改革中顽强拼搏、真诚奉献，为祖国、为人民、为民族建立了突出功绩”。

二是铸就时代文化烙印。20世纪上半叶，面对复杂的民族矛盾和阶级矛盾，为了引导中国革命走向成功，以毛泽东为代表的中国共产党人系统地提出了新民主主义理论，其中就包括文化建设理论。毛泽东在《新民主主义论》中精辟地论述了“民族的科学的大众的文化”这个“新文化”问题。毛泽东认为：“民族的科学的大众的文化，就是人民大众反帝反封建的文化，就是新民主主义的文化，就是中华民族的新文化。”可见，文化建设一定要与时代精神紧密结合起来，要打上时代烙印。清华大学所沿用的校训“自强不息、厚德载物”，强调的是做人和做学问的基本道理。过去五千年，中华民族之所以生生不息，历经挫折而不屈，靠的就是这种发愤图强、矢志不渝、刻苦勤奋、自立自强、兼容并包、与时俱进的精神。清华大学正是秉持“自强不息、厚德载物”校训，在积弱积贫的中华大地上自强不息，延名师，添设备，尚民主，创名牌，经历抗日战争与解放战争，无论政局如何动荡，始终稳步有序不断发展，开清华一代生机。中华人民共和国成立后，蒋南翔校长特别提出授学生以“猎枪”而不是“干粮”，创新学风依旧，优良传统不失。改革开放后，清华大学1985年就提出要“建设成世界一流的有中国特色的社会主义大学”，并在世纪之交提出“综合性、研究型、开放式”的办学模式，其中“综合性”是基础，即要继承和发扬学校深厚的历史文化底蕴、发展学科综合实力。处于伟大民主革命时代的孙中山，为了革命需要十分重视教育，造就一代振兴中华、再造文明的人才。1923年到1924年，他倡议在广东设立两所学校，一是黄埔军校，一是广东大学，以一文一武的学校模式造就“为国家、为人民、为社会、为世界服务”的人才。被立为校训的“博学、审问、慎思、明辨、笃行”的中山大学十字训词，是孙中山继承传统的教育形式而赋予时代的、革命的新的教育方针和内容，在我国高等教育近代思想创新中占有重要地位。

三是体现文化传承创新。中国文化历来十分重视创新，大约集成于西周初期的《诗经·大雅》就有“周虽旧邦，其命维新”句。胡锦涛同志指出：“全面提高高等教育质量，必须大力推进文化传承创新。”大学校训建设体现文化传承创新的途径和方式多种多样，前面论述的挖掘历史文化底蕴和铸就时代文化烙印的问题，其实说的也是大学校训建设要体现文化传承创新的问题。尽管我们可以说，挖掘历史文化底蕴偏重于文化传承，铸就时代文化烙印则偏重于文化创新，但挖掘本身也是创新，铸就本身也是传承。因此，大学校训建设的传承和创新是相互统一的。除了挖掘历史文化底蕴和铸就时代文化烙印，大学校训建设体现文化传承创新另一个重要的途径是要真正做到凸显大学校训自身文化特色。清华、复旦、中山3所大学的校训都各具浓郁特色。其他许多大学也拥有各具特色的校训。如彰显专长特色的北京师范大学校训“学为人师，行为世范”，道明了师范教育的目标和教师的职业特点；海南大学的“海纳百川，大道致远”，在彰显学校自己宏大气度远景抱负的同时，巧妙地在句首暗嵌了“海大”二字。校训建设要有自身鲜明特色，必须科学与人文并进，继承与创新结合。但是，当代我国部分大学在校训建设时缺乏对本校历史及校训本身的深入研究和对本校现实发展的敏锐判断，在特色提炼和创新追求上做得不够。这些大学的校训或雷同平庸或空洞陈旧，个性不显、似曾相识，过于追求形式美而忽视形式与内容及校情的内在有机融合。温家宝总理说：“一所好的大学，在于有自己独特的灵魂，这就是独立的思考、自由的表达。千人一面、千篇一律，不可能出世界一流大学。”独立的思考、自由的表达，这就是温总理眼中大学独特的灵魂，也同样是大学校训文化建设中体现文化传承创新所必须追求的。

四是丰富文化育人内涵。《易传》“人文化成”一语就表明文化具有育人功能。挖掘和深化大学校训的文化育人内涵，有利于增强校训文化的吸引力、渗透力，有利于提高大学生的思想道德素质和科学文化素质，有利于形成与社会主义核心价值体系相适应的价值观，有利于发挥高等教育文化传承创新功能。胡锦涛同志在庆祝清华大学建校100周年大会上的讲话中指出："要积极发挥文化育人作用，加强社会主义核心价值体系建设。"大学校训文化建设与大学育人具有高度的契合性。这种契合性源于校训文化融理想信念、行为规范、价值取向等为一体，具有价值导向、教育熏陶、规范激励等育人功能。清华大学"自强不息、厚德载物"的校训，在强调个人的品行道德修养上就包含着深刻的内涵，具有鲜明的价值导向。对于广大师生而言，大学校训文化具有明确的价值导向作用，内含着广大师生高度认同的共同价值观念。因此，校训以教育人、引导人、鼓舞人、塑造人作为始终不渝的追求，以引导、培育人们的思想观念和价值取向为目标。大学育人作为一种社会实践，就是要用科学的世界观、方法论教育人、启发人，解决人的立场、观点和思想问题，提高人的认识和实践能力；就是要以科学理论武装人，以正确舆论引导人，以高尚精神塑造人，以优秀作品鼓舞人，不断提高广大师生的思想道德和科学文化素质，努力培养和造就有理想、有道德、有文化、有纪律的社会主义事业合格建设者和可靠接班人。高等教育是优秀文化传承的重要载体和思想文化创新的重要源泉。因此，要在着力深化大学校训在文化传承中的深刻内涵中积极发挥校训育人作用，并与加强社会主义核心价值体系建设、推动社会主义先进文化建设紧密结合起来。通过大学校训文化建设，坚持以社会主义核心价值体系引领社会思潮，尊重差异，包容多样，最大限度地凝聚广大师生的思想共识，从而形成一个既有核心、有主导，又百家争鸣、百花齐放的良好局面。

（作者单位：教育部社科中心）

民族院校加强少数民族大学生国家认同教育的思考

陈达云

少数民族大学生是少数民族的精英群体，是各少数民族的未来和希望，也是民族传统文化传承、批判、创新的重要力量。因此，在广大少数民族大学生中开展国家认同教育，使其树立正确的国家认同观，对深化社会主义核心价值体系教育特别是爱国主义教育，对弘扬民族传统文化、加强民族团结、维护祖国统一、促进社会主义精神文明建设，都具有重要意义。

一、少数民族大学生国家认同教育及其现实意义

国家认同是维系一个国家的根基。它指个人确认自己属于哪一个国家以及对这个国家产生归属感、依恋感的心理过程，是在有他国存在的语境下人们构建出的归属于某个“国家”的“身份感”。换言之，国家认同是指个体对自己政治共同体归属的确认以及个体对自己意欲归属的政治共同体的期待。在这一过程中，个人与国家之间发生情感上的结合，对国家的合理性表现出无尚的忠诚，对国家的政治权威、政治制度、政治价值和政治过程等方面表现出深刻而坚定的理解、赞同、支持和信奉。

国家认同与民族认同关系密切，保持两者的高度统一，是实现多民族国家统一和稳定的思想基础，也是国家统一与民族团结的坚定基石。我国是由56个民族共同缔造的统一的多民族国家，中华民族“多元一体”的格局，反映了各民族的共同心愿，体现了各民族的共同利益。在我国现阶段，民族利益与国家利益在本质上是一致的，国家统一、民族团结是各民族人民的最高利益。胡锦涛同志指出：“我国民族团结进步事业反映了全国各族人民共同意志，符合全国各族人民根本利益。要大力增强我国各民族对中华民族的归属感、对中华文化的认同感、对伟大祖国的自豪感，大力促进我国各民族在社会主义大家庭中和衷共济、和睦相处、和谐发展，不断形成实现国家兴旺发达、人民幸福安康的强大力量，不断形成实现社会和谐稳定、国家长治久安的强大力量，不断形成实现中华民族伟大复兴、为人类作出更大贡献的强大力量。”少数民族大学生作为社会主义事业的合格建设者和可靠接班人这一培养目标，决定了少数民族大学生应该是国家统一、民族团结的中坚力量，也决定了必须加强对少数民族大学生进行民族团结教育。少数民族大学生国家认同教育，是指有目的、有计划、有组织地对少数民族大学生施加教育影响，使其形成党和国家所需要的国家认同观的社会实践活动。国家认同教育是爱国主义教育的重要内容，是少数民族大学生思想政治教育的重要组成部分。

当前，在我国发展呈现新的阶段性特征的形势下，国内民族问题极易引发国际关注和干预，国际敏感热点民族问题极易引起国内反响和回应，民族问题面临复杂而多变的新情况，境内外敌对势力加紧利用区域发展问题、民族宗教问题，对少数民族大学生进行思想渗透和政治分化，使一些少数民族大学生对党和国家的政策方针产生模糊认识。少数民族大学生作为时代的晴雨表，作为十分宝贵的人才资源，其国家认同观的高低，不仅直接关系到自身政治素质的高低，而且容易产生示范效应，对国家统一和社会稳定产生重要影响。因此，加强少数民

族大学生国家认同教育具有重要而深远的现实意义。

其一，是新时期高校培养合格人才的基本要求。少数民族大学生把国家的利益放在首位，实现国家认同与民族认同的统一，多做民族团结、国家稳定的事情，成为有才有德、又红又专的社会主义事业的合格建设者和可靠接班人，这正是与高校培养人才的目标相一致的。

其二，是促使少数民族大学生健康成长的重要途径。少数民族大学生步入大学生活时，既有生活和学习的适应问题，也有民族认同与国家认同的重新定位问题。这些问题如果处理不好，尤其是如果民族认同与国家认同出现不一致，极易使少数民族大学生内心思想矛盾加剧，轻则影响身心健康，重则影响世界观、人生观、价值观乃至国家观、民族观。

其三，是维护民族团结和国家稳定的长久策略。少数民族大学生是民族地区建设和发展的后备军，其言行在普通群众中具有较强的引导性和带动作用。如果他们能够形成正确、积极的国家认同观，能够客观地看待民族差异，无疑对做好民族团结工作将产生积极影响，起到沟通中央和民族地方、各民族之间的桥梁作用，这对维护各民族间的团结和国家社会稳定有着非常重要的作用。

二、民族院校加强少数民族大学生国家认同教育的路径选择

民族院校是党和国家为了培养少数民族人才和解决民族问题而创建的。作为为少数民族和民族地区培养人才的主体，民族院校担负着重要的历史使命。如何在新形势下不断提升少数民族大学生的民族认同、国家认同，不断探索和开拓民族院校的人才培养之路，是民族院校所面临的重大历史课题。

1. 以思想政治理论课教学为核心，建构少数民族大学生国家认同教育的内容。

思想政治理论课是大学生思想政治教育的主渠道、主阵地。少数民族大学生国家认同教育作为大学生思想政治教育的有机组成部分，也必须以思想政治理论课为主渠道、主阵地。要坚持以马克思主义民族观为指导，以中国共产党民族理论与民族政策为重点，以中华民族认同为归宿，将马克思主义民族观、中国共产党民族理论与民族政策和中华民族认同教育作为一个有机整体，实现三者的整体统一。这就要求坚持常规渠道教育，完善课程载体建设，实现少数民族大学生国家认同教育内容的系统性、规范性、渗透性，使少数民族大学生不仅懂得马克思主义的基本观点，而且懂得马克思主义的精神实质，从整体上把握中国特色社会主义理论体系的丰富内涵、精神实质和基本要求，树立正确的马克思主义国家观和民族观，自觉运用马克思主义的立场、观点、方法去分析我国当前的民族问题和现实问题，立志做民族团结进步和社会发展的维护者和促进者。

一是坚持民族院校特色，开设《马克思主义民族理论与政策》课程，系统讲授与国家认同教育相关的民族观、宗教观、文化观、祖国观等知识；二是在《马克思主义基本原理》的世界观部分增加马克思主义民族观的相关内容；三是在《毛泽东思想和中国特色社会主义理论体系概论》另辟一节专门讲授中国共产党民族理论与民族政策；四是在《中国近现代史纲要》中突出全国各族人民团结御辱的相关内容；五是将《思想道德修养与法律基础》的民族精神部分作为讲授重点并增加国家认同教育的相关内容。

利用思想政治理论课教学建构少数民族大学生国家观、民族观，需要进一步加强课程建设和教师队伍建设，进一步完善课程体系和教材体系，加强广大一线教师的政治观教育，培养良好的师德形象，发挥教师的言传身教作用。

2. 以中华文化教育为基础，筑牢少数民族大学生国家认同的根基。

“文化认同是人的社会属性的表现形式。文化认同一方面与族群相关，也与国家政治生活相关。同时又与全球化所形成的新的世界主

义相关。文化认同构成本民族认同与国家认同的中介形式。作为中介认同形式，文化认同就必须一方面与本民族认同有交叠的部分，另一方面与国家认同有交叠的部分，同时与全球认同（有人提出所谓‘世界公民’的概念）有交叠的内容。”我国是一个多民族、多样文化的国度。中华文化博大精深、多彩绚丽，每一个民族不论大小，都对中华文化的形成和发展作出了独特贡献。每一个民族的文化，都是中华民族的共有精神财富，各民族文化共同向世界展示了中华文化的无穷魅力。多样性统一的中华文化是各民族对统一的多民族国家认同的强大思想基础，也是各民族文化生存和发展的依托和根基。

我们在构筑少数民族国家认同的基础上，特别要注意构造其共同文化基础，加强各民族成员的中华文化修养。一是在历史时间的绵延中不断促进各民族之间的密切交往和文化融合，以时间拉近文化之间的空间距离，既要尊重各少数民族的文化特性，保护文化多样的历史遗产，更要注重增大民族认同和国家认同的文化交叠成分，使国家的文化认同必须大于民族的文化认同。二是充分利用一切可以利用的资源，通过开设相关课程、举办有关讲座和教育活动等形式，大力开展社会主义核心价值体系教育和中华文化教育，不断增强少数民族大学生的中华文化修养。

3. 以实践教育为载体，增强少数民族大学生国家认同的真实感受。

少数民族大学生国家认同是少数民族大学生对国家产生的归属感，产生这种归属感的基础，就是要使少数民族大学生具有深厚的爱国主义热情和高度的国家责任感，自觉爱护国家、建设国家、捍卫国家。中华民族五千多年的文明历史，是一部熔铸和弘扬爱国主义传统的光辉历史。数千年来，中华民族的共同创造发展，维系了祖国神圣的疆土；近代以来，各民族人民前仆后继、英勇不屈，在中国共产党的领导下团聚于统一的民族大家庭之中，建立了新中国；改革开放以来，各民族人民齐心协力，“共同团结进步、共同繁荣发展”，使中国社会发生了翻天覆地的变化。

少数民族大学生国家认同与自然、经济等物质条件具有较强的相关性。加强少数民族大学生国家认同教育，不仅要继续加大对民族地区和少数民族的扶持力度，帮助少数民族大学生解决求学、就业等方面的实际困难，构筑他们对国家认同的心理基础，而且要通过大力开展各种社会实践教育活动让少数民族大学生深入基层了解国情、体察民情，认清国际国内形势，把握时代发展脉搏，正确认识我国现在处于并将长时期处于社会主义初级阶段的客观现实及其所呈现出来的阶段性特征，不断增强分析问题和解决问题的能力；要通过加强少数民族大学生对民族地区的服务与考察，加强对中国特色社会主义建设伟大成就的体验与感受，不断激发他们的爱国热情，增强他们的民族自尊感和自豪感，强化他们为中华民族发展和中国特色社会主义事业努力奋斗的使命感和责任感。

4. 以校园文化建设为手段，丰富少数民族大学生国家认同教育的形式。

在多民族国家中，由于每一个民族都是在与其他民族的族性区别中自我辨认的，民族群体之间存在某些差异和隔阂是必然的。因此，要充分考虑各民族本身在历史发展中遗留下来的固有特性，强调各民族的一律平等，构建和衷共济、和睦相处、和谐发展的社会主义民族关系。以团结互助、平等交流为基础构建民族认同，是多民族国家增强国家认同的基本方法。

由于受自然、经济、生活习俗等方面的影响，各民族学生之间难免会出现一些生活习惯的不适应和人际交往上的不和谐现象，加上因生活地域、语言等某些客观原因造成民族之间沟通和了解的不够顺畅和深入，甚至还会出现一些相互之间缺乏尊重、不很认同的现象。因此，加强少数民族大学生国家认同教育，就需要立足民族院校的具体实际，从校园建筑、人文景观建设到管理制度的建立、校风学风的营造等方面，大力营造团结友爱、平等互助的校园文化环境，让各民族学生在团结、进步、和谐、友爱的环境中接受熏陶。同时，无论是民族高校还是非民族高校，都要避免民族间的隔离，要注意增强民族间交往与合作，积极开展民族文化交流活动，帮助少数民族了解其他民族的文化，尊重其他民族的风俗习惯，自觉养成互相尊重、互相学习、互相促进的习惯，在认同本民族、接纳其他民族的基础上，形成对中华民族的认同，并上升为对国家的认同。

5. 以全面发展为目标，推动少数民族大学生国家认同的情感升华。

认同包括自我认同和社会认同两大类。社会认同是在自我认同的基础上产生的愿意从属于其群体组织的亲近感和归属感。社会认同的形成需要拥有自我的骄傲感，并且能让自我在其群体组织中感受到成就和喜悦。少数民族大学生国家认同的构建，不仅需要培养他们的自我认同，更重要的是能让他们感受到关怀和温暖、体会到成功的希望和喜悦，主动从内心深处去亲近和归属中华民族“多元一体”的大家庭和社会主义祖国的温暖怀抱。

由于历史和自然等原因，边疆少数民族地区的社会经济发展和教育水平跟内地相比仍存在一定的差距。少数民族大学生从经济和教育相对落后的民族地区来到相对发达的城市和人才济济的高校，面对经济环境和文化环境的巨大转变，面对学业和就业的压力，他们在学习、生活和生理方面会客观上存在一些不适应，容易产生自卑、孤独、压抑等心理问题。因此，加强少数民族大学生国家认同教育，一是必须坚持以人为本，从学习、生活、生理等方面关心他们的健康成长，要针对各民族学生的思想特点，加强大学生心理健康教育，提高他们自我调节和驾驭自己心理的能力。二是根据民族地区社会经济发展实际需要和少数民族大学生的现实学业水平，尊重不同民族学生的差异和个性，从专业学习上多给予帮助和分类指导，充分挖掘他们的自我优势，鼓励他们大胆实践，不断增强他们的自信心和竞争力，让他们在学习、生活等方面不断感受到成功和成长的喜悦，从内心深处去感受党和国家的温暖，从行动上自觉地遵从党和国家的路线、方针、政策，不断构建现实意义上的国家认同。

总之，青年代表未来，青年创造未来。只有赢得青年，才能赢得未来。我们要通过国家认同教育，使广大少数民族大学生树立正确的、积极的国家认同意识，从而更好地成人成才，这对于促进民族团结、国家统一和社会和谐，具有十分紧迫的现实意义和极其深远的历史意义。

（作者：中南民族大学党委书记）

新时期高校思想政治教育应注重“五个统一”

杨礼宾

一、思想政治教育与具体培养目标的统一

坚持思想政治教育与具体培养目标的统一,有着内在的逻辑关系和实践要求。

首先,高校思想政治教育具有质的规定性。其教育内容丰富,涵盖了大学生的思想道德素质、科学文化素质、身心素质、审美素质、劳动技术素质等多个方面;在其任务与方向上,则以理想信念教育为核心,以爱国主义教育为重点,以思想道德建设为基础,以大学生全面发展为目标。

其次,高校思想政治教育具体培养目标有具体的历史时代内涵。从毛泽东要求人要有革命精神,要艰苦奋斗、无私奉献、为人民服务,到邓小平提出社会主义“四有”新人目标;从江泽民同志提出加强社会主义思想道德建设是发展先进文化的重要内容和中心环节,到胡锦涛同志提出社会主义核心价值体系是兴国之魂,均表明思想政治教育具体培养目标所具有的具体的历史时代内涵。结合当前的社会形势,还必须把服务和谐社会建设作为大学生思想政治教育工作的重要目标,引导大学生树立和谐发展、全面发展、创新发展、科学发展的思想观念,为建设和谐校园、和谐社会增添新力量。

再次,时代的发展对高校思想政治教育具体培养目标提出的更高要求。21 世纪是信息化时代,这就要求我们不断培养出具有创新思维、创业精神的优秀人才。高校思想政治教育应该契合时代发展的需要,更加务求实效,真正为学生的成长成才服务,以利于学生的长远发展。当前,高校注重大学生创新创业教育,也应把它渗透到思想政治教育过程中,思想政治教育的具体培养目标才更具有针对性和实效性。

二、严格学生管理与加强思想政治教育的统一

《普通高等学校学生管理规定》强调“要依法治校,从严管理,健全和完善管理制度,规范管理行为;要将管理与加强教育相结合,不断提高管理水平,努力培养社会主义合格建设者和可靠接班人”。坚持严格管理能够给大学生的学习生活和交往实践提供安定和谐的环境保障,营造严谨的学习科研氛围和良好有序的学习风气。严格管理的落脚点是促进学生成长成才。因此,必须实行严格管理和加强思想政治教育相统一的管理模式;在严格管理的同时给予学生更多人文关怀,加强服务意识,提升服务水平。

要将主动管理和被动管理紧密结合,加强大学生思想政治教育,科学引导大学生进行自我教育、自我管理、自我提升。大学生的思想问题是复杂的,既有主观因素,又有客观因素。主观因素与客观因素的矛盾转化是严格管理面临的一大难题。可以采用思想引导、理解认同与尊重关爱等多种方式,从大学生的心理需求、道德成长内在机制和价值认知规律出发,融入时代精神和思想政治教育发展的新视阈,不断创新严格管理的内容与方法,高度重视学生的自我教育以及教育实效性,调动他们自身的积极性、主动性和创造性。严格管理的关键是努力解决大学生的实际问题。要全面深入了解学生的需求,把学生的满意程度作为衡量学校各方面工作的重要指标,充分尊重学生的权利,特别

是与学生利益直接相关的工作。要多关心学生生活和学习中遇到的困难,尽可能地为大学生办实事、办好事。要坚持“贴近实际、贴近生活、贴近学生”的原则,创设各种丰富多彩的活动场景,注重心灵沟通。

三、坚持主渠道与全面渗透的统一

思想政治理论课作为主渠道,承担着对大学生进行系统的马克思主义理论教育的任务。在坚持思想政治理论课教学主渠道的同时,要努力探索坚持主渠道与全面渗透相结合,建构和拓展教育载体,整合优化教育资源,注重形成学校、社会和家庭等多方面的教育合力,不断增强思想政治教育的针对性和实效性。

第一,必须深入贯彻落实中央16号文件精神,坚持以人为本、德育为先,把大学生思想政治教育贯穿于学生成长成人全过程,不断增强思想政治教育的有效性和针对性。要积极构建学校教育与家庭教育、社会教育“一体化”的教育网络,释放思想政治教育的整体功能。培育积极健康向上的育人环境,充分发挥校园文化的育人功能。培育良好的学习科研环境,为大学生营造严谨、活泼的学术氛围。

第二,全面渗透要讲究方法艺术,遵循大学生思想品德形成规律。要将时代发展和学生的内在需求紧密结合起来,构建全方位、立体式思想政治教育模式。从学生的思想实际出发,紧密结合国内外形势,回答学生普遍关心的问题;从时代的发展语境出发,善于利用和建构思想政治教育新载体、新路径,引导学生的价值塑造和道德成长。

第三,注重主渠道教育与专业学习的对接和融合。要把思想政治教育融入到大学生专业学习的各个环节,深入发掘各类课程的思想政治教育资源,使思想政治教育与科学文化知识学习有效对接。同时,要通过社会调查、社区教育与服务、“三下乡”、实习等实践教学形式,启发并引导学生把所学的专业知识和理论与现实紧密联系起来,培养学生运用所学专业知识和理论解决现实问题的能力,从而在为社会服务为社会作贡献中正确认识、教育和完善自己。

第四,全面渗透要坚持课内教育与课外教育相结合。思想政治教育在坚持课堂教学主渠道作用的前提下,还要与校园文化环境的熏陶、校园文体活动的营造、榜样人物的引领、社会实践的锤炼等课外教育相结合,形成教育合力,进一步提升思想政治教育的针对性、实效性。

四、弘扬主旋律与吸收人类优秀文明成果的统一

弘扬主旋律是高校坚持马克思主义意识形态主体地位的必然要求,也是高校坚持社会主义办学方向的本质要求。要坚持用马克思主义武装青年学生的头脑,坚持共产主义理想信念教育、社会主义核心价值体系教育,结合不同历史时期和发展阶段的实际开展形势政策教育,帮助大学生树立正确的世界观、人生观和价值观。要凸显马克思主义与时俱进的理论品质,始终坚持社会主义意识形态在高校的主导地位,依托我国改革开放伟大实践所凸显的社会主义制度优越性,加强社会舆论尤其是网络舆论的引导,全面占领大学生思想道德教育的制高点。

在坚持主旋律的同时,还要积极吸收人类优秀文明成果。思想政治教育以弘扬主旋律为主体,同时涵盖了吸收人类优秀文明成果的内容与方式。在多元文化的交融和碰撞中,必须坚持主旋律,同时积极吸收人类优秀文明成果,才能满足学生多层次、多样化、多方面的需求,丰富高校思想政治教育的内容,延展思想政治教育的深度与广度。

五、继承传统与拓展创新的统一

高校思想政治教育以规范的形式调整大学生的思想与行为。大学生的思想观念、政治观点与道德规范的认知实践活动并不是一成不变的,德育资源的供给与受教育者道德品质需求

总是发展变化的。因此，必须坚持继承传统与拓展创新的统一。

首先，内容体系上要处理好源与流之间的关系。当前，在内容体系上高校思想政治教育的关键就是要求受教育者掌握马克思主义基本原理，掌握毛泽东思想和邓小平理论、“三个代表”重要思想和科学发展观等马克思主义中国化最新成果。要将社会主义核心价值体系融入教育全过程，将马克思主义指导思想、中国特色社会主义共同理想、以爱国主义为核心的民族精神和以改革创新为核心的时代精神、社会主义荣辱观等，融入到教育原则、教育内容、教育方法的选择与调整之中，从而推动高校思想政治教育的创新与发展。

其次，教育方法上要处理好坚持与创新的关系。对优秀的传统的教育方法和载体，我们必须坚持，并融入时代精神加以优化。同时，在新形势下我们还必须注重一些新媒体传播技术如微博、博客、播客等的应用，结合时代发展，实现思想政治教育的广泛延伸和全面覆盖。

再次，发展沿革上要处理好古与今之间的关系。要积极借鉴中国传统文化中的德育内容、德育方式，通过对古代思想教育的扬弃，吸取其有益、有效、合理的成分，赋予传统教育资源以全新内涵和时代阐释。

最后，学习过程中要处理好主体与客体之间的关系。思想政治教育要关注学生个人体验和情感需要的发展变化，尊重他们自尊、自立、自强的个性与发展诉求，充分激发和积极引导学生的主体性作用，扎实有效地开展思想政治教育。

（作者：南通大学党委副书记）

立德树人要贯穿学校思想政治工作始终

沈　红

党的十八大报告指出，“全面贯彻党的教育方针，坚持教育为社会主义现代化建设服务、为人民服务，把立德树人作为教育的根本任务，培养德智体美全面发展的社会主义建设者和接班人”，这为新形势下加强思想政治工作指明了努力方向，提供了根本遵循和依据。贯彻落实立德树人的理念，体现在思想政治工作上，就是要把立德树人贯穿于教育教学工作的各个方面，研究和把握新形势下学生的精神需求和价值取向，全面推进素质教育，把现代大学生培养成为高素质建设者和接班人。

一、准确把握学生思想脉搏

近年来，学院党委坚定不移地走内涵式发展道路，坚持“质量立校、特色兴校、人才强校”的办学思路，确立“德能兼备，师从百工”校训，提出“育人为本，首在明德，德育为魂”教育理念，努力实现高职教育服务现代青年学生成长成才发展的根本目的和培养目标，这既是实施科教兴国战略，加强思想政治建设的根本要求，也是教育现代化和科学化的必然方向。

培养什么人？如何培养人？这是社会主义教育事业发展中必须解决的根本问题。对于思想政治工作来说，学习贯彻落实党的十八大精神，最重要的就是要围绕立德树人这一根本任务，以社会主义核心价值体系为引领，以推动内涵式发展为中心，在“立标准、建机制、促发展、上水平”上下功夫。新时期的思想政治工作，需要研究学生的特点和社会环境，确立理解人、关心人和尊重人的指导思想，不仅要研究学生的思想，而且还要研究和把握学生的思想变化趋势和规律，这是新形势下思想政治工作面临的新情况、新问题。所以说，要把握学生的思想趋势和规律，就必须研究学生的思想、行为和客观物质世界活动的情况，真正把立德树人作为教书育人的根本任务，落实到培养高素质人才上。比如不同经历的学生，往往关注点不一样，引发的思想变化也不相同。通常说，学生在校学习三年，每年的思想变化都有一定的规律，第一年要过好“理论考试关”，第二年要过好“专业学习关”，第三年要过好“顶岗实习关”。作为教师必须及时掌握学生思想活动情况，工作中才能及时抓住主要矛盾，预见到个别学生可能产生的思想影响，及时把思想政治工作做在前面，把思想问题解决在萌牙状态。同时还要研究不同对象在不同条件下思想变化的特殊规律，增强思想政治工作的针对性、时效性。尤其是要把解决思想问题同解决实际问题结合起来。

《国家中长期教育改革和发展规划纲要(2010—2020 年)》把“育人为本”纳入教育工作的“二十字方针”。学院党委在“立德树人”的基础上确立了教书育人目标：育人为本，德育为魂，培养学生树立正确的世界观、人生观、价值观和荣辱观，教育每一个学生做好人，做好事，努力做到关爱他人、心系社会、胸怀祖国，成为优秀的卓越公民。特别是在一新的历史条件下，加强思想政治工作，就是要以促进大学生全面发展为目标，注重以人为本，加强学生的教育工作，及时了解和掌握学生的思想状况及动态，加强情感交流、思想沟通、人格感召，充分调动他们的积极性。实践证明，越是发展经济，越是改革开放，越要重视加强思想政治工作，越要抓好学院的德育大业。只有通过多种形式的思想政治教育和深入细致的思想政治工作，使学生潜移默化地受到集体主义、爱国主义、社会主义、共产主义的教育，才能逐步达到提高思想觉悟、调动积极因素的目的，同时才能实现学院党委“立德树人、育人为本”的培养目标。

二、积极创新德育教育机制

大学之道，首在明德。党的十八大报告把立德树人作为教育的根本任务，为高职教育改革发展指明了方向。因此，作为高职院校一是要发挥政治优势，创新思想政治工作内容。二是要结合自身实际，创新思想政治工作形式。政治思想和道德品质是一个人成长的根基。从近年来的探索和实践看，在新形势下加强和改进思想政治工作，必须着眼于大学生的思想实际，坚持走综合治理的路子，不断充实新的内容，增加新的手段，充分发挥思想政治工作的优势，创新大学生综合素质教育体制机制，着力创造积极向上的思想教育环境、求知成才的学习环境、健康纯洁的人际关系环境、丰富多彩的校园文化环境。要坚持继承优良传统与改进创新相结合，学习借鉴成功经验，探索学生思想政治教育的新途径、新方法，把解决思想问题与解决实际问题结合起来，增强思想政治教育的实际效果。

近年来，随着互联网等新兴媒体的迅速发展，对社会现实生活和人们的思想产生着越来越重要的影响。在正面、健康、积极的信息洪流中，也有谣言、欺诈、诽谤等消极东西混杂其间，对青年学生危害很大。这些消极的东西，都在影响着立德树人的教育效果。为此，高职院校必须建立起新的教育机制，形成齐抓共管，依法监管，才能最大限度减少对青年学生的危害。立德树人，既是教育的根本任务，也是德育工作的系统工程，更是思想政治工作的目标。在新的时期，必须积极创新机制、完善制度、更新观念，进一步形成市场经济条件下思想政治工作的新认识，积极探索新的思路、新的措施和新的解决方法，形成共同搭建立德树人平台的新的态势。同时应以积极的心态创新思想政治工作方法，不断激发广大思想政治工作者的积极性、创造性，尤其是要使他们在工作中树立高度的事业心、责任感，以身立教，为人师表，尽心尽责。目前我校正在探索的循环思想教育模式，根据学生年龄特点和思想变化情况，分阶段、有重点开展思想教育，即第一学期对学生进行入校系列教育、国防教育、法制教育、安全教育、心理教育等；第二学期进行理想信念、核心价值观、爱国主义教育等；第三学期进行励志教育、成人成才成功教育、公民道德教育等；第四学期进行人文素质教育、学风校风教育、为人处事教育等；第五学期进行职业道德教育、职业生涯教育、就业指导教育和社会实践教育等，可以说是创新思想政治工作方式的一次有益实践，也是把“立德树人”融入思想政治工作之中的重要举措。

三、努力提高教师自身素质

思想政治工作是一门综合性学科，既要了解学生的心理，做好耐心细致的思想教育工作，又要善于管理，引领学生选择正确的人生道路。作为思想政治工作者，应积极传承中华传统美德，践行社会主义道德规范，这是社会主义核心价值体系的生动彰显。一是要注重培养顾全大局、任劳任怨的精神境界，在工作中以自己的言传身教让人尊重，让人敬服，增强工作的凝聚力、感召力、说服力。二是要注重培养实事求是、尊重规律的思想方法，养成说话办事以事实为根据，以法律为准绳的良好习惯。三是要注重培养具有公道正派、平等待人的优良品德，处理问题公平、公正、合情、合理、合法。四是要注重培养新时期价值判断力。这里应该强调的是每一个时代都有其特定时代烙印的荣辱价值判断，学院是育人的场所，应该成为这种价值判断的窗口。培养什么样的人、如何培养人，这是每个教育管理者必须首先回答的现实问题。因此，作为思想政治工作者，一方面要加强自身的文明建设，另一方面要发挥示范和引领作用，做到为人师表，发挥思想政治工作的影响力，不断增强情感影响力，切实做到关心人、尊重人、理解人。

古人云："诚于中而形于外。"良好的形象是思想政治工作者综合素质的外在反映。实践说明，良好形象所产生的影响力、感召力，可以凝聚人心，鼓舞斗志。因此，作为思想政治工作者首先要树立坚定忠诚的形象。坚定信仰，不辱使命，始终对党忠心耿耿，对共产主义理想坚信不疑，对党和人民的教育事业坚定不移。其次要树立顾全大局的形象。凡是对党和人民教育事业有利的事，就要坚决拥护，坚决支持，自觉地以个人利益服从集体利益，以局部利益服从全局利益，以眼前利益服从长远利益。三是要树立艰苦创业的形象。根据新的历史条件和任务，在思想上自觉确立正确的价值取向和价值追求，始终保持先进性、纯洁性。四是要树立开拓创新的形象。只有开拓奋进，建功立业，有所作为，才能赢得师生的信赖。五是要树立公道正派的形象。按照组织程序办事，坚持德才兼备的标准，从而形成良好的学风、教风、校风。除此之外，作为思想政治工作者，还要以高度负责的精神教书育人，不断提高综合素质和能力。特别是在错综复杂的形势变化中，不迷失方向，不被错误思潮所迷惑。只有这样，才能始终坚守立德树人的崇高使命，才能为促进社会主义道德建设，推进良好社会风气形成，更多培育社会主义事业建设者和接班人作出应有贡献。

（作者单位：天津国土资源和房屋职业学院）

思想政治理论课实践教学与建设路径

尉　峰　沈志莉

一、思想政治理论课实践教学的基本特点

实践教学是相对理论教学而言的各种教学活动的总称，旨在使学生获得感性知识，掌握技能技巧，养成理论联系实际的作风和独立工作的能力。思想政治理论课实践教学的基本特点主要体现在以下几个方面。

1. 与理论教学紧密相关。实践教学是对理论教学的延伸和补充，是对理论教学的实践验证和现实考查。因此，思想政治理论课实践教学尽管是一个单独的教学过程，但无论是开始实践教学的原因，还是进行实践验证的过程，以及实践教学的结果都离不开理论教学的诱发、引领和支撑。实践教学如果脱离了理论教学，就失去了思想政治教育的目的和意义。在实际的教学中，思想政治理论课的实践教学和理论教学相脱节的情况并不鲜见。这背离了思想政治理论课实践教学的初衷，也达不到"提高学生思想政治素质和观察分析社会现象的能力，深化教育教学的效果"。

2. 教育内容实践性较强。思想政治理论课程的教学目的是让学生形成马克思主义的世界观和方法论，进而以此为依据去分析和解答现实存在的问题。马克思主义世界观的建立以及方法论的掌握，关键要通过学生处理实际问题的行动表现出来。因此，在思想政治理论课实践教学中实践性是第一位的，它通过多种实践途径表现，主要包括读、听、讲、谈、看、走、写等多种实践手段的综合运用，而不仅仅是看教学的场所和环境。按照实践性标准加以界定，即便是在教室内开展的教学活动，只要具有实践性特点，也可以称之为实践教学。

3. 适时转换教学主体。理论教学和实践教学的重要区分之一，就是看教学的主体有没有发生转换。这里所说的主体，是指在教学过程中呈现出更大主动性，处于主要活跃状态的行为主体。在理论教学中，教师是教学的主体，教师把自己掌握的理论、观点、知识通过讲授为主的方式传递给学生。学生相对于教师而言是处于被动的状态。而在实践教学过程中，活跃主体发生了转变，在教师的引导下，学生成为教学过程中最积极的部分，无论是参观访问、社会调研还是志愿服务、公益劳动都是发挥学生的主体性力量开展实施的。这里需要注意的是，无论是理论教学还是实践教学，教师都必须发挥主导作用。任何一种教学环节都是教师和学生的双向互动，理论教学和实践教学的分别在于主体的相对活跃和主动。因此，在实践教学中，如果没有教师的引领、指导、规范和考核，完全让学生自由行动，很难称之为实践教学。

4. 教学体系完备。只有形成完备的实践教学体系，才能"建立和完善实践教学的保障机制"和"长效机制"。作为一项规范的教学环节，思想政治理论课实践教学应该有相应的教学大纲、计划、目标、内容和要求。但是从目前的情况来看，许多高校还没有建立起思想政治理论课实践教学规范化、制度化的工作机制和行之有效的运作模式，从教学计划的制定到教学效果的考核都缺少系统的组织管理。只有建立起统一、完备并符合各高校特点的实践教学体系，才能有效地避免实践教学分散、随意的现象，并使实践教学归于常态化、科学化和规范化。

二、思想政治理论课实践教学的特殊性

思想政治理论课实践教学既有作为实践教学的共性，也有不同于其他课程实践教学的特性，主要体现在以下四个方面。

1. 政治导向鲜明。同其他课程的实践教学相比，思想政治理论课的实践教学带有鲜明的政治导向性。根据05方案的规定，思想政治理论课程就是对大学生进行"系统的马克思列宁主义、毛泽东思想、邓小平理论和'三个代表'重要思想教育"，"帮助学生掌握中国特色社会主义理论的科学体系和基本观点"。从某种意义上说，思想政治教育就是马克思主义教育。首先，通过理论教学让学生对马克思主义的真理性在逻辑层面和思维层面得到领会和掌握。然后，通过实践教学让学生在理性认识的基础上，充分发挥学生的主体性，在分析和解决现实问题中，获得比理性认识更加直接的感性体验，使政治观念和道德素养化为发自内心的价值追求，从而实现马克思主义真理性与实践性的统一，实现辩证唯物主义的知行统一，最终形成对共产主义的价值认同，树立马克思主义的坚定信仰。思想政治理论课实践教学不像其他学科那样仅仅是对理论学习的实践验证，关键还在于意识形态的养成和政治立场的确立。实践上的理论验证，只是其第一步，其后还有更高的价值层面和政治层面的要求。因此，在思想政治理论课实践教学的开展中，不能为了实践而实践，需要从实践性上升到价值性，要在价值的升华中使广大学生认同中国特色社会主义。

2. 教育内容丰富。思想政治理论课实践教学有着丰富的教育内容。思想政治理论课不仅是对马克思主义及其中国化理论知识的传授，还承担着法律基础知识的培训、思想道德修养的提升、历史知识的普及、社会责任的担当、共产主义信念的确立、国际国内形势的把握等多重教育任务。从课程设置来看，思想政治理论课是多门课程的集合。按照中央的要求，各普通高校至少要开设4门必修课和1门选修课。此外，有的高校还把"心理教育"、"就业指导"、"军事理论"等日常思想政治教育课程纳入思想政治理论课范畴。因而，思想政治理论课承担的教育任务要比一般的专业课程、公共课程更加多样和丰富。与之相对应，其实践教学也承担起多重的教育功能。这无疑将对实践教学的设计、组织、考核、指导等都提出更高要求。因此，思想政治理论课实践教学开展的难度也会高于一般课程实践教学的开展。

3. 实施途径广阔。由于思想政治理论课是公共课程，开展校外实践教学需要整个年级、整个学院的全体动员、集体行动，必然遇到经费、场地、交通、食宿、安全、协调、指导等一系列问题。产生这些问题的一个理论根源，是将思想政治理论课实践教学环节限定为学生课外活动、社会实践活动，而将课程内的实践活动排除在实践教学之外。实际上，思想政治理论课实践教学和一般社会实践活动不同。一般社会实践活动是指学生离开校园在社会中进行实践锻炼的一种方式，强调的是开展实践活动的空间范围；而思想政治理论课实践教学强调的是实践活动的目标指向和价值指向。笔者认为，只要纳入课程体系，具有鲜明的思想政治教育目标，即便是在课堂范围内开展的实践活动，如观影、讲座、讨论、演讲、论坛等也可以归入到实践教学当中。于是，由于学生参与人数众多而造成的实践教学组织困难、经费紧张、教师工作量过大、实践教学资源短缺等困难就可以得到相应缓解。

4. 评定标准综合。一般课程的实践教学往往由少数几种固定教学形式组成，如一些理工类专业课程一般是在实验室或实习基地通过将所学知识加以实际操作，最终实现程序的运行或硬件的组装完成，对实践成果有着相对直接、标准化的评定方法。思想政治理论课实践教学的考核评定比其他课程实践教学更加复杂，需要综合多种评定指标才能全面、客观、公正地加以考评。首先，思想政治理论课所传授的内容

属于社会科学范畴,更多地关注社会历史的宏观而非具体事件的微观。因此,在实践教学中以较短的时间完成对某一宏大事件的检验难度较大。其次,思想政治理论课实践教学的实施手段多样,既有偏向客观验证的研究型实践,也有偏向主观感悟的体验型实践;思想政治理论课实践教学的范式是主客观的结合,且更偏向于主观,倾向于思想层面的实践验证,因而对实践结果进行标准化评定时更难。再次,思想政治理论课实践教学同社会实践、第二课堂、公益劳动、志愿活动、红色"1+1"等实践形式相互借用或重叠,在评定标准上容易同一般性的实践活动产生交叉和混淆。因此,思想政治理论课实践教学的考评既有主观评价,又有客观标准;既有实证结果,又有思想考查;既有通行指标,又有课程特点,是多种评定标准的综合。

三、加强思想政治理论课实践教学的建设路径

通过对思想政治理论课实践教学特点的分析可知,思想政治理论课实践教学包含多方面的界定内容,开展好实践教学的难度相当大,部分高校在开展实践教学中遇到了诸多难题。破解这些难题,必须找到切实可行的富有针对性的建设路径。

1. 推进实践教学课程建设的规范化。要有效推进实践教学建设,首先要从加强实践教学的课程建设上入手。一是建立有效的组织机构,充分发挥高校思想政治理论课领导小组的作用,为实践教学的课程建设谋好篇、布好局,做好顶层设计。二是制订完整和规范的实践教学计划,明确实践教学的目标与任务、教学组织形式、教学过程安排、教学实施方式等相关内容,加快实践教学科学化、制度化、规范化的建设进程。三是为实践教学留出足够的学时和学分,有条件的高校可以进一步增加实践教学的学时、学分比重,确保实践教学的充分开展。四是制定科学的考核办法,将学生参加实践教学活动的时间、形式、内容、质量、成果等建立起科学的指标体系,对学生的实践成绩作出客观公正的评价,并适当提高成绩的区分度,增强学生对实践教学的重视程度。

2. 建立思想政治理论课教师了解学生实际的长效机制。目前,各高校思想政治理论课教学管理单位的教育教学任务,主要放在研究生培养和为全校本科生开设思想政治类公共课程上,而高校思想政治理论课教师有相当一部分没有承担过本科生管理的工作,各专业院系由于本科生数量众多,专业教师常常被委任为班主任或辅导员,甚至成为一种硬性要求。这种情况造成了本应对学生的思想状况有更深入把握的思想政治理论课教师反而不参与学生的一线管理,教师对学生的了解有限。为了扭转这一局面,高校可以积极探索思想政治理论课教师深入学生实际的渠道和路径,例如:鼓励跨院系担任班导师或兼职辅导员,通过深入学生工作一线切实把握学生的思想、生活、学习动态,把对学生情况的了解和分析运用于思想政治理论课的理论教学和实践教学中,开展更加符合学生实际的实践教学活动,并能够提供更有针对性的实践指导。

3. 拓展实践教学的新途径。一是课堂实践教学。课堂是开展实践教学的一个重要途径,但这不是用理论教学代替实践教学,而是要由教师主讲变为教师指导,由学生被动变为学生主动,充分体现课程的实践性。课堂实践教学的长处在于只改变授课方式而不离开教室,方便组织开展,无需额外经费;但课堂实践形式变化少,对学生的吸引力较弱。二是校内实践教学。校园内丰富多彩的文体活动、科技竞赛等第二课堂活动是开展思想政治理论课实践教学的重要载体。其优势是可以充分利用校内资源完成实践教学任务,降低活动组织难度;其不足在于可能出现同理论教学结合不紧密的情况,使实践教学容易流于形式。三是社会实践。通过开展志愿活动、公益劳动、社区服务、勤工助学、职业训练等形式带领学生进行实践;也可以发挥学生主动性,让学生自主开展社会调查、企

业调研、农村考察等活动。社会实践是广受学生欢迎和公认教学效果最好的实践形式；但是投入大、工作量繁重、组织协调困难等因素使得社会实践教学很难频繁开展。三种实践途径有着各自不同的客观条件、组织要求、实施手段和利弊得失，只有三种途径协同运用、相互取长补短，才能实现实践教学效果的整体最优。

4. 实行个性化实践教学模式。不同的学生对于思想政治理论课实践教学的要求和参与度不尽相同。为了满足学生对实践教学的不同需要，高校可尝试建立多角度、多层次、点线面结合的实践教学模块供学生选择，突出实践教学的个性化：在点上，选拔思想政治理论课学习优秀、品行优良的学生开展由学校统一组织的社会实践活动；在线上，由学生根据专业特点组成实践活动小组，采取课题申报的方式开展社会调查等实践活动，由思想政治理论课教研单位审核申报材料，支付活动经费；在面上，组织开展覆盖多数学生的专题讲座、参观访问等实践活动。各种模块包含的内容不同，体现的特点不同，提出的要求不同，由学生自行选择，由学校进行总量控制，让每个学生都能找到适合自己的实践教学活动。

5. 整合实践教学资源。要使思想政治理论课实践教学能够满足全校学生的需求，必须整合校内外各种实践教学资源。一是建立实践教学统一管理、各部门分工合作的管理机制，利用各部门资源，整合各方面力量，从源头上消除开展实践教学的制度性障碍。二是整合课程资源，探索将思想政治理论课各门课程的实践教学环节进行有机整合的方式，建立思想政治理论课实践教学中心，推进实践教学的专业化和专门化。三是整合实践基地资源，将分属学校学生工作部、团委、各学院等不同部门的社会实践、实习基地加以整合，为思想政治理论课实践教学提供帮助。四是整合活动资源，将暑期社会实践、学生实习、学生社团实践以及学生科技、文化、体育、艺术等活动纳入思想政治理论课实践教学体系，使实践教学形式更加丰富，更能调动学生的兴趣点，实现各种资源的综合利用，形成一个实践教学的大网络。

（作者单位：北方工业大学党委宣传部；北方工业大学党委）

大学生人格培育应从典型行为培养入手

方宏建

如何立足大学生人格成长发展需要探索新时期人格培育的可操作途径，是高校德育工作者面临的新课题。社会的发展最终是人的发展，人格良好、能力突出的大学生更加适应当代社会，更容易H取得成功。在校大学生正处于个体人格发展的关键期，其人格发展存在较大的波动性，可塑性强，易受到外界环境的影响和干扰，因此应重视对大学生人格的培养。然而，目前高校人格培育在理论与实践两个方面都存在明显不足。理论的不足在于现有的人格与人格培育理论未能清晰地阐明人格培育的机理与方法，不能有效地指导高校大学生人格培育的实践；实践的不足在于现有的大学生人格培育工作不具备应有的三个明显特征，即培育的目标可明确设定，培育的过程可操作实施，培育的结果可测量评估。为此，必须认真探讨高校人格培育工作的科学化、规范化与系统化，提升人格培育的实践效果。

一、人格、人格培育和典型行为

人格一词来自拉丁文的persona，原意是“面具”或“脸谱”，指的是在戏台上表演的角色显示给观众的脸谱，代表着戏中角色的特定身份。哲学、社会学、伦理学、心理学、管理学、教育学、法学等各学科都在各自的领域理解或扩展人格概念的内涵与外延，提出了50多种对人格的理解，可谓莫衷一是。本文从教育工程学的视角对人格概念进行新的界定：人格是人的内在精神性状和外在行为方式相整合的综合体现，是人在与社会的交互作用下所形成和表现出来的带有个体独特性的相对稳定的心理——行为模式。人的内在精神性状是指人格的内隐心理机制，包括认知、情绪情感、意志和在三者基础上形成的自我意识及其相互作用。它可以视为人接受外界刺激后在内心深处的一种整合；而在整合后又会通过带有一定倾向性的外在行为活动表现出来。这种体现内隐心理机制水平和特点的表现在外的个性倾向性，称为人格的外显行为特征，即人的外在行为方式。人格就是在其内隐心理机制与外显行为特征的相互作用之中运行和得以显现的。

人格具有内隐性和外显性的统一，即个体人格的内隐心理机制要通过外在行为表现出来，而外显行为的结果又对内隐心理机制产生反馈和影响。人格体现了个体内隐心理机制和外在行为特征相整合的统一。人格又是稳定性与可塑性的统一。个体人格特征具有跨时间的持续性和跨情境的一致性。这种人格的稳定性体现了自我的延续性，是个体内部逐渐形成的一种稳定结构。人格在某一特定阶段或环境中具有相对稳定性的同时，会随着年龄、环境、教育等因素的变化而改变。人格还是独特性和社会性的统一。每个人都有自己独特的心理特点，这构成人格的独特性。人格的社会性是指人格离不开一定的社会文化环境，这是人格的最根本特征。个体人格综合体现了置身其中的社会文化特点，是社会文明积累发展的产物。正因为人格是遗传和环境交互作用的产物，学校对人格形成与发展的影响是不可忽视的，学校是人格社会化的重要场所。因此，人格的结构和性质决定了人格是可以培育的。

我们把人格培育的切入点定位在对个体典型行为的培养上。因为人的行为为人格培育提供了可视化的指标。人格是个体内隐心理机制与外显行为特征相整合的综合体现,个体人格水平的高下一方面取决于其内隐心理机制水平的高低,另一方面通过其外显行为特征得以集中体现。个体人格内在机制的状态虽然能够反映个体人格的性状,但与外显行为特征相比,因其存在内隐性,难以令人直接观察到,不易为研究者直接测量和明确把握。而外显行为则是我们所能直接观察、测量和把握的,这就为我们提供了一个探测个体人格并对之进行可把握的培育的切入点。换言之,个体行为构成我们认识、理解、把握个体人格的切入点,为人格培育提供了可视化指标。为方便研究,人们对人的行为类型进行划分。如下文所述,本文将人的行为划分为调控自我行为、相处环境行为和实现需求行为三大类。每一类行为中,又包括若干种在本类行为中颇具显示度的典型行为。所谓典型行为是指在一类行为中具有明显特征的、不可或缺的、具有代表性的关键行为。各典型行为在整体上的综合水平,在一定程度上能够体现个体人格水平。个体典型行为对其人格状况有着较高的显示度。如果通过培养,使得个体在每一项典型行为上都有良好表现,则该个体在整体上的行为表现也应该是良好的,从而可以判断该个体的人格状况达到了一个良好状态。

我们按照行为指向的不同,以个体的人为中心,由近及远,将人的行为划分为调控自我行为、相处环境行为和实现需求行为三大类。

调控自我行为是个体将行为指向自身的行为,通过自觉或不自觉地调控自我的行为以回应外界对个体的刺激。它包括三种典型行为:第一,自我心理调控行为。指个体根据外部环境和主体意图,自觉对自己的心理活动及对外反应施加影响,从而实现自身的知、情、意、行的动态平衡过程。第二,道德自律行为。指人们按照一定道德原则和规范,在个人利益和社会整体利益关系上,从本人意志出发自主选择的行为。良好的调控自我行为可使个体与社会的要求和标准相符合,并使内心的情绪、情感体验保持在愉悦的水平,从而为其他指向自身以外的行为提供基础。第三,责任担当行为。指主体在特定条件下所表现出的符合社会规范和要求的具体行为。责任担当行为是一种需要自我动机和自我导向的行为,而不是依靠外部监督与奖惩而被动遵从规则的结果。

相处环境行为是指个体与所处的外界展开互动过程的行为。它包括三种典型行为:第一,与自然环境的相处,即指个体与外部物理、化学、生物等环境的互动行为。第二,与社会文化环境的相处,即指个体与社会政治、经济、文化等环境的互动行为。第三,与他人的相处,即指个体与其他人的互动行为。人是一种社会性存在,离不开与社会其他人的互动,离不开人际交往和来自他人的支持。与他人的相处在人格培育中应该受到特别重视。

实现需求行为是指个体在调节自我、相处环境的行为基础上产生的有目的性的实现自身需要的行为。它包括六种典型行为:第一,表达与表现行为。主体通过表达将自己的感受和想法让别人充分理解,通过表现去影响受众,让别人接纳自己的情感和思想并对自己有一个良好的印象的行为过程。第二,实践与行动实施行为。实践是主体有目的、自觉地作用于客体的行为,行动实施是主体将思想转化为行动、把理想变成现实、把计划变为成果的行为。行动实施力是实践成功的一个必要条件。第三,学习与创新行为。学习是个体通过教授或体验而获得知识、技术、态度或价值的过程。创新是主体通过创造和开辟新的物质技术、组织形式、控制方法和生活方式等,从而使各种条件更好地满足生存与发展的需求。第四,沟通与合作行为。沟通是在群体中与他人交流思想、达成相互理解;合作是个体与个体、个体与群体、群体与群体之间为达到共同目的而彼此互相配合的行为。第五,组织与协调行为。主体根据工作任务对资源进行分配,同时控制、激励和调节控制群体活动使之相互融合,从而实现组织目标的行为,从层次上看又有基本的组织协调行为与复杂的组织协调行为之分。第六,理想信念与人生规划行为。个体根据自身实际情况和客观外界条件,结合社会发展需要自主地确定人生指向,并根据人生指向具体制定人生目标,设计人生发展步骤并逐步实施,旨在最终实现人生指向的行为。

二、大学生人格培育目标和内容体系

人格培育的切入点是对个体典型行为的培养。通过增强个体在每一项典型行为上的自我意识,提高其行为能力和行为水平,进而使个体在整体的行为上增强自我意识,提高行为能力和水平,最终使个体的人格状况得到提升。因此,大学生人格培育的目标是让每一位在校学生都养成健全人格,使更多的学生能够发展成功人格。

健全人格是大学生人格培育的普遍性目标,也是个体身心顺利发展的重要保证,更是大学生适应社会、充分发挥自己能力的心理行为基础。所有在校大学生都应该加强健全人格的培育。大学生要达到健全人格的标准,从行为可视化指标角度看,就是使大学生具有良好的调控自我行为表现和相处环境行为表现,具体讲就是在日常学习生活中能够自主调节情绪,注重道德自律,具有责任意识,顺利适应环境,人际交往良好。这种健全心理——行为模式的习得和保持,可以为大学生胜任今后的生活和工作打下坚实的人格基础。也就是说,我们可以通过对大学生自我心理调控行为、道德自律与责任担当行为、适应环境行为、人际交往行为等典型行为的培养,来实现大学生健全人格的培育。

与健全人格相比,成功人格是提升性、发展性的人格培育目标。成功人格中的“成功”主要指人的社会成就。成功人格是更高层次的人格特质。它是在健全人格的基础上个体取得一定的社会成就,能够更好地实现自己的主观幸福感,同时在具备一定社会地位的条件下能够在社会生活中发挥自己的影响力,并获得他人认可所需具备的人格品质。从可视化指标角度看成功人格,除了要具备健全人格之外,还需要拥有良好的实现需求的行为表现,即良好的表达与表现行为、实践与行动实施行为、学习与创新行为、沟通与合作行为、组织与协调行为,以及理想信念与人生规划行为。也就是说,我们可以在大学生健全人格培育的基础上,通过对表达与表现、实践与执行、学习与创新、沟通与合作、组织与协调、理想信念与人生规划等典型行为的培养,来实现大学生成功人格的培育,从而为在校大学生走向社会、获得成功奠定心理——行为基础。

按照我们对大学生人格培育的目标和内容的理解,以及对健全人格与成功人格培育的认识,大学生人格培育的概念模型构建如图1所示。

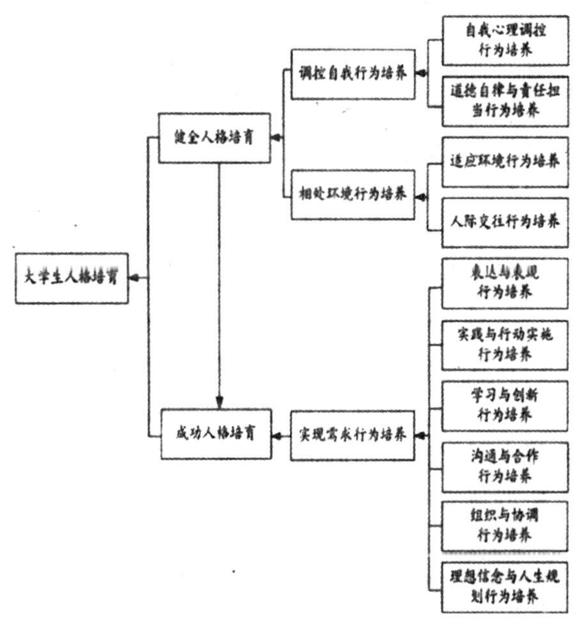

图1　人格培育概念模型

三、大学生人格培育实施和评估体系

大学生人格培育的实施体系,可以从人格培育的实施主体、实施阶段、实施渠道和实施方法等四个方面进行综合建构。实施主体是在校大学生,实施阶段应根据各年级学生的具体情况有所侧重,实施渠道主要包括环境熏陶、知识传授、个别指导、团体训练、个体践行和社会实践等,实施方法主要包括内提法与外塑法两大类。学生辅导员、班主任是一线组织者、引导者,学校要为他们开展大学生人格培育工作提供条件和载体。

内提法是提升内在精神性状即心理机制水平的方法,它通过采取一系列教育引导措施,提高学生的内在精神性状水平,形成良好的自我意识,达到高度的理性自觉,为实施行为塑造奠定认识基础和提供内在动力。人格培育最重要的是个体的主动自觉、自我建设的内在心理过程。内提法主要解决“应该怎样做”、“为何这样做”的问题,即让学生掌握典型行为的理想表现及其意义。其成效主要依赖于个体人格自我建设意识的强弱和个体付出的努力程度。从内提法角度看,我们可以通过多选修课程、多听讲座、多阅读、多讨论、多内省来提升自己对于人格培育以及具体典型行为的理性认知水平和自觉程度。

外塑法是提高外在行为方式水平的方法,即通过积极塑造学生的外在行为方式,使其提高行为能力和水平,养成良好行为习惯,进而促进在典型行为上的知、情、意状况的稳定和发展,不断增强自我意识和理性自觉。外塑法主要解决“怎样去实现”的问题,即让学生掌握提升典型行为能力和水平的渠道、途径,学会进行行为塑造的方式和方法。从外塑法角度看,学生可以通过积极参加团体训练,主动将所学应用于日常生活学习中,以实际行动增加个体心理体验;积极参加社会实践,从而为通过环境熏陶、知识学习和团体训练而提高的行为能力和习得的行为模式提供展现的平台。经过社会实践的锻造,使个体良好的心理——行为模式得以建立,并逐步趋向成熟和完善。

大学生人格培育的评估体系,主要包括个体评估与群体评估、全程评估与分项评估两个方面。个体评估与群体评估是按照评估指向对象的不同,分为对学生个体的评估和对学生群体的评估。按照评估指向的培育活动过程不同,分为全程评估与分项评估。全程评估是对学生在校全过程人格状况的评估,包括入校评估、在校评估、毕业评估和毕业后评估等。分项评估是对每一具体培育活动效果的评估,如团体训练效果评估、社会实践效果评估等。全程评估和分项评估的内容,可以通过大学生人格培育评价模型(图2)来表示。

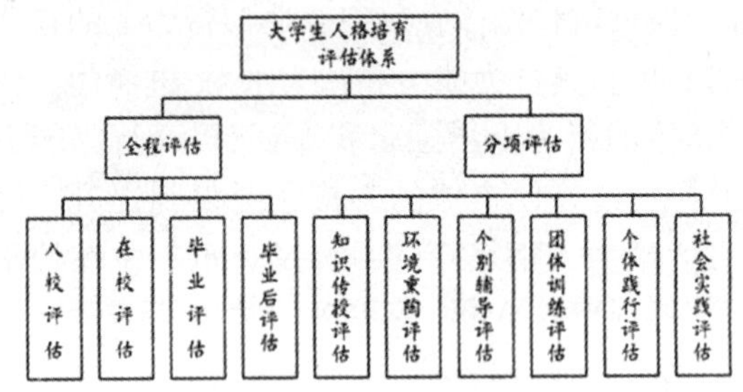

图2　大学生人格培育评价模型

按照大学生人格培育评价体系的要求,新生入校伊始,要接受学校安排的普测,经过辅导员等对学生的观察与了解,结合测试结果的相关分析,建立人格档案,作为学校人格培育实施前的基础数据备份。然后,跟踪考查学生在校每一年级、每一阶段、每一项活动的人格发展状况,获得相关数据资料,掌握其身心发展进程,为人格培育实施效果的检测提供参考依据。在毕业前,要对学生进行全面评估,并与入学以及大学不同阶段的人格状况进行纵向对比,以考察人格培育效果。毕业后,也可对不同层面、不同特点、不同去向的校友进行追踪,考察不同人格特征的学生进入社会后的不同表现,以继续改进和完善人格培育工作。

四、大学生人格培育工作系统

按照上述构建,以人格培育的目标体系、内容体系、实施体系与评价体系等四个体系为基础,可形成大学生人格培育工作系统。其中,目标体系是工作方向;内容体系是目标体系的具体化,是实施体系的基础、评价体系的依据;实施体系以目标体系为标准,以内容体系为基础,并在实施过程中不断反馈、修正目标体系并修正和丰富内容体系;评价体系以目标体系为准绳,以内容体系为依据,以实施体系为对象,并将评价结果反馈于目标体系、内容体系和实施体系,使之不断修正、丰富、完善。

需要特别指出的是,本研究所构建的人格培育模式的理想状态,就是改善高校传统的育人模式,创新人才培养模式:入校时,对学生的人格状况进行基础性诊断;在校时,对学生进行有针对性培养,通过深入细致的工作,使其各项典型行为能力能够达到和保持高水平状态,从而实现整体行为能力的提高和行为水平的提升,帮助学生实现知、情、意、行的统一、协调发展,使每个学生能够拥有健全人格,并在此基础上使相当部分学生拥有成功人格。按照本研究所构建的理论与方法对大学生进行人格培育,在实践中就可以做到:人格培育的目标可明确设定,人格培育的过程可操作实施,人格培育的结果可测量评估。

当代大学生人格培育工作,无论从本质目标、主要内容,还是从实现机制、现代价值等方面来看,都是一项目的性极强且要求很高的系统工程。这项工作的基本性质和特点决定了它的有效开展必须建立在科学研究的基础上,即建立在对当代大学生人格的基本特点、人格培育理论与方法及其在新的社会历史条件下的具体内容与实践要求的正确认识和准确把握的基础之上。虽然本研究所指出的通过培养典型行为来培育人格的核心观点及方法在山东大学进行过初步的实践验证,在本科生中启动实施了人格培育工程,但本研究所构建的人格培育理论与方式、方法和大学生人格培育工作系统尚需在今后的实践中进行进一步的检验、丰富、深化和细化。唯有如此,才能真正提高对当代大学生人格培育体系的理论认识水平和实践上的科学化程度。同时,必须把人格培育渗透在整个学校教育过程中,努力整合各项教育资源,通过扎实有效的、针对性强的途径展开,更好地实现健全人格和成功人格的培育目标。

（作者:山东大学党委副书记）

把社会主义核心价值体系贯穿大学生日常思想政治教育

查广云

通过大学生日常思想政治教育中的党团组织、社团活动、班级工作等途径，把社会主义核心价值体系贯穿大学生日常思想政治教育，是培养社会主义现代化建设所需要的合格建设者和可靠接班人的必然要求。

一、提高主导力，把社会主义核心价值体系贯穿学生"三观"教育过程

在今天社会价值观念呈多样化、多元化发展趋势的背景下，必须坚持社会主义核心价值体系的一元主导地位。通过社会主义核心价值体系的有效引领，使当代大学生正确区分各种社会思潮和价值观念，使以社会主义核心价值体系为主要内容的价值观念为大学生所认同和接受，自觉树立马克思主义的世界观、人生观和价值观。在大学生这"三观"教育中，应紧紧地抓住社会主义核心价值观，讲清社会主义核心价值体系在全面建设小康社会、发展我国先进文化、建设社会主义和谐社会中的地位、作用及其科学内涵。在教育、教学方法上，最大限度地联系社会现象和大学生思想的实际，启发学生不断提高学习和践行社会主义核心价值体系的自觉性。

在发挥社会主义核心价值体系引领作用的过程中，必须正确认识、对待和处理一元主导与多样并存的关系。既要坚持一元主导的统领和引导，又要兼顾人们价值观念多样化的客观性；既要尊重差异、包容多样，又要抵制各种错误和腐朽思想的影响。在尊重差异中扩大价值认同，在兼容多样中形成价值共识。对现实社会中多样化、多层次的价值观念，要具体问题具体分析，挖掘和鼓励学生积极向上的价值观念，有的放矢地进行教育。

二、发挥感召力，把社会主义核心价值体系贯穿学生党建工作过程

高校各级党组织要坚持社会主义核心价值体系，牢牢把握正确的舆论导向，推进和谐校园建设，使社会主义核心价值体系为广大师生所感知、所认同、所接受。大学生党员不仅是社会主义核心价值体系教育的对象，同时也是社会主义核心价值体系建设的中坚力量和积极推动者。因此，要从战略高度把社会主义核心价值体系贯穿学生党建工作过程，着力做好发展大学生党员工作，积极稳妥地提高学生党员的比例和质量，充分发挥学生党员与学生基层党组织在推进社会主义核心价值体系建设，做好大学生日常思想政治教育工作中的重要作用。

社会主义核心价值体系的关键是理想信念问题，高校学生党建的核心也是理想信念问题，这就决定了社会主义核心价值体系与高校学生党建具有内在一致性。社会主义核心价值体系对高校学生具有导向功能、激励功能和规范功能。把社会主义核心价值体系贯穿大学生党建工作过程，首先要抓好学生优秀分子与学生党员的思想理论建设，牢牢把握马克思主义意识形态的指导地位，用马克思主义中国化最新成果武装学生骨干和学生党员头脑。根据大学生的不同特点，充分发挥校院(系)两级学生党校的作用，建立起从普通学生、入党积极分子到预备党员的三级学生党校"全程培养"体系，分层次进行马克思主义基本理论教育、社会主义荣

辱观教育与民族精神和时代精神教育，将社会主义核心价值体系贯穿到大学生的成长成才全过程，以培养更多具有较高理论素质和水平的优秀青年骨干分子和学生党员。把社会主义核心价值体系贯穿大学生党建工作，要切实抓好学生组织发展工作，坚持学生党员发展工作“关口前移”，做到早发现、早育苗、早培养。同时，要根据不同高校人才培养方式、教育办学特点与学生心理实际，抓好学生党支部建设。“创新学生党支部的组织形式和活动方式，探索在班级、宿舍和学科中建立学生党支部的路径，发挥学生党支部在日常思想政治教育中的作用”。开展“创先争优”等主题教育活动，对学生党员进行理想信念和爱国主义教育。发挥优秀学生党员的作用，以身边的榜样来影响和带动学生思想和政治素质的提升。

三、增强引导力，把社会主义核心价值体系贯穿学生社团建设过程

大学生社团活动是在指导老师帮助下，开展融思想性、知识性、趣味性以及教育性于一体的群体活动。把社会主义核心价值体系贯穿大学生社团活动过程，既是社会主义核心价值体系建设的客观需要，也是加强与改进大学生思想政治教育的重要方面。

加强以社会主义核心价值体系为引领，牢牢把握学生社团活动的政治方向。“一方面，要抓繁荣。积极鼓励各种学生社团的成立，注重思想、科技、文化、体育、服务等各类社团的协调发展，把学生社团建设成为培养兴趣、交流思想、发展能力的重要场所。另一方面，要加强引导，把学生社团建设纳入整个学校思想政治教育体系中来，引导帮助各类社团开展寓教于乐的活动，将思想教育贯穿活动的始终。”学生社团活动要结合学生日常的学习、思想与生活实际，坚持做到内容与形式、理论与实践、教育性与趣味性的高度统一，努力实现思想健康向上、内容充实生动、形式活泼多样，使学生感受到社团活动的意义和价值而乐于参加。

抓好骨干队伍，完善学生社团自身建设。学生社团是培养大学生集体主义观念、团队合作精神等优良道德品质与综合素质的重要载体。要提高思想政治教育在社团活动中的引导力和渗透力，就必须要求社团有科学的章程和规范的制度，明确社团活动的宗旨，增强社团成员的集体观念和组织纪律性，促进社团活动的规范化。学生社团是否有战斗力、活力和生命力，关键在于是否有骨干、有脊梁。要建立科学合理的学生社团干部选拔任用制度，加强社团骨干的选拔和培训，通过社团骨干良好的思想政治素质，影响、教育和带动更多社团成员践行社会主义核心价值体系。

加强内涵，增强学生社团的生命力。学生社团的生命在于开展活动。加大对理论类社团的扶持和志愿实践类社团的指导与支持，同时根据社团特点聘请有关教师、社会知名人士作为指导老师，对社团成员进行专业技能的培训和思想教育，从而较好地促进社团成员的成长，增强社团的活力和吸引力。深化实践，推崇创新，服务群众，提升学生社团活动的层次，是增强社团活动教育实效的重要方面。比如，高职院校学生社团，要紧密结合高职学生的专业知识与技能优势，不断深化实践环节，深入农村、厂矿、企业、社区，使广大高职生在服务人民群众、了解社会、增长专业技能的同时，锤炼思想品格，提升思想政治素质。

四、形成凝聚力，把社会主义核心价值体系贯穿校园文化建设过程

高校校园文化作为社会主义先进文化的重要组成部分，既是社会主义核心价值体系建设的重要内容，又是大学生思想政治教育的重要载体，二者在本质上是一致的。因此，必须将社会主义核心价值体系融入校园文化建设的全过程，以形成和发挥其在校园文化建设中的思想引导力和精神凝聚力。

高校要立足办学层次与类型特点、人才培养目标与学生素质的实际，着力构建富有特色

的校园文化，在学生中大力弘扬民族精神和时代精神，增强建设有中国特色社会主义共同理想的感召力和凝聚力；把社会主义荣辱观作为思想道德建设的重要内容，唱响主旋律，打好主动仗，努力在校园文化建设中增强社会主义意识形态的吸引力、感染力和影响力。比如，在建设富有高职院校特色的校园文化方面，高职院校要立足高素质应用型人才培养目标与工学结合的人才培养特点，有针对性地提出学校发展目标、办学理念、人才培养方式以及校训、校风建设方案等，通过建构特色校园文化，把社会主义高等教育的办学方针、社会主义核心价值观体系内化为高职生的共同价值追求，外化为他们现实的道德行为。

开展形式多样、健康向上的各种校园文化活动，建构内涵丰富、格调高雅的"活动"文化，实现寓教于乐，是高校校园文化建设的一项重要任务。在各种文化活动中，要牢牢把握马克思主义意识形态的指导地位，社会主义共同理想的主题要求，民族精神与时代精神的精髓要义，以及社会主义荣辱观的思想基础。要针对学生思想素质实际与高校人才培养模式特点，开展专业兴趣小组、职业技能大赛、"颂歌献给党"歌咏比赛、"感动校园人物"评选等大学生喜闻乐见的科技、文艺、社团活动，切实把社会主义核心价值体系贯穿于校园文化活动各个环节，发挥对学生潜移默化的正确导向作用与激励功能。

班级是大学生在校期间基本的学习单位，也是日常思想政治教育的重要载体。建设好班级文化，既是高校校园文化建设的重要组成部分，也是做好学生日常思想政治教育的重要方面，要着力把社会主义核心价值体系的教育贯穿其中。班级文化是以班级的主要活动为空间，以师生为主体，以班内物质环境、价值观念和心理倾向为主要特征的群体文化，体现了一个班级特有的精神和风格。在班级文化构建中必须立足不同班级、不同专业学生的个性心理特征，打造先进的班级文化，通过班级文化内涵水平的提升，促进班级学生思想政治素质与人文素养的提高。

（作者单位：鹤壁职业技术学院思政部）

学科建设必须为思想政治教育实践提供支撑

霍洪波　李逸龙

思想政治教育实践与思想政治教育学科建设的关系问题，是思想政治教育学科建设中带有整体性和方向性的重要问题，并引起我国学界广泛关注和高度重视，已取得了许多共识，但在一些关键问题上还有待进一步深入研究和探讨。

一、思想政治教育学科建设必须为思想政治教育实践提供学科支撑

思想政治教育是人类社会实践和阶级斗争实践的一项重要内容。思想政治教育理论学说是思想政治教育实践发展的结果，是对人类思想政治教育实践经验的总结和提升，为思想政治教育实践提供理论指导。思想政治教育实践是思想政治教育学产生、发展的基础和源泉，思想政治教育学对思想政治教育实践又起着重要的理论指导作用。思想政治教育学科建设的主要目标是通过建立和发展思想政治教育学科，科学地揭示思想政治教育实践的本质和基本规律，用正确理论指导思想政治教育实践。

20世纪80年代中期，我国为满足思想政治教育工作人才需求，在高校开始设置本科层次思想政治教育专业，学界也取得共识，一致认为思想政治教育是一门学科，并定位于为思想政治教育实践提供理论支撑。1983年7月1日中共中央批转的《国营企业职工政治工作纲要》(试行)指出："中央和地方要筹办以培养思想政治工作的领导干部为目标的政治院校。现有的全国综合性大学、文科院校，各部、委、总局所属的大专院校，有条件的都要增设政治工作专业或政治工作干部进修班……努力造就一大批思想政治工作能手，一大批精通思想政治工作的专家。"思想政治教育作为一门崭新的学科在我国产生，20多年来得到了突飞猛进的发展。国务院学位委员会和教育部2005年12月发布的学位〔2005〕64号文件指出："为了加强马克思主义理论体系研究、马克思主义发展史和马克思主义中国化研究、思想政治教育研究，推进党的思想理论建设和巩固马克思主义在高等学校教育教学中的指导地位，加强高校思想政治理论课建设、培养思想政治教育工作队伍，经专家论证，决定在《授予博士、硕士学位和培养研究生的学科、专业目录》中增设马克思主义理论一级学科及所属二级学科。"从此，将思想政治教育调整为马克思主义理论一级学科所属的二级学科。在《中共中央宣传部教育部关于进一步加强和改进高等学校思想政治理论课的意见》中对马克思主义理论学科建设的功能明确定位为："设立马克思主义理论一级学科，开展马克思主义理论体系的研究，开展马克思主义发展史、马克思主义中国化研究，开展思想政治教育研究，为推进党的思想理论建设和巩固马克思主义在高等学校教育教学中的指导地位，为加强高校思想政治理论课建设，培养思想政治教育工作队伍提供有力的学科支撑。"在这里，将整个马克思主义理论学科建设的主要功能定位为思想政治理论教育服务，思想政治教育学科建设定位为思想政治教育实践服务的发展目标就更加明确。从马克思主义理论一级学科所属的各二级学科的关系来看，思想政治教育学科也是服务于马克思主义基本原理、马克思主义中国化最新成果的宣传与传播，并为此提供理论、原则、思路与方法。

二、思想政治教育学科建设有利于破解思想政治教育实践难题

把教育与科研紧密结合起来，认真研究和回答当前思想政治教育实践中遇到的深层次热点难点问题，是思想政治教育学科建设的主要任务。研究和回答思想政治教育实践中的热点难点问题，不仅是思想政治教育工作者的本职工作，更是充分体现思想政治教育学科建设的主要功能和重要价值所在。

首先，通过思想政治教育学科建设回答当下人们出现的精神困惑和思想迷茫的问题。改革开放30多年来，经济社会飞速发展，人民生活水平大幅度提高，整个社会走向进步文明。同时，我国思想政治教育在新的形势下遇到了极其复杂尖锐的问题和前所未有的挑战。设置、建设与发展思想政治教育学科是中国经济社会发展的必然要求。一方面，随着对外开放的不断扩大、社会主义市场经济的深入发展，我国社会经济成分、组织形式、就业方式、利益关系和分配方式日益多样化，人们思想活动的独立性、选择性、多变性和差异性日益增强。另一方面，要确保中国的改革开放、市场经济与和谐社会建设事业的社会主义性质和方向，调动广大人民群众进行社会主义现代化建设的积极性和创造性，克服和清除各种消极落后现象和不良社会思潮的影响，需要社会主义核心价值体系引领，需要加强和改进思想政治教育工作。思想政治教育学科的设置与发展，是中国经济、政治、文化、社会发展的内在要求。当前国际国内形势的深刻变化，使思想政治教育既具备有利条件，也面临严峻挑战。一些青年人不同程度地存在政治信仰迷茫、理想信念模糊、价值取向扭曲、诚信意识淡薄、社会责任感缺乏、艰苦奋斗精神淡化、团结协作观念不强、心理素质欠佳等问题。面对新形势、新情况，现阶段思想政治教育工作还不能很好适应，还存在一些薄弱环节。加强和改进思想政治教育是一项极为紧迫的重要任务。解决思想政治教育中存在的问题，实现思想政治教育的科学化和现代化，需要思想政治教育学科的依托和支撑。

其次，通过思想政治教育学科建设解决思想政治教育人才数量不足、水平不高的问题。思想政治教育队伍建设问题，是思想政治教育工作的一个根本性或关键性问题。思想政治教育多年的实践经验表明，思想政治教育队伍的素质和水平状况直接决定着思想政治教育的效果，决定着思想政治教育的性质和方向。思想政治教育专业自创办以来，培养了数十万优秀人才，大量本科、硕士、博士毕业生奋战在思想政治工作第一线，在工作岗位上发挥着骨干作用。在新的历史条件下，积极拓宽思想政治教育渠道，培养和造就适应时代需要的高素质和富有创新精神的人才，已成为当今思想政治工作的主要任务，这对思想政治教育工作人才的数量和质量都提出了新的更高的要求。因此，新时期进一步加强和改进思想政治教育工作，关键在于建设一支高素质的人才队伍。在新形势下，思想政治教育工作队伍建设面临着新的挑战。这种挑战主要表现在，国际国内政治经济形势的深刻变革对人的思想素质培养提出了更高要求，现代化科学技术特别是信息网络技术的迅猛发展，使思想政治教育育人环境受到极大的冲击，教育对象逐渐显示出新的特点等等。这就要求思想政治教育学科建设必须具有更强的针对性和使命感，肩负起打造一支适应当前形势发展需要的思想政治教育工作人才队伍。要充分利用思想政治教育学科建设的平台，为思想政治教育培养人才，提高思想政治教育工作者的素质和水平。

再次，通过思想政治教育学科建设提高思想政治教育的有效性和说服力。用马克思主义科学世界观和方法论武装青年学生，为我国社会主义现代化建设培养大批优秀人才，是思想政治教育的目的。邓小平说过："我坚信，世上赞成马克思主义的人会多起来的，因为马克思主义是科学。"邓小平的论述，不但鲜明地表达了他对共产主义伟大事业必胜的坚定信念，也

深刻地揭示了思想政治教育的有效性同思想政治教育的内容自身的科学性的密切关系，从而为思想政治教育学科建设指明了方向。

关于思想政治教育的有效性问题，通过对思想政治教育历史情况的考察，可得出以下两点认识：一是思想政治教育必须有坚实有力的思想政治教育学科建设作支撑。思想政治教育中的学科建设问题本质上是思想政治教育的科学性问题，从这个意义上讲，思想政治教育有效性的根据或关键乃在于它的教育内容和教育方法的科学性，是否符合教育规律的问题。二是思想政治教育有其特定的性质和功能。"它是一项事业，事关中国特色社会主义建设的大局；它是一种活动，旨在引导教育对象相应思想政治素质的形成与发展；它是一个学科，以研究思想政治教育的学问、培养思想政治教育的人才、为社会主义思想道德建设提供智力支持和人才支撑为己任"。因此，影响和制约思想政治教育有效性的因素是多方面的。从实践的角度看思想政治教育是一项政治实践活动，具有鲜明的阶级属性，反映一定阶级的根本利益和意志，为一定阶级的政治利益服务，是一定阶级思想控制、社会管理的重要方面；但同时思想政治教育又是一项教育活动，具有一般教育活动的特征与属性。要取得思想政治教育的有效性，就必须加强学科建设，把思想政治教育建立在思想政治教育学科建设的基础上，从学科角度做多侧面、多角度、深入而具体的探讨，提高思想政治教育的科学性，用科学的态度和方法去做好思想政治教育工作。

思想政治教育实践深刻表明，凡是注重思想政治教育学科建设，并通过加强学科建设不断提高师资队伍素质和教育内容科学性的单位和个人，就会增强思想政治教育的有效性和说服力；反之，离开思想政治教育学科建设，离开教育内容自身的科学性，去谈论或试图获取教育的有效性和说服力，是难以取得理想效果的。把思想政治教育同思想政治教育学科建设紧密结合起来，通过加强思想政治教育学科建设来增强思想政治教育的有效性和说服力，是思想政治教育工作思想理念的重要提升，也是对以往思想政治教育历史经验的科学总结。

三、思想政治教育学科建设应当避免两种错误取向

学科研究方向的确定是学科建设的一个十分重要的环节，它将影响和带动学科建设的其他环节和相关工作的进展。随着我国改革开放历史进程的不断推进，思想政治教育学科多年来在推进思想政治教育实践过程中得以丰富和完善，马克思主义理论一级学科的设立为思想政治教育学科建设迎来了难得的历史机遇。与此同时，思想政治教育学科建设若想发挥其应有的价值，还必须进行科学准确的定位，使之保持正确的发展方向。

一是避免重学术研究轻实践教育的纯学术取向。这种纯学术取向把思想政治教育学科建设等同于思想政治教育学科理论的构建，而忽视了思想政治教育学科的实践性，否定思想政治教育学科的思想性和政治性，把思想政治教育学科变成某种"远离崇高"、"超越意识形态"、脱离现实的"纯学术"研究。当然，与其他学科建设一样，思想政治教育学科建设同样需要精准的学术概念和范畴、明晰的学科边界、确定的研究方式等纯学术研究的方式方法，但发展实践与发展理论相结合是我们认识和实现思想政治教育学科建设发展的价值判断的重要标准。思想政治教育学科本质是"从教育对象和社会的实际出发，根据我国社会发展的要求和人的发展目标，遵循思想形成发展的规律，把马克思主义理论、正确的价值观念、道德原则转化为对象的思想与行为，提高思想道德素质，这才是思想政治教育及其学科的特殊本质，是思想政治教育及其学科区别于其他学科的根本所在"。可操作的实践观念体系，是原理与实践的中间环节。虽然一定学科的意识形态性是通过特定学术性建构实现的，也就是说，不同学科的意识形态性要通过不同学术性建构得以实

现,但思想政治教育学科建设必须坚持意识形态性与学术性的统一,两者是不可分割的。

二是避免将思想政治教育学科建设仅仅定位于为加强高校思想政治理论课提供支撑。增设马克思主义理论一级学科,将思想政治教育学科调整为马克思主义理论一级学科所属的二级学科,为加强和改进大学生思想政治教育工作提供了强大政策支撑。据此,一些学者便将思想政治教育学科建设仅仅定位于为加强高校思想政治理论课提供支撑。然而根据中央文件的规定,思想政治教育学科应定位于:思想政治教育是以马克思主义理论教育群众、掌握群众,提高社会整体和社会个体思想政治道德水平,为社会主义革命和建设伟大目标服务的马克思主义理论学科。所以,尽管高校思想政治理论课是对大学生进行思想政治教育的主渠道,但将思想政治教育学科建设仅仅定位于为加强高校思想政治理论课提供支撑是不全面的。高校思想政治理论教育是我国整个思想政治教育的一个部分、一个环节,与全党全社会的思想政治教育在内容上是一致的,马克思主义理论学科建设为全党全社会的思想政治教育服务与为高校思想政治理论教学服务在功能上是一致的。加强高校思想政治理论课的马克思主义理论学科建设,不仅对增强思想政治理论课的教学有效性、为我国社会主义现代化建设事业培养大批优秀人才有重要作用,而且对全党和全社会的思想政治教育实践具有更重要的价值。对此,我们必须有全面而清晰的认识。

(作者单位:中国石油大学(华东)马克思主义学院;中国石油大学(华东)学生工作处)

第十四部分

企业政工、企业文化与企业党建

坚定不移地推进国有企业改革发展

国务院国有资产监督管理委员会党委

经过30多年改革开放，我国国有企业管理体制与经营机制发生了深刻变化。国有经济活力、竞争力进一步增强，对国民经济的控制力、影响力不断提高。在新的历史时期，国有企业改革面临着更加复杂的环境，国有经济发展担负着更加重大的使命，我们必须坚持正确的改革方向，坚定不移地推进国有企业改革，理直气壮地发展壮大国有经济。

一、国有企业改革发展走出了一条中国特色的成功之路

改革开放以来，我们党带领全国人民坚持走中国特色社会主义道路，取得了举世瞩目的成就。在这个过程中，我国确立了社会主义市场经济体制的改革目标，建立了公有制为主体、多种所有制经济共同发展的社会主义初级阶段基本经济制度。国有企业从改革开放初期的扩权让利、承包经营到建立现代企业制度，从破产关闭、重组并购到国有经济布局战略性调整，从3年改革脱困到做强做优、培育具有国际竞争力的世界一流企业，经历了不断探索、不断深化改革的历程，走出了一条中国特色的成功之路。

公司制股份制改革取得重大进展。通过引进战略投资者、推行规范改制和境内外资本市场上市，大多数国有企业实现了产权多元化，成为国有控股（参股）公司。目前全国国有企业改制面超过90%，中央企业及其下属企业改制面由2002年的30.4%提高到72.1%。截至2011年6月底，中央企业控股境内外上市公司达359家，中央企业资产总额的54.07%、净资产的68.67%、营业收入的60.4%都在上市公司。同时，国务院国资委依据《公司法》，在中央企业深入推进建立规范董事会试点，积极探索中国特色公司治理模式，国有企业决策更加科学，管理更加有效，防范抵御风险的能力不断增强。

国有企业经营机制发生深刻变化。适应市场竞争要求，国有企业不断深化内部改革，普遍实行全员劳动合同制、全员竞争上岗和以岗位工资为主的工资制度，初步建立了干部能上能下、职工能进能出、工资能升能降的新机制。一批企业已形成比较完善的面向社会公开招聘和全体员工竞争上岗、量化考核、末位淘汰、收入分配与业绩紧密挂钩的市场化机制。一些企业还探索了工资集体协商制度和股权期权等中长期激励制度。特别是国有大企业面向全球招聘高级管理人员，逐步推进经营管理人才职业化、市场化、国际化，实现了国有企业高管市场化选聘的重大突破。

国有经济布局结构战略性调整深入推进。通过国有经济布局结构调整，国有企业“小散乱”的格局根本改观，国有资产逐步向关系国家安全和国民经济命脉的重要行业和关键领域集中。目前，分布在食品制造、纺织、木材加工等一般生产加工行业的国有企业资产比重下降至11.9%，分布在基础性行业和支柱产业的国有企业资产比重上升到50.6%。经过多年产业结构调整和布局优化，国有经济在国民经济命脉、国家安全和国计民生的重要行业与领域占有主导地位。在军工、电信、民航、石油及天然气开采和电力供应领域，国有经济占90%以上。

新的国有资产监管体制建立并不断完善。按照党的十六大确立的重大原则，中央、省、市

三级组建了国有资产监管机构,代表政府履行企业国有资产出资人职责,在机构设置上实现了政府公共管理职能和出资人职能的分离,为真正实现政企分开、政资分开奠定了制度基础。国资委作为国有资产出资人代表,牢牢把握定位,认真履行职责,着力完善业绩考核、薪酬分配、责任追究等激励约束机制,不断强化产权监督、财务监督、监事会监督和纪检监察监督,推动国有企业突出主业、提高管控能力、加强自主创新、强化风险防控,层层落实了国有资产保值增值责任,促进了国有企业持续健康发展。同时,尊重企业经营自主权,不干预企业生产经营活动,使国有企业真正成为独立的市场主体。

体制机制创新极大地激发了国有企业活力,国有经济的发展质量和运行效率大幅提升。截至2010年底,全国国有企业资产总额达68.6万亿元,实现营业收入32万亿元,实现净利润1.7万亿元,分别是2002年的3.8倍、3.8倍和7.2倍;国有资产保值增值率106.9%,平均资产收益率7.4%,分别比2002年提高3.8个百分点和4.1个百分点。国有企业改革发展的显著成效,既彰显了中国特色社会主义制度的优势,也丰富了中国特色社会主义道路的伟大实践。实践表明,国有经济与市场经济完全能够有机结合,通过深化改革、创新体制、转换机制,国有企业完全可以在市场竞争中发展壮大、做强做优。

二、国有经济在经济社会发展中发挥着不可替代的重要作用

长期以来,面对国内外复杂多变的环境,国有企业坚决服从中央宏观调控,坚持做强做优主业,保持了快速发展的好势头。2002年至2011年,全国国有企业营业收入年均增长17.6%,实现利润年均增长22%,上缴税金年均增长17.9%,为国民经济平稳较快发展作出了重要贡献。在应对国际金融危机中,我国经济率先企稳回升,一个重要原因就是国有经济带头响应中央宏观调控政策,为国民经济平稳较快发展提供强有力物质支撑的同时,在保障市场供应、稳定物价、抗击严重自然灾害和完成国家重大活动任务中发挥了中流砥柱的作用。

国有经济在结构调整和转型升级中发挥着引领作用。国有企业拥有强烈的产业报国使命感。在推进传统产业改造升级中,国有企业带头淘汰落后产能,大力提高产业集中度,加强技术改造,提升产业层级,打造知名品牌。在培育发展战略性新兴产业中,国有企业加快发展高端装备制造、新一代信息技术、新能源、新材料等产业,建立产业联盟,加大攻关力度,率先实现规模化生产。国有企业注重发展生产性服务业,努力创新商业模式,实现从制造环节为主向研发设计和销售服务两端延伸的转变,引领着结构优化与产业升级。

国有经济在建设创新型国家中发挥着排头兵作用。根据国家中长期科技发展规划,我国需要突破的11个重点领域和16个重大科技专项,中央企业几乎全部涉及。“十一五”期间新建的企业国家重点实验室,一半建在中央企业。有54家中央企业被正式命名为“创新型企业”。56个产业技术创新战略联盟有24个由中央企业牵头或参与组建。近年,中央企业主要专利指标年均增长35%以上。2005年至2011年,中央企业共获得国家科技奖励467项,其中国家科技进步特等奖全部由中央企业获得。具有国际先进水平的载人航天、绕月探测、特高压和智能电网、通信4G标准、高速动车等重大科技创新成果和三峡工程、青藏铁路、西气东输、西电东送等重大工程建设,都是由中央企业承担完成的,充分展示了我国的科技水平和创新实力。

国有经济在“走出去”开展国际化经营中发挥着领军作用。国有企业特别是中央企业采取多种方式“走出去”,对外投资合作取得长足进展。2010年,中央企业对外直接投资达到499亿美元,境外工程承包营业额达到538亿美元。中央企业在海外承建了一批标志性工程,获得了一批重要能源资源,建设了一批技术

研发中心，输出了一批成套技术装备，带动了一大批中小企业集群式“走出去”，为扩大国际市场份额、提升产业国际竞争力作出了积极贡献。中央企业已成为在国际竞争中与跨国公司同台竞技的重要力量，被一些发达国家视为最具威胁力的竞争对手。

国有经济在实现各类所有制共同发展中发挥着带动作用。国有大企业通过拟订行业标准，共享技术和资源，带动和促进了各行各业的快速发展。国有企业注重把自身的技术、资本、规模和人才的优势与私营企业机制灵活、风险意识强的特点有机结合，实现优势互补，相互融合，共同发展。例如，电信运营大企业带动了设备制造商、内容服务提供商、业务代理销售商等一大批企业的发展；工程建设大企业发挥技术、资金、品牌优势积极承接大型工程，带动设备制造、工程建设、劳务输出等企业的发展。国有经济与非公经济是和谐共生、协调发展的关系，在产业发展中公平竞争、相互促进、互利共赢，共同为社会主义现代化建设和全面小康社会建设贡献力量。

国有经济在维护社会和谐稳定中发挥着表率作用。国有企业积极履行社会责任，依法经营、诚实守信，节约资源、保护环境，以人为本、和谐发展，为各类企业作出了表率。在发展成果全民共享方面，2003 年至 2010 年国有企业累计上缴税金 13.6 万亿元，划归社保基金国有股权 2119 亿元；“十一五”期间，中央企业归属母公司所有者权益净增加 2.9 万亿元，累计上缴国有资本收益达 1686 亿元。在节能减排方面，“十一五”期间中央企业节能 4900 万吨标准煤，是国家下达节能考核目标的 1.8 倍；化学需氧量排放量减少 36.1%，降幅超过全国平均水平 23.7 个百分点；二氧化硫排放量减少 36.3%，降幅超过全国平均水平 22 个百分点。此外，国有企业积极参与定点扶贫、援疆援藏和各类社会公益事业，2008 年至 2010 年中央企业累计用于扶贫、救灾、公益事业等捐赠达 133.7 亿元，为构建和谐社会作出了积极贡献。

实践充分证明，国有企业是中国特色社会主义的重要支柱，是全面建设小康社会的重要力量，是我们党执政的重要基础。国有企业是全国人民的企业，是造福全民、服务社会的企业。做强做优国有企业，发展壮大国有经济，对于发挥社会主义制度的优越性，增强我国经济实力、国防实力、国家竞争力和民族凝聚力，具有关键性作用；对于提高人民生活水平，实现共同富裕，保持社会稳定，建设中国特色社会主义，具有十分重要的意义。

三、坚持正确的改革方向，坚定不移地推进国有企业改革发展

国有企业改革发展的实践，使我们进一步加深了对社会主义市场经济体制的认识，增强了搞好国有企业、发展壮大国有经济的信心。同时，我们也清醒地看到，国有企业改革发展仍面临着诸多矛盾和问题。主要是：国有企业治理结构仍不完善，国有资本流动机制仍不顺畅，国有经济布局调整任务仍然艰巨，国有企业自主创新能力、管理水平与国际先进企业还有不小差距。我们要深入学习、认真领会、全面落实中央有关决策部署，牢牢把握正确的改革方向，坚定不移地推进国有企业改革与发展。

坚持社会主义初级阶段基本经济制度，理直气壮地发展壮大国有经济。我国《宪法》明确规定，我国社会主义初级阶段基本经济制度是以公有制为主体、多种所有制经济共同发展。党的十五大对我国社会主义初级阶段基本经济制度进行了全面阐述，十六大、十七大进一步强调要坚持“两个毫不动摇”。在建立和完善社会主义市场经济体制的过程中，国有经济和整个公有制经济只能搞好，只能加强，不能削弱。要深入推进国有经济布局结构的战略性调整，使国有资本更多地向重要行业和关键领域集中，向具有优势的行业集中，向大企业大集团集中，向企业主业集中。要推动国有大型企业做强做优，加快培育一批具有国际竞争力的世界一流企业，增强我国在国际竞争合作中的话语

权。要吸收民间资本参与国有企业改制重组，发展混合所有制经济，发挥国有大企业引领带动作用，促进各种所有制企业共同发展。

坚持市场化改革方向，深入推进国有企业改革。党的十四届三中全会作出了建立社会主义市场经济体制的重要决定，提出国有企业的改革方向是建立现代企业制度。党的十六届三中全会进一步提出，要坚持社会主义市场经济的改革方向。党的十七大、十七届五中全会对国有企业公司制股份制改革提出了明确要求。建立和完善社会主义市场经济体制，实现公有制与市场经济的有机结合，最重要的是形成适应市场经济要求的国有企业管理体制和经营机制。要加大国有大型企业公司制股份制改革力度，具备条件的要积极引进战略投资者，推进主营业务整体上市。要逐步扩大建立规范董事会试点企业的范围，建立健全董事会运作机制，探索中国特色的国有企业公司治理模式。要按照市场化原则，深化企业内部制度改革，探索职业经理人制度。

坚持国有资产管理体制改革的正确方向，不断完善国有资产管理体制。党的十六大和十六届二中全会作出了国有资产管理体制改革的重大决策，确立了政企分开、政资分开、所有权与经营权分离，权利、义务和责任相统一，管资产和管人、管事相结合的重大原则。党的十七大进一步强调要完善各类国有资产管理体制和制度。要按照“三分开、三统一、三结合”的原则，进一步完善国有资产监管法规体系、组织体系和责任体系，加快制订与《企业国有资产法》相配套的法规规章，推进经营性国有资产监管全覆盖。要针对国有资产监管的薄弱环节，着力完善制度、落实责任、强化监管，增强工作的有效性。要推动与地方对接，加强与部委联系，营造良好舆论环境，切实增强工作合力，形成依靠地方、联合部门、协调各界、共促发展的国有资产监管大格局。

坚持遵循市场经济规律和企业发展规律，推动企业科学发展。党的十七届五中全会明确提出，“十二五”时期我国经济社会发展的主题是科学发展，主线是加快转变经济发展方式。国有经济是国民经济的支柱，在深入贯彻落实科学发展观和加快经济发展方式转变中担负着重要责任，必须发挥引领带动作用。要按照市场化原则和资本属性合理配置资源，形成适应市场经济要求的管理体制和经营机制。要充分调动和发挥企业的积极性和能动性，推进企业发展方式由主要依靠要素投入、规模扩张向主要依靠科技进步、劳动者素质提高、管理创新转变。要加快企业“走出去”步伐，立足全球配置资源，逐步实现战略、运营、管理全球化。要引导企业可持续发展，不断追求经济、社会、环境的综合价值最大化，模范履行社会责任，为全社会企业作出表率。

坚持党对国有企业的领导，充分发挥企业党组织政治核心作用。党中央历来高度重视国有企业党的建设。党的十五届四中全会明确提出加强和改善党的领导是加快国有企业改革和发展的根本保证。党的十六大以来，以胡锦涛同志为总书记的党中央对国有企业党的建设提出了一系列新要求。实践充分证明，党建工作始终是国有企业改革发展的重要内容，是国有企业的独特政治资源，是实现国有企业科学发展的重要保障。要坚持党对国有企业的领导，深入探索现代企业制度条件下发挥党组织政治核心作用的有效方法与途径，努力把企业党组织的政治优势转化为核心竞争力。要坚持党管干部原则与市场化选聘相结合，继续扩大公开招聘企业经营管理者范围，逐步推进选人用人机制职业化、市场化、专业化、国际化，营造优秀人才脱颖而出的良好环境。要加强反腐倡廉建设，为国有企业持续健康发展提供有力保障。

以社会主义核心价值体系为根本 全面加强和改进企业文化建设

申维辰

当前，我国企业文化建设工作已进入一个新的发展阶段。做好新形势下的企业文化建设工作，要深入贯彻落实胡锦涛总书记在省部级主要领导干部专题研讨班上的重要讲话精神，统一思想，明确方向，在总结经验、把握规律的基础上，以社会主义核心价值体系为根本，为推动社会主义文化大发展大繁荣做出积极贡献。

一、党的十六大以来我国企业文化建设的基本经验

党的十六大以来，广大企业坚持以马列主义、毛泽东思想、邓小平理论和“三个代表”重要思想为指导，深入贯彻落实科学发展观，扎实推进企业文化建设，积累了新鲜经验。

坚持以生产经营为中心，服务于企业改革发展大局。科学发展观是企业改革发展的根本指针。立足于经济发展方式转变和企业改革发展的现实要求，企业文化建设工作始终坚持以科学发展观为指导，围绕提高企业经济效益、实现资产保值增值这一中心任务来开展，把企业文化作为推动企业发展的独特要素和资源，作用于企业改革发展的全过程和生产经营管理的各个环节，把企业文化建设的成果转化为企业的核心竞争力，推动了企业的科学发展。

坚持以人为本，致力于提高干部职工的思想道德素质和科学文化水平。坚持以人为本，培养有理想、有道德、有文化、有纪律的社会主义劳动者，是企业文化建设的基本任务。企业文化建设始终坚持全心全意为职工群众服务的宗旨，深入研究利益格局深刻调整条件下职工思想观念、价值取向、心理动态、精神文化需求方面的新情况新特点，把实现好维护好发展好职工的基本文化权益作为企业文化建设的出发点和落脚点，坚持把解决思想问题和解决实际问题相结合，用人文关怀传递高尚价值追求和道德情操，用心理疏导促进心理和谐、增进价值共识，培育职工优良心理品质与道德品质，促进了职工的全面发展。

坚持以创新为突破，积极培育具有各自特色的企业文化品牌。创新是企业文化建设的本质要求。在企业文化建设工作中，广大干部职工坚持解放思想、更新观念，立足企业改革发展实际，弘扬优秀传统文化，运用现代信息技术，推进企业文化创新，积极打造独具特色的企业文化品牌，形成了价值取向正确、内容丰富多彩、个性特色鲜明的中国企业文化建设新格局。

注重与现代企业制度相适应，不断丰富企业文化建设的内涵。企业文化建设适应建立现代企业制度的要求，积极推进企业文化与现代企业管理制度的深度融合。把企业文化建设的价值理念融入企业管理制度和管理实践，增强了企业文化在经营管理中的作用，逐步形成了价值导向与制度标准协调同步、文化导向与激励约束优势互补的局面。

注重与新兴传播技术相结合，积极拓展企业文化建设的新途径。适应信息传播技术迅猛发展的新趋势，企业文化建设充分发挥互联网、手机等新兴媒体传播优势，通过建设网络平台，加强论坛、博客、播客、聊天室、QQ 群等栏目设置，开通企业微博，建立企业手机短信发送平台，自办手机报，开通手机上网业务等方式拓展企业文化建设的新渠道，用先进技术传播先进

文化，使企业文化建设借助科技力量得到加强和提升。

二、正确认识和处理新形势下企业文化建设中的几个关系

当前，企业文化建设面临许多新情况新问题，做好新形势下的企业文化建设工作，要在充分借鉴已有经验的基础上，重点把握和处理好以下几个方面的关系。

企业文化建设与社会主义文化大发展大繁荣的关系。企业文化是社会主义文化的重要组成部分，企业文化建设要处理好部分与整体、局部与全局的关系。推动社会主义文化大发展大繁荣、建设社会主义文化强国战略目标的提出，为企业文化发展提供了重要契机、创造了有利条件，要抓住这一大好时机，把企业文化建设工作融入社会主义文化大发展大繁荣的整体工作中，实现同频共振、同步发展。企业文化建设工作必须遵循中国特色社会主义文化建设基本规律，坚持先进文化的前进方向，用企业文化建设的新成果丰富发展社会主义文化。

企业文化建设与企业改革发展的关系。企业文化是推进企业改革发展的内在动力。企业文化建设要始终坚持服从服务于企业改革发展的大局，用共同理想凝聚人心，用企业目标激励人心，用发展成就鼓舞人心，用和谐氛围稳定人心，调动一切积极因素，为企业转型发展提供重要的精神力量。同时，企业改革发展取得的成果要反哺企业文化，用企业改革发展所取得的成就和经验丰富企业文化的内涵，用企业改革发展所取得的经济成果为企业文化建设提供物质保障，从而提高企业文化建设的质量和水平。

企业文化建设与满足职工精神文化需求的关系。企业文化建设的基本任务是满足职工群众的精神文化需求，促进人的全面发展。企业文化建设要坚持从企业发展和职工精神文化需求实际出发，既不能超越企业发展阶段和职工思想文化素质提过高要求，也不能借口企业存在困难而弱化精神引领和文化塑造功能。要认真开展理想信念教育，推动社会主义核心价值体系建设融入企业生产全过程；要积极组织职工参与有益身心健康的丰富多彩的文化活动，活跃职工精神生活；要努力建设覆盖全体职工的文化服务体系，实现企业文化发展成果共建共享。

企业文化建设中继承、借鉴与创新的关系。创新是企业文化发展的不竭动力。企业文化建设要继承中华优秀传统文化、五四运动以来形成的革命文化，大力弘扬新中国成立以来形成的优秀企业文化传统和改革开放以来企业文化建设新成果，充分认识其历史意义和现实价值，坚持与时俱进、推陈出新，在继承、学习中创新和创造。同时，还要以开放包容的态度和世界眼光，坚持以我为主、博采众长，大胆借鉴世界一流企业的管理文化，兼容并蓄，为我所用，推动企业文化建设向深度广度发展。

企业文化建设中加强党的领导与发挥职工群众主体作用的关系。坚持党的领导，发挥企业党组织的政治核心作用，是加快企业文化建设的根本保证。必须明确党对企业文化建设的统一领导，切实发挥企业党委总揽全局、统筹各方的作用，推动企业文化建设统筹发展、协调发展、科学发展。要坚持党的群众路线，充分发挥职工群众在企业文化建设中的主体地位和作用，尊重职工群众的首创精神，调动广大职工群众参与企业文化建设的积极性、主动性、创造性；要发挥党的领导与职工群众自觉参与企业文化建设的两个优势，不断完善党委统一领导、党政工团和群众组织齐抓共管、全体职工广泛参与的企业文化建设新机制。

三、坚持以社会主义核心价值体系为根本，全面加强和改进企业文化建设工作

当前和今后一个时期，加强和改进企业文化建设工作，要认真学习贯彻落实胡锦涛总书记在省部级主要领导干部专题研讨班上的重要讲话精神，重点做好以下几个方面的工作。

大力践行社会主义核心价值体系，积极发展中国特色企业文化。要把社会主义核心价值体系作为普遍遵循的价值准则和共同追求的价值目标，熔铸于企业精神的生成培育中，融入到企业生产经营和文化建设的各个方面、各个环节，化为具体的工作标准、岗位职责和行为守则，落实到企业奖惩、干部任用、人才培养等各项制度中，努力使社会主义核心价值体系成为干部职工的自觉行动。

进一步加强人文关怀和心理疏导工作，打牢企业文化发展的思想基础。人文关怀和心理疏导工作，是企业文化建设的一项重要任务。要把握新形势下职工群众的思想脉搏、精神需求和心理期待，把人文关怀和心理疏导工作落到实处、取得实效。要保障职工群众合法权益，建立完善公平公正的利益分配机制、科学有效的权益保障机制、高效畅通的诉求表达机制、灵活及时的矛盾调处机制，切实维护好职工的经济权益、政治权益、文化权益和社会权益。要积极帮助职工群众特别是困难职工、特殊群体解决住房、就医、子女上学等方面的实际问题。要重视和密切关注干部职工多方面的心理感受和情绪反应，引导干部职工用正确的方式表达利益诉求、处理人际关系，培育形成自尊自信、理性平和、积极向上的良好心态。

注重加强对非公有制企业文化建设的指导、规范和扶持，努力提升非公有制企业文化建设工作水平。当前，非公有制企业文化发展不平衡，存在的问题不少，亟须加强指导、规范和扶持。要组织专门力量开展非公有制企业职工思想状况、企业文化建设基本情况的调研，帮助非公有制企业建立健全企业文化建设的各项规章制度、评价标准。要坚持分类指导的原则，通过组织培训、参观学习等提高非公有制企业出资人和负责人对企业文化建设工作重要性的认识。各级宣传文化部门要把帮助非公有制企业开展文化建设工作纳入议事日程，抓住企业价值理念培育与转化这一关键，支持企业打造符合时代要求、体现企业特色、具有科学管理内涵的企业精神和企业文化品牌。

加快企业文化建设与信息科学技术的深度融合，提高企业文化建设工作的综合效能。要充分认识科技进步对企业文化发展的重要作用，紧跟科学技术前进的步伐，把信息科学技术作为推动企业文化发展的重要引擎，做到认识到位、行动到位。科技进步在不断延展科技知识体系的同时，也在不断完善人的思维方式、扩展人的精神世界。企业文化建设要注意吸收科技创新成果，丰富企业文化的内涵，提升企业文化的品质。要强化新兴媒体对企业文化的传播功能，要在总结已有经验的基础上，更好地运用互联网、手机信息系统等新兴媒体来推动工作，不断增强企业文化的时代感、表现力、传播力和影响力。

建立科学考评激励机制，提高企业文化建设工作科学化、规范化水平。推进企业文化建设科学化、规范化，是今后一个时期工作的重中之重。要在深入研究的基础上制定科学的企业文化建设评价标准，形成统一规范的量化评价指标体系，为考评工作提供科学的依据。要依据考评结果逐步推行企业文化建设工作目标管理责任制，把企业文化建设工作纳入企业党政领导班子年度考核管理目标，把企业文化建设的目标任务与企业生产经营目标任务同步下达、同步落实、同步考核、同步奖惩。要坚持评价检查与改进工作相结合，通过考评发现企业文化建设工作的薄弱环节，采取改进措施，不断推动企业文化建设工作的改进和提高。

（作者：中共中央宣传部副部长，中国思想政治工作研究会常务副会长）

理直气壮地做大做强国有企业

高　梁

国有经济在国民经济中发挥主导作用，需要以较高的质和较大的量作为保证。但有些人却认为，国有经济的比重越低越好。有人根据美国的情况，要求国有经济占 GDP 比重降至10%、"退出全部竞争领域"；有人以"反垄断"为名，要国有企业退出基础工业与服务业；有人主张国家只需保留土地、金融资产，彻底退出企业界。这些似是而非的说法经常出现在各种媒体上。讨论国有经济的地位、比重问题，需要有基本的依据，这个依据只能是中国的实际。至少要考虑以下因素：我国现实的经济结构；国际竞争的态势；国家产业结构优化升级的战略目标；国有经济在其中需要发挥的作用。

一、中央文件关于国有经济地位的表述

中共中央历次有关国有经济地位和国有企业改革的文件精神，应该作为讨论的重要指导。笔者理解，中央的精神主要是以下几方面：

1. 坚持和完善公有制为主体、多种所有制经济共同发展，这是我国的基本经济制度。这一制度的确立，是社会主义性质和初级阶段国情决定的。

2. 公有资产占优势，要有量的优势，更要注重质的提高；要从战略上调整国有经济布局，国有资本要向关系国家安全和国民经济命脉的重要行业和关键领域集中，在这些行业和领域，国有经济必须占支配地位；国有经济在上述行业和领域占据控制地位、对经济发展发挥主导作用，国家和集体所有的资产在社会总资产中占优势，就是公有制的主体地位的体现。这对于增强我国的经济实力、国防实力和民族凝聚力，具有关键性作用。在上述前提下，国有经济比重减少一些，不会影响我国的社会主义性质。

3. 国有经济需要控制的行业和领域主要包括：涉及国家安全的行业、自然垄断的行业、提供重要公共产品和服务的行业，以及支柱产业和高新技术产业中的重要骨干企业。

4. 国有企业是我国国民经济的支柱。国有企业要推行现代企业制度，提高经营管理水平和竞争能力，更好地发挥主导作用。实现国家的工业化和现代化，始终要依靠和发挥国有企业的重要作用。在经济全球化和科技进步不断加快的形势下，国有企业面临着日趋激烈的市场竞争，要尽快形成国有企业的新优势。

二、国有经济战略调整的基本态势

在实际改革进程中，"国有经济的战略调整"，体现为非公经济（包括外资）的超高速增长，公有制经济成分比重的大幅度降低。据《2006 年中国第七次私营企业抽样调查数据分析综合报告》（2007），现有全部 465 万户私有企业中，94 万户企业是由改制、收购原国有、集体企业发展而来，占全部私企的 20.3%。据分析，私营企业近 7 万亿实有资本中，来自原国有、集体企业的资产至少占 1/3，而且是在资产评估中被大大低估的、廉价获得的"干货"。

党的十五大报告指出："只要坚持公有制为主体，国家控制国民经济命脉，国有经济的控制力和竞争力得到增强，在这个前提下，国有经济比重减少一些，不会影响我国的社会主义性质。"通过不断推进国有企业改革，我国国有经济的质和量都有了很大提高，培育了一批有较强国际竞争力的国有大企业。国资委公布的数

据很清楚地表明了这一点：2002 年至 2007 年，中央企业资产总额从 7.13 万亿元增长到 14.92 万亿元，年均增长 15.9%；营业收入从 3.36 万亿元增加到 10.03 万亿元，年均增长 24.4%；利润总额从 2405.5 亿元增加到 10055.7 亿元，年均增长 33.1%；上缴税金由 2914.8 亿元增加到 8792.1 亿元，年均增长 24.7%；总资产报酬率从 4.9% 提高到 8.6%，净资产收益率从 4.3% 提高到 11.2%。尽管国有经济的总量在不断增加，但它在整个国民经济中的比重是持续下降的，而且未来相当一段时间还将继续下降，总体上呈收缩趋势。2005—2009 年，我国工业中的国有经济比重每年下降 1.5—1.7 个百分点。按照中央精神，公有资产既要有量的优势，也要注重质的提高。如果作为基础的"量"继续缩减下去，"质"就会成为无本之木。

了解我国所有制结构的基本状况是进行国有经济战略性调整的基础。从工业结构看，在工业各行业中，国有企业占优势的行业有：煤炭与油气开采、石化、冶金、交通运输装备、供电气水等基础行业（产值占全行业 50% 以上为占优势，占 30%—50% 之间为相对优势）；民营企业占优势的行业有：采矿、医药、电器机械、农副产品、木材加工、工艺、废旧物资回收；三资企业占优势的行业有：其他采矿、电子通讯、仪表、纺织、皮革、家具、文体等业。国有、民营、三资势均力敌的行业是：轻工 9 行业（吃穿用）、化纤、橡胶、塑料、装备类 5 行业（不包括电子通讯）。到 2008 年，中央企业 82.8% 的资产集中在石油石化、电力、国防、通信、运输、矿业、冶金、机械行业。中央企业承担几乎全部石油天然气、乙烯生产，全部基础电信服务和大部分增值服务，发电量的 55% 和电力设备的 70%；在第三产业，中央企业承担民航运输周转量的 82%，水运货物周转量的 89%。地方国企（市及市以下）大部分已经退出。根据统计数据，国有工业企业还有 2 万个，全部国有企业还有 10 万个左右。但统计口径是"三级及以上企业"，也就是说，其很大一部分是大型企业集团下的分公司。

这样看来，我们的国有经济，在事关国家安全与命脉的行业与领域，还保存了一席之地，这是保持国有经济控制力和影响力的基础。但从总量上看，国有经济比重已接近极限，"退出"的领域已很有限了。

三、从我国经济结构和发展战略的要求看国有经济的地位

"国有经济在关系国家安全和经济命脉的行业和领域占有支配或控制地位、对经济发展发挥主导作用"，从现实考虑，应有以下几层含义：国有经济在经济命脉行业和领域占优势地位，可作为行业运行发展的稳定性因素、保证国家经济社会的基本安全（金融、交通、流通、战略工业）；国家可通过占据行业领导地位的骨干国有企业，贯彻其产业政策（优先顺序、科技进步、产业升级）；国有经济是贯彻国家宏观经济政策的基础；国有企业是国家贯彻收入分配政策的组织基础，等等。

国内有关国有经济的讨论多偏重一般的制度问题。笔者重点从结构角度，讨论国有经济控制力和主导作用问题。

社会主义经济的历史合理性体现在以下两个方面。第一，社会主义的基本原则是追求最大社会公平。对于人均资源如此紧张的中国来说，节制资本权力，更多关注公平（既包括起点和程序公平，也包括分配公平），是社会的现实需要。第二，中国百年积弱，快速地依靠自身积累实现工业化，只有在社会主义制度下才能实现。通过国家力量，驱逐列强控制，消灭腐败的官僚资本，在动员体制下奠定了今天国家经济起飞的基础。

改革开放以来，我国经济增长率持续高于绝大多数发展中国家，其中一个重要因素是，我们既坚持了公有制为主体，又鼓励、支持多种所有制经济发展。对比俄罗斯的休克式疗法的后果，我们的改革保留了各行业的重点骨干国企，

等于兼顾了发展、改革、稳定，是十分正确的选择。

在经济全球化条件下，我国的工业、科技实力仍很落后，面临跨国公司的强力竞争和以FDI形式进行的产业侵蚀。东欧和拉美的经验表明，私有化基础上的市场化会使国家失去屏障，本国经济的产权乃至经济命脉将被外国资本控制。

通观今天的国际环境，国家独立是民族生存的根本，拥有和保持独立自主的科技和工业，是发展中国家经济与政治独立的基础。在经济全球化时代，发展民族工业的必要性一点没有减弱。国家提倡转变增长方式，产业升级，自主创新，正是从经济发展全局做出的战略方针的调整。在这个调整中，国有经济仍起着中流砥柱的作用。

我国民营经济（私有企业）的成长不过20年历史。总体看，我国民营企业应对市场的能力很强，也存在许多弱点，如互相协作搞技术开发、开发海外市场能力还处于较低水平。现在不少人喜欢美化私营企业，同时又把问题都归罪于国企体制。对此，国资委副主任邵宁指出："这几年学术界有一种把民营企业理想化的趋势，只要民营企业就是好的，只要民营企业一介入，这个事就搞定。但是我觉得，我们不能把国有企业理想化，同样我们也不应该把中国的民营企业理想化。"

现实情况是，大型国有企业、国有部门是国家骨干工业行业（包括部分全球性竞争的支柱工业），恰恰是国家骨干、战略产业的组织者，承担着科技的积累和创新任务。民营经济在工业组织管理和科技创新方面，毕竟还很薄弱。而工业组织和科技积累需要稳定的发展和国家支持，不能断裂。这就必须以骨干企业为核心，政府出面组织产学研合作，提高自主的新技术、新产品研发能力，以提高综合竞争力，才能真正与跨国公司同台竞争。

发达国家何尝不是如此。当代科技和高科技产业的国际竞争，表面上是跨国公司间的竞争，实际上是国家间的竞争。我们千万不可被自由主义教条的迷雾蒙住眼睛，把国有经济完全撤出竞争领域、自废武功。所以，在关系国家安全与经济命脉的重要产业和关键领域保持国有经济的控制力，既是出于社会主义原则的要求，也是出于国家战略的需要。特别是其中的大型骨干国有企业，是国家的经济和政治支柱，是维护国家经济、科技、国防安全的基础，是以自主创新支撑经济结构优化升级的经济基础。

四、坚决反对私有化，理直气壮地做强做大国有骨干企业

因此，对待现存的国有骨干企业，不是"要不要保留"的问题，而是"必须保留，如何搞好"的问题。尽管国有企业的体制还存在不少现实问题，但我们应该本着实事求是的原则去解决问题，不可用搞运动的方式去搞私有化，更不能容许"破罐破摔"式地让腐败分子窃取全民财产。一个国家不论在什么历史关头，绝不能向贪污腐败让步。如果把用歪门邪道侵吞国有资产的"产权改革"制度化，那么这种"改革"政策必然失去人民的支持，国家政权的合法性也会受到损害。

经过数年的整顿，国有资产的流失势头初步得到遏制，国有企业的效益水平逐渐稳定和回升。只要有正常判断力，谁都乐于看到这样的好势头。奇怪的是，一些学者对此却冷嘲热讽，甚至把这看作是"改革遇到障碍"的"坏事"。似乎只有像东欧和阿根廷那样，放手让私人特别是外资将国有企业全部消灭才是好事；似乎中国也应该走拉美式的（依附型的、半殖民地型的）资本主义道路。这样的"改革"究竟是发展生产力，还是破坏生产力，是为大多数中国人民服务，还是为少数中外资本家的利益服务？

国有企业改革的目标，是提高企业竞争力，为国家经济发展战略服务。这就必须兼顾局部和全体、眼前和长远、经济和政治。要把发挥民营企业微观活力与国有大企业在经济命脉和战

略产业的支柱稳定作用结合起来。国有经济不可随便被人为整垮,不可被外国资本控制,不可重蹈苏联东欧的覆辙。

根据我国工业结构特点和战略目标,国有经济必须在战略性、高技术竞争性领域占优势和主导地位。主要包括:

(1)涉及国家安全的战略性领域:国防科技工业(核、航天航空、兵器、舰艇、军用电子);国家基础设施(如通讯、广播网、电力网、铁路网及重要交通设施);城市重点基础设施(供排水、供电、供气、干道);金融;大宗农产品及大型商品物流;对外贸易主渠道;战略物资储备等。这些领域的产品和服务担负着国家政治社会安全职能,是经济社会稳定发展的必要前提。

(2)重要基础产业:如电力、电信、重要能源基地、重点石化、冶金行业。此类行业具有公益性质,或为经济社会发展提供基础原料能源,且需要巨额投资,应由国有经济保持优势地位。

(3)不可再生的战略资源领域:重点矿山、油气资源等。随着不可再生资源对经济社会发展的制约日趋严峻,国家必须保有对此类战略资源的控制权或垄断权(如稀土采矿权归地方,允许私人采矿,造成多头、低价出口屡禁不止)。

(4)国民经济支柱产业和高新技术产业:由本国资本与机构控制的各类支柱工业(采矿、冶金、石油化工、装备和交通运输工具制造、特种建筑),以及高技术工业(新材料、新能源、电子通信、航空航天、生物医药等),属于资金技术密集型产业。其中的大型企业,是各行业的主导力量和科技研发平台,是国家工业与科技进步能力的核心(国有经济部门占有70%以上的科技资源)。

在以上4类产业中,第4类既是“竞争性”产业,又具有战略性质。作为竞争性行业,它们要面对国内外市场竞争和“优胜劣汰”的考验;其中的骨干(及配套)企业承担着武器装备配套、与社会公益有关的重要装备设施的研制生产任务。在充分开放情况下,这些行业面临着与跨国公司的生死竞争,竞争的成败关系国家安全与产业升级主导权。在各分行业保持国有骨干企业并支持其做强做大(同时也支持本国民营企业做强),是国家保持对这些行业控制力与主导作用所必须的。

可见,简单化地要求“国有经济退出竞争领域”是行不通的。

五、简短的小结

今日研究经济体制问题,如果不和生产力的研究相结合,不了解国家战略利益所在,“改革对策”就是无的放矢,就可能误国误民。没有自主的工业,中国在外来威胁面前就缺乏自我保护的能力。“落后就要挨打”是中华民族不能丢弃的历史记忆。我们今天虽然生活在和平的环境中,但必须具备基本的居安思危意识。

以国有企业为骨干、其他民营企业为补充的支柱产业,是国家产业优化升级、自主创新的中坚,也是国防安全的基础,是实现广大人民群众根本利益和共同富裕的重要保证。国家保持对战略性核心产业的控制,才能抵御外资强势竞争、保持国家稳定。没有自主的工业,就没有中华民族的崛起;没有自主的、具有相当国际竞争力的各项支柱工业,我们的工业就会失去脊梁,我们的经济主权就会流失,国家的独立与安全、广大人民的长远幸福就会失去屏障。

鉴于目前工业的主要增量来自私营和外资企业,为保持国有经济在重要行业和关键领域的主导地位,今后的任务,一方面是要保持国企与国有经济的数量基础;另一方面要大力改善治理结构,提高管理水平,加强国有企业的综合竞争力和发展动力。

(作者:国家发改委体制改革与管理研究所国有资产研究中心主任)

努力提高国有企业思想政治工作科学化水平

张　平

深刻把握国有企业思想政治工作新变化

随着社会主义市场经济改革的深入，我国国有及国有控股企业的生产经营方式、利益分配关系、劳动用工制度和收入分配体制发生深刻变革，呈现出经济结构多元化、劳动关系复杂化、就业方式多样化的趋势。与之相应，企业思想政治工作的环境、对象和内容也发生巨大变化，企业员工的身份构成、思想观念、行为理念和价值取向日趋复杂和多元，职工思想活动的独立性、选择性、多变性和差异性明显加大，获取信息、接受教育和对外接触的渠道大大拓宽，竞争意识、民主意识、个性意识、效益意识、法制意识大大增强。在应对形势、环境、对象和内容等因素的变化中，企业思想政治工作不断改革创新，呈现出三个新特点：一是由被动型向超前型转变。改革开放以来，企业思想政治工作在改革中加强、在创新中提高，优势作用得到充分发挥。思想政治工作不再简单地充当“传声筒”和“应声器”，开始主动出击、把握先机，对可能出现的情况和问题提前预测、超前防范，发生了由“跟”变“领”、由“虚”变“实”、由“窄”变“宽”、由“慢”变“快”的根本转变，呈现出见微知著、反应灵敏、结合实际的态势。二是由围绕型向融入型转变。思想政治工作与企业生产经营结合日益紧密，越来越渗透、融入企业生产经营的各个方面，为企业改革发展提供有力支持。企业思想政治工作为生产经营化解矛盾、凝聚力量、营造声势；同时，生产经营也为思想政治工作搭建载体、拓宽渠道、提供保障，实现目标同向、措施同定、工作同步。三是由“独角戏”向“大合唱”转变。企业思想政治工作涉及文化建设、形象宣传、品牌打造、解疑释惑、凝聚力量和维护稳定等多方面的工作内容和任务，单靠一个部门或某一方面的力量很难完成，需要发动和依靠广大党、团员和骨干分子来共同参与，开始由政工部门独奏向企业多个部门的“大合唱”转变。

全面树立国有企业思想政治工作新理念

新的形势和新的特点，要求企业管理者必须提高认识，转变观念，树立思想政治工作新理念，实现由区域型、内敛式向开放型、发散式转变。一是树立人本化理念。企业思想政治工作是做人的工作，要尊重职工的主体地位，发挥职工的首创精神，激发职工的主动性、积极性和创造性，体现对不同职工群体及每个人的关心、关爱、关怀和关切，在尊重人、爱护人与教育人、引导人的过程中体现作用、发挥优势，充分激发职工的参与愿望，在交流、碰撞、激荡中达成思想共识。二是树立效能化理念。当前企业的竞争是全方位的竞争，思想政治工作与企业的生产经营相结合，是现代企业核心竞争力的重要来源。因此，必须把企业思想政治工作放在事关企业发展的战略高度，牢固树立思想政治工作是核心竞争力的理念，坚持将人力资源管理和思想政治素质的提高有机结合。三是树立精细化理念。通过目标设立、过程监控、考核激励，实现思想政治工作从宏观宽泛向微观精细的转变。大胆借鉴和吸收现代科技成果和最新管理方法，提高科技含量，区分层次、有的放矢、对症下药，以灵活多样的方式方法应对不同人群和不同心理。尤其要注意结合不同单位发展实际进行教育引导。四是树立系统化理念。面对世情、国情、党情、社情、企情的深刻变化，改变由政工干部“单打一”的工作模式，健全完善“大政工”机制，形成主要领导负总责、各职能部门齐抓共管、政工部门统筹推进、全体职工积极参与的工作机制，使政工干部的骨干作用、行政干部的主体作用和职工的自我教育作用都得到充分发挥，使思想政治工作渗透到职工的生产、生活各个环节中。

积极构建国有企业思想政治工作新机制

提高企业思想政治工作科学化水平，要着力在形成国有及国有控股企业思想政治工作与行政工作相互促进的良性机制上取得突破，使思想政治工作驶入科学化、规范化轨道，推进企业管理高效化。一是探索建立实行企业行政领导“一岗双责”思想政治工作责任制。探索建立企业行政领导负责思想政治工作的体制机制，加强对国有企业经营管理者的政治管理和教育，强化其做好思想政治工作的责任意识。把思想政治工作纳入企业管理目标考核体系，把职业精神和职业道德融入岗位职责和工作标准，把解决好职工的思想、工作、生活等方面问题与抓好生产经营放在同等重要的位置。国有企业思想政治工作部门在制定工作计划、酝酿讨论事项时，要有行政部门领导参加，形成党政齐抓共管的局面。二是探索建立思想政治工作由隐性政工向显性政工转变的机制。对思想政治工作进行分析分解，抽取能够量化的环节进行量化考核，使思想政治工作既“显”出来又“硬”起来。健全与完善政工工作一体化考评体系，形成单位自查、部门检查、多方联查的动态考核机制，做到思想政治工作标准严格、考核刚性、过程公开、效果凸显。从管理机制上建立全员参与、全过程参与的思想政治工作管理体系，借鉴现代先进管理方式，积极稳妥地把企业国际质量标准认证体系引入企业思想政治工作管理机制中。三是探索建立寓思想政治工作于各项业务工作之中的“大政工”工作机制。充分发挥国有企业党组织的政治核心作用，科学配置思想政治工作资源，采取党委(党组)成员、董事会成员和经理班子成员“双向进入、交叉任职”、“专兼结合、一岗双责”等任职方式，建立健全目标明确、责权分明、运转协调、渠道畅通的思想政治工作领导体制和工作机制。把思想政治工作同生产经营、后勤保障、企业精神培育、企业文化建设、管理服务等领域工作结合起来，同集团公司、分厂分公司、车间、班组等不同层面工作贯通起来，形成党委统一领导、党政共同负责、党政工团齐抓共管，以专兼职政工干部队伍为骨干、以职工群众广泛参与为特色的“大政工”格局，从而实现企业思想政治工作的渠道畅通，同频共振。

深入探索国有企业思想政治工作新方法

提高企业思想政治工作科学化水平，要按照“课题式设计、项目式管理、工程式推进、台账式督查、绩效式考核”的思路，探索新的方式方法。一是创新渠道载体。通过加强企业报刊、广播、电视以及图书室、活动室、文化宫、俱乐部、电影院、文化广场等传统阵地建设，为丰富干部职工精神文化生活搭建更多平台。同时要适应时代需要，尽快建立起网络、手机即时交流平台，发挥网络、微博、QQ 群等新兴媒体受众多、覆盖面广、传播快的作用，掌握舆论引导权、主动权，开设新闻、访谈、论坛、博客、微博、学习园地等栏目，构建高效、互动、个性化的企业思想政治工作网络体系。二是加强文化建设。要结合实际挖掘企业历史与文化资源，总结提炼并不断完善企业价值理念，增强企业文化对职工的号召力和影响力。扎实推进职业道德建设和廉政文化建设，广泛宣传劳动模范和先进工作者的感人事迹和崇高精神，深化文明企业、文明车间、文明班组和文明职工等精神文明创建活动，形成积极向上、奉献社会、创先争优、岗位建功的风气。三是注重心理疏导。根据企业职工的生活、工作特点和具体问题，开展心理健康教育，加强人文关怀和心理疏导，建立健全心理咨询网络，提供及时有效的心理咨询服务，引导干部职工正确对待自己、他人和社会，正确对待困难、挫折和荣誉，培育奋发进取、理性平和、开放包容的社会心态，用正确方式处理人际关系、表达利益诉求。四是建立预警机制。严格执行支部党员大会、支部委员会、党小组会和党课“三会一课”制度，大力推广“党员责任区”、“党员先锋岗”等做法，通过建立健全分公司系统的职工思想动态信息网络、信息反馈和分析上报制度，第一时间掌握职工的思想动态，分析预测其发展趋向，加强思想政治工作的针对性，及时消除各种不稳定因素和倾向性问题。

（作者单位：中共河北省委宣传部宣传处）

推进“二次跨越”　实现科学发展

王宜林

作为改革开放时代的“骄子”，中国海洋石油总公司30年来为保障国家能源安全、支撑社会主义现代化建设付出了艰辛努力。在新的历史时期，中国海油为完成党和国家的历史重托，必须全面扎实推进“二次跨越”，努力建成国际一流能源公司，挺起中国经济社会持续发展的“脊梁”。

一

中国海油是在改革开放大潮中诞生的国有大型企业。经历了从弱到强的三个发展阶段：第一阶段，作为我国第一个全面对外开放的行业，依靠老一辈石油工人艰苦奋战、以革命加拼命的精神创下的宝贵家底，中国海油积极开展对外合作，引进、消化、吸收先进技术和管理经验，初步奠定了我国海洋石油工业的根基；第二阶段，按照“油公司集中统一、专业公司相对独立、基地系统逐步分离”的总体改革思路，以建立现代企业制度为主线，积极创建符合国际惯例的新型管理体制；第三阶段，以做大做强为目标，大力开拓中下游业务，推动多个下属公司在境内外上市，加快“走出去”步伐，努力提升国际竞争力。

经过不懈努力，我国海洋石油工业实现了历史性巨变。一是油气保障能力实现了历史性跨越。国内累计探明油气地质储量近40亿吨，生产油气5.85亿吨，国内油气年产量由成立之初的9万吨增加到5000多万吨，2010年建成了“海上大庆油田”，海洋油气产量已成为增加国家能源供应的一个新的重要来源。二是技术和装备能力实现了根本性改善。通过引进、消化和吸收国外技术，公司已形成配套勘探开发近海海域油气资源的能力，建立了包括油气勘探开发技术体系、工程体系、装备体系、管理体系在内的海洋石油工业体系，特别是具有世界领先技术的第六代深水钻井平台“海洋石油981”的建成竣工，标志着我国深水战略迈出了实质性步伐。三是全球竞争力大幅提升。近年来，公司海外业务开拓取得显著进展，累积获得海外权益产量5000多万吨，海外剩余可采储量占到公司总储量的25%以上，形成海外资产200多亿美元，年产油气超过1000万吨。2011年，公司位居《财富》杂志“世界500强”排名的第162位、《石油情报周刊》“世界石油公司50强”排名的第34位，成为全球石油工业的一支劲旅。

总结中国海油不断成长壮大的经验，我们清醒地认识到：是“三个始终坚持”撑起了海洋石油这艘巨轮。

始终坚持自主创新，发挥科技的支撑和驱动作用。海洋石油工业是高投入、高风险、高技术行业。长期以来，公司始终坚持“科技领先”战略，逐步建立起近海油气勘探开发科研创新体系。目前，公司已掌握300米水深范围内的海上油气田勘探开发工程的成套技术，具备了在1500米水深条件下的装备和技术作业能力，并且在优快钻完井技术、海洋地球物理勘探技术、海上边际油气田开发等方面形成了核心技术，建立了一支过得硬的科研和技术服务队伍，为海洋石油工业发展构筑了强有力的基础。

始终坚持完善体制机制，不断增强发展的动力与活力。中国海油从诞生之日起就置身于国有企业与国际接轨的前沿，30年来我们紧紧扭住国有企业改革的主线，率先在两权分离、存续企业改造、用工与薪酬制度改革、建立现代企业制度等方面进行了探索。当前，公司已初步形成了现代企业制度框架，核心产业日益表现出了强劲的竞争力，存续企业基本完成股份制改造，集团层面董事会制度改革迈出了关键性步伐。

始终坚持强化队伍建设，努力打造一支特别能吃苦的干部员工队伍。企业做大做强是一个系统工程，但锻造一支特别能战斗、特别能吃苦的干部职工队伍是重中之重。公司大力弘扬以“爱岗敬业、求实创新”为核心的新时代海油精神，引导广大干部员工忠诚于国家海洋石油事业，坚定“我为祖国献石油”的理念。更为重要的是我们坚持人才战略，加强管理、专业技术和技能人才三支队伍的建设，使不同类型的人才都能找到自己的职业发展通道。多年来，公司培育了一支具有高度责任感、使命感、牺牲精神、奉献精神和艰苦奋斗作风的海洋石油干部员工队伍，涌现出“海上铁人”郝振山等在全国有影响力的先进典型。

二

当前，我国海洋石油工业面临的发展环境正在发生深刻变化。世界范围内，海洋已成为各国获得新资源、扩大生存空间的战略重点。据统计，海洋蕴藏了全球70%以上的油气资源，海洋石油约占世界石油产量的30%，深水又是世界油气的重要接替区，全球深水区最终潜在石油储量高达1000亿桶，深水油气资源开发正在成为世界石油工业的主要增长点和科技创新的前沿，各国围绕海洋特别是深海油气资源的竞争和角逐日趋激烈。从我国自身发展来看，随着工业化和城镇化的加速推进，对能源的需求也在不断增长。2011年，我国原油进口依存度达到55.2%，日益凸显的石油供需矛盾以及由此引发的能源安全问题已经成为我国可持续发展的主要瓶颈。从能源行业发展状况看，一方面，传统油气资源的地位依然稳固，在未来30—50年内仍将是能源供给的“主角”；另一方面，以开发新能源和清洁能源为主要特征的绿色浪潮，蕴藏着新一轮科技革命和产业革命的契机，全球能源结构正面临着深层调整。

海洋石油工业是我国能源工业体系中重要而特殊的组成部分，是国家综合实力的象征。长期以来，中国海油作为国家能源战略和海洋战略的具体实施者，始终坚持以保障国家能源安全为己任，担当起开发利用海洋资源和维护我国海洋权益的特殊使命。当前，中国海油既拥有30年来奠定的坚实基础，也面临着调整优化产业结构、提高能源保障能力的迫切要求；既拥有能源行业发展空间广阔、海洋战略上升为国家战略、继续享有对外合作专营权等重要机遇，也面临着资源瓶颈约束、技术创新短板、基础管理弱化的严峻考验。为了赢得挑战，中国海油党组果断提出“二次跨越”的战略构想，制订了发展纲要。“二次跨越”战略跨度为两个十年，分两步实现：第一步，到2020年，基本建成国际一流能源公司，成为治理高效、管理科学、科技领先、文化先进、员工全面发展、具有高度社会责任感的跨国公司；第二步，到2030年，主要经营指标和公司软实力指标达到国际一流水平，成为国家放心、人民满意、社会认同、市场认可、股东尊敬、员工自豪、具有高度社会责任感和国际影响力的全球化公司。

三

“二次跨越”是指导未来中国海油实现新的跨越发展的行动指南，凝聚着中国海油人的激情、智慧和力量。“十二五”时期，我们将继续贯彻落实科学发展观，紧紧扭住经济发展的主线，采取有力措施，保障“二次跨越”总体目标的有序推进。

努力做强做优油气主业，保障国家能源安全。突出主业是党中央对中国海油提出的明确要求，始终是中国海油坚守的战略基点，任何时候都不能偏离，任何时候都不能动摇。根据企业定位，上游油气勘探开发生产以及液化天然气引进等产业是中国海油的主业，也是国家供需矛盾突出、产业空间广阔、自身优势明显、政策鼓励发展的重点领域。实施“二次跨越”，要以勘探开发为龙头谋划产业发展，以做强做大油气主营业务为纲，形成油气并举，“两海”并重(国内海域和海外)，风险勘探和自营勘探相结合，常规与非常规齐头并进，整体开发和区域开发相互协调的油气产业发展新格局。要努力增储上产，加大近海勘探，挖掘剩余油田潜力，尽快在南海深水区开展资源评估等工作，加快发展液化天然气(LNG)产业和煤层气产业，继续加大页岩油气项目的参与度，力争取得新突破。中下游业务是上游业务的补充和拓展，是支撑上游业务实现价值增值的重要环节。要有效发展油田专业技术服务、综合服务和金融等产业，集约发展炼油化工、油品销售和石油贸易，选择和主业关联度高、具备经济性、规模性优势的新能源业务，择优发展新能源产业。

牢牢把握“合作、稳健、差异化”的发展原则，推进科学发展。这一发展原则既是中国海油30年的经验总结，也是实施“二次跨越”必须遵循的基本原则。坚持合作原则，就是要在对内对外合作中实现共赢，在海外并购中实现价值增值；与地方合作要有利于企业和区域经济发展；与央企伙伴合作要有利于优势互补，共同发展；与外国企业和政府合作要有利于企业和东道国的经济发展。坚持稳健原则，就是要强化风险意识，把握发展节奏，做到战略、投资、建设、运营和财务的稳健，不盲目扩张，始终把防范生产经营风险作为企业发展的生命线，始终把稳健经营作为谋划发展的基本前提。坚持差异化原则，就是在产业布局上突出重点，不搞“一刀切”。油气业务侧重以大取胜，技术服务和海洋工程建设侧重以强取胜，中下游业务侧重以质取胜。同时，在炼化业务发展上寻求单体效益最优，在市场开发上坚持差异化竞争，在产品开发上突出特色，创造更多像“绥中36—1”沥青这样利用特色资源生产的优质产品。

大力推进改革创新和科学管理，创新中国特色国有企业管理制度。创新中国特色国有企业管理制度是实施“二次跨越”的制度保障。要立足企业实际，推进改革创新，加强科学管理，不断改善党建和思想政治工作。要建立全公司一体化管理、专业化运作、整体协调发展的管控体制，切实改革总部机关管理方式，压缩管理层级，提高管理效率。要按照“一个整体、两个层次”的架构统筹考虑、系统规划科技创新体系，建设创新机制更加灵活的科研大平台。要进一步加强公司的战略规划，建立与国际化发展相适应的财务管理体系，建立全生命周期的产权管理体系，健全境外资产管理体系，完善法律风险防控和法律管理工作体系，提升信息化管理水平。要推动政治优势向企业核心竞争力转化，大力弘扬新时期“爱岗敬业、求实创新”的海油精神，切实增强企业文化的感召力、凝聚力和约束力，不断增强基层党组织的创造力与战斗力。

“二次跨越”勾画了中国海油未来20年发展的宏伟蓝图。我们要在党中央、国务院的坚强领导下，牢记使命、勇担责任、自主创新，努力开拓海洋石油工业发展新局面，更好地发挥国家现代化建设的中坚与保障作用。

(作者：中国海洋石油总公司党组书记、董事长)

建设学习型党组织　打造国际先进电网企业

赵建国

中国南方电网公司是我国国有重要骨干企业，负责投资、建设和经营管理南方电网，供电面积100万平方公里，供电总人口2.3亿人。近年来，我们把建设学习型党组织融入企业中心工作，作为实现企业战略目标的有力抓手，探索出具有南网特点的学习型党组织建设之路，为打造服务好、管理好、形象好的国际先进电网企业提供了动力和保障。

强化学习意识。南方电网成立10年来，售电量年均增长12.5%，主营业务收入年均增长15.1%，连续8年入围世界500强企业，今年列第152位。但发展中也面临不少问题：电网稳定特性日趋复杂，驾驭难度大；作为重组型企业，员工多，管理难度大；实现电网向更加智能、高效、可靠、绿色方向转变，企业管理向精益化方向转变，任务还很重。公司党组认识到，在新形势新任务新挑战面前，要提高驾驭复杂大电网的能力和企业管理水平，推进企业科学发展，必须坚决按照中央的要求，切实加强学习型党组织建设，以学习型党组织建设的新成效破解发展难题，增强公司各级党组织的创造力、凝聚力、战斗力，提升企业领导班子和员工的业务素质、管理能力和服务水平。

完善学习网络。公司党组坚持把领导干部的学习作为重点，要求领导干部做不断学习、善于学习的表率，先学一步、学深一些，以带动其他党员和职工的学习。我们坚持中心组学习制度，创新中心组学习形式，把集中学习和自学相结合、脱产轮训和岗位学习相结合、“请进来”和“走出去”相结合，采取专题讨论、观看录像、专题调研、述学评学等多种形式开展学习。近几年，公司党组中心组共组织了100多次集中学习，数十次邀请全国的专家学者到公司作辅导报告，深入学习中国特色社会主义理论体系、党和国家的重大方针政策、企业面临的形势与任务等，始终保持企业的社会主义发展方向。我们还把全员学习作为一项基础性、战略性工作来抓，建立了网公司、省公司、地市供电局、县级供电局四级培训体系，有针对性地开展培训，努力造就一支政治坚定、业务精湛、爱岗敬业、作风优秀的员工队伍。对各级领导干部，重点提高理论和政策水平以及战略思维、系统思维、创新思维和经营管控能力；对中层管理者，重点提高执行能力、带队伍能力和业务管理能力；对普通党员和员工，重点提高岗位应知应会技能和落实能力。同时，突出中青年干部和技能人员培养，把班组长列入干部序列，抓好班组长素质提升。公司成立以来，共举办各类培训班126944期，培训员工566万人次，员工培训率达94.5%。公司还建立完善了一体化教育培训体系，制定了培训规划、经费管理、师资管理、课程管理等办法，成立公司党校，加强师资队伍建设和课程建设，完善网络教育平台，开办网络在线培训班。

明确学习目标。公司党组把实现“成为服务好、管理好、形象好的国际先进电网企业”的战略目标融入学习型党组织建设中。通过“对标”国际先进企业，查找差距，学习借鉴先进经验，建立和完善符合自身实际的管理体系，提高管理水平。广州供电局、深圳供电局分别选择了国际公认的先进电网企业——新加坡新能源公司和香港中华电力有限公司作为“对标”的主要对象。通过学习和“对标”，大家充分认识到，电力企业的根本任务是以客户为中心，在任何条件下都要最大限度地为用户提供不间断的、安全的、可靠的电力供应，减少客户停电时间是电力优质服务的一项刚性指标，电网企业要实现科学发展，首先就要围绕“减少客户停电时间”来工作，这是电网企业经营理念的重大转变。在为民服务、创先争优活动中，我们明确提出把服务人民群众作为电网企业永恒的价值追求，要求弘扬“万家灯火、南网情深”的核心价值观，发扬“辛苦我一人、点亮千万家”的优良传统和奉献精神。经过前一阶段试点单位的先行先试，公司已形成了总部主导、各单位齐头并进的整体创建国际先进供电企业的良好格局，制定了未来十年分步走的实施举措。

突出学习重点。公司党组始终坚持把科学理论武装作为学习型党组织建设的第一任务，在干部职工中大力开展中国特色社会主义理论体系的学习特别是科学发展观的学习，不断增强干部职工贯彻落实科学发展观的自觉性和坚定性，真正把科学发展观转化成为推动南方电网又好又快发展的强大力量。在提高干部职工思想政治素质的同时，我们还注重提高岗位技能，构建公司核心能力。一是提升客户服务能力。深入学习市场经济、营销管理、市场开拓等方面的知识，牢固树立“以客户为中心”的服务理念，促使客户服务管理模式向专业化、精益化转变，构建全方位服务体系。二是提升电网运营能力。深入学习电网运行管理、生产管理、安全风险管理等知识，优化落实安全保障措施，突出保证电网安全稳定运行，着力提高供电质量和可靠性，切实提高对大电网的驾驭能力。三是提升电网发展能力。深入学习电网规划、工程管理、项目管理等知识，提高电网建设能力和管理水平，推动电网发展向更加智能、高效、可靠、绿色方向转变。四是提升价值创造能力。深入学习财务管理、资产管理、风险管理、法律法规等方面的知识，创新资产管理模式，注重资本使用效率，强化投资决策管理，优化配置企业资源，提高企业整体效益。五是提升发展支持能力。深入学习国企改革、公司治理、战略管理、人力资源管理、自主创新、信息化、危机处理等方面的知识，完善企业文化核心理念体系，提升公司软实力。

确保学习效果。南方电网各部门各单位的学习活动形式活泼多样。公司总部以“一月一书”、“一季一讲”、“一年一述”活动为平台，带头创建学习型机关；超高压公司广州局开展“人人上讲台”活动，组织内部培训近600期；广西电网公司南宁供电局开展“书香南供”活动、柳州供电局开设“动感党校”，引导全员学习。扎实有效的学习活动，有力促进了南方电网的科学发展。一是提高了供电可靠性。目前，全网城市客户平均停电时间大幅减少，2011年全国电力可靠性5家A级金牌企业，南方电网公司占了3家。二是提高了为民服务水平。以“六走进”服务活动（走进农村、社区、学校、医院、企业、困难家庭）为载体，问需于民，问计于民，集中力量解决群众用电问题，深受群众好评。三是提高了经营管理水平。深入推进一体化管理，推行管理制度化、制度流程化、流程表单化、表单信息化，企业整体管理效率不断提高。公司“高压直流输电工程成套设计自主化技术开发与工程实践”获得2011年度国家科学技术进步一等奖，在超高压技术领域处于世界领先地位，连续6年获得国资委经营业绩考核A级。

（作者：中国南方电网公司党组书记、董事长）

在战略引领下加快科学发展

徐　斌

经过不懈努力，中国兵器装备集团公司已经从创建之初的名不见经传，成长为我国军民结合得好、综合实力强的军工集团之一。多年来，集团公司以实施战略管理为抓手，锐意改革，攻坚克难，推动企业在科学发展中实现了新跨越。

一、以战略引领企业改革发展

进入新的发展阶段，集团公司狠抓以战略管理推动发展。根据不同时期面临的主要矛盾与问题，及时制定并实施一系列具有特色的发展战略，有效提升了企业自主创新能力与可持续发展能力，具有国际竞争力的军民结合型企业集团的战略愿景正在变为现实。

综合实力大幅增长。从昔日亏损严重的军工集团到今天的世界级企业，集团经济规模不断跃升，主要经济指标居国防科技工业前列。到2011年，集团资产总额达2480亿元，比2003年增长了3.3倍；营业收入2799亿元，是2003年的5.6倍。“十一五”期间，集团公司营业收入年均增长27.49%，资产总额年均增长21%。

质量效益不断提高。在战略引领下，集团发展质量效益明显提升。2011年，集团公司实现利润81.8亿元，比2003年增长了38倍；上缴税金124亿元，比2003年增长了3.1倍。“十一五”期间，集团公司利润年均增长49.31%，上缴税金年均增长39.37%。

民生福利持续改善。集团坚持以人为本，始终不渝地实施发展依靠员工、发展成果由员工共享的原则。2011年，职工人均年收入4.31万元，比2003年增长了2.7倍。大力实施“退城进园、退城进郊”项目，职工生产、生活条件不断改善；建立帮贫扶困长效机制，高度重视安全生产，坚持以“零事故”为目标。

战略地位稳步提升。作为国防科技工业的骨干力量和中央直管的特大型国有企业，集团始终把特种产品放在绝对优先位置，在完成国庆60周年阅兵、亚丁湾护航、北京奥运安保等国家重特大任务中发挥了不可替代的作用。连续4年进入世界企业500强，连续6年在中央企业负责人经营业绩考核中获得A级。2012年，居中国企业500强第27位、制造业500强第8位。

二、实施战略管理的实践

在实施战略管理中，集团公司不断完善科学战略体系，不断充实战略实施路径，走出了一条具有时代特征、军工特点、集团特色的战略引领发展之路。

以“保军报国、强企富民”为使命，把忠实履行政治责任、经济责任、社会责任融入企业发展战略。我们始终牢记使命，积极适应新军事变革，大力提升军工核心能力，武器装备研制生产实现跨代跃升。坚定不移走军民融合发展道路，着力构建先进军工和现代产业体系，促进优势资源向关系国家安全、国民经济命脉的重要行业和关键领域聚集，特种产品、车辆、新能源、装备制造四大主导产业控制力、影响力和带动力不断增强。汽车产业不断优化战略布局，稳居国内第一阵营。新能源产业高起点、高水平发展，已逐步成为集团的重要经济增长极。装备制造业正向大型化、重型化、集成化、成套化发展，输变电领域掌握了世界尖端研发制造技术。不断健全履行社会责任的体制机制，积极开发新能源车型及新型节能发动机，引导和推动建立自主品牌电动车和混合动力车统一标准，大力发展绿色经济。

以实施“科技兴企”战略为着力点，通过创新驱动提升企业核心竞争力。以创新为先导，不断突破陈旧的思维定势与管理模式，努力营造敢想敢试、崇尚创新的良好氛围。2004年开始实施“科技兴企”战略，2009年集团成为国家“创新型企业”。为提升自主创新能力，率先建成以兵器装备研究院为顶层、9个国家级技术中心为龙头、36个省部级技术中心为骨干、专业研究院所与联合研发中心为支撑、企业研发机构为基础的开放型创新体系。大力推进信息化，“数字兵装”建设成效显著；加大科技投入，新产品贡献率超过50%，拥有专利量超过7000件，连续多年居央企前列；自主品牌汽车销量居国内第一、世界第十三位。

以集团化、专业化、国际化为方向，不断完善企业战略管理体系。始终坚持以世界眼光、战略思维、开放心态审视自己，主动适应经济全球化趋势，不断提升集团的战略管控能力。设立财务公司，实行资金集中管理；改造升级资产公司，大力开展资本运作；成立事业部和专业公司，集团化管控、专业化管理水平明显提高。规范董事会和监事会建设，法人治理结构不断完善。以改革促发展，35户企业完成政策性破产，一大批社会职能项目剥离移交，清理非主业子公司462家；相继实施26个退城进郊、退城进园搬迁项目，企业面貌焕然一新。始终坚持引进来与走出去相结合，与福特、铃木、标致雪铁龙、马自达等跨国公司建立了长期战略合作关系；充分利用全球研发资源，形成了“五国九地、各有侧重”的全球协同研发格局；加大国际市场开拓力度，出口增速明显加快。

以实施人才强企战略为重点，努力打造高素质人才队伍。大力实施“人才强企”战略，深入推进“领军人才开发工程”。坚持党管干部、党管人才原则，以“四好班子”创建为抓手，着力打造一支德才兼备、能力突出、作风过硬的高素质企业管理者队伍。实施院士培养推进计划，实行科技带头人与技能带头人制度，建立了一支规模适度、结构合理、素质优良的科技与技能人才队伍。共成功引进海外高层次人才110多名，累计17人入选国家“千人计划”，其中汽车领域11人，居行业首位。重视为科技人才营造成长、创业的良好氛围，建立激励和约束相结合的薪酬分配体系，实行高级管理人员年薪制，大幅提高科技人员工资水平，职工收入逐年稳步提高。通过实施具有集团特色的人才战略，科学发展的内驱力极大增强。

以精益管理为指导，推进企业战略管理能力和水平不断提升。全面推行精益管理，构建以消除浪费和降本增效为目标、以绩效持续改善为核心、以全员参与为基础的精益管理体系。实施成本领先行动计划和面向成本的设计管理，成本竞争优势和企业精益管理水平不断升级。大力推进基层星级精益班组建设，着力推进精益生产和精益管理。目前，精益思想融入企业生产经营的每一个环节、每一个岗位，成为广大干部职工的思维方式与行为准则，以关注顾客、全员参与、杜绝浪费、创造价值、持续改进、追求卓越为特征的精益文化逐步形成，成为推动集团加快转型升级的内在动力。坚持产品质量至上，“每一支枪、一发弹都坚决做成精品”成为集团一贯坚持的质量准则；生产优质产品，成为矢志不渝的追求。

以着力提高党建科学化水平为法宝，形成企业发展的独特战略优势。始终坚持企业发展与党建工作的有机融和，努力把政治优势转化为竞争优势、发展优势。高度重视党组自身建设，着力提升战略决策能力、经营管理能力、抓班子带队伍能力。把社会主义核心价值理念转化成员工好理解、好执行的企业语言，内化为广大干部职工的精神追求。不断创新基层党建工作，积极推行“党员责任区”、“党员先锋岗”；坚持典型引路抓党建，把一大批鲜活的典型转化为推动企业发展的巨大力量。坚持以制度规范权力运行，努力为企业发展营造风清气正劲足的良好氛围。

以调整升级为抓手，在战略转型中推动企业持续发展。调整发展方式，由速度规模型向质量效益型转变，由外延式增长向内涵式发展转变，由要素驱动向创新驱动转变。调整产业产品结构，着力发展高附加值、高技术含量的战略产品、盈利产品和特色优势产品。调整科技创新体系，围绕制约发展的关键技术开展重点攻关，加快实现由分散科研向集智攻关转变、由仿研跟踪向自主创新转变。全面打造制度化、标准化、流程化的管理体系，实现由粗放管理向精细管理、传统管理向现代管理跃升。创新营销模式，由国内市场为主向国内国际市场协调发展转变。坚持精干高效、运行有序，压缩管理层级，优化员工队伍。调整分配机制，实施全员绩效管理，构建科学合理的薪酬制度。

三、实施战略引领需要遵循的原则

总结集团公司实施战略管理的发展历程，我们深切感到：战略管理能力决定企业命脉。正确战略的制定与实施涉及企业的方方面面，关乎企业的兴衰成败。其中把握“五个根本”至关重要。

始终把解放思想作为谋划战略的根本前提。解放思想是推动科学发展的第一动力，只有不断解放思想，与时俱进，始终站在时代前沿，准确把握发展大势，掌握先进理论，不断更新观念，才能确保战略谋划的前瞻性，确保战略的科学性、指导性、权威性；只有坚持解放思想，敢闯敢试，善于打破常规和积习，才能不断破解发展难题，实现企业快速崛起。

始终把立足全球化竞争作为制定战略的根本取向。当今世界，经济全球化日益深入，国内竞争国际化、国际竞争国内化特征更加突显。企业是全球化竞争的主体，世界范围的竞争是企业竞争的主战场。只有立足全球竞争，充分利用国际国内两种资源、两个市场，瞄准世界先进水平制定发展战略，既积极参与国际竞争，又广泛开展国际合作，才能在全球化浪潮中不断提升综合实力，把握发展的主动权。

始终把中央的大政方针作为完善战略的根本遵循。在实施战略管理过程中，必须不断提升战略思维能力，善于把党和国家的大政方针落实到企业改革发展的每一环节。要始终依托国家战略制定企业战略，自觉把企业战略融入国家发展大局，自觉服从、服务于人民的根本利益，牢牢把握企业改革发展的正确方向。

始终把推动科学发展作为战略实施的根本目的。推动科学发展是企业可持续增长的基本保证，是抓住机遇，赢得挑战的关键。必须准确把握宏观经济运行与企业发展的客观规律，把科学发展的要求落实于企业战略之中，坚持创新驱动发展战略，在提高企业自主创新能力和核心竞争力上下苦功，推动企业在科学发展中实现新的跨越。

始终把强化执行力作为战略实施的根本保障。战略决定命运，执行决定成败。在战略实施中，必须坚持实事求是原则，真抓实干、求真务实，大力提倡攻坚克难、永不言败的拼搏精神，始终保持坚定的信心和高昂的斗志，把提升和锻造执行力作为企业管理的基本功，使坚强的执行力成为推动企业蓬勃发展的有力保障。

（作者：中国兵器装备集团公司董事长、党组书记）

抓好学习型党组织建设 着力做大做强国有企业

王社平

冀中能源集团自2008年6月成立以来，深入贯彻落实科学发展观，高度重视党的建设，切实增强企业党组织的政治核心作用。特别是把建设学习型党组织活动同企业文化建设、生产经营结合起来，形成了重视学习、崇尚学习、善于学习的良好氛围，呈现出学习工作化、工作学习化的喜人局面，有力地提高了员工的素质，推动了企业的科学发展。4年来，集团的煤炭产量从3500万吨达到亿吨，煤炭产量、资产总额、销售收入、利税等指标连续4年位居河北省属企业首位，2011年跨入世界500强企业，走上了又好又快的发展道路。

一、以学习型党组织建设为龙头，积极建设学习型企业

党的十七届四中全会提出建设马克思主义学习型政党的重大战略任务，强调把建设学习型党组织作为基础工程，这是我们党顺应时代潮流而采取的新举措，是提高党的执政能力、永葆党的先进性的重要保证。我们在学习贯彻全会精神中，深切地体会到，当今世界科学技术日新月异和各种文化知识不断更新，迫切需要我们学习、学习、再学习，不断充实新知识，主动适应新形势。不加强学习，就会落伍。一个人是这样，一个国家、一个政党、一个企业也是这样。因此，我们扎实推进学习型党组织建设，并以此带动学习型企业建设。

冀中能源集团党委下属11个子公司党委、108个基层党委、55个党总支、1356个党支部，25783名党员。我们在推进学习型党组织建设中，按照中央和河北省委的部署，结合实际，制定了《推进学习型党组织建设的实施意见》，努力使每一个党组织都认真履行组织党员学习的职责，使各级领导班子成为学习型领导班子，使各级党组织成为党员干部学习新知识、增长新本领的大学校。我们大力提倡主动学习、全员学习、终身学习的新理念，要求各级领导干部做到带头学习、带头作辅导、带头讲党课、带头到基层调研、带头写学习体会。我们注重改进学习方式方法，逐步探索形成了团队学习、专题学习、调研学习、研讨式学习、反思式学习、共享式学习、开放式学习、对标式学习、观摩式学习、自助式学习等10项学习载体，通过不断整合企业党校、党员"三会一课"等学习培训资源，构筑起基础厚、覆盖广、多元化的学习平台，最大限度地满足党员干部的学习需求。在企业内部网上设立了学习型党组织建设网页，及时报道全集团学习型党组织建设的情况。同时，通过建设学习型党组织来引领和推动学习型企业建设，着力把学习向广度推进，为不同群体打造便捷的学习平台，组织全员学习，让学习成为各级党组织和党员干部的鲜明品格，成为全体员工的自觉行动。

二、紧密联系实际，把学习同思想建设、提高能力、发展生产有机结合起来

在推进学习型党组织建设中，我们发扬理论联系实际的学风，自觉用发展着的马克思主义武装头脑、指导实践、推动工作。坚持学习同思想建设相结合，把提高各级党组织的思想政治水平和党员干部的思想道德素养作为学习型党组织建设的基本目标，在强化党员理想信念

和党性修养上下功夫。自觉学习实践科学发展观，坚持解放思想、更新观念，不断夯实党员意识的思想理论基础，坚定中国特色社会主义信念，坚持中国特色社会主义道路、理论体系和制度不动摇。自觉学习践行社会主义核心价值体系，身体力行学雷锋、树新风，始终坚守共产党人的精神家园。同时，把学习落实到增强每个党员的发展本领上。引导党员依据发展的要求学习新知识、优化知识结构，不断开阔眼界、提高能力，成为各自岗位上的骨干，使广大党员平常时候看得出来、关键时刻冲得上来，奋力完成党组织交给的各项任务。

坚持学习同发展生产相结合，把科学发展、建设国际化现代化一流强企作为学习型党组织建设的主要目标，用学习型党组织建设来推动企业的科学发展，用企业的科学发展来检验学习型党组织建设的成果。近年来，我们紧紧围绕中央提出的以科学发展为主题、以加快转变经济发展方式为主线来开展学习。每年组织两次领导干部集中调研月活动，扎实开展调查研究，在实践中查找症结、理清思路、破解难题，使学以致用、学用结合真正落到实处，见到实效。通过学习和调研，我们在转方式中调整思路，在调结构中突出重点，依托科技创新、实现绿色发展，突出质量效益、实现转型发展，坚持以人为本、实现和谐发展，着力解决企业的发展模式问题，适应不断变化的形势发展，促进了冀中能源集团由外延增长向内涵与外延并重转变，由要素驱动向创新驱动转变，由单纯增长向全面进步转变，全面提升企业发展质量，有力地推动企业稳中求进、优中求快、科学发展。

三、建立长效机制，用制度创新确保学习型党组织建设

开展学习型党组织建设，既要以科学理论为指导、以科学方法来推进，更要以科学制度作保障。科学有效的学习制度具有导向、教育、规范、激励功能。只有建章立制，不断创新制度，才能持续激发党员和党组织思学、尚学、勤学的内在动力，才能形成学习型党组织建设的长效机制。因此，我们把制度建设作为建设学习型党组织的基础环节，在建立制度、完善制度、执行制度上下功夫，把学习的“软任务”变成“硬约束”。在总结经验、深入调研的基础上，我们建立了一套科学规范、运行顺畅的学习型党组织创建标准和评价体系，细化并明确了集团党委、子公司党委、矿处级党委、党支部四级党组织具体的评价指标体系。这套评价体系内容包括组织领导、学习体系、保障机制、绩效评价四个一级指标不同标准的二级指标和三级指标及具体达标项目，进一步明确学习教育的时间、内容、目标、责任以及相关的考勤、交流、通报等要求，比较全面地反映和评价学习型党组织创建水平。通过制定相对量化、可操作的评价标准规范了全集团的创建工作，使建设学习型党组织工作不断向纵深发展。作为指导和检验创建工作成果的评价体系，既对建设学习型党组织工作各项任务、目标提出了明确要求，也为考量创建工作总体质量和水平提供了详尽的标准，是学习型党组织建设工作成效的“试金石”、程度的“测速器”和问题的“矫正仪”。通过评价体系，可以有效地查找不足、弥补缺憾，保证学习型党组织创建工作始终在健康的轨道上运行，不断推进党员干部学习教育的科学化、制度化、规范化。

建设学习型党组织，是一项复杂的系统工程，又是一项长期的历史任务。在全面建设小康社会的新征程中，我们需要再接再厉、乘势而上，继续保持和发展学习型党组织建设的良好态势，不断提高学习力和创造力，使学习型党组织建设始终与时代发展同步，谱写科学发展的新篇章。

（作者：冀中能源集团董事长、党委书记）

党委在国有企业内部监督中应起主导作用

范国荣

国有企业党委是执政党在企业的基层组织,充分发挥国有企业党委的政治核心作用,有利于促进国有经济的发展,有利于加强党的执政能力建设。《党章》明确规定:“国有企业和集体企业中党的基层组织,发挥政治核心作用,围绕企业生产经营开展工作。保证监督党和国家的方针、政策在本企业的贯彻执行。”目前,国有企业党委的监督地位和监督职责不明确、监督渠道不畅、监督作用不明显。要解决上述问题,企业党组织必须在以下三个方面作出努力。

一、增强党委和党员的监督意识

1. 弄清“四个区别”。一是要弄清“党要管党”和“党只管党”的区别。党的十三大《党章》把“企业党委领导本单位工作”改为“企业党委发挥保证监督作用”。党的十四大以后,正式明确国有企业党委发挥政治核心作用和保证监督作用,并写入新党章。对于如何发挥上述两个作用,部分党委和党员陷入“党只管党”的误区,以为党组织只要抓好“三会一课”,党员只要处处以身作则就可以了。这些同志把党委参与重大问题决策,理解为党支部、党员无权参与决策;把党委不领导企业日常工作,理解为党委不过问企业日常工作。增强监督意识,对“党要管党”的理解就不能停留在“党只管党”的层面。企业党的活动必须以企业为载体,以企业的生产经营为中心,企业党委和党员必须主动参与企业生产经营活动,在企业活动中发挥积极作用。二是要弄清党委监督与公司监督之间的区别。党委监督的依据是《党章》和党中央的文件,公司监督的依据是《公司法》。虽然党委监督不是公司法人治理结构和行政管理体制中的一个环节,但在国有企业的实际运作过程中,党委参与重大问题决策并行使保证监督职责又是必不可少的一个环节。既不能以党委监督取代公司监督,也不能以公司监督排斥党委监督。处理好两种监督之间的关系,有赖于党委和行政领导班子一班人清醒认识两种监督之间的相互关系。三是要弄清党的组织原则与法人治理结构的区别。党内开展相关活动应严格遵循民主集中制原则,并形成党的统一意志,然后通过党员的个人行为,在法人治理结构的框架内发挥各自的作用。各个岗位的共产党员,通过履行各自的岗位职责,把党的意志贯彻到企业生产经营活动中。这是新形势下符合《党章》和《公司法》要求的有效活动方式。四是要弄清员工身份与党员身份的区别。党员员工要依法依规履行员工职责,还要牢记自己的党员身份。在履行员工职责的同时,必须维护党和国家的利益,维护广大人民群众的利益。

2. 监督意识的内容。一是政治领导意识。党委对国有企业的政治责任主要通过对党员干部实施组织领导和对群众团体实施政治领导予以实现。二是宏观规划意识。党委要管全局、抓重点、议大事,善于从政治高度思考企业的发展和其他重大问题。三是依法行事意识。党委要熟练掌握和应用规范企业运行的法律法规和企业章程,依法行使党委的保证监督职责。四是敢于负责意识。党委和党员要把保护国有资产和员工合法权益作为自己义不容辞的职责。

二、确立党委在企业内部监督中的政治核心地位

国有企业党委政治核心作用主要包括两个

方面的职责，一是党管干部；二是参与重大问题决策。坚持党管干部原则，是党委发挥政治核心作用的重要内容和保证。参与重大问题决策，是党委发挥政治核心作用的基本途径。随着社会主义市场经济体制和现代企业制度的建立，党委具体行使党管干部和参与重大问题决策的方法要改进，但精神实质不能有丝毫变化。党委政治核心作用的精神实质是：坚决贯彻党中央的各项决策，发挥好政治上的保证监督作用；确保国有资产保值增值，发挥好经济上的保证监督作用。切实履行保证监督职能，是党章赋予国有企业党组织的重要职责。

国有企业党委是企业内各监督主体的政治核心。中国共产党是最广大人民根本利益的代表，确保国有资产的安全、维护人民大众的利益，是各级党组织义不容辞的职责。根据《党章》和《公司法》的规定，国有独资和国有控股公司党委的保证监督职能，主要通过党内活动的方式来行使。根据党的民主集中制原则，党委在国有企业监督主体中的政治核心作用，主要是通过对各监督主体中的党员实施政治领导予以实现的。

为了进一步确立党委在内部监督中的政治领导地位，当前迫切需要解决如下三个问题：

1. 党委书记兼董事长应该成为强制规定。党的十五大明确提出党委书记兼董事长，这也是1997年《中共中央关于进一步加强和改进国有企业党的建设工作的通知》的重要内容。党的十七届四中全会《决定》继续强调：符合条件的国有企业党组织书记，可以通过法定程序担任企业董事长。经过多年实践，时至今日，“不具备条件”的企业党委书记已经越来越少。应逐步建立党委书记兼董事长的模式，与此相适应，董事会成员符合条件的，应进入党委会。党委会按照党内议事规则讨论企业的重大问题，统一党委委员的思想，然后通过党委委员董事或党员董事，把党的旨意带到董事会。

国有企业有强大的党的组织基础，有优秀的思想文化传统和优良的人力资源和组织资源。党委书记兼董事长可以强化国有企业党建基础，有利于形成国有企业党的先进性建设的长效机制。

2. 党委应改进对职代会和工会的领导，加强对党员的管理。当前企业内存在的主要问题是：党委对职代会和工会的领导跟不上《劳动法》、《工会法》等国家法律对市场主体的新要求和员工对民主管理提出的新要求；在企业管理日趋规范的新形势下，党委对党员和党员干部的管理力度不够，对党员干部的个人行为缺少干预的方法。这些问题不解决，不利于加强党委对国有企业的思想政治领导，不利于发挥党委的政治核心作用。

企业的降本增益原则与员工的维权原则有时会发生矛盾。但是，在遵守法律和维护企业利益方面，公司与员工的追求又是一致的。这种既矛盾又一致的关系，唯有党组织才能协调好。党委必须加强对市场经济相关法律的研究，改进对职代会和工会的领导方式，维护职代会的权威，支持工会依法维护员工的合法权益，保护维权工会干部不受歧视。党委要组织行政管理者认真学习《劳动法》、《工会法》和相关法律法规，教育行政管理者自觉遵守国家法律，自觉接受职代会和工会的监督。

对党员和党员干部的管理，不仅包括组织管理和思想教育，发挥党员先锋模范作用，更重要的是发挥好党组织的战斗堡垒作用和党员对国有资产的保护监管作用。对此，党委应有一套新的党员管理方法，对党员的先进性和先锋模范作用作出新的阐释。

3. 应提高纪委的工作层次。不少企业都是纪委、监察、审计三位一体，合署办公，在日常党务活动中，纪委的职能与作用不明显。提高纪委工作层次，从组织上讲，纪委书记应由党委副书记兼任；从体制上讲，纪委书记应是监事会成员，至少担任监事会副主席；从职能上讲，除履行好原有的党风廉政、查办案件和效能监察等职能以外，还应把党员和党员干部是否按党委的要求，在公司法人治理结构内切实履行好各自的职责,作为监督和检查的重点。提高纪委的工作层次,不但拓展了纪委在国有企业的工作领域,还能更好地发挥纪委的监督作用。

三、明确党员在企业内部监督中的具体职责

为进一步发挥党员在企业内部监督中的作用,必须明确党员在国有企业内部监督中的如下职责:

1. 党员应积极参与企业管理活动。党员分布在国有企业的各个岗位,有条件参与企业管理,有义务在企业管理中发挥先锋模范作用。国有企业已经创造了很多党组织和党员参与企业管理活动的好方式。为深化党员参与企业管理活动,必须在两个方面下功夫:一是加强对党员履行岗位职责情况的考核;二是加强对党员参加企业管理活动情况的考核。前者是对普通员工的基本要求,后者是对党员员工的特殊要求,是对党员先锋模范作用要求的具体化。要对党员参与改进企业管理活动的成绩进行量化,以此作为党员先进性评价的依据。

2. 党员应加强对领导干部的监督。党员通过正常的党内民主生活对企业内的党员干部进行监督,是《党章》和《党内监督条例》赋予党员的权利。这种监督与法人治理结构规定的监督体制和员工行使民主管理的权利相辅相成。党员对党员干部的监督更具强制性和有效性。当前企业存在的主要问题是,强调了监事会监督和职代会监督,忽视了党内监督;强调了纪检监察审计的部门监督,忽视了党员监督,企业的党内监督还没有形成一套章程。

为了更好地发挥党内监督在国有企业内部监督中的积极作用,首先,要形成一套国有企业党内监督条例,这个条例既要有保护国有资产的内容,也要有监督领导干部个人行为的内容,更要有党员监督党组织、下级组织监督上级组织能否依法履行监督国有企业内部运行情况的内容。其次,要严格党内民主生活会制度,定期定时开好党内民主生活会,企业管理、企业决策、国有资产的安全和管理层党员的职务行为,应作为民主生活会的经常性内容。第三,要坚持开展党员评议活动,重点做好党员对党员干部的评议工作。评议是监督的一种重要形式,是对领导干部实施党内制约的重要环节。领导干部的决策行为和廉洁自律情况应该是党员评议的重点。

3. 党员应当好国有资产的监督员。党委监督的特殊性决定了党员担任监督员的重要性。如果没有广大党员对国有企业资产安全性的监督,党委监督就成了无本之木。由于党支部、党小组和党员分布在企业的各个部门、各个岗位,党员有条件掌握本部门、本岗位和相关岗位国有资产的运作情况,有责任通过党内组织渠道报告有损国有资产安全的信息,帮助党组织履行好保证监督职责。

党员监督是党委监督的组织基础和信息支撑,是新时期党员先锋模范作用高层次的体现。为了有效发挥党员的监督作用,有必要建立党内监督员制度、监督员定期报告制度和党组织定期讨论本单位重大生产经营问题的制度。纪委应该是党内监督员的主管部门,是党内监督员信息汇总和处理的工作机构。

《党内监督条例》是指导国有企业党委履行监督职能的基础性文件。党委如何在国有企业发挥政治核心和保证监督作用,各企业党组织探索了不少好的经验和做法,中央有关部门也认可并推广了不少案例,但还没有形成制度性的规定,这增加了企业党组织的工作难度,制约了党委作用的发挥。同时,由于股份制是公有制的主要实现形式,股份制企业法制化建设日趋成熟,广义的国有和国有控股企业日渐增多,国有企业党的建设的任务更艰巨,新的问题会更多,切实发挥好党委在国有企业内部监督中的主导作用,还有待于国有企业党组织和党员进一步的实践和探索。

(作者:华东理工大学人文科学研究院博士)

网络文化背景下加强企业文化建设的思考与实践

张华东

我们正在被一场前所未有的文化风暴所席卷，这就是基于互联网的网络文化，在这里我们人人都是通讯社、人人都是通讯员、人人都是评论员，毋庸置疑网络文化对整个社会都产生了巨大而深远的影响。新形势下，如何正确认识网络文化给企业带来的影响，深入研究在网络文化背景下如何开展企业文化建设是我们当前面临的一个重要课题。

南京证券有限责任公司1990年10月24日经中国人民银行批准设立，是江苏省第一家专业证券公司，全国首批规范类证券公司和创新试点类证券公司。自成立以来，实现年均证券交易量增长60.23%，年均利润增长28.22%，年均股东回报率13.74%，成为全国证券行业唯一一家自成立22年来从未亏损、持续盈利、稳定回报的优质证券公司。先后荣获证券行业首家"全国文明单位"，"江苏省文明单位标兵"、"江苏省国有企业四好领导班子先进集体"、"江苏省五一劳动奖状"、"江苏省先进基层党组织"等荣誉称号。成绩的取得与南京证券坚持不懈、与时俱进抓企业文化建设和思想政治工作是密不可分的。

一、网络文化的特点

网络文化是一种全新的文化表达形态，它建立在计算机、信息网络和网络经济基础之上，是人们在互联网上进行工作、学习、交往、沟通、休闲、娱乐等活动时所反映的价值观念和社会心态等方面的总称，是人类传统文化、传统道德的延伸和多样化的展现。

（一）形式开放。互联网是一个全球性的开放系统，没有国界和地界，你可以在任何一台接入互联网的计算机终端上了解世界各地发生的事件和信息，也可以参与任何一个话题的讨论并发表自己的见解，任何人都能随时随地参与其中，共享网络带来的各种便捷服务。

（二）传播迅速。互联网是目前世界最快速的"信息高速公路"，各种信息在这条"路"上被传播、被浏览、被吸收，其传播速度之快、传递信息之新，是电视、广播、报纸等传统媒介所无法超越的。它既不受时空的限制，也不受国界的限制，任何一条信息都能够以光速瞬间到达网络世界的每个角落，可以被成千上万的网民下载浏览。

（三）内容多样。网络已把报纸、期刊、书籍、广播、电视、影音等所有的优点、长处和功能都集于一身，包罗万象。精英文化、前卫文化、现实文化、宗教文化、消极文化、色情文化、暴力文化等多元文化在此共存共融。网上图书馆、网上影院、网上音乐、网上购物等现在已经不是什么新鲜事情，可以说现在的网络文化是无处不在、无孔不入、无所不有、无所不能。

（四）参与者众。网络文化门槛低、限制少，人人都能浏览网络信息，人人都能参与交流互动。据统计，目前中国网民人数已经突破5亿，并且这支网络文化大军每年还以10%—20%的速度增长。如此规模庞大的网络文化大军，无论是在虚拟的网络世界还是在真实世界中，其作用都不容小视。

二、网络文化对企业文化建设的影响

网络的迅猛发展，为我们的工作和生活带

来许多便利，日益成为我们传递信息、获取知识、交流思想的重要途径。但其缺点与优点一样明显，在这里优秀文化和劣质文化、先进思想和落后思想、高素质网民和低素质网民共存，各种思潮、言论在此汇聚，对企业员工的思想观念和价值观念形成巨大的冲击，对企业文化建设和思想政治工作提出了更高的要求。

（一）网络文化导致企业职工思想自由化。在网络这个虚拟的空间里，人们可以开设博客、播客等个人空间，可以在各种形式的论坛上畅所欲言，可以在各种即时通讯工具上传播各类信息，在进行这些行为时都无需表明自己的真实身份，这种隐匿性直接导致网络言论不像现实社会中那样受约束、受监督，各种不良思想和价值观甚嚣尘上。目前南京证券职工中，100%的职工拥有QQ等即时聊天工具，有80%的职工拥有博客等各类个人网络空间，有75%的职工经常登录各类论坛，发表帖子参与相关讨论。企业职工思想上的自由化，给企业文化建设和思想政治工作开展带来了严峻挑战，提出了新的课题。

（二）网络文化引起企业职工诉求多样化。在网络文化大潮的影响下，企业职工针对企业、集体以及个人利益诉求正发生着天翻地覆的变化。通过对其他企业案例的比较，企业职工开始更多关注企业的发展愿景和规划，关注个人的职业生涯设计，关注企业相关制度的合理性和公平性，关注自己团队的凝聚力、向心力和战斗力，关注企业发展中存在的难点和热点问题等，呈现出多样化的态势。最近，在公司开展的思想政治工作问卷调查中，当回答“您目前最关心的问题”时，有38%的职工关心企业的发展，有24%的职工关心个人发展，有20%的职工关心家庭幸福，有18%的职工关心身心健康。

（三）网络文化使得企业外部环境复杂化。企业发展外部环境包括企业的投资环境、市场环境、金融环境、技术环境等，这是企业发展所依赖的硬环境，影响着企业的短期效益和生存。此外，还有社会评价、社会信誉等人为因素控制的软环境，对企业的发展则有着潜在而深刻的影响，对于金融服务行业来说尤为重要。由于网络的开放性和快捷性，一条负面的甚至是虚假的新闻、一条恶意的评价等都会给企业经营管理带来严重干扰和影响，甚至会导致经营良好的企业毁于一旦，这对企业和职工的言行、对企业文化建设和思想政治工作等都提出了更高的要求。

（四）网络文化要求企业思想政治工作综合化。网络改变了人们创造、传播、接受文化的方式，也使网民具有极大的自主性，具体接收什么、生产什么、传播什么，完全掌握在他们手中。如果我们对网络文化的特点及网络对社会生活的影响认识不足，对网络带给思想政治工作的新课题、新机遇研究不够，对开辟和占领网络阵地的紧迫感不强，从而导致开展思想政治工作形式不新、内容不精、手段不多、阵地不牢，对职工的教育引导不够、关心关注不够，必将在网络文化的冲击下一败涂地。如何有效地引导职工对各类复杂问题进行理性思考，使他们清楚地知道自己能做什么、该做什么；如何做好职工思想的引导者、心理的疏导者和政治的把关者，是我们在网络文化环境下开展企业文化建设和思想政治工作首要考虑的问题。

三、网络文化背景下企业文化建设的思考与实践

（一）抓好一个根本。要让职工保持坚定的信念，首先要有千变万变坚持抓学习教育这个根本不变的决心，切实做好职工思想政治教育，帮助职工树立正确的世界观、人生观和价值观，沉着冷静对待扑面而来的网络文化，做到不制造、不接受、不传播劣质网络文化。我们充分认识到，一个有前途的企业，一个有作为的班子，一个会办事的领导，一定不会在网络文化冲击面前无所作为，一定不会消极对待网络文化，一定不会被动接受网络文化。只要我们敢于直面现实、积极应对，一定能够掌握在网络文化背景下开展企业文化建设和思想政治工作的主动权。南京证

券目前职工平均年龄35岁,40岁以下职工占81%,拥有硕士、博士学历的职工占20%以上,这样一支年轻化、高学历的职工队伍,对新事物、新言论接受得比较快,更容易受网络上各种新思潮的影响,需要对他们进行正确的教育和引导才能消除不良网络文化所造成的影响。公司始终把职工的学习教育放在重要位置,坚持"政治引领、思想领先、教育为本、内外兼修"的原则,运用网络等技术手段,在公司网站开辟企业文化、工团组织、中心组学习、职工园地等栏目,并要求全体中层以上干部全部参加南京市干部在线学习,十三年如一日从未间断。

(二)筑好一座堡垒。"基础不牢,地动山摇"。在网络文化迅猛发展的今天,我们更要以不变应万变,做到千变万变坚持抓基础不变,充分发挥基层党组织战斗堡垒、工会主力军、共青团突击队和女工"半边天"固有作用,深入职工群众之中,做职工群众的知心人,做网络民意的疏导者,做职工利益的保护者。南京证券64家分支机构遍布全国各地,如果没有一个统一的标准,管理起来就有点鞭长莫及。长期以来,公司一直坚持党、政、工、团齐抓共管的大政工格局,目前在机关部门和各分支机构设立有59个基层党支部,62个分工会、62个女工小组和54个团支部,党员占职工总数的33.9%,团员占群众总数的46.12%,为企业文化建设和思想政治工作开展开辟了畅通的渠道,为企业经营发展奠定了坚实的组织基础。2010年3月29日,中组部在《全国基层组织建设工作情况通报》第3期上以《南京证券以党建"软实力"催生企业发展"硬实力"》为题,刊文介绍公司党建工作情况。2010年12月16日、2012年5月11日、2012年6月28日《中央深入开展创先争优活动简报》第643期、第2208期和第2321期上分别以《南京证券公司以创先争优促健康发展》、《创优质为民服务树一流券商形象——南京证券深入开展为民服务创先争优》、《南京证券实施"三四五"工作法推动基层组织建设年工作落实》为题,刊文推广公司创先争优活动经验。

(三)守好一片阵地。网络环境下,企业文化建设和思想政治工作也应该积极占领网络这个主阵地,以"网络"对"网络",开通"领导信箱"、"网上论坛"、"网上问答"、"网上评论"等途径,开设"网上学堂"、"学习交流"、"典型示范"等专栏,在网上开辟学习教育的"主阵地",搭起思想交流的"连心桥",彻底改变传统思想政治工作灌输式、训导式的教育方式,使思想政治工作既有"面对面"的真实交流,也有"网对网"的虚拟交流,形成虚实结合、真抓真学、良性互动、成效显著的良好氛围。目前南京证券已经建立起公司官网、党建专网、QQ群、OA办公系统、网上交易系统、金罗盘、金色阳光、证券微博等基于网络的信息传播渠道和服务手段,在企业经营管理工作和思想政治工作中起着重要的作用。

(四)建好一套体系。一是要培养一支既懂思想政治工作又懂网络技术、熟悉网络文化特点的综合管理队伍,使他们深入了解网络文化特征,及时解决网络传播中出现的问题,准备优秀的学习教育资源,通过网络使思想政治工作更生动形象,更具有吸引力和感染力。二是要创新一套工作方法。充分利用互联网快捷、生动、开放、互动等特点,在网络上开展各种类型的文化、心理调查,建立网上论坛,开设理想信念、社会道德等主流板块,通过有效的载体和丰富多彩的活动,使职工树立起正确的网络价值观。三是要建立一套管理制度。结合企业思想政治工作和网络文化实际,建立网络信息管理制度、网络教育工作制度、网络舆情实时监控制度、新闻发言人制度等。目前南京证券建立了"信息收集员、新闻发言人、公司领导"三级网络舆情应急体系,安排专人每天负责收集网络等媒体上与公司相关的信息,经过初步处理和整理提交公司新闻发言人,特别重大的信息随时提交公司领导处理。

(作者:南京证券有限责任公司党委书记、董事长)

夯实三个建设　增强三个动力

袁江雅

湖南衡桂高速公路建设开发有限公司(以下简称"衡桂公司")在工程建设管理实践中，不断夯实学习型企业建设、干部作风建设和企业文化建设，着力增强创新动力、执行动力和精神动力，有效提升了企业的内在品质、管理水平与队伍素质，打造了湖南高速的衡桂速度、衡桂质量与衡桂模式。

夯实学习型企业建设，提升公司发展的创新动力

衡桂高速是京港澳国家高速公路复线湖南境内的重要一段，公司作为这项重点工程的承担者，面临着施工时间紧、建设任务重、资金压力大、工程质量要求高等难题。要从根本上克服困难，提升公司攻坚克难的建设水平，就必须提升公司的管理创新能力，抓好企业学习型组织建设，这既是提高公司内涵发展的根本要求，也是提高员工思想素质与管理水平的有效手段。为此，公司按照学习型组织建设的"三个要求"，努力创建并形成学习型企业。首先，按照"理论武装"的要求，号召员工学习"看实际、重实效"，注重将理论学习与生产实践相结合，用所学思想理论有机融入工程实践、解决现实难题。引导员工从根本上端正学习态度，自主自觉地将学习上的成长与工程的需要结合在一起，克服学习中理论与实践脱节的"两张皮"现象。其次，按照"把握规律"的要求，加强对国际国内形势、高速公路建设及内部管理实际情况的调研，深入查找有关员工思想动态、工程质量安全控制、公司项目管理、风险防范、投资控制、生产效率、路地矛盾协调等问题，不断寻求解决的思路与方法，积极探索实践经验。再次，按照"富于创新"的要求，鼓励员工在学习基础上，大胆研究新技术、新工艺，通过流程再造、技术革新等方式实现管理创新，制定科学的建设发展规划。同时，为提高员工理论学习的深度，公司聘请省委党校教授等知名学者前来讲学，并与长沙理工大学合作，开展以"提素质、强队伍、树品牌"为目标的思想政治工作课题研究。为迅速提高青年员工的业务能力，大力培养青年骨干队伍，公司建立了青年员工学习成长的"导师培养制"，即新进员工和业务骨干结对成师徒关系，同时签订《青年员工导师培养目标责任书》。2009年以来，公司通过实行"导师培养制"，以传帮带的形式，使青年技术人员迅速成长，企业工程创新能力大幅提升。公司先后完成了软土路基差异沉降、软土路基处治与稳定性、重载交通高强耐久性路面结构研究以及彩色陶瓷减速标线材料、基于3G的交通无线监控系统等多项创新性研究。各合同段也踊跃采用"工艺创新"改善工程质量，为项目建设增添了技术"含金量"。第七合同段全体工程技术人员通过攻关，创造出"碎石改良"方法，一举攻克了红粘土土质遇水后强度降低的难题。

夯实员工作风建设，增强公司发展的执行动力

强化公司建设管理的作风建设，切实增强干部员工廉洁奉公和爱岗敬业的思想意识，是确保工程优质、高效完成的基本保障，也是确保国家工程和资金安全的重要保障。高速公路建设过程中，大量资金和物资频繁流动，其中交杂着各种复杂的经济关系，如果我们的管理者思想作风不过硬、廉政意识不强，就会落入非法利

益的陷阱,最终导致违法违纪现象的发生。基于此,公司将作风建设摆在突出位置,明确提出:“修建一条经得起历史检验、人民检验的高速公路;打造一个廉明、团结、坚强的领导班子;塑造一支可靠、能战、有为的高速公路建设管理队伍。”

1. 将树立作风典型和警示教育相结合。通过开展“我身边的优秀党员”、“我身边的优秀干部”评选活动,发掘和大力宣传干部职工身边的先进人物和先进事迹,发挥典型的示范带动作用。同时,通过组织观看警示教育片等形式,开展警示教育,警钟长鸣、利剑高悬。

2. 将力戒“三风”和力行“三风”相结合。倡导干部员工一是力戒“飘浮风”,力行“一线风”。戒除工作不深入、不扎实,停留在会议上、文件上、通知上的飘浮作风,坚持深入一线的作风,做到发现问题在一线、解决问题在一线、落实工作在一线、促进建设在一线。二是力戒“功利风”,力行“务实风”。戒除狭隘的追求功利、彰显政绩的风气,倡导科学务实作风,既讲效率、讲成绩,又尊重科学、遵循规律。三是力戒“冷漠风”,力行“关爱风”。要求干部戒除对员工、工人、建设承包方的冷漠作风,倡导关爱之风。要求干部主动到员工中走访,思员工所忧,急员工所需,切实关心员工的思想动态和心理需求,提高员工的组织归属感和主人翁意识。

3. 将思想教育与制度约束相结合。公司既重视通过规范的制度体系有效约束员工行为,又注重通过深入的思想政治工作将制度规范内化为员工的行为自觉。为加强质量监督,公司的工程技术人员创造了连续步行 18 天“挑刺”的记录;十一合同段在桥梁施工自查过程中,发现有两根墩柱有质量问题,当时有人认为问题并不大,不会对工程安全产生大的影响。面对这种情况,项目部召开紧急会议,统一认识:千里之堤,溃于蚁穴,在桥梁工程建设上,安全质量这条底线不能心存半点侥幸,在质量上不能有半点含糊,不存在“可能”、“也许”,该返工的必须返工,该拆除的必须拆除!正是本着高度的责任感和高标准的质量要求,衡桂公司从领导干部到一线员工才敢于作出“修建一条经得起历史检验、人民检验的高速公路”的承诺,才能够打造出“衡桂质量”。

夯实企业文化建设,培育公司发展的精神动力

首先,以先进管理理念培养员工的精神凝聚力。在积极建构符合企业精神特质的管理理念时,衡桂公司考虑到普通员工的接受力与理解力,着重奠定员工的认识基础;注重将企业的追求与员工的发展结合起来,着重奠定员工的认同基础;注重将思想政治工作与丰富多彩的企业文化建设活动相结合,以增强企业精神理念对职工的渗透力,成为提升员工精神凝聚力的依托。为此,公司将“团结协作、精益求精、勤俭节约、务实创新”作为公司精神,将“和谐、敬业”作为团队氛围追求,将“优质、环保、安全、经济”作为管理目标。

其次,以科学的制度文化培养员工的精神自制力。公司创建一整套科学的管理制度,并强化制度文化的熏陶,使员工主动为自己的行为设置原则和边界,做到自制自律,自觉克制自己的不洁不良行为,使一些投机取巧、打擦边球的负面心理动机与腐败潜意识的思想根基得到遏制或消解。

再次,以有效的激励文化培养员工的精神创造力。公司注重精神激励与物质激励的协调与平衡,运用激励制度与竞争文化,真正重用并奖励贡献者、激励后进者、督促不为者,不断激发员工为企业发展持续创造价值的积极性,培养在工作中勇于吃苦、甘于奉献、乐于创造的精神。衡桂公司始终坚持以人为本,真心关爱每一位员工。公司制定和落实了夏季防暑降温和冬季防寒、员工作息、工地食堂卫生、劳动防护用品发放等措施,经常慰问走访一线建设者,切实保障建设者身体和精神健康;开展“金秋助学”活动,向家庭困难职工发放“金秋助学”补

助金;每年都组织员工家属到工地参观,增进员工与家属之间的相互理解与支持。这一系列举措让身处衡桂公司这个大家庭的每名员工,都能产生"家"的归属感和温暖,从而更加激发出爱岗敬业、主动服务衡桂高速公路建设的积极性主动性。公司员工在公司企业文化的感召下,秉承"两型社会"的建设原则,特别注重节约,共同践行"经济高速"的建设理念,实现了每个变更都进行技术与经济比较;特别注重环保,实现了绿化提前成型,工程均衡推进,沥青路面施工零污染;特别注重质量,坚持精益求精,一丝不苟;特别注重和谐,努力协调好自己与公司、与其他干部职工、与地方政府和群众的友好关系,尽己所能为路域经济发展、地方经济社会的建设服好务,取得多方和谐共赢的局面。

（作者:湖南省衡桂高速公路建设开发有限公司经理）

深入推进“系统保廉”机制建设

韩瑞平

太钢党委下属40个党委、4个直属党总支、6个直属党支部，共有基层党总支28个、基层党支部511个，党员23344名。作为全国党务公开工作的联系点，太钢按照中纪委和省纪委党务公开工作部署，紧紧围绕企业中心任务，深入推进党务公开工作，强化党内监督，积极构建系统保廉机制，扎实推进惩防体系建设，为太钢转型跨越发展提供了强有力的政治保证。

突出重点，明确内容，切实发挥党组织的政治核心作用

太钢结合实际制定和完善了《太钢党务公开目录》，从党的思想建设、组织建设、作风建设、制度建设和反腐倡廉建设五个方面确定了100项具体的公开内容，将党组织重大决策、干部选拔任用、后备干部人选、反腐倡廉建设、党员发展等热点、难点问题作为公开重点，并逐步延伸向一些实质性、敏感性的内容，取得了较好效果。

公开“三重一大”决策情况。凡涉及“三重一大”的决策，主要领导都要事先深入调查研究，广泛征求意见，充分酝酿讨论形成意见，提交党委会或党政联席会议讨论、审议和决定，做到不事先充分酝酿不决策，不广泛征求意见不决策，不经过集体研究不决策。坚持把党管干部、党内民主与完善企业领导体制结合起来，建立并完善公开透明的干部考察机制、竞争择优的干部任用机制和注重实绩的干部考评机制。实行集团公司任命二级单位正职、由正职提名副职的制度，二级单位实行了党政主要领导职务一人担任，同时实行年度“双述职、双考核”制度，使党的工作与生产经营相互渗透、相互促进；坚持将民意测验、职工访谈和专项调查相结合，拟任用干部100%进行组织考察，提高选人用人的公信度；选送优秀年轻人才到上海交大、天津大学、省委党校等脱产培训，提升领导班子和领导干部各种能力。

公开领导班子民主生活会情况。太钢两级领导班子每年至少召开一次领导班子民主生活会，班子成员坚持“双重”组织生活会制度。生活会严格按照制定方案、组织学习、征求意见、沟通谈心、撰写发言提纲、开展批评与自我批评、制定整改措施、向职工群众通报等程序进行，质量得到有效保证。

公开反腐倡廉建设情况。在公司内网开辟了“廉在钢城”栏目，每月在《太钢日报》出版一期廉洁专刊，将典型案例制作成教育片在电视台播放，及时公开党纪条规、典型案例、效能监察、廉洁文化建设、责任制落实等情况，使广大党员群众正确认识和理解公司反腐倡廉的形势和任务。

创新方式，拓宽渠道，充分发挥共产党员的模范带头作用

太钢在推进党务公开工作过程中，针对不同内容、不同对象、不同层面确定不同的公开方式，让广大党员及时、全面、准确了解企业党建和生产经营的有关情况，进一步增强了党员的主人翁意识和工作责任感，共产党员的模范带头作用得到充分体现。目前，在公司级以上劳模、先进、专家和拔尖人才中，党员占90%以上，公司命名的先进操作法100%由党员创造。

通过“创先争优”活动进行公开。对“创先争优”活动的所有考评要素进行分解和细化，

把活动项目推进计划和党员的具体措施向群众公布，接受群众监督。通过动员部署、公开承诺、组织讲评、领导点评、上级考评、群众测评、绩效联动、评比表彰八个环节，努力将党的组织资源、优势和活力转化为企业发展的动力，进一步发挥了党组织的政治核心作用和共产党员的先锋模范作用。

通过各种媒体进行公开。创建了“太钢党务公开网站”，为全体党员分别设置了用户名和登陆密码，及时宣传、解读贯彻落实中央有关精神、构建和谐社会、保持党的先进性教育和纯洁性教育、学习实践科学发展观活动以及公司生产经营、改革发展等方面的情况，保障职工群众的知情权。大力宣传改革发展中涌现出的先进基层党组织、优秀共产党员等各类先进典型事迹，营造良好的氛围。

党务和厂务相结合进行公开。通过会议、文件、媒体、公开栏等途径，坚持实行集团公司、厂、作业区、班组“四级”党务、厂务双公开。内容既包括党群工作，又包括生产经营，引导职工正确认识形势，采取有效措施，应对困难挑战，推进企业又好又快发展。

健全制度，强化监督，扎实推进“系统保廉”机制建设

党务公开作为推进党内民主化进程的一项重要举措，对于推进太钢多年来形成的反腐倡廉“系统保廉”机制建设发挥了重要的促进作用。

促进制度建设。紧密结合太钢实际，在物资采购、营销、工程建设等方面制定了一系列规章制度，并将制度及时进行公开，接受广大党员监督。出台了《太钢领导干部廉洁自律有关问题的规定》，基本杜绝了领导干部配偶、子女及其亲属在敏感岗位上任职和经商办企业的问题；公司纪委领导定期同副处级以上领导人员进行廉政谈话；对新任和调整岗位的领导人员进行上岗前廉洁谈话；对有苗头性、倾向性问题的领导人员进行诫勉谈话；各级领导人员每年在同级职代会上进行述职述廉，由职工代表现场测评打分；副处级以上领导人员按照《关于党员领导干部报告个人有关事项的实施办法》的要求，每年向公司党委和纪委报告个人的有关事项；制定了《太钢有业务处置权人员监督管理办法》及其行为准则，建立了管理档案和三级监控网络；开展季度巡视督察，督促被巡视单位整改；落实苗头性问题报告制度，将苗头性问题消灭在萌芽状态。深化廉洁风险排查防控工作。对各单位进行清权、确责，列出权力运行目录，排查风险点，确定风险等级，优化业务流程，建立、完善规章制度，逐级编制《廉洁风险排查防控工作手册》，建立和完善厂（部）级廉洁风险受控人员数据库，健全了管理档案，制定了廉洁风险排查防控工作考核细则，明确了防控措施和逐级责任，规范了权力运行。

强化过程监督。将过程监督的情况及时进行公开，在全公司大力培育效能优先和效能监察也是生产力的理念，组织开展效能诊断，查找影响整体效能发挥的关键环节和问题点，有针对性地采取措施，完善制度。通过立项监察和专项监察对子（分）公司绩效、工程建设、物资采购、营销管理进行监督，有效保障了正常的生产经营秩序。成立稽查中心，对重点领域和关键环节进行24小时现场动态监督检查，发现问题，推动完善制度，堵塞管理漏洞，查处质量弄虚作假等案件。运用现代科技手段，加大对采购、营销、物流、财务管理等重点领域和关键环节的科技反腐工作力度，加强对检化验环节、计量系统、门禁系统等容易引发不公、以权谋私部位的动态监控，不断提高预防腐败效能。

实现结果监控。我们对监控的结果也及时进行公开，如对财务资金管理情况和绩效评价管理办法的落实情况进行公开；对发生安全问题的单位和个人的责任追究情况进行公开；实施经营管理审计、经营管理者离任审计、改制审计、工程承包责任制审计和其他专项审计，审计覆盖率达100%，并对审计结果进行公开；对固

定资产投资项目及时进行后评价;对招标结果进行年度检查评价;对基层单位落实党风廉政建设责任制情况进行年度检查评价。

通过深入推进党务公开,进一步增强了广大党员的监督意识,调动了他们参与监督的积极性,通过在线倾听、党务公开网等途径提意见、建议的多了,案源线索也随之增加,使得我们掌握的情况更加全面,为相关部门及时破获案件提供了有力支持。发挥了党员的监督主体作用,推进了党内民主,保障了党员的知情权、参与权和监督权,调动了党员参与企业党建和生产经营工作的积极性、主动性,增强了广大党员和职工群众的民主意识,为企业健康快速发展提供了政治保证。

(作者:太原钢铁(集团)有限公司党委副书记、纪委书记)

石油企业党建和思想政治工作的十个重要认识

关晓红

进入新时期以来，即我国国有企业实施重组改制、建立现代企业制度、进行国际化经营后，企业党建和思想政治工作的内外环境发生一系列重大变化。1998 年中国石油成立集团公司，1999 年中国石油集团公司成立股份公司，重组改制、走向市场，公司管理体制、运行机制、生产方式、用工形式和劳动组织模式等发生了重大改变。特别是近年来，中国石油积极推进集约化、专业化、一体化整体协调发展，实行总部、地区公司两级行政管理和总部、专业分公司、地区公司三级业务管理，实施资源、市场、国际化三大战略，大力加强综合性国际能源公司建设。这些，都给企业党的建设、思想政治工作、企业文化建设、基层建设和群众工作提出了新任务、新要求、新挑战。按照中国石油发展战略和公司党组的要求，在继承石油优良传统的基础上，积极探索工作规律，研究新情况、解决新问题、总结新经验，新时期党建和思想政治工作开创了新局面。工作成果的取得，主要是取决于对工作认识的提升，取决于对工作落实的力度。中国石油在新时期党建和思想政治工作创新实践中形成了以下十个重要认识。

第一，建立完善的《中国石油思想政治保障体系》是新时期工作的总纲要。体系的建立，是中国石油党建和思想政治工作融入中心、服务大局，为企业发展提供强有力的思想政治保障和精神动力的一个里程碑式的成果，是发挥党的政治优势和大庆精神铁人精神特有文化优势，以战略眼光系统思考、科学工作的一个重要成果。体系横向上把党的建设、思想政治工作、企业文化建设、基层建设、群众工作统筹起来，纵向上把集团公司、地区公司（专业公司）、基层单位的党政工团系统联动起来，立体上形成要求明确、标准具体、制度规范、机制长效、责任明晰、效果良好的保障工作体系，与 HSE 管理体系、质量计量标准化体系、业务流程管理体系、惩防体系、应急管理体系一起，成为中国石油六大管理体系之一。体系明确的六个方面基本工作做到了，保障就实现了强而有力。体系是党建和思想政治工作保障中心、服务大局的工作体系，不是思想政治工作保障体系，被评为“全国优秀思想政治工作研究成果一等奖”。

第二，明确的六项工作重点是新时期工作的基本要务。以强核心、固堡垒、当先锋为重点的党的建设，以以人为本、构建和谐、推动发展为重点的思想政治工作，以弘扬大庆精神铁人精神为重点的企业文化建设，以提高凝聚力、执行力、战斗力为重点的基层建设，以保护和调动员工积极性创造性为重点的群众工作，以制度化、信息化建设为重点的基础建设等六项工作重点，是中国石油新时期党建和思想政治工作的“规定动作”，务必抓实、抓好、抓出成效。

第三，探索的规律是新时期工作的基本遵循。新时期总结的党的建设“强核心、固堡垒、当先锋”九字规律，思想政治工作“知员工情、答员工疑、解员工难、聚员工心”十六字规律，思想教育的“形势、目标、任务、责任”八字教育内容规律，基层建设抓队（站、车间、库、所、室）、班组、岗位的抓“三级”规律，重点工程主题劳动竞赛“六赛”规律等内容规律；重大典型（集团公司命名）一般 3—5 年推出一个，重特大典型（全国）一般 5—8 年推出一个，企业和基层的经验要有 3—5 年的实践检验再在集团公司层面普遍推广，集团公司思想政治工作系统的会议5年为一个周期并在周期内分别召开党建、思想政治工作、企业文化、基层建设、群众工作会议等时间规律，等等。这些规律，是新时期工作的基本遵循。

第四，明确的目标理念是新时期工作的内在动力。明确提出的“集团公司走在全国前列、各企业走在所在地区前列”的党建和思想政治工作“两个走在前列”，党组织健全率100%、党员教育管理覆盖率100%的党建“双百”，队伍建设建立员工人生基本知识体系和职业生涯基本知识体系的“两个体系”，党支部创建“六个一”，班组建设“五型”，扶贫帮困“三个做到”等目标要求；提出的“弘扬大庆精神铁人精神是中国石油的神圣使命和无限责任”的理念，“把党员培养成骨干、把骨干培养成党员”的“双培养”理念，建设党员、先进模范、班组长“三支基层骨干队伍”理念，“示范变规范、经验变普遍”的理念，政工干部队伍建设“坚定信念一条心、勤勉敬业一股劲、热情服务一团火、严于律己一面旗”的“四个一”理念等。这些目标理念起引导、引领、激励作用，是工作动力、工作自觉。

第五，形成的机制是新时期工作的协同效应。第三代铁人代表“大庆新铁人”李新民的命名，是典型选树的重大突破，突破点是形成了以铁人名称命名典型的机制，建立了铁人典型家谱。中国石油8—10年选树一个以铁人名称命名的典型，在建党100周年时选树出第四代铁人，在建国100周年时选树出第七代铁人或第八代铁人，以典型人物作传人，这也是弘扬大庆精神铁人精神方式方法载体的创新。党建“三联”责任示范点和厂务公开等制度的建立，形成了联系群众机制；建立周期评比与即时表彰相结合的评比表彰机制；设立员工同心互助金，通过员工捐款、企业拨款等方式筹集资金，定期走访慰问，建立了扶贫帮困工作机制等。机制就是互动、联动，形成惯性的动力。

第六，开展的品牌活动是新时期工作的有效方式方法。连续10年开展“形势、目标、任务、责任”主题教育活动；开展大庆精神铁人精神再学习再教育再深入活动，“石油魂——大庆精神铁人精神”集中巡回宣讲280场；“中国石油榜样”分四批、选树宣传46人；“千万图书送基层、百万员工品书香”活动为4.2万个基层单位送书近820万册；中华铁人文学奖5年评选一次、连续评选了三届；每年一届、连续8年评选“昆仑奖”全国见义勇为英雄司机；“感知中石油”新闻宣传活动，已组织16次，外部媒体记者近千人次走进中石油、了解中石油、宣传中石油，等等。这些活动成为中国石油的品牌活动，以活动促提升，以品牌扩影响，以实效促发展。

第七，总结的经验（案例）是新时期工作提升的宝贵资源。中国石油党的建设工作总结的七条基本经验，思想政治工作总结的十大亮点，企业文化建设形成的十大成果，新时期党建和思想政治工作十大创新实践成果、十大创新工作方式方法、十大创新工作载体、十大培育选树典型实例和60个特色工作案例，以及企事业单位在实践中创造总结的经验（案例）等，是工作成果的总结，是工作理念的升华，是新时期工作提升的“百宝箱”。

第八，构建的载体是新时期工作的重要路径。新时期实施的基层党建“基础工程”、“标准工程”、“标杆工程”，企业精神教育基地的命名，科学发展系列报告会，企业文化建设“五个一”工程，基层建设“千队示范”工程，“学习在石油·每日阅读十分钟”全员读书活动，铁人岗位建功“四项活动”，青春建功系列活动等有效载体，是工作落实的有效方法。

第九，树立的典型是新时期工作的领跑者。典型是标杆，典型是旗手。加强基层队（站、车间、库、所、室）建设，树立“百面红旗”，产生了“红旗效应”；加强班组建设，树立了“班组长的榜样”王海、“班组的榜样”王海班，以班组长的名字命名10个班组，表彰班组建设“十、百、千”典型，推动了班组建设整体水平的提升；树立“加油站经理的榜样”王萍，又先后涌现出尚丽群、陈鸣红、张本荷、邵从海等一大批叫得响的典型，评选了十大“金花”加油站经理，销售系统每年评选“六个十”典型等，为销售业务服务水平提升、扩销增效发挥了重要作用。

第十，突出特色是新时期工作的亮点。突出“油味”，工作体现特色，切合实际，务求实效。抓住发扬大庆精神铁人精神、三基工作等传统的传承不放松，一本经念到底，一件事抓出头，不换频道、不换题目，坚持数年更有成效。采取多种形式进行大庆精神铁人精神教育，成立大庆精神铁人精神研究会，召开专题领导干部会议，编写学习教材和简明读本，举办高层论坛，撰写署名文章，设立铁人奖章、铁人文学奖，评选“新中国60年最具影响力60句石油名言”，创作文艺作品，使大庆精神铁人精神入脑、入言、入行。

（作者：中国石油天然气集团公司副总经济师、思想政治工作部主任）

加强和改进思想政治工作　促进国有企业跨越式发展

湖北省国资委国有企业思想政治工作研究课题组

国有企业是全面建设小康社会的重要力量，是中国特色社会主义的重要支柱，是我们党执政的重要基础。思想政治工作是国有企业的优良传统和政治优势，是国有企业改革发展稳定的有力保证，是中国特色现代国有企业制度的鲜明特征。深入研究国有企业思想政治工作现状，认真分析存在的问题和薄弱环节，有针对性地采取有效措施，进一步加强和改进新形势下国有企业思想政治工作，对于充分调动广大干部职工的积极性主动性创造性，提升企业核心竞争力，促进企业改革发展，具有十分重要的意义。2011 年上半年，湖北省国资委组成"新形势下国有企业思想政治工作研究"课题组，对全省国有企业思想政治工作开展了调研。

融入中心，解决问题，思想政治工作在促进企业发展过程中取得了实效

近年来，湖北省国有企业思想政治工作在改进中加强、在创新中提高，在学习宣传贯彻党的理论路线方针政策，提高干部职工思想道德素质、科学文化素质和健康素质，保证和服务企业改革发展等方面发挥了重要作用，也积累了一些既适应时代需求、又符合企业实际的新方法新经验。从调研情况看，近年的企业思想政治工作可概括为：机构和队伍在改革中坚守，方式和方法在探索中改进，成效和成果在发展中体现。一是融入生产经营中心，突出抓好"思想理论武装工程"，强化了思想政治工作的服务功能。深化理论学习，着力解决"要不要发展"问题；强化理论指导，着力解决"如何发展"问题；更新思想观念，着力解决"加快发展"问题。二是融入企业文化建设，突出抓好"思想道德建设工程"，强化了思想政治工作的引导功能。通过加强企业文化建设，深入宣传模范人物，充分发挥了企业价值观的凝心聚力作用。三是融入和谐企业建设，突出抓好"稳定和谐建设工程"，显示了思想政治工作的润滑功能。各企业班子成员率先垂范，充分发挥了示范带头作用。积极维护职工权益，努力做到了为群众排忧解难、办实事。四是融入核心能力建设，突出抓好"员工技能提升工程"，拓展了思想政治工作的教育功能。提高加强内外培训，开展技术比武，建立津贴（奖励）制度，激励员工提升专业能力。五是融入现代企业制度，突出"思想政治工作规范工程"建设，健全了思想政治工作的保证体系。实现了规章制度规范化、人员经费指标化、宣传手段现代化。

改进方法，不断探索，思想政治工作在促进企业发展过程中积累了经验

湖北省国有企业思想政治工作的特点主要体现在：思想政治工作领导有力、政工干部队伍比较稳定、工作方式方法不断创新、宣传工作阵地巩固拓展等方面。一是围绕生产经营中心，提高思想政治工作的生命力。将思想政治工作融入生产经营各环节，更好地发挥作用、彰显价值。二是形成大政工的格局，提高思想政治工作的战斗力。各单位普遍建立了思想政治工作责任制，既强调大政工意识，更明确大政工责任。三是解决热点难点问题，提高思想政治工作的说服力。四是创新内容形式方法，提高思想政治工作的吸引力。广泛运用内容符合企业实际、取材贴近员工生活、表现形式新颖活泼、视听震憾力非常强的思想政治工作方式。五是

融入企业文化建设，提高思想政治工作的渗透力。把思想政治工作融入企业文化建设之中，努力促进企业价值观固化于制、内化于心、外化于行。六是突出先进典型宣传，提高思想政治工作感染力。突出先进典型宣传，起到“点亮一盏灯，照亮一大片”的良好效果。

适应形势，大胆创新，思想政治工作为促进企业发展必将大有作为

要履行国资监管机构的组织协调和监督管理职能，进一步提高思想政治工作科学化水平，对国有企业思想政治工作分类指导、鼓励支持、督促落实，在推进国有企业思想政治工作创新中发挥更大作为；发挥国有企业和职工群众的主体作用，进一步增强思想政治工作针对性和实效性。

(一)强化整体设计，提升思想政治工作的制导力。要立足于适应新形势、破解新课题，以科学化为实践方向，对企业思想政治工作进行新的调整和完善。一是总体思路科学化。要站在贯彻落实科学发展观、发挥党的政治优势、促进社会和谐的高度，切实加强对思想政治工作的领导，更多从加强人文关怀、强化心理疏导的角度思考问题。二是责任界定明朗化。认真落实思想政治工作“一岗双责”制度，要求各级行政干部以抓好思想政治工作为己任，切实做好管理范围内的思想政治工作，做到管人、管事、管思想的“三统一”。三是队伍素质复合化。坚持正确用人导向，按照德才兼备的原则，选好、用好政工干部。

(二)完善制度体系，提升思想政治工作的整合力。要加强制度设计，建立健全思想政治工作常态运行机制，避免随意性和短期性，增强计划性和稳定性。一是健全目标体系，完善导向机制。要结合企业中心工作，将企业党委工作会议制度化、机制化，将思想政治工作目标、企业改革和经营管理目标同向设定，任务同步下达。二是健全职能体系，完善控化机制。要把发挥党的政治优势与自然衔接市场机制结合起来，积极探索与现代企业制度相适应的思想政治工作体制与机制。三是健全评价体系，完善效能机制。要制订完备的思想政治工作、两个文明建设等考评办法和考评细则。

(三)融入中心目标，提升思想政治工作的推动力。要根据企业的特点和职工的实际状况，找准载体，创新内容、方式方法，把思想政治工作融入企业生产经营活动的各个环节，贯穿于员工工作和生活的各个方面。一是在治企理念上融入。要与时俱进地创新治企理念，不断增强与行政工作的协同性，努力形成党政工作一体化的工作格局。二是在目标任务上融入。要始终坚持党政目标同向、任务同担，共同破解企业改革发展中的重点难点问题。三是在方法载体上融入。要通过政策导向、思想教育、精神激励、制度规范、纪律约束，为企业中心工作保驾护航。

(四)关注重点人群，提升思想政治工作的平衡力。广大职工群众既是国有企业振兴发展的主体，也是思想政治工作的主体，企业的发展和思想政治工作的推进最终要靠职工群众的主人翁意识和工作热情。一是关注先进群体，激活“推进器”。各级党委要坚持“以一带三”宏观工作思路，注意发挥党员模范带头作用和示范引领作用。二是关注干部群体，筑牢“防火墙”。要始终把做好干部队伍思想政治工作作为各级党委的工作重点，坚持不懈地加强干部队伍理论武装工作和廉政建设。三是关注弱势群体，把稳“减压阀”。要积极主动为员工解除和化解生活、生产和学习的实际困难与实际矛盾，避免点上的问题演化为面上的问题。

(五)繁荣文化生态，提升思想政治工作的感召力。要注意把握人本管理理念的融通性，坚持把思想政治工作与企业文化建设相结合，循序渐进，潜移默化，做到以文化人。一是重理，深入进行理论研究。要继承和发扬重视企业思想政治工作理论研究的光荣传统，持续推进群众性理论研究。二是怡情，丰富业余文体

活动。开展员工业余文体活动对于形成健康向上的企业文化氛围、提升企业凝聚力、促进员工全面发展具有特殊的重要意义。三是尚德，全面提升道德水平。要把社会主义核心价值体系贯穿于国有企业思想政治工作各个方面，坚持不懈地开展中国特色社会主义理论体系宣传普及活动。四是塑魂，构建核心价值体系。要建设企业核心价值体系，形成奋发向上的精神力量和团结和睦的文化纽带，巩固团结奋斗的思想基础。

（此文系 2011 年度湖北省社科基金项目“新形势下国有企业思想政治工作研究”成果。课题组成员：孙振声　田德照　傅正前　夏术华　叶文华）

国有企业廉洁文化建设的实践与思考

徐建明

党的十七届六中全会对社会主义文化建设作出了战略部署，指明了发展方向。廉洁文化是社会主义先进文化的重要组成部分，对国有企业而言，深入推进廉洁文化建设既有利于提高企业领导人员和广大员工的思想政治素质，增强廉洁从业意识，推进反腐倡廉工作，又有利于营造和谐稳定的环境，促进企业持续健康发展。近年来，中国平煤神马集团坚持以先进的廉洁理论为统领，以健全廉洁制度为基础，创新形式，丰富载体，积极推进廉洁文化建设，努力营造清白从业、干事创业的良好风尚，有力促进了企业科学发展。

一、健全“三个机制”，为廉洁文化建设提供保证

一是建立健全领导机制。按照“党委统一领导、党政齐抓共管、纪委组织协调、部门各负其责”的原则，形成党政主要领导负总责，纪委书记具体抓的领导机制。把廉洁文化建设纳入企业党建和文化建设的整体规划，组织制定具体的总体目标、长远规划和阶段性工作安排。在每年初的工作会上，集团党政坚持把廉洁文化建设与安全生产、经营管理等工作同安排、同部署，并在资金上给予支持保证。

二是建立多方参与机制。廉洁文化建设是一个系统工程，需要多方参与，形成合力。集团根据自身实际，建立了反腐倡廉宣传教育联席会议及分工负责制度，形成由纪委牵头，办公室、宣传、组干、电视台、党校等部门共同参与、齐抓共管的工作机制。坚持年初安排、半年检查、年终总结和季度联席会议制度。每年初由党委组织召开相关部门参加廉洁文化建设安排会，根据业务分工，听取各部门全年的工作目标、思路和具体措施；半年组织相关部门进行自检和互检，督促任务落实；年终进行总结，查找差距，总结经验。纪委负责每季度组织召开一次部门联席会议，分析形势，部署任务，日常抓指导、抓落实。

三是建立健全考评激励机制。将廉洁文化建设作为党风建设责任制的主要考核内容之一，半年组织考核一次，年终进行总评，考评结果实行“三挂钩”：与单位“五好”党组织创建评比挂钩，与党风建设和反腐倡廉工作评比挂钩，与领导干部个人评先和年薪挂钩，从而增强了各级各部门的责任感和积极性，促进了工作开展。

二、做到“三个注重”，提升廉洁文化建设层次

一是注重完善制度，加强干部管理和教育。按照上级有关规定和工作要求，近几年，集团在不断完善法人治理结构、强化内部监督的同时，先后制定《严禁截留克扣职工工资奖金的规定》、《关于基层单位配备和使用公务用车的暂行规定》、《关于厉行节约从严控制业务招待费的十条规定》等一系列结合企业实际的管理制度，使企业经营活动和管理人员从业行为逐步制度化、规范化。在此基础上，突出干部管理和教育这个重点，制定下发了《领导干部廉政档案管理办法》和《对领导干部实行谈话制度的暂行办法》等规定。为领导干部编发《廉洁自律手册》、《廉政警言警句》、《警示忏悔篇》、《党风廉政建设文件汇编》等书籍，组织开展“一把手”讲廉政课、做反腐倡廉报告等。每年元旦、春节期间，坚持开展“廉政宣传月”活动，使廉洁教育制度化、常规化。

二是注重创新载体，增强针对性实效性。在推进廉洁文化建设中，集团根据形势变化，开展反腐倡廉成果展览，现身说法说纪，廉政文艺汇演，廉政知识竞赛，廉政歌曲大家唱，征集廉洁理念、廉洁漫画、廉洁对联和廉洁格言等系列活动；利用广播、电视、报纸、网络等宣传媒体，开辟廉洁专栏，开设廉洁网站，播放廉政专题片，发手机廉洁短信；在矿（厂）区和社区公共场所制作廉洁公益广告牌板，建设廉洁长廊、廉洁之窗等。2006 年集团组织的廉政歌曲大家唱活动，有 4 万多名干部职工参加学唱，有 5800 多人登台比赛。这些廉洁教育形式生动活泼，吸引力强，也丰富了党员干部和职工群众的精神文化生活，成效明显。

三是注重面向职工群众，扩大工作影响。坚持面向职工群众，做到廉洁文化建设“五进入”、“三结合”。“五进入”即大力推动廉洁文化建设进机关、进区队（车间）、进岗位、进社区、进家庭。“三结合”即一是廉洁文化建设与职业道德教育相结合，把廉洁文化教育渗透到各项工作规章、业务流程中去，引导干部职工廉洁诚信，按章办事，纠正部门和行业的不正之风；二是廉洁文化建设与社会公德教育相结合，广泛开展廉洁光荣、贪腐可耻的思想宣传，使清廉之风深入人心；三是廉洁文化建设与家庭美德教育相结合，对党员干部特别是领导干部的家庭成员进行清廉勤俭、移风易俗的思想道德教育，对普通职工家庭进行贤良美德教育，做到“家庭设防线、常敲廉洁钟”。广泛开展廉洁文化文艺汇演、文艺节目下基层进社区巡演、反腐倡廉书画作品征集展览、向干部家属发送“家庭助廉倡议书”、组织干部家属定期召开家庭助廉座谈会、举办干部配偶党纪政纪条规法律法规知识培训班、开展争创“文明家庭”和争当“廉内助”等活动。这些活动的开展，增强了干部职工家属的法纪观念和廉洁意识，扩大了廉洁文化建设的覆盖面和影响力。

三、几点思考

廉洁文化是在企业反腐倡廉实践中形成的倡导廉洁从业的文化，其所包含的精神理念、价值取向、道德准则，对员工的思想和行为具有导向作用。腐败问题之所以滋生蔓延，一个重要原因是它获得了一种文化上的支持。必须从反腐倡廉建设全局的高度，深入推进廉洁文化建设，发挥其熏陶、引导、渗透、影响的作用。

一是推进企业廉洁文化建设，必须完善制度，健全机制。制度具有根本性和全局性的特点。国有企业必须把廉洁从业的要求融入企业规章制度建设之中，不断完善制度，堵塞管理漏洞，真正形成一套适应企业发展要求、富有实效的反腐倡廉制度体系，用制度规范权力运行、约束从业行为。注重制度设计的科学性、针对性、实效性，努力形成领导重视、多方参与、各司其职、密切协作的工作机制，增强合力，扩大影响。

二是推进企业廉洁文化建设，必须注重创新，力求实效。推进企业廉洁文化建设，必须以满足员工的文化需求，丰富群众的精神生活，提高人们的道德修养为出发点和落脚点，遵循文化建设的一般规律，适应文化具有渗透性的特点，注重创新形式，丰富载体，寓教于有益的文化活动之中，做到以德感人，以理服人，以情动人，增强说服力、吸引力、感染力，提高工作的实际效果。

三是推进企业廉洁文化建设，必须立足干部，面向群众。企业廉洁文化建设，离不开广大党员干部和职工群众的共同参与。没有党员干部积极带头，廉洁文化建设就会失去应有的功效和有力保证；没有职工群众共同参与，廉洁文化建设就会缺乏生机和活力。必须运用多种教育形式，不断加强党员干部的党性修养和道德修养，督促领导干部自觉遵守廉洁自律的各项规定，发挥其导向和示范作用。同时，要面向社会，面向群众，扩大覆盖面，提高影响力，引导职工群众自觉抵御不良风气，从根本上铲除腐败现象滋生的土壤。

（作者：中国平煤神马集团党委副书记、纪委书记）

以人文关怀和心理疏导
引领企业思想政治工作创新

张道纶　孙　刚

思想政治工作是山东能源淄矿集团的优良传统。近年来，淄矿集团深入学习贯彻中宣部、国务院国资委《关于加强和改进新形势下国有及国有控股企业思想政治工作的意见》，坚持在继承中创新，在创新中提升，从煤矿企业的具体实际出发，围绕改革发展大局，积极探索新形势下思想政治工作创新途径。自2009年起，淄矿集团针对思想政治工作面临的新形势新问题，提出了"以心理学加强和改进思想政治工作"的思路。经过一年左右的探索，形成并大力推广了"员工帮助计划、全员沟通机制、虚拟社区管理"三项思想政治工作创新成果。

一、推行员工帮助计划，打造全方位心灵关爱平台

淄矿集团于2010年初在唐口煤业公司进行试点，借助社会专业公司的力量，将EAP系统引入矿区，并结合自身特点积极进行改造，最终形成了"三网两室一会"的长效运作模式，实现了员工帮助计划在煤矿的落地生根，是全煤系统首个系统推广员工帮助计划的企业。"三网"是指心理疏导三级工作网、信息反馈网、宣传推广网。建立由12名心理培训师、78名心理咨询师和365名心理辅导员组成的工作队伍。心理培训师结合员工队伍实际，确定课题，集中进行心理辅导报告；心理咨询师负责开展员工心理测评和专业咨询；心理辅导员则利用直接和员工接触的优势，随时发现化解员工的不良情绪，并及时向心理培训师、咨询师反馈情况。信息反馈网，主要是通过心理辅导员以及QQ群、区队博客、区队网站等多种渠道，随时掌握职工心理动向。宣传推广网，是利用内部刊物、简报、电视、宣传栏等阵地和印发有关资料等方式，大力宣传"员工帮助计划"相关知识。同时，每月开展心理健康宣传日活动，扩大员工帮助计划的影响。"两室"，是指心理咨询室和心灵关爱室。心理咨询室日常由心理咨询师"坐诊"接待员工来访。配置有专业心理量表测试、统计报告、预警预约于一体的软件系统。每年为全体员工进行一次心理查体，并建立心理档案。心灵关爱室是为广大员工开辟的一个自我放松、宣泄情绪、心灵交流的场所。配置有音乐按摩椅、逍遥放松椅等心理减压设备。目前，全公司有14个单位建起了心理咨询室、关爱室。"一会"是指沟通会。根据心理辅导员日常反馈的有关信息，定期由心理培训师、咨询师和有关管理人员负责，选择不同层面有代表性的员工进行思想交流和心理沟通。以此更深入地掌握员工心理需求特别是提高落实"员工帮助计划"的实际效果，进而明确下一步的工作方向和重点。

淄矿集团唐口煤矿女职工王凤梅，因幼年时由父亲转送亲戚抚养而40年心埋怨恨，40年不与父亲联系。接受心理帮助之后，她理解父亲是为了让自己有一个更好的教育环境，从而打开了"心结"、冰释了"前嫌"，含着热泪拨通了远在秦皇岛的父亲家中的电话。2009年就业的大学生贾兴院，由于一直在一线学习锻炼，与自己最初对工作的设想差别巨大，因此整日怨天怨地、不思进取，工作吊儿郎当。对他的这一情况，心理辅导员赵新刚及时作出反馈，矿上立即委派心理咨询师与其接触，并循循善诱

地进行心理疏导，使之一改往日的状态成为“阳光青年”，目前已是一名优秀的技术管理人员。2012 年初，经专业机构对唐口煤业 2011 年度推行“员工帮助计划”情况进行评估，员工心理压力感受指数、压力影响指数、职业倦怠指数分别下降了 25%、27% 和 45%；经济压力、工作压力和安全压力分别下降了 3%、5% 和 6%；员工满意度则由 58% 上升到 78%。

二、实施全员大沟通，搭建全员无障碍沟通桥梁

有效的沟通是心理疏导的必要手段，也是加强和改进思想政治工作的基本方法。淄矿集团本着“理解来自沟通、沟通源于真情”的理念，畅通管理层与员工的交流渠道，搭建真情“连心桥”。

目标性沟通。各单位每月必须召开一次由党、政主要领导主持的沟通会。会前，围绕企业发展、安全生产、经营管理、企业文化、民生建设、和谐稳定等方面，确定沟通主题并提前告知职工。会上，由领导班子成员和相关职能部门，就职工群众提出的热点、难点问题，逐一进行答复。起初，只是有少数员工抱着试试看的态度提出一些问题，当员工们思想上的疑问得以解决后，主动加入和提出问题的员工越来越多。目前，全员沟通会已成为干群之间的“联谊会”、推动发展的“智囊会”。

主动性沟通。建立《领导班子定期接访制度》，每周排定接访时间、接访领导计划表，由班子成员现场办公，零距离接待职工来访。实行首访领导负责制，职工反映的所有问题由接访领导全面负责督办和反馈，确保每个问题都有领导牵头、领导负责、领导抓落实。建立党员领导干部联系点，开展党员干部“进基层、进区队、进宿舍”和“同劳动、同学习、同交流”党性作风实践锻炼活动，让各级党员干部深入基层、深入一线、深入职工群众，及时掌握职工的思想、工作、家庭等情况，做到“五清楚、六必访、七必谈”，并随时做好记录和由受访人签字，根据所掌握问题的难易程度，当面作出解答或向有关领导和上级部门反馈，为有针对性做好工作提供了依据。

互动性沟通。发挥手机、互联网等现代化新兴媒体便捷、覆盖面广、互动性和即时性强的优势，搭建多元化沟通平台。要求二级单位领导班子成员的手机号、电子信箱要向职工群众公开，职工群众可以通过短信或发送电子邮件随时与领导进行交流。充分利用内部网站的“留言簿”，对职工提出的所有问题和建议，按照网管员每天整理汇总、逐级反馈领导、涉及单位或职能部门回复的流程，逐项作出答复，从而打破了沟通的时间、空间障碍。仅 2011 年以来，淄矿集团网站就收到职工留言 1400 余条，其中及时回复 900 余条，对必须回复的做到了件件有回音、事事有着落。

淄矿集团唐口煤业公司在沟通会上了解到井下职工冬天喝热水难的问题，投资 70 万元，在井下采区、场口安装了矿用隔爆饮水机。岱庄煤矿在大沟通的基础上，创新实施以“沟通——收集——上报——分析——落实——反馈”为主的大沟通“六步”闭环管理机制。自去年以来，淄矿集团各单位累计召开沟通会 50 余次，参与职工达到 5000 余人次。截至目前，淄矿集团各单位通过大沟通机制先后帮助职工解决了购物班车、饮用水、劳动护品发放等 300 余条问题。

三、构建虚拟社区，建立全时段社区服务机构

自 2009 年起，淄矿集团创造性提出了“虚拟社区”这一全新的管理模式。针对远离公司本部单位的实际情况，本着“就近组织、合理编配、利于管理、便于服务”的原则，先后在济北矿区的 6 个单位和陕西咸阳市长武县的亭南煤业共 7 个单位建立了包容 6790 多人的 41 个“虚拟社区”，让每一名员工都进入社区。在此基础上，建立健全了虚拟化社区管理体系和运行机制。每个虚拟社区设主任 1 名，片长若干

名,制定了考核激励、信息排查、谈心帮教等10项工作制度,成立了法律事务、纠纷处理、计划生育等14个专业组,建立了虚拟社区网上工作平台。按照"一见面、二必问、三掌握"的模式规范运作,实现了"虚拟社区"的现实管理。

"一见面"就是社区工作人员每周与职工群众举行一次见面会,沟通交流、掌握情况,反馈信息、提供服务。淄矿集团许厂煤矿杨柳社区主任董振和片长张振健、国永在见面活动中了解到,许多职工在购房时办理了住房公积金贷款,还款可以从自己的公积金账户上每年办理一次集中提取,这样既不用每月跑银行,也可以将账户里的钱合理利用。但是,由于职工们大多已在济宁定居,而公积金提取要回淄博办理,不仅本人麻烦,请假时也影响区队的正常出勤。董振及时向虚拟社区领导办公室进行了汇报,主动提出利用自己休班时回淄博为职工集中代办,目前已累计办理257人次、涉及金额近270万元,仅此一项,为社区职工节省费用38000余元。

"二必问"就是社区工作人员主动深入职工家庭,问有什么问题需要反映、有什么困难需要帮助,实打实地解决问题,让社区职工真真切切地感受到了来自企业的关心和呵护。长虹社区主任赵飞在排查社区人员基础信息时发现,许多职工子女在入学时手续比较繁琐,需要各类证明四、五份,而且有时要的比较急,职工为此经常奔波于各个部门之间,费时费力还办不好,有的甚至因此耽误了入学。为此,赵飞专门找到教育部门咨询了各类学校的入学要求,及早提醒有入学子女的职工做好前期准备,并以组织的名义出面帮助他们解决实际问题。矿区社区主任翟乃斌在进行"二必问"时部分职工反映矿区附近没有照相馆,用照片时需要去市里照,既多花钱又耽误时间,于是他便联系片长一起成立"义务照相馆",制作简易摄影灯,用自己的照相机免费为全矿职工照相,此项服务活动为职工节省费用5万余元。

"三掌握"就是社区工作人员要全面掌握社区人员基本情况、突出治安问题和矛盾集中点、随时可能发生的突发性事件。杨柳社区的121名职工购房后发现住房面积缩水、基础设施没有开通,而开发商的违约赔偿迟迟不到位,有些人暗中串联组织上访,有演变成群体访事件的苗头。得知此情况后,虚拟社区领导小组办公室高度重视,专门安排人员和社区主任靠上做工作。通过正面教育,讲明厉害关系,化解了大家集体上访的念头。随后,又帮助联系了律师,引导大家通过法律途径和房地产公司交涉,组织家属和休班职工有步骤、有策略地进行谈判沟通,在没有影响职工正常出勤和生活的情况下,最终将大部分问题解决。其中,仅房屋缩水一项,就为职工追回经济损失近360万元。王桥社区主任郑加杰和片长高飞了解到社区内部分弱势群体和困难职工的现状后,积极向矿工会反映,引起了矿领导和工会工作人员的关注。他们积极协调相关部门,通过开展帮困救助活动,利用补充保险、大病大灾援助、困难职工慰问金等方式,帮扶职工33人,帮扶资金达26400元。据统计,2011年以来,各虚拟社区累计排查上报各类信息2700余条,通过提前介入做工作,共调处矛盾纠纷142起,化解越级上访事件7人次,封堵、查获不良信息363条,处理利用网络诽谤他人行为2人次,开展日常性服务项目36个,组织各类专题活动150余次,5400余名职工从中受益。

(作者单位:山东能源淄矿集团)

让雷锋精神成为企业文化的灵魂和血脉

——抚顺供电公司把雷锋精神融入企业文化建设的调研报告

中国思想政治工作研究会、中宣部思想政治工作研究所调研组

2006年以来，抚顺供电公司坚持实施和推进“雷锋工程”，创造性地把雷锋精神融入企业文化建设，探索出一条国有企业推进学雷锋活动常态化、机制化，与深入贯彻落实社会主义核心价值体系具体化、大众化相结合的现实路径，取得精神文明和物质文明、社会效益和经济效益的双丰收，为建设中国特色企业文化提供了宝贵借鉴和成功范例，为在全党全社会深入开展学雷锋活动、有效践行社会主义核心价值体系做出有益探索。

开展学雷锋“六个一”主题实践活动

——开展“一片情”的安全生产主题实践活动。把雷锋关爱他人、关心集体、关注社会的浓厚人文情怀，融入国家电网公司提出的“相互关爱，共保平安”理念，引导员工树立关爱电网、关爱企业、关爱社会、关爱他人、关爱自我的安全责任意识。公司提出了“大平安”理念，即提高社会和客户用电安全、员工自身安全的理念和对企业、社会、自己负责的安全责任观。组织党员服务队上街宣传安全用电、电力设施常识，开展用电安全文化进社区、进校园活动。在公司内部，在各生产场所、施工工地设置标语标牌等安全理念宣示物，开展安全示范岗、安全监督岗、党团员责任区和职工代表黄马甲安全监督员等活动。坚持重大作业领导到一线上岗、重大安全活动各级干部包片制度。“一片情”安全生产主题实践活动，培育了员工的安全责任意识，实现了员工平安、企业稳定、社会和谐的目标。

——开展“一缕风”的营销服务主题实践活动。把雷锋对待同志像春天般温暖、对待工作像夏天般火热，全心全意为人民服务的精神，与国家电网公司“服务党和国家工作大局，服务电力客户，服务发电企业，服务经济社会发展”四个服务宗旨有机结合，在员工中倡导“服务人民、助人为乐”的奉献精神，引导员工在服务理念上追求真诚、服务内容上追求规范、服务形象上追求品牌、服务品质上追求一流，开展打造“国家电网雷锋式服务”品牌活动，设立雷锋式服务岗位标准，推行一站式服务和首问负责制。开展“雷锋故乡行，亲情进家庭”、“情系用电客户，为您排忧解难”、“雷锋光明行”等学雷锋主题系列活动，送服务上门，让雷锋精神牢牢地植根于员工的思想意识中。

——开展“一把尺”的管理主题实践活动。把雷锋勤勉敬业、精益求精和艰苦奋斗、勤俭节约的精神，融入国家电网公司“集团化、集约化、精益化、标准化”要求中，引导员工树立严格管理企业、依法经营企业，降本增效、增收节支，勤俭办企业的意识。公司在计划管理、财务管理、物资管理、ERP系统应用中，树立精益意识；电网设计、生产施工人员，科学设计、精确计算、细致下料，降低成本、减少浪费；生产系统人员做好负荷预测和监控，保证电网设备经济运行；组织员工开展台区承包活动、电力设施保护活动，实现降损增效。6年来，增收创效达数千万元。公司还积极开展“节约一张纸、节约一度电、节约一寸导线”的“三节约”活动，在公司内部形成讲效益、讲效率、讲节约的良好风尚。

——开展“一颗钉”的学习主题实践活动。把雷锋干一行爱一行、专一行精一行的敬业精神和在学习上挤和钻的“钉子精神”与国家电网公司提出的“勤奋学习，开拓创新”、“学习型

企业建设”要求结合起来，引导员工树立岗位学习意识和终身学习意识。组织开展“争创学习型企业、争当知识型职工”活动；创办员工夜校、建立基层员工书屋、开展“培训年”活动；组织生产运动会、职工技能大赛、开展业务首席师评选等，为员工搭建学技术、学业务平台，在员工中形成立足本职岗位学业务、比技能、做贡献的风气。

——开展“一滴水”的团队主题实践活动。把雷锋的“一滴水只有放进大海才能永远不干涸，一个人只有把自己和集体的事业融合在一起才有力量”的集体主义精神，融入国家电网公司“团结协作，忠诚企业”的要求中，引导员工树立整体意识、团队意识、协作意识，实现员工间同心同德、部门间密切协作、个人与企业共同发展的目标。通过“雷锋班组”、“雷锋号先进单位”创建，表彰奖励团结合作、业绩优秀的基层集体；组织党员结帮扶对子，组建员工互助基金会和爱心捐助活动，开展困难员工帮扶工作；定期召开“劳动模范家属慰问会”、“员工子女高考金秋助学会”，增强了企业的凝聚力和员工的向心力。

——开展“一头牛”的廉洁主题实践活动。把雷锋“只有勤劳、发奋图强，用自己的双手创造财富，为人类的解放事业共产主义贡献自己的一切，这才是最幸福的”勤奋工作、无私奉献精神，融入国家电网公司“干事、干净，廉洁从业”的廉洁理念和价值观，教育员工遵守国家法律法规、遵守公司规章制度，忠诚企业、廉洁奉公，做到自律、自警、自省。针对许多岗位掌握国家能源管理权的实际，建立干部廉政档案，推行年度述廉制度，树立勤廉兼优先进典型，开展廉洁文化专题教育活动：举办廉洁文化讲座、设立廉洁文化长廊、制作廉洁文化网页、开辟“廉政专栏”，培养员工廉洁从业的价值观，营造干事、干净的企业环境和廉洁从业的文化氛围，树立了诚信守法、廉洁经营的企业社会形象。

实施“雷锋工程”、把雷锋精神融入企业文化建设，取得显著成效。截至 2012 年 3 月，公司创造了连续安全生产 3336 天的历史最高记录，连续 6 年实现售电量快速增长，客户投诉处理和回访满意率达到 100%，在全市行风评比中名列第一。

实施“雷锋工程”的成功经验

经验一：坚持理论先行，注重统一思想，为雷锋精神融入企业文化明确目标和方向。雷锋以无私奉献为人生追求，企业以盈利为存在目的。把雷锋精神引入企业文化建设，实现雷锋精神与企业文化的有机融合，首先要解决理论认识问题，找到雷锋精神与企业文化的契合点。抚顺供电公司与省电力公司思想政治工作部、抚顺市文明办、抚顺市雷锋精神研究所有关领导、专家反复研讨，到学雷锋先进单位学习考察，在公司领导层形成共识，明确了雷锋精神与企业文化相融的可行性、必要性，因而把国家电网公司倡导的“诚信、责任、创新、奉献”企业核心价值观与雷锋精神与企业文化建设实际有机结合，让雷锋精神成为企业文化的灵魂与血脉。

经验二：坚持党员干部带头、典型引路，为雷锋精神融入企业文化建设树立标杆。雷锋是普通党员，却是践行全心全意为人民服务宗旨的典范。在实施“雷锋工程”中，抚顺供电公司发挥领导班子和党员干部带头作用，自觉成为学雷锋活动的积极倡导者、先行示范者、有力推动者，通过创建“四好班子”、“电网先锋党支部”，有力带动了“雷锋工程”的顺利实施。公司大力培育先进典型，涌现出“国家电网十佳服务之星”王明珠、抚顺市“百姓雷锋”称号获得者董志刚、国家电网公司“青年志愿者服务先进个人”杨传仁、省电力公司“十佳道德模范”刘国明和高山，以及被用户称为“电业 110”的营业所长邵志强等一批先进典型个人和 12 家省、市“雷锋号”先进集体。

经验三：坚持制度创新，实现学雷锋活动常态化机制化，为雷锋精神融入企业文化提供保障。抚顺供电公司开展制度创新，把雷锋精神这一精神文化元素植入企业制度，形成规范的企业文化建设制度体系。重点建立了由总经理、党委书记挂帅的活动组织领导体系，每年制定学雷锋具体活动方案，实行目标化管理，把各单位、各员工在“雷锋工程”创建工作中的贡献大小与经济利益和评先评优挂钩。公司制定了《雷锋式服务工作标准》，印成手册发至基层单位，全方位打造“雷锋式服务”品牌。

经验四：采取得力措施，加大激励力度，为雷锋精神融入企业文化提供精神动力。抚顺供电公司在实施“雷锋工程”中制定政策，对在岗位模范践行雷锋精神、创造优秀业绩的员工，给予职务晋升、福利待遇、学习深造等方面的大力扶持，有效激发了员工参与学雷锋活动的积极性创造性。如抚顺县供电分公司董志刚，在便民服务中建立特殊客户服务档案，对客户实行“一条龙”便民服务，并帮困难客户垫付电费、捐送豆油米面、资助贫困儿童上学，公司将其推荐为省劳动模范，并由农电工转为正式工，提拔他担任了基层供电所所长。又如95598客户服务中心班长王明珠，刻苦钻研业务，创造了接听客户电话5.5万次、累积时长13.4万分钟、客户满意率100%的优秀业绩，被客户称为“电业百灵”，公司授予她劳动模范称号，并提拔她担任客户服务中心副主任。公司按照不同层级、类别，分别设置了“雷锋号标兵单位”、“雷锋奖章暨劳动模范”、“雷锋号先进单位”、“雷锋号标兵部室”、“雷锋号先进部室”、“雷锋班组”、“雷锋式服务先进集体”、“雷锋式服务先进个人”和“雷锋式服务特色创新奖”，大力表彰和奖励实施“雷锋工程”的优秀团队和个人。

经验五：坚持与企业生产经营工作紧密结合，立足岗位学雷锋，形成全员学雷锋的文化风尚。抚顺供电公司实施“雷锋工程”最突出的特点是，把学雷锋活动与做好企业日常生产经营、服务经济社会发展结合起来，使学雷锋活动与实际工作取得相互促进、相得益彰的效果。公司把学雷锋活动贯穿到生产经营的全过程、各环节、每个员工，与生产经营同策划、同部署、同实施、同检查、同考核、同表彰。

实施“雷锋工程”的启示意义

1. 企业文化建设必须树立正确的价值导向，坚持企业核心价值观与社会主义核心价值体系的一致性。社会主义核心价值体系是社会主义先进文化的精髓，雷锋精神体现的坚定的理想信念和高尚道德追求，反映了社会主义核心价值体系的根本要求，把雷锋精神转化为企业的核心价值理念与企业文化的灵魂与血脉，是社会主义核心价值体系在企业文化建设中的生动实践。

2. 企业文化建设必须契合员工自发自觉的精神文化需求，坚持企业文化价值观与企业文化建设主体的统一。企业文化建设主体是广大员工，员工对雷锋精神有着天然的认同感与追求。企业文化建设与员工的精神追求有机融合，才能焕发员工参与企业文化建设的热情。

3. 企业文化建设必须科学利用优秀传统文化资源，注重与企业文化的合理对接与实践创新。优秀传统文化是发展社会主义先进文化的深厚基础，雷锋精神是时代精神的重要组成部分和宝贵精神财富。建设中国特色企业文化，要融入时代精神和先进传统文化道德，为企业文化凝魄聚魂、强筋壮骨，雷锋精神正是二者最好的统一。

4. 企业文化建设必须结合企业实际，找到切实可行的实现路径。“一片情”、“一缕风”、“一把尺”、“一颗钉”、“一滴水”、“一头牛”六项主题实践活动，是抚顺供电公司将雷锋精神融入企业文化的有效载体，覆盖了企业安全生产、营销服务、管理、学习、和谐团队建设和廉洁办企业的方方面面。

5. 企业文化建设必须注重制度设计和制度安排，保证连续性和持久性。抚顺供电公司建立“雷锋工程”的领导机制、组织实施机制、奖惩激励机制，实现了“雷锋工程”的项目化、制度化、规范化。固化于制，才能长效于行。

（执笔：范希春　韩慧　徐笑古）

实现国有经济和民营经济共赢

周明生

改革开放以来，我国的国有经济与民营经济一起成为物质财富创造的主体，共同缔造了世界第二大经济体的地位。中国的进一步崛起和强大，需要国有经济和民营经济在相互合作、相互竞争中实现共同发展，继续巩固国有经济的主导地位，大力发展民营经济，实现多种所有制经济的共赢。

一、从中国发展的阶段看国有经济和民营经济共赢

新中国成立之初，中国依靠强大的政府力量，大力发展国有经济，为经济发展作出了重大的历史性贡献，使我国在很短时间内就建成比较完整的工业化体系，奠定了工业化的初步基础。然而，片面追求“越大越公、纯而又纯”的所有制结构，妨碍了生产力的发展，制约了人民生活水平的提高。改革开放的实践，使人们对所有制结构的认识逐步深化，从个体、私营经济“是公有制经济必要的和有益的补充”，到“非公有制经济是我国社会主义市场经济的重要组成部分”，再到“两个毫不动摇”——必须毫不动摇地巩固和发展公有制经济，必须毫不动摇地鼓励、支持和引导非公有制经济发展。对所有制结构认识的深化反映了我们党实事求是的作风。在社会主义初级阶段，绝不能搞私有化；同时，发展单一公有制经济也不符合生产力的发展要求，会阻碍生产力的发展，使国民经济难以实现持续稳定发展。

中国现阶段的发展面临着深层次的结构性矛盾，正处于经济发展的关键时期。中国的工业化、城市化正在快速推进，人均国民收入已经达到4000美元以上。中国要跨过“中等收入国家陷阱”，进入到高收入国家行列，需要生产力水平的迅速提高。

中国要实现经济赶超，必须推动国有经济和民营经济共同发展。经济赶超需要依靠技术创新来实现。为此，需要加大科技创新投入，大力研发出具有自主知识产权的核心技术，开发出新的产品和现代服务。国有企业具有人才和资金的优势，应该成为科技创新和技术研发的主体，在引领技术进步中实现发展，占领市场竞争的制高点。同时，中国成为世界的制造业中心，民营经济功不可没，它已成为我国出口创汇的生力军，今后也将继续发挥重要作用。尽管民营企业的很多产品仍处于低端行业，但生产低端产品并不意味着企业在竞争中就缺乏优势。实际上，这些产品是人们日常生活的必需品，只要企业能够在精细化上做文章，在企业管理、技术创新、生产工艺、产品设计、产品质量以及品牌推广上下功夫，同样能在国际市场上具有很强的竞争力。可见，单纯地依靠任何一种所有制，都会阻滞现阶段生产力的发展。国有企业和民营企业共同发展，成就了中国30多年的经济奇迹，缩小了与国外的差距。

那么，如何看待国际金融危机后某些领域出现的“国进民退”现象？这要从提高生产力和市场竞争力的角度客观地看。为应对金融危机，国家出台的4万亿经济刺激计划，经济资源不可避免地更多流入国有企业，使国有企业具有了扩张的条件；也有一些国有企业出于发展战略考虑，借助于金融危机，通过资本运作达到迅速扩大规模，提高竞争力的目的。当然，也不排除少数地方政府或国资部门从局部利益出发推动国有企业兼并重组。而民营企业受国际金

融危机影响，市场需求萎缩，资金紧张，融资困难加剧，融资成本、劳动力成本等上升，加之一些民营企业经营行为不够规范，利润下滑甚至亏损，造成企业经营面临困境，竞争力下降。因此，在国际金融危机的背景下，一些领域出现一定的“国进民退”是正常的。

事实上，我们的着眼点不应该放在到底“谁进谁退”上，而是更应该放在如何为二者创造公平竞争的市场环境上。要强调坚持和落实“两个毫不动摇”的方针，积极巩固国有经济的主导地位，鼓励和引导民间资本拓宽投资领域，以激发社会活力、促进生产力发展和促进社会进步。中国要顺利实现经济的赶超，国有经济和民营经济必须相互合作，通过技术上、市场上、产业上相互补益、相互促进，最终实现共赢。

二、从国际竞争视角看国有经济和民营经济共赢

“地球是平的”，经济全球化使企业间的竞争越来越激烈，资本在全球范围内流动，生产要素在全球范围内配置，市场的壁垒逐渐被打破，变成了全球范围的大市场，在这个大市场角逐的是各国的各类企业。因此，在竞争日益惨烈的背景下，竞争并不仅仅局限于国有企业和民营企业之间，而更表现为中国企业和世界其他国家跨国公司之间。毫无疑问，国有企业和民营企业的合作与竞争有助于在与跨国公司的竞争中占据有利地位，有助于在全球竞争背景下实现双赢。

在经济全球化的背景下，中国要在国际竞争中占据主动地位，需要中国企业的集体崛起，需要扶植本国的企业航母参与国际竞争。无论是国有企业还是民营企业，只要具备一定的实力都要创造条件做大做强。随着国有经济的战略调整，国有企业改革不断深入，资本结构日益合理，法人治理结构日益规范，经营机制不断适应市场的要求，国有企业的竞争力也日益增强。一大批国有企业资本充裕，技术实力强，人才资源雄厚，已有能力与发达国家的跨国公司一决高下。而一些民营企业也在竞争中不断壮大，成为某一行业或某一领域的佼佼者。1995 年，中国大陆只有 2 家企业进入世界 500 强，全是国有企业；2012 年，中国内地入围企业数量为 70 家，超过了日本，居世界第二。其中不仅有一大批中央企业，也有河北钢铁集团、冀中能源集团和浙江物产集团等地方国有企业，还有华为集团、沙钢集团、吉利集团等民营企业。可见，无论是国有企业还是民营企业，只要做大做强，都是国家提高综合国力的贡献者，都是全球竞争的参与者。

其实，日本、韩国在二战后实施赶超战略时，国企在经济崛起中也发挥了很大作用。韩国在私营企业规模偏小的情况下，依靠国企推动外向型经济战略的落实，由政府投资或控股，设立了很多公营企业，伴随着经济发展，公共企业在经济中所占份额不断攀升。日本政治经济学者田村昭彦认为，二战后日本私营企业根本无力与外国竞争，国企承担了公路、机场等基础设施建设，后因国企出现了机构臃肿、巨额赤字等问题，日本政府开始部分出售国有企业的股份等，但“官民合作”的形式被沿用至今，成为维系日本经济发展和社会稳定的重要力量。在欧洲，多国政府拥有控制权的空客公司被认为是打破美国垄断的“最成功国企”；英国铁路部门私有化后 5 年，接连发生 13 起严重伤亡事故，迫使政府不得不重新接收。

国有经济和民营经济各有优势和弱点，二者的合作和互补才能构筑起国家经济发展的脊梁。在国外，最风光、最赚钱的是民企，但真正支撑国家安全的则是各类国企。只有国有企业在国民经济中居于主导地位，才能够有效维系国家的经济安全和社会稳定。

三、从宏观调控的角度看国有经济和民营经济共赢

政府通过国有企业对宏观经济进行干预主要体现在两个方面：一是出现因自然垄断、外部性和公共物品所导致的市场失灵时，政府通过

建立国有企业,直接向社会提供产品和服务;二是作为政策性工具进行宏观调控的功能。当出现经济危机时,政府通过增加财政支出资助国有企业,使经济较快走出困境。因为国有企业的资产属于国家所有,政府代表全民对资产行使权利,这与政府通过财政支出扶持国有企业,从财产归属上,具有逻辑上的一致性。另外,国有企业的高级管理人员由各级政府任命,对其评价指标往往多元化(除了利润指标外,社会公共利益指标和政府政策目标也被纳入对企业经理人的考核中),国家的宏观调控意图通过政府的行政手段能够迅速落实,保证了宏观调控的有效性。

2008年国际金融危机爆发后,政府出台的4万亿元财政刺激措施能够顺利实施,并迅速产生效果,正是因为这些投资更多地用于重大基础设施的建设,而国有企业在这些领域的控制力和主导作用得到显著发挥。国有企业的存在,使政府的投资拥有鲜明的微观主体,保证了宏观调控意图的迅速贯彻和投资计划的顺利实施。其实,2008年金融危机,使得英美"国有企业"的数目也在增长。2008年9月起,美国政府先后以各种形式向房利美和房地美、美国国际集团、花旗集团等大型金融企业注资,并有权干预这些注资金融机构的经营和利润分配。通用汽车公司经过重组,60%的股份由美国联邦政府持有。2008年10月和2009年1月,英国政府对大型金融机构分别实施两轮注资救助方案,政府也成为了诺森罗克银行、布拉德福德—宾利银行、苏格兰皇家银行等大型金融机构的最大股东。欧洲多国政府已在50个最大公司中的一半拥有直接控股权,许多人熟悉的公司,如雷诺汽车公司、英国石油公司、瑞典钢铁公司,政府都是惟一或最大的持股者。美英许多媒体感慨,没想到最后是"国企化"拯救了经济。

我国出台的十大产业调整和振兴规划,使得国有企业在稳定宏观经济、调整经济结构、保障社会公平、维护经济安全、推动自主创新以及实现科学发展中都发挥着举足轻重的作用。与此同时,民营经济也依托国有经济,在这些领域取得了长足的进步,表现出良好的竞争力。从根本上说,国有企业和民营企业的发展并不冲突,而是相互竞争、相互合作、相互融合的过程。大多数国有企业是行业的骨干,但无论企业规模有多大,也只能处于产业链中一个或几个关键环节中,其他环节需要有中小企业为其提供生产配套服务。做专做强是目前国外大型企业发展的趋势,国有企业也必须顺应这一趋势。因此,国有企业的壮大就会带动产业链上下游及相关产业大量民营企业的发展。大庆油田每年为全社会提供300亿元的市场采购额,围绕油田钻采、井下工具等配套产业为地方民营企业的发展创造了得天独厚的条件;中国移动经营的是基础电信业务,与之密切相关的下游电信增值业务,多是由民营企业提供。在中国目前稳增长的背景下,地方政府通过融资平台进行投资的行为受到限制,这也为民间资本扩张提供了空间和机会。

四、从"国民共进"看国有经济和民营经济共赢

中央对国有经济的功能定位是明确的,就是要控制国民经济命脉,发挥国有经济对国民经济的主导作用。对于国有经济和民营经济的进退,既不能逢"国"必反,也不能遇"私"就恶,而应该坚持"三个有利于"标准,保证人民群众的根本利益和实现共同富裕。国有经济具有发展特殊产业和保障国家安全的功能,应当在发展战略性产业和支持高技术产业的成长中发挥重要作用。世界各国普遍建立了一批国有企业作为这些产业的先导,这些国有企业的发展水平不仅体现了国家战略产业的国际竞争力,而且体现了国家长远的、根本的发展目标。

企业的天职是做强做大,国有企业谋求做强做大也是天经地义的事,无可厚非。但中国的现实却出现了作为市场主体的企业和国有资

本投资主体的一个很大“反差”：一方面，处于一般制造业的国有企业制定宏大计划，力求把企业做大做强；另一方面，一些战略新兴产业需要大量国有资本投资，却缺乏足够的资金。这就涉及如何理解“国有经济控制国民经济命脉”，以及如何为国有经济定位。到目前为止，中国主要依靠全面工业化来实现经济发展的战略目标。尤其是最近10多年，钢铁、汽车、装备制造等重化工业发展较快，国有资本在这些领域的比重也较大，为保证国家战略目标的实现，国有资本大举进入重大基础设施、基础原材料、能源开发、重要服务业、重要制造业等领域，有助于促进工业化目标的实现。但目前我国第二产业的比重已达到48.6%，而经济的增长更多地依靠城市化，依靠产业结构、经济结构的调整，依靠科技进步和创新来实现。在未来较长一个时期，制约经济社会发展的瓶颈在变化，关系“国民经济命脉”的领域肯定也在转变。依据国有经济功能定位和布局，国有企业必须有进有退，有所为有所不为。例如，在战略性新兴产业和关键技术领域，战略性不可再生资源领域，以及所有针对弱势群体的保障性服务和产品供给方面，就应该多“进”少“退”；而在所有非公有制企业可以做得很好或已经比较成熟的领域则应多“退”少“进”。

目前制约国家竞争力的重要因素，是科技投入不足、技术进步缓慢、科技创新能力不强，企业竞争力较弱；资源约束、生态环境压力成为实现经济可持续发展的最大威胁；此外，制约社会稳定、经济社会协调发展、人们共享发展成果的关键因素已转向医疗保障、养老保障、住房保障、区域经济协调发展等社会产品上来。国有资本要在这些方面发挥优势和潜力。如果大量国有资本投资于一般制造业，不利于产业结构和经济结构的调整，也会形成对非公资本的挤压。我国国有资本通过国有企业转化经营机制、完善法人治理结构等举措，积累了宝贵资源，为我国经济的进一步发展奠定了良好的基础。国家可考虑把滞留于一般产业的部分国有资本转到社保和公益性基金，如养老基金、医疗保险基金、扶贫基金、教育基金、科技开发基金等，补充这些领域的投入不足。这样的调整，可以使国有资本回归全民所有、全民共享的本性；使其在基础科学研究、重大科技专项、中小企业融资、新兴产业发展、重要基础设施，以及社会保障等方面充分发挥作用。

由于历史和现实等诸多因素的影响，我国民营经济发展总体上还处在比较低的水平。民营企业总体上自主创新能力较低，竞争力不强，恶性竞争严重。从民营企业内部看，要强化科学管理，逐步改变家长式管理方式；要逐步建立科学的薪酬体系，鼓励员工进行人力资本积累；要鼓励民营企业家进行技术创新和制度创新，以开放的心态经营企业，逐渐实现资本的社会化，促进企业扩大规模，提高竞争力。

政府的责任是要创造使各种所有制企业协调发展、平等竞争、互相促进的外部环境。要重点建设公平准入制度，切实保障一切市场主体的平等法律地位和发展权利。在铁路、市政、能源、电信、金融、卫生、教育等领域尽快推出一批引导民间资本参与的重点项目，发挥示范带动效应。发展各类生产要素市场，规范发展行业协会和市场中介组织，健全社会信用体系。深入推进行政审批制度改革，进一步清理、取消和调整行政审批事项，理顺政府和市场的关系。加强对民间资本和民营企业的引导，鼓励国有资本、民营资本和外资更多地相互参股，发展以股份制为主要形式的混合所有制经济组织，促进民营经济持续健康发展。

国有经济和民营经济，二者唇齿相依。国有经济发展壮大了，就能为民营经济提供更多、更好的服务。民营经济获得健康发展，会进一步形成良好的、平等的竞争氛围，促使国有经济转变发展理念，增强发展活力。总之，只有国有经济和民营经济共同发展，才能进一步增强我国的综合国力，打破“中等收入国家陷阱”的魔咒，早日实现赶超战略。

（作者：首都经济贸易大学经济学院教授）

推动非公企业党建工作创新发展

中共浙江省委组织部　省委两新工委

党的十七大以来，浙江省积极顺应经济社会发展趋势，按照党建工作"走在前列"的总体要求，始终坚持把加强非公企业党建工作摆在重要位置来抓，深入实践，探索创新，有效推动了党建工作与企业发展融合互促、协调共进，有力促进了非公经济持续健康发展，为建设物质富裕、精神富有的现代化浙江奠定了坚实基础。

一、深入实施系列"红色"行动，努力实现党建工作有效覆盖。一是打造"红色堡垒"。以单独组建、联合组建、挂靠组建、协会组建等多种形式，强力推进非公企业党组织组建工作。特别是针对小微企业，通过选派党建工作指导员、培养入党积极分子、建立健全群团组织、组织基层党组织结对联系、推进区域化党建、建立党群服务中心等方式，实现党的工作覆盖。目前，全省已有25.93万家非公企业建立了党组织，组建率达77.6%。二是实施"红领计划"。通过内部推优、公开招聘、组织下派、公推直选等途径，选好配强非公企业党组织书记。指导温州市连续三次面向全国公开招选了84名非公企业党组织书记。大规模开展教育培训，开设"双强争先"大讲坛，组织筹建两新组织党务工作者协会，加强学习交流，提升党务工作者综合能力水平。去年以来，全省共轮训了8.8万名企业党务工作者。三是开展"红色接力"。重视对企业出资人的教育引导，2011年共集中培训了1.2万名党员出资人，在全省推动形成出资人重视和支持党建工作的良好氛围。同时，把新生代出资人纳入工作视野，筹建新生代企业家协会，举办新生代出资人培训班，组织他们参观革命圣地、学习党的历史、接受专家辅导等，增强他们对党的感情和对党建工作的认同。四是建设"红色在线"。开通"浙江两新党建"官方网站和官方微博，创设两新党建发布平台，推动各级两新工委、重点企业党组织和出资人开通微博，有效扩大非公企业党建工作社会影响力。全省11个市、90个县(市、区)两新工委和108家省级双管非公企业全部开设了官方微博。同时，指导各地通过创建党建网站和网上党校、开展网络支部学习、建立党建QQ群等方式，以信息网络技术活跃党内生活、开展党的工作。

二、充分发挥党组织作用，有效激发党建工作内生动力。一是助推企业创业创新。积极试行党组织领导班子成员与企业管理层"双向进入、交叉兼职"，实行党组织书记参加或列席企业董事会和经营决策重要会议，以及党组织与企业管理层共同学习等制度，拓宽党组织在企业中发挥引领作用渠道。广泛开展岗位竞赛、技能比武、科技攻关活动，组织党员立足本职创先争优。去年以来，全省非公企业党组织和党员共提出合理化建议21.8万条，开展技术革新项目5.3万个。二是服务企业引才育才。实施"党员人才工程"，深化"三培养两推荐"工作，组织全省百家非公企业赴美国旧金山、纽约等地开展浙江民营资本与海外人才智力对接活动，引导优秀人才向企业流动和集聚。目前，全省非公企业中入选国家和省"千人计划"的人才达219人，占入选人才总数的52.3%。三是促进企业凝心聚力。广泛开展"四必访、五必谈"活动，积极构建企业与职工群众沟通对话、矛盾调处等机制。引导和推动企业实施职工职业生涯规划，完善职工薪酬和保障体系，实现职工体面劳动和尊严生活。组织开展企业文化展评、摄影比赛等活动，不断增强企业发展软实力，推动企业履行社会责任，促进企业外部关系融洽。

三、围绕争创“双强六好”目标，全面开展党组织标准化建设。一是总结提炼可推广的实践样本。及时总结推广创建和谐劳动关系的“传化经验”、帮助企业转型升级的“非公党建十八法”等基层创新举措，提出非公企业党建工作全覆盖的具体标准，即摸清底数全覆盖、组建全覆盖、工作全覆盖、理顺关系全覆盖、有效活动全覆盖、工作保障全覆盖。二是构建“1+N”制度体系。修订出台《浙江省非公有制企业党组织工作规定(试行)》，明确了企业党组织的基本任务、组织设置、活动方式、制度建设和保障措施。分别制定工业园区、开发区、市场、个体工商户等领域党建工作的具体意见，逐步形成规范完善的制度体系。三是全面开展标准化建设。突出有坚强的领导班子、有优良的党员队伍、有完善的规章制度、有健全的保障机制、有明显的工作成效、有良好的社会评价等“六个有”要求，加强企业党组织标准化建设，推动非公企业实现生产经营、发展成效、劳动关系、文化建设、履行社会责任、党组织自身建设等“六个好”。认真组织开展非公企业党组织分类定级，在此基础上坚持抓两头促中间，推进非公企业党组织晋位升级。今年，对全省4.8万个非公企业党组织开展了分类定级，其中优秀等级占25.01%，未达标等级占3.89%，对未达标非公企业党组织通过全面建立名册，逐个研究分析，制定整改方案，帮助他们升级晋位。

四、建立健全两新工委，着力构建科学的领导和运行机制。针对全省非公经济发展迅猛，非公企业数量多、影响大的实际，省委依托组织部成立新经济与新社会组织工委。两新工委委员以干部任免文件明确，财政预算和收发文单列；委员单位包括统战、工商等8个部门，并将工会、共青团、妇联作为固定列席单位。通过体制机制创新，既有效发挥组织部门抓党建工作的传统优势，又整合相关部门单位的资源力量，大大加强了对非公企业和新社会组织党建工作的领导和指导，实现了两新组织党的建设的整体提升。如，省工商局把党建工作纳入部门年度目标考核，出台加强个体工商户和商品交易市场党建工作指导意见，并明确规定个私协会会费的3%—5%专项用于党建工作。省经信委、省商务厅深入开展调研摸底，结合实际制定工业园区、经济技术开发区非公企业党建工作意见，并召开专题会议进行工作部署。全省所有市、县(市、区)都建立了两新工委，869个经济较发达的乡镇(街道)也建立了相应机构。同时，省委两新工委对108家规模以上和社会影响较大的非公企业党组织，在保持党组织隶属关系不变的基础上，实施双重管理制度，并通过开展集中培训、建立经常性联系服务制度、评选表彰先进等方式，培育和树立了一批典型示范企业，切实提升非公企业党建工作整体水平。

在新的历史起点上努力开创非公有制企业党建工作新局面

陈向群

2012年3月，中央办公厅印发《关于加强和改进非公有制企业党的建设工作的意见(试行)》(以下简称《意见》)，全国非公有制企业党的建设工作会议在京召开，标志着非公有制企业党建工作进入了一个新的发展阶段。认真学习贯彻会议和《意见》精神，推动非公有制企业党建工作不断取得新成效，是各级党委组织部门和广大非公有制企业党组织的一项重要任务。

一、十七大以来非公有制企业党建工作的实践和启示

党中央高度重视非公有制企业党的建设工作。党的十七大以来，按照中央的部署和要求，各地各部门以学习实践科学发展观活动和创先争优活动为动力，一手抓组建、一手抓作用发挥，非公有制企业党的建设在探索中前进、在创新中加强，取得明显成效，留下了深刻的启示。

坚持把扩大党的组织和工作覆盖作为基础工程，以集中学习教育活动为契机，创新组织设置，健全组织体系，强化组织基础。在学习实践科学发展观活动和创先争优活动中，各地围绕加强基层组织这一目标，以规模以上非公有制企业为重点，开展"集中组建年"、"组建攻坚季"、"组建推进月"等活动，采取单独组建、联合组建、区域组建、党群共建、选派党建工作指导员等多种形式，不断扩大党在非公有制企业的组织和工作覆盖，取得突破性进展。截至2011年底，在全国非公有制企业中共有中共党员384万名，已建立党组织36.8万个，覆盖企业98.3万家。其中规模以上企业21.2万家，党组织覆盖率达96.7%。

坚持把促进企业健康发展作为根本任务，深入贯彻落实科学发展观，保证企业正确发展方向，促进生产经营管理，推动企业转型升级。指导非公有制企业党组织紧紧围绕企业生产经营管理开展党的活动，通过设立"党员先锋岗"、"党员示范岗"、"党员责任区"，引导党员立足岗位作贡献、服务企业促发展。企业党组织在企业发展中发挥政治引领作用，把贯彻党的路线方针政策、维护职工群众合法权益、引领建设先进企业文化、创先争优推动企业发展贯穿于党组织活动始终。特别是在应对国际金融危机中，广泛开展"保增长、筑堡垒、作先锋"等活动，推动企业转变发展方式，引导职工与企业齐心协力共渡难关。

坚持把维护各方合法权益作为重要内容，反映职工群众诉求，构建和谐劳动关系，建设先进企业文化。很多企业党组织引导出资人树立"关爱职工就是关爱企业"的理念，依法为职工缴纳养老、医疗、失业保险，让职工共享企业发展成果。一些党组织在职工遇到挫折时主动疏导、遇到矛盾纠纷时主动调解、生病时主动看望、婚丧嫁娶时主动帮忙，使职工感受到温暖。有的党组织积极倡导"争创世界名牌、实现产业报国"、"产品等于人品、质量在我手中、企业在我心中"等文化理念，培养职工爱国、敬业、诚信、守法的职业操守。广大非公有制企业党组织在抗击汶川地震、南方雨雪冰冻、玉树地震、舟曲泥石流、南方洪灾等特大自然灾害中，在服务北京奥运、上

海世博、广州亚运会等重大活动中，展示了先进性。

坚持把建强党组织作为重要保证，配强党务工作力量，壮大党员队伍，健全工作制度，强化基础保障。各地探索社会化选聘、专业化培训、规范化管理、制度化激励的党务工作队伍管理模式，努力建设一支守信念、讲奉献、重品行，懂经营、会管理、善协调的企业党组织书记队伍。通过发展一批新党员、输送一批党员职工等办法，不断壮大企业党员队伍。通过税前列支、财政拨付、党费返还、党员捐助等多种渠道，解决党组织活动经费问题；采取"三建三送"、统筹使用党员服务中心、建设综合性党群活动中心等办法，使企业党组织工作有条件、办事有经费、活动有阵地。

坚持把发挥行业系统作用作为重要途径，创新体制机制，强化组织领导，整合各方资源，形成条块结合、齐抓共管的工作格局。到2010年底，全国已有50%的省份、60%的地级市、70%的县建立非公有制企业党建工作领导机构，有22个省份、248个地级市、2264个县建立联席会议制度。一些地方对大型非公有制企业党组织实行直接联系、双重管理，理顺党组织关系，提升了非公有制企业党组织管理水平。目前，党委统一领导、组织部门牵头抓总、有关部门齐抓共管的非公有制企业党建工作格局基本形成。

二、进一步深化对《意见》和全国会议精神的理解

中办下发的《意见》和全国非公有制企业党建工作会议精神，是当前和今后一个时期开展非公有制企业党建工作的基本遵循。我们一定要认真学习领会，抓好贯彻落实。

要深刻把握非公有制企业党建工作的定位。非公有制企业是党建工作的新领域，一方面取得了重要进展，一方面基础仍很薄弱，还有很大探索空间。这次会议和《意见》，第一次全面系统地明确了非公有制企业党组织功能定位、组织覆盖、体制机制、基础保障等重大问题，反映了我们党对非公有制企业党建工作的认识上升到一个新高度。要认清非公有制企业党建工作具有的新特点。首先是系统性，涉及不同层面、多个部门，需要整合各方资源共同来抓；其次是综合性，涉及经济、政治、社会、文化等多个方面，需要综合运用多种手段来抓；再次是区域性，许多非公有制企业聚集在各类园区，需要运用区域化党建的理念和方法来抓。

要深刻把握非公有制企业党组织的功能定位。《意见》明确规定，非公有制企业党组织是党在企业中的战斗堡垒，在企业职工群众中发挥政治核心作用，在企业发展中发挥政治引领作用。这一定位符合非公有制企业的实际，适应了非公有制企业党建工作的发展需要。《意见》规定，非公有制企业党组织要履行好6项主要职责，即宣传贯彻党的路线方针政策、团结凝聚职工群众、维护各方合法权益、建设先进企业文化、促进企业健康发展、加强自身建设。

要深刻把握非公有制企业党建工作的重点任务。一是发挥"两个作用"。就是要充分发挥非公有制企业党组织在职工群众中的政治核心作用，在企业发展中的政治引领作用。政治引领主要是引领政治方向、引领价值取向、引领企业文化、引领和谐稳定、引领人才队伍建设。二是扩大"两个覆盖"。就是要扩大党的组织覆盖和工作覆盖。三是建好"两支队伍"。就是要建设好党组织书记和党建工作指导员队伍。四是完善体制机制。就是要完善非公有制企业党建工作领导体制和工作机制，建立健全非公有制企业党建工作机构，配强工作力量。五是强化工作保障。就是要加大经费投入和阵地建设力度，为党组织开展活动提供保障。

三、进一步深化实践探索，不断提升非公有制企业党建工作科学化水平

要按照中办《意见》和会议的总体部署，狠

抓各项重点任务落实，不断推动非公有制企业党建理论、实践、制度创新，不断提升企业党建工作规范化、制度化、科学化水平。

以中小企业为重点，在扩大“两个覆盖”上取得新突破。当前要重点抓好四项工作。一要创新小微企业党组织组建工作。“两个覆盖”的空白点和难点主要在规模以下企业，特别是小微企业，要继续探索创新。二要探索实现工作覆盖的有效途径。要通过选派党建工作指导员、建立工会和共青团组织并把群团组织负责人发展成党员等来实现工作覆盖。通过网格化管理，并创新与此相适应的组织设置形式来实现工作覆盖。三要扩大凝聚面。要注重和提升凝聚面，坚持开展活动，有效发挥党组织作用，使之产生凝聚力、扩大影响力。

以集中培训为途径，实现“两支队伍”能力素质有新提高。党组织书记队伍的能力素质，直接关系到企业党建工作水平。要把企业党组织书记纳入党员干部教育培训总体规划，同时注意抓好党建工作指导员的培训。要抓好示范培训，坚持普遍轮训，实行任职培训，对新任职的非公有制企业党组织书记，组织部门要会同非公有制企业党工委等有关方面，精心安排培训内容，有针对性地组织好任职培训，提高新任书记的履职能力。同时，要选好配强非公有制企业党组织书记，对不同身份的党组织书记，采取有针对性的教育管理措施。

以“双强六好”为抓手，在发挥“两个作用”上有新作为。要引导非公有制企业党组织按照“双强六好”总目标，紧紧围绕生产经营管理的中心任务开展活动、发挥作用。在职责定位上，主动思考企业发展的重大问题，引导企业坚持正确的发展方向，为企业发展服务，为职工群众服务。在活动载体上，设立党员示范岗、党员责任区，开展党员承诺、践诺、评诺活动，建好用好网络平台，在网上开展党的活动，提高组织活动效果。在制度保障上，建立党组织和管理层的双向互动工作机制，党组织要积极了解和参与企业重大决策。在服务理念上，坚持以人为本，积极主动地做好有关工作，把职工群众团结凝聚在党组织周围。

以健全机构为突破口，在完善领导体制和工作机制上有新进展。《意见》没有对组建机构的模式提出统一要求，允许各地继续探索，但要注意把握几个原则。一是要尽快建立。在本省内尽可能上下对口，做到有专门人员，有务实管用的规章制度，确保机构有效运作。二是要形成合力。有关部门和单位，在推进非公有制企业党建工作中要发挥职能优势和独特作用。三是组织部门要牵头抓总。特别是依托其他部门建立机构的地方，组织部要加强协调，加强指导。四是要抓好重点企业、重点区域、重点人员、重要事项。不仅要联系党建工作强的大企业，更要联系党建工作不够强的大企业，让发展好的企业成为党建工作示范点，真正把有影响力的企业党建工作都开展得有声有色，把有影响力的企业家都团结凝聚到党的旗帜下。

以听党话跟党走为目标，在加强出资人教育引导上有新举措。在非公有制企业开展党建工作，出资人理解支持很重要。要有针对性地做好出资人的工作。一是根本目标一致。开展党建工作是为了促进企业健康发展，企业健康发展离不开党建工作；听党的话，跟着党走，有利于实现企业自身的利益。二是价值取向相同。坚持党的领导，坚持中国特色社会主义道路，是我们共同的思想基础。要帮助他们从价值判断上做出正确选择，坚定不移地跟党走，成为合格的中国特色社会主义事业建设者。三是思想感情相通。要主动为企业服务，真心关爱企业出资人，让他们感受到党和政府的关怀，感受到党组织的温暖。

以贯彻文件为契机，在经费场所保障上有新提升。要按照《意见》和会议要求，将企业党组织工作经费纳入企业管理费用，建立并落实税前列支制度。建立党费拨返制度，党员交纳的党费可全额返还企业党组织。有条件的地方，可对企业党建工作给予必要的经费支持。

探索采取企业赞助、党员自愿捐助等方式，多渠道解决经费问题。要推进企业党组织活动场所规范化建设，倡导国有企事业单位、机关和乡镇（街道）、村（社区）党组织与非公有制企业党组织活动场所共用、资源设施共享。在非公有制企业比较集中的地方，统一规划建设党群活动服务中心，为党员提供活动场所，为党组织搭建服务群众的平台。

（作者：中共中央组织部部务委员兼组织二局局长）

企业、事业单位风采

公司党委书记、董事长 **王聿国**

2004 年中共滨州市委书记、市人大常委会主任孙德汉（前排右二），市委副书记、常务副市长邓向阳(前排左一)等领导来公司视察指导工作

200
副市长孙
会主席日
长王博(

山东滨岭矿业有限公司

山东滨岭矿业有限公司位于淄博市淄川区岭子镇，隶属滨州市国资委，由原崇山煤矿改制而成，是滨州市唯一一家驻外地矿山企业。公司下设滨州滨岭商贸有限公司、滨岭绿磊装饰装潢材料有限公司、滨州分公司、一号煤矿。主要从事煤炭生产、房地产开发、装饰装潢材料生产、商品零售等。

自 2001 年企业改制以来，公司党委以科学发展观为指导，树立以人为本的理念，在理论宣教工作中，坚持贴近实际、贴近生活、贴近群众的“三贴近”原则，把理论宣传教育工作与解决本企业、本部门、本单位发展中的重大问题结合起来，着力提高运用理论指导实践的能力。同时创新理论宣传教育的形式，利用职工培训、理论讲座、阵地教育、载体宣传、文体活动等多种形式，把企业宣传教育工作搞得生动活泼，增强了对职工群众的吸引力和感召力，调动了广大职工群众的积极性和创造性，有效地促进了企业又好又快发展。

副

1月中共滨州市委常委、
志(左二),市委常委、总工
礼(右一),市政府副秘书
来公司视察指导工作

2007年5月1日中共滨州市委常委、副市长孙承志(前排右一),市国资委主任宁守东,公司党委书记、董事长王聿国参加滨岭商城开业庆典

2011年7月4日中共滨州市委常委、副市长孙承志(右一)来公司视察指导工作

2008年2月27日淄博市煤炭工业局局长路跃成(右二),副局长董以琦(左二)来公司视察指导工作

山东滨岭矿业有限公司党委书记、董事长王聿国带领广大干部职工发扬团结、创新、务实、诚信的企业精神,奋勇拼搏,开拓进取,取得了较好的经济效益和社会效益,为社会发展做出了突出贡献。到2012年,企业共生产原煤315.14万吨,实现利税4.37亿元,上缴各类税款2.72亿元,企业共捐助资金602.76万元,支援当地建设和发展。取得了质量标准化矿井建设成果,实现了5A级安全评估矿井建设目标和建矿史上最长安全周期。公司坚持以煤为主、多种经营的发展方针,在滨州征地550亩,投资2.15亿元建起了以房地产建设、商品批发零售、食品加工为一体的滨岭商贸园区,迈出了由地下转地上、由单一产品向多种经营转移的坚实步伐;公司坚持以人为本,积极为职工办好事办实事,提高了职工收入水平,改善了职工生活质量,年均为职工发放福利物品达200余万元。公司党委书记、董事长王聿国同志先后被评为山东省劳动模范,中国能源化学工会全国委员会、中国煤炭工业协会优秀矿长,荣获2007年度山东省关爱民生十佳人物先进个人和2007年度富民强省十佳创业者、先进个人等荣誉称号。2009年被山东省煤矿安全监察局评为优秀矿长。

2010年12月7日淄博市淄川区煤炭工业局在公司召开煤矿安全质量标准化现场会

聿国陪同淄博市煤炭局董以琦等检查工作

2007年中共淄博市委副书记、市长周清利(左二)来公司视察工作

2008年6月公司党委书记、董事长王聿国在井下与职工交谈

淄博市煤矿安全执法稽查支队

▲市煤炭局党组书记、局长董以琦（右二）陪同省煤炭局局长乔乃琛（右三）、市政府副市长许建国（左二）调研煤矿安全工作

下井检查

执法检查

文化是单位的血脉，是员工的精神家园。山东省淄博市煤炭工业管理局高度重视思想文化建设，以“充满激情、严细认真、依法行政、确保安全”为工作总要求，提炼了体现市局精神的“局徽、局歌、誓词”，编纂出版了《淄博煤矿及非煤产业发展实录》、《淄博煤炭供应的主力军》等出版物供职工学习，单位面貌焕然一新，“和谐机关”建设取得了显著成绩。连续两届获得“全国煤炭工业先进单位”、“全国能源化工系统先进工会”、“山东省文明机关”等荣誉称号，煤矿安全生产工作一直走在山东省煤炭行业的前列。

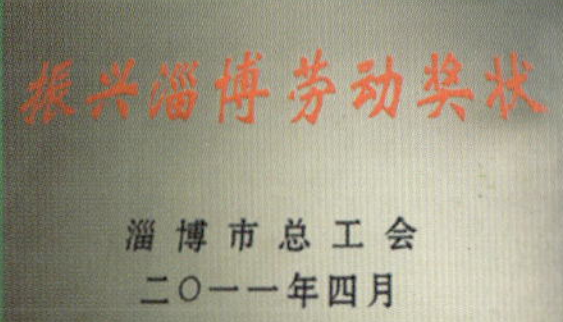

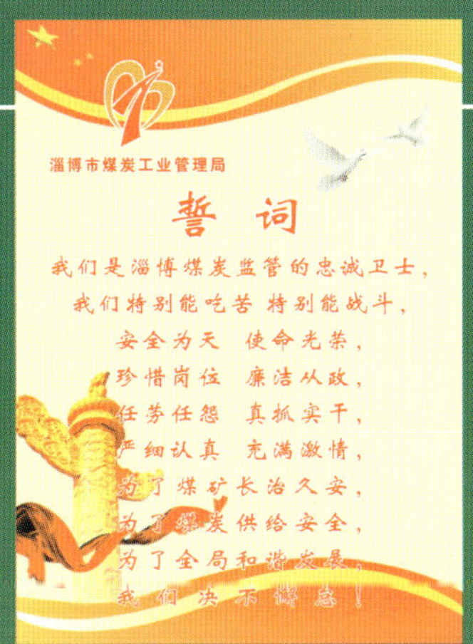

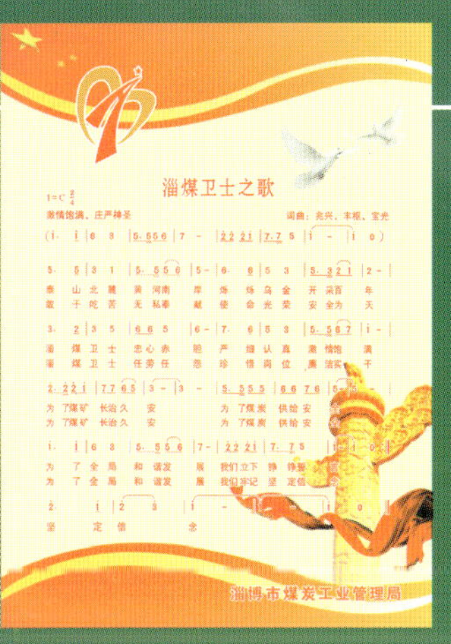

淄博市煤矿安全执法稽查支队隶属于山东省淄博市煤炭工业管理局，成立于2002年，是山东省第一家煤矿安全行政执法队伍。其主要职责是加强煤矿安全行政执法、规范煤炭经营行为，保障淄博市煤矿安全发展和能源供应安全。为建立完善煤矿“三级监管体系”，2012年该支队在山东省率先成立由市政府出资的市级驻矿督查员队伍，将安全监管的前沿阵地延伸到井下现场一线。该支队下设4个职能科室，有工作人员93名，中共党员占38%，各类管理及专业技术人员占87%。建队10年来，市煤矿安全执法稽查支队不断加强思想、政治、组织建设，完善工作机制，提高执法效能，加大执法力度。先后以执法手段关闭违法小煤矿23处，一次性作出行政处罚50万元以上案件11起，其中一次性行政处罚上百万元两起，开创了山东省以行政执法手段关闭小煤井和百万元罚款的先例。该支队多次获得省、市行政执法先进单位，“振兴淄博劳动奖状”等荣誉，驻矿督查工作被山东省多家媒体进行过深入报道，被誉为“煤矿安全的忠诚卫队”、“督查‘铁军’”。

常州市武进区公路管理处成立于1953年，2002年底完成公路事企分离改革，2009年11月与原武进区农村公路管理处进行整合。现下设办公室、政工科、财务审计科、工程管理科、养护管理科、农路绿化科、路政管理科(法制科)和装备安全科等8个科室，核定事业编制75人。主要承担四大职能：一是负责武进区重点公路工程的建设管理；二是负责武进区境内的国道、省道和部分县道、乡道的管养工作；三是负责管养公路的绿化养护工作，武进中心城区以外河道绿化、航道绿化、公路绿化的管养工作；四是负责全区农路农桥的行业监管工作。多年来该单位在三个文明建设方面取得了较大成绩，先后荣获“常州市先进集体”、“江苏省优胜公路站”、“江苏省文明单位”、“武进区廉政文化示范单位”、“武进区红旗党组织”等光荣称号。

三查三看

湖漕线文明样板路

环湖东路(低碳景观公路)绿化效果整体图

武进省级文明样板路(洛夏线)

武进县道文明样板路(青洋路)

地址：常州市中吴大道1289号　　邮编：213001
电话：0519-86712775　　传真：0519-86711073